国学经典文库

图文珍藏版

金戈铁马犹在耳　阴术阳谋叹古今

中国军事百科

王佳乐◎主编

綫装书局

图书在版编目（CIP）数据

中国军事百科：全 4 册／王佳乐主编 .-- 北京：

线装书局，2013.10（2022.3）
ISBN 978-7-5120-1018-5

Ⅰ.①中… Ⅱ.①王… Ⅲ.①军事史－中国－普及读
物 Ⅳ.① E29-49

中国版本图书馆 CIP 数据核字（2013）第 140900 号

中国军事百科

主　　编：王佳乐
责任编辑：高晓彬
出版发行：线装书局
　　　　　地　址：北京市丰台区方庄日月天地大厦B座17层（100078）
　　　　　电　话：010-58077126（发行部）010-58076938（总编室）
　　　　　网　址：www.zgxzsj.com
经　　销：新华书店
印　　制：北京彩虹伟业印刷有限公司
开　　本：710mm×1040mm　1/16
印　　张：112
字　　数：1360 千字
版　　次：2022 年 3 月第 1 版第 2 次印刷
印　　数：3001-9000 套

线装书局官方微信

定　　价：598.00 元（全四册）

孙 武

韩 信

白 起

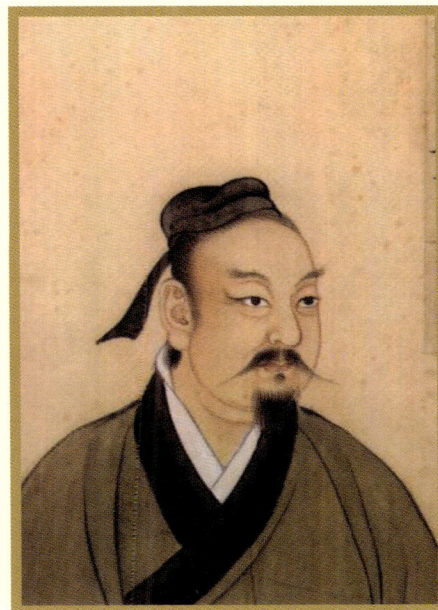

吴 起

霍去病

郭子仪

岳 飞

袁崇焕

·军事名著·

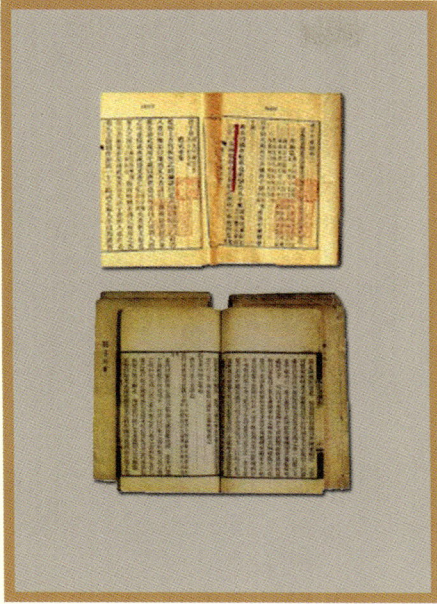

《孙子兵法》

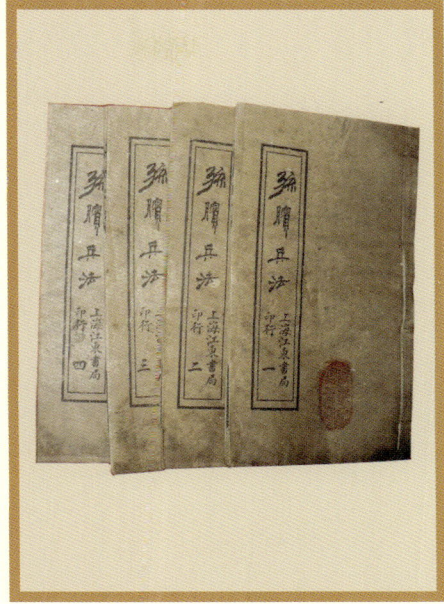

《孙膑兵法》

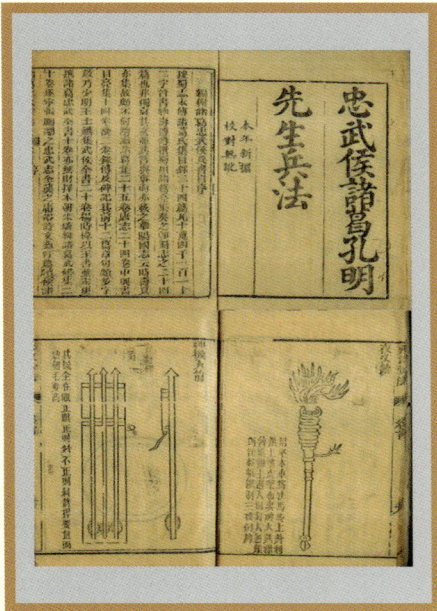

《诸葛亮兵书》

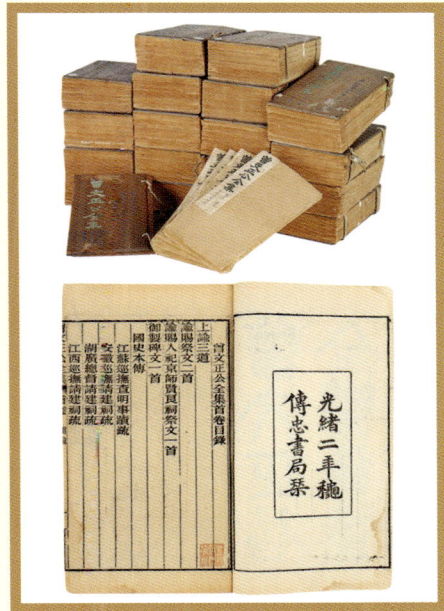

《曾国藩兵书》

东风 -31 型洲际导弹

FT-2000 反辐射导弹

052C 型防空导弹驱逐舰

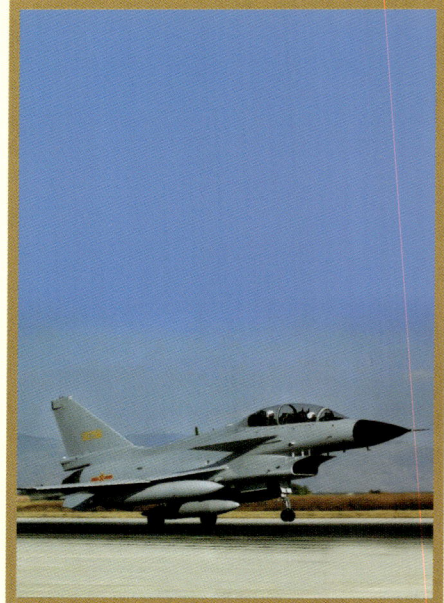

歼 -10 战斗机

071 型船坞登陆舰

054 型导弹护卫舰

022 型隐身导弹舰

"辽宁号"航空母舰

漠北之战

赤壁之战

淝水之战

郑成功收复台湾

前 言

  "江山代有人才出,各领风骚数百年"。每个时代都必然会出现属于这个时代的军事家。历数中国的著名将帅或军事家——吕尚、曹刿、孙武、吴起、田忌、孙膑、韩信、李广、曹操、诸葛亮、周瑜、祖逖、拓跋焘、李世民、李存勖、狄青、岳飞、成吉思汗、朱元璋、戚继光、努尔哈赤、郑成功、毛泽东、朱德、彭德怀、刘伯承,等等等等,——这些灿若星辰的军事翘楚,又有哪一位天生就是将帅或军事家的呢? 不论他们是出身官宦商贾之家,还是出身布衣贫民之室,也不论他们曾受训于著名军事院校,还是博古通今自学成才,更不论他们是文官抑是武将或是文武兼备,他们都共同地经受了一定的军事理论和相关知识的熏陶,特别是经历了战争或军事实践的锤炼,于是才有了一个由低级军阶到高级军阶的发展进步历程。

  俗话说,"不想当将军的士兵,不是好士兵"。同理,不想成为军事家的军人或军事爱好者,也不是真正好的军人和爱好者。而要成为一名军事家,也许(仅仅是也许)存在着某种天赋,但绝对离不开后天的军事理论的学习和军事实践的锤炼。

  要打造未来的军事家,只能是从"源头"也即从现在着手——学习军事理论、把握相关知识,并在战争或军事实践中增长才干、得以提高。我们的这一观点,或许会引来这样的质疑:在今天相对和平时期,没有实际的烽火硝烟的"战争熔炉",未来军事家这一"钢铁"何以能够炼就? 我们认为:没有别的更好的办法,如果不能直接地从战争中学习战争,那就只有间接地从前人的战争和他人的战争中学习战争。纵观历史,几乎没有哪一个伟大的统帅不曾认真地研读过前人的兵书战策,那些初出茅庐便脱颖而显出治军才干的传奇人物,也都是因为他们善于借助间接经验的基石,从而为自己建造了战争艺术的金字塔。

  在人类战争史的长河中,我们的前人或他人所亲历的战争,总是以经验、理论或知识的形式得以传承,在这种传承过程中,前人或他人的东西总是被后人所学习、所扬弃、所超越! 过去的、现在的东西,也总是被未来的所替代! 本着这一宗旨和理念,我们为潜在的、可能的未来军事家们,设计并编纂了一套军事理论和相关知识方面的图书,我们很是珍爱地将其取名为《中国军事百科》,具体包括历代军制、历代骑兵、历代疆域、国防建设、对外战史、军事武器、军事通信、谍战诡影、著名战役、军事将帅、军事名著、军事智道、军事谜案,共计十三章的内容。

本套丛书在体例编排上注重其内在联系和逻辑顺序,兼有阅读与检索功能,让读者可以轻松阅读、方便查阅,同时有益于军事爱好者开阔视野,丰富知识结构,提高素质。此外,编者精心挑选了几百幅精美图片,与文字相辅相成,包括有关当事人的肖像特写、多种军事武器照片、军事史上的精彩瞬间等,并通过新颖的版式设计将图片与文字叙述有机结合,将丰富的军事知识融入轻松的阅读中。

目　录

国学经典文库

中国军事百科

·目录·

图文珍藏版

国学经典文库

中国军事百科

·目录·

图文珍藏版

国学经典文库

中国军事百科

·目录·

图文珍藏版

5

第一章 历代军制

战争是政治的继续,它必须通过武装力量、特别是军队才能进行。国家或政治集团,为保证军队建设的顺利进行和军队战斗力的充分发挥,制定了一系列有关军事力量的组织、管理、训练、储备、征募等法规,由这些法规确定下来的制度就是军事制度,简称军制。

军制的主要内容包括:军事领导体制、武装力量体制、军事指挥系统、军队编制、动员体制,兵役制度,军官培养制度,武器装备、后勤供应和军队各项工作、管理制度,以及人事任免、奖惩,等等。

一、先秦军制

(一)五帝时期的军制

中国是人类发祥地之一。据考古证明,早在一百六七十万年以前,中华民族的祖先就生活、栖息在这块大地上。"中华民族的发展(这里说的主要是汉族的发展),和世界上许多别的民族同样,曾经经过了若干万年的无阶级的原始公社的生活。"原始社会前期,是血缘家族制,以后发展为氏族制。由于生产力水平、男女在生产中的地位以及婚姻关系等原因,氏族社会又经历了母系氏族和父系氏族两个阶段。

原始社会末期的新石器时代早期(公元前 10000 年至前 7000 年),中华民族的先民们已生活在北至黑龙江、南至珠江流域的全国各地,并由采集、狩猎经济向农耕、畜牧经济发展。当时地广人稀,各氏族周围有足够的生产空间,各氏族间的距离也相隔甚远,极少发生矛盾、冲突。至新石器时代中期(公元前 7000 年至前 5000 年),定居的氏族、部落增多,各氏族间有了交流和冲突。至新石器时代晚期(公元前 5000 年至前

石器时代的武器

3000 年,约当考古学的仰韶文化时期),黄河长江流域的气候,进入全新世大暖期的鼎盛时期,温暖湿润,极利于农业经济发展,人口迅速繁殖,"一个氏族的人员不断增加,随之这些成员异地而居,于是发生了分离。脱离出去的一部分人,便采用了一个新的氏族名称",因而定居氏族、部落的数量和规模急剧增长。迄今为止,野外考古已发现的 1 万平方米以上至几十万平方米以至百余万平方米的聚落遗址,全国有 7000 余处。这时已经进入父系氏族社会,开始出现私有财产和贫富分化。以大汶口文化遗址墓葬群为例,有的墓主无任何随葬品,而有的墓主却有 180 多件随葬品等。为了开拓或保卫本氏族、部落的生存、生产空间,部落间的冲突日益增多,并发展为掠夺性的战争。如新石器时代晚期湖北房县七里河遗址、山东泰安遗址均发现有无头或无躯体之墓;云南宾川白羊村遗址 34 座墓葬中,竟有 16 座是无头骨的。又如江苏邳州大墩子遗址。发现腿部有箭伤的骨架,石箭头尚在腿骨中;云南元谋大墩子遗址墓葬群中,有的缺少肢体,有的石箭头留在颧骨及尾椎骨中,有一具骨架身上竟有 12 枚石箭头。这都说明那时已有战争。在频繁、激烈的战争压力下。具有血缘关系的氏族、部落,为集结力量以争取战争的胜利,遂相互团结起来,组成以血缘为纽带的部族联合体。进至铜石并用时代(公元前 3000 年至前 2000 年,约当龙山文化时期),这样的部族联合体已遍布中华大地。特别是黄河、长江流域,最为密集。这一时期正是《战国策·齐策》所说"四海之内分为万国"的"五帝"时期。随着战争规模的日益增大,部族联合体的规模也不断增大:许多相邻的部族联合体,为了共同的利害关系,连同征服、兼并的部族联合体,共同组成组织形式更高级、统治范围更广泛的区域性大部族联合体。由于战争的需求,联合体的组织日趋严密,有了不同职能的统治、管理机构和相关官员,而且越来越复杂。如《史记·五帝本纪》说黄帝"置左右大监,监于万国","举风后、力牧、常先、大鸿以治民";《尚书·尧典》说尧、舜时有四岳、十二牧及司空、司徒、后稷、士、虞、秩宗、典乐、纳言等分管地方、平治水土、农事、刑罚……等事宜。联合体最高首领的个人权力也不断加强。如《尚书·尧典》说尧曾制定典刑和放逐四凶;《国语·鲁语》说禹曾召集各部落首领至会稽开会,"防风氏后至,禹杀而戮之"等。

　　五帝以前的部族联合体,多是部落自愿结盟组成的部落联盟,所以实行的是"军事民主制"。"其所以称为军事民主制,是因为战争以及进行战争的组织现在已成为民族生活的正常职能。"这就是说这个时期既已军事组织化,又仍为原始公社民主制。五帝时代的部族联合体,由于本身和战争规模的不断扩大,为提高战斗力,军事组织越来越复杂,军事首领的权力也越来越集中,致使"原始公社民主制存在的余地越来越小,而不平等现象,即普通战士、新老亲兵、大小军事头目之间的等级隶属关系,则越来越占据主导地位"。这种情况并伸展至社会管理体制之中,导致社会管理权力越来越向位于社会上层、以酋长为首的氏族贵族阶层集中;而普通社员则被排除在社会管理之外。所以实行的是"酋长制",即"酋邦"。根据聚落考古发现的:中心城—次中心城—一般聚落的三级聚落网络形态结构事实,从侧面也可以说明这一点。有的学者,认为五帝时代、特别是后期的各政治实体,已高于酋邦,应"称之为'王国'更为确切"。

不论是军事民主制的部落联盟还是酋邦或早期王国,为了进行战争,都已有了军事组织。不过在五帝时期以前,社会生产力还相当低下,剩余劳动产品很少,基本上没有脱产人员。当进攻别的部落、掠夺人财,或遭到其他部落袭击、劫掠时,一般需召开部落联盟各部落首领会议,然后征集人员由军事首领带领作战。军事首领的作战指挥,十分简单,而且只是在战争开始前进行组织,在战斗结束后进行善后。作战方式方法也很简单,全体适战人员使用适战的生产工具(渔猎时期即使用的弓箭、石斧、石刀、木尖棒等)进行集体搏斗。总的来说,当时尚无专门的兵器,也不需要特殊的战斗技术,因而也就没有专职的军队,部落成员既是劳动者,又是战斗员,军事首领也大都由选举产生,所以还谈不上严格意义上的军制。

五帝时代,酋邦或王国性质的大部族联合体的规模,已相当大。如《史记·五帝本纪》说黄帝"抚万民,度四方",其统治区域东至于海,西至崆峒,南至于江,北至釜山。这虽然不无后世夸大之嫌,但其规模已远较此前的部落联盟为大,则是不争的事实。《史记》还说尧时"合和万国"(当然不是实指一万个国家,而是指数目相当多的部族);又如《尚书·尧典》说尧和舜的联合体中,包括有苗蛮族的霍兜、东夷族的皋冉、伯益等部族首领,说明尧舜时的大联合体已不仅仅是华夏族的部族了。五帝时期战争的规模,也较前为大,而且性质亦有所不同。如黄帝与蚩尤之战从山东西南部打到河北中部;尧、舜与三苗之战从中原打到江南。这些战争都不是一朝一夕、一役两役可以解决的。可见这时作战时间之长和地域之广,都不是此前的战争规模可以比拟的。又据《史记》,黄帝在消灭蚩尤之后,"有不顺者,黄帝从而征之,平者去之。"说明这时的战争已不再是单纯的掠夺财物,主要目的在于征服。

五帝时代的社会生产力,已有了较大的提高,农业经济达到空前的高度,剩余农产品大为增多,越来越多的人可以脱离农业生产、从事其他性质的劳动。这种专门化的分工,推动了手工业技术的发展。又由于战争的需求,于是出现了专门用于作战的兵器,用于防御外部族攻击的城堡和担任联合体首领及其管理机构卫戍以及维护社会治安的军队。如《史记》就有黄帝"以师兵为营卫"的记载。即已有了常备的亲兵部队。据《荀子》《庄子》《鹖冠子》《吕氏春秋》等书记载,尧舜时曾进行征服丛、枝、胥、敖、南蛮、驩兜、有唐、有苗及曹、魏之戎等部族的作战。如果没有常备军队和行之有效的组织、管理,很难想象尧、舜如何频繁地发动这些相当规模的战争。所以《竹书纪年》说尧任领袖后不久,即开始"治兵"。《春秋提要》解释说:"治兵、习战也,申明军法以整齐之也。"根据当时以农业经济为主,有大量聚落群和城堡、城市及文献记载五帝等领袖皆有"都城"来看,各酋邦或王国各部族基

中国军事百科

·历代军制·

图文珍藏版

本上均已定居。在这种情况下,进行远程征战,绝不可能以全民皆兵的形式进行作战,必然要有相当部分军人及部族成员留守和进行生产。由于缺乏五帝时期有关军制的材料,所以对当时的军制已难以详知。但从考古发现的资料分析,这一时期大型墓葬中多有随葬礼仪性斧钺(主要用以表示身份地位),墓主生前当是各级军事首领;中型墓葬中大多随葬有实用功能的石斧、石戈等兵器,墓主生前可能是亲兵类的常备兵员。这两类人,应是当时军队的骨干。一旦发生战争,从一般社会适战成员中临时征集所需兵员,在常备的骨干军人领导下,组织起来参加作战。他们不是常备兵员,战争结束后,仍回家从事农业劳动。据此可以判断,五帝时代的军事力量体制,是由军事贵族、专职战士和不脱产的普通战士构成。又由于酋邦(或早期王国)的结构形式,是在广泛存在的氏族部落基础上,通过联合、征服、兼并建立起来的,它的社会基础仍然是部族,所以在军事领导体制上也仍然是以部族为基层组织单位。酋邦领袖通过各部族首领进行领导;军队也没有正规性的建制编组。发生战争时,由酋邦领袖亲自或指派其亲信部族首领,指挥由酋邦常备亲军扩编而成的直属军队和所属部族临时征集编组的部队出征、作战。军队的兵器、给养,则由各部族自行携带和负担。

(二)夏代军制

新石器时代晚期的末年,在中原地区(仰韶文化圈)黄炎部族为首的华夏集团急剧扩张的刺激、推动下,中原周边相邻的黄河下游(大汶口文化圈)、长江下游(良渚文化圈)和长江中游(屈家岭文化圈)各地区的部族集团,为争取生存和发展而与华夏集团相互影响对抗中,也获得了迅猛的发展。至五帝时期,不仅阻遏了华夏集团的扩张,而且开始向中原地区扩展。各集团间的文化交流与战争日益频繁,从而加速了各部族的联合和民族的融合。至五帝后期,源出黄河下游的妫姓族和源出长江下游的姒姓族等,在逐鹿中原的长期交往和战争中,逐渐融于华夏集团(龙山文化圈)之中,形成以晋南襄汾、永济为中心,以豫东上蔡、淮阳为中心和以豫中登封、禹城为中心,分别以尧、舜、禹为领袖的陶唐氏、有虞氏、夏后氏三个强大的酋邦(或早期王国),并相继成为控制中原地区的盟主。大约在公元前 2070 年,禹继舜为中原盟主。这时,征服与反征服的战争更为频繁,据说"国之不服者三十三"。禹一一予以征服,并曾"伐共工"、灭相柳氏。当时规模最大的战争,是征三苗之战,禹率中原地区不同族系的各联合体,经长期激烈的战斗,终于将实力最强的江汉地区苗族系的部族联合体击败。兼并其中一部分,赶走一部分,在民族融合的道路上更进了一步。禹击败三苗后,势力延伸至江南,东夷也归服于禹,于是"禹南省(巡狩)方(四方),济于江"。并在巡视至淮水流域时,"合诸侯于涂山(安徽怀远东南淮河东岸),执玉帛者万国"。可见这时禹已成为凌驾于万国之上,以华夏族为中心,包括其他血缘及中原以外各酋邦、部族大联合体的最高领袖,已具备了建立国家的基本条件。当其巡视至江南苗山(亦称茅山、防山,在浙江绍兴境)时,"禹朝诸侯之君会稽之上,防风氏后至,而禹斩之"。说明这时禹的个人权力已经确立,实际上已近似国家君主的地位。禹死后,虽然仍按传统习惯,由禹生前推荐的东夷族酋邦首领益接任大联合体的最高领袖,但禹的儿子启,利用禹作战、治水功绩的影响,以武力击杀益,夺取了最高统治权,建立了中国历史上第一个国家——夏王朝。夏与五帝最不同的,就是《韩氏易传》所说"五帝官天下,三王(夏、商、周)家天下,家以传子,官以传贤",所谓"官天下",就是"多元性公共权力传承的族邦贤者型民主选举制";"家天下"则是"王权传子世袭制。也可称为一人统治天下的君主制,扩而大之是为贵族特权世袭"。在这种时代性质转变的重大时期,夏王启为了使各方国承认他的君主地位,在禹时都城之一的钧台(河南禹州南)召开诸侯大会,宣布夏王朝的制度、法规,要求诸侯们遵守。但遭到少数维护旧传统势力的反对。其中最主要的是力量强大的有扈氏(位于渭水流域,以陕西户县为活动中心)。由于"有扈氏不服,启伐之,大战于甘"。经激烈战斗,终于击灭有扈氏,于是"天下咸朝"。夏王朝的地位,得到了方国诸侯们的承认,初步巩固了夏的统治。

从启建立夏王朝(约公元前2025年)至商汤灭夏桀(公元前1600年),夏代共历16帝、425年。若从禹算起,则共历17帝、471年。由于夏王朝是中国第一个全国性的政权,国家各种体制刚刚建立,还没有完全脱离酋邦社会的结构、形态。所以一切制度、包括军事制度,都较简单。据《礼记·明堂位》说:"夏后氏官百",就是说夏的中央政治机构仅有百人的官僚。又由于夏代没有可供准确辨识的文字资料,迄今出土的夏代文物也不太多,因而难以全面、具体地了解夏代军制,这里仅能根据文献零星的记载,概括地予以介绍。

1.王室直属军与方国氏族军构成的武装力量体制

夏王朝是在夏后氏酋邦基础上通过武力征服战争,发展壮大了姒姓族及其统治地区,并将"天下万国"组织在一个政治共同体中,从而建立了以夏后氏为领导的国家。因而,夏后氏既是天下万国中的一个国家,又是政治共同体中各方国的共主。夏的主要都城是斟鄩(河南偃师二里头),直接统治的地区,后世称之为王畿,主要为河洛地区,幅员数百里。王畿内的居民,主要为姒姓族成员,但也有兼并来的异姓族成员。王畿外的方国,大致有两类:一类是姒姓族分出去的或与姒姓族有姻亲关系的方国。如斟鄩氏、有扈氏、有男氏、彤城氏、费氏、辛氏、有虞氏、有仍氏等。另一类是被夏王朝征服或慑于威势而称臣的方国,如防风氏、陶唐氏、有穷氏、有娀氏、英、六、许、殷、周等。它们与夏王朝构成臣属关系。虽然文献有禹曾划天下为九州的记载,但实际上夏王朝并没有按地区划分行政区域进行统治,而是在不变更各氏族血缘关系的基础上,对各方国进行管辖。各方国承认是夏王朝国家的一部分,承担拥护王室、遵守法令、按时朝觐、纳贡的义务。但各方国本身仍是一个独立的政治实体,拥有自己的统治机构、统治地区和本族的风俗习惯。这种国家组织与血缘关系融为一体的政治体制,当然也影响和制约着夏代的军事制度。夏王朝还没有全国统一的武装力量,是由王室直属的常备军和方国"民军制"的氏族军共同构成的武装力量。

夏在建国之前,就已掌握了一支有相当规模的军队,所以才可能在不断的战争中打败对手,扩大本姓族的统治,并最后取得了天下统治权。建国之后,为了维护王室的统治、消灭或征服不肯屈服的方国更需要保持一支强大的常备军。《吕氏春秋·用民》说:"当禹之时,天下万国,至于汤而三千余国"。这当然是征服、兼并战争造成的结果。夏王室的常备军,由夏王直接统率和指挥;有时也派遣亲信贵族或方国诸侯率领出征。王室直属军的兵力有多少,史无记载。但从夏王相等率军打到淮河流域和东海一带、并获得胜利来看,应当是一支当时最强大的军队。但由于当时各方国的规模都不太大,所以常备军的兵力也不会很多。

夏王畿以外各方国,都是原来的酋邦或部落,基本上仍保留着原来的体制,各有自己的军队,有的还相当强。如有扈氏曾与王室军大战于甘,有穷氏首领羿曾一度夺取了夏王的政权,淮河流域的畎夷、于夷等九夷,曾与夏王室军作战数年,方被迫先后归附等。又如河国曾与洛国作战,其军队还曾助商族首领上甲徽击败有易氏等,都说明各方国有自己的军队。不过方国的军队,还不全是常备军,基本上仍沿袭酋邦或部落联盟时期的习惯,由贵族和常备性质的亲兵为骨干,战时才从适战成员中征集人员,组织起来"民军制"氏族军。

2.军政合一的军事领导体制和编组形式

夏氏的政治体制,政军不分。政治军事大权完全掌握在夏王手中。夏王既是国家的最高领导者,也是军队的最高统帅。夏王之下,设有6个政务官,称"六事之人",后世称之为"六卿":司空(六卿之首)、后稷(掌农业生产)、司徒(掌教化)、大理(掌刑狱)、共工(掌百工、营造)、虞人(掌山泽畜牧)。这是由夏后氏酋邦时禹的"左右六人"发展而来。他们通常由王室贵族或夏王亲信的方国诸侯担任。平时辅佐夏王管理国家政务,战时则受命带领军队作战。据《尚书·甘誓》等书记载,王室直属常备军分为六个单元,称之为"六师",分由六卿率领。又据《左传·哀公元年》记,夏少康时"有众一族"。按《周礼·小司徒》说,一旅为500人,这是说的周代军制。夏代恐怕还难有周代那样整齐的编制。但综合上述各记载看,夏王朝的王室直属常备军,已经有了简单的编制,应是完全可能的。另据《尚书·甘誓》所记,夏在建国之初,就已有了车战萌芽,而车战本身要求必须有较高的组织水平,也从侧面说明这支军队是比较正规的。

夏代的方国很多,一般规模都不大。如灭掉夏王朝的商汤,在决策灭夏之前的统治地域,据《孟子·公孙丑上》说仅"七十里",《荀子·王霸篇》和《墨子·非命上》虽比《孟子》说的要大,也不过"百里"。当然,能够脱产的成员也不可能多。还无力建立大量的常备军。仍然继承酋邦"民军制"的传统:少数贵族首领和亲兵担任常备部队,战时在居民中临时征召所需兵员编组成军。军队内部尚未形成固定的编制,各方国军队的兵力多少不一,基本上仍按氏族的长幼尊卑地位进行管理和指挥。

夏王朝在出征作战时,通常由夏王亲自率军和指挥作战。如启与有扈氏"大战于甘","启征西河",杼"灭豷于戈",桀伐蒙山、征有施、克有缗等。有时也命亲信贵族代王率军出征,如仲康命胤侯"掌六师"、征羲和,桀命扁率军伐岷山国等。若发动大规模的战争时,夏王可命令方国之君率本国军队随同王室常备军出征。如启命"彭伯寿帅师征西河",桀"起九夷之师"伐商等。

夏王朝与各方国的关系,虽然是臣属关系,但由于国家的组建,主要是武力征服促成的,他们之间还没有形成那种以宗法为纽带的政治结构,所以夏王室对各方国的控制,也主要是依靠武力。如禹在会稽召开诸侯大会,防风氏后至就被处死,启继禹位,有扈氏不服就灭了它。整个夏代,几乎都是征服性的战争。进至夏末,已经"诸侯多畔夏"了,桀仍然全力用武力压制,商王汤没有及时进贡,就"召汤而囚之夏台"。因而夏王朝的政治结构,比较松散。方国肯不肯听令出军随征,基本上是根据夏王室的势力强弱决定的。王室强时,方国之君谁敢不服从,王室弱时,不仅不听令出军,甚至还要夺取中央政权。如夏王太康沉湎田猎,不理朝政,以致国势衰微时,有穷氏首领羿便夺取了夏王政权,"因夏民代夏政"。当桀连年征战,军力大为下降时,桀欲"起九夷之师"征讨商汤,九夷各方国之君就不听令,史称"九夷之师不起"。

夏王室的官僚和六部分常备军,都是脱产的专业人员,主要靠贡赋供养。夏代王室向王畿内各氏族和王畿外各方国征取贡赋。《盐铁论·未通篇》说:禹"平水土,定九州,四方各以土地所生贡献,足以充公室";《史记·夏本纪》也说:"禹乃行相地宜所以贡","自虞、夏时贡赋备矣"。至于如何收取赋税,《孟子·滕文公上》记载:"夏后氏五十而贡……其实皆什一也。"也就是说,农民要将每年收成中的一部(十分之一)作为赋税上交国家,用以养兵和官吏。因而,夏代还没有专门负责征收赋税的官员——啬夫。

3.以服从为核心的军队纪律

原始社会的部落战争,主要目的是生存,所以作战双方都是由部落成员主动参加;发展至五帝时代,虽然战争性质已开始变化,由单纯的掠夺发展为征服,酋邦社会已经分层,出现了等级和特权,但当时基本上仍处于公有制时期,战争的胜败,对每一个成员来说还有着切身的利害关系,所以作战双方不脱产的普通战士,仍然多

·历代军制·

图文珍藏版

是志愿参战的人员，不需要用强迫性的纪律来进行约束。进至夏代，社会已由公有制演变为私有制的"家天下"时代，主要生产资料都变为王室所有，军队也成为维护王室政权的支柱。战争的胜败与王室及各贵族关系密切，对于绝大多数平民来说，则关系甚小，他们对战争的态度，当然也不可能和贵族一样积极。因此便出现了带有强制性的简单的早期军队纪律和赏罚制度。例如夏王启，与有扈氏战于甘时，临战前召集带领军队的六卿进行战斗动员，下达作战命令后，就宣布了作战纪律和赏罚标准。要求全体人员严格执行。规定凡是服从命令、忠于职守、勇敢战斗、努力完成作战任务的，就在宗庙里予以奖赏；不努力奉行命令，完不成作战任务的，就杀之于神社或降为奴隶。由此可见这个命令的核心内容是要求部属绝对服从。其目的是掌握军队、加强王权和促使将士为夏王卖命、提高战斗力，以获取战争的胜利。《易经》就曾提出：军队作战必须有纪律，不遵守纪律则凶，即要失败。

4.军队的武器装备、兵种区分和训练

原始社会的部落战争，以生产工具进行战斗。随着战争的增多，生产工具与兵器逐渐分开，出现了适合战斗的专用兵器，夏代已经普遍装备于军队。当时青铜的冶铸技术已达到相当高的水平。河南偃师二里头夏代遗址中，不仅发现有铜戈、铜钺、铜镞等兵器，而且发现有青铜冶铸作坊和坩埚、陶范等工具。山西夏县东下冯夏代遗址还曾出土杀伤力强大的三角形和带倒刺翼的青铜镞。夏军中的贵族各级指挥官和骨干、亲兵等，已经装备了当时最先进的青铜兵器，并穿着皮甲。《越绝书》说夏代"以铜为兵"符合实际。不过由于夏代的青铜冶铸手工业，基本上还处于初期阶段，生产的青铜兵器数量不多，尚无法完全取代木石兵器，所以大多数士兵，仍装备石、木及骨制兵器，如石戈、石斧、木殳、竹弓、骨镞等。

《尚书·甘誓》有"御非其马不正，汝不恭命"之言，说明夏代军队已经有了战车。据《左传》记载，夏王朝还设有主管造车的官员——车正。中国究竟何时何人开始造车，向来说法不一。《太平御览》引《释名》说："黄帝造车，故号轩辕氏"，《汉书·古今人表》和《古今注·舆服》也说黄帝造车和车的华盖，《古今注》和《志林》还说黄帝曾造指南车。《世本·作篇》《荀子·解蔽》《元和郡县志》则说"奚仲（夏初的车正）造车"，《山海经·海内经》又说"吉光（奚仲之子）造车"。是不是黄帝时就已发明了车，已经难以考证。但从商代已发现许多车辆实物，并且已有一定规模来看，显然已非原始车辆，说明商代以前早已有了车辆。必须多工种协做才能制造的车辆，发明之初，不可能立即使用于作战。《荀子·解蔽》的杨倞注释，说得比较可信。他说："奚仲，夏禹时车正。黄帝时已有车服，故谓之轩辕。此云奚仲者，亦改制耳。"实际上可能先夏已有车辆，但尚简陋，不能用于作战。奚仲为车正时，加以改进，使适于作战。所以《管子·形势解》说："奚仲之为车器也，方、圆、曲、直皆中规矩钩绳，故机旋相得，用之牢利，成器坚固。"这样才能在战场上使用。不过

在夏代的生产力条件下，还不可能大量制造战车装备全军，而且当时的战车也还难以快速驰驱，冲锋陷阵，主要是能够在战场上平稳地行驶。只能供高级贵族指挥官乘车指挥作战。夏代军队的主要兵种是步兵。

因兵器专门化和战争的需要。夏代开始有了简单的训练制度。贵族是军队的核心、战斗的骨干，要求他们必须具备相应的战斗技能。于是就出现了专门训练贵族的学校。学校除了进行为巩固王室政权所必需的政治性教育外，主要的内容是射。弓矢本来用于狩猎，起源很早，至夏代已成为战争中的主要兵器之一。并有了一定的发展，不仅射程更远，而且杀伤力大。如二里头和东下冯夏代遗址出土的铜镞，已有双翼带倒须钩的形式了，它的杀伤力较石、骨制和其他形式的箭镞要大，中箭后不易拔出。所以《尉缭子·制谈》说："杀人于百步之外者弓矢也。"射箭技术也随着弓箭的改进而提高。夏王朝非常重视射箭技术的训练。夺取太康政权的羿，就是一位不但善射，而且善于教射的有穷氏贵族首领。

除了平日进行训练外，夏王朝还借狩猎作为军事演习的方式和手段。据文献记载，夏王太康就是在率领家属到洛河北岸狩猎时，被善射的羿乘机篡夺了政权的。当时已是以农业生产为主的社会，狩猎显然是以进行军事训练为重要目的。

（三）商代的军制

夏王朝经过 471 年传至桀时，为商所灭，由汤建立了中国第二个统一的国家——商王朝。从汤建国至纣为周灭（公元前 1600 年到前 1046 年），共经 17 世 31 王，历时 554 年。商代时期黄河流域的气候比现在温暖，雨量也较现在充沛，对农业生产极为有利。加以青铜工具和除草、灌溉等耕作技术的使用，井田制基础上的农业，有了较大的发展；手工业的内部分工与协作也达到了新的水平，青铜兵器和战车的数量和质量，都有了显著的增多与提高。国家制度较夏代完善，基本上确立了比较集中的中央权力国家。

商代流传下来的文献甚少，春秋末期的孔子，距商代才 1100 年左右，在谈到商的情况时，就感到文献不足，认为缺乏可靠的资料。现在谈商代军制，当然更感文献不足。但根据先秦文籍、如《尚书》《诗》等的记载，结合甲骨文等考古资料进行研究，对夏代军制要略为清楚。

商灭夏后，为防范和控制夏的遗民，在夏的统治中心，仅离夏都斟寻（河南偃师二里头）十几里的地方，修建了新的都城亳（河南偃师尸沟乡）。由于夏王室与东夷有姻亲关系，东夷各方国在政治上倾向于夏，对商王朝构成严重的威胁，因而，在都城以东的嚣（河南郑州白家庄）又构筑了一座范围更大的陪都，作为控制东方的战略基地。传至第十一王仲丁时，为便于征伐"或畔或服"的蓝夷等东夷方国，迁都到已发展为繁荣城市的嚣。其后因发生"九世之乱"，又迁都 4 次。至第二十王盘庚时（公元前 1300 年）商又中兴，迁都于殷（河南安阳小屯附近洹水两岸），以后就没有再迁都。所以历史上又称商为殷商。商王朝势力所及的范围，东至于海，西至陕西西部，南跨长江达于湖南、江西，北至山西中部，东北至辽宁，西南至四川，幅员辽阔。商王室直接统治的区域，则只有商王族聚居的国都及其附近地区，即王畿。相当于今河南北部河北南部及山东西部地区。王畿以外，错落地散布着属于商王朝的若干诸侯邦国。各邦国之间和更外的地区，还散布着若干不属于商王朝管辖甚至与商王朝敌对的方国和部落。商代的王权，较夏代集中，其政治结构，分为内服与外服。王畿内为内服，即商王朝中央统治机构。内服各级贵族统治者，称百官（百僚、百辟），他们虽然都有各自的城邑、土地和民众、奴隶，但为商王所分配，是商王的臣属。王畿外的诸侯邦国为外服。他们有的是分封的商王子弟或同姓贵族，有的是主动拥护商王朝或被迫归附商王朝的方国部落。它们各有自己的地域、军队和官僚系统，是一些带有独立性或半独立性的政治实体。对商王朝承担纳贡、劳役和出兵从征的义务。但商王朝对它们的控制，则远较夏代为强。商王不仅可以在诸侯国内巡游、田猎、进行生产活动和拓展自己的耕地面积，而且命令诸侯为王室戍边。商王率军出征时，大都有诸侯国的部队参加，有时还令诸侯去征服某个邦国。

商王朝为开拓疆域，扩大直接统治区，经常出兵去征伐畿外周边各方国、部落，这些方国和部落也不断地对商王朝统治的地区边境及各诸侯邦国进行攻扰，掠夺财物以及人口等。战争非常频繁和激烈。商代出土的甲骨文，有上万条关于商王朝与其他方国之间互相掠夺奴隶、牲畜、财物的记录。仅《甲骨文合集》收录的卜辞，就有武丁与上百个方国、部落多次进行战争的记载。商王还经常率军出征，一次出征的时间，少则数日，多则近年；出征的距离，近则百里，远则千里。如帝乙征人方历时二百六十天，远征到了淮水流域，伐盂方的战争，历时达一年。战争的结果，大量的方国、部落被征服了，有的被消灭。如《诗经》所记武丁伐荆楚之战，不但俘虏了大批的民众，而且还将那里的城邑毁为平地。商朝初期约有方国三千，但至商末仅存一千多个，消灭了一半。在这样的历史条件下，作为国家支柱的军队及其各项制度，必然也相应地有所发展。

1.常备军性质的国家军队

盘庚迁殷前的商代前期，军队的发展变化不大，基本上仍和夏代相同。随着战争的需求，过去那种组织不严的军队组织形式就不适用了。武丁时期出现了将军队部署为右、中、左三个作战单位的战斗编组；进至武乙时期，这种临时区分演变为由商王直接掌握、以贵族为骨干、有固定编制（右、中、左三师）的国家军队。出现这种情况的原因主要有三：①战争频繁，连续用兵的时间延长。如对西北游牧族的战争，不断出兵征伐竟长达三年之久。②商王朝直接统治地区不断扩大。为了控制这些新开拓的地区和防备其他方国的攻袭劫掠，据出土的甲骨文记载，又增加了在边远地区修建军事据点——城邑，派军队戍守的军事措施。③商王统治下的诸侯、贵族，有时也会叛商。如商王的大臣沚，曾在抗击舌方、土方等的战争中起过重要作用，但卜辞中却有征伐沚的记载等。为了巩固统治，随时镇压反叛势力，需要经常有军队在营，固定编制自然也就提到商王朝的日程上来了。

以右、中、左命名的三师军队，虽然尚无服役时间的规定与各种制度，在名义上兵员也不是完全脱产的军人，但由于长期有兵员在军服役，已具有常备军的性质，可说是国家常备军的雏形，使商王朝的国家机器进一步得到加强。

2.地方军性质的氏族部队

王畿外的各诸侯邦国，不论是商王分封的还是被商王征服的，各诸侯国本身仍然是以血缘为纽带而组成的氏族性小国。它们国内的一切制度，商王朝还无统一的规定，仍然各自保留有自己的地方性氏族军队。商王朝国家军队称为"王师"、而各诸侯国的氏族军队，在师前冠以某诸侯国名，如犬国的军队称"犬师"，雀男国的军队称"雀师"等。商王可以征调氏族军随国家军队出征，如令沚侯从王师征土方；也可以命令他们单独戍守某地或执行进攻其他不服从商王朝统治的小方国，如令五族军戍守雷和伐我等。但族军的编制、组成和兵役制度等，皆仍沿袭本族的习惯，并不与国家军队一致。王畿内的王族及各强宗大族，也都各有本族的军队，如多子族等。这些地方性的氏族军队与王朝中央的国家军队同时并存，他们基本上仍是以贵族为核心、以本族成员为主体、临时征集组成的民军制军队，一般数量都很少，一支不过几十人至几百人，是商王室军队的补充力量。

3.步、车分编的军队编成与编制

师是商代国家军队的最高编制单位。商代中期以后有三师军队。师字原义为军队屯聚之处，一般用于泛称军队。武乙时师发展为建制单位的名称，旅又成为军队的泛称。当时一个师的规模究竟有多大，说法不一，从一百人到一万人都有。由于战争规模日益扩大，需要的军队数量也越来越多。河南安阳西北岗商代遗址中的一个商王墓道中，曾出土带柄的铜戈六十九件，十件一捆的铜矛七十捆，还有样式不同的铜盔数十顶。商王死后陪葬的兵器就如是之多，可见当时军队的规模已经相当大了。看来，一师一百人之说显然太小；但从当时的社会组织、生产水平、战争规模来看，一师一万人之说又似乎过大。商王朝不必要，也不可能长期使三万人在军队服役。从商代甲骨文有关战争的卜辞来看，多数出征作战都是征兵三百、五百、一千等；征三千人的发现六次；最多征一万三千人，只发现过一次。根据上述情况推论，一师兵员大致为三千人。当时的方国都较小，九千至一万受过一定训练的军队，是可以无敌于天下的。当然，从目前占有的材料看，还无法确证一师的准确人员，各家之说都是推论。

国学经典文库

中国军事百科

· 历代军制 ·

图文珍藏版

商代的国家军队，有步兵（徒卒）和车兵两个兵种。河南安阳小屯商代后期宗庙遗址前，有一群祭祀坑，埋着殉葬的士兵和车马，是按一定的军队编组和战斗队形排列的。前边是三百名士兵组成的方阵，后边是五辆战车及其隶属徒役组成的前三角队形。可见当时两个兵种还是分别编组、协同作战的。商代前期，步兵仍然是军中的主要兵种。出土的商代甲骨文，有关战争的卜辞，多是记录出征人数若干、俘虏若干，且多是关于以步兵出征人方、舌方、夷等方国的；而记录战车及车战的刻辞极少。当时的战车数量尚少，据古籍记载，汤灭夏时全部兵力才有战车七十辆，甚至有的说只有九辆，总之，商代前期战车为数不多。至后期，随着手工业的高度发展和战争规模的不断扩大，这种适合于商族在主要活动区域——中原地区作战，又能显示贵族的高贵身份，并且有较大冲击力和机动性的战车，才逐渐增多，成为军队中的主要兵种。射是射手的简称，一辆战车当时有一名射手，所以射在商代也是战车的代称。据出土的商代后期甲骨文最多有征射手三百的记录推断，商代晚期至少已发展为拥有三百辆战车的部队。

商墓殉葬多为十人一排，墓外葬坑也多为十人左右一坑，十坑一排，墓中出土的铜兵器，也都是十支一捆，因而可以判断当时的步兵编制基本上为十进位制。结合古籍与甲骨文的记载研究，大概军队最小的建制单位为"什"，一什十人，其长为什长；十什为"行"，一行百人，其长为百夫长；十行为"大行"，一大行为千人，其长为千夫长。按当时习惯右、中、左部署三大行，为一师，统帅为"师长"。商王朝直接掌握的"王师"步兵共三师，约九千人。

安阳小屯商代后期宗庙遗址祭祀坑出土的战车共五辆，前边三辆在中间，重叠为纵队，后边两辆在左、右，形成前三角的队形；前三辆车各驾二马，后两车各驾四马；每车战士三人，携带三套兵器（三把铜兽头刀、两把铜戈、两弓及铜镞等）；最前战车两旁，并列三坑，每坑殉葬五人，安阳西北岗殷墟还曾发现一个大的车马坑，共有殉葬车二十五辆，根据以上出土的实物情况，再结合古籍的记载，大致可推断出商代国家军队的战车编制：前期每车两马，后期每车四马。每辆车上甲士三人，成品字形排列，以便于战斗。御者居中稍前，左右两侧各甲士一人，持戈矛及弓箭，作战时，远则用弓箭，近则用戈矛。在车左侧的甲士主要司射，为一车之首，称"车左"或"甲首"。在车右侧的甲士，主要司击刺，称为"车右"。每辆战车有属于甲士的徒役三人，战车的编组为每五辆组成一个最基本的建制单位，五队二十五辆组成一个更大的建制单位，统帅军官称为"马亚"；又据商代甲骨文中多为征射一百、三百，古籍中多有出车一百、三百的情况，一百辆战车当为最高建制单位，统帅将领称"多马亚"。三百辆若为总数，与步兵协同作战，则混合编组每师可有战车一百辆。

商代的国家军队，处于由民军制向常备军制过渡的阶段，前后期编制的变化极大，尚未形成相对稳定的制度，加以缺乏直接、详细的第一手资料，所以上述各项数字，不可能完全准确。但从历史发展的情况看，大致上符合商代晚期的军队情况。

4.民军制的兵役制度

商代前期仍和夏代一样,实行临时征集的民军制度,按军事需要临时由商王指定人数,从王畿某地或某族内征集人员组成部队。甲骨文中有大量关于"登(征)人""登众"伐某方、征某方的卜辞,就是这一制度的反映。武丁时期,征服性战争频繁,王畿周边许多处于孤立、隔绝状态的方国、部落,都逐渐被统一到商王王朝内。在这种情况下,临时征集制就不能适应战争的需要。随着三师国家军队的建立,兵役制度也由临时征集的民军制发展为有预定编制和隶属关系的民军制。按照编制,先在贵族中固定各级指挥官,再将编制兵员的人数分配到王畿内各个基层行政单位,将适合服兵役的人员进行登记,编入军队编制,也就是"平时任户计民以预定其军籍",使"人有所隶之军,军有所统之将"。出征时只要通知各师师长,即可由各级贵族指挥官逐级下达征集令,迅速按编制集结起来。这一制度的转变,从商代甲骨文中也可以得到间接的证明。商第二十三王武丁时有大量召集兵员进行战争的卜辞,而至二十五王祖甲以后,虽然仍有战争卜辞,却没有"登人"的卜辞了。可见已经实行了有预定编制和隶属关系的民军制,不再用那种"出军时始作之"、具有原始社会军事民主制残存形态的临时征集制了。

商代前期,奴隶仍不能参加军事活动,出土的商代甲骨文中没有臣、羌等奴隶参加军队的卜辞,先秦古籍《易经》中也有不要奴隶参加作战的记载。但随着奴隶制的发展,有些世袭奴隶,特别是王室内的奴隶,已变为商王的忠实臣仆,商王"用其携贰者以宰治其同族"。于是他们爬进了统治阶级的行列,有些成为王室各类官吏,有些则成为商王的卫队成员。随着战争次数的不断增多和战争规模的不断扩大,这些称为"多臣"的卫队也就参加作战去征伐其他方国。如商代后期甲骨文中,就有相当数量的"多臣"受命伐缶等各方国的卜辞。当然,他们并没有脱离人身被占有的隶属性质,对商王而言,他们仍是奴隶。同时,他们也不在国家军队编制之内。

5.学校与田猎相结合的训练制度

由于战车的逐步普遍和战争使用兵力的逐渐增多,对军队的战术、技术要求也逐渐提高,军队的训练更被重视。商代军队的训练方法有两种:一是通过学校对各级贵族进行教育;二是通过田猎形式对全军进行战斗实兵演习。从形式上看与夏代相同,但就内容而言则较夏代有新发展。

商代已经有了较为成熟的文字和学习的工具。不但有了王室学校——明堂,也有了一般贵族的学校"序"和"庠"。当时文武尚未分家,学校教育也是文武兼习但偏重于武。学校军事方面教学的内容主要有三:一是射。弓箭是战斗中最重要的远射程兵器,商代和夏代一样,统治贵族对此非常重视。商代的弓箭质量已较夏代有所改进，并增加了保护弓身和保护弓的弧度的辅助器"弓秘"。射程、精度、杀伤力以及对射手的技术要求，都较夏代高，特别在行进中的战车上进行发射，更需要有熟练的技巧，孟子说："序者射也。"可见当时的序就是以训练射术为主要内容的学校。二是御。商代后期战车增多，众多的战车组成一定的战斗队形进行战斗，御手的御术和挽马训练程度都对战斗的胜败产生影响，所以御术也是学校教育的主要内容之一。三是舞。古代的舞、武相通，舞实质上就是兵器操作的演练和军事体育的锻炼。

殷墟出土甲骨文中，有大量记载商代田猎的卜辞。仅罗振玉《殷墟书契》一书所辑就有一百八十六条，而且大都写明是商王亲自统率军队进行。田猎使用了战车、弓矢等一切军事装备和兵器，有时一次获麋达四百五十一头之多，可见其规模之大。商代地广人稀，林木沼泽遍布各地，熊、鹿、豹虎等野兽到处出没。在这种历史条件下，商代田猎的性质和目的，虽然主要还是为获取野兽，开辟土地，为扩大农业种植、发展农业生产准备条件，但已有很大成分是通过田猎这种实兵演习的形式对军队进行战斗训练，商代称之为"震旅"。不过从卜辞的记载看，商代的田猎还没有固定的时间，帝乙、帝辛征人方时，在往返途中还进行过不少田猎活动，说明当时还没有形成固定的训练制度，"尚处于以田狩习战阵"的阶段。

6.迷信的占卜制度

早在原始社会末期，迷信的占卜就已经出现了，夏代开始盛行，商代成了商王朝进行统治的重要手段之一。原始社会末期人们占卜，请示的对象是山川、日月等自然神和祖先，随着王权的逐步集中，至商代，占卜请示的对象已发展为凌驾一切众神之上的上帝和已被神化的商王祖先。

迷信思想在商代的意识形态中占统治地位，上至国家大事，下至商王、贵族的私生活，莫不进行占卜，并设有专门负责占卜的卜官。卜官的政治地位极高，是统治集团中的一个重要阶层。他们代鬼神发言，指导国家大事和商王的行动。战争这样的大事，当然也不能不受到影响。从出土的商代甲骨文看，商王准备战争、发动战争，部署战斗行动、处理战俘等各种军事活动，都要进行占卜，并根据占卜的结果决定行止。这在商代已经形成制度，在研究商代军制时，不能不注意到这一点。

（四）西周的军制

牧野之战，武王灭商，建立了周王朝（公元前1046年）。从武王建国至幽王亡国（公元前771年），共传十一世十二王，275年。武王都镐（陕西西安西南），幽王亡国后平王又在东都洛邑（河南洛阳东北）重建周朝，历史上称幽王之前为西周，平王以后为东周。

经过夏、商两代一千多年的发展，到西周时，在政治、经济、军事、文化各方面都达到了空前的高度。周的制度,多因于商,但已有很大发展,并非简单的承袭。井田制是西周的经济基础,"封建制"和"宗法制"是西周的上层建筑,而礼制则是"封建制"与"宗法制"在意识形态领域里的反映。"封建制"就是将周王子弟、周姓贵族和有功或臣服的异姓贵族封为诸侯,分配在全国各要地建立军事据点性质的城邑,以统治当地民众,屏藩周王室;宗法制就是以血缘关系为基础,利用大、小宗的传嫡

牧野之战

制等来巩固周王朝统治阶级内部的等级制度,以强化三权从而加强各级奴隶主贵族的专制统治。

西周初期,大小诸侯国约有一千多个,其中由周王新封的近四百,大国约七十一个。这些和周王亲疏不等的大小诸侯按其等级区分为公、侯、伯、子、男等爵位。

西周的经济,特别是与战争有密切关系的手工业,发展较为突出。当时王室控制的手工业分工极细而且工种齐全,可以制造大量精良的青铜兵器和战车,使战争方式和军事制度发生了较大的变化。

1.国家常备军的建立

商代的国家军队虽然已具有常备军的性质,但毕竟是连年战争和长期戍守等客观条件造成的,并未形成制度。军队本身的兵役制度仍然是预定编制、隶属关系的民军制,还不是真正的常备军。进至西周,随着国家机器的逐步加强,各种制度的不断完善,统治地区的不断扩大和经济的高度发展,周王朝建立了常备军。

周王朝国家常备军的最高编制单位仍然是师。开始有六个师,屯驻于周都镐京;周王室为天下之宗主,所以周都镐京又称宗周,这支军队也被称为宗周六师。周公东征,平定武庚及东夷的叛乱之后,在商族原来统治的洛水地区,修建了一个军事基地作为周的东都,称洛邑,亦称成周,将东征俘获的殷商贵族,(殷顽)迁徙于此,集中进行管理,并扩编常备军,新建八个师屯驻成周,以加强对殷族以及东方的广大地区的控制。这支部队被称为殷八师。又因宗周在西,成周在东,因而也称宗周六师为西六师、殷八师为东八师。这十四个师,就是西周前期王朝中央直辖的常备军。一般由周王亲自统帅、指挥,但有时也委派担任王室卿士的诸侯代周王率领出征。周昭王十九年(公元前977年),昭王在南征楚国的返军途中,在汉水遭楚军袭击,以致"丧六师于汉",昭王也"卒于江(汉)上"。六师遭歼灭性打击后,战斗力大为削弱。穆王即位后,将殷八师西调至镐京附近,与六师集中使用,以加强宗

周方面对北方和西方的防守。同时在洛邑又重新建立了八个师,称之为成周八师。西周后期的中央直辖常备军增至二十二个师。不过周代常备军平日并非满员,仅留一定数量的贵族甲士在营,其他士兵在乡生产,定期参加训练、演习。一旦发生战争,立即可以按编制满员。

西周时王权较商代更为集中,"礼乐征伐自天子出",军权完全控制在周王手中。只有被周王封为诸侯之首的极少数"元侯",才允许建立一定数量的常备军,以保卫王室。封为侯爵的诸侯,只许建立常备卫队;至于一般被封为伯、子、男的诸侯,连建立正式常备卫队的权利也没有。有权建立常备军的诸侯,其率兵之卿,要由周王任命。

各诸侯国虽然没有常备军,但仍有夏、商以来就存在着的临时征集民军制的地方性军队,以保卫自己的国家。这些军队也必须服从周王的调遣和指挥。一旦发生战争,诸侯们要依照周王的命令,率领各自的军队,随同周王出征或遵照周王的命令单独率军进攻周王指定的作战对象。

西周初期的军队编制,基本上承袭商制,每师大致仍为3000人,十四师兵力为四万余人,后期二十二师,兵力六万余人。当时有诸侯国一千左右,最大的不过方圆百里,人口九万,周王掌握着四至六万多经过训练的常备军,可平定任何一国或数国的叛乱。西周盛时"有征无战",就是当时实际情况的反映。

2. 车、步合同编组的军队编制

商代,战车是军中重要兵种,至周代已发展为军中主要兵种。战车的数量增多,车战也逐渐成为主要的作战形式。周建国前后,仍按商军组成,战车与步兵分编。以后为了便于作战指挥和管理训练,演变为车步合同组编。以战车为主体,每车配备一定数量的徒兵,组成一个建制单位称"乘",乘既是军队最基本的建制单位,也是计算军队实力的基本单位。"乘"不仅包括战车、甲士、车属徒兵,还包括辎重车和后勤徒役。

(1)三十人制的乘

每乘战车一辆、挽马四匹、辎重车一辆,官兵共三十人。其中甲士十人:车上三人,车下七人;战斗徒兵十五人;后勤徒役五人:管炊事二人,管饲养二人,管衣甲装具一人。以上是一乘的编制概况。由于战车增多,一般以宽正面的矩形方阵进行作战,对战车御手的技术要求逐渐增高,而御术的精高对胜败影响甚大,所以御手的作用增大,地位提高,在一般战车上成为一车之长,不再由"车左"任"甲首"。至于指挥官乘坐的指挥车,当然仍是以居于车左的指挥官为首。

(2)百乘制的师

西周的各种制度,广泛地承袭商制,军制也没有完全脱离商代的影响。军队的行政编制,大致是五乘为一队,十乘为一官,五十乘为一卒,一百乘为一师。师的统帅为"师氏"。至于军队的战斗编组，则根据不同的情况有不同的组成，如九乘一个单位、十五乘一个单位或二十五乘一个单位等。

3.国野制基础上的兵役制度

（1）士兵的来源

周灭商后，周族的广大民众与贵族一起分别驻守在各个城邑及其郊内，被征服的商族多数人员与其他族民众则居于各城邑的郊区以外，隶属于城邑内的贵族。这些城邑，包括其郊区，在周代称为"国""都""乡"，郊区以外广大土地则称为"野""鄙""遂"。居住在国内的民众称"国人"，居住在野外的民众称"庶人"（野人）。按西周宗法制的规定，要实行嫡长子继承制，除各大宗嫡长子世为大宗外，其余各小宗在五世之后与大宗贵族逐渐疏远，即下降为"国人"。

"国人"与"庶人"的政治地位迥然不同，对贵族而言，"国人"虽属于被统治地位，但由于他们与周族贵族有血缘关系，又处于征服族的地位，所以"国人"有姓氏，享有参加政治和祭祀活动的权利。但他们最基本的权利和义务，是"执干戈以卫社稷"，作"公侯干城"，即服兵役。"国人"中的成年男子，都有应征入伍的义务。

"庶人"不是周族成员，完全处于被统治地位，实质上是农业奴隶。在周贵族看来，"非我族类，其心必异"，特别是意识形态领域内极为强调等级制度的"礼"的西周初期，大规模的战争很少，一般所需的兵力不太大，在"国人"足以承担的情况下，"庶人"是没有当兵权利的。

比庶人的政治身份更低的是奴隶。他们主要是在战争中被俘获的。西周王朝非常重视在战争中捉俘敌人，所有西周文献在叙述战功时，都有俘获人口的记载。如康王时的《小盂鼎》铭文记载：盂受命进攻鬼方时，第一次作战就俘敌战士4812人、族人1308人。这些被俘的人，有的赏给贵族作家用奴隶，大多数则从事农业、手工业和开发山泽等的生产。他们当然更没有当兵的权利。但家用奴隶因常年在贵族身边伺奉贵族，在军队出征时，也有一部分跟随贵族甲士应征充当徒役，担任贵族的杂役和后勤工作。

周军编制中每乘的甲士十人，一般为贵族成员和由贵族下降的"国人"担任。所谓"纠纠武夫，公侯干城""纠纠武夫，公侯腹心"，就是说的他们。他们是周军的骨干、主力。每乘的战斗徒兵十五人，均为"国人"，是周军的主要组成部分；每乘后勤徒役五人，大多为应征贵族甲士的家内奴隶，他们是军队的附属部分。

古籍在叙述每乘兵员的人数时，除因来源、传说不一造成很大的分歧外，用不同的计算方法也会得出不同的数字。只计算贵族为主的甲士，则说："革车三百辆，虎贲三千人"；将战斗徒兵计算在内，则说："每乘二十五人"；连徒役也计算在内，则说："革车一乘，士十人，徒三十人。"

（2）军赋的制度

　　由于军队组成的重要部分之一的"国人"不是长期在军服役,只是训练和发生战争时才召集入营,当时文武又未分职,周王朝为了便于管理,将军队编组与地方行政组织统一起来。但行政组织必然要与经济制度相适应,因而西周军队的编制和军赋是统一建立在土地国有的基础之上的。

　　"国人""庶人"的政治地位不同,所以"国"和"野"的土地分配方法及剥削方式也不同。"庶人"没有当兵的权利,实行"野九一而助哟"的劳役剥削制度。据说以九百亩土地为一井,八家各分配私田一百亩(约合今三人二亩),中间一百亩为公田,由八家无偿地集体耕种,产品全部上交国家,作为统治贵族祭祀和置办车马兵甲等军队装备的费用。公田耕种完毕,才能在私田上劳动,以获得维持全家生命和人口再生产必需的生活资料,此外还要负担筑城、修路及战时随军出伕的力役。"国人"有当兵保卫和扩大周王朝统治的义务,实行"国中什一使自赋"的军赋制度,据说以长宽各一里的土地为一个授田单位,称井,分配给三家,按十进位制组织起来进行管理和出赋。

　　此外,规定每家出兵一人备征,十家轮流有一人在营服役,口粮衣服自备。战车、马匹、兵器等装备,由国家供给,有专门的官吏负责制造、饲养和管理。一旦发生战争,还要自备行军口粮和马匹的饲草。这种自赋的剥削方式,成为后世"世兵制"和"屯田制"的先声。另一说,每七家共出兵一人,可能史籍记载不同,也可能两者都实行过。

　　西周除对"庶人"和"国人"进行劳役和军赋的剥削制度外,还有"籍田"的剥削制度。"籍田"是周王、诸侯等直接经营的大块土地。"籍田"的生产者,主要是由战争俘虏转化而来的奴隶。他们是西周社会最底层的劳动者,所受的压迫和剥削也最惨重。他们成千上万地被强迫在"籍田"上进行劳动,除维持生命最低限度的生活资料外,一无所有。剩余劳动产品全部为周王、诸侯及卿大夫等各级奴隶主所占有。

　　(3)服役的年限

　　迄今未发现商代有服役年龄及年限的规定,族内所有男性成员不论老少,凡能胜任力役者,随时都可能征召入伍,也没有时间的限制。至西周时,才有了服役年龄及时间的规定。据古籍记载,"国人"服兵役的年限为二十岁至六十岁。二十岁时开始参加军事训练及服军事方面的役,三十岁时为正式服役年龄,按一定的顺序轮流入营服役。发生战争时,未在营的适龄人员,根据需要,也随时可能被征召入伍。至五十岁时,一般军事演习及力役不再参加,但有战争仍须应征。至六十岁时,即停役不再征集。

　　西周还规定有相当完备的免役及缓役法。"国中贵者、贤者、服公事者、老者、疾者",皆免役不征。家有八十岁老人者一子免役,九十者全家免役;家有残废病人须人奉养者免征一人;值父母之丧的"缓征三年,值本家族族长之丧缓征三月";

等等。

4.与礼制密切结合的教育调练制度

西周时期军队数量增多,兵器质量提高,战争方式有了新的发展,军队的编制、指挥趋于复杂,战争对从事战争人们的战术技术要求也相应提高,因而军队的教育训练也就更为重要。西周和商代相同,也是通过学校教育和军事演习两条渠道对军队进行训练的,但已有了很大的发展,不仅一切都已制度化,并与"礼制"紧密结合,而且还定期举行射箭竞赛,用以选拔人才,形成西周的特点。

夏、商两代继承了原始社会崇拜祖先、迷信鬼神的观念,发展为崇信"天命"。特别是商代,事无巨细都要请示上天和鬼神,战争和一切军事行动,都离不开占卜。至西周时,接受了夏、商灭亡的教训,对上天产生了怀疑,认为"天命"不常,对人的能动性看法有所提高,并制定了一整套以"亲亲""尊尊"为内容、实质为等级制度的礼,贯穿于政治、经济文化等各个领域,军事方面当然也不例外。

(1)学校教育

西周的学校教育,较商代更趋完善,学校较商代普遍,教育对象有所扩大,教学人员专职化,教学内容与礼制密切结合。

周朝中央设有"学宫"(或称辟雍)、"射庐""大池"等国家学校,诸侯国都及卿大夫采邑各乡,也都设有"庠""序""校""塾"等地方学校,并设有"大师""小师"等专司教学的官职。贵族子弟当然要受教育。由于"国人"与贵族有血缘关系,又是保卫周政权军队的主要成员,所以也有了受教育的机会。至于庶人,与统治贵族既无血缘关系,又不当兵服役,所以没有受教育的资格。

西周的学校和当时的政权结构一样,文武不分,教育的内容,主要有六德、六行、六艺三个方面。小学学习个人技术性的文艺,即礼、乐、射、御、书、教;大学学习六德、六行等理论和结合军事演习学习集体性的礼、乐、射、御等以及战阵指挥的方法。乐,包含舞的内容,舞有文舞、武舞两种,武舞又分为象舞和大武舞两种,这种手持干戚等兵器进行的舞,实质上是古代的队列教练和刺杀教练。射,是重点课程,最受重视,幼小时期就灌输重射思想,男孩一出生就在门的左边挂弓以示祝愿,学校中所教的"五射",都是提高射程、射速和命中精度的要领和方法。御是难度较大的贵族必修课程。当时的战车轮大(直径为 1.4 米左右)、舆短(0.8 米左右),变换方向困难,又是单辕驾车,四匹挽马全靠御手立姿以马缰控制,没有专门的训练,是难以适应作战要求的。学校中教"五驭"不仅要求掌握"左右旋中矩"等一般御术,还要求掌握实战、田猎时车与车协同以及车与步协同的动作要领。

西周的军队,仍然是以贵族为骨干,所以对他们的教育、训练也就最为重视。童年时代就要接受训练,八岁入小学开始接受教育,十五岁学射、御。"国人"则没有年龄的规定,一般只能每年学习若干时间,不可能完全脱产学习。这样的教育制度,使贵族和"国人"之间既能知礼,又能作战,还可以培养和巩固贵族与"国人"之间的团结,有利于维护周王的统治地位和巩固奴隶制的阶级秩序。

（2）军事演习

①射箭竞赛与射礼。西周社会崇尚礼、戎,认为"国之大事,在祀与戎",而从戎的基本要求是掌握射、御术。所以射、御在生活中占有极重要的地位,成为评判男性贵族与"国人"能力大小的尺度,也成为西周王朝选拔人才的标准。西周王朝认为"射御足力则贤",善于射御的人多了,国家就可以强盛;主张对善射御的人提高待遇,予以表扬,以促使这样的人才多起来。因此,西周每年都要举行若干次射箭比赛,当时称"礼射"。按等级,礼射分为大射、宾射、燕射、乡射四种,各有定制,所用的弓、箭、靶和伴奏的音乐都不相同。

大射是周王的重要典礼。凡举行盛大祭祀前,都要在射宫进行射箭竞赛,用以挑选参加祭祀典礼的人。这种大射,组织严密,分工极细,仪式隆重。有司马掌握射场指挥,"司裘"供箭靶,"量人"测射距,"射人"司射法、射仪和安排射手顺序,"大史"记录命中箭数,"司射"检查箭靶是否射错,非应射之靶,虽中无效,并有"乐正"指挥乐队奏乐,"司常"发给奖旗等。当时的诸侯、卿大夫也有各自的大射,但依等级礼制而不同。如国王用虎、熊、豹三种箭靶,诸侯用熊、豹两种箭靶,卿大夫只用一种麋靶,射箭时周王射虎靶,诸侯射熊靶,卿大夫射麋靶。宾射和燕射是诸侯来朝和周王宴臣属时的射礼。一般贵族在宴会时,也举行宴射,比赛射技。乡射是乡大夫主持的"国人"射箭竞赛活动。每年春、秋两季各进行一次,每三年还要举行一次地方学校卒业乡学生的射箭大赛。这种考核性的竞赛活动,对提高射术,加强军队战斗力有一定作用,通过射箭时的礼仪形式,又可"明君臣之义"和"明长幼之序",对巩固等级制度、加强统治也有一定作用。

②实兵演习与田猎。西周的军事演习,每年三次,在农闲时进行。全体役龄内的人员,不论是否在营,都要参加。演习时,完全按实战编组及部署进行,规模很大。"春中教振旅",演习战斗队形,制式教练、练习"坐作、进退、疾徐、疏数之节";"中夏教茇舍,"演习野战宿营警戒及夜间动作;"中冬教大阅",按实战要求组织实兵演习。先整修场地,指定时间集结部队,迟到者斩;然后以旗、鼓、金、铎发号令指挥军队作接敌运动及格斗动作,不听指挥者斩。冬季是农闲季节,所以这次演习规模最大。每次演习,通常与田猎相结合,演习完了以后即进行狩猎。狩猎要与野兽搏斗,是带实战性质的大检阅。据说武王一次狩猎,"禽虎二十有二,猫二,麋五千二百三十五,犀十有二,牦七百二十一,熊百五十有一,罴百一十有八,豕三百五十有二,貉十有八,麈十有六,麝五十,麇三十,鹿三千五百有八"。捕获上万头野兽,兵力不足难以办到,至少有数万之众参加,可见其规模之大。

这种与田猎相结合的训练制度,主要为了提高军队战斗力进行备战,另一方面也与政治、经济有密切联系。既有大批野兽存在,说明这个地区尚属荒地;将野兽捕获、驱逐之后，既可以保护附近已垦农田不被损害，又可为奴隶开垦新的"籍田"以增加剥削量创造条件。

5.装备和纪律

西周时期奴隶制经济高度发展，特别是与战争有密切关系的手工业，发展尤为突出，分工极细，工种齐全。如木工分为七个工种，金工分为六个工种，皮工分为五个工种等等。所以西周的兵器、战车等军事装备，不仅在数量上大大超过了商代，质量上也有了很大的提高。西周军队的装备，主要有杀伤性兵器、防护性兵器、攻城器械和战车等。

西周军队装备的杀伤性兵器，有适于较远距离作战的弓箭，有适于车战的戈（勾兵，长六尺六寸）、矛（刺兵，长二十尺或二十四尺）、戟（兼有勾、刺性能，长十六尺）、殳（击兵，长十二尺）和适于近身格斗的剑（可刺可斩）等。这些兵器，多为青铜制造，不仅锋刃已远较商代锐利，而且按照长短及战斗性能，配合使用。防护性兵器有甲（一般皮制，或缀以青铜泡灯，也有以青铜制护胸者）、胄（头盔，青铜制）和干（盾，一般皮制）等，有的战车挽马也装备有护甲。攻城器械有钩援（登城云梯）和临冲（攻城战车）等。

西周的战车，比商代战车精良坚固，更适合于战斗。不但高、长、宽等都有严格的尺寸标准，而且在性能上要求上下方便，行进稳快，在泽地行驶不粘泥土等。仅以制造车轮的工艺来说，要用规测量轮是否圆、用矩测量牙辐是否垂直、用悬绳测量上下辐是否正直、用水测量浮沉是否均匀、用黍测量毂中空隙容量是否相同，还要用秤测量两轮重量是否相等。一切合格，才算好的战车。

随着军队成员的增多和战场范围的扩大，西周军队已全部使用旗、鼓、铎，铙等视听信号指挥作战。各级军官及士兵，都必须按照统一的号令行动。要求行列整齐、动作协调，并规定了较商代更为严格的军队纪律，如前所述，迟到及不听号令者处以死刑。另外，为了收揽人心和瓦解敌军，有时也下达不准杀戮降卒和禁止抢掠群众的临时命令。

（五）春秋时期的军制

自周平王东迁、重建东周王朝（公元前770年），至周敬王四十四年（公元前476年）的二百九十五年，是我国社会大变革时期。由于这一时期与孔丘所著鲁国编年史《春秋》的时期大体相合，所以史称这一时期为春秋。

春秋的社会，较前大有发展：在经济上，由于铁的发现和铁工具的使用以及牛耕在农业生产上的推广，劳动生产力迅速提高，田制发生变化，赋税有了改革，剥削方式开始改变，出现了封建生产方式并逐渐形成地主和农民两个阶级，"工商食官"的局面逐渐被破坏。在政治上，由于各诸侯国政治、经济、军事力量的不断发展,出现了"王室衰微"。大国争霸的局面,按孔丘的说法,就是从"礼乐征伐自天子出"变为"礼乐征伐自诸侯出",西周宗法统治秩序,初步被打破,以血缘关系为基础的宗法制的作用,也逐渐缩小,"国人"的地位不断分化,"庶人"(野人)的地位有所提高。在军事上,随着社会生产力的提高,兵器数量增多,质量提高,杀伤力增大,还出现了飞石机、辒车、巢车等器械;特别在战争上,发展更大。西周时作战的兵力不多,而且多是"有征无战",所以军事学术发展不大。西周初期一千左右的大小封国,至春秋初,仅余一百三十多个(《文献通考·封建考》,共有姬姓封国五十三,异姓四十四,具爵不具姓八,爵性全失二十六),各国国土日广,军力日强,相互兼并,大国争霸,战争极为频繁。据不完全统计,在这二百九十五年里,就发生过较大的战争三百七十六次,因而,军事学术迅速发展,不仅有了指导战争全局的战略思想,而且在战术上也有很大发展。与战争相适应,军事制度也较前大有发展。

1.各国常备军的建立及编成

(1)各国普遍建立常备军

周王朝的国家常备军,经过西周后期历次战争的削弱,特别是在幽王失国、平王东迁之后,已没有原来的二十二师或十四师之多,王室衰微,王权下移,周王徒有天下"共主"的虚名,而实际上已没有力量再像西周那样控制各诸侯国。这时期在军制上最大的变化,是各诸侯国先后都建立了自己的常备军。

由于铁制工具的开始使用和畜力耕作的逐步推广,不仅开垦了大量荒地和森林地区,单位面积产量也有所增加。这就为各国建军、扩军提供了最主要的物资条件。另外,受人口、土地及剩余劳动产品等数量的制约,各国常备军的兵力又都有其极限,不可能无限制地扩大军队。春秋前期,大国如齐、鲁、晋、秦等,兵力一般为三万人左右。至春秋末期,兵力增至十万人左右。十万人的军队出征作战,将影响七十万家以上的农民不能正常从事生产。根据当时的生产水平,维持十万人的军队。大概已达到春秋时期各国的极限。

(2)常备军的类型和指挥系统

春秋时期各大国的常备军,一般有三种类型:中央直辖的国家军队,边疆县、郡的地方部队和国君、卿、大夫的私属部队。各国的国家军队,基本上和周王朝的国家常备军一样,是以王室成员为骨干,以"国人"为主体组编而成,是各国常备军的主力。平时驻于国都,由中央政权直接控制,随时准备机动、出征。主要担负野战任务。

各国的地方部队,是在郡县制出现以后建立的。春秋以来,作为东周王朝来说,王权下移,实际上已沦为一个小国;而各国国君都在不断地加强本国的中央集权。新兼并的土地。一般不再按分封制赐予卿大夫作世袭的采邑,而是将它建为县或郡,由国君直接任免郡县长官进行统治。如楚武王(公元前 740—前 689 年)

灭权,秦武公(公元前697—前678年)灭邦、冀戎及占领河东地区等,都将其地建立为县。由于各国疆域日渐增大,争霸及兼并战争日益频繁,一旦遭到敌国进攻,如从国都调遣军队出战,因当时交通极不发达,容易贻误战机。为了达到能在战争初期快速反应的目的,各国相继在边疆的县、郡建立称之为"邑兵""县兵"的地方部队。如楚共王六年(公元前595年),楚的属国蔡国遭到晋军的进攻,楚国申、息两县的地方部队立即前往救援。各国地方部队的主要任务,是担负防守边疆战略要地。

各国的私属部队,是由夏、商沿袭而来的家族军,但此时已有发展,开始改变了完全以血缘为基础的性质。部队的组成,除王族或公族等本族成员为骨干外,奴隶中选拔出来的一些武士,是"家兵"性质。这种私属部队主要担负保卫公室及卿大夫采邑的任务。

发生战争时,国君可以命令地方部队随同国家部队出征作战;至于私属部队,则成为出征国君及卿大夫的卫队。卫队成员,一般为精选的勇士,人数虽不多,却是各国军队中战斗力最强的精锐部队。

春秋时期各国军队的最高统帅为国君,经常亲率军队出征作战。军队各级指挥官,也都由卿、大夫等各级贵族担任。这时仍和西周一样,文武不分,将相合一,各级贵族既执掌政务,也统帅军队,仅设有专职管理政事、军赋的官长,称为司马。但由于时间、空间不同和发展的不平衡,军队的隶属关系,春秋前后期和在不同的国家中并不完全相同。大体上春秋前期中原各国,军队的隶属关系是固定的。如齐国的三军,分由齐桓公、国子、高子三人各统其一,世袭不变;春秋后期和秦、楚、吴、越等中原外围各国,军队的隶属关系是不固定的,平时由司马管理军政、军赋,战时则"出军命将",临时由国君任命统军将帅,战争结束后,即撤销其指挥权。如楚昭王元年(公元前515年),吴国军队包围了楚国的潜戒,楚王就曾任命掌管宫中政务的王尹麇和掌管百工及官营手工业的王尹寿等统帅士兵往援。

(3)车兵的鼎盛时期

春秋时期的军队,主要兵种仍然是车兵。但在战车数量、质量以及车兵的编制编组上,都较西周有所发展。各大国的战车,一般均在千乘以上。如周襄王二十年(公元前632年)晋楚城濮之战时,晋国仅用于战场的兵力就有七百乘。至后期,不少国家可动员四千乘以上。如周景王十六年(公元前529年)晋昭公在平丘与诸侯会盟时,所率兵力即为四千乘。齐楚等大国的兵力,当不在晋国之下。鲁、郑、宋等二等国家也都有近千乘,连邾等小国也有六百乘之多。已发展到车战和车兵的鼎盛时期。形成这种情况的主要原因有三:①经济科技发展,这是根本因素。制造战车,不但需要优质木材、青铜、皮革和胶漆等多种材料,而且需要掌握高度技术的熟练工匠,如木工、金工、漆工、皮革工等的密切协作。春秋时期的经济空前繁荣,特别是与制造战争装备有关的手工业更在高度发展,所以才有可能用那么多的战车装备军队。②战争需要，是推动力量。春秋的战争，主要是各国统治贵族之间的争霸和兼并战争、从事战争的贵族。对能够冲锋陷阵，又能够表示贵族身份的尊贵的战车，特别重视与爱好。随着日益频繁的战争对战车需求的不断扩大，战车和车兵也就不断地增多和加强。③地理环境，是客观条件。春秋时期的主要战场是黄河流域的中原地区，这里地形平坦，便于战车驰骋，所以车战就成了最主要的作战用具，车兵也就形成军队最主要的兵种了。

（4）萌芽状态的舟师、步兵和骑兵

春秋后期，地处长江流域的吴、越、楚三国相互争霸，战争扩展到江河水网地区，于是我国古代的海军——舟师就应运而生，成为春秋军队的一个新的军种。传说黄帝时代我国就已发明的舟船夏、商、西周时期已有在军事行动中大批使用的记载。但当时仅用于运输军队或渡过江河，还不能算军队的组成部分。至春秋时，由于造船技术和造船能力的提高，舟船质量及数量均大有发展，开始出现了专门用于水战和海战的战船及兵器。一些近江傍海的国家，要进攻大国，舟师规模不大是办不到的。如吴王夫差十一年（公元前485年），徐承率吴军舟师由海上进攻齐国，海行数千里。吴越、吴楚间不少战役都是以舟师在水上作战的。

春秋时期，除车兵和新兴的舟师之外，还存在着步兵和骑兵两个兵种。中原各国在商代以前，步兵都是单独的兵种，并且是军队中的主要兵种，西周以后，车战成为主要作战方式，步兵下降为战车的从属徒兵，不再是一个独立的兵种。但地处中原边沿地区和中原山区的小国，则仍然是以步兵为主，没有或极少有战车；江南水网地区的国家，如吴、越等，战车数量也很少，始终有独立的步兵，并且是军中主要兵种。随着社会和战争的发展，至春秋后期，中原各国的徒兵，也有脱离战车自成兵种的趋势，如晋国为了和狄族的步兵部队作战，首先建立了三支独立的步兵部队，以后又在与无终国的作战中，放弃战车，全部改为步兵，重新组织进行战斗；郑国也时常单独使用徒兵作战。

出土的甲骨文和实物，都证明我国早在商代就已有了单骑，但为数甚少，尚没有成为部队。至春秋时，骑兵逐渐增多，特别是生活在草原地区的游牧族国家和部落，人人善于骑射，已组成数目可观的骑兵部队，经常用以掠扰中原各国的边境地区，称为骑寇。中原地区以农业为主定居生产的各个国家，虽然也已有了骑兵，而且数量并不太少。如周襄王十六年（公元前636年）秦穆公派军护送晋公子重耳返国时，军中就有骑兵二千；1946年在山东临淄齐国故域，发现齐景公（公元前547年至前490年）墓地的一个殉马坑就埋马约600匹等。但在以车战为主的年代里，战争对机动性的要求不高，骑兵的优越性显示不出来，所以终春秋之世，骑兵还没有成为一支独立的兵种。

就全国地区的整个历史阶段而言，春秋时期的军队，共有车兵、舟师、步兵、骑兵四个军、兵种，其中占绝对优势的是车兵，也可以说春秋是车兵和车战的时代。

（5）车兵为主的常备军编制

军队的编制，是随着社会的生产力、武器装备、士兵来源和战争、战术需求等的发展而改变的。春秋的军队编制，虽然基本一致，但由于时间、地点、条件的不同，又由于缺乏第一手的信史资料，所以只能了解其概貌。

①战车的种类。春秋是战车为主的时代，战车也就理所当然地成为军队编制的核心。西周时期的战车，只有一种，随着战争规模的扩大和军事学术的提高，战车的种类增多。因为各个国家和各种文献对战车的分类和称谓不一，以致名称纷杂，解释各异，孙武将战车区分为驰车、革车两大类，曹操注解说：驰车，就是轻车；革车，就是重车。有时也将驰车解释为攻车，革车解释为守车。这是按战斗性能进行的区分，比较科学。

轻车，就是执行进攻任务的战车。它构造轻便，机动性强，所以也称驰车、攻车或武车等。又由于它要求作战时不易倾倒，车上还要横向排列三人，所以轮距较宽，车轴较长，又称"长毂"。用于备补或巡逻警戒的，又可称之为阙车、游阙等（也有人称之为革车）。总之，轻车是战车中最主要的车种。

重车，是春秋时逐渐发展起来的一种战车。西周除一般战车外，只有辎重车，据说是四轮，驾牛，行军时在后面，作战时不参加。随着战争的发展，战场情况逐渐复杂，前进速度加快，过去每日行军三十里（一舍），春秋时可日行九十里；每乘人员也已增多，携带的食粮、军需、兵器、修理和筑城工具等物资，一辆牛车也装载不了，这就需要一种能运载一定数量必需的后勤物资而又能和攻车一起行动的车辆。过去作战双方都是以进攻手段进行战斗，春秋时已有了野战防御的萌芽，部队宿营时或为避免不利的决战时，要有垒进行防守，时间仓促来不及筑垒，人们就将战车围成一圈，一辆辆衔接起来，组成营阵。士兵据以发矢，阻止敌军战车冲击，这就需要一种比攻车更重、更大而适于当垒防守的车辆。由于以上原因，介于攻车与辎重车之间的革车就应运而生。这种车上有皮革覆盖，宿营时亦可供人休息，所以也称革车。《孙膑兵法》所说"车者所以当垒"，《周礼》所说"次车以为屏"，"设车宫、辕门"等就是指的这种车，所以又称守车。1950年河南辉县琉璃阁魏国车马坑出土十九辆木车遗迹，不驾马，成双行，辕舆相搭，车轮切连，以同一角度仰列坑中，大概就是当时以车当垒的情况，所以又称苹车（屏蔽之车）。

王室及公室私属部队的战车称为戎路，主帅所乘战车称元戎。元戎和将领所乘的指挥车与一般攻车不同之处是车上设备有指挥器械，如金、鼓、旗、铃等。"金鼓旗铃四者各有法：鼓之则进，重鼓则击；金之则止，重金则退；铃传令也；旗靡之左则左，靡之右则右……鼓失次者有诛，喧哗者有诛，有听金鼓铃旗而动者有诛"，这就是当时的作战指挥规则。主帅及将领所乘指挥车后，一般都有佐车付车跟随，从秦始皇陵兵马俑坑出土的佐车，车上只有二人，一为御手，一为车右，空出车左位置（称为"虚左"或"旷左"），以备指挥车损坏时，主帅或将领乘此车，如《礼记·檀弓》记载:鲁宋乘丘之战(公元前 684 年),鲁庄公所乘指挥车的服马惊跳,鲁庄公坠于车下,攀乘佐车免于被俘。

②百人制的乘。春秋仍同西周一样,采用车、步合同编组,乘为基本建制单位,所不同的是每乘兵员人数逐渐有所增加。以战斗人员为例,西周时每乘二十五人,春秋初期大概就增加了一倍,每乘五十人。春秋中、后期每乘增至七十五人,各国编制大体上都是如此,这是春秋时期最普遍的建制人数。唯楚国略有不同,每乘战斗人员一百人,比其他国家多二十五人。乘的具体编制为:每乘轻车一辆,甲士三人,战斗徒兵七十二人;重车一辆,后勤徒役二十五人,其中掌管炊事者十人,守护装具兼修革甲者五人,掌管挽马饲养兼修挽具者五人,掌管柴薪汲水兼修战车兵器者五人。这一百人按卒、两、伍三级编组。每伍五人,内伍长一人;五伍一两,二十五人,内两司马一人;四两一卒,一百人,内卒长一人,也就是一乘之长。卒是每乘人员的最高建制单位,乘是战车的最低建制单位。

(6)编无定制的军

春秋时出现了军的编制。军字在《说文解字》中解释为军队临时驻屯的意思,字的外框表示土垒,阙口表示营门,中间表示停放的战车。以后逐渐发展为军队的泛称,至春秋,再发展为军队战斗序列组成的最高单位名称。但其下属编制,并非固定,各国及各时期的兵力,也不尽相同。如晋军在城濮之战时,兵力七百乘为三军,鞍之战时兵力八百乘也是三军。又如城濮之战时楚军三军的战斗部署,以申、息两县部队为主组成左军,以陈、蔡两国军队为主组成右军,而以楚军主力组成中军。可见军在春秋时还不是严格的建制单位。

各国的中央直辖常备军,多数编为左、中、右或上、中、下三军。极少数编为二军、四军或六军等。编为二军的国家,上军地位高,编为三个军以上的国家,中军地位最高,地位最高的军的主帅,一般也就是全军的统帅。唯楚国尚左,以左军的地位最高。编军的多或少,除了受经济实力、兵源数量和作战需求等因素的限制外,还受各国卿、大夫等力量强弱的制约。如鲁国总的兵力,在春秋整个时期均大致维持在千乘左右,但在中期以前,只有两军,由国君直接掌握。鲁襄公十一年(公元前562 年)时,季孙氏等三大夫力量逐渐壮大,各自的私属部队即发展到七千人,遂将由国君直接掌握的上下两军改编为上、中、下三军,由季孙、孟孙、叔孙各领一军,权力由国君下移到大夫之手。至鲁昭公五年(公元前 537 年),由于三大夫的势力各有消长,又将三军改为二军,季孙独领一军,孟孙、叔孙共领一军。再如晋国情况,尤为典型。晋武公元年(公元前 678 年),周厘王命武公以一军为晋侯,晋献公十六年(公元前 661 年)扩编为上、下两军;晋文公四年(公元前 633 年)又扩编为上、中、下三军;次年,在三军之外,再增编三支独立的步兵部队——三行;晋文公八年(公元前 629 年)。又将三军和三行改编为上、中、下和新上、新下五军;晋襄公七年(公元前 621 年),再撤销新上、新下二军,恢复上、中、下三军;晋景公十二年(公元前588年），又扩编为上、中、下和新上、中、下六军；晋厉公三年（公元前578年），晋秦麻隧之战时已经又将新三军缩编为一军，成为上、中、下、新四军；晋悼公十三年（公元前560年），因无合适人选任新军主帅，撤销了新军；晋平公二十二年（公元前536年），再度扩编为六军。晋军的频繁改编，在初期或与经济、兵源、作战等因素有关，后期则主要是受卿、大夫之间权力分配的影响。

军与乘之间的隶属及指挥关系，大致仍和西周时师与乘间关系一样：五乘一队，十乘一官，五十乘一卒，一百乘一师。师是战车编组最高单位，若干师组成一军，但在古文献中，也有记载一百二十五乘或八十一乘为战车编组最高单位的。因为当时变化频繁，古籍记载又不够详尽、系统，没有，也不可能有绝对准确而又能符合各个时期编制的数字。以春秋中期建有三军中央直辖常备军的国家为例，大体上每军约有战车二百乘左右，加上国君及卿、大夫的私属部队和县、郡地方部队，一次出征使用于作战的兵力可达七百乘至八百乘。

春秋时期步兵的编制，没有可靠的史料可考。仅从黄池之会（公元前482年）时吴国三军的三个步兵方阵的排列看，似乎仍沿用西周初期十进位的编制：十人一队，十队（百人）一行，十行（千人）一旌，十旌（万人）一军。至于舟师和骑兵的具体编制，则无文献可证。

2.世兵制与民军制相结合的兵役制度

春秋是社会大变革的时代，阶级关系方面的最大变化，就是武士阶层和农民阶级的出现。武士阶层的出现，形成世兵制；农民阶级的出现，导致兵役范围的扩大。

（1）世兵制的出现

西周以来，"国人"所受的经济剥削虽然比"庶人"轻得多，但他们在军事上的负担却异常沉重。进入春秋以后。频繁的战争和大量的会盟、观兵等军事行动，不仅造成大批人员的伤亡，而且经常使"国人"有田不能耕种，还要自备军服、口粮和马革等军需物资，越发使"国人"负担不起；特别是各国常备军的普遍建立，使大量"国人"长期在营服役，更造成"国人"的贫困和流亡。"国人"的分化和没落，当然要削弱诸侯和贵族们的军事实力。各国统治贵族为了维持并扩大自己的军队，增强军队的战斗力，就不得不采取措施解决这一问题。如齐桓公就采纳管仲之谋，积极推行"参其国而伍其鄙，定民之居，成民之事，以为民纪"的政策。把"国人"中适合于服兵役的武士，单独划为一个阶层，与工人、商人分区居住，不准迁徙，专服兵役，世代相传，这样就可以保证有充足、固定的兵源。担任伍长，就可以专食田禄，不参加劳动生产，在营服现役的武士，可以安心服役，未服现役的武士，也有充裕的时间在家研究战法和学习作战技术。而且隶属关系固定，官兵相互熟悉了解，"夜战其声相闻，足以无乱，昼战其目相见，足以相识"。这样就提高了军队的士气和战斗力，世兵制于是出现。各国的常备军，主要是由这个阶层的武士组成的。为了扩大兵源,齐桓公还推行了在鄙野中"选民之秀者为士"的政策,选拔优秀的"庶人"升入武士阶层。各国先后也都采用了同样的政策,因而,各国常备军士兵的成分也开始逐渐有所改变。

（2）兵役范围的扩大

从西周末年周宣王放弃对籍田的直接经营开始,以集体耕作和集体剥削为主要特征的井田制度逐渐崩溃,到春秋时蔓延至各国。各级奴隶主贵族从籍田和公田里既然剥削不到更多的产品,自然要改变剥削方法,于是相继废除了三年换土易居的土地分配制度,将籍田和公田也作为份田分配给奴隶和"庶人"固定使用,实行"相地而衰征"的政策,按照份地的多少好坏,以一定的比例征收实物。这样,集体耕作变为个体耕作,对集体的劳役剥削,变为对个体的实物剥削;于是大量"庶人"逐渐由农业奴隶的地位转化为农民,上升到与过去国人差不多的社会地位,为扩大兵源奠定了牢固的基础。当然,这种转变并不是一下子完成的,而是经过了整个春秋时期的漫长过程。

战争频率的升高,战争规模的扩大,迫使各国统治贵族设法增加士兵的来源。开始是以个别选人武士阶层的形式出现,这只能补充常备军的少量缺额,而越来规模越大的战争。却要求能将更多的军队使用于战争,于是本来只限于在"国人"范围内实施的兵役制度,就扩大到由"庶人"转化形成的农民阶级中来。如晋国的"作州兵"、鲁国的"作丘甲"、郑国的"作丘赋"以及楚国的"量入修赋"等,都是这种性质。实质就是将战争动员与赋税收入统一起来,以扩大士兵的来源,增加国家的税收,从而达到提高战争实力和战争潜力的目的。

在农民中所实行的兵役法,基本上仍是西周预定编制及隶属关系民军制的沿袭。农民平时在家生产,发生战争时,根据需要征集一定数量的农民入伍,编组成军,随同作战;战争结束后即解甲归田。整个春秋时期,实行的都是常备军与民军相结合的军事体制。

（3）军赋制度的发展

西周时期的赋,仅指兵役、车马兵甲等军事费用与祭祀禄食等行政费用同出于公田收入。至春秋后,税、赋开始分离,行政费用的征收,称税,军事费用的征收与兵役合并起来称赋。"赋供车马甲兵士徒之役,充实府库之用;税给郊社宗庙百神之祀,天子奉养、百官禄食庶事之费。"

各国、各阶段的军赋制度不尽相同,对农民的剥削程度也多少不一,但由于他们处于同一历史时期,各方面的条件也大致相仿,随着交往的增多,各国之间又相互影响,所以除了名称不同外,各国军赋的内容差别不大。据古籍记载,春秋各国的征兵量与西周基本相同,最高不超过每家一人。军赋征收的基本单位,是根据军队基本建制单位的乘规定的。《司马法》说甸是征收军赋的基本单位,一甸五百七十六户,应出车一辆,甲士三人,徒兵七十二人,马四匹,牛十二头,即一乘之人员、装备。这可代表春秋前期的军赋制度。鲁成公"作丘甲"（公元前 590 年）后，改丘为征收军赋的基本单位，一丘一百四十四户，即出原一甸应出之赋，人民的负担比前期增加近三倍。这基本上代表了春秋中、后期的军赋制度。这里所说的数字，当然不一定准确，只能说大致上符合当时的情况。

军赋中所规定的车马兵甲等军事装备，不是，也不可能是由农民自行携带入伍的，而是通过赋的形式，向国家缴纳一定数量的农产品，作为政府制造和保管这些军事装备的费用。

春秋的服役年限及免役法规，基本上与西周相同，没有大的变化。不过必须加以说明的是，春秋各国的军赋及服役年限等虽然都有法定制度，但国君和卿、大夫等都有改变规定的权力，可以按个人的意志倍征或免征。

3.普及化的训练制度

随着作战方式、军队编成和士兵成分的变化，军队的训练制度也相应地有所发展。春秋较西周的最大变化有两点：训练对象扩大了，训练手段加强了。

（1）教育对象扩大到"庶人"

主要成分为贵族的甲士，是西周军队的骨干和主体，所以西周的军事训练，主要对象是贵族。至春秋后，主要成分为"国人"的武士阶层出现了，成为常备军的主体，他们世代当兵，不事生产，唯一的任务就是从军作战，所以春秋时期的军事训练，主要对象就扩大到武士阶层。他们在国家设立的学校里，可以受到和贵族同样的教育。据说每八十户设一学校，选文武兼备的"父老"担任教师，武士子弟也是八岁入学，接受教育，十五岁开始学习射、御等军事技术。除官学外，有些优秀的人物，如孔丘、墨翟等，设立私人学校，招收学生，进行与官学同样的六艺教育。春秋时期有许多著名的军事家出于武士阶层，如管仲、孙武等。

（2）加强了军队的日常训练

西周和春秋，虽然同为车战为主，但西周时甲士和徒兵的比例相差不大（10：15），作战方法也比较简单。春秋时徒兵大量增加（3：72），作战方法日趋繁杂，徒兵的地位、作用和战争对战术技术的要求也日益提高，仅仅依赖入伍前的学校教育和每年数次的定期演习，对常备军来说，已不能完成训练任务，这就迫使贵族统治集团不得不扩大训练面和提高训练量。因而，各国先后都加强了军队的日常训练，对常备军的全体成员进行分科训练，例如晋悼公任命弁纠负责全军御手的训练，任命荀宾负责全军勇力之士的训练，任命籍偃负责全军车、徒协同的训练，并命程郑负责全军饲养马匹人员的训练等。至于不在营的役龄内农民，仍和西周时期一样，每年在农隙时进行三次军事演习，冬季的一次，为全国性大检阅。

（六）战国时期的军制

从周元王元年（公元前475年）到秦始皇二十六年（公元前221年）秦统一中国时止，是我国历史上的战国时代。这个时期，新旧势力斗争激烈，社会体制变化剧烈，各诸侯国相互兼并，据古文献不完全的统计：齐桓公"并国三十五"，晋献公"并国十七、服国三十八"，楚庄王"并国二十六"，楚文王"兼国三十九"，秦穆公"并国二十"。最后仅剩20多个诸侯国，其中以秦、楚、齐、燕、赵、魏、韩最强，号称七雄。七雄并峙，战争愈演愈烈，所以称为战国。战国，是中国从诸侯割据走向国家统一的时期，也是中国封建制确立的时期。

战国时的生产工具已经普遍使用铁制。"铁使更大面积的农田耕作，开垦广阔的森林地区成为可能，它给手工业工人提供了一种坚固而锐利非石头或当时所知的其他金属所能抵挡的工具"，从而使社会经济迅速发展。以古代社会的决定性的生产部门——农业来说，畜力耕种和锄、犁等铁农具的普遍使用，水利灌溉事业的迅速发展，一年两熟制的普遍推广，以及施肥、改良土壤等生产技术的进步，不仅使大量荒地得到开垦，而且使农产品的单位面积产量大为提高。以魏国为例，战国初期平均产量已达亩（约合今0.31亩）产一石半（约合今30斤）。上好年景时可达平均产量的四倍。因而当时一百亩的收获，"上农夫食九人，上次食八人，中食七人，中次食六人，下食五人"。这就为扩建大批的军队创造了具有决定意义的条件。

再以古代社会重要的生产部门——手工业来说，战国时各国中央和郡县，都设有各种官营手工业作坊，并建立了相当完善的管理监造制度。此外，由富豪经营的冶铁等大手工业和由个体经营的小手工业也普遍存在，而且冶铁和制造技术如铸铁熔化、渗碳制钢等也都达到相当的水平，这就为军队武器、装备的大量增加及其战斗性能的提高准备了必要的条件。

随着农业、手工业的发展，商业和交通也相应地有了新的发展。大批的城市先后兴起。春秋时只有诸侯所居的国都和卿大夫所居的大邑以及末期的郡县，才有城的建筑，规模都不大，人口也不多，除了国都有周围九百丈、城郊几万家外，其他的邑城，则"城虽大无过三百丈者，人虽众无过三千家者"，而且基本上属于军事据点性质。至战国后期，大不相同，"三里之城，七里之郭"，到处出现，"千丈之城，万家之邑"，普遍存在。有些大的县城如宜阳，就已经是"城方八里，材士十万，粟支数年"，而且由于商业、交通的发达，不仅是军事据点，而且已经成为繁华的商业城市，成了战争争夺的新的目标，从而也促使战争方式和军队编组发生变化。

通过春秋时期的不断变革，到战国时，封建所有制已逐渐确立。各国新兴的地主阶级，先后夺取或控制了政权，进行了一系列的政治改革，建立了新的封建的任官制度、薪俸制度、符玺制度和普遍实行了郡县制等等，各自加强了封建中央政权。

经济、政治的变化，不可能不反映到军事上来。与春秋相比，主要的变化为：兵器数量品种的增加,兵器战斗性能的提高,战争规模的扩大和城市攻防的增加等。当然,军事制度也必然地随之发生变化。

1.封建军事制度的形成

(1)文武分职和独立军事系统的出现

各国新兴地主阶级执政后,因政治、军事的需要,在国君之下,先后都建立了以相和将为长的官僚统治机构,出现了专职的军将和独立的军事系统。

春秋以前,国家上层统治的官员文武不分。卿、大夫等贵族,平时管理政事,战时统兵作战,军权、政权等集中一身,以至造成了由"礼乐征伐自诸侯出",再变为"自大夫出"和"陪君执国命"的局面,终于使国君丧失了统治权力。新兴的地主阶级的统治人物,大多是由旧贵族中分化出来的,他们对于这种权力下移的情况非常了解,唯恐再蹈覆辙;加以统治的范围扩大,官僚机构较前庞大而复杂,所以才将文武分职,相、将均由国君任命或免职,使权力集中到了国君手中。"官分文武,王之二术也",就是说的这个道理。

由于战争规模的扩大、战争方式的改变、军事学术的提高和军队数量的不断增加,以及军队训练的加强等原因,战争指挥已成为一种艺术,要求统帅军队的指挥官,必须具备与战争有关的各种知识和专门的军事知识(天文、地理、阵法、兵法等等),一定的指挥才干和实际的作战经验才能够管理、训练军队和指挥作战。这也是出现专职军将的重要原因。"明君之吏,宰相必起于州部,猛将必发于卒伍",就是指的这种情况。

(2)军将的任用和指挥权的集中

新兴的地主阶级掌权后,废除了贵族的特权,取消了分封制和世卿世禄制,采用了臣下推荐、上书游说和军功授爵等制度选拔军将。春秋以前那种由贵族世代相传地垄断兵权的情况基本消失。战国时的许多名将,大多由士这个阶层,通过上述方法选拔而来,如吴起、孙膑、乐毅、白起、廉颇等皆是。军队的各级军官,绝大多数是从战争中根据战功提拔起来的。

战国时期对官吏的应用,包括将和各级军官,一般都采用了俸禄制度,不再用封邑做官禄。俸禄为粮食,各国的计算单位不同,高低也相当悬殊。卫国用"盆",齐国和魏国用"钟",秦和燕国用"石",楚国用"担"。俸禄高的楚有"禄万担",低的秦有"斗食"。这种俸禄制度,有利于国君对官吏的任免。韩非子所说的"主卖官爵,臣卖智力",就是这种制度的实质。

随着王权的集中,军权也集中到了国君的手中。不仅军事统帅的将要由国君来任命,各军的长官也只有带兵的权力而没有用兵和调动军队的权力。调动军队,必须有国君的虎符(虎符铜制,作伏虎形,上有铭文,底有合榫)为证才可。国君任命将军的时候,将虎符的左半交给将军,自留虎符的右半。除紧急情况外,凡用兵五十人以上,就必须有国君的右半个虎符与将军的左半个虎符合榫,才能生效;如果没有虎符,任何人也不得擅自调动军队。

为了给出征主将以一定的自主指挥权,以便能及时处理多变的战场情况,各国大多实行任将授权制度。出征之前,国君先在宗庙里将战争任务与决策等告知所任的主将,然后在朝廷上发布任命,并亲将象征统军和专杀权力的斧钺授予主将。如《尉缭子·将令》所说:"将军受命,君必先谋于庙,行令于廷。君身以斧钺授将……有敢不从令者诛。"这就形成了《六韬·尤韬·立将》所说:"军中之事,不闻君命,皆由将出。"实行这种制度,既保证了国君对军队的控制,又可以充分发挥主将的主观能动性。

2.步兵为主的军队编成与编制

(1)战车地位的下降与步兵地位的提高

春秋时,作战以车战为主,军队以车兵为主,步兵从属于战车,还不是战争中的决定力量。进至战国,虽然个别国家的战车数量仍有增加,但车战已开始衰退,步兵逐渐成为军中的主要兵种。车战衰退的原因,主要有四个。

①军队成分的改变。随着战争规模的不断扩大,使用于战场的兵力剧烈增加。春秋时最大的城濮之战(公元前632年)和鞍之战(公元前589年),晋军全力以赴,也只能投入七百乘或八百乘的兵力。但到战国后,兵力大为增多,如齐、魏马陵之战(公元前341年),魏军被歼十万;秦攻韩、魏伊阙之战(公元前293年),斩首二十四万;特别是秦、赵长平之战(公元前260年),据说赵降卒四十万除幼小者二百四十人外,全被白起坑杀,仅这一次战役,赵国先后就被歼四十五万人。当然,这些数字有很大夸张成分,但总的来说,战国时用于战场的兵力远较春秋为多,则是毫无疑义的。这么多的兵力从哪里来呢?只可能从新的封建农民阶级中来。上百万没有受过御车训练的农民进入军队,成为军队组成的主要成分,决定战争胜负的主要力量,取代了昔日曾在军中占主兵地位的车兵。

②地形条件的限制。随着战争规模的扩大,战场由中原平坦地区扩大到山林、丘陵地区。在这样的战场地形条件下,战车无法作战。何况由于井田制的破坏和大量私田的开垦,沟渠道路,纵横无制,完全失去了往日的规律和齐整,战车行动受到一定的限制。即使在中原地区作战,那种"结日定地,各居一面",专选平坦地形,从容结阵以"鸣鼓而战,不相诈也"的车战方式也永远不能再现。只有步兵,才能不受或少受这种地形的限制,自然就取代了车兵在战争中的主兵地位。

③城塞攻防的增多。随着经济的发展,大批城市出现。它是人口密集的居民点,也是各地区政治、经济、文化的中心。而且城市的税收,已成为各国财政收入的重要部分,因此城市的战略地位提高了,成了战争争夺的主要目标。由于战争的发展,春秋以来,各国边境地区和交通要路上的险要地点,都建筑了关塞,派兵驻守,

以阻止、迟滞敌军的行动。如周顷王五年（公元前 614 年），"晋侯使詹嘉处瑕，以守桃林之塞"；周敬王四年（公元前 516 年），晋赵鞅"使汝宽守阙塞"等。又由于杀伤力大的武器的普遍使用，就是在野战时，为了减少损害、保存自己和避免在不利条件下进行决战，也出现了防御的战术，采用了坚壁筑垒的方法实行野战防御。因而，战国时期城塞攻防的战斗大为增多。例如，《孙子兵法》总结春秋车战的经验，就认为"攻城则力屈"，"为不得已"的下策，应该尽可能避免；而《孙膑兵法》总结战国前期的作战经验，就强调城塞攻防的重要性，单列一章，专门叙述攻城的战法。在这种战斗中，以畜力为动力的战车，是没有办法发挥其作用的，它的地位下降也就成为必然了。

④兵器发展的影响。春秋末期，开始用弩，《孙子兵法》在《作战篇》和《势篇》中都曾提到过，到战国时，弩已为各国军队所普遍采用。从长沙出土的弩机来看，制作相当精巧，机发装置近似现代的枪。弩是战国时期最先进的武器，由于它的推动力比弓大得多，特别是后期出现的车上发射的连弩，仅铜制机郭就有一石三十钧重（约合今 34 公斤），因此力量更大，射程更远。据研究，秦弩小弩可射一百米，大弩可射九百米；文献记载，韩国劲弩，"皆射六百步之外"，而且杀伤力大，铁制的箭镞可以穿过皮甲，命中率也比较高。因而，密集而排列整齐的战车，目标显著，横方向移动困难，又受地形的限制，与弩兵战斗，就易于遭受较大的损失。如三晋攻齐廪丘之战（公元前 405 年），一次战役就俘获战车两千辆。在新的兵器面前，战车的主兵地位，不得不让于装备了弩的步兵。当然，战车在战争中的地位虽已降低，但还没有退出战争。终战国之世，车兵仍不失为重要兵种，并出现了机动性和冲击力更高的六挽马战车（两服、两骖、两騑），以适应发展了的战争的需要。

赵武灵王

（2）骑兵的兴起

随着战争方式的改变和军事学术的发展，战争对军队的机动性要求提高。在步兵地位上升的同时，机动性更强的骑兵也蓬勃兴起，成为一支独立的部队，与步兵、战车协同作战，发挥了重要的作用。据史料记载，战国七雄中最早建立骑兵部队的是赵武灵王。"胡服骑射"（公元前 307 年）就是说的此事。在此之前，赵国早已有了骑兵部队，如《韩非子·十过》记载，早在赵建国之初，周贞定王十四年（公元前 455 年）赵襄子与知伯的作战中，就曾"召延陵生，令将军车、骑先至晋阳"部署防务。这次只是改革服制，将双襟交输于背、宽袖、长襦的中原军服，改换为双襟掩于胸前后侧、紧袖交领的短褶衣，下穿长裤的"袴褶之服"。这是仿北方游牧族服式的军服，俾使便于骑马射箭。赵国的骑兵，在战争中起了很好的作用，终于灭掉中山国，使疆域扩展到了北至燕、代，西至云中、九原，成为战国后期的强国。

骑兵在战争中的重要作用，逐渐为人们认识和重视。《孙膑兵法》对骑兵的作用进行过总结，认为骑兵机动性强，便于掌握和运用时间、空间这两个因素，在战争中能担任侦察、奇袭、追击、迂回、包围等作战任务。所以骑兵数量虽然还不太多，与步兵相比，所占的比例很小，而且还没有出现马镫，但已经开始崭露头角，开始成为军队中的一个重要兵种。

（3）舟师的发展

随着战争范围的扩大，吴、越、齐、楚等国的舟师，到战国时，都已有了很大的发展；由于与楚国和巴蜀作战的需要，秦国也建立了舟师。当时舟师的规模已相当大，如秦国的战船，一只船可载五十人，装三个月的给养。至司马错攻楚黔中之战时（公元前280年），已有船万艘。吴、越的舟师，不仅数量多，战船的种类也较齐全；有大翼、小翼、突冒、楼船、桥船等。它们是仿效战车建造的，大翼相当于重车，小翼相当于轻车，突冒相当于冲车，楼船相当于巢车，桥船则相当于骑兵。

据河南卫辉出土的战国铜鉴和故宫博物院所藏战国铜鉴的水陆攻战图看，当时的战船有两层，上层为战斗兵，下层为划桨手，船上还设有旗、鼓等指挥器材。舟师的作战方式，主要是接舷战和冲击战。经过专门训练，在水上作战的士兵称为"习流"或"楼船士"。他们除了使用一般的弓弩戈戟外，还有专门用于水战的钩矛（亦称钩拒、钩强），"退者钩之，进者拒之"，可以有效地限制敌战船的前进和后退。

总之，战国的舟师，已有大量不同类型的战船，有专业的水兵、专门的兵器和自身的作战方式、方法，并且能独立进行战斗，完成作战任务，已经成为军队的一个重要的军种。

（4）编制概况

战国时中原各大国的步兵，刚刚脱离战车独立成军，它的编制还受战车编制的影响。《周礼》中所说的军队编制，实际上是战国步兵编制的反映，具有一定的代表性。具体的编制是：五人一伍，伍有伍长；五伍一两，长为两司马；四两一卒，长为卒长；五卒一旅，长为旅帅；五旅一师，长为师帅，五师一军，长为军将，一军一万二千五百人。至于原来战车较少或早已就有独立步兵的国家，并不和这些相同。如秦国的编制，是五人一伍长、五十人一"屯长"、五百人一"五百主"、一千人一"二五百主"；魏国的编制，则是五人为伍、十人为什、五十人为属、一百人为间。

步兵既脱离战车自成兵种，战车的车属徒兵自然也就减少，具体数字，史无明文。据秦陵兵马俑坑出土的战车徒兵数，有一乘八人、二十八人和三十二人三种，其中以八人制的最多，其他两种是靠近指挥车的战车徒兵数，当是为了加强护卫力量而增加的，一般的战车，可能为八人。

骑兵的编制，据《六韬》，为"五骑一长，十骑一吏，百骑一率，二百骑一将"，其战斗编组为"三十骑一屯，六十骑一辈"。但秦陵兵马俑坑出土的骑兵方阵，则为四骑一组，三组一列，九列一百零八骑为一个单位，并配属战车六辆。这可能是各国编制不同的原因，也可能代表两个不同时期的编制。

舟师编制，没有文献可证。但从《越绝书》中还可以看到吴、越大型战船本身的编制。一艘大翼战船，编制有指挥官四人，持弩和钩矛、大斧的战士三十四人，操舟水手五十二人，官兵共九十一人。

《周礼》所记军一级编制，已有一定数量的佐属人员，又据战国末期成书的《六韬》记载，最高统帅有七十二名幕僚官员，其中包括类似现代的参谋长、副参谋长、作战、情报、通信、气象、人事等参谋，以及宣传、后勤、医务等人员。当时是确有如此健全的司令部，还是仅仅在理论上的设想，由于缺乏更多的资料，目前尚难定论。但任何理论都是在实践的基础上产生的，战国时期的军事统帅已经有了若干类似现代参谋、后勤等的专职属员，当是可信的。

3.郡县征兵制的推广

（1）郡县征兵制的特点

春秋初期，有的国家将新兼并的小国建立为县，直接掌握在国君手中。春秋末至战国初，又出现了郡的组织。开始多在边境，具有军事据点性质。郡的长官称守，由武将任职，有征集人民作战的权力。随着君权的逐步集中和战争的需要，到了战国中期，各国都普遍建立了郡县，已成为封建国家王常的地方行政组织，以郡、县为单位的征兵制度也就推广到了全国。这种制度，实质上是春秋时民兵制度的沿袭与扩大。所不同的，主要有以下三点：①春秋时是按照军队乘的编制，以甸或丘为单位来进行征兵的，而战国时则以郡县为单位进行征兵。②春秋时征兵每家不超过一人，而且是数家轮流出一人，而战国时则是一切适龄、适役人员都要服役。如临淄有七万户，就可征兵二十一万，每家出兵合三人。③春秋时征兵一般只限于男性，而战国时则一切适龄、适役的女性有时也要应征入伍，特别是在守城战中，这种情况更多。例如秦国的商鞅在讲城市防御作战时，说要将壮男组织为一军、壮女组织为一军、男女之老弱者组织为一军，女军的主要任务是在敌人到达之前构筑工事、设置障碍、破坏桥梁房屋，来得及时就将可资敌用的物资搬进城内，来不及时就放火烧掉，以免被敌军使用。再如墨翟在讲守城之法时说："守法，五十步丈夫十人，丁女二十人，老小十人"；又说："诸作穴（地道）者五十人，男女各半"；还说："诸男女有守于城上者，什、六弩四兵，丁女、老小人一矛。"周赧王三十一年（公元前284年）燕军围即墨和五十六年（公元前259年）秦军攻邯郸时，守将田单和赵胜，都将妻妾编入行伍之中，这一切都说明战国时期的女子在必要时也是要服兵役的。

（2）军赋的发展及服役的年限

战国时的军赋又有很大的发展,兵役和车马兵甲的军事费用的征收,已经分开。兵役和一般徭役的征发合在一起统称为"力役之征";军赋的征收,称之为"布缕之征"。兵役出人,军赋出钱,都是按人口来征收,与按田亩来征收粮的"粟米"之征,共同构成封建国家对农民剥削的三种制度。

战国时的服役年限,比春秋时有扩大,大概为十五岁至六十五岁。到达服役年龄,即需傅籍(登记在适役名册上)。但各国统治集团并不一定按规定的年龄征集,如长平之战时,秦国"发年十五以上悉诣长平";再如楚国大司马昭常防守楚国东部地区时,曾对齐国史者说:"我典主东地,且与死生,悉五尺至六十,三十余万弊甲钝兵,愿承下尘。"这是连小于十五岁的也要征集了。至于免役及缓役法,当然不会再有,即使有这种规定,统治集团也不会去遵守。

由郡县征集的士兵,不是常备军,仍然和春秋时的民军一样,按战争的需要征集。因而,其服役时间也就没有固定的规定,主要看战争的需要而定。战争一结束,士兵就退役回家,平日的驻守任务,由常备军担任。战国时的常备军既不是由春秋式的世兵制士兵组成,也不是一般郡县征来的士兵组成,而是由新出现的、带有雇佣兵性质的专业化职业兵所组成。

(3)常备军的专业化与职业化

春秋时已开始重视对士兵的训练,但仍是一般性的训练。到了战国后,由于战争对士兵的体质及战斗技术的要求大为提高,没有经过专门严格的训练,难以完成战斗任务,所以各国都加强了对常备军的训练,并且提高了士兵的标准和待遇,主张"裁减百官之禄秩,损不急之枝官,以奉选练之士"。采用从应征人员中"招延募选"常备军的制度。经过考核以后达到了标准的,才能够编入常备军。如《史记》记李牧居代时,先对代郡应征人员进行训练,然后"乃具选车得千三百乘,选骑得万三千匹,百金之士五万人,彀者(弩兵)十万人"。

齐国军队选拔步兵的标准是要会拳术技巧等技击。魏国军队则重视耐力和行军速度,要求全副武装,携带戈、弩、矢、剑等兵器和三天的口粮,清晨出发,到中午时要奔走百里。

车兵的标准更高,要求更严。年龄在四十岁以下,身高在1.73米以上,能追逐奔马,在战车急驰中,能从车的各个方向张弓射箭的人,才能任"武车之士"。充当战车御手的战士,如果经过四年的训练仍然不能熟练地操纵战车的话,就要罚教练人员出一盾,本人免去御手的职务,还要补服四年的徭役。

骑兵和战马,都是由各郡县选拔而来。如果送来的骑兵和战马考核不合标准,或考了个下等,各郡、县负责军政的司马要撤职,县令、县丞等主管官吏都要受到处罚。骑兵的标准是:年龄在四十岁以下,身高1.73以上,身强力壮,反应灵敏,能在乘马急驰中张弓射箭,前后左右,都能周旋进退如意,敢于冲击敌阵,破坏敌人战斗队形。战马的标准要求高1.33米,奔驰羁系听从指挥。秦陵兵马俑坑出土的骑兵俑及马俑的高度,完全和上述规定符合,马至著甲高度正如 1.33 米,骑兵均高 1.8 米以上,体型都是匀称修长,神态非常机敏,这说明古籍所记完全属实。

以上这种选拔而来的常备军战士,待遇高于一般士兵很多。如魏国的武卒,一旦选中入伍,不但免去其全家的赋税,而且还要另外分配给土地、房屋。这样,就出现了一种根据士兵特长而编成的分不同专业的部队。善使剑、善使挠钩、善于疾走、勇于冲锋等的士兵,各编为一队。他们的技术高,而且是通过训练考核选拔出来的,如吴有"长足""大力",韩有"超足""弩兵",越有"习流"等等。这些都是春秋、战国之交才出现的新型部队。这种部队,得之不易,如吴国曾用七年时间,越国也曾用了三年的时间才完成训练,因此,当然不可能很快就让他们退役。他们长期在军,又有了特殊的经济待遇,于是就带有了一定的雇佣性质,成为职业化的专业兵,并开了后世募兵制的先河。

4. 以军功授爵制为中心的赏罚制度

(1) 军功授爵制的普遍实行和爵位等级

战国的特点是"战"。在残酷、频繁的战争环境中,各国为了鼓舞士气,提高军队的战斗力,都建立了严格的赏罚制度。这种赏罚制度的核心,就是军功授爵制,即根据官兵在战争中的表现和贡献,授予一定的爵位。爵位是政治、经济、社会地位的重要标志。

战国时各国都实行了军功授爵制,但由于各国的具体情况不尽相同。所以实行的程度也不一致。秦国实行的比较彻底,商鞅变法时就全面推行了军功授爵制,"有军功者各以率受上爵……宗室非有军功论,不得为属籍。明尊卑爵秩各以差次,名田宅臣妾衣服以家次。有功者显荣,无功者虽富无所芬华。"

各国所定的爵位,虽不尽同,但基本上都是分侯、卿、大夫、士四等,不过每等的级各不一致。文献记载较详的为秦国,共有二十级。"一级曰公士,二上造,三簪袅,四不更",这四级相当于士;"五大夫,六官大夫,七公大夫,八公乘,九五大夫",这五级相当于大夫;"十左庶长,十一右庶长,十二左更,十三中更,十四右更,十五少上造,十六大上造,十七驷车庶长,十八大庶长",这九级相当于卿;"十九关内侯,二十彻侯",这两级相当于侯。

有第一级至第四级爵位的人,在军队中的身份仍然是"卒",即士兵。其中有人可担任伍长等军士,第五级以上才是军官。

(2) 赏、罚的规定

根据出土秦简的《军爵律》和《商子》等文献的记载,赏、罚的主要规定共有以下几种:

①士兵个人在战争中杀敌一人者,免除其全家的徭役和赋税。

②士兵个人斩杀敌军官一名,并取得其首级者,授爵一级、赐田一顷、宅九亩,

还赏给一个农奴（庶子），不作战时庶子为主家服劳役六天，作战时随主人在军中服务。

③百人以下小分队作战，在战斗中斩敌三十三人以上评为满功，领导小分队的百将、屯长等各授爵一级。

④大部队作战，在攻城战斗中斩首八千以上，在野战中斩首二千人以上，均评为"满功"。部队内各级军官都升一级，其中功大者，可升三级。

⑤士兵五人一伍，其中一人逃走，余下的四人要受两年以上的徒刑；能斩敌首一级者，免于处罚；战争中已报阵亡，实际未死，回来后罚为奴隶。

⑥各级将领、军官都有卫队（短兵），如"五百主"有卫队五十人，统军大将有卫队四千人。如果在战争中主将被杀，卫队就要受到处罚，能斩敌首一级者，免于处罚。

⑦攻城战斗时，主要突击方向选拔英勇之士为突击队（险队），十八人一队。畏死不前，临阵脱逃者，处以死刑，在千人大会上车裂；如有包庇或求情者，处以黥（刺面）、劓（割鼻）之刑。突入城中，完成战斗任务时，全队每人授爵一级；作战中阵亡的，则由他家中一人继承爵位。

⑧连得战功，爵至第九级五大夫，就可以"税邑三百家"，即坐食三百家的税收。因军功获得爵位的人，如果犯了法，可以用爵位来抵罪。"隶、臣、妾"从军作战，可以通过军功免除其奴隶身份和得到爵位，并且还可以用爵位买自己亲属的奴隶身份，使之升为平民。

（3）军功授爵制的产生、发展及其对战争的影响

军功授爵制，是在农民和新兴地主与旧贵族进行激烈的阶级斗争中产生和发展起来的。春秋时期大国争霸，战争日多。为了图存、争霸，有远见、有作为的诸侯，不得不为富国强兵而突破只用大贵族（王族、长族）当权的传统习惯，适当地任用一些非公族出身而有才能的人。用之改革政治，治理国家。如齐桓公用管仲、鲍叔牙，晋文公用狐偃、赵衰等。他们都是奴隶主贵族的下层人物，要用他们，要他们尽心竭力地为国君服务，就必须给他们一些政治、经济上的报酬。于是因功而授爵、赐田宅和"食封"的制度就应运而生，这就是军功授爵制的雏形。如齐国"设爵位以命勇士"，以致齐国的新兴地主势力发展得最快、最早，齐平公五年（公元前476年）就"齐国之政，皆归田常"，姜姓的统治，名存实亡，中国历史上第一个封建地主政权建立起来，这也是划分春秋、战国界线的理由。从公元前475年开始，中国历史进入封建社会。

当然，春秋时并非仅仅齐国如此，各国都有军功授爵制的萌芽出现。如以晋国为例，晋定公时赵鞅掌权，他率军作战时发表了一个最有代表性的宣言："克敌者，上大夫受县，下大夫受郡，士田十万，庶人工商遂（按级给田），人臣隶圉免（免奴隶身份）。"这是他壮大自己势力的手段，为三家分晋创造条件。总之，军功授爵制对

地主阶级的壮大和夺权起了一定的作用。

到战国后，各国都很重视军功，提出了按军功定身份地位的主张。如李悝变法，建立了"食有劳而禄有功"的任官制度，主张"夺淫民（没有军功而又不从事生产的贵族）之禄以来四方之士"。特别是吴起，规定不论有无战功，能选拔为常备军的武卒，就免除全家赋税，一旦有功，还可以授爵升官。这对魏国的战争有一定的影响。秦国商鞅变法，执行得最彻底。他认为按照军功赏赐爵禄，是使军队强大的动力，执行不执行军功授爵制，关系到国家的存亡。这种说法固然夸大了军功授爵制的作用，但也说明了在战国时的战争中，它确有被重视的理由。可以设想，过去的奴隶不能当兵，只能当徒役，战争胜败，对他们极少关系，当然不会积极，也不可能在战场上起多大作用，所以那时是贵族们的军队。进至春秋、战国，随着经济、政治的变革，奴隶逐渐转化为农民，并且大量用于战争，不光当徒役，而且也当士兵，如果不将战争和他们本身的利益结合起来，农民为什么要为地主卖命呢？战争胜利了，贵族、地主受封，获得更多的土地、奴隶。而当兵的农民、奴隶，却毫无所得，死了固不必说，不死也仅留一条命，这样的军队，战斗力能够很强吗？军士成分改变了，制度也必然要改变，有了军功就可以改变经济、政治地位，或者免税、分田，或者解放为平民，甚至还可以升入统治阶层。这在当时历史条件下，就可以相对地提高士气，提高军队的战斗力。

军功授爵制是随着新兴地主阶级的产生而出现的制度。春秋时它是地主阶级参政的阶梯，后来成为夺权的工具，在当时比贵族世卿世禄制有一定的进步性，也给人民带来了获得一小块土地的希望，所以得到人民的支持。

到战国时，它不仅是地主阶级巩固政权，反对旧贵族的工具，而且是秦国统一战争中奖励部下，鼓舞士气，提高军队战斗力的工具。在秦始皇统一中国的战争中，发生过一定的积极作用。

但是，在肯定它有限的积极性的一面时，必须看到它消极的一面：①军功授爵制是地主阶级为了达到其政治目的而采用的一种手段，它始终与严格、残酷的刑罚结合在一起。有功升赏只是一面，如果在战争中逃走、投降，统治阶级就要使他们"身戮家残，去其籍，发其坟墓，暴其骨于市，男女公于官"。广大士兵们，正是在这种利诱与强迫的两手下，"非斗无由（出路）也"。带有强烈的强迫性，这就是它的阶级实质。②为了邀功请赏，军队任意屠杀人民。正如古人所说："秦用商鞅计，制爵二十等，以战获首级者计而授爵，是以秦人每战胜，老弱妇人皆死。"另外，为了争夺首级而杀死战友、自相残杀的、割取本军战友首级领功的事经常发生，这更暴露了军功授爵制的消极面。

二、秦、汉军制

（一）秦朝军制

秦军攻灭韩、赵、魏等五国后，于秦主政二十六年（公元前221年），又在没有遇到抵抗的情况下攻灭齐国。秦国进行的统一战争，获得了根本性的胜利，诸侯割据称雄的时代宣告结束。我国历史上第一次建立了统一全国的专制主义的中央集权的封建国家。虽然仅仅十五年秦就灭亡了，但是秦王朝所建立的各项制度，不仅直接为汉王朝所继承，有的甚至影响到延续了两千多年的整个封建社会。秦代军制的主要特点，是军权的高度集中和军队的高度统一。这是和专制主义的中央集权封建政权体制相适应的。

1.政权组织和军事体制

（1）中央集权的封建政权组织

秦在全国统一之后，原有的国家机构，已不能适应新的形势，秦王政在原有政权机构的基础上，加以扩充和发展，建立了一整套从中央到地方的封建官僚制度。为了强调尊君，首先改变了最高统治者的名称，由王改为皇帝，秦王政自称"始皇帝"，居于整个统治机构之上，独揽一切大权。

秦王朝中央政权组织的最高官职为丞相、国尉和御史大夫。丞相秉皇帝之命，处理国家日常政务，为百官之长；国尉掌军政，为武官之长；御史大夫一方面为丞相之副，一方面供内廷差遣，另一方面又握有监察行政官吏之权。三者都直接对皇帝负责，一切军政事务的最后决断权全部掌握在皇帝手中。

秦王朝的地方政权组织有郡、县、乡三级，全国共四十六郡，郡设守、尉、监三官。郡守为一郡之长，主管政务；郡尉（都尉）主管军政，凡有关军队的征集、调遣和武器装备的制造、保管以及地方治安等，都是郡尉的职责；郡监御史负责监察郡内军政。郡以下为县，万户以上的县设县令，万户以下的县设县长，主管一县政务；县的首吏为县丞和县尉，分管民政和军政，县以下为乡，乡设三老、啬夫、游徼三官。三老掌教化；啬夫实为一乡之长，主调解纠纷、平断曲直、收赋税、征徭役；游徼主管军事、治安。乡以下为里，里是居民聚居之处。里下为伍，五家。里有里典，伍有伍长，但里、伍为社会组织，所以里典和伍长不是政府官吏，一般由当地豪民、富户担任。

（2）与封建政治制度相适应的军事体制

秦代军队，有皇帝警卫部队、首都卫戍部队、边防戍守部队和郡县地方部队四种。皇帝警卫部队又区分为两部分：一部分由郎中令统帅，是皇帝的贴身侍卫，成员全部是军官，有郎中、中郎及骑郎（外郎）等，主要负责禁中（省内）宿卫；一部分由卫尉统帅，是皇帝的亲军，称卫士或卫卒，分八屯驻于皇宫内四周，主要负责宫门守卫及昼夜巡逻。首都卫戍部队由中尉统帅，分营驻于京城内外各要点，主要负责首都的安全和各重要官署、仓库等的守卫任务，并带有国家战略机动部队的性质，是秦军的主力部队。以上两种部队，由王朝中央直接掌握。边防戍守部队，分由都尉统帅，边郡都尉与内地郡尉不同，内地一郡一尉，边地百里一尉，重要关塞还设有关都尉，而且尉下的属吏也较内地为多。它们驻守于秦王朝统治区的边境要地，除负责边防戍守外，还担负边境城塞等防御工事的构筑及修建。

郡县地方部队，由郡尉、县尉统帅，除负责地方治安外，平日主要任务是训练，所以它具有培养战士的学校和补充兵团的性质。它是秦军的根本力量，中央直接掌握的三种部队主要成员，都是由郡县地方部队训练期满的战士（正卒）中征调而来。国尉是国家最高军事长官，秉皇帝之命负责全国军政并统帅全国军队。但在专制、集权制度下，实际上他只有带兵权而没有人事权和用兵权、出军作战的统军大将和位为列卿的卫尉、中尉以及各郡郡尉等高级军将，都是由皇帝亲自任免，至于军队的调动，更必须出于皇帝的命令。和战国时的制度一样，在正常情况下，只有皇帝才有权调发五十人以上的部队用于军事行动，并必须执行玺、符、节制度：下达命令，文书上必须盖上皇帝的玺或各级军将的印，调发军队必须会符为证，一般远距离的军事行动，必须持有通行证（节）。

2.军队的编制、装备及编组

（1）军种、兵种和装备

统一全国后的秦军，在编成上和战国相比，没有大的变化，仍为陆军、水军两个军种。陆军有步兵、车兵、骑兵三个兵种。

步兵中又有重装步兵和轻装步兵两种。重装步兵多数身穿铠甲，持戈、矛、钺、殳、铍等长兵器，主要担负与敌人格斗的任务；轻装步兵大多数不穿铠甲，持弓、弩等远射兵器，主要担负杀伤格斗距离之外敌人的任务。百将以上的各级军官，主要的职责是指挥部队，所以只着甲佩剑；屯长以下的低级军官，不仅职司指挥，还要率领战士冲锋格斗，所以他们既佩剑又持长兵器，也有的人不佩剑而带钩。他们也都和作战的战士一样，有的身穿铠甲，有的不穿。

战车的乘车战士，一律穿铠甲。御手立在车前，要用双手驱车作战，目标显著而且又无还击之力，所以防护特别重要。御手铠甲的披膊（护臂）长及手腕，把臂全部罩住，手上还带有护手甲，颈部带有颈甲，腿部缚有胫缴，这样可以减少御手的伤亡，以免车马失去控驭。战车上配有两套柄长为三米的矛、钺和两套弓箭，有的还配有盾和带发射架的弩。战车的主要任务，进攻时冲陷敌阵，打乱敌军的战斗队形;防御时布为阵垒,阻止或迟滞敌军的冲击。距敌远时用弓弩,接近敌人时用矛、钺。车属徒兵的装备和一般步兵相同,其主要任务是与战车密切协同,掩护战车并利用战车掩护来扩大战果。

秦代的骑兵,已经配备有齐全的鞍鞯,但尚未产生马镫。没有马镫,骑士两脚悬空,没有着力点,很不利于马上格斗。加以秦时还未出现用于斩劈的厚背长刀、一般击刺性兵器。对敌步兵作战,杀伤力既小又非常不便,而剑在砍杀时易于折断,所以秦军骑兵只装备有弓箭,适合于较远距离作战。这就使骑兵优点的发挥受到限制。可见秦代骑兵,虽已成为一个重要兵种,但和战国时一样,尚处于发展的初期阶段,只能配合步兵、车兵担负一定的战斗任务,还不能独立地完成战役任务。

秦灭六国后,为了统一南方,水军(舟师)也相应地有了发展。如秦始皇三十三年(公元前214年),曾派屠睢率以楼船士为主的五十万大军进攻百越,五十万之数可能有所夸大,但说明当时水军规模已相当可观,能单独地完成具有战略性的作战任务。

全军的武器装备完全由国家供给,设有专门保管兵器的仓库,并制定有关于武器保管的各项规定。各军、兵种的编制情况,基本上和统一前一样,没有大的发展变化。

(2)战时军队的指挥与编组

秦王朝的地方部队,平时分驻于各郡县,在郡尉、县尉领导下,执行警卫勤务和进行军事训练。一旦发生战争,根据作战时对象等的具体情况,由皇帝下达命令,征调某些郡县的地方部队或已退至预备役的正卒,到指定地区集中,并任命军队统帅率领出征。如秦始皇三十二年(公元前215年)派蒙恬为统帅,率三十万陆军北击匈奴;次年又派屠睢为统帅,率五十万水军南攻百越等。征调来的部队,按当时"同一地方人员编在同一部队"的制度,仍由原来各郡县的郡尉、县尉等率领。如"王翦将上地兵下井陉,端和将河内兵伐赵"等。各郡部队集中之后,为了作战时便于指挥,实施部曲制的编组。统帅之下有若干将军,每个将军统领若干个"部";部的统帅称校尉,每部下属若干个"曲";曲的长官称军侯(部曲一般为五进位制),曲以下即为平时军队的编制。以步兵为例,有千人(二五百主)、五百人(五百主),百人(百将)、五十人(屯长)、五人(伍长)等的建制。此外,各级将领还都有自己直属的卫队,大约为所统兵力的十分之一。如五百主卫队五十人、二五百主卫队百人、校尉卫队千人等。

3.兵役制度

秦统一后,全国人力、物力、财力的支配权,完全在秦王朝中央手中,战争也相对地减少,而且主要是开拓和保卫秦朝边疆的战争。在这种情况下,统一前齐、魏等国所实行的那种职业军制,当然就不能适应新的情况,所以秦代的兵役制度,较前大有发展,是一种新的、与集权封建制度相适应的兵役制度。

为了加强对人民的统治和剥削,秦王朝进一步加强了本来就极为严密的户籍制度。在全国范围内,不论男女,都在官府制定的户籍册上记有名字,出生就登记,死了才注销。秦代兵役就是建立在户籍制度上的。它仍沿袭战国的普遍征兵制,兵役与劳役不分,凡属役使人民、剥削其无偿劳动的,统称为徭役。每一个人到达法定年龄时,就要按国家的规定,服一定时间的徭役。

(1)服役年龄

过去都说秦代人民起役年龄为二十岁,至二十三岁开始服役。云梦秦简出土后,根据《编年记》才知并非如此。秦代规定十七岁傅籍。据《秦律》规定,人民到达当"傅"之年,要自己亲去乡政权机构登记,除姓名、年龄外,还要写明身体有无残废和疾病等情况,然后由里典和伍老审查核实。如发现有不实之处,要向主管服役的乡啬夫汇报,否则典、老要受惩罚;发现到应傅年龄不进行登记、企图隐瞒以逃避徭役的,典老要受刑。止役年龄,有爵和无爵有所区别,有爵位的至五十六岁,无爵位的至六十岁。到达止役年龄时,也要自己提出申请,经批准后方为有效。未经批准或伪报年龄,则以诈伪罪论处。典、老也要受处分,同伍之家,知情不报,罪应连坐,除罚款外,还要罚去戍边。爵位在第四级不更以上,可以免役。

(2)服役种类和期限

秦代的徭役有"更卒"和"正卒"之别。更卒是劳役,正卒是兵役。

民年十七岁傅籍,开始服更卒徭役。这种徭役每年一月,到期即行更换,所以称为更卒。"一岁使民,居更一月",就是指的这一制度。更卒一般在本郡、县内服役,主要任务为修筑城垣、道路、宫苑以及为军队运输军需物资等。对于服役时间和质量,要求极严,不合要求时不仅更卒本身要受惩罚,主管更卒的官吏也要受一定处分。以修筑城垣为例,《徭律》规定失期五日即罚;所筑城垣必须保用一年,不到期就损坏的,主持工程的官吏要论罪,修筑的更卒必须重新修补,修补所用的时间,不计入服役时间之内。

一般至二十岁时,转服兵役,称正卒。正卒服役期为两年。第一年在本郡地方部队中服役,接受军事训练和执行警卫任务;第二年或者以后,再接受国家的征调命令,当一年卫士或戍卒。在首都警卫部队中服役的称卫士,去边防戍守部队中服役的称戍卒。

在首都或边防服役一年期满后,转为近似现代的预备役,直到止役年龄为止。在此期间除仍服每年一月的劳役外,随时准备应征入伍,与现役的常备军共同出征。参加作战没有法定期限,决定于战争时间的长短,一般不在中途更换。

正卒第一年在地方部队服役,基本上集中于郡治进行训练。正卒要担任保卫首都等重任,没有一定的技术,战术素养是难以胜任的,所以"非教士不得从征",必须先受一年的训练。根据所习兵种,正卒有材官、骑士、楼船士的区别。

步兵称材官,主要指勇敢健壮、力能踏张强弩的士兵,所以也称"蹶张"或"材官蹶张"。车兵和骑兵皆由产马地区征调,又都离不开马,所以车兵和骑兵统称"骑士",也有称为"轻车"或"车骑"的。水军则称"楼船"或"楼船士"。

各郡具体条件不同,各有侧重地训练不同的兵种。并不是每郡都具备以上四个军兵种。大体上巴郡、蜀郡、颍川等地多材官,上郡、北地、陇西等地多骑士,江淮以南多楼船士。发生战争时,也因地而征调不同地区的部队。饲如在平原地区作战多征调车兵、骑兵,在山地作战多征调步兵,在多水地区作战多征调水军。

卫士是保卫皇室和首都的部队,又是战争中的主力部队,战斗力的强弱,直接影响到国家的命运,所以地主阶级统治集团对之非常重视,其成员都是从各地方部队中选送来的优秀人员。中尉所属的卫戍部队,兵力集中而较多,除担任首都的保卫外,还要出征作战。卫尉所属的警卫部队,主要保卫皇宫、守卫宫门,盘查出入官员,凭"口籍"(口令)和"铁印文符"(皇宫通行证)放人出入宫门。

戍卒职责在于保卫边疆。当时对秦的主要威胁,来自北方的匈奴。匈奴是游牧民族,擅长骑射,北方又多沙漠,因此边防戍守部队,也以善于骑射为首要条件,征调来的戍卒,大多为北方各郡的骑士和中原的材官。为阻止匈奴骑兵的进攻,必须构筑城塞等防御工事,所以戍卒的数量极大,生活也最艰苦,兵源也就比较复杂,不仅有调自各郡的正卒,还有因罪谪戍的官吏和人民。这些人与选调来的骑士、材官身份不同,带有受罚的性质。他们除要担任作战服兵役外,还要服修筑工事等沉重的劳役,戍期也不一定是一年,一般要延长服役的时间。例如冒领或私自出卖军粮的士兵要罚戍边二年,他们的同伍和直接领导,知情不报也要罚戍边一年。

为了保持一定的劳动力参加生产,秦代的《戍律》规定,服戍卒兵役的人,不准全家同时服役;否则主管官吏要受处分。还规定戍卒承担修缮城塞后就不准再派去服其他的劳役;否则主管官吏也要受罚。当然,所有这些规定,包括以上所说的服役年龄、期限与有关制度等等,都只是一种文字的规定。为了政治与军事上的需要,颁布这些规定的封建统治者们本身是不会认真地遵守的。秦统治区的人口,据古人说只有一千多万人,而当时服徭役的人,就达一百六十多万人,约占总数的十分之一。何况供应这一百多万人的粮食,也要动员大批的劳动力,如按制度征用更卒,当然不能够用。秦二世元年(公元前209年)七月,将居住于"闾左"的适令男子全部征集遣戍,有关兵役、劳役的一些规定全都成为空文。所以说,秦代虽有兵役法的规定,但并没有完全按照实行。

4.以军事目的为主的通信制度

秦灭六国,基本上统一全国后,中原腹地的大规模战争虽已告结束,但边疆地区的统一战争仍在进行。为了便于军事行动及时掌握军情和指挥军队,秦始皇征调大批人员修建了工程浩大的直道、驰道和五尺道等军用道路,并沿着这些道路和边防线建立了大量的亭、烽燧和邮驿等设施,同时还制定了一系列与之相适应的以军事为主要目的的通信制度。

（1）亭

随着战争的发展,防御手段和设施也逐步提高,战国时,各国就已在边境线上建亭,负责防守和瞭望。例如吴起任魏国西河守时,就曾组织过对秦国边亭的进攻作战。秦统一后,又有发展,不仅沿边防线建亭,由边防线通往郡治、首都等地的各军用道路上也都建了亭,进而又扩展到全国交通要道,河川渡口等地。亭的任务,除守望之外,也增加了接待过往军人、官吏,监送服役人员前往役所和追捕盗贼、维持治安等任务,成了秦王朝巩固封建统治的重要基层机构。在内地居民多的地区,一般每十里路设一亭;在边境居民少的地区,一般为三十里一亭,亭置亭长一人,亦称亭啬夫,下辖亭父、求盗各一人,直属于县尉,与乡游徼同属军事系统,配备有弓弩、刀剑等兵器。

（2）烽燧

烽燧,亦称烽候或烽火台,是边防告警的一种军事通信设施。早在西周时,烽燧就已出现。至秦代,已形成一套完备的制度,沿边境线和由边境线至各级边防指挥部之间,大致和亭候一样,也是三十里一个。当然,根据视野的良好与否,距离也不尽相同。烽燧,有燧长一人和燧卒数人,由边防戍守部队派出。烽燧设在高地,筑楼约五丈高,再在楼上植一三丈木杆,杆顶吊一横杆,横杆的头上有笼,内装柴草等可燃物,可以上下仰俯。一旦发现敌情,立即按规定信号点燃笼草报警,白天发烟,夜晚燃火,以使相邻的烽燧瞭望哨看清,知道敌人多少、距离远近等情况,依次传递,很快就可将敌情报告到指挥部和通报到友邻部队,以便指挥官采取措施。在举火或发烟的同时,还要按预定的信号擂鼓,向烽燧附近的亭塞报警,使戍守部队能迅速做出反应,按预定的方案进入战斗准备。在科学技术还不太发达的秦代,利用视、听信号传报敌情,应当说是一种非常有效的通信制度。由于亭和燧的任务密切相关,所以凡是有亭又有燧的地方,二者都是合在一起的。

（3）邮驿

邮驿制度也开始于周,完备于秦代;最初设置在边境,逐渐推广到全国。邮是徒步通信,驿是乘马通信,大致是五里一邮舍、三十里一驿站。主要任务是以接力形式送递情报、命令等文书,由县领导,并订有《行书律》,规定必须按时将文书送至下一邮驿,倘有延误,依法论处。而且传递和接受文书,都要登记收、发的年月、时间,以备核查。邮驿的任务与亭的任务有密切联系,所以驿站通常也都和亭、烽燧设置在一起。

机密的军事命令和报告等,一般不让驿卒或邮卒传送,而是派军官或士兵专程传送。他们沿途只换驿站准备的马,不换通信人员。为保证军邮畅通,秦律还规定,对于军人送传的军事文书,县各级政权机构均不准擅自阻拦,如因此而延误时

中国军事百科

·历代军制·

图文珍藏版

间,则县令和县尉都要受到处分。秦时的传送速度已相当迅速,紧急军事文书,平均每日夜可传五百里。

5.军功授爵制对秦王朝的影响

秦自商鞅变法,就实行"利禄、官爵专出于兵"的军功授爵制,没有杀敌战功,就得不到爵位,没有爵位就不能任官,甚至连当吏佐也不可能。这种制度,在当时曾动员秦国军民"竭其股肱之力,出死力为上用",使秦国"兵无敌而令行于天下",对秦统一战争的胜利,起过一定的积极作用。秦统一全国后,由于形势的发展变化,虽然当官为吏必须有爵位的情况也开始变化,没有军功爵位也可以当官为吏了,但军功授爵的制度并没有废除或修改,它的影响也极大。李斯为丞相时,仍然是"官斗士,尊功臣","盛行爵位"。而且这个通过战争依靠军事手段建立起来的专制封建王朝,上下各级统治机构的官吏,绝大多数都是过去因杀敌立功而授爵任官的大大小小的军功地主,他们完全控制了秦王朝的政权,秦始皇本人就是军功地主的最高代表。

新兴的军功地主们,虽然与旧贵族有其对立的一面,但他们都是剥削阶级,又有其同一的一面,何况相当数量的军功地主,本身就是由旧贵族转化而来,他们与奴隶制残余有着千丝万缕的联系。其实,军功授爵制的本身,就包含有奴隶制的残余,它不仅有根据军功爵位大小允许拥有不同数量奴隶的规定,而且还有按军功赏给奴隶的规定,例如有军功爵位而当上县尉的,就由国家赏给六个奴隶等。所以他们竭力维持并企图扩大奴隶制残余,不但将部分战争俘虏变为奴隶,还想方设法给劳动人民加上种种罪名,好把他们也罚为奴隶,即使对没有沦为奴隶的农民,他们也沿袭奴隶制度的残余,任意扩大徭役,毫无节制地榨取人民的无偿劳动。

秦王朝的官吏,以军功爵位任职,这在一切为了战争的战国年代里,矛盾还不显著,积极的一面占主导地位。但到统一之后,主要任务转向治国为政,矛盾就开始暴露,消极的一面渐占主导,首先,擅长作战杀敌的军将,并不一定都有治国为政的本领,素为秦始皇钦佩的韩非,就曾提出过非常中肯的批评。他说仅凭军功授官的制度,无异于让会杀人的人去当医生和建筑工人,房室建不成,病也治不好。他的这种看法,虽有其一定的片面性,但在当时具体历史条件下,应当说也有其合理的一面。

其次,秦国官吏大多是在极为残酷的战争环境中和残酷的军法治理下成长的,他们视杀人为常事。如长平之战,秦将白起竟将已经放下武器投降的大批赵卒全部坑杀,据说是四十万人,至于人人之境,"芟刈其禾稼,斩其树木,堕其城郭"等欺凌人民的事情,就更是司空见惯。所以秦王朝官吏对人民的统治特别残酷。

由于军功授爵制消极一面的影响,秦王朝军功地主统治集团,在全国统一之后,不仅没有给人民带来一个休养生息的安定局面,反而竭力保持和扩大奴隶制残余,加强人身依附,实行残酷统治,促使社会矛盾到达前所未有的尖锐程度,迫使广大农民和奴隶起义反秦。

(二)西汉军制

刘邦在楚汉战争中,战胜了项羽,建立了西汉王朝,无论在政治、经济、军事等方面的制度,都承袭了秦制,而又略有改变。

在政治方面,中央设三公九卿,分理政务;地方行政,改用郡国并行制,即在二十级爵之上,另设诸侯王一级,将旧燕、赵、韩、魏、齐、楚的绝大部分地区分封给九个诸侯王。其中八王是刘邦的子侄,另封了一百四十三个侯国。中央的直辖郡只有十五个,多在旧秦境内,它们是内史、河东、太原、三川、东郡、颍川、南阳、蜀、巴、汉中、陇西、北地、上郡、云中、上党十五郡。及至汉武帝时,北败匈奴,南平南越,西通西域,东北灭卫氏朝鲜,西南抚定西南夷,因而疆域扩大。至平

刘邦

帝时,郡国有一百零三,县邑千三百一十四,侯国二百四十一,属国三十六,疆域东西达九千三百余里,南北达万三千三百六十余里,人口近六千万人,成为西汉极盛时期。

在经济方面,刘邦用"重农抑商"政策。这对恢复被战争破坏的经济、发展生产、减轻农民的租税和徭役、缓和农民反抗、稳定社会秩序,起了一定作用。其"重农"政策的措施之一,就是复员军队,给复员的士卒以田宅,使之从事农业生产。这些人少数成为地主,多数成为自耕农。

汉文帝、景帝统治时期,对刘邦实行的各项政策,又做了进一步的调整,国力渐强,社会稳定,史称为"文景之治"。但到景帝时,因中央与诸侯王之间的矛盾趋于尖锐,爆发了"七国之乱"。叛乱平定后,才加强了西汉的中央集权。到汉武帝即位时,国力虽强,但国内诸侯王仍有一定政治、社会势力,存在不稳定因素;土地兼并严重,社会动荡不安,社会矛盾日趋尖锐;匈奴不断内侵,两越不断制造事端。这种形势促使汉武帝决心进一步加强中央集权,除在政治上、经济上有所改变外,军事上对匈奴由"和亲"等羁縻政策,改用武力征讨,对军制也有较大变革。

西汉共经历二百余年。西汉初期是小农经济恢复和发展时期,社会较安定,兵源比较充足,这时的军制在秦制基础上有所发展,南、北军的制度已臻完备。汉武帝对外用兵频繁,严重地破坏了小农经济,农民破产逃亡,兵源难以保障,且汉武帝又高度集中军权,因而军制势须作重大变革。故探讨西汉军制,很自然地划分为西

·历代军制·

图文珍藏版

汉初、汉武帝时期两个阶段。

1.西汉时军种、兵种和兵力

汉代军、兵种，计有材官、骑士、车士、楼船士等。

材官即步兵。内地各郡以及各诸侯王国多养步兵，兵力也较大，如"七国之乱"时，吴王濞亲率的步兵就有二十多万人。仅仅一个诸侯国，就能出这么多步兵，众诸侯国步兵数量之大，可以想见。高帝七年（公元前200年），刘邦也曾率步兵三十二万人迎击匈奴。

骑士即骑兵。三辅（京兆尹及右扶风、左冯翊共同辖区的简称）地区和西北边防地区多屯驻骑兵。汉代骑兵的数量，仅次于步兵，对匈奴作战，每次动用骑兵，动辄数万人。就史载，卫青、霍去病与匈奴作战时，前后动用骑兵达二十四万人之多。

车士即车兵。车兵因受地形、天候影响较大，运用也欠灵活，因而到汉代，车兵逐渐被淘汰，车辆仅用于输运粮秣和伤病员。不过在西汉初，车兵在作战中也曾发生过一定作用。如汉文帝时，曾征车兵千乘、骑十万，屯于长安，以防匈奴；汉景帝平"七国之乱"也曾发车兵出战，但最后胜利，仍是依靠的骑兵。汉武帝时，卫青出塞外与匈奴作战时，曾利用武刚车（有皮革防护的战车）环绕为营作据点以防守，而纵精骑五千出击。

楼船兵即水兵（舟兵）。汉代水军一般建设在江河众多的内郡和沿海地区。根据史载，湘、鄂、皖、苏、浙、赣、闽、两广等地，都有过水军的活动。水军中有楼船、戈船、下濑之分。楼船的船只较巨大，船上置楼，可以射远；戈船多建在南方，下濑较轻便，可以行在水流湍急及有碛石的河流。西汉水军数量众多，如汉武帝元鼎五年（公元前112年），平定南越赵氏割据政权时，就以水军为主。仅江淮以南楼船就有十多万人。史载汉武帝时"江淮青齐皆有楼船军，击南粤、越，救东瓯则用江淮、会稽楼船；灭朝鲜则用齐楼船；又开昆明池以习水战"。此外，汉代还建有楼船材官，即水陆均能作战，上船为水军，下船为步兵。

2.西汉的中央军事统御机构

汉如秦制，军队严格地控制在皇帝手中，皇帝是实际的最高统帅。丞相（高帝时短期改名相国）"助理万机"，在军事上是皇帝的第一助手。另设太尉，为朝廷中军事最高负责人，与丞相、御史大夫合称为"三公"，辅佐皇帝处理国家军政大事。丞相、太尉、御史大夫一度改称为大司徒、大司马、大司空。名称虽异，职权未变。"三公"均各设府；设有长史、司马等及其他必要官属。太尉虽为最高军事长官，但仅负军事行政责任，对武官的功过，至年终考其优劣而行以赏罚。军令权则操在皇帝手中。

"三公"之下，设有"九卿"。它们是：太常（奉常）、郎中令、卫尉、太仆、廷尉、典客(大鸿胪)、宗正、治粟内史、少府。此外还有与九卿地位完全相等的中尉以及地区略次的将做大将等,他们都是中央政府的高级官吏,其中属于军事长官的是:

郎中令。是皇帝的顾问参议、宿卫侍从及传达招待等官的总管,也是皇帝侍从武官的最高长官(汉武帝时改称光禄勋)。其属官有大夫、郎、谒者等。大夫掌论议,有大中大夫、中大夫(武帝时改称光禄大夫)、谏大夫等。郎,驻则掌守门户,出则充任车骑,有议郎、中郎、侍郎、郎中之别(议郎只担任顾问应对,不任值卫),最初以武士充任,后亦用文学之臣,如著名文学家司马相如,在景帝时曾任武骑常侍,武帝时曾任中郎将等。谒者,负责接待及担任临时任务,人员多至七十人,其负责人称为谒者仆射。

卫尉。负责指挥宫门屯卫兵,凡天下上事及四方贡献以及有所征召等人员出入宫门,皆由其管理。经常出入宫门的官员和宫廷服务人员,都登记在宫门守卫处的名册上,以备稽查;临时出入宫门的人员,则必须持有有关单位长官出具的"启传"(证明文书),经验证后,方才放行。汉景帝时一度改称为中大夫令,不久复旧名。其属官有公车司马、令丞等。

中尉。负责京师的警卫。汉武帝时改称为执金吾,与卫尉的分工是卫尉巡行于宫中,执金吾警戒于宫外,相为表里,共卫京师。

西汉前期,丞相和御史大夫的权力极大,选举、任免、考核、赏罚、监察等职权,都掌握在丞相、御史二府,他们成了中央政府的最高长官,有时甚至以其权势凌驾于皇帝之上。太尉的权势在诛吕氏之后,也有了很大的提高,致使皇帝感到一定的威胁。至汉武帝时,为了加强君权,遂重用职位较低的侍从近臣,把丞相、御史大夫的职权,逐渐收归为皇帝管理章奏文书的尚书、中书等近臣手中,规定章奏必须先经尚书台(尚书令的官署)转呈皇帝。又把太尉改置大司马,大司马为无印加绶的加官,太尉的职权实际上转移到大将军手中。因而在朝官中便有了中朝(内朝)和外朝(外廷)之分。由大将军、尚书、侍中、给事中、常侍等官组成的中朝,成为军国大事的实际决策机构;而以丞相为首的外朝,则逐渐变为执行一般政务的机构。

皇帝为了加强对军队的控制,建立了监军制度。设有护军都尉(中尉)、军正(军正丞)、监军御史等官职。护军都尉,始建于秦,主要用以监视将领。如《史记·蒙恬列传》记:秦二世胡亥在以伪诏逼死蒙恬的监军公子扶苏和将大将蒙恬囚禁后,"以舍人(亲信)李斯为护军",监视蒙恬所率大军各将领,防其叛乱。汉高祖刘邦在建国之初,即设护军都尉,用以监察将领和调节各将领的关系。《史记·陈丞相世家》记:陈平叛楚投汉后,深得刘邦信任,"拜平为都尉……典护军……使监护军长者",后又改为"护军中尉,尽护诸将"。汉代初期,护军都尉(中尉)直属于皇帝,权力极大。武帝以后,地位逐渐下降,元狩四年(公元前119年),不再直接对皇帝负责,改隶于大司马(大将军),辅佐大将军举察下属将士不法之事。哀帝元寿元年(公元前2年)更名司寇,负责刑狱。平帝元始元年(公元1年),再改称护军,实际上已成为一般将领,没有监督举察其他将领的权力。军正一职,始设于战国,掌管军法。西汉时设军正及军正丞,权力更大。据《汉书·胡建传》所记:"军法曰(军)正亡属将军(不属领军将军管辖),将军有罪以闻(将军犯法直接呈报皇帝),二千石以下行法焉(军中校尉、都尉犯法,军正有权自行处置)。"天汉年间(公元前100年到前97年),胡建任北军军正丞时,北军监察御史擅自"穿北军垒垣以为贾区(贸易市场)",胡建在会议中即令士卒将其拽下斩首,可见军正权力之大。监军御史和军正的区别,如《汉书·王莽传中》所说:"内置司令军正,外设军监……令军人咸正。"也就是说,军正是军队内部的将领,执掌对军中将士的监察和执法。监军御史则是御史大夫监察系统派在军中监察的文官,通过御史大夫向皇帝奏劾违法的将校。军正有时还受命统军出征。如《汉书·西南夷传》记:益州郡叶榆(云南大理北喜州)等地人反,昭帝于始元四年(公元前83年)"遣军正王平与大鸿胪田广明等并进,大破益州"。

征和四年(公元前89年),西汉设有司隶校尉一官,与军事也有联系。司隶秩比二千石,持有朝廷节仗,权力很大。初,位在丞相司直(佐助丞相举察百官不法之事)下,领京都公府官徒一千二百人,缉捕重大案件,纠察京城及三辅、三河(河内、河东、河南)地区以及弘农郡官民一切违法行为。这是西汉一种特殊官制,即手中有兵,但不属军事系统。以后撤去所统之兵,且时置时废,权力也时大时小。汉哀帝时重设,为大司空的下属,改称司隶,成为巡警、检举之官。

3.西汉指挥体制和军队编制

汉军制,设将军以从事征讨。将军按其职权、军功分为不同等级。将军之最高级为大将军,负责统军作战,平时也负朝中军政责任,其地位往往在"三公"之上。如武帝病重时,以霍光为大司马大将军,武帝死后,霍光又兼领尚书事。自此以后,大将军以及有的将军多为掌握实权的"中朝"官,丞相虽还有原来的地位,但因为外朝官不参与军政大事的决策,和大将军相比,权势就相差很大了。正如《文献通考》所说:"两汉以来,大将军内秉国政外则仗钺专征,其权任出宰相之右。"

大将军之下,依次还设有骠骑将军、车骑将军、卫将军以及前、后、左、右将军等。有时,因征战需要,以战略目标而定将军称号。如贰师(大宛城名)将军、匈河(匈奴境内水名)将军、祁连(匈奴境内山名)将军、蒲类(匈奴境内泽名)将军、因杆(匈奴境内地名)将军等。水军的将军则因其指挥船类定将军称号:如楼船将军、戈船将军、下濑将军等。此外,尚有很多其他杂号将军:如虎牙将军、强弩将军等。比将军地位略低一点则称将或别将。如统帅辎重兵的重将,统帅筑城工兵的城将以及厩将、弩将等。

有时,部不设校尉,仅以军司马领之;如为别营领属,则设别部司马领之。

西汉军队编制,以部曲制为主要组织形式。如《汉书·李广传》记:"而广行无部曲行"；又谓"程不识正部曲行伍营阵"。又如《汉书·赵充国传》记有："今留步士万人屯田地势平易，多高山远望之便，部曲相保。"

一校尉所统之兵为一部，故有时也称为"一校"。以曲级军官有千人的职称来看，曲一级兵力可能约千人分由屯、队领之，而什、伍为最基层单位。据有的史料记载，每部分左、右曲，甚至还有后曲，这说明每部所领曲数也无定制。曲的官秩比六百石，相当于县令，其下也有丞和令史等属吏。屯长为较低级军官，屯、队的编制史料无明确记载，但就史料中查考，"队率""队史"是最低级军官。如《史记·申徒嘉刘传》记："申徒丞相嘉者，梁人，以材官蹶张从高帝击项羽为队率"；又如《史记·高祖功臣侯表》记有台侯载野的功绩是："以舍人从起砀用队率人汉"；棘丘侯襄的功绩是"以执盾队史前元年从起砀"等等。

凡将军出征，皆设置幕府，设长史、司马、从事中郎等参谋性质的属官、幕府中的官吏由将军推荐，职高的并由朝廷加以任命。

汉代，决定征战和军队征调，权皆在皇帝。皇帝为实际的最高统帅，发兵以虎符为凭，虎符由皇帝指定的近臣掌管。如西汉诸吕为乱时，太尉周勃决定先控制北军，以对抗吕氏，但周勃无虎符，不能进入北军营垒，适掌管虎符的大臣纪通来投靠周勃，周于是持虎符假托朝廷命令掌握了北军，与丞相陈平协力平息了叛乱。

4.西汉的中央直辖军

西汉的中央直辖军（禁卫军）为西汉军队的核心部分，最为精锐。汉武帝时，其兵力曾扩充到六万五千人。中央直辖军又分设南、北军。所以称为南、北军，是因驻屯地点而得名。因南军主要屯驻在未央宫区域，未央宫又在长安城的南部，故称为南军；而北军营垒多在长安城北部，故称为北军。

（1）南军的编组和任务

南军有兵卫（卫士）、郎卫之分，都属于皇帝的禁军。兵卫担任殿门外门署的警卫；郎卫担任殿内廊署的警卫。

兵卫，由卫尉统御。负责宫门禁卫及宫内的巡察，营舍也设在宫内，其主力分屯于宫城的各重要地点。卫尉的属官和其职掌是：

公车司马令——负责收受章奏以及征诣公车者（公车，官署名，设在宫门，掌宫门开关及收发传达）；

卫士令——负责管理卫士；

旅贲令——统率卫士中的骁勇者，以备意外事故；

卫司马、卫侯——负责巡察宿卫。

所有卫士，均以郡国中的正卒担任，每年轮番一次。因而迎送卫士，每年常达两万人。卫士的往返用费，统由朝廷发给。朝廷对卫士的迎送颇为重视，如卫士到京时，由丞相迎劳；岁终罢遣时，皇帝临餐（如今之聚餐）并劝以回乡后勤于农事等等。

郎卫,由郎中令(光禄勋)统御。负责宫殿门户及宫殿内的警卫。郎卫的属官已如前述。郎官无一定的定额,常多至千人。人郎的资格,不同一般,大体是:①吏二千石以上官员的子弟;②有一定才学经过推荐或自上书赋得选的人员。

兵卫、郎卫在执行任务时,有协同关系,但互不隶属,各有其独立性。一般统称之为南军(也有郎卫不属南军之说)。

(2)北军的编组和任务

北军由中尉(后改称执金吾)统御,担任京都长安及内史(三辅)地区的警卫,兵员较多,是皇帝亲自掌握的重要军事力量。

北军的士兵,多征调自三辅地区的正卒,番期一年。而三辅地区郡,县军事力量,也并归中尉指挥,因而其兵力远比南军为强,且北军多集中屯住,设有固定的营垒。高帝十一年(公元前196年),淮南王英布谋反,史称"发上郡、北地、陇西、车骑、巴蜀材官及中尉卒三万人,为皇太子卫,军坝上。"又《汉书·王温舒传》记有王温舒为中尉,请核查漏役的北军士卒,结果查出有数万人。由上说明北军的兵额,虽无明确记载,但其强大,可以略见。因而西汉的北军,对维护皇朝统治,有举足轻重的关系。

(3)汉武帝对南、北军的扩展

汉武帝为了加强中央集权统治和应付连年与匈奴作战的需要,进一步扩大了南、北军。

①南军的加强

在南军增设期门、羽林。都属于皇帝的亲兵。

期门,即指定卫士在约定时间等候在某门下扈从之意,是由于武帝喜微行(轻车简从的意思)、从事游猎而生。最初并无定额,但多时达到千人,卫士多是从天水、陇西、安定、北地、上郡、西河等六郡选拔良家子弟壮勇而善骑射的人充任。

羽林,也无定额,随时有所增减。羽林分左、右,兵力有时左骑八百人,右骑九百人。其来源也由上述六郡中擅武技的良家子弟中选拔。羽林原为建章营骑,后转为羽林,与期门同为皇帝宿卫、仪仗部队,有时也被派往前方作战。在羽林中附设羽林孤儿,收养对外作战死亡官兵的子、孙,长成后,编为部队,执行与期门、羽林相似的任务。羽林孤儿无固定人数。

期门、羽林、羽林孤儿和一般卫士相比,地位较高,是一种贵族兵,属于郎官。且父死子代,有世兵的性质。其中优秀者可以转为他官。就《汉书》所记汉代历充显要职位的,不少是出自期门、羽林。期门、羽林长期服役,不采取更代办法,含有职业兵性质。羽林军中又有黄头郎,为专演练水战的卫士。

②北军的扩展

汉武帝时,除北军原有兵力外,又建了一支终身为伍,不轮番服役的部队,这就是增设的八校尉。它们是：

中垒校尉。统管北军管垒内的日常军务。

屯骑校尉。负责训管骑兵。

步兵校尉。统率上林苑的屯兵。

越骑校尉。负责训管由材力超越的战士组建的骑兵。

长水校尉。负责训管长水（陕西蓝田西北）、宣曲（宫名。在长安昆明池以西）降汉的匈奴兵所组建的部队。

胡骑校尉。负责训管驻屯在池阳（宫名。陕西泾阳西北）的降汉匈奴骑兵所组建的部队。（武帝后不常设）

射声校尉。负责训管弓弩部队。

虎贲校尉。负责训管车兵部队。

校尉的官位都是秩二千石的将吏。其所属部队，既为皇帝亲兵，也有出征任务。屯骑以下七校尉所属，除长水、胡骑多为降汉的匈奴兵外，余多为汉人，且募自三辅地区者居多。此外，还在中尉属官中增设中垒、寺互、武库、都船四令丞。

元鼎四年（公元前113年），武帝又在内史地区设京辅、左辅、右辅三都尉。与此同时，中尉改称执金吾。由于北军的扩展，中尉（执金吾）的军权也相应扩大，这是不合汉武帝高度集中军权的本意的，所以在太初元年（公元前104年），削弱中尉（执金吾）的指挥权。一是派遣监军使者（监军御用）监军，凡北军的调动，须将朝廷符节交监军使者验看；一是由中垒校尉掌管军中日常军务。征和二年（公元前91年）戾太子发生政变，长安骚动，但在军事上得不到北军的支援，因而失败。此后，又增设城门校尉，负责警备长安的十二个城门，也归北军统辖。但其士兵，不是征自三辅，而是由内郡征调，含有相互制约之意。

北军的扩展，使北军的指挥、统御复杂化了。中尉（执金吾）实际被架空，这反映了统治集团内部矛盾的尖锐化。

就史料记载，北军还有特设的监狱。据《汉仪注》记，中垒校尉下设尉一人，"主上书者狱"。就是凡臣民上书，有内容违法或言词激怒皇帝的，就捕送北军，由军尉制裁。因而刘向曾批评时政说："章交公车，人满北军"。《汉书·江充传》记载：武帝很宠信江充，派作直指绣衣使者（特命的监察御史），"督三辅盗贼，禁察逾侈"。江充对权臣贵戚毫不留情，凡车马服饰超越制度的，就捕送北军，并罚充军以征匈奴，由是显贵惶恐，要求以钱赎罪，汉武帝允许按官秩高低罚钱送北军，北军因此入钱数千万。

③扩展后南、北军编组、任务、人员概况

南、北军各有其独立性，互不相属。但有时也以重臣统一对南、北军的指挥。如汉文帝自代王入朝为帝，即以原代国的中尉宋昌为卫将军，统一指挥南、北军。又周亚夫也曾以车骑将军头衔统一指挥过南、北军。

④南、北军军制的作用和特点

西汉的南、北军军制，是西汉军制中的一个重要问题。《汉书》无军制，仅在《刑法志》简述："汉兴……蹂秦而置材官于郡国，京师有南北军之屯。至武帝平百粤，内增七校，外有楼船……"其他史书也都是概而不详，但有一点可以肯定，就是南、北军对巩固汉统治的稳定，敉平宫廷政变，是起了重大作用的。如前所述，周勃、陈平平吕氏家族叛乱，主要依靠的是北军，而平定"七国之乱"，北军曾以主力参战，获得胜利。且南、北军将兵素质较好，训练装备均较精良，为天子亲军，有居重驭轻、强干弱支之势，故在汉武帝时，连年对外用兵，内部基本上能保持稳定，戾太子刘据，趁武帝避暑甘泉，以讨伐江充为名，调动长乐宫卫士，释放囚徒，发动政变，京师大乱，但终因调动不了北军，宣告失败。又如西汉后期，外戚势力扩张，王氏一家有九侯五大司马，汉统治受到威胁，汉成帝以宗室刘向为中垒校尉，控制着北军，也曾稳定过一时。后来由于各种原因，西汉的衰亡已不可挽回，北军才失去了它的作用。

西汉统治者为集中军权，统一军令，使南、北军切实为其所用，在组织上使其相互制约、相互牵制，互不隶属。兵力来源，南军来自郡县，北军出自三辅，也是意在制约。又北军中尉（执金吾）权力的削弱，监军使者的增设，也是制约牵制的措施。正如宋人山斋易氏论此事时所说：

"汉之兵制莫详于京师南北军之屯，虽东西两京沿革不常，然皆居重驭轻，而内外自足以相制。兵制之善者也。盖是时兵农未分，南北两军实调诸民。犹古者井田之遗意。窃疑南军以卫宫城。而乃调之于郡国，北军以护京师，而乃调之于三辅，抑何远近轻重之不伦耶？尝考之司马子长作《三王世家》载公户满意之言曰：'古者天子必内有异性大夫，所以正骨肉也；外有同姓大夫，所以正异族也。'……郡国去京师为甚远，民情无所适莫可，缓急为可恃，故以之卫宫城，而谓之南军；三辅距京师为甚迩，民情有闾里、墓坟、族属之爱，而利害必不相弃，故以之护京城，而谓之北军，其防微杜渐之意深矣。"

南、北军的相互制约，是封建社会军制的特点之一，是封建统治集团为维护其统治而采取的组织措施。

5.西汉的郡国兵

刘邦建立西汉后，认为秦的失败，是由于未分封子弟为藩辅而形成孤立的关系，因此分封子弟为诸侯王，采用郡、国并行的政治制度。

西汉将旧秦属地划分为十五个郡，实行郡、县两级行政管理，任命守、尉、令、丞各级官吏治理地方。对旧燕、赵、齐、魏、楚等地区，采用分封制。自北而南，封立了燕、赵、代、齐、梁、楚、吴、淮南、长沙等九个诸侯王国。其中八个是刘邦子侄，称为国姓王。长沙王吴芮是异姓王，吴原为秦时鄱阳令，因反秦有功，受项羽之封，楚汉战争中降于刘邦,仍得封王。诸侯王在其封国内权力甚大,除太傅、丞相由皇帝任命外,御史大夫以下官吏都由诸侯王自己任命。王国机构大体与中央王朝相似。诸侯王有一定军权,有财政权,可在其封国内征收税赋。诸侯王国疆土广阔,人口众多,多数王国都很富庶。如齐王刘肥辖有六郡,共七十三个县;吴王刘濞辖有三郡,共五十三个县。刘邦还封功臣、戚属、外戚一百四十多人为列侯。列侯为二十等爵最高级,但在封国内没有治民的权力,只是他们的食邑。列侯有大、小之分,大侯食邑万户,小的五百户。侯国也设相,职掌同于县令,由皇朝任命,归所在郡管辖。

郡国兵因郡国的大小和人口的多少而兵力不一。郡县兵的组织系统是:

(郡) 太守————(县) 县令(长)————(乡) 游徼
　　　都尉　　　　　　县尉　(亭) 亭长

郡守以政务为主,但兼管军事。都尉系武职,专管郡的军事;其分工是太守掌发兵权,都尉负责领兵。县万户以上称令,万户以下称长,也兼辖县的军事,另设县尉以为辅佐,专管军事。

诸侯王国的相,相当于郡守,其中尉相当于郡的都尉,辅佐诸侯王管理军事。侯国虽也设相,但不管军事,所在郡县有军事活动时,侯国相也参加。

所有郡国兵都属于中央王朝,诸侯王及郡太守权力虽大,但不能任意发兵。发兵时,必须有皇帝的虎符和竹使符。虎符系铜制,发兵时皇帝遣使会符才行。使符以竹镌刻篆书。无符发兵,就算谋反,论罪当死。各诸侯王国随着经济的恢复和发展,势力日增,军力日强,形成与中央皇朝对抗割据的形势,发展到"七国之乱"。吴王濞起兵时,宣称地方三千里,精兵五十万,还有南越兵三十万可以调遣,虽不免有所夸大,但说明诸侯王国都已具有一定军力。

西汉对郡国兵的培养建设,多因地制宜。据《文献通考》兵考八所记:"高祖命天下,选能引阅蹶张材力武猛者,以为轻车、骑士、材官、楼船……平地用车骑,山阻用材官,水泉用楼船。"巴、蜀、三河、颍川等郡多为材官;上郡、北地、陇西及其他北方诸郡多为车骑;而庐江、浔阳、会稽诸郡多为楼船。

汉景帝平定"七国之乱"后,取消了诸侯王治民的权力,缩减其机构,降低王国官职秩位,改丞相为相,掌王国政事,设内史治民,权限和郡守相等,都由皇朝中央任命,直辖于中央。汉武帝时,进一步削弱诸侯王国,形司一郡,汉中央皇朝才真正统一了全国军事上的指挥权,有效地掌握了郡国兵。

6.西汉的边防兵

西汉的边防军,由于北防匈奴及其他少数民族的需要,颇受重视,且具备一些特点。

(1)边郡军

汉初,对一些边地郡及诸侯王国,由朝廷派信臣监督边事。以后王国势力发展,不服皇朝统御,所以徙代地于云中,而将长沙、燕、代皆割其南、北地设郡,目的在隔绝诸侯王国与匈奴等少数民族的联系。因而边地郡、县就有了一固边防、二治军民、三防诸侯王异动的多项任务。因此,边境郡县兵力较内郡多。边境太守常有兵权,战争期间,常有万骑以巡边。其文武官吏也较内郡为多,如大郡的长史、司马、候等官多至千人。郡都尉平时也掌握有武力,障、塞也有固定的兵力防守。其指挥系统一般是:太守—都尉—侯官—障尉—侯长—队长。

因上述,边境军就具有三个特点。一是有固定的常备军;二是太守即主将,三是边郡以军事为主,一切服从军事上的需要。此外,边郡太守可以临机独断,以应付仓促中发生的边境作战,皇朝对之不象内郡控制得那样严。

(2)屯田兵

屯田兵制,自汉代开始,在我国军制史上具有一定地位。它消除了戍卒更代之烦,安定了边防。

汉文帝时,为了巩固北部边防,采用晁错“移民实边”的政策。以后,因与匈奴的战争扩大,屯田规模也随之扩大。如汉武帝元鼎年间,设张掖、酒泉、上郡、朔方、西河、河西六郡,开辟官田,发边塞士卒六十万人,担任戍屯。又自敦煌到盐泽开通西域的道路,沿路凡军事、农业上设施,都有屯田兵戍守,有的多至数百人,有将率领。以后各帝,对屯田兵都有发展。如汉宣帝神爵年间,赵充国因击叛羌而献计说:羌易以计破,难用兵碎也,故臣愚以为击之不便。计度临羌东至浩亹,羌故田及公田,民所未垦,可二千顷以上,臣愿罢骑兵,留步兵,分屯要害处,浚沟渠,治隍陕,人二十亩,益积蓄,省大费。于是汉宣帝派赵充国屯田湟中(青海湟水两岸),不到一年,羌兵困饥,病死及降者十之八九,余众四千余人杀其将杨玉后来降。汉元帝初元元年(公元前48年)又设戊己校尉,屯田在车师(宣帝时曾以该地与匈奴。时匈奴款附,地亦归还)故地。汉元帝初元元年(公元前42年),右将军冯奉世率兵六万人平陇右叛羌,得胜后也留兵一部屯田,以防备要隘。这些屯田兵多在边郡设农都尉以统御之。

汉代屯田兵的规模相当大,对巩固边防起了很好作用,同时也加强了与少数民族的沟通,扩展了疆域。当时对少数民族的战争频繁,军力、财力耗费巨大,有了屯田兵,亦兵亦民,可免征调之繁;囤积充足的物资军食,也可减少输运之劳。屯田兵还促使当地兵民为了自身安全而奋力作战,父子相保,士气因而较高。

(3)属国兵

汉武帝在开辟河西之后,匈奴军民纷纷归附,遂在边境划定区域,收容他们,作为属国。苏武多年留住匈奴,熟悉情况,就派他作典属国(官名),管理属国的军政事宜。属国原设在陇西、北地、上郡、朔方、云中,共五个,宣帝时赵充国破西羌,复在金城郡设金城属国。

属国兵主要任务是协助边防郡兵以巩固边防,但有时也征调随汉军出征。

(4)边防的设施

西汉因边防多事,除着眼于军力的加强外,也很重视达防设施的建设。其主要措施有:

①修驰道

驰道原是秦为巩固边防而修建的以军用为主的道路,为之耗费民力极大。西汉继续对其加以利用,并不断加强和修缮,汉武帝出巡安定、北地、过扶风时,见宫馆、驰道修治得很好,曾对当地官将加以嘉勉。此外,汉武帝还派唐蒙整修秦代的五尺道(由四川盆地通向云、贵高原的重要军用道路),以加强与西南边疆地区的联系。又命在金城(兰州西北)屯田的赵充国在湟陿(宁夏西宁市附近湟水上游)以西修建桥梁七十余座,以利于军行。

②修长城

汉武帝在与匈奴作战的过程中,曾两次在今内蒙古地区修筑长城。第一次是元朔二年(公元前127年),主要是修缮秦代所筑的旧长城。《汉书·匈奴传》记:命卫青收复河南地(内蒙古河套地区)后,"筑朔方(城),复缮故秦时蒙恬所为塞,因河(黄河)而为固"。第二次是太初三年(公元前102年)在阴山以北新修一道长城,即历史上所谓的"外长城"。《汉书·匈奴传》记载:"使光禄勋徐自为出五原塞数百里,远者千余里,筑城障列亭至庐朐(甘肃居延附近)",同时命强弩都尉路博德至居延,按照依险阻、坚壁垒、远望侯的原则,修建由居延至玉门关的长城。至今尚有当时所筑城障、亭燧及长城的遗迹存在。

③置驿传

十里一亭,是秦旧制,西汉仍用之以利往来,以传政令,特别是用于军事上的情报、命令的传递。汉代邮传,有车传、骑传、步传三种,以负责边防的军事通讯。

④设烽燧

烽燧是边塞上军事报警及通信的重要设施。凡重要关隘、边境要点都普遍设置,白天则举烟以为信号,夜间则举火以作信号。汉宣帝时,匈奴的游骑常常侵犯边境,都不能有所收获,就是得力于烽燧设置,使防军有所准备和相互支援。

7.西汉的兵役制度

汉初,以征兵制为主。其特点就是兵役、劳役合一,称徭役。凡民丁,既要服规定的兵役又要服规定的劳役。自汉武帝连年对匈奴用兵,生产受到一定程度的破坏,依赖征兵已不能适应战争的需要,于是开始兼用募兵制以及其他军制。

(1)兵、劳合一的兵役制

汉袭秦制,凡男子十七而傅(已成丁,登记在役籍上),称为正卒。开始服役;景帝二年(公元前155年),为宽民力,改为二十始傅;至昭帝即位(公元前86年),

再"宽力役之征,二十三始傅,五十六而免"。

①兵役

兵役区分为郡国兵、卫士、戍卒三种。男丁一生中要服兵役两年。傅籍后首先在本郡、国服役一年,或材官、或骑士或楼船士,因地而异,为郡国兵。一年期满,罢役返乡,如遇征战,仍要临时征发。另一年在中央禁卫军或边防军服役。在禁卫军服役的称卫士或卫卒,属卫尉统领,是南军中的主要成员。不过各诸侯王国的正卒,不能任卫士,只能在边防军服役,以防止诸侯王在禁卫军中安插亲信,对朝廷不利。在边防军服役的称戍卒,属边郡都尉统领。由于边防任重,边郡正卒的戍卒之役和郡兵之役通常合而为一,两年兵役,一次完成。据出土的汉简中有关戍卒的档案,戍卒年龄最小的只有十五岁,老的高达六十五岁,可见汉王朝并未认真按自己规定的役龄办事。至少边郡戍卒是如此。此外,在役期上,汉王朝也没有认真执行自己的规定,常有"逾时之役""过年之徭"。如《汉书·王莽传》就有"卫卒不交代三岁矣"的记载。

②劳役

男丁到了服役年龄傅籍之后,除按规定到军中服兵役外,每人每年还要在所在郡县从事一个月的劳役,称为更役,服更役者称更卒。劳役的范围很广,如造宫室、建陵墓、筑长城、缮营垒、起亭障、作烽台、开驰道、修堤、治河、转输、漕运等。服更役者有时也包括女子。如《汉书·惠帝纪》记:惠帝三年(公元前192年)正月:"发长安六百里内男女十四万六千人城长安,三十日罢"五年正月"复发长安六百里内男女十四万五千人城长安,三十日罢"等。服更役有两种形式:一种是自身服役,称"践更",一种是出钱代役,称"过更"。由于经常作战,给前线运送粮草的转输、漕运劳役,最为困苦,往往超出应服役的人数和日数,并使生产遭到破坏。《汉书·谷永传》记其情景说:"大兴徭役,重征赋,征发如雨",因而"百姓财竭力尽,愁恨感天,灾异屡降,饥馑仍臻,流散冗食,馁死于道路以百万数,公家无一年之蓄,百姓无一句之储,上下俱匮,无一相救。"足见劳役之重,对人民的生存造成了严重威胁。

(2)西汉的免役制度

西汉免役制度规定,年至五十六岁即以免役,除此之外,还定有复身(本人免役)、复家(全家免役)的制度。这是对贵族地主阶级的特殊照顾,也兼有对人民的欺骗和笼络。

复身的条件是:①县乡三老;②吏卒曾随军到平城者(刘邦平城被围之战);③孝悌力田者;④博士弟子和通一经的;⑤出车马的;⑥男丁身高不满六尺二寸的(当时称之为疲癃)。

复家的条件是:①刘邦家乡丰沛的人民;②吏二千石从入蜀的;③五大夫以上的军吏;④养育马匹的牧户;⑤徙居边地的民户;⑥宗室有属籍的;⑦高龄九十以上的子及孙;⑧功臣子孙;⑨流亡后归还的民户;⑩正在居丧的民户。

（3）西汉的爵邑制度和兵役的关系

西汉沿用秦二十等爵制，这和兵役制度有密切关系。二十等爵制度，目的在奖励军功，使人民勇于服役，并在征战中求爵。在重视军功和没有军功不能封侯上，秦汉制度是相同的。汉代因军功封官之重，由汉武帝时李广利远征大宛之例可以说明。广利因功封海西侯；斩匈奴郁成王的骑士赵弟为新畤侯，军正赵始成为光禄大夫，上官桀为少府，李哆为上党太守等。凡军官为九卿的三人，诸侯相、郡守二千石者百余人，千石以下的千余人，赐士卒钱达四万，受赏的人均喜出望外。军功赐爵提高了军卒的社会地位，也开辟了军卒转入仕途的道路。从而也使征兵制度得以顺利执行。

另外，从居延汉简的记载来看，西汉的边防兵，除按军功赐爵外，还有按劳赐爵的规定。戍边吏卒的每日工作情况，都详细地记入"日迹簿"中，如割茬若干、运马草若干等。对执勤、劳动、训练中表现好的吏卒，奖给"劳日"，如考核射术成绩超过合格标准的，赐"劳"十五日，劳动好的"劳二日皆当三日"等。每年统计一次，将所得劳日总数呈报上级。汉简赐劳名册中，有某燧后长贤"日迹积三百二十一日，以令赐贤劳百六十日半日"的记载，他全年共得劳日四百八十一天半，上级即据此予以赏钱或赐爵。这种军功与平时表现并重的制度，较仅凭军功赐爵更为全面。这是西汉在秦代赐爵制度基础上的一个发展。但以后执行渐滥，武帝后期曾为敛钱以供皇室挥霍，"诏令民得买爵及赎禁锢、免减罪、买赏官，名曰武功爵，级十七万，凡直三十余万金。诸买武功爵至千夫者，得先除为吏"。因而史书也慨叹说："吏道杂而多端，官职耗废矣。"

武功爵的等级是：①造士；②闲舆卫；③良士；④元戎士；⑤官首；⑥秉铎；⑦千夫；⑧乐卿；⑨执戎；⑩政戾庶长；⑪军卫。

从汉代兵役制度和以钱买爵的办法来分析，其得免役的范围虽广，但多属富室、豪强，他们都几乎成了免役对象。富室、豪强自行从军、亲身应役的极少。徭役的真正服行者是广大的劳动人民。

（4）西汉的募兵、选募和谪兵等

汉武帝连年对匈奴用兵，民不聊生，造成大批小农破产流亡，而富室、豪强则多以钱买得免除兵役的特权，因此兵源缺乏，不得不兼用其他兵役办法，如募兵、选募和谪兵等。

募兵：汉武帝时，在北军中增置八校尉，它们的所属士卒，大多募自熟悉胡、越情况的汉族、匈奴族人民，这是西汉募兵的开始，以补征兵的不足。因为当时战争频繁，征兵不能按常规进行，自此以后，常有募兵以应战争需要的情况发生。如汉宣帝曾募兵去金城以御西羌；汉元帝发募士万人以击西羌等等。在对少数民族重大战役中，为增强军力，募兵常用为主要组军手段。

选募：选募实质上亦为募兵，惟对应募者要求较高，要具备较好的体力、才智、技能条件才能入选。如李广将兵五千，皆精选而来，名为"勇敢"，多为楚之剑客，入营后在张掖、酒泉等郡教射当地屯田军民，以备匈奴。当与匈奴作战时，李广亲率这五千锐士应战，天汉四年（公元前94年）曾远出到朔方。又如汉昭帝时，曾募吏民及发犍为、蜀郡"奔命"（选募的勇健之士）去击益州；汉宣帝时也曾选募健壮习射者三百人（名为"伉健"）从军，等等。这种选募办法，在一定程度上，含有选锋的用意，也是战国时期"招延募选"制度的继续和发展。

谪兵：发囚徒为兵，为历代所常见。西汉几次大规模用兵，征兵不足，也曾尽发囚徒为兵。如高帝击英布，曾尽赦全国之犯死罪者从军。武帝时也曾发七科谪充兵役，所谓七科谪，即指官吏有罪者、亡命者、赘婿、贾人、故有市籍者、父母有市籍者、大父母有市籍者。又汉武帝攻朝鲜时，还曾发全国的死囚及京师的亡命者，以之充军，且发郡国恶少（犯过罪或有罪行而未判刑的男丁）数万人，以李广利率之，到大宛取好马，进攻西羌等等。谪兵并未形成一种兵役制度，只是为了迅速组军来弥补兵员不足的一种权宜之计。

少数民族兵：汉文帝时，用晁错建议，以归附的胡、义渠、蛮夷等少数民族兵对付匈奴。武帝以后，范围更为扩大，如北军中，也有了一部分匈奴族兵卒。少数民族兵来自各地区和各少数民族，如匈奴、南越、西域、高句丽、夫余等。他们在战争中往往有功，因军功封侯的也不下二十余人，如赵信、赵安稽、复陆友、伊郎轩、成娩等。

奴兵：汉代发奴为兵的事并不多见，但也曾发生过。如汉文帝时，贡禹建议，免宫奴卑为庶人，"令代关东戍卒，乘北边亭塞候望"，但并未实现。到王莽时代，兵源枯竭，因匈奴攻边，乃大募天下丁男及死囚、吏民奴，名之为"猪突豨勇"，其中就有谪兵及民间奴隶，且具有募兵性质。

综上所述，不难看出，西汉初实以征兵制为主，因征战较少，生产有较大发展，故实施也颇顺利。到汉武帝时，兵连祸结，近四十年征战不断，民不聊生，小农破产流亡，加上大族豪强以金钱免役，征兵发生困难，不得不采取募兵等方法来补充军队。因而北军八校尉兵卒，多靠募兵，其他方法虽也使用过，但仅是辅助或一时的办法，不占重要地位。

8.西汉军队的校阅、训练和补给

西汉很重视军队的校阅和训练。其办法又分为京师校阅和郡国校阅，一般都是在秋季举行。每年秋后，京师以至郡县都进行大校阅、大讲武，场面可谓壮观。《汉仪注》记："立秋之日，斩牲于东门郊外，以荐陵庙，武官肄习战争之仪。斩牲之礼，名日貙刘。兵官皆肄习孙吴六十四阵，名日乘之。"西汉对郡国训练尤为重视，按规定，未经训练或技术不娴熟的正卒，不能应召。正如韦昭所说："士非素教习，不得从军征发"。（《史记索隐》）和京师一样，每年秋季，各郡国的陆军、水军以及边防,也都要举行都试(总检阅)。据《汉旧仪》记:"八月,太守、都尉、令、长、相、丞、尉会都试,课殿最(按考试成绩评定优劣)。水家为楼船,亦习战射、'行船'。边郡太守各将万骑,行障塞,烽火追虏。"都试的课目,有的还有"校猎",用近于实践的狩猎形式进行演习,以考察正卒的训练程度及材力。所以《汉官仪》还说:"岁终都试之时,讲武勒兵,因以校猎,简其材力也。"都试有一定的仪式,参加的正卒都要穿绛色的制式军衣,设斧钺,建旗鼓,进行军阵(队形变换)及骑射演习。《汉书·韩延寿传》记载韩延寿任东郡太守时主持都试的情况说:都"试骑士,治饰兵车,画龙虎朱爵,延寿衣黄纨方领,驾四马,傅总,建幢棨,植羽葆,鼓车,歌车,功曹引车,皆驾四马,载棨戟,五骑为伍,分左右部,军假司马千人持幢旁毂。歌者先居射室,望见延寿车,噭咷楚歌,延寿坐射室,骑吏持戟夹陛列立,骑士从者,带弓箭罗后,令骑士兵车四面营阵,被甲鞮鍪居马上抱弩负蘭,又使骑士戏车弄马、盗骖(战斗演习)",及治车甲三百万以上。韩延寿虽因此被劾以"上僭不道"而被杀,但也可说明都试场面的一般。又据史载。霍光父子掌握南军时,也有多次出都(会阅)羽林的记载。大校阅以射为主,再加试其他技术,如骑乘、刀矛等等。

汉初,由于战争的需要,建立训练有素的大量骑兵成为一项十分紧迫的任务。为此,汉统治集团不惜重用秦故将,以训练统御骑兵。《史纪·灌婴列传》记:"两收兵骑于荥阳,楚骑来众。汉王乃择军中可为(车)骑将者,皆推故秦骑士重泉人李必、骆甲习骑兵,令为校尉,可为骑将。汉王欲拜之,必、甲曰:臣故秦民,恐军不信臣,臣愿得大王左右善骑者付之。……"乃拜灌婴为中大夫,李必、骆甲为左、右校尉,将郎中骑兵。到汉武帝时,一方面与匈奴作战。一方面也用匈奴降官降兵,以训练和壮大自己的骑兵。

蹴鞠(古代足球),是战国时的民间娱乐活动,这种活动在齐、楚等国相当流行。至西汉时,蹴鞠已发展为军事训练的重要手段之一。刘向《别录》中说:"蹴鞠,兵势也,所以练武士、知有材也。"因此,《汉书·艺文志》将《蹴鞠》二十五篇附于"兵技巧十三家"类中。汉初战争较少时,军队普遍用蹴鞠练兵,提高士兵的体质、速度、耐力以及反应的灵敏度等,以适应未来战争的要求。所谓"今军无事,得使蹴鞠"就是指此。当时宫苑内的"鞠城"和"三辅离宫"蹴鞠地,都是南、北军练习和比赛蹴鞠的场地。汉武帝时,虽然战争连年不断,但蹴鞠仍然是军中的训练项目。《史记·卫将军骠骑列传》及《汉书·卫青、霍去病传》,都有汉

蹴鞠

军在塞外行军宿营时,在缺粮的情况下,"仍穿域(修场地)蹴鞠"的记载。此外,角抵(角力、摔跤)、手搏(拳技)等民间的各种武术、技巧,也都成为军中的训练项目。如甘延寿,就是因为在校阅中手搏表演精彩而被提升为期门郎的。《汉书·艺文志》将《手搏》六篇也归于"六技巧类"中。

材官的训练,以发矢张弩为主。《汉律》记有蹶张士,就是指材官中的力健者,能以足踏强弩而张开,因而名之为蹶张。骑士的训练重在骑射,因为弓弩为汉代主要兵器,其次才是刀矛。所以无论哪一兵种,都以弓弩为主,因为它可在较远距离射杀敌人,又能避免自己的伤亡。

各级军队中都有掌管教练和考课射法的军官——仆射。边防部队中也有专职射法的军官。每年秋季,要对边塞的"侯长士吏"普遍进行一次射法考核。考核的方法,据居延出土汉简记载,每人试射十二箭(弓或弩),中靶六箭为合格;不合格的要受处分;超过六箭的有赏,一般赐"劳"十五日。(圆满完成一个服役日的训练、守卫或劳动任务,为"劳一日"。成绩优秀的直属长官可赐"劳"若干日。如居延一个侯长,一年中实"劳"三百二十一日,另得赐"劳"一百六十零半天。)根据"劳日"总数,赐钱或赐爵、提升。这一制度对当时提高部队战斗力起过一定的作用。它比仅重军功的秦代军功爵制又有了发展,既重视战时军功,也重视平日表现,更为全面。

两汉的军队补给办法,衣食皆为官给。国家设有粮食、军械的补充机构,除沿秦制设仓库以贮存粮食外,设考工令负责制作兵器,设武库令管理兵器贮藏、分配。郡国也设有工、铁官吏,负责军器制作和向京师输送。

9.西汉的马政

西汉由于连年与长于骑射的匈奴作战,需要强大的骑兵部队,因而重视马政建设。汉初,就曾号召民间养马。汉文帝时,晁错建议为鼓励民间养马,凡有出车骑马一匹者,可以免三人服役。汉景帝时,朝廷开始大规模养马,在北部地区设牧苑三十六处,以郎为苑监,以官奴婢三万人养马,其数量达三十万匹。京师也设六厩,每处多至万匹。至武帝初时,"天子为伐胡,盛养马","众庶以巷养马,阡陌之间成群",(《史记·平准书》)所以霍去病远征漠北之役,能动员战骑达二十四万匹。

汉武帝时还制定法令:一是令千夫、五大夫为吏(服役之意),不愿的可出马免役;二是规定人民可以到边境畜牧,官府供给母马,三年归还,十马上交马驹一匹;三是规定封君以下到三百石吏,都要送母马到县、亭集中喂养,亭内养有牡马,繁殖的马驹,每年上交一次。

西汉由于重视马政建设并采取了种种措施,到汉武帝时厩马已扩充到四十万匹,因而汉和匈奴的战争,连亘百余年,战力得以维持不衰。

10.匈奴的军制和战法

西汉用兵最多的对象是匈奴,因而匈奴的军制和战法.在很大程度上影响着西汉的军制。匈奴原为聚集在我国北方阴山南北的一个少数民族,趁楚汉对战之机,扩大发展,据有今祁连山、阿尔泰山一带地区,其后南进,取楼烦、自羊,占领河南(河套及鄂尔多斯市),进至燕代地区。

匈奴将其控制地区区分为左、右两部,左部东邻涉貊,西至今蒙古鄂嫩河、克鲁伦河流域;右部西邻月氏、氏、羌,约有阿尔泰山附近的广大地区,东至今蒙古色楞格河以西地区。左、右两部之间鄂尔浑河、土拉河及其南北地区是匈奴首领单于的直辖区,设王庭于蒙古鄂尔浑河东岸和硕柴木湖附近。

匈奴是逐水草而居的游牧民族,单于是最高级军政首领,每一部落,既是行政单位,也是军事单位,以左、右贤王(匈奴语为都耆王)分别统御左、右两部。贤王以下设左、右谷蠡王。左、右谷蠡王亦各建庭于其驻牧地,其下有:左、右大将,左、右大都尉,左、右大当户,左、右骨都侯等二十四将。他们各掌部落,大者万余骑,小者有数千骑,皆称"万骑"。下设千长、百长、什长、裨小王、相、都尉、当户、且渠等官尉。单于直接掌握十余万人,其分属左、右贤王的共约八万人,全为骑兵。每年正月,各首领会聚单于王庭,进行祠祭,并借以会商大事。五月,大会龙城(蒙古鄂尔浑河西侧和硕柴达木湖附近),祭祖先天地鬼神。到秋季人壮马肥的时候,则大会操,检阅人畜。

匈奴是我国历史上北方民族建立的第一个奴隶制政权。奴隶主贵族的阶级本质决定了他们的掠夺性。他们规定,在作战中俘获的人畜财物,归俘获者个人所有(俘虏用为奴隶),因此,匈奴在作战时多人自为战以趋利。他们利用骑兵行动迅捷的特点,利则进,不利则退,行动迅猛飘然,善于袭击,并常用伏击、包围、迂回等战法。进攻时多实施集团突击,失利时则分散退走,战斗力较强。

匈奴的食用以掠夺为主,自己生产为辅。每战,以青壮为先锋、主力,老弱、妇女负责后方,管理行李、帐幕及畜牧。所以秦汉以来,沿边汉族,深受其扰。

对于匈奴和汉兵的战法和技能,晁错做过相当精辟的分析对比。晁错认为:"今匈奴地形、技艺与中国异:上下山阪,出入溪涧,中国之马弗与也(不能相比);险道倾仄,且驰且射,中国之骑弗与也;风雨罢劳,饥渴不困,中国之人弗与也,此匈奴之长技也。若夫平原、易地、轻车、突骑,则匈奴之众易扰乱也;劲弩、长戟、射疏、及远,则匈奴之弓弗能格也;坚甲、利刃、长短相杂,游弩往来,什伍俱前,则匈奴之兵弗能当也;材官驺发,矢道同的,则匈奴之革笥、木荐弗能支也;下马地斗,剑戟相接,去就相薄,则匈奴之足弗能及也;此中国之长技也。"他归纳匈奴的长技有三、汉兵的长技有五。

（三）东汉军制

东汉王朝始建于建武元年（公元 25 年），延续到建安二十五年（公元 220 年）。但实际上，到灵帝中平元年（公元 184 年）黄巾农民大起义后，东汉统治已被摧毁；中平六年（公元 189 年）董卓另立献帝，逃离长安，全国陷入军阀混战，东汉已名存实亡，实际统治不过一百五十余年。

光武帝刘秀所建立的东汉王朝，以中兴汉室为号召，废除王莽制定的一切政策，恢复西汉时的制度和政策。当时，社会经济凋敝，各地农民起义时起时伏，还有一些大大小小的割据势力，社会动荡不安。刘秀为收取人心，巩固统治，实行以柔克刚的"黄老无为"政治策略；在经济上采取了一些开源节流的措施。但在中枢军政上，使权力更加集中，可以说是汉武帝中央集权的继续和发展。如在用人上，刘秀对功臣给以高位而免其实权；削弱三公权力而加强尚书台权力；并选用文人，以便于掌握。尚书台制始自汉武帝，但刘秀为帝后，扩大尚书台组织，尚书令官秩由六百石提高为千石，作为皇帝自己掌握的决策和发号施令的机构，三公、九卿只是受命任事，三公或大将军如要直接参与中枢决策，必须加有"录尚书事"头衔。尚书令下设副手尚书仆射一人，秩六百石。另设吏曹、二千石曹、民曹、三公曹、南主客曹、北主客曹等六曹。各曹设尚书一人，秩六百石，辖侍郎六、令吏三，分理有关业务。

为了集军权于中央，东汉在军制上也做了若干改革。

东汉的兴盛时期不长，仅在明、章两帝及和帝初年，尚能继承汉光武帝励精图治的事业，曾北逐匈奴，西定西域，联络南方少数民族，国力极一时之盛。但衰落时期则长达百余年之久，主要因为外戚与宦官以及党锢之祸，造成生产破坏，阶段矛盾尖锐，社会动乱。最后爆发了黄巾大起义，导致东汉灭亡，形成了三国鼎立的局面。

1.东汉时的军种、兵种和兵力

东汉的军兵种基本上和西汉相同。惟兵力远不及西汉时雄厚，其原因是多方面的，主要是：（1）社会大动乱之后，经济遭到很大破坏，无法维持庞大的军队，所以刘秀执政后，曾下诏："今国有众军，并多精勇，宜且罢轻车、骑士、材官、楼船士及军假吏，令还复民伍。"①这种全国性复员，减少了很大军力。当时匈奴在被西汉削弱之后，实力还未恢复，且其内部矛盾重重，对东汉威胁不大，存在着减少军力的客观条件。刘秀为实行高度集中军权和精兵简政的政策，采取加强中央军，削弱地方军的措施。他掌握的中央军约有四万精兵（其部曲编制与西汉同），而郡国的常备军却基本上不存在了，如有临时需要，则以征幕办法应付。

2. 东汉的中央军事统御机构

刘秀鉴于王莽的篡权,不信任大臣,采取措施进一步加强了君权。东汉虽然也组织了一个以三公(太尉、司徒、司空)为首,九卿(太常、光禄勋、卫尉、太仆、廷尉、大鸿胪、宗正、大司农、少府)分职的中央政府,但由于刘秀重用身边近臣,所以名义上属于少府的尚书台,实际上与中央政府分离,变为直接隶属于皇帝的权力中心。它不仅参与一切国家机密,宣示王命,也参与国防、战略的制定与决策,是东汉王朝真正的中央军事统御机构。

东汉中央,还设有直接隶属于皇帝的五级将军,即大将军、骠骑将军、车骑将军、卫将军和前、后、左、右将军。他们是建制内的常设将军,地位相当于三公,于统帅部队之外,也参与政事。此外,还有大量建制外的杂号将军和大将军,如强弩将军、积弩将军、楼船将军、越骑将军以及虎牙大将军、征西大将军、横野大将军等等。他们多系临时设置,出征时任命,战争结束后即撤销。如果同时派出若干将军出征作战,则由皇帝任命大将军作为最高统帅或方面军统帅。《后汉书·光武帝纪》就有:"建武二年(公元26年)遣虎牙大将军盖延,率四将军伐刘永";"以廷尉岑彭为征南大将军,率八将军讨邓奉于堵乡"等记载。东汉中叶以后,外戚执政,每借兵权以自重,大将军遂成为朝廷中的最高长官。

刘秀为了进一步将军权集中在皇帝手中,对监军制度进行了改革:将监军的重点由既监将又监兵转变为主要监督将领;将重视军中常设监察官员转变为强调临时派遣的监军使者。其实质是将监察军将的权力也直接掌握在皇帝手中。其具体措施是:(1)不设监军御史,仅在中央直辖军主力部队的北军中,设北军中侯一人,掌监北军的五营。同时将权力极大的军正、军正丞撤销,改置隶属于大将军的外刺和刺奸,使"主罪法",即军法官。但已没有直接处置将士的权力。只有在建国之初,皇帝特派的刺奸大将军或刺奸将军,才有类似军正、军正丞那样的权力。如更始二年(公元24年)刘秀收降更始军吕植部后,"拜(岑)彭为刺奸大将军,使督察众营,授以常所持节,从平河北"。在进军河北时,刘秀还曾因军市令祭遵执法严明,敢于斩杀刘秀身边的违法人员,而任命他"为刺奸将军",并告诫诸将领说:"当备祭遵,吾舍中儿犯法尚法之,必不私卿也"。不过这种有特权的刺奸将军,在政权巩固之后,即未再设置。(2)在有重要军事行动时,临时派遣代表皇帝监督将领、控制发兵调兵的监军使者。其主要任务是监察统兵将领是否严格执行皇帝旨意、作战是否英勇尽力和有无违法行为。当高级将领率中央直辖军出征时,皇帝派遣自己的亲信任监军使者。如建武九年(公元33年),刘秀"遣中郎将来歙监征西大将军冯异等五将军讨隗纯于天水";中元二年(公元57年),明帝即位后"遣中郎将窦固监捕虏将军马武等二将军讨烧当羌"。又如延熹五年(公元162年),车骑将军冯绲率军平定武陵蛮时,自"请中常侍一人监军"。皇帝即派张敞为监军等。当州郡地方军作战时,皇帝派中央监察系统的官员进行监督。如永初四年(公元110年),"海贼张伯路与渤海、平原剧贼刘文河、周文光等攻厌次,杀县令。遣御史中丞王宗督青州刺史法雄讨破之";元初三年(公元116年),"苍梧、郁林、合浦蛮夷反叛","遣待御史任逴督州郡兵讨之"等。

西汉初期,实行郡(国)、县两级制。至汉武帝时,为加强中央集权,建立了刺史制。将全国划分为十三个监察区(京畿七郡不含),由中央派出刺史,按皇帝规定的六条监察内容,巡察本区各郡国。每年年终向中央汇报情况,由丞相核实,进行升降赏罚。随着阶级矛盾的尖锐化,农民起义增多,为镇压农民起义,刺史的权力和地位也逐渐提高。但终西汉之世,十三州部仍然是监察区而不是行政区。至东汉时,刘秀沿袭西汉之制,将全国划分为十三州(包括京畿),于建武元年(公元25年)每州设州牧一人,权力已较西汉为大,并有一个庞大的幕僚机构。建武十八年(公元42年)恢复刺史名称,灵帝时再改称州牧。这时刺史早已掌握了州的军、政大权,已发展为地方一级政府,形成了州、郡、县三级制。

东汉地方官职权,较之西汉为大,太守亲掌军政大权,故太守亦称郡将。军队编组同于西汉,县以下组织亦仍其旧。由于郡守掌兵,造成了东汉末分裂割据的隐患。

3.东汉的中央直辖军

东汉的中央直辖军,形式上似乎仍沿袭西汉南、北军制,但实际上已有很大的发展。主要变化有二:①因为郡国兵已无常备军,凡较大的战争,都要赖中央军队的出动。个别郡国也驻屯有能作战的常备军,但归中央直辖,故东汉时的中央军,含有地方驻军。②东汉虽仍有光禄勋、卫尉等编制,但已无南军的名称。

(1)宫廷宿卫军及北军

宫廷宿卫军又分两部,一部由光禄勋统辖,下设有七署,即:五官中郎将,左、右中郎将,虎贲中郎将,羽林中郎将,羽林左、右监。

五官中郎将和左、右中郎将所属郎官,在西汉时系侍从武官,发展到东汉,性质已完全改变,成为从孝廉、博士弟子等文士中选出的侍从文官。地方长吏令长,多以郎官出补,具有皇帝储备官员的性质。汉明帝刘庄就说过:"郎官上应列宿,出宰百里"。虽然仍负有"更直执戟,宿卫宫殿"的任务,但实际上只有在大的典礼仪式或非常之期才执行,平时则由虎贲郎和羽林郎担任。

虎贲中郎将所属虎贲郎。共约一千五百人,主要职责是"陛戟殿中"和"宿卫侍从",是东汉郎官中最接近皇帝的侍从武官,所以虎贲中郎将一职,多由外戚或皇帝的亲信大臣担任。

羽林中郎将所属羽林郎,约一百二十八人,但时有增减,并非定员。主要职责是宿卫侍从。羽林郎和虎贲郎,多从经过实战考验的战士中精选出来,既能耐劳苦,又善于作战。如遇缺额,多从汉阳、陇西、安定、北地、上郡、西河六郡良家子弟中选补。

羽林左、右监所属羽林左骑八百人,羽林右骑九百人,也担任皇帝的宿卫侍从任务,但侧重于"出充车骑",有时也参加出征作战。羽林骑的成员,地位低于虎贲、羽林郎。一般从北军五校尉营中选拔。

宫廷宿卫军的另一部分由卫尉统辖。下设南宫卫士令,北宫卫士令,左右都侯和七宫门司马。南宫卫士令下属员吏、卫士六百三十二人,负责警卫南宫;北宫卫士令下属员吏、卫士五百四十三人,负责警卫北宫。右都侯下属员吏、剑戟士四百三十八、人,左都侯下属员吏、剑戟士四百一十一人,担任两宫宫内的巡察警卫,并担任押解犯官送付诏狱的任务。七宫门司马所属卫士,共约七百人,分别负责守卫七座宫门。各宫门卫士人数不等,多者近二百人,少者仅四十人。

北军也分作两部。一部由执金吾统辖,但权力已较西汉大为缩小,只担任洛阳城内宫廷内外的巡逻、警卫,备水火非常之事。皇帝出巡时,则充任护卫及仪仗队,也就是颜师古所说的"天子出行,职主先导"。其统帅的部队主要是缇骑(骑兵)二百人,执戟(步兵)五百二十人。缇骑多出自富裕人家,《汉书·百官志》形容缇骑"舆服导从,光辉满道","仕官当为执金吾",是人们羡慕的对象。持戟则多出自寒家。无论缇骑或持戟都不像西汉那样征召轮番,而是招募而来,这是东汉征兵制的特点之一。此外,执金吾下属还有武库令一官,负责保管中央储备的武器装备。据《后汉书·百官志》记载,太仆所属考工室"主作兵器弓弩刀铠之属,成则传执金吾入武库",由执金吾负责保管。

北军的另一部,也就是北军的主力,是五校尉所统之兵。五校尉虽沿袭西汉七校尉的名称,但其驻守地区,兵士来源已有很大不同。五校尉分别为屯骑、越骑、步兵、长水、射声。校尉均为比二千石官,互不隶属,直接由皇帝指挥。另设北军中侯一人六百石,以监其军。五校尉所率官兵,负责宿卫京师,担任京城守备及扈从车驾,有时也要出征。《文选东京赋》注云:"卫士千人,在端门外,五营千骑在卫士外";又《后汉书·礼仪志》大丧条云:"闭宫门,近臣中黄门持兵。虎贲、羽林郎中署皆严宿卫,宫府各警,北军五校尉绕宫屯兵。"从而说明卫尉所属卫士,警卫宫门,五校尉所属卫士则警备宫门之外。

据《汉官》《汉官仪》所记,屯骑、越骑、步兵、射声四校尉所属员吏各一百余人,士兵各七百人,惟长水校尉所属有两说:一为七百卅人;一为一千三百六十七人。近代史学家研究,认为五校尉士兵是刘秀的元从士兵所改编,其后形成父死子继的制度;长水校尉所属是由乌桓骑兵组成,也可能就是刘秀的原渔阳突骑。

北军的人数和来源,与西汉大有不同。东汉五营士兵总数不过五千人,较之西汉的数万人,相差很大。西汉的北军,征自三辅,而东汉北军则多出自洛阳及其附近地区。汉安帝时,因国用不足,群臣建议:凡吏人以钱谷入,可得为关内侯以至五营士。因而,五营士逐渐增加大量商贾惰游子弟,但无论元从士兵子孙或商贾惰游子弟,实际上多是洛阳人。《九州春秋》就明确指出:"五营师生长京师"。

西汉时,卫士役满还乡,天子亲临赐宴,问候疾苦;东汉亦沿此制,说明卫尉所属卫士仍为征发而来。魏人王朗曾上疏说:"旧时虎贲、羽林、五营兵及卫士,并合虽且万人,或商贾惰游子弟,或农野谨钝之人。虽有乘制之处,不讲戎阵,既不简练,又希更寇,虽名实不副,难以备急。"商贾惰游子弟,指的是五营兵;农野谨钝人,指的是征召而来的卫士。这说明东汉中叶以后的京师中央军,其战斗力已不如初期。

宿卫军和北军五营,常有出征作战的任务。如《后汉书·天文志》记:和帝永元五年(公元93年),"行车骑将军事邓鸿、越骑校尉冯柱发左右羽林、北军五校……征叛胡"。《后汉书·西羌传》记:"遣任尚为中郎将,将羽林、缇骑、五营子弟三千五百人,代班雄屯三辅(以备羌)"。

东汉也设有城门校尉一官,负责洛阳十二城门的守卫。每门有门侯一人,统少量步兵。

(2)黎阳营、雍营、长安营

黎阳营是合幽、冀、并三州的兵骑而成。驻屯黎阳(河南浚县东),以谒者监其军,担任黄河北岸的防守。作为洛阳的屏障。雍营即扶风都尉部,驻在雍(陕西凤翔),负责守备三辅地区的皇陵;长安营,即京北虎牙都尉部,驻守长安;二营均为洛阳西边的屏障。以上三部虽驻在地方,但归中央直接指挥,并且有中央机动部队的性质,属于中央军的一部。

(3)边防和关隘兵

东汉时,凡重要的边郡兵和关隘兵也由中央直接指挥,因而也属于中央军。黄巾大起义爆发后,全国人民响应,洛阳震动。东汉统治者曾被迫以河南尹何进为大将军,将兵屯都亭(洛阳附近),并设八关都尉,率兵一部,以防守京师外围。这八关是:函谷(河南灵宝)广成(河南汝阳东)、伊阙(洛阳南)、大谷(河南偃师南)、轘辕(河南登封西北)、旋门(河南巩义东)、小平津(洛阳北)、孟津(河南孟津)。

边防的常备军,也是由中央指挥,属于中央军系统。

(4)西园八校尉的设置

中平五年(公元188年),汉朝统治已日暮途穷,宦官、外戚矛盾加深,各拥兵自重,因而在五营之外,又设立了西园八校尉。这八校尉是:上军校尉蹇硕、中军校尉袁绍、下军校尉鲍鸿、典军校尉曹操、助军左校尉赵融、助军右校尉冯芳、左校尉夏牟、右校尉淳于琼。均统于上校尉蹇硕,兵源来自招募。当时,东汉朝廷能控制的地区已经不多,招募仅限于洛阳周围的郡县。

八校尉的设立,固然由于北军日益衰败的关系,但更重要的是宦官与外戚争夺兵权。因当时外戚何进任大将军,左右羽林、五营官兵都归他统辖;宦官蹇硕掌握八校尉后,督司隶校尉以下,从而外戚、宦官分掌兵权,互不上下。及蹇硕被杀,军权集中到何进手中;后何进又被杀,这些部队被董卓吞并,东汉濒于灭亡的境地。

4.东汉地方军军制的变化

创建东汉的光武帝刘秀,对地方军军制做了重大改革,主要有以下几方面:①取消内地各郡国都尉官以及其他专职武员。以后虽间有恢复都尉以应事变的,如太山、琅玡、九江、陇西等郡,但都是权宜之计,不是制度的改变。②罢郡国的常备兵,复员为民;罢更役、戍役;以后又相继取消了运曹都尉、关都尉等官,不久关都尉又恢复,其余则长期废止。③废止郡国对丁男的定期训练以及都试制度。刘秀的这种军翱改革,原意是"省兵减政",将军权高度集中在中央,其结果反而使郡国无长驻之兵,地方军坐大,各自为政,形成大大小小的割据势力,成为东汉长期祸乱的根源之一。

(1)郡国重地,长期屯兵,以代替番上正卒。

因为郡国没有了常备兵,一旦有事,要靠中央及各方支援,常常缓不济急,不得已在各重要郡国,长期屯兵,以代替原来的地方常备军(轮番的正卒),其中除上述的黎阳营、雍营外,先后有:

①明帝时,为了隔绝南、北匈奴,于五原曼柏(内蒙古东胜东北)设度辽营;

②和帝时,南蛮起兵,设象林(越南顺化)营以镇压之;

③当鲜卑进扰居庸时,设渔阳营以防之。又在辽东属国,设置扶黎(辽宁义县东)营;

④顺帝时,海上人民起义,沿海地区不得不增兵防守;

⑤西羌大暴动,东汉不得不于魏郡、赵国、常山、中山设置六百一十六坞(据点),河南通谷冲要三十三坞,扶风、汉阳、陇道三百坞。

就这样,头痛治头,脚痛治脚。屯兵、养兵的费用,对国力消耗甚大,耗费之巨,反超过了西汉郡国常备军制。刘秀"省兵减政"的设想适得其反,这是东汉政治、经济腐败衰退等多方面原因所造成的。

(2)刺史掌握兵权的形成

刺史在东汉虽逐渐成为州一级行政官吏,但开始没有军事权力。东汉中叶以后,刺史掌兵的现象逐渐发生,就历史上记载,主要有:

(1)《后汉书·安帝纪》:永初四年,"张伯路复与渤海、平原剧贼刘文河、周文光等攻厌次、杀县令,遣御史中丞王宗督青州刺史法雄讨破之"。同书还记有:"幽州刺史冯焕章率二郡太守讨高句骊、貊貊"。

(2)《后汉书·顺帝纪》:建康元年,"扬州刺史尹耀、九江太守邓显讨贼范容等于历阳,军败,耀、显为贼所殁"。

(3)在边境州刺史的军事活动尤为频繁。如汉顺帝曾命令幽州刺史在边境增置步兵,屯兵塞下,并派五校尉营中弩师,每郡与五人去教之战射。

可见,刺史掌兵先由于对少数民族作战及镇压农民起义开始,以后东汉内部矛盾重重,人民起义此起彼伏,民族战争也有发展,从而刺史掌兵渐为普遍,并成为"内亲民事,外领军马"的地方军政长官。这是东汉以来军政制度的一大变化,也是由动乱的客观形势所造成。

（3）郡守兼领军政、权力增大

郡守重新领兵的原因,同上述州刺史一样。如东汉在取消都尉后,因需要常临时增设都尉以用兵,兵罢即撤销,但后来动乱频繁,太守大都掌兵,以应付非常情况且借兵自重,不再增设都尉。明帝、章帝时,边境少数民族起兵,多由当地郡守率兵抗击,其后黄巾大起义,全国震动,郡守大多集兵以自保。到这时,郡守不但有了领兵权,还有了发兵权,过去凭虎符发兵的制度就不存在了。郡守的权力由是增大,所以杜诗曾上疏请恢复虎符制度说:"臣闻兵者,国之凶器,圣人所慎。旧制发兵皆以虎符,其余征调,竹使而已。符第合会取为大信。……征兵郡国,宜有重慎,可立虎符,以绝奸端。"但这时的形势已不许可恢复虎符制,杜诗的上疏只是腐儒所发的空论而已。

（4）东汉地方军的特点

东汉后期的地方军,不是依制度产生,而是在客观形势影响下自发地建立起来的,因而就具有以下特点:①编组杂乱,没有统一的指挥,刺史、郡守各自有兵,互不相属;②兵源,给养均地方自筹,因而兵力多少全因当地情况而异,中央已无力相顾;③刺史、郡守所掌之兵,逐渐变为个人队伍,中央已无力控制。

光武帝刘秀初意取消地方常备军而使中央军精强,以居中驭外,居重驭轻,但结果因民族矛盾和阶级矛盾尖锐,州郡牧、守需兵镇压,形成牧、守既管民、又领军,权力大增,再加以废除了更役、戍役制度,又给牧、守提供了建立家兵的条件,因此形成了地方割据。至东汉后期,朝廷对地方已失去控制能力,导致长期混乱以至东汉灭亡。

（5）东汉的边防和边防军

由于刘秀对东汉军制的改革,边防力量大为削减,以后边患相继发生,不得不长期屯兵于边境,以资防守。除此以外,还采用了以下措施:

①增设屯田兵。为北防匈奴,仿效西汉制,在金城屯田戍守;为开拓西域,在伊吾卢屯田戍守。但屯田兵的规模已较西汉时小得多了。

②利用刑徒以代原边境戍卒。明帝以后,边境多事,历届皇帝多以刑徒到边境戍守,不仅个人前往,还令其全家随军,凡徙边的刑徒,都由国家供给弓弩衣粮。

③利用匈奴兵代守边防。建武二十四年（公元48年）,匈奴日逐王被南边八部拥立为南单于,袭用其祖父呼韩邪单于名号,请求内附,得到东汉允许。西汉元帝时,匈奴呼韩邪单于曾请求代汉防守边疆,但侯应上书列举若干理由,以为不可应允。明帝以后,南单于居于西河美稷,率诸部代东汉守边境。如使韩吏骨都侯屯北

地,当于骨都侯屯五原,呼衍骨都侯屯云中,右贤王屯朔方,左南将军屯雁门,粟籍骨都侯屯代郡等,皆领部众,为边境郡县侦罗耳目。

（6）东汉的兵役制度

西汉兵农合一的征兵为主的体制,到汉武帝时,渐有破坏。东汉初,刘秀改革军制,停止兵役制,把西汉的正卒制度取消了。但由于内忧外患,连年用兵,仍需要大量军队,不得不经常采用临时措施,以致兵役制度显得有些混乱。东汉的兵役制主要是募兵,兼用其他办法。

①募兵。这是东汉以来采用的主要制度。不仅中央军多采用招募,更多的是因郡国无常备军,一旦有事,就靠临时招募以组军应急。这种部队,一般战斗力很差。据《后汉书·百官志》注引应邵《汉官》中的话说:"自郡国罢材官、骑士之后,官无警备,实启寇心。一方有难,三面救之。发兴雷震烟蒸电急,一切取办,黔首嚣然。不及讲其射御。用其戒誓(警),一旦驱之以即强敌,犹鸠鹊捕鹰鹯,豚羊弋豺虎,是以每战常负,王旅不振。"

②征兵。虽然东汉废止了正卒更番制度,取消了郡国的常备军,但征兵制仍然存在,因而在有些郡国及政府仍能控制的地区,还可使用征兵制的办法。例如史料所记载的卫尉所属卫士,就是由征发而来的。

③谪兵。多用于边境,已如上述。

④屯田兵。规模已不如西汉,所起作用有限。

⑤少数民族兵。东汉因募兵、征兵都不能满足军事上的需要,故曾广泛运用少数民族兵。最初收买鲜卑,以对付北匈奴,以后又利用南匈奴以攻击北匈奴以及鲜卑、西羌;这种少数民族兵一是利用其整个部众,一是靠招募而来,目的是"以夷制夷"。据《后汉书·宋意传》记:"今鲜卑奉顺,斩获万数,中国坐享大功。而百姓不知其劳,汉兴功烈,于斯为盛,所以然者,夷虏相攻,无损汉兵者也。"少数民族兵在汉末镇压农民起义及军阀混战中,也常被利用,如袁绍引乌桓以击公孙瓒,董卓等军阀利用少数民族兵以镇压农民大起义等等。

总之,东汉兵役制度的紊乱和当时政治腐朽,社会动荡是分不开的。此时士卒在社会上的地位,已经大大低于西汉。其特点是由征兵制向世兵制、募兵制过渡,对后代军制影响甚大。东汉兵役制度的另一特点,是边疆作战以少数民族兵为主力,对内镇压则以汉族士兵为主力。因此,在士兵来源上,有招募、征发的,有世代为兵的,有汉族,也有少数民族,既有一般劳动大众,又有刑徒,情况相当复杂。东汉兵役制度对当时社会以及后代军制和形势的影响,归纳起来,有以下几点:

①由兵民合一逐渐形成兵民分离的趋势。东汉已基本上取消了征兵制,募兵制实行得相当普遍。当时政治腐败,土地兼并严重,社会动乱不已,大批失去土地的农民无家可归,成为流民,自然成了招募的对象,成为无限期的职业兵,变为封建主的私人部曲。这些私人部曲不仅要传代,还可以转让。如孙坚以郡司马募得精

勇千余人,坚死后,由其子孙策领其部曲,孙策到东阿,由刘繇处又转来一些刘的部曲,不旬日间,得兵二万余,马千余匹。东汉的北军多数已是"父死子继"的世兵,走向兵农分离的道路。

②社会动乱,生产破坏和募兵形成恶性循环。募兵制得以执行,主要原因是由于社会动乱,生产破坏,人民无以为生,故借投募以谋生。但在战乱期间,兵员在很大程度上是强募而来的。由于大量强募人民为兵,生产必然遭受破坏,增加了动乱根源,因此募兵制本身也成为社会动乱的原因之一。社会愈动乱,募兵对象愈多,于是军阀豪强趁势扩张,造成社会的进一步动乱,出现恶性循环。

③军阀任意招募,割据势力增强,为全国大分裂埋下了种子。如前所述,刺史、太守主兵,地位提高,又可自由招募成军,于是混战不已,相互兼并。东汉末,各军阀借镇压黄巾农民大起义,纷纷扩展势力,以至形成三国鼎立的分裂局面。应该说,东汉军事制度的改变,特别是兵役制度的改变,是这次大分裂的潜在因素之一。

三、三国、两晋、南北朝军制

(一)三国军制

东汉后期,阶级矛盾日趋尖锐,黄巾起义军遍及全国,东汉王朝不仅动员了中央和地方的一切军队进行镇压,并号召地主自组武装参加镇压。当时的豪强地主掠夺了大量土地、建立了一个个大田庄。千千万万的破产农民和田庄主同宗族内的贫苦农民,都变成了田庄主的"徒附""宾客"(依附农民)。田庄主在庄内筑建坞堡,将一部分强壮的宗族和宾客武装起来,按照军队编制组成私人家兵,形成了部曲制。到黄巾起义军主力被镇压之后,那些乘镇压黄巾起义军之机扩大了实力的地方官吏和豪强地主武装集团,已发展为一个个地方割据势力,东汉王朝的政权名存实亡。割据军阀们为了争夺地盘和控制中央的权力,互相混战和兼并,逐渐形成魏,蜀、吴三国鼎立的局面。因为这三个国家都是在同一时期的战争中建立起来的,所以三国的统治集团都非常重视军事,一切制度都是沿袭两汉,基本相同。但由于自然地理和其他条件的差异,三国的军制既较两汉皆有所发展,又各有其不同的特点。

1.曹魏的军制

在汉末的军事割据势力中,曹操的力量扩展得最快,官渡之战后,即统一了北方。建安十八年(公元213年),曹操使汉献帝封自己为魏公,不久又晋为魏王。延康元年(公元220年),曹操病死,其子曹丕袭王位,当年即废掉汉献帝刘协,自立为帝,改国号为魏。至魏元帝咸熙二年(公元 265 年),司马炎废掉魏元帝曹奂,自立为帝,魏国灭亡。总计立国四十五年。

(1)军种、兵种和兵力

魏国的军队,始建于曹操。董卓进军洛阳时,曹操"散家财,合义兵",组织私人部曲五千人参加了讨董卓的战争。俟董卓被杀之后,曹操自任兖州牧。为了扩充实力,他极力拉拢地方豪强地主武装。李典、许褚、任峻等都率领自己的部曲归附于他,成为曹操的亲信部队,也是以后魏军的骨干。初平三年(公元 192 年),曹操追去黄巾起义军于济北,"受降卒三十余万,男女百余万口,收其精锐者,号为'青州军'",成了魏军步兵的基础。曹操以后所进行的各次战争,多得力于这支部队。

曹操占有凉州等西北产马地区后,骑兵有了较大的发展。特别是在征服了三郡乌丸之后,将"乌丸万余落,悉徙其族居中国(中原地区),帅从其侯王大人种众与征伐,由是三郡乌丸为天下名骑"。骑兵的数量虽不如步兵众多,但是魏军在战场上冲锋陷阵、决定胜败的主要力量,是魏国军队的主要兵种。与蜀、吴两国的骑兵相比,魏军骑兵不论数量上还是质量上,都占绝对优势。曹操统一北方后,为进军江南,曾创建水军。建安十三年(公元 208 年)正月,曹操在邺(今河北临漳西南邺镇)筑玄武池训练水军。当年秋曹操南攻荆州,刘琮归降,荆州水军尽为曹操所有。赤壁一战,曹操败北,焚舟逃遁,水师无存。次年春,返军至谯(安徽亳州),即"作轻舟,治水军"。魏国建立之后,文帝曹丕也很重视水军的建设。黄初五年(公元 224 年),"为水军,亲御龙舟,循蔡、颍、浮淮";六年,又"为舟师东征",至广陵(江苏扬州)"临江观兵"。景初元年(公元 237 年),还曾"诏青、兖、幽、冀四州大作海船"。但由于地区造船能力及人民习惯等条件的限制,魏的水军与吴国相比,始终居于劣势。

综上以观,曹魏的军队有陆军、水军两个军种,陆军中又有骑兵和步兵两个兵种。其中数量最多的为步兵,而战斗力最强的则为骑兵。

曹操在赤壁之战时,号称八十万,显系奈大之词,但据当时的吴军统帅周瑜的判断,水陆步骑亦有二十余万之众,连同中原地区各地镇守部队,总兵力当在三十万人左右。此后,在长期的战争中,兵力时有消长。魏灭蜀时收降蜀军十余万,总兵力已近五十万,这是魏国兵力最盛的时期。

三国时期各将领的部属多少不一,同一官职而兵力并不一定相等。军队的编制也没有一致的规范。基层单位的编制,基本上是沿袭汉制;但因上层领导官秩渐滥,封为将军的增多,统兵人数也相对减少。《通典·兵》记有一种编制:"五人为列(列有长),二列为火(十人,有头),五火为队(十五人,有头),二队为官(百人,立长),二官为曲(二百人,立侯),二曲为部(四百人,立司马),二部为校(八百人,立尉),二校为裨(千六百人,立将军),二裨为军(三千二百人,有将军、副将军也)。"

这种说法很难证明为某时期、某部的具体编制,虽不见得准确,但大致上可反映汉及三国时军队编制的情况。

(2)军事统御机构

东汉末期,各个割据势力均以"奉汉"作号召,所以都接受汉的官位。汉献帝初平元年(公元190年),关东诸州郡联合讨董卓时,曹操的职位为行奋武装军,其部将多称奋武将军司马或别部司马。如《三国志·魏书·夏侯惇传》记载:"太祖(曹操)初起,惇常为裨将,从征伐。太祖行奋武将军,以惇为司马";同书《夏侯渊传》还有以夏侯渊为别部司马的记载等。

建安元年,曹操迎汉献帝至许昌,先以大将军、后以丞相的名义充当汉王朝实际上的统治者,集军、政大权于一身。他有一批幕僚人员,组成一套机构,完全在正规官制之外,自由行使职权。后世称这种机构为"霸府"。以后魏国的政府,就是由这个霸府转变而来。因为当时战争频仍,军、民、财政已不能各成完整的系统,所以一切制度、设置,都以军事的需要为转移。形成一种军事与政治合而为一的局面。霸府既是政治权力的中心,也是最高军事指挥机构。

曹操以大将军开府时,置长史一人,负责总管府内各曹(部门),另有司马一人,主管军政;从事郎中二人,参与谋议,掾、属(部门正副主官)二十九人,令、史、御属(低于部门的各单位正副主官)四十二人,及舍人(初级办事官吏)若干人。各部门分工极细,如西曹主府吏任用,东曹主武官人事,户曹主民政,奏曹主文书,辞曹主法制,法曹主邮驿,尉曹主补充运输,仓曹主粮谷储存等等。医疗、通讯、情报和武器装备等工作,也都有舍人负责。以后曹操任丞相,权力更为集中,府中的官员也进一步扩大。增加了军师祭酒,左、右、前、后、中军师,左、右司马,主簿、参军以及刺奸掾等。上述人员,都是大将军府和丞相府的幕僚,由曹操任用,并非汉府的正规官员。但他们实际上却均以幕僚身份而执行着政府官员的职务。至于按官制设置的政府官员,除曹操的心腹外,一般多有职无权。大将军府或丞相府中,除上述各幕僚外,还有更重要的两名官员,即领军和护军。这是曹操新设的官职,是曹府里的高级武官和曹操最亲近的军事助手。平时辅佐曹操、参与军事机密与决策;战时还可以代表曹操,出外统帅、监护一个方面的军队;同时他们还统率着曹操的亲军。建安十二年(公元207年),改领军、护军为中领军和中护军。

曹丕代汉建立魏政权后,魏王府的整套幕僚机构,就转化为魏王朝的政府。国家的军、政大权掌握于魏帝之手,魏帝成为最高军事统帅。曹丕深知丞相位尊权重对皇帝不利,所以不再设丞相官职,而以他的幕僚近臣任中书监、令,参与国家机密与决策。军事方面,则临时委托"都督中外诸军事",以亲信大将和宗室重臣担任,代帝指挥全国军队。魏的后期,军政大权逐渐为司马氏所掌控。甘露五年(公元260年),司马昭效曹操故伎,设丞相一职由自己担任,于是魏王朝政府的职能,又全部转移到司马昭的相府中来。这时的相府。自然也就成为魏王朝的最高军事指挥机构了。

曹魏军队的补给,由政府统筹办理。军粮、军费依靠向普通农户征收租调和屯田收入。另有司金中郎将负责监造武器装备供应军队。

据《通典·兵二》记载,曹操曾在军中颁布作战纪律令,基本精神是要求绝对服从和强调协同动作,违者处以严刑。以后魏军一直奉为制度。其主要内容是:

①遵照指挥信号行动。当听到进军指挥鼓擂第一通(三百三十下为一通)时,全体官兵整顿装具,做好战斗准备;第二通时,骑兵上马,步兵持械,各按部、曲集结待命;第三通时,按预定战斗序列出发,依指挥旗所指方向开始行动。听到紧急鼓声时,各部、曲、官、队按照主管布阵军官所做的标志,排成战斗队形。有违犯上述规定者,由负责监督的军官——兵曹,向统帅汇报,处以死刑。

②严格执行战场纪律。临战时,不得大声喧哗,按指挥信号(金、鼓、旗、帜)进、止、左、右和变换队形,违令者斩。官兵有临阵畏懦、不敢前进者,由其直接领导斩首,如士兵不进,伍长杀之,伍长不进,什长杀之等。另外各部的督战官将,拔刀在队后监视,有不进者斩。无将军之令,任何人不得擅离职守,违者斩首。

③始终保持协同一致。布阵时,骑兵部队部署于军阵两侧。游动警戒骑兵部署于军阵后方,以掩护主军阵的行动与安全。官将有违犯者,髡(递头之刑)、鞭二百。战斗时,要确保动作一致,士兵都要紧随本队旗帜之后,脱离本队的,虽有功也不赏;士兵还要确保队列整齐,前兵在后或后兵出前,虽有功也不赏。一部受敌攻击,其他各部不积极进救者,斩其部将。

④严惩临阵脱逃。各部曲官将,要严格监督本部官兵的战斗情况,凡畏懦表现者,一律斩首。临阵逃脱,返回家中者斩。逃兵到家一日内,家属不将其逮捕,或不向主管官吏报告,家属同罪处斩。

从上述规定可以看出,曹魏的军纪法令非常严格,完全是靠残酷的刑罚来约束军队,维持一定的战斗力。这是由地主阶级军队的性质所决定的。但强调动作协调一致,保持战斗队形整齐,是符合冷兵器时代方阵作战的需要的。蜀汉和孙吴的军队纪律,大致和曹魏一样。

(3)中央直辖军与地方军

曹操统一北方之前,仅为当时众多割据势力中的一个,兵力不多,又必须集中使用,所以基本上只算一支军队。随着统治区域的扩大和兵力的增多,特别是在建立了魏王朝后,在群雄逐鹿而又面对几个敌手的情况下,军队的任务也随之增加。在同一时间内,既要有足够的兵力在某个方向上与某个敌手作战,又要有足够的兵力在其他方向上保卫自己的统治区,防止敌军侵占。这样,仅有一支军队就容易陷于被动,必须将兵力部署为集中机动与分区镇守两部分:一部军队集中于皇帝身边,既是宿卫军,负责保卫皇帝及京城的安全,又是全国性的战略机动军,随时准备出征作战;另一部军队,由皇帝派遣的都督率领,分别镇守在京城以外的各军事要点,具有区域性战役机动军的性质。于是,自然就形成了中军、外军和州郡兵三种不同的军队。这是曹魏军制在两汉军制基础上的一个发展。

①中军

中军,即屯驻于京城地区的中央直辖军队。它既担任皇帝和京城地区的警卫任务,又担任出征作战的任务,是魏军的核心力量。

魏王朝是由曹操集团发展而来,所以魏的中军也就是由曹操的亲军发展而成。曹操的亲军,最初称为"虎豹骑",是由全军中精选出来的勇敢骑士组成,正如《魏书》所说:"虎豹骑皆天下骁骑"。其统军将领都是由曹氏子侄充任,如曹休、曹真、曹纯等,先后都统领过虎豹骑。此外,最早归附曹操的一些骨干将领,如许褚、典韦等,他们所率的部曲,也都成了曹操的亲军。如《三国志·魏书·许褚传》记载:曹操任许褚为"都尉,引入宿卫,诸从褚侠客,皆以为虎士。从征张绣,先登,斩首万计";又同书《典韦传》记:曹操也任典韦为"都尉,引置左右,将亲兵数百人常绕大帐……其所将选卒,每战斗常先登陷阵"。曹

曹操

丕自立为魏帝后,以虎豹骑为基础的这些亲军,合称为武卫营,任命许褚为武卫将军,统领该营。这是魏王朝宿卫军中的亲军。

曹操和曹丕直接指挥的亲近部队,当然不止武卫一营,原来以相府幕僚身份统兵的中领军和中护军,这时也成为魏王朝政府的将军,他们所统的营兵,自然也都是宿卫军。此外,还有中坚、中垒两营,也属于宿卫军的范围之内。

曹魏的武卫、中领、中护、中坚、中垒五营,是魏初中军的主要部分,兵力约五万人。虽然都称宿卫军或禁军,但实际上并没有、也不可能全部担任宫廷警卫。真正担任宫廷警卫的,主要是武卫营。其他各营,则担任京城的警卫。从形式上看,有些类似汉初的南北军,但实际上并不完全相同。汉时国家统一,皇帝极少亲自率军出征作战,所以汉初的南北军,特别是卫尉率领的南军,极少担负出征作战的任务。即使受命出征,也只能派出部分部队,以禁军身份随同派出的统帅行动,不是作战部队的主力,也不担负战斗的主要任务。绝大多数时间是警卫宫廷、京城,保卫皇帝的安全。曹魏建国前后,国家分裂,群雄割据,互相兼并,战争连年不断;而战争的胜败又密切关系着一个割据势力的兴亡,所以各个军事集团的首脑,如曹操、刘备、孙权等,都不得不经常地亲自率军出征作战。因而,曹魏的宿卫军,名为宿卫,实际上并非单纯的宫廷、京城警卫部队,而是经常从征作战的精锐部队。特别是武

卫营,还具有军队"选择"的性质,所有成员,都是精选出来的勇敢善战的人员,在战斗的关键时刻,能担任冲锋陷阵的突击队任务。魏军中不少中下级军官都出于此营,据《三国志·魏书·许褚传》说,仅许褚的部曲,"其后以功为将军封侯者数十人,都尉、校尉百余人"。

魏王朝的宿卫军,除了由曹氏相府亲军转变而来的上述五营之外,东汉王朝原来的五校尉营(越骑、屯骑、步兵、长水、射声),也依然存在。但由于曹操掌权时就不可能任其强大,而在后司马氏掌权时又一再削减,所以在魏时基本上是处于有官而兵甚少的状态。至魏后期,士兵更加少得可怜,据《三国志·魏书·孙资传》注说,"今五营所领见兵,常不过数百",实际上不过作为旧朝遗制被保留下来而已,在军事上起不了多大作用。和五校尉的情况差不多,两汉时统率宿卫军的将领,也都失去了兵权,变换了官职的性质。如光禄勋已"不复居禁中",成了象征性的散官,执金吾则干脆被撤销,卫尉则变为掌管武器仓库及冶铸的后勤官员。

魏的后期,司马氏的势力逐渐膨胀,魏王朝中军的主要将领职位,皆为司马氏夺去。齐王芳正始十年(公元249年),司马懿发动政变,大杀曹氏宗室及其追随者,嘉平四年(公元252年),司马师迫使魏帝任他为"大将军,加侍中、持节,都督中外诸军、录尚书事",将军、政大权完全掌握到自己手中。这时的魏帝,已沦于汉献帝的境地,成为司马氏的傀儡。司马师为了巩固和扩展自己的势力,在此前后,曾采取了许多措施夺取军权。其中最主要的,就是在削弱曹氏系统的中、外各军的同时,加强和扩充自己直接掌握的军队。并将它们调至京城地区。这就使魏军兵力部署的格局起了变化。过去魏军的主力是外军,中军虽系精锐但数量不多。司马氏掌权后,中军的兵力激增,已超过外军的总兵力,成为魏军的主力。正元二年(公元255年),曹氏系统的外军都督文钦和毋丘俭起兵反司马氏,司马师"统中军步骑十余万以征之",而他的弟弟司马昭,以"兼中领军"的身份,统率宿卫军"留镇洛阳",还没有参加出征。可见这时中军的总兵力已接近二十万。司马氏正是凭借中军的力量,才得以顺利地取代曹魏的。

整个曹魏时期,中领军和中护军都是中军的正副统帅。前期曹氏掌权时,中军兵力尚较少,大多驻屯京城城区,中军各营、包括中护军统领的中护营。均属中领军指挥。后期司马氏掌实权时,中军兵力剧增,不可能全部驻屯城区,大部分驻屯京城外围。这时,城区宿卫军仍由中领军统率,外围各军,则由中护军统率。中领军和中护军,除统率中军外,还"典武官选举",负责中下级武官的选拔和任用,将原来相府东曹的人事权也接管下来,是曹魏时期除最高军事统帅外最有权势的高级将领。中领军和中护军是职务名称,其中资深者称领军将军和护军将军。

②外军

外军就是驻屯于边州重镇的中央直辖军队,由中央派出的都督分领。既准备随时支援州郡地方武装、迎击进攻本地区的敌人,并准备随时执行皇帝下达的其他作战任务,称之为外军,是相对驻屯京城地区的中军而言的。

曹操在官渡之战中击败袁绍,取得了冀、并、青诸州,为了控制和巩固这些既占领区,遂派遣将领统率一部军队留驻新区重要城镇,负责一定地区的卫戍。这些军队,虽驻外地,但仍属中央直接指挥。其统兵将领。也是以中央官员的身份被派在外地镇戍,而且时常调动、转移执行曹魏中央赋予的作战任务,所以它们仍然是中央直辖军。可是它们毕竟是驻于外地,任务与屯驻京城地区的宿卫军等也不同,因此在中央直辖军中,开始有了中军和外军的称谓。曹丕代汉称帝后,正式使用中、外军的名称,如许褚为驻京城地区的统帅,其职务是"都督中军宿卫禁兵";臧霸为青州驻军主将,其职务是"都督青军诸军事";曹真、司马懿等为魏国最高军事统帅,其职务则是"都督中、外诸军事"。这时外军驻地已经相对稳定,中、外军区别也就由原来的一种不稳定的临时措施,逐渐形成为正式制度。

魏与蜀、吴接壤的各边州,一般设都督率军镇戍,有的还兼领刺史,管理民政,如夏侯尚为征南将军,领荆州刺史,都督南方诸军事。在重要的战略方向上,有时也有统辖两三个州的军队的。如曹仁"都督荆、扬、益州诸军事",夏侯玄"都督雍、凉州诸军事"等。魏设置外军的目的,主要是在敌军可能进攻的战略方向上预为准备,以应付敌军的突然袭击。正如魏度支尚书司马孚所说:"擒敌制胜,宜有备预,每诸葛亮人寇关中,边兵(指州郡兵)不能制敌,中军奔赴,辄不及事机,宜预选步骑二万,以为二部,为讨贼之备。"

镇戍外军的主将,简称都督。一般由将军担任。魏的将军,除中军有骠骑将军、车骑将军、卫将军等外,外军有四征、四镇(东、西、南、北,皆第二品)将军,皆袭自东汉。如汉献帝建安元年时(公元196年),韩暹为征东将军,胡才为征西将军,李乐为征北将军等,曹操当时是镇东将军。不过有所区别的是:汉时的四征、四镇等将军,只是官衔,曹魏时的四征、四镇,基本上是根据所出军或镇戍的方位给予的称号。如征(镇)东将军一般都督青、兖、徐、扬等州诸军,征(镇)西将军一般都督雍、凉等州诸军,征(镇)南将军一般都督荆、豫等州诸军,征(镇)北将军一般都督幽、并、冀等州诸军。正常情况下征镇不并置。征、镇将军资深的称大将军,如夏侯尚为征南大将军等。除四征、四镇外,还有四安、四平等将军,为第三品。当时是动乱时期,军事占首要地位,所以身任要职的官员,大多带有将军称号,但不一定统领军队,主要是为了提高其身份地位。除上述将军称号外,还有很多杂号将军,大多是官员的加官称谓。

都督的权限并不相同,有"使持节""持节"和"假节"三个级别。"使持节"不经请示,就有权专杀自己管辖范围内两千石以下的官将;"持节"平时有权专杀非军官的士兵,战时则与"使持节"同;"假节"只有战时才有专杀违犯军令官兵的权限。

③州郡兵

州郡兵为地方武装，属各州刺史和各郡太守统辖。魏承汉制，也将统治区划分为十三州，各置刺史或州牧。有些不在自己控制之下的州，如梁州、益州等，也设置刺史遥领。刺史或州牧是州的最高军、政长官。未设都督的州，除刺史外，另有监军一人，称"监某州军事"。刺史或州牧也设置幕僚，组成领导机构，如从事、主簿、书佐、计吏等。其中属于军事方面的，有兵曹从事，武猛从事，帐下督等。

州下各郡，置有太守，为一郡的最高军、政长官。下设都尉一人，专管军事，还有郡丞（边郡郡丞称长史）、司马、橡、史督邮、主簿、书佐等，多者达二百余人。

州、郡都有自己的地方武装，基本上是在刺史、太守私人部曲的基础上，再增募一部分壮勇编组而成。随着刺史、太守个人情况的不同，各州、郡的兵力也都不相同。但总的来说，州郡兵与中央直辖的中、外军相比，力量较弱，主要担负守备本州、郡的任务，必要时也遵照中央的命令，配属或协同中、外军出征作战。多数刺史都有自己的部曲，又掌地方兵权，所以也带有将军称号。如钟毓为青州刺史，加后将军，臧霸、吕虔先后为徐州刺史，都加威虏将军等。也有少数刺史、没有或很少有部曲，既无将军称号，又不"持节"，称为"单车刺史"，一般是不受时人尊重的。

（4）屯田制

自汉末军阀混战以来，社会生产力遭到极大的破坏，饥饿成为社会的突出问题。各个割据势力的兴衰，在很大程度上取决于粮食的充裕与否。这不仅关系着能否取得人民群众一定程度的支持，更重要的是关系着军队能否存在和战斗力的强弱。魏、蜀、吴三国的统治集团，对此都很重视，积极设法解决，曹魏政权解决得比较好，据《三国志·武帝纪》注引《魏书》说："自遭荒乱，率乏粮谷。诸军并起，无终岁之计，饥则寇略，饱则弃余，瓦解流离，无敌自破者不可胜数。袁绍之在河北，军人仰食桑葚。袁术在江、淮，取给蒲赢。民人相食，州里萧条。"在这种情况下，曹操认为："夫定国之术，在于强兵足食，秦人以急农兼天下，孝武以屯田定西域，此先代之良式也。是岁乃募民屯田许下，得谷百万斛。于是州郡例置田官，所在积谷。征伐四方，无远粮之劳，遂兼灭群贼，克平天下。"将曹魏得以获得战争胜利的原因，全部归之于屯田，这当然有所夸大，且不够全面。但由于屯田是曹魏恢复和发展农业生产诸措施中重要的一环，所以在曹操统一北方和后来魏、晋统一全国的战争中确实起过相当重要的作用。

据《三国志·魏书·司马朗传》记载，当时"大乱之后，民人分散，土业无主，皆成公田"。这给大规模屯田提供了可能性。同书《任峻传》引《魏武故事》说："及破黄巾，定许，得贼资业，当兴立屯田。"这又说明，曹操是从起义军手中夺得了农具、耕牛、劳动力等资业，才使屯田变为现实的。

曹操为统一全国，采取的许多措施都倾向于集权中央，屯田也是他许多措施中的一种。当时部曲制盛行，各豪强、官将都竞相争取流民作他们的部曲、宾客，以壮大各自的势力。曹操不能允许土地和劳动力无限制地流到豪强，官将私家手中，否则既无法扩大和补充军队，也不会有足够的粮食来养话军队。所以曹魏政权必须设法扩大国家的屯田，以将土地和劳动力控制在中央政权手中。《三国志·魏书·卫颛传》有一段记载很能说明这种情况："时四方大有还民，关中诸将多引为部曲，颛书与苟彧曰：关中膏腴之地。顷遭荒乱，人民流入荆州者十万余家。闻本土安宁，皆企望思归。而归者无以自业，诸将各竞招怀，以为部曲。郡县贫弱，不能与争，兵家遂强。一旦变动，必有后忧。夫盐，国之大宝也，自乱来放散，宜如旧置使者监卖，以其直益市犁牛。若有归民，以供给之。勤耕积粟，以丰殖关中，远民闻之，必日夜竞还。又使司隶校尉留治关中以为之主，则诸将日削，官民日盛，此强本弱敌之利也。"曹操采纳了他的建议，控制了盐的专卖，用其资金购买耕牛、农具，为进一步推广和普及屯田制创造了条件。同时在一定程度上阻止了各官将势力的过度膨胀，从而减少了对中央政权的潜在威胁。

曹魏的屯田，分民屯和军屯两种。民屯，就是由政府按人口配给土地、农具和耕牛，每年向政府交纳一定的租粮。交租办法、开始实行的是定额制，即《魏武故事》所谓"计牛输谷，佃科以定"；以后又实行分成制，即《晋书·载记·慕容皝》中所谓"持官牛田者，官得六分，百姓得四分。私牛而官田者，与官中分。"曹魏民屯制度的突出特点，就是屯田户由政府设置的农官管理，自成系统，不属郡县管辖，也不服兵役。管理全国屯田的长官是典农中郎将，其下有典农校尉（相当郡级）、典农都尉（相当县级），管理郡、县的屯田。曹魏的这种民屯制度，对世家大族的发展是不利的，所以他们极力反对。但当曹魏政权掌握实权的时候，他们不敢也无力反对，至曹后期，代表世家大族利益的司马氏掌握实权后，民屯制开始被破坏。首先是将屯田户连同土地分给公卿，使他们变成私家的宾客。如《晋书·王恂传》载："魏氏给公卿已下租牛客户（指屯田户）数各有差，自后小人惮役，多乐为之，贵势之门，初有百数。"最后干脆明令废止了民屯制。据《三国志·魏书·陈留王纪》记载，咸熙元年（公元264年），"是岁罢屯田官以均政役，诸典农皆为太守，都尉皆为令、长。"这是为了讨好世家大族，以取得他们的支持，为次年司马炎伐魏创造有利条件。

军屯分军队屯田和军户屯田两种类型。军队屯田，就是使在营的士兵在驻屯地区分班轮流进行垦种。实施屯田的军队，主要是驻在与蜀、吴交界地区的外军，且耕且守，耕战结合。如征西将军、荆豫都督王昶，督率所属部队，一面训练水军，一面实施屯田：从《晋书　食货志》记载邓艾在淮河流域实施军屯的经过，也可以看出曹魏军屯的大致情况。邓艾"令淮北二万人、淮南三万人分休，且佃且守。……遂北临淮水，自钟离而南横石以西尽沘水四百余里，五里置一营，营六十人，且佃且守。兼修广淮阳、百尺二集，上引河流，下通淮颍，大治诸陂于颍南、颍北，穿渠三百余里，溉田两万顷，淮南、北皆相连接。白寿春到京师，农官兵田，鸡犬之声，阡陌相属。"按邓艾的估计，屯田兵年产粮食，除自给外，尚可剩余五百万斛以为军食。"六、七年间，可积三千万余斛于淮上"，能供应十万军队的五年军粮。屯田收入，在曹魏军粮供应中占有很大比重。而且减少了军粮的运输，所以魏末司马炎废民屯时，没有废去军屯。军队屯田以战争需要为转移，地区、时间均不能绝对固定，"随宜开垦"，"且耕且守"；而且不打破军队建制，一切屯田事务，均由各级军官管理。生产工具也比较简单，耕牛很少，耕地少于一般农民，据罗布淖尔出土木简推测，每人平均二十亩左右。军队是由国家供给的，所以也不存在租税问题，产品全部为公家所有。

军户屯田，就是未服现役的士兵和现役士兵的子弟家属的屯田。曹魏实行的是"人役、户居各在一方"的"错役"制度，士兵家属不许随军。为了解决军户的生活，曹魏政权组织军户进行屯田。军户多集中在司、冀二州，所以军户屯田也以司、冀二州为最多。军户屯田基本上和民屯相同，每户授给土地五十至一百亩，按分成制向政府交租。据《晋书·傅玄传》记载，分成的比例是"兵持官牛者，官得六分，士得四分；自持私牛者，与官中分。"一旦有事，应服役及应顶补的兵士，立即应召从军。"出战入耕"是军户屯田与民屯的主要区别。军户屯田事务，由军事系统的农官管理，有度支中郎将、度支校尉和度支都尉等。

（5）兵源及兵役制度

东汉中期以来，征兵制逐渐为募兵制所代替，三国形成前后，战争频仍，各割据势力都尽最大努力开拓兵源，扩充自己的军队，所以当时士兵来源复杂，各种兵役镳度同时并用。但由于经济、政治、军事等具体历史条件的影响，魏、蜀、吴三国都逐渐形成了世兵制。这是三国时期兵役制度的主要变化，也是历史条件近似的战国时期一度出现的世兵制的继承和发展，对后世的军制有很大影响。士兵的来源，主要有以下几种：

①募。三国时期的募兵，与两汉的募兵已有不同。由于此时部曲制已很普遍，许多豪强地主，统率自己的私兵部曲前来归附，也称为应募。如李典、典韦、夏侯惇、吕虔、于禁等，都是率领自己的部曲归附曹操，地主阶级也称这些部曲为"义兵"。曹操的军队，在初期主要就是以这些私人部曲为骨干而组织起来的。由于当时失去土地的流民很多，所以各个军阀的士兵，除私人部曲外，多是从流民中招募而来。如《三国志·魏书·武帝纪》载：曹操"兵少，乃与夏侯惇等诣扬州募兵，刺史陈猛、丹阳太守周昕与兵四千余人"。同书《曹洪传》记："扬州刺史陈温素与洪善。洪将家兵千余人就温募兵，得庐江上甲二千人；东到丹阳，复得数千人。"又如乐进为曹操下吏，"还本郡募兵，得千余人"等。

三国时士兵待遇很差，生活极苦，又连年作战，死亡甚多，士兵的处境是"生则困苦，无有温饱，死则委弃，骸骨不反。"所以百姓并不都是自愿应募，也有大量名之曰募而实际上强迫当兵的。如《九国春秋》记载，袁谭担任青州刺史时，派人去属县募兵，"有赂者见免，无者见取。贫弱者多，仍至于窜伏丘野之中。放兵捕索，如猎鸟兽,邑有万户者著籍不盈数百。"这哪里是募兵,实际是抓兵。

②征。募兵制虽然逐渐占据主导地位,但封建统治阶级是不会完全放弃超经济剥削的征兵制的。如曹操占领冀州后,看到户籍有三十万,首先想到的就是"校计甲兵",扩充兵力。再如吕虔为泰山太守,设法使"诸山亡匿者(逃避战乱入山的农民)尽出安土业,简其强者补战士"。可见当时征兵制度依然存在。特别是曹魏政权,由于曹操有统一全国的企图,倾向于集权中央,所以也就更为重视征兵。孙吴的豪强世家,其私家的佃户、宾客是不服政府的兵役的,而曹魏统治下则必须服兵役。如曹操掌权时,任命杨沛"为长社令。时曹洪宾客在县界,征调不肯如法,沛先捶断其脚,遂杀之",曹操非常赞赏杨沛的做法,认为他是能官。又如司马芝为管城长时,"郡主簿刘节旧族豪侠,宾客千余家","每不与役",司马芝征刘"节客王同等为兵",刘"节藏同等"。司马芝竟强令刘节自己代王同为兵。

此外,因战乱,地方官员临时征集百姓守卫城池的事,为数也不少。这虽非正式征兵,但也说明这时并未因募兵盛行而百姓可以不服兵役。

③收降。曹操的步兵,是以收降的青州兵为基础的,前已叙述。又如程昱为兖州都督率兵守鄄城时,"收山泽亡命,得精卒数千人"等。以收编降兵补充和扩大军队实力的例子,几乎每战皆有,各国均用。

④使用少数民族为兵。三国时期,由今甘肃、青海直至辽宁,长城内外和河南等地,都交错杂居着大量少数民族。就整个中国来说,这些民族的人口是少数,所占比例不大。但如仅就北方来说,则这些少数民族人口所占比例是相当大的。据《晋书·江统传》记载,"关中之人,百余万口,率其少多,戎狄居半";并州方面则是"五部之众,户至数万,人口之盛,过于西戎"。当时沿长城内外地区,鲜卑族人分布最广,数量也最大。两汉王朝为了分散匈奴力量和防止他们掠夺,曾大量用之守边。三国形成前后,各割据势力统治集团,也同样使他们服役当兵。魏、蜀,吴三国都收缩少数民族为兵,以加强自己的军事力量。并用来对付敌国。曹魏政权曾以征、募、收降等各种手段,役使少数民族当兵。曹魏军队中有大量乌桓骑兵,前已述过。此外,还有大量匈奴兵,邓艾攻蜀时,募取凉州兵马,羌胡族战士就有五千人都立了战功。据《文选》记载,曹魏军队中有"匈奴南单于呼完厨及六郡乌丸、丁令、屠各、涅中、羌艭"和"武都氐、羌"等各族士兵。既用少数民族人当兵,就要将他们的部族家属内迁,以便于控制,这对以后历史的形成和民族的融合,有相当重要的影响。

⑤世兵制。在三国分裂的情况下,基于政治、经济、特别是战争的需要,各国统治集团,既需要有充足可靠的兵源和素质较好士兵,以保持强大的军队和较高的战斗力,又需要有足够的劳动力进行生产,以维持和发展社会经济,保障人民生活和军队的供应。于是人民被以行政手段强制分工为三部分:一是普通民户,隶属州郡地方政府,进行农业、手工业和商业等各种生产,承担田租、户调和徭役;二是屯田

户,隶属于各级农官,进行农业生产,是农奴性质的国家佃农,不承担兵役;三是军户,也称士家、兵家,单立户口,称士籍或兵籍。由军将兼管或由州郡代管,专服兵役,世代为兵。这种世兵制度,形成于汉末,确立于三国。

世兵制的形成,与质任制有关。质任,就是人质。曹操起兵之初,大小军阀互相混战,部属将领叛服无常,正如曹操所说:"当今天下土崩瓦解,雄豪并起,人怀怏怏,各有自将之心,此上下相疑之秋也。"因而军阀们就要求部将以家属为人质,部将为避免被人猜疑,也主动送家属为人质。如孙观、李典、臧霸等,都将自己和部曲的家属送至曹操居镇的邺郡,于是逐渐成为制度:"诸将征戍及长吏任州郡者,皆留质任于京师。"据《三国志·魏书·钟会传》记、当钟会率军攻蜀时,因他没有亲子可为人质,邵悌就反对他率军出征。他说:"今遣钟会率十余万人伐蜀,愚谓会单身无重任,不若使余人行。"这种质任制度,直到司马炎代魏后,国家即将统一,才下令"罢部曲将长吏以下质任"。

随着将领质任制的形成,士兵也有了质任制。曹魏政权为了防止用强制手段征募收降而来的士兵逃亡和叛变,就沿用将领的质任方式,将士兵的家属也聚居一处集中管理,严加控制,这样就自然地形成了军户。《三国志·魏书·梁习传》有一段记述,很能说明军户形成的过程:"习以别部司马领并州刺史,时承高幹荒乱之余,胡狄在界,张雄跋扈,吏民亡叛,入其部落,兵家(指有部曲的小军阀)拥众,作为寇害,更相煽动,往往棊跱。习到官诱喻招纳,皆礼召其豪右,稍稍荐举,使诣幕府。豪右已尽,乃次发诸丁强以为义从。又因大军出征,分请以为勇力。吏兵已去之后,稍移其家,前后送邺,凡数万口。"梁习将少数民族部落的强丁和豪强官将的部曲,逐渐改变为曹魏政权的正规军队与士兵,并将他们的家属送到邺郡,成为军户。曹丕都洛阳时,曾准备"徙冀州士家十万户实河南",因大臣反对,才"徙其半"。一次就计划迁十万户,可见冀州军户之多。邺郡在冀州,当然也是冀州军户最集中的地区。

东汉以来的私兵部曲和宾客,人身依附性极强,具有半奴隶的性质,三国时形成世袭的部曲宾客制度。在这种制度影响下,为了获得经常性的后备兵源,以便能及时补充军队,这些集中起来的军户,自然而然地就被统治集团强制为父死子代、兄终弟及、世代为兵的军户了。于是世兵制正式形成。

世兵制的主要特点就是军户、民户分离,军户世代为兵和士兵叛逃罪及家属。由于汉末重男轻女,抛弃女要之风盛行,造成男女比例失调,男子求偶困难。为了保证兵源,曹魏政权以行政手段干涉军户的婚配,不许军户女子外嫁。军户一般只能与军户婚配。

从上述情况可以看到,曹魏的兵役制度是以世兵制为主而辅以征、募、收降等办法,以保证兵源。

2.蜀汉的军制

刘备在赤壁之战后,占有了今湖北、湖南大部地区。以后又吞并了刘璋占领四川,建立了较稳固的根据地,成为与曹操、孙权鼎足而立的三大割据势力之一。汉献帝延康元年(公元220年),曹丕代汉称帝,建立了魏王朝。刘备于次年也在成都称帝,建立了蜀汉王朝。夷陵之战失败后,刘备病死,传位于刘禅,至魏景元四年(公元263年),为魏所灭,蜀汉立国共四十三年。

(1)军种、兵种和兵力

蜀汉有陆军、水军两个军种,以陆军为主。陆军有步兵、骑兵和部分车兵,另外还有相当数量的弩兵。弩兵是蜀军的精锐,战斗力较强。蜀汉军队之所以这样编组,主要是由当时当地的具体条件决定的。蜀军兵少,又多为步兵,很难与拥有大量精锐骑兵的曹魏军队相抗衡。为了扬长避短,充分发挥自己的有利条件,所以才根据主要敌军的特点组建自己的军队。诸葛亮战略战术思想的一个突出特点,就是立足于稳。他特别强调以军阵来对抗曹魏军骑兵的集团冲击。他在历史上享有盛名的八阵图,实际上就是步、弩、车、骑四兵种合成编组的军阵。利用战车结成以若干小方阵为单元的大方阵,步兵、弩兵交错部署于阵中,阵前布置渠答(铁蒺藜)、拒马、鹿角木(鹿砦)等障碍物,骑兵部署于阵后或两侧,担任警戒、搜索及掩护等任务。当敌军骑兵集团进行冲击时,弩兵据车阵先以强弩发射,利用箭矢和障碍物密切配合,杀伤和迟滞敌人;敌军进至阵前时,步兵依托战车用特制的长枪击刺敌人;敌军如冲入阵内,因受战车的阻碍与限制,兵力必然被分割,队形必然要紊乱,而且只能在各小方阵之间的通道中行动,弩兵、步兵依托各小方阵,以各种长、短兵器夹击,刺杀敌人。骑兵则可以由两侧迂回至敌军侧背,进行穿插、侧击或包围,以扩张战果;敌军如撤退时,则可以进行追击或截击。正是这样的作战方式,决定了蜀汉军队的兵种组建。

为了抗击骑兵,蜀汉统治集团非常重视弩兵的建设。南中(今四川大渡河以南及云南、贵州地区)地区的人民,勇敢善战,擅长用弩。蜀汉王朝曾大量征发他们组建和扩充弩兵部队。据《华阳国志》记载,延熹十三年(公元250年),一次就迁移"五千家于蜀为猎射官";还曾在涪陵(今重庆彭水及黔江、酉阳地区)"发其劲卒三千人为连弩士"。仅从少数民族地区两次集体性征发,就有八千之众,加上原有部队,弩兵总数当不只这些,估计在一万以上。

蜀汉统治集团除重视弩兵的建设外,也很重视弩的改进。为充分发挥远射兵器、长兵器和短兵器配合使用的综合威力,以适应军阵作战的要求,诸葛亮亲自设计,对原有连弩进行改造。据《魏氏春秋》记载,新改进的连弩,"谓之'元戎',以铁为矢,矢长八寸,一弩十矢俱发"。从后世流传的元戎弩图来看,这是一种轻型的擘张弩,箭槽容箭十支,可连续将十矢发射出去。主要特点是轻便灵巧,发射速度快,与射程远的重型蹶张弩配合使用,可提高杀伤力。除此以外,据《古今事物考》记载,诸葛亮还创造了两丈长的木柄枪和两丈五尺长的竹柄枪,都加上铁枪头,装备步兵,以适应在军阵中依托战车对敌战斗。又据《三国志》记载,为了便于军粮运输,诸葛亮还创制了木牛流马。《事物纪原》解释说:"木牛即今小车之有前辕者,流马即今独推者是,而民间谓之'江州车子'"。

刘备在荆州时,曾建有一支水军,由关羽统率。建立蜀汉王朝后,因据长江上游之势,具备扩建水军的条件,曾努力发展舰船的制造事业,但限于人力、物力和技术力量等条件,船只数量和性能都不如孙吴的舰船,而且多是运输型,缺乏大型主战舰船,善于在水上作战的官兵也不多。所以总的来说,蜀汉水军的兵力和战斗力,都远逊于孙吴,和曹魏相差不多。

刘备初起兵时,兵力极少,仅有少量步骑兵。赤壁战前,得到刘表一部军队,兵力有所增长,据诸葛亮说,"今战士还者及关羽水军精甲万人,刘琦合江夏战士亦不下万人",总兵力在二万人以上。占领益州之后,吞并了刘璋的军队,加上马超等归附的部队,兵力剧增。夷陵失败后,兵力大为削减,经诸葛亮努力经营,至建兴五年(公元227年)时,兵力又大大增加。他上表刘禅说:"今南方已定,兵甲已足,当奖率三军,北定中原。"可见这时兵力已很强大。据《诸葛亮集》所载刘禅的诏书说,当时仅出征兵力即有"步骑二十万众",以蜀的疆域和人口来计,这显然是夸大之词。据《襄阳记》《蜀记》和《晋书》等书记载,诸葛亮统率北进的兵力为十万,加上留守成都和镇守边郡的四万人,总兵力当在十四万左右,这是蜀汉兵力最盛之时。但自北进以后,连年用兵,兵力损耗严重,兵员补充困难,"调发诸郡,多不相救",至被灭时,总兵力为十万余人。

(2)军事统御机构和军队

刘备的兴起和曹操的兴起情况基本相同,当拥有一定兵力,形成割据势力后,即以左将军、汉中王等名义组成政权机构,并在府中设置一整套幕僚人员,以诸葛亮为军师将军,主持左将军府事。刘备即帝位以后,任命诸葛亮为丞相录尚书事,辅佐刘备总理军政事务。所以在刘备逝世之前,刘备自己是最高军事统帅,诸葛亮是他的幕僚长;以刘备为首的左将军府,汉中王府以及由刘备身边亲信官员,如侍中,中常侍等组成的智囊班子,就是蜀汉政权的最高军事指挥机构。

刘备逝世后,刘禅继位,年纪幼小,不能亲理朝政。诸葛亮以丞相掌握朝中实权;他死后蒋琬以大将军、大司马继掌实权,所以这时的军事最高统帅,实际上为诸葛亮和蒋琬。他们的丞相府、大将军府,也就成为实际的最高指挥机构。他们府中的幕僚,都是由他们自己来选拔任用,仍沿袭汉丞相府的组织形式。僚属有军师、长史、司马、从事、主簿、参军、椽、史、门下督和记室等,分曹管理各项军务,其职务区分和曹魏的相府分工近似。

蜀汉的军队和曹魏相同,基本建制为部,以下有曲、屯、队等。直接带兵的军官

中国军事百科

·历代军制·

图文珍藏版

有校尉、司马、都尉等。部以上的统兵将领为将军,所统部数,多少不一,根据最高统帅的授权而定。如刘琰为车骑将军,仅率千人,李严为骠骑将军,则统两万人,二人官级相差无几,而所统兵力相差悬殊。

　　将军是官阶,并非官职。刘备称帝之前,官阶和官职基本上是统一的,不论统兵多少,凡将军都是统兵将领。刘备以左将军身份统军时,部属中有将军称号的人极少,如关羽为荡寇将军,张飞为征虏将军,黄忠为讨虏将军等。当刘备以汉中王名义统治益州、荆州等地区时,官阶最高的前、右、左、后四将军,他们都是拥有重兵的方面军统帅。如关羽为前将军,指挥荆州方面军队;张飞为右将军,指挥汉中方面的军队;马超为左将军,指挥凉州方面的军队;黄忠为后将军,指挥控制在中央的机动军队。刘备称帝之后,改为沿袭汉制,以骠骑将军、车骑将军和卫将军地位最高,以下还设有征南、征东、镇南、镇北等杂号将军。但此时官阶与官职已逐渐分离,获得将军称号的越来越多,不仅未统率军队的武官可以称将军,就是不谙军事的文官同样可以得到将军的称号。如糜竺为安汉将军,孙乾为秉中将军,简雍为昭德将军,伊籍为昭文将军,等等。在官职上,蜀汉制度与曹魏制度也非常相似、有监军、护军、领军、督护等职务。

　　刘备逝世之前,蜀汉军队由刘备亲自领导和指挥,下面仅区分为少数几支主力军队,由他最亲信的大将,如关羽、张飞等统率,所以当时也就不存在中军、外军的问题。刘禅继位之后,各大将先后逝世,在中央集权的基础上,下级的兵权逐渐有所分散,镇守边郡的军队的驻地也相对稳定,因而这时也和曹魏一样,有了中、外军的区分。但由于蜀军数量较少,又时常集中使用,所以中、外军的界限没有魏明显。

　　蜀汉政权后期,皇帝领导下的国家最高军事统帅为大将军(大将军前不加任何名号),如费祎、姜维都曾任过大将军。姜维初掌全国兵权时,还特加"督中、外军事"的官号,以明确其职责范围。统帅中央直接控制的机动军团的统帅,一般在官职之前加一"中"字,如黄忠、赵云,费祎曾任中护军,姜维曾任中监军,李严曾任中都护等。统军在外的将领,一般在官职之前加"前""左""后"或"行"等字,如王平曾任前监军,张冀曾任前领军,刘敏曾任左护军,蒋琬曾任行都护等。从官秩来说,监军、督护的地位较高,护军、领军的地位稍次;但从所领部队与职责范围来说,并无明确的区别。

　　蜀汉的中央宿卫军,主要有左、右羽林部和虎步营、虎骑营。羽林两部成员,类似汉的羽林郎,人数不多,皆为军官身份,其长官为"部督",近似汉羽林中郎将。步、骑两营,是宿卫军的主力,每营约五、六千人,其长官称"虎步监"及"虎骑监"。姜维就曾统率过虎步营。宿卫军的总统帅,由皇帝指定任命,没有固定的职位,如刘禅曾任命向宠"为中部督、典宿卫兵"。

　　蜀汉和曹魏一样,也沿袭汉制在中央设五校尉(步兵、屯骑、越骑、长水、射声),但有名无实,兵力不多,有的根本不统营兵。如向朗"为步兵校尉,代王连为丞相长史"，张裔"以射声校尉领留府长史"，杨洪升越骑校尉，但实际上仍为蜀郡太守，"领郡如故"。

蜀汉的外军，与曹魏外军性质相同，是由中央派出，镇守在重要战略方向上的军队。主将为都督，一般由将军担任，如廖化以后将军为永安都督，邓芝以前将军为江州都督等。但也有并非将军而任都督者，如严丰为江州都督，李恢为庲降都督等。汉中方面是蜀汉的主要战略方向，开始时，曾以魏延为汉中都督兼汉中太守，刘备逝后，诸葛亮、蒋琬等先后以全军最高统帅的身份，率领主力数万，长期屯驻汉中，所以汉中都督已非当地军事统帅。

蜀汉各郡，太守也领有军队，系地方军性质，多为太守本人部曲，所以兵力多少极不一致。只有少数重要边郡兵力较多，如李严为犍为太守时有郡兵五千，孟达为宜都太守时有郡兵四千。

（3）兵源、兵役制和屯田

刘备入蜀之前，连一块稳固的根据地都没有，当然不可能建立正规的兵役制度。当时，他主要靠招募与收降等来补充和扩大军队。据《三国志》记载，刘备是用贩马商人张世平等赠予的钱财招募部曲而起兵的。在公孙瓒处时，"自有兵千余人及幽州乌丸杂胡骑，又略得饥民数千人"前去徐州。到徐州后，陶谦又"以丹阳兵四千益先主（刘备）"麋竺也送他"奴客二千、金银货币以助军资"，这时刘备的部队才初具规模。后来，赵云、魏延、霍峻等又先后率部曲前来归附。在荆州时，仅雷绪一人就"率部曲数万口"归降，再加上所得的荆州各地士兵，才具备了进取益州的条件。有了益州这块较稳的根据地，刘备就开始建立正规的兵役制度，以长期保持兵源的稳定。三国之中，蜀汉的疆域最小，人口总计不过百万左右，仅及曹魏人口的五分之一，没有条件像曹魏那样实行社会大分工，因此必须实行征兵制，使全部适役人员都承担当兵的义务，才能维持足够的兵力与曹魏、孙吴相抗衡。但当时部曲制盛行，多数将领都有部曲，并且是军中的骨干力量，不可能把他们复为民户，所以蜀汉的征兵制度与曹魏不尽相同，是世兵制与征兵制同时并行。单就兵源数量来说，征兵制还占主要地位。此外，蜀汉王朝还采用招募、收降以及强迫少数民族当兵等手段扩充兵源。

刘备入川时，留在荆州由关羽统率的军队，仍然全部是世兵。据《三国志·蜀书·诸葛亮传》注引《魏略》记载，诸葛亮初见刘备时，就曾为将来的兵源问题向刘备提出过建议，他认为荆州人口并不缺少，但政府的编户却不多，如从编户中简取军户，必遭人民反对，应将不在编户之内的流民集中起来，编为军户，作为兵源。刘备采纳他的意见，扩大了自己的军队。这些军户，也和曹魏相同，集中管理。当时荆州驻军的家属都居住于江陵，所以当孙吴乘关羽北攻襄阳、后方空虚之机，占领江陵并俘获了全部军户时，荆州军士无斗志，全部溃散。这部分军队，后被孙吴收编。

中国军事百科

·历代军制·

图文珍藏版

　　刘备军各将领带入蜀中的军队和部曲，原籍多在北方，而北方已为曹魏统治。不论是他们从北方带来的家属，还是到蜀中后新建的家庭，在当时部曲依附性极强的情况下，当然仍是世代为兵的军户。为了扩充兵源，诸葛亮进军南中地区时，曾收降大量少数民族的人民当兵，并强制他们的家属迁往蜀汉统治的中心地区。如《华阳国志》记：在击败孟获之后，“移南中劲卒青羌万余家于蜀，为五部，所当无前，号为飞军。分其羸弱配大姓焦、雍、娄、爨、孟、董、毛李为部曲。”又如“徙武都氐王苻健及氐民四百户于赍都”，以及前文说过的移“五千家于蜀为猎射官”，发“劲卒三千为连弩士，遂移家汉中”等。此外，还征募了大批四川“蜀叟”人为兵，号称叟兵。这样做的目的，当然和曹魏的质任制性质相同，是为了便于管理和控制，以防止叛逃。迁入的这些少数民族，自然也变为军户，世代为兵。蜀汉王朝的世兵制，主要是在部曲和少数民族兵中实行的。

　　实行世兵制的上述两部分士兵，虽然是蜀军中的骨干和精锐，但数量毕竟太少，远不能满足战争的需要，必须在实行世兵制的同时，实行强制征兵制，才能保证有足够的兵源。当蜀汉与曹魏争夺汉中地区时，刘备以前方兵力不足，急切要诸葛亮发兵（征兵）增援。诸葛亮征求杨洪的意见，杨洪认为：“今之事，男子当战，女子当运，发兵何疑！”可见当时已开始实行征兵。又例如巴西郡（今四川阆中地区）人口总计一万二千户，夷陵之战后，为补充作战损耗，太守阎芝一次就征发五千兵送刘备军中；诸葛亮北进中原时，太守吕乂又曾一次“募取兵五千人”送诸葛军中，所谓“募取”，实际是强征。不然的话，总人口不过万二千户的一郡，在已有一定数量的郡县地方兵和役吏脱离了生产，又已有五千人在军当兵的情况下，无论如何不可能再有五千人甘心情愿地离家脱产，应募去前方为统治阶级当兵卖命。虽然蜀汉“国不置史，记注无官，是以行事多遗”，没有留下更多的有关实行征兵制详细情况的资料，但据事理推断，蜀汉军队的兵源，大部分是来自征兵制度的。正如范文澜同志所说：在蜀汉，“几乎所有男子都被迫当兵”。

　　蜀汉军队和曹魏一样，也有休假制度，同样是五分之四在军，五分之一轮休。如《太平御览》引《诸葛亮别传》记载：“……张郃诸军劲卒三十余万，潜军密向剑阁。亮有战士十万，十二更下，在者八万。时魏军始陈（阵），番兵适交，亮参佐咸以敌众强多，非力所制，宜权停下兵，以并声势。亮曰，吾闻用武行师，以大信为本。得原失信，古人所惜，去者束装以待期，妻子鹤望以计日，皆敕速遣”。可见在军现役士兵，每年可能有两月时间返家休假。

　　蜀汉王朝以租调等收入供应军队。设司金中郎将监造兵器装备军队，设司盐校尉（盐府校尉）负责盐，铁的生产和专卖，以其收入用为军费。由于蜀汉军队的主力长期驻屯于汉中地区，多时十万，少亦五万，所以军粮就成了重要问题。诸葛亮曾采用立粮站，运米至斜谷口存储，和创造木牛、流马（前有辕和无辕的独轮小车）等办法解决军粮的供应问题，但都未能彻底解决。诸葛亮五次北进，就有两次是因军粮不继而不得不撤军。益州虽是天府之国,物产丰富,所受战争的破坏也较轻,但农业生产最发达的是成都平原地区,距汉中过远。蜀中人力缺乏,要组织供应数万人军粮的一支运输队伍,困难极多,所以也采用了军队屯田的办法。《三国志·蜀书·诸葛亮传》记:"(建兴)十二年(公元234年)春,亮悉大众由斜谷出,以流马运,据武功五丈原(今陕西岐山县南、斜谷口西),与司马宣王对于渭南。亮每患粮不继,使己志不申,是以分兵屯田,为久驻之基。耕者杂于渭滨居民之间,而百姓安堵,军无私焉"。蜀汉屯田的规模,较曹魏为小,主要是军屯,并局限于与曹魏接壤的汉中地区。屯田兵仍以原建制进行劳动。生产事务,设"督农"管理。因为是与当地农民杂错垦耕,所以督农由当地地方军政长官担任。如《三国志·蜀书·吕乂传》载,乂"为汉中太守,兼领督农,供继军粮"。看来吕乂是负责该地区驻军的后勤长官。

3.孙吴的军制

孙策据有江东,自称会稽太守,建安三年被封为吴侯,不久遇刺身死。其弟孙权继承其位,极力经营江南,扩展统治区,与旧有江南大族和由江北南渡的大族,组成了大族地主联盟性质的割据政权,统治逐渐巩固。赤壁之战后,据有江夏(今湖北鄂州);荆州之战后,复据有江陵等重镇,长江中,下游完全为其控制,势力有较大增长。黄龙元年(公元229年)继曹丕、刘备之后称帝,定都建康(今江苏南京)。孙权死后传二世至孙皓,于太康元年(公元280年)为晋所灭,立国共五十二年。

(1)军种、兵种和兵力

孙吴有陆军、水军两个军种。陆军又有步兵和骑兵两个兵种。由于孙吴地处东南沿海,北控长江中下游,辖区内又河、湖纵横,所以水军是孙吴的主要军种。孙吴在侯官(今福建闽侯)设有规模宏大的造船厂,置典船都尉以监督工匠与罪徒建造船只。当时所造大海船,大者长二十余丈,高出水面二、三丈,能载六、七百人,载货可达万斛(约合今一百吨)。孙权为贯彻孙策"保江东""观成败"的战略方针,将水军主力部署于长江,并在濡须口(今安徽巢县东南)、西陵(今湖北宜昌)两个主要战略方向上建立水军基地。同时还利用其强大的水军舰队,经常实施海上远航,企图扩展辖区和掠获人力。据《三国志·吴书·吴主传》记载,黄龙二年(公元230年),曾派遣将军卫温,诸葛直率以甲士万人组成的舰队,浮海到达亶州、夷州(今台湾地区),这是我国古代文献中明确记载大陆人到达台湾的最早记录。嘉禾二年(公元233年),又派遣将军贺达等,率甲士万人,乘船沿海北上,到达辽东。赤乌五年(公元242年),"遣将军聂友,校尉陆凯,以兵三万讨珠崖儋耳"。珠崖是海南岛,儋耳是岛上的少数民族,吴水军舰队能航海远征,可见其航行及作战技能都有成就。曹魏军队曾多次企图渡江向江南地区扩展,除赤壁之战遭到失败外,以后多次进攻,也都因吴水军强大而未能实现。所以在三国之中,不论是数量上、装备上还是战斗力,孙吴的水军都居于首位。

孙策渡江南进时,兵力不过数千人,占领会稽等郡后,得刘繇等部曲二万余人,马千余匹。继又得袁术部曲三万余人。孙权执政赤壁之战时,仅参加作战的精兵即达三万。孙吴统治集团连年进攻"山越",以武力强迫山区人民当兵,兵力迅速增长。夷陵之战后,又收蜀军降卒数万,兵力达于顶点。建兴二年(公元253年)诸葛恪攻魏,一次出征兵力就达二十万之众。此时孙吴总兵力约有二十三万,舰船五千余艘。

(2)军事统御机构和军队

孙策、孙权,都是以讨逆将军、讨虏将军等名义开府,掌握政权。他们自己是最高军事统帅,霸府及其幕僚就是他们的军事指挥机构。府内属官,参照汉制,与魏、蜀相差不多,除有军师、长史和诸掾外,统兵将领有护军、领军、典军等。如周瑜曾任中护军,吕蒙曾任左护军,陆逊曾任右护军。统兵出征时的统帅或主将,按军队的作战编组而称督或大督。如周瑜在随孙权攻黄祖时,为前部大督;赤壁之战时,和程普分任左、右督。

孙权称吴王前,仅以骠骑将军或车骑将军的名义统治江南,所以他的部将官阶也都不高。前期主要是偏将军,如周瑜、吕蒙、鲁肃、黄盖、凌统等名将,都仅能获此称号。后期有少数战功卓著的将领,得到杂号将军的称号。如程普为荡寇将军,鲁肃为横江将军,吕蒙为虎威将军等。孙权称吴王后,部将官职、官阶也随之升高。直接指挥主力部队,担任主要方面作战的统帅,称大都督。如夷陵之战时,"(陆)逊为大都督,假节,督朱然、潘璋、宋谦、韩当、徐盛、鲜于丹、孙桓等五万余人"抗击刘备;曹休攻皖时,又"召逊假黄镀为大都督","统御六军及中军禁卫"迎击曹军。但大都督为临时性官职,有战事时任命,战事结束则罢。

孙权

孙权称帝后,部将的官职和官阶也更为提高。如陆逊由辅国将军、右护军,改称为上大将军右都护。不过名称虽然提高了,但实际职权并未改变,仍然坐镇武昌兼领荆州事。

孙权死后,吴帝一般已不复亲自率军指挥作战,军权逐渐下移于大将军之手。为了明确职权,和魏、蜀相同,加"领中外诸军事"或"督中外诸军事"的职称。如诸葛恪专权时为"荆、扬州牧,督中外诸军事";孙歧杀诸葛恪后,任"丞相大将军,督中外诸军事";孙峻死后其从弟孙琳专权,"为待中、武卫将军,领中外诸军事"。

孙吴中央直接控制的军队,亦称中军,以宿卫军为主。担任宿卫的士兵,称羽林、武卫和虎骑等,大多是孙氏的故将部曲,所以统率宿卫军的多为孙氏家族的子弟。如孙咨曾为羽林督,孙楷曾为武卫大将军等;孙峻、孙琳未为大将军前,也都任过武卫将军,典宿卫军。此外,沿袭汉制,宿卫军中也设有步兵、屯骑、越骑、长水、射声五营、各以校尉统领。各领五营的将领,称五校督或五营督。

一切中央直辖军队,不论是控制于中央还是驻屯于外地,直接统率部兵的将领,一般称督。如中军宿卫军以外各部,有京下督、无难督、水军督、骑督等;也有按军队区分称为前部督、左、右部督、外部督、升城督(攻坚登城先锋部队将领)的。如甘宁就曾任过升城督,吕据曾任右部督,朱损曾任外部督等。

驻屯京城外各军事要点的将领,一般将所在驻地名称冠于督前称,如西陵督、公安督、江陵督、巴丘督、濡须督、芜湖督……以战略主要方向上的荆州地区为最多。他们的主要任务是担任边防和镇抚地方。有的专任,有的兼领太守、刺史等地方长官。所统兵力,根据情况有所不同,多者数万人,少者数千人。有时也受命出征。

在边防线与各督将指挥部之间,各督将指挥部与最高统帅部之间,袭用汉时边防烽燧制度,都建立有守望、报警和通信设施,称为刺奸屯。据《吴时缘江成图》载:"每刺奸屯有五兵贼曹(屯长)一人,皆作烽火,以光传之。"其报警通讯情况,《太平御览》说:"引烽火以炬,置孤山头,皆缘江相望,或百里,或五十里、三十里,寇至则举,一夕行万里。孙权时,令暮举火于西陵、鼓三竟,达吴郡、长沙。"

督是官职,各督将本身各有官阶。资深者一般皆为将军。有骠骑将军,车骑将军,卫将军以及四征、四镇、四安、四平等将军,和魏、蜀大致相同。和魏、蜀稍有不同的是,魏、蜀有将军称号而无统兵职务者,一般不领兵,而吴的将军,一般都有自己的部曲,不论是否担任统兵职务,其部曲私兵仍由自己统领。

三国时各割据势力之间的矛盾和各割据势力内部的阶级矛盾,都相当尖锐,长期战乱不已,所以军事居于首位。没有驻屯中央直辖军的各郡县,不论其地方长官是否带有将军或都尉等军官称号,都有自己的郡县地方兵。有的是王朝中央授予的,有的是招募或强征组成的,也有以私兵部曲充任的。人数各不相等,一般为一、二千名,多者达四、五千名,少者亦有数百名。中央直辖军队的军需物资及兵器装备,由孙吴政权中央负责供应。郡县兵由地方自筹解决。

(3)兵源、兵役制度和屯田

①兵源

孙策是在周瑜、吴景等豪族世家的支持、拥戴下,以武力击败刘繇、王朗等割据军阀和严白虎等强宗骁帅而建立起孙氏统治的。所以孙权执政前的孙吴军队,其兵源主要有二:一是由宗族乡里关系和招募组成的私兵部曲,一是在击败对手后收降的敌兵。根《三国志·吴书·孙策传》记载，孙策依附其舅吴景时，就招募有私兵四、五百人，在袁术处又领回了其父孙坚的部曲千余人，"比至历阳（今安徽和县），众五、六千"。吴景、周瑜、鲁肃、吕范、甘宁等，也都是率领部曲先后归附孙策的。以上总共当不下万余人，这就是孙吴军队的基础与核心。以后又收刘繇降卒二万余，陈瑀吏士四千，袁术部曲三万余，刘勋降兵二千余等。

孙权继位时，虽然已经讨平了一批豪强大族，占领了会稽等五郡，但当时权力之所及，不过是郡治、县治及其附近地区，"深险之地，犹未尽从"，还有大量宗部和山越据守深山，反抗孙吴的统治。宗部，就是拥有武装力量和独立经济、以宗族为核心的地方割据势力，他们有的只交租税而不负担兵役、劳役，有的连租税也不承担。如《三国志·吴书·太史慈传》注引《江表传》记载："鄱阳民帅，别立宗部，阻兵守界……海昏有上缭壁，有五、六千家相结聚作宗伍，惟输租布于郡耳，发召一人，遂不可得。"山越，就是生活在山区深处的我国古越族人民的后裔。他们不在政府编户之内，也不承认孙吴的统治。正如胡三省在《资治通鉴》注中所说："山越本亦越人，依阻山险，不纳王租，故曰山越。"不过这时的山越，除了因长期"未尝入城邑、对长吏，皆仗兵野逸，白首于林莽"，因而其生产、文化不如平原地区发达外，其他方面已和汉人没有什么区别，而且其中还包括有一部分被统治阶级称之为"逋亡、宿恶"的汉人。

孙吴统治集团同宗部和同山越的矛盾性质完全不同，但由于一定程度的共同利害关系，豪族大家需要更多的劳动力，山越人民需要保护和领导，于是在反抗孙吴政权的统治上，宗部和山越结合起来。广大分散于深山之中的山越人民，被控制在一些豪强骁帅的势力范围之内，成为孙吴政权巩固统治的重要障碍。更重要的是，孙吴疆域虽大，但统治下的编户人口却非常少，仅五十多万户，不仅缺乏劳动力，更缺乏兵源。而且山越所居之处，"山出铜铁，自铸甲兵"，山越人民又"好武习战，高尚气力，其升山赴险，抵突丛棘，若鱼之走渊，猨狖之腾木"，是理想的兵源。因而，强迫山越臣服，以获得充足的兵源和劳动力，就成了孙吴战略的重要措施之一。

孙权执政时期，连年向山越、宗部进攻，以武力征服或收降，使其"强者为兵，赢者补户"，以扩大兵源和劳动力。仅据《三国志》所记，获得的精兵就有十余万之多。孙吴总兵力约二十三万，这一部分占百分之六十左右，可见孙权执政后的兵源，主要来自山越。孙吴大量使用山越人民为兵和为民的结果，大大增强了它的战争潜力和军事实力，客观上对发展江南地区的经济和加速民族融合起了一定的促进作用。

（2）世兵制和世袭领兵制

孙吴的军队和曹魏一样，也实行世兵制，军、民分离，家属聚居，世代为兵。但也有不同之处：曹魏军户大部集中于政权中央所在地区，由中央直接控制，实行错役制度,不许可家属随军;而孙吴军户则相对聚居,一般随军,由各统兵将领控制。如孙权驻屯江北历阳的数千士兵,其家属即居住于江南附近的芜湖。孙吴之所以这样做,和它实行的世袭领兵制有密切关系。

孙吴政权,是在江南大族和江北南迁大族的积极支持与拥戴下建立的。这些大族都有相当的军事、经济实力。为了照顾这些大族的利益,孙氏父子不得不承认他们的领兵权,于是就形成了孙吴所特有的世袭领兵制。所有军队在名义上都属于国家,由中央直接统辖和指挥,但实际上又具有私人军队的性质,统军将领对所统之兵,可以世袭,父死子继,兄死弟及。例如蒋叙死后,其兵由子蒋壹接领,蒋壹战死,没有儿子,又有其弟蒋休接领。又如孙皎死后,因子有罪,由其弟孙奂"代统其众",孙奂死后,其子孙承"代统兵",孙承死后无子,再由其弟孙壹"袭业为将",代领其兵。凌操战死时,其子凌统才十五岁,即"摄父兵",统死时,二子年纪过幼,孙权将凌统之兵交骆统代领,俟统长子凌烈年长时,即"还其故兵"。以后凌烈因罪免官,由其弟凌封"复领兵袭爵"。这样的例子,《三国志》中记载得很多。

各将领的世袭之兵,主要是将领本身的部曲和国君所授之兵,授兵人数,依官位和功劳而定,最多二千,少则数百(末期孙皓对宗室王有授予三千者)。《三国志》中对此也记有很多例子。如孙策授周瑜"兵二千人,骑五十匹",孙权授吕范"兵二千,马五十匹",授徐盛"兵五百人",授张惇"兵三百"等。只有这些将领直接统领的授予之兵和自己的部曲,才能世袭,传于子弟,并不是每个统帅或将领所统辖或指挥的全部军队都可以世袭。例如陆逊初为海昌屯田都尉时,"部曲已有二千余人",讨费栈后,"得精卒数万人",讨文布时,收降"夷兵数千人",平吴遽,又"料得精兵八千人"。以后为大都督指挥对蜀、魏作战时,统领的军队数量更大。但他死后,仅有"部曲五千人",为其子陆抗袭领。随着孙吴统治的日渐巩固,国君也逐渐设法减少将领可以世袭的兵力。如陆抗死后,他从陆逊那里袭领的五千部曲,就不是按惯例交其长子接领,而是令其五子"分领抗兵"。

③奉邑制和屯田

孙吴在实行世袭领兵制的同时,还实行了奉邑制。所谓奉邑,就是赐给统兵将领若干县邑,用其租税收入供给所领部曲及授予之兵。奉邑的多少,主要根据官职大小和领兵多少而定。多者四县,如周瑜、吕蒙、程普、鲁肃等;少者一县,如周泰、徐盛等。将领所受奉邑,基本上都在自己驻军辖区之内。如孙皎驻军夏口,他的沙羡(属武昌郡)、云杜、南新市和竟陵(均属江夏郡)四封邑,都在夏口附近。又如扶义将军朱治任吴郡太守时,他的娄、田拳、无夕,毗陵四封邑,也在吴郡境内。正因为赐食奉邑的目的是供养将领所领之兵,所以奉邑地点也基本上与将领所领之兵同时变动。如吕范以裨将军兼彭泽太守时,以彭泽、柴桑、历阳为奉邑,但当转任丹阳太守时,又"转以溧阳,怀安、宁国为奉邑"。如果将领的领兵权转移,则奉邑也随之转移。如周瑜以偏将军兼吴郡太守时,"以下隽、汉昌、刘阳、州陵为奉邑",他死后,因长子早死,次子已任将军另有领兵,由鲁肃"代瑜领兵,瑜兵四千余人,奉邑四县皆属焉"。至鲁肃死后,鲁肃所领人马又有吕蒙接领,于是这四个奉邑也转移到吕蒙名下。奉邑制度,主要实行于孙策及孙权执政的前朝。孙权称帝立国之后,世袭领兵制逐渐衰落,领兵减少,奉邑制也随之消失,逐渐演变为一般封建国家的封爵食邑制,食邑多少,已与领兵权无关。

三国时期的江南,地广人稀,要建立和维持一支强大的军事力量,除兵源外,军粮也是一个重要的问题。孙氏政权在江南刚刚立定脚跟,孙权初封讨虏将军时,就开始了屯田。这也是孙吴战略措施的重要内容之一。孙吴的屯田和曹魏一样,也有军屯和民屯两种类型。但由于各自的政治、经济等条件不同,所以孙吴的屯田又与曹魏有不同的特点。

孙吴的军队,一般都有屯田的任务,无事耕种,有事出战。如《三国志·吴书·陆凯传》记:"先帝战士,不给他役,使春惟知农,秋睢收稻,江渚有事,责以死效"。可见士兵必须参加农业生产。由于士兵家属一般随军聚居,所以孙吴的军屯是士兵和家属一起耕作,也就是军户屯田。如《三国志·魏书·满宠传》记,青龙三年,"孙权遣兵数千家佃于江北";又《三国志·吴书·诸葛融传》注引《吴书》记,诸葛融为骑都尉时,"赤乌中(公元238—250年),诸郡出部伍,新都都尉陈表,吴郡都尉顾承,各率所领人会佃毗陵(今江苏常州),男女各数万口。"可见孙吴的军屯和曹魏实行的错役制,使军屯成为两种不同的方法。军屯的基层组织也称屯,由各统兵将领直接管辖。军屯分布和军队分布一致,大多在长江中下游地区。

孙吴的民屯,除一部分是由江北迁来的流民外,主要是被以武力强制出山的山越人民。孙吴政权,按照"强者为兵,羸者补户"的政策,将所谓羸者用军事编制的形式组织起来,进行屯田。这些屯田户,随时有可能被改为军户。如《三国志·吴书·孙休传》记,"永安六年(公元263年)十月……取屯田万人为兵",成为孙吴的补充兵源。

不论军屯民屯,都是豪强世家出身的各统兵将领管辖之下,因世兵制和世袭领兵的影响,军户和屯田户与统兵将领之间的关系,带有较强的人身依附性质。将领们可以任意役使所领的军户和屯田户。这对后世门阀制度的形成和士兵身份的低贱化有很大的影响。

(二)两晋军制

曹魏后期,国家大权落于司马氏家族手中。咸熙二年(公元265年),司马炎废魏帝曹奂而自立,建立了以司马氏为首的世家大族联合专政性质的晋王朝,历史上称为西晋。太康元年(公元280年)晋灭吴,全国由分裂重新归于统一。但由于政治、经济、军事及民族等各方面的原因,仅经历十余年的稳定时期,就发生了"八王之乱",少数民族统治者也纷纷起兵。建兴四年(公元316年),匈奴贵族刘聪攻陷长安,晋愍帝司马邺被俘,西晋灭亡。西晋从立国至被灭,共五十一年。从此我国北方又陷入分裂混战的局面。

建武元年(公元 317 年),司马睿在南、北方世家大族支持下,于江南重建晋王朝,定都建康(江苏南京),历史上称为东晋。经过一百零四年的统治,至元熙二年(公元 420 年),政权为刘裕夺取。刘裕自立为帝,建立了宋王朝,东晋灭亡。

1.西晋初期军事制度上的重要变革

汉魏以来,历届王朝统治者为了维护中央集权,一般都非常注意不使诸侯王的军事实力发展。虽然也封同姓王侯,但都是虚封,特别是曹魏时期,控制尤严。如《三国志·魏书·武文世王公传》注引《袁子》说:"……封建侯王,皆使寄地空名,而无其实。王国使有老兵百余人,以卫其国。虽有王侯之号,而乃侪为匹夫。悬隔千里之外,无朝聘之仪,邻国无会同之制。诸侯游猎不得过三十里,又为设防辅监国之官以伺察之"。所以虽然在中央方面重用宗室,将中军兵权掌握在曹氏手中。但因外无屏藩,一旦中央势力转移,政权即随之易手。司马炎有鉴如此,为了巩固司马氏的统治,在与军事有关的制度上,进行了三项重要变革,即撤销地方武装,大封同姓诸王和任用宗室诸王掌握外军兵权。这些变革,对西晋王朝尔后的发展,有相当重要的影响。

曹魏时期,除中央直辖的中、外军外,各州郡都有自己的地方武装,负责维护统治秩序。司马炎灭吴之后,认为天下已定,应该"偃武修文","息役弭兵,示天下以大安",遂以此为理由,下令撤销各州郡的地方武装,以加强中央集权。当时交州牧陶璜以及尚书仆射山涛等都表示反对,但司马炎坚持己见,"乃诏天下罢军役","州郡悉去兵,大郡置武吏百人,小郡五十人。"

泰始元年(公元 265 年),司马炎开始大封同姓诸王,一开始就封有二十七王。其中大国五个,次国六个,余为小国。大国食邑两万户,置上、中、下三军,兵五千人;次国食邑万户,置上、下两军,兵三千人、小国食邑五千户,置一军,兵一千五百人。

司马炎任用宗室诸王掌握外军大权,如使其子秦王司马柬都督关中,淮南王司马允都督江、扬二州,楚王司马玮都督荆州,以及汝南王司马亮镇许昌等。惠帝司马衷即位后,梁王司马肜、赵王司马伦、成都王司马颖等,都曾都督过关中,邺城等地。

司马炎采取了以上措施,中心问题是使军事大权掌握在司马氏手中,他认为这样就可以使司马氏的统治长治久安。殊不知宗族血缘关系,并不能阻止他们争权夺利。如仅仅大封同姓诸王,从兵力对比来看,中央直辖的中、外军多达数十万,各诸侯国兵力不过数千,还不可能构成对中央政权的威胁。但由于宗室各王都拥有自己的军队,并有一套自己的组织机构,而州郡却没有一定的军队与之相制约,很

·历代军制·

图文珍藏版

容易形成尾大不掉;更重要的是,宗室诸王兼任都督分掌了外军的大权,他们既是方面军的统帅,又是地方民政长官,既有诸侯王的一套官属,又有以大将军身份开府后任用的一批幕僚,军政大权集于一身,越发刺激了他们搞独立割据和争夺全国统治权的胃口;加以他们手下的大批僚属,为追求个人的官爵富贵,也竭力怂恿他们对抗中央,争夺权势,终于酿成了"八王之乱"。内迁的各少数民族,如刘渊、石勒等乘机起事时,也因"郡国多以无备,不能制服,逐渐炽盛。"等到混战局面形成之后,各州郡又都重建军队,而且随着战争的日益频繁和加剧,州郡地方武装越来越多,中央根本无法控制,反过来又促使局势更为混乱。司马炎裁撤州郡兵,分封诸王和重用外藩的结果,与他的主观愿望恰恰相反,严重地削弱了中央集权,破坏了司马氏的统治,加速了西晋王朝覆灭的进程。

2.军事统御机构

司马炎以丞相专权而取代曹魏,和曹丕代汉完全一样,所以他即位后也和曹丕一样,不设丞相,将权力完全集中在自己手中。为了酬答世家大族对他的支持,他将历代曾经有过的最高职官全部混在一起,在中央最高统治阶层设置了"八公",即太宰(为避司马师讳,改太师为太宰)、太傅、太保、太尉、司徒、司空、大司马、大将军。自汉以来的骠骑将军,车骑将军、卫将军以及抚军、辅国、四征、四镇、四安、四平等各种官阶的将军称号,也都保留。不过这些高级的官称和官阶,虽有崇高的社会地位,有的甚至还开府设置幕僚,但并不一定都有实际权力。真正参与决策,掌握机要和处理日常军、政事务的官员,是中书监、尚书令和他们的僚属。所以中书省、尚书省才是皇帝统御全国军、政的最高机构。中书省除中书监、中书令两主官外,下设中书侍郎、中书舍人等属官,他们掌管奏章、诏命,是皇帝的秘书、顾问和参谋。尚书省除尚书令、尚书仆射为主官外,下设吏部、三公、客曹、驾部、屯田、度支六曹(太康时为吏部、殿中、五兵、田曹、度支、左民六曹;东晋时又改为吏部、祠部、五兵、左民、度支五曹,名称时有变更),其中的驾部或五兵曹,就是专管武官的选用、军户的兵籍,军队的装备以及军事制度法令等军事政务的机构。

曹魏以来,代表皇帝统率与指挥全国军队的统帅,都是由皇帝授以"都督中外诸军事"的职称。职权最重。司马炎即位之后,任命已经八十六岁,而又平生"最慎"的司马孚为太宰,都督中外诸军事。此时司马孚因老迈行动困难,平日不能入朝理事,重要节日入朝时,也必须乘坐舆车上殿,已有名无实,军事指挥大权仍掌握在司马炎手中。司马炎不仅是名义上的,也是实际上的全国最高军事统帅。司马孚于泰始八年死后,即不设此职,以免职权太重,威胁君主。晋惠帝司马衷昏庸低能,即位不久即产生"八王之乱"。以后又有了丞相和都督中外诸军事的职位,但多为把持朝政的权臣。如司马炎的岳父杨骏,赵王司马伦,齐王司马冏,长沙王司马乂,成都王司马颖等,他们基本上都是依靠权势和武力,强迫皇帝任命担任此职的。

担任中、外统帅的将军,有开府与不开府的区别。开府,就是开设府署,设置官吏。开府的地位高,"位从公",即相当于八公的一品官秩。但开府与否,与是否统兵,并没有必然的联系。有的虽统兵而不开府,有的虽开府而并不统兵,只有府署和私兵部曲而已。

担任中外统帅的将军,在职务上还有都督诸军、监诸军和督诸军的区别。都督诸军与所属部队系隶属关系,人事任免、管理训练、作战指挥以及后勤供应等,全在他的职权范围之内。监诸军的职权范围稍次,有监督所属部队各项事务的职责,但对人事任免等大的问题,无权自作主张,只能向皇帝汇报、请示,由皇帝或最高军事统帅决定后执行。督诸军的职权范围最小,各部队与他之间的关系,近于配属,主要负责各部的军事训练及作战指挥等的领导。此外,在权限范围上,承袭魏制,也有使持节、持节与假节的区别,内容与曹魏相同。另外晋军有军司官职,原为魏时之军师,因避司马师之讳,"改为军司,凡诸军皆置之,以为常员"。军官的任免,纪律的监督,军法的执行以及军规营制的制定等,都由他负责。

3.军种、兵种和兵力

西晋的军队,就是魏的军队,所以在军队编成上没有什么变化,仍然是陆军、水军两个军种。陆军中步兵数量最多,而骑兵的战斗力最强,是军中的主兵。西晋灭吴前王濬在益州曾训练水军数万,并制造了大量舰船,如《晋书·王濬传》记:"大船连舫(两船相并),方百二十步,受二千人,以木为城,起楼橹,开四出门,其上皆得驰马往来。……舟棹之盛,自古未有。"灭吴后又接收了全部吴的水军。所以,西晋水军方面的力量较魏时有较大的发展。

魏灭蜀后,兵力已近五十万,西晋灭吴后又收降吴军二十万人,总兵力已达七十万。这是西晋王朝军事实力最强的时期。但由于兵权逐渐分散到兼任都督的宗室诸王之手,而他们又互相火并,以至在司马氏骨肉自相残杀同时,西晋的军事力量也逐渐削弱。如永宁元年(公元301年)赵王司马伦乘掌宿卫军之便废惠帝自立时,"兴兵六十余日,战及杀害近十万人";又如太安二年(公元303年)河间王司马颙和成都王司马颖联合进攻长沙王司马乂时,两个多月的时间内,杀获颖军六、七万人。此后不仅兵力大为减少,而且外军各都督大多脱离了中央的控制,再也无法形成国家的整体力量。如永嘉四年(公元311年)时,石勒军迫近京师,晋怀帝司马炽"飞羽檄征天下兵"并向使者说:"为我语诸征镇(将军),君今日(来援),尚可救,后则无逮矣!"但接到羽檄的各地都督,没有一人发兵来救。西晋王朝终于在建兴四年(公元316年)被匈奴族的汉政权所灭。西晋在江北的军队,全部被歼。

建武元年(公元317年)司马睿在江南建立的东吾王朝,完全是在南、北世家大族的拥戴与支持下建立的。这些世家大族,都有自己的私兵部曲,而且力量相当雄厚。例如代表江南世家大族利益的周玘，就曾以自己控制的武装力量"三定江南"（镇压张昌农民起义军，击败叛将陈敏，消灭叛将钱璯），正是由于他们镇压了农民起义，消灭了割据势力，才稳定了江南的局势，为东晋政权的建立创造了有利的条件。因而，东晋的军队，是由司马睿都督江南所统的兵力，王澄都督荆州所统的兵力，王敦任扬州刺史所统的兵力和原江南世家大族的兵力组合而成。从政权建立的开始，兵权就没有集中在中央，这和西晋初期完全不同。东晋的总兵力大约有二十余万，军队的主力为荆州和扬州两个重兵集团。

4.中军和外军

曹魏时期，中、外军都是中央直辖军，西晋初期，依然如此。但由于宗室诸王任都督出掌外军，权力过大，以至形成尾大不掉。特别是在经过"八王之乱"后，驻屯各军事重镇的外军，逐渐向私兵和地方军性质转变，中央已无力直接指挥。至东晋时，各地外军的统帅，基本上处于半独立状态，拥兵自重，不再是中央直辖军。

（1）西晋的中军

中军即驻守京师地区，直接由中央管辖和指挥的各支部队。其中又有宿卫军和牙门军的区别。驻屯京城地区，以警卫宫廷和京城为主要任务的部队，一般称宿卫军；驻屯京城效外，作为国家控制的机动部队，一般称牙门军。西晋初期的中军，就是曹魏末期的中军，没有大的变化。但由于皇朝的更替，宿卫军的主体也随之发生变化。司马炎为晋王，任魏丞相时，其府中的亲兵是中卫军和骁骑军。司马炎废魏帝自立为皇帝，这支亲军部队自然也取代曹魏武卫营的地位而升为宿卫军的中坚力量。司马炎选留了武卫营的一些精锐，将中卫军扩编为左卫和右卫两军，每天交替担任宫殿的宿卫。并将两卫亲兵提为相当于九品官秩的军官，称为司马，武贲等。根据值勤任务和所在兵种的不同，司马、武贲等有各种不同的名称，如熊渠武贲、做飞武贲、殿中武贲、持椎斧武骑武贲、命中武贲武骑以及前驱（戟、刀楯兵）、由基（弓兵）、强弩（弩兵）、三部司马等。又根据值勤任务的需要，将他们编组为人数多少不等的若干个部，直接领导他们的长官称"督"，如殿中司马督，司马督，㧑飞督、熊渠督、命中督（骑兵）等。以上各部是左、右卫的主要组成部分。由汉代延续下来的虎贲中郎将、冗从仆射和羽林监（已不分左、右，只一人）三将，以及他们统率的冗从武贲、羽林郎、羽林骑等，晋时依然保留，也归两卫建制，但人数不多，主要起仪仗作用。至东晋时，仅有官名，已无属兵。如《宋书·百官志》说："……三将……江右（指西晋）领营兵，江左（指东晋）无复营兵。"

骁骑将军所统骑兵，本是司马炎相府中的亲兵，晋时当然担任宿卫。如《通典·职官·武官》所记："骁骑将军……晋领营兵，兼统宿卫"。和中卫军情况相同，以后也增补、扩编为骁骑、游击两军。

领军、护军本是魏末中军的统帅，他们除负责指挥京城内、外的中军各军外、自己还各有直属的营兵。《宋书·百官志》就有"魏晋江左、领、护各领营兵"的记载。在司马氏专权时期，担任领、护军的都是司马氏的亲信，所以这些营兵至吾时仍担任宿卫。

《晋书·职官志》说："……晋，以领、护、左、右卫骁骑、游击为六军"。这六军就是宿卫军中的中坚，担任官内警卫任务，是晋帝最亲近的亲军。六军的总兵力，大约二万人。如《吾书·司马伦传》记他为丞相时"增相府兵为二万人，与宿卫同"。这里所说的宿卫，既与相府比拟，当然指的是官内宿卫军，面不会是泛指京城内全部宿卫军。

中军宿卫军除上述六军担任宫内警卫外，还有四军、六校和二营，担任宫门、宫外及京师城内的警卫。四军，就是左、右、前、后军。司马炎死后杨骏专权时，自任前军将军，其党刘豫和其甥张郃，分任左军将军和中护军。《晋书·杨骏传》说："骏又多树亲党，皆领禁兵"，可见四军也担任宿卫任务。又《晋书·裴顾传》记："杨骏将诛也，骏党左军将军刘豫陈兵在门"，又记裴顾"代领左军将军，屯万春门"，可见四军是在官门警卫，而不是在宫殿中。

六校，就是汉魏以来的五校尉营，加上新置的翊军校尉营。《晋书·职官记》记："屯骑、步兵、越骑、长水、射声等校尉……魏、晋逮于江左、犹领营兵"。又《北堂书钞》引《晋令》记："晋承汉制，置五营校尉为宿卫军。"据《太平御览》引王隐：《晋书》记载："太康中伐吴迁，欲以王浚为五官校尉而无缺，始置翊军校尉，班同长水、步兵，以梁、益所省兵为营。"《晋书·舆服志》记皇帝出巡禁军序列，有"次，步兵校尉在左，长水校尉在右……次，射声校尉在左，翊军校尉在右"的记载，可见翊军营和五校营一样，也是担任宿卫任务的。

二营，就是太康十年(公元289年)新建的积弩和积射二营。《晋书·孟观传》记孟观"迁积弩将军，领宿卫兵"，证明这两营也属于宿卫军的战斗序列。

四军和六校，大致每营一千人。如《职官要录》说："五校……各领千兵"，《晋书·职官志》说："……四军如五校，各置千人"。积弩、积射二营，每营大约二千五百人。《太平御览》有"……积弩、积射营，各二千五百人"的记载。

此外，太子的东宫卫士，数量也颇为可观，武帝司马炎在位时，已有左卫军、右卫军两军，惠帝司马衷执政时，又增建了前卫率和后卫率两军。据《晋书·裴颜传》记：仅此四军，已经是"东宫宿卫万人"。以后又增建中卫率、总共五率，总兵力当在万人以上。

以上各军(营)，一般统称为宿卫军。总兵力大约近于五万。这是西晋军队的精锐。如《晋书·孟观传》记，孟观为积弩将军时，"氐帅齐万年反于关中，众数十万，诸将覆败相继。中书令陈准、监张华……启观讨之。观所领宿卫兵，皆矫捷勇悍，并统关中士卒，身当矢石，大战十数，皆破之，生擒万年。"又如同书《司马颙传》记，"八王之乱"时，司马颙"使张方为都督，领精兵七万"至洛阳攻司马乂，张方"进攻西明门,又率中军左右卫击之,方众大败,死者五千余人。"

屯驻京城郊外的牙门军,因资料缺乏,详细情况不太清楚。据《晋书·贾充传》和《武帝纪》记载,曹魏末年,还只有一个中护军"统城外诸军",到伐魏的那年,即咸熙二年(公元265年)司马炎就"置四护军以统城外诸军",可见晋王朝建立时,城外驻军的兵力已增加很多,所以才需要四个主将分领。灭吴前后,司马炎曾组织四次大阅,以检阅中军实力(泰始四年,咸宁元年,太康四年,太康六年。)驻屯京城地区的宿卫军、牙门军、除值勤、留守人员外,都集中到宣武观练兵场接受司马炎的检阅,据《晋书·司马柬传》记,当时司马柬任右军将军,"武帝尝幸宣武场,以三十六军薄令柬料校……"可见这时中军已有三十六军(营)之多,总兵力当不会少于魏末的十余万人。

司马炎去世之后,经过"八王之乱",中军兵力因宗室诸王的分割和战争的损耗,逐年削减,最后终于在洛阳被刘渊的部将刘曜、石勒、王弥等全部歼灭。

晋初中军统帅为中军将军,后改称北军中侯,永嘉中(公元310年前后)又改为中领军。东晋永昌元年(公元322年)再改为北军中侯,中间一度改为领军,成帝时(公元326—342年)又改为北军中侯,最后再恢复为领军。中军统帅名称的一再变更,主要是根据人的资历不同而造成的。资深者称领军,中军将军,资浅者称中领军、北军中侯。

(2)西晋的外军

西晋初期,外军主要指中央直辖的驻外各都督所统军队。后经"八王之乱",都督逐渐脱离中央控制,各州郡也都组建起自己的武装力量,地方长官的权势,与都督没有多少差别,而且不少也带有将军或校尉等军阶,所以外军的含义也发生了变化。除中央直接指挥的中军外,其他各地驻军都成为外军的组成部分。

外军中最主要的是各都督所统之军。西晋前后曾建立过许多都督府,但因战争关系,时有变更。其中最重要的有八个:关中都督,镇长安;幽州都督,镇蓟(今北京市);荆州都督,镇襄阳;豫州都督,镇许昌;徐州都督,镇下邳(今江苏睢宁西北古邳镇);扬州都督,镇寿春(今安徽寿县);冀州都督,镇信都(今河北冀州);沔北都督,镇宛城(今河南南阳)。各都督所统兵力,多少不一,但最少的亦在二万以上。总兵力当在三十万以上。《资治通鉴》记武帝于咸宁五年(公元279年)攻吴时,所用兵力"东西凡二十余万",绝大多数是都督所统之兵。都督一般都有将军或大将军的官阶。从攻吴时参加作战的各军统帅的职官中就可以反映出来。如出涂中一路的统帅是司马伷,当时是徐州都督,镇东大将军;出江西的是王浑,扬州都督、安东将军;出武昌的是王戎,豫州都督,建威将军;出夏口的是胡奋,中军的护军,征南将军;出巴蜀沿江而下的是王濬和唐彬,王濬是益州刺史、梁益将军、龙骧将军,唐彬是巴东监军、广武将军。

除上述各都督之军外,还有专门为统治,镇压边境和内迁的各少数民族而设的军队。如襄阳有南蛮校尉,长安有西戎校尉、宁州(今云南曲靖)有南夷校尉,广州有平越中郎将等,所统之兵,一般兵力都不大,多者不过数千人。

西晋所封的王、公、侯国,总计约五百多个。王国有军,前已叙述;公侯之国也规定有兵:食邑五千户的,一千一百人,五千户以下的,一千人。这些分散的军队和州郡长官所领之军,也都属于外军范围之内。

(3)东晋诸军

东晋王朝在建康(今江苏南京)建立后,军制一如西晋,没有什么大的变化。但东晋的军队,是由江南和江北门阀世家所统的军队共同组成的。所以虽然名义上都是国家军队,应受中央的管辖,但各统兵将领并不绝对服从中央的指挥。

东晋王朝的中军,是由司马睿本身所统军队转变而来,兵力有限,所以将领虽多,而士兵数量不足,军校牙门,仅留虚名。在名称上还有领军、护军、左卫、右卫、骁骑、游击六军和五校营。前、后、左、右四军缩编为镇卫军,翊军校尉和积弩、积射营撤销。除此之外,与中军同驻建康的,还有扬州都督的所属军队。因而,中、外军名号虽仍存在,但在制度上已相当混乱。

东晋偏处东南一隅,疆域远非西晋可比。初期只有扬、江、荆、湘、交、广、宁、徐八州和梁、益、豫三州的各一部,其中徐州还属侨郡。安帝时(公元397—418年),刘裕对江北旧地略有恢复,又增置北徐、兖、青、司、雍五州,为东晋疆域最广时期。各州郡都有自己的军队。各军事要地先后曾设过许多都督,和西晋一样,也是时有变化。其中主要的有:扬州都督,镇建康或京口(今江苏镇江);徐州都督,镇广陵(今江苏扬州)或京口;豫州都督,镇历阳(今安徽和县)或芜湖、马头(今安徽怀远);荆州都督,镇武昌或浔阳(今江西九江);益州都督,镇成都;广州都督,镇广州等。

各都督的兵力各不相同,多者达五万人,少者不过万人。各都督所统军队的战斗力也强弱不一。总的来说,以北方流民为主组成的军队,战斗力较强。其中尤以后期的北府兵在历史上享有盛名。

北府兵,就是带有征北、镇北等将军称号的都督军府所统之兵。东晋王朝建都建康,徐州的地理位置在其北方,所以徐州都督多以带北字的将军充任,他的军府简称北府,他的军队也简称北府兵,实际上就是指的驻屯于广陵、京口一带的军队。两晋之交,山东金乡豪族地主郗鉴,率领家族乡里及部由等千余家自保于"鲁之峄山",建立了一支军队。元帝司马睿任命他为兖州都督。后来明帝司马绍又任命他为徐、兖、青三州都督,先镇广陵,后迁京口,这支军队的统帅和士兵,几十年间虽然变换了多次,但始终驻屯广陵、京口一带,始终是由北方徐、兖二州的流民及其后代组成,而且战斗力一直较强。郗鉴的儿子郗愔以后任徐、兖、青、幽、扬五州都督时,《晋书·郗愔传》就在"惜在北府,徐州人多劲悍"的记载。桓温认为,"京口……兵可用,深不欲愔居之",设法将这支军队控制到自己手中。以后谢玄为徐、兖州都督时,在这支军队的基础上,又"多募劲勇",进行了补充、整顿和严格的训练,并募"得彭城刘牢之等数人为参军,常领精锐为前锋,战无不捷,时号北府兵,敌人畏之"。谢玄统率这支军队以为骨干,曾在太元八年(公元383年)抗击前秦的战争中,取得了历史上有名的淝水之战的胜利。以后这支军队在东晋统治集团内部的混战中,起了举足轻重的作用。等到刘裕利用北府兵反对桓玄、控制了东晋王朝的政权后,这支军队就演变成东晋王朝的中军了。历史再度重演,刘裕又走曹丕、司马炎的老路,于元熙二年(公元420年)代晋自立,建立了宋王朝。

5.兵源、兵役制度和屯田

西晋是世兵制的全盛时期,中、外军的全部兵员,皆来自军户的世兵。至东晋时,世兵制开始衰落,虽然仍是主要的兵役制度,但兵源已极缺乏,仅靠军户无法满足军队的需求,所以东晋王朝除采用一切手段补充军户外,还实行募兵、征兵等以扩大兵源。

(1)世兵制的衰微

西晋承袭魏制,仍然实行世兵制,制度各项内容也和魏时完全一样,但至东晋时,世兵制已不能保证军队的兵源。造成世兵制衰微的原因,主要有三、一是世兵社会地位的渐趋卑贱;一是军户数量的大量减少;一是世兵战斗力的不断下降。其中最主要的是地位的卑贱。

世兵制在其形成和确立的汉末、三国时期,军户对于所统将领虽然带有强烈的人身依附关系,与佃客、部曲属于同一阶层,但他们的社会地位,实际上并不低于民户和屯田户。第一,他们的经济地位和民户、屯田户基本一样,只不过对国家承担的义务各有侧重而已。其次,当时大批将领都是在战乱中逐步爬上去的,和兵士的利害关系比较一致。将领对兵士,虽有严刑峻法的一面,但也有存恤爱护的一面,因为将领们的存在和发迹,离不开兵士的支持与卖命。所以当时的世兵,并不被人们过分轻视,不仅有了战功可以升官封侯、免去军籍,世兵的子弟也照样可以当官。如《三国志·魏书·杨骏传》记,审固、卫恂"皆本出自兵伍",但"后历位郡守,恂御史、县令……"

魏实行军户屯田后,情况开始变化。原来军户只承担兵役,这时还要负担国家的高额地租。与此相反,民户的负担却有所减轻。因为实行军屯前,军队的粮食补给,全靠民伕运送,民户除支纳租调外,还要承担繁重的军运徭役;实行军屯后,运粮的徭役大为减少,相对而言,军户的经济地位却开始下降。但在一定时期内,还不会立即产生大的影响,所以直到西晋时期,军户的地位仍大致和民户相同,尚未遭到社会的贱视。许多士族名流还不耻于与世兵子弟交往,世兵子弟也照样可以当官为吏。如《晋书·王尼传》记:"王尼……本兵家子……初为护军府军士","给府养马",当时名士胡毋辅之、琅玡王澄、北地傅畅、中山刘舆、颍川荀邃、河东裴遐等,都与之交往。有时带着羊酒到护军府,"坐马厩下,与尼炙羊饮酒,醉饱而去"。又同书《刘卞传》记:"刘卞……本兵家子……少为县小吏……卞兄为太子长兵,既死,兵例须代",因县令照顾,未让他顶代。后"为轻车将军、雍州刺史"。所以在西晋时,世兵制完全可以保证中、外军的兵源,而且世兵也有相当的战斗力。

至东晋,虽然仍继承西晋实行世兵制,但世兵的组成成分已发生重大变化。西晋灭亡,中军被歼,中原地区落于少数民族之手。司马睿集团完全失去了对军户的控制。仅靠原在江南部分外军和少数南逃的军户,不仅无法扩建军队,连对现有的少量部队补充损耗缺额也难以够用。要建立一支能够支持东晋政权存在的军队,就必须重新增编一批军户。当时江南地广人稀,户口甚少,大小门阀豪族又霸占了大量部曲,佃客,不在政府编户之内。东晋王朝于是就采用了调发奴隶、查征隐户、搜捕逃民和使用罪犯等手段增补军户。《晋书》记载这类事例极多。如元帝"免中州良人遭难为扬州诸郡僮客者,以备征役";命戴若思"悉发扬州奴为兵";安帝时庾翼"悉发二州编户奴以充役";"元显……又发东土诸郡免奴为客者,号曰乐寓,移置京师,以充兵役"等。又如庾冰"隐实户口,料出无名万余人以充军实",孙璩在海陵搜捕到逃赋潜入湖泽的亡户"近有万户,皆以补兵"等。王羲之曾向谢安建议:犯死罪而"减死者可长充兵役……皆令移其家以实都邑"。本来按当时法令,罪法为兵有两种,一种是补充军户,世代为兵;一种是只及一身,家属不补军户。但在执行中并不这样,如《范宁传》记:"官制谪兵,不相袭代。顷者小事便以补役,一愆之违,辱及累世,亲戚旁支,罹其祸毒"。可见还是都补为军户了。刘裕曾说:"犯罪充兵合举户从役者,便付营押领"。大约东晋时都是这样执行的。东晋军户的成分,变得和西晋时如此的不同,加以当时门阀制度已经形成,封建等级和门第观念对社会已产生深刻的影响,而军户本身因所受的经济剥削与政治压迫又较一般民户为重,生活极端悲惨困苦,所以东晋末期的军户,实际上已经沦落为社会的贱民阶层。

在这样的情况下,谁还愿意服这样的贱役?即使被迫充当了世兵,又有谁还愿意在战场上拼死卖命呢!因而,世兵社会地位的卑贱化,一方面造成大批兵士逃亡,使军户的数量不断减少;一方面又造成士气不振,使军队战斗力越来越弱;总之,世兵制发展到东晋时,已开始并逐渐趋于衰微。

(2)募兵和征兵

西晋时期,世兵制盛行,仅军户即可满足军队所需的兵源。所以很少实行募兵,甚至明令禁止募兵。如咸宁三年(公元277年),晋将王睿因私自募兵曾受到贬官处分。即使偶一为之,也属于特殊情况,并非常规。如《晋书·马隆传》记载,凉州树机能反时,司马炎曾同意马隆募兵进击,但这是选锋性质,"募限腰引弩三十钧,弓四钧,立标简试,自旦至中,得三千五百人"。就是这样,开始时公卿大臣还认为,"六军既众,州郡兵多,但当用之,不宜横设赏募,以乱常典",反对募兵。"八王之乱"时,各统兵将领为扩大军力或补充损耗,曾有过募兵,如石超在荥阳、苟晞在高平募兵等,但那是军将们战时的权宜措施,并非西晋王朝的定制。

东晋建国后,世兵零落无几,兵源极缺,因而,在补充世兵的同时,也开始募兵,并逐渐增多,以作为世兵以外的补充兵源。这当然和世兵制的衰微有关。如东晋初年,祖逖北伐,因兵力太少,司马睿仅授予他一千兵,其余则"使其自募"。所以祖逖北伐军队的成员,只有一小部分是他的部曲,大多数则是招募而来。关于募兵的事例,《晋书》记载其多。如孔坦"募江、淮流人为军",桓温招募"百姓……投者二万人"等。特别是到了后期,募兵所占的地位愈来愈重要,前述及的北府兵,固然其绝大多数成员都是由谢玄招募而来,就是义熙三年(公元407年)刘敬宣攻蜀时所用之兵,也全是"受募之人"。

招募之兵,与世兵不同,既非终身为兵,更非世代为兵。或者有事招募,事罢遣回;或者服役一定时间,至期复员。此外,募兵还规定有一定的人选条件,如前述马隆募兵,要测试开弩臂力和命中精度等;还要给予相当的优惠待遇。两晋的募兵,一般说带有一定程度的自愿性质。这种由募兵组成的军队,与身份低下的世兵相比,士气较好,战斗力也较高。

自魏以来,几十年一直以世兵制为主,在正常情况下,晋统治集团没有实行过征兵,仅仅发生重大事件时,才有过少数几次临时性的征兵。如西晋末期怀帝时,裴盾在徐州曾征发民户为兵;东晋康帝时,庾翼在武昌曾征发江、荆、司、雍、梁、益六州民户为兵;安帝时,司马元显曾在建康"发京邑士庶数万人",这次是既包括军户,也包括民户。总的来说,两晋时期,征兵不占重要地位,也不是法律规定的制度。

(3)屯田

西晋初期,司马炎废除了民屯,将屯田户改为民户。但军屯并未废除,依然存在。由于世兵在军要屯田,其家属在家也要屯田,负担过重,晋统治集团不得不设法予以调节。于是采用了以奴婢代替世兵屯田的办法。如《晋书·食货志》记,咸宁元年(公元275年)司马炎下诏说:"出战入耕,虽自古之常,然事力未息,未尝不以战士为念也。今以邺奚官奴婢著新城(郡,治房陵。辖区约当今湖北保康、南漳、房县、竹溪、竹山等地,是魏、晋历来屯驻重兵之地)代田兵种稻,屯置司马,使皆如屯田法"。不过世兵家属仍然屯田。如杜预建议将公家种牛三万五千头,付豫、兖"二州将吏士庶,使及春耕"。据他统计,"豫州界二度支所领佃者,州郡大军杂士,凡用水田七千五百余顷"。可见当时继废民屯后,又发奴隶代替军队屯田,而只有军户屯田还没废除。不仅如此,据《晋书》记载,还加重了对军户的剥削量。《傅玄传》记他于泰始四年(公元268年)上疏说:"旧兵持官牛者,官得六分,士得四分;自持私牛者,与官中分。施行以来,众心安之。今一朝减持官牛者,官得八分,士得二分,持私牛及无牛者,官得七分,士得三分,人失其所,必不欢乐"。统治集团为增加收入，还增加军户的平均耕种面积，广大世兵家属，生产积极性当然不会高，以至收获仅"亩数斛已还，或不足以偿种"。

东晋初，司马睿又恢复了在军世兵的屯田，据《晋书·食货志》记，他命令"其非宿卫要任，皆宜赴农，使军各自佃作，即以为廪"，以后遂大办军屯。祖逖在江北、甘卓在荆州，都进行军屯。明帝时，温峤还曾建议说："缘江上下，皆有良田"，"诸外州郡将兵者及都督府非临敌之军，且田且守"。在长江防守军队中，可能都推行了军屯。穆帝时，殷浩在江西和淮南地区，"广开屯田"，孝武帝时，桓冲也曾在荆州江北地区屯田。可见整个东晋时期，军队都有屯田任务。这些军屯，在解决军粮问题上，多少还是起了一定的作用。

（三）十六国军制

西晋末期，我国北方各内迁的少数民族，如匈奴、羯、氐、羌、鲜卑等，大多脱离了西晋王朝的统治，建立了独立的政权。西晋灭亡之后，这些政权的贵族统治集团，为了争夺地盘和扩大势力范围，长期相互混战，在北魏统一北方之前，先后建立的王朝和地方政权，有一成（汉）、二赵（前、后）、三秦（前、后、西）、四燕（前、后、南、北）、五凉（前、后、南、北、西）和夏，历史上称这一时期为十六国时期。实际上，除这十六国外，还有冉魏，西燕和代等，共近二十个政权。这些国家统治的地区都不大，立国时间又短，且处于战乱之中，所以大多没有完备的官僚机构和军事制度。但各国之中，也有一些较大的政权，已建立起一套军政制度。由于他们的政权是以少数民族贵族为主体，与汉族地主联合专政的性质，因而反映在军制上，既有沿袭魏晋汉族封建政权的一面，又有继承少数民族固有制度的一面，在我国军事历史上，具有独自的特点。

1.军事统御机构

十六国时期，除前凉、西凉、冉魏、北燕是汉族人为主体的政权外，其他各国，都是以少数民族贵族为主的政权。汉族政权和少数汉化较深的少数民族政权，其军事统御机构和军事制度，基本上仍沿袭魏晋，大同小异，但多数少数民族政权，实行的是异族分治制度，或称为胡汉分治制度。即在一国之内，同时存在着两种不同的军政制度和军队体系。现就其主要之点作简单叙述。

西晋时的各少数民族，在经济、文化等方面落后于汉族。当这些少数民族的贵族，以武力征服手段建立统治时，一般是以本族的部族兵为主要统治工具，对被征服的汉族和其他少数民族实行军事统治。当时各少数民族的主要特点，就是游牧经济、全族皆兵和以骑兵为主。正是由于这些特点，才使他们能在一定时间、空间内获得军事胜利。为了在保持他们这些特点的前提下统治广大汉族人民。他们一般都实行一国之内两种军政体系的双轨制。据《资治通鉴》卷一百一十二记载，南凉秃发利鹿孤的大将鍮勿崙对此有过较中肯的见解,他说:"吾国自上世以来,披发左衽,无冠带之饰,逐水草迁徙,无城郭室庐,故能雄视沙漠,抗衡中夏"。他认为这一优点必须保留,主张"处晋民于城郭,劝课农桑,以供资储;帅国人以习战射,邻国弱则乘之,强则避之,此久长之良策也。"

异族分治,就是按民族区别实行分治。对汉族人民,仍按汉族地主阶级封建制度进行统治;对各少数民族,则仍按少数民族部落国家的制度进行统治。以汉和前赵为例,对汉人"置左右司隶,各领户二十余万,万户置一内史,凡内史四十三";对少数民族人"置单于左、右辅,各主六夷十万落,万落置一都尉"。@汉、赵最高统治者,称帝,文武百官也都按汉族封建官僚制度,设置了与魏晋基本相同的官职、官阶,如丞相,太师、太傅、太保、大司徒、大司空、大司马以及中军、抚军等各种称号的将军等。但在帝王之下,又按匈奴旧制设大单于一职,主管少数民族。前、后赵、冉魏、前燕、前秦、后秦、后燕、西秦、北燕、南凉以及夏等,都曾设过此职。由于军队和兵源主要来自少数民族,所以大单于实际就是最高军事统帅,一般由皇帝(王)自兼。如汉刘渊,后赵石勒,前燕慕容廆,前秦符洪,后秦姚苌,西秦乞伏国仁,乞伏乾归,南凉秃发乌孤和夏的赫连勃勃等等。也有少数帝王任命太子或太弟担任此职的。如刘渊令刘聪为"大司马、大单于,并录尚书事",刘聪令刘粲"领相国、大单于,总摄朝政"等。

大单于的统御机构为单于台,其最高属官就是前述的左、右辅,也都是领兵的高级将领或统帅。如刘渊以刘曜为征讨大都督领单于左辅,以乔智明为冠军大将军领单于右辅,西秦乞伏国仁以其将"独孤匹蹄为左辅,武群勇士为右辅"等。

十六国时期,各国统治集团,虽然企图在胡汉分治方式下实行异族分工,使本族为主的少数民族只当兵,使汉人只参加生产,以便长期保持其统治地位,但实际上却办不到。仅从军事角度说,少数民族人口较少,要长期维持一支强大的军事力量,以便在混战中生存与发展,完全不要汉族人是办不到的。所以各国军队的组成,或多或少都有一定数量收降或强征来的汉族兵士。不过由少数民族人组成的部族兵,始终是军队的主体和主力。掌握兵权的统帅和将领,尽管他们的官职和官阶都是汉族名称,但绝大多数是少数民族人。至于重要的统帅和主将,更都是帝、王的宗室子弟。如相当于最高军事统帅的"都督中外诸军事"等职,汉有刘宣,刘粲、刘曜,后赵有石泓、石邃、石斌,前秦有符雄、符融、符法、符晖等,都是宗室子弟。只有少数例外,如积极推行汉化政策的前秦符坚,曾用汉人王猛任都督中外诸军事。

在东北各少数民族建立的政权中,各部族的首领,有的仍沿旧制称大人(如某部大人),简称部大或豪大、酋大。如石勒起事被晋军击败后,曾投奔当时"拥众数千,壁于上党"的"胡部大张督,冯莫突",后又动员他们共同投汉,刘渊任张督为亲汉王,任冯莫突为都督部大;后赵石虎军攻鲜卑辽西段辽时,"斩其部大夫那楼奇"；段辽"帅妻子、宗族、豪大千宗家，弃令支，奔密云山"；汉将刘雅曾击败羌酋大军领等。此外，负责镇守一城的主持称城大。如《资治通鉴》卷九五记载，段辽军攻前燕柳城，"柳城都尉石琮、城大幕舆埿，并力拒守"等。

2.军种、兵种和中外军

由于民族和自然条件等原因，十六国的军队，大多数只有陆军，占领黄淮地区的国家，则有较多的船只和相当规模的水军。如后赵石虎攻段辽时，"以桃豹为横海将军，王华为渡辽将军，统舟师十万出飘渝津"；准备攻前燕慕容㒞时，"具船万艘，自河通海，运谷豆千一百万斛于乐安城（今河北乐亭北），以备征军之调"。但毕竟缺乏娴于海运的人手，"船夫十七万人，为水所没，猛兽所害，三分而一。"

陆军中有骑兵、步兵两个兵种。各王国统治者本民族的部族兵，多为骑兵。特别是刚开始建立政权时，骑兵可能多于步兵；随着战争的发展，一方面中原地区到处是结砦自守的坞壁城堡，单凭骑兵难以攻坚；一方面统治地区不断扩大，需要扩大军力；另方面也有大量归附和俘虏的汉族兵士可供使用，于是步兵的数量逐渐增多。以前秦苻坚统一北方后的军队情况看，步兵的数量大约为骑兵的两至三倍，如淝水之战时，苻坚的主力"戎卒六十万，骑二十七万"。再如后赵石勒洛阳之战时，"诸军集于成皋，步卒六万，骑二万七千"，步骑之比，也约如前秦。但从战斗力和在战斗中所起的作用来说，骑兵数量虽少于步兵，却仍是军中的主要兵种。当然，各国的情况不尽相同。如在攻城作战时，骑兵的作用不如步兵，所以有的国家就以步兵为主要兵种。

各国常备兵力，不仅因统治人口及其他条件的不同而相差悬殊，而且作战使用兵力和常备兵力也极不相同，所以很难得出精确的数字。以统治疆域较大，立国时间较长，军政制度较全而又具有代表性的几个国家为例，从文献记载的一些情况来看，汉（前赵）的常备军总兵力约三十万，如刘曜攻前凉张茂时，未另外征兵，集中兵力有"二十八万五千"；后赵仅东宫卫士即有十万余人，总兵力当不会少于前赵；前燕慕容暐与前秦苻坚作战时，有"中外精卒四十余万"。至于统一北方后的前秦，总兵力当然更多，从淝水之战的兵力看，仅南进兵力即达百万以上。这恐怕有相当程度的夸大，如按二分之一计算，总兵力仍当在五十万左右。

各国的军队体制，基本上都沿袭魏晋，区分为中、外军。但由于战争连年不断，各国疆域变动极大，各国统治者也经常迁徙治城和统军出征，军队又经常集中使用，所以中、外军的界限已不明确，而且也不是以驻地为区分的标准。虽有不少国家设有都督中外诸军事的职位，但很少有设置中军统帅职位的。只有极个别统治区较大的国家，如后赵，曾设过都督中军事、都督禁卫诸军事等职称。但就以设有这一职称的后赵来说，中、外军的实际情况，也较魏晋不同。例如石勒自立为赵王并兼大单于时，石虎被任为单于元辅、都督禁卫诸军事，这当然是中军统帅，但他并未驻在后赵的首都襄国(今河北邢台),而是率所部军镇守于邺(今河北临漳西南邺镇)。当时的实际情况是:以本族部族兵为主所组成的部队,都属于中军。其中一部分精锐,由皇帝(王)亲自领导和指挥,称禁卫军或禁兵。其他则由宗室及亲信分领。

禁卫军成员,多为皇帝本族部族兵,又是全军精锐,所以地位高于一般兵士,具有军官身份。如后赵禁卫军兵士称龙腾中郎,石虎在准备攻段辽时,一次扩编就增加了龙腾中郎三万人。前秦禁卫军军士称羽林骑。如苻双、苻武叛乱时,苻坚令王鉴、吕光等"率中外精锐以讨之,左卫苻雅、左禁实冲率羽林骑七千继发。"皇帝身边的侍从武官,有些是由本族官将的子弟中选出。如前赵帝刘曜,"召公卿以下子弟有勇干者为亲御郎,被甲乘铠马,动止自随,以充折冲之任。"太子所领东宫卫士,一般也属禁卫军范围。如前赵就有都督二宫(帝宫、东宫)禁卫诸军事。东宫卫士兵力也相当强大,如后赵石宣为太子时,有东宫卫士"十余万人",都是"多力善射,一当十余人"的选锋勇士,称为"高力"。总之,不论十六国各国禁卫军的名称和兵力如何不同,有一点是基本相同的,即都由本族部族兵的精锐组成,不仅是皇帝的禁卫部队,更是冲锋陷阵的主力。

归附与收降的将领,一般仍统率各自的军队;本来就有统治地区的,除授以一定的官职、爵位外,基本上仍任命他为原地区的方面统帅。如匈奴单于贺赖头率部落三万五千降于前燕,慕容儁即任他为宁西将军,镇守代郡平舒城(今山西广灵西平水城);西秦王乞伏乾归为后秦击败,后又投奔后秦,姚兴即任他为镇远将军,将被俘和投降的西秦兵全部交还给他,命他仍然镇守苑川(今甘肃榆中东北)等。这些军队,一般都属于外军范围。

属于外军范围的,还有镇守于各军事要点和据点的军队。这些镇军,即有中央直辖军的性质,又有州郡地方兵的性质,在领导体系和军队组成上,也和魏晋时都督所统之军不尽相同,具有当时的时代特点。

魏晋南北朝是我国历史上第二次民族大融合的时期。活动于北方的各少数民族,即匈奴、鲜卑、氐、羌、羯等所谓"五胡",不断内迁。在中原混战过程中,"西北诸郡,皆为戎据",原来的郡县地方组织,遭到破坏。这些内迁来的少数民族,一方面沿袭游牧民族的习惯,聚族而居;一方面又正在逐渐向农业定居方向发展。所以他们开始建立军事统治性质的地方政权时,就修筑了与这种政权形式相适应的,类似中原地区坞壁的若干城堡,按部族居住其中,如杏城(今陕西黄陵西南)、三城(今陕西延安东南)、大城(今内蒙古伊金霍洛旗西)、统万(今陕西靖边东北白城子)等。他们的社会结构,仍然是生产组织与军事组织相结合,平时进行畜牧业和农业生产,战时则弯弓驰马,从征作战。随着各国相互混战的加剧,各统治集团为了便于统治,剥削,维持兵源和防备敌军的掠夺、吞并,这种军事组织形式的城堡,就逐渐增多,部分地代替了原来的郡县地方基层组织。各统治者的宗室子弟或本族各部首领,率领一部分族人分别居住于各城堡中,成为基本统治力量;而那些以武力掠来、或强制迁徙来的各族民户,也被编在这种军事性极强的城堡组织之内,以作为士兵来源和剥削对象。如《晋书·载记·苻坚》记载:"叛将苻洛既平,坚以关东地广人殷,思所以镇静之,引其群臣于东堂议曰:'凡我族类,支胤弥繁,今欲分三原、九嵕、武都、汧、雍十五万户于诸方要镇,不忘旧德,为磐石之宗;又如西秦乞伏乾归'攻克(姚)兴略阳、南安、陇西诸郡,徙二万五千户于苑川,枹罕'";"又攻克(姚)兴别将姚龙于伯阳堡,王憬于水洛城,徙四千余户于苑川,三千余户于谭郊"等。这些城堡,各政权虽然也给予州郡的名称,城堡镇将也有刺史,太守的官号,但实际上是一个个以军将为主官的军事要塞。它们上由最高统治者帝、王直接领导,下边直接领导城堡军民,没有县级和乡里等组织。赫连勃勃建立夏政权时,在其控制区内,干脆不立郡县。如《十六国疆域志》记:"朔方、云中、上郡、五原等郡,自汉末至东晋久已荒废,赫连氏虽据有其地,然纪校诸书,自勃勃至昌、定边,类皆不置郡县,唯以城为主。战胜克敌则徙其降虏,筑城以处之。"据《晋书·地理志》记,夏有九州,以州统城。实际上州也虚有其名,不过是给某个镇将以州牧或州刺史的官位,而使之镇于某城而已。以幽州为例,据《晋书·载记·赫连勃勃》记载:后秦姚"兴将王采聚羌胡三千余户于敕奇堡,勃勃进攻之……堰断其水,堡人窘迫,执奚出降。……勃勃又攻兴将金洛生于黄石固,弥姐豪地于我罗城,皆拔之,徙七千余家于大城,以其丞相右地代领幽州牧以镇之"。可见幽州牧实际上仅为大城镇将。大概带有州牧或州刺史官位的镇将,地位较高,所统军民也较多;但和带有郡太守官位的镇将,一般情况下,并无州与郡的上下隶属关系,均直接由夏王领导和指挥。至于赵、秦等统治区域较大国家中的极少数带有都督军职的镇将,如苻坚任王猛为"都督关东六州诸军事"镇邺、任郭庆为"都督幽州诸军事"镇蓟等,则是方面军统帅,当然有权指挥辖区所属各镇将及其部队,但这已属于军事指挥系统的上下级关系了。

上述情况,不仅西北地区各小国如此,与之同时的其他国家,也程度不同地存在着类似情况,或称之为护军制度。如前秦曾在冯翊郡设抚夷,土门、铜官、宜君四护军,在北地郡设三原护军等,其性质大致相同。前凉、西凉、北凉、后凉、南凉等国,也都实行过这种护军制。特别是一些小的地方割据政权,更多如此,如氐族杨盛的后仇池政权,"分诸四山氐、羌为二十部护军,各为镇戍,不置郡县"。

3.兵源和兵役制度

十六国时期,各国军队的基本兵力是少数民族的部族兵。在基本兵力中,又以各国统治者本民族的部族兵为骨干和主体,也包括大量其他少数民族的部族兵。如前赵单于左、右辅所各领的六夷十万落,就是主要的兵源。单于台所统的这些少数民族,有的是自动归附,有的则是战败被迫投降。如石勒"攻(靳)准于平阳小城，平阳大尹周置等率杂户六千降于勒，巴帅及诸羌、羯降者十余万落，徙之司州诸县”；"徙平原乌丸展广，刘哆部落万余户于襄国（即司州，后赵首都，在今河北邢台）"；击败匈奴将宁黑，"徙其众万余于襄国"等。

各少数民族的社会结构，一般都是部、落两级组织。落也称邑落，是基层组织，可能是近亲家庭。落以上为部，每部所统落数甚多，有的数百，有的上千。部的首领称大人或豪帅，落的首领称小帅，内迁之前，一般还都是由推选产生大人，至十六国时，已皆为世袭贵族。各少数民族，都是全族皆兵，凡适于战斗的，都有应召入伍的义务，被征集至常备军的，基本上是终身为兵。其家属通常随军聚居，在中军各营的，一般称营户，战士出军作战，守营的营户还要"供给军粮"。后秦时因中军军营很多，所以姚苌将其亲自统率的禁卫军各军，称为大营。如姚兴"徙阴密山三万户于长安，分大营户为四，置四军以领之。"由于连年战争的影响，有的国家由军将统领的营户剧增，而民户却相对减少，这对统治者不利，所以有时也将营户改为民户。如前燕慕容暐曾将"诸军营户"，"悉罢军封"，"出户二十余万"；西燕慕容宝也曾"校阅户口，罢诸军营分属郡县"。

镇守在各军事要点的外军，随军聚居的家属称为镇户。以后秦为例，胡三省在《资治通鉴》卷一百十七注中曾说："姚苌之兴也，以安定为根本，后得汉中，以安定为重镇，徙民以实之，谓之镇户。"这些镇户，就是镇军的兵源。如义熙十二年（公元416年）东晋刘裕北伐时，姚绍曾向后秦帝姚泓建议："晋师已过许昌、豫州、安定孤远，卒难救卫，宜迁诸镇户内实京畿，可得精兵十万"；郭播还曾向姚兴建议说："岭北二州（雍、秦即安定，上邦二城）镇户皆数万，若得文武之才以缓抚之，足以靖塞奸略"；安定镇将姚恢叛变，"率安定镇户三万八千，焚烧室宇，以卓为方阵，自北雍州趣长安"等。

从上述情况可以看出，营户、镇户，是中外军的主要兵源，他们多系由别处被强制迁徙而来，即是兵，又是民，自己生产粮食，不归郡县管理，而直隶属于军将。这些军将，即是他们的军事统帅，又是他们的行政长官。军队如转移驻地时，他们也要随军转移。这些营户和镇户，兼有少数民族全族皆兵和魏晋世兵制的性质，而又不与全族皆兵和世兵制完全相同，具有十六国时期的特点。

除了少数民族的部族兵外，十六国军队中也都有汉族兵。他们的来源主要有二：一是收降，一是强征。有关收降和俘获的事例，史籍记载极多。如汉刘聪攻长安，西晋南阳王司马模率军投降被杀，他所统的晋军，自然也就为汉所收编了。又如刘渊令石勒等攻"魏郡、顿丘诸垒壁，多陷之，假（授于）垒主将军、都尉，简强壮五万为军士"；再如石勒攻洛阳前"次于黄牛垒（当时魏郡实际所在城堡），魏军太守刘矩以郡附于勒，勒使矩统其垒众为中军左翼"等。这种收降及俘获的汉族兵，一般被编入各国常备军中。将领统率整部归降的，仍由原将统率所部，别立为营。魏晋以来的世兵制，在这些部队中自然保留下来。战争中被俘获的士兵，则可能被分别编入少数民族为主的部族兵中，终身为兵。其家属则成为营户或镇户，但数量不会太多。

各国统治集团，特别是统治广大汉族所在地区的政权，在统治相对稳定时期，为了战争的需要，当感到常备军不足使用时，也采用征兵办法，强制汉族人从军。从军的汉族人多数被编组为后勤部队，但也有编组为作战部队的。如后赵石虎在准备进攻前燕时，令"司、冀、青、徐、幽、并、雍兼复之家，五丁取三，四丁取二，合邺城旧军满五十万，具船万艘，自河通海，运谷豆千一百万斛于乐安城，以备征军之调"；为作西进战备，令"青、冀、幽三州，三五发卒（五丁取三）诸州造甲者五十万人"。又如前燕帝慕容儁，为"欲经略关西，乃令州郡校阅见丁，精覆隐露，率户留一丁，余悉发之……武邑刘贵上书极谏，陈百姓凋弊，召兵非法，恐人不堪命……乃改为三五占兵"；@前秦帝苻坚，在淝水之战前，也曾进行普遍征兵，下令"人十丁遣一兵"，名门大族应召之兵，称"崇文义从"，一般民户应召之兵，"武艺骁勇，富室才雄者，皆拜羽林郎"。这种强制征召的汉族兵，一般不编入常备军中，任务结束后，即复员返乡。

西晋灭亡后留在中原地区的大批世兵、军户，由于各国统治者的军队以少数民族的部族兵为主，所以除少数可能被编入军队，家属变为军户或镇户外，大多数军户已改为民籍。如前述石虎为组织运粮军所征的"兼复之家"和"邺城旧军"，就是已被复为民户的原来的军户，邺城正是原来魏晋军户最为集中的地区。又如前秦苻坚时，也曾"复魏晋士籍（军籍），使役有常闻"，可见十六国时世兵制虽已衰落，但仍有残存，并未完全废除。

（四）南北朝时期南朝各国军制

东晋恭帝元熙二年（公元 420 年），东晋将领刘裕废晋帝自立。建国号为宋（历史上也称刘宋），计历八帝，为时五十九年（公元 420 — 479 年）。宋的后期，政治腐杇，统治惨苛，以军功起家的萧道成趁机取代了宋，建国号为齐。齐经历七帝，为时只有二十三年。因内部矛盾激化，国内混乱，雍州刺史萧衍起兵，攻破建康，灭齐而自立为帝，国号梁，梁历四帝，共五十五年（公元 502—557 年），又为平定内乱有功的大将陈霸先所取代，国号陈。陈共历五帝，统治三十二年，为隋所灭。南朝前后共历宋、齐、梁、陈四朝。统治共约一百七十年（公元 420—589 年）。

以下分述宋、齐、梁、陈各国军制概况。

1. 宋朝的军制

宋的开国皇帝刘裕，是一个才力较强具有政治远见的人。东晋后期，他曾攻破南燕都城广固（山东青州西北），灭南燕，收复青州。以后又平定内乱，恢复广州，攻破江陵、襄阳，收复成都。东晋境内在刘裕势力下，获得空前的统一。义熙十二年（公元 416 年），刘裕兵分五路，水陆并进，攻破后秦，收复滑台（今河南滑县东）、许昌、洛阳等重镇。次年，攻占长安、灭后秦。长安不久虽被赫连勃勃夺去，但自潼关东到青州，都为刘裕所有，打下帝业基础。刘裕建宋后，吸取前朝教训，实行中央集权，削弱高门大族势力，主要辅佐多选用寒门；为避免形成异姓割据，选用皇子作镇将，将荆州、江州两个重镇（兵力占全国总兵力的半数）牢牢地掌握在皇朝手中，从而使国都建康不受大族重镇的威胁。刘裕死后，北魏曾趁机攻占宋地，司州（治洛阳）及青、兖、豫州大部被北魏占去。文帝刘义隆统治近三十年中，由于经济和文化的发展，国家渐趋繁荣强盛。此时魏

刘裕

在北方，也呈现统一强盛局面，因而两国为谋求发展，征战不断，互有胜负。

宋与晋初一样，多以宗室诸王为持节镇将，权力极大，容易形成诸王跋扈局面，造成中央与地方对立。因此孝武帝刘骏即位后，实行典签制，派亲信人员至各镇任典签官，以代掌或分掌镇将实权，以致加深了中央与地方的矛盾，诸王先后作乱。到明帝刘彧后，这种宗室自相残杀的内乱更为剧烈，国力严重削弱，淮河以北的青、冀、徐、兖四州及豫州淮河以西九郡先后被魏夺取。升明三年（公元 479 年），萧道成乘机灭掉宋朝。

（1）军队的编成

刘宋继承东晋，据有长江中、下游地区，限于地形条件，仍以侧重水军建设为主，但也不忽视步、骑兵的建设。其水军的总兵力虽无明确记载，但从历次用兵情况看，当不会低于东晋。如刘裕在晋末几次北上破燕，破齐和灭秦之战，都是以水军为主。以灭后秦之战为例，刘裕分前军为四路，自率主力跟进，而前军沈林子、王仲德的两路和刘裕所统主力，都是水军。《南史·宋本纪》说："义熙十三年（公元417 年）正月，帝（刘裕）以舟师进讨……率大军入河"；又如宋文帝刘义隆抗击北魏军南进，沿长江建立防线时，"游逻上持于湖（今安徽当涂），下至蔡洲（今江苏南京西南江中现已并入南岸），陈舰列营，周亘江滨，自采石（今安徽马鞍山西南采石矶）至于暨阳（今江苏江阴东南）六七百里"。（《资治通鉴·元嘉二十七年》）可见其水军之盛。

宋的水军舰船虽然很多，但对北方作战和镇压国内叛乱则颇受局限，所以多以舟师作为机动步、骑兵的手段，广范围的攻守作战仍有赖于步、骑兵。刘裕本人是北府兵的著名将领，经他训练的军队，纪律较好，作战强悍，屡立战功。但在他死后，宋军的战斗力有所下降。元嘉二十七年（公元 450 年）七月，宋军分数路全力北伐，王玄谟所率主力，进围了滑台。九月间，北魏发动反攻，宋军大败，"魏人凡破南兖（治京口，今镇江）、徐、兖、豫、青、冀（治历城，今济南）、（治寿春，今寿县）六州，

杀伤不可胜计",一直追击到长江边上的瓜埠(今江苏六合东南),宋内外戒严。可见这时宋军步、骑兵的战斗力已不高了。但就在宋军主力溃败的同时,由雍州(侨州、治襄阳)出卢氏北进的柳元景一路宋军,兵力虽不多,却连克弘农、陕县,进至潼关,歼灭北魏军万余人;又宋将臧质被北魏军击败后,率残部退守盱眙城,北魏军主力围攻三十日,死伤甚众,未能攻下,只得退军。这说明此时宋军虽已不如刘裕生时,但还有一定的战斗力。

宋的总兵力史料上无明确记载,但其几次北上用兵,动辄十余万,加上宿卫兵、地方兵,估计共有约二十余万。

(2)军事统御机构

宋建国之初,刘裕亲掌兵权,自任实际的最高军事统帅。在中央任用寒门出身、曾参加篡晋密谋的戴法兴等数人为中书舍人,执掌机要,参与机密,制拟诏令,实际上是皇帝的亲信助手,最高军事统帅机构的重要幕僚,掌有实权。另置"领军将军一人,掌内军;护军将军一人,掌外军"。这里所说的内、外军,都是驻屯京师地区、由皇帝亲自控制的军队,也就是刘裕原来统率的、以北府兵为骨干和中坚的军队,也称台军。内军,指担任皇帝宿卫的禁军;外军,指控制为战略机动军并担任京师警卫的军队。

文帝时,曾于元嘉十六年(公元439年)一度任命其弟彭城王刘义康为大将军,"方伯(镇将、都督)以下,并要义康授用","生杀大事",亦"以录命行之",成为最高军事统帅。但后又因其"势倾天下",权力过重,已构成对皇帝的潜在威胁,文帝遂于元嘉十七年杀了积极拥护刘义康的领军将军刘湛,改任刘义康为江州刺史,出镇豫章(今江西南昌),将兵权收回到自己手中。以后再未任命大将军,也未再授予其他将军以都督中外诸军事之类的大权。

领军将军(职浅者称领军或中领军)所统内军,与东晋略同,有左卫、右卫、骁骑、游击各军。宋初时领军将军除统率上述诸军外,还有直属领军营,后又省撤。武帝刘裕曾一度恢复屯骑、步兵、越骑、长水、射声五校尉所领营兵,企图加强内军,但不久逝世,未能实现,仍然是有官有署而少兵。东宫太子亦有卫士左、右二卫率,刘裕为了加强东宫力量,以保证太子的继承地位不受威胁,增太子屯骑校尉、太子步兵校尉、太子翊军校尉三营,文帝时又增加东宫兵力,达到万人。孝武帝刘骏因太子刘劭以武力争杀皇位,杀死其父文帝刘义隆,认为东宫兵权太重,威胁皇位,于是撤去三营,并减少了东宫兵力,仍只有二卫率东宫部队,也属于禁军范围。

护军将军(职浅者称护军或中护军)有直属护军营,并负责指挥驻京城地区禁军以外的中央直辖军。

从历次用兵情况看,领兵将军所统禁军兵力约两万余人;护军将军所指挥的各军兵力约三万余人。如文帝刘义隆杀掉护军将军傅亮后,"诏(檀)道济入朝,授之以众",将傅亮原来指挥的军队,全部交他指挥。然后出动全部台军,进攻荆州都督谢晦。当时的兵力部署,是"中领军……到彦之率羽林选士果劲二万"为一梯队;檀道济"统劲锐武卒三万"为二梯队。可见当时台军总兵力约五、六万人。

京城以外各军事要地,宋王朝也设有都督,率军镇守。但由于当时疆域小而划分的州郡又甚多,还有不少侨郡,所以都督所辖军区,并不与地方行政区的州郡一致。有的所辖多至八州,有的则统辖若干州的某几个郡。如刘义隆未即帝位前,曾任"都督荆、益、宁、雍、梁、秦六州,豫州之河南、广平,扬州之义成、松滋四郡诸军事";由于他兼领荆州刺史,坐镇荆州,所以一般称之为荆州都督;檀道济曾任"都督江州、荆州之江夏、豫州之西阳、新蔡、晋熙四郡诸军事",他也兼江州刺史,一般也称之为江州都督。都督掌一个方面的军事大权,通常还兼任辖区重要州、郡的刺史或太守等地方长官。刘裕鉴于=东晋时,荆、扬、徐州等重要军事重镇的兵权未能为中央直接掌握,以至朝廷始终为这些重镇的统帅所左右,遂又走西晋老路,任命宗室诸王为各要镇的都督兼刺史,轻易不肯授予外人,不少都督是十一、二岁的皇子。

宗室诸王年纪太小,虽然任职都督,也并不能真正行使职权,所以皇帝派出亲信人员担任典签,辅佐诸王处理军政事务。典签的官阶虽小(五品),但权力却逐渐增大。至孝武帝以后,各都督和刺史都由皇帝派任典签,形成了制度。典签有权直接向皇帝汇报都督、刺史的行为,因而"刺史行事之美恶,系于典签之口","于是威行州郡,权重蕃君"。成为各军镇的实际主帅。

各州郡除都督及领兵刺史、太守所统正规军队外,还有地方兵性质的役吏。宋初刘裕曾下令限制人数。如"限荆州(军)府置将不得过二千人,吏不得过一万人;州置将不得过五百人,吏不得过五千人。兵士不在此限。"可见其数量之多。将,指下级军官,吏,指下级官吏和役吏。官吏属统治阶级,役吏则属被统治阶级,有武射吏、武吏、鼓吏、亭吏、门吏等数十种役务。他们的社会地位与士兵近似。主要负责维持地方封建秩序,有的也要参加作战。如"武康人姚系祖,招聚亡命,专为劫盗,所居险阻,郡县畏惮不能讨",朱石龄为武康令时,率吏人袭击姚的部众,"杀数十人,自是一郡得清"等。

宋军的指挥系统,在名称上较魏晋时已有变化,特别是到后期。大致以军为最高建制单位,军的主将称军主。军以上没有固定编制。作战时,由皇帝或皇帝任命的"总统诸军"或"都督征讨诸军事"等最高军事统帅指挥全军。全军划分为若干个军团性质的单位,每个军团由若干个军组成,军团的主帅,由高级将军充任,或者指定资深的某个军的主将负责指挥。顺帝时,荆州刺史沈攸之反叛,当时宋国实际掌权者萧道成,曾做了进讨的兵力部署。通过《宋书·沈攸之传》所载当时准备西进的战斗序列,可以看出宋军的指挥关系。

军主,是直接领兵的将领,一般都出身社会底层,以军功升任,是真正的武将。统率各军作战的高级将军们,虽然也有真正因军功而晋升的,但毕竟为数甚少,绝大多数是门阀士族出身的文人,一般行伍军官能升到军主,基本上就已达到仕途的顶点。军主的副将称军副。如《宋书·臧质传》记,臧质反时,"沈灵赐破其前军于南陵,生禽军主徐庆安、军副王僧";又如柳元景攻北魏时,蒋安都的军副谭金和柳元景的军副柳元怙,都曾建立过战功。

军以下可能有幢的一级编制。幢(军队旗帜)的长官称幢主。如刘骏攻刘劭时,将其直属之军分为"三幢",以刘道隆等三人为幢主;元嘉二十七年与北魏作战时,"将军毛熙祚所领悉北府精兵,幢主李灌率厉将士,杀贼甚多"等。

军的基层组织为队,队的长官称队主,其副手称队副。如王镇恶偷袭江陵时,"大城内刘毅凡有八队,带甲千余……金城内东从旧将,犹有六队千余人";沈攸之初从军时,"求补白丁队主",领军将军刘遵考不许,两年后"始补队主";又如沈攸之以双泰真"补队副",后"转补队主"等。另外,南北朝各国也有类似专业兵性质的队主,如王敬则为夹毂队主,王广之为马队主,曹虎的防殿队主,奚康生为宗子队主等,地位较一般队主为高。

军的兵力,从萧道成讨沈攸之的战斗序列表中看,步兵一军约三千人,骑兵一军约一千人。队的兵力,从王镇恶偷袭江陵时刘毅在江陵驻军情况看,一队约二百人。幢,兵力多少不一,可能属于战斗编组性质的一级组织。当然,当时军阀混战,征募不已,军队编制极为混乱,名虽同而可能兵力悬殊,如个别队七、八百人,也有仅八十人的,所以上述数字并不准确,但大致可反映当时的一般情况。

(3)兵源及兵役制度

世兵制发展到东晋末,已趋于衰微,但并未废除,仍然是南朝各王朝的正规兵役制度。军户和过去一样,仍随军营转移,由营署管辖。由于世兵社会地位低下,被人贱视,生活又极为困苦,所以没能逃亡的世兵,也不愿为统治者死力作战。王朝中央和领兵统帅,为了鼓舞士气,提高军队战斗力,往往以解除军户为手段,促使世兵在战斗中为其卖命。如《宋书·谢晦传》记:"晦欲焚南蛮兵籍,率见力决战";又同书《元凶劭传》记:"自永初元年以前,相国府人斋、传教、给使、免军户,属南彭城薛县……劭并焚京都军籍,置立郡县,悉属司隶为民"等等。文帝时,益州刺史刘道济也"免吴兵(由江南偕去的军户)三十六营以为平民,分立宋兴、宋宁二郡",及至宋孝武帝刘骏灭刘劭为帝后,为收服人心,下诏将原来跟随刘裕现尚存在的军户,全部免为平民。

军户数量有限,屡改民户,加以逃亡和战争损耗,当然日趋减少。为补充军户,宋王朝也和东晋一样,经常以犯人充军,定有"补士法","以罪补士,凡有十余条",并发展到一人犯法,同籍期亲皆须补兵,其家属即改为军户。更主要的兵源,是以武力进攻少数民族,强掠人口当兵。如《宋书·沈庆之传》记:沈庆之屡次率兵攻掠蛮族,总计所获先后约二十余万人,"并移京邑,以为营(军)户"等。此外,也收编北朝的降兵和俘虏为世兵。

　　宋统治集团，虽然采用了上述种种手段，企图保持军队实力和战斗力，但在世兵政治，经济地位不改变的情况下，不可能达到目的。何况统治集团对军户的役使，毫无限度，甚至连正常役龄以外的老、小也不放过。如当时人记载的情况说："西府兵士，或年几八十而犹伏隶；或年始七岁而已从役。衰耗之体，气用湮微，儿弱之躯，肌肤未实"，这样的世兵，怎么可能有坚强的战斗力呢？

　　为了弥补世兵的不足，宋王朝还实行募兵制。募兵是按战争的需要，有条件地进行简选的，有一定程度的自愿性质，待遇也比较优裕，有的还有一定的期限，不一定终身当兵，所以应募兵士的体质较好，社会地位也较高。一般说世兵类似半奴隶，而募兵则类似平民。募兵在战斗中立了功，可以得到各种奖赏，升官受封，战死后还有可能得到"赡赐其家"的照顾，所以在宋的前期，不断有流民等人应募。用募兵组织起来的部队，战斗力也较世兵为高。宋王朝直接控制的精锐——台军，就是以募兵为主而组织起来的部队。因而，自东晋就已逐渐增多的募兵，到宋时更为盛行，已成为宋军的主要兵源。如前述益州刺史刘道济，在免吴兵三十营以为平民的同时，"悉出财物于北射堂，令方明（裴方明）募人。……应募者一日千余人"。元嘉二十七年与北魏作战时，"募天下弩手，不问所从，若有马步众艺武力之士应科者，皆加厚赏"。至明帝时，募兵更多，如黄回为明帝"募江西楚人，得快射手八百"，因而被任为代理"宁朔将军，军主"。桓崇祖、沈勃、孙谦等，都曾募兵组织或补充过军队。这时，不仅外地各镇将都"广募义勇，置为部曲"，扩大自己的实力，就连居于京师的各将军，不论是否有统兵之职，也都各自募兵，以后形成了"将帅以下，各募部曲，屯聚京师"的局面。皇帝直接控制的台军，还设了募兵的专门机构"台坊"，长期招募，以补充台军的缺额。

　　宋王朝后期，战争频繁，仅靠世兵和募兵已不能满足战争的需要。于是王朝中央和各镇都督以及州郡长官，必要时都时常在其控制区内强征人民为兵。如元嘉二十七年与北魏作战时，除大量募兵外，还"悉发青、冀、徐、豫、二兖（南、北兖）六州，三五民丁（三丁发二，五丁发三），倩使甄行（派人督促），符到十日装束，缘江五郡集广陵，缘淮三郡集盱眙。"征发的人民，如单独组成部队，则称"白衣队"，《南史》记周山图就曾任过"白衣队主"；由皇帝或统帅直接控制的则称为"白直队"，刘裕北伐时，就曾派"白直队主"丁旿率所部七百人防守黄河；黄回也曾任过江州刺史臧质的"白直队主"。白衣就是白丁，一般的民众；据胡三省说，白直是"白丁之壮勇者入直左右"的意思。

　　征民为兵，不仅是为了对北魏作战，也是为了在国内夺权或稳定政权。如刘子勋为了争夺帝位，邓琬"上诸郡民丁，十日之内得甲士五千人"，并"征兵四方"，"发庐陵白丁"，连妇女都被征发来担任军运徭役。这种因统治集团内战而进行的征兵，对经济和人民的生活，破坏性更大。如刘裕败司马休之进入江陵时，说江陵积弊是"老稚服戎，空户从役。"又如荆州刺史沈攸之谋反时，也是尽发所辖地区人民为兵。《宋书·沈攸之传》载有萧道成讨沈的檄文,曾对此进行过揭发。檄文说:"攸之践荆以来,恒用奸数,既欲发兵,宜有因假,遂乃蠲迫群蛮,骚扰山谷,扬声讨伐,尽户发上,蚁集郭邑,伺国兴衰,从来积年,永不解甲。遂使四野百县,路无男人,耕田载租,皆驱女弱。"虽可能有所夸大,但可看出征兵给人民带来的苦痛。

宋初兵役(包括劳役),规定十三岁到十五岁为半役,十六岁以上为全役。宋文帝元嘉初年,曾调整服役年龄,放宽为十五、十六岁为半役,十七岁以上为全役。比之过去,这是改进,但因战争需要,往往未照规定执行。如元嘉十七年刘义隆下诏说:"役召之品,遂及稚弱","自今咸依法令,务尽优允"。从沈攸之谋反时征兵的情况看,这个规定,仍未能落实,恐怕仅是一纸空文。

2.南齐、梁、陈军制概况

(1)南齐军制的变化

升明三年(公元479年),萧道成废宋帝刘准,自立为帝,建立了南齐政权。一切军政制度,基本上仍沿袭刘宋。为加强中央集权,萧道成在军制方面曾企图做一些局部性改革,但由于政治结构未变,他的目的未能实现,很快又重蹈刘宋王朝的复辙。他的局部性改革主要有两点。

①禁止将帅自行募兵

南齐建国之初,鉴于"宋泰始以来,内外频有贼寇,将帅以下,各募部曲,屯聚京师",对新建的南齐政权是潜在的威胁,当时的禁军统帅、中领军李安民上书建议,"自非淮北常备,其外余军,悉皆输遣;若亲近宜立随身者,听限人数"。高帝萧道成采纳了他的建议,下诏说:"设募取将,悬赏购士,盖出权宜,非曰恒制……自今以后,可断众募"。在当时的具体情况下,这个诏令是不可能彻底实行的。首先,所谓禁止募兵,仅针对各将帅而言,遣散已募之众,也是只指各将帅所募部曲,中央政权并未停止募兵,也没有遣散由募兵组成的淮北常备军;其次,各外镇都督,自开军府,大权在握,谁也不会认真执行这一诏令以削弱自己。事实证明,战事一起,各将帅为充实、扩大自己的军事实力,又都自行募兵;募兵不能满足需要时,就强制征兵,以致募征盛行,和刘宋王朝没有什么区别。如永明十一年(公元493年),为防北魏进行备战,"发扬、徐民丁,广设招募",武帝萧赜任命王广之为淮北都督、徐州刺史,命他去家乡彭、沛地区募兵,"招诱乡里部曲"。除与北魏的战争外,宗室诸王的夺权之战,也在立国后不久开始。将帅自行募兵、征兵之事更为增多。萧衍自雍州起兵夺取政权时,主要也是以征、募为手段,"得铁马五千匹,甲士三万人",将军队扩大起来。再如明帝时,江南地区"征戍未归,强丁疏少","南徐州侨、旧民丁多充戎旅……"等等。可见当时人民的兵役负担多么沉重。

②任用心腹控制兵权

萧道成代宋为帝之初,曾企图接受晋、宋皇室骨肉相残的教训,解除诸王兵权,废掉他们府邸中的兵营。但当时仍然是门阀大族联合专政的统治形式，皇室家族主要依靠握有强大的兵权，才能高踞于其他大族之上，一旦兵权转手，立刻就要丧失帝位。因而，尽管统治者知道诸王各掌兵权有可能导致宗室自相残杀，但仍不得不令诸王掌握兵权。统治者一方面让诸王充任各军事要镇的都督，以掌握兵权，保证萧氏皇族的最高统治地位，一方面又强化典签制度，对各都督进行控制。刘宋后期，典签之权已经很大；进至南齐，权势更重，实际权力往往超过都督，称为签帅或主帅。他们都是皇帝的心腹亲信，主要任务就是代皇帝监视和控制诸王、都督，充当皇帝的耳目。《南史》齐巴陵王《萧子伦传》记："高帝、武帝为诸王置典签帅，一方之事，悉以要之"。这些典签，皆"简自帝心，劳旧左右，用为主帅"，诸王、都督"行事执其权，典签掣其肘，苟利之义未伸，专违之咎已及。处地虽重，行莫由己"。实际上诸王、都督的处境，是"言行举动，不得自专"。有时典签甚至代皇帝掌握着对诸王的生杀大权。如"明帝诛异己，诸王见害，悉典签所杀，竟无一人相抗"。这种任用而不信任，给予兵权而又派人控制的做法，当然不可能解决诸王争权的矛盾，更不可能解决中央与地方的矛盾。相反只会激起诸王、都督等对典签和皇帝的怨恨，促使矛盾更加激化。如豫州刺史萧晃，就曾杀掉典签；荆州刺史萧子响，不仅杀了典签，并起兵造反。

萧道成不但对在外的诸王、都督不放心，通过心腹亲信将兵权牢牢掌握在自己手中，就是在中央也是如此。他不仅和刘裕一样，任用寒门出身、职级较低的中书舍人掌管诏令、参与机要，并且对他自己任命的中央直辖军的统帅们，也不敢放手交与兵权，而是另外任用自己身边的侍从武官去控制军队。如武帝用吕文度为外监，控制中央禁军兵权，使领军将军形同虚设；东昏侯任用徐世檦为直阁骁骑将军，控制京城驻军，使护军将军空有其名。这种做法造成了指挥系统的混乱，更加深了统治集团内部的矛盾。如护军将军崔慧景，就因兵权旁落而心怀不满，拥立江夏王萧宝玄叛乱等。萧氏家族的南齐政权，就是在这种内部混战中灭亡的。

（2）梁、陈军制的变化

南齐末年，雍州刺史萧衍已做好夺取政权的准备工作，制造了大量兵器装备，并砍伐了大批竹木，沉于檀溪，以备造船之用。当萧衍之兄萧懿被东昏侯萧宝卷杀掉后，萧衍即"出檀溪竹木装舸舰"，招募百姓，"得铁马五千匹，甲士三万人"，公开反齐，进攻建康。齐卫尉张稷等杀萧宝卷降，而此时萧宝融则在江陵称帝。萧衍后又废杀萧宝融，自立为帝，建立了梁王朝。

梁武帝萧衍为了巩固其封建统治，企图调和当时已发展起来的统治阶级内部世族与寒门之间的矛盾，一方面仍沿袭宋、齐旧制，重用寒门出身的亲信人员典掌机要，以宗室子弟掌握兵权（此时典签的职权已轻）；一方面又广泛地搜求世家旧族，下诏"凡诸郡国旧族邦内无在朝位者，选官搜括"，使他们入朝做官，以获得他们的拥护与支持。正是在这种思想指导下，梁王朝在经济上、政治上进行了一些变革。在其影响下,军事上也发生了一些变化,主要有以下两点。

①实行新的官职级别制度,出现大量散官

萧衍为了安插大批世族贵官,并使各级在职官员不断升迁,于天监中增改九卿为十二卿,将官职分为十八班,以班多者为贵。以武官为例,太尉、大司马、大将军为十八班,开府仪同三司的将军为十七班,领军、护军将军为十五班,左右卫将军为十二班,左右前后四军将军为九班等。由于当时具有将军官阶的官员极多,仅名号就有一百二十五种,因而又将将军的官阶级别定为二十四班,如骠骑、车骑将军及卫、镇将军为二十四班,四征将军及中军、中抚等将军为二十三班,平虏、讨夷等将军为六班,荡寇、横野等将军为一班等。将军的名号、等级虽多,但实际领兵的将军并不多。这种优待世族、纵容官僚的政策,不但不可能真正解决世族与寒门的矛盾,反而促使阶级矛盾尖锐化,使统治集团的军事实力急剧下降,为本身的灭亡创造了条件。偏处江南的小小梁朝,安插了那么多的冗官冗将,不论他们是出身于世族还是出身于寒门,在对人民的剥削和压迫上,是完全一致的。这些不任官职、不领军队的大批官将,也和实职的官将一样,过着豪华富贵的生活,"积梁为山岳,列肴同绮绣,露台之产,不周一燕之资";他们不论世族、寒门,"皆尚贪残,罕有廉白",连侯景都说:"试观今日……在位庶僚,姬妾百室,仆从数千,不耕不织,锦衣玉食,不夺百姓,从何得之"。人民在这种过度剥削和残酷统治下,只得用逃亡、起义等手段进行反抗。造成"天下户口减落","东境户口空虚",以致"人人厌苦,家家思乱"。据《南史·梁本纪》记载,到梁元帝萧绎称帝江陵时,梁中央直接控制的户口,"不盈三万"。这虽然可能有些夸大,但也可以反映出当时兵源枯竭的情况。

②士兵身份更趋卑贱,军队战斗力下降

梁的常备军基本上仍以世兵为主,但这时的军户地位更为低落,即使是征募而来的士兵,地位也较过去大为下降。如天监十七年(公元518年),梁武帝在诏书中将"兵、驺、奴婢"并列。士兵的社会地位既低,所受的剥削与压迫又较一般民众为重,自然要大量逃亡,导致常备军数量日益减少。梁统治集团虽采用严刑峻法,也无法制止士兵逃亡。梁规定士兵一人逃亡,一家补兵,一家逃亡,亲戚旁支或邻里补兵。后来竟发展到士兵病故、阵亡,将领们却故意假报逃亡,以强制其家属邻里补兵。如郭祖琛说:"梁兴以来,发人征役……多有物故,辄刺逃亡;或有身殒战伤而名在叛目。监符下讨,称为逋叛,录质家丁;合家又叛(逃),则取同籍,同籍又叛,则取比伍,比伍又叛,则望村而取;一人有犯,则合村皆空"。人民为了逃避兵役,有的投附豪门为荫户,有的投附寺院为僧尼,有的甚至自残肢体或生子不养。梁武帝末年竟发展到"发召兵士,皆须锁械,不尔便即逃散"的地步。这样的军队怎么能有战斗力呢? 所以梁多次对北魏用兵,均告失败。如天监四年(公元505年),梁武帝萧衍的六弟萧宏率领大军攻魏。当时梁军在外表上"器械精新,军容甚盛,北人以为百数十年之所未有",不敢轻易交战。可是梁军驻屯洛口(安徽怀远境），因夜间发生暴风雨，萧宏竟以为是魏军来攻，弃军逃回建康。军失主将，全军溃散，"弃甲投戈，填满水陆，"损失约五万人。又如中大同二年（公元547年），萧衍的侄子萧渊明率军五万攻东魏，在距彭城（今江苏徐州）十八里的寒山，被东魏援军慕容绍宗击败，萧渊明被俘，几乎全军覆没。至侯景为乱时，吴郡太守有精兵五千，不做抵抗，开城迎降；会稽郡有兵数万，粮械充足，侯景兵到，东扬州刺史萧大连竟弃城逃走。以上事实，都可以反映出梁军士气的低落和战斗力的衰弱。

侯景之乱时，陈霸先率甲士三万，强弩五千，舟舰二千，由广州入援建康。因平乱有功，转南徐州刺史，率军镇守京口（今江苏镇江）。当时梁朝中央的直属军队，已损失殆尽，王朝的政权逐渐为陈霸先所控制。太平二年（公元557年）十月，陈霸先照南朝先例，以禅代形式，废掉梁敬帝萧方智，即位称帝，建立了陈王朝。以后三传至后主陈叔宝，为隋所灭，共统治三十二年。

陈统治集团在军、政制度上，完全因袭梁制，没有什么变化。但由于经济及地区特点的关系，梁、陈两朝的水军较前有所发展。不仅已有了载重二万斛的大舰，而且有了机动力极强的快船。如侯景据建康与王僧辨作战时，"以鹕鹕（舟了体窄而长的轻舟）千艘，并载士，两边悉八十棹，棹手皆越人，去来趣袭，捷过风电。"战舰有飞龙、翔凤、金翅等许多名称，当时最主要的特点，是拍舰已极为普遍，火船也经常用于水战。拍舰就是砲舰，也就是装备有抛石机的战舰。如侯瑱与王琳作战时，"众军施拍纵火，定州刺史章昭达乘平虏大舰，中江而进，发拍中于敌舰。"吴明彻攻华皎时，"募军中小舰，多赏金银，令先出当贼大舰，受其拍；贼舰发拍皆尽，然后官军以大舰拍之，贼船皆碎，没于中流。"可见梁陈的水军，不论在装备上还是在战术上，都较晋宋时有了较大的发展。

（五）南北朝时期北朝各国的军制

东晋后期，北魏崛起，拓跋焘以武力统一了中国北方，结束了十六国割据纷争的分裂局面。北魏后期，因社会各种矛盾及阶级矛盾的激化，爆发了"六镇起义"。起义虽被镇压，但北魏却分裂为东、西两个政权。北魏由建国到分裂（公元386—534年），共经十二帝，一百四十八年。

北魏永熙三年（公元534年），高欢立元善见为帝，定都于邺，史称东魏，至武定八年（公元550年），高欢次子高洋废东魏孝静帝元善见，自立为帝，改国号为齐，史称北齐。高欢立元善见的次年（公元535年），宇文泰在长安立元宝炬为帝，史称西魏。至恭帝三年（公元557年）末，宇文护逼拓跋廓禅位于宇文觉，改国号为周，史称北周。建德六年（公元577年），北周灭北齐，北方重告统一。北周大定一年（公元581年），杨坚代周，改国号为隋。开皇九年（公元589年），隋灭陈，统一了全国，结束了南北朝对峙的局面。

1.北魏的军制

鲜卑拓跋部,是我国历史上古老的游牧民族之一,早在夏代之前,就生活于我国大兴安岭北段的大鲜卑山一带(今大兴安岭)。以后部落军事力量也逐渐强盛起来,至拓跋力微时,南迁至盛乐(今内蒙古和林格尔西北),开始由部落联盟向国家转化。至登国元年(公元386年),拓跋珪即位为代王,建立了初具规模的地方政权。先后消灭了匈奴族的独孤部和贺兰部,接着向南扩展,至天兴元年(公元398年),已占据了大片中原地区。拓跋珪遂改国号为魏,迁都平城(今山西大同),并即皇帝位,正式建立了国家政权,史称北魏。至太延五年(公元439年),拓跋焘已先后消灭了夏、北燕、北凉等北方各政权,统一了黄河流域,与南朝刘宋政权相对峙。太和十八年(公元494年),北魏迁都洛阳。在此前后,冯太后与孝文帝元宏,在政治、经济、军事等各方面,进行了一系列的重大改革,使北魏王朝走向汉化和封建化的进程大大加速,并有力地促进了民族的大融合。据《魏书·官氏志》说:"自太祖(拓跋珪)至高祖(元宏)初,其内外百官屡有减置……旧令亡失,无所依据",《通典·职官》说:"至孝文(元宏)太和中……制官品,百司位号,皆准南朝……以为永制"。所以北魏的军制,前期也一直在发展变化着,直至元宏政制之后,才相对固定下来。

(1)军事统御机构

拓跋珪称帝以前,代的政权仍具有部落联盟的性质,各部落各有其部落大人,发生重大军政事情,仍要召开有各部落大人参加的部落联盟会议。如《魏书·序纪》载,什翼犍曾"朝诸大人于参合陂,议欲定都灅源川,连日不决"。至什翼犍后期,因有大量其他少数民族部落的归附,又设置了南、北二部大人。如《魏书·官氏志》载:"其诸方杂人来附者,总谓之乌丸,各以少多称酋、庶长,分为南、北部,复置二部大人以统摄之"。这时的政权结构,隶属于中央之下的,仍然是一个个具有半独立性质、以血缘关系为纽带联结起来的氏族部落。这时的军队,当然也仍然是部落兵,还没有严格意义的军事编制与制度。

拓跋珪在平城称帝时,已进入奴隶制,也和其他一些少数民族在中原所建政权一样,建立了"一国两制"的军政体系。一方面继承魏晋以来的封建制度,"初建台省,置百官",组建了以尚书、中书、门下三省为核心的中央政府机构,任命部分汉族人担任官员,但由于鲜卑贵族的反对和对汉族士人的不信任,三省官员名不符实,实际上未起到应有的作用。另一方面仍沿袭鲜卑体制,实行八部大人制,即在中央设置八部大夫,"于皇城四方四维(指东南、西南、东北、西北四隅)面置一人,以拟八座,谓之八国常侍"。(拓跋嗣时为天、地、东、西、南、北六部大人)八部大夫亦称"八大人"或"八部帅"。他们"各有属官",分别统帅京城周围地区以鲜卑族为主所组成的军队,并兼管京畿地区的民政事务。所谓"拟八座",即相当于尚书,参与国家军事机密和重大决策,并协助皇帝处理日常的军国政务。以皇帝为首、有八部大夫参加的会议,就是当时的最高军事决策中枢和权力中心。此外,皇帝身边还设有以"外朝大人"为首的若干"内侍官",他们"出人禁中,迭典庶事,""参军国之谋",是皇帝的最高军事参谋。代表皇帝直接统率禁军以外全国军队的,为大将军。"诸部护军皆属大将军府",大将军府就是全国的最高军事统帅机构。

拓跋焘执政后,随着武力征服的胜利和统治区域的扩大,过去那种简单低级的政权结构,已不能适应新的形势。拓跋焘于始光三年(公元426年)下诏说:"昔太祖拨乱,制度草创,太宗因循,未遑改作,军国官属,至乃阙然。今诸征镇将军、王公仗节边远者,听开府辟召;其次,增置吏员"。他全部改用魏晋的官职名称,如"诏大鸿胪卿杜超假节、都督冀、定、相三州诸军事、行征南大将军、太宰,晋爵为王,镇邺,为诸军节度等"。并废除了八部大人制,加强了尚书省和内侍诸曹,以集中权力于中央。在尚书省方面,设实职尚书令,置左、右仆射,左、右丞,诸曹尚书十余人一,负责中央军、政事务。诸尚书中,除吏部、驾部等一般尚书外,主要设置了殿中、都牧、北部、南部、西部等尚书。殿中尚书掌皇帝亲军及军械,都牧尚书掌军马牧场,北部尚书掌少数民族为主的北边州郡,这是北魏的主要兵源所在。以上三部,对以军事统治为主的北魏政权来说,关系至巨,所以这些尚书,基本上都是由鲜卑宗室或贵族担任。南部尚书,掌汉族为主的南方州郡(这仍然是十六国时期"胡汉分治"的继续)。西部尚书,是拓跋焘与西部诸国作战时设置的,主要掌管对夏和后凉等国的战争事务,战争结束后又撤销,划归北部尚书管辖。内侍诸曹方面,加强了皇帝身边的机构,增加了内秘书、中曹、侍御曹和内行曹军。内秘书有秘书中散、秘书下大夫等官,他们"内参机密,出入诏命","典掌切要,"具有皇帝私人秘书的性质。中曹和侍御曹的官员,是皇帝的亲信侍卫官,也"参予机密"。这些官员,是皇帝的亲信军事幕僚,形成中央的机要中枢和权力中心。其中不少人带有将军称号。以上是北魏前期的概况。

孝文帝元宏改制以后,北魏的军制虽然基本上仍继承拓跋焘时期的体制,但在职官名称等各方面,已有了一些变动,和南朝大致相同。皇帝当然是最高军事统帅,三师(太师、太傅、太保)、二大(大司马、大将军)和三公(太尉、司徒、司空)等为皇帝重大军事决策的顾问,侍中、常侍等亲近侍卫官员为皇帝的机要参谋,七兵(掌军政)、库部(掌军械)及太仆寺(掌马政)等为日常军事行政机构。

由皇帝任命的、代表皇帝统领全国军事的统帅,为都督中外诸军事。如骠骑大将军拓跋寿乐,就曾以太宰任都督中外诸军事,并录尚书事,指挥全国军队。负责数州或一州军事的主将,为都督某州诸军事。如慕容白曜曾任都督青、齐、东徐州诸军事,兼青州刺史等。北魏末期,还曾设过京畿大都督,总管京师及其附近州郡的地方军。

战时统军主帅,亦称都督,如太和十六年(公元492年),孝文帝元宏曾任命元颐、陆睿并为都督，统步骑十万，分三路北攻柔然。重要的方面军统帅，称大都督。如延昌三年（公元 514 年），宣武帝元恪曾任命高肇为大将军，平蜀大都督，统步骑十万，西攻梁的益州。

北魏皇帝大多亲自控制军队和亲自指挥重大战争，所以都督中外诸军事和大都督等官职，并不常授予人。除上述统兵将帅外，北魏也和南朝一样，有许多将军称号，如骠骑、车骑和卫将军，四征、四镇、中军、镇军、抚军将军及四安、四平等。所不同的是虚号将军比南朝少，不少将军都是实际领兵的将领。孝文帝初改制时，将文武官员定为九品十八级，每级还分为上、中、下三等。不久又废掉三等。如大司马、大将军为第一品，都督中外诸军事为从一品，骠骑、车骑及卫将军为第二品，四镇及中、镇、抚军将军为从二品，四安及领、护将军为第三品，四方郎将及中郎将为从三品，五校尉为第五品，偏将军、裨将军为从九品等。至北魏末，时常在大庆大典时普遍晋阶。如《魏书·尔朱世隆传》记："欲收军人之心，加汛除授（普遍晋阶授官），皆以将军而兼散职，督将兵吏无虚号者。"有时甚至"诏内外百司普汛六级"，将军的称号已近于滥，不如以前尊贵。

（2）军种、兵种和兵力

鲜卑拓跋部，是游牧民族，逐水草而居，人强马众，《言汉书·鲜卑传》称其"兵利马疾，过于匈奴"。早在拓跋力微时期，即已有"控弦上马二十余万"；又据《魏书·燕凤传》记载，当其仍处于部落联盟的什翼犍时期，就已有"控弦之士数十万，马百万匹"，全部都是骑兵，而且"军无辎重樵爨之苦，轻行速捷，因敌取资"，所以在与汉族步兵野战时，常常取胜。由于当时是部落兵，部落内每个适战男子都是战士，所以虽然人口不多，但每次作战使用的兵力都相当大。如登国九年（公元 395 年）北魏与后燕军作战时，据《魏书·太祖纪》载，魏军"连旌沿河东西千里有余"，"陈留公元虔（拓跋虔）五万骑在东，以绝其左，元仪（拓跋仪）五万骑在河北，以承其后，略阳公元遵（拓跋遵）七万骑塞其中山之路"，使用骑兵近二十万之多。太平真君十一年（公元 450 年），拓跋焘南下攻宋时，"六师涉淮，登瓜步山（今江苏六合境）观兵，骑士六十万，列屯三千余里"。这些数字可能有所夸大，但足以说明这时的主要兵种仍然是骑兵。

随着城镇攻防战的增多，统治区域的扩大，仅靠骑兵已不能满足军事的需要，因而北魏统治集团开始重视步兵的作用，逐渐建立了步兵部队，作战时也改以步骑协同战斗为主。如始光三年（公元 426 年）北魏攻夏统万之战，就采取以骑兵三万为前锋，步兵三万为后继，另以步兵三万运输攻城器械的协同战法。此后多次作战，都是步、骑并用，而且步兵所占的比例越来越大。骑兵多用以野战冲击，步兵多用于城镇攻、防，有时也在骑兵冲击之后，以步兵扩张战果。

北魏除步、骑兵外，也有相当数量的水军。当其势力进入中原地区后，为了在江淮地区作战和准备渡江，已开始注意到建设水军。如神麚三年（公元 430 年），就曾诏令燕、定、相三州造船三千艘，以防刘宋军北进。以后又陆续降俘不少南朝水军。但终因水军非其所长，在数量和战斗力上，均不敌南朝各国。终北魏之世，始终是骑兵最强，步兵次之，水军较差。

北魏军力相当雄厚，不仅胜于南朝各国，也较北汉、前秦为强。从其历次作战使用兵力有时多至二、三十万来看，估计其水陆常备军的总兵力当在六十万左右。

（3）中军和外军

北魏军队也有中、外军之称，中军指王朝中央直接控制的机动军队；外军指驻屯外地的戍守军队。外军又有镇戍兵和州兵之别，镇戍兵为中央直接指挥的边防或战略要地的镇戍军队，州兵为各州郡统辖的地方军队，主要负责维持本州郡的封建统治秩序。

①中军

北魏的中军，是北魏军队的主力，其成员绝大多数为鲜卑族人，由前期的部族兵发展而来。中军的核心是宿卫军，来源于氏族部落时期的扈从队。恩格斯曾指出过："有一种制度，促进了王权的产生，这就是扈从队的制度。……对于小规模的征战，他们充当卫队和战斗预备队；对于大规模的征战，他们是现成的军官团"。拓跋部早期历史中的近侍，就是这种扈从队。《魏书·官氏志》记：什翼犍"建国二年（公元 339 年），初置左右近侍之职，无常员，或至百数，侍直禁中，传宣诏命。皆取诸部大人及豪族良家子弟仪貌端严、机辨才干者应选。"至拓跋珪登国元年（公元 386 年），"置都统长又置幢将……都统长领殿内之兵，直王宫；幢将员六人，主三郎卫士直宿禁中者"。以后，负责警卫皇帝安全的宿卫部队越来越多，又改用魏晋的羽林、虎贲等名称，组编为有相当实力的正规军队。其中由拓跋族宗族子弟中精选出来的卫士，单独组成部队，称为宗子军和庶子军。如永安二年（公元 529 年），梁军攻北魏梁国（今河南商丘南）、荥阳时，北魏济阴王元晖业曾"率羽林、庶子二万人"，左仆射杨昱曾"率御仗羽林、宗子、庶子众凡七万，"与梁军作战。

从上述魏梁作战情况可以看出，北魏中军的任务，不仅担任皇帝的宿卫，也要出征作战，并且是作战的主力。历史上有关中军出战的记载相当多。如太和十七年（公元 493 年），孝文帝元宏南征时，由京师发"步骑三十余万"。这三十余万军队，就全是中军，其中一部分是常备军，还有一部分可能是临时由中军军户中征发的。中军的数量相当多，如太和十九年（公元 495 年），元宏迁都洛阳后，一次增补，就"诏选天下武勇之士十五万人为羽林、虎贲，以充宿卫"；次年又规定由代地随同元宏迁至洛阳地区的全部兵士，"皆为羽林、虎贲"。可见北魏中军的兵力当不会少于全国总兵力的一半。北魏中军成员，都是选拔而来，要求身体健壮，善于射术和具有一定的击技武艺。虽然都泛称宿卫军或羽林、虎贲，但根据条件的不同，又分为上、中、下三等：上品者为羽林，中品者为虎贲，下品者为直从。

由于中军的数量极大，既是宿卫军，担负保卫皇宫及京师的安全任务，又是中央机动军团,北魏军的主力,担负出征作战的任务,所以除有一定数量的军队驻屯于京师及其附近州郡外,还有相当一部分军队驻屯于京畿以外的战略要地。如孝昌元年(公元525年),北魏临淮王元彧的监军鹿念对梁军将领谈魏军攻梁的部署说:"高车,白眼、羌、蜀五十万。……分为三道,径趣江西:安乐王鉴,李神领冀、相、齐、济、青、光羽林十万,直向琅邪南出"。可见冀、相等各地都驻屯有一部中军。

中军的统帅,为领军将军和护军将军。领军将军指挥羽林中郎将、虎贲将军等所统皇帝的宿卫部队及驻屯京师的中军部队(亦称台军),地位极为显要。护军将军指挥由东、南、西、北四中郎将所统驻屯京畿四周各要地的中军部队。胡三省在《资治通鉴》注中说:在洛阳北黄河北岸的北中城(今河南孟州南)"魏高祖置北中郎府,徙诸从隶府户并州羽林、虎贲领队防之"。永平年间(公元508—511年),四中郎将改归领军将军指挥,以致领军将军的地位、权势更重,可以左右朝政。如元仪任领军将军时,竟将当时执政的灵太后幽禁起来。(后至东魏武定七年,四中郎将又还归护军将军指挥)

北魏军队的编组,和南朝各国相同。军队的基本单位为军,军以上有统军,另将或都督,但都是战时编组,各统不同数量的军。军的主将为军主,其下有幢及队,长官为幢主、队主。但北魏军主、幢主等的地位,较南朝为低,所统兵力也较南朝为少。据《魏书·杨播传》附《播弟椿》说:"一军兵才千余";又《宋书·索虏传》记,"汝南城内有虏一幢,马步可五百"。这当然不可能是北魏军队的建制人数,但和《南齐书·萧颖胄传》所记十九个军主每人领兵至少数千,多者上万相比,已明显较少。

②镇戍兵

拓跋珪称帝之前,已夺取后燕统治的大部分地区,为了巩固这些新占领地区的统治,设置了八个军府,每府配兵五千,主将以下军官四十六员。随着统治区域的逐步扩大,北魏统治集团在许多战略要地,特别是北部边境地区,都设置了军镇,担任各镇镇将的,主要是拓跋氏宗室或亲信功臣。他们统率以鲜卑族为核心的军队驻屯各镇,对新占领地区和边境地区进行统治。其性质近似十六国时期北方各族的军镇,镇将既管军事,也管民政,完全是军事统治。当统一北方的战争结束后,开始将一些军事统治的镇,改为一般的州。如太平真君五年(公元444年)将和龙镇改为营州,太平真君七年(公元446年)将九原镇改为肆州,太和十一年(公元487年)将统万镇改为夏州,雍城镇改为岐州,三县镇改为班州(后又改为邠州),太和十二年(公元488年)改吐京镇为汾州,仇池镇改为梁州,太和十六年(公元492年)将袍罕改为河州等等,实行军事、民政分治。镇将专管军事,刺史专管民政。但开始时仍多以镇将兼领刺史。镇将不兼刺史的地方,由于当时军事高于其他,镇将掌握军权,又负责城防工事的修筑和军械军需的管理,仅仅不治民政,所以镇将地位重于刺史。

当时对北魏构成严重威胁的，主要是北方的柔然，因而北魏在长城以北建立的六个军事重镇，没有改州。它们是：沃野镇（今内蒙古杭锦旗西北）、怀朔镇（今内蒙古固阳南）、抚冥镇（今内蒙古武川西南）、武川镇（今内蒙古武川西）、柔玄镇（今内蒙古兴和北）和怀荒镇（今河北张北）。此外，在北魏边疆的敦煌镇、鄯善镇（今青海乐都）、薄骨律镇（今宁夏灵武西南）、御夷镇（今河北赤城北）至北魏孝昌年间方改为州。未改州的镇，仍然实行军、民统管的军事统治。

镇改州后，仍有一段时间并未撤镇，如太平真君五年虽已将和龙镇改为营州，但在和平五年（公元464年），元云又被任命为"使持节、侍中、征东大将军、和龙镇都大将"，可见当时仍是州镇并存。北魏占领之初就实行州郡制的中原地区，不少战略要地，特别是与南朝接壤的要地，也曾设置过军镇，也是州镇并存。如徐州曾设过彭城镇，雍州曾设过长安镇等。

每个军镇，各负责一定的防卫区域，防卫区域内的重要城市，均驻有军队防守，称戍。镇的主帅为镇都大将，相当于州一级的长官，戍的主将为戍主，相当于郡一级的长官。不少戍主为太守兼任。如李神曾以新蔡太守兼建安戍主，后又以陈留太守兼狄丘戍主等。但根据戍的重要程度和驻军多少的不同，也有以州刺史或县令兼戍主的。如杨令宝以南兖州刺史兼淮阴戍主，陈玉平曾以许昌县令兼纶麻戍主等。但这毕竟仅是特殊情况。

孝文帝元宏改制之后，除边防各军镇外，与州并存的各军镇，逐渐撤销，由带有将军称号的州刺史所统州兵，代替了由中央直接派出的镇戍部队。

③州兵

据《魏书·官氏志》记：天赐元年（公元404年），拓跋焘下诏"诸州各置都尉以领兵"，各州开始组建地方部队，这个由都尉所领的地方部队就是州兵。州兵的主要任务，在于维持本州境内的封建秩序，平定境内的叛乱。如正平二年（公元452年），南来降民五千余家于中山谋叛，就是州兵讨平的。这说明常备州兵具有一定的实力和战斗力。历史上这类记载不少，但也有州兵无力讨平本州叛乱的事实。如泾州张羌郎仅聚众千余人起事，而州兵却不能镇压，这又说明各

孝文帝

州州兵的实力和战斗力并不一致。遇到大的战争，皇帝也下令调州兵出境配属中军作战，有时还调出戍守。如太平真君七年（公元446年）与盖吴起义军作战时，就曾发定、冀、相三州州兵两万，去屯防长安南山各山谷，以防止义军突围。又如太平真君十一年（公元450年）与刘宋作战时，拓跋焘曾诏"发州郡兵五万分给诸军"。

北魏三次攻梁,动员了全国的兵力,其中也包括州兵在内,所以才动辄三、四十万,甚至号称百万。

（4）兵源及兵役制度

北魏前期的兵士,主要来源于鲜卑族和其他少数民族,汉族人一般不服兵役,仅仅"服勤农桑,以供军国。"以后汉人由被征担任军运杂役到被征充当地方性州兵,孝文帝改制之后,军队中的汉人逐渐增多。一般说北魏中央直辖军——包括各镇戍军,实行的是世兵制,地方部队实行的是征兵制,此外也实行过募兵制。

①世兵制

北魏前期的军队,主要是部落兵,所有部落的适战成员都是兵士。如永兴五年（公元413年）,拓跋嗣在平城"大阅,畿内男子十二以上悉集。……庚寅,大阅于东郊,部署将帅:以山阳侯奚斤为前军,众三万;阳平王熙等十二将,各一万骑。帝临白登,躬自校览"。受阅的这十五万人,就全是聚居于平城的鲜卑族人,根据需要,随时可以应征入伍,事罢即归。各部落大人既是行政长官,也是军事长官。由于战争连年不断,应征入伍的士兵,很少能得到复员,逐渐演变为职业兵,成了国家常备军。他们的家属,开始只承担兵役,于是也演变为与魏晋军户完全相同的营户。从而形成了世兵制。营户不属地方官吏管辖,另有户籍,由各部大人转变而来的军官管辖,归军队直接领导。兵士终身为兵,世代相替。北魏的中军和镇戍兵,全是这种世兵。士兵家属原则上随军聚居于各城堡中,又统于军府,因而也称为镇户、府户或城民（后来历史为避李世民讳称城人）。

因战争的需要,军队越来越多,营户的数量也越来越大。北魏补充营户的做法大致和孙吴、东晋相同。一是将俘虏的某些少数民族的部落改为营户。如太平真君五年（公元444年）,"北部民"不愿受北魏的统治,其首领莫孤"率五千余落北走",北魏军"追击于漠南,杀其渠帅,余徙居冀、相、定三州为营户;"延兴元年（公元471年）,"沃野,统万二镇敕勒叛,诏太尉、陇西王源贺追击,至袍罕,灭之。斩首三万余级,徙其遗并于冀、定、相三州为营户";又如拓跋弘攻齐后,将俘虏的齐民改为营户,称平齐户等。再就是将罪人及其家属改为营户。如河阴县民张智寿、陈庆和,因罪将其"两家配敦煌为兵"等。

北魏前期,世兵制刚形成时,由于营户、镇户的成员主要是统治集团的本族人,处于征服者的地位,所以他们的社会地位相当高。以北方的镇户来说,当时都是选派拓跋氏宗室诸王和鲜卑大臣为镇将,选派鲜卑上层人物的子弟充当镇戍兵,镇戍兵可从优授爵任官,所以一般人对镇戍兵相当羡慕。如拓跋深曾说:"昔皇始以移防为重,盛简亲贤,拥麾作镇,配以高门子弟,以死防遏。不但不废仕宦,至仍偏得复除,当时人物,忻慕为之"。

随着鲜卑族本身的阶级分化及汉化、封建化,一些将领、军官上升为封建贵族,广大镇戍兵却下降为被统治的半奴隶地位,"役同厮养,自非得罪当世,莫肯为伍"，加上大量俘虏、罪犯的加入，越发为人们贱视。孝文帝改制后，营户的身份也逐渐和东晋一样，低于一般的民户。这也是六镇镇户起义的根本原因。

②征兵制

北魏建国平城之后，军队逐渐由部落兵发展为常备军，形成了中军、镇戍兵和州兵的军队体制，开始用汉族人充任州兵。至后期，不断向南朝发动进攻，战争规模愈来愈大，而相当数量的以鲜卑族为主的军队，留在北方各镇，防御柔然，成了镇戍兵，不能使用于中原战场，于是兵源就大成问题。孝文帝的改制，使北魏进一步汉化和封建化，发展成以鲜卑贵族为主，联合汉族地主的统治体制，不似"其始也公卿方镇皆故部落酋大，虽参用赵魏旧族，往往以猜忌夷灭"。因而重用汉人，采用汉法，在汉族人中实行了征兵制，以扩大兵源。

中原地区各州的州兵，根本上都是征集而来。由于州兵服役有一定期限，至期轮番更替，所以征集之兵也称番兵。据《魏书·薛野腊传》驸马《虎子传》记载，薛虎子任徐州刺史时，"在州戍兵，每岁交代，虎子必亲自劳送"，可见北魏番兵的服役期限为一年。

北魏后期多次对南朝用兵，有时号称百万，除中军外，大部都是调集的州兵。如《资治通鉴》卷一四六记："魏发定、冀、瀛、相、并、肆六州十万人以益南行之兵"。为充实兵力和造成声势，除调集州兵外，有时也于战前大举征兵。如延兴三年（公元473年），孝文帝准备攻宋时，下诏"州郡之民，十丁取一以充行"。实行征兵制，重要的条件是要有足够的民户和健全的基层行政组织。孝文帝改制时，实行了均田制和三长制，为征兵的普遍推广创造了条件。均田制就是把因长期战争而荒芜的大片土地，按人口分配给人民，一部分称农田，所有权属国家，一部分称桑田，为世业可以买卖。这样既可以使农民得到一定的土地耕种，维持生活，缓和日益尖锐的阶级矛盾；又可以将广大农民束缚在土地上生产，保证兵源和养兵租税的财源。三长制就是参照两汉以来的乡里制度，建立五进位制的地方基层组织："五家立一邻长，五邻立一里长、五里立一党长。长取乡人强谨者"为之。邻、里、党三长的任务，是检查户口、催纳租税、征发徭役和兵役。为使三长勤谨为统治集团效劳，规定"邻长复一夫（免除一人兵、徭役），里长二、党长三。所复复征戍，余若民。三载亡愆则陟用，陟之一等"。这样就改变了"后魏初不立三长，惟立宗主督护，所以人多隐冒、五十、三十家方为一户"，"百姓迭相荫冒，或百室合户，或千丁共籍"的状况，严密了户籍制度，使大量只对宗主承担义务的荫户，成为一般民户，保证了财政收入和兵源。

③募兵

北魏早期，极少募兵。纵有招募，也多是归附汉族豪强所招抚的流民。这些招募组成的军队和南朝投降的军队，不属于北魏的正规军，一般称之为"义兵""义军"等。如泰常二年（公元417年）渤海（今河北南皮北）豪强刁雍，曾在"河济之间招集流散,得五千人","别立义军";有的也按士兵来源地区称为吴兵、宋兵等。

（5）补给和马政

游牧民族的拓跋氏部落兵,有就地取食、抢掠为资的传统。至拓跋珪建国平城时,所定的补给办法,仍然是每征服一处,以抢掠所得按战功的大小分配给全军将士,使他们感到掠夺比游牧利益大、收效快,刺激他们在战斗中卖命。如大将长孙肥,屡立战功,受赏奴婢数百口,牲畜数千头;张济有功,受赏奴婢数百口,马牛羊数百头等。这些将领对其部属,也是采取以战利品按功分赐的办法作为军食、军资的来源。这一时期,可以说从皇帝到兵士,都是以掠夺作为补给的主要手段,文武百官也都没有俸禄。

北魏统一北方前后,已占领大片经济较发达的中原地区。为了收抚民心以维持及稳定其统治,北魏改变过去的那种补给方法,改由国家统一发给军粮,并仿效魏晋屯田制度,对营户计口授田,使其亦耕亦战,半军半民,以解决军粮补给。太和八年（公元484年）,又"始班俸禄",规定"户增调三匹、谷二斛九斗,以为官司之禄",解决了军官的待遇问题。

据文献记载,北魏曾一度实行过"州镇戍兵,资绢自随"的制度。薛虎子在徐州刺史任上时,在其请求实行"半兵耕植","且耕且守"的军事屯田的报告上说:"在镇之兵,不减数万,资粮之绢,人十二匹,即自随身,用度无准,未及代下,下免饥寒,论之于公,无毫厘之润,语其利私,则横费不足,非所谓纳民轨度,公私相益也。"由此可见,州兵服役期间的生活费用,有相当一部分是自备的。当时的货币就是布帛,薛虎子报告上所说的十二匹绢,就是州兵随身携带的货币。这大概是鲜卑族部落兵自备资粮制度的发展。

北魏军队的主要兵种是骑兵,所以对马政极为重视。拓跋焘在"平统万,定秦陇"时,"以河西水草善,乃以为牧地,畜产滋息,马至二百余万匹",并专设都牧尚书掌管马政。元宏迁都洛阳后,以宇文福为都牧给事,"规石济以西,河内以东,拒黄河南北千里为牧地",即河阳牧场,并"恒置戎马十万匹,以拟京师军警之备,每岁自河西徙牧于并州,以渐南转,欲其习水土而无死伤也,而河西之牧弥滋矣"。改政之后,马政改归太仆等掌管。

2.东魏、北齐的军制

建明元年（公元530年）,北魏权臣尔朱荣死,其部将高欢率领原六镇鲜卑,从并州进至关西地区。高欢是鲜卑化了的汉人,六镇起义时,他先后在杜洛周、葛荣军中。葛荣失败后,投降尔朱荣,而后转戈相向,陆续消灭了尔朱荣在关东的势力。太昌元年（公元532年）,高欢入洛阳,立元修为帝（北魏孝武帝）。永熙三年（公元534年）,孝武帝被高欢所逼,西奔长安,高欢另立元善见为帝,并迁都于邺,历史上称为东魏。高欢父子拥重兵,驻屯晋阳,控制东魏军政,朝廷成了傀儡。东魏仅历一帝,在位十七年,即为高欢次子高洋所篡代,建国号齐,历史上称为北齐。北齐经历六帝,统治仅二十八年,复为北周所灭。

(1)军种、兵种、兵力和军事统御机构

东魏是从北魏分裂出来的,其主要兵力是高欢原来所统率的北镇兵和收编尔朱荣的一些部队,多为鲜卑和汉人,约有十万人。其次为原北魏在京师的中军,即羽林、虎贲和其他部队,以鲜卑兵为主,也有汉族和其他族兵,估计也有十多万人。据《隋书·食货志》记当时情况说:"是时六坊之众,从武帝而西者不能万人,余皆北徙",说明北魏在京畿的部队,绝大部分为东魏所有,随东魏迁到邺。此后,因军事需要,高欢招抚北镇人口来内地,并以之为兵,又陆续在各地大批征募兵员。从上可见,东魏一开始就有较坚实的军事基础。以后又不断充实,军力逐渐强大。它多次与西魏作战,胜多负少,其兵员总数虽史无明确记载,但天平三年(公元536年)西攻关中,仅前线兵力就多至十二余万;《北齐书·平秦王归彦传》说东魏兵力有"六军百万众",肯定是夸张,但估计有五十万左右是可能的。

东魏中外军,都以鲜卑族人为骨干,长于骑射,所以骑兵最为强大。但步兵数量也不少,每遇征战,骑、步并出,步兵也相当强大。

东魏因南接南朝,且有南伐的打算,所以也相当重视水军的建设。如天保四年(公元553年),曾命令郭元建治水军二万人于合肥。此外,江淮间各军经常与南朝征战,也各备水军并收降了部分南朝水军。天保七年(公元556年),东魏曾派兵十万攻南朝梁国,部分军队曾渡江围逼建康,此次作战虽以失败告终,但说明东魏水军已有了渡江作战的能力。

东魏时高氏父子掌握国家军政大权,高欢、高澄、高洋等,都曾任丞相(相国)并兼天柱大将军或都督中外诸军事,是东魏实际上的最高军事统帅。丞相府设有中兵、外兵、骑兵、刑狱等参军,自然也就成为丞相掌兵的统帅机构。高洋逼孝静帝元善见禅位于己之后,亲掌兵权,"罢相国府,留骑兵、外兵曹,各立一省,别掌机密"。以后又改设五兵尚书,下分五曹:"左中兵掌诸都督告身、诸宿卫官等事;右中兵掌畿内丁帐、事力、番兵等事;左外兵掌河南及潼关以东诸州丁帐及发召征兵等事;右外兵掌河北及潼关以西诸州,所典与左外兵同;都兵掌鼓吹、太乐、杂户等事。"五兵部就是北齐军事统帅机构。东魏北齐的官职名称及官阶等,大体仍循北魏制度,没有大的变动。

(2)东魏、北齐的中外军

①东魏、北齐的中军

东魏、北齐的中军,是东魏、北齐军队的主力,也是皇朝直接控制的军队。其中包括四部分:领军将军领导的皇帝宿卫军;卫尉领导的城门、宫殿禁卫卫士;护军将军领导的京畿四周重要关津驻军和京畿大都督指挥的京畿地区驻军。

据《隋书·百官志》载,北齐中军各部的编制和指挥系统大致如下:

领军府，将军一人，掌禁卫官掖。凡禁卫官皆属于领军府。舆驾出入，督摄仪仗和警卫。其下属有左、右卫府及领左右卫府。

左、右卫府，各有将军一人，分掌左、右厢，每厢均有御仗、直荡、直卫、直突、直阁等五个单位，每单位设有正副都督；另外还有直属左、右卫将军的一些皇帝的侍仪武官：武骑、云骑各一人，骁骑、游击、前后左右四军将军、左右中郎将各五人，步兵、越骑、射声、屯骑、长水等校尉及奉车都尉各十人，武贲中郎将、羽林监各十五人，冗从仆射三十人，骑都尉六十人，积弩、积射、强弩等将军及武骑常侍各二十五人，最中将军五十人，员外将军一百人，殿中司马督五十人，员外司马督一百人。

领左右府，有领左右将军及千牛备身各一人，下属三种卫士：左右备身、刀剑备身及备身。左右及刀剑备身，各有正副都督及都将、别将、统军、军主、幢主等官将，备身则有正副督及都将、别将、统军、军主、幢主等长官。护军府有将军一人，掌京师四周重要关津，皇帝出行，则随驾护卫。护军府除直接领导的护军外，下属有东、西、南、北四中府，每府中郎将一人，统辖京师四周战略要点的驻军和各关尉、津尉所辖部队。卫寺尉，有卫尉一人，掌禁卫甲兵。下属有城门寺，掌宫殿城门及各仓库的钥匙；有武库署，掌武器装备及仪仗；有卫士署，掌京城及各门的守卫部队。

京畿府有京畿大都督一人，指挥除上述各部中军外的京畿地区所有驻军，基本上都是前六镇军士。京畿大都督和领军将军是皇帝身边最亲信的掌兵统帅，地位极为重要。一般两职分置，但有时也由一人兼任。如琅讶王高俨，就曾同时身兼京畿大都督和领军大将军两要职。当时他掌握了北齐的军政大权，是实际的最高军事统帅。

北齐文宣帝高洋为使中军更为精锐，命令从六坊（六镇营户）中选拔肯于死战、能以一当百的军士，单独成军，称为"百保鲜卑，"是北齐中军中的选锋。

②东魏、北齐的外军

东魏、北齐的外军主要是州兵，其次为镇戍兵。

东魏、北齐的州刺史，多以军将兼任，既为刺史又为州都督，其重要方面设行台，都督几个州的军事兼重要州刺史。因为连年战乱，各州均有兵，数量不一，而且东魏、北齐，将领有部族私兵之风甚盛，随任迁调，故州兵都有一定实力。如武定六年（公元548年），河南大将军、大行台侯景反于寿春，东魏即以合州刺史为南道都督，北徐州刺史为北道都督，司州刺史为西道都督，通直散骑常侍裴之高为东道都督，以高纮持节督诸军征伐。从这一部署可以看出，这次征战以州兵为主要兵力，而以中军一部（裴之高所统）为支援。州兵和将领的部族兵虽无具体数字记载，估计几十万人是有的。但因驻地分散，除征战外，还有防守和镇压人民的任务，所以一旦有事，可资抽调的兵力也有限。可以调动较多兵力的是幽州、洛州，如《北齐书·潘乐传》记有其子晃于"武平末为幽州道行台右仆射、幽州刺史，周师将入邺，子晃率突骑数万赴授"。

东魏、北齐为防止北方民族的入侵,很重视边防,继承了北魏的边戍制度。北齐天保六年(公元555年),曾征发人民一百八十万修筑自从居庸关附近的夏口到恒州(山西大同北)长城九百余里,使前后所筑的长城自河西至于海,东西凡三千余里。东魏、北齐沿长城设防,一般是十里设一戍,重要之处则设州镇,共二十五处。设州之地,刺史兼都督军事,设镇之地,则置镇将(即边防都督),都有固定兵员防戍,亦即镇戍兵。镇戍兵的骨干多鲜卑人,但北齐文宣帝高洋曾在汉人中选拔精壮勇敢者,谓之"勇士",以充实边镇力量。

外军的最高指挥者为都督诸州军事,有的还加大都督、大行台等官衔。如北齐时,陆法和就曾任都督荆、雍等十州诸军事,另加太尉、大都督、西南道大行台等官称。东魏初,高纪亦曾为都督益、梁等十三州诸军事,益州刺史等等。和北魏一样,边境州镇的刺史、镇将之下,各要点都驻屯戍兵,主将有戍主和戍副。

(3)兵源及兵役制度

①世兵

东魏、北齐的主要兵源,仍为随高欢内迁的鲜卑族人,他们多为军户,世代为兵。天平三年(公元536年),高欢自将万骑袭西魏的夏州(陕西靖边境),迁其部落五千户而归;同年,西魏灵州(宁夏灵武境)刺史曹泥降东魏,高欢又迁灵州人户五千至东魏。这类内迁的人户,大都变为军户、营户。此外,北齐也经常用降兵补充世兵。如天保四年(公元553年),北齐大破契丹军,收降十余万人,将他们分置各州为营户。这些都是高欢建立东魏的基本兵源。

北魏末,太昌元年(公元532年),高欢攻占晋阳,即以该地为他的军政中心,自任大丞相、大行台,以掌握重兵,控嗣洛阳东魏政权。又将黄河北三州六镇兵民迁至晋阳周围,设置六个侨置州,即以恒州侨置于肆州秀容郡城(山西原平西南);以燕州侨置于并州之寿阳(山西寿阳);以云州侨置于并州受阳(山西文水东);将六镇改为朔、显、蔚三州,朔州侨置并州境内;侨置显州于汾州的六壁城(山西孝义西南);侨置蔚州于并州鄡县境(山西平遥西北)。此六州名为六州鲜卑,成为东魏、北齐主要依靠的兵源。

②募兵

东魏、北齐仅赖军户、营户为兵,有时不足需要,不得不以募兵为辅助。公元561年,北齐帝高演曾命王琳募兵,准备南进。又如公元576年,周兵迫近晋阳,北齐后主高纬就曾诏高延宗、高孝珩募兵,以增加军力。北齐末,政治腐败,军纪废弛,中军战斗力低弱,外军又分散难以集中,齐统治集团只好命令广为招募,以应需要。募兵的对象大都属汉族人民。东魏时,除各州镇有时因征战需要也就地招募,大规模募兵则很少见,因为那时以鲜卑族兵为主的东魏军力比较强大,在征战中胜多负少,没有募兵的必要。

③征兵

为扩大兵源,除募兵外,东魏北齐也进行过大规模的征兵。据《北齐书·孙搴传》记载:东魏建国时,高欢曾"大括燕、恒、云、朔、显、蔚、二夏州、高平、平凉之民以为军士,逃隐者身及主人、三长、守令以大辟,没人其家,于是所获甚众"。北齐时,仅修长城就征发军民一百八十万。《隋书·食货志》记:"北兴长城之役,南有金陵之战……士马死者,以数十万计";又由于"用度转广赐与无节",造成财政困难,于是"撤军人常廪,并省州郡县镇戍之职……以节国之费用"。

河清三年(公元 564 年),北齐为能扩大兵源,制订了新的乡里组织,规定"人居十家比邻,五十家为闾里,百家为族党","一党之内,则有党族一人,闾正二人,邻长十人,合有十四人,共领百家"。如仍按北魏旧三长制规定的三长免役人数计算,新的三长制每百家有二十人免役(党族、党付各免三人,闾正各免二人,邻长各免一人,总计百家二十人),比北魏时每百家可增加服役人丁十一人。北齐户口共约三百万户,全国可增加服役人丁三十万人以上。

北齐的服役年限,结合均田制规定为:"男子十八以上、六十五以下为丁;十六以上、十七以下为中;六十六以上为老;十五以下为小。率以十八受田,输租调,二十充兵(包括徭役),六十免力役(包括兵役),六十六退田,免租调"。在常备军中服役的兵士,正常情况下,一年轮番一次。如遇战争,则按战争需要延长役期。征兵数额,一般是十丁取一。但由于频年战争,统治集团需要增强实力,所以很少真按这一比例征取兵员。

④私兵

东魏、北齐时,军将拥有私兵部曲之风甚盛,朝廷对私兵也没有统一的管理。多数私兵作为私家护卫和奴役,有的也用于征战。如《北齐书·高乾传》附弟《季式传》记:渤海州豪高昂一家,拥有本乡部曲:其弟季式任济州刺史,"自领部曲千余人,马八百匹,戈甲器仗皆备",驻屯于濮阳、阳平,常率其部族出战。所以有人劝他:"濮阳、阳平乃是畿内,既不奉命,又不侵境,而有何急,遣私军出征?"又李愍有部曲数千,出任南荆州刺史、当州大都督,也率部曲数千赴任。又如东魏北徐州刺史司马裔,河内(河南沁阳)人,其乡里四千余家,柜率往归之,也成了他的部曲。其余富族、乡豪,虽不为官,但养育有私兵的就更不可以数计了。

3.西魏、北周的军制

北魏末,夏州刺史宇文泰兼并了侯莫陈悦的军队,占据了关陇地区。永熙三年(公元 534 年),北魏孝武帝元修为高欢所逼,从洛阳逃入关中。宇文泰迎元修迁都于长安,次年又毒死元修,立元宝炬为帝(文帝),历史上称为西魏。西魏政权完全为宇文泰控制。西魏恭帝三年(公元 557 年),宇文护废拓跋廓(恭帝),立宇文泰之子宇文宽为天王,改国号为周,历史上称为北周。北周建德六年(公元 577 年),武帝宇文邕攻灭北齐,统一了中国北方。北周大定元年(公元 581 年),丞相杨坚篡夺政权,自立为帝,改国号为隋,至此,北周灭亡。

（1）军事统御机构及军种、兵种和兵力

西魏立国共二十二年(公元535—556年),整个军政大权,完全掌握在都督中外诸军事、大丞相宇文泰手中,谁当皇帝都由他决定。如他迎来孝静帝,几个月后即行毒死,再立元宝炬为文帝;文帝死后其子元钦继位,宇文泰为收回政权,又将他废杀,再立拓跋廓为帝。所以西魏的最高统治者和最高军事统帅,实际是宇文泰,他的大丞相府也就成为最高军事统御机构。大丞相府中设有长史和司马,是大丞相的幕僚长,"军国机务皆参之";设有谘议、中兵、外兵、铠曹等二十种参军和司录、橼、属等属官,是大丞相的重要幕僚和办事人员;另外设有账大都督、帐内都督和帐内虞候大都督等军官,是大丞相"亲信兵"的统将。

宇文觉伐魏为周天王时,仅仅八岁,国家军政大权掌握在都督中外诸军事、大冢宰宇文护手中。宇文护先立宇文觉为帝,不久又将其废杀另立宇文毓(明帝),以后再将他毒死,另立宇文邕(武帝)。《周书·晋荡公护传》说:"自太祖(宇文泰)为丞相,立左右十二军,总属相府。太祖崩后,皆受护处分(领导),凡所征发,非护书不行。护第屯兵禁卫,盛于宫阙。事无巨细,皆先断后闻",是北周前期的最高统治者。宇文邕"沉毅有智谋",不甘心充当傀偏,在宇文泰专政情况下,"常自晦迹,人莫测其深浅",但实际上在做秘密准备,终于在天和七年将宇文护诱杀,夺回了皇帝的权力。他掌权仅六年即病逝,其子宇文赟继位二年,又禅位于他七岁的儿子宇文阐,北周的军政大权,又落入大丞相、都督中外诸军事杨坚手中。所以北周立国的二十五年(公元557—581年)中,除宇文邕执政时皇帝是国家最高军事统帅,掌握了军权外,其他时期,都是都督中外诸军事的权臣为最高军事统帅,他们的都督中外诸军事府,也就成为最高军事统御机构。都督中外诸军事府,简称中外府,设有长史、司马、兵曹、外兵、功曹等参军和郎中、橼、属等属官,还有领左、右厢亲信等军官,指挥最高统帅直接控制的亲信军队。

武帝宇文邕执政期间,撤销了中外府,亲自掌握军队,使大司马实掌军队事务,一切征发调动的命令,皆出自皇帝,做到了权力集中。大司马府设有小司马、军司马等官,是皇帝的军政执行机构。

北周出军作战时,如不是最高军事统帅亲自指挥,往往临时任命行军元帅,以统一军事指挥;指挥一路或一个方面的主将,称为行军总管。如"建德六年(公元577年),高祖(宇文邕)定东夏,乃以齐王宪为行军元帅,督行军总管赵王招、谯王俭、滕王逌等讨之";又如"大象元年(公元579年)九月己卯,以上柱国郧国公韦孝宽为行军元帅,率行军总管杞国公亮、廊国公梁士彦以伐陈"等。

西魏是由北魏分裂产生的,军、兵种仍和北魏一样,以骑兵为骨干,以步兵为主力,在与南朝相邻的江汉地区,驻有相当数量的水军。北周宇文邕攻北齐时,其中一路就是杨坚等率领舟师三万从渭水进入黄河的。

西魏建国之初,只有宇文泰、李弼两部军队各万人及元修入关所带宿卫军万人,总兵力不过三万左右,军事实力远不如东魏。大统三年(公元537年)、沙苑战役之后,"宜阳、邵郡皆来归附";原来"多聚兵应东魏"的"河南豪杰",至此也"各率所部来降";又从七万俘虏中选"留甲士二万",兵力有所增长。至大统八年(公元542年)改建六军时,西魏总兵力已达十余万人。但次年西魏在邙山战役中战败,兵力损失甚巨。以后经过广为征募,改良军制,实力又逐渐增强。至建德五年(公元,576年)北周攻北齐时,仅使用的中军兵力即达十四万五千之多,灭北齐后,实力更强,估计当时北周中、外军总兵力当在五十万以上。

(2)西魏、北周府军制的形成

府兵制形成于西魏、北周,在我国军制史上占有重要地位。它既有少数民族部落军制的残余痕迹,也有汉魏以来汉族征兵制及世兵制的因袭成分,是特定历史条件下的一种制度。

府兵的前身,是宇文泰的十二军,它们是由原贺拔岳部、李弼部和随孝武帝元修入关的部分宿卫军组成。其中官兵多为原六镇的鲜卑军户。北魏孝文帝改制后,随着北魏政权封建化的加速,镇户的社会地位也急剧下降,落到"役同厮养"的境地,因此他们才被迫参加了六镇起义。但当他们进入中原、辗转作战期间,在一些经叛变起义而转化为新贵族将领的领导下,又成了统治集团的统治工具。这些原六镇镇户,对过去被人贱视的经历记忆犹新,向往早期部落兵的生活。宇文泰等为了投合他们的这种不切实际的幻想,将已经形成的、魏晋以来汉族政权一直通行的军民分籍的制度,与北魏时期拓跋氏实行的八部大人制度结合起来,逐渐创建了一种新的军事制度——府兵制。

宇文泰为了给新制度下的官兵关系蒙上一层部落化的色彩,命令各有功将领,分别继承为鲜卑三十六大部和九十九氏族的子孙;不论是汉族还是其他民族的官兵,一律改为鲜卑姓(北魏孝文帝改制时,为了彻底汉化,曾将鲜卑姓改为汉姓,如拓跋改姓元等,这次全又恢复原姓)。功大者改为三十六大部之姓,如李虎改姓大野氏,杨忠改姓普六茹氏等。功小者改姓九十九氏族之姓。这些将领的部属,也全部改姓主将之姓。主将对于部属,从血缘关系上说是宗长,从部落关系上说是酋长,从军队关系上则是长官。全军区分为六军,象征六大部,而宇文泰统领各部,象征部落联盟的军事首领。

当然,这种从主观愿望出发的军队组织形式,不可能使历史再倒退到部落时期去,因为不仅硬让没有血缘关系的各族士兵建立假的血缘关系不合情理,就是鲜卑族成员之间,血缘关系的联系也早已消失,硬让他们重新结合,同样不符合历史发展的要求。所以这种鲜卑化、部落化的目的,只能落空。但从另一方面看,这种组织形式,对曾经沦为半奴隶的原六镇军户来说,社会地位有所改善和提高,因而,在一定程度上提高了军队的士气和战斗力。

府兵制的形成，有一个准备过程。西魏建国之初，宇文泰所领的十二军，虽然是西魏军队的唯一主力，但在名义上还不是中央宿卫军，仍隶属于关西大行台（宇文泰一直未放弃这一职务），属外军系统。"大统八年（公元542年）春三月，始作六军"，第一步先将西关大行台的军队提升为天子六军的中央宿卫军地位，使组织系统基本统一。

大统九年（公元543年），西魏军队在邙山战役中被东魏军歼灭六万，实力大减。为了继续进行战争和稳定西魏政权，不仅现有军队必须补充，兵源也必须扩大。但当时在关陇地区的鲜卑族及其他少数民族人并不多，单纯依靠他们，无法达到目的，宇文泰不得不从汉族人民中设法解决。当时使用的办法，主要就是"广募关陇豪右，以增军旅"。这并不是一般的募兵，而是在拉拢汉族地主的前提下，将关陇地区的豪强地主们所拥有的部曲和部分乡兵收编过来，使之隶属于六军，进一步集中权力和统一指挥。

大统十五年（公元549年）前后，宇文泰在六军基础上，对中央直辖军进行了重新编组，并在"十六年籍民之有财力者为府兵"。府兵的组织指挥系统，至此确立。

关于府兵的组织，据《资治通鉴》所记，"是宇文泰任总揆，督中外诸军"，下属六柱国大将军，"六人各督二大将军，凡十二大将军，每大将军各统开府二人，开府各领一军"。又据《北史·传论》记载，"每大将督二开府，凡二十四员，分团统领，是为二十四军。每一团仪同二人"。另据《周书》有关将传记所述，府兵领兵军官有大都督、帅都督和都督等。

关于府兵的兵员数，史籍上没有明确记载，但《周书·尉迟迥传》记有："迥伐蜀、督开府元珍、乙弗亚、俟吕陵始、叱奴兴、綦连雄、宇文升等六军甲士一万二千。骑万匹"；又同书《赵刚传》有：赵刚"督仪同十人，马步一万"。可见府兵刚形成时，每一开府领兵二千人，每一仪同领兵千人。依此计算，府兵初期共约四万八千人。这和《玉海》一百三十八卷引《邺侯家传》所说"六柱国共有众不满五万"基本符合。

府兵虽然在名义上是中央宿卫军，但实际的领导和指挥权，却在都督中外诸军事的权臣手中。直至宇文邕杀掉宇文护及其一大批亲信大将军之后，收了兵符和簿书，府兵才归皇帝领导和指挥。宇文邕为了进一步集中兵权、收揽军心和扩大兵源，又采取了两项重要措施：一是"改诸军士并为侍官"，提高府兵的政治地位，并表示府兵从属于皇帝，以削弱府兵对柱国大将军的从属关系。规定半月入伍宿卫，半月进行训练，使其成为名实相符的中央宿卫军。如《北史·李弼传》记：府兵"十五日上，则门栏陛戟，警昼巡夜；十五日下，则教旗习战。"一是"募百姓充之，除其县籍"，大量征发汉族人为兵，以扩大和保持稳定的兵源，并去掉鲜卑部落军制的形式，因而府兵人数迅速增长，历史记载说"是后夏人（汉人）半为兵矣"。这时作为兵役制度的府兵制度，才算正式形成。

府兵成立之初，由二十四开府统领，另有军籍，"不编户贯"，除值勤、作战、教练外，不担负其他赋税徭役，仍沿袭北魏以来的惯例，军士家属随军聚居。直到北周武帝天和元年（公元566年），还在"筑武功、郿、斜、谷、武都、留谷、津坑诸城，以置军人"。当时军人数量既少，作战及值勤时间又多，而且军士多为六镇鲜卑兵和关陇豪右的部曲，没有农耕的习惯，所以府兵不从事农业生产活动，兵和农是分离的。军士及其家属仍居于城内军坊中由坊主管理。至北周武帝扩大府兵兵源后，大量均田户的农民当了府兵，情况开始发生变化。这些新加入府兵行列的农民，虽然也编入军籍，但他们的家属却不可能、也没必要集中随军聚居到城内军坊中去。又由于府兵数量激增，在没有战争的情况下，就不一定高度集中，也有条件让他们参加一部分农业劳动，于是就产生了按府兵所在地区而划分的军府。有作战或执勤任务时，军士人营，由军队军官领导、指挥；无作战值勤任务时，分住于本乡，组成乡团，由军府所属的团主管理。平时参加农业劳动，农隙时进行军事训练。这样的军府和府兵，才是府兵制度的军府，也称土著军府。这种土著军府，一般为仪同府，由当地豪门、望族等地主任仪同将军。

西魏、北周立国时间虽然不长，但府兵制的建立，对当时和以后的军事历史，都有深刻的影响，是我国军制史上的重要一环。

（3）西魏、北周的中外军

西魏、北周的军事体制和历代一样，区分为中、外军，中军以府兵为核心。对外战争中，常以中军为主体结合外军进行。如建德四年（公元575年）伐齐，兵力号称十七万人，其中三分之一是外军，余全为中军；建德五年（公元576年）伐齐，号称十四万五千人，全为中军。这说明西魏、北周皇朝直接掌握的中军，是军队的核心和主力。但地方性局部作战，就以外军为主。

中军以府兵为主，另有禁军。禁军虽同属中军，但另成系统，如于翼就曾"总中外宿卫兵事"，说明府兵与禁军不完全是一回事。禁军是侍卫宫中和当皇帝外出时护驾的兵，有时称作"亲信兵"或"帐下兵"，领兵的军将就成为皇帝的"心腹""心膂"。王励就曾以千牛备身直长，领左右出入皇帝卧内；沙苑之役时，又以都督领禁兵。宇文泰晚年，曾以其亲信分掌禁军，历史上记载其事说："……唯以诸婿为心膂，大都督请河公李基、义城公李辉、常山公于翼俱为武卫将军，分掌禁兵……"而尉迟纲先后以领军将军、中领军"总宿卫"。以上足以说明北周的宫卫制度，可分作两大部分：

左右宫伯："掌侍卫之禁，更直于内"。辖有：左、右中侍，左、右侍，左、右前侍，左、右后侍，左、右骑侍，左、右庶侍，左、右勋侍。其中左、右中侍掌"御寝"禁卫，是亲近皇帝更重要的侍卫。

左、右武伯："掌内外之禁令兼领六率之士，其宿卫范围是宫廷内外，不直接接近皇帝。其所辖六率为：左、右旅贲，左、右射声，左、右骁骑，左、右羽林，左、右游击。"

　　两部分的区别，前者以"侍"为主，后者以"卫"为主，体现禁军有内、外之别。西魏、北周宿卫军组织尽管变化很多，但禁军主要是宿卫宫廷内、外，而整个京都及其附近要害地区的宿卫任务，仍属于府兵，则是没有变化的。

　　宇文邕（北周武帝）统治后，增置大司武、大司卫，其下分设左、右司武，左、右司卫。司武、司卫职责略有不同，皇帝用来互相制约。北周末，禁军中又增设"武侯"，也是对禁军的扩充。

　　宇文护专政时期，为加强对府兵宿卫的控制，曾采取过一些措施，天和五年（公元 570 年），就曾命令宿卫官家在关外的，要迁往京师，否则，就解除宿卫职务。这项规定，虽不仅限于府兵宿卫，但其包括在内则是无疑的。

　　西魏、北周的外军，包括州郡兵、乡兵和镇戍兵。西魏、北周前期由于中军力量不强，除改革兵制加强中军外，对外军也很重视。州郡兵随所处地位的不同，兵力也有多有少，但都具有一定兵力，可以用来镇压当地叛乱和防止敌国少数兵力的入侵。如西魏废帝元年（公元 552 年），叱罗协任南岐州刺史，时东益州刺史杨辟邪据州反，叱罗协就是率州兵将其讨平的；崔猷任梁州刺史，都督梁、利等十二州军事，及宇文泰死，始、利、沙、兴等州谋叛，信、合、开、楚四州也反，利州刺史崔谦请援，崔猷就派兵五千前去支援。史书上此类例子很多。独孤信任陇右十州大都督、秦州刺史，大统十六年（公元 550 年）宇文泰向东用兵时，以数万兵力从征，说明当时州郡兵之盛。

　　州兵的最高指挥，西魏时原为都督或大都督，一般由州刺史兼任。有的重要方面，要都督几个州甚至几十个州的军事。至北周时，宇文护为加强对州郡兵的控制，首先将雍州（治长安，今西安西北）刺史改为雍州牧，自领牧守；其次将州刺史兼都督军事称改名总管，除任命亲信宇文宪为益州总管、宇文直为襄州（今湖北襄阳）总管外，后来在襄州设总管府总领荆州、安州、江陵等总管。其他各州郡也做了类似改变。

　　西魏、北周的乡兵，力量也颇强大，多以当地豪右望族以帅都督衔为主将。西魏初"广募关陇豪右，以增军旅"。这些被招募的人，一部分随军参加征战；另一部分留在地方担任防戍，就成为乡兵。类此乡兵，在前已有存在，但不如此时之盛。当东、西魏分裂之初，孝武帝西迁，东魏徙邺，人情骚动，各怀去就。于是境上豪右，往往招募乡里分附两方。东、西魏亦笼络此辈，加之官爵，称之曰义徒、义众、义旅。其附西魏而著名者，如上洛阳猛，"收集'义徒'于善诸谷立栅，以抗东魏；伊川李长泰、李延孙父子'立义'京南，守御边境；新安魏玄，招集乡曲，'立义关南'，每率乡兵，抗拒东魏；东坦韩雄，招集乡里'义众'，进取洛阳；洛阳赵肃，领所部'义徒'，据守大坞；河东敬珍，趁高欢沙苑之败，举兵附西魏，数日之中，众至数万；河内司马裔'起义'温城，有四千余家，归附西魏，并裔之乡旧。凡此之徒，其所领乡里称之为'义兵'者，亦乡兵也。"可以看出，乡兵在抗击东魏方面是起了一定作用的，已是西魏、北周外军组成部分之一。而统治者对领乡兵有功的，也不惜官爵，不次进官。如丰填者，京北杜陵人，西魏文帝元宝炬征为鸿胪卿，以望族兼领乡兵，加帅都督，进车骑大将军，仪同三司，散骑常侍，恭帝二年（公元 555 年），又赐姓宇文氏；河东解县柳敏先为朝廷小吏，后迁礼部郎中，封武城县子，加帅都督，领本乡兵，不久，进为大都督，后因参与平益州有功，迁为骠骑大将军，开付仪同三司，加侍中，迁尚书，赐姓宇文氏等等。

西魏、北周时，除在北方与柔然、突厥接壤地区仍如前代设镇戍兵外，又在关隘要地另设镇戍兵。其领兵者名称不一，有的为镇将、防主，较小的为城主、戍主等。所领兵力也视镇戍地的重要程度而定。宇文泰执政时，除边境外，在各地也曾有筑城。宇文护当政以后，继续由朝廷主持增筑了许多新城，先后有安乐、柏壁、安义、原州及泾州东城崇德、大宁等，目的在于与北齐作战，设将驻屯军队于筑城中，具有镇戍兵性质。如魏玄以率所募乡曲为大都督，所部兵分驻弘农、九曲、孔城、伏流四城；杨恒为仪同将军，以兵镇恒山；达奚实为都督，以兵镇弘农等等。无论乡兵或镇戍兵一般统归其所在州都督（总管）统一指挥。

（4）兵源及兵役制度

①世兵

宇文泰原以关西大行台所统之兵，多为鲜卑族，并主要为骑兵，在西魏、北周军队中，虽人数不如在东魏、北齐军队中的多，但仍起着骨干作用。这些兵，多系世代为兵，以后纳入府兵系统，成为府兵的主力。

②募兵

西魏，北周为情势所限，不得不实行募兵。最初仅限于"广募关陇豪右"，到后来已超出"豪右""六户中等人家"的范围，也包括广大劳苦人民在内。募兵对象，多为汉族人民。关于西魏、北周大规模募兵，除建立府兵制时在全国范围征兵外，几次对齐用兵，也是大规模招募。如建德三年（公元 574 年），北周武帝宇文邕"诏荆、襄、安、延、夏五州总管内，有能率其从军者，授官各有差，其贫下户给复三年"。其后宣帝宇文赟对陈用兵，也"免京师见徒、悉令从军"。可见，募兵以充实中外军，是西魏、北周的重要手段。

③征兵

西魏、北周实行的府兵制，在均田制的基础上，籍民为兵，实质就是征兵。早在西魏大统十年（公元 544 年），就颁布了新制三十六条，其中包括田地、赋税等内容，主要是使民有所耕，以发展生产。恭帝三年（公元 556 年），正式规定了均田和赋税制度。这对征兵有密切关系。据《隋书·食货志》记，北周均田、赋税规定是："有室（一对夫妻）者田百四十亩，丁者（未结婚者）田百亩"，十八岁成丁受田，六十四岁年老退田。一对夫妻每年纳"绢一匹，绵八两，粟五斛"；"丰年则全赋，中年半之，下年一之（三分之一）"。户分九等，上等户多纳，下等户少纳；"凡人自十八以至五十有九,皆任于役"。被籍为兵后,免本人赋税。当兵多少可得到一些实惠。而且家庭生活有一定保障,所以均田制的实行增加了人民当兵的主动性,从而增强了军队的战斗力,减少了兵士的逃亡。

征自均田户的府兵,其办法是"于六户中等以上家有三丁者,选材力一人"。西魏时宇文泰规定府兵一年一更代,北周时宇文邕(武帝)改为一月一更代。前边所述"十五日上,则门栏陛戟,警昼巡夜;十五日下,则教旗习战",就是说凡被征之府兵,每年轮流服役一月,半月担任宿卫勤务,半月进行军事训练。其余时间,除往返日程外,都在军府领导下从事生产。农闲时,由军府加以训练。这种办法,是在继承两汉更卒、正卒制度的基础上发展而来,和当时实行的力役制度是统一的。西魏时是"六丁军制",即一年服两月力役;北周初改为"八丁兵"制,即一年服一个半月力役;保定元年(公元561年)"改八丁军制为十二丁兵,率岁一月役"。上述规定,当然只能在正常情况下贯彻,有战争时,则不可能按期执行。如建德二年至六年(公元573—577年),因连续对齐作战,府兵竟五年没有轮换。

除在一般均田户中征兵外,宇文邕还曾"求兵于僧众之间",强制僧人还俗编户,以服兵役。北魏后期,北方各地有寺院三万余所,僧众二百余万,其中许多僧人是"假慕沙门,实避调役"。至北周时,僧众更多,北齐有二百万,北周有百余万,占两国统治区编户人口的十分之一。这么多的僧人不服兵役,不纳租调,必然影响兵源和税收,同时也增加了一般编户的负担。北周武帝宇文邕为增强国家力量,于建德三年(公元574年)下诏废佛,将寺院财物全部没收,统作军费;将全部僧众编为均田户,并将其中适龄丁男编入军籍,从而使"民役稍稀,租调日增,兵师日盛",进一步扩大了兵源。北周灭齐之后,宇文邕也采用同样的政策,于是"三方(周、北齐、后梁)释子(僧众),减三百万,皆复军民,还归编户"。北周为南北朝时期军事实力最强的国家,它为后来隋的统一,奠定了坚实的基础。

(5)补给和训练概况

西魏、北周关于军队的补给,一般不外三种手段。其一,是靠掳掠。如《周书·杨标传》,说杨标"大获甲仗及军资以给'义士'","令领所部,四出抄掠,以供军费"。其二,是就地搜括。军将基本上都兼任地方负责官吏,就地搜括人民财富以养兵,容易实行。如《周书·独孤信传》,说独孤信久镇陇右"劝以耕桑,数年之中,公私富实,流民愿附者数万家",独孤信也当然从所辖人民的生产中,搜括财富、以供军用了。其三,是屯田。屯田分民屯、军屯。民屯以人民经营,以供军用。如李贤曾在河州大营屯田;宇文贵在梁州屯田,使附近几个州郡得到丰足等。军屯以军将直接屯田。因而屯田成为军队食用自给的手段。以上无论哪种手段,都说明当时的军队补给,不是由皇朝统一筹划,而是由军将自筹。这是因为久经战乱,生产受到破坏,军用又庞大,政治不安定,朝廷统筹有很大的困难。实际上自筹和统筹,本质都是靠人民生产来养兵。

府兵制实行后,军需补给如史书上所说:"马蓄粮备,六家供之"。即府兵的补给,由领兵的六柱国负担。六柱国本身都是大地主阶级的代表人物、广有资产财富,其所统治各将,也同样如此。他们有一定能力供养军队,何况还可采取种种办法来搜刮人民,筹办军需。无论采取何种方法,朝廷命令"六家供之",可以理解为要领兵的六柱国"自筹"的意思。这和一般外军(州郡兵、乡兵等)就地自筹军资实际是同一意义。

西魏、北周在规定军队自筹补给的同时,也已出现由皇朝统筹的倾向。如《北史·传论》中有"每兵惟办弓刀一具,月简阅之;甲、矟、戈、弩,并资官给"的记载。又如独孤信东征,以当地土豪赵肃做向导,授以官职,监督军储,使用丰足,独孤信因此很得宇文泰的赞许;陆腾征信州,诏令辛昂在通、渠等州运粮供给陆军;薛善为司农少卿,管理同州夏阳县二十七屯监,又在夏阳诸山置铁冶,兼领冶铁监,广兴屯田,制作军器,供应各军。以上例证都可说明,为进一步使军队中央化,军队的补给随着生产的发展、政治的安定,有从自筹转为皇朝统筹的倾向。

西魏、北周对军队的训练颇为重视。府兵的训练,除番上时半月训练、半月宿卫外,其在府之时,弓刀要"每月简之",并利用"农隙教战"。北周武帝宇文邕在宇文护专权时代,就曾几次大规模讲武,以后除用兵北齐和准备北伐突厥外,几乎年年进行,有时一年多至四次。讲武时间,多数在冬季,也有夏、春季举行的。早在宇文泰执政时,就为讲武教战打下基础。大统八年(公元 542 年),大会诸军于马牧,既而大狩于华阴;大统九年(公元 543 年)大阅于乐阳;十年、十一年连续大阅于白水;十二年,大会诸军于咸阳;十三年,西狩于岐阳;十四年,又大狩于原州以北长城。此后因征战一度中断会猎,但恭帝元年(公元 554 年)后又恢复。宇文泰模仿《周礼》,结合鲜卑人尚武风气,把讲武制度化了。春季叫"振旅";夏季叫"茇舍";秋季叫"练兵";冬季叫"大阅"。每次参加讲武的除将帅外,有步兵、骑兵,以练习战阵之法,并且规定地方官吏和当地丁壮都要参加见习。

四、隋、唐五代军制

(一)隋代军制

北周大定元年(公元 581 年),杨坚(文帝)取代北周,建立了隋朝。开皇九年(公元 589 年),又击灭江南的陈国,从而统一了全国。隋朝极盛时期,疆域东西九千三百余里,东、南均至于海,西到且末(新疆且末),南北一万四千八百一十五里,北抵于五原(内蒙古杭锦后旗西)。

杨广(炀帝)继位后、骄奢淫逸,穷兵黩武,激起隋末的农民大起义,导致隋朝灭亡。隋立国虽不到四十年，但在政治、经济、军事上有些兴革，对社会发展起了一定的积极作用，对后世也有较深远的影响。杨坚在建立隋朝后，为巩固统治，适应新的形势，首先改革政权机构，在朝廷设三师（太师、太傅、太保）、三公（太尉、司徒、司空）和尚书、门下、内史（后改中书）、秘书、内侍五省；御史、都水二台；太常等十一寺。因为实际掌握政权的是尚书、门下、内史三省和尚书省所设的吏、礼、兵、都官（后改称刑）、度支、工等六部，故一般称为三省六部制。三省的长官是尚书令、内史令、纳言（后改侍中），同为宰相，但尚书令实际掌管全国政务。此外，还改革了土地、租税、徭役制度，实行了新的人事制度和科举制度等等。在军事上，对沿用的北周府兵制进行了改革，从而加强了隋王朝对军队的控制。

1.隋初府兵制概况

府兵制虽开始形成于西魏、北周，但作为兵役制度，到隋、唐才趋于完备，而且含义也不尽同于一般的府兵。府兵作为名称，自魏、晋以至隋、唐，运用范围比较广。如两晋时就有"府兵"的提法，西晋刘璠在其父死后，率

杨坚

其父的旧部队讨郭励，史称："墨经（戴孝的意思）率府兵讨励"；东晋谢玄的北府兵也称作"府兵"。晋代刺史多兼管军事，历史上往往府、州并称，名为"军府"。魏在中山（河北定州）设置八个军，每军各有主帅、僚属，设有牙门，也称"军府"，属于军府的兵，也称为"府兵"。但作为兵役制度而命名的府兵，到隋才更为确定。最初沿用北周的办法，挑选有勇力的农民充兵，平时仍从事生产，免去他本身的租庸调，利用农闲从事战阵训练，无论平、战时，都由各级军官督率，自立军籍而不入地方户籍。规定三岁以下为黄，十岁以下为小，十七岁以下为中，十八岁以上为丁，到丁开始服兵役，六十为老，老则免役。役龄内的府兵，轮番服现役。未服现役的府兵，由管理军户的军坊坊主或乡团团主管理。平时定期集中训练，有事则应召从军出征。关于服役开始的年龄，至开皇三年（公元583年）又下令改为二十一岁，缩短了三年役期。

隋设军府的数量，史书缺乏明确记述，但从其用兵及地略估计，以关中地区及边防要隘为多。

杨坚取代北周，是由逐步夺权而实现的，因此在代周前后，一切制度多沿用周制，但为了控制军队，也采取过以下措施：

恢复旧姓：将西魏宇文泰为相时赐给军将及其所属士兵的鲜卑姓，全部恢复为

本姓。这个措施的本质在恢复汉族地位，清除私兵、部族兵的遗痕，对改变观感也有一定作用。杨坚自己也废用周赐姓普六茹氏，恢复杨姓，以争取广大汉族人民的同情和支持。

利用宗族：隋代周前后，曾一度利用宗族武装。如当北周将尉迟迥起兵反对杨坚时，杨氏宗族组成宗室兵三千人，由杨希尚率领，扼守潼关。杨坚将这支队伍命名为"宗团骠骑"，这实际上是使具有乡兵性质的宗团兵成了特种府兵。

整顿乡兵：隋在灭陈之前，在旧北齐统治区域和接近陈边境先后出现过乡兵组织，杨坚也和宇文泰一样曾加以整顿和利用。如张翰家于淮阴（江苏淮安），拥有乡里势力和豪侠子弟，庐江（安徽合肥人）人樊子盖。被杨坚授以官职，领乡兵，他们都参加了灭陈战争。来护儿寄居广陵（江苏扬州），杨坚授以大都督，领本乡兵，也在灭陈战争中立有功绩。陈灭之后，江南土豪群起叛乱，杨坚利用庐江陈棱，准其开府，领乡兵。会同其父岘为隋平乱，后官至骠骑将军。整理和运用乡兵，是杨坚将乡豪势力纳入府兵系统的措施，在战争中也起了一定的作用。

2.府兵编入民户的重大改革

开皇十年（公元590年），隋在灭陈统一全国后，杨坚颁发诏令，对兵役制度做了重大改革。其诏文说：

"魏末丧乱，军人权置坊府，南征北伐，居处无定，家无完堵，地罕包桑，朕甚愍之。凡是军人可悉属州县，垦田、籍账一与民同。军府统领，宜依旧式。罢山东、河南及北方缘边之地亲置军府。"

在此之前的府兵，家属随营居住，是军户而不是民户，随军队调动，不能长居久安，生活较为困苦。军户编入民户后，改属州县管理，和一般民户一样从事生产，只有在民丁征入军府服役后，才归军府管辖，因而民户和军府联系紧密。这种变革与军队影响不大，但却给人民生活和发展生产带来很大好处。这种变革实质是变兵民分离制度为兵农合一制度。这种制度改军人世代执役为普遍征发，扩大了兵源，有利于统治者对军队的加强和控制。但此种制度，仍限于设军府的区域内，而军府的设置，与国防需要和战争直接关联。如杨坚颁诏令系在灭陈战争之后，诏令中有罢新置军府的词句，说明军府的设置战时多于平时。

此种兵农合一制度，与均田和租调也是分不开的。当时规定一夫受田百亩，其中二十亩为永业田，归受田者所有，八十亩为露田，受田者死后要交还国家。妇女受露田四十亩，奴婢受田也相同。丁牛一头受田六十亩，一夫一妇为一床，年交租粟三石，绸绢三丈。丁男每年服兵役一个月，服役时的资粮给养，一般由个人负担。这些规定使国家收入有了保障，个人负担也较为固定。但在丁男服兵役期间，要免除租庸调，所以后来当炀帝杨广穷兵黩武，"扫地为兵"时，"自是租赋之入益减。"

在这个制度实行之前，隋统治者曾把民丁服役年龄提高到二十一岁。杨广任皇帝后再提高到二十二岁，但没有改变十八岁受田的规定。而且，杨坚下令将免役年龄缩短为五十岁，使壮年农丁有较长的时间从事农业生产，对社会发展起了一定积极作用。

3.军事指挥机构及军队编组

隋和前朝相同，军权集中在朝廷，军队基本上由皇帝亲自统御，尚书省内的兵部为皇帝在军事方面的办事机构，兵部的最高官吏为兵部尚书，下设兵部侍郎、职方侍郎、驾部侍郎、库部侍郎及必须人员，分管有关军事事务。

全国设十二卫府分统全国军队，其中既包括禁卫军，也包括分布全国各地的军府。应服现役的府兵，分隶在各地军府。各卫府的最高长官为大将军或将军，直接归皇帝指挥。各卫府的区分、编制、职责如下：

左、右卫，是皇帝的内卫，主要负责宫廷内警卫。各设大将军一人，将军二人，长史、司马、录事、功、仓、兵、骑四曹参军、铠、法二曹行参军各一人。又各设近侍武官直阁将军六人，直寝十二人，直斋、直后十五人，奉车都尉六人，武骑常侍十人，殿内将军十五人、员外将军三十人、殿内司马督二十人、员外司马督四十人、行参军六人。

左、右武卫，主要负责宫廷外的警卫。其组成与左、右卫同。但无直阁将军以下各近侍武官，行参军为八人。

左、右武侯，主要负责皇帝出行时的护从。担任前卫、后卫，昼夜巡查，执捕奸匪，警戒道路。侦察水草等任务。皇帝巡视地方或狩猎时，担任宿营警卫。其组成与左、右武卫同。另各设司辰师四人，漏刻生一百一十人，行参军六人。

左、右领左右府，负责皇帝左右侍卫及仪仗。其组成与左、右武卫同，但无功、骑二曹参军及法曹行参军。另各设千牛备身十二人掌千牛刀，备身左右十二人掌弓箭，备身十二人掌宿卫侍从。

左、右监门府，负责宫殿门卫。其组成与左、右领左右府同。但不设大将军。另各设郎将二人，校尉、直长三十人，行参军四人。

左、右领军府，负责十二军的籍账、差科、辞讼等事。其组成与左、右卫同。但不设大将军及将军。另各有行参军十六人及执掌法令的明法四人。

此外，有"东宫十率"。即左右卫率、左右宗卫率、左右虞候、左右内率、左右监门率，基本上是和十二军相应设置的，只是没有类似左右领军的机构。

左右卫、左右武卫、左右武侯、左右领军各设若干骠骑、车骑府，直接掌握府兵，所委将军，历史上简称开府，每府设有长史、司马、录事和仓、兵仓参军，法曹行参军各一人，行参军三人，皇帝为酬劳武将，有仪同府的设立，其下也置僚属如开府，但无行参军人员。

上述编组将十二府军力统一在禁卫军系统内，使皇帝控制兵权更加牢固。另外禁卫军中又有内卫和外卫,府兵一部分服内卫,大部分任外卫,因而府兵有内军和外军之分。左右卫所属亲卫、勋卫、翊卫,称为三卫,三卫各有骠骑府、车骑府,都是内军;十二府所属的其他骠骑府、车骑府为外军。皇帝利用内、外军,互相制约,又在内军中以任务的轻重区分为亲信、次亲信,使其更便于控制。

骠骑府长官为骠骑将军,而以车骑将军为副,有的以车骑将军开府,即为车骑府的长官。骠骑府在大将军(正三品)直接指挥下,其指挥系统和各级指挥官品级是:骠骑将军(正四品)——车骑将军(正五品)——大都督(正六品)——帅都督(从六品)——都督(正七品),和北周相比,主帅品级降低了(大将军为正九命,相当于隋的正一品),而人数增加了(北周有八个柱国大将军,隋增至十二个府大将军),权力有所分散,这就更有利于皇帝集中军权。

府兵不服役时,归军府所在地保、闾、族里、党等各级组织管辖,而他们又都统一在军府指挥、管辖之下。

十二军府兵,军人通称为侍官。隋初军府(骠骑、车骑)不是因地名命名,而是以数字排列,如出土的《范安贵墓志铭》中,就有"开皇三年人为右领军右二骠骑将军"的记载。

隋在加强禁卫军(中央军)的同时,对地方军也进行了整理。沿北周制度,在边境及内地的重要州,设总管负责这一地域军事,统一附近几个州的军事管理。杨坚任帝期间,设总管的州共五十二个,计为:延、庆、原、夏、灵、云、丰、秦、兰、廓、凉、金、叠、岷、宕、扶、利、会、遂、信、益、泸、洛、西、防、晋、黡、代、朔、并、幽、玄、营、青、徐、扬、寿、蕲、吴、杭、洪、广、循、桂、崖、荆、襄、安、黄、江、潭、永。

隋初将州、郡、县三级制改为州、县两级制,以便于控制和利于府兵制的实行。此后杨广又改为郡、县两级制,但实质未变,并在郡设都尉(正四品)、副都尉(正五品),负责统御一郡的兵马。

军事要地设镇,镇置将和副将。上镇将军从四品,中镇将军及上镇的副将从五品,下镇将军及中镇副将正六品,下镇副将从六品。较次于镇的军事要地设戍,戍设戍主及副。上戍主官正七品,中戍主及上戍副正八品,下戍主及中戍副正九品。交通孔道及要隘设关,关设令及丞,上关令及中关令从八品,下关令及上关丞正九品。

府兵按期轮赴禁卫军和就近地区地方军服役,不足的就地征募。可见隋虽以府兵为主,但也兼用其他手段,以应付平、战时的需要。

4.隋炀帝对府兵制的再次改革

炀帝杨广继文帝杨坚为帝后,为加强军力,对府兵大加扩充对原有的十二府进行了改组:左右卫改为左右翊卫;左右领军改为左右屯卫;左右武卫名称如旧;左右武侯改为左右侯卫;增置左右骑卫及左右御卫。以上仍共为十二府卫。

各卫府仍如隋初,各设大将军一人、将军二人,总领每卫府的指挥管理。惟改各府原所领骠骑府、车骑府为鹰扬府;改骠骑将军为鹰扬郎将,车骑将军为鹰扬副郎将;改大都督为校尉,帅都督为旅帅,都督为队正等。废止原直阁将军、直寝、奉车都尉、驸马都尉、直斋、别将、统军、军主、幢主等官。为了使农民勇于服役,十二卫又各赋予军士以荣誉名号,即左右翊卫军士名为"骁骑";左右骑卫军士名为"豹骑";左右武卫军士各为"熊渠";左右御卫军士名为"射声";左右屯卫军士名为"羽林";左右侯卫军士名为"佽飞"。并改过去"侍官"称号,一律通称"卫士"。每府大将军以下人员大体如旧,惟增护军四人(后改武贲郎将,并以虎牙郎将副之)。每个鹰扬府设越骑校尉二人,管理骑士;步兵校尉二人,负责步兵。

左右领左右府改为左右备身府,各设备身郎将一人,以直斋二人任其副,负责侍卫左右。各府除幕佐人员外,有千牛、司射各十六人,又各设折冲郎将三人,并以果毅郎将为副,掌管招募而来的"骁果"。直接统领骁果的为左右雄武府,以雄武郎将、武员郎将分任正副长官。这个府不领府兵,但又属皇帝禁卫,是一种相互制约、内外相维的措施。

左右监门府名称如旧,惟改将军为郎将,各设直阁六人,增门尉员一百二十人,门侯员二百四十人,负责门禁守卫。门监府也不领府兵。

这次改革,使府卫增至十六府,而且禁军中还有领府兵与不领府兵的分别,明显地加强了内宿禁卫力量。骁果虽不完全用于宿卫,但在护从军中占有重要地位。大业元年(公元605年)杨广巡游江都(江苏扬州),其护从就多是骁果;大业十四年(公元618年),宇文化及也是利用骁果发动兵变,杀掉杨广的。

鹰扬府随其设府地点,逐渐冠以地名,鹰扬府的数目和兵额,史书上没有明确记述,但从出土文物以及杨广用兵高丽的兵力来看,军府较前大有增加,分布面也很广。发现有鹰扬府的地点,在北方有幽、易、赵等州;西北有瓜、朔等州;东南有扬、润等州;西南有襄、夔等州,可以说遍及全国。杨坚时灭陈之战总兵力只五十余万人,而大业八年(公元612年)杨广用兵高丽,就号称百余万人了。

5.战时军队的指挥、编组

战时军队指挥由皇帝派行军元帅为最高指挥官。灭陈战争,战区范围广阔,曾以杨广、杨俊、杨素并为行军元帅,并以杨广以淮南道行台尚书令名义统一指挥全般军事。其负责一个地区的指挥人员称为总管(平时称谓一致)。史载灭陈时军队编组盛况为:"合总管九十,兵五十一万八千,皆受晋王(杨广)节度。东接沧海,西拒巴蜀,旌旗舟楫,横亘数千里"。

大业八年(公元612年)杨广用兵高丽,亲自任指挥,左右各十二军,凡一百一十三万人。号称二百万。其统御和编组,据历史记载是:"帝亲授节度:每军大将、亚将各一人;骑兵四十队,队百人,十队为团;步卒八十队,分为四团,团各有偏将一人;其铠胄、缨拂、旗幡每团异色;受降使者一人,承诏慰抚,不受大将节制;其辎重散兵等亦为四团,使步卒挟之而行;进止立营,皆有次叙(序)仪法。癸未,第一军发;日遣一军,相去四十里,连营渐进;终四十日,发乃尽,首尾相继,鼓角相闻,旌旗亘九百六十里。御营内合十二卫、三台、五省、九寺,分隶内、外、前、后、左、右六军,次后发,又亘八十里。近古出师之盛,未之有也。"此种记载,虽不无夸张之处,但可略见隋军后期作战编组的一般。加上后勤民伕,动员之众,可以想见。从编组中可以看出,隋军后期骑兵有很大发展,每军有骑兵四十队,和步卒相比,占的分量是不小的。应战争需要,隋对水军的建设,也很重视。早在灭陈战争前,就命杨素在永安(四川巴东)训练水军,并造大舰,名曰"五牙",上有多层,可容战卒八百人,左右前后装置抛射敌船的拍竿六具,又造可容百人的"黄龙"船以及更小一些的战船若干。这支水军在灭陈作战中起了不小作用。及至杨广对高丽用兵,曾先命元弘嗣在东莱(山东莱州)海口造船三百艘,又征发江南水手万人,有了能渡海作战能力的水军。史载"右翊卫大将军来护儿帅江、淮水军,舳舻数百里,浮海先进……"说明隋后期水军是有了一定力量的。

6.隋府兵制的破坏

府兵制发展到隋,制度已比较完整,但为期不长,即与隋的统治同时告终。这是由于杨广穷奢极欲,好战喜功,不仅使社会经济遭受极大破坏,且"增置军府,扫地为兵""丁男不供,始役妇人",正常的兵役制度已无法实行。史载:"帝自去岁谋讨高丽,诏山东置府,令养马以供军役。又发民夫运米、积于泸河、怀远二镇,车牛往者皆不返,士卒死亡过半,耕稼失时,田畴多荒……"概括了生产和兵役的破坏情况。概略估计,炀帝杨广统治时期,前后服役的农民不下千余万人。而隋代户口最高年份是大业二年(公元606年),计户口八百九十余万,人口四千六百余万,除去老弱,不过千余万人。由于征发人数已超过此数,所以不能不"始役妇人"。这种举国就役的结果,造成"天下死于役而家伤于财"的情势,正常的府兵制也就破坏无遗了。

由于杨广的残暴统治,农民不得不奋起反抗,爆发了农民大起义。这次起义的范围、规模超过了前朝,各地起义军吸引了分散的隋府兵力量,使其无法集中起来镇压农民起义军,反而被起义军各个击破。不久,残余府兵和招募的骁果、地方军也先后被消灭和击败。隋由是灭亡。

(二)唐代军制

隋末农民大起义,基本上推翻了隋朝统治,但李渊父子乘机进入关中夺取胜利果实,建立了唐朝。唐承隋制,为加强中央集权,在战争过程中逐渐恢复了府兵制。但在初期,因采取了一些权宜措施,所以变化较多。直到太宗贞观十年(公元636

年),府兵制经过整顿之后,才进入全盛时期。在武则天当政以前,无论宿卫和征战,府兵都占极重要的地位。玄宗开元年间,府兵渐次败废,改以募兵代替府兵,出现彍骑。但不久彍骑也迅速废弛。至唐朝后期,藩镇割据,皇帝仅以禁军来维持中央皇权的统治。正如《新唐书·兵志》对唐代军制所做的归纳:"盖唐有天下二百余年,而兵之大势三变,其始盛时有府兵,府兵后废而为彍骑,彍骑又废而方镇之兵盛矣。及其末也,强臣悍将兵布天下,而天子亦自置兵于京师日禁军。"

1.唐初期的军制

李渊父子在太原起兵时,兵力只有三万,估计利用太原隋鹰扬府兵约万人,临时募集的万人左右。在此基础上,李渊建立了大将军府,亲任大将军。以其长子建成任左领军大都督,指挥左三统军;次子李世民为右领军大都督,指挥右三统军;三子元吉为中军大都督,留守太原。李氏父子在向关中进军过程中,招降隋军兵将,争取小支农民起义军的归附,加以李氏在关中亲族起兵响应、兵力骤然增至二十多万人。这一阶段的兵源很复杂,但主要来源有三个:一为隋朝残余府兵;二为临时募集而来的农民;三是带有宗团性质的乡兵。李渊入关建立唐朝政权后,为了解决统一战争的兵源和粮食问题,急于谋取恢复耕战双顾的府兵制度。在武德初年,就设置军府,成为当时军队组织的最大单位。每一军府由骠骑将军和车骑将军共同管理。当时关中地区分为十二道,每一道设一个军府。武德二年(公元619年),曾一度不用"道"名而改称"军"。武德六年(公元623年),军名又一度废而不用,一年后又恢复,但将统率的将领骠骑将军改称统军,车骑将军改称别将。历史曾记载此时变化的原因说:"初,帝以天下大定,将偃(停止之意)武事,遂罢十二军,大敷文德。至是突厥频为寇掠,帝志在灭之,复置十二军"。军下设坊,以"检查户口,劝课农桑"。(《新唐书·兵志》)可见,唐府兵制一开始就建立在均田制的基础上。

以上十二道府兵,半数为隋开皇十年(公元590年)编入户籍而此时处于无籍可归的士兵,半数为自太原起兵后偕来的归众。前者原来就因战乱散处关内;后者多为原河东地区民户,考虑耕、战并重,使其逐步纳入府兵组织。因全国尚待统一,战争仍在进行,此时关内军府的建立,仅具府兵雏形。另外,唐初曾沿袭隋十六卫府官称任命军将,如窦抗、庞玉就曾分任左、右武侯大将军,王君廓任右领军大将军等称号,但这只是唐拉拢武将所给的荣誉称号,和府兵无直接关系。

除上述十二道各府之兵外,三王(建成、世民、元吉)也各开府领兵。东宫有左、右、中三卫府;世民、元吉的秦、齐王府各设六护军及左右亲军府,都自成系统。

唐初,地方行政恢复隋初州、县两级制,中央政治、军事机构沿用隋制。以兵部作为中枢处理军事事务机构,军事指挥权皇帝亲自掌握、惟征战的统帅多以三王任之。尤其李世民更为突出,重要战争,多由他指挥。兵部尚书以及当时各将,皆受他统御和出自他的门下。

唐初,沿用隋制,在国内及边境重要地区设置总管,兼负一个方面军、政管理责任。高祖武德七年(公元624年),李渊认为全国基本上已经统一,为结束军事统治,废总管,改设都督制,凡统十州以上的设大都督府。其时设大都督府的有洛、荆、并、幽、交五个州,其次分设中都督,下都督府。据《括地志》记载,到太宗贞观十三年(公元639年),都督府增至四十一个,全国三百五十八个州,除近畿九个州外,全分属于这四十一个都督府。睿宗景云二年(公元710年),又并四十一个都督府为二十四个,仍按辖区人口多少划分为上、中、下三等,其设置情况是:大都督府:扬、益、并、荆四州;中都督府:汴、兖、魏、博、冀、蒲、绵、秦、洪、越十个州;下都督府:齐、鄜、泾、襄、安、潭、遂、通、梁、歧十个州。都督府设都督一人,长史一人及录事、参军诸员(有功、仓、户、兵、法、士曹等)。各都督府人员基本相同,惟各府在府的等位上和官员品质上有高低。唐在"安史之乱"前,行政上一般由朝廷直管各州,都督遂成为一个地区的军事长官,主要负责地方军(包括边境要隘)的统御,都督无疑对所在地军府有督导责任。但无隶属和指挥关系。

2.唐府兵制的兴盛时期

(1)卫府的建立

贞观初期,太宗李世民为"天下大定",开始整顿和加强府军制度,期其更加完备。贞观元年(公元627年),唐政府根据山川自然形势,划分全国为关内、河南、河东、河北、山南、陇右、淮南、剑南、岭南、江南十道。道开始并非一级行政机构,只是派人员经常就某一道分别巡查,目的在"访查善恶,举其大纲"。但实行以后,派出人员的权力越来越大,几乎无所不管,史称"甲兵财赋民俗之事无所不领,谓之都府。权势不胜其重、能生杀人或专私其所领州,而虐视其支郡"。派出人员的名义,"黜陟使""观风俗史"都用过。到武则天天授二年(公元691年),开始设置十道存抚使,以御史、台臣担任,但仍不是常设人员。中宗神龙二年(公元706年),每道改设巡察使二员,两年一更换,如同汉代的州刺史制度。此后在开元二十一年(公元733年)又将十道划分为京畿、都畿、关内、河南、河北、陇右、山南东、山南西、剑南、淮南、江南东、江南西、黔中、岑南十五道。长官改称采访使,实际成了州以上的一级行政机构,从而加强了王朝对地方的控制。

府兵的统御机构是卫府。贞观十年(公元636年),李世民对府兵进一步整顿和改革,使府兵制进入极盛时期。他仍用以卫统府的办法,首先将军府统将品级降低,军府增加,即将原骠骑、车骑府统改称折冲府,以折冲都尉、果毅都尉分任正、副统将,不像过去以将军任正、副将称"开府"了。全国军府增为六百三十四个,而关中地区就占了二百六十一个,这些军府分隶于十六卫及东宫六率。折冲府按管辖兵员多少,分为上、中、下三等,上府千二百人;中府千人;下府八百人,府兵制至此定型。还明确规定了府兵的任务:一为宿卫;二为镇戍;三为征战。

·历代军制·

图文珍藏版

各卫均以大将军(正三品)为最高长官,另以将军(从三品)辅佐。卫府另设长史(从六品)一,录事、参军(正八品上)各一,仓、兵曹参军(正八品下)各二,骑、胄曹(正八品下)参军各一;六率各设率一人,副率二人及侍佐人员,品秩较卫府为低。

十二卫和东宫六率所领军府、不是集中在一个地区,而是分散在全国各道,错综交织。目的在于使将不能专其兵,因而使卫大将军名位虽高,但只是统领在京城服役的府兵宿卫军师,对军府的统御就有名无实了。当时军府虽然很多,但所隶卫、率系统不同,如河南道有军府七十四,分隶各卫,平时服役系统不一,战时受皇帝选派的元帅指挥,往往不是本卫将军。因而地方长官、卫府将军在相互制约牵制之下,都无法利用府兵形成割据势力。所以这时的府兵实际上仍为皇朝直辖的中军,尽管驻地分散,距离遥远,但不同于外军或地方军。

(2)军府的编制、指挥和装备

贞观中期整顿后的军府,因以折冲都尉为统将,故通称为折冲府,是府兵的基本建制单位。为了便于识别,在府前均冠以所在地区的名称,如"武安府","宜阳府"等。关于唐代设军府的数目,史书记载颇多分歧,据近代史学家谷霁光考证,应以六百三十三或六百三十四个较为可靠。《陆宣公集》记为"八百余府",可能是前后累积的数字,因为军府的设置有先后,存废在时间上也有变化。

折冲府分布全国,而又以关中较集中,其原因不外一是京畿所在,形势重要;二是人口稠密,兵源充足。其在各道之州,设置军府有多有少,有的州甚至无军府的设置。据史料统计,唐十道折冲府分布情况是:关内道二百八十八府;河东道一百六十四府;河南道七十四府;河北道四十六府;陇右道三十七府;山南道十四府,剑南道十三府;淮南道十府;岭南道六府;江南道五府。显然,腹心地区占军府总数的绝大部分,这样就使中央握有重兵,"举天下不敌关中"利于实现当时朝廷"居重驭轻","举关中以临四方"的军事方针。在边远等地区虽也分布有军府,如东之蓟、幽、洛、魏等州;南之邛、蜀、夔、峡、和、杨等州;西之沙、瓜、凉、廓、洮、叠等州;北之檀、妫、云、朔、夏、灵等州,但前期除西域外,均无重兵。

折冲府的组织系统是:折冲府——团——旅——队——火。

折冲府由折冲都尉(上府正四品上、中府从四品下、下府正五品下)任主将,以左、右果毅都尉(上府从五品下、中府正六品上、下府正六品下)二人副之。另设别将、长史、兵曹参军等为僚佐,分掌有关军务。

团以校尉(从七品下)任主官,辖两旅,兵员数为二百人。(《新唐书》载"三百人",但仅有"校尉六人",应以二百人为是。)

旅以旅帅(从八品上)任主官,辖两队,兵员数为一百人。

队以队正(正九品下)任主官,副队正(从九品下)副之,辖五火,兵员数为五十人。

火以火长为长,兵员数为十人。

折冲府的等级的区别,在于所辖团数的多少。如上府为六团,中府五团,下府四团。武则天执政时期,为加强中原军府,曾设置若干特等府,与一般府不同之处,是以三百人为一团。

折冲府直隶其上级卫府,但凡属廪禄、器械、马畜、廨宇、田园、食料以及卒伍籍信、宿卫、征防、番第、训练直到官吏考课、勋阶等事务,都直接由折冲府管理。府兵的调遣,征发权在皇帝,先由皇帝下敕书,通过兵部传达执行。对此,兵部尚书、卫大将军都不得自行决定。

军府和地方长官无隶属关系,但州刺史有一定职责,要过问府兵的事,如发兵、练兵、查看军备、点兵等等。如需要征发府兵,朝廷向州刺史、折冲同时下符契,他们要会同勘契后才能发兵;又如对练兵,也有检查督促之责,"其艺非精,士不教习,则罪其折冲,甚至加罪州牧"等等,且州刺史品位一般较折冲为高,习惯上具有上下级关系。

府兵的装备,个人的由兵丁自备,火、队装具由折冲府统一筹备。装备的要求是:

个人装备:弓一、矢三十,胡禄(装矢具)、横刀、砺石、大觽(解结锥)、毡帽、毡装、行滕各一。麦饭九斗,米二斗,不用的平时储存于库。有征行视需要给之。番上宿卫的,由卫府发给弓矢、横刀。

火装备:六驮马,乌布幕、铁马盂、布槽、锸镢、凿、碓、筐、斧、钳、锯各一,甲床二、镰二。

队装备:火钻一、胸马绳一、首羁、足拌各三。

从以上装备情况也看出府兵特点,即不仅能战斗,还要能耕作。除弓箭等外,还备有耕作的镰、筐、碓、锯等农具。

(3)府兵的服役和征调

唐初,沿袭隋府兵制,对农民编户、征兵数目也大致与隋相同。农丁在乡由保、闾、族、县、州管理。每保五户,每户成丁以二人计算,约为十人。经过点验,从十人中征二人为府兵,然后再按所属和期限,轮番去卫府或其他镇戍服役。如遇征战,府兵有可能直接编为作战部队。一般由中央另指派将领统率,而折冲府仍执行训练府兵的任务。贞观中期对府兵组织改革的同时,将十丁征二的办法,改为十二丁征一,因为这时处于和平时期,人口增长了,相对说,需要减少了一些。

初规定年满二十的农民开始服役,六十岁除役;以后又改为二十一岁服役,六十一岁除役;玄宗先天时一度改为二十五岁服役,五十岁即免。按规定数字拣点成丁农民送军府服役,是各级地方官吏的责任,朝廷规定的条件是按身体、财力和每户成丁多少作依据,考虑的顺序是"财均者取强,力均者取富,财力又均,先取多丁"。这种征发办法,是强者为兵,含有精兵的意义,且使府兵中保有相当数量的富裕农民及中小地主,有利于统治者对内进行镇压。为使拣点合乎朝廷需要,减少弊端,法律规定如发现有一人不合格,主其事的要受杖七十;有三人不合格罪加一等;再多可罪徒到三年。合格的府兵,根据特长予以不同的安排,如长于骑射的分配为越骑,其余分别为步兵、排攒手、步射手等等。

为充实府兵,规定三年一拣点,一经选征,有了军名,即为终身役。《新唐书·兵志》记有:"初,府兵之置,居无事时耕于野;其番上者,宿卫京师而已;若四方有事,则命将以出,事解辄罢,兵散于府,将归于朝。故士不失业,而将帅无握兵之重。"说明府兵是寓兵于农以及此种制度的优越性。据《唐律疏义·职制律》记,各折冲府军士的家居有一定区域,名曰"地团",其地域划分,类如州、县境界,户籍仍归州县,军籍属于折冲府。折冲府"地团"范围大小,看折冲府分布疏密和兵役情况而定,没有军府的州县,不存在"地团",折冲府多的州,"地团"范围就小。府兵服役后不脱离本乡、本土、户籍、田地,掺杂于农户之中,只有在上番、教阅的时候,才集中于折冲府或上番的场所,去过军队的生活。

轮番抽调府兵到其所隶卫府或边防重镇服役叫作番上,由兵部全盘筹划,统一按路程远近分番。据《唐六典》解释,"百里外五番,五百里外七番,一千里外八番,各一月上(每次一月);二千里外九番,倍其月上(每次二月)。若征行之镇守者,免番而遣之(如被征发镇守,则免上番)"。《新唐书·兵志》则记为:"五百里为五番,千里七番,一千五百里八番,二千里十番,(二千里)外为十二番,皆一月上"。据唐长孺《唐书兵志笺正》考证,认为《唐六典》之说正确。战时则因需要,番期和人数不受此限制。从上可见,府兵番上距离愈近,番上机会愈多,距离愈远,番上次数愈少,但番期可能稍长。

十二卫是皇帝禁军(卫士),边境重镇关系国防,都需要精壮而又可信赖的士兵,府兵番上就是执行这两项任务,且主要是朝廷的宿卫任务。轮番的办法,就某一折冲府来说,每月抽出人数不多,对社会经济影响不大;府兵服役的时间不长且劳苦平均。从统治角度看,这种制度,有可靠的兵源保证。但缺点是番上的时间短,情况刚熟悉就调班了,难于做到军队的团结和精练;番上时往返路程远较番期为长,对府兵的农业生产影响很大。如某折冲府有府兵一千,距卫府五百里,应为五番,即五个月内分五次轮流番上,每次二百人,每年每人要番上两次,番期共两个月,估计往返路程五百里一次要二十四天,两次就四十八天,约一个半月,连同两次番期将近四个月,在府集中教战、校阅还要用去一定时间,府兵用于生产的时间就不过半年多一点了。可见历史上"三时农耕,一时教战"的说法,实际上是做不到的。

据《唐六典·尚书兵部》记载,唐府兵还有过"纳资代番"的规定,但特定范围是"诸卫及率府三卫"(亲卫、勋卫、翊卫),而府兵又是远在千里之外的才行。这一规定是为了照顾府兵路途遥远的困难,但由此给府兵在物质上带来沉重的负担。如以每年两番计算,大约要纳资二千文(史籍无明确数字),约合米二十石、绢二匹。

府兵担任防戍任务,属于固定上番。按一般给番规定,凡为征战需要出征或执行规定外任务的,按出征时日和执行任务时间,予以免番(正常番期)。免番一般不超过三番。担任征防任务的府兵,在指定的折冲府轮番服役,与地方兵、边防兵结合,被视为骨干力量。

征发府兵若在十人以下,可不待皇帝敕令就起行。如人员、军马、军器等在十以上的,都须有兵部根据皇帝敕令所颁的符契,州刺史和折冲都尉会同勘契后才能发兵。如全府兵都征发,折冲都尉以下都要同行;仅征发一部,则由果毅都尉率行;征发少数则由别将率行。府兵被征发去镇戍边境,父子兄弟不同时征发;祖父母、父母老疾而户仅一丁的,免其征发和番上。

凡府兵应值上番不到,或以假过期的,都处以笞、杖刑。过一天笞四十,三天笞五十,七天杖七十,再多可杖至一百。误番严重的处以一到二年的徒刑。

为诱使农民勇于服兵役,在府兵服役期间。免除其个人的租调。在卫府番上时,给以"侍官"的荣号;征战有功的给以勋官;父母死亡,皇帝派使吊祭,追赠官爵,或以其官爵转授子弟等等。

(4)府兵的宿卫任务和训练、校阅、战法

十二卫所属各折冲府,有内府、外府之分,内府主要指左、右卫直属的五府(亲府、勋一府、勋二府、翊一府、翊二府)。每府有中郎将一人,统领所属亲卫、勋卫和翊卫等卫士,一般称为五府三卫,共约五千人。左、右卫之外其他各卫直属之翊府及东宫左、右卫率直属之三府(亲、勋、翊府),亦属内府。内府卫士皆为二至五品官员子孙。贞观年间,极重"资荫"(据官品决定子孙荫袭之官职),二、三品官之子方可补亲卫;二品官曾孙、三品官孙、四品官子、五品职事官(实任职官)子、孙和勋官三品以上及国公之子方可补勋卫;四品官孙、五品官及上柱国之子方可补翊卫。由于三卫既是皇帝最亲信的侍从卫士,又是高官、权臣子孙进身的阶梯,所以希望补为三卫的人极多。发展到后来,不是权势大的官僚子孙,很难补上三卫。除上述内府以外的各折冲府,都属于外府。

内、外各府的卫士,都担任皇帝的宿卫,共同番上值勤。如左、右卫直属的亲、勋、翊三卫,与外府的骁骑卫士共同值勤,左、右骁卫直属的翊卫,与外府的豹骑卫士共同值勤等。但内府三卫可宿卫于内庑,称为内杖。每月番上值勤的内府三卫约数千人,外府卫士约数万人。十六卫(领折冲府的十二卫,不领折冲府的四卫)卫士的宿卫任务,大致如下:

皇帝在宫中时:左、右千牛卫担任皇帝身边侍卫及居室四周的警卫;左右卫、左右骁卫、左右威卫、左右领军卫担任宫内各殿及宫外四周的警卫,内府三卫在宫内,外府卫士在宫外;左右金吾卫担任宫内、外的昼夜巡逻,内府翊卫在宫内,外府卫士在宫外、城内;左右监门卫担任宫门警卫,由监门将军掌管出入门禁,检查"门籍"(写有姓名的宫门出入证)。一切必须进入宫中的人员,由有关衙门造表送交左右监门卫,一月一换。左监门将军司入,右监门将军司出,出入都要经监门将军查验后才能放行。

皇帝升殿上朝时;左右千牛卫将军率所属千牛备身在殿内帝座两旁侍卫;左右卫内府三卫持黄色旗仗,侍立殿外阶旁;中郎将在殿门处监督殿外人员行动,皇帝有口头诏令时,协助通事舍人向下传达。左右骁卫、左右武卫、左右威卫、左右领军卫各内府翊卫,分着黄、白、黑、青铠甲,执旗杖兵器,依次侍立于殿前御道两侧。各外府卫士,则在宫外四周警卫。皇帝至大殿的往返途中,左右金吾卫内府翊卫担任车驾的前导和后卫,外府卫士担任宫外巡逻。

府兵在折冲府时,较多的时间从事农业生产,农闲时从事军事技艺的锻炼。《旧唐书·职官志》说"居常则习射,唱大角歌"(军歌。唱时伴以号角),这可以说是府兵经常而又基本的训练。番上之前,折冲府要集中考查其技艺程度,可以说明是临时的集中训练。因此,地方长官也负有责任。此外,固定每年冬季折冲府要校阅在府府兵,借以进行教战。教战的方法,据《新唐书·兵志》所记:"每岁冬季,折冲都尉率五校兵马之在府者,置左右二校尉,位相距百步。每校为步队十、骑队一,皆卷稍幡,展刃旗,散立以俟。角手吹大角一通,诸校皆敛人骑为队;二通,偃旗稍,解幡;三通,旗稍举。左右校击鼓,二校之人,合噪而进。右校击钲,队少却,左校进逐至右校立所;左校击钲,少却,右校进逐至左校立所;右校复击钲,队还。左校复薄战;皆击钲,队各还。大角复鸣一通,皆卷幡,摄矢,弛弓,匣刃;二通,旗稍举,队皆进;三通,左右校皆引还。是日也,因纵猎,获各人其人。"这种方法看来虽简单,但在当时却很重要。因为那时作战对队形的要求很高,进止必须动作一致,而指挥手段是靠大角、鼓、钲、旌旗的变化,士兵要目、耳并用,才能进退有据,如果不训练有素,是难于达到要求的。大角每通,都有不同的曲词,也区别不同的动作,要求士兵平时就习唱歌词,战时从中辨别号令。同时,角、鼓、钲、歌还具有鼓舞士气的作用。如果说府兵的技艺锻炼,是个人的基本训练,那么折冲俯集中教战的制度,就是整体的基本训练,对将兵都是重要的。纵猎是灵活的训练方式,接近于实战,也可以说是当时的作战演习。

对府兵技艺上的要求,史籍无明确记述,但从《新唐书·兵志》记载的对羽林军飞骑的标准,可以看出是很高的:"凡伏远弩自能施张,纵矢三百步,四发而二中;擘张弩二百三十步,四发而二中;角弓弩二百步,四发而三中;单弓弩百六十步,四发而二中,皆为及第。"上述技艺要求虽然很高,但府兵服役时间长,锻炼机会多,是不难达到的。

府兵番上虽任宿卫,也等于再一次得到训练机会。按惯例,府兵番上半个月上值宿卫(十五天),半个月进行训练,如每年番上两次,就是两次集中训练。特别贞观年代,李世民常亲自引诸卫将卒进行教战,多次校猎讲武,如贞观十六年(公元642年)先后校猎于武功、歧阳、骊山,两个月中讲武三次,说明统治者对府兵的训练非常重视。

对军官的技艺要求更为严格，必须经过考试，合格者方能任官。据《唐六典·尚书兵部》记：具"有谋略（熟悉兵法）、才艺（勇敢而有技艺）、平射（擅长射术，矢发平直。十发五中为上第，三中为下第）、筒射（射远而准，十射四中为上第，三中为下第）"者，才有参加考试的资格。考试分科计算成绩，先预试平射，向长垛，即绘有三重同心圆的皮靶射箭，三十发均匀不出外圈为及格。然后正式考试，共考七项："一曰射长垛，人中院（中心圈内）为上，人次院、外院为次；二曰骑射，发而并中为上，或中或不中为次上，总不中为次；三曰马枪，三板、四板为上，二板为次上，一板及不中为次（木人顶置方板，共四对，立于马道两旁矮墙上。应试者快马驰人马道，运枪左右刺木人头上之板，板落而木人不倒为中一板）；四曰步射，射草人，中者为次上，虽中而不法（动作不符要求），虽法而不中者为次；五曰材貌，以身长六尺以上者为次上，以下为次；六曰言语，有神采，堪统领者为次上，无者为次；七曰举重，谓翘关（举大门闩，长一丈七尺，直径三寸，举过顶一尺以上为一次），率以五次上为第"。根据"科第之优劣"，授以官职。

唐代各种弩以及撞车、抛车、木幔、轒辒车等攻城工具有所增多和革新；装备略有变化，如队有六驮；交通、粮运情况也有所改变。作战时常以弩车等作先锋或后卫，机动性增强，争城夺地的范围更加广阔，作战深度常在千里、万里之外。但唐代战法的基本方法仍未脱开方阵，不过变化多了一些，据《玉海》卷一四三上所载，有方、圆、曲、直、锐等阵形。在运用方阵的基础上，偶也采用竖阵（当敌方恃险因山布阵时），这时对方阵的初步突破。除上述外，唐战法中更重视选锋队的运用，尤以李世民更突出。自建国战争起，他每战经常率精骑为锋，冲陷敌阵，导致战争胜利。如虎牢与窦建德之战，就是他亲自率锋由中央突破窦阵，直插窦军指挥部而取得胜利的。又如李靖以三千骑击东突厥颉利可汗，袭破定襄，迫使颉利移牙帐于碛口；又如贞观十九年（公元645年）辽东之战，唐军处于劣势，形势不利，赖果毅都尉马文举不畏强敌，疾冲敌阵，因而以少胜多，这类例子，不胜枚举，说明唐在起突击队作用的选锋队运用上，较其前代有所发展。这与重视府兵技艺和训练以及重视骑兵的建设，也是分不开的。

由于贞观年代注意府兵制的建设，使府兵制处于强盛时期。李世民曾夸耀说："我徒兵一千，可击胡骑数万。"当时战争频繁，主要依靠以府兵为骨干的军事实力，使唐王朝一度处于空前强大和巩固的地位。

3.禁军的演变

唐代的中央禁军，由两部分军队组成：一部分是南衙十六卫"番上宿卫"的府兵，一部分是北衙禁军。正如《新唐书·兵志》所说："夫所谓天子禁军者，南、北衙兵也。南衙，诸卫兵（番上府兵）是也，北衙者，禁军也"。可见禁军一词，有广义、狭义之分：广义的禁军，包括南、北两衙的军士；狭义的禁军，则仅指北衙所属军士。南衙诸军，屯于宫南，历来由宰相指挥，可以奉敕调遣武臣和军队；北衙诸军，屯于宫苑之内，归皇帝亲辖，宰相不能过问。有时也以文武来区别，即文臣掌南衙，武臣掌北衙。中央禁军之所以分为两部分，其目的就是《新唐书·李揆传》中所说："本朝置南、北衙，文武区别，更相检伺"。

北衙禁军的形成与发展，有一个演变过程。唐初，李渊父子定关中后，欲遣归原河东随来的"义兵"，其中愿留宿卫的有三万人，李渊将渭北白渠旁农民因战乱所弃的田地分给他们耕种，纳入府兵，给荣号为"元从禁军"，屯于宫城北门（玄武门），专任宿卫，故又称北门屯兵。宿卫军士到年老，不能胜任宿卫任务时，便以其子弟接代，因而也叫"父子军"。

贞观初，太宗从元从禁军中精选擅长骑射的百人，分二番于北门执勤，以从田猎，名以"百骑"。又置北衙七营，选材力骁壮的充役，各营按月轮流番上。贞观十二年（公元638年），开始置左右屯营于玄武门，从诸卫将军中选人为统将，号称"飞骑"，选拔的条件是："取户二等以上，长六尺阔壮者。试弓马四次上，翘关举五，负米五斛行三十步者。"又在飞骑中选善于骑射者为百骑，穿五色袍，乘骏马，作为游幸翊卫。

高宗龙朔二年（公元662年），在左右屯营基础上，又增选府兵中的越骑、步射扩充为左、右羽林军。大朝会则执仗护卫殿堂内外，出行则夹驰道为内仗。武后时改太宗"百骑"为"千骑"，中宗时发展为"万骑"，分左、右营。到玄宗借"万骑"击败中宗后韦氏的篡国阴谋后，改为左、右龙武军，皆用唐元从功臣子弟。良家子弟想逃避兵役的，也多纳资求役龙武军。玄宗开元十二年（公元724年）羽林"飞骑"兵缺，朝廷选取京城附近府兵，以户部印印其臂，分二籍，由羽林、兵部分别掌管，补充羽林。玄宗统治末期，禁军力量削弱，安禄山反后，玄宗西逃，从行禁军仅千人。肃宗即位灵武，禁军才不满百人，亟谋充实。至德二年（公元757年）置左、右神武军，以元从、扈从官子弟充役，不足的以其他人员补充，制度如羽林，也号称"神武天骑"。羽林、龙武、神武等六军，历史称为"北衙六军"。又选善于骑射千人为供奉射生官（殿前射生），分左右厢，总号左、右英威军。宝应元年（公元762年）代宗即位，以"射生军"曾入宫平乱，皆赐名"宝应功臣"，亦称"宝应军"。不久，代宗避吐蕃走陕州，鱼朝恩率神策军自陕来迎，代宗入其营，后归京都，鱼朝恩因以神策军入禁中，自为将，遂为皇帝禁军，分为左右厢，

李世民

势在北军右。大历四年(公元769年)鱼朝恩请以京兆之好畤、凤翔之普润、麟游隶神策军;次年复请以兴平、武功、扶风、天兴也归他统管,朝廷不敢阻止。以后神策流将虽有变更,仍未摆脱宦臣之手。神策兵虽处于内禁,常常以裨将率部征伐,往往有功,到德宗建中四年(公元783年),以神策军损伤甚重,且朝廷多事,乃下诏募兵。郭子仪之婿吴仲孺豪富巨万,竞不自安,请以子率奴马从军,德宗甚喜,给其子以五品官,宦臣白志贞遂借此请将权臣,节将都授此例,凸子弟马奴装铠以从军,由是豪富者以此为子孙谋官之路,但这样的兵将战斗力之差是可想见的。特别白志贞以神策军兵缺,暗中募市民补缺,名虽在军籍而人居市肆,一旦有事,潜伏不出。姚令言部于京郊叛变,德宗召禁军,集中不起来,不得不经咸阳北逃奉天(陕西乾县)。

德宗贞元二年(公元786年),改神策军左右厢为左、右神策军,殿前左右厢为左、右射生军,仍都以宦官任监军。自肃宗以来,北军迭有增置,并时置时废,名类繁多,但只有羽林、龙武、神武、神策、神威等左、右十军绞强,始终保持。而京畿西部,又多由神策军镇守,并都有屯营,但分散在各处,仗势欺压市民,民间颇以为苦。顺宗即位后,试图从宦官手中夺神策兵权,没有成功。元和二年(公元807年)宪宗欲将神策军转隶"当道节度使,号令一齐",便于防御吐蕃。但又"为宦者所阻",未能实现。次年废去左右神威军,改设天威军。元和八年(公元813年)又废天威军,将兵骑分隶左右神策军。黄巢起义,迫使喜宗避人四川。宦官田令孜募神策新军为五十四都,每都千人,各以都将率之,也称"都头"。编为十军,田令孜自任左右神策十军兼十二卫观军容使,改左、右神策大将军为左、右神策都指挥使。

昭宗景福二年(公元893年),朝廷谋以宗室典军,以夺宦官兵权。借讨李茂贞(凤翔节度使)之叛,以嗣覃王允为京西招讨使,神策都指挥使李锊为副,尽发神策兵出征。因禁军多为新募市井少年,望风溃逃。此后,在藩镇威胁下,神策军遂废罢。其余各禁军,在战乱中逐渐散失,已有名无实。及藩将朱全忠奉昭宗命人诛宦官后,挟持皇帝,留万人为禁军屯神策军旧地,朱子友伦为左、右军宿卫都指挥使,其余将兵也都为朱的亲信,名为"禁军",实是对朝廷的监视。此后,朱全忠又自兼判左右军十二卫,皇帝已没有自己的禁卫军了。

4.地方军、边戍机构的变迁

唐早期以各级都督府,作为一个区域的军事最高指挥机构,其区划、变化,已如上述。玄宗即位时,因奚、契丹等经常扰边,曾亲自巡边,"西自河陇,东及燕蓟,选将练卒"以加强边境防务。其时,玄宗将边境划为三个大区,以幽州都督宋景为左军大总管;并州长史薛纳为中军大总管;朔方大总管兵部尚书郭元振为右军大总管。稍后,又在原有道划分的基础上,以边防为着眼,重划十二道,每道以大将统率各道边防军和关隘、要点,其主将有时称大总管,有时称大总督。此时的道,成了辖区军、守捉、城、镇等各地方军的最高军事长官。

除以上道的区分外,自贞观十四年(公元640年)太宗占高昌开始,边境时有扩展,因而先后建立过六个都护府,统一管理边境重要地域的军政事宜,常以重臣任都护,权限极大。此种都护府制,为发展到以后的节度使创立了基础。其建立情况和变化概如下述:

安西都护府:贞观十四年(公元640年),占高昌,置西州(新疆吐鲁番东南),设安西都护府镇戍西域。显庆三年(公元658年)平定阿史那贺鲁之乱后,移治于龟兹(新疆库车西),辖龟兹、于阗、疏勒、碎叶四都督府,称为四镇。此前一年在碎叶(吉尔吉斯斯坦托克马克)以东设立的昆陵都护府和以西设立的濛池都护府,亦归安西都护府管辖。据《新唐书·苏定方传》记,至龙朔元年(公元661年)时,安西都护府的辖区内共有"州八十八,县一百一十,军府一百二十六"。北境至今俄罗斯的安加拉河,西境至今哈萨克斯坦的咸海。咸亨元年,府治移旧治西州(一说移至碎叶),武则天长寿二年(公元693年)还治龟兹。贞元六年(公元790年)后,吐蕃攻占府治龟兹城,该都护府遂废。

北庭都护府:贞观十四年(公元640年)置庭州(新疆吉木萨尔北),武则天长安二年(公元702年),为加强对西域的统治,在庭州设北庭都护府。撤销昆陵、濛池两都护府,将其所辖天山以北的各府、州、县划归北庭都护府。缩小安西都护府的辖区,只管天山以南和葱岭以西地区,辖盐泊都督府等十六府及各州、县。贞元六年(公元790年),府治被吐蕃攻占,都护府遂废。

安北都护府:贞观二十一年(公元647年)平定薛延陀后,在其地及回纥诸部地置燕然都护府,治所在今内蒙古乌拉特中旗附近,管辖瀚海都督府等六府二十七州。龙朔三年(公元663年)移治今蒙古哈拉和林附近,改名瀚海都护府。总章二年(公元669年)改名安北都护府,移治大同镇(内蒙古额济纳旗东南)。因战争关系,多次移动治所。武则天垂拱元年(公元685年)移西安城(甘肃民乐西北),景龙二年(公元708年)移西受降城(内蒙古乌拉特中旗西南乌加河北岸),开元十年(公元722年)移中受降城(内蒙古包头西南),天宝八年(公元749年)移横塞军(内蒙古乌拉特后旗北),十二年(公元753年)再移天安军(内蒙古乌拉特前旗东北)。至德元年(公元756年)改名镇北都护府,后废。

单于都护府:武德四年(公元621年)置云州(内蒙古和林格尔),贞观二十年(公元646年)改云州都督府,龙朔三年(公元663年)升为云中都护府,麟德元年(公元664年)改名单于都护府。辖云中等三都督府、苏农等十四州。后与安北并改归朔方节度使。

安东都护府:显庆五年(公元660年),攻占百济(韩国西部),即以其地分设熊津等五都督府,以兵守之。总章元年(公元668年)继续占领高丽大部,置安东都护府。治平壤城(朝鲜平壤)。由于高丽人民的反抗,上元三年(公元676年)移治辽东城（辽宁辽阳），仪凤二年（公元 677 年）移新城（辽宁抚顺北高尔山城）。武则天圣历元年（公元 698 年）改为都督府，神龙元年（公元 705 年）复为都护府。开元二年（公元 714 年）移治平州（河北卢龙），天宝二年（公元 743 年）移治辽西故郡城（辽宁义县东南）。上元二年（公元 761 年）废。

安南都护府：调露元年（公元 679 年），改交州都督府为安南都护府，治宋平（越南河内）。辖境南至今越南河静、广平省界，北至今云南红河、文山、广南以南。咸通四年（公元 863 年）移治海门镇（广西合浦西南）。七年（公元 866 年）仍还宋平，五代时废。

都护府所辖多为就地招募的地方军、边防军，有大的征战，由朝廷派遣以府兵为骨干的军队参战。

地方军（边防军）大的为军，次为守捉、镇，将兵人数由其驻守地区（地点）的重要性而定，一般冠以名号（地名或代号）。

高宗永徽年代以后，一方的都督带使持节的，开始命之为节度使，但还没有作为正式官制。睿宗景云二年（公元 712 年），以贺拔廷嗣为凉州都督、河西节度使。自此以后，直到玄宗开元年代（公元 741 年前），重要镇戍都设置节度使。由于节度使制的实行，使边防大将由原来单纯执行军事任务而变为兼管辖区内的屯田、度支、安抚、视察等工作，集军政大权于一身。边防守戍部队由原来的地方军（州兵等）、边防军（守捉、边防城、镇兵）、府兵相配合的办法，改为就地招募，因而将可专兵，逐渐变为将帅私人的军队，其数量总起来要比朝廷掌握的军队多几倍。如玄宗天宝元年（公元 742 年），边防军总额已超过四十九万，而当时京师控制的主力军队，只有十二万彍骑（长从宿卫）。唐初那种集关中兵可以控制四方的形势不复存在，从而导致了"安史之乱"。造成这种形势的另一重要原因，还在于朝廷对边将的久任。唐初，对边帅多用亲信名将，原则是"不久任""不遥领""不兼统"，通常是"三年一易，收其兵权"。其中功名显著的，往往人为宰相，如李靖、徐世勣，刘仁轨、娄师德，开元以后的宋璟、郭元振、张说、肖嵩、李适之等等。到李林甫为相，想久专朝政，杜绝边帅入相的途径，乃以"胡人不知书"为借口，向玄宗建议："文臣为将，怯当矢石，不若用寒畯（从事农耕、卑贱之意）胡人；胡人则勇决习战，寒族则孤立无党，陛下诚以恩洽其心，彼必能为朝廷尽死"。玄宗信其说，重用少数民族将领，北境重要节镇，都委之于安禄山、哥舒翰、高仙芝等人，且常久任，多至十几年不变动。

开元之前，每年供边兵衣粮，费不过二百万贯，天宝以后，边将自行增兵，要朝廷供给衣、粮，每年增至一千二百多万贯，增加了五倍多。于是朝廷困乏，人民生活更为困苦。

"安史之乱"后，藩、镇割据，愈加严重，形成地方与中央对抗、脱离，成为国中之国。割据的节度使，一部分是安、史旧将，一部分是在平"安史之乱"中发展起来的藩镇。这些藩镇，或父子相传，或拥兵自立，除与朝廷抗争外，相互间也战乱不止。宪宗时曾一度平定藩镇，但因政治腐败，最终未能扭转割据局面。唐末爆发了黄巢农民大起义，起义虽告失败，但更促使唐分裂割据形势的加深，大的割据势力由节度使转而称王，各王又相互兼并，自行称帝，终于导致唐的灭亡，发展成为五代十国的局面。

综上所述，唐统治者在军事上的失败，在于节度使制度的实行形成了分裂割据，以致府兵制被破坏，朝廷对军队失去控制。此外，在其表面上能统御的军队中，又以宦官当权，军中都有宦官监军，其权力往往超过统帅，致使军令不统一，将帅和朝廷离心，削弱了军队战斗力。

唐代地方行政组织，除道、州、县外，尚有京都及行在府。除建国时即以长安为京师外，高宗营建洛阳，命为东都；武后以洛阳为神都，一度迁居，又在太原设北都；河中府（山西永济蒲州镇）也有中都之称。肃宗至德二年（公元757年）立五京：中京长安、东京洛阳、北京太原、西京凤翔、南京成都（后改江陵）。玄宗初年，于东、西两京设府，以区别一般的州，改雍州为京兆府，洛州为河南府，各置府尹。以后又改并州为太原府。再后凡帝王行在过的州，都升为府，终唐的统治，共有十府，即京兆（雍）、河南（洛）、河中（蒲）、太原（并）、江陵（荆）、凤翔（岐）、成都（益）、兴元（梁）、兴德（华）、兴唐（陕）。京兆府以牧为常官，以亲王挂名，由京兆尹主府政，原称别驾，贞观二十三年（公元649年），改为长史，开元时升长史为尹，副为治中（后改少尹），其下设司录、功曹、仓曹、户曹、兵曹、法曹、士曹等参军各二人，经学、医学博士各一人。京兆和各行在府的军事力量，主要为属于十二卫的宿卫府兵（行在府只有在皇帝至达该地时有禁军宿卫）。但在战乱时，也多敕府、州地方兵加以辅助。

5.府兵制的衰微、破坏和监军制度

府兵制在唐代由极盛到逐渐衰微，终至破坏，有一个长时间的过程。从高宗晚期到玄宗即位后，府兵实质上已在变化，但表面上尚能维系。玄宗在位近四十年后，即至天宝八载（公元749年），表面都不能维持了，玄宗不得不停止折冲府上下鱼书，府兵制宣告崩溃。此后，各地折冲府虽仍保留机构、官吏达三十年之久，但已名存而实亡。德宗时，曾谋恢复府兵，募戍卒屯田，但未收到效果。历史上记载说："自高宗、武后时，天下久不用兵，府兵之法浸坏，番役更代多不以时，卫士稍稍亡匿，至是益耗散、宿卫不能给。"由于府兵在宿卫中的地位大大下降，各卫内府的三卫，也因升官路难，"人罕趋之"。"自募置扩骑，府兵日益堕坏，死及逃亡者，有司不复点补；其六驮马牛、器械、糗粮，耗散略尽。府兵入宿卫者，谓之侍官，言为天子侍卫也。其后本卫多以假人，役使如奴隶；长安人羞之，至以相诟病。其戍边者，又多为边将苦使，利其死而没其财。由是应为府兵者皆逃匿，至是无兵可交。"这些记载道出了府兵被破坏的一些原因，归纳起来，主要似为以下几点：（1）政治不稳定

和腐朽,是导致府兵制破坏的主要因素。唐代早期政治较稳定,也较开明,所以终贞观年代,府兵制能以贯彻,边境巩固,国内基本上安定。高宗、武后年代,对外征战频繁,对内穷奢极欲,如造宫殿、寺庙,封禅以粉饰太平,都耗费了大量资财,朝廷集中财富,加重了对人民的剥削,社会矛盾日益加深,统治集团内部矛盾重重,这就使正常的制度无法实行。如府兵原来要求多从中、小地主中点拣,朝廷鼓励战功,给以勋阶,多授土地,由于政治的不稳定,此种办法,渐成虚文,富人由勇于应征到逃避兵役,一般农民则因强占与买卖土地的情况严重,负担加重,也不愿为富人雇而代番,被迫流亡,造成了兵源的困难。(2)禁军为宦官所掌握,府兵地位发生变化。府兵原来的任务,是以宿卫为主,在禁卫军中占主要地位。但历代帝王为集中权力,任用亲信掌握亲军——禁军、由高宗时的羽林军发展到玄宗时的龙武军,成为举足轻重的禁兵;武后时开始以宦官掌兵权,玄宗时发展到禁军统帅以及中、外军队的监军,都为宦官担任,府兵逐渐不为朝廷重视。同时,卫佐常以府兵为其姻戚之家作奴仆,以至京师人互相诟骂,呼斥"侍官",人都不想再到卫府服役,甚至有自戮手脚以逃避服役的。以后彍骑制实行,逃亡的彍兵也不再增补,折冲、果毅之类的军官,多年不得迁升,迁升者多出彍骑,对府兵有任其自生自灭之势,因而府兵逐渐耗散,名有军而实已不存了。(3)唐代中、后期,国家多事,府兵已不能适应军事上需要。高宗、武后年代,对外用兵频繁,朝内多事,其后出现"安史之乱",藩镇祸兴,军事活动几乎连年不止,因而不得不大量募兵以应形势需要。且在战乱年代,士兵由短期服役趋向于长期从军,兵士已不可能自备资粮。凡此,都是府兵制被破坏的重要原因。当然,根本原因还是社会经济的变化,即均田制的破坏和租佃制的发达。府兵制是建立在均田制基础之上的,府兵由均田户中点拣,资粮装备由府兵自备,所以唐初才规定必须从富裕户和多丁户中点拣府兵。由于均田不彻底、不平均,官愈大而受田愈多,加以土地可以买卖,兼并之风日盛,因此变为佃户的破产农民越来越多。农民既无力承受沉重的军资自备的负担,又有了一定程度的转徙自由,当然更不愿意充当府兵。在这种情况下,任何力量也无法挽救府兵制的衰亡。

随着府兵制的衰微和募兵制的推行,领兵的将帅已由"事罢辄解"而发展为长期领兵;又由于藩镇日益强大,外重内轻、尾大不掉的局面逐渐形成。在这种形式下,唐王朝统治者为了保证对军队的有效控制,建立了一整套组织严密的监军制度。

唐代初期就已有了御史监军,但"非常官",仅偶尔临时派出。到武后执政时,得到了加强,并开始向制度化发展。如文明元年(公元684年)九月,武则天下诏将"旧御史台改左肃政台,专知在京有司及监诸军旅并出使。"不过由于御史官品太低,仅六、七品,又不是皇帝的心腹亲信,所以这时作用还不大。据《通典·职官》载,至玄宗"开元二十年后,并以中官为之,谓之监军使",开始由皇帝身边的宦官出监军使。这时,主要是在军队出征时由皇帝临时派出宦官,随军监察。"安史之乱"后,不仅出军作战要派监军,而且在所有藩镇驻军之地,都设置了常驻监军机构,形成了国家军事制度。唐王朝在各藩镇驻军常设的监军机构,一般称监军院或监军使院,其长官称监军使,配有副使一人,亦称副监。下属官员,有判官若干人,分掌各项具体事务;又有小使若干人供差遣驱使;同时还有自己的军队。如《旧唐书·卢坦传》载,义成"节度使李复病笃,监军薛盈珍虑变,遽封府库,入其麾下五百人于使牙";《新唐书·刘贞亮传》载,俱文珍"出监宣武军,自置亲兵千人";又如《资治通鉴》卷二二五载,荆南监军朱敬玫,"别选壮士三千人,号忠勇军,自将之"等。出军作战时,偏将所领军队中设监阵,如果是调诸道兵进行大的会战,则在任命都统、都都统等统兵将帅的同时,也派出都监、都监等监军宦官。监军使任职期一般为三年,皇帝特敕,则可提前调动或连续留任。监军的基本职责,是作为皇帝的代表,"监视刑赏,奏察违谬",和南朝初期的典签类似,由于监军使有直接向皇帝奏报军将情况的权力,此以权势极大。

这种监军制度,在唐代的具体历史条件下,曾经在一定程度上起过控制藩镇的作用,但它使监军权势膨胀,主帅大权旁落,指挥不能统一,以致削弱了军队的战斗力,带来作战失利的不良后果。

6.唐代的兵募和雇佣兵

唐在建国过程中,隋府兵制已遭受战争破坏,限于时势,不得不以募兵为主。如太原起兵时的"甲士三万",多数是招募而来;进入关中后,很快发展到二十万以上兵力,除收降、收编的隋军残余和少数起义军人员外,其余仍为募兵。刘文静曾建议:"太原百姓,皆避盗入城,文静为令数年,知其豪杰,一旦收拾,可得十万人……"因而一方面诈为隋皇帝敕书,强迫太原、西河、雁门、马邑几郡民现年二十以上五十以下的都要人营,另一方面派李世民、刘文静等四出募兵。这时期的兵,部分是自愿的,部分是强制的。及至攻取河西(山西汾阳)后,史称:"渊开仓以账贫民,应募者日益多。渊命为三军,分左右,通谓之义士。"这一时期,对募兵条件史籍上没有明确记述,但在征战年代,要求精壮应是首要条件。

唐在府兵趋于强盛时期,为应征战和边戍的需要,仍不能不赖募兵作辅助兵源。府兵兵额估计为六十万人,照五番概计,一次番上不过十多万人,而其主要任务又是用在宿卫,用以戍边和征战的就不多了。如太宗第一次攻高丽,虽亲征,但由于府兵不足,不得不"发天下甲士,召募十万"。固高宗时再次进攻高丽、百济,兵力大部分靠募兵,史称:"于河南、河北、淮南六十七州,募得四万四千六百四十六人……"乾封二年(公元 667 年),攻到高丽平壤城下的军队五十多万,其中除少数府兵及少数民族地方兵外,大部分是招募而来的。但此时的府兵,在军队中仍起着骨干作用。

高宗中期以后,府兵制逐渐衰微,而边境又屡有事故,边境军、镇(军、守捉、城、镇)大量增加,达六十余个,常驻戍军六十万人。这些军队全靠招募而来,因而国家负担甚重。玄宗时,罢边镇兵二十万,使之还农。玄宗也想整顿府兵,开元元年(公元713年)曾将卫士的兵役年限缩短为十五年,年二十五起役,四十出军但终因人民的反抗,制度无法续行。玄宗开元以后,唐的兵役制度有了重大改变,除上述禁军多以招募办法进行补充外,还有下述发展:

(1)矿骑

玄宗开元十年(公元722年),张说建议招募壮士,以补充日益不足的宿卫,并认为应不问来历,皆给以优厚条件,这样才能使原来逃避府兵征役的人大量来应募。玄宗采纳了他的意见,于次年命萧嵩在京兆、蒲、同、岐、华州等处选募府兵和白丁十二万,分隶诸卫,名之为长从宿卫。开元十三年(公元725年),更名为矿骑,总十二万人,隶十二卫,每卫万人,分为六番服役。其借由兵部、州、县、卫分别管理,皆给以田亩,免征赋役。朝廷规定的选募条件是:凡下户白丁、宗室疏远之丁、品级职官之子,而身体强壮,身高五尺七寸以上者,均可应募,如不足,或可稍降低条件。矿骑的产生,实际已由征兵制转入募兵制,已具有雇佣兵性质。其与府兵明显不同之处:一为由农户按规定出丁,一为自由应募;一为已有田亩,一为应征后授田;一为兼负征戍,一为专任宿卫;一为资粮自备,一为官给资粮。

矿骑以十人为火,五十人为团,皆设长,以材勇者担任。平时在军营附近为棚,教阅弓弩,颇为严格,符合下列要求的,方为合格:

伏远弩——自能张弛,纵矢二百步,四发而二中。

擘弓弩——二百步,四发而三中。

单弓弩——百六十步,四发而二中。

自玄宗天宝年代以后,矿骑的办法便停止实行,只经历了近二十年时间。

(2)团练兵(团结兵)

团练兵发生的年代、地点不详,但武后统治时代,曾广泛推行,这是募兵的另一种形式。早在高宗上元二年(公元676年),曾在巂的黎、雅、邛;翼、茂五州募镇防团练兵,设团练副使为帅。武后万岁通天元年(公元696年)为防奚、契丹,河北地区各州也置有团练兵。团练兵既有民兵组织的性质,又有地方宗族团结组成以自卫的含义,所以也称团结兵。同年,又在山东近边诸州设"武骑团兵";圣历二年(公元699年)又于河南、河北置"武骑团"。玄宗开元八年(公元720年),团练兵扩展到关内道,朝廷派人就两京及其附近各州拣取十万兵,诏书也规定只求骁勇,不限蕃汉,免去一切番役、差科,免去征赋,平时在家练习弓矢,按时间集中试阅。此外,陇右、河东、山南各道,也都有团兵,隶属于防边的诸军,故历史上称作"诸军团兵"。团练兵的装备和战斗力都较差。如"安史之乱"时,安禄山尝以颜杲卿任五军团练使,镇井陉口,杲卿伪降后又攻杀安军,安禄山派张献诚率上谷、博陵、常山、赵郡、文安五郡团结兵围饶阳，杲卿所俘安将何千年献计说："今且宜声云：'李光弼引步骑一万出井陉'；因使人说张献诚云：'足下所将多团练之人，无坚甲利兵，难以当山西劲兵'，献诚必解围遁去，此亦一奇也"。杲卿用其计，张献诚果然遁逃，团练兵也就溃散了。

"安史之乱"后，唐廷常有团练使、防御使、防遏使等设置，以组训和统率地方团兵。其较显著的，是代宗永泰元年（公元765年）李抱真在泽、潞二州仿府兵办法，组建团兵。他从民户中每三丁选一丁，免其租徭，发给弓矢，使在农闲习武，岁末试阅，并定出奖惩办法，不到三年，便得精兵三万。当时认为这部分团兵最强。不久，代宗又规定各州兵额，并规定："差点土人，春夏归农、秋冬追集、给身粮酱菜者，谓之'团结'。"又一种长期服役，给家粮和春冬衣的，名为"官健"。这说明团兵不脱离乡土、有从事生产的时间，类似府兵，但不需自备戎具、资粮，而又官给身粮、酱菜，带有雇佣性质，较府兵负担为轻。在战乱年代，各州设有团练使、都团练使，由刺史、观察使兼领。代宗大历十二年（公元777年）全罢各州的团练使，而以都团练使统率几个州的团练兵，其兵权之重，近乎节度使了。另有所谓"子弟兵"，性质和团练兵相近，如韩混在两浙，就规定大州选兵一千，小州八百，无事务农，有事集合成军。

以上募兵，虽有不同形式，但均非常备兵，由皇帝就需要临时下诏进行，有的有募兵兼雇佣兵性质。据史料记载，募兵的服役期也有规定，从一年到六年不等。但由于战乱，很难按规定执行，除逃亡为普遍现象外，正如杜甫诗中所说"或从十五北防河，便至四十西营田。去时里正与裹头，归来白头还戍边。"（《兵车行》）这道出了人民无限期从军的苦况。

（3）长征健儿

长征健儿历史上也称"官健""防人""戍卒"。凡边境的军、守捉、城、镇、戍都有定额的兵员，有的自募，有的就近的折冲府以府兵轮番。唐初期，边军虽远在边镇，但权在中央，出征由命，轮番有期，一般是三年一代，且自备资粮，由于驻地固定，番期较长。《旧唐书·食货志》上说："唐开军府以捍要冲，因隙地置营田"，"各量防人多少，于当处侧近给空闲地，逐水陆所宜，斟酌营种，并杂蔬菜，以充粮贮，及充防人等食"。开元十五年（公元727年）前后，这种制度逐渐变化，规定戍卒中有愿多服役三年的，赐物二十段，类似于招募的雇佣军。稍后，明确规定各军镇可根据自己的情况，于从戍人员及客户中招募。自愿长任边戍的，除一般待遇外，长年免赋。家愿同去的，在军州给予田地房宅，名之为长征健儿。以后发展到所有军队都招募健儿，由官给家用粮和春冬衣，原防人自备资粮变为官给，故也叫官健。因为家属随营的不多，开元十六年曾规定长征兵分五番，每年有一番回乡度假。长征健儿从此有了职业兵性质，成为军镇和有关州、府的常备军。这一制度的实行，是在府兵制被破坏的情况下，不得不采取的一种补救措施。但由于政府开支大、负担重,有些法令不能认真执行。实施这一制度的另一原因,是当时边境重镇面对吐蕃、突厥、奚、契丹等强敌,无论攻、守,如靠临时招募役期短、训练差的军队,是不能胜任的,需要训练较精,役期较长,官兵相互了解而又对敌情熟悉的戍兵。从国家财力上说,开元时边镇兵号称六十万,为三年一更换,每年要差替二十万,远者数千里,往返几个月,消耗财力是惊人的,如采用长征健儿,可节省一部分财力开支。从上述情况看,这种制度基本上是适应当时形势的,但也造成藩、镇强大,尾大不掉,专兵割据的后果,故历史上也有称此种军制为"藩镇兵"的。

7. 唐代的马政

唐在建国过程中以至建国以后,一直都很重视骑兵建设和对骑兵的运用。李渊在太原起兵时,就曾利用突厥马匹,加强骑兵;李世民在历次作战中,都利用精骑以掩袭手段取胜。推行府兵制,在编组上以步射九、越骑一的比例编军,其余边境、地方军也都有骑兵。终唐代统治,唐所面临的强大对手,如突厥、吐蕃、奚、契丹等,也都是以具有较大的骑兵部队著称的。这促使唐皇朝决心建立强大的骑兵,且这些对手在战争中也为唐加强骑兵提供了一些条件。正因如此,唐对马政非常重视,史称"秦、汉以来,唐马最胜"。(《新唐书·兵志》)

唐建立养马制度,开始于定关中之后。当时得到突厥马匹二千,又得隋马匹三千于赤岸泽(陕西大荔西南),于是把它们都集中在陇右,以太仆卿张万岁任长官,其下分设若干牧监,监除设牧监、副监外,有主簿、直司、团官、牧尉、排马、牧长等官吏。凡每群设长一人,十五群为一尉,由牧尉管理。每年考核一次,群长有功的,可晋升为排马。此外,还有掌闲,以调教马匹。陇右牧马地自太宗贞观到高祖麟德四十多年间,马匹繁殖到七十万六千匹之多,分别设八坊于岐、豳(邠)、泾、宁州之间,宽广约千里,有地千二百三十顷,募兵进行耕种以供给人马食用。八坊各冠以名号:(1)保乐;(2)甘露;(3)南普润;(4)北普闰;(5)岐阳;(6)太平;(7)宜禄;(8)安定。八坊之下,共有四十八监。后以马匹逐渐增多,这一地区容纳不下,曾分八监于河西较空旷的地区。监分三等,凡有马匹五千的为上监;三千的为中监;余为下监。

张万岁去职后,马政官制屡有改变。曾以太仆少卿鲜于匡俗检校陇右牧监,高宗仪凤中(公元 677 年前后),以太仆少卿李恩文为陇右诸牧监使,监牧有使从此始。以后不断有群牧都使、闲厩使等官职出现。便设有副职,并设判官。又按东、西、南、北分别设置四使,统率各地牧监。其后又在盐州(陕西定边)增设八监,岚州(山西岚县北)增设三监。

凡征战需要马匹,先发强壮的,不足的取其次。马匹都按色、岁等次,造册送有关军和报有关部门查备。

高宗永隆中(公元 681 年前后),夏州(陕西靖边东北白城子)牧马死约十八万五千匹，朝廷严令群牧生产上等马，并派御使按察马政。玄宗开元初，马匹消耗过多，不足需要，曾在边境诸州以官职换取马匹，即凡率三十匹马而来的，给以"游击将军"官衔。为加强马政管理，朝廷派王毛仲为内外闲厩使。开元九年（公元721年），又下诏征全国农户中的马匹，致使人民不满，多不养马，习骑射的人大为减少，影响了士卒素质，后不得已又改变了这一办法。玄宗时，马政经过整顿，渐有恢复，马多到二十四万匹，开元十三年（公元725年）增加到四十三万匹。其后与突厥议和，每年以朔方军的西受降城（内蒙古乌拉特中旗西南乌加河北岸）为交易场所，以金银换取突厥马匹，在河东、朔方、陇右设监牧牧养。因得到突厥马种，马匹的素质得到提高。玄宗天宝年代以后，诸军战马往往以万计，五侯、将相、外戚也各设牧场，广布全国各地，其所牧牛、驼、羊、马，远倍于朝廷，并都以封邑号名加印以区别，朝廷不得不下令在两京附近五百里以内不准私牧。就天宝十三载（公元754年）陇右群牧都使上报，仅该地区一处就有马三十二万五千七百匹。

安禄山曾以内外闲厩都使兼知楼烦监，暗中选好马归其节镇地范阳（北京市区西南），装备强大骑兵，才有了反叛朝廷的军力。"安史之乱"后朝廷军力损伤殆尽。肃宗在平凉收当地监牧和私群马数万匹，军势才得稍振，后至凤翔，又要求朝廷百官以自己的备乘马助军用。因国内战乱，边境无重兵，吐蕃趁机陷陇右，各坊、监马均告损失。此后，藩镇割据，朝廷孤弱，大规模的牧马和骑兵建设，就谈不上了。

另外，按唐制，皇帝使用的马匹，设左、右六闲，以尚乘掌管。这六闲的名称是：飞黄、吉良、龙媒、駍骏、駃騠、天苑。又按左、右分为二厩，以系饲御马，名之为祥麟、凤苑，以后在御中又设飞龙厩。

（三）五代军制

从公元907年朱温称帝，到公元960年北宋的建立，共五十三年间，中原地区出现有后梁、后唐、后晋、后汉、后周五个王朝，共历六姓十三君；中原以外，尚有吴、南唐、吴越、楚、闽、南汉、前蜀、后蜀、荆南、北汉等十个独立王国。他们大都时兴、时灭，立国的时间很短。十国之外，当时还有我国北方境内新兴起来的契丹，东北境内的渤海和西南境内的南诏（后称大理）、吐蕃等政权。

五代十国是我国历史上一个分裂混战的时期，是唐朝后期藩镇割据局面的发展，这一时期，不但各封建军阀为争夺全国统治权互相攻战，新兴的契丹政权统治贵族，也乘机向中原地区扩展，这就更加深了五代的混乱局面。当时，人民流离失所，死亡相断，唐朝末年，全国户口四百九十多万户，到北宋建立初年，只有三百三十多万户了。

五代十国统治者的兴灭，主要决定于各统治者军事实力的强弱，正如后晋安德节度使安重荣所说："天子宁有种耶？兵强马壮者为之尔。"梁、唐、晋、汉、周五个王朝的更迭，全部是节度使以武力夺得帝位的。所以各军阀无不采用一切手段，设法扩大自己的武装力量。而他们武装力量的核心，则是他们亲自控制的亲军，或称牙兵、衙兵。这些牙兵的官兵，"父子相袭，亲党胶固"，"主帅废置，出于其手"，是典型的骄兵悍将。但五代各国的统治者，都是依靠他们攫取政权的。他们翻手为云，覆手为雨，五十三年间，统治者五易其姓，共十三个君主，而被他们杀掉的就有八人，一般都是一传或再传而亡国。这一时期，王朝频繁更迭，政局动荡不安，形成"兵骄则逐帅，帅强则叛上"的局面。各统治者虽都重视军队，但又都无暇整饬军制，大多因袭唐末藩镇成法，且多变动，各项军事制度都非常混乱。

1.军事统御机构和军队

由节度使以武力夺得政权的五代各朝帝王，都不敢放弃兵权，都亲自掌握军队。五代之初，如后梁时，还没有形成全国性的最高军事统御机构，皇帝当藩帅时的私兵（亲军、牙兵）和国家中央禁军的六军诸卫，还各成系统，分别统领。至后唐时，中央直辖各军，逐渐纳入一个指挥系统，如闵帝李从厚，命侍卫亲军都指挥使康义成判（兼）六军诸卫事，成为中央直辖军的统帅。与此同时，枢密院也逐渐形成为全国最高军事统御机构。

枢密院的最高长官是枢密使。早在唐代宗永泰元年（公元765年），就已开始任命宦官为内枢密使。当时的职责，是"惟掌承受表奏，于内进呈，若人主有所处分，则付中书、门下施行而已"。枢密使成为皇帝与其办事机构之间的联络员。这种地位为其揽权于政提供了有利的条件。后梁开平元年（公元907年），朱温（朱全忠、朱晃）改枢密为崇政院，性质与唐时同。后唐同光元年（公元923年），李存勖又改崇政院为枢密院，置枢密使、副使、判官等官，职权范围逐渐增大，"枢密之任，重于宰相"，"不待诏敕，而可易置大臣"。如明宗时（公元926—933年），枢密使安重晦"处机密之任，事无大小，皆以参决，其势倾动天下。"由于五代时期战争频繁，军事问题成为各王朝的头等大事，所以枢密院当然也掌管军事，而且有时也任命武将为枢密使。如后汉时大将郭威曾任枢密使，并多次统军出征作战。他建立后周政权后，也曾任命武将王峻和郑仁海为枢密使和副使。总之五代时期的枢密院，不但是中央最高行政机关，同时也是中央最高军事统御机构。

五代时的军队，基本上都是以步兵为主，其次就是骑兵。至于江南地区的各割据政权，根据其江河湖泊较多的地理特点，多重视水军的建设。各国军队的主力，主要是皇帝直接控制的中央禁军，各州、县虽然也有节度使统领的地方军，但这些藩镇之兵，实际上多数拥兵自重，并不完全听命于中央。后晋时曾一度在各州组建乡兵，据《文献通考》记："晋初置乡兵，号天威军，教习岁余，村民不娴军旅，竟不可用，悉罢之"。但至开运元年（公元944年）时，又"诏诸州所籍乡兵"，"得七万余人"，将他们组建为"武定军"，纳入禁军系统，变为职业兵。军队出征时的战斗编组,由另任命的招讨使,都统、都部署、行营都指挥使等统率。

2.中央禁军

中央禁军包括一般禁军和皇帝亲军两部分。五代初期,沿袭唐末藩镇的习惯,从皇帝到各领兵主帅,无不建立自己的亲军。这些亲军属于私兵性质,都是精选出来的骁勇之士,他们的待遇较优厚,政治地位也较高。如后梁魏博节度使扬师厚,"专割财赋,置银枪效节军,凡数千人,皆选摘骁锐,纵恣豢养,复故时牙军之态";泰宁节度使朱瑾,组建了雁子都;淮南节度使杨行密组建五千人的黑云都等。又如朱温曾以严格的条件、选拔"富家之财武者"组成亲军,称厅子都,李存勖将归附的扬师厚部众,组编为八千人的账前银枪都,李嗣源横冲都等。这些亲军与主帅的关系非常密切,皇帝和各节度使不仅用他们宿卫帐前,保护自己,而且利用他们来控制其他军队。

中央禁军,一般指自唐以来的禁卫六军。六军各分左、右,实为十二军。各军的名称,由皇帝命名,由于经常改变和增建,所以极为混乱。如后梁的中央禁军,前后计有左右龙虎军、左右羽林军、左右神武军、左右龙骧军、左右天兴军、左右广胜军、左右神捷军、左右天武军、左右天威军、左右英武军等。后唐的中央禁军有侍卫亲军、严卫左右军、捧圣左右军等。侍卫亲军属皇帝亲军系统,由李存勖做藩帅时的账前银枪都等亲军组成,主帅为侍卫亲军马步都指挥使,下属有侍卫马军都指挥使和侍卫步军都指挥使等。严卫、捧圣等军,则属于禁军系统。至后晋时,六军诸卫的制度完全废除,所有皇帝控制的中央军队,都统一于侍卫亲军系统之中。如以扬光远为侍卫马步军都指挥使,刘知远为侍卫马步军都虞候,共同统率全部中央军队。这时侍卫亲军的性质,已由皇帝私兵发展为国家中央禁军。后汉立国仅仅四年,一切制度尚未建全,即被天雄节度使郭威率军攻灭,建立了后周政权,郭威执政后的中央禁军,因长年跟随皇帝,已逐渐骄惰,战斗力下降,正如《资治通鉴》所说:"初、宿卫之士,累朝相承,力求姑息,不欲简阅,恐伤人情。由是羸老者居多,但骄蹇不用命,实不可用。每遇大敌,不走即降,其所以失国,亦多由此"。郭威死后,世宗柴荣继位,在与北汉的高平之战中,因右军溃逃,几乎失败,由于柴荣自率亲骑拼命冲杀,才得以反败为胜。回朝后即对禁军进行整顿,首先严明军法,处斩了右军主将以下军官七十余人,使"骄将惰卒,始知所惧"。然后针对"健懦不分"等弊病,根据"务精不务多"的原则,对禁军进行了改革。其主要内容是:(1)"大简诸军,精锐升之上军,羸老者斥去之",将没有战斗力的老弱冗兵,全部淘汰,仅留下强壮勇敢之士,重新编组。(2)"又以骁勇之士多为外诸侯所占,于是召募天下豪杰,不以草译为阻,进于阙下,躬亲试阅,进武艺超绝及有身首者,分署为殿前诸班,""其骑步诸军,各命将帅选之",增强了禁军。此外,还"以矫捷勇猛之士多出于群盗中","召诸道募山林亡命之徒有勇力者,送于阙下,仍目之为强人","贷其罪,以禁卫处之"。柴荣的这成措施，不仅使改革后的禁军战斗力大为提高，而且削弱了藩镇的实力，强化了中央集权，开始转变了唐末以来足重头轻，尾大不掉的局面；收降起义农民，编入禁军，还可以化反抗力量为维持封建统治的力量。对安定内部，进行统一战争和抗击契丹军等，也有一定的积极意义。整顿改革后的中央禁军，殿前诸班有内殿直（"简军校及武臣子弟有材勇者立"，共左右四班）、散员（"招置诸州豪杰立，散指挥、散都头、散祇侯，凡十二班"）、铁骑等。另外还有员僚直（"招募强人及选高阳关驰捷兵为北面两直"）。侍卫马步军有龙捷、虎捷、云骑、骁捷（"拣诸州士卒壮勇者"组成）及清塞等。"诸军士伍无不精当，由是兵甲之盛、近代无比。"

3．军队的编制

五代时因战争频繁，军队散合无常，且将领和兵又多，所以初期的军队编制不甚一致；发展至后周时，逐渐形成厢、军、营、都的组织系统。

（1）厢

中国古代的军事编制，有些是五进位的。据《武经总要》前集卷一和二记述："大凡百人为都，五都为营，五营为军，十军为厢，或隶殿前，或隶两侍卫司。"营又称指挥，"凡五百人为一指挥，其别有五都，统以一营居之"。

中国古代军队中有左右厢原为左右翼之意。如唐初李靖兵法说："诸大将出征，且约授兵二万人，即分为七军"，"中军四千人"，"左、右虞候各一军，每军各二千八百人"，"左、右（两）厢各二军，（每）军各二千六百人。"又如《资治通鉴》卷二一五引述唐玄宗攻突阙说："破其左厢阿波达干等十一都，右厢未下。"意即仅攻破突阙的左翼，而右翼没有攻克。

如果按照五百人为一指挥，五指挥为一军，十军为一厢的编制，则每厢应为二万五千人。

大约是中唐以后，左、右厢已成为军队中固定的编制，但仍保留有左、右翼的原意。如唐肃宗至德二载（公元757年），"择善骑射者千人为殿前射生手，分左、右厢，号英武军。"

五代时，左、右厢的编制更加普通，而且是军队的战略单位，厢的统兵官有都指挥使一员，殿前司的铁骑、控鹤和侍卫司的龙捷、虎捷等四大主力部队，都分左、右厢而且各有统兵的主帅。周世宗嘉奖高平之战中的有功将领，任命韩令坤和赵弘殷（赵匡胤的父亲）分别为龙捷左、右厢都指挥使，慕容延钊和赵鼎分别为虎捷左、右厢都指挥使。石守信是宋朝的开国功臣，曾在后周任铁骑，控鹤四厢都指挥使，统领这两支主力部队。

（2）军

五代时，多在厢下设军，军的统兵官有都指挥使和都虞候。

后梁朱温下山东洛州（河北永年、邯郸一带）、邢州（河北邢台）、磁州（河北磁县)三州后,以杨师厚为招讨使,置银枪郊节军。

从后周到北宋,不少将领是由军的统兵官,再升为二司三衙的统兵官的。如周世宗在高平之战后,赵弘殷由铁骑第一军都指挥使,孙延进由龙捷左厢第二军都指挥使升郑州防御使。这说明后周的铁骑、龙捷等主力部队的左、右厢之下,都没有军一级的编制。

五代时,军和厢的都指挥使又多称"军主"和"厢主"。后汉的曹英曾任奉国军主,后又升为本军厢主;李万全为骑士隶护圣军,累升为本军都校,后与田景咸、王晖等从周主人开封,号十军主。郭威之夺取帝位,在相当程度上是依仗了护圣军和奉国军等十个军的兵力,以后护圣军和奉国军改名为龙捷军和虎捷军。高平之战,将校之晋升者数十人,有士卒因战功径直提升为军和厢的都指挥使的。北宋开国的第二年,宋太祖宴宰臣、节使、防御、刺史、统军和各军、厢的都指挥使以上各道进奉使于广政殿,当时尚是五代旧习,军一级的都指挥使地位是比较高的。

(3)指挥(营)

五代时军以下有指挥一级,五百人为一指挥(营)。指挥是比较普遍而又是最基本的战术编制单位,其长称指挥使。

后唐庄宗设亲兵"从马直",置四指挥,《五代会要·京城诸军》载:"后唐长兴三年(公元932年)三月敕:卫军神威、雄威及魏府广捷以下指挥,宜改为左、右羽林,置四十指挥,每十指挥为一军,每一军置都指挥使一人,兼分为左、右厢。"后唐应顺元年(公元934年)三月,改左、右羽林四十指挥为严卫左、右军,龙武、神武四十指挥为捧圣左、右军。

(4)都

《五代会要·京城诸军》中说"凡五百人为一指挥,其别有五都,都一百人,统以一营居之。"这是最后形成的正规编制。

晚唐及五代前期,有不少亲军和特种部队也称都,兵力大小不一。如唐有水军五都,都设指挥使,以都指挥总之。后梁朱瑾募士数百人,在额上刺双雁,号为雁子都;太祖朱温也选数百人别为一军,号曰落雁都;还有前述的厅子都、帐前银枪都和横冲都等。又如南方的吴越,在苏州有营田军四都,共七八千人,兴修水利;南汉的刘𬛃,招募能采珍珠的人二千,号媚川都等。这些都不是作战部分,属于特种专业部队。

都的长称都头。后梁开平二年(公元908年),以右天武都头韩璙为神捷指挥使,左天武第三都头胡赏为神捷指挥使。又如北宋大将刘遇在后周补控鹤都头,改迁副指挥使。可见他们是由都的统兵官升为指挥的统兵官,而都是指挥之下的编制单位。

4.兵源及兵役制度

自中唐、五代以来,募兵和征兵取代了府兵制。五代时期军制的一大特点是刺字,就是在士卒应募入伍后,在脸、手、臂等处先刺字,后墨污,终身不褪,故招募士兵,往往称为"招刺"。

招刺的办法,始于唐末后梁太祖朱温为藩镇时,是为了防止士卒逃亡而制定的。据《资治通鉴》卷二六六记载:"初,帝在藩镇,用法严,将校有战殁者,所部兵悉斩之,谓之跋队斩,士卒失主将者,多亡逸(逃亡)不敢归",乃命"凡士卒皆文(刺字)其面以记军号。军士或思乡里逃者,关津(关卡)辄执之送所属,无不死者,其乡里亦不敢容。"

幽州刘仁恭强征统治区内的男夫,不分贵贱,一律在脸上刺"定霸都"三字,知识分子就在臂上刺"一心事主"四字。他用这个残酷的办法,强征了境内从十七岁到七十岁的男子二十万人,跟朱温作战,搞得人民逃亡,闾里为之一空。又如山南东道节度使安从进,在襄阳拦劫商旅行人,刺字充军,于是抓丁当兵之风盛行,将大量农民迫离农村,脱离农业生产,使当时的社会生产力受到严重摧残。所以马端临在《文献通考》上说:"颡受墨涅若肤疾……籍民为兵,无罪而刺之,使终身不能去,以自别于平人,非至不仁者,莫忍为也。"意思是面颡受到深入肌肤的墨污,就像皮肤病一样,终身不褪……把无罪的平民,强抓入伍而受黥刑,使自别于平常之人,即使是最不仁道的人,也是不忍心为此的。可见他们残酷粗暴的行为,开了历史上的先例。

后晋建国之初,以募兵制建立了骑兵八军,步兵九军,另有兴捷、武捷等十余军。

晋出帝开运元年(公元944年),大赦天下,征发平民当乡兵,每七户征发一人,其兵杖、器械,都由七户分摊购置。当时契丹扰掠北方边境,沿黄河之民,自备器械,各随其"乡",团结为"社",保卫家乡,这里所谓的"乡、社"之兵,就是民兵;以后契丹大军南下,占领了开封,各州县民兵多逃入山区,继续进行反抗活动。

除实施募兵和征兵制外,也采用收降办法以扩大兵源。如显德四年(公元957年),后周进攻江南,将降卒收编为六军、三十指挥,建立为怀德军等。

五、宋、元军制

(一)宋代军制

后周显德七年(公元960年),后周将军、归德军节度使、殿前都点检赵匡胤,趁周世宗柴荣去世之机,发动兵变,灭了后周,建立了宋朝,成为宋朝的开国太祖。宋历帝十八,有国三百一十九年,至南宋末帝昺祥兴二年(公元1279年),为元世祖所灭。

宋太祖出身将门，他深知自中唐"安史之乱"至五代以来，频繁的王朝更迭，其根本原因，是悍将权臣手握重兵。他认真总结了藩镇敢于抗拒王室，将佐敢于逐杀主帅以至取代帝王的历史教训，认为兵权所在，则随之以兴，兵权所去，则随之以亡；但要牢牢掌握兵权，使统治长治久安，不改革军制，不剥夺武将的实力，是不行的。因此，他在一统天下之后，立即执行了"尊奖王室"和"恃兵以为固"的方针；他"废藩镇，释兵权，罢功臣，典禁兵，"把地方的兵、马、财赋、刑赏大权，都"一切收了"，将中央和地方的一切权力，收归皇帝一人；他以

陈桥兵变

防弊之政，作为立国之法，不但运用这一原则去创业，也把这一根本原则作为必须遵循的家法，传之后世。他的弟弟赵光义在即太宗皇帝位的（敕书）上说："先皇帝创业垂二十年，事为之防，曲为之制，纪律已定，物有其常，谨当遵承，不敢逾越。"这几句话，道破了赵匡胤在位期间所采取的一切军政措施的用心，也表达了他本人及其世代继承人"谨当遵承，不敢逾越"的家规。所谓"事为之防，曲为之制，"简单说来，就是防微杜渐，在国家的一切军政立法中，都要防备"犯上作乱"的因素。为此，他进行了一系列军政制度的改革，其基本精神是：

（1）地方分权、中央集权、臣僚分权、皇帝集权的高度的中央集权制度。

（2）在官制的设立上，宰相之下，设置了相当于副宰相的参知政事，以分其权。

（3）提高文官地位，在举国上下造成重文轻武，以文制武的格局，并利用内臣（宦官）领兵或充监军，以挟制将帅。太宗雍熙四年（公元987年）正式下诏："文臣中有武略知兵者，许换秩（官职）"，以文臣充武将，把没有造反能力的士大夫，放在将帅等武职官员之上，甚至在与辽、西夏的沿边地区，肩负守边重任的封疆大吏，也以文官任安抚使，而以武将任安抚副使。

（4）使地方兵权归各州，各州直隶于朝廷，节度使成为无权的虚衔。乾德三年（公元963年），开始以文官管州事，统领州军民大政，三年一换，不使常任；并于诸路、州、郡长吏（主管官吏）之下，设置副职人员，遇事可以专达于朝廷，且可以"监州"的身份自居。凌驾于长吏之上。这样中央的权力，便直达于地方，巩固了中央集权。宋代的军制就是在这种思想指导下制定的。

1.军事统御机构

为了限制军队统帅的权限，使兵权确实集中到皇帝手中，宋王朝在中央实行以

枢密院掌管军政军令,三衙分领马步军的统御体制。

枢密院是宋代主管军机事务的最高机关,与中书省并称东、西二府,以枢密使为枢密院长官,与中书省的同平章事等合称"宰执",共同负责军国要政,是朝廷的最高行政长官。枢密院长官,有时称知枢密院事,简称知院,其副职称枢密副使,或同知枢密院事。"掌军国机务、兵防、边备、戎马之政令,出纳密命","凡侍卫诸班直、内外禁兵招募、阅视、迁补、屯戍、赏罚之事,皆掌之。"这些主管军事机密与国防大计的负责长官,一般都用文人。虽然他们手下并无一兵一卒,但他们却有权制定战略决策,有权调遣军队,而统领大军的大帅、将军们,只有受这些文人的领导,不能参与军机大计。至南宋时,由于军情紧急,改为由宰相兼任御营使、都督或枢密院长官,以总揽军政。宁宗开禧年间(公元 1205—1207 年)由宰相兼任枢密使,成为永制,改变了文武对峙的局面。枢密院的组织,在正副长官之下设都承旨、副都承旨,负责内部事务。其下又有检详官、计议官、编修官,为枢密院的骨干。

三衙是宋代分掌皇帝三支亲军的最高指挥机关,他的全名是:殿前都指挥使司、侍卫亲军马军都指挥使司和侍卫亲军步军都指挥使司。因唐代藩镇之亲兵称衙(牙)兵,而五代至赵匡胤多半出自藩镇,故相沿称为三衙或三司。三衙各设都指挥使、副都指挥使和都虞侯,分别称三衙的长官为殿帅、马帅、步帅,合称三帅。"掌殿前诸班直及步、骑诸指挥之名籍,凡统制、训练、番卫、戍守、迁补、赏罚、皆总其政令。"三司鼎立,最高指挥权属皇帝。后周时,皇帝的亲军是殿前司军和侍卫司军,分统两司亲军的都是品秩较高的将军。宋朝之所以废除两司而代以品秩较低的三衙九员长官分统禁军,正是为了贬低武将的政治地位;此外三衙的军职,有时也可为武将的虚衔,如神宗时,定州路副都总管兼河北第一将刘永年,就有殿前都虞侯的头衔。

《宋史·职官志二》记载北宋把军队一分为三时说:"枢密掌兵籍、虎符,三衙管诸军,率臣主兵柄,各有分守。""祖宗(宋太祖)制兵之法:天下之兵,本于枢密,(枢密)有发兵之权,而无握兵之重;京师之兵,总于三帅,(三帅)有握兵之重,而无发兵之权;上下相维,此所以百三十余年无兵变也,"赵匡胤巧妙地把兵权一分为三,以使臣僚分权,互相牵掣,所以"兵符出于枢院,而不得统其众,兵众隶于三衙,而不得专其制。"这就使得枢密院和三衙,实现了发兵之权与握兵之重的分离,使枢密院与三衙长官,都不能对皇权构成威胁,对于消弭二百多年的兵祸,保障社会的安定,维持正常的生产和生活秩序,起了良好作用。但是由于他是根据当时的历史条件制定的军制,其出发点是在于防止"兴亡以兵"、军阀割据局面的再现,因而有的措施不免矫枉过正。如文官统兵、兵将分离、机构重叠、官职分遣等,种下了冗兵、冗官、冗费等的消极后果。而其后代又"谨当遵承,不敢逾越",未能适应形势的发展,及时进行必需的改革,以致负面影响日趋严重,终于形成积贫,积弱和文恬武嬉的局面。

宋代尚书省仍设有兵部,虽然其主要职权已转属于枢密院,但许多有关军事的具体工作,仍由兵部掌管。前期仅设判部事一人领导,职任尚轻。元丰改制时,设尚书、侍郎、郎中、员外郎等各官,区分为职方、驾部、库部三单位,其下又分为赏功、民兵卫、厢兵、武举、蕃官、检法等九案,分管业务。建炎三年,卫尉寺并入兵部,增为十案。兵部的职责,主要是掌管仪仗、武举、厢军、乡兵、土兵、蕃兵、边境少数民族首领的官封、承袭和全国各地兵要地志、地图以及国家武器库。

2.军种、兵种和兵力

宋代军队有陆军和水军两个军种。陆军有步兵和骑兵两个兵种,而以步兵的数量最多。由于宋军的主要对手都是少数民族的军队,而这些少数民族的军队又都是以骑兵为主,所以宋军步兵的编组,大部分是弓弩手,只有少部分是长枪手和刀手。

骑兵行程远、速度快、机动性强,适宜于平原旷野的远程作战,是封建社会军队中主要突击力量。在当时,没有强大的骑兵,不可能巩固边防。

由于中唐以来,丧失了西北产马地区,北宋军队只得以步兵为主。尽管禁军中有殿前司马军和侍卫马军司的马军,但也只占禁兵中的少数。无论宋朝廷在西北地区向少数民族买马,以物资换马,或设置监牧,繁殖马匹和神宗以后的户马法、保马法(令富户养马,分配保甲养马),以及不得已而施行的"括买"(即籍民马而市之以给军),实行马匹统购政策,都不能满足军马的供应,经常出现兵多马少,部分骑兵无马的情况。《历代名臣奏议》中记述工部尚书宋祁上奏仁宗:"今天下马军,大率十人无一、二人有马"。神宗时,因"河北马军阙(缺)马,其令射弓一名者先给马,不及一石,令改习弩或枪刀"。

南宋以来,由于陕西的丧失,只能从广南西路少数民族地区和四川购买军马,由于广马和川马体型矮小而数量不多,所以南宋的屯驻大军缺马更甚于北宋。如左护军刘光世五万二千余人,有军马仅三千;右护军吴玠也仅有战马六千;当时殿前司的骑军约占总兵力的七分之一,而五分之一的骑兵无马。严重的缺马情况,削弱了宋军的战斗力,致与辽、西夏、金的作战中,常常战败。

与宋朝对抗的辽、西夏、金,都是北方游牧民族,有以弓马骑射见长的骑兵,得以驰骋中原。第一正军有马二至三匹,经常保持"蹄有余力",战斗时才乘"新羁之马"与宋军厮杀,所以十战而九胜。

宋军中也有以骑兵取胜的,如北宋大将狄青破西夏侬智高,主要依赖"蕃落数百骑取胜"(《历代名臣奏议》卷二一九范缜奏)岳飞以战场缴获的金军战马组建骑兵,仅背嵬军的骑兵就有八千余匹。朱仙镇大捷,就是岳云率领背嵬军与游奕马军,以骑制骑而取得的胜利,宋军因马匹缺乏,不能集中优势骑兵兵力,长期沿用步兵为主的传统战法,而把骑兵作为步兵的附属军种,分散隶属于各个战场,使骑兵经常处于劣势,这是军事上失败的重要原因之一。

北宋建国之初,因主要战略方向在北方,所以水军数量不多。据《续资治通鉴长篇》卷十五载,当赵匡胤准备进军江南时,"遣使诣荆湖……造大舰及黄黑龙船数千舰",以扩大禁军的水军。经常"幸讲武池观水战。赐军人钱",还"幸都亭驿阅新战船"。当时南唐有水军十余万,"战船大者容千人",宋军水军兵力如果不是相当强大,是不可能实施渡江作战和迅速歼灭南唐军的。

宋初,驻屯京师、担任宿卫的禁军水军,有神卫水军和殿前司、步军司的两支虎翼水军,以及澄海水军弩手等四支水军。真宗时,又诏在京诸军,选江、淮士卒善水者,习战于金明池,立为虎翼水军,屯驻开封。

登州在山东半岛东端(山东蓬莱、龙口、栖霞、海阳以东地),与辽朝的辽东半岛隔海相望,便风一帆,就奄(迅速)至城下,故北宋"常屯重兵,教习水战,且暮传烽,以通警急,每岁四月,遣兵戍驮(驼)基岛(屯戍重要的岛上),至八月方还,以备不虞",并建置澄海水军弩手两指挥和由厢兵升为禁兵的平海水军两指挥于此。这是北宋最大的水军。

北宋厢兵中组建的水军比禁兵多,配置于河东、陕西、淮南、江南、两浙、荆湖、福建、利州、广南等九路,而且大部分部署在南方,兼有负责地方治安之职责。如神宗时在沿江湖州军各置水军三、五百人,以巡检主之,教以水战,担任巡捕。以后又诏令各地在土兵中增设水军,巡检于江河海道之中。

南宋时,因金、元的南侵,江、淮皆为战场。高宗即位之初,宰相李纲就于沿江、河、海帅府、要郡、次要郡,创建水军,以习水战,通州(江苏南通)知州郭凝亦令下属各县置办战船、火箭、手炮、木棹、竹牌、手弩、戈、予等兵器,装备水军。

杨么在洞庭湖起义,水军发挥了很大威力。起义军制造了二十四车(转轮)大楼船,长三十丈,船楼高五丈,可载千人。据陆游《老学庵笔记》记:"官军战船亦仿(起义军)车船而增大,有长三十六丈,宽四丈一尺、高七丈二尺五寸"者。其长度折合一百一十一米,是古代造船史上一项重大创新。岳飞镇压杨么后,曾接管东至池州(安徽池州)的江防获得战船千余艘,鄂渚水军之盛,遂为沿江之冠。其次为刘光世军,有水军五千一百人。张俊未建水军,亦拥有战船三百八十余艘;韩世忠曾率全军乘战船,以水军打击陆军,拦截过金兀术的归师。

绍兴五年(公元1135年),张俊以杨么起义的周伦部五千人,成立横江水军十指挥,都督府以海舟三十屯镇江。

南宋也曾在沿海设"沿海制置使司",负责海防,士卒逾万,舟船数千。张俊贬福州时大治海舟千艘,为直指山东恢复山河之计。

绍兴末年,完颜亮再次大举攻宋时,南宋水军的战绩比陆军显著。如李宝率水军沿海北上,在青岛海域,以火攻一举歼灭准备南下攻占临安府的金朝战舰;完颜亮大军在淮南轻易地击败王权、刘锜两军,而采石矶渡江时,却遭受虞允文水军的拦截,以失败告终。鄂州(湖北武昌)水军统制杨钦,以舟师迫金人,至洪泽镇败之。而腐败的南宋陆军,在江淮主战场上一败涂地,若无水军的胜利,偏安的南宋,是难以在江南立足的。

自孝宗(公元1163年)以后,为了防御金军的南侵,沿江、沿海陆续设置了二十余支水军,今举其重要者述之:

(1)鄂州水军:鄂州都统司水军,是一支强大的水军。孝宗乾道六年(公元1170年),爱国诗人陆游经鄂州入川,在《谓南文集·入蜀记》中记述:"观大军教习水战,大舰七百艘,皆长二、三十丈,上设城壁楼橹,旌帜精明,金鼓铿鞳(金鼓声),破巨浪往来,捷如飞翔,观者数万人,实天下之壮观也。"在此之后。李曾伯在鄂州另置游击水军,孟珙镇守荆湖、西援四川,张顺张贵营救襄阳府,都曾使用水军。元军攻南宋,占领襄樊击破鄂州水军后,才得以顺江而东下。

(2)兴国军御前防江水军:宁宗嘉定末(公元1220年以后)创建兴国(江西赣县)军,驻扎御前防江水步军共三千人。

(3)池州水军:八千人。

(4)太平州采石矶御前水军:五千人。

(5)建康府(南京)靖安、唐湾御前水军:五千七百人。

(6)建康府龙湾游击水军:隶沿江制置使司,二千人。

建康是长江下游的水军基地之一,驻防水军虽然不多,但战船的数量、性能和水军的战斗力却相当强。水军所有战船,全由当地龙湾都船厂制造。据《景定建康志·武卫志·战舰》记,仅淳祐末至景定末的十几年中,就新造战船八百五十七艘,修船二千六百九十三艘。新造战船有飞虎战舰、铁头船、铁鹞船、飞捷船、多棹船、水哨马船……等多种。其中具有代表性的新型战船为铁头船、多棹船和水哨马船。铁头船亦称铁壁铧嘴船,长九丈二尺,宽一丈五尺,舷板厚三寸,首部两侧舷板外装铁甲,船首水线下装有锋利的铁冲角,状如犁铧,两舷各装船桨三支和车轮一个,是一种攻击型的快速桨车混合战船。多棹船是中型快速战船,船上装有防护设施,用二十四支桨,载甲士二百人。水哨马船,装有活动防护墙和车轮、船桨,可随时安装、拆卸。平时用作渡船,可渡人、马,发生战争时可立即改装为战船。是最早以"平战结合"思想指导下设计的战船。据《宋史》卷四二。沿江制置使王埜(野)传:"引水军大阅,舳舻相衔,凡三十里"。可见当时水军之盛。

(7)镇江府水军:属御前诸军,继韩世忠军遗制,在孝宗乾道时,设统制一员,统领一员,分三将,每将各设正将、副将和准备将一员,五千人。

(8)江阴军水军:孝宗淳熙末,归沿海制置司统领,分三将,四千人。

(9)平江府许浦(江苏常熟)水军:南宋最大的一支水军,直隶皇帝,设副都统制管辖,一万四千人,分四军,八将,六十三队。

(10)淮阴水军:地当淮河、黄河、运河要冲,直隶皇帝,五千人。

（11）两淮水军：二千人。

（12）殿前司浙江水军：屯于临安府，（浙江杭州），度宗时以万人为额。

（13）庆元府（浙江宁波市）定海县沿海制置使司水军：高宗时，水军一万人。

综计南宋水军设置在江防海防要地二十余处，从武昌至常熟之江防，从嘉兴府杭州湾之澉浦到广西钦州之海防，都有规模不等的水军。其重点配置在长江下游至两浙路沿海，理宗淳祐五年（公元1245年），据《宋史·理宗记》记："沿江、湖南、江西、湖广、两浙制、帅、漕司及许浦水军司，共造轻捷战船千艘，置游击军壮士三万人，分备捍御"。当时曾调遣东南水军支援长江中游等地区。南宋末定海水军调鄂州，抗击元军，都统制刘成战死。可见水军在南宋是一个重要的军种，在抗击金、元的战斗中，多著战功。

按《历代名臣奏议》卷二二一吕陶记述："艺祖（太祖）受命之初。国家之兵，十有二万。"

太祖后期的开宝年间，共有兵员三十七万八千人，其中禁兵马、步兵为十九万三千人。

宋太宗至道年间（公元995—997年），共有兵员六十六万六千人，其中禁兵马、步军为三十五万八千人，比宋太祖末期的开宝年间增加了近一倍，但是战斗力却反而下降。真宗即位后，以刚直敢言著称的文学家、右拾遗王禹偁上奏："乾德、开宝以来，所蓄之兵，锐而不众；所用之将，专而不疑。"太宗时，却"兵威不振，国用转急，其义安在？所蓄之兵，冗而不尽锐，所用之将，众而不自专故也"。他提出必须"简锐卒、去冗兵"，但没有被采纳。

真宗咸平年间（公元998—1003年），宋朝穷于应付北方强大的辽军，西北又与党项连年作战，于是备西边、御北塞，搜募兵士至五十余万人。当时禁兵加厢兵，号称养兵百万。

真宗景德元年（公元1004年），与辽订立澶渊之盟后，才开始裁减兵马。真宗天禧年间（公元1017—1021年），全国兵员共有九十一万二千人，其中禁兵马、步军为四十三万二千人。

澶渊之盟后，北宋经过了三十多年的休战。仁宗宝元元年（公元1038年），西夏崛起，宋军屡败，国内各地农民的小规模起义又不断爆发，于是大量扩军，总计内外扩充八百六十余指挥，兵员四十二万余人。庆历年间（公元1041—1048年），全国共有军队一百二十五万九千人，其中禁军马、步军八十二万六千人，厢军四十三万三千人，这是北宋禁、厢军的最高数字。英宗治平元年（公元1064年），主管财政的三司使蔡襄说："宋朝有禁兵六十九万三千三百三十九人，厢兵四十八万八千一百九十三人，共计一百一十八万一千五百三十二人。"《宋史兵志》记载：英宗在位时，又陆续裁减，最后共有军队一百一十六万二千人，其中禁兵马、步军为六十六万三千人。以上列举各代兵员数字，由于军队存在不满员的情况，虚数是很大的。

3.取中央禁军

禁军或禁兵,原指皇帝亲军,赵匡胤建立北宋王朝后,削除藩镇势力,将全国各地的精兵全部收归中央,分属三衙统辖,主力集中于京师地区。所以北宋的禁军,实际是中央直接统辖的国家正规军。它的任务是守备京师、担任征战和屯戍边郡、地方。

宋太祖为了巩固其王朝的统治,十分重视禁军素质的提高,战斗力的增强。建隆元年(公元960年),赵匡胤即位的当年,就着手加强禁军,诏令三司,从其统领的禁军中,拣选骁勇者,升为上军,老弱怯懦者淘汰,淘汰下来的老弱分四种办法处理:(1)降为厢兵。(2)留本军任勤杂人员,称"小分",支半粮。(3)保留军籍,另外编组,在宫苑、仓库等地服杂役,称"剩员",亦支半粮(后来也有按十分之一比例留本军任杂役的)。(4)取消军籍,复员为民。

禁军的选拔,则从三个方面进行:

①按照宰相赵普"罢藩镇,收其精兵"的方针,诏"令天下长吏,择本道兵骁勇者,籍其名送都下,以补禁旅之厥(缺)"。所谓骁勇,还有一定标准。太祖乾德三年(公元965年),选拔禁军中的精壮作为"兵样",分送诸道,诏令各地按照这样的条件选拔。以后为了省事,制定了一定长度的木棒叫"木挺",标明身长尺寸,为高下之别,分送各地照尺寸选拔。如真宗大中祥符年间,定等杖自五尺八寸至五尺五寸为五等;高宗建炎四年,诏令"天武第一军为五尺八寸,捧日、天武第二军、神武各军为五尺七寸三分,龙武五尺七寸……三路厢军则为五尺二寸等。"

②诏令各地招募精壮勇士,派遣长吏、都监等教练武艺,俟其娴熟,即送京师,由军头司复验,编入禁军,其俸给优于外州。凡是编入禁军的兵士,皇帝还亲临便殿校阅,试其武艺。

③北宋在统一诸国的降卒中,也拣选精壮,补入禁军,制定阶级,使上下相制,不可侵犯。

此外,又从禁军中选出勇壮,作护卫皇帝的亲军,称"诸班直",地位在一般禁军之上。

由于以上军制的改革,收到了一箭双雕的效果:

①使诸镇的强兵锐卒(这是他们赖以割据的武装支柱),统统转充朝廷直辖的三衙禁兵,使武将失去了震主之威的基础,革除了藩镇敢于抗命的心腹大患,分裂割据的藩镇制度,终于被铲除。藩镇的职称,如节度使、观察使、防御使、团练使、刺史之类,便逐渐成为武将的虚衔了。

②禁军不断淘汰老弱,增补精壮骁勇的士卒,加强武艺训练,极大地提高了禁军素质,增强了王室中央的直辖兵力。诸路厢兵纳入侍卫马、步军司的系统后,三衙的统兵权,就由中央扩大到全国,藩镇之兵与三衙之兵,统统成了天子之兵,由皇

帝统一指挥,巩固了统治。

(1)禁军的编制

北宋禁兵番号很多,其中资格最老的是殿前司的铁骑马军和控鹤步军,侍卫司的龙捷马军和虎捷步军,这是后周的四支主力部队。太宗时,改称捧日、天武、龙卫、神卫。这是禁兵的上四军⑨,其他各种番号的禁兵,都是中军和下军,其级别也各有等差。禁兵各等军军士的身长和军俸的标准不同,对上四军军士的武技,也有严格的要求。

宋太祖时禁兵的编制:

殿前司辖马军二,步军六;

侍卫马军司辖马军十六;

侍卫步军司辖步军十七。

这是宋太祖对禁兵几经整顿、淘汰、补充、训练得来的精兵锐卒,是全国军队的精锐。故《历代兵制》卷八陈傅良说:"艺祖皇帝,历试诸艰,亲总戎旅,逮应天顺人,历数有归,则躬定军制,纪律详尽,其军制亲、卫、殿、禁之名,其营立龙、虎、日、月之号,功臣勋爵,优视公卿,官至检校仆射台宪之长,封父祖、荫妻子,荣名崇品,悉以与之,郊祀赦宥,先务瞻军饷士,金币绢钱,无所爱惜。然令以威驾,峻其等为一阶一级之法,动如行师,俾各服其长,待之尽善矣。"这里虽然有封建的糟粕,但是可以看出其军制之严密,于威严之中,寓体恤之情,以笼络将兵去为封建王朝效命。

至宋太宗时的禁兵编制为;

殿前司辖马军十,步军六;

侍卫马军司辖马军五;

侍卫步军司辖步军二十。

北宋禁军的编制并不一致,一般为厢、军、指挥(营)、都四级,但也有不足四级的。担任皇帝宿卫的近侍亲军,称班直,成员多为军官身份,其编制与一般禁军不同,名称繁多。现分别简介如下:

①班直

班直是扈从天子最亲近的禁兵,皇帝的殿前侍卫亲军,是从禁军中最骁勇的上军中挑选出来的。班直隶殿前司,充当天子宿卫、仪仗、乐队等职守,紧急时,也参加征战。班和直都是军事编制单位,分殿前司马军诸班直和殿前司步军御龙诸直。

殿前司马军诸班直分:

殿前指挥使:左、右二班。

内殿直:左、右四班。乾德三年(公元965年)平蜀时,选百二十擅骑射者为川班内殿置,开宝四年(公元971年)废。

散员:左、右四班。

散指挥:左、右四班。

散都头：左、右二班。

金枪班：左、右二班。旧名内值，太平兴国初（公元976年），改造诸军中善用枪槊者增补。

东西班：弩手班、龙旗直、招箭班及茶酒班共十二班。旧称东西班承旨。熙宁时（公元1068—1077年）减为十一班。南宋时为八班。

散直：左、右四班。南宋改为招箭班散直。

钧容直：军乐队二班。淳化二年（公元991年）减为一班，南宋后期废。

外殿直：一班。原名看班外殿直，熙宁五年（公元1072年）废。

银枪班：左、右二班。南宋初置。

宋建国初曾设内员僚直一班，但很短时间内即废。南宋初，将东西班中的茶酒班，单独设立为新、旧茶酒班各一班，非战斗员。

殿前司马军诸班直的统兵官，有都虞侯，指挥使、都知、副都知押班。

殿前司步军御龙诸直分：

a.簇御马直：左右二直，太宗太平兴国时，改名簇御龙直，后又改名御龙直；

b.骨朵子直：左右二直，太平兴国时，改名御龙散手直，后又改名御龙骨朵子直；

c.御龙弓箭直：五直；

d.御龙弩直：五直。

步军御龙诸直的统兵官有四直都虞侯。每直有都虞侯、指挥使、副指挥使、都头、副都头、十将、将虞侯。

宋太祖认为，殿前卫士如狼虎者不下万人，非张琼不能制，乃任命张琼为殿前都虞侯。这里所指的卫士是泛称而不是专指班直。北宋时诸班原额三千六百余人，至南宋宁宗时（公元1195—1224年）诸班直定额二千二百五十二人。北宋初年，还规定诸班直的妻子，一定要选女方的长女，如此则其子孙皆是体格魁伟的壮士，世世代代为天子之禁卫。

②厢

厢字本义为正房两侧房屋，《广韵》即释为"东西室"。唐初时，用于军队，出现左、右厢的名词。当时意为军队战斗编组的两翼。如《李靖兵法》，记"大将军出征"时，在中军两侧部署"左、右厢各二军"，"军各二千八百人"。宿营时，则以"四千人为营在中心"，"左、右厢四军"，"各一千人为营"在外围等⑩。中唐以后，左、右厢逐渐成为军队建制单位。如《资治通鉴》卷二百二十、至德二载记，肃宗李亨在收复咸阳、返京后，"置左、右神武军"，"又择善骑射者千人为殿前射生手，分左、右厢，号曰英武军"等。不过与此同时，作为战斗编组和作为建制单位的两种意义并存。如《旧五代史·周书·世宗纪》记高平之战，敌军"（刘）崇，东西列阵"，周世宗柴荣"乃令侍卫马步军都虞侯李重进、滑州节度使白重赞将左，居阵之东厢"。

当战争胜利后，为奖功，世宗任命韩令坤、赵弘殷分别任龙捷左、右厢都指挥使；任命慕容延钊、赵鼎分别任虎捷左、右厢都指挥使等。

进至宋代，左、右厢已完全变为军队建制单位。如禁军中捧日、天武、龙卫、神卫四上军和马兵骁骑军、步伐虎翼军等，都分为左、右厢等。但并不普遍，多数禁军并无厢一级的编制。厢的长官为厢都指挥使，亦简称厢主。按正规编制，厢下为军，每军二万五千人，十军为一厢二万五千人。但实际上厢辖军数，不到十军。如北宋立国之初，龙捷军左厢辖六军，真宗时，上四军左、右厢，每厢仅辖三军。大大低于规定编制数。至英宗后，厢都指挥使已成武将虚衔，厢的编制，名存实亡。

③军

北宋厢下设军，军一级统兵官是军都指挥使一员，都虞侯副之，也有军之上不设厢的军，一军为五指挥，兵员二千五百人。但也不统一，如真宗晚期，殿前司与侍卫步军司的两支虎翼军都是左、右各五军，军十指挥，每指挥五百人，比标准编制的兵员多一倍，其余殿前司的马兵骁骑军、步兵神勇军和侍卫马军司的云骑、武骑军，有每军分上、下两军的，也有一军编制的，每指挥三百五十人，每军为三千五百人，比标准兵额多一千人，其他不少番号的禁兵，辖十指挥的军，殿前司的步兵龙骑军，"为指挥二十、分三军。可见其编制是极不统一的。"

④指挥（营）

挥是最重要的也是最基本的战术单位。北宋，以五百人为一指挥，以指挥使和副指挥使统领之。计算禁兵兵力时，不以厢，军、都为计算单位，而是以指挥为计算单位，也就是固定的编制单位。在屯戍和调动时，往往打乱厢和军的隶属编制系统，而以指挥作基本单位临时编组。如真宗时辽军大举南下，"发永兴驻泊龙卫，云骑八指挥赴行在，宋辽议和后，令河东发并，代广锐骑军三十指挥归本道。"等。

当时人们议论的"兵不知将，将不知兵"问题，是指禁兵在屯戍、调动和作战时，往往打乱了原来隶属的厢、军编制系统，而临时抽调兵力，委任新的统兵将军而言，本指挥内部，并不存在这个问题。

至于每指挥实有兵员，经常不满五百之数，原因一是各指挥情况不同，一是宋军普遍缺员。

⑤都

北宋袭用五代军制，在指挥之下设都的编制，一都为一百人。都一级的统兵官，马兵是军使和副兵马使，步兵是都头和副都头。在副兵马使和副都头之下，尚有军头、十将、将虞侯、承局和押官。如副兵马使，副都头缺员，取拣诸军、军头、十将补填，但也有不设军头的。

仁宗时，起居舍人、直龙图阁尹洙在《河南先生文集·奏阅习短兵状》中记述："诸处马军每一都枪手、旗头，共十三人，其八十余人并系弓箭手；步军每一都刀手八人，枪手一十六人，其七十余人并系弩手。"可见无论马兵或是步兵，一般都是一百人左右。

（2）"内外相制"和"兵无专主"的统御制度

北宋禁兵，不仅是护卫宫禁和京畿的安全，而且要戍守州郡保卫边疆，担负着对内镇压，对外防御和征战的任务，关系着赵宋天下的长治久安，国家的盛衰兴亡。因此，北宋在禁兵内外部署上，也根据"事为之防，曲为之制"的精神采取了措施，这就是"内外相制"。

①内外相制

《续通鉴长篇》卷三二七记述宋神宗的话说："艺祖（太祖）养兵止二十二万，京师十万余，诸道十万余。使京师之兵足以制诸道，则无外乱；合诸道之兵足以当京师，则无内变。内外相制，无偏重之患。天下承平百年，盖因于此。"

不仅如此，对驻屯于京城之内的亲卫诸军与驻屯在畿辅地区的禁军，在部署上，也使之能互相制约。京师之内，有亲卫诸兵，而京师之外，诸营列峙相望，使京城内外相制；府畿之营，屯驻数十万众，以防京城与天下之兵，使府畿内外相制。

可见赵匡胤对禁军的部署，在驻屯地区和兵员比例的安排上，确是"居常思变，居安思危"。他对禁军这个统治工具，既要利用它，又要防备它，无时无刻不在处心积虑，唯恐其统治权力因疏忽大意而招致失去。所谓"凡天下之兵，皆内外相制也"，无非是使京城内外、开封府京畿内外保持某种兵力上的平衡，一旦有变能相互制约，以维护自己统治。现将宋仁宗时禁军的部署情况概述如下：

a.北宋禁军主力主要驻屯北方，这是出于对辽及西夏的战争需要。当时北方驻兵一千七百三十二指挥、南方仅驻兵一百九十五指挥。原来南方诸州多无禁兵，庆历三年，为镇压王伦、张海等"狂贼"，于江、湖、淮、浙、福建诸路又添宣毅一百二十四指挥，于是才在一些州内常驻禁兵。

b.在北方驻军内，开封府界驻禁兵六百八十四指挥，京东、京西、河北、河东、陕西驻禁兵一千。四十八指挥。在对西夏作战后，陕西、河北、京东、京西增置保捷一百八十五指挥、武卫七十四指挥、宣毅一百六十四指挥。即使如此，开封府的兵力仍比北方任何一路强得多，仍足以"内外相制"。

c.就三衙兵力分布而言，殿前司的禁兵主要驻于开封及其附近，马军司和步军司的禁兵，分布较广。但其主力的龙卫、神卫、虎翼等军，仍驻于京师附近。

d.由于三衙禁兵的分布是交叉重叠驻守，故很多州府往往同时驻有三衙或侍卫两司的禁兵，使之起到互相制约之效。总的来说，宋初在军队的分布上，中央和地方，京城的内和外，京畿的内和外，以及兵力、兵种的部署等，基本上都保持一定的比例，以达到内外相制而又相维的目的。

②更戍法

赵匡胤的"事为之防，曲为之制"，并不满足于内外相制，又制定了军队的更戍法。更戍就是经常变换戍守地区，规定除殿前司的捧日、天武两军外，其他诸军，每隔二、三年,甚至不到一年,就更换一次驻地,但其军以上的将领并不随之更换,以至"兵无常帅,帅无常师"。《文献通考·兵考·五》记载:

"五代承唐藩镇之弊,兵骄而将专,务自封殖,横猾难制。祖宗(宋太祖)初定天下,惩创其弊,分遣劲旅,戍守边地,率一、二年而更。欲使往来道路,足以习劳苦,南北番戍,足以均劳佚。故将不得专其兵,而兵亦不至骄惰"。

《历代名臣奏议》卷三一七记述仁宗朝宰相富弼的话:"将天下营兵,纵横交互,移换屯驻,不使常在一处,所以坏其凶谋也。"

《司马文正公传家集》卷五二说:使军士"均劳逸,知艰难,识战斗,习山川。"

就以上引文看,说明更戍法的目的,一是在驻军统兵官与地方官吏之间造成军、政分离,不敢互相结托,阴谋叛乱,故曰:"所以坏其凶谋也";二是使将不知兵,也使兵不知将,"故将不得专其兵",造成兵将分离,不致率兵叛乱。

在更戍法的制度下,北方禁兵往南方移屯,常常不服水土,"一往三年,死亡殆半";"军还到营,未及三两月,又复出军,不惟道路劳苦,妻孥问阔,人情郁结"。可见,更戍法给士卒带来的是痛苦和死亡,严重地影响了士气,削弱了战斗力;至于沿途地方州郡的负担和军需物资的供应,就更加繁重和困难了。

北宋朝廷对将帅的猜疑,使"将不得专其兵",造成了"帅无常师",没有自己亲信可靠的队伍。只是在出戍或征战之际,由来自不同番号、不同隶属的禁兵"指挥",临时拼凑成军。各指挥与部署、钤辖等统兵官,也是暂时性的委派。这种不相统属,临时组成的军队,平素互不了解,没有建立起信任的关系,战时就不可能齐心协力,不可能适应战场瞬间变化的情况。

宋太宗雍熙三年(公元 986 年),曹彬在涿州大败,据《续资治通鉴长编》卷三十说,原因之一就是"元戎(大将)不知将校之能否,将校不知三军之勇怯,各不相辖,以谦谨自任,未闻赏一效用,戮一叛命者。"

更戍法制度,持续了一百余年。到宋神宗时,宋朝在对辽及西夏的战斗中打了很多败仗之后,"才慨然更制",规定禁兵"无复出戍"。

(4)驻屯外地的禁军

北宋开国之初,禁兵只作为中央的禁卫之师,全国的二十四路和路以下的各州、府、县,一般都没有固定的驻军。根据内外相制的原则,他们应"分屯而更戍",一半出戍外地,一半列营京畿,出戍的禁军有三种,即屯驻、驻泊和就粮。如屯驻和驻泊,是出于军事上的部署和政治上的需要而移屯的,其中屯于州者曰屯驻,由兵马钤辖、都统等统领;非戍守于内地诸州,而屯戍于边郡要地者曰驻泊。驻泊的禁军由朝廷直接派遣的兵马都部署(总管)统领,当地州郡长官不得干预。

禁军离京去屯驻或驻泊,往往长途跋涉,家属不得携带同行。移屯的时间也有明文规定,如移屯到京东、京西、河北、河东、陕西、江淮、两浙、荆湖、川峡、广南东路等地,三年一更换;广南西路,二年一更换等等。移屯时,仍以指挥为调遣的基本编所谓"就粮"者,是将禁兵移屯到粮草丰足之区,以便人马就食。这是属于经济性的移屯。《文献通考·兵考》云:"就粮者,本京师兵,而便廪食于外,故听其家(属)往。"同时,这个就粮的办法,也不限于京师禁军往外地就粮,驻外地的禁军,也可往粮草丰足的地区就粮。仁宗时,曾因河北路冀(河北冀州)、博(山东聊城)、保(河北保定市)、三州粮食最为缺少,而令其军、马,往外地"就食粮草"。

随着时间的推移,很多州、府、军也陆续设置常驻禁兵,不再回驻开封。有些地方招募禁军时,不少人因怕离开乡土,不愿应募,朝廷乃明谕本州军就粮禁军,不再回驻京师,从而扩大了兵额。这些地方的就粮禁兵,逐渐自然地成了地方军。据仁宗朝的统计,驻营开封府的中央禁军为六百八十四指挥,驻营南北各路的地方就粮禁军为一千二百四十三指挥,为在京禁军指挥数的两倍。

如前所述,三衙禁兵根据种种需要,部署在全国各个战略要地,为了"事为之防",又不得不"更番迭戍",调动频繁,这自然就打乱了原来隶属的厢、军的统兵体制,要另外再委派"率臣"来统率当地分属三衙的禁兵,负责镇守或征战事宜。所谓率臣,有安抚使、经略使、经略安抚使、都部署、副都部署、部署、副部署、都钤辖、钤辖、副钤辖、都监、副都监、监押等官名。后来因避英宗赵曙的名讳,部署改称总管、副总管。这种因事而立的官,都属临时委任,其官职的品级高低,视辖区大小、统兵多少、任务轻重而各不相同,任务完成即罢。这种平时不相隶属的临时编组成立的指挥系统,使临时组成的将校之间,无严格的领导与被领导关系,军令不得贯彻,导致了宋军战斗力的削弱。

宋代在沿边战略重要地方,负责较大地区军民两政的重臣,叫安抚使或兼称经略安抚使,有"帅司"之称。自太祖至真宗,凡出师征战,往往临时委派都部署,作为统军大帅,由皇帝任命。如征后蜀,任王全斌为西川行营凤州路都部署;灭南汉,由潘美任贺州道行营兵马都部署等。

负责某一地区驻屯禁军、而地位低于安抚使的率臣,称钤辖。每一路有一路分钤辖,每一州有一州钤辖,有的地区还增设驻泊钤辖。都钤辖由官高资深者充任,资浅官卑者任钤辖。

都监有路分,有州、府、军、监,有县、镇,有城、寨、关、堡等。各级都监事权差别很大,路分都监掌本路禁旅屯戍、边防、训练之政令;州、府以下都监,掌其本城屯驻禁兵的训练、差使之事;自路分都监以下,都是掌管本地就粮禁兵,或者京城与外地屯驻禁兵。如禁兵驻泊,则增加一员,专管驻泊禁兵,称驻泊都监。其官员中之资浅者为监押。此外部署,钤辖、都监等,又有行营和驻泊之别。行营用于征讨,驻泊用于防卫,因此有行营都监、行营钤辖、驻泊都部署、驻泊钤辖等。但也有以行营与驻泊合衔的,如王超曾任定州路(今河北定州附似地区)驻泊行营都部署。由于对辽战争常吃败仗,行营、驻泊之称,已无严格区别。澶渊之盟后,为了表示和好,悉罢行营之号，"止为驻泊总管（部署）"。

禁兵各指挥，如驻扎开封府，则受三衙长官的直接管辖；如驻扎外地，则既受率臣的管辖，也受三衙的节制。在率臣之间，也有一定的上下级关系，其品级最高者，则又听命于中央枢密院宰执大臣和皇帝本人，三衙无权指挥。禁兵中这种纵横交错的指挥系统与管辖体制，无非是为了加强中央的统兵权，特别是皇帝本人的军权，削弱地方与臣僚的兵权，以防止叛乱。除此之外，对部署、钤辖、都监之类，自太宗以后即参用文臣，以防不测。如四川王小波、李顺起义，太宗特命参知政事赵昌言任川峡两路都部署，自统兵的宦官王继恩以下，"并受节度"。真宗时，孙何上疏，"文武参用，必致奇绩"，主张"于文儒之中，择有方略之士，试以边任委之"，"阃外（在外军务）制置，一以付之"。此后，以文臣任统兵官督率武将，渐成惯例。长期以来，自皇帝以至士大夫，都认为武人位尊权重，将过分自高自大，专横跋扈，会导致藩镇割据，只有以文人任统帅，方可保证国家的长治久安。

为加强中央对地方的控制，宋于淳化四年（公元993年）将全国划分为十道监察区，至道三年（公元997年）改为十五路行政区。元丰时（公元1078～1085年）增至二十三路，崇宁时（公元1102～1105年）再设京畿路，全国共有二十四路。路是地方最高行政机构，统属州、县两级。路的领导机构有四个：经略安抚使司（帅司）、转运使司（漕司）、提典型狱使司（宪司）和提举常平使司（仓司）。各司主官均为中央派出的文官，各司其事，互不统属，都直接对皇帝负责。经略安抚使主管"一路兵、民之政"，而以军事为主，大多兼任知府或知州。路内驻军均归其指挥。转运使主管财赋和用兵时军需粮饷等事宜。提典型狱使主管司法，提举常平使主管平仓、义仓及救灾等事宜。

州是地方中级行政单位，与州平级的还有府、军、监，均直属中央。州的长官为知州。政治、军事、经济都较重要的州称府，地位略高于州。军在唐时是只管军事的军区，宋时发展为军政合一的政区。一般设在边境及关隘等军事重地。监只设在矿区，不管军、民。

宋的二十四路统辖府、州、军、监的情况（变迁情况未列入）。北宋末宣和四年（公元1122年），将刚刚收复和即将收复的被辽占领的燕云地区各州县，分设为燕山、云中两路。燕山路统府一（燕山）州九（涿、檀、平、易、营、顺、蓟、景、经）；云中路统府一（云中）州八（武、应、朔、蔚、奉圣、归化、儒、妫）。

4.地方武装

宋王朝在国家正规军的中央禁军之外，还有大量地方武装。主要有厢兵、乡兵和蕃兵三种。厢兵是国家正规军中的地方军，乡兵是非正规地方军，蕃兵是少数民族组成的非正规边防地方军。此外，还有属于乡兵范畴而又与乡兵略有不同的土兵和弓手，它们是具有警察性质的州县当地治安武装。

（1）厢兵

北宋初年，将各地藩镇兵中之壮勇者，抽调中央，编入禁军后，剩下老弱者留本城，以充当厢兵。据《乐全集·卷二十四·论国计事》记载："太祖皇帝制折杖法，免天下徒，初置壮城、牢城，备诸役使，谓之'厢军'。后乃辗转增创军额，今遂与禁军数目几等。"这证明北宋初年，曾创建壮城、牢城等服杂役的兵种，充作厢兵。也说明厢兵是由藩镇旧兵与杂役新军合并建置的；禁军是中央的正规军，厢军是正规军中的地方杂役军，只是随着后来各地就粮禁兵的设置，厢兵和禁兵作为地方军与中央军的差别，才逐渐消失了。

厢兵一部分来自招募。凡是健勇者，募充禁兵，不及尺度而稍怯弱者，籍之以为厢兵。厢兵的另一种来源是罪犯。按宋代法律规定："牢城指挥以待有罪配隶之人。"徽宗时，严州（浙江建德）上报朝廷："今本州牢城指挥，额管厢兵二百人，因方贼（指方腊）烧劫，多被杀伤逃避，见缺一百八十八人，欲乞下诸路州军，将合配罪人配填。"此外，配军充当厢兵，也不限于牢城军。神宗时，兰州知州李浩奏："乞诸路杂犯罪人刺配一二千里者，免决，充兰州本城厢军。"

据《嘉泰会稽志》卷四记载："禁军有退惰者，降为厢兵，谓之落厢。"

神宗时规定：开封府和京东、京西路禁兵马军教习不成，退充步军；又不成，退充厢军。此后又下诏三衙：凡前后新招拣禁军兵士，在规定期限，武技不入等，马军改充步军，步军改充厢军。

宋朝设置厢兵的目的，"大抵以供百役"，且具有工兵的性质。如壮城军用于修筑城池，作院军用于制造武器，桥道军用于建桥修路，船坊军用于建造船舰，清河军用于疏浚河道等等。高宗时，"浚运河"一次用二浙厢军四千余人，月余而毕。其他厢军用于官员们的侍卫、迎送、运输、夫役等，甚至有的州官令厢兵织毛、缎等物出售，为州官牟利。在与西夏作战时，大部厢兵充当运粮的役卒，有的用于垦荒，只有极个别情况，才用厢兵参加战斗。如太宗雍熙三年十二月（公元986年）代州之战，张齐贤选二千厢兵参战，击败了辽军。

厢兵的数额庞大，太祖开宝年间（公元968—976年）为十八万五千人；太宗至道年间（公元995—997年）为三十万八千人；真宗天禧年间（公元1017—1021年）为四十八万人；仁宗景祐年间（公元1034—1037年）为四十三万八千人；仁宗庆历年间（公元1041—1048年）为四十三万三千人；英宗治平年间（公元1064—1067年）为四十九万九千人；至神宗初，各种厢兵的番号有二百几十个，五十多万人。

厢军在州郡的地位低下，俸给极微。北宋初年，厢兵年俸三十千尚不算薄，按当时币值可买良田十余亩。其后辽、夏入侵，边防紧迫，厢军兵额日增，国家财力日绌，待遇日低，加上层层克扣，俸给只能维持简单的生活。例如担任漕运的厢军，仅有的口粮被官吏克扣后，一个个"褴褛枯瘠"，终身回不了家，老死在河路上。福建漳泉等地的递送厢军，三年一易，死亡大半，亦有全家皆死的。熙宁年间，四川榷茶

（茶叶由朝廷专卖）由厢军运到陕西，往返日行四百里，过一日，徒刑一年，立法之重，远过于"急脚递"之刑，致死亡者甚多。总之，厢兵，这种雇佣应募而来的职业役兵，命运是极为悲苦的。连宋仁宗也说："滑州修河役卒，多溺死者，有司第以逃亡（假报逃亡），除其军籍，实可怜伤。"

厢兵的隶属系统，"内总于侍卫司"，名为内属，实为外军，没有厢一级编制，而有军、指挥和都的三级编制，也与禁兵一样，是以指挥为基本建制单位的。他们分布在各州、府、县，因此，指挥之上便有两个被隶属的统辖系统。《宋史·兵志》记载："一军之额，有分隶数州者，或一州之管兼屯数州者。"

厢军一部分有军的编制，马军有都指挥使、副都指挥使、都虞侯，步军亦如之。这是用来统辖本州不同番号的若干厢兵指挥。至于指挥和都两级编制的兵额与统兵官，则与禁兵大致相同。其中也有个别不同的。神宗熙宁时，厢军经过归并，在福州路的福州设保节军六指挥，每指挥编制五百人，牢城军一指挥，都作院工匠一指挥，只有三百人；又理宗宝庆时，庆元府有厢军九指挥，其中剩员指挥和宁节指挥兵额无定额。

厢兵只用于劳役，而不训练以备作战，虚耗国家的供养，引起当时士大夫多方的非议。

神宗朝，翰林学士孙洙评述北宋军制时说："今内外之兵百余万，而别为三四，又高为六七也。……离而为六七者，谓之兵而不知战者也；给漕挽者兵也，服工役者兵也，缮河防者兵也，供寝庙者兵也，养国马者兵也，疲老而坐食者兵也。前世之兵，未有猥多如今日者也，前世制兵之害，未有甚于今日者也。"孙洙在这里所列举的，虽说是"高为六七"却无一而非厢军。

据《三朝北盟会编》卷一七四记述南宋李郭对北宋军制的批评："所谓厢军者，臣不知其所谓也。夫习击刺，工骑射，履行阵，固兵矣，擎肩舆，供技巧，服厮役，又兵乎？今自一州守贰，下至官观、里居之士，皆破兵为白直，冗占私役（多占用厢兵为私人服役）。诡名重叠，其弊百出，皆原于厢军"。

宋仁宗

虽然如此，宋廷却始终并未废除这个军种，而只是稍加变革而已，一是将厢兵分为教阅和不教阅两部分；二是到神宗时，将厢兵大量裁并。

仁宗庆历时，开始教阅厢兵，对由厢军中招收的"忠敢"，"澄海"两支广南巡海

·历代军制·

图文珍藏版

水军，"予旗舞训练，备战守之役。"这时尚无教阅的专称，仁宗皇祐时（公元1049—1053年）将马军的番号定为"教阅骑射、威边"，步军番号定为"教阅壮武、威勇"。这就正式出现了"教阅厢兵"的专称，简称为"厢禁军"。从此以后，各地便陆续增设教阅厢兵。至英宗时，总计诸州本城教阅骑军之额四，步军之额六，不教阅骑兵之额，三十有五，步军之额一百九十有五。

《淳熙三山志》卷八载，神宗下诏："州郡厢军即前代本处镇守之兵，宜科拣强壮，团结教阅，常留在城，以备盗贼，今后不得申奏乞差禁军防托（防守）。"可见，神宗目的在使教阅厢兵恢复"本处镇守之兵"的性质。元丰五年（公元1082年），当时教阅厢兵中总计"有马厢军二十二指挥，无马厢军二百二十九指挥"。神宗下令将教阅厢兵都升为下禁兵，于是剩下的厢兵，又都成为不教阅的杂役军。总全国厢兵，马步指挥凡八百四十，共有兵二十二万七千六百二十七人。这还不包括开封府界的厢兵，隶属太常寺、太仆寺、少府监、卫尉寺、都水监、将作监、光禄寺、太府寺、司农寺和修治京城所的厢兵，隶属枢密院养马的孳生监兵，以及其他"因事募兵之额"。

神宗以后，各路州府的厢兵没多大变化。南宋前期，四川厢兵二万零九百七十二人，比神宗时略有减少，东南各地区厢兵指挥不满员的情况也比较普遍。

（2）乡兵

乡兵是非正规的地方武装，一般不脱离生产，"选自户籍，或土民应募，在所团结训练，以为防守之兵。""选自户籍"是首句，说明是多数，"选"是政府在农民中选拣其精壮者，是强迫征发的征兵；其次才是"土民应募"，是募兵，说明乡兵是强迫与志愿、征与募兼有的，不脱离生产的，保卫乡土的地方武装力量。不脱离生产，就不需政府供养，故属"不养之兵"，不隶国家兵籍。

北宋为了防御辽及西夏，在沿边界的河北、河东、陕西各地农民中征、雇兵员。粮饷兵仗，都由本乡自备。应征者在手背上刺"义勇""弓箭""弩手""土丁"等名号。

真宗天禧间（公元1071~1072年），各地乡兵纷纷建立。河北、河东有神锐、忠勇、强壮、忠顺、强人、弓箭手、义勇；陕西有保毅、寨户、强人、强人弓手；河东、陕西有弓箭手；河北、河东、陕西有义勇；麟州（陕西神木）有义军；川、陕有土丁、壮丁；荆湖南北有弩手、土丁；广东、广西有枪手、土丁；邕州（南宁）有溪洞壮丁、土丁；广南东西有壮丁等。

北宋时，广南西路的土丁，属于征兵。仁宗朝晚期，创建广西土丁规定：凡是户主不服差役者，"五丁点一"。共编选了三万九千八百人，每年冬天，利用农隙教阅，练习枪、镖、牌三种兵器。也有一些州，采取"凡成丁以上皆籍之"的办法。神宗时，改为第四等主户有三丁者，以一丁为土丁，拣人材壮健者充，免其科役；一年在县，一年在州，自十一月至第二年正月，将土丁均作三番，每月轮教一番，在教试时,还要支与钱米;其他番号乡兵,也与广西土丁类似。

北宋时,河东、陕西弓箭手基本上是募兵,既招募汉人,也招募羌人,弓箭手被招募后,于左手背上各据州军名刺"第几指挥"字样。宋与西夏接壤地区,荒地甚多,弓箭手租佃官田,人给二顷,有马者加一顷,并向官府缴租。地租额的地区差别很大,仁宗时,河东一带规定,"其租秋一输(秋后缴租),川地(平川地)亩五升,坂原地(丘陵地)亩三升,毋折变科徭(不再承担其他赋役)。"

施黔二州的土丁,是招募而来的,仁宗时弓箭手已达三万二千四百七十四人,编成一百九十二指挥。

朝廷调发乡兵分番成守或出征之时,"官给粮赐",以其"远离乡土,有伤和气","诏诸州点充强壮户者,税赋止令本州输纳……老病之兵(不能应征者),虽非亲属而愿代者听。""贫独而无力召替者,则令逐处保明停放(免征之意)",平时为恐违农时,以"每年十月至明年正月旬休日召集而教阅之"。

熙宁九年(公元1076年),诏"环庆寨户、强人弓手……如禁军法上其籍,隶于马军司,廪给视中禁军"。这就说明,个别乡兵的待遇已与中禁军相等了。

南宋初,将邕州洞丁按武艺分上、中、下三等,上等与免诸般差使及差配,中等与免伕役。

各种乡兵的编制,无完整记载,有的与禁兵编制相同。如康定时(公元1040年)河北、河东强壮,以"二十五人为团,置押官、四团为都,置正副都头各一人,五都为指挥,置指挥使"。这是按照禁兵的编制编组,只是都之下又分设四团。河北、河东、陕西义勇也以五百人为指挥,置指挥使一人,副指挥使二人,正都头三人,十将、将虞侯、承局、押官各五人。这也是大体上按照禁兵编制。但编制制度也有不同的,如河北陕西强人,置押官、甲头、队长、泾原路强人一万二千四百六十六人为一百十甲,而押官又在甲头之上;又如英宗时,邕州、钦州土丁最早是以三十人为一甲,置节级,五甲置都头,十甲置指挥使,五十甲置都指挥使等。

至神宗时,锐意变法,改革军制,依照当时的保甲法和结队法,设保和队的编制,以五人为一小保,五小保为一大保,十大保为一都保,分别设都、副保正和大、小保长,而以五十人为一队,五百人为一指挥,总计三路义勇共四十二万三千五百人,九百一十指挥。

南宋的乡兵计有忠义巡社,土豪,山水寨兵,利州路(陕西汉中)义人,兴元府(陕西南郑)良家子,西和州(甘肃西和)、阶州(甘肃武都)、成州(甘肃成县)、凤州(陕西凤县)忠勇,金州(陕西安康)、均州(湖北丹江口)、房州(湖北房县)保胜,文州(甘肃文县)忠胜,西和州、阶州弓箭手,龙州(四川平武东南)寨子弓箭手,夔州路(重庆奉节)义兵等四十余种番号。其编制也极不统一,南宋初,依然是五百人为一指挥,置正副指挥各一人,都头五人,教头三人,押队二十人,引战二十人,每队二十五人,每五人为一保。如福州路(福建福州)枪杖手以五人为一小保,五小保为一大保,十大保为一都保,分设都副保正和大小保长,弓箭手则采用队的编制。又如忠义巡社的编制,每十人为一甲,五甲为一队,四队为一部,五部为一社,五社为一都社;设甲长、队长、部队、正副社长、正副都社正,如为两都社,即一万人以上,则另设都总辖和副总辖,而队、部两级,则采用当时正规军的编制。

乡兵战斗力甚强。北宋时,弓箭手"守边捍御,籍为军锋,素号骁勇",是对付西夏的一支劲旅,甚至调到四川泸州一带远征。这些乡兵,由于"习其川原,识其形识",保卫自己的家园故土,有坚韧的斗志,以战则力,以守则固,因而防御辽、夏,颇为得力。"往者,西边用兵,禁军不堪其役,死者不可胜计。羌人(指西夏)每出,闻多禁军,则举手相贺,闻多土兵,辄相戒不敢轻犯。以实较之,土兵一人,其财力足以当禁军三人"。

南宋后期,蒙古军南下,也有"义甲头目、牛社总首,随军剿遏。其间又有庄农,自相结集,俟虏骑(指蒙古骑兵)入村游抄,或伏险邀击,或随后蹑袭,必有斩获"。这些乡兵,"因其所居,而使之卫其乡邑。保其田庐。京襄、两淮土豪民兵,团聚堡寨,捍卫乡井,最为可用"。这些记载,证明了乡兵这种地方军种,是有强大的战斗力的。

(3)蕃兵

宋朝的蕃兵,是庆历二年(公元1042年)宋仁宗出于对西夏作战的需要,在宋、夏交界的西北边疆地区,对河东、陕西两路的内属羌族部落进行招募而创建起来的边境守军。

《宋史》兵志五说:"蕃兵者,具籍塞下内属诸部落,团结以为藩篱之兵也。"《玉海》卷一三九:"……羌戎附属,分隶边将,为蕃兵"。

北宋的河东路(陕西佳县以北,山西内长城以南,龙门山、稷山、绛县、垣曲一线以北地区。治所在并州即今太原市)、陕西路(今陕西、宁夏长城以南,秦岭以北,以及山西西南部、河南西北部、甘肃东南部地区。治所在京兆府即今西安市)与西夏接壤地区,居住着众多的大小羌族部落。他们互不相属,各自为政,分熟户和生户,其中接受宋朝统治的是归顺的熟户。对应募的蕃兵,在右手虎口刺"忠勇"等字,对他们的大小部族首领,封以官爵,由他们统领本部族应募的丁壮,"分队伍,给旗帜,缮营垒,人置器甲,以备调发"。他们是北宋少数民族的地方边防武装力量,共存在七十余年。

由于蕃兵是以部族为单位建立的,其编制自然各有不同。"……其大首领为都军主,百帐以上为军主,其次为副军主、都虞侯、指挥使、副兵马使,以功次补者为刺史、诸卫将军、诸司使、副使、承制、崇班、供奉官至殿侍。……首领补军职者,月俸钱自三千至三百;又岁给冬服、绵袍凡七种,紫绫三种;十将而下,皆给田土……"当时(庆历二年)任环庆路的范仲淹说:"熟户恋土田,护老弱、牛羊,遇贼力战,可以藩护汉户……"@

英宗治平二年（公元1065年）诏："陕西四路驻？自铃辖⋯⋯各管勾本路藩部，团结强人、壮马，预为经画，寇至则老弱各有保存之所⋯⋯称诏犒劳，赉以金帛，籍城寨兵马，计族望大小，分队伍、给旗帜，使各缮堡垒，人置器甲，以备调发⋯⋯如令下不集，押队首领，以军法从事"。陕西四路，据《宋史·陈执中传》记，是仁宗庆历元年（公元1041年），为与西夏作战，临时将与西夏接壤地区，划分为秦凤、泾原、环庆、鄜延四个路级军区，使"各保疆域"。分由秦州（甘肃天水）、渭州（甘肃平凉）、庆州（甘肃庆阳）、延州（陕西延安）的知州兼任"本路马步军都部署，经略、安抚、缘边招讨使"。自治平四年（公元1067年）以后蕃部族帐益多，而抚御团结之制益密，仅陕西四路，约蕃兵十万，战马两万匹。由此可见蕃兵在当时是一支协助宋朝抵御西夏，保卫边疆的一支强大的少数民族武装。

蕃兵以部族为单位组成，编制各不相同。今以英宗时陕西各路部分城、军、镇、寨、堡为例：

秦凤路：

三阳寨：十八门，三十四大部族，四十三姓，一百八十族，总兵马三千四百六十七。

冶坊寨：二大门，二大部族，九姓，九小部族，总兵马三百六十。

古渭寨：一百七十二门，一百七十一姓，十二大部族，一万六千九百七十小账，兵七千七百，马一千四百九十。

鄜延路：

清涧城：二族，兵四千五百十，马七百三十四。

安定堡：东路都巡检所领，十六族，兵一千九百八十九，马四百六十。

德靖寨：西路同都巡检所领，二十族，兵七千八百五，马八百七十七；又小胡等十九族，兵六千九百五十六，马七百二十五。

泾原路：

截原寨：六族，总兵马五百九十六，为六甲、二十队。

柳泉镇：十二族，总兵马九百八十六，为七甲、三十一队。

德顺军：强人三千六百七十六，壮马二千四百八十五，为三十六甲、一百三十五队；本军二十一族，总兵马二千五百二，为三十六队。

环庆路：

永和寨：旁家一族，计六标，强人一千二百五十五，壮马二百二，为四十四队。

大顺城：二十三族，强人三千四百九十一，壮马三百十四，为一百四十一队。

凤川镇：二十三族，强人八百七十五，壮马一百四十三，为二十队。

以上各路蕃兵，有的以族为单位，有的分为甲和队，到神宗熙宁时，才做出统一规定：陕西诸路沿边团蕃兵，并选年二十以上，本户九丁以上取五丁，六丁取四丁，四丁取三丁，三丁取二丁，二丁取一丁，并刺手背，人数虽多，毋过五丁。每丁十人，

·历代军制·

图文珍藏版

置一十将;随本族人数及五十人,置一副兵马使;及百人,置一军使。一副兵马使;及二百人,置一军使,三副兵马使;及三百人,置一副指挥使、二军使、三副兵马使;及四百人,加一军使、一副兵马使;及五百人,又加一指挥使、二副兵马使;过五百人,每百人加一军使、一副兵马使。即一族不及五十人者,三十人以上亦置兵马使一;不及二十人,止置十将。这个编制,既照顾了羌人原有的大小部族,也采用了禁兵指挥与都两级的编制。

蕃兵的俸给是分拨田土,作为赡养之资。"国朝置蕃官,必于沿边控扼(险要)之地,赐以土田,使自营处"。蕃兵军官在"每月请受外",还"给添支钱,指挥使一千五百,副指挥使一千,军使七百,副兵马使五百,十将三百"。其作为乡兵的弓箭手,汉人羌人均可应募,这种分田招募的蕃兵弓箭手,自然也是蕃兵的一部分。

(4)土兵

宋朝的土兵或土军,是本地军的简称。《玉海·神宗史志》说:"就其乡井,募以御盗,为土军"。神宗朝,在西北沿边及广南两路建立土军,与厢兵、民兵、蕃兵并列,都是隶属于各地巡检统辖下的地方军种。蕃落、广锐、振武、保捷,皆是土兵,材力伉健、武艺精强,战斗常为士卒先。宋朝的巡检与部署(总管)、钤辖、都监等,同为各地的统兵官。北宋初,巡检的地位较高,如名将潘美曾任扬州巡检,郭进曾任镇州西山巡检;后来巡检的地位降低,主要用来维持地方治安,"擒捕盗贼";南宋时,巡检则听州县节制,属低等武官。

宋朝各地巡检司,有沿边、溪洞都检点,或蕃汉都巡检,或数州数县管界,或一州一县巡检。各地管辖地区大小不一,土兵的编制也不一致。如南宋光宗时,江南西路赣州共设十二个寨,土兵人数由四十人到一百二十人不等,其中有一县数寨,一县一寨,数县一寨,以及两个州军一寨的。按宋朝官制:"寨置于险扼控御去处,设寨官招收土军,阅习武艺,以防盗贼。"这里所谓寨官,即是巡检。

神宗创立土兵时,福州的甘蔗州巡检司寨有土兵一百人,立都头、十将、将虞侯、承局各一名,押官二人,长行九十三人;海口巡检司寨有土兵七十人,置副都头、十将、将虞侯、承局各一名,长行六十五人。由此可知土兵是采用禁兵都一级的编制。

(5)弓手

北宋初年,宋太祖为了削除各地藩镇下镇将的权力,诏令在各县设置县尉,以弓手充当部属。县尉要负责本县"乡村盗贼斗讼公事","合要(所要之意)节级,即以旧镇司节级充","其弓手亦以旧弓手充"。节级是指十将、将虞侯、承局、押官之类。《宋会要》职官四十八至六十一记载,"仍以节级、弓手共百人,充县尉当直,供身躯(驱)役",而委任的县尉多以文官充任,这又是以文制武的一个方面。

神宗以前,弓手是一种吏役的名目。弓手又名射士,与土兵又合称弓兵,是维持地方治安的部队,类似近代的警察。一般一万户以上的县,配置弓手五十人,后减为三十人;七千户以上县,配置弓手四十人,后减为二十五人;五千户以上县,配置弓手三十人,后减为二十人;三千户以上县,配置弓手二十五人;一千户以上县,配置弓手十五人,后减为十人;不满千户的县也配置弓手十人。弓手往往由乡村第三等户(即中户)"轮差",但有时也差更高的户等。弓手的服役有三年一替的,也有七年一替的。弓手们常以缉盗为名,欺压人民,逼取财物,给人民带来骚扰和灾难。

宋朝县官有知县(或县令)、主簿、县尉和县丞,小县不置丞,或以主簿兼县尉之职,也有一县设两名县尉的。如大名府元城县,总管弓手一百五十人,分在东西县尉下,主管捕盗。凡设两名县尉者,一般一名驻县城,一名驻某个镇或市,还有所谓"文臣县尉"和"武臣县尉"。县尉司的弓手设置营舍和教场,教阅时每人日支食米二斤。

宋朝负责地方治安的,既有巡检,又有县尉。神宗时,巡检之下专设土兵,弓手由差役改为雇役,成了募兵;同时明确分工:"县尉但主草市以里,其乡村盗贼,悉委巡检,确定了城乡分管的体制"。这也符合叶适所谓"弓手为县之巡徼,土兵为乡之控扼"的论据。

弓手的编制,在神宗以前设节级,这是采用禁兵都一级的编制。南宋初,因诸路"盗贼"多,规定:两河、京东、西增置射士,县五百人悉募土人有产籍者,置武尉以掌之。每州四县以上,置准备将一员、部将一员总领。每五百人置都头二人总辖;十将五人,分管一百人;左将虞侯五人,右将虞侯五人,左承局五人,右承局五人,每人分管二十五人;押官五人,分管一百人。这都是采用都、和将的编制。

南宋《庆元条法事类、卷七、按阅弓兵》规定:"诸巡检县尉应教阅弓兵,而托故不亲临者,杖一百"。"土兵、弓手令宪司责巡、尉,常切依时教阅,不得差使窝占"(平常要按期教阅不准窝占为私人服役)。这证明南宋时的弓兵和土兵,都是作为维持地方治安的部队,受各路提典刑狱司的管辖。

5.兵源和兵役制度

宋代沿袭中唐以来的募兵制度,无论禁兵、厢兵、蕃兵,以及神宗以后的土兵、弓手,南宋的屯驻大兵,大都采用招募办法。

《宋史·兵志七》记载:"或募土人就所在团立,或取营伍子弟,听从本军,或募饥民以补本城,或以有罪配隶给役,取之虽非一途,而伉健者迁禁卫、短弱者为厢军"。……徽宗末,开封府"诸军捉人刺涅,以补阙额,率数人驱一壮夫,且拽且欧,百姓叫呼。"或"齿指求免"。这说明了宋朝士兵是来自招募、配隶的囚犯、强抓的壮丁和营伍子弟等四个方面,但主要是来自招募。

招募灾民为兵,是赵宋的传统国策。北宋欧阳修《欧阳文忠公全集》卷五九论灾年募兵说:"不收为兵,则恐为盗"。南宋吴儆《吴文肃公文集》卷二说:"饥岁莫急于防民之盗,而防盗莫先于募民为兵。……是上可以足兵之用,下可以去民之盗。一举而两得之"。由此可见招募饥民为兵的理由,一是防止饥民造反,二是将反抗的饥民转化为封建统治者的工具。以确保统治政权的安全。真宗时,潭州(长沙)发生饥荒,募兵得万人;理宗时的武胜军,即是招收沿淮失业壮丁五千人编组成立的。

所谓"以有罪配隶给役",已在厢兵中叙述。然而禁军中也有配军,称为"杂役卒"。杂役卒是犯罪之人,依法应当配流,但因其罪较轻得免配行,于是尽以隶禁军营为杂役。其地位十分卑贱,如与其所隶将校相犯,则如奴主相犯律定罪,如与营卒相犯,则较一般人加二等。南宋时也规定:应配强盗及合配远方之人,并配隶屯驻大军交管。高宗朝,池州御前诸军将罪犯中堪披带之人充军,怯弱之人发遣附近州军牢城收管。

至于"营伍子弟听从本军",也是宋朝兵源之一。这种营伍子弟,多属阵亡军人亲属中最长一名之年二十以上者,以充填本军;或年仅十五以上之壮健者,得领半分"请受"(军俸),年及二十方才"据等配军",即根据身长尺寸,分配到相应的禁军中。英宗时规定:河东、陕西等路就粮禁军年五十五以下,有子、孙、弟、侄,异性骨肉年三十以下之壮健者,许其顶替本人服役。宋代鼓励营伍子弟从军,但未形成世代相传、不得改换其他职业的军户人家制度。

此外,荒年的饥民、破产的农民为了谋生,只有选择当兵一途。但在军情紧急、兵力不足和兵源枯竭的情况下,则如上述之"捉人刺涅……齿指求免"者,比比皆是。徽宗朝,在闹市抓丁,使卖蔬菜的农民不敢入城;南宋度宗朝,更有使军人之妻装饰打扮、来勾引行人。诱去当兵的。这种强征暴行,使许多兵丁被抓后自断指臂,自投水火,或与军人抗争而被杀伤,给人民带来了莫大的灾难,也是影响宋军战斗力的重要原因。

北宋招兵时,根据兵丁身材高矮,确定分隶上、中、下禁军和厢军,一般以兵样或木挺来度量人材。上禁兵身长高,军俸也最高。宋太祖招军格,不全取长人,要琵琶腿、车轴身,取其力大。《宋史·兵志七》说:"方其募时,先度人材,次阅走跃,试瞻视,然后黥面(脸上刺字)。赐以缗钱(一千文钱为一缗)、衣屦,而隶诸籍"。所谓试瞻视,如今日的检查视力。黥面,即是刺字。招募士卒,往往称为"招刺"。刺字始于唐末幽州节度使刘仁恭,已于五代军制中述及。宋承五代遗制,凡是被招募人籍后的士卒,都须在脸或手臂、手背上刺字,以防逃亡。仁宗时首先在应募者脸上刺"指挥"二字;当确定隶属单位后,再补刺部队番号。宁宗时,除已刺面外,其湖南安抚司设置的亲兵,还要在左手拇指下添刺"湖南安抚司亲兵"七字,蕃兵则于左耳前刺"蕃兵"两字。臂上刺字,甚为少见。北宋末,在河北、河东宣抚司之"义勇"右臂刺字,但这是作为一种特殊的方式,因为只有在捋起衣袖时,方能看见黥文。刺手臂往往用于乡兵、弓手、效用之类。仁宗时,在招募蕃兵的五千人中,涅右手虎口为"忠勇"字，弓箭手于左手背上，各据州军名刺"第几指挥"字。高宗时弓手刺"拣中弓手"四字于左手背。岳飞镇压杨幺后，设置的横江水军也于左手背上刺"横江水军"四字。至于应募入伍后，如投换他军，还须进行改刺。如逃兵被捕后，则加刺"逃走"两字。

当兵刺字，是一种耻辱的标志。由应募出身的名将狄青，宋仁宗曾要他"傅药（敷药）除字"。狄青说：愿留以劝军中，不敢奉诏。岳飞也是"特刺效用"，他说"飞以行伍贱隶，辱知朝廷"，说明宋代兵士的社会地位是十分低贱的。

宋太祖在即位之当年，就重视禁军素质，加强士卒的拣选，以提高军队的战斗力。《宋史·兵志八》说："其自厢军而升禁兵，禁兵而升上军，上军而升班直者，皆临轩亲阅，非材勇绝论，不以应募，余皆自下选补"，至于老弱残疾者，则降低军种或军级，或退充剩员以至除役。因此拣选制一是升补，二是降退。

仁宗时制订的《禁军选补法》规定："凡人上四军者，捧日、天武、弓以九斗；龙卫、神卫，弓以七斗；天武弩以二石七斗，神卫弩以二石三斗为中格"。这种选拔标准较高。当时的弩是由步军使用，故捧日、龙卫两马军，无弩的选拔标准。"凡选禁军，自俸钱三百以上，弓射一石五斗，弩蹠三石五斗，等样及龙卫者，并亲阅，以隶龙卫、神卫"。

拣选不合格的军士，则降低军级。规定上四军之退军，改作五百料钱（即军俸）军额，按当时军俸计算，从禁军的一千至三百俸钱的幅度，降为教阅厢兵的五百至三百俸钱的幅度，其差距是很大的。宋朝规定，凡是禁军中有退惰者，降为厢军，谓之"落厢"。对老弱残疾军士的处理办法，一是充当小分；二是退居剩员；三是削除军籍。

据《宋史·兵志八》记："每岁拣禁军，有不任征战者，减充小分，小分复不任执役者，放令自便在京居止"。宋代禁军和厢军中，都有大分、小分之别。所谓小分也称半分，厢军中称"半粮"。有的军士因校阅武艺，不能尽应格法，便遭鞭扑驱逼，不免告假百日，求为小分；又有病假满一百日，也可降充小分。在禁军中，小分除军俸只能支领一半外则大多担任辎重兵、火头军之类，不能出入行阵，地位也就较低了。

宋代君主，主观上都十分重视军队素质的提高和军队战斗力的加强。仁宗时，将陕西保捷兵年五十以上及短弱不能任役者，听归农；无田园可归者，减为小分。这项政策，一是裁汰老弱病兵；二是将无家可归者留在军中，吃半分军俸，以解决失业问题，安抚军心。

在军队拣选工作中，还有所谓"剩员"问题。剩员与小分有所不同，小分仍留本军之中，而剩员则一般是另外编组。庆历时各地开始专设剩员指挥。有些指挥，营无定处，亦无定额；神宗熙宁十年（公元1077年），又规定逐州就粮禁军、厢军通计十分，立一分为剩员额，也就是在剩员指挥之外，又在各禁、厢兵中设十分之一剩员额,他们大都是曾立有战功的人员(包括士卒),充看营而不管事,其衣粮等各得原来之半,以终其身。

至于老病残废而削除军籍之军士,除归家务农或听其自便外,也有一定的安置办法。如仁宗朝规定:军士经战至废折者,给衣粮之半,终其身;不愿在军,人给三十千,听自便。高宗朝,拣退者的家属,可指定荒闲田耕种,支与一年请给(即军俸),令买牛、种籽,免租税丁役,使为永业。

宋代的拣选工作,年年举行,不少怯战者、藉此请脱,逃避战阵,往往拣之于内,而又外招填补。

太祖时,禁兵员额不多,而战斗力甚强,保持了较高的素质。仁宗以后,由于战争频繁,需要大量兵员投入战场,以致招募太滥,拣选不实,训练也很差。结果,造成士卒骄惰,军无战力。仁宗朝,上四军之龙卫,为骑兵中之精锐,在对西夏作战中,有不能披甲上马者,羌人闻宋军多禁军,则举手相贺,闻多土兵,则相戒不敢相犯;在对辽的战斗中,河北父老都传说:契丹不畏官军而畏土丁。神宗朝,有的禁军披甲行数十里,即喘汗不能行进,遇乡邑小盗,则望尘奔北。北宋军队在与辽、金、西夏等少数民族军队作战时,往往战败,这是重要原因之一。

宋代的兵役制度,始终以募兵为主。募兵制度本身,虽然既有利的一面,又有弊的一面,但在不同历史条件,不同统治集团和不同的实施方法下,它对战争和历史的影响也极不相同。北宋初期的军队,主要是招募而来的职业兵,不仅在统一战争中曾发挥过良好的作用,而且在一定程度上减轻了人民兵役、徭役的负担,对发展生产也曾起过一点积极作用。但由于宋统治集团的建军指导思想,是企图以招募破产农民为兵的办法,使潜在的反抗因素,转化为维持其封建统治的现实力量。所以宋代的募兵制就成了"养兵制",加上宋王朝官僚政治日趋腐朽,养兵虽多而战斗力不强,遂形成了冗兵。宋代的冗兵,带来了一系列的弊病,归纳起来主要有三点:

①使宋军战斗力不强

a.宋朝在养兵以自固的方针指导下,遇荒年便募民为兵,灾荒不断,募兵不止,在四望平川、无险可守的京畿附近,屯戍重兵,连营设卫,以当山河之险。宋中叶以后,由于辽、夏战争加剧,边防吃紧,又不得不扩充兵额,即使在通好之后,边防守卫也常在七、八十万人以上。北宋豢养了历史上空前庞大的常备兵,从建国初年的二十二万人到庆历年间的一百二十六万人,八十一年之间,增加了近六倍。在这些应募人员中,除一般农民外,还有所谓四方不逞之民、失职犷悍之徒、无赖奸猾之人、游手无籍之辈、负罪亡命之人等等,大都素质低下,一旦应募成为职业雇佣兵,则终身安佚而享丰腴,造成与人民截然不同的群体。《文献通考·兵四》说:"夫兵既出于招募,于是兵与民始为二矣。民与兵为二,于是兵之多寡、不关于国之盛衰、国之存亡,不关于民之叛服。募兵之数日多,养兵之数日浩,而败亡之形,反基于此……

宋有天下,兵愈多则国愈弱。"

苏轼在应召策中说:"民者天下之本……以离民之心以备契丹,契丹未至而民力已先匮矣"。以上都说明,宋的冗兵,造成士兵素质低下,削弱了战斗力。

b.鉴北宋的募兵制,实际是养兵制。士卒一旦招募入伍,便终身仰食于官,虽在疾病衰老之后,也不被淘汰。宋初规定六十一岁以后始退为民,至神宗时提前十年规定为五十以上愿为民者听,使军中杂有很多老弱士兵。真宗大中祥符五年(公元1012年),朝廷指出:殿前侍卫司诸禁军中,"老病之兵渐多"。侍卫皇帝的殿前禁军,尚且老疾者众,其余诸军更可想象。仁宗明道、宝元期间(公元1032—1039年),由于灾害连年,灾民众多,老弱灾民应募入伍者甚多。《文献通考·兵四》记载:"明道宝元之间,天下蝗旱次及近岁青齐之饥,与河朔之水灾,民急而为兵者益众,举籍而投之。近世以来,募兵之多,无如今日者,然皆老弱不教……"更有甚者,《宋史·兵志八》记述英宗治平元年(公元1064年),诏"……三路就粮禁兵,多老疾不胜铠甲者",这是说穿着铠甲不能举步的老弱病人也参加了就粮禁兵。

其次,由于宋朝军政腐败,将校私役士卒,地方官吏占役厢军,为其私人服役的冗兵比比皆是,而军队缺员情况却更为普遍。《宋史·兵志八》记:"额存而兵缺,马一营或止数十骑,兵一营或不满一二百,而将校猥多,赐予廪给,十倍士卒"。额存则朝廷仍须支付每营四、五百人的钱粮,兵缺则钱粮落入将校的腰包。腐败的宋募兵制度,不能给宋朝的军队带来勃勃的生机,所以也难于使其杀敌制胜。记载仁宗、英宗两朝政典的《两朝国史》中说:"竭民赋租,以养不战之卒,縻国帑廪,以优坐食之校。"从此可知,宋代广募士卒、养兵自固的方针,正是"养兵以自困,多兵以自祸,不用兵以自败……弱天下以奉兵,而其治为无可为者矣"。兵在精不在多,宋代兵额庞大,且多老弱兵、冗兵、空额兵,以致养兵百万,无一可战之兵,徒耗国家资财。

c.宋募兵制使士兵饱食终身,缺乏训练,骄惰成习。太祖时,留心禁军训练,禁军月领口粮,营在城西者,在城东给,城东者在城西给,都由禁军自负,以防其骄惰。自真宗以后,朝廷因循苟且,军政腐败,训练废弛,纪律松懈。仁宗朝知谏院范镇上疏:"……生于无事而饱于衣食,其势不得不骄惰。今卫士入宿,不自持被而使人持之,禁军给粮,不自荷而雇人荷之,况肯冒辛苦以战斗乎……奈何有为兵之虚名,而其实骄惰无用之人也……禁兵游嬉于廛市之间,以鬻巧绣画为业,衣服举措,不类士兵"。不仅如此,"沿边屯戍骑兵,军额高者无如龙卫,闻其间有不能披甲上马者;况骁胜、云骑、武骑之类,驰走挽弓不过五六斗,每教射皆望空发箭,马前一二十步即已堕地。以贼甲之坚,纵使能中,亦不能人,况未中之!"@这样骄惰的骑兵,与西夏作战要获得胜利,是不可想象的。所以"羌人闻多禁军,辄举手相贺;契丹不畏官军而畏土丁"。哲宗时的禁军,不仅骄惰成性,还在军中赌博,司马光上皇帝书言骄兵之害说:"……临乱之际,得便即知退走,不惟自丧其身,并更拽动大阵"。

②造成宋朝的财政危机

宋募兵制使入伍士卒终身仰食于官,至六十一岁始免为民,禁军一卒岁给约五十千(贯),厢军一卒岁给约三十千,按北宋初五十贯可买良田十余亩,不能不算丰厚。《宋史·兵志八》记:三司使程琳于景祐元年(公元1034年)上疏:"……计骑兵一指挥所给,岁约费缗钱四万三千,步兵所给,岁约费缗钱三万二千,他给赐不预"。按骑兵四百人为一指挥,则每一骑兵约费百贯以上;步兵五百人为一指挥、则每一步兵约费六十四贯左右。除此之外,另有特支、优赏等。如仁宗朝,"凡三岁大祀,有赐赉,有优赐,每岁寒食、端午、冬至有特支。特支有大小之差,亦有非时给者,边戍季加给银鞵。邠、宁、环、庆缘边,难于爨汲者(汲水烧柴困难的地方),两月一给薪水钱,苦寒或赐絮襦袴;役兵劳苦,季给钱,戍岭南者增月俸,自川广戍还者,别予装钱,川广递铺卒,或给时服钱屦。屯兵州军,官赐钱宴犒将校,谓之旬设,旧止待屯泊禁军,其后及于本城。仁宗天圣七年,法寺裁定,诸军衣装,骑兵春冬衣各七事,步兵春衣七事,冬衣六事……"

三司使蔡襄就仁宗、英宗朝的财政状况,在《论兵十事》中说:"禁军一兵之费,以衣粮、特支、郊赉(慰劳)通计,一岁约费钱五十千,厢军一兵之费岁约三十千,通一百一十八万余人,一岁约费四千八百万缗……一岁所用养兵之费。常居六、七,国用无几矣。"

陈舜俞在《都官集·卷七·说兵》中说:"……一人之受,岁五十千,则天下之费,岁五千万。天下之户才千余万,以十户养一兵,天下之赋岁人未能以亿数,而兵受其大半矣,奈何天下不穷且盗也!"。

神宗时,陈襄上奏:"……禁军之数七十万……有三千五百万缗之费。……厢军之数五十万……有一千五百万缗之费,则是厢禁共费五千万矣,惟余一千万以备国家百用之费"。说明了国家军费占百分之八十以上。

至于禁军中各级将校们的费用,《宋史·兵志八》记载他们的月俸说:"诸班直将校自三十千至二千,凡十二等;诸军将校自三十千至三百,凡二十三等"。可见他们的待遇较高,而国家在这方面的支出是巨大的。

所以张载在《张子全书》卷十三、《边议》第六中说:"养兵之费,在天下十之七、八"。朱熹在《朱子语类》卷一一。中说:"财用不足,皆起于养兵……八分是养兵,其他用度只在二分之中"。

以上史料,都是当时官吏的评论,一再指出由于宋代募兵多而且滥,造成了人民负担过重,国家财政日绌。所以宋神宗即位不久,即发出"穷吾国者兵也"的浩叹!

宋朝的募兵制度,豢养了百万大军,使田无可耕之民,国无可战之兵,国储不足,赤字增加。由于军费的浩繁,造成竭民赋租,不能以供军用,在强敌压境下。"不能得志于一战,而俯首以和",只得岁输金帛,苟且偷安。宋募兵制使北宋竟致积贫积弱的境地,情况之严重,为古代军制史上所少见。

3.破坏了农业生产

宋代在凶岁荒年,招募逃荒的饥民和破产的农民,挑选其"失职犷悍之徒""远方健勇失业之民",使之源源不断地参加军队,成为终身的职业兵。这些所谓犷悍之徒、健勇之民,都是强壮的整劳力,他们离开了农村,所以"……一经凶荒,则所留在南亩者,惟老弱也",(《欧阳文忠公全集·原弊》)造成了开封四周富庶的二三十州、三数千里之内,沟渠污塞,良田抛荒。京畿富庶之区如是,其他地区土地之荒芜更可想见。募兵制度使"天下耕夫织妇,莫能给其衣食,生民之膏泽竭尽,国家之仓库空虚",对宋代的农业生产带来了严重的破坏。农业为立国之本,人民衣食之源,国本之不固,宋王朝的基础也就动摇了。

6.武官的任免制度

宋代官制,不论文武,官、职都是分离的。官是虚衔,职才是实官。以武官而言,有军阶和军职之别,军阶表示本人的官级、身份,是发给俸禄的依据。如太尉、横行(亦称横班,因朝参时列成横行,故有此名。包括东、西上阁门使、容省使等十种;政和间,改为大夫、郎等,如亲卫大夫、左武大夫、中卫郎等,共二十五种)、使臣(正八品武官称大使臣,有敦武郎、修武郎两种;从八品至从九品称小使臣,有从义郎、忠训郎等八种)之类;军职才是有所掌管的实际职官,如北宋三衙长官、四厢都指挥使至都的十将、将虞侯、承局、押官,南宋的都统制、统制、统领、正将、副将、准备将、部将及队将等统兵官。

在军队中军阶应与军职相称,从法制上讲,因军功授官,可以不受人数限制,但军职则受到编制的限制,不能滥设滥授,北宋一军,只有都指挥使和都虞侯各一名。南宋御前诸军,一军只能设统制一名,统领一至两名。

禁军、厢兵等正规军的军官,分为将校和节级两个等级。从都指挥使至副都头的各级军官,一般称将校,也称军校;从军头到押官等低级军官,一般称节级。宋军将校,规定三年升迁一次,称"转员",也包括从节级升入将校的军官在内,如军头、十将升副兵马使、副都头也称转员。节级内部各低级军官的升迁,称"排连"。军士(亦称长行)升押官、承局,晋入军官行列也称排连。宋宝谟阁待制陈傅良在其所者《历代兵制》中说:"转员之制,定其功赏,超转资级,以彼易此,不使上下人情习熟"。他认为给中、上级军官,特别是都虞侯以上的将领升官提职,固然是为了奖励有功,但也有使"兵无常帅,帅无常师"的目的。北宋禁军中级以上军官提升时,原则上都要调离原部,以避免他们培植亲信、形成势力。正常情况,应根据功劳提升,但北宋却并不如此,每次转员人数极多,有时有半数以上的军官同时转员。如咸平三年(公元1000年)五月,一次转员,竟有一千零三十一人同时升迁。显而易见,这种大批调动军官的目的,不在于赏功,而在于"不使上下人情习熟"。

宋承唐制,在中央设十六卫上将军、大将军、将军、中郎将等高级将官,但无职权,也无定额,称"环卫官",用以安置升了官而又被撤去实职的将领。同时也具有储备将才的作用。当出军作战时,往往从环卫官中选派将军充任都统制、统制等主将(北宋时都统制、统制等尚系差遣,并非正式官称)。有时从此又转为实职官,有时则在战争结束后仍回朝任环卫官。

低级军官的任用,一般有两条途径。一条是从有战功的军士中提升,如神宗时曾制订《勇敢效用法》,规定弓箭手等军士有功以八等定赏,可以升任为押官、承局等军官。另一条是通过武学培养和通过武举任用。

为了培养军事人才,庆历三年(公元1043年)于中央设置武学,因大臣反对,数月即废。熙宁五年(公元1072年)恢复,由枢密院选派有军事才能的优秀文武官员担任教授(后改为博士、教谕)。学习的课程有军事理论(诸家兵法)、军事历史(历代战例)、军事学术(布阵、战法)及骑射、武艺等,并可配属部分军队,供实施布阵攻防等实兵演习之用。学员来自未授职的使臣、补荫的官将子弟及有一定军事知识及技术的一般人民,经有关单位介绍报考。主要试人才及弓马,合格者即可入学。武官路分都监、文官转运判官以上,可以奏举一人免试入学。在学三年,经毕业考试合格者,按成绩授实职官;考试不合格者,留学继续学习,次年再参加考试。这是我国历史上第一次由国家建立的正规军官学校。入学前已有官阶者,毕业后一般授巡检、砦主等地方治安军官;其余分配各路经略司任教队、差使等初级地方武官。在职三年无过错,升大使臣。如表现突出,有两省、待制或本路钤辖以上要官三人保举,可越级提升为统兵将领,并兼带中央十六卫将军官称。外任满期后,回朝归环卫官班。

元丰时(公元1078—1085年),武学制度进一步健全。学生分上舍、内舍、外舍三等。初入学为外舍生,每年春秋考核,步射能开六十公斤(一石三斗)、骑射能开三十七公斤(八斗)拉力的硬弓,五发中的(或武艺精良),并能写出良好的军事论文(策略)者,为优等,补上舍生;步射能开四十一公斤(九斗)、骑射能开二十七公斤(六斗)拉力强弓,一道策论、十道兵法(孙子、吴子、六韬)释义题能正确回答五道者,补内舍生。骑、步射及马战合格,策论精通而又品行端正者,上报枢密院审查试用。提前毕业。骑、步射虽不合格,但通晓气象、地理、阵法、兵法、又多次策试均优异者,按特殊情况上报皇帝取旨补上舍生。上舍生可直接参加皇帝主考的殿试。崇宁年间(公元1102—1106年)各州普遍设立了武学。至南宋时,课程增为学习《武经七书》和步、骑射,并加强了考试制度;每月私试(武学长官自行考试)一次,每年公试(朝廷派官主考)一次。

除由武学培养武官外,沿袭唐制,宋朝也没有武举,每三年举行一次。参加考试的武举人,先在秘阁试策义,在殿前司试武艺,最后参加殿试,由皇帝亲试骑射。根据考试成绩,分别授予三班诸官:右班殿直、奉职、借职、差使等。至南宋时,于淳熙四年（公元1177年）制订了《武举绝伦并从军法》，凡愿从军者，殿试第一名授同正将，二、三名授同副将，四名以下及省试第一授同准备将。从军以后，立军功及人才出众者，由皇帝特旨从优重用。

7.宋神宗对军制的改革

赵顼（宋神宗）于治平四年（公元1067年）即位为帝，次年改元熙宁。当时，由于北宋王朝军权集于中央，兵额庞大，兵将不相知，士卒缺乏训练。以致在对辽和西夏的作战中，连战皆败，只得割地求和，屈辱苟安，在国家财政亏空每年达一千五百七十余万缗的极端困难情况下，还要对辽、夏岁输金、帛。

在这种内外交困的情况下，赵顼发誓要"用武开边，复中国旧地，以成盖世之功。"于是，他励精图治，变法图强，而他变法的中心目的是富国强兵，重点是治兵、理财和徭役。他起用王安石为相。王安石先后曾提出许多有关政治、经济、军事方面的改革建议，均为赵顼采纳、推行。在军事方面，王安石改革军制的方针，一是裁汰疲老冗兵，加强军事训练；二是废除募兵制度，通过保甲、什伍百姓，达到寓兵于农的古代征兵制；三是选拔良将，授予疆场指挥之权，一洗兵不知将、将不知兵之弊。

以上主要的是通过保甲法，达到寓兵于农、兵农合一的征兵制度。为此首先要对军队进行整顿，于是便有减兵并营的省兵法，置将练兵的置将法，加强骑兵建设的保马法，改进兵器制作的军器监的设置等。

（1）省兵法

针对军队存在的冗兵多、老弱兵多、空额多的三多问题，裁汰老弱士卒。熙宁二年（公元1069年）七月，将原定满六十一岁始退为民的服役期提前十年，改为五十岁以上愿为民者听，朝廷给予妥善安置。如汴京的禁军，许携其妻子至淮南一带为民，划拨荒田，并给牛、种耕种。与此同时对禁军进行了编并。按照马军三百人、步军四百人为一营的编制，陕西前线的马步军从三百二十七营并为二百七十营，其他各地从五百四十五营并为三百五十五营，军校十将以下三千余人，全国共裁减二百四十七营，其士卒不能任禁军者降厢军，不任厢军者免为民。厢军的裁并，自熙宁四年（公元1071年）十二月开始，按照禁军并营法每指挥以五百人为限。至熙宁八年（公元1075年）并营结束，禁军从熙宁元年的六十六万三千人，裁减为五十六万八千人，厢军从四十四万九千人，减为二十二万七千人，禁厢军总额不到八十万，与英宗治平年间相比，减少了三十六万多人，约减三分之一。并营后的禁军，月俸分为三等，上等一千文，中等五百文以上，下等不过五百文；仍归枢密院管辖，其调度升迁赏罚，均按等级办理，加强了训练，每年秋季校试武艺，优者赏赐。从此解决了"三多"，整肃了纪律，提高了素质，节省了开支。《宋史·兵志八》记载神宗话说："计一岁所省为钱四十万缗、米四十万石、绸绢二十万匹、布三万端、马藁二百万,庶(诸)事若此,邦财(国家的财力)其可胜用哉!"

（2）将兵法

将兵法是改变更成法兵将分离的办法,使将得专其兵,兵亦知其将,兵将相熟,从而达到教阅精练,提高战斗能力的目的。早在宋仁宗时,范仲淹为陕西招讨使,就开始改革兵将不相知的旧制。他首先将鄜延路禁兵一万八千人分隶六将,将各三千人,选路分都监、驻泊都监等六人,使臣、指挥使十二人助之,专掌训练,每指挥选少壮勇健者二十五人,先教弓弩短兵,俟其技精,升为教头,然后各分派数十人,依次教练,一年之后,尽成精兵。神宗即位后,对范仲淹固定统兵将军,平时专其训练,战时统之出征的变革给予肯定,提拔在对西夏作战中立过战功的蔡挺为泾原路经略安抚使。蔡挺在总结范仲淹将兵法的基础上,对本军区进行编制改革,将驻成本路的禁军分别置将,固定统领训练之责,指挥战斗,其办法是:"建勒武堂,轮诸将,每五日一教阅。五伍为队,五队为阵。阵横列,三鼓而出之,并三发箭;复位,又鼓之,逐队枪刀齐出,以步鼓节之,为击刺状,十步而复。以上凡复位,皆闻金而退。骑兵亦五伍为列,四鼓而出之,射战盘马。先教前一日,将官点阅全备,乃赴教,再阅之,队中人马皆强弱相兼,强者籍姓名为奇兵,隐于队中,遇用奇则别为队出战。"阵之上皆设将,"泾原路内外凡七将,又泾、仪州左、右策应将,每将皆马步军各十阵,分左、右各第一至第五,日阅一阵"。蔡挺的改革,打乱了禁兵原来的编制,他以二十五人为一队,一百二十五人为阵,二千五百人为将;他还将"泾、渭、仪、原四州义勇万五千人,分五番,番三千人,与正兵相参战守,依诸军结阵、队,分隶于诸将统领。"熙宁五年(公元1072年),神宗提拔蔡挺为主持全国兵政的枢密副使。熙宁六年六月,神宗下诏将京东武卫等六十二指挥的禁军,分隶诸路,差主兵官分部训练。熙宁七年(公元1074年)蔡挺请在全国各路置将训练,九月神宗下诏:除河东、秦凤、永兴等路都总管司现管军马外,开封府界、河北、京东路分置三十七将和副将,选拣经过战阵的使臣充任,专掌训练;十二月又在鄜延路各地设置八将,统领当地的就粮、屯泊、驻泊等军。

这时的"将",已变为军队编制的独立的战术单位,是在并营的基础上,把几个营编制在一起,设置将的指挥机构,所辖兵力三千至六、七千乃至万人不等。将以下有副将,兵额少的,则设置单将。将、副将都佩有调兵的虎符,有权保举明习兵法之人充任本部参谋。将、副之下,按统帅兵员多少,设有部将、队将、押队、使臣。队是军队的基本战斗单位,辖五十人,以十人为火,类似今日之排和班。凡将、副将皆由内殿崇班以上有战功而亲民者充当,由监、司奏举。将佐之下还设训练官,举行春秋"都试",选择武力士,凡千人选十人充任。

熙宁八年(公元1075年)和元丰二年(公元1079年),马、步两军中,在京东又建立了独立的马军十三指挥,在京西又建立独立的步军十二指挥,除两个步军指挥各为四百人外,均以五百人为一指挥,陕北的鄜延五路因各有蕃、汉弓箭手,也各配隶诸将编制之中。至元丰四年(公元1081年),全国各路均置将,总计全国共置九十二将。

在推行将兵法之前,各地驻军都本着以文制武的精神,由当地行政长官兼任总管、钤辖等官来指挥。将兵法建立后,将和副将有了对军队的统驭、训练和指挥作战的全权,使军、政分离,各专其事,摆脱了以文驭武的旧制,提高了武将的地位。由于专设训练官,加强禁军训练,也大大提高了禁军素质。这在军制上,对赵宋的"祖宗法度"是又一个重大的变革,使兵知其将,将练其兵,平居得以训练,而无番戍之劳,兵将相知,较为团结,有事则帅以出征,增强了战斗力。

3.保马法

骑兵机动性强,能深入敌后,在距今一千年的火器装备水平下,在我国北方平原地区,是战争的主要突击力量。因此,北宋对马军的加强和补充十分重视。宋初有左、右飞龙二院,建"马务"二,恢复五代的旧"马务"四。真宗时,设群牧制置使,各州设牧监,由知州、通判兼管军马的饲养、繁息;另在边州产马区设立市马处,以布、帛、茶叶交换,并设牧养上、下监,以收疗病马;大中祥符元年(公元1008年)设卖马务,管理军中"退马"出卖。当时朝廷的牧监饲养官马,饲养数量少,占用牧场多,开支浩大。河北牧监一马占草地百余亩,广平牧监有军马五、六千匹,而占用邢、沼、赵三州良田一万五千多顷,官养军马一匹,要花五百多贯,而且大多瘦弱,失于调教,每至边境,冻死甚多。因此叶清臣等提出由民户养马的办法;神宗即位之初,群牧司李中师再次奏请废掉河南、北监牧,省国费而养马于民的建议。熙宁保马法是在保甲法的基础上产生的。熙宁五年(公元1072年)五月下诏:许开封府界诸县保甲,自愿报名养马,马由官府供给,年不过五千匹。翌年八月朝廷正式公布保马法条例。据《宋史》记载:

①五路义勇保甲,愿养马者户一匹,物力户(富户)许养两匹,养马由官府供给或官府给钱自买,不许硬配。开封府界不超过三千匹,五路不超过五千匹。

②保甲得乘马追捕盗贼,除此之外,乘骑不越出三百里,府界内各养马户每年免纳二百五十束饲草,给以钱(布),五路养马户则免去每年折变和沿纳(按即五代以来沿袭的杂税)。

③养马诸户三等以上户,十户为一保,四等、五等十户为一社。保户独自养马,死马则独自赔偿;社户养马死亡,由同社诸户共同均摊。按半价给钱,岁一阅马之肥瘦。

保马法的实施,为国家提供了大量膘肥体壮的军马,增强了军力,节省了开支,利于保甲的习战御盗和保甲制度的推行。实行保甲法后的元丰七年(公元1084年)河东、郝延、环庆三路的养马,一次即增加到六千匹,这是南北十二监难以做到的。

④保甲法

　　保甲法实际是旧有乡兵制的改良与扩大。仁宗时,知陈留县燕度与知蔡州吴育都曾推行过保伍办法。神宗时,开封府及所属各县常有盗案发生,外地州郡更不安宁。熙宁三年(公元1070年),负责开封府界常平广惠仓的赵子几上疏,请恢复什伍相连的保甲,巩固治安,经王安石制定细则之后,于同年十二月神宗下诏,实施保甲法。具体内容是:相邻民户十家,组成一保,选主户一人为保长;五十家为一大保,选一人为大保长;十大保为一都保,选有物力为众所推服者(地主)为都保正。凡主客家有两丁以上(年十五以上),选一人为保丁,于农隙集中教阅,授以弓弩、战阵等训练。每一大保须于夜间经常轮流巡警。自熙宁四年至九年(公元1071—1076年),初行于京畿及沿边五路,以后陆续推广于全国。受训完毕的义勇保甲、民兵共七百一十八万余名,其中经过严格训练可以代替正兵的保丁达六十余万人,成为禁军的辅助力量。保甲民兵和禁军两者互相推进,作为后备力量的保甲民兵愈坚强,禁军的整顿就愈有力,禁军的整顿,反过来又促使保甲民兵走上较正规的道路。如并营始于熙宁二年,但只有得到后备保丁的配合时,才能大量省兵裁并。熙宁三年七月,陕西沿边义勇上前线轮番戍守,同年朝廷即下令巡检司"量留厢界给使,余兵悉罢",使裁军得到进展。等到裁军在全国范围内告一段落,将兵法的部署就绪时,汴京及两边(对辽、夏两个边防前线)的保甲民兵,也得到了进一步的发展。至于保甲之费,不过养兵费用十之一、二。保甲法推行之后,禁军中因死伤逃亡等空出的缺额,即不再招募填补,其钱粮赏赐等,从熙宁十年(公元1077年)起,作为一项专款,存储于各路的提点刑狱司,以备边境非常之需,其数额是十分巨大的。

　　王安石提出省兵、将兵、保马、保甲等新法,在于整顿和加强现有禁军,而保甲法则是在军制上实行根本性的改革,力求根除募兵缺点,节省养兵费用,扩大士兵来源,提高军队素质,实行征兵制,使兵民融而为一,从而加强国防力量,以扭转屈辱苟安的局面。如王安石任用王韶为秦凤路沿边安抚使,采纳王韶的(平戎策)断西夏右臂的战略方案,发兵抗御西夏。熙宁五年(公元1072年)八月,王韶战败吐蕃部落,在武胜(甘肃临洮)建镇洮军,又升为熙州,置熙河路。次年二月,王韶再次出兵,占领河州(甘肃临夏北),进据洮州(甘肃临潭)、岷州(甘肃岷县)、宕州(甘肃宕昌)、叠州(青海门源),行军五十四日,共得五州,幅员两千里,取得了对西夏作战的巨大胜利。神宗把自己佩带的玉带赐给王安石,晋升王韶为左谏议大夫、端明殿学士。熙河之役的胜利,是变法的胜利,是王安石对军制变革的

王安石

胜利。由于变法中的方田均税、均输、青苗、免役等法，既触动了皇室及官绅豪强的既得利益，又确有不合实际之处，于是以司马光为代表的一些大臣，便抓住保甲法在执行中的某些弊端，进行攻击。如两丁抽一，民半为兵；五日一教阅，影响农业生产；保正、保长坐索供应；朝廷使者遍行教阅、耗费巨大，如此等等。因此到元丰八年（公元1085年）三月神宗病逝，不满十岁的哲宗即位，他的母亲宣仁皇太后临朝主政，起用司马光为相，熙宁变法也就以失败告终，王安石富国强兵的主张，没有实现。

8.南宋军制的演变

南宋军制大体上沿袭北宋，仍以募兵制为主，禁军、厢兵、乡兵、土兵、弓手等各种军队名称依然存在，但禁军国家主力军的地位，已为新形成的驻屯大军所替代，西北边防的蕃兵，也因陕西的失去而不复存在。

（1）建炎军制

靖康元年（公元1126年），金军攻汴京，康王赵构在相州（河南安阳）被钦宗任命为兵马大元帅，宗泽为副元帅，负责营救汴京。当时有兵万人，分前、后、左、中、右五军，各军设统制，此为南宋军重新编组之始。翌年康王在南京（河南商丘）即帝位，称高宗，是为南宋。他率领的御营军，宗泽率领的东京留守司军和吴玠的陕西军，成为南宋军队的骨干。高宗将枢密院和三衙闲置一边，另设御营司，由宰相、执政兼任正、副使，其下设都统制，统管御营军。御营军分五军，其后因苗傅和刘正彦兵变，御营五军分而为三，有刘光世的御营副使军、韩世忠的御前左军和张俊的御前右军。在此之外，另建御营使司辖五年，但兵员甚少。建炎四年（公元1130年），将御前军改为神武军，御营军改为神武副军，刘光世军改为御前巡卫军，统归枢密院领导，撤销了御营司，恢复了北宋旧制。在建炎朝的四年间，战乱连绵，兵荒马乱，很难有固定的军制，而在金、宋交界地区的各州军、土豪。溃将和抗金的起义军等，各据一方。宋朝出于权宜之计，发表了二三十名镇抚使。因此这时的南宋，除川陕的吴玠军外，一类是枢密院统辖的神武军、神武副军等；一类是独立的二三十支镇抚使司军。而后者在不到四年之间，或叛变降金，或火并被杀，或战败而死，最终也就全部撤销了。

（2）绍兴军制

绍兴元年（公元1131年）以后，南宋在江南稳定了统治，除川陕的吴玠大军外，东南地区的大军为御前巡卫军的刘光世、神武左军的韩世忠和神武右军的张俊，还有神武前军的王㸿、神武后军的陈思恭，后来也都分别并入神武左、右军。神武中军的杨沂中被编为宋高宗的宿卫兵，设六将的编制。绍兴三年（公元1133年），神武中军有六千九百余人，杨沂中升神武中军都统制，共有前、右、中、左、后、选锋、护圣七军，每军皆有统制。岳飞军在绍兴三年的番号是神武后军，兵额一万余人。

绍兴二年（公元1132年），创设御前忠锐军，辖七将，隶于侍卫步军司，归枢密院统领，兵力约二万人，以后大部皆拨归张俊，独留第五将在朝廷。陕西的吴蚧军，在和尚原、仙人关两次大败金军后，成为川陕大军的主帅。于是吴玠、岳飞、刘光世、韩世忠、张俊便成为南宋的五支屯驻大军主帅，当时总兵力约三十万。

绍兴五年（公元1135年），因神武系北齐军番号，又改番号为行营护军。韩世忠为前护军，岳飞为后护军，刘光世为左护军，吴玠为右护军，张俊为中护军。各支大军都分成若干军，军级统兵官有统制、统领等。各军又分成若干将，将一级有正将、副将、准备将，总称将官。部分行营护军还有部和队的编制。由于五大帅兼任宣抚使、招讨使等要职，因此在其使司的机关内就有都统制、提举一行事务、同提举一行事务等职，在必要时代掌军务或指挥各军联合作战。此外，使司内还有参谋官、参议官等幕僚佐属。

韩世忠的前护军有八万人，统制十一，统领十三，正、副、准备将一百八十九，约有六十三将的编制，以淮东楚州（江苏淮安）为大本营。

刘光世的左护军有五万二千人，辖十军，曾先后以池州（安徽贵池）、庐州（安徽合肥）为大本营。绍兴七年（公元1137年），刘光世以畏敌怯战，被解除兵权，左护军的番号遂名存实亡。

张俊的中护军约八万人，辖十一军，以建康府（南京）为大本营，有统制十，统领十四，正、副、准备将二百九十七，共有九十九将的编制。

岳飞的后护军约十万人，以鄂州（湖北武昌）为大本营，辖十二军。背嵬军是其精锐亲军，有骑兵八千余人，统制二十二，统领五，正、副、准备将共二百五十二，共八十四将的编制。

吴玠的右护军以兴州（陕西略阳）为大本营，兵力七万人。在绍兴十年至十一年（公元1140—1141年）的宋金战争中，兵力在十万人上下，以吴璘、杨政、郭浩分统，其编制较为复杂，其下既有部，也有军，编制状况，史缺记载。

此外王彦的八字军，后改为侍卫马军司军凡七军，近二万人，曾在著名的顺昌（安徽阜阳）之战中，以少击众，大败金兀术。

绍兴十年至十一年间，刘光世退休，吴玠病故，剩下岳飞、韩世忠、张俊三大帅，其中以岳家军兵力最多，素质最好，有严格的军纪，为抗金的主力和中坚。岳家军在我国军事史上享有盛誉，他们的爱国主义精神，至今为后人传颂。

绍兴十一年（公元1141年），赵构、秦桧推行投降、妥协的方针，罢韩世忠、张俊军权，杀害岳飞，将以前的四支屯驻大军，陆续改编成十支屯驻大军，并于驻扎州府的地名后加"御前"二字，统称"御前诸军"。意味着直属于皇帝，帅臣不得节制。将四支主力部队分散兵力为十支，体现了对武将的防范，以便于贯彻其妥协苟安的方针。原来的屯驻大军只设都统制，而这时的孝宗却决定各增设副都统一员，文书须与都统制连署，这就分散武将权力，使其不能擅专。军一级统兵官有统制、同统制、副统制；统领、同统领、副统领等。三衙和沿江诸军，每军都统制官一员、统领官二员。将的番号，如御前右军第一将，兴元府驻扎御前中军马军第一将等，在四川的副将以下，分屯别州，名为副队，实乃各当一面。在将一级编制的正将、副将、准备将之下，还有训练官、部将、队将、押队、拥队、旗头教头之类的军吏，其军队编组，一军三将，将三十三队，队一百二十五人，一将兵额约四千一百人。南宋御前诸军的总兵力，绍兴十二年（公元1142年）为二十一万余人，乾道三年（公元1167年）为三十二万三千余人，另加三衙、武锋军、水军等总计四十三万一千人，此外尚有禁兵、厢兵等二十多万人，总计约有六、七十万人。

（3）三衙和班直

南宋初，随着御营使司的设立，三衙统兵体制便告废除，其机构虽然保留，而三衙长官却不再统辖全国的正规军，降为三支兵马的统兵官。但宋高宗仍保留了班直，充当宿卫，人数不多。宁宗时规定诸班直共二千二百五十二人，分为二十四班，皆隶殿前司，以中军统制兼指教，统领兼同指教。绍兴五年（公元1135年）十二月，将杨沂中的神武中军改为殿前司军。十一年（公元1141年），岳飞等三大将被罢兵权，各御前诸军都削减兵力，惟殿前司军有增无减，总约七万余人，兵力最多。特别是殿前司增加更多，这是为使三衙军和御前诸军可以内外相制，也是防范秦桧的窥视帝位。从此三衙军与屯驻大军平列，不再有隶属关系了。三衙各军的情况是：

①殿前司

绍兴五年（公元1135年），改神武中军为殿前司军，除五军外，又增选锋、护圣二军，继又增策选锋军。绍兴九年（公元1139年），有统制十三，统领二十一，正、副、准备将一百七十八；绍兴十八年（公元1148年），增至七万余人，辖十二军。孝宗时定编额为七万三千人，辖十一军，并保留少量北宋番号的禁兵共六指挥、二千人。

②侍卫马军司

绍兴七年（公元1137年），组成六军，共十二将、六千人。绍兴十四年（公元1144年），四川右护军的四个军调至临安，增拨马军司。绍兴三十一年（公元1161年），兵力增至三万人。乾道七年（公元1171年），宰相虞允文上疏请徙侍卫马军司戍建康以备北伐，临安府只剩下殿、步两司的部队了。

③侍卫步军司

绍兴十二年（公元1142年）建立；二十九年（公元1159年），步军司编制辖五军。孝宗乾道年间，规定为二万三千人，辖五军，另有保留北宋番号的禁、厢兵七指挥、四千六百人。

南宋的军，相当于北宋的厢，南宋的统制，相当于北宋的厢都指挥使，这是南宋军制变革之一。

④使臣、效用和军兵

北宋禁兵依"料钱"多少,分上、中、下三等;南宋屯驻大兵,分效用、军兵两级,或使臣、效用、军兵三级。使臣是八至九品十等武阶官的总称,大使臣有正八品的敦武郎、修武郎,小使臣自从八品到从九品的承信郎以上诸武阶官,使臣不任统兵官,如任侦察的称探事使臣,给大将管印的称背印使臣,如此等等。使臣充当战士的也很多,因此禁兵中便形成使臣、军!兵两级。刘光世的三京路招抚处置使司招募的一万人中,其中有使臣二千人。岳飞郾城之战大败金兵,王刚率领的五十余名背嵬使臣,就杀败兀术一千余骑兵。诸大将的军中,还有武功队,皆由比使臣品位较高的武功郎、武功大夫组成。由于使臣待遇高于军兵十倍,在腐败的南宋军队中,就形成了一军不过三、二千,而使臣多至五、六百的状况。孝宗时,赵不敌说:"将帅未必知兵……今日添使臣,明日招效用,但资冗堕,未见精雄。"于是孝宗着意整军,一年拣军兵,二年拣效用,三年拣使臣,改变了使臣充军的状况,实现了效用、军兵两级制。

效用的身份和待遇高于军兵,在军情紧急时,招效用是一种出高价的募兵手段。孝宗隆兴朝(公元1163年)规定招七分军兵、三分效用,因此效用与军兵在军中是三七开。效用一般不刺字,但岳飞在建炎初投奔张所时,是"特刺效用",说明也有部分刺字的。

效用的出现和普及,是南宋军制的一项重大变革,反映了兵士社会地位的提高。刺字制的部分废除,也使应募的壮士,愿充军前效用,而不屑于为军兵。

南宋效用又分上等、次等、守阙、不入队、队外、正额、额外等名目,多依身长高低、武艺高下而定。队外效用与不入队效用相同,大多充任文职;正额与额外则是额内与超编之分;守阙效用的俸禄与军兵同,只是在出现缺额时,才依次递补。

9.军事通讯及后勤供应

(1)通信和传令

通信和传令,是军队和国家的神经系统,至关重要。中国古代的军事通讯,是由全国交通干线上的邮驿系统和军用铺递系统组成的信息传递网络来完成的。宋代初年,由于战争的需要,于建隆二年(公元961年)将全国的邮驿系统纳入军队,由枢密院掌管,并将缘由百姓轮流担任的驿夫,全部改由军队士兵充任。这是中国邮驿制度的一大变化。同时参照唐代安史之乱时"飞驿以达紧急"(《新唐书·马周传》)的临时措施,专门设立了一种军邮急递,亦称急脚递或急递铺。主要传输工具是马匹,传令的凭信有银牌、铜符、木契、传信牌等。

宋朝军事条令规定:"凡行军,主将不以有无事机,并须一日发奏,仍人急递;或事非文字可传者,即差亲信驰奏"。军队向朝廷报告军情,一是差亲信驰奏,既有书面也有口头报告;二是向皇帝者称"奏",报枢密院或三省者称"状",均用急递传送。急递即"急脚递",昼夜换马,马不停蹄。据《宋会要辑稿·方域十、十一》记载，一般急脚递规定一昼夜行四百里，情况特别紧急时，一昼夜可行五百里，称为马递铺。专送中央紧急军务文书，规定速度也是一昼夜行五百里，但从神宗时开始，还持有金字牌，长尺余，朱漆金字，刻"御前文字，不得入铺"八字，即不得入铺停留。北宋末，曾有朝廷发金字牌勾兵陇西，内侍官暗留不遣者斩三人。南宋高宗诏岳飞班师，接连用十二道金字牌。由于南宋时中央的军务通讯极为繁忙，且良马甚少，不可能全用五百里的速度，所以还出现过规定"日行三百五十里"的青字牌（孝宗时）和"日行三百里"的红字牌（光宗时）。其性质与金字牌相近。用金字牌急递时，要鸣铃开道，途中车马，都要让路。前铺遥闻铃声，立即做好了准备，迅速至大道上接受文书和金字牌。文书用蜡固封在竹状筒中，沿途各铺都要查验封印，并在"小历"（记事本）上记明交接时间。如无不可抗拒的原因而违误时日，要受严厉惩罚。

为了保证机密，凡朝廷问军机大事，不得只凭使者口宣，必须亲见宣敕（皇帝宣达的敕令）。当时发兵的凭信有银牌、铜符和木契。太宗时以银牌为乘驿马和发兵的凭信。仁宗时，以铜符用于枢密院令各路主将发兵，木契用于各路主将令诸军州城寨主发兵。铜符长五寸，宽二寸，厚六分。上面刻篆字某处发兵符，下面铸虎豹为饰，中剖为左右两半，左半符发各路主将保存，右半符留于京师。调发兵马三百人以上、五千人以下时，用一虎一豹符，五千人以上则用双虎双豹符。楔长七寸，宽二寸，厚一寸五分，上、下面并题某处契，中分为上下两段，上段刻凸鱼形，下段刻凹鱼形。下段发诸州、军、府、城、寨主保存，上段留主将掌管。调发兵马一百人以上方用契。以两个半符半契勘合，作为凭信。军法规定："不候铜符，木契与宣命，文牒相勘合而辄发兵者，斩；浔符契不发及不即发，（不即发谓出军临阵之时，若寻常抽发移替，自依常程日限）或虽得符契，不依次第，及无宣命，文牒相副而报发者，亦斩"。可见符契发兵，还须与文件相符。

真宗时设传信牌，漆木为牌，长六寸，宽三寸，腹背刻字而中分之，置凿柄令可合，以此来用于部队作战时的传令和通信。传令时，在传信牌的槽中插入纸条，系于军吏之颈，以两个半牌契合为凭。为了防止泄密，还采取了"字验"的办法，即战前制定好常用之事四十条，如请箭、请弓、请粮料、请添兵、被贼围等等，以一字为暗号，选旧诗四十字，不得重字，每字依战前约定的条款，每字依次配一条，作为暗号，即使传信牌落入敌手，也不致泄密。

（2）后勤供应

在宋代作战史上，人马粮械的供应，除辽军以打草谷骑四出抄掠外，一般都要靠后勤来供应。但是在当时的交通条件下，后勤供应无疑是十分艰难的。

据《长编》卷二七雍熙三年正月戊寅记述："军粮自赍（自己背负），每人给麨二斗余，盛之于囊以自随。征马每匹给生谷二斗，作口袋，饲秣日以二升为限，旬日之间，人马俱无饥色"。这是人马自带十日粮的极限。岳飞攻蔡州，有兵二万，七分披带,持十日粮,其中战斗兵万四千,尚有辎重兵六千,及火头军等。可见在当时一般情况下,两个多正军就要一个后勤兵。

按照当时人负六斗,驼负三石,马、骡一石五斗、驴一石计算,如十万大军,每人每月六斗,加上马料应在七万石以上,要保证供应,就需要相当于十一万六千民夫,或七万头驴,或四万六千匹马、骡,或二万三千匹骆驼的运输力,而民夫、马夫、牲口食用之粮秣还未计入。可见一次大规模的军事行动,其后勤供应是非常浩繁的。

在对西夏作战中,曾任延州(陕西延安)刺史的沈括。在他的《梦溪笔谈》卷十一中记述:"人负米六斗,卒自携五日干粮,人饷一卒,一去可十八日,若计复回,只可进九日;二人饷一卒,一去可二十六日,若计复回,止可进十三日;三人饷一卒,一去可三十一日,计复回,止可进十六日;三人饷一卒,极矣。若兴师十万,辎重三之一,止得驻战之卒七万人,已用三十万人运粮,此外难复加矣。运粮之法人负六斗,此以总数率之也,其间队长不负,樵汲减半(炊事人员负一半),所余皆均在众夫,更有死亡疾病者,所负之米又以均之,则人所负常不啻六斗矣"。牲口"比之人运,虽负多而费寡,然刍牧不时,畜多瘦死,一畜死,则并所负弃之,较人之负,利害参半"。

神宗时为反击交趾侵略广西,集结大军十万、马一万匹,虽买大批水牛驮米,使运粮民夫减半,但还是动员了二十万民夫运粮。一路上山川险阻,风雨阻隔,抄掠之虞,民夫不无逃散,牲口不无死亡,其困难是可以想象的。

宋军曾制作"秒"之类的干粮,如干饼、麻饼。元丰四年(公元1082年),陕西都转运司共造干粮千八百九十万斤,还研制了各种干粮,硬块盐、粗布醋干、干豉等的多样化制作法,使边兵远行,则有糜饼、皱饭、秒袋、杂饼之类,其中糜饼制作成棋子大小,晒干收贮,干食之,味美不渴。

太宗时,宋琪说:"每见国朝发兵,未至屯戍之所,已于两河诸郡调民运粮,远近骚然,烦费十倍"。宰相赵普说:"百万家之生聚,飞挽是供;数十州之土田,耕桑半失"。(百万家生产口粮食,用千万车辆运往前线,使数十州之良田,无人耕种)。在与西夏作战中,送刍粟四十万于灵州(宁夏灵武),遭敌军袭击,"丁夫相踏籍,死者数万人"。神宗时,与西夏作战,"丁夫发尽,已差及妇女。"

为了减轻输粮的沉重负担,宋军也曾因地制宜地采取过一些有效的措施。如"因粮于敌"和水运、屯田等。如北宋初期,王全斌率军攻蜀时,下兴州(陕西略阳)"获军粮四十余万斛"占三泉(陕西宁强)"获军粮三十余万斛",克利州(四川广元)"获粮八十万斛"(《宋史·王全斌传》),全由夺取敌人军粮解决自身供应。再如宋金战争时,岳飞和吴玠军进入金占领区后,"父老百姓争挽车牵牛载糗粮以犒义军";在金军阻止下,"相与夜输刍粟",而且"输者益多"。当然完全依赖当地百姓帮助,还难以满足十几万大军的供应。因而吴玠军"益治屯田,岁收至十万斛";岳飞军"募民营田,又为屯田,岁省漕运之半"。(见《宋史》《岳飞传》《吴玠传》)南宋后期孟珙在鄂北亦曾"使军、民分屯",一年"收十五万石"(《宋史·孟珙传》)。又如南宋初期,由朝廷向四川边防军输粮,"每一斛至军中,计费为七十五斛。席大光、胡承公为帅",利用南方水系多的条件,"转船折运",虽然绕道增大了里程,但"费用十减六七"(陆游《老学庵笔记》卷六),也相对减轻了负担。

　　总之,宋朝战争的频繁,后勤供应的艰难,在当时落后的交通条件下,使人民承受了巨大的痛苦和牺牲。

　　武器装备是组成军队战斗力的重要因素,宋代的科学技术高度发展,所以宋代的武器手工业也极为发达。特别是由于火药兵器的大量使用于战争,宋朝开创了战争史上冷兵器与火器并用的新时代。早在北宋建国之初,以东京汴梁(河南开封)为中心,就建立了遍布全国各州的兵器制造手工业系统。汴梁有中央直辖的"工署",是三司胄案掌管,下设南北作坊和弓弩院,集中有数千名熟练的工匠,地方各州也都设有兵器作坊。据《宋史·兵志十一》记当时生产情况说:"南北作坊岁造涂金脊铁甲等九十三万二千,弓弩院岁造角靶弓等九千六百五十余万。诸州岁造黄桦黑漆弓弩等凡六百二十余万。又南北作坊及诸州别造兵幕、甲袋、梭衫等什物,以备军行之用。"熙宁六年(公元1073年)撤胄案改设"总内外军器之政"的军器监,暂由侍从官兼管监事。元丰改制时,正式设军器监和军器少监两官,任正、副长官。主要属吏有丞二人、主簿一人。军器监的任务是负责设计兵器图式、规格、用料标准、工艺规程和制造。据《宋会要·职官十六》记载,军器监有"万全兵匠三千七百,东西作坊工匠五千。"据北宋司农少卿王得臣所著《麈史》中引宋敏求(英宗时任仁宗实录检讨官、起居注、知制诰,官至龙图阁直学士)的《东京记》说,军器监除八作司外,还单设有广备攻城作,下有十一目;火药青窑作、猛火油(石油)作、金作、火作、大木作、小木作、大炉作、小炉作、皮作、麻作、窑子作。(《宋公要·职官三十》记广备攻城作下分二十一作,多锯、石、砖、泥、井、瓦、竹、桶、钉铰和赤白十作)火药作和火作的设置,说明这时火药的配方已经标准化,火器的制造已经规模化,同时也说明火器已经成为军队的制式装备之一。

　　北宋军队装备的火器,据《武经总要前集》的《火攻》和《守城法》记述,有烟球、毒药烟球、火球、引火球、蒺藜火球、霹雳火球、铁嘴火鹞、竹火鹞和火箭、火药鞭箭等十种。这些火器基本上是利用火药的燃烧性能,掺杂一些发烟和毒性药物,用以焚烧敌人的防御物和物资,对人马也有一定的杀伤力,但主要起震吓作用。一般是利用弓弩和砲(抛石机)或人力投掷。所以部队装备尚不普遍,大多用于边防和防御作战。如元丰六年(公元1083年)发给秦凤路的兰(甘肃兰州)会(甘肃靖远)路火药箭二十五万支,七年又发给熙(甘肃临洮)河(甘肃临夏)路火药弓箭二万支,火药炮箭二千支,火弹(球)二千枚等,以用于对西夏作战。又如靖康元年(公元1126年)金军围攻汴梁时,李纲守城使用了霹雳炮(霹雳火球的发展),击退了金军。

南宋时,在首都临安(浙江杭州)设御前军器所,隶工部。由二员提点官领导。管理全国的兵器生产,并辖有大型兵器作坊,每年能生产各种兵器三百万件。而且已能生产杀伤破坏力大的爆炸性火器——铁火炮,并大量装备部队。据李伯曾《可斋续稿后集》卷五记其调查军备的报告说:荆淮库存铁火炮十数万只,荆州(湖北荆州)一地的兵器作坊,每月即可生产铁火炮一、二千只,又据《景定建康志》卷三十九记,建康府(江苏南京)的兵器作坊,二年三个月生产了各种类型的铁火炮和火箭等各种火器三万八千多件。在宋金战争中,宋军在水、陆作战中都曾大量使用火器,并取得很好的战绩。如《宋史·李宝传》和《金史·郑家传》记,绍兴二十九年(公元1159年),宋将李宝率三千水军,乘一百二十艘小战船,在胶州湾使用火器全歼完颜郑家部金军十万余人。又据亲自参加战斗的赵万年,在其《襄阳守城录》中记载,开禧三年(公元1207年)金军围攻襄阳,三次被守城宋军用霹雳炮击退,并杀伤其士兵二、三千人和战马八九百匹。

宋军除装备有各种火器外,在冷兵器方面还装备有大型床弩和砲等远射兵器。三弓床弩可远射千步,斗子弩一次可发射几十支箭,七稍砲可抛射百斤重的石弹或火弹,射程达五十步以外。总之,宋军的武器装备,在当时是相当先进的,尤其是火器,为前代所不曾有。不过由于火器的性能尚处于低级阶段,还不可能取代冷兵器。所以宋代的军队,就其总体而言,基本上仍以冷兵器为主。

(二)辽代军制

契丹是我国历史上北方古老的游牧民族之一,世居内蒙古西拉木伦河流域(西辽河)。唐哀帝天祐四年(公元907年),契丹贵族耶律阿保机在我国北方广大疆土上建立了辽国,其疆域东至于海,西至金山(阿尔泰山),北至胪朐河(克鲁伦河),南至白沟(河北雄县白沟河),幅员万里。国都上京(内蒙古巴林左旗),与宋有多次战争。宋真宗景德四年(公元1004年),辽圣宗派大军侵入北宋腹地,迫使真宗在澶州(河南濮阳)订盟,与宋有了一个相对稳定的时期,公元1125年,辽被金所灭,共历九帝,有国二百一十年。

1.政治制度和军事统御机构

隋时,契丹分为十部,"兵多者三千,少者千余。逐寒暑,随水草畜牧",已经形成部落联盟。至唐代后期,随着唐王朝中央政权的衰微和中原割据局面的形成,契丹逐渐强大,开始向奴隶制国家过渡。当时共有八部,各部大人(夷离堇)已经是世袭。唐昭宗天复元年(公元901年),迭达部的耶律阿保机当上了本部的夷离堇,并担任了契丹对外作战的军事统帅。他连年发动大规模的掠夺战争,如天复二年(公元902年),他就曾统率四十万大军攻入唐统治区,俘人九万五千余口。在唐灭亡的当年(公元907年),阿保机被八部夷离堇推选为契丹可汗。不久,在与内部反对派斗争中，设法"尽杀诸部大人"，于后梁贞明三年(公元 916 年)，在龙化州(今内蒙古奈曼旗西北)即皇帝位，建立了契丹王朝。天显十一年(公元 936 年)，石敬瑭割让"燕云十六州"，契丹政权的统治区扩展到中原地区北部。大同元年(公元947 年)，契丹太宗耶律德光，改国号为辽。

当时辽王朝统治区内，有许多社会经济和发展阶段各不相同的民族。大致可归纳为两种形态：一种是"畜牧畋渔以食，皮毛以衣，转徙随时，车马为家"的契丹人及其他少数民族人；一种是"耕稼以食，桑麻以衣，宫室以居，城郭以治"的汉族人。契丹等游牧族人民，生活在辽统治区的北部，畜牧业经济占主导地位，社会制度尚处于奴隶制阶段；汉族人生活在辽统治区的南部，农业经济占主导地位，社会制度已处于高度发展的封建制阶段。因而，辽统治集团便采用"因俗而治"的方针，将中央统治机构，分为北面和南面两个系统，"以国制治契丹，以汉制治汉人"，实行"一国两制"的政治制度。南面系统完全沿袭唐制，北面系统，则具有浓厚的游牧民族及奴隶制特点。

北面各官"治宫帐、部族、属国之政"，官员全部是契丹贵族，掌管契丹一切军政大权，是辽王朝的最高统治机构。北面官又"皆分北、南"，但这里的北、南之分，与北面、南面之分完全不同，因为"其实所治皆北面之事"。

北、南枢密院是国家最高行政机构，亦称北、南衙。北枢密院"掌兵机、武铨、群牧之政，凡契丹军马皆属焉"；南枢密院"掌文铨、部族、丁赋之政，凡契丹人民皆属焉"。北衙主兵不理民，南院理民不主兵。主要官员有枢密使、副使、都承旨、头子等。下属单位有中丞司，系监察机构。

北、南宰相府佐理军国大政。北、南大王院掌部族军民之政。《辽史·百官志》说"北、南二王视户部"，其实不然，大王权限远比户部为大。由于契丹各部族仍然处于军事、行政、生产的组织三位一体的阶段，所以大王院下属单位，有都统军司，长官为统军使、统军都监，掌"从军(兵役)之政令"；有详稳司，长官为详稳、都监、将军，掌"部族军马之政令"；有都部署司，长官为都部署、副部署，掌"部族军民之事"这一部分才类似户部职掌。北、南宣徽院类工部，大惕隐司掌皇族政教，夷离毕院掌刑狱，大林牙院掌文翰，敌烈麻都司掌礼仪。大于越府长官为大于越，位百官之上，为"尊官""贵官"，没有具体职务。

御帐官，是负责皇室警卫的机构。《辽史·百官志》说："辽之先世，未有城郭、沟池、宫室之固，毡车为营，硬寨(用桑、柘、梨、粟等木所筑寨垒)为宫，御帐之官不得不谨"，说明御帐官的设置，是继承的游牧时期的制度。侍卫司掌管皇帝的亲卫，有侍卫太师、太保、司徒等官，所属单位有近侍局和近侍详稳局。北、南护卫府负责掌管北院、南院及皇太后的警卫，有护卫太师、太保、司徒等官，所属单位有总领左右护卫司和左、右护卫司。三班院掌管组织值班之事。宿卫司总管宿卫之事，有总知宿卫事、同掌宿卫事及宿卫官，所属单位有禁卫局。宿直司掌管官员在皇帝及皇太后处轮流值宿之事,有宿详稳、宿直都监、宿直将军及小将军等官。硬寨司,掌管枪寨四周警卫及巡逻,有硬寨太保等官。

南面各官,是契丹"既得燕代十有六州,沿用唐制,复设南面三省、六部、台、院、寺、监、诸卫、东宫之官"。官员多为汉人。但也有契丹贵族。一般说南面各官及其机构,除汉人枢密院和尚书省有实际职掌外,其他三师府、三公府等,多为有名无实的机构。如亲卫、勋卫、翊卫以及左右卫、左右领军卫等十六卫的大将军、上将军、将军等官,只有个别人以此官任实际统兵官;绝大多数皆为虚衔。

汉人枢密院,原为北面系统的汉儿司,耶律德光时才改为南面系统机构,设枢密使、知密使、知枢密院事等官,主要掌管汉人兵马的军政事务。尚书省下设六部,主要掌管汉人赋税和一般财政。

北枢密院掌管全国军政,而指挥全国军队的最高统帅,则为天下兵马大元帅。担任此职的只有皇太子或亲王,一般都是预定的皇位继承人。他的统帅部,为天下兵马大元帅府,设有副元帅一职,为其助手。此外,还有大元帅府、都元帅府和大详稳司等,都是各方面军统帅的指挥机构。

有大规模的军事行动时,设行枢密院。它是出征各军的最高统帅部,主要职责是根据战略目的,制订作战计划,决定军队部署和下达作战任务。编有左、右林牙和参谋等幕僚军官,直接指挥作战的统帅为行军都统。他的司令部为行军都统府,设有副都统、都监及各级监战军官。

辽王朝的中央统治机构,包括最高军事统御机构和最高军事统帅部,都不是固定在京城办公,而是四时在外,经常变动。这也是游牧民族的特点之一。据《辽史·营卫志》记载:"辽国尽有大漠,浸包长城之境,因宜为治,秋冬违寒,春夏避暑,随水草就畋渔,岁以为常。四时各有行在之所,谓之'捺钵'"。辽帝四时捺钵所在,一般是春在鸭子河泺(今吉林扶余境),夏在吐儿山(今内蒙古巴林右旗境),秋在伏鹿林,冬在广平淀(两地均在今内蒙古奈曼旗境)。"每岁四时,周而复始。"夏、冬两季,北、南系统的大臣都在捺钵开会,决定军国大政的施政方针及接见南宋等各国使节。平时北面系统各官员及南面系统宣徽院官员,以及汉人枢密院、中书省的少数负责官员,都随皇帝行动。留守京城的,只有南面系统其余各官,办理汉人的例行公事。重要事务,都要到捺钵取旨执行。

2.军队种类、指挥系统及兵力

随着时间的推移和社会的发展,辽王朝的封建化和汉化也日益加深,但作为国家支柱的军队,却始终保持着部族军的游牧民族特点。这不仅表现在兵役制度及编制等方面,在隶属关系和指挥系统上,也与唐、宋等封建国家的军制不尽相同。辽的武装力量,据《辽史·兵卫志》记载,大致有御帐亲军,宫卫骑军、大首领部族军、众部族军、五京乡丁和属国军六种。

（1）御帐亲军

御帐亲军是皇帝直接控制的中央常备军,类似唐代的中央禁军。它是辽军的主力,也是辽王朝的战略机动部队,由全国各族军、民中选拔来的精锐部队组成。初期主要分两部分:一部分是皇帝统领的皮室军;一部分是皇后统领的属珊军。皮室军由耶律阿保机时的"腹心部"发展而来,《辽史·兵卫志》记载:"初,太祖以行营为营,选诸部豪健千余人置为'腹心部'……皮室军……即腹心部是也"。经不断扩充,至耶律德光时,已增至三万。属珊军是"皇后述律氏居守之际,摘蕃汉精锐"组编而成,共二万。两部"合骑五万"。述律皇后死后,属珊军改编,中央各军都统一于皇帝直接领导之下。御帐亲军的主力就是大皮室军,这是巩固辽王朝统治和巩固皇权的重要武装力量。

皇帝通过大详稳司统辖大皮室军,其下分为五军:左、右皮室军,南、北皮室军和黄皮室军。统帅为大详稳,其下属有都监、将军、小将军、军校、队帅等各级军官。此外,与皮室军类似的,还有墨离军和拽剌军。墨离军后来也被撤销,拽剌军始终存在。

御帐亲军中,亦有一部分汉人组成的军队,据《辽史·兵卫志》所记,共有控鹤、羽林、龙虎、神武、神策、神威六军,也是从汉军中精选出来的。但由于并非"部族根本",所以不太为辽王朝所见重。

（2）宫卫骑军

官卫骑军是皇帝、皇后的私人宿卫军。由于皇室的宫在辽语中称斡鲁朵,所以宫卫骑军也称斡鲁朵军。耶律阿保机时,除在各部族军中选一千余人,建立国家性质的卫队腹心部外,为加强皇室的警卫力量,又从各部族和汉人居住的州县民户中,征集了一部分壮丁,充当皇帝及皇后的私人卫队,称为宫卫骑军。帝、后在宫帐中时,他们担任宿卫;出行时,担任扈从;作战时,组成亲军;帝、后死了,则去守陵。这些士兵,是连同家属一起征集来的。家属们在指定的地点集中居住,以便于管理。这些家属聚居点,属于皇室的斡鲁朵,所以点内的居民被称为斡鲁朵户或宫户,类似唐以前的军户。宫户中的契丹人,称为正户,身份地位较高,是宫卫骑军中的骨干;宫户中的汉人和其他族人,称为藩、汉转户,身份地位较低,大多是战争中被俘获来的,他们只有极少数在军中当正军,多数是当正军的家丁。不论正户还是蕃汉转户,都属于皇帝或皇后私人所有。因此,各斡鲁朵都有自己的军队、宫户、奴隶和州县,单成系统,不归各级政府机构管辖。正因为斡鲁朵和由它的宫户所组成的宫卫骑军是皇帝、皇后的私人"财产",所以皇帝、皇后死后,他们的宫卫骑军并不撤销,仍保留其建制、番号,继续为皇室服务。新皇帝继位之后,又要重新建立自己的斡鲁朵和宿卫队,于是宫卫骑军的数量,随着皇位的更替而不断增多。至辽末时止,共有十二宫一府,也就是十三个斡鲁朵,出宫卫骑军十三支。

十二宫一府共有宫户二十万五千,其中正户八万一千,潘汉转户十二万四千,组成宫卫骑军共十万零一千名。

各斡鲁朵的长官为宫使、副使，下设太师、太保、侍中等官管理宫户，负责军事的长官为提辖使。

宫卫骑军不断增多，而在位的帝、后，只有一人，所以发展到中、后期，宫卫骑军又增加了防守战略要地的职能。据《辽史·兵卫志》记载："十二宫一府，自上京至南京总要之地，各置提辖司。重地每宫皆置，内地一二而已。"提辖司机关设在各战略要地，平时有少数宫卫骑军任值班部队，一旦情况需要，一声动员令，马上可以按建制，有组织地迅速集中到指定的提辖司所在位置，集中待命。所以《辽史·兵卫志》记述宫卫骑军的情况说：

"太祖以迭剌部受禅，分本部为五院、六院，统以皇族，而亲卫缺然，乃立斡鲁朵法，裂州县，割户丁（编制户口和兵籍）以强干弱支（巩固中央集权），诒谋嗣续（以求代代相承）。世建宫卫，入则居守，出则扈从，葬则因以守陵；有兵事，则五京、二州，各提辖司传檄而集，不待调发州、县、部族，十万骑军已立具矣。恩意亲洽，兵甲犀利，教练完习，简（编组）天下精锐，聚之腹心之中，怀旧者岁深，增新者世盛，此军制之良者也。"

（3）众部族军

众部族军是以部落为单位，由契丹及各归附的奚、渤海、室韦等各族人民组成的军队。部落既是生产单位，也是战斗单位。"众部族分隶南、北府，守卫四边，各有司存"，"有事以攻战为务，闲暇则畋渔为生。无日不营，无在不卫"，是辽王朝镇戍和边防的重要地方军。《辽史·营卫志》引《部族志》（旧制）说："太祖之兴，以迭剌部强炽，析为五院、六院；奚六部以下，多因俘降而置。胜兵甲者，即著（编入）军籍，分隶诸路详稳、统军、招讨司；番居（轮番更替）内地者，岁时田牧平荞间（平时耕牧于平原草场之间），边防纠户（即纠军军户。纠军是东北路和两北路边防部族军的泛称），生生之资，仰给畜牧，绩毛饮湩（湩，冻，乳汁），以为衣食，各安旧风，狃习劳事（习惯于劳动），不见纷华异物而迁。故家给人足，戎备整完，卒之虎视四方，强朝弱附，东踰蟠木，西越流沙（沙漠），莫不率服（征服），部族实为之爪牙云。"

辽的主要部族军共四十七部，各部兵力不等。隶属于北大王府的共三十二部；隶属于南大王府的共十五部。

（4）大首领部族军

大首领部族军由各亲王大臣的私兵组成，亦归皇帝指挥。《辽史·兵卫志》说："辽亲王大臣，体国如家，征伐之际，往往置私甲以从王事。大者千余骑，小者数百人，著籍皇府。国有戎政，量借三五千骑，常留余兵为部族根本。"有太子军、伟王军等若干部。

（5）五京乡丁

五京乡丁亦称京州军，是乡兵性质的地方武装。辽建五京，皇都临潢府（内蒙古通辽)为上京,原渤海国国都辽阳府(辽宁辽阳市)为东京,大定府(河北平泉)为中京,幽州析津府(北京市)为南京,大同府(山西大同市)为西京。辽兵制:全国丁壮,凡年十五以上、五十以下,尽隶军籍,无能漏丁册者。有事调遣,随令出征,武器装备,全皆自备。由于契丹本族丁壮多编入宫卫军、部族军,因此五京州军则以蕃汉丁壮组成。总计五京州军共一百一十万七千三百人,分隶于各京州调遣,乡丁兵员虽多,但并不是军队的主力,不常参加战斗,一般是"随军专伐园林,填(修)道路",做些工兵及后勤性质的工作。

(6)属国军

属国军是归服于辽的边境外诸部落的军队。辽的属国,有历史可考者,共五十九国,东至高丽,西至西夏、于阗、波斯、大食(阿拉伯帝国)等地。由于疆域辽远,朝贡无常,有事则遣使征兵,或下诏专征,不从者则讨之,助军多少,各从其便,也无一定的数额。

3.兵役制度

据《辽史·兵卫志》记载:"辽国兵制:凡民年十五以上、五十以下,隶兵籍,每正军一名马三匹,打草谷(供给人马粮草的后勤骑兵)、守营铺家丁各一人,人铁甲九事,马鞯辔(马配以鞍垫和缰绳)马甲皮铁,视其(腕)力;弓四,箭四百,长短枪、骨朵、斧钺、小旗、锥锥、火刀石、马盂、秒一斗、秒袋、搭钍伞各一,縻马绳二百尺,皆自备……铸金鱼符,调发军马,其捉马及传命有银牌二百,军所舍(宿营),有远探拦子马,以夜听人马之声"。"国有兵事,部族、州、县,传檄而集"。为了解决军需粮草,辽在"沿边各置屯田戍兵,易田积谷以给军饷"。屯田的土地、种子、耕具都由公家供应。当时西北边疆有四分之一的戍军从事屯田。可见辽国实行的是全民皆兵的征兵制度,其骑兵的装备、征发、调遣、后勤等,都有统一的制度,是高度军事化的奴隶主国家。

辽王朝为了扩大兵源、增强实力,除征兵外,还经常改编降军和收编俘虏。如会同九年(公元946年),"杜重威、李守贞,张彦泽等率所部二十万众来降。上(耶律德光)拥数万骑,临大阜,立马以受之。……分降卒之半付重威,半以隶赵延寿。"@许多宋降军都被编为由南面系统汉人枢密院统辖,由南京兵马都总管府和南京马步都指挥使司指挥的军队,如控鹤军、义勇军、护圣军和虎翼军等。

4.出征作战

据《辽史·兵卫志》记载:"凡举兵,帝率蕃汉文武臣僚,以青牛白马祭告天地、日神,惟不拜月,分命近臣告太祖以下诸陵及木叶山神(木叶山在内蒙古西拉木伦河契老啥河合流处是契丹族的先世居地,辽世,山上建有始祖庙每行军及春秋雨季,祭于此),乃诏诸道征兵"。"皇帝亲点将校,选勋戚大臣,充行营兵马都统、副都统、都监各一人;又选诸军兵马尤精锐者三万人为护驾军;又选骁勇三千人为先锋军;又选剽悍百人之上为远探拦子军(侦察骑兵),以上各有将领。又于诸军每部,量众寡,抽十人或五人,合为一队,别立将领,以便勾取兵马,腾递公事(传递文书)"。"皇帝亲征,留亲王一人在幽州,权知军国大事";出兵不过九月,还师不过十二月,"若春以正月,秋以九月;不命都统,止遣骑兵六万;不许深入,不攻城池,不伐树木,但于界外三百里内,耗荡生聚(破坏战争潜力),不令种养而已"。

"军人南界,步骑车仗,不循阡陌。三道将领各一人率拦子马各万骑,支散游弈(游击)百十里外,更迭觇逻(巡逻)。及暮,以吹角为号,众即顿舍(宿营),环绕御帐。自近及远,折木稍屈,为弓子铺,不设铫营堑栅之备"。

"每军行,鼓三伐,不问昼夜,大众齐发。未遇大敌,不乘战马,俟近敌师,乘新羁马,蹄有余力,成列不战,退则乘之。多伏兵断粮道,冒夜举火,上风曳柴,馈饷自赍(自带粮粮),散而复聚,善战、能寒,此兵之所以强也"。

辽军"每正军一名马三匹",与宋军缺马的情况形成鲜明的对比。骑兵机动灵活,有强大的攻击能力。"成列而不战,俟退而乘之","退败无耻,散而复聚",说明辽军具有作战的坚韧性和指挥的灵活性。

(三)西夏军制

西夏是我国西北少数民族党项羌族所建立的奴隶主国家。党项羌族原生活于今青海东南地区,因吐蕃政权不断东扩,被迫逐渐东移。隋开皇四年(公元584年),即有千余家附隋,迁至旭州(甘肃临洮)定居。唐贞观三年(公元629年),党项首领之一的细封步赖率其部落附唐,迁至今四川阿坝地区,唐以其地设轨州,授步赖为刺史。其他党项部落,闻风附唐,至贞观五年(公元631年),已有三十四万多人迁至今四川、青海、甘肃交界一带。贞观八年(公元634年),唐李靖率军攻吐谷浑时,与吐谷浑有姻亲关系的党项另一大首领拓跋赤辞,助吐军抗击唐军,在战败后请降。唐在其活动地区分设三十二羁縻州,任赤辞为西戎都督,并赐姓李。唐末,参与镇压黄巢起义有功,其首领拓跋思恭被封为夏国公、夏州节度使,并赐姓李。五代时,中原地区征战迭起,党项采取"保全实力"政策,避免卷入混战。北宋建国之后,经多次反复,淳化元年(公元991年)宋封李继迁为银州观察使,并赐姓名为赵保吉。至道三年(公元997年)宋真宗即位后,又授其为定难军节度使。但此时已经形成地方割据政权,仍经常进攻宋边,扩大其统治区。宋仁宗景祐五年(公元1038年)李元昊称帝,国号大夏,建国都于兴庆府(宁夏银川)。其最盛时,辖二十二州,包括今宁夏、陕北、甘肃西北部、青海东北部及内蒙古部分地区,与辽、金先后成为与北宋对峙的政权。辖区内居民有党项羌、汉、藏、回鹘等民族。西夏宝义二年(公元1227年)为蒙古所灭,传十主,历时一百九十年。

1.军事统御机构

从唐末到宋初，拓跋（李）氏都是以中原王朝节度使的身份进行统治的，在这个区域性的地方政权下，有蕃落（党项等少数民族部落）和州衙两套系统不同而又互相联系的行政机构。州衙在名义上是中原王朝的军、州，奉行中央统一的制度和法令，但实际上只能及于汉人聚居的各州、县的治所及近郊。至于广大地区的少数民族各部落，则由节度使所兼押蕃落使的名义，由另一套蕃部系统官员进行统治，如宁令（大人）、谟宁令（天大人）等。

蕃部居民，多为聚族而居，一家称为一账。小族数百帐，大族千余账。根据各族帐的多少、强弱，授予其首领中原官号，一般大族首领，给予蕃落使、团练使、都押牙等。不过这只是一种形式，因为各族首领都已经发展为世袭了。

宋仁宗明道二年（公元1033年），西夏统治者李元昊模仿宋朝，建立了一整套比较健全的中央统治机构。"其官分文武班，曰中书，曰枢密，曰三司，曰御史台，曰开封府（'开封府'系指西夏首都兴庆府，不是宋朝首都的开封府。由于宋人不识西夏文字，所以把西夏都城翻译成'开封府'。）曰翊卫司，曰官计司，曰受纳司，曰农田司，曰群牧司，曰飞龙院，曰磨勘司，曰文思院，曰蕃学，曰汉学。自中书令、宰相、枢使、大夫、侍中、太尉以下，皆分命蕃、汉人为之"。其中中书、枢密、三司是国家政治、军事、财政三大部门的最高主管机构。军事方面，枢密院是最高军事统御机构。"掌军国兵防边备，与中书对持文武二柄。属有枢密、同知、副使、金书、承制等管"；翊卫司是西夏国王的军事统帅机构，"司统制训练，藩卫、戍守及付卫、扈从诸事，官有马步都指挥、副都指挥及诸卫上将军、大将军之号"；飞龙院是负责京师卫戍的机关，"专防护宫城，警捕盗贼，及武干亲信者为之，或以内臣充职"；群牧司掌管军马政务，官计司掌文武官员的升迁调补事务。

宋景祐五年（公元1038年），元昊自立为皇帝，使这个实际上早已成为与宋、辽相抗衡的割据政权，在名义上也成为独立的大夏王国。他一方面否认姓李、姓赵，改姓嵬名，更名曩霄，自称兀卒，以争取以党项羌为首的各蕃部的拥护；一方面再次改革官制，增加了总理军国日常庶务的尚书令，并将中央各统治机构改为十六司，分理军、政事务。其中军事机构有经略司（相当枢密院）、统军司（相当翊卫司）、殿前司、皇城司、内宿司和巡检司（四单位相当飞龙院）。

2.军队种类、指挥系统及兵力

西夏军队有中央侍卫军、地方军和擒生军三种。

（1）中央侍卫军

西夏国王，选拔豪族子弟中之善骑射者五千人，号"御围内六班直"，为其帐前侍卫亲军，分三番宿卫，每月给米二石，作为给养。这既是一支侍卫亲军，也是一支

"质子军"。以各部落长、豪强的子弟，在御前作"人质"，不但可以保卫夏国君主的统治，又可以控制各部落的豪强。这支军队隶属于殿前司。

此外，还有皇帝亲信卫队三千人，都是由全国各军中精选而来的骁勇之士，皆重甲骑兵，号为铁骑（铁鹞子）。这支卫队共分十队，每队三百人，各设队长。皇帝出入、作战，均随侍身边，四周环卫，以保卫皇帝的安全，隶属于内宿司。

京师地区还屯驻有一支训练有素的卫戍部队，共二万五千人，装备特别优良，有七万副兵（负瞻，随军杂役）为之服务。军队编有抛手队，号"泼喜"，装备有轻型抛石机——旋风砲，可设在橐驼鞍上，发射拳头大的石弹。这支卫戍部队，是中央侍卫军中的主力，隶属于皇城司。

（2）地方军

夏王朝将全国区分为左、右两厢，每厢划分六个地方军区，设监军司指挥本区的军队。军队仍以部落为基本编制单位。

夏国发兵，以银牌召部落长，面授作战任务，由部落首领统领其全部落的军队，谓之"一溜"。全国左、右厢，十二监军司，都委任其部落的豪右贵族分统部众。各监军司均仿宋朝军制编组，立有军名，固定驻地。其区分：

左厢神勇军司　　驻银州弥陀洞（陕西横山东榆林河与无定河汇合处）

石州祥祐军司　　驻石州（山西离石）

宥州嘉宁军司　　驻宥州（内蒙古古古鄂托克旗东南）

韦州静塞军司　　驻韦州（宁夏同心东北）

西寿保泰军司　　驻柔狼山（甘肃靖远北）北

卓啰和南军司　　驻兰州（甘肃兰州）黄河北岸喀罗川侧

右厢朝顺军司　　驻兴庆府（宁夏银川）西贺兰山区克夷门

甘州甘肃军司　　驻甘州删丹故也（甘肃山丹）

瓜州西平军司　　驻瓜州（甘肃敦煌东南）

黑水镇燕军司　　驻黑水城（内蒙古额济纳旗南）

白马强镇军司　　驻娄博贝（内蒙古吉兰泰盐池北）

黑山威福军司　　驻黑山（内蒙古包头西北）

每一监军司设都统军、副都统军和监军使各一员，由贵族豪右担任。下设指挥使、教练使及左右侍禁官等数十人，由党项羌人或汉人分任之。各监军司下属戍守堡寨的长官称军首，所隶边防哨长的头目称哨长。此外，还有负责监察的军察、司吏和负责运输、装备、伙食的后驱、胁床、仓将等后勤军官。

以上诸军兵种，共有兵员五十余万人，其中丁壮者称正军，其次为负瞻，随正军服杂役。其兵力部署，重点在以兴庆府为中心的三角线上，大致以十万人配备在与北宋交界的宥州、盐州地区，以御北宋；以七万人配备在河北安北路的卧罗娘山地区，防备契丹；以三万人戍守甘州，控制着河西走廊，防备吐蕃和回鹘；以五万人镇守东南的西平府,五万人驻守西北的贺兰山;主力则控制于兴州、灵州(银川、灵武)腹心地带,以备策应。

(3)擒生军

元昊在全国五十余万兵员中,编成擒生军十万,作为西夏军中的精锐部队。其任务是攻击敌人,在战斗中生擒敌军以为奴隶,故名擒生军。士卒经过拣选,装备特别精良,战斗力也较强,曾使北宋军队遭受严重损失。

3.兵役制度及作战特点

党项部落,以游牧为生,于旷野中建账幕为家,一家一账,大部落千余账,小部落数百帐,男子年过十五成丁,每遇征战,各部落出丁作战。景宗朝的兵役制度规定,各部落每二丁取正军一人,配备随军服杂役的负赡(役夫)一人,合称一抄。原规定以四丁为两抄,同住一帐幕,后改二正丁合用一负赡,三丁同住一帐幕。正军每人给马、骆驼各一匹,号"长生马驼",如倒毙需要赔偿。

团练使以上,帐一、弓一、箭五百、马一、橐驼(骆驼)五、旗、鼓、枪、箭、棍桔梧(连枷)、沙袋、披毡、浑脱、背索、锹镢、千斧、箭牌、铁爪篱各一。刺史以下,无账、无旗鼓,人各骆驼一、箭三百、幕梁一(织毛为幕,支以木架)。又征发汉人之勇悍者为前军,号"撞令郎",其脆怯无他技者,迁河北耕种或留守后方。

从上述事实看,西夏兵役制度是全民皆兵制。战斗兵并不脱离生产(少数常备军脱离生产的时间可能长些),平日仍然参加生产劳动,所以"人人能斗击,无复兵、民之别,有事则举国皆来"。军队的供应,除军官和正军能得到少量的武器装备外,作战时士兵自带粮饷。如宋朝的范仲淹说:西夏"建官置兵,不用禄食,每举众犯边,一毫之物,皆出其下,风集云散,未尝聚养"。西夏人民,"凡年六十以下,十五以上,皆自备弓矢甲胄而行"。带兵军官就是本部族的首领,所以军队的组织、纪律较易于维持。

夏国出兵作战,仍保持着若干原始的风俗习尚。"每举兵,必率部长与猎,有获,则下马环坐饮,割鲜而食(生食),各问所见,择取其长"。这实际上是一种原始部落的贵族议事制度。

作战时,"每有事于西,则自东点集而西;于东,则自西点集而东;中路,则东西皆集。用兵多立虚寨,设伏兵包敌,以铁骑为前军,乘善马,重甲,刺砍不入,用钩索绞联,虽死马上,不坠。遇战则先出铁骑突阵,阵乱则冲击之,步兵挟骑以进,战则大将居后,或据高险。其人能(耐)寒暑饥渴。出战率用隻日(单日),避晦日(阴历的月终),赍粮(携带的粮食)不过一旬,弓、皮弦、矢、沙柳竿。恶雨雪,昼举烟扬尘,夜篝火以为候(取络信号)。不耻奔遁,败三日,辄复至其处,捉人马射之,号曰'杀鬼招魂',或缚草人埋于地,众射而还。笃信机鬼,尚诅祝,每出兵则先卜(卦)……"

由于西夏军仍保留着少数民族若干原始的制度和习惯,士兵又多有吃苦耐劳的精神,所以不论是其主力骑兵还是步兵,战斗力都较强。"由山间部落"组成的步兵,"谓之步跋子,上下山坡,出入溪涧,最能腧高超远,轻足善走";骑兵的"铁鹞子","百里而走,千里而期,最能倏往忽来,若电击云飞。"其惯用战法是"于平原驰骋之处遇敌,则多用铁鹞子以为冲冒奔突之兵;山谷深险之处遇敌,则多用步跋子以为击刺掩袭之用"。因而,宋军采用了有针对性的战法,"于山林险隘之处,先以牌子(盾牌)扞之,次以劲弓强弩与神臂弓射其先锋";"于平原广野之间",则马上与地面俱"用弩攒射",并以牌子掩护。"遇铁鹞子冲突,则用斩马刀(亦称陌刀,专用以对付骑兵、斩砍马腿的双刃长柄刀)以进"。(《宋史·兵志四》),同时还实施了进筑城寨,且筑且进的战术。在沿边各路修筑了五十多座城寨,形成对西夏逐步进逼的形势。为适应宋军的变化,西夏改进战法,学宋军之长以制宋。据戴锡章《西夏纪》卷二十二记载,西夏统治者已认识到"国家用铁鹞子以驰骋平原,用步跋子以逐险山谷,然一遇陌刀法,铁骑难施;若值神臂弓,步奚自溃"。于是"选蕃汉壮勇,教以强弩,兼以标牌,平居则带弓而锄,临戎则分番而进,以我国之短,易中国之长"。同时也"仿中国制,于东北沿边多树寨栅",改用防御战略。

从现尚保存的西夏文献看,有不少军事著作。不仅有用西夏文翻译的《孙子》《六韬》《三略》……等兵书,还有自编的军事法典《贞观玉镜统》(贞观是西夏年号(公元1102～1114年),非唐年号)。由此可见,西夏统治者是重视军事的学习研究的,同时也体现出西夏以武立国的基本精神。

(四)金朝军制

宋徽宗政和五年(公元1115年),女真族完颜部领袖阿骨打创建了金王朝,称金太祖,建都会宁(黑龙江阿城)。太宗三年(公元1125年)灭辽,1127年灭北宋,先后迁都中都(北京)、汴梁(开封)等地。疆域东北到今日本海、鄂霍次克海、外兴安岭,西北到蒙古国,西以河套、陕西、横山、甘肃东部与西夏接界,南以秦岭、淮河与南宋对峙,是统治中国北部的一个王朝。天兴三年(公元1234年),在蒙古和南宋的联合进攻下灭亡。共历九帝,统治一百二十年。

宋徽宗

1.军事统御机构的演变

金国建立之前,女真正处于由部落联盟向阶级社会和国家过渡的时期。如《文献通考·四裔考》记载女真军事首领组织、领导战争的情况说:"无尊

卑,皆自驭马,粟粥燔肉为食,上下无异品。有大事适野环坐,画灰而议,自卑者始。议毕,不闻人声。军将发,大会而饮,使人献策,主帅择而听焉。合者则为特将,任其事。帅还,又大会,问有功者,赏之金帛,先举以示众,众以为则增之"。可见当时实行的是部落联盟会议的军事民主制。

金国建立后,废除了原来部落联盟会议的制度,确立了皇权的统治。全国建立勃极烈制度,使统诸部,以专征伐。所谓勃极烈,就是统领各部族军的军事统帅,而皇帝则是最高的都勃极烈。勃极烈又分谙班勃极烈(尊大之意)、国论勃极烈(尊贵之意)、忽鲁勃极烈(总帅之意)和阿买、乙室等勃极烈。他们都是协助皇帝议事的诸王,国论勃极烈则相当于国相。勃极烈制度的设置,保留有古老议事制的痕迹,是辅佐皇帝处理军国大政的最高决策机构。

随着战争的进展,军队的扩编和军制的制度,虽因地区不同而有所不同,但金朝奴隶主却牢固地掌握着军权,所有各地军队的指挥调遣,都要由金朝廷下令。为适应加强军权的需要,其指挥系统也模仿辽、宋军制。如出兵灭辽时,以谙班勃极烈为内外诸军都统;太宗伐宋,则改勃极烈制为专设元帅府,由都元帅、左、右副元帅指挥军队作战,各军还设有左、右监军、左、右都监。太宗改革勃极烈制度后,由右勃极烈宗翰兼都元帅,左、右副元帅也由勃极烈或女真奴隶主贵族的主要将领充当;各路金军设都统,在元帅指挥下统领本路军作战。

天会十四年(公元1136年),熙宗即位,做出一项重大改革,就是统一了金朝内地和汉地的官制,废除了女真勃极烈制,改用唐、宋的三省六部汉官制度。中央官制皇帝以下设三师(太师、太傅、太保),分管尚书、中书、门下三省,尚书省设尚书令,下设左、右丞相及左、右丞(副相);中央的军事机构仍由都元帅统领。

至于地方官制,仍依唐、宋旧制,设路、府、州、县四级。各路设兵马都总管,统领军兵。路治所在的府称总管府,兵马都总管兼任总管府的府尹;各州刺史、节度使统领军兵,兼管政事。路、府、州、县的军事和行政,由各路官员统一管理。这是在采用汉制的同时,又延续女真建国初期形成的军政一体的传统。县一级官府,不专设军兵,县令只管民政。

天德元年(公元1149年),海陵王即位,以加强中央集权,统一制度,进而统一江南为目标,展开了比熙宗时更为激烈的改革。

首先废除了原在燕京,汴京两地设置的行台尚书省,使政令统一于朝廷。其次是改订中央官制。熙宗时,设三师,分领尚书、中书、门下三省事,仍然有女真勃极烈贵族议事制度的残余,皇帝以下三师的权力极大。正隆元年(公元1156年),海陵王废除了中书省和门下省,只保留尚书省,直隶于皇帝;以尚书令为最高长管,不设左、右丞相,参知政事,又废除原来的平章政事官,如此则尚书省成为皇帝直接控制的唯一政权机关,权力更加强化,也更为集中了。还废除了都元帅府,仿汉制改设枢密院,由朝廷任命枢密使、副使,主管军事,这样便形成了尚书省、枢密院分管国家政治、军事的最高机关，但是枢密院仍受尚书省的节制。

海陵王对中央官制的全面改革，于正隆元年全部完成，称为"正隆官制"。经过这次改革，金朝的政治制度基本上确立了下来，以后各朝也不再有大的变动。

2.兵役制度及猛安、谋克的演变

金建国前，实行的是全部族"壮者皆兵"的兵役制度，而猛安、谋克则是当时的一种军事编制。《金史·兵志》说："金之初年，诸部之民，无他徭役，壮者皆兵，平居则听以佃渔射猎习为劳事，有警则下令部内，及遣使诣诸孛堇征兵，凡步骑之仗糗皆取备焉。其部长曰孛堇，行兵则称曰猛安、谋克，从其多寡以为号，猛安者千夫长也，谋克者百夫长也。谋克之副曰蒲里衍，士卒之副从曰阿里喜。"

猛安、谋克这种军事编制，是从围猎制度演变而来。阿骨打就说："我国中最乐无如打围，其行军布阵，大概出此"。出猎时，除幼儿外，一切能行动的男人都要参加，壮年当正兵，老弱则当阿里喜。其组织按十进位制，猛安为千夫长，谋克为百夫长，下属有什长、伍长。最初为单纯的狩猎组织，逐渐变为平时狩猎、战时作战的组织，后来进一步发展为常备军的军队编制，猛安、谋克也演变为官职的名称。

金建国后，阿骨打为了提高帝位、集中权力，并充实兵源以巩固和扩大自己的统治，在改建中央统治机构，建立勃极烈制度的同时，对猛安、谋克进行了改革，使它变为一种自成系统、固定兵源的地方行政组织。据《金史·兵志》记："部卒之数，初无定制，至太祖即位之二年（公元1116年）……始命以三百户为谋克，谋克十为猛安"。"一如郡县置吏之法"，定"猛安从四品，掌修理军务，训练武艺，劝课农桑，余同防御。诸谋克从五品，掌抚辑军户，训练武艺，惟不管常平仓，余同县令。"把领兵的千夫长、百夫长等军官，改变为地方的军事、行政和管理生产的长官。使部族血缘组织为基础的军事单位，变为地域性的、类似"军户"的组织单位。

起初，金太祖征服女真和周邻各族的部落，即将各族军兵编入女真猛安、谋克部统领，女真兵因而从不满千人，迅速发展到数万人。金太祖征服辽东京道时，开始设立咸州军帅司和南路都统司，统领军兵；对契丹、渤海、奚等族的大批降卒，也不再编入女真族的猛安、谋克部，而只是依照金朝猛安、谋克的名义，各自编组成军，由都统司的女真贵族统领之。如《金史·兵志》记："诸部来降，率用猛安、诸克之名以授其首领，而部伍其人"，把被征服的渤海军，编为八猛安部。征服奚族时，又设奚路都统司，后改名六部路（奚分六部）都统司。把契丹遥辇九营编为九猛安部，归六部路都统司统辖。当时由于"自顾其宗族、国人尚少，乃割土地、崇位号以假汉人，使为之效力而守之"。"迨夫国势寖盛，则归土地、削位号，罢辽东、渤海汉人之袭猛安谋克者。"所以熙宗即位后，于"天眷三年（公元1140年）罢汉、渤海千万、谋克"。规定汉人、渤海人不得为猛安、谋克。

占领辽的上京道和泰州一带后、（内蒙古巴林左旗和吉林洮南以东一带），也各设都统司，每司统领五、六万人马。"循旧制，间年一征发，以补充老疾死亡之数"。这就使兵源更为充裕，兵力更为强大。

金太祖攻掠燕云十六州，对辽朝投降的汉军，又采取了新的措施：

据《金史·百官志》记："汉官之制，自平州人（平州在河北卢龙县北、陡河流域以东、长城以南地区）、不乐为猛安、谋克之官，始置长吏以下"，长吏以下在政治上，采取了与汉人官制相似的制度，军事上也采取了汉军编制制度，由汉人降将统领。如金太宗再次攻掠燕京（北京），以刘彦宗知枢密院事兼领汉军都统，彦宗统领汉军，随南京路都统女真族亲王宗望进攻宋朝，因此原属辽朝的汉军刘彦宗部，便成为金国军队中一种特殊建制的部队了。

金军进攻中原、陕西时，对北宋降将采取"仍官旧职"的政策，按汉年官制授官。刘豫的齐国建立后，齐国的军队仍依北宋的编制，保留军队。

早在金太宗时，就推广了授田制，曾把大批女真、契丹民户迁到上京一带垦殖，以解决混同江流域土地不足的困难。以后随着人口的增加、生产力的发展和中原地区汉族人民的反抗，迫使金熙宗不得不认真解决土地不足的问题。皇统五年（公元1145年）熙宗决定创设"屯田军"制，把女真、契丹的猛安、谋克户，从本部迁居到中原，自燕京以达淮河，约六万人，计户授给官田耕种，使与汉民杂处，并负有监视和镇压的职责。与此同时又规定：建国初年编入猛安、谋克部的辽东地区的汉人与渤海人，今后不得再承袭猛安谋克职衔。

天德元年（公元1149年），由于金兵安于享乐，不堪应战，因而强迫汉人当兵，制定了征发汉人服兵役的制度，这就是签军。"每有征伐及边畔，辄下令签军，使远近骚动，民家丁男，若皆强壮（者），或尽取无遗，号泣动乎邻里，嗟怨盈于道路。"这些汉人被强征入伍后，大多配置在第一线作战，女真部族军则在后督战。

正隆四年（公元1159年）二月，海陵王为准备侵宋，下令征调各路猛安、谋克军。凡年二十以上、五十以下者，一律纳入军籍，听候调遣。猛安、谋克军以女真兵为主，也有契丹和奚族人，共约正军十二万，合副军（阿里喜）共二十四万。正隆五年（公元1160年）七月，又签发诸路汉军（包括渤海），除中部、南京两路外，其余十五路，每路签汉军一万，共十五万。

金朝征发各族平民当兵，曾激起各族人民的强烈反抗，如撒八、移刺窝斡等人领导的契丹农、牧民起义，就是以签发契丹人当兵为导火线的。大定九年（公元1169年），宋人楼钥出使金朝，在他的《北行日录》中记述：他的滑州胙城县遇到的汉人对他说：我的女婿戍边，已十年不归，苦于久役，今又送衣装与之。金朝"天使"往山东签军，人不肯从，执"天使"杀之，反映了金朝强征汉人当兵，虐待汉人和汉人反抗斗争的情况。

女真族向封建制过渡后，由于阶级分化，穷者要求安于田里，从事农牧生产，富者也因生活优裕，坐享田租，不愿当兵，或以奴婢代服兵役。大定二十年（公元

·历代军制·

图文珍藏版

1180 年），制定了改革兵役的规定："诏戍边军士，年五十五以上，许以其子及同居弟、侄承替，以奴代者罪之"。

女真贵族统治者入主中原后，积累了大量财富，逐渐接受了汉族封建地主腐化的生活方式，丧失了顽强的战斗力，以致影响了女真族的统治地位。在《金史·卷八九·孟浩传》中，记述了金世宗的谈话："女真本尚纯朴，今之风俗，日薄一日，朕正悯焉"。为了挽救这种颓危的趋势，以保持女真初期那种顽强的战斗力，世宗便于大定十五年（公元 1175 年）开始对猛安、谋克制度进行整顿。

金世宗对猛安、谋克的整顿，是为了"制其奢靡，禁其饮酒，习其骑射，储其粮糒，其备至严也"。《金史·百官志》他派"遣蒲察兀虎等十人分行天下，再定猛安、谋克户，每谋克户不过三百，七谋克至十谋克置一猛安"。

鉴于契丹余部的反抗，将京东、临潢、咸平（辽宁开原东北）、秦州（甘肃天水市）等地猛安、谋克户分散到女真族人的猛安、谋克户之中杂居，使与女真人男婚女聘，渐化成俗，使契丹人女真化。此外，又迁山东东路八谋克于河间（河北河间市）。

为了加重猛安、谋克的权力，"并授宗室诸王以猛安之号"，同时还下令在中原屯田的女真猛安、谋克的军户，"自为保聚"，不再与汉族民户杂处，令"其田土与民田犬牙相入者，互易之"，从而达到其力量的集中。

经过这一番整顿，到大定二十三年（公元 1183 年）统计有"猛安二百二，谋克千八百七十八，户六十一万五千六百二十四"。

到了章宗时，"……乃至以二十五人为谋克，四谋克为一猛安，每谋克除旗鼓司火头五人，任战者止十八人，不足成队伍，但务存其名而已"。这样，一个猛安只辖四个谋克，仅仅七十二个战斗兵，结果使官比兵多，"十羊九牧，号令不一，动相牵制……不足成其队伍矣"。

在章宗统治的二十年间，女真族基本上完成了封建化。猛安、谋克的军事组织，在名义上虽然保留，但由于其内部生产关系的变化，猛安、谋克部实际上成为变了质的披甲的封建地主。

女真贵族、官僚和猛安、谋克上层分子，争相兼并土地，招募汉人耕种，以掠取地租，他们既不会生产，又不会打仗，变成一批不耕不战的寄生虫。金朝廷虽多方限制女真屯田户，以土地出租，但在其内部，租佃关系的发展已成为不可阻挡的潮流。女真上层分子转化为地主后，崇尚汉族文化，舞文弄墨，以考取进士为荣誉，而把世袭猛安、谋克这一军官职务，看成是有失自己高贵身份的耻辱。如上京人（金以会宁府为上京，今黑龙江阿城南白城）赤盏尉忻本应世袭其父谋克之职，而他却一心去投考"策论进士"。明昌初年章宗首次允许猛安、谋克参加进士考试，以策论和射击来定科甲的高下。为了改变当时猛安、谋克骄横不法、军纪松弛、士气低落的情况，明昌六年（公元 1195 年），命令各路猛安、谋克在农闲时讲习武艺，由本路提刑司监督，怠惰者惩罚；承安五年（公元 1200 年）有"军前怠慢，罢世袭制"的规定,以惩治作战不力的猛安、谋克,还有其他惩治不法猛安、谋克的种种法令。章宗以前禁止女真人与汉族及其他民族通婚。泰和六年(公元1206年),章宗下诏:"屯田军户与所居民为婚姻者,听",使女真族与汉族的通婚合法化,从而加速了女真族"为被征服者所同化"的过程。

随着猛安、谋克制度的衰落,在此后的二十年中,广大汉族、契丹族人民,纷纷起来反抗金朝的统治,使金在与北方少数族奴隶主的多次战斗中,战斗力越来越虚弱,加上蒙古的崛起,金朝统治者更无力抗拒。《金史·兵志》说:"及宣宗南迁(放弃中都北京逃跑,迁都南京开封),纥军溃去,兵势益弱,遂尽拥猛安户之老稚渡(黄)河,侨置诸总管府以统之。器械既缺,粮糒不给,朘(剥削意)民膏血而不足,乃行括粮之法。一人从征,举家待哺,又谓无以坚战士之心,乃令其家尽入京师。不数年至无以为食,乃听其出,而国亦屈矣"。猛安、谋克制度的崩溃,使女真统治力量趋于瓦解。其后招集的义军,名曰忠义,然皆燕赵亡命之徒,不肯效命。随着反金斗争的高涨,汉族人民光复北国河山的决心更加坚定,日夜盼望着南宋的北伐。被签发当兵的汉人,一遇宋军即"高声呼喊,乘机溃散"。这时北方的蒙古日益强大,成了女真族最严重的威胁,最后金终于在蒙古与南宋的夹击之下,于公元1234年灭亡。

3.军队的种类

金王朝军队的兵源及组建情况比较复杂,又经常改换名称,所以名号甚多。按其驻地及主要任务区分,大致有四种:中央直辖军、地方驻屯军、边防军和地方治安部队。

（1）中央直辖军

中央直辖军队,有禁军和机动军两种。禁军主要担负宫廷宿卫及京城防卫任务,有时也出征作战;机动军主要担负战略预备队的任务,同时也负责京畿地区的卫戍任务。

建国初期,仍沿女真旧习由近亲各王分统禁军,称合札(意为亲军)谋克,没有统一的领导机构。熙宗改革之后,王朝各种制度渐趋完备。贞元间(公元1153—1156年)迁都中都燕京(今北京市)之后,将各王所统合札谋克合并为四猛安,改称侍卫亲军,并建侍卫亲军司统一指挥。正隆五年(公元1160年),撤亲军司,以主力转属殿前都点检司,一部改隶宣徽浣,一部改隶大兴府(京师所在地,即今北京)。

殿前都点检司负责皇帝及宫廷的保卫任务,司的长官为殿前都点检兼侍卫将军都指挥使,并设有左、右副点检兼侍卫将军副都指挥使各一人。下属军官有殿前左、右卫将军及左、右卫副将军各一人,统领护卫(皇帝近侍卫士),担任宫庭内部警卫及行从宿卫;有左、右宿直将军八人(后增至十一人),统领亲军,担任宫城诸门警卫及行从宿卫;有左、右振肃二人,统领护卫,专门担任妃嫔的护从;有符宝郎四人,负责保管皇帝印信及调遣军队、任免主将的金银符牌;此外,还有管理皇帝军马的尚厩局提点和管理各路武器装备的武库署令管官。殿前都点检司所属兵力,前后不一,一般有卫士五千人左右,大部为骑兵。由于卫士的职务不同,所以卫士的名称也不相同,如有护卫、亲军、弩手、长行等多种。

改隶宣徽院的侍卫亲军,改称拱卫直使司,其长官为都指挥使及副都指挥使,统领皇帝日常仪仗队,并指挥担任宫廷外围警卫威捷军。仪仗队有卫士五百人左右,威捷军为精选的一千名弩手组成,军的长官为钤辖。

改隶大兴府的侍卫亲军,改称左、右骁骑,亦称从驾军。平日担任京城警卫,皇帝出宫时,则担任行从宿卫。以上为中央禁军,前述忠孝军,亦属于禁军范围。

金王朝在迁都燕京、建立侍卫亲军的同时,将原驻上京路(今黑龙江、吉林地区)的各猛安,大量南迁,部署于京城、北京(今内蒙古宁城西)、河间、山东等地,由中央直接控制。金王朝后期,为逃避蒙古军的威胁,迁都南京(今河南开封)。正大二年(公元1225年),由全国军队中选调精锐,组建为六年,每军数万人,由总领统率(后改为都尉),部署于南京及其附近地区的许州(今河南许昌)、陈州(今河南淮阳)、裕州(今河南方城)、汝州(今河南汝州)、蔡州(今河南汝南)六地,直接隶属于枢密院。这是金王朝中央直接控制的战略机动军,也是当时全国军队的主力。

(2)地方驻屯军

建国初期,金的行政设置极不统一,熙宗时方按唐、宋之制进行改革,统一制度和确定全国的区域划分。但猛安、谋克仍与州、县并存,少数民族及边远地区,也仍保留有部族与乣的组织形式。当时全国划分为十九路(中都、上京、东京、西京、北京、南京、咸平、临潢府、河北东、河北西、山东东、山东西、大名府、河东北、河东南、京北府、熙秦、鄜延、庆原),路下设府、州、县三级。每路设兵马都总管一人,统辖本路所有军队。路治所在之府称总管府,该府府尹由兵马都总管兼任。位置重要、驻军较多的州称节镇,设节度使一人,如徐州设武宁军节度使、兖州设泰定军节度使等。驻军较少的州称防御州,设防御史一人,如德州、博州皆设防御史等。节度使及防御史统辖本州所有军队并兼管民政。这种军政一体的制度,是从女真旧制沿袭而来。不少总管府及节镇,即由统领猛安、谋克的都统和万户改置。县级以下,军民分治,县令只管民政,不管军事。

地方驻屯军分布在全国各要地,有常备驻军的总管府、节镇和防御州,共约八十余个,约占全国府、州总数的二分之一,其他各府州,一般仅有治安部队,府尹及州刺史和县令的职权相同,只管民政,不管军事。

(3)边防军

金王朝在与高丽、蒙古、西夏、南宋相邻的三十八州中,都驻有担任边防的军队。由于蒙古和南宋的威胁最大,所以金的边防军也主要部署于与蒙古接壤的西北边境和与南宋接壤的南部边境。边防军有分番屯戍军和永屯军的区别。边境各州常备军（镇防军），按时、分批、轮流至边界戍守的军队为分番屯戍军，长期驻屯边界戍守的军队为永屯军。

为加强西北、南部两主要战略方向上的防务，金王朝在正隆（公元1156—1161年）前后调整军队领导体系，改设东北、西北、西南三路招讨司及陕西、河南、山东三路统军司，专门负责西北及南部边防军的指挥。南、北两种指挥机构的职能不尽相同；统军司改为只管军事不问民政，而招讨司仍统领若干猛安、谋克及藩部，不仅领导军队，而且也统辖民户，仍为军政一体的领导机构。三路招讨司的治所，分别为泰州（今吉林洮南北）、桓州（今内蒙古正蓝旗境）、丰州（今内蒙古呼和浩特东）；三路统军司的治所分别为京兆府（今陕西西安），开封府（今河南开封）、益都府（今山东青州）。

南部边防军以分番屯戍军为主，仅在陕西、河南边界上有少量军队长期戍守，称边铺军。西北边防军以永屯军为主，绝大多数为蕃部即女真族以外的少数民族组成的部族军和乣军。如东北路招讨司所属有迭剌、唐古等五部乣军和助鲁、乌鲁古等六部部族军，西北路招讨司所属有苏谟典、霞马等三部乣军，西南路招讨司所属有耶剌都、萌骨等六部乣军等。部族军是被金征服和归附于金的整个氏族或部落，他们仍保持其原来氏族、部落的组织，长官为节度使，通常由本部族的首领充任。乣军则多为俘获的各不同部族成员组成，长官为详稳，地位低于节度使，一般由王朝政府派官充任。此外，在东北招讨司统属下，还有一部分驱军驻屯于泰州附近，他们是由"国初所免辽人之奴婢"所组成，因辽时称奴隶为驱丁或驱口，所以称为驱军。

在西南招讨司和陕西统军司辖区中间、与西夏交界的地区，各总管府及节镇编有专职的边将（鄜延九将，庆阳十将，临洮十四将，凤翔十六将，河东三将），分正将、副将、部将三级，负责"轮番巡守边境"。

（4）地方治安部队

除地方驻屯军外，金各地都设有治安部队。京师有武卫军（原名城防军），由武卫军都指挥使司统辖，司的长官为都指挥使，并设有副指挥使二人，下辖钤辖司，有都将二十人、士兵一万人，"掌防卫都城，警捕盗贼"。京师以外的五京，各设警巡院，路总管府设节镇兵马司（有兵四都，每都一至三百人）；府设都军司，州设军辖兼巡捕使，都是负责"警察所部"、维持社会治安的机构和官员。此外，各县设有县尉，各要地还设有巡检使，统率士兵、弓手，负责地方治安。

金王朝的军队，除上述各种外。还有牢城军和射粮军两种辅助部队。牢城军是将犯有盗窃罪的人强制编组为军，担任城防工事及其他军事工程的构筑任务，具有工兵性质；射粮军是征募组成，每五年淘汰、补充一次，以年三十以下、十七以上、身体健壮的民丁充任，担任军运、邮传及军事杂役任务，具有后勤兵的性质。

（五）元代军制

宋宁宗开禧二年（公元 1206 年），蒙古族领袖成吉思汗建立蒙古汗国后，其势力及于黄河流域。从成吉思汗到蒙哥汗时，先后灭亡了西辽、西夏、金、大理，并在吐蕃建立其统辖的行政机构。元世祖忽必烈至元十六年（公元 1279 年）灭南宋，统一了全中国，定国号为元，建国都于大都（北京市）。其疆域：东北至鄂霍次克海，北至西伯利亚大部，西至新疆，西南至西藏、云南，南至印度河流域，东至于海，地跨欧亚两洲。元以兵立国，喻为"上帝之鞭"，武威之盛，超过前代。至正二十八年（公元 1368 年），朱元璋攻入大都，元亡。自世祖定国号起，凡十一帝，历时九十八年（顺帝北走塞外，史称北元。明建文四年即公元 1402 年，坤帖木儿汗被杀，始去国号，历时三十四年在外）。

1.政治体制和军事统御机构

元世祖忽必烈占领中原地区后，在统治集团内部"汉法"与"旧俗"的争论中，认识到"北方之有中夏者，必行汉法乃可长久，故后魏、辽、金历年最多，他不能者，皆乱亡相继"，于是任用汉人，实行"汉法"，使新建的元王朝的政治制度能适应汉族地区生产力发展的水平。他首先加强了中央集权，确立皇帝至高无上的统治地位，废除了地方长官的世袭制；在中央实行三权分立的政治体制，设中书省总理全国行政事务，设枢密院掌管全国军事事务，设御史台负责对官员的监察。并在地方实行行省制，将全国划分为十二个行政区，河北、山东、山西及内蒙古为中书省直辖特区，称为"腹里"，其他十一个区，各设行中书省（简称行省）掌管全省军、政大事。

军事方面，皇帝是当然的最高军事统帅，通过枢密院管理和指挥全国军事。枢密院兼承皇帝意旨，"掌天下兵甲机密之务。凡宫禁宿卫，边庭军翼，征讨戍守，简阅差遣，举功转官，节制调度，无不由之"。侍卫亲军各指挥使司以及各万户府，均归枢密院领导，枢密院是全国最高军事统御机构。院的长官为知枢密院事，副手为枢密副使。下属官员有院判、参议、经历、都事以及掌管军法的断事官等多人。出征作战时，则由皇帝临时派出枢密大臣，组成行枢密院。战略性的"大征伐，则止日行院；为一方、一事而设，则称某处行枢密院"，如西川行枢密院、江南行枢密院等，"事已则罢"枢密院的重要官职，皆为蒙古人或色目人，开始时还有汉官任副枢密使，如史天泽、张文谦等，后来副职也不用汉人。即使汉人在院作官，也不得查看军籍档案，因军籍属军事机密，汉人不得阅其数。据《元史·兵志》说："虽枢密近臣职专军旅者，惟长官一、二人知之。故有国百年，而内外兵数之多寡，人莫有知之者。"除枢密院外，中书省还设有兵部，也是中央军事机关，但职权范围甚小，只"掌天下郡邑邮驿、屯（田）、牧（养）之政令。凡域池废置之故，山川俭易之图（兵要地志及地图），兵站屯田之籍，远方归化之人，官私刍牧之地，驰马、牛羊、鹰隼、羽毛、皮革之征,驿乘、邮运、祇应、公廨、皂隶之制,悉以任之。"

2.军队的种类及编制

元朝的军队,按组织成员的不同,区分为四种:蒙古军、探马赤军、汉军和新附军。

(1)蒙古军

据《元史·兵志》记载:"蒙古军皆国人,探马赤军则诸部族也。其法,家有男子,十五以上、七十以下,无众寡,尽签为兵十人为一牌,设牌头,上马则备战斗,下马则屯聚牧养"。由此可知,蒙古军全部都是蒙古本族人民组成的军队,凡家有男子,无论人口多少,也不分贫富,十五岁以上、七十岁以下,全部编组成军,是元军的主力战斗部队。由于战争的需要,军队不断扩编,后来蒙古军的组织中,也包括有部分色目人。

(2)探马赤军

探马赤的名称,来源于突厥语的"答摩支"和契丹的"挞马",前者意即扈从官,后者意为前锋之士。探马赤军是元军的精锐骑兵,也就是选锋,又称为"重役军"或"先锋军",专门担负攻坚冲锐等艰巨的战斗任务,也担任战略要地的镇守任务。其部队成员,是由各部族挑选而来,各部族包括蒙古、色目及少量汉人(契丹、女真及北方汉人),但部队的核心及骨干,则选自蒙古五部族,即兀鲁兀、忙兀、弘吉剌、亦乞烈思和札剌儿漠南。蒙古军是部落分属制,各王的军队都具有一定的独立性,王又世袭,不利于中央集权。探马赤制度是中央集权在军事制度上的一种表现。由于探马赤军是从各部族军中选调,这就在一定程度上分割了原来部族首领对其所属部族军的权力,使部分军队由部落分离制转变为君主直辖,从而有利于加强皇权。

(3)汉军

太宗窝阔台元年(公元1229年),窝阔台称帝后,用蒙古军制来组织北方汉人部队。《经世大典序录》记录:"既平中原,发民为卒,是为汉军。"早在成吉思汗时,就不断有大金国的契丹、女真及汉人军队归附蒙古汗国,加上以后在新征服的地区招募的军队,就成为广义的汉军队伍。这支广义的汉军,包括了契丹、乣人、女真人、山后汉人和中原汉人。成吉思汗和窝阔台,除了发挥蒙古军、探马赤军的战斗力外,都正式编用汉军,并定制征收赋税,这是他们得以克敌制胜的两个杠杆。随着金朝的灭亡,汉军中立有功勋的汉人世侯的权势进一步加强。原来,在这支广义的汉军中,契丹军是其主要组成部分,但在灭金、征宋战争中,契丹人损失甚众,只得从中原汉人的"括签"中进行补充扩建,因而汉人所占的比重逐渐增大,汉人世侯的权势也越来越大。这支庞大的汉军处于举足轻重的地位,成了蒙古统治者不得不利用而又不得不防范的政治军事实体。据元太宗十三年(公元1241年)官方统计：中原地区元籍诸路民户一百万四千六百五十六户，除逃户外，有七十二万三千九百一十户，随路总签军一十万五千四百七十一名。参军的汉人占当时民户的七分之一。世祖忽必烈至元十一年（公元1274年），元朝决定向南宋发动全面进攻，增兵十万，加上太宗、宪宗先后征发的汉军，至少在三十万人以上，平均占民户的三分之一以上。由此可知，元王朝的军队，除蒙古本族军、探马赤军外，汉军占有相当大的地位。

（4）新附军

新附军是元灭南宋后收编南宋降卒组成的军队。元王朝在平定南方后，多次"差官分头招诱"原南宋军人，"堪当军役者收系充军，依旧例月支钱粮"，"不堪当军者，官给牛具、粮食，屯田种养。"这些继续当兵的原南宋军人所组成的部队，叫新附军。

元朝的军队，按任务不同，区分为宿卫和镇戍两种。《元史·兵志》说："宿卫诸军在内，而镇戍诸军在外，内外相维，以制轻重之势"。

宿卫军又区分为皇帝直接控制的"怯薛军"和由枢密院领导的侍卫亲军。

蒙古建国之前（公元1204年），成吉思汗孛儿只斤铁木真，在进攻乃蛮部之前，开始创建了一支怯薛军。"怯薛"，蒙语，分番当直之急，指以供宿卫的护卫亲军。怯薛也有宠爱之意，指受皇帝恩宠，充当他的护卫亲军。怯薛军由宿卫、侍卫、环卫三队组成，各有队长率领，总隶于怯薛长。驻成吉思汗大斡耳朵（账殿）周围，分四班，每三日轮流值班护卫，仅在成吉思汗御驾亲征时，才参加作战。世祖创建怯薛时，担任怯薛长的是号称"摄里班曲律"（四杰之意）的四大功臣博尔忽、博尔术、木华黎、赤老温。他们世为怯薛之长，率领怯薛歹（担任宿卫之士）分番宿卫，其后常以右丞相领之，亦以三日分番入卫。起初，人数不多，随着战争的频繁，以后增加到万四千人。"无事则各执其事，以备宿卫禁庭，有事则唯天子之所指使，比之枢密各卫诸军，于是为尤亲信者也"。怯薛这种护卫亲军组织，建立在严格的贵族制基础之上。按规定怯薛歹入选的条件是：凡万户、千户、百户、那颜（官人之意，蒙古贵族领主之通称）以及自身人（无功名的人）的儿子，有特殊技能、相貌端正、忠诚可靠者，皆可入选。选送怯薛歹，是一种光荣的特种兵役，各级那颜都必须遵旨，将自己的儿子送到成吉思汗账前效力。怯薛歹的职责是保卫成吉思汗的汗庭，分管汗庭的各种事务，同时也是成吉思汗亲自统率的精锐骑兵部队。由于战争的需要，至成吉思汗晚年时，已发展到十二万九千人，任务已不仅是为了宿卫，而主要是为了用于战争，成为成吉思汗亲自掌握的战略机动军。

忽必烈即帝位后，除组建自己亲领的怯薛军外，又组建了一支由枢密院领导的武卫亲军。中统四年（公元1263年），改称侍卫亲军，并开始分为左、右两翼。至元八年（公元1271年），改为左、中、右三卫。至元十六年（公元1279年），再增建前、后两卫，合为五卫亲军，每卫一万人，置都指挥使以领之。这支军队在不同的使用场合,有不同的名称:(1)用于大朝会的叫围宿军。元初,皇城外均无墙垣,大朝会时,用军环绕,以备围宿。其后,墙垣已成,在南、北、西三面布置宿卫。(2)用于祭祀的叫仪仗军。(3)用于车驾巡幸的叫扈从军。(4)用于守护内宫帑藏的叫看守军。(5)夜以之警非常的叫巡逻军。(6)以漕运运粮食到京师,用以镇压群众的叫镇遏军。以后各代皇帝又陆续增建了一些亲军卫,如以色目人为主的左右钦察卫、左右阿速卫和康里、唐兀等诸卫,以汉人为主的武卫等,共二十多个卫,驻屯于京师四周,平时屯田或担任卫戍,负责京师的警卫和巡逻,战时则集中出征。

镇戍军分驻于全国各战略要地。边境地区,由分封在那里的宗王、亲王,率其部众及配属给他的当地部族军镇守,如北平王镇阿力麻里(新疆霍城),宁远王镇漠北(新疆伊犁),西平王镇河西(甘肃武威)等。中原地区的军队分布,北方各地,主要由蒙古军和探马赤军镇戍;淮河、长江以南各地,则主要由汉军和新附军镇戍,重要战略地点,也部署有部分蒙古军和探马赤军,如扬州、潭州等。镇戍诸军,平时在本地区镇守、屯田,一旦有事,则遵照枢密院传达的皇帝命令,调至指定地区作战。此外,在各少数民族聚居地区,还有乡兵镇守,他们不调出本区,仅戍本地。如辽东的乣军、契丹军、女真军、高丽军,云南的寸白军,福建的畲军等。各基层行政组织,设有弓兵,担任地方治安,负缉捕盗贼之责。弓兵从当地民户中征发,服役期为一年,由各县巡检司领导。

元朝的军队,主要是陆军,水军较少。陆军中有骑兵、步兵两个主要兵种。蒙古军、探马赤军主要是骑兵;汉军、新附军主要是步兵。此外,还有炮兵、弩兵和工兵。炮兵单独编有"回回炮手军匠上万户府"和炮手万户府,也有隶属于其他万户府以独立的炮手千户所。这种炮兵,是使用回回炮(襄阳炮)抛射震天雷等爆炸性炮弹,主要用于攻城战斗。五卫侍卫亲军中,都设有弩军千户所,是专业的强弩部队。武卫亲军,是以汉军万人组成,除屯田外,主要担任修筑城防工事的任务;上都虎贲亲军都指挥使司所辖部队,其职掌和武卫相同,他们是我国古代的工兵。元朝的水军,设有"蒙古回回水军万户府"和一些千户所,管领水军。主要分布在江南地区。至元二十七年(公元1290年)"择濒海沿江要害二十二所,分兵阅习,伺察诸盗。钱塘扼海口,旧置战舰二十艘,今增置战舰百艘,海船二十艘"。

元军的编制,基本上仍沿袭蒙古旧习,按十进位编组。十人一队,其中队长一人,亦称牌子头,十队为一百户,十百户为一千户,十千户为一万户。万户是元朝军队组织的最高编制单位,但实际上人数并不满员,如万户府分为三等,七千人以上称上万户府,五千人以上称中万户府,三千人以上称下万户府。千户、百户与万户同,按百分之七十、五十、三十的比例分为上、中、下三等。

3.兵源及兵役制度

蒙古在建立元王朝之前,实行的是"其军即民兵民一体"的全民皆兵制度,"家有男子,十五以上,七十以下,无众寡尽签为兵"。当然,只有蒙古贵族和平民才有资格当兵,奴隶是没有资格的,只能在军中充当杂役,例如为骑兵当"阔端赤"(随主人饲养马匹的人)。建立元王朝后,实行征兵制基础上的世兵制。一旦被征发为军人,即为军户,家口、财产皆注明在军籍中,并加盖官印,不得更改。父死子继,世代为兵。"病死成所者,百日外役次丁;死阵者,复一年;贫不能役,则聚而一之,日合并;贫甚者,老无子者,落其籍,户绝者,别以民补之"。元代的军队,既有蒙古军、探马赤军、汉军、新附军之分,与之相适应,便有蒙古军户、探马赤军户、汉军户、新附军户等不同名目。凡属军户,都应出一名成丁男子到指定地点当兵,如遇逃亡,就"以次丁应役"。而当兵又是一种封建义务,所以待遇是很低的。蒙古军(包括探马赤军)、汉军,政府给每人每月五斗米、一斤盐;新附军人,因无贴户(见后),正身六斗米、一斤盐,家口四斗米、一斤盐,马匹、兵器和日常所需生活费用,都需自备,甚至回家探亲往来所需旅费,都要家属供给,因此国家所负担的军费很低。在这种情况下,充当军户的条件就必须有所选择。元代实行户等制,将全国居民按财产、丁力的不同状况,分为三等九甲。如选上户当军户,则上户对国家缴纳的田赋多,影响国家的财税收入。当时规定:军户每一丁有减免四顷四亩赋税的照顾。元代北方地税,每亩三升,每顷税粮三石,四顷为十二石,这些本应交纳的税粮,就作为出征军人的"封装钱"(又名盘缠)而予免征。这四顷地叫"赡军地"。四顷以外的土地,缴纳税粮时,得享受与下户"输近仓"的照顾(富户输远仓),以及免除一定的差役和课税等。如选下户当兵,则其自身应购办的军马、兵仗、器械和日常生活费用,便无力承担。因此,便自然选择民户中的中户,作为征发的对象。由于蒙古军、民一体,成年男子人人都有服兵役的义务,在签发蒙古军、探马赤军时,不存在以财产作标准的问题,汉军则必须"抽中民之家为兵"。除此之外,有时也从匠户、盐户、僧、道、儒中签充。

元朝政府对保持军户的稳定性十分重视,对军户户籍的控制十分严格,不得随意更动。除了一些"贫乏无丁者,得以放罢为民"外,只有少数能以特殊技能——如名医、种麦能手等,为朝廷服务的,才能免除军籍。即使是对贫困军户,也是"宜令贫富相济",或者"令休息一岁或数岁"而已。甚至还规定:凡军户无子,招来养老女婿,或同族子侄继承产业的,也必须承当正军或贴户。此外,蒙古族又通行"收继婚"。所谓收继婚,即无夫之军属,配无妇之军人。当时北方汉族也受此影响,"军人正身亡殁,户下弟男,理合承替军役,所据抛下妻室,若有必合收继者,依例收继"。这就是哥哥阵亡,弟弟应征,并娶嫂为妻。对南方的新附军人身亡后抛下的妻室,"官为配对成户",甚至将她们嫁给无妇的军人,所生男孩,继世为军。所有这些措施,都是为了保持军户数量的稳定性,使军户制中含有一定的世袭因素,从而也保持了兵员的稳定。

对于蒙古军户、探马赤军户和汉军户,政府立"奥鲁"进行管理。奥鲁,蒙语是

"老小营""营盘""家每"(们)之意。这些过着游牧生活的蒙古族军队,其随军家属和辎重,留在与前线保持一定距离的后方,妇幼辎重所在,便称奥鲁。蒙古军户及探马赤军户,是由军人所在的万户、千户中设立的奥鲁官负责管理;汉军奥鲁则另设各路奥鲁总管或其他机构代管,或令管民官兼领,因而北方的路、府、州、县的县长、次官,都有兼诸(汉)军奥鲁的职衔。

无论蒙古奥鲁、探马赤奥鲁和汉军奥鲁,其职责都是:(1)起发军人服役。如军人在五十名以上,得委请"俸正官"押送;(2)征服出征军人的盘缠。如有军户"奸盗诈伪"等重大案件,则由管民官发落;有关军民间民事纠纷,则由管民官与奥鲁官"约会、归断"。

元朝在收编新附军后,不另设奥鲁而统由管军官管理。

元朝政府为了保证汉军军人应役,推行正、贴军制,即"以两户或三户合并正军一名",也有"三户、五户并作一军"的。在这两、三户或三、五户中,"丁力强者充军,弱者出钱,故有正军、贴户之籍"。正军户出丁当军,贴军户则出钱津贴正军户,供盘缠、装备之用,因此正军户又称"军头"或"户头"。有些地方的贴军户,还要为正军户织造布绢,两户之间有着密切的关系。

至于"家有男子……无众寡,尽签为兵"的蒙古军制,当然用不着正军、贴户之分。对于贫困的蒙古军户和探马赤军户,一般采取国家赈济的办法,但是由于各种原因,"放良的军驱,则被指定充当原来使主(驱口所有者)的贴户"。如元朝政府曾下令探马赤军户的驱口:"娶到良人,所生儿男,候正军身死,另立户名","为良作贴,同户当军"。这种"奴得纵自便者,俾为其主贴军"的办法,无论对蒙古军、探马赤军和汉军,都是适用的。它使"放良"的驱口,仍与使主保持一定的依附关系。蒙古军和探马赤军的贴户,很可能只限于这一种情况。至于新附军,他们"俱无产业,只是靠请(救济)过活,又有家累重大者,月支盐粮,养赡不敷,难同汉军俱有封装贴户。"这些没有"封装贴户"的新附军人,元朝政府规定,每月供给正身六斗米、一斤盐,家属老小四斗米、一斤盐。

军户必须出军,但军户是从民户或其他各种户中签充的,就其本来职业而言,多数是农民,也有儒士、商、贾、工匠等,他们大多没有受过军事训练。因此,每当出军之时,便常常出现"雇觅"他人替代的情况,富户则干脆派驱口去顶名出军。元政府虽下令"募代者仗百",结果一次就查得募人代者万一千户,未查得者更不知多少。这种雇人顶代的人丁,"多未及半年或十个月,却行逃窜";至于驱口顶代者,更不会为主子卖命;而正身应役者,在那些军官和奥鲁的敲诈勒索下,"放富差贫",正好"肥军官之私门,削弱军人之气力"。

军户出军,没有假期。出征或远戍的士兵,有时可以"放归存恤一年或数年"。对于贫乏的军兵,也有时采取轮休的办法,但没有固定的制度,而只是临时的恩典。对阵亡的士卒,"本户军役,依旧制存恤一年,若病死者,亦以存恤半年";过期则

·历代军制·

图文珍藏版

"勾起户下其次人丁补役",如果逃亡,就"勾取其次亲丁代役"。

军人出征,除口粮之外,其余费用都要自备,由正军户和贴军户共同负担。负担的方法有三种:一是由军户直接将所需费用送到千里之外的士卒手中,但困难很多。二是由所在军队"预以官钱,给戍军费,而以各奥鲁所征还官";继又改为"先于奥鲁内收敛数足,解中书省纳讫,凭都、省咨文数目,于行省见在钱内支散军人用度,非奉都省咨文,不得一面借支"。三是由各万户、千户里使人到军兵所在奥鲁,协同差来的千户、百户,向正、贴军户征取。三种办法中,以第三种比较普遍。

元代军役负担沉重,而管军和奥鲁对士卒的剥削和压迫又十分残酷,如占役军人为私人服劳役,放高利贷,敲诈军属,索取贿赂,换取好马,克扣人马粮饷等,以致"军户日蹙,军官日富",造成越来越多的军户破产逃亡。顺帝至正五年(公元1345年),下令"革罢奥鲁",这标志着军户制的彻底失败。

元代除了"签发"之外,在部分地区还实行过募兵,蒙语叫"答剌罕",意即愿从军的死士,多编组于炮军、弩军、水手军、匠军中。太宗时,河北宁津(山东宁津)征发民户当兵,地方官吏以河北初定,人心危疑,众未可动为理由,下令招募,愿者充之,不旬日,得军数百人。世祖忽必烈伐宋,招募被征服西方各国的俘虏"色目人",编组成军,进军江南;平定江南后,又招募各地驱口,开垦屯田,供给军需;此外,又于汉人中招募亡命有罪之徒为兵。

元代有关军户的签发和管理制度,以及这一制度的缺点,已如上述。但也应该承认它的优点:

①由于逃亡要由次丁补代,因此和募兵制相比,士卒不易逃亡,可以保证军队有比较稳定的兵员。

②军费中很大一部分都由正、贴军户供给,可以维持一支数量庞大的军队,而国家的负担又不致过重。

宋元战争中,元朝控制的北方不到百五十万户,却动员了二十万人的军队,平均每七户出军一人;而南宋控制的南方,有一千一百余万户,军队七十余万人,约十五户到二十户出军一人,双方户数为一比七,兵员却为一比三,这说明军户制与募兵制是造成两种比例不同的重要因素。南宋士兵的薪饷装备,甚至部分军属的生活费用,都要由政府支给,每逢作战,先要犒赏,军费负担极为沉重,而元代军费负担甚少,这也是影响战争胜负的原因之一。

4.屯田及驿传

(1)屯田

元朝的屯田有很大的发展,军屯已成为军事体制中不可缺少的重要组成部分;民屯也成为军屯的辅助部分;不仅组织军事化,生产的粮食也全部供应军队。元王朝建立前,主要按战争需要设置军屯,尚无定制;元王朝建立后,制定了屯田的规章制度,相当一个时期没有多大变化。至成宗孛儿只斤铁穆耳执政时(公元1295—1307年),屯田制度开始逐渐废弛,趋于衰落。

元王朝的屯田遍于全国,边防地区和内地各行省都设有军屯,腹里地区军屯更为众多。军屯归各级军事机构掌管,民屯属大司农、宣徽院和各行省管辖。

在设有军屯的卫、所中,士兵分为正军和屯军两部分,分别编组,分别管理。正军专事操练,负防守之责;屯田军专事垦种,负责供应军粮。中央枢密院除有直辖的屯田万户府外,各侍卫亲军中都有屯田千户所。如左、右、中、前四卫,除各有行军千户所十、弩军千户所一外,都设有屯田千户所两个;武卫共十三个千户所,内有屯田千户所六个。屯田军的成员,主要为"年老不堪征戍者"及汉军组成。

军屯的土地,主要是因战争破坏而荒废的空地。元王朝侍卫亲军的屯田军与正军的比例,一般为一比四,一卫一万人,内有两千屯田军。发展到后来,屯田军甚至达到了半数。按规定,每名屯田兵约耕种土地五十余亩;不论军屯、民屯,均由官府发给耕牛、农具及种子,或者给钞(当时的货币)作兴建屯田之资。军屯的收入,除主要供军食外,还有一部分充当各级军官的俸禄。

（2）驿传

元代,凡征服之地即设驿站,蒙古语曰"站赤"。它是"通报边境军情,宣布朝廷政令"的邮传机构。这种遍及全国的通信驿传组织,制度严密,使亘古无比的疆域,借邮传之利团结为一,是元王朝统治者的神经网络中枢,是巩固元王朝统治的重要工具。

早在成吉思汗时期,南宋派至蒙古的使臣就曾对蒙古"乘铺马"的制度有所记载,并认为此"亦古乘传之意"。至太宗窝阔台时,进一步扩大了驿站的规模,以大都为中心,建立了组织严密、设备周全的全国驿传网络,并确定了驿传的各项制度。据元代官书《经世大典》记载,不计岭北及吐蕃等地,全国就已有驿站一千四百多处。管理驿站的官员为提领、副使及百户,在站中服役的称"站户"。站户也和军户一样,与民户分治,世代相传,父死子继,一般从民户中签订。根据政治、军事的需要,各地区驿站数目多少不一,各站所辖站户也多少不一。如镇江站三千八百余户,集庆路(今江苏南京)站二千户左右,榆林站一千三百余户,东北尖山站三百户,最少的仅三十户。若平均以二百户计算,全国也有站户近三十万,与军户数目大致相当,可见元统治集团对驿传制度的重视。全国驿站,均归中央通政院领导(原名诸站都统领使司),至大四年(公元1311年)改由兵部领导。不久又将蒙古地区的驿站拨归通政院,兵部只管汉族地区的驿站。延祐七年(公元1320年),英宗孛儿只斤硕德八剌继位,又将驿站全部交通政院领导。

根据地区和交通工具的不同,驿站分马站、车站、船站、牛站等;边远地区,有的还设有狗站和骆驼站。但陆路以马站为主,水路以船站为主,驿站专供官府使用,乘骑驿马和乘坐驿船,都必须有官府的证明。据《元史·兵志》记载,驿传制度规定:"其给驿传玺书,谓之铺马圣旨。遇军务之急,则又以金字圆符为信,银字者次之;内则掌之天府,外则国人之为长官者主之"。每一件铺马圣旨(亦称铺马札子),可使用驿站的驿马一至数匹,并且驿站要为持札子的官员供应"首思"(食物、柴炭等生活用品),这些都由站户承担。圆符亦称圆牌,铁制,分金字、银字两种。朝廷军情大事,奉旨遣使者,佩以金字圆符,给驿。其余小事,只用御宝圣旨。诸王、公主、驸马亦为军情急务遣使者,佩以银字圆符给驿,其余只用御宝圣旨(即铺马圣旨)。持圆符行驿站者,可得到优先的权利。

世祖时,自燕京至开平府(今内蒙古正蓝旗东北闪电河北岸,忽必烈曾在此建都),设急递铺(又名通远铺),每十里,十五里设一铺,每铺置铺丁五人,作"急走递"。铺兵腰革带,悬铃,持枪,挟雨衣,夜则持火炬,行人闻铃声俱让道。各铺辗转传递,不得稽迟,各铺立文簿,记传递人姓名,到铺时刻,令转送人取下铺押字,交收时刻还铺。文书内以软绢,外以油绢或漆绢裹之,以防损坏。由于制度严密,四方往来的驿使,止则有馆舍、供帐,饥渴则有饮食;驿传所及四通八达,成为遍布于全国各主要交通干道的通信网络,其中一部分类似后世之军邮,所以军情、政令的传递比较迅速。但由于站役频繁,站户负担过重,而且经常受到来往使臣和番僧的虐待或勒索,使站户时有逃亡,从而加剧了社会的矛盾,这也是迫使农民起义的原因之一。

六、明、清及太平军军制

(一)明代军制

明太祖朱元璋利用红巾军与元朝主力军队激战之机,极力壮大自己的军力。在消灭掉陈友谅、张士诚等南方割据势力后,于元顺帝至正二十七年(公元1367年),出兵北伐。次年,在南京称帝,建立了明王朝,并于当年攻占元京师大都,正式结束了元王朝在中原的统治。

明代共经历十六帝,统治二百七十余年。明成祖时,北元蒙古贵族势力,分裂为三大部,即鞑靼(在鄂嫩河、克鲁伦河及贝加尔湖一带)、瓦剌(在科布多河、额尔齐斯河流域及其以南的准噶尔盆地一带)和兀良哈(在西辽河、老哈河流域的吉林、辽宁一带),成祖朱棣为对付蒙古贵族割据势力的袭扰和经营东北,经常驻在北平,后改称北京,并于永乐十九年(公元1421年),由南京迁都北京。

社会生产力的提高和科学技术的进步,使明代火器的发展达到了我国古代历史上的高峰,军队装备中冷兵器和火器的比例,不断变化;至明中叶,已是"京军十万,火器手居其六。"虽然当时火器的性能,还没有达到完全替代冷兵器的水平,但对明王朝的军制,已产生重大影响。

明代军制与历代军制相比,最大的特点有二:一是吸收了唐、宋、元军制的优点,建立了卫所制,进一步加强了皇帝对军权的控制;二是组建了独立的火器部队,火力与机动密切结合的战车部队,以及由步、骑、炮、车合成编组的新京营,使火器的杀伤、破坏作用,能在战场上得到充分的发挥。

1.军、兵种和总兵力

明代陆军,除有传统的步、骑两个主要兵种外,还有战车和炮兵两个新兴的兵种。明代水军,也较前有所发展,在军队中占有重要地位。

（1）步兵

明代步兵,除装备有刀、枪、弓、弩等传统的冷兵器外,还在战争实践中创造了一些杂式长兵器,如锐钯、马叉、狼

朱元璋

筅等。特别是普遍装备了火枪、火铳,如夹靶铳（两眼）、三眼以至十眼的多节铳和装有格斗矛头的剑铳、铁棒雷飞,以及悬挂腰间、举手可放的千里铳等,使步兵的战斗力较前大有提高。不仅可以担负一般地形上的攻防作战任务,还可在山地、森林、谷地等特种地形上进行战斗。沿海抗倭中的海岸防御,援朝作战时的阵地进攻,以及对蒙古贵族军的野战阵地和城市防守,都是以步兵为主要兵种的。明代出现了炮兵和战车两个新的兵种,但由于生产力水平的限制,仍以畜力、人力为能源,机动,防护能力不强,所以只有与步兵密切结合,才能发挥其战斗性能。

（2）骑兵

面对蒙古军强大骑兵的威胁,明代自朱元璋起就重视骑兵的建设。明军北伐,对漠北多次远程进攻,主要使用骑兵;西境重镇哈密发生危机时,明骑兵"潜师远袭",才控制了局势;李成梁在东北的十次大捷,也主要利用骑兵"捣巢"等等。至于抗倭、援朝以及国内历次战争,骑兵都占有重要地位。步骑协同是传统作战方式,骑、炮协同,骑、战车协同则是兵种协同的进一步发展。

为了骑兵的发展,明代的马政也有所改进。明初,先后成立马政机构太仆寺,苑马寺。初设太仆寺于滁州（安徽滁州市）,负责制定政府对军民养马的计划和政策,并直接领导一些马群生产。后又在北平、辽东、山西、陕西、甘肃成立五个行太仆寺,由朝廷太仆寺领导,归兵部节制。太仆寺养马分群,小群由儿马一、骒马四组成,每五小群设群长管理,全国边区及内地都有大批马群牧养。另规定民间养马,十五丁以下养一匹,十六丁以上养二匹,每两年交驹一,可免交草粮之半,于是民间养马甚多,除供给军用外,还有富余。

朝廷直接养马的机关称苑马寺,苑马分三等,上苑养马万匹,中苑七千匹,下苑四千匹。规定一夫牧马十匹,五十夫设圉长一。

永乐年代为明代骑兵极盛时期,如邱福北征,十万精骑很快集中,邱福战败,全军覆灭后,再征骑兵三十万,也不过用了半年时间。以后因连年用兵,马匹损失,政治腐朽,马政衰败,官养民养的马匹都不足以济军用,只得在边界开马市,以茶易马或以其他货物易马,并令各卫军大力养马,但马的供应仍感不足,使骑兵战斗力的发挥受到了很大限制。

(3)炮兵与火器

明代铜铁矿的开采与冶炼事业有所发展。洪武六年(公元1373年)就有十三个铁冶所和铜场,手工业也很发达,对外贸易较前活跃,为炮兵和火器生产提供了条件。

明成祖朱棣将从西方引进的一种神机枪炮,配备给神机营,一边训练,一边仿制。正德末年(公元1521年)又引进佛郎机炮;万历年间再引进红夷大炮。这些枪、炮与中国传统枪、炮相结合,改进了枪炮的性能,促进了兵器的发展。工部与地方相继开设枪、炮生产场地,生产了数十种千万件各式火枪、火铳和部分大炮。火枪、火铳普遍装备给步兵,火炮装备给神机营,成为我国历史上第一个炮兵营。后来的新营制中的城守营,主要装备的也是这种火炮,从永乐时期起,先后在开平、怀来、宣府、万全、兴和、大同、天城、阳和、朔州等边防地区的山顶、卫所阵地,也架设大炮以增强防守。当时的大炮重达数千斤,长达二丈,一般宜用于防守;小炮轻而短,宜用于进攻,万历间曾用于宁夏攻坚战,初显威力;再用于援朝作战中平壤之战的攻坚,大小火炮并用,其中大型炮有大将军炮,小型炮有虎蹲炮等,共数十门,用肩负或滚车装架,发射铅弹,打开城墙缺口,对作战取胜起了重大作用。

(4)战车

战车,曾一度不用于作战,而作为运输或防守工具。但当火枪、火炮大量运用于战场时,又把火器与车辆相结合而成为战车。正统十二年(公元1447年)总兵官朱冕提出火车备战方案,引起上、下重视,至天启年间,先后造了数种战车。初始,以独轮小车配装火枪、火铳,后发展为双轮车架炮、独轮车载枪,并与其他兵器和步、骑兵组合成为轻车或重车的战车队,在平原地区,用以阻击蒙古骑兵的进犯。嘉靖年代,正式建立车营,到嘉靖四十三年(公元1564年),京营有战车四千辆,各装备神枪二、夹把枪二,每车配步兵五人,在京郊开展训练。隆庆三年(公元1569年)戚继光在蓟州地区建立了七个战车营,每营装备重车一百五十六辆或轻车二百五十六辆,重车装炮,轻车装枪,并配备步兵四千、骑兵三千人;战斗中列成方阵,阵前设拒马,阻敌前进,继以火炮轰击,步兵利用炮火掩护反冲击,最后又骑兵进行追击,这种以诸兵种有机结合的战车部队,成了长城内机动的防御兵团。

(5)水军和战船

明朝在建国过程中,水军已具有一定实力,并在战斗中取得很多胜利。建国后,海防多事,水军的建设,更为重要。建设水军的基础是造船,明初曾大力发展造船业,并取得了一定成就。沿海抗倭和援朝作战,水军也都获得过重大战果。

明初水军组成,按五十——一百艘船组为一艎,是水军的基本组成单位,各艎分属沿海各水寨,每寨最少一艎。计有福建五水寨、浙江宁海六总寨、山东莱州八总寨,共辖四十八个水寨。沿海每百户所和巡检司还各配战船二条,因而水军的兵力相当强大。仅据《明实录·成祖实录》所记,永乐元年(公元 1403 年)至永乐十七年(公元 1419 年)的十七年间,是明朝中央下令建造的海船(不包括江、河船)即达 2759 艘。英国著名的科学家李约瑟,依据大量原始资料研究,对明朝水师的规模作了以下概括:"在明朝全盛时期(公元 1420 年前后),其海军也许超过了历史上任何时期的亚洲国家。甚至可能超过同时代的任何欧洲国家,乃至超过所有欧洲国家海军的总和。永乐年间,明朝海军拥有三千八百艘舰只,其中包括一千三百五十艘巡逻船,一千三百五十艘属于卫、所、寨的战船,和以南京新江口为基地的有四百艘大战船的主力船队,以及四百艘运粮的漕船。此外,还有二百五十艘远航宝舰,每艘宝船上平均规定人数,由公元 1405 年的四百五十人增加到 1531 年的六百九十人以上,最大的宝船当然超过一千人。"

由于通信及其他条件的限制,水军在当时没有发展成为独立的军种,而是按防御区域的划分,受地岸防守官指挥的。如明初,曾以总兵官吴桢指挥舟师;嘉靖年代,福建巡抚谭纶也直接指挥水军等等。

舰船的大小和性能,受海防方针及生产力水平的限制。当时的海防方针是"防御之法,守海岛为上",为了巩固岛及岸,还必须派战船出外海巡哨和拦击,每春出海,迄秋招还,海上遇敌,"大船薄战,快船逐之";因而明初强调制造"多橹快船",按戚继光说法:"倭舟甚小,一入里海,大福、海苍不能入,必用苍船逐之,冲敌便捷,温(州)人谓之苍山铁。"此外,还有"进退如飞"的鹰船、发射佛郎机铳、驰行敏捷的蜈蚣船以及许多类型的快橹船。最大的战船,为福建造的大福船,铁、木合制的船身,巨大坚实,枪楼三重,双帆桅,上设木女墙及炮床,可以卧射佛郎机炮,缘梯上下有四层,最下层为寝室,有水柜及必要生活设备。其次有海沧、开浪、海风等船。大福船可容百人,其余三五十人不等。当时的战船,全靠人力、风力行船,越大越笨而不灵活,不适于近海港湾作战。

明代因内战和运输的需要,江河上有了更多的战船和运输船。在南京的上下游,经常驻有两个水师部队,每一部队分别有五个营的兵力。居下游的水军,官兵常居江上,平时实行江操,有情况时则迎战进入长江的敌船,和海防的水、陆军协同动作。

明代水军最大行动,是中国杰出航海家郑和率船队七次下西洋,前后到过亚、非三十多个国家和地区。"其规模之大,人数之多,范围之广,是世界上前所未有的,就是明朝以后也没有"。"郑和下西洋比哥伦布发现新大陆早 87 年,比迪亚士发现好望角早 83 年,比达·伽马发现新航路早 93 年,比麦哲伦到达菲律宾早 116

年"。据《郑和家谱》记载，船队人员有：钦差正使太监七员，副使监丞十员，少监十员，内监五十三员，都指挥二员，指挥九十三员，千户一百四十员，百户一百零三员，舍人二名，户部郎中一员，鸿胪寺序班二员，阴阳官一员，阴阳生四名，医官、医士一百八十员；旗校、勇士……等军士及民梢、买办、书手共二万六千八百零三员名；全队总计二万七千四百一十一员名。船队的主要船只有五种：一、福船，近似近代海军的旗舰，长四十四丈四尺（约124米），宽十八丈，（约50米），有九桅，张十二帆，可容千余人。二、马船，即中型福船，大型快速水战、运输专用船，长三十七丈，有八桅，可乘五百人左右。三、粮船，后勤供应船，长二十八丈，宽十二丈，七桅。四、座船，亦名战座船，水战指挥船，长二十四丈，宽九丈四尺，六桅。五、战船，长十八丈，宽六丈八尺，五桅。福船和马船有航海图和罗盘等设备。除上述主要船只外，还有一部辅助船只。整个船队装备有大发熕（大型火炮）、大佛郎机、碗口铳、喷筒、鸟嘴铳、鸟铳、火箭、火砖、火炮等火器和各种冷兵器。这一切反映了明初期的造船能力和明水军的海上作战能力。

（6）明代总兵力

明代早期，全国总兵力约一百八十万左右，后因国内矛盾不断产生，边防多事，兵力续有增加。永乐中期（公元1414年前后），全国总兵力已达二百八十万人左右。每次用兵，动辄数十万，如明英宗与瓦剌军的土木堡（河北怀来境内）之战，就出兵达五十万人。

2. 统治体制及军事统御机构

明王朝建立之初，其统治机构，基本上仿效元朝。中央设中书省，置左、右丞相总理朝政；设大都督府，置大都督掌管军事；设御史台负责监察。地方设行中书省，置平章政事等总管一省军、政、司法。朱元璋为加强皇权，不久即进行改革。首先削弱地方权力；洪武九年（公元1376年）下令改行中书省为承宣布政使司。全国共十三个，即北平、山东、山西、河南、陕西、四川、湖广、江西、浙江、福建、广东、广西、云南（洪武十五年增设）等布政使司（成祖时撤北平、增贵州），习惯上仍称为省。各省除布政使司掌民政外，另设提刑按察使司掌刑、都指挥使司掌兵，并称"三司"，他们不相统属，各对中央负责。在主要战略方向上的边境少数民族地区，则单设都指挥使司，如辽东、大宁（今内蒙古宁城西，辖区相当今河北长城以北、内蒙古西拉木伦河以南地区，后改北平行都司）、万全（今河北宣化、辖区相当今河北内，外长城间的赤城、怀来以西和宣化、阳原以北地区）等，由都指挥使司实行军、民合一的统治。

洪武十三年（公元1380年），朱元璋从以"谋反"罪名杀左丞相胡惟庸入手，开始对中央统治机构进行改革。主要内容有二：一是废中书省及丞相制，将丞相的权力分属于吏、户、兵、礼、刑、工六部；二是撤销大都督府，分设中、左、右、前、后五军都督府。兵部和五军都督府共掌军事，构成中央最高军事统御机构。

兵部设尚书一人为长官，左、右侍郎各一人为副。主要职责是制定军事计划，管理武职人员，组织军队校阅和传达皇帝命令、调动军队等。兵部下设武选、职方、车驾、武库四个清吏司，每司郎中一人、员外郎一人，主事二人，负责业务工作。据《明史·职官志》记载："武选掌卫所土官选授、升调、袭替、功赏之事"；"职方掌舆图、军制、城隍（城防工事）、镇戍、简练、征讨之事"；"车驾掌卤簿、仪仗、禁卫、驿传、厩牧之事"；"武库掌戎器、符勘、尺籍、武学、薪隶之事"。

五军都督府，都在京师。每府设左、右都督、都督同知各一人，都督金事若干。其办事机关为下属经历司，有经历、都事等掌管业务。都督府的主要职责是领导、管理全国各都指挥。使司（简称都司）、卫所官兵，负责这些军队的训练、纪律、补给、屯田等事务。《明史职官志》记载："都督府掌军旅之事，各项其都司、卫所，以达于兵部。凡武职，世官流官、土官袭替、优养、优给，所属上之府，移兵部请选。既选，移府，以下之都司、卫所。……凡武官诰敕、俸粮、水陆步骑操练、官舍旗役并试、军情声息、军伍勾补、边腹地图、文册、屯种、器械、舟车、薪苇之事，并移（兵部）所司而综理之"。各都督府互不相属，都直接与兵部联系，在兵部与都司之间，有承上启下的作用。

都督府管军籍、军政，有统兵权，而调兵权则归于兵部，正如《春明梦余录》中所说："兵部有出兵之令而无统兵之权，五军有统兵之权而无出兵之令……合之则呼吸相通，分之则犬牙相制"。不仅如此，遇有战争时，并不由都督领兵作战，而是由皇帝临时任命总兵官，指挥各卫所调集的军队进行作战，战争结束后，总兵官交还将印，军队各回原卫所。这种将管兵、调兵与用兵分离的军事体制，大大加强了皇帝对军权的控制。

明成祖朱棣对中央行政机构曾进行了调整，正式成立了内阁，以翰林院大学士（中极殿、建极殿、文华殿、武英殿、文渊阁、东阁）五至七人为内阁成员，这些人都是由皇帝亲自选拔，为皇帝处理军、国大事的顾问，但不能直接处理军、国事务。可是皇帝的意图往往先与内阁大臣商讨，然后再交兵部执行，而兵部有关军事方面的意见，也往往先商之内阁然后再上奏皇帝，因而内阁——兵部实际上形成了军事中枢。此后各朝，无不尊重内阁，而内阁大臣，又多兼任尚书，就逐渐有职有权了，这是在废除丞相制后，政治上的重大改革，既不损于皇帝的集权，又有利于集思广益，与明初皇帝专断相比，是有所进步的。

明代兵部官员的衔级，兵部尚书为正二品、左、右侍郎为正三品，各司郎中为正五品、员外郎为从五品、主事为正六品。五军都督府官员品级较高，如五军都督均为正一品，都督同知为从一品，依此类推，说明明代初期有重武轻文和重掌兵官员的倾向。

明代军队体制的特点可以概括归纳为：皇帝高度集权、机构互相牵制，工作效率不高。其主要表现为：

①重视用印、掌印。礼部制定了各种各样的印，各级都要见印行事。都督府、

都司、卫、所的领导分工,也都以掌印的为主要负责人。皇帝选定了将帅,就赋予帅(将)印,将帅凭此才能指挥军队,俗称"挂印将军"。

②兵部无力独立治军。粮饷供给归户部,兵工武器归工部,太仆寺管马政,吏部管武学培养人才,凡重大事项都要兵部会同有关部门奏请皇帝核定,缺乏统一的指挥。

③以法管军。皇朝为加强对军队控制,在军队内部层层设司法、刑狱机构。都督府有断事司,设断事官,都司府也如此,卫、所则有镇抚司,设镇抚,以掌握军队司法、刑狱。并规定千户所的镇抚,如无狱事,还可管军。此外,对卫所军五年一次的考核,巡抚、按察使要参与意见,同意后,卫所军方可通过。明代中后期,以法管军发展到了总督、巡抚、都御使直接领导军队。明成祖时,重用司礼监宦官,给予宦官以出使、专征、监军、分镇等大权。这种做法,一直延伸到明末,虽未发生为前代藩镇割据的情况,但宦官杀害将领很多,使军心涣散、战斗力薄弱,尤其是后来,宦官与内阁相抗衡,争权夺利,矛盾重重,成为明代日就衰弱的原因之一。朝廷为了对军权的监控与牵制,派遣监军的官员名目繁多,且多为终身制或世袭制,就大大地增加了军官的数量。

朱元璋用"法",主张"严""简",也适用于军队。洪武三十年(公元1397年)所颁行的《大明律》,共四百六十卷,分吏、户、礼、兵、刑、工六律。它和《唐律》一样,对"十恶"处罚最严,比《唐律》要严酷的多,为《唐律》规定"谋反""谋大逆"者主犯处斩,其父及年满十六岁以上的儿子处绞刑,其他亲属,不处死刑;而《大明律》不论主、从,一律凌迟,且祖父、父、子、孙、兄弟及同居之人,年满十六岁的皆处斩。就此一例,可概其余。

3.军事领导体制

(1)平时的军事领导

地方平时的军事领导为都指挥使(都司),其职能是"掌一方之军政。各率其卫所隶于五府,而听命于兵部。"都司与所在省布政司、按察司互不相属。都指挥使下设同知二、佥事四,下设有管理、战备、训练、屯种等机构,是地方平时的最高军事领导机构,负责管理所辖区域内卫、所所有与军事有关的事务和本地区防御作战的指挥。皇朝鉴于都司的地位重要,不许世袭,由朝廷选择任命。中枢的都督府和地方的都司府形成平时的军事领导体制。

明初,朱元璋把二十四个儿子和一个从孙分封在全国各地,一部分掌有兵权,防守边防、如燕王棣、晋王纲、宁王权等、势力都很大,宁王号称"带甲八万,革车六千",燕、晋二王更是长期在北方筑城设屯,训练军队。他们不受都督府及兵部节制,形同割据,致使与朝廷发生矛盾,成为"靖难之役"的根源。明成祖朱棣即位后,大力削藩,才使中央集权得到巩固。

(2)战时的军队领导

凡是大规模的攻、防作战，由朝廷临时命将，组成战时领导机关，调卫所军归其指挥，总兵官称"挂印将军"。总兵挂印称将军者，在宣德年代前（公元1426年前）不多。"将军"名号前常冠以任务简称，为派赴云南的称"征南将军"，赴辽东的称"征虏将军"，赴宣府的称"镇朔将军"，赴甘肃的称"平陇将军"，赴宁夏的称"征西将军"等等。宣德、嘉靖年代，总兵官的派遣增多，到明末就更多了。后来，由于战争次数多，时间长，还朝交印、军回卫所的制度渐次罢废。同时，根据需要，还配备有协守副总兵、分守参将、游击将军、守备若干。以广东总兵官为例，下设协守副总兵一（驻南澳），分守参将七、练兵游击将军一、守备五、坐营中军官二、把总四。这样，就在平时，也摆脱了五府——把司领导体制。凡驻省城的总兵官，多代都司而成为地方最高军事长官，因而凡设总兵官的地方，都司的地位降低了，品级有的也相应降低了，这说明战时设官高于平时。

明初，朝廷为加强对军事将领的控制，出现了总督。如派都御史巡抚而兼军务的称提督；有总兵的地方加赞理或参赞；管辖地域广或战略重要方向，则设总督；凡尚书、侍郎任总督者，皆加都御史衔，这些措施，含有以文官领军之意，用以防止将帅专兵。明中叶以后，战乱较多，多种临时军事领导，设置广泛，名目繁多，如有"总督漕运兼提督军务、巡抚凤阳等处兼管河道"，"总督蓟、辽、保定等处军务兼管粮饷"，"总督陕西、山西、河南、湖广、四川五省兼管军务""总督河南、湖广军务兼巡抚河南"等官称的出现，均系朝廷因事制宜、临时选派的大员，不属地方官员。但"巡抚"则由临时派遣渐成为省的军政长官，与都察院系统所派"巡按"，称为"二台"，其地位在原来的三司（布政司、都司、按察司）之上，无形中在地方上增加了一层领导机构。巡抚的全衔称为"巡抚×××地方兼提督军务"。这种战时领导体制，到后期成了文官领导武官的模式。

明代迁都北京后，南京称为留都，也设兵部及五军都督府，但仍受北京兵部的领导。只有两京皇帝亲军，独立于平、战时军事领导系统之外。锦衣卫为皇帝掌握的特务组织、主要职能为对内镇压，有时也派人进行军事情报工作，提供给兵部，京师亲军约有二十余万人，在宦官指挥下，成为一支特殊的军事力量。

4.卫所制与兵役制度

（1）卫所制

为了巩固边疆和内地重要地区，朱元璋在建国后，就确定了卫所制。因防设卫，是卫所制的主要原则。"度要害地，系一郡者设所，连郡者设卫。"据此，在实施上，凡交通枢纽，地位重要的城镇设卫；在小岛和孤立的要点如隘路口等则设千户所；关口险隘但又不能容多兵处则设百户所。卫领导所，除卫属有千户所外，还有直属都司的各种守御千户所、群牧千户所等。少数民族地区，设有长官司、指挥司、宣慰司、抚慰司，其属于各省的，归都司领导。青藏地区则属府。东北努尔干地区及河西走廊的卫所，均为少数民族所建，直接归兵部领导。

朱元璋占领南京之后,军队不断扩大,因来源不一,编制极为混乱,元至正二十四年(公元1364年),他下令统一编制:"有兵五千者为指挥,满千者为万户,百人为百户,五十人为总旗,十人为小旗"。建立明王朝后,采纳刘基的"军卫法"建议,建立了卫所制,在原编制基础上,加以完善,制定了卫所人员的编制。各卫所除少数民族的各司、卫、所定额不尽相同外,均为统一的编制。每卫五千六百人,分前、后、左、右、中五个千户所,每千户所一千一百一十二人;千户所又区分为十个百户所,每百户所一百一十二人;每百户辖两总旗,各五十人,总旗下辖十小旗,每小旗十人。

以屯养军。"以军隶卫,以屯养军",是朱元璋吸取前代屯田的经验,实行的一种寓兵于农、守屯结合的建军制度。除京师的卫所外,实行军屯自给,目的在于减轻国家负担。朱元璋曾说:"吾养兵百万,要不费百姓一粒米"。最初,朝廷设屯田使,专负责屯田,以后屯田就成了军队各级官员的重要职责之一。在洪武到宣德四朝六十几年间,饷粮基本上做到了军队自给,不取自地方。如史载永乐年代"屯田米常溢三之一,常操军十九万,以屯军四万供之"。各卫所在平时都有防御任务,既要守,又要屯,并根据任务、形势,决定守、屯任务的比例,如边境险要地区,守多于屯,次要地区和运粮艰难的地区,则屯多于守。概括计之,边地和内地守屯比例是:边地,三分守城,七分屯种;内地,二分守城,八分屯种。每军户给田十五亩到五十亩,并给农具、耕牛,每户纳粮十二石,存于仓库,除供给日常需要外,余粮还可做军官的俸给。凡因有作战任务不能生产的,由国家按标准供给。以屯养军是检验卫所成绩重要内容之一,也是卫所制特点之一。

军户世袭。这是卫所制的又一特点。朱元璋吸收前代府兵制和世兵制的经验,实行军民分治。军有军籍,民有民籍,严格划分。军丁不受地方行政机构管束,军丁世袭,一人从军,一家便永远为军户。最早的军丁来源,有朱元璋建国的从征兵;有元朝及割据势力的归附兵;有官民因罪被谪发的"恩军";有从平民中征调的"垛集军"。所谓"垛集",即民户每三户出一丁的为军户,余两户为"贴户"。军户所出丁称为"正军",余下的壮丁称为"余丁""次丁"。正军被分配到指定的卫所戍守,允许娶妻生子,父死子代,世袭为军。如军户全家逃亡或死绝,由政府派官员到其原籍勾其亲属或贴产顶补,当时称之为"勾军"和"清军"。永乐时曾对垛集更代法进一步修订,增加"贴户",以充裕兵源。对于逃亡、隐匿查处甚严。卫所每经一次重大作战,就进行一次整顿恢复,以使军户休养生息,因而卫所制虽仍有不少问题,但却在相当长的一段时期内,得以存在。

军户世袭,兼有世兵制和职业兵制特点,既保障兵源,又不误生产,且减少了历代游兵的恶习。军户世袭,轮流充当正军出征执勤,至期返卫,可使军丁及军户安心生产且生活有所保障。但由于战争频繁、政治腐败,卫所制很快出现千疮百孔,主要为逃亡和将军丁占为佣工,逼使余丁补缺等弊病,造成很多平民家破人亡。

军户无免役期限,只有官到尚书的才能除去军籍。

（2）募兵及征兵

明代中期以后,随着土地兼并的日益剧烈,卫·所屯田遭到破坏,加上前述卫所出现的种种情况,卫所战斗力减弱且兵源不继,不得不以募兵及其他手段来解决军队兵源问题。

募兵。作为卫所兵额缺员太多的补充手段,较早开始实行于正统二年(公元1437年),各种形式的民间武装组织都成为募兵的主要对象。景泰初(公元1451年前后),曾"遣使分募直隶、山东、山西、河南民壮,拨山西义勇守大同,而紫荆、倒马二关,亦用民兵防守,事平免归。"成化二年(公元1466年)也曾去延安、庆阳募兵。弘治七年(公元1494),又颁行签民壮法,以征兵成立民壮队伍。即按州县大小,规定出兵数,一般以里(一百一十户为一里)作为征兵单位。州县七八百里以上者,每里签兵二人,五百里者金三人,三百里者金四人,百里以上金五人。平时由都司或卫所训练,战时,发给行粮,听调出征。嘉靖二十二年(公元1543年)"增州县民壮额,大者千人,次六七百,小者五百。"到隆庆时期(公元1567年以后),国家多事,张居正、张以勤又按"父子三人借一子,兄弟三人借一弟"的办法,在京畿地区征兵,每年进行三个月训练。由于规定不愿应征者可以"上直(交费)于官,官自为募",于是这种征兵实际上变为"征银以充招募",如万历初,仅山东就征银五万六千两,造成"贫农大困"。结果实行的仍然是募兵制。明代各地招募之兵,多为失业农民,动辄逃亡,一再招募,越发加重了人民的负担。戚继光在浙江开始招募的城市游民,组织纪律差,后来重新在义乌选募农民和矿工,才练成有纪律、能战斗的"戚家军"。

另外,有所谓乡兵、土兵、义勇、土司兵以及少林、伏牛、五台山的僧兵,广西的狼兵等等,多为自愿结合或应募,为自卫保家性质的民兵。在沿海抗倭作战中,义勇们敌忾同仇,不少渔民、盐民自动参战,英勇牺牲。土司兵和狼兵等,都是少数民族的部队,属于地方乡兵性质。由于他们作战勇敢,有时也被调出本地作战。如狼兵曾参加抗倭作战,秦良玉曾率石砫(重庆石砫土家族自治县)土司兵两次参加抗击后金军的作战,并立了大功。

卫所制在明早期曾减轻人民负担,军力众强。明末,则卫所结合募兵就成为紧勒在人民脖子上的绳索,这是政治腐朽造成的。卫所制虽存在于明代始终,但到后期,袭替范围扩大到贴户甚至同族,实际上打破了军民分藉的界限,逃亡多,战斗力甚差,已有名无实。其他募兵方式,成就小,造成社会动乱大,成为明朝灭亡的原因之一。

5.京军的编制及演变

全国卫所军的精锐,都集中在京师附近。如发生战争,则以京军为主力,再由外地卫所抽调部分军队,作为辅助力量。明太祖朱元璋建都南京时,有京卫四十八个,成祖朱棣迁都北京后,因地近边防,京卫增至七十二。其中有亲军二十六卫,不归五军都督府领导,直属皇帝,担任宫廷宿卫、随驾扈从等任务。

朱棣曾数次率军北征,以反击鞑靼、瓦剌等蒙古贵族军的不断攻扰,每次都是将全军步骑编组为中军、左掖、右掖、左哨、右哨五大部,称为五军。为了充实中央控制的机动力量,加强快速反应的能力和提高军队的战斗力,于永乐二十二年(公元1424年),按五军的编组,在北京成立了五军营,"岁调中都、山东、河南、大宁兵番上京师隶之",称为"班军"。平日进行训练,有事用之作战。

又以"边外降丁三千"为基础,成立三千营,担任亲军各卫"上直官军"及"辽东备御回还官军"的训练任务。

前在交趾作战时,曾"得火器法",因而又设立神机营,专门训练京卫官军使用各种火器。并从都督谭广所进良马五千匹,建立五千营,隶属于神机营,专门训练"随驾护卫马队官军"使用各种火铳、火枪。

以上五军、三千、神机三营,总称为三大营,均由皇帝派亲信宦官担任各营提督,直至"洪熙时(公元1425年),始命武臣一人总理营政"。三大营的主要任务,是轮番训练京卫及外卫班军官军,具有训练中心的性质。

"宣德五年(公元1430年),以成国公朱勇言,选京卫卒隶五军训练","正统二年(公元1437年),复因勇言,令锦衣等(亲军)卫、守陵卫卒存其半,……余悉归大营"。于是三大营的兵力增大,成为全国主要战略机动部队。

卫所本身具有防御任务,但对三大营而言,则已变为储备、补充兵源的机构。因而火器和战术的发展,很少反映到卫所制上,其编制始终没有变化。而三大营则屡经变革,编制上的变化甚大。

正统十四年(公元1449年)土木之变,京军五十万人在土木堡被瓦剌军全部歼灭,三大营的"劲甲精骑皆陷没",京师"所余疲卒不及十万"。当时任兵部尚书的于谦,迅速设法补充兵力,胜利地进行了北京保卫战,击退了瓦剌军的进攻。但于谦认为三大营各有教令,组织松散,缺乏统一的指挥;战时临时调拨,兵将互不熟悉,影响军队战斗力,遂着手改革。景泰二年(公元1451年),于三大营中选出精壮军士十万,分五营团练;次年,又增选五万人,重新编组,共分十营,每营一万五千人。未编入十团营的军士,仍留三大营训练,称为"老家"或"老营"。经过改革、整顿,使京军能够"互相统属,兵将相识,管军者知军士之强弱,为兵者知将帅之号令,不致临期错乱";"交战之时,但调其头目,而士兵自随",《明史》作者认为"其法颇善"。但景泰八年(公元1457年)英宗朱祁镇复辟,于谦被杀,团营也被撤销。

成化年间(公元1465—1487年),又恢复团营法,选精壮十四万人,编组为十二团营,定名为奋、耀、练、显四武营,敢、果、效、鼓四勇营,立、伸、扬、振四威营。其营内编制,都指挥以下与十团营时大致相同。但由于政治更趋于腐败,军士多为权贵私役,十二团营的缺额高达七万五千余人。以后又屡次改变,至嘉靖时(公元1522—1566年),又恢复了三大营旧制,改三千营为神枢营,成为五军、神枢、神机三大营。以武将一人任京营戎政总督,文臣一人协助总督,戎政京营,统一领导。

但这时的三大营，名称虽然依旧，但实质已有所改变。过去全由卫所军士组成，这时除五军营仍由卫所军士外，神枢、神机两大营，全由在京畿、山东、山西、河南四地招募之兵组成。终嘉靖之世，三大营的编制一直都在变动，最后才实行新的营制，将在京卫军全部分隶三大营，使每个大营，都成为由战、守、车兵等十营组成的合成军队。

各大营所属营数相同，但兵种不一致，如：

五军营为战兵四个营、车兵四个营、城守两个营。

神枢营为战兵三个营、车兵三个营、城守三个营、执事一个营。

神机营为战兵三个营、车兵三个营、城守四个营。

除执事营为司令、执法机构外，战兵营主要用于进攻，车兵营用于应援，城守营用于防守。各营按步炮混合编组，除城守营、执事营外，其他各营还编有骑兵。其发展之处在于每大营都有了步、骑、炮、车兼备，攻守任务兼施的能力。五军营战兵、车兵较多，攻击力较强；神机营火器及城守营较多，可以攻守兼备；神枢营步、骑、车、炮具备，作为总预备队控制在中枢，必要时可进行支援。

各营编制人数不尽相同，但编制形式大体一致。

三大营的编制，虽然屡经变革，但主要是上层机构的改变，至于基层建制，在卫所制未破坏前，因军队来自卫所，所以基本上仍与卫所编制相同。发展至募兵制盛行时期，则不同主将的部队均不完全相同。如嘉靖三十六年印行的《御倭军制》所载编制，是五进位制，五人为伍，五伍为甲，五甲为队；而御倭名将戚继光的戚家军，则采用四进位制，四队一哨，四哨一官，四官一总。甚至同一主将所统军队，因时间、地区、作战对象不同，为适应作战特点而采用不同的编制。如戚继光于嘉靖四十五年（公元 1566 年）末，调京师任神机营统帅，隆庆二年（公元 1568 年）又调蓟镇任总理蓟、昌、辽、保四镇练兵事时，采用的编制就和御倭时不同，更能适应火器多和大兵团作战的需要。

戚继光的练兵营编制，虽然和其他部队并不相同，如嘉靖时蓟镇游击将军何良臣所部的编制，就是五人为伍、五伍为队的五进位制，但具有一定的代表性，大致可反映出当时编制的特点来。

6. 军事职衔制度

明代武官官品、赐爵集其前代大成，比较复杂。大体可分有品级官阶和无品级、元定员职称。有品级的官阶，是物质待遇的等级标准，并在此基础上授勋、授爵。

明代武官品位都在六品以上，并区分为"世官"和"流官"，世官九等：指挥使、指挥同知、指挥佥事、卫镇抚、正千户、副千户、百户、试百户、所镇抚等正式编制官员，规定为世袭制，史称："武官爵止六品，其职死者袭，老疾者替，世久而绝，以旁支继，年六十者，子替。"流官八等：都督、都督同知、都督佥事、都指挥使、都指挥同知、都指挥金事及正留守、副留守等，都是重要的高级将领，规定不许世袭，由世官于升，或由武官任用，皆由皇帝任命。只有出自皇帝特恩，才能世袭。

无品级、无定员的官职，多少没有定制，应情而设，名目繁多，变化也大。

明代官制复杂，职权不一，互相牵制，嘉靖三十四年（公元1555年）给事中孙濬曾奏请明确统一，兵部复奏明确是总督"主征集官兵，指授方略"；巡抚"主督理军务，措置粮饷"；总兵"主设法教练，身亲战陈（阵）"；卫所的指挥"责在保安地方，固守城隍（所在地）"但实际上仍难克服相互间矛盾，致使战斗力衰弱。

7.明代的军队补给

（1）南粮北调的运输

京师庞大的官僚机构和住有上百万的军队，如果不靠南方的粮食接济，是无法生存的。从朱元璋北伐开始，就逐渐形成了由南京到北京的一条运输线，把大江南北的粮食汇集北运到辽东、北京，以应朝廷和军队粮饷需要。因此，这条运输线，可谓明代统治者的生命线。

运输有海运、漕运、陆运三种方法，方法有支运（分段递运）、兑运（在南方由地方交给军队，再由军队运到北方）之分。当时有十几万军队、万余条粮船由总兵官率领，奔波在水陆两途，专任运输任务。并集中了南北方造船工匠的智力进行保障。永乐皇帝亲征漠北时使用的万辆武刚车，在这条运输线上也发挥过作用。

明代机构中，没有专门的后勤机关。平、战时都由户部负责补给，所以当永乐皇帝亲征漠北时，户部抛开一切工作，全力以赴去搞后勤工作。

（2）军粮、军饷

明代朝廷认为"国家经费，莫大于禄饷"但"禄俸"与"兵饷"何者消费大，则一贯宣扬"边饷"太大，而不承认俸禄过高。皇帝、王公占有大量皇庄、皇田，不少高级官吏兼并土地成为一方之霸，但还都争更高的俸禄。朱元璋时开始给王公大吏勋爵，赐官田，还规定亲王享万石之禄，以下官员递减。后因经济衰退，俸禄略减，但王公大吏仍不下几千石，如嘉靖四十一年（1562年）供应京师粮四百万石，而"诸府禄米凡八百五十三万石"，尚不及其半，军粮、军饷就没有着落了。制度上规定文武官员供给标准，按品给禄，为百户官为六品，月可得俸米十石，终身世袭的卫所军每月只有二石以下，低者仅五斗，屯田者又减半。屯田制被破坏后，半给者不足食用，加上将校克扣，军丁生活越来越苦，弘治十三年（公元1500年）孝宗朱祐樘问兵部尚书刘大勇："卿前言民穷财尽……天下兵若何？"回答说："穷与民等。"又问"何故穷？"答："其帅侵克过半，安得不穷。"说明克扣是明中后期军队粮、饷困难的重要原因之一。至于明初，屯田养兵，还是富裕的，如全国屯田九十万顷，大部分为垦荒所得，永乐元年（公元1403年）税收屯粮二千三百四十五余石，占全国军民税收三分之二以上，说明卫所制的屯田养兵制度，还是有其优越性的。

明代军队的供应，除军屯外，还有商屯，作为军屯的补充。此制始于洪武三年

（公元1370年），具体做法是允许商人从内地运粮食到指定的边塞卫所，然后发给与粮食价值相等的"盐引"（领盐凭证），商人以此取盐（到产盐地）到指定地区销售；由于路远运粮艰难，盐商便直接在边塞地区募人垦荒屯种，将所产粮食就地交边塞卫所官仓。因此，商屯曾一度对边远地区补给起过作用。到弘治五年（公元1492年），朝廷改以银代粮，商人直接纳银于户部盐运司，支取盐引，商屯由此遭到破坏。

8.明代军队的训练

明代军事训练和教育措施较多，也收到一定效果。蜚声一代的抗倭名将戚继光，是勤奋好学的武将世家，他武举出身，熟习军事理论，精通战术和技术，他所训练的军队，颇具特色，被誉为"戚家军"。

（1）设武学、开武科

明代办学之盛，为历代所不及。除府、州、县办学外，各卫也办学。朝廷设国子监，办国学，也称太学，培养文、武官吏。只有经县、州、府学升入国学培育后，才能出任国家官职；并要求文武官员之子，轮流入国学，这是朱元璋唯恐武臣后人不学无术，强调要求他们入国学。

明代科举制度中设有武举。考试时，先试策略，次试弓马，前者不合格的，即予淘汰。到万历年间实施三场考虑制度：第一场试马、步、箭、枪、战及拳搏、击刺；第二场试营阵、地雷、火花、战车；第三场试兵法、天文、地理等。其中包括了技术、战术理论及一定的科学知识，虽科举制度弊端百出，但对提高军官素质，还是有一定效果的。

（2）京操的考核与奖惩

为了将各地卫所军队轮流抽调到京师进行检阅和考核，朱元璋规定了官兵训练应达到的标准，分别指定了集中操练的地点，每年按期赴京受阅。受阅期间编为三大营进行操练，南京也仿此办理。参加京操的是全军军士，按五分之一的比例，由各地千户官率领赴京。考核要求"军士步骑皆善，将领各以其能受赏，否则罚"。规定凡不及格的军士经再试仍不及格者，遣至云南充军，军官贬职从征，总小旗则降为军士。享受世袭的武臣子弟，第一年不及格者罚半俸，第二年复试仍不及格的取消世袭资格，降为军士。各卫所将领按所属官兵不及格的比例大小，依次给予夺俸（减俸）、降级处分，甚至降为军士。其他训练、检阅的办、法，还有会操、巡视等等。明代对训练的优劣，有奖有罚，规定很严。但明代中后期因形势动乱，逐渐废弛，京操虽一直未废，但也是徒有虚名了。

水军也定期集中训练，称为"江操"。

（3）戚继光的练兵法

明代名将戚继光，注重练兵，有独到之处。其特点是：

①练兵先整军。就是先从军中选优汰劣，加以整顿，称为"选伍"。这是先从

军队的素质着手。

②练兵先练将。戚继光认为国家的武科是"选将"而"非练将之道",要在练兵的实践中锻炼和增长将帅才干。练兵先练将,两者互为因果,才能在练兵中锻炼出知兵法、善用兵的将领。

③先分练,后合练。在军队技术训练的基础上,进行单一兵种战术训练,组织步、骑、炮、车兵合练。动作一致,进退有节,要求官兵不仅熟练本兵种技术、战术,也了解其他兵种技术、战术,做到互相配合,动作一致,进退有节。鸳鸯阵是他创建的一种长短兵器结合、相辅相成的应用队形。

④严格要求。戚继光认为平时训练严格,战时才能充分发挥军队的技术、战术水平。如他被调到蓟州整顿边防时,针对蓟镇

戚继光

兵纪律散漫的问题,亲手训练浙兵三千示范,在滂沱大雨中,坚持野外训练,站立者一日直立不动。使蓟州兵吃惊,此后,蓟州兵也被训练成有纪律、有战斗力的军队。

(二)清代军制

清王朝是以满族贵族为主体而建立的封建统治国家。满族原是我国东北地区古老的女真族的一支,生活在松花江、黑龙江一带,明王朝统治期间,其首领世任建州卫指挥使及都督等官。明后期,建州左卫左都督努尔哈赤以武力统一了女真各部,于万历四十四年(公元 1616 年)称汗登位,建立了大金地方政权,史称后金,开始公开与明中央政权对抗。皇太极继位后,改汗称帝,改金为清,改女真为满洲,并乘明军主力在中原与李自成等农民军激战之机,极力扩展其统治区,控制了东北及内蒙古大部地区。崇祯十七年(公元 1644 年),李自成推翻了明王朝,清统治集团乘李自成立足未稳,进军关内,击败了李自成,迁都北京,开始建立起全国性中央政权。经过"康乾之治"的所谓盛世之后,政治日趋腐败。道光二十年(公元 1840 年)爆发了鸦片战争,西方殖民势力的入侵,使中国沦为半殖民地半封建的社会。宣统三年(公元 1911 年),孙中山领导的辛亥革命,推翻了清王朝,结束了二千年来中国的专制帝制的统治,建立了"中华民国"。清王朝共历十帝,统治中国二百六十八年。

1.军制沿革和概况

清代前期的经制兵(正规军)有八旗兵和绿营兵两种。八旗兵是入关前就有

的军队,具有部族兵的性质,为清王朝的建立,立下很大的功劳。绿营兵是清入关后,由归附的明军和招募的汉人组建而成的,在清统一中国的战争中起过重大作用。但八旗兵在入关后不久就开始腐化,绿营兵也随着政治的日趋腐朽而逐渐衰弱。至嘉庆年间(公元1796—1820年)白莲教大起义时,清王朝已不得不大力招募和利用地方的"乡勇",来协助正规军镇压起义。鸦片战争,充分暴露了清军装备、制度的落后和大多数将、官的庸懦无能。太平天国革命兴起之后,清军更不是太平军的对手,于是由乡勇、团练发展起来的湘军、淮军等,取代了八旗、绿营的正规军地位。清王朝为挽救其垂危的统治,一方面购买洋枪、洋炮装备军队,一方面仿效资本主义国家,对军队进行改革,建立新式陆军和海军,使军事制度发生了质的变化,对以后的军制,产生了深刻的影响。

总的来看,清朝军制具有如下特点:

由于清王朝是以武力征服手段建立起来的、以满族贵族为主体的统治,所以对军事极为重视。实行的军事制度和军队建设,虽然也参照了明朝的军制,但主要还是在原有的满洲八旗军制基础上发展起来的。清军仍然严格实行按民族分编的原则,八旗有满洲八旗、蒙古八旗和汉军八旗之分;经制兵又有八旗和绿营之分。八旗和绿营虽同属经制兵,但又始终是不同组织形式、不同指挥系统的两支军队。八旗兵由皇帝直接指挥,集中控制于京师及全国各战略要点,具有国家和地区主力机动兵团的性质,而绿营兵则由各省军、政长官指挥,分散驻防于全国各城镇,有地方镇戍部队的性质。

清代正处于欧洲各国火器飞速发展、逐步代替冷兵器的时期,而清统治集团却不重视火器的发展,致使我国兵器的研制和生产,停滞不前,甚至没有保持住明代已达到的水平,再加以政治上以老大自居,闭关自守,致使军队的装备、编制以及训练等各项制度,始终没有脱离开冷兵器时代的落后的传统军制。

装备了近代兵器的外国侵略军,在鸦片战争中打开了中国的大门,从而使一些有识之士认识到中国军队的落后,开始向西方购买武器、军舰装备军队,改编军队。可见,在当时的历史条件下,清王朝的军队,既有先进的资本主义军事制度的成分,也有中国古老的传统军事制度的成分,是半殖民地半封建社会政治、经济在军事上的反映。

2. 军事中枢

清代和历代君王相同,军权由皇帝自己掌握,其设立的军事中枢,是皇帝控制、指挥军队的机构。

清袭明制,在中央设内阁,办理章奏、诏旨之事,但权力较明代小。康熙时,又设南书房,内阁之权更小。重要国策和军事活动大计,都不由内阁或南书房决定,而决定于王大臣会议。雍正以后废止王大臣会议和南书房,成立军机处,掌管军国大计,内阁虽仍存在,但只处理例行事务。此外,虽仍设六部,其职权也较明代小,

只在皇帝命令下,处理一般事务。现分述如下:

(1)王大臣会议

王大臣会议是在努尔哈赤时期采用,沿用到雍正七年(公元1730年)的最高权力中枢。努尔哈赤规定旗主"每五日集朝一次,协议国事,军国大事均于此决之。"以后定期为一月一次,形成了制度,成了最高决策机构;议政处,是它的办事机关,在努尔哈赤时期,各旗主中,他的子、侄占绝对优势,因而王大臣会议以努尔哈赤意图为主,没有发生重大矛盾。天启六年(公元1626年)努尔哈赤病死,八旗之主的诸王贝勒,争夺汗位非常激烈,最后四王皇太极凭借手中的兵权和大贝勒代善的支持,终于夺得了后金汗位。他上台后,继续为集权中央进行斗争,直到雍正时期,王大臣会议才被军机处所取代。

原来,各旗军队,属旗主私有,旗主世袭,他们的子孙后代永为本旗旗主。努尔哈赤创建八旗时,就在子侄中进行权力分配:努尔哈赤自己控制正黄旗、镶黄旗;他的第二子代善,控制正红、镶红两旗;他的第八子皇太极控制镶白旗;他的第五子莽古尔泰控制镶蓝旗;他的长孙杜度控制正白旗;他的侄子阿敏控制正蓝旗。努尔哈赤对各旗实行利益均分,王大臣会议实质上也是权利平衡的会议。皇太极以手中兵权,独霸诸王而登上汗位,改变了八旗贝勒共同执政的分权局面,但军权私有性质仍未改变,调动军队,还必须各旗主同意,因此,皇太极仍不得不通过王大臣会议来商定军国大计。当皇太极于崇德八年(公元1643年)突然死去时,各旗主又一次展开了争夺皇位的斗争。多尔衮和济尔哈朗势均力敌,互不相下,最后共同辅六岁的顺治帝福临入关即位,暂时缓和了矛盾。顺治七年(公元1650年)多尔衮死,顺治帝亲政,多尔衮一派被处决、贬革。但军队私有制仍以不同形式存在着,各旗主凭借手中军队,争夺权利,王大臣会议仍然是权威性的军事中枢。

康熙、雍正继续改革,从根本上消除了旗主的军队私有制。规定各旗设都统、副都统,均由皇帝任命。把原来世袭王公旗主的性质加以改变:世袭爵位,不世袭旗主军权,规定王公无权干预旗务。除上三旗已由皇帝任命都统外,下五旗在一定时期,还难以排除王公贝勒的干预,所以雍正帝说:"五旗之人,竟有二主,何以聊生。"世袭旗主阻挠新任都统行使职权,促使雍正帝进一步对世袭旗主加以限制,规定他们不得已用旗内人员为侍卫,将他们的下五旗的护军撤回,禁止他们与原世袭的部属联系。这样就从各方面斩断了旗主私有军队的根源,改变了数十年难以改变的军队私有制。与此相适应,议政王大臣会议也自康熙开始逐步变质,成为参谋会议,至乾隆五十六年(公元1791年)最后废除。

经过数代皇帝的努力,终于使分权走向集权,军队由私有变为国有。尽管这种军队国有制不过是皇权的加强,但对军制而言,已是一种根本性的转变。

(2)军机处

雍正八年(公元1730年),皇帝为掌握西北军情变化,及时下达诏谕,设立了一个得心应手、不受任何干扰的军机谋划与指挥的机构,初名军机房,第三年改名"办理军机处"。这是继康熙十六年(公元 1677 年)设"南书房"后皇帝身边的军机组织。康熙时,选翰林入乾清宫南书房当班,替皇帝写谕旨、发布军政命令。并规定"非……上所亲信者不得入"。雍正成立军机处后,南书房即成为皇帝筹办文词书画的文事机构。至此,王大臣会议虽仍保留,但已不能干预军权。

军机处不是政府机构中正式编制,不像政府机构那样有一套传统的规章制度,而是独立于所有政府机构之外,根据皇帝诏谕对政府机构发号施令的权威性的御用组织,它无编制,无定员,无定品,无下属官署,由皇帝指定数名(开始三人,以后增加到五、七人,最多时十一人)满汉大学士和尚书、侍郎、京堂等兼任,这些军机大臣中,除一人领班外,没有什么具体分工,根据皇帝个人的意图办事。除军机大臣外,还有军机章京(又名小军机),也由朝官兼任。他们的主要工作是"掌书谕旨,综军国之要,以赞治机务,日常值禁以待召见"军机大臣不直接处理朝政,只有在军机处对皇帝献计策方案的义务。规定"亲王不假事权",主要是怕侵夺了皇帝的特权。但有时认为亲王更亲信可靠时,也时常打破这个规定。规定和打破规定,目的都是为了巩固和加强皇权。

军机处一方面向下传达皇帝意旨,一方面是汇合各方面情况,向皇帝汇报,不仅军事,而且涉及政治及其他"军国大事";"内而六部、各卿寺及九门提督、内务府太监之敬事房;外而十五省,东北至奉天、吉林、黑龙江将军所属,西南至伊犁、叶尔羌将军、办事大臣所属,迄于回裔诸属国,有事无不综汇。""综"的范围涉及全国上下,但它只对重大决策进行研究。由于"近接内廷,每日入值承旨,办事较为速密""速密",是对军机处高效能的概括。有关边疆军事情况的报告,各总督巡抚及将军直接送交军机处;皇帝诏谕如需迅速送至边关,一般不经政府其他机构,或令兵部按特种文件:"廷寄"加速传送。当时,驿站组织健全,各站都设有驿马,分站接力,按缓急分等级传送,有日行三百、四百、五百、六百里之分,有的甚至高达八百里;遇"廷寄"特件,谁也不敢稍有迟误。这样,皇帝的决策,得以及时贯彻执行,不仅表现出工作的高效率,而且与远在边疆的封疆大吏经常沟通联系。

(3)兵部

皇太极天聪五年(公元 1631 年)设兵部;顺治元年(公元 1644 年)设尚书(无定员,顺治五年,定为满汉尚书各一人);侍郎及其所属各官,逐步充实。满、汉、蒙古族官员分掌武选、车驾、职方、武库四个清吏司,大体与明朝兵部组织相同。但是,在王大臣会议起中枢作用时,尽管兵部尚书一职由贝勒王公岳托等担任,形成了"一人主之"的权威,但兵部只能按王大臣会议决定处理业务。在军机处成立后,更是听军机处号令行事。在人事制度上,仿明朝制度,文官归吏部;"武职隶兵部,八旗及营、卫官之选授,武选司掌之",但除武科考选场合外,又规定八旗部队由有八旗都统衙门负责管理,兵部管不了八旗部队,只管绿营。绿营的兵册、编制、官职、管理、训练、武器装备等等完全由兵部负责。

容纳归附的明朝降军与降官,实行以满人为主体的以满、蒙、汉顺序和一定地主阶级联合统治，是清王朝在关外时逐步形成的政策，兵部的编制也体现了这一点。

如雍正时期，大学士兼理部务，尚书满汉各一人；左右侍郎满汉各一人；堂主事满四人，汉军一人；郎中宗室一人，满十一人，蒙一人，汉五人；员外郎宗室一人，满九人，蒙一人，汉三人；主事满四人，蒙一人，汉五人；司务满汉各一人；缮本笔帖式十五人，均为满人；笔帖式满六十二人，蒙八人，汉军八人；堂书八人，经承六十五人。此外还有额外郎中、员外郎、主事及七品小京官，都无定员。除额外人员外，总人数是二百二十一人。

康熙三十年(公元 1691 年)曾设盛京兵部，管理盛京省的军事、武职官的铨选及邮传等事，其编组较兵部小，光绪三十一年(公元 1905 年)裁撤。

(4) 太仆寺及侍卫处

在中枢机构中与军事有关的单位，尚有太仆寺、侍卫处。太仆寺是掌管牧马事务的机关，初无专署，附于兵部的武库司。雍正三年(1725 年)独立建衙办事，设满、汉卿各一人，满、汉少卿五人；乾隆四十四年(1779 年)派大臣一人兼管。到嘉庆十三年(1808 年)，又停派兼管大臣，规定为满、汉卿各一人(从三品)，少卿满、汉各一人，员外郎满、蒙各二人，主事满、蒙各二人，满主簿一人，笔帖式十六人，经承、厅书、司书九人，共三十八人。凡遇皇帝出巡，太仆寺卿、少卿要"随扈"，管理车驾驼。其主要任务是管理边外(内蒙古)牧厂及一切马政事宜。

清初，八旗中的上三旗(镶黄、正黄、正白)，是皇帝亲自统领，并选其子弟中材武出众的(下五旗或汉人中挑选的，都入上三旗"行走")为侍卫，以领侍卫内大臣(官正一品，一般由勋戚大臣担任)统领。顺治元年(公元 1644 年)明确规定职官名额是：领侍卫内大臣六人，内大臣六人，散秩大臣无定员；一等侍卫(正三品)六十人，二等侍卫(正四品)一百五十人，三等侍卫(正五品)二百七十人，蓝翎侍卫(五、六品)九十人，除上述人员外，侍卫处尚有宗室侍卫一等九人，二等十八人，三等六十七人(雍正七年改增为九十人)；并设侍卫班领十二人，署班领二十四人，侍卫什长六十人，宗室侍卫什长九人，分辖各等侍卫。侍卫处选拔满、蒙八旗兵组成亲军营(满蒙每佐领下选二人，共一千七百七十人，以亲军校七十七人，署亲军校七十七人分别掌领。)

康熙时还设置御前大臣，与领侍卫内大臣共掌侍卫事务，其权位更重。御前大臣下直辖有御前侍卫、御前行走、乾清门侍卫、乾清门行走等官员。侍卫处还设有一般办理事务人员。

(5) 总理衙门及陆军部

鸦片战争后，清朝内忧外患纷至，谋求以资本主义办法自救，提倡所谓新政，亦即"洋务运动"，成立了总理衙门。原意是总理与外国事务的衙门，但由于西方势力的侵入，半殖民地社会逐渐形成，总理衙门成了政治、军事、外交无所不管的机构。其职官仿军机处体系，主要分大臣和章京两级；大臣有三种：一、总理各国事务的亲王、郡王、贝勒，由皇帝特简，无定额。二、皇帝特简的大臣，一般由军机大臣兼任,也无定额。三、由内阁、各部院满、汉堂官内特简的大臣上行走,也无定额。大臣初仅三人,以后增至八、九人,最多达十二人。具体办事的有总办章京、帮办章京、章京、额外章京等,在满、汉官员中选任。

光绪二十六年(公元1900年),八国联军入侵中国,清王朝感到军备落后,企图改革官制,加强军备,遂改总理衙门为外务部,另设置督办政务处,以军机大臣领督办事,参与大臣无定员;光绪三十二年(公元1906年)改为会议政务处,隶内阁,以各部尚书为内阁政务大臣,其属员有提调、帮提调、总办、帮总办各二人,章京八人,委员二人。为统一军制,编练军队,还设练兵处,以庆亲王奕劻总理练兵事务,袁世凯为会办练兵大臣。练兵处设提调一人,下分军政、军令、军学三司,每司各设正使一人,副使一人,委员共十八人。光绪三十二年改革官制,练兵处并入陆军部。

改制后的陆军部实际由原兵部改称,练兵处、太仆寺并入,编组、人员则有所更变。

宣统元年(公元1909年)五月,海军处由陆军部分出,改为"筹办海军事务处",改设筹办海军大臣二,参赞一,下设参赞厅,军制、军政、军学、军枢、军储、军防、军法、军医八司。参赞厅设参谋官十人,各司分设司长、司副、科长及科员,额数由数人至十数人不等。此外,并有录事三十余人,总人数共有一百余人。次年,复改称海军部,改以大臣、副大臣负责,下设参谋官六人,参事官二人,秘书官六人及司电员、艺师、艺士、录事若干。将八司改为七司(取消军防司),各设司长一人,各司共有二十一科,设科长二十一人,科员六十人,司法官十人。另设主计处,计长一人,科长二人。各司处录事共有四十八人。

同年,军咨处也由陆军部分出,令贝勒载涛、毓郎二人负责,下设军咨使二人,机构改为总务厅及一、二、三、四厅和测地、制图二局。总务厅设副官一人,其余官厅设厅长、副官各一人。各厅下分三至四科不等,每科设科长、科员、录事等。测地局设班员十人;制图局设局长一人,科员二人。全处人数约为一百六十余人。宣统三年(1911年)军咨处又改称军咨府。

3.清代地方军事机构

清代地方军政机构,基本上沿袭明制,在京师及其附近州县设顺天府(京府),以盛京及其附近州、县为奉天府(留都)。两府各设府尹,其地位犹如各省巡抚,可直接向皇帝奏事。

全国划分为二十三个省,即直隶、奉天、吉林、黑龙江、山东、山西、河南、江苏、安徽、江西、福建、台湾、浙江、湖北、湖南、陕西、甘肃、新疆、四川、广东、广西、云南、贵州以及内蒙古、外蒙古、新疆、青海、西藏少数民族地区。

(1)各地区、省的军事机构

总督,为正二品官,加尚书衔的为从一品,是管理一个地区的最高军政长官,下辖一到数省。在其辖区内,文职道、府以下,武职副将以下都由其奏请升免,并有对外交涉之权。总督的辖区,有时小有变动,全国设总督前后有八个。

奉天、吉林、黑龙江三省,初各设将军管辖。光绪三十三年(公元1907年)都建为行省,改盛京将军为东三省总督,并兼管三省将军事务。

各省的总督,大都有兼衔。雍正元年(公元1723年)规定,除授为尚书兼都察院右都御史外,余均为兵部右侍郎兼都察院右副都御史,由此总督又有监察地方之权。

总督衙门的官属编制不见记载。总督除节制辖区的提督、总后的辖军外,还有自己的直属部队,名为"督标";一般为中、左、右三营,也有中、左、右、前、后五营的,还有的几省设有"城守营";其兵力有一千余人到四五千人不等,如直隶除中军五营外,另设有保定、涿州等六个城守营,闽浙还设有水师营和海防营等。

巡抚。为从二品官,是一个省的地方行政长官,兼都察院右副都御史,并多兼兵部侍郎衔(加衔后官为正二品)。巡抚综理全省军政。遇用兵,督理粮饷;乡试时,主考武科。各省巡抚,除多兼提督衔,以节制本省各镇总兵外,也有自己的直属部队,名为"抚标"。有总督驻在的省份,巡抚常由总督兼任。"抚标"一般为左、右二营,也有的多到四个营(担任城守、捕盗),如新疆兵力最多,达六千人。

省以下分设府、州、县,以知府、知州、知县等官管理民政。另设有道员,分理二至三府,介乎省、府之间,但系辅助官员,不属于一级机构。

与军事有关的省,还设漕运、河道衙门。

漕运总督。系正二品官,兼尚书的为从一品,由朝廷直接管辖。负责在沿江、沿海征收米粮,以水运直输京师;其衙门称"总漕部院衙门",驻江苏省淮安府,辖山东、河南、江苏、安徽、江西、浙江、湖北、湖南八省漕政。咸丰十年(公元1860年)后,并节制江北镇、道各官。漕运总督有亲辖的军队,名为"漕标",有中、左、右三营及城守、水师共七个营,兵力约三千四百多人,并节制有关省卫、所官兵。

河道总督。为正二品官,全国共设三人,也由朝廷直辖,即北河、南河、东河各一人;分管南、北河道疏浚、堤防事务。北河由直隶总督兼管,南河由漕运总督兼管,东河为专任,名为"河东河道总督"。河道总督也有直辖的军队,名为"河标",如南、北二河分由直隶、漕督兼管外,河东有本标中、左、右三营和济宁城守营以及运河、黄河、淮河、豫河四营,共有八个营兵力,三千余人。

以上督、抚等衙门多为清朝入关后所设置,其统领的部队也为绿营兵。

(2)八旗驻防衙门

八旗驻防衙门是驻防各省统御、坐镇的八旗官兵的衙门。顺治二年(公元1645年)清朝始派八旗官兵分驻顺德、济南、德州、临清、徐州、潞安、平阳、蒲州等地,以后陆续有增加,以镇守各险要之城隘。分驻地方的旗兵,以"佐领"为基层组织,其旗籍仍属在京之"佐领",因而军、旗籍是一致的。驻防旗兵各按城、隘设将军、都统、副都统、城守尉、防守尉等官以统御之,成为八旗驻防统御的定制。

①将军。为八旗兵的最高长官,系从一品官,其实权虽不如总督,但地位则高

于总督,如与总督同驻一地,会同奏事,就以将军领衔。将军都冠以驻地地名,所属兵力。全国共设将军衙门十三处,以辖区大小,各有不同。

②都统、副都统衙门

都统。官阶与将军同。清代驻防都统仅有两处,即张家口与热河。张家口都统,兼辖察哈尔游牧事宜,故又称之为察哈尔都统;共有官兵一万九千多人。热河都统,兼管木兰围场及游牧事宜,共有官兵八千七百多人。

副都统。为正二品官。其驻守地区设有将军的,由将军兼辖;未设将军的,副都统则为独立军事长官,设有衙门,防务问题直接向兵部汇报,并可直接向皇帝奏事。独立的副都统有:

密云副都统。兼管昌平、顺义、三河、玉田、古北口等处驻军,共有官兵二千六百人。

青州副都统。兼管德州驻军,共有官兵二千三百多人。

山海关副都统。兼管冷口、永平、喜峰口等处驻军,共有官兵一千五百多人。

凉州副都统。兼管庄浪驻军,共有官兵二千三百多人。

归将军兼辖的副都统,全国共有二十九个。有的与将军同城;有的各领兵一部,防守所驻之城,防务则统由将军筹划指挥。

③城守尉、防守尉等衙门

城守尉。为正三品官,负责重要府州防卫,全国有十六个。其中有独立驻防的保定、沧州、太原、开封四个;有盛京将军兼辖的开原、辽阳、复州、义州、凤凰城、岫岩城、广宁、盖州和绥远城将军兼辖的右卫及伊犁将军兼辖的古城共十个;还有青州副都统兼辖的德州和凉州副都统兼辖的庄浪两个。

城守尉所领官兵,一般为数百人,少亦百余人,但个别地方有超过千人的。

防守尉。为正四品官,负责防卫重要县、镇及关隘。全国共设防守尉衙门十八处。其中独立驻防的,有归将军或都统、副都统兼辖的。独立驻防的有直隶省的宝坻、东安、采育、固安、雄县、良乡、霸州七处;由将军兼辖的有盛京将军所辖牛庄(海城西)、熊岳城(盖平西南)两处;属都统兼辖的有张家口都统所辖独石口防守卫;由副都统兼辖的有密云副都统所辖昌平、玉田、三河、顺义、古北口和山海关副都统所辖永平、喜峰口、冷口共八处。

防守尉所领官兵,少至五十人,多至九百余人(如熊岳城),一般为一二百人。

驻在地方的军事衙门,除城守尉、防守尉外、尚有专城协领(从三品),多在东北地区,其性质同于城守尉。此外,尚有一般的协领,由将军、都统、副都统统领,办理一般防务。

除以上驻守地方的军事统治机构外,为统领水师营、火器营,驻守边境、陵园、围场,管理马厂,还另设总管,各负责其有关事务。

清王朝为统治蒙、回、藏少数民族,在朝廷设理藩院主持其事,在地方如内蒙古、外蒙古、青海、新疆、西藏地区,则派将军、都统、副都统、大臣等新近管理。但主要采取立各族王、公、贝勒为各旗(将各族人民编为若干旗)族长,使他们在清廷驻防大臣的监督下,管理本族事务的方式;有些地区则设文武土官,分属吏部与兵部,但受所在省区督、抚或将军、大臣等领导,以加强控制。

(3)军队领导体制

从以上地方驻军衙门的设立不难看出,以满族为主的清朝统治,在入关以后,以八旗兵、绿营兵为其主要军事力量,但在统治体制上,采用以满制汉、以文制武的原则,使他们相互制约,受命于清。

督、抚及漕运、河道所统兵员,为绿营兵,不能指挥八旗兵。而将军、都统、副都统、城守尉、防守尉则统率八旗兵,作为"驻防八旗",分驻全国重要地点,不受当地督、抚节制。但有的却可节制部分绿营兵。

各省虽以提督、总兵统兵,但军令则出自督、抚,即以文制武,防止武将专兵。当需大量用兵时,从各省抽调绿营,拼凑成军,由皇帝派经略大臣、参赞大臣为帅,统兵作战。战后,兵归原防,将回原任。为避免将领在一地掌兵过久,产生弊端,朝廷还定有限年更调的制度。

八旗兵为清朝嫡系,和绿营兵相比,处于特殊地位。如八旗兵主力用于禁卫京师与关外基地为主,驻防各省者少;绿营兵则多配置在全国广大地区。驻防八旗多系力求集结,扼守冲要;绿营兵则任务多样,驻地分散。满族大臣、将领可以指挥绿营而汉族将领不能指挥八旗。遇有战争,八旗兵、绿营兵会同作战时,绿营兵往往用作前驱,而八旗兵则处于督战或预备队的地位。此外,政治和生活待遇上,八旗兵都较绿营兵为优厚,成为八旗兵腐化颓废、战力衰减较绿营兵为早的原因之一。

4.八旗兵

(1)八旗兵的起源和兵役制度

八旗的起源是"牛录"。早在氏族社会的女真部落中,有一种自愿结合的牛录战斗体。牛录,系满文的音译,意为射兽用的"大箭"。"凡遇行师出猎,不论人之多寡,照依族寨而行……出猎行围之际,各出箭一支,十人中立一总领,属九人而行,各照方向,不许错乱;此总领呼为牛录额真(意即主)"兵猎毕,牛录散。女真族对外对内的作战,则利用牛录的形式,组成自己的部队。

明神宗万历十一年(公元1583年),努尔哈赤在统一女真族的过程中,就把牛录加以改造、充实、强化,成为固定的战斗组织。万历二十九年(公元1601年)规定每牛录编为三百人。努尔哈赤和皇太极先后对牛录的组织采取了许多措施:一是按照地缘为主,血缘为辅的方针组合,使各牛录内既有同乡也有同族,容易接受领导;二是招收零落分散各处的诸甲(自由民)归降,派遣强有力的领导组成牛录;三是对于率领众多人丁来投的酋长及蒙汉军将军,赐以高官,对其子孙则委任为牛录之主;四是对一些人户过多的牛录进行分编,对人户少的牛录进行合并,以男丁数为准,按满族三百、蒙汉族二百的人数标准进行调整;五是使牛录成为固定的社会组织,不准任意迁徙逃离;六是建立严密的管理制度,牛录设额真,后来改称佐领,负责牛录军、政、耕等一切管理工作,并有副职二人,称代子。将牛录的三百人分为四个塔坦(村或部落),由四名章京和四名拨什库率领,一名章京和一名拨什库管理一个塔坦的各种事务,和旗人"共同劳动,同出同行。"并制定奖惩制度;如"若兵丁甲胄弓箭刀枪鞍马等恶劣,则贬降牛录额真;若俱整修良好,军马肥壮,则升擢牛录额真。诸豫为立法,俾得遵循。"牛录的成员,出则为兵,入则为民。牛录之民,各有自己的耕地、牲畜和武装,有的包衣(家用奴隶)、阿哈(生产奴隶)在关外还不能成为牛录成员。牛录所属旗丁,是 15 岁至 60 岁的男子,也称"人丁""壮丁"。由于丁出自户,立户即存兵,除集合旗丁操练、出征,平时散处各户,参加社会活动,因而八旗成了兵农合一的社会组织,平战时都适用。

牛录数目日增,努尔哈赤管理的地区也日益扩大,势必成立牛录的上一级组织,以便于领导。万历二十九年(公元 1601 年)设立四个以不同颜色旗帜命名的组织,即黄、白、红、蓝四旗,分管各牛录。明神宗万历四十三年(公元 1615 年)进一步扩大为八旗,并完善了八旗体制;五牛录编为一甲喇,五甲喇编为一固山,共设八固山,每固山为一旗,旗的颜色,在原有四色基础上镶以不同的色边,即成为正黄、正白、正红、正蓝、镶黄、镶白、镶红、镶蓝八旗。各旗三级首领的官名分别为牛录额真(汉名佐领)、甲喇额真(汉名参领)和固山额真,固山额真即一旗之主。另设梅勒额真二人为旗主的副手。八旗统归努尔哈赤领导。努尔哈赤建立"后金"国,改元天命。成为与明朝中央政府相对立的地方政权。八旗兵此后在对明战争中续有发展。努尔哈赤死后,其子皇太极继位,崇德元年(公元 1636 年)称帝,改国号为清,建元崇德。先后增设了蒙古八旗和汉军八旗。先是将满洲八旗各牛录中的汉人,十丁抽一,组成汉军一旗,以黑旗为标志,由额驸佟养性统率。第二年,将汉兵改称汉军(满语乌真超哈)。到崇德二年(公元 1637 年)把汉军旗一分为二,以石廷柱为左翼固山额真、马光远为右翼固山额真。崇德四年(公元 1639 年)再分汉两旗为四旗,增加王世选、巴延两人为固山额真。到崇德七年(公元 1642 年)又增设四旗,共达汉军八旗。旗色与满洲八旗相同,也按三级编制。另外,在天聪八年(公元 1634 年)又从满洲八旗中拨出蒙古人编为二旗,次年扩编为蒙古八旗。满、汉、蒙各八旗,共二十四旗。当时清统治区约有八十万人口,其中二十四旗兵力占约十五万人,占人口数的 18%。

崇德三年(公元 1638 年),皇太极先后统一了内外蒙广大地区,把八旗制度推广到内外蒙及其他占领地区,人口和兵力也相应有所增加。

编入八旗的人户,称为"旗人",又称"旗下人";编入某旗即为某旗人,其子孙户口籍贯也按旗注册,八旗户口三年一调查,不许外籍人假冒入旗,也不许旗下人远离本人所属的牛录居住。

以旗为籍的八旗人和八旗兵,都按八旗固定的方位进行生活和战斗。正黄、正红、镶红、镶蓝与镶黄、正白、镶白、正蓝分别由北至南,依次相应,西、东对称排列;

其中正红、镶红与正白、镶白分别向西、东凸出并列，正黄与镶蓝、镶黄与正蓝分别靠内、南北对称排列；旗主面南为尊，居住时，按此固定关系位置设村寨，祭祀时按此分左右列班，战斗时分左右翼部署；在任何情况下，其方向、顺序都不许改变，否则，错乱顺序，被看成是重大错误。保持旗主的尊严，以旗主为核心进行驻屯或战斗，这是按旗定位的用意所在。

八旗军制兼有政治、经济和军事三种主要职能，而战备则是其中最主要的。

在保持八旗组织的完整性与严密性的基础上，实行"三丁抽一"，使八旗社会的兵役与战备稳定地结合起来。首先，在八旗制确立后，皇太极不断整顿，规定每旗辖三十个牛录，如多于三十个牛录，多的命以补各旗的缺额，这样，既可落实各旗牛录的编制，又可为"三丁抽一"的兵役制度打好基础；并规定；凡有隐匿壮丁者，"将壮丁入官，本主及牛录额真、拨什库等，俱坐以应得之罪。"

各旗定居之地的农业生产和手工业生产，为战备提供了粮食和兵器。弓箭鞍马由旗兵各家自备。一当征调，正丁随时可以应征出发，余丁和兵户还能继续从事生产或进行后方供应。各级指挥官（奴隶主），平时除了监督兵户劳动外，还监督旗兵练习骑射等作战技能。奴隶主和八旗兵世袭与八旗兵耕战结合，为八旗兵兵役制度。在关外，尽管连旗兵也有剥削奴隶而自己不劳动的，但兵户之家还是以生产为主，实行"三丁抽一"出征时，二丁留家生产，称为余丁；余丁要供应披甲出征现役人员的食物和其他战备物资；出征所获战利品也分给余丁。靠这种官兵世袭制，奴隶主官僚永享高官厚禄。兵士仍然靠兵户自给，而且还要自备粮秣战具，战具不良还要受罚。但由于不断有奴隶及其他战利品补充，这种"自给"和"自备"还是可以得到保证的。比明代招募为兵的军队，在制度上仍有优越之处。所以清帝皇太极把八旗制与明军做了一番对比。他说："明国小民，自谋生理，兵丁在外，别无家业，惟恃官给钱粮；我国出则为兵，入则为民，耕战二事，未尝偏废。先还之兵，俱已各整器具，治家业，深耕田地，牧马肥壮，俟耕种既毕，即令在家之人经理收获。伊等军器缮完，朕即率之前往"。每当征战，八旗中许多未及龄而不列正额的少年子弟"随伊家主于战阵之间则备力向前。到营则汲水造饭，夜则牧马匹"为了掠夺更多的战利品，"出战时，则将卒家有奴者，不限多少，自以其意，甲骑偕行"因此，不列正额的家人和奴隶也参战，这样，出兵人数往往超过规定数量。

如上所述，兵未离耕，耕为战备。在女真族尚未统一的奴隶制阶段，各地已摆脱渔猎为生的状态而开始了农业生产与一些简单的手工业生产。统一后的满族社会，由奴隶制向封建农奴制转化时，不仅有兵户、民户的生产，而且有庄园和"屯"；"计丁授田"的政策，产生了大量农奴户，生产较过去大为提高。努尔哈赤曾于明万历四十三年（公元1615年）实行过公粮的生产。他规定"每一牛录出男丁十名，牛四只，以充公差"，在旷地屯种粮食，"以增收获，储于粮库。"并且"委派十六大臣，八个巴克什办理记录此项粮食收发事宜"。这样生产储备的战备粮，与军户生产、自备的粮秣互为补充。除此之外，还发展养马业，充实骑兵；发展手工业，制造各种武器;并在能够生产铁的海西地区,炼铁成钢。统一以后,农业、手工业、商业进一步发展起来;在后金政权的第一个首都——赫图阿拉,"北门外则铁匠居之,专治铠甲。南门外则弓人、箭人居之,专造弧矢";当时的铁业是手工业的主要部门,可以制造大量的枪刀剑矛等步、骑兵武器及有关装具;还有,当时已能造船,后金政权成立的当年,努尔哈赤令每牛录出三人造舟,结果共遣六百人,在兀尔简河上游之森林刳舟二百艘,加强了运输补给与机动能力。与此同时,万历二十七年(公元1599年)开始的建州采矿冶铁业,也有了新的发展;进入辽沈地区后,当地的手工业又为军工生产提供了有利的条件;到天聪五年(公元1631年)皇太极利用汉人王天相等人研制的成果,造成了大型火炮,命名为"天祐助威大将军。"火炮的产生,标志着八旗兵战斗力的提高,此时,八旗兵不仅可以实行骑兵兵团的运动进攻,还能够组织炮兵对坚固筑城实施攻坚战。

八旗兵的三级编制以牛录为基层,固山为单位。这两级在建制上较稳定,权力上较集中。甲喇是中间机构,起承上转下的作用。当牛录数增多时,一个甲喇多达十余牛录,这时就要增设甲刺;因此,每固山的甲喇数可能变动,并非固定为五甲喇。

天聪八年(公元1634年),皇太极赋予甲喇、牛录两极以章京的官名,按汉官名称甲喇章京为参领、牛录章京为佐领。

八旗兵以骑兵为主,长于马战。据《建州闻见录》上记载说:"长甲八万余骑,步卒六万余名。"后来发展到"长甲十万余骑,短甲军亦不下其数。"另外,八旗还有炮兵部队,这是进入辽沈地带以后建立的,自由制的"天祐助威大将军"炮和得自明朝军队的"红衣大炮"多门组成。

作战兵力编成。小型战斗按情况不拘一格;大规模作战通常以旗为单位,并列行动;有时也按序先后行进或以若干旗为一翼两路或多路行动。如天命三年(公元1618年),发起对明攻势,分八旗为两部分,努尔哈赤率右四旗(正黄、正红、镶红、镶蓝)攻抚顺;另

努尔哈赤

以左四旗(镶黄、正白、镶白、正蓝)攻抚顺东南的东州堡、马根单堡等地。

行军和作战,以旗为先导。皇太极规定:"大军按队安驱,毋许喧哗,勿离旗纛"。

努尔哈赤和皇太极除直接指挥按各旗建制抽出的兵力进行作战外,还编成"巴牙喇"作为卫成部队,这种最高统帅的努尔哈赤的亲兵有五千余骑,各旗旗主也有人数不等的"巴牙喇"。

根据《八旗通志》初、二集《旗分志》统计,清军入关前共有 592 个牛录,其中满八旗的 310 个,每牛录 300 人;蒙八旗的 118 个,汉八旗的 164 个,每牛录均为 200 人。因此,满、蒙、汉各八旗的兵力分别为:

满八旗九万三千人;

蒙八旗二万三千六百人;

汉八旗三万二千人;

合计约十四万八千六百余人。此外,还有部分明降军、外藩蒙古兵、朝鲜兵和部分随征子弟、家奴,总兵力约可达二十万人。但实际能用于作战的不过十四五万人。

(2)入关后的八旗兵

顺治元年(公元 1644 年)清军入关。随着形势的发展,军制有所变化,不仅有八旗兵,还增加了绿营兵,在两支军队的配合下,完成了巩固清政权,统一全国的任务。但在使用上,仍以八旗兵为主,绿营兵为从。在配备上更体现了以八旗兵为核心的"强干弱枝"的原则。如八旗兵主力多配置在京师以及关外基地,其中满洲八旗兵则多担任京师禁卫任务,一部分驻防各省要地。

八旗兵有亲军、骁骑、前锋、护军、步兵五种,统称额兵,另有养育兵(即预备兵)。主要担负"禁卫""驻防"两项任务,"驻防"部署同如前述,其领导系统及编组叙述如下。

①八旗都统衙门

八旗都统衙门,为八旗兵的最高领导机构,它的职权,不局限于军事,凡户籍、民事统归其管理。每旗设都统一人(从一品)、副都统(正二品)二人,分管满、蒙、汉二十四旗的事务。

各旗人数不同,满旗中以正黄旗最多,为九十三人,正红旗最少,为七十四人。蒙旗最多三十人,最少二十二人。汉旗最多四十一人,最少二十八人。除以上额定人员外,另有随印房行走与随旗行走等散秩官,帮办事务,没有定额。衙门内设有俸饷房、马册房,俸饷房每旗由参领(一人)、章京(两人)、骁骑校(满、汉旗五人、蒙旗两人)管理本旗俸饷事务。马册房汉旗内不设。

八旗另有联合办公组织,名为"值年旗公署",简派各旗都统或副都统八人为值年旗大臣,并选派各旗司员若干,以共同掌管有关事项,年终向皇帝奏报。

八旗都统下属单位有:左右翼铁匠局、左右翼世职官学、汉军清文义学及十五善射处等组织。

左右翼铁匠局,每翼设二局,负责打造军器,由副都统、参领各两个分管,并配以必要人员。

左右翼世职官学,目的在培养十岁以上,十八岁以下的晋爵的世袭佐领,共四所,每二旗设一所。特派总理大臣十人(在满、蒙一、二品大臣内特简)、参领六人、章京四人、请书(满文)教习八人。骑射教习八人,负教管教。

汉军清文义学为汉旗军所独有,每旗一所,每佐领各选一、二人入学,学习清文及弓箭。

十五善射处,是专门管理官兵练习箭术的组织。清兵制规定,射箭弓力,以十五力为最高,故名"十五善射",由管理大臣一人(在都统、副都统或善射的五大臣内简派)、翼长两人管理习射事务。习射官兵、额定官四十五人、兵一百二十人,在善射的少年王公、文武大臣、官员、兵丁和闲散宗室内推选,每月习射六次。

②亲军营

亲军营是领侍卫大臣领导、归侍卫处管理的禁卫部队,其组成人数同前述,兵力来自上三旗和下五旗的满、蒙兵,各旗均在每佐领中选二人充实亲军营。

③骁骑营

骁骑营是八旗兵中的主要组织,天聪八年(公元1634年)规定随"固山额真"行营马兵为"阿礼哈超哈",这是最早的骁骑营。以后定骁骑营的兵为"马甲"。从满、蒙旗中每佐领选拔二十人,汉旗中每佐领内选拔四十二人,满蒙汉马甲共二万八千多人,满、蒙、汉军各自为营(驻防外地骁骑营则满、蒙、汉混合编组,由八旗都统分别统领)。此外,还有枪营、炮营及护炮的藤牌营,都附属于汉军各旗的骁骑营内。

骁骑营所用军器、火器、部分官发,部分照定式自制,按时点验。满、蒙旗的军马,自设官马圈派官兵喂养。

各营定期操演骑射、步射与合操,每三年检阅一次。

④前锋营

前锋营为禁卫军的组织之一,在满、蒙旗中选精锐者组成。满、蒙每佐领两人,满蒙共八百八十五个佐领,合计一千七百七十人。前锋营分左、右两翼,各以前锋统领(正二品)领之。左翼负责镶黄、正白、镶白、正蓝四旗官兵;右翼负责正黄、正红、镶红、镶蓝四旗官兵。前锋统领之下,各翼军官有前锋参领四人、委署前锋参领二人、前锋侍卫四人、委署前锋侍卫二人、空衔花翎四人,前锋校四十八人、空衔前锋校四人、委补蓝翎长四人,都是满族和蒙古族人员。

前锋营内,有半数人习鸟枪,名为鸟枪前锋。一般前锋设队长,鸟枪前锋设什长,都在前锋兵中挑选。每旗队(什)长六人,各领其众。前锋营有关章奏、文稿等事务,除设笔帖式外,其余人员,均在本营参领、侍卫、前锋校内选任。

前锋营的任务,主要是在皇帝出巡驻止时,在御营前后一、二里外担任外围警卫。

⑤护军营

护军营也是由满、蒙八旗兵中挑选精锐者编组而成。是皇帝的禁卫军,平时守卫宫殿门户,稽察出入。皇帝出巡,担任扈从;驻止时则担任御营警卫。

护军营的兵员,从满、蒙八旗兵每佐领中选十七人,合计兵力约为一万五千人,各旗自编为营。上三旗官兵,守护紫禁城内,下五旗官兵,守护紫禁城外,其每营的组织系统为：

统领（一人、正二品）——→护军参领（满营十人、蒙营四人）——→护军校（每佐领下一人）

各营自选部分官兵办理奏章、文稿事务。紫禁城内景远门，为主要出入门户，设值班大臣，由前锋统领及护军统领十人轮流担任；印务章京一人，由前锋、护军两营印务参领十人轮任；上三旗下五旗司钥章京两人，由八旗护军司钥章京（参领中挑选）轮任，掌司门禁，率值班官兵，守卫宫廷。此外，另设主事、署主事、笔帖式在宫内各门轮值为理文书事务。

⑥圆明园护军营

雍正二年（公元1724年），清廷在圆明园专设八旗护军营，设营总八人，分别统领各旗护军；又设内务府三旗护军营，与八旗护军营合称为"圆明园八旗内务府三旗护军营"（简称圆明园护军营），简选王公大臣统辖营务。其任务是保护皇帝驻园以及往来途中的安全。

圆明园护军营的组成，一部分从京城八旗护军中抽调，约为五千七百人，其中包括有护军、马甲和养育兵；另一部分为内务府三旗护军营（又称包衣营）约三百人，总兵力约六千余人。

圆明园护军营的统领官，为掌印总统大臣一人，总统大臣若干人，副护军参领十六人，署护军参领三十二人，护军校、副护军校各一百二十八人，护军参领、副护军参领、署护军参领各三人，护军校九人，副护军校三人；另设笔帖式四人随营总办理文书。

圆明园护军营附设有官学四所，镶黄、正黄、正白、镶白四旗共立一所，正红、镶红合立一所，正蓝、镶蓝二旗各立一所。

⑦步军营（步军统领衙门）

步军营是简称；它的全称是"提督九门步军巡捕五营统领"，因而习称为"步军统领"或"九门提督"。其组成有两部分，一为八旗兵中的步兵；另一为京城绿营兵中的马步兵（分为巡捕五营）。

八旗步军兵额，满蒙每佐领下步军领催二人、步军十八人，汉军每佐领下步军领催一人、步军十二人。满、蒙、汉共一千一百五十一佐领，共有步军二万一千多人。巡捕五营兵额，按所辖地区大小，兵额不等，中营最多，约为二千七百六十人，右营最少，为一千四百八十人，都区分为马兵、步兵、守兵；五营的马兵共五千八百人，步兵、守兵各三千人。因而步军统领所辖八旗步兵与巡捕五营马步兵，共约三万二千余人。

八旗步军营的营官，有翼尉、帮办翼尉各两人（左右各一），协尉、副尉各二十六人（满十人，蒙、汉各八人），步军校三百三十六人（满一百九十二人，蒙、汉各七十二人）。

巡捕营的营官，有副将一人，参将、游击都司各五人，守备十七人，干总四十六人,把总九十二人,补委二百零五人,副将只负责管中营,副将是"提督中军",中营为"提标";南、左二营归左翼总兵管辖,北、右二营归右翼总兵管辖。

步军统领衙门的主要任务,是京师的防守、稽察、门禁、缉捕等有关治安事宜,并兼有断狱、编查保甲等责任。防守城内的八旗步兵,按八旗方位分汛驻守,并以一部官兵,专任缉捕。巡捕五营,防守外城及京郊,并以中营任圆明园外围地区的防守。

内外城各城市,另设官兵守卫,负责门禁。内九门设城门领、城门吏、门子总各十八人,都为满籍人。外七门设城门领、城门吏各七人、门子总十四人,都属汉军籍。城门军共六百四十人,亦分满·汉籍,分防守内外城,另有炮手三十二人(每门二人)、骁骑营马甲三百二十人,协同防守。

清廷在京师维持封建统治秩序的禁令、规定,统由步军统领衙门执行。因而它除担任一般卫戍任务外,还具有近代宪兵、警察的性质,不同于一般军队。

步军统领衙门特设郎中一人、员外郎、主事各三人,办理章奏、文稿及审理词话,并设司务、笔帖式、经承若干人,办理文书、簿籍、俸饷、档案等事务。

⑧火器营

火器营有鸟枪及子母枪等火器,最早建立在康熙三十年(公元1691年),由满、蒙八旗每佐领下选择善习火器的鸟枪护军六人、炮甲一人组成,分鸟枪护军与炮甲两种。在城内的为内火器营,分枪、炮两营;在城外的为外火器营,专习鸟枪。内外火器营共有鸟枪护军五千二百多人(内有护军校、蓝翎长、队长各一百二十人,笔帖式十六人)、炮甲八百八十人,养育兵一千六百五十人(以备补充鸟枪护军),总兵数约为七千八百余人。

统领火器营的为总统大臣若干人(无定额,从王公、领侍卫大臣、都统、前锋统领、护军统领、副统领内派任),以掌印总统大臣一人为主。所有内、外二营,各设翼长一人、署翼长营总各一人、营总各三人、鸟枪护军参领各四人、副鸟枪护军参领各八人、署鸟枪护军参领各十六人,以分掌训练事宜。此外,由营内选派部分人员及额定笔帖式八人,办理各营文书事宜。火器营士兵除操练火器外,还要练习弓箭的步射和骑射。

⑨健锐营

健锐营系乾隆十四年(公元1749年)所建是由前锋营和护军营内选择壮勇一千人,参加征金川作战归来后组成的。营分左、右两翼,各设翼领一人,并简选王公大臣为总统大臣;翼领(翼长)之下,又各设署翼长前锋参领一人,前锋参领四人,副前锋参领八人,署前锋参领十六人,前锋校五十人;此外,尚有副前锋校四十人、蓝翎长一百人及笔帖式八人。

健锐营的兵额,曾有几次增加,到光绪年间,规定是满、蒙前锋二千人,委前锋一千人,养育兵八百三十三人。征金川时又带回藏人,编为"番子佐领",设佐领一人。防治一人、骁骑校一人领之。

健锐营以操练云梯为主,此外,也演练弓箭、马、步射和鸟枪、驰马、舞鞭、刀等技术。据《光绪令典事例》卷一一六八记述,健锐营也习水操,选前锋千人,在昆明湖操习,由汉侍卫十人、教习把总十人、水手一百十人担任教练及驾船。

文书事务由营内参领选设的笔帖式八人办理。

⑩神机营

清王朝在咸丰十一年(公元1861年)遭受英法联军入侵后,为加强京师守备,设立了神机营。当时极受朝廷重视,派王大臣为管理大臣(无定员),并以当时王公中权位最高的议政王(恭王奕䜣)为"掌印管理大臣;神机营的官兵。"均为各营中的精锐,因而成为当时旗营中素质最强的部队。

神机营管理组织的庞大,超过了当时的兵部:共有职官五百多人,远远超过其他各营。这既说明重视神机营的训练,又说明清政治腐败,借新政机构,任用私人,官职泛滥。

神机营共有马步队二十五营,分为左翼、右翼及中营,名为"威霆制胜队,"共有官兵一万四千多人。除上表组织外,在管理大臣之下,设有翼长三人,总理全营事务;还设有专操管带二十四人,帮操二十五人,营总四十一人,令官十七人,掌分辖各营的训练。各营按一定日程操演枪炮、技艺、列阵等;操演时,并绘图呈皇帝阅看。

八旗兵驻京师附近的兵力,是担任"禁卫"任务的主力。禁卫分"郎卫"和"兵卫";所谓"郎卫",即皇帝的各种近身侍从、侍卫;所谓"兵卫",就是京师的警卫工作人员;其主要兵力为"兵卫"。但"郎卫"地位较高。八旗各营兵力多少不一,组织层次不一,有的营编制组织不很严密,其特点是:不是先定出营内各级组织的统一编制,然后再按编制补人;而是根据大致所需兵力,按八旗佐领数平均分配名额,由各佐领各出兵员若干人,然后在不打乱各旗人员的原则下编组为营;所以编制极不统一。组成后的营,才是国家军队,由皇帝任命官将统领、指挥。八旗都统无权管理及指挥各营。八旗,仅仅是各营兵源的储备、补充机构。

(3)八旗的没落

入关后的八旗兵,以高贵民族自居,享有种种特权。其将帅军官,"世袭罔替","世袭诰命",儿女还有爵位,一代代承袭,永世不变,虽有失职也不受影响,即使犯法,也不受当地政府处理,只受旗内处理。过去在关外时期,以劫掠为能事的行为,到关内有所收敛;但对田庄农户的剥削,十分残酷,醉心谋求豪华生活。参领以上军官则是"广连阡陌",牲畜、财富和"壮丁"甚多;"大将则壮丁数十,连田数顷"。至于广大旗丁,则和将领不同,他们完全靠分得的少量土地,并必须执行频繁的军事任务,一定程度上也受着压迫和剥削。但八旗兵丁,家有奴仆者也较为普遍,他们所占的田地上,有农民的田庄,男女有农奴;因而"凡官属兵丁,富厚有力之家,得田每至数百晌。"顺治十年(公元1654年)下令将只有四名以下壮丁的出征旗丁田地退回,靠粮饷生活。月给饷银四两,军支粮米四十八斛,高出绿营兵丁一倍以上。由于官兵都醉心于安乐生活,组织训练都成形式。战斗力也就无从谈起。早在康熙统治时,就承认:"今八旗人民怠于武事,遂至军旅堕蔽,不及曩时。"充分说明八旗兵已经腐朽、没落。

5.绿营兵制和其兵力配置

(1)绿营兵的始起和发展

绿营,产生于顺治年间;八旗入关后,兵力不足,于是招降明军,改建为绿营。因满兵旗用黄、白、红、蓝四色,招降或招募的汉军,以绿旗为营标,故称绿营兵。八旗兵以骑为主,不利于在江南活动,使绿营逐渐替代八旗而成为清军正规军的主力。绿营完全由汉人充役,其兵种以步兵为主,也有部分骑兵和水军。

《清史稿》记有"绿营战功,自康熙征三藩时,用旗、绿兵四十万,云贵多山地,绿营兵居前,旗兵继之,所向辄捷。"实际上所谓四十万,主要是绿营兵。绿营兵是在战争中发展起来的,除归附和招降的明军外,以后主要来之于招募。绿营初无定额,视战争需要,时多时少,至康熙二十五年(公元1686年),有了较稳定兵额,到嘉庆时,用兵西南,兵力又大为增加,以后时增时减,但到光绪年代,绿营兵额仍达四十余万。清军夺占一地,就组建一批绿营兵,即所谓"国家之大事在兵,得一省即镇定一省。连络声势,既不烦于远调,呼应即灵;又不难于速灭,而久安长治之策,端在于此。"绿营兵在极盛时期,兵力多达六十余万,从平定三藩到鸦片战争时为止,为清军的主力,对清的统一全国和巩固统治,发挥过很大作用,但以后与八旗兵同样,逐渐腐朽,不堪一战,到咸丰十年(公元1860年)后,其地位逐渐为勇营兵制所代替。

(2)绿营的编制和配置

绿营的主要任务是镇戍,因而绿营的编制和配置,皆据镇戍需要而制定。原则是"按道里之远近,计水陆之冲缓,因地设官,因官设兵,既联犄角之声援,复资守御之策应"。清统治者将全国划分为十一个军事区,区的最高长官为总督,不设总督的区,则兼领提督的巡抚为最高长官;每个军事区管辖一至三个行政省,省的最高军事长官为提督或兼领提督的巡抚;省下分若干镇,镇的长官为总兵;镇下分若干协,协的长官为副将;协下设营(营亦有直属于镇的),营的长官为参将、游击、都司或守备;营下设汛,汛的长官为千总,把总或外委千总、把总。

总督(包括河道总督、漕运总督等)、巡抚、提督和总兵,除下属各单位外,都有自己亲领的直属部队,称为"标"。如督标、抚标、提标、镇标等。总督和巡抚,虽然身为军事统帅,但并非武官,并不直接统率军队作战。据《康熙会典》卷九十三记载:"国家军旅之事,专任武臣,……以文官监督,曰总督,曰巡抚"。绿营的最高武官长官为提督;绿营的战略单位为镇,基本编制单位为营。营以上各单位,都有自己的领导机关——衙门。据《乾隆会典则例》记载,当时全国共有六十六个镇,一千一百六十九个营。它们的配置和编制情况如下:

①提督衙门

提督。武职从一品官，比文职的巡抚高一级，为各省绿营最高长官，与督、抚并称"封疆大吏"。提督节制一个省的各镇总兵。各省有陆路提督和水师提督，其中设陆路提督衙门的省份有十二个，计为直隶（驻古北口）、江北（驻淮阴）、福建（驻泉州）、湖北（驻襄阳）、陕西（驻固原）、甘肃（驻甘州）、新疆（驻喀什噶尔）、四川（驻成都）、广东（驻惠州）、广西、（驻龙州）、云南（驻大理）、贵州（驻安顺）。山东、山西、河南、安徽、江西的提督由巡抚兼任。水师提督三人，计为福建（驻厦门）、广东（驻虎门）、长江（太平、岳州轮流作驻地）。兼辖水陆提督三人，计为江南（驻松江）、湖南（驻辰州）、浙江（驻宁波）。除巡抚兼任外，共专设提督衙门十八个。

提督所辖提标，一般是中、左、右、前、后五营，仅直隶为中、左、右、前四营，云南、四川为中、左、右、三营，贵州为中、右、前三营。除本标外，一般还有城守营及所属各协营。提督直辖、兵额不等，一般为五到八千人，但四川多至一万二千人，云南少至一千二百人。

②总兵衙门

总兵，为武职正二品官，管辖本标及所属各协、营，镇守本镇及所属地区，受本省总督及提督的双重节制。

据上表，全国水、陆总兵共八十三人，分布在十九个省区。水陆总兵所辖镇标，多少不一，约为二至五个营，个别镇为一个营。兵额也多少不等，小者一、二千人，多则四、五千人，福山镇最小，不足千人，但贵州的镇远镇则多达近万人。各镇除本标外，还辖有所属驻地各营。

③副将衙门

副将。武职从二品官。副将的职责一般有不同的两种，一是为将军、总督、巡抚、提督、总兵以及河督、漕督统领军务，称为"中军"；二是为督、抚、标、镇分险守要，统率"协标"，前者不另设衙门，但冠以"军标""督标""河标"中军等称号，以资区别。有此职衔的全国约十余人。担任统领"协标"的设备，分别为总督所属协两江、云贵各一人；巡抚所属协安徽、江西各一人，新疆二人；提督所属协共四十三人，其中直隶、甘肃、云南各一，湖北、喀什噶尔、广西各二，江西、福建、四川各三，湖南、陕西、贵州各四，浙江六，广东七。总兵所属协全国计七十四人，分别为江南、江西各一，河南、湖北、陕西各二，山东、山西、云南、新疆、四川各三，福建、长江各四，湖南、广西各五，甘肃、贵州各六，直隶、浙江、广东各七。此外，京师巡捕中营副将一。全国绿营副将共为一百三十七人，其中十九人，为水师副将。

④参将、游击、都司、守备等衙门

参将，为武职正三品官，直接统兵，其所属为"营"；如为巡抚、提督管理营务，则称为抚标中军、提标中军。全国计有抚标中军十六人，分别为山东、山西、河南、江苏、安徽、江西、福建、浙江、湖北、湖南、陕西、新疆、广东、广西、云南、贵州各一人。提标中军十六人，分别为直隶、江南、浙江、湖北、湖南、陕西、甘肃、新疆、四川、广西、云南、贵州各一人，福建、广东各二人。

全国"督标"所属各营参将十六人，分别为两江一人，直隶、漕运、陕甘、云贵各二人，闽浙三人，两广四人。"抚标"所属各营参将有三人，分别为江苏一人、新疆二人。"提标"所属各营参将共三十二人，分别为甘肃、云南、贵州各一人，直隶、江南、湖南、新疆、广东、广西各二人，福建、陕西、四川、长江各三人，湖北五人。总兵所属各营的参将共八十九人，分别为新疆、广西各二人，直隶、安徽、福建、湖南、四川、贵州各三人，长江四人，河南、江苏、江西、浙江、甘肃各五人，陕西、广东各六人，云南八人，山东、山西各九人。合计全国绿营参将共一百七十七人，其中五人为京师巡捕营参将，二十二人为水师参将（分布在苏、浙、粤及长江），其余都为陆路参将。

游击，为武职从三品官，低于参将，但职守与参将同；有总兵的中军官，以协理营务的，也有分统各营的。其人数较参将多一倍，约为三百七十人，其中四十九人为水师游击。

都司，为武职正四品官；其职守与参将、游击同，有任各协（副将）中军官的（称协标都司），也有分统各营的；其人数又多于游击，共为四百九十四人，其中有八十二人为水师都司。

低于都司的为守备，系武职正五品官；其职守为管理营务与粮饷，也有充参将、游击的中军官的。其人数又多于都司，共为八百八十七人，其中一百二十一人为水师守备。另有卫守备四十人，属漕运总督管辖。

守备之下，还有千总、把总、补委筹官，所属皆为"汛"。千总为正六品；把总为正七品；外委千总为正八品，外委把总为正九品。千总数，陆路为一千五百四十三人，水师为三百二十四人（另有卫千总五十一人属漕督）。把总数，陆路共四千一百九十三人（并有外委三千三百六十一人），其中水师七百二十二人（并有外委二百三十人）。

绿营既是"按道里之远近，计水陆之冲缓，因地设官，因官设兵"，所以不论是镇、还是营，除福建的金门、海坛两水师镇编制完全相同外，全国其他六十四镇都不相同。《康熙会典·镇戍》阐述绿营编制原则说："凡天下要害地方，皆设官兵镇戍。其统驭官军者曰提督总兵官，其镇守一方者曰镇守总兵官。其协守地方者曰副将，次曰参将，又次曰游击，曰都司，曰守备，或同守一城，或分守专城。下及千总、把总，亦有分汛备御之责，皆量地形之险易，酌兵数之多寡"，例如大同镇额定士兵一万八千六百八十七名，下属分防营三十一个（不包括镇标二个营），而云南永北镇额定士兵仅一千九百五十三名，只有镇标三个营，设有分防营，又如太原城守营额定士兵一千二百五十三名，而君子堡营（属宣化镇）额定士兵仅五十名。至于汛的人数，多者数十人，少者仅数人。

以上是绿营的平时编制。战时则从各镇中抽调官兵，集中使用。但由于清代典章中从来没有战斗编组的具体规定，所以到后来甚至担任将帅的武官，有的也竟不知如何将这些分散、零星的部队编组起来。清初洪承畴担任五省经略,调集各省绿营兵进攻西南时,曾提到过战斗编组原则,他说:"各标各镇各省各营有五百,有三百,数似零星。而本标与本镇可以相合,本省内有各营可以相合。临时统以大将,偏裨马步各成营伍"。根据他的说法,是以镇为单位,将本镇兵马分编成营,基层单位,基本上要打乱从新编组,然后按省将各营集中成军。

绿营士兵有马兵、步兵、守兵之分。对马兵而言,步兵、守兵都是步兵;对守兵而言,则马兵、步兵都是战兵。三种士兵在营中的比例,各时期、各地区不尽相同。清初"原定经制马三步七",后因各地地理条件及作战对象等各不相同,兵部通知各省,"听各该省督、抚,酌量地方情形,通融衰益。"如江西全省及安徽抚标为马一步九(江西在平定三藩时改为马二步八),而陕、甘两省为马六步四。

将士兵区分为马、步、守三种,还具有分等定级的作用;马兵的地位、待遇最高,步兵次之,守兵最低。左宗棠就说过:士兵"所以必分三项者,留此等级,升降之间,可资激劝。"因而水师虽然不用骑兵,但依然分为马、步、守三种。

(3)绿营的统驭

清统治者吸收了宋、明王朝统治军队的历史经验,对绿营的统驭,制定了一系列的规章制度,以避免统兵武将拥兵跋扈,保证军权的高度集中。

总督、巡抚为一个军事区或一省的军、政长官,有监督和调遣绿营的权力,并有奏请改定营制、任免副将以下武官的权力。但决定权在于中央兵部及皇帝。所以《清朝续文献通考》说:"……督、抚分任各省兵政,其全权实操于部。故疆臣奏事,虽直达天听,必经部核乃办。其批交部议之奏,部臣仍得奏驳撤销,此实集权中央之明征也"。

提督、总兵为直接统率和指挥军队的武臣帅、将。在清初统一战争中地位相当重要,但在战争基本结束后,即实施了"以文制武"、即以文臣的督、抚监督和节制武官的提督、总兵,并"减提督,增总兵,分一镇为数镇"的措施,以达到"无尾大不掉之患"的目的。

为了不让统军官将久在一地、与士兵建立过密的从属关系,清统治者接受了南赣巡抚刘武元的建议,建立了"将皆升转"的制度。刘的建议说:"夫将者,三军之所恃以动也。……能摧坚克敌、屡著功绩者,即当加以优赏,别为升擢。……然将可升而兵不可调也。今之将官,素养悍卒,自备壮马,凡有不测,一呼即起,……有功者亟当升调,然升一将,即补一将,充其缺而统其兵,一转移间,则耳目新而骄悍驯,得免召衅之虞矣"。绿营规定除千总以下的下级军官外,守备以上的武官,升官后即调离本单位,到新的单位任职,更不许士兵随军官调动。另外,为避免统兵官将利用乡里关系造成地方、私人势力,还建立了"回避"制度,规定副将、参将等高级军官,不能在本省任职;游击、都司必须在本籍五百里外地区任职;守备必须在宗籍所在府以外的各府任职;并规定士兵因功升为军官时,不能在本营任职,如左营马兵升为外委把总,必须在右营或其他营任职等等。

（4）绿营的兵役制度

绿营兵源，清初时主要来自归附的明军，以后则为招募。有关兵役的主要制度有以下三点：

①终身制。士兵一经入伍，即编入兵籍，成为职业军人，终生不能更动。应募入伍虽出于自愿，但入伍后却没有退伍的自由。兵籍由兵部掌握，裁撤和调动兵籍，都必须经兵部批准。绿营士兵年过五十，因体衰力弱不能从事教练和作战时，则解除现役、撤销粮饷；如家中有子弟在营，则月给养老饷米三斗，如没有子弟在营，则月给守兵粮一份养老。因作战受伤或患病致残的，不受年龄限制，按上述标准发给养老粮。

②土著制。清制规定，绿营士兵一律募本地人充任，不得由外来或无固定籍贯的人充当。这是因为家庭在驻地附近，士兵一般不敢违犯军纪，害怕牵连家属。清统治集团认为这样可以减少士兵反抗的潜在危险，易于管理和控制。清初归附的明军和战时在各地招募的士兵，经过整编，分配在固定驻地后，士兵皆领带家属同至营地居住。各营都冠以驻地名称，如大沽营、永清营等；在正常情况下，该营即永远居于该地，不再改变。当部队奉令调出本省作战时，伤亡损耗的数额，一般也要通知本省，在原营所在地募兵送前线补充。

③余丁制。绿营士兵的升级，是按守兵升步兵，步兵升马兵，马兵升额外外委把总的顺序实行的。额外外委具有初级军官的身份，但仍担负马兵职守，类似预备军官，以后再升为外委把总时，才是真正的军官。另外，各营按额定人员数，规定一定的比例，发给马兵、步兵的部分子弟每月五钱饷银。拿饷的子弟，称为余丁，当部队奉调出征时，余丁要随营出发，担负杂役和部分运输工作。余丁年满十六岁后，如遇营中守兵出缺，可参加考试，考试及格，即可补为守兵。因而，余丁实际即预备兵。绿营本来实行的是募兵制度，但由于余丁制的实行，情况发生了变化。战争频繁时期，作战损耗极大，募兵补充仍为主要手段；但当长时期不作战时，自然损耗较少，而余丁数目往往超过淘汰、升级的守兵数甚多，于是守兵的缺额多由余丁考补，不需另外在民间招募。以致不少绿营士兵，数代当兵，形成"亲族相承，视同世业"，"及如世及"。但从兵役制度来说，绿营实行的仍为募兵制，并非世兵制。

6. 勇营为主的湘、淮军军制

太平军自广西起义后，由于八旗、绿营朽弱，无法抗击太平军的进攻，清军连败。清统治者遂号召地方官绅兴办"团练"，以保卫地方；另拨款给八旗、绿营募集乡勇，以充实军力。湘军就是大官僚、大地主曾国藩在湖南湘乡团练和江忠源的"楚勇"以及湖南各地团练的基础上发展起来的。曾国藩募团丁为官勇，建立一系列营制，厚给饷银，以作号召。咸丰十年（公元1860年），绿营在太平军打击下瓦解，清廷就依靠湘军和仿湘军营制的淮军以及各地勇营镇压了太平军、捻军的起义，从而替代了八旗、绿营兵的正规军地位，这在同治、光绪两朝，延续近三十年。

第二次鸦片战争以后,西方资本主义在中国影响扩大,特别是太平军先于清军装备了成批的洋枪洋炮,使清廷的许多统军将领感到改善清军武器的迫切性。深刻的民族矛盾和尖锐的阶级斗争,更促使朝野有识之士萌发变革图强的意识。于是学习西方"长技"以求"自强"的洋务思想应运而生。清廷最初的自强活动,目的是"剿发逆","勤远略"。即对内镇压农民起义,对外抵御外侮。认为太平军、捻军是"心腹之患",因而初期的自强活动,主要是为了镇压太平军。同治三年(公元1864年)太平军失败后,才将侧重点转移至抵御外侮方面,企图解决"长久之患"。所以最早出现的,是在上海、宁波地区建立的洋枪队,并购买和仿造洋炮、轮船铁舰,开始了近代化军队的建设。

(1)湘军的编组和指挥

湘军是曾国藩所创建的地主阶级军队。虽忠于清廷,反人民坚决,但由于其采取兵自招、将亲选、先选将、后募兵的组编方式,再加上同营多为乡里、亲故,特别是粮饷就地自筹等,使湘军成了曾国藩的私有军队,湘军只听命于曾国藩,朝廷只有通过曾国藩才能指挥。这种兵为将有、朝廷兵权下移至将帅的状况,不能说不是清代军制的一大变化。

用曾国藩自己的话来说:"勇营之制,营官由统领挑选。哨弁由营官挑选。什长由哨弁挑选。勇丁由什长挑选。譬之木焉,统领如根,由根而生枝、生叶。皆一气所贯通。是以口粮虽出自公款,而勇丁感营官挑选之恩,皆受其播惠,平日既有恩谊相孚,临阵自能患难相顾"。他不讳言运用私恩,他的选将以及他个人受朝廷宠任皆同一旨趣;这一方面反映了当时清廷在太平军凌厉的攻势下,束手无策,追不得已将军权委之曾国藩;一方面说明了地主集团利害的一致性。

湘军选将任官,除以宗族、同乡、亲属为主外,重要统领,多用文人,甚至营官文人也占有半数,这是为了以文制武。湘军选勇则仿明朝戚继光之法,重在籍贯户口;以农村朴实农民为主,不要城市游民,原因不外是农民便于统驭;正如曾国藩所说:"军营宜多用朴实少窍之人,则风气易于纯正。"规定招募条件是:"须择技艺娴熟,年轻力壮,朴实而有农民土气为上。其油头滑面有市井气者,有衙门气者,概不收用。"

湘军的编成早在咸丰二年(公元1852年)太平军由广西入湘时,湘乡知县朱孙诒就组成湘勇中、左、右三营,每营三百六十人,曾国藩以其为基础,扩充到六千人,在镇压太平军作战中,屡立战功。此后,规定地方士绅普遍办"团",训练乡民;曾国藩在长沙办"练",在各县曾经训练之乡民中,择其壮健的加以集中训练或利用基础较好的乡团加以扩充编练,组成湘军,统一指挥。在曾国藩入省办团练之前,湖南各地都办有乡勇,其中以秀水江忠源所办楚勇最为强悍,江死后,并入湘军。

到咸丰四年(公元1854年),湘军营制基本确定,计陆军五千余人,分十三营;其中满五百人的为大营,不足五百人的为小营。又在衡阳、湘潭造船,并就地招募水军五千人,分为十营,即前、后、左、右、中为正营,又各设一副营,正营旗用纯色,副营旗加镶别;水军共有各色船只五百余艘。炮五百余门。湘军随着军事上的需要,不断扩充,到同治三年(公元1864年)攻取南京时,已号称十万。

勇营制因其私兵性质所决定,凡遇易将,整个营就须解散重建,胡林翼曾说:"凡勇营总要撤后另挑乃服管束,不可就现在营伍而易将。"王闿运在《湘军志》中也说:"其将死,其军散,其将存,其军完",这是湘军组织上的特点之一,也是最大的弱点。

湘军无论水、陆军,都以营为单位。陆路营初以三百六十人为一营,后增为五百人为一营;营以上设统领,亦即曾国藩亲选之将,其所属官兵,皆将自选自募。正如上述,统领听辖营数由几个营到几十个营不等。各统领通常以代号区别,亦称"营";如鲍超为"霆字营",唐训方为"训字营"等等,有的因为营数过多或因作战需要,统领下设"分统"一级,但这属于一时的作战需要,不是固定组织。统领直接听命于大帅,均总于曾国藩个人,后因战区扩大,湘军征战各方,不得不设各路(方面)统帅,因而帅也就不限于曾国藩一人了。统帅部设一定机构,以办理指挥、后勤诸事宜,其中包括营务处,粮台以及厘金、制造、支运、转运各局。粮台下又设八个所,以分管文案、银钱、军械、火器、侦探、发审、采编等事宜。统领级的指挥机构编组如何,史料无明确记述,据分析应设有与统帅一级相应的指挥和后勤机构。

全营正额官勇为五百零五人,规定每百人可用长夫三十六人,五百人共用长夫一百八十人,因而全营官兵夫共约七百人左右。

湘军水师营的编制。在湖口战役前,以快蟹船一为指挥船,由营官领之,有桨工二十八人,橹工八人,舱长一人,头篙一人,舵工一人,炮手六人。下辖正哨一、副哨一,正哨有长龙船十艘,副哨有舢板十艘。长龙船每艘有桨手十六、橹手四、舵工一、炮手二;舢板船有桨手十、舵工一、炮手二人。全营官勇共为四百二十五人。湖口战役后,湘军水师受挫,快蟹、长龙、舢板被分割在内河和外江,快蟹、长龙不能直接参与战斗,仅供舢板弁勇食宿和存储器械、食物之用,水师营于是裁去快蟹,并减长龙为八艘,增舢板为二十二艘,合三十艘为一营。水师在镇压太平军作战中起过较大作用,这是因为使用水军既可截击太平军水上行动,又可运载兵力进行机动,运送粮械补充沿江各地湘军。于是,曾国藩在衡州、永州征集船工设厂造船,规模日大,快蟹、长龙、舢板等船种都可就地生产、补充、更新,修理也较方便。相比之下,太平军以民船为主,武器装备和船的战斗性能均较差。在长江流域作战,能否利用长江、控制长江,是一个十分重要的问题,解决这一问题的根本在于建设一支适合长江流域特点的既可独立作战,又能乘载、运输的机动部队。太平军进入长江流域后,组建了水军,并曾一度掌握了水上优势;但主要是用在水上运输,缺乏船舶的制造、修理和改进力量,因此,当曾国藩水军进入长江流域后,太平军的水上优势逐渐丧失,影响了整个战局。而曾国藩则被人评为:"考战绩以水师为著。"

湘军后期,一度筹建骑兵,也以营为建制单位,每营设营官一人,设中、前、后、左、右五哨,中哨由营官自领,设副哨官二佐之;其余各哨,设正哨官一、副哨官一;

每哨辖五棚,每棚设什长一、骑勇十、伙勇一;全营官勇共二百九十二人,配马二百九十二匹,但因筹建较迟,没有发生多大作用。

湘军除以封建关系建军外,另一手段就是厚其官勇待遇,其薪俸高出绿营官兵数倍,且口粮兵饷、办公费用,均发给各营,定为制度,立为饷章。湘军陆军正勇每日粮银一钱四分,每月四两二钱,较绿营待遇最高的马兵粮银多一倍,比陆军的战兵多三倍,比守兵多四倍。除个人生活需要外,还可资助家庭之用。各级军官的待遇更显得特殊优厚,营官,每月给银一百五十两。并规定:凡统兵至三千人以上的,每月加银百两;统兵至五千人以上的,每月加银二百两;统兵至万人以上的,每月加银三百两。虽然所加银两名义上规定用于公费,却大部分入了各级带兵官私囊。营官周凤山带兵不到三年已成富家;水师统将彭玉唐攻陷天京时,私囊银近六十万两。胡林翼夸扬说:"不宽博,不足以养廉耻"湘军将领克扣兵饷更狠毒,亲历湘军之实的王闿运在《湘军志》中说:湘军军官,统五百人的营官岁入三四千两;统万人的统领岁入六万两;还标榜是廉将。从上说明,湘军的一时逞强,很大程度上是靠搜刮劳动人民的血汗钱,并以此买兵买将而得以镇压劳动人民的。

(2)湘军的裁撤和影响

湘军的裁撤,始自同治三年(公元1864年)。距湘军攻占南京十七天,首先将围攻南京的曾国荃部五万人开始解散;次年,十二万湘军除水师改编为长江水师,江西、南京等地留屯部分勇营任"防军"及左宗棠带赴西北一部外,绝大部分解散回乡。湘军的裁撤有多方面原因:一是镇压太平军的任务基本完成,清廷疑忌曾国藩兵权太重;二是曾国藩以解散湘军求得清政府信任;三是湘军官勇连年在外作战,士气已减,内部有哥老会、天地会组织进行反抗,且常有抢粮台、闹饷之事发生;四是淮军已经可以继续完成镇压太平军、捻军任务。到同治七年(公元1868年),曾国藩作直隶总督时,湘军已经不存在了。

湘军虽已裁撤,但其营制对清军的影响是深远的。从此以后,清军始终没有改变将帅专兵的局面,一直延续到北洋政府的军阀割据。在军制上,自同治后到光绪中日甲午战争结束,各省防军的营制、饷章也均如湘军制度,为以后清军的近代化打下了一定的基础。

湘军水师按绿营编制改编为经制长江水师,设提督一人,制兵一万二千人。直辖五营,驻安徽太平府(当涂),下辖总兵四人,分驻岳州、汉阳、湖口、瓜州。每一总兵下辖水师四营,惟湖口总兵下辖五营,并辖狼山镇标水师二营。总计二十四营。每营营官一人,以副将、参将、游击充任。每船哨官一人,以都司、守备、千总、把总、外委充任。船共七百七十四艘。战船的武器装备主要是火炮,此外还有"洋枪刀矛之属"。长龙船装有火炮六门,一千斤的首炮二门,七百斤的舷炮四门;舢板船,装火炮四门,八百斤的首炮一门,六七百斤的尾炮一门,五十斤的转珠舷炮二门。

(3)淮军及洋枪队

淮军脱胎于湘军,其营制、饷章、筹建方法均如湘军。淮军统帅李鸿章原为曾国藩幕僚,在曾的培养下,成为湘军的一路统帅。咸丰十一年(公元1861年),湘军占领安庆后,准备三路进逼太平军;即曾国荃沿江而进,左宗棠攻取浙江,李鸿章进援上海。为此,曾国藩命令李鸿章在安庆组建淮军。李鸿章以安徽地主张树声、张树珊、周盛波、周盛传、潘鼎新、刘铭传等团练武装为基础,加上曾国藩派湘军干将程学启、郭松林等带去的若干湘营和在淮南招募的部分兵员,组成了兵力达六千五百余人的淮军,次年即往援上海。这时正值解散湘军之时,而淮军则正在发展之中。曾国藩的"裁湘建淮",是一个即取信于清廷,又不放弃军权的策略,曾国藩寄希望于淮军,他寄信李鸿章说:"阁下急需多选统领、营官,日夜训练。鄙人所期望于淮勇者甚大。"攻克天京解散湘军时,他又告诉李鸿章:"湘军强弩之末,锐气全消,力不足以制捻。将来戡定两淮,必须淮勇任之。……淮勇气力强盛,必不宜裁。而湘勇则宜多裁速裁。"李鸿章的淮军在上海经过几年发展,发生了很大变化。按李鸿章同治四年(公元1865年)的奏疏所说,已经是"尽弃中国习用之抬抢、鸟枪,而变为洋枪队。现出省及留防陆营五万余人,约有洋枪三四万杆,……粗细洋火药月需十余万斤,均按月在上海、香港各洋行先期采买,陆续供支……又有开花炮队四营。"淮军五万多人的洋枪洋炮部队比十二万旧式武器装备的湘军,火力大大增强。李鸿章到上海受任江苏巡抚,由巡抚而至总督,继承了曾国藩拥军自重的地位。

但是,李鸿章不仅把淮军改建为洋枪队,还雇用外国人。组成洋枪队,以镇压中国人民。

外国人领导的洋枪队。有外国人组成的队伍;也有中国人当兵,外国人当官的队伍。洋枪队内虽有中国的管带官,但外国管带官主宰一切。洋枪队的外国管带官来自各国,武器弹药也来自不同国家;虽然由外国人训练和编组,但并未按哪一个国家的编制定型。同治二年(公元1863年),英国工兵指挥官戈登接统的"常胜军"洋枪队,军官有英、美、德、法、西班牙等国人。

李鸿章

根据资料记载,洋枪队步兵大部分使用滑膛步枪,有一小队使用来福步枪,其枪手都是精选而来,每步兵团三至四百人不等,其编制情况,因任务、武器和募勇情况有所不同;枪炮队有时混合编组,如驻常熟爱立司所统枪炮二队,共五百人,其中枪队四百六十人,炮队四十人。

"常胜军"在准备攻打天京时,号称兵勇五千六百人,由于当时的统带不服从调遣,李鸿章提出整顿"常胜军"计划,与英国水师提督商定了统带"常胜军"十六

条协议,其要点是限定兵勇额不超过三千人,由英国人任管带官,中国派员会同管带,英国管带要服从江苏巡抚的节制和调遣。但又规定如远出百里作战,必先与英、法两国协商。直到公元1864年五月,常州被清军攻占后,"常胜军"才宣告解散。

洋枪队军官全部为西人,士兵则为华勇;军官采用西方编制职称,管带官下设大佐、副大佐、少佐、大尉、中尉等官。洋枪队实行薪金制,管带每月薪金二百六十磅,大佐和副大佐七十五磅到八十五磅,其余按级略低,各级副官固定为三十磅。兵勇的薪金也超出清军士兵数倍。洋枪队的一切费用均由上海官商筹办。

洋枪队注重训练和装备改善。据《吴煦档案》记载:"其法,每枪炮勇八十余人为一排,此外,二兵官带一押,勇目执旗鼓总之,众勇鳞栉以进,行止疾徐惟管带兵官口令是遵,队伍井然,肃静无哗,操演时如是,出队时亦如是。枪炮、火药、炮弹及开花炸弹均系购自西洋,枪炮近贼始发,发则必中,或击贼之望楼。炮台,或击贼之火药仓,登时使贼惊溃。炮之大者能破坚城,数十发后无不开裂洞穿,便可长驱直进。未战以前,则必察看形势,某处排炮,某处列队,均能谋定后动。"淮军在它的影响下,也开始仿练"洋操",使用"洋武器",战斗力有所增强,成为后来镇压捻军的主要力量。

7.海军的军制

清代在同治元年(公元1862年)以前,虽有内河、外河两支水师,但力量甚微,只限于"防守海口,缉捕海盗,"以后为了加强海防,开始筹建海军,建立了福建造船所,以每月一千两银子的高薪,聘请法人日意格、德克碑为正副监督;但八年内,只造了大小十五只战船,且都是木壳船,马力小、吨位低。另外又以百余万两银子为代价,购买英国船舰,建立所谓"中英舰队",舰队的军官都为英国人;当开抵国境内后,清廷发觉上当,又花了一批遣散费,将其遣散了事。

但尽管如此,清廷筹建海军的这一阶段,毕竟还是训练了部分人员,成了以后海军发展的基础。

(1)海军的编组和指挥

初,清廷以南、北洋大臣分管建立海军事宜,在福建马尾设厂造船,上海的江南制造总局也开始造船;但因原料、技工都来自外国,价格昂贵,且只能制造一些小船,不足军用。因此,当时认为造船不如购船。光绪元年(公元1875年),李鸿章向英国购买四只炮船,取名"龙骧""虎威""飞霆""策电";南洋大臣沈葆桢也从英国购置四只炮舰,名曰"镇东""镇西""镇南""镇北";与此前后,粤、闽两省也从英、德、法、美购进"安澜""镇涛""澄清""绥靖""飞龙""镇海""澄波""建威""福胜"等舰。清廷计划在十年内建成"南洋""北洋""粤海"三支海军舰队。沈葆桢死后,李鸿章专一海军组建任务,设水师营务于天津,此时,清代海军已初具规模。

所谓海军,大体应有铁甲舰居中指挥,有快船以迎击敌舰,有碰船以冲击,有蚊船以守海港,有运船以接济饷械,有书信船、电讯船以资联络,有雷艇以发射行雷,有伏雷以封锁海域,有海岸炮台以支援海战,有岛港以屯驻军队,有厂坞以修整船舰。具备以上条件,才可有攻有守,进退有据。但此时清军海上力量不具备这些条件,还不能独立成军。直到光绪十一年(公元1885年),李鸿章在德国购进"定远""镇远"两铁甲舰及"经远""来远"两舰,在英国购进"致远""靖远"两舰后,北洋海军舰队才正式成军。

海军提督在山东威海卫建立衙门,在威海卫、旅顺建立屯军房舍及办公处所。左、右翼均以总兵任长,并兼管中军。左翼总兵委带镇远铁甲战舰;右翼总兵委带定远铁甲战舰。总兵以下,都规定住舰上,不另设衙门。副将五员,分任致远、济远、靖远、经远、来远五快船管带。提标中军参将一员,负责全军粮饷事宜;提标管轮参将一员,稽查全军轮机事务。左翼左营参将一员,管带超勇快轮;右翼右参将一员,管带扬威快船。至于后军各小舰,均以游击都司任管带,鱼雷艇以守备带领。各舰上人员都按等级派官任之。以镇远舰为例,其舰上负责人员:管带由总兵兼;游击二员,其一任副管驾,另一任总管轮;都司一员,任带带大副;守备七员,其中驾驶大副一员,鱼雷大副一员,枪炮大副一员,炮务二副二员,二等管轮二员;千总五员,其中船械三副一员,舢板三副一员,三等管轮三员;把总八员,其中鱼雷管轮二员,船面管轮三员,正巡查一员,正炮弁一员,副炮弁四员;此外尚有文案兼支应管、军医等人员。各舰按吨位大小、任务的不同,配备不同数量、官级的人员。

南洋、粤海方面船舰,仍因条件不足,未能成军。

甲午一战,北洋舰队全军覆灭后,清廷仍力图扩大海军,勉强从各国购置一些旧船,拼凑了巡洋、长江两个舰队,统一由海军部指挥。

在上列巡洋舰队的15艘战舰和长江舰队的17艘战舰中,都有中国造的舰船,但为数不多。除此之外,另外四十余艘中国造的船,只能作一般勤务之用。新舰队的人事、待遇等制度概同于甲午战前的北洋海军。

至辛亥革命前,晚清海军已有舰队、港口、船坞各厂和各种类型的学堂,形成了独立的体系。船坞及造船厂有:北洋大沽船坞、江南船坞福建船政厂坞、广东黄埔船坞和江南外海、长江、留防水师船厂及湖北汉阳船厂。

海军军港,除新建浙江象山港外,已有下列沿海军港:奉天省:营口;直隶:大沽口、秦皇岛;山东:烟台、龙门港、庙岛;江苏:吴淞、崇明;浙江:宁波、舟山、沙埕;福建:福州、福宁;广东:南澳、虎门。

为培养海军干部,清廷自同治五年(公元1866年),至辛亥革命前,办了各种学校。

(2)兵役和人事制度

清末海军的兵役和人事制度远比陆军严格,大体采用了英、德等国的办关办法。

士兵以招募为主,条件为:(1)年龄十六——十八岁,十八岁的身高要有四尺

·历代军制·

图文珍藏版

七寸;十六、十七岁的身高要有四尺六寸;(2)粗通文字,能自己书写姓名;(3)有父兄或保人画押作证;(4)刑伤罪犯不能应募。

因海军士兵待遇较优,故应募者甚多。招募时由练营学堂督操官或练船的管带官会同驾驶大副、医官三人目测选录。录取的新兵,先上练船训练,定为三等练勇,以后依序递升,年限到了,还要经过考试。

此外,船上工匠以及技术性较强的兵、其待遇还要高一些。如鱼雷匠月薪二十四两;电工月薪三十两;铁匠、铜匠、洋枪匠各为二十两等等。

海军军官约分为三类,即战官、艺官和弁目。

战官,一般指各船管带及大、二、三副等职;要求精于海军军事才识,并懂天文、地理、枪炮、鱼雷、水雷、帆缆、汽机诸学问,因而必须是水师学堂毕业生或是国外海军学校的留学毕业生才能胜任。艺官,指各船各级轮机人员;要求具有轮机技术的管轮学堂毕业或曾在国外留学轮机的人员充任。弁目,指各舰的炮弁、水手总头目等,负责船上枪炮、帆绳等的工作,正炮弁、正巡查、水手总头目均为把总职;一般由水手递升充任,但水手出身的人员,只能升至实缺千总为止,除非有战功或勤劳卓著,才能升调各省绿营水陆军中的都司、守备以上官职,或委带与作战无关的差船、运船。以上官属,各有系统,界限极严,不能逾越。战官的升转,则须按其任期时限、资俸等级升转。任期为担任本职的年限;资俸分三等:凡在铁甲快船、鱼雷艇外海战船服役的年限为外海战船资俸年限;其次为守口、练运各船外海常船的资俸;再次为内河资俸,凡内河驾驶各船或充当船坞、学堂、机器局任职的人员均属这一俸级。内河资俸二年,只抵外海常船资俸一年。

北洋海军还雇请了一批译员,担任学校教习或船上驾驶、船务、炮务等技术性工作,他们都享受高薪,但订有合同,可随时辞退。随着本国相应人才的增多,洋员逐渐减少,如北洋海军初成军时,主要战舰上还有五十多员,到光绪二十年(公元1894年),只余八员了。

(3)军令和军法

北洋海军规定,海军提督有统领全军之权,凡北洋兵船,无论远近,均归其调度,其上只受北洋大臣的节制。不管提督在哪个地方,所有兵船均由提督统一号令;提督之下,则听左翼总兵一人之令;左翼总兵之下,则听右翼总兵一人之令;右翼总兵之下,则听资深副将之命。

在同一驻地,练船、运船不论管带官职大小,俱听战船之命,如近无战船,则运船听练船之命。

各船管带官管理全船,船上官员兵夫均听从其管理指挥,搭船的官员,也应听管带官管理。

凡沿海陆路水师文武大员,如无朝廷节制北洋海军明文,兵船官概不得听其调遣。

管带官违犯军令,由提督报北洋大臣核处,轻则记过,重则分别降级、革职、撤任。凡记一过者,停资一月,记二过者,停资两月,记过三次者,停资三个月,遇提升之日扣除其资,资不足,不能提升。管带官以下属官,游击、都司、守备违犯军令,轻则由管带官予以记过、停资,重则报提督究办,分别给予降级、革职、撤任。其记过停资之法与对管带官同。凡副将以下,守备以上人员,被降级、革职处分,仍留任者,作署事论,官俸只支半薪;如本属署事人员,官俸只支四分之一,船俸则照支。凡船上千总以下从学堂出来的属官,如违犯军令,有记过、停资、降级、革职、撤任等处分,其中降级、革职、撤任的须报提督批准。凡船上千总以下由水手出身的属官,如违犯军令,由管带官了以棍责,无记过、停资处分,情节重的则降级、革职、撤任,也须报请提督批准。

对船上弁目、水手与无官职人员,如违犯军令,由管带官按情节惩处,有禁足(假日不准登岸)、鞭责、械击或革退等处分;凡水守逃亡者,抓回鞭责八十、监禁一个月;临阵逃亡者,斩立决。

(4)训练和战法

清末海军很重视干部的教育,办有各种类型学校,前已记述,其中主要的为水师学堂。海军各学堂招收的学生,要求很严,几乎都是十四岁至十七岁的"身家清白"的"大家子弟",除身体健壮外,还要求具备一定的文化程度,并由父、兄觅保送学堂考试;不是官绅、富豪的子弟,很难取得入学资格。水师学堂的学制为四年,课程有外语、天文、地理、算学、驾驶、化学、绘图等。当时北洋海军的中、上层干部多系清廷原在福建创办的福州船政学堂毕业生和到外国海军学习归国人员或随船学习过的人员,行伍出身的占极少数。

北洋海军的训练是:逐日小操,每月大操。入冬以后,全舰队南下与南洋、粤海海军合操。每隔三年,清廷派钦差大臣与北洋大臣出海检阅。小操是基本的、经常的,上下午都要操练,因而又称常操;常操又分舰内操和舰队操,舰内操主要是训练弁兵,使之掌握四轮炮、火炮、洋枪、刀枪的操法;舰队操是操练整个战船在应付各种情况时的协调动作,也就是阵法。

8.清末新军军制

(1)新军的源起和军制

①新建陆军和巡防营

公元1894年甲午一战,清军惨败,湘、淮军,防练军相继裁撤或因腐败而失去战斗力,西洋海军也告覆灭。对此,清廷以为日本所以制胜是"专以西法制胜",认为"一代有一代之兵制,一时之有一时的兵制,未可拟古剂以疗新病,居夏日而御冬裘也。"于是,从公元1895年起,清廷仿照西法,改革军队。

清末编制新军以代替旧军先由胡燏棻定武军开始。胡在小站(天津南七十里)招募壮丁,组成十个营,号称"定武军",即所谓"新军";从编制到训练方法,都模仿德国的办法。不久,胡调他职,清廷以袁世凯接任编练新军事宜。

"定武军"十个营,计有步兵三千人,炮队一千人,马队二百五十人,工程队五百人,总兵力四千七百五十人。袁世凯接办后,改"定武军"名为"新建陆军"(以下简称新军);裁汰老弱,加以整顿;又扩充步兵二千人,马队二百五十人,兵力达七千人。并拟定新军《练兵要则》《营制》《饷章》等。新军除正兵额七千人外,还有长夫、伙夫、马夫三千八百人。长夫不发兵器,不参加训练,主要担负辎重及营内勤杂事务,并作为正兵的当然候补人。

新军设有"新建陆军督练处",负责组训。该处设督练官一人和参谋营务、执法营务、督操营务、稽察营务五处以及分管供给及医务等机构;督练处直辖步、马、炮、工诸营,为督练方便,分设左、右翼,左翼负责步兵第二营,炮兵第一营;右翼负责步兵第三营,马兵第一营。

在创建新军的同时,张之洞在南洋也编组"自强军"。张当时任两江总督,从其卫队、护军中挑选二千八百人,组成步兵八个营、炮队两个营、马队两个营、工程队一个营,名为"自强军"。其编制与北洋新军略有不同;步兵营兵额二百五十人,分为三哨;炮兵营二百人,分为四哨;马队营一百八十人,分为三哨;工程营兵额只有一百人。其营制模仿德国,训练也骋德国人教习,并以德人任营、哨正官,而以清官任副职。这支军队,后因张之洞的去职,没有多大发展。

清王朝在试办新军的同时,也着手整顿地方军队,其着眼是编建新军以御外,整顿地方军以镇压国内人民。其办法是从绿营、练勇中挑选精壮,再招募民丁,编成巡防营,作为各省地方军。其编制、装备、训练,也尽量采用新制、新法,但干部多为旧军出身,士兵素质也次于新军,装备、训练和新军无法相比,因而巡防营多有名无实,和旧日勇营区别不大。

巡防营的编制,分为步队和马队。

步队。全营额定官、兵、夫三百零一人,分左、中、右三哨,每哨八棚,每棚正兵九名。

马队。全营额定官、兵、夫一百八十九人,马一百三十五匹,分为左、中、右三哨,每哨四棚,每棚正兵九名。

各省的巡防营,根据情况,划分为若干路,以中、前、左、右、后或东、南、西、北区分之,每路设统领一员、帮统一员;各营则设统带官统率。巡防营的经费由各省自筹,故饷章各省不尽一致,更不能与新军相比。清廷规定各省巡防营不能超过五路,每路不能超过十个营。巡防营的武器,也多为西式快枪,大部分是一八八八式毛瑟来复枪。据辛亥革命时(公元1911年)《中华年鉴》记载,全国的巡防营共有二十七万六千九百八十一人。

②新军扩展为北洋军

光绪二十四年(公元1898年),新军已初具规模,连同董福祥的"甘军"、聂士成的"武毅军"在清廷重臣荣禄(直隶总督兼北洋大臣)统御下被称为"北洋三军"。

义和团反帝爱国运动发生后,袁世凯的武卫右军开赴山东去镇压,袁被任为署理山东巡抚，袁遂趁机将山东旧军三十四营加以整顿，编成马、步、炮队共二十个营，兵力约一万四千人，名之为"武威右军先锋队"，并对营制有所改进，即将营与哨之间"队"一级取消，减少每营兵额，而增加哨的兵额，即营辖四哨，每哨九棚。这样一来，袁世凯的势力得到较大发展，在反抗八国联军侵华作战中，他又保存实力，避而不战，故当武卫军大部崩溃时，袁与左军马玉昆部却没有受多大损失。当时袁部兵力达二万人，成为清军最大的一支武装。光绪二十七年（公元1901年），李鸿章病死，清廷以袁世凯为直隶总督兼北洋大臣，为袁世凯后来成为北洋军阀首领创造了条件。

早在八国联军侵入北京，慈禧太后逃往西安期间，清廷实施所谓"新政"，其中军事方面就是"裁汰旧军，扩展新军"，肯定袁世凯、张之洞编训新军"成绩"，命豫、鲁、晋各省选派干部到北洋军学习新法操练，命苏、皖、赣、湘选派干部到湖北学习新法操练，然后各回本省编训新军。

清廷在光绪二十九年（公元1903年）起开始淘汰绿营，改革军制，在朝廷设立练兵处，作为督练新军的最高机构，以奕劻任总理大臣，袁世凯为会办大臣并负实际责任，铁良为帮办大臣。各省都设督练处（督练公所），由督抚兼任督办，统辖全省军队编练事宜。

光绪三十一年（公元1905年），清廷计划将新军扩展为三十六个镇（师），并就各省人力、物力以及战略需要，进行任务区分，限期编训完成。在编组过程中，一时无力成镇的省区，先组成混成协（旅），为编镇创造条件。混成协编制一般是辖步兵两标（团），另有马、炮标或营及工程、辎重营等。截至辛亥革命前，受人力、物力限制，多未能如限编成，已编成的，也多残缺不整。

京畿各镇实为北洋新军的核心，也是袁世凯所控制的主要军力；早在练兵处成立之前，袁就以"北洋军政司"督办名义编组"北洋常备军"，就是后来的第二镇。光绪二十九年（公元1903年），清廷又命袁挑选八旗兵二千五百人为基于仿"北洋常备军"建立"京旗常备军"，成为后来的第一镇。以后练兵处的设立，实为"北洋军政司"的发展，在清廷以为"京师居天下之重，京营强则风气易振，畿辅实则觊觎不生，建威销萌世自此始。"所以任袁尽量扩展，以操"居中驭外"之势。光绪三十年（公元1904年），袁以保定练军及亲军马、步各营为基础编成"常备军右镇，旋即改建为第四镇；在鲁、豫、皖三省募兵建成第三镇。此后，又以第四镇一部和武卫右军先锋队合编为第五镇，以第三镇的一部及武卫右军、自强军（1901年由苏调鲁）编成第六镇。"

光绪三十三年（公元1907年），袁世凯的亲信徐世昌被派任东三省总督，抽调部分北洋军，在东北编成第二十镇、第二十三镇。河南、江苏先后由北洋系军阀成立了一些混成协。从而使北洋军势力扩展到东北及鲁、豫、苏各省。也由此引起了清廷皇亲贵族的不满，并进言光绪皇帝和两宫太后，以"明升暗降"的手段，迫使袁世凯交出兵权，但因袁在北洋军势力已根深蒂固，实权仍操在袁手，故当辛亥革命爆发后,清廷仍不得不借袁之手,妄图扼杀革命。

上述可见,在已编成十余镇中,北洋军阀首领袁世凯控制的实占其半,其他受其影响者也不少,故编组新军实为北洋军阀势力的扩张阶段。

新军军制,以镇(师)为战略基本单位,指挥员称为统制;下设两步协,指挥员称协统;每协辖两个标,标的指挥员称为标统或统带;标辖三个营,营的指挥员称管带,副营职称帮带或督队官;营辖前、后、左、右四个队,队官称为哨官;每队三个排,负责者称排长,每排三个棚、棚设正、副目管理,下有正兵四,副兵八。如因任务需要,镇上设军,作为临时统御机构,其统帅称为总统或军统。

所有兵种每棚编制均为正、副目各一,正兵四,副兵八;兵种不同,各营编制略有不同,战斗官兵也有多有少。如步兵营共有官兵六百五十九人,其中战斗官兵五百二十二人,勤杂人员一百零一人,备补兵三十六人,每营有随营马车四辆,骡十二匹;骑兵营官兵三百三十七人,其中战斗官兵二百二十四人,勤杂人员一百四十九人,备补兵二十七人,全营战马二百六十四匹,随营马车四辆,驾车骡十二匹;陆军炮营官兵五百六十八人,其中战斗官兵三百九十二人,勤杂人员一百四十九人,备补兵二十七人,全营炮十八门(每队六门),弹药车十八辆,铁炉车三辆,零件车三辆,备用弹药车九辆,随营车六辆,马骡四百一十四(随营车用骡,其余用马)。一个镇共有官兵一万二千五百一十二人。

如设军时,其主官为总统官、总参谋官各一名。附属官为一等参谋官、二等参谋官、炮队协领官各两名,工程队协领官、护军官、执事官、总执法官、总军医官、总马医官各一名,一等书记官四名,书记长五名,司书生十八名,稽察官八名。

(2)人事、兵役制度

新军系诸兵种合成军队,从编制到装备,和旧军相比,有很大的跃进;因而对官兵的选用,要求也较严格,并制定了一些条例制度。但此时清朝统治已临没落阶段,政治腐朽,局势紊乱,所定制度未能确实执行。

新军军制规定,凡属军官,必须在陆军学堂毕业,并在新军中实习过;没有一定军事基础的人,不能任新军的军官。为培训军官,还设立随营学堂。各类附属官,如军需、军医、军械等人员,也要经过学校教育或专业培训。故新军官员素质远较旧军为优。在人事制度上,规定按资、绩依序升迁,新军官制采用西制参照原八旗军制,定为三级九等。

新军的编成,清廷曾试想实施义务兵与选募相结合的制度,在其《新军制方案》中,有七项是关于兵役制度的,诸如征集、人伍、复员、转役、军官退休等,都规定了办法,但都不能实行。其中所谓"分军制略"中提到"军分三等,一曰常备军。选土著之有身家者充之。……全饷三年,出伍是归原籍;一曰续备军。以常备军三年出伍之兵充之。分期调操,减成给饷,三年递退"。续备军人在备役期,每年集训一个月,发给全饷,余外各自谋业,给予每月"减饷一两"的待遇;战争时,根据需要征调,逃避的按军法从事;各州县设续备军管理官弁,按每百人一人设置。续备军二军后转为后备军,按续备军月饷之半待遇,役期为四年,第二、四年参加会操,待遇如上,管理官弁每二百人设一名,如不足一百五十人,则隶属于续备军官弁。后备军役满后,即转为平民,饷银停发。十年兵役始终勤奋从役的,可以擢任为初级官弁。此种兵役制度,需耗大量军费,当时清军军费,基本上为地方自筹,故难以实行,各镇兵员,仍是招募而来,不过条件稍严,要年龄在十六岁以上、廿五岁以下,身高在四尺六寸以上,凡五官不全、体弱、手举不能及百斤及有暗疾者不取;还要求来历清楚,应募时须报三代家口住址和指纹箕斗数目;凡吸食鸦片、犯有罪案和城市游民也不取。因农村经济破产,军队衣食有托,一部分农民,迫于生活,只得应募。

(3)新军的军事教育

早在新军未编组之前,北洋大臣李鸿章在天津创办过北洋武备学堂,选精悍灵敏有一定文化水平的弁兵和人员为学员,以德国人为教习,这是清末最早的新式军事学校,为以后组建新军培养了干部。光绪十三年(公元 1887 年),张之洞在湖北也设立水陆师学堂,水、陆师各招收学员七十名;陆师又分马步、枪炮、营造三科,三年毕业并择优再送往外国深造;张之洞"自强军"的干部,大部分出自该校。光绪二十一年(公元 1895 年),张之洞调署两江总督,又在南京创建陆军学堂,选择十三至二十岁的青年一百五十人入学,分马、步、炮、工程和炮台等科,学习期限三年,学习兵法、行阵、地利、测量、绘图、算术、营垒、桥梁等课程,操练马、步、炮各种阵法以及学习德语。光绪二十二年(公元 1896 年),张之洞回湖广总督原任后,又在湖北设立武备学堂;张认为过去各类学堂所收学员文化水平不高,社会地位低下,不能立即任为军官,因而该堂"专选文武举贡生员及监生、文武候补、候选员弁以及官绅世家子弟"。光绪二十五年(公元 1899 年),两广总督刘坤一也在南京设立练将学堂,在现职军官中,选调年富力强的入堂培训,并骋外国人作教习。

光绪二十七年(公元 1901 年),清政府肯定北洋、南洋所设军事教育机构,除责成酌量扩充外,还要各省督抚也设法筹建。光绪二十八年(公元 1902 年),袁世凯升任直隶总督兼北洋大臣,先后续建了北洋行营将弁学堂、武备速成学堂、北洋陆军讲武堂、陆军师范学堂和宪兵、军医、马医、军械、经理各军事专业学堂及电信信号学队等教育机构。为了培养高级军事干部和参谋人才,于光绪三十二年(公元1906 年)在河北保定设立陆军行营军官学堂,招收新军各镇中的现职军官入学,分速成及深造两班,每班人数七十名左右,以日本人任总教官,教以各种高等兵学。学制规定速成班一年半毕业,深造班三年毕业,到辛亥革命前,该堂速成、深造各毕业一期,以后北洋军阀政府追认它为陆军大学的第一、第二期,此为我国有史以来所建立的较高级的军事学校。

清政府在确定全国都组建新军后,感觉人才不足,军事教育制度庞杂,企图统一学制;遂令兵部会同练兵处(后改陆军部)参照外国军制,拟定了新的军事学制如下:

陆军小学:要求各省都要建立。招收十五岁以上、十八岁以下曾在普通高级小

国学经典文库

中国军事百科

·历代军制·

图文珍藏版

学毕业的学生入学(如原在各省武备学堂学习的学生,年龄可放宽到二十岁)。学习以普通课业及初级军事学术为主,三年毕业,为陆军中学培养合格的学生。

陆军中学:由陆军部直辖,全国共设四所。第一中学堂设在北京,专收京师、华北、东北陆小毕业生入学;第二中学堂设于陕西,专收西北各省陆小毕业生;第三中学堂设于湖北,专收西南各省陆小毕业生;第四中学堂设于江苏,专收华东各省陆小毕业生。学制为两年,课程以高级普通学科以及必要的军事学科为主。毕业后,即分入步、马、炮、工、辎重各队,为"陆军入伍生",准备升入陆军兵官学堂。

陆军兵官学堂:由陆军部直辖,为培养初级军官的场所,由各陆军中学毕业的"陆军"入伍生提升入学,教以各种军事学术,并以课堂、操场、野外训练等方式,进行军事教育。学制二年,毕业后,即分配到各部队任初级军官。

陆军大学堂:是培养高级参谋和指挥军官的学校,课业以讲授高级军事学术为主,学员在现职初、中级军官中选收。但有计划而未及建立。惟建有保定行营军官学堂,分深造、速成两科,讲授高级军事学术,以培养高级指挥和参谋人员。

以上学制,清政府虽先后举办,但已缓不济急;因而要求各省设立陆军讲武堂,陆军速成师范学堂等以培养、补训新军干部。陆军部也在河北保定办有陆军速成学堂一所,每年招收学生一千一百四十名,区分步、马、炮、工、辎重各兵科,实际即"陆军兵官学堂";学制二年半,选取年龄在二十岁以上、二十八岁以下各省武备学堂的学生入学;课程有普通学科、各军事专业学科等。毕业后,先分到新军各部队见学半年,然后遣回本省,以哨官(排长)任用;并选送其中部分成绩优异的到国外去学习,其中以送往日本的居多;此学堂在辛亥革命后,由北洋军阀政府接办,更名为"保定陆军军官学校",并追认已毕业的各期学生,为该校学生。

清政府为培养满族军事人才,在光绪三十一年(公元1905年)还建立过"贵胄军事学堂",隶于练兵处,招收王公世爵四品以上宗室及现任二品以上京内外满、汉文武大员的子弟入学,课程以普通学科与初级军事学术并重,学制五年。

1904年,清政府还制定《选派陆军学生游学章程》,选派学生各省有定额。选派条件:有武备学堂的省份,由学堂选送;没有武备学堂的地方,在文武世家子弟中选送;要求具有普通中学的根底,具有初级军事知识,身体良好,年龄在十八岁以上、二十二岁以下。并规定不许私费出国学军事。到光绪三十四年(公元1908年)为止,仅去日本留学军事的学生,就不下千人。留学生在不同程度上受到资产阶级革命思想的影响,有不少人参加了辛亥革命活动,但也有不少人为北洋军阀所利用。

(4)新军的装备,补给

清末新军的装备特点,是品类复杂、装备各异。原因是经费自筹,各自设厂或向外国购置,由各地督抚自负其责。枪械中有美式林明敦、德式毛瑟、法式沙塞卜,也有俄式、日式步枪,一营之内就有几种不同的枪械。对此,清廷几次下令,试图统一口径,主要以德式为准,但由于本国经济不发达,处处依赖外人,未能做到武器的统一。

新军的服装，统一发给，计冬夏号衣、皮衣各一件，单衣、袷衣、棉衣各一套，军帽两顶，战靴两双，手套两副，雨衣、雨帽各一套，洋毯一条。其他装备，每兵皮背包、擦枪油壶各一只，拆枪器具，退子弹钩各一副，短锹、脚钯各一把、缠伤布条一块，止痛药棉二副。每棚配吹哨、九明灯各一只、大锹四把，斧、锯、镢头各二把。每哨配时钟、望远镜、指南针各一。每队配洋号十四个，洋鼓四面，更鼓、锣号各二具，号灯四只，电话机一部，大望远镜一具等等。但虽然有此规定，因各省区经费情况不同，配备程度不一。

行军作战的补给，也曾有随军输运和后送输运的设想。其中随军输运区分为：

小接济：随各营之后，补充弹械器材及救护器材；

大接济：随镇、标之后跟进，供薪粮炊具及宿营器材；

全军辎重：预计补给所需的弹药粮食与医院卫生队、架桥队、电信队及其器材。

随战事的转移，在交通枢纽地点，设转运总局，储备一定的物资，并设后方医院和电报、书信、修械等局所；在必要的前方地点，设立分局。不随战事转移的总军需处，设各项仓库，为转运总局筹集物资，并向其输运，接受其后送的物资和人员等。

此外，新军中废止体罚，但袁世凯规定"斩律十六条"，其中如"临阵回顾退缩及交头接耳私语"以及"持械斗殴""聚众哄闹""在营吸食洋烟（鸦片）"等等均为斩刑。

（三）太平军军制

伟大的太平天国农民战争，在洪秀全领导下，太平军以推翻清王朝反动统治为目标，自制武器，筹办军需，严明纪律，先在两广地区进行长期而艰难的斗争，后经过和清军一系列作战，攻克两湖、进军苏皖，至咸丰三年（公元1853年），占领南京，建立政权，和清统治集团及外国侵略势力，先后进行了十余年的斗争。其战果的辉煌，远非历代农民战争可比拟，特别是太平军各项制度的完备，军队组织的严密，更为历代农民起义军所不及，且具有不少独特之处。

1.军队的编组、指挥

太平军的建军原则：其一，寓兵于民的征兵制；其二，仿照《周礼》采用伍、两、卒、旅、帅、军、六级编制，除卒一级外，均以五为单位组织；其三，在编制上军地合一，以"军"一级，作为地方政权。

师在习惯上亦称为营，每军各师区分前、后、左、右、中营，即前营师帅、后营师帅等。每师也区分前、后、左、右、中旅，即前营前旅、前营后旅等。旅所辖五卒，则依次称为前营一卒长，前营二卒长等。卒所辖两则按东、南、西、北区分，如前营前——东两司马，前营前——西两司马等。两司马所辖伍长，则以代号为称，如东两司马所辖五伍，即为东刚强伍长、东勇敢伍长、东雄猛伍长、东果毅伍长、东威武伍长。伍长所辖四士卒也以代号称之,如东刚强伍长所辖卒名为东刚强冲锋伍卒、东刚强破敌武卒、东刚强制胜伍卒、东刚强奏捷伍卒等。

太平军编制、番号要求严谨,无论队伍如何庞大,旗帜、招(号)衣、腰牌都要标出番号,一望而知其所属。号衣、腰牌各以不同颜色标志,以号衣背心为例,顿色区别为:

天王御林军:全黄色,背心无边;

东王统下:黄背心绿边;

西王统下:黄背心白边;

北王统下:黄背心黑边;

翼王统下:黄背心蓝边;

燕、豫二王统下:黄背心水红边;

将军到监军统下:红背心黄边;

军帅至两司马统下:红背心绿边。

前后各缀长五寸、阔五寸一方黄布,标出番号,腰牌则还须称出姓名。

太平军在定都南京后,军队扩大,就史料记载共有九十五个军,其组织情况无明确记载,据史学界考证"其番号用前后左右中及一至十九编排"可能是由杨秀清、韦昌辉、石达开、冯云山、肖朝贵五大方面军,各辖十九军。

太平天国的社会组织,也采用军事化,与军队的组织形式一致,即守土乡官制。其具体办法是以家庭为最基层,每二十五户设一两司马管理,四个两设一卒长,五个卒设一旅帅,五个旅设一师帅,五个师设一军帅;一军共一万三千一百五十六户,每年每户出一人为伍卒,有战斗任务就去作战,无战则务农并参加军事训练。军帅以下称乡官,在行政上与原的乡、县、郡相对应。军帅以上设监军、总制,称守土官。两司马权力极大,集军事、政治、经济、法律、教育、宗教为一体。在两司马所在地设有国库、礼拜堂。每年收成除食用种子粮留在每一家庭外,全部上交国库。同时,建立兵册、家册制度。兵册以两为单位,记载官兵职别、姓名、籍贯、年龄、入营日期及地点。家册也以两为单位,记载每户成员姓名、籍贯、年龄、性别等情况。分别由军队、地方汉两司马层层上报到中央天官丞相府。但由于战争及其他原因,这一制度,并未能完全贯彻执行。

太平军无论平时战时,都以军作最高建制单位。军帅负责平时训练以及行军时结营扎寨等具体任务。作战时则另以监军调度指挥,由监军、军帅、旅帅以至两司马构成指挥系统,而又有职同监军等的各种典官及其属官和吁使构成补给系统。此两系统之上,设总制,为全军最高长官。由于太平军始终处在战争状态,总制实际成了军的最高指挥官,各军除正职官外,尚有军、师、旅帅的协理和副卒长、副两司马等副职官。

太平军中正职官的属官为"尉""书理"等;监军的尉称为监尉;军帅的尉称为军尉。典官的属官不称尉而称为"差"书理称为"书使"。属官的官位和人数根据本官的官阶高低而定，但其数额是很小的，有的不是根据需要，而是为了排场、威风，如将帅外出、盛设仪仗、牌刀手都挑选壮大的人着不同颜色服装。这就造成了太平军机构臃肿庞大，如太平军军的编制一万三千一百五十六人，加上属官等往往多到一万七八千人。但到战时，往往又兵员不足，一个军只有几千人，甚至几百人的也有。

太平军除以上编组外，在战场上或镇戍某一战略要地时，常以两个军以上兵力集中使用，负责指挥的统帅，在太平军前期称为佐将，后期称为主将，在将军、指挥、检点、丞相或国宗等重臣中选任。这是军与中央间的一级统帅机构。

太平军的中央统帅为军师。按天国制度，凡一切军政事务，无论大小，都由军师管理。各统兵将帅所有禀示，先经军师裁可后，再报由天王（洪秀全）颁旨办理。天国初期曾设正、又正、副、又副四军师。定都南京后，仅留左辅正军师扬秀清、后护又副军师韦昌辉二人，实际权力操在正军师手中，洪秀全曾明确指示"东王为天国左辅正军师，总理天国军务，奉天法以严军令，奉天诚以正人心"。

在战时，天朝为给予统兵将帅以权宜之权，实行过"将凭"制度，即将帅出征前颁以盖有杨秀清双印的"将凭"，就有先斩后奏的权力。

洪秀全六年（公元 1856 年）秋，太平天国内讧，杨秀清、韦昌辉先后被杀，洪秀全曾亲兼军师。洪秀全八年（公元 1858 年），复置五军主将，正掌率蒙得恩任中军主将，总统全军，陈玉成、李秀成、李世贤、韦志俊分任前、后、左、右主将，各统一个方面军，在外作战。次年（公元 1859 年），洪秀全任洪仁玕为开朝精忠军师顶天扶朝纲千王头衔，总揽太平军指挥大权。洪秀全十一年（公元 1861 年）到十三年（公元 1863 年），军师一职又改由洪仁达担任。天京沦陷后，军师又曾由李秀成担任。自设主将制后，略分了军师权限，洪秀全十年（公元 1860 年），设清东、平西、定南、征北四方主时。同年冬，又在主将上增天将、神将、朝将三级，其下设佐将；主将不再是一方面统帅。但因战事频繁，情况变化急剧，有些军政事务不及请示，中央统一指挥权逐渐转移到外地将帅手里。以致洪仁玕曾感慨地说："昔之日令行禁止由东王，而臂指自如；今之日出生入死任各军，而事权不一。"

太平天国后期，指挥系统紊乱，封官太滥，天将、主将、朝将数以百计，丞相、检点已成卑官，且有官多兵少之势，失去了太平军前期编组严密、指挥灵活的特点。

2.兵种和装备

太平军自广西起兵时，仅有陆营（步军），编为十个军；定都南京后，部队迅速扩大，发展到九十五个军，其编组、指挥，已如前述；尽管这一兵种，随战争和人事变化，其编组变动很大，但始终是太平军的主要兵种。

太平军自广西北进，进入湖南后，曾有挖煤工人数千参加，于是，太平军将他们组建成土营（工程兵），仅设指挥一人统率，下设一、二正副将军四人辅佐。土营的任务是在攻坚城时，挖掘坑道，进行爆破；在防守时，负责填补被破坏的城垣，填塞敌方挖掘的坑道等工作,极少用于一般作战。土营因在攻克武昌,南京等坚城时表现突出,曾扩建为两个军,封指挥达三十余人,将军六百余人,编制大体与陆营的军相同。

太平军在湖南益阳获民船三十余只,到岳阳后,以唐正财为首的不少船户又纷纷参加,洪秀全遂以唐正财为典水匠,职同将军。咸丰三年(公元1853年),太平军占领汉阳城,唐正财搭浮桥于汉江,杨秀清"嘉其能,始立水营,以唐正财为指挥,总统水营船务。"攻克南京后,船只大增,水营增至九个军,编制同陆营,升唐正财为殿前丞相,统一指挥水军。太平军的水军主要用于运输,虽亦仿制了一些战船,但未经训练,作用不大。

太平天国有女军的建立。早在金田起义时,即组织有女营,以女官统率,定都南京后,将广西、两湖随来的妇女及南京附近妇女重新组织,规定除天朝及各王府女官及女绣锦营妇女外,一律编为女军。女军的编制和男营不同,每军设女军帅一人,无师帅、旅帅两级,军帅直接辖卒长二十五人,每卒长辖两司马四人与男营制同。一军官卒仅三千六百二十五人;共编组有四十个军,按前、后、左、右、中和一到八军组合;每军以监军、统制统之;其上还设将军、指挥、检点等官。在天朝设有女军师四人,负责统一指挥女军。女军的主要任务是从事挑砖、负米、割稻等日常劳动,一般不从事征战任务,但有时也担任城防警戒,填壕塞沟等战备工作。洪秀全五年(公元1855年),天朝允许恢复家庭制度,女军制也随而废止。

此外,太平军尚有木营、金匠营、金靴营、绣锦营、镌刻营等组织,属于后方勤务性质,主要任务不用于征战,但当战争紧张时,有时也以其中部分参战或呐喊助威。

太平军使用的兵器,基本上是刀(称云中刀,短刀称顺子)、矛。步兵所用矛,矛竿用长竹制成(俗称挑子),长八尺到一丈八尺不等。乘马兵用长刀,刀口厚而宽。由于铁器不能满足需要,太平军还配备部分竹制兵器,各军中有典竹匠的典官,负责供应。早在金田起义之初,太平军就使用过竹炮。

定都天京后,太平军的领袖们,接触了西方的先进器物和技艺,产生了购买洋枪、洋炮以装备部队的思想。但由于清军的封锁,购买的渠道极少,买到的数量也极为有限。洪秀全十年(公元1860年)太平军击歼清江南大营并在开辟江浙根据地期间,渠道增多,购买的数量也增多。如当年三月,即从上海洋行购进步枪三千多支,火药一万多磅,子弹一万八千多发等。攻下宁波后,又从外商手中购买了相当数量的枪支弹药。随着洋枪洋炮的增多,忠王李秀成、慕王谭绍光、护王陈坤书、侍王李世贤、辅王杨铺清……等部,都成立了"洋枪队""洋炮队"。与此同时,出身英国海军军官的呤唎等同情并支持太平天国的"洋兄弟",也参加太平军,传授使用洋枪洋炮的技术;呤唎还曾担任过"教练太平军兵士炮术"和"操练一种中西参半阵法"的教官。在保卫江浙根据地、反击清军及英法侵略军、"常胜军"时,又缴获了大批洋枪、洋炮。并设立了修理和仿制洋枪、洋炮的小型兵工厂。《李自成自述》中说:"取到其炮,取到其炮架,寻好匠人,照其样式一一制(造)。……我在太仓抢得洋炮,业经制造,与其一样无差。今南京城内,上(尚)有此样"。另据呤唎说,他在嘉兴时,曾将他知道到的铸造炮弹、信线的全部知识教给了负责督率炮队的一位余姓旅帅,"并把一个工程师和另一个人"留在湖州,"让他们制造枪炮弹药"。洪秀全十三年(公元1863年),淮军和"常胜军"攻占昆山时,发现"昆山城内有太平军之枪弹,制造厂,由二英人主持"。

太平军后期,装备的洋枪洋炮,究竟有多少,说法不一,缺乏准确的资料。湘军将领曾国荃在天京郊区与救援天京的太平军苦战一个多月时,与在上海筹饷的郭嵩焘写信说:"贼之火器精利于我者百倍之多,又无日不以开花大炮子打垒内,洋枪队多至二万杆,所以此次殒我精锐不少,伤我士卒不少"。又据左宗棠在《答福建税务司美里敦》函中说:"数年以来,无一枝贼匪不有洋枪洋火,本部堂自江西、安徽、浙江转战而来,各战夺获,为数不少……上年陈炳文(原太平军听王)赴鲍军门处投诚,禀缴洋枪七千余杆,而本部堂一军截剿湖州逆贼于皖、浙、江三省边境,所得洋枪亦不下万余杆"。但也有说太平军的洋枪洋炮,"以一军计之,仍不过万人中数十人"。此说可能是太平军进军江浙地区时的情况;而前两说似亦有夸大其功绩之可能。

3.教育和纪律

太平军自创建之日起,就很重视政治思想教育和军事训练。太平军的成分多为城乡劳苦人民,起义的政治目标明确,即推翻清王朝,建立幸福、美好、康乐的社会,并与拜上帝会等宗教形式相结合,因而各种政治口号,都有宗教色彩,即所谓"上为上帝报瞒天之仇,下为中国解下首之苦,务期肃清胡氛,同享天下之乐"。这一政治纲领是太平军政治教育的根本;在方法上以宗教的说教形式进行,天晴则操练军事技术,天雨则习读,宣讲和讨论"天书"。洪秀全四年(公元1854年),天国颁刻了《天情道理书》,作为政治思想教育的基本教材,并另有命名《诏书》的教材,是宣讲天国革命历史的材料。

太平军每攻克一地,都要集合军队进行宣讲。遇有情况变化(战前、成功或失败后),也要做政治动员或讲话,以发动群众,鼓舞士气。

在军事训练方面,太平军规定:"除练习天情(政治思想教育)外,

太平天国起义

俱要磨洗刀矛,操练武艺,以备临阵杀妖,不得偷安"。军事训练分为集体操练和个人技艺练习。并根据作战经验编有《行军总要》一书,作为统一行动的规定,其中分陆路号令、水路号令、点兵号令、传官号令、查察号令、防敌要道、禁止号令、体惜

号令、试兵号令等共九项二十九条,它不仅是太平军行军,作战的依据,也是治军必须遵守的条规。

洪秀全在起义战争前期,对中国古代战争理论并不重视,认为"孙膑、吴起、孔明等其他古代历史之娴于韬略战术者,亦不值我一赞"。经过战争实践,至中期时,对古代兵书的宝贵价值有所认识,正式颁印了《武略书》,定为武士子必读之书。这是一部古兵书汇编,共收入《孙子》《吴子》和《司马法》三部书。但由于洪秀全的专制集权思想已发展到与封建帝王相比也有过之而无不及的程度,所以凡不利于集权的文句,都被删去。不仅将《孙子·九变》中的"君命有所不受"删去,成为八变,连根据战场实际情况,由主将灵活处置、相机行事的辩证精神的内容,也不能为其所容。如《孙子·地形》中"故战道必胜,主曰无战,必战可也;战道无胜,主曰必战,无战可也……"的一段也全部删去。

太平军对战士的个人技艺训练,要求很高。有的史料记载太平军战士练习打靶,要求达到"隔三间屋打灭豆油灯"的程度。

太平军纪律也非常严格。除须恪守拜上帝教的宗教戒条外,还有严格的纪律。在全国起义时,就宣布过五条军律,即:1.遵天命;2.别男营女营;3.秋毫莫犯;4.公心和傩(读那,"和傩"是广西平南附近方言,是共同商量,双方同意,融洽无间的意思),多遵守头目约束;5.同心合力,不临阵退缩。在此基础上,洪秀全二年(公元1852年)又颁布了《太平条规》,其内容是:

定营条规"十要":

(1)要恪遵天令。

(2)要熟知天条,赞美朝晚礼拜规矩及所颁行诏谕。

(3)要练好心肠,不得吸烟、饮酒,公正和傩。毋得包弊(庇)徇情顺下逆上。

(4)要同心合力,各遵有司约束,不得隐藏兵数及匿金银首饰。

(5)要别男营女营,不得授受相亲。

(6)要谙熟日夜点兵、鸣锣、吹角、擂鼓号令。

(7)要无事不得过营越军,荒误公事。

(8)要学习为官称呼问答礼制。

(9)要各正军装枪炮以备急用。

(10)要不许谎言国法王章,讹传军机时令。

行营条规"十令":

(1)令各内外将兵凡自十五岁以外,各要佩带军装、粮食及碗锅油盐,不得有枪无竿。

(2)令内外强健将兵不得僭分干名,坐轿骑马及乱拿外小。

(3)令内外官兵各回避道旁呼万岁、万福千岁,不得杂入御舆官妃马轿中间。

(4)令号角宣传急赶前禁地听令杀妖,不得躲避偷安。

(5)令军民男妇不得入乡造饭取食,毁坏民房,掳掠财物及搜操(抄)药材铺户并州府县司衙门。

（6）令不许乱捉卖茶水、卖粥饭外小为挑夫，及瞒吞骗军中兄弟行李。

（7）令不许途中铺户堆亮（火）困睡，耽阻行起，务要前后联络，不得脱徒。

（8）令不许焚烧民房及出恭（大便）在路及民房。

（9）令不得枉杀老弱无力挑伕。

（10）令各遵主将有司号令分发，毋得任性自便，推前越后。

从以上《太平条规》可以看出，太平军要求官兵服从命令、听指挥，严明群众纪律，具有战备观念，上下团结一致等等，和前历代农民起义军相比，有显著进步，所以能和清王朝坚持斗争了十四年，夺取了广大国土。但行营条规第三条，令官兵回避道旁呼万岁……的规定，反映了洪秀全等的封建君主思想浓厚。太平军后期，由于混入少数清军官兵以及兵痞、流氓，纪律松弛，奸淫烧杀的情况，也时有发生。

4.太平军的补给

从上述太平军的编制可以看出，太平军对补给极为重视。如在各军中设立一系列典官，职同监军，负责军需供应。太平军的补给主要指粮秣、衣物、席帐、军械和火药的供应而言。由于太平军没有较广阔而巩固的根据地，因而也难以建立较完整的补给制度；军需的补给基本上是靠在战地、占领地或行军途中就地筹款、筹粮、筹械，其具体做法有：

纳贡：就是向当地组织指定交纳一定数量的物款，由当地组织负责进行摊派或向富户劝捐，要求按期向太平军军需部门交纳。

打先锋：是太平军直接向民间索取物资的办法。主要对象是地主或官绅。初期只用于城镇，而不行之于乡村，后期则城、乡都常用此办法。打先锋常是事先利用眼线，觅得窖藏所在，强力掘取，或以武力迫使地主、官绅献出。

购买：购买的办法，也是太平军军需来源之一，一般用在被战争破坏不大的土地；因太平军行军，不携带过多的粮食，主要靠沿途购买。有时行李和炊具也是临时购置和借用。

除上述外，军需物品取给于敌方，也是重要补给手段。每攻克清军重要城、镇，就可获得大批武器和其他物资。

太平军在某一地区站稳，就建立官乡组织，不再采用纳贡、打先锋办法，而是通过官乡进行科派，基本上是采用清税收制度而稍加变动。太平军还以贸易手段，获取金钱和物资，以支应军需，如以江淮的盐换取湖北的布、棉等等。

5.捻军的组织、纪律和战法

捻军是与太平军同时的一支农民起义军，曾接受太平军领导并与之协同抗清作战，太平军失败后，曾独立抗清，因实力不强，亦告失败。"捻"是淮北"一般"的俗称。捻军最初活动于安徽、河南一带，以后逐渐扩展到山东、江苏地区。最初，捻军的组织比较松散,所谓"结则为捻,散则为民";太平天国革命发生后,捻军在它的推动下,力量得到发展,势力波及整个淮河流域,人数发展到几十万。

捻军的编制,以旗为基本单位,旗有大小之分,一般所指旗,是指大旗而言。一旗即一路军,捻军分黄、白、蓝、黑、红五大旗。每色大旗的最高指挥者称为"大趟主",在大趟主下设数十甚至百个小趟主(旗主),各领一个小旗作标志(与大旗同色),每个小趟主辖马兵三五人,步兵十数人不等。

五大旗之上,设一共同盟主,为捻军的最高统帅,协调各旗行动。咸丰五年(公元 1855 年)秋,各路大旗趟主齐集亳州雉河集(安徽涡阳),共推该地黄旗大趟主张乐行为盟主,并称"大汉明命王",因组织不严密,盟主不能完全指挥各旗。捻军曾多次在太平军领导和协同下抗击清军,改变了"结则为捻,出则为民""忽分忽合,不相统属"的松散状况,成为一支以骑兵为主的正规部队,张乐行曾被天朝封为"征北主将""沃王"等官职。

小趟主,由各自然村推举,每小趟士卒也为本村起义群众。各小趟则以自愿方式归于某一大旗统御。大旗与小旗,实际上就是大村(集、镇)与小村的关系,平时务农,遇有征战,称"出门",自携大刀,长矛等武器,由小趟主率赴大趟主处集合,成为队伍,准备战斗。

捻军的组织,实际当较上述为复杂,但史料缺详细记载,据《豫军记略》所述,宋部绅民窦世铨等四十五人入京呈诉书说:"捻军在王下有军师、司马、先锋名目",在该书附录的名单中尚有"左营总目""前哨总目"等官称,"司马"一官,还有左、右之分。军师似与太平军不同,不是常设官,遇有才德者,临时委聘,以备参谋之用。同治三年(公元 1864 年),捻军与太平军赖文光部联合后,有所发展,注意骑兵建设,战斗力也有所增强;当时曾有人分析捻军的变化说:"昔之捻,装旗(整集队伍)有时,众皆乌合;今则飘忽无定,习于斗争,其难一。昔日之捻,多属徒行,又鲜火器;今则熟于骑战,且多洋枪,其难二。昔日之捻,尚恋乡井,饱掠则归;今则不拘巢穴,流窜縻已,其难三"。说明了捻军在战争中的变化状况。

捻军也重视纪律严明,从保存下来的捻军盟主张乐行的"行军条例"十九条来看,捻军严戒奸淫妇女,其中有四条提到。另外,强调要遵守号令约束,行动一致。如要求"起身听三声号炮齐集,未放炮而先行者斩,既放炮而后行者斩。"反映了捻军纪律的严格。

捻军的战法,以流动战为主。因而骑兵在捻军中占重要地位。捻军前期,张乐行、龚得志都勇猛善战,常以精骑数千,驰突往来;后来,进一步发展骑兵,军队能迅速进、退、集、散;有时为了避战和寻求战机,往往一次全军马步士卒及全军家属(包括妇幼老弱)携带干粮、器械走几百里甚至几千里,不与敌人交锋。曾国藩曾说:"捻匪势极猖獗,善战而不肯轻用其锋,非官兵与之相逐相迫,从不寻我开仗。战则凶悍异常,必将马步层层包裹,困官军于核心;微有不利,则电掣而去,顷刻百里。故我有大挫之时,而贼无吃亏之日,其难办有数倍于长毛者。"

捻军善以用马、步联合作战。每次队伍出发前,先以游骑四出,侦察敌情;其与敌接近,步兵在前,自正面冲击敌阵,骑兵从敌后或两翼包抄。有时,在骑兵对敌完成包围形势后,步兵则分路冲击,利用骑兵的迅捷、步兵的勇猛,骤然迫近敌阵,使敌人洋枪、洋炮失去所长。每当击败敌军后,不待战事全终,捻军就迅速转移,以避敌军反扑。捻军还善于用回马枪战法,即当敌军穷追或出队、收队之际,回军猛然袭击。

七、民国军制

(一)概述

公元1911年,孙中山所领导的辛亥革命,推翻了清王朝二百九十五年的封建统治,建立了"中华民国"。从民国元年(公元1912年)到中华人民共和国建立(公元1949年)时止,"中华民国"共历时三十七年。由于孙中山所领导的资产阶级革命没有从根本上触动封建统治的基础,北洋军阀和蒋介石先后掌握了政权。国内没有真正的统一,战乱不已,中国社会始终没有脱离半封建、半殖民地的性质,广大人民依然挣扎在水深火热之中。

"中华民国"的统治可概括分为三个时期:

南京临时政府时期:1911年——1912年(民国元年三月)。

北洋军阀政府时期:1912年——1927年(民国元年三月——民国十六年)。

民国政府(或称国民党政府)时期:1927年——1949年(民国十六年——民国三十八年)。

孙中山所领导的南京临时政府是中国历史上的一个重要阶段,但只存在了两个半月,尚未能对全国进行有效的治理,政权就被北洋军阀首领袁世凯篡夺了。北洋军阀政府在袁世凯及其皖系、直系和别支的奉系统治的十六年间,大小军阀争斗不已。他们轮番当政,对全国实际松散的、象征性的统治,造成连年战乱,军阀割据。在这一时期,孙中山曾领导过护国、护法运动,在南方成立军政府,与北洋军阀做斗争。但在国共合作前,由于没有建立自己的革命武装,单纯依靠一些地方军阀武装,故难有成就。当时制定的一些军事制度,也难于实行。

北洋军阀政府的军事制度主要是继承清末新军的军制,以师为战略单位,另还编组了一些混成旅和独立的步兵旅。其军制还保留有清八旗、绿营兵制的残余,因而新旧并存,制度混乱。这一时期的军制特点:

第一,军阀专政。袁世凯任民国大总统时,原为责任内阁制,总统名义上统率全国陆、海军,但军政、军令实权,法定是由内阁的陆军部、海军部、参谋本部分别掌握。袁世凯为集军权于自身，毁南京临时政府的"临时约法"，而在总统府内特设一个独揽军权的机构，名为"陆海军大元帅统率办事处"，实际掌握着全部军令、军政大权。段祺瑞临时执政时期，以执政兼理内阁，下设军务院以总揽军权。张作霖执政时的军政府，更将陆、海军部、参谋本部和航空署合为一个军事部，实行军事独裁。

第二，制度混乱。北洋军阀内部和地方性军阀，各拥兵自重，割据一方。"中央"既无力统御全国军队，也难有划一的军制。各派军阀随心所欲，从统率机构到军队的编组，自立各目，纷乱繁杂。区域性割据军阀，有跨省的巡阅使、经略使、联军总司令等名称；省级的有督军、都统以及省下的镇守使等名称。其编组，除军一级外，还有总司令、路司令、前敌司令等名目。军队编制，有的以师为战略单位，有的以旅，还有一些特殊编制的，如警备队、游击队、巡防营等等。此外，还各随需要加以讨逆军、讨贼军、巡防师、新建军等名号。师以下具体编制，更是五花八门，有的一师两团，有的多至十余团，兵额每连多的百余人，少的仅有数十人。究其根源，在于军阀割据，大小军阀各自拼命扩充实力。袁世凯任总统后，阴谋恢复帝制，将清末练武的北洋六镇扩充成为十三个师又十七个混成旅。此外，尚有依附于北洋系的残存旧军，如姜桂题的毅军、倪嗣冲的安武军和张勋的定武军。袁世凯的势力，由北方扩展到长江流域。袁死后，皖、直、奉三系军阀势力，更加疯狂扩展，番号一时竟达二百师，兵力约二百万人（详如本节附件：北洋军阀各系军力概计表）。各地较小的军阀，也各就所据地盘，扩张军队，兵力多在数万到一二十万不等。在这种情况下，自难有统一的军制。

第三，军制的半殖民地性质。北洋军阀统治时期，帝国主义者瓜分中国之心不死，网罗军阀作为工具，实际间接的掠夺，大、小军阀也都各自勾结各外国侵略势力作后台，由它们支援金钱、武器来装备军队。奉系张作霖所部军队，其装备多来自日本，军事教育也聘请日本军官担任。直、皖各系，则有的依靠日本，有的依靠英、美，兵器来源不同，编制各有差异。由此可见，北洋军阀政府时期的军制，半殖民地性质颇为突出。

第四，兵种单一。北洋军阀政府时期，中央政权接收了清末一小部残旧海军，由于战乱频仍，一直没有发展，至于空军更是这样。扩充和发展的仅限于陆军，而陆军中由于火炮、马匹、器械的缺乏，发展的又仅限于步兵。虽然名目、番号众多，大多数军队则是单一的步兵。有的虽有兵种番号，也是有兵无炮或缺马，当步兵使用。就步兵而言，重机枪等重火器也不足额。

此外，因大小军阀争相扩充实力，而物资来源不足，故每每出现兵多于枪，枪多于弹的情况。北洋军阀统治时期的兵役制度是募兵制，大、小军阀都是就地募兵，仅山西军阀阎锡山曾短期试用过民兵征集制。北洋军阀政府时期各地军队的兵源，一部分系改编清末旧军，大部分是来源于破产农民和城市失业贫农，有的甚至收编土匪。山东军阀张宗昌还曾收编过一部分流亡我国的白俄士兵，为其所用。

民主革命的先驱者孙中山领导的护国、护法运动之所以失败,原因之一是因为他所依靠的是滇、桂地方武装势力,而他们利用孙中山的声望向北洋军阀政府讨价还价,对护国、护法运动则多方阻难,最后反叛。孙中山曾被迫离开广州去上海,深感南、北军阀都是"一丘之貉",不能依靠他们来进行革命。公元1923年(民国十二年),孙中山返回广州,重建大元帅府。1924年,国共第一次合作,在中国共产党的帮助下,创建了黄埔陆军军官学校,组建了自己的革命武装。1925年,国民革命军自广州开始北伐,很快攻占武汉、上海、南京等地,取得了北伐的胜利。1927年(民国十六年)四月十二日,蒋介石在上海发动反革命叛乱,背叛了孙中山联俄、联共、扶植农工三大政策,实行清共、反共,他利用国民革命军总司令的职权,极力扩张势力。1928年,张学良在东北宣布"易帜"(换用国民党政府旗帜)后,蒋介石在形式上取得全国的统一。但帝国主义者分裂中国以谋利的阴谋活动始终都未停息,不断暗中扶植、操纵地方军阀势力,制造内战。蒋介石本人也依靠帝国主义者的力量,排除异己,实行军事独裁统治。因而国家始终处在战乱之中,给中国各族人民带来很大的灾难。1937年(民国三十六年),日本军国主义者发动大规模的侵华战争,在共产党、国民党第二次合作下,才取得抗日战争的胜利。

在国民党政府统治时期,其军事制度变化较大,综合起来,主要有以下几点:

第一,军权集中。蒋介石在国民政府统治的二十年中,虽然变换过这种、那种名义,但始终未放弃对军队的掌握。他任总统后,把法定应属于行政院的国防部以及全国军队,都掌握在自己手中,师以上的人员更调,都要由他亲批,军政大权集于一身,实行独裁统治。

第二,借军制改变和整编消灭异己。国民政府成立后,地方非嫡系军队(所谓杂牌军)大量存在,其较著者有东北军、西北军、川滇军,桂军、晋军、粤军等。为消灭杂牌军,蒋介石的办法,一是以编制限制杂牌军的发展。北伐战争后,定陆军为甲、乙、丙三种师编制,甲、乙、丙种,每师有九或六团兵力,而地方军则多定为丙种,少数定为乙种,每师只有四或六团兵力。二是利用杂牌军作战损失后的整编加以兼并。如抗日战争时,湘系军队,在上海战役损失后,全部由陈诚就其番号编成为蒋介石的嫡系;川军则是在解放战争期间,大部分被蒋介石以整顿、补充为名,转化为他的嫡系部队。

第三,组建和充实了军、兵种。随着作战的需要和国内外工业发展的影响,在军队建设上,除海军因抗日战争无大发展外,空军部队已发展到一定规模;陆军的各兵种,也颇有建设。其陆军主力已组成了诸兵种合成军队,建立了独立的炮兵、工兵、辎重兵部队,以及少部分装甲兵、伞兵、防空兵、防化兵、通信兵等等部队。

第四、基本上统一了军事体制及编制。国民政府形式上统一了全国后,对军队的编制、军衔、职称、人事制度、军事教育、军队补给、军法等等都建立了一定的制度。这些制度在蒋介石的嫡系军队中执行得较好;地方军阀部队如晋系阎锡山,仍自行其是。

第五，有了统一的补给系统。北洋军阀政府统治时期，各地方军的部队，多就地筹饷、筹粮。国民政府建立后，逐渐形成了统一的补给系统。陆军由军政部，海、空军由海、空军总部的后勤系统补给。战时则按战斗序列，分建兵站总监(分监)部，按系统由上而下层层补给。

第六，由募兵制走向征兵制。辛亥革命前后，大量青年响应推翻清王朝的号召，参加革命军，属于志愿兵性质。国民政府掌握政权后，实行的仍是募兵制，直到1933年(民国二十二年)颁布《兵役法》，才实行征兵制度。但真正实行是在抗日战争开始之后。

综合上述，整个"中华民国"时期，虽然制定了些军事制度，但并没有建立起独立的、完整的近代军制体系，这主要是半殖民地、半封建社会的性质决定的。关于民国时期军制的各项内容，在以下各节中分别叙述。

(二)中央军事统御机构

1.临时政府时期

1912年元旦，孙中山在南京就任临时大总统职。1月3日成立中华民国临时政府，各省代表会议选举黎元洪为临时副总统，决定实行责任内阁制，国务院各总长均为国务员。大总统具有统率全国军队之权。其具体掌管军事行政事务的组织系统如下：

(1)大总统府秘书处军事科

军事科设科长、科员(参谋)以及其他办事人员，承办大总统有关军事方面的指示，以及上、下公文和递送等业务。

(2)陆军部、海军部、参谋本部

国务院共设有陆军、海军、司法、外交、财政、内务、教育、实业、交通等九部。另在总统之下设有参谋本部主管军令。各部设总长一人为特任，次长一人，简任。

①陆军部

陆军部各司主管业务如下：

A.军衡司：a.军官、军佐和军用文官的任免、转补；b.调查备兵科人员；c.考绩表、兵簿、战时名簿、军用文官名簿；d.保管军官、军佐、军用文官和战时职员表；e.编纂年格名簿；f.赏赉、叙勋、褒奖；g.休假；h.废兵处置；i.军人结婚；j.养赡。

B.军务司：a.建制、编制；b.整军计划的准备执行；c.戒严、征发；d.军队配置；e.战时各项规则；f.军纪、风纪；g.军旗；h.礼节、服制、徽章；i.各兵科、军乐队；j.各兵科手官、军士以下人员的调用和补充；k.正募、召集、解散、退伍；l.军队内卫戍勤务、宪兵服务；m.练兵场、射击场；n.要塞、兵备；o.重炮兵的设置和分配；p.运输、通信、电气、电信、电灯、氢气球、飞行器；q.水陆交通；r.要塞建筑及其用地、要塞地带；s.要塞司令处、陆地测量部、交通各队。

C.军械司：a.军用枪炮、弹药的制式等规划、支给、交换、检查；要塞备炮；b.技术审查院、兵工厂、军械局；c.军用器具、材料的制式筹划、支给、交换；d.军队通信用铁道、气球、飞行器的所用器材的交给、交换；e.攻城、守城交通所有兵器器材的备办；f.各项器材的经理、检查；g.拜火禁。

D.军学司：a.所辖各校一切章程制定、筹办；b.拟定所辖学校教育纲领、计划、审查教科书；c.各校职员奖、罚；d.学生奖、罚、考试；e.留学生和选派高等专门学员；f.拟定各兵科操典、教范；g.军队教育、训练的改良；h.全国军队校阅、特种兵演习；i.编辑、印刷；j.编订军语、军队符号和各军用的图籍表；k.其他教育、训练事项。

E.军需司：a.军服经理、检查；b.军服，粮秣、马匹等给予规定；c.平时、战时粮秣的给予和准备；d.战时炊具和洗马器具；e.军服、粮秣的制造和购置；f.军队用具消耗品、埋葬用物料等的准备；g.军人祠宇和军用坟地；h.军需运用；i.各军需官勤务；j.各军需人员的教育、考绩和补充；k.经费出纳和预算、决算；l.编制整旅的预算；m.会计稽核；n.各军需处；o.规定俸给和旅费；p.各种给予和军需规定的审查；q.掌管出纳官吏；r.与财政官署有关事项；s.陆军用地和建筑；t.陆军所属官产的管理；u.规定军用金钱箱柜和行李。

F.军医司：a.军医、兽医各种诊疗机关；b.体格检查；c.伤病等员的诊断；d.防疫和卫生试验；e.生材料和铁蹄；f.战时卫生勤务各种规则；g.军医、司药、兽医所属各项人员的勤务教育、考绩和补充；h.卫生报告、统计和调查；i.红十字会和恤兵团体。

G.军法司：a.陆军军法；b.陆军司法官和监职员的考绩、补充；c.陆军监狱；d.赦免和罪人处置；e.高等军法会审。

H.军马司（后改军牧司）：a.军马监和牧场的管理；b.军马的供给、喂养、保存和征发；c.改良马种和购置军马；d.铁蹄术的教育；e.军牧人员的教育、考绩、补充。

②海军部

海军部，仅设军衡、军务、军械、军学、军需五个司，其职掌业务是：

A.军衡司（大部分业务同于陆军部,兼管军法业务）：a.军法；b.甸法官和监、人员的考绩；c.战时捕获、审检所；d.海军监狱；e.赦免和在监人员的处置。

B.军务司：a.建制和编制；b.戒严；c.舰队配置；d.战时各项规则；e.军风、军纪；f.礼节、制服、徽章；g.军旗；h.航路和属于海军的运船、义勇舰队的航路；i.测绘江海各线路军港、要港；j.调制、颁布航路图志和航路通则；k.海界线；l.万国航行通语；m.调查沿江和沿海江塔、灯杆、浮桩；n.海保安和颁布航路警告；o.航行应用时表、测器、图籍的置备、分配；p.航路人员的考绩；q.医院和红十字会；r.防疫和卫生；s.身体检查；t.诊断伤病的免除兵役；u.卫生人员考绩；v.卫生报告统计和卫生船员学术研究。

C.军械司；a.沿江和沿海水雷、鱼雷、要塞炮,各舰队枪炮的配置；b.台垒、厂坞、营库、桥梁、码头、灯塔、灯杆、浮桩等的建筑,修理和管理；c.枪炮、水雷,鱼雷、火药、子弹和其他军械的制式、支给、交换、检查；d.机器用具材料的制造、支给、交换；

e.通信气球用器材和支给、交换;f.各项器材的经理、检查;g.船坞的设备、管理;h.舰艇的制造、修理;i.舰艇的购置、监察;j.军械制造、修理、购置;k.各项器材的制造、修理、购置;l.军械人员的考绩。

D.军需司:其职掌业务大体同陆军部的军需司,增加对船用煤炭的筹划、准备和给予。

E.军学司:其职掌业务大体同陆军部军学司,增加制定练营、鱼雷营、训练营管理规则;航队操演。

海军部参事处亦称参事厅,不分科。总务厅初设四科为:机要、编纂、统计、庶务;后又增设副官处、视察室。军衡司设四科为:任官、赏赉、考核、司法(后改典制)。军务司设四科为:兵器、舰政、机器、设备。军学司设四科为:航海。轮机、士兵、编译。军法司设三科为:审检、法学、典狱。此外,另设技正室。

③参谋本部

参谋本部是掌握军令的机构,直隶大总统,不属于内阁管辖。设总长一、次长一,下设五局,即总务局,第一至第四局。总务局掌管全部事务,第一到第四局分掌作战筹划、军队动员情报、参谋人员培养及分配等业务;另有陆地测量局,负责军用地图测绘,制作等业务。局以下因业务情况,设科不等。其厅、科长级别相当于陆、海军部的司、科。

以上是平时的军队统御机关。战时,大总统为当然的陆、海军统帅,设大本营进行指挥,大本营设幕僚长以及作战、情报、动员、补给等机构,所有人员都由参谋本部以及陆、海军人员中调兼。

2.北洋军阀政府时期

(1)袁世凯等执政时期

1912年3月袁世凯在北京任临时大总统。袁为集军权于一身,于1914年(民国三年)公布所谓《新约法》,取消责任内阁而由大总统总揽一切军政大权。在总统府内设政事堂,以国务卿一人主持,为大总统在军政方面的决策和执行机构。原国务院各部成为事务机关。总统府内改原来幕僚性质的"军事科"为"陆、海军大元帅统率为事处"。这个处,不设首长,分设三所一厅,第一、二、三所各设主任一人,助理员若干人;一厅为总务厅,设厅长一人,参议八人。这个处的会议事项涉及各行政部门时,召集有关总长列席会议。因此,就成为袁世凯任大总统时全国最高军事统率机构了。

袁世凯统治时期,陆、海军部基本上沿袭临时政府时期的编制,变化不大。

公元1916年(民国五年),袁世凯死后,黎元洪任代理大总统,宣布恢复《临时约法》,各部的职权恢复旧制,恢复总统府的军事科,更名军事处,废除"统率办事处"制度。其后总统又先后易为冯国璋、徐世昌、段祺瑞(称执政)、曹锟。陆、海军部一度在各司之上加置一级,即部之下设军务、军需、军械、航空等署。署长一职,多以中将级军官充任。这一时期,因统治者的变更,编制也略有变化,但大体仍如其旧。

参谋本部较为充实,明确其职权为:掌管全国国防用兵事宜;统辖全国参谋将校,并监督其教育;管辖陆军大学、海军大学(实际未设)、陆军测量;监督各国驻扎武官;掌办军事交通等。参谋总长以上(中)将充任,次长一人,中(少)将。置第一到第七局,1915年(民国四年)又改称第一至第六局及制图局,平时额定一百六十人为限,并设调查员若干人,平时员额以六十人为限。

袁世凯为集权中央,加强对地方的控制,于1914年(民国三年)六月下令裁撤各省都督,在京师特设将军府,派遣将军督理各省军务。这个机关存在到1925年(民国十四年)才被裁撤,但将军名号仍在沿用。

将军府直属大总统,是军事最高顾问机关,设上将军和将军(不定额)。上将军和将军承大总统之命,会议军务、校阅陆、海军;或派驻各省,组织将军行署,督理军务。

将军各有头衔,头衔用"武"或"威"字加上地名谥号之类的简称作为冠字。派在各省的用"武"字,如江苏的冯国璋是宣武上将军;留在京师将军府的用"威"字,如蔡锷是昭威将军。但东三省比较特殊,奉天的张锡銮是镇安上将军(督理奉天军务并节制吉林,黑龙江两省军务)。吉林的孟恩远是镇安左将军,黑龙江的朱庆澜是镇安右将军,各省以文官(巡按使)兼充督理军务的,则只用"加将军衔"。

将军府事务大总统特任上将军一人管理,称为"管理将军府事务"。置事务厅,设厅长一人、办事人员十余人。将军府设参军若干人,由大总统任命,地位次于将军。

1925年(民国十四年)陆军部裁去军学司,另设训练总监部,掌管军训有关业务。

(2)张作霖军政府时期

奉系军阀张作霖于1927年6月就任陆海军大元帅。他公布《军政组织令》,设国务院,以辅佐大元帅执行军、政事务。这一时期,是北洋军阀中央军事统御机构变动量大的时期,军、政都由"大元帅"直接掌握,国务总理形同虚设;并将原来的陆、海军部和参谋本部合并成立一个军事部。

1928年(民国十七年),张作霖军政府又颁布《修正军事部官制》,改设次长二人,各兼理一个署长,将军事部改为一厅二署,即:总务厅——辖秘书、副官二处;参谋署——辖事务厅及第一——第六司;军政署——辖事务厅及军衡、军务、军械、军需、军医、军法、航空七个司。整个人员有所缩减,并将原陆、海、空三署业务统一于军政署。

(3)其他直属于中央的机构

属于中央统御机构的各部署附属单位甚多,现就其中主要的分述如下:

①京畿卫戍总司令部:北洋军阀政府谁任北京的统治,谁就以其嫡系军队担任

京畿卫戍。1919年(民国八年)徐世昌为总统时,将原有的京畿警备司令,改设京畿卫戍总司令,直接归大总统指挥;1924年段祺瑞执政时,改称京畿警卫总司令,辖两个混成旅,另稽查员二十人,探访员一百人。

②海军总司令处:海军总司令属于海军总长,其职掌是:a.管理所属舰队、厂坞,练营、医院;b.派遣舰队巡防江海;c.每年督率操演二次;d.任免、奖惩官佐。除第一项任务外,均须呈报海军部后执行,海军总司令处的主要组成为总司令(将官)、参谋三(校官及尉官)、副官二(校官及尉官)、秘书三;军衡长、军械长、轮机长、军需长、军医长各一,执法官一。该处一度裁撤,由海军部直接指挥舰队。1918年(民国七年)又恢复称海军总司令公署。1927年,海军总司令杨树庄率部分舰艘归附国民革命军,张作霖军政府以张宗昌为海军总司令。

③陆军监狱:民国三年规定属于中央的由陆军总长管辖,属于地方的由所属长官管辖。陆军监狱设典狱(陆军中尉——少校)为最高官佐。

④参谋本部所辖的陆军测量局:民国元年规定,各省陆军测量局直属于参谋本部第六局,兼属本省都督,主要职责是实行全省陆地测量,印刷兵要地图,掌办地面丈量事务。附设测量学校。

⑤陆军检阅使:检阅使职司检阅部队,但实际上是因人设事。

⑥航空司令部:1923年(民国十二年)曹锟执政时期,曾在陆军部下设有航空司令部,管辖当时仅有的一个航空队。

⑦步兵统领衙门:原系清末遗制,是保卫京师的机构(俗称九门提督),民国仍沿用,到1924年11月裁去。

(4)与北洋军阀政府抗争的护国政府

①护国军军政府军务院

公元1915年(民国四年)年底,袁世凯称帝,立即遭到国人的反对。十二月十五日,云南省首先宣布独立。组成护国军,出师讨袁。接着,贵州、广西、广东相继独立。各省护国军共同组织的最高机关是护国军军政府,其具体机关则是军务院,民国五年五月八日成立于广东肇庆。军务院直属大总统,统一筹办全国军机,指挥军事,并筹办善后一切政务。军务院设抚军若干人,用合议制裁决庶政。抚军人选,由独立各省都督,都司令、参谋,独立各省指挥两师以上的总司令充任。设抚军长一人,抚军副长一人,由抚军互选。抚军长根据抚军的议决或同意行使职权。军务院设置政务委员会处理政务;军事业务设有滇桂粤联军都参谋和副都参谋承办。

护国军总司令部编制如下:

总司令部设总司令一人(上、中将),下设参议厅(总参议,中、少将)、参谋厅(军参谋长,中、少将)、秘书处(秘书长,准上校)、副官处(副官长,上校)、军需处、军法处、军医处(设处长,上、中校)。另有校、尉级军官若干人。

此外,还有将校队、宪兵队、司号官等军官。

②护法军政府和大元帅大本营

孙中山领导的护法运动,从民国六年到十一年为护法军政府时期,从民国十二年到十四年,为重建大元帅府时期。

军政府(全称为"中华民国"军政府)是广州护法运动的领导机关,也是反对北洋军阀统治的全国最高政治机关。它由国会非常会议所产生。政制有过两度变化,即从最初的大元帅制变为总裁会议制。再变为大总统制。其具体组织如下:

大元帅制:民国六年九月十日,军政府组成,设大元帅一人、元帅二人。大元帅的地位相当于国家元首,直接统辖各部。大元帅府设置参谋、秘书、参军三处,卫戍总司令、顾问和参议若干人。参谋处设参谋总长一人,参谋次长二人,陆、海军参谋若干人,必要时酌设调查、编辑、测绘、作战、谍报各科。秘书处设秘书长一人,酌设总务、外交、内政、财政、军事、交通、法制各科。参军处设参军长一人,参军若干人。军政府设置外交、内政、财政、陆军、海军、交通各部,各部设总长一人。此外还设有督军若干人,以各省都督赞助军政府者和全省兵力宣布与非法政府断绝关系者任之。

总裁会议制:民国七年(公元1918年)五月二十日,军政府改组为总裁制。军政府设总裁会议,由总裁组成。选出孙中山等七人为总裁。总裁以会议制行使其职权,总裁会议每次以轮推一人为主席。这时军政府的军事机关,除政务院所辖的陆、海军部仍照旧外,还有军事委员会和参谋部。军事委员会由各省军事长官所派的军事代表一人,和由军政府任命的军事委员若干人组成。军事委员会建议军事上的计划,并备军政府的咨询。关于各军的特别事宜由该军派来的军事委员提出建议。参谋部的组织,大体同《民国元年官制》,即与北洋政府的参谋本部组织基本相同。

大总统制:由于滇系、桂系军阀和右派政客团体排挤民主革命派,并同北洋军阀遥相呼应,1920年(民国九年)冬,军政府解体。1921年(民国十年)四月,非常国会选举孙中山为非常大总统,总统直辖各部仍旧。同时,孙中山为主持北伐军事,在桂林设大本营,直辖各军总司令。由于陈炯明的阻挠,北伐军曾改道由江西北上,大本营移驻韶关。1922年(民国十一年)六月,陈炯明在粤叛变,国会和政府均遭破坏。1923年(民国十二年)初,陈炯明被逐,孙中山重人广州,三月二日重建大元帅大本营。大本营设置四部、两局、一库、两处:即外交、财政、内政、建设四部;法制局、统计局;金库;参谋处、秘书处。参谋处设参谋长,组织与原参谋部基本相同。此外,大元帅之下,另设参军长。

3.国民政府统治时期

(1)抗日战争以前的情况

1925年3月孙中山逝世后,广州军政府改组,国民政府在广州成立,设军事委员会。1926年北伐开始,设国民革命军总司令部,以国民革命军总司令部为最高军事指挥机构。

国民革命军总司令部在北伐战争后期曾一度改称国民革命军陆、海军总司令部。公元 1928 年（民国十七年），国民政府正式在南京建都后，"军事委员会"为军事最高指挥机构。其组织大纲主要是："一、军事委员会为国民政府军政最高机构，掌管全国海、陆、空军政编制、教育、经理、卫生，及充实国防之责。二、军事委员会委员由中央执行委员会遴选……并指定常务委员十一人至十五人，以一人为主席。……五、紧急重大事件得由主席与常务委员负责处理。"又制定总司令部组织大纲，主要有："一、国民政府为国家战时军令的统一，特任国民革命军总司令一人。凡属于国民革命军之陆、海、空军，均归其节制指挥。二、国民革命军总司令对中央执行委员会及国民政府在军事下负其责任。三、国民革命军总司令得兼任为军事委员会主席……"最初的军事委员会委员为七十三人，十六人为常委，蒋介石任主席。此后，蒋介石以军委会主席兼总司令名义在国共合作下完成北伐。

军政部隶属于行政院，设部长中（上）将一人，次长中将一人，并配必要的僚属。军政部各署根据业务情况，编制不一。陆军署、兵工署、军需署又置司一级。如陆军署设有总务、军衡、军务、兵役、交通、军医等司；军需署设有总务、财务、粮秣、被服等司；兵工署设有研究、兵器、制造等司。司下又设科。惟航空署仅设军务、航务、管理三科。署长一般为中（少）将级，副署长一或二，为少将级，另设参事、秘书一、二人；司长少将级；科长一般为上校级，按需要设科员，多少不等，为中尉至中校或相同的军用文职人员。凡属军用的工厂、仓库、飞机等厂站均由军政部有关的署直接管理。

海军部隶属于行政院，设部长（中、上将）、次长（中将），并配以必要的僚属。直辖总务、军衡、军务、舰政、军学、军械、海政七个司和一个经理处，司、处下设科，其人员配备和级别大体同于军政部。

参谋本部直隶于国民政府，是执行军令的机关。其编制大体沿用北洋军阀旧制，唯将原属各局称处，参谋总长为上（中）将级，次长中将级。设总务及第一——第六处，处长为少将级。处下设科，科长为上校级。参谋本部的直辖单位有陆地测绘总局、测绘学校及陆军大学校。

训练总监部直隶国民政府。负责军事教育、校阅、督练等事。其组织沿用北洋军阀政府旧制。此外，增设了国民军事教育处、军事杂志社、中央各军校毕业生调查处等单位。

军事参议院为政府最高军事咨询机构，且为安置高级军官而设。除设院长（上将级）外，设中（上）将军事参议（不定额），并配以事务性人员若干人。

在全国统一前后的内战中，蒋介石一直以总司令名义和指派总司令方式指挥作战。1932 年（民国二十一年），取消陆、海、空军总司令部，改由军事委员为统管全国军事的最高统帅机关；规定行政院长、军政部长、海军部长、训练总监、军事参议院院长为军事委员会的当然委员，蒋介石、冯玉祥、何应钦、朱培德、李宗仁为常委。蒋介石此后长期以军事委员会委员长名义，指挥全国军队，并在重要地点如北平、武汉、南昌、重庆等设"行营(辕)"进行指挥。行营多为固定组织,机构庞大,设主任、参谋长、秘书长,下设厅、处,分管有关业务。军事委员会成立后,原军政部、海军总司令部、参谋本部、训练总监部、军事参议院均由军委会直辖。为发展空军,1933年将航空署改建为航空委员会,蒋介石自兼委员长。另设立铨叙厅,直属军委会,专管全国陆军人事和奖惩事宜。

因日本帝国主义对中国的入侵,民国二十五年(公元1936年)七月,国民党设置国防会议。

国防会议条例规定:"为整理全国国防特设置国防会议。讨论国防方针及关于国防各重要问题。"国防会议各员之组成,有"议长:军事委员会委员长;副议长:行政院院长。"会员有"中央军事机关各长官、军事委员会两副委员长、参谋总长、军事参议院院长、训练总监、航空委员会委员长""行政院关系各部长(军政、海军财政、外交、交通、铁道等部长)",以及"中央特别指定之军政长官"。"国防会议设置秘书厅,秘书厅厅长由参谋总长兼任,副厅长两人由军委会办公厅副主任、参谋次长兼任"。

民国二十六年(公元1937年)三月,改"国防会议"为"国防委员会"。

(2)抗日战争爆发后的变化

民国二十六年(公元1937年)七月,抗日战争全面爆发。国民党设立"国防最高会议",取代以前的"国防委员会",作为全国国防最高决定机关,并颁布"国防最高会议组织条例"如下:

第一条　国防最高会议为全国国防最高决定机关,对于中央执行委员会政治委员会负其责任。

第二条　国防最高会议设主席、副主席各一人,以军事委员会委员长为主席,中央政治委员会主席为副主席。

第三条　国防最高会议以下列各员组织之,并由主席指定常务委员九人:①中央执行委员会常务委员、秘书长、各部部长、中央监察委员会常务委员、中央政治委员会秘书长。②五院院长、副院长。③行政院秘书长、各部部长。④军事委员会委员、参谋总长、副参谋总长、军令部、军训部、政治部各部部长、军事参议院院长。⑤由主席提出,经本会议通过者。

第四条　其他各关系人员遇有必要时,由主席通知列席。

第五条　国防最高会议之职权:①国防方针之决定。②国防经费之决定。③国家总动员事项之决定。④其他与国防有关重要事项之决定。

第六条　国防最高会议常务委员会每星期开会两次,全体委员会议由主席随时召集之。

第七条　作战期间关于党、政、军一切事项,国防最高会议主席得不依平时程序,以命令为便宜之措施。

第八条　国防最高会议设秘书处,处理会议一切事务。秘书长由主席指定之。

第九条　国防最高会议秘书处之组织及办事规程另订之。

第十条　本条例由中央执行委员会通过施行。

1939年(民国二十八年),蒋介石任国民党总裁后,又改"国防最高会议"为"国防最高委员会",明确规定党的总裁兼任"国防最高委员会"主席,统一党、政、军指挥并代行中央政治委员会的职权;凡党中央执行委员会所属部会、国民政府的五院、军事委员会的各部,都统一兼受"国防最高委员会"委员长的指挥。

在抗日战争爆发后,国民党政府曾设"大本营"为中央军事统御机构,内设六个部,分管各项军事业务。但不久蒋介石复以军事委员会委员长的名义,统一指挥全国军事。

军委会机关主要部分编制及其变化情况分述如下:

委员长侍从室:是委员长身边的直接办事机构。抗日战争发生后,几经扩充,编制很大。最大的时期为一室、三处。侍卫长室,专负责委员长的警卫侍从。处以下设组,各组按业务需要,人员多少不同,多至二三十人,少的仅二三人。又根据业务性质,有参谋、副官、秘书、侍卫官等的区分。侍从室各室、处均直接对委员长负责,但个别处、组之间有横向联系。

侍从室不仅处理各单位呈送委员长核办的各项业务,有时也直接进行军事指挥及处理重大人事问题,由委员长手令或口头指示。侍从室直接以"委员长"名义发号施令,是蒋介石实行军事独裁的重要机构。

委员长办公厅:委员长有侍从室为其处理军事业务。因而办公厅实际成为参谋总长的办公机构,负责处理军事委员会例行或勿需呈送委员长亲核的次要业务。办公厅设主任一,上(中)将级,副主任一,中将级(不常设);下辖主要单位为主任办公室,设主任一(中、少将)、高级参谋(少、中将)三至四人,及副官、秘书、文书、事务人员等。另设秘书、总务两处,处长为中(少)将级;处下设科,科长为上校(少将)级,科属参谋、科员、副官等都为各级军官及佐属。

军令部:由参谋本部演变而来,执掌军令,筹拟作战计划,负责部队调遣,编成作战部队并指挥作战,进行敌情研究,掌握参谋教育等等。

军政部:原隶于行政院,抗日战争后,兼受军委会指挥,编制大体如旧。1942年应抗日战争的需要,国民政府曾颁布《军政部组织法》,机构略有变化和扩大:军政部设部长一人(上将),政务、常务次长(中将)各一人,参事(少、中将)六至七人,部附(少将或上校)二十至四十人。

1944年底,军政部又扩大军务司为军务署。同时,兵役署由军政部划出成立兵役部,其业务范围大体如旧。军政部负责军事行政,为军委会核心组成部分。

军训部:即原训练总监部,组织变化不大。设部长一,上将级;次长二,中将级。抗日战争后,将原省国民军事教育处取消,先后增设通讯兵监、机械化兵监及中央各军事学校毕业生调查处等部门。

政治部:由陆海空军总司令部的政治训练处演变而来。在国共合作,共同抗日的促动下,组织规模较大。设部长一,上将级;副部长二,中将级。下设部长办公室、总务厅、第一、二、三厅。

政治部各处处长一般为少将级,科长为上校级或同级文官及佐属,科员为中尉——中校级或同等文官、佐属。各处、科数及各科人数视业务需要各有不同,少至数人,多至数十人,而第三厅人员多至三四百人。

铨叙厅:成立于抗日战争稍前,是陆、海空军的人事管理机构。设厅长一,中将级,副厅长一,少(中)将级;下辖三处,处下分科,处长、副处长为少将级,科长为上校级。各科设中尉——中校级科员人数不等。另设厅长办公室,负责全厅人事、管理、庶务等事项。其各处职掌为:第一处负责将级人员的任免事宜;第二处负责校级以下人员的任免核审、统计等事宜;第三处负责人事考核及奖惩等事宜。

军事参议院:实际为安置闲散高级军官的处所。编制较简单。除设院长办公室、总务厅处理一般行政事务外,设中、少将军事参议,不定额。抗日战争后,曾利用该院人员设立点验委员会,负责派员组成点验组,分赴各军、师点验士兵人数,考核补给和兵役情况等。

军法执行总监部:抗日战争后,应形势需要而建立。设总监一(中将)、副监一(少将)。除管理各战区军法执行分监外,负责审理将级及重大案件的复查工作以及将级人员违法事件的审办。部设校级军法官若干人,分处负责审理、定刑、狱管以及事务性等工作。

外事局:抗日战争开始后,办接受外援,特别英、美、苏等国的援助而设。设局长一,中(少)将,副局长一,少将;下设室、组。负责一般性事务,训练译员和交涉、接待等工作。

兵站总监部(后方勤务部):抗日战争时成立,设总监一,中将级,副监一,少将级,参谋长一;下设必要的处、科、仓库以级配属的辎重部队。直接指导各战区兵站总监,担任战区部队军械弹药、粮秣、被服装具的补给(后方部队仍由军政部直接负责)。

海军总司令部:抗日战争开始后,总司令部及海校、工厂、仓库都迁入内地,编制没有变化。1945年,海军总司令部曾一度缩编为海军处,隶属军政部。1946年成立国防部时,又恢复为海军总司令部。

航空委员会:抗日战争开始后,空军实力有所增加。设主任一,中将级,副主任二,少将级;设参事室,有参事三至四人(中、上校);另设三个厅,厅下设处、科。厅长为上校(少将)级,处长为中校级,科长一般为少校级或同等佐属,分管作战、人事、机务、补充等业务。所有空军部队、厂站、医院、学校,都由航空委员会统御。

宪兵司令部:是统御全国宪兵的机构。司令部设司令一,中将级,副司令、参谋长各一,少将级;设参谋、副官、军需、军械、军医等处;处下各设科。处长为上校级或同等佐属,科长为中校或同等佐属,科员、参谋、副官等为中校以下军官或同等佐属。所辖独立的宪兵团、队,执行任务时,由所在地长官指挥,但人事、经理仍由宪兵司令部直接管理。

军事调查统计局：为特务组织。名义上属军委会，实际上由蒋介石直接掌握。该组织在1932年（民国二十一年）前后，为国民党秘密组织"复兴社"的特务处，以后改称军事委员会调查统计局第二处（第一处改为中央调查统计局）。抗日战争开始后，改为现名，逐步扩大组织，其组织、人事、经理均自成系统，其他部门不得过问。局长、副局长均为中将级；设主任秘书，少将级，主持日常事务。局下设处，处下设科。处长为少将级，科长为上校级，科员为中校以下军官或佐属，各科人员不等。

中央干部训练团：军委会中央干部训练团的前身是东南干部训练团。系为接受美援，训练干部使用美式武器而设，蒋介石自兼团长，轮训陆军各部队将、校级军官。团部有教育、总务、政训三处。团址设在广西桂林，以美国人任教官，中国军官任助教，每期四至六周不等。1944年（民国三十三年）下半年，桂林陷于日军，东南干训团移至重庆，更名中央干部训练团，充实团部人员，增设副教育长一人，以处理日常工作，教官全改由中国军官担任。其时，国民政府号召十万知识青年从军，该团负责选训青年军各级干部。此外，为编练从军的知识青年，成立青年军编练总监部。该部人员部分专任，部分由中央干部训练团各级干部兼任。

总监由罗卓英兼任，直隶军委会。政治部主任由蒋经国担任，名义上隶军委会政治部，实际上自成系统。

（3）抗日战争胜利后的改制

1946（民国三十五年），中央军事统御机构全面改组，成立国防部。由总统直接以国防部、参谋总长及其所辖厅、局幕僚处理一切军事事务，将原军委会委员长侍从室稍做精简，改为总统府参军处军务局。

国防部区分为两部分。一是国防部部长直接掌握的部门，主要任务在于国防经费、物资的筹划和人力的筹划、动员，负责和其他有关部门协商、协调；二是参谋总长所掌管的各厅、局，是国防部作为军事统御机构的实体。此外，另设有陆、海、空、联合勤务四个总司令部，分别统御陆、海、空三军及联勤部队。

①国防部部长及其直辖单位

国防部部长一，一级上将。次长二，中将级（可以同等文官充任）。

②参谋总长指挥、管理的机构

国防部设参谋总长一，上将级，参谋次长三，中将级，负责全国军事方面的筹划、管理和指挥，取代了原有军政、军令、军训、兵役、政治等各部的职能。

③陆军总司令部

接近抗日战争胜利时，国民党政府为接受美援，曾一度建立陆军总司令部，下辖四个方面军，每方面军辖三个军。抗日战争胜利宣告结束，与这里说的陆军总司令部并无联系。

陆军总司令部与海、空军总司令部以及联合勤务总司令部为国防部下四大军种司令部之一,统管全国陆军。但战争年代,陆军常编入行营、绥署等的战斗序列,陆军总司令部虽负有训练陆军之责,但部队一经编入战斗序列,就不再过问,成为有部无军、有职无权的机关。

按照新制,各总部都建立与国防部相适应的机构,但根据需要,又略有不同。陆军总司令部设总司令一,上将级,副总司令二,中将级,参谋长一,中(少)将级,副参谋长一,少将级。

④海军总司令部

海军总司令部设总司令一(上将)、副总司令一(中将)、参谋长一(少将)。海军总司令部下辖海军各舰队、学校、工厂、港口司令部等单位。

⑤空军总司令部

由原来的航空委员会改建。设总司令一(中将)、副总司令一(中、少将)、参谋长一(少将)。空军总司令部辖空军各部队、学校、工厂、航空站以及空军特务旅、航空工程兵、防空部队等。

⑥联合勤务总司令部

联合勤务总司令部取代了原军政部的大部分业务,后方勤务部(兵站监部)的所有任务,惟宪兵司令部名义上归其所属,实际上由国防部参谋长直接掌握。总司令部设总司令一(中、上将)、副总司令二(中将)、参谋长一(中、少将)副参谋长二(少将)。

除上述国防部及四大总部外,国防部还设战略顾问委员会(原军事参议院改建),为最高军事咨询机构,设主任、副主任(上将)及必要事务人员,顾问(中将以上)无定额。

(三)地方区域割据和各省军事组织

南京临时政府时期,各省军事组织大体仍沿清末旧制,故仅就北洋军阀政府和国民政府时期地方区域和各省军事组织予以记述。

1.北洋军阀政府时期

北洋军阀政府时期,各省以民政长为各省行政公署的长官,中央政府在1913年(民国二年)公布了划一现行各省地方行政官厅组织令。次年,改民政长为巡按使,行政长官公署也改为巡按使公署。1918年(民国七年),省又改称省长,巡按使公署改称省长公署。省长一般只理民政,不管军事,但实际上一般都由割据的军阀兼理,以军理政。区域割据和各省的军事长官,往往成为统治几个省的或一个省的军政兼管的最高长官。这些长官,有的是政府任命或加以承认的,有的是自封的。这一时期军事机构的特点是:①名义上军、政并立,实际上是军事独裁,民政受军事支配。②地方军政长官就是割据一方的军阀,其军队归军阀所有。他既可表面顺从中央,亦可随时宣告独立。③职官的名目繁多,有巡阅使、经略使、保安司令、边防督办、宣抚使、镇抚使、司令、总司令等几十种头衔。④各军阀始终处于混战之中，部队的编制也较乱，难以区分正规编制和临时性战斗编组。

这一时期主要军事组织：

（1）巡阅使署

巡阅使署从1912年（民国元年）到1925年，它是跨省份的军事组织。其设置、分并、裁撤由不得政府统一规划，而是军阀根据已形成割据形势的需要来设置。先后有过跨省性的粤闽、两广、两湖、闽浙、东三省、直鲁豫、苏皖赣、热察绥、陕甘新等巡阅使，也设过长江、南洋、海疆巡阅使的名称，其中有的是虚衔，但多为较大军阀所担任，名义上由中央政府任命，实质上实行割据。其中较著者为曹锟的直鲁豫巡阅使和张作霖的东三省巡阅使。巡阅使署照政府规定只是统率辖区内军队，有督训、指挥之权，但实际上已完全不受此约束，而是各行其政，对辖区内的民政、财政无所不管，并可任意发兵，这是军阀割据的特征。

1924年三月公布的《苏皖赣巡阅使署组织令》规定，撤销政务处，改设机要处，政务处所管业务由秘书处办，秘书处业务归机要处办理。巡阅使署酌设顾问和咨议各若干人、宪兵司令一人、宪兵三百人。但各巡阅使无视政府规定，任意扩大编制，如直鲁豫巡阅使署竟增设"驻京侦缉处"，可见军阀的跋扈了。

（2）经略使署

1918年（民国七年）曹锟为川、粤、湘、赣四省经略使。设使署，其组织略同于巡阅使署，1920年（民国九年）撤销。

（3）边防督办公署

终北洋军阀的统治，为安抚军人，发表过不少边防督办的名义，有的是属虚衔，有的也设署办事。

（4）督军（都督、将军、督理、督办）为省一级军事长官，有的兼民政长或省长，名称变化频繁，但性质不变。

按北洋军阀政府规定，各省都督（督军）都直属大总统，在该省范围内的军事、军令部分归参谋本部指挥，军政部分由陆军部处理。都督的任免或兼任地方长官都由国务会议决定。都督统辖省内军队，协助维持省内治安。称都督时，公署称为"都督府"；称将军时设"将军行署"。无论称号什么，其公署编制大致相同。

凡民政长官兼军政长官的，机关仍然并立。袁世凯一度为削·弱军人势力，用文官兼理军事。一部分省区（直隶、甘肃、新疆、河南等）不设将军，由巡按使"加将军衔督理军务"，就不设"将军行署"，而在巡按使署内附设军务厅以处理军务。军务厅设厅长一，分军务、军需、军法三科。

各省巡防队、警备队等是纯地方性部队。归省行政长官管辖。都督调用时，须商同巡按使调遣。

（5）护军使署

这是加强中央军事集权的一种临时性设施。护军使有两种，一设于无军政长官的省区,一设于有军政长官的省份。前者实即为都督和将军,上冠以省名或地名。如朱庆澜和刘显世曾长期以黑龙江和贵州护军使名义分治该两省。后者只辖省内某一地区,如淞沪护军使,仅辖淞沪一个地区,其编制一般略小于督办公署。

(6)镇守使署

在省重要地区或地点,设镇守使。原系临时性设施,且不普遍,1914 年(民国三年)成为定制。镇守使署分繁、中、简三等。一般中、少将级,多由当地驻军师长、混成旅长、旅长兼任。镇守使署,设参谋一至三人(上校至尉级),副官一至三人,其中阶高的为参谋长及副官长。

以上为被北洋军阀政府任命的或承认的地方性军事组织。至于各军阀自定的职官,则更名目繁多。其较著者,有张作霖的"东三省保安总司令",吴佩孚的"十四省讨贼总司令",孙传芳的"苏皖赣浙闽五省联军总司令",以及李景林、张宗昌的"直鲁联军总司令"等等,还有什么"前敌总司令""前敌总指挥""左、右路指挥"等变化极多的官称。

2.国民政府时期

国民政府时期,自 1926 年始,先是新军阀间兼并作战,继之以长达十年的内战、在第二次国共合作下的八年抗日战争,再继之以近三年的反人民内战,战乱不止。这期间,其行营、战区、绥署等战斗序列多为临时组织,但它与割据性质不同,其组织都是由军事委员会、国防部颁发"组织规程"来确定。这里举例记述如下:

(1)军事委员会分会(简称军分会)

1937 年抗日战争全面爆发前,曾在北平、武汉、广州等地设立政治分会,因而也相应建立了军事委员会××(地名)分会的组织。这是最大的区域性军事组织,其分会负责人一般为上将级军官担任。如北平分会的主任先为何应钦,后为张学良,负责华北地区的一切军事事宜。机构相当庞大,设有与中央的军事委员会相适应的一些机构。惟编制上人员较少,权力也较小,只能处理一般事务。此机构,存在二三年即被另一机构代替。

(2)军事委员会委员长行辕(行营)、长官公署

"行营"的名称,最早见于南昌行营,这是备蒋介石亲自指挥或象征性指挥的组织。曾设有过北平、武汉、重庆、西安、成都、广州等行营(辕)。其组织,设上将(中将)主任一,副主任中将二至三,其下设厅,分管参谋、军务等业务。抗战中设过汉中行营、天水行营。抗日战争后,只设过重庆行营。继之,曾有西北、西南、东南行政长官公署的设置,这也是较大的军事性区域机构。以西南长官公署为例,就是由重庆行营演变而来的。

(3)绥靖公署

绥靖公署多在后方或边远地区,属长期的地方性军事组织。其组织规模以西安、郑州、福州、重庆(一度设过)等绥靖公署较大,略同于"行营"和"长官公署"。

抗日战争后期及抗战胜利后,曾在战地后方各省普遍建立绥靖公署,还有跨省的如"川鄂边区""湘鄂边区"等绥靖公署,这些公署较前者规模小,但组织类似,所辖部队也多少不同。

(4)战区长官司令部

战区长官是为适应抗日战争而陆续建立的。其主要职责是指挥一个方面(即一个战略方向)和有关省区的作战,对有关省关系作战方面的行政,也有督导之权。因此战区长官常有兼任所在省份省府主席职务的。

(5)集团军总司令部

这里所指的集团军总司令部,是指战区以下的战斗序列编组。司令部编制较战区为小,一般设中将总司令一,少将参谋长一;司令部内设参谋、军务、军需、副官等处,处长一般为少将或上校级;另配有特种兵部队及兵站分监部,掌管有关业务。集团军下辖有军或独立师,所指挥的部队不固定,一般有两个军以上。集团军总司令只指挥作战,人事、经理由各军直接请示战区或军委会办理,但集团军司令对人事、补充有建议权。集团军有时由战区配属特种兵团(营)以提高其作战能力。集团军按顺序冠以第一至若干的番号。内战期间及抗战初期,国民党政府曾用过"路指挥"或"军团""前方指挥所"的战时组成,与集团军类似。

(6)陆军编练司令部(初名训练处)

国民党军队于解放战争后期,为征练新兵,曾在其后方重庆、广州、昆明等地建立陆军编练司令部,利用被人民解放军全歼的番号重新组训第二线兵团。其编制略大于兵团,司令部设一、二处及一个补给组,负责兵员补充、教育训练及补给卫生等。处、组下设科,处、组长均为少将级。除组训部队外,还另设一干部训练班及教导总队(相当一个师的编制)。按序列赋予编练司令部番号,直隶国防部,兼受所在地行政长官或绥靖主任督导。因战争变化急骤,有的尚未组建起来,国民党军就全部失败了。

(7)警备司令部

抗日战争期间,国民政府在各大中城市,为维持治安、镇压人民,一般设有警备司令部。其中有较固定组织,有由当地驻军长官兼任的,也有临时抽调人员组成的,规模大小不同。抗日战争期间,重庆曾设卫戍总司令部,组织规模相当战区长官部。解放战争初期,国民政府曾在北平、武汉、昆明、南京等地设警备总司令部,其组织规模相当较小的绥署一级。惟国民政府在崩溃前夕,由汤恩伯任总司令的京沪杭警备总司令部,其组织规模与"剿总"相似。一般警备司令部设稽查处,由军统直接控制。

(8)城防司令、戒严司令

多为接近战地城市备战的临时性组织。由驻军抽派人员、部队组成,无固定组织。此外,因战时需要,还有过"前敌总指挥""挺进纵队""游击支队"等等名义,都是临时性的组合。解放战争时期,国民政府为反共、反人民把原战区性的组织改称

"××剿匪总司令部"。其设置有华北、徐州、华中等地"剿总",东北初用"东北保安司令长官部"名义,都是相当于战区一级,其组织也大体相似。这一期间又以"兵团"名义代替过去"集团军"的称谓,是属于各大区次一级的指挥作战单位。除此,在战地稍后方必要的军事要地,设有"绥靖区司令部",冠以"第××"番号。其组织略同于兵团司令部,有时也直接指挥部队作战。抗日战争后期,集团军番号曾达到四十几个。解放战争时期国民党军队兵团番号曾达到二十几个。抗日战争时期和抗日战争胜利后,国民党军队指挥系统有所变化,对照如下:

抗日战争时期——军事委员会→战区→集团军→第一线军、师

解放战争时期——国防部→"剿总"→兵团→第一线军、师

为和国防部组织相适应,抗日战争胜利后国民党军队各级组织内部机构的名称也有所改变。

以上各编组,虽含有区域性和地方性,但均为纯军事作战而定的战斗序列。真正属于地方、由地方政府筹办经费,并可直接指挥的,仅下列机构。

（1）保安处（保安司令部）

公元1927年国民政府在南京建都后,规定各省成立保安处（后改称保安司令部）,下属保安团、队,作为维持当地治安之用。保安处设处长、副处长及必要僚属,为省政府下辖机构之一。改称保安司令部后组织规模相当于一个军司令部。保安司令多数省由省政府主席兼任,所辖保安团,一般三到十数团,装备较差。省的各行政专员公署也建有保安团、队。因政府兵力不足,保安团常被改编为正规部队。

（2）军管区司令部

国民政府实行征兵制后,各省设军管区司令部,负责征集事宜,省政府主席兼任司令,司令部设副司令一（少、中将）实际负责,并设参谋长一及若干参谋、副官。该部受省及军政部的双重领导,人事、经费均由地方负担。

（3）防空司令部

抗日战争期间,大中城市都设有防空司令部,负责防空事宜。一般由地方长官兼任司令,司令部设副司令或参谋长及以下少数人员,指挥驻在当地的防空部队,监督军民挖掘防空工事,负责空袭情报,空袭时发放警报、督导军民疏散等。

（四）陆军

民国时期,军种主要是陆军。南京临时政府时期甚短,军队一如旧制。北洋军阀政府接收清末军队,仍基本是步兵为主体。国民政府时期,陆军有发展,初步有了诸兵种合成军队的规模。

1.北洋军阀政府时期的陆军

民国初年的陆军编制,有新军、旧军之分。新军即清末建立的新军;旧军是各省巡防营所组部队。所谓旧军,编制一如其旧。以后逐渐统一于新军编制,以师为

战略单位。

民国时期军械工业落后,重型火器生产力量薄弱;加以无限制地扩军,财力不足等等原因,各系军阀部队,多缺炮、骑、工、辎等特种部队,有的师甚至仅有步兵,独立的特种部队更属少见。旅一级如混成旅、步兵旅也作为建制单位独立存在。设有师旅之名的旧巡防营制的军队仍然残存,如甘肃的回、汉军及张勋的定武军等皆是。

公元1922年(民国十一年),直奉战争奉系失败后退回东北,张作霖改革军制,以旅为平时的建制单位(师、军属战时编组)。旅的编制辖步兵三或二团,骑、炮兵各一团。每团比北洋军阀政府所定编制,还多了一个迫击炮连。名虽为旅,其力量不亚于一师。总兵力达二十七个混成旅(步兵六十个团、旅团番号不相连属),骑兵五个旅。公元1924年(民国十三年)第二次直奉战争时,编成五个军。战胜直系后,奉系东北军的扩充达步兵四十余旅,骑兵十余旅。其编制自民国十一年改制后,逐渐形成与北洋稍有不同的编制。东北陆军师旅团的编制大略如下:

甲种师:步兵二旅,每旅三团(每团步兵三营,附机关枪、迫击炮各一连,通信兵一班);骑兵一连,辎重兵一营。编入甲种师的炮兵、骑兵另组成旅,工兵另组成团。

乙种师:步兵二旅(每团编成同甲种师),骑兵一连,山炮兵一营,工兵一连,辎重兵一营。

乙种骑兵师:骑兵二旅,每旅二团(每团骑兵四连并附机关枪、迫击炮各一连,通信兵一班),骑炮兵一连(用山炮)。炮兵旅:炮兵三团,每团三营,每营三连,每连炮四门(后设炮兵集团司令,旅改为炮兵军)。工兵团:营数无定额;每营三连,每连三排,每排三班。各单位的人数,步兵连:每连三排,每排三班,每班士兵十四人,每连士兵一百二十六人(与北洋旧制同)。迫击炮连:(六门制)全连三排,每排二班,每班士兵十八人,每连士兵一百零八人。通信班:全班分四组,每组士兵八名,士兵共三十二人。辎重营:每营三连,每连三排,每排三班,每班士兵十八名,每营士兵共三百八十六人。骑兵连:每连四排,每排四班,每班士兵八名,每连士兵一百二十八人。野炮营:营辖三连,每连二排,每排二班,每班士兵二十三名,但第四班二十二人,全营士兵共二百七十五人。山炮营:营辖三连,每连二排,每排二班,每班士兵三十一人,但第四班三十人,全营士兵共三百七十三人。工兵营:全营分连,每连三排,每排三班,每班士兵二十人,全营士兵共五百四十人。东北陆军编制比北洋陆军编制,最明显的是每步兵团增设迫击炮一连和通信兵一班;甲种师以六个步兵团编成,比北洋师的定额四个步兵团为强。这是东北军兵工厂能自产武器比关内北洋军阀所有兵工厂占有优势的原因。这一时期大小军阀经常混战,政府虽有过统一的编制,但未能实施,各自为制,非常复杂。

北洋军阀政府陆军采用三等九级官制,即上等为"将"、中等为"校"、初等为"尉"。每等又分上、中、少三级,另设准尉一级,作为额外佐属。将级军官不分兵种,校官以下按兵种有宪兵、步兵、骑兵、炮兵、工兵、辎重兵。如步兵上校、工兵中尉等等。炮兵工长同炮兵准尉。

陆军中的同等官有军需、军医、测量等"总监",均同中将;"监"同少将。"正"的一、二、三等同上、中、少校,如三等军需正即同少校。其一、二、三等军需佐、军医、测量同上、中、少尉。测量士同准尉;军乐长同少尉;副军乐长同准尉。

陆军中的士兵,分军士和兵卒,军士分上、中、下士三级,兵卒分上等兵、一等兵、二等兵三级。士兵也按兵种划分,如陆军步兵上士、陆军辎重兵上等兵等等。

综合北洋军阀政府时代的陆军,就公元1922年(民国十一年)的统计,师的番号系由第一师到第二十六师;混成旅番号七十个,但实际只二十几个。另外,京师有宪兵五个营和陆军部卫队营(步、骑各一连)、军乐连。还有骑兵一个团,另一个混成团。属于旧军的尚存有毅军三十二个营。以上各部队充实的情况不等。

2.国民政府时期陆军

(1)陆军的编制

孙中山于1924年(民国十三年)回广州重建大元帅大本营,在共产党协助下,建立起国民革命军。陆军编制以学生军教导团为基础,采用三三制,即自班至师,皆以三进。步兵以二人为伍,六伍为班,三班为排,三排为连,三连为营,三营为团,三团为师。我国陆军的编制由班到师采用三进、三三制由此始。北伐前共编成八个军,第一军完全采用三制;此外在广东因袭北洋旧制的湘、滇、粤等军也逐渐过渡变制,惟桂军第七军仍保持原来系统的旅为陆军建制单位。

国民革命军最初编成的八个军,其情况是:

由黄埔军校教导第一、二团为基础,扩编成第一军,何应钦任军长,邓演达兼任党代表;

孙中山

由驻在广东的湘军编成第二军,谭延闿任军长,李富春任党代表;

由驻在广东的滇军编成第三军,朱培德任军长,朱克靖任党代表;

由粤军改编为第四军,李济深任军长,张铭、廖乾吾、罗汉先后任党代表;

由李福林的福军改编为第五军,李福林任军长,李郎如任党代表;

由鄂军及其他零星部队合组成第六军,以程潜任军长,林祖涵任党代表;

由桂军组成第七军(军以下不设师、直辖七个旅),李宗仁任军长,黄绍竑任党代表;

由湘军唐生智部编为第八军,唐生智任军长。

国民革命军初建时,为了使军队真正成为执行国民党政策的一支武装力量,实现孙中山所倡导的"以武力与群众结合进而成为群众的武力",以改变军阀军队为私人争权夺利工具的积弊,在各级部队里均有党部组织,在军制上创建了党代表制度。国民革命军中特别党部的系统,为中国国民党(国共第一次合作时共产党员亦得以个人身份参加国民党)所直辖。凡属国民革命军的官兵,皆为党员,全军皆不能离开党的组织和纪律。军队的系统是自上而下;而党的组织则由下而上。在军这方面说,是上下级服从关系;在党的方面说,官兵级别高下均同为党员。因此军纪风纪之外,还有党纪。

国民革命军中的党代表,官阶同于同级部队长并肩成为军队的首长,必要时,直接指挥军队,保障党的使命得以贯彻。当时国民革命军中特别党部及党代表组织系统大略如下:

从党中央起至总司令部,各军、师、团、连各级均有党部和派有党代表。通过选举产生执行委员会和督察委员会(连只设执行委员会)。军师司令部里各部处以及营和排均有党小组。

北伐开始时,军、师党代表多数是由共产党员担任(兼有国民党党籍)。

1928年(民国十七年)国民党在形式上统一中国后,军队里师一级以上的特别党部组织系统仍然保留,但已经不是民主选任制,而径由上级派专职政工的党员兼主其事,成为一个有名无实的松散组织。党代表制废除,而代以政治训练部,各师则改为政治训练处。这种组织完全成为为蒋介石统治服务的机关。

经过北伐战争,国民党收降北洋军阀各系部队,陆续扩充编成四个集团军。总司令蒋介石兼第一集团军总司令,第二集团军为冯玉祥任总司令。第三集团军为阎锡山任总司令,第四集团军为李宗仁任总司令。

参加北伐的桂系军队,形式上还接受蒋介石的编组,惟冯玉祥、阎锡山始终保持独立性,各自编组、指挥。其情况是:

冯玉祥部:第二军刘汝明,辖第八师张麟祥,第十师刘汝明(兼);第三军孙良诚,辖第二师梁冠英,第十八师程心明、第十九师吉鸿昌;第四军马鸿逵,第一师马腾蛟、骑兵师马鸿逵(兼);第五军石友三,第九师许长柱、第六师丁汉民、第七十一师孙光前;第六军韩复榘,第一师张凌云、第十一师曹福林、第十五师孙桐萱;第十军杨虎城,第五四师冯钦哉、第五五师姬汇伯;第十四军秦德纯,第四师魏风楼、第五师韩德光、第十二师高树勋;第十八军鹿钟麟,第六八师程希贤、第六九师葛运隆、第八九师沈克;第二十军庞炳勋,第五八师谭秉衡、第五九师冯德五;第二十一军吕秀文,第八五师吕秀文(兼)、第六四师张兴科;第二十三军冯治安,第三十二师田种玉、第三十六师董振堂。(注:刘镇华也用过二十三军番号,辖第七六师及八、九、十混成旅)第二十六军刘茂恩,第七五师武振麟、第七六师刘茂恩(兼);第二十七军王鸿恩,第五三师王鸿恩(兼)、第五七师肖之楚;第二十八军万选才,第七三师石振青、第七四师薛传峰、补充旅方品一；第三十军刘骥，第二十三师童玉振、第六十师张汝奎、第三十五师赵廷选；骑兵第一军郑大章，骑兵第一师刘凤克、骑兵第二师席掖池。另外，岳维峻部五个军也听冯节制，合计二十二个军，约五十个师。

阎锡山部：第一军商震，第一师李培基、第三师杨士元、骑兵第二师郭凤山；第二、第三联合军杨爱源，第二师赵承绶、第六师孙楚、第十二师杨劼欧、第一混成旅黄守清、第二混成旅齐用宏、第十师卢丰年、独立骑兵第一旅郭庶丞；第五、第七联合军张荫梧，第五师王靖国、第九师关藻华、第十四师李服膺、第十五师李生达、骑兵第五师杨兆林；第六军丰玉玺；第八军谭庆林，骑兵第三师孙长胜、独立骑兵第一旅韦盛勤；第十军李维新，骑兵第四师李维新（兼）、骑兵第十师李竞容；第十一军王茂公，骑兵第八师王茂公（兼）、骑兵第十二师原屏藩；第十二军徐永昌，独立第一旅黄胪初、独立第四旅王白祥、独立第六旅王凤飞、独立第二骑兵旅黄德馨、第八师吴福安、第十一师杜春沂、第十六师高鸿文、第十七师孟兴福、炮兵司令周岱。

以上蒋、阎、冯三系，编制、实力不尽相同，情况复杂。国民党军队势力到达河北后，认为北伐已告完成，蒋介石为借裁军以排除异己，由国民党二届四中全会做出决定，对全国军队进行编整，规定全国陆军额定为六十个师。并重定军制，即以师为战略单位，军只作为战时指挥机构，平时不设军这一级。师以下设旅，旅辖两团，团以下基本仍同旧制。编制有"甲种师""乙种师""丙种师"之分，甲种师每师三旅、每旅三团；乙种师每师三旅，旅辖二团；丙种师每师二旅，旅辖两团。

1930年蒋、阎、冯大战后（史称中原大战），国民政府陆军的编制，又略有更改。

以上师为战略建制单位，旅辖二团的"方块制"，是国民政府军队较长时间采用的编制，但不时有局部的变革。如有时又以军为战略单位，军辖二至三师，由于地方军及派系关系，每军内的师不按番号次序。最初，军不管各师经理，由师直接对军政部负责，惟人事须由军司令部核办或承转。迄抗日战争前，军的番号已达七十余，师的番号近二百，其中有德械装备的调整师二十个，编制大体相同。

国民政府军队，陆、海、空军的官制，基本沿用北洋军阀时期军队的三等九级官制，但抗日战争稍前，将上将一级区分为特级上将，一级上将，二级上将三阶。特级上将只蒋介石一人。

军用文官或佐属分简任三阶（同中将、少将、上校）、荐任二阶（同中校、少校）、委任三阶（同上、中、少尉），如军需（军医、测量、军法、技术）总监同中将，监同少将；正，分一、二、三等，同上、中、少校；佐，分一、二、三等同上、中、少尉。兵卒通称"列兵"。分"上等兵""一等兵""二等兵"三等。班的头目称班长、副班长。军阶为中、下士与文书（军械）上士，准尉司务长，同为军士阶层。

抗日战争爆发后，鉴于前一段作战的得失，军制做过几次较重大的改变。因以后渐次转入山地作战，原有师、旅制部队，运用上不够灵活，除继续采军、师两级制度外，于1939年（民国二十八年）春季，明令全国军队，废除"旅"一级。即由师直辖三个步兵团,一个野战补充团,师司令部增设步兵指挥官(少将)一,必要时起代原旅长的作用。以后另在后方成立补训处,师内野战补充团也撤销,成为一师三团的"三角制"。这一制度,一直贯彻到抗日战争终结。抗战末期曾用美械装备二十个师(用译言称阿尔发师),除兵器略有增加外,编制大体如旧。

抗日战争胜利后,国民政府整个军事机构全面改组。改军为整编师,即将军名义取消,军压缩为师。师压缩为旅,旅辖两个团。根据情况,每师有辖三旅的、有辖二旅的,但因为反人民作战的需要,全国只整编了陇海铁路以南的军队就停止了。

整编后的旅,不负责经理,而经理是由团直接向师负责。整编师实行约两年,又全面恢复军、师两级制,即将旅又恢复师,整编师恢复军,其编制大体恢复过去军、师的规模,每军辖三师(少数两师),师辖三团。在抗日战争后期,国民党军队曾一度实行过"后调师"制度。即各军以两师作战,一个师在后方基地补充、训练,称为后调师,轮流交替。但实行的时间很短,即废止。公元1944年(民国三十三年)底,国民党军队成立青年军十个师。青年军各师专收有文化的青年知识分子入伍。其编制、装备的完整、待遇的优越,远超一般军队,这在国民党军史上是一创举。青年军原预定编十个师,赋予201师——210师番号,实际成立九个师,番号到209师。青年军的干部,要求择优并降职(军任师职、师任团职,余类推)使用。青年兵服役期限为一年,期满后复员作为预备军官可以优先入学或就业。第一期青年军是如期复员的,因而第二期青年兵也很容易地征集入伍了,但文化程度已不如第一期,实际有不少只有高小文化的水平。这九个师在解放战争中基本被歼。

青年军采取国民党驻印军美械装备的新编制。驻印军实际只有新二二(廖耀湘)、新三八(孙立人)两个师。照此编制人数,青年军每师军官约为七百五十人,正式列兵七千六百余人,征集兵(一般壮丁服输送、炊事等杂役)四千余人,共一万二千人左右。

(2)军队的政治、党务工作

国民党军队曾一度将政治部改为各级政治训练处,并置于各级司令部之下。以后,虽仍恢复称为政治部,并规定直接在上级政治部及部队长官双重领导下进行工作,但由于政工部门的人事、经理另成系统,不由部队统一安排,带半独立的性质。因而也就形成部队里军、政矛盾的一个因素。

国民党规定在部队中师以上单位成立特别党部,高级干部为当然的党部成员,中央党部随各军、师人事的变迁,经常予以明令加委。此种制度,到抗日战争后期,就中止不用了。在此时,曾规定各步兵师增设副师长一员,兼任政治部主任,当时通称为"政治副师长"。此职在中央军系统,一般由部队长自行保荐,而杂牌军队则仍由总政治部在政工人员中选派。这一制度也仅实行二、三年,就无形中取消了。1946年(民国三十五年)夏,国民政府全面改组军事机构和军队,撤销政治部在国防部设新闻局,师、旅则设新闻处(室),工作性质未变。到全面发动内战后,就又恢复了军、师、旅各级政治部的名称。

（3）特种兵的组建

1927 年国民政府在南京正式成立后,逐渐组建陆军特种兵部队。其发展和编制,概如下述。

炮兵:约在 1930 年前后,自德国购买野、重炮百余门,建立一个炮兵旅,(辖两团)及若干独立炮兵团,由中央直接管理和训练。以后由于抗日战争的需要,炮兵常以团为建制单位。到解放战争末期,有各型独立炮兵团四、五十个,包括重迫击炮、防坦克炮。炮兵团的编制一般也为三三制,每连配炮四门。在抗日战争期间,独立炮兵团通常配属到战区一级统一使用。另还组建高射炮兵数团。

工兵:1937 年抗日战争开始后,开始建立独立的工兵部队。最初成立独立工兵一个团,要塞工兵一个团,到解放战争后期,独立工兵团发展到二十余个。工兵团每团辖三个营,营以下编制与军、师属工兵营编制略同。团部编制除与步兵团相同外,增设器材主任的编制。工兵团由军政部直接组建,抗日战争期间,配属到各战区统一使用。内战期间,由各战略要地"剿总"统一使用。1946 年改制,工兵成为联合勤务部队,由联勤总部工兵署负责管理。

交通兵:北伐战争后期,国民党军曾建立交通兵团。交通兵包括无线电通信、铁路两部分,以后又发展为交通兵两个团(第一团完全是通信兵,第二团有铁道兵两大队,汽车一大队)。

抗日战争开始后,以这两个团为基础,发展成以下兵种:

铁道兵:铁道兵第一、二、三三个团,编制与步兵团相似。惟团、营、连编制内均有负责工程、器材的技士、器材管理人员,使用器材为同德国购进的轻便铁道器材。铁道兵部队在解放战争时期拨归联合勤务总部运输署管理,成为勤务兵种。通常以营为单位使用,负责短距离轻便铁路的敷设和管理。

通信兵:到解放战争后期止,共建有二十余团。主要为无线电、有线电。负责军事长途电话敷设、管理及负责集团军(兵团)以上指挥部的通信业务。抗日战争时期,每个战区配属一部分。每个营、连都具有独立作业能力。解放战争时期,也划归联勤总部通讯署统一组建管辖,成为勤务兵种之一。

汽车兵:到解放战争末期止,辎重兵汽车兵(简称"辎汽")达到近三十团之多。除中央直接控制一部分外,一般以团为单位,配属到各兵站总监部(补给司令部)担任军需品的输运。辎重汽车团的编制除与一般步兵团相同部分外,有器材、修理、油料管理人员的编制。

宪兵:先后组建有十余团,并设宪兵司令部统一指挥。宪兵本是用来维持军队纪律的部队,但国民政府都用来在各大中城市中补地方警察之不足。其编制基本上同于步兵团,无迫击炮、机关枪连。抗日战争胜利,国防部成立,宪兵作为勤务兵种拨归联勤总部系统。

交通警察部队:在解放战争期间,还建立有交通警察部队(简称"交警")。以总队(旅)为建制单位,一般旅辖两团,编制与步兵旅、团相同,任务是维持交通治安。交警总队(旅)由交通警察总局统一管理,而总局名义上归国防部管辖,实际上却由军统(后改名国防部保密局)指挥控制。以后其中一部分改建为正规军。

装甲兵:抗日战争稍前,国民政府从德国购进轻型坦克十数辆,准备建立装甲兵部队。开始命名为战车营,附属于交通第二团,我国军队有坦克从此开始。抗战发生后,扩大成一个团,编归"机械化"陆军二百师建制,后又单独编成装甲兵第一团。此后又将入缅甸作战部队接受的英国坦克数十辆,编成装甲兵第二团。装甲兵在抗日作战中主要从事训练,培养装甲兵干部。抗日战争胜利后,又以美国援助的坦克,建立装甲兵第三、第四两团,并设装甲兵司令部统一管理,训练。在解放战争中,一部分装甲兵部队编入快速纵队。快速纵队是以坦克兵汽车兵加强于步兵旅所编成。如在解放战争中被解放军歼灭的第一快速纵队,就是以步兵旅长兼快速纵队指挥官(内有特设的快速纵队司令部),副旅长二人,其一兼快速纵队副指挥官。步兵旅辖三个步兵团以及一个辎重营和一个通信连、一个工兵连。加强一个105榴弹炮团,一个坦克营,一个工兵营,一个舟桥营(均摩托化);一个汽车辎重营用以运送步兵。

伞兵:在解放战争期间,国民党军队还曾利用美国的援助,一度建立伞兵(空降兵)部队。命名为伞兵总队,归空军系统,下辖三个团,总队相当师的编制。具体编成相当于一般步兵师,在解放战争中,因兵员缺乏,被改编为一般步兵师。

以上所有特种兵部队,基本上是以团为建制单位,各级主官的官阶高于一般步兵团。惟交警总队及伞兵部队编制同于步兵。

(五)海军

1.概况和官制

北洋军阀政府接收清末海军,在长期割据、战乱的情况下,海军建设没有发展。护法战争时,北洋政府海军部总长程璧光率领几艘较大舰只及辅助舰船南下广东海面,增强了南方海军的力量,壮大了国民革命军北伐的声势。北伐开始后,广东部分海军北上驻青岛,但为东北海军沈鸿烈所吞并,北洋政府海军一时又处于优势。在北洋政府统治时期,和全国形势一样,原即残破的海军,更呈四分五裂局面,各自依附于某一军阀,作为其维系经费、粮饷的靠山。即使如此,每年也只能发二、三个月薪饷。当时北洋海军受北京海军部指挥,依靠吴佩孚、孙传芳、齐燮元等维持,活动的范围,北自长江中、下游,南到福建洋面。东北系统海军初赖张作霖维持,以渤海湾的青岛、烟台、威海做基地。南洋海军最初靠广东军阀,国民革命军北伐后,参加了北伐。国民党政府在形式上取得全国统一后,也形式上统一了全国海军,并利用上海、马尾两造船所,修理旧船、添造新船,海军势力略有发展。但限于工业水平和资源,所造船只,吨位不大,火力不强,只能用来沿海巡逻和训练。至抗日战争之前止,国民政府海军部统辖的船只共有五十七艘,排水量四万四千零三十八吨,不包括炮艇及辅助船。抗日战争爆发后,海军舰艇除战争中损失外,大部分沉于长江各要隘,作为防日军沿长江西进的障碍,船上火炮移作要塞炮使用,少数小舰及炮艇深入四川内地用来运输和警戒。抗日战争胜利后,接收了一批日本军舰,企图恢复海军,但由于反人民内战爆发而停滞。因此海军在民国时期始终无大发展。海军的军制,北洋政府和国民政府统治时期,大体一样,变化甚微。海军的官制,与陆军同,也分三等九级。

海军士兵除同于陆军外,尚有一等练兵、二等练兵之别,这是在尚未正式补入海军士兵之前,训练阶段的等别。北洋军阀政府以及国民政府时期,海军部队均直属于海军总司令部(不设时,直属海军部)。

海军中尚有飞机工程处、海道测量局、海军学校等直属于海军部。民国整个统治时期编组上变化不大。

2.编制

(1)舰队

1912年(民国元年)十月公布的《舰队司令条例》规定,海军舰队司令直隶海军总司令,主要任务:(1)指挥所属舰队;(2)对所属舰队的安全,应负责任;(3)协助驻在地方用兵。舰队司令处的职官有司令一(少将、上校)参谋一(中校——上尉级),副官二,秘书二,轮机长一人。1915年(民国四年)四月,北洋政府将海军划分三区:

北区——从鸭绿江到环台,司令处设秦皇岛;

中区——从环台到三都澳,司令处设崇明岛;

南区——从三都澳到澳门,司令处设琼州。

舰队组成为第一、第二舰队、练习舰队。1917年(民国六年)三月,第一舰队,改称巡洋舰队,司令驻于上海;第二舰队改为长江舰队,司令驻于南京;练习舰队仍旧称,司令驻于厦门。1916年(民国五年)二月,规定司令处都设在各舰队司令的旗舰上,舰队编制略有改变。即设参谋一、副官二、轮机长、军需长各一,必要时得设军医长、军法长、书记长各一。各舰队所辖军舰,数目不等。北伐初期,曾将全国海军组成四个舰队及练习舰队,第一舰队司令陈季良,第二舰队司令陈绍宽,第三舰队司令沈鸿烈,第四舰队司令陈策。海军中军官因出身学校不同,门户派系之别甚重,其中第一、二舰队及练习舰队属中央系(即闽系),以天津海校、烟台海校、马尾海校学生为核心。第三舰队系东北系,以葫芦岛海校学生为核心;第四舰队为粤系以广东海校学生为核心。国民政府在南京成立后,对海军又行整顿,仍区分为第一、第二两舰队,一练习舰队。

抗日战争胜利后,国民政府企图恢复海军力量。赖接受日本炮舰十余艘,美、英支援军舰十余艘(其中有护航驱逐舰、扫雷布雷舰),共约二十余艘,尚有其他辅助舰若干艘,先后组成第一、第二舰队及江防舰队,舰队司令部的编制较前略大一些：舰队司令（少将）；参谋主任（中校）一、参谋（少校、上尉）二；轮机长（同中校）一；军需官（同少校）一；秘书（同少校）一。

各舰队所辖军舰不等，如第一舰队辖美援军舰八艘，另还有坦克登陆艇等六艘。此时海军基地设在上海、青岛及台湾地区的左旗。练习舰队一般辖练习舰三、四艘及练营部队，为训练练营及供海军学校毕业员生海上实习所用。

（2）军舰

军舰视吨位和舰艇性质，编制有所不同。主要表现在军衔级别上和人数多少上，其所置人员名称则大略相似，这是海军的最基层组织。1914年（民国三年）十月，北洋军阀政府公布的《海军舰艇职员令》规定：

军舰：舰长一（上、中校）、副长一（中、少校），协长一（少校），航海正一（上尉），航海副一或二（上、中尉），枪炮正、枪炮副各一（上尉），鱼雷正、鱼雷副各一（上尉）。轮机长一（轮机中、少校），轮机正和轮机副各一（轮机少校或上尉），轮机副一——八人（轮机上、中尉），军需正一（一等军需官），军需副一或二（一、二等军需官），军医正、军医副人数、级别同军需官，书记官一人（尉官相当的文官）。士兵若干名。

军舰官兵人数不一，以"海容"军舰为例，统计有军官：上校一，少校或同等官二，上尉同等官六，中尉同等官十，少尉或同等官六，准尉及同等官五，合计为三十员；又士兵为二二三名，全舰官兵共二五三员名。

各艇：艇长一（上尉），副长一（中尉），轮机正一（轮机中尉），士兵若干。以"海鸿"炮艇为例，统计有军官上尉一，少尉二，准尉一，士兵三十人，全艇官兵三十四员名。

国民政府时的海军各军舰的编制，略有变化，但也视舰艇大小，各有不同。以较大军舰"重庆"号为例，其编制：

舰长一（上校）、副长一（中校）、协长一（少校）；航海官、枪炮长、鱼雷官各一（均少校）；轮机长一（中校），轮机官一（少校）；电官、修械官、修舰官各一（少尉）；军需主任（中校同等官）、军需二（少校、上尉同等官）；枪炮队（队长上尉、士兵若干）；航海队（队长上尉、士兵若干）。全舰官兵约六百人。

（3）要港司令部

要港司令部系海军军港的负责机构。其职责是：主持海军作战准备；军港防卫计划；军港以及军港附近的警备；对在港附近的海军设施，对不隶于舰队的船舰，以及附近要塞，均有监督指挥之权。

要港司令部，冠以地名，设司令一（中、少将），参谋长一（上、中校），轮机长、军医长、军法长、军需长各一（均上、中校），以及必要的属官。

要港一般还设置港务局、监狱，直属要港司令，以处理有关技术事项及押禁犯法官兵。

（4）海道测量局

海道测量局主要职责是绘制海道图,直属海军部。设局长一(少将、上校),副局长一(上、中校),下设总务、测量、制图、海事四股,各股设股长(少校)一、股员、技师若干人处理业务。海道测量局还管理配备的测量舰艇。

（5）海军陆战队

北洋军阀政府时期,于1914年(民国三年)批准海军陆战队营制。设营长一(少校)、营副一(上尉)、营部设有军医官、军需官、书记官等,共辖四连,每连三排,每排四十人,每连一百二十人,全营官兵共五百八十二员名。国民党政府时的海军陆战队,曾扩充为两个旅。上设海军陆战队司令部,其编制、装备略同于步兵旅。

海军的其余机构编制从略。

（六）空军

北洋军阀政府时期,空军处于萌芽状态。公元1915年(民国四年),北洋军阀政府购得外国教练机三架,在北京南苑设立航空学校,试图创建空军。公元1917年(民国六年),段祺瑞组建"参战军",购买法、意旧飞机十数架,继续利用南苑航校,聘洋人为教习,以培养航空人才。

公元1920年,直皖战争中皖系失败,仅有的一些旧飞机,被张作霖、吴佩孚所瓜分,将南苑航校迁到直系政治中心的保定,并建立航空司令部及直隶航空队。1922年第一次直奉战争,航空队曾参战,担任侦察、轰炸任务。这是我国战争史上,第一次使用空军作战。结果直系获胜,吴佩孚屯兵洛阳,直系空军随同迁到洛阳。1924年第二次直奉战争,直系失败,京津一带为国民军冯玉祥所部控制,直系空军改归了冯部,曾组织航空司令部以统率。冯玉祥失败后,这支微小空军,又易手山东军阀张宗昌。奉系军阀在直皖战争后接收了皖系飞机数架,设立航空处,在沈阳的东塔修建飞机场、建造飞机仓库,着手训练空军人员。公元1922年(民国十一年)第一次直奉战争后,张作霖退守关外,蓄意整顿军队及发展空军,成立东北航空学校,聘请国内外教官十数人,培养人才。此后陆续向德、意等国购买各式飞机达二、三百架,共编成四个大队。此时,机场、修理厂、空、地人员逐渐充实,使我国空军有了一次较大发展并成为北洋各系军阀中空军实力最强的一支。张作霖1927年就任陆海军大元帅时,其军事部设有航空署。我国空军作为独立军种出现即从此始。

国民革命军在筹建的同时,就着眼到空军,曾在广州建立航空学校,以培养人才,并选派人员去苏联学习。北伐战争开始,在总司令部设有航空处,但仅有飞机二、三架,供侦察之用。随着北伐战争的胜利,陆续收容了部分军阀部队的航空人员。国民政府建都南京后,空军逐渐发展、充实,由原附属于陆军的空军,成为独立的空军军种。在军政部下设航空署,专司空军的建设,在国外购进各型飞机数十架。

国民党空军于公元1933年(民国二十一年)成为独立军种后,其组织编制以及服制、军衔、待遇均有改变。首先,将航空署扩大为航空委员会,直隶于军事委员会之下,蒋介石自兼委员长,并以宋美龄任该会秘书长,以示重视。该会设委员长办公室,由曾任军长及航校校长的周至柔任办公室主任。委员会下设处、科,并增设政治部,人员增多数倍。1936 年(民国二十五年)从美国购进大批飞机,并陆续收编原东北空军及广东空军,空军力量有所增强。至此,空军改以大队为基本建制单位成为定制。其他厂、站也相应有所扩展。空军大队的编制,是大队以下设三队,队下设三分队。大队、队除设大队长(上、中校)、队长(少校、上尉)外,并配以机械和事务人员,每队又分三分队,每分队队员(飞行员)三——四人。在抗日战争前,曾建成七个大队。抗日战争开始后,又陆续组建第八大队,并在苏联支援下于新疆建立一个轰炸机联队。各大队的飞机依性能组编分别执行侦察、驱逐、轰炸等作战任务。第四、五大队使用的是美国"霍克 111 式"驱逐机,抗战初期,歼击日军入侵机群,击落日军飞机不少,卓有战功。第六大队是轰炸大队,其一部曾经远袭过日本本土。

国民党空军虽在抗战前后有了较大发展,但由于国家工业落后,不能自制飞机,发展受到限制。抗日战争开始后,国民党空军又增设"路"一级指挥机构,属于战斗序列性质。分别驻成都、重庆、昆明、西安、兰州等要地,受当地战区或行营(绥署)及航空委员会双重领导。冠以数字番号,如"空军第×路司令部",路设司令一(上校、少将)、参谋长一(上校),下设参谋、军需、航务、总务等处,划分管辖区域,对驻在辖区内的所有空军部队、厂、站、仓库,均有权管理和指挥。

国民党空军为其各机构及机场的警卫,曾成立特务旅五个。其组织略同于步兵旅,每旅辖三团。为了机场的营修,还成立两个航空工兵团及空军通信以及汽车输运部队,其编制也同于一般陆军特种兵。

抗日战争时期,国民党空军以成都、昆明为基地,建立中、小型机场甚多,学校、厂、站也较集中。抗日战争胜利时,国民党政府为打内战,曾运用空军大批运送军队,支援地面作战。此时,其基地转到南京、杭州;原"路"一级指挥机构改称"军区",编制大体如旧。国民党军队在解放军打击下,空军基地逐渐减少,最后除被歼的外移向台湾。在解放战争期间,国民党政府的空军由于得到美国的不断支援,以美制飞机代替了以往杂乱不堪的飞机,型号上已渐趋统一。

空军官制也为三等九级。但铨叙较陆军严格,空军军官要以飞行时间、技术、战功等以核定升迁。其余人员亦因空军待遇高于陆军近三分之一,故各类职务官阶均低于陆军,如空军总司令只定为中将级,大队长只定为上、中校级。

(七)兵役制度

1.兵役法

北洋军阀政府时期和国民党政府在抗日战争以前,基本上都是实行募兵制,由各部自己派人到各地招募。

国民政府于1933年(民国二十三年)元月公布兵役法,并于1936年(民国二十五年)三月一日起施行。但该法施行条例草案的制定和实施的准备工作进行的时间很长,直到抗日战争后才正式实施。兵役法规定,兵役分为国民兵役和常备兵役两种。男子年满十八岁至四十五岁,在不服常备兵役时服国民兵役。常备兵役分为现役、正役、续役。平时征集检定合格年满二十岁至二十五岁的男子入营服现役,现役三年;期满退伍为正役,为期六年;再转为续役,至年满四十岁,转为国民兵;满四十五岁退役。这是一个义务兵役制的兵役法,但也还保留着常备兵在"地方自治未完成之区域,得就年龄合格志愿服兵役之男子募充之"的募兵制的规定。

为了执行兵役事务,军政部下设兵役署,各省设军管区,以指导兵役的实施。由军政部划分全国为若干师管区和团管区,掌理现役兵征募及国民兵事务,以及对在乡军人的管理和召集等事务。

抗日战争初期,军政部还设有直属的相当于师级编制的补充兵训练处若干个,负责训练征集来的新兵,补给前方部队。各团管区范围内各县的乡,是征兵的基点。乡设乡队副,先把适龄壮丁编为民兵队,征兵时从民兵队中选出(抽签)应征入伍。国民政府在制定兵役法时。曾强调"三平原则",即"平等""平均""平允"。所谓"平等"。即人人都有服兵役的义务,无上下贵贱之分;"平均",即按地方人口多少,及适龄壮丁多少,定征集数字,大约千人征一;"平允",是征兵时,处置"公允",该征的征,不该征的不征。原则是定了,但执行起来,舞弊弄权,变成三不平,广大人民饱受其害。兵役法规定,包括初中以上肄业中学生、小学以上教师和政府委托以上的现职官吏,以及出国旅行短期不归者,都可免疫或缓役,这就为官僚、地主阶级大开了方便之门。役政十分腐败,办理兵役事务者贪污成风,上下其手,该应征的利用财、势不应征,不该征的广大劳苦人民却被强征入伍。加以国民党辖区物价日趋高涨,士兵吃不饱、穿不暖,造成大批逃亡。于是兵役机关和部队便开始拉兵、抓兵、买兵。有的流民为了生活自卖为兵,脱逃后,再反复自卖。因此,兵役法形成有名无实,兵役机关成了拉兵、抓兵的强征机构。

2.师、团管区、补充兵训练处

(1)师、团管区

师、团管区的职责:①征集现役兵;②训练在乡国民兵;③管理在乡军人。师、团管区直隶于军政部,受所在地省军管内的督导。师、团管区的配置按各省人口多寡,数目不一,有的省师管区设四五个,有的仅设一或两个。独立的团管区一般设在大、中城市。师、团管区一般冠以地名,如"湘西师管区""重庆团管区"等等。

师管区的编制,设师管区司令一(少、中将)、副司令一(少将),司令部设参谋、副官、军医、军需等处,其编制小于一般陆军师司令部。其直属部队只有少量特务、通讯分队。每个师管区通常辖三四个团管区,力求与原省内行政区划分相适应。

团管区司令部设司令一（上校）、司令部设少数参谋、副官、军需、军医人员，直辖管理所辖补充团及新兵大队等等，独立的团管区，司令可用少将级，司令部编制也略大。师、团管区受所驻区域的行营（绥署）、战区长官及军政部的双重领导。

各师、团管区征集的新兵，都先加以初步训练，再向正规军交接。方法有送兵、接兵两种。送兵是由师、团管区派员率领新兵开往接兵部队所在地交接；接兵是由接兵部队派员到师、团管区所在地接收。采用哪种方法，通常由上级兵役机关决定。

抗日战争中期，为交接兵方便，曾一度固定各野战军到一个师管区接兵的办法。该师管区要接受军长的指导，甚至由军推荐高级军官兼任师管区司令。

（2）补充兵训练处

补充兵训练处为兵役机构的另一组织。目的在训练征集到的壮丁，使其到部队后立即可投入战斗。补充兵训练处曾建立二十几个。训练处的编制，设处长一（少、中将）、副处长一（少将），参谋长一（少将或上校）。处本部的编制略同于一般师司令部，惟直属队仅设特务、通信连，下辖三个补充团。此制实行不久，因作战需要，补充兵训练处又多直接扩建成野战师。有的两三个补充兵训练处之上，又设补充兵训练总处。其编制略同军司令部，惟不设直属特种兵部队。

3．志愿兵制和选募

1944年抗日战争末期，因兵源缺乏，国民党政府曾招募"知识青年从军"，数月间，有近十万青年入伍编成为青年军师，其实质为志愿兵制。

海、空军军士、士兵（包括服杂役士兵），因待遇较优厚，他们的来源，实寓选募在招募之中。这类士兵，除要求身体强健外，还需要有高小或初中文化程度。

（八）军事教育

1．部队教育

部队教育，无论北洋军阀政府或国民党政府都大体相同。部队正规教育为一年，其中半年为新兵入伍教育及基本（亦称制式）教练，半年为应用（亦称战斗）教练。军队教育完全由建制的部队进行，各级长官及军士为当然的教员，训练内容分学科与术科，学科在课堂（寝室）进行，术科在操场及野外实施。

学科一般以下列教材为主要依据：（1）精神讲话（同高一级的军官任讲）；（2）党义（北洋政府无，国民党政府则以三民主义作课本）；（3）军队内务规则；（4）陆军礼节；（5）陆军惩罚令；（6）步兵操典（特种兵用其本兵种操典）；（7）射击教范（还有体操教范、劈刺教范等）；（8）阵中要务令。

术科分操场与野外，操场一般进行基本教练；各个班、排、连教练；野外教练分射击（打靶）和战斗教练。基本教练的各个教练一般先从徒手教练开始，然后进行持枪教练。

军士养成教育由团一级组织。以教导队、军士队、学兵队等临时组织形式进行。军官的平时教育,规定也由团以军官团形式进行,但多未能彻底实施。

连、营的战斗教练一般由团、师组织实施。部队教育实施期中,师以下各级指挥官亲自组织人员检查督促。部队训练完成后,由训练总监部(军训部)派出校阅组校阅。师以上大规模对抗演习,北洋政府举行过一次。国民党军队在1933年曾在南京、句容间进行过一次。

国民政府军队为适应作战的需要,战时一般将军队教育时间缩短为半年:四个月为完成必要的学术科教育时间,并以战斗教练及射击教育为主,以两个月为复习教育时间。战况紧急时,往往在新兵入伍后,仅实施短时间的射击训练,即令参加战斗。

2.陆军军官教育

(1)概况

辛亥革命后,清末各地所设的陆军中、小学大都停办,有的陆军中学改称为陆军预备学堂。北洋军阀政府,在原保定陆军速成学堂的基础上改建保定陆军军官学校,一共办了九期。第二期至第八期主要招收陆军小学和陆军预备学校毕业的学生,第九期招收普通中学(约等于现制高中)毕业生入学。学制两年,头半年为入伍生期,以后分别升入步、骑、炮、工、辎各科为正式生。每期学生人数三百至五百不等。军阀混战期间,军队各成派系,各地方军阀,也纷纷自办军事学校,名称为"讲武堂"或"军官速成学堂",并冠以地名。如南宁讲武堂、云南讲武堂、韶关军官

袁世凯

速成学堂等。其编制和教学课程与保定军官学校基本相同。各地这类军校开办成绩较好的有云南讲武堂、东北讲武堂等。晋系阎锡山,则办有"北方军官学校";孙传芳在南京办有"金陵军官学校"等,名称各异而性质相同。

袁世凯军阀政府在北京成立后,将原在保定的陆军预备大学堂,更名为陆军大学校,迁至北京,以培养高级指挥人才,并聘日本人井上谦吉为总教官,追认清末先后毕业的两期学员为该校第一、二期学历。公元1912年(民国元年)冬召集因参加辛亥革命离校的学员复课,1913年11月毕业,是为该校第三期。1914年,该校设置教育长,增设兵学研究会,以培养中国教官。终北洋军阀统治,该校办到第八期,每期百余人。这一时期的特点是哪一个军阀掌握北京政权,哪一系军队干部就入

校的人数多,如第八期,值奉系掌握北京政权,该期学员基本上是清一色东北军的干部。陆军大学的学员入学条件是:①军事机关、部队现职校、尉级军官;②年龄在三十五岁以下身无残疾的;③必须经过一年半以上军事养成教育的;④入学前要经过审查及考试。

清末陆续兴办的各军事专业学校,如军需、军医、兽医、测绘等校,北洋政府仍接收续办。但因经费关系,处于半停顿状态,招生有限且不及时,有的只保留机构,长期不招收学生。

(2)国民政府时期的军事教育

国民政府统一全国后,于扩大和整顿军队的同时,也着手军事干部的培养,并企图建立较完备的军事教育制度。国民政府将军事教育分为养成教育、培训教育和深造教育三个等次,一方面接收北洋军阀政府遗留下的各军事学校,稍加整顿续办,一方面兴办一些新的学校。兹就其主要的按时期加以叙述。

①抗日战争以前的军事教育

A.新建学校

黄埔军校自在广州建立,到北伐战争完成,共毕业五期(第五期在武汉、南京、广州三处毕业),因战争需要,每期短的只有半年,多的也不过年余。国民政府在南京建都后,第六期在南京毕业(六期以前曾在潮洲设潮洲分校,长沙设长沙分校,这些毕业生作为三、四、五、六期学生)。第七期时改命名"中央陆军军官学校"(简称中央军校)。到招收第十期时,学校制度较为完备,并将学制定为三年。为提高学生素质,规定报考学生必须具有高中文化水平,年龄在十八岁以上、二十二岁以下,而且对身体条件要求严格。招生人数也由过去每期数千人缩小为千余人。入学后,第一年前半年为入伍生教育,进行一般军事训练和文化补习,期满考试合格的转入正式军官教育,不合格的退学。学生在校享受下士和中士待遇。

教育概分为学科和术科。学科主要内容是典范令,即步兵操典、射击教范、阵中要务令;六大教程,即基本战术、军制学、兵器学、筑城学、交通学、地形学。术科又分操场和野外,基本是各个教练、班、排、连教练。因兵科的不同,各兵科尚有兵科专业的学术科。

军校学生在入伍生教育期满后,经考试合格并根据志愿和考试成绩,分别进入各兵科学生队学习。兵科分步兵、炮兵、骑兵、工兵、交通兵。学生经过两年正式军官学习期满后,分配到各部队任见习官半年。在见习期间,以上士待遇,见习期满后,即可以少尉军官补用。

中央军校自第十期后,每年招收一期,到抗日战争前,毕业十二期。

有时,根据需要,还办理高等教育班、补习班等,以轮训失业或在职军官。各种训练班名目繁多,现就中高教班及特别训练班编制情况叙述如下:

高教班:1932年国民党中央陆军军官学校增设高等教育班。这个班是属于中央军校一个组成部分。最初主要是收容在黄埔军校毕业,分配工作后因故失业的学员,其后为军校毕业的军官或未经军校毕业的军官深造的场所,七七抗战前办了五期。每期学员约五百余人,由各部队初试选送现职上尉以上至将校级军官,中央军校复试及格后入学。学习时间每期十个月至一年,毕业后仍回原部队。属于收容性质和蒋介石特准入学的,毕业后另派工作。这个班设主任一人(中、少将),政治总教官一人及事务人员,其他政治、军事教官由中央军校教务处、政训处派出任课。班下设五个队,有队长一人(上校)、队副三人(中、少校)。以学科理论课六大教程为基础,应用战术以支队战术为主,最高演练到师战术。毕业前有一次现地战术演习。术科以较新式的步兵火器如高射机关炮、迫击炮、冲锋枪等为主,其他与学生总队的一般制式教练和野外演习相同。

特别训练班:1937年,国民党政府中央军校在庐山附近星子县创建特别训练班,招收学生数百人,以康泽为班主任。学生入学条件,不如本校的严格。除一般学科、术科训练外,施以侦察、爆破等特殊训练,目的在培养特务部队的干部。抗日战争时期迁入四川合川续办。毕业学生先后也有数千人,其中除一部充任军统干部外,多数也分派在一般部队任初级军官。

B.续办陆军大学及各军事专业学校

陆军大学(简称陆大)原创始于清末,北洋军阀政府办理到第八期。国民党政府承认其正统,派人到北京续办第九期及特别班第一期,蒋介石自兼校长。这两期学员中有不少是黄埔军校毕业在国民党军队中任高级军官的,为黄埔学生进入陆大之始。

1931年陆大迁至南京续办,正规班第十期入学,此后每年招收一期,每期百余人。1934年又招收特别班第二期和参谋补习班及函授班(在职中、上级人员)。抗战爆发时,特别班第二期、正规班十三期毕业,而在校的有十四期、十五期及特别班第三期和参谋补习班第三期。

正规班一般由军事机关、部队保送投考,条件限中尉以上、中校以下在职军官,经过一年半以上军事养成教育,并有一年半以上队职(连、排、营长)经历,而年龄又在三十五岁以下者方能报考,由各军、师经过初试按规定名额(每师二人,独立旅、团一人)选送,由各大区(行营或绥署)组织初试,合格的送参谋本部组织复试,其程序为:①资格审查(此项不合格,即不得参加以后各项);②身体检查;③笔试(内容有政治、作文、数、理、化、中外历史和地理、外国语、六大教程及应用战术);④口试(仪表、言语、常识);⑤实兵指挥(班、排连动作)等。

正规班学制为三年。普通学科有政治、经济、外语三项。外语分日、英、法、德、俄,任学一种。军事学以战术为主要课和。教学方法以图上作业为主,每年春、秋各举行一次现地作业,以师一级为主。第三学年增加军和大兵团战术及师和高等司令部勤务演习。其次,要学习战史,计有古代战史、中日战史、日俄战史、拿破仑战史、世界大战史等。此外,还有航空战术、海军战术、装甲兵战术、化学战、筑城学、参谋业务、兵要地理、军制学、军队教育、后方勤务等课程。教官以国人为主,但战术一部分由德国军官担任,学习德军战法。另有德国、俄国(白俄军官)、法国人分担任航空战术、战史、筑城学的讲授。此外,还有骑术、国术的教育。

特别班学制为二年。招收现职中校以上、少将以下军官入学。年龄放宽到四十五岁以下,其考试办法概同正规班。学习内容和正规班基本相同。

在正规班、特别班都有蒋介石批准免考旁听的学员,多为将级高级军官。

国民政府接收北洋军阀政府军事专业学校有:陆军军需学校、陆军军医学校、陆军兽医学校、陆军测量学校。这些学校,一般规模不大,分别招收部队初级专业军官及普通中学毕业入学,培养专业军官。学制视情况各不相同。

C.兴办兵科学校

公元1932年(民国二十一年)前后,国民政府为加强对各兵科军官的培训,仿照日本军事学制,先后举办各兵科学校。学制多为一年。入学条件是各兵科部队和有关学校、机关保送在职中校以下、中尉以上军官参加考试,按成绩录取。每期数量在一百五十员以内,目的在培养兵科的中级军官。学习内容多为兵科的专业技能,基本上也是每年招收一期。这些学校是:陆军步兵学校、陆军炮兵学校、陆军骑兵学校、陆军工兵学校、陆军辎重兵学校、陆军通信兵学校、防空学校、兵工学校、陆军机械学校(后两者以培养兵工技术和汽车修理人员、招生的是普通学生)。

兵科学校的编制大体一致,但人员、招收数不尽相同。蒋介石自兼步、骑、炮、工、辎各校校长。学校实行教育长负责制。设教育长一(中将)、研究委员(少将、上校)一至三人不等,下辖教务处、总务处及其他必要单位。各处设处长一(少将或上校)、教官(上、中、少校)数量各学校不等,助教多为尉级。学员均住校,设学员队,队长上校级,下设区队,区队长少校(中校),均为专职军官,区队下分队,班长一般由学员充任。

抗战以前的中央军校,以及各兵科学校归训练总监部指导管理;陆军大学、测量学校由参谋本部领导、管理。其他各专业学校多直接归属军政部有关部门领导、管理。

②抗日战争期间的军事教育

抗战爆发后,国民党政府各军事学校都迁往内地续办。为了作战需要,有的学校在编制、学制及招生办法上有所改变,其情况如下:

陆军大学继续招收正规班及特别班。改学员走读为住校,学员班设班主任(少将)及必要事务人员。兵学教官分编为战术系、情报系、军制系、后勤系等,设系主任(中、少将)领导系的学术研究和教学工作,增设政治处(部),政治处设主任(中、少将)、副主任(少将、上校)及属员。抗战开始后,该校裁撤了骑术处,为培养学员驾驶汽车技术,增设了汽车驾驶教练队。应作战的需要,曾举办若干短期训练班。主要有:

将官班:共办两次。一次是在1939年,国民政府军队改制,取消旅一级,将裁编的旅长一律送将官班学习,学期一年,结业后另行安排工作,这个班以后改称将官班乙级,共办四期。一次是在抗日战争后期,为准备对日军反攻作战提高现职军以上的指挥官和参谋长的指挥能力,又举办甲级将官班,这个班共办三期四十余人,由军委会指名报到受训,培养时间为三个月左右。

参谋补习班:为培养中级参谋人员,以应作战需要,召集部队现职参谋培训,先在本校,共办三期,以后改在桂林、西安续办,直到抗日战争胜利。由班主任(少、中将)、教官(上校、少将)若干人及必要事务人员组成。每期培训一年,学员结业仍回原部队任职。

陆军大学的兵学教官,以出身陆大或曾留学国外的中国人为主,但也有个别法、德(抗战前)籍和白俄以及苏联红军军官。

抗日战争胜利前夕(1945年4月),国民政府公布《陆军大学组织法》,明确该校直隶军令部。缩短正规班年限为二年半;特别班则延长年限为二年半;将官班学习时间为三个月,凡中将以上非陆大出身均须入校补训;各军事学校战术教官研究班,定期为八个月;参谋补习班,必要时增设,规定学习时间为半年;兵学研究院研究时间,自六个月到一年。

组织法中规定陆军大学兵学研究院研究项目(即学员应学习课目)为:一般战术、步兵战术、骑兵战术、机械化兵战术、炮兵战术、工程战术、化学兵战术、陆地战术、空军战术、游击战术、通信战术、输送勤务、辎重兵战勤务、军制学、动员学、国家总动员、军队教育、参谋业务、谍报勤务、兵要地理、抗日战史、日俄战史、欧洲战史等。

此外还规定正规班入学年龄、级别改为三十二岁以下,中尉——少将级军官;特别班四十四岁以下,中校——少校级军官。

兵科学校,因战争关系,将辎重学校、机械学校合并改称交辎学校,其他各校因经常搬迁,有的不能经常招收学员,成为办办停停状态。各专业学校,只有军医学校坚持办理,其他学校,名存实亡。

中央军校为满足战争中军队大量扩充、军官短缺的需要,大为膨胀。除本校迁在四川成都,继续按期招生,并缩短学制为两年外,在各要地如西安、瑞金、汉中、迪化(乌鲁木齐)、桂林、武冈、都匀等地又设几个分校。分校规模较本校编制略小,但招收学生也不少于本校,如西安分校在校学生常达两个总队。惟多培养步兵军官,有特种兵科的较少。人校学生素质和教学质量已远不及抗战前的本校情况。

为提高部队军官指挥能力及做好接受美械的准备,还举办由军委会直辖的干部训练团,轮训野战部队将、校级军官。抗战末期,该团由桂林迁至重庆,负责培训和选拔青年军干部,每期一——三个月。各战区也规定各举办干部训练团,轮训所辖部队各级干部,主要是训练指挥方法及交流作战经验。抗战初、中期,有苏联顾问直接到各干训团帮助教学。后期则完全由美国教官担任教学和示范。

应业务的需要,军令部举办过多期谍报训练班,轮训各级情报参谋;军训部先后举办日语训练班及外语训练班,考选略有外语基础的军官入学,以培养译员及送国外留学人才。

此外,在1943年(民国三十二年),为培养高级统帅和幕僚人员,曾举办国防研究院,由军事机关及部队选调曾在陆军大学毕业又有作战经历的现职将级(个别上校)人员为研究委员或研究员,共四十余人,进行国防建设及统帅方面的理论研究。该院仅办一期,即停办。为给特种兵培养初级军官,在军政部直辖下还建立有防坦克炮教导总队、防化学教导总队、装甲兵教导总队等。

③抗日战争胜利后的军事教育

抗战胜利后,陆军大学除一部分留在重庆续办特别班第八期外,迁回南京续办。南京解放前,迁往台湾。在大陆办到二十三期,二十二、二十三两期在台湾毕业。

中央军校始终留在成都办理。蒋介石不再兼任校长,由关麟征任校长,办到二十三期,第二十四期才入校全国宣告解放。各分校抗战后均停办。国民党政府曾拟仿照美国西点军校办法创办所谓新制军校,在武汉已开始筹备建校,因面临败灭,未能实现。

各兵科学校,除步校未恢复外,余多迁回南京续办,并改交辎学校为运输学校。各专业学校,大部分恢复。还曾举办过副官学校,但因人力、物力不及,各校均多未能正常招生。此外,在原军医学校基础上,扩建为国防医学院,曾在上海举办及招生。

3.海军军官教育

北洋军阀政府海军继承清末海军,保留原清末海军学堂为其海军学校,以培养海军军官。中国自清朝建海军,皆仿英国,官兵有严格的区分。如练营出身,最高只能任到军士长;只有海军军校出身的学生,方可依序递升为各级军官;军官中,又以任驾驶的为上。因而在学习过程中,选拔严格。如对学驾驶的学生,一旦发现身体有疾病,立即转调其他学科。海军学堂各依其派系将毕业学员分派到各海军服务。北洋、南洋海军分别在烟台、南京、马尾设有海军学校,张作霖的东北海军在青岛、葫芦岛、哈尔滨等处设有海军学校。

海军学校编制多不一致。一般设校长及部分办事人员及教员。每年招生人数不过百人,但入校后,每一年或半年考试一次,不及格者即予开除,到毕业时,不过仅余四分之一。海军学校一般招收高等小学毕业生入校,学制四年。毕业后到练习舰队见习,正式任职后,还须先后入吴淞海军专科学校学基础科学一年,到鱼雷、枪炮等专业学校各进修半年。至此海军军官的学业才算完成,前后共六年。

国民政府统一全国后,除建全海军学校、坚持每年招生外,还在江南造船所附设一训练单位,在造船时,令军官和技术人员去实习。另尽可能地多派留学生到英国、丹麦、意大利等国去留学,时间长短不一;个别的海军军官也有送考陆军大学深造的。此外,在镇江曾设鱼雷学校,招收普通初中学生入校,培养海军专业人才。抗日战争爆发后,海校迁入内地,在困难条件下,亦未中止招生和训练工作。

抗日战争胜利后,在上海续办海校,并正式定名为海军军官学校。后迁至青岛,学制仍定为四年。但改招高中毕业学生入校、毕业后,见习一年,即可任海军少尉军官。

4.空军军官教育

北洋军阀政府时期,曾在北京南苑建立航空学校,以培养航空人才。前后共办了四期,学制一年。每期学员三四十人,前后毕业学生不过百余人,多为部队中的初级军官。入校后因教员、教材缺乏,理论学习肤浅,重在实际飞行,故一般素质不高。以后张作霖和粤系军阀也办有航校,情况大体相似。如南苑航校就是利用南苑的大练兵场改作机场。诸如指挥塔、跑道、气象设施均欠缺,靠红、白旗指挥飞机起落。且飞机破旧,常出事故。航空编制,也很简单。其主要人员有校长一(上校)、教育长一(中、上校)、教官(中、少校)四至五人及少数事务人员和机械工人。学员班没队长及事务人员。

国民政府在广东大沙头办航空班,人数很少,在南京建都后,开始有计划地培训空军干部。首先,在中央军校六期毕业生中选拔三四十人组成航空班加以训练,以后追认该班为中央航校第一期,这期学员以后多成为国民党空军中上级骨干。1931年国民政府在杭州的笕桥成立"中央航空学校"(抗战后更名为空军军官学校)规模较大,训练也较正规。学校设校长一(少将)、教育长一(上校),并有教育、政训等处,学校还附设有工厂、机场等单位。聘请美国人为总顾问和美籍教官多人,并选用原空军中有飞行经验的多人任教官,学制为三年。分设飞行、机械两科,每科学生百余人。前数期飞行科学生必须在中央军校学生中(十期以后)选拔,机械科学生招收普通高中学生,并先经过半年入伍训练始能入校。训练步骤除一般理论学习外,分初级飞行训练、中级飞行训练,以及专科训练三阶段。初期训练期满,考试合格,升入中级习行,进一步熟悉飞机性能和较高级动作。然后根据个人志愿和教官意见进入专科(驱逐、轰炸、侦察)训练。各阶段飞行训练时间共约一五○小时,为时约两年。学生在校期间,服装、食用均由国家供给,并酌给补贴费,其待遇之优厚,超过其他军事学校。航校毕业后,即分配到各空军部队任见习官,准尉待遇,月薪之外加月薪二分之一的飞行补助。见习六个月期满后,即以少尉飞行员任用。

中央军校自十一期以后,增设了"空军入伍生营",招生约四五百人。招生时,是在航校协同下,选择体格合格的学生入营。训练一年期满后,由航校主持考试,合格者转入航校,不合格的转入中央军校的各科。为加速空军干部培养,一度在洛阳、广州办过分校。

航校办到第七期,抗日战争爆发,学校迁至云南昆明续办。因机场不敷应用,曾在云南楚雄办初级飞行训练。后日军侵缅,又迁至巴基斯坦的腊哈尔,以后因补给困难,全部初级训练一度送美国进行,而昆明本校专负责驱逐机的专科训练。

随着空军在抗战中的发展,原有训练机构已不敷用。1939年(民国二十八年)前后又陆续建立了以下空军学校,培养各种人员:

①空军军士学校。学制二年,毕业后充任空军飞行中士(实际均以军官使

用），学生也在中央军校各期入伍生团中选取。

②空军机械学校。培养空军机械修理人员。

③空军通讯学校。培养空军通讯人员。

④空军幼年学校。这个学校招收初小程度的学生，从幼年起就开始培养空军军人。

抗日战争胜利后，国民党空军在南京举办过空军参谋学校。学制两年，选取空军上尉以上有实战经验的空军军官入学。目的在培养高级指挥人员，注重理论教育，成为空军最高军事学校。

此外，为培养高级空军指挥员和参谋人员，还不断向国外派遣留学生（去美国者居多）。陆军大学自第十期以后，每期也选收个别空军军官入校深造。

（九）人事、奖惩制度

1.人事制度

（1）北洋军阀政府时期

公元1912年（民国元年）九月，北洋政府曾公布《陆军官佐补官暂行条例》，其中规定凡军职人员，依照职级补授实官：上等军官（将级）为特补；中等军官（校级）为满补；初等军官（尉级）为荐补。参谋人员统由参谋本部咨送陆军部办理。

1914年（民国三年）又公布《陆军官佐补官令》，规定陆军官佐的补官分四类：凡陆军军官、军佐学校（留学生）毕业生见学期满，成绩合格的，按兵科授以少尉（或同等官），谓之除补。准尉立有战功，并具有少尉的学识、经验，由陆军部审查合格，升任少尉的，称为叙补。少尉以上各官佐，具有一定资绩予以升级的，称为升补。凡上校以下军官，由本兵科转任其他兵科的，谓之转补。军佐官的升补，初等官须任满原级两年，中等官任满三年，方能升补，上等官无一定年限。凡特任、简任的各级军官佐，其任命状，由大总统署名、盖印；委任官任命状由各官署长官署名、盖印。海军军官佐人事另成系统。此种人事制度，处于战乱割据的形势下，并没有统一地实行。

南京临时政府时期，曾对陆海军制定勋奖办法，但未及执行。袁世凯就任大总统后，制定勋奖办法，规定陆、海军奖有勋章和奖章两种。勋章分为白鹰、文虎两种，各分九等。凡有特殊功勋的，授予白鹰勋章；凡有战功和劳绩的，授予文虎勋章。授予白鹰勋章者，并受一定的年金。

奖章分为金、银、蓝、白四色，代表四等，授予平、战时立功或有劳绩者。

北洋军阀政府对军人的惩罚办法，大体沿用清末旧制。惟军法中废止斩刑，但惩罚中仍有棍责等体罚。

（2）国民政府时期

北伐战争结束，国民政府在军委会设立铨叙厅，专司人事法规及奖惩制度。其人事制度中规定：

①军官的选用：担任初级军官，必须经过养成教育（军校），中、上级军官特别是幕僚人员必须是陆军大学毕业的。行伍出身者，除有特殊功绩，一般不擢用。

②任免权限：将级人员由军委会指任，校级由军、师以上机构报请军委会任免；尉级以下人员各军、师可先命代理，每月汇报军委会核批。抗战前，国民党嫡系军队尚能执行，抗战期间除师长以上人员外，军、师长借口作战需要，自行任免。解放战争期间，人事制度更为混乱，从绥署主任到兵团各主官任意委派将级官员，因而将官充斥于市。

③按资、绩晋升：军阶升迁按资、绩进行。规定军官：佐每年都要进行考绩。考绩的结果就是本人的"绩"。"资"是现军阶的年限，称为"停年"。少尉升中尉论资不论绩，规定停年是一年半，到时不论考绩如何，就可晋升中尉。中尉升上尉，规定停年二年，晋升时按"一资一级"，即先升一资历最高的，再升一考绩最好的。上尉升少校，规定停年为四年，晋升时论资不论绩。少校升中校，停年为二年，晋升时"一资一绩"。中校升上校，停年为三年，论绩不论资。上校升少将，停年为四年，少将升中将，停年为三年，晋升均凭绩而不论资。中将升上将未规定停年，晋升凭绩。抗战前后，曾按此实行过一段，后因作战有的任官仅为中、少校，而职务却是少将级军、师职务。任官按军种、兵种划分，就陆军而言，将级不分兵种。解放战争期间，人事混乱，任官制度无形中止。

军官服役年龄规定中、少尉不得超过三十岁；中、少校不得超过五十岁；上校不得超五十五岁；中、少将不得超过六十岁；上将不得超过六十四岁。到年龄尚不能晋升，就应做退役处理。但亦不过是具文，没有认真执行。

海、空军的人事任免，自成系统，惟要求更较严格。如空军飞行军官，升阶时飞行时间和战功是主要的；海军军官一般少尉经四年后方能晋升中尉，中尉二年后方可升任上尉，上尉晋少校年限更长。

国民政府军队对军官的奖励，有以下规定：传令嘉奖；记功；记大功；颁给勋奖；提前晋升。勋奖有奖章和勋章两种。奖章分陆海空军奖章、干城奖章。勋章一般为"宝鼎勋章"，均按被授予者的职级分等颁给。抗日战争胜利后，对抗战有功人员颁发过"胜利勋章"和"忠勤勋章"，国民政府对军队最高勋赏是"青天白日勋章"。

对军人的惩罚，根据情节，一般是"申斥；记过；降职；禁闭；撤职留任；撤职"。军官犯法，其军法的条款，概同一般刑法。惟重大不同点，是在战时采用"连坐法"。即"班长同全班退者，杀班长；排长同全排退者，杀排长；连、营、团、师皆如是。军长不退，而全军官兵齐退，以致军长阵亡者，杀军所属师长，团、营、连、排、班各级皆如是"。其后"连坐法"又增加一项规定，即编士兵班为几个小组，互相监视，一人有"罪"，几人同坐。对己因犯法判刑的军官，有保服兵役的规定。即军官判刑后，可由师以上单位保服兵役，在服役期间，不论原职级如何，均给以少尉军官待遇,若有成绩,可以减刑和免刑。

1946 年二月国民政府军委会曾颁发《陆、海、空军官佐考绩条例及施行细则》,考绩条例规定:

陆海空军官佐的考绩"除上将或中将(总监)独立单位主官由最高军事长官特予考核外,中将(总监)以下各级官佐均按条例施行"。考绩"以直隶长官为考核官"。每年于年终举行一次。考核的内容和办法是:考绩官就受考人的五课以记分法记载于成绩表上,即思想(15 分)、品行(15 分)、学术(15 分)、体格(15 分)、勤能(40)。各课分数之总合,一般超过 85 分,"经功过加减及逾假分数扣除后,以所得之和数为绩分。"绩分达 85 分以上者为成绩特优;80—85 分者为优良;75—80 分为次优;60—70 分为及格,不满 60 分为不及格。成绩特优及庸劣人员(考核不及格者)应填具建议表,呈报军事委员会核予奖惩。条例颁发后,并未认真执行,但可略见其官佐的管理办法。

(十)军人服制、供应及其他

北洋政府军队服制是:军常服均采用硬壳大檐帽。帽缘有红丝线一道,帽框中央,军官嵌平金辫一道(宽一厘米);军佐缀平银辫一道;士兵则无辫。均缀帽徽,呈五角凸形,按民国初国旗红、黄、蓝、白、黑涂五色。军官常用服用呢制,士兵用黄斜纹布(后改地绿色)。骑、炮、宪兵用长靴,其余均着皮鞋,惟军官配马者着长靴。官兵均佩戴领章,呈长方形,外端作用圆形,宽同领高。将官用全金色,其余按红、黄、蓝、白、黑区分步、骑、炮、工、辎兵科;领章均用呢制,军士、兵卒领章上标明所属番号及士兵号码。官兵均以肩章区别等级。将官肩章用全金平辫;以一、二、三星区别少、中、上将;校官用两金辫夹一银辫;尉官用两银辫夹一金辫。另还有军礼服的服制(从略)。北洋军阀政府的服制执行得很乱。常见的军服多为灰色,标志各因派系不同,自行规定,极不统一。

军人礼节有举手礼、举枪礼和撇刀礼。下级对上级用"立正、注目、举手",士兵列队或在守卫时行"举枪礼"。"撇刀礼"一般用于校阅或教练场合。

士兵的服装均由军队拨发,军官自备。官兵薪饷标准,略同清末新军。但因战争不息,经济困窘,各派系军队只能维持伙食及酌发少数津贴。

抗战前国民政府军队规定,连以上单位均有军旗。长方形,红色,中镶有"青天白日"徽,靠旗杆部位镶有白色布条,标有黑色字的部队番号。行动时,掌旗兵掌旗先导,驻军时将旗悬于驻地营门口。军官均以领章标明兵种和军阶,以红、黄、蓝、白、黑五色区别步、骑、炮、工、辎兵种。列兵用长方形领章,以金星区别等级。二等兵一星、一等兵二星、上等兵三星。军士则在领章中多一黄横线,以一、二、三星区别下、中、上士。军官则在领章四周框金线,中横一或二道金线区别尉、校,以一、二、三星区别少尉(校)、中尉(校)、上尉(校)。准尉不标金星。将级领章全金线构成,以一、二、三星标明少、中、上将。抗战中野战部队一般在前方时不佩带领章,仅以臂章以代号标明部队。抗战胜利后,军官(士兵一般无标示)仿用美军肩领章并用办法。肩章表示军阶,尉级用银杠一到三条表示少、中、上尉;校级用肩绊上银色梅花一到三朵代区别少、中、上校。校、尉级均以象形的金、银色制小标牌(如枪形示步兵、炮形示炮兵等)区别兵种。将官的阶别以在肩绊上缀三角金星区别等级,少将一星、中将二星、上将三星,而领章则左右均缀以金色梅花形星一个。

官兵的服装,抗战前,大都采用小领(中山装相似),颜色一度用灰色,后改草绿色。软形圆帽,中缀国民党徽。规定中、下级军官及士兵一律打绑腿。抗战胜利后,军官常服仍如旧制,改用大檐帽,便服改为大翻领,黄色咔叽布制。高级军官冬服一般用呢制。士兵服装一般均改大翻领,船形帽,短裤、绑腿(冬季服如旧)。海军、空军服装,海军一般用深蓝色,空军用白色。

国民党军队抗战前后还采用过佩戴符号标志。用布制,与上衣上口袋同宽。呈长方形,印以红、黄、蓝、黑色四周宽约六公分的粗线,以区别将、校、尉、士兵。符号上印有三角星以区别等级及写明番号、职别、姓名等。此种办法,抗战后不久,即不用。

军官服装一般个人出资购置,故市上军装店甚多。士兵服装、卧具由军政部军需署所辖被服厂按冬、夏两季统一制发。夏季一般发单军服一套,衬衣裤两套,冬季棉军服一套,北方则加发棉大衣,另发布鞋、皮鞋、草鞋等。入伍时发军毯一条,雨衣(斗笠)一件。

国民政府对其军队,采用薪饷制。每月发放一次,伙食由薪饷支付。北伐战争以后,抗日战争以前,其薪饷标准最高军阶上将六百元;最低军官准尉三十二元;士兵最高上士二十元,最低二等兵十元。伙食标准初级干部十二元,士兵六元。

以上薪饷制度曾因国民党政府经费困难,改发所谓"国难薪",尉级、士兵所减不多,校级以上递减约至标准的半数。抗战爆发后,物价逐步高涨,而法币贬值,迄国民政府覆灭止,军官收入,不足维持家人生计,士兵收入,仅够糊口。惟抗日战争后期,国民政府组建的青年军,为不受物价影响,对士兵采用实物供应制。每天的标准是:中熟米二十七两(十六两一斤制)、食盐四钱、植物油六钱、燃料二十四两、蔬菜一斤、肉类一两四钱、豆类一两四钱。

军人礼节大体如北洋政府军队。室外以举手礼为主,士兵持枪时改举枪为"扶枪注目"礼。

第二章　历代骑兵

　　马是上天赐给人类的最佳战斗伙伴,力气大、速度快,而且温顺忠主,长背天生适合坐骑。当马匹开始和战士结合,一个强悍的战争机器——骑兵诞生了。骑兵一般是指陆军当中以骑乘动物作为移动手段且在动物背上战斗的兵种。所以,不是所有使用马匹的兵种都称为骑兵,如有的兵种使用马匹移动,但下马作战。骑兵行动轻捷,受地形、气象影响较小,在冷兵器时期是最重要的作战兵种之一。中外战争史上常见以少量骑兵牵制大量步兵的战例。

一、先秦骑兵

　　我国中原地区骑兵的出现问题,目前学术界看法不一。传统看法认为。古代中原骑术是从赵武灵王的"胡服骑射"开始的。如今人们经常谈及军事变革,若追溯古代华夏大地的变革先驱者,则非赵武灵王莫属。这位本名赵雍的北方君主学习胡人的长处,实行易服、改兵制、创新战术的全面军事革新,终于使骑兵这一灵活的新兵种取代了笨重的车兵,中国古代战争的样式从此有了根本性的变化。过去史书多称赞商鞅变法,其实赵武灵王推广胡服骑射在军事史上的意义更为重要。近代史学家梁启超曾评价说:"七雄中实行军国主义者,唯秦与赵。……商鞅者,秦之俾斯麦;而武灵王者,赵之大彼得

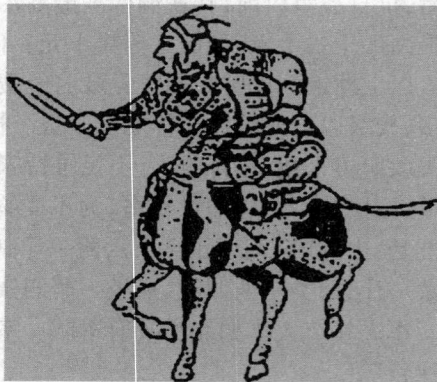

先秦骑兵

也。"他甚至把这位堪比俄国彼得大帝的赵武灵王盛赞为"黄帝之后第一伟人",溢美之词无以复加。

　　但这种说法日益受到学术界的争议对殷代甲骨卜辞中的"马乎(呼)",于吾省先生释为"惟命骑射,可以擒获",从而认为骑术或单骑在殷代"业已盛行"。春秋史料中也出现中原各国骑兵的记载,如《韩非子·十过篇》记载,秦穆公二十四年,秦以"革车五百乘,畴骑二千,步卒五万,辅重耳入之于晋,立为晋君"。这里的"畴骑"一般认为就是骑兵。又如,与秦穆公同时代的晋文公在伐邺时也用了骑兵"赏

其末则骑乘者厚"。这里的"骑乘"绝不是一般的骑马者,显然是骑兵。秦人早就以养马著名,直至周代还是一个以畜牧(主要是牧马)为主的民族。秦地处西北,长期与戎狄杂居,被东方各诸侯国视为戎狄,排斥于华夏之外。善于养马御马,就为骑兵的产生创造了条件。从秦仲时起,秦与戎族的战争一直未断,连秦仲都被戎狄所杀。为了对付戎狄,秦学习戎狄胡服骑射是很正常的。周平王东迁后,戎狄大量内徙,西周古地成为杂居区,秦经过长期对戎狄战争,不断融合戎狄人。《史记·秦本纪》记载:"(秦惠文王)十一年,县义渠,……义渠君为臣。"所以,秦率先在中原发展骑兵也不是偶然的。晋文公时为了对付北方狄人的骑兵侵扰,建立骑兵亦是可能的。

中原地区骑兵在战国时有了进一步发展,当时由于农村公社瓦解,民兵制为常备军制所取代,大规模野战和围城战的频繁发生,要求部队具有快速、灵活和突击性,这就促进了骑兵的迅速发展。战国时期,地处胡人和华夏民族交汇处的北方赵国,虽以农耕为主却频繁接触游牧习俗,通过抗击胡骑袭扰也体会到其"来如飞鸟,去如绝弦"的优长。15岁的赵雍继位时,其疆域只限于如今的河北中南部和山西北部,军队与其他列国一样仍由车兵、步兵构成。为了改变小国弱势,赵武灵王决定让本国的精锐全部弃车乘马。此前人类虽驯养马匹千年,因未解决鞍具无法骑驭,只能耕田驾车。春秋和战国前期,马拉战车成为军队主力,其冲击力和速度超过步兵,却因道路所限难入山地丘陵,呆板的车战、步战使军事机器运动迟缓。目睹过胡人穿短衣长裤骑马便捷的赵武灵王,决心改变几百年相传的军制,实行由车战向骑战的转变。他选择靠近河套的草原训练骑兵,并让国内作坊制作马具,建立起华夏民族最早的一支骑兵。

当时军队实行骑兵化的重要意义,相当于现代战争史上陆军由徒步跃升为机械化。春秋至战国前期,华夏传统服装是长袍宽袖,不便于骑马射箭。为此,公元前307年赵武灵王下达易服令,让男人改穿胡人式的紧袖短衣和长裤。这一举措对重服饰礼义的传统观念形成了重大冲击,众多臣属惊呼这是"变古之教,易古之道,逆人之心"。赵武灵王却从作战需要出发,反对法古不变,以强有力的行政命令推广服饰改革。他还亲自骑马弯弓并露宿草原,聘请擅长骑射的胡人充当教练,推广了养马、制革、设兽医和筹办草料等完整配套的制度,很快培训出万名装备精良且射术高超的骑兵。其他列国的步兵、车兵和北方零散部落在其狂飙般的攻击下,一时均非对手。赵国在战国七雄中开军事变革潮流之先,经过短短十几年,便由一个小小中山国都敢侵犯的弱邦崛起为唯一能够同秦相抗衡的强国。赵军灭中山国后,又南抑魏齐,北逐三胡开疆千里,还占领了如今的陕北一带,对秦都咸阳构成直接威胁。可叹的是,这位对外征战所向披靡的一代英主,却未能跳出封建王权你死我活的争斗漩涡,于公元前295年在父子兄弟相残的宫廷政变中被困沙丘宫,活活饿死。对这一悲剧性结局,梁启超曾带着叹息设想道:"使主父而永其年,则一统之业,其将不在秦而在赵。"

在战国七雄中,拥有骑兵最多的国家是与西北戎狄毗壤的秦、赵,各拥有骑兵万匹,其次燕国和魏国,亦分别有三千匹和五千匹。这个时期,中原各国骑兵数总不下五六万匹,这是一支庞大的骑兵队伍。然而最能代表战国时代骑兵发展巅峰的当数最终一统天下的秦国骑兵。《史记·秦本纪》说:"费昌当夏桀之时,去夏归商,为汤御。"又说:"造父以善御幸于周穆王,得骥、温骊、骅骝、騄耳之驷。"直至周孝王时"非子居犬丘,好马及畜"。秦始皇陵2号俑坑中发现116件骑兵鞍马俑,这些骑兵俑完全是按当时骑兵形象塑造的。秦代骑兵排列最少有三种:一是车骑混编,二是骑兵单独列队,三是殿后的游骑机动。这也说明战国时期骑兵已作为步兵的辅翼力量,配合车、步深入长驱,绝敌粮道,追击败兵,或袭击敌人之两翼,或掩袭敌之前后,已成为当时一支最活跃的军事力量。2号俑坑出土的骑兵鞍马俑制作形象逼真,反映出秦国强大骑兵居七国之首。秦国之所以能够保持强大车兵和骑兵,这与养马业始终在秦人的经济生活中占有重要地位分不开,也与秦人不断与戎狄交流有关。战国时,"秦马之良,戎兵之众,探前趹后,蹄间三寻腾者,不可胜数"。

秦王嬴政在此基础上,又进一步采取了发展的政策,规定:"百姓有赀赎责(债),而有一臣若一妾,有一马若一牛,而欲居者,许。"秦王朝建立后,在全国建立起一整套马政机构并颁布了有关的法律政策,中央九卿之一的太仆是主管马政的最高官吏,其下设丞2人为副手。京师咸阳附近有若干官马机构,如大厩、左厩、中厩、宫厩等。这些厩饲养的马匹,除供宫廷使用外,大部分具有军事意义。在西北游牧区设"六牧师令",每牧师令领有若干牧场,主要牧养军马。京师官厩及边郡牧师均直属太仆领导。另外,还有各地郡县管理饲养军马的"苑"。

秦人不仅重视养马,还制定了世界上最早的动物检疫法律。20世纪70年代中期随着《云梦秦简》的出土,人们发现秦代已设立养马养牛的厩苑律。按照法律规定,秦代中央政府每年对各地养马的情况都要进行一次大规模的评比。如果在评比中出现"乘马笃、胔及不会膚期"三种情况都要受到相应的处罚,涉及这三条中的任何一条都要受到"赀各一盾"的处罚。同时马在服役过程中被评为下等,则要罚"厩啬夫一甲,令、丞、佑、史各一盾",这些负责养马的官员都要受到"赀一盾"的处罚。由此表明中央政府对养马业评比考核高度重视。秦律对马匹的保护也有相应的条文:"伤乘舆马、决革一寸,赀一盾,二寸,赀二盾,过二寸赀一甲。"这一条对于驾车过程中以策伤马的不同深度及相应的处罚标准都做了具体规定。如果马皮破伤2.3厘米罚一盾,破伤4.6厘米罚二盾,破伤4.6厘米以上罚一甲。秦律还规定对未阉割的"志马"必须养在"乘车马后",分开饲养,并且不策伤,即不能鞭打。秦律为了保证乘车使用人卸套也有严格的处罚规定:"已驰马不去车,赀一盾",不及时卸套的行为要受到"赀一盾"的惩罚。可见秦律规定之细,处罚之严。秦律针对马匹的训练也有专门的条文:"课駃騠,卒岁六匹以下到一匹,赀一盾","駃騠"是北方的一种良马,如果一年内训教的数量在六匹以下以至一匹,给予罚一盾的处罚。秦律处罚的界限规定在六匹,也就是说每人一年训教的"駃騠"在六匹以上方能免于处罚。关于军马的训练，秦律处罚更严。凡供骑兵使用的马匹，体高达到"五尺八寸以上，不胜任，奔挚不如令，县司马赀二甲，令、丞各一甲"。可见军马达到1.33米仍不堪使用。奔驰不听指挥，负责训练的县司马、令、丞都要受到"赀二甲"的惩处。秦国先进的养马技术促进了养马业的发展，一系列有关养马业的法律条文又为养马业的发展提供了可靠的法律保证。这些法律条文乃是我国养马史上最早的法律文献，也正是由于先进的养马技术及养马法的实施极大地推动了秦国养马业的发展。一批批膘肥体壮、训练有素的战马源源不断地输送到军队中，从而为秦国的统一战争提供了必要的物质保证。

赵武灵王改革服制的"胡服骑射"，由于目前缺乏形象资料，王国维先生在《胡服考》中说，胡服就是唐代的褶服。褶服为圆领、右衽，双襟掩于胸的右侧，腰束革带，衣长及膝。从秦始皇陵兵马俑2号坑出土的骑兵俑服饰上也可找出旁证。骑兵俑头戴圆形小帽，身穿交领右衽，双襟交掩于胸前的上衣，左压右，左侧的襟边垂直于胸的右侧，衣长齐膝，袖长达于手腕，窄袖口，腰束革带，领、襟、袖口都镶着彩色缘边，与上述胡服形制十分接近。不同的是，胡服没有配甲衣，而秦骑兵则把甲衣与胡服糅合在一起，其甲衣由125片固定与活动甲片组成。肩无披膊装束，手无护甲遮掩，既保留了行动灵活，又具备了安全性能。下穿紧口连裆长裤，足登短靴。这一切无不表明这种服装完全是从骑兵的特点而考虑设计的。秦骑兵的马具也有了进一步改善。从战国秦汉考古发现来看，当时骑兵多是裸骑在马背上。过去人们一般认为古代中原地区马鞍出现在西汉时期，而秦骑兵马背上所饰的马鞍，其前后两端略略隆起，中部低凹，属低桥鞍，它的发现将马鞍出现时间提前了100多年。到了东汉，马鞍已由秦时的低桥鞍变为高桥鞍。马鞍的使用在骑兵战术史上有着特别重要的意义，它可以使骑兵的双手进一步获得解放，从而有效地增强了骑兵的战斗力。

赵武灵王胡服骑射的改革，是为了让骑兵便于在马上使用弓箭。所以，战国时期的骑兵普遍装备弓箭。从洛阳金村出土的战国铜镜上还看到骑士一手还拿着短剑。由秦始皇陵兵马俑2号坑出土的骑兵俑手势及其周围伴随出土的铜镞、弓等来分析，可以判断秦代骑兵装备有弓箭。20世纪90年代陕西省考古工作者经过科学考古调查和勘探，在秦始皇陵封土东南侧又发现一处规模宏大、内容丰富的陪葬坑。在该陪葬坑内过洞底部，首次出土了大量的石质铠甲，共清理出石质铠甲90多领、兜鍪约36顶，同出还有石马缰3组。从形体和结构判断，这副甲可能是马的铠甲，即后世所谓的"马铠"或甲骑具装中的"具装铠"。据以往的史料记载，到东汉末年才有较完整的具装铠，而本次发现的"马铠"由颈甲、身甲、当胸和搭后组成，已经是非常完备的形制了，要比文献记载早400多年，是非常值得学术界注意的新资料。

二、汉骑兵

汉匈的百年大战，是人类古代史上规模最大的骑兵会战之一。战败的匈奴西迁欧洲，罗马帝国还无力抵挡，这从另一个侧面证明汉军拥有当时世界上最强的战斗力。汉朝被称为中国古代史上第一个黄金时代。

汉骑兵的发展以汉武帝反击匈奴为界，可划分为两个阶段。汉武帝之前，骑兵是较弱的。虽然骑兵在楚汉战争中异军突起，屡立战功，并成为军队中的一支重要力量，但在后来对匈奴的战争中，汉朝骑兵却难以与强大的匈奴骑兵抗衡。匈奴是北方一个古老的游牧民族，汉初已建立了自己的国家。在打败了东胡，臣服了丁零，赶走了大月氏之后，势力日渐强盛。在南面，经常以骑兵袭扰汉朝边境，"虽乌合兽聚，猝发而不能制；险道倾仄，且驰且射，中国之骑弗与也"，严重威胁着汉朝政权。而此时的汉朝由于长期战乱，国弱民贫，"人相食，死者过半"，马匹更是少得可怜，"自天子不能醇驷，而将相或乘牛车"。汉高祖刘邦在公元前200年亲率32万大军攻打匈奴，结果反被匈奴围困在白登山达7日之久。后刘邦为腾出精力对付内部割据势力，对匈奴采取了"和亲"策略。"平城之围"就使汉朝统治者清楚地意识到汉朝不是匈奴的对手，不得不委曲求全，采取和亲手段，以换取一时的和平，积蓄力量，将来反击。同时意识到"车骑者，天下武备也"，要巩固汉朝政权，抵御匈奴的侵袭，就必须大力发展养马业，壮大骑兵力量。

为此目的，从汉初开始，汉朝就积极筹集资金发展养马业。高帝四年八月，开始征收"算赋"，"为治库兵车马之用"。同时，设置和健全了马政的管理机构，命太仆（武帝时改为仆）专管养马事务，下设太仆丞以及下属马厩的令、丞或长、丞。景帝时，"始造苑马以广用"，在西、北边郡设"牧苑三十六所，以郎为苑监，分养马三十万匹"。汉代郡国也养马，在郡县设马丞，在王国设仆及其属吏厩长、厩丞等，负责马政。可见，汉代官府养马的普遍性。在政府养马的同时，还积极鼓励百姓养马。文帝颁布了"复马令"，"令民有车骑马一匹者，复卒三人"，以免除兵役的办法鼓励私人养马。武帝继续实行"复马令"，当时"兵戈数动，民多买复"，又不愿为吏，"于是除千夫，五大夫为吏，不欲者出马"，"今盗马者死，盗牛者加"。同时，还禁止良种马外流，《汉书·昭帝纪》说："禁马高五尺九寸以上，齿未平，不得出关。"

为提高中原马匹的品质，汉朝统治者还大力引进良种马，对原有马种进行改良。北方草原上的优良马种蒙古马就不断被引入内地。蒙古马体质粗糙结实，四肢坚实有力，蹄质坚硬，抗严寒，适应性强。在荒漠、半荒漠地区生长良好，体型属兼用型，乘用、挽用持久力强。汉初，汉朝通过与匈奴的互市获得马匹。武帝时双方发生战争，但仍继续通关市。实际上，汉朝通过战争获得的马匹数量更大，匈奴归降汉朝的人带来的牲畜也很多。对于内附归降的匈奴人，汉朝政府在边郡地区设置"属国"，汉人也跟他们交换马种和学习养马技术。所以说，汉代养马业的发展与匈奴马匹的大量输入分不开。

汉代大量输入的另一马种是浩门马，它主要产于青藏高原东北部，长期适应高原环境，体质粗糙结实，是挽乘皆宜的地方品种，并以善走对策步著称，这种步伐可使骑手减轻颠簸之苦。汉初，羌人追随匈奴寇略汉境，汉武帝打败匈奴后，羌人要求内附，后汉朝设护羌校尉。羌人同汉人一样，被征发当兵，羌骑是汉朝军队的重要组成部分，如永平十六年伐北匈奴的汉军就由郡兵、募士、羌胡三部分组成。羌马走遍天下，成为当时一个重要的马种。

从武帝时开始，西域马匹成为中国马种的又一重要来源。西域是马的故乡，自古盛产名马，尤其以乌孙马和大宛马最为著名。这些马属沙漠种系统，种质特点是体轻、干燥、灵活。中原马与之杂交后，体形由挽型变为挽乘兼用型，外貌由粗糙变得干燥结实，性情变得更为灵敏，行动变得敏捷，役用挽力没有减少，速力则有了增加。正是由于这些马具有许多突出优点，武帝才不惜血本要引进这些马。乌孙马主要产于乌孙国，武帝遣宗室女江都公主细君出嫁乌孙，将乌孙马命名为"天马"。后来武帝又得知大宛有汗血马，比乌孙马品质更优，遣使求之不得后，即派贰师将军李广利两次兵伐大宛，得其"善马数十匹，中马以下牡牝三千余匹"。武帝十分高兴，为大宛马建造豪华厩舍，举行盛大礼仪，更名乌孙马曰"西极"，名大宛马曰"天马"，并作歌曰："天马来兮从西极，经万里兮归有德。乘灵威兮降外国，涉流沙兮四夷服。"

经过政府的大力提倡和鼓励，到武帝时仅厩马就达四十万匹，苑马和地方养马尚不算数。民间已是"众庶街巷有马，阡陌之间成群"。《盐铁论·未通》记述："牛马成群，农夫以马耕载，而民莫不骑乘。"此时社会上层还有崇尚骑射之风，从皇家上林苑伴驾至民间聚会，豪门子弟都以驱骏马竞风头为荣。

西汉初年除大力养马，又发展了马甲、马鞍，使骑手能腾出双手交锋，并能得到护甲保护。早在秦代，骑兵就装备了齐全的马鞍，勒马之具也已经完备。西汉时期使用的是软鞍，到东汉时期大量使用了高鞍桥的硬马鞍，这更利于骑兵的马上格斗。然而，根据考古发现，汉骑兵依然没有马镫，作战时骑士两脚悬空很不利于格斗和发力。汉骑兵的主要装备为弓箭，长矛、戟等长兵器，以及剑等短兵器；后来增加了环柄长铁刀的兵器配备，可以在马上进行劈砍，增强了骑兵的格杀能力。戟是矛和戈的合体，兼具钩杀和刺杀的功能，战国时期开始逐渐取代了长矛，成为车战和步战的主要武器之一。汉骑兵兴起之后，随着战争的发展，戟的样式也进行了变革，首先是整个形式简化，便于大规模制造。原来戈的部分（学名"戟援"）缩小，胡（大约是援向戟身过渡部分）上出现了刺距，刺距也就是横着伸出去的那个小刺，即是西汉骑兵手持的"卜"字形戟。这种"卜"字形戟除了有啄刺功能外，还有正面锁架和反手钩带的功能，十分利于骑战，遂成为汉骑兵的主要兵器。此后，侧面伸出的刺距由原来的垂直横着伸出，变成垂直横着伸出之后又向上弯曲，以增大叉刺时的割、杀面积,更符合骑战的要求。材料上,由以前铜制改成钢铁制造,采用了锻铁技术。

与以前的皮甲不同,随着冶铁技术的迅猛发展,国力强盛的西汉骑兵普遍使用铁铠甲。比起秦朝骑兵简单的铠甲,汉骑兵不仅有甲身,还有甲裙和甲袖。甲身由胸甲、背甲、肋片组成。汉初,是秦军的那种大片铁质片甲,到东汉时期,甲片更小的铁质鱼鳞甲已经大规模装备部队。

公元前141年武帝登基,汉军骑兵在速度、冲击力、载动力和骑术方面都不逊于对手,数量还多于匈奴,从而改变了此前以步对骑、以慢应快的被动局面。汉军拥有庞大的骑兵集团,又能通过步兵难以逾越的长城外数百公里缺水地带,向漠北草原出击,就此有了寓防于攻的主动地位。武帝依仗这一实力,于公元前133年对匈奴开战。元朔六年,霍去病随大将军卫青参加漠南之战,率八百轻骑远离大军数百里寻歼匈奴,斩获两千余人,被封为冠军侯。公元前121年霍去病受任骠骑大将军,率万骑出陇西击匈奴右部,历五王国,越焉支山千里,歼敌八九千,斩折兰王、卢侯王,收休屠王祭天金人。同年晚些时候,霍去病再从陇西作第二次进击,越过居延海(内蒙古额济纳旗),深入一千余公里,杀三万零二百人。霍去病在一年中获得两次空前胜利。匈奴单于大怒,追究失败的责任。浑邪王恐怕被杀,就带着他的部落和他的土地,向汉朝投降。中国历代骑兵这对匈奴汗国是一个重大打击,匈奴当时的歌唱道:"亡我祁连山,使我牲畜不繁息。失我焉支山,使我妇女无颜色。"元狩四年,武帝以卫青、霍去病二人各带五万骑从襄郡和代郡出击,深入匈奴腹地,辗转两千余里,大破敌军十万余。这是对匈奴汗国最重要的一战,从此瀚海沙漠以南再没出现过匈奴汗国的王庭,匈奴已无法像过去那样对汉朝构成生存上的威胁。及稍后时间,汉朝在匈奴汗国浑邪王的故地河西走廊设立了酒泉郡、武威郡、张掖郡、敦煌郡等四座城市。从此,这块土地成为中国的领土。

汉匈的战争改变了传统的中原作战方式。由于匈奴骑兵出没无常,塞外行军也多采用疏散的队形,而且把侦察部队派出去很远,以便于及时报警。正是这样长期的作战环境,迫使汉朝军队摆脱了楚汉战争时期以步兵为主力的作战方式,进入了骑战时代。原来只是作为军队"耳目"的骑兵已经成为作战的主力。步兵的作战对象已主要是骑兵,所以,必须具备抗击敌方骑兵密集攻击的能力,弓弩兵的配置因此受到了重视,如大名鼎鼎的李陵五千步兵以弓弩抗击十余倍匈奴骑兵的故事。战车更多是用来进行防御,而不是攻击,如漠北作战时,汉军与匈奴遭遇后,便将武刚车环绕为营,以防敌骑突袭。武刚车长二丈,阔一丈四,车外侧绑长矛,内侧置大盾,这样可使匈奴人的骑射优势被汉军的步弓手抵消。一战又一战下来,匈奴人越打越少,汉军越打越强,以致后来匈奴可汗亲率八万铁骑咬住李陵的五千步弓,仍被汉军射杀万余人。到这时,匈奴的精锐已消耗殆尽,战斗力急剧下降,各被征服民族乌桓、鲜卑、丁灵也纷纷脱离其统治,很快地分为南北两部,南部呼韩邪向汉宣帝称臣,已无力再对汉朝构成威胁。总体而言,这个时期的骑兵战术及骑兵部队达到了历史高峰。

三、三国、两晋、南北朝骑兵

继春秋战国之后,三国两晋南北朝是我国历史上又一长时间的战乱期,北方的游牧民族大批涌入中原,动辄四五十万的大规模骑兵战,使骑兵的运用又达到了一个高峰。公元383年8月,苻坚率步兵60万、骑兵27万、羽林郎3万,共90万大军从长安南下攻晋,苻坚曾夸口说他的军队只需一起扔掉马鞭,就可使河水断流。虽然夸张,但却真实表明这一时期骑兵在军队中的比例越来越大。较之秦汉时期,数量越来越多的重装骑兵出现在这个时期的战场上。所谓重骑兵,最重要的标准就是骑兵身上的铠甲重量,一般身穿20公斤以上盔甲的骑兵就被称为重骑兵。当然,如果在一个时期世界上的骑兵铠甲最大重量不超过10公斤的话,那么身穿近10公斤盔甲的骑兵就能被称为重骑兵。另外的标准就看是不是有着突击的战斗功能。有很多早期的骑兵虽然没什么重型铠甲但依然称他们为重骑兵,也是根据这项标准来判断的。除了骑兵本身着重铠外,重骑兵的另一典型特征就是马匹也同样披上厚重的坚甲,人马齐披重甲,望之如铁塔,给人强烈震撼。史书记载:高仲密举北豫来附,周文率军援之,与齐神武遇于芒山。祐时著明光铁铠,所向无敌。齐人曰:"此是铁猛兽也。"皆避之。这时期标准的马铠,历史上有专门的名称——"甲骑具装"。

说到甲骑具装,就不能不介绍一下汉代至南北朝时期骑兵的铠甲装备的演变进化。西汉时期中国只有轻骑兵,所有的战马都是赤膊上阵。从咸阳杨家湾出土的披甲武士俑中可以看到,西汉时期两种铠甲的样式:一种为札甲,采用长方形甲片,胸背两甲在肩部用带系连,有的还加披膊,为汉代铠甲的主要形式。另一种甲采用鱼鳞甲片。根据居延出土的汉简,可以清楚地知道,当时汉朝这样的铁甲是普遍装备的,即是制式装备。有了这样的装备,才有了后来名将陈汤的"一汉当五胡"的说法。到了东汉,铁甲形制又有了进一步的发展,除身甲、盆领、披膊外,还出现了保护两腿的"鹊尾"和"腿裙",增加了防护部位。东汉后期,则利用百炼钢技术制造铠甲,使铁铠日益精坚,《武库赋》中就有对这种铠甲的描述。汉末到三国是我国铠甲的大发展时期,我国铠甲的主要类型基本均在此时期产生,三国时曹植在其《先帝赐臣铠表》中就列举了明光铠、锁子甲、两当铠等。其中,明光铠是最为重要的铠甲,这种铠甲因为胸前和背后各有两面大型金属圆护,很像镜子,反射太阳光即发明光,正如汉代镜铭所谓"见日之光,天下大明",所以称为"明光铠"。明光铠有两种类型:一种胸背各有两面大型圆护,颈设盆领,肩有披膊,腰部束带,个别的还带有腿裙,在北朝晚期日益流行,表现出取代两当铠的趋势。另一种形制略有变化,胸甲分成左右两片,居中纵束甲绊，左右各有一面圆护，或作凸起的圆弧形花纹。两肩覆盖披膊，背上套有臂护，腰间扎带，腰带之下有两片膝裙护住大腿。

完善了对人的防护后，自然不会忽略马匹。我国对于马匹的防护历史源远流长，最初的起源是在战车时代对战马的防护，后来开始有皮制的"当胸"对马匹进行防护，到了汉末就已经发展得比较完善的铁制全身式马甲。前面在叙述三国时曹植铠表时已经表明当时军中已开始装备马铠，但数量有限，重装骑兵在军中比例过小，对战争胜负不起什么作用。曹操在《军策令》中说"袁本初铠万领，吾大铠二十领；本初马铠三百具，吾不能有十具"可为一证。到了4世纪初，情况发生了很大变化，西晋政权由于最高统治集团内部的相互倾轧，诸王常常吸收一些少数民族贵族参加自己的军队。从匈奴族进入中原开始，一些当时的少数民族如羯、鲜卑、氐、羌等随之相继进入中原，并且先后建立政权。这些古代少数民族，原来多生活于北方或西北边陲地区，以游牧经济为主，拥有优良的骏马，军队都是剽悍的骑兵，以人马都装备铠甲的重装骑兵为军中主力。这个时期，在一场战役中出现的马铠甚至达到上万具，《晋书·姚兴载记》记录姚兴击败乞伏乾归之后，"降其部众三万六千，收铠马六万匹"，可见当时军中装备的马铠即具装铠数量之多。

在北朝时期的雕塑和绘画中，大量出现描绘甲骑具装形貌的作品。敦煌莫高窟第285号窟的"五百群贼成佛"故事壁画描绘了甲骑具装的形象，在群贼拒捕和受刑的画面中，都画出了骑马的官军。官军都头戴兜鍪，身披带有披膊的两当铠，手执长柄的马矛——槊（又称矟），所骑的战马也全身披着铠甲，头、颈和躯干都被铠甲遮护，只有耳朵、眼睛、口鼻和四肢、尾巴露在外面，真实而准确地反映出北朝重装骑兵的真实面貌。在随葬于北朝大墓的陶俑群中，几乎都可以看到甲骑具装的身影。从北魏直到隋代，将近2个世纪，这种以模拟甲骑具装形貌的陶俑随葬的习俗经久不衰，反映出那一阶段在现实社会中，重装骑兵在军队中占有重要地位的历史事实。

重骑兵在中国的出现是与马镫的发明和广泛使用分不开的。考古发现：中国东北方的草原地区，约在3世纪中叶到4世纪初的十六国时期，就已开始出现马镫。这种马镫是木芯长直柄包铜皮的挂式马镫。其后，这种马镫通过高句丽向东传播，扩散到朝鲜半岛和日本，继而出现了窄踏板金属马镫在欧亚大草原上的广泛传播。在中国南方地区，约在4世纪也已出现了马镫。最早的马镫实物，发现于3世纪中叶到4世纪初中国东北的鲜卑人活动的区域，1965年考古人员在北票县北燕贵族冯素弗墓中出土了一对木芯长直柄包铜皮的马镫。这对马镫长24.5厘米，宽16.8厘米，是世界上现存时代最早的马镫实物。因此，马镫又被西方马文化研究界称为"中国靴子"，它是人类历史上一项具有划时代意义的发明。英国科技史学家怀特指出："很少有发明像马镫那样简单，而又很少有发明具有如此重大的历史意义。马镫把畜力应用在短兵相接之中，让骑兵与马结为一体。"马镫不仅可以帮助人上马，更主要的是使骑兵的双脚有了强劲的支撑之点,以便最大限度地发挥骑马的优势,进而使得骑兵成了真正意义上古代兵种中最具决定意义的兵种。

马具的完备和具装铠的使用,使重装骑兵从东晋十六国时期直到南北朝甚至隋代,一直纵横驰骋在战场上,成为决定战斗胜负的主力兵种。具装铠本身的结构也日益完善,到南北朝时期,由保护马头的"面帘"、保护马颈的"鸡颈"、保护前胸的"当胸"、保护躯干的"马身甲"、保护臀部的"搭后"以及竖于马尻的"寄生"等六部分组成。除面帘和寄生以外,都是用长方形的甲片编缀成形的。面帘有两种:一种是整套在马头上,只露出耳朵、双眼和口鼻;另一种是半套在马头髋面部位,除耳目口鼻外,下颏也露在外面。具装铠的质料主要有两种,或用钢铁制作,或用皮革制作,它们与战士所披铠甲配套使用,人披铁铠,马也披铁具装,人披皮铠,马也披皮具装。

为了适应重装骑兵战斗的特点,军中装备随之发生新的变化。在格斗兵器方面。主要变化是戟的衰落,而刀、矛等兵器有了新的发展,特别是装备骑兵的马戟逐渐为骑兵使用的长矛和马矟所取代。骑兵所使用的长矛,即为马矟。《释名·释兵》:"矛长丈八尺曰矟,马上所持。"《艺文类聚》:"矛长丈八者谓之矟。"这也就是通常称的"丈八蛇矛"。据《三国志·蜀书·张飞传》:"飞雄壮威猛,亚于关羽,魏谋臣程昱等咸称羽、飞万人之敌也。"在与曹军相拒的当阳长阪之战,"使飞将二十骑拒后。飞据水断桥,瞋目横矛曰:'身是张翼德也,可来共决死!'敌皆无敢近者"。由此可见张飞在战场上持矛跃马的雄姿。其实在汉末三国时,善使长矛的骑将不只张飞一人。据《三国志·魏书·公孙瓒传》记载,当公孙瓒为辽东属国长史时,"尝从数十骑出行塞,见鲜卑数百骑,……瓒乃自持矛,两头施刃,驰出刺胡,杀伤数十人"。

槊在汉代已是骑兵使用的格斗兵器之一,到南北朝时期,有了新的发展。一方面将柄部加长,据《释名》所记,汉代的槊长丈八尺,到梁时制作的新式马槊,长二丈四尺,增长到汉槊长度的一倍半;另一方面是刃部增长而且制成两刃,槊其实并不像我们想象的那样是一个类似长矛或者根本就是长矛的兵器,而是一种更加类似于狼牙棒一样的兵器。槊通常由硬木制成,分槊柄和槊头两部分。槊柄一般长六尺,槊头呈圆锤状,有的头上装有铁钉若干,有的槊柄尾端装有鐏,主要技法有劈、盖、截、拦、撩、冲、带、挑等。

在绘于357年的冬寿墓壁画冬寿统军出行图中,重装骑兵——甲骑具装,手中所执的长柄兵器是马槊,而车前的步兵还是装备着戟和盾。这幅壁画告诉人们:当时的重装骑兵已淘汰了传统的马戟,改用马槊。导致戟衰落的原因,还是因为它不适于对付铠甲日益坚精的重装骑兵的缘故。为了穿透或斫断骑兵的铠甲和战马的具装铠,戟虽改进成双叉状,但刺与枝都较窄,其穿透力不及长身阔体的两刃槊。在工艺制作方面,锻制在刺旁加仲小枝的戟,较锻制槊要复杂费工,特别是用于大量装备军队的格斗兵器,要求精工而量足,工艺简便易造的槊较之复杂费工的戟自然更合于需要。此外,戟本是中原汉族的传统兵器,而甲骑具装的兴起,与西晋以后进入中原的少数民族分不开。值得注意的是,汉末三国时长矛或马槊盛行的区域多在西北和东北边陲一带。在西北边陲,关西诸郡因"数与胡战",因而连妇女都"载载挟矛,弦弓负矢"。鲜卑等民族的传统兵器多以矛为主,特别是建立北魏的鲜卑族更是以善用槊而著称于世,这也是十六国南北朝时期以槊代戟的原因之一。这一点在有关南北朝的史籍中记录得更为明确。《南齐书·魏虏传》:"军中有黑毡行殿,容二十人坐,辇边皆三郎曷剌真,槊多白真毦,铁骑为群,前后相接。步军皆乌楯槊,缀接以黑虾蟆幡。"南北朝擅长使槊的武将也很多,南朝梁武帝萧衍让名将羊侃试用少府新制成的二丈四尺两刃槊,侃执槊上马,左右击刺,特尽其妙。观看羊侃使槊的人很多,有人竟登到树上去观看,梁武帝看到说"此树必为侍中折矣",果然因登树人多,以致树木折断,所以,又称这种槊为"折树槊"。

除长矛和槊以外,南北朝时军中使用的另一种主要的格斗兵器是刀,骑兵和步兵都用刀。流传至今的歌谣《陇上歌》中所称颂的勇士陈安,就是同时使用长刀和长矛两种兵器乘马战斗。《太平御览》引《赵书》:"陇上健儿曰陈安,躯干虽小腹中宽。爱养将士同心肝,骢骏马铁锻鞍。七尺大刀配齐镮,丈八蛇矛左右盘,十荡十决无当前。"当时除使用汉魏以来传统的手握柄环首长刀以外,刀的外貌也发生了新的变化,开始尝试着把刀锋端稍微加阔些而使刀尖微有上翘,把狭直的斜方刀头改为前锐后斜的新式样,同时还尝试着把刀柄改成圆錾状,以插接较长的刀柄。这种式样的刀到唐宋以后,成为军中用刀的主要类型,以后一直沿用到明清时期。

四、隋、唐骑兵

"白马金具装,横行辽水傍:问是谁家子?宿卫羽林郎。文犀六属铠,宝剑七星光,山虚弓响彻,地回角声长。宛河推勇气,陇蜀擅威强,轮台受降虏,高阙翦名王。"这是靠玩弄阴谋登上帝位,好大喜功倾全国之兵征辽东失败后元气大伤,又开运河致使国力衰竭落个身死国亡的亡国之君隋炀帝的诗作。该诗是他扬威出征辽东时所咏,还不知将遭惨败的结局,所以读起来显得飞扬跋扈,这也从另一角度记述了百万隋军浩大华丽、不可一世的军容。《隋书·礼仪志》中,详细地记载了炀帝大业七年征辽东时遣将发兵的盛况:"众军将发,帝御临朔宫,亲授节度。每军大将、亚将各一人。骑兵四十队。队百人置一纛。十队为团,团有偏将一人。第一团,皆青丝连明光甲、铁具装、青缨拂,建狻猊旗。第二团,绛丝连朱犀甲、兽文具装、赤缨拂,建貔貅旗。第三团,白丝连明光甲、铁具装、素缨拂,建辟邪旗。第四团,乌丝连玄犀甲、兽文具装、乌缨拂,建六驳旗。"场面极为雄伟壮观,显示了隋军依然是以具装重骑兵为主力的军队。

然而自十六国至隋代一直以甲骑具装为军队主力的惯例，至唐初却变为以人披铠甲、马不披甲的轻骑兵为主力。5—7世纪前后，从西亚、北非到东亚，重骑兵都面临轻骑兵的强劲挑战，形成了以轻骑兵压倒重骑兵的普遍趋势。在西亚、北非，阿拉伯轻骑兵击败了波斯和拜占庭的重骑兵。在中亚，新兴的突厥王国以轻骑兵击败了柔然的重骑兵，突厥代替柔然成为草原霸主。而在中原，新兴的唐以轻骑兵击败了隋的甲骑具装，隋末农民起义军以高涨的士气和灵活机动的作战方法打垮了装备笨重的隋军，也摧毁了重装骑兵赖以存在的世族门阀制度和部曲私兵制。轻骑兵和重骑兵的较量，表现在机动性和装甲防护力上的较量，最终导致了轻骑兵重新兴起成为军队主力。虽然甲骑具装在对付装备简陋的步兵时具有明显的优势，但在对付机动灵活的轻骑兵和装备精良的步兵时则往往力不从心，甚至处于不利地位。

隋唐之际对汉族影响力最大的少数民族是突厥。突厥军队强调机动性，大量使用轻骑兵。隋军在与突厥作战时，"每虑胡骑奔突，皆以戎车步骑相参，舆鹿角为方阵，骑在其内"。这说明隋军的甲骑具装很难单独抵挡突厥轻骑兵机动灵活的进攻，需要与步兵配合作战，方能与之抗衡。唐初轻骑兵在编成、装备、训练、战略、战术等方面都深受突厥的影响。唐高祖李渊早在太原起兵之前，就曾全面模仿突厥轻骑兵的模式训练军队并收到了很好的效果。李渊认为，"见利即前，知难便走，风驰电掣，不恒其阵"，行动迅速是突厥骑兵经常取胜的重要原因，而"中国兵行，皆反于是，与之角战，罕能立功。今若同其所为，习其所好"，则可以战而胜之。于是"简使能骑射者二千余人"，以突厥的方式加以训练，饮食居止，一同突厥。"突厥每见帝兵，咸谓以其所为，疑其部落。"后与突厥交战，"纵兵击而大破之"，致使"突厥丧胆，深服帝之能兵，收其所部，不敢南入"。李渊太原起兵之后，从突厥购买了良马2000匹，还借来了小部分突厥骑兵，西突厥部落的史大奈也率领部下的骑兵在会宁归附了李渊，更加壮大了李渊部下的骑兵队伍。受突厥的影响，加上本来就有不少突厥骑兵的加入，轻骑兵成为李渊部队的主力。

谈到唐朝初创，纵横驰骋的李世民首当奇勋，这就不能不提到他手下那只玄甲军了。《资治通鉴》对于玄甲军如此记载："秦王世民选精锐千余骑，皆皂衣玄甲，分为左右队，使秦叔宝、程知节、尉迟敬德、翟长孙分将之。每战，世民亲被玄甲帅之为前锋，乘机进击，所向无不摧破，敌人畏之。行台仆射屈突通、赞皇公窦轨将兵按行营屯，猝与王世充遇，战不利。秦王世民率玄甲救之，世充大败，获其骑将葛彦璋，俘斩六千余人，世充遁归。"玄甲军应该是轻骑兵，一则是受突厥的影响比较多，很多战士就是突厥人，二则从战例上来看，唐军骑兵的机动性很强，作战中往往实施迂回攻击，而且能够进行长途追击，重甲骑兵恐怕很难支持这样长距离的追击作战。再有一例可以从细微之处有力证明李世民所率皆轻骑，那就是随同李世民征战而深为李世民所酷爱的"昭陵六骏"。六骏是李世民在战争中所骑的6匹战马，石刻精准地描绘了六骏战斗中的形象，全没有具装，而且几匹还都受到箭伤。主帅坐骑尚且如此,可见唐王朝以精锐的轻骑兵平定天下,进一步从实践中证实了其优越性,因而,在唐代轻骑兵逐渐取代了甲骑具装。

唐朝建立后,国力渐盛,为扫除突厥的威胁,开疆拓土,更加重视骑兵建制。军队中骑兵数量极多,步骑比例约为3∶1。唐军编制,以队为基本战术单位,每队50人,辖5火,每火有驮马6匹(步兵)。队以上是团,团以上是军。大将出征,大约授兵2万,分为7军,为前、中、后、左、右军及左、右虞侯军(虞侯军,类似禁卫军)。此2万人,战斗兵种1.4万,辎重兵6000。1.4万战斗兵中,步兵1万,骑兵4000,分属7军,其中中军最多,其他6军相近。步兵中,弩手2000,弓手2200,跳荡(突击队)和奇兵(预备队)各2900。从各兵种比例来看,在战斗兵中,骑兵最多,是军中的主力,为其他兵种所不能及。而更有意思的是,为了配合骑兵完成对运动速度快且路途又远的游牧军队的打击,唐军藩镇军和中央军主力的步兵部队都是坐车马机动的,而不是徒步,只有在到达战场后才下车列阵作战。

唐朝不仅重视骑兵的建制,同样重视骑兵素质的提高。702年,武则天为选拔武官开创了武举。唐代武举由"平射"和"武举"两项构成。骑兵技能被高度重视,《唐六典》规定:平射只考长垛;武举要考长垛、骑射、马枪、步射、才貌、言语、举重等。骑射又称马射,是考考生控马奔驰中的箭术水平。靶子也是皮革制成,称为鹿子,长五寸高三寸,共有两个安放在矮墙上。马射用弓为"七斗",约为38公斤。马枪,考验马上枪术。《唐六典》记载,唐代枪主要有四种:"一曰漆枪,二曰木枪,三曰白干枪,四曰朴头枪。"枪是古代最有力的格斗武器,唐律法禁止私人拥有。考生飞骑冲入两道矮墙构成的场地,舞动长枪,左右挑刺两旁木偶头上的"三寸五分"见方的木版,板坠而木偶不倒为合格,还有考验武士的功力举重,不仅有步举,还有骑举,称翘关。

唐代轻骑兵逐渐取代了甲骑具装,是指各自在战略战术运用中的作用以及在军队中的比重发生了变化,万不可误解为甲骑具装从此消失。任何一个军队都不可能忽视具装骑兵"正兵"的威力,具装骑兵在唐代的军队中仍然存在。大量陪葬于王室墓中的彩绘贴金重装骑兵俑,展现了唐代曾称雄于世的重装骑兵的形象,这也侧面揭示了具装骑兵同样受到重视。骑兵头戴缨饰兜鍪,身甲前后在双肩上用带联扣,两肩覆披膊,做兽皮纹,腰带下垂两片大膝裙,上面绘出几排长方形的甲片。马面帘贴金,双耳间竖有金缨饰,鸡颈、当胸和马身甲连缀在一起,刻出一排排细密的长方形甲片,整个下缘都包有朱红色的宽边,上面饰有彩色的团花纹饰,搭后也刻出细密的甲片和包有朱红的宽边、束尾,表明唐代重装骑兵装备已达到相当完善的程度。唐朝"铁骑数千薄其阵"的战例举不胜举。《唐六典》提供当时军队装备的甲胄形制,"甲之制十有三",其一明确提到了马甲。《旧唐书》也明确记载了当时唐最主要的敌人吐蕃人"人马具披锁甲,其制甚精,遍附全身,唯余二目。往来冲突,不可当"。由此可见,当时重骑兵在战争中的作用给唐人留下了深刻印象,以物降物,唐军同样会使用重骑兵。综上所述,唐代是中央王朝骑兵的鼎盛时期,也是中央王朝统治的鼎盛时期。

唐朝经济势力雄厚，拥有先进的军工科技、完备的军工体系和强大的军工制造能力，为骑兵提供了最优良的装备。以甲而论，唐朝军队盔甲装备比例比前代有了很大增加。从《通典》和《太白阴经》可知，唐朝着甲士兵占士兵总数的60%。虽然并不是都穿着铁甲，但这个比例比起汉代军队着甲比例，还是有很大进步的。唐军在开元年间的数额是54万，若足额装备，需要盔甲32.4万副。能够满足这个需求，说明了当时生产力的发达。在盔甲种类方面，《唐六典》记载："一曰明光甲、二曰光要甲、三曰细鳞甲、四曰山文甲、五曰乌锤甲、六曰白布甲、七曰皂绢甲、八曰布背甲、九曰步人甲、十曰皮甲、十有一曰木甲、十有二曰锁子甲、十有三曰马甲。"

唐朝骑兵的武器有弓箭，一般人带胡禄一个，可以装30支箭矢。可能还有马弩装备，能射200步。长柄格斗武器是漆枪，握柄很长，这是南北朝以来就流行的长柄格斗兵器。短柄格斗武器主要用短柄长刀，士兵每人一把。除了汉代以来就流行的环首刀外，还有一种柄部有护格、柄首没有圆环的新型长刀，由于在日本发现较多，故暂时采用日本称谓称之为"唐大刀"，骑兵还使用一部分啄、锤、斧、鞭等砸击类兵器。骑兵使用形体较小的圆形盾牌。在唐代，虽然具装甲骑丧失光彩，但马槊的光彩未失，仍旧是骑兵的主要长柄格斗兵器。唐太宗李世民麾下的主要将领，多善使马槊，如程知节、尉迟敬德等，尤其是尉迟敬德还善能避槊，以及空手夺槊，当时齐王李元吉亦善马槊，与敬德比试竟不能刺中。"太宗问曰：'夺槊、避槊，何者难易？'对曰'夺槊难'。乃命敬德夺元吉槊。元吉扶槊跃马，志在刺之，敬德俄顷三夺其槊。元吉素骁勇，虽相叹异，甚以为耻。"正因为马槊是军中主要长柄格斗兵器，效能较一般兵器为高，故唐代法律禁止私人拥有。值得一提的是，唐朝出现了一种步兵针对骑兵的武器，称为"陌刀"，长一丈，威力极强，步兵持之以横向密集队形列于阵前"如墙而进"，人马当之皆碎，是步兵对付骑兵的利器。

唐朝骑兵如此雄厚，必须有稳定的马匹供应。唐从起兵始就建设完善自己的马政建设，使其马政在汉朝马政的经验上发展得更加合理、高效和完备。唐朝中央不但专设马政机构——太仆寺，而且在太仆寺之下，各地还设有群牧都使、闲厩使、陇右诸监牧使等官职，统领各地牧监。所谓牧监，就是官家养马场，多在陇右及其他合适养马的地区设置国家专用战马养马场。国家专用战马养马场以养马数量分为上、中、下三等，其中5000匹及以上的养马场称上监，3000—5000匹称中监，3000匹以下则为下监。唐朝马政不但有一套庞大的机构，而且还有完备的管理制度。唐朝设立了马匹登记制度，每年秋天登记马籍。设立了马匹分级制度、按级分配制度和上送分配制度，区分良马、劣马、驾马等，定期上送殿中省尚乘局供各级官府及军队使用。马匹的繁殖、死亡、损耗、烙印等都有相关的具体管理和奖惩制度。通过贸易获取优良马匹也是一个重要途径，特别是中唐之后，这样的贸易就更多了。为获取良马，唐朝频繁同周边国家或势力进行大规模贸易买马的易货贸易行为。例如，同回纥有绢马，同吐蕃有缣马交易、茶马互市。

唐朝的马政让唐朝的骑兵拥有了大量最精良的战马,保证了骑兵的强大战斗力。唐代马监最多时达 70 万匹,据说战马储备量是中国历代封建王朝里最雄厚的。有了如此巨大而强悍的战马储备基础,唐朝骑兵焉能不强!

五、宋朝骑兵

宋朝是中国历史上军力十分孱弱的一个王朝。唐朝自安史之乱之后,藩镇逐渐拥兵自重,与朝廷对抗,连年混战。北宋开国后,赵匡胤为矫治前代将帅拥兵自重、割据分裂之弊,即进行军制改革。采取兵权集中于皇帝,臣僚分揽军政,中央萃集精兵,更番戍守边城要地,抑制将权,以文治武,内外相制,守内虚外等改革措施,对强化中央集权,开创宋代基业,起到了积极作用。但其后继者奉此为基本国策,遵从不变,则导致了冗兵坐食,战力积弱,国势日衰,致使两宋百万兵将,在与辽、西夏、金的抗衡中屡遭失败,最终为起于漠北的元朝所灭。

宋之所以孱弱的原因很多,如实行的是守内虚外消极防御的战略,在边境线上只是被动地消极防御,很少有主动出击的攻势作战;重文轻武,以文制武,结果在重文轻武风气影响下,文人大多未经战阵,缺乏统兵作战的实际能力,让他们领兵作战,其后果不待言而自明;高度集权的指挥体制缺少战场灵活性,错误地牵制和剥夺前方将帅的机动指挥权,扼杀了将领的积极性、创造性和责任感等。然而,不重

宋朝骑兵

视骑兵建设造成骑兵缺乏则是一个十分致命的弊端。冷兵器时代,没有强大的骑兵就不可能成为军事强国。汉武帝为对抗匈奴,组建了强大的骑兵部队,改变了步兵为主的体制,才得以主动出击,大漠逐鹿。唐太宗则最选择敌阵薄弱部位,亲率骑兵冲锋,"敌无不溃败"。正是精锐的骑兵使唐帝国威震四方。战马的多少是古代衡量军事力量强弱的重要标志,然而宋朝是一个缺马的王朝。由于北方边境战事不断,宋朝军队对战马的需求量很大,可是自从中唐以来,汉人失去了西北的产马地,军马主要来源于同西北少数民族的贸易。

《宋史·兵志》记载:"市马唯河东、陕西、川峡三路。"河东是唐、五代方镇名。唐开元十八年置,治所在太原府,北宋初废。陕西路是北宋置道十五路之一,治所

在京兆府辖境，相当于今陕西、宁夏长城以南，秦岭以北及山西西南部，河南西北部，甘肃东南部地区。由于宋辽关系恶化，河东路的军马供应基本上断绝了。北宋政府从辽边境民间走私贸易中也许会购得一些蒙古马，然而数量十分有限，无法填补北宋军队对军马需求的巨大空缺。民间走私贸易对北宋军马供应来说，只是"杯水车薪"。三路少了一路，现在就只剩下陕西路和川峡路了。川峡路大致位于今四川、陕西省境内，也就是旧时秦马、川马的所在地。"旧川、秦市马赴枢密院，多道毙者。"因为川、秦所市之马，大多是在"茶马互市"交易中从吐蕃购得的高原马，这些生长在青藏高原的马匹已适应了高寒、低气压的自然环境，到了平原反而会产生诸多不适。平原的高湿、潮热的自然环境对高原马的呼吸系统的破坏是相当严重的。北宋与辽争夺的战场主要是华北平原，这种马连平原的气候都很难适应，就更不用说在华北平原上与辽军作战了。陕西路在北宋初与党项羌族政权交界，此时，党项羌族处在李氏政权的控制之下。1038年，元昊称帝，推行反宋政策，官方边境贸易基本上中断了，大大影响了北宋军马的供应。

为解决马匹缺乏问题，宋也曾设置了监牧养马。北宋前期，承袭唐朝旧制在京城的诸州置监养马，当时京城有左右天驷监各2个，左右天厩坊各1个，牧养下上监各1个，在开封府及河北、河东、陕西诸路设马监14个。熙宁元年，"马监草地48000余顷，今以5万马为率，一马占地50亩"。熙宁二年，河南、北监牧司总牧地55000余顷，天下有马153600，马监主要役使厢军负责放牧和孳息繁衍，"春夏出牧，秋冬入厩，孳患有赏，耗亡有罚"。朝廷对马监的管理，有明确条文规定：孳生监要"多择善种，皆牝(母马)牡(公马)为群"，"诸坊牧马万匹，岁当生驹四千"。嘉枯八年，群牧司"孳生七监，每监岁定牝马二千，牡马四百，岁约生驹四百，以为定数"，"诸军收驹及二岁，即送官"。每年十二月，判官巡视监坊，"阅二岁驹点印，第赏牧兵"，"凡生驹一匹，兵校而下赏绢一匹"，而"岁终校马死数及分以上并生驹不及四分，并罚俸"。虽规定详细，但各级官吏，只谋私利，不尽职责。官府经营，军人放牧的马监质量、数量效益普遍低，产出只是投入的1/25，故朝廷内部对官府养马议论纷纷。天圣四年，太常博士馆陶王沿上书："收监养马教，徒耗刍豢，未尝获其用。"三司使叶清曰监牧："占良田九万顷，须费钱九万缗，天闲之数才三四万，急用征调，一不可用。"他们提出罢牧监，或"以其地为屯田"，或"以田募民出租"，将官养改为民养，即实行王安石的"保马法"。但"保马法"并未解决马匹供应，元初又"议兴废监，以复旧制"。各州马监，又相继恢复。但官府养马弊端很多，绍圣后二年实行牧马法，将牧监土地分给农民耕种，代官府养马。凡授民牧田一顷，为官牧一马而蠲其租。为了保证马的数量和质量，以县为单位，将马的毛色、高低和年龄登记造册，每年检查。通观两宋，马骑短缺，虽屡改养马方法，始终未改变骑兵落后、被动挨打的局面。

马匹的缺乏只是宋骑兵落后的客观因素，主观上不重视骑兵建设才真正阻碍了宋骑兵的发展。面对北方辽和西夏的精锐骑兵，宋朝总的对策是以步制骑。一

·历代骑兵·

图文珍藏版

代名臣范仲淹竟也认为，"自古骑兵未必有利"，宋祁更进一步主张"损马益步"。这种目光短浅的认识，成为骑兵建设和发展的阻力。宋代军队以步兵为主，骑兵则显得相当落后。宋军中骑兵只占1/7，骑兵中又往往有十之三四无马，最高曾达十之八九无马。《宋史·兵志》云，"马一营或止数十骑，兵一营或不满一二百"，如刘光世军五万二千人，仅有三千多战马，可见宋军缺马到何种地步。宋马体形较小，一般约1.36米，按现在的标准也不算大马。韩世忠曾向高宗献马一匹，"高五尺一寸，云非人臣敢骑"，约合1.58米，这已是宋朝罕见的大马了。

宋骑兵落后，决定了其兵种构成只能是以步兵为主。而步兵行动迟缓，加上消极防御战略和军事指挥体制上的种种弊端，战法单调而呆板，很难进行远程奔袭、机动作战，以争取战争的主动权。特别是在北宋时期，面对辽夏骑兵集团的四面冲击，宋朝喜欢摆阵势，一贯采用四面防御的方阵。"阵而后战，兵法之常"成为北宋将领们奉行的准则，骑兵也多半布置在阵中，基本上都是把骑兵布置在大规模的步兵阵周围做策应或掩护侧翼。宋太宗的"平戎万全阵"就是把主力步兵结合战车，在中间布成密集阵势，骑兵反布置在前后左右担任警戒和掩护，以防御敌军骑兵。这倒是与欧洲早年的骑兵运用方式相似，即以步兵方阵为主力，用骑兵来巩固两翼。事实上这种阵式，骑兵成了步兵的辅助力量，用于克敌制胜的是核心的步兵阵。这种不顾敌情、地形等条件不同而一成不变的战法，使宋军原本呆板的战术更趋保守。因此，在忽聚忽散、往来驰骋、机动灵活的对手面前，宋军被动挨打、屡战屡败，也就不足为怪了。

与之形成鲜明对比的是，辽、西夏、金、元的军队皆以骑射见长，人均有两匹马，精锐部队可达三匹。北方民族的骑兵非常灵活，一次冲锋、一个回合的交战即使失败，"败不至乱"，利用骑兵机动性强的优点，退出战斗。重整队列，再次冲锋。当时即使是宋军兵力占优的一些大战，双方仍要激战几十回合才能分出胜。而宋军只要一次溃败，就会一泻千里，不可收拾。当然，以步兵胜骑兵的战例也不是没有，如北宋杨偕破西夏"铁鹞子"和南宋岳飞破金军"铁浮屠""拐子马"。

为专门对付西夏骑兵，延州宋军总指挥杨偕把研发的神盾和劈阵刀献给仁宗皇帝，又专为其设计了"龙虎八卦阵"。具体方法，就是外围以战车环绕，内部排列盾牌，盾上刻各类猛兽图案，个个面目狰狞，令人望而生畏，借以惊吓敌方战马，又能掩护士兵免受箭枪射杀。杨偕认为自己设计的"龙虎八卦阵"有奇有正、有进有止，敌距离远则可以射箭，敌距离近则持刀盾近身搏斗、猛力劈砍。敌骑兵虽然众多，见到神盾的怪异，必然马上崩溃，然后以勇猛的骑兵冲锋陷阵，就可取胜。1041年9月，宋军6000多名牌刀手和50名骑兵护送补给到麟州，西夏军派出3万多骑兵来攻，两军对垒于兔毛川，西夏军打头阵的是最精锐的"铁鹞子"。面对勇敢善战的劲敌，宋军万矢齐发，但"铁鹞子"铠甲坚韧，弓弩对它不起作用，他们横冲直撞，宋军难以抵挡。情急之下，牌刀手排出"龙虎八卦阵"应敌，并用劈阵刀劈其铠甲，豁其马肚子，一阵乱砍当场砍死168名骑兵。特殊制造的神盾，机关开动后，前面活动的野兽图案令"铁鹞子"战马惊惧不已,向后奔逃,密集而又整齐的骑兵阵霎时就变得混乱不堪,无法有效冲锋。疯狂的马匹冲入夏军阵中狂奔,许多夏军猝不及防被战马撞倒、践踏,顿时乱作一团。宋军趁势进攻,大获全胜。时人在笔记中记道:"自陕西用兵,唯兔毛川胜捷者,由劈阵刀也。"意思是说,自从西部开战以来,宋军曾经有过一次大捷,原因是宋军此役使用了"神盾劈阵刀"。

南宋绍兴十年,金兀术率四路大军伐宋,至郾城与岳飞相遇。金兵以"铁浮屠"正面进攻,两翼配备所谓"拐子马"的轻骑兵 1.5 万余做机动突击。"铁浮屠"是南宋人对金人"超级重装骑兵"的一种称呼。结果,被岳家军勇士用麻扎刀和大斧近战斩足而败。《宋史·岳飞传》记载:"初,兀术有劲军,皆重铠,贯以韦索,三人为联,号拐子马,官军不能当。是役也(郾城之战),以万五千骑来,飞戒步卒以麻札刀入阵,勿仰视,第斫马足。拐子马相连,一马仆,二马不能行,官军奋击,遂大败之。"虽然凭借步兵打败过"拐子马",但岳飞也非常重视骑兵。岳家军通过缴获大量战马,组成了相当强大的骑兵。宋军也有类似金军"拐子马"及后金军"死兵"的部队,只不过是名字不同而已——"先锋"。宋军"先锋"的任务也是强行突入对方阵地,使敌人预先布置好的阵于瘫痪状态。

比较一下金军"拐子马"与宋军"先锋",就会发现两者有很多相同之处。首先,都是人马"皆重铠"。《宋史·岳飞传》中"康王至相,飞因刘浩见,命招贼吉倩,倩以众三百八十人降。补承信郎。以铁骑三百往李固渡尝敌,败之",已经明确说到了岳飞的战马是"铁骑"。岳飞在建炎四年的一篇题记中写道:"余驻大兵宜兴,沿干王事过此,陪僧僚谒金仙,徘徊暂息。遂拥铁骑千余,长驱而往,然一作当俟立奇功,珍丑虏,复三关,迎二圣,使宋朝再振,中国安强。他时过此,得勒金石,不胜快哉。"这都有力地证明了岳飞军队确实有"铁骑"。更何况,岳家军还可以用缴获金军战马的方式来得到马的铠甲。《鄂王行实编年》记载:"先臣遣臣云领背嵬、游奕马军,直贯虏阵,……鏖战数十合,贼尸布野,得马数百匹。"其次,宋军也有"副马之制"(即备用马)。《宋史·岳飞传》记载:七年,入见。帝从容问曰:"卿得良马否?"飞曰:"臣有二马,日啖刍豆数斗,饮泉一斛,然非精洁则不受。介而驰,初不甚疾,比行百里始奋迅,自午至酉,犹可二百里。褫鞍甲而不息不汗,若无事然。"

不过,金军的"拐子马"与宋军的"先锋"也有不同之处。一方面金军马匹比宋军多,因此,金军的"拐子马"部队可能有二三匹甚至四五匹的副马,相反,宋军由于缺马,其先锋部队不一定人人都有副马。宋军缺马,不能像金军那样以骑兵为主,出击的左右翼全是骑兵。从《宋史》记载的多数战例来看,宋军通常仅仅只有"先锋"的这一翼是骑兵,而乘胜追击的是步兵。既然金军的"拐子马"与岳家军的"先锋"都是突击队,那么,这两条部队到底谁强谁弱呢?岳家军大破金军的"拐子马"的历史早已经脍炙人口,在此略过不表,单说岳家军的"先锋"出击金军阵地时的表现。据《宋史·岳飞传》记载:"兀术益兵来,部将王刚以五十骑觇敌,遇之,奋斩其将。飞时出视战地,望见黄尘蔽天,自以四十骑突战,败之。"这一战,岳飞亲自做"先锋"大破金军,显然是一个经典例子。事实就摆在眼前,尽管金军的"拐子马"与岳家军的"先锋"都是同一类型的部队,但岳家军的"先锋"其战斗力比金军的"拐子马"要更胜一筹。

六、辽、金、西夏骑兵

契丹的本意是"镔铁",即坚固的意思。早在1400多年前,契丹作为一个中国北方民族已经出现在《魏书》中。这是一个强悍勇猛的民族,他们兵强马壮,骁勇善战。耶律阿保机统一了契丹各部,于916年建立了契丹国。辽最强盛时,曾经雄霸中国半壁江山,疆域北到外兴安岭、贝加尔湖一线,东临库页岛,西跨阿尔泰山,南抵河北和山西北部,可谓气壮山河。辽持续存在了200多年,与宋形成南北对峙的格局。在此期间,中原地区通往西方的丝绸之路被阻断,以致亚欧大陆中西部国家误以为整个中国都在契丹统治之下,契丹成了全中国的代称。马可波罗在他的游记里第一次向西方介绍东方时,就以契丹来命名中国,时至今日,有的斯拉夫语国家仍然称中国为契丹。由于契丹保留着原始部族的痕迹,并处于由奴隶制向封建制迅速转化的历史阶段,其军事制度初期多与本民族社会制度合为一体,进入长城以南地区后,既保留有本民族特色,又逐步接受汉族影响,具有民族融合的特点。

畜牧业是辽的主要生产部门。《辽史·营卫志》说:"大漠之间,多寒多风,畜牧畋渔以食,皮毛以衣。转徙随时,车马为家。"契丹随水草放牧,即所谓"马逐水草,人仰湩酪"。放牧的牲畜有驼、马、牛、羊,其中马是主要的牲畜,所谓"其富以马,其强以兵"。契丹射猎、放牧、交通、作战都不能离开马匹。《辽史》记载,牲畜价格分驼、马、牛、羊四等。但在牲畜中,马和羊数量最多,也最重要。述律后对辽太宗说"我有西楼羊马之富",羊和马从来是契丹牲畜财富的代表。早自契丹建国前,历代贵族对北方游牧族作战,总要大量掳掠牲畜。建国后,被征服的各族也要每年把一定数量的牲畜进贡给辽。对外掳掠所得,分赐作战将士。因而,牲畜的占有有官、私之分。私有数量的多少,又有了贫富之别。辽朝封建制确立后,各部出现的大批贫民,主要当是贫苦的牧民。官有的牲畜拥有极大的数量。据《辽史·道宗纪》记载:道宗时"牧马蕃息,多至百万"。辽朝在各地区设有"群牧使司""马群司""牛群司"等各级官员管领。边地各族历年进贡的牲畜,大概即由驻在当地的群牧官就地管理,奠立了辽朝强盛的基础。

在辽的手工业中,冶铁占有重要的地位。契丹建国前,已开始有铁,在辽的铁冶业中,又以冶炼镔铁最为著称。《金史·太祖纪》说:"辽以镔铁为号,取其坚也。镔铁虽坚,终亦变坏,惟金不变不坏,……于是国号大金。"辽朝贺宋朝正旦,有镔铁刀作礼物。辽朝拥有丰富的铁矿,这是辽兵器甲胄坚锐的物质基础。契丹作为北方游牧民族,非常擅长马具兵器的制作,"契丹鞍"与宋朝名产蜀锦、定瓷、浙漆等并称"天下第一"，辽国马具涂金装银，常作为珍贵礼品赠送友邦。赤峰辽驸马卫国王墓出土有鎏金银鞍，上饰有精细的花草纹和龙凤纹，锤镀鎏金，精美绝伦，确实名不虚传。

辽朝皇帝亲掌最高兵权，下设北、南枢密院。北枢密院为最高军事行政机构，一般由契丹人主管；南枢密院亦称汉人枢密院，掌汉人兵马之政。因而，出现一个朝廷两种军事体制并存的局面。辽军大体分为宫帐军、部族军、京州军和属国军。宫帐军由直属皇帝的着账户壮丁组成，是契丹族亲军，供宿卫和征战。部族军由契丹以外的部族壮丁组成，供守卫四边。这两种部队是辽军主力。京州军亦称五州乡军，征集五京道各州县的汉族、渤海族等壮丁组成。属国军由臣属国壮丁组成。后两种部队为辅助兵力。辽初，贵族男子人人服兵役，凡民年十五以上，五十以下，隶兵籍。每正军一名，马三匹，打草谷、守营铺家丁各一人。人铁甲九事，马鞯辔，马甲皮铁，视其力；弓四、箭四百、长短枪、斧钺、小旗、锤锥、火刀百、马盂、秒一斗、秒袋、搭钩伞备一，縻马绳二百尺，皆自备。人马不给粮草，日遣打草谷骑四出抄掠以供之。铸金鱼符，调发军马，其捉马及传命有银牌二百。军所舍，有远探拦子马，以夜听人马之声。后来，"沿边各置屯田戍兵，易田积谷以给军饷"。辽军以骑兵为主，主要武器是弓箭和刀枪。后期从宋朝传入抛石机式的火炮，编有炮手军。辽骑兵的作战方式和其他游牧民族极其相似，都充满朴素而有效的智慧：列骑为队，每队五百至七百人，十队为一道，十道当一面，各有主帅。最先一队走马大噪，冲突敌阵。得利，则诸队齐进；若未利，引退，第二队继之。退者，息马饮水秒。诸道皆然。更退迭进，敌阵不动，亦不力战。历二三日，待其困惫……

"女真"族称初见于903年，一般认为是古老民族肃慎的转音或同音异译，通古斯语"人"的意思。女真的族源，主要是黑水靺鞨，与先秦时的肃慎、汉至晋的挹娄、北朝时的勿吉、隋至唐初的靺鞨有渊源关系。8世纪，唐朝在女真先人黑水靺鞨地设黑水州都督府，以其最大部落为都督，各部酋长为刺史，说明当时女真先人社会中号令诸部的组织已经出现。约在9世纪末10世纪初，黑水靺鞨乘其强邻渤海衰弱之机，向南迁徙，但一直发展缓慢，还过着"迁徙不常"的狩猎、游牧生活。直到11世纪初，始"有栋宇之制"，但仍处在"不知岁月晦朔"的阶段。11世纪中，被辽人视为"生女真"（即野人之意）的完颜部在一世豪酋完颜阿骨打的统领下不断壮大，继而带动女真各部联合起来，反抗辽国的暴虐统治。阿骨打于1115年正月建国称帝，国号大金，标志着女真族的社会发展进入一个新时期。金国建立后，先后攻占辽东京、上京、中京，并于1125年与北宋联合灭辽，1127年又挥戈南下灭北宋，掳徽钦二帝北还，这就是"靖康耻"。自此以后，它与南宋、西夏分掌中国统治权达100余年，成为中国历史上的一个王朝。

金的军事大权由皇帝直接掌握，下设都统，后改为元帅府、枢密院等，协助皇帝统辖全军。战时，指定亲王领兵出征，称都元帅、左右副元帅等，权任极重，但属临时设置，非固定职务。边防军事机构有招讨司、统军司等。女真之所以能飞速崛起，与"猛克谋克"制分不开。"猛克谋克"是女真人创建的一种社会组织，脱胎于原始氏族制下的集体狩猎组织。初虽以军事需要发展为军事组织，但其成员平时在部落内仍从事狩猎、捕鱼劳动，只是一遇战争，青壮年才应征召去打仗，并自备武器、军马和粮草。联盟根据各部部长（孛堇）率领出征人数多寡，分别称之为猛安或谋克。按女真语义，猛安本意为千，即千户长；谋克本意为族，引申为百夫长、百户长。"猛克谋克"制堪称五百年后的满清八旗制的鼻祖。金军大体分为本族军、其他族军、州郡兵和属国军。前两者为主力，后两者为辅翼。最初，奴隶主、封建主都应从军。进入长城之南后，主要实行征兵制，签发汉族和其他少数民族为兵，谓之"签军"，后期也实行"募兵制"。统治中原后，还仿汉制实行发军俸、补助等措施。对年老退役的军官，曾设"给赏"之例。对投降的宋军，常保留原建制，仍用汉人降将统领。

金军亦以骑兵为主，步兵次之。骑兵一兵多马，惯于披挂重甲，以"铁浮屠"和"拐子马"最为著名。在1140年5月的顺昌战役中，一个叫杨汝翼的文人在顺昌城里目击了战役的全过程，并写下了《顺昌战胜破贼录》，记录了战役的详细过程："（六月）初九日平明，四太子遂合龙虎大王及三路都统，韩将军、翟将军人马，还至城下。甲兵铁骑十有余万，阵列分布，屹若山壁。旗帜错杂，大小有差……四太子披白袍，甲马，往来指呼，以渠自将牙（同衙）兵三千策应，皆重铠全装。房号铁浮屠。其精锐特甚。自用兵以来，所向无前，至是，亦为官军杀伤。先以枪揭去其兜鍪，即用刀斧斫臂，至有以手撮扯者。极力斗敌。自辰至戌，贼兵大败。遽以拒马木障之。少休，……去拒马木，深入斫贼，又大破之……"参与战役的另一宋人同样描述："兀术所恃，号常胜军……其所将攻城士卒号铁浮屠，又曰铁塔兵，被两重铁兜鍪，周匝皆缀长檐，其下乃有毡枕。三人为伍，以皮索相连。后用拒马子，人进一步，移马子一步，示不反顾。以铁骑为左右翼，号拐子马，皆是女真充之。自用兵以来，所不能攻之城，即勾集此军……"这是在记载宋金交战情况的史料中，首次出现"铁浮屠""拐子马"两个词汇。

《宋史》记载，金军以皮绳将甲士铁骑相连，号称"铁浮屠""拐子马"，用以攻坚冲阵，所向无敌，后为宋将刘锜、岳飞以长刀、大斧所败。这一直是中国战争史上广为流传的佳话，几乎没人对此表示过怀疑，但到了清代却有人怀疑，此人就是自诩"十全武功"的乾隆，他或许处于为女真前辈辩护的目的：认为这与常理不合，不过是史家"强为傅会，不足当有识者一哂"，而后人"无能究其真伪，皆为史册无稽之说所误"。他分析道："北人使马唯以控纵便捷为主，若三马联络，马力既有参差，势必此前彼却；而三人相连，或勇怯不齐，勇者且为怯者所累，此理之易明者。拐子马之说，《金史本纪》及乌珠（兀术）等传皆不载，唯见宋史岳飞刘锜传，本不足为确据，况乌珠战阵素娴必知得进得退之道，岂肯羁绊己马以受制于人？"他认为，可能是金兵"列队前进，所向披靡，宋人见势不可当，遂因而妄加之以名目耳"。

乾隆显然是少见多怪，将战马连为一体在历史上早有先例，如十六国时期冉闵对阵同样是游牧民族的燕名将慕容恪,恪将重装骑兵用铁锁连在一起,出奇制胜,打败了曾经不可一世的冉闵。这可能就是最古老原始的铁浮屠与拐子马了。满清八旗也经常使用这种战术,明朝末年,女真人重新崛起建国,史称后金。与后金作战过的明将熊廷弼描述后金军作战的情况称,"奴兵战法,死兵在前,锐兵在后。死兵披重甲,骑双马冲前,虽死而后乃复前,莫敢退亡,则锐兵从后杀之,待其冲动我阵,而后锐兵始乘其胜",就是典型效法阿骨打、兀术的行事。铁浮屠和拐子马不愧女真的看家本领。

夏国是以党项族为主体,包括汉族、吐蕃、回鹘等民族的多民族政权。党项族是羌族的一支,原居地在今青海省东南部黄河曲一带。隋唐时期,活动范围扩展,他们按分衍出来的家族结成部落,大的五千余骑,小的千余骑,各自分立,不相统一。唐朝前期吐蕃北上扩展,灭吐谷浑。散居在今甘肃南部与青海境内的党项部落,因不堪吐蕃的逼胁,请求内迁。唐朝把25个党项州,一道迁徙到银州以北、夏州以东地区,这便是党项政权主体的前身——夏州政权的建立。唐朝末年,夏州首领拓跋思恭因参与镇压黄巢起义,升任夏州定难军节度使,统领夏、绥、银、宥四州地,赐姓李,晋爵夏国公,从此夏州拓跋氏改称李氏。北宋建立后,党项李氏初接受宋赠封为夏王,不久便开始数代人与宋时战时和的莫测关系。宋仁宗天圣九年,党项英主元昊嗣位,即位后改姓嵬名氏,发布秃发令,以恢复本民族旧俗;积极整饬军政,升兴州为兴庆府,扩建宫城,准备建国称帝。天授礼法延祚元年,嵬名元昊正式称帝,国号大夏,又自称"邦泥定国兀卒"。在西夏语中,"邦泥定国"意即"白上国","兀卒"意即"青天子"。这时夏国的领域,"东尽黄河,西界玉门,南接萧关,北控大漠,地方万余里,倚贺兰山为固"。

西夏军队大体上区分为皇帝侍卫军、国防军和朝廷直属部队三部分。《宋史·夏国传》记载:元昊"选豪族善弓马五千人迭直,号六班直,月给米二石。铁骑三千,分十部"。宋人田况《儒林公议》所记元昊侍卫军十队的队长:"一妹勒、二浪讹遇移、三细赏者埋、四理奴、五杂熟屈则鸠、六隈才浪罗、七细母屈勿、八李讹移岩名、九细母嵬名、十没罗埋布。"西夏宫廷的宿卫制度十分严格,宿卫军佩戴铜质腰牌,上镌"戍守待命""戍守命令"和"后门宫寝待命"等西夏文字。这是皇帝的侍卫军。监军司驻防军,是西夏军队中人数最多的一种,也是西夏的国防军和军队主力。西夏驻守国防军的监军司,后来陆续增置,因此,史书上有的记载西夏有十八监军司,如毅宗谅祚继位后,于西平府(原灵州)置翔庆军监军司及中寨、天都二监军司。卫戍首都的军队,《宋史·夏国传》记载,西夏军队中有"兴、灵之兵精练者又二万五千,别副以兵七万为资赡,号御围内六班,分三番以宿卫","资赡"即"负赡"兵。西夏军队中一般一名正军配一名负赡兵,在朝廷直属的都城卫戍军中则每名正军配以近三名负赡兵,可知其为由皇帝掌握调动的精锐部队。史书记载,西夏军队已发展为多兵种的部队建制,如骑兵、步兵、炮兵、水兵等,以及由于作战任务不同而分为擒生军、强弩兵、负赡兵等。

步兵是西夏军队的主要组成部分,人数最多。最精锐的西夏步兵是由"山间部落"丁男组成的,称"步跋子"。《宋史·兵志》记载:"有山间部落,谓之'步跋子'者,上下山坡,出入溪间,最能逾高超远,轻足善走。"西夏同宋朝作战时,于"山谷深险之处遇敌,则多用'步跋子'以为击刺掩袭之用"。"步跋子"吃苦耐战,特别以由称"山讹"的横山党项羌组成的最为著名,《宋史·夏国传》记载:"苦战倚山讹,山讹者横山羌,平夏兵不及也。"此外,还有炮兵、水兵、擒生军、强弩军等兵种。在西夏军队中,"有炮手二百人,号'泼喜',陟立旋风炮于橐驼鞍,纵石如拳"。水兵在汉文西夏史料中没有发现记载,但宋代史籍间有涉及。宋熙宁三年,河东报称,"西贼水军恐于石州(今山西离石)渡河,令吕公弼过为之备"。宋元祐六年,宋熙河兰岷路经略司奏称,兰州沿边安抚司申报:"有西界水贼数十人俘渡过河,射伤伏路人,寻斗敌,生擒九人。"宋政和六年,宋军筑清水河新城,赐名德威城(今甘肃靖远西南),"河北倚卓罗监军地分水贼作过去处"。从以上记载可知,西夏于大河沿岸要地都编有一定数量的水军。

擒生军和强弩军都是西夏的特种部队,担负特殊的作战任务。西夏军队"别有擒生十万",可能是在战斗中配合正规战斗部队担负俘掠生口的辅助兵员。据史籍记载,西夏崇宗乾顺时,庶弟察哥建议置强弩军对付宋军说:"国家用铁鹞子以驰骋平原,用步跋子以逐险山谷,然一遇陌刀法,铁骑难施;若遇神臂弓,步奚自溃。盖可以守常,不可以御变也。夫兵在审机,法贵善变,羌部弓弱矢短,技射不精,今宜选蕃汉壮勇,教以强弩,兼以标牌,平居则带弓而锄,临戎则分番而进,以我国之短,易中国之长,如此,无敌于天下矣。"崇宗采纳察哥的建议,建立强弩军。

西夏军队的骑兵作战能力很强。由党项贵族子弟组成的精锐骑兵称"铁骑",或称"铁鹞子"。战斗中,"以铁骑为前军,乘善马,重甲,刺斫不入;用钩索绞联,虽死马上不坠。遇战则先出铁骑突阵,阵乱则冲击之;步兵挟骑以进"。这种把人"用钩索绞联"在马背上的西夏骑兵就是著名的"铁鹞子"。《宋史·兵志》记载:"百里而走,千里而期,最能倏往忽来,若电击云飞。每于平原驰骋之处遇敌,则多用铁鹞子以为冲冒奔突之兵。"西夏的"铁骑",见于记载的有著名的元昊侍卫军中的"铁骑三千",在朝廷直属部队或监军司驻防军中都占有一定比例。史载,宋元祐七年,西夏以数十万兵进攻宋朝环、庆二州,在其中一次战役中西夏军队有"铁鹞子数万迫近洪德寨(今甘肃环县西北)"。

七、蒙元骑兵

蒙古族始源于古代望建河(今额尔古纳河)流域的一个游猎部落,以"蒙兀室韦"之名初见于《旧唐书》。840年回鹘汗国崩溃后,这个部落的大部分人向西迁移,逐渐同留在蒙古高原的突厥语族居民相融合。受突厥语的影响,语言向古蒙古语过渡,经济生活也受突厥居民的影响,从游猎过渡到以游牧为主。蒙古贵族们出于对财富的贪欲,竞相掠夺人口和畜产,形成无休止的部落战争。战争汰弱留强,到12世纪时,蒙古部的首领铁木真善于用兵和团结其他部众,力量逐渐壮大,连续击败塔塔儿、泰赤乌、蔑儿乞诸部,统一了蒙古诸部。1206年,铁木真在斡难河畔举行的忽里勒台上被推戴为蒙古大汗,号成吉思汗,建立了蒙古国。成吉思汗在统一蒙古诸部和建国的过程中,制定了军事、政治和法律制度。这些措施顺应和加速了当时蒙古社会的发展,也迅速增强了蒙古国的军事力量。

　　成吉思汗统一蒙古后,对外展开了大规模的军事活动。1211—1215年,几次南下攻金,破金90多个州、郡,占领金中都(今北京)。然后便展开了改变13世纪整个世界面貌的一系列征服,尤其以三次西征最为成功。三次西征开疆拓土,建立了钦察汗国、伊利汗国、察合台汗国及窝阔台汗国,这四大汗国为横跨欧亚的蒙古大帝国奠定了基础。蒙古军三次西征,是一个世界性的、空前的重大历史事件。西征的影响,无论在时间或地域上,抑或是人们的观念上,都是极其深远的。其版图之大,在地图的西、北两个方向上几乎难以描绘,远胜汉唐。

　　蒙古的巨大成就,得自蒙古民族的尚武传统,强大的骑兵以及完备的武器体系,尤其是火器大规模走向战争的开始,为蒙古军队增添了巨大摧毁力。蒙古骑兵在连年的征战

蒙古骑兵

中,在持续的发展壮大中,大量吸收东西方各地骑兵的长处,战法上在同各地军队的战斗中也不断加以改进,形成了适合自身发展及作战的装备、编制和战术,其战斗力在当时世界上独占鳌头。这是一支训练有素、纪律严明、战术灵活、智勇兼备且有着先进军事体制的军队,是一支令人生畏、所向披靡的旋风部队。蒙古军队取得作战胜利的基础不是数量而是质量。蒙古军队通常比它主要敌手的军队规模要小。后来他们用来征服俄罗斯和整个东欧以及中欧地区的军队也没有超过15万。简洁单一但很实用的组织体制是蒙古军队的显著特征。标准的蒙古野战部队由3个骑兵纵队组成,每个纵队有1万骑兵,大体相当于1个现代骑兵师。每个骑兵纵队包括10个骑兵团,每团1000人;每个骑兵团包括10个骑兵连,每连100人;每个骑兵连包括10个骑兵班,每班10人。骑兵一般都是骑马作战,若马匹垮掉,那么士兵就只好在骑马部队的掩护下立于马后进行射箭。

　　蒙古军队在作战方法上从不因循守旧,这更多的是得益于其从千百年游猎生活中积累的朴素有效的战术运用。有记载说,成吉思汗于杭爱山一带与乃蛮塔阳汗军作战前曾经对部下有过这样一段战术部署:"进如山桃皮丛,摆如海子样阵,攻

如凿穿而战。"山桃皮是一种北亚草原的灌木,海子则是蒙古人对大的内陆湖泊的称呼。"进如山桃皮丛"的精奥在于隐蔽大军,广布眼线,多搜敌情,谋定后动。这与《孙子兵法》中"冲其虚"的思想是不谋而合的。"摆如海子样阵"是利用骑兵的快速灵活,部勒以严格的军纪与训练,以聚散不定之策,迷惑敌军,形成长途奔袭、侧翼包抄、力求在局部形成以少打多的局面。"攻如凿穿而战"完全是具体交战时的诸般欺敌、诱敌、乱敌、扰敌策略的总体现,便如那钢凿锥石一般,前后上下,凿凿连环不绝,直至将敌人的阵列打开裂缝,然后施以严厉的后续打击手段,力求彻底击败敌人。纵观蒙古军队对欧亚征服时所采用的战术,毫无疑问完全是遵循这三句话。以上三条,互为表里,环环相扣,逐次递进,浑然一体,实是一代天骄成吉思汗于多年征战中所归纳、整理、创造而出的骑兵行军作战的智慧结晶。

如果已经发现敌人的确切位置,他们就率领主力袭击敌人的后背或者侧翼。有时他们佯装撤退,然后在更换新的马匹后重新发起冲锋。蒙军最常使用的战法是在轻骑兵掩护下,将部队排成许多大致平行的纵队,以很宽的一条阵线向前推进。当第一纵队遇到敌人主力时,该纵队便根据情况或停止前进或向后稍退,其余纵队仍旧继续前进,占领敌人侧面和背后的地区。这样往往迫使敌人后退以保护其交通线,蒙军乘机逼近敌人并使之在后退时变得一片混乱,最后将敌人完全包围并彻底歼灭。标准的蒙军战斗队形由5个横队组成,每个横队都是单列的,各横队之间相隔很宽的距离。前两队为重骑兵,其余三队为轻骑兵。在这5个横队的前面另有一些轻骑兵负责侦察掩护。当双方部队越来越近时,位于后面的三列轻骑兵便穿过前两列重骑兵之间的空隙向前推进,经过仔细瞄准后向敌人投射具有毁灭性力量的标枪和毒箭。接着,在保持队形整齐的情况下,前两列重骑兵首先向后撤退,然后轻骑兵依次退后。即使敌人的阵线再稳固,也会在这种预有准备的密集乱箭袭击下动摇。有时光靠这种袭扰就能使敌人溃散,不必再进行突击冲锋。如果纵队指挥官认为预备性袭击已使敌人瓦解,那么就下令让轻骑兵撤退。但如果需要,就命令重骑兵发起冲锋。命令的传送,白天采用信号旗和三角旗,夜晚则用灯光或火光。

蒙古人跟好讲义气和面子的西欧骑士不同,他们不赞成欧洲人堂堂正正的打法,而喜欢运用计谋和策略。这一点使他们在作战时往往非常占先,减少了他们自己的损失,增加了敌人的伤亡。蒙古人喜欢冬季作战,封冻的沼泽河流大大提高了他们的机动性。另外一种计谋,我们把它称为战术手段可能更为恰当些,那就是在作战中使用烟幕。他们常常派遣一支小分队,在草原上或牧民居住区烧起大火以迷惑敌人,隐蔽自己的作战意图及行动。蒙军首领常常喜欢先派一支先遣队迎战敌人,打一下便向后撤,引诱敌人尾随。撤退可能要好几天,最后敌人发现自己落入了蒙军的陷阱,四周已经被埋伏着的蒙军骑兵包围了。蒙古人极其擅长被古罗马人称为"安息人射箭法"的战法,即骑射者一边逃走,一边向后方的敌人射箭。蒙古人称这种战法为"曼古歹",其精髓在于:一是从远距离攻击敌人,二是持续不断的攻击敌人,三是不给敌人还手的机会。在这种攻击下,不论敌人的精神和装甲多么坚强,彻底崩溃只是时间问题。当时欧洲骑士大多配备重盔重甲,虽然近战时十分强大,机动力却根本无法和蒙古骑兵相比。如果碰上蒙古骑射手,不仅追不上,连逃都逃不掉,只有作箭靶子的份。而且蒙古骑兵不像欧洲骑士那样完全依赖强攻,他们只有当先用弓箭把敌人杀伤大半时才与敌人短兵相接。

　　蒙古在武器方面没有什么重大改革,但对当时武器的使用方法作了一些创新。因为蒙古骑兵从未像欧洲一样对兵种的武器进行严格分工,加之不像欧洲军队使用的武器那样笨重,所以,能够随身携带各种武器,随时完成不同任务。随身携带的武器通常有弓箭、马刀、长矛、狼牙棒。此外,蒙古骑兵常常根据个人爱好装备其他武器,譬如套马的绳套和网马的网套,这在正规的欧洲军队看来是匪夷所思也是防不胜防的。另外,蒙古骑兵的装甲多为皮革制成,轻便坚韧,虽远不及欧洲重装甲骑兵身上的重型铠甲,但负担轻,容易保持长时间的战斗力,且不会像铁制铠甲那样在严寒酷暑时节成为难以忍受的酷刑。值得一提的是,蒙古骑兵勇敢无敌天下,并不是靠刀枪,而是靠弓箭蒙古人拥有当时射程最远、杀伤力最大的组合式弓,这种弓通常由后背上的一条动物筋、弓肚上的一层角质物和中间的一个木架组成,拉力在50—75公斤之间,短小便于骑兵运用自如。这种弓射出的箭杀伤范围可达300米,如果装上锋利的金属箭头,便能穿透最厚的盔甲,几乎是蒙古骑兵最重要的杀伤武器,配合骑兵的机动力,使其得以纵横欧亚,无人能阻。

　　蒙古骑兵在野战中战无不胜,而面对坚固的城墙常常束手无策。经过深入细致的分析研究,同时采用了中国南方的武器装备和技术,几年之内蒙军将领就创建了一种能够攻占原先似乎无法攻破的城防设施的作战体制。这一体制的重要组成部分是一支装备精良的攻城部队和一批最优秀的工兵,他们被蒙军征募而来,充当攻城部队的士兵。对于有重兵把守的城市,蒙军往往用一个纵队来围攻,并派部分或全部工兵辎重队予以协助,主力部队仍继续前进。由于蒙军常常巧施计谋,大胆行动,急速直捣敌城,因此,领头的轻骑兵总是在对方还来不及关闭城门之前就紧跟着冲进城去。假如敌人预先充分戒备,使蒙军冲不进去,那么围城的纵队和工兵就迅速有效地开展常规围攻战,蒙军主力也竭力寻找对方的主力野战部队交战。一旦胜利在握,被围城池常常不战自降。在这种情况下,城中老百姓常可少受一些灾殃。但是,如果守城部队竟敢公然抵抗,那么蒙古工兵就会很快在城墙上打开一个缺口,或者迅速为不骑马的纵队骑兵做好攻城准备。为了造成守城部队的混乱,增加防守的困难,蒙军在进攻之前先派轻骑兵在城墙前冲击一番,发射燃烧箭,使被围攻的兵营或城市烧成一片火海。当他们准备穿过城墙上的突破口或越过对抗工事发动最后进攻时,常常采用一种非常残忍的但却十分成功的办法:他们让一大群俘虏走在前面,后面紧跟着步行的骑兵,这样守城部队要击中他们就会先杀死自己的同胞。

　　此外,蒙古军队还有一种攻城利器,即从西域"进口"的回回巨炮。在这种超

·历代骑兵·

图文珍藏版

大型投石机投出的巨型弹丸面前，再坚固的城墙也和纸糊的没什么两样。蒙古人南征北讨，几乎百战百胜，除了骑兵之外，拥有巨炮也是一个重要因素。史书记载，这种巨炮"机发，声震天地，所击无不摧陷，入地七尺"。1273 年攻打襄阳城，当时蒙古人的投石机只有 100 米的射程，而襄阳城仅护城河就宽 150 米，后来蒙古人从波斯请来几个工匠，对投石机进行改进，改进后的射程在 180—200 米左右，蒙古人也称此炮为"襄阳炮"和"回回炮"。在当时，全世界只有蒙古人才把该炮大规模应用于战场。

蒙古马若用现代人的眼光看该是最劣等的马了，身材矮小，跑速慢，越障碍能力也远远不及欧洲的高头大马。但是蒙古马是世界上忍耐力最强的马，对环境和食物的要求也是最低的，无论是在亚洲的高寒荒漠，还是在欧洲平原，都可以随时找到食物。可以说，蒙古马具有最强的适应能力，可以长距离不停地奔跑，而且无论严寒酷暑都可以在野外生存，因此，有人曾说"蒙古马是最接近骆驼的马"。蒙古马不仅可以随时胜任骑乘和拉车载重的工作，而且也是食物来源的一种——蒙古骑兵使用大量的母马提供马奶，从而减少了蒙古军队对后勤的要求。这也是中国传统的好马最终全部被蒙古马取代的原因。蒙古马的特殊优势使得蒙古军队具有当时任何军队都难以比拟的冲击力和机动能力。

蒙古骑兵中大约有 40% 是从事突击行动的重骑兵。全身披着盔甲，盔甲通常内附皮里，外面罩鳞甲，或者是从敌人那里缴来的锁子铠甲，头戴头盔。重骑兵的马匹往往也披有少量皮制护甲。重骑兵的主要兵器是长枪，每个士兵还带一柄短弯刀或一根狼牙棒，挂在腰间，或者置于马鞍上。蒙古骑兵的铠甲是以牛皮为里的铜铁盔为主，蒙古重骑兵的铠甲则是鳞甲垫牛皮，和《武经总要》的甲制一样，仿制宋代的铠甲。甲片串联，拉紧了就是层层叠叠的鳞甲了，防箭效果不错。鳞甲要比锁子甲重，东罗马的铁甲是最里层套锁子甲，外面一层套精钢打造的片甲，最外层是一套棉甲。俄罗斯彼得堡藏有蒙古骑兵西征时遗存的铠甲，内层都是牛皮为里，外层则满挂铁甲，甲片相连如鱼鳞，箭不能射穿。蒙古骑兵的胸甲由四部分组成：一片从大腿到颈，都是根据人体的形状来制作的；一片从颈部到腰部，同前面的胸甲连接起来，每一边肩上固定一块铁板；每一条手臂上也有一片甲，从肩头覆盖到手腕；每一条腿上面覆盖着另一片甲。所有这些片甲都用扣环连接在一起。头盔以上部分是用铁或钢制成，但保护颈部咽喉的部分是用皮革制成，主要是便于活动，不影响作战。

蒙古骑兵的铠甲在制作手法上也十分精巧。比如柳叶甲，首先是制成宽一指长一掌的若干铁片，然后在每一个铁片上钻 8 个小洞，放置 3 根坚固狭窄的皮带作为基础，然后把这些铁片一一放在另一块铁片上面，因此这些铁片就重叠起来，最后用细皮线穿过小洞，把这些铁片捆在 3 根皮带上。在上端再系上一根皮线，这些铁片就很牢固地连接在一起。这样，用这些铁片制成一根铁片带，然后把这些铁片带连接在一起，制成铁甲的各个部分。蒙古人把这些部分连接起来，制成保护人身和马匹的铁甲,铁片打磨得十分光亮,一般都能够在铁片上映出人影来。蒙古骑兵马匹的护甲,一般是由五部分组成:马的两侧各有一片甲,一直盖到马头;一片甲放在马的臀部,和两侧的甲片系结起来,这片甲片上留有一个洞,以便马尾从洞里伸出来;一片甲在马的胸部;在马额上放一块铁板,把它系结在两侧的甲片上。以上是蒙古本民族武器铠甲情况。随着针对中亚及阿拉伯的二次西征及其后四大汗国统治的建立,蒙古军队中不仅增添了许多异族部队,而且虏获大量装备及工匠,甲胄开始染上浓厚的异域风格,分别与各自统治地区的原有装备相一致。

蒙古人从小在马背上长大,玩具就是弓箭,成年时就是职业军人。由于在严寒和艰苦的环境中长大,具有极为坚韧耐劳的性格,对物质条件的待遇从不讲求,爬冰卧雪在其视为常事,远距离跋涉更是从小的习惯。对物质条件的不讲究,使蒙古军队的后勤负担很轻。蒙古军人拥有东西方各定居的农耕民族素无的连续作战的意志和能力,这是西方养尊处优的贵族骑兵们和中国被抓来的百姓永远难望其项背的地方。和所有的敌人相比,蒙古人在文化和物质上处于落后地位,大规模地攻占掠夺始终是激励其保持旺盛战斗力的原因和动力。对财富的渴望和对杀人带来的刺激,使得蒙古人几乎没有停止对外发动战争时候。放手让士兵可以任意屠杀的政策,在心理上可以让杀人的血勇刺激军人的好战情绪和原始勇气,使得蒙古军人成为极其勇敢野蛮的战士。肆意的掠夺则同时部分解决了蒙古军队后勤供应问题。

最后再来谈谈蒙古马政。13世纪建立的蒙古帝国是当时世界上养马业最发达的民族。蒙古养马业的发展并不是从成吉思汗时代开始的,而是和中国北方其他民族的养马业有着密切的联系。《史记》和《汉书》记载的北方游牧民族匈奴也是养马的民族,而蒙古人有十有八九来自匈奴。早在蒙古帝国建立之前1 400年,蒙古马在匈奴帝国冒顿单于时代就已成为良马。成吉思汗时代蒙古人养马业的发达,是中国北方民族养马业的继续和发展。元朝在广大版图上到处设置牧场,"周围万里之地没有一处不是监牧之野"。元代有着一个逐渐趋向完整的养马官制。元世祖中统四年,设郡牧所,后改名为太仆寺,掌管万里监牧14处,各处设千户、百户官,由牧人放牧。每年"自夏及冬,随地之宜,行逐水草",十月回到本地,太仆寺马总数"盖不可知"。朝廷每年九、十月份派寺官到各处巡视,"较其多寡"。凡所产的马驹,立刻打上烙印,登记在册。如果有盗马的,要牧人赔偿。

蒙古民族有一套独特的养马方法。马生下来一二年间在草地上进行精心骑乘训练,使其饱食青草,膘满体壮。长出四齿即去势,蒙古语称去势之马为"阿塔思",汉语叫骟马。这样早去势的马矫健勇壮,有力柔顺,能耐寒冷气候。去势后的马经二三年在草地放牧后,再次骑乘,并像最初骑乘训练那样再次教练。经第二次教练,马的性情已较温顺,步法也很理想,不会咬人踢人。骑马的人在马背上感到很平稳。下马后不用拴马,马也不会离开走远,成百成千匹的马群也没有嘶叫的。在教练中,白天绝不给饲料,到了夜里在草地上放牧,拂晓又备起鞍子骑乘。虽然

·历代骑兵·

图文珍藏版

骑乘完了不用拴住,但作为养马法必须拴在柱子上,使马仰起头,等到气息完全平静、四蹄冷下来之后,才开始在草地上放牧。因为马经过奔跑,疲劳还未恢复的时候就吃草、饮水是很有害的。战马在参加战斗后,必须在草地上放牧,使其饱食青草,饱饮好水,这中间绝对不骑乘,只有再次战斗临近的时候,才把马从牧地赶回营地,拴在马栓子上。然后,仅喂少量的草,经一定的时间以后,肥膘收缩,身体壮健,这时再继续乘骑数百里路。用这种养马法,马奔跑很远路也只出很少汗,任何远征都耐得住。行进中绝不喂草饮水,因为劳累紧张中饮食,马摄入的东西不仅不能变成血肉,反而要生病。

牧马中最强壮、最优良者留为种马而不去势,称种马为"移剌马"。除移剌马外,大部分牡马都去势,病弱者很少。移剌马为官马,会像牧人管理马群那样巧妙地管理骟马群。骟马骒马各自为群绝不相混。骒马群一般由四五十匹组成,一群骒马必须配备一匹移剌马。移剌马发现自己管辖的骒马中有离群出走者,就立即追上,连踢带咬地赶回来。其他骒马群的移剌马奔到不属于自己的骒马群时,该群的移剌马会制止它,把它咬伤或踢伤以后赶跑。牧人经常手持铁鞭监督马群,若发现有争先喝水的马,就挥动铁鞭,立即制止,因此,马在饮水时也是整齐排列,按顺序喝完后离去。这样周到的饲养管理,是其他民族不可比的。

八、明朝骑兵

明朝的战争形态、作战形式较之以前朝代,有了非常巨大的变化。其中,火器的应用提到了核心的地位。如果说火器在战场上面的应用,宋朝是萌芽阶段的话,那么,明朝就是大发展的时代。随着火器部队和炮兵的出现,骑兵对步兵的优势被无情打破,骑兵的地位逐渐下降。明朝雄厚的经济实力使得明军成为当时世界上火器配备最齐全、最普遍的军队,使得明以后很少有骑兵作为主要战略力量而存在。明朝的骑兵主要和其他兵种配合作战,并配有火器。

装备火器的军队出现很早,也很健全。早在元朝至顺年间,军队中就已装备了口径为20毫米以上铁弹丸的金属火铳,从而诞生了中国最早的火炮,并出现了"炮手军"和"炮手万户府"的建制。之后,南于火器的蓬勃发展,明军更是普遍装备了火器,战争的主要武器转向了使用火器。明永乐八年征交趾时,明成祖还在京军中组建了专门的枪炮部队——神机营,这种独立枪炮部队建制在当时中国乃至世界都首屈一指,比欧洲最早成为建制的西班牙火枪兵要早一个世纪左右。明成祖在亲征漠北之战中,提出了"神机铳居前,马队居后"的作战原则,神机营配合步兵、骑兵作战,发挥了重要作用,使火器的应用更趋专业化,神机营已成为明朝军队的一个兵种。

明末神机营的编制:步兵3600人(全配火器),骑兵1 000人,炮兵400人(管理野战重炮及大连珠炮），共计 5000 人。装备霹雳炮（步兵火铳）3600 杆，合用药 9000 斤；重八钱铅子 90 万个；大连珠炮（多管火铳）200 杆，合用药 675 斤；手把口（炮兵防身用手铳）400 杆；盏口将军（野战重炮）160 位。孙承宗编练的标准车营：步兵 3200 人，骑兵 2400 人，辎重车夫 512 人，各级军官、侍从、传令、杂役 515 人，共计 6627 人。装备枪 1984 支，其中鸟铳 256 支，三眼枪 1728 支；大小佛朗机 256 挺；各种火炮（红夷、神飞、灭虏等）88 门；偏厢车（战车）128 辆，辎重车 256 辆。明朝后期，战车子营按照营、冲、衡、乘、车分 5 级编制。每营 4 冲，每冲 2 衡，每衡 4 乘，每乘 4 车（偏厢车），合计 128 辆，配属给步兵子营使用。步兵子营和骑兵子营则仿造战车子营编制。步兵子营每 100 人为 1 乘，400 人为 1 衡，800 人为 1 冲，3200 人为 1 步兵子营。骑兵子营以 50 骑为 1 乘，200 骑为 1 衡，400 骑为 1 冲，1600 骑兵为 1 骑兵子营，另配一个 2 冲的骑兵权勇队（预备队）。这样一支近代化装备的军队竟在 200 年不到的时间里退化回了刀箭时代——清军仍使用骑兵集团冲锋的战术，中西差距也由此拉开。

明朝与历史上的汉族政权一样，都受到了北方游牧民族的威胁。对于这种威胁，明朝的战争思想却与历朝历代大不一样。虽然明朝同样重视养马，却不是用来以骑克骑。随着火器的发展，以车克骑的思想流行起来。名将戚继光设立的车营就是一种步、车、骑配合作战的方式。孙承宗在《车营扣答合编》中也对这种战术进行了进一步研究，还发展出了先以火器轰击（火力准备）继以骑兵冲击、步兵跟进的战法。在戚继光、俞大猷、孙承宗等众多明朝名将看来，明代战车是有屏蔽的车和威力很强的火炮的结合物，众多战车组成的车营是有足之城、不秣之马、移动的火炮，能攻、能守、能移动，用以平原作战对付敌骑兵完全可以弥补自己的缺点。而事实也证明了这一点，戚继光在防范北部游牧民族时，用于克敌制胜的最重要法宝便是其创立的车骑营。用车载运火器，便于机动，车又屏蔽敌人的矢石，保护火器，从而能充分发挥火器的威力，较好地解决了重型火器机动作战与车、步、骑合成协同作战问题。

在这种用火器加战车思想的影响之下，诸多明朝名将在战车上装备了更多更先进的火器，提出了许多新的战法。可以说，当时的作战模式已向着热兵器过渡，戚继光、俞大猷创立的偏厢车和正厢车使得骑兵作用进一步降低，而以步克骑和以车克骑成了明朝战略思想的主流。明朝中期，戚继光镇守北疆蓟镇（今河北迁西县西北）练兵时，编练的水军营、步营、骑营、车营、辎重营，使用枪炮等火器的士兵已约占编制总数的 50%。其创建的车骑营中的战车部队，类似于现在装甲战车部队。用戚继光的话来说，战车"所恃全在火器，火器若废。车何能御……"；俞大猷也指出："车必藉火器以败贼，火器必藉车以才拒马，二器之用实相须也……"从这里可以看出，战车的性能取决于火器的威力，而大威力的火器无疑就会影响战车的机动性和灵活性，而且想要对付骑兵，光靠火炮也不行，必须附加很多的其他武器。

在明朝那个历史时期，仅仅依靠刚刚发展不久，技术和性能都还很原始的火绳

·历代骑兵·

图文珍藏版

枪是无法单独有效对抗当时无论机动性还是火力占优骑兵的集团冲锋的。即使是当时很先进的火枪队,使用相对合理的三段式交替射击战术,由于其不过百米的有效射程、缓慢的装填速度和复杂的操作步骤,也无法利用火力来阻止机动性很高、速度很快的骑兵集团的密集冲锋。只要被骑兵靠近,队形很快就会被冲乱,丧失战斗力,成为一场骑兵对步兵的屠杀了。如果己方没有骑兵配合策应,完全依靠步兵来在野战中对抗高机动性的骑兵集团,进攻也是很困难的,况且当时的骑兵同样具备双重火力配置,远程火力是弓箭,近程火力就是马刀或者长矛了。甚至在已经完全使用火器的拿破仑时代,骑兵依然是战场上一个重要的力量,担任着扩大战果、追击敌人、大纵深穿插迂回的重要使命。因此,骑兵作为一个称霸了历史舞台数千年之久的兵种,不会轻易消失。事实上,明朝依旧不乏精锐的骑兵部队在历史上留下赫赫战功,最突出的当数辽东铁骑和其后的关宁铁骑。辽东铁骑指的是辽东名将李成梁父子麾下的部队,李氏一门擅长骑兵突袭,麾下最精锐的部队为李家的家将骑兵队,人数约三千,装备精良,训练有素,在征服蒙古土蛮部和万历朝鲜之役中战无不胜。

万历二十年(1592年),日本大举入侵朝鲜,明神宗下令东征御倭援朝,任命宋应昌为经略,总领抗倭事宜;调陕西总兵李如松(名将李成梁之子)入辽,为东征提督,总领军事。从全国调集了大批精锐部队入朝参战,包括辽东精骑10000、宣府精骑8000、大同精骑8000、蓟镇神机营精锐步兵5000、保定神机营精锐步兵5000、江浙步兵3000、川军步兵5000。辽东、宣府、大同的骑兵装备有轻甲、马刀、长矛、火铳。蓟镇、保定的步兵装备了火铳、鸟枪和火炮。江浙兵拥有丰富的抗倭经验,熟悉戚继光传下的鸳鸯阵。川军多年来一直与西南夷族作战,山地作战经验丰富。1593年1月7日,东征大军兵临平壤城下。次日,发起总攻,李如松亲临前线指挥作战。激战至中午,中朝军队从三面攻入平壤城内,日军全线崩溃,纷纷夺路而逃。明军炮轰冰封的大同江面,骑兵分路包抄截杀溃敌,日军火烧、炮击、溺水而死者不计其数。《日本战史》记载,小西行长部减员11300余名,仅余6600人,完全丧失了战斗力。平壤之役是典型的攻坚战,颇具近代化战争的特征。明军巧妙部署兵力,合理运用战术,动用了当时世界上最先进的火炮,给日军以极大的杀伤和震撼。明军攻城时,曾有日将大友义统率领一支部队来增援小西行长,结果被明军震天动地的炮声所吓阻,不战而退。

1593年1月24日,明军约3000骑兵在汉城郊区迎曙驿与日军北上搜索部队加藤光泰部遭遇并爆发激战,明军大胜,斩首600余级。加藤光泰败退后,立刻报告了汉城日本军总部。随后,日军第六军团主力及第三、第九军团各一部共3.6万余人先后赶到战场,将明军包围在碧蹄馆,壬辰战争中最惊心动魄的碧蹄馆大战打响。被围的明军是由副总兵查大受指挥的3000辽东铁骑,曾经在关外与沙漠蛮族较量过的百战雄师,明军精锐中的精锐,配备了佛郎机火炮战车(最大射程1000米,后填装弹,发射散弹时一发炮弹带有500发子弹,可封锁60米宽的正面)和大量三眼火铳、集束火箭。碧蹄馆一战，3000明军与十几倍的日军激战一昼夜，以战车为工事，先以佛郎机炮、三眼火铳、集束火箭的压倒性火力优势大量杀伤日军，再以骑兵的短促出击消灭逼近的足轻步兵，击退了日军一次次潮水般的进攻。战斗进行到最惨烈的阶段，明军仅余900余骑，弹丸、火药全部耗尽。战斗持续到25日，李如松和明将杨元各率领1000明军精骑连夜前来救援，从日军侧翼发起猛攻，经过一昼夜激战，日军伤亡惨重，已成强弩之末，误认为明军主力发起总攻，遂仓皇撤回王京。碧蹄馆大战是中日壬辰战争中明军以少胜多的经典战役，明军强大的战斗力极大震慑了日军，使其彻底丧失了与明军野战的信心，辽东铁骑从此打出威名。壬辰战争后，辽东铁骑还多次平定女真、蒙古叛乱，女真叛乱首领王杲和努尔哈赤的父、祖皆死于辽东精骑刀下，战果可谓辉煌。但在李如松战死之后，李家再无良将能加以统领，所以，辽东铁骑在萨尔浒等战斗中没有多大建树，逐渐瓦解：

关宁铁骑是近代产生的叫法，是指袁崇焕督镇辽东时组织的部队。这支部队在最盛的时候合四镇兵15.5万多人，马8.1万余匹。因为其中以招募的辽东难民组成的骑兵队敢于和满洲骑兵"死磕"，悍勇不逊于八旗，而被称为"关宁劲卒"，与当时的宣府兵"宣大劲旅"并称为两大强军。但实际上关宁军是综合型部队，集合了当时全国的精锐，包括四川的山地步兵，江西、浙江的火枪队，福建炮兵，广东水师，甚至还有西班牙雇佣兵。关宁军之所以被称为铁骑，主要因为在广渠门之战中其精锐骑兵队的赫赫战功：5000铁骑在4000步兵配合下冲垮八旗13万大军直达皇太极御帐，阵斩清国御前侍卫24人，追杀溃散的八旗部队直至昌平，后人因此在小说中将关宁军称呼为"关宁铁骑"。

宁远大战1万残兵斗败13万八旗铁骑，可那是攻防战，许多人并不以为然，但宁锦会战，关宁铁骑却实实在在地在野战里打败了满洲八旗。辽东军不过7万人，却铸就了一条让满洲人一筹莫展的宁锦防线，后来满清经蒙古入寇北京，关宁铁骑星夜驰援，9000骑兵硬是在北京城外阻击了10万八旗军。此战，八旗军虽然胜得侥幸，但足以体现关宁铁骑强大的战斗力，假如崇祯皇帝用人不疑，五年复辽并不是不可能实现的。关宁铁骑有不亚于满清八旗的高素质骑兵队伍，还有远强于满清八旗的火器装备，其骑兵多数配备了火龙枪，并有数百门一流火炮，可谓是能攻善守。尽管这支军队在数量上不如满洲八旗，但如果明朝真能给袁将军足够时间将军队扩充，那必将锤炼出一支无敌天下的精锐部队。当然，历史不能假设。

九、清朝骑兵

"有清以武功定天下。太祖高皇帝崛起东方，初定旗兵制，八旗子弟人尽为兵，不啻举国皆兵焉。太宗征藩部，世祖定中原，八旗兵力最强。圣祖平南服，世宗征青海，高宗定西疆，以旗兵为主，而辅之以绿营。"由此可见，清代八旗兵在王朝开国定鼎之际,曾武功显赫,在巩固国家统一之时,又威震四方。

明朝后期,满族崛起于白山黑水之间。他们曾采用过一种临时性组织形式,名为牛录制,即行军出猎时,参加者各执弓箭,依所属族或寨行进,每十人中一人为首领,称牛录额真,所属九人听其指挥。牛录为箭,额真为主之意。后来努尔哈赤在统一各部落过程中,根据战争需要,将原牛录制改组扩大,编成长期的正式组织。规定每三百人编一牛录,五牛录编一甲喇,五甲喇编一固山。固山是满语,汉语称旗。万历二十九年(1601年),初设正黄、正白、正蓝、正红四旗,到万历四十三年(1615),增建镶黄、镶白、镶蓝、镶红四旗,其中前三旗镶红边,红旗镶白边,合为满洲八旗。在八旗制度下,全部人丁分属各牛录、甲喇、固山,平时耕猎为民,战时从征为兵。这种兵民合一的特殊社会组织,既统民又统兵,早期的八旗兵就产生了。当时牛录、甲喇、固山的统领官分别称为牛录额真、甲喇额真和固山额真。每固山还分设左、右梅勒额真,为固山额真的副职。到天聪八年(1634年),除固山额真外,其余额真均改称章京。顺治八年(1651年),定甲喇章京汉名参领;顺治十七年(1660年),定固山额真汉名都统,梅勒章京为副都统,牛录章京为佐领。佐领既是八旗的基层组织(军队组织和户籍组织)名称,也是官职名称,掌管本佐领内兵丁户籍、田产、粮饷等事务。

八旗初建时,虽以满洲人为主,但投降归顺和被俘的蒙汉之人亦被编在内。他们开始人数较少则编为佐领,后来人多则扩充为旗。皇太极在天聪九年(1635年),将蒙古察哈尔等部降众和原编在满洲八旗下的部分蒙古人扩编为蒙古八旗。曾在天聪五年(1631年),将满洲八旗中的汉人另编一旗,定名为乌真超哈,汉名汉军,后成立汉军左右翼二旗,又分为红、黄、蓝、白四旗。到崇德七年(1642年)扩编成汉军八旗。这样,满、蒙、汉八旗的旗色官制均相同,共同构成了清代八旗组织的整体。名为八旗,实为二十四旗。凡被编入旗籍者称为旗人。皇太极时,三丁抽一为兵,这样由旗人组成的军队就被称为八旗兵了。后来兼具军事和生产两种职能的八旗组织,其生产职能日趋缩小,而军事职能却日见突出,八旗兵成为清王朝统治全国的基本武装力量。八旗兵有正规兵种、特殊兵种和养育兵(预备兵),分别驻防,名额代有增减。驻于京城内外者称京营,清末有12万余人;驻于各省者称驻防,清末有10.5万余人。

八旗兵的正规兵种有骁骑、亲军、前锋、护军、步军等营。骁骑营,是八旗兵的主要组织。早在天聪八年(1634年),定固山额真随营马兵为阿礼哈超哈,此为骁骑营之始。后定隶于骁骑营之兵为马甲,即骑兵,满洲、蒙古每佐领下20人,汉军每佐领下42人。自马甲中选其优者为领催,司册籍。此外,还有附属于汉军各旗的枪营、炮营、藤牌营。满、蒙、汉骁骑营驻于京师者各自为营,由八旗都统分别统辖。八旗都统、旗各1人,副都统、旗各2人,下设参领、佐领、骁骑校等职官。官兵所用武器,有官造颁发的,有官兵自制的。各营定期操演骑射、步射与合操,每三年检阅一次。亲军营,为侍卫帝室的专门部队。亲军由八旗中镶黄、正黄、正白上三旗选拔，其余由下五旗挑选的，都要入上三旗行走。满洲、蒙古每佐领下 2 人，以亲军校、署亲军校各 77 人分别管辖。选 60 名亲军随侍卫行走，其余皆值宿卫，这些亲军都归领侍卫内大臣统领。前锋营，选八旗满、蒙兵中最精锐者别组为营，充当前哨兵。在天聪八年（1634 年），即有噶布什贤超哈，为最早的前锋。后来定满洲、蒙古每佐领下 2 人，组成前锋营。遇皇帝检阅则为首队，巡幸则于御营前后立前锋旗以为门户，列账守卫。该营分为左右二翼，各设前锋统领 1 人。下设前锋参领等职官，分辖前锋兵。前锋兵器，有一半人习鸟枪，称鸟枪前锋。护军营，是由八旗满、蒙兵精锐组成的守卫宫禁部队。最初有巴牙喇营，为早期护军。后定满洲、蒙古每佐领下 17 人，组成护军营。步军营，是由满、蒙、汉八旗步兵所组成。清初设，后定满洲、蒙古每佐领下步军领催 2 人，步军 18 人，汉军每佐领下步军领催 1 人，步军 12 人，组成步军营。

八旗兵的特殊兵种有健锐、火器、神机等营。健锐营，是八旗兵中的云梯兵，初建于乾隆十四年（1749 年），原由前锋、护军营内选习云梯者千人，从征金川得胜后组建。火器营，是八旗兵中专操火器的部队，康熙三十年（1691 年）初设，火器有鸟枪和子母炮，营兵分鸟枪护军与炮甲。神机营，咸丰十一年（1 861 年）建，共马、步队 25 营，分左、右翼及中营，名为威霆制胜队，有官兵 1.4 万余人，均由八旗骁骑、前锋、护军、火器、健锐诸营选取精锐组成，使用新式洋枪，守卫紫禁城及三海，并扈从皇帝巡行。设掌印管理大臣一人统辖，下设翼长等职官，分掌各营训练等事。驻防兵，为驻扎全国各省冲要之地的八旗官兵，分为畿辅、东三省、各直省驻防兵以及藩部兵四类。

骑兵是清朝经制军队八旗、绿营的主要组成部分，在清政权问鼎中原和统一全国的进程中发挥了重要作用。明清战争中，清军最终获胜，骑兵的运用得当起到十分关键的作用。当时清军的武器装备并不比明朝占优，仍以弓矢、鸟枪为主。在明清双方决定命运的萨尔浒之战中，努尔哈赤先声夺人，亲率骑兵千人，突破明军防御，5 天内阵斩明朝文武官员 300 余人，士兵 45000 余人，大败明军，明王朝自此一蹶不振。关于此役清军获胜之原因，后世军事专家分析道："（努尔哈赤）乘明兵分离之隙，立即以各个击破之战法，集全力以击一路，深知内线作战之机宜，此则清兵制胜之主因。而清初八旗，主为骑兵，行动迅速，运用自如，此又其能达成各个击破之要素也。"

骑兵是八旗军中最重要的兵种，在统一全国的战争中，发挥了重要的作用。在道光年间平定张格尔叛乱的战事中，骑兵综合运用了警戒、会战参与、有效牵制、乘胜追击等各种战术，可谓经典。清骑兵不仅担负警戒之责，充当部队前锋，且以两翼包围及背后迂回策略参与会战，最后发挥机动性强的特点，能够快速、长距离地追击敌军等。基于此，清朝统治者对骑兵的重要性亦有清醒认识。康熙帝对骑兵训练十分重视，曾"亲率诸皇子射，上亲射二次，发矢皆中。又命十五善射硬弓侍卫等射，次命官兵校马步射"。雍正帝则认为，"我朝自开国以来，以弓马为制胜之具";乾隆帝亦颁旨称,"向来满洲兵丁以骑射技艺为重"。可以说,骑兵从某种程度上影响着清代历史的发展进程。

八旗制度中规定:"满洲蒙古每佐领设前锋二名,亲军二名,护军十七名,拨什库六名,马兵四十名(含弓匠一名),步军拨什库二名,步兵十八名,铁匠二名。""汉军每佐领设拨什库四十名,马兵三十名;步军拨什库一名,步兵十二名。"顺治年间,为拱卫京师,北京城内专设骑兵营,即左翼骁骑营。此外,汉军藤牌兵及步军营中亦有骑兵之设。康熙年间30处左右的驻防八旗中,明确有马、步兵数量记载的有7处。驻防八旗中骑兵所占比例在七成以上。清代储马于京师,于八旗而畜之,曰官马,有圈马、拴马之分,集中饲养的马匹称圈马。清代对战马控制极严,"寻常盗窃马匹,其罪甚轻;军营盗窃马匹,罪至大辟"。旗人如有外出私贩马匹情事,该佐领骁骑校罚俸一年,领催鞭五十;如私贩者为家仆,则主人为官者罚俸一年,平民鞭打一百,该管佐领须于贩子名下追银十两给拿首之人。为加强战马管理,绿营军专门设立了马匹数目奏销制度。太仆寺是清代掌管马政的最高机构,首脑为太仆寺卿,满汉各一人。

满洲是人口稀少的民族,以初期的刚勇,并利用明朝的极度衰弱之势和国内农民战争的混乱,取渔翁之利,加之八旗军队很快就重蹈骄奢腐化之轨,所以单凭满族一己之力,清王朝是难以建立的。其实,早在满洲兴起时,就非常依赖外部军事力量的协助,如汉、蒙军队,尤其是彪悍的蒙古骑兵,一直是满清维护统治的重要军事支柱。

谈到清朝骑兵,就不能不谈及科尔沁蒙古骑兵。科尔沁蒙古在清代一直为皇家所礼重,除了亲缘关系外,主要是在清朝开国定鼎中战功卓著。终清一代,科尔沁骑兵一直是清廷倚重的武装力量,东征西讨,立下许多汗马功劳。明末,努尔哈赤崛起时,他面前的第一个敌人就是蒙古诸部。当时蒙古诸部名义上的共主是察哈尔部的林丹汗,他自称"四十万众蒙古国主",而蔑称努尔哈赤为"水滨三万人满洲国主"。双方势力的优劣是很清楚的。但自1594年努尔哈赤与科尔沁"通好"之后,双方力量对比就逐渐发生了变化。1612年科尔沁与满洲通婚,后金天命三年(1618年),科尔沁首领明安率众庆祝后金建国,天命七年(1622年),明安率众依附努尔哈赤。林丹汗对科尔沁蒙古归降满洲极为愤怒,于后金天命十年(1625年)率兵进逼科尔沁部,努尔哈赤派兵驰援,林丹汗败退。此役后,科尔沁这个东蒙古第二强部,已由昔日林丹汗抵御满洲的桥头堡,转变成满洲攻击林丹汗的前锋部队。皇太极继位后,这种臣属关系更加巩固。科尔沁部成了满洲统一蒙古的有力助手。在其影响下,漠南蒙古纷纷投向满洲,林丹汗日益孤立。后金天聪八年(1634年)皇太极率科尔沁等部向林丹汗发起总攻,林丹汗败逃至青海病死。翌年,察哈尔部被消灭,漠南蒙古归于统一。

崇德元年(1636年),科尔沁部首领巴达礼率漠南蒙古16部49个台吉集会盛京,把皇太极推上了大清皇帝的宝座,承认他为蒙、汉、满的共主。皇太极即位后,加强了对明朝的攻势,科尔沁骑兵一直作为前驱效力。后金天聪三年(1629年),奥巴率兵随皇太极进军,从喜峰口越过长城,连克遵化、永平、迁安等城,围困北京,使明廷极为震动。天聪五年(1631年),皇太极率兵攻昄大凌河城,科尔沁部明安一马当先,与固山额真和硕图夹击明守城总兵祖大寿,围城3个月,迫使祖大寿降清。从天聪六年(1632年)到崇德三年(1638年),清军连续4次越过长城,攻掠明朝腹地,科尔沁部骑兵多立战功。崇德八年(1643年),皇太极驾崩,福临即位。此时明朝已被李自成起义军推翻。顺治元年(1644年),清军在明叛臣吴三桂援引下,乘机入关。在清朝定鼎中原的决定性大战中,科尔沁尽发本部骑兵,随多尔衮亲王参加了入关后的多次战斗。先是在山海关打败了李自成的东征军,接着穷追李自成军入河南、陕西,尔后回军至湖北,使长江以北广阔地域尽归清朝。从顺治二年(1645年)开始,清军用兵江南,科尔沁骑兵又随豫亲王多铎渡江作战,在击灭张献忠及江南福王、鲁王等明朝残余政权的战斗中,再立新功。顺治年间,正是清廷问鼎四方,战事繁多的岁月,而顺治帝则处在孩童年龄。主幼国疑之时,内有孝庄文太后为之周旋,外有国戚科尔沁等部为之拼死作战,终使顺治帝位渐稳。

自顺治元年(1644年)清军入关到康熙初年,清虽统一了全国,但并不稳固。最大的隐患是"三藩"和西北的准噶尔。"三藩"是以吴三桂、耿精忠、尚可喜为首的三个汉族军阀集团,盘踞东南、西南、拥兵自重。准噶尔是西北蒙古,自清建国以来,一直保持臣属关系,但其上层分子常存问鼎之心。康熙十二年(1673年),"三藩"首先发难,战火遍及江南。此时在京的科尔沁部勋贵,争相捐献战马、军械,并请求从征平叛。康熙准请,调科尔沁骑兵参加讨逆大军,讨伐吴三桂。经过8年苦战,终于剿灭"三藩"叛乱,使清廷度过了入主中原后的最大危机。"三藩"之乱后不久,西北准噶尔部首领噶尔丹又举叛旗,其兵锋甚至达到内蒙古克什克腾旗一带,距离北京仅700里,天下为之震动。康熙二十九年(1690年),康熙决计率兵亲征,科尔沁部骑兵又应诏从征。在乌兰布通、昭莫多几次战役中,以骁勇名冠诸军。噶尔丹叛乱被剿灭后,策旺阿拉布坦、罗卜藏丹津、噶尔丹策零又相继反叛,科尔沁骑兵均应诏平叛,多年厮杀在西北战场,为剿平叛军付出了很大牺牲。乾隆十年(1745年),准噶尔部的达瓦齐掀起更大规模的叛乱,科尔沁部再次从征西北,其统军首领和硕亲王色布腾巴勒珠尔不仅参与军中谋划,并率本部骑兵为大军前驱。当叛军据险顽抗时,他率轻骑绕道奇袭,"师行五夜,乘晓雾之漫山,勇倡百夫,任飞铅之贯肋,有进无退",终于彻底击灭叛军,得到乾隆的嘉奖,授以"双体"。准部叛乱被剿灭后,清朝的西北边疆得到巩固,科尔沁骑兵又立大功。

道光二十年(1840年),西方列强开始侵略中国,科尔沁骑兵为捍卫中华民族的利益同侵略者进行了血战。第一次鸦片战争时,科尔沁骑兵调天津一带驻防,以防敌军登陆,在定海保卫战中,数百将士全部阵亡。第二次鸦片战争时,英法侵略军舰队闯入大沽口,登陆进犯。当时驻防在这里的是科左后旗博多勒噶台亲王僧格林沁率领的哲、昭两盟之兵。他们不顾清廷禁令,奋起还击。特别是两盟马队,在枪林弹雨中往来驰骋,不避锋镝,连番冲击。经过昼夜苦战,击沉敌舰4艘,击伤2艘,毙敌400余人。英国海军上将何伯负重伤,侵略军狼狈溃逃。大沽口战役是第二次鸦片战争中中国取得的一次大胜仗,打击了侵略者的嚣张气焰。在英法联军进攻北京的危急时刻,英勇无谓的2万科尔沁骑兵又在京郊八里桥用热血谱写了壮丽的篇章。他们面对西方军队的优势火力,发起一次次自杀式攻击,直至全部捐躯,其壮举赢得包括马克思、恩格斯在内的西方正义人士的崇高敬意。

清朝中后期,阶级矛盾十分尖锐,农民起义屡屡发生,科尔沁骑兵又被清廷用来镇压农民起义,如镇压太平天国起义、捻军起义以及东北的白凌阿、李凤奎起义,僧格林沁亲王就战死在剿捻战争中。可以说,科尔沁骑兵是满清王朝二百多年间最忠实的捍卫者。

十、民国骑兵

速射武器的出现,敲响了骑兵的丧钟。第一次世界大战中,骑兵战阵受到机枪的无情射杀,骑兵集团作战的方式开始走下坡路。第二次世界大战后,原来意义上的骑兵在许多西方国家的编制序列中已经消失,但在装备落后的中国,情况却并不完全如此。北洋军阀统治时期,军队派系繁杂,从大的方面说,有北洋军阀、西南军阀以及南方反北洋派革命武装。但受地理条件的限制,这一时期的骑兵主要集中在北洋军队中。南方军队编制中虽然也有骑兵,但数量很少。

北洋陆军的编制,以师为战略单位,每师有1个骑兵团。除师以外,还有为数不少的混成旅,是较师小一些的合成单位。混成旅的编制并不统一,多数驻北方的混成旅编有1个骑兵营。除了师属骑兵团和混成旅属骑兵营外,北洋军也曾编有独立骑兵旅,但为数不多。骑兵旅下属2个骑兵团,共有骑兵1344名。从第二次直奉战争前的直系所辖兵力来看,共有24个师、47个混成旅、3个骑兵旅和若干个独立团。师属骑兵团是北洋骑兵的主要建制单位,早期编制完全与清末新军相同,即每团3营,每营4连,每连2排,每排2班,每班士兵14名。全团共有战斗兵672名,另有勤杂兵447名,备补兵81名,战马792匹。后期编制有所变化,每团直辖4连,每连4排,每排3班。

将骑兵以团为单位编在陆军师,就当时装备技术状况和北洋军阀活动的大部分地区看,是比较合理的。但北洋军阀的统治,北起察绥,南至两湖、闽浙,只此一种类型,不够灵活。正如当时《联军志略》所说:"在江南地方,骑兵无甚活动余地,故每师为传令搜索用,编配一连足可应付。""在满蒙、新疆方面,骑兵之编制宜多而大,宜设骑兵师(以骑兵十二至十六连,骑炮兵二至三连,机关枪一至二连编成之)。"在北洋军阀统治后期,驻江南的北洋军,其师属骑兵团多数战马缺编严重,有的已名实不符;而在塞北,除察哈尔曾建有2个骑兵旅外,没能出现更多更大的骑兵集团。

第一次直奉战争前，奉军采用的是和关内北洋军完全一致的编制；战后，奉军整军经武，以旅为基本单位，将全军整编为 27 个混成旅和 5 个骑兵旅。骑兵旅辖2—3 个骑兵团，混成旅的编制差异较大，有的全部由步兵编成，有的辖 1 个骑兵团。第二次直奉战争前，奉军共有步兵 60 个团，骑兵 24 个团，步骑比例为 2.5∶1，对关内北洋军来说，奉军骑兵所占的比例是较大的；战后，奉军的势力膨胀，达到全盛，军队编制又一次改革，并首次出现了骑兵师的建制，按奉军乙种骑兵师的编制，师辖 2 个骑兵旅，旅辖 2 个团，团辖 4 个连及机关枪、迫击炮各 1 个连，师直辖炮兵1 个连。陆军师分甲乙两种，不再辖骑兵团，均只辖 1 个骑兵连。1925 年春，奉军编成内共有 4 个骑兵师，共 10 个骑兵旅。再后来，奉军又有了更大一级的编制——骑兵军，但非固定编制。这时，奉军已开始衰落，骑兵也不如以前了。

由于国民革命军是由广东建军逐渐向北发展的，因此，骑兵也有一个从无到有，从小到大的过程。北伐开始时，最初的 8 个军基本上没有骑兵，后来由于冯玉祥、阎锡山、张学良等的归附，国民革命军有了大量的骑兵。1928 年北伐完成，军队计划整编为 60 个师，每师辖 1 个两排四班的骑兵连，但编遣未完中原大战又起。战后，军队再次整编。按 1930 年编制，师辖编成四排的骑兵连 1 个，骑兵 128 名。从此一直到 1949 年国民党结束在大陆统治，除马家军和中央军驻新疆部队外，陆军师建制内的骑兵未能超出 1 个连。除师属骑兵外，这一时期的骑兵还编有独立的师、旅，后又有骑兵军。1931 年"九一八"事变前，全国骑兵共 5 个师、27 个旅。其中，属中央军系统的仅 2 个旅，属东北军系统的 16 个旅，属西北军系统的 2 个师又 2 个旅，属晋绥军系统的 1 个师又 5 个旅，属马家军系统的 2 个师又 2 个旅。由此可见，这一时期的骑兵，仍主要掌握在张学良、冯玉祥、阎锡山、马步芳、马鸿逵等所谓杂牌军之手。到全国抗战爆发时，全国骑兵共有 6 个军的番号，其中属东北军系统的 2 个，属西北军、晋绥军、马家军、中央军的各 1 个。

1945 年初，为满足对日大反攻的需要，中国军队不断扩编，骑兵的番号也达到民国史上的最高纪录，共有 5 个军的番号，辖 22 个师。其中，中央军、晋绥军、马家军各有 5 个师，东北军 3 个师，其他部队 4 个师。值得注意的是，此时的骑兵师许多名不符实，有的缺编严重，实力不足 1 个团，有的虽仍是骑兵番号，却早已没有战马而变成步兵了。进入解放战争时期，东北军、西北军已被瓦解和削弱，只有国民党中央军胡宗南部、陶峙岳部各有骑兵 2 个旅，马家军的马步芳部有骑兵 7 个旅，马鸿逵部有骑兵 1 个师，晋绥军的分支傅作义部有骑兵 1 个师和 13 个旅，其他骑兵部队均已被撤销和改编。这一时期的独立骑兵编制，由于战争的频繁和派系的庞杂，很难说得十分清楚，大体上除了马家军外，一般师辖骑兵 3 个团，旅辖 2 个团。以 1935 年门炳岳骑兵第 7 师为例：师辖 3 个骑兵团另 1 个炮兵连和 1 个汽车队，每团辖 4 个骑兵连和 1 个重机枪连，官兵 6000 余名，乘马 7000 余匹，远大于当时国际上骑兵师三四千人的惯例。这是因为，门炳岳骑兵第 7 师是中央军第一个骑兵师,又是何应钦想建成的一个样板骑兵师。实际上,当时国内骑兵师的兵马除马步芳部队以外,多在3000人上下。到抗战时期,由于战争的消耗和建军的加快,很少有超过3000人的。

马家军因一直生活在西北草原荒漠地区,骑马又是西北人的特长,所以,骑兵从始至终始是马家军尤其是青海马步芳军队的主要兵种,在其军队中占有相当大的比重。解放战争中,马步芳的步兵师均由2个步兵团和1个骑兵团编成,以248师骑兵团为例,团辖4个骑兵连和机枪连、炮兵连、特务连共7个连,兵员1200人,乘马1300匹,足见骑兵所占比例之大。也正因为马家军偏居西北,中央政府鞭长莫及,其独立骑兵编制更是远远大于内地骑兵,如抗战初期编组的暂编骑兵第1师,辖3个旅,共8000多兵马,其实力和当时内地3个骑兵师差不多。再如解放战争时期马家军的骑8旅和骑14旅,官兵人数分别为7350人和5650人,仍相当于内地2至3个骑兵旅的实力。合水战役中,骑8旅的1个连,竟有400多兵马,这在整个民国史上绝无仅有,由此亦可看出马步芳在军队番号受阻时的对策和野心。

东北抗日义勇军和察绥抗日同盟军中,也有为数不少的骑兵。因其活动在塞北关外,又主要采用流动作战的方式,骑兵在抗击日寇中发挥着重要作用,并占有相当大的比例。东北义勇军贾秉彝第15路军,骑兵占其全部兵力的2/3;邓文所部义勇军在被迫撤到热河时,仍保存着3个师六七千人的骑兵;察绥抗日同盟军的编制序列中,亦曾出现过2个骑兵挺进军和9个骑兵师、5个骑兵旅的番号。但是,由于义勇军和同盟军均属民众武装,骑兵的编制和实力很难说得清楚。

第三章　历代疆域

一、中国疆域概述

　　我们伟大的祖国,是一个多民族组成的东方大国,有着悠久的发展历史和灿烂的华夏文化。她那辽阔的疆域伴随着古老的中华民族历经了沧桑与变迁。

　　在原始社会中晚期,在古时神州大地的广袤地域内,逐渐形成了华夏、东夷、苗蛮三大集团。其中华夏集团以黄帝、炎帝两大部族为核心。它们分别兴起于今天我们祖国的关中平原、山西西南部和河南西部。经长期的融合后,遂沿着黄河南北岸向今华北大平原西部地带发展。与此同时,兴起于黄

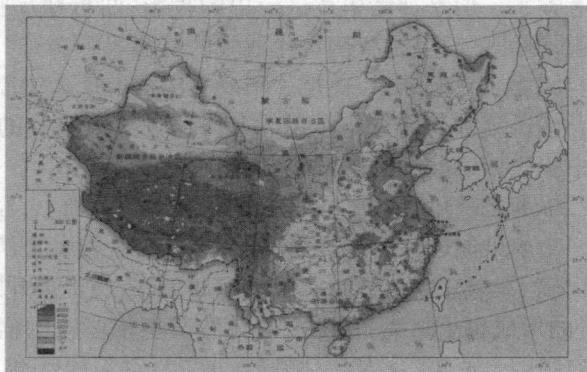

中国疆域图

河下游的今冀、鲁、豫、苏皖交界地区的九夷部落(东夷集团的一支),也在其著名领袖蚩尤的领导下,以今山东为根据地,由东向西方发展,开始进入华北大平原。涿鹿之战正是在这种历史背景下爆发的。

　　在距今约 4600 余年前,黄帝部族联合炎帝部族,与东夷集团中的蚩尤部族在今河北省涿州市一带进行了一场大战。这场大战的目的,是双方为了争夺适于牧放和浅耕的中原地带,它也是我国历史上见于记载的最早的较大规模的一场"战争",对于古代华夏族由野蛮时代向文明时代的转变产生过重大的影响。这样,华夏集团与东夷集团之间的一场武装冲突也就不可避免。据说蚩尤部族善于制作兵器,其铜制兵器当时已经精良坚利,且部众勇猛剽悍,生性善战,擅长角牛牴,进入华北地区后,首先与炎帝部族发生了正面冲突。蚩尤族联合巨人夸父部族和三苗一部,用武力击败了炎帝部族,并进而占据了炎帝族居住的"九隅",即后世所谓的"九州"。炎帝族为了维持生存,遂向同集团的黄帝部族求援。黄帝部族为了维护华夏集团的整体利益,答应炎帝部族的请求,将势力推向东方。这样,便同正乘势

向西北推进的蚩尤部族在涿鹿地区相遭遇了。当时蚩尤部族集结了所属的 81 个支族(一说 72 族),在力量上占据某种优势,所以,双方接触后,蚩尤部族便倚仗人多势众、武器优良等条件,主动向黄帝部族发起攻击。黄帝部族则率领以熊、罴、狼、豹、雕、龙等为图腾的氏族,迎战蚩尤部族,并让"应龙蓄水",即利用位处上流的条件,在河流上筑土坝蓄水,以阻挡蚩尤部族的进攻。

这场"战争",黄帝族虽经九战而九败(九为虚数,形容次数之多),但最后在玄女部族的支援下,乘势向蚩尤部族发动反击,终于一举击败蚩尤部族,并在冀州之野(冀州,即今河北地区)擒杀其首领蚩尤。战后,黄帝部族乘胜东进,一直进抵泰山附近,并举行了"封泰山"仪式,"命少皞清正司马鸟师",即在东夷集团中选择一位能附众的氏族首领少皞清,统领九夷部众,强迫东夷集团同自己的华夏集团结为同盟,然后凯旋西归。

这场"战争"的大致经过情况是由神话传说所透露的,因此更具体的细节已无从考索了。但是神话毕竟是历史的投影,曲折地反映了事实的本身。从这个意义上说,涿鹿之战堪称我国古代战争的滥觞。

涿鹿之战的结果,奠定了华夏集团据有广大中原地区的基础,并起到了进一步融合各氏族部落的催化作用。取得这场战争胜利的部族首领——黄帝,从此就成为中华民族的共同祖先,并被逐步神化起来。

涿鹿之战后,我们的祖先,在华夏这块土地上,经过漫长的原始社会后,出现了第一个奴隶制国家——夏。这时,原始公社被彻底解体,阶级社会在人类历史上正式出现了。到商朝,开始有了文字和历法,历史离开野蛮时代而进入文明时期,"国家"的形成也更加完备,随之便自然产生了国家的疆域和边界,形成了相对稳定的国家版图。此后,从秦朝到清朝(前 221 年~1911 年)的 2000 余年,共经历了 16 个主要朝代。这期间,中国出现过全国多民族大统一,国家版图广阔的"热胀"时代,也出现过地方割据,民族分裂和被外敌割占领土的"冷缩"局面,疆域时有变更。

国家版图的变迁,不是一种单纯的社会历史现象,它与各个时代的国际环境和一个国家在这个时代所奉行的政治、经济、军事、外交等政策,都有着非常紧密的关联。综观历史,大凡在政治修明,国家实力强大,经济发展并勇于面向世界的时代,民族便呈现统一和兴旺,国家版图便十分辽阔和巩固。反之,在政治腐败,经济萎缩,轻视武备的历史时期,就必然出现民族分裂,甚至遭到外敌欺凌,主权遭践踏,领土被割占。这种版图时大时小的情况,就类似于物理学中的"热胀冷缩"现象。

我国历史上的秦、汉、隋、唐、元、明、清等王朝,基本上都是全国多民族统一的政权。这些封建王朝的疆域,是历史上中国版图的重要标志。

二、秦、汉疆域

从夏朝的出现,到秦朝的统一,经历了500多年的漫长岁月。

公元前21世纪的夏朝,是我国历史上第一个奴隶制国家。前16世纪,汤灭夏,建立了商朝。前11世纪,周武王利用商朝纣王残暴奢侈,引起人民和各小国强烈不满的有利形势,在商朝社会矛盾最为激化,且对东夷战争十分疲乏的时候,联合起800多个反对纣王统治的小国和西南方各族武装,向纣的都城朝歌(今河南淇县)进攻,开始了空前的"武王伐纣之举"。牧野一战,灭掉了商朝,建立了新的奴隶制王朝西周。公元前770年,周的封国和其他小国逐渐强盛后,又纷纷脱离周的约束。这时,周的国力也日渐衰落,再无力挽回四分五裂的局势。各诸侯列国争霸的结果,加快了西周的崩溃。周王室历尽坎坷之后,被迫东迁洛邑(今河南洛阳市),史称东周。

东周的历史包括春秋(前770年~前476年)和战国(前476前~前221年)两个时期。这500多年,是我国政治发生重大变局和社会大变革的时期。相传西周时期共分封了1800多个诸侯国,到春秋时期兼并为100多个,而在政局上起作用的只有十几个。到战国时期,就只剩下7个大国和十几个小国了。

战国时期(前476前~前221年)是我国封建社会的开端。在这个漫长的历史时期,各诸侯国的制度、文字、度量衡、田亩大小,车轨大小等都不一样,这对封建经济和商业资本的发展是一个严重的障碍。同时,几百年来的兼并战争,人民担负着繁重的战费和兵役,渴望能过和平的生活,盼望中国能得到统一。再加之新登上历史舞台的地主阶级,也要求废除奴隶主贵族的特权,发展封建经济,建立地主阶级专政。因此,在新兴的地主阶级的推动下,战国时期各诸侯国先后开展了"变法"运动。李悝在魏国实行变法,吴起也在楚国变法,秦国的商鞅变法则是其中比较彻底的一场地主阶级政治革命。

秦国颁布的两次变法令规定:废井田,开阡陌;奖励军功;建立县制;奖励耕织。经过商鞅变法,秦国成功地废除了旧贵族政治特权,加强了国君的权力,使封建经济的发展比其他六国快,逐渐成为"战国七雄"中实力最强的国家。

秦国富强起来以后,开始向东发展势力。到战国晚期,秦国政治上采用"连横",外交上采取离间,军事上采取各个击破的策略,先后打败了韩、魏、楚国,夺得了大片土地。公元前256年,秦灭了东周。公元前230年至公元前221年的10年间,秦王嬴政又发动了大规模的兼并战争,先后灭掉了韩、赵、魏、楚、燕、齐六国,实现了统一全中国的宏愿,建立了我国历史上第一个统一的多民族的封建国家——秦王朝。秦朝在全国设36郡(后增至40郡),郡下设县,实行封建专制的中央集权制度,把黄河流域、长江流域和珠江流域的广大地区,全部统一在中央政权的管辖

国学经典文库

中国军事百科

·历代疆域·

图文珍藏版

之下。

秦始皇统一全国后,对内加强控制,实施中央集权式管理;对外进行武力征伐。为了防止六国残余势力的反抗,把12万官户统统迁到都城咸阳分散居住,以加强控制和管理。在内部基本整顿好以后,为了解除北方游牧民族的侵扰,秦始皇果断地决定北击匈奴,以蒙恬为将,领兵30万,开始了反击匈奴贵族的战争,夺回了河套一带广大地区,并在那里建筑城邑,设置了44个郡县。接着又将内地的人民迁徙到那里居住,充实武备,巩固边防。这不仅便于全国行政建制的统一,而且具有加强军事防卫的意义。

公元前214年,秦朝又派军南进,统一了珠江流域的越族,设置了桂林、象郡、南海等3个郡,并迁移50万北方农民到这些地方与越人杂居,共同建设和保卫边疆。

但是,偏远的北方仍不时受到游牧民族的袭扰,秦军鞭长莫及,对其征伐常常是劳师误时。于是,秦朝又征发天下工匠农夫,大规模地修筑长城。这项巨大工程,把战国时期的秦、赵、燕3国的长城连接起来,再向东、向西延伸,筑成了一道西起临洮、东到辽东的城防工事。这就是堪称世界军事工程史上伟大奇迹的"万里长城"。

秦统一中国后,不仅重视巩固当时的陆地疆域,而且对海疆的巩固和发展也很重视。公元前219年,秦始皇第一次东巡齐地时,就曾沿着渤海南岸,巡视了山东半岛各重要港口。公元前215年,他就到了渤海北岸的碣石。五年后,他又沿山东半岛航行一周,在会稽岭和琅玡山立下了"功名会稽岭,骋望琅玡台"的石碑。如今,这块石碑就成了他重视海疆防务的历史见证。

秦王朝的疆域东至海,南到象郡(今崇左),西至陇西(今甘肃省临洮南),北到长城一带。这是当时确定了中国的疆域,疆域内的居民基本上是汉族,秦以后的中国就是在这个基础上逐渐向外开拓发展的。

秦始皇所做的上述事业,对于国家的统一、发展和巩固,都具有重要的作用,因此他也成为这个时代的代表人物。但是,秦始皇执政后期,政治上日益腐败,造成经济严重衰弱,引起了国民的强烈不满和反抗。

秦始皇为了加强对人民的思想控制,把民间藏书都收起来烧毁,又把460个对他有不满言论的儒生活埋了。这两件事历史上叫作"焚书"和"坑儒"。加之,他不顾民众的死活,一再加重剥削压榨人民钱财,不断摊派繁重不堪的徭役,为自己大造宫室和预建坟墓,到秦二世执政时期,这种状况依然有增无减,终于激起了全国风起云涌的农民大起义。

秦末农民大起义迅速摧毁了秦王朝的统治。在许多起义队伍中,以项羽和刘邦的实力为最强。项羽是楚国贵族,在起义军中他自封为"西楚霸王",他粗暴骄傲,不会团结和任用贤才;在打败秦军后,又推行旧的分封制度,把六国贵族分封成许多独立王国。这是违背人民统一愿望和违背社会发展规律的倒退行为。因此,在这一场争夺天下的大决战中,项羽注定要败在出身平民,但却善于用贤驭军的刘邦的手下。刘邦被项羽封为"汉王"(封地为今陕西汉中)。项羽和刘邦为争夺全国的统治权,进行长期的战争,史称"楚汉之争"。结果项羽"霸王别姬",刘邦建立了西汉王朝。

西冯汉王朝初年,为了迅速地恢复和发展生产,尽量避免与北部边疆的少数民族——匈奴发生大地规模的战争,对匈奴采取了"和亲"政策,以求得妥协。但是,匈奴族的贵族奴隶主集团还是经常袭扰汉的北部边郡,给那里人民的生命财产造成重大损失,严重威胁着汉朝的统治政权。经过70年的休养生息,到汉武帝时,汉朝的国力已空前增强,对匈奴反击作战的时机已经成熟。于是,汉武帝适时地对匈奴实行了从消极防御到积极反击的战略转变,集中全国的力量,对匈奴开始了反击作战。

根据汉武帝的旨意,从公元前127年到公元前119年,汉军在优秀的青年将领卫青、霍去病的指挥下,先后在河南(指黄河河套以南)地区发动了大规模的"漠南之战""河西之战"以及"漠北之战"等三大战役,并取得了决定性的胜利,从此牢牢地掌握了战争的主动权,使匈奴族丧失了对汉军又击作战的有生力量,再不敢在沙漠以南建立王廷了。

汉对匈奴作战的胜利,给北部边郡带来了较长时期的和平与安宁。后来匈奴贵族内部分裂,南匈奴向汉王朝投降,仍要求"和亲",以取得汉朝的支持,汉朝便把宫女王昭君嫁给匈奴的单于,就是历史上被广为传颂的"昭君出塞",但这与汉初屈辱的"和亲"政策相比,性质截然不同,完全是为了边疆和平和民族友好。此外,汉武帝还先后迁徙了100多万内地人民到河套地区和河西走廊一带居住,让他们在那里与少数民族一道屯田生产,建设边疆,实边固防。

汉朝时期,甘肃玉门关、阳关以西,葱岭以东和新疆天山南北等地区,称作西域。当时的西域,有大大小小30多个国家,多数从事农耕,少数地游牧生活。西汉初年西域被匈奴征服,每年被迫交纳很多的财物。汉武帝时期为了削弱匈奴的势力,解除匈奴对西汉的威胁,武帝曾两次派张骞出使西域,联络西域各国为反击匈奴作战略准备。

张骞第一次出使匈奴,因河西走廊还控制在匈奴人手里,张骞被单于扣留了10年,才得以脱身逃走,后经许多国家才辗转回到汉朝。这次经历,使张骞熟悉了西域各国的国情和匈奴占领区的地理情况,为汉军征伐匈奴发挥了重要作用。

霍去病率军打败匈奴,控制了河西走廊以后,汉武帝又派张骞第二次出使西域各国。张骞的这次西域之行,和许多国家建立起了联系,发展了汉朝同西域各国的经济、文化交流,并进而沟通了中国同西亚和欧洲的通商关系,开辟了举世闻名的"丝绸之路"。公元前60年,西汉王朝在西域设置西域都护府,进行军事、政治管理,保护商旅往来,这便是西域地区正式归附中央政权的开始。

此外,汉武帝还派兵开发了两广、岭南地区,统一了四川、贵州、云南的许多部公元前51年,匈奴降汉,成了西汉王朝的属国。由于匈奴的降服,西域的开辟,西南的巩固,西汉时代的疆域有了进一步的发展,东面和南面至海,西面扩展到巴尔喀什湖、费尔干纳盆地和葱岭,北面远至大漠,西南延伸到云南、广西等地。

三、隋、唐疆域

从东汉末年到隋、唐末,即从曹丕称帝、建魏(公元219年)到唐末的600多年里,前300年又是一个四分五裂的中国,著名的古典小说《三国演义》就取材于这个时期的前期。

(一)"三国鼎立"及其前后的中国疆域

"出门无所见,白骨蔽平原。路有饥妇人,抱子弃草间。顾闻号泣去,挥涕独不还。'未知身死处,何能两相完'?"这是东汉帝国分裂前,一位名叫王粲的诗人,对当时人民在混战中的悲惨生活生动描述的一个片段。

东汉末年,外戚集团与宦官集团互相展开争夺残杀,在这场空前的大混战中,许多大大小小的割据势力相继被吞并,最后剩下曹操、刘备和孙权三家争夺天下。曹操和刘备都曾直接镇压黄巾军,孙权的父亲孙坚也镇压过黄巾军,他们都从镇压黄巾军中扩充了兵力,在互相吞并中夺得了地盘,逐渐壮大的。其中以曹操实力最强,他把东汉傀儡皇帝控制在自己手里,用皇帝的名义发号施令,史称"挟天子以令诸侯"。曹操先后消灭了比他实力强大的袁绍、袁术等割据势力,控制了黄河流域,便向南扩张,来争夺长江流域。

刘备的力量虽很单薄,但因他是汉的宗室,有一定号召力,加之有精通政治和军事的诸葛亮出谋划策,还有关羽、张飞等能征善战的勇将,实力也不可等闲视之。

孙权继承的是父兄打下的地盘,占据着长江中下游地区,也有一定的实力。

公元206年,曹操不战便夺得了荆州,进而兵逼孙权。这时刘备还未恢复元气,只有1万多兵,便与孙权结成同盟,共同抗击曹操。公元208年,孙、刘联军在赤壁大败曹操。曹操兵败后,不得不率领残军逃回北方。赤壁之战后,曹、刘、孙"三国鼎立"的局面便进一步形成了,曹操在北方建立魏王国,刘备在成都建立汉国,孙权则在建业(今南京)建立起了吴国。公元263年,魏司昭派兵首先灭了汉国;265年,司马昭的儿子司马炎废了魏皇帝,建立晋,史称西晋;280年,晋又灭吴,至此三国分立的局面遂告结束,统一于晋。

然而,刚刚在长期战争以后统一起来的西晋王朝,由于统治阶级的荒淫腐化和内部的战乱(史称"八王之乱"),统治力量不断遭到削弱,这时,长城外面的一些少数民族向长城内迁徙，主要有匈奴、鲜卑、羯、氐、羌五个部落的人，历史上称他们为"五胡"，即五个少数民族。这些少数民族的上层贵族，趁西晋王朝发生"八王之乱"之际，举行叛乱。最后，西晋王朝被匈奴所建的汉国灭亡，黄河流域先后又出现了16个由少数民族贵族建立的国家，互相吞并厮杀。后来，黄河流域的各少数民族又逐渐统一为北魏。西晋灭亡后，汉族统治阶级南迁到长江流域，重新建立起了东晋王朝，一度形成南北对峙的局面。东晋最后又被刘宋所灭，长江流域历经宋、齐、梁、陈4朝，历史上称这一段历史为魏晋南北朝时期。南朝最后为北方的隋王朝所灭，中国经过了300年的分裂之后，又走向了统一。

（二）隋朝疆域

中国经过300年的大分裂以后，北朝的农业比南朝发达，经济基础也较稳固，公元581年出身于北朝西魏、北周官僚贵族，官至北周柱国大将军、封隋国公的杨坚，在周宣帝死后，周静帝年幼，国内动乱之机，代周称帝，建立隋朝，史称隋文帝。公元589年，杨坚又挥军南渡长江，灭亡了南朝的陈，使分裂了几百年的中国，重新统一于隋王朝。

经长期遭受分裂和战乱取得统一的隋王朝，经济凋敝，国力虚弱，人民渴望和平安定和恢复生产。隋文帝杨坚也看到了这一点，因此，他在位期间生活简朴，对贪官污吏的刑罚很严，并从富国强兵入手，采取一系列整顿和改革措施，以增强国力和军力。在政治上，改革官制，确立三省制，罢郡为州，简化地方行政机构，规定各级官吏均由朝廷任免，废除九品中正制，实行以才选人。在经济上，颁布均田和租调新令，减轻赋税徭役；整顿户籍，扩大垦田面积，兴修水利，储粮备战备荒。在军事上，进一步深化始于北魏、北周以来的军事改革，确立府兵制，把军事大权集中于皇帝一人，重视武备，训练出了一支较有战斗力的军队。同时，在对敌战略上采取政治上离间、分化与军事打击相结合的方针。

由于隋文帝励精图治，隋王朝的政治、经济和军事力量日益强盛，终于使秦汉以来的我国疆域又逐步得到了恢复。为了加强南北交通，隋王朝于公元608年先后征发民工200多万人，开凿出一条贯通中原南北的大运河。这条举世罕见的人工运河，全长4000多公里，以洛阳为中心，东北通到涿郡，东南通到余杭，连接了海河、黄河、淮河、长江、钱塘江五大流域。大运河的开通，对我国南北地区的经济交流、军队作战的机动和巩固隋朝对全国的统治，起了重要作用。

台湾自古以来就是中国的领土，隋朝以前称夷州，隋改称琉球，我国高山族人民很早就在这里开发、生息，三国时期，吴王孙权曾在公元230年派遣卫温和诸葛直二将军领兵1万人航海到台湾。公元607至608年，隋朝也两次派朱宽到琉球（即台湾）。610年又派陈棱、张镇周率兵万余人，从义安（今广东潮安）泛海到琉球驻扎，以加强台湾的军事防务。

但是，炀帝杨广篡夺皇位后却倒行逆施，荒淫无度。对内残酷剥削和实行野蛮统治,对外发动侵略战争,三次兵败高丽,进一步加重了劳动人民的灾难。隋文帝时代人民积累起来的财富,在他的手中被挥霍殆尽。最后,把一个统一了仅28年的中国又变成了四分五裂的世界。

(三)唐朝的疆域

公元618年,腐朽的隋朝为唐所灭。唐朝统治中国近300年之久,其版图东到大海,西达咸海,东北至黑龙江以北的外兴安岭、库页岛一带,南及南海。是我国历史上经济繁荣、国力强盛、疆域广大的时代。

唐朝初年,唐太宗李世民总结前代统治阶级的经验,适时地调整了统治政策,采取为政清廉,轻徭薄赋,选用贤才,加强中央集权,团结各族人民,发展社会生产等一系列政治、经济的政策和措施,使国家很快出现了社会安定,经济繁荣,国力强盛的局面,史称"贞观之治"。在后来的武则天和唐玄宗执政期间,又继续奖励农耕,发展经济,增强国力,使中国出现了前所未有的盛世景象,史称"开元盛世"。不论是"贞观之治",还是"开元盛世",唐王朝除了政治修明,注重发展经济之外,都十分重视国防建设。特别是唐朝初年,为了抵御外患,李世民提出:"中国虽安,忘战必倾;教育之法,信不可忽"。他登上皇帝宝座不到20天,突厥颉利可汗便率10万大军兵逼长安。唐太宗临危不惊,仅带6骑先行至渭水便桥,隔岸谴责颉利背盟入犯。唐大军随后开到,兵力虽相对居于劣势,但旌甲蔽野,阵容森严。颉利望而生畏,不敢决战,再次结盟退兵。自此以后,唐太宗砥志砺节,发奋强兵,"每日引数百人于殿前教射",亲自主持考核,并注意发挥各兵种的不同特点,"番马汉弩,各任其势",很快将诸卫府兵训练成了精锐。公元629年,唐太宗派李靖、李劫率大军分道出讨突厥。次年生俘颉利可汗,解除了北方的威胁。

公元630年,唐军大破东突厥后,对数十万突厥降民采取保全其部落,顺应其风俗,教之以礼仪,并全部安置在河套一带游牧戍边。后来,西突厥的贵族主动接受唐的册封,承认唐朝中央政权的领导。公元640年,唐朝为了加强对西突厥地区的管理,在高昌(后来移至龟兹)设立安西都护府,负责管理天山以南至葱岭以西、阿姆河流域的辽阔地区。公元702年,唐朝为巩固西北边疆,又在庭州设立北庭都护府,管辖天山以北包括阿尔泰山和巴尔喀什湖以西的广大地区。

安西、北庭都护府,是唐朝设在西域地区的两个最高统治机构,统率几万边防军,保卫着我国的西北边疆的安全。尤其是安西都护府,掌管着龟兹、于阗、疏勒、碎叶四镇重兵,对巩固西北边防和维护中国通往西亚的陆路交通,具有十分重要的地位和作用。

回纥是维吾尔族的祖先,居住在色楞格河一带,过着游牧生活,他们性格剽悍,擅长骑射。唐王朝在攻灭东突厥后,回纥逐渐向南发展,同唐朝的接触密切起来。公元744年,回纥首领骨力裴罗统一了回纥各部,控制着东自黑龙江上游,西到阿尔泰山的广大地区。唐对回纥采取团结和睦的政策,册封骨力裴罗为"怀仁可

国学经典文库

中国军事百科

·历代疆域·

图文珍藏版

汗"，从而使辽阔的北部边疆统一到了祖国的版图之内。

公元7世纪初，西南边境的吐蕃（今西藏自治区）国王松赞干布统一了西藏高原，经济、文化得到迅速发展。松赞干布仰慕大唐威望，多次遣使向唐朝送礼求婚。唐太宗便将文成公主允嫁松赞干布，谱写了一曲不朽的民族团结的历史佳话，促进了藏、汉民族之间政治、经济、文化和军事的联系与交流。公元710年，唐中宗又将金城公主嫁给吐蕃首领赞普赤德祖赞。赤德祖赞在上唐中宗的表文里说："外甥是先皇帝舅宿亲，又蒙降金城公主，遂和同为一家，天下百姓，普皆安东"。这就进一步密切了唐、蕃的关系。

我国东北边疆的黑龙江、乌苏里江流域，很早就居住着今天的满、赫哲、达斡尔等少数民族，并在长期的历史发展过程中，和汉族人民共同开发了这块土地。公元698年，大祚荣统一各部落，建立政权。公元713年，唐太宗封大祚荣为渤海郡王。从此，这个政权就以渤海为号。公元722号，唐朝在黑龙江、乌苏里江汇合处的伯力设立勃利州，726年又在黑龙江流域设黑水都督府。此外，在乌苏里江流域和滨海地区还设有忽汗州、率兵府等机构。

现在彝族和白族的祖先在唐朝初年称作"六诏"，六诏里最南面的叫南诏。南诏最附唐朝，并接受唐王朝的领导。公元738年，唐玄宗封南诏首领皮罗阁为云南王，并允许它合并其他五诏。促进了云南地区与内地的经济文化联系，巩固了唐朝对西南边陲的统治。

唐时，南海诸岛已正式纳入我国疆域，属崖州都督府管辖。同时，台湾岛和大陆的关系也得到进一步的巩固和发展。

四、元、明疆域

元代与明代是中国历史上疆域广阔，多民族国家统一和疆域较巩固的辉煌时代。

公元1271年，来自中国北方的蒙古贵族统治者忽必烈，继成吉思汗等统一蒙古，征服欧亚之后，在南下侵宋的过程中建立了元朝。尔后，忽必烈继续挥师南下，于1279年灭亡了南宋王朝，最后统一了中国，建立了我国历史上第一个由少数民族统治的封建中央集权的大帝国，使中国呈现出空前的大统一局面。

元朝时的中国，疆域广大，较之汉唐盛世更加辽阔，其领土东北至鄂尔库次克海，北至西伯利亚大陆，西至新疆，西南至西藏、云南，南至印度河流域，东至于海，横跨欧、亚两洲。大元帝国，这个从游牧民族发展起来的军事帝国，它所夺的每一寸土地，几乎都是从战争开始，以武威获得而告终的。

大唐王朝在经过300余年的盛世以后，由于藩镇（节度使）割据，军阀混战，加重了人民的痛苦和负担，激化了阶级矛盾，在神州大地点燃了以王仙芝、黄巢为代表的农民大起义的烈火。唐末农民大起义被唐王朝残酷镇压后，唐代的统治也随着覆灭了，一个统一的中国再次陷入了五代十国的军阀大混战之中。在军阀混战中起家得势的宋太祖赵匡胤，虽然陆续消灭了南方各国的割据政权，建立一个所谓统一的宋朝，但远不能跟前代汉唐盛世相比，是微弱和不完整的统一，他只重视了消灭内部的割据势力，忽视边境防务。对北方契丹族建立的辽国无可奈何，对后晋割去幽蓟16州的土地也无力收复，企图以屈辱求得边境的安宁。宋王朝先是对北方的辽国(契丹族)和西北的夏国(党项族)用"岁币"求和，在联合东北新兴的女真族金国灭了辽国后，又用屈辱投降政策对待金。北宋王朝后来由于内部投降派得势，终于招致女真贵族占领中原，连徽、钦两帝都做了金的俘虏。南宋建立后，最高统治者仍执迷不悟，继续重用投降派，从而扼杀了抗战派和广大爱国军民的抗金事业，进一步屈辱投降，称臣割地以致引火烧身，最终走向了被灭亡的道路。

正当中国几个分裂的少数民族日益腐朽，南宋王朝江河日下的时候，我国北方大漠上的蒙古族，则在"一代天骄"成吉思汗的统领下，迅速强大起来。它以其强大的军事力量东征西伐，统一蒙古，攻灭西夏，加兵金朝，扫荡中原，饮马长江，最后灭亡了南宋，开始了入主中国和征服欧亚的宏伟历史。

蒙古族是我国境内的一个古老的少数民族，过着游牧生活，并兼以狩猎。统一前，各部落之间为掠夺财富，经常相互进行战争。在这种"天下扰攘，相互攻伐，人不安生"的血族复仇的动乱年代，蒙古人民生活非常痛苦，早就渴望统一。在长期的部落战争中成长起来的铁木真，不仅敏锐地看到了这一历史潮流，而且开始以实际行动来顺应人民的这一愿望。

经过长期苦战，公元1206年，铁木真结束了蒙古长期分裂的局面，实现了统一。在东起兴安岭，西至阿尔泰山，南至大沙漠，北达贝加尔湖的广大地区，建立了蒙古历史上第一个军事奴隶制国家。同年，蒙古各部在斡难河河源召开大会，正式推举铁木真做大汗，尊称"成吉思汗"。"成吉思"在蒙古语中，是强大、巩固的意思，"汗"，就是皇帝。

成吉思汗统一蒙古后，推行军政合一的"领户分封"制，较快地实现了从奴隶制社会向封建社会的过渡。各封地内的牧民必须向政府和封主交纳物品和担负军役；这些牧民被编为十、百、千、万户，是一种在奴隶主新贵族统辖之下的军事组织，平时畜牧生产，战时出征作战。这就是蒙古人所谓的"上马则备战斗，下马则屯聚牧养"，人皆为兵的制度。

蒙古国没有固定的疆域防守，其国防纯属攻势。成吉思汗的策略在于强化战争机器，壮大军事力量，它对内采取强有力的军事统治，防止各部落的分裂；对外以进攻的态势，进行武力征服。蒙古统一以后，便开始了一系列的对外战争。

公元1209年，蒙古军大败西夏；1218年，蒙古军攻灭了西辽，1234年又攻灭了金朝。至此，中国由几个分裂割据的政治局面转变为蒙古与南宋的对峙。

公元1235年，蒙古贵族对南宋王朝展开了全面的军事进攻。至1279年，已建立元朝并迁都大都（今北京）的元太祖忽必烈，对退守压山（今广东新惠县南海中）的宋朝发动最后进攻，灭亡了南宋，中国复归统一。

从蒙古统一到整个中国的统一，结束了五代十国以来长期割据的分裂局面，重建了幅员辽阔的国家，对于促进我国多民族国家的发展，推动社会进步，都具有十分重要的意义。成吉思汗和忽必烈因此而成为中国历史上有贡献的著名帝王，他们所建立的大元帝国更是古今中外"以兵立国"的典型。

元朝统一中国后，面对辽阔的疆域和众多的民族，特别是还不稳定的政局，元世祖忽必烈采取了军事斗争与政治改革相结合的措施，以强大的军事力量作为后盾，坚决打击和镇压反叛势力，注重从体制上改变蒙古人落后的部落分封的奴隶制的统治方法，消除诸侯分立，相互争夺的局面，加强中央集权。忽必烈还吸取了一些汉族封建统治的制度。

首先，元朝在中央实行三权分立的政治体制。设机密院掌管全国军事；设御史台负责对封建官员的监察；设中书省总理全国行政事务，辅佐皇帝发布政令，同时直接管辖大都及其和它邻近的地区。在地方设行中书省（简称行省或省），由中央政府委派官吏管理。行省中的岭北行中书省，包括今蒙古国和俄罗斯的西伯利亚一带；辽阳行中书省，包括黑龙江中、下游和乌苏里江以东地区和西伯利亚东部地区。其他行省的范围，一般都比现在的省大，或者包括现在的几个省。边远的云南地区，也建立了行省。那时我国大陆和台湾的关系有了更新的发展。元朝在澎湖设置了澎湖巡检司，负责管理澎湖和台湾的行政事务。

元朝还在中央设立了宣政院，管理全国佛教和藏族地区的行政事务，并向西藏地方委派官吏，驻扎军队，清查户口，征收赋税，实行有效的管理，使西藏正式成为元朝的一个行政区域。

其次，废除了地方长官世袭制，采取定期和不定期轮换的办法，分化和削弱地方官吏的权势，加强皇权，确立皇帝至高无上的统治地位。同时，对朝廷的有功之臣将封地改为赐田，使拥有封地的贵族只能成为一般地主，难以自立为王。

其三，元朝在军事制度上解除拥有武装的地方豪强的兵权，由军政机构统一统率全国武装力量，集兵权于中央之手，减少割据势力对中央政权的威胁。与此同时，元朝还建立了两支担负不同任务的军队，一支是由皇帝直接掌握的战略机动部队，称宿卫军或朝廷禁军；另一支是归枢密院调遣的镇戍军，其任务是担负地方的镇戍和保卫边疆的安全。

在海防事业方面，元朝已建立起一支规模较大的海军，并在边防地区的重要港口设立万户府，有海军长期镇守。

当时的中国，是世界上幅员最大的国家。元代的封建帝王，特别是立国之初的几位皇帝，为巩固国家统一，维护民族利益所提出和推行的治国治军思想和策略，为历代政治家、军事家所推崇。然而，由于蒙古贵族统治者以优等民族自居，对汉族及其他民族倍加歧视和压迫，对外不断进行侵略和杀戮，不仅使各族人民受到了巨大的损害,而且也严重地破坏了社会经济的发展。因此,这个以侵略扩张为目的的封建王朝,尽管建立了当时"世界上规模空前的宏伟帝国",但在经历了忽必烈时期 18 年和元成宗铁穆耳统治的 13 年盛世之后,也不得不在激烈的阶级矛盾和民族矛盾中,在政治、经济、军事的腐败中,最终走向了衰亡之路。

公元 1368 年,在元末农民大起义的风暴中,贫苦农民家庭出身的朱元璋,投奔郭子兴的红巾军。后来,就是率领的一支起义军,由于实行正确的军事、政治、经济政策,在斗争中不断发展壮大,最终剪灭群雄,摧毁了元朝的统治,建立了大明王朝。

明王朝建立之初,朱元璋一面着手恢复和发展经济,以增加财政收入,巩固已取得的统治;一面继续用兵,完成国家的统一大业。为了完善周边疆域的防务,明王朝从加强对一些边疆少数民族地区的管辖入手,采取了一系列政治、军事策略。洪武年间,明朝中央政府在西藏设立乌斯藏都指挥司,委派藏族上层僧侣充任宣慰使、宣抚使和安抚使等官职,赐给他们印信,借他们在藏族人民中的崇高威望,对西藏实施有效的管理。接着,明王朝又封哈密的统治者为忠顺王,代理朝廷总管西域事务。

云南、贵州和两广地区,长期以来就是苗、瑶、彝、侗、僮、黎、傣等少数民族杂居的地区,历代封建王朝的中央政府,其权力很难扩展到这一地区。为了加强对这一地区的管理,明王朝先是在这些地区设立土司,后改设流官,专门负责这些地区的防务管理。

为了有效控制边远疆域,公元 1409 年明王朝的中央政府在东北地区设置了奴儿干都司,负责管理西起额嫩河,东至库页岛,南濒日本海,北抵外兴安岭的辽阔地区。并在那里驻守军队,设置驿站。其中一条主要的驿站线,北起黑龙江下游的奴儿干城,南接辽东,一直通往都城北京。

明王朝从其建国开始,为了巩固北方的边防,用了将近 200 年的时间,修筑、加固了北部长城。明长城东起鸭绿江,西到嘉峪关,气势雄伟,蜿蜒 13000 多里。明代长城大部分至今仍基本完好,成为世界上的一项伟大的古老工程,被现代的一位外国政治这家誉为"世界八大奇迹"之一。

明王朝的统治者除采取一系列措施,加强了陆地周边防务外,还继承了元朝重视海防的传统,继续在澎湖设立巡检司,管理台湾和澎湖的军务,并于明洪武初年,开始在沿海设置卫所,建立水军,以抵御倭寇。到了明朝中期,我国漫长的海岸线上,已分别建立了 54 个卫所,(每卫约 5000 人);127 个千户所(每所约 1000 人);230 个巡检司;1338 座烽墩烽堡,有效地防御了倭寇对我海疆的入侵和骚扰,维护了元代以来统一起来的辽阔疆域。

五、清朝疆域

清王朝建立之后，经过一段休养生息，到康熙、乾隆年间，史称"康乾盛世"，国家的经济得到了发展，国力强大，幅员广阔，其疆域西跨葱岭，西北达巴尔喀什湖北岸，北接西伯利亚，东北到黑龙江以北的外兴安岭和库页岛，东临太平洋，东南到台湾及其附属岛屿钓鱼岛、赤尾屿等，南至南海诸岛，堪称当时世界上的一等强国。

然而，也是这一时期起，由于封建制度的固有缺陷，清王朝的统治者盲目地沉浸在"天朝大国"的梦呓中，抱残守缺，不思改革进取，赶上当时世界飞速发展的历史潮流，开始"落日的辉煌"的悲剧中。从 18 世纪中叶起，清王朝的统治日渐衰败。自 1840 年鸦片战争始，资本主义列强用坚船利炮先后打开了中国的海疆和陆疆大门，接踵闯入我国境内，在不到半个世纪的时间里，就割去了我国 150 多万平方公里的领土。中华民族从几千年来的兴盛强大，一下走到了屈辱与垂危的边缘。

清王朝前后期疆域的两大显著变化，是历史上中国版图的最后一次"热胀"与"冷缩"，它深刻地反映了清王朝前后期政治、经济和军事力量的兴衰状况。

（一）清王朝初期的疆域

明王朝前期，散居在长白山黑龙江一带的女真族的建州部逐渐强大起来，其首领爱新觉罗氏，曾接受明朝所封的官职。后来，女真族的努尔哈赤（清太祖）统一了各部落，并树起了反明的旗帜。1636 年，努尔哈赤的儿子皇太极（清太宗）立国，并自称皇帝。

清王朝建立后，因朝鲜仍支持晚明政权，就发兵侵略朝鲜，迫使朝鲜投降称臣。然而大举向明进攻，攻破正东的直隶（今河北省），兵逼北京城下。这时，腐朽的明朝统治集团已无力抵御边患。清军在明朝降将吴三桂的协助下，先镇压了李自成率领的农民起义军，并灭亡了明王朝。

刚刚建立起来的清王朝，政局极不稳定。到康熙亲政时，南方还有吴三桂等"三藩"割据数省；东南海上有郑成功的后代占据台湾；西北有蒙古准噶尔部上层分子制造民族分裂；沙俄侵略者又觊觎我国西北、东北边疆。一个偌大的中国，实际上没有统一。于是，康熙帝便开始了实现全国统一和反对早期殖民主义者侵略的军事斗争。公元 1637 年，康熙帝毅然下令撤藩，并派遣大军，经过 8 年南征北战，平定了吴三桂，尚可喜、耿精忠以及一些地方官员联合发动的叛乱，使中国避免了又一次大分裂。

1683 年，清军胜利进驻台湾，并设置一府三县，隶福建省，驻守重兵。这样，长期与大陆分裂的台湾地区，又重新获得了统一，回到了祖国的怀抱。1685 年，清政府派军进攻侵入我国黑龙江游域的沙俄侵略军,摧毁了俄军在雅克萨建立的侵略据点,赶走了侵略军,并迫使沙俄政府同意进行谈判,签订了《尼布楚条约》。条约规定:中俄两国以格尔必齐河、额尔古纳河和外兴安岭往东至海为界,外兴安岭以北,格尔必齐河、额尔古纳河以西属俄国,外兴安岭以南,格尔必齐河、额尔古纳河以东属中国。条约明确划定了中俄两国东段的边界,从法律上肯定了黑龙江和乌苏里江流域,包括库页岛在内的广大地区都是中国的领土。

1690年至1697年,康熙帝三次率军亲征西北,打败了准噶尔贵族的分裂势力,有效地控制了漠北蒙古。1733年,清政府设置将军,驻乌里亚苏台,统辖喀尔喀四部和科布多、唐努乌梁海二区,加强了清政府西北边疆地区的统治。1755年至1758年,清政府再次向西北用兵,会攻伊犁,平定了准噶尔贵族阿睦尔撒纳与沙俄勾结发动的叛乱,挫败了沙俄企图分割我西北地区的阴谋。

在此期间,清政府还派兵平定了回部贵族大和卓和小和卓兄弟发动的叛乱,重新统一了新疆地区。1762年,清政府在新疆设伊犁将军,统治天山南北两路,并在新疆各地驻扎军队,设置卡伦(哨所),进一步加强了西北地区的防务。

清王朝初年,清政府就着手稳定西藏局势,正式赐予喇嘛教首领五世达赖和五世班禅以"达赖喇嘛"和"班禅额尔德尼"的封号,还规定了以后历世达赖和班禅都必须经中央政府册封的制度。1727年,清政府设置驻藏大臣,代表中央政府常驻拉萨,同达赖和班禅共同管理西藏,使清政府对西藏的管辖得到了进一步加强。

清朝前期对海防建设也较为重视。早在清军入关以前,清太祖努尔哈赤,就率水师统一了黑龙江中下游和滨海地区各部落。入关后,更加重视海疆防务,从顺治到乾隆年间,先后建立了沿海水师,设立水师提督,并在各海防要地,增设和改建了许多海岸炮台和建造船厂。与此同时,还加强了对沿海岛屿的管理。那时的西沙群岛和南沙群岛,均属琼州万州所辖,

清王朝前期,在国内,统一的多民族国家得以巩固,各民族人民的团结和经济、文化的联系与发展得到了进一步加强,基本奠定了今天中国的版图。对外,积极进行了反对早期殖民主义者侵略的斗争,维护了中华民族的尊严,在中国历史上写下了光辉的篇章。

(二)清朝后期的疆域

清王朝后期,中国封建社会便进入了衰世。正当中国社会穿着专制主义和蒙昧主义的"小鞋"而步履艰难之际,17世纪中叶英国发生了资产阶级革命,接着西欧各国相继摆脱了封建主义的桎梏,建立了资本主义制度。世界资本主义的发展,促使资产阶级不断去寻找和扩大新的原料产地和新的商品销售市场。到19世纪三四十年代,亚洲、非洲的大部分国家先后都沦为资本主义国家的殖民地。接着,侵略的魔爪开始伸向东方。地大物博,人口众多,封建落后的中国,首先成了英国强盗眼中的肥肉和吞噬的对象。于是,从1840年第一次鸦片战争到1949年新中

国成立以前的上百年间,中国便一直成为帝国主义列强侵略和瓜分的对象。

从 1840 年到 1919 年的 80 年里,帝国主义通过一系列侵略战争,把一系列不平等的条约强加到中国人民头上。据不完全统计,80 年里,共签订了不平等条约、条款 700 多个,其中同清政府签订的就有 500 多个,同北洋军阀签订的有 100 多个。逼迫清政府割地多达 440 多万平方公里,赔款约 8 亿 2 千万两白银;开放口岸多达 82 个。这些不平等条约,就是一些套在中国这个世界巨人身上的沉重镣铐!这些不平等条约,就是对中华民族的抢劫和侮辱的铁证!帝国主义列强通过这些不平等条约,强迫中国割地赔款,开放通商口岸,并享受协定关税,领事裁判权、片面最惠国待遇等特权,使中国主权遭到严重破坏,自然经济逐步解体。正如马克思指出的"英国大炮强迫中国输入名叫鸦片的麻醉剂。清王朝的声威一遇到不列颠的枪炮就扫地以尽,天朝帝国万世长存的迷信受到了致命的打击,野蛮的、闭关自守的与文明世界隔绝的状态被打破了"。

1911 年 10 月,在中国爆发的辛亥革命,推翻了清王朝的腐朽统治,结束了中国两千多年的封建君主专制制度。但是,这场革命的成果却被北洋军阀袁世凯所窃取。他对内代表大地主、大买办阶级的利益,实行封建军事独裁统治,对外继续出卖国家主权,充当帝国主义殖民统治的工具。在袁世凯被赶下历史舞台后,中国国民党领导的"中华民国"诞生了。然而,这时的帝国主义世界出现了严重的经济危机。日本为了摆脱困境,决定趁蒋介石全力进行大规模内战的机会,大举侵略中国,妄图把中国变成它一家独霸的殖民地。1931 年"九·一八"事件以后,由于蒋介石采取消极的不抵抗政策,使日本用了不到半年的时间,就占领了我国的东北、华北、华东、华南、华中的广大领土以及全部领海和我国西南的部分地区。

在中华民族危难之时,中国共产党坚持以民族大义为重,以国家领土完整和统一为重,摒弃前嫌,同国民党结成抗日民族统一战线,领导全国抗日军民,经过 8 年的艰苦奋战,赶走了日本帝国主义。抗日战争胜利后,中国共产党又领导中国人民胜利地进行了解放战争,推翻了压在中国人民头上的封建主义、帝国主义和官僚资本主义"三座大山",1949 年 10 月 1 日,中国人民的领袖毛泽东同志向全世界庄严宣告:中华人民共和国成立了!中国人民从此站起来了!从此,伟大的社会主义中国才作为一个真正独立的主权国家,屹立在世界的东方。今天,我们伟大祖国除台湾、南中国海的一些岛屿外,已是边有边防,海有海防,一支强大的中国人民解放军,同广大的边疆各族人民,日夜保卫着我们神圣的祖国边防,保卫着边疆地区广大人民群众的和平劳动和幸福生活。

第四章　国防建设

一、春秋、战国时期的国防建设

翻开我国公元前 770 年至公元前 221 年五百余年的历史画卷,无处不见戈戟狼烟、铁马突奔。"争地以战,杀人盈野,争城以战,杀人盈城。"大国兼并小国,强国吞并弱国。新兴的地主阶级战胜没落的奴隶主贵族,弱肉强食成为这一时期社会发展的显著特征。相传西周初期,天下有大小诸侯 1200 余国,经过弱肉强食的激烈兼并战争,到战国后期,就只剩下七个国家。

春秋战国时期,是我国社会的奴隶剥开始瓦解、封建制度开始形成及确立的历史大变革时期。新旧两种制度的变更,不是通过和平的方式,而是通过阶级斗争的最高形式——战争的形式来实现的。由于社会制度的变革,先进生产关系的逐步形成,也使得这一时期的国家形态、社会经济都较前有了大的发展,并影响到国防的形态和国防实践。这一时期的国防,因为政治、军事、经济、社会和文化形态诸因素的影响,呈现出独有的特色。在弱肉强食的兼并战争中,"国不富"则无称雄之本;"兵不强"则无争霸之力。国贫兵弱,就可能被蚕食兼并。各诸侯国为了在弱肉强食的兼并战争中立于不败之地,都非常崇尚武备,重视国防建设,采取各种办法富国强兵,图强称霸。这一时期主要各诸侯国的国防,呈现出以下几个共同的特点:一是修明政治,变法图强。周王朝在政治、经济、军事上的全面衰退,诸侯国力量的日渐增长,必然导致权力和领土的再分配。在春秋战国时期激烈的争雄图霸及兼并战争中,各诸侯国间的国土疆域,随着实力的消长,不断地发生着变化,呈现出国无定局,疆无定势的纷争局面。各诸侯国为适应丧武必亡的历史发展潮流,避免在弱肉强食兼并的战争中被蚕食或消灭,都在积极改革政治、变法图强,采取重武备、蓄战力、修政治、行变法,对内富国强兵,扩充武力;对外"兼昧攻弱",扩展疆域。如:齐桓变法,称霸东方;秦孝图强,称雄西域;成王法兴,楚问九鼎;胡服骑射,兵强马壮,等等。二是繁荣经济,裕民固本。春秋战国时期,各诸侯国为达到自强称霸的目的,无不重视发展经济和增强国力、充实武备。这也是这一时期经济繁荣、昌盛的社会原因。为发展经济,加强武备,各诸侯国都采取了一系列措施,诸如废除井田,推行赋税;销山煮海,繁荣工商;兴修水利,发展农业;建立赎刑,聚敛兵器等,从而促进了社会经济发展的加强了国家武备建设。在这方面,最有代表性的是春秋时期的齐国与战国时期的秦国。经济的繁荣,依赖于国家的政治制度,取决于生产力的解放程度。春秋时期商贾出身的管仲出任齐相后,为使齐国富强,首先从整顿国政入手,推行乡制,发展经济。他分全国为 21 乡(每两千家为一乡),其中工商乡 6,士、农乡 15。乡制使工商专心本业,免服兵税,主要从事生产贸易以裕财源。他奖励商人通行于各国之间,广泛开展"国际"贸易,并利用齐国渔盐之利的优势,设盐官煮海为盐,设铁官制家具,销山铸钱,调整物价,以多种渠道发展商业,促进了齐国经济的繁荣。齐国如此,其他诸侯国也很重视工商业的发展,促进经济的繁荣。据史书记载,晋国大商人坐着金玉装饰的车子,穿着刺绣华丽的衣服,结接诸侯卿大夫。在郑国,国君和商人签

管仲

订盟约,以国君不侵犯商人的利益为条件,使商人保证不迁移到别国去。郑国重视商业和商人,商人也积极参加政治活动。如郑国商人弦高潞遇秦军偷袭郑国,便假托君命送牛犒师,使秦军疑郑国已有准备,遂撤军而回。发展农业,积蓄粮食,是各诸侯国发展经济,以图争霸的主要内容。战国时期的秦国,以商鞅为相实行变法,就强调鼓励个体家庭经济,发展农业。规定凡是一家有两个以上的成年男子,就必须分家,各立户头。对生产粮食布帛多的人,可以免除劳役和赋税;不务正业、游手好闲而贫困的,把其全家作为官奴。三是改革军制,演武练兵。经济的发展,必然引起军队武器装备的更新和军事技术的发展。春秋战国时期,各诸侯国为了加强国防建设,都十分重视发展军事技术和改革国防领导与军队体制。西周时期,军权完全控制在周王手中,只有被周王封为诸侯之首的"元侯",才允许建立一定数量的常备军,其他诸侯国只能建立常备卫队,有的连建立正式常备卫队的权力也没有。西周末期,诸侯国势力开始崛起,诸侯国纷纷建立自己的军队,但周天子仍用王室建三军,大诸侯国建二军,小诸侯国建一军的制度加以约束。春秋时期,各诸侯国为适应兼并战争的需要,纷纷扩大军队规模,增加编制员额,加强军事实力的竞争。春秋前期,大国如齐、鲁、晋、秦等,兵力一般为 3 万左右;到春秋末期,兵力就增加至 10 万左右。这些军队的编制以晋国为例,晋献公十六年(前 661 年)时,开始扩编为上、下两军,晋文公四年(前 638 年)又扩编为上、中、下三军。次年,在三军之外再增编三支独立的步兵部队——三行。晋文公八年(前 629 年),又将三军和三行改编为上、中、下三军和新上、新下五军。晋景公十二年(前 588 年),又扩编为上、中、下和新上、中、下六军。这一时期,随着军队建制的扩大,数量的增多,新的作战兵种也开始出现。步兵开始出现在春秋末期,进入战国时期,随着战争规

模的扩大,骑兵和舟师也相继问世;各国的军队,在兵种上,已由过去单一的车兵发展为车兵、步兵、骑兵、舟师四个兵种的多兵种军队。春秋以前,国家上层统治中官员文武不分,平时管理政事,战时统兵作战。战国时期,各新兴地主阶级执政后,因政治、军事的需要,在国君之下,先后建立了以相和将为首的官僚政治机构,出现了专职的军将和独立的军事系统。四是奖赏军功,激励士气。春秋战国时期最突出的特点是"战"。据鲁史《春秋》的记载,在春秋时期近 300 年的时间里,军事行动就有 483 次之多。战国时期,不仅战频繁,战争的规模和激烈程度都有了进一步的扩大和加强。在残酷、频繁的战争环境中,各国为激励士气,提高军队的战斗力,都建立了严格的赏罚制度,以军功授爵、赐田、"食封"。从而,演武为上、从戎为荣成为社会风尚。五是研究方略,繁荣兵学。各国在频繁激烈的兼并战争中,为谋求生存与强国之道,都十分重视对战争方略的研究与探索。这一时期,兵学之花争奇斗艳,名将云涌,形成了我国古代兵学繁荣与鼎盛的黄金时期。这一时期,造就了一大批杰出名的军事人物,如著名军事家管仲、魏舒、孙武、吴起、孙膑等,著名将领乐毅、蒙恬、白起、廉颇、李牧等;著有流传千古的旷世兵学奇书,至今仍广为流传的《孙子》《吴子》《六韬》《司马法》《尉缭子》《孙膑兵法》等等。春秋战国时期兵学理论的发展,特别是谋略和谋略在战争中的运用,普遍受到各国的重视。当时讲求谋略,推崇谋战之风盛行。在军事和政治斗争中,从考虑国防全局出发的战略性谋略,从某一作战行动出发的战役、战术性谋略,以及各种养士;用间、攻心等辅助性谋略得到了广泛运用,对各诸侯国的国防建设产生了积极的作用。

二、秦朝的国防建设

公元前 221 年,秦王嬴政灭亡六国,结束战国"七雄"争霸的政治局面,建立起中国历史上第一个多民族的、一统天下的中央集权制的封建国家——秦王朝。秦王嬴政将古代的"三皇""五帝"之称谓合二为一,自称皇帝,表示自己超过前代的一切最高统治者,并宣布自己为这个国家的"始皇帝",史称秦始皇。此后,秦朝的国防就担负起了巩固和发展统一政权、抗击外族入侵的双重任务。这时,北方草原上的一个古老民族——匈奴,因为在冒顿单于的统治下,武力达到空前未有的强盛,不时侵扰秦王朝的东北、西北地区。为巩固边防,秦始皇主要采取了以下综合治理措施:

(一)巩固集权促进统一

为了巩固这个前所未有的封建大国,秦始皇在政治、经济、文化和军事方面,采取了一系列巩固中央集权的措施。在政治上,实行高度中央集权的政治制度。这个制度的特点主要有三:一是国家最高统治者称皇帝;二是中央机构由三公九卿组成;三是地方行政单位分为郡、县两级。这套制度是我国古代政治制度史上的一个新发展,在当时及以后相当长的时间里,对巩固统一,促进社会经济、文化的发展,起了重大作用。在此后的两千多年封建社会中,各封建王朝基本上都沿用了这一制度。为了维护封建的政治制度,秦王朝建立了与其适应的军事制度,其主要特点是,军权的高度集中和军队的高度统一。在朝廷设太尉,执掌全国军政,为武官之长,只有带兵权,没有用兵权,军队高级军将的任免、军队的调动,均须出自皇帝的命令,并从措施制度上保证了军权始终集中在皇帝的手中。

(二)筑路通邮,置燧报警

秦始皇统一六国后,就拥有了齐、楚、燕、赵、韩、魏六国的全部领土。其疆域东至大海,西至甘青高原,南至岭南,北至河套、阴山、辽东,与东胡和匈奴接壤。秦在灭亡六国的过程中,由于燕、赵两国均倾全力忙于抗击强秦,无力北顾,北部边防松弛,结果匈奴乘虚南下,兵锋已达阴山、云中、九原等地。秦之上郡、陇西等边境地区也常遭匈奴袭扰。这样就使秦都城咸阳及关中地区的安全受到严重威胁。此时,秦虽然统一了六国,但中国的西南、东南部的广大地区还未完全统一。秦征战十年,灭亡六国,其实只是完成了统一的第一步,面对北方的威胁和进一步完成统一大业的要求,秦始皇在内部秩序获得初步安定后,即着手加强武备,做开拓北方、南方疆域的准备工作。秦始皇曾先后五次出巡,进行实地勘察。公元前215年他亲自沿边境地带巡视,以了解边境地区的形势和匈奴入侵袭扰的情况。公元前220年,秦始皇下令征调大批人员,修建工程浩大的驰道。驰道以秦都咸阳为中心,东至今浙江、江苏、山东、河北,南至今湖北、湖南,西至今甘肃东部,北至今河北、山西北部。与此同时,又修直道,自甘泉(今陕西淳化县境)直通九原(今内蒙古包头市西北)。在当时,全国之内都有宽大而平坦的道路。秦始皇开辟全国性的交通网,为向边境地区大规模调兵运粮提供了道路条件,不仅具有重要的经济意义,而且具有重要的军事意义和国防意义。

秦王朝在建立全国交通的同时,还沿这些道路和边防线建立了大量的亭、烽燧和邮驿等设施,制定了一系列相应的以军事目的为主的通讯制度。秦王朝在科学技术尚不发达的时代,在全国建亭驿、筑烽燧,充分利用视、听信号传报敌情,及时掌握敌情和指挥军队,这在当时应当说是一种行之有效的措施。这对以后秦军南平百越,北逐匈奴,并取得重大胜利,提供了重要的保障。

(三)北逐匈奴,大修长城

公元前215年,秦始皇派大将蒙恬率兵30万北击匈奴。青年蒙恬文武兼备,深得秦始皇信任。此时,匈奴主力在阴山西部与贺兰山北部,一部侵入中国北边,散布于陇西及河套地区。蒙恬根据当时的情况,决定率主力由上郡(今陕西榆林)向河套北部地区进发,另以一部兵力由北郡(今甘肃庆阳市)出萧关,进入河套南部,以扫荡河套地区的匈奴。待河套地区的匈奴扫清以后,再分兵两路,主力由河套西北部渡黄河,攻取五原与狼山山脉,一部兵力由河套西南渡黄河,攻取贺兰山脉高地,与进取狼山之主力会合。公元前215年夏秋时节,蒙恬按照所定方略,挥军向匈奴发起进攻,黄河以南地区很快就为秦军所收复。公元前214年春,秦军主力由五原渡过黄河,迅速进至狼山山脉,一部兵力渡河后攻占贺兰山地区。匈奴在秦军的猛烈攻击下,向北逃走。至此,原秦、赵边境地区全被收复,秦北逐匈奴之战胜利结束。

为了巩固北逐匈奴的重大胜利,保卫北部边境的安全,秦王朝采取了一系列战略性的防御措施。首先是建立地方政权,设立九原郡,郡治所在今内蒙古的五原县;其次便是大修长城,修筑由高朝沿阴山山脉至云中原赵国之长城,并新修由高阙沿狼山至榆关之长城,同时责令云、代、上谷、渔阳、右北平等郡组织人力加修连接燕赵的云中原长城,经过多年修筑,长城成为一条西起临洮(今甘肃临洮北)、东至辽东,绵延一万余公里的防护屏障。秦始皇还下令大规模移民充边,实行戍边与垦殖相结合的办法,发展边境经济,以巩固边防。与此同时,还令蒙恬率大军长期镇守上郡(今陕西榆林)以防匈奴对北部边疆的袭扰。

(四)南征百越,设郡而治

秦始皇于公元前214年,派屠睢率50万大军,对南方的百越展开了大规模的征讨战争。屠睢兵分5路,经过艰苦的战斗,取得了统一江南的重大战果。尔后秦始皇又命屠睢进军西瓯。西瓯越族顽强抗击,屠睢兵败被杀。在秦军遭此严重挫折后,秦始皇又派尉陀(即赵陀)等率大军南下,经过艰苦征战,终于平定了西瓯和南粤,统一了中国南方的广大地区。为了巩固秦王朝对岭南地区的统治;秦始皇设置了闽中郡(郡治在今福建省福州市)、南海郡(郡治在今广东省广州市)、桂林郡(郡治在今广西桂林市)和象郡,选调官吏,迁徙人口,以发展当地的经济。

秦朝后期,由于秦始皇横征暴敛,滥施法度,激发了各种矛盾,引发了秦末农民大起义,于公元前207年,就在农民大起义的暴风雨中轰然而灭。秦朝自秦王政于公元前221年称帝,公元前207年灭亡,仅传二代,历时15年,但秦王朝的国防事业,在中国国防史上却占有十分重要的地位。

三、西汉时期的国防建设

在秦末的农民大起义中,农民起义军领袖刘邦于公元前206年夺取政权,建立了西汉王朝,登上了皇帝的宝座,建都长安,史称西汉。西汉王朝从汉高祖刘邦五年(公元前206年)起,至西汉末代皇帝孺子婴三年(公元8年)止,经12帝,历时210年。

西汉王朝统治的200余年间,其国防建设大致可分为三个阶段:第一个阶段,自汉高祖刘邦开始,经惠、吕后、文、景共世,62年。西汉政权对内发展生产,整军习武,增强国力,平息内乱;对外则北和匈奴,南霸南越,争取时间,富国强兵,出现了"文景之治"的空前繁荣景象。第二阶段,从汉武帝刘彻起,经昭、宣、元,共4帝108年。在此期间,具有雄才大略的汉武帝,集中全国的力量开始消除边患的大反击,先后对匈奴发动了大规模的"漠南之战""河西之战""漠北之战",取得了决定性的胜利。为实现最终征服匈奴的战略,公元前138年和公元前119年,汉武帝又两次派张骞等出使西域,联合大月氏,断了匈奴右臂,使之处于孤立无援的境地。公元前51年,匈奴被迫降汉,成为西汉的属国。第三阶段,西汉末期,从汉成帝经哀、平二帝,共3帝王年,由于成、平二帝昏庸腐败,外戚专权,帝权旁落,西汉王朝日趋衰微,最终为王莽所篡夺。

西汉时期国防建设的特点,可归纳为如下几个方面:

(一)对匈奴实行"和亲政策"

西汉在开国之初,匈奴军于公元前201年围攻韩王信于马邑(今山西朔州),韩王信投降,并引匈奴军南下攻晋阳(今山西太原西)。翌年,即公元前200年,汉高祖刘邦亲率大军32万,由晋阳北上迎击匈奴,结果被匈奴冒顿单于率领的40万精骑围困于白登,史称"白登之围"。后用陈平计,才得以逃归。

刘邦在"白登之围"这次兵败之后,对初建之时汉王朝的国力、军力和整个汉匈斗争的形势作了冷静分析,认识到由于长期战乱,国力不足,对北方边地势力强大的匈奴,只有实行"和亲政策"。所谓"和亲政笠"就是汉王朝皇帝要向匈奴送嫁公主,每年汉王朝要向匈奴奉送一定数额的絮、缯、金、帛、酒、米等副产品;汉王朝在边境开"关市",准许汉人同北方民族互相交换货物。由于西汉王朝实行了"和亲政策",匈奴基本上停止了大规模南侵,边患明显减少,这就为西汉王朝赢得了一个相对和平的时期,使朝廷得以集中精力整顿内政,发展经济,休养生息,积蓄力量。同时,由于"关市"的开放,使量牛马得以输入,这对当时西汉政权的巩固和发展是有积极意义的。

(二)"文武并用"的治国方略

汉高祖刘邦在匈奴基本上停止了大规模的南侵之后,就着手对王朝内部的整顿。刘邦是以征战取得天下的,世有"马上皇帝"之称。当谋士陆贾劝他要重视文治,实行"文武并用""文武相配"之策时,刘邦对这一套开始并重视。在他完成了认识上的转变之后,就推行了一系列"文武并用"的安邦治国的政策。诸如:在经济上采取了"重农"的政策,一是"兵皆罢归家"以充实农业生产。二是赐予军吏卒爵位。三是号召逃亡人口回乡,他还下令解放了因生活困难而沦为奴婢的人。四是减轻田租,十五税一。这些政策的实行,使当时的社会发生了很大变化;政治上建立完整的法律制度。刘邦鉴于秦朝二世而亡的历史教训,登基不久,就着手建立一套完整的法律制度,使朝中百官能按照统一的制度治理国家。他令萧何定律令,韩信等定军法,张苍定历法及度量衡程式,很快就建立起了西汉王朝的各项制度,对于巩固西汉政权,恢复和促进社会生产,稳定社会生活秩序,都起到了积极的作用。西汉立国之初,满朝文武,多是跟随刘邦南征北战的功臣,他们擅长于疆场上的厮杀,却不通礼仪,不懂文治。刘邦为了巩固自己的权威地位,便令叔孙通尽快制定朝中礼仪,并组织群臣学习,贯彻执行,以确保皇帝在统治集团内拥有至高无上的权力,进而起到了稳定社会秩序的作用;军事上整军讲武增强军力。刘邦为了迅速恢复生产,增强国防实力,一方面大量裁减军队,充实农业生产;另一方面,又积极整军讲武,修武备,强军力。刘邦采用"文武并用""文武相配"的政策治理天下,充分利用"和平时期"与民休息,发展生产,增强国力。与此同时,又积极训练军队,增强军力,这些都为200余年西汉国家的基本安定奠定了基础。

(三)"以农为本"的经济政策

公元前195年,刘邦死后其子刘盈继皇帝位,史称汉惠帝。由于惠帝年幼懦弱,西汉王朝一度曾由吕后专政,并大封吕氏子弟为王。刘氏皇族与吕氏子弟进行了激烈的斗争。惠帝、吕后死后,诸吕为乱。西汉王朝平定了诸吕叛乱,立刘邦之子、代王刘恒为帝,即汉文帝。汉文帝时期,西汉王朝进一步巩固,社会生活秩序更加好转,生产有了一定程度的发展,并逐步走向蓬勃发展,出现了历来被视为封建社会"盛世"的"文景之治"。

汉文帝刘恒十分重视农业生产。为了发展农业生产,他多次发布劝农诏,奖励农耕。汉景帝(刘启)也"朕亲耕,后亲桑,为天下先"。为了鼓励农耕,文、景两帝先后颁发和采取了一系列措施,诸如,减轻田租,减轻徭役,提倡节俭等。汉文帝在位期间,宫室苑囿,车骑服御,均无所增益。他所宠爱的慎夫人,也是衣不曳地,帷帐不施文绣。文帝、汉景兢兢业业地执行了半个多世纪"以农为本"的政策,因而使当时社会经济获得显著的发展。西汉农业生产的迅速发展,为强兵创造了条件,也为以后对匈奴的作战,保证北部边境的和平安宁,积蓄了坚实的物质基础。

(四)出击匈奴大获全胜

公元前156年,刘彻做了西汉的第5任皇帝,即汉武帝。斯人7岁为太子,16岁即帝位,71岁去世,在位50多年,占了西汉王朝1/4的时间。西汉王朝经过几代人的艰苦努力,到了武帝时,经济繁荣,国力强盛,汉匈双方的力量对比,已发生了有利于汉朝的变化。但是,当时匈奴的力量还很强大,其领地东起嫩江、松花江以西,北起西伯利亚,南至新疆天山南北地区。当时汉军是以步兵为主的步、车、骑联合部队,骑兵虽有一定发展,但同匈奴相比,还处于劣势。而匈奴则是全民皆兵,全军皆骑,驰骋疆场,如风驰电掣。同时,匈奴的作战目的,不在得地,而在掠夺财帛牛羊,行动飘忽,动止无常。因此,以步兵为主汉军,要与匈奴的骑兵作战,很难获胜。汉武帝即位之初,除了继续对匈奴执行"和亲政策",防御其入侵外,另一方面就利用争取到的时间,富国强兵,做好出击匈奴的一切军事准备。

汉武帝刘彻为夺取出击匈奴的胜利,从政治上、经济上、军事上和外交上,经过十余年的不懈努力,完成了出击匈奴的一切战争准备。从公元前127年起,一场决定汉、匈双方命运、影响极其深远的战略大反攻开始了。这场战争,持续了47年之久,双方投入了以骑兵为主的近百万大军,其作战正面,东起辽东凌原沿整个万里长城,西至天山车师(今乌鲁木齐东南),纵深从河套越阴山,直达大漠以北,规模之大,空前未有。

西汉王朝在汉武帝时期对匈奴的战略反攻,前后其进行了11次,其中最有决定意义的是反击河南、袭取河西、漠北决战等三次战役。西汉王朝这次规模空前的对匈奴的战略反攻取得了辉煌的胜利。

汉武帝时期反匈奴战争的胜利,在我国古代国防历史上具有十分重要的意义。它不仅制止了匈奴对内地文化区域的侵扰破坏,保护了先进的封建经济的发展,而且使北方出现了较长时间的安定局面,促进了北部边境地区的进一步开发,推动了边疆少数民族的经济文化的发展,加速了中华民族的大融合,奠定了中国今天疆域的基石,促进了中国与东亚、西亚各国人民的友好往来。

(五)"实边固边"的边防措施

西汉汉文帝时,匈奴骑兵多次寇犯北部边境。汉朝当局在继续执行开国所制定的"和亲政策"的同时,积极采取了一系列"实边固边"边防的措施。这些措施主要有:一是在边关要地配置边防军;二是输粟实边。这是文帝时的政治家晁错提出来的。为了北防匈奴,他主张奖励人民输粟实边,依输粟多少。赐给一定的爵位,或赦免罪过,并令输者将粟运至长城沿线,待边境一带的粮食足够5年之用后,再运至内地各郡县收藏。这一政策的实行,不仅使国家的粮食大增,而且为巩固边防,特别是为汉武帝时的大规模反击匈奴创造了雄厚的物质基础;三是徙民实边。晁错在其《筹边策》中提出,在边境要害之处,建立城邑,高城深堑,以防匈奴袭扰。朝廷接受了晁错的建议,徙民以实边。当时,每一城邑徙民不下千家,城邑中修建房舍,配置农具,设置医巫,以救疾病。对于愿意在边境定居的人,有罪者,免其罪,无功者赐爵位。初徙迁时,由国家供给徙民衣食,直到能自给时为止,并免除一家的征役。在边境的城邑中,还建立了伍、里、连、邑制,选择邑中有才能、习风俗、知民心者充任首领,平时组织徙民操习骑射,战时则率民应战。徙民安居后,各安其业,不令再迁。这样就使每个城邑都成为坚固的军事要塞,从而加强了边境地区的防务;四是"以夷制夷"。汉文帝时期,把与匈奴风俗习惯相同的胡、义渠、等少数民族组织起来,发给坚甲、利矢、絮衣、战马等,并指派通晓匈奴风俗之良将统率,驻守边境险要之处,并与汉军相配合,使两军互相策应,各用其长,与汉朝边民共同保卫边境地区的安全。

汉武帝在取得对匈奴战略反攻的胜利后,为巩固已收复的广大地区,加强北部边防建设,借鉴和发展了自秦王朝以来的固边措施,在河南地区筑朔方城,设朔方、五原两郡,并从内地徙民10万到那里安家落户。公元前119年,再次徙民70余万与边地几十万屯戍部队一起加强北部边防。汉王朝在东起朔方西至令居(今甘肃永登县)的地区内,设立田官,督率戍卒屯田,由官府供给牛犁谷种,把以前的草原牧场,变成了碧绿的牧场;为确保河西地区的安全,又修筑了新的长城,自敦煌郡起连接老长城,沿长城全线每隔5里、10里的地方置亭燧、设烽火台,派戍卒瞭望,一旦发现敌情,白天燃燧,夜间举烽,传递几百里,用以防备匈奴的突然袭扰。

汉武帝刘彻,在中国历史上是一位具有远见卓识、雄才大略的政治家、军事家。他一面反击匈奴,一面加强边防建设,巩固胜利。他推行兵民屯戍、军民协同、且耕且守的固边措施,较之"徙民实边"更为扎实有效。他在位54年,对匈奴进行了40余年的大小战争,抗击了匈奴的侵扰,维护了国家的统一,是我国古代一位很作为的皇帝。但是,他在建树辉煌事业的同时,连年的战争也耗尽了文、景以来库存的余财。到了晚年,他认识到自己的过失,下诏"罪己","深陈既往之悔",申明"当今务禁苛暴,止擅赋,力本农,修马复令(养马者得免徭役)以补缺,毋乏武备而已"。还命赵过推行代田法,改进农具,鼓励农业生产。由于武帝晚年及时调整大政方针,才使昭、宣二帝继承了他临死前制定的"思富养民"方针,恢复了民力,也增强了国防实力,避免了重蹈秦始皇的覆辙。

公元前86年,武帝死后,昭帝(刘弗陵)即位。昭帝在位13年,继续实行武帝晚年"与民休息"的政策,统治相对稳定,国力也有所恢复,汉、匈之间的关系实际上处于僵持状态。公元前74年,汉宣帝(刘询)即位。他继承昭帝的遗法,十分重视发展农业生产,又采取了一些改革措施,深得百姓的拥护。在国力得到恢复之后,宣帝又开始反击匈奴。公元前72年,宣帝派御史大夫田广明等率大军20万,出塞2000余里,联合乌孙夹击匈奴。这是自武帝以后,对匈奴的一次最大规模的作战。由于匈奴得到消息后,尽驱其牲畜远遁,这次出击未获重大战果。公元前60年,匈奴日逐王归附了汉朝。宣帝令熟悉西域的侍郎郑吉出任西域都护,兼护南北两道36国,从此,汉在西域的统治地位完全确立。自武帝通西域起70余年来,西汉王朝联络西域,切断匈奴右臂的计划已完全实现。宣帝不仅在河西地区设立了武都郡,还将屯垦区扩大到乌孙赤谷城。这对于巩固祖国的西北边境安全起到了积极作用。公元前51年,匈奴呼韩邪单于入汉朝见宣帝,表示归附西朝廷。宣帝给呼韩邪单于以隆重的礼遇,位在诸侯王之上,并举行了有数万少数民族参加的庆祝盛会,从此确立了匈奴呼韩邪单于政权与西汉王朝政治关系。

匈奴呼韩邪单于的归附,结束了自"白登之围"以来,汉匈两族长达100多年的战争状态两族人民从此转入了和平友好的新时期,密切了塞北与中原的政治、经济、文化联系,促进了塞北与中原的统一。

西汉王朝对匈奴的百年战争,自然有压迫和侵略的因素,但对于消除汉朝的外患,保卫国家安全,对于中国历史乃至东亚历史的发展,都起了积极的推进作用。因为这些战争,一是奠定了中华民族疆域的基础,使中国的疆域西至葱岭,东至海,南至交趾北部,北至大漠。二是保卫了边境的安全,使边境人民得以在比较安定的环境中从事生产,开发、建设边疆。三是打开了中国与中亚的通路,传播了先进的汉族文化,输入了外国的特产和文化,促进了中国的进步和发展。

西汉王朝自汉元帝(刘奭)起便日趋衰落,到成帝(刘骜)时便走上了崩溃的道路。公元8年,王莽夺取了刘氏政权,自立为皇帝,改国号为"新",至此结束了西汉王朝210年的封建统治。公元18年前后,中国大地爆发了赤眉、铜马等大规模的农民起义。

四、东汉时期的国防建设

在西汉末年的大规模农民起义中,汉高祖刘邦的九世孙、南阳豪强集团的首领刘秀,于公元25年在洛阳建立了政权,做了皇帝,史称东汉王朝。刘秀称帝后,经过12年的征战,最后攻蜀破陇,平定天下,统一全国。

东汉自刘秀称帝(汉光武帝)起,到献帝(刘协)帝位为曹丕所篡,共历12帝,195年。东汉的国防建设可分为前后两个时期。前期自光武帝刘秀起,经明帝(刘庄)、章帝(刘炟)到和帝(刘肇)初年,是东汉的发展和兴盛时期,国防日益强大。在此期间,光武帝20年励精图治,明、章二帝及诸功臣嗣裔袭其父祖雄风,奋发向上,有所作为,北破匈奴,西定西域,南通蛮獠,国家如旭日东升,光照寰宇。公元89年至公元91年,东汉王朝派车骑将军窦宪率军出塞千里,彻底消灭北匈奴,"燕然勒石"。但是,从各帝后期开始,外戚专权,宦官祸国,官逼民反,边患四起,东汉王朝日趋衰落,国防也在内忧外患难与共中瓦解。其后便是群雄割据,军阀混战,最后出现了三国"鼎足"而立的局面。

东汉初年,因为经过二三十年的战乱,社会经济凋敝,人口锐减,到处是一派萧条,边患也相当严重。在北方,有匈奴寇犯上党(今山西长子西)、天水(今甘肃永靖东北)、扶风(今陕西兴平东南);在东北,有鲜卑寇辽东、乌桓人寇代郡以东之边陲;在西方,有先零寇金城(今甘肃永靖东北),参狼羌寇武都(今甘肃成县西);在西南,有武陵蛮寇湘西,交趾蛮寇广东。在这些边患中,以匈奴最为强大,又接近于当时东汉王朝的政治中心区域。因此,匈奴的侵扰,对东汉王朝的威胁最大。当时,只要中原一旦发生内乱,周边诸族就会乘隙而入,围攻中原。为此,刘秀对周边诸族暂取守势。同时采取了一系列巩固政权,发展生产的措施。东汉王朝在国防建设方面的主要措施是,一是招举贤良,集权中央。削弱"三公"的权力,加强尚书台的权力,是刘秀在建国后加强中央集权的一项重要措施。他认为他的功臣武将多是戎马出身,既缺乏治国经验,又往往自恃有功而不遵守法纪。为了加强中央集权,刘秀一方面将其中功劳最大的100多人封为列侯,给予他们很尊贵的地位,以表彰他们的功勋,另一方面却解除了他们的实权,并规定除极少数人之外,其余皆不得参与朝政,只是"以列侯奉朝请"。刘秀十分重视那些隐居山林,不仕王莽政权的人。他认为,这些人既熟悉封建制度,懂得如何治理国家,且情操高尚,不与时沉浮。所以,在他做了皇帝后,派人多方访求,招举贤良;重礼征聘。为了加强中央集权,刘秀在建国不久,就下诏削弱"三公",即司徒、司空、太尉的权力,把实际权力集中于尚书台,使其逐渐成为实际上的中央政府和决策机构。由于尚书台直接听命于皇帝,使皇权得到进一步的扩大和加强。刘秀还下诏撤销了郡国都尉的建制,将其职权归于郡太守。后来,他又解散了地方的轻车、骑士、材官、楼船四个兵种,又取消了每年郡国都试制度。这样一来,地方军队便很少了;地方军权随之被大大削弱。与此同时,刘秀还扩大了以南、北军为核心的中央军队的编制,增强了中央的军事实力。二是简役轻徭,省兵裁吏。东汉王朝建立后,刘秀为了尽快地稳定社会秩序,恢复和发展生产,巩固其统治地位,在经济上采取解放奴婢、省兵裁吏、减轻田赋、厉行节约等措施。刘秀身体力行,认真实行了紧缩开支的节约政策。当时,刘秀自己"身衣大练,色无重采,耳不听郑玉之音,手不持珠玉之玩",连宫廷生活也有所节制,"宫房无私爱,左右无偏恩。"据《后汉书·百官志》记载,当时"节约"问题还被定为汉制,即所谓"世祖节约之制,宜为常宪"。因此,光武刘秀一代,"节约之风,行于天下"。刘秀的这些措施,对当时经济的恢复,生产的发展都起了重要作用。光武后期,国家经济状况迅速好转,官吏普遍增加了俸禄。到明帝时,就出现了"百姓殷富,牛羊被野"的繁荣局面,全国的人口也增加到了3400多万以上。三是重击匈奴,再通西域。在王莽之末,匈奴即已叛变,王莽时也曾发大兵击匈奴而无功。东汉初期,盘踞在渔阳的彭宠、五原的卢芳的割据势力,都勾结匈奴,借外族势力进行内战。当时,东汉王朝忙于国内的统一战争,无暇北顾,便贿赂匈奴,求通旧好。但匈奴却恃其兵强马壮,有现存的傀儡可以利用,中原也有可乘之机,所以不断地制造边境事端,挥军寇犯。东汉朝廷也曾派兵征讨,但却劳而无功。刘秀鉴于东汉天下初定,百废待举,故对匈奴采取了忍让防守政策,暂取守抛,避免战事,以求自和休养生息。东汉对匈奴的这一政策。持续了近半个世纪。公元46年(建武二十二年)前后,由于蒙古高原发生了大旱灾,赤地数千里,草木尽枯,使得游牧于这里的匈奴族"人畜饥疫,死耗大半"。恰在此时,匈奴族内部也发生了内乱和分裂,结果以呼韩邪单于为首的匈奴贵族投降了东汉,是为南匈奴;另一部分分别向西北方向迁徙,是为北匈奴。北匈奴因为据有天山以北的草原与天山以南的沙漠田土,仍不时寇犯中原。同时,北方的鲜卑亦渐次强大成为东汉政权新的威胁。在这种情况下,东汉政府决定采取新的对策,一方面以巨大的军费供给南匈奴,使之成为西北的屏障,以抵御北匈奴。另一方面,招抚乌桓,构成东北的缓冲地带,以阻止鲜卑的南下。公元65年(明帝永平八年),汉明帝又于五原曼柏(今内蒙古达拉特旗东南)驻屯重兵,名日"度辽营",以防止南、北匈奴秘密沟通。但是,北匈奴仍然屡犯边境,抢掠人畜,焚烧城邑,致使河西一带城门昼闭。面对这种情况,汉明帝决定"击匈奴,通西域",重振汉帝国声威。

经过一番准备,汉明帝于公元73年(永平十六年)2月,命窦固、耿忠等,率精骑 1.2 万余人,由酒泉敦煌出发,向天山方向进发,攻击北匈奴,割裂了北匈奴与车师诸国(按:指西域三十六国)的联系,斩断了北匈奴的右臂。东汉王朝此次大举出击匈奴,意义极为重大,在军事上,取得了经吐鲁番盆地进入天山南麓北道诸国的咽喉之地,不仅可陷北匈奴于孤立之地,而且可以保卫地处天山南北西域诸国的安全,为此后班超统一西域创造了条件。在经济上,汉军此次所攻占的伊吾庐等地,土地肥沃,物产丰富,取得此地,可为今后继续北击匈奴提供物资保障。并这开通中亚商路、发展对贸易奠定了基础。

东汉王朝为了进一步在西域建立自己的统治,吸取西汉王朝的教训,在对北匈奴实行军事进攻的同时,还采取了政治怀柔的政策。班超是继西汉张骞之后中国历史上第二大探险家。他通晓军事,很有胆量,又娴习政治策略,富于权谋。公元73 年,班超奉朝命赴西域,未带一兵一卒,只有吏士 36 人。到达鄯善后,迫使动摇不定的鄯善王归汉,并纳于为质。接着,班超又招服了于阗。公元74 年,废掉匈奴所立的疏勒王(系龟兹人),改立疏勒人为王。经过很大的努力,驱逐了匈奴的势力,控制了西域南道。公元75 年,汉明帝死,匈奴贵族又支持焉耆、龟兹等国攻杀西域都护和校尉,控制了北道。因国内大丧,朝廷诏令班超放弃对南道的经营回朝。但南道诸国苦留班超,班超遂决计留守西域,他团结疏勒,打败匈奴控制的姑墨(今阿克苏)和东莎车,稳定了南道的形势。公元90 年(汉和帝永元二年),大月氏贵霜王朝以 7 万兵力入侵,班超率南道诸国的军队击退了这次入侵,威震了西域。接着,班超又经营北道诸地。公元91 年(永元三年),北道的龟兹也投降了班超。这时,汉各帝令班超为西域都护,驻龟兹。永元四年,班超又发龟兹等国兵,讨伐焉耆等国,并重新控制了焉耆;于是,西域诸地重新归于东汉的统辖之下。班超经营西域 30 年,恢复了东汉中央政权对西域的统治,巩固了内地与西域诸地的联系,再次打通了"丝绸之路",进一步促进了中国与中亚、西亚各国的经济、文化交流,具有伟大的历史意义。

东汉王朝到和帝(刘肇)时,发展到全盛时期的顶点。公元89 年(和帝永元元年),东汉王朝兵分 3 路,再次展开了对北匈奴的征战,汉军又再度出现于天山以北,大败匈奴于稽落山(今蒙古国西南部)。此次战役,汉军由车骑将军窦宪统领,率北军五校、黎阳、雍营、绿道等 12 骑士;及南匈奴、西羌诸兵,浩浩荡荡,出塞 3000 余里,降匈奴部落 81,人口 20 余万。窦宪还登上蒸然山(今蒙古国杭爱山),并令护军班固作铭,刻石勒功,纪录汉王朝的威德。后世所称的"燕然勒石",即指此事。

公元91 年(永元三年),东汉王朝为了彻底消除北域边患,令窦宪率部再次出击,攻伐北匈奴。此次出战,汉军出塞 5000 余里,大获全胜,生擒北单于母阏氏,斩名王以下 5000 余级,北单于仅率数人逃脱,从此不知去向。

东汉王朝的全盛时期并不长久,到了汉安帝(刘枯)中期,东汉政权便开始腐烂。尤其是东汉后其,其统治更是"百孔千疮,随乱随失,其危如一发引千钧"。

东汉王朝后期,由于统治集团沉重的经济盘肃剥,残暴的政治统治,激起了广大农民的强烈愤怒。公元 184 年(汉灵帝中平元年),广大贫苦农民在忍无可忍的情况下,终于在张角等人的领导下,爆发了大起义,敲响了东汉王朝灭亡的丧钟。

公元190年,在农民起义的风暴中,豪强大地主董卓乘乱废少帝刘辩,立陈留王刘协为献帝之后,朝野上下,唯权是尚。于是,地方封建势力,纷纷拥兵自重,互相混战,互相兼并,弱肉强食,把中国推向人了一个军阀混战动乱的政治局面。

五、三国时期的国防建设

东汉末年,在农民起义失败后,地方的封建势力又相互混战了十多年。公元200年(汉献帝建安五年),曹操在官渡之战中打败袁绍后,逐步统一了北方。公元208年(汉献帝建安十三年),曹操又率军南下进攻荆州。刘备和孙权联军,在赤壁(今湖北赤壁市,已改称赤壁市)打败曹军。从此,曹操集团占据北方;孙权集团占据长江下游的扬州地区;刘备集团占据荆州的大部,后又进占益州。公元220年,曹操病死,其子曹丕废汉献帝,自立为帝,国号为魏,建都洛阳。公元221年,刘备自称汉帝,建都成都,史称蜀国或蜀汉。公元229年,孙权也在江东称帝,国号吴,建都建业(今江苏省南京市),从此,魏、蜀、吴三国鼎立的局面正式形成,中国进入了"三足鼎立"的三国时期。

魏、蜀、吴三国都有在战争中建立起来的,国防建设的基本目标都是在鼎立的政治格局中求存争雄,力图一统天下。在这个目标的驱动下,三国统治集团都非常重视军事,致力于国防建设,并采取了带有普遍意义的一些作法:

(一) 推行"养民屯田"政策

"民以食为本",东汉末年的各个割据势力的兴衰,在很大程度上取决于粮食的充裕与否。当时有些声势浩大的军阀,就是因为军粮不足,结果无敌自破,更谈不上兼并天下了。因此,魏、蜀、吴三国都非常重视发展农业,以求兵民足食。魏国实行"养民屯田,十年然后用之"的方针;蜀相诸葛亮采取"民安食足而后用之"的方针,在内修政理,外复关盟,治戎讲武的同时,务农殖谷,修都江堰,发展蜀锦生产;吴国则采取"施德缓刑,赋息调""保江东,观成效"之策。曹操在汉献帝迁都许昌的当年,就决定在许昌附近推行屯田。为了确保屯田的实行,曹操任命任峻为典农中郎将,在中央设大司农,地方设风典农校尉、屯田都尉等官员,广泛招募流亡农民来耕种土地。屯田的农民称为"屯田客",一律按军事组织编制,严格管理,不得随意离开土地,并对"屯田客"实行免除兵役、徭役"政策"。"屯田客"用自己耕牛屯田收获的粮食,一半交公一半归己:用官牛屯田收获的粮食,六成归公四成留己。为了能使广大"屯客"安心生产,曹操在组织管理上,采取自愿的原则,吸引了越来越多的流民,使屯田制度得到了巩固和发展。当时,除民屯外,还有军屯,二者性质相同,但军屯是以营为单位生产,每营配"佃兵"60人,且战且耕。曹操推行屯田,在当时不仅解决了粮食问题,也使大量流离失所的农民安定下来,争取了民心,保证了兵源。这对于曹操集团势力的发展起了重要作用。

蜀汉王朝以租调等收入供应军队。由于军队的主力长期屯于汉中地区,多则10万,少亦5万,所以军粮供应就成了重要问题。诸葛亮五次率军北伐,就有两次因军粮不继而撤军。在这种情况下,诸葛亮把发展生产作为保障北定中原的一项重要措施,视粮食为"军之要最"。诸葛亮为了解决军中的粮食问题,首先组织和发展农业生产,推行"务农殖谷"政策。他不仅在和平年代"务农殖谷,闭关息民",就是在战争时期,也要利用作战间隙"休士劝农",分兵屯田,实行"兵农合一"。

孙权在江东也实行了大规模的屯田。在他的倡导下,吴国改变了秦汉时期"火耕水耨"的落后耕作方法,开始推行两牛一犁的耕作法。耕作技术的改进,使粮食产量不断增加,为吴胜利地进行战争提供了条件。

(二)坚持"从严治军"

军队是国防的主要支柱,国防的强弱,很大程度上取决于军队的战斗力,而如何治军,又是考察和检验军队战斗力的重要标志。曹操在十分重视"从严治军"、以法治军。他平时治军严格,因而他的军队都很能打仗,也打了许多胜仗。官渡之战后,随着军事上的节节胜利和地盘的扩大,曹操更加重视了对军队的整治,以提高其战斗力。同曹操一样,诸葛亮在治理蜀汉军队时,也十分重视威之以法,赏罚必信。他认为,要使士兵听从将领的指挥,就必须依靠法治。早在刘备夺取益州时,诸葛亮就制定了蜀国法典《蜀科》,"提赏以兴功,罚以禁奸",以激励文臣武将效忠蜀汉政权。诸葛亮所推行的政策对于提高蜀汉军队的战斗力起到了重要作用。三国时期,魏、蜀、吴三国都十分重视"教兵讲武",加强平时军队的军事训练,其中以诸葛亮尤为突出。他认为,"有制之兵,无能之将,不可以败;无制之兵,有能之将,不可以胜"。他说:"夫军无习练,百不当一;习而用之,一可当百"。因此,他非常注重"救兵讲武"。在训练中,诸葛亮提倡"扬士族之能",充分发挥士卒的主观能动作用。由于蜀军训练有素,在北伐作战中,"止如山,进如风,调动自如"。后来,诸葛亮因病于五丈原,蜀军撤退后,魏将司马懿见蜀军留下的营地,不禁连声称赞诸葛亮不愧是一位治军的"天下奇才"。

(三)重视研制军队的新兵器和新战法

为实现自己的国防目标,魏、蜀、吴三国都很重视军队新兵器和新战法的研制。在这方面,蜀汉的成就最引人注目。精良的兵器,是提高军队战斗力、巩固国防的重要物质保证。诸葛亮为了增强军队的战斗力,他不仅改制了连弩,使之可"十矢俱发",成为当时的第一流的兵器,还多次下令,对兵器的质量提出了明确的要求。

魏、蜀、吴的国君,从巩固国防的目的出发,都善于处理与周边国家或民族的关系,制定了极为巧妙和实用的周边战略。三国之间,或合纵连横,或抑此扬彼,或远交近攻,关系错综复杂,为其生存发展创造了必要的条件。诸葛亮在治理蜀汉的过程中,极力主张蜀吴联盟,共抗曹魏。当"南中"郡发生武装暴乱时,他主次分明,十分明智地采用"攻心为上"的策略,取得了很好的效果。联吴伐魏,是诸葛亮为蜀汉制定的基本外交战略。为此,诸葛亮多次说服孙权与刘备联盟,孤立曹操,因而取得了赤壁之战的胜利。这一段历史经验,对于当代国防建设,依然有着借鉴的意义。

六、两晋、南北朝的国防建设

两晋、南北朝时期长达300年余年。中国的这一段历史,是分而又合,合而又分,就是这样的政治形势,推动着这一时期的中国社会不断地向前发展。公元280年,晋武帝司马炎发兵南进灭吴,建立西晋王朝,全国由长期分裂复归统一,到晋王朝推行偃武修文政策,使国防受到毁灭性的破坏,最终酿成"八王之乱"而导致西晋王朝的覆灭,尔后即出现南北朝的长期对峙,最后由隋重新实现全国的统一,前后经历了300余年的分合岁月。这一时期,政治局势分合轮转,几度变迁,形成了长期的战乱局面。从西晋的"八王之乱"开始,到"五胡"进入中原;从十六国的纷争,到南北朝的对峙,长江、黄河两大流域战乱此起彼伏,中华民族分崩离析。统治阶级在政治的腐败和长期的战争,严重地破坏了社会生产力。农民与地主的矛盾,中原汉族人民与少数民族之间的矛盾,封建统治阶级内部的矛盾,错综复杂,异常突出,出现了春秋战国以来上的又一次国家大分裂。这一时期的国防,也因国家的分裂与混乱,出现了历史的大倒退。

(一)两晋时期的国防措施

公元265年,掌握曹魏政权的司马氏家族发动宫廷政变,以相代帝,取代魏元帝曹奂而自立,建立了以司马氏为首的世族联合专政性质的晋王朝,历史上称之为西晋。晋太康元年(公元280年)晋灭吴,全国由分裂复归统一,结束了东汉末年的军阀混战及其以后的魏、蜀、吴三国鼎立的局面。

西晋在灭吴后,国防强盛达到了顶点,晋武帝司马炎挟能征惯战之师达70万之众,军力之强,世无能敌。但此后短短的十余年间,因任用外藩导致外军脱离中央而兵权旁落,加上内部相互攻杀,使国防实力一落千丈,因此出现了"飞檄征天下兵"时竟无一兵一卒来援的情况,以致在匈奴等少数民族的进攻面前束手无策,落得个江山易手、社稷无主的悲剧。纵观西晋王朝的由兴到衰、由强到弱,由统一到分裂的历史过程,其根源在于西晋王朝的国防政策和国防指导方略上的失误。晋武帝在统一中国后撤销地方武装,实行同姓诸王和任用外藩掌握外军兵权的三项军事改革,实际是犯了强固国防、稳定政权之大忌。

公元 316 年 11 月,匈奴族的汉国首领刘曜率军攻陷长安,灭了西晋。次年,晋王室被迫东迁,琅琊王司马睿在大族势力的支持下即皇帝位,号元帝,立国江东,定都建康(今江苏南京市),史称东晋。

南迁后的东晋,虽占长江流域中心地带之地利,但其国土实难与西晋相比。东晋元帝时期,其国土只有扬州、江州、荆州、湘州、广州、宁州、徐州等 8 州和梁、益、豫 3 州的各一部分,其中徐州还属侨郡。后历代帝王执政时,曾数次北征无功,其疆域均未有大的拓展。整个东晋时期,与北方少数民族政权的接壤之地,终不出今江苏、安徽、湖北等省之境。东晋国土疆域的狭小,造成物资匮乏,无回旋余地,实是东晋国防脆弱的客观原因。

以司马睿为首的东晋王朝,是一个由江南和江北的门阀世家大族组合而成的封建统治集团。在这个统治集团的政权中,王、谢、庾、桓四大族的势力为最大,其中起主导作用的是中原高级士族出身的政治家王导和其兄王敦。王氏兄弟不仅是东晋王朝的实际创造者,而且是晋元帝朝廷的重要决策者。公元 518 年晋元帝在建康登基后,王氏兄弟采取联络北、南士族的政治手段,收揽大批北方士族做骨干,招纳南方士族作辅助,自作士族的首领。因此,王氏兄弟在东晋王朝理所当然地成为当时最显赫的人物,当时社会就流传有"王与马(按:指晋元帝司马睿),共天下"之说。东晋王朝政权的这种组合性质,决定了其国防的脆弱性。一是从东晋王朝国防实力来看,王朝的军队除中军外,主要是由江南、江北门阀世族所统领的军队组合而成。他们虽然名义上都是王朝的军队,受中央政府的管辖和节制,但因为由门阀世族统领,自成体系,驻屯一方,各持兵权,并不绝对服从中央政权的指挥,使国防难以形成整体力量。二是南、北门阀世族间争权夺利,互相倾轧、相互制约、各怀异心,使得东晋政权在极不稳定中苟延残喘。三是内乱相寻,篡夺不已,也是工业区晋王朝国防脆弱的一个原因。

东晋立国江东百余年,虽有多次北伐,但均为无功而返,国土也终无大的拓展,究其原因,就是其"苟安江左"的国防政策所致。晋元帝司马睿本是庸人,既无兴国之威,又无治国之才,对恢复中原旧土缺乏兴趣和信心,只想做个偏安皇帝,从来不做北伐的准备。不仅如此,司马睿还生怕臣下在北伐中立功,建立起崇高的威望,以致功高震主,对自己的权位不利,因此权力反对北伐,为北伐设置种种障碍。与此同时,东晋统治集团与民众的矛盾也相当尖锐。东晋王朝推行的政治、经济政策,进一步加重了对民众的压迫和剥削,激起了民众的愤怒和反抗,这也是东晋王朝实行"苟安江左",无力恢复旧土的一个重要原因。

世兵制形成于三国时期,由西晋延至东晋,已经趋于腐朽衰微之势。西晋灭亡后,军户主要居住的中原地区被少数民族占领,江左司马睿集团完全丧失了对军户的控制,兵源枯竭,不仅无法扩建新军,就连现有军队的兵员补充都有困难,不得不采用调发奴隶,查征隐户,搜捕逃犯和使用罪犯等手段来增补军户。与此同时,由于世兵地位的低下,大批士座逃亡,加剧了军户数量的锐减,造成军队士气不振,战斗力越来越弱,最终形成了世兵制衰竭的不可逆转的趋势。世兵制的衰竭导致兵员不足和军队战斗力的下降,也是东晋国防脆弱的重要原因。

(二)南北朝时期的国防政策

公元 420 年,低级士族出身的东晋北府兵的著名将领刘裕,废晋恭帝司马德文而自立为帝,创建宋朝,在江左建立起刘宋政权。此后,江左共历宋、齐、梁、陈等 4 朝,直至公元 589 年江左的陈朝为隋所灭,南朝统治共达 170 年。总的来说,江左 4 朝是国防废弛,政治衰败。

在北方,西晋灭亡后以反晋为名的战乱转为匈奴、鲜卑、羯、氐、羌等等个少数民族豪酋相继混战的阶段,进入了十六国的战乱时期。这一时期,从西晋贾后专权起,至公元 439 年北魏统一中国北部止,历时 150 多年,是我国经济文化中心的黄河流域遭受巨大破坏的历史时期,也是我国历史上第二次民族大融合的时期。十六国时期,各国的统治集团通过封建割据的形式,建立起自己的国家政权后,为了获得政权的巩固,进一步发展自己的势力范围,他们对外无不采取攻战掠夺为主要形式的国防战略方针。他们利用少数民族游牧经济军事性强,部族内部全民皆兵和以骑兵为主便于征战的优势,以积极的军事进攻来增强国家的防御能力。在防务上,除对边境的险关要道和重要军事据点派兵镇守外,主要力量则用于对外扩张。匈奴刘渊的汉国、石勒的后赵国、冉闵的魏国以及占据中原的前魏和统一中国北方的鲜卑拓跋部建立的北魏等国,都是十六国时期以攻占掠夺为主要国防特征的典型代表。

北朝从公元 386 年北魏建国时算起,至公元 581 年杨坚取代北周建立隋王朝止,历经北魏、东西魏、北齐、北周等朝代,共约 159 年。北朝时期,各国都重视加强武备与国防建设,制定了一系列富国强兵的重大方略,因此,与南朝相比,北朝要强盛得多。

东晋后期,鲜卑拓跋珪以武力统一了中国北方,结束了十六国割据的分裂局面,建立了北朝时期最强盛的魏国,史称其为北魏。

北魏时期,道武帝拓跋珪纵横江北,每战必胜,迅速建立封建大国的原因,在于重视加强武备和国防,实行了诸如"务农息民"的富国政策、"班赐群臣"的奖战措施、"增置吏员"与设镇固防的政略、"招纳汉士"的政治制度等。这些政策、政略和制度的有效实施,就为鲜卑统治集团稳定政权,立足中原,建立强国,乃至最后统一北方奠定了基础,创造了条件。

北魏后期,因六镇兵变之乱,被一分为二,成为东魏、西魏两个国家。公元 534 年,东魏建都于邺,后因高欢父子拥兵专权,仅历一帝,在位 17 年,即为高欢子高洋所篡代,建立齐国,史称北齐。北齐经 6 帝,统治仅 28 年。东魏、北齐时期采取了一系列加强国防建设的重大措施,也取得了一定的效果。这些国防建设的措施有:修城增邑,设镇布防;亲掌军权,练兵双将;以鲜卑为骨干的多种兵制并举。这些措施有利于边境的平静和国家安全,也使东魏对西魏,北齐击柔然、突厥、契丹等国的征战中,大都获得了胜利,成为这一时期的一个军事强国。

公元534年,北魏孝武帝为高欢所逼,从洛阳逃入关中,夏州刺史宇文泰迎孝武帝迁都长安。次年,宇文泰毒死孝武帝,立元宝炬为帝,史称西魏。西魏政权完全被宇文泰控制。公元557年宇文泰家族废恭帝,立宇文泰次子宇文觉为天王;改国号为周,史称北周。同年,北周灭了北齐,使中国的北方再次获得了统一。西魏、北周时期的国防概括起来讲,有这样几个特点:一是改革兵制,实行府兵。西魏、北周创立的府兵制,实行时间虽然不长,但这一制度的建立,对当时和以后的军队建设都有深刻的影响,是我国国防史上的重要一环。二是讲武教战,重视训练。西魏、北周十分重视军队的训练,其讲武教战形成了制度。

因为西魏、北周重视军队与国防建设,国家的武备力量迅速增强,到灭北齐后,军队的总兵力多达50万以上,成为南北朝时期军事实力最强的国家,为后来隋统一中国奠定了坚实的基础。

七、隋朝的国防建设

公元581年,北周外戚杨坚(北周宣帝的岳父),废宣帝之子周静帝而夺取了皇位,建立隋朝,改元开皇,号隋文帝。

隋王朝从公元581年建立,到618年灭亡,仅历二帝,共37年。同秦代一样,隋王朝也是一朝兴暮衰、昙花一现的皇朝。隋朝虽立国不到40年,但在政治、经济、军事等方面都有一些重大的改革和创造,并取得了辉煌的成就。

隋王朝的极盛时期,全国有郡190,县1255,户万余,疆域西到且末(今属新疆),北至五原(今内蒙古自治区杭锦后旗),东南至于海,东西9300里,南北14815里。国势繁荣昌盛,号称大隋帝国。特别是隋文帝杨坚时期,重视国防建设,在其制定政治、经济、军事等制度时,都以富国强兵和社会安定为目标,并努力付诸实施,取得了巨大成就。隋炀帝杨广即位后,荒淫残暴,好战喜功,穷兵黩武,造成生产凋敝,国力衰竭,民怨沸腾,很快就走向灭亡。隋王朝的国防,先强后衰,其经验教训可归纳为如下几个方面:

(一)对兵制进行了重大改革

隋文帝杨坚建立隋王朝后,吸取北周的教训,在强化政治和经济改革的同时,对兵制也进行了重大改革。隋朝的兵制改革,集中反映在对府兵制度的完善上。府兵制源于西魏和北周。西魏时期,府兵"不编户籍",不从事生产,兵农分离,除执勤、作战、训练外,不担负其他赋役徭役。北周武帝时,由于府兵数量激增,大量均田户的农民当了府兵,府兵不从事生产的先例被打破。开始采取平时生产,农闲教战的形式,但由于其军籍专列,不归地方州县管辖,其家属往往随军居住,不能长居久安,给其生产、生活造成很多困难。为了发展府兵制度,加强府兵建设,隋文帝开皇二年(公元 582 年)朝廷规定男子成丁的年龄为 18 岁,每年服役 1 个月。开皇三年,又把成丁的年龄放宽到 21 岁,将每年服役的时间缩短成 20 天。开皇十年(公元 590 年),隋在统一全国后,朝廷又对府兵制做一些改革,使府兵除继续保留军籍外,与自己的家属一起要在州县落籍。他们同民众一样依据均田法受领田地,不日从事生产,战时出征。府兵均免除赋税和徭役,自备兵甲粮草。这样府兵的家属即可同民户一样安居乐业,不再随从府兵流动了。隋王朝对西魏以来府兵制的这一改革,使府兵制由过去的兵民分离,兵民分治而成为兵民共籍,兵民合治,兵民屯田,"寓兵于农"的军事制度。与此同时,隋文帝立国后,对官制也进行了改革,在朝廷设左右卫等十二府,分别统领分布在全国各地的军队。十二卫府的大将军直接由皇帝赐封和指挥,从而进一步将军权集中于皇帝的手中。隋王朝开国后,对地方军也进行了整顿,改变了兵隋将姓的宗法隶属关系,清除了私兵、部族兵的遗痕。此外,在边境及内地的重要州县设置总管,负责这一地域的军事,统一邻近诸州的军事管理和防各建设。

(二)从国防需要出发,修仓储粮,备战备荒

隋朝建立后,隋文帝从国防的需要出发下诏全国,要广筑仓,多积粮。当时,京师有仓廪,州有州仓,社有社仓,以备荒年与战祸。隋代的粮仓分两类,一曰官仓,一曰义仓。官仓是国家的仓库,支配权属政府;义仓是民间自行设置的公共粮仓,第二年收获季节,各家户按贫富等级出粮,储存于义仓,由乡官管理,遇有荒年,就地赈济。隋王朝广建粮仓,大量储备粮食,不仅有效地预防了灾荒之年的民饥之苦,而且对于平时强兵足食和战时兵马食用也具有重要的作用。隋王朝建立后,为掌握全国户口,拓宽兵源,令全国州县查证隐户,并论据朝廷规定的标准和式样,每年初春,逐家依样分户划等人册,按级上报,作为政府当年征发赋税徭役的依据。通过这一措施,隋王朝对全国人口的控制得到了加强。到隋炀帝大业年间,全国人口由开皇初期的 40 余万户,猛增至 90 余万户。20 年间,人口数字翻了一番,不俟大大挖掘了国家的劳动力,而且也大大拓宽了国家兵员的来源。

(三)筑城修路,开凿运河,加强国防建设

隋朝初年,北部边境地区杂居着众多的游牧民族。这些游牧民族部的强大骑兵,勇猛快捷,飘忽不定,经常分入内地袭扰,其中尤以突厥之患为最。隋王朝开国之初,南方有陈朝为敌,北方有住在阿尔泰山以南的突厥为患难。为此,隋朝廷拟定了先挥师江南扫平陈朝,尔后率兵北征,削平突厥,北守南攻,先南后北的破敌保国方略。

隋统治中原后,突厥对西北地区的侵扰屡加频繁,且规模越来越大。在这种情况下,隋王朝在对突厥进行军事打击的同时,先后数征发丁壮加固和增筑长城,开修道路,以增强军队机动作战的能力,扼制突厥对边陲的大规模骚扰和寇犯。公元

585年,隋王朝已用计将突厥分为东西两部,东突厥降隋,西突厥却对北部边境的骚扰依然如故。开皇六年(公元586年)初冬,朝廷派司农少卿崔仲方发陕西、甘肃、宁夏民夫自朔方(今陕西横山区西)至灵武(今宁夏灵武县)修筑长城,东距黄河、西到绥州(今陕西绥德县),绵亘700余里。第二年初春,再次令崔仲秋方发丁15万于朔方以东沿边险要修筑数十城寨。隋炀帝时,新建东都洛阳,征发丁男数十万人,挖掘防御东、西两京的壕堑,自龙门(今山西河津市)起,东接长平(今山西高平市)、汲县(今河南汲县)抵楹清关(今河南新乡县西北)、襄城(今河南襄城),达到上洛(今陕西商县),置关设防。炀帝大业三年(公元607年)初夏,发河北10余郡民众凿太行山,开修了涿郡(今属河北)通往并州(今山西太原)的大道。……我国的主要河流大部分从西而东的流去,南北交通极为不便。隋统一全国后,为解决两京官吏下军队的粮食和"关河悬远,兵为赴急"的问题,加强两京的联系和对边远地区的控制,开始大规模征发民夫开凿运河。隋炀帝开凿的大运河,南起余杭,北至涿郡,以洛阳为中心,贯通海河、黄河、淮河、长江和钱塘江5大水系,全长5000里。这条人工开凿的大运河,具有极其重要的战略价值和划时代的意义。其永济渠不当时中原政权控制河北和东北地区的重要交通线,能济渠与江南水系连接起来,实为当时扼制东南部的一条重要的交通命脉,大运河在当时交通条件下,就经济而言,可以运输民食;就军事而言,宜兵赴急,可以输送将士和武器;就政治而言,可以传递政令和文书,是我国国防史上最光辉的业绩之一。

(四)对突厥实施全面反击

隋朝建立后,由于隋文帝杨坚推行了一系列与民休息的正确政策,促进了农业和手工业的蓬勃发展,而手工业的发展又为隋王朝的兵器制造创造了技术条件,这就为军队改善武器装备奠定了基础。隋初,由于国力有限,对于北部边境突厥的侵扰,朝廷只好筑城修路,对突厥暂取守势。开皇三年(公元583年)春,突厥沙钵略可汗再次率军南犯。这时,隋文帝杨坚经过两年多的战争准备,军力已有很大增强,决心转守为攻,对突厥实施全面反击。是年初夏,朝廷以卫王杨爽等为行军元帅,兵分八路出击突厥。杨爽在朔州道(今山西朔州)大破沙钵略军,沙钵略兵败北逃;杨弘出灵州歼灭突厥军数千人;阴寿出卢龙寨,窦荣在高越原(今甘肃武威西)都取得了胜利。突厥的阿波可汗,素与沙钵略可汗部不和,沙钵略部在与隋军激战时,未能赴援。沙钵略兵败后,生怕沙钵略怪罪于他,遂遣使来朝归附。沙钵略逃归后,闻阿波已经归降于隋,盛怒之下,率兵攻破阿波王庭,杀其老幼,夺其六畜。阿波可汗愤而投奔达头可汗部,得到达头的援助,回击沙钵略。至此,突厥内乱不已,相互攻伐不休。

隋开皇四年(公元584年),突厥达头可汗向隋朝投降。隋军攻击沙钵略可汗,沙钵略屡遭惨败,是年也遣使人朝求和。阿波可汗因连与沙钵略混战,其势力日渐强大,东与沙钵居地相接,西有龟兹、铁勒、伊吾等广阔的地域,号称西突厥。自此

·国防建设·

图文珍藏版

突厥分裂为东、西两部。开皇五年,隋文帝遣使联络阿波可汗,表示对阿波的支持。由此,沙钵略感到西面有达头、阿波,东面又怕契丹的攻击,遂遣使向隋王朝求救,请求率部落到漠南,寄居白道川(今内蒙古呼和浩特北)。隋文帝同意了沙钵略的请求,并命杨广出兵援助。沙钵勒得隋军的声援,击败阿波可汗部。沙钵勒得到隋军的援助,击败了阿波可汗军。沙钵略遂向隋立约,表示"永为藩属国",受隋保护。隋文帝对沙钵略、达头及阿波可汗各部均予以安抚。

突厥自公元 6 世纪中期以来,连续多年寇犯边境,边境居民深受其害。隋文帝在同突厥的斗争中,采纳长孙晟之谋,采用政治离间与军事打击相结合的方略,最终削弱了突厥的势力,使其俯首称臣,从而消除了边患,这隋军挥师南下,统一全国创造了有利条件。

隋炀帝时,凭借文帝积累的巨大人力和财富,"内恃富强,外思广地,以骄取怒,以怒兴师",贪欲与年俱增。他对内,连年大兴土木,开凿大运河,掘堑开道,修筑长城,使上百万的民众因不堪折磨和劳累过度而死亡。对外,他好大喜功,穷兵黩武,他在征伐西域,拓地数千里后,又连续三次用兵高丽。三次旷日持久,出动了庞大的军队,却一败再败,使国力消耗,国防实力削弱,隋王朝终于在农民起义的怒涛下,于公元 618 年宣告灭亡。

八、唐朝的国防建设

唐朝是在隋王朝的基础建立的一个统一的多民族的封建帝国。它的政治、经济、军事等制度多承袭隋朝。亲眼看见隋末农民起义风暴的唐太宗李世民"以亡隋为戒",在隋之旧制上革故鼎新,制定了一系列使国家繁荣进步的方略。尤其是革新政治、发展经济、强化国防军事、抚内睦邻的治国之策,使社会经济、文化、科学得到了迅速发展,成功地实现"中国既安、四夷自服"的战略防御构想,使唐朝成为当时世界上的头等强国。但到唐玄宗统治的后期,由于朝政的腐败,统治阶级内部矛盾日趋尖锐,引发了绵延 8 年之久的"安史之乱"。从此,唐王朝一蹶不振,江河日下,内忧外患并起,大一统的中国又陷于五代十国的混战之中。

作为中国封建社会的鼎盛时期,唐王朝的许多国防措施与特点反映了整个封建社会的国防特征,因而更具普遍的意义。

唐朝当局在国防建设的主要措施和建树有:

(一) 为消除北方边患,积极做反击突厥寇犯的军事准备

唐朝统一全国后,首先面临的问题是北方边境地区的突厥入侵。唐高祖武德初年,突厥处罗可汗深入太原大肆抢掠。处罗死后,其弟颉利可汗即位,协助割据北境的苑君璋进攻雁门。以后侵扰的规模和范围越来越大,对中原人民掳掠和残害也屡演屡烈。武德七年(公元 622 年),颉利可汗率骑兵 10 万分路南侵,掠夺财

物不可胜计,掳去男女人口 5000 有余,自此无岁不入。

唐朝在武德四年(公元 627 年)基本统一全国后,即开始准备对突厥的讨伐。这一年突厥颉利、突利二可汗率军分 4 路入寇,秦王李世民率军抗击取得了胜利。武德九年(公元 626 年),颉利可汗再次寇犯武功(今陕西武功县),进逼渭水便桥北,距长安仅 40 里路程。这时唐太宗李世民刚刚即位,他亲自驾临便桥南,隔渭水与之对阵。颉利可汗见唐军军容齐整,不敢决战,请求讲和而引退。至此,唐太宗李世民决心扫除突厥,并在军事上进行了认真的准备。到太宗贞观三年(公元 629 年),唐王朝已有了一支训练有素的精锐之师,社会经济也得到了迅速的恢复和发展,兵精粮足,具备了反击突厥的政治、经济和军事条件。这时,突厥内部也发生了分裂,势力大衰。唐太宗见反击突厥的时机已经成熟,便命并州(今山西太原市)都督徐世勣、兵部尚书李靖、大将军柴绍等率 10 万大军征讨突厥。翌年初,李靖等部大破突厥,突厥突利可汗来降,颉利可汗遁走铁山,遣使伪言请和。李靖指挥大军乘胜出击,出其不意地生擒颉利可汗,俘其众 10 余万,将东突厥基本消灭。唐把归降的突厥将士安置在东起幽州、西至灵州一带,设置 4 个都督府加以管理。又在东突厥故地设置了定襄、云中两个都督府。到唐高宗时,再置单于、安北二大都护府加强防务。此后,东突厥势力再起,突厥贵族阿史那骨咄禄起兵反唐,连年挑起战端,但皆为唐军击败,只好在强大的唐王朝面前俯首称臣。

强大一时的东突厥为唐军所灭,周边诸族为之大震,纷纷归附。唐贞观四年(公元 630 年),周边地区各部落的首领到长安宫门前朝贡,尊请唐太宗称"天可汗"。唐太宗令诸夷从今往后为唐王朝守边境。从此,唐王朝的国力日盛。贞观二十年(公元 646 年),李勣等又奉命率军击灭了雄霸大漠以北的薛延陀部,降服了受薛延陀部控制的回纥、拔野古、仆骨、同罗、浑、契苾、多滥葛、思结、阿跌、跌结、斛薛等 11 个部落和葛罗禄、骨利干等部。唐在漠北设立了坚昆都督府。唐高宗(李治)永徽二年(公元 651 年),西突厥沙钵罗可汗统治时期,多次侵扰唐朝的边境。显庆二年(公元 657 年),朝廷派大将军苏定方、萧嗣业等打败沙钵罗,荡平了西突厥。吐谷浑、高昌、焉耆、龟兹、于阗、疏勒、毗沙等数十个汗国都臣服于唐。唐王朝在天山北路设置了北庭都护府,在天山南路分设 16 个都督府,统领当地的政治和军事。在唐王朝的东北边境,居住着契丹、奚、室韦、靺鞨、渤海等东胡部族。唐威服诸部后,在黑龙江流域设立了黑水都督府,册封乌苏里江流域粟末部建立的渤海政权的首领为渤海郡王。

唐朝极盛时期的疆域,东接海,兼有高丽半岛(今朝鲜半岛),南到日南(今越南广治一带),西至安西(今新疆至中亚巴尔喀什湖一带),北到安加拉河、贝加尔湖一带。

(二)加强军事力量建设,既重视用兵,也注重强兵

唐朝前期的统治者们不仅重视用兵,而且注重强兵,对军队的建设都极为关

注。李渊父子太原起兵反隋前就着手发展和扩充自己的军力,并设立了大将军府,用以加强对军队的建设和兵权的控制。在占据长安建立政权后,为了解决战时的兵源和粮食供应的困难,沿用了隋朝耕战结合的府兵制。唐太宗李世民即位后,居安思危,发奋强兵,首先其父承袭前朝的府兵制度进行了改革和调整,使府兵的组织体制、征调办法、兵员补充、训练教阅等都有了完备的制度,从而使北魏以来创建的府兵制,进入了完善时期。改革后的府兵制,仍然采取以卫统府的办法。唐太宗将唐初设立的军府权限降低,数量增加,并将"军府"改成"折冲府";把统领军府的骠骑、车骑将军改名为折冲都尉和左、右果毅都尉,全国共设置634个折冲府。这些折冲府分别隶属于中央12卫府。折冲府又分为上、中、下三等。上府领兵1200人,中府领兵1000人,下府领兵800人。折冲府下辖团,每团200人,团设有校尉;团下设旅,每旅100人,旅置旅帅;旅下辖队,每队50人,队设有队正;队又辖火,每火10人,火由火长统领。这种组织编制序列严密,进一步加强了进行朝廷对府兵的控制。

唐朝在加强府兵制建设的同时,对府兵的服役和征调制度也进行了一些改革。这些改革,一方面具有精兵的含义,另一方面府兵卫士多选富裕农民和中小地主子弟充当,使其通过充军而进入仕途,扩大了统治阶级在军队中的力量。唐诗中的"宁为百夫长,胜作一书生",就是这种情况的写照。通过改革,使唐王朝全民屯兵屯田,劳武结合,扩大了兵源,增强了民众的国防观念;同时,使兵役比较平均,减轻了民众的负担和国家军费的开支。唐王朝通过对府兵制的改革和加强训练等其他一些措施,很快把诸卫府兵训练成了将强兵勇,能征善战的精锐,极大增强了唐王朝的国防力量。

唐朝的统治者明白,性能优良的兵器和技术装备,是提高和增强军队的战斗力的主要因素之一。因此,统一剑形、改革兵器、研制战船,就成为唐王建国后的一项重要任务,并且取得了很明显的成就。唐代的兵器生产规模相当庞大,除各州官府掌管的军器作坊外,朝廷还直辖有京都及扬、洪、宣等州的大规模军器制造作坊。在管理上,唐初即在朝廷置军器监,统管全国军器的研究与制造,在各州、县挑选优秀工匠另立户籍,按番服役,专门从事兵器的研制。军器监还经常召集技术高超的军器匠总结交流制造经验,鼓励他们不断分行发明,并对有贡献者予以奖赏。这些措施和办法的实施,对唐代兵器的改良与发展,起到了积极的作用。

唐朝在兵器的发展与创新中,特别值得自豪的是黑色火药的首创成功及首次在军事上的应用。唐高宗(李治)永淳元年(公元682年)唐代炼丹家们首创了硫磺"伏火法";唐宪宗(李纯)元和三年(公元808年),又创"伏火矾法"。经过200余年的艰苦的努力,终于发明了黑色火药。唐哀宗天祐元年(公元904年),郑璠在攻豫章(今南昌)时,"发机飞火",把龙沙门烧毁。据北宋初年许洞在其《虎钤经》中云:"飞火"就是火炮、火箭之类的兵器。这是我国历史上第一次把火药应用于军事的记载。唐朝火药的发明和军事上的应用,预示着人类兵器发展史上新时代的到来。

唐朝的商业及对外交流比较活跃。由于手工业的发展,促进了唐代造船业的进步和造船技术的改进。当时的造船业规模空前,遍布于长江、淮河、黄河和沿海诸地。官府在这些地区都建有造船基地,仅扬州一地朝廷就置有 10 个大型造船场,专造巨型船舰。唐朝廷为了发展水师,提高水战能力,对船舰的建造非常重视。唐初,就多次大规模地制造战船,装备水军。唐高祖武德四年(公元 621 年),李渊为削平江南割据势力,曾建造了战舰 2000 余艘。唐太宗贞观十八年(公元 644年),为东征高丽,命“将作大匠阎立德等,诣洪、饶、江三州,造战舰四百余艘”。以后,太宗又再次征发江南 12 州的式匠,为水军建造大战舰数百艘,大大改善了唐水军的装备,提高了水军的作战能力。唐德宗(李适)时,荆南节度使李皋研究建造了的水战“车船”,军士踏动船舷两侧的轮子,轮翼击水行进快速似马。这种战船航行时省人省力,速度加快,宜兵赴急,在战舰发展史上是个创举。

(三)从国防建设的需要出发,重视养马,加强马政建设

马是古代军事力量构成中的重要因素,车兵、骑兵乃至军事运输都离不开马。唐朝廷把加强马政建设作为改善军队装备、提高军队战斗力的一项重要措施。唐开国不久就在西部的陇右一带建立了牧马基地,并设置了以太仆卿张万岁为首的牧马机构,下设牧监、副牧监,还有主簿、直司、团官、牧尉、排马、牧长等官吏。将马分编为群,每群皆设一群长,15 群置一尉,由牧尉统管。以后,牧马组织与官职几经变革和完善,使马政建设得到了进一步的发展和加强。牧马业的发展和马匹的增多,给唐军骑兵的建设和发展提供了有利条件。唐王朝的历代帝王,对骑兵的建设以及对骑兵在战斗中的作用都很重视。特别是唐太宗李世民,不但关心马政的建设与发展,而且尤为精通骑射术,擅长发挥骑兵的机动灵活、长途奔袭的特点,并在历次作战中常以轻骑迂回敌后,攻其无备,以赢得战斗的胜利。

(四)从国防斗争需要的高度出发,加强对交通的开发和利用

唐朝从有利于经济、文化的发展和国防稳固的高度重视对交通的开发和利用。当时的陆地交通以长安为中心,东经洛阳至汴(今河南开封),到宋(今河南商丘)再通胶东半岛;西由岐州(今陕西凤翔)通往四川,西北经凉州(河西节度使驻地,今甘肃武威)至西域诸国约 1.2 万里;北路从长安经太原,到范阳(今北京);南道由荆(今湖北江陵县)至襄(今湖北襄阳市),再南入长沙经广西达于广州(今广州市)。以上道路是长安通往各地的主要交通枢纽,从这些交通枢纽到其他地区皆畅通无阻,且沿路都设有接待过往行人的店肆,在当时条件下大大增强了运输能力,加速了各地政治、经济、文化的交流和军事要地的建设。唐代的水路交通,首先有贯通南北的大运河,又有长江、淮河以及南方许多河流湖泊,构成纵横交错的水道交通网,把沿途许多经济和军事戍镇联结起来。

唐朝不仅重视内地的交通建设,而且为了加强对边境诸夷的控制和与海外的

联系,大力开发了通往边境的陆路和海上交通。据唐史记载,当时通往海外的水路有两条干线,一是自登州(今山东蓬莱市)通过渤海湾到高丽(今朝鲜);二是从广州入海,经越南、马来半岛、苏门答腊等地到印度、锡兰,再西到阿拉伯(大食国)。通往四夷和海外的陆路主要有5条:一是自夏州(今陕西横山)达于大同、云中道;二是由安西进入西域道,将西域诸国联结起来,再向外通往西亚、欧、非各地;三是从营州(今河北昌黎县)至安东道(今朝鲜平壤),把高丽境内42州及9个都府联结起来;四是通往少数民族回纥等地的道路;五是由交州通往天竺道的道路。这些海陆交通的开发,增进了唐王朝与海外诸国及边境少数民族的交往,同时也为御边固防创造了条件。

(五)运用联姻和亲政策来缓和与周边诸族的矛盾,以保卫国家的安全

公元7世纪,正当唐朝的国势蒸蒸日上的时候,在其南隅的冰山雪原上,也出现了一个新兴的藏族王朝——吐蕃,吐蕃王松赞干布统一西藏高原,建立了吐蕃奴隶制王国后,遂与中原的唐王朝建立了密切的政治、经济和文化的联系,并对汉藏友好做出了积极的贡献。松赞干布热爱大唐文化,羡慕大唐的文明发达。他在唐初就几次派人到长安学习,并请求与唐通婚。贞观十四年(公元640年),松赞干布再次派遣吐蕃大相禄东赞率领一队骑士,携带大批珍宝,到长安请求通婚。唐太宗经过深思熟虑之后,同意宗室女文成公主嫁给松赞干布。唐高宗时,封松赞干布为驸马都尉、西海郡王。文成公主深受藏族人民的崇敬。唐中宗(李显)时,又把金城公主嫁给吐蕃赞普。这两位公主没有辜负唐王朝的期望,为汉藏两族的团结做了许多事情,使吐蕃与唐朝的联系更加密切,双方结成了甥舅之好。

唐朝尤其是其前期的统治者所采取的和亲睦邻政策,不仅平息了当时周边四邻所发生的动乱,捍卫了大唐帝国的国家安全,使中国封建社会进入和平、昌盛的重要历史时期,而且促进了我国各族的政治、经济、文化和军事的大发展、大融合、大团结,为中国这个伟大的多民族国家的形成和发展做出了重要贡献。

唐朝自天宝十四年(公元755年)的"安史叛乱"后,又经历了150余年的藩镇军阀混战和以王仙芝、黄巢为领袖的大规模农民起义战争的风暴。在这纷繁复杂的斗争中,农民起义的叛徒朱全忠见风使舵,乘起义军处境危急的形势,倒戈投向唐王朝。这个农民起义军的叛徒,从此便以镇压农民起义军和削藩为名,开始实现自己的野心。经过几年的征战掳掠,朱全忠扩大了自己的势力和地盘,取得了"挟天了以令诸侯"的地位。唐昭宗(李晔)天祐元年(公元904年),朱全忠毁了长安城,挟持唐昭宗到洛阳,不久将昭宗暗杀,立13岁的李柷做皇帝,号哀帝。天祐四年(公元907年)三月,朱全忠强迫唐哀帝重演了所谓"禅位"的丑剧,自立为帝,因其曾封为梁王,所以号称后梁。至此,唐王朝遂告结束,中国历史进入了"五代十国"的时期。

所谓"五代",是指当时中原地区相继出现的五个朝代,即后梁、后唐、后晋、后

汉、后周,共历 14 帝,统治了 53 年(公元 907 年~公元 960 年)。所谓"十国",是指南方和山西地区先后建立的吴、南唐、吴越、楚、闽、南汉、前蜀、后蜀、荆南(即南平)、北汉等政权。此外,与"五代十国"并存的还有新兴于东北的契丹(即后来的辽国),以及先已存在于东北边境的渤海、西南边境的南诏(后称大理)、吐蕃等小国。

"五代十国"时期,是中国历史上一个纷扰割裂的战乱时代,是唐后期藩镇割据的继续和扩大。这个时期,政局极度混乱,政权更迭,朝云暮雨,"天子,兵强马壮者当为之"。武夫悍将蜂拥而起,各据一地,呼王称帝,争霸天下。他们朝立为帝夕被人夺,如同昙花一现,过眼烟云。五代后期,郭威所建立的后周出现了兴旺发达的景象,大有收复大江南北,统一中国的趋势。后周的开国之君郭威,史称周太祖,他出身贫寒,取代后汉建立后周后,生活节俭,革除弊政,比较关心民间疾苦。他死后,养子柴荣即位,是一位年轻有为的新皇帝。他不仅有治国治军和驾驭战争的雄才大略,而且还有削平群雄、统一全国的抱负和信念。为了实现这一目标,他进行了多方面的改革和准备,使后周的国力很快得到增强,就在他率军南征北战,不断取得胜利的情况下,不幸病死军中,年仅 40 岁。

九、两宋时期的国防建设

公元 959 年,后周世宗柴荣病死,他 7 岁的儿子柴宗训即位为帝。公元 960 年,周禁军统帅——殿前都检点赵匡胤,谎报契丹和北汉联兵入侵,朝廷信以为真,遂命他统兵出征御敌,军至陈桥(今河南开封东北 40 里)发动兵变。赵匡胤旋即回师开封,废掉后周小皇帝柴宗训,建立宋朝,后被尊为宋太祖。

宋朝建立后,为了消灭内部可能举行叛变的武装势力,抵抗外族的侵扰,实行了中央集权的政治、军事、财政政策。如:宰执掌兵,受制于帝;强干弱枝,以文制武;兵无常帅,帅无常兵;守内虚外,内外相制等。这些政策措施的实施,虽改变了中唐以来藩镇割据的局面,对于宋王朝的统治起到了一定的作用,但政权、军权、财权的过度集中,却导致了军力削弱,国防危机加深,官僚机构臃肿,"冗官""冗兵""冗费"泛滥成灾,使宋朝成为我国古代史上罕见的积贫积弱的一代王朝。因而,随着金兵大举南下,北宋沦亡,南宋偏隅临安。应当说,宋王朝结束五代十国的分裂局面,实现统一,是历史的一个进步,但是,在中国历史上,宋王朝的统一却是局部的统一,无论是北宋,还是南宋,都不是中国统一的王朝。北宋时,辽、西夏政权与其对峙。南宋时,金朝雄踞淮河、秦岭以北,南宋王朝只能偏安于东南一隅。

宋朝的国防,有其成功的一面,但更多的却是教训,诸如,"守内虚外""三冗"成灾、省兵置将、执意求和等等。但是,宋朝却是中国封建社会经济空前繁荣的一个重要时期。宋朝国防其成功之处及历史教训,有以下几个方面:

（一）结束了南北长期分裂、对峙的政治局面

北宋取代后周之际，五代十国的分裂局面尚未结束。当时，在北方有强大的契丹及其卵翼下的北汉，在南面和西边，有南唐、吴越、南汉、后蜀等较大的割据政权；在福建有陈洪进割据漳、泉一带，周行逢割据湖南一带，高保融割据荆南等。这些大小割据势力中，北汉依靠契丹的支持与宋为敌；南唐虽然慑于宋军的兵威，想方设法讨好赵氏，暗中却与宋军严阵以待；后蜀和南汉也极力想保持割据地位，对宋持敌对态度；吴越虽然顺从于宋，但也仍然割据五方。对宋王朝来说，当时的形势是"一榻之外，皆他人家也"。

宋太祖赵匡胤建立政权后，在消灭了统治集团内部的异己势力、稳定局势的同时，即着手统一全国的战争。他经过认真分析，听取大臣建议，制定了一个先易后难、先南后北统一全国的战争方略。根据这一方略，公元963年，宋太祖出兵攻荆南（南平），接着又挥师挺进湖南。荆、湖两个割据势力被削平后，就使南汉暴露在宋军的兵锋之下，后蜀、南唐的翼侧也暴露无遗。这就使宋太祖获得了进军钳击后蜀和南唐的有利战略态势。

公元972年2月，宋军进逼广州，南汉刘鋹投降。947年9月宋大将曹彬率10万大军进攻南唐，南唐主李煜降。削平南唐是宋太祖领导的统一战争胜利的高峰。南唐亡后，割据长江流域及其以南地区的一些势力，基本上为宋所灭。

公元976年（宋开宝九年）10月20日夜，宋太祖赵匡胤突然死去，其弟赵光义登上了皇帝的宝座，史称宋太宗。宋太宗即位之后，立志把其兄统一全国的未竟事业进行下去。公元978年，迫于宋王朝的军事压力，割据漳州、泉州的陈洪进献土归降；吴越钱俶也归宋称臣。至此，南方的割据势力削平，消灭北方割据势力的时机已经成熟。宋太宗遂把北征灭汉的战略目标提到议事日程。

宋太宗从外交和军事两个方面进行了灭亡北汉的准备。他在两年多的时间里，派遣了6批使臣赴辽，对了做出和平友好的姿态，对辽使来宋也盛情款待，以此来离间辽与北汉的关系，掩盖自己的战略企图，使辽放松了同宋进行军事对抗的准备。与此同时，又加紧精选将士，进行紧张的战前训练，加紧修造兵器和攻城器械。

公元979年正月，宋军在潘美的统率下，兵分4路，围攻北汉的统治中心太原。辽军未能阻止宋军的进攻，派出的援军被宋军在石岭关击溃，几乎全军覆没。宋军对太原围攻日急，北汉被迫投降。北汉被削平后，中原地区和南方基本上实现了统一，分崩离析的五代十局面宣告结束，从此北宋王朝开始了100余年的局部弹琴局面。

（二）"弱干强枝"，以文制武的国防措施

宋朝立国之后，为了巩固统治，防止军权旁落，"陈桥兵变"事件的重演，解除了高级次的政权，削弱了宰相的权力，强化了皇帝对军队的控制。宋王朝在枢密院

下设"三衙",即殿前都指挥司、侍卫亲军马军都指挥司、持卫亲军步军都指挥使,故又称"三司",是分掌皇帝三支亲军的最高指挥机关。"三衙"的长官合称三帅,即殿帅、马帅、步帅。"三衙"鼎立,互相制约,最高指挥权属皇帝,虽有掌兵之职,但无用兵之权。宋王朝废除了后周两司统兵体制,代之以品秩较低的"三衙"九员长官分统禁军。这种军事体制,对于强化皇帝对军队的控制,消除兵祸,保持社会稳定,起了一定作用,但由于一切权力归皇帝,事不得专而又相互掣肘,主帅在战场上往往不能根据瞬息万变的情况而贻误战机,与此同时,一朝廷又宠用儒臣,乐文轻武,在全国上下形成了重文轻武、以文制武的格局,并得用内臣(宦官)领兵或充任监军,以挟将帅。宋王朝不但把这些措施作为立国之法,而且作为遵循的家法传之后世。这些措施对于巩固和强化统治阶级的中央集权,防止藩镇割据,安定内部,固然起了一定的作用,但由于过分重文轻武,削弱和抑制军人的地位和作用,其结果必然导致文官的得宠跋扈,武将的悲观怨愤,文武官员之间矛盾加重;吏治愈益败坏,武备日益废弛,军队的战斗力逐步下降。因此,宋王朝在"强干弱枝"以文制武的同时,也就不可避免地播下了国防危机的种子。

(三)"三冗"成灾,积贫积弱的国防实力

宋朝的真宗(赵恒)、仁宗(赵祯)统治时期起,行政机构越来越庞大,财政负担急剧增加,"冗官""冗兵""冗费",合称"三冗",泛滥成灾,阶级矛盾也随之尖锐起来。从宋太宗(原名赵光义,后改为赵炅)时期起,就出现了机构重复,官员数额迅速增加的情况,到真宗时,这种现象就更加泛滥,官僚机构叠床架屋,通过科举考试录取的官员越来越多,这就使官僚队伍迅速膨胀,许多无真才实学的纨绔子弟。甚至刚出生不久的幼儿都被列入官僚队伍的名单。为了安排这些获得做官资格的人,朝廷对各级政府机构采取"有定官,无限员"的办法,尽量扩大各级政府机构的容量。仁宗时,这种官僚制度的种种弊端更加恶性发展。由于官僚人数恶性膨胀,官僚机构臃肿不堪,因而衙门作风盛行,官员奢侈腐化,办事因循守旧,无所作为,"冗官"之灾日益严重。宋开国之初,禁军、厢军总额约 22 万,到真宗至道年间(公元 995~997 年),增至 66.6 万多人;天禧年间(公元 1017~1021 年),为 91 万人。到仁宗庆历年间(公元 1041~1048 年),增加到 126 万人。宋代的兵役制度,始终以募兵为主。立国初期,禁军所招募来的职业兵,都经过严格挑选,素质较好,在统一战争中发挥了很好的作用。仁宗以后,由于战争频繁,军队员额猛增,招募兵员的数量逐年扩大,导致了滥募滥招成风,兵员质量急剧下降。宋王朝的募兵制,实际上是终身养兵制。农民一旦招募入伍,便终身为兵,军中老弱士兵比比皆是。由于宋军的素质如此,在与辽、金、西夏等军队作战时,往往不战自败。宋王朝的"冗官""冗兵"之灾,给国家财政带来极大影响,又酿成了"冗费"之灾。宋王朝的官员,尤其是高级官员,享受着优厚的薪俸待遇。两府大臣宰相和枢密使,每月俸钱高达三百千,足够购买上等良田 100 多亩,还有其他附加的一些费用,在一般情况

下，一名禁军年需五十千，一名厢兵年开支三十千。军队数量的激增自然带来了养兵费用的激增。"三冗"泛滥成灾，使宋王朝形成两大弊病，一是生产萎缩，国家财政空虚，"积贫"总是极为严重；二是军事制度败坏，国防力量薄弱，对辽、西夏的侵扰无能为力，"积弱"问题相当突出。于是，社会矛盾激化，农民起义此起彼伏。诸如，王伦起义、陕西饥民起义、湖南瑶民起义、河北的王则起义等。宋王朝在内乱不止的同时，边境地区又接连受到外患的困扰：仁宗（赵祯）、神宗（赵顼）时宋与西夏重启战端，辽国又趁机要挟。宋朝养兵百万，使田无可耕之民，国储不足，赤字增加，竭民赋租，但在强敌临境时，国家却无可战之军，不得不岁输金帛，苟且偷安，最后只好用金币去买边境地区暂时的安宁。宋王朝的"冗兵"所造成的积贫积弱的情况，在我国国防史上实属少有。

（四）执意求和，丧权辱国的历史教训

宋朝统治集团内部的一些有识之士，针对当时"积贫""积弱"的严重局面，曾先后提出了一些变法的主张。然而由于最高统治者的昏庸和统治集团内部腐朽势力的干扰、反对，使所有变法图强的主张和行动都归于失败。此后，宋朝的统治者更加腐朽，阶级矛盾空前激化。人民无法忍受宋王朝的残暴统治，到宋徽宗（赵佶）宣和初年，终于爆发了东南地区的方腊起义和京东地区的宋江起义。宋王朝虽然镇压了这些起义，度过了一场政治危机，但无法阻挡东北地区女真族的兴起和南进，逃脱不了北宋政权灭亡的命运。

女真族原名黑水靺鞨，很早以来就居住在今黑龙江流域和松花江流域及长白山一带，即所谓白山黑水之间。在耶律阿保机建立契丹国后，黑水靺鞨改称女真，其中直属于契丹国的称熟女真，不属于契丹的称生女真。生女真中的完颜部后来强大起来，其首领完颜阿骨打于公元1115年建国称帝，国号曰"金"。金在灭辽后，控制了东北和华北的广大地区，兵锋直指宋王朝。

辽亡后，金人成为宋王朝的直接威胁，但朝廷对此却毫无戒备。公元1125年，金军南下侵宋。在金军严惩威胁下，宋王朝统治集团分裂成"降走"和"战守"两派，由于统治者执行了投降政策，给人民造成了难以言状的灾难。

宋钦宗（赵桓）靖康二年（公元1127年），金军在攻宋都城开封后，把宋徽宗（赵佶）和钦宗（赵桓）及后妃、宗室、朝官3000余人一起俘虏北去，开封的金帛、宝物、文物等也被洗劫一空，宋王朝在北方的统治遂告结束，史称"北宋"。

"北宋"沦亡后，宋徽宗第九子康王赵构，于靖康二年（公元1127年）五月初在南京（今河南商丘市）即位称帝，改元建炎，号宋高宗，后又将都城迁往江南杭州，史称南宋。

赵构即位后，继续使用其父兄的投降政策，重用投降派人物，并频繁地派遣使臣，携带奇珍异宝赴金求和，表示愿以黄河为界，与金平分疆土，以求得一时的苟安和享乐。但是他也慑于广大爱国军民坚决抗金、反对投降的义愤，被迫起用了当时

政权中"战守派"的代表人物李纲、宗泽等人。

李纲出任宰相后，继续坚持反对朝廷求和投降的政策，决心整顿朝政，刷新政治，收复失地，振兴宋室。他力劝高宗还都开封，重兴社稷；他加紧进行抗金战争的部署，在调整两河防务部署的同时，还积极推荐并支持抗金老将宗泽担任京师开封府尹，恢复社会秩序，加强备战和守备，迎接宋高宗还都。但是，宋高宗赵构并不想真心抗金，在一群投降派的围攻、陷害下，他罢免了入相仅75天的李纲，废除了李纲所规划的一切备战措施，使两河郡县很快沦入敌手。

宋高宗建炎二年（公元1128年）底，金军在毫无抵抗的形势下，兵锋指向扬州。高宗从扬州先逃到镇江，再逃往杭州。高宗逃到那里，金兵就追到那里。金军到达杭州未能擒获高宗，遂兵分两路，一路追捕高宗，一路在杭州一带大肆掳掠抢劫后北返。当金军北返至镇江时，被宋镇江守将韩世忠打得惨败。金军10万大军被围困在黄天荡达48天之久。后因内奸与金军勾结，使金大军得以逃脱，在途中又遭宋将岳飞部的追杀，损失十分惨重。黄天荡一战，沉重地打击了金军的嚣张气焰，极大地鼓舞了南宋军民的抗金斗志。

宋高宗在金军撤走后，回到杭州，依旧花天酒地，不思收复国土，振兴宋室。他与秦桧打得火热，在金人奸细秦桧的诱导下，再次开始了投降苟安的活动。于是，偏安江南的南宋王朝，内部抗战派与投降派之间再次展开了激烈的斗争。抗金民族英雄岳飞，就是这一时期的南宋抗战派的杰出代表。

岳飞（1103—1142），字鹏举，相州汤阴（今河南汤阴）人。在南宋军中，他是一位身经百战，年轻有为，战功卓著，威震敌胆的抗金名将。宋金战争以来，他素有收复失地，救民水火，振兴宋室的宏愿，曾数次上书反对投降求和。绍兴五年（公元1135年）金太宗死后，扶植伪齐的粘罕在金朝贵族内部的优势急转直下，而挞懒却在这场内讧中崛起，他废掉伪齐皇帝刘豫，决定将原为伪齐统辖的河南、陕西交还南宋，与宋议和。这一突如其来的变化，在南宋政权内引起了极大反响。"主战派"反对与金议和，主张乘机全面反攻，收复失地。但高宗却认为多年盼望的"和议"有希望了。岳飞坚决反对与金"议和"，坚持抗金的鲜明态度，加深了他与投降派之间的矛盾。在岳飞率部抗击金军，取得重大胜利，并继续扩大战果的关键时刻，高宗、秦桧为了讨好金人，重开和议，解除了岳飞、韩世忠等抗金大将的军权，后又以"莫须有"的罪名将岳飞杀害。

岳飞虽然死于错君权奸之手，但他反对投降，坚持抗战的爱国主义精神和忠烈的民族气节，千百年来一直为人们敬仰和传颂。

宋代统治阶级的腐朽与黑暗，并不能掩盖这一时期人民群众的伟大创造力和科技文化的蓬勃发展。水利的开发，生产工具的兴革，使宋代的生产力大大超过了前代。宋代生产力的提高、经济的繁荣和文化的发展，造就了沈括、毕昇等一大批科学家与发明家，带来了军事科学技术日新月异的发展。

中国在世界科技史上的四大发明，活字印刷术就是在宋代发明的，火药和指南针也是在宋代得到了重大的技术突破。尤其是火药的日臻完善和运用于军事，使我国的兵器制作,进入了一个新的历史时期。冷兵器的一统天下开始被打破了。宋代在军事技术发明上取得的重大成就,对后来中外历史的发展产生了巨大的影响。

十、元朝的国防建设

公元 1271 年,由蒙古贵族统治者忽必烈(按:即元世祖)在南进灭宋的过程中建立了元朝。在中国历史上,元朝是第一个由少数民族建立的中央集权的封建国家。

蒙古族在唐朝时期被称为"蒙兀室韦",生活在黑龙江上游的额尔古纳河东南一带。约在公元 8 世纪以后开始西迁,进至斡难河和怯绿连河(今蒙古国鄂嫩河和克鲁伦河)流域游牧,后来先后臣服于辽国和金国。在 11~12 世纪,蒙古族人还是分散在大草原上以氏族血缘关系聚集的若干大小部落。其牛有蒙古部、克列部、塔塔儿部、蔑儿乞部、斡亦剌部、乃蛮部、翁吉剌部、汪古部等。这些部落也被称为"鞑靼",这是因为塔塔儿部曾经是一个强大的部落,就取其谐音"鞑靼",作为蒙古各部的共同称呼。这些部落的人,都过着游牧生活,又兼营狩猎,从小就生长在马鞍马之间,以弓箭骑射见长。后来到了蒙古部统一了这些部落之后,"蒙古"一名就成了统称。

元朝疆域广大,其领土东北至鄂尔库次克海,北至西伯利亚大部,西至新疆,西南至西藏、云南,南至印度河流域,东至于海,横跨欧亚两洲。这就是《元史》记载的"北逾阴山,西极流沙,东至辽左,南越海表"的元朝版图,较之汉、唐盛世的疆域还要辽阔。

元朝建立后,在中央设立枢密院掌管全国军务。在地方设行省,并使历来由少数民族地方政权统治的一些地区,如云南、西藏等,统归于中央政府,还在澎湖设巡检司,管辖澎湖、台湾;将西沙、南沙群岛隶于湖广行省,重建了一个幅员辽阔的国家。

蒙古部孛儿斤氏贵族成吉思汗,原名铁木真,在长期的部落战争中,利用蒙古各部的矛盾,各个击破,逐步壮大了自己的势力。他搜罗将才,严格训练本部兵马,加强武装力量建设。公元 1194 年,他借金朝进攻塔塔儿部之机,乘机出兵,一举打败塔塔儿部。以后又与克烈部的王罕合军击败札木合。公元 1203 年,铁木真与王罕决裂,大战于土拉河(今蒙古国布尔根省东边境上),王罕败亡。至此,铁木真战胜了克烈部这个当时蒙古草原上最强大的部落之一,创造了统一蒙古的条件。公元 1204 年,铁木真又削平了乃蛮部。经过长期征战,1206 年,铁木真结束了蒙古长期分裂的局面,实现了统一。在东起兴安岭,西至阿尔泰山,南至大沙漠,北达贝加尔湖的广大地区,建立了蒙古历史上第一个军事奴隶制国家。铁木真作为各部的共主,在斡难河河滩召开的各部首领会议上,被推选大汗,尊称"成吉思汗"(按:

"成吉思"是强大、巩固的意思,"汗"就是皇帝的意思)。

蒙古统一以后,成吉思汗及其继承者们,开始了一系列的对外战争。公元1209年蒙古军进攻西夏。西夏战败,纳女求和。畏兀儿(今新疆)人慑于蒙古的军威,于公元1201年就遣使归顺,使蒙古的统治扩大到了畏兀儿。公元1218年,蒙古军攻灭了西辽。为了反抗当时占据中原的金朝对蒙古的残暴统治,公元1211年,成吉思汗就把兵锋指向金朝,开始不断发动地对金朝的战争。公元1214年,蒙古军围攻金的中都(今北京),金军大败,金宣宗将公主嫁给成吉思汗,并将国都迁往开封。此时蒙古军已经占有了黄河以北地区,成吉思汗遂于公元1219年亲率20万大军举行了蒙古军的第一次西征。因为蒙古军只有木华黎率偏师经略华北,使金朝苟延残喘了20年之久。

公元1227年,成吉思汗在西征回师途中,乘胜灭亡了西夏。是年,成吉思汗病死于今甘肃六盘山,其第3子窝阔台继任大汗。从公元1235年到1244年,窝阔台派遣拔都、贵由、蒙哥等率蒙古军进行了第二次西征。在此期间,窝阔台联合金的世仇南宋王朝,于公元1233年南北夹击,大举攻金。公元1234年,金哀宗放弃都城开封,逃往归德(今河南商丘市南),继而又逃往蔡州(今河南汝南县)。至此,金亡。中国由几个政权割据的局面,转为蒙古与南宋的对峙。与此同时,蒙古西征大军在攻占莫斯科等地后,正欲乘胜挥师西进,继续扩张战果的时候,却传来了窝阔台薨毙的噩耗,蒙古军旋即回师。

公元1251年成吉思汗第4子拖雷之子蒙哥继任了大汗位。公元1253年至1258年,蒙哥大汗派遣其弟旭烈兀率军进行了第三次西征。蒙古军先后进行的这三次大规模西征的结果,是出现了一个以蒙古地区的和林(当时蒙古的都城,今蒙古国鄂尔浑河上游东岸的哈尔和林)为中心的、横跨欧亚大陆的大汗国。

公元1234年,蒙古灭金后,1235年,便对南宋王朝展开了全面的军事进攻。蒙哥即大汗后,对南宋采取了迂回战略,亲率大军进攻四川,又在公元1235年派忽必烈率10万大军征服了云南。此后,又招降了吐蕃(今西藏),控制了西南地区,从西南方向对南宋形成了大包围的态势。公元1260年蒙哥大汗死后,忽必烈在开平(今内蒙古多伦附近)即蒙古大汗位。忽必烈是成吉思汗之孙,与蒙哥大汗是同胞兄弟,在战争中屡立战功,声名赫赫。公元1271年,忽必烈废除"蒙古"国号,建立了元朝,公元1272年迁都寺都(今北京),公元1279年,元军对退守崖山(今广东新会县南海中)的宋军发动最后进攻,南宋遂亡,中国复归统一。蒙古统一和整个中国的统一,对于巩固中华民族,推动社会进步。都具有重要意义。成吉思汗和忽必烈因此也成为中国历史上有伟大贡献的著名帝王;他们巩固国家统一,维护民族利益的治国治军思想和策略,给后人留下了有益的借鉴。尤其是他们建设强大国防的方略,为历代政治家所推崇。

元朝统一中国后,面对辽阔的疆域和众多的民族,特别是在国家刚刚统一,政局尚不完全稳定的情况下,为了强化中央集权,加强中央对各地的控制避免再度分裂割据,忽必烈采取了招贤纳士,广采众议,改革蒙古旧制,建立了元代大一统的国家政治、经济、军事制度。

元朝实行三权分立的政治体制。设中书省总理全国行政事务,辅佐皇帝发布政令。设枢密院掌管全国军事。设御使台,负责对官员的监察。在中央政权之下又有各自的派出机构,分别负责各地和全国的政治、经济、军事等事务。与中央官制相适应的是在各地设置行中书省,简称行省。以行省分治天下的制度是元朝统治者通过中央加强对各地方、各民族统治的创举。创行省制度是中国行政制度的一大改革,这些行省初步奠定了明清两代乃至今天中国省区的规模。省作为地方行政区的名称,一直沿用到今天。

行省作为中书省派出的常设机构,是元朝地方的最高行政机构,同时也是一级军事机构。行省本身是军政一体的。行省之下,设路、府、州、县,军政事务分别由所属的不同机构管理,军民分治。忽必烈统一中国后,非常重视对边远地区的统治,通过各种军政机构对这些区域进行管辖。云南地区自南北朝以来一直处于割据状态。元世祖忽必烈至元十三年(公元1276年),元朝政府在云南设行省,将其并入版图。公元1253年,蒙古军攻入吐蕃,使西藏正式成为中国领土的一部分。元朝政府在西藏设立了三路宣慰司都元帅府,下设若干万户府,征收赋税,屯戍军队,进行军事、行政管理。元至正二十年(公元1360年),元朝政府在澎湖设巡检司(军事巡察机构),管理澎湖、台湾。另外,还通过军事机构控制了天山南北、蒙古高原等广大的东北、西北地区。这些制度的建立,使历来由少数地方政府统治的边陲重地。归于中央政府的管辖之下,加强了中央与地方的联系,强化了中央集权。对于边疆、海防地区的开发与防务建设都起到了积极作用。

从13世纪初到元朝建立,强大剽悍的蒙古军队在成吉思汗及其继承者的率领下,以飓风般的速度和力量,以摧枯拉朽之势,席卷欧亚大陆。蒙古统治者在军队的建设上颇下了一番功夫,建立了以维护统一和对外扩张为目的的军事体制。可以说,元代国防是以向外扩张为其基本特征的。

元朝军队按任务的不同,区分为宿卫和镇戍两种。宿卫军包括怯薛军。待侍卫亲军,是皇帝掌握的中央禁军。镇戍军是归枢密院调遣的军队。元朝统一中国和建立国家防卫,正是建立在这两支军队的基础之上。亲军和怯薛军都是中央的卫戍部队,但在职责上怯薛军负责皇帝安全,掌管皇宫的防卫,一般不外出作战。亲军作为皇帝掌握的常备精锐部队,预物屯于京师和周围腹里地区,平时屯田和担任京师与腹里的镇戍任务,战时就集中出征。

元朝政府在全中启蒙军队,担任地方镇戍。这些镇戍军根据士兵的民族成分的不同,区分为蒙古军、探马赤军、汉军和新附军四类。"蒙古军皆国人",是元军的主力。在长期的战争中,蒙古军的有生力量消耗很大,军队不断扩编,后来在蒙古军的组织中,也包括了部分色目人。全国统一以后,一部分蒙古军留下来镇戍中原,大部分士兵加到草原休养,仍然保持着战时传檄集合,平时散归各部的战略状态,一旦有事能很快集中出征。在镇压东北、西北的叛乱中,北疆的蒙古军为维护统一起了相当重要的作用。元军的编组沿用成吉思汗的做法。当初,成吉思汗为了使军队成为打不散的钢铁集体,并便于指挥掌握,按10进位的方法把军队编制起来,使蒙古军能够成功地运用各种战术战胜敌人。元朝建立以后,沿袭了蒙古的习惯,对汉军、新附军等也按10进位进行编组。随着军队体制的完善和稳定国防的需要,元朝政府以重兵镇戍要地,探扼边陲。采取"宿卫诸军在内,而镇戍诸军在外,内外相维,以制轻重之势"的战略布局,强固边防,稳定内地,互相制约。在内地,被称作宿卫军的怯薛军和侍卫亲军,布置在京师及周围地区,据幽燕、锁太行、扼燕山、塞山海、制居庸,北连朔漠,南控江淮,将统治中心捍卫其中;在边地,则有镇戍军分驻全国各战略要地。元朝的防御重点主要在北方,东北、西北地区更是重兵把守,形成了一条从西南斜向东北的屏蔽中原的防线。这条防线东以和林为支撑,西以巴尔库山、博格多山为依托,中央以北山和戈壁为天然屏障。在防线之后的中央纵深地带,又配备了15万人的战略预备兵力,并依靠中原雄厚的经济实力,多路对这条防线进行补给,遏止外敌和叛军向南进犯。

公元1272年(至元九年),忽必烈迁都北京,兴建了当时世界上无与伦比的"大汗之城"元大都。这样,以北京为据点,凭借太行、燕山山脉和黄河防线,内可探扼华北平原,雄势中原河山,通过一些天然峡谷形成的交通孔道联系经略东北大平原和蒙古高原;又可凭险据守,防范北方入侵。以此为基地,向南拓展疆土。所以,以北京为统治中心的战略思考,在国防上意义十分重大。忽必烈较之以往蒙古统治者占领北京后大掠一通就撤兵北去的做法,确实要高明得多。

元朝的兵役制度,因地区、民族、贫富的不同而有所区别。在蒙古地区,实行军民一体的全民皆兵制度,这是蒙古民族的传统做法。元制规定,"家有男子,十五以上,七十以下,无众寡尽签为兵"。随着战争的发展,成吉思汗及其子孙也在被征服的地区征集兵员,补充自己的队伍。蒙古人入主中原后,征服金、宋,开始征发汉族人为兵,于是就开始有了"汉军"和"新附军"。被征服地区的技术人才,一般被编入称为"匠军"的特殊队伍。

元朝建立后,实行征兵基础上的世兵制,一旦被征为军人,这家就成为军户,家口、财产都注明在军籍之中,由官府盖印入册,不再更改,父死子继,兄亡弟承,世代为兵。如果军人病死或阵亡军中,100天或1年后再由家人补入。家中贫困,无力服兵役者,则由数家合并,采取抽丁的办法,10人或29人出一丁为兵。在元朝,当兵是一种封建义务,军户出军,没有假期。出征或远戍的士兵有时可以回家一年或数年,到期归营,否则论罪。元代的军户制度,在当时的条件下保证了军队有比较稳定的兵员,并且由于军费中很大一部分由军户自己承担,因而维持了一支数量庞大的军队,而且国家的负担又不至于过重。据统计,在宋元战争中,元朝仅在其控制的北方150万户中,就动员了20万人的军队,平均7户就出军1人。而在控制的南方,有1100余万户,军队79余万人,约15户到20户出军1人。这说明,军户制与募兵制是造成这种情况的因素。

统一中国之前,蒙古军在对外征战时,摧毁对方军事力量的同时。也摧毁对方的经济潜力,最大限度地掠夺财物,供己所需。每攻占一地,总是将对方的牲畜、粮秣、乳酪和其他财物收集起来,作为军需之用,如用不完就运回储备起来,留作备用。后来,蒙元军队每征服一地,工匠免死,将他们召集起来制造武器装备,又集中地吸取其他民族的技术之长,不断地增强了军队的战力。蒙古军队能纵横驰骋欧亚两洲,所向披靡数十年,很大程度上得益于这种取用于敌,以战养战的策略。

蒙古统治者十分重视广泛吸收利用科技成果,制造坚船利器,为战争胜利服务,这是他们高于中国历代统治者的地方。在对外战争中,蒙古统治者很注意掳掠被征服者的器物和工匠,以补充自己,并实行奖励政策,以高官厚禄鼓励发明创造。所以,蒙古族的生产虽然落后,但兵器却有很快的发展,并且创造了世界上最早的金属管形火器。随着兵器的革新和进步,蒙古军也由单一的骑兵,发展成为具有步军、炮军、弩军,以及工兵、匠兵、水军等多兵种的军队。和历代封建王朝相比较,元朝当局更加注重屯田和马政。在前代屯田的基础上,元朝的屯田有了新的发展,分为军屯、民屯和部分军民合屯。军屯是军事体制中不可缺少的部分,民屯是军屯的辅助部分。元朝建国之前,蒙古统治者主要根据战争需要设置军屯,没有形成专门的制度。元朝建立以后,元朝政府制定了具体的屯田制度和政策。当时,屯田遍及全国。军屯的土地,主要是因战争破坏而荒废的土地,军屯归各级军事机构掌管,民屯属于大农司宣徽院和各行省掌管。马政建设,对于"以弓马之利取天下"的蒙古族来说,更为重要。元政府开始设立专门机构群牧所,以后几经变动,成立了隶属于中书省的太仆寺,在全国设立了 14 处官府的牧场。

元朝,在中国古代对外关系史上是最为活跃的时期。由于大一统局面的实现,农业和手工业的恢复与发展,陆路、海运、漕运的沟通,使得中国的对外交往更为频繁。元朝政府采取开放政策,与周边的高丽、日本、交趾、缅甸等国家和地区都有频繁的经济、文化交流,与西方的许多国家也有密切的关系。元朝统治时期,中国是当时世界上最强大和最富庶的国家,声威远播欧、亚、非三洲。然而,在元朝的对外关系中,不仅有友好往来,互得互惠,还有政治强权和军事强权的内容。元帝国的国防策略在多数时候不是稳定周边防卫,而是主动四面进攻,以谋求更大的政治和经济利益。

大元帝国虽然在当时盛极一时,但深深埋藏着各种危机。尖锐的阶级矛盾支援着这个庞大封建王朝的根基,元朝后期政治、经济、军事的腐败,又为自己的覆灭添加了催化剂。公元 1367 年(元至正二十七年),在农民起义的风暴中发展壮大的朱元璋集团,以"驱逐胡虏、恢复中华"为口号,命大将徐达、常遇春率大军 20 万北伐,攻占大都。元顺帝携后妃、太子和一部分王公大臣仓皇北逃。至此,元朝遂告灭亡。

十一、明朝的国防建设

明朝自公元 1368 年立国到公元 1644 年为清所灭,在中国历史上共经历了 276 年。其国防建设经历了前期、中期、后期三个时期。

自朱元璋开国,经惠帝、成祖、仁宗、宣宗,约67年,是明代国防建设的前期,也是它的兴盛时期,政治修明,经济繁荣,社会稳定,民富国强。自英宗即位,经代宗、宪宗、孝宗,约70年,是明代国防建设的中期,也是它的衰退期。在这一时期,贵族官吏日益腐败,政局也开始动荡,财政危机加深,武备松弛,边境动乱,国防趋于衰弱。自明孝宗后,经武宗、世宗、穆宗、神宗,约130年,是明朝国防建设的后期,也是它的腐朽时期。在这一时期,皇帝沉溺于声色犬马,矫饰雄武,不理朝政;统治集团内部争权夺利,互相倾轧;

明长城

国家财政崩溃,农民起义的战争此起彼伏;武备松弛,"南倭"侵扰,"北虏"南犯,边患纷起,国防虚弱不堪。明朝的国防事业,概括起来讲主要有以下几点:

(一)发展生产,富国强兵

朱元璋在建立明朝后,为了巩固政权,消灭元朝的残余势力,统一南方,抗击倭寇,迫切需要壮大自己的军事实力。但是,当时百姓经过战乱,已相当困乏,为了减轻国家和农民的负担,又能达到"强兵足食"的目的,朱元璋在发展社会生产的同时,又下令让军队"屯田自食",史称"军屯"。由于实行军屯,到永乐时,"东自辽东,北抵宣、大,西至甘肃,南尽滇蜀,极于交趾。中原则大河南北,在大兴屯矣"。军屯政策不仅解决了军队的自给问题,减轻了国家和人民负担,而且对恢复社会生产,富国强兵,巩固国防,产生了积极的影响。把冶铁技术和火药运用于军事,军队普遍装备了火枪、火铳,以及悬挂腰间、举手可放的千里铳等,是明朝国防建设的一大特色。明朝当局还注意对外来技术的汲取和引进武器的仿制与改进。明成祖朱棣时,将从西方引进的神机枪炮,配备给神机营,一边训练,一边仿制。公元1521年,又引进佛朗机炮;万历年间再引进红夷大炮。这些枪炮与中国传统的枪炮相结合,性能有了改进。工部与和地方相继开设枪炮生产场地,生产了数十种上千万件火枪、火铳和部分大炮。火枪、火铳普遍装备给步兵营。火炮装备给神机营,成为我国历史上第一个炮兵营。明代火器的发展,达到了我国古代火器发展史上的高峰,军队中冷兵器和火器的比例,不断发生变化。至明中叶,已是"京军十万,火器手居其六"了。明朝兵器制造业的崛起和发展,使明朝军队的武器装备得到相当程度的改善,编制发生了明显的变化,除了拥有传统的步、骑两个兵种外,出现了战车和炮兵两个新兴的兵种。明朝造船业是当时的一个重要工业部门,明初的造船业,居于世界的先进水平。永乐初年,当局命福建都司造海船137艘,可见当时造船规模之大。郑和"下西洋"的庞大船队,集中反映出当时中国造船业的先进水平。郑和最后一次出海共乘坐大船 63 艘,其中最大的船只长 444 丈,宽 18 丈,可容 2000人,其他各船也可容纳四五百人。船上有航海图、罗盘等。郑和"下西洋",虽非执行作战任务,但反映了明代造船业的发展和明代水军海上作战能力。明朝的水军,较前有了很大的发展,其战斗力也有了相当的提高。

明代北方的边境斗争不断,前中期主要是抵御亡元势力鞑靼、瓦剌的内犯,后期主要是防备和对付新兴起的后金(清)军队的南下。在东南沿海地区,则经常遭受"倭寇"的严重侵扰。这种情况,当时称之为"南倭北虏"。"南倭北虏"是明朝的大患,几乎贯穿了明王朝的始终。明初,全国总兵力约 180 万左右,后因战事增多,兵力也有增加。永乐中期,全国兵力达到 280 万左右。为了抵御南倭北虏的进犯,明王朝统筹布局,量敌用兵,重点设防,重点守备,点、线、面有机结合,实边固防,形成了较为严密的国防体系。

(二)设立卫所,修建长城

为巩固边疆和内地的重要地区,明朝建国初期,即洪武七年(公元 1374 年),便下诏实行卫所制。一般以 5000 人为一卫,长官为指挥使;1120 人为一个千户所,长官为千户;下辖 10 个百户所,长官为百户,百户之下,有总旗 2,小旗 10。每总旗辖5 小旗,每小旗领军士 10 人。洪武年间,全国陆续设置了 17 个都司,3 个行都司和1 个留守司。全国共设内外卫所约 329 个,守卫千户所 65 个。为抵御倭寇,洪武年间就开始在沿海设置卫所,建立水军。至明中期,在我国漫长的海岸线上,已分别建立卫所 54 个,千户所 127 个,巡检司 230 个,烽堠墩 1338 座,有效地防御了倭寇对我国东南沿海的入侵和骚扰。

明王朝军队的精锐,都集中在京师附近。洪武帝朱元璋时,在南京的京军就有约 20 万左右,明成祖朱棣迁都北京,因首都置于国防前线,遂成立了"五军""三千""神机"三大营,合称京军,设"七十二卫,军士不下百万""京营劲旅不减七八十万"。京军由皇帝委派亲信宦官担任各营提督,直至公元 1425 年(仁宗朱高炽洪熙元年)"始命武臣一人总理营政"。京军主要任务,如发生战争,则以其为主力,再由外地卫所抽调部分军队作为辅助力量。永乐时期成祖朱棣数次率军北征,都是以京军为主力。平时则轮番训练京卫及外卫班军军官,具有训练中心的性质。

雄伟壮观的万里长城,是举世瞩目的古代军事建筑。明朝为了防御鞑靼、瓦剌等北方部族的南犯,先后 18 次重新加修长城。它东起山海关,西到嘉峪关,全长 12700多里,横过千山万水,组成了一道巍峨森严的防御屏障。其工程规模之大,建筑技巧之高,超过了秦始皇以后的任何一个朝代。明代长城不仅集历代长城之大成,而且具有自己的特色。一是工程体系完整。明代长城一般分为镇城、路城、卫城、关城、堡城、城墙、敌台、烟墩等不同等级、不同形式和不同用途的建筑。主要地段的墙上,增筑垛口、守墙、敌台(有空心和实心),与墙外的偏坡、挡马墙、堑壕、烽墩和扼制路口、关口的塞堡连为一体。有的墙段还筑有支墙，便于策应和出击。这样，就形成了一个以墙身为主体的完整的防御工程体系。二是墙身更加巩固。除板筑（土墙）、木墙（少量）外，还有石砌墙和砖墙，用石灰色缝。砖墙为明长城特有，主要在张家口至山海关段，辽东地区也有一些这样的砖墙。明代长城的特点是，战斗设施完善；管理体系严密；情报系统简便适用。就情报而言，敌人来犯时，烽火台（烟墩）白天烧烟，夜间放炮：1烟1炮为100人左右，2烟2炮为500人左右，3烟3炮为500人以上。千里之外，几小时便可以敌人来的情报送到京师。这在当时的条件下，对于及时采取战斗准备，防御"北虏"的南犯，还是起了积极的作用。

（三）设重镇于边陲，组建精兵集团以利机动作战

明代基本上沿长城一线设防，东起辽东的山海关，西至甘肃的嘉峪关，在如此漫长的边防线上，如"处处设防，则无所不备，无所不寡"，兵少则无用，兵多则费财力，不胜负担。同时，一处溃败则处处紧张，且敌警往来驰报。易误战机。所以，明王朝根据敌骑活动的特点，在敌人必犯的要道、要地设镇驻重兵，将帅可机动用兵。全线设处，这就是历史上有名的"九镇"（又叫"边堡九镇"）。"九镇"分别为：辽东镇，治所在今辽宁辽阳；蓟州镇，治所在今河北省迁西县三屯营；宣府镇，治所在今河北宣化；大同镇，治所在今山西大同市。太原镇，治所在今山西偏关县；绥德镇，治所在今陕西绥德，后移至榆林；宁夏镇，治所在今宁夏银川；固原镇，治所在今甘肃张掖。"九镇"设置始于洪武时期，完成于嘉靖年间。"九镇"作为一个整体，前有外三卫：大宁卫，治宁城；开平卫，治多伦；东胜卫，治托克托。外三卫为九镇中坚部的外围要地。"九镇"后有内外三关：内三关为居庸关、紫荆关、倒马关，屏障京师，防维边塞；外三关为雁门关、宁武关、偏关，固山西而联全陕，以卫京师。"九镇"分地防御，各负责一个防区。"九镇"的重点在蓟州，并重辽东和宣府，所谓"东臂辽东，西肘宣府，使藩垣巩固，门庭无觊觎之隙"。"九镇"的实际兵额约40万。这正是以"九镇"为重点，重点设防，重点守备，点、线、面有机布防的结果。

依托长城，分设要点，划片防守是必要的，但"分兵把口"有被动不足之处。明将谭纶、戚继光等有鉴于此，提出组建一支火器、车营、骑营、步营、辎重营相结合的精兵集团，以便实施机动作战。根据他们的建议，明朝任命戚继光负责组训一支装备火器的、以车营为主并兼有骑营、步营、辎重营的精锐之师，与城守结合，机动作战，巩固边防。万历时，已建成车营12个，有精兵10万，使设防更趋完备，达到了"方为完策"的要求。这样，明代的国防就形成了一个卫所和长城相依托，精兵机动与城守有机结合，筹防与陆防兼备，即可抗倭，又能防虏的防御体系。

为了实现国内各民族的统一，发展同世界各国尤其是周边国家的友好关系，创造一个安定团结的内部秩序与和平安宁的外部环境，使人民安居乐业，集中精力发展经济，明王朝：采取了内修战守，睦邻自固，"以德怀之，以威服之，德威并施"的卫国安邦方略，并采取加强经济文化交流的政策，争取周边地区的安定。对国内的

各少数和民族，根据各民族地区的不同情况，也采取了不同的政策。在东北，明政府在黑龙江入海处的特林地方设奴尔于都司，管辖西起鄂嫩河，东至库页岛，北达乌策河，南至日本海的地区。同时派军队戍守，定期轮换。驻军多时达3000人，少时不下500人。在西北畏兀尔族、回族、蒙古族聚居的地方设置卫所，管辖甘肃嘉峪关以西，西至罗布泊，西北至巴尔库山，西南至柴达木盆地地区。畏兀尔族人善于经商，来往内地贸易，与汉族经常往来。畏兀尔居住的地区也有不少汉族人，他们与西域各族人民共同开发着祖国的边疆。在西藏实行政教合一的统治办法，设置了乌斯藏、朵甘卫等行政机构，管理西藏事务，中央和西藏地方之间的关系比较稳定，西部边防也很少有战事。在苗、彝等少数民族居住院地区，明朝廷以少数民族上层为土官，规定少数和民族交纳的赋税可以折纳水银、朱砂等矿产。

朱元璋建立明朝后，总结元朝对外政策的教训，认为"四方诸夷皆限山隔海，僻在一隅，得其地不足以供给，得其民不足以使令"，故制定了既不"倚中国富强"，"无故兴兵"，也坚决反对外国扰边、侵略的睦邻自固政策。据不完全统计，朱元璋在位的31年间，征兵遣使30次对邻近的12个国家进行友好访问。在此期间，也有17个国家135次访问中国。公元1403年，明成祖朱棣即位不久就派使者访问了安南、朝鲜等9个国家。第二年（公元1404年），又派使者访问了10个国家。同年8月，"令吏部依洪武初制，于浙江、福建、广东设市舶提举"，以加强与各国的贸易往来，实行对外开放政策。公元1403年，又命郑和出使西洋、南洋和印度洋各国，进行友好访问，宣扬大明声威，同时开展和平贸易。

明朝不侵略别国，也不允许其他国家侵略中国。早在明朝建立之前，"倭寇"就侵扰高丽，接着又骚扰我沿海各地，从辽东半岛到山东半岛，以至江苏、浙江、福建、广东等沿海各地。明朝建立后，朱元璋就两次遣使日本，希望发展两国间的友好往来，要求日本制止"倭寇"对国国沿海地区的骚扰。由于当时日本幕府控制不了"倭寇"的骚扰活动，明王朝便下令禁海，采取积极防御的海防措施。

明朝后期，由于政治集团的腐朽，国力减弱，海防松弛，倭寇入侵、骚扰加剧。公元1511年，葡萄牙殖民者侵占马剌加（今译为"马六甲"后），控制了海上交通，垄断了南洋贸易后，即到中国沿海活动。公元1553年，葡萄牙殖民者，佯言商船遇险，请求在澳门晾晒货物，遂进入澳门，并在澳门修城筑屋，据为其殖民地。继葡萄牙殖民者入侵澳门后，西班牙殖民者于公元1628年，也侵占了我国台湾北部的基隆和淡水。17世纪初，荷兰殖民者的势力兴起，于公元1607年首次入侵广东沿海。公元1624年，明朝派兵收复澎湖，大败荷兰殖民者。荷兰殖民者败走台湾，但是由于明军未能穷追到底，从此，荷兰殖民者就霸占了我国宝岛台湾，并且复占澎湖。

明朝后期的政治腐败既激起了明末的农民大起义，也为努尔哈赤向明朝的进攻提供了条件。努尔哈赤死后，其第8子皇太极即位，于公元1636年称帝。改国号清，改族名为满族。由于明王朝政治的腐朽和国防实力的削弱，在内忧外患和农民战争的风暴中，于公元1644年宣告灭亡。

十二、清朝的国防建设

公元 1644 年 5 月 2 日,清军在明山海关守将吴三桂的引导下大举入关,攻占北京。10 月 1 日,清世祖爱新觉罗·福临(顺治)从沈阳迁都北京,开始建立全国性的中央政权,成为中国新的统治者。

清朝前期,因为有亡明势力和割据势力的存在,又存在着沙俄的东进和西方殖民者在沿海的侵犯,当局重视武备,注意加强国防和军队建设,先后取得了平定"三藩",统一台湾,收复雅克萨,征服准噶尔的胜利,制止了分裂,抵御了外敌入侵,捍卫了国家的领土主权的完整,建立起疆土辽阔的、多民族的、中央集权的封建专制国家。到了清朝后期,由于当局重内轻外,"防民甚防寇",政治昏暗,财政拮据,国防废弛,军队腐败,内乱外患不息。1840 年鸦片战争以后,中国就逐步沦为了半殖民地半封建社会。纵观清朝的国防建设,大体有这样一些作为:

(一)平定"三藩"之乱

清朝在建立之初,是利用明朝的降将镇压农民起义军、消灭明朝的残余势力,巩固和发展自己的统治的。之后,清政府即有功的明朝降将去镇守南方。吴三桂被封为平西王,镇守云南;尚可喜被封为平南王,守广东;耿继茂(耿仲明之子)被封为靖南王,守福建;合称"三藩"。由于"三藩"势力不断发展,日益影响着清政府的统治,严重威胁着国家的统一,成为清王朝的心腹大患。因此,康熙帝于公元 1671 年(康熙十二年),下令撤藩。平西王吴三桂闻讯,遂于当年 11 月发动叛乱,并自封"天下都招讨兵马大元帅"。为欺骗群众,他打出"复明"的旗号,拥立明崇祯帝第 3 子为帝,年号"周启"。吴三桂发动叛乱后,率部攻陷湖南,兵指湖北夷陵和江西吉安。吴三桂起兵后,耿精忠(耿继茂之子)和尚之信也相继发动叛乱。吴三桂等反叛后,康熙帝力排众议,坚决削藩。"三藩"之乱历时 8 年,波及 10 省。削藩战争的胜利,使国家避免了一次大分裂,有利于多民族国家的巩固和各民族经济、文化的交流,也有利于加强中央集权和抵御外侮。

(二)统一宝岛台湾

公元 1624 年,荷兰和西班牙殖民主义者乘明王朝政治腐败、边防松弛之机,出兵霸占了我国宝岛台湾。公元 1647 年,荷兰打败西班牙,独占了台湾。荷兰殖民者对台湾人民进行了残酷的压迫和剥削。公元 1661 年 4 月,郑成功率军 2.5 万人,战船数百艘进军台湾,郑军在台湾人民配合和支援下,经过 8 个月的苦战,打败了荷兰殖民军,结束了荷兰殖民者对台湾 38 年的统治,使台湾胜利地回到祖国的怀抱。郑成功收复台湾后,立即着手于台湾的整顿和建设,建立地方管理机构,整顿军纪,实行屯田,减轻人民负担。郑成功死后,其子孙继续占据台湾,名为反清,实质上已成为一个封建割据势力。公元 1683 年,康熙帝以施琅率水师进占澎湖后,台湾的郑氏集团被迫投降,清军遂进占台湾宝岛,完成了祖国的大统一。清朝廷在台湾设一府三县,隶于福建省。台湾回到祖国怀抱后,经济、文化都得到了较快的发展。

(三)收复雅克萨

清初,沙俄侵略者被我国富饶的东北所吸引,在其兼并西伯利亚得手后,即向我国东北地区伸出了侵略的魔爪,公元 1643 年 7 月,派遣武装匪徒侵入我黑龙江流域。在遭到我国的达斡尔等少数民族的反击后,于 1646 年 6 月从海路逃回雅库克。公元 1649 年 3 月,沙俄军队再次沿黑龙江入侵,但在清军的打击下,溯江窜逃,退到呼玛河口筑堡固守。顺治十年(公元 1653 年)春,沙俄军队又在我黑龙江和松花江上游窜扰。清政府派兵几次进剿,消灭了入侵者,收复了侵略者所盘踞的雅克萨城,拆除了呼玛尔堡。公元 1658 年,另一批来自叶尼塞斯克的哥萨克殖民者也入侵黑龙江上游的石勒喀河流域。他们在尼布楚强筑涅尔琴斯克堡,实行军事占领。清政府在胜利结束了平定"三藩"叛乱的战争后,经过几年的紧张准备,清军 3000 人于公元 1685 年 6 月 23 日,兵临雅克萨城下。沙俄侵略者在清军兵临城下的情况下,走投无路,被迫出城乞降,雅克萨遂告光复。清军随后也撤回瑷珲,清军撤军后,沙皇侵略军又卷土重来,于公元 1685 年 8 月再犯雅克萨。沙皇侵略军的侵略行动,再次震动清政府。康熙皇帝于公元 1686 年 3 月 6 日再次命令清军收复雅克萨。7 月 18 日,清军进抵雅克萨城下,在劝降未能奏效的情况下,开始攻城。在清军的攻击下,俄军多次冲出城外,企图突围,均被清军赶回。俄军困守孤城,饥寒交迫,加之当时坏血病流行,处境日益困难。在清政府坚决的军事打击下,加上正确的外交斗争,沙皇政府声明请求停战,并派大使前来同中国进行边界谈判。清军在取得了战场上的胜利后,因政府希望通过外交途径解决中俄争端,遂于公元 1687 年 8 月全部从雅克萨撤回到瑷珲、嫩江一带。至此,历时两年的中俄雅克萨之战遂告结束。

雅克萨战争是清军在自己的领土上,为保卫国家的领土,打击沙俄侵略者的正义战争,正由于雅克萨战争的胜利,才迫使沙俄政府接受谈判条件。历史证明,国无防不立,没有强大的国防实力,侵略者是不会老老实实地坐在谈判桌前认输签约的。

"康乾"时代,是清王朝发展的鼎盛时期,也是其国防建设和国防实力最为辉煌、最为强盛的时期。但是,也是从这一时期开始,清朝社会的各种矛盾趋于尖锐,社会的发展同西方世界逐步拉开了距离。在这种情况下,清王朝的统治者却盲目乐观,抱残守缺,不思开拓进取,这一时期也就成了清王朝乃至整个中国的历史处于"落日辉煌"的时期。从这一时期开始,清王朝的国防日渐衰弱,并逐步走上了任人宰割的历史道路。

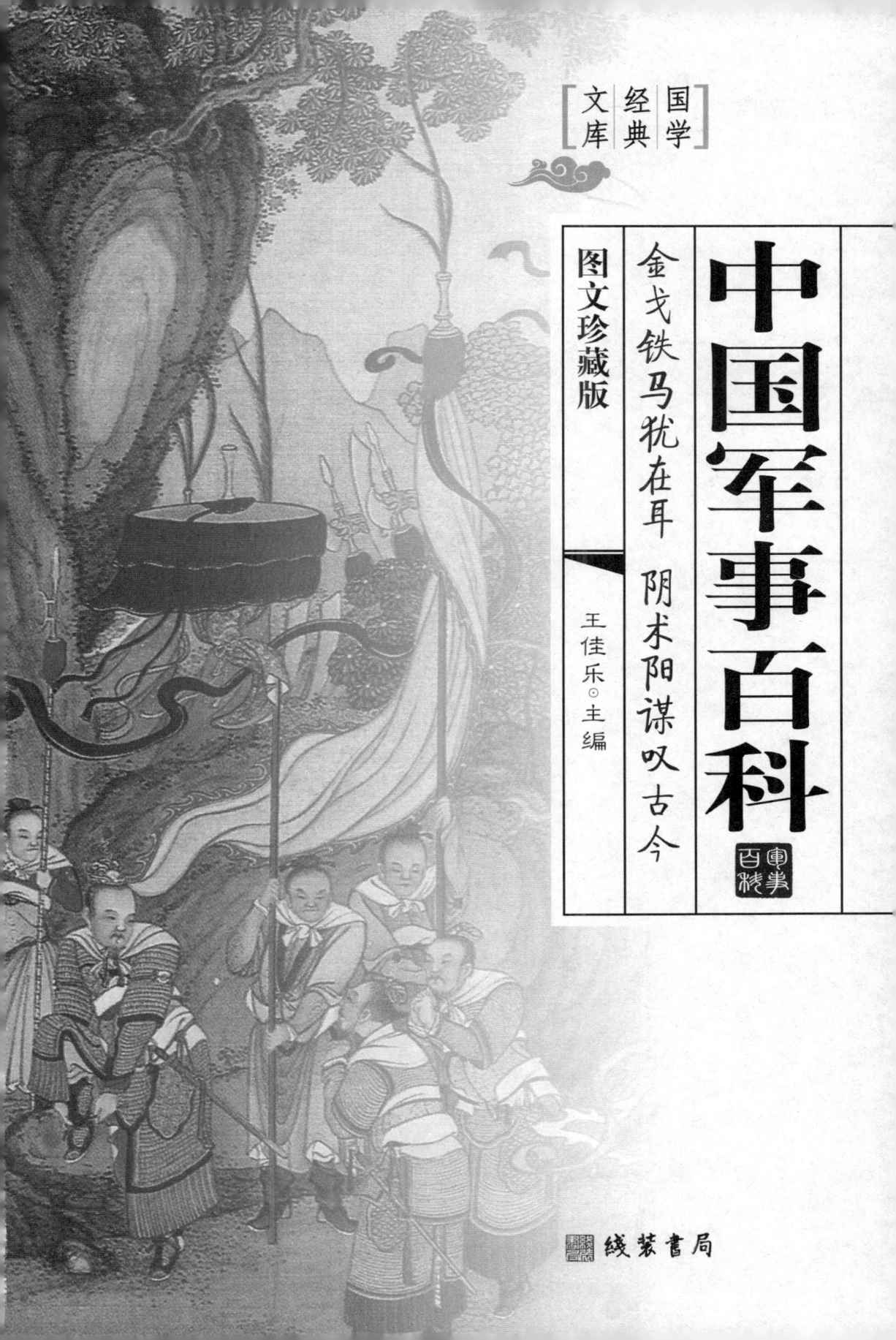

国学
经典
文库

图文珍藏版

金戈铁马犹在耳 阴术阳谋叹古今

中国军事百科

王佳乐◎主编

军事百科

线装书局

第五章　对外战史

浩浩荡荡的东流水,耸入云霄的大雪山,北风凛冽的荒草原,幽深奇险的大峡谷,孤悬海外的无名岛,惊涛骇浪的太平洋,布列四方的古城池……都在回荡着他们血腥拼杀时的呼喊。

他们所做的这一切,都是为了让自己的同胞更有尊严地活在这个世上。

万里河山在每一个浴血奋战的战士的心中。

碧海青冥之下,神州浩土之上,曾经战场上的烟云,都已经化入无尽的时空之中。只是那曾使三军将士泪落如雨的歌吟,至今唱来,依旧荡气回肠。

一、蒙古西征:横扫亚欧大陆的旋风

从锡尔河到地中海,从俄罗斯大草原到多瑙河,那些强盛无比的王朝——花剌子模、俄罗斯三大公国、神圣罗马帝同、木剌夷、阿拉伯帝国;那些不可一世的人物——摩诃末、八赤蛮、尤里二世、贝拉四世、忽儿沙、穆斯塔辛;那些辉煌灿烂的城池——讹答剌、撒马尔罕、不花剌、莫斯科、基辅、布达佩斯、巴格达、大马士革;那些飞扬傲世的军人——突厥人、波斯人、斯拉夫人、钦察人、条顿骑士团、圣殿骑士团、阿拉伯人,无不在成吉思汗以及他的子孙拔都、旭烈兀等人带领的蒙古西征铁骑之下战栗。随着蒙古弯刀的三次旋风横扫,察合台汗国、钦察汗国、窝阔台汗国、伊儿汗国相继雄立在这片广袤的亚欧大陆之上。

(一)蒙古第一次西征:征服花剌子模

在占据了呼伦贝尔草原之后不久,成吉思汗又一举打败了强大的蒙古乃蛮部,建立了蒙古汗国。随着成吉思汗势力的不断强大,他开始对外发动大规模的征服战争。西夏首当其冲。经过20年的征战,西夏亡国。雄心勃勃的成吉思汗又将他的下一个目标定在了金国。正当成吉思汗集兵攻打中都(今北京)之时,蒙古汗国的强势崛起引起了中亚大国花剌子模的注意。

1210年,花剌子模的国主摩诃末带领自己的军队,打败了西辽王古出鲁克,一时威震西陲。当时的西辽是辽皇族耶律大石,在今天的新疆地区所建立起来的一个国家。在打败了西辽王古出鲁克之后,雄心勃勃的花剌子模国王摩诃末又看到了广阔而富饶的东方,内心垂涎不已的他想继续向东扩张。

但是古老的东方有一股强大的势力,是摩诃末不得不正视的。这就是成吉思汗所建立的蒙古汗国。

1215年，以哈拉丁为首的使团奉摩诃末之命来到了中国。哈拉丁此行的目的是为了了解蒙古征服金国后的真实情况。不久，他觐见了在中都附近停留的成吉思汗。

哈拉丁受到了成吉思汗的盛情款待。在宾主友好的会谈中，成吉思汗一度表示：我们两个国家都是这个世界上的大国，我是东方的统治者，你们的王则是西方的统治者。我们双方保持和平友好的关系，对大家都有好处。各地的特产货物要互通有无，因此，要让商人自由地通行在东西方的土地上。

不久之后，为了表达自己的诚意，成吉思汗派遣使者和商队回访花剌子模国。

1218年春，蒙古使臣到达花剌子模的布哈拉，向摩诃末递交了成吉思汗所写的国书。成吉思汗的国书是这样写的：我们现在是亲密友好的邻居了，凡事应该商量着来，而不能单独行动。友谊的责任应得到承担。同时，双方都有义务在不幸事故中相互支援和帮助，应使常行的和荒废的道路平安开放，让商人们可以安全无约束地来往。

花剌子模国王亲切地接见了蒙古使者。在看了成吉思汗的国书之后，摩诃末非常高兴，他很快就同意了成吉思汗的提议。双方马上便缔结了和平通商协定。

这本是件可喜的事，但是天有不测风云，人有旦夕祸福，谁能想到这来之不易的友谊很快就被一个小人的贪婪轻易地毁灭了。

根据蒙古汗国和花剌子模所达成的通商协议，成吉思汗派出由维吾尔人和葛逻禄人组成的450人的大商队，用500峰骆驼驮着金、银、丝绸、驼毛织品、海狸皮、貂皮等贵重商品，带着成吉思汗的文书前往花剌子模。

蒙古的商队要想到达花剌子模国王所在的城市，必须要经过锡尔河上游的讹答剌城。位于今哈萨克斯坦奇姆肯特市阿雷思河和锡尔河交汇处的讹答剌，北接钦察荒原，距离库车500里，是当时的花剌子模国的东方重镇和交通要塞。这里也是商人到伏尔加河及东罗马帝国的必经之路。

当时，讹答剌由花剌子模著名的海尔汗亦纳勒术镇守。

亦纳勒术，康里人，他可能是摩诃末的表兄弟。亦纳勒术的突厥名字是牙罕·脱黑迪，意思是大象降生。作为中亚花剌子模国讹答剌城的守将，他被封为海尔汗。海尔汗即是有权力的可怕的汗的意思。

蒙古汗国的商队出了蒙古国界，很快就来到了讹答剌城。

商队领头的是一名印度商人。当这名印度商人见到了亦纳勒术的时候，没有叫"海尔汗"，而是称呼他为"亦纳勒术"。这让亦纳勒术感到十分愤怒，他认为这是东方来客对自己的极大的蔑视。他产生了狠狠教训一下这些人的想法。

亦纳勒术见蒙古的商队金银满箱，货物充盈，便想据为己有。于是，他便将这队商人诬陷为奸细，下令拘捕全部商人。之后，他派人报告摩诃末说，蒙古派遣的商队中混杂有成吉思汗的密探，蒙古名义上和我们通商，实际上是在刺探我方虚实，以借机消灭我们的国家。

在听了亦纳勒术的报告后，摩诃末相信了他的表兄弟所说的话，并命他的表兄弟将所有的蒙古商队成员处决。

海尔汗亦纳勒术兴奋万分，他遵照摩诃末的命令，下令处决全部商队成员，并没收其全部财物。但是其中有一位骆驼夫从牢里逃出，历尽艰险回到蒙古，向成吉思汗报告了蒙古商队被害的经过。成吉思汗听了之后，感到十分震惊。

其实，双方的矛盾由来已久。蒙古政权和花剌子模很早就曾经发生过边界纠纷和武装冲突。

有一次，蒙古战将速不台在消灭了以忽都为首的篾儿乞惕残余势力后，准备胜利回师，没想到，正在这时，速不台的军队遭到花剌子模国王摩诃末的追击。摩诃末一直追到谦州（今叶尼塞河），仍然死死咬住不放。不得已之下，大将速不台派人前去劝说花剌子模国王，希望双方不要交锋，以免两国失和。但摩诃末并不听他的劝告，仍然下令袭击了蒙古军队，挑起武装冲突。

在冲突中，花剌子模国王摩诃末险些被俘，幸被其子札兰丁死命护救，方才脱险。

此后不久，当蒙古大将哲别受命消灭西辽时，花剌子模又抢先占领了直到讹答剌（在锡尔河上游）为止的原属西辽的领地。花剌子模趁火打劫的行为，让成吉思汗感到十分愤怒。双方的边界纠纷因此而起。

蒙古远征军与花剌子模军的激战，海尔汗亦纳勒术的卑劣手段，摩诃末没有诚意的合作，最终让成吉思汗忍无可忍。

作为草原上的牧人，成吉思汗和他手下的将军们一致同意要对花剌子模进行打击报复，他们决定用最酣畅淋漓的方式守护蒙古的尊严。

成吉思汗发誓要为死者报仇。但是在开战之前，他还是希望双方能够坐下来通过和平谈判的方式解决争端。能不流血地解决问题，总是最好的。于是，成吉思汗派遣了以西域人巴合剌为首的三名使者，代表自己前往花剌子模与摩诃末进行谈判。

在13世纪初的时候，成吉思汗还没有建立蒙古汗国，蒙古还处于父权制时代。这个时代有一个传统的习俗，那就是一个家族或部落一旦与谁结下了仇怨，便会世代为仇。而花剌子模杀害蒙古使者，对蒙古人来说就是国仇。

而成吉思汗之所以派出三名使者去和摩诃末谈判，也是为了要让摩诃末真诚悔罪，对商队做出抚恤和赔偿，并将肇事者亦纳勒术交给蒙古人处理。忍辱负重的成吉思汗并不想轻开战端，与人结怨。但是摩诃末的一意孤行，最终导致双方兵戎相见：

来到花剌子模的三名使者，向摩诃末国王转达了成吉思汗的原话：按照我们双方的约定，是不能虐待彼此的任何商人的。但是你作为国君，却突然违约，实在是令人失望之至。如果在讹答剌虐杀商人的事情，不是出自国君的意思，那么只要把守将交给我就行了，否则的话，只好战场上见了。

摩诃末对此置若罔闻，他不仅杀害了蒙古汗国的使者巴合剌，而且还将两名副使的胡子剃光，驱逐出境。摩诃末的这些做法，使双方原本存在的和平安宁遭到彻底的破坏。

蒙古使臣被害后,成吉思汗怒不可遏,双方关系已无法用和平方式解决,那只有用刀剑对话了。他决定亲率大军向花剌子模问罪。大兵西进的同时,成吉思汗命令他的弟弟斡赤斤留守蒙古。

1.鏖战讹答剌

1219年,成吉思汗率领20万蒙古大军兵临讹答剌城下。杀气腾腾,笼罩四野,就算是讹答剌城内也感到了一种切实的威压。

讹答剌的海尔汗亦纳勒术早就布置好了城防,做好了一切战斗准备。在将马步兵派遣去驻守城门后,亦纳勒术登上了城楼,察看敌情。

城外空旷的草原上,布满了蒙古人的雄狮劲旅,黑压压的一大片。人吼马嘶,声势浩大,然而却井然有序。

看到这一切的亦纳勒术,脸上变色,内心感到了一阵一阵的恐惧。

讹答剌城在蒙古大汗成吉思汗的眼里,只是一座小小的城堡。他见亦纳勒术做出了防御的部署,根本就不出来同自己交战,于是便随机应变地作出了一定的军事方面的安排:他派大儿子术赤进攻周围的小城市;派二儿子察合台和三儿子窝阔台继续围困讹答剌;他自己则和小儿子拖雷准备渡过锡尔河,向西南横渡沙漠之后,如一柄尖刀一般直刺花剌子模国的中心城市不花剌。

可以说,成吉思汗做出的这一个兵分三路的决定是十分正确的。而攻占不花剌,也直接刺中了花剌子模的咽喉。

自从白手起家统一蒙古各部以来,成吉思汗相继征服了金朝、西夏、西辽。在艰苦卓绝的征服斗争中,成吉思汗逐渐成了一个优秀的军事指挥家和政治家。他的性格也变得更加精明,冷静和不屈不挠。

在进攻花剌子模前,成吉思汗所建立的蒙古政权疆土辽阔,它东起辽东半岛,西到新疆,往南则延伸到黄河中下游地区,往北则达到了西伯利亚一带。可以说,此时的蒙古是一个强大的东方政权。

成吉思汗的西征部队,全是骁勇善战的骑兵,以顽强不屈的蒙古人为主。

此时,花剌子模的帝同势力也是不可小觑的。它的领土东到新疆和蒙古汗国接壤。占领了中亚地区最富裕的阿姆河和锡尔河流域,往西则到了伊拉克。南到阿富汗,往北一直打到了高加索山脉的阿塞拜疆,到达了俄罗斯南部。可以说,花剌子模国的地域和蒙古不相上下。花剌于模国的士兵大多是高大威猛的突厥人,他们在身高和体能方面都要比他们的近亲——蒙古人强悍很。

在阿姆河和锡尔河之间的平原地带,是花剌子模国最繁华的地区。这一地区又被称作河中地区。

河中地区土地肥沃,城市林立,经济发达,平原辽阔,花剌子模目的新都——撒马尔罕、旧都——玉龙杰赤和经济文化中心——不花剌都在这里。

这三个城市东西分布在辽阔的平原上,首都撒马尔罕在东边,玉龙杰赤在西边,而不花剌则在新旧首都之间。三个城市互为后援,可谓形胜十分。

在花剌子模国王摩诃末听到了成吉思汗前来进攻的消息后,他征集了40多万的骑兵军队准备迎战，相比成吉思汗的 20 万骑兵部队，摩诃末的部队比成吉思汗整整多出了一倍。

占有这绝对数量优势的摩诃末，由于早就领教了蒙古人的骁勇善战，因此，他并不敢光明正大地走出城外和成吉思汗决一死战。他制定了这样一条战略：坚壁清野，据城守卫，以逸待劳，持久作战。

摩诃末将他的军队的主力——大约 11 万人的骑兵，配置在都城撒马尔罕和旧都玉龙杰赤两地，而在其两都之间的战略重镇不花剌则配置了战略预备队，机动待命，随时增援。

但是他的如意算盘很快就被成吉思汗识破了。强中自有强中手，摩诃末遇上成吉思汗，真可谓是遇到了他的克星了。

摩诃末将军队分散在全国的各大城市，而成吉思汗则正好采取了集中优势兵力各个击破的战略。蒙古的军队，纪律严明，能吃苦耐劳，成吉思汗的法令《大扎撒》又确保了这支部队对自己的忠诚，因此，他们的战斗力要远远胜过了花剌子模的军队。此外，蒙古人到处放牧，习惯了四处游荡的生活，逐水草而居的他们，作战机动性也比花剌子模的军队高出不少。

蒙古军队虽然千里来征，但是，他们并不怕后勤供应出现问题，因为只要有草原的地方就可以喂饱他们的战马和牛羊，牛马吃草，人吃牛马，这使他们有足够的食物来支撑他们的体力，并直到战争结束。摩诃末坚壁清野的战略，对蒙古人来说，根本就没起到什么作用。因此，围困讹答剌的蒙古军队并不急于攻城。

成吉思汗对讹答剌城的亦纳勒术恨之入骨，因此，他首先攻打的就是讹答剌。

摩诃末很显然也知道这个事情，因此，他给讹答剌城派去了 5 万骑兵部队，后来又派大将哈喇察带领 1 万骑兵前去协助亦纳勒术守城。

自知祸由己出的亦纳勒术，显然也知道成吉思汗恨不得将他生吞活剥。为了防备成吉思汗的蒙古大军，他加高了城墙，整修了城堡，此外，还在城外修了一道防守堡垒。

讹答剌城中的粮食储备精足，根本不怕蒙古军队的围攻。

就这样，五个月过去了，讹答剌城还是没有被蒙古军队攻下。但是，蒙古人似乎一点儿都不着急，士气也没有低落，他们在讹答剌城外一边放牧着战马牛羊，一边有条不紊地围困着讹答剌城。

成吉思汗的大将木华黎送来了 5000 人的工匠和许多先进的攻城工具，这让西征的蒙古军队如虎添翼。蒙古人在讹答剌城下，将攻城利器排开，向着城内发动猛攻。

抛石机将巨大的石头猛烈地抛到城墙上，落到哪个地方，哪个地方就血肉横飞。此外，蒙古人还用上了当时最最先进的武器——火药。他们将蒺藜火球、毒药烟球、霹雳炮通过抛石器砸到城墙上。火药武器落到的地方无不燃起冲天大火，烈焰浓烟。

从来就没有见识过火药武器的讹答剌人，感到了发自内心的恐惧。讹答剌城内人心惶惶，军民士气低落。被摩诃末派来协助海尔汗亦纳勒术守城的大将哈喇

·对外战史·

图文珍藏版

察，见蒙古势大，武器先进，内心便丧失了和蒙古人继续对抗下去的信心。

哈喇察找到海尔汗亦纳勒术，劝他说："蒙古军队势大，我军根本就不是他们的敌手，不如和他们谈判，将城池献给成吉思汗，并让他饶恕了我们的性命。这或许是保全全城百姓和军队的唯一办法。"

亦纳勒术知道成吉思汗绝对不会放过自己的，因此，他要全城的军民和他一起抗争："你说出这样的话来，就是不忠于我们的国王，就是无耻的变节。以后，你怎么有脸面对花剌子模国的百姓？以后，再也不要说这样的话了。这次，我当没听见。"

哈喇察知道自己说服不了亦纳勒术，因此，他便率领自己的1万人马偷偷地逃跑了。当天夜里，哈喇察打开城门准备往外冲的时候，潮水般的蒙古军队也向着他猛烈地冲来。

被蒙古军队的火药武器吓破了胆的花剌子模军队，看到如狼似虎的蒙古铁骑，纷纷溃退。就这样，蒙古军队攻进了讹答剌城。经过一番惨烈的巷战厮杀，蒙古人抓住了哈喇察，俘虏了哈喇察的军队。

察合台和窝阔台将被抓获的哈喇察以及所有从属于他的军队全部斩杀。

虽然蒙古军队在逃跑的哈喇察的"帮助"下，占领了讹答剌的外城，但是内城还在统领着两万人马的亦纳勒术的掌控之中。

黔驴技穷的亦纳勒术，知道自己马上就要溃败了，因此，他决定和蒙古人以命相搏。他每次派出50人冲出内城和蒙古人厮杀，这50人可谓是"死士"，他们知道自己死路一条了，因此，战斗起来特别地凶猛，杀死了不少的蒙古人。但这并不能挽救讹答剌城沦陷的命运。

在亦纳勒术坚持抵抗了一个月后，内城之中的两万人马已经所剩无几了。最终，蒙古人冲进了内城。亦纳勒术则跑到了房顶上，继续进行殊死抵抗。蒙古兵冲上了屋顶，用沉重的铁链将亦纳勒术绑了个结结实实，然后交给察合台。

成了蒙古人俘虏的海尔汗亦纳勒术，被蒙古人着实羞辱了一番。之后，察合台派人将亦纳勒术送到了成吉思汗那里，让他的父亲亲自处置。

成吉思汗恨极了亦纳勒术，他命人把银子烧成溶液，然后将这些滚烫的溶液灌进了亦纳勒术的耳朵里。最后，海尔汗亦纳勒术在痛苦的挣扎中死去。

占领了讹答剌后，蒙古人把城市夷为平地。花剌子模国曾经繁华无比的东方重镇讹答剌就这样消失了。

2.惊天一击：突袭不花剌

不花剌城是花剌子模国的军事、文化、宗教中心。不花剌就是"学术中心"的意思，是一个历史悠久的城市。从公元10世纪起，不花剌就成为大食萨曼王朝的京城。在很长的一段时间里，它一直是中世纪经院学术的中心。它位于新都撒马尔罕和旧都玉龙杰赤之间的咽喉要道上。城池坚固阔大的不花剌城，分为内外二城，周围共有12座城门。

摩诃末派遣将军库克汗统率两万骑兵防守不花剌。两万骑兵基本上是突厥雇佣军,雇佣军只为钱卖命,其战斗力可想而知。

离开了讹答剌之后,成吉思汗沿着大道向不花剌挺进。蒙古军首先要经过一个叫作匝儿讷黑的小城市。

在黎明时分,蒙古军将匝儿讷黑围了一个水泄不通。当匝儿讷黑的居民醒来后,发现蒙古的铁骑已经布满了整个城郊。

蒙古军队并没有立即进攻匝儿讷黑.成吉思汗派使者进城劝降。

经过劝说,匝儿讷黑的首脑们同意归降。蒙古大军轻松占领了匝儿讷黑城。

成吉思汗将所有的居民都赶到郊外,将其中的青壮年编入"签军"。同时,他将整个匝儿讷黑城夷为平地。

之后,在一名突厥向导的指引下,成吉思汗率领大军抄近路来到了讷儿城。讷儿城的所在地也是进入不花剌的必经之路。

成吉思汗还是派遣使者进城劝降。经过使者的多次往返协商后,双方终于达成了一致的协议。按照协议,讷儿城投降后,将要为蒙古军队准备粮草,并向成吉思汗进献礼物。

1220年3月,成吉思汗和拖雷带领蒙古西征军的中路军,一路秘密渡过锡尔河,越过基吉尔库姆沙漠,远距离大纵深穿插迂回之后,终于抵达了不花剌,大军驻扎在城下。成吉思汗出其不意地包围了不花剌,他有着自己的战略目的——如果蒙古军能够攻下不花剌,就会一举截断花剌子模旧都玉龙杰赤与其新都撒马尔罕之间的交通,还会使锡尔河沿岸被围困的各大城堡失去外援。不花剌的守军在库克汗的带领下拒绝投降。于是,成吉思汗便下令蒙古军向不花剌发动猛攻。蒙古军昼夜进攻了好几天,不花剌的守军渐渐不支,于是,这群并不想打仗的突厥雇佣兵便乘夜突围逃出。蒙古军随后对他们进行了追击,在阿姆河畔,蒙古军消灭了大部突围而出的不花剌守军。而库克汗则带着400多个花剌子模国的士兵躲进内城之中,誓死抗争。

城中的居民派人到成吉思汗的行营献城乞降。

成吉思汗同意了他们的请求。

第二天,不花剌城中的居民打开了城门。城中的头面人物亲自来到成吉思汗的金帐,恭迎蒙古军队进入不花剌。

在这些头面人物的陪同下,成吉思汗视察了不花剌的城池。

之后,成吉思汗和拖雷率军进入不花剌。成吉思汗命令乡绅们把城里的仓库打开,将其中的粮食全部搬出来喂马。

成吉思汗出席了不花剌人为他准备的宴会。宴饮了一两个时辰之后,成吉思汗方才动身回营。

在城外广场的讲坛上,成吉思汗向全城的居民讲述了他们的国王摩诃末的罪行。之后,成吉思汗指定蒙古人、突厥人各一名来担任八思哈之职,八思哈就是镇守官的意思。成吉思汗让他们两人保护居民不受蒙古士兵的骚扰。

成吉思汗又让城中的富人缴纳财物,并许诺会保护他们的生命安全。不花剌城中的富人们在蒙古大军的威压之下,都乖乖地向成吉思汗缴纳了自己的财物,以求平安。

不花剌城中有 400 名康里骑兵,坚守在内堡之中,他们在库克汗的带领下拒绝投降。于是,成吉思汗下令进攻内堡。蒙古军的抛石机向内堡抛射大石,内堡中的 400 名康里骑兵则用弩炮、火油桶进行反击。

他们白天在城楼上抵抗,晚上还偷偷潜出内城,去偷袭熟睡中的蒙古人。这让成吉思汗十分愤怒。

于是,成吉思汗下令放火焚烧整个城市。不花剌城中居民的房子,大多是木头做成的,因此,整座城市很快变成了一片火海。几天之后,不花剌变成了一个瓦砾场。

但是,内城的守军在库克汗的带领下,仍然不为所动。

成吉思汗下令驱赶不花剌的居民去进攻内城。库克汗带领的 400 名康里骑兵十分英勇,他们打退了蒙古军队的数次进攻。

内城城外堆积起了如城墙那么高的尸体,其中大多是不花剌的青壮年男子。

终于,蒙古军队在不花剌"签军"的协助下,夺取了内城前面的一道斜坡,从那里放火焚烧城门。内城中的人终于再也守不住了,蒙古军趁势攻了进去。

在双方激战了两天后,蒙古军终于攻破了内堡,并将 400 名康里骑兵尽数杀死。

在进攻内城的战斗中,有大约 3 万不花剌青壮年死亡。同时,蒙古人的伤亡也很厉害。成吉思汗下令,将不花剌彻底毁掉。他强征青壮年充军,以进攻撒马尔罕。

军事重镇不花剌被攻破后,新都撒马尔罕和旧都玉龙杰赤之间的交通便断绝了,东西部之间的互相支援也随之被切断。整个花剌子模呈现出了瘫痪状态,它离最后的败亡不远了。

后来,蒙古人离开了不花剌。而不花剌则变成了一片荒野,直到成吉思汗灭掉了花剌子模国之后,不花剌方才开始渐渐复兴,并很快重新恢复繁荣,成了蒙古帝国的一座城市。

3.进攻撒马尔罕

作为花剌子模国的首都,撒马尔罕拥有全国最肥沃的土地。其实,"撒马尔罕"就是"肥沃的土地"的意思。撒马尔罕拥有十余万户人口,居民总数大约有 50 万,是当时花剌子模最大、最繁华的都市,号称"人间最美的天堂"。

花剌子模国王摩诃末将全国最精锐的部队大约 11 万人守卫首都。这 11 万人中,有 6 万突厥族人和 5 万大食人,战斗力十分强大。其中,大食人就是今天的伊朗人。

为了加强撒马尔罕的外部防御,摩诃末还在城外修建了 5 道环形堡垒,同时,挖深了护城河垒高了城墙。

此外,摩诃末还搜罗了 20 头大象,组成大象部队,用以在极为危难之时冲锋陷阵。

1219 年,刚刚在不花剌进行了一番血战的成吉思汗,率领蒙古大军浩浩荡荡地来到了花剌子模国的首都撒马尔罕。已经将讹答剌拿下的察合台和窝阔台,也带领着自己的得胜之军前来助阵。

　　其实,早在成吉思汗攻破了不花剌还没有到达撒马尔罕的时候,吓破了胆的摩诃末就率领他的一干手下逃跑了。撒马尔罕固若金汤,而摩诃末却根本无心抵抗,他已经被蒙古人打怕了,再也不敢交手了。然而,成吉思汗还是不会放过他的,他派大将哲别和速不台率领 3 万人马追击摩诃末。

　　在撒马尔罕,成吉思汗将从不花剌俘虏来的壮丁组成了先头部队。撒马尔罕人看着蒙古人如一片黑云一般地将撒马尔罕城围困起来,却没有采取任何的行动。

　　成吉思汗知道撒马尔罕城中已经没有了国王,因此并不急于攻城。他用了两天的时间,仔细地观察撒马尔罕城池的情况,借以判断从哪座城门进攻会更加容易攻破。

　　到了第三天的时候,成吉思汗正式下令蒙古军队准备进攻撒马尔罕城。

　　城中彪悍勇猛的突厥人,却并不畏惧蒙古人,他们在守城将领的召唤下,冲出城外与蒙古人进行面对面的搏杀。

　　这种没有任何技巧,纯粹靠蛮力的生死相搏,让成吉思汗很不满意。因为这样一来,蒙古军队根本就占不了任何便宜。蒙古军队的优势是能机动灵活地运用战术,使得整体作战能力强大,如果单打独斗的话,他们毕竟打不过人高马大的突厥人。

　　因此,成吉思汗很快就改变了策略,放弃了面对面的白刃肉搏战。他决定阻止撒马尔罕城的士兵出城和蒙古军队正面作战。为此,成吉思汗在城门外架起了抛石机,安排了弓箭手。只要城中的士兵出来,蒙古军队的弓箭手立刻用一阵铺天盖地的"箭雨"招呼他们。

　　被围在城中的突厥人,虽然一心一意地想要找蒙古人拼命,但是蒙古人根本不给他们机会。突厥人也只好龟缩在城中不敢露头。

　　在这种情况之下,撒马尔罕的守城将领放出了他们的国王摩诃末精心准备的 20 头全副武装的大象。

　　拥有着庞大冲击力的大象战斗队,奔行在路上,一阵阵地动山摇。它们勇猛地冲向成吉思汗的部队,蒙古军队被象群逼得节节后退。

　　成吉思汗立刻下令弓箭手射击大象没有被铠甲保护的部位。慌乱的蒙古军队,这才稳下心来。

　　无数的箭矢嗖嗖地射向大象。

　　受了伤的大象,立刻停止了前奔,开始往回跑。而象群的后面,跟着的是突厥士兵。突厥士兵根本就抵抗不住象群的冲击,很多人都被践踏而死,更多的人则赶紧往城中奔去。

　　这一战,让撒马尔罕人士气大跌,军心开始不稳。城中的守军很快就分成了两派,一派主张投降成吉思汗,一派主张躲进内城坚守。

　　最终,不愿意投降的士兵进入了内城。而准备投降的则在城中头面人物的劝说下，放下武器。成吉思汗很快就接受了他们的投降。

紧接着，蒙古大军进入撒马尔罕城，拆毁了城墙和外面的堡垒，将撒马尔罕变成了一座平坦的完全不设防的城市。

第二天，蒙古人留下了归顺的 5 万士兵，并将城里的人全部赶到草原上。随后，成吉思汗纵兵入城，大肆劫掠。

当晚，驻守在内城的一名将领趁蒙古人松懈的时候，率领 1000 人马杀出重围而去。

成吉思汗感到非常愤怒，他决定第二天一定要攻破内城。

第二天，蒙古人的弯刀强有力的挥进了撒马尔罕的内城。在击溃了其中的有生力量之后，花剌子模的首都撒马尔罕彻底地被成吉思汗征服了。

经过此番战乱，撒马尔罕的外城和内城变成了一片废墟，基本上算是毁灭了。

血战玉龙杰赤

玉龙杰赤原先是花剌子模国的首都，也被称为花剌子模城。摩诃末迁都撒马尔罕后，玉龙杰赤则成了花剌子模地区的首府，也是花剌子模国的重要城市。摩诃末的母亲秃尔罕皇后就居住在玉龙杰赤城中。

位于今天乌兹别克斯坦的乌尔坚奇城西北 200 多公里处的玉龙杰赤，横跨阿姆河而建，它位于咸海的南面，是当时的花剌子模国的一座美丽而富饶的大城。

1221 年，在攻陷了花剌子模国的首府撒马尔罕之后，蒙古大军在成吉思汗的带领下，一举扫荡了河中地区的所有州府，玉龙杰赤的周边地区也布满了蒙古战马的足迹。最后，蒙古军队使玉龙杰赤变成了一座孤城。

原本坐镇玉龙杰赤的秃尔罕皇后，也和她的儿子摩诃末一样，带着摩诃末留在城中的妻子、儿子和财宝，弃城而去。后来，逃到哈伦堡的秃尔罕皇后最终成为蒙古人的俘虏，被带回了蒙古草原。

秃尔罕皇后是出身于突厥族的一支——康里族的公主。她得到了许多康里族出身的军事将领和贵族的支持，因此，在花剌子模掌握着很大的权力。她也与儿子摩诃末有着权力冲突。成吉思汗在得知了这一消息后，曾派遣使者前来联络秃尔罕，希望能够与她结成联盟，一同反对摩诃末。但是，秃尔罕一口回绝了成吉思汗。

玉龙杰赤城高大坚固，城中钱粮充足，集结了 9 万康里族士兵组成的精锐部队。但这并不能让秃尔罕皇后感到安心。

秃尔罕皇后逃走之后，玉龙杰赤群龙无首。花剌子模名将帖木儿灭里和摩诃末的儿子札兰丁先后来到城中，却因为和康里族将领产生冲突而被迫离开。

眼看着玉龙杰赤即将陷入一片混乱之中，城中的将领、贵族只好推举秃尔罕皇后的亲戚忽马儿为"一日之王"。忽马儿临时摄政，以带领军队在敌军来袭之时进行抗争。

1221 年，成吉思汗的三个儿子——长子术赤、次子察合台、三子窝阔台，率领大军逼近了花剌子模旧都玉龙杰赤。

当蒙古军队的先锋部队最先到达玉龙杰赤的时候，他们派出了一小队骑兵到城下抢掠,而将主力部队埋伏在城外数十里的一个庄园之中。

玉龙杰赤的守军看到蒙古军队的一小队骑兵胆敢来抢掠,便派兵出城攻击。抢劫的小队蒙古军队旋即撤退。玉龙杰赤的守军紧追不放,最终被引诱到了蒙古主力部队的伏击圈中。蒙古铁骑四面杀出,将玉龙杰赤的 1000 追兵尽数杀死在战场上。

与此同时,另一队蒙古军攻入了玉龙杰赤城内,但最终因为人数太少,而撤出了城外。

在此后的几天里,蒙古的先锋部队又发动了一些小规模的进攻,但只是试探性的,并没有进行大规模的攻城行动。

当成吉思汗的三个儿子来到了玉龙杰赤城下的时候,三位蒙古王子派人进入城中,劝说城中居民投降。城中居民经过一番讨论,最终还是决定不向蒙古人投降。

三位蒙古王子见玉龙杰赤人不肯投降,便开始着手作攻城的准备。

玉龙杰赤的周边尽是平原、沙地,没有足够的山石可用作抛石机的"弹药",因此,蒙古军便砍伐桑木并加以浸泡增加重量之后,权且当作抛石机的"弹药"。此外,蒙古军队为了填平、拆毁各项城防设施,专门从各地调来了许多的哈沙儿队。

15 天后,蒙古军队的哈沙儿队终于填平了玉龙杰赤城的城壕,拆毁了城池的外围防御设施。同时,各项攻城准备也都全部完成。蒙古军队的总攻马上就要开始了。

三位蒙古王子见万事俱备,便向蒙古军队下达了攻城的命令。

很快地,勇猛的蒙古军人就将自己的大旗插在了玉龙杰赤的城头。

冲入城中的蒙古人和玉龙杰赤守军展开了激烈的巷战。蒙古军人虽然勇猛异常,但是在狭小的巷子中,他们却发挥不了自己的骑射优势,因此付出了惨重的代价,败退而归。

第一次交战没有获胜的蒙古人,开始使用火攻。在弓弩和抛石机的掩护下,他们用石油喷筒焚烧城中的房屋,不断地向城中发起进攻。

城中的守军同攻上来的蒙古军队拼死搏斗,白刃相交。另一部分守军则从阿姆河中取水灭火。

在持续了数日的进攻之后,蒙古军队最终也没有取得重大突破。在你来我往的拉锯战中,玉龙杰赤外围的城区基本上成了一片废墟。

三位蒙古王子见玉龙杰赤久攻不下,便决定重新部署。他们发现玉龙杰赤城跨越阿姆河而建,一座桥梁将城两边连接起来。玉龙杰赤被围困后,城内的各种用水都要从阿姆河中提取。因此,三位蒙古王子决定夺取那座至关重要的桥梁。

3000 勇士从蒙古军队之中选出,参加夺桥大战。

可以说,这座桥梁是非常重要的一个链接纽带。如果失去了这座桥,玉龙杰赤将被分成两半,而花剌子模的军队也难以再取用阿姆河的水。因此,当看到蒙古人的战略意图后,花剌子模军队随即向桥上的蒙古军队展开了疯狂的反击。

很快,在桥上的蒙古军队就陷入了花剌子模军队的重重包围之中。两军展开了激烈的白刃格斗，血肉横飞，死尸相枕。

看到桥上的蒙古军队遭到围攻，外围的蒙古军队也赶来增援。

战斗一直持续到晚上，被围在桥上的3000蒙古军人被花剌子模军队尽数消灭。察合台王子的一个儿子和蒙古汉军名将郭宝玉在此战中双双身负重伤而死。遭到重创的蒙古军队，只好后撤。获胜的玉龙杰赤守军，信心大增。

在蒙古军队和玉龙杰赤守军战斗了7个月后，玉龙杰赤仍然没有被最终攻破。而蒙古军队遭到了西征以来的最大挫折。

当成吉思汗知道了玉龙杰赤久攻不下，是因为术赤和察合台二人不和导致的指挥混乱后。震怒不已。他训斥了自己的几个儿子，最后命令窝阔台担任全军统帅，指挥他的两个兄长术赤和察合台。

颇有军事指挥才能的窝阔台受命指挥全军后，巧妙地协调了他同两个兄长的关系，把军中的事务进行了合理的安排，加强了军中对蒙古法令扎撒的执行。于是，数万蒙古军在窝阔台的领导下，重新团结成为一个整体。

窝阔台决定展开最后的猛攻。

重振军威之后的蒙古人，在展开了猛攻后的第一天，就突破了城墙，冲入了城内。在弓弩、抛石机的掩护下，蒙古人稳扎稳打，迅速地压倒了城中的守军。凡是被蒙古人攻打下来的建筑，都遭到了拆毁、焚烧。

在苦苦战斗了七天七夜之后，玉龙杰赤城中的守军和居民被蒙古军队逼到了三个居民区中。玉龙杰赤的陷落，现在只是时间问题了。

被完全包围的城中居民派出代表去见蒙古的三位王子，请求他们停止进攻。但是遭到了术赤的破口大骂。于是，蒙古军队继续进攻。

窝阔台

日落之时，窝阔台劝说他的哥哥术赤说："他们已经愿意投降了，我们就答应了他们吧。等到他们放下武器之后，就任由我们处置了。否则的话，我们继续进攻，他们肯定会拼死抵抗，最终我们还是会损失军马。"

术赤同意了窝阔台的话。

就这样，坚持了八个月的玉龙杰赤最终完全陷落。

摩诃末离开了花剌子模的首都撒马尔罕后，慌不择路，被蒙古人打怕了的他，已经成了惊弓之鸟，草木皆兵。他怕带着大队人马，目标太大，容易被蒙古人侦知，因此便将自己的近卫军分散到了乡村之中，身边只留了少数几个人随从护卫。

而成吉思汗手下的得力战将哲别和速不台，选了蒙古骑兵中最最精锐的3万人，追击花剌子模国王摩诃末。他们根据成吉思汗的严命，一路沿着摩诃末逃跑的路线追赶，丝毫不敢放松。

狂奔在逃亡路上的摩诃末，如同一只丧家之犬，他从中亚美丽富饶的河中地区向自己的老巢伊朗境内流窜。

看着自己的国王这般懦弱，摩诃末身边的侍卫决定杀掉他。但是，其中一个侍卫不忍心，便将这个消息偷偷地告诉了摩诃末。摩诃末吓得赶紧换了一个地方睡觉。

自此之后，摩诃末众叛亲离，深达内心的恐惧让他经常做噩梦。他已经是生不如死了。

摩诃末后来逃到了你沙不儿，不久又逃向伊拉克，因为听说蒙古人要去伊拉克，所以他又潜回了伊朗境内。

惶惶不可终日的摩诃末，最后也不知道躲到哪里最安全了。于是，在蒙古人的追兵临近的情况下，他只好不停地往西跑。

后来，他逃到了今天的伊朗首都德黑兰附近。当他准备休息一下的时候，蒙古汗国的两员大将哲别和速不台追上来了。摩诃末只好再次逃跑。

摩诃末逃到了里海中的荒岛上，他不停地转换岛屿，导致蒙古人迷失了他的所在。但是，摩诃末的嫔妃全部被蒙古人掳走，财物也被抢光。在里海的额必思宽岛上躲藏的摩诃末听说后，气急攻心，一命呜呼了。他死的时候，仅有一件衣服裹住了自己的身体而已。

摩诃末死后，札兰丁成为他的继承人。后来，从蒙古人的追杀中逃脱的札兰丁，逃到了阿富汗山中的加兹尼。加兹尼就是今天的阿富汗东部加兹尼省的省城。札兰丁在这里组建了一支8万人的军队。

札兰丁人多势众，他后来同蒙古军战斗中获胜，杀死了1000名蒙古人。

成吉思汗听说后，便派遣大将失吉忽都忽率领3万人马去攻打札兰丁。

札兰丁和赶来的失吉忽都忽展开了激战，并再次将蒙古军队打败。打到第二天的时候，失吉忽都忽的军队陷入了札兰丁的包围之中。蒙古人奋力突围之后，纷纷溃逃。札兰丁乘胜追击，把蒙古人赶到了山谷之中。蒙古军几乎全军覆没。札兰丁将钉子刺入了蒙古俘虏的耳朵里，以报亡国灭家之仇。

成吉思汗听说之后，非常愤怒，他亲自率领大军前去攻打札兰丁。

札兰丁知道自己不是成吉思汗的对手，于是便往印度河方向逃跑。最终，成吉思汗的部队赶上了札兰丁，并将他团团围住。札兰丁在蒙古大军的围困之中，东奔西突，最后，他的部队只剩下了700人。

蒙古士兵畏惧札兰丁的勇猛，纷纷避开了他。札兰丁乘势往印度河边跑。在印度河边高达20丈的悬崖上，札兰丁连人带马跳进了印度河，逃走了。

成吉思汗看到勇猛无比的札兰丁，十分惊讶，他赞赏地说："我要是有这样的儿子就好了。"

接着，成吉思汗派遣大将八剌率领两万蒙古军队进入印度境内搜寻札兰丁。

这时，耶律楚材劝说成吉思汗放弃追击，从印度撤出。但成吉思汗并不听。蒙古大军继续往印度方向前进。

但是生长在北方的蒙古军队却受不了印度酷热的气候，军中瘟疫流传。无奈之下，成吉思汗只好撤退。

　　成吉思汗率领军队沿着原来进军的方向，撤向阿富汗境内。在度过了阿姆河后，成吉思汗带领军队来到了花剌子模国的不花剌城，后来又去了撒马尔罕。

　　在撒马尔罕过冬后的第二年春天，成吉思汗率军回蒙古。他将花剌子模国分给了自己的二儿子察合台，成立了察合台汗国。

　　1225 年，在经过了长达 7 年的西征后，成吉思汗终于回到了蒙古的土拉河行宫。

　　而流落在印度的札兰丁在成吉思汗回到蒙古后，立马带着自己的人马回到了花剌子模。他很快就占领了今天伊朗的西北部地区。后来，札兰丁又占领了阿塞拜疆，侵略了格鲁吉亚、巴格达，使他的王国渐渐具有了一定的规模。

　　成吉思汗逝世后，窝阔台即位。窝阔台派遣手下大将绰儿马罕去镇压札兰丁。

　　札兰丁的队伍和绰儿马罕的蒙古军队刚一交战，便即溃败。札兰丁一路狂奔，逃往土耳其边境的深山之中。1231 年，札兰丁被一个库尔德人杀死在土耳其的迪亚儿别克儿山中。花剌子模国算是彻底消亡了。

　　带着蒙古精锐追击花剌子模国王摩诃末的哲别和速不台，在追到里海，并气死摩诃末之后，便准备动身回蒙古。

　　这时，成吉思汗命令哲别和速不台从伊朗的北部地区穿越高加索山，沿着俄罗斯大草原返回蒙古。

　　哲别和速不台只得遵照成吉思汗的命令行事。他们首先征服了伊拉克的许多城市，之后，他们计划从伊朗的北面，取道阿塞拜疆，翻越高加索山，去往俄罗斯南部的大草原。

　　在经过了伊朗西北部重镇大不里士之后，哲别和速不台于 1221 年 2 月沿着高加索山脉向格鲁吉亚进军。

　　横亘在俄罗斯南部的高加索山，它的东面是里海，西边是黑海。崇山峻岭遍布的高加索山，地势险峻，海拔大多都在 3000 米到 4000 米之间。

　　当格鲁吉亚人得知蒙古人要来的时候，他们派出了 1 万名全副武装的军队来"迎接"蒙古人。但是，蒙古人在哲别和速不台的带领下，迅速击溃了格鲁吉亚军队。之后，蒙古军队开始往格鲁吉亚腹地深入。

　　格鲁吉亚人并没有就此放弃对蒙古人的攻击，他们撤往山林之中，不时袭击一下蒙古人，让蒙古军队很是头疼。因此，哲别和速不台决定返回伊朗境内休整，准备再战。

　　蒙古大军再次来到了大不里士城，顺便袭击了一个叫作马拉合的城市。攻下了马拉合后，哲别和速不台放火将之烧了个精光。

　　不久，蒙古军队再次向格鲁吉亚进军。

　　哲别和速不台二人商定了一个计策，准备全歼格鲁吉亚军队。正好，格鲁吉亚人看到蒙古人再次来袭，集中了全国兵马前来交战。于是，速不台率兵进攻格鲁吉亚人。两军刚一交锋，速不台便败退下来。格鲁吉亚人紧迫而来，从而进入了哲别的埋伏圈。最终，进入了峡谷之中的格鲁吉亚人被蒙古人两头夹击，3 万多人几乎全军覆没。

经此一役,格鲁吉亚再也没有了对抗蒙古军队的能力。哲别和速不台这才轻松地穿过了格鲁吉亚。在经过了阿塞拜疆之后,蒙古人又穿过了高加索山脉,进入了俄罗斯南部大草原。

在俄罗斯南部大草原上生活的民族,主要是钦察人和阿兰人。钦察人算是蒙古人的近亲,而阿兰人则属于当地土著。当蒙古政权的势力进入这一地带时,钦察人和阿兰人为了对付蒙古人的进攻,不得不结成联盟。

哲别和速不台面对人多势众的钦察人和阿兰人联军,决定使用离间计分化他们。他们首先利用钦察人和蒙古人是同一渊源的事实,劝说钦察人和阿兰人分开。同时,蒙古人又送给了钦察人许多的财物。钦察人果然中计,离开了阿兰人。就这样,哲别和速不台轻松地消灭了阿兰人的势力。

之后,哲别和速不台又趁机打败了毫无防备的钦察人,并把送给他们的东西又重新抢了回来。

钦察人残部被迫向俄罗斯腹地逃去。

在蒙古军队的威逼之下,钦察人的首领忽滩被迫向俄罗斯加里宁大公姆斯基斯拉夫求援。加里宁大公是忽滩的女婿,他也知道唇亡齿寒的道理,因此决定帮助钦察人抵挡蒙古大军的进攻。

在俄罗斯最大的城市基辅,加里宁大公召集俄罗斯各个公国的首领商议如何对付蒙古人。

哲别和速不台再次使用离间计,准备破坏钦察人和俄罗斯人的联盟。但是,他们先后两次派遣使者,都没有说动加里宁大公。劝和不成,他们只有准备开战了。

1223 年,俄罗斯几个公国在第聂伯河右岸集结了 10 万人马组成联军,准备和蒙古人展开决战。

俄罗斯人虽然人马众多,但是作战经验十分匮乏,再加上公国各自为战,没有统一的指挥,所以战斗力非常低下。

蒙古人还是像以前一样,派出自己的先头部队,去引诱俄罗斯人的攻打。俄罗斯联军很快上当,他们浩浩荡荡地向退后的蒙古人追来。

哲别和速不台率军继续撤退。俄罗斯联军则穷追猛打。

就这样,过了 12 天后,俄罗斯联军已经被蒙古人引诱到了钦察草原上。钦察草原的情况,俄罗斯联军不是太熟悉。长时间的追击,让俄罗斯联军的队伍疲倦异常,军无战心。看到这种情况,哲别和速不台便不再后退,决定带兵回头与俄罗斯 10 万大军决战。

在靠近亚速海的一条小河边,蒙古大军和俄罗斯联军展开了激烈的战斗。俄罗斯在加里宁大公的带领下,英勇地同蒙古人拼杀起来。蒙古军队也不甘示弱,双方杀了一个难解难分。谁想到就在战事最吃紧的时刻,作为前锋部队的钦察人在蒙古人的勇猛进击之下,开始胆怯了,接着他们之中更有些人开始掉头往回跑。俄罗斯联军的阵营顿时被他们冲乱了,于是,整个联军的队伍很快就崩溃了。

但是俄罗斯联军的主力部队却仍在基辅大公的率领下,在河边的一座小山上安营扎寨,作壁上观。蒙古人把加里宁大公他们打得落荒而逃,但是基辅大公却并没有出手相救。

很快地，蒙古人就包围了基辅大公所驻扎的山头，开始向山上进攻。俄罗斯军队居高临下和蒙古人战斗了三天三夜，不分胜负。双方的伤亡都很大。于是，蒙古人派出使者向基辅大公说："再这样打下去，只会两败俱伤。如果你们能停止抵抗，我们就不再包围你们，放你们回家。"

基辅大公相信了蒙古人的话，停止了抵抗。俄罗斯的大公也尽数被蒙古人活捉。

在打败了俄罗斯联军之后，蒙古人进入了俄罗斯的城市速答黑城，将之劫掠一空后离开。之后，哲别和速不台又率军攻打富裕的不里阿耳国。但蒙古人并没有攻下不里阿耳国。

不久，哲别和速不台率领蒙古军队穿过哈萨克斯坦大草原，到达锡尔河北边和成吉思汗的大军相会。成吉思汗非常满意他的两位将军的俄罗斯大草原之行，送给了他们大量的礼物，以示嘉奖。

（二）铁骑踏入欧罗巴，饮马伏尔加河

成吉思汗于 1227 年 8 月 25 日死去，那一年，他 66 岁，正行走在征伐西夏的途中。不久，窝阔台即位，成为蒙古大汗。

雄心勃勃的窝阔台很想像他的父亲成吉思汗那样，征战四方，让世人敬仰。因此，他决定进攻欧洲。

哲别和速不台已经横扫过俄罗斯大草原。因此，窝阔台决定从俄罗斯南部大草原入手，切入欧洲。

在兄长察合台的建议之下，窝阔台决定派遣各宗王长子出征。因此，术赤的儿子拔都、察合台的儿子拜答儿、窝阔台的儿子贵由、拖雷的儿子蒙哥都加入了出征的队伍。这些成吉思汗的孙子们，是蒙古黄金家族的第三代继承人，他们将要在广阔的欧洲平原上纵横驰骋。

拔都成为蒙古第二次西征军队的统帅。60 岁的老将速不台为副手，负责辅助这些成吉思汗的孙子们。

蒙古 15 万大军很快集结完毕，速不台成为大军先锋之将，向俄罗斯进军。

当时，在俄罗斯草原南部的伏尔加河流域盘踞的势力主要是不里阿耳人和钦察人，在他们的西边则是俄罗斯人的地盘。

不里阿耳人的领地主要是在伏尔加河上游地区，蒙古大军首先进攻的就是他们所建立的不里阿耳国。

不里阿耳人是斯拉夫人种和突厥人种相混合之后产生的一种新人种。蒙古人之所以首先进攻不里阿耳国，是因为善于经商的不里阿耳人拥有巨额的财富，国家相当繁荣。这让蒙古人十分垂涎。而不里阿耳国的都城不里阿耳城也十分繁华，蒙古人的弯刀最先挥向了这里。

1237 年的春天，蒙古人正式向不里阿耳城发动了进攻。城中的不里阿耳人顽强抵抗，但是到了这年秋天的时候，不里阿耳城还是被蒙古人攻破了。

从蒙古人的弯刀之下逃出来的一部分不里阿耳人,渡过伏尔加河,来到了俄罗斯弗拉基米尔公国。弗拉基米尔公国的大公尤里出于同情而收留了他们。

蒙古人初战告捷,震动了整个欧洲。

之后,蒙古人带着胜利的喜悦,兵锋直指伏尔加河下游的钦察人。

西到顿河、南到里海、东到伏尔加河下游、北到不里阿耳国之间的广阔草原地区,就是钦察人的领地。这块草原地区又被称作钦察草原。

听说了蒙古人攻破不里阿耳国后,钦察人的首领班都察战战兢兢地率部投降。但是,钦察人的另一个首领八赤蛮却拒不投降蒙古人,他带着自己的部队准备和蒙古人抗争到底。

拔都派遣蒙哥去围剿八赤蛮。蒙哥将八赤蛮打得打败昆仑,无奈之下,八赤蛮潜入了伏尔加河流域茂密的树林中,和蒙古军队打起了游击战。

为了搜寻八赤蛮的下落,蒙哥下令造了200只船。船造成后,蒙古士兵坐上船,沿着伏尔加河进行搜索。而蒙哥则带领大队军马,在伏尔加河两岸,进行清剿。

不久,蒙哥的军队发现了八赤蛮的一座宿营地。当蒙哥看到地上的钦察人所拉的大便还是新鲜的时候,他大喜过望,于是下令对这一地带进行仔细搜查。果然,蒙古人在旁边的树林中,发现了一个老妇人。蒙哥立即对老妇人进行审讯。审讯得知:这个老妇人正是八赤蛮的一个手下,而八赤蛮现在已经逃到了伏尔加河和里海相交汇的一个小岛上。

蒙哥立即率军向那个小岛奔去。蒙古大军如从天而降一般,打得八赤蛮和他的手下大军措手不及。很快,八赤蛮和他的手下全部被蒙哥擒获。

八赤蛮的手下被全部杀死。而八赤蛮也被蒙哥的弟弟拔都一刀斩为两段。钦察人的最后一股反抗力量就此覆没了。

在扫平了俄罗斯南部草原的障碍之后,蒙古西征军的目光开始放眼整个俄罗斯。1237年的秋天,拔都决定进攻俄罗斯。他召集蒙古各位王子开会,决定首先进攻实力薄弱的俄罗斯北部地区,然后再进攻俄罗斯南部地区。俄罗斯北部地区以莫斯科等城市为中心,南部地区则以基辅为中心。

不久,蒙古军队沿伏尔加河北上,进攻俄罗斯东北地区。

此时的俄罗斯主要由梁赞公国、弗拉基米尔公国、诺夫哥罗德公国三个大公国组成。蒙古人想要逐一消灭他们,就必须先要渡过欧洲第一大河——伏尔加河。

当拔都和速不台率领大军来到伏尔加河岸边的时候,他们立刻被波涛滚滚的大河震慑住了。蒙古骑兵纷纷驻马河边,停立而望。

如何渡过宽阔的伏尔加河,成了蒙古军队面临的最迫切的问题。一开始的时候,蒙古人制作了许多的羊皮筏子,但是几十万大军的辎重帐篷如果都用羊皮筏子渡过去,肯定是有一定的困难的。

于是,拔都下令从不里阿耳国调来了1000艘大船。而所有的蒙古战马则自行泅渡过河。

不久,蒙古大军终于渡过了伏尔加河。之后,他们开始向俄罗斯腹地开拔。

俄罗斯边境的第一个公国梁赞国的大公尤里·英格瓦列维奇听说蒙古军队打

过来了,慌忙派人到梁赞公国治下的各大乡村征兵。

梁赞是俄罗斯的中部城市,为梁赞公国的首都。梁赞建在奥卡河边高高的悬崖上,外城城墙由泥土筑成,内城城墙则是树桩围成的板墙,板墙之上则是用百年橡树木板筑成的塔楼。

梁赞大公号召梁赞市民拿起斧头和刀剑,加入作战部队,赶跑入侵的蒙古人。

蒙古人来到了梁赞城后,并没有立即进攻。他们先是派出使者进城,劝说梁赞大公尤里投降。

梁赞大公尤里很干脆地拒绝了蒙古人的招降,之后,他召开市民大会,准备誓死抵抗。他派自己的弟弟到邻国弗拉基米尔公国请求他们的援助,但是,弗拉基米尔大公拒绝出兵援助。同时,梁赞大公也向诺夫哥罗德公国派出了使者。

尤里接着又派出了自己的儿子费多尔前往蒙古大营,去和拔都谈判。尤里大公准备了俄罗斯最好的马以及当地的特产貂皮大衣等礼物,交给费多尔,让他献给拔都。

四天后,费多尔率领梁赞使团来到了蒙古大营。

但是,拔都并没有立刻召见梁赞使团。直到几天之后,拔都才接见了他们。

当费多尔带领梁赞使团进入拔都的大帐之中后,双方因为行礼的问题产生了严重的分歧。拔都认为费多尔应该向他磕头致敬,而费多尔和他的随从只是鞠躬。

拔都大怒:“这个人怎么这么无礼,不向我磕头?”

费多尔从容地回答:“我们只有在祈祷时,才向天帝的圣像磕头。”

双方争辩不休,僵持不下。直到开饭的时间到了,拔都要吃饭了,这件事才最终不了了之。

拔都吃完饭之后,继续和费多尔进行谈判。拔都很早就听说过费多尔的妻子国色天香,于是便对他说:“如果梁赞公国能够把你的妻子当作人质留在我的大营,我就放过你们。否则的话,蒙古的大军必将踏平梁赞城。”

对于拔都的要求,费多尔想都没想就一口回绝了:“那我们就用剑来解决吧。”他说完这句话,向拔都鞠了一躬,便带领随从走出了大帐。

拔都见费多尔根本就没有臣服自己的意思,于是便让速不台追出去,斩杀了全部梁赞使者。之后,蒙古大军向梁赞城挺进。

蒙古大军经过了卡尔米乌斯大道,向俄罗斯北部而行。整个西征大军原本有15万人,在征服了不里阿耳人和钦察人之后,经过对他们的一系列的收编,蒙古的军队人数已经达到了30万之众。

这时,梁赞公国也派出了2000人的部队南下抵抗蒙古人的进攻。

这2000人迎战30万蒙古大军,简直是自投死路。但是,梁赞公国的尤里大公亲自来到了这支部队中,这给他们提升了不少士气。

成千上万的行进中的蒙古骑兵令大地也感到颤抖,但是梁赞公国的勇士们却狂叫着扑向了他们。

没有任何防备的蒙古骑兵遭到了迎头痛击,开始后退。而梁赞人则勇猛地追击。但是,蒙古骑兵很快重新振奋起来,并将所有的梁赞士兵围在核心之中。愤怒的蒙古士兵举起他们手中的弯刀斫向梁赞人,血光四溅。虽然梁赞士兵拼死抵抗,但是他们如何敌得过蜂拥而来的蒙古士兵。很快,他们便被砍杀殆尽。

30万蒙古大军,如一团黑云一般,来到了梁赞公国的都城,一时杀气弥漫四野。

自从建城以来,梁赞城还从来没有被攻破过。这让城中的居民很有信心,他们准备好了长期据守的准备。为了防止蒙古人爬上城楼,梁赞人往城墙外面浇水。寒冷的天气很快把水变成了滑溜溜的坚冰。人很难从坚冰上爬上来。他们还在城楼上架起了大锅烧起了开水,一旦蒙古人爬上墙头,他们兜头就是一锅开水。

蒙古人来到梁赞城下后,再次劝降。城中守军用箭来回答他们。于是,蒙古人便开始着手准备攻城。他们驱赶被俘的俄罗斯人帮他们建造攻城云梯。第二天的时候,蒙古人将抛石机也搬来了。

做好了一切准备之后,蒙古人开始攻城。抛石机将巨大的石块砸向梁赞城。蒙古士兵在抛石机的掩护下,向着城墙发动进攻。他们将造好的云梯搭上城墙,然后用长矛驱赶着俄罗斯俘虏攻城。俄罗斯俘虏无奈之下,只好攀爬云梯。而梁赞城的守军对他们则是一律斩杀。

蒙古人的进攻持续了五天五夜,但是梁赞城依然没有被攻克。

为了对付顽抗的梁赞人,蒙古人制造了攻城锤。攻城锤的上面是一个巨大的支架,支架上悬着一根巨大的圆木,圆木的前端包着铁皮。躲在盾牌后面的蒙古人,荡起同木,猛烈地撞击城门。

在攻城锤持久不息的撞击之下,城门终于被撞开了。城下的蒙古人冒着从城上下来的开水、热油、石块、箭雨,向着城内猛冲。

梁赞城最终被蒙古人攻破了。

接下来,蒙古军队又马不停蹄地向邻近的弗拉基米尔公国挺进。

弗拉基米尔公国是当时俄罗斯势力最大的公国。弗拉基米尔大公是尤里·伏谢沃洛多维奇公爵,又称为尤里二世大公。

尤里二世很是轻视蒙古人,他认为蒙古人和他们的近亲钦察人一样,进攻俄罗斯只是为了抢掠一些财物。

但这次,蒙古人不会像以前那样大肆抢掠一回离开了,他们要的是俄罗斯的土地。

虽然表面上尤里二世不以为意,但是,他还是做了一些防范。他将弗拉基米尔城的马匹全部赶到了北部的城市,将存放在城外的粮草也全部挪到了城里。他号召所有的青壮年都加入军队中,抵抗蒙古人有可能的进攻。尤里二世还给诺夫哥罗德公国的大公写信,让他们能够及时增援自己。

尤里二世很不放心莫斯科这个城市,他派自己的小儿子弗拉基米尔去守卫莫斯科。弗拉基米尔向他的,父亲尤里二世索要兵马。但尤里二世只答应给他配备一名将军,并说这名将军会帮他组建一个强大的军队,对付那些荒漠来的草寇。

但弗拉基米尔并不相信父亲的话,经过一番讨价还价,他又从尤里二世手里要来了10名贴身侍卫。为了安抚弗拉基米尔。尤里二世许诺他,等到占领了梁赞城后,就把梁赞之地封给他。

无奈之下,弗拉基米尔和尼扬科将军带着 10 名侍卫去保卫莫斯科了。

而尤里二世则打定了主意,要离开弗拉基米尔城。临走前,他对手下说:"我要去伏尔加河一带建立军事基地,集结强大的军队,以战胜狂妄的蒙古人。弗拉基米尔城就交给你们了。该怎么办,你们好自为之吧。"尤里二世要离开他的京城,但是却把他的妻子留在了即将被蒙古人围困的城池之中。他花言巧语地骗他的妻子说,这是为了稳定军心。而他的妻子则流着泪答应了。

弗拉基米尔在去往莫斯科的一路上,不停地招兵买马,将农民和猎人都拉进了他的队伍中。最终,他带着一支部队来到了莫斯科。

莫斯科是弗拉基米尔公国的一个极为富庶的城市,城中居住着许多商人,有无数的金银财宝,因此,拔都将莫斯科作为自己的进攻目标。

蒙古人的到来,打乱了莫斯科城中的平静生活。百姓惊慌失措,人人往城里跑,很快,城门关闭了。

拔都毫不客气地下令军队进攻莫斯科城。莫斯科人不肯屈服,他们拼死抵抗。两方相持不下。

到了第五天的时候,蒙古人运来了他们的一套攻城器械。火箭"嗖嗖"地射进莫斯科城,城里的木头房子立即着起火来。莫斯科人被迫一边救火,一边守城。

但是,蒙古人不停地将火箭射入莫斯科城,让莫斯科人叫苦不迭。不一会儿的工夫,莫斯科就变成了一片火海,惨叫声不停地传来。莫斯科人完全丧失了抵抗的能力。

蒙古军队乘机攻进莫斯科,但城中浓烟滚滚,热浪阵阵,蒙古人只好匆匆离开。尤里二世的儿子弗拉基米尔被蒙古人俘虏,莫斯科则化为了废墟。

在莫斯科短暂停留后,拔都指挥蒙古大军继续进攻弗拉基米尔公国的首都弗拉基米尔城。

莫斯科被攻陷的消息很快传遍了整个弗拉基米尔城。城中百姓开始纷纷逃亡。

蒙古大军也很快来到了弗拉基米尔城下。他们搭起帐篷,点起篝火,有条不紊地安营扎寨。

在正式进攻前,蒙古人还是先来劝降。但弗拉基米尔城中的守军拒绝了。

蒙古军队的攻城利器——抛石机和攻城锤,很快运到了弗拉基米尔城下。为了防止城中人逃跑,蒙古人还用木桩子密密地将弗拉基米尔城围住。

一切就绪后,蒙古人发动了对弗拉基米尔城的总攻。

蒙古士兵号叫着攻向弗拉基米尔城的各大城门。攻城锤一下又一下地撞击着城门,发出了"砰砰"的巨大而沉闷声响。云梯被架到了城墙上,冲上去的蒙古人和弗拉基米尔人展开了激烈的厮杀。最先冲上去的俄罗斯俘虏大多都被杀了,而爬上云梯的蒙古人则趁弗拉基米尔人和俄罗斯俘虏拼杀的时候,爬上了城墙。城墙上的蒙古人越来越多。

这时,弗拉基米尔城的橡木城门终于被攻城锤撞开了。无数的蒙古士兵冒着城头上投掷的石块和燃烧的木块,向城内杀去。

弗拉基米尔城被攻破了。

虽然弗拉基米尔城被攻克了,但是弗拉基米尔大公尤里二世还潜逃在外。尤里二世从弗拉基米尔逃出来后,一路向北而去。他也和花剌子模的国王摩诃末一样,在逃跑的途中风声鹤唳,草木皆兵。最后,尤里二世逃到了西奇河边的任吉村。

任吉村的四周是茂密的森林,地方极为偏僻,外人很难发现。进入村子的路只有西边一条路,东边的西奇河只有河水结冰才可以经过。村子的四周全是泥泞不堪的沼泽地带,雾气弥漫,无法通行。

尤里二世根本就没有信心能够打败蒙古人,因此,他在任吉村招兵买马也只是为了保全自己的性命。

而蒙古人却没有放过尤里二世,他们四处打探尤里二世的消息。后来,拔都终于找到了尤里二世藏身的地方。他来到了一个叫科伊的小村庄,发现了许多干草,甘草之多足以养活一支庞大军队的战马。拔都因此得出结论:尤里二世可能就潜伏在附近密林中的某一个地方。

不久,拔都派遣一支蒙古军队进入密林之中搜索。这支蒙古军队在密林之中发现了一个俄罗斯人的哨所。他们包围了哨所,抓住了哨所中的士兵。

在哨所后面的雪地上,蒙古人发现了密集的脚印,他们判断哨所背后的密林深处肯定有一支军队驻扎。

于是,他们继续向纵深处搜寻。深夜之时,他们终于越过沼泽地,摸到了弗拉基米尔大公尤里二世的老巢。蒙古人和尤里二世的军队展开了激战。慌乱中,尤里二世带着几百名士兵想要从东边的西奇河逃走。但蒙古军队很快向他围了过去,箭矢如飞蝗一般射向尤里二世。尤里二世根本躲无可躲,最后身中数箭而死。

随着弗拉基米尔城的攻破和弗拉基米尔大公尤里二世的死亡,弗拉基米尔公国——这个最强大的俄罗斯公国消失了。

蒙古人又乘胜扫荡了弗拉基米尔公国的其他城市,最终荡平公国全境。

俄罗斯三大公国的梁赞公国和弗拉基米尔公国相继覆亡之后,紧接着就是俄罗斯北部的诺夫哥罗德公国了。

诺夫哥罗德公国统治着欧洲东北部的大量地区,是俄罗斯国家的发祥地,曾经诞生了俄罗斯的第一个王公政权。

诺夫哥罗德城是诺夫哥罗德公国的政治中心,也是俄罗斯的一个最古老的城市。它位于伏尔加河与其支流奥卡河交汇处的伊卡门湖畔。

蒙古大军向诺夫哥罗德进军的时候,正值春天,积雪开始消融,俄罗斯北部的大地顿时变成了泥泞之地。蒙古大军人马俱疲。

看到军队中怨气冲天,拔都只好鼓动大家奋勇前进,许诺他们,攻下了诺夫戈罗德城后,会获得城中无数的财宝。

军队勉强前进。

有一天,当老将速不台骑马行走在一段还没有解冻的河流上的时候,冰层突然断裂,速不台连人带马掉进了冰河之中。蒙古士兵赶紧用套马索套住了速不台,这才挽救了他的性命,但是速不台的战马却被河水冲走了。

看着神情黯然的老将速不台,拔都又望了望俄罗斯的大片沼泽,他终于决定要回到温暖的南方休整,到了夏天之后再来进攻诺夫哥罗德公国。他下令蒙古军队后撤。而后来,诺夫哥罗德公国主动向蒙古大军投降。因此,拔都也就没有再兴兵犯境。

其后不久,拔都带领大军重新回到了钦察草原,完成了他对整个俄罗斯北部的征服。

(三)进军乌克兰

按照成吉思汗的决定,从新疆阿尔泰山以西的所有土地都归拔都家族所有。因此,当拔都荡平了俄罗斯北部之后,他就在伏尔加河流入里海的地方建立了自己的都城,并取名叫作萨莱城。

在伏尔加河下游休整了一段时间之后,拔都于1240年的夏天,决定向乌克兰进军。乌克兰的首都就是基辅城。拔都派自己的堂弟蒙哥为先锋,进攻基辅城。

具有悠久历史的基辅城,曾经诞生了俄罗斯民族国家基辅罗斯。基辅一向有"俄国城市之母"的称谓。它位于第聂伯河西岸的几处山丘上,是一座拥有着辉煌建筑的繁华城市,也是乌克兰最美丽的大都市。作为欧洲主要的城市,基辅城中有400多座教堂,艺术品和手工制品更是闻名欧洲各地。

蒙哥率领军队,穿过钦察草原,来到了基辅城。按照拔都的吩咐,蒙哥派遣使者前往基辅城劝降。

蒙哥的使者来到了基辅城门口,遇到了前来迎接他们的基辅上层贵族。使者对他们说:"蒙哥大汗已经到了河对岸,希望基辅的王公们去他的大营谈判。蒙哥大汗将在自己的大帐中接见基辅大公。"

但是,基辅贵族却认为这是一种可耻的行为,他们绝对不会去蒙哥大汗的军营,他们说:"我们的公爵正安坐在宫殿之中,他邀请你们去和他交谈。"

谈判开始陷入僵局。

经过了一阵激烈的交涉后,蒙古人的使者同意先到公爵府中见一见公爵。

在前往公爵府的途中,蒙古使者提出要登上城墙看一看基辅城城内的情况。基辅贵族们答应了蒙古使者的要求。

在蒙古使者登上了城墙,瞭望了整个基辅城之后,又从城墙上下来,往一些比较敏感的地方跑去,察看那里的情况。

基辅贵族很快就知道了蒙古使者的企图,他们劝说蒙古使者停止察看,立刻前往公爵府。

蒙古使者表示,还没有看完美丽的基辅城风光。

基辅贵族则拒绝蒙古使者游荡在基辅城的敏感地区,他们怕泄露了军机。

蒙古使者大怒:"如果你们不让我们游览美丽的基辅城,我们就不去公爵府了。"

基辅贵族也非常愤怒:"你们不去公爵府也可以,但是你们看了我们的秘密,也别想回蒙古军营了。"

蒙古使者很是看不起这些基辅贵族："你得罪了我们不要紧，只恐怕引起蒙哥大汗的愤怒，基辅城就会毁于一旦。"

见蒙古使者拿蒙哥大汗来威胁，基辅贵族怒不可遏："把他们统统抓起来！他们根本不是蒙古使者。我看他们都是奸细，是来打探基辅城防的。"

基辅人抓住了蒙古使者，并将他们从城墙上扔了下去。

得到消息的蒙哥，知道基辅城是不会投降了。他心中急切地想要教训一下基辅人，但是拔都让蒙哥先不要攻城，因为蒙古大军很难渡过第聂伯河，只有等冬天到来，河流结冰后才可以。

蒙哥听从了拔都的命令，率军退回到钦察草原。

基辅人知道蒙古军队不会善罢甘休的，他们打制武器，加固城墙，做好了迎战的一切准备。基辅城大公达尼拉公爵一面激励基辅人起来保卫自己的城市，一面暗暗做着逃跑的准备。他对他的手下说："我们一个国家肯定打不过蒙古人，我去请求波兰国王和匈牙利国王前来支援我们。我任命德米特罗将军为城防司令，代表我全权指挥作战，保卫基辅。"达尼拉公爵说完这些话，便带着自己的妻子离开了基辅城。

基辅城防司令德米特罗，激励手下将士与基辅城共存亡。

第聂伯河的冰层还不是很厚，但是拔都已经按捺不住了。为了过河，蒙古军队驱赶被俘的俄罗斯人和钦察人用原木在冰面上修建了一条木板路。这条木板路一路铺设到了基辅城下。笨重的攻城器械通过这条木板路渡过了第聂伯河。

站在基辅城墙上的基辅守军，看着无数的蒙古人汹汹而来，内心顿时感到了一阵的窒息。

蒙古人和基辅人之间的一场生死大战即将展开。

蒙古人的千军万马立刻将整个基辅城围困起来，如铁桶一般。抛石机将一块块的石头抛向基辅城，攻城锤则一下一下地撞击着城门。和围困其他俄罗斯的城市一样，蒙古人的攻城方法基本没有什么改变。

基辅城的里亚德城门最先被蒙古人摧毁，无数的蒙古骑兵冒着箭雨冲进了基辅城。而城中的基辅人则慌乱地逃进内城。

基辅内城之下的蒙古军队，又开始了一场新的进攻。

冲进了内城的蒙古人，和基辅人贴身巷战。在内城的每一条街道和房屋前，都是互相对砍的蒙古人和基辅人。

基辅守军在蒙古人的疯狂进攻下，渐渐不能抵挡，慢慢地退入了内城中的捷夏基纳教堂据守。教堂里还躲藏了基辅城的贵族们，大量的金银财宝也被转移到了这里。

捷夏基纳教堂是用石头建成的，异常坚固，蒙古人即使猛攻了数次也没有拿下。教堂中的基辅贵族们知道不能久待，于是，他们开始挖地道，准备通过地道逃出去，潜藏到附近的森林中。

但是，基辅的地道还没有挖完，蒙古人就把他们全部埋葬了。

原来,拔都见蒙古军队久攻捷夏基纳教堂不下,便命令拉来攻城锤。蒙古士兵荡起了攻城锤下面的铁头大圆木,猛烈地撞向教堂。

石墙开裂,教堂坍塌,里面的人被埋在了废墟之中。

1240年12月上旬,蒙古人终于占领了整个基辅城。之后,拔都又派兵扫荡其他重要城镇。不久,俄罗斯被蒙古人全部占领。

(四)对决波兰骑兵

1241年1月,拔都率领蒙古军队开始向欧洲的中心地带进军。

蒙古大军兵分两路踏入欧洲。他们分为南北两线,南线部队由拔都亲自率领,准备向匈牙利发动正面进攻,而北线部队则是察合台的儿子拜答儿担任主帅,向波兰进攻,以防止波兰派兵援助匈牙利。

蒙古铁骑的到来,让欧洲人非常恐惧。欧洲人希望神圣罗马帝国的皇帝腓特烈出面,带领大家抵抗蒙古人的入侵。

神圣罗马帝国包括德国和意大利两部分,皇帝腓特烈又称为德意志皇帝。当时,腓特烈为了争夺权力,和罗马教皇格列高利九世激烈斗争。

后来,罗马教皇离开了罗马,前往法国里昂居住。在法国里昂,罗马教皇将腓特烈开除出了教会。但在蒙古人的入侵面前,罗马教皇下令各国组织十字军,并同意让他仇视的德意志国王腓特烈担任十字军的统帅。但是,欧洲各国并不买腓特烈的账。

1241年2月,拜答儿带领蒙古军队来到了波兰东部的维斯杜拉河附近。维斯杜拉河是波兰境内最大的一条河流,过了这条河,蒙古军队就进入了广阔的波兰平原腹地了。严寒的天气使维斯杜拉河结了一层厚厚的冰,于是,蒙古人不费吹灰之力就渡了过去。

当时的波兰正处于封建割据时期,境内有西里西亚、马佐夫舍、大波兰、桑多米尔和克拉科夫五个独立的公国。

波兰名义上的国王是博莱斯瓦夫四世,控制着克拉科夫城及其附近地区,享有波兰的最高仲裁权。五个公国中,控制着西里西亚的亨利二世地盘最大,实力最强。

渡过了维斯杜拉河之后,蒙古人首先进攻桑多米尔城。

城墙上的桑多米尔人用巨石和开水,"招待"将他们的城市团团围困的蒙古人。激烈的战斗持续了几天之后,蒙古人又运来了他们的攻城器械。

蒙古人的抛石机,向桑多米尔城抛出巨大的石块。在抛石机的掩护下,蒙古人爬上了桑多米尔城的城墙,并最终攻克了桑多米尔城。

一番杀人放火之后,蒙古人离开了桑多米尔城,向波兰首都克拉科夫挺进。

波兰国王、克拉科夫大公博莱斯瓦夫四世积极备战,他集结了所有直属于他的军队,甚至领地里的民兵也被他招来。

拜答儿率领的蒙古军队在即将抵达克拉科夫的时候,突然开始撤退。这让雄心勃勃的波兰国王博莱斯瓦夫四世认为自己的军威吓破了蒙古人的小胆儿。他立即向他的军队下令,追击那些胆怯的蒙古人,打他们的"屁股"。

波兰骑兵凶猛地追向正在撤退的蒙古军队。而拜答儿的士兵则四散逃跑。波兰骑兵见状,心中一时豪情万丈,于是纵马尽情追赶。

赫梅尔尼克离克拉科夫有 11 英里。蒙古军队在这里设下了一个包围圈。骄狂的波兰人一路被蒙古人引入了蒙古军队的伏击圈之中,迎接他们的是一阵阵的箭雨。蒙古弓箭手们射出的尖头箭,轻易地穿透了波兰人的盔甲。波兰人立刻开始溃退,而蒙古人则展开了凶狠的进攻。万千扬起的蒙古弯刀,将所有前来追击的波兰军队砍倒在地。这一战,波兰骑兵全军覆没,前线将领全部战死。

没有了军队的镇守,克拉科夫成了一座空城,国王博莱斯瓦夫仓皇逃跑,进入捷克境内避难。

蒙古大军开进了克拉科夫,之后,蒙古大军离开了克拉科夫,继续向波兰西部进军。一座座的城市在蒙古人的铁蹄之下被征服,蒙古军队以无人能挡的姿态挺进了西里西亚。西里西亚位于波兰的最西部,与德国、捷克接壤,亨利二世是这里的统治者。

西里西亚大公亨利二世有 3 万军队,以重骑兵为主,他还从德国哥德堡金矿区招募了大量的矿工组成了自己的步兵。

蒙古人的进攻,让德国皇帝也感到害怕。德国皇帝派出了自己最最精锐的条顿骑士团前往西里西亚帮助亨利二世抵抗蒙古人的入侵,法国则派出了他们的精锐圣殿骑士团,捷克国王也派出 10 万大军前来助阵。欧洲人的力量开始汇聚到一起,准备和蒙古人决一死战。

但是对蒙古大军的进攻心存畏惧的亨利二世认为,西里西亚的中心城市莱格尼察恐怕根本就抵挡不了蒙古人的抛石机和攻城锤。最后,他决定带领全部人马出城迎敌。

蒙古人在距离利格尼茨不远的瓦尔斯塔特荒原,等候亨利二世的到来。

当亨利二世来到瓦尔斯塔特荒原,看到蒙古人后,他把队伍列成了四个中队。他亲自指挥第四中队。第四中队由最精锐最精良的德国条顿骑士团和法国圣殿骑士团组成。这两个骑士团都名列欧洲三大骑士团,战斗力极为凶悍。

欧洲的骑兵大多是重骑兵,人和马都被厚厚的铠甲包裹着,甚至连眼睛也完全防护了起来。在欧洲战场上,拿着长矛和大刀的欧洲重骑兵往往担任着冲锋陷阵的任务。他们最先向敌军冲击过去,几乎没有任何人能够抵挡。当他们将敌人的阵营撞得乱七八糟的时候,后面的步兵则会紧跟着冲上来,斩杀那些被撞倒在地的士兵。

而蒙古人的骑兵根本不穿盔甲,他们只有一个钢盔护住自己的头部,用羊皮袄子加牛皮坎肩保护自己的身体。蒙古骑兵的射箭技术高超,经常与敌人拉开距离,进行远距离射杀,而较少采用近距离肉搏战的作战方式。

在战场上,蒙古军队跟着令旗进行相关行动,而欧洲军队则用喊叫来指挥军队。

亨利二世布置完毕之后,命令第一中队向蒙古士兵冲杀过去。还没有交手,蒙古士兵就四散开去。但散开后的蒙古士兵很快包围了亨利二世的第一中队,向他们射箭。第一中队很快退回了波兰军队的阵地。

亨利二世又命令第二中队和第三中队进攻。蒙古军队立刻开始后撤。亨利二世十分高兴,命令加紧进攻,追击蒙古军队。

正在这时,蒙古军队之中突然冲出了一队人马,用波兰语大声叫喊:"快跑啊!快跑啊!"

紧张追击之中的波兰军队,听到了这么一声喊,赶紧后撤。

亨利见第二中队和第三中队上了蒙古人的当,便率领自己的第四中队冲了上去。

数千欧洲重骑兵挟巨大的冲击力闯进了蒙古阵营。速不台父子率领的蒙古骑兵根本就抵挡不住重骑兵的强劲冲击,蒙古骑兵开始败退,而波兰骑兵则加紧追击。

当亨利二世看到蒙古统帅拜答儿的大旗也开始退却的时候,他认为蒙古军队已经战败了,于是下令全军进行追击。波兰骑兵得令,立刻猛追蒙古骑兵。

让亨利二世没有想到的是,波兰军队再次中了蒙古军队的圈套。被追击的蒙古军队迂回到了波兰骑兵的两侧和后面,然后突然合围。蒙古军队还用浓烟将波兰军队的骑兵和步兵完全隔离开来,之后,又将波兰步兵也包围了起来。

蒙古骑兵向着包围圈之中的欧洲重骑兵射击,箭矢漫天。而笨重的欧洲重骑兵却无法迅速转向,沦为了任人宰杀的羔羊。虽然蒙古骑兵的箭矢无法穿透欧洲重骑兵的盔甲,但却能射中他们的胯下之马。俗话说,射人先射马,擒啵先擒王。马倒了,欧洲重骑兵失去了支撑的坐骑,栽倒在地,自相践踏,乱作一团,只能束手待毙。

亨利二世死命杀出重围,却被一名蒙古士兵一矛刺中。弯刀一闪,摔倒在地的亨利二世的头颅被砍下一最终,在蒙古人的冲锋下,西里西亚军队全军覆没。

莱格尼察之战后的第二天,率领军队前来援战的捷克国王维亚切斯拉夫见到了战场上的惨状,立刻退回捷克边境,加强防守。

而蒙古人则开始了对捷克的进攻。

蒙古人轻而易举地越过了捷克边境,占领了奥帕瓦地区,随后进入捷克中部地区摩拉维亚。一切抵抗之敌,都被蒙古人消灭在进军途中。

捷克同王命令他手下的将军雅罗斯拉夫,率领 500 骑兵、5000 步兵固守奥洛莫乌茨,并严禁其出城作战。但将在外君命有所不受,雅罗斯拉夫却擅自率领敢死队直攻蒙古大军的军营,向着蒙古主帅拜答儿的巾军大帐勇猛杀去。

蒙古人没有想到捷克人有胆量敢主动进攻他们,因此,一时被杀得有些惊慌失措。

敢死队在雅罗斯拉夫的率领下,成功地冲进了蒙古军队主帅拜答儿的大帐,杀死了蒙古北路军统帅拜答儿。但是,很快蜂拥而来的蒙古骑兵便将雅罗斯拉夫的敢死队砍成肉泥。

蒙古军队在奥洛莫乌茨城下举行了隆重的火葬仪式,将拜答儿和战死的蒙古士兵放在巨大的篝火上火葬。之后,失去了主帅的蒙古军队前往匈牙利和拔都的主力部队会合。捷克因此逃过一劫。

(五)兴兵匈牙利,打到多瑙河

依附于俄罗斯的钦察人没有了立足之地,首领忽滩便率领 20 万钦察人来到了匈牙利边境,请求匈牙利国王贝拉四世收留他们。忽滩告诉贝拉四世,全体钦察人都愿意皈依基督教,而 4 万钦察军队也愿意听从他的调遣。

匈牙利同王贝拉四世十分高兴地答应了忽滩的请求。

当拔都听说匈牙利国王收留钦察人后,他写信给贝拉,警告他不准接纳钦察人。贝拉四世断然拒绝。

面对蒙古人的军事威胁,骄傲自大的贝拉四世决定奋起反抗。他派遣一个钦差拿着一柄染血宝剑,到全国各地号召所有的诸侯贵族们起兵勤王。在匈牙利的传统中,染血宝剑意味着国家正面临着空前的灾难。

但是,匈牙利人却并没有响应贝拉四世的号召,尤其是匈牙利贵族依然沉浸在腐朽的生活之中。

原来,匈牙利国内矛盾重重。上层贵族和国王之间的利益争夺,下层农民和统治阶级之间的土地问题,都使匈牙利的内部社会极不稳定。而当贝拉四世收容了几十万钦察人后,又引起了匈牙利人的反感。在民间,匈牙利人和钦察人,摩擦不断。此外,匈牙利的外部形势也不是很好,与邻居奥地利结怨,和其他欧洲国家甚至教皇的关系很浅薄。这都导致了贝拉四世的内外交困。

在一次军事会议上,匈牙利人和钦察人激化的矛盾,终于爆发了。匈牙利贵族认为钦察人招来了蒙古人,只有把他们赶出去,才能阻止蒙古人的侵略。但钦察人的首领忽滩说,全体钦察愿意和匈牙利人一起抵抗蒙古人的进攻。正在这时,一个年轻的匈牙利军官当着贝拉四世的面抽出长剑,刺向忽滩。忽滩最终被几个匈牙利贵族乱剑砍死。

宫廷中的仇杀,迅速蔓延到整个匈牙利社会。忽滩的家人全部被杀死,钦察人也遭到了匈牙利人的进攻。钦察人被迫向保加利亚逃去。

当匈牙利内部一片混乱的时候,蒙古人已经做好了进攻他们的准备。窝阔台拉拢奥地利国王,孤立匈牙利。贝拉四世的处境,一时变得十分危险。他派伯爵代内什带领部队到匈牙利东部边境喀尔巴阡山脉,在山日筑建堡垒,准备堵住蒙古人的进攻。

1241 年 3 月,蒙古人击溃了代内什的部队,越过了喀尔巴阡山脉,进入一望无际的中欧平原。

代内什逃回匈牙利首都布达佩斯,向贝拉四世报告蒙古人已经打进来的消息。

贝拉四世惊恐不已,他迅速集结各地的队伍到布达佩斯,组成统一的军队,积极备战。

但是,蒙古人的前锋部队已经抵达了布达佩斯城下。

位于多瑙河上的布达佩斯,被美丽的多瑙河一分为二,河西叫作布达,河东叫做佩斯。布达和佩斯相对,各自有石头筑成的城墙和深深的护城河。有两座吊桥是进城的唯一通道。

蒙古人兵临河东的佩斯城下,但贝拉四世却倚仗着宽阔的多瑙河,不以为然。而河东城池坚固的佩斯城,也让贝拉四世很是放心。

贝拉四世要求部队不要主动出击。但带兵助战的大主教玉果麟却擅自率领军队向蒙古人进攻。蒙古人一触即溃,向着城东的野地里逃跑。玉果麟大喜过望,迅速追击。蒙古骑兵跑进了一片水草丛生的沼泽地,匈牙利骑兵也跟了进去。结果,匈牙利骑兵却深陷沼泽之中。蒙古骑兵用弓箭射杀了重装的匈牙利骑兵。玉果麟最后只带着三个人回了城。

这时,匈牙利各地的 8 万人马陆续进入布达佩斯。贝拉四世的心这才安定下来,见自己兵强马壮,贝拉四世雄心顿起,便领兵出城和蒙古士兵交战。贝拉四世一出城,便向蒙古士兵主动进攻。蒙古军队被打了一个措手不及,损失了很多士兵。拔都被迫引兵东退。贝拉四世挥军乘胜追击。蒙古士兵立刻开始溃散。正在这危急时刻,老将速不台带兵杀到。拔都大喜,这才整顿兵马往回掩杀。贝拉四世见蒙古援军到来,急忙收兵回城。拔都并不追赶。

1241 年 4 月,贝拉四世看到蒙古人开始撤离,便率领 7 万大军出城追击。他一直追到了离布达佩斯 160 公里外的萨约河和蒂萨河交汇处的莫希草原。两军隔着萨约河对峙。匈牙利军队在河西,蒙古军队在河东,河中间有一座石桥,被匈牙利人牢牢占据。

贝拉四世用战车把自己的营地围绕起来。

拔都决定趁夜晚之时,分三路进攻匈牙利人。他自己率领军队进攻石桥,老将速不台从下游进攻,其他人从上游涉水进攻。拔都在石桥边安置了七架抛石机,同时又安排了大量的弓箭手。

拂晓之时,一切准备就绪的蒙古人开始了三路进攻。

萨约河石桥边的蒙古军队最先发难,将桥头上的匈牙利士兵射倒了一大片。蒙古人的抛石机投出的石块也砸死了不少匈牙利人。匈牙利人虽然遭到了重大伤亡,但是仍然拼死抵抗,杀退了蒙古人的数次进攻。但是,蒙古人越来越多,守卫石桥的匈牙利人渐渐抵挡不住,只好向大部队求援。援兵还没有来到,守桥部队便撑不住了,开始向大部队方向撤退。

蒙古大军的中路部队冲过了石桥,和北路的蒙古人会合,将匈牙利的大部队包围了起来。匈牙利人在他们的营帐之外,用战车围了起来。蒙古人攻不进去,便向那些战车射去了不少火箭。战车着火,连带着将里面的帐篷也引燃了。匈牙利军队的大营立刻变成了一片火海。

战车包围中的匈牙利人无处可躲,很多人都被活活烧死,而冲到外面来的,则被蒙古人射死。匈牙利 7 万人马,死去大半。

贝拉四世在手下的簇拥下,杀出重围,落荒而逃。

从蒙古人的包围中逃出来的匈牙利人,疯狂地往布达佩斯方向逃遁,蒙古人则在他们后面追杀。

最终，蒙古人冲进了布达佩斯城，占领了这个多瑙河畔的美丽城市。

蒙古人成为匈牙利的统治者，他们在匈牙利各地派遣了官吏，建立了正式的管理机构。同时，拔都继续追杀贝拉四世。贝拉四世被逼无奈，逃到了海上，四处漂泊。

1241 年 12 月，蒙古大汗窝阔台去世。第二年的 9 月，拔都率军离开匈牙利，于 1243 年的冬天回到了伏尔加河下游。蒙古人撤走后，匈牙利人再次回到自己的家乡。贝拉四世也回来了，他用高价买来种子，让农民耕种，同时修筑城堡和战壕，以防备蒙古人的进攻。但是，蒙古人没有再来。1270 年，65 岁的贝拉四世去世。

（六）征服木剌夷

窝阔台大汗死后，贵由成了蒙古大汗。贵由死后，曾经横扫欧洲为蒙古汗国建立了不世功勋的拔都支持蒙哥继承了汗位，蒙哥成了蒙古大汗。

在坐稳了大汗之位后，蒙哥决心继承成吉思汗的遗志，进行领土扩张。他派自己的弟弟忽必烈去征服南方的西夏、金、朝鲜和南宋，派另一个弟弟旭烈兀征服西方的伊朗、伊拉克、叙利亚和埃及。

当时，里海南岸的木剌夷没有向蒙古汗国称臣，于是，蒙哥便派自己的弟弟旭烈兀先去征服这个国家。旭烈兀的西征军总兵力达 10 万人。为了加强西征军的战斗力，蒙哥专门为旭烈兀从汉族中调来了一支火器部队。这支 1000 人的火器部队中，有炮手、火焰放射手、弩手等，战斗力极为强悍。

1252 年，按照蒙哥汗的指示，旭烈兀派大将怯的不花率领 1.2 万名士兵作为西征先头部队向西进发。1253 年 10 月，旭烈兀带领主力部队正式动身西征。长子阿八哈随行。

两年后，旭烈兀来到了撒马尔罕。停留了一段时间之后，开始进入伊朗境内。旭烈兀向伊朗境内的各诸侯发出命令，要他们出兵前来协助自己西征。于是，伊朗、伊拉克、阿塞拜疆、格鲁吉亚等地的诸侯，纷纷带领军队加入蒙古大军的西征队伍。

1256 年，旭烈兀带领大军来到阿姆河。这一年的 4 月，旭烈兀向木剌夷发动进攻。

位于伊朗北部里海附近的木剌夷国，境内大多是险峻的山区。木剌夷人在山中建筑寨堡，作为自己的老巢。在山势陡峭的厄尔布尔士山脉中，分布着 350 多座木剌夷人建立的堡垒。这些堡垒往往易守难攻，一夫当关万夫莫开。其中，最著名的一个寨堡是阿剌模忒堡。

阿剌模忒堡是木剌夷人的统治中心，又被人们称为"鹰巢"。阿剌模忒堡地处险峻之地，它依山作寨，凿石为室，堡中存有许多粮食以及美酒。木剌夷人还对城堡周围进行加固，并阻断溪水，在半山腰上种果树、粮食。因此，即使寨堡被围，木剌夷人仍然能够自给自足。

木剌夷的国王名叫阿剌丁。他的儿子忽儿沙想要尽快登上王位，便收买了阿剌丁的一个侍卫哈桑，刺杀阿剌丁。哈桑趁阿剌丁醉酒昏睡的时候，一刀杀死了他。阿剌丁死后,忽儿沙继承了王位。不久,忽儿沙派人杀死了侍卫哈桑,诬陷哈桑是谋杀阿剌丁的主谋。就这样,忽儿沙巩固了自己在木剌夷的王位。

旭烈兀进入木剌夷国之后,一路强攻猛打,但同时他也招降了一些木剌夷的堡主。看到时机成熟,旭烈兀开始步步紧逼忽儿沙所在的城堡。但旭烈兀突然生了一场病,从而推迟了蒙古军队的进攻。旭烈兀不得不原地休息,他派阔阔和乞忒不花两名大将带兵去攻打木剌夷国的其他领地。旭烈兀这是要先扫除周边势力,再集中全力进攻忽儿沙的老巢。

蒙古大军用了一个星期的时间便占领了木剌夷的周边地区,接着开始进攻木剌夷的城堡。他们首先攻打沙黑里思丹城。抛石机向城中抛去了无数的石头,蒙古大军趁势进攻,一举攻克了沙黑里思丹城。

木剌夷人感到震恐,就连忽儿沙身边的人也感到命运叵测,他们劝忽儿沙投降蒙古人。

忽儿沙看到人心浮动,内心也准备放弃抵抗,但是想想又有所不甘,无计可施下只好派人去旭烈兀的大营,表示自己臣服投降。

但旭烈兀并不相信他的话,他让忽儿沙毁掉寨堡,带上军队亲自到自己的大营投降。

忽儿沙毁掉了五座没有储备和军队的寨堡大门和城墙,之后,派人向旭烈兀说:"我还有一些事情需要处理,请求推迟一年投降。"

旭烈兀大怒,决定向忽儿沙发起总攻。他派出三路大军,向木剌夷腹地挺进。

忽儿沙知道后,马上派遣自己的宰相去见旭烈兀,表示自己愿意投降,但请求旭烈兀保全他们的阿剌模忒堡和柳木别雪儿堡,并再次请求延迟一年投降。他还派人通知吉尔迭苦黑和塔黑塔沙木两座堡垒投降。

但旭烈兀并不满意,他继续率领蒙古大军向木剌夷腹地进击,同时派人要忽儿沙立刻投降。

忽儿沙无奈,便派遣自己的儿子和300名木剌夷人作为人质到旭烈兀的军营,同时答应拆毁所有寨堡。

旭烈兀这才停止进攻,等待忽儿沙前来投降。

等到忽儿沙的人质都来到了蒙古大营的时候,旭烈兀怀疑那个小孩儿并不是忽儿沙的儿子,于是要求忽儿沙派遣他的兄弟前来。

忽儿沙无奈,只好派遣自己的兄弟失兰沙去往蒙古军营。

而此时的旭烈兀,却已经命令自己的部队从四面八方,向忽儿沙居住的麦门底斯堡发起了猛烈的进攻。无数的蒙古大军将堡垒周围团团围住。

麦门底斯堡是忽儿沙的父亲阿剌丁所修建的一座最险峻的堡垒。它建在一座险峻的山峰上,峰顶有三股泉水,山腰有一条溪流,因此堡内水源充足。堡内更是有田地,可以种粮食,自给自足。可谓是易守难攻之地。

旭烈兀绕着堡垒走了一圈,发现确实很难攻打。于是,他只好再次派出使者威胁忽儿沙:"五天之内还不来投降的话,那我们就要发动进攻了。"

忽儿沙收到了旭烈兀的警告后,还是不肯投降。

蒙古人决定进攻。他们用抛石机和弓箭对付麦门底斯堡的木剌夷人。许多木剌夷人被石头砸中，被箭矢射杀。于是，木剌夷人也搬起石头，往山下砸，但却没有对蒙古人造成伤害。

忽儿沙见蒙古人确实勇猛，便请求停止战争，他派人向旭烈兀表示，他将马上出堡投降。旭烈兀同意了。

但是，当第二天的时候，忽儿沙又借故想要延迟。旭烈兀知道忽儿沙根本就没有投降的诚意，于是命令蒙古军队继续进攻。抛石机的石头再次如雨一般砸向忽儿沙的士兵。

忽儿沙知道自己根本无法对抗旭烈兀的蒙古军队，于是派自己的兄弟和手下的官员，带着丰厚的财物到蒙古军队的大营准备投降。之后不久，忽儿沙在宰相的陪同下，走出麦门底斯堡，正式向旭烈兀投降。

旭烈兀见到了忽儿沙的时候，发现他只是一个不懂事的年轻人，因此便没有为难他。

蒙古人冲进了麦门底斯堡，开始拆毁建筑。

在忽儿沙放弃抵抗的命令下，木剌夷人控制的100多个寨堡都投降了。著名的阿剌模忒堡被蒙古人一把火烧得干干净净。而柳木别雪儿和吉尔迭苦黑两个寨堡则拒绝投降。其中，吉尔迭苦黑寨堡抵抗了整整20年，才最终被攻克。

忽儿沙投降后，完全丧失了斗志，整日沉浸在声色犬马之中不能自拔。他知道自己会被蒙古人杀死，因此他想痛痛快快地享受一番再死去。后来，旭烈兀将忽儿沙送到了蒙古。

（七）兵进巴格达，消灭阿拉伯帝国

消灭了木剌夷之后，旭烈兀又准备进攻伊拉克。伊拉克当时是阿拉伯帝国的领土，位于世界上最大的半岛阿拉伯半岛上。阿拉伯半岛东临波斯湾，西靠红海，南边则是广阔的印度洋。

当时，阿拉伯帝国的国王是哈里发穆斯塔辛。哈里发是阿拉伯语，意思是先知的代理人或继承人，是集宗教以及军政大权于一体的阿拉伯国家元首。

哈里发穆斯塔辛平庸无能，纵情声色，对老百姓残酷剥削，国家一片混乱。他看到手下的书记官爱伯努力发展自己的势力，力量越来越强大，便准备好了军队，以防万一。首都巴格达内的气氛十分紧张，居民人心惶惶。百姓们十分厌恶统治阶层的争权夺利，因此决心起来推翻阿拉伯帝国。看到这种形势，穆斯塔辛决定向书记官爱伯屈服，并将爱伯提升为仅次于哈里发的人物。这样一来，阿拉伯帝国内部的权力斗争才渐渐平息，但是整个帝国已经处在了十分危险的境地了。

正在这个时候，蒙古西征军在主帅旭烈兀的带领下出场了。

1257年9月，旭烈兀派遣使者指责穆斯塔辛没有派出援军支持蒙古军队消灭木剌夷，是一种背信弃义的行为，应该得到惩罚。

穆斯塔辛毫不相让，他十分轻视旭烈兀，认为旭烈兀只是一个没有经验的年轻人。他还向旭烈兀炫耀自己强大的力量，说可以从阿拉伯帝国境内召集无数的士兵,灭掉旭烈兀占领的伊朗。他奉劝旭烈兀赶紧回到伊朗,老老实实地待着。最后,他说:"企图侵犯阿拉伯帝国的阿拔斯家族和世界之城巴格达的人,结局通常是十分悲惨的。"

旭烈兀接到了穆斯塔辛的信之后,十分气愤,他表示要率领蒙古军队进入巴格达地区。

面对旭烈兀的威胁,雄心万丈的穆斯塔辛立刻变得六神无主,他问宰相:"现在,我们该怎么反击蒙古人?"

宰相告诉穆斯塔辛:"用1000头骆驼和1000匹阿拉伯马运载30万公斤的珍宝,送给蒙古的旭烈兀王子,并真诚地向他们请罪。"

穆斯塔辛也没有办法,只好答应了宰相的建议,并让宰相去准备珍宝。

一向与宰相不和的书记官爱伯却说:"宰相的建议,完全是为了他自己,而遭殃的却是我们的帝国。"

穆斯塔辛听了爱伯的话,想了想,又改变了主意:"阿拔斯家族不惧怕一切威胁。让蒙古人来吧,阿拉伯帝国将在我的带领下,和他们决一死战。"

巴格达的将军速来蛮沙也极力主张抗争,他劝穆斯塔辛在蒙古人还没有将巴格达包围起来的情况下,赶紧从附近地区召集军队。

五个月后,附近的军人云集巴格达,很快,一支大军就形成了。

当宰相向穆斯塔辛要钱发军饷的时候,穆斯塔辛却不愿意散财。没有军饷,召集来的军队很快就解散了。宰相对穆斯塔辛完全绝望,他无计可施,也只好听天由命了。

1257年1月,旭烈兀将蒙古西征军分为三路,向阿拉伯帝国的首都巴格达进军。留镇波斯10年的大将拜住从西面进军巴格达,西征军先锋大将怯的不花从南面进攻巴格达,主帅旭烈兀则率领中军向巴格达进军。

穆斯塔辛派部队阻挡旭烈兀的进攻。阿拉伯帝国军队的先锋书记官爱伯,却在与蒙古人的激战中被俘虏。旭烈兀没有杀爱伯,爱伯感激他的不杀之恩,便将巴格达的情况全部都告诉了旭烈兀。旭烈兀十分高兴,便任命爱伯为蒙古先头侦察兵的指挥官。

1258年1月,拜住率领大军渡过了底格里斯河,向巴格达进军。巴格达的军队统帅率领军队气势汹汹地出城,想要跟蒙古人决战。但是,蒙古人却躲了起来。

当蒙古人看到阿拉伯军队驻扎在一个地势低洼的地方的时候,熟悉巴格达周围地形的拜住十分高兴。拜住命令蒙古人在底格里斯河的上游修筑堤坝拦住河水,然后再掘开堤坝,放开大水。汹涌的河水立刻涌向驻扎在低洼处的阿拉伯军队。阿拉伯人猝不及防,迅速被淹没在水中。蒙古人适时冲上去,将在泥泞中打滚的阿拉伯人一一砍死。

除了少数几个统帅逃回巴格达城以外,阿拉伯军队全军覆没。

拜住率领大军汇合怯的不花和旭烈兀两路大军,将巴格达城团团围住。

紧接着,蒙古人的抛石机抛出了无数的石块砸向巴格达城楼。猛烈的攻势,让巴格达城也开始摇摇欲坠。

恐惧让阿拉伯帝国的哈里发穆斯塔辛放弃了自己的尊严,他派人出城求和。

旭烈兀根本不理睬穆斯塔辛的使者,他将他们送回去,并继续攻城。

蒙古人从伊朗山区运来石头,用抛石机将这些石头当作石炮,攻击巴格达城。巴格达城横跨底格里斯河两岸,城中的人可以坐船沿河逃跑。为了不让任何想要坐船逃跑的人逃出蒙古人的包围圈,旭烈兀命人在城市的上下游架起了两座浮桥,并准备了船,船上安装了石炮和火焰喷射器,岸上了部署了1万人的军队。这样一来,城中的巴格达人彻底绝望了。

在蒙古士兵的强攻之下,巴格达很快就陷落了。

哈里发穆斯塔辛再次派人给旭烈兀送来了礼物,旭烈兀不予理睬。穆斯塔辛接连派出自己的二儿子和大儿子。旭烈兀这才对穆斯塔辛的使者说:"让书记官和元帅来见我吧。"

穆斯塔辛只好派出了自己的文武大臣书记官和元帅出城去拜见旭烈兀。

旭烈兀接见了他们,并让他们回去把自己的部属带出来,和蒙古人一起去征伐叙利亚。

结果,巴格达城内的军队被带出来后,蒙古人将他们分散到了自己的军队中。

巴格达失去了军队,城中居民大乱,四处乱窜。城里的大臣请求旭烈兀饶恕巴格达的居民。但是,一个隐藏起来的巴格达士兵偷偷地用箭射中了蒙古大将的眼睛。旭烈兀十分生气,他决定血洗巴格达城。巴格达的书记官和城防司令先后被蒙古人杀死。

穷途末路的穆斯塔辛,带着自己的三个儿子和巴格达城中的贵族出城,向旭烈兀正式投降。旭烈兀很亲切地召见了穆斯塔辛,他让穆斯塔辛宣谕城中百姓放下武器出来投降。

接着,蒙古人进城,砸开了哈里发穆斯塔辛的库房。旭烈兀将库房中的珍宝分给了身边的人,然后又从库房中的一处藏金洞中挖出了阿拔斯王朝500年的积蓄。

在一个傍晚,阿拉伯帝国末代皇帝哈里发穆斯塔辛和他的长子被蒙古人处死。强大的阿拉伯帝国最终被蒙古人彻底消灭了。

(八)进攻叙利亚,打到地中海

攻占了巴格达后,旭烈兀带领军队回到了伊朗境内。他的下一个征服目标是叙利亚。当时的叙利亚领土比较大,包括了今天的叙利亚和巴勒斯坦地区。

叙利亚的国王纳西尔胆小懦弱,蒙古西征军还没有开始进攻,他就赶紧称臣,并把自己的儿子送到了旭烈兀那里做人质。

但是,旭烈兀拒绝了纳西尔的称臣要求,他一定要亲手征服叙利亚。

1259年9月,旭烈兀兵分三路向叙利亚进发。大将怯的不花担任先锋,大将拜住统领右翼蒙古大军,旭烈兀统率中军。

在合列卜城,蒙古军队和叙利亚人展开了第一次交锋。

蒙古大军将合列卜城团团围住,并在城堡的四周筑起了木桩栅栏,以阻止城中百姓逃跑。而城中的叙利亚人仗着坚固的城池,积极应战。

旭烈兀令人架起抛石机向城内发动进攻。而城内的人则向蒙古人扔石头,射箭。就这样,惨烈的战争持续了一个多月,蒙古人的伤亡很大,许多蒙古大将都被射伤了。旭烈兀赶紧表扬了他们,并赏赐了很多东西以慰劳他们。

最终,蒙古人攻克了合列卜城的一个城门,进入了这个城市。

之后,蒙古大军在旭烈兀的带领下,渡过了幼发拉底河,开始进攻叙利亚的北方重镇阿勒颇城。

阿勒颇城是叙利亚的西北门户,阿勒颇省省会,为全国第二大城,距离首都大马士革350公里。阿勒颇城是中东最大的商业中心之一,是地中海通往阿拉伯半岛、伊朗等地的交通要站。

叙利亚有10万军队把守在阿勒颇城。阿勒颇古城堡城池坚固,雄伟壮观,耸立在城中心一座锥形的小山上。它的城墙高达四五米,周围是一条深20米、宽30米的壕沟。只有穿过一座方形塔楼和吊桥,才能到达城堡入口。而要到达城墙的正门,则需要从城堡入口经过瞭望塔楼。城墙的入口处有三道大铁门。整个城堡占地15公顷,内有地下蓄水池、仓库、商店等,布局严密巧妙,独具匠心,令人惊叹。

因此,阿勒颇城的王公图兰沙认为蒙古军队极难攻克城堡,他凭险据守,坚决抵抗蒙古人的入侵。

旭烈兀很快就带领军队来到了阿勒颇城外。

阿勒颇城守将见蒙古军来势凶猛,下令禁止出战。

旭烈兀先是派人劝降,但是城中守军很快就拒绝了。于是,他命人将20门弩炮推入阵地,对准阿勒颇城猛攻。阿勒颇城很快被攻破了。蒙古军队进入城市,又花了整整一个月的时间,才最终攻克了市中心的阿勒颇城城堡。

阿勒颇城的失守,让叙利亚人失去了抵抗的信心,整个叙利亚陷入了一片恐慌之中。许多地方,更是纷纷向旭烈兀投降。一些叙利亚的王公贵族也主动来到阿勒颇城表示归顺。

叙利亚国王纳西尔整日坐不安席,他赶紧派人到开罗向埃及人求救。但埃及人自顾不暇,根本无法援助叙利亚人。纳西尔召集宰相商议军机,由于意见不统一,纳西尔几乎被杀。混乱之中,纳西尔带着妻儿子女和金银财宝逃到埃及去了。

叙利亚首都大马士革乱作一团,城中的贵族确定放弃抵抗,他们带着礼物和城门钥匙向旭烈兀投降。旭烈兀派先锋大将怯的不花前去接受投降。

当时,驻守在大马士革内城的3万军队不肯投降。怯的不花对内城展开了围攻,并最终迫使内城守军投降。拥有4000多年历史的名城大马士革,是世界上最古老的城市之一。它位于雄伟的克辛山脚下的一片平原上,坐落在巴拉达河两岸,阿瓦什河流经城郊。但它最终落入了蒙古军队的手中。

大马士革被蒙古人占领之后,整个叙利亚的抵抗也就结束了。之后,怯的不花完成对叙利亚的征服。

蒙古军队向南边的巴勒斯坦进发,一直打到了和埃及接壤的加沙地区。

叙利亚国王纳西尔,最终被怯的不花俘获。

正当蒙古大军想要继续进攻埃及的时候,蒙古大汗蒙哥的去世使他们前进的脚步停了下来。蒙哥的去世,引起了忽必烈和阿里不哥的汗位之争。旭烈兀决定回去调解忽心烈和阿里不哥之间的矛盾。在临走之前,旭烈兀让怯的不花率领两万人的军队留在叙利亚。

(九)挥师埃及,大败而归

旭烈兀在回伊朗之前,曾经派使者到埃及,向国王忽都思发出警告。他让埃及归顺,否则的话,蒙古人将踏平埃及。

当时,统治埃及的是马穆鲁克王朝。埃及国王忽都思接到了旭烈兀的最后通牒后,召集手下大将商议该如何对付蒙古人。

大将乞木里认为,蒙古人言而无信,即使埃及投降了他们,也最终逃不了被他们的弯刀砍下头颅的命运。

忽都思说:"对于蒙古人的威胁,我们有三种应对方式,要么战斗,要么谈和,要么逃跑。如果我们奋起反抗的话,埃及就不会遭到蒙古人的蹂躏。如果我们要是逃跑的话,只能逃到马格里布,但是要逃到那里,就必须穿越大沙漠,路途遥远。而跟蒙古人讲和的话,也不行,他们的许诺一点儿都不可靠。因此,反正是死路一条,就让我们一起作战,这样至少还有获胜的希望。"

大将拜巴斯说:"不错,我们杀了蒙古使者,然后去迎战怯的不花。不论胜利或失败,我们都将受到埃及人的尊敬和怀念。"

商议已定,埃及国王忽都思向整个埃及发出了"圣战"的号召。12万军队从北非和西亚征集而来,向巴勒斯坦地区前进,准备和怯的不花的蒙古大军作战。

而留守叙利亚的蒙古大将怯的不花,知道了埃及将要前来进攻他的消息后,十分愤怒,他率领两万蒙古大军向埃及进军。

1260年9月,双方在巴勒斯坦地区的阿音扎鲁特山谷相遇。

忽都思率队向蒙古人的先头部队发起攻击,并将他们赶过了阿西河。

怯的不花率领两万人,向忽都思的10万大军发起了猛烈的进攻。忽都思先派出少数人马和蒙古人交战,将蒙古人诱至埃及大军的伏击圈。埃及骑兵从四面八方向蒙古人包抄过去。怯的不花见蒙古军队被埃及人包围,立刻命令蒙古军队的两个万人队以亚美尼亚铁甲骑兵为先锋,向埃及人薄弱的右翼阵营突击。怯的不花亲自率领一个万人队向埃及人的左翼阵营猛扑过来。

漫天箭矢射向冲锋中的蒙古军队,许多蒙古人跌倒尘埃。但是,更多的蒙古士兵还是不顾一切地往前冲击。埃及士兵心惊胆战,浑身发抖。蒙古骑兵很快就冲到了埃及人的跟前。亚美尼亚铁骑突进埃及大军阵营,蒙古轻骑兵紧随其后,飞快地放箭,重骑兵则挥舞马刀猛力劈砍。

在蒙古大军如狼似虎的猛冲之下,埃及军队的阵营开始后退。

立马高处的埃及国王忽都思,看到自己的大军已经接近崩溃,他的心底一阵绝望。他将头盔猛地摔到了地上,一人一马,挥舞着大马士革弯刀,冲进了蒙古军阵之中。他一阵大力砍杀,十几个蒙古士兵立刻丧命。

英雄的国王唤起了埃及骑兵的勇气,埃及人的士气顿时高涨起来,战斗力狂飙突进。他们疯狂地大叫着，冲进了蒙古人的骑兵队里，产开了激烈的搏杀。

双方从早晨厮杀到中午，人数占劣势的蒙古人渐渐地有些扛不住了。一些蒙古人开始逃跑，怯的不花和身边的亲兵却仍在竭力死战。最终，埃及人俘虏了怯的不花。

阿音扎鲁特之战，最终以埃及人的胜利告终。忽都思杀死了蒙古大将怯的不花。之后，埃及人胜利开进了叙利亚首都大马士革。

不久，忽都思被他的手下大将拜巴斯暗杀。拜巴斯成为埃及王朝的新国王。

旭烈兀乘埃及内乱，派遣了6000人的蒙古军队再次出征叙利亚，攻克了阿勒颇和哈马两城。1260年12月，埃及人在霍姆斯打败了蒙古军队。蒙古人被迫撤退。

由于旭烈兀和金帐汗国、察合台汗国的矛盾，他没有精力对付埃及人。埃及人在叙利亚得以站稳了脚跟。

后来，埃及人和蒙古人在西亚地区又进行了数次战争。

1227年，拜巴斯进攻旭烈兀的伊利汗国。在阿布鲁斯坦，埃及军队和蒙古驻军展开激战，蒙古人战败。阿八哈亲征方才击退了埃及人。

1281年，阿八哈派弟弟忙哥帖木儿王子率军进攻叙利亚。忙哥帖木儿与8万埃及军队在霍姆斯展开会战。6000蒙古人死于此役。不久，两军展开决战。蒙古军队大败亏轮，又一次回到了幼发拉底河以东地区。

1299年，伊利汗国的合赞汗率领9万骑兵入侵叙利亚。蒙古军队在霍姆斯与埃及的两万骑兵交战。蒙古人获得胜利，埃及国王逃回开罗。叙利亚的霍姆斯和大马士革纷纷投降蒙古军队。

1301年，合赞汗决定第三次出征叙利亚。在大马士革附近的苏法尔草原上，蒙古人与埃及国王纳绥尔率领的埃及军队展开鏖战。结果，蒙古人失败。

1312年，伊利汗国的大汗完者都，派遣一支小规模的蒙古军尝试进攻叙利亚，结果无功而返。之后，蒙古军队再也没有越过幼发拉底河。

1322年，伊利汗国与埃及王朝签订休战条约，幼发拉底河最终成为埃及和伊利汗国的分界线。自此，两国之间开始了正常的商业和贸易往来。而蒙古西征也宣告结束。

二、蒙古东征：遗恨东瀛的越海攻击

蒙古大军以风卷残云之势横扫欧亚大陆，但却对东亚的两个弹丸小国高丽和日本无可奈何。蒙古三任大汗先后九伐高丽，最终也只是令其勉强臣服。元世祖忽必烈两征日本，均损兵折将铩羽而归，其中的原因究竟何在？难道仅仅是因为一场飓风？事实恐怕并非如此，一场战争的胜负往往需要天时、地利、人和三大因素，三者缺一，则无必胜的把握；缺二，则可能失败；三者无一具备，则必然失败。这一点恰恰可以作为蒙古东征的注脚。

（一）蒙古进攻高丽，征伐九次

蒙古与高丽的战争发生在公元1231年至1273年之间，前后共计九次。

公元1216年，金源、契丹9万余众在蒙古大军的打压之下窜至高丽，占领东江城，并以此为基地，对周边地区大肆掳掠。蒙古派将军哈赤吉、扎剌率军进入高丽追歼。麟州都领洪大宣迎降蒙古并与哈赤吉等共击东江城，1219年，东江城守将赵冲被迫出降。此后，蒙古每年都会派出使者向高丽索取财物，高丽民众不堪其扰，反蒙情绪日增。

1225年，蒙古使臣着古与等于回国途中在高丽境内遇害。虽然蒙古对于此类事件一向十分痛恨，但由于蒙古大军此时正在进行西征，无暇东顾，而成吉思汗又在西征途中病逝，因此蒙古暂时未对高丽进行报复。

窝阔台即位之后，以高丽杀害蒙古使者为由，于1231年派撒礼塔为将率蒙古大军讨伐高丽。洪大宣之子洪福源率1500户居民迎降蒙古，并协助撒礼塔攻克40余城，直逼高丽皇都。高丽皇帝派其弟为使臣向蒙古乞降。蒙古索取巨额的战争赔款之后方才撤兵，但仍留下72名达鲁花赤分驻各京、府、县进行镇守。

1232年，高丽国王下令杀死72名达鲁花赤，以示反抗。为躲避蒙古报复，当时执掌高丽朝政的崔怡决定迁都江华岛。同年8月，窝阔台命撒礼塔率大军第二次征讨高丽。

当蒙古军队攻至高丽王京以南的处仁城时，撒礼塔为流矢所中，不幸殒命，蒙古军只好在副将贴哥的率领下班师回国。此前归降蒙古的高丽民众由洪福源管理。10月，高丽遣使向蒙古上书请罪。

1233年4月，窝阔台指责高丽王犯下的五大罪，诏谕其悔改。高丽王自恃已迁都江华岛，而蒙古又无水军，于是，非但不悔过，反而派军攻打西京等已归附蒙古的地区，并对洪福源的私邸进行抄掠。窝阔台闻讯大怒，决定三伐高丽。

1235年春，窝阔台命唐古为将，率大军出征。至1237年，已先后攻克了龙冈、咸从等地。高丽王只好再次请降，但只是遣使谢罪，拒不亲赴朝觐。蒙古又一再催促其还定旧都，高丽王只是一味地借故延宕。于是，在1240年，蒙古军再次进行征讨，攻克昌州、朔州等城。高丽再次战败，高丽王以族人之子假冒王子，送入蒙古作为人质，再次向蒙古称臣。

1246年，高丽停止向蒙古纳贡。从1247年起，蒙古贵由和蒙哥汗四次出兵高丽，高丽多处地方的居民不堪蒙古军队的蹂躏，举城归附。高丽的许多大臣开始怀疑对蒙古的军事对抗政策，蒙古也在暗中策划另立人质的高丽王子为新君，高丽王朝面临被分化的危险。1258年，高丽发生政变，实行弃陆保岛政策的权臣崔怡被杀，之后，众臣向蒙古投降。第二年，两国达成和解，蒙古军撤出高丽，高丽派王子入朝请罪纳贡，蒙古将其作为人质留在国中。高丽的国都也由江华岛迁回大陆。两国之间的敌对状态暂时结束。

公元1260年春，高丽国王病逝，高丽王子回国即位，即高丽元宗。元世祖忽必烈派兵护送。元朝政府在高丽境内实行大赦，将高丽逃入辽东的民户及历次战争中的战俘全部遣送回国，并严令元朝的边将不得骚扰高丽边境。此后，高丽元宗一直保持亲元政策，引起了部分朝臣的不满。

忽必烈在与高丽达成和解之后，便将其视为进攻日本的跳板。1268年夏，元朝政府令高丽政府制造1000艘可载4000石的海船，准备在攻打南宋或日本的战争中使用。这种毫不顾及高丽国力的做法，引起了高丽众大臣的不满。1269年，高丽国王被林衍所废。同年10月，忽必烈派兵护送来京朝觐的高丽世子回国平乱，并封其为特进、上柱国，蒙古大军也在头辇哥的率领下到达高丽边境，元政府还另外使用外交手段，派兵部侍郎里德等敦促林衍限期到京陈情，听候发落。在元朝的高压政策之下，高丽都统李延龄、崔坦等人以50余城归降，元宗复位，后亲自入朝觐见。

1270年，忽必烈将高丽的西京改称为东宁府，划归元朝辽阳行省，并派兵护送高丽国王回国，委任焦天翼、脱脱朵儿为高丽达鲁花赤。同年春，元军兵临王京城下。此时，虽然林衍已死，但其党三别抄军首领裴仲孙等仍然拥立王室庶族王温，退守珍岛，继续抵抗元军。

三别抄是左别抄、右别抄与神义军的统称，是高丽时代的一支执行警备和战斗任务的特殊部队。

忽必烈

其最早的由来，是高丽权臣崔瑀为防备盗贼而建立的具有崔家私兵性质的"夜别抄"。之后，夜别抄的人数逐渐增多，于是便分为左别抄和右别抄两支部队，而从蒙古俘虏逃回来的军人所组成的军队则被称为神义军。左别抄、右别抄和神义军合称三别抄，是武人能够持续掌握高丽政权的重要权力基础。

在高丽与蒙古讲和之后，三别抄依然持续对抗蒙古人。虽然高丽已经成为蒙古的属国，但是三别抄认为对抗蒙古就是对抗高丽朝廷。三别抄最终为高丽元朝联军所消灭。

元朝高丽安抚阿海，率领大军抄掠珍岛，之后大军将珍岛团团围困。阿海派遣使者进入珍岛之中，想要说服三别抄的首领裴仲孙投降。

使者奉命来到了珍岛后，很快就谒见了裴仲孙。

裴仲孙知道元朝使者的来意，他与使者倾谈良久之后，并没有任何投降的表示。元朝使者知道他并不能说服裴仲孙，于是便向他请辞。

但裴仲孙却派人严加看管元朝使者，并不许他离开半步。元朝使者无可奈何，只得留在珍岛之中。

不久，裴仲孙又派遣使者进入元军中，要求元朝军队立刻退走，如果退走他就会归顺。

元朝大将忻都大骂裴仲孙,并不理会他的建议。元朝军队依然围困珍岛。

之后,忻都向忽必烈觐言,说裴仲孙无故扣押使者,大逆不道,请求与虎林赤、王国昌分兵进讨。忽必烈准其所奏。

1271年,元军在忻都的率领下攻占了珍岛。忻都、史枢、洪茶丘和珍岛王温、裴仲孙的三别抄军大战。

元朝军队攻势猛烈,势如破竹。三别抄军根本就抵抗不住蜂拥而来元朝军队,节节败退,不断有人死在蒙古人的弯刀之下,尸体遍布四野。随着汹涌而来的元朝军队的不断增援,珍岛上的三别抄军越来越少。最后,裴仲孙被众多元朝士兵围困在南道要塞。纵然裴仲孙英雄了得,又如何敌得过万千兵将。他很快就力竭倒地,被元朝军队乱刀砍死。

王温等兵败被杀,其同党金通精退守耽罗。1273年,忻都攻击耽罗,金通精等人被俘。元朝于是设立了耽罗同招讨司,屯兵驻守。抵抗蒙古的力量被最终扑灭。

此后,元朝在高丽设置了征东行省,南元政府直接管理。在王京设达鲁花赤监管高丽国政及征东事务。但高丽原有政府机构也予以保留,官吏由高丽政府自行选定,高丽国王兼任丞相。此外,高丽侨民事务由高丽军民总管府负责,这一机构后迁于辽阳行省的沈州;由征东招讨司负责吉里迷、骨嵬等族事务,这一机构设于黑龙江下游奴儿干;高丽海外侨民及防倭事务由设于耽罗岛上的耽罗军民总管府负责。上述三种机构均设有参知政事管理。

1274年,忽必烈将其女嫁与高丽王子为妻,6月,高丽王去世,王子即位。第二年,高丽新国王应忽必烈要求改变了那些与元朝相类似的官职名称,派遣贵族子弟到京入侍。

1280年,元政府在高丽设置驿站,对高丽王储进行加讨。翌年,元朝征发高丽水手、军士2.5万名,战船900艘,参加对日作战。高丽人民苦不堪言。

1282年,高丽沿海受到日本侵扰,高丽国王向元政府求助,元军在金州驻防。第二年,元朝正式设置征东行中书省,以元军将领阿塔海和高丽王共同管理。1284年,忽必烈又将耽罗划归高丽管辖。

1299年,阔里吉思被元成宗任命为高丽征东行省平章事,阔里吉思到任之后,横加干预高丽内政,引起高丽人民的强烈不满。1301年,高丽征东行省的建制被迫撤销。但直到元朝末年,元政府一直把持着高丽的内政和外交事务。

1280年,为了进攻日本,元朝设置征东行省于朝鲜半岛,派遣达鲁花赤驻高丽首都,以掌控高丽朝政,高丽国王徙居江华岛。

1281年,元朝进攻日本失败。征东行省曾一度解散,1287年恢复设置,高丽王兼任该省的达鲁花赤,高丽从此成为元朝的藩属。

自忽必烈之女嫁与高丽世子为妻之后,高丽君主依例都娶蒙古公主为妻。高丽储君也必须从小在元大都学习蒙古人的生活方式,成年后方可回国。

(二)忽必烈第一次远征日本

蒙古自控制高丽之后便与日本隔海相望。当时,欧亚两洲的国家普遍都与蒙古汗国建立了外交关系,但日本例外。元世祖忽必烈对于日本这种独立于蒙古汗国势力之外的状况十分不满。大臣赵郐洞悉忽必烈心思,于是在公元1264年上书,说日本自汉、唐等朝代便一直与中国保持着外交关系,忽必烈看后,便开始考虑用强制手段让日本与蒙古建立外交关系。

公元1266年,礼部侍郎殷弘、兵部侍郎郎赫德奉忽必烈之命出使日本。忽必烈在国书中清楚地写明了这次遣使的目的就是要让日本像高丽一样向蒙古通好,否则就要刀兵相见。

在国书的开头,忽必烈用"奉日本国王"字样,以示日本与高丽的不同地位,表示蒙古汗国与日本国的对等关系,续而以高丽为例,暗示日本要做出明智的选择,最后以战争相威胁。忽必烈原本以为日本作为一个弹丸之地的岛国,对于地跨欧亚两洲的大帝国将会无比敬畏,国书一到,日本即遣使通好。但忽必烈并不清楚,日本此时的大权并不掌握在天皇手中,而是掌握在镰仓幕府的实权派人物北条时宗手中。北条一向趾高气扬,藐视公卿,不可一世,对元帝国的强大一无所知,因此迟迟未与元朝通好。

蒙古使者在出使日本的途中因风高浪险被迫返航。忽必烈命郎赫德将国书送至高丽,由高丽转送日本。高丽使臣于1268年到达大宰府,大宰府立刻飞报幕府。北条时宗不屑一顾,将国书交给天皇的官员去讨论。高丽使臣被安置在大宰府,倍受冷遇。

五个月之后,天皇政府达成一致,认为书辞无理,难以接受,予以退回。镰仓幕府更是狂妄,正当天皇群臣争执不下的时候,北条时政却命令幕府所属武士进行备战。

幕府对元军警惕很高,当蒙古军进攻高丽时,幕府就命大宰府做好应战准备,在大宰府和岩门附近修筑城郭、工事,防止蒙军袭击。要求沿海要地加强警戒,并特意恢复了对博多湾今津地带的守备,由日向和大隅两国武士驻守。

1268年,忽必烈向高丽下达备战任务,迈出了武力征服日本的步伐。同年9月,郎赫德再次被忽必烈任命为使臣,经高丽出使日本,不久,高丽王也遣使赴日。公元1269年初,郎赫德到达对马,对马守军拒绝其登陆。

无奈之下,郎赫德只好掳得两名日本人回国交差。忽必烈出于怀柔心理,对两人大加款待,并让其参观都城。最后,命中书省修书一封让二人带回日本。9月,二人回到日本将书信呈交幕府,幕府将信交天皇群臣讨论。天皇政府以不知蒙古之名为借口,不与通好,对于忽必烈的恐吓言辞,也做了甚为得体的答复,可谓不卑不亢:但由于此信被幕府扣下,各地的武士未闻其详,但听朝廷回信,便认为是向外国屈服,群情激愤,对蒙古的抵触情绪更加强烈。

忽必烈迟迟得不到日本回复,于是派女真人赵良弼为使,于公元1270年出使日本,为了给赵良弼造势,忽必烈打算派出3000军队随行,但被赵良弼拒绝,他只自带二十四书状官赴日。公元1271年,忽必烈将国号改为大元,同时派洪茶丘、王国昌、忽麻林等率领军进驻高丽,在赵良弼的出发地金州附近,驻扎一支海军和一支陆军,为其助威。

大宰府探知上述消息之后,立即向幕府与京都上报。日本朝野顿时沉陷于一片惶惑不安之中,幕府令各地武士做好战争准备。9 月 19 日,赵良弼等人到达今津港,今津港守将率部持械将其围住。赵良弼表明来意之后,被请入板屋,但仍然被日兵监视。

第二天,大宰府官员藤原经资率军于西山列阵,然后与赵良弼谈判,赵良弼对其无礼之举大加斥责;藤原经资只好谢罪,然后又向赵良弼索要国书。赵良弼说,他想将国书亲呈天皇,如果不允许,呈交将军也可以。藤原经资说,大宰府以东的地区,自古以来外国使者从来没有到达过,如今贵国使臣到此,却不出示国书,如何昭示诚信?赵良弼说,隋代时,文帝遣使来日,日本政府曾郊迎使臣,以示礼数,唐代使节也都得到召见,为何独独我朝使臣却不行呢?赵良弼义正词严,藤原经资无言以对,但依旧阻挠赵良弼进京。

最后,赵良弼便将国书的副本交与藤原经资,藤原拿到副本之后立即向幕府与朝廷呈报。国书中说,元帝国每次遣使与日通好均遭日本边吏阻挠,这次特命赵良弼持书以往,希望日本可以派遣使节回访,否则因此发生战争,将是谁都不愿看到的。

这次的国书措辞委婉,将日本未能与元通好之责推到边吏身上,目的是要给日本政府留下回旋的余地。

但是,日本将元朝进攻南宋的军事行动、在高丽境内驻扎大军,以及国书末尾的战争威胁联系起来,对忽必烈通好的诚意大为怀疑。另外,一些从南宋逃到日本避祸的僧侣对蒙古族所表现出的畏惧和仇恨对北条时宗产生不小的影响。幕府对于元政府的国书不做任何回复,但日本公卿在蒙古军的高压态势下表现得极度惶恐。在这种情况下,赵良弼在日本逗留的时日越久,日本民心就越是不安。

因此,幕府下令大宰府将赵良弼送至对马岛,让其回国。同时派出一个低级代表团,随赵良弼到高丽。并于 1272 年到达大都,忽必烈未予接见。

公元 1273 年,赵良弼再次来到日本要求面见国王,被大宰府所拒绝,只好无功而返。这也意味着元帝国与日本通好的努力失败了。这对忽必烈来说,是一种巨大的震动。当时,元帝国已经征服欧亚大陆的许多强国,而作为一个弹丸之地的岛国日本却敢如此无理,非但不接受上国的通好反而与南宋政权眉来眼去,暗中资助南宋的抗元战争。因此,他认为征服日本,可以收到一石二鸟的效果。

除了强烈的扩张欲望之外,忽必烈发动对日战争还有一个重要原因,便是想通过这次战争来消灭大量的南宋战俘,来减少元帝国的负担。另外,元朝统治者也根据一些古籍认定日本十分富有。因此,从 1273 年起忽必烈便开始为对日作战做准备。

1273 年 4 月,高丽爆发林衍叛乱,忽必烈借机派驻守高丽的军队进行镇压,之后,元军在耽罗岛驻扎 1700 人,切断了日本与南宋的海上通道,这样一来,元军便没有了后顾之忧,可以全力征讨日本。随后,忽必烈召金方庆、忻都等至元大都商讨对日作战事宜。公元 1274 年正月,忽必烈下令让高丽打造 900 艘战舰,其中 300 艘大舰可负重 4000 石,由金方庆监造;300 艘轻疾舟由拔都鲁监造,300 艘汲水小船,由洪茶丘监造。正月十五日动工,限期完成。

6月,900艘军舰全部赶造完工,上报忽必烈,忽必烈令由蒙古人、汉人和高丽人组成的联军,东征日本。蒙古族部队是联军的核心,蒙汉两族军队共计两万人、高丽军队5600人,另有6700名水手,因此,联军的总人数在3.23万人,联军由忻都任征东都元帅,洪茶丘任右副帅、刘复亨任左副帅。

当时的蒙古军组织非常严密,以每十人为基础组成一个小队,设小队长,每百人为一中队,千人为一大队,也均设有队长,每十个大队会设一名万夫长,如此层层监控,无人可以逃避战斗责任。另外,蒙古军队从成吉思汗时代开始训练十分严格,蒙古士兵本身又英勇善战,因此整体的战斗力极强。另外,蒙古军队在以往征服欧洲的战争中已广泛使用火器,因此,在武器装备上也要优于日本。

而日本武士部队多是由主仆关系形成的私人武装,这种组织形式也较为巩固,溃散之后还可以很快重新聚集起来。家臣都乐意为主子战死,因此单独一个组织的战斗力颇为强大。但是,这样的队伍往往是各自为战,很难形成统一指挥,另外,日本武士战斗过程中喜欢一对一的单打独斗,纪律性不强,也无战术可言,因此,整体战力很弱。

公元1274年,征日元军在忻都等三位将领的指挥下,从高丽合埔向对马进发。10月5日靠近对马岛。当地一个名叫宗马允助国的地头,带领80多名骑兵迎战元军,由于实力悬殊,这些骑兵全部被元军所歼,宗马允助国战死,第二天,元军占领了对马岛。

大宰府在得知元军进攻对马的消息之后,藤原经资一面向幕府上报,一边组织防御。而镰仓幕府得知战报的时间已是10月17日,18日消息传到京都。而元军占领对马岛的消息直到10月22日方才传到,此时,两国间的首次战斗已结束。由此可以看出,镰仓幕府和天皇朝廷对这次战斗,没有充足的准备,也没有能够采取有力的应对措施,此次战斗完全是由藤原经资这名低级军官来独当一面的。

元军占领对马之后将主力转到博多湾。10月19日,元军舰队开始向博多湾发起进攻,在击溃了驻防海滨的守军之后占领了今津周边地区。由于此处的地形对大部队展开作战非常不利,而且这里到大宰府还有一天的路程,于是元军又在当晚弃岸登舟,做好了第二天进攻大宰府的准备。

20日晨,元军舰队已经靠岸,开始登陆作战。

元军一部由百道源滨海登陆,此处的日军指挥官藤原景于前一天晚上已率领500骑兵布阵完毕,但却没有能够对元军进行“半渡而击”,而是待元军全部登岸并列好阵势之后,方才由主攻部队“鸣镝”进攻,这是当时日军作战的惯例,早在中国春秋时期,宋襄公就因为采用这样的战法而成为千古笑柄。

战斗开始之后,日军中一名武士冲出大队,单骑挑战,大队骑兵尾随其后。当日军大队人马逼近之时,元军也击鼓进兵,弓矢火炮齐发,日军对这种战术始料不及,毫无准备,两军刚一交锋,日军便败下阵来,伏尸如麻,元军很快占领百道源,向鹿原推进。

元军的另一部则攻入百道源以西的赤坂,菊池二郎武房率130名武士迎战元军。藤原经资也率领武士,以门族为战斗单元,与元军展开车轮大战,元军被迫向鹿原方向撤退。在元军撤退时,肥后武士竹崎季长率自己的族人四骑,尾追元军,负伤落马侥幸未死。

鹿原一带的元军则继续向纵深扩展。北九州各地武士也按门族组织起部队,先后赶赴战场,逐队与元军厮杀。尽管日军总体数量占优势,但就单独一队而言,数量却少于元军,因此,付出的伤亡较大。

这时,元军另有一部在箱崎一带登陆,该地守将大友赖泰难以抵挡元军进攻率其武士队伍向东南溃退。元军因此对百道源元作战的日军形成前后夹击之势。百道源元日军腹背受敌,只得退向大宰府水城一带。

经过一整天的激战,傍晚时,元军已先后占领博多湾箱崎等地,日军全面败退,但元军仍穷追不舍。元军左副帅、负责一线指挥刘复亨身先士卒,从高处跃马而下。日军指挥官藤原经资发现之后,立即搭弓引箭,将其射于马下。

元军在统帅受伤之后,进攻的势头减缓,后又因天色已晚,于是便停止了进攻。日军因此方才摆脱元军的追歼,向大宰府水城撤退。日军撤离之后,留下的老弱妇幼均被元军所掳。

战斗结束之后,刘复亨因伤先行上船。元军其他将领在统帅忻都的召集下讨论第二天的军事行动。通过这一天的战斗,元军对日军的勇猛多少有些惧意,而且由于日军是逐队轮番上阵参战,因此元军对日军的总人数也做出了错误的估断,以为其数量在元军数倍之上。另外,元军在抢滩登陆的战斗中也付出不小的伤亡,这些对久经沙场的元军产生了不小的震动,从而对战争的前途无法做出准确的判断。但高丽将领金方庆却保持乐观,他认为形势对元军较为有利,攻下大宰府之后,只需坚守待援即可。因此,他建议元军只要采用韩信背水一战的做法,便能彻底征服日本。但忻都认为以疲惫之师深入敌国腹地风险太大,不如就此班师。

但令忻都没有想到的是,就在元军决定班师的前夜,一场罕见的台风暴雨袭击了博多湾。

由于对这一地区的地形尚不太熟悉,停泊在博多湾口的元军舰队呈现出混乱状态,不少军舰在黑暗之中互相撞翻,有些则被大浪击沉;午夜过后,台风虽然渐渐停歇,但暴雨又顷刻而至,茫茫海面上一征漆黑,许多兵卒在落海后根本无法得到救助。忻都担心日军会借此机会进行袭击,于是下令元军冒雨撤退。在此次战役中,元军损失1.35万人。这次战役在日本史书上被称为"文永之役"。

次日一早,日军列阵于大宰府水城,但迟迟未见元军来攻,派出探子方才得知已无元军船只,元军早已撤出博多湾海面。突如其来的台风让日本朝野一片惊喜,称之为"神风"。此后670多年的历史中日本人都对"神风"顶礼膜拜。

(三)忽必烈第二次远征日本

通过"文永之役"日本镰仓幕府才真正认识到,元帝国的军事力量的确非常强大,日本必须及时调部署,强化国防,方能化险为夷。

北条时宗首先向本州岛西部增兵,然后在博多湾沿岸修筑防御工事。这一工事是一条西起今津东至箱崎的石坝，蜿蜒 20 多公里，坝厚约一丈，高约五至六尺。由少贰藤原经资负责监造，由这一地区的武士按领地分摊任务。该工程前后历时 5 年，直到 1 280 年方才完工。

幕府在构筑西部防御工事的同时，于 1275 年，发布了征讨高丽的命令。命藤原经资负责打造船只和训练水手，并广泛动员各地武士参战。原定于 1276 年 3 月出发，但幕府临时决定让集中起来的武士去修筑石坝。因为幕府已经表示过要出征高丽，所以部分武士便擅自行动，对高丽南部沿海进行侵扰。高丽国王迅速将此事呈报忽必烈，请求元政府出兵相助。

忽必烈第一次征讨日本的本意在逼其通好，尚无灭国之意。忻都等利用这一点掩盖遭遇台风败退的真相，只以日军败绩上报。忽必烈不明就里，认为日军受此打击应该很快就与元通好，因此，对有功将士大加赏赐，同时决定派兵部郎中何文著和礼部侍郎杜世忠等，携国书出使日本。4 月，何文著等绕过大宰府，企图直达镰仓或京都。但却被长门守护抓获并押送大宰府，北条时宗闻讯后，立即命令将元使送至镰仓。

北条时宗既没有接受国书，也没有细问缘由，更没有考虑后果，便下令将何文著等 30 余人斩首，只有四名高丽船员被放回。元使被杀的消息未能及时传回元大都。

公元 1279 年，南宋灭亡。忽必烈有了更多的精力关注日本，让他不解的是，杜世忠、何文著等人迟迟没有回音。

南宋的降将范文虎奏请忽必烈想以个人名义给日本政府写信促其通好，随后他派使者周福到日本，周福于 6 月入日，8 月被杀。忽必烈见通好无望，于是决定用武力征服日本。他任命忻都和洪茶丘为统帅，令高丽再造 900 艘军舰。1280 年，杜世忠等被杀的消息传来，忽必烈征日决心更加坚定并着手组建海军。

范文虎奉命到江南收拢张世杰旧部并招募新军，总人数达 10 万人，共有 3500 艘战船，由此组成了江南军，范文虎担任统帅，从宁波起航，东渡大海，征讨日本。同时，洪茶丘也奉命去东北，招募了新军 3000 人。蒙古军队仍由忻都统领。又任命高丽将领金方庆统帅 1 万名高丽军和 1.5 万名水手，三支军队组成东路军，合计近 4 万人，取道高丽进入日本。

公元 1281 年，忽必烈召集两路统帅议事，任命阿剌罕为两军总指挥。会议决定，两路大军可以各择吉日出发，但要在 6 月 15 日在壹岐岛会师。同时，各船均要携带农具，以便打下九州后用于屯田。这样看来，忽必烈已做好了长久作战，坚决征服日本的打算。

恰在此时，高丽因遭日本武士侵扰，向元救助。于是，忽必烈令大军出发。5 月 3 日，东路元军向对马岛发起进攻，日军殊死抵抗，但因寡不敌众，全部被歼。占领对马岛后，元军不顾忽必烈禁令，大肆劫掠。

5 月 26 日，东路军占领隐歧岛后，本应按忽必烈的部署，在此等待江南军。但是，忻都自恃兵力众多又有经验，并且不愿与南宋降将为伍，又担心其抢占功劳，未对日军防御措施做充分了解，便贸然进军博多湾。

6月6日,东路军抵达博多湾海面。忻都特派出小舰队,前往长门海域,牵制那里的守军,使其无法增援大宰府。元军进攻长门对镰仓幕府和京都的震动很大,舆论惊慌,民心不稳,谣言四起,严重影响了日本的经济和民众的日常生活。朝中大臣也个个志忑不安,有人主张迁都关东,另招募武士守卫京都。天皇连续七昼夜亲临神宫祈祷,各王公大臣纷纷向寺、社诵经、写经、献币。

得知元军进攻对马、隐歧之后,藤原经资率部进入石坝阵地,其副手仍然是大友赖泰,二人共召集了附近的武士近4万余人,藤原经资之父也以84岁高龄参加战斗。此外,字都宫贞纲率领约6万人作为预备队。

元军进入博多湾后发现,滩头筑有石坝,增加了登陆难度。忻都派出侦察部队探知能古岛和志贺岛未筑石坝,防御薄弱,于是命令舰队在志贺岛附近抛锚。日军因此有时间从容布防。

6月6日,夜幕降临时,小股日军分乘小舟偷袭元军,纵火焚船,元军猝不及防,21人被斩首。此后,其他武士也纷纷效法,元军被彻夜袭扰,防不胜防。无奈之下,只好将大船调于外围,日军船小,难靠近。每当有日军偷袭,元军便以乱石和流矢击之,日军小船无力抵挡,损失日增。藤原经资只好下令,未经允许不得擅自出击。

7日清晨,洪茶丘所部元军占领志贺岛,与忻都所部构成犄角之势。8日和9日,两军在狭长的贺志岛上展开激战。

8日退潮之时,元军试图从露出海滩进行突破抄守军的后路。高丽军也加入战斗。大友赖泰之子亲率日军冲锋,打退元军和高丽军,洪茶丘被围,由部将力战方才脱险。

9日,日军发起新的进攻。元军在这狭长的滩头阵地无法发挥所长,而日本武士单骑各自为战的战斗方式,却发挥出很大优势,元军伤亡大增,千余人被杀。

直到6月13日,元军仍然没有前进一步。此时正值盛夏,元军的饮水和蔬菜供应困难,疫病蔓延,3000余人病死。元军陷入困境,抢占博多湾的计划也只好搁浅。无奈之下,忻都只好撤出志贺岛,向壹歧岛进发,以便与江南军会师。

然而,出乎忻都等人意料的是江南军并未在此处等候。

原来,两军总指挥阿剌罕会师决定之后,于6月初病逝。他的职务由阿塔海代替,由于此番人事更动,江南军未能按期出发。6月初,范文虎军派先遣队到过壹歧联系东路军,但这支军队却误至对马,后才到达壹歧。藤原经资得知江南军至壹歧岛,亲率部分军队来攻。7月2日败走。

范文虎在阿塔海未到任的情况下,以先遣舰队已经出发不宜久等为由,命江南军主力于6月18日开航。阿塔海到达宁波之时,江南军已全部离港,阿塔海因此未能参与指挥。范文虎见主帅失期,便操纵部下,推举他统领两军。

7月底,江南军到达指定阵地,范文虎与东路军会师之后,留下部分军队驻守平户岛,其余部队则于7月27日开始向屯鹰岛进发。先头部队与日军遭遇后激战一天一夜,次日拂晓,日军方退。

但范文虎与忻都等人议定,大军暂时不宜向大宰府进发。其原因有二:一是因为各路将领矛盾较深,以金方庆与洪茶丘为甚,而范文虎又素无资望.难以统驭全局;其二是台风将至,贸然进兵恐蹈覆辙。但正是这一决定导致了第二次东征日本的失败,因为如果元军将领有一定航海经验的话,便会退到壹歧、平户或对马。但元军却不进不退,终于导致悲剧的发生。

8月1日,台风来袭,四面阴霾,天昏地暗,白浪滔天。元军各舰飘摇无定,舵工水手虽极力挣扎,舟内兵将多已东倒西歪,各顾逃命:范文虎弹压不住,水手总管陆文政、招讨王国佐、万户厉德彪等不顾军令,带着数十艘兵船,乘风而去。

元军在台风中师丧大半,也速都儿所部和张僖所部,得知天气异常,夜里抛锚之时,令各战舰之间保持50步的距离,因而避免互相碰撞,损失很小。

台风过后,两部军兵便乘船往来于各处搭救落水将士。江南军旗舰沉没,范文虎抱着船板在海上漂流,被张僖手下军兵救上岸来。

张僖建议范文虎,江南军虽有一半溺死,但剩余的一半多为精壮,另外,船只多已损毁,士卒多认为已无退路,可利用这种心理重整旗鼓,背水一战这个建议原本可行,但是,范文虎此时已毫无斗志,一心只想班师。他对张僖说:"姻果朝廷追究责任,我自来担当,不会连累到你。"张僖只好把一部分船分给范文虎,聚拢了残兵一起回师,

但船少人多,有4000军卒无法上船,范文虎下令弃之不顾。张僖于心不忍,下令将船上的战马丢弃,让部分军卒上船。即便如此,仍有部分军卒被遗弃在岛上。后来,这些人大都被日军所杀害。

公元1282年,有部分士卒从日本逃回,据他们反映,被遗弃在日本海岛上的元军士卒约3万多人。因将领皆已逃走.一位姓张的百户长被众人推举为帅,士卒们一起伐木为舟,等待回国的时机。8月7日,日军开始在各岛上全面搜捕,元军除一小部分外3万余人大多被俘,其余战死。9日,被俘元军被日军带至八角岛,除一些农民、工匠被留作奴隶之外,其余全部被杀死。

元军第二次东征日本因遭遇台风而重蹈覆辙。两路军队均有损失。东路军损失约1/3,原因是军中多高丽水手,航海技术较为高超,江南军的损失较大,除张僖和也速都儿部外,其余各部损失均在六七成以上。忽必烈精心准备数年的战争,因一朝用人不当,以致丧师而还。

但忽必烈仍然不甘心失败。1283年、1284年、1286年、1287年、1288年,忽必烈几番下令征讨日本。但都由于大臣劝阻或同内矛盾的激化而没有实现。公元1294年,忽必烈去世,征日计划也便化为泡影。

三、中日大战之明朝抗倭

啸聚于海上,流窜于东南,日本武士浪人和明朝海盗奸商混编而成的倭寇,在日本大名的支持下,公然抢劫中国。这是农夫与豺狼的一场不死不休的长达两百年的恶战。浩瀚而深沉的太平洋在给大陆送来了天风海雨的同时,也给明朝人捎

带来了一撮一撮的强盗。奇形怪状的倭人在中华儿女的血泪中狂笑,灿烂的文明在大火中焚烧,精美的衣冠沉陷在泥涂之中。无数大明朝的英雄们仗剑而起,数百年的积恨终于在万历年间爆发,所有的冤仇都将得到最终的清算。

(一)倭寇骚扰东南

早在朱元璋建立明朝的时候,倭寇就已经存在了。倭寇不断劫掠中国东南沿海一带,给当地的人们带来了极大的灾难。

元顺帝至元二年(1336年),日本国的大封建主足利尊氏打进京都,废黜了后醍醐天皇。足利尊氏自任征夷大将军,设幕府于京都。野心勃勃的他另立天皇,其所控制的朝廷被称为北朝。而后醍醐天皇南逃吉野后建立的朝廷则被称为南朝。后醍醐天皇为了推翻足利尊氏的幕府,四处攻伐。

除了上述南、北两个朝廷外,当时的日本国还有许多割据势力,四处掠夺财富,勾结海盗商人骚扰和掳掠中国沿海地区,形成了元末明初的倭患。这些各地的封建主,可以说是当时侵掠中国沿海地区的倭寇首领,又被称为倭酋。

根据郑若曾编写的《筹海图编》一书的记载,明兵部尚书杨博曾经一针见血地指出了倭寇和由中国人组成的海盗之间的狼狈为奸的关系,他是这样说的:"蠢尔倭奴敢肆流劫者,皆缘我之内逆为之乡导也。倭奴非内逆无以逞狼贪之志,内逆非倭奴无以遂鼠窃之谋。"

当时的一些海盗首领,为了能够获得巨大的经济利益,而甘愿成为倭寇的下属,听从他们的领导。当时的那些中国海盗的行为,类似后来的抗日战争时期的伪军,可以说是一群不折不扣的汉奸。

朱元璋即位后,为了消除倭患,曾经连续数次派遣使者到日本。但最终无果,倭寇侵扰中国愈演愈烈。北起山东,南到福建,到处都有杀人放火无恶不作的倭寇在侵扰。

到了洪武二十五年(1392年)的时候,足利尊氏所领导的幕府控制的北朝统一了日本。而后醍醐天皇的南朝败落,一些从属的武士、浪人便流落海上,在海岛之中相聚为盗,形成了明朝初期日渐炽盛的倭患。

到了明成祖时,明朝和足利幕府建立了勘合贸易的关系。当时的明朝给予足利幕府贸易凭证,也就是勘合,让他们凭借勘合来中国进行贸易。当时的明朝政府之所以这么做,主要是为了通过贸易,让日本获取丰厚的利益的同时,借助日本将军幕府的力量打击海盗,获取东南沿海的太平。

但是,明朝与日本之间的勘合贸易分分合合,日本的一些大的封建主为了争得与明朝贸易的凭证勘合而大打出手。那些没有贸易勘合的封建主不能以正常的途径获得巨大的经济利益,便因此转而发展海盗,进行武装劫掠活动。

明代倭寇的活动,大体上可以分为两个时期。第一个时期是从元末明初一直到正德年间。这一时期的倭寇大多是日本本土人。内战中的败将残兵、海盗商人及破产农民,往往趁明朝海防虚弱,侵扰辽东和山东半岛地区。第二个时期是嘉靖以后。这两个时期以明代的嘉靖朝为界。

明朝嘉靖年间，中日勘合贸易完全断绝，而明朝的朝廷政治也日趋腐败，海防松弛，不得人心，这时东南沿海一带的倭寇侵扰便日益严重起来了。大量的中国商人、破产农民和失意的知识分子联合日本的武士、浪人、奸商海盗肆行不轨。侨居日本的倭寇首领汪直、徐海、毛烈、陈东、叶明（叶麻）、邓文俊、林碧川、沈南山等，伙同倭寇，在日本封建主的支持下，穿着倭人的服装，打着倭人的旗号，乘坐八幡船侵扰中国沿海。东南各地的流民、奸顽、豪右贪图财利，与他们暗暗勾结。

倭寇狼戾残忍，无恶不作。此外，嘉靖时期的倭患还有一个显著的特点，那就是中国海盗与日本倭寇两相勾结，互相借力，气焰嚣张。这些中国海盗所听命的三子，便是在日本的南北朝战争中落败的一些南朝封建主。汪直就是这样一个勾结倭寇的中国海盗。

汪直，人称"倭寇王"。号五峰，南直隶徽州府歙县结林人。他出身商人家庭。嘉靖十九年（1540年），他趁明朝海禁松弛之机，偕同徐惟学、叶宗满等远赴广东沿海打造巨舰，满载明王朝严禁出海的硝磺、丝绵等物品驶抵日本、暹罗等国，进行贸易。仅仅五六年时间，汪直便获得了巨额的财富，被人称为"五峰船主"。

与汪直同时活跃在海上的闽浙商业集团主要有两个，一个是闽人李光头，另一个便是汪直的同乡——徽州府歙县的许栋。许栋最初与葡萄牙人合作，后来又拉日本私商入伙，一起从事海盗活动。逐渐壮大起来的汪直，不久之后，就加入了许栋的商业集团。后来，许栋和李光头相继被明军剿灭，汪直便成为流民商业集团的首领。

汪直不断与其他海上势力进行征战，后来逐渐获得了中日之间海上贸易的垄断地位，刚刚入海通番的船只只有悬挂"五峰"旗号，才能在海上平安无事。同时，汪直又与明朝地方官员私下勾结，势力日渐膨胀起来。汪直引起了明中央政府的注意，明朝派兵攻击汪直。走投无路的汪直，只好将他的活动基地迁到了日本。

来到日本的汪直很快取得了许多日本人的信任，他定居日本平户藩（今属日本长崎县），挂起了"徽王"的旗号，招集国内亡命之徒，吸收反明势力，并多次向中国沿海地区发动攻击。

嘉靖三十一年（1552），在吞并了广东海盗首领陈思盼所部后，汪直又与福建漳州、泉州之倭酋勾结，率数万倭人及乱民驾船千余艘，流劫于浙江沿海地区，他们攻陷城塞，杀掠无数。其后，又不断入侵江苏沿海地区。自此，滨海数千里同时告急。汪直成为嘉靖时期的海盗巨头。

除了汪直外，还有徐海、陈东、叶明等海盗，他们大多以日本平户一带海岛作为海盗活动基地。嘉靖时在中国沿海侵扰的倭寇，大多是与汪直、徐海等海盗首领勾结在一起，互相利用。如徐海就曾勾结和泉、萨摩、肥前、肥后、津州、对马诸倭入侵，先后抢掠崇德、湖州、嘉兴、苏州、常熟、崇明等地。

倭寇罪行累累，作恶多端，给东南沿海人民带来了深重的苦难。

在倭寇洗劫的时候，杀人如同家常便饭，更有甚者以杀人取乐。据史书记载，"凡有名士大夫及巨室，悉素知之。拘系一大寺中，命以金帛赎身，各限以数。不如数者，腰斩锯解之"，"劫掠将终，纵之以火，烟焰烛天"，"分掠村镇，杀人万计"，"烧房屋二万余间",“各乡村落,凡三百五十里,境内房屋十去八九,男妇十失四五"。

倭寇侵掠中国东南沿海,一是为了劫财,二是为了掠夺人口。他们最感兴趣的东西是丝、丝织品、锦绣等。此外,棉布、水银、瓷器、古文钱、名画、药材等这些日本缺少的东西,都是他们最喜欢掠夺的。他们将这些东西用海船运到日本后,价格飙翻了10倍不止,获得了巨利。

而倭寇掳掠人口则是为了用于战争,还有的则带回日本卖为奴隶。他们男女均抢,成人儿童都难幸免。

倭寇的滔天罪行,引起了中国人民的极大愤慨。抗倭自卫斗争风起云涌。

(二)望海埚之战

洪武二十年十月,倭寇侵犯辽东,进入金州境内抢掠。

洪武二十六年、二十七年、二十八年,倭寇曾经3次进犯金州。

洪武三十年,辽东沿海海运因为倭寇的长期骚扰而被隔绝。

洪武三十八年,明朝为了捍卫边疆,保护海上运输,建立了辽东第一个卫所——金州卫。

永乐九年三月,明朝任命邳州宿迁人刘江为辽东总兵,负责辽东防务。

上任伊始,刘江便注意巡视海防,加强防务。大明永乐十四年,刘江在旅顺口、望海埚、左眼、右眼、西沙洲、三手山、山头等地修建了7座烽台,派兵防守。两年后,到金州卫一带巡视的刘江来到瞭望海埚。他见望海埚地高且广,晓畅军机的他,马上就发现这里可驻兵千余人。

刘江叫来当地百姓询问倭寇情况。一名百姓说:“倭寇每次来,都要经过望海埚。望海埚实在是滨海一带的咽喉之地啊。"刘江听了,信以为然。之后,他上疏朝廷,用石头盖起城堡,设置烟墩。

明朝永乐年间,由于朝廷没有进行海禁,因而走私商很少。这一时期,土地兼并现象也并不显著,因此,破产的农民也少。整个大明朝的社会比较稳定,基本没有出现明朝人和日本人勾结的倭寇入侵活动。倭寇全部是日本人。东南沿海一带,基本上没有被日本人侵扰,倭患还主要存在于辽宁、山东一带。

1419年6月14日夜,辽宁望海埚地区驻守的明军,发现望海埚东南王家山岛上有火光,守军迅速将这一情况报知辽东总兵刘江。刘江听了汇报之后,知道倭寇将要大举来攻,于是,他急忙派遣麻布两军到望海埚待命。

望海埚位于今天辽宁大连东北一带,地处金州腹地,位于金州城东北3公里的金顶山上,地势高旷,为辽东咽喉要地。明朝军队在这里筑石垒堡,并设置烟墩用以瞭望海面。望海埚山下的金皮大道是古代沿海通内地的必由之路。望海埚的后面是小黑山,西南则是大和尚山。登临望海埚,四处一望,沿海一带的岛屿,尽收眼底。附近地区是明代金州经济最繁荣的地区之一。这里也因此成了倭寇抢劫的重点地区。

当时,整个金州卫有战斗力的人数并不多,驻有步军1756名,屯田军2020名,此外,还有近百人的煎盐军和炒铁军。

第二天,倭寇果然出动了。海面上 31 艘日本战船向着望海埚方向驶来。战船靠岸后,大约 2000 名倭寇排成一字长蛇队形向着望海埚奔来。

辽东总兵刘江急忙命令都指挥钱真、徐刚率领兵马埋伏在山下。

百户长江隆为了断绝日本人的归路,率领壮士暗地里潜到了倭寇的船上,点起火来,将倭寇的战船烧了个干净。

总兵刘江则亲自率领步兵迎战,引诱倭寇进入明军的埋伏圈之中。

当倭寇窜至望海埚下,刘江举旗鸣炮发令。明朝军队伏兵骤起,两翼并进,喊杀声震天。钱真率骑兵断敌退路,徐刚率领步兵冲人倭人阵中,一阵大砍大杀,将倭人杀得大败亏轮。明军将士斗志昂扬,直将倭寇杀得鬼哭狼嚎,尸体遍地。

最终,倭寇退人了樱桃园空堡之中。明军将士正要进入空堡中歼敌之时,总兵刘江却制止了他们。

手下将领认为机不可失,要给倭寇一个狠狠地打击。他们一致请求要入堡歼敌。

刘江微微一笑,说:"我们进入堡中和倭寇巷战,必然导致将士的极大伤亡。依我看,不如派兵将空堡三面围住,只留出西北口不守。到时,倭寇必然从西北口窜出逃命。我军将士一拥而上,必然能够将这伙倭寇一网打尽。"

手下将领,听了之后,无不叹服。于是,他们纷纷按照刘江的部署前去包围樱桃同空堡。

堡中的倭寇见自己被明军围住,果然不攻自乱,开始寻找出路。他们发现西北口防守空虚,于是,便从西北口夺门而出,争相逃命。

正当倭寇你推我挤地从堡中往外逃命的时候,明朝军队的马军和步兵如狼似虎地攻杀上来。除了一部分逃出空堡的倭寇外,其余全部被杀死在空堡的西北口处。

惶惶而逃的倭寇流窜至海边,又全部为百户长江隆俘虏。

这一战,明军大胜,总计杀死倭寇 742 名,生擒 857 名。总兵刘江以战功被封为广宁伯。望海埚之战,是明朝抗倭以来的首次大捷。此后,在近 300 年的时间里,倭寇不敢再来进犯辽东。

(三)争贡之役

大明嘉靖二年六月发生的争贡事件,让明朝和日本之间的官方贸易开始渐渐地走进死胡同之中。

日本发生应仁之乱后,幕府将军已经形同傀儡,实权掌握在细川氏、斯波氏、昌山氏、大内氏等权臣的手中。有些权臣甚至乘战乱之机,消灭主君吞并领地,形成新的豪族势力。日本政治局势的分化改组,也反映在了对明朝的官方贸易中。

在日本对明朝的第八次官方贸易代表团中,日本两个最大的武士豪族大内氏和细川氏达成妥协,共同组团去往明朝。在这次出使的船队中,大内氏拥有两条船的货物,而细川氏则拥有一条船。船队由了庵桂梧出任正使。

但细川氏并不甘心自己只出使一条船,因此,他暗地里又秘密派遣宋素卿率一条船抢先赶赴明朝。

宋素卿,原名叫朱编,浙江鄞县人。朱编之父因未能如期交付日本商人漆器,便以自己的儿子抵债。到了日本后的朱编便在细川氏手下做官。

正德四年(1509)十一月,宋素卿来到北京,他没有日本国书,于是便以黄金千两贿赂太监刘理。后来,宋素卿率细川贸易船行至宁波时,被他的叔父认出。州官上疏朝廷,想要治宋素卿的死罪。但明朝武宗皇帝怕招来日本人的抗议,便没有惩罚宋素卿,只是让他以后不准再充任使臣。于是,宋素卿回到日本后不久,便于正德五年(1510)的五六月间回国。而这时,了庵桂梧的船队才刚刚到达宁波。

明朝官吏接待了了庵桂梧一行。当时,山东直隶一带正在爆发刘六刘七大起义,明朝官吏害怕日本使者带着货物进京,途中会发生意外。于是,他们便奏请将贡物暂时存放在市政司库。朝廷准奏,并颁发正德新勘合一百道。在这次贸易中,正德勘合落在了大内氏手中。

日本大永三年(1523),拥有正德勘合的大内氏组成了日本第九次对明贸易团,由宗设谦道担任正使,率领 3 船 300 余人去往中国。

细川氏得知大内氏组织对明贸易团后,也派出了一只由鸾冈瑞佐和宋素卿率领的 100 余人的船。

嘉靖二年(1523)四月,宗设谦道率领船队来到了宁波。

随后,鸾冈瑞佐和宋素卿也来到了宁波。

宗设谦道的船虽然先到,但是还没有来得及检验勘合。等到宋素卿来了以后,市舶司才开始一起验证。

在检验勘合时,市舶司发现勘合有新旧之分。宗设谦道和鸾冈瑞佐也因为勘合的真伪问题,激烈地争执了起来。

深谙明朝官场的宋素卿暗中行贿太监赖恩。最终,鸾冈瑞佐的船得以先于宗设谦道进港验货。

市舶司随后在嘉宾堂安排宴席款待这两个贸易团。在安排席位时,市舶司将鸾冈瑞佐置于首席,而将宗设谦道安排在次席。这让宗设谦道感到非常不满,他和鸾冈瑞佐因席位问题大吵大闹。最终,导致他们两个使团在宁波上演了武斗。

宴会之后,宗设谦道唆使使团中的强盗,打开东库,抢出了按规定应该收缴保存的武器,攻入嘉宾堂。

鸾冈瑞佐的武器还存放在东库之中,他身无器械,很快就被杀死。宋素卿趁乱逃出,在府卫军卒的保护下,逃到了 10 里外的青田湖。

宗设谦道率领手下纵火焚烧嘉宾堂,然后又到义和门外,烧毁了停在那里的宋素卿的船只。他们一路追杀宋素卿来到了余姚江岸,很快又迫近绍兴城下。

在折回宁波的途中,宗设谦道一路杀掠抢劫,掳走指挥袁班、百户刘思,杀死百户胡源。来到宁波后,他们又大掠市区,并夺船逃向大洋。

备倭都指挥刘锦率军追赶,却被宗设谦道的人杀死。

在逃回本国的途中,宗设谦道的船遇到了海风,漂到了朝鲜海面。朝鲜守卫军诛杀了其中的 30 人,生擒了 20 个,绑缚了献给明朝。

争贡事件不久之后，宁波府立即逮捕了宋素卿，并呈报朝廷。

但是，世宗皇帝信任太监赖恩，而赖恩又得到了宋素卿的贿赂，宁波府的官吏又惧怕太监赖恩的威势。因此，宁波府在上疏中，将宋素卿列为日本派遣的正使，因揭发不是正使的宗设谦道而遭其追杀，将所有的罪责都推到了宗设谦道的头上。

半年后，明朝朝廷终于弄清楚了事情的来龙去脉，于是便定宋素卿罪。宋素卿死于狱中，而太监赖恩及其党羽却反而各有升迁。

嘉靖四年（1525），琉球贡使受细川氏之托，向明朝求情。在琉球贡使回国之际，世宗皇帝令其转交给日本将军一封信。琉球贡使将信辗转送到了细川氏的手中。

细川氏在信中，以日本幕府将军的语气，极力恭维世宗皇帝，以求保证进贡的道路畅通。而对于争贡事件，他做了一定的辩解，说正德勘合并没有到达京都。不得已之下才使用了弘治勘合。在信的最后，细川氏声称明朝所赐金印在战乱中丢失，所以信中并没有印章而只有花押，希望明朝再赐金印和勘合。

明廷接到信后，见其中没有金印章，便以夷情狡诈不可送信为由，让琉球贡使转告日本幕府将军，必须将宗设谦道押送入京，方可重新颁给勘合与金印。

而大内氏也不愿进贡贸易渠道受阻，因此他们请求朝鲜代为通融，希望明朝能够让他们继续进贡。大内氏在给明朝的信中，也以将军的语气说话，但是对争贡事件的解释却和上一封信完全不同。不过，这封信上盖有明朝赐予的金印印章。

当大内氏与朝鲜交涉的时候，他们得知细川氏已经通过琉球与明朝有了联系，很是吃惊。于是，他们使派人去质问琉球王。

经过一系列的活动之后，大内氏又开始组织第十次对明贸易团。根据明朝十年一贡的规定，10 年之后，大内氏又组织了第十一次对明贸易团。

嘉靖三十年（1551），大内氏头领大内义隆被人刺杀，延续了百年的勘合贸易正式终结。在这一时期，东南沿海贼人金子老、李光头等勾结葡萄牙人，汪直、许栋勾结倭人，四处劫掠，纵横东南沿海地区。

当时，倭寇侵扰沿海的形势已经很紧张，明朝重臣又重新提出禁海政策。定海外海的一些岛屿上，已经成为浙闽私商、葡萄牙商人、日本走私商人、倭寇的走私巢穴。奸商兼盗寇的许栋、李光头等人就盘踞在那里。他们平时进行走私贸易，伺机则骚扰沿海，进行抢掠。

浙闽巡抚朱纨命令福建都指挥卢镗率军进剿。海盗首领李光头被擒，但大部分海盗逃走。

（四）王忬攻杀倭寇老营

嘉靖三十一年，也就是 1552 年，夏天，倭寇进犯浙江沿海一带城市，大肆劫掠。这些倭人的首领便是汪直。

明朝朝廷极为震怒，派出都御史王忬提督浙江军务。王忬到浙江后，知人善任，以参将俞大猷、汤克宽、卢镗等人为心腹，同时征调少数民族的悍兵到沿海一带。王忬增修堡垒，发银犒兵，为广大将士所信服。

倭寇接连袭击浙江东部大部分地区,所到之处,烧杀抢掠,无所不为。后来成了中国历史上抗倭名将的俞大猷,当时派出小分队侦察倭寇的活动。他发现,倭寇根本就不把明军放在眼里,他们的流动性也非常大,今天抢劫这里,明天袭击那里,飘忽不定,来去迅速。在海上,倭寇的战舰随行,到了一个地方之后,倭寇下舰登陆,疯狂抢掠,之后又迅速撤回舰船中,逃遁海上。浙东地区,水路极多,倭寇出没不定,往往明军赶到的时候,倭寇已经飘然远遁了。

在仔细分析了敌情以后,俞大猷认为,明朝军队如果总是对倭寇进行尾随追击的话,只能在他们背后打转转,而根本就追不上他们。

他觉得,倭寇之所以敢来侵犯明朝,主要是仗着海上的舰船能够让他们及时逃脱。因此,倭寇从来都是在沿海骚扰,不敢真正深入内地,和海上失去联系。如果能事先在沿海布下大明舟师,到时就能对河道上的敌舰形成包围之势,当倭寇进袭大陆的时候,明朝舟师便开始攻击敌舰,倭寇自然会回救。这时,陆地上的重兵对那些回救舰船的倭寇进行大规模的反击,自然就会给倭寇以沉重的打击。

俞大猷的打击倭寇的方略,得到了其上司的支持。福建沿海的明军舟师被调到了浙江沿海一带,其中,福建制造的楼船分布于沿海岛屿,以备抗倭。

嘉靖三十二年(1553),俞大猷率领闽中楼船突袭位于普陀山的倭寇新巢。当时,汪直勾结倭寇进犯镇海关,遭到明朝守军的反击,被迫退居金塘岛,和大批倭寇聚集在沥港一带。

金塘岛属舟山西部要冲,孤悬于东海。当地岛民习惯了"出门爬山,出岛乘船"的生活,而海港船便是金塘岛与内陆的唯一维系。这座小岛形势险要,明朝官兵急切之间,很难攻克。

嘉靖三十三年(1554)三月,浙闽提督王忬亲自来到了舟山群岛一带。他通过对金塘岛的

俞大猷塑像

地形进行缜密的侦察后,制订了详细的作战计划。

王忬派遣参将俞大猷从沥港正面进攻,派遣参将汤克宽从西堠门一带堵住倭寇的退路,对倭寇进攻两面夹攻。他以福建楼船为作战主力,在宁波、绍兴、松阳诸郡,攻击倭寇,杀死以及俘虏了近千名倭寇,数十艘敌舰被焚毁。海面上,一时战火熊熊。

这一场战斗充分显示了楼船强大的攻击力,有力地配合了戚继光、邓城诸将领对倭寇的进攻。这场战斗是舟山抗倭史上的第一次大捷,影响十分深远。

本来,这一战可以一举擒获倭寇首领汪直,但是,当时,海上忽然刮起了一阵大风。在强风的猛然一袭之下,大明舟师的水营陷入一片混乱之中。汪直望着苍天,慨叹一声,然后驾着船,乘机逃走,去往日本避难。

窜入陆地四处抢掠的倭寇,见自己的老巢被明朝军队猛烈攻击,不得不回救战

·对外战史·

图文珍藏版

舰,他们拼死突围,要与海上战舰会合。

明朝军队按照俞大猷的布置,有步骤地对倭寇进行打击。陆地上,张经率领的军队登上舰船,出海追击,与埋伏在海中的俞大猷所部舟师一起,在松江一带形成了前后夹击的合围圈,聚歼妄图逃窜的倭寇。

后来,俞大猷把沥港改称为"平倭港"。当地百姓,为了褒扬俞大猷抗倭的业绩,又在沥港建立了平倭碑,供后人瞻仰。

从此之后,倭寇由原来的大群集团活动,改为了分散袭扰,啸然忽至的倭寇经常杀掠温州、台州、宁波、绍兴等地,令当地人感到头疼不已。

虽然倭寇大掠四方,看上去很兴旺,其实,他们在王忬的打击下,早就只剩下了虚火。为了不让倭寇头子摸清岸上明朝士兵布置的虚实,王忬更是严格监察沿海一带和倭寇互通声气的土豪恶霸。此外,他还建筑堡垒,派遣大量间谍,侦察倭寇至为详细。

在王忬的经营之下,倭寇不敢贸然进犯,往往只能漫无目的地漂浮在海上,等到他们粮食快吃光了的时候,他们只能被迫返回日本或流窜到一些荒岛上。

但是,明朝朝廷看到倭寇四处窜扰,便认为王忬抗倭不力,调他巡抚大同。王忬走后,浙江一带的倭寇又开始兴盛起来。幸亏王忬留下的两位抗倭大将俞大猷和卢镗,才勉强维持住浙江沿海一带的局势。

(五)胡宗宪设计诱降倭寇

王忬被调走后,明廷派福建侯官人张经为总督大臣,"总督江南、江北、浙江、山东、福建、湖广诸军",指挥沿海抗倭斗争。

张经到任后,首先征调两广一带的少数民族狼兵和土兵进入浙江沿海地区。他是想凭借狼兵强大的战斗力,一举剿灭倭寇。

狼兵还没有到达浙江,大批倭寇便已经自海盐出发,大举进攻嘉兴。在猛将卢镗的镇守之下,倭寇败退。第二天,倭寇在孟宗堰与明朝军队大战。战至中途,倭寇败走。明朝军队立刻追击,没想到,却一头扎进了倭寇的包围圈之中。倭寇凶残地杀死了400多名官军。在慌乱之中,官军也溺死了几千人。

之后,倭寇乘胜入居石墩山,并以石墩山为大本营,分兵四处四掠。不久,倭寇又合兵攻打嘉兴府城,被明朝将领陈宗夔击败。倭寇逃到了乍浦,几股人马再次聚合,杀掠海宁诸县。数日之间,又进逼苏州,转掠嘉兴、松江、吴淞一带,大掠大杀。明朝军队疲于奔命,被倭寇数次打败。

告急文书火速报到京城之中。工部侍郎赵文华上书皇帝:"倭寇如此猖獗,请陛下派小臣到东海祭祀祈祷,以镇狂贼。"崇信道教的嘉靖皇帝立刻批准,派赵文华督察沿海军务,并到东南沿海一带请道士大做法事。

赵文华到了浙江后,凌辱当地官吏,胡乱指挥,导致地方官民敢怒不敢言。

嘉靖三十三年(1554),田州瓦氏土兵以及东兰土兵相继到达浙江。张经将这些土兵分在了俞大猷、汤克宽等人手下,屯军于金山卫、闵港、乍浦三地,互为犄角。张经准备等到永顺军、保靖军会合后,一同进攻倭寇。

嘉靖三十四年(1555)，倭寇集兵攻掠杭州一带，洗劫村坊，杭州城外数十里地血流成河。

赵文华得知倭寇进犯，一心想要立功的他同胡宗宪商量后，催促身在嘉兴的张经立刻出兵攻打倭寇。但是，永顺军和保靖军两支军队还没有到来，这让老成持重的张经不敢贸然出战。

虽然赵文华几次催促，但是张经就是不肯出战。赵文华心下恼怒，便上疏嘉靖皇帝，说张经祸国殃民，畏惧出战，想要等到大部倭寇遁逃之后，剿杀一小部分倭寇报功。在密疏中，赵文华竭力请求朝廷治张经的罪。赵文华的干爹、大奸臣严嵩也极力馋毁张经。嘉靖皇帝大怒，下诏逮捕张经。

当赵文华密奏皇帝的时候，永顺军和保靖军都已经抵达嘉兴。这时，正巧有盘踞在柘林、普陀等地的大批倭寇来犯。张经立刻指挥卢镗、俞大猷等人，于石塘湾、王江泾两处大败倭寇，斩杀数千人。贼寇淹死数千。

剩余倭寇慌忙逃回老巢，将他们抢掠来的财物尽数焚毁之后，驾船200余艘逃亡海上。

此次明军大捷，被人称为自有倭患以来的第一战功。

但是，在皇帝和奸臣的交互作用下，张经被逮捕入朝，不久，即被处斩。

张经死后，江浙一带的少数民族狼兵、土兵不听调遣，倭寇之患渐渐加剧。杭州、严州、江宁一带，倭寇纵横驰骋，如入无人之境。明朝军队被杀伤甚重，而狼兵、土兵又扰民剽掠，被明廷遣送回乡，至此，明军的战斗力愈加不堪。

嘉靖三十五年(1556)，明廷任命胡宗宪为兵部侍郎兼佥都御史，总督各地兵民抗倭。

胡宗宪上任之后，定下了诱降徐海、汪直的策略，以求不费刀兵之力，解决困扰东南沿海的倭寇问题。他派人秘密联络倭寇头领徐海和陈东，设计使徐海和陈东互相猜忌。

不久，徐海遣使向胡宗宪谢罪，同时又索要大笔金银。

胡宗宪二话不说，立刻派人送金银酒肉给徐海。这让徐海喜出望外。作为回报，徐海释放了200多名俘虏。

之后，胡宗宪派人送信给徐海，劝他进击吴淞江贼寇。徐海中计，便率领军队迎击吴淞江倭寇，斩首30余级，抢掠财物数百船。

而在徐海出兵攻打他的昔日"战友"的时候，胡宗宪却命令俞大猷带兵出发，进攻徐海在浙江乍浦的老巢，烧毁了他停靠在岸边的许多大船。

徐海闻讯后，心中吃惊不已，连忙派自己的儿子徐洪为人质，并向胡宗宪送去了坚甲名剑以及无数金宝。胡宗宪则回赠了徐洪更多的金宝，让他带给徐海，并让他捎话给徐海，希望徐海能够把陈东和麻叶两个贼头抓住。

鬼迷心窍的徐海，见到了胡宗宪送来的许多金宝，心中非常感激，于是，他很快就抓住了麻叶，并派人送到了胡宗宪那里。

胡宗宪老谋深算，他并没有杀死麻叶，而是亲解其缚，好言抚慰，还要给他加官晋爵。麻叶很快就被胡宗宪迷惑住了。之后，胡宗宪劝麻叶写信给陈东，要麻叶劝陈东除掉徐海。麻叶爽快地答应了。

等到麻叶写好了亲笔信后,胡宗宪便将信送给了陈东。陈东很快就回信,而胡宗宪却将陈东的回信转送给了徐海。

徐海读了陈东写给麻叶的信后,大怒不已。被胡宗宪收买的徐海的两个美妾翠翘、绿珠,也日夜不停地讲些陈东的坏话。徐海逐渐坚定了除掉陈东的心,他派人带着大批重宝贿赂陈东的主子——日本萨摩岛主的弟弟。倭人见了金宝,大喜之下,便让徐海绑了陈东。

最终,胡宗宪得到了陈东、麻叶。而此时,徐海也成了势单力孤的海贼。于是,徐海与胡宗宪约定日期,准备正式投降。

但徐海投降心切,并没有按照约定日期前来,而是提前一天来到了杭州。他把大部队留在城外,自己带着日本海盗酋长100多人仗剑入城。

赵文华听说徐海来了,心下惊诧,他怕徐海以投降为名,突袭杭州,便急忙劝说胡宗宪拒绝对方。

胡宗宪临危不惧,他劝赵文华不要害怕。之后,他立刻接见徐海。徐海则率领一众贼首叩头谢罪。胡宗宪离开座位,走到徐海身边,亲自扶起他来,好言抚慰他:"你不要害怕。我一定奏明圣上,对你宽大处理。希望你能够戴罪立功。"徐海当即点头答应了。

胡宗宪将徐海手下的近万名倭寇安排在沈庄扎营。一条河把沈庄分成了东西两部分。徐海带领的倭寇和胡宗宪的明朝军队分居西东,隔水相望。

到了晚上,胡宗宪秘密唤来被软禁的陈东,让他写信给徐海的部下,诬说徐海与官军合谋要尽杀倭寇立功。陈东当即照办。

密信写好了以后,胡宗宪派人秘密送到了徐海的大营之中。

徐海的部下们,都传看了陈东的密信,心中无不惶惧不安。消息很快在徐海的大营中散开,倭寇大乱,许多人乘夜杀向徐海的营帐。正在睡梦之中的徐海,被倭寇的喊杀声惊醒,急忙命令手下卫士拼死抗拒。

倭寇营中,自相残杀,刀光剑影,乱叫声声。

趁着倭寇混战,明朝军队把倭寇团团包围。徐海知道自己中了胡宗宪的计,绝望之中,投水而死。

最终,明朝军队大获全胜。

解决了徐海、陈东之后,胡宗宪又准备要解决倭寇大头目汪直了。他派蒋洲作为说客去规劝徐海,希望他能够归顺明朝。

嘉靖三十六年(1557),"倭寇王"汪直率领3000多名倭寇乘船来到宁波岑港,登陆之后,四处掠夺,然后撤回海上观望。

在这次的抢劫中,汪直并没有杀太多的人,他只是想向明朝政府显示一下自己的强大实力,以增加谈判的砝码。

胡宗宪于是派人去通知蒋洲,让蒋洲转告汪直,如果汪直能够归降明朝的话,朝廷将会委任他为都督。

蒋洲将这些话告诉了汪直后,汪直欣然同意。之后,蒋洲和汪直歃血为盟。

汪直派自己的手下毛海峰和叶碧川跟随蒋洲去杭州,而他自己则将随后率大部队跟进。

但是,当蒋洲几个人到了杭州之后,汪直却迟迟没有来。明朝官员心中狐疑不已。巡按御史王本固则直接下令把蒋洲打入大牢。

王本固亲自严审蒋洲:"说,你是不是和汪直串通起来,里应外合,通倭卖国?"

蒋洲感到自己很冤枉,于是,极力辩解:"这怎么可能呢?我一向是按照胡大人的命令行事。汪直肯定会投降的,这一点我十分确定。他之所以没有按时到达,很可能是在海上遇到了大风浪。"

不久,汪直率领上百艘船数千倭寇来到了宁波岑港。浙江一带的百姓看到后,感到十分惊骇。浙江官员看到后,也都认为汪直心存不轨,恶狼一条。

当汪直发现岸上的明军严加戒备,心中感到非常不安,他派义子王激上岸质问胡宗宪这么做到底是何意?

胡宗宪心中焦急,但因有巡按御史王本固在旁,他只得派人回复汪直,表示朝廷欢迎他归顺。胡宗宪又让已经被明朝软禁的汪直的亲儿子给汪直写信,劝其马上上岸投降。

汪直接到了儿子的信后,苦笑一声。他派人告诉胡宗宪,要蒋洲或明军中另一个有身份的人到他的船上当人质。

胡宗宪知道汪直还是不放心,只好派遣一直与倭寇打交道的指挥夏正拿着假圣旨去见王激。假圣旨上写着一些赦免汪直死罪,并加官晋爵之类的话语。王激看了圣旨之后,便回去转告汪直。汪直听了很高兴,深信不疑;于是,汪直把队伍安排妥当之后,便带着数名随从上岸。

胡宗宪对汪直十分热情,将他安排在杭州的一处豪宅之中。

本来,胡宗宪是上疏让朝廷赦免汪直,但朝中有人声称胡宗宪接受了汪直的大笔贿赂。听到了这个风声的胡宗宪,急忙上疏朝廷,称汪直罪当万死。明朝皇帝很快准奏。

巡按御史王本固带人将汪直抓到衙门细细审问,迅速定了他的死罪。

几天后,汪直宗族数十口被押到杭州刑场处决。

倭寇王汪直被杀后,岑港战舰上的 3000 多倭寇愤怒不已,他们发誓要与明军决一死战。王激听到义父被杀后,立刻杀了指挥夏正。之后,3000 多倭寇在沿海地区展开了疯狂的报复。他们先攻潮州,又犯福州。台州、惠安、长乐、漳州、泉州等地,也遭到了一些新倭寇的攻击杀掠。

明朝严旨切责胡宗宪,同时削夺了总兵俞大猷、参将戚继光等人的军职,限令他们一个月内荡平岑港的汪直残部。

奸臣严嵩失势后,胡宗宪遭到弹劾,被朝廷夺职。后来,胡宗宪结交严嵩的儿子严世蕃的信件被人翻出,呈给了嘉靖皇帝。嘉靖皇帝下令将胡宗宪逮捕入狱。胡宗宪万念俱灰之下,在狱中自杀。

（六）俞大猷戚继光荡寇江南

在明朝抗击倭寇的斗争中，俞大猷和戚继光都是当时的著名将领。俞大猷老成持重，戚继光有勇有谋，他们二人被人合称为"俞龙戚虎"。

俞大猷是福建晋江人，自幼研习《易经》的他，深得兵家阴阳道数。他还曾经跟从剑术名家李良钦习武，是一代奇男子。

他青年之时即投身军伍，并很快就脱颖而出。嘉靖二十八年（1549），朱纨提拔俞大猷为备倭都指挥。此后，俞大猷率领军队镇压了琼州五指山的黎族反叛，海南大定。

嘉靖三十一年（1552）时，倭寇侵扰浙江沿海地区。俞大猷被明朝任命为参将，协助清剿。后来，在张经指挥的王江泾大捷中，俞大猷发挥了很大的作用。

作为一名饱读诗书的武将，俞大猷尽心竭力地打击倭寇，在陆泾坝、三板沙、莺脸湖等战役中，将倭寇打得大败亏轮。嘉靖三十五年（1556），明廷任命俞大猷为浙江总兵，同时管辖苏松数郡。俞大猷不负众望，率领明朝军队死战倭寇。

嘉靖四十年（1561），明廷派遣俞大猷到江西南部地区征剿反贼。俞大猷带领福建广东的明朝军队，几乎不费吹灰之力，就平灭了贼势。明廷因而提拔俞大猷为福建总兵。之后，他与当时的福建副总兵戚继光等将领光复兴化城，大破倭贼。

嘉靖四十三年（1564），俞大猷奉命镇守广东。广东潮州倭寇两万多人与沿海的峒蛮相互勾结，在惠州和潮州一带大肆抢掠。福建的峒蛮酋长程绍录和梁道辉又在延平、汀州一带勾结倭寇。

一身是胆的福建总兵俞大猷，竟然一个人一匹马，进入峒蛮酋长程绍录的军营中。他真诚地与程绍录进行对话，说明利害关系。最终，程绍录心服口服，率领蛮兵返回原籍，不再与倭寇相与为乱。

惠州峒蛮酋长伍端，骁勇悍战，连败官军。当俞大猷带兵来到之后，伍端慑于他的威名，吓得立刻撤军。在后来与俞大猷的历次较量中，伍端被擒获了七次，但是最后都被俞大猷放走。最终，伍端对俞大猷佩服得五体投地。

伍端把自己绑了，来到俞大猷的军队请罪。俞大猷当即放了他，让他杀倭赎罪。伍端慨然应允。

于是，俞大猷便以伍端为先锋，向倭寇发动猛烈进攻。伍端率领少数民族军队将倭寇围困在邹塘一带。俞大猷率领明朝军队，一夜之间接连攻克了倭寇的三个巢穴，杀死了400多名真倭。俞大猷率领蛮兵与官军的混合部队乘胜追击，又在海丰大破倭寇。

潮州倭寇在俞大猷的猛烈进攻之下，抢夺渔民船只逃入大海，没想到又遇上了大风，数千倭寇被淹死在海中，只有两千多人逃回陆地。

俞大猷派兵包围倭寇两个月，剩余倭寇基本上被明朝军队斩杀殆尽。潮州倭寇，自此几乎全部平定。

隆庆年间，俞大猷在两广一带，平灭海贼曾一本等，威震南疆。

万历元年，俞大猷病死。

与俞大猷同时的戚继光,也是抗倭名将,其创立的戚家军更是让倭寇海贼闻风丧胆。

戚继光,山东登州人,为人倜傥有奇气,他好读书,通经史,可谓是文武双全。他的父亲戚景通官至都指挥一职,死于戚继光17岁那年。戚继光继承了父亲的职位,后来被提拔为都指挥金事,在山东沿海一带备倭。

后来,戚继光被调到浙江沿海一带抵御倭寇。刚刚到浙江时,明朝卫所战斗力极弱的军队让戚继光很不满意。他听说浙江金华、义乌两地民风剽悍,于是,他便亲赴两地,招募士兵。经过精挑细选之后,戚继光从两地民间,选出了3000多人。

戚继光亲自带着这3000人操练,教授他们击杀格斗之术和使用长短兵器的技巧。他还特地将自己自创的"鸳鸯阵"和"一头两翼一尾阵"给3000士兵讲说明白,之后训练成熟。

他根据浙江沿海地区崎岖多水洼的地形,专门训练士兵熟悉当地地形的编制战斗策略。在他的精心操练之下,数千人的战舰、火器、兵械等物无不精益求精。他的军队阵型严整,旗号鲜明,被人们称之为"戚家军"。

戚家军在嘉靖四十年(1561)以前,一直配合俞大猷等部作战,还不是很出名。到了嘉靖四十年(1561)后,大批倭寇集团杀掠桃渚、圻头等地。戚继光带领戚家军在龙山一带打败倭寇,并乘胜追击,一直杀到雁门岭。

由于倭寇和内陆土豪恶霸相互勾结,作案分赃,因此,他们对内地的军事安排大多非常清楚。这也让戚家军吃了一些苦头。

不久,倭寇1万多人,驾驶战船数百艘,先后在台州东北的象山、奉化、宁海等地登陆。戚继光得知后,迅速部署兵力,令一部守台州,一部守海门,他自己亲自率领主力赶赴宁海。当倭寇得到戚家军离开了台州的消息后,一大批倭寇乘机直扑守卫空虚的台州。倭寇分兵三路,一路从台州东北的健跳,一路从台州东方的桃渚,一路从台州东南的新河,分别进犯台州。

得知新河情况危急后,戚继光便命令手下唐尧臣率领一部分军队赶赴新河抗击。

戚继光则亲自带领军队在宁海歼灭倭寇之后,回师增援新河。戚家军行至宁海西南的梁王时,听说新河大捷,高兴之余,便敦促军队火速去往台州。

当戚家军行至花街之时,遭遇大队倭寇人马,戚继光当机立断,指挥戚家军将士突击倭寇,以迅雷不及掩耳之势将大队倭寇尽数歼灭。接着,戚继光挥军北上,歼灭了入侵健跳的倭寇,又乘胜在藤岭、长沙等地击败倭寇。

在前前后后一个月的时间里.戚继光率领戚家军九战九捷,俘斩倭寇千余人,淹死倭寇上万。浙江倭寇渐渐平息,而戚继光和戚家军的威名如日中天。

倭寇们见浙江沿海一带不好混,便纷纷窜入福建沿海一带,北到福州、宁州,南到漳州、泉州,千里沿海地区,都是倭寇杀掠的范围。

奉胡宗宪的命令,戚继光率领6000人从浙江进入福建,进行抗倭。

倭寇们在福建沿海地区,攻陷州邑,掳掠良民,形势非常严峻。宁德城外的横屿岛更是成了倭寇的一个据点。横屿岛四面都是水路险隘,1000多名倭寇挟持了数千名良民在岛上结营。当地官军与他们相持了一年,也不敢进攻。横屿岛倭寇与营田、兴化一带的新到倭寇,互通声气,结为奥援,震动一方。

戚继光来到福建之后,决定先拿下横屿岛的倭寇。他就近观察了横屿岛周围的地形后发现,横屿岛与陆地之间可以涉走的地面,在退潮后都是淤泥。于是,戚继光下令让士兵每个人都手持一束草,一边进攻,一边投草于地,一步一步地逼近横屿岛倭寇大营。

最终,戚家军攻入横屿岛,将拼死抵抗的倭寇尽数斩杀,他们的老巢也被连锅端掉。

之后,戚继光乘胜击败牛田倭寇,捣毁了他们的巢穴。败走逃亡的倭寇,向兴化方向奔去。戚家军紧随其后,进行追击,一路接连攻克倭寇60营,杀敌千人。戚继光并没有让军队休息,接着回师福清,正好痛击了一支刚刚登陆的倭寇,斩杀两百多人。

到了年底的时候,戚继光大获成功,将倭寇尽数赶入了茫茫大海,于是,他便率领戚家军返回浙江。

当倭寇听到戚家军返回浙江以后,他们又重新汇聚起来,反攻福建各地。

嘉靖四十一年(1562),由近万名倭寇组成的一支精锐部队包围了兴化城。他们围困兴化城长达一月之久。兴化是一座府城,墙高砖厚,倭寇急切之间,很难攻入城中。后来,倭寇截杀了一个到兴化送情报的明军八人小分队。于是,倭寇便穿上了明军的号衣,化装成明朝士兵进入城中。半夜之时,八名倭寇假扮的明朝士兵斩杀了兴化城门守将,打开城门,将城外早就已经等候多时的倭寇引入城中。城外倭寇鼓噪而进,一举攻陷了兴化城。

倭寇在兴化城中大肆截杀抢掠,无所不为。他们尽情蹂躏了两个月后,一把火将兴化城烧成白地。其后,倭寇又攻陷平海卫,震惊福建。

嘉靖皇帝知道后,急忙派遣俞大猷、戚继光汇同福建当地的刘显一部合力灭倭。同时,朝廷还派遣右佥都御史谭纶巡抚福建。

刘显的部队很少,坚守在平海卫不敢出来和大队倭寇进行对抗。俞大猷抵达后,也不敢贸然进击。

嘉靖四十二年(1563),戚继光率领戚家军来到福建。

谭纶立刻做出了一定的军事部署,他令俞大猷带领右军,戚继光带领左军,他自己自领中军,并力齐攻平海卫的倭寇。

在这一战中。戚家军在戚继光的带领下,勇往直前,带领其他兄弟部队一举破敌,斩杀倭寇两千多人,而明朝军队仅仅阵亡了16个人,可称得上是一个完胜大捷。

谭纶在他所记的功劳簿上,将戚继光列位战功第一,在福建总兵俞大猷之上。也正是因为这一战的原因,戚继光后来得以接任俞大猷成为福建总兵官。

后来,戚继光又率领戚家军在仙游城下击溃了上万名倭寇,取得仙游大捷。仙游一战之后,福建的倭寇基本上被肃清。

在戚继光和俞大猷的通力合作之下,他们两位将领又平定了广东一带的倭寇。

明朝沿海倭寇渐渐平息。而当时的日本也进入了"战国"末期。万历十三年（1585），丰臣秀吉统一日本，被日本"天皇"任命为"关白"。丰臣秀吉上台后，在肃清国内的同时，严厉打击海盗活动，倭寇在源头上被控制住了。至此，困扰明朝两百多年的倭寇最终覆灭。

四、中日大战之援朝抗日

朝鲜与中国一衣带水，唇亡齿寒，而日本自丰臣秀吉当政以来结束了长达百年的割据状态，走上了对外扩张的道路，隔海相对的朝鲜首当其冲，而中国作为朝鲜的宗主国，无论从政治影响还是军事战略上考虑，都不会坐视不理。于是，一场持续七年的抗倭援朝战争开始了。日军虽然在战争节节胜利，但最终却在中朝两国军民的合力抵抗之下难逃失败的命运。

（一）丰臣秀吉的阴谋

1590 年，丰臣秀吉通过武力统一日本，结束了日本长达 100 多年的战国状态。统一之后，由于土地分封不均，引得国内武士阶层的普遍不满。为取得更多的土地，1591 年 5 月，丰臣秀吉决定对外出兵。

1591 年 6 月，宗义智奉丰臣秀吉之命出使朝鲜，向朝鲜国王李昖提出于次年借道朝鲜攻打中国的请求，并希望朝鲜可以出兵协助。但朝鲜认为自己长期以来都是中国的属国，因而拒绝了日本的请求。朝鲜的拒绝早在丰臣秀吉的预料之内，遣使借道不过是假意友好的外交手段而已。丰臣秀吉非常清楚，当时朝鲜已 200 多年没有战事，朝廷上下一派重文轻武之风，国防极为虚弱。而日本若想开疆拓土必须先从朝鲜下手，而不是借道朝鲜去攻打强大的大明帝国。

事实上，早在这年正月，丰臣秀吉就已下达了征战朝鲜的动员令，他命令沿海各大名领地，每十万石准备两艘大船，每百户需出 10 名水手，到各大名所造战船服役，多余水手集于大阪。丰臣秀吉所统中军所需船只，由各大名每十万石打造三艘大船、五艘中船。费用由丰臣秀吉拨送；各大名造船费用，提交预算后，先拨付一半资金，船只建成之后，付清所余。水手每人均可得到两份俸米，家眷另行给付。各地水手、船只，务必于 1592 年春，到和泉、播磨、摄津三处港口集中。同年 3 月，又下令征调陆军。其中九州、四国每万石出兵 600 人，纪州、中国每万石出兵 500 人，畿内每万石出兵 400 人，伊豆、三河、远江、骏河每万石出兵 300 人，此四地以东地区每万石出兵 200 人，近江、伊势、美浓、尾张每万石出兵 350 人。能登、加贺、越前、若狭每万石出兵 300 人，出羽、越后每万石出兵 200 人。

至 1592 年 3 月，丰臣秀吉共调集军队 306250 人。其中陆军 158700 人被分成九个军团渡海作战，总指挥为宇喜多秀家。小西行长所部为第一军，共 1.8 万人。加藤清正率第二军，共 2.2 万人。黑田长政所部 1.2 万人为第三军，岛津义弘率第

国学经典文库

中国军事百科

· 对外战史 ·

图文珍藏版

四军共 1.45 万人,福岛正则率第五军,共 2.5 万人,小早川隆景率第六军,共 1.5 万人,毛利辉元率第七军,共 3 万人,宇喜多秀家亲率第八军,共 1.1 万人,羽柴秀胜率第九军,1.1 万人。除陆军之外,还有九鬼嘉隆率的水军 9200 人,其中大隅守九鬼嘉隆所部 1500 人,佐渡守藤堂高虎所部 2000 人,共有战船 700 余艘。中务少辅胁坂安治所部 1500 人,左马介加藤嘉明所部 750 人,来岛康亲所部 700 人,菅野正影所部 250 人。

为了补充兵源,丰臣秀吉还命伊达政宗、蒲生氏乡、上杉景胜、前田利家、德川家康将其所部军队作为预备队,集结于肥前名护屋,这几支部共计 10.5 万人。

在战略上,丰臣秀吉听从德川家康的建议,决定陆海并进,速战速决。陆军战略物资由水军负责保障。

万事俱备之后,丰臣秀吉以朝鲜拒绝联合攻打大明帝国为由,于 4 月正式宣战。4 月 12 日,小西行长率第一军团 1.87 万人渡过大海到达对马岛听候指令。4 月 13 日,陆军九军全部开拔,于 4 月 14 日在釜山登陆。

日军登陆之后,兵分三路,加藤清正率东路军从釜山向闻庆进发,小西行长率中路军从密阳出发到达闻庆与东路军会合之后,向忠州进发,继而攻取汉城。黑田长政率西路军从多金海出发,到闻庆与东路军和西路军会合之后,翻越秋山岭攻占汉城。

三路日军以排山倒海之势向朝鲜腹地推进,朝鲜军望风而逃。朝鲜国王派出申立、李镒二将分别前往忠州和尚州御敌。李镒到达尚州之后,尚州军民已逃亡殆尽,李镒只好挑选数百难民聊充军士,待小西行长大军一到,李军未战即溃,尚州很快失守。

申立到达忠州之后,日军三路大军已在闻庆会齐,正打算集中主力对忠州进行攻打。申立所部为朝鲜军主力部队,其中有很多是骑兵。4 月 27 日,两军首次开战。朝军骑兵从城内冲出,战斗从早上一直持续到下午,未分胜负。日军见常规战法难以取胜,遂决定用夜袭加火攻的方式挫败朝军。当天夜里,朝军尚在梦乡,突闻喊杀声四起,又见火光冲天,一时大乱。日军一阵乱砍乱杀,朝军仓促应战,不久便全线败退。日军遂据忠州。忠州一失,汉城便门户洞开。

朝鲜王李昖让王子守卫汉城,自己携群臣后妃向北逃窜。

5 月 3 日,汉城被日军攻破,王子被俘。

攻破汉城之后,日军继续向北推进。开城和平壤也相继失陷。日军兵锋直指朝鲜与中国的边境会宁。数月之时,朝鲜国土丧失殆尽。日军对所占领地区的朝鲜人民大加屠戮,激起了朝鲜民众的强烈反抗。一些地方豪绅相继组织义军。郭在佑首举义旗,率军收复了陕川、三嘉、宜宁等地区。此外还有僧人灵圭、洪洪彦秀父子、李基鲁、金千镐、高敬命等皆为抗倭的重要力量。

一些爱国的朝鲜官兵也积极投身于抗倭御侮大业之中。晋州守将金时敏率 3000 人坚守城池,与日军边续激战五个昼夜,以至于城中瓦片石块都已用尽、妇女也都着男装上阵,最终保全了城池。

最令日寇闻风丧胆的当属全罗道水使李舜臣,他根据日军舰船都普遍配备了小口径火炮和火枪这一现状,有针对性地设计出了一种名为"龟船"的战舰。龟船整体有厚甲覆盖,甲上遍布锥尖利刃,前后均有铳穴可发射火器,既坚固又灵活,被西方海军誉为"铁甲舰之祖"。

日本水军在陆军登陆之后,便积极寻找朝鲜水军主力进行决战。当时朝鲜水军将领朴弘、元均两部共有 70 余艘战舰,并且占有地利,但两人被日军的声势所吓倒,竟然未经一战,便弃舰逃命去了。

而李舜臣却率领他的舰队对日军主动出击。每次出战之前,他都会在士兵面前慷慨陈词,分析陆军败亡的原因,以及整个战争的前景,表示要舍此一身,誓雪国耻。

1592 年 5 月 4 日,李舜臣率领鲍作船 46 艘、小型挟船 15 艘、大型板屋船 14 艘,编队出丽水港。日军闻讯之后,派出 50 艘战船在将领藤堂高虎的率领下前来迎战。

李舜臣将舰队埋伏于玉浦附近,并于 5 月 7 日对日本舰队进行突袭。日军仓促应战,李舜臣军先是大量施放火箭,继而用火炮火枪对甲板上的日军猛烈射击。日军伤亡惨重,26 艘战舰被焚毁或击沉,舰艇编队被打乱后仓皇溃逃。李舜臣率军穷追不舍,又在赤珍浦、合浦海面对残敌进行围歼。战斗一直持续到 5 月 9 日。朝鲜水军由此掌握了战场的主动权。

在这次战斗中,日军共有 44 艘军舰被毁,士兵死伤无数,而朝鲜水军伤亡很少,战舰全部保持完好。玉浦之战是朝鲜军队对日作战的首次重大胜利。其中的三艘龟舰发挥了巨大作用,令日军十分恐慌。

1592 年 5 月 27 日,有 10 余艘日舰向泗川进犯,李舜臣得知后,立即安排迎战。29 日,他率领包括龟船在内的 23 艘战船,从全罗南道出发,在途中与庆尚南道三艘战船会合后迅速向泗川海湾开进。

当时,日军有 12 艘楼船停泊于海湾内,但日军已被前几次的失利吓破了胆,朝鲜水军一到,便纷纷弃舟登岸,在山上布防。

当时正值退潮时分,日军居高临下,朝鲜水军所面临的形势十分不利。

李舜臣决定采用诱敌之计。夕阳西下之时,朝鲜水军佯装退却,日军于是便登船追击。当日本军舰驶出海湾时,李舜臣命朝军舰艇回头迎敌。

龟船首先冲入敌阵,其他战舰也紧随其后,一时间,弓箭、火炮齐发。李舜臣虽在战斗中负伤,但仍然继续指挥,朝军将士奋勇厮杀,日军 12 艘舰艇全部被击沉。

泗川一战大获全胜后,李舜臣又于 6 月 2 日指挥舰队冲入唐浦,将停泊于此处的日本战舰大部击沉。

第三天,朝鲜水军又在召所江口海面将 26 艘敌舰诱出,除一艘侥幸逃脱外,全部予以歼灭。

6 月 7 日,朝鲜水军在沿海地区进行搜索时,发现栗浦海面的 7 艘日本军舰,并将其全部击沉。这样,李舜臣部对日本水军第二轮攻击取得了赫赫战果,共毙敌数千人,击沉大小军舰 72。

1592 年 6 月下旬,日本陆军为夺取朝鲜水军的后方对全罗道发起进攻,同时,日本水师集结于巨济岛一带，打算分三路向西进攻。

为了粉碎日军的图谋，全罗道水军和庆尚道水军一部在李舜臣的率领下，于7月初主动出击。

7月6日，李舜臣率军到达唐浦附近水域，次日清晨，发现日本水军在乃梁附近活动，李舜臣派几艘板屋船前往诱敌。

日军很快中计。日本水军将领坂安治率舰队前来迎战。朝军边战边退，日军被诱至闲山岛附近。闲山岛地处巨济岛与固城之间，一眼望去十分荒凉。

待日军进入伏击圈后，李舜臣在旗舰发出作战信号。日军立即陷入朝鲜水师的重重包围之中，龟船凭借良好的屏护能力和猛烈的火力，对日军舰队横冲直撞，将担任前卫的几艘大船撞翻，日军见势不妙，开始掉头。朝鲜战舰用大炮和火箭猛烈射击。对于龟船而言，即便是日军类似于巡洋舰的关船和类似战列舰的安宅船也对它无可奈何。日舰多次被火箭射中，燃起大火，纷纷沉没，这次战斗，日军共被击毁7艘小船、17艘关船和35艘安宅船。

接着，李舜臣又率领他的舰队对日本后续舰队进行猛攻，战斗一直持续到7月13日，日军又有40余艘舰艇被击沉，9000余名士兵被歼灭。这便是著名的"闲山岛大捷"。

在李舜臣的指挥下，朝鲜水军取得一系列重大胜利，消灭了日本海军的有生力量，完全掌握了制海权。为了对李舜臣予以嘉奖，朝鲜国王特意设立了"三道水军统制使"一职，令他统一指挥朝鲜三道水军。

（二）明廷出兵援朝

在王京失陷之后，5月8日，朝鲜国王李昖逃奔平壤。5月27日，日军第一、第二、第三军尾随而至。临津防线随即被攻破，开城攻陷。李昖只好于6月11日逃离平壤，流亡至朝鲜和中国的边境义州，并向明朝政府求援。

当时朝鲜境内的8个道已丧失殆尽，只剩与辽东半岛相邻的义州尚未失陷，李昖明白如果不能得到主国的援助，朝鲜很有可能会亡国，因此，他接连派出几批使臣去明朝政府求救。朝鲜使臣除了向万历皇帝递交救国书外，还分别对阁臣、御史、尚书、侍郎甚至宦官进行游说，表示只要明朝肯出兵援助，朝鲜愿意内附于明朝。

明政府的官员也都认为，日本出兵朝鲜，其最终的目的是要侵犯中国，中国出兵援救朝鲜其实也是在保护自己。因此，明朝政府答应李昖可以渡过鸭绿江，到大明境内辽东半岛的宽奠堡居住，这样一来，他便可以得到大明朝廷的正式保护，并答应出兵入朝。同时，明朝的一些官员也怀疑朝日合谋来诈骗中国，于是明政府也回派便都到朝鲜进行核实。

6月，明政府派宽奠堡副总兵佟养正率领八名飞骑进入朝鲜。巧遇倭将在江沙操演骑兵，朝鲜大臣请明将前往侦察。明军将领信心十足，向朝鲜官员保证，如果只是这样的武装，天兵一到，定可将其剿灭。

随着明军入朝日期的邻近，两国开始磋商具体事宜，首要问题是军粮，因为朝鲜已无饷可支,所以明廷只好自己拨饷给明军,同时还赏赐两万两白银给朝鲜国王。但粮食转运困难,所以明政府希望由朝鲜提供。朝鲜原本预估在安州有20余万石,在平壤有4万余石,可供5000兵士食用15日,但平壤又不幸沦陷,粮食已被日军所获。在此期间,朝鲜使节李德馨屡次向明朝辽东巡抚郝杰上书,并在其帐下日夜痛哭,郝杰受其感动,遣副总兵祖承训率兵援朝。

6月15日,明军在参将戴朝弁、游击史儒的率领下开始渡江,共1029人、马1093匹。此前,朝鲜使臣已回报朝鲜政府,明军将分为两个梯队入朝。首批入朝的明军由史儒率领,于6月7日出发,第二梯队由王守官率领于6月10日出发。

首批明军渡江之后,朝鲜政府一再催促其南下。朝鲜大臣与明军将领还为争夺军队的领导权而发生过口角。明军将领置朝鲜政府的催促于不顾,坚持要等后续部队到齐后才出兵。15日,王守官、郭梦征率领500军马返回辽东,17日,又回到朝鲜,辽东副总兵祖承训也随军前来,共带领军兵1319人,马匹1529匹。明朝第一次共向朝鲜发兵2348人、马2622匹,祖承训担任前线总指挥,辽东总兵杨绍勋负责后勤调度。

祖承训入朝之后,率兵直扑平壤,一路未遇到有效抵抗。就在祖承训到达朝鲜的当天,日军第一军团指挥官小西行长已做好了应敌准备,当第二军团指挥加藤清正提议将军马列阵于城外御敌时,小西行长表示反对。

明军在接近平壤之后,祖承训于7月17日黎明,命史儒、王守官率骑兵攻入平壤城内。平壤街面狭窄,加之天又阴雨,马蹄多已溃烂,因此骑兵优势无法施展,日军遂用鸟铳进行伏击,明军很快溃散,史儒也被鸟铳击中而毙命。祖承训侥幸逃脱,率溃军在一日之内退至大定江。朝鲜急忙派出使者请求辽东总兵杨绍勋让祖承训率部暂留朝鲜,但祖撤兵神速早已经渡过鸭绿江。

回国之后,祖承训上书杨绍勋,对首战失利一事进行申辩。他认为,首先是粮草难以为继,朝鲜没有能力提供充足的军粮和草料供军队使用。其次是军情有误,据朝鲜提供的情报平壤的日本驻军仅有1000余,而从交战的实际人数看恐有上万人之众。其三,指挥权不统一,朝鲜的大臣们想将明军置于他们的节制之下,朝鲜军也未能与明军并肩作战,当时同去平壤的朝鲜军共500名人,其中400人临阵脱逃,其余100则可能是奸细,因为明军遭弓箭致死、致伤者不在少数,根据朝鲜方面提供的情报,日军只有长剑与铁炮,所以怀疑朝鲜人暗下毒手。

朝鲜使臣得知祖承训的说辞之后,也进行了反复申辩,杨绍勋最终接受了朝鲜方面的解释,认为朝鲜的节度使在提供军情时可能是侦察失误,关于明军中箭一事,可能是因为日军抢到了朝军兵器,或者朝军被俘虏后,日军逼迫其向明军放箭的。

在首次出兵失利之后,辽东军将抗倭援日战争的主导权交给了兵部。但在此后,朝鲜使臣依然几次觐见杨绍勋本人,或其手下参将、游击等等,希望可以再次派兵入朝,甚至几百人亦可。

但明朝政府则已制定出了另外的战略规划,他们认为要想剿灭倭寇,只有调集大量南方炮手方可,各种火炮器械应当先运抵边界,待炮手到齐之后,再一同入朝,

国学经典文库

中国军事百科

·对外战史·

图文珍藏版

而此时正值雨季,道路泥泞,只有等到秋后方可大举进兵。

自7月起,明朝多次派沈惟敬为使到朝鲜与倭军谈判,其目的为大军的集结留出时间。

在遣使谈判的同时,明朝也派出了先头部队,由于考虑到朝鲜缺粮,所以部队暂驻辽东。这支部队的总人数为6000人,其中包括祖承训部2400人,南军炮手600人,张奇部3000人=明朝政府对外宣称,此次出兵朝鲜的总兵力10万人,而实际人数约为7万人。

同年8月,明朝以兵部右侍郎宋应昌经略备倭军务,并诏天下督抚举将才。9月,明政府派使臣薛潘晋见朝鲜国王,指出,明朝大军入朝作战,千里运粮,甚为不便,于是提出以银易米的主张,朝鲜国王却以"国俗不识货银之利"为南加以拒绝一同月,辽东官员林世禄询问朝鲜官员李幼澄,朝鲜国中之粮可支撑多久,李答道:可供1万人食用一个月,林又问:一月之后如何打算?李答道:如果平壤之敌可退,则忠清、全罗二地的粮食也可取用。由此可以看出,为保证战事的顺利进行,首要战略目标就是平壤。

10月16日,明朝任命李如松任防海御倭总兵官,其弟李如柏和李如梅为副,一同率军入朝,其所部兵力共有4万余人,其中包括1万辽东精骑,8000宣府精骑。8000大同精骑;5000蓟镇精锐步兵,5000保定精锐步兵和3000江浙步兵,另有四川副总兵刘铤所部5000川军为后续部队。

1592年12月25日,李如松率军4.3万余人进入朝鲜。1593年元月5日到达平壤,三日之后与小西行长的第一军团1.8万人展开激战。

平壤城易守难攻。东面为长庆、大同二门,南面为含毯、芦门二门,西面为七星、普通二门,北面为密台门,另有牡丹峰,地形险要。

李如松派吴惟忠带领步军当先锋,查大受率骑兵居后,攻击牡丹峰;杨元、张世爵率兵攻打七星门;李如柏、李芳春攻普通门;祖承训所部着朝鲜军军服来麻痹日军,攻打芦门。

李如松令明军主力攻打南、西、北三门,独留东面作为日军的退路。

战斗最为激烈的时候,李如松亲自带队冲锋,头盔被击中,战马被击毙,仍然奋勇杀敌。老将吴维忠,年已六旬,胸部中弹,仍在督战。参将骆尚志首先登城,腹部被乱石击伤,仍冒死向前。

最终,祖承训部首先攻破芦门,接着牡丹峰、七星门、普通门、含谈门也均被明军攻破,小西行长见败局已定,率残部退守城北风月楼。

入夜之后,日军从东南突围,向首尔方向退却。李如松早已料到日军此举,派李宁和查大受率军在沿途埋伏,毙敌数百人。

值得一提的是,在这次战斗中,明军配有灭虏炮、虎蹲炮、佛朗机炮等火器,日军虽也配备有火绳枪,且性能优于明军火铳,但终因威力有限,导致平壤失守。收复平壤之后,李如松又攻陷开城,接着便向汉城进军。

（三）血战碧蹄馆

在平壤大捷后，李如松欲率部对日军乘胜追击。于是，他先派查大受和朝鲜将领高彦伯率军对开城至王京之间的道路进行侦察。

查大受与高彦伯所部在碧蹄馆以南地区与日军加藤光泰、前野长康部遭遇，双方展开激战，互有伤亡，日军60名骑兵阵亡，查大受部则退向碧蹄馆。

26日，李如松得知战况之后，以为日军已放弃京城，遂率2000余人前往增援。

但令他没有想到的是，日军立花宗茂部3200名军兵正埋伏于砺石岭，查大受部所遭遇的日军便是立花宗茂一部。

从清晨7时起，立花茂宗先以部将天野贞成、内田统续、十时连久率500兵为第一阵，摇旗示弱，以此来引诱查大受进攻。十时连久率队冲至望客砚，但被查大受部包围，十时连久中箭，但仍在力战。一直坚持到第二阵米多比镇久、小野镇幸的800兵到来之后，才由于伤势过重而身亡。

不久，立花宗茂与其弟率2000兵突袭明军右翼，查大受难以抵敌，只好再往北边更靠近碧蹄馆的方向退军，立花宗茂率800日军穷追不舍，部将池边永晟战死。

查大受后遇李如松，两军前后激战共五个小时。立花宗茂率军至碧蹄馆西南休息布阵，等待小早川隆景等部。

李如松得知查部已与日军交战之后，迅速布邮鹤翼之阵，与查大受合兵之后，又在碧蹄馆重新布阵，

中午时分，吉川广家、小早川秀包、毛利元康、小早川隆景等部2万名余人出现在望客砚，其后另有黑田长政、宇喜多秀家等部2万余人。

由于碧蹄馆多泥泞水田，地形又狭隘，骑兵无法展开行动，李如松只好边战边向北方惠阴岭撤退，并传令中军主力迅速进兵。

虽然在刚开战时，小早川隆景的左翼先锋粟屋景雄部3000人被明军先锋击退，但隆景右翼先锋井上景贞部3000人却迅速对明军先锋形成反包围，但总体来看明军仍占优势。

立花宗茂领3000人移动至明军右侧，命立花成家部先以铁炮射击，后全军突袭明军右翼，立花宗茂部将小野成幸与李如松单打独斗，结果被李如松之弟李如梅射死。

明军左翼也受到筑紫广门、小早川秀包、毛利元康的突袭。正面则处于小早川隆景部的压制之下。一时间，明军陷入四面受敌的险境。王问、方时辉、张世爵、查大受、李宁、李如柏等明军将领都各自奋力厮杀，为保护李如松，李有声被日将井上景贞刺死，立花宗茂手下将领小串成重、安东常久阵亡，小早川秀包部下八名将领毙命。

不久，小早川隆景与黑田长政、宇喜多秀家、吉川广家合军一外，对明军的包围越来越严密。两军从午后战至黄昏，前后约六个小时之久。

随后，杨元率援军到来，冲破日军包围，抢占李如松右边的阵地，与李宁部合兵一处，向日军发动炮击，明军在炮火掩护下方得以撤退，日军见明军援军到来，也开

始撤军。

李如松率军解查大受之围后,又从碧蹄馆向王京推进30里,数万日军对峙3天,后从容撤退。碧蹄馆一战,明军伤亡2500人,日军伤亡8000人。

战斗结束之后,日军退返王京,李如松经此恶战,亲兵多已死伤,所部南兵与北兵之间矛盾重重,以后也便无心进取,先是退守开城,后又退至平壤。虽然如此,但从战略上逼迫日军南下的目的终于还是达到了。

碧蹄馆战役之后,日军于2月用两万兵力转攻王京西北的幸州山城,朝鲜将领权栗以少胜多,日将吉川广家、石田三成等负伤。3月初,李如松派查大受率军将日军龙山粮仓付之一炬。4月19日,日军粮草无以维续,只好由汉城撤退。5月,明廷派四川参将刘铤率军5000来援。日军退至釜山,同时日军补给线也被朝鲜水军也切断。

(四)露梁海之战,最后一决

日军从汉城退军之后,为保全已占据的南部四道,于是派出使节跟随沈惟敬到北京城与明廷议和。明廷命刘挺率5000兵马驻防朝鲜各处要塞,李如松率大军回国。

日军首次入侵朝鲜失败之后,为争取卷土重来的机会,通过沈惟敬等明朝主和派大臣与明朝政府开始了长达3年多的议和谈判:在谈判中日方要求明朝公主嫁给丰臣秀吉为妻,朝鲜国王对日本宣誓效忠,王子、大臣各一人赴日本留作人质,将朝鲜南部四道割让给日本等条件。由于日方并无诚意,谈判最终破裂。

1597年,丰臣秀吉认为日军已有能力再次发动战争,但首先是要除掉朝鲜水军将领李舜臣。在丰臣秀吉的授意之下,小西先和派人在汉城散布谣言,结果朝鲜国王果然中计,将李舜臣逮捕入狱。丰臣秀吉得知这一消息之后,于2月21日调集数成水军万陆军再次入侵朝鲜。

7月7日,以元均率领的朝鲜水军遭到九鬼嘉隆率领的日本水军的重创。九鬼鼓隆得胜之后,又与陆军配合对漆川岛的朝鲜水军形成夹击之势。经过几次战斗,朝鲜水军几乎丧失殆尽,制海权完全落入日军手中。

1597年,日本新派遣的14万部队与原本驻守釜山的兵力会合,向全罗道和南原推进。

2月,日军在闲山之后向南原进兵。南原共有3000明军驻扎。日军是夜间突然发动袭击,明军将领杨元在睡梦中被惊醒,未来得及穿鞋就匆匆逃命,明军被完全击溃。驻守全州的陈愚褒被日军的攻势所吓倒,不敢发兵救援,在听到南原失守的消息之后,也弃城而逃。汉城顿时陷于危急之中。

南原兵败的消息传到国内之后,万历皇帝大怒。决定派兵征讨。麻贵被任命为抗倭总兵官,任命杨镐为经理朝鲜军务,升任兵部侍郎邢玠为兵部尚书,总督蓟、辽、保定军务,并负责与日作战事宜。

5月,1.7万名明军在麻贵的率领下进入朝鲜境内。邢玠又征调了陕西、山西、大同、宣化、辽东、蓟州、浙江、四川等地的陆军及吴淞和福建的水军随后跟进。

麻贵所率明军进入朝鲜之后，与权栗都所率领的 1 万名朝鲜军合兵一处，向南开进。9 月，明军前锋抵达汉城，并与日军展开激战，日军兵败后稍稍退却。两国联军的主力抵达之后，分别驻扎于汉城外围要隘。9 月底，明军分别在谡山和青山将日军击败。

由于日军所处地势不利，几十万兵力围困汉城却迟迟未能攻破。明军又故意散布谣言，说朝廷正在征调 70 万大军入朝，浙江、广东、福建的水兵会直接进攻日本本土。日军听到如此传闻，一时不敢出兵。小西行长率军退守顺天，黑田长政退往梁山，加藤清正退往蔚山。

大敌当前之际，朝鲜国内要求启用李舜臣的呼声越来越高。朝鲜国王出于无奈，只好顺应民心，让李舜臣官复原职。

但朝鲜水军已今非昔比，只剩下 12 艘军舰。朝鲜国王见水军已名存实亡，让李舜臣率水军登陆作战。李舜臣上书力陈保留海军的重要性，得到批准之后，便着手重建海军。

李舜臣深知朝鲜海军力量十分薄弱，要想战胜日本海军，只能智取，不可强拼，为防止日本海军突袭，他派人于退潮时在鸣梁海沿岸设置了木桩和铁索。9 月 16 日，日军将领藤堂高虎率领 2 万陆军和 330 余艘战船出发，准备借涨潮之机攻入鸣梁海峡，一举歼灭朝鲜水军。李舜臣为蒙蔽日军，首先命令军士将附近的民船伪装成战舰，让日军误以为朝鲜水军已得到全面恢复。之后，他亲率 12 艘战舰前去诱敌，日军见朝鲜水军一个小队前来应战，便全力攻击，李舜臣且战且退，终于成功地将日军舰队引入鸣梁海峡。进入海峡之后，李舜臣有的放矢，集中攻击日军旗舰，结果日军除旗舰被灭之外，其他两艘战船也被击灭，日军主帅来岛通总在激战中丧命。

此时正值退潮时分，朝鲜水军舰船趁势发起猛烈进攻，日本水军却因为丧失统一指挥而军心涣散，只得向东退却，但却撞到了朝鲜水军早已设好的木桩和铁索上，退无可退。朝鲜水师再次奋勇厮杀，日军 400 余人毙命，30 余艘舰艇被毁，日军将领德川千姬和木下秀吉阵亡。

鸣梁海战粉碎了日军的海上进攻，重新夺回了全罗南道的制海权。

11 月，负责御倭事务的明兵部尚书刑玠与各位将领共同商讨下一步的进军计划。将领们普遍认为：如果可以消灭加藤清正所部，进而控制南海岸，那么盘踞在泗洲一带的小西行长部也当不战自退。

于是，中朝联军总兵力 4 万人被分为三军，中军由高策率领，左军由李如梅率领，右军由李芳春和解生率领，全力攻打蔚山。

12 月 23 日中午，李如梅部距离蔚山 20 里的海边与日军遭遇。李如梅率大部队登山设伏，命手下将领率小队骑兵诱敌，日军果然中计，进入伏击圈，明军一鼓作气，击毙日军 400 余人。其余日军仓皇逃入蔚山城。

联军乘胜追至城下，把蔚山城围得水泄不通。24 日黎明，明军在炮火的掩护之下开始攻城。因为正值大风天气，城中的房屋被击中引发大火，火借风势四处蔓延，城中日军无法全力御攻。明将茅国器乘日军忙于救火之际，率兵冲破两道木栅。但由于蔚山地势险要,火炮射角受到很限制,无法对其进行有效声援。日军居高临下,用火枪对冲入的联军猛烈射击。明军损失惨重,未能将第三道木栅突破,只好在黄昏时收兵回营。这次战斗,联军共歼灭日军900余人,联军也付出了约900人的伤亡。

25日,经理朝鲜军务杨镐对作战部署进行了调整,具体如下:杨镐、麻贵扎营于城北,高策扎营于城东,吴惟忠扎营于城南,李芳春扎营于城西。此外,李如梅部于太和江边扎营,以阻挡日军增援蔚山。祖承训部负责阻击釜山方向来敌。

杨镐认为:蔚山城工事坚固,地形复杂,日军炮火又猛,如果强攻,必然会带来巨大伤亡。而城中粮草缺乏,水源断绝,如果长期围困,定有可乘之机。

部署妥当之后,联军再次攻城。双方再次激战。下午,高策军一度攻进城内,有10余名士兵冲上城头和日军肉搏,但后续部队却遭到日军火力的顽强阻击,无法与之会合,结果,这10余名士兵终因寡不敌众,全部阵亡。

联军的这次攻城就这样失败了。正当杨镐重整旗鼓之时,太和江的下游蓝江的江面上出现了40余艘日军战船,杨镐急令骑兵1000人,浙江兵2000人前往太和江岸防守。

是夜,一名被掳的朝鲜人从城中逃出被联军抓获了,联军盘问之后得知,城中粮食和饮水都已十分困难。于是,杨镐派人招降加藤清正。加藤清正对使者说,本欲投降,但不知朝鲜方面是否允许,如果朝鲜同意,当立即投降。杨镐得知此言,认定是加藤清正在拖延时日,等待援军,于是断然拒绝。

此后接连数日,联军每天均发动三至四次进攻,但都未能突破日军的防守。但此时的日军也已陷入绝境,由于没有饮用水,日军嗓子干裂,几乎没有人可以讲出完整的句子,只能像野人般的嘶鸣。

正月3日,小西行长所部终于从顺天经西生浦前来增援,杨镐在令李如梅部阻止援军的同时,令其他部队进行最后一次总攻,这次战斗从午后一直持续到次日凌晨,明军共700余人战死,3000余人受伤。

正月4日,岛津家率水军从釜山方向前来增援,几路日军同时来到,杨镐未及下令便率先逃跑,联军随即溃散,城内城外的日军乘机掩杀,追击30里方才作罢。经此一役,双方损失均在1万人左右。

明军大败之后退回王京。杨镐被明廷罢免,天津巡抚万世德被任命为经略。双方也都对战略部署做了调整:

日军虽然扭转了被困蔚山的不利局面,但一时也无力向外围扩大战果,而且部分将领主张从蔚山等地撤军,集中优势兵力进行重点防守。但这个建议遭到丰臣秀吉拒绝,他命令小西行长和加藤清正继续坚守,其余将领可以先行回国过冬,来年春天再赴朝鲜进行指挥。明军在蔚山一役中虽然付出了不小的代价,但主力却未遭到损失。2月,邓子龙、刘綎、陈璘率江南水兵到达朝鲜。

9月初,明军增兵至9万人,朝鲜水军也扩充到5000余人。明兵部尚书邢玠召集诸将,决定兵分三路对东南部日军发动大规模进攻,要同时攻取粟林、泗川、蔚山三座要塞。而中朝两国水军联合作战,日军的补给线被切断。日军只能龟缩于朝鲜半岛的南端。

此时，日军兵力总共只有6万，而中朝联军多达11万，在人数上已占了绝对优势。日军入朝作战已7年之久，分布于沿海三处，有着长达千余里战线，由于补给困难，士兵士气低落，很多部队一战即溃，降者日众。

1598年8月18日，丰臣秀吉因战事失利，忧愤成疾，一命呜呼。临终之前留下遗命，要日军从朝鲜撤退。几位心腹秘不发丧，只是用丰臣秀吉名义命令各军班。

日军退兵的具体部署是：驻竹岛、梁山、西生浦的东部各军于11月先行撤退，集结于釜山，然后等待船只回国；中部各军，就地登船返乡；驻固城、南海、泗川、顺天的西部军队，待东部各军撤离之后，再分头集结巨济岛，乘船回国。最后撤退期限为11月15日。

但树欲静而风不止。从9月开始，撤退回国的日军舰队不断遭到中朝两国海军的截击，日军损失惨重。小西行长所率军队被李舜臣部堵截，进退两难，只好提出和谈，但遭到拒绝，只能坚守待援。

11月15日的最后期限将至，日军的精神防线在高压态势下已几近崩溃，小西行长在无奈之下，只好备下厚礼送至李舜臣营中，希望可以通融，但依然被拒绝。绝望之下，他只好求救于岛津义弘，岛津义弘看到求援信后，于18日夜率领水军向露梁海峡疾驶，企图对光阳湾进行突然袭击，以解小西行长之围。行至中途与宗智义部会合。合兵一处后共有舰船500余艘，兵力万余人，在午夜时分开始从露梁海峡通过。

李舜臣和陈璘得知日本援军到来之后，调整了战略部署，决心歼敌于露梁以西海域。由老将邓子龙驾三艘巨舰，率兵1000人作为先锋，待日本水军通过海峡后，迂回到其侧后方进行攻击，切断其后路；明军主力作为左军由主帅陈璘率领，泊于竹岛，朝鲜水师为右军由李舜臣率领，进入南海停泊于观音浦，等待时机与明军一起对日军进行夹击。

18日深夜，岛津义弘部进入露梁以西海面，正中中朝水军的伏击。联军从三面进行包抄，随即与日军展开激战。联军战船逼近日舰后，兵士跃上敌船，短兵相接。邓子龙率300士卒登上朝鲜战船，奋勇厮杀，后被日船包围。邓子龙虽已年逾七旬，但意气尤甚，欲得首功，但由于其他战船误将火器掷入子龙所乘战船，结果引发大火，敌舰乘势来攻，郑子龙以身殉职。

战斗进行到中午时，陈璘派陈蚕、季金率部前来增援。与此同时，大岛以东的日本水军主力也遭到中朝两国水军从南北两个方向夹击。联军施放喷火筒，日军大部分战船被焚毁。许多日本兵士纷纷跳水上岸，却又遭到陆上明军的截杀，死伤

李舜臣

甚众。陈磷所部又用虎蹲炮连续轰击，日军舰船再次陷入混乱之中，日军虽伤亡惨重，但仍在做垂死挣扎。

李舜臣在督战时被流弹击中致死。其子代父指挥，鸣鼓挥旗，秘不发丧。陈磷乘胜追击，焚毁百余艘日军用来撤退的船只，并与刘綎军一道对顺天日军形成夹攻之势。小西行长率残部逃脱。

露梁海战中朝联军共击沉日本舰船450艘，歼敌1.5万人，日军尸体漂满海面。岛津义弘率残部狼狈逃窜。至此，历时七年的援朝抗倭战争胜利结束。

五、郑成功收复台湾：还我河山的壮举

台湾虽然孤悬海外，但其却与大陆血脉相边。天启四年（1624），荷兰人霸占了台湾。从此，台湾人民生活在侵略军的魔掌之下。为了收复失地，也为了开辟出反清复明的根据地，郑成功率领大军，经过艰苦卓绝的战斗，赶跑了荷兰侵略者，重新夺回华夏的一方河山。

（一）荷兰人在台湾的暴行

位于我国东南海的台湾自古以来就是中国的领土。早在远古时期，就有大陆先民渡过海峡，定居在台湾，并且传入了大量的大陆文化。

台湾在古书里留下许多不同的称号，先秦时代称之为"瀛洲"，汉代称之为夷州。我国航海技术在春秋战国时期就已日渐发达，《论语》中有"入于海"，"海"指的就是海岛，这一时期造船技术发达，而福建距离台湾很近，因此来往大陆及台湾的人自然就多了起来。

三国时期，孙权独占海上势力，曾派遣大将军诸葛直前往夷州，并将当地数千名居民带回中原。隋代称台湾为"琉球"，此时中国的政治和军事力量已随着使臣到达台湾，由于澎湖距离大陆较近，航船一日即可到达，因此澎湖一带也就成了台湾的门户，是入台湾岛的必经之路。

唐代时，大陆的居民逐渐移居澎湖，宋代时，澎湖这个名字已经家喻户晓，并且隶属于泉州，是我国行政区的一部分。宋末元初之际，大陆居民因避免兵乱而漂流至台湾，在当地少数民族的合作和支持下，台湾的面貌焕然一新，"元史"中所称的琉球指的就是台湾，这一时期台湾的政治经济与大陆的关系更近了一步。

到了明代，内地迁往台湾的居民越来越多，岛上居民的诉讼也都是由泉州晋江判决。而这一时期闽广沿海人民反抗官府的情绪逐渐加剧，时常有倭寇前来挑衅。因此，明代朝廷曾派遣军队驻扎在澎湖，但不久又将他们全部召回。与此同时，日本侵略朝鲜，也曾登陆过台湾岛。

朝廷为了巩固海防，又派兵驻守澎湖，粉碎了日本吞并台湾的企图，当日本撤兵后，朝廷的驻军也逐渐撤离台湾，这就使得荷兰侵略者有机可乘。

时隔六年后，一切都在风平浪静之中，荷兰侵略者趁机偷袭台湾，令当地居民措手不及。

16世纪初，葡萄牙商船经过台湾岛沿岸，目睹这座美丽富饶的岛屿羡慕不已，当即命名为"花而毛撒岛"，意思是美丽的岛屿。当时，船上有一名荷兰驾驶员，把这个岛名记载在海图上，日后欧洲人就用这个名字来称呼台湾，这也可以看出西方侵略者如何蔑视我国主权。

16世纪荷兰脱离了西班牙的专制势力后，形成了一个新兴的资本主义国家，为了发展自己的资本势力，荷兰就要和西班牙及葡萄牙相互竞争。后来，他们之间的竞争逐渐转为向其他国家掠夺。他们首先盯住东方印度，把巴达维亚（今印尼雅加达）作为亚洲的殖民基地，建立东印度公司，专门对东方国家进行经济掠夺和武力侵略。随着野心的膨胀，又进一步深入东方，这一次他们将目光锁定在了美丽的岛屿——台湾。

万历三十一年（1603），荷兰提督韦麻郎就率领船队由泰国直驶中国，向朝廷要求贸易特权，遭到朝廷拒绝。随后，荷兰人勾结李锦、潘秀等奸商一同谋夺澎湖列岛。

当时驻扎在台湾的军队已经撤离，荷兰人如入无人之境，上岸后就强占民房，并大肆砍伐树木建造房屋居住在此。又派奸商向福建总局要求通商权利，并向高级官员行贿。当时的巡抚徐学聚听闻后，认为荷兰人目无章法，与强盗无二，就命总兵施德政派部属沈有容带兵前往台湾，勒令荷兰人出境。荷兰人不敢久居澎湖，三个月后撤离台湾。

4年后，荷兰提督马太利夫又来侵占台湾，但也被明朝军队打退。天启二年（1622年），巴城总督彼得郡派尼文律率领422人驾船来到中国沿海，令其给中国人致命损害。彼得郡是最轻视中国人的殖民者，他主张武力侵占中国沿岸，掠夺中国人为奴，毁灭中国人的房屋、船只，强迫他们迁入巴城。同年，荷兰派舰艇12艘攻占澳门。因当时葡萄牙强租澳门，荷兰溃败而逃，退守澎湖列岛，便顺手牵羊侵占了宝岛。

荷兰人在进攻澳门的时候，无论如何都攻不下来，由于吃不着葡萄就说葡萄酸的心理，他们就向外宣扬澎湖列岛比澳门还要好，继而吸引大量中国人来此贸易。很多商人来到澎湖列岛后，便立刻被荷兰人囚禁起来，货物尽被荷兰人强占，《明史》中记载荷兰人不把当奴役的中国人当人看，每日给极少的米，1500人中饿死1300人，城池筑好以后，又把剩下的中国人运往巴城当作奴隶贩卖，途中饿死病死的达半数之多，到达巴城的幸存者仅137人，然而这些人的噩梦才刚刚开始。

彼得郡任职期满后，指示其继任者说："巴城还需要更多人去开发，然而纵观世界没有比中国人更适合做这种工作的。现在刚好是季风时节，我们可以派遣更多舰队前往中国海岸，俘虏男女幼童圈养奴隶。"

继任者彼得葛边直果然照办，掠夺了大量的中国人口，澎湖列岛的荷兰侵略者也十分配合，不遗余力地执行指示。

天启四年（1624），荷兰人共搜抓1150名中国人，因疾病、饥饿而死的多达半数。荷兰人这种暴行,激起了中国人民的英勇反抗,而明朝军队的热血奋战使得荷兰侵略者不敢久留,于是只得再次退出澎湖。

荷兰人退出澎湖后,又转战侵略台湾,他们在台江登陆,高山族人初时加以拒绝,并且这个地方归郑芝龙管理,荷兰人不敢动武,谎称暂时歇歇脚力,卑躬屈膝恳求郑芝龙收容。朝廷对荷兰人侵略者防备不深,就采取了放任的态度。谁知荷兰人在台湾暂住后,就喧宾夺主,得寸进尺,在南岸沙堤上筑起堡垒,又在附近建立起城池,华人称之"赤嵌城"或"红毛城"。

在荷兰人的统治下,高山族人生活得十分痛苦,每年需要缴纳大量财物。荷兰人还用宗教麻痹他们,煽动他们排斥汉人。然而受荷兰人蛊惑的仅仅是一小部分人,绝大多数高山族人和汉族人民一道反抗荷兰统治,郑芝龙击败荷兰人就成了收复台湾的前奏。

郑芝龙仅率领了中国水师的一小部分,就能几次击溃荷兰侵略者,其主要原因是正义与非正义战争的区别。荷兰侵略者在中国海岸横行霸道,激起中国人民的愤怒。为了保家卫国,他们不怕牺牲,终于把殖民者驱逐出境。荷兰人再也不敢冲犯闽海了。郑芝龙击败荷兰侵略者,直接削弱了他们在台湾的统治力量,粉碎了他们侵略南洋群岛的野心,但台湾真正收复则是归功于郑芝龙的儿子郑成功。

(二)旌旗南指,郑成功收复澎湖列岛

崇祯十七年(1644)明朝被推翻,吴三桂投降清朝,清军入关。不久,满族在北京确立了清朝的统治。崇祯帝朱由检死后,明神宗之孙福王于1644年在南京即位,结果也被清军俘获。郑芝龙等人拥戴唐王韦建在福州即位,次年唐王封郑芝龙为平国公。

郑芝龙长子福松于1624年生于日本,母亲为当地贵族阶级出身,福松回国后改名为郑成功。郑成功反对郑芝龙降清,但郑芝龙并未听从。结果,清兵挟郑芝龙北上并加以软禁。郑成功之母也因此自尽于泉州。

郑成功在香山南澳发动起义,结果屡败清兵,朝廷遣人劝降,都被成功拒绝。1659年,郑成功率领23万大军出崇州,溯长江,破瓜洲,占南京,清军大震,发起反击,而郑成功一方后援没有及时抵达,终因粮尽而退兵。

郑成功退回厦门后,就有意收复台湾,他认为台湾可以作为厦门的屏障,一旦被清朝占据,或者清军与荷兰人相勾结就可夹攻厦门,届时将对他产生很大威胁。再一点,台湾自古以来就是中国的领土,早在父亲郑芝龙那一代,台湾同胞就受到外来侵略者的压迫。趁早收复台湾,把荷兰人驱逐出境也是他的心愿,而他也可趁此机会储备力量,谋划反击,再推翻满洲人的统治。

身在台湾的荷兰人十分惧怕郑家军,早先吃过郑芝龙炮子的他们整天提心吊胆,而郑成功的崛起更让他们彻夜难眠。

1652年,一名耶稣派传教士由大陆带回一份郑成功欲收复台湾的消息,此后造成郑成功与荷兰人的冲突日益加重。其实,这个时候郑成功还没有要收复台湾的决心,但荷兰人自起猜疑,多行不义,反而更加坚定了郑成功的决心。

台湾的居民多数由内陆福建省移入，难免会和厦门地区的亲友相互联系，荷兰人怀疑郑成功与台湾的爱国志士秘密联络，就加强了赤嵌城的防守，并对台湾人民实行更加严酷的剥削制度，甚至要求他们仇视大陆的亲人。当时，凡是由大陆入台的人，都要受到荷兰人的秘密监视，若发现可疑行迹，就对这个人严加拷问，希望从他口中得到郑成功收复台湾的计划。

大陆到台湾的商船也要受到荷兰人的诸多为难，郑成功下令禁止这些商船来到台湾，这两年之间荷兰人的贸易大减。台湾地区的荷兰长官于 1657 年置备了几件珍品宝物，向郑成功送来诚挚的问候，希望能够通商，并且愿意每年交奉饷银5000 两，箭 10 万支，硫磺 1000 石，郑成功优待了使者，并应允了通商要求。

但是荷兰官员依旧放心不下，并向荷兰总部请求救兵。1660 年 7 月，荷兰总部派遣提督樊朗率领 12 艘军舰来到台湾，并命令他可以逗留台湾，如果无战争信息，就可去攻占葡萄牙人强租的澳门。

这位提督到了台湾，在巡视了台湾地区的防务后觉得大可高枕无忧，认为台湾地区的荷兰官员未免有些大惊小怪，甚至是庸人自扰，而荷兰的官员要求樊朗留下军队时，樊朗不但不答应，还因此与官员争吵起来，擅自率领舰队去攻打澳门，只留下了三艘军舰驻守台湾。

结果，这位骄傲自大的樊朗大提督攻打澳门时，吃了闭门羹，只得退回巴达维亚，还反咬台湾的荷兰长官揆一昏庸无能。荷兰地区的指挥官竟然相信了他的话，认为台湾地区的荷兰长官揆一动摇人心，劳资废财，罪有应得，并撤销了他的职位，调回巴达维亚受审。

于是，荷兰人又指派一名新长官克朗前往台湾，与此同时，台湾商人兼荷兰通事何廷斌因不满荷兰人贪得无厌的要求，希望郑成功能把受苦受难的台湾人民从压迫下解救出来。他来到厦门对郑成功说："台湾沃野千里，是王霸之地，若能得此宝地，可以雄国壮民，百姓耕种即可丰衣足食。况且台湾本来就是您的故土啊！"之后，何廷斌还呈现出地图，并详细叙述当地人民受虐情况及水路变易的情形，郑成功收复台湾的决心更加坚定。

他采纳了何廷斌的建议，细细研究一番他的地图后，就派人到台湾去调查，得知何廷斌的探测路线非常准确，于是召集部下秘密开会，决定进攻台湾，并命其子郑经及部分将领留守厦门，以防备清军趁机偷袭。

台湾岛的地势东高西低，人口多聚集在西部，澎湖为门户，鹿耳门为咽喉，郑成功根据敌情地形，制定了如下作战方针：首先收复澎湖群岛，以此作为前进基地。然后借涨潮之势，登陆鹿耳门港，切断荷兰军与台湾城、赤嵌楼两地联系。然后各个击破围歼，最终收复台湾全岛。

当然，荷兰殖民者为了阻止郑成功收复台湾.也进行了一系列的战前准备。他们加大兵力，战前荷兰侵略军在台湾的总兵力约 3000 人，并且拥有"赫克托""斯·格拉弗兰""威因克"和"马利亚"等战舰小艇多艘。

其次，修城筑堡。荷兰侵略军在台南海岸增建了一些坚固的堡垒和炮台，其中台湾城和赤嵌楼就是荷兰军主要防守的两座城池，并在其中储备了大量物资，实行封禁管理.禁止任何中国人进入赤嵌楼要塞,渔民不得在此捕鱼,商船不准与大陆贸易,防止走漏风声—

其次,大量搜集情报。荷兰侵略军通过各种渠道,采取各种方式窥探郑成功大军的动向。根据郑成功军力调整兵力部署,将主兵力配置在两个方向上。一是台湾城及其附近海面和岛屿,由荷军头目亲自率领;二是在赤嵌城,由苗南实叮率领。

剩下四五百人镇守其他的港口翻城堡,而鹿耳门港已用大量沉船堵塞了航道,并且此地水浅礁多,大船不便通行,就没有派兵防守。荷兰军的意图是,依仗台湾城炮台的火力,居高临下,将郑家军炸个片甲不留。此外,他们还派甲板船防守较大港口,阻止郑成功登陆。

1661年农历二月,郑成功在厦门开始检阅东征船队的准备情况,他令每名将士心中都要熟背台湾的地理情况,还时不时抽查,他走到哪里,哪里的将士都能对答如流,郑成功对此十分满意。

他召集诸将,郑重宣布检查东征准备情况的结果,“虽不尽人意,但总体来看还是好的,这就表明军心不散,军魂犹存。无奈天乱未除,清军尚在,南都势力已经瓦解。而何廷斌所进的台湾地图表明,台湾万顷田园,沃野千里,并有我众多同胞,农耕渔猎,制造船只,与厦门相比,有过之而无不及。而夷人的总数不到3000,可谓唾手可得。我军如若能平克台湾,以之作为根本之地,安顿将士家眷然后东征西伐,从此可再无后顾之忧。”

众将士听得郑成功强有力的分析后,个个信心百倍,更加努力训练。三月初一,郑成功率领2.5万精兵在金门祭天拜地,举行了隆重的起誓仪式。

在仪式上,众将士高声疾呼:“东都大海,取我台湾,全力以赴,逐尽夷人,复我国土,养我子民,驱除鞑虏,再造国家,天地公正,东征必胜! 勇往直前,义无反顾!”

一切准备就绪后,船舰将士集合在料罗湾,听从郑成功发布命令。

郑成功在此明确任务,进军台湾的梯队分为两个梯队,郑成功亲自率领第一梯队由金门料罗湾出发,向东挺进;第二梯队由黄安等指挥,部队6000余人。留守人员是郑经、冯锡范、洪磊等将军。另外,洪天佑、杨富、陈辉等都督水师与厦门配合策应,防止清兵来袭。

随后,浩浩荡荡的大部队横越台湾海峡,到了正午纷纷抵达澎湖列岛,将士们一片欢腾。因澎湖地区荷兰军队势力薄弱,很快予以占领。一个时辰后,大小船舰驶进了澎湖妈宫港。郑成功宣布在此休息待命。

两天后,郑成功率领众兵祭拜海岳后,巡视了澎湖各个岛屿,认定澎湖就是大军与大陆之间的桥梁门户。因此,他命陈广、杨祖等人在此留守,不得失守。

虽然澎湖到台湾只有52海里,但如果遇到逆风,行程就变得十分困难。郑成功率领的军队行驶到东吉屿、西吉屿的海面时,突然刮起了大暴风,郑成功等人只好返回澎湖。风暴使得海面翻腾不止,而郑军携带的粮草已所剩不多,如果无限期停留在澎湖,不仅会动摇军心,更重要的是无法预期挺进鹿耳门港。

郑成功曾事先做过调查,要想顺利挺入鹿耳门,必须有每月初一和十六的大潮做推助力,否则就要推迟半个月方可达到,在这种情况下,郑成功拍案而起,当机立断,决定进行强渡。将领们力劝郑成功不可无视大风暴的危险,劝诚他千万不要贸然行事,请求延缓起航。而郑成功果敢地说:"天意有渡,冰坚可渡,岂能坐等饿死在此?将士匹夫当乘风破浪,勇往直前!"他下令立即开船起航。

三天后,郑成功亲自率领船队冒着暴风雨的猛烈袭击,开始横渡海峡,他们同大风大浪搏斗了一整夜,从一个个浪尖划过。郑成功下令将航向对准北线尾,终于在四月一日破晓之时航行到鹿耳门港外。

郑成功先换乘小船,由鹿耳门登上北线尾勘探地形,并派出潜水精英从海底进入台江内海,侦察荷兰军队的情况。

(三)巧渡鹿耳门,登陆禾寮港

鹿耳门在台湾西部,是台湾的门户。台湾除鹿耳门之外,其他地区均可通行大舟,均可登陆。因此,鹿耳门为兵家必争之地,入了鹿耳门即可夺得赤嵌城,封锁港口,斩断南北二道。郑成功这次进兵,正从鹿耳门下手。

但是,鹿耳门是台湾天险门户,不精通水路的领港者是不能贸然进攻的。荷兰军的赤嵌城位于台南市,此地海岸曲折,并且还有一个名叫台江的内港作为护城河,台江西南面又有七座高山相连,环抱相拥,被称为"七鲲身"。

每座山之间相距一里多,彼此相拥相簇,一鲲身北面隔海相望的是北线尾小岛,其间海面叫安平港,北线尾之北就是鹿耳门港。

荷兰人修筑的台湾城在台江西侧,而赤嵌城在台江的东侧,两座城池互为犄角。

有两条航路可以从外海进入台江。一条是南航道,也叫大员港,在北线尾与一鲲身之间;另一条是北航道,在北线尾与鹿耳门之间,也叫"鹿耳门航道"。

南航道水深口宽,且航船容易驶入,然而港口有重兵把守,陆地上也有重炮钳制,想要从这条航线进入必须经过一番艰苦战斗才能通过。北航道口窄水浅,只能通过小船,大船只有在涨潮时借助潮水的推动力才能通过。

早在1627年北线尾岛北端也曾建有堡垒,只是在1656年时的一次台风中不慎倒塌,此后便不再派军防守。荷兰官方认为,凭借此"天险"地势,只要用航船把守南航道海口,并与台湾城、赤嵌城的炮台相互配合,是完全可以阻止郑成功登陆的。

然而,魔高一尺,道高一丈。敌人打的如意算盘,没想到最后竟让郑成功给破了。北航道即鹿耳门航道,因为道口狭窄,水中沙石较多,航船触之即碎,这一航线仅可容三舟共同前进,然而横渡即可到达赤嵌楼,郑成功决定由北航道突入。

四月初一的中午,潮水大涨,郑成功乘机率队出发,他在领航大舰上,高高设一香案,然后登高祭拜天水。他双手举起点燃的香火,对天长跪说道:"延平郡王郑成功,亲率两万五千精兵于鹿耳门外,欲收复国土台湾,苍天有灵,惩恶扬善,接我海水,行我航船,开进鹿耳,攻无不克,战无不胜,所向披靡!"

郑成功声音如洪钟惊雷,回荡在鹿耳门外海空,全体将士也随郑成功向天叩拜。他命令全体战舰按先后次序一字排开,紧接着,西风骤起,潮水乘着狂风,如脱了缰的野马飞奔而来,立刻将舰队抬向空中。鹿耳门水深顷刻之间增加了数丈,大大小小战舰,鸣笛前进,一路畅通无阻顺利通过鹿耳门进入内海。

郑成功不愧名为"成功",历史证明他的抉择是正确的。他之所以选择鹿耳门港突入,一方面是提前掌握了该地的潮汐规律,每月初一、十六两日都会发生涨潮,水位要比平时高出五六尺,所有船只均可驶入。而他从澎湖顶着暴风雨前进,正是为了赶上初一的大潮,另一方面郑成功早就探测好了鹿耳门到赤嵌城的航线。因此,他才信心百倍地执行登陆作战的命令。

台湾城上的荷兰官兵以为郑成功的船队一定会从正面进攻,所以将全部火力都集中在了南航道岸上。可谁知郑成功偏偏从鹿耳门杀进台江,成功避开了敌人的火力。

台湾城上的荷兰军哨兵听到一些动静,用望远镜一看,鹿耳门海域竟发现了郑军,急忙报告值班长官,之后又上报最高长官揆一。揆一当时并不相信,举起望远镜眺望后不由得心中一震,不过随即他大笑几声,告诉周围人不用担心,北航线水浅,郑军的船根本进不来,想要进攻台江,必须经过台湾城的大炮轰击。结果,他话音刚落,郑军的船队就从鹿耳门一字长蛇呼啸而入。揆一大为震惊,忙下令开炮。台湾城的炮台接到命令后迅速执行,猛烈向郑军开火,无奈射程不够,眼看着郑军长驱直入。

荷兰官兵对郑成功这种出乎意料的军事行动惊慌失措,以为是天兵降临,只好仓促出击,发动夹板船到海面迎战。

郑成功的水军是何等厉害,轻松冲破荷兰大军的防线,浩浩荡荡继续前进,直至有利地点,离赤嵌城北约10里的禾寮港,开始击鼓鸣炮强行登陆。台湾人民见郑成功大军到达,纷纷争先恐后前来接应,帮忙消灭敌人,就连高山族的首领都前来迎接,郑成功取得他们的支持后,更加信心百倍。

根据荷兰方面的文献记载,郑成功的登陆行动得到了当时台湾居民中两万多名壮士的帮助,充分体现出台湾人民渴望祖国军队收复台湾的心情。也正是由于台湾人民的大力支持,郑成功才得以顺利登陆,并为分割包围盘踞的荷兰军创造了条件。

郑成功的船队沿着计划的航线鱼贯而入,切断了台湾城与赤嵌城之间的联系,登陆禾寮港后,立即在台江沿岸建立起阵地,准备从侧面攻陷赤嵌城,并留下一支郑军,驻扎在鹿耳门,用以牵制荷兰侵略军的兵船,同时防守北线尾。

郑成功登陆后立即投入到了战斗中,荷兰海军趁郑成功的队伍立足未稳时就采取猛烈冲击,希望能够阻止郑成功登陆。

赤坎城代理司令描难实叮,指挥200余名士兵前来进攻,控制了赤坎街一带,切断一鲲岛上的热兰遮城和赤坎城的联系。郑成功送信给荷兰殖民当局,表示荷兰人强占他国的土地是不对的,如果不能以友好的谈判方式让出城池,那么到最后所有人的生命和财产都将不再受到保障。郑成功这是一片好意,希望通过和平的方式解决。然而,荷兰人不惜撕破脸皮,又一次向郑军进攻。

（四）赤嵌城，困兽犹斗

揆一见郑成功来袭十分恐慌，急令上尉彼得尔出战顶住。彼得尔精选 240 名兵卒，驾船行驶到北线尾实施阻截，揆一又命另一队长官英格洛尔普守卫赤嵌城。

英格洛尔普率领 200 名荷兰军，驾炮从三鲲身入台江，迎击郑军主力舰队。当时正在北线尾南行的陈泽发现荷兰军登陆北线尾，立即下令迎击。

郑成功亲自登上桅杆进行指挥，他首先传令高昭带领 500 人前往一鲲身南岸堵住荷兰军，又令杨祥率领 500 名藤牌手绕过一鲲身钳制住在七鲲身的敌人，然后又派快哨 20 只假作进攻赤嵌城的态势，以此扰乱敌人军心，最后列阵围攻台江的荷兰军舰队。

荷兰大军的"见克德亚"号紧急鸣笛集合，向郑军开炮反击，其他各军舰也相继进入战斗状态，并发起猛烈反击。军舰"海克妥"号和 3 艘小型战舰，从台湾城东面来应战。

霎时间，战火硝烟四起，强光冲天，水柱座座。

郑成功命令各个军舰迅速集合，一同向敌军靠拢。郑军战舰冒着敌军猛烈炮火，立刻向敌军冲击，紧贴在敌军外围，敌舰上的大炮反而打不着，郑军的包围圈越来越小。郑成功挥手下令，全速出击，猛烈开炮。

经过两个多时辰的奋战，"见克德亚"号已经多处残破，敌不过郑军的炮火。敌军为了发挥大炮的威力，企图夺路冲出去，进行远距离轰击。而站在高处的郑成功一眼就看出了荷兰军的企图，他命令快哨点火，直冲敌方舰队，正处在移动中的荷兰军一不留神撞上了郑军的快哨，火焰乘着大风扑入敌军，军舰立刻燃起大火。

郑成功见敌军战舰起火，趁慌乱之际猛烈向敌军开炮，轰隆声，劈裂声，震耳欲聋，烈焰冲天而起，碎裂的尸体腾空乱飞，战舰的木板抛向空中，不一会"见克德亚"号就沉入了海底。

与此同时，"马利亚"号也受到牵连，多处被炸裂，敌军指挥官见势不妙，急忙向东逃去，而另外两艘荷兰战舰同样烧伤严重，逃到台湾城掩护的范围内，再也不敢出战。

英格洛尔普率领的所有军舰皆被郑成功击入海中，而侥幸逃回的荷兰军，也钻进赤嵌城再也不敢出来。

陈泽率领的 3000 名精兵与彼得尔率领的 240 名精兵，在北线尾也痛痛快快地打上了一仗。陈泽手下的将领见前来迎战的敌人数量不多，就急于上前与敌军拼个你死我活。陈泽立刻制止，向手下重新明确了郑成功曾经分布下的任务："我们的主要任务是守卫鹿耳门，使我主力大军安全入港，等我大军全部入港后再展开攻势，消灭敌人也不迟。"

于是，留守的 3000 名将士，其中 2000 名在岛上，1000 名前往北线尾东侧水域布下阵容，拖延敌人前进。

彼得尔见郑军仍有数千名围在岛上，水面被封锁得水泄不通，于是他下令停止前进，命令士兵卧倒狙击。陈泽见状，也令将士卧倒，互相皆看不见对方。

彼得尔急于向鹿耳门靠拢，命令他的士兵一边开枪，一边匍匐前进，直到能看得见对方的时候。陈泽见距离逐渐拉近，突然一声令下："开杀！"将士们一跃而起，迅猛扑到敌人身旁，还没等敌军反应过来，一半数的人就成了刀下鬼。

彼得尔就这样被陈泽的部队团团围住，手中的枪支早已没了弹药，他扔掉手枪，拿起大刀，张牙舞爪顽强抵抗。

陈泽命令手下的人先不要杀他，劝他投降，将士们纷纷围住他齐声大喊："放下武器！缴械投降！"

几近疯狂的彼得尔，此时咆哮着挥舞大刀，乱砍一气，陈泽举起手中的长枪一下子就挑飞了他的大刀，接着命周围人闪开，将刀重新还给了彼得尔，陈泽要让这帮红毛子输得心服口服，和彼得尔单枪决斗。

彼得尔举着大刀，乱跳乱叫迎战陈泽，几个回合下来，彼得尔手足无力，刀也飞了，陈泽见他仍不肯投降，一脚将他踢倒在地，又上一脚踹他滚进了大海里。将士们各个拍手叫好！

荷兰军一看指挥彼得尔命丧郑军手里，剩下的100多名残兵也都涣散了。陈泽趁机猛烈追击，水陆并进，将剩余的敌军通通赶往江中，缴获了荷兰军全部小艇和夹板船。这一仗是大快人心。

郑成功自鹿耳门长驱直入到台江后，赤嵌城的守卫员就报告给苗南实叮，他从城堡上的望远镜中看见郑军的舰队正向台江行来，而手中拿的全是长矛大刀等冷兵器，心想郑成功的军队也不过如此，还和古罗马时代差不多，我军的将士和郑军相比，简直可以以一当十！

他命令城内600名荷兰军留下200人继续守城，自己带领400兵卒出城，前往禾寮港防止郑军从那里登陆。

这场台江战役一打响，荷兰海军就陷入被动局面，郑军的船舰塞海，且移动十分迅速，荷兰海军就等于失去了主动攻击的目标，而郑军恰恰能集中兵力攻击荷兰主力大军，主力军舰被郑军击沉，其他军舰也失去了战斗力。

苗南实叮目睹眼前的一切，不由得自叹不如，他惊恐地收拢了战败逃回来的残兵，迅速缩回了城中继续坚守。

台江之战，以荷兰大败而结束。

郑军成功登陆，并顺利包围了赤嵌城，割断了赤嵌城与台湾城之间的联系。当时，除了坐镇赤嵌城的司令官苗南实叮手下有几百兵力外，龟缩在台湾城的荷兰侵略军长官揆一手中还有1100多军力，战舰和小船加起来不超过4只。

荷兰侵略军兵力虽弱，但嚣张的气焰丝毫没有减少，揆一的手下声称"二十五个中国人合在一起也比不上我们一个荷兰兵"。

揆一妄图凭借坚实的船舰和威猛的炮火奋战到底，他派上尉阿尔多普率200名兵卒乘船增援赤嵌城。

郑军自从在禾寮港安营扎寨后，就连连遭到赤嵌城的炮击。同时，荷兰军还放火焚烧马厩、粟仓。郑成功担忧粮粟被烧，就派杨英等率军前往看守。紧接着，又调整了部署，命令王大雄、陈蟒率领舰队控制鹿耳门海口，以接应第二梯队的登陆，另派一队兵监视台江江面,切断赤嵌城和台湾城之间的联系,为从海、陆两面夹击荷兰侵略军的反击做好了准备。

增援赤嵌城的荷兰军从南面而来,沿台江南岸驶往赤嵌城,企图为苗南实叮解围。郑成功发现他的企图后,立即出动大军还击。精兵们双手挥舞大刀,英勇向"红毛子"们砍去,结果200多名荷兰军士兵只有60多名爬上岸,还没等站稳就被郑军消灭。阿尔多普无可奈何只得率残部又逃回了台湾城。

阿尔多普出援失败,赤嵌城的情况越发着急。苗南实叮派人前往台湾城,要求揆一再派人来增援赤嵌城。揆一等人开会研究,台湾城的处境如今已经十分危险,兵力不足,倘若再派出一支增援队伍,则保卫台湾城及周遭地区的后备军将不足500名,而这支队伍又是由缺乏战斗经验的士兵所组成的,根本谈不上具有战斗力,所以揆一决定放弃增援赤嵌城行动。

没办法,荷兰海军仅以两艘战舰和两艘小艇出击阻挡郑军的进攻,荷兰的战舰船体很大,设备也很先进,面对此状,郑成功也毫不示弱,命令60艘大型帆船将荷兰战舰包围起来,率先向"赫克托"号开炮。

郑军在陈广和陈冲的精明指挥下,个个英勇奋战,经过一场场激烈战斗,"赫克托"号被击沉,其他战舰正在逃跑之时,又被郑军的船只紧紧包围。

郑军尾追"格拉弗兰"号和"白鹭"号,登上船后即可展开肉搏战。郑军士兵冒着敌人的炮火巧妙爬上"格拉弗兰"号,用铁链扣住了船头的斜桅,放火焚烧。两艘船舰受到严重创伤,战败后一路逃往巴达维亚。

此时此刻,赤嵌城和台湾城已经完全成为两座孤立的城堡,相互之间完全没有联系。荷兰军方承认,当时赤嵌城军力单薄,处境已经十分危急,台湾城也由于地势的关系,难以坚守,完全处于郑成功大军的包围和控制之下。于是,郑成功加紧对赤嵌城的包围。

苗南实叮眼看着郑军扑向赤嵌城,急得手足无措,郑成功到城下以后,立即命将士占领多条街道和通道,赤嵌城的国人同胞早就对荷兰人恨之入骨,见郑军前来围城.个个争先恐后拿着酒肉和食物欢迎郑成功,纷纷加入了郑军。

城上的苗南实叮看到这一切后,气急败坏地命令城外的碉堡开炮,赤嵌城外两座碉堡同时向人群放炮。郑成功见有大炮,迅速命所有人趴下,他抬起头见敌人的大炮并没有打出多远,就大喊一声"撤退",将士们掩护群众撤离至安全地带后,郑成功下令开始攻城。

双方开始用大炮猛烈轰击,荷兰军的炮弹打不到郑军的阵地上,而郑军的炮弹却能打在敌军的城墙上,但力量还不足以炸跨城墙。

何廷斌将领建议不宜硬攻,应率先夺取敌人的粮库和水源,拿下这两处要害,敌军不攻自破,而这两处要害又不在城里,相比攻城来说十分容易。

郑成功认为何廷斌的建议十分可取,正好军中也缺少粮草,经过一番考虑后,他命何廷斌带人分头攻占粮库和水源,夺走粮草,关闭水闸,等待郑成功进一步指示。郑成功下令停止攻城,命人从四面把城堡围住,不能放过一个敌人。

荷兰侵略军最高指挥官揆一见台江战役失败,船舰基本都被郑成功炸毁,北线尾岛上的陆军也不复存在,彼得尔又不幸阵亡,赤嵌城惨遭围困,两城之间联系也被切断,他心中非常痛恨郑成功,但面对此种情境他又非常恐慌,于是他急忙派人回到巴达维亚请求救援。

另一方面,为了排解心中的仇恨,揆一命令台湾城的荷兰军把城堡内外的华人纷纷抓起来。在台江吃了败仗的红毛子,利用这个时机大逞威风,一夜之间不分男女老幼,不分青红皂白开始抓获,第二天清晨就杀了500多人,鲜血染红了台湾城东面的山坡。他们又将尸体抛入了滚滚台江,情况惨不忍睹。

台湾城惨案令郑成功怒发冲冠,他抡起拳头向敌人大喊:"进攻!要红毛鬼子血债血还!"此时的荷兰侵略军已经到了穷途末路、狗急跳墙的时候,做出这种蠢事只会激起国人的愤怒,加速他们的灭亡。

赤嵌城里无粮无水,荷兰守军一天吃不上饭也喝不上水,城内开始发生混乱,苗南实叮也意识到了问题的严重性,蓄水池的水被将士们一抢而光,又与城外断绝一切联系,孤军无援,这样下去,不用等到郑成功攻城,城内的人就会慢慢饿死。

一天两天过去了,到了第三天,郑成功下死命令守住城口。城里的人顶不住了,必然要拼死出城抢水,他命守城的将士提高警惕,加强夜间巡逻,谁若有疏忽,就杀头问斩。

苗南实叮果真是坚持不住了,到了深夜,他让弟弟和弟媳乔装出城寻求救援。他们两个刚从城上下来,还没走出百步远,就让郑成功的巡逻队给抓个正着。

郑成功以礼相待,将眼前的形势作了简要分析,投降可以免死,不投降这样耗下去等于自取灭亡,他二人见郑成功言之有理,决定回去劝说苗南实叮投降。郑成功下令将他二人送回。

苗南实叮见弟弟和弟媳被郑军送了回来,心里突然感到阵阵酸凉。他夫妇二人将郑成功劝降的招谕拿给苗南实叮。苗南实叮见大势已去,如今不投降也没有其他办法,在郑成功宽大的政策感召下,次日出城,单腿跪地,献上指挥刀,低头投降。

郑成功进入赤嵌城后,对荷兰官兵一概不杀,令军民仍生活在原来的营房中,还赐给他们一些厦门的土特产,同时将苗南实叮的指挥刀也还给了他。

苗南实叮大受感动,听从了郑成功的命令,带着通事吴迈前往台湾城劝揆一投降。

从禾寮港登陆到收复赤嵌城,郑成功仅用了四天时间,堪称"海上英雄"。

(五)围城打援,迫降台湾城

台湾城是荷兰侵略军在台湾的统治中心,修建得十分坚固,防御设施也比其他城堡完整。台湾城周长200多丈,高三丈多,分三层,城的四角向外突出,有炮台10座。

台湾城的炮火十分密集,射程也较远,周围的每条通道都被封锁,城内有兵卒900人,凭借城堡的坚固继续顽抗。

但是,自打赤嵌城被郑成功占领之后,台湾城就彻底变成一座孤城,城内缺粮缺水,处境十分艰难,加之当时季风刚刚开始,要等6月份才能船行海洋,将台湾的有关情况汇报给巴达维亚,然后要再等六个月才能利用下一次的季风取得巴达维亚的援助。

揆一在台湾城内召开紧急会议,秘书长伊伯年认为城堡坚固,防御力量都还存在,应当继续作战,岂能轻易投降。因此荷兰军队官员达成共识,依靠堡坚炮厉,继续坚守,等待援军到来。

然而,情况并不像揆一想象的那样,赤嵌城断水以后无法长期坚守,已经献城投降。苗南实叮奉郑成功的命令与吴迈等人来到台湾城向揆一招降。

苗南实叮向揆一汇报了献出赤嵌城的情况。揆一不敢相信,追问郑成功杀了多少人。苗南实叮解释郑成功既没有杀人也没有抓人,商人和军人都还在营房和府邸里,没有受到任何损伤。

揆一听后思想也开始动摇,但一想到刚杀了500名中国人激起郑军的愤怒,投降后必遭报复。他左思右想,即使郑成功不杀,台湾的居民也会杀了自己,谁叫他是杀害中国人的主犯。

最后,揆一终于坚定信心,绝不放弃台湾。但他仍害怕郑成功的威名,于是给郑成功带回一封信,愿意倾尽所有财货,每年输贡10万两白银奉献给他,希望郑成功能够撤军。吴迈回去将情况汇报给郑成功。

郑成功看过来信后,当即回信给他,表明自己的坚定立场,不收复台湾誓不罢休。揆一读罢郑成功的回信,想不到郑成功竟然是一心想要收复台湾,而自己在台湾开发这么多年的产业,用热血从西班牙手中争夺来的土地,竟然这样拱手让给他?

荷兰军方仍然有不死心之人,劝说揆一只要守住城堡,不出两个月,战局定会有所改观。揆一又有了信心,出示红旗,坚决固守,绝不会把台湾拱手让人。

郑成功见台湾城红旗飘飘,便知揆一是坚决不肯投降,于是准备攻城。他登上赤嵌城最高点,用望远镜观察台湾城的地形。

台湾城在一鲲身的北边,南面是从一鲲身向南延伸的七鲲身沙丘,东面是浩瀚的台江,西面是波涛汹涌的大海。城堡四周都有巨炮,且城南还有堡垒在外围防守。想要攻城,必然要从东、北、南三面同时进攻,还要避开敌人的炮火向前推进,才能攻到城下。

四月初七,台江内外开始进入低潮时期,沙丘逐渐露出海面,浅水逐渐变为陆地,正好可以实施陆路进攻。郑成功下达命令,水陆联合行动,陈泽、陈广由台江进攻台湾城下的战舰和夹板船,守在北线尾岛上的大军同时发动攻击,冲破台湾城北面防线,又令马信率领陆军经过七鲲身越到一鲲身,进攻台湾城外的城堡。

黎明时分,各路郑军同时进攻,台湾城下的夹板船和战舰首先遭到攻击,本来荷兰军的战舰就是台江战役中剩存下来的,已经毫无战斗力,这时面对郑军的炮火,更是行动不得,不一会,一艘燃起了熊熊大火,一艘沉入了海底。

部分逃军在台湾城的火力掩护下,遁入城堡中,其余的都死于郑军的炮火下,荷兰军的船舰至此全部被郑军缴获。

马信率领的陆军从七鲲身一路杀到六鲲身，敌军抵挡不住，逐渐向北撤退，一直退到一鲲身，借助台湾城外的城堡掩护，开始反击，郑军冒着敌人的炮火，迅速上前与敌人展开殊死搏斗。

荷兰军擅长火枪火炮作战，郑军临近以后，堡中的炮火无法继续轰击，而荷兰军的火枪在近身攻击中又失去了应有的杀伤力，于是吓破了胆，纷纷向堡内逃去。马信下令用大炮轰击，一个炮弹落到了堡垒顶上，堡垒瞬间崩塌，荷兰军又向台湾城跑去。

马信又下令开追，荷兰军退到城内，城门瞬间关闭，郑军无法杀入城内，就在各个要塞处堆土，营造堡垒，挖战壕建护沟，实施围城战术。

一天下来，除了台湾城没有攻下，其他各个岛屿均落入郑军手里，郑成功召开会议，分析了作战形式，揆一不舍得放弃台湾城是不舍得放弃在台湾的利益，但经过今天的战斗，台湾已经全部在郑军的控制中。郑成功目前不急于攻城，而是迅速收复全岛，安抚人民，稳定大局工作。

各地人民仰慕郑成功的英明，个个兴高采烈，奔走相告，拜见郑成功。郑成功一连几日设宴款待，赐给岛上居民衣服鞋帽，对受害人民更是重点加以抚慰，郑成功很快获取了当地的民心。

由于受到台湾人民的热爱与支持，郑成功初步稳定了局势，他命令大军在一鲲身的安平城外筑堤，彻底围住城内敌人。

四月二十四日，近半个月的工程终于完工，郑军在大堤上安置了28门大炮，一齐向台湾城轰击，但由于敌人的城堡十分坚固，一个时辰过后城堡仍稳坐如山。

郑成功又命4000名将士齐挖隧道，因为土质疏松，挖几尺就坍塌，攻城不成功，只得继续围困。

这时，巴达维亚的荷兰总督苏切尔突然接到揆一告急的消息，心想这个揆一真是无能，几十艘军舰、百门大炮和上千名军人驻守在台湾，还连连告急，上次告急什么事都没有，又给他留下四艘军舰，这次还来告急。

来者只得将事情的详细经过报告给苏切尔。无论来者怎么说，苏切尔就是不相信，郑成功土枪、土炮外加长矛能攻得下城堡？

来者费尽口水终于说动苏切尔，他再怎样动怒也绝不敢不要台湾，他命他的得力助手郭冷谷速速赶往台湾，击退郑军。

郭冷谷连夜赴台，看见两军的确正在作战，他不敢下船，命随员趁天黑混进台湾城，揆一见人前来，却不见军舰的影子，他提笔给总督写信，请求火速派兵救援。

郭冷谷又赶回巴达维亚，苏切尔这才相信台湾危在旦夕的事实，于是下决心派兵增援。耶昂夫契尤接到命令后率领7艘战舰，兵卒七八百人航行至台湾海域，他从望远镜中看见郑成功大军已占领各个海口，台湾城周围也是重军把守，加上当时风浪正大，战舰上下颠簸，将士们也难以在船上站稳，因此无法靠近台湾城作战。

台湾城内的荷军见援兵已到，个个欢呼雀跃，鸣枪鸣炮，表示热烈欢迎，但好一会过去，见战舰不敢靠近台湾城，又个个销声匿迹了。

郑成功见荷兰派兵增援，心想援兵定不会长期停留在港外，今晚必有行动，于是他命陈泽今晚动手截港。

到了夜晚，风浪稍有平息，台湾城内的荷兰军就开始发动火力，接应援军进城，结果被陈泽的埋伏军逮个正着，双方在一鲲身水陆交界处展开了一场激战。

耶昂夫契尤趁机将战舰靠近郑军，然后猛烈开火，因为是夜间，炮弹几乎都落了空，七艘战舰仍然还有 5 艘被陈泽拦截在港外，无法靠近台湾城。其余两艘，一艘跑到了一鲲身最北端，另一艘在颠簸中触礁，其中有两名荷兰水兵被郑军抓获。

经过审问，郑成功得知敌军不过七艘战舰，700 名兵卒，他决定先撤出战斗，放他们进城，等出城反击时，再抓住战机一举攻克台湾城。

耶昂夫契尤的军舰就这样进入了台湾城，而其余六艘战舰在台湾城火力掩护下躲到了一鲲身东面。

揆一见援兵到来，自是十分高兴，只可惜太少了，出城作战的力量仍然不够。他提议向总督苏切尔再求援兵，耶昂夫契尤告诉他就算把东印度公司的兵力都搬来也敌不过郑军的一个零头。

无奈，揆一只得坚持固守，并寻找时机派人出城寻找粮草，而郑成功一面围城，一面继续做社会工作，深入群众，帮助群众进行生产，整顿好社会秩序。

双方冷战对峙，一晃就是半年，到了 10 月，郑成功分析城内的荷兰军粮食消耗得已经差不多，近日内必有行动，他告诫手下将领要提高警惕，准备作战。

果不出其所料，10 月份第三天，200 名荷兰军就趁天黑从台湾城北面前来争夺北线尾岛，因郑军早有准备，立刻进行水陆夹击，荷兰舰艇受到重创，死伤近一半的人员，只得缩回。

经过几次战争失败，荷兰军再不敢轻易出战。唯一能做的就是坚持固守，他们在城堡周围构筑起木煽，防止郑军偷袭。

为了挽救即将灭亡的命运，揆一企图与清军勾结，夹击郑军。他派使者秘密赶往福建与清军谈判。清军提出一点要求就是让荷兰人出动战舰帮助他们攻下厦门，然后才肯出兵解台湾之围。揆一无可奈何，只好应允。

于是，考乌率领依然漂泊在海上的战舰前去攻袭厦门。面对强大的郑军，考乌心存畏惧，结果在中途转舵驶向了泰国，后来竟逃回了巴达维亚。荷兰军勾结清军的企图完全落空，将士们士气低落，不少人为了活命，陆陆续续向郑军投降。

郑成功从投降人口中得知荷兰军还有打算勾结清兵的企图，再也忍无可忍，决定将封锁战术转为进攻，为此，郑军又增建了三座炮台，挖了许多壕沟，来对抗荷兰军的炮火。

新年刚过，郑成功就宣布攻城。他命陈泽、陈冲用 20 只小船装上硫磺来充当火船，乘着东风一路冲向敌军的夹板船，同时放火箭焚烧敌军的船舰，又命黄信率领水军进攻台湾城东面，刘国轩进攻南面。

20 门巨炮集中轰击台湾城东南一点，在诸多兵力的配合下，城墙很快被轰开，郑成功趁机向缺口进攻。揆一在城楼拼命叫嚷，敌军迅速向缺口处移动，企图堵住缺口，只可惜城楼上的炮已经弹尽，手中的枪完全派不上用场，郑军一鼓作气冲进台湾城，荷兰军见势不妙，想要乘舰北逃，结果发现军舰已经起火，不得已退守到西北城角,苟延残喘。

台湾城内的荷兰侨民见郑军已经攻入城中,不但不抵抗,反而出城迎接。郑成功见城内居民一个个全是面黄肌瘦,孩子们更是可怜至极,派人将淡水米粮送往城中。荷兰侨民接受郑成功的解救后,向郑成功深深鞠了一躬。

原来,城中只有揆一一个人顽抗,荷兰的官兵早就不想抵抗了,只是郑成功没有攻城,只得坐等。而揆一见郑成功今日破了城,仍然拒不投降。

其实,整座城堡中,最痛苦的就是揆一了,郑成功破城以后不但不杀人,也不抓人,还分给饥民食物。他向西北城角的荷兰军下了最后通牒,"带着自己的私有财产离开台湾",郑成功的收复政策可以说是不能再宽大了。

台湾城被围困将近九个月,死伤1600多人,如今能参加战斗的士兵仅剩下不足600人,并且弹尽粮绝,有些人已经危在旦夕,形势已经绝望。荷兰侵略军做最后评议,认为再这样耗下去,噩运会降临到每一个人的头上,并且这样拼死坚持,对东印度公司也没有什么好处。

第四天,揆一走投无路,只得同意出面同郑成功谈判,表示愿意罢兵投降,乞求归国。

1662年二月初一,台湾城城门大开,荷兰军献城投降。走在最前面的是一支由38人组成的队伍,象征着侵占台湾38年。接着是揆一等官员48人,最后面是兵卒600人。揆一向郑成功递上投降书和投降条约,然后乘船离开台湾。

亲眼目睹收复失地的台湾同胞,心中翻腾着说不出的喜悦,自天启四年(1624)荷兰人侵占台湾开始,38年的时间里受尽了红毛子的压榨和奴役,血泪斑斑的往事成了他们心中永远的伤痛。

最后一只荷兰军的船驶出台湾人民的视野,人群突然爆发出雷鸣般的欢呼声,郑成功乃至全体将领也从未见过这般激动的人群,于是也纷纷手舞足蹈起来,和人民一同欢庆胜利的时刻!

郑军从1661年四月初一攻占台江开始,直至1662年正月二十五荷兰投降,荷兰侵略军战死1600多人,自愿留在台湾的200余人,郑成功对他们就像中国人一般对待,台湾人民也亲切称呼郑成功为"国姓爷"。

郑成功收复台湾的军事斗争,成功驱逐了荷兰侵略者,维护了中华民族的利益,增强了国民抵抗外来侵略的信心,更重要的是捍卫了中国主权和领土完整,也正是在他的带领下,台湾才逐渐发展成我国的第一宝岛。郑成功驱逐荷兰侵略者斗争,是我国对外战争史上一道绚丽的彩虹。

六、中俄之战:雅克萨自卫反击战

康熙皇帝当国不久,沙俄南侵了中国黑龙江流域大片领土。作为黑龙江、乌苏里江流域的主人,每一个中国人都有责任驱除沙俄侵略者。为了自卫反击,也为了惩戒侵略中国的匪徒,康熙皇帝决定在雅克萨给予敌人以重击。大清王朝的康熙皇帝和沙俄帝国的彼得大帝，即将在中国东北边城雅克萨上演一场角力大战。

（一）大战之前，暗云密布

300 多年前，外兴安岭以南、贝加尔湖以东一直到库页岛，所有土地、河川以及岛屿都是中国的领土，雅克萨就是当时中国版图上醒目的一点。

雅克萨在满语中指的是"河水冲刷的河湾子"，曾是中国达斡尔族居住的城堡，它坐落在黑龙江左岸，是不折不扣的中国领土。

雅克萨自卫反击战

黑龙江自古以来就是中国的内陆河，历史上不同时期对其称谓有所不同，《山海经》中称其为"浴水"，《北史》称"完水"，《唐书》称"室建河"，《金史》则称"石里罕河"，而"黑龙江"的称呼最早则出现在《辽史》。

奔流不息的黑龙江全长 4350 公里，流域面积 180 多万平方公里，山川壮丽，土地肥沃，物产富饶，从古代开始，我国北方许多少数民族就生活在这一地区，只是各时期的称呼不同，如肃慎、乌桓、柔然、鲜卑、勿吉，以及 8 世纪之后壮大起来的契丹、女真、蒙古等族，而早在元朝时期，我国就在黑龙江流域和库页岛地区建立起管理机构，进行有效的行政管理。

说起俄国侵占中国，还要从 11 世纪鲜卑族活跃时期开始算起。西伯利亚早在4000 多年前属于我国，曾是黄帝少子昌意的封地，最早鲜卑人民和蒙古族 58 个部落就生活在这里。里海和乌拉尔山以东在那时也都是我国土地，而乌拉尔山也是欧洲和亚洲的分界线，最早乌拉尔山东面并没有欧洲人，俄国人也曾把乌拉尔山叫作"铁门"，意思是"无法穿越的铜墙铁壁"。然而俄国人突然有一天冲破了铁门，将西伯利亚横刀夺去。

自步入 11 世纪，乌拉尔山西面地区就成立了许多小国。其中，斯口搭尔公国有一个好战的大将军，名叫"乌列布"，他听说铁门以东的地区十分富足，便产生了侵略的念头。

于是公元 1032 年，他率领 100 多名骑兵跨过乌拉尔山，准备进攻，当时镇守乌拉尔山的蒙古族军民凭借英勇和正义将乌列布打得落花流水，乌列布只得逃回莫斯科。

为了证明东侵是正确的选择，乌列布大肆宣扬乌拉尔山东面的富庶，从此，俄国便滋生出一股东侵热，很多人都跑到东面地区进行掳夺。

到了公元 1364 年，俄国东侵热加剧，诺夫哥勒市人民集体冲破铁门，打败了蒙古族，并在此修建了城堡，建立了诺夫哥罗共和国。蒙古族人民当然无法容忍俄寇跑到乌拉尔山之东来立足，于是派兵围困西伯利亚城，俄国人一看不能继续前进，没多久就逃回西部去了。

从此之后，俄国人便再也不敢侵占我国土地，然而，15世纪蒙古帝国刚刚结束统治，俄寇们就立刻开始东侵。东侵分子斯托沃各夫勾结江洋大盗耶尔马古等40人，在1552年跨过乌拉尔山，占领乌拉尔山东麓开始收取皮毛税，以此牟取暴利。

俄国政府为了奖励这些强盗的东侵精神，便把乌拉尔山东麓赏给了他们。得到了政府的支持，斯托沃各夫更加肆意妄为，在1581年突入乌拉尔山平地境内，屠杀了大量的蒙古族同胞，占领了西伯利亚。

从此，俄国东侵的念头更加狂妄了，政府见东侵的人民发了财，心有不甘，于是在1586年把到西伯利亚的皮毛税务权归为国有，并派兵远征，正式展开了侵略战争，有计划地逐步占领土地屠杀我国同胞。

沙俄政府知道我国当时边防空虚，黑龙江流域对他们来说可谓是唾手可得，于是便暴露出更狰狞的侵略面目，还成立了黑龙江总攻部。

1643年，督军戈洛文派出一支133人的远征队伍扛起枪支进犯黑龙江，这伙侵略者到处烧杀抢掠，兴风作浪，当地达斡尔族人民团结起来英勇抗击，消灭了远征军。

1650年，叶罗菲·哈巴罗夫率领70名哥萨克越过外兴安岭，侵入我国黑龙江流域，窜到雅克萨以西。但他看到中国人民已有准备，自己又力量单薄，决定回雅库次克求援。1651年初，他带领137人再次窜到黑龙江上，并武力攻占了雅克萨城。由于中国东北各族人民的英勇抗击，终于把这伙侵略者赶出黑龙江流域。

生活在东欧大草原的游牧民族哥萨克人骁勇善战，是支撑沙皇俄国东侵的主要力量，他们先袭击了如今已经在俄罗斯境内的旧瑷珲城，一路杀到黑龙江下游的赫哲人居住地，赫哲人拼死抵抗，并向镇守在宁古塔的清军报警。

宁古塔的清兵接到报警后迅速包围了城池，与俄寇展开了激烈斗争，双方杀个你死我活，伤亡均十分惨重，沙俄将领哈巴罗夫被迫退守到黑龙江上游，于顺治十年（1653）逃回了莫斯科。

沙皇俄国养精蓄锐一年后，又开始策划向我国东北地区发动武装侵略斗争。沙俄政府派斯捷潘诺夫带领几百名哥萨克人来到中国境内烧杀抢掠，无恶不作。

沙俄的入侵行径已经引起清政府的强烈关注，1653年开始清政府就命沙尔虎达镇守宁古塔以保卫边疆安全，抵抗沙俄入侵，沙尔虎达果然不负众望，率领清军几次击败了俄寇。

顺治十五年（1658）七月，斯捷潘诺夫又带着哥萨克人来到松花江畔作乱，沙尔虎达率领清军在松花江和牡丹江的汇流处与俄寇展开激烈厮杀，共打死和活捉200多名哥萨克人，斯捷潘诺夫败北而逃。

两年后，清军又大破俄军于黑龙江下游的古法坛村，至此，俄军的残留兵卒全部被肃清。但是，清政府并没有借此良机兴建城堡，沙俄侵略者却时刻做着吞并黑龙江流域的准备，觊觎黑龙江上游的尼布楚城和雅克萨城，寻找机会再次入侵，可谓"贪得无厌"。

侵入黑龙江流域的俄国侵略者曾将雅克萨城堡洗劫一空，还命令达斡尔人归顺沙皇，达斡尔人拒绝了侵略者的要求，结果就遭到惨绝人寰的杀戮，共有1000多人受害,其中 600 多人被杀死,300 多名妇女和儿童被抢走。

沙俄侵占雅克萨之后,还将其名字改为"阿尔巴津",这种侵略行径受到中国政府强烈谴责,17 世纪 80 年代,康熙率领中国军民进行两次自卫反击战后,才收复了雅克萨,这也就是著名的"雅克萨之战"。

(二)反击战军事部署

康熙是清王朝入关后的第二个皇帝,自 1661 年登基一直到 1722 年共在位 61 年,也是中国历史上在位时间最长的一位皇帝。他 8 岁即位,10 岁亲政,16 岁时就铲除了权臣鳌拜,清三藩,收台湾,平定噶尔丹叛乱,划定中俄分界线,奠定了"康乾盛世"的基础,可以说是中国帝王史上少有的治世明君。

1665 年冬天,俄军又重来入侵雅克萨城,并在尼布楚和雅克萨修筑堡垒,建立殖民点,并以此为根据地,不断扩张侵略范围。尽管当时清政府不断交涉,多次警告,对于野心勃勃的沙俄土匪们来说仍无济于事,反而更加变本加厉,肆意行凶。此时,东北边疆陷入了严重的危机之中,康熙也做出决定,以武力驱逐沙俄侵略者。

与康熙处在同一时期的俄国帝王是历史上赫赫有名的彼得大帝,普希金都盛赞他是"令俄罗斯腾空而起的巨人"。他与康熙同样属于雄才大略的君主,粉碎了其姐索菲亚企图废黜他的阴谋,夺回掌控在索菲亚手里的政权,迅速采用欧洲人的成果,不惜用独裁方式,也不拒绝使用野蛮斗争的手段来巩固政权,使俄国一跃而成为世界强国。他去世后所留下的,是一个强大而富有生机的沙俄帝国。

因此,雅克萨战争与其说是中俄两国之战,不如说是两位并世英豪的较量。

对于康熙而言,东北地区有着十分重要的意义,它不仅是满族的故乡,更是清朝的发源地,岂能容忍沙俄侵略军的践踏!而驱逐侵略者、收复失地可以说是康熙一生中最强烈愿望。

康熙十年(1671),18 岁的康熙首次东巡拜谒祖陵,他叮嘱宁古塔将军巴海罗刹(指俄国侵略军)虽然并未发动进攻,但也应当做好防御措施,操练马术,置备兵器。可以说,康熙当时还是十分关注东北边防问题的。

但是,随后清政府陷入了多年的平叛战争中,没有多余的精力和兵力解决东北边疆危机,直到康熙二十年(1681)平定三藩后,康熙才将注意力集中到东北。

1682 年,康熙又以告祭祖陵为名,出关巡视东北。2 月中旬他率领随从于北京出发前往盛京(沈阳)祭拜祖陵,一个月后到达吉林乌喇城。在宁古塔将军巴海的陪同下,康熙泛舟于松花江上,望着眼前滔滔不绝的江水,康熙不禁诗兴大发,作了一首《松花江放船歌》,借以抒发欲统率八旗军驱逐沙俄侵略军的豪情壮志。同年 9 月,康熙派副都统郎谈、彭春等人率领几百人以捕鹿为名,前往雅克萨附近侦察地形和交通状况。

第二年初,郎谈回到北京后向康熙报告,认为驱逐俄寇并不难,只要出兵 3000 人足以攻克,他建议康熙立刻采取行动。

康熙帝没有同意这种没有远见的军事战略,他认为与俄国作战必须作好充分的准备,并且在与俄国长期沟通中,康熙已经意识到没有强大的武装力量,没有稳固的边防措施,不经过激烈的战斗是不可能让俄国放弃侵略的。同时,康熙也清楚知道中俄两国不能够长期用军事力量压制彼此,想要维持长久的和平状态,就只能通过和平谈判,划清两国的边界线。

这次东巡实地考察完后,康熙帝从实际出发制定出了一套解决中俄问题的战略方针,即军事斗争、外交谈判和加强边防三者并举,又制订出周密的作战计划,命令手下将领着手进行准备工作。

康熙首先从建立军事基地屯兵开始。清朝初期,黑龙江两岸并没有设置军防驻点,最近的宁古塔也在黑龙江流域千里之外的地方。康熙为了避免俄寇"敌退我进,敌进我退"的历史重演,决定在瑷珲和呼马尔建立木城,与俄军势力对峙,随后,又命宁古塔副都统萨布素等率兵赶往瑷珲筑城屯田。

康熙二十二年(1683)十月,清政府认命萨布素为黑龙江第一任将军,这个官职的设定标志着东北三将军分辖体制正式形成,共同对抗沙俄帝国的侵略,并且对日后开发和建设东北地区都具有深远的影响。

萨布素接到任命指令后,立即着手在黑龙江东岸筑城,即瑷珲城,以此作为军事驻地和前线作战大本营。

次年,萨布素又在黑龙江西岸另筑一城,改在这里办公,江东的旧城仍留兵驻守。瑷珲这两座城堡夹江而立,如同两个高大魁梧的金刚力士,宣告清军已经在黑龙江流域布置好营垒。

从康熙二十二年(1683)到康熙二十三年(1684)这一年时间里,先后有两批清兵前来镇守,第一批1500多人奉命到瑷珲西城驻守,第二批1000多人到瑷珲东城屯田驻守。至此,康熙已经基本建立完黑龙江的军事基地。

其次,粮草问题也是康熙主要解决的战前问题,任何一场长期战争都少不了粮草的供应,而这一点也成为清军能否在雅克萨之战中取胜的重要因素之一。

清朝以前,东北地区南部的辽河流域一直都是粮食生产基地。而到了清朝,经过顺治、康熙两朝的努力开垦,当地的粮食生产水平已经十分高超,完全能够满足作战的军事需要。但是,如何将粮食运到黑龙江流域的八旗军区却成了一个难题。

在当时,陆路运输不仅行程遥远,而且成本也不低,最经济划算的方法只有水路运输,因此康熙决定先将粮食运往松花江,再由松花江进入黑龙江,最后南黑龙江逆流运到瑷珲东西两城。

为了此项政策的执行,清政府特设立储备四处粮仓,内地设在开原县,边外设在吉林郑家屯及易屯门和易屯口。从开原到郑家屯这100里路程没有水路,只得先用车运至易屯门仓内,再由伊通河的行船运出易屯口到达混同江。

其中,运送粮食的船只和船员;全由东北三将军自行解决。为了运送粮食,东北三将军总计建造280艘船只,动员水手近3000人,他们从康熙二十二年(1683)起,持续向黑龙江前线运输粮食。

其次,修造运船。往黑龙江前线运输粮食的航船中有80艘大船,这些大船主要负责运输粮食和大型武器,但是逆水行驶却需要纤夫在两岸拉纤才能前行,根本不能配合陆地军队作战,因此郎谈在《平罗刹之策》中建议造一些专门在战场上使用的小船。康熙十分重视这个建议，立刻命令户部尚书伊桑阿带领能工巧匠前往宁古造船。

再次，在瑷珲东西两城之间设置驿站。萨布素修筑瑷珲东西两城之后，如何保障宁古塔大将军与黑龙江大将军之间的通讯顺畅成为当务之急。经过清政府商讨决定，在瑷珲西城至吉林市的沿途设置了10个驿站，每站有驿夫20人。一旦有紧急情况发生，驿夫就乘马疾驰飞奔报告。

康熙二十三年（1684）二月，户部侍郎包奇、兵部侍郎能特奉命前往吉林乌喇设置驿站。出发前，康熙曾亲自接见并且通告沿道驿站的设立，这严重关系到战局，要同当地的将军、副都统商议后，熟悉地理情况了再确定安设。

包奇等人赶赴东北后，经过仔细勘察，明确了乌喇城到瑷珲西城有1340里地，由于路途遥远，便将原来计划的10站改为19站。

同年9月，康熙命八旗都统瓦山等人前往黑龙江，与萨布素一同制订攻取雅克萨的计划，同时开始着手征调部队，加强前线进攻力量。康熙选派500名善于水战的福建藤牌兵前往东北前线助战，又宣直隶、河南、山东和山西的巡抚，每省派精通火器的兵种250人，又选四名贤官指挥火器使用。

此外，康熙又调500蒙古兵维护墨尔根与雅克萨之间的驿站交通，副都统马喇等人将大批军马事先预备在齐齐哈尔屯，用来保证清军有足够的战马。蒙古科尔沁部落进贡的牛、羊等贡物，也不必送到北京，全部直接送往黑龙江前线。

为了加强前线将领的作战能力，康熙又令八旗都统彭春赴黑龙江任主帅，表现出了十足的重视。

最后，康熙还命令将领把握时机肃清黑龙江中下游的俄军。清军驻扎黑龙江地区时，彼得大帝曾派格里高里·梅尔尼克率领70名哥萨克人增援阿姆贡河上游的哥萨克匪帮。清军总管博定得知后，亲率清军将俄寇包围，俘获30名哥萨克人。逃走的俄寇还被达斡尔族人民击毙不少。在黑龙江流域，各族人民也积极配合清军作战。

萨布素在康熙二十二年（1683）就曾上报道"奇勒尔族杀罗刹10余人，鄂伦春族于精奇里江杀罗刹五人，费牙喀人也击杀众多罗刹"。

康熙二十三年（1684）正月，清军将领鄂罗舜主动向黑龙江下游进军，凭借敌军措手不及招降俄军20人，缴获鸟枪20杆，并解救出三名鄂伦春人质，光复了图古尔斯克城和乌第斯克城，俄军余匪一路沿着黑龙江航入海中，窜回老窝雅库次克。至此，清军在当地人民的支持和配合下，剿除了黑龙江中下游的许多俄军侵略据点，这样清军就可以集中兵力，全力攻打雅克萨城。

当然，康熙在武装反击沙俄入侵的同时，也不忘进行外交活动，希望避免中俄两国正面交战，最好能用和平谈判的方式解决俄国入侵中国的问题。

康熙在1666年和1669年两次派使者前往尼布楚，与俄国当局进行谈判，但因为俄方提出的要求十分无礼，两次谈判均未有明显的效果。

10年后，彼得大帝派尼果赖使团来到北京，康熙对此十分重视，认为是争取和平解决边界问题的大好时机，他先后两次接见俄国使团，希望通过谈判解决中俄争端。

当清朝谈判使者提出"嗣后勿于边界地方侵扰,若能如此,两国方能修好,派使交易",尼果赖使团却故意装作不知俄军入侵中国这件事,从头至尾拒谈边界问题,还对清政府提出无理要求,要求清官员必须每年都向沙皇进贡白银、丝绸等贵重物品。

康熙对此十分恼火,他清楚地意识到沙皇政府派人来到中国,根本就不是想要与中国谋求和平,而是打算获取进一步侵略中国的情报。

当时,清政府正全力平定吴三桂叛乱,东北边防实际上非常空虚,尼果赖使团回国后立即向彼得大帝报告说:"只需两千名正规军,就可攻下达斡里亚地区,若顺利,中国长城以外的所有土地都可囊入其中。"

康熙见外交努力未果,和平谈判落空,为了维护国家领土主权的完整和臣民生命财产的安全,他下定决心以武力驱逐得寸进尺的沙俄侵略者。

实际上,康熙并不想外战,有战争就要劳民伤财。平定三藩后,他一心只想治国治民,因此,在他心里依然没有放弃和平解决争端的想法。

康熙二十二年(1683),康熙谕令清朝理藩院尚书阿穆瑚琅向俄国外交机构通信,希望俄军能够主动撤离中国领土,回到俄国境内,以免两国大动干戈。信中说,若俄国能思改前过,将根特木尔等逃入送回,撤离本地,则两国相安无事。倘若仍执迷不悟,留我边疆,必致天讨,难免遭到诛罚。

俄国对清政府的严厉警告不但置若罔闻,反而加大了对雅克萨地区的军力增援,广募哥萨克人,大力储备粮食物资,修筑军事建筑,加固防御设施,准备与清政府进行武力对抗,并任命有作战经验的托尔布金为雅克萨督军,至此。一场大战已不可避免。

(三)第一次雅克萨战役

康熙二十四年(1685)的正月刚过,康熙就下达了以武力收复雅克萨的命令。

他宣布:"兵非善事,不得已而用之。罗刹无故侵犯,越界而来,扰害索伦、赫哲、飞牙喀、奇勒尔等地,剽劫人口,抢掳村庄,夺走貂皮,肆恶多端。屡次遣人宣谕,罗刹不但不从,反而深入赫哲、飞牙喀一带,继续发兵黑龙江扼其往来之路,应即剿灭。"

康熙任命彭春为统帅,班达尔善、佟宝、马喇等参赞军务,共率领3000名清兵向沙俄军队盘踞的雅克萨城进发。

出发前,康熙向彭春等传谕,朕一向以仁治天下,不嗜杀戮,你等要严谕将士,切勿违背朕的旨意,我军兵马精强,器械坚利,俄罗斯不敢强攻,必能归还失地,不可大肆杀戮。

这道旨意,指导了我军正确与敌军作战政策,也为与沙皇谈判敞开了大门。

康熙二十四年(1685)农历四月二十八日,黑龙江上游波涛汹涌,气势磅礴,瑷珲城下旌旗迎风飞舞,号角齐鸣。满、蒙、汉、达斡尔、鄂伦春、赫哲等各族军民同仇敌忾,在城下激昂宣誓,战鼓隆隆震天响,船队扬帆起航,溯江而上,骑兵稳坐战马,铁流滚滚，一路披靡而来。征途中有时会面临肉食匮乏的情境，彭春与兵卒贡捕获鹿5000余只，全军上下饱餐野味，吃鹿肉喝鹿血，斗志精力更加旺盛。

五月二十二日，清军一路畅通无阻抵达雅克萨城郊。彭春谨遵康熙旨意，本着先礼后兵的原则，派俄寇俘虏将用满文、俄文、拉丁文书写的文书送往雅克萨城内，向俄军发出最后通牒，撤出我国雅克萨，返归本国。

面对前来的清兵，俄军也有些害怕，但依仗城防坚固，依然不肯迁归，决定采用武装斗争，同清兵打上一仗，领略下传闻中所向披靡的八旗兵，战争正式开始。

第二天，有一支俄军从黑龙江顺流而下，企图冲进雅克萨作后备支援力量，当时即被清军拦截，在江上展开激战，清军击毙了俄军30多人，次日黎明，清军向雅克萨城发起总攻。

雅克萨城池十分坚固，彭春决定采用四面合围之势，他亲自率领一支八旗队伍攻城南口，命何佑等在城东南布置好战船，然后用大炮狂轰城北，再命副都统温代等人夹攻。

四路大军有计划行事，配合默契，经过一昼夜激战，守城的俄军已经疲惫不堪，承受不起清军的攻势，个个瘫软在城堡中。清军趁此机会在城下堆起木柴，假作火攻之势，俄方雅克萨督军托尔布津见俄方兵力实在无法同中国相比，走投无路的情况下只好亮起白旗，献城投降。

在受降仪式上，托尔布津当时发誓永不踏进中国领土，彭春按照康熙的旨意，释放了全部战俘，并允许他们带走私有的武器和财产。当时俄方有40多名俄军及家眷愿意留在中国，其余700多名俄国人，彭春用船将他们送至额尔古纳河口，遣返回国。之后，康熙下令，命彭春等人安插在盛京（沈阳），致力于东北边防事业。

清军从雅克萨城中解救出来索伦、达斡尔等160多名族人同胞，雅克萨第一次战役，清军大获全胜。

康熙接到前线捷报，龙颜大悦，当即对在场的大臣们说："破40年盘踞之俄罗斯于数日之间，获雅克萨之城，克奏厥绩。"

清军得胜而归后，康熙重重嘉赏了征军，并要求东北三大将军加强边疆防御，他在谕旨中曾告诫说，我军虽已攻克雅克萨城，但防御问题决不可疏，应在何处永驻官兵镇压，此时此刻即当定议。于是，文武百官勒德洪等人开会商讨，将见解和建议一一上奏。

但是，出征有功的彭春等人在收复雅克萨之后，仅将俄军留在城内房屋焚烧殆尽，并未在城周围设立观察俄军举动的哨所，以至两个月之后，俄国人又乘虚而入，重新占领了雅克萨城。

（四）第二次雅克萨战役

俄军大败后，心情十分不爽，从雅克萨撤回尼布楚这一路，回望身后风景，托尔布津无限感慨，想不到就这么轻而易举被八旗兵大败，心有不甘啊！

当时，彼得大帝得知雅克萨城要失守之时，就派拜顿率领600名沙俄兵将前去支援，恰巧拜顿也赶到了尼布楚。

托尔布津见有援兵而来,心中大悦,虽然他曾在受降仪式上发誓不会再踏入中国半步,但是他的内心从未放弃重返雅克萨的念头,可以说俄国人的侵略野心不死。

托尔布津得知清军全部撤离雅克萨的消息后,就决定撕毁誓言,玩起了"说话不算话的"把戏,率领俄军于七八月份之间分批反攻雅克萨。俄军加大构筑城堡工事的力度,做好长期应战的准备,算一算时间,距离上一次投降还不过两个月。

第二年初,康熙得知沙俄派兵重新占领了雅克萨,不禁大怒,他感到事态十分严重,没想到俄方竟然出尔反尔。他传谕下去,俄军复回雅克萨城,盘踞逗留,我军若不速行扑剿,俄军势必积粮坚守,对我领土图谋不轨。

于是,康熙立刻调兵遣将,部署第二次雅克萨军事行动。他命令黑龙江将军萨布素火速修造战船,统领乌喇及宁古塔官兵率两千精兵赶往瑷珲,做好攻取雅克萨城的准备。又挑选400名福建藤牌兵支援萨布素前线大军,命博定在筑城、屯田兵卒中选出200人驻扎在墨尔根以备增援,免除了索伦、达斡尔两族这年的贡赋,投入到饲养马匹、整修器械上,以备调用。

在第一次雅克萨之战中,郎坦、班达尔比较熟悉雅克萨的地形,因此康熙又派他二人赶赴黑龙江前线,参赞军务。对于这次俄军出尔反尔,去而又返,康熙做出如下指示:若得雅克萨城,立即前往尼布楚。事毕,众兵驻扎于雅克萨过冬,不必毁他城池,也无须折损他禾苗田地,待到成熟后,收为我饷。

5月初,萨布素率领两千清军从瑷珲出发,月底已逼近雅克萨。清军与俄方通信,令其投降献城,俄军再次置之不理。

此时,雅克萨城内共有俄军800多人,各城角装有大炮12门,决定与清军武力对抗。

6月初,清军水军在黑龙江上游列阵排开,以遏制尼布楚援军。到了第四天夜里,两方发动炮战,宁静的水面终于炸开,借助猛烈的炮火,清军通宵攻城,结果未能攻克,暂时息战。

到了8日夜里,清军再次决定主动出击,直取城南土阜,占领了制高点。次日,清军用炮火掩护冲锋军,一路逼近城下筑垒。敌军见来势凶猛,有些吓傻了眼,寻找时机作战。

敌军乘有大雾之时,主动进攻土阜,清军将领早就料到俄寇会借此攻击,于是,将领共同商议道,若是不能阻断敌军的水路防御,则敌军定会持久守城。

因此,清兵奋勇前进,直逼城下,掘长堑,筑土垒,俄军见此形势拼死反扑,敌我双方激战四昼夜,不分胜负,但最后一回合雅克萨督军托尔布津被击毙,因此,拜顿代其指挥。

这时,清军已经挖掘好长堑,土垒也已筑成,掌握了战争的主动权,对付俄军就如同瓮中捉鳖。

7月8日,俄军出其不意想要出城争夺城北的炮台,结果被埋伏在此的清兵清军击败,俄军从此只得困守城内,不敢出击。拜顿命人悄悄前往尼布楚向督军弗拉索夫请求增援,弗拉索夫派70名哥萨克人前来增援,但援兵远远就望见清军壁垒森严,想要偷袭简直就是"鸡蛋碰石头",于是只得返回尼布楚。

此时,俄军重占雅克萨已有一年的时间,也正如康熙战前所预料,俄军打算"筑城盘踞""积粮坚守"。他们在原有的城池上又建起一座更加坚固的城堡,并在城堡内修建了粮仓、弹药库和军资仓库,用以贮备大量粮食、弹药等其他物资。

雅克萨城的坚固程度非比寻常,一时难以攻下,清军和俄军形成了对峙局面,眼看着寒冷的季节就要到来,清军只有2000余人,50支火枪,主要武器还是弓箭刀矛,因此攻击力比较差。

权衡利弊,康熙通报前线停止强攻,准备长期围困。萨布素接到指令后为长期围困雅克萨城做出如下部署,先在雅克萨城四周掘壕沟,筑堡垒,再在壕外置木桩等防护设施,分兵把守,做好防御准备。

同时,清军又在城西另设一军,防止俄军从江上逃离,还在离城六七里处的黑龙江上游存放船只,以备敌军逃跑时追赶而用,兼令阻击来自尼布楚的沙俄援军。

康熙恐兵力不足,又命副都统博定率领200名清军前去增援,至此,雅克萨城被清兵紧紧包围,俄军插翅难飞。

围困雅克萨城的同时,康熙依然没有放弃和平解决的办法,他分析,俄军之所以会死守雅克萨,也许是因为尼布楚等地的阻隔,致往彼得大帝的书信未能送达,或是雅克萨的俄寇皆是有罪之徒,不敢归国,就在此处落草为寇,当时荷兰使臣恰好在中国,康熙决定再次致书,由荷兰使臣转交给沙皇。

在咨文中,康熙再次敦促沙俄主动撤回雅克萨的军队,遣返中国的人质,表达了希望和平共处、划定两国边界、互不侵犯的愿望。

清政府长期围困雅克萨的军事政策取得显著成效。到了9月底,困守在雅克萨城内800多名俄军战死病死得仅剩150余人,粮食弹药也已消耗得差不多了,眼下,剩下的俄军只能坐以待毙了。

沙俄政府见清政府收复雅克萨的决心如此坚定,料到清军获胜后必将直捣尼布楚,而沙俄此时又无法派兵力增援,为了巩固东侵的地盘,沙俄不得不接受清政府的建议,通过谈判来解决两国的边界问题。

9月,沙皇派使臣文纽科夫、法沃罗夫前往北京,投递俄方国书,声称俄国政府已经同意谈判,并请求清政府立即停战,撤除对雅克萨的围困。

康熙本无屠城之意,决定单方面停战撤军,于是下令解除雅克萨之围,命萨布素撤回雅克萨围兵。

康熙在雅克萨唾手可得的情况下,主动撤离了大军,清军接到旨意后,主动给俄军送去饮食、医药,派至前线的战地医生为俄军治病。

由于中国方面倡议和平解决边界争端,因此停火撤军,第二次雅克萨战争至此结束,双方进入了谈判阶段。

(五) 签订《中俄尼布楚条约》

康熙二十八年(公元1689),中俄双方经过艰难的谈判,签订《中俄尼布楚条约》划分了中俄两国东段边境。条约明确规定:中俄两国以格尔必齐河、大兴安岭和额尔古纳河为界。清政府在谈判中做出了重大让步,将原属中国的尼布楚以西至贝加尔湖的领土让给了俄国,以换取俄军撤出雅克萨。

正是由于清军两次雅克萨战役的胜利才迫使沙俄政府与清政府谈判,划定两国东段边界,换来了边界较长时期的和平稳定。

1686年冬季,雅克萨停战后,中俄两国就着手准备谈判,划分中俄边界。当时,由于沙俄正同西方的波兰争夺乌克兰领地,多年战火使得俄国和土耳其、瑞典的关系也十分紧张,俄国国内民愤逐渐激烈,反对征战,因此,俄国也没有多余兵力再派到遥远的黑龙江流域作战。

沙俄政府为了舒缓紧张的局势,暂时决定避免与中国发生武装冲突,想方设法同中国建立贸易关系,谋取商业利益以供战争时物资消耗。所以,当俄国得知雅克萨情形后,就立即派文纽科夫和法沃罗夫从莫斯科星夜直奔北京,递送彼得大帝给康熙的书信。信上说,要求清政府停止攻打雅克萨,双方进行谈判。

彼时的清政府也不愿意劳民伤财对外作战,康熙更是一位不主张用武力解决问题的贤君,只有通过和平谈判商定两国的边界,才能保持两国长期的和平。

谈判期间,沙俄虽然提出和平解决黑龙江流域问题,但并没有放弃侵占一些地区,使臣戈洛文出发前彼得大帝曾发密令指出,尽量让中方同意以黑龙江为界,如果中方不同意,则争取以牛满河(今布列亚河)、精奇里江(今结雅河)为界;若是中方再不同意,则争取以雅克萨地区为界,俄国人能在黑龙江、牛满河、精奇里江打渔捕猎。上述划界方案,中国仍不能接受,则可立即取缔临时停战协定,然后通告中方做好准备,进行战争。同时,密令还指出,为了达到划分界限的目的,俄方使者向中国使臣行贿。

从这一密令可以看出,俄国政府的基本方针是想要通过外交谈判手段将黑龙江以北的部分领土瓜分走,如果中国不同意,就准备再次使用武力,以求一逞。

然而,清政府十分明确黑龙江流域的主权观念,康熙任命侍卫内大臣索额图为此次谈判大臣,与俄使交涉。康熙指出,俄国占据的尼布楚是中国居民游牧的地方,雅克萨城是中国达斡尔族居住的城堡。因此,尼布楚、雅克萨以及黑龙江领域的一河一溪全部都是中国的领土,绝对不可割让给沙俄。如果俄国同意上述要求,就和它划定界限,准许与俄方通使贸易,否则,令它使者即还,不再与它议和,继续开战。

这个方针就是要求收回包括尼布楚在内的中国领土,双方在保持地位平等的基础上再议定中俄边界问题,这样才能建立起平等的外交和通商关系。

中俄两国准备一段时间后,商定在色楞格斯克进行谈判,中国使团于5月末从北京启程前往色楞格斯克,两个月后抵达克鲁伦河附近,因当时准噶尔部落进犯喀尔喀蒙古部落,受到战火阻隔,无法继续前行,索额图只得返回北京,因此,会谈的时间就改在第二年在尼布楚进行。

在此期间,俄国政府又重新考虑下当前的形势,若要吞并黑龙江流域,中国政府必然强烈拒绝,为了避免冲突,并争取取得与中国的贸易协商,因此沙俄只得在中国坚持收复失地时,暂时放弃侵略黑龙江流域的计划。

彼得大帝于 1689 年初通告戈洛文，要他坚持在谈判过程中让中国交出雅克萨城，毁掉那里的城堡，撤退雅克萨的驻军，这都是为了给俄国日后侵占黑龙江流域留下余地，清政府为了能够早日解决黑龙江流域的问题，在这方面也做出了一定让步。

1689 年 6 月，中国谈判使者索额图在出发前上奏康熙皇帝，表示按照原议，以尼布楚为界。

康熙认为，以尼布楚为界，俄国的贸易没有可以栖托的地方，很难相通。如果俄国强烈要求尼布楚时，可以令额尔古纳河为界。这样，中俄两方的主张就越来越接近同意，为顺利达成尼布楚会谈奠定了基础。

1689 年 6 月，索额图使团自北京启程一路向北，7 月末就到达了尼布楚，索额图选在石勒喀河南岸扎营，随行的使团成员有征战有功的郎谈、班达尔善、萨布素等。

俄国戈洛文使团自打 1686 年从莫斯科出发，1687 年秋季到达贝加尔湖东畔，一直在那里停留了两年之久，后于 1689 年 8 月中旬才到达尼布楚。

歇息几天后，双方于 8 月 22 日正式开始会谈，会议一开始，俄方代表就率先提出要以黑龙江至海为界，左岸归俄国，右岸归中国，企图用谈判的手段取得用武力未能占有的黑龙江领土。

这一蛮横无理的要求一提出，当即被中方代表严词回绝，索额图明确阐述了黑龙江是中国领土的一部分，提出两国应以鄂嫩河、尼布楚一带为界。双方就此问题争论一天，没有任何结果。

次日，中俄双方举行第二次会议，俄方开始仍坚持原始方案，但中方始终拒绝，据理力争，谈判呈现出危机。

戈洛文见这一方案中国不同意，就开始讨价还价，企图以牛满河或精奇里江为界，索额图明确表示也不同意俄方的第二方案，但为了谈判早日成功，他也在主动做出让步，表示可以将尼布楚让给俄国，但俄方对中方的让步仍不满足。

最后，由于两国的意见无法统一，两次会谈都没有结果，会谈被迫停止，改由两国的翻译往来交涉，交换意见。

这时，俄国代表见中方翻译是荷兰人而不是中国人，认为可以实行贿赂政策，企图暗中捣鬼。8 月 25 日，俄方翻译送来文本，告诉中方翻译说文本中已写出中国不得在雅克萨地区修筑房舍，请他在中国的文本中也照样写上，但不必通知中方代表。

中国使臣不知道文本中到底用拉丁文写了什么，但是中方翻译觉得这件事关系重大，不敢贸然行事，因此，俄方企图用贿买办法埋下伏笔的阴谋没有得逞。

在日后的半个月里，双方多次协商，中方代表驳斥了俄国代表一次又一次的无理要求，并也做出了一定的让步，最后双方意见逐渐一致。

9 月 7 日，几经周折的谈判终于接近尾声，中俄两国签订了第一份条约——《中俄尼布楚条约》，明确规定中俄两国东段边界以外兴安岭、格尔必齐河和额尔古纳河为界，凡外兴安岭以南一带土地和流入黑龙江的河川，全部归属中国，外兴安岭以北一带的土地及河流,归属俄国。

事实上,俄国已经承认当初是非法侵略中国黑龙江地区,同意撤回俄军侵略军。

通过《尼布楚条约》,俄国已经把贝加尔湖以东的尼布楚一带纳入自己的版图,并获得了重大通商权益。

总的来说,《尼布楚条约》是经过平等谈判、清政府做出让步的结果,这份条约从法律上肯定了黑龙江流域及乌苏里江流域的广大地区都是我国领土,明确划分了中俄两国边界,有效遏止了俄国对中国东北地区的武装入侵,使我国边疆获得了比较长久的安宁。

在《尼布楚条约》条约签订后的 150 多年间,中俄两国都按照这一条约管理边界,因此,黑龙江流域在这一时期内再没发生过边疆之战。

七、鸦片战争:天朝上国的崩溃

西方列强的炮火,惊醒了"天朝上国"的千秋大梦。两次鸦片战争,让中国彻底地沦为了半殖民地半封建社会。清政府尊严扫地。实力决定一切的世界,弱肉强食。英法联军的炮火折断了东南沿海清军将士的军刀,也轰开了古老京都的大门。作为中国富贵渊薮之地的紫禁城、圆明园沦为异国强盗们的洗劫场。高高在上的皇族成为可耻的逃兵。随着近代第一个不平等条约的签订,清朝的王气也开始消散了。

(一)林则徐虎门销烟

19 世纪,欧洲资本主义国家崛起。二三十年代,英国基本完成了工业革命。完成工业革命后的资本主义国家,需要不断地开拓市场,将货物销售到世界各地。中国是一个人口众多的国家,英国资产阶级便想打开这个市场,而当时清政府所统治的中国正在实行闭关政策。英国资产阶级便开始通过鸦片来冲击中国的贸易市场。官商勾结使鸦片在中国受到热捧,一些沿海的官兵有时甚至会出动兵船交易。

就是道光皇帝在即位前也曾吸食过鸦片,一国之君都曾沾染过鸦片,王公贵族更是深陷不能

虎门销烟

自拔。幸亏道光皇帝后来觉醒,戒掉了烟瘾,他深切地体会到鸦片的危害。但是,

他对禁烟的决策却一直犹豫不决。并非他不想禁烟,而是因为禁烟确实存在着一定的难度,当时许多王爷大臣都在吸食,很难有效地加以控制。

有位大臣很早就认识到了鸦片的危害,他就是林则徐。早在担任江苏巡抚及湖广总督时,林则徐就开始在自己的管辖区域内禁烟,很多烟贩与鸦片吸食者都被他查处。在林则徐管理的地方便出现了一派无烟区。道光皇帝就是因为林则徐的禁烟成功,才开始下定决心禁烟。

英国资产阶级为了打开中国市场,可谓是费尽心机,他们先是把纺织品运往印度,换取印度生产的鸦片运往中国,然后把中国的茶叶、生丝等物品运往英国。吸食鸦片的中国人渐渐上瘾了,于是鸦片开始供不应求,价格也逐渐飙升。美国便也参与其中,他们把土耳其的鸦片运往中国,俄国也从中亚把鸦片运到中国获利。据统计中国的白银在1820年到1840年间,有1亿左右都流往国外。

由于大量的白银外流,导致清朝的经济面临崩溃的边缘。而中华民族更是面临一场巨大的灾难。大量吸食鸦片,影响人们的身心健康。商人无力经商,农民无力种田,军人不能有效地进行国防,官员腐败,贪污成风。整个中华民族都被灾难所笼罩,继续发展下去,中华民族距离灭亡便更进一步。

清朝皇帝也认识到了鸦片在中国风行的严重性,但是很难抑制,因为统治阶级大部分人都在吸食鸦片,并且已经上瘾。清政府虽然不乏一些主张禁烟的官员,但毕竟是少数,大部分人都在吸食,上瘾后很难戒掉。更有一些官员和商人勾结,从中牟取暴利。因此,这些人便千方百计地阻止禁烟。这就是中国当时的文化风气,官员们以个人利益为重,为了自己不惜对整个国家不负责。

道光皇帝清楚地认识到鸦片的危害,而对于禁烟的决策一直很少有大臣响应,这使他缺少信心。下定决心的道光皇帝便开始大力禁烟,当时的庆亲王奕窦、辅国公溥喜都因为吸食鸦片而被革除爵位。此外,他还将反对禁烟的许乃济品位降级。道光皇帝把禁烟成功的林则徐召入京城,一连8天的时间,天天都召见林则徐商谈禁烟的策略。道光十八年十一月十五,也就是1838年12月31日,一个让中华民族值得记忆的日子,这一天道光皇帝终于摆脱了所有思想的束缚,任命林则徐为钦差大臣,实行全国禁烟政策。

林则徐担任钦差大臣之后,他比皇帝面临的困难更大,皇帝是这个国家的至尊,当时的中国又是处于封建社会,皇帝的意思便是上天的意思,没有人敢反驳。但是林则徐就不同了,钦差大臣之上还有高官贵族,这些势力都是难以沾惹的。

满州贵族与一些反对禁烟的汉族大臣,对道光皇帝不敢公开反对,可对于林则徐他们就有很大的权力来干涉。清政府产生的弛烟派并非是他们吸食鸦片不能自拔,而是出于个人利益才极力反对禁烟。

英国人将鸦片打入中国的时候,必须先从一些清朝贵族着手,通过贵族的带动,从而将鸦片销售全国。于是,一些官员和贵族们便联合英国人在中同销售鸦片,白银也就源源不断地流进他们的口袋。

当时,弛烟派首领琦善对于林则徐威逼利诱,以大局为重的林则徐没有投降,而是一如既往地坚持自己的主张。清代思想家、文学家及改良主义的先驱者龚自

国学经典文库

中国军事百科

·对外战史·

图文珍藏版

珍,对林则徐所处的环境颇为担忧。他主要是担心林则徐的安危。禁烟使英国人的利益得到严重的损失,从而牵连了国内与英国人勾结的官员以及贵族。这样一来,林则徐大张旗鼓地进行禁烟,不免会出现很多无法控制的局面。

钦差大臣林则徐还没赶赴广州之时,有一名叫作伍绍荣的大汉奸,在知道了林则徐禁烟的决心后,便前往头号烟贩居住地通风报信。

这位头号烟贩叫颠地,他是英国人,常年与中同官吏打交道。颠地一直相信中国的一句古话"有钱能使鬼推磨"。伍绍荣见到颠地之时,他正在玩牌,他听完伍绍荣说完后,只说了一句"我根本不相信你们中国人能禁烟",说罢依旧玩自己的牌,根本没有太大反应。

林则徐到了广州后便化装成商人,前往大街小巷与各个港口,还走遍了广州的各大烟馆、外国商船,将实际情况全部查清楚。之后,他便发布命令拦截所有运输鸦片的船只,凡是在中国境内的外国商船不能装卸货物,并且将外国商馆封锁,限期交出全部鸦片,通缉伍绍荣和颠地等人。林则徐下定决心:"若鸦片一日未绝,本大臣一日不回,誓与此事相始终,断无中止之理。"

担任英国商务监督的义律,发现林则徐下定决心禁烟,他暴跳如雷,但是在中国的土地上,他又不得不交出少部分鸦片来敷衍。

林则徐知道这些英国人不会那么顺从地将全部鸦片上缴,于是便命人将义律带到钦差大臣行辕中的花厅。

义律到达后,林则徐便直接发问:"缴烟的事,贵领事做得怎么样了?"义律假作微笑道:"为了两国友谊能够长久共存,我已经劝导本国商人缴出所有鸦片。"

林则徐问道:"缴了多少?"义律马上递上一份清单说:"1037箱。"

心中有数的林则徐故意问坐在自己旁边的广东水师提督关天培:"关提督,咱们扣了英国商人多少条运输鸦片的船只?"

关天培故意大声说道:"我们扣留了英国商船22只,在每只船上装有1000多箱鸦片!"

突然,林则徐严厉的目光直刺义律说:"按照我们扣留的船只和清查的数目,1037箱鸦片还不到总数的1/20,是吧?"义律脸色骤变,无话可答。

林则徐见义律不说话,便微笑着问:"你们国家的鸦片大老板颠地呢?"

其实,颠地和伍绍荣早在义律的指使下化装潜逃,所以义律很大方答道:"我从澳门赶来的时候没看到他。"

林则徐忽然又用一种严厉的目光盯着义律说道:"义律先生,你又不老实了!"义律的大脑在飞快思考,正想找个理由来搪塞,只见林则徐厉声下令道:"把抓到的逃犯带上来!"

心惊的义律担心的事情发生了,颠地和伍绍荣被官兵从屏风后押着转出来。

羞愧异常的义律瞬间恼怒起来,他咆哮着说:"我对你们提出抗议,你们拘禁无辜的英国公民!"

林则徐没有示弱,拍桌而起,喝道:"义律先生,请告诉我什么叫无辜?颠地私自在中国土地贩卖鸦片,而且拒不缴出,勾结汉奸化装逃跑,请领事先生告诉我这是'无辜'吗？你对这样的罪犯不协助清政府追捕,反而包庇、袒护,你有何居心?"

义律无话可说地低下头。义律和颠地最终不得不把所有的鸦片缴出。

中国不乏明智官员,比如两广总督邓廷桢,广东巡抚怡良,他们与林则徐一起禁烟,查封烟馆,逮捕烟贩,还处死了中国烟贩冯安刚。当时英国人在中国设置了怡和洋行,管理怡和洋行的鸦片走私头目威廉·渣甸也在林则徐的坚定要求下交出鸦片。在道光皇帝发布禁烟圣旨,以及林则徐在全国各地开始禁烟后,共收缴烟枪 42741 杆、烟膏 461526 两、烟锅 212 口,还有鸦片 19187 箱又 2119 袋。

林则徐将鸦片收缴完毕后,打算运回京师销毁,但是想到还有很多反对禁烟的官员会偷偷行动,或是搞破坏,便产生了就地销毁的念头。林则徐在上书道光皇帝并经过批准后,便开始正式销烟了。闻名世界的"虎门销烟"便开始了。鸦片在销毁时也是一大难题,最初林则徐通过传统的销毁鸦片的"烟土拌桐油焚毁法",后来发现这个办法不可行,一些鸦片仍旧有残留。后来便找到了一种"海水浸化法"。

林则徐先命人在海边挑挖两个池子,在池子的底部铺上石头,为了防止鸦片的渗漏,还在池子的四周钉板。然后再挖一水沟,把盐水倒入水沟,流入池中。先是将烟土分成 4 瓣,再泡进盐水中,半日后放入石灰,烟土便被溶解。为了使烟土彻底销毁,林则徐还命令很多士兵在池子的周围拿着木耙搅拌,让烟土完全溶解在水中。退潮的时候,再把池里的水送进大海。

林则徐找到销毁鸦片的方法,便于 1839 年 6 月 3 日,在虎门正式开始销烟。他先命人在虎门搭起了一座礼台,广东高级官员全部出席,这充分显示出林则徐对于禁烟的重视。虎门销烟是公开进行的,人们纷纷前往虎门观看,在销毁这些毒品的刹那,人们大呼:"痛快。"很多人因为沾染了鸦片而家破人亡,他们对于鸦片痛恨已久。除了群众之外,还有一些没有贩卖鸦片的外国记者、传教士、商人、领事等等,专门从澳门等地赶来观看这具有历史意义的一刻。

还有很多外国人是抱着另一种心态来观看的,因为他们不相信林则徐有办法把鸦片全部销毁。林则徐将这些人带到池边,让他们亲眼看到销烟的整个过程,并且还为他们专门讲述。这些外国人无不心悦诚服,脱帽向林则徐致敬。更有很多报纸连续报道虎门销烟的过程,其中包括外国人主办的《新加坡自由新闻》《季度评论》《澳门月报》《广州纪时报》等。英国本土也因为虎门销烟而物价增长,特别是中国出口的大米、丝绸和银。

在林则徐的大力查办下,虎门销烟进行得非常成功,很多外国人也表示了支持。葡萄牙商人全部承诺绝不再往中国贩卖鸦片,为了证明自己的清白,他们欢迎林则徐亲自前去检查。林则徐对于这些合作的外国商人也表示出中国的友好,这些商人不但可以在中国正常进行贸易,而且还能受到保护。

虎门销烟遏制了鸦片在中国的泛滥,而且使中国人民进一步认识到了鸦片对于人体的危害,使人民的爱国意识大大增强,林则徐是我们中华民族的民族英雄。虎门销烟这次事件的产生具有很大的历史意义,让人们能清楚地看到往日的"天朝上国"在现在世界上的位置,一大批人也会从中觉醒,从中真切地看清楚西方列强的真正面目。

威廉·渣甸在林则徐销毁鸦片后,回到了英国。林则徐以及很多支持禁烟的官员都高兴地说:"威廉·渣甸畏惧天朝的威严,而抱头鼠窜了。"

其实,这些官员都错了。

(二)第一次鸦片战争

之所以说林则徐和这些官员都错了,是因为威廉·渣甸并非逃亡,而是前去英国游说政府对清朝采取强硬行动。这里的强硬行动便是发动战争。林则徐和这些官员之所以会说威廉·渣甸已经抱头鼠窜了,是因为他们依然认为中国是天朝上国,是神圣不可侵犯的大国。

而当时的中国是这样的,独立的封建国家,曾经的强盛已经从乾隆末年渐渐衰落。曾在明朝中叶产生的资本主义萌芽因为封建制度的阻碍发展缓慢,中国人民的主要经济还是农业和家庭手工业,官员腐败,贵族、地主将大量土地收为己有,农民每年要交大量的租税,赋税等等。

英、法、美等资本主义国家得到了很快的发展,英国从18世纪60年代起开始工业革命,到19世纪三四十年代机器工业基本上已经代替手工业。英国出口的羊毛、呢绒等工业制品来到中国后,并没有得到认可,乾隆皇帝以天朝上国什么都不缺为由拒绝了英国人。虎门销烟直接导致第一次鸦片战争的爆发,而其根本原因是英国为倾销工业品,掠夺工业原料。

1839年7月,英国水兵在九龙尖沙咀村内醉酒闹事,在冲突中打死一名叫作林维喜的村民。在这个敏感时期,任何一件事情都有可能上升到国际矛盾。林则徐强烈要求英国人交出凶手,而英国商务总监义律却对自己人轻判了事。

义律出身于英国贵族,曾经在英国殖民地圭亚那任高级官员,管理当地的奴隶。1834年,也就是道光十四年,他跟随英国驻华商务监督律劳卑来到中国。义律自称是英国资本家的"东方代理人",在对待中国问题上比较极端。1836年,义律接任英国驻华商务监督。林则徐在1839年到广州禁烟时,他就多次阻挠,并且多次向英外交大臣巴麦尊提出对中国使用武力。

其实双方积怨已久,从1793年到1816年,英国曾多次派使节来到中国,向清政府提出开放天津、宁波、舟山通商口岸等要求,但是都遭到了拒绝。1834年,英国政府又派律劳卑来到中国担任所谓"商务监督",但是清政府一直都不承认。

1839年8月15日,极其愤怒的林则徐下令禁止一切贸易,并且派兵进入澳门,将不遵守中国法律的英国人驱逐出境。这件事便成了鸦片战争的导火索,使双方关系进入紧张阶段。10月1日,英国政府以保护通商和大英子民的生命受到威胁为理由,调遣舰队进入中国海。

道光帝也颇为愤怒,他认为中国是"天朝上国",怎能让蛮夷随便藐视,于是在1840年1月5日,发了一道圣旨,宣布封港,永远不再与英国人进行贸易往来。1月16日,英国维多利亚女王说,英国政府会密切注意在华利益及国家尊严。2月,英国政府任命懿律全权代表,并且为英军的总司令,义律为副全权代表。4月的时候,英国国会对于进攻中国的问题激烈辩论。有很大一部分人反对发动战争,但是在维多利亚女王的影响下，最后的投票是支持者271票，反对者262票，通过了这次的军事行动。

英国政府一直都没有对中国正式宣战，他们认为这次的武力只是一种关于利益竞争的报复，而不是国与国之间的战争。英国组成一支拥有士兵4000人的"东方远征军"，同时有16艘军舰，28艘运输舰，4艘武装汽船，载炮共540门。1840年6月初，"东方远征军"向中国广东、澳门进犯，第一次鸦片战争正式开始。英国出兵的目的是想在中国这个巨大的市场上拥有自由贸易的机会，并且通过这次的示威让清政府承认英国是平等国家。之所以说平等国家，是因为一些外国人来中国叫"朝"，也就是要行跪拜礼，带来的礼物叫"贡"。中国习惯了高高在上的姿态，认为中国周边地区的国家都是附属国，所以英国来使如果进中国，朝廷也会让他们行跪拜礼。

这是来自文化的差异，当时的中国还处于封建统治时期，并不能正确地认识到自己所在的位置，一直以天子自居。英国是个平等的国家，因此英国政府无法容忍遭到轻视，而中国的态度也比较强硬，长期的闭关使中国与国际无法接轨，在文化上显得格格不入。英国人认为清政府落后，清政府认为英国人是蛮夷。

所谓蛮夷，古代泛指华夏中原民族以外的少数民族。清朝政府一向认为英国人是落后的民族。战争开始之时，清政府依旧认为英军根本威胁不到中国。1840年6月，英军统帅懿律带领英国士兵到达广州海面，由英国外相巴麦尊下达作战计划，他们一面封锁珠江口，一面北上进攻浙江舟山。林则徐立即调整部署，张贴告示，号召沿海各地的民众奋勇杀敌。通过林则徐的号召，广东军民群情激昂。

英国侵略军因为不熟悉中国航道，他们需要中国人引水领航。经过渔民配合，林则徐根据引航人的报告，常常带领水师闯进敌军船队，火攻敌船。懿律知道林则徐把守的广东戒备森严，便在7月进攻福建厦门。原本的两广总督邓廷桢现在担任闽浙总督，他迅速组织水师进行反抗，英军又没有占到什么便宜。

因此，英军直接进攻浙江，由于从浙江到天津，各海口大多没有多少防备。英军很快就攻陷了浙江定海，然后在当地进行疯狂的屠杀和掠夺。由于沿途抵挡较少，英军很快到达了天津大沽口。驻守在大沽口的清军只有200多名，整个天津的清兵不过800。一直不把英国人放在眼里的道光皇帝本打算与对方开战，但是看到英国的军舰逼近，他也随之产生了动摇。8月20日，道光皇帝命令琦善转告英国人，表示清政府妥协。

琦善担任清政府代表前去与英同侵略者谈判。英国侵略者提出一系列无理要求。琦善还将所有的过错全部推在林则徐身上，他私下向懿律保证，只要现在英军退回广东，英国人提出的要求将在广州谈判中获得满意解决。英国军舰便撤回了广州，清政府派琦善到广州谈判。10月，琦善暂代两广总督。曾经大力禁烟的林则徐与邓廷桢被革职。

琦善到达广州后，为了取得侵略者的欢心，便把海防工事完全拆毁，还将林则徐曾经组织起来的民团、乡勇统统解散，对于骚扰英国人的中周人将予以惩罚。英国侵略者看到广州等地的武装已经解除，提出很多更加无理的要求，琦善表示全部接受。但是其中有一条割让香港的要求,他不敢擅自主张,答应英国人会向道光皇帝请求。

懿律当时因生病回了英国,琦善便带着自己的翻译和义律谈判,琦善一直都是在拖延时间。渐渐义律失去了耐心,英国人商议后决定战后再进行谈判。1841年1月7日,英军开始攻占虎门的大角、沙角炮台,在此守卫的清军死伤700多人,船只沉毁11艘。

一直拖延时间的琦善只得让步,1月25日再次与义律谈判,并且签订了《穿鼻草约》。条约第一款便是把香港岛割让给英国。

条约签订的第二天,英同军队就开进了香港岛。

曾全力禁烟的林则徐被道光皇帝发配到了新疆,林则徐虽然~直坚持上书,劝道光皇帝要禁烟和重视海防,但道光皇帝却说林则徐一派胡言。

英周侵略者攻占大角、沙角炮台的消息传到北京,道光皇帝非常恼火,感觉堂堂天朝失地又赔款,决定对英国人宣战。

道光皇帝派皇侄奕山为靖逆将军,从各地调集兵士1.7万名,开往广州作战。未经道光皇帝的批准,琦善便擅自与英国人签订条约,道光皇帝大怒,下令把琦善抄家革职。义律发现情况有变后,便开始先下手。他率领军舰18艘进攻虎门炮台。

英国军舰在炸断了拦江铁链,攻占了横档等几座炮台后,开始全力轰击靖远炮台。驻守在虎门的水师提督关天培在靖远炮台率领将士顽强坚守,他挥刀上阵,手下士兵也感觉壮气充胸。而此时,关天培又将自己的全部家产拿出来送给浴血奋战的将士,他高声喊道:"将士们,人在炮台在,不离炮台半步!"

关天培身先士卒,带领军士们死战,多次击退扑来的英军。

异常激烈的战斗,从中午一直持续到深夜。士兵们同敌人血战到底,但是一直都没等来援兵。清军寡不敌众,守卫炮台的将士大半英勇牺牲。关天培身背十余创,鲜血淋漓。但是,他仍然屹立不倒,亲自点炮还击。

一阵倾盆大雨突然从天而降,使打炮的火门透水,失去了攻击力。

眼看着英军向岸上蜂拥而来,老将关天培依然临危不乱,他将提督大印交给侍从孙长庆,让其火速送回广州省府。

就在这紧要关头,孙长庐不忍独自离去,他要将关天培背下阵地。老将关天培突然拔出腰刀,命令孙长庆立即突围,他大声说:"吾上不能报天恩,下不能养老母,如有余恨。汝归告吾妻子,但能孝吾亲,吾目瞑矣!"

关天培继续率领将士与英军短兵肉搏。他奋勇挥刀,接连砍杀了几名英军士兵。正在这时,一颗子弹突然射入了关天培的胸膛之中。关天培壮烈殉国,但是仍挺立不倒。英军见关天培巍然而立,战栗不已。

最后关天培和官兵400余人全部牺牲,虎门炮台失陷。

虎门失陷两个月后,奕山才到达广州。5月21日,奕山带领1700余水陆军,在黑夜的时候乘坐快船袭击英军的舰船。

第二天早晨,2400名英军反攻,清军只得溃退。四天的时间英军便占领了广州附近的所有要地,1.8万多清军全部退进城内。城郊据点四方炮台失陷,英军居高临下炮轰广州城。

26日,英国人集中炮火猛轰奕山等人的住所。奕山吓得失魂落魄,举白旗求和,并且与英国人签订了《广州和约》。之后,奕山带着自己的部队撤出了广州,同时向广州商家收取600万银圆交给英国人,称之为赎城费。英国人收了钱之后便撤出了广州。

后来发生了著名的三元里抗英事件。

在停战后,一些英国军队进入广州城北的双山寺,双山寺放着一些棺椁,英国军队因为不了解地方风俗,出于好奇而开棺。村民们以为英国人丧心病狂,刨坟掘墓,于是村民组织起来抗击英军。英军便在此劫掠财物,强奸当地妇女。

5月29日,三元里村民将一小股来犯的英军击退。三元里民众料定英国人不会善罢甘休,于是村民聚集在三元古庙商议,并且用"三星旗"作为令旗指挥战斗。在大家商议之后联络了附近103乡的群众,共同做好战斗准备。第二天,百余村团练带着戈矛犁锄等武器围困永康台。

群众与英军相持近半日,当时驻守在永康台的英军司令卧乌古亲自带兵出击。民众边战边退,将英军带到牛栏冈丘陵地带。

当时正遇到大雨,英军的火枪受潮不能使用。这一股英军其实是印度雇佣兵,英政府给他们配备的装备比较落后。于是,团练民众开始冒雨反击,将这一股英军包围。三四十名印度雇佣兵被群众砍死砍伤,于是英军派出两个水兵连,带着雷管枪前来增援。后来被围困两个小时的英军被迫退到四方炮台。

而奕山为了不被道光皇帝惩罚,回朝后虚报战功,还将这次战役的惨败说成大胜。英国政府对这次战争的收益不太满意,于是撤换义律,将璞鼎查派到中国担任全权代表,并大肆侵略中国。璞鼎查为英国人,很早的时候便进入海军,1803年跟随军队到达印度.参与侵略。1840年,在英军侵略阿富汗的战争中晋封男爵,后被派到中国。1841年8月27日,璞鼎查带领英军攻陷鼓浪屿、厦门、定海、镇海(今天的宁波)及乍浦(今天的浙江平湖)。

当时,寿春镇总兵王锡朋出守晓峰岭,处州镇总兵郑国鸿守卫竹山门,而定海镇总兵葛云飞在土城据守,这些都是敌人进攻的要冲之地。

8月12日下午,英舰窜入竹山门。在其还没有进入内港之时,葛云飞指挥众炮齐轰,将敌舰逼退。

当天夜里,英军进逼土城。葛云飞指挥清军力战,斩获颇多。葛云飞侦知敌人2万来袭,而守军只有5000,于是,急忙飞书求援。但遭到拒绝,只得力战。

13日中午,四艘英舰又驶入竹山门。葛云飞督兵开炮,击退英舰。

不久,英军再次向土城进逼。葛云飞用4000斤炮回击,直炸得英军血流成河。

这时,东进的英军进入关山炮台南部。停泊在东港浦的战舰和五奎山炮队,猛烈开火,以配合东进英军。

葛云飞见情势危急,于是朝北而拜:"臣力竭矣,崎岖海外,七月,不能为国灭贼,死不足塞责!"他将大印交给小校让其带回,之后,率领亲兵200余人,奋力迎战。葛云飞从关山炮台,转战竹山门,带领持刀将士与英军肉搏。

激战中,葛云飞的军刀突然折断,他拔出两把佩刀,继续搏杀。在疾步攀登竹山门时,葛云飞被英军一刀劈到脸上,敌人的火枪也在此时纷纷对准了他。葛云飞胸背中弹,犹然擎刀不倒,霍霍如生。

最终,驻守在定海的总兵葛云飞和4000将士在对战中殉同,英军也在这场战役中损失惨重。

浙东一连失去定海、镇海、宁波三城。道光皇帝又任命另一个皇侄奕经担任扬威将军,到浙江收复失地。奕经其实是一个沉溺酒色的纨绔子弟,他带领军队一路游山玩水,根本没对收复失地做出准备。第二年1月25日,奕经做了一个梦,他梦到洋人偷偷上船,从洋人的身上掉出大洋,以为是吉兆,便下令与英国侵略军开火,而最后却一败涂地,狼狈逃往杭州。

后来,英军攻打长江的门户吴淞,当时陈化成担任江南提督,他带领军队坚守西炮台,牛鉴担任两江总督希望与英国人求和,但是被拒绝。牛鉴当时驻守东炮台,因为没有战心而逃跑,东炮台被攻陷。陈化成带领自己的部下依旧死守西炮台,最后战死。

吴淞沦陷后,英军的军舰便开入长江。驻守在镇江的副都统海龄认为乍浦与吴淞的失守是因为汉人通敌,于是纵容自己的兵士杀害汉人。7月21日,英军6600余人进攻镇江,蒙古骑兵失败,海龄自杀。镇江城被英国人掠夺一空后焚毁。镇江对岸便是扬州,当时绅商听到英军打来非常恐慌,他们向英军交纳50万两赎城费,才躲过一劫。8月4日,英军开始直逼南京。对于清政府的威胁越来越大,清政府非常恐慌。

战争期间,虽然在中国东南沿海地区有很多人自发组织抗英,但是收效甚微。英军所到之处遭到当地人民的抗击。在英军入侵浙江的时候,浙江等地人民组织起"黑水党",狠狠打击英军。英军进犯长江时,当地人民也以多种方式袭击英军,阻止英国舰队前进。

一直自认"天朝上国"的清朝统治者,现在不得不重新开始正视被他们称为蛮夷的英国人。

(三)近代史第一个不平等条约

英军开始直逼南京,惊恐的清朝统治者,便决定接受英国提出的种种不平等的条件,进行议和。英国军舰在1842年(道光二十二年)8月4日,驶进南京下关江面。英军大概是因为尝到了赎城费的甜头,在紧逼南京之时索要赎城费300万元。

清政府不得不面对事实,于是在静海寺与英国政府议约。双方先后在静海寺议约4次。清廷代表钦差大臣耆英、伊里布在1842年8月29日(道光二十二年七月二十四日)与英国代表璞鼎查在英国人的"康华丽"号旗舰上签订中英《南京条约》。

但是在谈判期间,英军仍旧没有停止对中国地方的掠夺,双方又一次引发战争。当时驻守在江阴的英军后援部队,是为向前方参战的英军提供食品的,这部分英军从黄田港渡江前往靖江。英军将船停靠在东双港（今天的膨蜞港西扒灰桥），对当地的居民进行了大肆抢夺，然后乘船离去。

8月14日，又有10多名英国军人驾船来到这里，登陆后抢夺，并且行凶，当时有一户居民家中有人去世，棺柩放在家中，英国人以为棺柩中有财宝，便将棺柩劈开。还有当地的老中医乘坐轿子出去行医，遇到英国军人，便被割去了双耳，流血过多而死。

英军多次进入靖江县城，抢杀居民，城中的百姓彻底愤怒了。在英军掠夺时，百姓决定关闭城门，开始攻击英军。英国人看到情形不妙，便转身出城，把正在关城门的老百姓杀死。当时，有一名英国军人，因为迷失了道路没有出去，被一名城中百姓砸倒。附近的居民全部赶来，愤怒至极的老百姓将英国军人打死。而城外的老百姓也在此时追击逃跑的英军，用石块击伤几名英国军队中的印度人。

愤怒的群众将英军赶走后，他们的心中也很后怕，因为他们知道英军肯定不会善罢甘休。靖江知县杨凤融在当天晚上将这里的官员和一些当地的士绅商议对策，大部分人认为靖江小小的县城，与所向披靡的英国人对战肯定是以卵击石，而且两江总督已经下令沿江的防线撤掉。说来说去，这些人就是主张将那名打倒英军的靖江群众捆绑后交给英国人。

还有许多乡绅认为不能丢弃民族尊严，应该全力抵抗，就算死也要尊严地倒在这片属于自己的土地上。双方进行着激烈的辩论，知县杨凤融是一名有血性的中国人，他下令全力抵抗，只要英军再来进犯，便倾城反击，并让靖江城的军士整顿战备，而在靖江这座县城之中，城守营和水师营只有数百人，装备落后。

知县杨凤融看到官兵人数不足，便下令招募壮丁以备守城之需，群众也都非常支持，当天晚上便招募300多人。衙门的各级人员都开始紧张地忙碌，有的招募人员，有的筹备粮饷，这些都是战争之需。在筹备粮饷时大家也都非常支持。

城中紧张地忙碌着，知县杨凤融等乡绅还发出了悬赏，凡是杀敌有功之人都会有赏。没过多久，英军果然来了，三艘英同帆船停泊在南关外。杨凤融命令自己的侄儿杨奠山带着丁壮前去御敌。杨奠山与水师营头领何鼎勋带着士兵赶到江边，附近群众大约千人，纷纷前来助战，军民声势甚壮。英国帆船停泊后，开始抬炮上岸水师头领何鼎勋看到敌人还未排开阵势，便请求出击。

于是，水师官兵抬枪击敌，数名英国士兵倒下。愤怒的英军便开始了炮击，由于距离太近，无法发挥有效作用。而在这个时候城内的居民几千人登上城头，一起助威。双方持续两个小时后，遇到大风，潮水骤落，英国人的船只不能靠岸。水师营士兵借此机会抬枪击中一艘英军船上的火药桶。英军船上顿起大火，士兵从船上纷纷跳入水中，八名士兵被击毙，五名受伤。又遇大雨倾盆，守城军士气更为旺盛，而英军纷纷惊恐不已，迅速逃离。

没过多久中英《南京条约》便签订了。条约签订后，杨凤融便被两江总督牛鉴以"大胆滋事"的罪名被撤职。腐败的清朝连自己的子民维护尊严的机会都不给，清政府也开始了正式衰败，中国从曾经不可一世的帝国开始转型。中国近代史上与外国签订的第一个不平等条约便是《南京条约》。

《南京条约》又称为《江宁条约》，共有 13 款，主要几条为：

第一条，中英两国和平永存，凡是自己的子民在另一国土上都要受到该国的保护。也就是说中国人到了英国要受到英国政府的保护，英国人到了中国，中国政府也要全力保护。

第二条，从今天起，需要清朝皇帝恩准，英国人民可以带着自己的家眷寄居中国沿海的广州、福州、厦门、宁波、上海等五处港口。在这些地方开展贸易不能受到阻拦。并要在这里设领事、管事等官，专门管理英国商人。

赔款总计 2100 万银圆。600 万银圆的赔偿是被焚鸦片，1200 万银圆的赔偿是英国军费，300 万银圆是偿还商人债务。清政府要在四年内交纳，如果不能按期交足，则要收取高额的利息。

第五条，准许英商与华商自由贸易，曾经清政府制定的贸易制度作废。

第六条，英商进出口货物缴纳的税款，两国需要商定。也就是说中国的关税不能自己制定。

第七条，中英两国的人民如果在这里出现了什么争斗，英国人要归英国人自己处理。由此中国的司法主权开始受到侵害。

通过南京条约中国发生了彻底的变化，在条约签订以前，中国在经济上是个自主的国家，而在条约签订后，中国在领土、领海、司法等主权遭到破坏。中国逐渐沦为半殖民地半封建社会。

（四）第二次鸦片战争，英法洗劫圆明园

中国的大门被打开后，列强们看到中国已经不再是曾经的模样，于是又出现了美国和法国强迫清政府签订《中美望厦条约》与《中法黄埔条约》。失势的中国进入了最惨痛的时期，外国人争相抢夺中国资源。在 1853 年英美等国又掀起了"修约"的阴谋，后来的交涉没有成功。所谓修约无非是西方列强在现实中发现自己的利益还不够完全，然后想进一步扩大自己的利益。1856 年 10 月 8 日，英国人制造了"亚罗号事件"。

亚罗号事件源于一艘 100 吨的中国商船"亚罗"号。1856 年 10 月初，"亚罗"号从厦门开往广州，停泊黄浦。"亚罗"号上的水手全是中国人，船主叫苏亚成，他也是香港华人。这艘船曾经被海盗劫掠，曾在香港英国政府领过登记证。10 月 8 日，广东水师拦下这艘船，抓了藏在船上的 2 名中国海盗和 10 名有嫌疑的水手。

英国驻广州领事巴夏礼认为，这艘船曾在香港注册过，领有执照就是英国船，为了惹是生非他们还捏造中国水师曾扯下船上英国旗，对英国侮辱。他无理地要求两广总督叶名琛将被捕的犯人释放，并且向英国政府道歉。22 日，叶名琛便将抓获的 12 个人送回去。巴夏礼拒绝接受，就是叶名琛的信件也不看。

23 日，英国驻扎在中国的海军开始向广州发动进攻，第二次鸦片战争爆发。"亚罗号事件"只是英国政府的一个借口。在《南京条约》签订满 12 年后，英国人便向清政府提出修改《南京条约》的要求，以便自己在中国可以取得更大的利益。而要修改的主要内容为："中国全境开放通商，鸦片贸易合法化，进出口货物免交关

口税,外国公使常驻北京等。"法国和美国也要求修改条约。清朝统治者当然选择拒绝。经过多次的交涉后,列强依然没有得到清政府的肯定答复。在外交上不能取得的利益,便会通过战争的方式解决,西方列强有比中国先进的武器,他们决心对中国发动新战争。

之所以让列强加紧步伐在中国取得利益,是因为 1851 年太平天国起义的爆发。第一次鸦片战争后,中国广大人民加深了对侵略者的痛恨,广东民间经常会发生排外活动。叶名琛担任两广总督,他不反对也不答应,只是以一种默许的态度,他身为一名中国人,同样痛恨侵略者。

第二次鸦片战争是英法联军侵略中国,英国人以"亚罗号事件"为借口,而法国人以"马神甫事件"为借口开始联合侵略中国。

所谓"马神甫事件"指的是,法国天主教的神甫马赖被处死一事。在没有任何声明的情况下,马赖进入中国内地活动,在内地干了许多违法之事。根据中法条约的规定,应该将他国犯人押到法国领事馆由他们自己处理,但是这样就显得中国失去了自己应有的权利。1856 年 2 月,广西西林县知县在没有与法国领事馆交涉的情况下,就根据中国法律将神甫马赖处死。这便是法国联合英国侵略中国的理由,法国政府任命葛罗为全权代表,与英国一起出兵中国。英法还联合了美国,美国表示在外交上支持。

1857 年 12 月,英国与法国军队在珠江口集结,两军合并有 5600 余人,他们准备大举进攻中国。

在英法联军作战的同时,俄国公使普提雅廷和美国公使列卫廉都到达香港,四个国家合谋侵略中国。

12 月 12 日,英军驻华头目额尔金与法军驻华头目葛罗分别对两广总督叶名琛发出 10 日为限的通牒。而这个时候的清政府正在全力镇压太平天国和捻军的起义,在内忧外患之下,清政府感觉到吃紧,他们选择对外国侵略者采取"息兵为要"的方针。

身为两广总督的叶名琛,完全执行政府下达的政策,根本没有下达对外的作战准备,也没有守卫准备。英法联军于 12 月 28 日开始炮击广州,在炮火攻击后又登陆攻城。第二天广州失守,广州将军穆克德讷与广东巡抚柏贵在英法联军强烈的攻击下投降。之后,他们在英法联军的手下继续担任原职,一切听从英法联军的安排。两广总督叶名琛被英法联军俘虏,后来被送到印度的加尔各答。

侵略军以武力占领广州后,流着中华民族血液的当地人民开始了反帝国主义的斗争。广州佛山成立了团练局,集合数万人,与帝国主义斗争。香港、澳门爱国同胞开始罢工,表示对侵略的抗议。1858 年 3 月,英、法、美、俄公使一同前往上海,两江总督何桂清要求他们返回广东。英法联军决定集结兵力北上天津。

1858 年 4 月,四国公使陆续来到大沽口外,他们分别与清政府见了面,并要求在六日内指派全权大臣谈判。俄、美两国公使在与清政府见面之时,表示自己愿意充当"调停人"。咸丰皇帝一边下达防守的命令,一边让直隶总督谭廷襄担任钦差大臣前去与四国公使谈判。看不清局势的清政府居然还把希望寄托在美、俄两国公使的身上。

英法联军已经将军队开到这里,他们并没有谈判的诚意,而是以谈判的借口拖延时间,加紧准备扩大侵略。英法联军在5月20日开始攻击大沽炮台,早已驻守在这里的清军奋起还击。毫无斗志的直隶总督谭廷襄弃守逃亡,大沽失陷。26日,英法联军侵入天津城郊,扬言要进攻北京。6月13日,清政府开始恐慌,咸丰皇帝派遣大学士桂良、吏部尚书花沙纳担任钦差大臣,快马到达天津议和。

钦差大臣到达天津后分别与四国签订了《天津条约》。中法《天津条约》共42款,附约6款;中英《天津条约》为56款,附约1款。其中的主要内容为:"第一,公使常驻北京;第二,增开牛庄(后改营口)、登州(后改烟台)、台湾(后定为台南)、淡水、潮州(后改汕头)、琼州、汉口、九江、南京、镇江为通商口岸;第三,外籍传教士得以入内地自由传教;第四,外国人可以进入内地游历、通商;第五,外国商船可在长江各口岸往来;第六,修改税则,减轻商船吨税;第七,对英赔款银400万两,对法赔款银200万两。"

俄、美两国公使利用"调停人"身份,以狡诈手段与清政府签订了中美《天津条约》30款、中俄《天津条约》12款。条约中的特权除了赔款外,几乎与英法一样。在《天津条约》签订后,英国与法国军队撤离天津沿海南下。咸丰皇帝对条约内容感到忧恐,并决定通过交涉修改《天津条约》,将其中的部分款项取消,比如公使驻京、内江通商等,并且避免英法两国到北京换约。英、法两国表示出前所未有的坚决,他们不容修改《天津条约》的任何条款,坚持在北京换约。

英、法政府渐渐对清政府失望,在多次的交涉下,英法联军决定再次挑起战争。1859年6月,英国和法国分别拒绝了桂良提出在上海换约的建议,列强打算通过武力对其进行逼迫。

法国公使布尔布隆、英国公使普鲁斯、美国公使华若翰,各自率领一支舰队又一次到达大沽口外,他们企图以武力逼迫清政府交换《天津条约》批准书。

清政府又一次在大沽设防,并且命直隶总督恒福与英、法公使见面,指定他们前去北京换约的路线,并要求前去北京换约之时随员不能超过20人,还不能携带武器。英、法公使非常坚决地拒绝清政府的安排,坚持自己的安排进入北京换约。1858年,英、法舰队从大沽撤走后,清政府将这里的防务交给了科尔沁亲王僧格林沁负责。

经过多方交涉,最后没有达成一致。6月25日,英法联军又一次进攻大沽炮台。驻守在大沽炮台的清军在僧格林沁指挥下英勇异常,战斗进行得非常惨烈,直隶提督史荣椿与大沽协副将龙汝元先后阵亡。在清军顽强的抵抗下,英法联军惨遭失败,多艘舰艇沉没,死伤400多人,英国舰队司令贺布也在这次战争中受了重伤。这是自鸦片战争以来,清军唯一一次胜利。

英法联军与清军激战后,美国公使华若翰伪装友好按照清政府制定的路线进京,返回北塘的时候与直隶总督恒福互换《天津条约》批准书。而在美国之前俄国代表也已经在北京换约。

英法联军进攻大沽炮台惨败的消息传到了欧洲,一向在亚洲地区所向披靡的英法军要让中国付出代价，他们叫嚷着要占领京城。1860 年 2 月，英国与法国再度任命额尔金和葛罗为全权代表，率领 2.2 万余人扩大对中国的侵略战争。英法联军在 4 月占领舟山。5、6 月，英国侵略军占领了大连湾，法国侵略军占领了烟台，并且封锁了渤海湾，准备再次进攻大沽口。

无耻的美国公使华若翰和俄国公使伊格纳季耶夫，再次以"调停人"的名义赶到渤海湾，配合英国与法国侵略中国的战争。

清朝统治者在大沽战役获胜后，希望能就此与英、法资本主义停战。在英国与法国的军舰将要到达大沽海口时，咸丰皇帝仍告诉僧格林沁、恒福不能存有先战后和的心理，免得扩大战争，导致双方无休止的敌对下去。

咸丰派遣恒福前去与英、法使者谈判。统帅僧格林沁以为英法联军不善陆战，而集结大量的兵力在大沽，北塘防务一片空虚。俄国公使伊格纳季耶夫将这一情报提供给了英法联军。

英法联军当然对这一情报非常重视，在商议后，于 8 月 1 日在北塘登陆，因为没有驻守官兵，所以没有遇到任何抵抗。14 日，英法联军攻陷塘沽，水路与陆路一起进攻大沽北岸炮台。在直隶提督乐善指挥下，守台清军英勇抗击。但是清朝统治着原本就没有抗战决心，咸丰皇帝下令让僧格林沁离营撤退。

僧格林沁带领清军从大沽一直后退，经过天津退到通州。8 月 21 日，大沽失陷。英法联军长驱直入，于 24 日占领了天津。清朝统治者连忙派桂良等到天津议和。英国与法国政府在武力的优势下，提出许多让清政府不能接受的条件，其中使清政府最无法接受的便是各国公使各带兵千人进入北京换约。

清朝统治者拒绝后，这场谈判便以破裂结束。

英法联军便集结兵力从天津向北京进犯。清朝统治者在惊慌中再次派遣大臣前去谈判，其中有怡亲王载垣、兵部尚书穆荫，到达通州南张家湾与英法联军议和。双方在谈判桌上争执不下。这次的谈判最后也是以破裂结束。清朝大臣还将英国负责洽谈停火的谈判代表巴夏礼和士兵等 39 人掳去。

9 月 18 日，英法联军攻陷通州。21 日，清军在八里桥与英法联军展开激战，曾经在大沽炮台打败英法联军的统帅僧格林沁等人率先逃走，结果清军全军覆没。9 月 22 日，在战况连连失败的情况下，咸丰皇帝命自己的六弟恭亲王奕䜣担任钦差大臣，留守北京，主要是答应英法联军的条件议和。而咸丰皇帝自己则带领后妃、皇子与一批大臣逃往河北承德避暑山庄。

英法联军步步紧逼，最后到达圆明园。1860 年 10 月 6 日，英法联军在前去圆明园的路上，有僧格林沁、瑞麟的残部曾进行过抵抗，但是后来全部逃散。法国军队在当天下午经过海淀，傍晚便来到圆明园大宫门。坚守在这里的是 20 余名太监，他们没有惊慌，而是奋力与侵略军斗争。20 余名太监寡不敌众，最后以身殉职。到晚上 7 时，法国侵略军占领了圆明园，管理圆明园的大臣文丰自杀身亡。

10 月 7 日，英法联军头目闯进圆明园，将圆明园多年珍藏的宝物抢夺而去，送回自己的国家。英法联军无法对这些宝物视而不见，他们成群地涌入圆明园抢夺。于是，英国与法国的军官和士兵从四面八方涌进圆明园。在成千上万的宝物面前他们忽然不知道该怎么拿取,显得手忙脚乱,联军之间甚至因为宝物的抢夺发生了争斗。军人再也没有了军人的模样,他们犹如一群疯狂的强盗,没有任何的束缚。有的背负大口袋,在口袋中装满各色各样的珍宝;有的将金条和金叶装进外衣的口袋;有的将绫罗绸缎缠在自己身上,还有的将宝石珍珠和水晶石放进帽子;还有的军人将无法携带的翡翠项圈挂在脖子上……总之他们是一伙真正的强盗。

当年的圆明园可谓是宝物的储藏地,据说外国的贡品大部分都放在圆明园。从康熙年间一直到咸丰皇帝,经过150余年的修建,无论是藏品还是建筑,都是世界瑰宝。在英法联军进入圆明园掠夺时,他们看到一处厢房里有堆积如山的高级绸缎,足够一半北京居民之用,这些都被英法士兵用大车运走。

当时有一名英国军官在一座庙里掠得一个金佛像,价值1 200英镑。一名法国军官在圆明园抢了价值60万法郎的财物……圆明园的宝物被英法联军一车一车掠夺,空虚了圆明园,富足了强盗。英法侵略者在大肆抢夺之后,将一些体积庞大的宝物砸毁,他们拥有着和强盗一样野蛮的行为。不计其数的东西在他们的野蛮行为下毁灭。当时有几间房子都是绸缎服装,他们把这些衣服扔了一地,人走进屋子,衣服能淹没人的膝盖。这些绸缎在英法联军的脚下被践踏。

士兵把圆明园的家具统统砸碎,只是为了取下上面镶嵌的宝石。凶狠的士兵,拿着枪向大烛台射击取乐。很多法国士兵手持木棍,将不能带走的宝物统统炸毁。10月9日,法国军队撤离圆明园,而这座秀丽园林已经满目苍凉,曾经的气派与华丽都已成为历史。

在英法联军退出圆明园后,一伙土匪又进入圆明园疯狂抢夺,他们是中国人,将英法联军留下的残羹抢去,其中还有宫里的太监也开始趁火打劫。

清朝统治者一步步退让,正当准备接受英法政府提出的全部条件之时,英国侵华头目额尔金、格兰特得知清政府俘虏的巴夏礼和士兵等39人受到虐待,于是下令火烧圆明园,对清政府报复。自古以来都是两国交战不斩来使,而清政府却虐待斩杀被俘的英国使者,这让英国政府愤怒异常。10月18日、19日,英军又一次来到圆明园到处放火,大火持续了三昼夜。这座举世无双的园林付之一炬,而人类文明也被付之一炬。

经历过火焚后,圆明园内幸存的殿宇亭阁及庙宇、官门、值房等建筑仅有二三十座,其门窗也都不整齐,室内宝物尽遭劫掠。香山静宜园、万寿山清漪园和玉泉山静明园的部分建筑也因为这次的大火受到波及。英国侵略军烧毁圆明园之时,其中还有太监、宫女、工匠等共300人在安佑宫被烧死。

圆明园还处于大火焚烧之时,留守北京的恭亲王奕䜣就全部承诺了侵略者的一切条件。没过多久与英、法国交换《天津条约》文本,与此同时还签订了《北京条约》。

1860年,就在英法联军攻占北京之时,沙俄强迫清政府签订不平等条约。清钦差大臣奕䜣与俄国驻华公使在北京签订。其内容共15款,主要为:"第一将乌苏里江以东(包括库页岛在内)约40万平方公里的中国领土,强行划归俄国;第二规定中俄西段疆界,自沙宾达巴哈起经斋桑卓尔、特穆尔图卓尔(今伊塞克湖)至浩罕边界、顺山岭、大河之流及现在中国常驻卡伦等处为界。根据这一规定,1864 年签订了《中俄勘分西北界约记》,将巴尔喀什湖以东、以南和斋桑卓尔南北 44 万多平方公里的中国领土,割给俄国;第三开放喀什噶尔(今喀什市)为商埠;第四俄国在库伦(今外蒙古乌兰巴托)、喀什噶尔设立领事官。"

1860 年 11 月,中法、中英《北京条约》签订后,侵略军撤离北京。而恬不知耻的俄国新任驻华公使伊格那季耶夫以"调停有功"为理由,提出新的领土要求。14 日,又签订了《中俄北京条约》。1864 年,俄国再一次强迫清政府订立《勘分西北界约记》。第二次鸦片战争结束了,留给中国永远的痛,数不尽的珍宝被掠夺,举世无双的圆明园被焚毁。这一切与中国失去 150 万平方公里土地相比真是小巫见大巫,这 150 万平方公里土地都是在第二次鸦片战争中失去的。

(五)英法联军再进皇城签新约

英、法两国为了进一步扩大侵略特权对中国发动了第二次鸦片战争,从 1856 年 10 月,英军进攻广州开始到 1860 年 10 月火烧圆明园结束。中国在第二次鸦片战争中战败,1858 年,清朝统治者被迫与俄国、美国、英国、法国签订《天津条约》。1860 年,在西方列强武力的逼迫下,又与英国、法国、俄国签订《北京条约》。

天津条约是清咸丰八年(1858)签订的不平等条约,英法联军在咸丰八年四月初八(5 月 20 日)攻陷大沽炮台,逆着白河的水流而行,逼近天津。当时担任直隶总督的谭廷襄恐惧异常,他主张投降,答应英法联军开出的条件。十四日,英法联军到达天津城下,英、法公使通知清政府派全权大臣前来共议,不然就先进攻天津,再攻占北京。

16 日,清政府连忙派大学士桂良、吏部尚书花沙纳,担任钦差大臣,去往天津向英法联军求和。18 日,英法联军统帅额尔金与葛罗乘坐炮艇到达天津。他们立即通知清政府,所派来的钦差大臣必须可以决定这次谈判中的条件,不然英法联军还是要进攻北京。20 日,清朝统治者派桂良和花沙纳为全权代表前去谈判。

23 日,桂良、花沙纳赶到天津和额尔金在城南海光寺初次会见。在此后的谈判中额尔金和葛罗分别委派随员威妥玛、李泰国交涉。威妥玛为英国外交官、著名汉学家,在中国生活很多年,他还发明罗马字母标注汉语发音系统,这一方法在欧美广为使用。李泰国是有名的"中国通",在他 10 岁那年,他的父亲便是英国驻广州的第一任领事,李泰国便跟随父亲来到中国。他担任过英国驻中国等地领事机构的翻译秘书,代理领事等职。而实际交涉是以李泰国为主。

当时李泰国是上海海关的英籍职员,与中国的一些官员有频繁接触,他更了解中国文化。在这次谈判中,李泰国充当英法联军的中文翻译与谋士。谈判过程中,李泰国以战胜国发言人自居,态度极为蛮横。英法联军提出的大部分条件清朝统治者都表示接受,但是外同公使驻京以及外同在中国内地传教等条款是最难使清政府接受的。

咸丰皇帝可以将昕有的事情从优再淡,就是外围公使驻京一事无法接受。后来,咸丰皇帝提出以向西方商人全免关税等条件,换取英法两国取消外田公使驻京这一条,但是英法联军都没有答应。咸丰皇帝之所以这么看重这一条,源于中国传统的"天下一统"观念。自古中国皇帝都认为中国是世界的中心,皇帝是天下的主人,所有国家都是中国的藩属,每个国家的来使见皇帝都要磕头,表示臣服。

但是西方列强并不这么认为,因为文化的差异,西方列强拒绝对中国皇帝朝拜。他们不但不向中国皇帝磕头,而且还要长驻北京。公使驻京必定会经常见皇帝,见了皇帝不行跪拜礼,在事实上促使传统观念巾的"天下一统"便不复存在。皇帝怕的是他们不向自己朝拜,其他国家也会效仿。这样下去,天下共主的皇帝位置便是空设,所以皇帝对这一条是非常排斥的。公使长驻北京,被清朝统治者认为类同古代的"监国",驻京外国公使可以在京城里任意收税,干涉政令等等特殊权利。

这一切都源于地方文化差异而造成的,中国长期的闭关政策,也封闭了中国人的思想.对于外国文化,清朝统治者根本不了解。咸丰皇帝一再讨价还价,不肯让步。咸丰皇帝也做了最坏的打算,如果这一条他们不取消,那也只能战争了。而当时清政府最怕的是太平天国起义,清朝统治者知道侵略者只是想存中国得到利益,而太平天国则是威胁自己的江山。所以清政府一直主张对外战争不调动主力。

在英法联军的步步紧逼下,签订了《天津条约》。天津条约的签订,是西方列强对中国主权的进一步破坏。之后经过一段时间和平,两方在协议上的多次交涉,导致西方列强失去耐心,他们以最有效的武力逼迫清政府批准条约。英法联军的侵略,扩大了他们的利益,中国的损失,举世无双的同明园也是在这一次战争中被焚毁。后来,又签订了《北京条约》。

北京一直是金、元、明、清四朝的都城,经过每个朝代统治者的修建,北京已经成为一座坚城,攻取非常困难。当时城上安设着数千门大小火炮,无论是外城还是内城都有比较宽而深的护城河。1860 年 9 月 21 日,八里桥失守,英法联军攻打北京的消息传到清政府。咸丰皇帝逃亡,留下自己的六弟恭亲王奕䜣为全权大臣继续求和。当时的北京城极为混乱,官眷商民等纷纷出城逃避,物价顿时贵了数倍。一些清政府官员根本没有心情去衙门工作,人心涣散。

而北京城内外大约有 15 万守军,同时各个地方的军队也陆续赶来。在诸多有利的条件下,北京城还是被英法联军攻破。其原因在于,留守京城的王公大臣们,都以为北京城守不住,对所向披靡的英法联军颇为畏惧。他们完全丧失了抵抗的信心,也没有做抗击的准备。恭亲王奕䜣是道光帝第六子,和咸丰皇帝是同父异母,他留守北京。恭亲王奕䜣畏敌如虎,他也认为战守都不可行,一心希望求和,出卖利益与英法联军,求得他们退军。

当时的英法联军一路战争,经过张家湾、八里桥之战,已经伤亡惨重,军士也是非常疲惫。他们需要从天津调来兵员枪弹补充,便利用恭亲王奕䜣求和谈判的时间,补充自己的军队力量,然后为进攻北京做准备。半月的时间过去了,谈判没有结果,英法联军对于清政府早已失望,前来谈判的钦差大臣根本无法全权表决,因为中国仍旧处于封建时期,国家是皇帝一人的,只有他说了算。

英法联军不想在谈判上浪费时间,他们必须进攻北京,见到皇帝,才能认真地坐在谈判桌上。8月21日,不过万余人的英法联军经过修整开始进犯北京。由于北京东郊数十里都没有官兵防守,他们很快兵临城下。英法联军根据俄国公使伊格那提也夫提供的情报——北城是兵力最薄弱的地点,向城北安定门、德胜门附近前进。22日,英法联军近千人到达德胜门土城外。僧格林沁、瑞麟两部逃走。而在圆明园的奕䜣、桂良等也连忙逃往常新店(长辛店)。

英法联军开始进犯圆明园。驻守圆明园的官兵2000人也逃散一空。英法联军闯入圆明园,无法计算的宝物被一抢而空。英法联军限定清政府于8月29日中午交出安定门,不然就开始攻城。在北京城内的清廷大员们不敢违抗,打开城门任由英法联军进入。英法联军进入北京外城后,便马上选取位置在安定门城墙上安放火炮,对着内城——紫禁城。

九月初四,英法联军见到了惊破胆的恭亲王奕䜣,要求在九月初十签字换约,并针对俘虏问题,要求赔偿。数目为英国30万两白银,法国20万两白银。对这一切没有任何的讨价还价,奕䜣全部答应。九月十二日(10月25日),恭亲王奕䜣与英法两国交换了《天津条约》,并且还签订了《北京条约》。在《北京条约》签订以后,英法联军陆续撤出北京,还表示会协助清政府镇压太平天国起义。咸丰十年十月初二(1860年11月14日),又在俄国的逼迫下签订了中俄《北京条约》。

《北京条约》是《天津条约》的扩大,《北京条约》承认了《天津条约》有效,并攫取了更大的利益。《北京条约》的签订进一步破坏了中国领土主权完整,同时英国、法国可以公开将中国人口卖到世界各地做奴隶。而其中的军费赔款是对中国人民的又一次残酷掠夺。

八、中法战争:跳板上的角逐

越南与中国山川相连,唇齿相依。面对法国对越南的侵略,中国又岂能袖手旁观? 法国人对越南实现了殖民统治之后,它的下一步就是中国的云南。云南只不过是法国侵略者的跳板。清政府最终宣布开战。战事迅速扩大到了中国沿海地区。镇南关大捷,清军将士狠狠地痛击了法国侵略者。然而,事情的发展却让所有的人大跌眼镜,懦弱的清政府竟然在法国人的胁迫下签订了一系列不平等条约。时人称之为:"法国不胜而胜,中国不败而败。"

(一)山西、北宁之战

1883年8月,法国侵略者进入越南北方海岸,从海上开始进攻越南首都顺化。他们于8月20日,占领了保护顺化的屏障顺安要塞。当时,越南统治集团内部分为主战与主和两派,恰在此时越王阮福病死,局势更加恶化,各派进入争夺皇位的战争,最后导致越南政府不得不向法国侵略者投降。越南政府在8月25日与法国,签订了第一次顺化条约,在越南称为《癸未和约》。

清政府对于法国侵略者的态度由此转向强硬,但是清政府统治阶级内部在作战方针上有着很大分歧。主战派认为黑旗军曾经在越南与法国的战争中多次取得胜利,而且北圻红河三角洲地区的越南义军也纷纷响应,因此提出在此时法军增援部队还没到来,先采取攻击。

当时,担任兵部尚书的彭玉麟提出:从广西、云南各派出一支精兵部队与黑旗军一同夜袭顺化河暨西贡法军驻扎地。多次提到的黑旗军是中国19世纪末的一支地方武装,他们以七星黑旗为战旗。这支地方武装曾经的军事行动是抗击清朝统治,后来由于清政府的压制被迫进驻保胜(今天的越南老街)。在法国侵略越南之时,他们多次在战争中取得胜利,带领黑旗军的将领刘永福,曾被越南国王授予三宣副提督之职。

内阁学士周德润等人建议把从德国定购的两艘新式军舰调回,然后和广东水师一起进入越南海面,封住海口,然后调滇、桂之师,从北宁、山西一起进攻河内。当时清政府最高统治者则排斥这些主动进攻的主张,而是采取保守的求和方针。

清政府最高统治者的意思是在军事上防守,在政治上求和。他们做了以下部署,对于北圻方面,命广西巡抚徐延旭、云南巡抚唐炯防守。主要以北宁、山西为主。并命人前去激励刘永福整顿黑旗军,然后与越南义兵一同力图恢复越南的失地。在沿海方面以天津、广东为重点,各省海口都要安排兵力防守,防止法国海军偷袭。在长江各口也做了布置,防止法国海军沿江内犯。

法国侵略者进攻北圻,其目的是将整个越南变为法国的殖民地,然后将这里定为基地,一步步侵略中国。当时,清政府通知法国侵略者不准侵犯清军在北圻的驻地后,以茹费理为首的法国内阁决定以武力占领山西、兴化、北宁等地,将黑旗军与中国驻越军队驱逐,把北圻完全占领。

清朝军队打算取河内而保北圻,一定要守住成犄角的北宁,山西。法国侵略军则打算保住河内,然后徐图渐进取北圻,也一定要占领北宁与山西两地。山西、北宁成为清军与法军必争之地。法军一直在先攻北宁还是山西的决定前徘徊,当时山西主要是黑旗军驻守,而黑旗军多次打击法军,法军比较畏惧。如果法军先进攻北宁,则必须渡过红河、新河(今天的急流河),这样一来后路空虚,驻守在山西的黑旗军随时可能从山西直取河内,这样法军则很难回救。法军选择先进攻山西,驻守在北宁的清军则不一定渡河增援。最后法军一致决定先进攻山西,然后再进攻北宁。

1883年10月25日,担任法国远征军总司令的孤拔,将驻扎北圻地区的法国海陆军队统一指挥。在等待援军之时,孤拔命令在河内、嘉林、海阳、海防、丹凤等地增筑了许多炮台,还将河内前往丹凤的道路加宽,便于向山西发动进攻。北圻法军在12月初已增加到九千余人,大部分集中在河内地区,进攻山西的作战准备基本就绪。

法军准备就绪后,负责北圻东线防务的广西巡抚徐延旭,因病留在谅山。徐延旭所带领的桂军30余营由广西提督黄桂兰、道员赵沃指挥,全部集中在北宁以及其附近地区。负责西线指挥的岑毓英,虽然接到力保山西的命令,但是还没有起程。云南巡抚唐炯也远在云南边境。此时,驻守在山西的只有黑旗军3000人,以及滇军3个营、桂军两个营,合兵为5000人左右。

1883年12月11日,孤拔按照先攻山西、再取北宁的原计划,率军6000人开始进攻山西。孤拔率领的6000人分为水陆两队,从河内向山西进发。孤拔打算先夺取山西城东北的扶沙要塞以及城北的堤岸阵地,然后在迂回城西,将山西与兴化的联系切断,一举占领山西。第一队人马走水路,共有大炮舰3艘、小炮舰10余艘,还有数十只民船,兵力为3300余人,从红河往西进发。第二队有兵力2600余人,带着500辆弹药车,从陆路进到丹凤后,沿红河南岸向山西推进。

山西是控制红河中上游的战略要地,地处于红河南岸。山西城周长达约20里,内城是砖石堆砌,外城为土质。黑旗军防守山西后,加强了城防工事,在红河上以竹筏阻塞河面,沿河岸修筑了许多炮台。带领黑旗军的将领刘永福,内心比任何人都明白山西的地理位置,因此十分慎重。滇、桂军队协助防守此地,人数少而且斗志也不高。刘永福决定依托城垣以及外围工事阻击法军的进攻,将河堤与城北市区设为防御重点。

刘永福和清政府派到黑旗军的官吏唐景崧,得知河内法军全部来进攻山西的情报后,前往阵地巡视,并且激励将士。还传信于驻守在北宁的清军,让他们与越南义军一起趁机攻取河内,或是在新河、嘉林方向假作进攻,以此牵制法军。

山西守军分配如下,五个营黑旗军坚守城东,黑旗军、桂军各一营坚守城南,六个营黑旗军与一个营桂军利用地形坚守在城北河堤,三个营滇军坚守城西。还有越南北圻统督黄佐炎等人率领越军大约2000人驻扎在南门外村落。

12月14日上午,法军发起攻击,摧毁了扶沙要塞。防守堤岸的黑旗军与法军展开激烈的战斗,竭尽全力阻击法军的行动。刘永福在这时命令东门外的五个营黑旗军,秘密地向法军侧后行动,便于配合驻守在堤岸的黑旗军夹击法军。中午,黑旗军迂回法军后侧,突然出现在陆路法军以及水路舰队之间,攻击向西行动的法军,法国舰炮火在此时便无法发挥威力。

法军情况危急下,孤拔立即下达命令,让正在进攻的法军转为防御,并集中所有炮火来攻击黑旗军。黑旗军迂回部队在法军密集炮火和机枪的阻击下伤亡很大,被迫撤退。法军在下午4时重新发起攻击,驻守在城北的黑旗军顽强抵抗,战斗进行得非常激烈。当法军进攻到城北堤岸时,驻守的黑旗军从工事中跃出,与法军展开了一场肉搏战。经过一小时的激战,法军军官死伤22人,士兵200人,法军最终夺得了河堤阵地。

15日凌晨,一部分黑旗军接近河堤,对河堤忽然发起反击,希望能夺回失守的河堤阵地。但是由于这天晚上的圆月非常明亮,恍如白昼,驻守在这里的法军又英勇反击,山西守军虽然没有偷袭成功,但是击毙击伤法军很多,并且俘虏非洲兵20名、法军兵士5名。刘永福、唐景崧得知沿河阵地很难在进行有效防守,便将其他守军撤到外城,继续坚守。15日下午,孤拔带主力军渐渐向西行动,企图将扶里炮台占领,然后通过西门攻入城内。刘永福摸清了对方的意图,亲自率领黑旗军主力前往西门增援,并且将这里的防御工事加强。

　　法军在 16 日天蒙蒙亮之时,对北门和扶里炮台发起猛烈进攻。北门守军努力抵抗,并且连续将火药包投掷城下,阻止法军前进的脚步。当时,守卫在扶里炮台的是滇军,他们也顽强抵抗,但是最终被法军突破,滇军被迫撤入外城,法军逐步进逼西门城垣。法军炮兵与舰炮配合以猛烈炮火在当日上午将西门城楼轰塌,西门的全部防御工事被摧毁。驻守在西门的黑旗军伤亡很大。法军在当天下午从西门进入城内,守军以市区建筑物为依托顽强阻击,一直激战到晚上。

　　为了保存力量,黑旗军和清军开始从南门和东门撤退,从山西城经过不拔县向兴化集中。驻扎在城南村落中的越军也随即溃散,最终山西城失守。法国侵略军进入山西城后,对山西城内的居民展开了灭绝人性的大屠杀。法国侵略军将山西城中凡是看到的人与一切生物全部杀死。

　　虽然山西城被法国侵略者攻破,但是驻守在这里的黑旗军和清军在得不到增援的情况下将法军击毙击伤近千人,使法国侵略者遭受到沉重的打击。特别是在刘永福带领下的黑旗军,装备无法与法军相比,却依然顽强抗击。刘永福在指挥防御上颇为有谋略,还能抓住时机对其反击。虽然这次反击没有成功,但是黑旗军迂回法军及舰队之间,使舰队不敢开炮,充分表现出刘永福的指挥才能。

　　而驻守北宁的桂军却临战观望,不但不增援山西,也不趁机夺取河内,没有受到牵制的法军便没有任何忧虑的进攻山西城。驻守在山西城的黑旗军与清军得不到支援,使山西城处于孤立状态,最终丢掉了山西这一战略要地。法国侵略军占领山西的消息传到巴黎,法国反动当局一片欢呼声。

　　清政府得知山西失守后,便命令广西巡抚徐延旭坚守北宁,命令云贵总督岑毓英加强兴化的防御,两广总督张树声也接到清政府下达选派得力将领,带精兵前去镇南关(今天友谊关)驻守。

　　岑毓英在 1884 年 2 月 22 日到达兴化前线,这时的黑旗军经过一段时间的休整补充,有 12 个营,共 4000 余人。调到兴化、端雄、临洮、宣光一线的滇军兵力增加到 20 余营,大约有 1 万人。唐景崧与刘永福带领全部黑旗军支援北宁。岑毓英被清政府任命为北圻东西两线军事总指挥,但是他不愿意担此重任,以两线阻隔不容易指挥为由推脱了。导致东西两线的守军都在各自为战的状态。

　　徐延旭负责东线作战指挥,他又是朝廷中的投降派,不但贪生怕死,还体弱多病。他指挥 50 余营,2 万余人,却不积极到前线备战,而是一再向清政府吹嘘:"北宁防御,无人可以摧毁。"徐延旭还找借口留在谅山,将前线防御指挥权交给黄桂兰和赵沃。黄桂兰为淮军,有勇无谋。赵沃是文弱书生根本不懂军事。两个人在指挥上不和,对于攻击和防御都没有全盘的谋划,只是一味地在北宁到河内的大道布阵设防。

　　由于法国侵略军在占领山西之后伤亡较重,后方也常常受到越南义军的袭扰,无法在短时间内进攻北宁,一直固守在山西、河内一线,等待增援。1884 年 2 月,法国陆军部将一队工兵,一个步兵旅和两队炮兵派到北圻。此时,法国远征军的总数达到 1.8 万余人,20 余艘炮舰。一份法国政府下达的指令随着增援部队到来,指令为:"2 月 12 日米乐将军将会接替孤拔担任远征军总司令。孤拔重新返回舰队,海上作战由他指挥。"

米乐在接任总司令的位置后,将法军分为两个旅,由副总司令波里也与尼格里各指挥一个旅。米乐依旧按照原来的作战计划行动,将一部兵力留在山西驻守,用来牵制兴化等地的清军,河内、海阳两处集中主力,然后大举进攻北宁。北宁战略地位十分重要,南拒河内,东临海阳,西接山西,北蔽谅山。这里也是越南军与清军全力驻守的地方。北宁的得失对北圻全局有着决定性影响。

法国侵略军在1884年3月7日下午开始行动,米乐、波里也率领第一旅从河内出发,在当天夜里渡过红河,扬言从大道向北宁前进。其实米乐放出的只是一个烟雾弹,他打算从翼侧进攻北宁,避开清军设防的正面。

法国侵略军在3月8日早晨向北宁进军,水路与陆路各6000人左右。尼格里率领第二旅乘船从海阳出发,沿太平江北上。米乐、波里也带领一小部兵力假装攻打新河,而主力则沿新河南岸向东快速进军。法军第二旅主力在这天上午利用舰炮掩护,从扶朗两侧登陆,对驻守在这里的四营清军进行围攻。一些当地天主教民也纷纷加入法军战斗。驻守在这里的清军凭借炮台抵抗,并且派人前去北宁请求增援。

三营清军赶去支援,不料半路就得到扶朗失守的消息,便又回到北宁。坚守在扶朗的清军退到挂阳、有一部黑旗军赶到,两军合并堵截法军,法军第一旅于3月11日在北宁东路方渡过新河与第二旅会和,法军准备在第二天从北、东、南三个方向进攻北宁。

第二天,法军第二旅一部向挂阳、春水等地进攻,第一旅从北宁南面发起攻击,第二旅的另一部从水路绕到城北,打算占领涌球(今天的答求,北宁东北4公里)。从而将清军的后路切断。涌球是北宁防御的一大重点,这里的河宽10丈,深8尺,法军的轮船可以到达河边。在河边有两座土山,如果这里被法军占领,将大炮架在山上,可以直接打进北宁城,而北宁则无法坚守。

黄桂兰却只派两营守涌球,在3月11日才将黑旗军千人调到这里,加强该处防御。但在第二天早晨黄桂兰忽然又将黑旗军撤离涌球。法军在这天下午轻而易举地占领了涌球,将大炮架在山上,炮轰北宁城。黄桂兰、赵沃正在城外督战,发现法军已经炮轰北宁城,便向谅江、太原方向逃跑,失去指挥的清军全线溃散。黑旗军与少数清军曾留下做过短暂抵抗,但大势已去,他们也不得不撤退太原。不久,黑旗军又返回兴化。

法军在3月15日分路追击清军,一直到19日,凉江,郎甲(今天的盖夫)、太原相继失守。法军在4月初开始转移兵力夺取兴化,留少数兵力在郎甲一带修筑工事防守。法军主力经过河内向山西集中。岑毓英听到后吓破了胆,于是将滇军主力撤退到保胜,河口一带。兴化、临洮、宣光一线没过多久全部被法军占领。至此,法同侵略军已经将红河三角洲全部战略要地握在手上。

山西、北宁失守以后,徐延旭、唐炯等人被清朝廷革职查办。清政府命湖南巡抚潘鼎新担任广西巡抚,贵州巡抚张凯嵩担任云南巡抚,福建布政使王德榜暂代广西提督,原广西提督冯子材接替黄桂兰统率关外各营。慈禧趁机将战败的责任推到与她不和的首席军机大臣恭亲王奕䜣身上,将全部军机大臣更换,让礼亲王世铎管理军机处,让她的妹夫醇亲王(光绪帝的生父)担任要职……

清政府内部以及前线的人事变动,则是为了掩饰败绩。军事的失败,使主和派有了可乘之机。李鸿章通过总理衙门,任命淮系的李凤苞代替湘系主战派的曾纪泽为驻法公使,让李凤苞为和谈铺路。法国经过一系列的战争也希望得到一段时间的修整,便趁机扬言进攻广州,还在私下向清政府诱和。

李鸿章与法国海军中校福禄诺,于1884年5月11日在天津签订《中法简明条约》,主要内容为:"中国承认法国占有全部越南,中国将驻守在北圻地区的军队调回边界,并且对越南和法国之间所有已定和未定的条约不得过问。法国商品可从云南、广西输入中国内地。"6月6日,法国强迫越南签订了第二次《顺化条约》,由此确定了对整个越南的殖民统治。

(二)基隆清军反击战

《中法简明条约》的签订,使中国完全屈从了法国侵略者的讹诈。李鸿章虽然获得法国侵略者的赞赏,却遭到了全国人民的谴责。清政府统治阶级内部也常常有人指责李鸿章通敌卖国。在全国舆论的压力下,清政府只得命令驻守在北圻地区的军队继续坚守,没有命令不得撤退。

清政府的妥协政策,并没有换来和平。福禄诺在5月17日向李鸿章提出:"6月5日法军进据高平、谅山,7月1日进据保胜。"李鸿章对这项要求不敢答应。于是,福禄诺便勾销这条要求:但是后来法国远征军总司令米乐,竟然命令陆军中校杜森尼率军北上,想要用武力来占领谅山。法军900人在6月22日到达北黎(观音桥,也就是今天的北丽),并且将要接近驻守在这里的清军阵地。

清军将领告诉杜森尼说。还没接到上级下达的撤退命令,请法军暂时延缓进兵。杜森尼在6月23日扬言:三日内一定要占领谅山。于是,他马上指挥法军炮击清军阵地。清军被迫还击,并将杜森尼带领的军队击退。战斗结束,法军死伤近百人,清军伤亡300人。

法国侵略者蓄意挑起的"北黎冲突",人们也称之为"观音桥事变"。后来,法国政府以此为借口,斥责中国破坏《中法简明条约》,并趁机扩大军事战争。新任驻华公使巴德诺,接到茹费理暂缓讨论《中法简明条约》细节的命令,要求中国马上将北圻地区的驻军撤走,并赔款2.5亿法郎。

茹费理在7月9日通知中国驻法公使李凤苞,要求中国政府马上满足法国提出的赔款条件,不然,法国将会直接获取应得的赔偿。法国海军殖民部长、海军中将裴龙,在7月13日电令孤拔派遣可以调动的船只前往福州和基隆。法国远东舰队在孤拔的率领下,进入中国东南沿海地区。法国侵略者打算直接进攻中国领土。

清政府在法军的逼迫下,立即撤回驻守北圻地区的清军,并派新任的两江总督、南洋大臣曾国荃为代表,前往上海和法国使臣巴德诺举行谈判。此外,清政府还呼吁美、英等国能够从中进行"调解"。清政府在政治上向法国侵略者屈服,因而在军事上就没有作进攻的准备,只是命令沿海各省将军、督抚要严守。如果法军前来,没有发动进攻,那么沿海各省也不能有任何行动。

法国政府一面遣使与清政府谈判,一面推行炮舰政策,企图向清政府索取赔款。孤拔等人更是主张派舰队进攻江宁(今天的江苏南京)、福州,或是直接北上直隶湾,占领旅顺、威海卫,然后进攻京师。茹费理否定了孤拔的提议。他认为,如果法舰北上太过纵深,便会引起其他资本主义列强的干涉。最终,茹费理将福州、基隆两处作为法国远东舰队的攻击目标。

法国侵略者认为可以将孤悬海外的台湾轻易占领,占领了台湾就有了新的前进基地,同时获得基隆煤矿,法国军舰的燃料供应问题就可以得到解决。兵备道刘璈曾经主持台湾防务,他将全台湾共 40 个营的兵力,分别驻扎在各地,其中,台南最多,有 31 营,台北却只有福建陆路总兵曹志忠所部 6 营、提督孙开华所部 3 营。

淮系将领前直隶提督刘铭传,在 1884 年 7 月 16 日奉命督办台湾军务。他率兵百余人到达基隆,一面练兵,一面增筑炮台。当时,已经有一艘法国军舰在基隆港附近进行侦察活动。刘铭传根据基隆地形重新组织海岸防御,从台南调来总兵章高元部两营兵力,坚守在八尺门高地和东岸炮台,曹志忠部 6 个营一部分驻守八斗子附近海岸,其主力则坚守在田寮港附近高地。西岸仙洞山高地由杨洪彪率领的一个营驻守。孙开华部防守淡水方面。

法国远东舰队副司令、海军少将利士比,在 8 月 4 日率军舰两艘、法军 400 余人开进基隆港,和另一艘原在这里的法国军舰会合。利士比在当天发出"劝降书",让驻守在基隆地区的清军撤出所有的防御工事。驻守在这里的清军对此置之不理,一面加紧备战,一面传书给在淡水的刘铭传。

法国军舰在 8 月 5 日早晨逼近基隆港东海岸,开始炮击清军阵地。驻守在这里的清军将士奋起还击。虽然清军有不少炮弹击中法国军舰,但是因为弹丸的威力太小,没能将法国军舰击沉。两方炮战大约一小时后,炮台、防御工事大部分被摧毁,弹药库也因为中弹起火,清军被迫向后方撤去。法军陆战队大约 200 人登陆,将大沙湾附近高地占领,对其进行整顿巩固,打算在第二天继续进攻。

刘铭传赶到基隆后,发现法国军舰火力较强,于是决定等到登陆的法军脱离了军舰炮火的支援,然后再进行反击。一部分法军在 8 月 6 日下午 2 时,沿着滨海道路向基隆城前进,还有一部分在大沙湾附近进行掩护。当时,曹志忠部驻守在田寮港西侧高地,前进的法军被他击退。曹志忠带领 200 余将士趁机追赶。刘铭传命令章高元带领百余人向敌人左侧反击,并让 60 人迂回到法军的右侧,对法军三面合围。节节败退的法军,在军舰炮火的掩护下仓皇撤回。最后,利士比无奈地带领法国舰队退走。基隆反击战获得成功。

清政府在 8 月 10 日向法国在两国谈判期间突袭台湾一事提出强烈抗议。法国驻北京公使却以"基隆事件"为借口,向清政府下了最后通牒,要求其对"北黎事件"进行赔款。这时候,法国所要的赔款已从 2.5 亿法郎减为 8000 万法郎,但是清政府没有同意。法国驻北京公使在 8 月 21 日离开北京,同时,中国驻法公使也离开了巴黎到达柏林,中法外交关系到此破裂。

（三）马尾海战，孤拔重倒福建水师

位于福州东南闽江下游的马江，又称马尾，是一处天然良港。马江港是一个河港，清朝的第三支海军——福建海军和创建近 20 年的福建造船厂，均在此港。港四周群山环抱，港阔水深，可以停泊巨舰。

从闽江口到马江，大约有 30 公里，沿岸形势极其险峻，炮台座座。其中，马江附近有 7 座炮台，并拥有克虏伯大炮，防御能力较强。

1884 年 7 月中旬，法国军舰开始闯入闽江口，其后，又进一步迫近马江港。法军借故挑起事端，勒索赔款。当时，钦差会办福建海疆事宜大臣张佩纶、闽浙总督何璟、福建巡抚张兆栋、福建船政大臣何如璋、福州将军穆图善等，是负责福建军事指挥的要员。当时，清廷指示他们"不可衅自我开"。因此，这些要员们非但不敢阻止法舰的入侵，反而还友好款待了孤拔。同时，他们又命令各舰不准向法国军舰先行开炮，如果违反命令，虽胜亦斩。因此之故，停泊在马江港的法国舰船出入无阻。

在马江港的法国军舰与中国军舰首尾相接。在前后一个月的时间里，法国军队日夜监视港内的福建海军，不许他们擅自移动。在此期间，居住在马江一带的百姓向负责福建军事指挥的要员呈递万民书，要求他们先发制人，潜水破坏法国军舰。百姓们纷纷表示："即使朝廷不去抵抗法军，我们也要与他们拼个你死我活。"以张佩纶为代表的军事要员们，极力阻挠那些请缨杀敌的百姓，直到后来局势变得紧张时，才允许部分民众武装参战。

8 月 17 日，清政府发现与法国再也无法在外交上进行和平谈判，不得不将谈判代表从上海撤回，并且下令沿海沿江各省严加防范。对于法军曾侵扰的马江方面，只是下了一道指令："凡是在港内的法国军舰，要想办法阻拦其出口。不在此处的法国军舰，一律不得进入港内。"而对于"不得主动出击的禁令"一直没有解除。

当时，在马江一带加强了水陆防军。水军方面有 11 艘海军舰只，陆军方面有大量自动参加战备的民众武装，驻防官兵也渐渐增加到 20 余营。对于马江港的部署是，马江和船厂一带江岸有 11 营兵力坚守，长门、琯头等炮台有 11 营兵力坚守，自动参加的民众武装 2000 人协助守卫闽安至琯头沿江两岸。11 艘舰只在马江江面与法舰相持，另外有旧式战船及渔船各 20 余艘分别停靠在罗星塔两侧。负责指挥马江一带水陆各军的将领为张佩纶、何如璋。何璟、张兆栋驻守福州，穆图善驻守长门。

由于前敌将领一直无法了解清政府是战是和的决定，他们在防守上只是简单安排。没有统一指挥的水陆各军缺少协同作战的计划，而军队装备不良，弹药不足，战斗力显得很弱。

法国驻北京代表离开的第二天，孤拔接到法国政府的命令："消灭中国福建海军。"当时，法国有八艘军舰停泊在马江内，另外有两艘鱼雷艇，金牌、琯头一带江面还有两艘军舰。接到命令后的孤拔立即进行战斗部署，他决定在第二天下午退潮时，停在马江港内的军舰随潮水转移方向的时候开战。金牌、琯头一带江面的两艘

法国军舰,负责阻止清军塞江封口,保障港内法国军舰的退路。

参加战斗的法国军舰共有重炮 77 门,还有很多每分钟 60 发的哈齐开斯机关炮,1800 名兵士。当时,福建海军的 11 艘军舰中有 9 艘为木质,45 门炮,大约有 1100 多兵士。法国军舰在任何一方面都胜过福建海军,而孤拔"退潮时发动攻击"的决定,对于法国军舰是有利的一面。因为,当时福建的 11 艘军舰是与法国军舰并列停泊的,涨潮时军舰的船头是面向下游,而落潮时船头面向上游。在落潮时中国军舰就位于法国军舰的前方,这样中国军舰便暴露在法国军舰的炮火之下,中国军舰向法国军舰开火还要掉转船头。

法国驻福州副领事在 8 月 23 日上午 8 时,向何璟下达了最后通牒,限福建海军在当日下午撤出马江港,不然就要开战。何如璋接到这个消息后,并没有马上将消息传递给福建海军将士,他希望法军把开战日期定在 8 月 24 日,遭到了法军的拒绝。这时,何如璋才匆匆忙忙地对福建海军下达临战准备。

孤拔在当日 13 时 56 分趁落潮的有利时机,指挥法国军舰发起攻击。福建海军还未做出反应,便被法国军舰的第一排炮弹击沉两艘,还有多艘受到重创。虽然情况对于福建海军十分不利,但是下层官兵依然英勇还击。其中,福建海军中的一艘军舰用尾炮击中法国一艘旗舰,击毙 5 名水手。

这时,法国 46 号鱼雷艇猛扑过来,发射鱼雷击沉一艘福建军舰。同时,46 号法国鱼雷艇也被清军岸上的大炮击中,锅炉爆炸。福建"福星"号炮艇距离法国军舰最近,刚一开战便受了重伤,没有逃亡的"福星"号转向冲入敌阵。对着法国旗舰猛烈射击,连续命中。后来遭到法国军舰的围攻,其火药库中弹爆炸,全艇官兵壮烈牺牲。"福胜""建胜"两炮艇在受伤后也奋力抵抗,直到沉没。福建炮艇"振威"号被一艘从闽江口外赶来的法国装甲巡洋舰"凯旋"号击穿,"振威"号的首尾都已着火,失去控制的船身随波漂流。但是在"振威号"上的全体官兵仍旧英勇奋战,直到被法国鱼雷击中沉没之时,还发出最后一颗炮弹,击中法国的一艘军舰。

双方战斗仅仅持续了半小时,福建海军 11 艘舰艇就全部被法国军舰击沉,700 余海军将士伤亡,数十艘商船也在战火中受到波及,而后沉没。法国只有两艘鱼雷艇受了重伤,其余旗舰都略带轻伤,法军将士死伤仅 30 余人。

法军部分炮艇在 8 月 24 日上午,驶到福建造船厂附近,凡是在射程之内的东西都遭到摧毁。法国军舰对马江附近的帆船、舢板也都进行了破坏。

法国海军陆战队有一部于 8 月 25 日,在罗星塔登陆,三门克虏伯大炮被法军夺走。法国军舰在以后的几天从后方,逐次轰击闽江两岸的炮台。闽江两岸的炮台门是对准下游的,无法将炮口掉转攻击后方的法国军舰,因此全部未发一颗炮弹就毁在法国军舰的炮火之下。后来,法国军舰退到马祖澳(今天的定海湾)。

清政府在马江战后撤销了张兆栋、张佩纶、何如璋、何璟等人在福建的任职。福建军务交给钦差大臣左宗棠。

马江海战的惨败,主要源于清政府在政治上一味求和,在军事上丧失警惕,导致法国军舰突袭之时,才做出临战准备。清统治者一直怕得罪法军有碍谈判,竟由法国军舰违犯国际惯例,肆意闯入,而且可以自由进出。沿岸炮台无法做出有效防御或攻击,导致马江港与福建造船厂被毁。

马江的惨败,使清政府感到有损"天朝"的体面和尊严。在各方舆论的压力下,清政府被迫于8月26日对法国宣战。前线海陆各军收到清政府下达的准备对法作战命令。清政府认为,法国侵略者把战火引向中国本土,源于法国在越南的军事基地。清政府总的指导思想是,沿海防守,陆路反攻,进兵越南牵制法国在中国扩大战争的谋划。

清政府下令,凡是沿海各口有法国兵轮驶入,守军当合力攻击。同时,清政府开始公开表示支持黑旗军首领刘永福,给以封赏后,命他统率所部,将法国侵占的越南各城,快速恢复。

法国为了可以继续利用香港等"中立"口岸作为基地,并且可以取得英、美等国在物资上的供应,因此没有正式宣战。同时,法国在政治上依旧对清政府采取诱降策略,怠慢清政府作战的决心。曾经孤拔和巴德诺主张法国军舰北上占领旅顺和威海卫,威胁清朝京都附近地区。法国军舰虽然在马江偷袭成功,但是福州距离北京太远,不能使清政府获得教训。

茹费理政府曾赞成孤拔等人的侵略计划,并命令他们马上在北方各海口行动,可不久之后就改变了。原因在于北上战争扩大战争,可能会有其他列强干涉。当时,法国由于埃及问题同英国的矛盾尖锐化。如果法军北上,一定会与北洋舰队交锋,这样便会影响李鸿章在朝廷的地位,法国政府把李鸿章看作未来谈判的极好对手。

于是,法国侵略军把战略目标转移到夺取台湾北部。当时法国的战略方针是:东面攻击中国台北,西面占领越南谅山,逼迫清政府赔款。

(四)清政府在北圻陆路的反攻作战

清政府在对法国宣战以后,命令岑毓英催促刘永福尽快率领军队进取,又命令岑毓英、潘鼎新率领滇、桂各军赶赴北圻战场,尽最大能力给以法军打击。但是,刚开始清政府并没有下达详细的反攻计划。后来,根据前线的具体汇报制定出:宣光、白鹤、永祥地域由西线滇军和黑旗军进攻,谅江、太原由东线桂军进攻。然后,两部军在太原、永祥合并,一起进攻北宁、河内。

10月初,清政府电令北圻各军力图进取,直逼西贡等处。岑、潘二人接到命令后没有一点信心。当时的法军一直在往西贡等处增援,以清军兵力以及装备而言,进军西贡是无法胜任的,况且岑毓英、潘鼎新畏敌如虎,这里充分体现了清政府在战略指导上的无知,只是一味怀着抱负心理。

9月8日,波里也接任远东军总司令,米乐回国养病。当时,北圻有法军大约1.8万余人,分守在陆岸(今天的陆南)、太原、宣光、谅江、馆司等前沿要地。波里也在北圻采取西守东攻的作战方针,在西线坚守宣光、兴化,然后集中兵力夺取谅山。

东线清军兵力共约1.2万人。代理广西提督苏元春率领的桂军主力13个营(大约4800人)在1884年9月中旬到达船头(今天的陆岸),在10月初一直向陆岸进攻。同时,记名提督方友升与总兵周寿昌等率领 9 个营(大约 3200 人)进占郎甲及其以北地区。潘鼎新率领淮军五营以及道员赵济川率领一营驻守在谅山,为上述两路军增援。驻于牧马、新街一带的是副将马盛治所部 6 个营,以此来牵制驻守在太原法国军队。

法国军队在河内、北宁集结完毕。法国军队主力在 10 月 8 日自河内出发,为了粉碎东线清军的反攻,然后夺取谅山这一战略要地。波里也将第二旅编成两个纵队,分别向郎甲、船头进攻,第一旅的一部分兵力停驻在谅江附近,随时听候调遣。

尼格里率领第二旅主力(大约 3000 千人)于 10 月 8 日,进攻郎甲。方友升等驻守该村,麻痹大意没有做好防御准备,南堡高地是关系郎甲得失的重要地,也没有得到足够重视。所以法国军队轻而易举取得了南堡高地,然后在这里布置炮兵,以炮火掩护主力将郎甲村包围。驻守在这里的清军仓促应战,除了方友升率领的一部分人撤出,还有数百人被围在村中。

清军为了解救被围的数百人,两次反击法军的炮兵阵地,都没有成功。在这种情况下,法军又抽出一部分兵力进攻村北高地周寿昌部。虽然周寿昌部的兵力比进攻的法军多数倍,但是他们只是稍加抵抗后,就向观音桥、屯梅方向撤退。周寿昌部撤退后,法军开始全力进攻郎甲村,驻守在村中的数百人与敌人肉搏拼杀,直到全部牺牲。此次战斗,法军死伤百余人,清军伤亡 700-余人。在这次战斗中尼格里受了伤,回到河内修养。波里也暂时统率第二旅,他将一部分兵力留在郎甲驻守,其余的撤到谅江,然后增援船头。

端尼埃上校率领法军第二旅一部千余人,进攻船头。东路清军由苏元春率领,在船头筑有较坚固的防御工事,并将一部分兵力安排在西南 20 里的尼村附近,为防止法国海军登陆。法军在 10 月 6 日上午到达尼村,与守军展开激战。在法国军舰炮火的攻击下清军伤亡较重,仍旧不竭余力的抵抗,最终法军后撤。

法军在 10 月 9 日得到增援,第二天再次发起进攻。身为清军总兵的陈嘉督军迎战。当时,法国军队第一梯队四个连向船头进攻。陈嘉以一部分兵力坚守阵地,然后亲自率领主力向法军右翼猛烈反击,法军两个连大部分被歼灭,法军的右翼指挥官也被击毙。法军左翼两个连仍旧拼命进攻,端尼埃控制机动兵力在炮火的掩护下疯狂进攻。陈嘉主动撤回主阵地,两军又形成了对峙。

此次战斗,清军在船头将法军精锐部队歼灭 200 余人。法国侵略者因驻守在船头的清军奋不顾身地作战而惶恐。10 月 11 日夜间,苏元春得知西路郎甲失守后,便带领率部撤回谷松。虽然清军努力坚守,最终还是失去了船头。

失去了郎甲、船头。曾经清政府希望滇、桂两军合并恢复北宁、河内,然后再进兵西贡的战略意图,成为泡影,战争进入被动局面。波里也占领郎甲、船头之后,增援的法国军队一直没有到,还有后方一直有越南义军牵制,无力再进行进攻。于是,波里也将主力撤回北宁、河内,一部分兵力留在船头、郎甲驻守。法国援兵在 12 月以后陆续赶来,一部分前去台湾,一部分到达越南。北圻战场的法军原本是由海军部指挥,现在改为陆军部指挥。在等待援兵的时间里,波里也对进攻谅山做

中国军事百科

· 对外战史 ·

图文珍藏版

了大量准备,他以船头为基地,一边修筑工事、进军道路,一边囤积作战物资。

1884年10月底,西线滇军和黑旗军到达宣光城下,尽力围攻。东线桂军得到补充后,兵力50余营,大约两万人,分布在各地驻守。为了协助西线的军事行动,清政府命令东线清军主动进攻防御的法军。但是,潘鼎新怕伤精锐,只是进行几次小规模的出击。中路清军2000人于12月16日,在纸作社(位于船头东北)袭击了法国巡逻部队,法军死伤百余人。

法军4000余人在1885年1月3、4两日,对丰谷清军猛烈攻击,清军被迫撤回车里,潘鼎新怕法国军队会从那阳迂回到苏、王两部之后,然后进攻谅山,连忙调淮军两营守那阳,并向清政府提出增援要求。

两广总督张之洞也认为法军是为攻取谅山而来,于是命原广西提督冯子材率领10营粤军,总兵王孝祺率领淮军、粤军共8营,赶往越南增援。由于谅山兵力吃紧,冯子材让8个营赶往协同当地清军一同驻守。冯子材自己率领两个营前往龙州,一边筹集粮饷军械,一边招募新兵。总兵王孝祺率军在前往途中有人造反,大部分军士逃散,到龙州的时候剩下不到200人。

法军第一、第二旅主力7000余人于1885年1月底,在船头一带集结。法军打算向广西边境大举进军。法军扬言分两路分别向谷松、车里进攻,其实全军都指向谷松。

潘鼎新为了阻止法国军队的进攻,命中路清军前往竹山附近高地设防。法军在2月4日,集中火力攻击驻守在竹山的清军。守军奋力抵抗,但是因为仓促转移阵地,工事不坚,伤亡很多,最后不得不撤退。法军第二天再次发动进攻,驻守在这里的清军无法坚持,便退到谷松驻守。法军在2月6日,利用炮火掩护猛攻谷松,清军被迫撤退。

最后,清军撤到谅山南面35里处的委坡一带。中路清军被法军击溃,谅山危急。当时,潘鼎新显得慌乱不堪,命令王德榜、杨玉科等部回去增援谅山,一会儿令其仍扎原处,一会儿又改变策略令其夜袭法军后路。最后,潘鼎新终于下定决心,令其马上增援谅山,可是为时已晚。

法军在2月12日攻占委坡,潘鼎新在当天晚上逃离谅山入关,苏元春带领自己的部众退入关内。法军在2月13日没有经过什么战斗,便占领了谅山。波里也于2月17日率领第一旅大约3000人,离开谅山赶赴西线,解救被围在宣光的法军。

谅山被占领后,冯子材便亲自率领一营赶到镇南关,并将原本协助守东路的冯军8个营也急忙调回镇南关驻守。可是,潘鼎新竟告诉他们,镇南关无须他们前往,让他们仍旧守东路。西路杨玉科部在2月19日,自观音桥、屯梅绕道撤到文渊(今天的同登)。杨玉科将主力安排在文渊两侧高地防守,亲自率领一部分兵士驻守镇南关。

尼格里在2月23日指挥法军第二旅进攻文渊,守城军事拼死抵抗。杨玉科亲自到阵前指挥战斗,阻击法军的进攻。杨玉科在午后中炮牺牲,驻守的清兵随即退入关内。法军直接前进侵占镇南关,前锋距离中国境内近10公里。

法军一路征战而来,渐渐兵力不足,时常还会受到当地群众武装的袭扰。于是,法军在2月25日将镇南关城墙以及防御工事炸毁后,退回文渊、谅山。法军根据波里也的指示,在镇南关废墟上立一木牌,上面写道:"广西的门户已不再存在了。"当地军民看到后,便在同一地方写道:"用法国人的头颅重建我们的门户!"

冯子材得知镇南关失守,马上从东路统兵回援。王德榜也率领部众驻扎在镇南关东面30里的油隘。

潘鼎新非常畏惧法军,在文渊战斗打响之前,他已经回到中国边境。文渊战斗之时,他又一路逃往龙州,遭到当地人民的斥责。于是,他乘船前往海村,白天驻扎在岸上,夜晚藏匿于船中。后来,他谎报自己侵略文渊阵前督战,法军死伤惨重。

清政府多次命令西线指挥官岑毓英。让他出关与东线桂军合力进攻北圻各城。1884年9月28日,岑毓英才统领黑旗军10个营,大约3700人;滇军张世荣部5个营,大约2500人分道前进。岑毓英打算先夺取馆司、宣光,然后命云南边境的滇军主力占领夏和、清波以及临洮等地,最后与东线清军会合进攻北宁、河内。

岑毓英将黑旗军以及滇军张世荣部集中指向宣光。宣光城依山傍水,而且筑有石墙,在城内安置大炮可以阻击来犯之敌。城外种植竹林五六重,很难兵临城下。清军在10月中旬,到达宣光附近。因为法军水陆都有严密的防守,清军便在离城十里的琅玡、中门等处扎营。

这时,东线桂军已经失去了郎甲、船头。因此清政府再一次令滇军快速进攻法军,以分散法军的兵力。10月20日,岑毓英从保胜移驻文盘,并调驻扎于云南边境的6000余人,驻扎到馆司、夏和、清波一带。等待时机向兴化等地进攻,以此威胁法军后路。同时,岑毓英还命令宣光城下的清军逐步逼近城下,从四面围攻法军。

当时,法军为稳定宣光,北圻西线防御,多次派兵增援,但大多被清军击退。11月18日,法军从端雄、山西地区率领步、炮、工兵千余人,走水路增援宣光。后来,遭到清军埋伏,无法前往。第二天,法军登陆与清军战斗。清军毙伤法军百余人,后因法军猛烈的炮火撤出。法军打退埋伏的清军,便立即上船前往宣光。

清军围城部队在12月得到补充。唐景崧在龙州招募2000人增援宣光城外,记名总兵丁槐所部3000人增援宣光。岑毓英在1885年1月中旬从文盘进扎馆司,派记名提督何秀林率领3600人前往宣光。

唐、丁两部在1月26日合力夺取宣光城南法军据点。法军从东门出援,双方激战,彼此伤亡惨重。后来,何秀林部赶来,法军被迫撤入城内。清军在31日夺取了南门炮台,并将驻守在这里的法军歼灭200余人。法军被迫停留城中,水路也被黑旗军切断,宣城危急。清军在2月连续攻城,将城墙炸开一个缺口突入城内,但法军的火力猛烈,一时难以成功。

波里也亲自率领从谅山撤回的法军第一旅解宣光城之围,2月27日在端雄与不久前派出的先遣部队会合。清军得知后,马上派何秀林部1000人协助黑旗军在左育阻击来援法军。另外,覃修纲部2000人前往临洮府附近,等待法军攻左育,在前往端雄,阻击法军后路。3月2日,法军分路进攻左育,黑旗军多次打退法军的进攻。

·对外战史·

图文珍藏版

后来,防守同章的黄守忠部黑旗军被法军击败,法军占领高地。法军随即炮轰黑旗军,黑旗军伤亡近千人,撤出左育阵地。刚刚赶到的何秀林部也败退而去。覃修纲部到达端雄后,得知法军已到达宣光,只得回临洮、清波。岑毓英见宣光城法军援军太多,便命疲惫不堪的围城部队撤退。

法军在1885年3月解了宣光之围,便留第一旅驻守宣光,其余部队撤回端雄、河内等地。波里也打算向兴化以西红河两岸滇军发动进攻。岑毓英得知后,命覃修纲部4000人坚守夏和、清波、锦溪等红河两岸要点;越南义军一部及云南农民军竹春、陶美等部,配合滇军李应珍部防守临洮府以东村落;刘永福率领黑旗军驻守临洮。

法军非洲兵千余人及越南教民一批在3月23日,进攻临洮东南的山围社。驻守在此处的中越军民坚守地营,将法军打退。傍晚,法军正要撤退,越南义军在村落四周遍插黑旗。惊慌失措的法军以为突遭黑旗军包围,纷纷逃跑。中越军民在临洮附近毙伤法军数百人,缴获衣裤、军帽等千余件。

(五)老将雄风,镇南关大捷

东线法军逼近广西,中国龙州等地的商民四下逃散,形势十分严重。清政府在2月17日电令年近七旬的冯子材,帮助办理广西关外军务。冯子材曾长期担任广西提督,三次出关,颇得桂、越人心。因为总指挥潘鼎新远离前线,前线将领一直推举冯子材担任东线总指挥。冯子材一面令部下赶修工事,调整部署,一面安定民心,整顿军纪。

与此同时,清政府通过外籍官员金登干在巴黎与法国政府秘密谈判。由于法军一路取胜,法国政府急于趁胜迫和,以此来缓解国内人民对战争所表现的不满。法国政府为了保证自己在议和中占更加有利的地位,便要求东线法军继续进攻。

冯子材经过对地形与法军的了解,选定关前隘(今天的隘口南)附近构筑防御阵地。关前隘位于镇南关内大约八里处,东西两面是高山,宽大约二里的隘口在中间。冯子材命令部队在关前隘附近筑起一道长

镇南关大捷

三里多,高约七尺,宽约四尺的土石长墙,墙外挖四尺宽的深堑,并在附近的岭上修筑堡垒多座。

尼格里派北非骑兵和越伪军各一部在8月9日,打算从文渊练扣波前进占领艽封、牧马,然后绕过镇南关之北,威逼龙州。冯子材从越南人民那里了解到情报,

立即将驻守龙州的冯军五个营派往扣波,桂军魏纲部由苏元春率领前往尤封。法军在 8 月 13 日到达尤封,发现清军赶在他们之前到达,便向南撤去。冯军在扣波奋力拦击,法军被迫撤回文渊。尤封、扣波分别由魏纲部八营与冯军五营留守。

冯子材为了化被动为主动,在 3 月 21 日不顾潘鼎新等人的阻拦,决定进攻法军。他率领王孝祺部趁夜袭击法军前哨据点文渊,毙伤很多敌人,并将两座炮台毁坏后主动撤回。由于冯子材主动率军出击,法军尼格里感到自己处于被动地位。为了争取主动,尼格里没有等待援军到齐,便发起进攻。

法军第二旅主力 1000 余人在 3 月 23 日早晨,趁着大雾的隐遮进入镇南关。大雾在上午 10 时 30 分开始消散,法军开始进攻。分为两路的法军,主力沿东岭前进;另一部分沿关前隘谷地前进,计划在主力占据大青山顶峰大堡之后,两路夹击关前隘清军阵地。另外,法军还有一部近千人的预备队,停留在镇南关东南高地。冯子材了解法军动向后,立即请驻守在幕府的苏元春部前来接应,又命令王德榜部从侧后截击法军。

冯子材亲自率领所部和王孝祺部迎击法军。法军利用猛烈炮火的掩护,拼死争夺,占领了东岭尚未完工的三座堡垒(东岭有五座尚未完工堡垒)。冯子材发现形势越来越危急,便对着全体将士高呼:"法军在入关,我们有什么颜面再见粤民?"全体将士在冯子材的爱国热情感召下,奋不顾身地抗击,阻止了法军前进。苏元春、陈嘉等率部在下午 4 时许赶来增援。

没过多久,蒋宗汉、方友升部也一同赶来。几部合并,奋力抵抗,战斗非常激烈。王德榜部在当天,从油隘出击法军右翼,牵制了法军预备队,并切断了法军运送军火、粮食的交通线,大大配合了东岭的战斗。入夜,清军调整部署,由前来增援苏元春部协助冯军坚守长墙,陈嘉部坚守东岭,王孝祺部坚守西岭,大青山顶峰由蒋宗汉、方友升部坚守。冯子材派人调驻守在扣波的五营冯军前来袭击法军左翼。附近群众对于清军非常支持,连夜送饭,赶运弹药。全体将士们补修工事,士气高涨。

尼格里指挥法军分三路在 3 月 24 日早晨,再次发起攻击。尼格里派其副手陆军中校爱尔明加率领一部分士兵,利用大雾的掩饰向大青山顶前进,企图控制东岭制高点。但是因为地形险峻,道路难行,偷袭不成,便原路退回。尼格里在上午 11 时许,见山顶一直没有传来信息,以为前去偷袭的部队已占领了山顶大堡,便下令进攻清军正面防御工事。冯子材传令下去:"凡是见敌军而退者,不管是哪一部军士,定斩不饶。"

冯子材还在各个路口设卡,以防不战而逃者。当法军接近长墙时,冯子材手持长矛,带领两个儿子跃出长墙,冲进法军阵地展开白刃格斗。全军将士发现主帅身先士卒,便一起涌出,向法军冲去。当地人民群众与部分散兵主动走上阵地攻击法军。扣波赶来增援的五营冯军于中午,突然出现在法军侧后,狠狠打击了法军。经过一段时间的战斗,中路法军狼狈撤退。

与此同时,陈嘉、蒋宗汉率领部众争夺,被法军占领的东岭 3 座堡垒。王德榜部在傍晚,击退法军的增援部队后,配合东岭守军夺回了全部被法军占领的堡垒。

· 对外战史 ·

图文珍藏版

清军三面围攻撤退的法军。在弹药不足,没有增援的情况下,尼格里下令撤退,丢下数百具法军尸体,狼狈退回文渊。

东线清军在冯子材的指挥下取得了镇南关大捷,法军精锐毙伤近千人,还缴获了大批枪炮、干粮。同时,中越两国军民的斗志提高了,也打击了法国侵略者的嚣张气焰。法军自从进入中国以来,从没有受到过如此的惨败。法军惨败的消息在3月27日晚上,传到巴黎,法国统治阶级开始恐慌。他们害怕因为这次失败,而动摇法国刚刚在远东建立起来的殖民统治,社会各界以及法国政府纷纷抨击茹费理的远东政策。3月31日,茹费理内阁在一片责骂声中垮台。

东线法军惨败后,人数不满2000,在文渊进行短暂的休整,便将主力撤到谅山和援兵会合,总数大约在4500人。冯子材趁势于3月26日,亲自率领所部以及王孝祺部进攻文渊,并安排王德榜部绕小路袭击法军右翼。驻守在文渊的法军全部出战,清军从四面攻击。不久,驻守在文渊的法军头目中弹,余下的法军逃亡。清军收复了文渊。

尼格里计划坚守谅山,待援兵到达后再次进攻镇南关。冯子材明白谅山是越南北部军事要地,他认为,应该暗中取谅山。冯子材邀苏元春等人秘密商量,计划先明攻驱驴,再出奇兵暗中取谅山。冯子材在3月27日,派杨瑞山率所部乘夜渡过淇江,在第二天黄昏潜到谅山,分散伏在城外各个地方。

冯子材在3月28日,统帅各部分三路逼攻驱驴。主力由冯子材、苏元春率领进攻正面,西面由王孝祺部和冯军一部进攻,东面由王德榜部进攻;驱驴北面高地是坚固工事,法军依托高地阻止了清军的进攻。尼格里发现左翼和正面阵地工事比较坚固,东面地形难以防守,便命爱尔明加率军一部反击东面的王德榜部。

冯、苏两部在下午2时,趁法军正面防御力量减弱之机,发起了猛烈进攻。尼格里在激战之时胸部中弹,爱尔明加接替指挥后,下令向淇江南岸撤退。驻守谅山的法军在慌乱中砍断浮桥,导致部分在桥上的法军落水溺死。法军退入谅山城后,立即计划分两路向南撤退。

清军主力在3月29日拂晓,向谅山挺进。提前埋伏在城外的杨瑞山部趁法军熟睡之机,发起攻击。城中法军仓促迎战。杨瑞山率军劈开城门,攻进城内。法军死伤甚多,残余部众向南逃窜。清军一路追击,一路搜山,从山谷中俘获不少法军。

清军攻克谅山过程中,法军死伤近千人,并缴获大量军械物资。攻克谅山后,清军分东西两路向南追击。东路陈嘉部及王德榜部在3月31日,攻克谷松,西路冯军一部攻克屯梅,进逼郎甲。惶恐的法军一路逃到郎甲、船头一带。

越南义军在法军连败的情况下,活动更加频繁。北宁总督黄廷经将各路义民集合共2万余人,跟着冯军旗号,前去围剿法军。河内、太原、海阳、西贡等地,人民纷纷起义,盼望早日赶走法国侵略者。

冯子材决定在4月中旬,亲自率领东线全军进攻北宁、河内;唐景崧部也准备前去进攻太原;广东准备派兵沿北圻东海岸进攻广安;会办云南军务鲍超所部30余营生力军正准备进入越南;西线滇军已经攻克广威等地,准备向兴化进攻。

在形势一片大好的情况下,清政府竟然下达了妥协求和的停战撤兵令。

（六）中国不败而败，法国不胜而胜

清兵在北圻的军事胜利，为中越两国人民反侵略战争带来了光明的前景。然而，清政府原本是被迫宣战，统治者不但不利用此时大好的前景去争取战争的胜利，反而把这次胜利作为求和的资本。谅山大捷之后，李鸿章便迫不及待地上奏朝廷，应该借助谅山这一胜利，与法国议和，法国政府将不会有太多的奢求。

清朝统治者决定采纳李鸿章的提议，表示依然愿意按照金登干曾在巴黎已经谈妥的条件执行。法国政府因军事失败，产生了政局混乱，他们迫切希望按已经谈妥的条件恢复和平，所以没有等待新内阁成立，便由总统授权签订停战协定。

清政府在 4 月 7 日，向前线各军下达停战撤兵令。当前线将士拿到停战令后，纷纷表示不肯退兵。冯子材等将领致电张之洞，希望奏请清政府"诛议和之人"。张之洞、左宗棠、彭玉麟等爱国将领极力反对撤兵。清政府电告张之洞，如果不乘胜收兵，最终将会全局败坏，如期停战撤兵，若有违命者，由你负责惩处。

李鸿章与法国公使巴德诺于 6 月 9 日，在天津签订《中法天津条约》。其主要内容为：中国承认越南是法国的"保护国"；在中国边界要指定两处通商，法国政府可以在这里设领事馆；中国以后修筑铁路，应与法国商办。

中法战争结束后，清政府对一直在越南打击法军的黑旗军颇为恐惧。清政府怕黑旗军会将根据地扎在越南西北，继续与法军做斗争，或是联合滇、桂人民再次反抗清政府。法国侵略者对于黑旗军更是发自内心的恐惧，法国声言，如果黑旗军一天不离开越南，法国就一天不交还澎湖。

于是，清政府接二连三地催促刘永福率领部众回国。1885 年 9 月，刘永福率领 3000 人入关，第二年被委派为南澳镇总兵。刘永福从越南带回的黑旗军，被清政府一点点解散，最后仅剩下 300 人。

九、中日甲午战争：将清朝推下悬崖的东洋强寇

东洋强寇日本强势介入朝鲜政局，搅动战争风云。清政府正式对日宣战。甲午战争开始，平壤之战、黄海海战、鸭绿江防之战、金旅之战、威海卫之战、辽东之战，清政府开始逐渐跌落无尽深渊。清军的海上樯橹灰飞烟灭，无数的血肉之躯永沉东海，而清朝也将在不久的将来万劫不复。无数生活在大陆上的中国人也开始觉醒。

（一）战前风云，帝后两党政见分歧

一场沉痛的战争灾难，给中华民族带来严重的危机，将清政府的统治推向穷途末路。历时八个月的战争，精英良将战死沙场，用血与泪誓死捍卫了民族的尊严。

结果，清政府却赔款两亿两白银，割让了台湾和澎湖列岛，日本人统治台湾整

整50年,台湾同胞整整当了50年的亡国奴。一切的一切要从110年前的那场中日甲午战争开始说起。当时的中国正值清政府统治,也许有人会说多年的闭关守国政策造成中国没有先进的科技,战败在所难免。可事实上,那场战争中国无论从地域、人口、兵数、海上作战良将都绝不逊于日本帝国,并且当时一部分外国人也这样认为。也许,战争前三个月双方都锐气十足,胜负难分,但若能坚持作战,胜利必将属于大清王朝。

在这场战争中,值得骄傲的是我们有邓世昌、左宝贵这样的不畏生死的"海上雄鹰",令人汗颜的是也有贪生怕死、临阵脱逃的"缩头乌龟",几乎每场战斗中都有不战而逃的将领和涣散的士兵。

而日本军队却是英勇作战,踏尸而进,在弹尽粮绝的情况下还能取得胜利。在这一点上,也值得人反思。

有句话说得好,"以史为鉴,可以知兴亡",我们有必要温故这场战争,冷静客观地分析敌我双方,不偏袒任何一方,任何一个人。无论是清朝,还是日本,无论是君主还是朝臣,或是普普通通的兵卒百姓,他们的一举一动都关系着战争的发展局势。

当时大清王朝政权主要掌握在慈禧太后手里,当朝皇帝光绪相当于只有虚名,因此,大清朝廷中派生出两个政党,帝党和后党。

这两党对待甲午战争的政见不和,深刻影响了战争的走向。可以说,在整个战争过程中,清政府上上下下就没有团结一心,形成统一对抗的局面。

封建帝国统治的最大特点就是君主集权,上层权势之间的关系牵动着整个王朝的生死存亡。战争期间,皇帝虽然是光绪,但是慈禧太后却一手操控着权势,是不容忽视的人物。

慈禧太后是一个热衷权势的女人,不甘心做一个养尊处优的太后。她三次垂帘,控制实权长达半个世纪,玩弄中国命脉于股掌之间。

同治到了18岁亲政的年纪,慈禧不得不撤帘,但对于热衷于权势的她来说,根本没有打算把权力交给儿子。同治觉得坐这个皇位如坐针毡,索性不把自己当皇帝,用一种放任的方式来发泄对母亲的不满,最后,年纪轻轻早早离世。

之后,慈禧一个个排除劲敌,她害怕同治的皇后阿鲁特氏抢了她的位置,就侮辱虐待她,以致阿鲁特氏在同治皇帝死后的第100天吞金自杀;慈安太后本身好端端住在养心殿,吃了一盒慈禧送过来的点心后就暴病身亡。

紧接着,她将朝廷中的军机重臣都换成了支持她的人,而光绪也就成了慈禧太后的傀儡,是慈禧能够继续垂帘听政的正统源泉。

慈禧想要掌握大权,需要光绪的配合,就像一出木偶戏,即使幕后的人再有能力操纵,没有木偶也构不成一出戏。

为了"驯服"光绪皇帝,慈禧可谓是下了一番功夫。光绪四岁进宫,慈禧对他照顾得无微不至。但是,慈禧所做的一切都有她的目的,那就是与光绪形成"母子"关系,以便更好地控制光绪。

为了树立在光绪面前的威严,慈禧给光绪立下了一大堆规矩。每天早晨,无论刮风下雨,光绪都必须去慈禧的住处请安。给慈禧请安的时候,没有命令不能起身,有时慈禧不高兴了,光绪只能长跪不起。

慈禧太后对这种形式上的礼节斤斤计较,目的就是要让光绪对自己绝对服从,看她的脸色行事,也正因为如此,光绪从小就很畏惧慈禧,每每见到她都心惊胆战。

好在光绪有一位好老师,那就是翁同龢。在他的帮助和教导下,光绪皇帝在很早的时候就已经具备亲政的能力。

1886年,16岁的光绪终于到了亲政年纪,可想而知,慈禧心里一百个不愿意,但是也不得不宣布光绪明年即可大婚亲政,但是退居颐和园的慈禧并没有放弃对权力的争夺。

光绪是一个很想有一番作为的皇帝,事实上,从他的学识和能力上来看,他也称得上是一位够格的皇帝。但是,亲政后的他渐渐开始明白,他拥有的不过是一座空荡荡的金銮殿,权力永远掌握在颐和园的西太后手中,他不过是一枚棋子,西太后让他走哪里,他就要走哪里,完全没有施展抱负的自由。

清政府这种权力结构,直接影响战争大局。光绪皇帝从战争开始一直坚持主战,而慈禧太后只是一开始主战,不久见战争不顺,就开始主张求和。帝、后政见不和,朝廷势力也就分为两派,对外战争渐渐变为清政府内部矛盾的战争。

如果,主战的光绪帝能够有权力主持大局,甲午战争可能就会是另外一种结局。再如果,光绪是一个敢说敢做、坚持主见的皇帝,排除慈禧太后的干扰,战局也可能会发生变化,但一切只是如果,历史不能重演。

翁同龢和李鸿章是帝后两党的骨干人物。李鸿章官居正一品,任直隶总督兼北洋大臣。他对国外的先进科学技术非常感兴趣,是洋务运动的主要推动者。在军事方面,李鸿章成立北洋海军,购置新型枪炮装备,修建军港,建造机械工厂,兴办学堂、轮船局、矿务局、纺织局等。

在他兴办洋务期间,与全国各地的高官都有直接来往,对国内外形势也有广泛了解,因此,李鸿章在国内外算得上是声名显赫。外来使者都称只知中国有李鸿章,不知道有大清朝廷。

也许正因为他看到了中西方的差距,他才在一边加强海陆军事实力的同时,一边主张利用列强之间的矛盾来保护清政府的统治免受伤害,即使到了甲午战争爆发之时,他也没有下定决心要与日军一决雌雄,但是面对日军强有力的攻势,退让也不是办法,只得希望列强能从中调停。在李鸿章的这种主张下,大清国在甲午战争中陷入了被动。

而翁同龢出生书香门第,父亲是咸丰、同治两朝宰相,又是同治的老师,两位兄长都是朝廷的巡抚,这样的家世,在汉族官僚中算得上是凤毛麟角。翁同龢深得慈禧太后赏识,仕途一路青云。他两次担当军机大臣,直接参与中法战争、甲午战争,是清政府官僚中少有的清廉之人,罢官回家后,要靠门生救济生活。

从客观角度来说,翁同龢算不上出色的政治家,他在中日甲午战争中一贯主战,并不是有绝对取得胜利的把握,而是当时所有认为大清国即是天朝上国的文人们本能的反应:虽然他是帝党的领袖,但实质上他的力量非常薄弱。

甲午战争来临之际,帝后两党一个主战,一个主和,朝廷大臣也夹杂着个人恩怨,明争暗斗,使得大清国本来就不强大的国防实力大打折扣。

(二) 岛国来袭,琉球朝鲜羊入虎口

日本是位于亚洲东岸太平洋中的岛国,它的崛起速度曾令世人震惊。日本明治天皇执政后,致力于学习西方先进的军事、政治、技术,"明治维新"后,日本一跃成为世界资本主义强国。

在19世纪60年代同一时期,中国也曾有机会发展自己的军事实力。从60年代起,李鸿章、左宗棠等一批官员就纷纷主持发展军事工业,设立矿务局,修筑铁路,制造轮船,扬起"富国强兵"的旗帜,掀起了轰轰烈烈的洋务运动,虽然结果失败了,但也取得了一定成效。而"明治维新"虽然只比洋务运动晚了八年,效果却要好得多。

洋务运动创办的大多是军事实业,从练枪、练炮入手,这种心理可以理解,两次鸦片战争让手拿长枪长矛的清兵吃尽了枪炮炸药的苦头。

李鸿章用西方军事训练方法操练清军,装上了洋枪洋炮,这在日后镇压太平天国运动中见到了成效。

对于彼岸的日本来说,1868年的明治维新对于日本来说有划时代的意义。自20世纪以来,日本帝国的政权实质掌握在幕府将军手中,日本的封建程度不逊于中国。直到1853年美国叩关,日本才渐渐与外界接触起来,当时的知识分子看到西方的科技如此发达,感到大为震惊,于是主张推翻幕府的统治,富国强兵。

在冷宫住了两年多的天皇很希望亲政,与这些政党意见一拍即合,装上洋枪洋炮,按照西方的训练方式操练军队,结果天皇5000名兵卒就打败了1万多名幕府大军,幕府将军从此退隐,明治天皇从此掌握实权。

天皇亲政后,为了迎合西方文明,派使团前往欧美12国学习先进科学技术,历时近两年,称得上是世界外交史上一大奇观。

与日本的明治维新相比,清朝的洋务运动就显得有些过于忸怩,而且日本政府大多数人都非常支持明治维新,洋务运动则是在封建政府内部产生的,推行的人一开始就不多,特别是曾国藩死后,李鸿章、左宗棠等人又忙于平定叛乱,收复新疆,洋务运动相当于已经脱离了进程轨道,每迈出一步都十分艰难,最后的结果也是预料之中的事。

到了中日甲午战争前,日本已经成为一个经济、军事、国防都十分发达的资本主义强国,明治天皇开始学西方人放眼国外。

早在明治维新之初,明治天皇就提出要开"万里波涛,布国威于四方",现实吞并了大清的附属国琉球,改为"冲绳岛",又不断挑衅大清国的属国朝鲜半岛。当时,清政府忙于成立北洋舰队,以及为陆军装备枪支大炮,根本没有意识到日本侵略的野心。

日本一个岛国,想要开万里之涛,该把哪里定为目标呢?当然首选地点当然是自己的邻居了。明治维新的先驱吉田松阴,在1855年就提出侵略中国东北、割取

朝鲜、占琉球、收台湾以壮国力，待到明治政府成立后，吉田松阴就梦想着将这一理论付诸行动。

日本第一个打算征讨的就是琉球国。琉球当时和朝鲜一样，都是清朝时期中国的附属国，每年要向中国朝贡，就连新君登基也要得到大清皇帝的册封，行文通文都要同时注上大清的年号。

1872 年，日本见有机可乘，就宣布琉球为日本的第一个藩国，夺取了琉球的外交权。之后，又盘算起进攻台湾的计划。1874 年，日本兵分三路从枫港、石门、竹社开始进攻台湾，当地居民手中只有长枪、长矛、弓箭等落后的武器，但由于台湾人民熟悉地形，采取了类似于游击战的方式，埋伏在树丛之间，给日本侵略军以突如其来的打击，因此，日本此次侵略并未取得成功。

台湾这片土地自古富有灵性，它给予了闯入其中的外来强盗严厉惩罚。6 月正值炎热，日军先是大批患上肠炎，后又得上痢疾，每天都有人员因病而死，最多一天就死去 14 人。日军派出的 3600 多名士兵，侵台期间病死多达 500 多人，日军内部厌战情绪高涨，高呼撤兵。

然而，日方又不甘心这样撤离，就命大臣大久保前往北京向清政府索取一定赔款，体面撤出台湾，自打鸦片战争以来，清政府已经习惯花钱买平安，因此于 9 月 10 日与日本签订了《北京专条》，支付日本 10 万两白银，承认日本侵台是为了保民，也承认了琉球是日本的领土。

随后，日本废除琉球向中国朝贡的制度，也无须继承王位时要受中国的册封，一改琉球国号为日本冲绳县。琉球国王曾多次派密使向清政府求援，结果清政府只是动动口舌抗议，并未诉诸任何行动，结果，大清附属国琉球就这样成了日本冲绳县。

通过这件事，日本侵略军已经完全认清中国清政府的软弱无能，更加坚定了他们对外扩张的强国策略。

在这之后，日军战舰"云扬"号突然驶入朝鲜海域，就像进了自家庭院一样自由航行，对朝鲜海岸线进行测量，逼迫朝鲜与之签订修好条约，承认自己拥有和日本一样的自主权，从朝鲜一方来讲，这份条约意味着朝鲜承认自己不是大清国的附属国，也为朝鲜日后侵略朝鲜种下了祸根。

条约签订后，朝鲜对外敞开了大门，日本商人在朝鲜海域横行霸道，对朝贸易出口完全免税。为了控制朝鲜政局，日本开始在朝鲜培育代表自己利益的政党——开化党。精心准备 10 年后，1884 年末的一天，开化党纵火挑事，出兵占领王宫，杀死大臣，建立开化党政府，颁布各项改革方针，这就是有名的"甲申政变"。

政变发生后，驻朝清军的总理袁世凯联合朝鲜军队于政变第三日就进宫赶走了日军，恢复了朝鲜的统治，日本不得不承认此时和中国的兵力还尚有一定差距。

但事后，清政府竟与战败的日军签订了"共同出兵"的合同，就是当中日两方任何一方向朝鲜出兵，另外一方都有权同时出兵交涉。这实际上已经承认日本对朝鲜也有军事统领权限。

这点甜头远远满足不了日军，他们开始打算与西方列强交好，想要步入欧洲行

· 对外战史 ·

图文珍藏版

列,主张像西洋人那样对待中国——割地夺款。于是,野心勃勃的日本正朝着它的目标步步逼近。当时,大清国国内硝烟四起,法国侵略大清藩国越南,又进攻台湾,偷袭福建水师,继而中法战争爆发。

1884年8月,福建水师在受到法国舰队的重创后,损失惨重,11艘兵船全部被毁。这一战争结果深深刺痛了清政府,于是第二年,清政府舍利海军衙门,醇亲王奕譞为总理海军事务,李鸿章为会办。

李鸿章在海军衙门的支持下,开始筹建北洋舰队。很显然,想要依靠中国当时的生产水平制造出新型巡洋舰和铁甲舰是根本不可能的,必须从国外引进。

从这一年开始,北洋舰队先后购置14艘新型军舰,至1888年9月,北洋海军正式成军,大大小小船舰共22艘,兵将4000余人。其中,"定远"号和"镇远"号是当时世界上最先进、最雄风的铁甲舰。有"亚洲巨无霸"之称,地位相当于今天的航空母舰,李鸿章亲自为这两艘战舰命名。

这两艘战舰上的巨炮引起日本朝野一片恐慌,也正因为"定远"和"镇远"两艘巨舰,北洋舰队整体实力提升不少,位居亚洲第一,世界排名第四。此外,在甲午战争前,旅顺军港已经竣工,堪称"远东第一海军基地",成为北洋舰队的修治之所,与此同时,威海的海防工程也已全面展开,后成为北洋舰队的停泊之地,再加上正在建设中的大沽口,基本形成了北洋海军的防御体系。

清政府面对此项成果颇有成就感,1891年北洋舰队曾出访日本,在横滨驻留半月,收到了天皇的隆重礼遇。日本天皇见识了"定远"号的威容,朝野上下立刻掀起一阵轰动,"中国实力绝对不能小觑,如此优越战队定能雄飞东洋海面。反观我国,仅有几艘巡洋舰,实在无法与之相比,令人羞愧难当!"

第二年,日本就从英国购买了当时航行速度最快的"吉野号",说起"吉野"号,英国曾有意卖给清政府,但清政府此时已经停止购买战舰,英国就将它卖给了日本。

1893年,日本天皇传谕,决定每年拨款30万元补造军舰,分析清朝定远、镇远两艘铁甲舰的利于弊,专门制造出能够对付它们的战舰——三景观主力舰(严岛、松岛、桥立)。"一定要战胜定远"是日本海军的流行口号。

1894年甲午战争前,日本海军共拥有31艘军舰,37鱼雷艇,总数量比北洋舰队多出了一半,实力自然也超过了北洋舰队。

日本海军迅速发展的这件事,大清朝廷并非全然不知,刘步蟾等人留洋时早就看出了北洋舰队日后的危机,他们上报给北洋海军提督丁汝昌,丁汝昌上报给李鸿章"中国海军规模需要逐渐扩充,自上一次购买军舰已经两年已久,机械渐滞,运转不灵,与日本新样式快船相比相差悬殊,一旦有事恐怕不能及时备置,请增购船炮以备防御"。

清王朝上层领导人也想过增建船炮,但是穷途末路的清政府天灾人祸不断,已经捉襟见肘,为镇压太平天国等各地方起义,共消耗4.3亿两白银,对外战争的军费只比其多而不比其少。况且,自李鸿章筹备北洋海军以来,就多次受到朝廷的批评,毕竟船舰花销太大,又无实用,因此在北洋海军成立后就未添一船一舰。

当然，把北洋海军停建的责任完全归咎于清政府财政紧张也是不客观的。若说没钱，大清宫廷在摆阔排场上扬手撒钱之势令人咂舌不已：光绪大婚花费黄金400多万两，白银近500万两；慈禧修建颐和园以及三海工程，花去的钱更是难以统计。而继续扩建北洋海军，几年的开销下来也不如清政府一次活动花掉的钱数。就连李鸿章自己都说："如果将此款数拨给北洋海军，不出10年，大清军舰可甲地球。"

再者，李鸿章对待外战一贯主张一个"守"字。他在北洋舰队创建之初时就曾说："造船意在守疆土、保和局，无驰骋海外之意。"因此，他自然也很满足北洋舰队的现状，也就没再上报朝廷请求拨款扩建。

这一点是甲午战争前中日两国最大的不同，日本蓄意进攻，志在取胜，而中国却是盲目满足，退守求和。

就战争前的准备来看，李鸿章曾亲自对北洋舰队进行一次大规模的检阅，认为北洋舰队简直是完美无瑕。在这近20天的检阅里，大沽口、旅顺港、大连湾、威海基地、烟台等地的炮台打靶都非常灵准，鱼雷艇施放鱼雷也是百发百中。但是，李鸿章却没有看到检阅背后的一面。检阅时许多都是摆的花架子，射击打靶时，预先测好距离，设置浮标，这样的训练方式对即将实战的北洋舰队百害而无一利，也为日后的惨败埋下了伏笔。

而清军的将领素质也直接影响战争的胜负，海军军火供应环节存在严重的腐败问题。多少贪婪的眼睛盯着这个利润丰厚的行当，从国外引够的枪火炮弹被人私自倒卖了一环又一环，不择手段贿赂各级官员从中抽条，战争似乎离他们的生命很远很远，完全把军火供应当成了发家致富的手段，以至于在战争中我军一次又一次用炮弹击穿了敌人的军舰，却发现徒令敌军虚惊一场，炮弹都是哑巴弹，根本不能爆炸！

在上述种种历史环境下，甲午战争走近了，它会去验证洋务运动的成与败，验证北洋舰队的强与弱，验证曾经创造下无数辉煌文明的封建帝国是否已是明日黄花。

（三）丰岛海战，甲午战争的开端

自从上一次朝鲜"开化党"引发的内乱被清政府平息后，日本一直没有机会再次向朝鲜挑衅。终于，朝鲜国内发生了农民起义，日军才获得可乘之机。

大清的附属国朝鲜的门户被打开后，命运与大清极为相似，深受列强的剥削和掠夺，朝鲜统治者软弱无能，所有的重担都由百姓来承受，久而久之国内居民就连生存都是问题，于是各地纷纷爆发农民起义。

朝鲜请求清政府派兵援助，当清政府派兵前往朝鲜境内后，日军因有1885年签订的条约在先，当然也不请自来，以协助平乱的名义进军汉城。朝鲜起义军认为日军是外来侵略军，便与朝鲜政府讲和，请大清和日本一同退兵。

起义军与政府讲和后，全部撤退，而此时的日军也不得不承认陷入了尴尬的境界。朝鲜的官员和商民，内心早已默认是中国的属国，并相信清政府出兵是朝鲜国王的请求,而清军的驻扎地离起义军较近,很明显是为了帮助平定内乱,可日军却恬不知耻进驻了汉城,还占领了军事要地,即使打着"平定内乱"的旗号,朝鲜国人如何相信?

面对各国联合声讨,日本自己也觉得理屈词穷,一面用言论周旋各国大使之间,一面派更多的军队进驻朝鲜。

终于,他们找到了一个可以继续驻扎在朝鲜的借口,那就是改革朝鲜的内政。"朝鲜为何总发生内乱?就是因为治理朝政不明嘛!我们就是为了帮助朝鲜改革内政的!"

然而,世人心里都明白,日本这叫"醉翁之意不在酒"。日本提出的改革策略只会以加大日方利益为主,削弱中国在朝鲜的力量,清政府若是提出异议或坚决反对,势必会与日本发生冲突,这就为日军侵略中国和朝鲜制造了良好借口,日军也正是奔着这点去的。

面对日军咄咄逼人的气势,李鸿章依然无意与日军一决高下,他希望通过列强之间的错综复杂的利益关系达到"以夷制夷"的目的,他曾做了一个形象的比喻,一群疯狗争夺肉骨头,谁都想得到肉骨头,疯狗们互相掐架,拼个你死我活,肉骨头就安全了。

"肉骨头理论"也有那么一点道理,问题是疯狗们掐架时肉骨头暂时是安全的,可当疯狗们打累了就该商量平分肉骨头,到最后猎物的命运是一样的。

李鸿章最先寻找的靠山是俄国,因为它离中国最近,野心自然最大,当然不会眼看着朝鲜落入日本手里。起初,俄国的态度的确令李鸿章感到欣慰无比:俄国要求日本与中国一同撤兵,如果日本不照傲,就采取一定措施压服日本。

但是日本并没有立刻畏惧俄国的示威,这令俄国也有些恼火,于是再次支会日本,要求与中国同时撤兵,日本方面也感到十分紧张,向俄国表示并没有侵略朝鲜的意图,俄国也不想与日本发生冲突,调停之事就此告终。清政府又请英国出面,英国只关心在中国利益,全然不在乎朝鲜,英方表示,如果中日开战,只要日本不进攻上海就好,因为英国在上海有巨大的利益。而德法两国则表示,只有通过战争给中国一击,才能让他们从天朝上国的美梦中醒来。

光绪皇帝见时局日渐紧张,再次催促李鸿章备战增兵,李鸿章依然没有采取行动,还在盼望俄国能够再次出面调停,直到这些希望完全化为泡影。

而日本见列强都间接支持自己,就彻底撕破脸皮,与中国关系就此决裂。1894年7月17日,日本大本营决定对华开战,并制订了周密的作战计划。

日本天皇认命海战经验丰富的桦山接任海军部长,桦山接到命令后立即组建联合舰队,并派人到朝鲜西岸巡弋,占领了丰岛附近有利的作战基地。

紧张的气氛令人窒息,军机处寄给李鸿章的谕旨明确指出"中日关系已经决裂,形势已经不可挽回,朝廷一意主战,李鸿章身负重任,熟谙军事,当布置一切出兵事宜,若再顾虑不欠,错过作战时机,定惟该大臣是问!"

直到这一天,李鸿章才遵旨命卫汝贵率 6000 兵卒,马玉昆率 2000 兵卒,左宝贵率 3500 兵卒开赴朝鲜,进军平壤。

7月23日这天，驻朝日军发动事变，于深夜凌晨用大炮轰击朝鲜的守卫军，攻入汉城，劫持国王，使朝鲜王宫成为亲日的傀儡政府。

清政府因为依赖调停，未派一兵一卒驻入朝鲜，使日本人一开始就占了便宜，就连英国税务司赫德也曾很惋惜地说："外交调停可把中国骗苦了。"

如今，清政府只得加紧派兵，北洋舰队派济远、广乙、威远三舰队由方伯谦带队护航。出发前，曾有人向提督丁汝昌请示，若途中遇到日军挑衅，该如何应付？丁汝昌指示道："现在中日两国还未正式宣战，切不可轻举妄动，倘若日军率先开炮，你等可纵兵回击，岂能坐以待毙。"

清政府看似隐秘的出兵，实际上早有间谍向日本报告清军的行踪。日本大本营接到情报后，立即派联合舰队率松岛、吉野、浪速等15艘军舰，从佐世保港沿朝鲜西安进发，袭击中国兵船。

海军部长桦山亲自为联合战舰送行，高高挂起"发扬帝国海军"的信号旗，桦山昂首挺胸，日军官兵更是信心十足，松岛舰队的回答是"坚决发扬帝国海军荣誉"；吉野舰队的回答是"完全准备就绪，等我凯旋归来"。

7月23日，午前11点日军开船，并迅速进入战斗准备状态。同时，北洋舰队也接到了日军来截的情报，丁汝昌向李鸿章致电，请求海军大队护航，并令各舰海员同样做好战斗准备，然而李鸿章认为，日本虽然主动备战，但我军若不先开战，日军不会先动手，谁先开战谁就理亏，这也是当时的万国公例。丁汝昌只好下令海员熄灭战火。

济远、威远、广乙护航队先后抵达牙山湾，方伯谦派遣威远去仁川发电报，在途中威远舰的船员得知日军可能于明日进攻中国后，立即回航向方伯谦报告。

方伯谦决定令舰队装卸完武器兵力后尽快返航，由于威远是木质材料军舰，战斗能力较差，因此威远先行至大同江口，等待济远、广乙到来后再一同返航。

当晚，清军爱任号和飞鲸号都已成功返航至天津，方伯谦带着剩下的舰队立即离开牙山湾，而此时，日本舰队坪井航三正率领浪速、吉野、秋津等舰侦察牙山湾一带，并下令说"若遇清军援兵，立刻攻击。"

在茫茫牙山湾，有一处并不起眼的岛屿，叫"丰岛"。这座岛屿因为中日在此激战，从此在中、日、朝三国都享有很高的知名度。甲午战争也由此拉开序幕。

7月25日这天，日军在丰岛海面远远望见清军的济远号和广乙号，于是即时下达战斗命令。

当时，中日两方军事实力相差悬殊，清军战舰总吨位不足日军的1/3，日军共有80多门大炮，而中国还不到30门，日军兵卒共有1000多人，中方只有300多人，清军要以一敌三赢得战斗，简直是难上加难。

丰岛海战前，日本舰队还要了一个花招，由于附近海面南宽北窄，容易造成舰队不能顺利回航，于是日军命迎着清军而行的舰队故意转舵向东航行，仿佛无意与清军为敌。方伯谦见日军舰队向东航去，而清军舰队则是一路向北，两军方向不同，便真以为日军无意作战，待到日军行驶到丰岛南岸海面宽阔处，突然转舵向清军的济远、广乙打来。

当时，双方距离只有 3000 千米，日军吉野舰一声号响，三艘日舰一齐开炮，集中火力轰击济远。

霎时间，丰岛海面炮声轰鸣，水柱四起，硝烟滚滚，浊浪滔天。敌我双方 5 艘战舰，往来奔驰，奋力搏击。

济远号发射的炮弹多次命中日军的浪速和吉野，其中一发炮弹正好击中吉野舰板，贯穿铁甲，打在发动机上，最后滚落到机器间。敌军吓破魂胆，大叫一声等死，结果这枚炮弹并没有爆炸，吉野船兵惊慌一阵后，胆战心惊到机器间检查，发现炮弹完好无损躺在地板上，敌军拆开一看，发现清军竟然没有在里面装上炸药：很难想象敌军此时此刻是该蔑视我军的粗心大意，还是该庆幸我军作战疏忽，这件事造成的直接影响就是敌军更加大胆猖狂发动炮火，以致击中济远前方炮台，大副将深寿昌不幸中弹身亡，以身殉国。

之后二副将柯建章立即代替指挥，英勇奋战。日军盯住一处不放，再次击中济远前炮台，柯建章胸部被击穿，壮烈牺牲。

济远前炮台遭到日军重创后不能运转，仅依赖尾炮微弱的攻击力边战边走，日军乘胜追击，气焰嚣张。吉野号舰速 23 海里，比济远号快 8 海里，很快就追上了我军。

当两舰再次相距 3000 米时，日军下令猛烈轰击，济远号头目方伯谦惊恐万分，不但不再抗战，反而下令悬挂白旗，吉野全员笑声朗朗，没想到清军这么快就要投降。

方伯谦怕敌人再战，又挂起了日本的海军旗。但是，日军并没有停止攻击，继续前行了 500 米后，加大了炮火攻势。

此时，大副将、二副将皆已战死，方伯谦汗流浃背，用颤抖的声音问道："何人能战？"残兵的自信心早就大受打击，个个面面相觑。

"我来！"一名普通的水手挺身而出，他就是王国成。他三步两步跨上炮台，装好弹药，让另一名水手李仕茂协助，向吉野连发 4 炮，这 4 炮堪称济远的救世主，有 3 炮命中，特别是最后一炮击中吉野要害，造成日军 27 人当场毙命！吉野舰首进水，被迫转舵慢慢前行，济远全员趁机逃回威海军港。

至此，我军战场上只剩下广乙了。

用现在的话来说，广乙舰是一艘国产巡洋舰，铁骨木皮，没有护甲，防御能力还不及济远，与日军开战后损失惨重，不一会儿就死伤 70 多人。

林国祥指挥广乙全体船员，全速冲向吉野，准备距离再近一些时施放鱼雷，结果在行驶途中不幸被侧翼的秋津号击中鱼雷发射管，桅杆也被击毁。

连中数炮后的林国祥只得下降龙旗，向东北方向撤离。广乙归航失败，林国祥怕军舰被日军俘虏，命人将军舰上数尊大炮自行销毁，之后，他双手颤抖，亲自点燃火药库将广乙号焚烧殆尽，率领残卒登岸，寻找驻扎在牙山湾的清军。

清军不知道中日海军已经在丰岛海面进行了一个多小时的激战。装载 20 万两军饷的"操江"号和载有 1200 多名兵卒以及重资军火的"高升"号正要驶入丰岛海域，战败的济远向操江号发出信号，"我已开战，尔等速回。"

国学经典文库

中国军事百科

·对外战史·

图文珍藏版

"操江"号转舵回航,但为时已晚。这艘老船已有30多年的船龄,只有400马力,5门船炮,不仅无法快速逃命,而且也没有能力与日舰抗衡。很快,日军的秋津舰荡波而来,追上了操江号。

将领王永发将重要的军事文件全部烧毁,并将送往牙山的军饷——白花花的20万两白银全部倾入海中。

秋津舰派来24名全副武装的日本兵,抓获了全部海员,将领王永发被押走,其余水手拘禁在后舱,80多名官兵全部沦为战俘。

"操江"号被掳,"高升"号的命运可想而知。当"高升"号进入作战海域时,日舰浪速很快就过来拦截,日军命"高升"号听从指挥,随他们走。"高升"号的船长是个英国人,他对清军说,如今抵抗已经无用,日军一发炮弹击中高升,清军就可全军覆没。他建议全员听从日军指挥,但是全体清军官兵无一同意,表示"宁为玉碎不为瓦全",死也不会听从日本人的命令。

浪速舰上的日军失了耐性,六门大炮一齐向高升开火,同时释放数枚鱼雷,先后击中了"高升"号的煤库和锅炉房,清军官兵顿时感到白天变成了黑夜,空气中全部是煤渣、碎屑,混合着水蒸气的热度,活活熏死了不少人。

当炮击开始后,英国的船员很快跳海逃生,船面上的清兵除少数跳海外,大部分都顽强抵抗,拿起手中的枪支向日军射击,枪支对大炮,伤害力简直就是"杯水车薪",但是这些清军依然坚持到"高升"号沉没的最后一刻。

"高升"号沉没后,残暴的日军并没有放过落入水中没有一丝抵抗力的清兵,除了用大炮继续轰击外,还派人驾着小船来往于海面上继续捕杀,除了少数洋船员和个别清兵被德法的船舰救起外,1000多名大清国海军全部葬身大海。

两天后,李鸿章得知丰岛海战的消息后,对自己雇请英国商船运兵的举措颇为得意,"高升号是英国轮船公司的船,日军无故击毁,英国人不会善罢甘休。"

日本方面听说这一事后也很紧张,于是捏造了一份电文,说是吉野、浪速、秋津三舰偶然与中国军舰邂逅,正准备施放礼炮表示欢迎,无奈清军先做起战斗之势,遂以炮火相见。

英国得知本国的商船竟被日军击毁,态度一开始也很强硬,说日本有意侮辱大不列颠帝国,叫日本予以赔偿,并对此次事故负全部责任。

日军惧怕英国国威,不敢与大英帝国为敌,而英国也不愿与日本闹僵,因为还要利用日本钳制俄国东侵,当然不会为了一只被击沉的商船就和日本翻脸,况且船员基本上都是中国人,英国实质上并没有大的损失。

当时英国有两位著名的国际公法学权威人士认为"高升"号帮助中国运送军队,实际上对日本不敬在先,日军使用强制手段也没有不当之处。英国政府采取了两位博士所主张的态度,对这件事没有追究,也没有要求日本赔偿。

丰岛海战,日军击败大清国海军,但是日本依然没有满足这样的战果,发动陆军同时挑衅。

7月25日。日军在丰岛偷袭清军的同时,大岛义昌率领4000陆军进攻牙山湾,那里驻扎着由叶志超、聂士成领导的大清国陆军。

叶志超和聂士成进驻朝鲜不久起义军就已撤军,因此他们在牙山湾一带除了赈济一下贫困百姓外,几乎没有什么作为。聂士成曾经要求效仿日本,也进驻汉城,但袁世凯怕引起纠纷未准。之后又要求回国,以免日本借机挑衅,清政府也没有应允。既然如此,那就做好战斗的准备,再多派些援兵,可是李鸿章也没有同意。

叶志超和聂士成就在此地毫无作为逗留了两个多月,直到李鸿章见调停无望,才命二人速速做好战斗的准备。

牙山地形三面环山,一面临海,不利于防守。聂士成左思右想,只得先率领主力部队移师到成欢,让叶志超率领1000多人去成欢南部作为后备军。

成欢位于牙山东北20公里处,由汉城通往全国州郡的必经之路就在这里,此地东面靠山,西有高地,地势易守难攻。根据地形,聂士成左右各分布两条防线,左阵地为主阵地,并做了许多战前准备。

7月29日夜晚,日军兵分两路进攻,主力军却先进攻防守薄弱的右阵地,尽管在进攻过程中有部分日军被困在山下沼泽地,淹死战死伤亡较大,但因右阵地本身防守就很薄弱,又没有大炮等群攻武器支撑,堡垒很快被日军占领。

聂士成亲率援军赶往右阵地,日军两股大军集中火力攻击聂士成的援军,尽管聂士成英勇奋战,拼死冲击,但敌我力量相差太过悬殊,左右阵地先后都被日军占领。

聂士成召集残部赶到成欢南部,与叶志超一同绕道去平壤与左宝贵大军会合,至此,朝鲜南部再无清军驻扎。

事已至此,光绪和慈禧太后都无法继续容忍岛国日本的得寸进尺,认为大清国虽然打不过西方列强,但是对付日本应该不成问题,因此开始倾向主战。况且现在日军水陆并进,不宣而战,清政府不战也得战。

8月1日,光绪皇帝颁布对日宣战诏书,"朝鲜为我大清国邦属200余年,中外所共知,近10年来,该国多此发生内乱,朝廷派兵前往勘定,合乎情理。日寇无故派兵,突入汉城,迫令朝鲜更改朝政,种种要挟,不可理喻。朝廷添兵保护,反遭日军袭击,又乘我不备,在牙山海面,开炮轰击,伤我船只兵卒。该国不守公法,肆意嚣张,挑衅大清,特布告天下,明示朝廷办理此事已是仁至义尽,实为日寇无理至极。著李鸿章派出各军,迅速剿灭,拯救朝鲜于涂炭之中。"

同一天,日本天皇也发布了对清国宣战的诏书,"兹对大清国宣战,力达国家目的。清国之于朝鲜事件,失信之举在先,朝鲜自属独立之国,而清国称其为属邦,干涉内政,索要贡输。今又乘其内乱,出兵朝鲜,为使朝鲜免于祸患,维持大局和平,朕依明治十五年约条,出兵备变,清国设词拒绝,暗中百般妨碍,更派大军击我船舰于丰岛,狂妄至极。为宣扬帝国荣光于海外,不得不公然宣战。"

甲午中日战争,日本不宣而战,中国被迫从战,由此,这场战争进入了对峙状态。

(四)平壤之战,中日大碰撞

宣战后的第二天,光绪帝即催促李鸿章进军作战。"待等何时作战?卫汝贵、马玉昆、左宝贵各军今已行至何处？速速电催，星夜前进，直抵汉城，与叶志超、聂士成合力夹击，勿得拖延！"

年轻气盛的光绪皇帝恨不得马上给日本以致命打击，一振天朝之威。但是光绪对叶志超等战败之事还未知情，朝鲜南部已经没有大清一兵一卒，南北夹击只是光绪的一个愿望罢了。

北上的援兵共有四路大军，卫汝贵统领的 6000 人盛字军；马玉昆统领的 2000 人毅字军；左宝贵统领的 3500 人奉军以及丰升阿统领的 2000 人练军。

这四路大军冒着酷暑，忍着饥渴，甚至不敢多休息，全速抵达平壤。8 月 11 日，左宝贵等四路大军的将领联名给李鸿章发了一份电报，汇报了平壤的军事情况，建议先守后攻，稳扎稳打，李鸿章同意了此建议，认为此时大军刚抵达平壤，旅途劳累，需要休整，先在要隘口埋设地雷，探明虚实后再进军。

平壤之战

5 天后，光绪皇帝心急如焚，实在没有耐心再等下去了，眼看平壤各军已经休息 10 多天了，也该恢复体力了。他让军机处通告李鸿章，命令平壤各军迅速进兵，但身在朝鲜的马玉昆、左宝贵、丰升阿、卫汝贵四人却认为，平壤与汉城相距千里有余，山路崎岖险恶，许多关卡已被日军占领，攻取实在不易，即便是攻下来了，也要留下至少 3 万多人防守，这样大军才能无后顾之忧。

光绪接到四人的电报，十分不满，"李鸿章要守，平壤军也要守，总是守，想要守，恐怕朕再多派 3 万人都不够守！"在光绪看来，如果立足在"攻"字，迅速挥兵南下，根本无须那么多守兵。

他连下两道谕旨，让李鸿章命平壤大军先发制人，迅速进剿，若一直坐守，只怕失去良机。

光绪火烧眉毛，恨不得亲自率领大军攻入汉城，可惜他不能直接指挥，只能一次又一次催促李鸿章进军，可是李鸿章没有攻取汉城的想法，能守住平壤就是最大的成功了。

对于李鸿章一味拖延，主战派非常不满，纷纷上奏批评他，要求易帅。"一味迁延，导致朝鲜南路清军叶志超陷于绝境，关隘统被日军占领。"还有说李鸿章身体衰败不堪，难以担当统帅之职，一时间朝野上下掀起一阵弹劾李鸿章的旋风，当然这些声音也掺杂着不少争权夺利的成分。

易帅谈何容易，李鸿章是淮军的创始人，又是慈禧太后的肱股之臣，要说除了他之外，满朝上下还真找不出第二个像他一样出色的主帅。因此，整个甲午战争的过程中，统帅一直都是李鸿章。但是他又不能到前线指挥作战，事关帝都危机，他只能坐镇北洋，于是，朝鲜前线急需一个统兵，肩负起大军生死存亡的重任。

该让谁统领朝鲜大军呢？这个人说出来恐怕要让人大跌眼镜，那就是败将叶志超。这位败将似乎觉得自己虽败犹荣，谎报国内说是清军大捷。"7月25日与日军开战，日军3000人死伤1000人，清军只伤亡100多人。"

李鸿章信以为真，光绪皇帝也大力赞扬叶志超。如此天大的谎言，李鸿章和光绪皇帝怎能轻易相信，依现代人的想法恐怕怎么想也想不通。

当时，朝鲜人民都拥戴清兵，憎恨日军，一心盼望清军能大获全胜，难免编造出清军大胜日军的神话，这种百姓制造神话的故事历史上也是屡见不鲜，所以李鸿章核实战况时，也这么听说的。

但令人费解的是，叶志超自己也编造神话，给李鸿章的电报中说我军以少敌多，伤亡仅200人，在撤退途中冒烈日酷暑，攀崇山峻岭，在艰苦万状的情况下又连续击退日军。本来是惊弓之鸟的败将，在电报里竟把自己描述成过五关斩六将的大英雄。

撒谎的叶志超由此也得到了丰厚的奖励，光绪皇帝先是赏他两万两白银，又谕令嘉奖他，夸他是"奋勇御敌，异常出力"，光绪皇帝哪里知道在赏他银两的同时搭上的将是平壤大军的生死存亡。

主战派一直想要选出一名优秀的统领，继而削弱李鸿章的势力，正在犯愁该选谁的时候，叶志超捷报频频传来，不选他选谁？

当叶志超的搭档聂士成听说叶志超被任命为统领的时候，不禁大惊，败军之将怎能当统领？当然惊讶的不止他一个人，就连叶志超本人都被吓了一跳。他只是为了掩饰败绩，谁知却惹了一场大麻烦，他早就没有了统领大军与日军作战的勇气，况且进军平壤的左宝贵等人论资历、能力都不逊于他，又怎能听从一个败将的指挥。

但无论如何，朝廷都寄予了叶志超很高期望，希望他尽快与日军一决雌雄，叶志超骑虎难下，于9月2日向李鸿章发了一份电报，认为现在还不是进军的时候，农人正在丰收，若此时交战，不利于储备军粮。后来，他又给李鸿章发了一份电报，认为还要再增派一些援兵才有胜算的把握。

光绪看后十分不满，对叶志超的能力开始怀疑，当初他孤军奋战都能大获全胜，如今大军会合了，怎么反倒懦弱起来了，光绪亲自发了一份电报给叶志超撑腰，告诉他有谁敢不听他的命令，立刻电告，严惩严办！

叶志超自知无力统军，也不进军，也不占地，挨过一天算一天。当然，平壤大军也在做一些战争的准备，比如修筑防御工事、勘测地形等。

为了与中国决战，日军开始召开作战会议，任命山县有朋为第一军司令官，并发动全国人民共同筹款。当时日本人口总数不足4000万，但是短短一个月时间政府居然募集到7700万的日元，可见当时的日本国民做出了多么大的牺牲。

日军启动了作战计划，兵分四路进攻平壤。第一路由大岛义昌率领3600人从正面进攻平壤，吸引清军的精锐部队；第二路5400人绕到平壤西南进攻；第三路2400人绕到平壤北面进攻；第四路4700人从西面进攻，并预先占领好清军的后路顺安。

日军的围攻战略是一次十分冒险的作战计划，各路大军若是配合不好，很容易被对手各个击破，如果清军占据有利地形对日军进行歼击，日军很有可能全线崩溃，即使清军击败其中一路，其余各路也很难发起围攻。

但是，山县有朋摸透了对手的底细，早就看出清军有只守不攻的癖好，因此，他命手下将领大可放心攻击。

事实证明，老奸巨猾的山县有朋是正确的，攻城之路险关重重，日军奋勇而上，只碰到了几处不堪一击的清军哨所。

日军最大的冒险在于后勤供应严重不足，四路日军同时挺进，后勤保障的质量自然会下降不少，况且自古就有"兵马未动，粮草先行"的作战道理，朝鲜平壤四周地势险要，运行粮草弹药十分艰难，如果连续激战两天以上，日军就会陷入弹尽粮绝的处境，只能退却。也就是说，我军只要坚守城池两天，日军自然崩溃败北。

但即便日军清楚这些弊端，依然决定冒这个险，日军这种背水一战的勇气不得不令人佩服。

9月15日，日本天皇亲到大本营自坐镇指挥，用事实向周民表示日本的决心和信心，民众激动地高呼："我皇万岁！"

这一天，四路大军发起向平壤的总攻。

日军包围平壤的消息传入叶志超耳中，叶志超如惊弓之鸟，急忙发电报给李鸿章，说自己重病来袭。心力交瘁，希望李鸿章把他调回。

临阵换将是兵家大忌，李鸿审自然清楚得很，叶志超只得遵命守城，手下将领一看统领叶志超都坐立不安，不禁也开始害怕起来，主张弃城逃跑。叶志超巴不得大家和他一起逃跑，当天晚上，他召集部下说："敌人大势已至，锋芒正锐，我军弹药不足，地势不熟，不如暂时退守别处，养精蓄锐，日后再攻。"

众将领一看统领都没有信心战胜，一时间大眼瞪小眼，不知该如何是好。

这时候，左宝贵一句"我不同意"打破了局，"敌人悬军而来，既不见粮草供给，也不见弹药装备，养兵千日用兵一时，眼下正是将其毙命的好机会，怎能退缩？大丈夫征战沙场，虽死犹荣.若我等今日不战而退，何颜面对朝鲜民众？"

左宝贵的一番话说得叶志超无言以对，为了防止叶志超逃跑，他派亲信密切监视叶志超。

当晚，日军发起总攻，战斗在三个战场同时展开。凌晨4时，日军右翼不部队已经前进到西南方向的堡垒附近，这时候敌军一声令下，炮声齐鸣，战斗正式开始。

月光下，一片片火光穿行，大炮小炮不断轰击，全军集中火力乱轰清军堡垒，雨点般的炮弹震动天地，立刻涌起滚滚硝烟。

日军原以为在这样猛烈的炮火红几下，清军会立刻崩溃而退，然而，日军前进一步，清军就前进一步。距离越近，战斗就越激烈，日军除了加大炮火外，再也没有其他办法了。

清军堡垒坚实，只需躲在里面伸出手和枪支就能射击，而日军周遭能够隐蔽的地方很少，若再往前行，势必会将身体全部露在外面，反倒不利。此时，月亮渐渐暗了下去，红日渐渐在东方升起，日军发觉作战形式对自己越来越不利，只好撤退。

·对外战史·

图文珍藏版

这一仗，日军伤亡惨重，死伤人数加起来有 350 多名，大岛义昌也被击伤，西南攻取计划失败。

与此同时，平壤北部的战争是日军的主力战争，也是平壤保卫战最激烈的战场。日军共率领 7800 人攻城，与之应战的是左宝贵的 3000 兵众。这一处地势上，清军共有 5 座堡垒，城内北角山头一座，城外还有四座。

凌晨 4 时半，日军猛轰城外四座堡垒，清军连连还击，坚持三个多小时后，4 座堡垒均被日军占领。

北角山头那一座堡垒位于平壤成最高点，若是此台落入日军手里，全城都会受到威胁。左宝贵亲自率领大军守护炮台，连连发炮给日军以猛烈打击，但由于先前 4 座堡垒均被敌军占领，敌军集中火力后，威力更加猛烈，堡垒的胸墙被炸毁，射炮被击坏，士兵伤亡惨重，半个多小时后，炮台失守。

此后，清军士气大受影响，为了鼓足士气，年近花甲的左宝贵穿上御赐的黄马褂，登上玄武门督战，士兵见统领拼命，也都重新振作起来。

左宝贵身穿黄色黄马褂，颜色十分明显，日军又集中炮火向玄武门轰击，裨将建议左宝贵躲一躲，左宝贵将其一掌推开，一块铁皮崩伤左宝贵肋下，他用布裹伤继续督战，又一弹片飞来，正中左宝贵喉咙，这位老英雄登时阵亡。

清军大炮被日军炸毁，左宝贵又战死，清军斗志骤减，日军快速潜奔城下，攀附玄武门绳梯进入玄武门，清军见日军突如其来，一时间全部惊散，玄武门就这样被日军占领。

由于日军不知城内虚实，不敢贸然前进，就在此与剩余的清军对峙。三个战场只有这一处战场失利，马玉昆率领的毅军在西南方向获得大捷，卫汝贵率领的盛军与日军难分高下，而此时的日军粮草弹药已经十分匮乏，如果清军再坚持一两天，日军将不战而退。

但是，清军连半天也没有坚持下来，统领叶志超一开始就没有信心，左宝贵又壮烈牺牲，这使得他更加惊恐，他不与众将商议，直接命令马玉昆、卫汝贵迅速撤军，并于午后 4 时在七星门亮出了白旗，表示投降。

之后，日军约莫清军会趁今晚雨夜逃跑，就在几条要道上设下埋伏，等待清军自投罗网。果不出日军所料，夜里清军冒雨奔逃，被日军逮了个正着，清军内心本来就惶恐不安，南北不分，雨势还大，都分不清是敌人还是战友，一通乱砍，致使血流成河，死尸遍地，场面十分混乱，最后死伤惨重，共歼灭清军 1500 多名。

平壤这一战，日军伤亡仅 700 人，而清军则在 2000 以上，且大部分不是在战斗中死亡，是在逃跑中被围杀！

1894 年 9 月 16 日，日军占领了平壤，各路大军蜂拥入城，高呼天皇万岁。

至于叶志超这个罪臣，事情败露后被革职，次年判斩，因有李鸿章做后台，叶志超最终没有被斩，老死在家中。

（五）黄海海战，英雄的悲歌

丰岛海战，中国战败，1000 多清兵葬身大海，20 万两军饷投入海中，光绪皇帝迫切希望北洋舰队能够与日本海军再打一仗,以雪前耻。

北洋提督丁汝昌也希望能与日军一战,但李鸿章却认为要先保住战船,因此他命令丁汝昌无论如何都不得再到山东成山角与鸭绿江口海域巡逻。

北洋舰队不断缩小防守海域,而日本海军却一直寻找作战时机,准备进攻。

日军联合舰队司令伊东佑亨将大同江口作为临时根据地,部署了从渔隐洞到、小鹿岛、威海卫、旅顺口、大沽口、山海关的巡弋计划,力求与清军速战速决。

9月17日这天,中国运兵船全部卸毕。上午9时,舰队开始战斗操练,到了正午,哨兵报告发现敌舰,于是各舰立刻发出战斗警报,声音响彻云霄。

北洋舰队全体成员各就各位,以最快的速度做好战斗的准备。定远号高悬信旗,召唤平远、广丙前来集合,参加战斗。

于是,定远、镇远、致远等十艘军舰及两艘炮艇、四艘鱼雷艇在定远的率领下,排成两列向日舰迎去。

实际上,日本舰队也惧怕北洋舰队铁甲舰的威力,船员个个心神不宁,向天祷告,伊东佑亨下令允许士兵随意抽烟,缓解压力。

这日,12艘日舰同时起航,吉野、浪速、秋津、高千穗组成第一游击队,松岛、桥立、扶桑等为第二游击队,两游击队首尾相接,驶向北洋舰队。

北洋舰队的火力主要集中在舰首,要充分发挥威力,必须使舰首尽量靠近敌人。丁汝昌发现日军舰队纵向而来,立即下令北洋舰队一字排开,舰首一律对准敌人。

日军的炮火主要集中在两侧,只能继续保持首尾相接的阵型,但狡猾的伊东佑亨很快发现北洋舰队外围攻击力较弱,于是下令第一游击队快速驶过北洋舰队正面,转攻外围的杨威、超勇两舰。

快近下午1点时,双方距离相距5000多米,清军定远主炮向敌舰发射了第一炮,由此,黄海大战正式打响。

之后,北洋舰队其他各舰也开始开炮,但因距离较远,没有命中。当双方距离4000米时,日军开炮还击,第一批炮就将定远的望台击毁,打落了帅旗,当时丁汝昌正在望台上观战,因此身受重伤。

日军转攻清军外围后,自己也陷入了麻烦之中,北洋舰队的舰首主炮正好对准了日军的舰腹,比睿和赤城两舰航速较慢,来不及躲闪,都受到了沉重的打击。特别是比睿被打得走投无路,被北洋舰队包围起来,受到四面猛烈轰击,樯头上的军旗被炸飞,舰体被轰得体无完肤,军官军医等10余人连喊带叫,葬身于清军猛烈的炮火中。赤城舰上的军官几乎全部被击毙。

北洋舰队从大战一开始就保持舰首对敌的阵型,给日军以猛烈打击,在战争之初,我军捷足先登,占据了主动地位。

激战一个小时后,日本海军司令部长桦山意识到比睿、赤城的处境不利,便召唤其他军舰救援。第一游击队立即调头营救比睿、赤城,第一游击舰队航速较快,火力较猛,比睿、赤城趁机逃跑。

此时,日军第二游击队已经驶过北洋舰队右翼,绕到了清军背后,而前面还有

·对外战史·

图文珍藏版

第一游击队不断轰击,形成对北洋舰队夹攻之势,战争局势开始扭转。

清军旗舰定远号的信号索具被击毁,海战的整个过程缺乏统一高效的指挥,各舰完全处于自主战斗的状态,没能很好地配合起来,以致超勇、扬威两艘舰队先后起火,却得不到有力的掩护,扬威将领林履中驾驶"火舰"离开战场,超勇则在20分钟后沉没。

下午2时40分,平远、广丙两舰率领鱼雷艇前来驻站,恰好与桦山、伊东佑亨等人乘坐的西京丸相遇,我军鱼雷艇高速逼近,释放鱼雷,伊东佑亨感到万分绝望,以为必死无疑,谁知,我军发射出的三颗鱼雷一发也没有命中!

腹背受敌的北洋舰队损失越来越大,邓世昌统领的"致远"号已经伤痕累累,残破不堪,并且舰上弹药枯竭,再也没有继续作战的能力,而此时又恰巧与日本游击舰队的"吉野"号相遇,邓世昌紧握双拳,两眼迸射出仇恨的火光,他对副将陈金揆说:"吉野是日军的旗舰,若是撞毁它日军再不敢嚣张,且对我军非常有利!"副将陈金揆也十分支持他的做法。

于是,他决定撞向吉野,与之同归于尽。他大声对士兵们说,"我等从军为国,早置生死于度外,如今再无弹药可杀敌军,与其坐以待毙,不如破釜沉舟,奋勇向前,撞沉吉野!"

吉野见致远奋不顾身冲向自己,一边逃跑一边施放鱼雷,致远被鱼雷击中,锅炉爆炸,舰身破裂,于3时30分在黄海海面沉没,全舰250多人,只有7人生还。

邓世昌落水后,他的爱犬曾咬住他的手臂,试图救他,他见部下都已死亡,自己无意生还,愿以身殉职,抱着爱犬一同沉入海底。

"济远"号的统领方伯谦见致远已经沉没,吓得再不敢在望台指挥作战,贪生怕死的他立刻命人转舵逃跑,结果慌不择路,把刚刚扑灭大火的"扬威"号撞开了一个大洞,水流汩汩而入,片刻沉入海底,扬威舰上所有船员除了65人获救外,其余官兵全部以身殉国。

"广甲"号一看"济远"号逃走,认为有理可循,于是也跟着逃走,北洋舰队的战斗力大减,下午3时52分,"经远"号在日舰高千穗和吉野的夹击下,也沉没了。

此时此刻,清军战场上只剩下定远、镇远、来源、平远四舰,而日军还有吉野、浪速、秋津等九舰,实力超过北洋舰队二倍还多,清军的处境十分艰难,但依然凭借定远和镇远两艘铁甲舰的强大实力顽强应战。

5时左右,伊东佑亨见比睿、赤城、西京丸、扶桑、松岛已经失去了战斗能力,而剩下的千代田、桥立、岩岛三舰完全不是定远和镇远的对手,况且激战一天下来,士兵疲劳不堪,斗志涣散,伊东佑亨只好发出信号,命令所有舰队归航,黄海大战至此结束。

大战结束后,壮烈牺牲的邓世昌受到光绪皇帝垂泪悼念,而临阵脱逃的方伯谦则在旅顺黄金山下被斩首。虽然,有人认为方伯谦被杀是一场冤案,他掉头驶向旅顺不是逃走而是为了保存实力,但无论如何,他和邓世昌的气节比起来,多少有些相形见绌。

黄海大战,北洋舰队的损失远大于日本舰队的损失,这其中有太多的原因值得后人思考,为什么指挥失灵?为什么弹药不足?为什么炸弹不能引爆?为什么鱼雷击不中目标?

这些问题的答案要说复杂是真复杂,要说简单也很简单,大清国的统治如同一位老态龙钟的老人,即便是身体的某个器官依然生机勃勃,但也无法使整个身体都迸射出火力,北洋舰队算是一个颇有活力的器官,但是长在大清国这棵老树上,也只有枯萎的命运。

(六)辽东半岛保卫战

历经平壤和黄海两次大战的失败,光绪皇帝大感烦恼。

本来,中日甲午战争的爆发对于这个刚刚亲政的皇帝来说就不是件容易的事,若是处理得当,也能借此机会好好展示一下自己的治世才能,也让一直拿他不当正统主子的慈禧太后刮目相看,但是,偏偏李鸿章不肯配合他。战争一结束,光绪皇帝就下旨收回李鸿章的黄马褂,拔去李鸿章的三眼花翎,李鸿章为此也很受打击。

而此时的慈禧太后已经不像当初那样坚持主战了,开始动起了求和的心思,况且1894年十月初十是她的六十大寿,10年前的五十大寿就因为中法大战而没过成,轮到这次六十大寿,慈禧太后说什么也要好好庆祝一番,因此召见李鸿章去和日方谈判。

李鸿章借助英俄两国从中调停,但英俄两国提出的条件是中国赔偿日本军费并允许朝鲜独立。而日本方面完全没有停战的意图,他们认为平壤、黄海大战已经激起了大军对战争的狂热,对将来的胜利没有丝毫的怀疑,余下的只是时间问题,因此拒绝议和。

大清国的实力人物们将心思全部花在求和身上,忽略了中日两国还处在战争中,不久,新一轮的战斗即将打响。

两次大战结束后,朝鲜境内再没有清军一兵一卒,日本把握时机,将驻扎的在朝鲜的军队变为第一军,准备随时跨过鸭绿江。

日本觊觎中国东北已久,清政府也很清楚日本的企图,于是下令四川提督宋庆率毅军火速进驻九连城,加上黑龙江地区的练军,镇守九连城附近的鸭绿江清军已达到3万人。

宋庆与黑龙江将军依克唐阿商议作战计划,以九连城为中心,沿鸭绿江各镇分兵防守,修筑了大量防御工事,特别是九连城中心地区,大大小小堡垒加起来有40多座,皆有三四米高,一米多厚,日军很难摧毁,

可以说,清军的工事绝非不坚,兵力绝非不足,如果将领指挥得当,全军上下一心,完全可以抵抗日军,但清军除了工事坚固,兵力十足外,再也没有任何优点。

日军第一军司令官山县有朋仔细研究清军布防阵地后,决定10月25日拂晓发动总攻。日军的作战计划是先占虎山,再全力进攻九连城。

为了架桥队夜里架好军桥,日军派出少量人马偷袭九连城上游的安平河口,以达到迷惑清军的目的。

安平河口的防守薄弱,不一会就被日军占领,依克唐阿也顾不得整个鸭绿江作

战计划,领兵退守宽甸,鸭绿江左翼防线就这样被日军攻破了。

24日晚,日军已架好浮桥,部分大军趁黑夜渡过大奖占领虎山高地,守城的清军竟然丝毫没有察觉到日军的行动,更不走运的是,次日早晨是大雾天气,日军借茫茫大雾越过军桥,从正面向虎山发动进攻,而夜晚埋伏在此的日军也发动攻击,虎山立刻陷入了围攻。

位于九连城东北的虎山防御体系十分重要,它东临鸭绿江,南望瑷河,与九连城声讯相同,占领后可有效控制鸭绿江江面,在制高点上可以炮击九连城。

清军统领宋庆知道虎山的重要性,他的部下马金叙选出500多兵卒登山筑垒防守,当日军突然发动进攻后,他镇定自若,激励部下说,"今日大战,关系重大,虎山存亡直接影响战争成败,我们须齐心协力,共同御敌!"士卒们高喊"誓死守卫虎山!"

此刻,虎山只有五六百名清军,加上聂士成山外的2000人马,也不到3000人,与日军力量相差悬殊。

7点左右,日军占领了虎山东面的高地,清军腹背受敌,处境危急。宋庆派马玉昆率领两千名毅军支援虎山,日军统领山县有朋发现清军派出援兵,立即下令立见尚文率兵阻截援兵,无奈之下,马玉昆只好撤兵。

于是,聂士成、马金叙陷入了日军重重包围之中,尽管日进发起的四次冲锋都被马金叙进退,但清兵人员已经死伤过半,自身也受伤20余处。

宋庆又命铭军前去支援,可铭军抗命不遵,只是隔着瑷河放炮,不但没有起到援助作用,反而误伤了许多清军。

马金叙见虎山无法继续镇守,只得对部下说,"我军虽然勇敢,但是寡不敌众啊!与其同归于尽,不如暂留此身日后恢复,况且援兵不至,也非我等之过。"马金叙说完,就率领数百人度过瑷河撤离战场。

上午11点半,日军占领虎山,但是想要攻击九连城还有瑷河相隔,瑷河水流湍急,河面宽70多丈,且九连城四周有炮台数座,后方高地上还有堡垒控制着鸭绿江江面,攻取九连城着实不易。

即便是这样的优越条件,清军当中也不乏胆小怕事之人,刘盛林率领的铭军见日军在虎山高地叫嚣喧哗,吓得丢了枪炮,不战而逃。宋庆的毅军也已死伤众多,无力抵抗,于是放弃了九连城,逃到了凤凰城。

日军还以为清军在城内部下了许多埋伏,精心部署大军,兵分三路进攻九连城,炮火攻击城池,唯见硝烟滚滚,鸟雀惊飞,不见一声枪响回击,日军攀附城墙窥探,发现城内没有一个清军,日军不费吹灰之力就占领了九连城。

至此,苦心经营半个月的鸭绿江防线,不到两天全部崩溃。

鸭绿江防线崩溃后,日军将目标锁在了辽东半岛,打算占领金州、大连湾以及北洋舰队的军港旅顺口。

辽东半岛的地势十分重要,它和山东半岛如同两只强有力的手臂拱卫着国都北京城,占领旅顺口等于勒紧了中国的喉咙,封锁港口,一个冬天即可把北京城内150万人口全部饿死。

但是,旅顺是北洋舰队的军港,防御能力极强,想要正面进攻占领绝非易事。于是,日军定下的作战计划是先占领金州、大连,之后袭击旅顺的后路。

10月24日,日军在花园口登陆。花园口附近的海滩底面是泥沙,浅而平坦,适合登陆。当日军到达花园口后,发现这里竟然没有兵卒守卫,让日军大感惊讶和欣喜。

清军难道没有发现日军登陆吗?绝对不是。

日军登陆当天,清军曾在巡逻时抓获了一名日本间谍,经审问庆军将领荣安得知日军意在花园口登陆,荣安立即将情况报告给都统连顺,连顺再审日本间谍,确认日军进攻目标是金州和大连,于是马上向李鸿章请求援兵。

然而,金州是盛京将军裕禄的防区,李鸿章动了私心,不愿意让自己的兵为别人立功,连顺又向驻扎在旅顺的大军求援,谁知,旅顺一方也不愿意分兵,之后李鸿章将支援旅顺的大军指派去支援金州、大连,然而日军马上就要到达金州,如果清军此时快速进军还来得及,但是,无论连顺怎么催促,也催不动援军大驾。

此时,令连顺略感欣慰的是拱卫军统领徐邦道的积极配合,只有他表示愿意和连顺一同防守金州。

其实,金州、大连、旅顺三地清军加起来与日军的兵力不分上下,若是有得力将领统一调度,团结作战,也许辽东半岛保卫战就是另外一种结局。

日军通过登高观察得知金州的将防御重点是石门子一带,于是准备第二天一大早就向金州发起总攻。

当晚,徐邦道彻夜难眠,在寒风中等待援军的到来,他看到日军人数众多,不禁大吃一惊,在了解日军的一些情况之后,他再次请求赵怀业的援兵加快步伐,赶往金州。

次日凌晨,日军各部队分头向清军阵地进发,一部分向徐邦道镇守的石门子发动攻击,清军顽强抵抗,日军第一次冲锋被打退。

之后日军加大火力,在高地上布置了更多兵饱,一齐向清军的堡垒轰击,清军坚持了40多分钟后,石门子阵地失守。

与此同时,金州城西北角也被日军攻克,总兵徐邦道等了一夜的援兵仍然未到,他感到大势已去,于是烧毁重要文件,退守旅顺。

接下来,数路日军集中进攻金州城,但城内炮台数目与日军的炮火相差悬殊,日军36门,而清军只有17门,开战30分钟后,金州城内炮台全部被毁,日军开始向金州城发起总攻:

此时,赵怀业的援兵才拖沓而至,见金州已经被日军占领,头也没回就逃回大连。金州和大连唇齿相连,唇亡则齿寒,日军的下一个目标,就是赵怀业的大连湾。

大连湾是旅顺后方的要地,是一处重要的军事海港。军港的炮台是欧洲最新式的大炮,海上袭击的敌人可开海岸炮攻击,陆路进攻的敌人刻有旋转炮攻击,日军战前曾认为清军若有一个连死守在此,可以敌过日军一个师团。而英国人则认为倘若清军有3000敢死之士,即使日本全军齐攻,也很难攻陷,

但是令人出乎意料的是,这样无比坚固的炮台,精锐的火炮,清军竟没有进行

任何防御就逃跑了。日军曾打算要付出数百人的生命，没想到只打了一两发炮弹就占领了大连湾。

敌军兴致勃勃享受收获的战果，枪支百余，大炮129门，子弹3000多万枚，炮弹240万枚……

日军下一个猎物就是北洋舰队的重要基地——旅顺。旅顺港东有黄金山，西有鸡冠山，进港后水深浪阔，便于设防。旅顺军港的建成历时10个年头，先后在东岸修建了四座炮台，又在西岸修建了七座炮台，时人称之为铁打的旅顺。

不过，战争不能仅仅依靠坚固的防御设施，还要有视死如归的防守部队。当时镇守旅顺的清兵共1.4万人，却隶属7位统领，缺乏统一指挥，一支没有统一指挥的军队，战斗力肯定是要大打折扣的。

日军休整几天后，于11月17日兵分三路进军旅顺口，当时旅顺大军中唯一一个敢于作战的将领徐邦道说服程允等人出兵迎战，敌军恰好中了清军的埋伏，双方展开激烈的战斗，由于清军事先在此设好圈套，日军作战十分吃力，奈何突破不了包围圈，就连前来支援的日军也陷入了清军的包围，日军大败撤退。

这次战斗，是甲午战争以来清军难得的一次胜利，不过，它仅仅证明了清军若是顽强应战，一心抗敌，主动出击，清军也绝非是不堪一击的。

打这之后，日军又进行了周密的部署。12月21日，日军分三路向旅顺后方的炮台发起进攻，因为，椅子山和案子山是旅顺后路的重要基地。

日军凌晨开始在这里架好炮台，7时开始轰击清军阵地，程允指挥还击，日军第一次冲锋败给了清军的炮火，于是绕过椅子山从两侧迂回前进，清军冲出堡垒与日军展开厮杀，8时左右，椅子山不幸失守，片刻过后，案子山也失守，至此，旅顺后路防线崩溃。

占领后路炮台的日军将所有炮火集中在徐邦道镇守的鸡冠山，徐邦道领兵作战，奋勇杀敌，连续发炮不止，炸死日军14联队大队长，灭了几许日军的气势。但是鸡冠山前后受到夹击，寡不敌众，近正午时，鸡冠山失守。

此时，清军还有白玉山阵地，但是将领卫汝成见后路炮台失守，于是弃军乘船由海路逃走，留守的清兵无人指挥作战，很快就被日军攻克。

眼看日军就要攻克旅顺市区，徐邦道等将领虽然有心抗战，但宋庆的援军迟迟不到，徐邦道认为只要黄金山的将领撑到援军到来，清军还有反败为胜的可能。因为黄金山居高临下，俯瞰全城，山上炮台的火炮可以三百六十度随意回转，然而雪上加霜的是镇守黄金山的将领黄仕林根本没有死守的打算，早在11月中旬就把值钱的东西装好运走，见后路防线已经崩溃，就慌慌张张地逃跑了。留守的其他官兵见将领逃跑，纷纷也跟着逃亡，只有少部分的士兵留下来抗战，但是坚持到傍晚5时左右，也无力再战，黄金炮台就这样失守。

徐邦道见援兵不来，孤军奋战也无济于事，于是带着各路溃军向金州退走，与宋庆的大军会合。

次日清晨，日军正准备发起总攻，竟发现清军阵地已是"万径人踪灭"，兵不血刃占领了旅顺各个炮台。

旅顺被日军占领后，顿时陷入了黑暗之中。日军在这里进行了整整四个昼夜的大屠杀，两万多中国人死于日本暴军的屠刀下，这个弹丸之国征服了比它更加庞大的国家后，心里真的变态了，全城不管是男人、妇女或儿童，没有一个能够幸免于难，旅顺城内遍地都是残缺的尸体……

（七）威海卫，北洋舰队对日最后一战

位于山东半岛最顶端的威海，是北洋舰队两大军事基地之一，海岸由南向北有三岛，共建有 15 座炮台，备炮 85 门，且刘公岛与南北岸之间还装置铁链木排，布防水雷 200 多颗，日军要从海上直接进攻，难度很大。

日军在进行一段时间的观察后，发现威海与旅顺一样，弱点在陆路。自甲午战争开始后，清政府把防御重点放在了东三省，对辽东半岛和山东半岛根本没予以重视，不但不加强兵力，反而从山东调走了不少功臣名将。

山东半岛三面环海，可以登陆的地方很多，日军对威海的形势非常清楚，决定采取和进攻旅顺一样的军事策略——从后路进兵。

12 月 23 日，日军第一游击舰队先炮轰登州附近的炮台，造成在登州处登陆的假象，而日军的主力部队则在军舰的护送下登陆荣成，这里和花园口一样，几乎没有清军防守，日军没费吹灰之力就成功登陆。

我们不禁要问，大清国的北洋舰队呢？怎能坐视不管？要知道，威海到荣成，不过 30 海里，就是现出兵都来得及。

然而，李鸿章接到日军登陆消息后，就让英国水师提督率领八艘军舰到威海附近观战，结果英国人没有采取任何措施。

日军登陆荣成后，丁汝昌就主张立刻迎头出击，给敌人以重创，而李鸿章却认为海军船少，不善远战，只能近守，这样才能保住军舰，因此，他下令北洋舰队不准出战，不得离开威海一步。

事实证明，李鸿章聪明反被聪明误，就连日本联合舰队司令伊东佑亨都说，当时清政府若依丁汝昌的意见，日军恐怕有大危险。

日军完成登陆后，立即向威海卫南岸炮台进攻。那天正好是除夕夜，孙万龄率领 1200 多名清兵（其中 700 人是临时招募的）前去阻击，虽然孙万龄英勇奋战，但敌多我少，不久，只好撤退。

之后，日军继续向西进攻，包围了威海南岸炮台，这一年的 1 月 30 日，日军全副武装，发起总攻。

南岸炮台中的摩天岭是威海卫制高点，这个地势也成了中日主要争夺地点。据当时一位目击战争的老人回忆，这一仗清军打得十分顽强，日军攻上来三次，清军又夺回来三次，炮台上的清军大旗倒了三回，又竖起来三回。

因作战的清军都是刚刚招募的新兵，经验不足，力量也不足，坚持到最后时几乎是全军覆没。

日军占领摩天岭后，用大炮掩护步兵进攻，继而占领威海南岸所有炮台。

休整一天后，日军开始重点进攻威海卫城和北岸炮台。防守的清军将领有孙

万龄、阎得胜等人,孙万龄率军抵御,重创敌军,七八个小时中屡次击退日军的进攻,敌人见正面进攻十分艰难,就企图包抄孙万龄的后路,因李楹带军前来支援,因此敌人未能得逞。恰是这大好时机应该将敌人全面击毙,然而阎得胜却不听从孙万龄的命令乘胜追击,擅自率领清军撤退,孙万龄两面受敌,最后只得撤退。

这次战斗中创造下的战绩是值得歌颂的,缴获了日军470多挺机枪,如果阎得胜能够按计划行事,造成的伤害会更大.第二天孙万龄处死了不止一次临阵脱逃的阎得胜。

北岸炮台的官兵一直以来纪律涣散,大多数军官都是聚赌嫖娼、不务正业之人,在日军进攻北岸炮台时,丁汝昌曾派200名勇士登岸助战,但镇守炮台的士兵早已溃散不堪,丁汝昌知道后气得不成样子。

北岸炮台失陷后,威海后路全失,已经处于日军水陆夹击之下,但是丁汝昌依然坚持守住威海卫,期待援军的到来挽回这一切。

丁汝昌亲自指挥,舰队和炮台配合得十分默契,日军连续进攻三天都没能进入港内。日军见强攻不成,就改为夜间偷袭。

2月4日晚,日军派10艘鱼雷艇沿南岸航进港内,但被北洋舰队发现后,击伤数艘,还有一艘慌乱中触礁,北洋舰队的"定远"号不幸中了敌军的鱼雷,丁汝昌下令关闭放水密门,但是缝隙太大已经来不及了,很快,定远舰体开始倾斜,丁汝昌转舵向刘公岛南岸行驶,步入浅滩搁浅,铁甲舰定远从此只能当作炮台来用。第二天夜里,伊东佑亨又派鱼雷艇偷袭,由于探照灯反射使得日军能更好地看清北洋舰队的军舰位置,因此当夜来远、威远、宝筏三舰被击沉。

丁汝昌也决定开始效仿日军的做法,令鱼雷艇夜里偷袭敌军,他命令王平率领13艘鱼雷艇出港袭击,然而这位将领没有作战的勇气,与其他水军管带一起密谋逃跑,在逃跑过程中,日军派出巡洋舰追击,结果,除了王平的鱼雷艇逃到了烟台外,其余舰艇不是被击毁就是被俘获。

此时,威海已经身陷囹圄,丁汝昌急切盼望援军的到来,若援军不至,北洋舰队只有全军覆没,而近一个星期以来,镇守刘公岛的清军白天要与日军激烈奋战,晚间还要提防敌舰偷袭,昼夜抗战,煞是辛苦,且伤亡人数不断增加,能继续抗战的人已经为数不多。

8日晚上,英国人泰来曾去劝说丁汝昌投降,丁汝昌没有答应,面对此种境地,他和刘步蟾商量,在定远舰上装上炸药,万一威海失守就将该舰炸毁,以免被敌军俘获。

刘步蟾曾在战前发誓,誓死守卫定远舰,若舰亡,则自裁。当定远舰被敌军击毁后,他悲愤难禁,当即服食鸦片自杀。

丁汝昌依旧对援军抱有希望,他安抚兵将说,再坚持三四天,援兵就到了,大家要坚持,再坚持! 之后,他又连连送信给总兵陈凤楼,请求援兵。

第二天,威海卫以及北洋舰队水陆两面受日军炮轰,而清军此时已经弹尽粮绝,如果援军再不到,威海就真的要沦陷了。就在这时,他收到了总兵的回信,信上说援军已经在两天前就撤离了,根本无意奔赴战场。丁汝昌又接到李鸿章的电报,李命其突出重围,逃往上海。

如今的北洋舰队已经是伤痕累累,想要突出重围又谈何容易,丁汝昌陷入了极大的痛苦之中。

当然,还有一条路,那就是投降。伊东佑亨曾寄给丁汝昌一封信,说大清国运数已尽,叫他投降,丁汝昌直接回信说道:"我决不负大清国之义,愿以死尽职!"

他抱定与舰队共存亡的决心,在北洋舰队大势已去之时,服下大量鸦片,在绝望和痛心中咽下了最后一口气。

丁汝昌死后,他的部下假借丁汝昌的名义拟了一份投降书,丁汝昌到死也没能捍卫住北洋舰队的尊严。

曾经声势浩大的北洋舰队在这一战中,全军覆没。

甲午战争以来,清军一败再败,如今北洋舰队也已全军覆没,清政府终于被逼上了绝路。纵使光绪皇帝内心深处一千个一万个不愿议和,他也改变不了战败的结局。

1895 年 4 月 17 日,中日全权大臣在日本马关签订了丧权辱国的《马关条约》,中国割台湾及附属岛屿、澎湖列岛和辽东半岛给日本,并赔款日本军费 2 亿两白银。

《马关条约》是签订《南京条约》之后最严重的卖国条约,2 亿两白银相当于清政府两年半的财政收入,清政府从此国库亏空,负债累累,而命运更悲惨的则是生活在中华大地上千千万万的劳动人民,很难想象那逝去的灰暗岁月里,多少人因为战争、因为饥饿早早流逝了自己的生命。

十、八国联军侵华:轰击清朝心脏的一记重拳

19 世纪末,西方列强掀起瓜分中国的狂潮,义和团反帝爱国运动与之针锋相对。为了扩大其在中国的利益范围,扑灭中国民众的反抗之火,英、法、德、奥、意、日、俄、美八国借口对清政府对外政策不满,组织起联军向中国公开发动战争。他们先是攻占了大清帝国的海防前哨大沽炮台,继而攻克天津,最终一路杀入北京,入据紫禁城。慈禧太后落荒而逃。清军将士和义和团拳民虽奋勇抵抗,但终因没落封建帝国的种种体制弊端而一败涂地。

(一)八国联军攻占大沽炮台

甲午战争之后,随着帝国主义瓜分中国的步伐加快,国内民众的反帝斗争也日渐高涨。其中以义和团运动最为著名。

义和团初称"义和拳",主要活动于山东等地,原本是属于白莲教系统的秘密结社,利用设坛请神、传授"刀枪不入"之法等方式笼络民众,其宗旨是"反清复明"。后来随着国际国内环境的不断变化,义和团运动的方向也由反清复明逐渐转

变为"扶清灭洋"。

1897年11月,发生了著名的"曹州教案"。两名在山东传教的德国教士被当地村民冲入教堂打死,事情的起因不明。德皇威廉二世得悉这一情况之后,威胁要对中国使用武力,英俄两国也派兵进驻中国。但列强的威胁并没有扑灭中国民众的反抗之火。1899年冬,在山东肥城又发生了英国公使被杀事件。西方各国纷纷抗议。迫于压力,清廷不得不将山东巡抚毓贤免职。毓贤离职到京之后,向慈禧汇报了义和团运动的发展情况。此时的慈禧对西方各国也是咬牙切齿,最直接的原因是,列强阻挠其废黜光绪、另立新君的打算。于是,毓贤向她建议可以利用义和团来作为对抗列强的武器。

1900年1月,慈禧置西方各国的抗议于不顾,发布诏令,支持义和团。直隶总督荣禄也顺从慈禧之意,由主张剿灭变为积极扶助,他不但给团民发放饷银,而且还邀请其首领到天津开坛聚众。因此,大量拳民由山东涌入直隶。一时间,天津、保定、涿州等地都有拳民起坛请神、杀洋人、烧教堂、破坏铁路等等。三万名拳民占据了涿州知府衙门。慈禧令刚毅、赵舒翘前往调查。刚毅回报:"拳民忠贞,神术可用。"亲王载勋等人也主张招抚义和团,消灭洋人。

5月28日,英国公使认为使馆区存在危险,要求17艘停靠在大沽的战舰前来保护。5月31日,337名陆战队员和水手登陆,并于当晚抵达北京,进驻使馆区。6月3日,又有89名德国及奥匈帝国的海军陆战队队员到达北京。

6月9日,董福祥的武卫后军被慈禧调至城内,驻扎在先农坛和天坛附近。这支军队中的士兵有不少是义和团拳民。

第二天,载漪出任总理衙门大臣。义和团拳民入京人数开始激增,最多时超过10万。从这天开始,外国使馆与外界的通讯断绝。

6月11日,刚刚奉调进京的甘军将日本大使馆的一名书记官杀死,并开腹剖心。

各国驻天津的领事,组织起一支2000人的联军,在英军将领西摩尔的带领下,乘火车到北京增援各国公使馆。由于铁路已遭破坏,西摩尔军队在天津杨村、廊坊一带受阻,与义和团和清兵展开激战,后失利,退入城中。这是义和团反帝斗争中的第一次重大胜利,被称为"廊坊大捷"。

6月13日,义和团进入内城,当天烧毁宣武门内天主教南堂、石驸马桥安立甘会、西四羊肉胡同基督教堂、西直门内天主教西堂、鼓楼西鸦儿胡同长老会、交道口二条长老会、东四五条西口的美国福音堂、灯市口公理会、八面槽天主教东堂、双旗杆伦敦会、孝顺胡同亚斯立堂共11所教堂。3200名天主教徒被迫逃入驻扎有42名法兵的天主教北堂,逃入东交民巷的使馆区的基督教徒有2000多名。拳民对教堂及其他西洋事物一概烧毁。

6月16日,拳民攻击教民、破坏教堂的行动进一步扩大,在这一过程中,许多无辜百姓被杀,许多商铺被洗劫,一些当朝权贵也未能幸免。为防止更大的动乱发生,慈禧下谕解散拳民。

6月17日,大沽炮台被联军攻占。大沽是天津的海防前哨,也是北京通海的东大门。明朝政府便已开始在此设防。清嘉庆年间在此设炮台,在鸦片战争之后的几次战争中,此处的炮台均受到过不同程度的毁损。第二次鸦片战争之后,清政府对炮台进行了修复和扩建,联军进犯之前,炮台数量虽较以前有所减少,但武器性能有所提高。南岸、北岸的两座主炮台共有火炮 130 门,另有一座新炮台,有火炮 20 门。并设有电信局、发电所等部门。在此驻守炮台的部队是罗荣光统帅的淮军 3000 人。另外南北两岸分驻卞长胜、封得都两部,大沽口内有数艘北洋海军的巡洋舰和鱼雷艇。

联军夺取大沽炮台的决定,是在天津与北京通讯中断之后,无法与西摩尔联军和北京公使馆取得联系的情况下,各国驻津领事和驻大沽的海军将领共同议定的。当 6 月 14 日,义和团进入天津焚烧教堂、破坏铁路时,另有传言说中国军队正在向天津、大沽一带集结,并在海河的入海口安置水雷:他们认为,中国军队此举是针对联军的敌对行为。因此,他们决定夺取大沽炮台。夺取大沽炮台,不但可以打通从天津到大沽的通道以增援西摩尔部队,并且可以为以后的大规模登陆扫除障碍。

对夺取炮台的具体行动方针,各国的领事和海军将领们出现了意见分歧。领事们都主张从缓,因为任何的军事行动都有可能激起中国民众更大规模的反抗,会威胁到各国侨民的生命财产安全。而海军将领们则更多地从军事角度考虑问题,他们认为如果行动放缓的话,非但不能保护侨民,反而失去了援救西摩尔联军的机会。最后,领事们的意见被否决。

在攻打大沽炮台的过程中,为了削弱英国的影响,提高自己在联军中的威望,沙俄表现得最为积极。俄国的陆军大臣和总参谋长指示:应当在大沽建立起一个军事基地,并且要牢牢控制从大沽到北京的铁路。沙俄远东司令则认为,既然英国人已经担任了首批进京部队的指挥官,那么进攻大沽炮台的总指挥就应该由俄国人担任。因此,他命令太平洋舰队司令率 1 600 人从旅顺赶赴大沽前线。这样一来,俄军在数量上远远超过其他国家的部队,自然成为联军的核心。

6 月 15 日,各国海军将领召开了第一次军事会议。会议决定采取行动保护天津侨民和铁路。会议结束后,300 名日军奉命占领了天津火车站。250 名法俄联军占领了征粮城火车站。6 月 16 日,联军召开第二次军事会议,讨论了夺取炮台的具体作战方案,并决定向直隶总督裕禄和炮台守将罗荣光发出最后通牒。

同日下午,各国开始兵力部署,决定兵分两路。一路为陆战队,由德军将领波尔率领从塘沽登陆,于炮台侧后方设伏。另一路为水上舰队,吨位较大的舰艇停靠于河口之外,吨位较小的舰艇则进入海河,停靠在炮台内侧与陆战队相互声援。下午 6 时,联军向大沽一带的外国侨民发出通告,为避免被炮火所伤,限其在一小时之内,到停靠在火车站附近的一艘美国军舰上躲避。当晚 9 点至 11 点,联军代表当面向罗荣光递交了最后通牒,限令中国军队于 17 日凌晨两点之前交出大沽炮台,并疏通从天津到北京的交通。对于这个通牒,罗荣光断然拒绝。

对于联军的军事行动,罗荣光也早有察觉,并派出专人向裕禄做了汇报,希望能够派兵增援。接到通牒之后,罗荣光命各炮台立即进入战斗状态。除了向裕禄求援之外,他还请求北洋海军统帅叶祖珪予以协助。

6月17日零时15分,联军军舰在距通牒最后期限还有70分钟时,首先向大沽炮台开炮,罗荣光下令迎战。

战斗开始之后,联军对其舰队的作战位置进行了调整。原本停泊在海关附近的德舰"伊尔提斯"号和法舰"里昂"号,立即掉转船头,绕过清军的水雷营,加入前沿战斗序列。"伊尔提斯"号位于英舰"阿尔杰林"号之后,"里昂"号位于俄舰"朝鲜人"号之后。此时,"阿尔杰林"号和"伊尔提斯"号位于整个战斗序列的最前端,向西北炮台进行轰击。随后,"基里亚克"号、"里昂"号、"朝鲜人"号和"海龙"号合力攻击南面炮台。停靠于清军水雷营附近的英军"鳕鱼"号和"声誉"号向清军的四艘鱼雷艇发动攻击。叶祖珪强令舰队不得开炮。广大官兵无奈之下,只好用枪射击。最终这四艘鱼雷艇均被英国俘获。

大沽炮台守将罗荣光和副将韩照琦,率领全体官兵以精准猛烈的炮火,对敌军构成重创。攻击北岸炮台的"伊尔提斯"号和"阿尔杰林"号被击中,攻击南岸的四艘军舰除"海龙"号之外也均被击中。

海面上的战斗打响之后,埋伏在炮台附近的陆战队,以德军为先锋,分三路向炮台发起猛烈进攻。但由于清军炮火的压制,联军被阻止在离炮台80步远的地方无法前进。

凌晨3点半,天色已微微透亮,联军部队即将暴露在清军的炮火视野之内。各国指挥官共同商讨进退问题。大多数人认为,各国舰队都已遭到不同程度的损毁,却并没有对清军炮台造成实员性的打击。在这种情况下,即便陆战队进行强攻,收效也可能微乎其微。于是,都主张撤退。而俄军指挥官却力排众议,认为应当再坚持一小时,炮台的炮火也会随着时间的推移而逐渐减弱。双方争执不下。最后,德日军队向后撤退了约两百步,而俄军进到最前沿,在炮台外围的壕沟隐蔽起来,俄军的右侧为英意军队,这三国军队共同构成第一道防线。俄军身后的德奥军队,为第二道防线。日本军队为第三道防线。为了不使目标过分集中,各军队都分散布防。此时,河中的联军舰队虽然大都中弹起火,但仍然在顽强战斗。而清军的防御工事并不坚固,炮台均为硬土材质,在猛烈炮火的攻击之下严重损毁。西北炮台由于守军较少,联军便用小船运兵登岸,分批进攻,守台清兵虽然腹背受敌,但仍用步枪拼死抵抗。联军损失惨重,只好退回大舰,依然用火炮攻击。

不久之后,敌舰逐步靠近炮台,清军弹药库被击中,营官卞长胜阵亡,兵勇也多有损伤。联军的陆战队乘机蜂拥而上,本在队列最末的日本军队超越其他部队冲到最前面,在靠近炮台几步远的地方,其指挥官饮弹身亡。日军的一个大尉想把日本国旗挂上中国旗杆,结果也被击毙。

在联军冲破炮台城门的最后一刻,清军官兵仍在顽强奋战,但终因缺乏后援,抵抗渐渐乏力。凌晨五点半,西北炮台弹药已所剩无几,英国军队首先冲入,升起了米字旗。这时,清军的大炮尚有两门可用,但很快便被英日两国军队抢占,他们用这两门大炮先向北炮台又向南炮台射击。西北炮台失陷之下,北炮台陷于孤立,英军从炮台东面绕过,其他部队从西门进入,北炮台也很快失守。联军利用炮台的克虏勃大炮向南炮台发起进攻,由于北炮台所处地势较高,因此射击的精度也很高,南炮台承受着巨大的压力。

联军在攻克了北岸的两座炮台之后,军舰也顺流而下,靠近北炮台,向南炮台开火。南炮台的清军虽然也在奋力反击,但弹药库不幸起火。联军的 3 艘军舰乘机向南炮台靠近,并一齐开火。南炮台的主炮炮位过高难以进行有效还击,营官李忠纯便下令炮台还击,并击伤一艘敌舰,其他两艘也不敢再向前靠近。

正当双方激战之时,联军的陆战队已跨过海河,对清军形成夹击之势。驻守炮台的清军在弹药匮乏又腹背受敌的情况下,只好撤出战场。就这样,在早上 6 点半时,南岸的两座炮台也陷入敌手。俄军将国旗插在南炮台,德奥两军将国旗插于新炮台,日军将国旗插于北炮台,英意两军将国旗插于西北炮台。

罗荣光收集残部,退至新城。

大沽一役,炮台虽然失守,但中国军人却表现不俗。罗荣光身为主帅却身先士卒,副帅韩照琦也在激战中负伤。马朝龙、封得胜、刘恩荣、阵廷福等 90 多名将士为国捐躯,1000 多人负伤。

联军占领炮台之后,被眼前的场面深深地震撼了,在炮台的大炮旁边总会躺着一些断手断脚的清军尸体,他们不由地感慨:中国兵将不可小视!

联军虽然最终攻陷了大沽炮台,但也付出了不小的代价。陆战队共有 33 人阵亡,103 人受伤。舰艇部队共有 28 人阵亡,131 人受伤。其中俄国军队损失最重,有 19 人阵亡,70 人受伤。除了人员的伤亡之外,联军还有 7 艘军舰受到不同程度的损毁。其中俄舰"基立亚克"号连中四弹,锅炉和弹药库起火,损失最为严重,"朝鲜人"号也五次被击中,引发了大火。德舰"伊尔提斯"号中弹之后,上半部甲板被炸毁,舰长身负重伤。此外,英舰"鳕鱼号""阿尔杰林"号、美舰"莫诺卡西"号、法舰"里昂"号也均中弹受损。

大沽炮台的失守,原因是多方面的。从联军方面来看,首先是装备精良、实力雄厚。八国共拥有先进舰艇 30 余艘,从战斗指挥到后勤保障都很到位。除了在前沿进攻的 1 艘轻型军舰之外,尚有 20 艘巨舰停靠在河口外,随时可以声援;第二,联军对大沽炮台势在必得,如果此战失利,则非但侨民安全无法得到保证,而且援救西摩尔联军的计划也会落空,因此,全军上下都有背水一战之心。

另外,联军在战前做过充分准备,对炮台防务和水文地理都有深入的了解,做到了知己知彼。

从清军方面看,首先是后继无援,孤军奋战。在长达 6 小时的战斗中,北洋海军与大沽守军只有咫尺之遥,但却一直袖手旁观。而直隶总督裕禄在接到罗荣光的增援请求之后,也以天津防务吃紧为由,未发一兵一卒。

其二,大沽守军采取了消极防御的政策,没有能够精心戒备。联军的 10 艘舰艇于 15 日黄昏已进入海河,而罗荣光却在 16 日才开始在河中设置水雷。当联军的陆战队登陆之时没有采取任何防范措施,这样一来就给敌人提供了发动进攻的有利阵地,以至于造成后来腹背受敌的被动局面。

在兵力配制上,罗荣光将所有部队都分散派驻到 4 个炮台之上,因此失去了机动部队,无法对敌人的迂回包抄进行反击。

另外,大沽炮台在设计在存在不合理之处,工程质量也不过关。炮位和弹药库没有采取伪装或隐蔽措施,成为敌人炮火攻击的主要目标,弹药库中弹失火之后,又造成了弹药的匮乏。大多数将士之所以阵亡,主要是因为硬土所筑的防御工事无力抵挡火炮的攻击。此外,这些工事大多面向海面和河面,而没有考虑到敌人通过陆地从背后进攻的可能性。

此次失陷是大沽炮台在中国近代史上继1858和1860年之后的第三次失陷。炮台一失,津京地区便门户洞开,列强军队从此处源源不断地登陆,到6月底累计达1.4万人之多,有8000至10000人到达了天津租界。西摩尔联军因此脱离困境。紫竹林租界的联军叫嚣要攻打天津。联军海军头目也威胁要拔队进京。

大沽炮台失陷之后,慈禧对义和团的态度也由强令解散变为暂缓镇压,并且做出了"联团抗洋"的决定。

16日后,慈禧又连续主持召开了几次御前会议,并且明显站在主战派一边。主战派大臣为了她早下决断,竟伪造了一封列强要求她还政于光绪的照会。慈禧悲愤交集。19日,裕禄向她汇报了大沽炮台的情况,慈禧终于下了宣战的决心,并当日下令各国使馆在24小时之内撤出北京。20日,慈禧再次向裕禄核实大沽炮台的战事是否属实,得到肯定答复之后,于21日正式下谕宣战。

(二)激战天津:血染紫竹林

在攻下大沽炮台之后,八国联军又分兵攻占了新河、北塘、塘沽等村镇,每攻下一处,便大肆屠杀当地居民。塘沽原本有5万人口,联军攻陷之后,连续烧杀三天三夜,昔日繁华的城镇转眼变为一片焦土。

联军在攻占天津周边城镇的同时,还在抢修铁路和炮台,准备随时向天津进犯。

对于联军的暴行,中国社会各阶层民众,从普通百姓和兵勇到清廷地方大员和高级将领以及广大的义和团拳民都无比愤慨,一场军民联合抵御外侮的恶战即将打响。

早在鸦片战争前后,西方列强便对天津垂涎三尺,《北京条约》签订之后,天津成为通商口岸,而紫竹林地区因为交通便利被各国强划为租界。紫竹林租界俨然是国中之国,其统治权完全掌握在各国领事手中,清政府无权过问。

义和团运动在天津一带形成高潮之后,大量的外国传教士、中国教民、天津城的绅商富贾、与洋人关系密切的人士以及对义和团持仇视态度的人,都纷纷逃进紫竹林地区避难。各国领事便要求直隶总督及各地方官员对义和团予以镇压,以保护外国侨民和教堂的安全。

按有关条约的规定,各国不得在租界内驻兵,但当义和团运动发展到直隶以后,各国均派出少量部队进驻紫竹林地区。各国驻天津领事还在这一地区设置了联军防区,由英国的两名海军军官担任正副司令。他们规定在晚上9点之后实行"宵禁",由联军巡逻。租界内的各国洋行也组织起了自己的武装卫队,配合联军的行动,在各重要路口设置了防御工事。

在租界避难的中国教民,也在各国传教士的组织下为联军服役。为防止义和团拳民进入租界,领事馆还下令在租界四周设置岗哨,并拆毁了从车站到租界的桥梁。此后,各国领事不断要求本国政府增派军队,积极备战。6月14日,俄军1700人到达天津,16日,又有300名日军到达,此时租界内的联军总兵力已达到2400人。

各国向租界增兵的举动,引起了义和团的不满。5月30日,第一批联军乘火车进京后,义和团便开始破坏铁路,捣毁车站。当西摩尔联军向京进发之后,义和团除进行反帝宣传之外,还焚毁了租界外的8座教堂。

各国增兵紫竹林的行动,还引起了直隶提督聂士成的警觉和不满。5月31日,他致电直隶总督裕禄,请求阻止联军进京,并要求各炮台做好应战准备。6月4日,他奉裕禄之命到杨村镇压义和团,民保护京津铁路,结果被团民对洋人的愤激情绪所感染。他担心各国会继续向天津增兵,便多次给裕禄和荣禄发电报,希望他们可以照会各国公使和领事,暂缓大沽口外的联军登陆,并且设法阻止在天津的外国联军进京。但这些要求均被列强所拒绝。

这时,聂士成对义和团的敌对态度已有很大转变,同时他也意识到增强天津和海河防务的必要性。西摩尔联军向北京进发之后,聂士成致电裕禄和荣禄,要求返回以前的驻地芦台。两天之后,他将驻防京津路的部队分成三部分,一部分回防芦台,一部分开赴直隶首府保定,另一部分则进驻天津。14日,他又奉命将所部军兵全部调往天津,聂士成部也因此成为防守天津的主力,除此之外,另有总督亲兵1000人和淮军四个营。这些军队的兵勇很多也参加了义和团。

面对各国不断向紫竹林增兵的事实,直隶总督裕禄也感到了巨大的压力。在列强第一次调兵进京之后,他曾下令对义和团进行严厉镇压,企图以此来换取列强的谅解,但列强并不买账,西摩尔联军向北京进发之后,各国向租界增兵的趋势有增无减,15日,他就这一情况向总理各国事务衙门做了汇报,并且置朝廷宣抚义和团的训谕于不顾,要求派出大员对拳民严行剿办。

各国领事在看到裕禄对待义和团的强硬态度之后,对裕禄本人做出了友好表示。英国领事得到首相指示,在裕禄人身安全受到威胁的情况下,可以允许其到英国军舰上躲避。

15日,各国海军将领决心夺取大沽炮台的消息传到紫竹林,各国领事虽表示反对,但也无力阻止将领们的行动,只好全力进行战前准备。

通往租界的主要交通干道均设置了大炮,老龙头火车站也被俄军占领。中国教民被迫抢修工事。联军的巡逻队开始在租界内清查内奸。当天晚间,义和团焚烧了租界附近的马家口教堂,联兵派兵进行了镇压。

次日,义和团为报复海关道黄建莞和天津知县阮园桢的镇压,一举捣毁了海关道的电报局和衙门以及天津府县的监狱和衙门。租界内的联军十分震怒,在租界附近的车站等地对拳民进行袭击,义和团予以反击,但付出了不少的伤亡。作为对联军的惩罚,他们扣押了从招商局运往紫竹林的粮食。

6月17日早上6点左右,联军夺取大沽炮台的消息传到紫竹林领事们认为天

· 对外战史 ·

图文珍藏版

津的紧张局势会进一步加尉,于是决定主动出击,首先向紧临租界的武备学堂发起进攻。

武备学堂是清政府自办的一所军校。当联军进攻开始时,该校总监荫昌已逃入租界藏身,其他教员也多数去向不明。300学生只剩90人尚留在校内,其中有不少人参加了义和团。这些血气方刚的学生准备用校内储备的枪弹进行反击。

由于租界的河岸处于学生炮火的范周之内,为了解除威胁,17日下午2日,170名英德意奥四周十兵向武备学堂的校园发起进攻。军校学员奋起反抗,并与敌军展开肉搏战。联军见一时难以攻克,便放火焚烧校舍,军火库起火爆炸,学员大多被炸死。联军将残存的枪炮抢运同租界。

天津驻军也在中午时分得知大沽炮台失守的消息,群情激愤,在听到武备学堂的爆炸声后立即赶往救暖。此刻,校园内已是火光冲天,随处可见学员们被烧焦的尸体士兵们怒火冲天,将炮口对准了紫竹林地区,并连续发射。租界内各国都意识到,此前曾对他们提过保护的天津驻军现已站在了义和团一边。各国领事还没来得及充分享受焚烧武备学堂所带来的喜悦,便又要仓促应对天津驻军的炮击。俄军架起四门野战炮对清军阵地猛烈射击。双方炮战开始之后,义和团团民也很快加入了战斗。

紫竹林炮战,封锁了租界内联军出击的道路,也切断了其与大沽、北京及西摩尔联军的联系。这样一来,不但天津域内的百姓免受联军侵袭之苦,而且使租界内的联军处于孤军作战的局面。

天津于是成为中国军民抗击八国联军的主要战场。天津战场的斗争,也有力地声援了京津线上中国军民抗击摩幸尔联军的斗争。

紫竹林炮战一打响,直隶总督裕禄靠打击义和团来博取洋人欢心的幻想就化为了泡影。此时朝廷中的主战派载漪等人已占上风,于是他也一反常态,命令天津驻军对租界内企图出击的敌军进行阻击,待拿下紫竹林后,再兵分几路收复大沽。此外,他还召集在天津的义和团首领到总督衙门议事,公开表示招抚义和团,并打开武库将刀剑分发给义和团团民,并激励其抵御外寇报效国家。

裕禄原来认为,中国军民联手定可一鼓作气攻下紫竹林,但经过几天的激战,也只是堵住了敌人的几次分路出击并烧毁了法国租界内的几处洋房。但裕禄却保持了盲目的乐观,将战果夸饰一香之后上报慈禧。20日,朝中主战派看到了战报,大受鼓舞慈禧未加明辨,亢奋之余,做出正式对外宣战的决定。21日,慈禧正式下谕宣战,并对义和团在紫竹林助战的行动予以嘉奖,同时通令全国各地督府召集各地义民共御外侮。

紫竹林的联军凭借优势火力,坚守待援。租界内的居民也常常会用冷枪向联军射击。联军不堪其扰,在6月19日下令对界内的中国居民住宅逐一搜查,所有私藏的枪支弹药均予以没收,并将那些无欧洲人陪伴的华人一律监视、拘留或逮捕。同时,一个名叫窝次的俄军军官带着三名哥萨克骑兵突出重围到大沽请求增援。联军方面做好了准备,一旦无法等到大沽的援军,便要放弃紫竹林租界,冒险向大沽方向突围。

20 日傍晚,窝次将求救信交到大沽的指挥官手里。各国海军将领立即召开军事会议,决定派德英俄三国将领率军前往增援。

21 日上午,俄军 1000 人、英军 250 人、意军 20 人外加 300 名火枪手首先开拔。紧接着,又有俄军 2400 人、日军 1600 人、德军 1300 人和美军 300 人开拔。

23 日凌晨,两军在军粮城会合,后突破清军和义和团的层层堵截,沿铁路与海河之间的大道直逼天津。联军企图首先攻克紧临天津的东局子,但遭到清军和义和团的痛击,伤亡 240 多人,于是只好绕行,于当晚 8 时抵达租界。此时,租界内联军的总兵力已超过万人,其中 6000 人为俄军士兵。联军重新调整了作战部署,在对西摩尔联军进行增援的同时,分兵把守租界各处要隘,并适时组织反击,在马家口、陈家沟、盐坨等地烧杀淫掠,以此来对围攻的义和团和清军进行牵制。

在阻截敌人援军失败后,裕禄担心租界内的敌军会在力量大增之后反守为攻,于是根据朝廷上谕,在 22 日召集义和团首领曹福田等人共同商讨对策,并给予曹福田调兵之权,给从津郊赶来助战的团民发放粮饷和武器。6 月 27 日,静海一带的义和团 5000 余人在首领张德成的率领下乘船到达天津。裕禄于次日接见了张德海,并夸赞其年轻英武、志向不凡,邀其共赴国难。裕禄的表态,极大地激发了义和团民众的反帝热情,一时间各地的团民纷纷涌入天津。

裕禄在召集义和团的同时,考虑到天津防务的薄弱,向朝廷请旨速调重兵前来增援。他还向朝廷建议"劝集商捐、招募练勇",并向朝廷举荐了对军事和天津地方事务都十分熟悉的杨宗濂,由其拣选三千精壮,择地驻屯,与各军互为犄角之势。

对于裕禄的这些行动,清政府都表示大力支持。朝中大臣都一致认为,只有攻破紫竹林,将联军聚而歼之,方可收复大沽、保全津京,而对租界内联军已得到增援的情况却不了解。于是,清政府一面令裕禄招募练勇,一面调袁世凯和董福祥部前往增援。

6 月 26 日下午,西摩尔联军得到救援,回到紫竹林,此时租界内的联军总兵力达到 1.2 万人。各国将领连夜备战,决定在次日拂晓攻打东局子。东局子是北方清军的军火供应地,是华北地区最大的兵工厂,距紫竹林不足 10 公里,由练军驻防。大沽之战前后,义和团首领王德成率团民与练军一起阻击了从大沽方向前来增援租界的联军,保住了东局子。这样一来,不但掌控了从大沽通向天津的要道,并且可以继续为天津城提供武器。因此,联军对东局子也是势在必得。

27 日清晨,俄军 2000 人首先冲出租界,从西面发起进攻。东局子西面的防守部队为武卫军前军营官潘金山所部。从紫竹林炮战以来,潘部便一直对联军动向进行了密切关注,并在自己阵地周围埋设地雷。因此,当俄军冲出租界之后,很快便被潘部军兵发现。潘金山命令部队耐心潜伏,等敌军靠近后,再用炮火猛烈轰击。俄军数次进攻均被击退,不得不向租界求援,租界派出英美日三国军队共 800 人赶往增援,同时还使出诱敌之计,派部队沿海河东岸上行,抢修陈家沟一带的铁路桥座。

武卫军前军统领见敌人派出了众多的增援部队,也立即抽调原本在东局子东面和北面的哨队前往救援潘金山部。同时,他还派出后路统领胡殿甲率兵赶赴陈家沟,在义和团团民的配合下将敌军赶回了租界。

潘金山部在得到增援之后,士气大振。但不久之后,又有 1000 名联军从军粮城方面赶来增援,潘部随即陷入四面受敌的境地。但潘金山临危不乱,在右髋被子弹击穿的情况下,仍在坚持指挥。手下将士见主将英勇,斗志也越发高昂。

正当敌人节节败退之时,东局子弹药库不幸被敌军击中,厂房顿时燃起大火,残砖断瓦和弹片四处横飞。敌军借此机会发起了猛攻。潘金山部寡不敌众,只好撤退。在撤退的时候,有一名军士在军械库埋设了地雷,当敌军冲进来时,这两名军士拉响了地雷与敌人同归于尽。占领东局子之后,除留下俄国军队驻守之外,其余部队均退回租界,并举行了盛大的"凯旋游行",庆祝他们打通了反守为攻的道路。

在得到东局子失守的消息之后,义和团首领曹福田给联军下达了战书,企图用激将法将各国军队引到东部开阔地带进行决战,但没有收到效果。

联军一面做好租界的防御准备,一面又向老龙口车站增兵。老龙口车站是通往北京和大沽的交通枢纽,也是租界的北大门。早在 6 月 15 日,没有赶上和西摩尔联军一同进京的一部分俄军便已抢占了这个车站。当晚,焚烧马家口教堂的团民也曾在此与俄军展开过激战,付出了少的伤亡。曹福田后在车站周边的大佛寺、西方庵、娘娘庙、陈家沟等地大范围布防。

17 日,一支俄军小部队走出车站进行挑衅,在陈家沟与义和团遭遇,被击败后退回。

18 日,又有一支俄军部队向驻守娘娘庙的义和团进行炮击。曹福田所率的义和团在淮军、练军和武卫军的配合下,不但打退了俄军的进攻,而且乘胜追击,对火车站形成合围之势,与俄军展开了长达 10 小时的激战,并击毙敌军 500 余人。俄军受此一击,再不敢主动出战。

23 日,俄军得到增援,在武备学堂与火车之间分布的兵力达到 3700 人。在占领东局子之后,联军料定清廷军民一定会向火车站进攻,于是便向车站增兵。曹福田为夺回这一交通枢纽,便与刚刚到达天津不久的张德成部进行联合,决定于 29日与联军再次开战。

曹、张二人的行动,得到裕禄的大力支持。当义和团开始向车站发起进攻时,裕禄令刚刚调驻天津的马玉昆部也加入战斗,又命令黑炮台和三岔河口等地的练军向车站开炮。曹福田、张德成、马昆玉等人,率领所部军兵冒着枪林弹雨几次冲入车站,但均被打退,因此未能夺取这一战略要地。

车站虽然勉强保住了,但联军却被清军和义和团的战斗力所震撼。当马昆玉部 1500 名骑兵和 5000 名步兵赶到天津之后,联军更加提心吊胆。为了指挥方便和加强对租界的控制,各国领事和各军指挥官议定,由俄军驻防沿河左岸一带,由其他国家军队驻守右岸。租界此后由军事机关负责指挥一切,实行军管,军方可以采取任何他们认为有必要的措施。他们还规定不论何人只要是触犯了远征军的公共利益,立即逮捕法办。

会后不久,联军收到北京方面的一封信,证实了北京的义和团和清军正在攻打使馆。在情急之下,各国领事不得不再次召开会议,决定向各国政府建议,希望能够通知中国政府,如果北京的中国军民仍然不停止攻打外国使馆的话,那么作为报复.联军将会破坏清王室的皇陵。但这一建议没有得到各国政府的采纳,因为各国首脑都认为,这样做非但不能逼迫中国政府就范,反而会引起欧洲舆论的谴责。

军官们在得到这一答复后,非常失望,接下来,他们又对是否再组织军队救援北京的问题发生争执。正在这时,从大沽方面传来消息,俄军远东司令阿里克谢耶夫已到达大沽,于是军官们这才停止了争论,决定听从这位高级将领的高见。

各国将领之所以如此看重阿里克谢耶夫,除了他的军阶较高之外,还因为俄国在历次战斗中所发挥的作用比其他国家要大得多。然而阿里克谢耶夫到达大沽之后,却迟迟未到天津,各国将领在经过 30 日一整天的等待之后,对俄国的行动产生了怀疑。原来,阿里克谢耶夫已经把自己的指挥部设在了塘沽。

当天黄昏,日军 1000 余人进入租界,并接管了租界前哨的防务。他们还带来消息说,天津城郊的铁路很快就会修复,天津到大沽的水路也已通航。

英国指挥官认定,天津的局势马上就会发生转折,大沽的增援部队会源源不断地到来。因此,他向其他国家的将领建议,不必再等阿里克谢耶夫,各国军队可利用租界内现有的 53 门野战炮分头出击,先占领了租界外围的开阔地带,然后一鼓作气拿下天津城。

但俄国不同意这一建议,因为俄军士兵人数很多,如果分布到开阔地带很容易成为打击的重点。于是,俄军派出了沃加克上校去向阿里克谢耶夫请示。另外,俄国以兵力不足为由,要求各国坚守待援。

7 月 2 日,英国指挥官在军事会议上对自己的提议做出了修正,建议可以在天津的南部和西郊发动一次大的攻势,对民团的射击掩体和清军炮兵阵地进行清除。

正当联军策动新的攻势之时,驻守在火车站的俄军却再一次遭到清军和义和团的重创。自 6 月 29 日攻打车站失利之后,马昆玉、曹福田、张德成各部又分路由小树林、王串场、陈家沟、盐坨一带对车站进行包抄,激战两昼夜,毙敌 100 多人。聂士成所部于 7 月 1 日击退陈家沟铁桥的俄军,7 月 2 日,为了阻截大沽方向的敌人援军,聂士成分出一部分兵力扼守金钟桥和大庄一带,又派出一部分兵力到军粮城进行阻截。当晚又对车站发起猛攻,以策应马、曹等部,战斗一直持续到凌晨两点。

次日一早,清军和义和团再次冒雨向租界和车站发起攻击,到傍晚时分,曾一度将车站夺回,联军也被压制到租界内。在这种情况下,租界内的俄军指挥官,再次拒绝了英国提议的攻打天津南部和西郊的建议。两国再次发生争执。

正当租界内的联军陷入困境之时,李鸿章等地方实力派向朝廷提出了"转战为和"的建议。另外,自从 6 月 27 日开始,慈禧便一直没有收到有关天津战事的消息,心中异常忐忑。29 日,在巨大的压力和不祥的预感之下,慈禧令各驻外使臣向各国政府澄清开战缘由,她表示招抚拳民是避免内乱的无奈之举,大沽之役也是被迫迎战,并向各国保证一定会惩办团民,保护使馆安全。

7 月 2 日,慈禧收到裕禄战报,得知紫竹林争夺战依然在进行,而东局子已经

中国军事百科

·对外战史·

图文珍藏版

失守，西摩尔联军也已被救回了租界的消息之后，惊惧异常，命令裕禄、聂士诚、马昆玉等人释放天津附近监狱中的义和团首领和团民，并且加紧联络民团、招募练勇，以尽快收复大沽炮台。命令下达后不久，驻日公使李盛铎传来消息，日本和英国将大幅增兵。慈禧得知这一情况之后如坐针毡，决心要在未败之前转战为和。

7月3日，清政府向俄、日、英三国发出国书乞和。在国书中，清政府把战争责任推到义和团头上，请求三国君主捐弃小嫌，并保证会挽回局面。5天之后，李鸿章被任命为直隶总督兼北洋大臣，负责向列强乞和。

清政府虽然已下定了求和决心，但对列强是否同意并没有十足的把握。就在发出求和国书的同一天，慈禧又连下四道密旨，其一是告知各省大员，战事一开，断无议和之理；其二是指责裕禄对战况通报不及时；其三是要袁世凯所部星夜赴津；其四是要四川提督宋庆到天津与裕禄协商战守事宜。

裕禄被斥责之后，急忙将7月1日以后数次小胜的情况向朝廷做了汇报。7月4日和5日，裕禄又召集曹福田、张德成、聂士成、马昆玉等人商讨下一步的作战部署，最后决定，由曹福田部协同马玉昆部继续在车站坚守，对紫竹林北边出口进行堵截，由淮军营官周行彪和蒋顺发以及义和团张德成所部扼守紫竹林西边出口，由聂士成部抢修海光寺一带的炮台，守住租界的南部出口，然后与马玉昆部三面围攻紫竹林，其余各军各司其守，与聂、马两军互相声援，对企图窜出边界的联军严加防堵。

7月5日下午1时左右，聂士成部在新的阵地向租界发起炮击＝炮弹飞入联军的炮兵阵地，一座洋楼被炸毁。联军未曾想到清军的炮击会如此精准，大为惊讶，但一时又摸不准清军大炮所架设的具体位置。面对突如其来又无法排除的危险，那些原本主张迅速攻占天津的联军将领也只好表示沉默。

这次炮击的成功，大大激发了聂士成部将士的斗志，当天下午的炮击停止后，聂士成率两营将士迂回到紫竹林南边的小西门，将大炮安置在围墙上，再次向租界和跑马场一带发起攻击。

租界内敌军连遭炮击，极度恐慌，派出一支侦察部队寻找清军的炮兵位置。他们发现清军正要从北面和西面对租界进行包抄，大炮已经架在了马场道附近。于是一支英军冲入海大道，对马道口发起进攻，但被聂士成部击退。英军的指挥官布鲁斯少校在这次战斗中受重伤。

当天晚间，聂士成挑选100精壮，乘着夜色进入跑马场，用手雷将敌军击溃，烧毁3座洋楼，并在不远处的八里台扎下营寨，封住了租界的南出口。与此同时，联军也调兵到马家口，企图诱聂士成部去增援，不料却被周行彪、蒋颐发及张德成部击败。周、蒋、张三部乘胜追击，直到紫竹林的边界。

整个战斗直到半夜方才结束，至此，紫竹林西、南、北三面已被天津军民严密包围。

为了抓住战机，6日早上，聂士成部从城内水师营和芦台运河对西局子进行炮击。下午，又集中在跑马场一带发炮。紫竹林租界遭受了前所未有的猛烈炮击，众多的营房被击中，阵地几乎无法进行防守。联军只好集中在小营门一带负隅顽抗，并向天津城内开炮,不少民房和官署被炸毁。聂士成于傍晚时分率队在跑马场一线发起进攻,并一直攻打到小营门,联军只好再次退回租界。聂部随即在小营门扎驻营寨。联军处境愈加不妙。

当聂士成部连连得胜之时,马玉昆与曹福田所部也在火车站与俄军多次交锋,车站几易其手。清军和义和团越战越勇,在炮击紫竹林和坚守车站的同时,又分出一部分兵力,协同武卫前军围攻东局子。经过两昼夜的激战,虽然最终未能攻克,但也给联军造成了重大的伤亡。

这两天以来,租界陷入了巨大的恐慌之中。联军认为,清军炮火的攻击如此精准肯定是由租界内的奸细提供的情报。于是,他们再一次对租界内的华人进行大清查,规定如果没有领事馆或军事机关的签证,任何中国人都不得随便出入。联军各国还互相推诿,把失利的责任推到他国身上。在这样的情况下,俄军中将阿里克谢耶夫和英国中将西摩尔只好亲自出面进行调停。

8日以后,联军已成惊弓之鸟,再也不敢大肆出击。而清军和义和团则被以前的胜利所鼓舞,更加斗志激昂。

为了排除联军埋设的地雷,张德成在紫竹林的西南摆起了"火牛阵",将几十头黄牛的尾巴点燃,让其在惊恐之余疯狂冲入敌军的地雷阵中,将地雷全部引爆。清军和义和团在火牛队之后乘机跟进,逐步到达紫竹林的边界。

联军召开紧急会议,决定从西面打开一个突破口,扭转不利局面。次日凌晨4点半,日军的一支骑兵部队冲出租界,向天津南边的纪家庄开进。

纪家庄是从南路进攻天津的要道,日军此举是想对驻扎在八里台的聂士成部进行背后一击。驻守纪家庄的是义和团韩以礼部,他们早已做好了应战准备。当日军骑兵杀到之时,他们便从芦苇丛中伸长钩,将日本兵士从马上钩下,再用刀杀死。日军的多次进攻均被击退。

5点10分前后,日军的增援部队赶到,双方激战到6时许,日军再次增兵,团民伤亡开始增多,不得不退出战斗。日军进入纪家庄后,大肆焚掠一番,又分出部分兵力,向八里台进犯。

在日军与韩以礼部激战之时,俄英两军共6000余人,冲出租界,向马场道和小营门一带的聂士成部发动进攻,聂部无力抵挡,退至八里台附近。联军穷追不舍。6点1吩前后,从纪家庄方向杀出500名日军,绕到聂士成军的背后,占领了八里台南部地带。另有一支日军赶到纪家庄附近,对聂军形成合围之势。

聂士成率领手下兵将奋勇还击。经过两小时的激战,聂军伤亡惨重,加之弹药难以为继,只好强行突围。聂士成双腿中弹,仍在拼死杀敌。营官建议其先行撤退,但聂士成立马桥头,郑重说道:"此吾致命之所系,逾此一步非丈夫也。"言毕,策马向前,冲入敌阵,脑门、项侧、两腮都被敌弹击伤,最后因胸部肠出壮烈殉国。

聂士成部下见主帅惨死,无不义愤填膺,人人争相复仇,经过一番苦战,350余人阵亡,姚良才、周玉和等几位统领也为国捐躯。义和团团民也有450人殉国。

在联军的猛烈攻势下,聂士成部军兵和义和团民只好退往西局子和西校场。联军乘胜追击,一举攻下了西局子,但因为兵力有限,无法分兵驻守,便将此处房屋都付之一炬,然后撤回租界。

为了挽回败局,马玉昆与张德成率所部合力从马家口进攻紫竹林,并一度攻入租界,但因天色已晚,兵士体力不支,只好撤出。

晚间,马昆玉又率队攻打车站,一度得手,并进入车厢,与敌军肉搏。但由于车站的敌军得到来自租界的不断增援,在车厢内的马玉昆军陷入敌军炮火的重重围困之中,马部军兵浴血奋战,终于杀开一条生路。在这次战斗中,联军有150余人毙命,马、张两部也付出了数倍于敌的伤亡。

联军此次出击对整个天津战局产生巨大的影响。清军和义和团不仅失去了西边的炮兵阵地,而且失去了八里台、小营门、跑马场等重要据点。如此一来,联军便有可能从西路突围进而攻占天津。

另外,聂士成的牺牲也使清军失去了一位重要的一线指挥官,对整体的士气造成不小的打击。聂士成余部虽由马玉昆接管,但已是元气大损,天津的防御力量进一步被削弱。

裕禄在得知聂士成阵亡的消息后,也信心大失。

10日,四川提督宋庆来到天津。宋庆一直以来便持消极抵抗、转战为和的思想,那些对朝廷招抚义和团政策不满的人纷纷投靠其门下。这些人提出剿灭义和团向洋人谢罪的主张,前线的军心受到极大震动。

此时,李鸿章出任直隶总督兼北洋大臣,负责与洋人媾和的消息也传入天津。裕禄不知所措,从而对整个抗敌大局造成严重影响。

自9日得胜之后,租界的联军又得到大沽方面1000名英军和1500名俄军的增援,更加有恃无恐。此时,紫竹林联军共拥有42门大炮,2490名海军和14640名陆战队员。凭借着优势武器和众多的兵力,联军开始积极准备对天津的攻势。10日,一门4英寸口径的海军炮被架设在土围子附近,对天津东南方的清军炮台进行猛烈轰击。3门12磅炮被架设在土围子上面,对跑马场进行轰击。5门6磅炮轰击天津南门。1门12磅炮和1门4英寸炮被架设在通往西局子的路上,轰击清军设在天津东北的两座炮台。在猛烈炮火的助威下,联军指挥官信心大增,认为在一天之内即可攻破天津城。

当天晚上,各国军官举行军事会议,商讨夺取天津的具体作战方案。在会上,有的国家提议,经过了几次大规模的出击,军队需要做一些休整,因此,会议决定对天津发动总攻的时间延至13日下午3点半。届时,联军将由租界的西南门出发,然后兵分两路,由俄军中将阿里谢克耶夫担任总指挥。在总攻发起之前,各国可以在各自的防线内进行炮击,如果有力量也可单独出击。

一时间,紫竹林租界炮声不断,天津防务更加吃紧。

11日拂晓之前,俄军在东线发起攻势。他们在英军的阵地设置了重炮,企图在强大炮火的掩护之下,穿过英国、美国和法国的阵地对天津驻军的左翼发动正面进攻,将清兵压回城内,以扫清入城的通道。

为粉碎联军的正面进攻,清军将9门大炮添置于南面的城墙之上,同时对城墙外围的阵地作了周密的布置。

从凌晨 3 点 45 分开始,为了将租界内射向天津城的炮火压制下去,清军对租界和车站进行猛烈炮击。与此同时,众多的义和团和清军冲出南门,在猛烈炮火的掩护之下,向租界发起新的进攻。4 点左右,曾一度攻入租界,并突破法军和英军之间的防线,并与之短兵相接,联军 100 余人伤亡。

清军和义和团的伤亡也很严重,因此不久之后便撤出。但架在天津城墙上的大炮却一直没有停止射击,而且对目标的打击十分精准,联军的牵引车和大炮多被损伤。联军见清军相隔 3500 米的距离仍能如此精确地打击目标,简直是一个奇迹,一些没有被击中的炮兵都颇为庆幸。但正当联军感到惶恐之时,清军却不知何故于 7 点左右停止了炮击,从而给了联军重新调整炮位的机会。

在驻守天津的清军炮击租界的同时,另一部分清军与义和团团民在凌晨 3 点半再次对火车站进行大举进攻,并又一次冲入车厢与敌军展开肉搏。

一队印度士兵从租界赶来增援,为阻止这支援军,天津的驻军用散花弹射击浮桥,并继续向车站开炮,联军伤亡 150 余人。

下午 1 点半左右,天津城内的清军再次对租界发动炮击,射击的目标是联军设置在西局子附近的 12 磅炮手 4 英寸炮。联军也众炮齐发。其中一门是刚从大沽运来的 4 英寸炮,被架设在了织绒厂岳 1000 米的高地上,居高临下异常精准。法军和日军的炮队采取齐射的方式,炮弹在空中联成一线。3 点 20 分,清军炮台的瞭望塔起火,被迫休战,整个战斗持续了 3 小时 20 分。

经过清军和义和团在 11 日的阻止,俄军从正面突入天津的计划落空。但天津守军也陷入了枪弹缺乏的困境。而四川提督宋废却在此时下令各军对义和团进行大肆屠杀,天津城外的多处团坛遭到破坏,团民们两面受敌,很多被杀害,剩余的也只好撤出天津。天津的防御力量更加薄弱。

天津南门外原本为马玉昆和宋庆部共同驻守,但自宋庆调所部屠杀义和团之后,此处只剩下马玉昆部独立守卫,而马部军兵经过数天的激战已是伤亡惨重,疲惫不堪,总人数也已不足 5000。两门原本由聂士成部防守,拥有火炮 30 门,军兵 8500 人,但该军在历次战斗是损失最为惨重,至 12 日只余不足 2000 人。而从南门到东北角炮台和总督衙门一线也只有何永盛所部 1600 人驻守。此外驻守天津的还有罗荣光、吕本元所部共计 3000 人。驻守天津的官军总兵力不足 1.2 万人,此外还有临时招募的雁勇和芦勇 2000 人以及近万名义和团团民。

而联军在 10 日后持续增兵,其中包括 1500 名美军,300 名英军和 1500 名法军。12 日晚,各国指挥官再次举行会议,对原先的作战计划进行了修改,将总攻时间提前到 13 日的凌晨。

13 日凌晨 4 时,天色微明,织绒厂和土围子的大炮便已做出了发射准备。4 时 30 分,总攻开始。联军共动用了 28 门野战炮、6 门哈气开式速战炮、4 门 12 磅速射炮、2 门 4 英寸速射炮,一齐进行轰击。一时间,烟雾弥漫,残砖断瓦四面横飞。

5 时左右,一个位于芦台河附近的清军火药库被击中引起爆炸,爆炸声惊天动地,攻守双方都为之震惊。战斗因此中断了约 5 分钟。随后双方的炮火更加猛烈。

7 时许,联军确信天津城已遭重创,于是便留 1000 名法军守卫租界,其余倾巢而出,分东西两路发起进攻。俄、法、德三国军队为东路军共 5000 余人,其中俄军有 4000 人,法德军队分别为 800 人和 200 人。他们从车站出发,首先攻下了小树林炮台。这个炮台设于铁路路基后面,共有九门大炮。这个炮台一直都对俄军营地和租界内的联军形成很大威胁,对曹福田等部攻打火车站进行了有力声援。联军占领炮台之后,曹福田部与城内的联系被切断。此时曹部正处于小树林和车站之间,两面受敌,只好撤离阵地。清军几次想收复炮台,但都未能成功。联军占领小树林之后,一面向天津城进攻,一面向黑炮台射击。运河和天津东郊很快落入联军之手。

西路联军共计 4300 余人,其中日军 2700 人、美军 900 人、英军 695 人,另有少量意奥军队。

7 时左右,这支军队南大营门出发,经海大道、跑马场向西局子进发。7 点 30 分,在西局子附近与清军遭遇,战斗持续了两个多小时,联军付出了不小的伤亡,但最终还是攻克了西局子。

中午时分,联军留下亚细亚炮队和法军在此驻守,其余部队分三路,日军在前,美军居中,英军压后,向天津南门发起进攻。在联军的总攻开始前,裕禄便预感到前景不妙,于是伙同原来驻守南门的宋庆、马玉昆等人率大军撤至北仓。驻守南门的军队便只剩下何永盛部及义和团民,他们虽然兵力单薄,但凭借地利,利用坟丘、壕沟、水塘、沼泽等灵活阻击敌人,打退了敌人的数次进攻。

当日军推进城墙不远处时,有人误传战报,说日军已攻入城内,于是租界内的联军便停止了炮击。清军抓住这一时机调整了炮位,向联军猛烈射击,给敌人以重创。联军这才发现情报有误,日军仍然被阻挡在城门之外,于是再次向南门方向发起炮击。直到夜间,联军仍未能攻克城门。有人建议日军将令福岛暂时撤退,可福岛坚决不同意,反而命令部队依靠夜色作为掩护,步步推进。

14 日凌晨 3 时左右,日军已接近城门,他们通过一名汉奸得知,南门的城墙有一段是塌陷之后刚刚修补过的,于是便决定在此处安置炸药包。清军发现之后,一连三次将导火线打断,但还是未能挽回败局,城墙最终被炸开,宋春华等将领及众多兵士牺牲。

城中的清军和团民与攻入的联军展开巷战。义和团首领张德成、杨寿臣等人身负重伤后撤出天津。

在攻取南门的战斗中,联军共伤亡 750 多人,其中日军伤亡 392 人,美军伤亡 127 人,英军伤亡 96 人,一名日军少佐和一名美军上校被击毙,英军司令等多名高级军官受伤。这是清军和义和团抗击八国联军的战争中歼敌最多的一次战斗。但中国军民也有两三千人的伤亡。

在南门激战的同时,黑炮台、东北角等处的水师营、义和团,也多次击退东路联军的进攻,俄军伤亡 127 人,法军伤亡 117 人。南门失守后,西路联军从背后杀来,清军和义和团腹背受敌,伤亡惨重,于 14 日下午撤出战斗。至此,天津陷于联军之手。

天津失陷之后,北京便失去了防御的屏障,清政府对列强的态度也由边打边谈转变为加紧求和。除了加强对在京各国使馆的保护、清查洋人的生命财产损失外，还电令李鸿章兼程北上，主持议和大计。但列强拒绝和谈，清政府也只好做出继续抵抗的准备。一面责令裕禄等人戴罪立功，一面敦促各省督府发兵进京。

天津失陷之后，由于裕禄等人将责任推到义和团身上，而慈禧此时也想靠打压义和团来博取洋人的欢心。因此，清政府对义和团的态度也发生了很大转变，只是因为大敌当前，只好暂时对其加以利用。

占领天津之后，八国联军内部的力量对比也发生了变化。由于日军在战斗中所发挥的重大作用和其兵力的不断增加.而打破了俄军此前所占有的优势。至此，俄、英、日三国在联军中成为主导力量，这也为联军分割在天津的势力范围以及此后的军事行动产生了重要影响。

联军在攻陷天津之后，大肆屠掠，后又成立"天津都统衙门"进行军事殖民统治，天津因此成了联军侵华的战略物资基地和大本营。

（三）北京陷落，慈禧太后出逃

虽然京津之间的电讯联系早已中断，但在天津的联军依然可以不时收到由在京公使通过中国教民带来的消息。

7月16日，英军将领收到英国公使7月4日寄出的信件，信中指出，如果中国军队不发动强大攻势的话，使馆区可以坚守10天左右，但如果攻势较为猛烈，大约只能坚守四至五天。为了免遭屠戮，联军当不失时机，迅速行动。他还在信中指出，在内城南墙下河沟中有一水门，是通往使馆的捷径。

对于这一重要情报，英军想抢占头功，而未向其他军队告知。

7月18日，又有一名日本使馆派出的密使到来，他向联军报告说，京城的董福祥部队已被调往北仓，以阻止联军进京。清政府还会组织兵力，夺回大沽炮台。

八国联军进北京

7月25日，美国公使来信，指出，使馆区内的粮食虽然可以维持几周，但枪弹匮乏，如果再遇到大规模的炮击，恐怕很难支持。

这些信件增加了联军攻打北京的紧迫感，但各国将领在增兵数量、进军日期及总指挥的人选三个问题上出现了争执，因此进京计划一再拖延。

经过一番讨价还价，除意奥两军外，其他几国均不同程度地增派了部队。在增兵之后，日本超过俄国成为侵华联军中人数最多的部队，联军的总兵力已达到3万人。德国元帅瓦西德成了联军的总司令,出发日期定为8月4日。

8月4日下午3时,除留下部分兵力驻守大沽、天津之外,其他部队兵分两路,由天津出发,沿运河向北仓方向推进。运河右岸为美、英、日三国部队,共1.4万余人,配备了火炮49门,运河左岸为德、法、俄、意、奥五国部队,共5600余人,拥有34门火炮。

在此次进犯北京的联军部队中,日军出动了精锐部队第五军团,人数也占到了参战总人数的一半以上,因此成为联军的骨干。俄国虽然在兵力上屈居第二,但由于刚上任的俄军指挥官利涅维奇中将在联军各军官中军阶最高,所以充当着实际的组织者,留守天津的部队也由俄军将领统一指挥。而英军部队却主要以印度籍士兵为主,只有其他4个支队和炮兵为英籍士兵,另有一支中国人组成的小队。美军骑兵由于马匹未能及时到岸,而没有同大部队一起开拔。直到8月9日,才有一支89人的骑兵中队跟上大部队。法军则大多为安南籍士兵,德军由于大部队尚未到达天津,因此只有200名士兵随同出征,而意奥两国只是象征性地出兵四五十人而已。

天津失陷之后,清政府乞和不成,只好备战。一时之间,北京与天津之间集合相当规模军队。其中,战略要地北仓的守军为:由天津撤出的聂士成余部4个营,马玉昆、吕本原、罗荣光、何永盛所部各5个营,以及地方部队安卫军两个营,总兵力1.5万余人。另一战略要地杨村由宋庆部13个营驻守。

另外,驻守京津一线的部队尚有各地勤王之师蒋尚钧部5个营,张春发部10个营、陈泽霖部10个营,夏辛酉部6个营,陈凤楼部7个营,鹿传霖部6个营,升永部8个营,岑春煊部6个营,万本华部4个营,共62个营,合计3万余人。

北京城内驻防的部队有荣禄部20个营,董福祥部20个营,余虎恩部10营,火器锐健军22个营,虎神营2万人,神机营1.8万人,合计6至7万人。

京津间总兵力达到10万人以上。义和团力量虽已被削弱,但尚有2万人散布于京津之间,5万人在北京城内。

北京至天津之间的防御工事,主要由从天津撤出的军队负责构筑。设杨村和北仓两大防线。杨村防线的总指挥为宋庆,驻防兵力5000人,防御中心为杨村火车站。工事沿运河构筑,长约5公里。

北仓防线由马玉昆任总指挥,沿运河构造了两道工事,第一道防线由穆庄、唐家湾、刘家房、火药局、韩家树、刘家摆渡等据点构成。防线设火炮阵地,并在周围埋设了地雷,防守兵力约9000人。第二道工事由北仓以南的王庄为中心,构筑在三公里长的垒墙,各要隘也均埋设了地雷。另外,在北仓西北和东南也分别构建了为炮阵地,分别配备着14门和10门火炮。在这道防线驻守的兵力共计四五千人。除两道防线之外,在北仓附近尚有一两千人作为预备队。

7月下旬,清军将领长翼、文瑞等人率义和团2000余人到通州一带挖掘壕沟,构筑壁垒,阻挡联军北进。

7月26日,慈禧命李秉衡节制夏辛酉、万本华、阵泽霖、张春发等部。李秉衡为坚定的主战派。原为长江巡阅水师大臣,因与主和派刘坤一、张之洞等人意见相左而受到排挤。后见津京局势危急，毅然赴京请战。他向慈禧力陈"必战而后能和"的主张，被任命为帮办武卫军事务大臣。

同日，清廷收到刘坤一、张之洞等人的联名上奏，请求朝廷立即授予正在北上的李鸿章议和全权，否则洋兵逼近京城，再谈议和将于事无补。但此时，主战派大臣载漪等人在朝中正处于上风，因此，刘、张等人的奏请未能获准。

7月28日，主战派促使朝廷将主和派大臣袁昶、许景澄以在帮办洋务的过程中各存私心、妄言乱政的罪名处死。一时间，京城内外的主和派士气大挫。

联军自8月4日从天津出发之后，沿途一路烧杀。走出约六公里之后，两路联军分别在运河的两岸扎下营寨。此处正是北仓与天津的点。他们已探知清军在北仓的防线非常坚固，于是决定在此过夜，天亮之后全力攻打。

北仓是漕运线上的一大粮站，位于白河左岸，东西长400米，南北长约千米，共有2000余户居民。防守部队为马玉昆部共有1.5万余人。

联军的作战计划是，美、英、日三国军队由白河西面发起进攻，其他几国军队由东边铁路发起进攻。中路由俄军两个炮兵连、法军一个炮兵连和俄军的两个步兵连进行佯攻。其实这支小部队的主要任务是修复铁路，以便补充给养和输送援兵。

5日，北仓战斗打响。按照战前各国达成的协议，战斗原本要在黎明才开始。但在日军的带领下，右岸的联军在凌晨两点就冒雨向北仓进发。出发前没有吹号，整个行动都是秘密进行。日军在左，英军在右，美军在后充当预备队。

3日许，联军接近清军的第一道防线，并开始发起进攻。日军首先在英军的炮火支援下攻打旧火药局，旧火药局位于整个防线的最东端，由周鼎臣部驻守。两方激战两个多小时，清军200余人战死，余部向韩家树方向撤退。与此同时，日军在刘家渡和唐家湾也与清军和义和团展开激战，并凭借炮火优势，花了大约5个小时的时间夺取了这两处据点。至此，清军的第一道防线已全面崩溃。

紧接着，英国居中，日军在西，美军殿后向清军的第二道防线发起进攻。英军用炮火从正面进行攻击，吸引了马玉昆部的注意力，日军则绕道10余里，袭击马军的后路，清军于是陷入腹背受敌的困境。

在运河的左岸，由于俄、法、德、意、奥五国军队需要涉过一段被水淹没的道路，因此行军速度较慢，步兵没来得及参加北仓战斗，但炮兵却越过泥泞，抢建起了炮台阵地，并在7时左右开始炮击清军阵地的左翼。清军被前后夹击，只好且战且退，附近的义和团数千人前来助战，给联军不小的打击，但最终也未能守住阵地。

北仓一战前后共持续6小时之久，到上午9时，各据点俱被联军攻破，清军只好向杨村方向撤退。

在这次战斗中，清军付出了巨大的伤亡，有70余人被俘遇害。联军也付出了不小的伤亡，其中日军伤251人，死50人，英军伤24人，死1人，俄军伤6人。

此役是日军死伤最为惨重的一次。但在此后的战斗中，日军仍然一直冲在最前面，这也引起了其他国家的种种猜测。有的国家认为日本此举是想提高自己的国际声誉，有的国家却认为日本不过是想早一步去抢夺北京城里的巨额财富。

北仓战役结束之后，联军在北仓附近的大瓦寺过夜。联军各位将领认为，在攻占了北仓之后,下一个攻击的目标就是杨村。杨村距北仓只有18公里,是京津之间的重镇,而且这里的防御工事十分坚固,因此需要一鼓作气迅速出击。

次日凌晨4时,日军沿白河右岸,其他军队沿白河左岸,两路向自村开进。约行10公里后,美军的海军陆战队和第九炮兵连沿铁路东边行进,美军第十四团沿铁路西边行进。

清军将主力布置于铁路沿线的堤岸,另有一小部分驻守大桥附近的一个村庄。9时30分,联军向清军的铁路堤岸阵地发起进攻。清军阵地位于铁路堤岸9米高处,工事坚固,居高临下,对联军进行炮击。联军大队由于分散在长约5公里的地带,因此没有付出太大的伤亡。在炮火的掩护下,美军十四团将铁路堤岸的清军阵地攻克,接着又向正在向联军进行炮击的车站和村庄发起进攻,又很快将其攻克。

由于美军的行进速度出乎人们预料,以至于在攻清军阵地之后,联军依然在向这里发炮,造成了美军15人死亡。而英军的炮兵也遭到了友军的还击。

负责杨村防务的宋庆,派出马军统领马金叙、步军统领郭殿邦、炮军统领余仁同进行抵抗,从北仓退到此处的周鼎臣部也参加了战斗。

在激战中,周鼎臣、朱怀双、吕霞邦等将领身负重伤。在联军的猛烈炮击下,清军防线很快崩溃。联军乘胜占领了铁路桥、火车站及白河上两座浮桥。下午2时,战斗全部结束,杨村一战,俄军伤17人,死12人,英军伤39人,死7人,美军伤64人,死9人。在攻克杨村的战斗中,美国担当了主力,这是整个八国联军的侵华战争中唯一的一次。日军因在泥泞中行军,而错过了此战。

杨村失守之后,清军退守蔡村。北仓、杨村两战,清军共损失3000余人。

直隶总督裕禄也在北仓失守后逃到杨村,见败局已定,便于6日饮弹自尽。

北仓、杨村失守之后,马玉昆、宋庆等将领被联军的攻势所吓倒,连连撤退。

联军于8月7日在杨村进行修整。各国将领利用休息时间召开了军事会议,他们认为清军已锐气大挫,各国军队可以放心前行。于是决定,次日继续行军,将兵力集中于蔡村附近,为了保证通讯和交通的畅通,派德、意、奥三国的小部队回天津,杨村由法军暂时驻守,其余俄、日、美、英四国军队全部沿白河右岸向北京进发。由日军将领森冈正元统一指挥。

8月8日,联军按计划推进,沿途未遇大的抵抗。当晚四国军队在蔡村会合,并在此过夜。此时正值盛夏,在行军途中,联军士兵不断有人中暑晕厥,但为了不给清军布防时间,联军将领仍命部队全速前进。

由于运输困难,联军补给只能靠沿途征调和劫掠来维持。由于日军处于整个行军序列的最前端,因此所抢得的物资也就最为丰厚。他们先是占领了杨村的两座大麦仓库,在向蔡村进军的途中又抢到了20船的贡米,此后又抢劫了大量的谷物。日军抢过之后,俄、英、美军也如法炮制,先抢劫后纵火,沿途的村镇都被劫掠一空。

正当联军向北京步步进逼之际,李秉衡奉旨来到前线。离京之际,他只带了少数几个幕僚和几百名义和团民。他立誓,宁可捐躯,也不退却。

8月7日,李秉衡一行到达马头,首先召见了夏辛酉。接着,他命令万本华的4

个营和张春发的 10 个营驻守河西务。陈泽霖的 10 个营负责防守河西务西身侧地区。他亲自率领夏辛酉部 6 个营在河西务西北的羊房驻防。这时,河南藩司也率一军到来,李秉衡令其在武安、固清之间出击。

8 日,李秉衡部的前锋到达羊房,与联军的侦察部队遭遇,并将其击败。9 日清晨,正当李秉衡率部向河西务行进之时,张、万两部已遭到联军的猛烈袭击。此时,两军的防御工事尚在构筑之中,加之没有火炮,枪弹也不充足,所以只能且战且退。恰在此时,马玉昆率残兵到达,李秉衡劝其合兵一处,但马玉昆却以敌众我寡为由率兵退到南苑。夏辛酉只好独自御敌,中途,升允率骑兵前来助战,一直战至中午,双方互有死伤。李秉衡始终在一线督战,联军曾一度败北,但最终还是凭借炮火优势攻克了河西务,清军只好退到羊房。

8 月 10 日,在李秉衡周围的部队,只有驻守马头西南的夏辛酉余部及陈泽霖的数个营。马玉昆等部的溃兵沿途抢劫,将所过村庄焚掠一空,李部也因此陷入补给难续、人困马乏的境地,也只能退守张家湾。

同时,李秉衡上书朝廷,揭露马玉昆、宋庆率数万余众不战而逃的事实,并向朝廷分析了自己督军溃败的原委。他认为,此次奉命督师,事出仓促,且中军无一兵一卒,所节制的四支军队中,张春发虽然骁勇,但手下军兵多为刚刚招募的新兵,未谙战事,所以一触即溃,而陈泽霖为人奸巧,指挥能力欠缺。夏辛酉和万本华虽然堪称将才,但所部兵力单薄,无法进行调拨。另外加之在出京前北仓、杨村已失,所以河西务尚未筑好工事,便已被敌攻破李秉衡的分析虽然客观公正,但面对败局,也只能请求朝廷增兵,并再次向朝廷表明自己以死报国的决心。

8 月 11 日,朝廷的援军尚未到来,而联军已接近张家湾。李秉衡所督四师很快败北,万本华部被击溃后向北逃窜,夏辛酉部被击溃后向南逃窜,阵泽霖部不战自溃,后奔逃至济宁,令士兵拍卖所掠得的衣服财物。张际春部且战且退,一直退到南苑。李秉衡身边除几个幕僚之外,再无一兵一卒,遂服毒自尽。李秉衡自杀之后,联军随即占领了张家湾。

夺取张家湾之后,联军只要再攻克最后一个重镇通州,便可兵栋北京城下。通州距北京 20 公里,人口约 10 万,是天津到北京的重要门户,从通州向西行进可直达京城的朝阳门。

8 月 12 日,日俄两国约定,要采取统一行动攻打通州,出发时间定于凌晨 3 点半。但日军突然改变主意,凌晨 1 点左右便通知俄军将领要提早出发,俄军仓促之间无法成行,日军便单独开进。4 时,日军先头部队已到达通州的南门,并用炸药将城门炸毁。让他们意想不到的是,此时清军在通州城竟没有驻防,原本在此驻防的长麟和文瑞部都已撤离。留在城内的少数护城兵士全部为日军杀害。日军对城中财物大掠一番之后,当天又向前推进了 20 公里。在日军到达之后,法、德、意、奥三国军队也到达通州,早上 8 点,俄军先头部队也到达通州,因为城门被日军的辎重和大炮所塞,只好在城外安营。随后,英、美两军也先后到达,并分别驻扎于城外。因为城中的粮饷和军械早已被日军抢光,因此其他国家的军队便开始大肆抢劫百姓的财物,并四处杀戮和纵火。

占领通州当天,各国将领召开了军事会议,俄军将领建议在通州休息一天,但遭到其他将领的反对。但俄军将领固执己见,其他人只好做出让步,决定利用 13 日作为侦察时间,并且决定:全军分四路向北京进发,最后在北京东墙下会齐。日俄两军沿通惠河两岸边侦查边行军,俄军沿官道与通惠河之间的乡间小路直逼京城外城与内城之间的东便门,日军沿官道攻占内城东边的朝阳门。英美两军沿通惠河南面行军,美军从乡间小道直达东便门,英军沿最南边的一条路至广渠门。会议还决定,在 14 日到达目的地之后,再另行召开会议,商讨具体的攻城事宜,并将攻城时间定为 15 日凌晨。

8 月 13 日,联军对北京周边的情况做了充分侦察,最后得出结果:清政府在通州与北京之间并没有驻军,而两地之间的百姓也都已逃亡。

8 月 12 日,李秉衡殉军和通州失守的消息传进北京城,慈禧慌忙令各军做出新的防御计划。当天,清廷命宋庆进京,商讨守城事宜,并对丢失北仓,逃至南苑的马玉昆不予追究,令其率军再战。13 日,命董福祥部出城拒敌,同时催促各地勤王之师火速进京。但在 14 日,清廷又命已出京的董福祥部回防京城。此时,驻守在北京城内外的清军总计达 7 万余人。由宋庆、马玉昆部共 1000 余人驻守南苑,由董福祥部共 25 个营驻守东直门、朝阳门和广渠门,由荣禄所部 30 个营驻守棋盘街和西华门,八旗、绿营 2 万余人分别驻守外城七门和内城九门,各门的城楼由载漪率虎神营 14 营,奕劻率神机营 25 营把守,紫禁城由八旗前锋和护军守卫。花儿市、菜市口、东西珠市口、东西河沿由义和团 5 万人分别驻守。整个京城的城防统归荣禄负责,徐桐、崇绮、奕劻、载漪等人协同处理。

在不得已而备战的同时,清政府并没有放弃求和的一线希望。他们照会在通州的各军将领,请求先行停战。李鸿章在被授予议和全权之后,也积极与各国领事进行交涉。但八国联军未予理睬。

虽然在 13 日的会议上决定发起总攻的时间为 15 日凌晨,但俄军为抢占头功,决定提前行动。13 日下午两点,俄军司令官利涅维奇派出一支由 3 个炮兵连、4 个步兵连和 1 个骑兵连组成的庞大的侦察队伍,由参谋长华西列夫斯基率领再次对通往北京的道路进行侦查,并伺机占领东面的城门。

夜幕降临时,这支侦察部队到达距京城三公里的一个村庄,不久之后天降暴雨。雨停之后已是夜里 11 点左右,华西列夫斯基选出 15 名侦察兵前去侦察北京的道路、城门、桥梁。这支小部队被清军哨兵发现,双方发生交火,俄军被迫撤回。

华西列夫斯基得知清军在前方防范严密之后,便指挥部队从另外一条路逼近北京。在距离东便门 300 米处时,他又派出一支小分队,摸到了东便门的前沿。这次并没有遇到清军的抵抗,清军哨兵尚在梦乡之中。于是,俄军便用刺刀将他们杀死,然后在距城门 15 步远的地方架起了两门大炮,并对城门进行猛烈轰击。清军开枪还击,但受到俄军机枪的压制。

凌晨 2 点,城门被俄军攻破,两军又经过一个多小时的激战,俄军最终占领了外城城门。华西列夫斯基在派人向利涅维奇报告的同时,开始在城内安置炮位,但遭到了清军的顽强阻击,董福祥部的军兵枪炮齐发,俄军小分队遭到重创,用来拖运大炮的马匹被全部打死。俄军无奈,只好暂避城外,等待主力到来。

列涅维奇在得到夺取了城门的报告之后,命俄军主力立即进兵,于上午 8 时和先头部队会合,并对箭楼和城墙发起猛攻。清军顽强回击,给俄军造成了不小的伤亡,俄军的一名上校指挥官被击毙。俄军在城外陷入进退两难的境地,华西列夫斯基心急如焚,亲自登上外城门指挥,但刚刚上去,就被子弹击中胸膛倒地,一些士兵上前抢救,也被纷纷击毙,几经周折之后,才将其抢送到城垛之后。清军看清这一情况之下,以更为密集的火力向华西列夫斯基所在的位置进行射击。华西列夫斯基身负重伤,被困三个小时,方才被救下城墙。

俄军随后组织炮火向清军发射榴弹和榴霰弹,清军死伤惨重,但抵抗一直在继续,直到下午 2 点多钟,俄军才攻入内城。但当他们在经过护城河到城门的大道时,却遭到了甘军和义和团的阻击。

当日军得知俄军单独行动之后,也立即向北京进发,并通知了美英两军。日军兵力约 7000 人,配备有 54 门火炮。他们从通州出发,经八里桥等地,在 7 时左右到达朝阳门外。当行进到距城墙 400 米外的时,遭到清军炮火的猛烈阻击,而无法靠近城门。日军多次组织敢死队企图冲到城门之下安放炸药包,但都未能成功。于是,日军在距城 1600 米处,设置炮兵阵地,向东直门和朝阳门进行炮击。董福祥所部甘军早已做好了应战准备,日本一开始发炮,便进行猛烈还击。

董福祥见东直门、朝阳门、东便门三处同时受到攻击,以为联军兵分两路,便调拨南边汉城军队支援正在受敌的满城东二门。由于东便门早已为日军先头部队攻占,于是驻守满城的清军便集中火力向日军轰击。日军难以抵挡,请求俄军从侧翼进行援助,俄军指挥官见日军不能抢先进城,便答应给予支援。命令预备队开炮射击。

从 11 时 30 分开始,日军 54 门大炮一起向朝阳门、西直门一带进行轰击。朝阳门城楼被毁,东直门的城墙也严重受损,但清军和义和团一直坚守到夜里 9 点。

这时,日本工兵在夜色掩护之下,摸到朝阳门下,用炸药将城门炸毁。不久,安定门和东直门也被炸开。清军和义和团对进入城内的日军进行了猛烈阻击,直到次日下午 1 点,日军才到达使馆区。这次战斗,日军共消耗炮弹 4000 余发,伤 100多人,死 27 人。而清军则损失 400 多人,德续、锡昌、松林、松鹤等将领殉国。

美军在 13 日经过侦察之后,于午夜之前将军队集中到距京城四公里的地方。当天夜里,美军指挥官听到从北京城主向传来的炮声,误以为是义和团又在攻打使馆,次日一早他才明白,原来俄军已先期进军。于是美军也分成两个梯队迅速进兵,第一梯队由炮兵和第十四步兵团组成,于 7 时左右开拔,第二梯队由海军陆战队和第九步兵团组成,晚一小时出发。

当美军接近北京城时,炮兵即分为两队作战。一队向北京的一个城楼和东城墙开炮,另一队负责向攻击他们左翼的清军开炮,因为英军主力尚未进入阵地,美军左翼只有英军的一支侦察小队,兵力十分单薄。

美军在炮火的掩护下,沿着通往广渠门的大路以及通惠河南岸向前推进。由于清军炮火密集,所以美军虽然通过了护城河桥,但仍然不能靠近城门,只好沿着城墙向北行进,并以城墙下的一处炮楼作为掩护。

这时,他们发现,俄军在通惠河北岩陷入进退两难的境地,而自己所处的位置正是内城东墙和外城东墙的交叉火力射程之内,要想进入城内,必须要对城墙上的火力点予以清除。而要想清除这些火力点,就必须登上城墙顶。于是,他们利用城墙上的突出处和小洞向上攀爬,然后再用绳子将战友和武器拉上来。另一部分美军则利用找到的竹竿和电线制成梯子,也顺利登上了城墙。美军登城之后,立即向清军开火。清军突遭背后袭击,死伤惨重。

美军害怕联军的他国部队误认为自己是清军,于是便快速升起了美国国旗,此举虽避免了联军的误伤,但却招来了清军和义和团炮火的集中攻击。美军发现清军的火炮架设在外城东门附近,便送信给美军炮兵的指挥官,请求支援。美军炮兵便以猛烈炮火攻击清军的炮兵阵地,清军炮火一度受到压制。已经登城的美国士兵抓住时机,从盘道下去,到正午时分,终于打开了通向城门的道路。

此时,城内一片混乱。美俄两国军队混杂在一处,受到内城南墙和内城东南角箭楼的交叉火力的打击。俄军将一门大炮运入城内,架设于隐蔽之处,然后向城楼射击。在俄军炮火的掩护下,美军一部越过内护城河,集中隐蔽于一片民房之后,开始策划下一步行动。

内城南墙绝大部分控制在清军手里,只有靠近使馆区约100米的一段除外,而使馆的位置是在内城南墙的内侧,距离内城东南角约二公里。于是美军决定沿着与城墙平行的一条大街向使馆区推进,而这条大街距离城墙约200米。当美军行至十字路口时,受到清军炮火的猛烈攻击,只好爬上沿街的屋顶,向中国守军开火,边打边向西移动。到下午4时,美军发现靠近使馆区的那段城墙上有旗子在摆动,原来是使馆区的一个美军士兵想告诉他们可以通过城墙下的水门进入内城。

这时,美军最高将领沙飞也带着海军陆战队、炮兵和其他步兵赶来。原来,在上午14团登上东便门城墙升起国旗时,英军的先头部队也已赶至城下,美军的左翼也便有了保障。于是沙飞带领美军大队也沿着与南城墙平行的大路推进,当他们打入崇文门时,正好与14团会合。

但由于城下水门很窄,大部队一时无法全部通过,便只能先派小分队进入,沙飞让14团由水门先入。这时,前门也已被美军海军陆战队和使馆卫队中的美国士兵攻破,沙飞便命令炮兵连也随同步兵一起从前门冲入内城。

13日晚,当英军听到俄军单独行动的消息之后,也立即派出了由孟加拉国步兵和孟加拉骑兵组成的先头部队。他们先是在通州避雨,然后在14日上午11时到达北京城外。一路上几乎未遇到大的抵抗,在东便门外与美军汇合后,一起直扑广渠门。由于原先驻守广渠门的清兵都被调到北边,因此未遇阻碍,他们在距城门1200米处架设大炮,很快便将城门轰开。入城之后,英军首先占领了天坛,然后向城下水门开进,根据英国公使密信中所指示的位置,很快找到了水门,然后涉着齐膝深的污水进入内城和使馆,比美军早了约两个小时。

从攻城的全过程来看,日俄两军由于所攻击的地段城墙都较为高大,城门都十分坚固,而且守军十分顽强,因此两国不但在作战时间上持续了整整一天,而且伤亡惨重,到达使馆区的时间也比英美两国要晚。而法军的 500 名士兵则被编入了俄国的炮兵连,其他法军则与德、意、奥三国军队共同驻守通州。当得知联军攻下北京之后,才于 14 日晚上 12 点匆忙赶到使馆区。

在联军攻打北京的战斗中,遭到了中国守军的殊死抵抗,付出了不小的伤亡,其中日俄两军的伤亡人数占到总伤亡人数的 95%。

当 8 月 14 日,联军对北京发起总攻之后,慈禧太后召集各位重臣商议对策,清廷大员大都已无心抵抗,有人提议投降,有人提议离京暂避。15 日凌晨,慈禧得知联军攻击东华门,也在慌乱之下着便装在数千兵士的护送之下逃离京城。

15 日清晨 7 时,美军将领沙飞命令炮兵将 4 门大炮架于前门的内城墙上,居高临下,向紫禁城和宣武门进行炮击。美军第九步兵团和第十四步兵团也开始向皇城开进。

当 14 团来到大清门时,面对高墙束手无策,只好向炮兵求援,于是炮兵派出两头大炮前来,士兵用粉笔在门闩处做好记号,大炮瞄准记号发射,一举轰开城门。当美军进入天安门时,又遭到了中国守军的顽强阻击,激战几十分钟后仍无法向前推进。于是他们再次用大炮轰开城门。这时俄军一个小队也赶来支援,但美军为了不让俄军分功,拒绝了他们的美意。美军的一名上尉指挥官在此次战斗中毙命。接着美军又用大炮轰开了端门,并将炮口对准了宫内大殿。此时,沙飞下令,暂停行动。因为联军各国指挥官已达成了防止一国独占皇宫的协议。于是美军只好在遗憾中撤出。

就在美军攻打皇城的时候,俄日两军也对皇城的北面发动攻击。部分法军在前门附近的内城墙上架起了大炮,对皇城进行猛烈轰击,对已攻入的美军造成不小的麻烦,美军将领沙飞立即派人与法军进行交涉。法军才停止了炮击,在炮击中,清军多被炸死。

在整个攻打皇城的战斗中,美军共有 20 人负伤,6 人死亡。清军的损失也非常惨重,玉山、润志、松寿、尉文通、昆连等将领阵亡。

16 日,各国公使召开会议,表示要继续对皇城实施占领。会后,美军到达午门驻守,其他大门则由俄、日、法三国军队驻守。至此,紫禁城已处于联军的控制之下。

慈禧出逃之后,留在京中的义和团和部分清兵仍在顽强抵抗。联军进入使馆区后,未及休整便与守军展开巷战。其中规模最大的一次为 8 月 16 日的北堂之战。

北堂位于西安门内,是天主教北直隶地区的总堂,该堂主教樊国梁是最早煽动镇压义和团的高级教职人员之一,义和团恨之入骨,对北堂的围困长达 62 天之久,联军到达之前,北堂已到了弹尽粮绝的境地。

8 月 16 日早 6 点,由法、俄、英、意、奥五国士兵组成的营救北堂的部队,在皇宫外广场地集合。五国士兵共分为 4 个分队。法国分队由两个山炮连和一个步兵营组成,俄军分队由 30 名哈萨克骑兵和 1 个步兵营组成,英国分队由一个步兵和海军陆战队混成营组成,意奥分队由两国的海军小分队组成。4 支分队共计 1200 多人,配备有 3 挺机枪、4 门野战炮和 8 门山炮。

6 时 30 分,法军指挥官福里下达作战方案,第一步攻入宣武门,第二步攻占西安门,接下来进入皇城,然后解北堂之围,之后追击溃逃的清军和义和团。

7 时 15 分,各分队进入战斗状态。清军和义和团依靠围墙、民房和街垒作为掩护,对联军进行拼死抵抗。8 时许,顺治门被联军攻克。9 时,联军接近西安门,同时约 300 名日军也正向此处赶来。这时,樊国梁爬上教堂顶端,吹响法军军号与联军取得了联系。部分联军翻墙而入,教士们向联军透露了清军和义和团的作战部署。联军商讨了应对办法。

不久,联军攻入西安门,清军和义和团在皇城内筑成了两条街垒进行抵抗,一个多小时后,在联军猛烈炮火的打击下,街垒被攻破。10 时 30 分,联军进入北堂。

街垒失守之后,清军和义和团仍坚持抵抗,联军只好逐街、逐院、逐屋进行清剿,北堂周围的房屋被焚毁殆尽。在此次战斗中,清军和义和团共 600 余人阵亡,而联军只死伤 20 多人。北堂战斗结束之后,联军在北京的战事也基本结束。

(四)清政府屈膝求和,签订《辛丑条约》

在攻占北京两个多月后,联军各国又开始商讨与中国谈判的问题。

正当各国对签约的底线争执不下之时,清朝政府的全权议和代表奕劻和李鸿章却主动向各国发出照会,提出议和大纲草案。其内容大致如下:

为义和团围攻使馆一事向各国道歉,并保证以后不会再有此类事件发生。向各国赔偿损失并修改此前签订的通商条约或签订新条约。大纲定妥之后,各国交付总理衙门。与各国分别正式签约之后,各国当从中国撤兵。各国须先行停战。

这个大纲中提出的与各国分别签约一款,虽然符合俄国想与清政府单独谈判的愿望,但大纲的总体内容却很难让其他国家所接受因为列强需要的是先签约再停战。因此,各国在看到奕劻和李鸿章提出的这一大纲之后,反应十分冷淡。

另外,由于各国之间矛盾重重,因此虽然多次开会对大纲进行商讨,但直到 1900 年底,各国才最终达成协议。

在各国谈判尚未开始时,俄国出于自身考虑,提出结束对华战争的建议,但遭到德国的强烈反对。德国也提出了切断东南各省的粮饷供应,迫使慈禧回到北京的建议。英国却希望清政府可以迁都到长江流域。

三国的提议引发了各国的普遍争论,但都不属于议和的正式内容,议和大纲的实质性内容包括:

要求清政府对杀害外国官员的行为道歉;为被害的德国公使建造纪念碑;要求清政府对日本书记官被害一事,向日本政府赔款并致歉;为遭到破坏的外国公墓树赎罪牌。

为了能在军事上对清政府始终保持高压态势,各国要求在中国永久驻兵,大沽炮台等军事设施应予以撤毁,各国对从北京到海岸的某些地区有权实行军事占领。永远禁止中国人民参加反帝结社。

为了对中国人民的反帝运动进行报复,英国公使还提出,凡是有外国人被杀害的地区,五年之内当地学子不得参加科举考试。

　　另外,就是关于战争赔款。

　　但各国争论最为强烈的还是关于罚办"祸首"的问题。英德主张对罪犯名单加以扩大,惩罚力度也要加大,俄、美、英三国的主张则相反。祸首名单除载漪等主战派重臣外,还加上了董福祥,山西巡抚毓贤等。

　　1900 年 12 月 24 日,各国公使将上述大纲,以照会形式通告奕劻、李鸿章及已逃往西安的慈禧。12 月 27 日,慈禧向奕劻和李鸿章二人发出电旨,答应列强所提出的各项条件。1901 年 1 月 16 日,奕劻、李鸿章等人将加盖了御玺的谕旨送交各国公使,表示正式接受了列强的议和大纲。2 月 14 日,清廷发布"罪己诏"对列强的"宽大",表示感恩戴德。

　　此后,八国与清政府在一些细节问题上进行了几个月的讨价还价,最终在 1901 年 9 月 7 日,与英、美、日、俄、德、意、法、奥、荷、比、西十一国签订了《辛丑各国和约》,简称《辛丑条约》。条约规定,中国共需要向上述各国赔偿 4.5 亿两白银的赔款,清政府的财政由此进一步恶化。中国社会各种矛盾也进一步激化,而对于列强来说,就像一位俄国外交官所说的那样:这是一场最够本的战争。

第六章　军事武器

一、发展简史

（一）发展简史

我们的祖先在漫长的历史发展过程中,创造了辉煌灿烂的科学文化,内容十分丰富,中国古代兵器就是其中的一个重要组成部分。一提到兵器,大家就会想到,它们就是士兵在战场上用来直接杀伤敌军有生力量,或破坏敌军作战设施的器械和装置,像刀、枪、弓箭、枪炮、导弹等。中国古代兵器的含义是从新石器时代晚期到清道光二十年（公元 1840 年）第一次鸦片战争前,所用作战器械和装置的总称。

研究中国古代兵器的学者,通常都要按照一定的标准,对其做出科学的区分,以便进行分析研究。他们划分的方法多种多样,而且各有特色。但是最常用的一种方法,是以人类社会在各个发展阶段中的生产力所达到的水平为依据,以制造兵器所用的原材料和使兵器产生杀伤、摧毁作用的能源类型,把中国古代兵器漫长的发展历史,划分为若干个发展时期和发展阶段,研究它们的沿革和变化。按照这一种划分方法,中国古代兵器大致又可以分为两个发展时期:从冷兵器起源到公元 10 世纪火药用于军事前,是冷兵器时期;从火药用于军事到 19 世纪中叶,是火器与冷兵器并用时期。冷兵器时期又可以根据所用材料的不同,划分为石兵器、青铜兵器和钢铁兵器三个发展阶段。同样,火器与冷兵器并用时期,也可以按火药发展的进程与火器形制构造的演进,划分为初级火器的创制、火铳的发明与发展、火绳枪炮与传统火器全面发展等三个阶段。虽然在每一个发展时期和发展阶段,都有一些新型兵器的创制和使用,作为它们开始的标志,但是在相邻的发展时期和发展阶段间,并不是截然分清的,而是有一定的交叉和重叠性。即前一个发展时期和发展阶段中的兵器,要延伸使用到后一个发展时期和发展阶段的一定年代。同样,每一种新型兵器,大多又是在以前各种兵器发展的鼎盛时期创制成功的。当新型兵器在数量和质量上还不能满足战争发展的需要时,陈旧的兵器便不会退出历史舞台。如夏代虽然创制了青铜兵器,但是石兵器仍在大量使用,而青铜兵器被钢铁兵器全面取代却在东汉时期。这种现象,存在于冷兵器起源后的各个发展时期和发展阶段之中。

1.冷兵器的起源与发展

冷兵器就是直接用来斩击和刺杀的武器。它的战斗作用,是在人力和简单机械力作用下发挥出来的,同利用火药的化学能产生燃爆作用并能发出光和热的火器不同,因此人们就称它们为冷兵器。像矛、戟、剑等。冷兵器最初是用石质材料制成的,后来又用青铜和钢铁材料进行制作。由此可见,石制兵器是冷兵器的始祖。

(1)冷兵器的起源和石器时代的兵器

大约在六七千年以前,活动在黄河流域的一些氏族部落,开始进入新石器时代的中期,石斧、石刀、石锄、石锛、石镰、石镞、骨耜(古代耕田用的农具)、穿孔斧和多孔石斧等工具,已被较多地制作和使用,因而生产能力得到了提高。同时,由于生活条件的改善,使定居生活成为可能,一些利益相同的氏族成员往往聚居于一处,形成了相对的聚落。于是最初的部落和部落联盟开始形成。这种社会组织形式,已与旧石器时代和新石器时代早期的社会组织形式不同。那时由于生产工具简陋原始,生产力低下,人类必须集体群居,共同劳动,公平分配,没有剥削,没有利害冲突。人们在生产中使用的渔猎农具,虽有时也用作防身武器,但主要是对付野兽的伤害,而不是对付他人的侵袭。此时各部落联盟之间,在平时相隔一个中间地带,因而一般能相安而处。然而随着人口的发展和生产的需要,有时也会因为争夺水源、草地和婚姻掠夺等纠纷,引起武力冲突。在武力冲突中,他们就拿起石斧、石刀、石镰等工具进行厮杀。于是过去单纯用于生产劳动和防备野兽伤害的工具,便被当作厮杀的工具使用了。

到5000多年前的新石器时代晚期,有些氏族部落开始从母系氏族社会向父系氏族社会过渡,社会的生产有了一定的发展,私人占有财产的现象逐渐产生,部落之间的武力冲突已经带有掠夺财富的性质。随着武力冲突规模的扩大,就发展成部落之间的战争。在这些战争中,单纯地利用带有锋刃的生产工具,已经不能满足作战的需要,于是就出现了由少数人制作的和生产工具不同的武器。这些武器,都是当时的人们用石、骨、竹、木等材料,仿照动物的角、爪、喙(鸟的嘴)的形状制成的,比天然或简单加工刮削而成的刀器和生产工具的杀伤力要大得多。

关于原始社会晚期进行的部落战争和战争中使用的武器,虽然在史书中缺乏准确的记载,但是在古代的神话传说和有关的典籍中,也留下了一些可供探寻的线索。其中提到最多的是黄帝与蚩尤的涿鹿(一说在河北涿鹿县南,一说在河北涿州市,一说在河北巨鹿县)之战。据说北方以炎帝为首的炎帝族部落,同南方以蚩尤为首的九黎族部落,为了争夺黄河流域中的一块肥沃平原,在涿鹿一带发生大战。战争初期,炎帝族部落战败,请求黄帝族部落助战,结果蚩尤战败被杀.其族人或被杀,或被掳,或被融合。后来炎黄两族之间又因利害冲突而在阪泉(今河北怀来县)进行三次大战。此后还有尧、舜、禹同三苗之间的部落战争。

据说在这些战争中,各方都曾刨制过一些专用于作战的武器。例如《世本·作篇》说:黄帝的大臣"挥"和"夷牟",分别制造了弓和矢。《管子·地数篇》则把创造矛、戟、芮戈（一种短戈）的功劳，归到蚩尤的名下。《河龙鱼图》说蚩尤"造五兵……威震天下"。《吕氏春秋·孟秋纪》认为，"未有蚩尤之时，民固剥林木以战"，以此说明在蚩尤之前，尚未制造专用的兵器。《易·系辞下》说，上古之人"弦木为弧，剡木为矢，弧矢之利，以威天下"。《越绝书·记宝剑》还提到神农氏、赫胥氏"以石为兵"，黄帝"以玉为兵"之事，把神农氏、赫胥氏和黄帝，当作石制兵器和玉（指精致之石）制兵器的创始人。这些传说和记载虽然带有神话色彩，但是确也近似地反映了石制兵器初创时期的概况。多年来，文物考古部门经过对大量出土石制兵器的分析鉴定，认为它们的制作年代，同上述典籍中的片段记载，大抵是吻合的。同时，文物考古部门还在一些地方发现了新石器时代晚期的采石场遗址，这些采石场的规模较大，遗存的石制锋刃器和工具，说明当时已经掌握了较高的打击、截断、切割、砥磨、雕琢、作孔等石器制作技术，而这些技术又是制作石兵器的重要条件。

公元前21世纪，夏王朝建立，中国开始进入第一个阶级社会——奴隶社会。奴隶主们为建立和巩固自己的统治，强迫大批奴隶为他们构筑城郭和都邑，建立军队，制造兵器，用于战争。至此，专为战争使用的工具——兵器，便与生产工具分离而独立存在。它的属性，也从生产工具和防身武器的结合体，演变为在战争中直接用于杀伤敌人的有生力量、破坏敌人作战设施的兵器。它们的构造也脱出了对动物角、爪、喙的简单仿制，而引申突出了杀伤部位和构件，加强了毁杀作用，扩大了用途，以适应作战的特殊需要。于是，专业的兵器制造作坊出现了，它们开始为统一编制的国家军队成批制造规格统一的兵器，满足作战和训练的需要。

作为起源兵器的石兵器，经历了漫长的年代，它是原始社会晚期和夏代军队使用的主要兵器，到商、周两代，仍然与青铜兵器混杂使用。石器时代制造的兵器虽然以石材为主要原料，但是也大量利用动物的骨、角和木、竹等作为兵器的制作材料。为了研究的方便，学者们通常都把它们列入以石制兵器为代表的系统之中。

兵器一旦同生产工具分离而独立存在，就随着社会生产的发展而发展，适应战争的需求而提高。在原始社会晚期和夏代的长期使用过程中，已经初步形成了攻击性兵器的几种主要类型。它们有：

长柄格斗兵器：棍棒、锤、矛、戈、斧、钺等，分别具有击打、锤砸、扎刺、劈砍、勾啄等作用。

短柄卫体兵器：匕首和手执的短柄矛等。

射远兵器：弓箭和用飞石索投掷的石球。

随着新型材料的不断出现，上述各类兵器的构造和质量，便日益得到改进和提高。

（2）青铜时代的兵器

当人们掌握了铜的冶炼技术以后，用铜制作兵器的条件便告成熟。据考古发掘的资料可知，我们的祖先在新石器时代晚期，已经掌握了天然铜的冶炼技术及其器具的制造、使用方法。随后又进一步掌握了铜和锡合炼而成的青铜冶炼技术，于是以青铜为制作材料的第一代金属兵器便登上了战争的历史舞台，使中国古代兵器从它的起源时代的石兵器，进入了青铜时代的青铜兵器。

从甘肃马家窑文化遗址出土的一把用两块闭合范浇铸而成的锡青铜小刀，可知我们的祖先已经在 5000 年前，就开始使用青铜器具了。这把锡青铜小刀的含锡量已达 6%—10%。稍后的甘肃青泉火烧沟文化遗址，出土的一块用泥质砂岩制成的铸镞石范，说明当时青铜兵器的铸造技术，已经达到了一定的水平，为青铜兵器的大量制造和使用奠定了基础。夏代末期。青铜兵器便装备军队作战，所以古代文献说夏代"以铜作兵"是可信的。

商代是我国奴隶制国家日益巩固和发展的朝代，为了镇压奴隶的反抗，统治者进一步强化了国家机器，建立了规模更大的军队，需要更多的兵器，从而促进了兵器制造业的发展。商代中期都城遗址"郑州商城"的城北紫荆山遗址。曾经出土过各种兵器铸范，其中有铸造青铜刀、斧、镞的单合范、双合范和填芯。这些遗物说明。自商代早期开始，在都城周围已经设有规模较大的青铜兵器冶铸作坊，为商军铸造数量较多的兵器。这些兵器铸造场，已经具有较高的兵器制造技术。其中最明显的是青铜冶炼工艺的进步。当时已经由矿石混合冶炼铸造的初级阶段，发展到由纯铜与锡或铅来冶铸的高级阶段。为制造精良的兵器奠定了基础。出土的实物证明，商代制造的青铜兵器，已经由小型的刀凿，发展为格斗用的长柄戈、矛和战斧，射远的弓箭，卫体的短柄刀剑，以及防护装具青铜胄、皮甲、盾等。其中商代前期以制造适应徒兵作战需要的戈和盾为主，后期因战车的兴起，所以以制造适应车战需要的戈、矛、戟和弓箭为主。据《周礼·夏官·司兵》说，当时一辆战车一般装备戈、戟、矛、夷矛和弓箭等五件兵器，合称"车之五兵"。在出土的战车中，也经常发现这些兵器。

商代晚期至西周早期（公元前 13—前 10 世纪），是青铜兵器发展的鼎盛时期。在殷墟、台西、妇好墓、周原、丰镐等遗址的墓葬和窖藏中，都曾发现过

青铜戈

青铜格斗兵器刀、矛、戈、戟、斧、钺，以及防护装具甲胄等。这一时期的青铜兵器，在形制构造上已从单一到多样，如戈有直内无胡戈、直内短胡戈、短胡一穿戈、短胡二穿戈等。在合金配比上也有较大的改进，殷墟早期多为铅锡青铜兵器，后期多为锡青铜兵器。妇好墓出土的 12 件青铜兵器，含锡量已在 8%—19%之间，是兵器制作技术和杀伤力提高的一个重要表现。在制作工艺上也有较大的进步，如河北省藁城市出土的一件商代铁刃铜钺，经过鉴定，其直刃部分系用陨铁锻成，厚约 2 毫

米,尔后再与青铜铖身浇注在一起。这说明当时的工匠已经掌握了一定的锻造和铸造技术,制成工艺水平较高的复合兵器。

周朝建立后,委任官员司空兼管兵器制造之事。到春秋时期,由于铜的开采冶铸业有了较大的发展,使青铜兵器的制造技术有新的突破,主要表现在三个方面。

首先,人们从当时记录手工业工艺的《考工记·金有六齐》中,看到了几种青铜兵器中铜与锡的组配比例。书中说:"金有六齐,六分其金而锡居一,谓之钟鼎之齐;五分其金而锡居一,谓之斧斤之齐;四分其金而锡居一,谓之戈戟之齐;三分其金而锡居一,谓之大刃之齐;五分其金而锡居二,谓之削杀矢之齐;金锡半,谓之鉴燧之齐。"这一记载说这几种青铜兵器的铜锡之比分别是:青铜斧为 6∶1,锡占 16.6%;戈戟为 5∶1,锡占 20%;大刃为 4∶1,锡占 25%;削杀矢类兵器为 7∶2,锡占 28.5%。据现代冶金学者研究的结果表明,含锡量占 20% 的青铜最为坚韧,是制造戈、戟和战斧的好材料。含锡量在 30%—40% 的青铜硬度最高,是制造刀、箭的佳品。由此可见,我们的祖先在春秋时期,不但已经积累了制造优质青铜兵器的实践经验,而且掌握了它的工艺理论。

其次,人们还从《考工记》的"冶氏""桃氏""函人""庐人""弓人"等篇文章中,看到了当时对制造兵器所用材料的精选、尺寸大小、形制规格、构造式样和操作规程等,都提出了明确的要求,做出了具体的规定,说明春秋时期制造的兵器,已经向标准化和制式化的方向,迈出了最早的一步。因此可以说,《考工记》是我国 2500 多年前兵器制造工艺的创造性成果。考古发掘的大量实物说明,当时制造的许多青铜兵器,与《考工记》的工艺规定和要求,是基本相近或一致的。

其三,复合剑的创制。这种复合剑的制造技术很巧妙,剑的脊部和刃部是用含锡量不同的青铜,分两次铸成的。其方法是先铸造剑柄和剑脊,后铸造剑刃,再将剑刃同剑脊的榫部结合成剑体。经过考古部门用科学方法对这种剑进行测定,其脊部含锡量为 10%,刃部含锡量为 20%。含锡量低的脊部韧性较大,不易折断,利于长久使用。含锡量较高的刃部坚而利,便于刺杀。这种脊部坚韧、刃部锋利、刚柔相济的复合剑,是青铜兵器制造技术提高的重要标志。

青铜兵器制造技术的提高,使军队的武器装备得到了改善,车战兵器的组合更为合理,一辆战车装备的格斗兵器有戈、戟、矛和带尖锋、刺球的殳,有射远的弓箭,有防护装具盾牌和整套涂有红黑色漆皮的甲胄,以及保护马匹的皮甲。这一时期,各诸侯国之间的战争频繁,规模扩大,有的诸侯国拥有带甲 10 万的强大武装力量,可见当时制造和使用兵器之多了。

公元前 475—前 221 年,是我国历史上的战国时期,各诸侯国之间的争霸战争有增无已。为了满足战争的需要,它们都设立了专造兵器的官营作坊,使兵器制造的数量和品种大为增加,质量也有很大提高。1979 年,湖北随县曾侯乙墓出土了 4000 多件青铜兵器,这可以看作是这一时期兵器制造和使用的缩影。其中长柄格斗兵器有长柄双戈、长柄三戈和三戈一矛的长柄戟,以及柄长在 4 米以上的长矛;射远兵器有用竹、木制造的长弓、短弓、单体弓、复合弓和各种青铜镞;防护装具有成套的皮制甲胄等。

（3）钢铁时代的兵器

我们的祖先在商代已经知道从太空陨落到地球上的陨铁。上述河北省藁城市出土的一件铁刃铜钺，它的刃部即先用陨铁锻打而成，尔后再与青铜制的钺身合在一起浇铸而成。用这种复合方法制造的兵器，在其他地方也有出土，如河南省浚县出土的铁刃铜钺、铁援铜戈等。它们的出土，说明我们的祖先在公元前14—前12世纪，已经能够对陨铁和青铜，采用不同的热加工工艺制成兵器了。随着冶金技术的提高，中国大约在西周晚期，即公元前8世纪已经出现人造的铁器，河南三门峡市上村岭出土的一把玉柄铁剑，就是有力的证明。到春秋末战国初，早期铁器已有一定的发展，并被推广应用于农业、手工业和兵器制造业等部门中。战国中期，各诸侯国都设有冶铁基地，委任官员管理，由工师、冶尹等官员主持冶炼和制造事宜，保证了兵器制造业的发展。随着冶铁业的发展，钢铁兵器的冶铸技术也得到了相应的提高。在河北省易县武阳台村的战国后期燕下都遗址中，曾经出土过79件铁器，内有矛、戟、刀、剑、匕首等兵器，其中经过检测的有五件，发现它们都是用块炼铁固态渗碳钢锻制而成的，是经过淬火处理后制成的高硬度钢铁兵器，其坚韧锋利的程度，已经大大超过了青铜兵器。于是战国后期各诸侯国便大量制造钢铁兵器，使之成为军队的主要装备。文献记载和出土实物证明，当时南方的楚国，北方的燕国和韩、魏、赵等国，都已使用铁剑、铁矛、铁戟和铁片兜鍪等兵器和装具了。

秦汉时期的钢铁冶炼和铸造技术又有进一步的提高，淬火技术、退火技术、铸铁脱碳钢技术得到了普遍的推广，钢铁兵器的制造技术和质量也随之得到提高。汉高祖一方面设置考工令专管兵器制造，另一方面又在长安（今西安）城内的长乐宫与未央宫之间，建造1500平方米的兵器库群，存放铁制的刀、剑、矛、戟、战斧和箭镞，以及一部分青铜兵器。其中铁镞竟是青铜镞的10倍左右，这种数量上的悬殊，反映了铜铁兵器的消长情况。这是由于钢铁兵器比青铜兵器具有更好的韧性，因而更利于作战。在此期间，铁制的环首刀已经开始使用，铁制的矛和戟，也逐渐取代青铜制的戈和戟，除了射远兵器弩还保留着青铜弩机外，几乎所有的兵器都已有了铁制品。

自东汉至唐代，由于炼钢技术、百炼钢技术、灌钢技术的创造和发展，钢铁的质量更趋精良。优质钢铁用于制造兵器后，使钢铁兵器进入相对稳定的发展时期，为兵器的标准化创造了条件。其时，步兵使用刀和盾，具有攻防兼备的特点；射远的兵器除单兵使用的弓箭外，强弩已改进为重型床弩；南北朝时的骑兵以长体双刃的马稍代替了过时的马戟；用精致的铁铠甲代替了过时的旧铠甲；马镫的创制与推广，高鞍桥马鞍的改进，防护装具的改善等，使我国古代的马具进入了完善发展的阶段。

唐代是我国钢铁兵器迅速发展和成熟完善的朝代。朝廷设立军器监掌管兵器制造，颁布兵器制造和使用的统一标准和制式。据《新唐书·兵志》记载，当时一名战斗兵员的基本装备大致是："弓一、矢三十、胡禄、横刀……皆一。"就全军装备的兵器而言，可以说是种类齐全，用途多样，有格斗兵器、卫体兵器、射远兵器和防护装具，具有攻防兼备、轻重结合、长短互补的特点。若全军出征，各种兵器配合使

国学经典文库

中国军事百科

·军事武器·

图文珍藏版

用,可以发挥综合杀敌的作用。

火器虽然已经在北宋初期用于作战,但是由于它们尚处在初级阶段,不仅数量品种少,而且杀伤和摧毁威力也有限,所以当时兵器制造的重点仍然是钢铁兵器。在宋代的300多年中,两宋朝廷和北方的辽、西夏、金、蒙古等各少数民族政权之间,以及各少数民族政权之间,曾先后发生多次战争。这些战争先后相衔接、犬牙交错。为了夺取胜利,各方都竞相发展钢铁冶炼业,建立庞大的兵器制造和管理系统,制造各种兵器。

北宋自太祖开宝八年(公元975年)起,就建立了从东京开封到地方各州的兵器制造和管理系统。这个系统在开封设有南北作坊和弓弩院,在各州设有作、院。这些作、院集中的工匠很多,仅开封的弓弩院就有兵匠1024人。他们分工细密,制造的兵器数量多。其中南北作坊每年要造弓、弩、箭1650多万件,各州的作、院每年要造弓、弩、枪、剑、铠甲等610万件。宋太祖赵匡胤每10天要对开封各作、院制造的兵器抽查一次,尔后才能送交武库收存。南宋朝廷也沿袭北宋的制度,建立军器监、御前军器所等兵器管理和制造机构。辽朝的军器坊、将作监,西夏的工技院、铁工院,金朝的军器监,蒙古的寿武库、军器库,也都是兵器的制造和管理机构。

宋代各方建立的兵器制造和管理机构,创制了众多的钢铁兵器。北宋庆历四年(公元1044年)由天章阁待制曾公亮和参知政事丁度等人编著刊印的军事百科性兵书《武经总要》,记载了当时使用的各种兵器。其中有作战用的长柄刀和枪各七种,短柄刀和剑各三种,专用于攻城、守城和教练的枪九种,其他枪二种,两用兵器五种,斧和叉各一种,鞭铜锤等兵器12种,防护装具和甲胄共九种,弓四种,箭七种,弓箭装具五种,弩14种,炮17种,马甲一套。基本上反映了宋代制造和使用的各种钢铁兵器的概貌。

蒙古族崛起后,也仿造中原各民族制造各种钢铁兵器。忽必烈即蒙古汗位后,于蒙古至元五年(公元1268年),在大都(今北京)设立军器监。到至元十六年(公元1279年)灭亡南宋后,已经形成一个从大都到地方各路的兵器制造和管理系统。元至大四年(公元1311年),又将军器监升格为武备寺,制造和管理兵器。此外,大都还设立甲匠提举司、弓匠提举司、大都弓局和箭局等专业兵器制造作坊,在各地设有军器人匠提举司、军器局、军器人匠局、甲局、弓局等作坊,制造刀、斧、剑、床弩和抛石机等兵器。

朱元璋建立明朝后,为了继续进行统一战争,迅速建成由工部、内府、地方各布政司、各地驻军下辖的兵器制造机构组成的庞大而完备的兵器制造系统,采取改善工匠服役条件和生活条件的政策,促进兵器制造业的发展。明代的钢铁兵器,虽然因火器的大量发展而开始退居次要地位,但是在兵器品种的增加和质量的提高等方面,仍有相当的进展。其中长柄格斗兵器除长枪和长柄刀外,还创制了锐、钯、马叉和狼筅,短柄卫体兵器有短刀、腰刀和剑,防护装具有各种盾牌和甲胄,射远兵器有弓箭、强弩和各种抛石机,此外还有各种战车。自嘉靖年以后,钢铁兵器与火器,大致各占军队装备兵器的一半,随着战争的发展,有些冷兵器已经开始淘汰。

自明代万历年起,后金逐渐崛起,其首领努尔哈赤兴兵攻明,在野战中以弓马骑射屡败明军。他们使用的冷兵器有刀、斧、枪、戟、椎梃、蒙盾、各种弓箭、特种兵器和盔甲等。他们在入关前后,曾掀起过仿制西洋火炮的高潮。入关以后,顺治朝廷迅速设立"鞍楼",管理和制造兵器。顺治十一年(公元1655年)将其改为兵仗局。十八年,又改为武备院。武备院下设御制鸟枪处及火药库,分别制造和收藏御用枪炮及火药。到了雍正时期,由于皇帝又重弹大清以弓马骑射取天下的老调,轻视火器的作用,大力兴炉鼓铸刀、矛、弓、矢、盾牌、甲胄等冷兵器。它们虽然比前朝的冷兵器有所改进,但是由于冷兵器是以人力和简单机械力为动力源的兵器,杀伤和摧毁能力的提高受到很大限制,因而在化学能为动力源的火器面前便相形见绌了。

2.火器的创制与更新

中国唐代炼丹家在公元9世纪初发明了火药。到北宋初期,火药便被兵器研制者与统兵将领制成火器,用于战争,开创了人类战争史上火器与冷兵器并用的时期。这个时期历经元、明到19世纪中叶,延续达九个世纪,其间共经历了三个发展阶段。

(1)初级火器的创制阶段

初级火器是北宋初的兵器研制者与统兵将领,因袭古代的火攻技术和战术而创制的,是古代火攻技术和战术的发展。但是古代火攻作战中所用的火攻器具,都是利用艾草、油脂、松脂等燃料和引火之物,绑附在飞禽、走兽、伪装的草人和弓箭上,作为运载和发射工具,将火源送至敌阵,纵火燃烧敌人的粮草,或者冲击敌军的防线,达到取胜的目的。由于这些火攻器具所附带的引火之物,要依靠空气中的氧气进行燃烧,既受天候的影响,又会在运行中耗散火源或被风吹灭,所以燃烧效率较低。而北宋初创制的燃烧性火器——火球(宋代写作毬)与火药箭,是以火药为燃烧源的火攻器具,它们不需要依靠空气中的氧气,因而可以在密闭的器皿中燃烧。使用时,只要先用烧红的烙锥,将火球壳或附于火药箭上的火药包燃着烙透,尔后借助抛石机和射远的弓弩,向敌方抛射和施放。

北宋初期的几代皇帝,都很重视火器制造。据《宋会要辑稿·职官三十七》记载,至迟在宋仁宗天圣元年(公元1023年),东京开封已设立了专门制造攻城器械的广备攻城作。其下设有大木作、锯匠作、小木作、皮作、大炉作、小炉作、麻作、石作、砖作、泥作、井作、赤白作、桶作、瓦作、竹作、猛火油作、钉铰作、火药作、金火作、青窑作、窑子作等21作。各作都有严格的操作规程。火药作的设立,表明北宋的火药配制,已经从个体手工业的分散操作,发展为大型作坊作业,进行批量生产的阶段,使火药兵器的生产出现了一次飞跃。为了促进火器制造的发展,朝廷实行了奖励政策,奖励火器研制者的创造发明。据《宋史·兵十一》等史书的记载,仅自北宋开宝三年至咸平五年(公元970—1002年),先后有兵部令使冯继升、神卫水军队长唐福、冀州团练使石普等人,向朝廷进献了火球、火药箭、火蒺藜等火器。每次进献时,朝廷都要组织文武官员观看试验。试验成功后,都要给研制者以重赏,并下令兵器作坊大量制造,发给京城、要邑和边关要地使用。由于火球、火药箭是北宋创制的初级火器,需要借助弓弩和抛石机等射远兵器,才能发挥其燃烧、发烟和散毒等作战作用,所以在一般情况下,只能配发步队中的小分队使用。

南宋时期,战争在宋军、金军和蒙古军之间进行,交战的各方,都力求研制新型火器,改善自己的装备,战胜对手,因而促进了火器的发展,于是铁火炮与火枪便应运而生。

铁火炮是一种用铸铁制造的铁壳爆炸性火球,由纸壳火球发展而来,最初为金军所用。金军在灭亡北宋后,利用北宋的火器制造设备和工匠,创制了铁火炮,进攻南宋。

火枪是用竹和纸做枪筒的管形火器,它的创制与发展。是南宋火器发展的又一重要成果,其制品有绍兴二年(公元1132年)陈规创制的长竹竿火枪,绍定五年(公元1232年)金军使用的飞火枪,以及开庆元年(公元1259年)寿春府(今安徽寿县)地方创制的突火枪。火枪的创制,使火器在使用方式上发生了飞跃,它不再需要借助弓弩和抛石机而能独自发挥作用。长竹竿火枪可用于喷火燃烧,是火筒一类火器的前身。飞火枪可以装备单兵作战,并出现了由数百名士兵组成的飞火枪队。突火枪以巨竹为筒,能发射子窠击杀敌兵,为元代金属管形射击火器——火铳的创制奠定了基础。

(2)火铳的创制与发展阶段

火铳是我国第一代金属管形射击火器,它是元代火器研制者,依照南宋时期的火枪尤其是突火枪的样式和原理制成的。现存的元至顺三年(公元1332年)制造的盏口铳、元至正辛卯年(元至正十一年,公元1351年)制造的手铳,分别是当时所创大型火铳与手铳的代表性制品。此外,在黑龙江省阿城区半拉城子、西安东关景龙池巷南口外、内蒙古托克托县原黑城公社、北京通县等地,也出土了一些制造年代相近的元手铳实物。同火枪相比,火铳具有能承受较大的膛压、装填较多的火药、使用寿命较长、杀伤威力较大等优越性。因此,火铳创制后不久,便成为元军和元末农民起义军竞相使用的火器,其中尤以朱元璋的部队使用最多。

元至正十五年(公元1355年),朱元璋驻军和州(今安徽和县),准备渡江。传说此时有一位火器研制者名焦玉,带着他研制的几十支火龙枪,献给朱元璋。朱元璋喜出望外,当即命大将徐达组织射击试验。只见弹丸出膛,如火龙经空,能穿透金属铠甲。朱元璋大为赞赏,答应在功成之后给予厚封。元至正二十三年八月,朱元璋率部在鄱阳湖同陈友谅率领的另一支农民起义军决战。结果朱元璋所部用安于战船上的碗口铳,发射大型弹丸,击碎陈友谅水军的战船,取得了胜利。明王朝建立后,由工部的铸钱机构宝源局和兵器制造机构军器局、内府的兵仗局,专门制造手铳和碗口铳等各种火器。朱元璋第四个儿子燕王朱棣夺取帝位后,为了进行战争和加强国防建设的需要,大力制造火铳,增加了数量和品种,改进了结构,使火铳得到了充分的发展,一直到嘉靖时期,都是明军的主要装备。

火铳的大量制造和装备,使中国古代军事的许多方面,发生了第一次大变革。先从编制装备方面说,过去军队的装备只是在冷兵器范围内进行改善,现在开始增加了火器。明洪武十三年(公元1370年),明朝政府规定各地卫所驻军兵器装备的比例是:火铳 10%、刀牌 20%、弓箭 30%、枪 40%,军队的编制当然也按这一比例了。明永乐皇帝又在永乐八年(公元 1410 年)前后,创建了世界上最早的火器部队——神机营。与此同时,在云南的金齿(今云南保山)、楚雄、品甸(今云南祥云县东北 10 里),以及北部的怀来(今属河北)、宣府(今河北宣化)、大同、朔县(今属山西)等边关要隘,也都增加了火铳。洪武八年(公元 1375 年),明廷还在莱州卫等沿海要塞,增配大型铳炮,加强守备。永乐十七年(公元 1419 年),辽东镇总兵刘江还利用望海埚等要塞增配的铳炮,取得了全歼来犯倭寇的"望海埚大捷"。如果说宋代初级火器的创制,催生了火器与冷兵器相结合战术的萌芽,那么元明时期火铳的创制与发展,则使火铳与冷兵器相结合的战术也随之得到创造与发展。朱元璋的大将徐达,创造了大规模使用火铳攻城的战术,大将沐英在野战中创造了多排火铳兵对敌实施轮番齐射的战术,永乐皇帝在北方同蒙古兵作战时,不但创造了用火铳兵齐射蒙古骑兵的战术,而且还提出了火铳兵在前,马队在后,作战时先用火铳齐射敌军前锋,再以密集骑兵冲击敌军主力的布阵作战的新原则。正统十四年(公元 1449 年)十月,明朝兵部尚书于谦,还利用火铳兵坚守北京城,取得了北京保卫战的胜利。这些创造性成果,有力地推动了古代军事学的发展。

(3)火绳枪炮与传统火器全面发展的阶段

我国发明的火药与创制的火器在 14 世纪前期经阿拉伯传入欧洲后,经过欧洲人改进,在 15 世纪后期制成了用火绳点火发射的枪炮。15 世纪末至 16 世纪初,葡萄牙人携带这类枪炮来到印度、日本和中国沿海的一些地方。明嘉靖元年(公元 1522 年),明军在广东新会的西草湾,对藐视中国主权和借口寻衅的葡萄牙舰船进行反击,缴获了三艘舰船及其舰炮。由于当时明廷官员称葡萄牙为佛郎机国,所以就把这种舰炮称作佛郎机。佛郎机是用子炮(相当于现在的炮弹),装入母炮(即炮管)内点火发射的一种火炮,它的母炮比火铳的身管长,安有准星和照门等瞄准装具,配有五至九个子炮,装填弹药方便,射速快,射程远,命中精度高,杀伤威力大,很快被明廷军工部门所仿制,用于水陆作战中。

火绳枪是明军在嘉靖二十七年(公元 1548 年)于东南沿海剿倭作战中缴获的单兵枪,明军因其弯形的枪托形似鸟嘴而称为鸟铳,又称鸟嘴铳和鸟枪。由于鸟铳比手铳性能优越,所以明廷军工部门不久也大量制造,装备明军使用。

与明军使用的手铳与碗口铳相比,火绳枪炮的最大优点在于点火发射方式的改变。火铳是由士兵持点火之物,点燃火捻,进行发射,射速很慢。火绳枪是用扳机夹钳慢燃烧的火绳,点燃药室中的火药,将弹丸射出,可以连扳连射而不致熄灭,因而提高了管形射击火器的发射速度。与此同时,明廷的军器局和兵仗局,改制了明代前期的手铳、碗口铳、盏口铳、将军炮等铳炮类火器,创制了快枪、多发铳、虎蹲炮,发展了利用火药燃气反冲力推进的火箭类火器,提高了火球类、喷筒类、火禽兽类等各种燃烧性火器的燃烧效能,在革新爆炸性火球的基础上,发明了各种爆炸弹、地雷和水雷。从而出现了我国火器发展史上,外来火器与传统火器相促相长、并驾发展的新时期。

外来火器与传统火器的迅速发展,使中国古代军事在使用火器后发生了第二次大变革。这种变革首先表现在军队编制装备结构的变化上,这种变化,又明显地表现在抗倭名将戚继光在东南沿海进行的剿倭战争中,以及在蓟镇练兵时编练的车营、步营、骑营和辎重营上。这些营以装备新型的佛郎机炮和鸟枪为主,并配装各种传统火器,从而使这些营装备的火器占全营使用兵器的一半左右。以车营为例。全营编有官兵 3109 人,其中使用佛郎机炮和鸟铳的官兵有 1280 人,再加上火箭手和其他火器手,已超过编制总数的一半。全营装备 128 辆炮车,载 256 门佛郎机炮,说明车营实际上是一个车炮营,它装备的佛郎机炮,已经达到每 12 名士兵装备一门的高比例。这不但是中国军事史上的创举,而且也是当时欧洲各国不能相比的。这种车炮营已把火炮的杀伤威力和战车的快速机动能力结合在一起,大大提高了车营的战斗力。

以此类推,步兵营实际上是一个有一半以上士兵使用鸟铳与其他火器的火绳枪营。骑兵营实际上也是一个骑炮营,它的战马装备虎蹲炮后,更增强了骑兵快速突击的火力。它不但是中国骑兵史上最早的骑炮兵,而且要比瑞典国王阿道夫·古斯塔夫在 1630 年编制的骑炮兵早 50—70 年。军队的这种新的装备编制结构,不仅是中国军事史上的创举,而且在当时的世界上也是罕见的。

同这种装备编制相适应的是军队作战训练方式的更新。在戚继光编练的各营中,官兵增加了使用佛郎机炮和鸟枪进行作战训练的新内容。创造了由使用鸟枪和冷兵器的 11 名士兵组成的新的作战队形"鸳鸯阵"。管形射击火器的"三点一线"的射击原理得到了运用。车营、步营、骑营、辎重营进行协同作战方式的出现,使军事学的内容得到了全面的发展。

明朝万历年间,还出现了一位杰出的火绳枪研制专家,他就是赵士桢。赵士桢字常吉,号后湖,乐清(今属浙江)人,大约出生于明嘉靖三十二年(公元 1553 年)。他的祖父名叫赵性鲁,官至大理寺副,博学多才,工诗词,精书法,曾参加《明会典》的编纂。赵士桢自幼受祖父的熏陶,亦擅长书法。万历六年(公元 1578 年),赵士桢因擅长书法被授为鸿胪寺主簿,任职 18 年。后受召入直文华殿,至万历二十四年(公元 1596 年)晋升为中书舍人,任职 10 余年,大约在万历三十九年(公元 1611年)去世。

赵士桢从小生长在海滨,家乡常受倭寇的袭击,备受其苦。他关心国家前途,注意研究军事及火器技术书籍,从戚继光和胡宗宪的部下了解倭寇所用火器的情况,从因进贡而留居北京的噜嘧国(又称鲁迷国,今土耳其境内)掌管火器的官员朵思麻处,见到了噜嘧铳,并于万历二十六年(公元 1598 年)向朝廷进献了他对该铳的仿制品。之后,他又历经艰难困苦,自己筹集钱财,先后制成 10 多种火绳枪及其他火器、战车。更为重要的是,他以多种文体,撰写成《神器谱》《神器杂说》《神器谱或问》《防虏车铳议》等研制火器的论著。后来人们把这些论著合在一起,总称《神器谱》。

最早的《神器谱》为万历刊本,后来又有多种刊本。1974 年,日本古典研究会在《和刻本明清资料集》第六集中,刊印了五卷本的《神器谱》,比较集中全面地搜集了赵士桢的主要著作。万历刊本《神器谱》共五卷,约六万多字,附图 200 多幅,集中反映了赵士桢在各种火器,尤其是在各种火绳枪的研制与使用方面所取得的成就。其中有噜密铳、西洋铳、掣电铳、鹰扬铳、旋机翼虎铳、三长铳、镢铳、锨铳、轩辕铳、九头鸟铳、连铳等单管火绳枪,以及迅雷铳、震叠铳等多管火绳枪。同时,书中还绘制了噜密铳、西洋铳和迅雷铳的各种射击姿势,便于士兵进行射击训练。为了控制火箭的发射方向,赵士桢还创制了一种形似短枪的"火箭溜",其上刻有滑槽,以安放火箭,这种滑槽具有导轨的作用,保证火箭射出后能按预定方向飞行。此外,还有火器战车的研制及其使用方法的图形。

《神器谱》不但记载了赵士桢创制的各种火器,而且还反映了赵士桢发展火器制造的思想。他多次上奏朝廷,请求制造火器,把发展火器制造提到战略的高度。他指出,海中之国日本,祸胎已萌,在蚕食朝鲜之后,必然会"尽朝鲜之势窥我内地";北方游牧民族与内地仅有长城一墙之隔,内犯之势必不可免,只有大力发展火器制造,才能"挫凶锋","张国威";因此,制造火器不是一朝一夕之事,而是对国家有万世之利的大计。他主张研制火器"必须因时而创新",出奇而制胜。他要求火器制造部门要选用技精艺熟的工匠,制造精利的枪炮,不可有丝毫差错。他极力反对浪造浪用火器,指责市井庸碌之徒粗制滥造,从中牟取暴利的丑恶行径。

《神器谱》还反映了赵士桢使用火器的思想。他认为火器要因时而用,要选择适当的战机,不可因浪战浪用而失去应有的作战效果。在使用火器时要因敌而变化,实施快速突击,使敌猝不及防;要虚虚实实,使敌人不知其奥妙;要注意奇正变换,使自己立于不败之地;当密集的敌人来至二三里内时,先以佛郎机炮、噜密铳、迅雷铳逐次射敌,挫其凶锋;待敌溃退时,持单兵火器与冷兵器的士兵要在近战中歼敌。赵士桢主张使用火器要与战车相结合,使"车凭神器以彰威,神器倚车而更准,或鼓行而前,或严阵待敌,或趋利远道,或露宿旷野,坚壁连营,治力治气,无不宜之"(《神器谱·神器杂说》)。如果车铳结合的战术运用得当,那么敌人就不能恃其凶悍,敌骑就难以随意纵横驰骋,弓箭就会失去其劲疾,坚利的刀甲也就无法发挥其作用了。如果制造战车的人也能了解它的用法。那么运用起来就会得心应手;再加上将帅善于指挥,士兵技巧熟练,那么就会充分发挥其自卫坚守和进攻破敌的作用了。赵士桢还建议编练车营,这样在防守时就能用战车作为壁垒,进攻时用战车实施冲击,遇到江河可用战车作为舟桥,在森林茂密之地可用战车防卫两翼,使战车在白天和黑夜,在旷野和险要之地,都能充分发挥其战斗作用。像赵士桢这样身无疆场之职,肩无三军之任的火器专家,能如此精通火器使用的战术是绝无仅有的。

(4)明末火器研制家及其对西洋大炮的引进、仿制和使用

16世纪末至17世纪初,聚居于我国东北的建州女真族迅速崛起,其杰出首领努尔哈赤,以军事进攻与政治瓦解相并举的策略,迅速统一了女真各部,并于明万历四十四年(公元1616年)建立后金政权,建元天命,自称金国汗,以赫图阿拉为都城,屯田积粮,积极备战,伺机攻明。明万历四十六年(公元1618年),努尔哈赤以明廷杀其父、祖和援助其对手叶赫部等"七大恨"为借口,兴师攻明,于次年三四月间,以其所率部众六万余人,在萨尔浒(今辽宁抚顺东)大败辽东经略杨镐所率领

的 11 万明军。之后,后金军以凌厉的攻势,突破关外明军的防线。至天启元年(公元 1621 年),后金军已占领明朝关外 70 余城,兵锋直逼山海关。在努尔哈赤步步进逼,关外形势日益严峻的形势下,朝廷许多高级文武爱国官员,都力排阉党阻挠,纷纷献计献策,为抵御后金军的进攻而尽职尽力。其中以徐光启、李之藻、孙元化、张焘、焦勖为代表的科学家与火器研制专家,为引进、研制与使用西洋大炮(明朝称红夷炮,清朝改弥红衣炮),做出了重要贡献,成为明朝末期火器技术发生转折性变革的军事技术家群体。

徐光启　生于明嘉靖四十一年(公元 1562 年),字子先,号玄扈,上海人。历任詹事府少詹事、礼部尚书兼东阁大学士等职,是明末杰出的科学家和军事技术家。他少年时代就胸怀大志,钻研科学,注重军事,关心国家的兴亡和人民的安危。他在明万历二十八年(公元 1600 年)于南京结识意大利传教士利玛窦(公元 1552—1610 年)后,便孜孜不倦地学习欧洲科学技术,钻研火器制造与使用的理论,并把这方面的书籍介绍给中国读者。他在学习和钻研的过程中,一方面结交了一批能够传播西方火器技术的传教士,另一方面又联络了一批有志报国的明廷官员与火器研制者,为学习和传播西方火器技术做出积极的贡献,其中主要有光禄寺少卿李之藻、兵部主事孙元化、加衔守备张焘等人。他们都先后成为引进、仿制和使用西洋火炮的骨干。

当明军在萨尔浒战败后,徐光启即于明万历四十七年(公元 1619 年)六月,奏请朝廷设险守固,建敌台、造大铳,以抵御后金军的进攻。不久,他又联络李之藻等人,以私人出面捐资方式,设法向澳门葡萄牙当局,进行试购西洋大炮的活动。朝廷采纳了他的建议,支持他的购炮行动。经过多方努力,先后购买了 30 门西洋大炮,除一门在试射中炸毁外,18 门留在都城,11 门运往山海关,后又转运至宁远(今辽宁兴城),加强了宁远的守备能力。

明崇祯三年(公元 1630 年)二月,徐光启奉命监造西洋大炮。他以在仿制中力求超胜的思想为指导,设法访求和选拔懂得军事、心计智巧的人掌管军器局,让精通数理的人进行研制。他"除积弊,立成规,酌旧法,出新意",使制成的火炮"精密坚致,锋利猛烈",不合格者决不验收。为了发扬新型火炮的火力优势,他十分重视新型敌台的建造,把造炮与建台作为一个整体加以考虑,提出了著名的"以台护铳,以铳护城,以城护民"的原则。他还亲自设计和参加了一些敌台的建筑。这些敌台依城而筑,以大条石为基础,与城等高,内分三层,下层安大型火炮,中层和上层所安火炮依次渐小。台径可达数丈,墙壁设有火炮射孔,外墙为半圆形,内墙与城内相通。便于守城官兵出入。这种敌台可以从三面环射敌人,又能上下迭射,减少了死角,扩大了射界。同时,相邻各敌台之间还可进行火力支援,构成大型城郭绵密的火力防御系统。

徐光启还对火器的使用提出了独到的见解。他建议朝廷要选拔精兵,装备精良火器,尔后再任命良将统领,进行严格训练,使射手人人壮勇,技艺精熟,远射时能百发百中,近斗时能以一当十。他针对后金军长于骑射、善于驰突的作战特点,提出了坚壁清野、凭城坚守的战法,把过去放在城外的火炮移置于城内各要地,轰击攻城之敌,使敌无法接近城墙,待敌疲惫懈惰之后实施反击,将敌击退。为了收复辽东,他还提出了以车制骑的思想,主张建立装备众多火炮的车营,以阻挡和反击敌军骑兵的进攻。

徐光启为引进欧洲火炮技术奔波 10 多年,直到 70 岁高龄时仍为守城制器之事操心。虽然由于明廷政治腐败,国势日衰,军旅不振,他的主张并未被全部采纳,目的也没有全部达到,但是他的努力却对明末清初的火炮制造,产生了积极的影响。作为一位卓越的科学家,徐光启把自己的研究成果应用于国家的军事实践;作为一位杰出的军事家,徐光启把自己的军事理论建立在科学的基础上。这是徐光启不同于其他科学家和军事家的独到之处。明崇祯六年(公元 1633 年),徐光启与世长辞。

李之藻 是明末著名科学家和军事技术家。明嘉靖四十五年(公元 1566 年)生,字振之,又字我存,仁和(今浙江杭州)人,明万历二十六年(公元 1598 年)进士。曾任光禄寺少卿、工部都水清吏司郎中和南京太仆寺少卿等职。他同徐光启一起,通过利玛窦学习欧洲的火器技术,推动了明末火器的发展。他在明天启元年(公元 1621 年)所上的《为制胜务须西铳乞敕速取疏》中,全面阐述了他对发展明末火器的全部主张,有力地配合了徐光启关于引进、仿制和使用西洋大炮的奏议,加速了朝廷对这些奏议的批准和引进、仿制西洋大炮的进程。他对西洋大炮的形制构造和作用有比较全面的了解。他认为,要仿制这些火炮,切不可只按外形依样画葫芦,而要讲求质量,坚持做到材料必须锻炼有法,铸造时不可差之毫厘,失之千里;使用时必须先严格训练炮手,使之明理识算和掌握使用技巧,再派智勇良将进行指挥,以收战必胜,攻必克,守必固的效果。为此,他建议朝廷要优待铸炮工匠和操炮射手,宁可裁减无能之将和无用之兵,也不可怠慢这些人。因为有效地使用一门优质火炮,能抵数千精兵之用。他一生对天文、历法、数学等自然科学多有研究,有《新法算书》《天学初函》《同文算指》《容圆较义》等六部著作传世。后两部著作的成果,被孙元化应用于《西法神机》中,明崇祯三年(公元 1630 年),李之藻去世。

孙元化是明末研制西洋大炮的专家。字初阳,号火东,嘉定(今属上海)人。生年不详。《明史·徐从治传》中附其小传,称他擅长西洋炮法,是徐光启的门生。因上书陈述备京和防边二策,得以在辽东经略孙承宗麾下参与军事。明天启二年(公元 1622 年)九月,他任兵部司务,在山海关协助孙承宗修筑城防。天启三年,他随从宁前兵备道袁崇焕坚守宁远城。负责调运和管理山海关的 11 门西洋大炮,并主持造炮事宜,全力支持徐光启用西洋大炮抗击后金军的主张,在天启六年(公元 1626 年)的"宁远大捷"中立了战功。至明崇祯初年起,任兵部员外郎,不久迁郎中。崇祯三年(公元 1630 年),经徐光启荐举,他出任登莱巡抚,按徐光启的意图,在登莱聘请葡萄牙炮师制造西洋大炮,训练使用西洋大炮的炮手。他把从利玛窦和徐光启处所学研制西洋大炮的技术,写入《西法神机》中。崇祯五年(公元 1632 年),其部将孔有德、耿仲明叛明降清,攻陷登莱,他被执后自杀未遂,被叛军放归。次年九月,被明廷处死。著有《经武全书》和《西法神机》等。

《西法神机》是孙元化的代表作,著于崇祯五年前。原稿在战火中流失,章有

·军事武器·

图文珍藏版

其表亲王式九留有副本。清康熙元年（公元1662年）四月，疁城（即嘉定）人金民誉据此副本刊印于古香草堂。全书分上下两册，约三万多字，附图19幅。书中记载了30多种火药配方及其原料的提炼与火药的配制方法，详尽地比较了各种火药配方的优劣。又以徐光启与利玛窦合译的《几何原本》、李之藻所著的《同文算指》和《容圆较义》为依据，采用科学的定量方法，以火炮的口径尺寸为基数，按照一定的比例倍数，设计火炮与炮车的各部分。提出了弹重、装药量与火炮口径成一定比例的关系。《西法神机》反映了孙元化关于火炮设计的思想。他认为，研制火器必须明理识性，"推物理之妙"，合乎事物之特性，才能制成合用的成品。

孙元化经过对火炮的射程与射角关系的一系列试验后指出，火炮的射击，若从平射位置即零度直射算起，射程随炮管仰角的增加而渐远，超过45度后，射程又逐渐变近。他经过研究后认为，炮弹射出炮膛后.既有向前直飞之势。又有受地球引力下坠之势，两者合成曲线轨迹，过曲线顶点后，飞行速度减慢，杀伤力削弱，最后飞行速度为零，杀伤力消失。他的论述虽不如伽利略对抛物线的论述透彻，但已相去不远。与此同时，他还在《铳台图说》一节中，对大型火炮发射后产生强烈震动的原因，作了初步的探讨。他认为发射火炮时，由于"铳气（即火药燃气）出口，空气相激，气之动也最捷，故山谷皆答（即回声），其近而裂者，则能排墙，能撼石"。这是对大型炮弹射出后所生冲击波现象的一种朴素解释。孙元化对上述两种现象的探讨和阐述，是对火器技术的两大突出贡献。

张焘　是明末将领、著名火器研制家。钱塘（今浙江杭州）人。出生年月不详。成年后以李之藻为师，是孙元化的同僚，曾任加衔守备，官至登莱副总兵官。他全力支持徐光启的主张，亲自组织人员赴澳门，完成了第一批西洋大炮的购买、运输回京，以及聘请葡萄牙炮师来京协助造炮和训练炮手的任务。《明史·徐从治传》说他于崇祯五年（公元1632年）因部将孔有德兵变被逮。《明思宗实录》说他被叛军所俘，因拒降而自缢身亡。《明史·艺文志》和《千顷堂书目》，录有张焘和孙学诗合写的《西洋火攻图说》一卷，至今还没有发现这本书。

焦勖　是明末著名火器理论家。宁国（今安徽贵池）人。生卒年不详，其主要活动要晚于上述几位火器研制家。其时正值明末动乱之时，他目睹朝政腐败，武备松弛，人民遭受战乱之祸，于是潜心研究火器技术，以为救时之用。他在德国传教士汤若望（公元1591—1666年）口授造炮技术的基础上，编著成《火攻挈要》，刊于明崇祯十六年（公元1643年）。原书分上下两卷，附《火攻秘要》一卷，北京图书馆藏有原刊本的清抄本。清道光年间，军事技术家丁拱辰对书中疏漏之处作了修正。不久，军事技术家潘仕成在编辑《海山仙馆丛书》时，收录两书于其中，合称《火攻挈要》，又名《则克录》，分上中下三卷，约四万余字，附图27幅。全书以介绍火药、西洋大炮及各种火器的制造与使用方法为主，涉及金属冶炼、机械制造与数理化知识，反映了西方火器传入中国后，使中国火器技术开始从阴阳五行化生学说的旧窠，转向以定性与定量分析相结合新轨道的概况，是中国古代火器进入一个新的发展阶段的重要标志之一。

上述几位著名的火器研制家，除焦勖的活动年代稍晚和生平事迹不详外，徐光启、李之藻、孙元化和张焘,都直接和西洋大炮的引进、仿制和使用有关。他们向澳门葡萄牙当局购买的 30 门西洋大炮,实际上是一年前搁浅于澳门附近英国舰船上装备的 30 门舰炮,系英国在 15 世纪后期制造的一种加农炮,具有身管长、威力大、射程远等优越性。《明史》的作者张廷玉在《和兰(荷兰)传》中,把它误记为荷兰人所造。由于当时称荷兰人为"红夷",所以称它为"红夷炮"。近些年来,一些学者经过对传世实物和文献的考证,认为它是从英国而不是从荷兰传来的,他们的论据比较充分可靠。明天启六年(公元 1626 年)正月,明宁前兵备道袁崇焕,在宁远城指挥明军使用这种火炮,打退了后金军的进攻,取得了宁远保卫战的胜利,创造了运用大型火炮进行守城战的战术。至今人们仍称道袁崇焕的战绩及其指挥的"宁远大捷"。武艺超群、足智多谋的努尔哈赤自起兵以来,从来没有吃过这么大的亏,自宁远一战被袁崇焕打败后,一直愤愤不平,咽不下这一口气,结果在当年就抑郁气愤而死。

"宁远大捷"以后,明廷更加倚重红夷炮,派徐光启等人组织工匠进行制造。崇祯三年(公元 1630 年)二至八月,共制造了 400 多门。崇祯五年后,明廷聘请德意志传教士汤若望主持造炮事宜,又造炮 500 多门。除朝廷组织工匠制造西洋火炮外,当时一些地方的军政要员,如两广大吏王尊德、总督卢象升、总督高起潜、总督洪承畴等人,还私人捐资制造了一部分西洋大炮,作为抗击后金军进攻之用。

(5)后金和清前期对火绳枪炮的仿制和使用

"宁远大捷"以后,不但明廷继续制造红夷炮,而且后金继努尔哈赤之后的皇太极,也想借助红夷炮提高后金军的战斗力,于是在后金天聪五年(明崇祯四年,公元 1631 年)制成第一门红衣炮,定名为"天佑助威大将军"。从此,长于骑射,善于在野战中驰突取胜的后金军如虎添翼。他们以红衣炮为攻城略地的利器,向明军展开大规模的进攻,很快夺取了明廷在山海关外的全部领地。

明崇祯十七年(公元 1644 年),清军入关,建立了我国历史上第二个由少数民族入主中原的统一政权清朝。清朝建立以后即增设八旗炮厂、濯灵厂,制造红衣炮与火药,使红衣炮成为清军装备的系列炮种。清军入关之初,南明政权、南方各地人民、民族英雄郑成功所部,也都制造和使用红衣炮,抗击清军的进攻。清顺治二年(公元 1645 年)四月十五至二十五日,史可法在扬州以大型火炮进行守城战,击杀攻城清军数千人。闰六月,江阴典史阎应元,以上千支鸟铳、上百门火炮,在江阴与清军相持 80 多天。郑成功在顺治三年兴师反清后,曾使用大量火炮突入长江口,先后克瓜州、下镇江、逼南京,转战江南和江北 29 城,清军屡受其挫。顺治十八年(公元 1661 年)初,郑成功在率领部下渡海进攻台湾岛上的荷兰人时,曾使用 200 多门火炮,进行渡海作战,并于当年三月,将荷兰殖民者逐出台湾,收复了我国的领土台湾岛,创造了从海上进攻岛屿的用炮战术。

清康熙年间,清廷曾任用在华供职的比利时人南怀仁(公元 1623—1688 年),督造红衣炮等各种火炮,为平定三藩和收复被沙俄侵占的雅克萨城创造了条件。康熙十三年(公元 1674 年),清廷着手组建火器营,使清军在全国范围内,形成了以火器营炮兵、京师八旗炮兵、各省驻防的八旗炮兵及绿营炮兵组成的炮兵力量,具

·军事武器·

图文珍藏版

有较强的威慑作用。康熙三十五年(公元1696年),康熙帝亲率大军,携火炮100多门,前往新疆平定噶尔丹部的叛乱。在昭莫多之战中,清军使用冲天炮轰毁敌营,取得了平叛战争的胜利。总计康熙一朝,共制造大小铜炮900多门,濯灵厂每年产火药50万斤。

康熙年间,清朝曾出现过一位著名的火器研制家戴梓。戴梓字开文,钱塘(今浙江杭州)人。戴梓生于清顺治六年(公元1649年),善诗画,晓天文,通算法,熟谙火器制造。清康熙十二年(公元1673年),三藩叛乱,次年六月,康熙命康亲王杰书率军南征,途经杭州时,25岁的戴梓从军,并向康亲王进献了连珠火铳。之后,戴梓在作战中因功受奖,回师北京后,受到了康熙皇帝的召见和殿试,又授予翰林院侍讲。

据清朝乾嘉时期的著名学者纪昀,在《阅微草堂笔记》中记载,戴梓所研制的连珠火铳"形若琵琶,凡火药铅丸,皆贮于铳脊。以机轮开闭。其机有二,相衔如牝牡。扳一机则火药铅丸自落筒中,第二机随之并动,石激火出,而铳发矣,计二十八发。火药铅丸乃尽,始需重贮"。从这一描述中可知,扳动第一机是装填弹药,第二机随动是发射弹丸;依次再扳再射,可连续28次,发射28弹,可见这是一种连扳连射的燧发枪。这种枪的最大优越性在于简化了装填手续,每装填一次,可连续射击28发弹丸,提高了发射速度。因此,这是一种由单装、单发向多装、单发、连射过渡的一种新式单兵枪。可惜,这种枪在当时并未得到重视,也没有推广使用,不久便失传了。

戴梓还仿制过一种欧式"蟠肠鸟枪"。据说当时的欧洲传教士曾经向康熙进贡一支"蟠肠鸟枪",以示其武器的精良。康熙即命戴梓仿制,戴梓很快仿制成功,并以lO支仿制品返赠传教士。戴梓还为研制冲天炮做出了贡献。据说康熙曾命南怀仁制造冲天炮,但时过一年,却进展缓慢。戴梓只用了八天时间便创制成功。康熙非常高兴,亲自率领王公大臣,前往靶场观看射炮演习,果然性能良好,威力较大。演试后,康熙封此炮为"威远将军"炮,命工匠在炮身上镌刻戴梓之名,"以示其不朽"。此炮在康熙三十五年(公元1696年)的平定噶尔丹之战中,发挥了重要作用。乾隆时期的国子监博士金兆燕,对"威远将军"炮做了十分生动的描述。他说这种炮"子在母腹中,母送子出,从天而下,片片碎裂,锐不可当"。

清朝前期还有些火器研制者曾有过创造发明,如江苏吴县(现属苏州)的薄玉,对地雷与火炮都有研究。康熙时期,武备院有一位名叫连登伍的铁匠,曾创制过子母炮式的爆炸弹,杀伤威力甚大,康熙也曾赐名此弹为"五子夺莲",并给连登伍以奖励。但因后来战事减少,国内局势日趋平定,对枪炮的需要日渐减少,制造数量也随之削减,几乎有刀枪入库之势。加上历届朝廷实行闭关自守的政策,限制国内的火器研制,隔绝外国先进火器研制成果的传入,致使中国火器发展受到挫折,走向低谷,直到鸦片战争爆发时,清军依旧使用陈旧的火绳枪炮抵御西方侵略者,结果战败,这一沉痛的历史教训,是值得我们记取的。

（二）冷兵器

冷兵器是使用最早的兵器，它与战争相伴而生，又随着战争的发展而发展。它使用的年代最长，时至今日。它虽然已经不是战争中使用的主要兵器，但是枪刺、匕首和军刀等仍在军队中使用。如果按其性能和作战作用来区分，它可以分为格斗兵器、卫体兵器、特种兵器、射远兵器和防护装具五大类。随着城池的兴建和发展，又形成了攻城器械、守城器械和障碍器材等城战器械和兵器。

1.格斗兵器

格斗兵器是冷兵器时代最基本的攻击性兵器，对战斗的胜负起着重要的作用。它们一般是由长柄的一端安上尖锋、利刃和钩锤等构成，如矛、戈、戟、殳、斧、锤等。

（1）矛和枪

矛是用于直刺、扎挑的一种长柄格斗兵器。又有鏦、釾、铤、猎等名称。由矛头和长柄组成。不同时代与用不同材料制成的矛头虽有差异，但从其基本构造上看，矛头有尖锋、侧刃、矛叶、矛脊、装柄用的骹、附在骹侧用于绑固矛头的环纽等部位。不过原始社会晚期用于狩猎的矛头，形状并不统一，它们大多用尖形的石块或骨、角制成矛头，尔后绑在竹、木柄上。成为最简单的石矛、骨矛和木矛。从浙江省余姚县河姆渡遗址（距今约7000—5300年）、山东省日照市尧王城龙山文化遗址（距今约4900—4000年）出土的木矛、石矛和骨矛可知，当时的矛头大约长10—20厘米，阔1.4—2厘米，外形呈等腰三角形。有的矛头在两面居中部位有凸形脊棱，横截面呈等边三角形或菱形，前有锐利的尖锋，后部有铤或刻成凹口和圆孔，以便安柄。这些构造特点说明，大约在5000年以前，矛的形状已经基本定型。

出土的实物表明，我国至迟在公元前16—前11世纪的商代，青铜制作的阔叶矛已成为军队重要的格斗兵器。西周至春秋有步卒使用的酋矛和车兵使用的夷矛。《考工记·庐人》说，酋矛柄长二丈，便于步卒在两军相接时平刺；夷矛柄长2.4丈，相当于人体的三倍，如果短了，就刺不到敌方战车上的甲士，因此这是由战车大小决定的。春秋战国时期，军队使用的青铜矛头，已经从阔叶发展为窄叶。木柄的制作更为精致，通常以木为芯，外圈贴附两层小竹片，用丝线缠紧，整个矛身既坚韧又富有弹性。湖北省江陵县出土的一件吴王夫差矛，其上有错金铭文"吴王夫差自乍用鈼"，堪称春秋末战国初青铜矛的精品。铭文中的"乍"即"作"，"鈼"即"矛"。战国晚期军队已经开始使用窄叶矛，矛锋尖利异常，刺中人体后如锥扎一般。西汉至唐代的骑兵，常用猎做兵器。《旧唐书·尉迟敬德传》说：在一次作战中，李元吉跃马执猎，欲刺敬德，敬德眼疾手快，将元吉的猎夺去。隋唐以后，矛头的种类增多，尺寸缩小，并改称矛类兵器为枪。

枪由矛演化而来，由枪锋和长柄组成，其杀伤作用与矛相同。唐军使用的枪有漆枪、木枪、白头枪、扑头枪等四种制式枪，分别装备骑兵和步兵，并用于军事训练。当时枪的用途甚多，如两军相对时，直接用枪刺杀敌军；安营扎寨时，常竖枪为营；涉渡河川时，也常捆枪为筏。宋代使用长枪作战的名将很多，杨家将中杨业父子都因善用长枪而闻名于世。宋代制造的枪有很多种类,仅在《武经总要》中就有 18 种。其中有骑兵使用的双钩枪、单钩枪、环钩枪,枪锋后部分别有双钩、单钩和环钩,便于骑兵在马上扎刺敌兵并将其钩落于马下。步兵主要使用无钩的直刃枪,如素木枪、鸦项枪、锥枪、大宁笔枪等六种。锥枪有四棱刃,既锋利而又不易折断。大宁笔枪在刃下数寸处安有一个小铁盘,四周有刃,敌人无法捉搦。同时,宋代还有专用于攻城的短刃枪、短锥枪、抓枪、蒺藜枪、拐枪等短柄枪;以及用于守城的拐突枪、抓枪、拐刃枪和钩竿等,其特点是枪柄较长,一般长 2.5 丈左右,便于刺杀正在攀登云梯攻城的敌军。此外,还有用于教练的槌枪,用于投掷的梭枪,以及捣马突枪等。元代有一种可刺可掷的两头有锋的标枪。明军使用的枪有长枪、四角枪、箭形枪、龙刀枪等,长枪的枪头长三一七寸,重四两,以竹或木为柄,全枪长约 1.2 丈左右;铁钩枪的铁刃连钩长一尺,便于配合挨(盾)牌进攻;龙刀枪有旁刃,可砍可叉。清军八旗和绿营兵装备的枪有长枪、火焰枪、钩镰枪、双钩镰枪、虎牙枪、蛇镰枪、雁翎枪、十字镰枪、钉枪、矛形枪等。

(2)戈

戈是我们祖先独创的兵器,既能钩又可啄,由镰刀类农用工具演化而来。新石器时代晚期使用的石戈,其援和内的分界不明显。进入青铜时代后,戈类兵器得到空前的发展。商周时期盛行的青铜戈,在形制构造上已相对完整。全戈由横装的戈头、柄和铜鐏构成。戈头由"援""内""胡"三部分构成。援是横出的杀伤部位,由上下两刃向前弧收成尖锋,用以钩啄敌人。内在援的后尾,其上有穿绳缚秘用的孔,称作"穿"。援和内之间设"阑",并在援下近阑处下延成"胡"。胡上也有穿,胡越长穿越多,秘和戈缚绑得也越牢固。秘是戈的柄。鐏安在秘的尾端,使戈插在地上不致偏斜。

《考工记·冶氏》规定了戈的各部构造数据:"戈广(宽度)二寸,内倍之,胡三之,援四之",即戈的宽度为二寸,其内为四寸,胡为六寸,援为八寸。通常的戈,秘长六尺六寸,重一斤 14 两(古代一斤为 16 两)。长戈用于车战,短戈用于装备步兵。战国晚期以后,由于铁戟的使用增多,戈在战争中的地位逐渐下降,秦以后开始淘汰,两汉以后便在兵器行列中绝迹了。

"戈"字在中国古代是一个具有特殊意义的字,它不但与防护装具干(盾)连在一起使用时,成为"战争"一词的别称"干戈",而且还与其他的汉字,组成与战争有关的战、伐、武等字。后来甲骨文和繁体汉字中的"國"字,也把戈作为武装力量的象征,用以保卫国家周边的安全和人民在土地上进行和平劳动。

(3)戟

戟是中国古代将矛和戈合为一体的长柄格斗兵器。由长柄和戟头构成。可刺、可钩、可啄、可割,是一身四用的兵器。戟出现于商代,河北省藁城市出土的一柄戟,是在矛柄前端连结矛銎处横安一个戈头构成的。西周时期开始出现把两者结合在一起的"十"字戟。这种戟有两种形式:一种是以矛头为主体,侧面出援,构成以刺为主的戟。另一种是以戈为主体,把上阑延长和加宽,构成以钩啄为主的戟。春秋时期还出现了一种把长胡多穿的青铜戈和青铜矛联装在一起的戟,成为车战中使用的重要格斗兵器。战国晚期出现了一种刺、援合体的"卜"字戟,同时还出现了一种在一根长柄上,联装二一三个无内的戈头,人们把它们称为"二果戟"和"三果戟"。从东汉末到三国时期,戟的使用相当普遍。隋唐以后,戟逐渐退出兵器行列而成为仪仗用品了。

（4）长柄刀

长柄刀是由刀身和长柄构成的用于劈砍的单面侧刃格斗兵器。由新石器时代晚期的石刀,经过青铜小刀的长期演变而来。长柄刀的刀身较长,刃薄而脊厚。商周时期虽然已经出现了长柄青铜刀,但因制造的数量不多,所以使用较少。直到秦代,长柄刀仍不是军队的装备兵器。西汉时期出现了新型的钢刀。这种刀直体长身,刃薄脊厚,柄较短,柄首上加有圆环,人们称它为"环首刀"。东汉以后,钢制长柄刀的使用增多。三国时期使用长柄刀的名将甚多,如关羽、黄忠、庞德等。晋代的长柄刀柄长四尺,刀长三尺,下有鐏,装备步兵使用。唐代使用的长柄双刃陌刀,全长一丈,重15斤,有的重达50斤。宋代的长柄刀有单刃的屈刀、偃月（掩月）刀、眉尖刀、笔刀、凤嘴刀、双刃的棹刀,以及由戟演化而来的戟刀等。明代有钩镰刀、偃月刀。清代虽有挑刀、宽刃刀、片刀、虎牙刀等长柄刀,但已不是主要装备了。

（5）斧、钺、戚

斧、钺、戚都是中国古代用作劈砍的弧形阔刃格斗兵器。三者的基本构造相似,仅大小不同,大者称钺、戚,小者称斧。

最早的斧为石斧,由新石器时代晚期的生产工具演进而来,开始只有少数人使用。斧身多为长方形和梯形,有的有穿孔,有的没有穿孔。安装时,一般将斧头安入木柄的卯眼内,与木柄垂直正交.构成横柄斧。柄头前粗后细,便于操作。三国时期制成了钢铁斧,诸葛亮曾下令制造战斧,并把它列为与刀同等的战斗兵器。晋以后,斧刃加阔,斧柄减短,砍杀作用提高。唐代流行长柯斧和凤头斧。天宝十五年（公元756年）,唐将李嗣业率领3000名持长柯斧和陌刀的步兵,在香积寺堵截安禄山骑兵。宋代军中使用战斧更多,南宋将领杨存宗,曾以万名长柄斧手,大败金军拐子马。除战斧外,宋军还使用蛾眉鑃、凤头斧挖掘地道,进行攻城战;用剉子斧作为守城兵器,砍杀攀登城墙的攻城之敌。元军常使用错斧、镰斧进行近战。明代有开山、静燕、日华、无敌、长柯等战斧。清军八旗兵使用圆刃和平刃斧,绿营兵使用长柄斧和双斧、双钺。战斧除用于作战外,还用作仪仗兵器。

钺由斧演变而来,石钺的形状与石斧基本相似,在河姆渡、仰韶、大汶口、马家浜、马家窑等文化遗址多有出土。在形体上有圆盘形、梯形、长方形、亚腰形、有内形和胆形等多种形式。石钺的上部有穿孔,刃部呈半圆形,弧度较大,两角微翘。青铜钺在夏末商汤伐桀时已有使用,尔后便成为商军的装备。商代的青铜钺宽大而厚重,装饰华丽。安阳妇好墓出土的两件大铜钺,都铸有"妇好"二字,被称为"妇好钺",长37.3—39.5厘米,刃阔37.5厘米,重九公斤,饰有双虎噬人头纹。被商代第23代王武丁的配偶妇好,作为领兵出征时统帅权的象征。钺有时也作为礼器和断头用的刑具。公元前11世纪,周武王伐纣时"左执黄钺,右秉白旄"。指挥战斗。纣王战败自焚后,武王"以黄钺斩纣头,悬大白之旗"。武王进驻商宫行登基礼时,"周公旦把大钺,召公把小钺以夹武王",表示辅佐武王统治国家。战国时期,钺已很少使用,秦汉以后已与斧混用,大多用于仪仗。

戚的形体小于钺,故又称小钺。新石器时代晚期曾使用过石制和玉制的戚。河南偃师二里头早商文化遗址曾出土过青铜戚。晚商和西周前期使用较多,秦汉以后便在实战兵器中消失。

（6）棍棒

棍棒是使用最早的打击兵器。取材容易,制作方便。到新石器时代晚期,人们对自然的棍棒已能进行各种简单的加工,或削尖其一端以便刺击,或在其一端嵌以蚌壳、石片以便割割,或在其一端安上石头以便锤击。唐代以后出现了多种形式的棍棒。

宋太祖赵匡胤是善用棍棒的开国皇帝,有人说他靠"一条杆棒打出四百座军州"。在他的推动下,宋代出现了多种棍棒,仅《武经总要》就记有七种,棒端大多安有锋刃头部。如柯藜棒安有裹铁的头部,钩棒安有附带两个倒钩的夹刃,抓子棒安有鸡爪形钩头,狼牙棒安有一个扎上许多狼牙钉的纺锤形的头部,戚家军使用安有刀刃的棍棒。清军多使用虎头棒。

（7）殳

殳是最早由棍棒演变而来的长柄打击兵器。又称杆、杖、棓、杸、役。殳首多用青铜制造。有无尖锋和有尖锋两大类。无尖锋殳首呈平顶圆筒形,有的在顶上还带有一个铜钮。有尖锋殳首的顶端呈三棱矛状,锋部后面连接一个铜刺球或铜箍,柄的尾端也安有一个铜刺球或铜箍,可刺可砸。商代尚无用殳的记载。周代已将殳列为"车之五兵"之一,长约1.2丈,有的安有金属头。战国时期,殳又被列为"步卒五兵"之一。秦始皇三号兵马俑坑出土的殳为铜头圆筒形,筒长4.2寸,直径六分,壁厚一分,头为多角锥体。汉代以后,殳被淘汰。

（8）锐、钂钯、扒、铲、叉、狼筅

锐、钂钯、扒、铲、叉、狼筅,都是多锋刃兵器,出现较晚,虽然大多不是制式装备,但是也都具有一定的杀伤作用。

锐是攻防兼备的长柄兵器,形状似叉。一般长7.6尺,重五斤,有三齿和五齿两种,中齿较长,坚锐如枪,两旁为四棱刃的"横股"。作战时,士兵既可用它刺杀敌兵,又可用它格架敌人的兵器。戚继光编练的步兵营都装备了长柄锐。长柄锐还可将柄端插于地上,以其旁侧的两股作为发射架,燃放火箭。《武备志》说它创制于明代后期,在闽、粤、云、贵、川、湘等地都有使用。但近年来浙江淳安县出土的一件三齿锐说明,北宋宣和年间（公元1119—1125年）,方腊所率领的农民起义军,已经使用锐作兵器了。

钂钯由钯头和长柄构成。钯头是用五支箭式尖锋,插在两个月牙形铁制的横刃上构成,两个月牙形的横刃之间有一定的距离。钯头制成后安于长柄上,柄尾安有金属鐏。钂钯属于多刺锋式兵器。

扒的头部是在一个特制的腰鼓形横木上,安置多根短铁齿,用以击扎敌兵的兵器,使用不多。

铲的头部安有月牙形横刃,柄尾端安有枪锋,前可铲敌,后可刺人,步骑兵都可使用。

叉的头部有三锋,中锋稍长,多为骑兵所用,"上可叉人,下可叉马"。

狼筅是一种长柄多叉刺兵器。创制于明英宗正统年间,时间约为公元1444—1449年,最初出现在四川。后被戚继光所部用于抗倭作战中。狼筅系用多节叉枝刺的毛竹制成,一般有9—11层节叉,柄长1.5丈,前有铁制尖锋可以刺敌,旁侧各层节叉上,大多安有铁包的枝刺。有直形和钩形两种。作战中,通常用它同其他兵器配合在一起使用,具有较好的掩护作用。

2.卫体兵器

兵家常把这类兵器称作"短兵(器)"。主要制品有单面侧刃的短柄刀和两侧有刃、前端有尖锋的剑。由刀身、剑身和短柄构成,多用于近战格斗和卫体防身。

(1)短柄刀

短柄刀是用于劈砍的单刃防身兵器。由新石器时代晚期的石刀和骨刀演变而来。当青铜冶炼技术出现和不断提高后,人们开始铸造和使用青铜小刀作工具。到了商代,由于青铜冶铸技术的进一步提高。便制成了直脊薄刃、弯脊薄刃和刀刃上翘的三种青铜刀。由于刀类兵器的杀伤作用不如戈矛等直刺和横啄兵器,所以制造和使用较少,也没有普遍装备军队,直到秦代还没有改变这种状况。西汉时期,开始出现钢制环首刀,脊厚而刃薄,刀身平直而柄短,因柄端有环而被称为"环首刀"。河北省满城县西汉刘胜墓曾出土过一把官吏佩用的环首刀,环首用金片裹缠,套有制作精美的漆鞘。

东汉时期,钢刀的制造水平提高。造刀时,反复折叠锻打(当时称炼涷)刀坯的次数日益增多,以致出现了三十炼、五十炼、百炼钢刀。山东省兰陵县曾于1974年7月搜集到一把环首刀,全长111.5厘米、宽三厘米、脊厚一厘米。环首呈椭圆形。刀身有错金隶书铭文:"永初六年五月丙午造卅涷大刀吉羊"等15字。可见此刀是制于公元112年的三十炼钢刀。铭文中的"五月丙午"为五月初五日端阳节。按古代的阴阳五行说,此日属阳日,冶炼金属最好。1964年,在日本的大和烁本东大寺古墓中,发现一把钢刀,其上刻有东汉"中平"纪元和"百练清刚"等字。说明此刀是制于公元184—189年间的"百练清刚(百炼精钢)"刀。

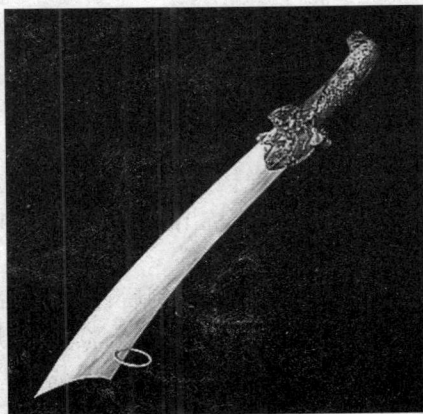

东汉短柄刀

至三国两晋时期,铸造宝刀成风。曹操在建安年间,延请名师用三年时间造五把宝刀。其子曹植作《宝刀赋》称赞其刀能"陆斩犀革,水断龙舟"。吴主孙权亲自督造百炼、青犊、漏景等三把随身佩带的宝刀。蜀国造刀名师蒲元,对钢刀的淬火技术有较深的造诣,能够鉴别出用不同水质淬火的兵器。据说有一次,蒲元在斜谷为诸葛亮铸刀3000把。铸刀时,他采用了与众不同的淬火方法,专门派人取蜀江水淬火。有一个取水的人不小心,将从蜀江取来的水翻倒了不少,便就近取涪江水补上,希望能蒙混过关。不料蒲元用铸好的刀放入此水中淬火时,就说这不是蜀江水。取水人想要狡辩。蒲元说此水杂有八升其他的水,为什么你不说实情。取水人知道瞒不过去,便讲了实情。蒲元便改用蜀江水淬火,铸成的刀锋利异常,被人称为"神刀"。

隋唐时期,军中多用短柄横刀。宋军多用短柄手刀。元军使用短柄环刀。明军使用短刀、腰刀和仿日长刀等三种短柄刀。清军使用的短柄刀种类更多。

(2)剑

剑是用于刺劈的直身双刃尖锋兵器。由剑身和剑柄构成。剑身修长,两侧有刃,中间有脊。前窄后宽,后安带环短柄,柄与剑身之间有剑格,通常的剑都配有剑鞘,便于携带。

出土实物表明,早期的剑是西周早期使用的柳叶形青铜剑,中间无脊,缺少剑格和剑首,只有短茎,构造尚不完善。此后逐渐改进,剑身中央有脊,剑茎加长成柄,并增加剑格和剑首,剑的构造基本定型。

春秋战国时期,南方的吴、越、楚等国,造剑业相当发达,涌现了一批神话传说式的欧冶子、风胡子、干将、莫邪等铸剑匠师。据说楚王曾派风胡子到吴国请欧冶子和干将造剑,结果造成龙渊、太阿(亦作泰阿)、工布等三把名剑。又说欧冶子还为越王勾践制造了湛卢、纯钧、胜邪、鱼肠、巨阙等五把削铁如泥的稀世宝剑。春秋战国时期吴越等诸侯国所造的青铜剑,近年来多有出土。从剑身的铭文可知,它们中有三把吴王光剑、两把吴王夫差剑、一把越王勾践剑、一把越王朱勾剑。它们大多制造工艺精细,剑格嵌有宝石,至今光泽犹存,锋利异常,错金铭文仍清晰可见。这些剑的出土及其铭文中的内容,可以说明《吴越春秋》《越绝书》等文献史籍的记载,也并非都是虚构,而是当时实际造剑盛况的一些夸张的反映。

秦始皇兵马俑坑出土的一把长94厘米的青铜剑,表面做过防腐蚀处理,是制作水平最高的青铜剑。

自西周晚期出现铁剑后,铁剑的制造和使用便逐渐增多。湖南省长沙市春秋楚墓曾出土过一把铁剑,经化验,系采用含碳0.5%的中碳钢,经七—九次锻打后制成,剑身比青铜剑长。据史书记载,春秋战国时期一些传说中的铸剑匠师,不但铸造了许多著名的青铜剑,而且也铸造了钢剑。据唐代人陆广微在《记吴地·匠门》中记载:吴王阖闾令干将在匠门铸造钢剑时,铁汁流不出来。干将妻莫邪问该怎么办。干将说,从前先师欧冶子铸剑时,曾以女人配炉神。莫邪听说后即跃身炉中,铁汁豁然流出,铸成雌雄二剑,雄剑名干将,雌剑名莫邪。干将自藏雌剑而献雄剑于吴王,雌剑因思念雄剑而经常悲鸣。后人常以干将、莫邪为宝剑的通称。这些美丽动人的传说虽有夸张之处,却也形象地反映了当时吴越等国发达的造剑业的概况。由于这些诸侯国造剑事业兴旺发达,所以剑便成为这些国家步兵手中的利器。

西汉时期的钢剑已经十分锋利。1978年,江苏省徐州市铜山县出土一把东汉建初二年(公元77年)制造的钢剑,全长109厘米,剑身长88.5厘米。剑柄正面有隶书错金铭文:"建初二年蜀郡西工官王愔造五十湅□□□孙剑□。"经考古部门鉴定。此剑是用含碳量较高的炒钢为原料,经过反复锻造而成的,反映了东汉时蜀郡精湛的冶炼和铸剑的工艺水平。唐宋以后至明清时期,剑已经成为文武官员的佩饰品。

(3)匕首

匕首是一种以刺杀为主兼能砍击的两用兵器。是专用的卫体兵器。由短柄与短刃构成,构造形式与剑相似而更短,多为近战卫体之用。我国新石器时代晚期已用磨制的方法制成短柄骨匕首和石匕首。大汶口文化遗址出土的一把短柄骨匕首,长18厘米,呈扁平三角形,其一面的中央有凸起的棱脊,两侧磨成利刃,向前收聚成锋,后部有一个大方孔,便于穿绳携带。由于匕首短小犀利,容易藏匿,所以常被古人用作行刺的利器。战国时,勇士荆轲为了报答燕国太子丹的恩待,把匕首卷藏在燕国的地图中。秦王展示地图,在匕首即将显露时,荆轲执匕首刺秦王。此次行刺虽未成功,但"图穷匕见"却成为人们流传至今的一个成语典故。为了提高匕首的刺杀作用,人们常在其刃部涂上毒药。

3.特种兵器

除长柄格斗兵器外,古代还有一些构造比较特殊的兵器如鞭、锏、骨朵、锤、挝、钩、铁链夹棒等各种兵器。它们虽然没有成建制装备军队,但使用者也不少。

(1)鞭

鞭是中国古代的一种铁制短柄笞击兵器。据《武经总要·器图》记载,鞭身形似竹节,有柄,起源于竹鞭,大小长短随使用者的需要而定。鞭在先秦时期曾作为刑具使用,《国语·鲁语》中说:"薄刑用鞭,以威民也。"到了五代时期,有的将领开始使用铁鞭。据《新五代史·安重荣传》记载,后晋将领安重荣曾使用大铁鞭,被人称为"铁鞭郎君"。唐宋时期,铁鞭的使用逐渐增多,主要有铁鞭和连珠双铁鞭。《宋史·王继勋传》称,道州刺史王继勋勇武异常,惯使铁鞭、铁槊、铁挝等兵器,故有"王三铁"之称号。明清时期,军中也常有使用铁鞭的将领。

(2)锏

锏也是中国古代的一种短柄打击兵器。锏身呈四棱形,形似竹简,故原名为简,步骑兵都可使用。锏与鞭属同类兵器,多用铜、铁制造,但锏身无缝无节无尖锋。近年在福建发现了宋代著名抗金将领李纲监制的一件铁锏,长90厘米,锏身错金篆书"靖康元年(公元1126年)李纲制",是现存年代较早的实物。《宋史·任福传》记载:康定二年(公元1041年),宋军与西夏军战于好水川(今宁夏隆德至西吉两县之间)时,任福曾"挥四刃铁锏,挺身决斗"。除单锏外,还有人使用双锏。《金史·乌延查剌传》称:"查剌左右手持两大铁简,简重数十斤,人号为'铁简万户'。"从《清会典图》所绘清朝绿营兵使用的双锏可知,锏一直使用到清代。

(3)骨朵

骨朵是在长柄的一端安有一个铁制球形头的击砸形兵器。据《武经总要·器图》记载:骨朵本名为胍肫,谓其形如大腹,似胍而大。后来人们将其误读为骨朵。书中记载的制品有蒺藜骨朵和蒜头骨朵两种,头部用铁制造,分别与带刺的蒺藜和多瓣蒜头相似,故有其名。南宋抗金名将岳云。惯使一对蒜头骨朵。辽军把骨朵作基本装备之一。金朝的仪卫兵也用金饰骨朵、广武骨朵等作为仪仗兵器。

(4)锤

锤是一种头部呈球状的打击兵器。又有鎚、椎、槌、金瓜等名称。有锤头和短柄组成的短柄锤和绳系锤头的流星锤。新石器时代晚期有石锤,后来又发展为青铜锤和铁锤。《史记·魏公子列传》记有魏公子信陵君,令朱亥用40斤铁锤击杀晋鄙,夺取军权的故事。锤虽非常备兵器,但历代都有使用。明军常使用绳系飞锤。清军在入关前还组建过专用铁锤的铁锤军。

(5)挝

挝即抓,是一种钩击型兵器。明军使用的挝系有长绳,称飞挝,属索系兵器。飞挝形如鹰爪,五爪可动,抛击敌兵后急收绳索,敌兵不能挣脱,终被抓获。

(6)钩

钩是一种曲刃短柄格斗兵器。外形似剑,刃部弯曲,用以钩杀敌兵。钩最早出现于春秋末期的吴国,故又称为吴钩。钩的战斗作用较小,所以专用的钩较少。宋军常使用钩与枪合一的兵器,如双钩枪、单钩枪、环钩枪、钩镰枪等。清朝绿营兵还使用过三须钩、铁挽等钩形兵器。

(7)铁链夹棒

铁链夹棒类似农家的打麦农具链枷,用于拍击和打击敌人。使用时,用手甩动主长棍,由铁链系扣的短棍随之甩动,击打敌人。因其可以转变角度,从多侧面进行打击,较直棍方便。

4.射远兵器

射远兵器是通过能将蓄积的机械能瞬时释放的装置,把弹、簇射至敌方的远程兵器。有弓、弩、箭和抛石机。是中国古代军队的重要装备,直到枪炮大量使用后才退出战争舞台。

(1)弓

弓是中国古代的一种弹射兵器。由具有弹性的弓臂和韧性的弦构成。恩格斯曾经指出弓箭发明的作用:人类蒙昧时代的高级阶段是"从弓箭的发明开始"的。1963年,考古部门在山西省朔县峙峪旧石器时代遗址中,发现了用燧石片打制的石镞,长2.8厘米,加工较细致,镞尖较锋利。经放射性碳$^{-14}$测定,大约制于28000多年以前,是我国迄今发现最早的石镞之一。从此镞加工工艺的精致程度,可以判知我们的祖先,至少在三万年以前已经制造和使用弓箭了。当时所用的弓,大体是用单根的竹木弯曲而成,也就是"弦木为弧"的单体弓。

随着年代的推移,单体的竹木弓便逐渐发展为复合弓。从殷墟墓葬中发现的弛弓的灰痕,并结合甲骨文、金文中有关弓的象形文字"弓""弓"加以考察,可判知商代的弓大致已是使用两层材料粘合而成的合体弓。到东周时期,弓的制作水平已经提高,能使用多种材料制造复合弓,弓的形制构造已经基本定型。复合弓的制作方法是:先在竹和木制造的弓身上,傅角被筋,再缠丝涂漆。这种弓的弹性,要比用单一材料制作的单体弓大得多。据《考工记·弓人》记载,周代的弓系由王室所设"五官"中的"冬官"制造。制弓时,对选料、配料、制作程序和规格,都有严格的规定。所制的弓有用于车战和守城的王弓、弧弓,用于狩猎的夹弓、庾弓,用于习射的唐弓、大弓等。

秦汉以后,弓的基本构造虽然没有变化,但在材料选择和外表的装饰上更为讲究。汉代注重使用强弓劲弩,有虎贲弓、雕弓、角端弓、路弓、强弓等名称。汉将盖延、祭肜等骁将所用弓的张力,已经达到 300 斤。唐军使用的弓有长弓、角弓、稍弓、格弓等四种。长弓用桑木、柘木等材料制成,形体较大,多为步兵使用;角弓的形体较小,强度大,适于骑兵使用;稍弓的射程较近;格弓是用于仪仗的彩饰之弓。宋代骑兵多用强弓,采用"满开弓,紧放箭"的速射方法射敌。清代的弓虽然名称很多,但已不是主要的射远兵器。随着枪炮的发展,弓的射远作用相形见绌,并最终被淘汰。

(2)弩

弩由弓演变而来,是安有张弦装置的弓。张弦装置由弩臂及安于其上的弩机构成。弩比弓操射方便,射手可先张弦安箭,再纵弦发射。弓箭手却要在用力张弦的同时进行瞄准,因而弩的命中精度高。从考古发掘的材料看,大概在原始社会晚期或者说至少不晚于商周时期,我们的祖先已经开始使用木制弩了。到东周时期,随着青铜冶铸技术的提高,出现了青铜弩机,提高了弩的杀伤力。最早的铜弩机,出土于山东曲阜的鲁国故城遗址。湖南、江苏、河南、河北等地的战国中晚期墓葬中,也都曾经发现过青铜弩机。可见此时安有青铜弩机的弩,已经普遍装备军队,用于作战。此时的弩还是用人臂张弦的弩,所以叫臂(擘)张弩。

战国晚期出现了用脚踏张的蹶张弩,其张法有两种:强弩用脚端上弩。射程较远;弱弩用膝帮助上弩,射程较近。蹶张弩的射程较远,一般为擘张弩的二一三倍。

西汉时期的弩出现了带刻度的"望山",其作用类似近代步枪上的标尺,射手可按目标的远近,通过望山控制镞端的高低,调整发射角,以便准确地命中目标。东汉时期出现了单人所用弹射力最大的腰开弩。发射时,弩手坐于地上,两足向前蹬弓,用扣系在腰间的拴钩之绳拉弦张弓。由于弩手利用了腰部和两腿的合力拉弓张弦,所以弓的弹射力增强,射程比蹶张弩更远。与此同时,还出现了以绞动轮轴张弓射箭的床弩。床弩(又称床子弩)的弩床上可安一张或几张弓,以多弓的合力射箭,其射程之远和杀伤力之大,远非单弩可比。三国时蜀相诸葛亮,已将西汉时连续射箭的连弩,改进为十箭连射的元戎弩。

唐朝的军队装备有七种弩,其中大木车弩就是东汉出现的床弩,弓长 12 尺,用绞车张弦射箭,主要用于攻守城垒和安于战车战船上进攻强敌。宋代的弩得到了长足的发展,其制品有蹶张弩和床弩两大类。尤为重要的是床弩的发展,其制品有大合蝉弩、小合蝉弩、双弓弩、次三弓弩、三弓斗子弩等。其中双弓弩前后各安一弓,由七人用绳轴绞张,射程可达 150 步(每步约五尺)。三弓弩是前二弓后一弓,由 70 人张射,射程 300 步。次三弓弩射击的踏橛箭,能成排牢固地扎钉在夯土城墙上,攻城者可脚踏其上,恰如足蹬阶梯一样,攀登上城。斗子弩和三弓弩的弦上装有一个铁制的兜子,内放数十支箭,可同时射击,如寒鸦群飞,人称"寒鸦箭",能大量射杀密集的攻城之敌。由于床弩的威力大,并可发射火药箭,攻守城战和野战都可使用。宋太祖赵匡胤在郊外观看床弩试射时,有的弩竟能射 700 步远。景德元年(公元 1004 年),宋军在澶渊之战中,以床弩射杀契丹大将萧挞,使契丹军士气大丧。南宋将领魏丕所创制的床弩,射程竟能达到千步。过去恩格斯曾经说过,英国士兵在 14—15 世纪使用的大弓,可以把箭射出 200 码以外,是一种非常可怕的武器。然而中国的士兵在 10—11 世纪时,已经能用神臂弓和床弩,射中 500 米以外的目标了。元军使用的床弩,射程也有 800 步。明朝以后,由于枪炮的广泛使用,弩和弓逐渐退居次要地位,并终于被淘汰。

(3)箭

如果说弓和弩是发射装置,那么箭就是被发射的具有锋刃的射远兵器,古书中常称它为矢。箭由箭镞、箭杆、箭羽组成。

最初的箭是在一根削尖了的竹竿和树枝上,安上一个磨制成尖锋的石镞、骨镞或贝镞,尾部安上一根羽毛制成的。从新石器时代晚期各文化遗址出土的石镞、骨镞、角镞可知,最初的镞多用骨、角磨制而成。后来由于石器制作技术的提高,石镞便逐渐增多。这些镞开始都是简单的三角形,前部有锋,两翼外展,后部没有铤。尔后便逐渐发展成前有尖锋,后部有铤的镞。最后又从镞身与镞铤没有明显区分的镞,发展成前锋很尖利,镞身与镞铤有明显区分的镞。这种状况,充分反映了骨镞、角镞和石镞在形制结构上不断改进的发展过程。

安阳殷墟出土的商代铸镞范说明,当时已能成批铸造青铜镞。镞的两翼之间的夹角逐渐增大,翼末倒刺日趋尖锐,两侧刃已呈现出明显的血槽。这种箭射入人体后,扩大了受创面积,又不容易拔出,提高了刺杀力。西周设立了造箭机构"司弓矢",所制的镞又有改进,其两翼尖角更大,翼尾倒刺更尖锐,甚至改为平铲尖头,杀伤力进一步提高。进入春秋以后,由于车战的发展和战车防护的加强,所以创制了三棱式镞。这种镞有三条突起的棱刃,有较强的穿透力,能射穿战车坚固的防护装置和皮制铠甲。战国后期大多使用这种箭。秦汉时期已普遍使用钢箭。这种箭不但镞头较长,而且常在头部涂抹毒药。晋代的锐利钢箭能够穿透坚甲。明清两代,箭的名称虽多,但随着枪炮的发展,箭与弓弩一样,在战争中的作用日益下降,直至最后被淘汰。

(4)抛石机——砲

抛石机是古代利用杠杆原理制成的抛射石弹与火球的射远兵器。其射远的作用与弓弩相似。春秋战国时期,人们称这种兵器为礮和发石机。到西晋时期,才在文学家潘岳《闲居赋》的诗句"礮石雷骇"中出现礮字,唐代正式称作礮。宋代将礮改写为砲,有时砲与礮并用。后来又写成炮。北宋大量制造,不但抛射石弹,而且抛射火球。它们的基本构造是在做好的各种大木架上,横置一根木轴,木轴的中央穿过一根具有韧性的粗长圆木,这根粗长的圆木即为抛射杠杆,也就是炮杆。炮杆的尾端系有一个放置石弹或火球的皮窝,头部系有几十条甚至上百条炮索,以便射手拉动。将要抛掷时,由一人测定目标,其他人各拉一根炮索,指挥者一声令下,众人齐拉炮索,使炮杆急速翻转,使炮石沿切线方向飞出,至敌阵击砸目标,达到摧毁和杀伤的目的。《武经总要》记载了宋代使用的十几种炮,其中有固定的单梢炮、双梢炮、虎蹲炮等,有安于车上便于机动的车行炮、卧车炮等。

炮在宋代使用较多,其中陈规和魏胜,是著称于史的善于用炮的抗金将领。陈规在德安(今湖北安陆)守城战中,为了加强城防,选聘了一批能工巧匠,制成坚实的抛石机,对士兵进行有关机械使用的训练,从而成功地用抛石机同火枪等兵器相配合,取得守城战的胜利。魏胜在抗金作战中,曾创制数十辆炮车和数百辆如意炮车,多次战胜金军。朝廷得知后,下令各地制造和使用这种炮车。

南宋咸淳十年(公元1274年),蒙古军在进攻襄阳时,曾请回回人造炮匠师亦思马因,设计制造了一种重力下坠式抛石机,其击砸和摧毁力大于宋军的人力拉动式抛石机。据说这种抛石机在进攻襄阳时抛射了重达150斤的巨石,"所击无不摧陷"。之后在进攻长沙和桂林时,都使用了这种抛石机。由于它首创于进攻襄阳之战中,故被称为襄阳炮。又因为它是回回人所设计,故又被称为回回炮。襄阳炮威力大的原因有两个:一是抛射的石弹大,重达150斤;而宋军抛石机抛射的石弹不超过90斤。二是炮梢的受力方式有改进,宋军抛石机的受力端系有十几根甚至上百根拽索,用人力拉动炮梢,将石弹抛出;襄阳炮炮梢的受力端附系一块巨石或重金属块,用钩将其钩住,不使下坠;抛射时,即将钩突然解脱,巨石急速下降,使炮梢急速旋转,石弹因受瞬时突发力的作用而被抛出;宋军抛石机因用人力拉动,用力参差不齐,不易使作用力瞬时集中于一点,所以威力较小。襄阳炮在明代还常用于作战。

5.防护装具

前面所说的都是攻击性兵器,现在我们再来看看中国古代的防御性兵器即防护装具。

(1)铠甲

铠是古代将士穿在身上的防护装具,也是最基本的一种防护装具。又称甲、介、函。原始的铠甲是用藤条和兽皮制成的。商周时期已开始将整片皮革制成可以部分活动的皮甲。其制法是根据防护部位的不同,将皮革裁成各种不同大小和形状的皮革片,并把两层或多层的皮革片合在一起,尔后用绳将革片编联成甲。春秋战国时期的皮甲,一般是由甲身、甲裙和甲袖三部分组成,也有一种只有甲身和甲裙而没有甲袖的皮甲。有的甲衣上还嵌装有一些青铜甲泡。战国晚期,铁制铠甲的使用已经逐渐增多。西汉时期,铁制铠甲已经取代皮甲和青铜甲。当时的铠甲有两种:一种是用形似简札的长条形甲片编成的札甲,另一种是用许多小甲片层层递次相叠编成的鱼鳞甲。位于河北省满城县的西汉刘胜墓,曾出土一领有披膊和垂缘的鱼鳞甲,由2859片甲片编成,重达33斤11两,工艺极为精湛。东汉时期开始使用由一片胸甲与一片背甲构成的两当铠,在肩部用带扣连,在腰间束带,因

中国军事百科

·军事武器·

图文珍藏版

形似服饰中的两当,故有其名。两当铠成型于三国,盛行于南北朝,北魏太和年(公元477—499年)后,逐渐被明光铠所取代。

明光铠因胸前、背后装饰的金属圆护闪烁耀光而得名,流行于北朝时期。唐代的铠甲按《唐六典》的记载有13种,又称"唐十三甲"。其中明光、光要、细麟、山文、乌锤和锁子甲,都用铁甲片缝缀而成。锁子甲用铁链子衔接,互相密扣缀合而成甲衣,穿着方便柔和,比大型铠甲轻巧适用。北宋的铠甲发展得更加完善,《武经总要》绘有五套铠甲的图形,并附有文字说明。每套铠甲由护体的"甲身"、护肩的"披膊"、护腿的"吊腿",以及保护头颈的"兜鍪顿项"等组成。中国古代的铠甲,至此已发展到相当完善的阶段。元明时期,铠甲虽然仍在使用,但是由于火绳枪炮的发展,其防护作用已日益下降。清代的铠甲已经成为显示身份的装饰品了。

（2）胄

胄是古代将士用于防护头部的装具。其形如帽,又称盔、兜鍪、头鍪等。由于胄需要与铠甲合用,所以"甲胄"一词便成为古代防护装具的统称。原始的胄用藤条、兽皮制成。安阳殷墟出土的青铜胄说明,我国大约在公元前14世纪已经开始使用青铜胄。河北省易县燕下都遗址出土的铁胄表明,我国大约在战国晚期开始使用铁胄,并称铁胄为"兜鍪"。秦汉军队多戴铁制兜鍪。宋、元、明三代多用铁制头盔。清代的头盔用绸布和棉花作衬里,外包铁叶,贯以铜钉,已经没有多少防护作用。

（3）战马的防护装具

商周时期已经开始用马甲,但这种马甲主要是用于保护驾车辕马的头部和躯干。到了秦代和西汉时期,长于驰突的骑兵已成为军队的一种主要兵种,人们为了保护战马的身躯,便开始制造马甲。到东汉时期,具有防护作用的马甲便得到了进一步的推广。三国时期,又发展成为配套使用的马铠。南北朝时已使用铁片或皮革制成的具装铠,使马铠发展到比较完善的阶段。这种具装铠由面帘、鸡颈、当胸、马身甲、搭后、寄生等六部分组成。分别保护战马的头、颈、胸、躯、臀、尾六处。宋代的具装铠去掉了寄生。少数民族的战马也披有马甲。辽和西夏军战马披着的是铁制马甲。金军的骑兵,人着铁甲,马披铁制具装铠。主将金兀本本人统率的4000牙兵,被称为"铁浮图"。他们在战场上驰骋纵横,使宋军吃了亏。明清时期,由于火绳枪炮的大量使用,枪弹和炮弹的穿透力,使战马的防护装具成为可有可无之物。

（4）盾

盾是古代士兵手持的防护装具,用以抵御敌人射来的矢石。又称干、牌、盾排、彭排、旁排等。原始的盾牌相当简陋,大抵是用自然生成的藤条、木条和坚韧的兽皮,经过简单的编缀而成,具有一定的防御作用。商代盾的残物,曾在安阳殷墟有所发现,呈梯形,盾面微凸,高度不超过1米,宽约60—80厘米,内以木框为骨干,表面蒙覆多层织物和皮革,并在其上涂漆绘纹。西周步兵使用盾面蒙皮的狭长盾,可以连锁竖盾组成防御屏障;车兵使用盾面蒙皮的窄短子盾,又称车盾。春秋战国时使用圆形旁牌,牌面中央外凸,背面有握把。秦汉时期开始使用铁盾。魏晋南北朝骑兵的人马均披甲上阵，一般不用盾。唐代军队把盾称作彭排。据《唐六典》记载，唐军使用的盾有膝排、团排、漆排、木排、联木排、皮排，合称"唐六排"。宋代称盾为旁牌，它们都用坚木制成，牌面蒙有皮革。步兵旁牌较长大，上尖下平，中间有几道横档，背面安有戗木，可用它支立于地上。骑兵旁牌为圆形，面积较小，背面有套环，作战时将其套在左臂上，用以抵御矢石。

西夏军和蒙古军也创制了几种名盾。西夏军使用的毡盾，盾面蒙有毛毡，防御性能较好，在野战和攻守城战中都能使用。元世祖忽必烈曾组织人员制造一种折叠盾，用时张开，行军时折叠易带。明代还创造了与火器配合使用的盾牌，它在盾牌背面可藏燃烧性火器、神机箭与火枪，兵盾结合，攻防兼备。清代仍沿用明代步兵盾牌，直到清末才最后弃用。

6.城池和城战器械

城战器械包括攻城和守城器械。是通用的攻防兵器之外的专用器械。它们随着城郭的兴起而产生，又随着城郭的发展而发展。它们互相之间相促相长、相辅相成，至宋代已形成独特体系，到明代便发展至鼎盛时期。

（1）都邑筑城

城是中国古代都邑周围用土或砖石砌成而有城门的防御墙垣，有封闭性的都邑筑城和带形的长城两大类。我国古代都邑城的建筑历史悠久，据有些史书的追记，大约在新石器时代晚期，聚居于中原嵩山地区的部落领袖鲧，已经开始建筑最早的城。近些年来，考古部门曾在不少地方发掘出新石器时代晚期的夯土筑城，它们大多筑在部落聚居的地区。如山东省章丘市龙山镇以南的城子崖和寿光市西南的边线王城，河南省淮阳县城东南的平粮台古城和登封市告城镇西的王城岗等。据考古学家鉴定，它们大多建筑于距今约为4000多年前的龙山文化时期。又据1995年9月15日《北京晚报》转载《郑州晚报》的消息称：河南省文物局日前宣布，经过三年多的探索，在郑州西山发现一座距今约5300—4800年之间的古城，它始建于庙底沟文化之后，废弃于庙底沟二期文化产生之前。考古学家经过研究分析，认为它是仰韶文化时期的建筑物，是迄今国内发现的年代最早、建筑技术最先进的新石器时代的古城建筑遗址。该城遗址略呈圆形，现存西墙残长约60余米，北墙呈外凸形，残长约200余米，系采用方块版筑法筑成，比目前国内发现的40余座龙山文化时期筑城的方法更先进，从而把采用这种夯筑技术的年代提前约1500年，并把我国古代原始筑城的起始年代，向前推移了800—1000年。这是目前考古学界的最新成果之一，人们期待有关这一发现的考古报告早日问世。

随着社会的演进、社会生产力和战争规模的发展，作为具有完整概念特征的筑城，便逐渐得到发展与完善。如西周的丰镐、东周的洛邑（史称王城），春秋战国时鲁国的曲阜（今属山东），齐国的临淄（今属山东），吴国的姑胥（今江苏苏州），秦朝的咸阳，汉朝的长安等。到唐宋时期已经基本上形成了以都邑为中心，以城墙为依托，突出重点，点线结合，综合配置的城墙城池式军事筑城体系。这一体系由如下几部分组成。

首先是城墙。城墙是围圈城邑的墙垣，从空中俯视，成封闭性的几何形状。大多数城墙高在四—六丈之间。在通常情况下，平地筑城的城高、城根壁厚、城顶壁厚三者之间的尺寸比例以4：2：1为最理想。不过这是在不考虑复杂地形和地质情况下的比例，大多数筑城都要因地制宜，按城址所在地的地形和地质情况加以调整。城墙的周长有长有短，小城数里，大城可达数十里甚至上百里。

其次是城门。城门平时是城内外的通道，战时是城防部队坚守的重点。通常方形城的每面城墙至少要开设一门，中型以上的城每面要开设二三处甚至多处城门。门用坚厚的大木制作，蒙以金属外皮，使之坚固难破，有的城门甚至有暗道机关。城门上建有单檐或多重檐的城楼，以便守城将领在战时登城瞭望敌情和指挥作战。

其三是瓮城。瓮城是增建于城门外的半圆形（或长方形）城，因其形似陶瓮而得名，又因其形似马面而又称为马面城，是增强城门防御韧性的军事建筑。也有的瓮城建筑于城门的内侧，如南京城聚宝门的内侧，就筑有三进内城。瓮城与正城门等高同厚，城墙的一侧或两侧开有偏门，既方便城内外通行，又不让城外的人直窥城内，具有屏障城门的作用。

其四是羊马墙。羊马墙是筑于城外离城墙十余步的城壕内岸之低矮挡墙，通常是与城门对应而筑，自城门向左右两侧延伸一定的距离。每段羊马墙都开有一道正对壕桥的门，其作用与城门类似。

其五是女墙。女墙是在各种城墙顶端外沿建筑的一种薄型挡墙，高约五尺，大致与士兵的身高相等，中间有发射箭镞的射孔。

其六是敌楼、战棚和弩台。这些都是在环城全线防御的基础上构筑的重点防御设施。这种设施，一般从城门开始向左右两侧延伸，每隔一定距离建筑一处（在城墙拐角处的敌楼称为团楼），每处可容士兵一二十人，并设置床弩、抛石机、滚木檑石等重型摧毁兵器和器械，构成重点防御，并与布列于女墙后面的士兵一起，形成点线结合、互相策应的防御体系。这一体系又与护城河、羊马墙、各城门和瓮城一起，形成了完整的城池防御体系。

其七是城壕。通常都在羊马墙外，挖有一道护城壕，有的作护城河。护城河面阔底窄，面阔在二丈以上，深约1丈左右。护城河的作用在于使敌军人马及大型攻城器械隔河而阻，不得直接城墙，具有阻滞敌军攻城的作用。

其八是壕桥。又称吊桥。平时作为城内外通过护城河的通道。战时可以悬空吊起或将其撤去，使攻城之敌难以通过护城河。

（2）万里长城和金长城

与封闭形都邑筑城不同的是带形筑城，也就是通常所说的长城。带形筑城起始于西周时期，当时的周王朝为防御北方游牧民族的袭扰，便在北方沿边修筑一些城堡，尔后又将这些城堡有机地联系起来，形成带形防御。春秋时期，一些诸侯国也仿效此法，开始在本国边界地域，建筑亭、燧、障、塞等设施，作为防御和传递信息的据点，尔后逐渐扩展，连结成带形城墙。战国时期，燕、赵、魏、秦、齐、楚等诸侯国，也建筑了规模不等的带形城墙。秦始皇统一六国后，于秦始皇三十三年（公元前 214 年）前后，派大将蒙恬率士卒、民夫和囚徒共 30·万人，费时 10 多年，筑成了西起临洮（今甘肃岷县境内），东至辽东的万里长城。秦灭亡以后，自汉至唐，有些朝代除修缮原有的长城外，还新筑了一些长城。宋元两代对长城修缮甚少。明朝在洪武元年至弘治十三年（公元 1368—1500 年）和嘉靖至明末（公元 1522—1644 年），曾对长城进行过两次大规模的修建、改建和扩建。现存长城大致是明朝修建后遗存于世的长城，全长约 12700 余里。

除万里长城外，金朝在灭亡辽朝和结束北宋统治后，也于金章宗昌明五年（公元儿 94 年），开始修建东起嫩江、西达河套的金长城。

为了增强带形城墙的防御韧性，历代中原王朝和金朝，也分别在万里长城和金长城沿线的各要点，修建各种守备设施，形成长城的防御体系。这体系由如下几部分构成：

首先是城墙。城墙是万里长城和金长城的主体，既与都邑的城墙有相似之处，又有一定的区别。以万里长城为例，除关城外，它不是圈围型的封闭结构，而是随地形的起伏，蜿蜒曲折地伸展于 12700 多里的国土上。它的构筑不像都邑城墙那样整齐划一，而是因各处地形的不同呈现出多种形态，有土筑墙、木筑墙、石垒墙、削壁墙、砖砌墙等多种形式，因此其守备设施也随城墙形式的不同而各有差异，有的建有女墙、垛口，有的则利用天然的悬崖峭壁而无须建筑人工守备设施。

其次是障城。障城是建于长城内侧的环形防御工事和驻有守军的支撑点，其规模的大小、分布的数量和密度，都视需要而定。

其三是烽火台。烽火台是为传递军情和紧急报警而建筑的土台，一般高 9—16 米，台基长 12.3 米，宽 10.5 米，呈梯台形，有阶梯通至台顶。台顶四周建有女墙和垛口，中央建有发烟灶（烧火池）和张挂灯笼旗帜用的高大柱杆。因常用狼粪烧烟，故又称"狼烟台"。如有敌情，白天发烟为燧，夜晚举火为烽，故又称"烽燧"。

其四是空心敌台。空心敌台系戚继光于明隆庆二年（公元 1568 年）到蓟镇主持练兵后所建。台内备有佛郎机、神枪和快枪等火绳枪炮，共建筑了 1489 座，大大提高了东起山海关西至灰口岭一线长城的守备能力和威严气势。

其五是障墙。障墙是为屏障山巅上的关城而建，是与主城墙成"十"字形正交的横隔墙，每隔一定距离建筑一道，大多建在主城墙相对高差变化较大之处。当攻城敌军从山脚下向上仰攻关城时，守军可通过障墙上的射孔射击敌军，使敌军在夺取每一道障墙时，都要付出重大代价。这是戚继光在提高长城守备能力的一大创造。

其六是战墙。这是在主城墙外侧 40—50 米处，利用山石垒砌筑的外墙，有的地方还筑有多道交错重叠的战墙，战墙壁上开有射孔，成为主城墙的前沿阵地，加大了主城墙的防御纵深。既消减了攻城敌军的有生力量，又迟滞了敌军的进攻，为主城墙守军创造了歼敌的条件。

其七是戍堡和边堡。戍堡是建筑在金长城内侧的城堡。又称壕堡。大多为正方形布局，周长约 60 丈，与主城墙等高同厚，用土夯筑而成，大多建筑在谷口和通道附近，相邻戍堡的间距为 6—22 里，战时可互相救援。边堡大多建筑在离金长城较远的小型城池,大多建在主要通道附近的平台或缓坡之处。其构筑方法和守备作用,与戍堡相同。

为了加强城防,古代的军事技术家们,除了建筑坚固的城郭和带形城墙外,还制造了各种守城器械和障碍器材。

(3)守城器械

守城器械是指在通用的兵器外,专门用于守备城池的器械。这些器械虽然种类繁多,但是就它们在守城战中的作用而言,大致可以分为反击式、侦听式、抵御式、撞击砸打式、烧灼式、灭火式等六大类器械(见图13)。

反击式守城器械主要有抛石机、床弩。

侦听式守城器械在宋代称瓮听,在明代称地听,两者所用的基本方法相同:当敌军前来攻城时,城内的守军便在主要通道上挖掘地穴如井,可深至二丈,尔后用蒙有生牛皮的崭新而无裂缝的陶瓮覆于井口,命听觉灵敏的士兵轮流值班,以耳贴陶瓮,倾听有无异样声音。因为如果敌军要想挖掘地道攻城,那么就会产生因挖掘地道而造成的振动声音,守城士兵听到后,即报告值班官员,在相应的地段,采取防御和反击的措施。

抵御式守城器械甚多,其中有张挂于垛口外侧的木幔、布幔、皮帘等,竖立于城墙上的竹立牌、木立牌、笓篱笆、皮竹笆、护城遮架等遮挡器械,以遮挡攻城敌军射来的箭镞和击砸的石块;有加强城门和城垛防御的插板、暗门、槎牌、塞门刀车、木女头和木女墙等,以便在城门、女墙被摧毁时,使用这些器械进行应急性的补救,阻止敌军从突破口冲入城内;有托阻敌军云梯近城的叉杆、抵篙等。

撞击砸打式守城器械,有撞毁敌军云梯和尖头木驴的撞车和铁撞木,有击砸敌军人马和攻城器械的各种檑木(包括夜叉檑、砖檑、泥檑、木檑、车脚檑)、奈何木、坠石、狼牙拍等。

烧灼式守城器械有铁火床、游火铁箱、行炉、猛火油柜、燕尾炬、飞炬、金火罐等,它们或以猛烈火焰、或以烧熔的铁汁烧灼敌军的人马和攻城器械。

灭火式守城器械有水囊、水袋、麻搭、唧筒、溜筒等。它们的作用是在敌军焚烧城门、城楼时,将火浇灭。

此外,还有一些特殊用途的守城器械,如钩取敌军士兵和器械的飞钩、铁提钩、绞车,供守城士兵上下城墙用的吊机、吊车、绳梯,抵御从地道中攻城的风扇车、土色毡帘等。

除专用于守城的器械外,障碍器材也大多用于守备坚城和要塞。

障碍器材有阻止敌军行动的铁蒺藜、拒马、鹿角木、挡蹄、地涩等。

铁蒺藜又名扎马钉,因其外形与蒺藜相似而得名。它有四个尖锐的刺锋,形如鸡爪,每个刺锋长四五厘米,中央有孔,可用绳穿联,以便携带和布撒。作战时,将其撒布在敌军必经之路和城郭周围的通道上,刺扎敌军人马。

拒马是一种可移动的木制障碍物。它用直径为二尺的大圆木为横杆,长短视需要而定。大圆木上做十字凿孔,安上数根一丈长的木杆,上端削尖,作为横杆的支架,设在城门、巷口和要道,阻止敌军人马的行动。

鹿角木是选择坚硬木料制成的,上多枒叉尖刺,形同鹿角,长数尺,埋入地中一尺多,专刺敌军战马之足。汉代开始使用,后来称它为鹿砦。

挡蹄是先用四根直径为七寸的大方木制成方框,框上钉有许多逆须钉,尔后将其放在敌骑通向城郭的必经之路上,使敌骑触钉而倒。

地涩是在一块木板上密钉许多刺钉的障碍器材,通常放在敌骑通向城郭的必经之路上,扎刺战马之足。

明代中期以后,地雷和水雷等爆炸性器材,也大量用于城郭和要塞守备之中。

在高大坚固的城郭面前,进攻者也并非无能为力。相反,中国古代的军事技术家,又制备了各种攻城器械。

(4)攻城器械

古代攻城器械虽然名目繁多,但是就其作用而言,可分为远距离攻击式、侦察瞭望式、接通式、遮挡式、抵近摧毁式、攀登式等六大类。

远距离攻击式器械有抛石机、床弩与火攻器具等。它们可以在较远的距离上抛射石块、发射箭镞、放纵带有火攻之物的火禽、火兽,杀伤守城士兵、摧毁和焚烧城防设施,为攻城士兵打开通路。火器广泛使用后,便在攻城战中发挥重要的作用。

侦察瞭望式攻城器械有巢车、楼车和望楼。据唐朝杜佑《通典·兵典》记载,巢车是在一种底框安有八轮的车上,树立一根长竿,"竿上安辘轳,以绳挽板屋止竿首,以窥城中。板屋方四尺,高五尺,有十二孔,四方别布,车可进退,环城而行。"因高竿上吊悬的板屋"如鸟之巢",故有其名。最早使用巢车的记载见于《左传·成公十六年(公元前 575 年)》,是年,晋楚两军战于鄢陵(今河南鄢陵西北),楚共王与太宰伯州犁,曾一起登上巢车观看晋军动向。楼车之名首见于《左传·宣公十五年(公元前 594 年)》,其时,楚军曾强迫俘获的晋使解扬登上楼车,向被围的宋人劝降。据晋杜预注称,楼车是"车上望橹",巢车是"车上为橹","橹"就是"楼"。由此可见,在春秋战国时期,巢车和楼车实际上是同一类侦察瞭望器械的不同名称而已。北宋庆历四年(公元 1044 年)刊行的《武经总要》,同时绘有巢车和楼车的图形和文字说明,并将楼车称作"望楼车",简称"望楼"。望楼是在一个长方形大木框下安置四轮,车上树望竿,竿上置望楼,竿下装转轴,并以六条绳索,分作三层,从六面将望竿固定,绳索底部用带环铁镢揳入地下。由此可见,宋代的望楼较巢车更为完备。

明朝人刘效祖在《四镇三关志》中,记载了一种新型望杆车。车座下安四轮,车座前端挡板上有两支枪锋伸出车外;车座中央树立一根大木柱,其上部用八根粗绳分扣于车座四角,用以固定;大木柱的顶部附近设有一个皮制的筒袋,可容一名士兵站立,士兵手执小旗,旗上有飘带;士兵在筒袋中可四向瞭望,观察敌情,并可挥动小旗向军中传递信号。这是迄今所见的第三种侦察瞭望器械。

接通式攻城器械有单面和双面壕桥车。攻城时,士兵将其推至城壕中,以车轮作架,支撑桥面,接通城壕的两岸,供攻城士兵和器械通过。桥长视壕阔而定,城壕过阔则加长桥面或将两座壕桥连接起来。

遮挡式攻城器械有大中小三种。大型的有木牛车、轒辒车、尖头木驴、狗脊洞子、牛皮洞子等。它们是在长方形的车座上建有长方形或山脊形木屋,外蒙牛皮,下安四轮,形同活动掩体。使用时,士兵将其推至城下,或者多车相连成地面通道,掩护士兵抵近城墙,进行攻城作业。中小型遮挡式器械有厚竹圈篷、半截船、木立牌、竹立牌、木幔、皮帘等,它们轻巧灵便,可掩护四五名士兵或单兵抵近城墙,进行攻城作战。

抵近摧毁式器械有地道支架和挖掘器械、鸦嘴钁等钻凿器械、钩状车等撞击器械、吕公车和对楼等高层攻城车。它们的作用是掘毁城基、破开城门、摧毁城楼、攻破城防,将坚固的城墙打开缺口,使攻城者穿隙而入,攻占坚城。其中吕公车是一种构造比较先进的高层攻城车,它创制于元末,有五层,高与城等,车座下安八轮,底层士兵踩轮前进,二层和三层士兵持械掘凿城墙,四层士兵持兵器攻城,五层士兵可直扑城顶,攻入城内。明代使用较多,《武备志》载有其图。

攀登式攻城器械有飞梯、蹑头飞梯、避檑木飞梯等轻便云梯,以及供多兵同时攀登的复合式车梯。单梯梯身狭窄,仅容单人鱼贯而上,士兵既要注意登梯,又要持械作战,容易失足坠地。车梯是车座与宽面梯组合的云梯,可供多名士兵同时攀登,增强了仰攻能力。车梯的样式很多,有行天桥、行女墙、翻梯云车、搭天桥等,它们的构造类似现在飞机场上登机用的舷梯。

在攻守城战中,双方都要综合使用各种兵器和器械,才能夺取胜利。在通常情况下,攻城部队携带各种攻城器械蜂拥而来,在距城数十丈处围城驻营,迅速架设远距离攻击器械,摧击城防设施;架设望楼、巢车,侦察瞭望城内军情,准备铺架壕桥,让部队通过护城河。守城部队在早已构筑坚固、设防充分的城防体系中,以羊马墙为第一道防线,利用反击式器械,摧击攻城部队的人马和器械,击砸敌军设置的抛石机、床弩阵地和望楼、巢车。同时抽起吊桥,阻止敌军通过护城河,消减攻城敌军的兵力兵器。如果第一道防线没有守住,那么攻城部队就可能迅速铺架壕桥,让士兵和攻城器械通过壕桥,向城墙接近。守城部队则以瓮城和城墙为第二道防线,利用弓弩和抛石机,向攻城敌军发射箭镞、石弹,击砸敌军人马,摧毁敌军各种攻城器械;同时以重兵坚守城门,并利用地听侦听敌军是否有挖掘地道进行攻城的动静,做好反击准备,如果守城部队未能阻止敌军接近城墙,则攻城部队便在轒辒车和各种活动掩体遮挡下挖掘城基、钻凿城壁,利用撞木撞击城门,架设各种云梯攀登城墙,利用吕公车和对楼等高层攻城车、塔直接登城,选择要点挖掘地道攻入城内。守城部队在此紧急情况下,便从城上推出托杆、抵篙,托阻云梯、对楼,使其不得贴附城墙;向城下击砸滚木檑石、喷浇烈焰铁汁.杀伤攻城士兵,毁烧攻城器械;通过竖井向地道内簸扇烟焰,熏灼从地道内攻入的敌军。如果守城部队坚守无效,又无救援部队,那么攻城者便能攻占坚城。如果守城者反击得力,又有救援部队从外围赶来,对攻城部队形成内外夹击之势,那么攻城者便会撤围而去,弄得不好还有全军被歼的危险。

古代利用各种攻守城器械进行攻守城战的精彩战例甚多,其中尤以蜀魏攻守陈仓之战、东西魏攻守玉壁之战、蒙金攻守居庸关之战、常遇春攻取衢州之战最为脍炙人口。

蜀魏攻守陈仓(今陕西宝鸡东)之战,发生于蜀汉建兴六年(公元 228 年)。是年十二月,诸葛亮得知魏军主力在石亭(今安徽潜山东北)败于东吴大将陆逊,陈仓守军仅有数千人的消息后,即率数万人复出祁山(今甘肃礼县东),围攻陈仓。陈仓守将郝昭率部坚守。诸葛亮劝降不成,便用云梯攻城;郝昭命魏军用火箭齐射云梯,烧死攀梯攻城的蜀兵。诸葛亮又用冲车攻城,魏军用绳索扣系大如磨盘的巨石将冲车砸毁。蜀军再用高达百尺的临车攻城,魏军再构筑双重女墙阻挡蜀军。诸葛亮又命蜀军挖地道攻城,魏军则在城内挖竖井击退蜀军。蜀军猛攻 20 多个昼夜,未能成功,诸葛亮被迫撤军。此战,攻城者虽猛,但守城者更坚,终于守住了坚城。

玉壁之战发生于东魏武定四年(公元 546 年)。是年九月,东魏丞相高欢率大军围攻玉壁(今山西稷山西南),西魏大将韦孝宽据城坚守。高欢所部先在城南堆土山攻城;韦孝宽便加高敌楼,破其攻城之术。高欢又命士兵挖地道攻城;韦部即在城内沿墙挖长堑、堆柴草,擒杀和焚烧高军。高欢再造抛石机,发石攻城;韦孝宽命部下缝布为幔,用竹竿悬挂于城上女墙外八尺之空中,石块击在布幔上,因受阻挡而纷纷落地。高欢再缚松脂于竹竿上,用火焚烧布幔;韦孝宽则命部下造铁钩长枪,钩断竹竿,松脂纷纷落地。高欢又命部下分别在城北和城东挖掘 10 道和 21 道地道进行强攻;韦孝宽即下令竖木栅阻敌。双方苦战六旬,高欢智穷力困,死伤七万多人,被迫撤退。

蒙金攻守居庸关之战发生于金至宁元年(公元 1213 年)七月。其时,蒙军由野狐岭突入,克怀来(今属河北)、缙山(今北京延庆),直抵居庸关北口(今北京八达岭)。金军精锐据关坚守,冶铁封固关门,布铁蒺藜百余里。成吉思汗见金军守备坚固,只留少数兵力在古北口牵制金军,自率主力由林中间道迂回南下,袭取紫荆关(今河北易县西南),攻克涿州(今河北涿州市);另派哲别率部从小道袭取南口;尔后南北夹击,夺取居庸关。这是采取避实击虚攻克坚城的著名战例。

常遇春进攻衢州之战发生于元至正十九年(公元 1359 年)九月。常遇春兵临衢州(今浙江衢江区)后,先命部下围其六门,尔后又建造与城等高的临冲吕公车、仙人桥、长木梯、懒龙爪等大型攻城器械,拥至城下攻城。同时,又于大西门城下掘地道通入城内。元军守将宋伯颜不花率部全力抵抗,用油脂灌入苇草束中,焚烧吕公车,架千斤钩钩毁懒龙爪,用长斧砍断木梯,筑夹城防止常遇春部挖掘地道。攻守城战进行得非常激烈。常遇春见强攻难取,便利用降将做内应,从小西门攻入城内,生擒宋伯颜不花,取得了胜利。

明代后期,由于枪炮等火器在攻守城战中的大量使用,上述许多笨重的攻守城器械便逐渐在战场上消失了。

(三) 火器

10 世纪末叶,我国北宋初的军事家,根据炼丹家在炼制丹药过程中曾经使用过的火药配方,配成最初的火药并制成火器用于作战,开创了人类战争史上火器与冷兵器并用的时代。从此以后,在刀光剑影的战场上,又出现了火器的爆炸声响与弥漫的硝烟。人类的作战方式,因火器的诞生而发生了巨大的变化。为了解开火器所产生的巨大威力的神奇之谜,我们还必须从火药及其发明、发展的历史说起。

1.火药

我国古代发明的火药,是用硝石、硫黄和木炭三种原料,经过均匀拌和而成的混合火药,点火后能迅速起燃和爆炸,并有大量的黑烟浓雾随之升腾,所以人们又称它为黑色火药或有烟火药。它的发明经历了一个漫长的历史过程,并为火器的创制奠定了基础。

(1)火药的发明

火药是怎样发明的呢? 历史发展证明,它不是个别天才人物灵机一动的产物,而是经过多少代人上千年努力的结果。早在公元前 6 世纪的春秋时期,有一个名叫计然的人,提到了硝石和硫磺的产地。他说"消[硝]石出陇道","石流磺[硫磺]出汉中"。在他的启示下,后来又有许多著述家,在药物典籍中列举了硝石和硫磺的更多产地。随着硝石和硫磺产地的不断发现,引起了药物学家和医家们的重视。他们几经试验,认为硝石和硫磺可作为医药使用。炼丹家得知硝石、硫磺的妙用后,便利用它们来炼制长生不老药。说也凑巧,炼丹家们在长期炼制丹药过程中,偶然发现了硝石和硫磺混合物的燃烧和爆炸现象。在这方面的最初试验者是晋代的炼丹家葛洪。他曾经把硝石、硫磺、玄胴肠(即猪大肠)和炭(此处是指含碳的有机物)放在一起合炼,生成一种自如冰的混合物氧化砷(As_2O_3)。如果在试验时所用硝石足够多,那么用火点燃这种生成物,就会发生爆炸。葛洪是否发现过这种现象呢? 他在自己的著作中没有说。不过他的炼丹活动,对火药的发明产生了积极的作用。

唐代的炼丹家继承并发展了前人的炼丹事业,采用一种伏火的方法,进行改变硝石和硫磺药物特性的试验,以避免发生火灾,并能炼制所需要的丹药。有一个名叫清虚子的炼丹家,他采用一种"伏火矾法",对硝石和硫磺进行伏火试验。他的方法是把二两硝粉、二两硫粉、三两马兜铃(一种含碳物质)粉,放入罐中均匀拌和,将罐埋入坑中,使罐口与地面取平。尔后用一块弹子大的火种(如烧红的木炭)放入罐中,结果烟焰从中升起。为了防止火力上冲,所以用四五层湿纸封住罐口。上面再用砖土压实。从伏火的全过程看,三种混合物是在缺氧的罐中燃烧的,而且烟焰上冲力很大。这说明,这种混合物在点火后是依靠自身释放的氧气进行燃烧的。后来人们就把这种能着火自燃的药料称作火药。清虚子采用的"伏火矾法",被记录在《太上圣祖金丹秘诀》中。此书刊印于唐宪宗元和三年(公元 808年),后来被辑入《铅汞甲庚至宝集成》卷二中。因此,可以说中国古代的炼丹家,至迟在公元 808 年已经配制成原始的火药了。所以人们常说,火药的发明当归功于古代的炼丹家。

炼丹家为求长生不老而发明的火药,经过 100 多年的改进,被北宋初的火器研制者和统兵将领冯继升、唐福、石普等人,创制成火球、火药箭等第一批初级火器,用于作战之中。《武经总要》记载了"火球火药方""蒺藜火球火药方""毒药烟球火药方"等世界上三个最早的火药配方。

火球火药方　其用料有：晋州硫磺 14 两、窝磺七两、焰硝二斤半、麻茹一两、干漆一两、砒磺一两、淀粉一两、竹茹一两、黄丹一两、黄蜡半两、清油一分、桐油半两、松脂 14 两、浓油一分。如果将这些物质按硝石、硫磺、含碳物进行分类归并，则硝石重 40 两，硫磺与窝磺共重 21 两，含碳物质共重 18.02 两，三者共重 79.02 两。它们的组配比率（即组成火药的原料硝石、硫磺、含碳物质，在火药中所占的百分比）分别是 50.6%、26.6%、22.8%。

蒺藜火球火药方其用料有：硫磺一斤四两、焰硝二斤半、粗炭末五两、沥青二两半、干漆二两半，捣为粉末；竹茹一两一分、麻茹一两一分，剪碎；用桐油和小油各二两半、蜡二两半，熔汁和之。其中硝石 40 两、硫磺 20 两、含碳物质 19.07 两，共重 79.07 两。它们的组配比率分别是 50%、25%、25%。

毒药烟球火药方球重五斤。用硫磺 15 两、草乌头五两、焰硝一斤 14 两、巴豆五两、狼毒五两、桐油二两半、小油二两半、木炭末五两、沥青二两半、砒霜二两、黄蜡一两、竹茹一两一分、麻茹一两一分，捣合为球。贯之以麻绳一条，长一丈二尺，重半斤，为绒子。其中硝石 30 两、硫磺 15 两、含碳物质 15.07 两，共重 60.07 两。它们的组配比率分别是 49.06%、24.8%、25.6%。草乌头、巴豆、狼毒、砒霜等四种含毒物质共 17 两。

上述三个火药配方，是以硝、硫、炭为基础，再掺杂一些其他物质组成的。按照这三种配方配制成的火药，再经过加工制成火球，就成为具有燃烧、发烟和散毒等战斗作用的火器。它们是中国古代劳动人民、药物学家、医学家、炼丹家，经过几百年甚至上千年的努力探索所取得的丰硕成果。它们的创制成功，标志我国火药发明阶段的结束，进入了由军事家制成火器用于作战的阶段，在兵器发展史上具有划时代的意义。但是，由于这三种火药中还含有较多的其他物料，所以还只能用作燃烧、发烟或散毒的初级火药，有待于在作战中不断改进和提高。

（2）明代后期火药的发展

自北宋初至明代后期的 500 多年中，初级火药所用原料的提炼和配制技术已有较大的改进和提高，所制火药不但品种多、质量高，而且作战用途也大有扩展。在明代后期的《纪效新书》《神器谱》《兵录》《武备志》《西法神机》《火攻挈要》等兵书与火器专著中，就记载了火绳枪炮发射弹丸用的火药配方六个，浸泡火绳用的火药配方一个，具有中医药配方特色的传统火药配方五六十个，可以说是应有尽有了。

火绳枪炮发射弹丸用的火药配方，具有三个共同特点：其

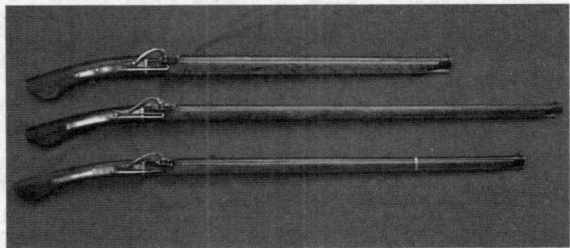

火绳枪

一是所用的原料只有硝、硫、炭三种，其余杂用物料都已剔除，硝的含量都已提高到

77%以上，所以它们的燃速快，威力大。其二是它们随着火铳区分为枪炮而分作枪用和炮用火药两大类。其三是这些火药配方中硝、硫、炭的组配比率，与欧洲同期所用发射火药的组配比率相似相近，是当时东西方火药配制技术交流情况的一种反映。

具有中医药配方特色的传统火药配方很多，它们大多是按照《武经总要》所载三个火药配方派生出来的。它们的组配方式大致有两大类：第一类是用硝、硫、炭的同种异性原料组配而成；第二类是以硝、硫、炭为主，加上其他原料组配而成。

在第一类火药中，有用硝石、木炭同硫磺，组配成燃烧效率较高的强燃烧火药；用硝石、木炭同进发力强的石磺，组配成爆炸力强的烈性火药；用硝石、木炭同有毒的砒磺，组配成毒性火药；用硝石、硫磺同容易着火的柳枝、茄稭、蜂窝、瓢壳烧成的炭粉，组配成引火药；用硝石、硫磺同燃烧力强的葫芦炭粉，组配成强燃烧火药；用硝石、硫磺同有进发力的箬（箬竹）叶炭粉，组配成爆裂火药。

第二类是在常用火药中，加入其他原料后组配成具有特殊战斗作用的派生火药。其中有：加入金针、碙沙（有毒）、制铁子、磁锋等原料，组配成能使人肌肤腐烂的"烂火药"；加入毒性原料草乌头、巴豆、雷藤、水马等原料，组配成使人说不出话来的"见血封喉药"；加入江子、常山、半夏、川磺等原料，组配成能喷射毒焰的"喷火药"；加入易燃物桐油、松香、豆粉等原料，组配成能烧夷敌军粮草和营寨的"飞火药"；加入猛火油（今称石油）等原料，组配成能燃烧湿物用于水战的火药；加入燃烧后能产生浓烈烟雾的狼粪等原料，组配成能昼生烟、夜发光的报警焰火；加入燃烧力强的江豚油、江豚骨、狼粪、艾肭等原料，组配成能在逆风中燃烧的"逆风火药"。如此等等，不一而足。还有人用歌赋的形式，把一些火药的制法、性能、用法和威力等内容，编成可歌可唱的诗句，既易懂易记，又便于使用。

上述各种火药配方，是我国明代火药研制者，利用硝、硫、炭和一些动物、植物、矿物、油料的特性，经过反复研究试验后得出的，是对古代火药发展所做出的独创性贡献。

明代后期的火药研制者，不但在实践上制造了各种精良的火药，而且对实践经验进行了认真的总结，使之上升为理性的认识，形成了我国古代火药独特的理论体系。他们用当时人们容易接受和理解的君臣佐使的伦理和中医配制药丸的做法，把硝、硫、炭分别称作君、臣、佐使，比喻硝在火药中的主导地位和硫、炭的辅佐作用。如果三者的提炼都很精纯，组配又很得当，那么在点火燃烧后就能得火攻之妙。反之，就会出现君昏臣弱，主导不明，辅佐不力，或臣下势大欺君，那么所配制的火药就不能发挥其战斗作用，甚至全然失效。与此同时，军事技术家赵士桢在其所著《神器谱》中，通过对日本和喷密国两种火药中所含硝的比例的测定，说明空气湿度的大小对所制火药干燥程度的影响：空气湿度大，火药容易吸湿转潮；含硝量过少，火药发射力不足。因此，他要求各地在配制火药时，要根据北方沿边和沿海的天气阴晴、雨量多少、干燥凉爽和炎热郁蒸程度的不同，备料制药。晴爽干燥之地，硝的含量可以提高；阴闷潮湿之处，硝的含量不可过多。这就好像秦国之民要遵守秦国之法一样，不可违背。只有这样，统兵者才可称得上用兵用器筹划周密、计算准确的将帅。明代后期火药研制者在火药理论上所取得的成果,当时在世界上也是独一无二的。

（3）火药的西传

我国古代发明的火药制成火器后,在蒙古军(元王朝建立后为元军)对外作战中,东传到朝鲜和日本,西传到阿拉伯和欧洲。其中西传的影响尤为巨大。

为什么说阿拉伯和欧洲的火药是从中国传去的呢? 这是有事实根据的。原来阿拉伯人在公元 1225 年之前,曾经写过一些兵书,其中虽然也提到一些冷兵器和用硫磺、油脂制造的火攻器具,但是还没有把硝用到火攻器具中。有一个名叫伊本·阿尔拜他的阿拉伯医生,曾经在公元 1225—1250 年之间,编写一本医学辞典《单约大全》。辞典中提到了一种名叫"中国雪"的药物。"中国雪"在埃及是对从中国传来的一种药物品名的称呼,现代阿拉伯文称"巴鲁得"(Baroud),其意为火药。公元 1280 年,叙利亚人哈桑在《马术和军事策略大全》中,提到了一种名为"飞火"的火药配方,配方中硝、硫、炭的比例是 10∶1∶3。书中还提到了"中国火轮""契丹花"等烟火名,明显地说明它们是受中国影响或是从中国直接流传过去的火药配方。

俄罗斯圣彼得堡博物馆存有一本 13 世纪末至 14 世纪初的阿拉伯文抄本,其中记有 1300 年字样,书中画有一幅阿拉伯人手持"马达法"(rnadfa)的图画。"马达法"是阿拉伯人使用的一种早期木制管形射击火器。日本的火器史研究者有马成甫在《火炮的起源及其流传》中说:"马达法"是沿袭中国金军使用的飞火枪、南宋军队使用的突火枪制成的,它们同属早期火枪系列。阿拉伯人在公元 1325 年使用"马达法"同西班牙人作战,14 世纪中叶,西班牙人把从阿拉伯人手中得到的"马达法"带到西欧,欧洲人即以其为样品,制成欧洲最早的管形射击火器手持枪(handgun)。

中国发明的火药与火器西传的历史事实,早已被世人所公认。但是西方还有人提出了一些关于火药发明的不同说法,然而由于它们不符合历史事实,已经被许多火器史学家的研究成果推翻。

2.燃烧性火器

燃烧性火器是首批创制的火器,是火药用于军事的标志。它们有早期的火球、火药箭,以及后来的喷筒、火攻车、火兽等。

（1）火球

《武经总要》记有八种:引火球、蒺藜火球、霹雳火球、烟球、毒药烟球、火球、铁嘴火鹞、竹火鹞等。前六种一般是先把制好的火药,同铁片等杀伤或致毒物拌和,然后用多层纸糊固成球形硬壳,壳外涂上易燃的引火之物,晒干后使用。使用时,先用烧红的烙锥将球壳烙透,然后将小的用手投掷,大的用抛石机抛射。当火球抛射至敌方后,燃着的球壳将球内的火药引燃发火,达到作战目的。铁嘴火鹞用薄板制成鹞身,头部安有铁嘴,尾部绑有秆草,火药装于尾中。竹火鹞用竹片制成灯笼形外壳,壳外糊纸数层,内装火药一斤,尾部绑草三五斤。使用时,先点着尾草或鹞身内火药,尔后用抛石机抛至敌方进行燃烧。

火球类火器制成后便常在战争中使用。北宋靖康元年(公元1126年)正月,金朝的东路军渡过黄河,围攻北宋的都城开封。尚书右丞李纲奉命部署战事,亲自登上咸丰门指挥宋军作战。他下令军中,如能用床弩与火炮(即火球)击中金兵者,给厚赏。又命令宋军利用夜暗时机,发霹雳炮(即霹雳火球)打击攻城金军。于是炮发火起。声如霹雳,金军被炮火烧乱了阵脚,惊叫不绝。金军攻城不下,便向宋廷索要大量金银财宝和割去一些土地后北撤而去。

当年闰十一月初,金军又卷土重来,分东西两路军第二次进攻开封,重点在城东。所用的攻城器械,除火梯、云梯、鹅车洞子、撞杆、钩杆及各种抛石机外,还使用了仿照宋军所制的火球、火药箭等火器。宋军也使用守城器械撞杆,撞倒金军的云梯;用火炬焚烧金军的攻城洞子。当金军挖地道攻城时,宋军对准地道挖竖井,并向地道内抛掷干草、蜡脂、毒药、火球等物,引起燃烧,产生烟焰,熏灼地道内的金军。金军被烧得焦头烂额,伤亡甚大。之后,金军又在城外"筑望台,度高百尺,下瞰城中,又飞火炮,燔楼橹"。在进攻宣化门时,金军"火炮如雨,箭尤不可计"。在金军猛攻下,北宋朝廷昏庸,迷信一个名叫郭京的人能以六甲神兵退敌,令其开城出战,金军乘势干当月二十五日攻破开封,灭亡了北宋。

南宋军民在抗金作战中,不但利用纸壳火球的燃烧作用,焚烧金军的人马和战具,而且把纸壳火球发展为初级爆炸性火器,直接用它炸击金军人马。据当时襄阳守将赵淳的幕客赵万年在《襄阳守城录》中记载,南宋宁宗开禧三年(公元1207年)二月,赵淳率领宋军,用霹雳炮坚守襄阳。当金军前来进攻时,宋军多次以霹雳炮爆炸伤敌。

第一次是赵淳率领守军千余人,利用半夜时分出击,以霹雳炮打击金军,金军惊慌失措,人马惊恐崩溃。

第二次是在金军攻城之时,赵淳下令城上守军擂鼓呐喊,并向攻城金军抛击霹雳炮,金军人马惊骇,不能继续攻城,被迫撤围而去。

第三次是赵淳乘雨夜天气,指挥3000名宋军,乘战船20多艘,船内满载霹雳炮与火药箭,潜驶到金军岸边的营寨,乘金军熟睡而没有防备的机会,突然向金军营寨抛击霹雳炮,发射火药箭,金军人马慌乱,自相践踏,官兵伤亡二三千人,战马死伤八九百匹。

到明代后期,火球的种类增多,若按作战用途区分,则有神火混元球、火弹、火妖等致毒火球;烧天猛火无栏炮、群蜂炮、大蜂窝火砖、火桶等燃烧和障碍性火球;万火飞沙神炮、风尘炮、天坠炮等烟幕和遮障性火球,这些火球在战争中配合枪炮使用,起着辅助作用。

(2)火药箭

火药箭是北宋初期创制的另一种初级火器,其制品有弓弩火药箭与火药鞭箭两种。弓弩火药箭是在一支普通箭镞的后部,绑附一个环绕箭杆的球形火药包,包皮用易燃物制成,内装火药,药量视弓弩大小而定。通常使用的是一种内装五两火药的桦皮羽箭。使用时,射手先点着火药包,然后将箭射至敌方粮草积聚上,在包皮引燃壳内火药后,即将粮草积聚焚烧。南宋高宗绍兴三十一年(公元 1161 年)八月,金军统帅完颜亮命工部尚书苏保衡与浙东道副使完颜郑家,率水师从海路直趋南宋都城临安(今浙江杭州),船行至胶州湾的松林岛时,遇风锚泊。南宋抗金名将浙西路马步军副总管李宝,已奉命率水军 3000 人,乘战船 120 艘,先于金军水师到达胶州湾的石臼岛附近锚泊,待机拦击南犯的金军水师。当李宝得知金军水师已到松林岛的消息后,即指挥水军乘顺风疾驶松林岛,向金军战船发射火药箭,抛掷火球。箭中船具后,烟焰旋起;火球所击,烈火腾飞。金军战船大多化为灰烬。最后,李宝又命壮士跃登残存的金军战船。金军主将完颜郑家也送了性命。

火药鞭箭因火药绑附于形似竹鞭的箭杆前部而得名,是利用竹竿制造的弹力装置发射的火药箭,多用于射高和攻城。

明代后期又创制了钉篷火箭与弓射火石榴箭。钉篷火箭在箭镞后部多安了一个喷火筒与一个倒须式铁刺头。当箭射中篷帆后,倒须如刺钉一般张开,使箭牢钉在篷帆上。同时,喷火筒开始喷射火焰,将敌船焚毁。弓射火石榴箭是在火药箭上附有一个倒钩,其施放与燃烧作用与钉篷火箭相似。

(3)喷筒

喷筒是喷射火焰焚烧敌军粮草、营寨和战船的管形喷射火器。首创于南宋初期,明代后期制品增多,主要有飞天喷筒、满天喷筒、毒龙神火喷筒等。

飞天喷筒长一尺五寸,用直径二寸的竹筒制成,筒外用麻绳缠紧,尾端安一根长五尺的手柄。装填药料时,先装一层炭多硝少的慢燃烧火药,次装一层喷射火药,再装一枚用硝石、硫磺、雄黄、樟脑等易燃和致毒物制成的火药饼。药饼两边有通火渠槽,并将火药饼压实。然后再依次按同样方法装填五枚药饼。如果装药量适当,火药饼可喷射至数十丈远的敌船上,将敌船焚毁。

满天喷筒用两节毛竹做成喷筒,内装火药和砒霜、胆矾、斗兰草、草乌头、大蒜等有毒性和刺激性的物质,外用胶布重裹。喷筒制成后,安在长枪头上,等待使用。这种喷筒多用于守城。守城战开始后,当敌军前来攀城攻打时,守城士兵即点燃火药,喷射火焰,烧灼和毒杀攻城敌军,是当时的一种守城利器。

毒龙神火喷筒是用一根三尺长的毛竹做筒身,内装毒性火药,尔后绑附于高秆之首,专门在攻城时使用。攻城战开始后,士兵把它持至城墙的垛口上,乘风点火,烧灼和毒杀守城士兵,尔后乘机攻入城内。

(4)火兽与火攻车类火器

火兽类火器一般是用轻便的木料制成兽形框架,并安上兽形头尾,涂上各种色彩,通常高三尺、长五尺二寸,四足有轮,里外用纸密封糊固。兽类火器的两耳放置发烟瓶,口内安有喷筒,左右胸各拴扣一个火铳,尔后用火线将它们之间互相串联起来。作战时,由士兵将其推至敌阵点火,于是两耳烟腾雾起,口中喷火吐焰,两胸侧火铳弹丸射出,敌人防不胜防,阵地顿时溃乱,进攻者可乘机取胜。

火攻车以车为运载工具,车上装运火药与火器。通常使用的有喷射毒剂和燃烧物的火龙卷地飞车、发射 40 支火箭的冲虏藏轮车、车上装有各种燃烧性火器的万全车等。

上述几种燃烧性火器,有的起源于宋代,有的初创于明代。一般说来,火兽与火车类火器构造新颖,机动性好,燃烧性火器多,效率高,是燃烧性火器进一步发展的标志。

3.爆炸性火器

这类火器是在纸壳火球的基础上发展起来的铁壳爆炸性火器,有早期的火炮,以及明代创制的地雷、水雷和各种爆炸弹。

(1)铁火炮

这是金军在12世纪末至13世纪初创制的铁壳火球。它的创制有一个颇有趣味的故事。据说在金大定二十九年(南宋淳熙十六年,公元1189年),在金军的占领地山西阳曲(今山西太原)北郑村,有个捕狐人铁李,在一个口小腹大的陶罐内装填许多火药,通火线于外,尔后把火药罐放在群狐出没之处,待狐狸接近时,即点爆火药罐,群狐受惊后纷纷乱逃,结果投入铁李预设的罗网中。铁李持斧将它们砍死,满载而归。金军受此启发后,创制了铁壳爆炸性火球,用于作战之中。南宋嘉定十四年(公元1221年),金军携铁火炮进攻蕲州(今湖北蕲春)。蕲州郡守李诚之和司理赵与裹率部坚守。攻城时,金军在城外环列抛石机,向城内抛击铁火炮;打到城顶上时,守城宋军中炮即死。有的士兵的头部和面庞都被削去一半;击中城楼时,城楼即被摧毁;打到居民住户时,居民伤亡甚多。经过25天的围攻,金军占领了蕲州。李诚之全家及僚佐全部死难,赵与裹全家15人也亡于战祸,他本人仅以身免,事后作《辛巳泣蕲录》,记载了这次战祸。

金军在使用铁火炮成功地攻占了蕲州后,又于金天兴元年(公元1232年),使用铁火炮成功地保卫了开封。当年,蒙古军在屡败金军之后又进逼开封。攻城时,蒙军在城外筑城围150里,用抛石机向城上抛射石弹、火球,同时建造了大型活动的掩体牛皮洞子,掩护士兵掘城。金军为破蒙军的牛皮洞子,从城上用铁索悬吊大型铁火炮震天雷,点燃火线后沿城壁下吊至蒙军掘城处爆炸。结果蒙军的牛皮洞子被炸得粉碎,掘城蒙军血肉横飞。蒙军因见强攻不下,便撤围而去。

到宋末元初,宋蒙双方都改进和发展了铁火炮,不但威力增大,而且种类增多,据文献记载,主要有合碗式、铁罐式、葫芦式、圆球式四种。

这些铁火炮都以铁为壳,从小孔中通出火线,点火爆炸后,铁壳碎片四散飞击,杀伤敌军人马和摧毁敌军战具。蒙(元)军在至元十一年(公元1274年)和十八年两次同日军作战时,也都使用了铁火炮。据日本的文献《八幡愚童训》记载说,蒙军第一次在日本登陆作战时,曾经使用过铁火炮。当铁火炮在日军中爆炸时,只见"火光闪闪,声震如雷,使人肝胆俱毁,眼昏耳聋,茫然不知所措"。《太平记》则说:蒙军"击鼓之后,兵刃相接,抛射出球形铁炮,沿山坡而下,形如车轮,声震如霹雳,光闪似雷电,日本兵被烧被害者多人,城上仓库着火,本应扑灭,但无暇顾及"。日本人从此才知道世界上已有人使用火器。

铁火炮经过改进和发展,扩大了用途,到明代后期制成了地雷、水雷和炸弹,用于水陆作战中。

（2）地雷

地雷是埋在地下的爆炸性火器，见于记载的最早的地雷，是明朝嘉靖二十五年至二十八年间（公元1546—1549年），由兵部侍郎曾铣，在总督陕西三边军务时组织人员制造的。不久，其他将领也竞相制造和使用。抗倭名将戚继光在镇守东部长城时，也大量制造地雷，布设在隘口要道或设伏地域内，加强守备。到万历年间，各种地雷纷纷问世，仅《武备志》就记载了10多种。雷壳材料有铁、石和陶瓷。引爆方式有踏发、绊发、拉发、点发、定时引发和戚继光所部创制的机械式引爆装置"钢轮发火"等。主要制品有炸炮、伏地冲天雷、无敌地雷炮和万弹地雷炮等等。

炸炮是用生铁制作的地雷，大小如碗，壳面留有装药口，装药后用木杵杵实，并在火药中插入一个小竹筒，从中通出一根火线。使用时，常将几个炸炮的火线串联，并接在一个机械触发式发火装置"钢轮发火"的火槽内，再从钢轮发火装置内通出一根长线，然后选择敌人必经之路挖坑埋设。若敌人踩绊长线，牵动钢轮发火装置，即发火爆炸。与炸炮类似的还有自犯炮和万弹地雷炮等。

伏地冲天雷是用火种引爆的地雷。火种装在盆内，放在雷壳上，从雷内通出的火线总联于盆上，靠近火种。盆面竖立几支长柄枪刀等兵器，然后用土盖平。当敌兵经过摇拔长柄枪刀时，盆内火种倒在火线上，将地雷引爆。

无敌地雷炮是点火引爆的球形铁壳地雷，大者装火药一斗，小者装火药三五升，装好后用坚木将雷口塞住，并从雷中通过竹筒引出三根火线，然后将地雷埋于敌必经之路上，竹竿口露向己方。待敌人进入雷区时，士兵点着火线，引爆地雷。

万弹地雷炮的雷壳好像一个坛子，内装火药，雷口用土填紧，留有一个小孔，从中通出火线。使用前，将雷体埋设于敌军必经之路，同时埋设钢轮发火机一个，与坛口引出的火线相接，其上用泥土与鹅卵石盖平，地面上安设一个与钢轮发火相连的绊索。当敌军人马触动钢轮发火时，即牵动发火机，引爆地雷，泥土与卵石乱飞，击杀敌军人马。

（3）水雷

水雷是置于水中的击穿性或爆炸性火器，创制于明代嘉靖年间，制品有水底雷、水底龙王炮和既济雷等。

水底雷是最早的击穿式水雷。明代右都御史唐顺之在《武编·火器》中记载，这种水雷是用一具名为大将军的火铳放在木箱内，用油灰粘缝，内藏火种，上用绳绊，下用三个铁锚坠之，埋伏于各港口。若敌船靠近，触动其机，则火铳将弹丸射出，击沉敌船。

水底龙王炮是一种定时引爆的水雷，雷壳用生铁制造，重约四至六斤，内装火药五至十升，雷口插信香一支，外壳包裹一层用牛脬制成的防渗浮囊，浮囊的顶端，用一条细长的羊肠，作为进入空气的通管，通到用鹅雁翎制成的水面浮筏上，使香火不至窒灭。水雷固着于木排上，用石块将其坠入水中悬游。所用信香的长短.要根据作战河段水流的速度和距敌之远近而定。作战前，通常是在夜间将信香点燃，然后顺流漂放，待接触敌船时，香烬药燃，水雷爆炸，敌船沉没。水底龙王炮不但对雷体制作的要求很高，而且选用了质量较好的慢燃烧信香，设计了巧妙的通气管道,考虑了河水的流速,是明代后期水雷研制者聪明才智的结晶。

既济雷是一种铁铸铳形水雷。雷体长一尺五寸,直径四寸,内装发射火药二斤和二斤重的铅弹一枚。从发射药中接出一根慢燃烧的药信至雷外,盘曲于雷体上,雷口加封黄蜡,尔后将雷钉在敌船船底上。一般击穿一船需用八个水雷。使用时,由潜水技能较高的水兵,把它们平均钉在敌船船底上。钉雷时,一并将药信点着,引燃发射火药,同时水兵迅速游离敌船。之后,铳中大铅弹射出,直接击穿敌船船底,使之沉毁。

（4）炸弹

这里所说的炸弹,不是现在用飞机投掷的炸弹,而是古代用石头和铁制成的爆炸弹,主要有石炮、万人敌和击贼神机石榴炮等。

石炮一般是在椭圆形石料上挖凿坑穴而成,坑穴内装填火药,火药中插一根苇管,从中通出火线,然后将其压实封固。石炮造价低廉,杀伤力较大。明代后期多在长城沿线就近取石制作,贮于垛口附近,炸杀来犯之敌。读者如果有幸去山海关一游,千万要到城楼上的兵器陈列室里,看看当年明军制作和使用的大小石炮。

万人敌是明代末期创制的一种用手投掷的炸弹,专供守城士兵使用。其制作方法是用湿泥制成空心球壳,晾干后向壳内装填有毒性和燃烧性的火药,并从中通出火线,然后将其装入木框或木桶中,以防止碎裂。当敌军前来攻城时,守城士兵即点燃火线,将其掷向城下爆炸,毒杀和焚烧攻城敌军。

击贼神机石榴炮是用生铁铸造的炸弹。它的形状像石榴,与碗一般大小,其作用类似现代的手榴弹。弹壳上留有一孔,以便向壳内装填致毒性火药与发烟剂。装药时先只装十分之六,尔后在其中放一个酒杯,杯内放置可以引火的火种。再用铁盖将炮口塞住,壳外涂上迷彩。使用时,或者把它抛到敌阵爆炸;或者把它放在路旁,让敌军人马踩踏,使炮内的火种受震起火,引起爆炸。由于炮内装有致毒的火药,因而使敌人中毒,毒坏喉咙和眼睛,失去战斗能力。

4. 火箭

这里说的火箭,既不同于宋代以前的纵火箭,也不同于宋代的火药箭,而是一种利用火药燃烧后所产生的气体反冲力推进的火箭。这种火箭在发射和飞行原理上,与现代火箭是一致的。早在北宋时期,我国就有人自发地运用这一原理,制成了能够高飞的"起火"（又称"流星"）。明建文二年（公元 1400 年）四月,燕王朱棣所率领的部队,在白沟河（流经今河北省）同明政府军作战时,被政府军使用的多发齐射式火箭"一窝蜂",射杀许多士兵。这是我国史书上关于使用喷气式火箭进行作战的最早记载。到明代后期,各种单级和二级火箭频频问世,竞相争奇斗胜,形成了我国古代火箭发展的高潮时期。

（1）单级火箭

单级火箭有单发和多发两大类。单发火箭每次只射出一箭,多发火箭每次可射出几支几十支甚至上百支箭。单发火箭有下列几种发射方式。

其一是架射式火箭。其制品有戚继光所部使用的飞刀箭、飞剑箭、飞枪箭等

"三飞箭"。它们用长六一七尺、粗五一七分的坚硬荆木作箭杆,镞长五寸,横阔八分,其锋坚利,能穿透敌兵的铠甲;箭镞后部绑附一个长七一八寸、粗七寸的火药筒,筒尾通出火线;箭尾有保持箭身在飞行时平衡的羽翎。水战时,将箭身安于竖立在船舷的架上点火发射。陆战时,既可将箭身安于竖立在地面上的叉形兵器锐的头部点火发射,又可用火箭载于火箭车上,随军机动,遇敌即点火发射,给敌以重大杀伤。因此,"三飞箭"是戚家军杀敌制胜的利器之一。

其二是槽射式火箭。这种火箭放在特制的滑槽上发射。这种滑槽又称"火箭溜",是明代火器研制家赵士桢所创,它能使火箭按预定的方向和高度飞行,提高了命中精度,具有现代火箭导轨的作用。

其三是有翼式火箭。这类火箭有神火飞鸦与飞空击贼震天雷两种。神火飞鸦在构造上属于多火药筒并联式火箭。鸦身内装火药,背上钻孔,从中通出四根一尺多长的火线,并与鸦腹下斜插的四支起飞火箭的火线相连,然后用上好的绵纸将鸦身糊固,安上鸦形头尾与两翅,如飞行空中之势。使用时,先点燃四支起飞火箭,驱动鸦身飞行。飞抵目标时,起飞火箭的火线引燃鸦腹中的火线,使火药燃烧,焚烧目的物。

飞空击贼震天雷用篾竹编成,直径约三寸半,上安两翅,雷身内部装填爆炸性火药与几支涂有毒箭的棱角,中间安装一个用纸制作的长约二寸的喷筒,用火线与雷身内装填的易爆药相连,外用十几层纸糊固。这种火箭多用于攻城。攻城时。士兵顺风点火,喷筒内喷出火药燃气,将其推至城上爆炸,顿时烟飞雾障,棱角扎人,是一种攻城的利器。

这两种火箭的一个重要进步,是将单级喷气火箭运载冷兵器进行的个体杀伤,发展为运载装药火器进行群体杀伤与破阵攻城的火箭,扩展了火箭的作战用途和增强了火箭的战斗威力。

多发齐射火箭。一般是将装有火药筒的多支火箭,安置于一个口大底小的火箭桶中,桶内有分层箭格板,每格插一箭,然后把它们的火线集束一处,通出桶外。使用时,将火线点着,众箭齐发,提高了杀伤效率。它们的制品有三只虎钺(三支箭)、五虎出穴和小五虎箭(各五支箭)、一窝蜂箭(32支箭,即前文提到的明军在白沟河之战中使用的火箭)、群豹横奔箭(40支箭)、群鹰逐兔箭(60支箭)、百虎齐奔箭(100支箭)等10多种。

(2)二级火箭

二级火箭的制品有火龙出水与飞空沙筒。火龙出水的箭身由运载火箭加战斗部火箭组成。形如龙腹式的箭身用五尺长的上好毛竹制成,前端安上木雕的龙头,尾部安上木雕的龙尾,龙腹内安有多支火箭,龙口呈昂张形态,便于龙腹内的火箭从口中喷出。龙头和龙尾的两侧,各安一支半斤重的起飞火箭,箭镞后部各附一个火药筒,箭尾有平衡翎。装配时,先将四支起飞火箭的火线并联,然后再同龙腹内所安火药筒的火线串联。这种火箭大多用于水上作战。作战时,在离水面三一四尺高处点燃四支起飞火箭的药线,将火箭推进二一三里,当四支起飞火箭的药线燃尽时,恰好点着龙腹内火箭的火线,将火箭射向目标,杀伤敌军官兵。

飞空沙筒是一种用后可以返回的二级火箭。箭身用薄竹片制,连火药筒共长七尺。供起飞和返回用的两个火药筒,互相颠倒绑附于箭身前端的两侧。起飞用的火药筒喷口向后,其上连接另一个长七寸,直径七分的火药筒,内装燃烧性火药与特制的毒沙,筒顶上安几根薄型倒须枪,构成战斗部。返回用的火药筒喷口向前。三个火药筒依次相连,尔后将火箭放在"火箭溜"上待射。使用时,先点燃起飞火箭的火线,对准敌船发射,用倒须枪刺扎在篷帆上。接着,作为战斗部的火药筒喷射火焰与毒沙。焚烧敌船船具。当敌船上士兵想要救火时,因毒沙迷目,难以入手。在火焰与毒沙喷完时,返回火箭的火线被点燃,引着筒内火药,借助产生的火药燃气反冲力,将飞空沙筒反向推进,使火箭返回。最早记载飞空沙筒的是兵书《武编》,系右都御史唐顺之所著,刊印于嘉靖三十九年(公元1560年),时称"飞空神沙火",《武备志》转载后改称现名。由此可见,我们的祖先在1560年以前,就已经掌握了二级火箭的制造和发射技术了,它为现代火箭的创制,提供了有益的启示,是我们的祖先对火箭技术发展所做出的重大贡献。

5.火枪

火枪是管形火器的最初制品,创制于南宋时期,其标志性产品有长竹竿火枪、飞火枪、突火枪三种。它们是初级燃烧性火器向管射系列火器过渡阶段的制品,为火器向高级阶段的发展奠定了基础。

(1)长竹竿火枪

说到长竹竿火枪,人们就会想起它的创制者陈规和德安守城战的故事。陈规,字元则,山东密州安丘(今山东诸城)人,建炎元年(公元1127年)任德安(今湖北安陆)知府,是力主抗金的地方官员。他从受任到绍兴二年(公元1132年)之间,全力加强城防,准备抗金。不料在绍兴二年六月,有一股被金军战败后的宋军转而为盗,前来劫掠德安。为了进行攻城,他们制备了一种高三丈五尺、阔二丈、底盘长六丈,上分三层的大型攻城器械——天桥,准备攻城。天桥的四面都蒙上牛皮、厚毡,遮挡矢石,士兵可从后面分三层登桥攻城。陈规一面用干竹、柴草及300多头火牛准备火攻,同时又用"火炮药造下长竹竿火枪二十余条",待机焚烧天桥。当这股军队猛烈攻城时,陈规乘天桥在被填的壕面上倾陷之机,一面指挥士兵推柴草至天桥下焚烧,一面又组织一支由60人编成的长竹竿火枪队,自德安城西门冲出,点着枪内火药,喷出火焰,烧着天桥,天桥很快化为灰烬。其余守军也采用各种方式打退乱军的进攻,取得了德安守城战的胜利。陈规也因此成为创制和最早使用管形火器的军事技术家。

(2)飞火枪

陈规创制的长竹竿火枪,由于枪身长大,需要三人使用一支,单兵难以使用。时隔百年之后,金军士兵使用的飞火枪终于问世。飞火枪在长枪头部后面绑附一个火药筒,筒身用16层上好的敕黄纸糊成,长二尺多,内装火药与铁屑等物,有火捻从中通出。作战时,士兵持枪一支。带铁罐一个,内藏火源,用以点着枪内火药,火焰可喷出一丈多远,烧灼敌兵。飞火枪小巧轻便,利于单兵手持,因其可将火焰喷射至一丈多远,故有飞火枪之名。飞火枪创制后,金军将其视为秘密武器,用以对付蒙军的进攻。南宋绍定六年(公元1233年)正月,金军将领崔立在南京(今河南开封)战败,向蒙古军献城投降。金哀宗已在绍定五年十二月,率领少数臣僚和将士逃往归德(今河南商丘市南)。蒙军亦尾追而至。金忠孝军将领蒲察官奴,秘密准备火枪、战具,准备袭击蒙军。绍定六年五月五日,蒲察官奴率450名忠孝军,编成飞火枪队,夜袭蒙军兵营。蒙军从梦中惊醒,一时手足无措,金军450支飞火枪火焰齐喷,营房四下火起,蒙军纷纷溃逃,慌乱中跌入河中淹死者有3500多人。金军焚烧了蒙军的营寨,取得了夜袭蒙军的胜利。

金军创制的飞火枪,枪小而轻,便于单兵携带,能独立作战,既可喷射火焰烧灼一丈多远的敌军士兵,又能在火焰喷射完毕后,用锋利的枪头刺敌。这是我国兵器发展史上第一次装备集群士兵作战的单兵火枪,也是最早的一种单兵两用火枪。它的创制和使用,标志着我国单兵火枪的正式诞生。

(3)突火枪

飞火枪虽能喷焰灼敌,但还不能用发射物击杀敌军。南宋开庆元年(公元1259年),寿春府(今安徽寿县)地方的抗金军民,制成了能用发射物直接击杀敌军的突火枪。此枪以巨竹为枪筒,筒内装填火药与子窠(一种最早的弹丸)。使用时,士兵点燃火药,射出子窠,击杀敌人,响声传闻甚远。由于这种枪是在火药燃烧后气体突然膨胀而将弹丸射出的,因而被称为突火枪。突火枪已经具备管形射击火器的三个条件:一是枪筒,可用它装填火药与弹丸;二是火药,可用它将弹丸射出;三是子窠,可用它击杀敌人。突火枪创制之事,历来受到各国火器史研究者的重视,称道它是后世枪炮的鼻祖。

6.手铳

手铳是一种小型火铳,系单兵手持式金属管形射击火器,初创于元代,极盛于明代前期。

(1)元代创制的手铳

最近几十年来,文物考古部门搜集到好几件出土和传世的元代手铳,它们大多制于13世纪末至14世纪初,而制于元代至正辛卯年(至正十一年,公元1351年)的手铳,则是元代手铳的代表性制品。由于元手铳比突火枪具有较多的优点,因而被元军和元末农民起义军广泛应用。元至正十四年,元廷派淮东宣慰使纳速刺丁率部进攻张士诚的反元军队。作战中,其部曾"发火箭(即铳)火镞",射杀张士诚部下许多人。至正二十四年,元朝上都留守兼开平府尹达礼麻识理,曾指挥一支"火铳十五相联"的部队,进行内战。至正二十六年十月,朱元璋的部将徐达在进攻平江时,曾在城外架设火铳,攻击城内的张士诚部。

(2)明洪武手铳

明洪武手铳是洪武年间制造的手铳,是朱元璋部队在元末农民起义战争中所用手铳的后继制品,明王朝建立后得到迅速的发展,成为明初作战和加强城寨营垒守备的重要兵器。最近几十年,全国各地的文物考古部门,收藏了几十件出土的洪

·军事武器·

图文珍藏版

武手铳实物。同元手铳相比,洪武手铳制造工艺精细、表面光滑、管壁厚薄均匀、外形美观,口径为 20—22 厘米、误差不超过二毫米;长度 40—44 厘米,误差小于四厘米。

洪武手铳的表面大多刻有铭文,其内容大致包括手铳的制造单位、制造地点、监造官的职衔,设计和制造手铳的军匠、民匠、教匠、教师的姓名,习学军匠、习学军人的姓名,还有手铳的重量和制造年月等。如 1971 年在内蒙古自治区托克托县出土的一件手铳上,就刻有"凤阳行府监造官镇抚孙英教匠谢阿佛军匠华孝顺三斤半洪武十年月日造"等字。这些内容基本上反映了当时制造手铳的组织机构、主要成员等有关情况。

洪武手铳的大量制造,为明军在作战中的使用创造了条件。明洪武二十一年(公元 1388 年)三月,云南麓川宣慰使思伦法,率部 30 万袭扰定边。明廷立即派西平侯沐英前往平定。沐英接受命令后,亲自选拔精锐骑兵三万,昼夜兼程 15 天,赶到前线。沐英先派 300 名轻骑兵前往挑战。沐英在旁观战,只见思伦法所部以象兵为前阵,步骑随后作战。沐英认为这种阵法落后,不便于机动作战。于是沐英传令军中,到明天再战时,将火铳兵、神机箭兵分为三行,平行排列于阵前的中间部位。只要对方象兵出战,第一行的士兵就一起发射火铳与神机箭;如果对方不退,第二行的火铳与神机箭便一起发射;如果对方还没有退,那么第三行的火铳与神机箭便一起发射。第二天,明军便按沐英的部署列阵待战。作战开始后,思伦法所部果然骑群象冲突而来。明军阵中第一列火铳与神机箭兵一起猛射象兵。射毕后,即从军阵的两侧退到后队装填弹、箭,准备再射。与此同时,明军第二列火铳与神机箭一起上前继续齐射。如此再三。思伦法的象兵大多被铳弹与火箭射中,大象惊恐,纷纷转头奔走,全队溃乱。明军乘势追击,将思伦法的营栅捣毁,取得了胜利。这一战,明军创造了在野战中使用多排火铳齐射敌军的战术。这种战术一直沿袭到 19 世纪中叶击针枪创造和使用之前。过去人们一直认为这种战术是 18 世纪末至 19 世纪初拿破仑在战争时创造的。历史证明,这不过是一种误传。

（3）明永乐手铳

永乐朝廷为了进行战争和加强国防建设的需要,大力发展手铳制造事业,使手铳得到长足的发展。从出土实物看,永乐手铳比洪武手铳又有许多改进。首先,造铳工艺更为精细,口径为 14—15 毫米,误差不超过一毫米;长度为 35—36 厘米,误差小于一厘米;铳身小巧灵便,士兵容易携带。其次,构造更为合理,铳壁前薄后厚,在外形上前细后粗,这是因为火药在药室内燃烧后,铳管后部靠近药室,所受的膛压大,所以铳壁要厚些;铳管前部离药室较远,所受的膛压小,所以铳壁可以薄一些。其三,在火铳的火门外增加了一个活动盖,用时可以打开,不用时可以关闭,以保持药室中的火药处于洁净、干燥的待发状态。其四,增配了一个定量的装药匙,使每次装填的火药量相等,保证弹丸射出后的威力和发射时的安全。

永乐年以后至嘉靖年以前的手铳,都按规格制造和刻制铭文。在已经出土的永乐型手铳中,都用一个汉字为首进行编号,现在已经发现有以天、胜、英、奇、功、神、电等字为首进行编号的手铳,它们都由兵仗局和军器局制造。若把已经出土的各种编号最大的手铳数加在一起,可以估算出当时至少已经制成手铳 178400 支,成为明军主要的武器之一。

据文献记载,除上述手铳外,还有单兵使用的其他一些手铳,如无敌手铳、快枪、连子铳、一窝蜂等,它们各有特色,成为明军的辅助装备。

由于永乐手铳数量增加、质量明显提高,所以在作战中的使用也更加普遍,火铳与冷兵器相结合的战术也得到了进一步的发展。

明永乐四年(公元 1406 年)七月,永乐皇帝因为安南当局阴谋杀害明朝的使臣,遂决定用兵交趾。十月,新城侯张辅、西平侯沐英等统率步骑兵、舟师,以及神机将军程宽、朱贵所部的神机枪炮兵出师交趾。十二月,明军进攻多邦城,交趾兵身背大盾,骑着大象出战。张辅即令神机将军罗文等,率领神机枪炮兵从侧翼猛射,大象多中铳箭,惊恐吼叫,向后奔逃,交趾兵大败。明军夺取了多邦城。这是明军创造的以神机枪炮兵夺取坚城的著名战例。

自从神机营在永乐七年(公元 1409 年)底至永乐八年初创建之后,便成为随同皇帝出征的战略机动部队。永乐十二二年,朱棣率领 50 万明军进行第二次亲征漠北之战,神机营作为主力部队随同出征。六月初七日,明军进抵忽兰忽失温(今蒙古乌兰巴托南),同袭扰明朝边地的蒙古贵族势力马哈木所部作战。马哈木率部众 3 万抵抗。朱棣命宁阳侯陈懋等率部攻其右,丰城侯李彬率部攻其左,安远侯柳升率神机营攻其中。作战开始后,柳升即以神机枪炮齐射马哈木部的中路,毙杀其骑兵数百。马哈木部混乱溃退,阵线被突破。柳升在中路取胜后,又以神机枪炮齐射马部左右两翼。朱棣也乘势指挥明军步骑兵追歼逃敌。马哈木部连夜向北逃窜。此战是明军在沙漠战中,以神机枪炮战胜蒙古骑兵的著名战例。

火铳在守城战中击退攻城之敌的著名战例,当数明朝兵部尚书于谦指挥的北京保卫战。明正统十四年(公元 1449 年)八月,蒙古瓦剌贵族也先率部南掠至土木堡(今河北怀来县东南),明英宗朱祁镇所率领的 50 万明军被歼,随行大臣 50 余人遇难,朱祁镇本人被俘,也先乘势进攻北京。九月二十一日,于谦升任兵部尚书,奉命保卫北京,京师总兵石亨协助指挥。于谦接受命令后,即严令诸将备战,加固城防,在北京城的九门及要地架设火铳,神机各营也待命参战。十月上旬,也先率 12 万大军分东西两路进逼北京。于谦命令守城明军 22 万人全部开出九门外待敌,并同石亨重点守御德胜门。十一日,也先攻西直门受挫后转攻德胜门。于谦早已指挥神机营埋伏在德胜门外的村落之间,并以小股精骑挑战,引诱敌军至设伏地域。刹那间,神机营都督范广指挥部下突起猛射,敌军骑兵死伤万余人,其余九万人也四散溃逃,也先之弟孛罗及其平章卯那孩被枪炮弹射死。与此同时,明军在西直门、彰仪门及城外街巷,也都用神机枪炮射敌。也先因伤亡惨重,不敢再战,于十五日夜晚仓皇撤军而去。于谦指挥明军乘势追击,将其逐出塞外。这次守城战所用火铳之多,新的守城战术之熟练,是明代前期各次守城战所无法比拟的。至今人们仍在当年居庸关外的战场上,经常发现明军使用的火铳。

(4)多管和多发手铳

为了提高火铳的射击速度和射弹量,明朝自嘉靖年间(公元 1522—1566 年)

起，还创制了多管和多发手铳，它们自二管至36管不等，可连射或齐射二发至上百发弹丸，是明代后期手铳发展的一个重要方向。它们的构造形式有四种。其一是用各支单管手铳互相平行绕轴加固而成，共用一根手柄，每铳各有火门，点火后可连射或齐射，这类手铳的制品最多。其中有二管的夹把铳、飞天神火毒龙枪，三管的三眼铳，四管的四眼铳，五管的五排枪，七管的七星铳，十管的子母百弹铳等。其二是由两支单铳背向安置于一根长柄的两头，铳口向外，射毕一头再射另一头。其三是在一支较长的铳管上，分段开出火门和装填火药，作战时自前至后，依次发射；如十眼铳就是在一支五尺长的铳管上，以中间一尺实体为分界线，其余两端各长二尺为铳管，每端平分五节，每节长四寸，内装火药与弹丸，作战时先依次射毕一端的五发弹丸，尔后再发射另一端的五发弹丸。其四是将多支单铳安于一个车轮式转盘上，进行转动式发射的多管铳；如车轮炮就是将36支单铳，附着在一个车轮式圆盘的18根辐条上，进行转动式发射的多管铳。有的多管铳还可以一铳多用，如夹把铳在弹丸射出后，可用枪锋刺敌；三眼铳的弹丸射毕后，可将三支铳管作铳头击敌。

明代前期的手铳虽然得到了长足的发展，多管和多发铳也屡有创制，但是由于点火方式落后，射击费时，发展受到限制，因而在欧洲的火绳枪传入以后，便退居次要地位。

7.火绳枪

15世纪，欧洲火器研制者制成枪管安有准星、照门，采用火绳点火发射的火绳枪。16世纪初叶，这种枪传入日本和中国。明代的军器局和兵仗局称其为鸟铳、鸟嘴铳和鸟枪，并进行仿制和改制，制成了鸟铳等各种火绳枪。

（1）鸟铳

鸟铳由铳管、准星、照门、扳机、铳床、弯形铳托等部分构成，用火绳点火发射。

鸟铳的扳机形似金属弯钩，一端固定在铳托上，另一端是夹钳火绳的龙头形机头，简称龙头。发射时，射手先点燃火绳作火源，然后扣动扳机，龙头下旋，火绳头落入药室中点着火药，将弹丸射出。

由于鸟铳管前有准星，后有照门，并安有弯形枪托，所以射手在射击时将面部的一侧贴近铳托，运用"三点一线"的射击原理进行射击：即以一目对照门，通过照门瞄视准星，以准星对准目标，用左手托铳，右手扣动扳机，将弹丸射出。尔后再装填弹药，进行连续射击，因而提高了射速和命中精度，增大了射程和杀伤力，明代人说它能射百步之远。由于鸟铳远比手铳优越，所以明朝的兵仗局在嘉靖三十七年（公元1558年），采用精炼的钢铁，制成一万支鸟铳，装备明军使用。此后，军工部门便组织火器研制者，进行不断的研究，制成了子母铳等各种新型的火绳枪。

（2）子母铳

子母铳是由母铳和子铳构成的单兵火绳枪，大约自明嘉靖四十年（公元1561年）开始使用。母铳管的长短粗细、铳床、弯形铳托、扳机，以及主要附件，基本上与鸟铳相似。按当时规定，每支鸟铳配四支子铳。子铳长七寸，重一斤，安有一个小铁牌作为挈手用。铁牌上开有一个小孔,与母铳管前端的准星对准,并与母铳管尾部的照门相配称。子铳口与母铳槽相衔必须紧密,以防发射后火药烟气外泄,熏伤射手。母铳管的前端还可配装短剑一把,剑身长一尺三寸,柄长五寸,口开曲眼,平时装在木函内,当短剑插在管口上时,曲眼正对准星,全铳连剑共长五尺。发射时,将四支子铳轮流装入母铳中,依次射击,射速大为提高。如果子铳用完,则将短剑插上,同敌拼杀。因此,子母铳实为我国最早装配制式枪刺的单兵枪。

（3）噜密铳

噜密是 16 世纪奥托曼帝国的领土,在今土耳其境内,明代称其为鲁迷或鲁密。噜密铳就是当时土耳其军队装备的一种火绳枪,明代万历年间传入我国。火器研制家赵士桢在明万历二十六年（公元 1598 年）仿制成功。铳身长六七尺,重六至八斤,尾部有钢制短刀一把。其基本构造与鸟铳相似,但扳机有所改进。噜密铳的扳机和机轨分别用铜和钢片制成,厚若铜钱。机头与机轨都安在铳把上,并在贴近发机处安置一个一寸多长的小钢片,以增加弹性,使扳机能够捏之则落,射毕弹起,具有较好的回弹性。噜密铳装填的火药较多,威力大于同时期欧洲的火绳枪,而且比日本的火绳枪轻,所以明廷军工部门大量仿制,装备明军使用。据徐光启在明天启元年（公元 1621 年）二月十七日奏称,他在组织明军训练时,曾领取 2000 支噜密铳,经过几个月的使用,只有几支损坏,其余都完好如初,是一种质量较好的火绳枪。

为了能使明军较好地掌握噜密铳的射击方法,赵士桢还把他从噜密国掌管火器的官员朵思麻处获得的射击程序,全部刊印在《神器谱》中,并附有图形加以说明。其程序为:首先是倒铳药,即把火药从药罐倒入药管中,每管药恰好发射一弹;其次是装铳药,即把药管中的火药从铳口倒入铳膛中;其三是实药装弹,即用搠（清刷枪膛用的细长杆）杖将装入铳膛内的火药压实、压紧,然后取出弹丸装入铳膛,用搠杖将弹丸压入火药中,使弹丸射出有力;其四是着门药,即把发射药罐中的火药从火门倒入药室中,直到装满为止,以使发射药与铳膛内的火药相接,尔后将火门盖盖上;其五是着火绳,即把火绳放入扳机的龙头式夹钳内,准备点火。在上述装填程序完成后,射手即处于听令待发状态,根据临战时的双方位置,选取不同的射击姿势。其中有:蹲跪式射姿,即敌在低洼我在高处时,便踞前脚,跪后脚,左手托铳,右手腋节拄膝盖,铳尾紧夹在右腋下,进行瞄准射击;立式射姿,即敌在高地我处低洼时,前脚稍挺直,后脚稍蹁,不偏不斜,举枪对敌,进行瞄准射击;十几步内近战射姿,即在距敌较近,已来不及瞄准,只需将铳尾紧倚右胸肋之上、奶头之下,左手托铳,右手扣机,进行应急射击;五六步内近战射姿,即在距敌很近,已来不及点燃火绳,便直接从火门点火,进行临急射击。上述装填过程和射击姿势,基本上适用于当时所使用的各种单管火绳枪,具有鲜明的时代特色。它对我们了解当年火绳枪的使用有重要的作用。

（4）掣电铳

掣电铳全长六尺多,重六斤。其形似火绳枪,适合单兵使用;由于备有子铳,故可轮流发射,这是赵士桢取欧洲火绳枪和小型佛郎机之长而制成的一种火绳枪。

· 军事武器 ·

图文珍藏版

其母铳管安于铳床上,每支母铳配五个子铳。子铳长六寸,重十两,开有火门,内装火药与弹丸,平时装于皮袋中,每袋可装四个。从构造特点看,掣电铳是赵士桢所创火绳枪中性能最好的一种。

除上述火绳枪外,明代后期还有剑枪、大追风枪,以及赵士桢创制的鹰扬铳、三长铳、震叠铳等火绳枪,它们都各有特点,争胜于一时。

(5)兵丁鸟枪

兵丁鸟枪是清朝前期(即鸦片战争前)清军使用的一种火绳枪,枪管用铁制造,枪长 2013 毫米,铁弹丸重一钱,装药三钱,木托下安 330 毫米的叉脚。满汉八旗士兵用黄色枪托,汉军用绿色枪托。兵丁鸟枪使用年代较长,但在枪身的形制构造与发火装置上都没有改进,在鸦片战争中,其落后之处已暴露无遗。

(6)抬枪

抬枪出现于清道光年间,又称二人抬和抬炮。据耆英在清道光二十一年(公元 1841 年)三月称,当时使用的抬枪长 7.5 尺,木鞘长五尺,装填火药 3.5 两,发射五钱重的铅丸,由二人用火绳点火发射,射程约 300 步(每步约五尺),射速每分钟一发。可见抬枪实际上是一种重型火绳枪,至今山海关城楼上还陈列着当年清军使用过的一种抬枪。

8.燧发枪

燧发枪是利用燧石枪机点火发射的枪。初创于 16 世纪 20 年代的德国。17 世纪初,法国率先使用燧发枪。之后,其他国家也先后使用燧发枪。明末火器研制者毕懋康于崇祯八年(公元 1635 年)刊印的《军器图说》中,首次介绍了燧发枪,当时称作自生火铳。这种枪是将火绳枪用火绳点火的装置,改进为用燧石发火的装置。它是在发火装置上安置一块燧石,发射时,由射手扣动扳机,安装于扳机上的龙头下击,同燧石摩击生火,火星落入药室中,使火药燃烧,产生气体推力,将弹丸射出。燧发枪的优点有二,其一是不怕风雨,其二是不要事先点火,只要在使用时连续扣动扳机。摩击燧石,便可连续发射。燧发枪的创制和推广使用,使单兵枪又产生了一次更新。我国对燧发枪的研制并不算晚,但由于没有受到足够的重视,所以直到康熙年间,才被用作皇帝打猎的御用枪。

(1)连珠火铳

连珠火铳的创制及其形制构造特点,已在本书发展简史篇中做了阐述,请参见该节内容。

(2)康熙御用自来火二号枪

这是专为康熙皇帝打猎行围制造的一种燧发枪。全枪长 4.1 尺,枪管长 2.7 尺,口径三分。枪管前端安有准星,后部设有照门,安于特制的枪床上,采用转轮式枪机。发射时,先用钥匙将轮弦上满绞紧,然后扣动扳机,轮弦遂急速松动,轮机即快捷旋转,摩击燧石,溅出火星,落入药室中,点燃火药,将弹丸射出。这是迄今所见传世实物中最早的一种燧发枪。

(3)直槽式燧发枪

此枪因在枪膛内开有几根直槽而得名。北京故宫博物院内存有实物,经过测量,枪长为1500毫米、管长1065毫米、口径16毫米。枪管上有准星、照门,膛内刻制的直槽减少了弹丸与膛壁的摩擦,有利于从枪口装填弹丸,也便于在发射后清除残存于膛内的火药残渣。为了避免火药燃气从直槽内的缝隙中泄出,所以又在弹丸外部包裹松软的织物,使之起某种程度的紧塞作用。

（4）击发式燧发枪

北京故宫博物院内存有实物,经过测量,枪长为1185毫米、管长880毫米、口径17毫米。枪机的龙头上夹钳一块燧石,燧石前竖有火镰,火镰同时具有火门盖的作用。发射时,先扳起龙头,使压簧被制动锁控制,与扳机相属。扣动扳机后,龙头下旋,燧石与火镰猛烈撞击,溅出火星,把火药点着,将弹丸射出。

9. 轻型火炮

轻型火炮的前身是元代和明初的盏口铳与碗口铳,到清代已发展成多种形式。

（1）盏口铳

盏口铳的口部像古代人喝酒所用的酒盏,所以当时人们就给它这样一个名称。它由酒盏形铳口部、铳膛、药室和尾部构成。中国历史博物馆藏有一门元至顺三年（公元1332年）制造的盏口铳。铳身全长353毫米、口径105毫米,重约七公斤。铳口部较大,可安放较大的石制和铁制球形弹丸。铳膛呈直筒形,药室微鼓,开有火门,尾部两侧壁各有一个方孔,可横穿一轴,便于提运和将铳身安于架上发射。铳身刻有

盏口铳

“至顺三年二月十四日绥边讨寇军第三百号马山”等字,从铳身铭文内容和形体大小看,这类火铳在当时大多为守备关隘之用。

（2）碗口铳

由于这种火铳的口部形状像一个大碗,所以明代火器研制者便称它为碗口铳。它在构造上与盏口铳大同小异,在元末明初时已经用于作战。在已经搜集到的六门实物中,铳身大多刻有铭文,其中年代最早的一门系由明代铸钱机构宝源局制于明洪武五年（公元1372年）。它们的长度为315—520毫米、口径100—119毫米,重量为8.35—26.5公斤。碗口铳大多装备水军战船和沿边沿海各要隘和要塞的守备部队使用。

除上述六门碗口铳外,还有一种与碗口铳构造相似的大型铳炮,这就是1988年4月1日在山东省蓬莱县马格庄乡营子村出土的一对大铳炮。炮身刻有“莱州卫莱字七号大炮筒重一百二十斤　洪武八年二月　日宝源局造”等字（另一门除“九号”“一百二十一斤”两处不同外,其余刻字全同）。经测定,炮身全长630毫

米，口径 230 毫米，重 73.5 公斤，是已经出土的最大的一对碗口铳。炮身刻字表明它们是莱州卫所装备的大型碗口铳。莱州卫建于明洪武二年（公元 1369 年），濒临莱州湾，东邻登州卫，是明初沿海防御倭寇袭扰的要地。明洪武八年（公元 1375 年），朱元璋采纳山东都指挥使周房的建议，在莱州卫建立八个总寨，下辖 48 个小寨。这两门大铳炮，似为当时建立莱州卫总寨时，由宝源局所铸。这是明太祖朱元璋增造战船与铳炮，并在沿海建成"陆具步兵，水具战舰"的战略防御体系的重大举措之一。

（3）明洪武大铁炮

这类大铁炮在历史文献上没有记载，出土的实物也很少，除了山西省博物馆收藏的三门实物外，其他地方至今都没有发现。这三门铁炮的炮身全长一米、口径 210 毫米，两侧安有提柄，各长 160 毫米。炮身刻有"大明洪武十年……平阳卫铸造"等字。说明它们是当年山西平阳卫的制品，是守备关城所用的一种较大的铁制火炮。

（4）虎蹲炮

这种火炮的外形像猛虎蹲地，因此人们就给它这个美称。是戚继光于嘉靖年间在东南沿海剿捕倭寇时，组织部下研制而成。炮身全长二尺、重 36 斤，前后有五六道宽铁箍，口端有铁爪铁绊，可用铁钉固于地上，以便消减发射时产生的后座力。这种火炮多用于控扼险要之地，一发能射上百枚小弹丸，是杀伤密集进攻之敌的利器。由于炮身轻巧，便于机动，适合在山林水网地带作战使用。戚继光在明隆庆二年（公元 1568 年）调到蓟镇练兵时，又用虎蹲炮装备骑兵营，成为很好的骑兵炮。至今尚有一门保存较好的实物，其上刻有"崇祯四年十月　日　铸成匠赵士英　虎蹲炮第二十位重四十九斤六两"等字，口径 40 毫米、全长 350 毫米、壁厚 24 毫米，总体构造与《练兵实纪杂集·军器解》中所刊载的图片相似。

（5）发射爆炸弹的火炮

这类火炮大多制于明嘉靖年间，制品较多，主要有毒火飞炮、铁棒雷飞炮、轰天霹雳猛火炮，以及火兽布地雷炮、八面旋风吐雾轰雷炮等七八种。它们装填有较多的发射火药与一枚铁壳爆炸弹。这种爆炸弹内装有较多的毒性或强燃烧性火药，有火药线从弹壳通出并与药室内的发射火药相连。发射前，先将装好弹药的炮身安于炮架上。发射时，用点火物点着药室内的发射火药，随着发射火药的燃烧，从弹中通出的火药线点着，并将炮弹射出炮膛。当炮弹射至敌阵后，弹中的火药线引燃火药，将炮弹炸裂，既能毒杀和焚烧敌军人马，又可以炮弹的破片击杀敌军人马。

（6）神机炮

这是明初装备神机营的小型将军炮，到明末已退居为辅助性火炮。这类火炮的出土实物较多，山海关城楼至今仍陈列着好几门。它们的长度为 600—900 毫米、口径为 55—85 毫米，炮身的铭文表明，它们大多制于明崇祯十四年（公元 1641 年）前后。此时明军与后金军之间的战争正在激烈进行，这些火炮都是为战争的急需而制造的，多为关外和守卫北京的明军所使用。清军沿用到鸦片战争前。

（7）清代的轻型火炮

清代通常把400斤以下的火炮列为轻型火炮,主要制品有龙炮、威远将军炮、回炮、神枢炮。龙炮制于康熙年间,有三种规格,长4.5—7尺、重80—370斤、弹重5.2—16两,大多安于炮车上发射,一般只有在皇帝亲征时才配发使用。威远将军炮制于康熙末期,炮身长约三尺、重140—170斤,发射15—19两重的铅弹,是清军装备较多的一种火炮。回炮用铁制造,长五尺,有七道箍,可架于鞍木上用骆驼驮载。神枢炮在构造形式与使用方法上,与当时的神机炮相类似。

10. 重型火炮

重型火炮由轻型火炮发展而来,明代前期已有少数地方使用,后期逐渐增多。它们的特点在于使用了炮车,提高了机动性,增强了摧毁威力。其中比较著名的有大将军炮、攻戎炮、千子雷炮、百子连珠炮等。

(1) 大将军炮

大将军炮起用于明代中期,王鸣鹤在《登坛必究》中说,此类炮多用于边关守备,发射时"若迅雷不及掩耳,其威莫测,其机最神"。工部尚书叶梦熊指出:"塞上火器之大者,莫过于大将军。"大将军有大中小三类,分别发射七斤、五斤、三斤重的铅制弹丸。最初多为固定式,用于守备隘口。后来用车运载,进行机动作战。大将军炮的实物较多,至今在山海关城楼上还陈列着一门已经锈蚀的铁制大将军炮。

(2) 攻戎炮

此炮安于双轮炮车上,车上有一个用榆槐木挖凿而成的车箱,炮身嵌置在车箱中,用五道铁箍同车箱固连,车箱两侧各有两个铁锚,发射时将铁锚钩在地上,以固定炮车,减少后座力。

(3) 千子雷炮

炮管用铜制造,长一尺八寸,口径五寸,内装火药六分、弹丸二三升。炮身用铁箍箍于四轮车上,车前端有挡板,可隐蔽炮身。待敌接近时,即去板射击,使敌猝不及防。

(4) 百子连珠炮

炮管用精铜熔铸,长四尺,内装火药一升五盒,前部开有一孔,通过孔口可安一个装弹嘴,通过装弹嘴,一次能向管内装填上百枚弹丸,然后安于坚木架上发射。炮管后部的尾轴,可调整射角和射界。

自明代中期起,许多重型火炮都已用炮车运载,因而提高了火炮的机动性,增强了火炮在作战中的地位和作用。

11. 短管炮

短管炮是近代臼炮或迫击炮的前身,它射出_的炮弹弹道弯曲,主要用于杀伤城墙和高大建筑物后面的敌军有生力量,摧毁敌军的装备和设防工事,是佯攻高城和山寨、石碉的有力武器。其主要制品有清代的威远炮和冲天炮。它们的名称虽然不同,但其基本构造和使用方法是一致的。

威远炮即威远将军炮,炮长二尺三寸,重750斤,外形粗短,状若仰钟。北京故宫博物院收藏有清康熙二十九年（公元1690年）制造的一门威远将军炮，长二尺三寸，口径七寸一分，重560斤，发射30斤重的炮弹，弹内装火药三斤，用四轮车运载。其长度和重量与文献记载相近。炮身所刻的铭文表明，此炮是当时造办处的枪炮作在景山制造的。这种火炮的射程远近，由装药量的多少和炮身俯仰角的大小而定。

12.佛郎机炮

佛郎机炮简称佛郎机，原是葡萄牙、西班牙、德国、意大利、英国等国家，在15世纪制造的一种子母管配用的火炮。所谓母管即通常所说的炮管，子管即事先装填好弹药的子炮。这种炮用火绳点火发射，有的用作舰炮。明正德十二年（公元1517年）。刑部尚书顾应祥在广州城外锚泊的葡萄牙舰船上，见到了这种舰炮。明嘉靖元年（公元1522年），明军在广东新会的西草湾之战中缴获了这种舰炮。由于它是最早传入我国的用火绳点火发射的火炮，比明军所用的大型火铳具有较多的优越性，所以明廷军器局和兵仗局经过研究后，在嘉靖二年（公元1523年）就仿制了32门，发给驻边部队使用。嘉靖八九年间，都察院右都御史汪鋐，两次上书朝廷，请求大量制造，用以改善北边的守备设施。朝廷批准了汪鋐的建议，并由军器局和兵仗局开始制造。在制造过程中，由于火器研制者和工匠能发挥巧思，举一反三，制成大中小各种样式的佛郎机，使其成为中国古代火器中一个有机的组成部分。它的制品很多，既见于各种文献的记载，又有许多实物印证。

（1）戚继光著作中记载的佛邮机

戚继光在《练兵实纪·佛郎机图》中，记载了母铳长为五尺、四尺、三尺半、三尺、二尺半、二尺等六种规格的佛郎机，它们各附有九个子铳。前三种为大型，次二种为中型，最后一种为小型。大型佛郎机用于装备战船和边关隘口，中型佛郎机载于车上，可随军进行机动作战，小型佛郎机可当作单兵枪使用。上述六种佛郎机都可以在出土实物中找到相应的制品。

（2）《明会典》中记载的佛郎机

在记载明代典章制度的典籍《明会典·火器》中，收录了较多类型的佛郎机。其中有大型佛郎机、中型佛郎机、小型佛郎机、马上（即骑兵用）佛郎机、佛郎机流星炮、连珠佛郎机等。除连珠佛郎机外，其他各种佛郎机都能找到相应的出土实物。这些实物，除少数外，都是兵仗局在嘉靖年间（公元1522—1566年）的制品，一般都有编号。从部分出土佛郎机的编号序数看，它们的实际制造量，要比《明会典》记载的多得多。如《明会典》所记马上佛郎机的制造数量是1100门，而出土的"胜"字号马上佛郎机的编号，已经达到7861号，多出6860门以上。因此，出土实物可以补充文献记载的遗漏。

（3）明代制造的其他佛郎机

主要有改制的无敌大将军炮，以及翁万达制造的百出佛郎机、万胜佛郎机。

无敌大将军炮，是用旧式重型将军炮改制的一种佛郎机式车载重型火炮，每门配子炮三个。使用时，先在炮身下面垫放木块，以调整炮身的俯仰角，尔后将子炮嵌入无敌大将军炮的装弹室中,对准目标,进行发射。射毕一发,再换装一个子炮,可依次连装连发。每发子炮中装有 500 枚小铅丸,射出后弹着面宽,杀伤威力大。无敌大将军炮全重 1050 斤,行军时需要用一辆大型炮车载运。无敌大将军炮,是我国明代最早将火绳点火装置和佛郎机的构造形式,移植于我国古代旧式火炮的一种尝试,它为旧式火炮的改造开辟了一个新的途径。

百出佛郎机是翁万达在明嘉靖二十五年(公元 1546 年)创制的一种子母铳配合使用的单兵枪,母铳长三四尺,配子铳 10 个。母铳与子铳之间用驻榫扣住,使铳身在倒提或俯射时,子铳不会滑落。同时,在母铳的铳口还可安置一个六寸长的戈形叉锋,具有枪刺的作用。万胜佛郎机与百出佛郎机的使用方法大致相同。

除翁万达设计制造的两种佛郎机式单兵枪外,还有前文介绍过的子母铳、掣电铳、三长铳,也都属于佛郎机式单兵枪。由此可见,明代后期的火器研制者,在及时采用世界先进技术方面,所取得的成就是十分显著的。

(4)清代制造的佛郎机

主要制品有奇炮和子母炮。

奇炮制于清康熙二十四年(公元 1685 年),母炮长五尺五寸六分,重 30 斤,配子炮四个。子炮内装填火药若干及二两半铅弹一枚。发射时,将母炮安于三角架上,从后部装入子炮,用向下微曲的尾柄调整射角,进行发射。北京故宫博物院内,藏有一门传世的奇炮,其基本情况与文献的记载相吻合。

子母炮制于清代前期,有粗细两类。粗者长五尺三寸,重 95 斤,前细后粗,尾盖像一个覆盖着的斗笠;全身有五道箍,两侧各有一个炮耳,炮管下部有一个插销,便于将炮身插在炮车座上发射;炮管后部有一个敞口装弹室,用于装填子炮;子炮重八斤,每门母炮配子炮五个,可连装连射。炮管细长者称木把子母炮,长五尺八寸,重 85 斤,炮尾有一个木柄,木柄后部俯曲,可用它调整射角。炮身用铁销安插在平板四轮车上,可推挽而行。北京故宫博物院内,藏有一门传世的木把子母炮,其基本情况与文献的记载相吻合。

佛郎机虽然是最早传入我国的一种用火绳点火发射的火炮,对明嘉靖至万历年间火炮的更新起了一定的推动作用,但是由于它采用子母管组合使用的方式,子炮的装药量不可能太多,因此威力的提高受到限制。当威力更大的红夷炮传入我国后,它便退居于次要地位了。

13.红夷炮

红夷炮是明末对欧洲所用长管加农炮的通称。16 世纪,英国与荷兰已用它作舰炮。公元 1620 年,有一艘装备这种舰炮的英国舰船,在澳门附近海域搁浅,葡萄牙当局将舰上装备的 30 门舰炮据为己有。明廷在天启年间先后购买了这 30 门西洋大炮。据李之藻称,有一种西洋火炮的管长有一丈多,口径三寸,重 3000—5000 斤,发射三四斤重的炮弹,附有射表,可安于车进行旋转发射,具有"折巨木,透坚城,攻无不摧"的威力。

明崇祯年间,明廷委派徐元启、李之藻和汤若望等中外军事技术家,按照它的形制构造制成 500 门。一些地方的统兵大员也捐资制造了许多红夷炮,作为抗击后金.军之用。后金天聪五年(公元 1631 年),在皇太极的推动下,后金兵器制造部门也制成了第一门红衣炮。清军入关以后的 80 年中,继续制造大小各型红衣炮,多达 900 余门,形成红衣炮系列的火炮,装备清军各部使用,一直延续到鸦片战争时期。因此,可以说红夷炮是中国明末清初的火器研制者,在融合东西方火炮制造技术后,所制最后一个系列的古代火炮,在中国古代兵器发展史上具有重要的地位。

红夷炮同包括佛郎机在内的各种古代火炮相比,在设计上比较先进,它以口径的尺寸为基数,按一定的比例倍数,设计火炮的管长、壁厚、炮耳的长度和直径等各个部分,因而结构合理,使火炮具有身管长,弹道低伸,管壁厚,安全可靠,射程远,命中精度高等优点。明末清初制造的红夷炮,至今还有不少实物在一些地方收藏着。

(1)现存的明末红夷炮

现存的明末红夷炮在各地多有所见,其中山海关、中国历史博物馆、山西省博物馆等处收藏的红夷炮,至今保存完好,成为珍贵的文物。山海关城墙上陈列的一门铁制红夷炮,炮身铭文尚可辨别的字迹有"大明崇祯十六年 仲春吉旦铸造 神威大将军一位 重五百斤……"。可见此炮制于明王朝灭亡的前一年。经过实测,炮身全长 278 厘米、口径 10 厘米、炮口至耳轴中线长 143 厘米、炮口到火门长 227厘米、炮耳长 13 厘米、炮耳直径 11 厘米。可能是当年安于山海关城墙上的重型守城炮。

此外,中国历史博物馆藏有明崇祯十二年(公元 1639 年)制造的一门红夷炮,重 5400 斤,其上刻有"钦命总督军门洪承畴 钦命总督高起潜……"等字。河北省石家庄市发现一门红夷炮,其上刻有"崇祯戊寅岁仲夏吉日捐助制造红夷大炮 总督军务卢象升……"等字。山西省博物馆也收藏了由卢象升等文武官员,捐资制造的两门红夷炮,炮身的铭文与上一门相同。这说明这三门火炮都是卢象升等文武官员,在明崇祯戊寅年(明崇祯十一年,公元 1638 年)制造的。据《明史·卢象升传》记载,崇祯十一年,清军分三路南下,卢象升分兵迎战。但因兵部尚书杨嗣昌、总监中官高起潜主和,故意按兵不动。十二月,卢象升被迫孤军奋战,在巨鹿(今属河北)蒿水桥之战中,炮尽矢竭,献身沙场。这些火炮,是卢象升当年抗清的见证。

(2)清代制造的红衣炮

红衣炮是清代前期制造的一种系列火炮,它起始于后金天聪五年(公元 1631年)制造的天佑助威大将军炮,接着又制成神威大将军等火炮。清军在 1644 年入关后,所制红衣炮的数量增多,其中比较著名的有神威无敌大将军炮、威远将军炮、武成永固大将军炮,此外还有神功将军炮、得胜将军炮、制胜将军炮等。

神威无敌大将军炮是大型攻城炮,制于清康熙十五年(公元 1676 年),共有 52门。《清朝文献通考》记载了它们的尺寸。1975 年 5 月,齐齐哈尔建华机械厂工人,在该厂发现一门清军在雅克萨之战中使用过的"神威无敌大将军炮"。炮身除口沿外,前细后粗,底盖如覆盂,上有球形尾珠,近炮底处有一个方形火门,炮身中部两侧各横出一个炮耳。炮口与底部正上方分别有准星和照门,炮身有五道箍,半腰留有一条合缝线,似为铸炮痕迹。炮身保存完好,未见炮车。炮膛底部尚遗留一枚铁铸球形实弹。经测量:炮长 248 厘米、口径 11 厘米、炮口外径 27.5 厘米、炮底径 34.5 厘米,重 100 公斤。炮弹直径 9 厘米,重 5.4 公斤,与《清朝文献通考》中所载的小型神威无敌大将军炮的尺寸相近。炮身用满汉文字刻有"神威无敌大将军大清康熙十五年三月二日造"等字,与文献记载的完全相同。此炮在清康熙二十四年(公元 1685 年)和二十五年收复雅克萨之战中,发挥了重要作用。

威远将军炮是清朝所制造的一种红衣炮,制于清康熙五十七年(公元 1718年)。山海关城楼上陈列有两门,炮身长 101 厘米和 100 厘米,口径四厘米和五厘米,口径外侧有唇沿,炮管前细后粗,底盖如覆盂,盖上有球珠,后部两侧各有炮耳横出,炮身下部有大插销,便于将炮安在架上。炮身刻有满、汉文"大清康熙五十七年　景山内御制威远将军　总管景山炮鸟枪　监造赵昌　监造官员外郎张绳祖笔帖式西尔格　工部员外郎实相　笔帖式康格　匠役李文德"。故宫博物院内也藏有一门大小与刻字基本相同的威远将军炮。炮身所刻匠役李文德之名,在清康熙二十九年至五十七年间(公元 1690—1718 年)所造的火炮中屡有出现,足见他是当年火炮的主要制造者,其功在总监、总管之上。

武成永固大将军炮是一种长管红衣炮,制于清康熙二十八年(公元 168.9 年),钦定其名,共有 61 门,重 3600—7000 斤,长 9.75—12 尺,口径 3.8—4.9 寸,弹重 10—12 斤,装药 5—10 斤,用铁轴炮车运载。《钦定大清会典图·武备》刊有此炮的图形,炮身用满汉文字刻有"武成永固大将军"等字。中国历史博物馆藏有一门,与文献所载相似,至今保存完好。经实测:炮身长 330 厘米,口径 16 厘米,重约 5 000 公斤,弹重 10 公斤,装药五公斤,是一种车载攻城炮。日本的箱崎八幡宫也藏有一门武成永固大将军炮。

康熙以后,自雍正至道光年间,清朝所制大中型火炮,基本上仍是红衣炮系列的火炮。

二、现代枪械

(一)54 式手枪

中国 54 式 7.62 毫米手枪是我国仿制苏联 TT1930/1933 式手枪的产品,于 1954 年定型,至今仍装备部队。是我国生产和装备量最大的手枪。

54 式手枪的自动方式采用枪管短后座式;闭锁方式采用枪管摆动式,保险装置为击锤保险,该枪还设有空仓挂机机构。

54 式手枪所使用的枪弹是中国 51 式 7.62X25 毫米手枪弹。

54 式手枪无手动保险,仅设有机锤半待击保险。

54式手枪的退弹过程比较简单,弹匣扣位于握把左侧、扳机后方。卸去弹匣,后拉套筒,退出枪弹,通过抛壳窗检查弹膛,释放套筒,扣动扳机。

技术数据

口径:7.62 毫米;
全枪长:196 毫米;
枪宽:30 毫米;
枪高:128.5 毫米;
枪管长:116 毫米;
全枪重:840 克;
瞄准基线长:156 毫米;
初速:420—440 米/秒;
膛线:4 条,右旋;
弹匣容弹量:8 发;
平均最大膛压:1850~2100 公斤/平方厘米;
初速:420 米/秒;
射速:30 发/分;
规定寿命:3000 发;
射程:50 米;
弹匣容量:8 发;
通条一根。用以擦拭枪膛。平时固定在枪套侧面;
枪套:装枪及备用弹匣;
枪弹盒:分两格,每格装枪弹 20 发,共 40 发;
背带:便于携带枪套及枪弹盒;
保险带:将手枪系在射手的腰带上,以防手枪丢失;
弹匣:一个。

发展历史

中国的军用手枪的历史也很长,在抗战时期和国共内战除了十几万支毛瑟军用手枪(盒子炮以外),还有一部分美国和苏联援助的手枪,当然也有少量缴获的日本垃圾南部手枪(俗称王八盒子)。

在抗战时,由于初期和中期国军火力太弱,毛瑟手枪还是起到了很好的作用,一定程度上弥补了近距离连射武器的不足。

内战结束后,中国当时的装备可以称得上是万国造。其中步枪口径多达 11 种,枪弹和枪械种类更是多达数十种。作为一个新建的大国,实现军队武器的制式化和自产化当然是首当其冲的事情。

朝鲜战争中,勇敢志愿军士兵拿着五花八门的武器和严重不足的弹药,和武装到牙齿的美韩联军血战数年。虽然一度打得美军狼狈溃败,但是因为火力的差异和空军的几乎全无,志愿军遭受的相当大的伤亡。其中就弹药一项,就有日式,苏式,美式,国式等四五个国家的各种弹药,造成后勤方面严重的困难。

在整个朝鲜战争中,志愿军有百分之四十的弹药缺口只能通过战前缴获获得,白白牺牲了很多的生命。这些更推动中国武器自产化的发展。

从1950年到1955年,由于底子薄,中国同时采取进口和仿制2种方式。5年内从苏联共进口和接受枪械90万支和大量的弹药。

在此同时,中国大陆方面开始逐步仿制苏联的军用武器。其中就包括苏联二战期间的制式手枪。

1951年,随着前一年中苏条约的签订。中国军工系统就开始在苏联专家的帮助下,仿造苏制托卡列夫军用手枪。主要是苏联方面提供全部图纸和提供流水线的全部机床,同时培养一批技术骨干。

该枪基本就是托卡列夫手枪的简单仿制,没有任何中国自己创新,所以并不能称得上是中国自产的武器,只能算是中国组装。中国方面取名为51式手枪。

苏联托卡列夫式手枪是一款很有特色的武器,该枪发射7.62毫米托卡列夫手枪弹,全长196毫米,空枪重0.85千克,枪管长116毫米,初速420米/秒,使用8发弹匣供弹,有效射程50米。它的威力很大,穿透力很强,而且生产成本很低,是一款很实用的武器。

它是由苏联枪械设计师托卡列夫在1930年设计的,是苏军装备的第一支自动装填手枪。托卡列夫参战了残酷的苏德战争,部队对其威力和可靠性的总体评价还是不错的。

不过客观来说,苏联军队装备大量的冲锋枪(超过500万支),手枪在实战中使用的情况很少,主要是少数坦克手,飞行员和军官在极端情况下自卫使用。所以托卡列夫实战中的成绩自然很一般。

托卡列夫采用枪管短后坐式工作原理,类似勃朗宁手枪结构。它的枪管下方有一个铰链环,挂机柄销插在环中。射击后,枪管和套筒首先一起后坐一段自由行程,然后枪管下的铰链环绕挂机柄销向后转动,迫使枪管下移,使枪管上的闭锁突笋脱离套筒上的凹槽。

此时枪管和套筒分离,完成开锁。当套筒推枪管复进簧时,枪管下的铰链环又绕挂机柄稍向前转动,使枪管上抬,闭锁突笋进入套筒座凹槽,实现闭锁。

它的结构紧凑,该枪在吸收勃朗宁手枪优点基础上,创新了一套近似模块化的内部设计,包括击锤、阻铁、击锤簧、阻铁费等,使枪的整体结构更加紧凑。托卡列夫的威力在当时来说,是世界一流的。它的7.62毫米手枪弹是世界上同口径枪弹中威力最大的枪弹,射弹威力大是该枪所以被众多国家仿制的主要原因之一。

51式手枪很快装备部队,并且参加了朝鲜战争。但是中国方面对其反应比较一般,部分士兵和军官认为它就作战性能还不如盒子炮。但是作为自卫武器也足够了,况且它还有体积小,重量轻,威力大的优点。

1953年7月朝鲜战争结束,战争的停止让中国方面可以重新完整的实现自己的计划。由于朝鲜战争中国的参战,苏联已经确定中国是他的盟友,随即开始和中国的全面军事合作。

1953 年,苏联专家根据中苏两国的协议大量进入中国,其中就包括大量的军事方面专家。

中国专家和苏联专家详细研究了朝鲜战争中 51 式手枪的暴露出来的缺点进行了改进,同时还考虑了中国士兵的自身特点。比如改进了枪托的大小,适应中国士兵较小的手型。

1954 年,手枪正式定型并且大量生产装备部队,取名为 54 式手枪。该枪是新中国成立以后正式装备部队的第一款制式武器。

54 式手枪装备部队以后,参加了中印边界战争和中越边界战争。总体来说,54 式手枪还是能够满足这些恶劣环境下的作战需要。它的射程不错,穿透力强,威力大(54 手枪发射的 51 式 7.62 毫米钢芯弹头最大飞行距离 1630 米,初速高达 420 米/秒。

在 25 米距离上能射穿 3 毫米厚的钢板、10 厘米厚的木板、6 厘米厚的砖墙、35 厘米厚的土层),在 50 米内的距离上能够适应战斗中自卫武器的需要,属于大威力军用手枪,敌人士兵中 54 式一二枪就足以丧命。

能够满足军事实战需要,是 54 式能够在军方使用长达 50 年的最大原因,当然价格低廉和结构简单容易制造也是重要的原因。1987 年 54 式手枪出厂时的号码已高达 35000000,足可见其在中国的盛行。

54 式手枪的结构简单又结实,能适应各种恶劣环境,不容易因为一两次磕碰而损坏!

虽然不容易损坏,但是实战中 54 式仍然存在相当数量的卡壳现象,这也是它的一直问题很难更改了。

在现代战争中,手枪使用的机会少之又少。最基层的中国军官一般不使用手枪,而是普遍背一支 AK47。因为实战中,冲锋枪虽然比较重,但是基层军官身体素质一般不比普通战士差,能够负担的了。

而且冲锋枪的作战能力比手枪强十倍也不止,危险的战场上基层军官宁可自己多一些安全的保障。至于手枪,基层军官一般不怎么在乎,他们认为反正战争中又会士兵的减员,到时候拿冲锋枪就行了。

一般营长以上的军官,还是用手枪的。但是这些人能够开枪的机会就很少了。

(二)64 式手枪

64 式手枪(64 式 7.62 毫米手枪),是我国自行研制的第一种手枪,1964 年设计定型,1980 年生产定型。配备于部队中高级指挥员及公安干警,是较理想的单兵自卫武器。

64 式手枪由枪管、套筒、复进簧、套筒座、击发机和弹匣六大部分组成。64 式手枪的自动方式采用自由枪机式,设有联动击发、空仓挂机、弹匣回闩和弹膛有弹指示等机构;保险机构有安全保险、到位保险、自动保险和射击保险等多种功能。该枪用以杀伤 50 米内的目标,在 25 米距离上,能射穿 2 毫米厚的钢板、7 厘米厚的木板、4 厘米厚的砖墙、25 厘米厚的土层。

64 式手枪口径:7.62 毫米;全长:155 毫米;重量:560 克;弹容:7 发。

(三)77 式手枪

1976 年原济南军区修械厂研制成功一种小型手枪,定名为 1977 年式 7.62 毫米手枪,简称 77 式手枪。该枪发射 64 式 7.62 毫米手枪弹,是我国自行设计、自行研制的第二种手枪,主要配备高级军官、武警、公安干警及其他特业人员。

由于体积小、质量轻,更适合隐蔽携带,执行特殊战斗任务。该枪采用自由枪机式自动方式,惯性闭锁,击针平移式击发机构,保险机构有手动保险和到位保险。

其单手装填机构是仿制二战前德国西奥多。贝尔格曼机器与武器制造厂生产的利格诺斯 3-A 型 6.35 口径手枪,但是并不为我们所熟知,该机构可实现单手装填枪弹或单手排除瞎火弹,提高了手枪射击的及时性和可靠性。

由于该枪设计独特、外形美观大方、结构简单、使用方便,能单手装填射击,因此深受部队的青睐,同时也引起国外同行的注目。

后来的改进型有 77B、77B2、NP20 型等,口径均为 9 毫米,使用国际流行的 9×19 巴拉贝鲁姆枪弹,弹匣容量 9 发,增设了弹匣保险和击针保险机构。

研制者做过这样的试验:在打开手枪保险的状态下,手枪在 1.3 米高度上,从 6 个方向进行跌落,仍然不会走火,其独特之处是设计了一种单手装填机构,便于单手装填或排除瞎火枪弹,提高了射击的及时性和可靠性。

性能数据

口径:7.62 毫米;

全长:149 毫米;

重量:500 克;

弹容:7 发。

(四)63 式自动步枪

1950 年代中国装备仿制的苏式 AK-47 突击步枪、SKS 半自动步枪和 RPD 轻机枪在中国统称为 56 式枪械,均发射 56 式 7.62 毫米中间威力型枪弹,56 式半自动步枪(SKS),射击精度好,带伸折的刺刀,能够体现"刺刀见红"的勇敢精神;56 式冲锋枪(AK47),能连发射击,火力较猛,但射击精度差,枪短,有小握把,不利于拼刺格斗。所以,新研制的自动步枪必须是突出步枪作战效能(射击精度、刺刀)的前提下,揉合进连发射击性能以加强火力。

实际上是"步冲合一"的概念,与当今突击步枪概念不同的是特别强调步枪的性能,必须是在全面保持步枪一切特点的基础上,设计成能单发、连发射击的自动步枪。

再就是战术思想,强调人民战争,全民皆兵,需要大量的枪械、弹药,供给民兵装备,需要一支性能优良的、突出步枪作战效能的自动步枪。

当时尚没有一定的研制程序,研制前的战术技术论证,战术技术指标下达以及研制任务的安排都不很正规。并提出尽早地实现国庆阅兵式检阅的要求。有几条原则十分明确:

研制的自动步枪必须是突出半自动步枪的全部特点,实现单、连发射击,而着眼连发精度的提高;

研制方法要"三结合"。所谓"三结合",就是指高等院校、部队、工厂的技术人员三结合的研制队伍。于是就在 1959 年组成了三结合研制队伍并开进了工厂。

中国的兵器工业第一次真正独立研究、设计步枪。研制人员大多是刚出校门的年轻人。研制人员一边组建研究组织(研究所),一边筹划研制、试制、试验、测试手段(试验室,靶场等)。

由于起点低,基础差,正逢 1958 年"大跃进",全国掀起"鼓干劲""争上游",放卫星,创奇迹的热潮,再加上随之而来三年自然灾害的困难时期,边研制、边试验、边测试手段的结果就可想而知了。63 式自动步枪就是在这样的时代背景下开始研制的。即使在这样的条件下,63 年完成了自动步枪设计定型。命名为 63 式 7.62 毫米自动步枪。

结构特点

63 式自动步枪的整体结构是以 56 式半自动步枪为基础的。其弹道性能、不可拆卸刺刀、木质长枪托、瞄准装置等均与 56 式半自动步枪相类似。为了实现单、连发射击,并提高点射精度(相对于 56 式冲锋枪而言),保证在各种环境、气候条件下的动作可靠性和射击寿命,对其主要结构重新进行了研制。

自动机借鉴 56 式冲锋枪结构,枪机回转闭锁,机头上的螺旋凸起与机框上的螺旋槽配合,由枪机框带动机头完成开、闭锁动作及前后运动。大部分结构参数与 56 式冲锋枪相同。

63 式的自动机有两点改进,一是把活塞与机框分开,二是降低了自动机质量中心距枪管轴线的距离。两者都是从减少动力偶、提高点射精度出发的。

机匣为机加工锻件机匣,枪管与机匣连接为 M251.5 螺纹连接。机匣结构与 56 式半自动步枪相似,机匣下面,突出前支脚和后支脚以便与发射机支架相扣合,并把枪托结合在枪身上。机匣的前部是装枪管孔和闭锁支承面,机匣中间有前支脚相连,机匣后部有后支脚及后撞击面连接,机匣的两侧则比较薄,为 2.5 毫米。总体来看,机匣刚度,强度足够,而且重量不大。

导气系统完全重新设计,首次在步枪上采取了气体调节器结构,活塞、调节塞均自前方装入导气箍上的活塞筒内。有气体调节装置,在正常条件下用小气孔射击,自动机运动平稳,减少撞击保证射击精度的提高,特殊情况下用大气孔射击自动机有较大能量,保证动作可靠性,同时大量射击是在正常情况下进行,全枪寿命也可以得到保证。导气系统结构比较简单,装拆、变换都很方便,动力参数性能也很合理,是保证可靠性的有力措施。

发射机也是重新设计,是回转击锤、挂钩阻铁。其重要特点是击锤簧仍用圆柱螺旋弹簧,制造使用都较方便。发射机仍采用发射机支架组装成独立部件,在全枪分解结合时可以很方便地装、拆于机匣上。工艺制造比 56 式冲锋枪简单,阻铁、挂钩、支架都可用冲压成型。发射机动作可靠,勤务性也很好。

供弹具采用 0.75 毫米厚的钢板冲焊组合,结构与 56 式冲锋枪弹匣一样,只是改为装弹 20 发,并增加空仓挂机导向槽,调整了供弹路线,使其更可靠。同时也保持了 56 式半自动步枪的能够在不卸下弹匣的情况下,通过机框前部导槽向弹匣内压装枪弹的功能。

枪托与 56 式半自动步枪一样,全形长木托,手握枪托颈部,食指扣扳机击发,主要是为方便握持拼刺,必要时还可以立即扣扳机发射。

刺刀作为 63 式上突出的要求提了出来,所以仍采取 56 式半自动步枪那种固定式可折叠刺刀。刀形断面为三棱刮刀式,刃长 310 毫米,刀尖尖锐,以增强杀伤威力。

瞄准装置表尺、准星与 56 式冲锋枪一样,采用弧形表尺座圆形游标。

由于 63 式自动步枪在主要结构上根据性能要求采取一系列的技术措施,综合来看,这支自动步枪达到了战术技术要求,并且有较好的性能,其主要有以下几点:

从总体上突出步枪的战术性能和要求,实现了连发射击,加强了步枪的火力,提高了战斗性能。

射击精度良好,单发精度相当于 56 式半自动步枪,100 米距离上 R50 在 5 厘米左右,点射精度大大优于 56 式冲锋枪,射击时,操枪平稳,枪口不上跳。

动作可靠,能够在风沙、严寒、泅渡江河等特殊条件下可靠射击,63 式在国家靶场试验时通过了这些严酷的考验。满足了寿命 15,000 发要求,56 式半自动步枪只 6,000 发寿命,63 式既未增大重量,也未采用特殊的材料,却提高寿命 1 倍多,主要是结构设计合理,动力参数匹配得当,把互相制约的可靠性、精度,寿命、重量几个最主要性能,通过统筹技术措施有机地统一起来了。

在战斗勤务性能方面,保持了步枪的一切特点,如突出刺刀的作用,加强刺刀的刚度、长度,改善拼刺时持枪方便有力;枪管较长,保证有效射程上的威力,有空仓挂机,上方压弹机构为及时和随时带来很大方便,全枪结构简单,分解结合迅速方便。

结构工艺性较好,与 56 式半自动步枪、冲锋枪有较多的工艺同一性和继承性。

63 式自动步枪设计定型,达到了设计要求,设计定型的 63 式 7.62 毫米自动步枪还是一支性能优良的自动步枪。但生产、装备的 63 式自动步枪却在性能、质量方面发生了很大变化。

生产和装备

1969 年,在"备战、备荒、为人民"的方针指导下,63 式自动步枪开始投产。在一个万人工厂,接到的任务是年产数十万支 63 式自动步枪,为了保证战备任务按时完成,生产准备、工艺,工装准备都是工人、干部、技术人员加班昼夜进行。然而军品生产中的"军工生产质量第一"这条原则没有得到贯彻执行,有效控制质量的规章制度有的被取消了。即使没有取消,也未得到遵循。例如科研产品定型程度、检验制度、技改鉴定制度等等。63 式自动步枪没有履行生产定型程序,没有经过一切改进都要通过试验鉴定的手续,没有严格经过驻厂军代表审批产品资料修改工艺变化等程序。当时掀起了群众性的以提高生产效率、节约工时为目的技改高潮,当时提的口号是:"以产品设计为中心,大搞技术革命",结果把已设计定型的63 式自动步枪进行了大幅度的修改。某些修改是好的,或节约了工时,或提高了性能,但也有几项改变造成了不良后果。

枪管与机匣连接,由 M251.5 的螺纹改成为直径 18 毫米的压配合连接,只打一颗直径 4 毫米的销子固定。修改目的是为了简化枪管毛坯,改用钢棒,打孔即可,不再需要专门墩粗一端的锻件毛坯。同时取消机匣和枪管上的螺纹加工、节约工时。这种改变,从理论上是可行的,但在 63 式上的改变取的参数极不合理,枪管弹膛部分外径由 25 毫米改变 18 毫米,壁厚减少太多,射击时产生弹性变形,弹壳极易贴膛,造成不抽壳现象。枪管与机匣配合长度也太短,全长只 19 毫米,机匣端部再倒角,实际接触长度不足 19 毫米了。机匣孔的加工必然有锥度、不圆度,可想而知机匣与枪管配合不牢,接触面不实的几率是会存在的;再用一颗直径 4 毫米销子固定也是不牢固的,以致在射击时影响精度,甚至有枪管前移,闭销变松的现象。

由整体锻件机匣改为冲铆组合的机匣,这种冲铆结合的机匣是技术进步的结果,解决了锻件机匣的剥皮挖心的加工方式,提高工效,减轻重量。但是 63 式机匣结构,形体比较复杂,研制当中是根据结构而设计的,由整体锻件毛坯机加工而成。不从产品的零部件实际结构出发,而强行改变结构工艺,必然达不到预期效果。为了满足 63 式锻件机匣上的结构要求、性能要求,改变后的冲铆机匣结构也很复杂,是由节套、左右壁、尾座、挂机盒、铆钉等 13 个零件拼凑而成的。

冲铆机匣上马以后,63 式的质量急剧下降。首先是刚度削弱,机匣在加工过程中随时都在变形,冲压、机加、淬火、装配都在变形,都在校正,虽然生产流程中增加了许多道校正工序,然而也只能"管后不顾前"了,只要正在加工的这道工序校正合格,就管不了前道工序已经加工的尺寸由于后道工序的校正而发生的变化。全枪在部队使用中也产生变形,反映出的问题是射击精度差,尤其是射校合格的枪,放一些日子再打就不上靶了。

其次是由于冲铆机匣结构复杂,全靠若干铆钉固定在一起,很难保证尺寸、位置的精度要求。以机匣导轨大槽为例,槽宽 31+0.17 毫米是无法达到要求的,只有靠校正来达到,但生产、使用过程中又会变回去,大槽对枪膛中心的对称度,更是难办,也无法校正,有时偏差 1 毫米以上。由于加工尺寸不合格也会影响射击精度和动作灵活性。

再次是冲铆机匣削弱了节套上闭锁支承面强度,机匣左右壁产生冲压时撕裂而又不易察觉的裂纹,全枪寿命达不到原定 15000 发要求,也无法采取改进措施,只好更改寿命要求为 10000 发。

由于机匣结构的大改,牵动全枪所有与机匣有关的零部件都需相应改变,又由于以产品设计为中心的技术革命，各零部件都在改，这就产生全枪各部位不协调统一的问题。例如机框，为了简化结构，把导轨改短6毫米，致使机框在机匣导轨运动时脱轨，造成射击精度很差，运动卡滞。机框上面厚为三圆弧组成的外形，改为两斜线与一圆弧组成，类似房顶；由于机框本身就很矮很宽，外形十分难看，机柄也由空心圆筒、端部有突缘形式，改为实心锥柱，也影响外观和操作。

全枪外表面处理由黑色氧化改为电泳涂漆，由于这项表面处理技术尚未过关，以致表面涂漆的色泽不一，厚薄不匀，附着力很差，部队使用不久就一块一块脱落，严重影响防锈能力和外观。

生产装备的63式自动步枪比设计定型的63式自动步枪性能、质量明显下降了，这是个历史事实，但也不是所有出厂的63式都是很差的，这要分为三个阶段，投产初期两年，照设计定型的图纸生产这一部分枪质量比较好：随着生产数量加大，改变的地方越来越多，质量问题才逐步暴露出来，至1974年达到顶点，部队反映意见强烈，这才采取措施，质量攻关历时两年，虽然采取了一些弥补措施，但已改变不了大局。攻关以来的枪质量又有所提高，例如散布精度R50已稳定在5.5厘米左右。

63式自动步枪从1959年开始研制，1963年设计定型，1969年投入大量生产和装备部队，至1978年停产、撤装，近20年时间，共生产了数百万支，本来武器的更新换代是非常自然的事情，也是技术进步的必然结果，63式自动步枪所经过的道路却是由盛到衰的道路。

由于不得已的原因遭到撤装的命运。开始生产、装备63式，以代替56式半自动步枪。然而最终的结果却是停产，撤装63式，代之重新生产、装备56式半自动步枪。转了个圈又回到原地。63式是典型的"先天不足，后天失调"。

1958年，有关军品科研、论证工作刚在开展，没有建立完善的规章制度，加上当时的形势就是"大干快上"。63式自动步枪的战术技术论证工作自然没有充分进行，研制定型的63式自动步枪并不符合战术要求。

近代战争与二战时期已经发生了很大变化，那种端着上刺刀的步枪，瞄准敌人一发二发的射击场面可能不会再有了。将是高度机动化的战争，部队战斗形式以遭遇战为主，更多的是近战、山地、丛林或城市街道的突击作战。在这种作战情势下，所需要的自动步枪，应该是单、连发射击精度好，火力猛，短小轻便的自动步枪。

自动步枪的特性就是有效射程较远，射击精度好，还可以在必要时上刺刀拼杀格斗，发射枪榴弹，这是对现代化自动步枪的战术要求。

然而63式自动步枪全部保持老式步枪的特性，突出其远距离射程和刺刀作用，忽视了短小轻便的要求，火力也明显不足，全枪长而笨重。大大降低了自动步枪的突击作战效能。

仅有固定木托一种形式，步兵乘车，以及在丛林、山地、壕沟地带作战极不方便。当年曾为空降兵专门改制了一批折叠枪托的63式，由于技术不成熟也没有成功。

63式不符合现代自动步枪的战术要求，这是论证工作没有做好造成的问题；

装备过后,部队没有感到有大的变化,只是把打单发的半自动换成能打连发的自动机,自然缺乏热情。这是导致63式撤装的一条重要原因。

生产、装备的63式发到部队时,由于前述的种种原因导致性能和质量下降,部队意见很大,其中最主要的就是射击精度差,比刚换下来的56式半自动差得多,据说全国12个军区中就有9个军区打报告要求换枪。

报告说:"昨天刚射校好的枪,今天就打不上靶了",说明枪在变化,放着在变,行军在变,坐车也在变。其他方面的质量问题也反映出来,例如木托断裂,氧化层脱落等。由于63式自动步枪存在严重的质量问题,部队不欢迎,"还我半自动"的呼声日渐高涨。这是导致撤装的直接原因。

63式产生的质量,有关单位组织了质量攻关,成效很大,大部分问题都得到解决,例如射击精度确有很大提高,但是有些问题是设计带来的,或者是生产时改变结构带来的,当然无法从根本上解决,例如机匣刚度差,容易变形问题。

关于枪管与机匣紧配合压装连接、冲铆结合的机匣在63式上出现的问题,不能说明这两项技术不可行,只是因为63式设计的结构和采用的技术参数不适应这两项新技术。在后来研制的多项新武器上,都已畅通无阻的应用了这两项技术。

关于设计上带来的问题,有射击时向后冒火星,严重的危害射手现象。产生的原因是导气箍实际上是个活塞筒,活塞、调节塞均是自前方装入再锁住,射击时,高温、高压气体及残渣可燃物质就变成火星自调节塞、活塞与导气箍之间隙向后喷射,有的火星可以喷射到射手的脸上,甚至伤害眼睛。部队意见很大,"起了敌人起不到的作用。"为此组织攻关,找到原因,最后只有在活塞外面装一个套筒把火星收起来,算是解决了。

关于木托易裂的问题,也是设计带来的。63式强调点射精度的提高,需压低自动机质量中心高度,因此设计的机框横向尺寸大,很宽。自然机匣也就宽(40毫米)。全形木质枪托,其两侧是包在机匣外侧的,厚度也只有4毫米,这样薄的木头片难免要断裂。

由于63式枪很宽,显得外观极不协调,有战士说;"这支枪很蠢。"从感情上就不喜欢这支枪。再加上该枪表面制造粗糙、表面层脱落等等问题,严重影响其外观。

虽然63式步枪只存在了十多年,但其失败的经历对我国在武器计划的论证、研制、定型/生产、装备全过程提供了实践经验和教训,使军品研制逐步走向规范化、制度化,并在技术上积累了许多成熟的知识,尤其是在63式质量攻关中探索出了多方面的经验。

另外,63式自动步枪除了曾在我军中装备外,也曾被用于援越抗美,美国和澳大利亚士兵在初次接触63式时,还以为是一种可以连发的SKS,后来他们把这种步枪称为68式步枪。而在我国与越南交恶后,也曾把63式用于援助柬埔寨抗越。

1979年对越自卫反击战中,参战部队反映,56式半自动步枪火力持续性弱,56式冲锋枪数量不足。这时一些库存的63式步枪和完整的63式生产线引起了人们的注意,于是军工科技、生产人员重新启动生产线,在标准型63式的基础上进行改

进,改进项目为:

改进弹匣接口尺、卡笋,使63式能使用"五星"20发弹匣及56/56-1冲锋枪的弹匣(63式原来的弹匣口尾部有一个空仓挂机让位槽,如果在原有的63式上使用56式冲锋枪的弹匣必须先把空仓挂机取下)。复进簧选用优质线材缠制,增加强度。减小枪机公差,强化击针处理。

紧急换装参战部队后,部队反映这种改进后的63式精度可与56式半自动步枪相比,火力持续性增强。在一个搜索扫荡敌人的战例中,曾有两支改进的63式步枪使用56式冲锋枪弹匣在300米距离上采用短点射交替射击,20分钟内击毙击伤敌军6个机枪手,封锁住敌军隐蔽洞口火力点,使敌无法开火,掩护其他战友冲锋并俘获洞内残敌。但由于63式全枪过长,在丛林地带作战容易勾挂树枝等物,而且在使用56式冲锋枪弹匣时,弹匣容易松动脱落。

对越自卫反击战期间的短暂恢复生产并没有改变63式步枪的命运,很快再次停产。此时81式自动步枪正在进行最后的靶场试验。

1981年81式枪族设计定型并装备部队,63式步枪终于正式退出现役,除有部分储存在民兵武器库外,还有相当一部分外销和援助别国,例如阿富汗地区的武装派别中也有一些63式改型步枪,在北美的民用枪械市场也有63式步枪的踪影。

(五)81式自动步枪

81式自动步枪是中国军队装备的一种制式步枪。于1979年下达的研制任务,1981年设计定型,在1983年正式投入大量生产、正式装备中国人民解放军。包括采用木质固定枪托的称81式自动步枪、采用折叠金属枪托的称81-1式自动步枪。

81式自动步枪

81式自动步枪与81式7.62毫米轻机枪组成81式枪族。这3种武器的主要结构相同,自动机、复进机、击发机构、导气系统、供弹具都能在枪族内各枪互换使用,约有65种零部件可以互换通用。连同其他零部件通用率达到70%。

81式枪族研制目标是要用一个班用枪族取代正在装备的56式半自动步枪(仿制SKS半自动步枪)、56式冲锋枪(仿制AK47)和56式轻机枪(仿制RPD轻机枪),仍采用1956式7.6239毫米枪弹。

由于在1978年正式决定将来会采用5.8毫米口径的小口径自动步枪,所以研制81式枪族的目的是在装备小口径步枪之前提供一种过渡型武器。但通过实战证明,81式枪族是一种性能优良的武器,精度好、动作可靠、操作维护简便,在实战中表现良好。81式步枪军事援助过非洲国家。

该枪族的出现基本适应了一枪多用、枪族系列化、弹药通用化的发展趋势。极大地方便了训练、使用和维修,既加强了战斗分队的战斗力,也为枪械互换、增强火力提供了条件。81式枪族也暴露出缺少新结构、新技术、新材料的创新及应用,甚至外形与56式冲锋枪也很相像。不过81枪族取得的成就和经验,特别是开式弹鼓的创新发明,为步枪新的研制和发展创造了条件。

结构特点

81式自动步枪作为要求在短时间内完成设计的过渡枪型,81式枪族全部采用成熟技术和设计,采用短行程活塞式导气系统,其他结构与56式冲锋枪类似。81式步枪全长为950毫米,枪管长440毫米,介于56式半自动步枪和56式冲锋枪之间。

81式自动步枪自动方式采用导气式,枪机回转式闭锁,可实施单、连发射击,使用1956式7.62毫米枪弹,用30发弹匣供弹,弹头初速720米/秒,固定的枪榴弹发射具能用空包弹发射60毫米反坦克枪榴弹,也可用实弹发射40毫米枪榴弹系列。

81式步枪准星座比较AK47后移让出一段枪管,供发射枪榴弹之用,不过,设计单位确忽略了就使用概率而论,枪口防火帽的设计较为实用与更有效益;并且81式步枪瞄准基线相对亦有过短的缺点。不过其射击精度优于56式冲锋枪,这应与较长枪管、制造精度、提高精度的措施、与保养优于56式冲锋枪有相当的关系。

81式步枪的主要零部件都要与81式轻机枪互换通用,因此零件寿命必须按机枪的寿命要求(2万发),但步枪的重量又不得太重。56式冲锋枪自改为冲铆机匣结构后寿命定为1万发,而且难以保证,往往在节套闭锁肩根部出现裂纹;因为81式步枪闭锁构件结构与56式冲锋枪基本相同,也是冲铆机匣,要按2万发寿命要求,节套闭锁肩部位必然是最薄弱环节。

采取的弥补措施是:改变预转衬铁在节套上的装配形式,保持闭锁部位的完整,不削弱闭锁肩根部强度,并加强了节套右闭锁面与其基体的横向、纵向连接。

自动机的运动、开闭锁直接影响武器的射击精度,尤其对点射精度的影响更为明显。为提高81式枪族射击精度,围绕自动机设计采取了一些综合措施。

加强对自动机运动的导引,机框导轨长度连同复进到位后的辅助导轨。全长为110毫米,相应的机头杆部与机框配合长度为70毫米,使每一发枪弹的闭锁状态尽量一致。又靠拢了机匣导轨、复进簧、活塞与枪管中心线之间的距离。尽量减小枪管轴线与活塞轴线之间垂直距离,与枪管中心距离为18.5毫米(56式冲锋枪为25毫米),机匣导轨位于枪管中心上方6毫米,与活塞、复进簧中心靠拢,使自动机运动平稳,运动件质心降低,减小动力偶作用。减小运动中撞击,防止射击时全枪振动影响点射精度。

枪机运动为较长行程130毫米(56半自动步枪为100毫米),保证自动机后退与复进适当能量,控制合理射击频率,前后到位撞击面尽量接近枪管中心并左右对称。但由此导致扳机护圈与弹匣座之间距离过长,外形不够美观。

自动机能量过大会导致自动机撞击严重,影响射击精度和零件寿命;能量太小则达不到可靠性要求。因此81式采用有调节功能的导气系统,在正常状态下用小气孔射击,射速在600~700转/分,自动机后退到位速度不大于2.5米/秒。即使后退不到位,在30毫米以内也不影响机构动作。

在严酷的环境条件下射击,则用大气孔,给予足够的能量克服风沙、严寒、污垢造成的过大阻力,保证自动机可靠工作。在发射枪榴弹时,为使全部燃气能量作用于榴弹发射,需关闭气孔,自动机不能运动。

56式冲锋枪没有气孔调节装置,只有一级大气孔,射击时自始至终猛烈撞击,虽然保证动作可靠,但影响了射击精度和全枪寿命。

81式步枪导气系统结构简单,装卸也很方便。活塞与调节塞先套在一起,再装入导气箍,卸下时也是一同向后取出。调节塞的大、小气孔定位是靠上护盖衬管,起到弹簧片的作用而实现的,简单可靠、一件多用。调节塞变换时,利用弹壳底部的底缘插入调节塞上的T形槽,搬动弹壳使调节塞T形槽对准0(闭气)、1(小气孔)、2(大气孔)。这种调节方法避免了需用专门工具调节的麻烦。在战场上,需要调气孔时,士兵可以随时进行。大量射弹后调气孔也不会烫手。

81式步枪导气系统的缺陷是对于导气箍、调节塞、活塞三者之间的配合间隙要求较严。间隙过小,则不灵活;间隙过大则影响能量。自动机运动速度不够,即所谓对间隙敏感。所以,生产上要求严格控制配合间隙,使用中要正常擦拭,清除残渣,保证灵活。

81式步枪的击发机构仍为56式冲锋枪的回转击锤,阻铁为挂钩形式,但比56冲的发射机更为简单。击锤、连发机、阻铁分别用三根完全相同的轴插在机匣上,三根轴用一个卡片固定在机匣上不能窜出,卡片再由快慢机来固定,因此装卸分解发射机非常方便,不需任何专用工具,在战地现场即可分解结合。

快慢机变换柄在机匣左侧,握把上方,"0"为保险,"1"为单发,"2"为连发,变换时用握住握把的右手拇指即可变换,迅速方便。但必须严格按照使用说明操作,不能扣着扳机关保险,否则再打开保险时就成了连发状态(但又有多少人会扣着扳机关保险呢)。

瞄准系统为柱形准星、表尺,缺口式照门。步枪瞄准基线长315毫米,准星高40毫米,表尺分划为1~5码。机枪瞄准基线长490毫米,表尺分划为1~7码,其中6、7码时需用表尺板护翼上的缺口瞄准。表尺码高由表尺轮的多面轴变换定位。

变换码高时,转动表尺轮或表尺限制轮来实现。左右手都可以装订表尺,表尺板两侧有表尺座的支耳保护,防止碰、压、损伤表尺板。

56式冲锋枪和56半自动步枪的表尺外露,背枪时在衣服上很容易把表尺脊磨白,产生虚光影响瞄准。81式表尺缺口上面有一个护翼,解决了这个问题,而且遮去了表尺脊反光,能更清晰的进行瞄准。

由表尺护翼与表尺脊之间形成的条形槽与准星护圈构成快速瞄准系统,在紧急情况下，只需把表尺板的护翼槽对准准星护圈套上目标即可射击，既迅速又准确。

表尺多面轴还有压住上护盖的作用。当表尺轮转到 0 码时，即可分解结合上护盖。为防止在转换表尺码高时，表尺轮误转到 0 码，上护盖自行分解，在表尺多面轴的另一端（左侧）有限制轮。当要分解上护盖时，须横向抽动表尺轮或表尺限制轮，才能转到 0 码。

供弹具是钢板制成的弹匣或弹鼓，常规装备是步枪配备 5 个 30 发弹匣，机枪配备 4 个 75 发弹鼓，另有 20 发弹匣供平时执勤。步枪、机枪供弹具完全互换通用。

75 发快装弹鼓的结构是一个容弹的扁圆柱体，在圆周的一方安一个弹匣口部形状的出弹口。供弹时由装在弹鼓体内的涡卷弹簧带动拨轮转动，使枪弹沿弹鼓体内的螺旋轨道转动，依次送至出弹口被枪机推出弹鼓上膛击发。由于拨轮上的推弹器作用，弹鼓内的 75 发枪弹能够全部上膛射完。

81 式弹鼓比起俄罗斯的 RPK 弹鼓，其优点是装弹、退弹可快速进行。压一下涡卷弹簧旋钮，解脱涡卷簧，打开弹鼓盖，推弹器旋至最后位置，就可装弹。弹头朝下，向拨轮上的空位插放，不分先后次序，可以双手插放，也可两人同时插放，十分迅速。

盖好弹鼓盖，旋紧涡卷簧，装到枪亡就可射击。平时，为保护弹鼓簧，可不必旋紧。当需要退出弹鼓内的枪弹时，只需解脱弹鼓簧，打开弹鼓盖，翻一下弹鼓就可把枪弹倒出来。因此 81 式快装弹鼓在国外也很受欣赏，并出口到美国，被民间市场上用于各种 AK 步枪的供弹具。

81 式有空仓挂机机构，当弹匣内枪弹打光时，枪机自行停在后边，便于射手及时更换弹匣并装填上膛。轻机枪上设有同样的挂机机构，当使用弹匣射击时，能起空仓挂机作用；当用弹鼓射击时，不起挂机作用，但机枪持续火力强，枪管升温高，因此 81 式轻机枪可利用战斗间隙时手动挂机，加速枪管冷却，以弥补不能快速更换枪管的缺陷。射击时，需向后拉一下枪机，即可装填上膛继续射击。

81 式的枪托、握把、上下护盖仍用楸木，这是由于当时掌握的工程塑料技术未能生产出合适的材料，所以仍用木材。折叠式枪托是用钢板冲压成型，两侧装塑料护板，便于贴腮、握持，托内装附件盒。折叠枪托没有木托手感好，但枪托可伸折，使枪短小，更为方便。所以大量装备的以折叠枪为主。

81 式折叠枪托伸开后，能自动补偿间隙，消除松动，便于提高射击精度。枪托尺寸符合一般战士的体形，上刺刀刺杀时也能牢固的握持。但不足之处是在枪托展开后，如果用力向右打击枪托就能自行折下，这个问题尚待调整结构尺寸予以解决。

81 式膛口装置有降噪、消焰和制退防跳作用，还兼作枪榴弹发射器。所以其外观上就是一个外径 22 毫米、长 125 毫米、固定在枪管上的枪榴弹发射器。

发射器的导环分布在全长上，有良好的导向和闭气作用。发射榴弹时须关闭导气孔，使全部燃气能量都作用在枪榴弹上。枪榴弹自身带有表尺板。因为枪榴弹发射器的尺寸是国际通用的，所以使用范围比较广泛。

由于要兼作榴弹发射器，受结构尺寸限制，前部内腔空间较小，不能完全起到消焰作用，所以 81 式步枪消除枪口焰要靠调整枪管上的导气孔中心与枪管中心之夹角来逐步实现的。这个夹角由 90°、60°、40°、30° 直到 26°，射击时枪口火焰由大到小，至 26° 时火焰完全消失。

56 半自动步枪和后期改进的 56 式冲锋枪装三棱刺刀，不能拆卸，只能折叠，而且只有单一刺杀功能，又增加了枪的附加重量。81 式在研制初期，对于刺刀是否从枪上拿下来还经过一番争论。主张发扬刺刀见红的勇敢精神的人反对拿下来，但现代战争中拼刺的机会很少，尽管刺刀仍然需要，但要具有多种功能。最后的结论是：刺刀就是杀伤，装到枪上是刺刀，卸下来当匕首。

所以 81 式的刺刀兼作匕首使用，但不具备其他功能。刺刀做一个独立部件，由刺刀、刀鞘、挂带组成。刀刃部分为剑形，长 170 毫米，不开刃口。刺刀的两面有纵向加强突筋，突筋两边呈凹形血槽，表面镀乳白铬。刀柄为褐色塑料柄。刺刀全长 300 毫米，重量 0.22 千克。

刀鞘为军绿色塑料壳，重量 0.072 千克。该刀的钢度极好，虽说原设计不是多功能刺刀，但作战部队经常把该刺刀用于挖、刨、攀登、撬开罐头等。

56 式半自动步枪，虽然射击精度较好，但只能单发射击，弹仓容弹 10 发，不能更换弹匣，只能打完之后才可补充，火力不足的缺陷在 79 年自卫反击战中已经暴露出来。56 式冲锋枪虽然火力猛、动作可靠，但单、连发射击精度差。81 式自动步枪设计要求是同时代替 56 式半自动步枪和 56 式冲锋枪，把猛烈火力和射击精度结合起来

据装备了 81 式枪族的部队反映，该枪射击精度好。作战部队也反映，曾在一百多米的距离上，用两支 81 式自动步枪压制敌方碉堡的枪眼，使其无法开火。根据最初 4 年生产中抽枪进行精度验收试验记录，统计 127 支枪，每支枪在 100 米卧姿有依托单发射击三靶，每靶 20 发，得出每支枪三靶平均 R50。127 支枪总平均 R50 = 3.942 厘米。56 式半自动步枪，统计 10 年的抽枪精度试验记录，R50 总平均 = 4.7 厘米。而 56 式冲锋枪生产技术条件规定 R50 ≤ 6 厘米，实际上还难以达到。

至于 81 式步枪的点射精度，在以上试验统计中（每季度抽试点射精度），24 支枪平均 70% 密集界 20.217.44（方向高低厘米）。同样，在最初几年生产 81 式轻机枪抽枪精度试验统计中，32 支枪单发总平均 R50 = 3.59 厘米，20 支枪点射总平均 70% 密集界 16.6715.84（方向高低厘米）。

总体评价

81 式枪族设计时，通过了严寒、酷暑、风沙、泅度江河、浸泡海水等严格条件的考验，经过部队装备作战的实践，故障极少。在研制阶段浸水试验就做了 26 次，早期曾经出现过早发火、发射枪榴弹时机匣盖脱落、表尺自动跳码等问题，但都经过改进得到解决，但防腐性能仍需改善。

在大量生产中质量稳定，每次抽枪寿命试验，步枪在 15,000 发射弹过程中达到了无任何故障、无零部件裂纹、无任何功能失效的状况。

81 式步枪在简化结构方面富有成效，例如自动机、发射机、机匣等都比 56 式冲

锋枪简单。以机匣为例,同样是冲铆机匣,81 式机匣的刚度、强度、制造工艺要好得多。

机匣体由厚度 1.5 毫米 50 钢板冲压而成,盒形断面,形状简单,两侧突出大筋增加了刚度,前部与节套铆接,中部有中衬铁支撑,后部有尾座固定,机匣的刚度、强度得到保证,使用和生产中没有变形。机匣的导轨、创造性的只用一层,在机匣体冲压时形成,取消了一般枪机匣上均具有的下导轨,方便了生产。

81 式步枪忽视了结构的先进性,新材料、新工艺也不多,未要求安装光学瞄准具。连外观造型也没有独自的特点,有时国外就称其为 81 式 AK,甚至影响了外贸出口。

产生这个问题的原因是有其历史背景的,因为在论证时已经给 81 式枪族定了位,就是一种"过渡性武器",不需要更多新工艺,新设备、新技术投入,只要求能够较快地试制投产,要对原有产品有较好的工艺经济性和继承性。经过近 10 年的生产考核,在当时工艺、技术、设备落后的条件下,能够满足大批量生产并保证稳定的质量要求。设计上固然未能采用更多的新材料、新工艺、新技术。但其工艺经济性也是个符合中国国情的优点。

(六)50 式冲锋枪

新中国成立初期,全军枪械系列除部分从苏联进口外,还开始自行仿制。1950 年,仿照苏联 PPSH-41"波波沙"式 7.62MM 冲锋枪,生产出新中国第一种国产冲锋枪。后命名为 1950 年式 7.62 毫米冲锋枪,当年生产 3.6 万支装备部队

该枪采用自由枪机式自动原理,开膛待击,枪管材料改为 50A 钢,内膛镀铬,全枪多采用焊接、铆接等一次成型工艺,配有 35 发弹匣或 71 发弹鼓,具有结构简单、火力较猛、生产成本较低、便于大量生产等特点。

口径:7.62 毫米;

全长:840 毫米;

全重:3.63 千克;

有效射程:250 米;

弹匣容量:35 发;

枪弹:51 式手枪弹。

(七)54 式冲锋枪

1954 年,我国成功仿制了苏联 PPS-43 式冲锋枪定型为 54 式。1956 年停止生产。它是苏联 PPS-43 式冲锋枪的仿制型,该枪在机匣上刻有"626"标记。此枪与 PPS-43 式冲锋枪的区别是将握把中心的"C"字标记改成"K"字标记。其结构性能与 PPS-43 式冲锋枪一样。该枪采用折叠式金属枪托,射击方式为连发。

口径:7.62mm;

初速:500m/s;

表尺射程:200m;

有效射程:200m;

枪口动能:654.3焦;

战斗射速:100发/分;

发射方式:连发;

供弹方式:弹匣;

容弹量:35发;

准星:柱形;

配用弹种:7.6225mm托卡列夫手枪弹,

7.6325mm毛瑟手枪弹。

(八)64式冲锋枪

64式7.62毫米微声冲锋枪是我国设计制造的第一种微声冲锋枪,1964年设计定型。

64式微声冲锋枪结构紧凑,便于携带和使用。配用专门设计的64式7.62mm微声冲锋枪弹,具有良好的"三微"(微声、微光、微烟)效果和射击精度,能杀伤200m内具有轻型防护的有生目标。必要时也可发射51式7.62mm手枪弹。

该枪采用自由枪机式工作原理,惯性闭锁方式。固定式击针利用复进簧击发枪弹,枪托可折叠到枪身下方。消声装置为膨胀型多腔消声器,主要由消声碗、消声筒、消声筒盖等组成。

可实施单发或连发发射,保险位于扳机后部,防尘盖兼有行军保险的作用。其机械瞄具由可调式柱形准星和带有两个缺口式照门(分别用于瞄准100m、200m处的目标)的表尺组成。

消声原理

一是配用的微声冲锋枪弹采用双基速燃发射药,这种发射药燃烧速度快,膛压曲线的高峰值靠近膛底,枪管口部压力较低;二是枪管侧面开有9排共36个孔,在弹头未出枪管前泄出火药燃气,以降低枪管口部的压力;三是枪管口部喷出的高速火药燃气经过每个消声碗时,均膨胀一次,不断消耗能量,到达消声筒出口时,其压力、密度、速度都已降低,这就减小了对外界空气的冲击力,从而起到消声的作用。

单、连发的实现

快慢机扳到单发位置时,快慢机轴的缺口部转到下方,让位于传动杆。此时,传动杆在其簧力作用下上抬,其后端的突笋位于阻铁"凸"形孔的上方并钩住阻铁。

扣动扳机,扳机带动传动杆向前,传动杆后端的突笋带动阻铁顺时针旋转,使阻铁上部下落,释放枪机。枪机在复进簧力作用下向前运动,完成推弹入膛和击发动作。

枪机复进时,其下方的突起碰到传动杆上的解脱突笋,将传动杆压下,传动杆后端的突笋进入"凸"形孔内而与阻铁脱离。阻铁在其簧力作用下恢复原位,故枪机后退到位再复进时,便被阻铁重新挂住,形成待击状态。想要再次击发,必须松开扳机,使传动杆在簧力作用下恢复原位,并通过其后部的突笋钩住阻铁,再扣扳机,动作如前,实现单发发射动作。

快慢机扳到连发位置时,快慢机轴的半圆部将传动杆压下,此时,传动杆后端的突笋位于阻铁"凸"形孔的下方,其下部钩住阻铁。

扣动扳机,扳机带动传动杆向前,传动杆后端的突笋带动阻铁顺时针旋转,使阻铁上部下落,释放枪机。枪机在复进簧力作用下向前运动,完成推弹入膛和击发动作。手扣扳机不放,阻铁始终无法上抬,故枪机不受阻铁的控制而形成连发发射动作。

基本规格

口径:7.62 毫米;

全长:850 毫米;

630 毫米(折叠枪托);

全重:3.4 千克;

初速:290~305 米/秒;

射速:60 发/分;

有效射程:200 米;

弹匣容量:20 发;

枪弹:64 式微声冲锋枪弹。

(九)79 式冲锋枪

中国 79 式 7.62 毫米轻型冲锋枪是我国设计制造的第一种轻型冲锋枪,1979年设计定型,1983 年生产定型。79 式7.62 毫米轻型冲锋枪是我军 80 年代侦察兵、现今武警部队、公安干警的单兵自动化武器。它设计定型已 20 多年,到目前已生产了近 30 万支,广泛装备部队、武警、公安。

该枪主要以单发和点射火力杀伤200 米以内敌有生目标,具有结构简单、体积小、重量轻、精度好、近距离火力强、携带使用方便的特点。该枪的自动方式采用导气式自动原理;采用

79 式冲锋枪

枪机回转式刚性闭锁机构,回转式击锤和由快慢机控制单、连发的击发发射机构;

还设有到位保险。

79 式冲锋枪采用活塞短行程导气式自动方式,射速高达 1000 发/分以上。该枪发射时后坐速度 11.5 米/秒,后坐力较小,便于射击。枪身短、操作灵活、反应快,较好地为特种作战提供便利,从而弥补了手枪及步枪存在的不足。特别是在山地、丛林、短兵相接、城市巷战及解救人质的战斗中,79 式冲锋枪的战术地位就更加明显。

79 式冲锋枪使用 51 式 7.62 毫米手枪弹。该枪在枪托折叠与展开的情况下均可实施单、连发射击,具有良好的射击精度。从携行和机动能力来讲,79 轻冲便于乘车或狭窄地形上使用,为武警部队、公安干警、特警遂行战斗任务提供了便利条件。弹匣容量 20 发,枪重 1.9 公斤,枪长(枪托折叠)470 毫米。主要装备武警和公安部队。

使用枪弹

中国 51 式 7.6225 毫米手枪弹。

保险装置

在机匣的右侧有一个和二为一的手动保险/快慢机,向上是保险,中间是连发射击,向下是单发射击。

退弹过程

弹匣扣位于弹匣槽的上方。卸下弹匣,向后拉拉机柄,退出弹膛内的枪弹。通过抛壳窗检查弹膛,释放拉机柄,扣动扳机。

(十)82 式冲锋枪

82 式 9 毫米微塑冲锋枪是仿制波兰的 WZ63 式 9 毫米微型冲锋枪的产品,主要装备公安部门。

该枪采用自由枪机原理,固定击针,开膛式击发,枪机为套筒式,没有装填拉机柄,采用手枪的装填方式;发射机构没有单独的快慢机,通过手扣扳机、依靠扳机行程来实现单、连发。有两个握把,前握把可以折叠,后握把内可装长、中、短 3 种弹匣,容量分别为 40 发、25 发、15 发。

在枪管前有从套筒式枪机上伸出的一个舌状半圆弧面.可防枪口焰烧伤握着前握把的手,也可起防跳作用.还可将其顶在硬物上实现单手装填。该枪有两点美中不足之处:其一,套筒、机匣的几何开头较为复杂,加工困难,成本较高;其二,瞄具位于套筒上。枪管的固定方式又造成枪管在套筒内必有松动,影响精度。

性能数据

口径:9 毫米;

全长：592 毫米（枪托拉出）；

333 毫米（枪托缩入）；

枪管长：150 毫米；

全重：1.8 千克（25 发弹匣）；

初速：325 米/秒；

射速：30 发/分（单发）；

60 发/分（连发）；

有效射程：200 米；

弹匣容量：40、25、15 发；

枪弹：59 式 918 毫米手枪弹。

（十一）85 式冲锋枪

中国 85 式 7.62 毫米微声冲锋枪是在 85 轻冲的基础上更换节套和枪管，增加消声装置变型而成。是我军特种兵（侦察兵、空降兵、海军陆战队）的单兵自动化武器，主要以单发和点射火力杀伤 200 米以内敌有生目标，具有结构简单、体积小、重量轻、精度好、近距离火力强、携带使用方便的特点。

85 式微冲还具有较好的微声、微光、微烟三微性能，自投入部队使用以来，深受广大官兵的喜爱，该微声冲锋枪还具有以下优良战技性能：

一是双保险，安全系数大。双保险机构就能有效地防止武器的偶然发火，避免走火和误伤事故的发生。

二是枪托侧向折叠，提高了射击精度。

三是使用弹药的种类多：85 冲锋枪即可使用 64 式 7.62 毫米微声冲锋枪弹，又可使用 51 式、7.62 毫米手枪弹，这对提高弹药利用率、枪种弹药的互换性、方便生产等方面均有很多益处。

四是发射声音小：85 轻（微）冲发射时.声音比步机枪小得多，特别是 85 微冲因加装了消声装置变型而成，在消声筒内盛装并固定了一个大消声碗和十个小消声碗，使其微声、微光、微烟（三微）性能良好。使用 64 式 7.62 毫米微声冲锋枪弹，在宁静的夜晚单发射时，距离枪口 100 米处任何地方听不到枪声（微声性）；距离枪口 50 米处看不到光（微光性）和见不到烟（微烟性），使 85 微冲更易达到隐蔽、突然的目的。

85 轻（微）冲使用的是 51 式手枪弹或 64 式微声弹，在枪托折叠与展开的情况下均可实施单、连发射击，具有良好的射击精度，且微冲还具有"三微"效果，为特种兵遂行战斗任务提供了便利条件。

85 微冲的瞄准基线比 85 轻冲的瞄准基线长（85 微冲为 319 毫米，85 轻冲为 295 毫米）。因而 85 微冲的射击精度要高于 85 轻冲，且使用范围广于 85 轻冲，如果从弹头的杀伤效能比较，两种武器弹头的侵彻力则旗鼓相当。可见，两种武器相比，既具有共同的优长，也有各自的特点。

该枪采用自由枪机式自动原理，可单、连发射击。瞄具是片状准星，觇孔照门，翻转式表尺。此枪全长869毫米/631毫米（托伸/托折），空枪重2.5千克，30发弧形弹匣供弹，发射中国64式7.62毫米微声冲锋枪弹时，弹头初速300米/秒，理论射速800发/分。

（十二）中国CQ7.62毫米通用机枪

国产CQ7.62MM通用机枪不但有两脚架可作轻机枪使用，还可以安装在三脚架上做重机枪使用，卸掉肩托则在装甲车、碉堡等狭小空间内运用自如。由于MAG机枪是20世纪50年代初设计的产品。一些设计难以适应现代战争，于是CQ7.62毫米机枪的设计师在原型枪的基础上进行了改进，使之更趋完善。

CQ7.62毫米通用机枪的枪管材料采用优质的合金钢、线膛冷精锻制成，内膛电镀有较厚的铬层，以承受弹丸磨损和高温、高压火药燃气的冲刷，单根枪管的寿命大于10000发，精度也高于其他同类产品。

CQ7.62不仅有机机械瞄准具，还在机匣部件上设计了安装瞄准镜的接口。这对提高点射精度、帮助射手在远距离上进行瞄准大有裨益。

CQ7.62毫米通用枪机的威力调节机构设计成三级，既简化了结构，也涵盖了机枪在不同环境下的使用状态，方便实战时射手的选择、使用。

该枪的枪尾未采用原型枪的木托结构，而是选用铝合金材料，同时用肩托当嵌件，在抵肩部位加硫化软橡胶层，并在枪尾部件增加一级缓冲装置，进一步减缓了射击时的后坐力，对提高射击时的舒适性、人机工效性和射击精度都很有帮助。

CQ7.62毫米通用枪三脚架的上架仍然沿用原型枪的结构，但上架和下架的连接方式采用了"球柱与抱箍"结构，不仅结构简单，同时紧定、解脱也很方便、可靠。

CQ7.62毫米通用机枪采用导气式自动方式，可对火药燃气供给自动机的能量进行调整，增加了全枪的环境适应能力。

CQ7.62MM通用机枪配有机械瞄准具和白光瞄准镜两种瞄准机构。机械式瞄准机构由准星和表尺组成，准星在枪管上可以进行横向和高低调整，机匣后端的表尺可以竖立和折叠，表尺分划为100米。表尺平放时，表尺射程从200米-800米，照门为觇孔式；竖立时，表尺射程则在800米＝1800米之间，为便于瞄准射击，此时为缺口型照门。

（十三）75式14.5毫米高射机枪

75式14.5毫米高射机枪是我国参照苏联BYB14.5毫米高射机枪改进设计的产品，1981年设计定型。该枪由1挺56式14.5高射机枪枪身和枪架组成，其中下架采用三脚架。瞄准具由高射瞄准镜和平射瞄准镜组成，平射瞄准镜固定在高射瞄准镜的镜体上。高射瞄准镜为光学缩影环形瞄准镜，平射瞄准镜是58式双联高射机枪瞄准镜。

该枪采用气体助退枪管短后坐自动原理，机头回转、断隔螺与枪管连接闭锁的闭锁方式；闭式弹链和弹箱供弹，实施自动射击；采用气冷式可更换枪管。

1983 年定型改进型 75-1 式，主要改进是在三脚架的左右脚架上安装轮架，轮架上装有充气车轮和车轴，可用汽车牵引。

75-1 式 14.5 毫米高射机枪是 75 式 14.5 毫米高射机枪的改进型，1983 年定型，主要改进是在三脚架的左右脚架上安装轮架，轮架上装有充气车轮和车轴，可用汽车牵引。

性能参数

口径：14.5 毫米；

枪身长：3900 毫米；

枪管长：1342 毫米；

全重：140 千克；

单管枪身重：19.5 千克；

初速：980~995 米/秒；

理论射速：550~600 发/分；

战斗射速：80 发/分；

有效射程：2000 米（高射）；

1000 米（平射）；

弹箱容量：80 发；

枪弹：56 式枪弹 14.5114 毫米。

（十四）54 式高射机枪

54 式 12.7 毫米高射机枪是仿制苏联德什卡 M36/46 式高射机枪，1954 年生产定型，曾大量装备部队，后被 77 式高射机枪取代。

54 式高射机枪装备后，进行了多处改进：去掉原枪管上的散热片；在枪管上增设提把，便于枪管更换；重新设计了轻型三脚架，取消防盾和两个轮子，重量从 127.5 千克减少到 53 千克，并定名为 65 式高射机枪枪架；高射瞄准镜增加了副尺，使瞄准范围扩大了一倍，并取消了"两用测距尺"，改用望远镜测距。

该枪采用导气式自动原理；闭锁片闭锁方式，一次供弹，70 发开式弹链节/箱供弹，实施连发射击；采用柱形准星，半圆形照门，立框式标尺。

口径：12.7 毫米；

全长：2328 毫米；

枪身长：1342 毫米；

瞄准基线长：1113 毫米；

全重：93 千克；

枪身重：33 千克；

枪架重：53 千克；

初速：830~850 米/秒；

理论射速：540~600 发/分；

战斗射速:80 发/分;

有效射程:1600 米(高射);

1500 米(平射);

弹箱容量:70 发;

枪弹:54 式枪弹 12.7108 毫米。

三、现代火炮

(一)中国新型 100 毫米轮式突击炮

突击炮是 20 世纪 30 年代德军发明的一种自行火炮。由于当时德国国力有限,坦克部队只能集中到装甲师,而成本较低的突击炮则以营为单位专门配备给步兵师,归炮兵管辖,作为步兵师最主要的装甲突击力量及反坦克火力。二战结束后,由于步兵火力不断增强、步兵战车的出现、对反坦克导弹的迷信等原因,突击炮逐渐变成历史名词,在战场上消失。

20 世纪末,冷战结束,大国之间大规模战争的可能性大减.而各地区中、小型武装冲突问题凸显出来,在讲究快速部署的新战略环境当中,五六十吨的主战坦克成了笨重的冷战遗物,取而代之的是车体轻、速度快、后勤简便的轮型装甲车。

在这方面法国人可谓先知先觉,其轮装部队早在七八十年代已经形成,直到近年美军数个"斯瑞克旅"相继成军后,又把轮装车的潮流推到一个高峰,各国争相研发。

中国在轮装车的研发方面并不落后,其中以上世纪 80 年代研制的 WZ-551 系列的轮装车最为成功,先后推出 92 式步兵战车、红箭 9 导弹发射车、120 毫米自行迫击炮等多个车型,深受部队欢迎。

与此同时,由于轻装部队缺乏直接支援火力,陆军开始小量试装以 WZ-551 为基础,加装 100 毫米滑膛炮的 87 式轮装突击炮,不过由于一些技术问题,加上当时资源有限,一直没有大量装备陆军。

直到 20 世纪 90 年代末,轮装车的热潮席卷全球,陆军对轮型突击炮又重新产生兴趣,2000 年之后,多种新型的轮装车底盘先后被公开,包括两种 8 轮底盘和一种 6 轮底盘,加上原有的 WZ-5516 轮底盘一共四种车体。当时这些底盘的宣传照片有一个共通点:装上了大口径火炮,显然,陆军要为轮装突击炮进行选型。

这四种底盘可以分为两个大系列:一为把发动机置于车体中部的"中动"方案,WZ-551 系列即为此种布局,而军工单位再在其 6×6 底盘上发展出一种 8×8 的放大型,官方并没有公开它的型号,但官方资料称这两种车之间有百分之六十的通用化率,似乎已经间接证实了这种推测;

另一个系列则是把发动机后置的"后动"方案,6×6 底盘称为 BK1970,8×8 底盘称为 BK1990,这个 BK 系列无论型号还是外形都相当有新意,明显是全新研发的系列,与 WZ-551 相似,BK 系列的 6×6 与 8×8 车体是有相当共通性的。

由于 ZSL92 式步兵战车的广泛使用,就后勤与成本而言,直接使用 WZ-551 底盘改装成突击炮比较方便,但 6×6 的车体太小,要装上高膛压炮必须把后座力降低,而 6×6 也没有足够空间装置重型火炮,故发展 8×8 轮装车已经是世界的发展方向。

另一方面,"中动"方案作为突击炮会产生一个战术问题,由于发动机在炮塔前方,发动机的高度往往会限制火炮的俯角,"后动"方案炮塔靠前,比较有利于吸收开炮时产生的后座力,车体稳定性较好。

突击炮的主炮口径问题,一直受外界关注,中国现役的坦克炮有 125、120、105、100 毫米四个口径,由于 125 毫米炮装填系统相当庞大复杂,似乎陆军一开始就没有打算把它放上轮装车;

而国产的 89 式 120 毫米滑膛炮性能堪与德国莱茵 RH-120 匹敌,足以对抗现役任何国家的坦克,但其体积与后座力之大,只有 8×8 轮装车能够匹配;105 毫米线膛炮与 100 毫米滑膛炮的装置弹性则较大,其中能与大量的现役 59A、88A/B 坦克共通弹药是 105 毫米炮的一大优势,而 100 毫米滑膛炮性能虽与 105 毫米炮相当,但只能与 86 式牵引反坦克炮共通弹药。

性能特点

武器系统

PTL02 式突击炮采用了 86 式反坦克炮作为主炮,86 式 100 毫米反坦克炮是 73 式 100 毫米反坦克炮的改良型,是目前解放军主要的牵引式反坦克炮。

该炮在制造时采用了电渣重熔、身管自紧等技术,射击膛压可高达 450 兆帕,炮口初速为 1610 米/秒,直射距离为 1800 米,若使用最大仰角 38 度进行间接射击,射程可达 13705 米,射速可达 8～10 发/分钟,可使用脱壳穿甲弹、破甲弹和榴弹。对 1000 米处立靶射击时,其射弹散布为 0.3 米×0.3 米,其性能足以对抗第二代主战坦克。

PTL02 采用了 37B 电同步微扰动火控,其火控系统水平略高于 88 式坦克,但由于 PTL02 的车重较轻,射击时车身震动甚大,故射击精度不如 88 式坦克,另外,车身轻也使 PTL02 实施行进间射击时,其射击方向角受到一定限制,以防止因射击时地型不平整使车身倾覆。

PTL02 设有炮射导弹导引装置,可带 6 枚炮射反坦克导弹,使 PTL02 成为有效打击第三代主战坦克的武器。

副武器方面,炮塔右侧还配备了一挺 7.62 毫米同轴机枪,炮塔顶设有一挺 12.7 毫米高射机枪,两侧配备有 84 式 76.2 毫米烟幕/榴弹发射器 8 个。

推进系统

PTLO2 与旧有的 PTL87 不同,PTL02 采用了 WZ-551A 底盘的技术,其发动机是德国 BF8L413F 型、四冲程、V 型 8 缸、增压中冷、风冷柴油机。功率为 343 匹马力,转速为 2500r/min,时速可达 80km/h 以上,比 PTL87 发动机的 253 匹马力,整整提升了百分之四十。

另外,PTL02 配备有 14.00~20 低压子午线轮胎,并采用中央调压系统,可根据路况调整压力。防弹轮胎被击穿后,车辆仍可以 30km/h 的速度行走 100 公里。

PTL02 取消了 WZ-551 的水中推进器,而在同一位置加装了两个浮箱,主要是考虑到轻型底盘上加设了反坦克炮重量大增,加上车辆重心后移了不少,为了保证 PTL02 在水中的稳定性、安全性,故有此一举,与此同时,PTL02 的水中机动能力就比 WZ-551 系的车辆下降不少。

至于防护系统,由于 PTL02 的底盘本为步兵战车而设,而且突击炮毕竟不是坦克,在得到优异的机动性与火力之外,防护方面必须有所牺牲,除了必要的三防系统,防护性能只达到防御轻武器的水平。

编制与战术

PTL02 的服役相信并不会扩大部队编制,师级单位将会换发 1~2 个营的 PTL02,以替换早已不合时宜的 86 式牵引反坦克炮,原本一营 18 门牵引反坦克炮换作 18 辆突击炮,成本虽然有所增加,机动性和防护力却大大提升,同时可以减少操作人员,操作一门反坦克炮需要 8 人,但 PTL02 只需要 5 名乘员。

PTL02 虽然不是最好的选择,但确实解决了陆军的急需,相信在不久的将来,中国的轮装部队日趋成熟,更大、更新的 8×8 轮型装甲车将会进入陆军,使陆军的轻装部队在未来的军事冲突中扮演更重要的角色。

(二) 中国 105 毫米轮式突击炮

二战中,突击炮就是令人生畏的坦克杀手,仅仅德国制造的 3 号突击炮便击毁了 2 万多辆苏军坦克和装甲车,当时很多国家在比较攻守双方坦克数量时,往往都把突击炮计算在内。

二战后,坦克技术的发展使突击炮受到冷落。20 世纪 80 年代,从欧洲开始,世界上又兴起了一股突击炮热。不过,这一次大行其道的不是近似于坦克的履带式突击炮,而是轻便的多用途轮式突击炮。因为轮式突击炮具有机动性能优异,反应快速,用途广泛,适应性能强,价格低廉等许多优点。

美国最新的"中型旅"编制中,就有轮式突击炮。我国顺应这一世界潮流,完成了 105 毫米轮式突击炮的研制。

国产 105 毫米轮式突击炮的主炮为一门小后坐力 105 毫米线膛坦克炮,战斗射速 6 发~8 发/分,射界负 6 度~正 18 度,备弹 36 发。

这种炮是在国产 79 式/80 式主战坦克使用的坦克炮基础上改进而成的,重量从 2.1 吨降到 1.7 吨,后坐力也减少过半,并保证了弹道性能和穿甲威力不变,可发射 105 毫米坦克炮配备的所有弹种,也可发射北约 105 毫米坦克炮配用的弹药。

该炮可以击穿 T-72、M60A3 等坦克的主装甲,经过改进后,对第三代主战坦克也能构成威胁。为了保证首发命中率和全天候作战能力,该炮采用较为先进的上反稳像式火控系统及测瞄制导仪。采用的液电式双向武器稳定器,根据需要也可采用全电式双向武器稳定器。

炮塔为带尾舱的框架式结构,尾舱内放置了一台弹架,可储存12发弹种不同的炮弹。辅助武器为12.7毫米车载机枪或7.62毫米并列机枪或76毫米榴弹发射器。

国产105毫米轮式突击炮采用6×6轮式底盘(也可改为8×8式),乘员4人,战斗全重不超过18吨,最大行驶速度80千米/小时,最大行程800千米,并具有两栖行驶能力。

炮塔及车体采用高强度装甲钢板焊接结构,正面披挂复合装甲,在1000米距离上可防25毫米穿甲弹,侧面在100米距离上可防12.7毫米穿甲燃烧弹。

炮塔及车体内壁安装多功能内衬,可防中子辐射、爆震和崩落,并具有降噪、隔热功能。该车还配备有自动灭火抑爆装置和超压式集体三防装置。

(三)93式60毫米迫击炮

该炮是我国最新研制的新一代迫击炮,目前已列装到我军部队,93式60毫米远射程迫击炮,是我军山地步兵、空降兵、海军陆战队、快速机动部队的理想压制火炮,具有结构简单、重量轻、火力大、射程远、机动性好等优点,其各项战术、技术指标达到或超过世界同类武器的水平,它的研制成功,标志国产迫击炮的研制开发能力已处于世界领先水平。

该炮采用轻合金材料,在身管大幅度增长的情况下,重量仅比原89式60迫多出4.15公斤(为9.4公斤),而射程却比89式远出2899米(为5564米)。即便与世界名炮——法国的60毫米迫击炮相比,在重量基本相当的情况下,其最大射程也超过法国迫击炮564米(法国60毫米迫击炮为5000米)。从而成为目前世界上同类口径中射程最远的迫击炮,国产93式60毫米迫击炮具有优良的战术性能。

1.火力反应快。PP93式迫击炮可实施360度圆周射击,而目前世界上最先进的迫击炮之一的北约标准口径81毫米迫击炮,也不具备全方位射击的能力。此外,PP93式迫击炮能背能扛,单人单炮射击也相当容易,在紧急情况下可不必构筑座钣坑直接实施射击,反应速度之快显而易见。

2.杀伤效果好。PP93式迫击炮的炮弹为稀土球墨铸铁,破片性能良好,有效杀伤半径为17.8米。此外,炮弹的引信性能也相当好,在山地、乱厂、水面和鹅卵石滩地的发火率均为100%。

3.应性强。PP3式迫击炮具有多用性的特点,不论进攻还是防御,也不论乘车还是徒步,PP93式迫击炮都能够以可靠的射击动作和迅速的伴随行动支援步兵战斗,特别是在战场地形和兵力部署情况复杂,战斗处于高度激烈状态时,PP93式迫击炮能以最大的射程压制敌人、以最小的射程实施伴随射击。

93式60毫米远射程迫击炮在我陆军各部队中全面列装,必将使我陆军步兵分队的作战能力有一个整体性的提高。

主要战术数据

口径:60.75 毫米;
全炮重:22.4 公斤;
炮身重:9.4 公斤;
炮架重:5.8 公斤;
瞄准具重:0.48 公斤,
榴弹重:2.18 公斤;
有效杀伤半径:17.8 米;
最大初速:329 米/秒;
最大射程:5564 米;
高低射界:45 度-85 度;
圆周射界:360 度;
最大射速:20 发/分。

(四)55 式 37 毫米高射炮

55 式 37 毫米高射炮于 1955 年定型,是我军装备的第一种国产高射炮。该炮是仿制苏联高炮的产品,现已被双管 37 毫米高射炮所代替。

55 式 37 毫米高射炮为单管高炮,并可在炮管上安装一挺 7.62mm 机枪作为辅助对空武器。

该炮采用立楔式炮闩,由弹夹供弹;反后坐装置包括节制杆式液压制退机和复进弹簧;弹夹装弹 5 发,弹仓容弹量为 10 发,安装供弹漏斗后实现多弹夹连续供弹;火炮由手动操作,高低和方向瞄准均有两种速度;火炮装有机械同步击发装置,后期配有电击发装置,可实现 6 门火炮集火射击;火炮配用机械向量瞄准具,属非独立式瞄准具,装在火炮起落部分上方。

火炮配用曳光杀伤榴弹和曳光穿甲弹。

55 式 37 毫米高射炮一结构及特性

口径:37 毫米;
行军状态全重:1325 千克;
战斗状态全重:1275 千克;
行军状态长:6475 毫米;
行军状态宽:1796 毫米;
行军状态高:2440 毫米;
火线高:1070-1220 毫米;
炮身长:2739 毫米;
身管长:2315 毫米;

后坐长：150-180 毫米；

全弹重：

榴弹：1.416 千克；

穿甲弹：1.455 千克；

初速：

榴弹：866 米/秒；

穿甲弹：868 米/秒；

射速：320-360 发/分；

最大射程：8500 米；

有效斜距：3500 米；

有效射高：3000 米；

高低射界：-10 度-85 度；

方向射界：360 度。

（五）80 式 57 毫米自行高炮

中国研制的双管自行高射炮。作为协同坦克和机械化部队作战的防空武器，可用来对付高度在 6000 米以下，航速为每秒 350 米以下的空中目标，

也可用来对付地面轻型装甲车辆。由口径为 57 毫米的高炮和 69 式坦克底盘组成。

炮车乘员 6 人，包括驾驶员.瞄准手.高低和方向操纵手各 1 人，供弹手 2 人。

高炮前甲板厚 45 毫米，后尾甲板厚 30 毫米，侧甲板和顶甲板厚 20 毫米，携弹 300 发，战斗全重 30 吨，全长 8480 毫米。

最大行驶时速 50 千米，最大行程 420 千米，可通过高 0.8 米的垂直障碍，爬 30 度坡。

（六）87 式 25 毫米双联高炮

87 式 25 毫米双管高射炮。该炮是中国为提高陆军的低空防御能力而由北方工业总公司研制的小口径高射武器。该高射炮的研制工作于 1976 年全面展开，1979 年投入第二方案研制。1984 年通过国家靶场定型试验。1987 年批准设计定型。

87 式的基型炮经改进已应用于自行高射炮和步兵战武器系统。该火炮性能稳定，故障率低，环境适应能力强，由东风 EQ240 型越野车牵引，配有电击发装置，可多门集火射击，能有效对付低空和超低空目标，也可对地面和水上目标进行射击。

该炮采用导气式工作原理，炮闩为立楔式，身管装有消焰器；两根自动炮通过卡箍和后导轨各自向内倾斜 1.8 度安装在摇架上，身管还由摇架前方的可开合套箍托住，身管和套箍间留有均匀空隙，以减少射击时身管产生的振动；火炮由弹链

供弹,每个弹箱容量为40发炮弹。

炮架采用大耳轴结构,上架两侧的弹箱及弹箱支架随摇架同时俯仰,推式平衡机装在上架正后方,高低机和方向机均为齿轮传动结构,分别装在托架左右两侧;击发机构可分别实施电击发、脚踏击发、手动击发和单炮击发。

火炮装有WP009型向量瞄准具;使用WB041P式曳光爆破榴弹和曳光穿甲燃烧弹。

基本数据

口径:25毫米;

行军状态全重:1520千克;

行军状态长:4860毫米;

行军状态宽:2000毫米;

行军状态高:1900毫米;

火线高:731-881毫米;

炮身长:2944毫米;

身管长:2125毫米;

后坐长:16-18毫米;

全弹重:

榴弹:0.69千克;

初速:1050米/秒;

有效斜距:3200米;

高低射界:-3度-90度;

方向射界:360度;

炮班人数:3人。

(七)中国69-1式40mm反坦克火箭筒

69-1式与69式40mm反坦克火箭筒相比之下,主要改进了配用的火箭弹。该系统由85毫米超口径火箭弹,火箭发动机及无坐力发射筒和观瞄准具等组成。每只发射器配一名瞄准发射手和一名药手。

该火箭筒具有破甲、杀伤、燃烧、照明等多种功能。直射距离400米(减风偏破甲弹);破甲厚度180毫米/65°,射击精度0.45×0.45米,作战全长1.3米。

该系统配多种火箭弹,破甲弹、空炸钢珠杀伤弹、杀伤破甲弹、燃烧杀伤弹、照明弹、电子对抗干扰弹、发烟弹、反坦克子母弹、云爆弹等,大大扩展火箭筒作战使用范围。具备全天候作战能力。

由于增加了红外和微光瞄准镜,使该火箭筒在星光下对付400米远,无星光下对付250米远装甲目标能力。

该系列自20世纪70年代开始装备全军,曾经大量出口到柬埔寨、阿富汗、两伊,目前二线部队还有少量在服役,大部分退役或转交民兵、预备役部队。

系统由发射筒、火箭弹、瞄准镜组成。

火箭弹射程 m 威力

基型弹 300 破甲厚度 110mm/65°；

Ⅰ型 300 150mm/65°：

Ⅱ型 200180mm/65°：

Ⅲ型 290180mm/65°：

减风偏破甲弹 400180mm/65°；

钢珠杀伤弹 1700 杀伤半径 15m；

杀伤破甲弹 1800 杀伤半径 20m，破甲厚度 150mm/65°；

燃烧杀伤弹 1500 杀伤半径 15m；

照明弹 600-1500m

（八）70 式 130mm 履带式自行火箭炮

70 式 130 毫米火箭炮属于地面火箭炮兵的近程野战火箭武器，用以歼灭 10 千米内目标，并能在多种条件下执行各种战斗任务，以猛烈的火力打击敌人，支援各兵种战术行动。并采用 63 式履带装甲运兵车的底盘。

该炮炮由 19 根定向管组成，共两排，上 10 下 9。火箭发射管有液压升降装置，发射时升高 500 毫米，可两栖作战。在对越自卫反击战中，该炮为我军的主国移动火炮发射平台之一。

基本数据

口径：130 毫米；

身管数：19；

行军状态全重：12800 千克；

车体长：5746 毫米；

车体宽：2978 毫米；

车体高：2625 毫米；

最大速度：60 公里/小时（公路）；

5.2 公里/小时（水上）；

定向器长：1050 毫米；

初速：32 米/秒；

最大飞行速度：437 米/秒；

最大射程：10120 米；

射速：19 发/9.5-11.5 秒；

高低射界：0 度-50 度；

方向射界：180 度。

（九）中国 90 式 122 毫米轮式自行火箭炮

中国新研制的 90 式 122 毫米 40 管轮式火箭炮具有火力密集、机动性好和易于维护的良好性能,是野战火炮部队极其有用的装备。该装备主要用于压制、歼灭敌有生力量、火力设施、技术兵器、集结的摩托化步兵、装甲车辆和自行火炮等,可用于对付诸如建筑物、指挥掩体等硬目标,还可用于岸防,对付敌舰或登陆艇。

中国 90 式 122 毫米轮式自行火箭炮

该火箭炮的运载车采用 7.5 吨级"铁马"越野车,系统总重 20 吨,最大行驶速度达 85 千米/小时,连续行驶距离 600 千米。它可提供迅速密集的火力,射程 30 千米,自动装填发射,装弹时间不超过 3 秒。操作手只要操纵按钮,即可在驾驶舱内完成瞄准、装填和发射的全过程,自动定位时间仅 3 秒钟。

该炮装载的 40 枚火箭弹,可单位发或齐射。40 发一次齐射只需 18-20 秒钟。其高低射界 0-55 度,方向射界-102 至+102 度,行军状态长 9840 毫米,宽 2500 毫米,高 3245 毫米。该炮可配用各型弹药,包括高爆、子母和钢珠高爆弹等。配用的 122 毫米远程火箭弹是一种低速旋转、尾翼稳定的火箭弹,它包括弹头、发动机和稳定装置。

基本数据

武器口径:122 毫米;
发射管数:40 管;
火箭弹数量:40+40;
底盘配置:6x6;
战斗全重:20 吨;
系统长度:9.25 米;
系统宽度:2.50 米;
系统高度:3.10 米;
最大公路速度:85 公里/小时;
最大行程:600 公里;
涉水深度:0.90 米;
引擎:300hp 气冷柴油发动机。

（十）卫士-2 火箭炮

卫士-2 是目前解放军口径最大，射程最远的火箭炮，最大射程可达 380 公里，发射方式为车载箱式倾斜发射。卫士-2 是从卫士-1B 火箭炮的演进而来，火箭弹直径 406 毫米，杀伤半径在 450 米以上。

该火箭炮可配备高爆弹、燃烧弹、钻地弹、子母弹等，末段采用全球卫星定位、电视、红外线或激光作弹道修正等技术，能产生巨大的威慑。每枚火箭用密封箱装，运载车有自动装填系统，打完后可迅速装填。

卫士-2 多管火箭系统由卫士-2 火箭、火箭发射车、射击指挥车和运输装填车等组成。一个火箭连为一个作战单元，包括一辆射击指挥车、6 到 9 辆火箭发射车，和六到九辆运输装填车。

它的主要特点是射程远、反应速度快、精度高、成本低廉，可以用来攻击敌方军事基地、集群装甲部队、导弹发射阵地、机场、港口、交通枢纽、政治经济中心、工业基地等。

卫士-2（WS-2）火箭炮的是卫士系列多管火箭武器系统之一。

WS-2 型多管制导火箭武器系统由发射车、运输装弹车和指挥通信车等地面设备以及火箭弹组成。具有射程远、射击精度高、齐射威力猛、作战反应快、使用维护简单、安全性好等特点。这种火箭炮可连发 6 发弹径为 400 毫米的火箭弹，最大射程达 200 公里。

WS-2 火箭弹直径 400 毫米，总重 1285 公斤，总长 7302 毫米。由引信、战斗部、控制系统、固体火箭发动机和弹体结构等部分组成。

卫士-2 远程火箭炮弹种极多，"子母弹"和"寻地弹"的攻击精确度非常高，射程为 360 公里。另外，卫士-2 还有一种火箭弹弹内可携带三个小型无人机。

抵达目标上空后投放携带自杀弹药的无人机，然后搜索地面雷达信号，执行自杀攻击，可在最大射程上进行反雷达作战和电子干扰作战。

为了保证必要的射击精度，火箭弹采用了简易的制导和弹道修正措施，由低成本的惯性器件组成的捷联惯导系统，对弹体进行三通道姿态稳定和横、法向导引相结合的方法提高了控制精度，射击密集度小于 1/600 米。射击准确度小于 3‰。

WS-2 型多管制导火箭武器系统属常规炮兵战术武器。每个火箭连配有 1 辆指挥通信车、6 辆发射车和 6 辆运输装弹车。火箭弹配置数量为 30~48 发/辆（发射车）。

技术性能

弹长 8150 毫米，弹径 425 毫米，战斗部质量 250 千克，设计精度（CEP）小于等于 620 米，起飞质量 1575 千克，最大飞行速度 M＝5.8，最小射程为 60 公里，最大射程为 480 公里，发射方式为车载箱式倾斜发射。

（十一）中国 WS-2D 火箭炮

"卫士"系列多管火箭炮系统主要有"卫士"-1/1B 以及"卫士"-2 三种型号，而目前最新改进型号就是世界射程最远的"卫士"-2D 多管火箭炮系统。

系统组成

"卫士"-2D 火箭炮系统由发射车、运输装弹车和指挥车、通讯车组成，一个作战单元包括一辆射击指挥车、6~9 辆火箭发射车和 6~9 辆运输装弹车。和"卫士"-2 早期型号相比，"卫士"-2D 各项主要性能指标均有了明显提高。

性能指标

首先是射程加大。火箭炮的射程与火箭弹的口径相关。"卫士"-2 火箭弹长 7150 毫米，弹径 400 毫米。而"卫士"-2D 的火箭弹长 8100 毫米，弹径 425 毫米。

在射程上，"卫士"-2 最大射程为 200 公里，而"卫士"-2D 的最大射程为 400 公里。就其口径和射程来说，"卫士"-2D 堪称中国目前口径最大、世界上射程最远的火箭炮系统。

其次是精度提高。为了保证必要的射击精度，相比"卫士"-2 早期型号，"卫士"-2D 因为采用了简易的制导和弹道修正措施，从而有效提高了射击精度。

"卫士"-2D 使用了由低成本惯性器件组成的捷联惯导系统提高控制精度，在末端甚至还可以采用全球卫星定位或激光作弹道修正等先进技术，当射程为 400 公里时，射击精度达到小于 600 米的水平。

多类型的战斗部是"卫士"-2D 火箭炮又一亮点，除传统高爆弹外，还可以根据不同战略战术要求，换用六种以上不同类型的战斗部。

其中双向末敏子母弹和寻的弹攻击车辆的精确度非常之高，据称可以直接命中目标。甚至还有一种在火箭弹内能携带三个小型无人机，这是一种在火箭弹抵达目标上空后投放携带的自杀弹药的无人机，能搜索地面的雷达信号执行自杀攻击。

另外，"卫士"-2D 放弃了以往圆筒式发射箱，采用了一体化设计的六联装发射/储存箱，这也是世界火箭炮发射箱最主流的设计样式，因为火箭弹采用密封箱装弹，储存和发射均很方便。

而且，配用的弹药运载车上装有自动装填系统，一次齐射完成后可迅速再装填。其发射车采用新型 8×8 高机动轮式越野车为运载底盘，具备良好的机动性。

"卫士"-2D 火箭炮系统具备射程远、齐射威力猛、作战反应快、使用维护简单等一系列优点，一定程度上几乎可以替代价格昂贵的短程弹道，用来攻击敌方军事基地、集群装甲部队、机场、港口等目标。

（十二）86 式 122 毫米榴弹炮

86 式 122 毫米榴弹炮是参照苏联 D-30 型 122 毫米榴弹炮,根据现代战争的需要于 1985 年研制成功的师属榴弹炮,用于替代大量装备的老式的 54 式和 54-1 或 122 毫米榴弹炮。

86 式 122 毫米榴弹炮的身管较长,为 30 倍口径,全重 3.2 吨,射速每分 6~8 发,具有 360°射界,可使用杀伤榴弹、破甲弹、增程弹、烟幕弹、照明弹及反装甲子母弹等多种弹药,使用一般炮弹的射程为 18 公里,使用底凹增程弹射程可达 21 公里。

86 式使用的反装甲子母弹内装 30 枚子弹、破甲厚度 500 毫米,最大射程 15 公里。与国内外同类榴弹炮相比,W86 式结构紧凑、*作方便、射程远、精度高、工艺简单、造价低廉,可以说赶上了世界先进水平,特别是 86 式的 360°环射能力和远射程,在世界同类火炮中首屈一指。

基本数据

口径:122 毫米;

初速:690 米/秒;

弹丸重:33.4 公斤;

最大射程:18000 米;

射速:6~8 发;

高低射角:-7°~+70°;

方向射角:360°;

全重:3200 公斤;

身管长:4785 毫米;

行军战斗转换时间:1.5~2.5 分钟。

（十三）85 式 1 22mm 自行榴弹炮

85 式 122mm 自行榴弹炮是中国北方工业公司新研制的装甲履带式自行火炮,该炮性能达到九十年代初期世界同类产品的先进水平。

该炮采用约 32.75 倍口径的长身管,射程远,精度高,威力大;可使用多种炮弹,对付多种目标;具有高低水平方向快速电操纵调炮和手动调炮两种方式,高低射界-3 度至+70 度,方向射界 360 度;采用半自动装弹机,最大射速 6-8 发/分;具有整车三防能力。

该系统的火炮由 D-30 牵引火炮发展而来,身管全长 3995mm,药室较大,共有 36 条渐速膛线,缠度为 25 倍口径。弹药基数为 40 发。可使用的弹种:杀伤爆破榴弹,底排弹,杀伤破甲子母弹,杀伤爆破燃烧弹,发烟弹,照明弹,并可使用原华约组织的制式 122mm 炮弹。该自行火炮的辅助武器有 12.7mm 高平两用机枪(弹药基数 500 发），及 40mm 火箭筒。

该炮采用 12V150L-12 型柴油机，标定功率 450 马力，采用数码显示独立瞄准线摆动式瞄准具。以及潜望镜类数码记数周视瞄准镜。

技术性能

乘员：5 人；
战斗全重：20.5t；
车体长：6369mm；
全长：7093mm；
车宽：3200mm；
车高：2400mm；
最大行驶速度：57km/h；
最大行程：500km；
最大爬坡度：31 度；
过垂直墙高：600mm；
越壕宽：2500mm；
最大射程：杀伤破甲榴弹 15300 米；
底凹杀伤破甲榴弹 18300 米；
最小射程：4070 米；
伪装：防红外涂料。

（十四）70 式 122 毫米自行榴弹炮

20 世纪 60 年代中后期研制定型的 122 毫米自行火炮，70 年代装备部队，用以取代各式苏制 76-100 毫米突击炮，本炮系由 54-1 式榴炮结合 531 式履带式装甲运兵车底盘而成。

装备坦克师、摩托化步兵师和军（集团军）属炮兵团。采用发动机前置，机动性好，可行进间射击，有红外设备，履带加装橡胶保护。本炮现仅装备摩步师。

性能数据

乘员：7 名；
重量：15.3 吨；
单位功率：17.2 匹/吨；
最大速度：56 公里/时；
最大行程：450 公里；
最大爬坡：25 度；
引擎功率：262；
武器：1 门 122 毫米炮，1 挺 7.62 毫米机枪；

最大射程：11800 米；

弹药储备：炮弹 40 发，枪弹 1000 发；

装甲：炮塔无。

（十五）120 毫米轮式自行迫榴炮

120 毫米轮式自行迫榴炮中国自行迫榴炮采用 WZ5516×6 底盘，但战斗全重 16.5 吨。携弹量为 36 发，中国自行迫榴炮的炮塔在车体后部，高低射界为-4°~80°。方向射界达 360°。

中国自行迫榴炮发射高爆榴弹的最大射程为 9.5 千米，发射迫击炮弹的最大射程为 8.5 千米，发射破甲弹的最大射程为 1.2 千米。

中国自行迫榴炮采用半自动装填方式，因此能始终保持高射速：发射高爆榴弹时 6~8 发/分钟，发射迫击炮弹时 10 发/分钟，发射破甲弹时 4~6 发/分钟。

瞄准与作战模式：自动/半自动/手动，装填方式，半自动，炮塔上装一挺 12.7 毫米高平两用机枪，备弹 5000 发。最大射速 600 发/分，火炮装备先进的双向稳定器并有夜间观瞄仪，使它具有夜间和行进间对运动目标进行攻击的能力。炮塔两侧装有 X 组烟幕弹，以便在作战中隐蔽自己，车内配备有三防装置，可在特种条件下作战。

该自行迫榴炮可以用间瞄射击方式向远距离目标射击，发射杀伤爆破榴弹或迫击炮弹，然后在几秒钟内改用直瞄射击方式，向正在接近前沿阵地的坦克，装甲车辆射击。

该炮将主要装备我军快反部队，空降部队，轻型轮式装甲部队等。

性能数据

发射高爆榴弹的最大射程为 9.5 千米；

发射迫击炮弹的最大射程为 8.5 千米；

发射破甲弹的最大射程为 1.2 千米；

发射高爆榴弹时 6~8 发/分钟；

发射迫击炮弹时 10 发/分钟；

发射破甲弹时 4~6 发/分钟；

携弹量 36 发；

方向射界±35°；

高低射界-4°~80°；

乘员 4 名；

三防装置有；

发动机 320 马力；

最大公路速度 85 千米/小时；

最大水上速度 8 千米/小时。

四、现代坦克（装甲车）

（一）中国 03P 水陆两栖坦克

03P 水陆两栖坦克是我最新推出的新型水陆坦克,具有强大的火力、一定的防护能力和良好的陆上、水上机动性能。它装备于两栖机械化部队和海军陆战队,主要用于海上登陆、抗登陆作战,也适合于内陆江河、湖泊、水网稻田地域使用。

主要性能

03P 型水陆坦克具有较高的机动作战能力,可由铁路、公路、舰船等运输工具载运。陆上最大速度不低于 55 千米/时,最大行程超过 400 千米。最大可爬 36°纵坡、30°的侧倾破,可越过 2.9 米的壕沟,过 0.8 米的垂直墙。水上最大速度超过 14 千米/时,最大航程不小于 90 千米,能够在四级海况下正常航行。

03P 水陆坦克配备的 105 毫米低后坐力坦克炮,采用身管全膛镀铬,火炮线膛式身管,可发射北约国家制式 105 毫米坦克炮弹,也可发射国产 105 毫米坦克炮弹。配备穿甲弹、破甲弹和杀伤爆破弹等弹种,弹药基数为 38 发。在 2000 米距离上可击穿 460~.500 毫米厚度的均制钢装甲,能击毁敌军的主战坦克和 1~1.5 米厚的钢筋混凝土工事,能有效压制、消灭 4000 米以内暴露和隐蔽的敌岸防残存火力点和有生力量。新型光点式火控系统使车辆具备静对动射击和夜间精确射击能力。

03P 型水路坦克在国内首次采用交流全电炮控系统,与传统的液压炮控系统相比,具有稳定精度高、可靠性好、体积小、重量轻的优点。03P 型水路坦克的炮塔正面装甲在 1000 米距离上可防 25 毫米穿甲弹,车体正面装甲在 100 米距离上可防 12.7 毫米穿甲弹,后面和侧面装甲在 100 米距离上可防 7.62 毫米穿甲弹,顶部装甲可防 7.62 毫米普通弹。

整车具有综合防腐蚀能力,采用了抛射式烟幕装置、隔音隔热装置,防近红外迷彩涂料等综合防护措施。借助于配备的车长微光昼夜观察镜、炮长微光综合瞄准镜、驾驶员微光夜视仪,03P 型水陆坦克具备昼夜机动和战斗能力。配备驾驶员海上辅助观察仪,可有效扩大驾驶员海上驾驶视野,减小死角。

总体结构

03P 型水陆坦克战斗全重 22 吨,乘员 4 人。车长 9.2 米,车宽 3.3 米,车高 3.15 米,车底距地高 0.4 米。采用全装甲焊接车体,可有效保护乘员与设备的安全。整车从前到后分为驾驶舱、战斗室和动力舱三大部分。驾驶舱安装有驾驶员座椅、驾驶仪表和各种操纵装置。战斗室安装有炮塔、火炮、火控系统、通信设备等,车长、炮长和二炮手在此完成战场观察、战斗、通信联系等任务。

动力舱安装有动力、传动等装置。安装先进的双功率发动机，可迅速完成水陆功率转换。传动装置主要由主离合器、变速箱、分动箱、转向机等组成。可分别实现动力的陆上传动和水上传动。

陆上有五个前进挡、一个倒挡及空档，水上有前进挡、倒挡及空档。水上推进装置采用新式轴流喷水推进器，使坦克具有强大的推力和良好的动态尾倾角。水上转向装置采用新型电液控尾舵时水上转向装置，通过方向盘进行电控液压操纵，可方便地实现车辆在水上的转向和倒航，具有水上转向半径小，操作轻便、灵活等特点。

悬挂装置为高强度扭杆式悬挂装置，由每侧 6 只高强度中空挂胶负重轮、履带、主动轮、诱导轮履带调整器、平衡肘、扭力轴、缓冲器和限制器等组成。辅助武器为一挺 12.7 毫米车载机枪和一挺 7.62 毫米并列机枪。

由于整车内部空间较大，并具有较高的浮力储备，因此，在底盘不做较大变化的情况下即可改装成两栖装甲补给车、两栖装甲抢救车、两栖装甲指挥车、两栖装甲救护车等车型。

03P 型水陆坦克作为我国新研制的两栖突击坦克，在继承成熟的水陆坦克技术的同时，有所创新，有所发展。如全电炮控系统、新型电液控尾舵式水上转向装置等技术，在国外两栖坦克中均属首次运用，从而使 03P 型水陆坦克在世界两栖坦克的行列中保持了较为先进的性能。

（二）中国 YW703 装甲指挥坦克

该坦克系 YW531H 系列的车辆之一，供装甲部队师、团指挥员和参谋通信指挥使用，安装 VHF 调频电台和 HF 单边带电台，于 1988 年定型投产，用于外贸。

该坦克采用 YW531H 装甲输送车底盘，车体外形也与 YW531H 装甲输送车相同。

车上指挥舱装备了 2 部 VHF 调频电台和 1 部 HF 单边带电台，1 部短波收信机。2 部 VHF 调频电台采用共用天线系统。3 部电台可以同时工作，可用任意 2 部电台进行人工转信，电台还可以进行 1km 的遥控。VHF 调频电台还配装 10m 升高天线，HF 单边带电台配装了 10m 桅杆天线，以改善电台的通信效果和增大通信距离。采用 703 车内通话器。

车内电气系统工作电压为直流 24V，蓄电池 4 个，电压 12V，总容量 310Ah。并装备 1kW 汽油发电机和 1 台换能器，可由汽油发电机向车上电气设备提供 28V 直流电源。

车体两侧各装 4 个烟幕弹发射器，左前顶部装有 1 挺 12.7mm 高射机枪。

车体两侧各装 1 个观察镜，车上人员可对外观察，后门有 1 个潜望镜和 1 个射击孔。

性能数据：乘员 2~6 人，战斗全重 13800kg，单位功率 17kW/t，车长 6.125m，车宽 3.060m，车高 2.590m，履带着地长 3.275m，履带宽 380mm。公路最大速度 65km/

h,水上最大速度 6km/h,公路最大行程 500km,爬坡度 62.5%,攀垂直墙高 0.6m,越壕宽 2.2m。主要武器 12.7mm59 式高射机枪,弹药基数 560 发,旋转范围 360°,烟幕弹发射器 76mm8 具,装甲结构类型钢装甲。通信设备 VHF 调频电台 2 部,HF 单边带电台 1 部,收信机 1 部,703 车内通话器 1 套。

(三) 中国 73 式中型抢救坦克

该坦克是 59 式中型坦克的变型车,由 59 式坦克去掉炮塔后在底盘上安装绞盘、手摇式吊架和驻锄等装置设计而成,用于对战斗损伤、淤陷以及失去自行能力的装甲车辆实施抢救。例如对失去自行能力的车辆实施刚性牵引;对于陷(或坠岩)的车辆利用绞盘施行拖救,拖救时钢丝绳从车尾中部上方导出,将驻锄插入地表以防履带滑移。

该坦克和其他工程车辆配合可完成战地换件修理等技术保障任务,车上备有可拆卸的手摇式吊架,起吊重量允许达 1000kg,可以用于更换发动机和其他部件。该车于 1965 年设计,1973 年设计定型。

结构特点

总体布置

该车仍然保留了 59 式中型坦克动力、传动后置和发动机横置的特点,取消了前组柴油箱、中组柴油箱和 20 发弹架,在车首部构成乘员舱,在乘员舱的后部布置了新的柴油箱、加温器和绞盘施曳作业装置,蓄电池安放在柴油箱上,车体前部顶装甲板上装有 1 挺 12.7mm 高射机枪,车尾装有驻锄,车体中段上方有载货平台,牵引、拖曳和起吊工具及辅具分别固定在左、右翼子板和载货平台的侧板上。

作业装置

牵引绞盘 1 具,标定拉力 245kN,加 2 个滑轮时最大拉力可达 735kN。

驻锄 1 具,最大支撑力 529.2kN。

手动吊架 1 具,标定起吊重量 1000kg。

刚性牵引辅具 1 套,刚性牵引钩安装在车尾,刚性牵引架平时固定在两翼子板中部上方的侧装甲板上。

主要武器

1 挺 12.7mm 高射机枪,子弹 550 发;1 支 7.62mm 冲锋枪,子弹 300 发;手榴弹 20 枚。

此外,推进系统、防护系统、通信设备、灭火装置和烟幕装置均与 59 式中型坦克相同。

性能数据:乘员 4 人,战斗全重 31000kg,车长 7.160m,车宽 3.270m,车高 2.125m,履带着地长 3.840m,履带中心距 2.640m。

传动装置与 59 式坦克相同,最大速度 50km/h,燃料储备 790L,最大行程 415~

435km，侧倾坡度 58%，越壕宽 2.70m，攀垂直墙高 0.8m，涉水深 1.4m，刚性牵引性能最大速度 28km/h，最大行程 245km。

拖曳性能，绞盘放绳速度 13.83m/min，绞盘收绳速度 6.15m/min，直接拖救时的拖曳力 245kN，拖救距离 200m，加一个动滑轮拖救时，拖曳力 490kN，拖救距离 100m，爬坡度 60%。

起吊性能，吊架形式手摇转柱式，标定起吊重量 1000kg，起吊回转角 200°，起吊高度 4.77~3.20m，回转半径 0.97~3.130m。

（四）中国 79 式轻型抢救坦克

该坦克于 1968 年研制，1969 年制成 2 辆样车，1970 年设计定型。但由于吊车结构、回转叶片式液压马达、蓄电池位置和乘员工作条件等问题又做了改进设计和试验，并于 1979 年改进设计补充定型，当年投产，主要装备轻型坦克师团。

该坦克是在 62 式轻型坦克底盘基础上研制而成，为提高机动性能，将原发动机功率由 316kw 提高到 382kw，最强速度达 65km/h。该车共有 5 名乘员，驾驶员位于车前左侧，车长兼高射机枪手位于车前右侧，3 名作业人员中 2 名在车长后面，1 名位于驾驶员后方，绞盘左侧。乘员位置都设置了顶盖门窗，便于出入和开、闭窗观察。

该坦克安装 1 个机械式绞盘，位于动力舱前方，其动力由发动机通过传动箱、绞盘离合器、制动器、减速箱传至作业绞盘。绞盘包括 1 对摩擦滑轮、绕绳卷筒、打滑离合器、排绳机构和导向装置。将钢绳引向车辆前方。为提高拖救力，在车首前下甲板上焊接 1 对供双绳抢救用的牵引钩。

在车辆前面安装驻锄推土铲，液压驱动，可起到驻锄、推土、起吊时支撑车体的 3 个作用。

在驾驶员后面顶上甲板上安装单杆液压吊车，带有交叉排列滚柱的回转盘由液压马达驱动。为保证坡度作业长期不滑转，增加了机械制动机构。

在车体后部安装刚性牵引装置，对失去操纵行驶能力的轻型坦克实行牵引后送。

该坦克还安装 l 挺 12.7mm 高射机枪，驾驶员配有红外夜视仪，有半自动灭火装置和通信装置等。

性能数据：乘员 5 人，战斗全重 21000kg，车长 6.640m，车宽 2.850m，车高 2.470m，履带着地长 3.435m，履带中心距 2.390m，履带宽 430mm，爬坡度 70%，防空武器 12.7mm69 式 1 挺，机枪弹基数 1400，烟幕装置烟幕弹发射器，灭火装置半自动，驾驶员夜视仪红外，通信电台型号 A-220，车内通话器有，蓄电池数量 4 个。

绞盘：最大出口拉力 245kN，最大拖救力 490kN，钢绳有效长度 110m，钢绳直径 28.5mm，收放绳速度低速 7m/min，高速 20m/min。

吊车：最大起吊重量 1500kg，额定起吊重量 1200kg，吊臂最大仰角 57°，最大起升高度 4.3m，吊臂旋转角度 360°，最大回转半径 3.2m，最小回转半径 1.6m，驱动方式液压，吊车绞盘钢绳长度 26m，钢绳直径 9.3mm，最大收放绳速度 20m/min，驱动方式液压,驻锄推土铲,驻锄宽度 2.85m,提铲高度 1m,液压油容量 80L,刚性牵引,牵引能力 176.4kN,牵弓 I 最大爬坡度 26.7%。

另外,该车还备有 2 个千斤顶,1 个单滑轮。

(五)中国 85 式轻装甲抢修坦克

该坦克用于在野战条件下对损坏的坦克装甲车辆进行现场抢修以恢复其战斗能力。

该坦克以 YW531H(85 式)装甲输送车为底盘,1986 年研制出样车,能够跟随坦克装甲部队进行野战抢修,是 531 履带式装甲车族中的成员。

该坦克战斗全重 15t,底盘部分同 YW531H(85 式)装甲输送车。从传动箱取力驱动发电机和液压泵。

在坦克的左后方安装 1 台液压起吊装置,起吊重量为 1t,用于起吊坦克装甲车辆的发动机、变速箱等部件。坦克上安装有发电机和电焊机,用于抢修、电焊作业;装有各种专用拆装工具,用于一般换件修理作业。另外备有三相交流 380V/50Hz 插座,可以应用市电。

该坦克上还装有简易钳工工作台,可进行一些钳工作业。车上保留 12.7mm 高射机枪用于自卫。

性能数据:车长 6.125m,车宽 3.060m,车高 2.750m,车底距地高 0.460m,履带着地长 3.275m,履带中心距 2.526m,履带宽 380mm,公路最大速度 65km/h,公路最大行程 500kin,爬坡度 62.5%,侧倾坡度 46.5%,攀垂直墙高 0.6m,越壕宽 2.2m,防空武器 12.7mm59 式高射机枪 1 挺,弹药基数 560 发,装甲结构类型钢装甲,直流发电机 28V/3.36kW,交流发电机 380V/5kW,蓄电池数量 2 个,起吊装置液压式,起吊重量 1t,电焊机数量 1 台。

(六)中国 88C 式主占戈坦克

88C 型主战坦克是在吸收了 85IIM/85ILAP 成熟技术与经验的基础上又加以改进而成的,为批量装备我军现役的准三代主战坦克。正式定型时被命名为 96 式主战坦克。

88C 式坦克性能诸元:

战斗全重:41.5 吨

火炮与弹药:125 毫米滑膛炮,可发射尾翼稳定脱壳穿甲弹、破甲弹和榴弹三种不同类型的炮弹,装有 1 部机电一体化控制的自动装填机。列装了激光制导炮射导弹系统,可提高远距离攻击和反直升机能力。

发动机:1 台涡轮增压柴油机。功率:730 马力

最大速度:57.25 公里/小时

最大行程:400 公里

火控系统:JSFCS-212 火控系统:激光测距仪、弹道计算机、炮手稳定式瞄准

镜、火炮双向稳定以及控制仪表和各种传感器。

防护系统:焊接式炮塔,两侧各装 6 具 84 式 76 毫米电动烟幕弹发射器。车体外表喷有可防可见光、近红外、远红外及毫米波探测的宽频谱迷彩涂层。炮塔上装有 JD3 型车载红外干扰系统。

(七)中国工程侦察车

该车系 YW531C 系列的车辆之一,供装甲部队师、团指挥员和参谋通信指挥使用,装有 VHF 调频电台和 HF 单边带电台,于 1984 年定型投产,用于外贸。

结构特点

该车系在 YW531C 底盘基础上制成,车体后部加高 300mm,以增大指挥舱的活动空间。

车上装备三部 VHF 调频电台(其中一部为备用),两部 HF 单边带电台(其中一部为备用)、一部短波收信机和 701A 车内通话器。通信系统首次采用共用天线,以减少天线的数量。两部 VHF 调频电台和一部 HF 单边带电台可以同时工作,可用任意两部电台进行人工转信。

当工作电台损坏时,备用电台可以迅速投入使用。车上电台可以进行 1km 的遥控。VHF 调频电台还配装 10m 升高天线,HF 单边带电台也配装 10m 桅杆天线,以改善电台的通信效果和增大通信距离。指挥舱和驾驶舱之间有隔门隔开以降低噪声。

车内电气系统工作电压为直流 24V,蓄电池 4 个,电压 12V,总容量 310Ah,并装备 1 台 2kW 汽油发电机和 1 台换能器。汽油发机或市电可以通过换能器向车上提供直流电源。

指挥舱四周装有 11 块具有加热除霜功能的防弹玻璃观察镜,以便于指挥员对外观察。观察镜装有活动防弹盖板。

车体左前顶部装有 12.7mm 高射机枪。

型号演变

YW701B 装甲指挥车是 YW701A 装甲指挥车的变型,1984 年定型投产,减少 1 部 VHF 调频电台和一部 HF 单边带电台,其他均与 YW701A 装甲指挥车相同。

性能数据

型号:YW701A;

乘员:2+5 人;

战斗全重:13000kg;

单位功率:18kW/t;

单位压力:57.2kPa;

车长：5.476m；

车宽：2.928m；

车高：2.776m；

公路最大速度：65km/h；

水上最大速度：6km/h；

公路最大行程：500km；

爬坡度：62.5%；

侧倾坡度：46.5%；

攀垂直墙高：0.6m；

越壕宽：2m；

发动机类型：8V风冷涡轮增压中冷柴油机；

主要武器：12.7mm/59式/高射机枪；

弹药基数：560发；

旋转范围：360°；

装甲结构类型：钢装甲；

通信设备：VHF调频电台3部（其中1部备用）；

HF单边带电台2部（其中1部备用）；

短波收信机1部；

发电机：电压/功率/类型 28V/3.36kW/直流；

230V/1kW/交流；

蓄电池：数量/电压/容量/型号 4个/12V/310Ah/65-1。

（八）中国 ZBD03 伞兵战车

ZBD03的主武器系统是一门30毫米机关炮，备弹400发，辅助武器系统则是一挺86式7.62毫米并列机枪，备弹1000发。此外，炮塔上部还安装有一具"红箭"73C反坦克导弹发射架，能够发射"红箭"73C反坦克导弹（备弹4枚），具有动对动作战和夜间作战能力。

ZBD03的机动性能：主要采用气冷式发动机，其功率达到350马力，公路最大时速70千米/小时，最大行程500千米，机动性相当优异。在两栖浮渡时，由于采用履带滑水方式推进，最大水上速度大于6千米/小时。

ZBD03的防护性能：车重较轻，仅为9吨左右，所以防护性能上相对同等战车要逊色一筹，它能抵御12.7毫米机枪弹和7.62毫米子弹，对于破片榴弹的防护性能也较好，但对于大口径穿甲弹就有点力不从心了，不过伞兵战车的设计初衷不是正面对抗坦克，所以设计指标没有那么高也是合情合理的。炮塔两侧还有两组6门84式76毫米电动弹药发射器，一般拖放烟幕弹，但也可以发射榴弹以应对接近的步兵。车内有灭火抑爆和三防装置。

ZBD03的载员能力：驾驶舱在车首左侧，动力舱则位于车首右侧，战斗室则位于车体中央，车组成员3人，载员4人，极端情况下能够搭载的兵员不详。

ZBD03 的空降能力:在设计之初就已经将国家战略空运能力考虑在内了,因为我国大飞机缺乏,所以基本是以运-8 作为空降平台而设计的,要求一架运-8 能够搭载 2 辆 ZBD03。立足于现实进行装备发展,在空降系统上,我军开发了类似俄罗斯 PBS 系统的空降装备。

未来目标与任务:对于我国而言,在现今的条件下,最大可能动用大规模空降力量的周边地区是台海地区和西南边疆,一旦这两个地区需要解放军武力介入,在重型运输及缺乏的情况下,只能立足现有装备谋打赢,于是能够被运-8 飞机搭载就成了新式伞兵战车的重要设计指标。再加上要保证远距离长时间作战对官兵不造成任何影响,如此的战术需求反馈到装备上,就形成了伞兵战车的中国特色,即重量轻,尺寸大。

所以,从现有情况看,现在的 ZBD03 很可能是基准型,未来解放军将以此为基础,在不断改进的情况下开发出一个伞兵战车车族。

(九)中国 ZLC2000 空降步兵战车

解放军研制成功的 ZLC2000 型空降步兵战车是一款中国完全本国设计的产品。ZLC2000 型空降步兵战车的存在验证了中国军队日益增长的进攻战力。

ZLC2000 型空降步兵战车的特征有,箱式造型的车体,配备有中央安置的棱角分明的炮塔,战车由 3 位成员驾驶操作,一名是炮塔射击手,一名是车体内的车长,车长的前面也就是发动机的左侧是驾驶员位置,炮塔安置了一门 25mm 火炮,炮塔外侧还配有一具反坦克导弹发射器,以及烟幕发射器。

ZLC2000 型空降步兵战车的车体后部有可以容纳 4 名伞兵的位置,车后有观察窗,此外还有 6 个射击孔,3 个在右侧,2 个在左侧,1 个在后部,为方便乘员进出战车,在车体顶部设有舱门或者设计有一个后门。

ZLC2000 型空降步兵战车的外部装甲较薄,以保持空降时 8 吨的重量,当空投的时候,战车的履带可缩起,以使落地冲击力最小化。与俄制 BMD 空降战车的乘员不同(人随着车一起空投),中国的乘员是与其他空降兵一起与战车分开实施空降的。

其空降步兵战车长 7.01 米,宽 2.13 米,空降速度是每小时 68 公里,具备涉湖泊河流的能力,涉水速度 6 公里/小时,在涉水的环境下,履带转动从而推动车辆前行。

中俄两种战车稍做对比:与中国的战车相媲美的是俄罗斯的 BMD 系列的最新版本,即 BMD-4 空降战车,它的性能与中国 ZLC2000 空降战车最相近,该车的火力配置较重,配有一门 100 毫米火炮和一门 30 毫米炮,操作驾驶人员三名,可搭乘 4 名空降兵,车体重量 11 吨,车体尺寸是长 7.62 米,宽 3.04 米,高度 2.13 米。

(十)79 式火箭布雷车

79 式火箭布雷车是我国研制的第二代火箭布雷系统,于 1979 年设计定型。其主要功能是在敌人的前出装甲集群前方迅速布下雷场。系统采用 CA-30 型 6 ∗ 6 越野车为载具。

该系统的发射架为桁架式，以钢管焊接成 8 个发射框，上下两排，每排 4 框，可装填和发射 8 发火箭布雷弹。该系统有两种火箭弹：79 式布雷弹装 10 枚 69 式反坦克地雷，最大射程 2500 米，4 台布雷车一次可构筑成 600 ×350 米的反坦克雷场；还可发射燃料空气扫雷弹，一发火箭弹可扫除直径 48 米圆面积的杀伤雷和厚草皮，还可杀伤直径 24-60 米圆面积内的有生力量，最大射程 2700 米。

79 式火箭布雷车

性能数据

弹径：305 毫米；

弹长：1600 毫米；

火箭发射轨：8；

最大射程：2500~2700 米；

高低角：4-50 度；

方向角：95/45 度（左/右）；

射速：1 发/1.75 秒；

最大行驶速度：65 千米/小时。

（十一）中国 ZTD-05 两栖突击车

涂陆军三色迷彩的 ZTD-05 属于中国国产 05 高速两栖突击车系列，属于新型国产两栖装甲突击车（AAAV）。05 高速两栖突击车系列是当今世界上水上速度最快，也是最先进的中型两栖突击车系列。它由功率强大的发动机推动，可在水上高速航行。

美国也在研制类似的 AAAV 大型高速两栖突击车，性能比中国大陆的高速两栖车系列更先进，但尚未完成研制。

中国 05 高速两栖突击车系列水上速度快，且火力强大。该系列车辆装 1 门 105 毫米低后座力坦克炮，就成为高速两栖坦克，其威力足以击毁 M-60、M-48 等各型主战坦克；装 30 毫米机炮就成为高速两栖步兵战斗车，其火炮威力足以击毁台 M-41 轻坦克和各型装甲车。而炮管周围的支撑可以大幅度提高机炮的射击精度。

ZTD-05 的特色很明显，那就是车体前端有可伸缩折叠的防浪板。这个装置可以抵消一些水流对车体的扰动和阻力，提升整车在水中机动时的速度。

由于"国产 AAAV"的具体技术细节尚未公开,只能通过外形识别展开推测。首先,从车体外形上来看,国产两栖装甲突击车车体的体积明显小于 EFV 远征战车。另外,国产两栖突击车滑板展开后的外形与 EFV 有所不同,并非如前者一样的弓形,而是成较大倾角的平直状态。

对于国产两栖突击车来说,最大的技术简化就是放弃了全收放结构履带,高速航行时很可能仅通过后移诱导轮张紧履带来减小阻力。因为车体较小且不能形成封闭式车底,国产两栖突击车将更加依赖辅助滑板的抬升作用,因此才采用了与车体相对面积较 EFV 大很多的首尾辅助滑板。

EFV 从平衡性方面着眼,采用了动力舱中置的布局结构,战斗室位于动力舱前,车载陆战队员则成 U 形环坐于发动机周围,显然动力舱和载员舱的空间发生了干涉,影响了战车的承载效率。

国产两栖突击车战斗舱因为要连接带有 105 毫米坦克炮的大型炮塔以强化火力,显然不能采用与 EFV 一样的动力结构布局,和 63 式水陆坦克一样的动力舱后置布局从载员角度考虑也不可取,最终采用的是轻型装甲车通用的前置偏置动力舱结构布局。

国产两栖装甲突击车从自身技术实力出发,更多强调过渡航行状态到半滑水航行状态下的良好水上性能。虽然和 EFV 相比明显降低了技术难度,但是在保证全车族研制进度按时顺利服役的同时,却依然可以得到 30 公里/时以上的高航速。

国产两栖突击车族包括两种主战车辆,分别装备 105 毫米低后坐线膛坦克炮和 30 毫米机关炮。国产两栖装甲突击车使用的 105 毫米线膛坦克炮是在 63A 水陆坦克的同口径火炮上改进而来的。

这种火炮和陆军 105 毫米坦克炮相比,通过增加炮口制退器、改进反后坐装置降低了火炮后坐力,使轻型两栖突击车能够承载并在水中安全发射。

中国的 105 毫米坦克炮自 20 世纪 80 年代从西方引进以来,经过 20 余年的消化吸收,性能已经达到相当高的水平,近年来最新研制的弹芯长径比接近 30:1 的新型脱壳穿甲弹 2000 米距离垂直穿深达到 500 毫米水平,足以横扫 M60A3 和 M48H 坦克。

用于运载步兵上陆的国产两栖装甲战车装备一门 30 毫米机关炮,该炮原型是俄罗斯 BMP-3 步兵战车使用的 2A72 型 30 毫米自动炮,20 世纪 90 年代随同 BMP-3 步兵战车炮塔引进项目来到国内。

这种火炮和国产 25 毫米车载自动炮相比结构更加紧凑,体积和重量均只有后者的 2/3 不到,火炮总体可靠性极高。火炮采用单向双路自动供弹,射速 380 发/分钟,榴弹初速 960 米/秒。

两栖装甲战车除了 30 毫米机炮外还可以在炮塔两侧各携带一枚"红箭"73C 反坦克导弹,这种老式导弹改用串联破甲战斗部后威力尚可,而且将有线制导改为无线制导。

（十二）中国 77—1 式水陆装甲输送车

该车于 1965 年 4 月开始研制,当年制成 2 辆样车,并经过试验和改进后投入小批试生产。1977 年 11 月经审查定型,命名为 77—1 式水陆装甲输送车。

该车是装甲部队中水陆坦克的战术配套车辆,也可装备炮兵部队,用于水网稻田地区驮载地面火炮克服水障碍以执行各种战斗任务。

结构特点

该车是以 63 式水陆坦克底盘为基础,去掉水陆坦克炮塔,将原车战斗舱的装甲板加高,作为运载车厢。主要改进有:

车首上甲板设有驾驶员窗口,车长窗口及高射机枪;车尾部设置供装卸火炮用的可折叠的尾跳板,中跳板和火炮牵引钩;运载舱的顶盖装甲为固定密封式,火炮可驮载于下凹的顶盖上,在顶部开有供步兵、物资器材、弹药进出的窗口 3 个,运载舱还开有侧门,进气风扇设有防水进气罩。

驮载火炮的半刚性固定装置;增加拉炮上车的由蜗轮蜗杆传动的电动牵引绞盘,及其可移动的电缆式手控操纵盒;运载舱两侧各设置两个射孔,其上方开有观察孔,在前围和后围甲板上,左右各增设一个通风口,通风观察条件良好;

驾驶员和车长座椅为上下可调式,运载舱内的乘员座位,中间两个可向上折叠,并可拆卸,两侧的为固定式;对输送人员、载炮和物资作了合理安排,可以同时驮炮、载人,互不影响。

该车与 63 式水陆坦克具有相同的机动性,又可乘载步兵,运载和短距离牵引火炮、输送物资、器材、弹药、油料等能力。

乘载步兵可从车的前后两侧,踏翼子板,分 4 路上下车。搭载 20 名步兵上下车时间不超过 80s。完成装载火炮上下车的时间不超过 13min。动力、传动、行动、操纵、水上推进等主要部件均与 63 式水陆坦克相同。

发动机为 4 冲程 V 型 12 缸水冷 12150L-2 型柴油机,标定功率 298kW(400 马力)。水冷却系统陆上采用管片式散热器和废气引射装置,水上利用水道夹层式热交换器。发动机起动有电起动(为主)和空气起动两种方式。

采用简单、可靠的机械式传动装置,由主离合器、变速器、转向离合器、带式制动器和侧减速器,水上推进装置和抽水装置组成。

陆行驶时的动力传递路线是由发动机经主离合器、就速器、两侧转向离合器、侧减速器、传到主动轮;水上行驶时由发动机经主离合器、分动箱、万向节传至左右两侧的喷水推进器。

主离合器为干摩擦多片式。就速器为带同步器换挡机构的定轴式机械变速器,分为前后两个部分,前部为水上推进传动,分动箱将动力向左右两侧传出,并带有一个倒顺机构,可使传动轴带动推进器叶轮正转和反转。后部为陆变速器部分,包括 5 个前进挡和一个倒挡,第三、四、五档带有惯性式同步器,第二档带有简单式同步器;第一档和倒挡采用滑键齿套换挡。整个变速器水、陆两部分的传动机构可以独立使用,也可以同时使用。

转向装置采用干摩擦多片式离合器。侧减速器为一级圆柱齿轮减速装置。操纵系统采用弹簧助力机械式操纵装置。

行动装置采用独立式扭杆悬挂,单销小节距金属履带板。高履刺人字形花纹履带板的附着性能好,提高了车辆在水稻田、沼泽、浅滩等地的通过能力和出入水能力。

有6对中空的单轮缘大直径挂胶负重轮,第一和第六负重轮处装有蜗卷弹簧限制器,其余装有橡胶限制器。履带的松紧程度由曲臂和双头螺旋履带调整器进行调整。

水上推进装置采用轴流式喷水推进器。在传动装置两侧各装有一套喷水推进器和水道,在车尾喷水口处设有可开闭的水门。

为实现水上倒车,车体后部两侧开有倒车水道,关闭车尾2个水门,水从车后两侧喷水口向车的斜前方喷出,产生向后方的推力,在短时间内即可实现减速、制动或倒驶;当关闭一侧水门时即可实现灵活转向。

喷水推进器可由分动箱操纵,使之正转和反转,正转使车辆在水上行驶,反转时使水道中的水倒喷,以此来除掉水道进口格栅上的水草与杂物,防止堵塞。

装甲车体由特殊装甲钢板焊接而成,具有适度的防护能力,车首甲板相对较厚且有一定的倾斜角度。驾驶员右侧的机枪塔上安装有1挺12.7mm高射机枪。前部上斜装甲板上装有防浪板,防止车在水上行驶时向车首涌水。陆上行驶时防浪板可以放下来。

观察仪器有3个车长用的棱镜式潜望镜,一个步兵班长用的59式潜望镜,驾驶舱上配有3个61式水陆坦克驾驶观察镜,夜间或雾天可用62式坦克夜视仪,还装有供水上行驶使用的61式水陆坦克观察镜。

电气设备的电源部分主要包括4个65式蓄电池,一个直流发电机。ZFC-3000型蓄电池的连接为串并联,总电压为24V,容量为280Ah。

通信设备有坦克无线电台和车内通话器。

型号演变和变型车

77-2式水陆装甲输送车:该车是在77-1式输送车基础上简化结构的一种不运载火炮的水陆装甲输送车,主要用来输送步兵,配合水陆坦克作战,或转运伤员。

该车于1978年开始研制,1980年定型,主要改进有取消与载炮有关的火炮固定装置、跳板、绞盘、尾部拖炮牵引钩,并将运载舱顶部下凹部分甲板升高,在其四周增设装载物资器材用的围栏;取消右侧射孔和观察窗,开一侧门,其宽度足以保证制式担架的出入;运载舱左前方射孔增加1个安装班用机枪用的球形回转射击固定装置。

性能数据

型号:77-1式水陆装甲输送车;

乘员：2 人；

车全重：18000~18760kg；

单位功率：16.34~15.67kW/t；

单位压力：48.36~55.23kPa；

车体长：7.150m；

车宽：3.200m；

公路最大速度：64.2km/h；

平均速度公路：30~36km/h；

牵引火炮：22.5km/h；

最大行程公路：370km；

土路：340km；

最大爬坡度：70%；

越壕宽：2.900m；

攀垂直墙高：0.87m；

水上推进方式：喷水推进；

最大航速：11~12km/h；

倒航速度：5~6km/h：

最大航程：120km；

入水角：36°；

出水角：28°；

乘载步兵：20 人（全副武装）；

运载：85mm 加农炮 1 门；

炮手：8 人（一个炮班）；

炮弹：30 发；

运载：122mm 榴弹炮 1 门；

运送伤员：（带担架）2~3 人；

运送其他作战物资重量不超过 3t；

武器：12.7mm/机枪/1 挺；

机枪弹药：500 发；

发动机：12V 水冷柴油机；

水上推进器：螺旋桨反作用式；

装甲结构类型：钢板；

电气系统电压：24V；

无线电台：A-220/1 台：

车内通话器：A-221/1 套；

机械传动

离心式抽水泵：泵水量 500L/min；

电动抽水泵：泵水量 500L/min。

（十三）中国 59-1 式中型坦克

对越自卫还击作战后，针对 59 式中型坦克在作战中暴露出来的火控系统落后、防护能力弱等缺陷，在充分调研的基础上，决定对 59 式中型坦克进行第一轮改进。1979 年，开始进行改进设计，产品代号为 WZ120A。改进方案被批准后，随即投入了试制和改进后的战术技术性能试验。

1984 年，59 式改进型中型坦克通过了定型试验并正式定型，命名为"59-1式中型坦克"。59-1 式中型坦克，是我国自行生产 59 式中型坦克以来，第一次比较集中的改进，标志着我国主战坦克走上了研改结合的道路，因此，具有划时代的意义。改进后的 59-1 式中型坦克，火炮在首发命中率、防护能和机动性能上 59-1 式坦克有了较大程度的提高，并为老式装甲装备的不断改进积累了经验。

从其结构上看，59-1 式中型坦克在 59 式中型坦克基础上进行了 19 项改进，改进后的 59-1 式中型坦克的最大特色，是贯彻了"人文精神"，充分体现了"以人为本"。

设计理念

首先，为 59 式中型坦克火炮增装了自动装表简易火控系统和 73 式激光测距机。这就大大提高了火炮的首发命中率，并缩短了瞄准时间，结束了原 59 式中型坦克没有火控系统，"判距靠炮长的眼睛、射击靠射手经验"的历史。

其次，增装了并列机枪弹和高射机枪弹压弹机。原 59 坦克的并列机枪弹要靠乘员人工压装，费时、费力不说，时间长了弄得手生疼。改进后，机枪弹可以半机械化压装了，大大提高了效率，省时、省力。

第三，在车外增装了红外大灯。坦克驾驶员都怕夜间用夜视仪驾驶。其中一个重要原因就是老 59 坦克的夜视仪看不清而且失真。改进后的 59-1 坦克，在车外左侧翼板前部增装了 1 个 80 瓦的 6610 型红外大灯，提高了红外照度，这就改善了驾驶员使用夜视仪观察的效果。

第四，增装了操纵系统液压助力装置。过去驾驶员在行驶中拉操纵杆着实是不容易，需要几十斤的拉力，一开几个小时，谁也受不了。改进后的坦克增装了转向操纵系统液压助力装置，驾驶员操作起来明显轻便灵活。

第五，增装防滑履刺。过去坦克在雪地或冰上行驶前，为防滑需要乘员把履带拆开，然后隔几块履带反装一块（履带刺朝下），最后再把履带结合起来。当过坦克兵的都知道，调履带可是件苦差事，四个乘员忙乎一两个小时，累得是满头大汗，寒冬腊月这滋味就更不好受了。现在好了，改进后的 59-1 坦克，在左侧翼板上排气管后方加装了 1 个储存箱，可以存放防滑履刺，在需要时直接将防滑履刺加装到履带上即可，给三北地区及高寒高原地区的坦克兵们带来了"福音"。

第六，在非指挥坦克上增装一根伪装天线。这主要是吸取对越自卫还击作战的教训。改进后的 59-1 坦克，在非指挥车的炮塔顶甲板后部增装 1 根伪装天线，使敌人难以分辨战斗坦克与指挥坦克。

第七，安全门改为三点支撑式向外开启的圆形门。安全门就是坦克兵们在车辆中弹等紧急情况下，隐蔽迅速脱离坦克的通道，坦克兵称它为"逃生门"。老59坦克的安全门要打开四个把手并向内拉开，而且火炮要转一角度乘员才能从车内钻出去，很不方便。改进后变成三个把手并向外推开，这样不论火炮处于什么角度，乘员都可以迅速钻出去。

第八，加装了空气瓶充气装置。老59坦克的高压空气瓶，用几次后就没气了，保养时要拆下来送到修理分队去充气，费事又麻烦。更要命的是，一旦在战场上电瓶电压不足，高压空气瓶又没气，坦克根本就别想动弹了。改进后的59坦克，在高压空气瓶连接管上增装了1个充气接头，可利用火炮双向唧筒向空气瓶充气。这样，作战中就可以边打炮边充气了。当然，平时还得拆下来充气，但改进一下还是好多了，起码不用担心在战场上关键时刻"没气"了。

第九，增装了发动机机油失压报警器。老59坦克经常出现发动机机油管、水管破裂而造成发动机烧毁的事故。所以，驾驶员开起车来总是提心吊胆的，得经常扭头去看位于一侧的仪表板，很不方便，也不放心。改进后的59-1坦克，加装了油压传感器、油压指示器、报警器和指示灯等，一旦油管爆裂等原因造成失压，会自动报警。

第十，增装了摩托小时计。由于坦克的工作环境恶劣、负荷大，所以坦克发动机"寿命"要比一般车辆的发动机寿命短得多。所以，准确记录坦克发动机的工作时间，是乘员的一项重要工作。但老59坦克没有自动记录摩托小时的装置，驾驶员只好用钟表等手工记录，既不准确，也费事。改进后的59-1坦克，增装了摩托小时记录仪，可自动记录发动机累计工作时间，也用于驾驶员计时。

不难看出，59-1式中型坦克的改进项目，注重了改善乘员的工作环境，改进之处都体现了"以人为本"的精神，说明我国坦克的设计，更加注重人机工程。

59式坦克在诞生的年月，其水平与当时服役的如美国M48、日本61式等坦克比较，在火力、机动、防护三大性能方面还是比较先进的。从防护和机动性方面分析，也优于英国的逊邱伦坦克。

不断创新

59-1的改进成功，不仅大幅度提高了老装备的战斗力，而且为以后我国坦克装甲车辆的设计和改进摸索了经验。59-1式中型坦克还进行了二期改进、三期改进，还试制了防护试验车。其二期和三期改进主要是改进坦克的防护能力。后续改进型车，相应地在炮塔上加装了栅栏式屏蔽装置，车首和炮塔前部加装了复合装甲等。

性能数据：战斗全重36.3吨，乘员：4人，车长(炮向前)9.239米，车宽(带裙板)3.320米，车高(至炮塔顶)2.218米；单位功率10.5千瓦/吨，单位压力79.9千帕，最大速度50千米/小时，最大行程540千米；主要武器100毫米线膛坦克炮；辅助武器12.7毫米高射机枪、7.62毫米并列机枪、7.62毫米航向机枪；弹药基数100毫米炮弹34发、12.7毫米机枪弹500发、7.62毫米机枪弹3000发；装甲类型炮塔钢铸造装甲、车体钢装甲板。

（十四）中国 59-2 式中型坦克

由于决策部门决定继续采用新技术改造现役老式坦克，以延长服役期，1979年开始进行相应技术准备，决定采用引进国外的先进技术，结合国内成熟的科研成果，再度改进 59 式中型坦克。

1980 年，开始进行改进设计，改进后的坦克称为 59—2 式中型坦克，产品代号为 WZl20B。其改进的重点是火炮、电台和灭火抑爆系统，以使其在火力、通信和对二次效应防护方面接近当时的世界先进水平（如美国的 M60A2、德国的"豹"1、苏联的 T-72 等坦克）。

1980 年 3 月，试制出两辆样车，其中一辆为战斗坦克，另一辆为指挥坦克。同年 4 月，对两辆样车进行了多项战技性能试验。在此基础上，又进一步完善了改进设计方案，增加了转向液压助力操纵装置、动力室自动灭火装置等项目，并于 1981年改装出 1 辆样车，同年 4 月完成了图纸和技术文件的整理工作。随后，投入小批量生产，并装备部队。1984 年，59-2 式中型坦克正式定型。

主要特点

59-2 式中型坦克的改进，除继续采用在 59-1 式中型坦克改进中获得成功的 12 项技术外，其最大的"亮点"是采用了当时具有国际先进水平的三项技术，即 105毫米坦克炮、VRC-8000 电台和自动灭火抑爆系统，使 59-2 式坦克的作战能力有了质的飞跃，形成了一种战斗坦克。

105 毫米坦克炮

59-2 中型坦克安装的 105 毫米线膛坦克炮，是从国外引进的北约标准坦克炮，弹药为北约标准定装式弹药，弹药种类为 105 毫米尾翼稳定脱壳穿甲弹、破甲弹和碎甲弹，其中，尾翼稳定脱壳穿甲弹的初速达到 1600 米/秒以上，是一种技术先进、威力大、性能优良的坦克炮。

在 1982 年爆发的以黎战争中，以军装北约标准 105 毫米坦克炮的"梅卡瓦"1主战坦克，击毁了众多阿方的 T-72 坦克，就足以说明这种炮的威力。它是一种线膛坦克炮，抽气装置装在身管中部，而国产 100 毫米线膛炮抽气装置装在炮口处。

59-2 式坦克的弹药基数由 34 发增加到 38 发。由于弹药基数增大，59-2 式坦克的炮弹布置也做了相应调整：在战斗室车体左侧甲板上增加 3 发，车体右侧甲板上增至 2 发，其余位置不变。

自动灭火抑爆装置

从国外引进的战斗室自动灭火抑爆装置，配有高灵敏度的光学探测器和微处理机系统，具有两次抑爆和四次灭火功能，能在 10 毫秒内自动探测出侵入车内的破甲弹高能射流并发出控制信号，启动灭火瓶在 60 毫秒内实现抑爆，从而防止了坦克中弹后的二次效应对车辆和乘员的伤害。

VRC-8000 型坦克电台

VRC-8000 型坦克电台，是一种跳频、可加密多信道坦克战术通信电台，是当时具有世界先进水平的坦克战术通信电台。它具有通过跳频摆脱敌方电子干扰、对通信内容自动进行加密、并具有两千多个波道供选择和变换的性能优良的电台。它采用了频率合成技术，电台内装有微处理机，可预置 10 个波道，可便利地转换功率，通信距离达到 35 千米（59 坦克所装 A-220 电台，通信距离为 16 千米）。

59-2 坦克安装这种电台后，使其通信对抗能力、通信保密能力等大幅度提高。

59-D2 式指挥坦克是与 59-2 式中型坦克同时研制的。它与 59—2 式中型坦克的主要区别是安装了 2 部 VRC-8000 型坦克电台，并相应减少了两发炮弹。

59-2 式中型坦克的改进成功，使老 59 式中型坦克真正焕发了青春活力，它标志着我军装甲机械化部队的装备建设迈上了一个新的台阶。

从技术上说，59-2 坦克也具有划时代意义：它是第一种实装到部队并能与国外二代坦克在火力上相抗衡的坦克，它是第一种通信能力与当时世界水平差距不大的国产坦克。

性能数据：59-2 式中型坦克战斗全重 36.2 吨，乘员 4 人，车长（炮向前）9.235 米，车宽（带裙板）3.270 米，车高（至炮塔顶）2.218 米；单位功率 10.6 千瓦/吨，单位压力 79.6 千帕，最大速度 50 千米/小时，最大行程 540 千米；主要武器 105 毫米线膛坦克炮，辅助武器 12.7 毫米高射机枪、7.62 毫米并列机枪、7.62 毫米航向机枪，弹药基数 105 毫米炮弹 38 发、12.7 毫米机枪弹 500 发、7.62 毫米机枪弹 3000 发，装甲类型炮塔钢铸造装甲、车体钢装甲板。

（十五）中国 59-2 A 中型坦克

进入 20 世纪 80 年代后，我军现代化建设进入了加速发展时期，装甲机械化部队对新装备的需要越来越迫切，在新型二代装甲装备短时间内还难以装备部队的情况下，为了加快装甲机械化部队装备更新换代的步伐，并为改造部队现装备的 59 式中型坦克打下良好的基础。

1984 年底解放军总部机关下达了研制 59-2A 式中型坦克的任务，并要求有关科研单位参考和吸收 59-2 式中型坦克等改进过程的成功经验，突出解决 59 式中型的火力与火力机动性薄弱环节，并要求使 59 式中型坦克在防护、机动性能以及使用性能等方面都有不同程度的改善。

从 1984 年 11 月开始至 1985 年 4 月，有关科研单位用了不到半年的时间就完成了 59-2A 式中型坦克的改进方案技术设计。1985 年 10 月，试制出 1 辆初样车，并进行了分系统和部件的性能试验和整车的行驶试验。

根据初样车试验中所暴露出来的问题，又对初样车进行了改进，并于 1986 年 5 月研制出 3 辆正样车，其中 1 辆为带机械扫雷器的扫雷坦克。正样车试制出来后，便交付部队进行 6000 千米设计定型试验，对车辆的战术技术性能、工作可靠性和地区适应性进行了全面考核。

试验证明，59-2A 式中型坦克基本满足了战术技术要求，其火力及火力机动性较之 59 式中型坦克有了明显提高，防护性能和机动性能也有一定提高。1988 年 4

月,59-2A 中型坦克正式批准定型。尽管 59-2A 中型坦克与 59-2 中型坦克在战术技术性能上没有太大的差别,但仍不乏可圈可点之处。

结构性能

车体和炮塔的外形更为流畅,配以侧屏蔽裙板和抛射式烟幕弹发射装置,给人以现代主战坦克的美感。

该坦克采用了带轻型热护套的 81A 式 105 毫米线膛坦克炮。装轻型热护套的坦克炮,可以有效防止炮管因日照等因素引起弯曲,从而大大提高了火炮的射击精度。这也是从外观上它与 59-2 坦克所装的 79 式 105 毫米坦克炮的主要区别。

该坦克采用了双向自动装表简易火控系统,火力精度高,系统反应时间短。使用这套系统,坦克可在短停状态下,对运动目标实施准确打击。该系统对静止目标的反应时间≤7 秒,对活动目标的反应时间≤10 秒;用脱壳穿甲弹射击时的有效射程对固定目标不低于 2500 米,对活动目标为 2400 米以上。这些指标说明,81A 坦克炮是相当棒的。

安装了炮长微光夜视瞄准镜、车长微光夜视仪、驾驶员微光夜视仪,实现了全夜视化观瞄,夜战能力大大提高。这是它与 59-2 坦克相比的一大亮点。

车首挂装了国产复合装甲,两侧挂装了侧屏蔽裙板,炮塔两侧各装四具烟幕弹抛射装置,其整体防护性能得到大幅度提高。烟幕弹的射程可达 100 米,烟幕屏障宽 60 米,高 8 米~10 米,烟幕持续时间为 2 分钟。有了这套装置,就可以在作战中来它个"金蝉脱壳",有效对抗敌军反坦克导弹等威胁。

增装了推土装置。该车在车体首下装甲板上挂有一个推土铲,用于挖掘坦克掩体与清除路障等,挖一个坦克掩体约需 20 分钟。虽然使用起来不是太方便,需要人工收放,但还是比没有强多了。当过坦克兵的都知道,挖坦克掩体也是件苦差事,坦克部队人手少,谁也帮不上谁,得自己动手。坦克有了推土铲,就方便多了。

59-2A 坦克在电台性能、自动灭火抑爆系统反应时间和效能等方面,与 59-2 坦克相比要稍逊一筹。尽管如此,59-2A 中型坦克,是完全利用我国自己的技术对老装备改造的成果,它性能稳定,工作可靠性较好,对原 59 式坦克的工艺继承性强、成本低、便于组织批量生产,特别是采用的新工艺、新材料、新技术和良好的维修、使用性能,受到试验部队的高度评价。所以,59-2A 中型坦克可以称得上是"价廉物美"的"铁骑"。

在 59-2A 中型坦克基础上,还研制了 59-2A 式扫雷坦克和 59-2A 式指挥坦克。59-2A 式扫雷坦克与 59-2A 式中型坦克的主要区别是,将车首安装的推土铲,换为机械扫雷器;59-2A 式指挥坦克则增装 1 部 CWT-176 型坦克电台,并相应减少 3 发炮弹。

推进系统

该坦克采用 V 型 12 缸水冷柴油机,标定功率 382kW(520 马力),标定转速 2000r/min,最大扭矩 2256±98N·m(230±10kgf·m),最大扭矩时转速为 1200~

1300r/min,最低稳定转速不大于 500r/min。平均燃油消耗率不大于 238g/kW·h（175g/马力.h）；平均机油消耗率不大于 10.9g/kW.h（8g/马力.h）。冷却系和润滑系采用管片式水散热器和机油散热器。

该坦克采用固定轴式变速箱，有 5 个前进挡和 1 个倒挡，并采用多片干式离合器、二级行星式转向机和单对外啮合直齿轮侧减速器。

行动装置采用扭杆悬挂，每侧有 5 个钢制负重轮，在左、右侧第一和第五负重轮位置上各装 1 个液压减振器。采用单销式金属履带板，每侧 91 块。

防护系统

该坦克采用均质钢装甲，车本由轧制钢板焊接而成，炮塔为铸造件。车内装有半自动灭火装置及手提灭火器 2 个。车后装有电点火烟幕筒 2 个。

火力系统

该坦克的主要武器是 1 门 100mm 线膛炮，身管长 5350mm，身管前端有抽气装置，反后坐装置的驻退机和复进机并列布置在火炮上方，火炮可以发射钝头穿甲弹和榴弹，最大射速为 7 发/min。

辅助武器有 1 挺安装在炮塔顶部的 12.7mm 高射机枪，1 挺同轴安装在火炮右侧的 7.62mm 并列机枪和 1 挺安装在驾驶员右前方的 7.62mm 前机枪。

该坦克装有 1959 年式 100mm 坦克炮炮长瞄准镜。在车长指挥塔门周围装有 4 个观察镜；在指挥塔前部装有 1 个车长指挥观察镜。在炮塔右侧装填手门前装有 1 具供装填手观察用的潜望镜，在炮塔左侧前边装有 1 具供炮长观察用的潜望镜，这 2 个潜望镜可以在垂直面上俯仰，也可在水平面上转动。

该坦克装有高低向单向火炮稳定器和水平向电驱动装置，高低向稳定精度为 ±1 密位，稳定瞄准许角度范围为 -3.5°~+16°。车长通过目标指示器超越调炮时水平最大瞄准速度为 10°/s，炮长通过操纵台操纵时水平瞄准速度为 0.05~10°/s，高低瞄准速度为 0.05~4.5°/s。

性能数据：战斗全重 36.5~37 吨，乘员 4 人；车长（炮向前）9.22 米，车宽（带裙板）3.32 米，车高（至炮塔顶）2.4 米；单位功率 10.3~10.5 千瓦/吨，单位压力 80.3~81 千帕；最大速度 48~50 千米/小时，最大行程 600~620 千米；弹药基数 105 毫米炮弹 37 发、12.7 毫米机枪弹 500 发、7.62 毫米机枪弹 3000 发；装甲类型为炮塔钢铸造装甲、车体钢装甲板。

（十六）中国履带武装甲步兵战车

该车系 70 年代研制，并由武器局负责总装和试验。为该车提供部件的企业约有 40 家，其中包括机器制造公司的底盘、悬挂装置和动力装置，铝业公司的车体和履带。

该车是以在台湾地区使用多年的美国 M113 装甲人员输送车为基础研制的，

包含了美国食品机械化学公司的 M113A2、Ml13A3 以及 AIFV 装甲步兵战车的一些特点。

该车外形与 M113 车族相似。驾驶员在车体前部左侧,动力舱在其右侧,载员舱在车体后部。

车体铝装甲焊接结构,前部、两侧和后部均有附加钢装甲,并用螺栓固定。在附加装甲与主装甲之间填有网状聚氨酯泡沫塑料,用以提高车辆在水中行驶时的浮力。

动力舱有灭火装置,装有 1 台英国珀金斯公司的 TV8.640 柴油机,功率 158kw(215 马力)。与之匹配的传动装置系台湾工业大学研制,与 M113A1 相似。进出气百叶窗和排气管均位于车体顶部。

车长在驾驶员后面,其指挥塔上有观察镜、1 挺 12.7mm 的 M2HB 机枪和护板。观察镜的配置便于车长环形观察;护板使指挥塔的前部和两侧能防枪弹,护板两侧各有 1 组烟幕弹发射器,每组 3 具,用电操纵。

载员舱位于车体后部,人员通过车后动力操纵的跳板上下车。左侧有安全门,顶部有顶舱门,全车有 5 个射孔,每侧 2 个,后部 1 个,每个均有 1 个潜望镜或观察镜。由于有射孔,步兵可用 5.56mm 步枪从车内射击。除车长兼射手以及驾驶员外,可容纳 6~8 人。

行动部分采用扭杆悬挂,有 5 对负重轮,主动轮在前,诱导轮在后,无托带轮。电气系统与 M113 装甲人员输送车相似,标准设备有排水泵和红外液视器材。

该车可水陆两用,用履带划水推进。入水前排水泵打开,防浪板在车前升起,无三防装置。如果需要,可仿 M113A2 在车后跳板两侧安装燃油箱。外形尺寸和其他性能与 M113A2 相同。

该车已列装的变型车有 81mm、107mm 和 120mm 自行迫击炮、昆方 Ⅳ 型 126mm 多管火箭炮、装 20 或 30mm 机关炮的步兵战车、陶式反坦克导弹发射车、昆吴反坦克导弹发射车等。另外,还可能改装成下列变型车:火力支援车、侦察车、喷火车、运货车以及救护车等。

(十七)中国汉阳 HY473 坦克运输牵引车

该车用来牵引运载重量达 50 吨坦克的半拖车,与其配合的半拖车为汉阳 HY962 型。

结构特点:

该车采用前控式两门驾驶室,可以向前翻转,以便接近发动机。驾驶室座位的后面空间足以放置几个铺位。室内装有 DC1 型独立燃烧式暖风装置,采用 24 伏的直流电源,可在 -40℃ 的环境温度下工作,供冬季取暖用。驾驶室后面装有双绞盘,最大拉力为 298 千牛的钢丝绳直径为 17.5 毫米,长度为 47 米,卷挠 5 层。

性能数据:

驾驶室座位:1+5(个)

驱动型式:66

重量：

空载：12500 千克

车辆总重量：32000 千克

带半拖车组合总重量：91500 千克

牵引座负载：19500 千克

前桥负载：7000 千克

中、后桥负载：25000 千克

车长：7.345 米

车宽：2.58 米

车高：

驾驶室，满载时：2.95 米

牵引座：1.45 米

车底距地高：0.34 米

轴距：3.5+1.35（米）

轮距：

前轮：2.05 米

后轮：1.92 米

接近角：30°

离去角：65°

公路最大牵引速度：64 千米/小时

最大爬坡度：22%

发动机：

生产公司中国北方工业总公司

型号：KHDF12L413F

类型：4 冲程 12V 风冷直接喷射式\柴油机

功率/转速：216 千瓦／2500 转/分钟

变速箱：

型号：9TBF-1109/13.40-1

前进挡/倒挡数：9/1

离合器：双片干式，液压空气助力操作

制动器：

主制动：双管路气动式

手制动：断气式弹簧制动作用于中、后桥

辅助制动：发动机排气制动

转向装置：液压常流半分置式动力转向

轮向半径：11 米

悬挂装置：

前滑板式：钢板弹簧，装有双向作用的筒式减振器

后平衡式,带推力杆

轮胎规格:12.0020

轮胎数量:10 个

电气系统电压 24V

蓄电池数量/电压/容量:2 个/12V/182Ah

(十八)中国 VN2 轮式装甲车

VN2 型 6×6 轮式装甲车是我国新推出的一款 92 式步兵战车的姊妹型。随着世界公路网逐步完善、各国对军队快速机动化要求的升级,世界各国开始大量装备轮式装甲车辆。我国大量装备的 92 式步兵战车采用 6×6 驱动,机动性好、性能可靠、价格相对低廉,被官兵亲切地称为"步兵风火轮"。92 式采用了动力舱中置、大功率风冷柴油机、带分动器的机械变速箱。因其宽敞的内部空间、出色的承载和变形能力、良好的越野通过性,在世界享有盛誉。

随着世界各国对机动性要求的进一步提高,原有的风冷柴油机已不能很好地满足需求。VN2 轮式装甲车就是采用现有的成熟技术和经验,在 92 式基础上换装大功率水冷柴油机,并在人机环等方面做了较大改进,在较短的时间内研制的综合性能高、可靠性优良、性价比合理的 6×6 轮式装甲车。

总体布局

VN2 装甲车为 15~18 吨级装甲车,整车长 6.78 米,宽 2.8 米,到顶甲板高 2.06 米,能够实现公路、铁路和船舶运输,还能采用 C-130 空中运输。VN2 装甲车可以在低强度作战条件下进行作战。也可部署于维和行动和反恐行动中。

VN2 延续了 92 式步兵战车的总体布置,即动力舱中置,驾驶室位于车首,战斗舱和载员舱位于车体后部,动力舱右侧有一通道连接驾驶室和战斗舱。战斗舱后面是乘员室,内部设有 2 个长座椅,可载 8 名全副武装的战士。

在通道右下侧甲板和车体尾甲板上开有出入舱门。驾驶室的顶甲板上开有顶舱门,供驾驶员和副驾驶员出入。在载员舱的顶甲板上开有足够大的顶舱门,供人员在水上航行时进出。VN2 车体内部空间宽敞,整车有效空间达 12 立方米。

VN2 装甲车的发动机、变速器等,都采用了已大批量生产的成熟部件或技术。底盘系统包括车体及附件、动力及辅助系统、传行操系统、电气系统、制动系统、转向系统、水上推进系统等分系统,在各系统和分系统的设计过程中贯彻了模块化的设计思想,使得车辆具有良好的维修性和互换性。此外,该车还可搭载多种武器系统。

VN2 装甲车延续了 92 式的整车外形。车体采用封闭式装甲钢承载结构,抗弹性能优良。驾驶室前设有两个大驾驶窗。战斗状态下挡弹板关闭,驾驶员通过挡弹板上的防弹玻璃观察外界状况。

VN2 的车体由特种钢板冲压、焊接而成.车体车首、左右两侧和车尾均采用大倾角设计,具有良好的装甲防护能力。在距车体正面 100 米、侧面 200 米的距离上能防 7.62 毫米穿甲弹,后甲板、顶甲板能防 7.62 毫米普通弹和弹片,另外还具有一定的防地雷能力。

车体装备三防装置、烟幕弹发射装置,内部均采用了隔热、隔振、阻燃的绝缘材料。在增加吸波涂料后,使该车具有一定的隐身能力,提高了车辆的战场生存能力。相对于 92 式步兵战车,VN2 在人机环工程方面有重大改进。

该车采用了新型材料的动力舱隔音和隔热板,增加了具有保温效果的内装饰,在驾驶室和载员室增加了大功率军用空调,增加了装甲车辆的持续作战能力和快速战斗能力。

VN2 轮式装甲车取消了驾驶室前的潜望镜(在挡弹板上增加防弹玻璃观察窗口),加大了侧面防弹观察窗的尺寸,采用了前后、高低位置可调的驾驶员座椅。这些措施改善了驾驶员的工作状况,提高了车辆行驶安全性。

底盘系统

VN2 装甲车采用了性能先进的 V 形 6 缸水冷柴油机,采用增压中冷技术。在 2100 转/分钟下输出功率 261 千瓦(355 马力),最大输出扭矩为 1720 牛/米,具有体积小、噪音低、排放好的特点。冷却风扇采用液力偶合器、温控调速轴流风扇,可以使发动机在不同的环境温度下均能以很好的工况工作。散热器采用了抗震能力强、高效紧凑型的铝制板翅式散热器。

VN2 装甲车采用非承载式车桥,体积小、重量轻,具备轴间和轮间差速器。变速器为九个前进挡一个倒挡、带同步器的机械变速器。车辆最大速度可达 100 千米/小时,最大行程达 800 千米。

该车不仅具有较好的公路机动能力,还具备极佳的越野能力。车辆可跨越 1.2 米宽的壕沟,越过 0.55 米的矮墙.最大爬坡度为 31 度,最大侧倾坡度为 17 度,具有良好的通过性。

VN2 轮式装甲车的行动系统采用双横臂独立悬挂、螺旋弹簧和筒式液压减振器相结合的方式。由于 6 个车轮采用了统一悬挂装置,大大降低了后勤保障的压力。防弹轮胎在中弹后(无气压状态)仍能以 30~40 千米/小时的速度行驶 100 千米。

车轮上带轮胎中央充放气系统,驾驶员可根据路况调节气压,使车轮在湿地、松软地面以及沙地的通过能力大大加强,提高了轮式装甲车的作战和生存能力。车辆具有浮渡功能,无须准备就可通过内陆江湖。

水上推进装置采用了机械传动的双侧螺旋桨推进方式。驱动水上推进装置的动力来自后传动箱,转速与发动机转速同步,不受变速箱档位的影响。在水上航行时,可灵活控制车轮的运转与否和运转速度,大大提高了车辆出水、上岸能力。驾驶员通过控制方向盘,操纵螺旋桨推进器的偏转实现水上航向操纵和控制,水上航速可达到 8 千米/小时。

采用这样的驱动方式具有稳定可靠、价格低廉、操纵方便、占用车内空间小的特点。车体前部还设置了防浪板,可通过驾驶室内的手柄打开和关闭。

武器系统

VN2 的炮塔是一种武器顶置的单人车内操控炮塔,采用高强度装甲钢板焊接而成。它可装多种炮塔,不仅有 30 毫米单人机关炮炮塔,还有 25 毫米机关炮炮塔,14.5 毫米机枪枪塔,以及 12.7 毫米机枪枪塔。

VN2 装甲车武器系统的基本配置为 1 门 30 毫米口径机关炮、1 挺 7.62 毫米口径机枪、6 具 76 毫米烟幕弹发射筒、"红箭"73C 反坦克导弹发射系统。

该炮塔有电气操控系统和武器稳定系统。具有手动和电动两种调炮功能,令系统能在静—静、静—动状态下实现对目标的稳定、精确地跟瞄和射击,能有效打击 2 千米以内的轻型装甲目标和土木工事,4 千米以内的有生力量,2.8 千米以内的主战坦克。炮塔的高平两用、三光合一式综合炮瞄镜除具有普通观瞄功能外,还具有精确的激光测距功能和微光夜视功能,因此,该炮塔具有昼夜作战能力和对空自卫能力。

载员室侧甲板和尾门上分别开有球形射击孔,上部配有防弹观察窗。车内载员采用单兵武器通过射击孔对外射击。提高了车辆的火力和防护能力。

VN2 轮式装甲车作为一种通用性装甲车辆,无须特殊改造就能够满足我国生产的 25 毫米机关炮塔、12.7 或 7.62 毫米并列机枪塔、14.5 或 7.62 毫米并列机枪塔的安装。还可通过对车体进行适当改进设计,换装 120 毫米迫榴炮、105 毫米突击炮、反坦克导弹和防空导弹发射装置以及防空反导高炮系统,具有较强的火力攻击能力。

信息化

车辆装备了先进的通信设备,指挥控制通信是以副驾驶任务终端为中心,利用数传电台、GPS 全球定位系统建立车际信息系统。可自动实现多层信息交换,具备战场管理功能,提高了战场指挥控制和作战能力。车内信息系统是以主要分系统和部件的数字化为基础,通过车内通话器实现驾驶员、副驾驶、炮手以及载员之间的信息共享。

变型能力

该车便于车族化、系列化发展。通过 6×6 车型的研制向下可发展为 4×4 车型,向上可发展为 8×8 车型,奠定了轮式装甲车系列化的坚实基础。横向发展可形成车族,根据不同作战对象和使用要求,选择不同的选装设备和武器,形成轮式装甲车多兵种、多用途、多方案的武器族,可满足突击、反坦克、防空反导、医疗救护、抢救抢修、指挥控制等多种任务要求。

总之,VN2 是我国完全自主研发和生产的新型轮式装甲车,具有出色的适应快速机动需求的能力。由于该车采用了大量成熟轮式车辆和民用技术及部件,大大提高了整车经济性能和可靠性,具有较高的费效比,受到国内外专家、军方关注和好评。目前,在国际市场上 VN2 也有较强的竞争力。

（十九）92A 式轮武装甲车

ZSLg2A 型轮式装甲人员输送车，是以国产 WZ551A 轮式装甲车的底盘为基础，由中国北方工业公司牵头研发的外贸型轮装甲车。该车装有集压式三防装置，自动灭火装置和防弹轮胎等。还可改装成各种变型车。该车技术性能达到世界先进水平，目前已服役于很多国外军队。

战斗全重：15.3 吨

尺寸：长 6.8 米宽 2.86 米高 2.87 米

动力：道依茨 BF8L413FC 四冲程风冷柴油发动机 360 马力

驱动方式：66 驱动

最高速度：100 公里/小时

水上速度：8.5 千米/小时

最大行程：800 千米

越壕宽：1.2 米

越垂直障碍：0.55 米

最大爬坡度：30°

乘员：2+10 名

武器：

12.7 毫米高平两用机枪 1 备弹 500

烟幕弹发射器

（二十）中国 63 式装甲输送车

该车从 1958 年开始研制，1963 年，531 装甲输送车设计定型，命名为 63 式装甲输送车，主要用于输送步兵协同坦克作战。

首批 531 装甲输送车于 1963 年交付部队，并命名为 63 式装甲输送车。1981~1985 年改进为 B531、531C、531D、531E、531G、531K 装甲输送车。1987 年改进为 531H（又称 85 式）装甲输送车。

进入 20 世纪 80 年代以来，迅速发展成为拥有 30 多种车型的履带式装甲车族。现仍继续生产及装备。

该车族属轻型装甲车辆，具有水上浮渡能力。

战斗全重从 12.6t（YW531C 装甲输送车）至 16.5t（YW323D32 式 122mm 自行榴弹炮）。车体由高强度装甲钢板焊接而成，动力传动装置右前置，驾驶员位于左前部，车辆后部为载员舱并开有后门供载员出入，顶部开有各种不同的顶窗。

531H 和 531C 系列的发动机为 BF8L413F 型风冷增压中冷柴油机，2500r/min 时功率为 235kW。B531 和 A531 系列的发动机为 6150L 型水冷柴油机，2000r/min 时功率为 191kW。采用废气引射冷却。

传动装置为机械式。主离合器为多片干式。采用有 5 个前进挡和 1 个倒挡的同步器机械变速箱。转向机为多片式转向离合器。制动器为带式。侧减速器为单级圆柱齿轮式。531H 和 531C 系列还多 1 个传动箱及其冷却系统。

531H 和 B531 系列车每侧采用 5 个直径为 650mm 的双负重轮,3 个托带轮,3 个筒式液压减振器,钢销履带,带可拆卸的橡胶衬垫。531C 和 A531 系列每侧 4 个直径为 760mm 的单负重轮,无托带轮,2 个摇摆式液压减振器,钢销履带。悬挂装置为扭杆式。

以后发展为一个车族,包括装甲输送车、装甲指挥车等的车载武器为 12.7mm 高平两用机枪。各种自行火炮的武器系统包括 122mm 榴弹炮、130mm 火箭炮、120mm 和 82mm 迫击炮等。

五、现代舰艇

(一)中国旅大级驱逐舰

旅大级驱逐舰是中国自行设计制造的第一种导弹驱逐舰,也是解放军海军拥有的第一种具备远洋作战能力的大型水面作战舰艇。目前在解放军海军装备的驱逐舰中数量最多,一共建造 17 艘,目前尚有 16 艘在服役。

型号介绍

旅大 I 型(132、165)

反舰武器:反舰导弹:两座三联装 HY-2 舰舰导弹发射器,射程 95 公里。舰炮:两座 130 毫米双联舰炮。防空武器:37 毫米 76 甲双联自动高炮 4 座。反潜武器:反潜火箭:12 联装 FQF-2500 火箭式深弹发射装置 2 座。反潜深弹:BMB-2 深弹发射装置 4 座,深弹投放架两座。

电子装备:雷达:对空搜索:米幕 381 甲相扫三坐标中远程搜索雷达。眼罩 354 对空搜索雷达。对海搜索:细网对海/对低空搜索雷达。远程警戒:网眼远程对空警戒雷达。

旅大 I 型

火控雷达:黄蜂头 343 火控雷达。用于 130 毫米炮。方结 352 火控雷达,用于 HY-2 舰舰导弹。导航雷达:海王星导航雷达。敌我识别:高秆 A 敌我识别天线。方头敌我识别器天线。

旅大 II 型(105)

反舰武器:反舰导弹:2座三联装 HY-2 舰舰导弹发射器,射程95公里。舰炮:1座130毫米双联舰炮。防空武器:37毫米双联人工操瞄高炮3座;25毫米双联高炮4座。反潜武器:反潜火箭:12联装 FQF-2500 火箭式深弹发射装置2座。电子装备:雷达:对空搜索:米幕 381 甲相扫三坐标中远程搜索雷达。

眼罩 354 对空搜索雷达对海搜索:细网对海/对低空搜索雷达。远程警戒:网眼远程对空警戒雷达。火控雷达:黄蜂头 343 火控雷达。用于 130 毫米炮。方结 352 火控雷达,用于 HY-2 舰舰导弹。导航雷达:海王星导航雷达。敌我识别:高秆 A 敌我识别天线。方头敌我识别器天线舰载直升机:两架 Z-9A。

旅大Ⅲ型(166)

反舰武器:反舰导弹:4座双联装 C802 舰舰导弹发射器,射程120公里。舰炮:两座130毫米双联舰炮。防空武器:4座76甲37毫米双联全自动高炮。反潜武器:反潜火箭:两具 FQF2500,12 管固定发射器。反潜鱼雷:324毫米3联装鱼雷发射装置两座。

电子装备:雷达:对空搜索:米幕 381 甲相扫三坐标中远程搜索雷达。对海搜索:347S 对海/对低空搜索雷达。远程警戒:刀架远程对空警戒雷达。

火控雷达:黄蜂头 343 火控雷达,用于 130 毫米炮。两座谷灯 EFR-1 火控雷达,用于 37 炮。导航雷达:1290 导航雷达。敌我识别:高秆 A 敌我识别天线。电子干扰:两座 15 管箔条火箭发射器。声纳:变深声纳。

性能数据

标准排水量 3250 吨,满载排水量 3670 吨,舰长 132 米,舰宽 12.8 米,吃水 4.6 米;主机功率 7200 马力,航速 32 节,续航力 2970 海里/18 节;舰员 280 人(其中有 45 名军官)。

总体布置

旅大级三型的舰型与布置大体相同。艏部为"V"型艏,主甲板则为水平式,艏舷弧线从距艏部约 1/3 甲板处开始上升至舰艏。上层建筑分为 3 段,舰桥布置在艏舷弧上升处,舯部和艉部各有一处甲板室。

主甲板从前至后依次布置的武备有:两座 12 管反潜火箭发射装置布置在舰艏防波堤后,两座 130 毫米主炮分别布置在舰艏和舰艉Ⅱ型将舰艉主炮拆除,加装了一个舰载直升机库和平台。两座巨大的三联装 HY-2 型舰舰导弹发射装置分别布置在两座烟囱之后,而Ⅲ型在相间的位置上布置的是各两座双联装 YJ-1 舰舰导弹发射装置。

在Ⅰ型主舰桥前部平台和艉楼甲板平台上各有一门 57 毫米炮,在中部上甲板室两舷侧平台处各有 1 门,而在Ⅱ型相应处则安装的是 37 毫米炮。另外在Ⅰ型和Ⅱ型舰桥两侧平台上还安装有前后两门 25 毫米炮。

在Ⅲ型和有些Ⅰ型相对于主桅的主甲板两舷侧各有一座三联装 324 毫米反潜鱼雷发射装置。其他一些电子装备主要布置在主桅和后桅及舰桥和甲板室顶部。

中国军事百科

·军事武器·

图文珍藏版

武器装备

舰对舰导弹：两座三联装 HY-2 型导弹发射装置（Ⅰ、Ⅱ型）。该型导弹为主动雷达制导或红外制导，射程 95 千米，射速 0.9 马赫，战斗部重 513 千克；4 座双联装 YJ-1 导弹发射装置（Ⅲ型）。该型导弹为主动雷达制导，射程 40 千米，速度 0.9 马赫，战斗部 165 千克，可掠海飞行。

舰对空导弹：八联装"响尾蛇"导弹发射装置（装备于"开封"号），装在舰部，射程 3 千米，射程 13 千米，射速 2.4 马赫，战斗部重 14 千克。

反潜导弹："珠海"号后面组导弹发射架也可用来发射 CY-1 反潜导弹，射程 8~15 千米，战斗部为反潜鱼雷。

火炮：两门（Ⅰ型）或一门（Ⅱ型）130 毫米火炮，双管，俯仰角 85 度，射速 17 发/分，射程 29 千米，弹重 33.4 千克。4 门 57 毫米炮，俯仰角 85 度，射速 120 发/分，射程 12 千米，弹重 6.31 千克。

这种炮装备于某些舰，另外一引起装备 37 毫米炮。4 门 37 毫米炮，俯仰角 85 度，射速 180 发/分，射程 8.5 千米，弹重 1.42 千克，装备于"旅大"Ⅱ型和某些"旅大"Ⅰ型舰上。4 门 25 毫米防空火炮，俯仰角 85 度，射速 270 发/分，射程 3 千米，弹重 1.42 千克。

鱼雷：两座 3 管 324 毫米反潜鱼雷发射装置，装备于Ⅲ型和某些Ⅰ型舰上。

反潜火箭：两座 FQF250012 管反潜火箭明发射装置，备 120 枚火箭，射程 1200 米，战斗部重 34 千克。

深弹：两个或 4 个发射器。水雷：38 枚。

直升机：2 架 Z-9A（"海豚"）直升机，装于"旅大"Ⅱ型舰上。

电子装置

对空搜索雷达："刀架"或"十字槽"雷达；RICESCREEN 雷达，3 坐标，G 波段，类似于 SPS-39A.

对海搜索雷达："眼罩"（E 波段）或"海虎"雷达（E/F）波段；有些船上带有"方结"雷达（Ⅰ波段）。

导航雷达：FINCURVE，Ⅰ波段。

火控雷达："黄蜂头"或 343 型"遮阳"，G/H 波段；两座 RICELAMP，Ⅰ波段；两座 347 型；Ⅰ波段。

敌我识别雷达：杆雷达。

战术数据系统："塔维塔克"战术数据处理系统和"织火星"火控系统。

声纳："飞马座"2M 和 TAMIR2 舰壳声纳，主动搜索和攻击。

高频：变深声纳（装备于"旅大"Ⅲ型），主动攻击声纳。

动力装置

该级舰的动力装置为两台锅炉，两台蒸汽轮机，72000 马力，双桨双舵。

（二）中国旅海级驱逐舰

概述

中国海军 051B 型是多任务导弹驱逐舰。该级第一艘也是仅有的一艘 167"深圳"号在 1999 年进入服役。在 2004 年接受它的中期—寿命现代化改进，它的主舰炮和防空导弹系统被较新的设计代替。

167"深圳"号创下了中国人民解放军海军的水面舰队的历史记录：是当时中国现有和曾经建造的最大的水面战舰；也是第一艘整合隐形能力的中国战舰；更是中国海军第一艘远航访问了非洲大陆国家的中国军舰。在 1990 年早期随后建造了两艘 052 型"旅沪级"驱逐舰。

051B 型经过现代化改装使用了更多的先进系统。但也有不足之处，051B 型的空中防御能力低。051B 型舰载的 HQ-7 舰对空导弹系统仅仅拥有有限的射程，不能拦截高速空中目标，例如掠海攻击反舰巡航导弹。

设计

051B 型是第一艘中国建造的在舰体设计方面采用合成一体的雷达横截面特征的舰艇。其特点是一个现代化的船体设计，使用一些雷达信号减少特性，体现在简洁的斜面外侧和上部结构，及凸出电子的传感器阵列的二个天线柱，"整洁"甲板的使用方面。并减少了武器系统的堆积，两个烟窗采用特别设计以减少红外信号值。

导弹布置

火力

导弹系统有 16 具箱体式发射装置。导弹使用主动雷达导引头和安装一台涡轮发动机提供动力（使用一台固体火箭助推器）。反舰导弹射程 120 公里飞行速度 0.9Mach 采用掠海攻击模式打击目标。165 公斤锥形装药战斗部使用延迟时间冲击近炸引信。

对于防空，舰艇配备有 HQ-7 近距防空导弹系统。一套九单元发射装置组成用于 HQ-7 舰对空导弹，导弹射程 13 公里，使用半主动雷达，光学导引头，以 2.4Mach 的速度递送出一枚 14 公斤破片式弹头。系统有 8 枚就绪一发射导弹和 16 枚备用导弹，使用一个可缩回的自动机械再装填系统，当不在使用中的时候可隐藏在甲板下。

舰炮

051B"旅海"级 167"深圳"号，在 2004 年接受第一次现代化改装。改装后使用一座新的隐形炮塔 PJ-33A 双联-100 毫米主炮。反舰导弹和防空导弹系统已经被新的型号代替。

052B 主炮安装在舰艇甲板上，采用 PJ-33A 双联-100 毫米 56 倍口，能发射 15 公斤弹药速率是 18 发/分钟。主炮射程对抗水面目标超过 22 公里。在 2004 年改装现代化升级之后被新的双联-100 毫米隐形舰炮代替。

在直升飞机库的顶上安装四座 76A 双联-37 毫米高射炮用于对付空中目标，射程 9.4 公里。

反潜系统

舰艇配备有二具三联 324 毫米鱼雷发射管。YU-7 鱼雷使用主动/被动导引头，航速 43kt 射程 15 公里。鱼雷装备一枚 45 公斤弹头。

对策

舰载的电子战争组件包括 SRW210A 拦截和干扰机，雷达告警接收机，敌我识别（IFF）和二具 946（PJ46）型 15 管箔条、诱骗火箭发射装置。

直升飞机

单一降落点直升飞机甲板在尾部用于一架中等尺寸直升飞机，像中国自行生产的"哈尔滨"Z-9C。甲板配备有直升飞机处理系统。一个完全装备的机库容纳二架直升飞机。

推进

051B 型的推进系统使用二台乌克兰燃气涡轮和二台中国得到许可一制造的柴油发动机。

性能数据

排水量：标准 5000 吨；满载 6600 吨；尺寸：长度 153 米；舰宽 16.5 米，吃水线 6 米，航速：30 节。组员：250 名（40 名军官）。

防空武器：舰空导弹：一座 HQ-7（红旗-7/飞蠓 80）8 联装发射架，无线电指令制导；飞行速度 2.3 马赫；射程 12 公里；最大射高 5000 米；战斗部重 14 公斤。火炮：4 座 76 甲双管 37 毫米全自动防空高炮。

反潜武器：反潜导弹：两座四联装长缨-1 反潜导弹发射架，射程 18 公里鱼雷：6 具 324 毫米"白头"B515 鱼雷发射管（两座三联装）。A244S"白头"鱼雷，反潜，主/被动寻的，30 节时射程 6 公里（3.3 海里）；战斗部重 34 公斤。

电子设备：对抗措施：假目标：两座国产 15 管箔条干扰发射器。

电子支援/电子对抗：侦听和干扰机。"高秆 A"敌我识别天线。作战数据系统：雷达：对空搜索：米幕 381 甲相扫三坐标中远程对空搜索雷达。对空/对海搜索：SR-60（360）搜索雷达，E/F 波段。刀架远程警戒雷达。

导航：12901 波段。火控：347G 型，波段（用于反舰导弹和 100 毫米炮）；两个 EFR1"谷灯"，I 波段（用于 37 毫米炮）；汤姆逊-CSF"海狸"，I/J 波段（用于 HQ-7

舰空导弹)。

声纳:舰壳声纳;主动搜索和攻击;中频。变深度声纳;主动攻击,中频。

舰载直升机:两架卡-27机库。

(三)中国052B级驱逐舰

概述

中国052B级驱逐舰20世纪90年代末,尽管大陆推出的"旅海"级导弹驱逐舰已经证明自己的造舰技术朝西方标准迈进一大步,但是这远非其造舰现代化的最终目标。

在"旅海"级"深圳"号167舰服役四个月后,另两艘编号分别为168与169的052B新型驱逐舰在上海江南造船厂动工,并分别于2002年5月及2003年1月下水。

2004年7月15日,052B首舰"广州"号在南海舰队位于宁波的北仑军港成军,二号舰"武汉"号也于同年年底成军,同样配属于南海舰队。在2005年8月18至25日中俄"和平使命2005"联合军事演习中,"广州"号参与演习,显示该舰至少已形成战斗能力。

布局设计

中国052B级驱逐舰052B是大陆第一种由多方面考虑隐身的舰艇,包括降低雷达截面积、红外信号、声噪以及磁信号,具体措施包括主机安装于密封箱以及双层弹性减震基座上、舰底加装气泡幕降噪系统、采用大侧倾五叶低噪音螺旋桨、舰首声呐敷设消音瓦、舰体装设消磁线圈和降温洒水系统、与"旅海"级相同的纳米隐身涂料。

尤其是052B的上层结构拥有倾斜表面,和船舷融合为一,舰型优美简洁,在刚下水时被认为隐身造型远优于"旅海"级。但其舰首挡浪板并没有延续至高起的B炮位,中间留下了一个必须安装栏杆的缺口,对隐身设计构成负面影响。

052B舰体长约160米,宽度则超过19米,长宽比降至8.4,已经接近西方标准,这意味着其稳定性、适航性和耐波力都会增强。

动力方面,在052B的烟囱周围可看见燃气涡轮舰艇必备的大型进气网闸,估计采用复合柴油或燃气涡轮推进系统,具体型号不详。

由于舰上只有一个烟囱,意味着它仅设置一个动力舱,这种设计虽然具备节省空间、增加甲板面积、简化机械结构、管理方便等优点,不过也有着一旦受损就会使全舰动力尽失的隐陇。

使用燃气涡轮动力,在造舰技术与系统研发流程上更加完善,抗战损及核生化环境下运作能力更加出色、拥有更优秀的隐身技术。

防空导弹有垂直发射版的"海红旗"7、"霹雳"11半主动雷达导引中程空对空导弹的"海猎鹰"60等短程防空导弹,以及大陆新开发的"红旗"9或者"凯山"1等区域防空导弹。

168舰上安装了与俄制"现代"级导弹驱逐舰相同的两具3s——90单臂旋转发射器,每具发射器的弹舱能容纳24枚中程区域防空导弹。

052B使用的防空导弹是SA—N—12,是陆基SA—17防空导弹的海上版,也是SA—N—7的改良型,使用改良后的信号处理器、火控软件以及增程的火箭发动机,具有优异的电子反制能力,采用中段无线电修正和终端半主动雷达导引引模式,并引进分时照射技术,射程3.5~45公里,能击中以12g加速的飞行目标。

武器配置

中国052B级驱逐舰为了引导防空导弹,168舰安装了四部MR—90雷达,每部雷达能以分时照射的方式同时导引两枚SA—N—12;雷达安装方式为舰桥上方左右侧以及机库上方左右侧各一具,安装位置都不算很高,前方两具的照射范围还没有受到太多阻挡,不过后方的那具则会被3S—90导弹发射器阻挡。

主桅杆顶端则加装一具俄制M2EM"顶板"3D对空搜索雷达,其最大对空搜索距离达300公里,能在220公里外侦测到雷达截面积2平方米的目标,对反舰导弹侦测距离达35公里,能同时搜索100个目标,并对其中25个目标进行火控等级的精确追踪。

为了强化短距离低空目标搜索能力,弥补"顶板"雷达波长较长、分辨率较差的弱点,052B还设有一具364型x波段对空、对海搜索雷达,其天线位于二号桅杆顶端的球状保护罩内,用于搜索中低空目标以及海面目标,最大使用距离约150公里。

此外,052B的上层结构及桅杆陆续增加了包括984—1型电子反制系统、928型电子支持系统等在内的许多球状电子战系统或卫星通讯天线。

整体而言,052B舰上MR—90防空雷达的安装位置虽略优于"现代"级,但基本上仍沿袭了俄制舰艇"见缝插针"的问题,对战斗力构成不利影响。3S—90发射器在外观上显得比较突兀,再加上许多其他装备,使得052B的舰面充满杂物,造型与当初想象的"隐身舰艇"渐行渐远。

舰炮方面,052B安装了一门国产新型100毫米自动舰炮,具有重量轻、射速快、精确度高、可靠度佳等优点,号称具有一定的反导能力。

其塑钢炮塔壳采用隐身造型,炮管采用水冷系统,最大射速达90发/分,比39A式每管30发/分的速度提高了1/3,使用高爆穿甲弹以及空炸破片弹,下甲板主副弹舱能储存240发炮弹。

在052B的B炮位两侧,安装了四组18联装火箭投射系统,据说除发射金属箔片、红外线诱饵之外,还能使用其他攻击或防御弹种,例如反鱼雷、反潜与对陆攻击弹药等。

作战性能

中国 052B 级驱逐舰安装了 730 型近程防空武器系统,最大射速约 4600 发/分,对反舰导弹有效射程约 2.5 公里。其搜索追踪系统包括一具大陆自制的 347c 型 I/K 频多普勒搜索追踪雷达以及 OFD-3 光电追踪仪,前者能在 10 公里左右发现反舰导弹大小的低飞目标;后者 OFD-3 整合有红外热成像仪、电视摄影机与激光测距仪,对飞机侦测距离达 25 公里,对反舰导弹侦测距离为 8 公里。

730 型近程防空武器系统是大陆第一种与西方结构类似的自制防空系统,从侦测、计算到开火都由炮塔包办,超越了先前大陆舰艇装备的以雷达导控的 37 毫米防空火炮,同时能省下更多空间,对于整体布局与隐身性都有好处。

不过,730 型的火炮最大仰角为 85 度,所以不具备垂直防御能力,且两具 730 近程防空武器系统分别安装于舰首船略两侧,布置方位不够理想,容易在舰首与舰尾方向造成射击死角。

反舰方面,052B 的舰桥顶上加装了一具俄制"音乐台"目标指示雷达,具有全球首创的大气波导超视距技术,在特定气候条件能利用电磁波在大气中的反射特性侦测到水平线以下的目标,可用于导控俄制 SS-N-22"白蛉"超音速反舰导弹,其改良型也能导控"天王星""俱乐部"以及"鹰击"—12 等大陆自制的反舰导弹。

052B 在舰体中段加装了 16 具之多的反舰导弹发射器,发射器的断面为方形,其内装载 C803 反舰导弹,并选用即将完成测试的"长缨二号"反舰导弹。

C-803 导弹采用中途惯性导航+终端主动雷达导引,配备 180 公斤重的高爆半穿甲弹头以及延迟碰撞引信,最大射程 150~180 公里,巡航阶段以涡轮发动机推进,在距离水面 35 米的高度作次音速飞行,接近至目标 5 公里处降至 5~7 米以躲避敌方雷达,弹道末端先点燃第二级火箭推进器并抛弃巡航用涡轮机,以第二级火箭加速至 1.3~1.5 马赫,对目标进行爬高俯冲攻击,是全球率先服役的双速制反舰导弹。

未来 052B 可能改用大陆研发中的"鹰击"12 超音速反舰导弹,此型导弹采用冲压发动机,射程为 160 公里左右,速度超过 2 马赫。

反潜方面,052B 使用与"现代"级同型的 MGK-335MS-E 声呐系统,它以 MGK-335EM-03 为基础,根据大陆海军的需求加以改良,具有主被动搜索能力以及目标自动追踪、目标辨识、鱼雷警告、低/高频水下声力加密通讯、测距、敌我识别等能力,其扫描范围为 260。

对潜侦测距离约 10~12 公里,对鱼雷侦测距离约 2 公里,有效测距距离为 30 公里,计算精确度约 10 度,水下声力加密通讯距离为 20 公里。

中国 052B 级驱逐舰反潜武器上,052B 沿用与"旅海"级相同的 7424 型三联装鱼雷发射器,安装位置改为舰尾两侧的船舷开口内,与美国 MK-32Mod9 鱼雷发射器类似。平时鱼雷发射舱口以舱门封闭,可降低雷达截面积,发射时才开启。

此外舰炮前方还有两具 12 联装 240 毫米反潜火箭发射器,配置方式与"旅沪"级驱逐舰相同。此种反潜火箭发射器为俄系装备,使用 ED-21 火箭投射深水炸弹,弹头重 90 公斤,最大射程 4 公里,可攻击深度 300 米的目标,每具发射器下方设有容量达 18 发的弹舱,故连同发射管内的储存弹,每具发射器共有 24 枚备用弹;由于舰首挡浪板的遮蔽,平时不易从舰首侧面察觉这两具反潜火箭。

052B 的反潜直升机使用俄制卡-28C 共轴反转主旋翼直升机,最大载重量约 5 吨,机腹设有一个弹舱,能挂载两枚鱼雷或深水炸弹,最大作战半径 200 公里,滞空时间 4.5 小时,编制 3 名空勤机员,机首下方设有一部使用距离达 200 公里的对海搜索雷达,能在 30 公里外发现如潜艇呼吸管大小的目标,机上并配备磁性探测器以及 16~24 具声呐浮标,并能将声呐浮标获得的信息以数字数据链传回母舰。

战斗系统方面,052B 使用与"旅海"级相同的新型 ZJK—7 全分散作战系统,由于 052B 拥有更强的防空装备,因此更能发挥此系统的潜力,未来也有发展协同作战能力的改良空间。总而言之,052B 的主要对空对海侦测、反潜侦测、防空导弹系统与数据链都与俄制"现代"级相同。

052B 的标准排水量约 5200~5500 吨上下,满载排水量 6500 吨左右,比"旅海"级小。由于主要装备都是"现代"级导弹驱逐舰的装备,因此被人称为"中华现代级"。

发展前景

中国 052B 级驱逐舰是大陆自制的第一种具备区域防空能力的大型舰艇。052B 级意味着中国达到西方水平的阶段已经接近尾声,接下来就是舰艇量产、全面更新舰队阵容,形成崭新的远洋力量。

(四)中国 168 广州号导弹驱逐舰

身世简介

168 广州号,052B 型导弹驱逐舰是中国最新一代的通用型导弹驱逐舰。1999 年底或 2000 年初开工建造,2002 年 5 月 23 日在江南造船厂下水,2003 年开始海试,并于 2004 年 1 月编入海军南海舰队服役。

168 号导弹驱逐舰,舰名"广州",国内代号是 052B,海外名称"中国现代",姊妹舰现有一艘,即 169 号武汉号导弹驱逐舰。

该舰是我国海军"大型远洋驱逐舰"计划中的第一艘实用舰型,此前的 112、113、167 型舰要么排水量不足,要么试验性质浓厚,严格地讲都不能算作真正的二代舰型。

052B 项目 1997 年正式上马,1999 年设计定型,曾获 1999 年国家科技进步特等奖。

总体设计

中国海军建造 168 舰的主要目的是为了打造一个可靠性和先进性兼具的舰艇

平台,为未来的改进和更新型舰艇的研发提供基础。

基于这样的目的,中国军工部门将该舰定位在了大型远洋多用途驱逐舰的位置上。

大型化:可以容纳更多更先进的设备,并为未来的改进提供足够的空间。

远洋:走向蓝水已经是中国海军必须完成的使命。

多用途:这一点就值得玩味了,从舰艇的武器、电子设备来看,168舰可谓是真正的"海上多面手",在防空、反舰、反潜能力上都有一手,但是"手手都会,手手都不硬",该舰的综合能力较为均衡,同时也没有特别突出的作战特长。

但为了现多用途,在168舰上却同时装备了近年来中国自行研制的和引进的各种新型武器、电子系统,为这些系统提供了一个难得的通过实际操作检验不足和系统磨合的机会。

舰体设计和动力系统

舰体设计

168舰长约155米、宽20米,空载6800吨,满载7500吨。舰体看上去修长而丰满,首部为大角度飞剪舰首,不带任何外飘,水线以上无折角线,上层建筑物采用了一体化的设计,尾部设有小楔形尾。

这种设计方式可以大大提高舰艇的快速性、抗浪性,且在一定程度上也减少了舰艇在高速航行时的产生的兴波阻力;其机动灵活,快速性好,但和80年代设计的舰艇相比,在试航性和稳定性上有所欠缺。

动力系统

168舰的动力系统采用了目前国际上流行的"柴燃联合动力"的动力形式,表现出来的一大特征就是舰上烟囱周围的燃气轮机军舰特有的大型空气过滤窗口。

该舰的主机为乌克兰生产的 DA/DN80 型燃气轮机,我国已引进专利开始了该机的国产化进程。DA/DN80 型燃气轮机于1995年开始生产,全长4.6米,重16吨,转速3000~3600转/分,最大功率可达26680.5千瓦,热效率36.5%,是目前世界除美国 WR-21 外最先进的同类主机。

但由于该机真正投产仅10年时间,具体装舰应用的时间短,因此在使用寿命和维修时间等指标与美国的 LM2500 和英国的"斯贝"等老型号相比仍有一定差距。

该舰的辅机中为引进的 MTU20V956TB90 型柴油机,性能虽不十分先进但已基本实现国产化,可靠性高且"足够好用"。

168舰的舰体设计和动力系统选择还是先进且适应未来作战需求的,正因为如此,中国在该舰的基础上又研发了更新型的 052C 型 170 号"中华神盾"舰,该舰使用的是与168相同的舰体,在其他设备上也有着极大的通用性,因此可以大大降低舰艇维修和后勤保障的压力。

隐身能力

从"江卫1"型护卫舰开始,把提高舰艇隐身能力作为新型舰艇研发过程中的一个重要设计目标。

168号采用了全封闭舰体设计、以曲面板代替平面板、倾斜侧壁、内置鱼雷发射管等的设计方法来降低舰艇的雷达反射信号。针对红外特征较强的烟囱,分别采取了冷水降温,隔热挡板、涂绝热层、防热垫以及把柴油机工作时产生的废气通过内部管道排放至水里的多种方法来抑制红外辐射;

在声隐身上,采用在舰体表面加装了消声瓦、消音涂层以及高效率的5叶大桨来防止来自水下的声纳探测,同样的措施也应用在了170舰上。

种种措施的采用,较大地提高了168舰的隐身能力,但也许是因为装备了大量俄制设备的原因,168号舰桥上布满了各种用途的电子和武器设备,整个上层建筑物显得拥挤不堪,这在很大程度上影响了该舰的隐身能力。虽说168舰的总吨位不如防空型的170号,但整体隐身能力却要逊色许多。

武器系统

舰炮

168舰的主炮采用了一门"中国版"的法国克勒索。卢瓦尔公司研制的单管100毫米紧凑型舰炮。该炮是中国引进法国专利后的国产化产品,早在20世纪80年代中期,中国就向法国购买了两套该装置,其中的一套便装在了试验性的反潜护卫舰"江湖4"级544号"四平"舰上使用。

该炮主要用于攻击海上目标以及防空,也可反导弹和执行对岸轰击任务。炮塔采用了隐身设计。炮弹初速870米/秒,身管长5500毫米,射速10~90发/分,对海上目标,最大射程17500米,有效射程12000米;对空目标的最大射程为8000米,有效射程6000米;炮重17000千克,具有结构紧凑、重量轻、射速高、反应时间短等优点。在20000米距离上对目标的单发命中概率可达0.7~0.8。

在168舰上并没有见到常见于中国新型舰艇上的双37速射炮,取而代之的是一种中国最新研制的7管30毫米近程防御系统"火神"速射炮,从外形上来看,该炮的设计在一定程度上借鉴了荷兰的"守门员"防御系统。

此系统于20世纪90年代初开始研制,为降低成本、简化后勤,采用了中国引进的俄罗斯AK-630型近防炮上的现成炮管,但数量有所增加,为7管,速度达到了惊人的5800发/分,其反应速度快、可靠性好、命中精度高、威力大,整体性能超过了目前各国海军普遍使用的"密集阵""守门员"等近程防御系统,具有很强的反导能力。

伺服系统采用运算发达器,功率放大采用数字脉宽调制系统,并首次应用闭回电路的射控技术,可休整弹着偏差,推动系统为交流电式。

与"守门员"不同的是,该炮没有搜索雷达,缺乏跟踪扫描多目标追踪能力,其1/K波段多普勒追踪雷达可以自动切换来消除镜像反应,而ODF-730光点追踪仪反时间应低于 3 秒,测量精度 0.3 米位。

导弹

防空导弹:在 168 号舰上最靠前的武器系统是两套深弹发射装置,深弹后部装备的是单管 100 毫米主炮。而在其后的 02 号甲板上,则装备了一座俄制单臂防空导弹发射装置,即"施基利"中程舰空导弹系统。

该系统是俄罗斯海军 20 世纪 80 年代的产物,为全天候多通道的舰载中程防空导弹武器系统,可担负舰艇和编队的防空作战任务,主要拦截的目标是轰炸机、歼击轰炸机、攻击机、直升机和各类反舰导弹。是当今最先进的中程舰空导弹系统之一。

整个系统由三坐标对空搜索雷达、连续波照射器、TV 电视头、目标分配台、精跟显控台、射击控制台、中央计算机、导弹、发射架、弹库及发控设备等组成。

武器系统有 2 座发射架,为单臂斜架,分别位于舰首、舰尾,用来装填和发射导弹。该发射架方位转动范围±360 度,高低角范围 0~70 度,调转速率 90~100 度/秒。发射装置能快速自动装填导弹,再装填一枚弹的时间为 12 秒。

导弹射程 40 公里,飞行速度 4 马赫,采用无线电指令修正和末段雷达半主动寻的制导,能拦截速度在 0.9M,飞行高度 10 米的导弹目标以及高度 3000 米,距离40 公里的飞机目标。

此种导弹具备几个特点:突破了传统的搜索、跟踪、照射均需专用雷达的导弹作战模式,直接利用 MP-710 坐标搜索雷达的目标信息,取消跟踪制导雷达,形成了新的搜索、照射的导弹作战模式。这样,既简化了系统结构又增加了拦截目标的火力通道数。因此,该系统的作战效费比高。

导弹采用了弧形弹道拦截超低空目标,可有效地消除海杂波及镜像多路径效应对导弹制导的影响,因此,该系统具有拦截掠海反舰导弹的能力。

是该系统采用模块化结构,有较灵活的适装性,火力通道数可根据载舰装备的制导雷达的情况而定,最少为 2 个,最多为 12 个,可装备 1500t 以上的各类舰船。

是系统可接收舰上指控系统给出的二次目标信息或自主地进行作战,亦可独立作战。并可指控高射火炮作战,构成弹炮结合的防空系统。

在 SA-N-12 导弹发射器后部的偌大空间上,只安装了 4 座 18 管诱饵发射装置,这说明中国海军还是有计划为 168 号安装垂直发射系统的,型号可能是国产新型 VLS 系统。最近俄罗斯海军也推出了"施基利"导弹的垂直发射装置,为 6 联装形式,外形上和美军的 MK41 颇有几分相似,因此也不能排除将来 168 舰采用该型发射装置的可能性。

反舰导弹:在 168 舰的烟筒和机库之间,配备了 4 具四联装反舰/反潜导弹发射装置,使该舰的反舰导弹携带量达到了惊人的 16 枚!

具体型号上因为"鹰击"系列的最新改进型,即 C803 反舰导弹,该弹具备末段超音速飞行能力,且射程达到了惊人的 250 公里,但受限于中继制导能力的影响,在实战中一般难以达到如此之远的射程。

反潜导弹:168 舰上也有可能装备了新型的"长缨 1 号"反潜导弹,和 C803 型反舰导弹共用发射装置。

鱼雷

168舰上装备有2座3联装改进型"白头"型反潜鱼雷系统。"白头"鱼雷是中国于20世纪80年代仿意大利A-244S鱼雷设计的一种轻型反潜鱼雷。该雷长2.75米，口径324毫米，射程15公里，航速35节、最大下潜深度500米，采用铅酸电池做动力。该鱼雷即可由水面舰艇携带，也可以由反潜直升机挂载。

深弹

在168舰的舰首位置装备了两具FQF-2500/12管反潜/反鱼雷深弹发射器，该深弹射程在2500米左右，主要用途是近距离反潜，这也是中国海军舰艇上标准的近程反潜装备。

直升机

168舰机库空间较大，可以携带1架卡-28反潜直升机。该机是俄罗斯卡莫夫设计局的杰作，和中国海军通常装备的直-9反潜直升机相比，机体更大，能携带更多的油料、探测设备和武器装备，并具备更长的巡航时间。

电子设备

自动化指挥系统

舰载C3I系统网络包括舰船上指挥中心内部的局域网和指挥中心之间的互联网，普遍使用共享介质、总线形式的网络拓扑结构，总线使用的速率也从低速的1Mbps到中低速的标准10Mbps带宽发展。

中国海军新型大中型水面舰艇普遍采用的是仿意式IPN-10的作战系统。该系统用MHIDAS多路高级综合分布结构系统。该总线系统采用模块化结构，分为主线和支线，主线可达50米，两个终端设备之间最远可达400米。总线数据传输率可达10Mbps/秒，用户数量最多可达256个，可满足中大型舰艇对于传输距离，传输速率和终端数目的要求。

作战情报指挥系统

168舰上还配属了新一代由中国船舶重工集团七院第七0九所研制的ZKJ-5作战情报指挥系统，为中国第三代作战情报系统，和第二代相比，整体性能上有了很大的提高。

该系统提速到100M快速以太网，在实时性能、网络容量、网络分析建模、可靠性等方面又有了相当的提高。

雷达系统

"乐台"反舰导弹制导雷达：该雷达是俄罗斯现代级驱逐舰SS-N-22反舰导弹的标准制式设备，工作在D/E/F波段，主要装备于俄海军现代级、无畏级等大中型作战舰艇，主要用于反舰导弹的中途雷达制导，还具有对空对海搜索能力，天线外罩为一个直径3.2米、高4.5米的长套筒形，顶部呈圆形。罩内装有一圆抛物面反射体该雷达，控制距离在120公里以内。

但168舰上未装备俄罗斯的SS-N-22导弹，所以该装置也被认为可以制导

C-803 导弹，一来可以说明该系统的通用性十分好，二来也可在一定程度上减少舰载直升机的劳动强度，更有利于战斗力的发挥。

索雷达以及防空制导雷达：168 号驱逐舰上装备的搜索雷达是俄罗斯的"顶板"三坐标对空/对海搜索雷达。

"顶板"雷达也是当今俄罗斯海军的主力装备，普遍装备于各型驱护舰上，性能十分先进。

其工作在 EVH 频段，缝隙天线背靠背倾斜安装而成，扫描率比单面雷达提高了一倍。该雷达除具有对空、对海目标侦测的能力外，还有空中管制和低空补盲的功能。其主要特点是抗电子干扰强、自动化程度高，性价比佳。

168 装备的是最新型的 MAE-5。在原有型号基础上，MAE-5 的发射功率翻一翻，达到 90kW，最远有效距离仍为 300 公里，但对战机和导弹的探测距离提高了20%，分别达到 230 公里和 50 公里。

此外，168 舰上在烟囱位置还配置了一套 517 型"八木天线阵"对空/对海远程预警雷达，该雷达改良自 1950 年代的苏联 515 型旧型雷达，使用一具旧式的八木式架状天线，不过设备已经全面提升。

517 雷达虽然没有稳定基座，在大风大浪下的精确度会降低，但就一具搜索距离达 350km 的长程雷达而言影响实在不大；而且此种雷达使用的宽波束对于侦测匿踪飞机似乎较为有效，所以仍被中国海军一直沿用至今。

该雷达具有很强的抗干扰能力，能在极其复杂的电子环境下工作，搜索距离为180 公里，能探测隐身一类的目标。该雷达普遍装备于中国海军舰艇上，可以说是中国海军的标本装备。

防空制导雷达：168 舰上装备了 4 部 MR-90 型"前罩"火控雷达，F 波段，用于控制"施基利"系统装备 SA-N-12 防空导弹。

168 舰上还装备有 1 部 347G 型火控雷达，I 波段用于反舰导弹和 100 毫米炮，2 部 EFR-1"谷灯雷达"1 部 RM-1290 型导航雷达，J 波段以及一套 GDG-775 型光电指挥仪。

性能指标

排水量：7000 吨，主机：柴燃动力；航速：小于 30 节。

武器：反舰导弹：4 座 4 联 C803 反舰导弹发射架；舰空导弹：两座 9M38M 单臂防空导弹发射架；一座 100 毫米单管隐身主炮；两座 7 管 30 毫米近防炮；4 座 3 管 6毫米多用途发射器；两座 3 联 324 毫米鱼雷发射管。

直升机：一架卡-28 反潜直升机。

（五）中国 169 号武汉号导弹驱逐舰

基本情况

169 号导弹驱逐舰是中国海军现代化建设中的一分子，国内代号是 052B。首舰于 2002 年在江南造船厂下水舾装，2003 年开始海试，并于 2004 年 1 月服役。

该级舰目前共两艘，分别是 168 号（广州号）和 169 号（武汉号）。169 号属多用途型驱逐舰，在防空、反舰、反潜能力上很强。

该舰长约 155 米、宽 20 米，空载 6800 吨，满载 7500 吨，外形和 170 号十分相似，两者使用的是相同的舰体，除了 169 号的舰桥相对 170 号更加低矮之外，其他的基本相同。

中国 169 号武汉号导弹驱逐舰

隐身能力上，169 号采用了全封闭、曲面板代替平面板、倾斜侧壁的设计方法来降低雷达反射信号。而红外隐身、声学隐身采取的措施也和 170 号类似。但 169 号布满了各种用途的电子和武器设备，整个上层建筑物显得拥挤不堪，这在很大程度上影响了隐身能力。

武器系统

169 号舰首有两座 12 管反鱼雷深弹发射装置，用于反潜或反鱼雷。深弹后部装备的是一座法国单管 100 毫米主炮。而在其后的 02 号甲板上，则装备了一座俄制单臂防空导弹发射装置。

弹药为 SA—N—12 中程防空导弹，是俄罗斯海军 20 世纪 80 年代的产物，为海基 SA—N—17 的改进型。这是一种全天候多通道的舰载中程防空导弹武器系统，可担负舰艇和编队的防空作战任务，主要拦截的目标是轰炸机、歼击轰炸机、攻击机、直升机和各类反舰导弹。

整个系统由三坐标对空搜索雷达、连续波照射器、TV 电视头、目标分配台、精跟显控台、射击控制台、中央计算机、导弹、发射架、弹库及发控设备等组成。

武器系统有两座发射架，为单臂斜架，分别位于舰首、舰尾，用来装填和发射导弹。该发射架方位转动范围±360 度，高低角范围 0～70 度，调转速率 90～100 度/秒。发射装置能快速自动装填导弹，再装填一枚弹的时间为 12 秒。

导弹射程 40 公里，飞行速度 4 马赫，采用无线电指令修正和末段雷达半主动寻的制导，能拦截速度在 0.9M，飞行高度 10 米的导弹目标以及高度 3000 米，距离 40 公里的飞机目标。

该中程防空导弹有 4 个特点：一是突破了传统的搜索、跟踪、照射均需专用雷达的导弹作战模式，直接利用 MP-710 坐标搜索雷达的目标信息，取消跟踪制导雷达，形成了新的搜索、照射的导弹作战模式。这样，既简化了系统结构又增加了拦截目标的火力通道数。因此，该系统的作战效费比高。

二是导弹采用了弧形弹道拦截超低空目标，可有效地消除海杂波及镜像多路径效应对导弹制导的影响，因此，该系统具有拦截掠海反舰导弹的能力。

三是该系统采用模块化结构,有较灵活的适装性,火力通道数可根据载舰的情况而定,最少为2个,最多为12个,可装备1500t以上的各类舰船。

四是系统可接收舰上指控系统给出的二次目标信息或自主地进行作战,亦可独立作战。并可指控高射火炮作战,构成弹炮结合的防空系统。据说在2001年9月的一次打靶中,现代级发射的9M38M1导弹在16公里距离上成功地击落了一枚飞行高度12米的C801靶弹。

电子设备

169号驱逐舰的电子设备种类繁多,如"音乐台"制导雷达、"八木天线"、卫星通讯系统等等。搜索雷达、防空制导雷达使用的是俄罗斯的"顶板"三坐标对空/对海搜索雷达,以及4部MR-90型"前罩"火控雷达,F波段,用于控制SA-N-12防空导弹。

而"顶板"雷达也是俄罗斯海军的主力装备,普遍装备于各型驱护舰上,性能先进。其工作在E/H频段,缝隙天线背靠背倾斜安装而成,扫描率比单面雷达提高了一倍。

该雷达除具有对空、对海目标侦测的能力外,还有空中管制和低空补盲的功能。其主要特点是抗电子干扰强、自动化程度高,性价比佳。

169装备的是最新型的MAE-5。在原有型号基础上,MAE-5的发射功率达到90kW,最远有效距离仍为300公里,但对战机和导弹的探测距离提高了20%,分别达到230公里和50公里。169号使用的是和170号相同的指挥控制设备,其他方面如RM—1290型导航雷达、347G型火控雷达等都和170号相同。

动力系统

169号驱逐舰结构设计合理,舰体采用高强度的钢质材料,具有足够的强度、刚度和良好的不沉性,满足抗12级风的要求,可在无限海域航行设有减摇装置,提高了航行的舒适性和武器系统在较恶劣海况下的使用能力;动力系统为柴一燃联合动力,可使用较高的航速巡航,机动能力更强。武汉号具有良好的适航性,完全满足远洋作战要求。

169号驱逐舰采用乌克兰DA80燃气轮机和德国MTUll63-TB92柴油机,最高航速32节,20节时续航距离6000多公里。

由于远海航行历时长、对航速要求高,各种油泵和输油管由于工作疲劳可能出现裂纹现象。在出海之前,海军方面已经将这些情况纳入到了应急处置预案之中。

整体评价

地位

169"武汉"号驱逐舰是南海舰队主力舰之一,是052B型驱逐舰二号舰,2004年服役,主要规格和"广州"舰相同。该型舰全长164米,宽17.2米,长宽比9.5,满载排水量7500吨以上,是一种防空、反潜、反舰能力均衡的远洋驱逐舰。

性能数据

该舰采用柴燃油发动机,最高航速 32 节,20 节时续航距离 6000 多公里。整体性能在国际同级舰中处于中上水平,在亚洲处于先进水平。

武器装备:包括舰艏两座 6 管 81 式反潜火箭发射器,每座各弹 24 枚,可攻击 4 公里处 300 米深潜艇,并能发射最新被动声自导反潜火箭。舰桥前两舷 4 座 18 管 122 毫米多用途火箭发射器。舰体后部两侧隐蔽两座 7424 三联装反潜鱼雷发射管,发射的鱼 7 型轻鱼雷最大射程 9 公里,作战深度 700 米。

直升机:该舰可搭载一架俄制卡-28 重型反潜直升机。

(六)中国玉康级坦克登陆舰

1976 年 11 月,首制舰在上海中华造船厂开工,1977 年 10 月 19 日下水,1978 年 1 月 19 日竣工,11 月正式交付东海舰队使用,舷号 927。1979 年 3 月,首舰在试航中航速达 20.8 节,超过设计任务书的要求。经使用后发现,该型坦克登陆舰具有良好的快速性、操纵性、耐波性和登陆性,登陆性能极为出色。

玉康级坦克登陆舰简介

玉康级坦克登陆舰是中国第一艘距有远洋意义上的两栖登陆舰,遗憾的是它上面还没有舰载直绳机,对于现代化的三栖立体攻击来说,只能是一个不足的地方。

该型舰采用全贯通式运载舱,带 17 米折叠双节吊桥,承载力 50 吨;跳板式尾门,承载力 20 吨。首尾开门,遮蔽式高坦克甲板,柴油机动力,双轴双定距桨推进。其主要任务是在渡海登陆作战中运送登陆部队及其装备在滩头直接登陆;辅助任务是担任物资运输任务。

072 型登陆舰长 119 米,宽 15.6 米,登陆首吃水 1.37 米,登陆尾吃水 4.12 米;标准排水量 3172 吨,登陆排水量 3300 吨,满载排水量 3376 吨,超载排水量 4935 吨。动力装置为两台 12E390V 柴油机,功率 2X7200 马力,最高航速 21 节,续航力 3000 海里/14 节。抗风力 8 级,自持力 20 天,舰员 133 人。

玉康级坦克登陆舰技术配置

排水量:标准 3110 吨,满载 4170 吨

运载量:500 吨:200 名全副武装士兵,10 辆战车,两艘人员车辆登陆艇

尺度:长 120 米,宽 15.3 米,吃水 2.9 米

航速:20 节

续航力:3000 海里/14 节

武器:57 毫米双管舰炮 4 座,25 毫米双管舰炮 2 座

玉康级坦克登陆舰建造情况

20 世纪 70 年代,解放军海军为解放台湾作装备上的积极准备,正式提出研制

大型登陆舰的任务。海军提出了突出的性能指标:要求航速 18 节以上,以保证快速通过台湾海峡。

航速是登陆舰性能的一项重要指标,大型登陆舰属于超浅吃水宽船型,当速度超过 15 节后,阻力急增。因此,18 节设计航速是一个相当高的要求。

美国二战期间建造的 LST 大型登陆舰,最高航速仅 11 节;战后其他各国服役的大型登陆舰,航速也在 13-17 节左右;唯美国 20 世纪 70 年代建造的"新港"级大登,运用吊桥式跳板的非传统设计,航速超过 20 节。研制 18 节航速的登陆舰即意味着赶超世界登陆舰的先进水平。

为了解决研制 20 节航速大型登陆舰的关键矛盾,中国船舶科研人员进行了多方位的反复研究,成功地解决了这一难题。

在设计上,为保证较高的航速和优良的冲、退滩性能,精心研制了 17 米长的折叠式双节吊桥,这一吊桥装置比美国"新港"级大登所采用的 34 米吊桥及其传动装置在结构上简单,在操作上方便,在造价上便宜。此外,增设可让水陆坦克通行的尾门,配以纵通的坦克大舱,简化了水陆坦克进出舰的操作程序,提高了安全性,缩短了装卸时间。

1978 年 3 月,首舰试航航速达到设计任务书的要求,不仅实现了我国自行研制 20 节大型登陆舰的目标,而且还使我国成为世界上拥有排水型 20 节航速大型登陆舰的第二个国家。

玉康级坦克登陆舰火力配置

072 型舰携带人员车辆登陆艇 3 艘,登陆装载量 450 吨,大舱面积 750 平方米。登陆作战时可装载两个坦克连 22 辆轻型坦克或 13 辆中型坦克、或一个营 18 门 122 毫米榴弹炮及牵引车、或两个机械化步兵连 24 辆两栖装甲车及 380 名作战人员、或一个水陆坦克连 10 辆水陆坦克和一个步兵营 600 名士兵,对航速、抢滩性能无要求时,最大货物装载量 2000 吨。

为压制敌滩头火力,该登陆舰自卫火力较强,配备有 66 式 57 毫米双管舰炮 4 门,61 式 25 毫米双管舰炮两门,以及便携式红缨 5 号或前卫 1 号防空导弹。

(七)中国玉亭级坦克登陆舰

1980 年代解放军海军提出 072 型登陆舰的改型方案。1987 年中国舰艇研制人员设计出配置直升机的 072Ⅲ型坦克登陆舰。1991 年,第一艘 072Ⅲ型坦克登陆舰 991 号在上海中华造船厂建成下水,1992 年装备部队,北约称之为玉亭级。

在结构上,该坦克登陆舰基本相同处,但船体较长、吨位更大。扩大了装载面积,提高了装载量。072Ⅲ型最大的不同点,是在舰身后设有直升机平台(未设机库),可装载 1-2 架直升机,增强了快速登陆和两栖攻击能力,但主要登陆模式仍是仍在舰舱开门,冲滩上陆。

性能装备

排水量:标准 3430 吨,满载 4800 吨

主尺度:长 119.5 米,宽 16.4 米,吃水 2.8 米

引擎:两座 12pa6v-280mpe、7080 千瓦、双轴

航速:18 节

续航力:3000 海里/14 节

编制:104 人

运载量:500 吨,250 名全副武装士兵,10 辆战车,4 艘人员车辆登陆艇,可搭载气垫船,中型直升机一架

自卫武器:37 毫米双管舰炮 3 座,25 毫米双管舰炮 2 座

其中:939、909 舰艇改装 1 座双联 100 毫米全自动舰炮,上甲板改装 2 座双联 37 毫米全自动舰炮

(八)中国玉登级中型登陆舰

玉登级中型登陆舰是中型坦克登陆舰,20 世纪 90 年代初服役仅建造一艘,舷号是 990。

系统参数

排水量:标准 1460 吨,满载 1850 吨

尺度:长 87 米,宽 12.6 米,吃水 2.25 米

引擎:2X6PA6L-280、3540kW、2 轴

航速:17 节

续航力:1500 英里/14 节

编制:74 人

武器:两座 37 毫米双联舰炮

运载量:可运载 250 吨的货物或 500 名全副武装士兵或战车 5 辆

基本构型

玉登级中型登陆舰的基本构型(包括首尾舱门、上层结构等)与满载排水量超过 4000ton 的玉坎级(072 型)战车登陆舰类似,舍弃了传统战车登陆舰惯用的平底、下开式舰首跳板舱门等设计。

为了增加航速与适航性,玉登级揉用非平面舰底,并使用接近一般船舶的舰首构型;为了配合这种楔型舰首,舰首舱门遂采用两侧对开式,舱门打开后放出折叠式双节吊桥连接上岸。

此外舰尾也设有一个向下开启的跳板舱门。玉登级的主机为两具 6PA6L-280 柴油机,输出功率 4800 马力,带动双轴螺旋桨,最大航速为 17 节,14 节经济航速下

的续航力为 1500 海里。

　　舰内的直通式货舱甲板面积为 444 平方公尺，能搭载 6 辆主力战车，或 8 辆 63 式两栖战车，或 9 辆装甲运兵车，或 12 辆轮型车，或 250ton 物资，船舰本身编制 74 名人员，搭载登陆部队 180 名。

　　两栖载具方面，本级舰可搭载两艘小型登陆艇，而后续量产型的玉登级则可容纳一艘中共自行研裂的 724 型气垫登陆艇。首舰船艛前方的甲板装有一具大型起重机，不过后续的量产型则将之取消。首舰的船艛前方两侧各有一个曲折的平面，到了量产型则改为单纯的平面构型。

　　玉登级中型登陆舰的电子装备包括平面搜索雷达与导航雷达，舷号 990 的首舰配备两座 67 式双联装 37mm 快抱，射速约 320 发/分，最大射程 9.5km，两座分别位于舰首与舰尾，这种人力操作的机抱只有二次大战时代的水平；而 10 年后的量产版玉登级则改用进步得多的 76F 型双联装 37ram63 倍径机抱。

　　此种机抱可选择自动或人力操作模式，最大射速 180 发/分，射程 8.5km。此外，首舰 990 还装备了两座 81H 型 40 联装 122mm 多管火箭为登陆作战提供支援火力，不过不清楚后续量产版是否仍维持此一装备。此外，玉登级也能进行布雷任务，在舰内车辆甲板加装怖雷轨与水雷储存设施后，便能携带 80 枚水雷。

（九）中国玉岛级中型登陆舰

　　玉岛级中型登陆舰，现役一艘，舷号 965，于 1969 年在大连造船厂下水。但此舰遇到了严重的设计和动力问题，因此在只建造了一艘的情况下，项目最终被取消。

玉岛级中型登陆舰基本资料

排水量：标准排水量 800 吨，满载排水量 1280 吨

尺度：长 82.07 米、宽 12.6 米、吃水 3.1 米

主机：两台柴油机，2 轴，马力，18 节

编制：60 人

武器：4 座双联 25mm 舰炮

运载力：250 名士兵和 6 辆坦克

（十）中国玉连级中型登陆舰

　　玉连级（079 型）中型登陆舰，20 世纪 70 年代中期服役，共 31 艘。

玉连级中型登陆舰系统参数

排水量：1100 吨（满载）

尺度：长 72 米宽、13.8 米吃水：2.6 米

最高航速：12.5 节

最大航程：3000 海里

编制:109 人

武器:61 式 25 毫米双管火炮 4 门

装运能力:物资:200 吨,坦克:5 辆,车辆:8 辆

玉连级中型登陆舰的发展

079 型登陆舰本是在 20 世纪 70 年代根据越南要求而进行专门设计建造的中小型登陆运输船,要求装 200—250 吨货,航速 12—15 节,设备可靠,工艺简单,便于批量建造。1971 至 1973 年完成设计。

首制舰于 1974 年 5 月在广州船厂建造,1976 年 7 月 22 日下水。此时中越关系已经有所变化,遂决定将其改为国内使用。1976 年 12 月至 1977 年 1 月进行了装载登陆试验,证明该艇登、退滩性能好;装载量大,经济性好,并具有超载能力;船型简易、制造方便,适合于批量生产。但耐风浪性较差、航速慢。

079 型登陆舰长 60.3 米,宽 10 米,吃水深 2.36 米;标准排水量 714 吨,正常排水量 730 吨,满载排水量 833 吨。动力为两台 6300ZC 柴油机,功率 2X600 马力,最大航速 13 节,续航力 1000 海里/10 节。抗风力 5 至 6 级,自持力 7 天,舰员 36 人。

079 型艋部设有登陆跳板,坦克舱可装载 200 吨物资,相当于 5 辆中型坦克或 8 辆载重卡车,均衡装载则可载运一个坦克排 3 辆坦克和 250 名全副武装士兵。

艇上武器配备很强,有四门 61 式双联 25 毫米机炮,其中两座设在艋部两舷,另两座设在艇桥后面。甲板上还可安装两门 107 毫米 12 管火箭炮,该炮最大射程 9 公里,可对抢滩登陆部队实施直接火力支持。桅顶装有一部导航雷达。

由于 079 登陆舰的性能尚可,加上造价低廉和南海急需等多种因素,决定修改 079 原型舰上不适合中国海军需要的设备后,命名为 079Ⅱ 型舰投入批量建造。1977 年 10 月,改进设计全部完成。1978 年至 1983 年,先后建造 20 多艘。北约称之为玉林级。

1980 至 1990 年代,这 20 多艘登陆艇在南海诸岛屿的国防建设和战备物资运输中出了大力。它是南海舰队的一名重要成员,活跃在南疆各处的洋面上。尽管由于其航速仅有 13 节,在现代化登陆作战中难以作为第一梯队使用。但在 1990 年代中国海军每次两栖作战演习,几乎都有 079 型登陆艇参加,可见其所担负的主要角色。目前可能已有部分退役。

(十一)中国玉海级中型登陆舰

玉海级中型登陆舰,1995 年服役,现役 12 艘。排水量 800 吨(满载)运载量 100 吨,250 名全副武装士兵,2 辆战车。玉海级中型登陆舰技术参数为:

排水量:800 吨(满载)

尺度:长 58.4 米、宽 10.4 米、吃水 2.7 米

主机:两台柴油机,2 轴,4900 马力,14 节

编制:56 人

武器:3 座双联 25mm 舰炮

运载量:100 吨,250 名全副武装士兵,两辆战车

（十二）中国"玉登"级中型登陆舰

"玉登"级是20世纪80年代采用的中型坦克登陆舰，用以取代不成功的"玉岛"级登陆舰。

1982年，海军装备部要求研制一种新型的中型登陆舰。1986年，研制所提出了3个方案（A、B、C），1987年又提出了另外3个方案（D、E、F）。1987年7月，海军采用了尺寸大、生活环境好的方案F。

"玉登"级只建造了一艘（舷号990），于1991年开始在南海舰队服役。后续建造计划被取消，可能是因为其性能不能令人满意。

一般来说，"玉登"级是一种缩小版的"玉康"级中型登陆舰。坦克舱长80米，宽8米，高3.4米；运载能力为180名士兵，或6辆主战坦克，或8辆轻型两栖坦克，或9辆装甲运兵车，或12辆车辆，或250吨货物。

舰上装有两门76式双联37毫米手动高炮，两座81H40管122毫米多功能火箭发射器。此外，该级舰还可携带80枚水雷。装有对海搜索雷达和导航雷达。

动力系统为两台6PA6L-280柴油机，功率4800马力。

"玉登"级主要性能参数：舰长87米，舰宽12.6米，吃水2.25米；标准排水量1460吨，满载排水量2000吨；最大航速17节，巡航速度14节，续航力1500海里/14节；编制人员74名。

（十三）中国玉南级小型登陆艇

1964年在青岛诞生了新中国第一艘自行研制的同时也是首种大量建造的登陆艇——067型（西方称之为玉南级），由海军舰艇研究院708所设计，可运送1辆主战坦克或2辆装甲车，航速11节，067型总共造了近300艘，估计目前有36艘在役和200艘封存。

此后，708所以067型为基础，研制出068/069型登陆艇（玉青级），其满载排水量仅85吨，每艘艇可装载150名以上全副武装的士兵，于1962年—1972年间在上海建造了50艘左右，151前有8艘现役，30艘备役。是当时中国主要的两栖运送力量。

基本简介

玉玉南级小型登陆艇南级小型登陆艇是小型多功能登陆艇，于1962年开始设计，主要用于在没有港口的内河和海岸实行两栖攻击和运送车辆、部队和货物。1964年第一艘艇下水，到70年代估计一共制造了280艘，成为当时解放军两栖力量的中坚。

目前，大多数已经退役，只有约36艘仍在服役。067型小型登陆艇搭载步兵抢滩登陆。该艇是中国的第一代两栖舰艇，也曾是中国海军早期两栖力量的中坚。

基本资料

排水量:128 吨(满载)

尺度:长 28.6 米

宽:5.4 米

吃水:1.4 米

动力:600 马力

最高航速:12 节

最大航程:500 海里

编制:10 人

武器:14.5 毫米双管机枪两挺

装运能力:一辆主战坦克,或两台车辆

物资:46 吨

(十四)中国玉青级小型登陆艇

性能装备

玉青级小型登陆艇排水量:85 吨(满载)

尺度:长 24.8 米

宽:5.2 米

吃水:1.3 米

动力:600 马力

最高航速:11.5 节

最大航程:450 海里

编制:10 人

武器:14.5 毫米双管机枪 2 挺

装运能力:人员:150 人

(十五)中国大沽级气垫登陆艇

大沽级气垫登陆艇是中国自行研制的气垫登陆艇,虽没有进行批量建造。但该艇已经完全具备了现代气垫登陆艇的基本特征,为新型登陆战法的完善以及新一代气垫登陆艇的研发做出了重大贡献。

722-2 型气垫登陆艇,称为大沽级,1975 年,受国外海军使用气垫登陆艇的先进经验影响,中国人民解放军海军也计划对气垫登陆艇进行验证。为此,海军委托 708 研究所设计了 722 型中型全垫升式气垫登陆试验艇。

该艇于 1979 年建成,1981 年到 1982 年,以 708 研究所为主,海军和 702 研究所密切配合,在青岛海域和东海吴淞口外海组织了两次在 3 级海情下的耐波性和快速性试验,进行艇体结构振动、围裙应力、应变以及舱室噪音测试,为实用化型号的研制提供了第一手海上试验数据。

1983 年，由 WJ-6 航空发动机改型而来的 409 型燃气轮机研制成功，以轻柴油为燃料，满足了实用要求。随后，708 研究所在 722 原型艇的基础上，采用 409 型燃气轮机作为动力装置，设计了 722Ⅱ型沿海中型全垫升式气垫登陆艇。

该型艇改用低阻响应围裙，以提高围裙寿命，改善耐波性能，为提高海洋环境下船体结构抗腐蚀能力，采用了新研制的镁铝合金。722Ⅱ型气垫登陆艇以两台 409 型燃气轮机作为主机，每台主机通过变速齿轮箱同时驱动同舷的垫升风扇和导管式空气螺旋桨。

鉴于这是中国第一次将燃气轮机动力装置应用于气垫艇，例如机、桨联合控制、进气净化、排气引射和低工况航行等一些关键技术需要攻克。为此，在制造厂试车台进行单机空负荷试验成功后，又进行了模拟气垫船具体条件的各种陆上联调联控试验，以及变工况与机、桨联合控制等性能测定。

1986 年，动力装置陆上各项模拟试验获得成功，1987 年，成功安装到了建造中的船体中；1988 年，第一艘 722Ⅱ型气垫登陆艇在大沽船厂建成，并开始进行试航；1989 年，722Ⅱ型气垫登陆艇进行了海上航行及两栖登陆试验，均获得成功，随后交付海军使用。这是中国气垫船技术跨入实用化阶段的一项重要标志。

中国"大沽"级（722-2）气垫登陆艇

装备参数

长：27.2 米

宽：13.8 米

高：9.6 米，围裙高 1.5~1.8 米

满载排水量：61 吨

航速：50 节

最大航程：165 海里

运载量：15 吨

自卫武器：两座 14.5 毫米双管机枪

由于受到英国和苏联气垫登陆艇的影响，722Ⅱ型气垫登陆艇采用遮蔽式甲板结构，在货舱甲板两侧是人员/动力舱，驾驶舱位于二层甲板前端，具有比较良好的视界，首、尾大门/跳板可以保障人员、装备迅速完成登、离艇作业，从总体设计的角度来讲是比较成功的。在提升气垫登陆艇自卫火力方面做出了有益的尝试。

评价

722Ⅱ型气垫登陆艇最大的缺点，就是受到当时国内科技水平限制，缺乏大型气垫登陆艇的实际设计经验。490 型燃气轮机虽然功率比较适宜，但重量、体积偏大，直接导致了有效载荷偏低，只有 15~20 吨，只能装载一辆步兵战车或装甲输送车，对于提升冲滩部队战斗力的作用有限。

因此，722Ⅱ型气垫登陆艇没有进行批量建造。不过，该艇已经完全具备了现

代气垫登陆艇的基本特征,海军利用其进行广泛试验,为新型登陆战法的完善以及新一代气垫登陆艇的研发做出了重大贡献。

(十六)中国 071 级船坞登陆舰

071 级船坞登陆舰是我国自主研发的新型船坞登陆舰,该登陆舰的排水量在20000 吨左右,单从"容积"来说完全处于世界领先水准。其舰体设计、辅助装备、武器系统均达到前所未有的技术水平。

设计构造合理,技术性能优越

布局紧凑,特色鲜明。071 登陆舰外形上和近两年来中国海军新建造的舰艇一样,外表光滑简洁且带有小角度的倾斜,具有一定的隐身性能。

舰体采用高干舷平甲板型,大飞剪舰首以及楔形尾,长宽比小,水线以上有明显的折角线,适航性能较好。上层建筑物主要设置在舰的前部,占去了甲板以上约2/5 左右的空间。

其 1 号甲板及上层建筑物主要设置有指挥室、控制舱、医疗救护舱及一些居住舱;2 号甲板主要是舰员和登陆部队的居住舱、办公室及厨房。

甲板以下则是登陆舱,分前后两段,前段是装甲车辆储存舱,共两层,可以储存登陆装甲车辆和一些其他物资,在进出口处还设有一小型升降机,用于两层之间的移动装卸用,外壁设有一跳门,车辆可通过门直接登陆上岸。

后段是一个巨型船坞登陆舱,总长约 70 米,主要用来停泊大小型气垫登陆艇、机械登陆艇或车辆人员登陆艇。

该舱和前段车辆舱以通道相连,需要时前舱的人员/装甲车辆能以此通道前往船坞舱登上气垫艇。舰尾设有压载浸水进坞区,进坞区通过舰尾压载进水,以便登陆艇迅速和安全上舰,直接驶进驶出,并可完全关闭。

和日本"大隅"级船坞登陆舰全通甲板不同的是,该舰的直升机甲板设在舰桥后部,舰桥和舰体同宽。由于取消了甲板以下的直升机机库,所以留有更多的空间用于其他布置。

总体来说,该艇对于空间的利用相当出色,不过在这块美玉上不免还留有瑕疵,主要表现在:载机数量少、快速投送能力差;前部车辆储存段和后直升机甲板距离过远,在一定程度上影响了该舰的港门装卸进程。

但上面的缺点也并非无法解决,比如快速投送能力方面的缺陷就可由气垫登陆艇来解决,且生存力更强、运载力更大、隐蔽性更好。

武器精干,火力强大

该登陆舰舰首装备了一座 76 毫米新型舰炮,与我国最新型的 054A 型护卫舰舰炮如出一辙,该舰炮的构造和性能完全模仿俄罗斯的 AK176 舰炮,作战能力超强。AK176 舰炮射速为 125 发/分,射程可达 17 公里,但由于我国对 AK176 的材料和隐身电子等技术进行了升级,使得安装在 071 型登陆舰上的舰炮性能更加出众,不仅可以打击水面目标,还可对空中目标实施精确打击。

76 毫米火炮后面是一座 8 联装 HHQ—7 防空导弹装置,在 20 世纪 90 年代建造的驱逐舰和护卫舰上它是标准配备,特别是它的低空反导能力是非常优秀的。

但是,我们的 054A 护卫舰上已经装备了垂直发射系统。071 不装垂直发射系统主要是考虑到 071 登陆舰在作战时的主要任务是运输人员和物质而非作战,所以,武器的配备稍显逊色,但战时肯定会有其他舰艇护卫。

该舰中后部布置了俄制 AK630 近程火炮系统,其火控系统可提供有人操纵和无人挥纵两种模式用于空袭防御,包括拦截打击掠海反舰导弹、小型海上目标、轻装甲沿海目标和漂浮的水雷等等。AK630 已是三四十年前的老装备了,但经过多次改进升级,其整体作战效果还是相当优秀的,而且价格也相对便宜。

近年来,中国通过引进已经对该型炮的使用维护积累了较为丰富的经验,这些"软体支援"在实战中必将发挥重要的作用。

在软武器配备方面,071 登陆舰与 052 级驱逐舰一样,装备了中国新一代近程金属干扰箔条装置,可在 2000 米外的海域干扰敌方来袭导弹。并使其偏离弹道;另外,在 071 两侧还各有 2 座 AK630 舰炮,在 525、526 护卫舰上也是这样配备的。

为了应付小吨位的目标,该舰还装备了几挺 12.7、7.62 毫米机枪,可谓远近兼顾,周到细致。上述 3 种武器的配备已经使它的火力和护卫舰相当,强于世界上其他国家的船坞登陆舰。

有容乃大,肚量惊人

传统登陆艇仅能通过全世界 15% 的海岸,而气垫登陆艇则可对 70% 的海岸进行登陆作业,是渡海登陆作战必需的主要运输工具。

中国的气垫陆艇研制起步相当早,并已研制成功了 711 级、716 级、722 级等不同设计和用途的试验性气垫登陆艇,但是这些艇的吨位大都在 80 吨以下,运载能力不强,所以只配属给了海军陆战队使用,并装备于一些大型坦克登陆舰。

071 级登陆舰的问世将彻底改变这一状况,该舰对气垫登陆艇的装载能力大得惊人,后部巨大的船坞登陆舱可容纳多艘大型气垫登陆艇,远远超出世界上其他周家登陆艇的运载量。

以美国的 LCAC 登陆艇为基本单位,日本"大隅"级能搭载两艘,英国的"海洋之子"号只能容纳一艘,而 071 登陆舰却可以容纳 4 艘,因此,在气垫登陆艇的数量上,071 登陆舰无疑是世界最强的,这也使得中国成为继美国、俄罗斯后第三个掌握大吨位气垫登陆艇关键技术的国家。据称该舰如运载履带式武器,可运载 3 辆 63A 式水陆两栖主战坦克或 6 辆 90 式轮式装甲战斗车,数量相当可观。

战役和战略层次需求的客观产物

登陆作战的迫切需要。随着两柄作战方式的发展,现代化两柄舰必须具有直体两柄突击作战能力。当年英国海军在马岛登陆作战时,虽已意识到了采用"平面登陆"和"空中垂直登陆"相结合的"立体登陆"方式会更加合理和有效,但苦于没有满足需求的立体两柄突击作战能力,因此,只能采用较为传统的突出抢滩登陆方式一当前,中国登陆舰队面临的问题和当年英国碰到的一样,也是缺乏立合登陆能力,无法有效地发挥出登陆部队的整体作战力量,而071级船坞登陆舰的服役则能很好地解决这一问题。

根据中国目前的作战规律来看,该级舰队的主要使命是支持中国海军其他登陆编队以及海军陆战队进行两栖作战,通过运输、部署两栖部队以及装备、实施平面和垂直登陆,为中国海军两栖作战提供规划、指挥、控制和通信平台,并作为两栖特混编队的海上流动指挥所使用:在登陆作战行动中,该舰主要是从海上进行"平面登陆",同时该舰还具有直升机运送和攻击能力,主要作用就是搭载、支援和使用直升机中队,外运送海军陆战队队员及车辆、装备和弹药,从而在一定程度上实施"垂直登陆"。

此外,中国正在设计另一种全通甲板的直升机两栖攻击舰,它将和071级船坞登陆舰一起构成中国海军完整的"立体登陆"作战能力。

打造两栖打击群的现实需要。所谓两栖打击群,主要是由以下舰艇组成:两栖船坞登陆舰一艘、两栖攻击舰两艘、巡洋舰一艘、大型驱逐舰两艘、护卫舰两艘、攻击型核潜艇一艘。

在上述提到的6种舰艇中,两栖船坞登陆舰、两栖攻击舰和巡洋舰一直是我海军的软肋,但考虑到世界海军驱逐舰制造已经向大型化发展,巡洋舰和大型驱逐舰之间的界线已经日趋模糊,所以,中国海军目前的驱逐舰完全可以在两栖攻击群中发挥巡洋舰的作用,这就说明我国真正急需的只有两栖船坞登陆舰和两栖攻击舰。

而从现实紧迫的情况出发,首先营造两栖船坞登陆舰,再建造两栖攻击舰的做法更加合理,原因主要足中国海军在南中国海、东海海域能够得到中国空军远端战术打击机群的有利支援,可以取得离岸1000千米的战场制宅权,所以,一旦有战事爆发。能够运输人员和物资的两栖船坞登陆舰显得更为重要。

而一旦我国有了属于自己的两栖打击群,在小需要空军支援的情况下,作战半径可以通过垂直起飞的战机控制到500千米,防空和反潜作战距离达到300千米,同时两栖打击群还可以搭载一个2000余名士兵强营级兵力、近30架作战直升飞机、近10艘大型气垫船和数十辆登陆作战车辆。

而这些作战能力对于还没有组建航母编队的海军来说无疑是非常必要和重要的。收复台湾只是燃眉之急,解决南沙和南中国海等敏感问题同样需要强大的海军保驾护航:因此,从现实的需求来说,中国海军确实急需组建两个以上的两栖打击群来保护中国300万平方千米的海上领土安全。

一专多能的全面手

071级两栖登陆舰强大的运载能力是毋庸置疑的,但如果我们仅仅把它看作是一个"搬运工"那就大错特错了,由于其独特的舰身构造和出色的整体性能,使得该舰在实战中将会扮演更加复杂和多元的角色。

攻击群的首选旗舰。071级两栖登陆舰作为两栖攻击舰队中吨位最大的军舰,虽然在舰队中火力不算最强、性能不算最好,但其地位却非常"显赫"。

由于中国海军现役的大、中型主战舰艇均装备有大量的各种武备和电子设备，使得舰面甲板极为拥挤，无法加装完备的通信指控装备，主力作战舰艇在担任了旗舰的指挥任务之后，实际上也难以完成本来应该承担的作战任务。

同时，随着舰队规模的大型化，作战任务的多元化，作战行动的复杂化，舰队指挥人员需要处理的各种情报数量将会空前增多，一般舰船根本无法胜任旗舰工作，所以，舰队需要一个更具驾驭能力的"指挥官"，而通过横向和纵向的比较，071型两栖登陆舰无疑是最佳舰选。

宽广的甲板上可以布置数量众多的大型通讯天线，完全可以避免因无线配置密集而相互干扰的现象；较大的排水量使它有良好的适航性、较大的续航力和较强的自持力；考虑到通信电子设备的飞速发展和作战指挥需求的不断提高，这一排水量也可以保证为今后的改进、改装提供较大的余地。所以，综上所述，071级两栖登陆舰是中国海军两栖攻击群的首选旗舰。

武装直升机的"快乐老家"。虽然071只是一艘船坞登陆舰，但其宽大的飞行甲板使得该舰在海上几乎无所不能。2架中型直升机可同时在甲板上起降，这种独有的优势是其他舰艇无法比拟的，强大的直升机运载能力使得我军在未来的登陆战中垂直登陆能力大大增强。

另外，对于武装直升机来说，台湾海峡的确还是太宽了点儿，这使得直升机的作战效能大打折扣，执行任务时常常会出现"看得见摸不到"的现象，而071级登陆舰将会改变这种窘境，宽大的甲板完全可以作为武装直升机补充弹药和油料的中继站，甚至是临时维修站。而一旦武装直升机可以在作战中发挥出它的电大效能，那么，渡海登陆作战的胜算无疑会大幅攀升。

（十七）中国071级登陆舰

我国自主研发的071型船坞登陆舰已于近日海试，该登陆舰的排水量在20000吨左右，远远超出外界曾经猜想的9000多吨，单从"容积"来说完全处于世界领先水平。

大家都知道一个标准的两栖打击群，是由两栖船坞登陆舰一艘、两栖攻击舰两艘、巡洋舰一艘、大型驱逐舰两艘、护卫舰两艘、攻击型核潜艇一艘组成。

在上述提到的舰艇中，两栖船坞登陆舰、两栖攻击舰和巡洋舰一直是我海军的软肋，我海军驱逐舰制造已经向大型化发展，目前的驱逐舰完全可以在两栖攻击群中发挥巡洋舰的作用，我国真正急需的只有两栖船坞登陆舰和两栖攻击舰。

目前我空军远程战术打击机群可以在南中国海、东海海域对海军的作战行动提供有力的支持，可以取得离岸1500公里的战场制空权。所以，一旦有战事爆发，能够运输人员和物资的两栖船坞登陆舰显得更为重要。而071型船坞登陆舰的成军解决了这一难题，并且在没有航母舰载机的支援下，可以通过垂直起降的战机控制作战半径到500公里，防空和反潜作战距离达到200公里，同时一个两栖打击群还可以搭载1个2500余名士兵半团级突击兵力、近30架作战直升飞机、近10艘大型气垫船和数十辆登陆作战车辆。

在武器配备方面,该登陆舰舰首装备了一座 76 毫米新型舰炮,同我国最新型的 054A 型护卫舰舰炮如出一辙,该舰炮的构造和性能完全模仿俄罗斯的 AK176 舰炮,作战能力超强。防空一座 8 联装 HHQ—7 防空导弹装置,它的低空反导能力非常优秀。

071 登陆舰与 052 型驱逐舰一样,装备了中国新一代近程金属干扰箔条装置,可在 2000 米外的海域干扰敌方来袭导弹。并使其偏离弹道;另外,在 071 两侧还各有 2 座 AK630 舰炮,在 525、526 护卫舰上也是这样配备的。为了应付小吨位的目标,该舰还装备了几挺 12.7、7.62 毫米机枪,可谓远近兼顾,细腻周详。上述 3 种武器的配备已经使它的火力和护卫舰相当,强于世界上其他国家的船坞登陆舰。

071 船坞登陆舰搭载的是"野牛"气垫登陆艇,该艇自重达 540 吨,是当今最大的攻击气垫船,最高时速为 60 海里,续航 300 海里。能搭载 500 名武装士兵,或者 3 辆中型坦克,或者 10 辆 btr-70 运兵车。"野牛"气垫船自带两具 ms-227 导弹发射器,两门 ak-630 六管 30 毫米近战火炮。

虽然 071 只是一艘船坞登陆舰,但其宽大的飞行甲板使得该舰在海上几乎无所不能。2 架中型直升机可同时在甲板上起降,这种独有的优势是其他舰艇无法比拟的,强大的直升机运载能力使得我军在未来的登陆战中垂直登陆能力大大增强。另外,在台海冲突中可以对武装直升机补充弹药、油料和提供临时维修。充分发挥武装直升机强大的作战效能,这无疑会大幅提升渡海登陆作战的胜算。

建成的 071 型船坞登陆舰是中国海军有史以来最大的军舰,071 型船坞登陆舰的出现也具有重大意义,它使得中国军事力量海外远程投放成为可能,因此应将其列入中国十大高科技武器排行榜,由于首舰刚海试、还没成军,所以排名比较后。

(十八)中国登陆舰

与驱逐舰、护卫舰、潜艇等主力战舰相比,登陆舰在我国海军装备序列中并不引人注目,可它承担着运送物资和跨海作战部队的任务,重要性一点也不亚于其他任何一种战舰。我国又是一个有着 1.8 万公里长海岸线和众多岛屿的海洋国家,而且统一大业尚未完成,在一些岛屿主权问题上还与周边国家存在争议。

为了维护祖国的统一和领土完整,登陆作战理应受到高度重视,而登陆舰艇性能的高低和运载能力的大小直接关系到登陆作战的胜负,因此,我们应当把登陆舰视作同驱护舰只同样重要的主力舰艇。

从人民海军成立至今,登陆舰部队从小到大、从弱到强,走过了一段艰难曲折的道路。现在,人民海军装备的登陆舰主要有大型坦克登陆舰和中型登陆舰两个类别、6 种型号,排水量从 800 吨至 4800 吨,基本形成了一个比较完整的系列,具有较强的运输能力。

人民海军成立初期,装备的登陆舰艇主要是接受自国民党的美制登陆舰,这些登陆舰艇大都是美国在二战期间建造的。由于数量有限和缺少零备件,所以难以满足海军的需要。

为了进一步加强人民海军的登陆作战能力,从 1955 年起,我国开始自行研制和建造新型登陆舰艇。同年,第二船舶产品设计室设计成功了小型登陆艇066型。该型登陆艇由上海求新造船厂建造,在建造了一定数量后停产。同期,我国还设计出了363甲型小型登陆艇,共建造了数批多艘。

(十九)中国271机械化登陆艇

271机械化登陆艇,由中国自行研制,由于对首艇各方面性能不满意,先后经过两次改进,即271Ⅱ型、271Ⅲ型。是目前中国陆军船艇部队后勤运输任务的主力装备。

271机械化登陆艇研制过程

271机械化登陆艇随着中国海军从近岸走向远海,登陆舰队也向大型化,高速化发展,低于500吨的常规登陆艇基本上仅为陆军船艇部队

中国271机械化登陆艇

所使用,突击上岸兵力的投放转由小型登陆舰、气垫登陆艇和直升机负责。

1966年,在研制067、068小型登陆艇的基础上,中国人民解放军陆军提出设计、建造具有100吨装载量,能在Ⅱ类航区(六级风浪海区)航行的通用登陆艇,代号271型。

该艇任务使命是:平时执行后勤运输任务,为部队运送各种物资、装备和对无码头的岛屿实施淡水补给;在近海登陆作战中,运送步兵、坦克、火炮、车辆在滩头直接登陆。

1968年8月首制艇在青岛造船厂开工,1970年6月建成。9月在青岛进行测试,发现性能不够理想,接着又进行了改进。1971年完成271Ⅱ型设计,1972年12月在青岛造船厂开工,1975年9月下水,11月30日交船。1976年该艇进行登陆、退滩试验,各项性能指标达到设计要求,1978年通过鉴定后,进行批量建造。

1985年设计了271Ⅲ型登陆艇,1987年3月长沙船舶厂开工首艇,1989年12月交付使用。该艇的改进与从074.到079小型登陆舰的进化类似,即从平板舱门改为Ⅴ型对开式舱门,吨位有所增加。

271271Ⅱ型机械化登陆艇装备参数

长:54.0米

宽:9.2米

吃水:1.7米

空载排水量:400吨

正常排水量:507吨

载运量:100吨

超载量:150 吨

装运能力:3 辆中型坦克或 7 辆载重卡车,或 300 名全副武装士兵

主机:两台 6300ZC 柴油机,功率 2x600 马力

最高航速:13 节,续航力 1000 海里/10 节,自持力 20 天

编制:艇员 36 人

自卫武器:69 式海 14.5 毫米双管机枪 4 挺

271Ⅲ型机械化登陆艇装备参数

271Ⅲ型玉连级登陆艇运载量 150 吨,可装载一个 59 型中型坦克排(3 辆)及一个步兵加强排(70 人);或两个 62 型轻坦克排(7 辆);或两个 63 型水陆坦克(6 辆)。

长:58.4 米

舰宽:10.4 米

吃水:2.28 米

正常排水量:613.7 吨

满载排水量:634 吨

主机:两台 MAN8L20/27 柴油机,2X600 马力

航速:16 节,续航力 1000 海里;抗风力 8 级,自持力 15 天

编制:舰员 25 人

自卫武器:61 式 25 毫米双管火炮一门,14.5 毫米双管高射机枪两挺。安装位置与 079 型上的四座机炮位置相同。艇上装有先进导航设备。

271 系列登陆艇装载量大、航程远、抗风浪能力强,是目前中国陆军船艇部队后勤运输任务的主力装备,在岛屿施工、建设和后勤保障方面做出了贡献,尤其是 271 艇能向岛屿补给淡水,这给守岛部队的生活保障起到了重要作用。

(二十)中国 071 型船坞登陆舰

我国自主研发的 071 型船坞登陆舰已经过海试,该登陆舰的排水量在 20000 吨左右,远远超出外界曾经猜想的 9000 多吨,单从"容积"来说完全处于世界领先水平。

071 登陆舰外形上和 21 世纪中国海军新建造的舰艇一样,外表光滑简洁且带有小角度的倾斜,具有一定的隐身性能。舰体采用高干舷平甲板型,大飞剪舰首以及楔形尾,长宽比小,水线以上有明显的折角线,适航性能较好。舰首装备了 1 座 76 毫米新型舰炮,76 毫米火炮后面是一座 8 联装 HHQ-7 防空导弹装置。

在软武器配备方面,071 登陆舰装备了中国新一代近程金属干扰箔条装置,可在 2000 米外的海域干扰敌方来袭导弹。另外,在 071 两侧还各有 2 座 AK630 舰炮。为了应付小吨位的目标,该舰还装备了几挺 12.7、7.62 毫米机枪,可谓远近兼顾,周到细致。上述武器的配备已经使它的火力和护卫舰相当,强于世界上其他国家的船坞登陆舰。

在气垫登陆艇的数量上,071 登陆舰无疑是世界最强的——可以容纳 4 艘大型

气垫登陆艇。071登陆舰其宽大的飞行甲板可使两架中型直升机同时在甲板上起降,强大的直升机运载能力使得我军在未来的登陆战中垂直登陆能力大大增强。

建成的071型船坞登陆舰是中国海军有史以来最大的军舰,071型船坞登陆舰的出现也具有重大意义,它使得中国军事力量海外远程投放成为可能,因此应将其列入中国十大高科技武器排行榜,由于首舰刚海试、还没成军,所以排名比较后。

(二十一)中国092型战略核潜艇

中国092型(夏级)战略核潜艇是中国第一代弹道导弹核潜艇。携带"巨浪-1型"弹道导弹。在设计上实际是091型核潜艇(汉级)加长的基础上研制,在指挥台围壳后面嵌有导弹舱,导弹发射装置由713所研制。装有12枚"巨浪-1"两级弹道导弹。

1970年9月在辽宁葫芦岛船厂开工,1981年春节前下水,1983年8月加入海军服役。1988年9月成功进行了导弹发射试验。实验时成功发射了一枚巨浪-1型导弹。后来于1995年底进行了重大改装,公开露面1艘:长征6号(舷号406)。在静音效果方面,噪音量在160分贝左右。

排水量:6500吨;主尺寸:长120米,宽10米,吃水8米;主机;一座压水反应堆,90兆瓦,单轴;航速:水下22节;潜深:约300米;编制:84名。

导弹:12枚"巨浪-1"两级潜射弹道导弹,惯性制导,射程2100公里;鱼雷:6具533毫米首发射管,备弹18枚。

雷达:一部水面搜索雷达;声纳:一部艇壳主被/动搜索攻击声纳。

(二十二)中国094型战略导弹核潜艇

094型战略导弹核潜艇中国海军第二代战略导弹核潜艇,但鉴于092的试验性质,094实际上是中国第一款承担战备值班任务的战略导弹核潜艇。094的研制成功,改变了中国单一的核反击手段,提高了中国核反击的有效性,使中国成为名副其实的核大国。

战略导弹核潜艇是核大国的标志性装备,是三位一体核力量的重要组成部分,也是生存能力最强的核装备。其携带的潜射洲际导弹承担着二次核打击任务,威慑能力比陆基、空基核武器更强。

线型与总体布局

094项目延续了我国第一代核动力潜艇的发展模式。即先建造一型攻击型核潜艇,再在新型攻击型核潜艇的艇体基础上衍生发展出新型战略核潜艇。

这种项目发展模式,便于降低战略核潜艇的研发风险,缩短新艇的建造时间,比较适合我国国内的核潜艇研发水平。所以094是在加大的093新型攻击核潜艇的艇体上,插入了一个巨大的导弹发射舱段发展而成的。

其线型和093型艇的基本相同,除了在艇体舯部因为插入的导弹舱段,形成了一个龟背形式外,其他的总体布局基本与 093 型相一致,都为拉长水滴线型常规总体布局形式。

094 的龟背结构较大,这段非耐压的上层建筑在水下时所能容纳的水容量较多。为了满足上层建筑内的水在上浮下潜过程中的快速进出,094 型艇的龟背形式采取了三段栅式流水孔与一段纵缝流水孔相结合的流水孔布置形式。

因此,094 的龟背上开口面积较多,虽然采取了纵缝与栅式流水孔结合的方式,能在一定程度上降低流体阻力与孔穴涡流噪音,但是较大的龟背与较多的开口面积,无疑还是会增加 094 型艇的形状阻力与摩擦阻力,导致其最高航速降低,并提高了 094 型艇在水下高航速时的流体动力噪音。

不过考虑到战略核潜艇一般在水下以 7~10 节的静音航速巡航,094 型具有较为平缓过渡的龟背结构,在较低航速下流经龟背的层流并不会发展成严重的瑞流,而影响艇体流体动力性能,造成较大的流体噪声。

所以,以低速静音巡航为主的 094 战略核潜艇,其噪音主要成分还是艇内机械动力噪声为主,龟背在高航速下才可能带来的流体噪声,倒不会给 094 的声隐蔽性带来过多的负面影响。另外战略核潜艇对于最高航速需求并不是很高,所以龟背造成的 094 水下航行阻力增大,最高航速降一些也是可以接受的。

基本性能

自动化程度提高

二十世纪 90 年代后我国潜艇控制系统发展很快,随着 039 型常规动力潜艇控制舱图片的屡屡曝光,可以发现我国新型潜艇采用的集中显示、集中控制的指控系统与老一代潜艇上凌乱分散的老式作战系统已不可同日而语。

这对提高 094 自我防御能力,改善 094 的生存力都有很大帮助。同时随着我国新型常规潜艇与核动力潜艇的建造,我国潜艇自动化操纵系统也在不断地发展。

从 039 型常规潜艇的新型二人操纵台与显示仪表看,我国潜艇操纵系统已经实现车舵一体化、操控系统计算机辅助化等先进手段,这对提高我国潜艇操纵能力,改善水下航行性能都会有很大帮助。

对于水下定位精度要求高,发射弹道导弹时,水下姿态要求严厉的 094 战略核潜艇来说,新型操控系统的使用,将显著提升其弹道导弹快速发射能力,并缩短连续发射时间。这对提高 094 新型战略核潜艇的生存力,保证其完成战略核反击任务有重要意义。

较好的静音水平

第一代战略核潜艇 092 型,因为研制时期我国国防工业能力落后,且项目开发过程中又受到"文革"十年的干扰,所以第一代战略核潜艇在降噪措施上做得不够完善,其噪音分贝级较高,严重影响了 09Ⅱ 的隐蔽性,恶化了其生存能力。

094 型艇项目启动时间根据推测应该在二十一世纪初,在此之前国内关于潜艇降噪的科研成果颇丰。

消声瓦、消声浮筏、7 叶大侧斜螺旋桨都已经应用到我国的常规、核动力潜艇上,技术已成熟可靠,工程应用经验也较丰富。另外在抑制反应堆回路流体噪声,主循环泵工作噪声上也有了很多改进。

随着国防工业加工能力的提高,核潜艇传动系统中轴系、减速齿轮等部件的加工精度也大大改善,有效地降低了传动系统工作中的机械冲击力,配合消声浮阀的使用,核潜艇中噪声贡献最大的机械振动噪声也将有很大改善。

在这些先进降噪措施的综合运用下,094 新型战略核潜艇的噪音分贝将被大大降低,其噪音水准应该能够接近俄罗斯 671BDRM 与美国拉斐特级的水准,相比我国第一代战略核潜艇 09 Ⅱ 型 150 分贝左右的高噪音,这将是个飞跃式的进步。

俄罗斯修葺一新的 DIV 级战略核潜艇,我国 094 新型战略核潜艇的噪音水平应该已经达到 DIV 的水准。

声呐、武备、通讯系统的巨大改进

第一代战略核潜艇装备的鱼雷只有鱼三、鱼四两种,因为受到文革干扰,这两型声自导鱼雷定型装备时间大大拖后,性能上与国外同时期制导鱼雷有很大差距。

自二十世纪 80 年代中后期后,我国在鱼雷研发上加大了力度,鱼三改进型已具备线导与主被动声自导功能,抗干扰能力强,搜索跟踪距离远,打击精度高。新一代的鱼-6 新型热动力线导鱼雷,性能更是接近国外先进线导鱼雷的水平。这些新型鱼雷的装备将显著提高 094.新型战略核潜艇的自卫能力。

093 与 094 配套装备的新型声呐研制时间始于 1994 年,采用了多项先进技术,搜索距离远,跟踪精度高,水声对抗性能好,为我国最先进的综合声呐,新声呐的装备使用也将显著改善我国战略核潜艇的预警,规避,与自卫反击能力。

094 新型战略核潜艇垂直尾舵舵板后有拖曳设备布防口。因为战略核潜艇对于水声探测要求没有攻击核潜艇那么高,所以 094 新装备的拖曳布防设备,应该是新型的超长波信号拖曳接受天线。超长波拖曳天线的运用,对于改善我国战略核潜艇通信深度,降低通信状态暴露率,提高通联能力都有较大好处。

(二十三) 中国 091 攻击型核潜艇

091 型核潜艇(北约代号汉级潜艇)是中国海军的第一代攻击型核潜艇。是中国最早下水的一级核动力潜艇。共制造了 5 艘,命名为长征 1 号~5 号(舷号:401、402、403、404、405)。

2009 年 4 月 23 日,在青岛附近黄海海域举行的中国人民解放军海军成立 60 周年海上检阅式上,091 型"长征三号"潜艇接受检阅。

概况

中国的核潜艇研发始于 1950 年代后期。091 型首艇"长征 1 号"1968 年在葫芦岛船厂动工,1970 年下水,1971 年 4 月开始系泊试验,7 月开始用核能发电,主机试车考核,8 月 15 日开始海试。1974 年 8 月 7 日交付。于 1980 年服役。

后续几艘的下水时间依次为 1977 年,1983 年,1987 年和 1990 年 4 月 8 日。5 艘该级核潜艇全部配备于中国海军北海舰队。因为中国对其核潜艇的具体情况采取严格的保密措施,外界对 091 型核潜艇具体情况了解不多。

从 3 号艇"长征三号"之后进行改良,艇体增长 8m。长征 3~5 号进行更新与改装,换上了新型的声纳与消声瓦等,据推测降低了噪音水平,加装了反舰导弹。

该型艇采用水滴型线型,十字形尾附体,单轴推进,首水平舵置于指挥台围壳前部。艇体采用双壳体结构。耐压船体内设有鱼雷舱、指挥舱、反应堆舱、辅机舱、主机舱及尾舱等。动力系统采用压水反应堆一座,涡轮-电力推进方式。突出首端上甲板的是水声系统导流罩。6 门 533mm 鱼雷发射管。

性能数据

排水量:水下 4500 吨,改进型.5500 吨;尺寸:长 90 米,改进型 98 米,宽 10 米,吃水 7.4 米。

动力:核动力,一座压水反应堆,90 兆瓦,涡轮-电力推进;单轴推进;航速:水下 25 节。

武备:6 具 533 毫米首发射管,鱼雷、水雷、反舰导弹。

声纳:可能包括法国的 DUUx-5(1985 年安装)。

编制人员:75 名。

(二十四)中国 093 攻击型核潜艇

093 型核潜艇是中国海军第二代核动力攻击潜艇,将取代 5 艘陈旧过时、噪音巨大的第一代攻击型核潜艇—091 型核潜艇(汉级),后者是 1970 年至 1990 年间下水服役的。

093 型核潜艇的建造开始于 20 世纪 90 年代中期,第一艘 093 型核潜艇于 2002 年 12 月下水,2006 年年底加入海军服役。第 2 艘是于 2003 年年底下水的。

093 型核潜艇装备有精密的艇首和舷侧声呐阵列,水下排水量为 6000~7000 吨,其核反应堆采用了全球首创的高温气冷式反应堆,而并非是寻常的压水堆,这使其最高时速接近 50 节。

093 型核潜艇外壳为水滴流线型,舷侧声呐阵列在潜艇外壳上清晰可见。

093 型核潜艇有 6 具 533 毫米艇首鱼雷发射管(4 具位于上方,2 具位于下方),还装备了以中国和俄罗斯设计为基础的一系列反潜和反舰的线导、声自导和尾流自导鱼雷。这些鱼雷发射管还能用于发射中国"鹰击"-82 型反舰导弹。

(二十五)中国 095 型攻击核潜艇

中国海军新服役的 093 攻击核潜艇外形和设计上深受美国影响,降噪音已达到美海军洛杉矶级水平,与弗吉尼亚和海狼级相比,仍有一定差距。但其已装备如同海狼级一样拖弋声纳、侧舷声纳以及围壳航行声纳,可发射 YJ-83、JY-62 等潜射反舰导弹和 Y-6 重型鱼雷,采用了最新高温气冷核反应堆具有很高的航速,其对包括日本在内的美盟国海军造成了很大威胁!

商级潜艇只建造了不到5艘,中国军方把目光投向了另一级更为强大的攻击型核潜艇。最新式095攻击核潜艇的设计工作于2007年3月份结束,现已有3艘投入建造。在093的基础上,095将进一步降低噪音到海洋背景噪音的水平(接近90分贝)极难探测,而潜艇的武器将更强大。

这种新潜艇的服役将对美国太平洋舰队造成巨大威胁。相对于095攻击型核潜艇,美国的盟友日本所装备的十几艘常规潜艇将很难抵挡,其将打破西太平洋军力平衡。

095攻击型核潜艇将采用所有最新降噪措施。最新的095将会采用更新型的泵推技术。在武器装备方面,095更是突飞猛进,除了装备有更先进的YJ-12超音速重型反舰导弹和CY-3反潜导弹外,还将拥有垂直发射系统,可发射"东海"改进型潜射对陆对舰巡航导弹,而这种导弹的射程可以达到2000公里,可打击敌纵深目标。

095发射的最新式CY-3("长缨")反潜导弹,具有相对于CY-2的85公里更远的射程,CY-3导弹将继续采用"鹰击"反舰巡航导弹的弹体和反潜鱼雷为弹头。

面对远程反潜导弹的打击,即使是日本海军最新式的AIP常规潜艇也毫无生还希望,采用AIP发动机只有区区3节航速相对于从头顶落下的反潜导弹简直是静止目标,就算此时能转为全功率驱动仍是难逃一劫。

而095的超高航速和机动力,更使得鱼雷等武器很难望其项背。而未来095攻击核潜艇还将担负起远下印度洋保卫中国海上交通线的重要使命,是中国海军的"杀手锏"。

(二十六)中国两栖舰艇

为了满足两栖作战的需求,我国从1955年便开始发展新的登陆舰艇,当前已建造大量的中小型登陆艇、战车登陆舰或两栖突击舰,其两栖突击舰队目前超过500艘(另外还拥有70艘以上的气垫船),总吨位约7万吨左右,排名高居世界第4位,仅次于美、俄、英三国。

虽然两栖舰艇数量庞大,但是这些舰艇的平均吨位并不大,多为战车登陆舰以下的舰艇。在现役的两栖舰艇中,编号927至933的072型玉康级战车登陆舰堪称是最重要的舰艇,目前至少有7艘在服役(从1980年至1995年建造),原本计划建造14艘以上(其中10艘部署于南海舰队,以因应南海局势的需要,其余则部署于东海舰队),但玉康级的建造计划后来被玉亭级所取代。

编号991和934至938的玉亭级是1990年代初开始服役的新型战车登陆舰,它可说是玉康级的改良放大型,具有操作直升机和较佳的两栖作战能力。

此外还有若干缴获的美制老旧登陆舰仍在使用(或备役)其中山字级坦克登陆舰有11艘现役、2艘备役(5艘在北海舰队、6艘在东海舰队、2艘在南海舰队),此种在1942年至1945年建造、满载排水量4080吨的老旧坦克登陆舰,可装载165名士兵、2100吨物资和2艘人员车辆登陆艇。

除了上述较大型的两栖舰艇外,海军陆战队还拥有30艘以上的玉连级玉岛级和玉旅级等中型登陆舰,以及 120 艘现役和 200 艘备役机彬通用登陆艇。

虽然在 1955 年推出 066 和 363 甲型两种小型登陆艇,但它们的产量并不多。首种大量建造的登陆艇为 1962 年推出的 067 型玉南级,它的满载排水量为 135 吨,可以装载 46 吨的物资,由于装载量大较受海军好评,总共建造了近 300 艘,估计目前有 36 艘现役和 200 艘备役。

而后以 067 型为基础修改推出吨位较小的 068/069 型玉青级,其满载排水量仅 85 吨,每艘艇可装载 150 名以上全副武装士兵,此种登陆艇于 1962 年至 1972 年间在上海建造了 50 艘左右,目前有 8 艘现役 30 艘备役。

1968 年推出拥有 100 吨装载量的 271 型登陆艇,1974 年再推出性能获得改良的 271 Ⅱ 型,通过性能验证后随即大量建造,与 067 型一同构成海军的小型登陆艇主力。

而在中大型登陆舰方面,1966 年推出了 073 型中型登陆舰,但因易生故障和船体振动而未大量生产,1979 年虽然推出改良的 073 Ⅱ 型玉岛级,仍因若干缺陷而未大量建造,该舰的满载排水量 1,650 吨,可装载 60 名人员,现有一艘现役、3 艘备役。

079 型玉连级则是由 271 Ⅱ 型登陆艇放大而成,它的满载排水量 1,100 吨,目前共有 31 艘服役;玉连级可装载 3 辆战车和数量不详的人员和物质,艇上共装有两门双联装 25 毫米机炮和 2 座 BM21 型火箭发射器。

在 1990 年代初期还推出编号 990 的玉登级中型登陆舰,它的满载排水量为 1,850 吨,目前仅有 1 艘在服役;玉登级可运载 500 名全副武装士兵和 9 辆战车,舰上配备有两门双联装 57 毫米炮和两门双联装 37 毫米炮,算是一种现代化的中型登陆舰。

此外,一种被西方称为芜湖 A 级的玉海(Yuhai)级是最新建造的中型登陆舰,首艘舰于 1995 年在芜湖造船厂被发现同年 12 月外销一艘至斯里兰卡;玉海级推出后便以每年 6 艘的速度在两个以上造船厂同时建造,该舰的满载排水量将近 800 吨,配备 56 名乘员,可装载两辆战车和 250 名全副武装士兵。至 1997 年初期,玉海级已有 7 艘在服役,至少有 3 艘在建造中,该舰未来将是海军的两栖舰艇主力之一。

在 1970 年代中期开始研发具有 500 吨装载量的 072 型玉康级大型战车登陆舰,此种登陆舰在 1978 年由中华造船厂建成,舰上最特殊的是装有一个 17 米长的折叠式双节吊桥,以利登陆和退滩作业。

玉康级的整体性能较佳,它的满载排水量 4,170 吨,可装载 200 名全副武装的陆战队士兵、10 辆战车和两艘人员车辆登陆艇,具有 500 吨人员和物资运载量。玉康级还配备强大的火力,计有 4 门双联装 57 毫米炮、两门双联装 37 毫米和两或 4 门双联装 25 毫米机炮。玉亭级是在 1992 年出现在东海舰队的新型战车登陆舰,它的尺寸和吨位较玉康级更大,满载排水量增为 4,800 吨,船首与舰桥构形虽然类似玉康级但舰艉增设了直升机起降甲板和机库,配备有 2 架中型直升机,能遂行立体突击作战。

玉亭级的运载能力较玉康级大幅增强，可装载 250 名全副武装士兵、10 辆战车以及 4 艘人员车辆登陆廷、并且可搭载气垫登陆廷作战。玉亭级登陆舰正陆续建造中（目前有 6 艘在服役、两艘建造中），未来将是海军的主力战车登陆舰。

琼沙级是两栖舰队中唯一的高速人员运输舰，目前共有 9 艘服役（其中两艘被改为医疗船），此种满载排水量 2,150 吨的运输舰是广州造船厂于 1980 年代所建造，现有的 9 艘均配属于南海舰队中。琼沙级可装载 400 名全副武装士兵和 350 吨的物资与装备，虽然尚未设置直升机起降平台，但是可搭载若干小型登陆艇。

（二十七）中国琼沙级步兵运输舰

琼沙级步兵运输舰，是中国自行研制的一种海上运输舰。大陆海军目前有琼沙级步兵运输舰（2150 吨）7 艘。

琼沙级步兵运输舰——琼沙 3 号

被西沙驻岛官兵和干部职工视为"生命船"的"琼沙 3 号"轮，2007 年 2 月 10 日在西沙群岛最大的岛屿——永兴岛举行首航仪式，"琼沙 3 号"轮将接替退役的琼沙 2 号，每隔 20 天左右往返于海南岛和西沙永兴岛一次，接送往返人员和运送生活物资据了解，琼沙轮有着光荣的建造历史。

第一艘琼沙号由周恩来总理亲自批准建造，第二艘"琼沙 2 号"也由国家拨款建造。"琼沙 3 号"由国家拨付国债资金 3000 万元，海南省人民政府自筹 800 万元建成。

性能特点

"琼沙 3 号"是广船国际有限公司设计院以"琼沙 1 号"为母型，在此基础上进行了优化设计，克服了"琼沙 1 号"和"琼沙 2 号"的不足之处。"琼沙 3 号"船长 84 米，宽 13.8 米，总吨位 2500 吨，载客 200 人，载货 750 吨。

琼沙 3 号轮舱室布置合理，乘客舱室都在水线以上，通风条件好。在船尾专门设置了装载生、猪及三鸟的舱室，防止了污浊空气互串；设置和配备了可供 200 人用餐的厨房设备，解决了原来"琼沙 2 号"的乘客不能在船上用餐的问题。另外，还为银行设置了押钞的舱室和保险柜，为邮电局设置了邮件舱室。同时，根据西沙航线风大浪高的特点，为减轻乘客晕船的痛苦，还增加了减摇设备。

（二十八）中国 035 明级常规潜艇

明级约有 15 艘以上（232，342，352-354，356-363，305-306）除 232 号和 342 号两艘外，其余均为改进型潜艇。

第一代潜艇的制造，中国自行研制的第一代潜艇有三个型号，即明级常规鱼雷潜艇、汉级鱼雷核潜艇和夏级导弹核潜艇。研制的时间从 20 世纪 60 年代中期开始，一直延续到 80 年代。

　　明级潜艇在某种意义上说，只能算是 R 级潜艇的改进型，汉级鱼雷核潜艇和夏级导弹核潜艇则是中国自行研制而成。中国第一代潜艇前后研制时间长达 20 多年，但能在薄弱的工业和科技基础上，克服重重困难，造出核潜艇，确实是一项重大成绩。

　　在自行研制第一代潜艇的过程中，中国建立了科研队伍，积累了经验技术，新一代潜艇的发展打下了基础。明级常规鱼雷潜艇是中国自行研制的第一种常规动力鱼雷潜艇。这种潜艇是在改良 R 级潜艇的基础上研制而成，代号 035 型。

　　1967 年，中国决定研制新型常规鱼雷潜艇，主要战术指标是提高水下航速和续航力。根据这个要求，承担设计任务的舰艇研究院七〇一研究所改变以往潜艇设计首先保证水上航速的做法，确定以提高水下航速为主的设计方针，选定水下航行阻力较小的线型船体，采用大功率的柴油机和电动机，以保证潜艇的快速性。

　　1969 年武昌和江南两造船厂分别开工建造首艇，1971 和 1972 年先后下水，1974 年均交付海军使用。

　　明级潜艇长 76 米，宽 7.6 米，高 5.1 米，水面排水量近 1600 吨，水下排水量 2100 吨，动力采用两台柴油机，5200 马力和两台电动机，航速水面 15 节，水下 18 节，最大潜深 300 米，最大航程 13000 公里，战斗定员 57 人。

　　鱼雷：8 具 533 毫米鱼雷发射管，共携带 16 枚 Yu-4 型被动寻的鱼雷和 Yu-1 型直航鱼雷；水雷：可载 32 枚水雷。

　　雷达：I-波段水面搜索雷达；声纳：贴面式中频主动/被动搜索攻击声纳；DUUX5 低频被动侦测声纳。

（二十九）中国 037 型猎潜艇

　　037 型猎潜艇是中国海军装备的以反潜武器为主要装备的小型水面战斗艇。主要用于在近海搜索和攻击潜艇，以及执行巡逻、护航和布雷等任务。

　　037 型猎潜艇满载时排水量 392 吨，主要装备有舰炮、火箭式深水炸弹发射炮、大型深水炸弹发射炮、投掷架和水雷等。

（三十）中国 039 型宋级潜艇

　　海军装备的最新一代国产常规动力攻击潜艇，代号 039 型，西方称为宋级潜艇。宋级的各项指标都达到世界先进水平。它最早引起世人瞩目，是在 1994 年 5 月，当时美国侦察卫星发现一艘新型常规潜艇从武昌造船厂下水。这就是我国从 20 世纪 80 年代中期开始研制的 039 型潜艇。宋级潜艇已经成为我国海军现役的最重要的艇种之一。

　　排水量：水面 1700 吨；水下 2250 吨；尺寸：艇长 74.9 米，宽 8.4 米，吃水 5.3 米。主机：柴油机—电力推进；2 台或 3 台 MTU 柴油机；单轴；航速：水上 15 节，水下 22 节；编制：60 名（其中军官 10 名）。

　　鱼雷：6 具 533 毫米鱼雷发射管；水雷：代替鱼雷；导弹：JY8-2。

对抗措施:电子支援:921-A型;雷达警戒;雷达:水面搜索,I波段;声纳:艇首安装;被/主动搜索与攻击;中频。舷侧基阵;被动搜索;低频。

研发过程

20世纪80年代初,中国海军装备有大量仿制的033型常规潜艇和少量自制的035型常规潜艇。但这两种潜艇技术落后,无法适应现代战争的需要。

当时,中国海军对新潜艇提出的技术战术要求:艇体为水滴线形,以获较高水下航速和较小流体噪音;采单轴七叶高弯角螺旋桨推进器,以减少航行噪音;使用数字化声纳和显示设备,以提高情报处理能力,并实现指挥控制自动化;配备性能先进的线导反潜鱼雷和新型鱼雷发射装置,以具备反潜和反舰双重作战能力;配备潜射反舰导弹和潜射反潜鱼雷,以适应现代海战的需要。

同时,为吸取核潜艇配套武器研制严重拖后的教训,特别强调海军武器装备研制必须做到"五个成套",即成套论证、成套设计、成套定型、成套生产、成套交付使用的原则。

20世纪80年代中期,全面展开宋级潜艇研制,1999年5月首艇正式交付海军使用。相配套武器的研制也进展顺利,潜射型鹰击一号反舰导弹在20世纪80年代后期已配备汉级核潜艇,鱼五型线导鱼雷则在90年代初研制成功,潜射型长缨一号反潜导弹也在20世纪90年代中期试射成功。所以,当宋级潜艇首艇在1994年下水时,主要配套武器也基本研制成功。

宋级潜艇是中国常规潜艇发展的一大突破,第一次使用单轴七叶高弯角螺旋桨推进器;第一次装设了数字显示声纳、光电桅杆以及整合式的自动化指挥系统;第一次配备线导反潜鱼雷;第一次配备潜射反舰导弹;第一次配备潜射反潜鱼雷。

宋级潜艇仍有一些没有解决的问题。其中之一是潜艇的噪音。噪音大是潜艇的致命弱点,会丧失隐蔽性和突然性,且易被敌发现而受攻击。这对攻击潜艇尤为重要,因为它需迫近敌舰才能展开攻击。

宋级潜艇没有敷设消音瓦和艇体突出物,静音效果不会太好。水下搜索与跟踪技术是另一个问题。在水下相当远的距离搜索和跟踪敌舰艇,是潜艇实施攻击和保护自己的首要条件。

组成部分

宋级潜艇的声纳系统

声电系统方面,宋级潜艇的声纳系统主要有一套装设在艇首的中频主被动搜索与攻击舰壳声纳,一套为装设在舷侧的被动低频搜索声纳阵,估计还将研制配备拖曳式被动声纳系统。宋级潜艇的光电桅杆系统非常先进。光电探测系统包括电视摄像机、红外成像仪以及激光测距器等,还配有平面搜索雷达和雷达告警系统等。

艇中作战指挥系统也已高度数字化和自动化,所有探测系统与武器系统均整合在一起,作战性能大提高。宋级潜艇配备的新一代探测设备,作战指挥系统功能齐全,自动化程度很高,快速反应能力、搜索和跟踪能力很强,有较高的方位分辨率,对作战全过程可实施集中指挥和对多种武器的综合控制,并可在一定距离上对来袭鱼雷报警。

宋级潜艇的武器系统

武器系统方面,宋级潜艇配备得相当齐全,具有在全深度发射线导鱼雷、自导鱼雷、反舰导弹和布放水雷的多种作战能力。

在鱼雷方面,装备有鱼五型反潜鱼雷和鱼四型反舰鱼雷。前者是中国海军装备的第一种线导鱼雷,也是中国常规潜艇装备的第一种反潜鱼雷。

该型鱼雷弹径533毫米,使用先进的奥图式热动力推进系统,采线导加主被动声导联合制导方式,最高航速达50节,最大航程30公里,战斗部205公斤,可有效对付核潜艇。

为发射鱼五型线导鱼雷,宋级潜艇装有新型的鱼雷发射装置。在六个鱼雷发射管中,两个发射管可发射鱼五型线导鱼雷。鱼四型则为电动声导反舰鱼雷,战斗部400公斤,最高航速可达40节,最大航程15公里。

在此之前,中国海军只有一种可使用的反潜鱼雷,即鱼三型声自导鱼雷。但该鱼雷只能由夏级和汉级核潜艇使用,不能装备常规潜艇。033型和早期035型潜艇仅配有反舰鱼雷,而无反潜鱼雷,只具对水面舰船作战,而无对潜艇作战能力。配备鱼五型鱼雷后,中国海军常规潜艇才第一次具备了反潜作战能力。

宋级潜艇还装备有可从鱼雷管发射的潜射反舰和反潜导弹。潜射鹰击一号导弹最大射程45公里,弹头165公斤,可有效攻击中小型水面舰艇;长缨一号反潜导弹的最大射程约20公里,弹头为仿制的MK46反潜鱼雷。

配备潜射反舰导弹和反潜导弹之后,宋级潜艇的作战能力和生存能力大为增强,可从远距离攻击敌水面舰艇和水下潜艇,而不必因过度接近敌舰艇而被发现。未来潜射型鹰击二号反舰导弹研制成功后,宋级潜艇对水面舰船攻击距离将会超过100公里。

在武器分配上,宋级潜艇艇首装有6具鱼雷发射装置,具有全深度发射武器和布放水雷的能力,其中两具可发射线导鱼雷,其他可发射声自导鱼雷和潜射导弹。最大武器携带量为18件,通常为6枚线导鱼雷、6枚声导鱼雷、6枚潜射导弹,水雷则可携带30枚。

宋级潜艇的改进

"宋"级潜艇的研制计划始于20世纪80年代中后期,其设计目标瞄准了世界先进水平的常规潜艇,各种技术性能要比"明"级潜艇有一个跨越式的进步,总体性能水平要求达到80年代后期至90年代初的世界先进水平,从而满足作战的需求。

"宋"级潜艇首艇在1992年开工建造,1994年5月下水,1995年开始进行大量的海上测试。测试进行了近三年,其间发现了新艇存在着一些设计缺陷及没有达标的性能指标。发现的主要问题有:

新艇的稳定性没有达到设计标准。这是由于指挥台的高度过高以及指挥台的梯形外形,使潜艇航行重心增高及航行阻力增加。

噪声水平没有满足设计标准。由于在潜艇的外形设计上及内部降噪措施上存在着一些不足,使潜艇的噪声水平虽比"明"级潜艇有了很大的降低,但与世界其他先进常规潜艇相比还有一定差距。

经重大改进的新"宋"级改型艇整体技术水平及性能达到或高于日本的"春潮"级、英国的"支持者"级及德国的209-1400型潜艇。

(三十一)中国元级常规潜艇

元级常规潜艇是中国自主研制的第三代常规动力潜艇,集成了较多新技术并装配了AIP混合动力系统,使中国潜艇第一次达到了世界最新常规潜艇水平。而元级潜艇的批量生产也表明中国潜艇工业已开始成熟,这也将使未来中国潜艇在静音性方面会得到更快的弥补。

研制背景

中国目前的常规潜艇主力为039型艇,其设计时间始于20世纪80年代中期,设计要求也体现了20世纪80年代中后期的技术特点。在动力形式上依然使用了柴油机、蓄电池、推进电机组成的常规动力形式,在线型上也采用了20世纪70、80年代流行的过渡型艇型。

但随着时间的推移,国际新一代常规潜艇在动力形式上开始向AIP混合动力方向发展,在线型与总体布局上也开始抛弃水下航行性能一般的过渡型艇型,而采用水滴型、雪茄型等水下航行性能好的先进线型。与此相比,039型常规潜艇就有了较明显的差距。

为了扭转这种局面,中国潜艇需赶超世界先进水平。由于有了第二代039型常规潜艇的研发经验,元级新型艇的研发过程显得非常顺利。其研发时间短、设计要求高、使用的新技术多,都超过了第二代039型艇。这让元级潜艇站到了世界先进常规潜艇的水平线上,中国自此拥有了设计制造世界先进水平常规潜艇的能力。

总体结构

线性特点与艇外布局

元级新艇放弃了第二代常规潜艇039上使用的过渡型艇型,采用目前国际先进常规潜艇所普遍使用的水滴线型。元级艇艏部圆钝,舯部为轴对称的圆柱体,尾部为回转体锥尾,并采用了单轴单桨推进形式和十字型尾操作面结构。相对于039型艇的过渡线型,元级艇的水下航行阻力更小,快速性更好。

其圆钝状的首部不仅降低了新型艇水下航行时的形状阻力,改善了潜艇的快速性。较大的艏部空间,也为布置大体积的声呐探测基阵,提供了良好的条件。

艇舯部呈轴对称的圆柱状结构很好地保证了线型的光顺度,其艇表突出物很少,水下航行摩擦阻力小,快速性好。

在尾部布局上，元级依然采用了成熟的回转体锥尾和十字舵布局，并结合单轴单桨推进形式，保证了元级艇良好的推进效率，为螺旋桨提供了均匀的伴流场，解决了以往老式潜艇采用的多轴多桨水面线型尾，带来的斜流与不均匀流场导致的螺旋桨振动过大，螺旋桨噪音较高的问题。

元级围壳正面投影为梯形，与日本的亲、苍龙、英国的凯旋等新型艇围壳造型相似。其高度与039型艇围壳相比较低矮，正横面积不大较为瘦窄。围壳的位置也更接近艇艏部，这些设计形式都与目前世界先进潜艇围壳设计形式的潮流较为符合。

元级低矮的围壳高度和较小的正横面积有效减小了围壳体积，对于潜艇来说附体阻力占据总艇体阻力的15%，为主要阻力成分。

而围壳是艇体上最大的附体结构，较小的围壳体积能够降低其附体阻力值与摩擦阻力值，这对改善元级艇的水下快速性意义重大。同时围壳也是潜艇上声反射强度最高区域，减小了围壳的湿表面积，也相当程度地改善了整艇的声隐蔽性。

元级艇的围壳位置更靠近艇艏部，这让围壳舵的舵效更高，垂直面机动能力更好。根据美国的研究，围壳位置接近艏部对于改善潜艇水下回转性能有利，所以美国攻击核潜艇自688洛杉矶级开始，围壳位置越来越向艏部靠近，元级艇也紧跟这一世界潮流，显示了中国在潜艇线型研究方面，紧跟世界先进设计步伐的决心与能力。

039的围壳因为其设计成熟度差，后期虽然经过批次改进有所改善，但也造成了围壳面积过大等一系列问题。元级新型围壳的出现，彻底扭转了中国在常规潜艇围壳线型设计上的滞后局面，也说明中国在潜艇总体线型设计上已经趋于成熟。

总的来说，元级由于在线型设计上的较大突破，使其在水下快速性、机动性、声隐蔽性都得到很大程度的提高。其线形性能已经与世界先进常规潜艇的线型处于同一水平线上，这是中国潜艇设计人员通过多年努力获得的成果，意义重大。

消声瓦固定工艺

中国在039型常规潜艇上，使用了整艇敷设消声瓦的措施，大大改善了039型艇的静音水平。039型艇以固定螺栓作为紧固消声瓦的工装物，而固定螺栓一般以金属材料为主，其尾部又通常以焊接形式硬性与潜艇壳体连接，所以固定螺栓也成了消声瓦上的声泄露通道。

039型艇的固定螺栓较大，其表面用特殊涂料加以填充，但固定螺栓还是导致噪声外泄。相比较元级艇采用的固定螺栓就非常小，整艇工装物声泄露值的降低，对于元级艇的静音性能的提高也会有很好的帮助。

在消声瓦粘合工艺上，元级艇的粘合工艺也大大改进，与039型艇上消声瓦间较大的粘合缝隙相比，元艇的消声瓦敷设工艺非常好，瓦与瓦之间的结合度紧密，粘结缝隙非常细小，整个敷设消声瓦的艇表，光洁度很高。

跟日本的亲、苍龙级潜艇相比，元级艇的消声瓦敷设工艺更出色，光顺性也更好。这对元级潜艇来说，不仅能更好地提高消声瓦的工作性能，也会改善艇表面的光顺度，降低艇表粗糙度附加值，进一步降低整艇的摩擦阻力，提高潜艇的水下快速性。

声纳系统

039 型艇因为采用过渡型艇型，其首部为直立艏柱的过渡型艏，艏部在安排了六具鱼雷发射管后，上下用于安置声呐基阵的空间已不大。

元级艇的水滴线型艏部圆钝，艏部空间充裕，艇艏上部用于布置六具鱼雷发射管后，艇艏下部还有较大空间安置声呐基阵。

因此元级艇在艏部可以布置体积大、发射功率高、空间增益好、工作频率低、探测距离更远的新型综合声呐，大大提高了元级艇的搜索与跟踪距离。

元级艇在舷侧还布置了新型舷侧测距声呐，通过布置在两舷平行于艇尾线上的三组换能器阵，利用噪声信号到达各换能器组的相位差，元级即可快速计算出目标的距离信息。

这避免了以前中国没有装备舷侧测距声呐的老式潜艇，通过整艇机动数个阵位才能计算目标距离的情况。减少了中国潜艇攻击目标时用于探测、计算目标方位的时间，有效提高了中国常规潜艇的快速反应、快速打击能力。

AIP 混合动力系统

中船 711 所通过努力已经实现了斯特林热气机的国产化，根据最近几年公开的信息表明，该所研制的国产化斯特林热气机已经装艇实用，并于 2003 年左右进行了相关实艇实装测试工作。

而从各科研院所与官方透露的信息来看，元级艇已经装备了 711 所生产的国产型斯特林热气机，其性能应该与瑞典哥特兰级装备的 V4-275R 系列热气机相接近。

瑞典生产的单台 V4-275R 热气机的持续功率为 65 千瓦，最高输出功率达到 75 千瓦。哥特兰级在装备了两台热气机后，除了能保证该艇水下航行时照明、艇上电子设备等 75 到 85 千瓦耗电之需，剩余功率还能使该艇以 4~6 节的经济航速在水下连续航行 2 周。

元级艇吨位较哥特兰级更大，其相对充裕的空间也具备了布置更多台热气机的能力，相应的扩充液氧储存装置的容量后，即可获得比哥特兰级更优秀的水下续航力，这对元级艇来说，意义是非凡的。

以往中国常规潜艇如 035 艇，在水下航行依靠蓄电池供电。即使以 4 节左右的经济航速航行，其水下最大续航力也只能达到 300 海里左右。

一旦蓄电池电量告罄，必须升起通气管进行长时间的充电。当通气管升出水面后潜艇暴露率就急剧增高，美日装备的 P3C 反潜巡逻机使用的水面搜索雷达，能在 50 公里外就探测到常规潜艇的通气管。

不仅如此，柴油发电机工作时通过通气管辐射的噪声，以及通气管尾迹流在海面造成的红外、磁场、温度异变等，都很容易被现代发达的反潜探测技术侦察到。

元级艇在装备了热气机 AIP 动力后，限制中国常规潜艇水下连续作战的瓶颈被打破。潜在对手国家其通过设置 300-600 海里的连续巡逻反潜线和探测通气管暴露特征来发现中国常规潜艇的战术彻底失效。

元级艇通过水下 2 周左右的连续静音巡航,突破潜在敌对国家反潜封锁线的成功率也大大提升,其作战水域、攻击区域都有成倍的增长。这让中国常规潜艇部队的作战效能出现质的飞跃,并显著提高中国潜艇部队在战时,对潜在敌对国家进行破交、侦察、布雷等作战行动的有效性。

(三十二)中国武汉级常规潜艇

武汉级 33G1 型潜艇是中国第一艘发射飞航式导弹的常规潜艇,也是唯一的一艘水面发射飞航式导弹的潜艇,所加装的导弹是 C—801 反舰导弹。属北海舰队。

33G1 是以 33 型(R 级)潜艇为母体的改装艇。在上层建筑内左右舷各增设了三座箱式导弹发射筒,艇的上层建筑线型变化较大,使 33 型潜艇本来就不高的水下航速和水下经济续航力下降。由于导弹发射的需要,增加了自动测风仪、方位水平仪和雷弹合用的射击指挥系统,改装了雷达。

33G1 型潜艇排水量:水上 1650 吨,水下 2100 吨。

主尺寸:长 76.6 米,宽 6.7 米,吃水 5.2 米。

主机:柴油/电力推进;两台型号 37-D 柴油机,4000 马力;两台电机,2700 马力;两台备用电机;双轴。

航速:水上 13 节,水下 15 节;通气管 10 节。

编制:54 名(其中军官 10 名)。

导弹:6 枚"鹰击-1"(C-801);指挥台围壳两侧分别装 3 个发射管。

鱼雷:8 具 533 毫米鱼雷发射管(艇首 6 具,艇尾 2 具)。16 条 SAET60 型鱼雷。

水雷:28 枚,代替鱼雷。

雷达:水面搜索,"魔板"和"魔盘",I 波段。

六、现代飞机

(一)强-5

强-5 是中国研制的一种单座双发动机超音速轻型强击机,1965 年试飞,1968 年生产。

强-5 飞机具有飞行性能优良,操纵灵敏和火力较强等特点,主要用于低空和超低空对地攻击,直接支援地面部队作战,也可执行空战任务。

全机长 16.73 米,机身高 4.51 米,翼展 9.7 米,全机最大起飞重量 12000 千克,最大平飞时速 1190 千米,飞行高度 16 千米,作战半径 400～600 千米,最大航程 2000 千米。

强-5 飞机上装备有两门 23 毫米机关炮,配弹 200 发;机身下有 8 个外挂架,可挂空空导弹、各种炸弹、火箭弹发射器和副油箱等。

（二）歼-5

歼-5 是我国第一架喷气式战斗机。

歼-5 飞机装有一台涡轮发动机，其最大的飞行速度为每小时1145 千米，属高亚音速飞机。

飞机全长 11.36 千米，翼展 9.6米，机高 3.8 米。武器系统有 3 门航炮，不能挂导弹，也没有机载雷达。实用升限为 16600 米，最大航程是 2000 千米。

由此可见，歼-5 是仿照苏联的米格-17 制造而成的。因为从航速、升限以及飞机的结构、机载设备、武器系统几乎相差无几。

歼-5

歼-5 战斗机装备部队，对中国空军是个极大的鼓舞。他们加紧训练，很快形成战斗力，并在打击国民党空军的挑衅活动中创造了辉煌的成绩。

（三）轰-6

轰-6 是中国研制的一种双发动机亚音速轰炸机。具有速度较快、航程较远、载弹量较大的特点，主要用于执行战略轰炸任务。

飞机全长 34.8 米，机身高 9.85 米，翼展 34.19 米，全机最大起飞重量 7.58 万千克，最大平飞时速 1014 千米，飞行高度 13.1 千米，作战半径 2600 千米，最大航程600 千米。

机载主要设备有自动驾驶仪、轰炸雷达、敌我识别器等。飞机具有全天候作战能力。

机上武器装备有 4 门 23 毫米机关炮，配弹 1800 发，机身下的外挂架可挂 2 枚空地导弹、核弹、常规炸弹等，最大载弹量 9000 千克。

（四）歼-9 战斗机

国产歼击 8 型歼击机是大家耳熟能详的中国著名歼击机了。但是在歼 8 提出研制的 1964 年，还提出了另一种方案与之竞争，并经过了多次方案论证，但终因种种原因而未能投入量产，但是现在看来，仍有许多是值得借鉴的，我们可以称其为歼 9。

歼击 9 型截击机是一种全天候高空高速要地防空截击机，主要以苏"逆火"和美 B-1B 超音速轰炸机为主要作战对象。设计技术指标达双 26（升限 26 公里，时速 2.6 马赫），可以说是中国歼击机性能之最了。

在 1964 年提出了研制方案，那时因为 1963 年冬季以来，歼 7 飞机参加了几次高空作战，暴露出它升限留空时间短、高空高速性能差、没有雷达、高空机动性差等缺陷。另外，在作战火力和起飞着陆性能上也有待加强和改善。因此，自 1964 年初开始，六〇一所就开始考虑改进歼 7，以满足高空作战要求。

1964 年 10 月 25 日，六院在沈阳六〇一所召开了"米格–21 和伊尔–28 改进改型预备会"。会上，六〇一所提出了米格–21 的两种改型方案，一种为双发型，另一种为单发型。

前者计划装用两台涡喷 7 发动机的改进型，飞机气动外形则参照米格–21 飞机，不做大的改变，这一方案发展成了歼 8；而后者拟装六〇六所新设计的推力为 8500 公斤的加力式涡轮风扇发动机，这一方案则发展成了歼 9。当时，两种方案的飞行性能均与美国的 F–4B 相当，即升限 20 公里，最大马赫数 2.2，基本航程 1600 公里，重量约 10 吨。

1965 年 1 月 12–17 日，三机部在北京召开了航空工业企事业单位领导干部会，会议期间又由段子俊副部长主持召开了新机研制工作座谈会，由于担心新发动机研制周期长，所以会议一致同意以米格–21 为原准机搞双发设计方案，从而确定了歼 8 的研制方向。但会后又提出"双 25"的单发方案。即一开始六〇一所提出的单发方案。

六〇一所在摸透米格–21 的同时，对国内外有关技术情况进行了调研，提出了歼 8 飞机的初步战术技术要求，并于 1965 年 3 月 19 日上报六院，指导思想是突出高空高速性能，增大航程，提高爬升率和加强火力，性能指标要求是使用升限 19～20 公里，最大平飞马赫数 2.1~2.2。六〇一所设想 1967 年歼 8 飞机完成首飞，1970 年能小批装备部队。

但是到了 1965 年 4 月 12 日，三机部又正式下达"关于开展歼 9 飞机方案设计"的通知，要求在两个方面进行方案论证和比较：突出歼击性能，兼顾截击作战和对付低空高速目标，最大马赫数 2.3 左右，升限 20 公里左右，航程要大，作战半径大于 450 公里。突出截击性能，兼顾歼击作战，最大马赫数 2.4～2.5，升限 21～22 公里，作战半径 350 公里。飞机总重量控制在 14 吨左右。

在随后的时间里，歼 8 飞机很快得到了批准，并定下了试制的具体时间表。歼 9 也取得了一定的进展。六〇一所先是进行了歼 9 气动布局参数的选择，选出了 4 种机翼平面形状，即前缘后掠 50 度的后掠翼，前缘后掠 57 度的三角翼，前缘后掠 55 度的后掠翼，以及双前缘后掠角的双三角翼，并设计了风洞模型。

1966 年 4 月 1 日，三机部向国防工办，国防科工委呈报了"歼 9 飞机设计方案"。国防科工委开会审查了歼 9 飞机的设计方案，并向军委呈报了"歼 9 飞机战术技术论证报告"。报告提出歼 9 最大马赫数 2.4，升限 20～21 公里，最大航程 3000 公里，作战半径 600 公里，最大续航时间 3 小时，最大爬升率 180～200 米每秒。

六〇一所对四种机翼平面形状方案均做出了模型，进行了风洞实验。其中主要是考虑采用后掠翼还是三角翼,后掠翼和三角翼都是采用前缘后掠的方法来增加机翼的临界马赫数。但是如果超音速飞行增加到马赫数为 2.0 时,要采用亚音速后掠翼方案就必须使前缘后掠角大于 60 度,但前缘后掠角过大,翼根结构受力就会恶化,将增加结构重量;

另外,低速时空气动力特性也将恶化,升力下降,阻力增加。故采用大后掠翼很不利,而三角翼则比较适用,不但具有后掠翼所具有的优点,而且比较长的翼根弦长保证了根部结构受力状况,减轻结构重量。而且还有助于保证飞机的纵向飞行稳定性。

所以六〇一所淘汰了前三个方案,又把三角翼的前缘后掠角改为 55 度,称为歼 9Ⅳ方案。这是一种正常布局形式的三角翼方案,起动外形上除机头改为两侧进气外,其余均与歼 7,歼 8 相同,类似于超 7 的早期型,也就是歼 7CP 的气动外形,只是尺寸上要大得多。由于这种方案对米格-21 的改动并不算很大,所以成功的把握性挺大。

但从 1966 年第四季度到 1967 年初,经过风洞实验发现,歼 9Ⅳ 方案的机动性不够理想,于是又提出无尾三角翼方案,称 V 方案。V 方案是两侧进气的无尾三角翼飞机,前缘后掠角 60 度,翼面积达 62 平方米。由于降低了翼载荷,V 方案的机动性较好,但升降副翼的刚度和操纵功率问题以及零升力矩带来的操纵困难却难以解决。

然而在此期间,歼 8 则发展的较为顺利。1966 年底,六〇一所完成了全部图纸设计工作。8 月由一一二厂开始试制两架原型机,1968 年 6 月,01 号原型机总装完成。

12 月 19 日完成首次地面滑行,虽然滑行中前轮摆振严重,紧急刹车时左侧主轮轮胎爆破。但是歼 8 仍于 1969 年 7 月 5 日,由试飞员尹玉焕驾驶,在一一二厂完成了首次航线起落试飞,历时 30 分钟,试飞中飞行高度 3000 米,速度 500 公里每小时。

1968 年 3 月,六院召开了"动员落实歼 9 飞机研制任务"会议,决定采用 V 方案,并提出力争 1969 年"十一"前把歼 9 送上天,向国庆 20 周年献礼。由于 V 方案一些技术问题难于解决,加上国内生产不正常,V 方案一直搞不下去,于是六院指示停止了 V 方案的试制。

1969 年 2 月 3 日,六〇一所决定抽出部分力量继续进行歼 9 飞机的研制。1969 年 10 月 10 日,航空工业领导小组决定研制歼 9,并决定先试制两侧进气的正常布局三角翼方案,即歼 9Ⅳ 方案。把试制工作安排在了一一二厂,要求 1971 年底上天。1969 年 10 月 30 日,三机部和六院军管会根据实际情况,决定把歼 9 试制任务定点在一三二厂。

1970 年 5 月 4 日,六〇一所抽出 300 多人到成都空军十三航校(后组建成六一一所),从事歼 9 飞机的试制工作。1970 年 6 月 9 日,航空工业领导小组在北京开会审查歼 9 方案,要求"歼 9"的机动性要好,活动半径 900~1000 公里,重量 13 吨,使用过载 8 克,升限 25 公里,飞行马赫数 2.5。

1970年11月，六院在西安召开厂，所领导干部会议。空军领导对正在研制中的歼9又提出了新的要求："双25太小，双28太高，应该是双26，即最大使用马赫数2.6，静升限26公里，最大使用表速1300公里每小时"。

根据这一新要求，歼9原有布局均不能满足，最后选择了鸭式布局，腹部或两侧进气的方案。可是工作一段后发现，升限指标太高，发动机性能达不到，歼9飞机的研制工作又可能搁浅。

1975年1月10日，三机部以三院文"关于请求继续研制歼9飞机的报告"上报国务院，中央军委。文件希望对歼9的指标做些调整，即最大马赫数2.5~2.6，升限23公里，最大爬升率220米每秒，基本航程2000公里，作战半径大于600公里。

1976年初。六一一所进一步调整了歼9总体气动力布局和设计参数，形成歼9VI-Ⅱ方案，其特点是：鸭式布局，60度三角翼。面积50平方米，鸭翼为55度三角翼，面积2.58平方米，固定安装角3度，机身长18米，两侧进气。进气道为二元可调节多波系混合压缩式。装一台910涡扇发动机，地面全加力静推力1.24万公斤。

装205雷达，探测距离60-70公里，跟踪距离45-52公里。带两枚PL-4拦射导弹，最大有效射程8公里，导引头截获距离18公里。

1978年，由于六一一所承担的歼7大改（即歼7Ⅲ）的设计发图工作要求紧迫，歼9的研制工作开始收缩。1980年，为贯彻国家国民经济调整方针歼9的研制工作即全部中止。机体研制费约2122万元。

但歼8的研制工作并没有停下来。根据最初的战术技术要求，歼8飞机本来就是全天候的。但歼8拟装用的交流供电系统和新雷达的研制工作动手较晚，赶不上歼8的研制进度，于是上级决定歼8飞机分两步设计定型。

第一步按直流供电装测距器的"白天型飞机"定型，第二步再按交流供电装新雷达的"全天候型飞机"定型。1979年12月31日，航空产品定型委员会同意歼8设计定型，1980年3月2日，中央军委常规军工产品定型委员会以（80）军定字第40号文批准。1986年2月20日。国务院、中央军委常规军工产品定型委员会批准歼8白天型飞机生产定型。

中国在下一代主力歼击机选择上，本着务实，求稳的态度，最终选择了歼8路线。虽然一开始时该方案仅仅是米格-21的简单放大，性能也并不出众，但经过后来的不断改进，在技术指标上具备了三代机的水平，并最终成了一种成功的歼击机。

而歼9设计思想前卫，在设计性能上无疑是大大超越了歼8方案，但是在研制过程中所遇到的不可逾越的困难屡屡不断，研制工作很难进行。所以在这个事关祖国命运的重大抉择上，选择了歼8这个渐改方案显然是正确的，而歼9的研制过程中也取得了许多经验和技术，并在后来成功地运用于歼8的研制开发中。

在此之后，歼8Ⅱ又经过不断的改进，形成了今天闻名遐迩的歼8系列重型歼击机。并作为我国的主力歼击机，承担起构架我伟大国土防空圈的重任。

实战的需要

1960 年末至 1961 年春,为了缓解与美国对峙所带来的巨大压力,赫鲁晓夫向中国表达了缓和两国关系的意愿,自 1959 年来一度剑拔弩张的中苏关系稍见好转,虽然两国在 1961 年秋苏共召开 22 大时便因中国反对批判斯大林而再度闹翻并彻底决裂。但对中国空军而言,这段为时不到一年的"二次蜜月"却给他们送来了一个极为珍贵的礼物——米格 21 战斗机。

1962 年,直接从苏联引进的 12 架米格 21 战斗机开始以"歼击 7 型"战斗机的编号加入中国空军服役。而当时它最主要的作战对象便是凭借着自己过人的高空性能时常游弋于中国上空的美制 U-2 型高空侦察机。

应该说,在 60 年代初期,不要说在中国空军中,就是以当时的国际标准来衡量,歼 7 也堪称是一种性能优良的战斗机。但是,从 1963 年冬季至 1964.年初,歼 7 飞机在其参加的一系列高空作战中陆续暴露出其升限留空时间短、高空高速性能差、没有雷达和高空机动性差等缺陷。另外,在作战火力和起飞着陆性能上也有待加强和改善。

实际的作战需要压倒一切!刚刚开始尝试完全独立自主的中国航空工业立即以米格 21 为基础开始着手进行新一代战机的开发工作。

反思和体会

作为型号,歼-9 飞机虽然下马了,但在课题研究方面却取得了长足进展,取得了一批有价值的科研成果。如拦射攻击的火控系统模拟试验研究,气动补偿空速管的研究,挂架投放试验研究,炮口消焰装置的研究,机身整体油箱整体壁板的研究,尤其是对无尾鸭式气动布局风洞试验研究更是取得了可喜的进展。

从 1970 年 9 月第一次吹风到 1982 年,所在歼-9 鸭式布局研究方面,共进行了近万次风洞试验,取得了大量的数据,编写了数十本研究报告,为后来所承担的新型歼击机的研制奠定了坚实的基础。所研制的新型歼击机,起点高、技术新、不仅采用了无尾鸭式腹部进气的先进气动布局、先进的飞行控制系统、先进的综合航空电子系统、复合材料、计算机辅助设计/制造等先进技术,而且建成了国内一流水平的试验室及试验设备。

通过新型歼击机的研制,不仅研制成功了性能先进的新型歼击机,建成了具有研制新型歼击机的试验设施及技术手段,同时培养锻炼出了一支掌握这种先进飞机设计、试验技术的高素质的科技队伍。看到这一切使我倍感欣慰。可以说没有歼-9 的研制,也就不可能有六一一所承担的新型歼击机的研制成功。

(五)歼-11 战斗机

歼-11,苏-27 型战斗机中国产型号。中国从 1992 年开始先后引进了一百多架苏-27 型战斗机。1997 年俄罗斯与中国签订协议,从而使中国可以生产苏-27

型战斗机。中国自己生产的这种战斗机被命名为歼-11。

性能数据

机长:21.935 米;机高:5.935 米;翼展:14.948 米空重:15700 千克;正常起飞重量:23700 千克;最大起飞重量:33000 千克;载弹:6000 千克;最大速度:3000 千米/小时;最大航程:4390 千米;作战半径:1500 千米;实用升限:18000 米;起飞距离:650 米;着陆距离:620 米;发动机推力:12500 公斤。

歼 11 的发展

1990 年 11 月中俄双方达成关于引进首批苏-27SK 战机的双边协议,这是自新中国成立以来数额最大的引进行动,也是苏-27 首次对外出口。

1992 年 6 月 27 日首批共 12 架苏-27 战斗机,其中包括 8 架苏-27SK 单座型和 4 架苏-27UBK 双座教练型,由俄罗斯后贝加尔军区吉达机场起飞,经蒙古于当日上午 10 时 15 分安全飞抵中国空军芜湖基地。苏-27 正式加入了解放军空军装备序列。

1992 年 11 月 8 日,所有订购的战斗机全部交付,并额外得到了两架供研究测试使用。之后中俄之间继续苏-27 的贸易,包括上述 12 架苏-27 在内,中国共有苏-27SK 和苏-27UBK 共 26 架。1995 年中国采购第二批,但型号变为更先进的苏-27SMK,共 24 架。

苏 27 战斗机

1993 年,双方商定由俄方提供零部件和技术,帮助中国企业联合生产苏-27,基准型号为苏-27SMK。1993 年 10 月中央军委将苏-27 正式列入空军装备发展序列,由沈阳飞机工业公司负责仿制生产。

1993 年 11 月中国航空工业总公司与解放军总参装备部联合发出关于仿制苏-27 与 AL31F 涡扇发动机的文件。苏-27 战机的改装仿制工作正式全面展开。

在组装仿制和国产化中,在我国出厂的苏-27 逐个批次性能有所提高,整机进口的苏-27 也不断得到改进,尤其在电子设备方面。依靠我国现有某些远远优于俄罗斯的电子技术,国产歼-11 最终将采用四余度电传操纵系统,安装多个多功能彩色显示器,改进电子对抗能力,增强对地对海攻击能力。

2003 年 12 月 6 日,歼-11 新型号由毕红军驾驶完成试飞,标志着该型号的研制工作进入了全新阶段。新歼-11 改型采用了大量新技术新材料,航电系统与苏-27 相比有了较大提高,雷达火控武器均采用了更为优秀的国产产品。至此国产歼-11 基本上可以说是大功告成,只欠国产涡扇即可基本实现全面国产化。

主要改进

苏-27SMK 型战斗机由苏-27S 型战斗机发展而来,根据有些客户苏-27S 所提出的要求,苏-27SMK 飞机做了三方面的改进。

增加空中受油能力和增挂副油箱

空中加油管装在机身左侧,不用时可以收放以减少飞行阻力。机翼下 3 号和 4 号挂架可各挂一个 5000 升副油箱。机翼内油箱容积也稍加大,油量增至 9965 千克,这样 SMK 即使不进行空中加油,在带副油箱飞行、用完投掉的情况下,航程可达 4390 千米,这个距离相当于从北京可直飞新加坡。如只进行一次空中加油,可飞行 5200 千米。最长留空时间约 7 小时。

增加了对地攻击能力

飞机最大外挂重量从 S 型的 4000 千克增加到 8000 千克。可使用多种空对地导弹。例如每枚重量 330 千克的无线电指令制导的 X-25PD 型,每枚重量 640 千克的电视制导的 X-29TD 型,每枚重量 680 千克的反辐射导弹 X-31P 以及每枚重量 875 千克的电视制导的 X-59K 型等。也可以挂 KAB-500KR 激光制导炸弹和多种非制导炸弹、火箭等武器。增加使用 R-77 先进空空导弹的能力。仍装有 GSH-30130 毫米航炮,150 发炮弹。

改进导航和电子设备

导航和电子设备改用最新改进型号,可以根据客户要求换装西方电子设备,如法国仪表着陆系统、多功能彩色显示器。

改进效果

通过上述改进,飞机的作战效能有很大提高,由于可使用空对地导弹,对点状目标的作战效能提高了 23 倍。

歼-11 之国庆阅兵

战机轰鸣,奔动如雷。空中梯队第八梯队 12 架歼-11 战机,编成三个四机右梯队队形,今天以威武的阵容,利箭般飞越天安门上空。

在国庆 60 周年庆典上,中国空军展示的歼 8F、歼 10 和歼 11 战机,是空军的全天候、多用途作战飞机,是夺取制空权、空中进攻和国土防空的主战力量。

这支与新中国同龄的部队,驾驶着先进的战机,在天安门上空亮相,立即备受瞩目。他们驾驭的歼 11 战机具有良好的气动外形、极佳的空中机动能力和强大的中远距打击能力,装备性能先进的机载电子设备和武器系统,能够在极为恶劣的气象条件下全天候作战。在近年来的重大作战演习任务中,处处飞翔着它猎鹰般矫捷的身影,是夺取制空权、实施远程火力打击的一柄"蓝天钢刀"。

这个梯队由空军航空兵某师组成,是一支伴随着新中国成立礼炮轰鸣声组建的航空兵部队,组建不久即经受了朝鲜战争战火的洗礼。现在,它又以一流的训练水平向人民汇报。驾驭战机接受检阅的这些飞行员,人人是飞行骨干,都具有本科以上学历,是特级或一级飞行员,都执行过重大作战演习任务,展示出一流的人才方阵。

飞在梯队长机位置,率领编队米秒不差通过天安门上空的,是该师师长刘国胜。他有 30 年飞行生涯,先后获得空军功勋飞行人员银质、金质荣誉奖章。十多年来,刘国胜带领部队飞南沙、上高原、赴东南、进戈壁,先后圆满完成数十项重大任务,把部队锻打成为名副其实的空中"尖刀"。天上能驾机,地上开坦克,刘国胜曾在陆军作战部队代职任副师长,是一位复合型指挥员。

(六)歼-12 轻型战斗机

研制进程

歼-12 战斗机的研制计划是 1969 年初提出的。当时。世界上经历了越南和中东几场局部战争之后,有关军界人士开始认识到:设计战斗机不能单纯地追求飞行速度快,还要赋予战斗机以良好的机动飞行能力。

美国生产的飞行速度为音速两倍的 F—105 和 F—4 等设备精良的战斗机,有时却在亚音速的米格—17 飞机面前束手无策。先进的超速战斗机被速度低于它的对手击落的战例时有发生。我国空军的飞行员就曾在 1967 年 4 月 24 日,驾驶亚音速的歼—5 飞机击落了 1 架侵入我广西板兴地区的美国 F_.4B 超音速战斗机。

所谓飞机的机动飞行性能,主要指的是它的加速、爬升和盘旋性能。其中前两项指标是和高速飞行的设计要求相一致的,而最后一项指标却是与高速飞行的设计要求相互矛盾的。飞行速度越快的飞机,盘旋半径就越大,盘旋一周所需的时间就越长。

局部战斗中的空战实践证明:即使在广泛使用空对空导弹的情况下,战斗机在近距离时利用机炮进行格斗仍不可避免。格斗中,战斗机常被迫以尽可能小的转弯半径或尽可能快的转弯速率,绕到敌手后方,占据有利的射击位置。这时,速度较低或机体重量较轻的飞机反而处于优势。

参加过越南空战的美国飞行员,强烈地呼吁有关部门要设计出"战斗机飞行员的战斗机"。也就是说,要加强战斗机的格斗能力。从实质上看,就是要求改善高速飞机的低速性能。

世界有关国家的飞机设计部门是如何解决空战提出的这一复杂命题的呢?

让我们先来回顾一下,在我国开始研制歼—12 的同时,也就是 1969 年这一年当中,世界有关国家的战斗机研制动向,以便和我国的研制项目相互比较。

1969 年 1 月和 12 月,美国海军和空军通过了 F—14 和 F—15 两种战斗机的设计方案。两者都是通过加大发动机的推力(提高全机推重比)和增大机翼面积(降低翼载荷)来改善机动性能的,前者还使用了变后掠翼技术,因而飞机都变得很大。它们的最大起飞重量分别是 33724 千克和 25400 千克,约为歼—5 飞机的 5 倍。F—15A 的空战推重比达到 14.03 牛/千克,最大翼载荷为 450 千克/平方米。

1964 年 4 月,英国的"鹞"式垂直起落战斗机开始服役,它从根本上改变了高、低速飞行的矛盾关系,具有异乎寻常的机动能力、但随之而来的是维护使用复杂和经济性差等严重问题。

60 年代末,苏联制成了米格—27 和苏—17 战斗机,它们都是利用变后掠翼技术来协调高、低速飞行矛盾的、由此也带来了结构重量的增加。

英国、联邦德国和意大利三国于 1969 年开始论证"狂风"战斗机方案、他们最终采用的也是变后掠翼布局。

1969年3月，法国的"幻影"F.1战斗机的预生产型首次试飞。为了提高飞机的机动能力和缩短起降滑跑距离，法国人放弃了"幻影"飞机系列传统的无尾三角翼布局，又回到常规的后置尾翼布局中来寻找出路。

与此同时，以色列开始实施"黑帘"计划。他们利用法国"幻影"5飞机的图纸，在该机的三角翼前面加装鸭式小翼，研制成功"幼狮"C.2战斗机，达到了提高机动性能的目的。

还是在这一年里，瑞典的近耦合鸭式布局短距起落战斗机萨伯—37（Saab—37），在世界上一举成名。瑞典人为了挖掘飞机的气功潜力，曾进行了10年之久的预先性研究。他们的成功，激起了70年代探索非常规飞机气功布局的热潮。

1968年4月，我国空军提出了研制"小歼"（即后来的歼—12）的计划，受当时政治环境的影响，关于"小歼"的设计思想，曾有"适应人民战争需要、开展空中游击战"的提法、但其本意是要搞出一种高度机动灵活、短距起落、维护简单、造价低廉的小型战斗机。问题的提出是与国际航空技术的动向相吻合的，但解决问题的方法却与众不同。

那时，世界上的新型战斗机正朝着机体大、设备全、技术复杂的方向发展，而我国采取的却是一种朴实的做法——通过缩小机体，减轻起飞重虽然能有效地提高飞机的机动性能。就当时我国的技术贮备情况而言，这可能是最为现实的一条途径。

研制"小歼"的任务在1968年的"8.25"会议上正式下达给南昌飞机制造厂，第二年3月正式命名为歼—12。南昌飞机厂从1968年7月开始方案设计，8月总体方案获上级部门批准。随后，以1年零5个月的时间，完成了详细设计、主要风洞试验、强度试验和系统模拟试验。原型机于1969年12月26日首次试飞成功。

1975年7月1日，再次试飞成功。1978年2月，因调整装备体制而决定停止研制。除一架做破坏性强度试验的原型机外，共生产了5架经过试飞的整机。

技术水平

歼—12战斗机在海平面高度上的最大爬升率是180米/秒。而和歼—12同年同月首次试飞的美国F—14战斗机I的这一指标是200米/秒；专门针对米格—21而设计的F—5E是160米/秒。

歼—12在5000米高度上的最小盘旋半径是1140米。而中、低空机动性能突出的歼—6是1200米；美国刻意改善盘旋性能的F—5E是1080米，为此在该机机翼上安装了新的前、后缘襟翼系统。

歼—12在5000米高度上，从MO.9水平加速到M1.2，所需时间为65秒。而歼—6是85秒；美国的F—5A是140秒。歼—12的水平是比较先进的。

再看歼—12的地面机动性能，也就是它的短距起落性能。其起飞滑跑距离是500米、着陆滑跑距离是510米。与歼—12重量相当的亚音速战斗机歼—5的起飞滑跑距离是590米，着陆滑跑距离是825米。歼—12能做到比歼—5的滑跑距离还要短是很不容易的,并且具有防尘装置,可在短土跑道起落。

歼—12 的最大平飞速度,在 11000 米高度上,最大 M 数 1.5,优于歼—6;实用升限为 17410 米,与歼—6 相当;歼—12 在高空的巡航度是 MO.95,虽不能超音速巡航,但已能接近音速巡航。

歼—12 是迄今世界上最轻的超音速战斗机。它的正常起飞重量为 4450 千克,最大起飞重量 5295 千克,空机重量只有 3100 千克。它有一台涡喷 6 乙型喷气式发动机,加力推力 39.72 千牛,全机推重比可达 0.91。歼-12 的优越性能主要是依靠机体重量轻和大的推重比得到的。

为了使歼—12 飞机达到先进的性能指标,南昌飞机制造厂大胆地采用了许多新结构、新工艺和新材料,如机身和中翼整体油箱、大面积的双曲面金属蜂窝结构、碳纤维复合材料壁板、钛合金板和铝合金起落架等,此外还采用了单块式风挡。这些新技术的应用,在国内当时的条件下是富于创造精神的。

存在不足

歼-12 的不足之处正是由于追求机体小、重量轻所引起的。它的机内燃油贮量为 1250 千克,可带两个 400 升的副油箱最大航程可达 1385 公里,但仍属于短航程类型的飞机。

歼—12 的机载武器是 1 门 30 毫米机炮,备弹 80 发;1 门 23 毫米机炮,备弹 120 发;另外,可挂 2 枚红外制导的空对空导弹。就其飞行重量而论,火力不算很弱,可是该机采用了机头进气形式,对增装先进设备不利。若改为两侧进气设计、加装先进的火控系统,则重量和阻力都要增加,其原有的优点也将削弱。

歼—12 战斗机的研制周期很短,不可能做更多的空气动力实验和采取较多的先进气动措施,如最初设计有的机翼前缘开缝翼和后缘双开缝襟翼。后来都从简取消,改为只设后缘富勒襟翼。所以,这种飞机在气动外形方面还是大有潜力可挖的。

歼—12 的不足之处是小型战斗机所固有的,它实现了设计指标,应该视为成功之作。至于能否列入装备,那要受许多非技术性因素的制约,世界上任何一个有影响的飞机设计集团,其全部研制过的型号中。若有半数投入使用、就已经值得骄傲了。

我国的飞机研制部门,所缺乏的正是广泛实践的机会,而歼—12 是一次很有成效的尝试。

英国著名的罗耳斯·罗伊斯发动机公司的一位专家,到我国空军航空博物馆参观时,对歼—12 相当赞赏。他认为:歼—12 是中国设计得最好的飞机,只要给它换上一台先进的涡轮风扇发动机,油耗就可以降低约一半,航程可以增加近一倍。

我国许多飞过歼—12 飞机的老飞行员对它也有留恋之情,希望有朝一日,"空中李向阳"会再返蓝天。

对小型化的思索

制造小型化战斗机的愿望由来已久,最极端的设计,大概要数美国的 XF—85 "恶鬼"式飞机了。它原准备作为护航机挂在 B—29 远程轰炸机的机腹下面,由母机带在空中投放,空战后再返回母机挂架,由母机带回。该机总重只有 2590 千克,装有 4 挺 12.7 毫米机枪。一共生产了两架试验机。在 1948 年和 1949 年的两次试飞中,都因试验机被投放后,无法返回母机挂架而告失败。

和异想天开的"恶鬼"计划相比,我们的"空中李向阳","随时能飞,到处能打"的设想,实在是没有什么不现实之处。历史上 I,1958 年 7 月 29 日我们在南澳岛上空以 3 比 0 获胜的战例和 1965 年 3 月 18 日在汕头附近击落 RF—101 飞机的战斗中,都是从敌方始料不及的机场隐蔽起飞,出奇制胜的。

米格—15 战斗机在朝鲜空战中的出色表现,引起世界对轻型战斗机的重视。英国在 50 年代初期研制的轻型战斗机"蚊蚋"式,起飞重量 4020 千克,空重 3010 千克,比歼—12 还要轻一些,但最大平飞速度只有 MO.98。英国的国防部门当时对它的呼声很高,然而却没有装备部队。

深究小型战斗机不能顺利发展的原因,是仅凭其轻,作战能力不会有惊人的提高。

就以歼—12 为例,它只装一台涡喷 6 乙发动机,却要求比装有两台涡喷 6 发动机的歼—6 飞机的性能还要有大幅度地提高,这不是勉为其难吗!

如果要求小型战斗机只突出某一方面的特长,使之作为整体作战力量的一个补充,也许会更有生命力。比如对歼—12,若肯于放弃超音速的设计要求,增大它的机翼面积,使之除加速性以外的其他机动性能进一步提高。用这样的飞机作为打武装直升机的机型,就可能会受到欢迎。

近期世界上出现的战斗机,有明显的减轻重量的趋势。如瑞典萨伯_37(起飞重量 15000 千克)的后继机 JAS—39 战斗机的只有 8000 千克;苏联米格—23(最大起飞重量 18810 千克)的后继机米格—29 战斗机的重量是 16500 千克;印度一贯重视轻型战斗机。它的 HF—24(重 30908 千克)的后继机 LCA 战斗机的重量只有 8500 千克。

降低战斗机的体积和重量,就可以降低它的造价,也有利于提高它的隐身性能和生存能力,在军费预算不变的条件下,这样做就意味着增加了采购战斗机的数量。国外有人预言,下个世纪的空战样式之一,可能是由大的母机带一群小战斗机来作战。这种预言若能成为现实,类似歼—12 这样小巧的飞机又会受到重视。

歼—12 的真正弱点是电子火控设备过于简单和陈旧,使其潜在的战斗力不能充分发挥,如能换装小型化的电子火控设备,增装小而轻的导航设备和全向警戒雷达,加上外挂小型空对空格斗导弹,则其战斗力将大大提高。歼—12 本身特有的短土跑道起落性能,适合作为岛基飞机使用。

不过,真要设计出令人满意的小型战斗机,还有待于航空材料、动力装置、武器设备和空气动力学等方面的重大革新。

（七）歼-13 战斗机

研发历程

歼-13 飞机的设计思想酝酿于 1971 年底，当时根据六院的指示由 601 所招收研究下一代歼击机方案。601 所根据作为我国空军歼击机主力的歼-6 已经落后的情况，认为应研制接替歼-6 的空战歼击机，作为 80 年代的空军主力战斗机。

带着这一设想，601 所派人于 1972,1974 年两次去空、海军 12 个部队进行调查研究，新歼击机的设想得到空、海军领导机关的赞同。1974 年初，空军全面提出了歼-6 后继机的战术技术要求。1975 年冬，空军有关部门又与设计部门反复探讨，正式拟定了歼-6 后继机的战术技术要求，1976 年上报，同年 4 月 24 日，常规装备发展领导小组正式行文批复。

在方案论证过程中，最大的问题是缺乏合适的发动机。对有可能选用的发动机，技术人员意见不同。为此，于 1976 年 6 月，三机部专门召开了歼-6 后继机动力装置选择论证会。1976 年底常规装备发展领导小组正式批准采用一台涡扇-6 加力风扇发动机。

1976 年 9 月，三机部在沈阳召开了歼-6 后继机武器火控系统座谈会，通知和空、海军、四机部、五机部以及有关厂所、部门座谈讨论，初步确定了歼-6 后继机的武器、火控系统配置方案。1976 年 11 月的一次会议上，又对机载电子设备进行了讨论。

在方案论证、审查过程中，自 1973 年起，进行了多种气动布局的风洞试验，达 3,000 多次；自 1974 年起，对 20 多种机翼结构设计方案进行了强度和气动弹性计算；自 1975 年下厂征求工艺员和工人的意见，对方案进行了调整和修改；1976 年以来，又和 621,625 所以及冶金部工厂进行了材料选用和工艺方案的讨论。

1977 年 6 月 1 日至 11 日，三机部在北京召开了歼-13 飞机论证会。国家计委、国防工办、总参装备部、空军、海军、航定委、一、四、五机部、冶金、石油、轻工部、建材总局等 71 个单位 256 名代表参加了会议，其中王震也参加了会议。会议认真审查方案之后认为"飞机的总体方案是先进可行的，经过努力是可以实现的。"

1978 年 8 月，从国外引进了米格-23MC，以 601 所 112 厂为主进行了全面的技术分析，其发动机 P-29 主要由 410 厂分析。1979 年 3 月 10 日，三机部下达了开展歼-13 飞机选用涡喷-15（P-29）发动机方案论证的通知。601 所经过计算，歼-13 改用涡喷-15 发动机，可使飞机有些性能提高，发动机的现实性和把握性也比较大。同年 10 月 9 日，在沈阳召开了歼-13 装涡喷-15 发动机方案论证会。1980 年 5 月，总参和国防工办正式批准歼-13 改用涡喷-15 发动机。

但由于后来由于空军队装备发展规划的调整以及缩短新机研制战线等原因，1981 年 3 月以后，停止了研制，直接研制费 1221 万元。

气动外形特点

歼-13型歼击机的气动外形十分巧妙。首先,作为一架绝对空中优势歼击机,歼-13即需要具备尽可能大的最大飞行马赫数以追击或规避敌机,又需要能在亚音速或跨音速作高机动飞行。为了平衡矛盾,该机主翼采用了边条机翼形式。

由于有边条前翼,使整架飞机的有效后掠角增大,相对厚度减小,所以激波阻力较小,适合于超音速飞行的要求。而基本翼的存在,又使整个机翼的有效展弦比增大,可减小低亚音速及跨音速时的诱导阻力,特别是大仰角飞行时,从边条分离产生的边条涡形成有利干扰从而增加了升力。

另外拖出的边条涡流还可以给上翼面补充动能,延缓基本翼上的分离,从而又可以产生相当大的附加升力,这就非常有利于飞机在高亚音速或跨音速时作高机动飞行。

歼-13的两种气动构型,上为机腹进气,下为两侧进气。

在当时同量级的新战斗机中,同时研制的还有美制的F-16,这一型飞机设计非常成功,并经过了不断改进,成了北约国家的主力装备。虽然同处两个世界,意识形态完全不同。歼-13与F-16的外形差别也是非常之大,但是在主翼的设计上确是惊人的相似。

同是采用了边条翼形式。虽然这一机翼构型现在已是十分常见,但在60年代末却是绝无仅有的。而且美国毕竟至少拥有二次世界大战以及喷气时代歼击机设计的经验,而中国什么都没有,能参考的至多不过是米格-19,然而在完全独立的,没有任何经验的情况下,竟能设计出如此先进而巧妙的机翼构型,本身就是个奇迹。

不仅如此,为了使阻力减至尽可能地小,歼-13采用了上单翼。但是上单翼形式稳定性好,不利于高机动飞行。所以该机在设计时巧妙地使主翼下反,增加了飞机的轴向不稳定性,解决了这个矛盾的问题。

而且该型机是中国歼击机首次采用前缘机动襟翼,虽然偏转速度现在已不得而知,但足以和飞机的俯仰姿态响应,和飞机的飞行马赫数及仰角相配。更何况当时我国还没有随控布局中的"放宽静稳定度"技术,飞机无法靠"增稳系统"自动控制舵面,所以使用这一设计是十分大胆的。

折翼缘由——动力系统

歼-13歼击机的主要制约因素在于其发动机。一开始,歼-13拟采用一台英制斯贝MK.202涡扇发动机的国产型涡扇-9,但因推力不能满足需要而改用推力为12200公斤力的涡扇-6发动机。不久从国外引进了米格-23之后,又决定改装米格-23所用的P-29,国产型也称涡喷-15的涡轮喷气发动机。但后来都未能付诸实施。

由于发动机的成功,美制F-16后来成了一款成功的,优秀的北约制式战斗机。而同是新研制的歼击机,歼-13气动外形设计优秀,不但没有量产,甚至在原型机还未制造出来,就已经夭折,颇令人扼腕。

而中国的歼击机,基本都受制于发动机。几乎每一架歼击机,都不得不说是发动机的悲剧。

美国的航空工业在这一点上与中国相比较,简单说,那就是美国先有发动机,后有飞机,而中国是先有飞机,后有发动机。

表面上看,虽然中国的体制仿佛适合于给飞机配备最合适于它的发动机。但是在实际操作上,我们可以看到一开始歼-13决定采用仿制的斯贝,确实斯贝MK.202军用型发动机加力比大,耗油率较低,使用寿命长,压气机的喘振裕度大,各种工作状态下部件的效率高,工作可靠,装有抽气系统控制襟翼,可改善飞机的起飞着陆性能。

但正如西方所评论的,它毕竟是20世纪60年代末的产品,结构复杂,推重比较低,高空性能差。在当时,该机型也只可能是中国引进的好发动机了。当今世界诸国中,又有谁会真心帮助中国去实现现代化呢!

斯贝的中国型号为涡扇-9,定在西安发动机厂生产。国家花数亿英镑引进该机,十分重视。王震副总理三次视察西安厂,关照试制工作。航空部副部长莫文祥带队蹲点,陕西许多厂、所、大专院校多方协作。除使用进口原材料外,国家专门安排了金属材料、非金属材料、成品附件和大型锻件的国产国制化工作。

1976年,西安厂的试制工作全面展开。光整机的技术资料即达42万份,工艺装备图纸3万项,所幸正逢粉碎"四人帮",仅3年多的努力就装出4台涡扇-9发动机。1979年发动机台试成功。1980年,发动机在英国复杂条件试车成功,并通过了循环疲劳强度试验。中英双方代表签署了涡扇-9发动机考核成功文件,中国的"斯贝"发动机终于诞生了。

但是加力推力只有9,300公斤的斯贝,怎能以单台推力带动起庞大的歼-13的机身呢。F-16重量比歼-13小,但所使用的发动机加力推力高达12,400公斤。所以后来决定换装自产的涡扇-6。

但是在引进米格-23获得成功后,又看中了米格-23所使用的P-29。但是以中国当时的基础,在没有任何经验,又没有人教的情况下,怎能搞得出来呢。况且即是成功了,P-29仍然是一种推重比并不高的发动机。

反观美国,在F-16还没有研制的时候,空军和海军空中优势战斗机就计划要求大幅度提高发动机推重比和改善进气道和发动机的匹配性。同时,美国国防部做出采用一个核心机发展两种发动机的决定,要求研制的发动机能同时满足空军和海军的要求。

美国的普拉特.惠特尼公司以JTF-22核心发动机为基础,为发展美国空军和海军用的两种发动机进行投标。不久就推出了世界上最早投入使用的推重比达8以上的发动机F-100,并使得选用它的F-16推重比超过了1,成为世界上首架实用的,能垂直爬升的高机动战斗机。

吸取教训

发展航空工业,极为重要的一条,就是优先发展航空发动机工业。

航空发动机是飞机的"心脏",它的技术性能和结构关系飞机的战术技术性能、可靠性和经济性。各种类型的航空发动机都要在高温、高压、高转速、高负荷的苛刻条件下长时间地反复工作,同时还要求它重量轻、体积小、使用安全可靠、经济性好。

同时提出的多种性能要求和极端的工作条件,迫使各种型号的航空发动机必须设计精巧,加工精密,使用高性能的材料和成品附件。

发动机综合了多学科和多种专业技术成果,技术难度大,研制周期长,耗资多。它当之无愧地代表了一个国家的工业和科技最高水平。环顾世界,也只有美、苏联、英、法等少数工业发达国家,才能独立地研制和发展先进的航空发动机。

中国航空发动机的老师是苏联。从技术角度讲,苏联的发动机在一些方面不如美国。它们通常体积较大,制造较粗糙,使用寿命较短,耗油率较高。中国仿制的航空发动机一些性能指标还低于苏联。歼击机发动机大修周期通常为100~200小时,而美国等西方国家发动机使用周期一般大于4000小时。

正当20世纪60年代中国航空工业倾力消化吸收改进涡轮喷气发动机时,国际上更先进、更经济、更稳定的涡轮风扇发动机诞生了,并立即成了航空界的主流。经过反复权衡,中国航空界决定上涡扇机。

又是一段艰难的历程,涡扇机的难度、复杂性远远超过涡喷机。工程费时费力,进展缓慢,从60年代一直拖到80年代。虽然也研制成功涡扇5、涡扇-6等型号发动机,但因种种原因,终于未投入批生产。

美国人就此评论说:中国人缺少的并不是制造能力。他们十分出色地进行着循规制造、手工与机器相结合的生产和小批生产。他们所没有掌握的是现代化连续生产流程、精密自动设备技术以及其他组织方面的经营管理技术。在这方面,成套工厂设备进口可能是最有裨益的。航空工业就是这方面的……例子。

中国在20世纪50年代后期和60年代初期致力于喷气发动机。但后来抽走了一些最优秀的科学家、工程师和其他稀有资源……因此使飞机发动机技术一直处于缓慢发展状态。其结果使中国飞机发动机的设计和生产能力,同罗尔斯·罗伊斯、普拉特·惠特尼、通用电器等公司生产的、作为大多数西方飞机动力的当代尖端涡轮风扇发动机之间存在着巨大差距……中国人自己判断,他们的航空发动机技术至少比西方落后20年……

这样一个巨大的差距是无法通过独立的、逐步提高的办法,或是通过进口一些先进的发动机充做样板来加以克服的……同汽车工业一样,航空工业要大幅度提高水平,只能来自国外的直接技术协助……引进将使中国在比较短的时间内前进10年……同西方最先进的涡轮风扇发动机相比,中国人至少还将落后12年。尽管如此,10年跳跃的实践结果将意味着,对他们未来飞机性能的一次关系重大的提高……努力的势头会超的初步地跳跃而继续下去,中国的独立设计和制造能力将会飞快增长。

先进的,就需要学习,在这个问题上,我们应该抛开意识形态问题。

教训是沉痛的。但是,中国并不是没有希望,相反仍有相当大的潜力可挖。事实上,70年代初,中国援助巴基斯坦的歼-6飞机发动机,经美英专家重新组装调试后,使用周期已经延长了一倍。

而且现在,中国和俄国的关系正重修于好,这就更加便于我们吸收别人的长处,制造出自己的优秀发动机,并能将已经替代歼-13的国产新型歼击机,能够没有遗憾地与F-16再争高下。

(八)轰-5 轰炸机

轰-5是一种亚声速轻型轰炸机,可以在各种复杂的气象、地理条件下遂行战术轰炸及攻击任务。由中国哈尔滨飞机公司参照苏联的伊尔-28改进研制。

轰-5轰炸机1966年9月首次试飞,1967年投入批量生产,1984年停产。乘员3人,动力装置为2台WP-5甲型涡轮喷气发动机,单台推力为26.5千牛。

该机翼展为21.45米,机长为16.77米,机高为6.20米。最

轰-5

大平飞速度为902千米/小时,巡航速度为696千米/小时,实用升限为12500米,最大航程为2400千米,起飞滑跑距离为980米,着陆滑跑距离为930米。

主要武器装备为3门航炮,炸弹舱最大载弹量为3000千克,最大起飞重量为21200千克。

(九)轰-6 中程轰炸机

轰-6中程轰炸机是中国西安飞机公司在苏联"图-16"的基础上研制的高亚声速中程战略轰炸机。

轰-6中程轰炸机1959年开始研制,后因故停止研制,1964年3月恢复研制,1968年12月原型机试飞,1969年起小批量生产,并很快投入批量生产。

轰-6的最主要改型有轰-6丁(反舰导弹发射机)和轰油-6(空中加油机)。轰-6丁1981年8月试飞,可以挂载2枚C-601反舰导弹。

运-7 运输机

机载乘员 7 人,动力装置为两台 WP-8 涡轮喷气发动机,单台推力 75 千牛。机长 34.8 米,翼展 34.2 米,机翼面积 167.55 米^2,机高 9.85 米,主轮距 9.78 米,最大平飞速度 1014 千米/小时,巡航时马赫数为 0.75。

正常起飞重量 72000 千克,最大起飞重量 75800 千克,正常载弹量为 3000 千克,最大载弹量 9000 千克。自卫武器为 7 门航炮,实用升限 13100 米,最大航程 6000 千米,起飞滑跑距离 1670 米,着陆滑跑距离 1655 米。

(十)歼轰-7 战斗轰炸机

歼轰-7 战斗轰炸机是中国完全依靠自己的力量自行研制的双座双发多用途全天候超声速歼击轰炸机,可用于攻击敌战役纵深目标,攻击交通枢纽、前沿重要海空军基地、滩头阵地、兵力集结点等战场目标。由中国航空工业总公司西安飞机设计研究所设计,西安飞机工业(集团)有限责任公司生产。

歼轰-7 战斗轰炸机 1984 年开始研制。1988 年 12 月 14 日在阎良首飞成功,1998 年珠海航展上首次露面,现已装备中国海军航空兵。

该机机载乘员两人,机长 22.32 米,翼展 12.70 米,机高 6.57 米,最大平飞速度时马赫数为 1.7,最大起飞重量 28475 千克,最大外挂 6500 千克,作战半径(正常载弹)1650 千米,转场航程 3650 千米。

机载武器共 7 个外挂点。可挂载 C-801/802 反舰导弹,PL-5 系列格斗导弹、炸弹、火箭弹等。另有 1 门双管 23 毫米机炮。动力装置为斯贝-202 涡轮风扇发动机(国产型称为"涡扇-9"),推重比 5.05。

雷达与电子设备为多功能脉冲多普勒火控雷达,有较强的下视能力和快速识别目标能力。KF-1 型自动飞行控制系统,可实现自动驾驶、自动领航、航向预选、火控交联控制及高度底限等功能。另外该机还设有 GPS 卫星导航系统和综合电子干扰系统。

(十一)运-7 运输机

运-7 是中国西安飞机公司研制生产的双发涡轮螺旋桨运输机。第一架原型机 1970 年 12 月首飞,生产型于 1984 年 2 月首飞,不久后交付使用。军用型编号为运-7H。运 7 运输机安全性能极佳,曾于 1982 年 4 月进行了国内首次高难度的单发起降试飞,并取得成功。

运-7 驾驶舱 3 名空勤人员,客舱 13 排座椅,共 52 个座位。动力装置为 2 台东安发动机公司 WJ5A-1 涡轮螺旋桨发动机,起飞功率 2×2133 千瓦。翼展(含翼尖小翼)29.637 米,机长 23.708 米,机高 8.553 米,机翼面积 74.98 米^2,展弦比 11:7,机舱长×宽×高为 10.50 米×2.8 米×1.9 米。

使用空重 14900 千克,最大起飞重量 21800 千克,最大着陆重量 21800 千克。最大平飞速度 518 千米/小时,最大巡航速度(高度 4000 米)484 千米/小时,经济巡航速度(高度 6000 米)423 千米/小时,海平面最大爬升率(总重 21800 千克)808

米/秒,实用升限(总重 21000 千克)8750 米。

最大载重航程(52 座)910 千米,最大油量航程 2420 千米。主要机载设备有通信设备有柯林斯公司的两套 618M-3 甚高频电台和一台 628T-3 高频电台,桑特斯特朗公司 AV-557C 驾驶舱话音记录器,导航设备有两套 E11SI-74 电子水平状态指示器、FGS-65 飞行导引系统、双套 51RV-4B 伏尔/仪表着陆系统,另外配有 621A-6A 空中交通管制应答器、普里马斯-90 彩色气象雷达及 KJ-6A 自动驾驶仪等。

(十二)运-8 运输机

运-8 运输机是一种中程多用途运输机,主要用于货运、空投、空降、救生等。由中国陕西飞机公司和西安飞机公司设计制造。

运-8 原型机于 1974 年首次试飞,1980 年投入批量生产。机载乘员 6 人,动力装置为 4 台 W 涡-6 涡轮螺旋桨发动机,单台最大功率为 3124 千瓦,采用可自动顺桨、自动变距的 m-G13 型螺旋桨。

该机翼展为 38.0 米,机长为 34.02 米,机高为 11.16 米。螺旋桨直径为 4.5 米,最大起飞重量为 61000 千克。最大平飞速度为 662 千米/小时,巡航速度为 550 千米/小时,升限为 10400 米,爬升率为 600 米/分(海平面),最大续航时间为 10 小时30 分,航程为 5620 千米。起飞滑跑距离为 1270 米,着陆滑跑距离为 1050 米。

装备两门自卫机炮。驾驶舱有正副驾驶员、领航员、通信员和空中机械师、尾部有射击员,驾驶舱后的气密段座舱可乘坐随机货物押运人员 14 名,有热空气加温和低空通风设备,其供氧系统可供 102 人使用 3 小时 10 分钟。其后为非气密段货舱,可装运包括卡车、直升机等大型装备在内的各种物资加吨,可送%名全副武装士兵或 82 名伞兵,或 60 副担架伤员和 23 名轻伤员加 3 名医护人员。

主要机载设备有短波和超短波通信设备、多普勒导航系统,无线电罗盘,无线电高度表,自动领航仪等,可保证飞机昼夜安全飞行。

(十三)中国歼教-6 教练机

歼教-6 是中国沈阳飞机公司在歼-6 基础上改型设计的超声速教练机,主要用于培训歼-6 飞机的飞行员,或执行其他双座飞行任务。

歼教-6 于 1966 年开始研制,1970 年首飞,1973 年 12 月定型并投入批生产,到1986 年共生产 634 架。动力装置为 2 台 WP-6 喷气发动机,单台加力推力为 31.9千牛,最大推力为 25.5 千牛。翼展 90 米,机长(不计空速管)12.915 米,机高 3.885米,机翼面积 25 米,机翼后掠角(25%翼弦处)55°,主轮距 4.159 米,前主轮距 4.398 米。

空重 5625 千克,正常起飞重量 7420 千克(最大 8932 千克),机内载油 1570 千克,外挂油量 2748 千克。最大平飞速度(高度 5000 米)1320 千米/小时,巡航速度(高度 12000 米)800 千米/小时,实用升限 16000 米,最大爬升率(高度 5000 米)

115 米/秒,续航时间(机内燃油)1 小时,起飞滑跑距离(加力)750 米,着陆滑跑距离(放减速伞)9.34 米。

主要机载设备有一套机内通话器,机头罩右上方装有航空照相枪、全罗盘、信标机及无线电高度表。武器装备为机身上的一门航炮,机翼外伸梁上可挂一对火箭发射器。

(十四) 中国 K-8 教练机

K-8 教练机是我国与巴勒斯坦联合研制的新型中、高级教练机,由南昌飞机制造厂生产。该机可完成起落、空域特技、航行编队、仪表飞行、夜航、螺旋飞行等训练科目,而且可以担负武器使用训练任务。

K-8 于 1991 年首飞成功。最大平飞速度为 800 千米/小时,升限 13600 米,最大航程 2300 千米,最大起飞重量 4400 千克。K-8 可安装机炮吊舱,再通过增加挂点,即可挂炸弹或火箭弹巢等武器。座舱内安装有计算机控制的瞄准系统。

K-8 装有先进的飞行仪表,数据通过大气计算机收集,显示屏上将显示出飞机的高度、速度、飞行姿态、航向等参数。K-8 还安装有盲降系统(仪表着陆系统),可以帮助飞行员在复杂的气象条件下着陆。根据不同的要求,K-8 还可选装电台、GPS 导航系统等。K-8 的主要特点是油耗低、寿命长、安全可靠、噪声小、可维护性高、后勤保障人员少。

(十五) 中国 D-2 无人机

D-2 是中国西北工业大学研制的低空低速小型遥控靶机。其特点是体积小、重量轻,操纵简便、使用经济。该机用普通汽车汽油作燃料,主要用作中小型高炮射击训练。1966 年开始研制,1968 年首次飞行,1970 年成批生产,已生产数千架,目前仍在生产。

D+2 动力装置为一台:HS-280 四缸二行程气冷活塞发动机,额定功率 10.3 千瓦,木质双叶定距螺旋桨,直径 0.67 米。助推火箭推力 1.47 千牛。翼展 2.70 米,机长 2.54 米,机高 0.77 米。起飞重量 55 千克,最大载重 5:千克,燃油重量 6 千克。最大平飞速度 240 千米川、时,最大使用升限 3500 米,低空飞行高度 200 米,续航时间 50 分钟,无线电控制半径 20 千米。

D-2 借助火箭助推器在轻便发射架上零长发射起飞,被推到 30 米高度后,火箭自动脱落,飞机靠本身发动机继续爬升。

在 20 千米的范围内操作员可操纵飞机作等高直线飞行、爬升和俯冲及左右盘旋等机动动作,还可控制发动机功率、拖靶的施放与切断及转向程序控制与打开回收系统等。飞机用降落伞回收,飞机腹部装有滑橇减震系统和触地抛伞开关,防止有风时张开的伞拖坏飞机。

（十六）运-7 运输机

运-7 是中国在苏联安-24 型的基础上研制生产的双发涡轮螺旋桨中短程运输机。运-7 是西安飞机工业公司研制生产的双发涡桨支线运输机，于 1970 年 12 月 25 日首飞上天。

1966 年 4 月，西飞公司正式启动逆向仿制 70 年代引进研制安-24 的任务。第一架原型机首飞后，于 1977 年和 1979 年两次组织了飞机设计定型鉴定。

1980 年，运-7 完成换装大功率的涡桨 5A-1 型发动机的论证、设计、生产及鉴定试飞。新的发动机的功率由 2550 马力提高到 2900 马力，此外新的机体结构和性能显著提高。

1982 年 7 月 24 日，运-7 飞机经军工产品定型委员会批准设计定型，投入小批生产。在此之前成功地进行了单发起降试验。7 月 30 日，国家正式批准运-7 飞机设计定型。1984 年 1 月 23 日，中国民航局正式颁发运-7 飞机适航证。

1986 年 4 月，运-7 首航仪式在合肥举行，5 月 1 日正式向中国民航局交付，正式编入航班投入运营，打破了外国飞机垄断中国民航客运的一统天下。

1985 年 12 月 1 日，李鹏、姚依林以及国务院各有关部委负责人在首都机场乘坐运-7-100 型飞机，并就国产民用飞机的发展、零部件国产化和保护政策发表了讲话。万里曾指示"今后同类飞机不要再进口了"。但实际上，由于运-7 直至 80 年代中才真正形成批量规模，早已落后于国际水平，噪音和舒适性很成问题，民航和乘客都不喜欢运-7。截至 1992 年年底，各型运-7 已交付 85 架。

主要型号

运-7-100：是第一种运-7 的重大改型，合作方包括香港 HAECO 公司。主要改进包括改装电子设备、空调系统、内部装饰，加装了翼梢小翼，增加失速警告系统。驾驶舱改为三人体制，载客增加到 52 人。100 型可以满足在复杂气象条件下起飞、航行和进场着陆的要求。1987 年 4 月 23 日，运-7-100 型首飞沈阳-平壤国际航线。

运-7-200A：在继承原运-7 飞机安全性的同时，进行了"脱胎换骨"的全新设计，广泛吸收当代世界先进航空技术，大量采用国外技术成熟的先进成品。该型号从设计技术、结构布局、主要机载设备都做了重新设计，在发动机、导航通信设备及自动飞行控制系统、驾驶体制、座舱布局等方面都做了重大改进。

1993 年该型号首飞。1998 年 5 月 5 日，作为新一代支线客机的运-7-200A 飞机取得中国民用航空总局颁发的型号合格证，这是国产民用客机首次严格按照与国际标准接轨的中国民用航空规章 CCAR-25 的规定验证合格的飞机。

运-7-200B：是 200A 的改进型，1990 年 11 月 28 日首飞。该机加长机身，增大货舱容量；机翼修型；换装了机载电子设备。机长 24.448 米，机高 8.548 米，翼展 29.2 米，空重 14500 千克，最大起飞重量 21800 千克，最大商载 5000 千克，巡航时速 470 千米/小时满载航程 700 千米，(5 吨)满油航程 1800 千米，(3 吨)起飞距离

1190 米,着陆距离 1290 米,发动机两台涡桨-5E。

驾驶员 3 人,载客 52 人。涡桨-5E 由沈阳航空发动机研究所、哈尔滨东安发动机制造公司及美国通用电气(GE)公司合作研制。

运-7-H500:以运-7-100 客机作为基础,后机身以苏制安-26 飞机为样本发展的中程运输机,89 年底首飞。由于安-26 是军用型号,可以判断 H-500 型实际上是中国的军用型运-7。三人机组,货舱为全气密型,装有新型通讯导航电子设备和自动驾驶仪,跑道适应能力强,有全天候能力,并具有在高温、高原满载起飞的能力。飞机稳定性好、操纵性好,充分满足航空支线运输的要求。

新舟 60:是运-7 民用机中的最新型号,以运-7200 为基础。部分采用了世界先进水平的航空技术和成品。动力装置为加拿大普·惠公司的 PW-127J 自由涡轮式低油耗涡桨发动机,寿命 40000 小时,首次大修时间 7000 小时。油耗的降低使得新舟 60 的每座耗油成本接近国际先进水平。

运-7 长航程型:2001 年 3 月 1 日,运-7 长航程改型完成了验证试飞项目。运-7 长航程型飞机 1998 年 7 月开始研制,1999 年 12 月 25 日首飞。该改型采用了"飞豹"、运-7 货运型机、水轰-5、"新舟"60 等飞机的成熟技术。运-7 长航程型飞机可以成为能执行专用公务机、海岸警戒、预警、边界巡逻、海上搜索救援、污染监控、反走私及偷渡、海上运输护航、巡逻反潜等任务的多用途飞机。

性能数据

机长 24.31 米
机高 8.891 米
翼展 29.2 米
最大起飞重量 24000 千克
最大商载 5500 千克
巡航时速 420 千米/小时
满载航程 614 千米(5 吨)满油航程 1976 千米,(3 吨)
实用升限 8500 米
发动机 2 台 WJ-5A-1
驾驶员 3 人

(十七)运-8 运输机

运-8(Y-8)运输机由中国陕西飞机制造公司研制,为中型四发涡轮螺桨中程多用途运输机,该机可用于空投、空降、运输、救生及海上作业等多种用途。原型为苏联安东诺夫设计局设计的安-12 飞机(北约代号"幼狐",1956 年首次试飞,1958 年投入批生产并交付使用,1973 年停产)。

运-8 运输机起飞重量 61 吨,航程 5600 公里以上。运-8 基型的机体为全金属半硬壳结构,采用平直梯形悬臂式上单翼,低阻层流翼型。装有 4 台涡桨 6 型发动机。运送货物时一次能运载 2 辆卡车或散装货物 20 吨,运送人员时一次可乘坐全副武装士兵 96 名,可空降伞兵 82 名。货舱内可安装 60 副担架床,一次可转运重伤员 60 名、轻伤员 23 名,还可随乘 3 名医护人员。

研制背景

空军成立之初,部分边疆偏远地区如西藏还未解放,由于这些地方地形复杂,地面部队通行困难,因此需要空中运输支援,为此空军利用缴获、起义的美制 C-46 等型号运输机组建了运输航空兵。空军运输航空兵组建不久就成功支援地面部队解放西藏,捍卫了国家主权和领土的完整。

由于当时西方国家的禁运,空军运输航空兵逐渐用前苏制运输机替代原来的美制飞机。1966 年为提高空军运输航空兵空运能力,我国引进了苏联安-12B 型军用运输机,但此时中苏关系业已紧张,继续从苏联引进的可能性已经较低,因此空军决定研制大型运输机。

当时提出了两个方案:第一方案,以苏联安-12 为样机进行测绘设计,这种飞机的特点是发动机功率大,载重量大,油耗小,经济性好,由于此前有关单位已根据部队的要求,开展了前苏制飞机零配件的国产化,因此器材成品可立足国内,试制的可行性好;第二方案是以美国 C-141 为参考样机,自行设计,这种飞机载重量大,飞行速度快,结构工艺先进。

但这个方案所需要的材料工艺国内一时难以满足,特别是缺乏先进的涡扇发动机,因此空军经过评估后认为第一种方案较为现实,经过努力,可以在短时间内拿到飞机。

1968 年有关部门向西安飞机研究所、西安飞机厂下达了测绘仿制安-12B 运输机的任务,飞机编号为运输 8 型运输机,简称运-8,1972 年完成首架运-8 飞机的组装,1974 年首飞成功,此后为备战、加强三线建设的需要,国家将运-8 的试制任务交给了新成立的汉中的陕西飞机厂,1975 年由陕西飞机厂试制的运-8 机首飞成功,1980 年运-8 通过设计定型,并批准投入批量生产,1985 年运-8 获得国家科技进步一等奖。

研制过程

1968 年,航空工业部下达运-8 运输机研制任务,原是航空工业"三五"计划的重要目标。1969 年初,西安飞机厂以苏制安-12 飞机为原型进行设计,历时二年多完成了设计。

1971 年首批 3 架投入生产,1974 年 12 月 25 日,01 号原型机首次试飞成功,随后用于静力试验。最初运-8 由西安飞机工业公司负责设计,1970 年,陕西开始三线建设,在汉中地区建设运-8 运输机生产基地。

1972 年决定西安飞机工业公司将 02、03 号两架原型机散装件、技术资料和专用部分工艺装备等,转交陕西飞机制造公司,继续进行试制。02、03 号原型机分别在 1975 年 12 月、1977 年 1 月试飞成功。

1980 年 1 月运-8 设计定型转入小批量生产。1969 年开始在轰-6 的 PX-1 炮塔系统的基础上,为运-8研制PX-3尾炮塔系统,1986年决定取消运-8尾炮塔,运-8不再装备尾炮塔。1985年,运-8运输机荣获国家科学技术进步一等奖。

技术特点

运-8运输机采用平直梯形悬臂式上单翼,双梁箱式结构,低阻层流翼型。机翼由中央翼、中外翼和外翼三部分组成。

机翼安装角4°。相对于中央翼,中外翼有1°上反角;相对于中外翼,外翼则有3°下反角,呈"海鸥"式,使飞机在颠簸气流中仍有良好的动态品质。

增升装置采用双缝后退式襟翼。襟翼外侧为差动式副翼。中外翼前、后梁之间共安置26个软油箱,中、外翼内部为结构整体油箱。采用普通梯形尾翼,舵面均为手操纵,有较大的轴式补偿和调整片及随动补偿片。

运-8运输机的机体为全金属半硬壳结构,分前、中、后、尾四段。前段前半部是驾驶舱。配有正、副驾驶员、领航员、通信员和空中机械师座席,机组乘员包括尾炮射击员共6人。后半部为可乘坐14名随机人员的押运舱。机头罩为带框架的有机玻璃,便于领航员观察。机身整个前段为密封舱。

中段为货舱,地板下有前、后副油箱舱。货舱总容积为123.3立方米。货舱为非气密舱,有加温和低空通风设备。后段的前部是货舱大门,后部与尾翼相连。尾段也为密封舱,设有射击员座席。

货舱装有多种装卸工具。用于运送物资时,机上装有两台电动绞车,单台拉力15吨,可将大型货物拖入货舱。中小型货物可用机上2.3吨的梁式吊车随意搬动。

可装载国际标准A型集装箱4个或M型集装箱4个,或G型集装箱两个;卡车可由随机货桥直驶货舱,可装两辆。货舱地板上设有系留装置。运-8可空投1、2、4及6米规格的空投平台,空投单件最大重量7.4吨。

机上设有滚棒装置、侧导轨,保证投货平台出机时间不大于6秒钟。运送人员时可迅速装上座椅,机上还设有跳伞钢索等空降设备。货舱内可安装60副担架床,可转运伤员。

运-8运输机采用前三点起落架,前起落架有两个机轮,起飞后向后收入前起落架舱内。主起落架为四轮小车式,分左、右两组,各有4轮,每轮各有一液压刹车装置,装有新颖的盘式刹车机构。均采用低压轮胎,可适应草地、雪地、砂砾地等简易机场起降的要求。

动力装置采用4台株洲南方动力机械公司的涡桨-6(WJ-6)涡轮螺旋桨发动机,配用自动顺桨、自动变距的J17-G13型恒速可顺反桨型号螺旋桨。单台最大功率3120千瓦(4250当量马力)。

机上液压系统由装有左右两套独立的系统和电动泵、手摇泵组成。两套系统单独工作,又可由连通开关接通,互为备用。当飞机在空中因故障使液压油漏光时,机上燃油亦可代作液压油使用。供电系统有直流电源和交流电源及备用蓄电池。

气密舱内的高空设备,可自动保持舱内压力、温度和通风,自动控制舱温在

16~26℃范围内。飞机货舱为非气密舱,但有热空气加温和低空通风设备,冬季外场温度0℃时货舱可保持在10℃以上。氧气系统分气密舱和非气密舱两套。气态氧源储于玻璃钢气瓶中,总容积810升,可供102人使用3小时10分。

燃油系统由供油、压力加油和通气三部分组成。防冰系统分热空气防冰和电加温防冰两种,热空气防冰用于机翼前缘及发动机进气道前缘等部位,电加温防冰用于尾翼前缘、螺旋桨前缘及风挡玻璃等部位。

运-8运输机装备电子设备包括短波和超短波指挥电台、无线电罗盘、无线电高度表、航行雷达、多普勒雷达和自动驾驶仪。这些设备确保了运-8在复杂气象条件下昼夜安全飞行。通信设备包括DS-3、DF-2短波收发机、JDT-1短波单边带电台、CT-3超短波电台、JT-6A机内通话器等。

导航系统为多普勒导航体制,由HZX-1航向姿态系统、BXW-2转弯仪、ZDP-1地平仪和KJ-6C自动驾驶仪等组成。还有WL-7无线电罗盘、WG-3无线电高度表、XS-6信标接收机等供远程导航用。装有HL-3自动领航仪,可通过自动驾驶仪控制飞机沿预定的航线飞行。

DPL-1多普勒雷达、HAL-2航行雷达与HL-3、HZX-1、WL-7等配套使用,可保证飞机昼夜安全飞行。还有WJ-2A护尾器、WD3敌我识别器等自卫装置。

原本为运-10飞机配套而研制的201多普勒导航雷达和627A导航计算机,后来也被运-8采用;于1979年后装在空军安-12、运-8和海军别-6飞机上使用,201雷达是参照国外样机设计,还单独装在轰-5上使用。

主要型号

运-8运输机有以下改进型号:运-8基本型是军用战术运输机;运-8A("黑鹰"直升机载机)、运-8B(民用型)、运-8C(全气密型)、运-8D(出口型)、运-8E(无人机载机)、运-8H(航空测量型)、运-8F(改进货运型)和运-8J(雷达警戒机)、运-8X(海上巡逻机)。运-8还改装了用于电子侦察或电子战的型号以及雷达实验机(079号)。

运-8基本型是军用战术运输机,具有战术运输机的各种特点。尾段为气密舱,装两门自卫机炮,设有射击员座席。

运-8A:直升机载机,用基本型改装而成。运-8A是我国购买的美制S-70"黑鹰"直升机的载机。

运-8民用型货机型号,1985年根据货运航空公司的订货要求改装,比基本型空机重量减少1700千克,从而可以增加货物或增加航程。

运-8C:将非气密货舱改为全气密舱,因此货舱内可运载鲜活货物。1985年完成方案论证。1990年12月首飞,1992年12月设计定型。

更大的可能是要令货舱具有容纳指挥、设备操作人员的能力。原本的内开式货舱大门改称了下开式货桥形式,装卸更加方便快捷。空调系统进行了改进。C型对运-8系列改进成客机、专业机种平台提供了基本条件。

运-8D:出口型号,货舱内增加了简易座椅,主要用于空运乘客和货物。运-

8DI 型则是 D 型的改型。

运-8DⅡ型进一步对货运导航、通讯和雷达等设备进行了改进，电子设备达到了国际 20 世纪 80 年代末期水平。因此符合全球各地机场和空中管制通用标准。

改进的设备有：·Collins 公司飞行指引系统（FDS）、大气数据系统（ADS）、近距导航和着陆系统（VOR/ILS）、比较告警系统（CWC）、空中交通管制应答机（TDR-90）、超高频电台（VHF22B）；·Honeywell 公司磁航向基准系统（MHRS）、垂直陀螺（VG）、彩色气象雷达（P-400）；·Litton 公司奥米加/甚低频全球导航系统（LTN-311）；·Bendix/King 公司高频通信系统；·Sundsstrand 公司飞行记录仪（UFDR）、座舱音频记录仪（CVR）。

运-8F：运-8 的重大改进型。1993 年 12 月，该机获得中国适航当局颁发的型号合格证，1994 年 12 月取得生产许可证（PC）。该型号成为我国第一个取得型号合格证的货运飞机。

运-8F100：运-8F 改进型，1995 年 7 月取得中国适航当局颁发的型号合格证（TC）、1995 年 11 月取得生产许可证（PC）。

机上换装部分电子设备，重新设计货运系统，并首次按 CCAR25 部适航要求进行全面改装。采用彩色气象雷达、空中交通管制系统、飞行仪表系统、仪表着陆系统、测距器、全球定位导航系统、飞行数据记录仪、高频和甚高频电台等设备。

该机在复杂、恶劣条件下的全天候安全飞行能力有较大提高。该机可运送 19 米超长货物，运载标准集装箱时可以采用三种布局。

货桥大门在装卸货物时，与地面夹角不大于 16.5 度，可保证机动车辆和牵引设备直接上下。也可将货桥大门与地面装卸车对接，利用机上滚棒系统快速装卸货物或集装板。车辆能够从辅助货桥直接驶入货舱。货舱配有货运系留设备和货物拦阻网。

运-8F200：1997 年 7 月取得中国适航当局颁发的型号合格证（TC），可装运 4 块 96125 英寸或 88125 英寸标准集装板。

运-8F400：运-8F 系列改进民用机型。在 F 型的基础上，运-8F400 驾驶舱采用了三人驾驶体制。F400 型主要用于货运，可空运散装、集中活集装货物，最大商载 15 吨。

货舱可运载 A 型或 M 型国际标准集装板 4 块，可装运长达 19 米的超长货物。货舱为气密舱，机组人员可利用一台机内手动梁式吊车进行散装货物的装卸或搬动，吊车最大起吊重量为 1000 千克。

运-8F600：运-8F 系列改进型号。运-8-F600 飞机是由运-8F400 和运-8F100 飞机发展而来的，2000 年 11 月 8 日，陕飞与乌克兰、法国两家公司签署了运-8 飞机技术合作协议帮助以改进飞机。

运-8 还有一些特种型号：

运-8E：无人机载机，是长虹-1 无人机载机。

运-8x 海上巡逻改型，在基本型上改装。机头下加装了 APS-504（V）搜索雷达、单边带电台、"赖顿"惯导系统、"奥米加"导航系统，以及国产自卫告警系统、红外搜潜系统、声纳浮标、电视红外摄影机、救生艇等。该机主要用于海上巡逻、监视、反潜等。

运-8 雷达电子试验机,用于空中电子设备试验。该机是一种为满足国内机载雷达及航空电子系统飞行试验需要而研制的专用飞行平台,其总体构想是在尽可能接近原型机真实飞行环境下,满足雷达及航电系统空中试验、调整及验证、鉴定的人机环境试验要求。

运-8 雷达电子试验机由中国飞行试验研究院与其他有关单位合作在 20 世纪 90 年代初期开始研制,1999 年完成飞机总装,1999 年 8 月首飞成功。

运-8"平衡木"式预警机。据称"平衡木"式预警机以运-8 新改型为载机平台,机身顶部安装一具约为机身 1/3 长度的"平衡木"式相控阵预警雷达。为配合预警机的需要,运-8 改型采取了换装发动机、机翼改整体油箱、新型环控系统、新型液压系统等改进措施。新改型被称为"运-8 飞机改进改型史上改动量最大、难度最大的一项研制任务"。

以运-8 改型为载机平台还研制了另一种常规布局机身背部配备有一个传统的旋转雷达天线罩的预警机,可能只是一款备选型号。

运-8 还改装了用于电子侦察或电子战的型号。

技术数据

外形尺寸
翼展 38.0 米
机长 34.02 米
机高 11.16 米
展弦比 11.85
机翼面积 121.86 米 2
主轮距 4.92 米
前主轮距 9.58 米
螺旋桨直径 4.5 米
内部尺寸
货舱
长度 13.5 米
宽度 3.0~3.5 米
高度 2.4~2.6 米
重量数据
最大起飞重量 61000 千克
最大着陆重量 58000 千克
空机重量 35488 千克
最大载油量 22909 千克
最大有效载重 20000 千克

性能数据

最大平飞速度 662 公里/小时

最小飞行速度 248 公里/小时

巡航速度 550 公里/小时

起飞离地速度 238 公里/小时

着陆速度 240 公里/小时

海平面爬升率 10 米/秒

升限 10400 米

最大续航时间 10 小时 30 分

起飞滑跑距离 1270 米

着陆滑跑距离 1050 米

升限 10400 米

最大续航时间 10 小时 30 分

航程 5620 千米

(十八) 直-7 直升机

20 世纪 70 年代初,中央开始部署我国重型直升机的研制项目,当时的中央军委副主席叶剑英元帅指示的目标很明确,要求这种直升机可运载一个排的兵力,这型直升机后来被命名为直-7。直-7 采用六片桨叶的旋翼系统,装两台 792 涡轴发动机。设计指标为:最大起飞重量 14400 千克,有效商载 3500 千克,最大速度 240 千米/小时,航程 350 千米,实用升限 5000 米。

操纵系统

我们直-7 研制人员按当时的编制,被称为"直-7 连"。由于当时正处于"文化大革命"中,各种条件都比较差,全连大约 70 多位男同志,就住在一个很大的房子里,一个大通铺,人挨着人,设计室则设在试飞院大礼堂里。

我主管的是直-7 航向操纵系统的设计。航向操纵,用行话说就是脚操纵。蹬左脚,机体向左转弯,蹬右脚,机体则转向右方。由于长时间转向,飞行员会很疲劳,于是,我们就用电动助力机构代替飞行员蹬脚操作。后来,我们选择了耗电量小、尺寸小、重量轻的 DG-25F 型电动机构。

无论是固定翼飞机还是直升机,操纵面所需的操纵力矩均很大,单靠人力是难以实现的,这时就要用到液压助力器。操纵线从脚蹬出发,通过多个支架、摇臂和拉杆的连接,最后系接到助力器上,只要轻轻地推一下操纵杆或蹬一下脚蹬,助力器就会产生 1000 千克左右的力,灵活地控制整个直升机的飞行。

操纵直升机时,各个拉杆、摇臂都在空间运动着。当然,这种规律性的运动,可以通过计算机精确地计算出来,但结果并不直观,很难进行整体协调,稍有疏忽,拉杆或摇臂就会碰到机体其他部分,甚至被卡死,这样造成的后果不堪设想。

于是,设计中的首要技术问题,就是精确测量各个拉杆、摇臂的运动轨迹。在精确测量各个拉杆、摇臂运动轨迹的方法中,当时国外流行的是划模线图法,即在常年恒温的模线室里仔细画出每个操纵摇臂及操纵拉杆在各种操纵状态下的运动位置图。

这样的话,各个系统的设计工程师可从该图上一目了然地看出操纵系统的运动是否会影响其他系统的工作。限于当时的条件,我们在五合板上完成了运动模线图测绘。由于设计中发生了多起系统不协调现象,最后,我们在钢板上绘出了各个操纵线系的运动模线,保证了操纵系统的安全设计。

拉杆计算

直升机上面有许多动部件,如发动机、旋翼、尾桨、自动倾向器等等,这些部件使直升机的振动问题尤为突出。因此,操纵系统中的每根拉杆,其固有振动频率都要避开这些运动部件转速的整数倍,以免发生共振。因为一旦发生共振,就会直接影响操纵系统的功能及其操纵效率,为此,直-7操纵系统的数十根拉杆,都进行了其固有频率的计算。

直升机各操纵系统中的拉杆,是系统中的主要构件,首先需要保证它在工作中具有一定的静强度,换言之,绝不能在使用中被拉断。操纵系统的拉杆,其受力状态不是拉力、就是压力,力学上把这种情况称为"二力构件"。在受到压力时,就可能产生一个现象,即"失稳现象"。

什么是"失稳现象",这很好解释,找一根细细的木棍,将其一端放到地上。另一端置于手掌心,然后慢慢用力压这根木棍,当加力到一定大小时,木棍就自然而然地弯曲了,这就是"失稳现象"。直-7上较长的拉杆一米有余,受到的压力可达几百千克,如果不计算一下其失稳的载荷,会留下安全隐患。最后,我们将所有拉杆的失稳载荷都计算了一次,以确保安全。

有一次,我到空军一个飞机修理厂出差,发现车间里有许多操纵拉杆,经询问修理厂的主管领导,原来这些拉杆都是在飞机大修时换下来的。我仔细观察了一下这些拉杆,发现每根拉杆上面都有非常清晰的裂纹,而且裂纹都集中在拉杆铆接孔周围。很显然,飞机飞行中,这些拉杆受到了较大的交变载荷,所出现的裂纹就是疲劳裂纹,如果检修不周,这些裂纹造成的后果会具灾难性。

这次经历给了我深深地触动,回到阎良后,我把设计图纸反复检查了一遍,并向领导提出建议,在操纵系统的每根拉杆两端都进行喷丸处理,也就是通过一套设备,将小钢珠喷打到拉杆上。这样做,虽然工艺复杂一些,但可以延缓拉杆的疲劳破坏,延长拉杆的疲劳寿命,确保飞行安全。

动态试验

1971年夏,中央下达了"718"工程,即我国准备研制洲际弹道导弹,这是一项关系到国威、军威的重大决策。但是,护航、打捞舰船及直升机均要求由我国自己制造。当时的形势是"弹等舰、舰等机",就是说导弹研制进度有保证,就等着舰船,而舰船方面也没问题,就等着直升机。

而这个直升机，就是我们当时正在加紧研制的直-7。在当时这种背景下，直-7要上舰令我们兴奋、自豪，但又深深地感到压力之大。由于直-7是两个单位联合研制，考虑到工作方便，上级决定组建直-7研制指挥部办公室，简称直-7办，我被选调到直-7办技术组工作，主管直-7的66项各种试验。

会骑自行车的人都知道，自行车的把手既不能太活，又不能太死。太活，自行车很难掌握；太死，转起弯来十分别扭，这就是操纵性和稳定性协调最生动的一个典型例子。对直升机来说，如果一个操纵系统的动态特性不好，例如，当飞行员需要拉起直升机时，轻轻一拉杆，整个机体未见动静，飞行员只得进行第二次操作，这一工作还未进行完，直升机对第一次操作才开始反应。

这样，飞行员又觉得拉得过头了，又得压杆，压杆第一次不见效，又得实施第二次操作。如此这般的恶性循环，不仅会给飞行员造成直升机很难驾驶的感觉，严重时还会造成飞行事故。飞机研制中有一个棘手问题，即空中飞行时的"飘"或"摆"，其原因也是如此。所以，整机操纵系统的动态试验是直升机研制中必不可少的重要环节。

直-7操纵系统的整个操纵线系由许多零件如轴承等组成，各零件之间不可能密不透风，因而存在着间隙，各零件之间又要进行相对运动，所以各零件之间又有摩擦力存在，这些间隙、摩擦力的存在，统称"非线性因素"，它们对操纵系统的性能及对整架直升机的影响，丝毫不能低估。

直-7操纵系统的动态试验包括跟随性试验和阶跃性试验。在跟随性试验中，先在驾驶杆上施加一个正弦力信号，测出操纵面的运动情况，并把给出信号和接收到操纵面反应时的时间差记录下来。

通过两种信号的比较，确定出这一操纵系统的跟随性如何，但要符合既定的标准，即操纵面的反应既不能太快，也不允许过于滞后。

阶跃性试验中，先在驾驶杆上给一个突发的力信号，测出操纵面的反应。一般情况下，突然给一个力，操纵面也会突然动一下。但实际上是大动一下后，然后慢慢趋于平稳。操纵系统的设计，要求突发力撤去后，操纵面整个运动过程时间不能拖得过长，要符合一定的标准。

当跟随性和阶段性都达不到标准时，为使整个直升机既要有好的操纵性，又要有很好的稳定性，就要分析原因，修改设讯这项试验当时在国内是首次进行，直-7由于尚处于研制阶段，因此我们将直—5（即苏制米—4直升机）作为原型机，先对它进行试验，以积累数据和经验。后来在直-5的动态试验基础上，对直-7的动态试验做得相当成功。

静力试验

直-7航向操纵助力器支架是用镁铝合金制造的。由于线系的几次修改，支架形状变得很奇特，将来能否正常工作，不经过试验，根本无法确定。于是，我们就让工厂按图纸生产了一个试验件，按要求加工后，再将试验件带到中国飞机强度研究所进行静力试验。

这项试验虽然较小，但仍按要求和流程严格执行，首先将力加载到设计载荷的67%，然后退载到零。用仪器检查试件，其结果完好无损，第二次加载到设计载荷的100%，然后退载到零，再次检查，依然完好无损，说明其能正常工作。

第三次进行破坏试验，当指挥员刚说完"加载至105%"时，助力器支架被拉断了，与预期的目标完全一致。试验表明，虽经多次修改，但设计仍然是成功的。

还有一项静力试验值得一提，即直-7全机静力试验。飞机各种承力部件在设计中有一个非常重要的问题，即安全系数的取值。一般情况下，安全系数都取1.5，即如果要使自己设计的产品结实并实现一定的功能，就要使产品的承载能力大于正常的使用载荷，两者之比即安全系数。

1978年8月，直-7其中一架样机在某研究所静力厂房进行了静力试验，当加载到原设计载荷约130%时，机体才被破坏，用一句行话来说，这架飞机设计得太结实、太强了。

黯然下马

起初，中央对直-7的研制很重视，并寄予厚望。但由于种种原因，1979年6月28日，国家决定直-7重型直升机研制工作停止，直-7仅生产了两架原型机就下马了。尽管直-7项目下马，但直-7研制的许多成果为后来成功研制出的直-8重型直升机打下了基础，也填补了我国未研制过重型直升机（10吨级）的空白。

（十九）直-8直升机

旋翼直径：18.90米机长：23.05米机身长：20.27米机高：6.66米

发动机：3台1550马力涡轴发动机。

最大平飞速度：315千米/小时

最大巡航速度：266千米/小时

空重：7095千克空重（装备）：7550千克

起飞重量：9000千克

实用升限：6000米

最大航程：830千米

续航时间：（最大标准燃油、单发停车、无余油）2小时31分钟

概述

直-8（Z-8）是中国直升机研究所与昌河飞机制造公司以法国SA321"超黄蜂"直升机为蓝本开发的一种中型多用途直升机。1985年12月首次试飞。该机主要用于人员物质运输，边防巡逻，通信联络，伤员救护，搜潜攻潜。

直-8是中国直升机设计研究所与昌河飞机工业公司共同研制生产的多用途中型直升机。该机于1976年开始研制，首架原型机于1985年12月首飞，首架生产型直-8于1989年交付中国海军航空兵使用。直-8不仅可以陆基使用，而且可

以舰载使用。在反潜、反舰作战中,机上可装备吊放声纳、搜索雷达,并发射鱼雷或导弹。

直-8采用了常规的直升机总体布局,单旋翼带尾桨。旋翼为6片矩形胶接全金属桨叶,桨毂铰接式,装有挥舞铰、轴向铰和带液压减震的摆向铰。位于尾翼顶端的尾桨共5片。为适应水上用途,采用船形机身,水密舱,两侧有固定水陆两用短翼浮筒,可以进行水上起降。

在陆上采用不可收放前三点式起落架。直-8采用3台涡轴-6型发动机,两台在减速器前,一台在后,单台最大起飞功率1128千瓦(1.550马力)。机内主油箱由3组8个软油箱组成,总有效容积3900升。燃油箱及相关舱室均有通风系统,每组油箱有一个重力加油口,位于机身左侧。

直-8可载运27名全副武装的士兵,此时航程700千米,最大载重情况下可载运39人;也可以载运一辆BJ-22吉普及有关人员;或装载3000公斤货物飞行500千米,或外挂运送5000千克货物到50千米外的目标区域,然后返回原地。用于救护时直-8舱内可载15名伤病员及担架,以及一名医护人员。执行搜索救援时,机上可装备一台液压救生绞车和两只救生艇,在陆地和海上执行救援任务。

(二十)武直-9直升机

新型的国产武装直升机——武直-9(WZ-9)。其出口型的编号为[Z-9G]。

这种直升机秉承了直-9的一切优点,其主要挂载有红箭-8反坦克导弹,23毫米航空机炮吊舱和多口径火箭发射器。作为一种多用途武装直升机,武直-9不仅可以反坦克,压制地面火力,还可运送步兵直接攻击并占领目标,当然它也可进行直升机空战。

武直-9采用了类似OH-58D的顶置瞄准具,使它可以隐蔽地观察和瞄准目标,而不必暴露机身。1996年的珠海航展上,中国的613所已经展示过这种瞄具。

武直-9直升机

武直-9的动力,飞航系统十分先进。函道式尾桨,极大提高了贴地飞行的安全性。这对多数时间在超低空擦树梢飞行的武装直升机来讲是很重要的。武直-9机上的柔性桨叶在技术上相当先进。它还有两套独立的液压系统,提高了直升机的战斗生存力。

武直-9由于携带大量外挂,机重也无可避免地增加,为了减轻重量,武直-9的机体最大限度地采用了复合材料,不但减轻了重量,也使它的最大航程非常惊人,达到1,000公里,同时自导仪和GPS系统等精密飞航系统使得像横跨台湾海峡这样的飞行十分轻松。

但是武直-9也存在着重大缺陷，微薄的装甲和缺少夜战能力使得这种直升机在最近和将来都不会大量装配部队。如果武直-9只是一个过渡期产物的话，那么究竟中国下一代的专职武装直升机是个什么样子呢？

武直-9其实在中国陆航并不是新丁，早在1989年，它就成功地完成了"红箭-8"的试射。几年前，中国军队报刊上就几次刊登过武直-9和直-9在一起的照片，不过那时人们没有注意到就是了。

武直-9和不具备攻击能力的运输型直-9外观设计上没有什么大分别，远看则完全一样，这是它的一个重要优点。将来中国军队可以借此发动突袭。前些年中国军方对武直-9严格保密可能就是有这种考量。

综合直-9所具有的灵活性好，飞航动力系统较先进，航程大等优点，直-9绝对具有进一步开发成为专职武装直升机的潜力。

（二十一）武直-10直升机

武直-10直升机是中国自主开发研制的第一款专用型武装直升机，以反坦克作战为主要任务，具有优异的作战性能，技术含量高，火力强大，航电系统先进，其总体性能已达到国际先进水平。

武直-10直升机全长约14.15米（旋叶转动时），高约3.84米，最宽处（包括短机翼）约4.35米，采国际流行的纵列式座舱布局，窄机身，后三点式防冲撞起落架；主桨由5片全复合材料桨叶构成，直径约为12米，尾桨为4片弹性玻璃纤维宽叶。

采用传统布局的武-10同美制RAH-66相比，不具备雷达隐身的气动结构，而是通过大量采用吸收雷达波长的复合材料和涂装来缩短被敌人发现的距离，同时也达到减轻飞机重量的目的。

武直-10最大武器外挂约1500公斤，机身两侧的短翼约长4.32米，可挂载包括57,90毫米多管火箭，23毫米机炮夹舱，红箭-8反装甲导弹等武器。

同时，配合武直-10计划研发的激光制导半主动反坦克导弹闪电-2也近完成。火控系统为类似法国星夜的数字一体化设计。后座武控官可利用国产头盔瞄准具，结合机鼻球形FLIR，为机头下方的23毫米机炮和外挂武器标定目标。

闪电2号（或有人称红箭10）为武直-10专用AFT-10重型半主动激光制导反坦克导弹，射程达10公里，导引头型号名称为AKDl0（导引头是西光集团研制的），寻的器有记忆跟踪功能，最大跟踪工作时间15秒，导引头的接收激光波长为1.064微米，工作波长为对烟尘有较佳穿透能力的二氧化碳激光，大视场正负15度，小视场正负3度，激光编码8个，可抗干扰，可防止重复攻击同一目标，也便于同时攻击多个目标，对激光反射的接收距离不小于3公里。

这个国产重型半主动激光制导反坦克导弹可说是和美国"海尔法Ⅱ型"AGM-114K（K3型）"半主动激光制导"型导弹为同级武器！据悉AFT-10也是"一弹多头"的精确制导武器，可以换其他模式导引头，国内除了还研制有为其配套的毫米波导引头据称还有"红外成像导引头"与"红外成像及CCD电视双模导引头"等。

研发过程

武直-10由中航二集团中国直升机研究所（602所）设计，昌河直升机公司试制生产。

哈飞虽然有"中国直升机摇篮"之称，但作风和器材老旧，在20世纪末一直处于亏损状态，直九的国产进度和武直9等改进改型因而大受影响。相反直-8和直-11是生产基地昌飞无论汽车和直升机产业越来越朝气蓬勃，先进器材和人才济济，足以承担武直-10的生产，公司的积极进取必然反映到产品的性能上。

武直-10由602所的吴希明任总设计师，以两年时间完成欧美五年的工作量。他是863计划飞机基础技术主题专家，享受政府特殊津贴，曾参与武直-8A武直-9研制。在该机研究时采用最先进设计方式，实现无纸化和数据电子化，在一年内完成了工程设计图。

为了"专武工程"，该所建成了并行工程设计中心、工厂模拟器、地面联合试车台、疲劳实验室、直升机全尺寸旋翼实验塔（铁鸟台）等国际一流设施，为武装-10的面世创造了条件。

该机总布局是极重要的关键环节，其合理性关系到结构、强度、重量、工艺、可 * 性、维护性的优劣，其中旋翼、动力、传动和操纵四大系统布置是重中之重。直升机力学是目前世界性难题，解决旋翼、动力、传动三大系统的匹配及三大系统与燃油系统的动力匹配是成功的根本保证。

2001年底以来，在铁鸟台上按时完成国内以前从未做过的耐久性实验，为首飞奠定了基础。由于武直-10需要大面积采用复合材料减重，但在中国这方面技术储备不足，复合材料底部抗坠毁特性研究这一重大挑战，602所通过合理选材、优化结构、建立理论模型和准确判别破坏机理，令直升机油箱底部复合材料机构抗坠毁性达到欧美同类水平，获国防科工委科技进步二等奖。

从1994年至2001年，昌飞副总工程师李萌主持了武直-10预研项目旋翼原理样机复合材料桨叶研究。他运用自行摸索出来的工艺技术制成国产先进复合材料桨叶，获两项国家专利其中复合材料泡沫芯共因化成型是武直-10的核心技术之一，可节约能源九成，节省工时六分五以上，大型模具减少了六分五。另一个复合材料热成型模具热膨胀修正法，则是武直一10关键设备桨叶成型专用模压系统核心技术，具有世界一流水平。

上述先进的95KT复合材料桨叶是国家"85计划"预研课题。它采用中温预浸料，碳纤维和玻璃纤维混杂复合材料体系泡沫芯填充双闭腔D型盒壔共固化桨叶制造工艺，进行接头填块、浆根填盖、配重盒组件压制、盒形件、蒙皮、泡沫芯组件等铺覆使武直-10提前了一年实现首飞。

此外华烽航空电器还承制了该机一套新颖的航空无刷直流电动机，其特点是低电压、大功率、大电流、高转速，而且研制进度只有三个月。这种从未在中国直升机是使用的新型电动机为武直-10提供了先进稳定的电源。为原型机试飞提供了保证。

2003年4月第一架原形机在昌飞公司的专用机场吕蒙机场试飞成功。

武直-10采用了国外流行的武装直升机布局:四叶桨单旋翼、串列式坐仓,射手在前,驾驶员在后、两座仓间防弹玻璃分隔。坐仓底部和两侧、发动机、油箱有复合装甲,装有引射式外部空气冷却排气装置、机头安装搜索和火控的光电转塔、前后坐仓都有头盔瞄准具、两侧有悬挂武器的短翼、机头下机炮,有完善的航电系统、前后坐仓操纵系统互为备份,后三点式防撞固定式起落架。

航电系统采用法式数字技术,以"一头两下"方式(一个头盔瞄准具、两个多功能下式显示器)显示数据,只有少量采用机械仪表备份数据。飞行员可用双杆模式操作。坐仓设备有仿制和自制的,导航系统包括无线电高度表,多普勒雷达、INS/GPS等多种国产系统。

多信息融合的光电转塔可见光、前视红外和激光发射窗口,可通过仿制的星夜数字火控系统计算反映到国产的头盔目标具上,不过火控系统的算法则由中国人编写

虽然该机以欧洲直升机公司的虎式为蓝本,但除了技术支援外多数系统和细部重新设计以适应自身的需要,除上述的航电系统,还包括全部武器系统。大小有细微差别,两者外观是最大不同是武直-10继承和发扬了直-9出色的涵道尾桨技术,虽然重量稍大但超低噪音及安全性能明显更佳。

此外该机采用的是引进的意大利阿古斯塔公司的动力系统替代原有的法式系统;各系统间界面也采用国产GJV289A(仿美1553B)数据总线取代法式数据总线,具备对中西方武器更好的兼容性。由613所仿制的综合火控系统已于去年底具备《陆航军工产品定型细则》的条件,融合了法国的硬件和中国的软件。

航电系统

电子战系统也是综合了国产浴火雷达和预警接收机和激光预警接收机分系统的多信息融合技术产品。特别的上前坐仓配备了引进俄罗斯KA-50直升机的零零式K-37弹射椅,这是第一种西方血统安装这种设备,低空救生能力非欧美同类机可比。由于涵道尾桨和弹射椅的重量较大,为件重量相信武直-10的复合材料用量将超过全机的一半。虽然它还不具备隐身的能力,但通过国产的隐形涂料仍能降低雷达和红外信号特征。

武器系统

武器瞄准系统,由613所研制的头盔瞄准具负责,短翼除57和90毫米无导火箭吊仓外,还有机炮吊仓和130毫米半主动激光指导火箭吊仓可挂载。主力武器处红箭8反坦克导弹外还有号称闪电2号的专用重型半主动激光反坦克导弹,射程达10公里,引导头型号为AKD10,有记忆跟踪功能,最大工作时间15秒,工作波长外对烟尘有较佳穿透能力的二氧化碳激光,视场正负3-正负15度,激光编码8个,对激光反射的接收距离大与3公里。每侧短翼上分别可挂4枚,火力比武直9大一倍以上,能同时挂载两种武器。

作为反直升机空战之用,可在每侧短翼挂载4枚世界上第一种直升机空战专用导弹天燕90,其弹头特殊设计,专门切断对方直升机旋翼。固定武器是一门23毫米口径的机炮,这种外能源驱动链式机炮与阿帕奇的同类,也能发射贫铀穿甲弹,有180度的射界,两者都能随动于头盔瞄准具,用于空战。

武直-10重量5543公斤,最大武器外挂1.5吨,机身长14.15米,机高3.84米,机宽4.25米,两侧短翼4.32米,旋翼直径12米。采用与虎式相同的由德、法、英联合研制的MTR390涡轴发动机,国产化的涡轴九为抵消重量增加而影响机动性,和适用西部操作需要,可能会进行改进,以增加功率。此外由602所为武直-10预研的"十五课题"直升机桅杆瞄准具浆柱原理样机,已于2003年底在直-9上首飞成功。

由于该机还未定型,具体性能仍会变化,因此只能说该机最大平飞时速超过270公里,巡航时速约230公里,最大海平面爬升率超过每秒10米,垂直海平面爬升率超过5米,内载油航程略低于800公里,作战续航时间约2小时45分。

作为世界一流的中型武装直升机,其综合性能略逊于阿帕奇之类的重型武装直升机,但机动性和空战性能犹过之,无不及。目前在研除了桅顶毫米波雷达外,武直-10还衍生出了077两栖船坞登陆舰用的舰载型,以及用其技术发展的军民两用6吨级运输直升机。

技术参数

机长:14.10米

机高:3.84米

空重:5100公斤

旋翼直径:13.00米

航程:1120公里

最大起飞重:6000公斤

尾桨直径:2.58米

爬升率:11/秒

实用升限:6400米

巡航时速:115公里

无地效悬停升限:2000米

最大时速:258? 295公里?

续航时间(25分钟余油)3小时45分。

(二十二)武直-11 直升机

直-11型机由昌河飞机工业集团公司和中国直升机设计研究所共同研制,属于军民通用型多用途直升机。直-11的仿制原型为由欧洲直升机公司法国分公司(原法国宇航公司)研制的AS350"松鼠"多用途轻型直升机。可用于教练、侦察、救护、缉私、消防、旅游等领域,具有广阔的市场前景。

直-11 是我国直升机行业从专利生产、测绘仿制走向自行设计的第一个机种，是我国自行设计研制的第一个具有自主知识产权的直升机机种，也是我国第一个引进全过程适航管理取证而研制的机型，还是在部队服役出勤率最高的直升机机种。

该机 1989 年批准立项，1992 年进入全面研制，大量采用了我国消化的美军标作为专用标准。1994 年 12 月实现首飞。1999 年 9 月份开始，直一ll 由中国飞行试验研究院负责进行设计定型试飞，于 2000 年 10 月圆满完成了试飞大纲所规定的全部设计定型试飞科目，其中包括数项风险科目。

中国直升机设计研究所为该型号的设计工作，耗资 2000 多万人民币，进口了先进的 CAD/CAM 计算机辅助设备。在研制过程中，首次用计算机辅助设计建立了实用的全机理论外形，填补了我国直升机领域 CAD/CAM 的空白。

直-11 是一种两吨级 6 座轻型多用途直升机。采用主旋翼加尾桨布局，主旋翼采用三叶星型柔性复合材料尾旋翼，两叶跷跷板复合材料尾桨。装有一台涡轴 8-D 发动机，功率 450 千瓦，巡航功率 350 千瓦，最大 510 千瓦。机体为金属、复合材料结构。复合材料起落架，带阻尼器滑橇。

弹塑性结构燃油箱。该机可乘员 6 人，前排为两座，后排四座，最大起飞重量 2.2 吨。由于体积重量小、价格低廉、操作简便，直一11 在民用市场上还是有很大发展空间的。

直-11 的军用型可作为运输直升机使用，或装机枪、火箭发射器、导弹等作支援用，但载重量较小，火力较弱。因此直-11 较适合在部队内作飞行训练、要人运输、通信之用。更有效的方案应该是研制直-11 的双发动机型，类似 AS355"超松鼠"，提高载重能力，然后加装先进观瞄装置和少量武器，作为前线侦察直升机使用。这一想法类似美军 OH-58D，如直-11 进行上述改进后，与直-9 武装型、武直-10 配合，战斗力还是较强的。

目前直-11 民用型号的售价约人民币 800 多万元。与其他国产飞机的情况类似，直-11 也存在着众多的问题：首要问题是立项研制的严重滞后和实际执行的拖延，AS350 于 20 世纪 70 年代已经研制成功，并大量投入军民市场；而直-11 于 89 年立项，2000 年定型，研制时间竟然长达 11 年，而且实际上是仿制，不是独立研制。

这使得直-11 面世后技术已无任何先进性可言，国际竞争力非常薄弱。直-11 由于载重量小，实际应用也受到限制，当然这也是其本身的定位。2001 年 4 月 16 日，直-9、直-11 直升机和涡轴 8A 发动机首次获 CAAC 适航证。

近期据传为提高直-11 性能，计划改装法国斯奈克玛公司 ArrieL2 发动机。

2002 年 8 月 25 日，昌合飞机工业集团公司与中央电视台在京举行了直一11 中继航拍直升机交接暨颁证仪式，使直-11 成为我国第一种进入民用航空领域的国产直升机，也标志着我国内地新闻媒体首次拥有自己的新闻采访用专业直升机。央视购买的这架直升机将用于航空拍摄、电视信号中继、传送及大型节目的电视转播任务。

据了解，央视此次购买的直-11 造价约 2000 万，将在今年承担长江三峡截流、珠海航展等大型活动的航拍任务，该机的管理、维修和保养将委托中信海直公司进行。602 所、昌河集团公司等将继续研制和生产适合民用的直升机型号，进一步开拓民用航空和通用航空市场。

2002 年 12 月 23 日，直-11 获得了由中国民航总局颁发的民用生产许可证。该机于 2002 年年底在青藏高原圆满完成了民用适航试飞，本次试飞实现国产直升机飞行史上的重大突破。这次验证试飞具有极高的风险性，直-11 按照不同的速度和高度，验证直升机的速度-高度组合下的极限及包线。

直升机须在空中关闭发动机，靠直升机桨叶自转产生的升力实现自转下滑着陆。在自转着陆时，要求试飞员从关闭发动机到着陆期间，在极短的时间内连续完成调整航向、降低速度等 7 个动作，稍有不慎将导致难以设想的后果。直-11 的这些试飞项目都一次性顺利完成，实现了国产直升机飞行史上的重大突破。

直-11 共试飞了 358 个科研架次，完成 47 个试飞科目。在试飞中，有多项是国际公认的直升机一类风险科目。在该机试飞定型的两年中，中国飞行试验研究院实现了中国直升机试飞史上的 8 项突破，在测量主减速器传动效率、桨叶铰链力矩、单发直升机空中起动试验、直升机自转着陆试验、确定直升机回避区范围等 8 个方面填补了直升机试飞领域的国内空白。

1999 年底开始，直-11 直升机进行了一系列民用适航取证验证试飞工作。创造了空中续航 5 个多小时，零下摄氏 38 度续航两小时，一天转场飞行 8 小时 33 分、跨越摄氏 6 度到零下摄氏 43 度温差、飞行 1332 千米无任何故障，低温起动、低温存放无故障，连续两天转场飞行 2500 千米、地跨七省无任何故障等中国直升机飞行记录。各项性能指标已达到国际同类直升机的先进水平。

直-11 型直升机是中国目前唯一获此证书并经过全过程验证的直升机机型。这不仅表明此型号直升机从此可以批量生产和销售，而且也表明中国国产直升机在走向市场化、产业化的道路上迈出了实质性的一步。直-11 可用于教练、侦察、通信、指挥、救护、缉私、消防、旅游、科学考察等军事或民用领域，该机在国内外都有着可观的市场潜力。目前中央电视台有一架直-11 用于航空拍摄。

但由于国内航空工业的一些"顽疾"，例如飞机型号性能的落后，关键部件科研生产水平的不稳定，直接影响了国产直升机（包括直—11）的销售工作。大批国内单位耗费巨资进口外国直升机，不仅仅能解释为崇洋媚外，更主要是国产直升机与进口机型相比尚不具备较强的竞争力。

2004 年 12 月 27 日上午，昌河飞机工业集团公司的直-11 武装型直升机，在位于景德镇市的吕蒙机场成功实现首飞。它标志着直—11 武装型机改进改型工作取得了阶段性的胜利，是继直-11MB1 型直升机研制成功之后取得的又一成果，是中国直升机产品系列化发展上的又一个重大突破。

直-11 武装型机是在直—11 型机的基础上改进研制的一种轻型武装直升机，通过增加武器配置和安装武器火控系统及昼夜观瞄系统，成为可进行昼夜作战，具有搜索、识别、跟踪目标及对地和一定的对空攻击能力的武装直升机。

机长 13.012 米

机高 3.14 米

旋翼直径 10.69 米

尾桨直径 1.86 米

空机重量 1120 千克

起飞重量 2000 千克

最大起飞重量 2200 千克

飞行性能（2000 千克、海平面、标准大气）

最大速度 278 千米/小时

巡航速度 220~240 千米/小时

最大倾斜爬升率 9.5 米/秒

航程 560 千米

续航时间 3.7 小时

无地效静升限 2930 米

有效地静升限 3700 米

动升限 5240 米

七、特种武器

（一）东风-31 号洲际地地战略导弹

东风 31 是我国首种远程固体弹道导弹，作为国内第二代战略武器，应用了许多新技术。与其前辈东风 5 洲际导弹相比，东风 31 在体积、打击精度、生存性能和突防能力等方面均有明显突破。

性能推测

东风三十一作为我国第二代战略导弹，其性能属于高度机密等级。与推测东风五号性能有所不同，缺乏性能接近的民用火箭数据作为推测依据。西方国家公开媒体对于东风三十一的数据主要是通过情报来获得。级数：三级

长度：13.00 米

直径：2.25 米

发射重量：42 吨

载荷：1050-1750 千克

弹头：单弹头 100 万吨 TNT 当量，或 3-6MIRV（9-20 万吨 TNT 当量）

射程：8000 千米/10000 千米（东风三十一甲）

（二）东风导弹

东风-5（DF-5）是中国研制的第一代洲际地地战略导弹。1980 年 5 月 18 日全程飞行试验成功。导弹全长 32.6 米，弹径 3.35 米，起飞重量 183 吨，采用二级液体燃料火箭发动机，发射井发射，最大射程 12000 公里、15000 公里（东风-5A），可携带 1 枚 3000 公斤的威力为 300-400 万吨 TNT 当量的核弹头，或 4-5 枚分导核弹头（东风-5A），命中精度 500 米。

能打击美国全境,也是目前我们威胁美国的主要战略导弹,其中有一项很先进的技术就是"小动量空间火箭技术",也就是采用这种的技术的弹道导弹可以在空间"跳一段舞"避开拦截导弹的拦截。目前拥有这项技术的只有中国,俄罗斯和美国。

东风-31(DF-31)是中国研制的第二代远程地地战略导弹。1995年5月29日试射成功。导弹全长13.4米,弹径2.2米,起飞重量17吨,采用三级固体燃料火箭发动机,公路机动发射和发射井发射,最大射程8000公里。

可携带1枚700公斤的威力为100万吨TNT当量的热核弹头或3枚威力为9万吨TNT当量分导热核弹头,命中精度300米。

东风-25(DF-25)中程地地战略导弹是中国最先进的第二代战略导弹之一,中国的第二代战略导弹包括DF-21、DF-25、DF-31、DF-41及JL-2潜射导弹,这些导弹全部以机动发射,可带核弹头/常规弹头/分导弹头,导弹命中准确而且战场存活系数高。

东风-25是近年在原东风-21基础上改进,才装备军队不久的最先进中程地对地战略导弹,其有效射程为3200公里,在中国本土发射可覆盖亚洲大部分地区,包括美军太平洋关岛基地。其采用高能固体火箭推动,弹头舱能够携带3~-6枚分导式核弹头,是目前世界上唯一能够携带多枚弹头的中程导弹。

东风-21(DF-21)是中国在巨浪-1号潜地导弹基础上发展的第二代中程地地战略导弹。1985年5月20日试射成功,1989年定型。导弹全长10.7米,弹径1.4米,起飞重量14.7吨,采用二级固体燃料火箭发动机,公路机动发射,最大射程1800公里,2700公里(东风-21A)。可携带1枚600公斤的威力为30万吨TNT当量的热核弹头,命中精度300米。

东风-15(DF-15/M-9)是中国研制的近程地地战术导弹,其出口型为M-9。1984年开始研制,1988计定型,1991年服役。

导弹全长9.1米,弹径1米,起飞重量6.2吨,采用一级固体燃料火箭发动机,公路机动发射,最大射程600公里。可携带一枚500公斤的高爆弹头或9万吨TNT当量热核弹头,命中精度300米、100米(改良型)。

东风-11号(DF-11/M-11)中国研制的近程地地战术导弹,其出口型称M-11。1985年开始研制,1992年定型生产并出口。导弹全长9.75米,弹径0.8米,起飞重量3.8吨,采用一级固体燃料火箭发动机,公路机动发射,最大射程300公里。可携带一枚800公斤的高爆弹头或9万吨TNT当量热核弹头,命中精度300米、150米(改良型)。

(三)海鹰-2岸舰导弹

"海鹰"-2(HY-2)岸舰导弹也是基于苏联544导弹进行改型,增加射程、弹上成件与"海鹰一号"通用的原则。1966年被命名为"海鹰二号"导弹。

"海鹰二号"的设计比"海鹰一号"较为成熟。为加大燃料装载量,重新设计了导弹弹体中段,采用承力箱结构。这样能够在增加燃料容量的同时,加大弹体结构强度。在设计中使用了从苏联进口的"乌拉尔"计算机。

　　"海鹰"-2岸舰导弹系统由跟踪雷达站天线车、跟踪雷达站显示车、移动电站、指挥仪车、射前检查车、发射架车和发射架牵引车组成。作战过程是由雷达搜索目标,并计算目标方位和距离,以及运动的航向,将这些射击诸元传送给射击指挥车上的指挥仪,发射架随动社射击指挥仪。

　　当目标进入射击扇面并满足射击条件时,指挥仪经过计算向弹上发送射击前置角和末导雷达开机主动搜索时间,在导弹发射瞬间,封锁发送,点火继电器吸合点火,导弹升空。"海鹰"是雷达主动弹,属于发射后不管的武器。导弹起飞时在助推器强大的推动下自动爬高,2.2秒后助推器脱落。

　　导弹爬高到300米改为平飞,速度为0.9马赫。导弹飞行中末导雷达开机时间到时,自动打开雷达搜索海面。雷达天线初始有一定下视角,搜索海面发现目标后,自动驾驶仪控制导弹向目标俯冲,同时雷达天线按预定回调角抬头。因为此时不抬头的话,雷达波会全打在海面上丢失目标。

　　海鹰-2岸舰、舰舰导弹1974年设计定型,原为岸对舰导弹,后改为岸舰通用。

最大有效射程:95~100公里

最小有效射程:20公里

导弹平飞速度:0.9马赫

导弹平飞高度:30~50米

制导方式:导弹:自主式控制加自动导引地面火控系统:攻击目标运动前置点

制导有效性:捕捉概率98%;对目标的自导命中率90%

发射点高度范围:0~400米

发射架射击扇面:±85°

发射方式:单射或齐射

导弹起飞重量:3000千克

导弹全长:7.36米

导弹直径:0.76米

导弹翼展:2.4米

战斗部重:513千克

(四)海鹰2号反舰导弹

　　"海鹰"-2(HY-2)岸舰导弹也是基于苏联544导弹进行改型,增加射程、弹上成件与"海鹰一号"通用的原则。1966年被命名为"海鹰二号"导弹。

　　"海鹰二号"的设计比"海鹰一号"较为成熟。为加大燃料装载量,重新设计了导弹弹体中段,采用承力箱结构。这样能够在增加燃料容量的同时,加大弹体结构强度。在设计中使用了从苏联进口的"乌拉尔"计算机。

　　"海鹰"-2岸舰导弹系统由跟踪雷达站天线车、跟踪雷达站显示车、移动电站、指挥仪车、射前检查车、发射架车和发射架牵引车组成。作战过程是由雷达搜索目标,并计算目标方位和距离,以及运动的航向,将这些射击诸元传送给射击指挥车上的指挥仪,发射架随动社射击指挥仪。

　　当目标进入射击扇面并满足射击条件时,指挥仪经过计算向弹上发送射击前置角和末导雷达开机主动搜索时间,在导弹发射瞬间,封锁发送,点火继电器吸合点火,导弹升空。"海鹰"是雷达主动弹,属于发射后不管的武器。导弹起飞时在助推器强大的推动下自动爬高,2.2秒后助推器脱落。

导弹爬高到300米改为平飞,速度为0.9马赫。导弹飞行中末导雷达开机时间到时,自动打开雷达搜索海面。雷达天线初始有一定下视角,搜索海面发现目标后,自动驾驶仪控制导弹向目标俯冲,同时雷达天线按预定回调角抬头。因为此时不抬头的话,雷达波会全打在海面上丢失目标。

海鹰-2岸舰、舰舰导弹1974年设计定型,原为岸对舰导弹,后改为岸舰通用。

最大有效射程:95~100公里

最小有效射程:20公里

导弹平飞速度:0.9马赫

导弹平飞高度:30~50米

制导方式:导弹:自主式控制加自动导引地面火控系统:攻击目标运动前置点

制导有效性:捕捉概率98%;对目标的自导命中率90%

发射点高度范围:0~400米

发射架射击扇面:±85°

发射方式:单射或齐射

导弹起飞重量:3000千克

导弹全长:7.36米

导弹直径:0.76米

导弹翼展:2.4米

战斗部重:513千克

(五)重型反坦克导弹 "红箭" -9A

"红箭"-9A反坦克导弹被称作陆地的"活动堡垒","红箭"-9A具有高精度、大威力、高效能、高效费比等制导武器固有的特点,将在现代战争中发挥重要的作用。

"红箭"-9A属于重型反坦克导弹,重型反坦克导弹系统在各军事强国均有装备和在研的产品。如俄罗斯的"短号",美国的"陶"系列改进型"陶"-2、"陶"-2A、"陶"-2B,法德的"米兰"系列改进型"米兰"-2、"米兰"-2T、"米兰"-3,欧导公司的"崔格特"等反坦克导弹,都具有打击现役主战坦克的能力。

在重型反坦克导弹的发展中,大多是在原武器系统基础上进行改装或改进部分部件,使其达到更高的性能。如对战斗部、制导方式、控制模式、全天候作战能力进行不断改进,提高武器系统技术先进性,并满足不同的作战使用要求。发射平台可由三脚架改装成装甲车载、轻型车载和机载等多种形式。

"红箭"-9A毫米波制导反坦克导弹系统主要由筒装导弹和车载发射制导装置等组成。为了使武器系统具有突击作战和快速反应的能力,"红箭"-9A将武器站安装在了轻型底盘车上,使该武器系统作战时更加灵活。它还可以安装在各类武器平台上,如履带式装甲车、各种轮式车辆、轻型吉普车等。"红箭"-9A可配属坦克部队、装甲部队、步兵部队等部队作战,也可独立组成反坦克、反装甲部队,执行作战任务。

"红箭"-9A 反坦克导弹的大威力在各国反坦克武器系统中名列前茅。其战斗部威力大于俄罗斯"短号"反坦克导弹的战斗部威力,"红箭"-9A 能击穿 1.2 米的带反应装甲的垂直均质钢装甲板,比"短号"的穿深大 0.1 米。它之所以能击毁带反应装甲的装甲,应归功于它的大威力串联战斗部。

其战斗部前面设计了"探杆"式装置,在接触装甲目标上的反应装甲的一瞬间,立即将其引爆,然后,主战斗部产生强大的射流,将坦克主装甲击穿。即使攻击角出现误差,"红箭"-9A 导弹的战斗部也能击穿类似 M1A2 坦克的主装甲。因此,可以肯定地说,"红箭"-9A 反坦克导弹可以击穿世界上现役的各种主战坦克。

"红箭"-9A 反坦克导弹武器系统采用毫米波制导模式,大大提高了武器系统的抗自然和战场干扰的能力。大家都知道,自然界和战场的干扰具有多样性和随机性,更具复杂性。而导弹制导指令的传输大多采用导线、光纤、无线电波、激光等模式,这些模式均有各自的优缺点。

随着技术的不断进步,目前较先进的导弹大多采用光纤、激光和毫米波传输指令。相比之下,毫米波在穿透雾、霾、尘埃和战场烟雾方面优于光学及红外模式,而且具有结构小、带宽大、波束窄和大气损耗较低的优点,在使用、制造和价格方面又优于光纤等较复杂的模式。

因此,"红箭"-9A 反坦克导弹系统采用毫米波作为传输指令的载波或基波,通过毫米波将导弹偏离目标的信息以及如何进行修正的指令发送给正在向目标飞行的导弹。

导弹上设置了毫米波接收装置,不断地接收地面指令,并按照指令要求,修正飞行轨迹,直到命中目标。由此可以看出,由于毫米波的穿透能力强,大大提高了指令传输的可靠性,使导弹在全程飞行中得到了可靠的控制,最终命中目标。

"红箭"-9A 反坦克导弹武器系统安装在轻型车辆上,可配置 4~6 枚导弹,导弹的射程可以达到 5.5 千米,在目前世界上由地面发射的、直瞄型重型反坦克导弹中是射程最远的。而且它的 90% 的高精度命中概率也占据领先地位。

"红箭"-9A 先进的战斗部在具有打击坦克能力的同时,还具有打击各类工事的能力,并且能大量杀伤各类有生力量。不但如此,"红箭"-9A 导弹对悬停在空中的飞机也具有极大的毁伤效能,使武器系统在遭到了武装直升机的攻击时,具备了反击能力。

"红箭"-9A 反坦克导弹武器系统还配有红外热像装置,可在夜间和不良气象条件下,对敌方坦克、装甲等目标进行攻击。采用这种先进的热像装置,射手可在大于 5 千米的距离上发现目标,并能在 4 千米的距离上识别目标并进行攻击,大大提高了武器系统的作战能力。

"红箭"-9A 武器系统采用单联装,折叠升降式设置,人工装填导弹。其操作简单易学,具有良好的人机界面。而且,"红箭"-9A 反坦克导弹武器系统的造价低,非常适于大量装备部队。

（六）海红旗-61 防空导弹

海红旗-61，英文代号 HHQ-61。中国人民解放军海军（PLAN）第一代舰载防空导弹。装备在 053K 型防空护卫舰和 053H2G 型护卫舰上。

其中，装备在 053K 型（江东级）防空护卫舰上的型号为基本型 HHQ-61，采用双臂发射架。装备在 053H2G 型（江卫 I 级）护卫舰上的型号为改进型的 HHQ-61B，采用 6 联装发射架，因弹体体积过大且弹翼未采用折叠设计，导致 6 联装发射架体积庞大，机构复杂，且不具备再装填能力。这也成为 053H2G 型护卫舰的典型标志。

海红旗-61 防空导弹

海红旗-61 舰载防空导弹是人民海军第一代防空导弹，最大射程在 11KM 左右，属于点防空导弹，不具备区域防空能力，无线电指令制导，半主动寻的。理论上不具备反掠海飞行反舰导弹的能力，只能对高空飞行目标形成初步威胁。

人民海军在 70 年代规划由 051 型和 053K 型组成编队，051 型制海，053K 型防空。但由于海红旗-61 防空导弹一些技术问题难以解决，造成 053K 级防空护卫舰进度缓慢。

当 80 年代 053K 终于勉强服役时，西方国家海军和苏联海军的具备区域防空能力的"标准"系列、"海标枪"系列和 SA-N-6 系列防空导弹已经服役并用于实战，海红旗-61 性能已经严重落后于世界主流，甚至落后于二流水平。

因此 053K 型在制造两艘后就不再建造。海红旗-61 防空导弹也处于半退休状态，只装备在 053H2G 上。人民海军的制式点防空导弹，已经由海红旗-7（HHQ-7）防空导弹（改进自法国"海响尾蛇"）承担。

发展沿革

自 1940 年英国海军以舰载机空袭意大利塔兰托港得手后，来自空中的威胁就成了各国水面舰艇的梦魇。抗战时期。中国海军为数不多的几艘中型水面舰艇大多命丧倭人空袭毒手：从珍珠港打到；中绳岛的太平洋海战，每一场战役也都是舰载机唱主角，几乎完全验证了法国飞行先驱阿代尔的预言："谁掌握天空，谁就拥有世界。"

然而，1948 年，在美国海军"威奇塔"号重型巡洋舰上，一种叫作"小猎犬"的导弹发射系统开始试装，其弹体垂直贮存于甲板下方，采用双联装回旋发射，这也是世界上最早的舰空导弹系统。

尽管最初每 30 分钟 1 发的发射率慢似蜗牛，但它标志着水面舰艇不再是空中力量轻易宰割的鱼腩。其后，以此为发轫，从 20 世纪 50~60 年代美国三 T 系统（"黄铜骑士""小猎犬""鞑靼人"），苏联"海浪""风暴"、"奥萨"，到英国"海蛇"和法国"玛舒卡"，舰空导弹族迅速蹿红，逐渐取代传统高炮成为海军舰艇对抗空中威胁的有效防御利器。

早在 1965 年，人民海军就打算在 65 型舰基础上发展 053K 型防空护卫舰（即"江东"级），基本任务是在中近海执行护渔护航任务，并在战时掩护和支援导弹艇及鱼雷艇作战。两年后，军委做出决定：将在研的"红旗"—61 地空导弹转为舰空导弹，列为 053K 的预定主战装备。

最初的设想是：舰艏舰艉各 1 座 723I 型"海红旗"—61 舰空导弹发射装置（各含弹库及 12 枚备弹）。以及 ZL-1 照射雷达、ZH-I 指挥仪和火控设备等。再加上主副炮、反潜配置，以 70 年代的技术标准来看，排水量 1600 吨的 053K 如能按期满装服役，凭着全面的武器装备、清晰的火力层次，绝对称得上是一款成功舰艇。专司防空任务的 053K 与负责反舰的 051 型驱逐舰（"旅大"级）相配合，战斗能力将非常可观。

但是，以当时中国的工业水平，同时设计舰体和导弹难免有超前求成之弊。白手起家，执行最难。从 1966 年开始设计的 7231 型导弹发射装置凭空多走弯路，起初为双联装下挂式发射架，后来又提高论证指标，提出一款三联装上蹲式发射架、18 枚备弹、垂直贮装填的方案，并进行了一年半的设计。

后来发现 053K 舰的排水量太小，如果硬上三联装和 18 枚弹，则舰体重心要大大升高，只好把老方案推倒重来，设计了最后的双联上蹲式发射架、12 枚备弹、高低方向瞄准、横纵向双向稳定、链式供弹的发射装置。

导弹方面，"陆转海"的艰难远远超过了最初的设想——海上作战环境与陆地差异颇多。不仅工作环境非常恶劣，要考虑温湿度的变化，海上盐雾对装备的腐蚀。舰艇摇摆、震动和电子设备辐射的影响，还要考虑导弹发射时对舰上装备、人员的影响……一系列难题都要从头入手。

种种原因使"海红旗"-61 的研发一拖再拖。1975 年 3 月，053K 型首舰完成一期工程交船，舷号 531；同年，"海红旗"-61 开始上舰试验——这意味着人民海军舰空导弹的上舰时间比美国晚了 27 个年头。

两年后的 1977 年，531 舰的姊妹舰完工交船，"海红旗"-61 却还在船台上挣扎以待分娩，而且一挣扎就是十年，直到 1986 年才进行海上设计定型飞行试验，顺利定型。"海红旗"-61 导弹采用半主动寻的制导、固体火箭发动机、连续波雷达导引头、半主动引信和制导引信、小型化自动驾驶仪、液压操纵、燃气涡轮发电机、链式战斗部（重 40 公斤）、单脉冲跟踪与连续波制导雷达、稳定平台、回转式弹库、双联装随动发射架、导弹自动化检测等技术，重量尺寸接近西方早期的"海麻雀"舰空导弹：弹长 3.99 米，直径 0.28 米，翼展 1.166 米，弹翼不可折叠；导弹发射重量 300 公斤，最大速度 3 马赫，有效射程（水平方向）10 公里，射高 8 公里。

但是，此时已在导弹初始研发时间 20 年后，531 舰业已服役了整整 10 年，532 舰则因故提前退役。国外舰空导弹已经开始向第三代发展更新换代，原先性能不错的 053K 型舰此时已呈落伍，批量生产已无实用价值，531 舰因此成为中国第一代防空护卫舰的孤独绝唱。

装备舰空导弹以后，531 舰于 1988 年参加"3.14"中越赤瓜礁海战，对越军舰艇具有压倒性装备优势。轻易击败越方 505 舰。战斗结束后，531 舰还受命做好防空准备，以防对手空中报复。但越方已为我战力所慑、丧失再战欲望，使 053K 型舰的"海红旗"-61 失去了唯一一次的实战机会。

人民海军挟战胜余威，又接连收复东门、南薰、渚碧等三个岛礁，在南沙群岛实际控制 6 个岛礁，从此打下立足之地。531 舰因此成为功勋舰，退役后进入青岛海军博物馆，在那里诉说着中国第一代防空护卫舰的故事。

（七）海红旗-7 防空导弹

海红旗-7 防空导弹，英文代号 HHQ-7。中国人民解放军海军目前的制式点防空导弹。广泛装备在人民海军的非专职防空水面舰艇上，作为舰艇自身的点防空之用。

目前装备海红旗-7 防空导弹的舰艇包括：经过现代化改进的 051 型导弹驱逐舰、051G 型导弹驱逐舰、052 型导弹驱逐舰、051B 型导弹驱逐舰、053H2G2 型导弹护卫舰、054 型导弹护卫舰。海红旗-7 均使用八联装发射装置，其中 052 型，051B 型和 054 型有再装填装置，053H2G2 型没有再装填装置。

海红旗-7 防空导弹源自 80 年代从法国引进的"海响尾蛇"防空系统，经过国产化改进的"海响尾蛇"即称为"海红旗-7"。海响尾蛇防空系统在北海舰队 051 型导弹驱逐舰"开封号"（舷号 109）上首先做了装舰试验。

052 型（旅沪级）导弹驱逐舰首舰"哈尔滨号"（舷号 112）服役之初使用的就是原装的"海响尾蛇"，并非国产的海红旗-7。随后 052 型的 2 号舰"青岛号"（舷号 113）开始安装国产化的"海响尾蛇"——即海红旗-7。"哈尔滨号"在服役若干年后也用海红旗-7 替换了"海响尾蛇"防空系统。

海红旗-7 是人民海军在获得 SA-N-7（即"施基利"，90 年代末随 956 型现代级驱逐舰引进自俄罗斯）之前唯一的对空防御屏障，解决了人民海军防空系统的有无问题（虽然在海红旗-7 之前已经有了海红旗-61，但是海红旗-61 性能过于落后，已经无法担负舰艇防空的重任），一度成为人民海军水面舰艇的防空主战装备。

海红旗-7 防空导弹采用无线电指令制导，最大射程 13km，最小射程 700m，最大作战高度 6000m，最小作战高度 5m，具有反掠海飞行反舰导弹的能力，最大过载 35g，反应时间 6.5s，单发毁伤概率 80%。事实上，海红旗-7 并不具备舰队的区域防空能力，不能提供舰队级的防空，仅仅是一种点防空装置。

人民海军在很多型号的舰艇上装备海红旗-7 也属无奈之举。这种尴尬的情况在 90 年代末引进了随"现代级"一起带来的 SA-N-7 之后有所改善。在国产海红旗-9（HHQ-9）和海红旗-16（HHQ-16）服役之后，这种情况得到了根本的改善。不过海红旗-7 仍然是一种优秀的点防空导弹，在一些不以防空为主要目的的水面舰艇上，仍然有用武之地。

中国在完全掌握了海红旗-7 的使用与制造之后，发展了出口型号，装备在出口巴基斯坦等国的驱护舰上，海红旗-7 的出口型号称为"飞蠓"系列，最新的型号是飞蠓-90N。

另外需要说明的是,海红旗-7还有陆基型号,即红旗-7野战防空导弹。事实上,海红旗-7的原型"海响尾蛇"就是在陆基的"响尾蛇"防空系统上改进而来。我国一并引进了法国"响尾蛇"和"海响尾蛇"系统,分别对应的国产型号就是"红旗-7"和"海红旗-7"。

发展沿革

海红旗-61毕竟是中国的第一代舰空导弹,仅能代表20世纪60年代的技术水平,在技术性能上存在很多不尽人意之处:射程较短、反应较慢、多目标制导攻击能力差。现代化进程中的人民海军需要更加现代化的舰空导弹。

其实,就在053H2G护卫舰建成前的1991年,051型驱逐舰("旅大"级)中的"开封"号已经开始加装引进自法国的"海响尾蛇"八联装点防空导弹系统以及配套的电子火控设备,提前验证了人民海军新一代水面舰艇的舰空导弹技术。

1994,一艘舷号为112的新型驱逐舰在大连某造船厂下水服役,这就是后来被称为"中华第一舰"的052型驱逐舰("旅沪"级)"哈尔滨"号,整体面貌较以前的051型"旅大"级焕然一新,赶上了西方20世纪80年代初期的水平。

所装备的舰空导弹,正是与三年前"开封"号上改装的那套相同的八联装舰空导弹系统;具备自动装填能力,无线电指令+光电复合制导;备弹26枚,弹长3米,弹径156毫米,翼展0.55米,战斗部重14公斤,导弹发射重量84.5公斤,人民海军舰空导弹家族又填新丁—海红旗-7。

"海红旗"-7技术最早源自法国汤姆逊CSF的拳头产品—"响尾蛇"面空导弹,在性能上属于较先进的一种近程舰空导弹,除具有较强的防空能力外,对反舰导弹也具有较强的拦截能力。后者的引进和消化,使国产近程导弹系统告别了"红旗"-61大而重的旧弊,从理念上和技术上都得到了很大提高。

在引进基础上进一步发展,使得"红旗"-7导弹系统的性能和可靠性超过了原系统;最大速度23马赫,射高15-5500米,最小射程500米,对掠海导弹的射程为8.5公里,对飞机射程14公里,系统反应时间6-10秒,杀伤概率约为80%。其杰出的近程反导能力在世界同类舰空导弹中也遥遥领先,因此一经装备,便迅速取代海红旗-61,成为人民海军的主力点防空导弹。

从"哈尔滨"号的姊妹舰"青岛"号(舷号113)到1995年12月在大连开工建造的"深圳"号(051B型,舷号167,即"旅海"级),再到90年代后期大量建造的052H2G2型护卫舰("江卫"Ⅱ级),直至2003年下水的054型护卫舰,海红旗-7基本包打天下。

其后还对其进行了深层次技术挖掘,推出升级版FM-90N"飞蠓"舰空导弹:发动机推力更大、速度更快、射程更远、机动能力更好,拦截抗干扰能力更强,火控系统搜索、跟踪距离提高至25和20公里;最大射程15公里,提高了25%,最小射程相应变为700米;射高增至6000米,最大过载35g,能更早拦截高空来袭的飞机和导弹;导弹最大速度900米,秒,超过2.6马赫。

由于上述改进,该弹单发命中率增加到80%。需要强调的是,FM-90N导弹提高了拦截飞行高度15米的超低空目标的能力,新系统采用双波段雷达,改进电视跟踪系统,增加激光跟踪器,探测能力、抗干扰能力远超原版"响尾蛇",可为海军水面舰艇提供有效的低空、超低空点防空保护。

(八)海红旗-9 防空导弹

海红旗-9 防空导弹,英文代号 HHQ-9。中国人民解放军海军目前的制式中远程区域防空导弹。装备在 052C 型防空驱逐舰上。是人民海军现阶段两种中远程区域防空导弹之一(另一种为引进俄罗斯的 SA-N-6,装备在 051C 型防空驱逐舰上),为水面舰队提供完整的远程防空保护。

装备在 052C 型(旅洋Ⅱ级)驱逐舰上的海红旗-9 防空导弹,采用垂直冷发射方式,弹桶呈圆形布置。由舰上的四座相控阵雷达提供导引与数据修正,采用先进的无线电指令加末端主动雷达导引的制导体制,性能数据为:

对飞机最大射程:120-150KM;对飞机最小射程:20KM;对导弹最大射程:25KM;对导弹最小射程:5-7KM;同时攻击目标数:6;同时制导导弹数:12;拦截高度:20-25000m;最大速度:1300m/s。

海红旗-9 是在陆基红旗-9 防空导弹基础之上发展而来,据称红旗-9 与俄罗斯 S-300 有很深的渊源,而 S-300 的舰载型号就是 SA-N-6,因此海红旗-9 的性能应该介于俄罗斯海军使用的 SA-N-6 和美国海军使用的标准-2ER 之间。

海红旗-9 防空导弹的出口型号称为 FD-2000。

发展

改革开放后,中国从西方国家引进了多种比较先进的导弹武器,比如海红旗-7 的原型——法制海响尾蛇就是当时一流的导弹武器。随着 053H2G、053H2G2、052 等驱护舰的服役,HHQ-61 与 HHQ-7 也同时进入人民海军服役,使得海军具备了基本的点防空能力。而通过从俄罗斯引进"现代级"驱逐舰使人民海军获得了 SA-N-7 防空导弹,使海军获得了一定的区域防空能力。

但是 SA-N-7 最大射程 25KM,不足以保证舰队安全。为了构建必要的水面舰艇防空力量,中国研制了海红旗-9 防空导弹。这种最大防御范围 120 多千米的防空导弹,足以在没有舰载航空兵掩护下的传统的舰队区域防空要求。

虽然防空导弹在 120 多千米的距离上命中来袭目标非常困难,但是这足以迫使对方飞机对我攻击时,采取低空突防的方法,从而降低其成功率,客观地讲,052C 型驱逐舰上的相控阵雷达与海红旗-9 的搭配非常不错。但是因为海红旗-9 采用了和俄罗斯 SA-N-6 一样的圆形发射筒而被人们所诟病。

其实海红旗-9 与 SA-N-6 的发射方式虽然看起来差不多,但实际上不一样。SA-N-6 是 8 枚导弹共用一个发射口,而海红旗-9 则是真真正正的垂直发射,每一枚导弹都有独自的发射口,但圆形布置占用的空间较大,造成携弹数量减少。

不足之处

在 21 世纪新型军事作战方式下,现代海战已经没有多少高空目标可以攻击,反舰导弹射程的增加使敌方攻击机在舰队防空导弹射程之外就可以完成导弹的发

·军事武器·

图文珍藏版

射,区域防空导弹面临的不是远离编队火力范围的飞机就是低空突防的导弹。在这种环境下,如果与具备一定空中作战能力的国家对抗时,为高空飞行目标而设计的海红旗-9在拦截低空掠海飞行的反舰导弹为主的海上防空作战中效果有限。

从二战到现在的海战史已经表明,在实力差距不大的情况下,水面舰艇从来就没有依靠舰载防空火力成功阻止过航空兵突击的战例。

防空武器全面导弹化的英国皇家海军舰队在80年代仍然没有阻止阿根廷航空兵的突击,如果没有航空兵的掩护,舰队仅靠防空导弹无法完全保证自身安全。单纯看技术指标可以认为海红旗-9并不能有效地保护舰队安全。即使是俄罗斯也不再改进SA-N-6,而是在中近程的SA-N-12基础上研制通用化的导弹系统。

不过在现阶段,人民海军无法拥有舰载战斗机保护(即航空母舰)的无奈情况下,海红旗-9仍然是人民海军现阶段不可或缺的防空利器。以上的描述只是让读者明白:海红旗-9这样的中远程防空导弹并不是未来舰载防空导弹的主流方向。中近程的海红旗-16的研制与服役正是说明了这一点。

(九)海红旗-16 防空导弹

海红旗-16防空导弹,英文代号HHQ-16。中国人民解放军海军(PLAN)新一代中近程区域防空导弹。目前仅装备在054A型导弹护卫舰上。

是人民海军第三种中近程区域防空导弹(另两种是随"现代级"一起从俄罗斯引进的SA-N-7和SA-N-12),也是人民海军装备的第一种国产中近程区域防空导弹。主要遂行中远程的海红旗-9、SA-N-6和近程点防空海红旗-7之间的区域防空任务,同时作为对低空目标杀伤性能稍差的海红旗-9的有力补充。

但事实上,在解放军装备序列中,并没有"海红旗-16"这种称呼,因为这型防空导弹在设计之初,就兼顾海陆通用,因此官方统一称呼其为"红旗-16(HQ-16)"。

装备在054A型导弹护卫舰上的红旗-16导弹,采用垂直发射方式。不过有别于052C型(旅洋Ⅱ级)上的海红旗-9的圆形布局,而是采用了类似于美国海军(US Navy)MK-41垂直发射装置的方形布局。因此外界普遍猜测红旗-16采用热发射方式,并且其发射装置与MK-41一样,是通用发射装置,不仅可以发射防空导弹,还可以发射反潜导弹或对陆攻击巡航导弹。

发展沿革

随着21世纪海战方式的变革和海战武器的更新,反舰导弹的射程在不断增加,世界上主流的反舰导弹射程都已经超过了舰载防空武器的射程,也就是说敌方战斗机可以在我方防空武器火力范围外就完成反舰导弹的发射。因此,世界海军强国在舰队防空体系上,已经把中远程防空任务交给舰载航空兵(航空母舰上的战斗机)来完成,舰载防空导弹从中远程向中近程发展,作为对舰载航空兵防御的补充。

同时,舰载防空导弹的杀伤范围也由打击中高空目标为主,发展到打击中低空目标,尤其是掠海飞行目标为主。一向重视导弹武器的俄罗斯海军也已经放弃中远程 SA-N-6 的改进,而重点改进中近程,中低空的 SA-N-12。

人民海军虽然已经自主研发成功海红旗-9 防空导弹,但 HHQ-9 的主要作战目标正是中远程,中高空目标,这已经与世界海军发展方向背道而驰,当然这也是人民海军目前缺乏舰载航空兵保护的现状下的无奈之举和必要之举。但海红旗-9 对导弹类目标的杀伤距离过小,最小射高过高,无法完全确保舰队安全。因此人民海军急需一款作用目标为中近程,中低空的防空导弹,这就让红旗-16 诞生了。

红旗-16 是解放军装备序列中第二种在设计之初就考虑了陆海通用的防空导弹(第一种是红旗-61)。据称其弹体的设计参考了俄制 SA-N-12。

导弹采用主动单脉冲雷达制导;由于它使用火阵雷达能同时制导多枚导弹对付不同目标。红旗-16 的作战目标为战术飞机、反舰导弹、战术空射型导弹、直升机和无人机。

有主要担负舰队防空系统中的近程防御任务,可以在中低空范围内对抗大规模现代武器的空中袭击和导弹攻击。这样也同时弥补了中国海军 052C 型驱逐舰上安装的海红旗-9 远程舰空导弹最低射高只有 500 米的缺陷。如果情况属实,那么这对于中国海军舰队防空网的近程防空能力将得到很大提高,特别是在对付掠海飞行的反舰导弹的抗饱和攻击方面填补中国海军在这方面的现实差距。

(十)长剑 10 巡航导弹

CJ-10 巡航导弹由中国航天部三院牵头负责研制,航天部三院是我国主要的反舰导弹研究单位,著名的鹰击系列众多型号导弹都是其的门下,像最新型的 63 号,81k,83 号弹,91 号弹等,但最令航天三院骄傲的就是长剑 10 超音速巡航导弹了。

外界猜测,CJ-10 的主要技术参数如下:射程大于 1500KM,精确率小于 10 米,作战速度 1.5—2.5 马赫,战斗部 500 千克。CJ-10 的超强的突防能力以及高精确率使得我国的精确打击能力有了里程碑式的进步!

该型巡航导弹的射程超过了 1500 公里。据外国媒体分析称,中国目前已经部署至少 200 枚 CJ-10 巡航导弹

(十一)霹雳-5 空空导弹

该弹是中国自行设计制造的第三种空空导弹,分为半主动雷达型和被动红外型,名称和代号分别为"霹雳"5 甲(PL-5A)和"霹雳"5 乙(PL-5B),主要研制单位为航空工业部所属第六一二所(现为洛阳光电技术发展中心)。

该弹采用鸭式气动外形布局,由制导控制组件、战斗部、红外近炸引信或无线电近炸引信、固体火箭发动机、鸭式舵面和三角形弹翼组成。

红外导引头采用压缩空气制冷,灵敏度高,具有抗背景辐射干扰的能力。战斗部采用高爆炸药,有杀伤破片型和连续杆型,前者配用红外近炸引信,后者配用无线电近炸引信。

这两种类型的战斗部及其近炸引信,可以互换使用。战斗部有效杀伤半径 10m。红外近炸引信的抗干扰能力强,起爆可靠性高。该弹的最大脱靶量 9m

基本战术技术性能:弹长:3.128m(PL-5B,PL-5C),2.893m(PL-5E)

弹径190mm 翼展0.657m(PL-5B,PL-5C),0.617m(PL-5E)

弹重148kg(PL-5B,PL-5C),83kg(PL-5E)

最大射程10km(PL-5A)16km(PL-5B)16-18KM(PL-5E)

最小射程1300m(PL-5B/C)500m(PL-5E)

最大速度2.2M

使用高度1000~18000m(PL-5A)500~21500m(PL-5B)

最大过载20G(PL-5B)30G(PL-5C)40G(PL-5E)

制导系统半主动雷达(PL-5A)被动红外(PL-5B)

引信无线电引信或红外光学引信

战斗部高爆炸药,重30kg

动力装置固体火箭发动机

此外,PL-5E 更可以看作一种全新的导弹。是 PL-5B/C 改进型,是我国自行设计的具有"后半球、近距、格斗"功能的第三代红外型空空导弹,性能优于美国现役的 AIM-9L/M 系列。它创造了两个国际先进,一个国内首创,它使用的少烟推进剂解决了因导弹发射烟雾而造成飞机发动机空中停车的关键问题。

基本数据:

直径127 毫米,

长2890 毫米,

翼展617 毫米,

重量83 公斤,

最大过载40g,

作战高度0-21 公里。

(十二)霹雳 9C 空空导弹

霹雳9 号是中国的第三代空空导弹,采用红外制导方式,可"射后不管"。其作战最大高度21 千米,最射程500 米,最大射程15 千米。具有全向攻击能力,其综合性能超过美目前的 ALM-9L/M"响尾蛇"空空导弹。

该弹采用了3-5 微米红外探测系统和数字信号处理(DSP)技术,已实现了智能化,具备了反红外诱骗能力。

PL-9C 迎面探测距离是 PL-9 的2 倍,其红外导引头的前半球截获距离达8 公里,截获时间只需0.3 秒。其反红外干扰能力强大,在干扰源和目标的能力比为10 的情况下,反干扰成功的概率达到70%。导弹的单发命中概率达90%。

(十三)霹雳 12 中距空空导弹

霹雳12 空空导弹是中国研制的第四代先进中距拦射空空导弹,采用主动雷达制导,无线电近炸引信,具有超视距发射能力、多目标攻击能力、发射后不管能力以及全天候作战能力。它的研制成功标志着中国成为世界掌握主动雷达制导中距空空导弹技术的少数几个国家之一。

歼 10 挂载 2 枚 PL-8 和 2 枚 PL-12(白色)正在飞行主动。主动雷达制导的空空导弹-PL11 和 PL12 令中国战机空战实力得到了很大提升。

在空空导弹领域,我国应该说是成果颇丰。从具备空空导弹研制生产能力以来,我国军工提供了数个型号系列几十个改型且数量庞大的空空导弹供人民空军执剑在手保卫领空。

但是长期以来我国装备的空空导弹种类仅限于红外制导的近距空空导弹,比如霹雳 2,霹雳 5,霹雳 8 和供应出口的霹雳 9 等等。欧美和苏联较早涉足的雷达制导空空导弹领域,在中国空空导弹发展历史上有着相当长的空白期。

其实在较早的时候,我国发展过一款半主动雷达制导的中距空空导弹——霹雳 4。霹雳 4 是中国自行设计制造的第二个空空导弹,也是中国自行设计制造的第一个半主动雷达型空空导弹,以航空工业部所属第六一二所(现为洛阳光电技术发展中心)和株洲航空发动机厂为主,于 1966 年 3 月开始研制,1980 年 11 月完成样机部件地面定型试验。

1981 年 7 月转入第二阶段研制,1984 年生产出首批整弹样机、发射装置以及地面维护设备。1985 年因其性能不能满足使用要求而停止研制。该弹采用与美国的"麻雀"3A(AIM-7D)相似的气动外形布局,即两对全动式梯形弹翼装在弹体中部,起控制舵和副翼双重作用,4 片固定式三角形安定面装在弹体尾部,起纵向稳定作用。

同时,该弹还采用与苏联/俄罗斯在空空导弹设计上常用的方案,即"一弹、两头"方案,通过半主动雷达和被动红外两种不同导引头的互换,形成半主动雷达和被动红外两种导弹型号,代号分别为"霹雳"4 甲(PL-4A)和"霹雳"4 乙(PL-4B)。

采用半主动雷达制导的中距空空导弹"麻雀"3A(AIM-7D)

霹雳 4 和麻雀外形非常相近。

根据相关资料介绍,霹雳 4 导弹是我国对美国麻雀半主动雷达制导空空导弹进行逆向研制的结果。在越战时期,美国发射的麻雀空空导弹命中率较低,有一些导弹燃料耗尽后落到地面,虽然受到一些损伤但是基本结构完好,对于我国这种对半主动雷达制导空空导弹研究比较薄弱的国家很具有参考价值。

不过由于我国自身电子行业和火箭发动机实力薄弱,即便有先进的仿制原型也不可能将其性能完全实现。霹雳 4 在导引头探测距离,最大跟踪角速度和射程方面都与麻雀有着较大差距。

随着霹雳 4 导弹装机对象歼九的下马,霹雳 4 导弹就没有继续发展。歼 8Ⅱ 也曾经要装备霹雳 4 空空导弹,但是由于用于霹雳 4 导弹制导的 208 火控雷达一直没有完全实现制导半主动雷达导弹的功能,霹雳 4 也就没能在歼 8Ⅱ 的翼下一闪寒光而是随着时间的流逝掩埋在历史的灰尘下了。

霹雳 11 中距空空导弹从 80 年代就开始了研制。

AIM-7 麻雀中距空空导弹是一款典型的半主动雷达制导空空导弹。

霹雳 12 中距空空导弹出口型号称 SD-10A。

闪电 10A 空空导弹是中国一航研制的第四代先进中距拦射空空导弹,采用主动雷达制导,无线电近炸引信,具有超视距发射能力、多目标攻击能力、发射后不管能力以及全天候作战能力,能够先敌发现、先敌发射、先敌摧毁、先敌解脱。

可选择复合制导模式、发射后不管模式和被动跟踪模式等多种制导模式,具有多种抗干扰能力,适用于全天候、全高度、全方位的作战环境。能够在复杂多变的作战环境中精确有效地攻击各种有人驾驶飞机、无人驾驶飞机。

闪电10的自用型号,也就是我国空军自己将会装备的主动雷达空空导弹的型号是霹雳12。霹雳12空空导弹弹头部没有导线肋条,中部弹翼固定,采用了流行的尾舵控制。

霹雳12的弹翼比霹雳11小很多,大致相当于美国AIM-120A的尺度。采用主动雷达导引头,结合惯性和指令中继修正或者单向弹载数据链进行复合制导。

出口型闪电10标称的最大射程有70-80公里,根据这个数字可以推算出霹雳12有效射程应该大于30公里。据航展上称,闪电10主动雷达引导头的有效作用距离在25-30千米左右,比AIM-120的略远。

总体来看,霹雳12的性能与AIM-120的早期型号AIM-120A基本相当。

霹雳12中距空空导弹的雷达导引头导引距离比AIM-120略远。

霹雳12导弹与霹雳8导弹的组合有效地提高了中国空军的空战能力。

抛开具体的技战术性能不谈,霹雳12的出现让我国空军真正具备了超视距空战和多目标打击的硬实力。与半主动雷达导引头只有雷达回波接收机不同,主动雷达导引头同时安装了弹载雷达发射机和接收机。相当于导弹自己具备了独立搜索和锁定目标的能力。当然,弹载雷达受发射机体积和功率,雷达天线尺寸等限制不

可能达到机载火控雷达的探测范围,不可能独立发现目标并且完全自主飞行。但是与半主动雷达制导导弹不同的是,主动雷达制导导弹并不需要载机的机载雷达进行持续性的照射引导,而仅仅需要载机的机载雷达每隔一段时间就刷新一次与目标交汇的预定坐标点数据。这个数据信息可以通过机载雷达旁瓣直接上链给导弹也可以通过载机的数据链发送至导弹的弹载单向数据链。

导弹接收到预定交汇点坐标后,就将其对应至惯性制导系统的坐标系,导弹就按照惯导系统的引导独立朝向此坐标飞行。这就大大降低了目标机动对导弹能量特性的影响。

因为主动雷达制导空空导弹的中段飞行不会像半主动雷达制导空空导弹那样随着目标机的机动而机动,而是有着更加科学的飞行弹道。

一般空空导弹的固体火箭发动机只工作数秒钟,发动机熄火后导弹靠惯性飞行命中目标。导弹末端的存能对于导弹能否命中机动目标有着很大影响。

主动雷达制导导弹因为在中段飞行时只需要朝着预定拦截点,并不需要时时刻刻按照比例导引率跟踪目标,就有了更多的战术空间去优化自己的弹道。比如在发射初段,火箭发动机推力较大的时候,并不让导弹平飞增速随随便便地把能量变成与空气摩擦的气动加热,而是按照高抛弹道飞行。

也就是说,导弹不直冲着目标飞行,而是首先爬升。这样就把火箭发动机宝贵的能量储存成了重力势能,等到了末端导弹再俯冲加速追击目标。

这时即便火箭发动机已经熄火,导弹的能量依然比较充足,很大程度上避免了半主动雷达制导导弹的先天缺陷。因此即便采用同样的火箭发动机,主动雷达空空导弹的有效射程都要大于半主动雷达制导导弹。

AIM-120A 导弹的导引头。受弹载雷达体积和功率的限制，导弹在追踪远端目标时同样需要载机支持，只是不需要载机进行持续性的照射引导。

另外，主动雷达空空导弹也解放了载机。载机的机载火控雷达不用持续性的照射目标，就可以继续接战其他目标或者进行搜索跟踪等其他任务。机载雷达主瓣只需要在进行其他任务时，每隔一段时间对目标数据进行一次刷新，生成新的预定拦截点并由旁瓣或者数据链上链给导弹就行。

就算载机遭到攻击被迫暂时放弃对目标的跟踪，导弹也不会因为失去雷达照射而脱锁，而是按照上一次刷新的预定拦截点飞行。载机进行了战术规避机动后，依然可以重新为导弹提供更新的坐标点，此时载机制导的暂时中段并不会对导弹的制导产生致命性影响，只会从某种意义上来说降低了导弹的命中概率。

等导弹到达预定的拦截点后就完全独立，脱离载机的引导，启动自身雷达搜索并且攻击目标。这让导弹保持命中率的同时，大大提高了载机的战场生存力。

主动雷达空空导弹一般具有 30-40 公里左右的有效射程，而其本身的主动雷达导引头的工作距离就有 20 公里左右。也就是说载机只需要负责导弹有效射程三分之一左右的制导任务即可完全不用管理导弹，这让载机进行多目标接战和攻击成为可能。

在机群作战时，在较远距离上载机只需要对多个目标保持跟踪即可射出多枚导弹进行分别攻击。虽然一般的平板缝隙天线机载雷达只有一个主瓣，并不能同时照射多个目标，但是机载雷达的主瓣只需要按照一定速率扫过各个目标生成坐标即可。而且一旦导弹进入末端自导阶段，载机就完全不用管理导弹的飞行，导弹就会向各自瞄准的目标发动进攻。

即便所有导弹都命中敌机的可能性不大，但是这样的多目标群射能够极大的大乱敌方的战术编队队形和战术意图，为下一波导弹攻击成功奠定非常好的战术基础。

采取主动雷达制导的霹雳 12 空空导弹就是这样一型极具战术优势的空空导弹。

美制 AIM120D 中距空空导弹，相比于半主动雷达制导导弹可以说是实现了全面的超越。

主动雷达制导的 AIM-120 与 AIM-7 包线对比图，黄色表示载机支持，绿色表示不需要载机支持。该图表明 AIM-120 不仅在覆盖空域上有明显优势，而且还大大解放了载机。

同样装备了主动雷达制导空空导弹 AIM120 的美军在其刚刚装备部队就开始了对其的改进工作。我国在拥有了霹雳 12 这样优秀的主动雷达空空导弹基本型以后也必然也必须对其进行进一步的改进，以提高霹雳 12 的作战效能。

美国对 AIM120 的改进方向主要集中在空空导弹两个最需要提高的地方一动力和导引头。我国也完全可以借鉴类似的思路对霹雳 12 进行改进。首先，可以为霹雳 12 换装推力曲线更加优化的火箭发动机。传统概念中的火箭发动机只能在点火后以一定的推力工作数秒钟。

新型的多推力发动机则拥有更优化的推力曲线，比如在发射初推力较大，将导弹很快加速至巡航速度，中段则推力较小保证导弹具有一定速度，末端突然增大推力让导弹在遭遇目标时拥有更充足的能量优势。

AIM120 改装过程中,采用了脉冲推力火箭发动机和二次点火技术,让导弹的能量尽量少浪费多多的保存,从而在总的动力射程不变基础上,大大增加了 AIM120 改进型对机动目标的有效射程。

霹雳 12 也可以换装我国类似的多推力火箭发动机。我国早已经在 C701 等反舰导弹上应用了双室双推力的固体火箭发动机,相信也有类似的火箭发动机用于霹雳 12 的改进。

在改进后,霹雳 12 的有效射程很可能达到 40 公里以上,不可逃逸区也扩大至 25 公里左右。如果在霹雳 12 其他结构不进行较大改动的基础上,装备固体冲压发动机,则更可能改进出一个超远程空空导弹。

AIM-120 的结构图。AIM-120 的火箭发动机具有二次点火技术,大大增加了对机动目标的有效射程。

C701 反舰导弹的双室双推力的固体火箭发动机技术也可用于对霹雳 12 的改进。

主动雷达空空导弹能否命中目标决定于其自己的主动雷达导引头能否有效的发现和锁定目标。现代战场通常都充斥着大量干扰。敌机在发现导弹来袭后,肯定会在进行战术规避的同时释放大量有源无源干扰。因此主动雷达空空导弹导引头的抗干扰能力就格外的重要。

AIM-120 的重要改型 C-7 在改进的过程中就格外关注了导弹的电子对抗能力。其综合了新型处理器和新型软件系统,并在雷达信号处理链接方面进行了改进,可具备更强的电子对抗作战能力。这种新导弹系统已经通过美军的验证测试,当时该型导弹在实施反干扰措施的情况下,成功将目标击落。

该型导弹的第一次试射测试是于 2003 年 8 月 19 日在佛罗里达埃格林空军基地测试靶场举行,雷神公司将此次测试称为是使用了现实电子攻击技术;第二次试射是于 2003 年 9 月 6 日在白沙导弹靶场举行,雷神公司表示第二次试射是使用了复杂电子攻击技术。这两次试射都直接将目标击落。

同样,霹雳 12 要想能够在更加极端复杂的战场环境中命中敌机,就也必须在抗干扰能力上下足工夫。霹雳 12 的改进可以采取与美国类似的方式进行系统升级,采用计算速度更快体积更小的新型处理器并且在模拟对抗中更有效的摸索敌方干扰的信号特点编制出更加具有抗干扰能力的软件系统。

枭龙正在投放红外/箔条干扰诱饵弹,这些干扰弹在现在对空空导弹仍然有很好的干扰效果。

AIM-120C-7 型中距空空导弹是 AIM-120 的重要改型,该型重点加强导弹导引头的抗干扰能力。提高抗干扰能力也是霹雳 12 改进的一个方向。

解放军配备的俄制 R-77 中距空空导弹,R-77 在射程上要优于 AIM-120,但准确性和可靠性稍逊。

(十四)鹰击 63 型电视制导空地导弹

YJ63 型电视制导空地导弹是我国最先进的空对地攻击武器之一,是一种可以在防区外发射的战术中程空射巡航导弹,主要用于在防区外攻击严密设防的重要目标,如指挥所、桥梁、机场跑道、防空阵地以及水上舰艇和移动速度较小的坦克、装甲车等目标。

YJ63 导弹利用弹上电视导引头摄取战场画面,并将画面实时地传送到载机,显示在座舱的多功能显示器上,由武器操纵员操纵导弹飞向目标。XX 导弹优点是系统价格低廉,战斗部威力大。缺点是受气象条件影响比较大,抗干扰能力差。

YJ63 型导弹制导方式为电视制导。巡航段可自动或人工控制。对于某典型目标,最大目标截获距离 18 公里,最大锁定距离 12 公里,最小制导距离 6 公里。自动状态下对目标的截获概率为 98%,人工状态为 99%;命中概率为 90% 以上(理想气象条件)。命中精度 2~6 米。

导弹弹体前部装有双向信号发射/接受天线。系统跟踪状态下分人工跟踪和自动跟踪两种,可以由载鸡操作手根据要求任意切换。制导系统工作寿命 100 小时,贮存寿命 10 年。

导弹采用自由落体式发射,导弹脱离载鸡下坠约 70~120 米后发动机点火并进行爬升或俯冲,同时校正航向开始巡航段飞行。导弹发射高度 200~~5000 米,在攻击地面目标时一般采用俯冲攻击,在打击水面目标时一般采用掠海水平攻击。

导弹巡航段飞行速度 900 公里/小时。巡航高度 7 米~1000 米,典型任务巡航高度 600 米。根据发射和巡航高度,导弹射程最大可达 180 公里,最大动力射程 240 公里,最小射程 20 公里。

弹长 7.0 米,弹径 760mm,全重 2000 千克。电视引导头全重 50 公斤,500 公斤高爆战斗部。

(十五)鹰击 81

鹰击 81(C-801K)是有"中国飞鱼"之称 C-801 的空射型,近年因为被伊朗等国采用而锋头颇健。其中,C-801 已装备在大陆售予伊朗的河沽级导弹快艇,而 C-801K 则被伊朗空军的 F-4 战斗机采用,成为受到美国海军关注的一种武器。1998 年珠海航展虽然没有展出 C-80lK 实物,但却是重点推广的外销武器之一,也是首次在珠海进行促销。

C-801 的基本型性能较 MM38 飞鱼稍佳,比。MM40 略差;C-801K 同样比 AM38 好,但比 AM39 差一点,所以仍在改良之中。空射式 C-801K 外形上与 C-801 不同,只采用一台固态燃料火箭发动机,取消了串列的火箭助推器;与近年出产的 C-801A 不同的是,C-801K 仍采用固定弹翼。

鹰击 81 目前提供给大陆海军航空兵的强 5、歼轰 7 和直 8 三种飞机使用,与轰6D 配备的鹰击 6(C-601)和鹰击 61(C-611)共同构成海航近程和中程的空射反舰火力。

作为大陆的首种海基、潜射和空射的固态燃料多用途反舰导弹,C-801 对大陆海防有无可比拟的重要性,1998 年珠海航展只展出现役的 C-801A 改良型导弹,并没有展出能潜射的 C-801Q。

C-801A 改用了节省空间的折叠弹翼,导引部分改用了装有行波管放大器的新型单脉冲频率捷变雷达,改善了抗电子干扰的数位信号处理技术,以及改良了惯性导引控制系统,降低了末段掠海飞行的高度,可能正具备预编程序机动能力,并以提高多目标分辨力,反诱饵干扰的海上环境适应能力,性能较接近 MM40,射程则增加至 75 至 85 公里。

C-801K 的射程为 8 至 50 公里,使用高度仍限制在 500 至 1200 公尺;弹重降为 610 公斤,弹长减为 4.5 公尺,翼展缩小至 1.18 公尺,弹径维持在 360 公厘。与 AM38 的诸元(弹重 357 公斤,弹长 5.2 公尺,弹径 350 公厘,翼展 1.1 公尺,最大射程 42 至 56 公里)或 AM39 的诸元(弹重 670 公斤,弹长 4.69 公尺,弹径及翼展同 AM38,最大射程 50 至 70 公里),可见 C-801K 的火箭发动机效率仍有改善的必要。

鹰击 82(C-802K)是鹰击 8 的空射增程型,同样已经被伊朗空军采用,美国近年对鹰击 8 系列的反应成了它的绝佳广告。至于类似 AGM-84ESLAM 的精密空对地导弹目前仍高度保密,型号可能是 C-8023、或 C-802G。

C-802K 采用类似 C-802 的小型涡轮喷射发动机加上固态燃料火箭助推器,这点与 C-801K 不同。C-802K 和 C-802 的区别仅在于弹翼和连接助推器方式的不同,前者采用固定弹翼,在弹体中部两侧并联 2 具火箭助推器,专用于低速飞机与直升机;后者的助推器连接方式与 C801 相同,采用与 C-801A、C-801Q 的同类折叠弹翼。在歼轰 7 和强 5 上使用时,也可取消并联的 2 具固态燃料火箭助推器。

C-802 的火箭不但维持 C-801K 体积小、重量轻、精度高、抗干扰以及全天候的特色,其载台可更多样化,使用范围涵盖海、陆、空各领域,射程更远并有多目标精确打击能力。该弹的研发时程,基本上与 C-801K 平行,且已于 1990 年代初服役。

C-802K 的射程达到 15 至 120 公里,弹重降为 620 公斤,弹长 5.1 公尺,翼展与 C801K 同样是 1.18 公尺,弹径亦然,其他数据与 c-802 相同,目前仍在改良之中,并且已经成为大陆出口的主力产品,后续改良与出口同样不应忽视。几年前出厂的产品,已经具备末段弹道的蛇形机动能力,抗干扰原件亦已经更换。

(十六)鹰击 82 导弹

"鹰击"-82(C-802)反舰导弹是在"鹰击"-8(C-801)的基础上增加了射程发展而来的。"鹰击"-82 跟"鹰击"-8 外形很相似,还有着同样的固体火箭助推器和制导系统,最大的不同是"鹰击"-82 用涡喷发动机取代了原来"鹰击"-8 上的固体火箭发动机,导弹弹体也有所加长,以容纳更多的燃料。

"鹰击"-82 导弹装备在中国新的水面舰艇上,包括"旅海"级驱逐舰和"江卫"级护卫舰。一些早期的军舰如今也接受改造以安装"鹰击"-82 导弹。

因为"鹰击"-82 的射程增加,所以有时候要依赖舰载直升机或固定翼飞机上的雷达提供目标信息。

空中发射的"鹰击"-82 被命名为"鹰击"-82K(C-802K),1 架 JH-7 战斗机能携带 4 枚。中国还在"鹰击"-82 的基础上开发了"鹰击"-83(C-803)反舰导弹,同样采用涡喷动力。"鹰击"-83 据传是超音速,导弹上装有数据链,可以在飞行途中接收由卫星或舰载直升机传输的目标信息。

"鹰击"-82 跟"鹰击"-8 的基本型一样,只是弹体稍长,且在弹体腹部多了个空气进气口。导弹头部呈卵型,弹体中部有 4 片三角形弹翼和 4 片更小的控制翼,4.片尾翼安装在火箭助推器上,弹翼和尾翼均可折叠。当助推器与弹体分离时,尾翼也会一起分离。

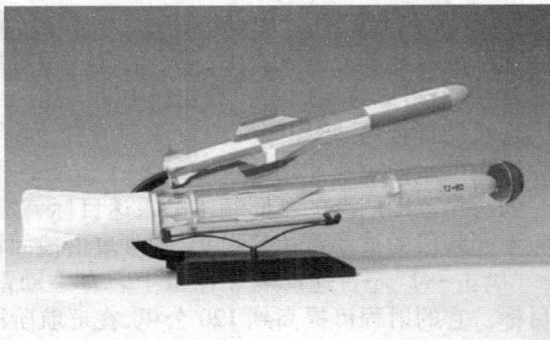

鹰击 82 导弹

导弹发射时,固体火箭助推器在几秒内将导弹加速到 0.9 马赫。火箭助推器烧完后会与弹体分离,这时导弹的涡喷发动机开始工作,在惯性导航系统和无线电信号的控制下,导弹以 0.9 马赫的速度在 20~30 米的高度进行巡航飞行。进入末段飞行时,导弹打开主动雷达搜索目标。

一旦锁定目标,导弹就会在离目标几千米处降低飞行高度,以 5~7 米进行掠海飞行。此外,导弹还可转换飞行模式,以应对舰载防空系统。当接近目标时,导弹会进一步降低高度到海平面,以给舰艇造成最大程度的毁伤。导弹装有一个 165 千克的半破甲杀伤爆破战斗部,依靠导弹的惯性贯穿军舰的舰体,然后在军舰内爆炸。

主要性能参数:弹长 6.392 米,直径 0.36 米,翼展 1.22 米(展开)和 0.72 米(折叠),发射重量 715 千克,最大速度 0.9 马赫,最大射程 120 千米,惯性加主动雷达制导,单发命中率 85% 以上。

(十七)鹰击 83

"鹰击 83"型反舰巡航导弹,被西方国家称为 C—803 型反舰导弹,据称是中国海军自行研制的"鹰击"系列反舰导弹中的一种,具有很强的实战威力。

反舰导弹是 20 世纪 60 年代以后才发展起来的海上兵器,由于其体积小、速度快、造价低、威力大而很快受到各国军队的青睐。1967 年,在第三次中东战争中,埃及军队用 4 枚并不昂贵的苏制"冥河"反舰导弹一举击沉了以色列当时吨位最大的驱逐舰"埃拉特"号,使反舰导弹一举成名。

20 世纪 80 年代后,空射反舰导弹出现。在 1982 年英阿马岛战争中,阿根廷使用 6 枚"飞鱼"空对舰导弹击沉了英国皇家海军造价数十亿美元的"谢菲尔德"号主力驱逐舰和 1 艘大型运输船,差一点完全改变了战争的进程。

(十八)鹰击 91 导弹

"鹰击-91"分为反辐射和反舰两个型号,头部结构随导弹型号不同而异。反辐射型头部装有被动雷达导引头和杀伤爆破战斗部,反舰型头部装有主动雷达导引头和半穿甲战斗部。综合各方信息推测,"鹰击-91"长 4.7 米,弹径 360 毫米,弹重 0.6 吨,战斗部重 90 公斤,最大射程 50 公里,最小射程 5 公里。

在外形尺寸和战术使用上,"鹰击-91"与目前法国和德国正在研制的 ANS 导弹非常相似,可以肯定的是,"鹰击-91"反辐射导弹在飞行速度和杀伤力方面优于美国现役的百舌鸟、哈姆等高速反辐射导弹,能有效地攻击诸如美国提康德罗加、伯克级大型水面舰艇使用的 AN/SPY-1 宙斯盾相控阵制导雷达。

为对付范围广泛的不同频段的雷达目标,"鹰击-91"也可采用能互换使用的、对应不同频段的被动雷达导引头,既可攻击地面雷达目标,又可攻击空中预警机。

"鹰击-91"超音速反舰导弹由于装有主动雷达导引头,可独立自主的攻击舰艇目标。它的射程可提高到 120 公里,在巡航阶段的掠海飞行高度维持在 20 米左右,到了攻击阶段飞行高度则降到离海面 7 米左右,最低甚至可降至 1.2 米,令被攻击舰只上的雷达很难发现。

"鹰击-91"被外界称为专为宙斯盾系统"量身定制"的克星。

国产型号 kh3l 命名为 yj91,本为反辐射导弹,国内军事刊物引用外媒报道指出,中国可能开始生产 kh3l 的发展型,射程增加至 150km,战斗部增加至 100kg 以上,总重增加至 800kg,容易看出此发展型的尺寸和重量与 yj83 大致相当,所有配备 yj8 的载台都有可能同时配备 yj91。

互联网上一篇关于研究基金申请的文章显示 yj91 进行过潜射试验,如果 039 型潜艇能够利用 533 鱼雷管+水下载具,发射这样射程超过 100km、速度达 m3 的反舰导弹,则对水面舰艇的威胁是非常巨大的。

yj91 具有明显的优点:一是弹头威力大,150 公斤的巨大战斗部,相对"哈姆" 66 公斤的小战斗部而言威力不言而喻,即使不直接命中也能摧毁或者严重损害敌雷达;二是速度快,平均 2 点 3 马赫的高速使之在超低空也仅用 2 分钟即可命中 90 公里远的目标,使敌人来不及反应;三是射程远,超过 100 公里,能在敌防空火力防圈外安全发射,确保载机安全;四是导引头专一,yj91 的导引头专门针对爱国者等美国和西方大量装备的雷达,具备很强的针对性,使之成为这些雷达的"克星"。

yj91 的缺点正来自上述的优点:为保证大威力,高速度,远射程,yj91 付出的代价是巨大的重量和庞大的体积,过大的直径使之无法采用双联挂架,这使得歼 8 飞机只能在腹下中线挂载一枚,而即使是强悍的 su30 也只能够挂载 4 枚,虽然这时候它依然能够挂装 4 枚 r77 用于对空,但加上指示吊仓等外挂后,原本以机动性见长的 su30 恐怕很难发挥优势。

更为严重的是,作为反辐射导弹最常用的三种攻击方式:自卫方式、预置方式和随遇方式,如此的重量和体积使之通常只适用于预置方式。

我国已有利用 hq61 改进为反辐射导弹的经验,现在加上吃透 kh31,再通过国际交流合作,相信不久的将来,一款新型导弹一定能出现在我军战机身边,成为我机的贴身利器,让敌人的任何雷达闻风丧胆,使敌人成为没有眼睛耳朵的聋子、瞎子,在我军的重拳下灰飞烟灭。

(十九)鹰击 12

鹰击 12 是我国自行研制的新式高超音速反舰导弹,它长约 9 米,弹径 1.2 米,重量不详,它实际的攻击速度可达到 7 马赫(重力加速度的缘故)在攻击末端可做螺旋规避,机动能力极强,也采用复合制导,抗干扰能力很强。它不具备隐形的能力,速度和高度

国产鹰击 12 反舰导弹是八五计划重点项目之一,目标是研制一种通用的高超音速反舰导弹,代替现役的鹰击八三(C803)反舰导弹。十二号弹由 601,611 和海军研究院,航天三院联合研制。601,611 负责气动设计,海军研究院解决制导。工程包括两个子型号第一种弹体长而宽,呈扁平状,装备超音速冲压发动机,两侧进气;巡航速度为 2.2 马赫,末端速度高达 4.0 马赫,射程 250-300 公里。

第二种呈圆柱体,装备超燃冲压喷气,冲压双燃烧发动机,前端进气;巡航速度为 4.0 马赫,末端速度高达 6.0 马赫;射程 550-640 公里。

十二号弹的雷达反射截面小于等于 0.2 平方米,采用惯性制导,卫星导航,战斗部为 250 公斤常规高爆炸药,能够从飞机,水面舰只或潜艇上发射。

鹰击 12 较鹰击 91 比统属中国最新一级的攻击舰艇的导弹,但后者是仿苏型,没有像鹰击 12 那样具有明显的国产特征。鹰击 12 运用了中国最先进的激光技术成果,解决了抗干扰性问题,即使在脉冲炸弹的干扰下鹰击 12 的激光抗干扰系统仍然可以 100 公里不超过 1.5 米的误差(鹰击 12 即使在发射时就受到了敌方的干扰,按其终极射程 550 公里计算其误差也不过 9 米,况且鹰击 12 末段有自动修复程序)。

鹰击 12 分空射、舰射和潜射三种。鹰击 12 发射后飞想高度为 1200 米的高空后接受预警雷达的第一次目标锁定参数后,接受系统将参数发送给鹰击 12 的激光制导控制系统后,鹰击 12 导弹在电子地图的动态指挥下静默飞行,速度为 1.5 马赫,高度 12-15 米。当离攻击目标 50 海里的时候,鹰击 12 分离出一枚主动式十微波热制导式空中雷达进行最后阶段制导,同时鹰击 12 导弹 4 玫助推导弹点火,导弹以 6-8 马赫的速度在上空预警雷达的指令下直击目标,攻击最后阶段战斗部脱离。

鹰击 12 同时具有较强的假弹头欺骗战术,当敌方在 150 公里开外发现鹰击 12 后,敌方用导弹拦截,鹰击 12 会将其中二枚助推火箭发射进行干扰,只不过在最后的攻击阶段攻击距离缩短为 25 海里,导弹末端攻击速度降至 3-4 马赫。

鹰击 12 导弹的战斗部为 800 公斤的超高爆炸药,这是为美国航母量身定做的。鹰击 12 的潜射型其战斗部更重达 1200 公斤(这就是为什么鹰击 12 的潜射型的射程仅有 360 公里的原因),一枚这样的导弹足以让一艘 90000 吨的航母遭受灭顶之灾。

鹰击 12 导弹的射程为 550 公里,但是其燃料部是在发射前通过内置燃料调节器调节后调整其发射射程的,因此内置燃料调节器调节具有很好的调节协调作用,使得导弹在飞行速度、射程方面有很大的变数。

鹰击-12 导弹的造价在 180 万美元一枚,因此军方首批定量只有 816 枚(不包括潜射型),军方认为如果鹰击-12 导弹的造价在每枚 90 万美元左右方可大量订购。

因此鹰击-12 的总设计师正在考虑鹰击-12 分离出的那枚主动式+微波热制导式空中雷达的自动回收问题(这台飞行雷达造价 25 万美元,鹰击-12 的激光抗

干扰系统造价更达 58 万美元, 仅这两部分占了鹰击-12 造价的 46.11%)。因此军方仅仅将首批的鹰击 12 装到了 170 导弹驱逐舰号上, 168、169 也只能装鹰击-83 反舰导弹了。

空军的歼十和 093 核动力攻击潜艇这些高贵血统的克敌利器才能装备上鹰击-12 这种我们中国人的争气弹, 鹰击 12 的闪亮登场, 提高了我军攻击航母编队的能力。

（二十）C801 反舰导弹

C801 反舰导弹是我国研制的一种高音速、超低空掠海飞行的多用途反舰导弹, 70 年代中期开始研制, 1979 年, 该导弹首发飞行试验成功。它可以多联装载在各种类型的驱逐舰、护卫舰、常规潜艇、快艇上, 也能装在轰炸机、强击机上从空中发射。

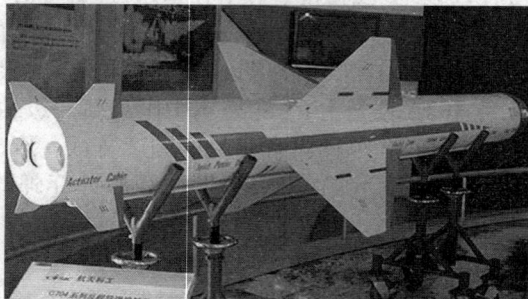

C801 反舰导弹

主要用于攻击护卫舰、驱逐舰等中型以上水面舰艇, 壹枚命中即可重创或摧毁目标, 也能打击快艇一类的小型水面舰艇。

弹体为圆柱形, 4 个弹翼和尾翼呈 "X-X" 形配置, 正常式气动布局, 助推器串联在弹体尾部。导弹从前向后分别为雷达舱、驾驶仪舱、固体火箭发动机、尾舱和助推器。

导弹在飞行初始阶段从 12 度-15 度爬升到约 50 米高度, 而后降到 20 或 30 米的巡航高度。末段接近目标时, 导引头参与航向校正。该导弹可进行单射或齐射。

该导弹由弹体、固体火箭助推器、固体火箭主发动机、末制导雷达、战斗部等组成。战斗部重 165 公斤, 舰舰型导弹射程 8-40 公里, 空舰型导弹射程 10-50 公里, 平飞高度 20-30 米, 平飞速度 0.9 马赫, 导弹可靠性 80%, 命中概率 90%, 命中一发可使 3000 吨级驱逐舰受重创或丧失战斗力, 其制导方式是自控加自导, 发射方式为单发或齐发。

C801 导弹具有多种抗干扰性能、超低空飞行、攻击隐蔽、突防能力强等特点。它重量轻、体积小, 全重仅 815 公斤, 全长 5.814 米; 采用两级固体火箭发动机作为动力装置, 使用维护简便、弹上末制导雷达采用单脉冲体制, 抗干扰性好、采用高精度无线电高度表, 可掠海巡航飞行, 不易被发现, 故攻击隐蔽、空防能力强; 采用半穿甲爆破型战斗部, 能穿入船舷在舱内爆炸, 威力极大; 采用箱式发射装置, 即可贮运, 又可发射, 并可重复使用, 无须对准目标, 能进行扇面发射。

每座发射箱装一枚导弹, 在小艇上装 4 座, 大艇上装 6 或 8 枚, 在护卫舰和驱逐舰上装载 8 座, 装在甲板上。

C801 导弹由舰艇上的火控系统控制。导弹发射后, 先是固体火箭助推器工作, 数秒后助推器脱落, 导弹飞行马赫数达 0.9, 此时固体火箭主发动机工作, 导弹开始等速掠海巡航。弹上驾驶仪是使导弹在一定距离内按预定的航向飞行后,弹上末制导雷达开机捕捉并跟踪目标,导引导弹向目标机动飞行,接近目标时导弹作俯冲攻击,在水线附近命中目标。

机载 C801 导弹不带助推器,导弹发射后,主发动机点火工作,导弹迅速降低高度后转入掠海平飞,直至攻击目标。衍生型;射程 85 公里的增程型 C-801A。

(二十一) C802 反舰导弹

与 C801 十分相似,但增加了长度,其无线电测高仪的性能更加完善,战斗部的威力、机动性能等都有所提高。该弹巡航段飞行高度为 20—30 米,在接近目标时飞行高度为 5-7 米。

导弹全长:6.392 米;第二级弹长:5.145 米

导弹直径:0.36 米

翼展展开状态:1.22 米折叠状态:0.72 米

导弹全重:715 公斤第二级重量:530 公斤

战斗部重:165 公斤

平飞速度:0.9 马赫

巡航高度:20 米二次降高:高海情 7 米,低海情 5 米

有效射程:12~120 公里

发动机改用涡喷发动机 C802 导弹系列:岸舰型、舰舰型、空舰型。

(二十二) 红箭-73 B 反坦克导弹

我国第一代改进型反坦克导弹,适于单兵携带、地面发射或车载发射。主要用于攻击坦克、装甲车辆,也可用于摧毁火力点和简易野战共事。弹径 120 毫米,弹重 11.7 千克,射程 3000 米,能破钢甲 180 毫米。采用光学瞄准跟踪、导线传输指令、红外半自动制导方式。改进后的系统保留了手动操作功能。全武器系统由导弹、发射装置和地面控制设备等组成。

红箭-73B 反坦克导弹的参数

全弹重:11.7 千克

弹长:0.869 米

弹径:0.12 米

翼展:0.349 米

最大有效射程:3000 米

最小射程:400 米

飞行速度:120 米/秒

射速:2 枚/分

破甲威力:180 毫米/65 度

（二十三）中国光纤激光器的发展

2002 年南开大学在掺 Yb3+双包层光纤器中得到了脉宽 4.8ns 的自调 Q 脉冲输出和混合调 Q 双包层光纤激光中得到峰值功率大于 8kW,脉宽小于 2ns 的脉冲输出。

2003 年南开大学利用脉冲泵浦获得 100kW 峰值功率的调 Q 脉冲,以及得到的 60nm 可调谐的调 Q 脉冲。

2003 年 11 月 20 日,上海科学家在激光领域取得新成果,成功开发出输出功率高达 107W 的光纤激光器。此激光器的全称为"高功率掺镱双包层光纤激光器",与目前已有的激光器相比它的维护费用和功率消耗都要低得多,寿命是普通激光器的几十倍。

该课题组的负责人之一楼祺洪研究员告诉记者,激光打印有着广泛的应用前景,与市民生活直接相关的如食品的生产日期、防伪标志等,若以激光打印代替现在的油墨打印清晰度高、永不褪色、难以仿冒、利于环保,具有国际流行的新趋势。上海科学家研制的光纤激光器使光纤激光输出功率又上升了一个新台阶,最大输出功率达 107W,已经遥遥领先于全国同行。

2004 年 12 月 3 日,烽火通信研制出激光输出功率达 100W 以上的双包层掺镱光纤,经过艰苦努力,将该类新型光纤的输出功率提高至 440W,达到国际领先水平。

这是我国在高功率激光器用光纤领域的重大突破。掺镱双包层光纤激光器是国际上新近发展的一种新型高功率激光器件,由于其具有光束质量好、效率高、易于散热和易于实现高功率等特点,近年来发展迅速,并已成为高精度激光加工、激光雷达系统、光通信及目标指示等领域中相干光源的重要候选者。

双包层掺镱激光器的主要激光增益介质是双包层掺镱光纤,因此双包层掺镱光纤的性能直接决定了该类激光器的转换效率和输出功率。

烽火通信作为国内唯一一家进行双包层掺镱光纤研究的单位,在成功推出输出功率达 100W 以上的完全可商用的双包层掺镱光纤产品后,又加大的研发力度,使得其输出功率实现 440W 以上,达到国际领先水平。

光纤激光器作为第三代激光技术的代表,具有其他激光器无可比拟的技术优越性。不过,我们认为,在短期内,光纤激光器将主要聚焦在高端用途上随光纤激光器的普及,成本的降低以及产能的提高,最终将可能会替代掉全球大部分高功率 CO_2 激光器和绝大部分 YAG 激光器。

（二十四）中国最新激光武器

光速武器

中国军方研制的定向能武器包括激光武器,微波射线发射器和粒子束加速器。与传统常规武器用动能或化学能摧毁目标不同,定向能武器破坏或摧毁目标是通过对目标施加能量——以光速或接近光速运动的光子或粒子达到目的。

目标躲避武器攻击的能力在定向能武器面前明显降低。当高能激光束的"飞行时间"以微秒计算时,一个以4倍音速运动的目标无论怎么机动都没有用。在激光束"发射"并击中目标所用的时间内,目标移动的距离可能不超过10厘米。

尽管高能激光武器受重力和大气阻力的影响不明显,但在海洋环境中,由于受到水蒸气,灰尘和大气涡流等因素的影响,激光束会产生发散和膨胀,为此必须增大激光的输出功率。

中国高级研究局研究了一种高能化学激光器。这是一个兆瓦级的中红外高能化学激光器,这是一个氟化物化学激光器。该激光持续功率输出在世界所有激光器中是最高的。

高能微波武器主要用于攻击现代武器系统中的电子设备和电子元件,使之损坏或失效。0.01~1微瓦/平方厘米的弱微波能量可以对相应频段的雷达和通信设备产生强电磁干扰,使之不能正常工作。0.01~1瓦/平方厘米的微波能量辐射,可直接使对方通信,雷达,导航等系统的微波电子设备失效或烧毁。

10~100瓦/平方厘米的强微波辐射形成的瞬变电磁场,会在各种金属目标的表面产生感应电荷和感应电流,这些附加的感应电流可以通过天线,电源线,传输线和各种开关,缝隙等入口,进入被拦截目标的内部电路。

感应电流比较小时,会改变电子线路中某些元器件的工作状态,导致电路功能紊乱,出现误码,控制失灵或逻辑混乱等现象;感应电流较大时,就会造成元器件的永久性损伤。

强微波辐射还可直接使工作于微波波段的电子设备因过载而失效或烧毁。从遨游太空的卫星到横跨大洋的洲际弹道导弹,巡航导弹;从飞机到通信器材,雷达,武器的计算机系统及其他光电器材,只要处于强微波的覆盖范围内,都会遭到毁灭性的打击。

此外,微波武器还可以对付隐形飞机,隐形导弹,隐形坦克,隐形舰船等在内的"隐形武器",具有得天独厚的优势。因为这些隐形武器主要是通过外壳采用吸波材料或涂抹吸波涂料层来吸收雷达波(微波)而达到隐形目的的,这就为微波武器效能的发挥打开了方便之门。"隐形"武器的外壳一旦受到高功率的照射,便会因吸收过多的微波能量而受损,甚至烧毁。

除了对目标系统进行加固和覆盖外,对微波武器的防御还没有有效的办法。

未来轨道武器

轨道武器是中国军方正在加速研究的另一种重要的高速武器。这种武器能够发射高超音速的精确制导弹丸,在数分钟而不是数小时内就可以对数百公里远的目标进行打击。

电磁轨道炮的原理并不复杂,其最简单的形式是由两个通过绝缘体分开的平行导体(轨道)构成。电流沿着一条轨道,通过一个活动电轴自由沿轨道流动,和另一条轨道形成一个回路。

一个短暂高功率的电子脉冲产生一个极其强大的电动力,沿着轨道驱动综合发射装置——电枢,膛片和弹丸,"发射"弹丸。

中国军方在研的未来驱逐舰舰载轨道炮系统数据如下:弹丸发射重量(包括推进器和膛片)20公斤;飞行重量15公斤;初始速度2.5千米/秒;初始动能63兆焦;膛口动能150兆焦;炮管长度12米;发射速度6~12发/分钟;系统功率需求15~30兆焦;弹丸携带量2560发;最大射程360千米;作用于目标的能量为17兆焦。

在作战中,15千克的动能(非化学能)杀伤弹丸能够以8倍音速发射到外大气层,攻击远至360千米范围内的目标,时间不超过3分钟!

电磁轨道炮除了在作战上的好处外,对海军后勤和舰船设计也将产生深刻影响。轨道炮的维护保养将明显比传统线膛化学能武器设备简单,同时在同等情况下未来舰船将可以装载更多的弹丸。由于每发弹丸/综合发射装置的体积更小而且不需要推进剂,每艘舰船装载的综合发射装置将是传统的10倍。

(二十五)中国最新坦克加载激光武器

高能激光是21世纪最有发展潜力的武器,并以其远射程和强大杀伤力得到各军事强国的追捧。中国的军用激光技术发端于20世纪60年代,如今已取得一定的应用成果。

世界首创

中国大陆研发的激光武器约有七八种,其中又以配备舰艇及陆战兵器的战术性激光武器为多。这类"轻量级"激光武器的代表,当属99式主战坦克上的"激光压制观瞄系统"。

从外观来看,该系统由主控电脑、激光发射器、热成像仪和干扰机组成,通常安装在坦克炮塔左后方的旋转平台上,车长与炮长均可操作。该设备能够持续发射100兆焦左右功率的蓝绿激光,其威力足以烧伤2公里以外敌军士兵的视网膜,或直接给对方的光电设备造成毁伤。

"激光压制观瞄系统"拥有被动和主动两种工作状态。当系统处于被动模式时,主要依靠告警设备感知敌军方位,并由干扰机射出一束较弱的激光以标定目标位置;经电脑确认之后,激光束的功率骤然增强从而对目标形成"硬杀伤"。

如果开启主动模式,该系统则首先借助低能量脉冲对可疑区域实施扫描,一旦识别出对方观瞄仪器镜头所反射回的微光便自动开火将其摧毁。换句话说,"搜寻并消灭"就是对其作战使命的最简单概括。

基于"激光压制观瞄系统"的致盲效用,有些人将其视作有违人道的兵器。

事实上,美俄两国早就开发了功能类似的激光武器系统,但将其与主战坦克相结合却是中国的首创。

"激光压制观瞄系统"已相当成熟,技术上居于世界领先地位。不过,受制于激光本身的物理特性,这种武器在实战中仍会受到雨雾等不良气候的影响,若对手使用反射涂层、护目镜等对抗手段,它的杀伤力也会减弱。

卫星失明

如果说频频上镜的"激光压制观瞄系统"仅仅具有战术的意义，另外一种威力更大、更为神秘的武器是中国战略威慑能力的体现。这就是被军方誉为"杀手锏"的陆基反卫星激光武器。

该"杀手锏"系统采用固定式发射平台，其重量和体积都十分庞大。

这门"激光大炮"的性能与美国的"中红外先进化学激光器"接近，最大功率达到 2.5 兆瓦。

如果利用此种强度的高能激光对"敌国"的卫星实施照射，轻则可以致盲卫星搭载的探测设备，重则能够直接破坏卫星的主体结构，令其脱离轨道或解体坠落。

"杀手锏"系统的实用化，使解放军拥有了除弹道导弹以外的另一种反卫星手段。

高能激光武器在未来战场上的应用将会普遍，中国大陆在这一领域的进展越来越快，对潜在的竞争对手构成巨大威胁。但由于受技术条件限制，目前装备的反卫星激光武器无法完全克服大气干扰、机动能力不足和射击"窗口"偏小的缺陷，这些问题都在相当程度上制约了其作战效能的全部发挥。

（二十六）中国"死光 A"重型激光武器系统

激光武器是一种利用沿一定方向发射的激光速攻击目标的定向武器系统。它具有快速，灵活，精确和抗干扰等优异性能，由其在光电对抗，防空和战略防御领域中更可发挥其独特的作用，作为武器，它分为战术激光武器和战略激光武器两种，它不仅是一种常规威慑力量，更是战时重要的还击与打击的新型武器装备。

我国在此领域研究出一款代号为"死光 A"的重型激光武器。该重型激光武器系统采用我国专为此研制成功的小型车载'移动式核子发电机组'作为其能量动力。

我国的"死光 A"重型战略激光武器系统主要用于战时摧毁敌方的军用卫星及用于军事目的的敌"空间站"。二是用来摧毁敌方的地面固定发射井和机动核导弹及水下核潜艇。

由于激光是沿直线发射的定向光速，不可能拐弯，针对此一难题，我国的科研工作者早在 20 年前就开始了此领域的预研工作，并用其研究成果成功制造出了现今国际上还是空白的，只有我国才有的激光卫星接力站或卫星反射站！该卫星接力站采用光线反射原理，将地面传来的高能量强激光接收并转瞬间射向已锁定了的敌方藏在海水下并快速机动的核潜艇。瞬间即可将敌核潜艇击穿气化。

在研制过程中，成功地将其能量衰减控制在千分之一以下。试验证明：从发现锁定目标到摧毁击穿敌核潜艇，总计用了 2.5 秒，持续照射 5.2 秒后，潜艇才"层裂"溶化至气化，一共才用了不到一分钟的时间！

"死光 A"重型激光武器系统因其机动载体的限制，只安装了上述能力的十管高能量激光器，该车配备的核能发电机组能量准备时间为 10 管/2 分钟，若按每次 10 管同时齐射算，一次就可击毁 10 艘敌潜艇。5 分中即可击毁敌方 20 枚正在机动的战略导弹。

该武器系统数据。高能强激光管数：10；激光射速：每秒 35 万公理；高低射界：0～85 度；水平射界：360 度；可单管发射亦可 10 管同时发射；属车载液压升降结构。

该激光武器的载车数据。国产 WS2500BT 特种越野车底盘；10X10 全轮驱动全轮转向；平头驾驶室；车用发动机：BF12150FL 风冷柴油机/880 马力；轮胎规格为 500600—635 的防弹轮胎；公路时速：100 公理/小时；越野时速：85 公理/小时；最大爬坡：487。

"死光 A"重型激光武器系统可打击地球上的任何固定或移动的敌对战略目标和战术目标。

（二十七）"神光二号"巨型激光器

我国研制的"神光二号"巨型激光装置，在十亿分之一秒的瞬间可发射出相当于全球电网电力总和数倍的强大能量，这只有在自然界的核爆炸中心、恒星内部或是黑洞边缘才能找到。

中科院上海光机所研制的"神光二号"，主要是成百台光学设备集成在一个足球场大小的空间内。当 8 束强激光通过空间立体排布的放大链聚集到一个小小的燃料靶球时，在十亿分之一秒的超短瞬间内释放出极端压力和高温，引发聚变反应，摧毁目标。

"神光二号"可用做科学实验，释放的巨大能量在实验中产生的极端物理条件，对基础科学研究、高技术应用和确保国家安全的新技术的推出，均有重大意义。

"神光"所引发的核聚变是未来清洁能源的希望所在，到 21 世纪中叶，科学家可利用激光聚变技术，把海水中丰富的同位素氘、氚转化为巨大的取之不尽的能源。"神光二号"的建成，为我国科学家从海水中获得能源冻害奠定了基础。

"神光二号"的问世，标志我国高功率激光科研和激光核聚变研究已进入世界先进行列。目前，如此精密的巨型激光器只有美国、日本等少数国家能建造。"神光二号"的总体技术性能已进入世界前 5 位。

在反导作战时，地面激光装置是众多激光装置的集合，这种集合既可以在某处的单台装置内部增强其能量，也可以由多台部署于不同位置的激光发射装置组成，使地面发射的激光束在空间某区域汇集后攻击目标。

这种技术的最大优点是：

装置布置灵活，分布可密可散。敌方不可能同时摧毁所有的发射装置，大大提高系统的生存能力。

战术灵活多变。对关键目标如核弹头可同时集合多台发射器进行聚集攻击以增加摧毁目标的概率，而对如巡航导弹的普通目标可以让各地面发射器单台作战，这样可以达到更大的覆盖范围。

装置体积可大可小。大至地面的大型发射器，小到装在同步轨道卫星上，甚至可以装在战机上。虽然功率不同，但利用激光聚合技术仍可达到对目标的打击力度，且机动性非常之强。技术扩展性强。激光不仅可以应用于反导，还可以用于精确打击目标,甚至还可以作为一种民用新能源,可见,这种防御性+攻击性+经济性的技术被称作"神光"是无可厚非的"。

（二十八）雷霆 2 与雷霆 3 型激光制导炸弹

从外观来看,LT2 与 LT3 几乎没有什么很大区别,只不过在激光导引头上,有一些区别。LT2 采用的是小孔径直罗双线激光导引头。而 LT3 则采用了一个巨大的类似红外发射导引头的全透明激光导引头。而实际上它们二者主要的技术差别就在这里。

LT2 激光导引头,从外观来看很类似美军在越战期间曾经使用过的早期"宝石路"激光制导炸弹。这种激光导引头主要工作原理大约是,类似采用发射 2 条平行互有间距的激光导引线,而制导炸弹则在这样的一个范围内进行 Z 型反复寻的前行,直至命中被击毁目标。

而新型设计的 IT3 型激光制导炸弹则是采用了目前世界流行的先进激光制导流行技术,采用了扇形面发射激光架速引导炸弹系统准确命中目标。倪部长说 LT2 采用的这种激光导引技术,实际上对比 LT3 至少要落伍大约 30-40 年。

八、中国航母

（一）新中国的航母梦

航母梦被激活——参观美国航母"小鹰"号

由于军事实力和国际形势,新中国成立后,我国的海洋战略一直实行的是"近海防御"政策。所谓"近海防御",说穿了,就是防止别人从海上打进来,我守住海岸线就得了。所以,中国一直没有对航母有非分之想。

这种做法也是符合当时的实际形势的,就像一个在农村种田的老农民,看到街上的汽车,绝对不会有买汽车的念头,要是有,那才是精神不正常呢!

后来,形势发生了变化。1979 年 12 月,苏联入侵阿富汗,实现了对中国的 C 型包围。苏联的包围阵线从太平洋北部库页岛开始,然后沿着蒙古—苏联—阿富汗—越南,完成了对中国陆地上的大包围圈。苏联入侵阿富汗,不仅对中国"威胁"很大,同时对美国也造成了很大的压力。于是,美国决定拉拢中国对抗苏联。非常有意思的是,中美这两个老对手变成了盟友。于是,中美关系迅速升温。1980年 1 月 5 日至 13 日,应中国国务院副总理兼国防部长徐向前的邀请,美国国防部长布朗访华。这是自 1949 年以来,美国首次派国防部长访华,也是中美两军领导人进行的首次正式交往。

俗话说,来而无往非礼也。于是,美国人也邀请中国军事领导人访美。1980年 5 月 25 日至 6 月 6 日,国务院副总理兼军委秘书长耿飚率团回访美国,时任解放军副总参谋长的刘华清就是访问团中的一员。

为了表示对中国军方的一片热情，美国人把中国的军事代表团请到了美国的军事象征航母上走一遭，并且让他们参观了最重要的航母司令塔，同时，还让他们乘直升机绕航母转了三圈。

中国军方代表团参观的是美国的"小鹰"号航母，航母庞大而现代的设施给中国军方以强烈的震撼，这种震撼给每个人都留下了终生难忘的印象。也就是从那时起，航母梦开始进入了刘华清的心里。

刘华清上将被西方媒体誉为"中国的马汉（美国海权理论的奠基人）和戈尔什科夫（苏联海军元帅）"，"他启蒙和推动了中国的'航母梦'"。

1982 年，刘华清担任海军司令员后，力主建造航母。但当时，我国的经济力量尚不足以支撑航母建设。1984 年初，刘华清曾说："海军想造航母也有不短的时间了，现在国力不行，看来要等一段时间。"1986 年，他又提道："航母总是要造的，到 2000 年（造）航母总要考虑。"

可以说，参观"小鹰"号，激活了中国海军的航母梦。

"墨尔本"号航母的遗憾

"墨尔本"号航母原来是英国海军"尊贵"号，舷号 R77，属于英国在二战中应急设计的巨人级护航航空母舰。它由维克斯·阿姆斯特朗造船厂于 1943 年 4 月 13 日开工，1945 年 2 月 28 日下水，没有赶上二次大战。战后，因为英国经济难以承受巨额军费，遂大量缩减海军力量。为了表示亲善，英国以 10 英镑的象征性价格把"尊贵"号卖给澳大利亚。1955 年 10 月 28 日，该航空母舰正式完工。次年 3 月 5 日，从朴次茅斯港起航，4 月 23 日到达澳大利亚。5 月 14 日，举行改名和授旗仪式，"尊贵"号改名为"墨尔本"号，舷号变为 R21，成为澳大利亚舰队的旗舰。

此后，澳大利亚请美国船厂为其添置蒸汽弹射器，安装了斜向跑道等，"墨尔本"号航母成了一艘现代化的航母。

"墨尔本"号航母满载排水量 20250 吨，拥有 4 台大推力蒸汽弹射器，能够携带 20~27 架飞机，最多可以容纳 40 架，其中被视为宝贝的是 4 架美制 A-4 天鹰攻击机。航母时速为 25 节，续航力为 4000 海里，全舰人员编制为 1480 人（包括 620 名空勤人员），初步具有远洋部署能力。

"墨尔本"号于 1982 年 1 月 30 日退役。

当年我国钢铁非常紧俏，1985 年 3 月，广州造船厂通过华联船舶有限公司，经投标向澳大利亚购买了这条军舰，并与广东中山市拆船公司联合对其拆解，这是我国购进的第一艘航空母舰。

"墨尔本"号被引进中国的时候，舰上所有的设备都被事先拆除，但是其中的升降机、蒸汽弹射器、主飞行甲板均得以保留。

中山市海事局局长、党组书记何顺昌负责将"墨尔本"号引进中山港。由于"墨尔本"号上军事设施、电力设备已被拆除，只能靠几艘大马力的拖船来牵引。奇怪的是，明明直着拖的，可是走了一段路，航母就偏了，根本不能走直线。"墨尔本"号每前进 100 米左右，就得停下来，然后在舰尾后面用另一艘拖船倒拖，把舰身拉直再往前拖,趁涨潮的时候,一步一步地前移。

经过无数次的走走停停,"墨尔本"号从珠江内伶仃水道到中山港,短短30海里。走了整整3天时间。

后来,"墨尔本"号被拆解才知道,原来其导航舵叶被焊牢成右偏15度,舰无法直航只能斜着走。

从上舰准备,到引航,到码头,工作人员在"墨尔本"号整整待了一个星期。那是一个非常炎热的夏季,退役的"墨尔本"号上没有空调,天热,蚊子又多,晚上工作人员无法入睡。没有生活用水,只能一桶一桶地从辅助船上吊水。

"墨尔本"号航母到达中山港之后,当地造船厂一位军代表突然看见来了这么个从未见过的大家伙,立刻通知了海军总部。海军装备部迅速派遣下属海军装备研究所,临时抽调由不同专业人员组成的30多人前往参观。

这次任务确实是"参观",因为,海军当时其实没有任何有关航母的具体研究项目和计划。

由于拆船厂不归军方管,着急拆船赚钱,所以只留给海军人员几天时间。当时,著名的军事专家张召忠也在"参观"人员之列。

张召忠说,见到"墨尔本"号是个下午,"当时就看到一个十几层楼高的大家伙在那里。我们所有人当时都是第一次见航母,什么也不知道。别说弹射器,我当时连航母上的鞭状天线都不知道是什么东西"。

当时,中国最大、最先进的051"旅大"级导弹驱逐舰才不过3000多吨,一下子见到2万吨级的真航母,对他们的震撼可想而知了。

在南国炎热潮湿的6月,海军人员兴奋地"参观"了几天。

这艘即将被拆毁的航母,对于中国海军来说,可以说是天上掉下来的机会。张召忠说,当时他和大多数同事都只有三十出头,对航母的研究热情很高,所有人都申请延长调研时间,住进了附近闷热的工棚,开始一个舱室一个舱室地调研种种细节。

当时的"墨尔本"号没有动力,船舱里漆黑一片,垃圾堆里混杂着废弃的作战值班记录和被扔掉的私人物品。调研组成员一人一个手电,在十几层楼高的船舱内测绘,逐步了解了一艘现代航空母舰的主体结构和舰上各种主要设备。

4个月后,这个巨无霸就被拆解完毕,"墨尔本"号成为一个永久的记忆。

非常遗憾的是,如果我们稍微有点远见,把蒸汽弹射器和升降机等设备完整地保存下来,对中国今天国产航母的建设,将是一个怎样的帮助啊。

两代海军司令对中国建造航母的奔走努力

萧劲光大将是新中国海军首任司令员,他担任海军司令员长达30年之久,创了古今中外担任海司令员时间最长的纪录,他为人民海军的创建和发展倾注了大量心血。但是,由于我国的实际情况,海军一直没有航母,这一直是这个老海军司令心头的遗憾。

1987年,萧劲光已经是84岁高龄。这时,他从海军司令员的职务上退下来已是第7个年头了。

　　1987年3月下旬的一天,报纸、电视等各大媒体同时报道了一条新闻:总参一领导与外宾谈到中国海军建设时坦言,中国海军的战略是近海防御,中国不需要、也不准备建造航空母舰。

　　听到这个消息后,萧劲光坐不住了,立即打电话给接替他的海军司令刘华清,商量航母的事情。一听说航母的事情,刘华清非常重视,第二天晚上,刘华清来到萧劲光的住处,就海军要不要搞航空母舰的问题,进行了深度商谈。

　　萧劲光说:"我国的海军战略是近海防御,属于区域防御的战略。这符合毛主席和中央军委一贯主张积极防御的战略思想。但是近海防御战略,实际上是以近海作战为主,绝非不要中、远海作战。事实上,单纯的近海作战是防御不了近海的。"

　　刘华清说:"我们是一个濒海大国,有300多万平方公里的'海洋国土'。随着海洋开发业和海上斗争形势发展,面临的海上威胁与过去大不相同。没有航母,不能远距离作战,打起仗来只能望洋兴叹。所以,去年(1986年)8月,我在听海装和论证中心领导汇报工作时,向他们交代了开展航母论证的问题。我对他们说,航母怎样造法,是海军全面建设的事。是直升机航母、护航航母分步造,还是直接造护航航,要好好论证。"

　　萧劲光接着说:"过去几十年里,我们没有航母,不是不需要,也不是不想搞,而是搞不了,也不可能搞。开始几年,为了抗美援朝,集中力量建设空军。后来经济困难了,60年代初,经济好转,'文化大革命'开始了。那时,技术达不到,经济实力也不行。"

　　刘华清说:"现在搞,技术提高了,经济也强多了,但也不是没有问题,财力、技术仍有困难。但不能等。十年内不搞,十年之后再搞,也还会有困难。因此,要早论证,早点把这个问题研究透。那样才有主动权。"

　　萧劲光非常赞成,说:"是这个意思。你这些想法,可以向军委、总部首长做个汇报。"

　　3月31日,刘华清向总部机关汇报了关于海军装备建设的两大问题。一个是核潜艇建设,另一个就是航母问题。

　　鉴于对核潜艇发展上下认识比较一致,刘华清重点谈了发展航母问题。他说,现在各国在注意发展航空母舰。无论是攻击型的或垂直短距离起降的,都是为了解决防空和海上攻击问题,都应注意发展。美国、苏联在大搞,其他国家如法国、意大利、英国这些比较发达的国家也在搞。日本因为是二战战败国,宪法不允许,但搞起来也容易,过去就很有基础,现在技术、生产能力都很强,很快就能搞起来。中国当前财力、技术都有困难,但也应着手研究,不能等一切都具备了再搞,那样就太晚了,没有主动权。要及早立、早论证,早点把相关题研究透。

　　这次汇报,在总部和国防科工委机关产生了一定影响。后来,国防科工委组织科研单位海军装备系统开展了具有相当深度的论证研究工作。

　　此后,萧劲光接受刘华清的建议,写成了《建设现代化的强大海军》一文,进行舆论宣传,造声势。

　　文章振聋发聩地提出:"我们在研究制造新型核潜艇、潜艇、驱逐舰、护卫舰、导弹护卫艇等艇,以及新型轰炸机等海上专用飞机的同时,要不要研究制造航空母舰和航母舰载机呢？我以为是需要的。"

文章说，中国实行近海防御战略，并不排除到中、远海作战。而到中、远海作，没有航空母舰是不行的。一个舰队在远海活动，没有航空母舰就没有制空权。没有制空权，就没有远海作战胜利的保证。在远海，没有一种兵力可以取代航母夺取制空权，掩护远海船的活动。

文章还说，中国是一个海洋大国，中国领土南沙群岛距大陆近1000海里，中国海军要保证这些海区的应有地位和主权。到南沙去，就要有航空母舰对水面舰船进行空中掩护、支持。

文章也谈到了面临的困难：当然，目前国家还很穷，不可能马上就建造航空母舰。

1987年8月，《海军杂志》在刊首刊登了该文，同时《人民海军报》也进行了全文登载。

文章发表后，在全国引起了强烈反响。《海军杂志》收到了成百上千封"海军迷"的来信，询问中国海军什么时候造航母，表示盼望中国海军强大，盼望在大海上能够看到中国航母的劈波斩浪。很多小学生把自己几十元到上千元的压岁钱寄到杂志社，在信封上写道："支援海军建航母！"

2007年，在纪念中国人民解放军建军80周年前夕，《解放军报》编辑的《报刊资料》再次全文刊登了萧劲光的这篇文章。编辑将文章标题改为《海军只搞近海作战，防御不了近海的》，并在文前加按语说："努力锻造一支与履行新世纪新阶段我军历史使命相适应的强大的人民海军，是胡锦涛同志主持军委工作以后发出的庄严号召。这一号召分表达了全民族的坚强意志，也十分精辟地反映了包括开国海军大将萧劲光在内的老一辈命家的共同心愿。"

中国为建造航母的一系列准备

1985年，广州海军舰艇学院开办了航母飞行员训练班，又叫作飞行舰长班，从飞行员中培养舰长。开办这个班具有双重目的，既为航母舰载航空兵培养指挥人员，也用以提高海军舰艇防空作战水平。飞行舰长班快速培养了一批了解对空作战的指挥员，使中国海军首次具备了全套现代化综合作战的指挥条令和战术条令。通过无数次新型舰艇的演练和演习，为海军的新型舰艇和现代防空舰队战术奠定了思想基础，使得中国海军形成了舰队防空以及发展航空母舰的理论和思想。

除了自己开办训练班，海军还把很多人员送到国外见习。由于西方发达国家中，法国和我国的关系比较好，所以，海军把很多人员送到了法国航空母舰上驻训，其中很多人是海军的舰长、参谋和飞行员。这批人员跟随法国航空母舰编队在地中海和大西洋执勤。

在全面体验和考察了法国海军的航空母舰的情况后，我国海军获得了航母运行和作战的宝贵经验。这些经验，完全可以用来制定航空母舰编队作战指挥条令以及战术条令，对于中国今后建造航空母舰有实质性的帮助。正是这段时期的体验和实践，使得我国军方对航空母舰形成了更深刻和更成熟的看法。

甚至我们还开始了航母舰载机的准备工作。80年代中期，法国军事代表团参观了中国海军的一个部门,在那里看到了一艘航空母舰的模型。这个模型排水量相当于法国的"福熙"号,甲板上配备了强-5型强击机和歼-6型飞机的模型,此外还有一种类似法国"幻影"Ⅲ的三角翼战斗机。当时,法国人员非常怀疑中国有了制造航母的设想。在不久后的研讨中,中国海军证实了打算将强-5作为舰载机的说法。中国海军认为强-5机体结构强度可能允许安装着舰钩,并且理论上能经受强大的拦阻索牵拉力量。

为此,法国方面还向俄罗斯了解米格-19的结构强度问题,因为我国的歼-6和强-5都是米格-19的"山寨版"。俄罗斯方面的回复是,这种战斗机结构没有考虑阻拦索那样强大的拉力,因此很可能会发生疲劳或断裂。虽然中国的强-5结构经过了加强,但主要集中在前部和中部机体的横肋,纵梁没有进行大的改变。当着舰钩拉住阻拦索后,冲击力主要由纵向结构承受,因此强-5的机体结构强度未必能够经受冲击。不过在当时的国产作战飞机中,强-5是唯一最有潜力成为舰载机的机种。

虽然现在看起来,强-5上舰基本上是个神话,但是,说明我们在那个时候已经开始航母设备的预研工作。

中国海军向法国方面透露,当时确实设想过2万~4万吨的排水量、搭载12~24架强-5和8~16架米-8直升机的航空母舰方案。

由于当时和法国交往密切,中国在航空母舰的设计方面,受法国海军影响很深。中国一直倾向建造中型的航空母舰,甚至还准备选择法国的中型战斗机,比如法国的"阵风"或者"超军旗"等。

正是因为中国当年和法国良好的军事合作关系,1995年,法国愿意免费送给中国退役的"克莱蒙梭"号航空母舰。法国政府提出的条件是,中国必须从法国购买雷达和通信系统。由于当时中国没有足够的护航舰艇和合适的舰载机,再加上考虑到购买后维护航母的费用及当时的政治外交因素,中国政府最终没有答应法国人送上门的"美事"。

但结合前文所谈到的俄罗斯送给印度"戈尔什科夫"号航母的情况,当年不要法国人的"二手货",也许是一个正确的决定。

最初,中国试图引进垂直起降的"鹞"式战斗机。但是80年代初期出现的问题,使得中国设想的风向有所变化。配备垂直起降战斗机的英国海军"无敌"号航空母舰甲板出现烧蚀,配备短距起降战斗机的苏联海军"基辅"号航空母舰也出现了同样问题,此后中国国内采用垂直起降舰载机的观点有所降温。

在拒绝了法国的"二手货"之后,中国海军还准备买一艘轻型的航母先用用。轻型航母需要的经费少,技术含量也较低,可以满足海军在当时的作战需求。这次,海军找到了西班牙。

据报道,1995年2月,西班牙巴赞造船厂向中国提议为其建造一艘低成本的轻型常规起降(CTOL)航母。巴赞造船厂向中国提供了两种设计方案,一种是排水量为2.3万吨,总长度为221.8米的SAC-200方案;另一种是排水量为2.5万吨,总长度为240米的SAC-220方案。两种航母的造价为3.5亿~4亿美元。按SAC-220方案设计的航母可携带21架采用常规起降方式的战斗机(如米格-29K等)。据巴赞造船厂称,第一艘航母可在五年内交付给中国。当时,巴赞造船厂正为泰国皇家海军建造"差克立·纳昌比特"号航母,并急于在亚洲地区获得更多的航母建造订单。中国对巴赞造船厂的设计方案表示了兴趣,双方于1996年1月进行了首次谈判。1996年1月,中国海军一个军事代表团来到巴赞船厂进行协商,但最后无果而终。因为中国海军想购买航母设计图,而不准备让巴赞船厂来制造航母。这样的要求西班牙人自然无法答应,于是这件事情就这样不了了之了。

中国购买航母在当年之所以屡屡流产,主要是当年经费的限制。经费总共只有那么多,批给了海军,其他军种的经费就少了。海军当然力挺航空母舰,海军方面说,如果没有航空母舰,海军就无法突破近海防卫作战。但是空军将领由于担心空军的预算会被挤占而极力反对,指出航母已不大适应现代战争的需要,只是一个迟钝巨大的海上靶子而已,认为应优先发展空军。由于中央军委常务副主席刘华清是海军出身,因此,航母派获得支持。但是,无论是购买还是建造航母都绕不开巨额的财政预算,刘华清授意海军的科研机构向国务院总理朱镕基上交报告,被当头泼了冷水,朱总理在报告上批示:"本届政府不考虑这个问题。"于是,中国航母计划暂时搁浅。

当年中国政府不准备购买或者建造航母,除了钱和技术上的问题之外,还和当年中国经济对外能源的需求有很大关系,更重要的是,还和中国政府1997年提出的"新安全观"的国防政策有关。

自从苏联解体之后,中国国家面临的安全压力骤然消失,中国政府决定对外采取"和善"的政策,无论是对陆地上的邻国还是海上的邻国。在"新安全观"的对外政策下,2001年成立了"上海经合组织",2002年签署了《南海各方行为宣言》,2003年加入了《东南亚友好合作条约》。

在这种形势下,中国的航母制造自然就不是燃眉之急了,计划的暂时搁置也就理所当然了。

(二)"瓦良格"号,中国航母第一步

就在中国的航母梦逐渐黯淡的时候,转机出现了。1995年12月,新独立的乌克兰总统库奇马访问了北京。1996年1月,随总统出访的乌克兰副总理阿那托利·基纳赫对媒体说,中乌正在为乌克兰未完成的航空母舰"瓦良格"号运往中国造船厂一案进行谈判。他表示,"瓦良格"号最终有可能在中国进行解体作业。自此,中国和"瓦良格"号航母结下了不解之缘。

"瓦良格"号的坎坷身世

让我们先来看看这艘航母的传奇经历。

1982年5月7日,苏联决定建造第三代航空母舰。

同年9月,第一艘航母首先在黑海造船厂开始建造。这艘军舰原准备以苏联拉脱维亚加盟共和国首府"里加"命名,但是拉脱维亚脱离苏联而独立,这个名字不能用了。后来又想用苏联领导人勃列日涅夫的名字来命名,但是苏联解体之后,对这些前领导人的评价有变化,这个名字也不能用了。最后,终于用苏联海军总司令"库兹涅佐夫"的名字命名。由于苏联解体,这个"库兹涅佐夫"号航母就成了俄

罗斯唯一的航母了。

"库兹涅佐夫"号航母下水之后，1985年12月4日，第二艘同级别的航母在乌克兰尼古拉耶夫黑海造船厂造船台安家落户，这艘航母就是我们今天耳熟能详的"瓦良格"号。

"瓦良格"号航母

"瓦良格"号排水量为5.5万吨。舰长302米，舰宽35.4米，飞行甲板长70.5米，吃水10.5米，采用了4台蒸汽轮机。这个标准是模仿美国的大型航母设计的。

1988年11月25日，"瓦良格"号下水。1990年7月，这艘航母被命名为"瓦良格"号，以纪念在1904~1905年日俄战争中沉没的"瓦良格"号装甲舰。

但是，随之而来的是苏联解体，苏15个加盟共和国分崩离析，宣告独立，大家忙着分家，航母的建造工作陷入停顿。截至1991年11月，"瓦良格"号的建造率已达68%，这就是这艘航母在苏联的最后情况。

随着苏联解体和乌克兰独立，"瓦良格"号航母变成了乌克兰的财产，若要完成"瓦良格"号剩余的32%建造工作，至少需要2亿美元资金。对于刚刚独立、经济状况非常不好的乌克兰来说，根本没有能力拿出这笔开支。于是，"瓦良格"号就只好在船厂任凭风吹雨打，变得锈迹斑斑了。

1993年，俄罗斯总理切尔诺梅尔金、海军司令格鲁莫夫在乌克兰总理库奇马的陪同下来到黑海造船厂，研究把"瓦良格"号航母建造完毕并移交给俄罗斯的可能性。这条航母本来是苏联政府拨款建造的，乌克兰方面要求俄方付出全部造价，即以一只完整的军舰出售，而不是俄方认为的未付的30%。厂长马卡罗夫此时报告道："'瓦良格'号不可能再完工了……"大家问道："为了将舰完工，工厂究竟需要什么？"马卡罗夫回答道："苏联、党中央、国家计划委员会、军事工业委员会和九个国防工业部。"马卡罗夫说，只有伟大的强国才能建造它，但这个强国已不复存在了。所有在场的人终于明白：在国家解体的情况下，再要将"瓦良格"号建成已经没有可能。此后，俄乌之间对此船仍有协商，但都是无果而终。1995年，已经成为乌克兰总统的库奇马决定将"瓦良格"号的命运交给黑海造船厂处置。

乌克兰自从分家之后，就和老大俄罗斯变得面和心不和。你想想，乌克兰愿意一个强大的俄罗斯在身边欺负自己吗？因此乌克兰决定和西方世界搞好关系，不再理睬俄罗斯。

乌克兰和俄罗斯的关系从后面的天然气争端中就可以看出来。2009年，由于乌克兰向西方靠拢，俄罗斯心里很不爽，于是把卖给乌克兰的天然气涨价，害得乌克兰人只好高价买俄罗斯的天然气。但乌克兰也不是好惹的，由于俄罗斯输往欧洲的天然气管道要经过乌克兰，乌克兰要上涨俄罗斯输往欧洲的天然气的"过路费"，俄罗斯不同意，乌克兰就打开管道拿气用，俄罗斯说乌克兰"偷气"，干脆把通往欧洲的天然气停了，结果害得好多欧洲人挨冻。最后，欧盟出面调和两国关系，事情才平息下来。试想，两国的关系都变成这个样子了，乌克兰会把航母卖给俄罗斯吗?

但是,这个没有完工的大航母天天摆在家里也不是办法,其他国家也买不起,买回去也没有什么用,因此,乌克兰把希望寄托在中国身上,希望中国能够买下这个大家伙。

中国政府经过商议之后,最后决定放弃投标购买。

不买还是同样一个原因——没钱。即使买回来,也没有钱搞成一艘航母。

徐增平历尽千辛万苦买回航母

中国海军得到这个消息,有意买回来加以研究,但军方却没有这样的财政预算。刘华清办公室的一些外围人员,为了满足其航母心愿,找到已移民香港、曾是原广州军区篮球运动员的徐增平。

徐增平当时在香港经营转口生意,创办了"创律集团"。但他并不是一个普通的商人,在国内政界及财经界均有广泛的人脉关系。由于财力不够,接到任务后,徐增平在内地、香港两地四处筹资,共筹划约 2 亿元人民币,其中一笔数千万元的资金来自北京政府属下的华夏证券。

两年间,徐增平亲自到乌克兰实地考察过航母四次。按投标规定,银行存款超过 2000 万美元才能投标,创律中标的价钱刚好是 2000 万美元。徐增平承诺以现金交易,先交 200 万定金,余款 1800 万由中国银行以电汇的形式分期还清。徐增平说:"这对当时乌克兰政府很有帮助,他们非常需要大量现金,卖航母那是无可奈何的事情。"

徐增平当年表面上是以 2000 万美元购入航母,但在乌克兰"公关"所用的美元却多达 400 多万,而且全都是一捆一捆的现钞,直接成本便超过 2 亿元人民币。

徐增平购买"瓦良格"号航母,引起了美国的注意。美国对创律公司购买"瓦良格"号航母的打算当然心知肚明。

美国最著名的电视台美国广播公司(ABc)于 1998 年 7 月 29 日晚间新闻中用了 5 分钟对此事进行了详细的报道。

现在把报道翻译如下:

今天晚上,我们和大家来探讨一个谜,一个对美国安全构成威胁的谜。随着苏联的瓦解,一大堆武器正投入市场内,有枪械以至坦克甚至潜艇,我们不知道还有什么。当中发生了一个相当引人入胜的故事,是关于一艘船,一艘真正巨大的船和它的买主。

如果有一个国家打算买下这艘停泊于乌克兰的巨大的苏联航空母舰,但又不想让人知道,她可以怎么处理呢?这个故事在 9 年前开始,瓦解后的苏联有很多大型工程需要停工,这艘航空母舰"瓦良格"号,便交由乌克兰的新政府接管。但她将如何处理这艘未完工的 6.7 万吨航母呢?

如果这艘航母用作非军事用途,对人类是极具吸引力。乌克兰贸易部部长,罗马士博先生,在宣布中标公司时指出,该投标公司是一间小型的私人公司,创律旅游娱乐有限公司。该公司在投标书中计划把航空母舰拖往亚洲,放在中国南面的一个小地方,葡萄牙的殖民地——澳门。该公司计划将航母用作和平用途,改装成一艘航空母舰酒店和赌场。

乌克兰官员非常满意这个计划,他们称我们要把航母卖给"创律旅游娱乐有限公司",这个故事如果真是这样,应该就此结束。但是,澳门政府已经对创律公司说:"不,我们是不会允许你们把船泊在我们海港。"既然澳门官员已经拒绝了,为什么"创律"依然要买那艘航母呢?

我们决定去采访这间公司。在文件上,他们提供了这个地址:澳门南湾马路335号,其实是没有335号。那么这间公司在哪里呢?香港《南华早报》一位记者称:"创律旅游娱乐有限公司"是属于香港的一家公司,那么创律公司又在哪里呢?在世贸中心,我们走进大堂,在大厦楼层指南34楼上,写着"创律集团控股有限公司",于是我们就走到34楼,这就是创律公司。显然没有人期待我们的到来,今天好像没有很多人。事实上,我们发现了6位董事中有4位来自山东,正巧山东原来是中国军方一个重要的造船基地,这间公司的老板以前是一位共产党的海军军官。

那么,谁是这艘航母的真正买主呢?船是用来改造成酒店还是属于另外一些人呢?

根据逻辑和常识来推断,解放军一直想为中国购买一艘航空母舰,如果这艘未完工的船被改建成一艘这样的美国战舰,将会给对美国带来紧张。没有人希望中国伸展她的力量到台湾以及日本,没有人理会4个人购买一艘海上赌场,但问题是,"创律"已经支付了200万美元,而我们至今还不知道他们买入的目的。

美国人当然知道,徐增平购买"瓦良格"号就是中国购买"瓦良格"号。为了防止"瓦良格"号落入中国手里,美国政府对乌克兰政府施加压力。同时,台湾听说大陆要购买"瓦良格"号,也非常紧张,设法和美国一起破坏这项交易,于是美国政府要求"瓦良格"号公开拍卖。

乌克兰当然愿意把"瓦良格"号卖给中国,虽然现在"瓦良格"号是人参卖了个白菜价,但中国政府买船之后,还要购买更多的设备,可能远远超过购买"瓦良格"号这个空壳的价钱。据说,当时中国军方也答应购买乌克兰的其他军火,包括DA80船用主机(新大型舰用主机及生产线)、FR-2自动焊接机器人(新型潜艇壳体焊接用)、AA-11空空导弹(苏-27用)、AL-31F发动机配件、SS-20导弹发动机等。

但美国也是重要的盟国,不能得罪,必须给美国一个面子,于是乌克兰答应"瓦良格"号要公开投标,只是进行暗箱操作,就像我们现在的工程招标一样。这些工程都是事先决定好的,但公开招标的过场还是要走一下,不然,无法向公众交代。于是,"瓦良格"号进行了一次"中国式招标"。

在基辅市最出名的嘉士德拍卖行,"瓦良格"号进行了公开拍卖。根据乌方的拍卖要求,买方需提供资质证明、国际信用证明、用途规划、项目论证报告等一大堆材料。创律公司的代表早已做好充分准备,逐项展示给大家看。结果只有创律公司的材料齐全充足,符合乌方的所有要求。

展示完后,就是公开竞标了,美国和澳大利亚叫到1400万美元就没声音了,日本叫到1700万美元,韩国又叫到1800万美元,这时,徐增平举牌叫到2000万美元,主拍人连叫三声无人在叫,拍锤落下,拍卖成交,当场办理了拍卖成交的有关协议。

由于乌方的暗中操作，其他几个国家匆忙上阵，资料不全，规划不周。这些国家的拆船公司单买一艘废航母去拆废钢铁在经济上是不划算的。因此，即使叫到1500万美元，他们已经是亏本了。

就这样，创律公司终于将大家梦寐以求的"瓦良格"号航母买到手了。

没有成功阻止创律公司购买"瓦良格"号，美国又想出了第二招，要求乌克兰方面将"瓦良格"号上所有的装备拆卸一空，除保留上层建筑外，只剩下一个空壳。《简氏防务周刊》为此刊登了一条似乎是在人们意料之中的消息："'瓦良格'号开始解体作业。"实际上报道有误，拆解的并不是船体本身，而是船上已安装的各种设备。

加拿大《汉和防务评论》总编辑平可夫也说，在巨大的政治、外交压力之下，乌克兰对"瓦良格"号船体致命部位进行了连续爆破，"瓦良格"号的内部损管系统已经遭到彻底破坏，船体金属结构遭到严重腐蚀，修复这些受损部位所需成本远远大过直接建造新船，西方的情报人士在土耳其详细检查过这艘航母遭受破坏的程度。平可夫表示依照目前"瓦良格"号的脆弱结构，只需要一、二枚反舰导弹就可以对其实施致命打击，并且诱发大面积火灾。

但是，据一些专业人士分析，即使其他国家施压，对于乌克兰来说，他们也绝不会彻底破坏"瓦良格"号，令其丧失利用价值。如果真的彻底破坏了"瓦良格"，那么这次买卖就是一锤子买卖，没有下一次了。如果不破坏"瓦良格"号，中国今后要修复"瓦良格"号，就要不断到乌克兰购买设备，"瓦良格"号就会成为拉动乌克兰经济发展的一个增长点。有人打了一个比喻，"瓦良格"号就像芭比娃娃一样，除了靠卖芭比娃娃本身赚钱之外，还可以靠不断卖衣服赚很多的钱。

后来的事实也证明确实如此。我们在修复"瓦良格"号的过程中，不断找乌克兰买东西，先后购买了4套航母降落系统，并让他们帮助制造航母的动力系统，又购买了T10原型机，还找乌克兰培训航母飞行员。据说，修复"瓦良格"号要耗费700亿人民币，这是一笔多么巨大的开支啊，乌克兰可以从中获得多少利益啊，乌克兰怎么可能彻底破坏"瓦良格"号呢？

从今天"瓦良格"号的修复来看，乌克兰当年绝对没有对"瓦良格"号做大的破坏。当然，为应付美国人，肯定对一些非关键部位进行了爆破。

网友说，如果乌克兰真想破坏"瓦良格"号，完全没有必要这么麻烦，只需把"瓦良格"号四根主轴中的两根锯断，那"老瓦"不光无法服役，连作训练舰的可能也没有了，只能做一个能低速爬行的赌船，因为滑跳起飞的航母是需要迎风做高速运动的，这样产生的甲板风可以帮助飞机起飞，并相对获得较高初速度，光靠两个螺旋桨肯定达不到要求的速度。而乌克兰没有破坏，这里面大有深意。

关于就西方情报人员在土耳其检查"瓦良格"号的破坏情况，有网友分析，"瓦良格"号是一艘没有电力和动力装置的航空母舰，而没有图纸就贸然进入没有照明通风系统的航母是件非常危险的事情，光是通风问题就可能要了人命，任何人在那种情况下都没有能力深入内部检查"瓦良格"号的结构。因此，外国的情报人员虽然登上过"瓦良格"号，但可能只是大致瞧瞧。

其实，从今天"瓦良格"号改建成功的事实也可以倒推当年乌克兰确实没有对"瓦良格"号下重手。

1998年11月11日新华社(第445期)《内参》，对徐增平购买航母之事进行了报道。当年是保密文件，今天没有保密的必要了，因为，地球人都知道"瓦良格"号现在是中国的第一艘航空母舰。我们将其列示给大家：

新华社香港讯 香港创律集团有限公司向乌克兰购买的苏联航空母舰"瓦良格"号，预计11月中旬从基辅起航驶往澳门。创律集团主席徐增平向记者表示，购买这艘航空母舰的目的是"以商业行为之名，行服务国家之实"，希望对国家在政治、军事、经济等方面有所贡献。

"瓦良格"号是苏联时期开始在基辅造船厂建造的，排水量7.6万吨，实际超过8万吨，是世界上仅次于美国"尼米兹"级的航空母舰。苏联解体后，俄罗斯由于经济困难，无法继续向基辅造船厂提供资金，建造被迫中止。乌克兰政府最后决定在国际上公开招标拍卖这艘尚未完工的航空母舰。

据徐增平介绍，1997年上半年，他听中央领导曾经探讨过购买这艘航空母舰的问题，但最后决定放弃投标购买。徐增平了解到这个情况后，陷入了很长时间的思考。他认为中国因为种种考虑不买这艘航空母舰当然可以理解，但一定不能让它落到其他国家，尤其是对中国有敌意的国家手中。

徐增平说，目前世界上"中国威胁论"的论调仍然有相当的市场，美国等世界强国骨子里仍然希望"遏制中国"，一些周边国家对中国仍然有戒心。"在这种情形下，有创律出面购买航空母舰并用于商业用途，那些国家很难把这笔'账'记到中国头上，难以公开指责中国扩充军备；但与此同时，这艘航空母舰的存在，对台湾和一些不断制造麻烦的国家又始终是一种心理上的威慑。达到这种政治上的效果，应该说比较理想的。"

据徐增平介绍，创律在这艘航空母舰的国际招标中中标后，已经引起国际的注意。美国广播公司在晚间新闻中用5分多钟做了专题报道，进行各种猜测，报道始终无法指责中国，但认为潜在的军事意义很大。台湾中央社多次报道，台湾当局也多次对有关这艘航空母舰的问题发表谈话，可见他们心里紧张。一个拥有台湾背景的商业结构曾经多次试图接触创律，表达出想用高价收购这艘航空母舰的强烈愿望。

徐增平认为，由创律出面、以商业用途为名购买这艘航空母舰，军事上的意义非常大。"从眼前看，中国当然不会马上装备航空母舰。但从长远看，中国作为一个海洋大国，以及今后作为一个世界性的强国，无论是为了保卫边疆还是为了在国际事务中有足够的'发言实力'，装备航空母舰是迟早的事情。那么，创律拥有'瓦良格'号后，一旦中央认为时机成熟需要装备。就随时可以利用现成的母舰船身，或者加以改装和全面装备，或者用拆船等方式了解航空母舰的制造技术。这样的话，等于无形中为中国海军装备航空母舰做好了基础准备，也赢得了时间和技术。"

据徐增平介绍，创律在购买这艘航空母舰时，已经购得它的全部30多万张设计图纸，这将可以为中国未来建造航空母舰争取时间。只要国家需要，创律可以随时提供这些图纸。

"当然还有一个意义是经济意义。"徐增平说，现在国家国力还有限，在集中力量搞经济建设的方针下，军费也相当紧张，因此要让国家一下拿出上亿美元去购买"瓦良格"号，经济压力很大也不合算。现在除了投资8000万美元买到了实际造价已经超过10亿美元的"瓦良格"号，对国家的经济意义显然也是相当可观的。

据徐增平介绍，"瓦良格"号到达澳门后，将立即进行装修，改建成综合性的海上游乐设施，包括海上军事博物馆、酒店、餐厅、文化游乐和博彩等等，预计整个改装投资将超过2亿美元。这样安排，一方面是为了切实保持"商业用途之名"，另一方面是为了通过经营活动获得维持这艘航空母舰的基本费用。"一旦国家需要，我和创律将毫不犹豫地向国家献出这艘航空母舰，为国家服务。这才是我的最终目的"。

关于购买"瓦良格"号的图纸，还有一段插曲。

当年，创律购买"瓦良格"时，双方初步商议为1800万美元，乌方不负责出港后的任何事情。创律方面提出需要购买航母原设计图纸用于改造时，乌方坚决不干，说是最高军事机密，需报请国防部批准。

徐增平是军人出身，做事果断干练，当即表示：我们回去要改装，没有航母图纸万万不行，自己宁可多出点钱，也必须拿到设计图纸。乌方代表低声商量了一会儿，坚决地说：那就2000万美元，否则一切免谈。

这个数额在中方意料之中，但徐增平总还是假装与身边几位商量一下，最后似乎极不情愿地说：2000万就2000万，但图纸不能少一张。

就这样，我们连船带图纸一块买回来了。

虽然是受命购入航母，但航母的产权在法律上却属于徐增平名下的"创律"公司，徐增平当年表面上是以2000万美元购入航母，但在乌克兰"公关"所用的美元却多达400多万，而且全都是一捆一捆的现钞，即直接成本便超过2亿元人民币。

据说，当徐增平把船交给中国海军的时候，考虑到融资成本以及资本利润，徐开价4亿元人民币。价格多少，军方无所谓，但国务院财政部门却公事公办。财政部门除上述2000万'美元外，对其他的支出要有发票证明才能认可。400多万美元的"公关费"，徐如何会有发票？因此尽管航母军方已着手改建了两年多，但是双方对征购价分歧很大，中国政府与徐增平在征购价格问题上一直纠缠不清。

运输途中土耳其卡脖子

1999年，在下水11年和停建8年之后，"瓦良格"号航母准备移居中国。

1999年7月，澳门公司雇用International Transport Contractors（ITC）公司的Sable Cape号拖船，拖着"瓦良格"号开始了漫长的航程。起航前，买方要求在舰尾的明显位置标明船旗国的母港名称。因此，在"瓦良格"的名字旁边，出现了英文"KINGSTOWN"字样（金斯敦，圣文森特和格林纳丁斯的首都）。据说，在航母被拖走的那天，身患重病的船厂厂长马卡罗夫曾泪流满面，在位于海边的造船厂疗养院目送了"瓦良格"号的"最后一程"（他于2002年去世）。

不料，当该船驶抵土耳其北部黑海水域，准备通过土耳其控制的博斯普鲁斯海峡时，在美国的指使下，土耳其政府加以拦阻，强行命令"瓦良格"号退回黑海。

美国对于中国购买"瓦良格"号一再使坏，第一步是要多国公司竞标，好让"瓦良格"号被别的国家买走。这一招失败后，就是要求乌克兰对船体进行彻底破坏。这一招又没有成功，现在，他们使出了第三招，要土耳其封锁博斯普鲁斯海峡，不让你运回去，从而让你的银子白白打水漂。

我们知道，黑海是一个基本封闭的内海，相当于一个湖泊，只在土耳其的博斯普鲁斯海峡有一个狭窄的通道和地中海相通，黑海中所有的船只都必须穿过这个狭窄的海峡才能到外面去。

这个黑海的唯一通道博斯普鲁斯海峡虽然在土耳其境内，但是，1923 年 7 月，土耳其共和国与西方签署洛桑条约，规定土耳其海峡为开放海峡，土耳其不得设防，平时准许各国船只通行。但是土耳其自 1994 年起，严格执行通行海峡安全规定。

土耳其政府对美国的指示当然是竭力执行，它找了一个冠冕堂皇的理由：这艘航空母舰船身过于庞大而且毫无动力，加上风向及水流难以控制，通过弯曲狭长的博斯普鲁斯海峡"极其危险而且不适宜"。

乌克兰政府三度向土耳其政府提出让"瓦良格"号通过博斯普鲁斯海峡，土耳其主管海洋事务署询问军方总参谋部是否可以放行，军方断然拒绝。

土耳其海洋事务署将海军总部的意见转告乌克兰政府后，土耳其外交部却提出异议。土耳其外交部认为这将对乌、土两国关系造成负面影响，建议可由拖船将这艘航空母舰船壳拖行经过土耳其海峡。但海洋事务署除重申风向及水流难以控制外，并强调事关海峡两岸 1000 万伊斯坦堡居民的安危及航道交通通畅，表示"盖难接受"。

"瓦良格"号受困黑海期间，创律公司每天向 ITC 公司支付 8500 美元，每个月还必须向乌克兰港口当局缴付 1.7 万美元的停泊费。ITC 的拖船船员因为长期无法脱身而深为不满，徐增平更是因此损失惨重。徐后来回忆说，当时可谓是内外交困，屋漏偏逢连夜雨。因为恰好当时是金融风暴之后，"香港困难重重，内地的东西还得维持住，我们采取了很多措施，以降低成本和费用"。

当时，土国总理府和外交部都倾向放行，但主管海洋事务的国务部长米尔扎欧鲁坚决反对。1999 年 12 月 19 日，美国驻土耳其大使皮尔森会见了米尔扎欧鲁，表达了美国政府对"瓦良格"号的关切。2000 年 3 月 3 日，米尔扎欧鲁应美国政府的邀请访美两周。临行前，他向总理艾西费特呈交报告，详述"瓦良格"号通过博斯普鲁斯海峡可能发生的技术问题，建议拒绝中国的要求，禁止让"瓦良格"号通过海峡。

ITC 公司的 Joop Timmermans 先生据理力争，他说将"瓦良格"号拖过海峡其实比驾驶一艘 15 万吨油轮穿越海峡更容易也更安全。但米尔扎欧鲁则说，要么让这艘船自身拥有动力，要么把它拆成碎块运走，否则别想通过海峡。Timmermans 先生还说，2001 年 3 月发生了一件怪事：一架不明国籍的直升机降落在"瓦良格"号的飞行甲板上，三个人跳出来进行了一番测绘后又驾机飞走了，临走前还用粉笔在甲板上写下"法国人到此一游"（"The French was here"）。

在局面僵持不下的时候，中国与土耳其之间进行外交接触。中国承诺，将完全负担"瓦良格"号通过海峡的安全保险以及可能造成损失的赔偿责任,并且将从中国派遣几艘大马力的拖船,协助拖行"瓦良格"号,以确保通过海峡的航行安全。

2001年7月,原本站在米尔扎欧鲁一边的土耳其军方,态度开始转变。总参谋长凯维芮柯鲁应邀访问北京,受到中国领导人的接见。军方改变了立场,并在8月初照会总理府,"建议放行"。

中国外交部副部长杨文昌于2001年9月访问土耳其首都安卡拉,杨文昌副部长表示中国将向土耳其提供价值3.6亿美元的经济援助,并签署双方的旅游协议。中国开放对土耳其的旅游,争取每年有200万人次中国观光客到土耳其,可为土耳其创造20亿美元的外汇。

在一系列的公关和交易之下,土耳其政府终于松口。2001年8月25日,土耳其国家安全委员会做出决议,同意让"瓦良格"号通过其海峡。土耳其国务部长兼政府发言人居瑞勒代表总理艾西费特,当天启程前往北京,向中国政府告知这项结果。

另一方面,土耳其海洋署向中国提出,"瓦良格"号通行海峡时必须具备20项安全条件:

①10亿美元的"风险保证金";

②中国官方提供书面保证;

③必须委由国际认可的保险公司担保;

④护航"瓦良格"号通行海峡拖船数量必须增加一倍(即由中国最先提出的8艘增加为16艘,并且必须是高马力拖船);

⑤通行海峡时,全舰四周必须灯火通明;

⑥舰上必须配置锚链及拖缆收放机械组及人力组以备必要;

⑦舰上因此必须安置发电机以启动机械及照明;

⑧舰上必须成立无线电通讯网以保持安全联系;

⑨在通行海峡之前,土方得派技术监督小组至舰上检查安全条件是否齐备;

⑩中国安排之拖船须由土耳其海洋署及海岸防卫队专家指挥;

⑪为防患未然,舰上及陆上均须配备消防队应变;

⑫通行海峡时,如海面起雾,必须停航;

⑬通行海峡时,如海峡遇大风,必须停航;

⑭通行海峡时,如遇水流汹涌突变时,必须停航;

⑮海峡视线不及5公里时,必须停航;

⑯舰上必须有领港员;

⑰通行时,海峡两端禁止其他船舶通行;

⑱舰上不得装载油料或爆炸物;

⑲通行时,有关航行安全、装备、技术及人员调度指挥均须听从土耳其方面指挥;

⑳通行曲折狭长的博斯普鲁斯海峡和达达尼尔海峡时必须在白昼进行,通行宽广的马尔马拉海峡得在夜间进行。

2001年9月,中国政府派出一个由交通部官员和航运专家组成的代表团访问土耳其,就"瓦良格"号通过海峡问题进行具体磋商,并做出了全面的安全承诺。在极短期间,中国备妥了土耳其当局要求的多项安全措施:租用了世界上最大马力的希腊籍拖船;同意给予"国家担保",负责可能涉及的赔偿问题。中国在"瓦良格"号上装设了小型雷达、全球卫星定位系统、VHF 无线电通信设备、电子罗盘及发电机等航行安全设施。

土耳其政府对此表示满意,于是,"瓦良格"开始了穿越博斯普鲁斯海峡的经历。

"瓦良格"号原定 2001 年 10 月 25 日起航通过博斯普鲁斯海峡,不料风浪突起,拖带"瓦良格"号的拖船缆绳因风浪太大而断裂。博斯普鲁斯海峡自 24 日起也阵雨不断,视野狭窄的坎德里弯角,弯度 80 度,暗流汹涌,不适庞大且无动力的"瓦良格"号通行。土耳其海洋署下令停航,等待天气好时再说。为了确保"瓦良格"号在"最低危险程度"下通过海峡,中方多次组织拖船在黑海口演习拖带"瓦良格"号的作业。

11 月 1 日,土耳其天气晴朗,博斯普鲁斯海峡风平浪静。土有关当局从凌晨起暂时关闭了世界上最繁忙的水道之一的海峡,以便让中国澳门创律公司购买的"瓦良格"号航空母舰船体通过。

贯穿土耳其第一大城伊斯坦布尔的博斯普鲁斯海峡,与相连的马尔马拉海和达达尼尔海峡,通称土耳其海峡,是乌克兰和俄罗斯等黑海国家船舰出地中海的唯一通道,平均每年通航船只达 5 万艘。博斯普鲁斯海峡全长 34 公里,最窄处仅 700 多米,并有 14 处曲折死角,水流汹涌,时有海难发生。建在海峡之上的博斯普鲁斯大桥,横跨欧亚两洲,闻名全球,是前往伊斯坦布尔的游客必到之地。

中国租用了世界上最大马力的拖船——希腊籍的"尼柯莱·契克(Nikolay Chiker)"号,该拖船船长 99 米,属雅典一家海洋救难公司所有,最大航速 19.5 节,具有 2.4 万匹马力,大于土耳其海洋署稍早要求的 1.6 万匹马力。据主管海峡事务的土耳其海洋署专家表示,当无航行动力的"瓦良格"号通行海峡,遭遇强大风力和水流或大角度的海峡弯角时,需要大马力的拖船在后"刹车",避免冲撞两岸。

上午 8 时,晨雾散尽,这艘没有动力的庞然大物,在 11 艘拖船拖行和 12 艘救难、消防船的前呼后拥下,进入曲折狭长的博斯普鲁斯海峡。"瓦良格"号以 4 节航速缓缓前进,到下午 2 时 30 分,终于安全驶过海峡最后一个危险的弯角,顺利通过了这一狭窄的水道,进入了宽广的马尔马拉海。

至此,"瓦良格"号航母顺利通过了长 32 公里、宽 650~3300 米、深 30~120 米的博斯普鲁斯海峡。在穿越连接欧亚长达 2800 米的博斯普鲁斯海峡大桥时,16 名领航员和 250 名水手(专家)参加了"瓦良格"号航母的护航工作。

船队在 2 日早晨进入狭长但曲折较少的达达尼尔海峡,当天下午进入爱琴海。

11 月 3 日,由 6 艘拖船拖曳的"瓦良格"号航母在爱琴海斯基罗斯岛附近的国际海域遭遇前所未有的风暴,它与拖船连接的拖缆相继被刮断。这个庞然大物就像一匹脱缰的野马,在海上失去了控制,横冲直撞。"瓦良格"号脱离拖船之后漂向埃维亚岛,距该岛岸边只有 80 公里。不过,希腊商业海运部表示,这艘航母并无沉没或搁浅的危险。救援人员竭尽全力拯救,花费很长时间,基本控制了船只。一架希腊救援直升机在航母甲板上着陆,把船上的七名船员,包括 3 名俄罗斯船员、3名乌克兰船员和 1 名菲律宾船员送到雅典以西的一个军用机场。经体检,医生证明他们情况良好。

11 月 6 日,拖船 HalivaChampion 号上的水手 Aries Lima 在试图固定拖缆时殉职。

11 月 7 日,3 艘拖船和 1 艘希腊船只用拖缆固定住"瓦良格"号,最终将其控制住。

这艘航空母舰船体从风暴中脱险后,经地中海,穿直布罗陀海峡(苏伊士运河不允许其通过),出大西洋,经加那利群岛的拉斯帕尔马斯,2001 年 12 月 11 日绕过非洲好望角进入印度洋,经莫桑比克的马普托,2002 年 2 月 5 日通过马六甲海峡。

2002 年 2 月 11 日晚抵达新加坡外海,2 月 12 日进入南中国海,2 月 20 日进入中国领海。

2002 年 3 月 3 日,历尽艰险的"瓦良格"号航母终于抵达大连。早晨 5 时许,其在 6 艘拖轮拖行及 1 艘引水船的带领下,离开了大连港外锚区,徐徐向内港进发。这 6 艘拖船前 3 后 3 排列,使得"瓦良格"号保持平衡。在此期间,海面上的交通受到管制,任何船只都不能进出。

上午 9 时许,"瓦良格"号抵达内港。中午 12 时正,"瓦良格"号安全靠泊在大连内港西区 4 号散货码头,胜利结束了航程 15200 海里、耗时 4 个月(123 天)的艰难远航。

"瓦良格"号远航抵达,创律集团主席徐增平和其他负责人心情激动。徐增平坦言,当时的感觉是犹如见到了终于平安返家的失散多年的儿子。

第二天,徐增平表示:昨日天公作美,天朗气清,阳光明媚,风平浪静,为迎接"瓦良格"号的归来创造了很好的条件,"它的神秘面纱终于解除了,让人民可以一睹它的雄姿"。他说:"过去几天由于焦急等待而引起的疲劳,终于一扫而光了。"

徐增平说,"瓦良格"号安抵大连,并不是整项计划的完结,而是另一个阶段的开始。他指出,整个计划已成功了 99%,但最后的 1%,也是最艰巨的。不能掉以轻心,他今后将为搞活"瓦良格"号的商业模式而奋斗。他说,今后将要经常前往大连,以了解有关改造工程的进展。

"瓦良格"号在大连进行改装

1.中国政府最初的犹豫

"瓦良格"号自从 2002 年 3 月进入大连造船厂之后,一直处于闲置状态。据说,当时一般人都可以自由到码头边去看它,甚至还可以跑到甲板上去玩。这说明,当时军方还没有改造"瓦良格"号的任何计划。

美国政府也认为中国不会建航母了,2003 年度美国国防部提交给国会的关于解放军军事现代化的报告做出了一个相当权威的结论:"通过对中国建造航母的可能性进行研究和分析,(我们认为)中国很可能已经放弃了获得航母的计划。"

这并不是美国的情报有问题,确实是当年的中国政府还没有关于航母的任何计划。

但是,形势很快就发生了变化。

2002 年,胡锦涛接任中共中央总书记,2004 年,担任军委主席。新一届中国政府有了新的军事战略。

中国人民解放军的任务有了新的变化:保卫中国在海外、海洋上、电磁空间内拓展的利益,通过参加维和和人道主义救援行动以维护世界和平。

同时,中国海军的战略思想也发生了变化。中国的海军战略在 20 世纪 50 年代到 20 世纪 80 年代是"近海防御",主要是防御国民党政府"反攻大陆"和苏联的"海上入侵"。

到了 20 世纪 80 年代之后,刘华清担任海军司令的时候,中国海军的战略变成了"近海积极防御",中国海军要具有在中国的三个近海海区(黄海、东海、南海)以及第一岛链附近海区作战的能力。第一岛链是指太平洋的库页岛——日本列岛——琉球群岛——台湾岛——菲律宾群岛——印度尼西亚群岛。

刘华清认为,在这个领域内,中国政府在解决台湾和南海问题上必须要有航母。

同时,刘华清强调,海军要以"近海作战为主,中远海作战为辅",当解放军遇到敌人在中国海岸一侧发动攻击的时候,海军要有进入第二岛链的能力,对敌人的后方进行打击。

第二岛链是指日本北部——马里亚纳群岛——关岛的西太平洋岛。

到了 2004 年,中国海军讨论中国海军的战略从"近海积极防御"到"远海作战"。

中国海军称,中国对脆弱的海上运输线的依赖正在加强,中国不断增加的远洋商船队(特别是不断增加的油船)和日益增长的海外投资和劳务输出必须得到保护。

更重要的是,中国必须保护繁荣的沿海地区、资源丰富的专属经济区和争议海区的安全,这些区域漫长宽广且侧翼暴露,难以防御。

中国的海洋被第一岛链包围,只有几个狭窄的海峡和太平洋相通,这几个海峡还被控制在别人手里,加上附近国家的海军力量都比较强大,中国的海军防御能力明显不足。

中国海军称,为了弥补防御弱点和增强作战能力,中国海军必须突破第一岛链狭小海区的限制,获得远海作战能力。"远海作战能力使从第一岛链外宽阔的远洋上发起海上进攻、伏击和歼灭作战成为可能。能够更有效地吓阻敌人"。

1894 年的中日甲午战争证明,消极的近海防御战略导致了清朝海军的彻底覆灭。

远洋战略需要中国海军发展兵力投送能力,以便在西太平洋海域和东印度洋海域进行有效的作战任务。在情况紧急的时候,比如台湾危机和印度在马六甲海峡附近截断我国石油运输线的时候,中国海军必须直接和美国、印度对抗,在这种情况下,海军必须有大型的航母作为战略支撑。

基本上说,我国海军的战略是黄水海军——绿水海军——蓝水海军的战略转变。

胡锦涛总书记非常支持海军的"远海作战"指导思想,这标志着海军的兵力投送能力要达到一个更高的层次。

新一届中国政府战略思想的转变和当时中国的发展形势密切相关。

第一,中国的经济发展对海外的能源和原材料的依赖越来越高,中国产生了海外运输安全的危机感。

第二,中国对外投资、商品输出和劳务输出的规模都在增长,这也要求中国有较强的海洋安全控制能力。

最重要的是,这时中国的经济形势有了很大的变化,中国政府的财力有了长足的进步。2007年,中国政府的财政支出达到了7500亿美元。当年,美国政府的支出是26000亿美元,日本政府的财政支出是5000美元。当年,中国军费开支是460亿美元(3509亿人民币)。同时,中国的对外贸易总额达到了14000亿美元,为世界第一。

在这种情况下,中国的航母计划再一次启动,"瓦良格"号开始踏上"复活之旅"。

至于是否改建"瓦良格"号,中国政府当时确实在犹豫。

首先,改建"瓦良格"号比新建一艘航母还要费事。

在美国制裁的压力下,乌克兰将这艘尚未完工、已报废多年的废航母上的舰载设备全部拆除或炸毁,使"瓦良格"号成为一个空船壳。据海军副司令张序三说,估计要花500亿元才能把"瓦良格"号完全建成,后来再一计算,费用要追加到700亿元。

700亿,按人民币对美元1∶7计算,那是100亿美元啊!印度购买俄罗斯的二手航母"戈尔什科夫"号,俄罗斯原来的报价是8.5亿美元,后来又提高到29亿美元,最后经过讨价还价,以23亿美元成交。

而美国最先进的核动力航母"福特"号,从研制到建设,也不过110亿美元,而这是美国历史上最贵的航母。

一般西方国家建造的中型航母,造价在20亿美元左右,折合成人民币,也不过是130亿元左右。

当然,张序三说的700亿元,应该包括航母战斗群的所有费用,但是,"瓦良格"号应该占主要部分。

另外,"瓦良格"号刚刚到达大连时,内部所有的设备几乎都被拆走。中国方面虽然得到了部分图纸,但并不完全。因此部分修复工作必须在摸索过程中进行,而没有图纸的摸索,据工作人员说,"那是相当大的工程,几乎比新造一艘航母还费事"。

还有,"瓦良格"号从1988年下水之后,一直泡在海水里,没有任何保护措施,至今已经有20年时间。在这么长的时间里,海水侵蚀,风吹雨淋,即使改建,按一艘航母寿命50年计算,"老瓦"已经是快到中年了。

基于上述原因,改建"瓦良格"号到底值不值得,引起了一些争论。

据张序三说,最后,大家统一思想:中国早晚要有航母,早搞比晚搞好,"反正无论早搞晚搞,西方都会宣扬'中国威胁论'"。

同时，通过还原"瓦良格"号的内部结构，可以取得建造航母的经验，还能以此绘制国产航母的图纸。因此，海军下定决心，一定要还原"瓦良格"号。

至于"瓦良格"号钢材寿命的问题，人们发现苏联时代生产的钢材非常了不起，使用寿命至少长达30年。因此，没有问题。

另外，如此大费周折地全面修复"瓦良格"号，还有一个重要的原因，就是为了舰载飞机J15的测试。没有"瓦良格"号，意味着没有海上测试平台。为何只是用于舰载机的训练还需要安装雷达、通信、导航系统？海军认为，舰载机的起降训练实际上已经涉及整个综合航海技术，需要进行精确的导航，同时舰载战斗机的起降训练不仅仅是完成起飞、降落，还必须综合测试飞机与雷达的整合、一体化工作状况，因此，必须完全修复。

2."瓦良格"号的改建经历

2005年4月26日早上，"瓦良格"号在大批拖轮的护航下，被缓缓地拖进了大连造船厂第一工场（2003年建成的30万吨船坞），整个过程约3个小时。大连港轮舶公司的六艘大马力拖轮全部出动，大连港航道全部封锁，大连造船厂也加强了保卫措施，开始了"老瓦"的正式改建历程。

这是国外媒体在2005年中国开始改建"瓦良格"号时的报道。

美国华盛顿国际评估基金会和战略中心主任、安全政策研究中心亚洲问题专家查德·费舍尔在《从"瓦良格"的复活看中国航母雄心》一文中如此说道：

1999年开始有媒体报道称中国正在寻求购买"瓦良格"号航母，并有一篇封面报道称，这艘航母实际上是被一家澳门公司购买的，目的是将"瓦良格"号改造成一座大型海上赌场。此后西方分析家调查发现，这家澳门公司在这艘废船到达大连造船厂之后就悄然消失了。

"瓦良格"号大修事件的最终曝光源于互联网上传出的照片。2005年初，一些上传到互联网的照片显示，中国正在清除"瓦良格"号船体表面的铁锈等附着物，除此之外并没有什么证据表明中国人对这艘船展开了什么实质性的工作。与互联网上那些狂热的跟帖者相比，作为当事人的大连造船厂显得十分冷静，人们很难从该厂员工的闲谈中得到关于"瓦良格"号的任何信息。

2005年5月下旬，"瓦良格"号被第一次移到了一座干船坞中。在8月份露面时，这艘航母已经被喷上了一层新漆——即中国海军标准的灰白色涂装。表面上看，这没有什么值得大惊小怪的，然而实际上漆的颜色清楚地表明该舰的所有权已经被中国海军获得，只是该舰未来可能会被用于执行哪些任务还不得而知。

2005年12月，互联网上的照片显示"瓦良格"号的飞行甲板似乎正在被涂覆上某种用于起降飞机的涂料。不过，这艘航母的发动机还有一些问题难以解决，有消息指出，在卖给中国之前该舰的蒸汽轮机还没有安装，或者已经安装但却应美国和其他国家的要求拆除了，因此在到达大连时，这艘航母是没有动力的，甚至连舵也没有。如果这种说法是真的，那么中国或许要花上一大笔钱来为"瓦良格"号购买、安装新的动力系统，或者以相对较低的花费对老发动机进行维修。

"瓦良格"号改建大事记：

2005年8月初，"瓦良格"号以标准的PLA海军灰的新鲜涂装出现在30万吨船坞泊船码头，水线下的涂装也从铁红色防锈漆换成了黑色的环氧沥青船底防锈漆。

2005 年 12 月，飞行甲板大部分已经漆上黄色的底子，甲板上有汽车吊在活动。

2009 年 4 月 27 日早晨，"瓦良格"号在多艘拖轮的推动下离开了原来的泊位。当天上午，"瓦良格"号就进入了刚刚落成的大连船舶重工在香炉礁新建的第三工场（30 万吨级船坞）。

2009 年 5 月底，舰艉的苏联海军航空兵徽章正在拆除，舷侧的俄文舰名"瓦良格"——"ВАРЯТ"也被铲去。

2009 年 8 月 21 日，"瓦良格"号的舰岛改造作业正式开始。

2009 年 9 月初，"瓦良格"号的舰岛上又一次出现了脚手架。

2009 年 10 月初，"瓦良格"号修补后的舰岛上出现了相控阵雷达的安装基座。

2009 年 12 月 4 日，"瓦良格"号的舰岛上开始吊装塔状桅杆。

2010 年 3 月 19 日上午，"瓦良格"号在拖轮的推动下，离开了度过近 11 个月的船坞，停泊在距原船坞仅"一墙之隔"的 30 万吨南舾装码头。飞行甲板上出现了新的起倒式护栏。船体的舱室改为全封闭设计，原有的舷窗全部取消，此举将大大改善居住性和三防能力，尤其适合炎热的南海海域。

2010 年 4 月 3 日，"瓦良格"号的舰岛已经开始涂装灰色的无机富锌底漆。

2010 年 5 月 16 日，"瓦良格"号相控阵雷达已开始安装，舰岛的灰色无机富锌底漆已基本刷完。

2010 年 8 月，"瓦良格"号的舰岛上开始安装布设电缆，汽轮机组开始试运行。

2010 年 10 月下旬，"瓦良格"号左舷中部和尾部的近防武器平台安装了 726-4 型舰载干扰弹火箭发射炮。

2010 年 11 月 18 日，尾部近防武器平台上的海红旗-10 导弹发射器和近防炮也已安装。

2010 年 12 月 24 日，"瓦良格"号冒出蒸汽，开始动力系统试车。

3."瓦良格"号的武器系统

下面，让我们来看看"瓦良格"号的武器系统。

730 近防炮

730 近防炮是我国 713 研究所于 90 年代末研制的第一种多管 30 毫米近防武器系统。

730 近防炮的电子系统有一款小型圆形雷达（EFR-1I 波段跟踪雷达，安置于炮塔的左侧顶部），用于搜索来袭目标，其对 RCS（雷达散射截面）为 2 的目标探测距离为 15kM，RCS 为 10 的目标探测距离为 20kM；在右侧的"U"形支柱上配有一个球形设备，是一套华中光电技术研究所的 OFC3 光电跟踪系统。OFC3 光电跟踪系统包括：1 个热相仪，1 个电视摄像机，1 个激光测距仪，测距是 6 公里。

该型近防炮的雷达探测距离分别如下：对于小型目标的探测距离是 8 公里，对于大中型目标的探测距离为 15~20 公里，而光电系统可以探测 6 公里内的目标。一旦锁定目标，该近防炮可以在 3 公里的距离上将其击落，尽管最佳射击时机并达到最佳精度是在 1~1.5 公里的距离上。

中国 730 型 30 毫米近防炮系统每座造价大约 540 万美元,重量是 8 吨,系 7 管火炮,长度有 110 英寸(约合 279.4 厘米),火炮安置于箱形的炮塔上面,该系统可以提供对反舰导弹、飞机、近岸目标、小型舰艇和水雷等目标的点防御。730 近防炮的射击速度在每分钟 4200~5800 发之间,该炮由两个备弹 500 发的弹药箱提供炮弹,可以发射高爆弹(HE)或者穿甲弹(AP)。

美国媒体说,中国 730 型 30 毫米近防炮的性能超越了赫赫有名的美制 20 毫米"火神"(Vulcan)密集阵系统,但依然落后于俄制双 30 毫米"卡什坦"(Kashtan)近防武器系统。

美国的 20 毫米密集阵系统是 20 世纪 70 年代设计的产品,采用了 6 管式炮管,长度有 73 英寸(约合 185 厘米),所配备的雷达探测距离是 10 公里,光电传感器的探测距离是 5 公里,可以在目标距离 2 公里时发射高爆弹或穿甲弹实施拦截,火炮发射速度是每分钟 4500 发。美国 6 管"火神"密集阵系统的造价有 560 万美元,整个系统重 7 吨。

俄罗斯的"卡什坦"近防系统采用双 6 管设计,110 英寸长(约合 279.4 厘米),炮管口径 30 毫米,采用的雷达探测距离 20 公里,光电传感器探测距离 6 公里,可以发射高爆弹或穿甲弹,可以在 4 公里的范围内打击目标,射速是每分钟 10000 发,系统总体造价 700 万美元,总重 16 吨。

FL-3000N 型近程防空系统

谈完了 730 近程炮,我们来看看和它配合的 FL-3000N 型近程防空系统(FL 就是汉语"飞龙"的首写字母)。

FL-3000N 舰艇自卫防御导弹武器系统是由中国航天科工集团公司开发的新一代海陆多种作战环境的近程防御导弹系统,主要用于拦截各种类型的反舰导弹,尤其是超音速反舰导弹,可以有效抗击海上、空中和陆地对舰艇发起的多方向、大批次饱和攻击。FL-3000N 系统具有速度高、重量轻、反应快速、制导精度高的优点,可以有效应对目前世界现役主要反舰导弹,设计思想十分接近美国与德国联合研制的"拉姆"导弹。由于外形上与美国的"拉姆"舰载点防御导弹系统极其相似,因此 FL-3000N 系统被形象地称为中国版"海拉姆"。

每套 FL-3000N 系统配备有 24 枚导弹,其外观很像美国雷声公司开发的 RAM-116 防空导弹系统,最大射程为 9000 米。

FL-3000N 导弹系统包括控制台、发射系统和筒弹等组成。一套武器操控制系统可以控制舰艏和舰尾的两套发射系统,形成全方位的多重保护。

FL-3000N 配用的导弹是密封包装,与外界环境相隔绝,这样可有效避免温度、湿度与电磁脉冲等对导弹的影响。对海最大拦截距离为高速 6 公里,低速 10 公里,最小射程 500 米,可以很好地衔接舰载中程防空导弹和近防系统间的火力空白。

该弹具有被动雷达加红外成像和全程红外成像两种制导模式,这种制导模式属于典型的"发射后不管"形式,特点是制导系统本身不发出电磁波,而是依靠追踪对方来袭导弹制导雷达发出的电磁波对其进行拦截。

目前,世界上主要反舰导弹尤其是超音速反舰导弹都普遍采用主动雷达制导系统作为末段制导方式。FL-3000N 的被动雷达制导可以追踪对方发出的电磁波进行迎头拦截,而且由于自身不发出电磁波,被探测性降低,拦截准确性和隐蔽性大幅提高。

当敌方进行电磁干扰时,FL-3000N 中的红外导引头将发挥作用,接替被动雷达制导系统引导导弹击中目标。而当敌方采用红外干扰措施时,被动雷达导引头则能发挥作用而把敌歼灭。在靶场实弹实验中,FL-3000N 在试射中曾多次直接命中靶弹。因此,FL-3000N 导弹具有强大的抗干扰能力和优异的准确性。同时,FL-3000N 还可以用来攻击小型水面舰艇,防止敌方"自杀式"攻击,因此还可以作为舰艇的一种近程主动防御手段。

FL-3000N 的发射系统反应速度快,可执行多发瞬间齐射,间隔时间不超过 3 秒。标准型号为 24 联装,配装 24 发导弹,以提供强大的持续火力打击,可以在短时间内应对来自多个不同方向的来袭目标,有效对抗饱和攻击。

FL-3000N 有两种发射方式,即自动发射和半自动发射。自动发射的全过程完全依靠舰载火控系统。当传感器发现目标后,完成识别目标等工作,将信息传送给控制系统。随后,控制系统解算出射击诸元后,将信息发送给火控发射系统并引导导弹瞄准并发射。半自动发射方式,发射人员要参与识别目标和发射导弹。这两种发射方式各有优缺点,可以互为补充。

自动发射方式的反应速度快,应对多批次、多方向饱和攻击的能力更强。但一旦其中某个环节出现问题,则需要作为备份的半自动发射方式来完成任务。

FL-3000N 舰艇自卫防御导弹武器系统的典型作战使用方式是:由舰(艇)上的雷达对空中目标进行搜索、跟踪与识别,同时还要探测目标所发射的电磁波的波段。当确认该目标或目标群需要攻击后,将目标的距离、方位、高低角、目标发射的电磁波频段传送到导弹武器控制系统。随即,第一批待击导弹在发射前几秒内就做好一切准备,包括启动导引头的陀螺和红外探测器制冷。当控制人员决定摧毁来袭目标(群)时,就按下发射按钮,导弹点火,发动机产生巨大推力,使导弹脱离发射架飞向空中目标。FL-3000N 可单射,也可齐射。当第一批导弹发射后,第二批导弹已做好再发射准备。可根据需要随时发射第二批、第三批,直到把发射架上的导弹全部发射完毕。随后,由自动装填系统再向发射架上装填导弹,然后再发射导弹,直到来袭目标(群)被全部摧毁。这种发射形式对付反舰导弹饱和攻击极为有利。

FL-3000N 与美国海军的"拉姆"舰载点防御导弹有很多相似之处,例如两者都采用了相似的被动反辐射导引加红外成像导引的复合制导模式,同时两者都采用了旋转弹体的设计等。但 FL-3000N 在部分性能上要强于"拉姆",例如,"拉姆"的最大射程为 9.6 公里,而 FL-3000N 则是 10 公里,因此在射程上 FL-3000N 要强于"拉姆"。而作为水面舰艇重要的末端反导武器,射程的提高意味着拦截距离的增加,可以更有效地保证母舰的安全,在很大程度上增强作战能力。

FL-3000N 的出现打破了美国在该领域的技术垄断地位,使中国成为世界上极少数几个可以独立自主地自行研制、生产先进的水面舰艇近程反导—防空导弹武器系统的国家之一,有效地填补了中国海军在水面舰艇末段抗反舰导弹攻击方面的空白,极大地提高了中国海军水面舰艇抗击反舰导弹尤其是抗击超音速反舰导弹饱和攻击的能力,完全胜任中国海军在复杂环境下对抗多平台作战的要求,满足了当前和未来战争的舰艇自卫防御的需要。

FL-3000N 和国产 730 近防火炮系统同时安装在大型战舰上,由于其在发射速度和数量优势等性能上要远远优于目前海军现役海红旗-7 舰载近程导弹系统,可以弥补 730 近防系统与中程舰载防空导弹的火力空白。因此,其服役后将逐步取代海红旗-7 成为中国海军水面舰艇的标准化近程防御导弹系统。

海红旗-16 和海红旗-9

讲完 730 近防炮和 FL-3000N 系统,那"瓦良格"号上还有什么防空武器呢?

现在我们来看一看"瓦良格"号可能要安装的中近程反导导弹海红旗-16 和中程反导导弹海红旗-9。

首先我们来看看"瓦良格"号非常可能安装的海红旗-16。按照"天气预报"的说法,安装的可能性是 80%,因为仅仅安装末端防御系统的"瓦良格"号还是不那么让人放心,再加上一个近程防御系统就显得非常有必要了。

海红旗-16 防空导弹,是海军新一代中近程区域防空导弹,目前仅装备在054A 型(北约代号"JiangKai A Class",江凯 A 级)导弹护卫舰上。

中国在从俄罗斯引进了 S-300 并研发仿制了海红旗-9 的期间,双方又签订协议共同研制中低空战区防空导弹。最终,双方选中了俄罗斯陆基型"山毛榉-M1/M2"(北约代号"SA-17 灰熊")地空导弹进行改进。俄罗斯为什么一下子变得这么友好呢?原来这一系统是随着 956 型"现代级"驱逐舰一同出售给中国的。我买你的"现代级"驱逐舰,你怎么也该顺便送点儿技术给我吧。于是,红旗-16 就这样出炉了。

红旗-16 是由中俄联合开发的全新中低空导弹,有效作战高度 100~20000 米,单发杀伤概率 90%,垂直发射,相控阵雷达,反应时间 6~8 秒,弹长 2.9 米,弹径0.232 米,弹重 165 公斤,战斗部重 17 公斤,最大飞行速度 2.8 马赫,一个导弹连可同时攻击 8 个空中目标。

装备在 054A 型导弹护卫舰上的海红旗-16 导弹,采用了垂直发射方式,以及类似于美国海军 MK-41 垂直发射装置的方形布局,因此外界普遍猜测海红旗-16采用热发射方式,并且其发射装置与 MK-41 一样,是通用发射装置,不仅可以发射防空导弹,还可以发射反潜导弹或对陆攻击巡航导弹。

其次,我们来看看瓦良格还有可能安装的海红旗-9。只是这个可能性不大,因为远程防御系统可以交给舰载机或者航母编队中的其他导弹护卫舰,"瓦良格"号上装载太多的导弹,会使"瓦良格"号变成一个"火药桶",万一中弹,就会损失惨重。

不过我们还是要给大家介绍一下这个有安装可能性的海红旗-9,让大家顺便了解下我国海军末端—近程—中远程防御导弹的家族。

海红旗-9 防空导弹由陆基红旗-9A 型防空导弹发展而来,导弹最小作战高度20 米,最大作战高度 3 万米,最小作战距离 0.6 万米,最大作战距离 1.2 万米,最大飞行速度大于 4.2 马赫。导弹全长 6.8 米,弹径 0.47 米,弹重 1300 公斤,弹头重量超过 180 公斤。

导弹的发射方式为垂直冷发射,6 联装全舰共有 8 个发射单元采用前 4 后 2 的布局,共计 48 枚。海红旗-9 每个导弹单独使用一个发射口,发射方式更为可靠,发射速度更快,安全率也更高,但与美国现役的标准 2 相比还是有一定的差距。不过就最小射高而言,海红旗-9 最小射高 20 米,而不是之前传闻的 500 米。海红旗-9 最大的意义在于解决了困扰我国海军几十年的远程防空问题。

鹰击-62 反舰导弹

我们再来看看"瓦良格"号可能安装的主动进攻性武器——鹰击-62 远程反舰导弹。由于我们的航母没有蒸汽弹射器,舰载机的能力有限,为了加强航母的打击能力,非常有可能装备鹰击-62 远程反舰导弹。

海军舰艇装备的反舰导弹,主要有鹰击-6 系列和鹰击-8 系列。其中,小舰艇安装的是体积较小、射程较近的鹰击-8 系列,"瓦良格"号要安装的应该是大块头的鹰击-6 系列,说得更准确些,就是鹰击-62。

鹰击-62 导弹首先是威力大。鹰击-62 的设计思想中相当突出的一点就是追求大威力,该弹总重量为 1350 公斤,其中战斗部重量 400 公斤左右。开发这种导弹的主要目的是攻击海上的重型目标,其战斗部类型为半穿甲爆破型,引信为迟延接触电子式,可以保证战斗部在穿透目标壳体后在其内部爆炸。据测算,一枚鹰击-62 可使一艘 5000~7000 吨级的重型驱逐舰重伤并丧失战斗力。

鹰击-62 还能主动搜寻目标。鹰击-62 具有比鹰击-8 系列更大的体积和更大的弹体直径,使得其可以装备更大孔径的主动雷达末制导天线,并且有足够的空间装备更多的电子设备。鹰击-62 安装了具有频率捷变技术的主动单脉冲雷达末制导引头,该导引头同时也具备目标搜索功能,使得鹰击-62 可以在没有精确目标信息的情况下盲射到目标大致区域,然后依托搜索距离达 4.5 万米,水平扫描角正负达 40 度的主动雷达导引头搜索目标并进行自主攻击。而小型化的鹰击-8 系列则囿于弹体直径的限制,其主动导引头的作用距离仅 2 万米,且扫描角狭窄,故而无法完成此类攻击。

鹰击-62 还能够贴海飞行,具有极大的生存能力。鹰击-62 安装了一台低油耗的小型涡轮喷气发动机,并对发动机进气道进行了针对掠海高度气流特点的修形设计。这种气动布局使得鹰击-62 可以在 3~5 米的浪尖高度维持数百公里的长距离稳定飞行,改进的数字化弹载飞控系统使得其可以在整个攻击弹道中进行多次机动飞行,进而极大地增加了突防成功的概率。

鹰击-62 还有一个大优点,就是射程远。鹰击-62 型反舰导弹的射程达 300~400 公里,远远超过了鹰击-8 系列的 120 公里,也超过了美国的鱼叉反舰导弹。

"瓦良格"号装上鹰击-62 后,就有两只手打击敌人的本领了,一是舰载机,一是反舰导弹。

除了看中国海军的计划外,我们来看看中国导弹护卫舰的标准武器装备,这个最有说服力。"瓦良格"号很可能按照这个标准进行武器装备。

中国导弹护卫舰的标准装备是:

2 具四联装鹰击-83(C-803)型反舰导弹

1 具 32 单元海红旗-16 型垂直发射舰空导弹

1 门 76 毫米主炮

2 具 7 管 30 毫米口径 730 型近程防御武器系统

726—4 型 18 管舰载干扰弹火箭发射炮

2 座三联装鱼-7 轻型反潜鱼雷发射装置

87 式六管反潜火箭深弹发射装置

除了一门 76 毫米主炮，这个基本装备也会是"瓦良格"号的基本装备，只不过是用威力更大、射程更远的鹰击-62/63 取代了鹰击-83。

"瓦良格"号的武器装备应该就是这些了，只有少，不会多。

4."瓦良格"号的动力系统

看完了"瓦良格"号的武器系统，让我们来看看"瓦良格"号最重要的部分——航母的动力系统。

航母的动力系统一共分为三种：传统的蒸汽动力、燃气动力和核动力。

其中，蒸汽轮机是最早应用于船舶主机的动力类型，其工作原理就是依靠锅炉产生的高温高压水蒸气推动叶轮转动来提供动力。

燃气轮机是近半个世纪以来新发展出来的一种船用动力系统，大多数由航空发动机衍生发展而来。燃气轮机结构上主要由压气机、燃烧室、汽轮机三部分组成。工作时，压气机将吸入的空气压缩升温，然后将一部分空气送入燃烧室，与喷油嘴喷出的燃油混合燃烧，形成温度在 2000℃ 左右的高温高压燃气，再与另一部分压缩空气混合冷却至 600~700 后，进入汽轮机组推动叶片产生动力。

一般军舰上还有使用柴油机作为动力系统的，但是，由于柴油机功率太小，不适应上航母，所以，在此不予考虑。

就输出功率来看，单台蒸汽轮机最高可以提供 75000 千瓦的强大功率，燃气轮机略小，可以提供最高 60000 千瓦的功率。柴油机的单机功率最小，而且转速越高，单机功率越低。低速柴油机的最高功率不超过 40000 千瓦，中速机不超过 20000 千瓦，高速机一般不超过 8000 千瓦。

在经济性方面，蒸汽轮机的热效率低、燃料消耗量大，但其燃料是在发动机外部的锅炉中燃烧，因此可以燃烧重油这类价格较为便宜的劣质油，有利于降低运行成本。燃气轮机的燃料消耗率比蒸汽轮机略低，但对油质要求很高，因此运行成本较高。

在建造成本上，蒸汽轮机技术成熟，但结构较为复杂庞大，单机成本比柴油机略高。燃气轮机技术难度大，对制造工艺和材料的要求都很高，因此建造成本最高。

在机动性方面，蒸汽轮机启动时要经过润滑油加热、冷凝器抽真空、主机暖机等步骤，直到锅炉蒸汽参数达到一定指标后才能启动，因此启动准备时间长达 30 分钟左右。要减少准备时间，必须采用暖机泊车，但这又增加了燃料消耗。航行中，蒸汽轮机要改变工况，必须先改变锅炉蒸汽参数，造成加速性能较差。因此，三种动力类型中，蒸汽轮机的机动性能最差。燃气轮机和柴油机的机动性较好，从启动到满工况运行，时间一般不超过 10 分钟。

在可靠性和隐蔽性方面,蒸汽轮机的叶轮转速较为稳定,没有周期性作用力,振动噪声低,转动部件的磨损也小,再加上技术发展成熟,因此可靠性和静音性能最好。燃气轮机的叶轮在高温高压燃气中高速运行,较容易损坏,可靠性要比蒸汽轮机和低速柴油机略差,但比中高速柴油机要好。燃气轮机由于要吸入和排出大量气体,进排气口的红外辐射信号和噪声强度比其他两种动力类型强,而且大型进排气口容易对船体布置和强度构成不利影响。综合上面分析,蒸汽轮机的可靠性和隐蔽性最好,燃气轮机次之,柴油机最差。

在应用上,蒸汽轮机可以提供较大的功率,但其重量体积巨大,一般只应用于大型货轮、油轮、常规动力航母等大型船舶。

燃气轮机作为一种新兴的动力系统,与其他动力类型相比,拥有单机功率大、重量尺寸小、机动性高和静音效果良好等优点,而这些优点正是军用舰艇动力系统一直追求的目标,因此目前军用舰艇是燃气轮机最主要的"用户"。美、英、俄等燃气轮机技术发展较为成熟的国家,其驱逐舰、巡洋舰等大型作战舰艇多采用全燃动力。如苏联建造的排水量达到 11490 吨的"光荣"级巡洋舰,采用 6 台燃气轮机作动力,总功率达到 79.38 兆瓦。该舰在低速巡航时采用 2 台巡航用燃气轮机推进,高速航行时采用 4 台加速用燃气轮机提供动力,全速冲刺时 6 台燃气轮机可以同时工作,能够达到 32 节的最高航速。美国海军"阿利·伯克"级驱逐舰和"佩里"级护卫舰,也采用了全燃动力。

从国外海军大型水面舰艇的发展趋势来看,蒸汽动力已经逐步退出历史舞台。国外现役航母使用蒸汽动力的只有俄罗斯的"库兹涅佐夫"号(1982 年开工)、巴西的"圣保罗"号(1957 年开工)、印度的"维拉特"号(1944 年开工)和"维克拉姆蒂亚"号(1978 年开工)。美国海军的"小鹰"号退役后,现役航母全部采用核动力,"企业"号 1958 年开工,"尼米兹"级首舰 1968 年开工,法国"戴高乐"号 1989 年开工。其他国家的小型航母的动力系统采用燃气轮机。国外大型水面舰艇从 20 世纪 80 年代开始已基本不再采用蒸汽轮机作动力。

从国外在研的新一代航母来看,美国的"福特"级采用核动力、英国的"伊丽莎白"级采用全电推进、印度的"蓝天卫士"号采用燃气轮机。由此可见,蒸汽动力已经基本上被淘汰了。

国外很多国家淘汰了蒸汽动力,但是,对于"瓦良格"号和中国的航母来说,蒸汽动力可能是唯一的选择。

为什么?很简单,核动力技术太先进,燃气轮机功率太小,蒸汽动力虽然笨重了些,但还是经久耐用。说句实在话,就是蒸汽动力我们也单独搞不出来,还要乌克兰人帮忙。

在苏联时期,MD 为半数以上的苏联主力舰艇提供了 UGT-15000 燃气轮机。乌克兰独立后,MD 又研制出达到世界先进水平的 UGT-25000(又称 DA-80)大功率燃气轮机。该机重 16 吨,额定功率 2.9 万千瓦,是 6000 吨以上大型舰艇的理想动力源。现在,中国军舰广泛使用的就是乌克兰制造的 DA80 型燃气轮机,

《汉和防务评论》说,中国在 20 世纪 90 年代就引进了 UGT-25000 燃气轮机,并试图将其国产化。但由于乌方不愿意转让技术,中方只能先以进口零部件组装。

进入 21 世纪后,乌克兰因经济窘迫,终于同意向中国提供 UGT-25000 燃气轮机的全部技术。据称,中国国内有多家单位联合推动该机的国产化工作,其中燃气发生器部分由某航空发动机集团负责,动力涡轮由一家汽轮机厂制造,中船重工某研究所进行系统配套。有传闻说,中国国产化的 UGT-25000 燃气轮机又被称作 QC-280,已于近期实现批量生产。

在掌握 UGT-25000 燃气轮机后,困扰中国海军多年的舰艇动力问题将得到有效解决。今后,中国海军将能够建造更大吨位的主战舰艇(包括万吨级的驱逐舰和航空母舰),作战实力将获得飞跃性提升。

不过,最有可能用于航母的不是 UTG-25000 燃气轮机,而是后来在乌克兰人帮助下建成的 R0110 燃气轮机,因为 R0110 燃气轮机功率更大,技术更先进。

R0110 预期输出功率 114500 千瓦(150000 马力,排水量接近 1 万吨的日本金刚级驱逐舰的总功率才 100000 马力),热效率 36%。在 R0110 母型机基础上,可以实现 60MW、160MW 与 200MW 以上系列燃机。R0110 舰用型号论证工作已经开展,可以作为中型常规航空母舰的主动力。

虽然我们在乌克兰的帮助下搞出了 R0110,不过,要用在"瓦良格"号上的可能性不大,因为要把陆用型改成舰用型,还有一段路要走。再说,就是俄罗斯自己的航母"库兹涅佐夫"号,上面也是蒸汽动力,不是 R0110 燃气轮机。要是能用,人家不自己先用上了?

"瓦良格"号最可能用的就是蒸汽动力了,与其姊妹舰"库兹涅佐夫"号采用的是同样的动力。"库兹涅佐夫"号装载的动力系统由 8 座 KVG4 锅炉和 4 座 TV12-4 蒸汽轮机组成,按照造舰程序,完工 75% 的"瓦良格"号当年也应已经安装了同样的动力。

有国际军事杂志报道,在美国的压力之下,"瓦良格"号在出售给中国之前曾经将锅炉和蒸汽轮机予以穿孔破坏。但是据台湾著名军事杂志《尖端科技》分析,当时乌克兰经济困顿,南尼可拉叶夫造船厂处于停工状态。员工士气低落,工作意愿很低,执行穿孔工作可能只是应付交差,只做了部分管线与大型组件的表面性穿孔,未破坏关键性主件。

同时,国内也有消息透露,"瓦良格"号的动力系统只是外部有局部破坏,里面还是保存得比较好,已请来乌克兰的技术工人在进行修复。

没有被完全破坏的可能性还是有的,因为那么大的"瓦良格"号在改装的过程中,一直没有人发现它被"开膛破肚",而要重新安装庞大的锅炉和蒸汽轮机,必须在船体上切开一个大口子才能放进去。

其实,"瓦良格"号原来安装的动力系统和中国海军购买的俄罗斯的"现代"级驱逐舰的动力结构相同,只不过"现代"舰的动力只有"瓦良格"号原来动力的一半:由 4 座 KVG4 和 2 座 TV12-4 组成。由于中国海军购买了"现代"级驱逐舰,会对"现代"舰上的 KVG4 锅炉和 TV12-4 蒸汽轮机进行研究分析和仿制,我们知道,中国军工企业"山寨"水平一向不错。

不过,据可靠消息,"瓦良格"号的动力系统还是从乌克兰买来的,装配的是乌克兰当年安装的动力装置。同时,乌克兰还帮助中国在哈尔滨建成了一个锅炉和涡轮机生产厂,生产军用锅炉、涡轮机、蒸汽机车设备。

因此,"瓦良格"号的动力系统,跟俄罗斯的"库兹涅佐夫"号航母一样,都是乌克兰的成果。

不过,乌克兰人研制出的蒸汽动力的可靠性还是很有问题的,我们看看正在服役的"库兹涅佐夫"号航母动力系统屡屡出问题,就知道其为何种货色了。

1995 年,"库兹涅佐夫"号航母在巴伦支海进行海上训练时遭遇暴风,多台锅炉出现故障,导致该舰险些在新地岛附近触礁。

同样是 1995 年,"库兹涅佐夫"号航母在地中海执行战备值班任务时,锅炉再次发生故障,原因是轮机兵的错误操作,误将海水注入 8 台蒸汽锅炉。

据当时曾在舰上服役的官兵介绍,"库兹涅佐夫"号航母动力系统事故接二连三,不是蒸汽罐水管破裂、锅炉漏水,就是涡轮发电机与柴油发动机工作不协调。

1996 年 2 月,"库兹涅佐夫"号航母航行到马耳他附近海域时,所有的锅炉同时发生故障,险些触礁,船员历尽千辛万苦,修好了 2 座锅炉,总算回到了北莫尔斯克基地。

1998 年,"库兹涅佐夫"号航母好不容易修好了主机,重归现役,可令人始料不及的是,在维修"卡什坦"CADS-1 弹炮合一武器系统时,又发生了 60 吨重油泄漏到火控室的事件,事故原因是舰员操作失误。

2000 年,"库兹涅佐夫"号航母发电机出现故障,造成 1 名士兵死亡。

2002 年,"库兹涅佐夫"号航母在维修时发生火灾,1 名士兵丧失生命。由于这次事故,该舰的最高航速只能达到 18 节,直到今天也没有改善。

2003 年春,"库兹涅佐夫"号航母大修后在巴伦支海进行海试时,主机排气管发生火灾,只好又回到修理厂。同年秋,再次进行海试,可刚刚离开码头,一半的高压气罐出现故障,只好将再服役的时间推迟到 2004 年。

2008 年,"库兹涅佐夫"号航母刚进行了以维修主机为重点的大修。

2009 年,停泊在土耳其港时再次发生火灾事故,又有 1 名士兵结束了年轻的生命。祸不单行,在返回北海基地维修的途中,又发生了 500 吨重油泄漏事故。

这些事故说明,"库兹涅佐夫"号航母的蒸汽动力质量是不过关的,需要耗费大量的财力和人力不断维修。俄罗斯人为此吃尽了苦头,很想换掉这种老旧的动力系统,如同为心脏病人换个心脏,虽然难度很大,但可以挽救生命,对舰员来说,自然也是求之不得。在石油价格不断上涨的今天,维系这种比较传统的动力系统并不比燃气轮机和核动力省钱。

就"库兹涅佐夫"号航母而言,接连不断的事故对其作战能力已构成了非常严重的影响。在坞修理的时间比战备值班的时间都长。俄罗斯现在打算换掉事故不断的蒸汽轮机和涡轮增压锅炉,改为燃气轮机或核动力装置。只是就怕这一折腾,"库兹涅佐夫"号航母也要气息奄奄了。

"瓦良格"号装上这种蒸汽动力,不知道情况会怎样?但愿不会成为第二个"库兹涅佐夫"号航母。不然,"老瓦"开到南海就不能动弹了,那不是让全世界的人看笑话吗?

5."瓦良格"号的雷达系统

说完"瓦良格"号上的动力系统,我们来看"瓦良格"号上最重要的电子系统,其中关键的就是"瓦良格"号的眼睛——舰载雷达。没有雷达的军舰就像没有眼睛的人一样,看不见任何东西,只有被人打的份儿。因此,"瓦良格"号上的雷达的重要作用就可想而知了。

根据最新的"瓦良格"号改造现场图来分析,"瓦良格"号上安装的是中国自行制造的舰用相控阵雷达。

首先说一下什么是相控阵雷达。

相控阵雷达有相当密集的天线阵列,在传统雷达天线面的面积上可安装上千个相控阵天线,任何一个天线都可收发雷达波,而相邻的数个天线即具有一个雷达的功能。扫描时,选定其中一个区块(数个天线单元)或数个区块对单一目标或区域进行扫描,因此整个雷达可同时对许多目标或区域进行扫描或追踪,具有多个雷达的功能。如果我们把通常的雷达称作"个体户",那么相控阵雷达就相当于一个"合作社"了。

由于一个雷达可同时针对不同方向进行扫描,再加之扫描方式为电子控制而不必由机械转动,因此资料更新率大大提高,机械扫描雷达因受限于机械转动频率因而资料更新周期为秒或十秒级,电子扫描雷达则为毫秒或微秒级,因而其更适于对付高机动目标。

相控阵雷达与普通雷达相比,具有下列优势:

①波束指向灵活,能实现无惯性快速扫描,数据率高;

②一个雷达可同时形成多个独立波束,分别实现搜索、识别、跟踪、制导、无源探测等多种功能;

③目标容量大,可在空域内同时监视、跟踪数百个目标;

④对复杂目标环境的适应能力强;

⑤抗干扰性能好;

⑥可靠性高,即使少量组件失效仍能正常工作。

"瓦良格"号上安装的主要雷达是我们"中华神盾"170导弹驱逐舰上安装的中国自行研制的"板砖"相控阵雷达系统。该系统由4面雷达发射面成四边形安装在舰桥的四个方向上,雷达搜索距离在450~500公里之内,工作模式为有源式,外形为箱体,通过前后左右四个面固定安装起来,以格栅固定。

该系统由指控系统、探测与跟踪系统、火控系统、导弹发射系统、作战准备与测试系统组成。该系统自动化程度颇高,在进入作战状态时,操作人员首先用"板砖"雷达对全空域进行搜索,在发现目标之后自动转入跟踪状态,并自主地进行敌我识别、威胁评估,再把结果数据传送给武器控制系统。武器控制系统则依据数据自动编写拦截程序发给防空导弹。导弹一般是按预先设置好的弹道飞行,武器控制系统通过"板砖"雷达以低数据的指令修正导弹的飞行弹道偏差,当导弹飞行到末端的时候,则自主寻找目标攻击。由于导弹采用的是爆破式毁伤战斗机,故具有很高的命中率。

"中华神盾"170 导弹驱逐舰上的这套作战系统具有几大特点：它的反应速度快，主雷达从搜索方式转为跟踪方式仅需 0.05 秒，能有效对付作掠海飞行的超音速反舰导弹；它的抗干扰性能也很强，可在严重电子干扰环境下正常工作；在反击能力方面，该系统作战火力猛烈，可综合指挥舰上的各种武器，同时拦截来自空中、水面和水下的多个目标，还可对目标威胁进行自动评估，从而优先击毁对自身威胁最大的目标；从可靠性来看，它能在无后勤保障的情况下，在海上连续可靠地工作40~60 天。而它的对空有效发现与锁定距离约为 40 万米，对海有效发现与锁定距离约为 30 万米。

这套"中华神盾"上的"板砖"相控阵雷达的官方称呼是"H/LJG346 舰载有源相控雷达"，它是由原电子工业部第十四研究所研制而成的。它的总设计师是该所的副所长周万幸。因为设计出这套相控阵雷达，中国电子学会在 1998 年推荐周万幸参选第六届中国青年科技奖。在他的说明材料上明确写着："现担任 H/LJG346舰载有源相控雷达总设计师。"

由于这套雷达的技术水平处于国际前沿位置，作为中国舰载相控雷达领头人的周万幸，担任一段时间相控阵雷达总师以后，转为项目总指挥，并成为十四所副所长，"领导该所探索世界雷达前沿技术"。

我们这套相控阵雷达虽说是自主研发的，其实还是由俄国 S-300 系统使用的相控阵雷达改进而来。

在"瓦良格"号上面，还安装了中国制造的海鹰 3D 搜索雷达，正式的称呼应该是海鹰-乙一维相扫舰载三坐标雷达。那什么是三坐标雷达呢？

三坐标雷达亦称一维电扫描雷达，即在水平方向（方位角）上机械扫描，垂直方向（高低角）上进行电扫描，从而可获得目标的距离、方向和高度信息。由于它比其他二坐标雷达（仅提供方位和距离信息的雷达）多提供了一维高度信息，则使其在舰载雷达中的地位更为重要，成为对飞机引导作战的关键设备。此类雷达主要用于引导飞机进行截击作战和给武器系统提供目标指示数据。根据电扫描的方式不同，可分为频率扫描、相位扫描、频率—相位相结合扫描等多种技术体制，其中频扫在舰载三坐标雷达中最为常见。

三坐标雷达一般装备于大中型水面舰艇，作用距离仅次于对空警戒雷达，一般可达 300~400 公里左右，并采用多种抗干扰技术措施。此类雷达采用平板阵天线，明显不同于其他类型的雷达，这也是三坐标雷达区别于其他雷达的重要标志。

中国研制的海鹰-乙一维相扫舰载三坐标雷达是在俄罗斯 Salyut 公司的 Fregat（弗里盖）雷达的基础上进行的。

20 世纪 60 年代，Salyut 公司研制出一种三坐标频扫全天候雷达，它采用了笔形波束和复合波形，这就是不断发展的舰载对空/海搜索雷达 FREGAT-MAE。中国军迷更多称呼他们为"顶板"，因为它是装在军舰桅杆最上面的两块板板。

在过去的几十年中，Fregat-MAE 固态双波段雷达已被安装在许多大中型战舰

上,具有以下功能:

　　对空/海搜索;

　　跟踪空中目标,包括低空小型目标;

　　跟踪海上目标;

　　敌我识别(IFF);

　　生成当前目标的方位和运动参数,并传送给火控系统;

　　为本舰防空系统作目标指示;

　　战术空中导航。

　　天线组件包括1~2个主天线和敌我识别天线。主天线为平面阵,由很多波导条组成,就像窄墙上有很多不同倾斜角度的凹槽一样。

　　敌我识别天线是一个线性天线阵,由12个同轴振荡器组成,安装在反射器前方并由同轴功率分配器馈电。

　　天线组件可以在-40℃~+60℃、100%湿度的环境中正常工作,承受风速可达70米/秒,载舰横摇角可达40度。

　　两个雷达阵面使用同一个雷达站,但背靠背安装。这种方式提高了目标搜索的数据率并提高了处理被跟踪目标信息的速度。

　　1967年,国防科委将舰载三坐标雷达的战术技术论证任务交给706研究所。1969年底,根据当时地区配套的原则,确定该三坐标雷达由1014研究所设计,并与上海试验设备厂合作研制。1970年8月,724研究所组建后,上述设计任务由1014研究所转到该所。1974年,上海试验设备厂、西北电讯工程学院和724研究所工程设计组在上海市仪表局的组织下,试制成原理样机。为了加快进度,后又将正式样机的试制任务转由上海无线电四厂完成。1982年,该型雷达设计定型,并装舰使用。

　　为使舰载三坐标雷达的技术性能更臻完善,1970年,在研制该型雷达的同时,724研究所副所长钱志宏主动要求承担研制新型舰载三坐标雷达(Ⅱ型)的任务,并根据海军需要和国际上雷达的发展水平,拟定了战术技术指标,展开了方案论证。经七院组织审查通过了所选方案,并于1972年10月正式下达战术技术任务书和研制计划。Ⅱ型三坐标雷达除采用新颖的三坐标体制、平面阵列天线外,还采用了双波束同时扫描、数字式宽带铁氧体移相器、计算机程控波束控制器、全固态大功率调制器、宽带前向波链放大式发射机、宽带低噪声高中频脉冲压缩接收机、数控宽带频率综合器、宽带自适应捷变频以及数字式视频处理等先进技术。这些均系当时国际雷达行业发展中的新体制、新技术。在方案论证初期,相扫体制数据率低是一个关键问题。它不仅影响雷达的威力范围,而且对天线波束大小、覆盖空域、脉冲工作周期等一系列技术指标均将产生不良影响。经反复论证、探讨、实验,他们采用天线阵功率分配器两端馈电的合理分配,终于获得了两个交叉的理想波束,实现了双波束同时扫描,缩短了一半扫描时间,从而提高了数据率。

　　为了实现雷达宽频带、低电压、大功率的要求,Ⅱ型三坐标雷达采用前向波放大链作发射机。但当时大功率前向波管在国内还没有现成器件可供使用,更没有使用经验可供参考。中国科学院电子研究所、四机部 772 厂和 778 厂,对前向波管的试制都很支持。四机部部长王诤等对此也极为关注,并决定将它列为重点任务,明确由 778 厂试制,772 厂和中国科学院电子研究所也安排力量研究。前向波管的试制难度较大,试制的样管曾在该雷达整机上发生连续烧毁现象,以致不能正常使用。面对如此严峻的形势,724 研究所技术领导人潘谱华和科技人员,调整了指标要求,改善了使用条件,并和制管厂的人员在一起反复试验,改进管型工艺结构,提高发射机调试脉冲波形和冷却系统冷却液的质量,终于使舰载三坐标雷达(Ⅱ型)发射机能稳定可靠地工作,为宽频带、大功率前向波放大式发射机在雷达上的使用奠定了基础。

1973 年,在总参谋部召开的全国雷达电子对抗研制会议上,确定以Ⅱ型舰载三坐标雷达为突破口,解决战术雷达自适应捷变频技术;明确以该雷达为对象,研制频率合成器,待条件成熟后派生不同频段的系列产品。从此,在Ⅱ型舰载三坐标雷达的研制任务中,正式增加了自适应捷变频技术的有关课题。经过六七年的努力,终于研制成以计算机为中心,在软件控制下,适时分析干扰频谱,自适应的快速调整雷达工作频率,并适时修正波束指向和终端参数的反干扰系统。

1983 年 5 月,该型雷达首台样机装舰试用。1985 年,第二套定型样机通过正式考核。1986 年,海军导弹驱逐舰队出访南亚三国,在归国途中遇到十一、二级风浪,舰上装备的该型雷达经受了严峻的考验,设备完好无损。

好了,下面让我们来看看我国海鹰 3D 雷达的主要技术性能。

平时雷达转速为 6 转/分,作战时为 1 转/分,数据更新率为 1 次/2 秒;

对空探测距离 300 公里;

对 2 平方米的目标作用距离 240 公里;

对 0.1 平方米的导弹目标作用距离为 0.9 倍视距;

目标发现概率为 80%,虚报率为 10 的负六次方;

雷达覆盖角度:0-360 度;

雷达覆盖高度:2 万米;

雷达天线重达 3.5 吨,高达 90 千瓦的发射功率(典型的俄罗斯"傻大粗笨"型);

该雷达具有很强的抗干扰能力,但很费电。

我们在看"瓦良格"号上的设备时,可能更感兴趣的是那些大大小小的圆形雷达,它们会是哪些雷达呢? 我们看一下 168 导弹驱逐舰上的雷达就可以大致清楚了。

168 舰在舰体中后部桅杆上装有一个圆球形罩,安装 SR64 对空/对海搜索雷达,该雷达由扬州船用电子仪器研究所(第 723 所)研制。

SR64 雷达工作在 H 波段,采用全相参非线性脉冲压缩技术,负责对海对空警戒搜索。此雷达可以全自动搜索跟踪目标,数据更新率为 1 次/1 秒,对 0.1 平方米、1~3 马赫的掠海导弹发现距离不小于 12 公里。雷达高精度、高可靠度工作，与 730 系统交联，可以全自动的完成防御任务。

该雷达可以满足对海搜索的需要，战时又可为 MP-701"顶板"雷达进行低空补盲，防止遗漏空中目标（特别是中低空目标），而平时完全可以只启动该雷达，进行日常对空对海搜索及航行使用。

"瓦良格"号上面安装了 730 近防火炮，很有可能也会安装 SR64 雷达。中国的舰船雷达设计师在接受采访时这样认为：未来海战水面舰最大的威胁就是如何面对舰对舰导弹的饱和攻击，这就需要确立专门跟踪舰对舰导弹的 730CIWs 雷达体制。由此可见，SR64 部署到新一代水面舰上的主要目的就是要满足快速搜索、跟踪舰对舰导弹的需要。SR64 的数据率为每秒钟一次，可见，具备较高的数据率。此外，SR64 具备了对 0.1 平方米雷达反射面积、速度为 1~3 马赫的舰对舰导弹、空对舰导弹目标实施跟踪的能力，对付反舰导弹的最大探测距离为 1200 米。假设受到 1 马赫超音速反舰导弹的攻击，从 SR64 雷达发现目标到击中己方舰船的时间最多为 35.29 秒。对付射速为 2.5 马赫的超音速反舰导弹，SR64 理论上的最大反应时间为 14 秒。SR64 首先发现来袭导弹之后能够在 3000 米跟踪范围内迅速把目标跟踪任务交给 730 近防炮的制导雷达。该雷达具备多目标跟踪的能力，必要时，它自己也有直接跟踪、指示目标的能力。

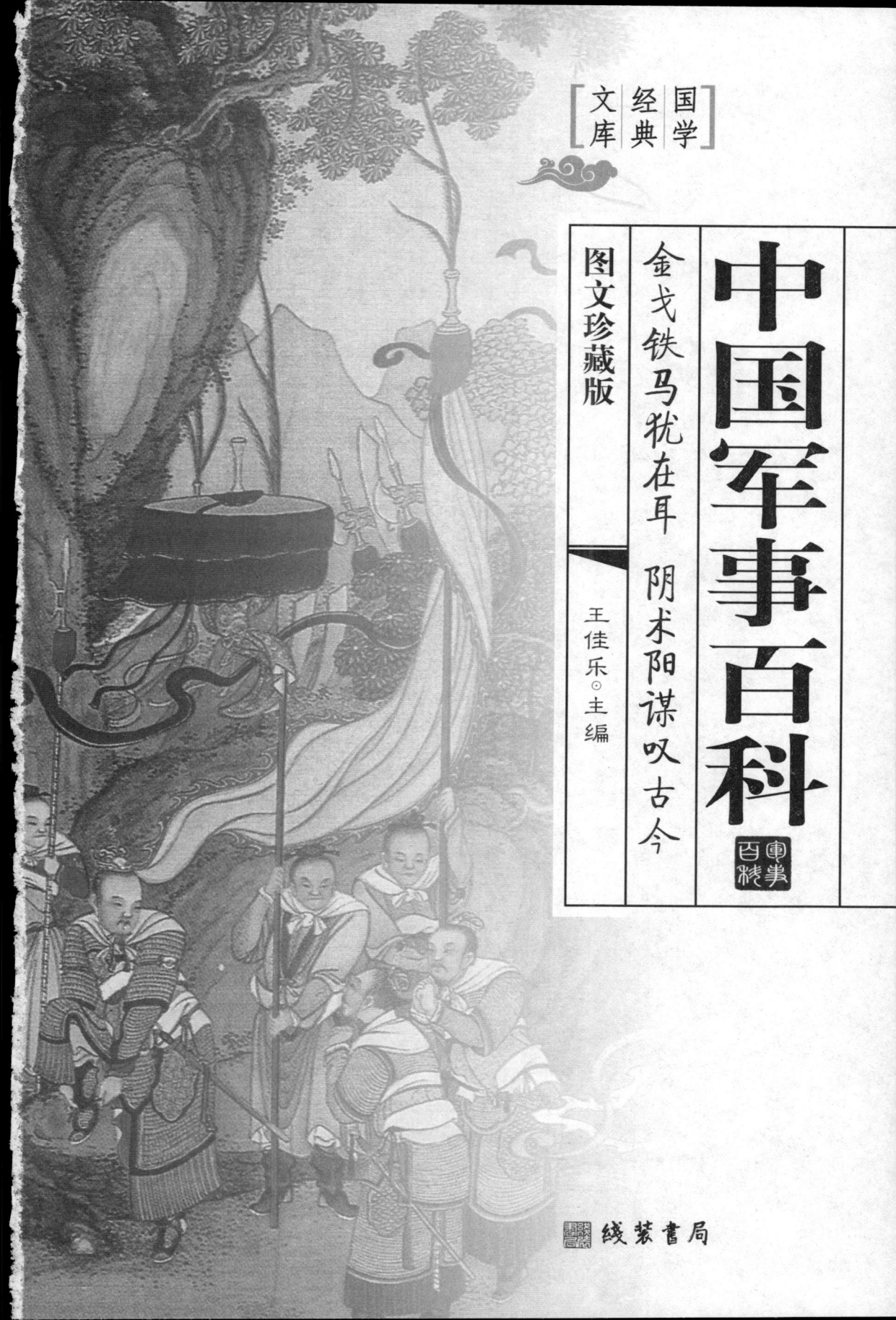

国学经典文库

图文珍藏版

金戈铁马犹在耳　阴术阳谋叹古今

中国军事百科

军事百科

王佳乐⊙主编

线装书局

（三）中国航母舰载机和飞行员训练

航空母舰，顾名思义，就是搭载战斗机的军舰，航母的战斗力主要体现在航母搭载的飞机上。如果航母没有战斗机，它只能是漂浮在海上的一个巨大的挨打的目标而已。

由于舰载机要在极端的航母甲板上起飞，所以飞行环境极为恶劣。舰载机的建造是一个技术难度极大的工作，全世界目前只有美国、俄罗斯、法国和英国等极少数几个国家能够制造出这种高技术的飞机。

其中，美国的F-18系列和F-35是全世界最先机的航母舰载机，俄罗斯的苏-33和米格-29K也是舰载机中佼佼者。其他还有法国的阵风和超级军旗舰载机，英国的"鹞"式垂直短距舰载机。

中国的航母舰载机

1.歼-15的远祖：苏-27的引进

20世纪80年代中期，中国为改变空军装备落后的局面，出资与西方国家合作

"苏-27"航母舰载机

改进现有武器装备。美国为了抗衡苏联，开始打中国牌，中美关系迅速升温。美国向我们出口了"黑鹰"直升机，同时还承诺帮助中国改造我们的歼-8Ⅱ飞机，主要是改造歼-8Ⅱ飞机的航电系统，搜索雷达、火控雷达。这个计划是美国人主动提出来的，当时中美还达成一个协议，美国人起名叫"和平典范"计划。

"和平典范"是中美蜜月期的巅峰之作，双方于1987年签订了向中国出口能改进55架次歼-8Ⅱ的相关设备的合同，总金额高达5.5亿美元。两架歼-8Ⅱ在1989年年初运到美国，由美方人员试飞评估并进行改进。美方试飞力量雄厚，动用了爱德华兹基地"空军飞行试验中心"（Air Force Hight Test Center）6510中队，同时中方约20名技术人员前往纽约长岛格鲁门公司工厂、代顿空军基地进行培训学习。

·军事武器·

图文珍藏版

当时的歼-8Ⅱ航空电子系统落后而缺乏发展潜力,现有雷达无法有效探测低空目标,因此美方主要是为歼-8Ⅱ装备西方80年代水平的火控系统,而在发动机、机动性上没有进行深入改进。

新火控系统的特点为:采用数据传输标准总线技术,从而能够彻底提高航电水平;综合雷达、惯导、大气等传感器,提高探测能力;采用先进显示技术,提高人机工效;建立新的外挂管理技术基础;增强自检测、系统容错能力,提高可靠性和可维护性。具体措施为:把F-16同期型号的火控移植到歼-8Ⅱ上,包括加装AN/APG-66(V)火控雷达、座舱显示系统、1553总线、新型火控计算机等。我国技术人员切实地学习掌握了美方设备和军企人员的先进技术,为后来引进俄罗斯的苏-27打下了坚实的基础。

然而,好景不长。1989年6月,西方国家开始对中国实施"制裁",许多军事合作项目被迫终止。

在这样的国际形势下,中国又开始将目光转向苏联。1989年5月,邓小平与戈尔巴乔夫举行20年来中苏首次高层首脑会晤,实现了中苏关系正常化,冰封30年的中苏关系终于揭开了新的篇章。莫斯科迫切希望改善与北京的关系,戈尔巴乔夫为此送出了一份厚礼——重启中苏军事合作。同样,处于困境中的中国政府,也需要同苏联人进行"第二次握手"。

1989年9月,苏联《红星报》发表了对总参谋长沙波什尼科夫大将的专访,他表示如果中国希望获得米格-29之类的高性能飞机,"苏联政府认为不存在政治障碍"。这番谈话如一声惊雷,在国际政治界、军事界引起轩然大波,外界把他的话看作是中苏全面和解的标志。

苏联为什么一下子从仇视中国变得要和中国改善关系呢?其中的原因还是挺复杂的。据俄罗斯解密档案显示,1989年上半年,在苏共内部激烈讨论的诸多问题中,就包括苏联该不该与中国和解的内容。相当多的苏联领导人认为,被阿富汗战争耗尽气血的苏联已不可能继续单独对抗美国,国际上将出现"美国单一超强"的局面。同时,美国认为它不再需要同中国结成对抗苏联的统一战线,"对华遏制"渐渐成为美国外交政策的主线。苏联政府对国际局势做出的这一判断,成为其推动中苏乃至后来中俄进行军事接触的首要动机。正如俄罗斯前外长普里马科夫所说:"现在轮到我们向美国打'中国牌'了。"

1990年4月,中国与苏联正式签署合作纪要,为恢复两国间的军事联系打开了合作之门。

1990年5月,中国自苏联米里设计局引进米-17军用直升机,开始了中苏冷战之后的苏联对华首次武器出口。

1990年5月31日,由中央军委副主席刘华清率领的高级别代表团访问了莫斯科。这次访问中，双方签署了《会议纪要》，中国购买苏联武器的工作进入程序化谈判阶段。正是在那次会谈中，中国军人了解到除了米格-29战斗机之外，苏联还有更先进的苏-27。

这次访问。其间，苏联空军在机密的库宾卡基地向中国客人现场展示了苏-27战机。苏-27的优越性能让中方大为赞赏，坚定了中方引进苏-27的决心。

苏-27因其性能先进，当时只装备苏联国防空军，即便在苏联国内，也没多少人知道它的存在。正因如此，苏联在最初的谈判中，不愿出售苏-27。但为什么中国还是买到了苏-27呢？

据米高扬设计局总设计师别里雅柯夫回忆，苏联真正希望推销的是米格-29，因为该机航程短，属于战术飞机。但在会谈中途休息和进餐的过程中，那些曾在苏联留学的中方领导人与苏方领导人共同回忆起两国并肩前进的岁月，苏联官员被那段激情燃烧的岁月所感染。在中方代表团即将离开之际，苏方代表突然向中方转达说：苏联政府原则上批准向中国出售苏-27。

苏联向中国出售最先进战机的消息在苏联军队内部引起了极大的纷争。苏联国防部军事监察和总监团顾问、曾任驻越总军事顾问的盖纳吉·奥巴图罗夫大将情绪激动地打电话给新任国防部长德米特里-亚佐夫，质问国防部的领导们是不是已经忘记了阿穆尔河（黑龙江）沿岸的枪炮声！他说的应该是赫赫有名的珍宝岛之战吧。

曾经担任远东军区司令的亚佐夫大将则用毫不逊色的语气提醒自己的同僚，不应该妄图去干涉政治局的决议。两位脾气暴躁的苏联将军在电话里吵成了一锅粥，以至于最后不得不搬出总书记的总军事顾问谢尔盖·阿赫罗梅耶夫元帅从中调停。其实，亚佐夫本人对于克里姆林宫的这一决议都感到有些吃不准，他曾经不止一次地（私下）对阿赫罗梅耶夫元帅抱怨："您能保证中国人以后不会用这些该死的飞机来对付我们吗？"

在做出销售苏-27决定的同时，苏联准备按惯例将卖给中国的苏-27降低技术档次，但是，聪明的中国人却一定要原装货。

1990年11月，中苏双方达成关于购买苏-27战机的双边协议。根据协议，苏-27的SK型单座机由位于阿穆尔河畔的共青城飞机生产联合体生产，UBK型双座飞机由伊尔库茨克航空生产联合公司生产。

1990年12月，中苏双方就苏-27出口事宜进行最后磋商。"会谈是封闭式的，吵吵争争、进进退退"，在谈判的过程中，中国的"酒文化"起到了关键的作用。

苏联当时的空军总司令沙波什尼科夫陪同国防部和军事工业委员会代表团前往北京参加有关出售苏-27飞机的谈判。

苏联人爱喝高度酒，酒宴开始的时候，一个苏联将军对中国人说："如果是点不着的酒就不要端上来了,那不是男子汉该喝的东西。"

苏联人在酒宴上最出风头的一件事就是要求在宴会上端来高烈度的烧酒,然后当着目瞪口呆的主人的面一饮而尽。

中国人拿出了高度茅台酒,宴会中,中方代表团中的一位看上去瘦得像竹竿一样的参谋被指派为酒司令。苏联人开始认为中国人舍不得珍贵的茅台酒,因此才派出这样一位酒司令来糊弄他们。可是谁也没有想到的是,那家伙喝起酒来就好像是在喝水,到最后苏联整个代表团 17 个将军全都是被抬出宴会厅的。

除在酒桌上放倒了苏联人,中国人还送给了这些谈判将军大量礼物,成套的高档水晶工艺制品、精美绝伦的苏州刺绣、崭新的索尼摄像机和一些苏联人叫不上名字的电子产品,代表团的成员们简直乐坏了。

中国人还很会打感情牌,当得知国际军事合作局的弗拉基米尔·伊舒特科将军第一个外孙刚刚满月的消息后,他们在赠送给伊舒特科的礼品中特意安排了一个跟真人一般大小的玩具毛熊,伊舒特科感动得几乎要当场哭出来。

就这样,乐不可支的苏联将军们在接下来的会谈中以几个当事人现在都不好意思承认的价格达成了购买苏-27 的合同。这个价格是多少呢? 每架 2000 万美元的优惠价。

1990 年 12 月 28 日,中国购买 24 架苏-27SK 单座战斗机和苏-27 双座教练机的协定在北京签署。作为苏-27 的首次出口,中国买到的苏-27 在规格上与苏联自用型号一致,同时合同金额的 70% 以易货交易形式支付。

协议签署后,苏联派出苏-27 到中国,于 1991 年 2 月在北京南苑机场进行了精彩展示,其一流的外形设计及超机动性能令在场的中国空军将领叹为观止。

中国方面对引进苏-27 极为重视,空军内部将该项目称为"906 工程"。

独立后的俄罗斯继承了苏联的政治遗产,俄总统叶利钦也承诺继续履行出售苏-27 的义务。1992 年 6 月 27 日,首批 12 架苏-27 战斗机,包括 SK 单座型和 UBK 双座教练型,由俄罗斯后贝加尔军区的吉达机场起飞,经蒙古领空,于当日上午 10 时安全飞抵中国安徽某基地,列装中国空军某王牌歼击航空兵师。11 月 25 日,剩余 12 架也安全抵达。至此,解放军空军进入"苏-27 时代",此时距苏联正式装备苏-27 也仅 7 年。

这批苏-27 是在俄罗斯经济最困难时制造的,由于中国支付的美元货款太过珍贵,俄中央政府便把所有现款接收,而将易货来的罐头、羽绒衣等以"实物工资"的形式支付给工人们。

苏-27 列装中国空军之后,经过测试飞行,中国军方发现苏-27 的性能的确十分先进,甚至连我们正在研制中的新一代歼击战斗机都不能有效对付它。在这种情况下,是否仿制苏-27 的争论便在中国军方与航空制造部门之间展开。军方认为，用苏-27这样高性能的战机替换日益陈旧的机群已迫在眉睫，而自制的新一代战机尚待时日。

而对于航空工业部门来说，他们更感兴趣的是将从苏-27上获得的先进技术用于自行开发的项目，例如用苏-27发动机改装新一代战机，用苏-27的空空导弹加强国产歼-7、歼-8的战斗力，对于仿制苏-27则没有多大兴趣。在这种情况下，中国的最高军事决策层——中央军委做出了以下发展策略：在自行开发新一代主力战机的同时，将仿制或者引进制造苏-27提上日程，保持并提升国家航空科研的实力。

1999年12月3日，中、俄双方又签署了订购苏-27UBK的合同。我国从1992年开始先后引进了一百多架苏-27型战斗机，并获得了利用俄罗斯的零件生产200架苏-27飞机的许可。在这一揽子买卖中，中国花费了200亿美元，让俄罗斯赚得盆满钵满。

中国下定决心要引进苏-27生产线。

1993年8月，中俄开始了第二轮苏-27战机谈判。中国不仅希望购买更多的苏-27，更希望俄罗斯转让技术。但俄方以"维持工厂正常开工及工人工作"为由，要求中国再买48架苏-27，才能讨论技术转让话题。最终，双方商定由俄方提供零部件和技术，帮助中国企业联合生产，同时中国同意再订购更多的苏-27SK成品机。

1995年5月，中俄双方签订了补充协议，引进更为先进的苏-27SMK型机。同时，中方要求俄罗斯把苏-27战斗机的技术转让给中国，由沈阳飞机制造公司自行制造。

1995年12月，中央军委副主席刘华清再次率团访俄。中方坚持要俄方转让生产技术，同时，中方还与俄罗斯签署了第二批24架苏-27采购合同，则同意完全以美元购买。最终，双方基本达成苏-27生产技术转让的共同精神。

1996年4月和7月，第二批共24架苏-27SK抵达中国广东某基地。同年12月，俄副总理波雷纳科夫访华，与中方正式签下引进苏-27生产线的协议。根据合同，中国航空工业第一集团属下的沈阳飞机制造公司在15年时间内制造200架苏-27，其中第一批苏-27的机体全部由阿穆尔河畔共青城飞机生产联合体提供，以后批次的机体逐步过渡到中国自主制造，但俄罗斯仍然提供全部200架飞机所需的发动机、雷达及电子设备、机载武器。

在中俄谈判的开始阶段，俄罗斯方面向中国推荐的型号是单座多用途型苏-27SMK，但中国空军认为，在现代高威胁环境中，飞行员显然难以单独担负危险而复杂的对地攻击任务，双座多用途型才是最佳选择。中国最终选择了自行生产并改进苏-27SK型。

1997 年，中国组装苏-27 工作正式立项，中国制造的苏-27 装备部队后被命名为歼击-11 型战斗机。1999 年 9 月，首批国产歼-11 开始交付部队。

直到今天，西方观察家一直追问，为什么俄罗斯最终同意向中国转让苏-27 生产线？其实道理很简单，因为俄罗斯在苏-27 的基础上研制出了新一代苏-30、苏-35 等战斗机，苏-27 技术已经过时。

另外，俄罗斯在输出苏-27SK 技术时也打算把苏-27 作为长期赚中国的钱的产品。你可能会说，你技术都转让了，我学会了，你还有什么钱可赚？

俄罗斯向中国出售苏-27SK 生产技术可不是什么"中俄友好"，国与国之间只有利益，没有友谊。俄罗斯之所以向中国转让苏-27 的生产技术，主要是为了经济利益。那就是通过苏-27 的技术输出，让中国的战斗机生产沿着俄罗斯的脚步前进，等你生产出苏-27，对不起，我们技术升级了，苏-27 变成了苏-30、苏-34、苏-35，你的技术落后了，你又要跟着我进行技术升级了。升级的配件你要买我的，升级的技术你又要买我的。俄罗斯的如意算盘是先卖产品，卖完产品卖技术，卖完技术再卖改进。这样，让中国的苏-27 生产线永远为俄罗斯的自动提款机。

那么，俄罗斯如意算盘是否能得逞呢？

苏-27 战机首席试飞员伊留申少将说："中国也很聪明，尽管引进的苏-27 生产线对俄罗斯来说有些过时，但对中国却很有价值，中国看重了苏-27 的改良潜力，毕竟苏-30、苏-35 的基础设计都源于苏-27。"

中国引进苏-27SK 的根本目的是提高国内飞机的设计和制造水平，依靠引进的技术缩短我国三代战机的研制周期，引进之后则按照我们自己的技术进行改进。你想再卖升级，没门！

1996 年，中国利用俄罗斯的零件在沈阳建造了名为歼-11 的国产苏-27。

中国引进苏-27SK 的仿制和国产化情况长期处于保密状态。但是，在 2009 年运到中国航空博物馆的一架歼-11 却透露了新的消息。这架飞机刚刚到达时机身粘满了静力试验使用的胶条，可以清楚地确定它是专门进行强度试验的机体。从这架歼-11 上部分成品的俄文标识可以判断它是苏-27SK 的引进型，但单纯的仿制生产事实上并不需要生产静力试验机，这架飞机证明了国内相关单位在对苏-27SK 的结构进行过研究和试验。中国生产这架无法上天的纯粹消耗品，证明国内对苏-27SK 的仿制有着长期系统的计划。另外，静力试验机在完成强度试验任务后往往还要承担其他试验项目。虽然飞机无法升空，但其完整的内部结构可作为金属样机应用，机体可以承担很多成品和部件改进措施的布局模拟平台。中国航空科研系统能够把歼-11 的静力试验机拉来展览，按常识分析可以认为还有其他执行这一任务的静力试验机存在。由此可以判断，国内对苏-27 的结构研究范围非常系统和广泛。

1999 年前后，首批国产化程度很高的战机出厂，改称歼-11。除发动机外，歼-11 几乎全部实现国产化并作局部改进。

既然中国自己能制造出比苏-27 还要先进的歼-11，因此，没有必要继续进口苏联的零件进行组装了。原来合同签署的是俄罗斯提供 200 架飞机的零件，但是，截至 2003 年，俄罗斯为歼-11 提供了 95 架飞机的组装套件，中国军方没有续签剩下的 105 套合同。

俄罗斯所希望的中国会大量引进改进型号或者改进苏-27 需要的设备的采购合同并没有到来，苏-27 在向中国输出了近百套设备后就停滞了下来。中国航空系统依靠自己的力量很快实现了苏-27SK 的国产化，替代俄式航电武器系统和动力装置的产品也逐步走向成熟。中国航空系统不但依靠自己的力量发展出苏-27SK 的改进型，而且还在单座机的基础上自行发展了双座改进型。改型机具备了实现飞行训练和多用途改造的基础条件。俄罗斯人不但难以用苏-27SKM 和苏-35BM 来吸引中国，寄予很大希望的苏-27UBK 和苏-30MKK 项目也成了镜中的风景。

苏-27SK 虽然先进，但是还存在很大不足。苏-27SK 在结构材料基本使用钛合金，几乎没有应用复合材料这样的先进航空材料。常规材料和结构工艺的采用导致苏-27SK 的结构重量相对较大，原始设计上较大的结构重量明显影响了先进气动布局的优势，造成推重比不够，让战机缺乏足够的能量以应付多场空战和快速进出战场。

此外，苏-27SK 的航电系统落后，具有苏式产品"傻大笨粗"的特点，无法让飞行员快速、有效地掌握战场态势信息。

针对苏-27 的不足，歼-11 对苏-27 做了如下改进。

一是改进了电子系统。歼-11 采用了全玻璃化座舱，其综合航电系统以任务计算机为核心，通过数据总线将火控雷达、惯导、GPS、外挂管理、大气数据计算机等有机交联。座舱显示采用全玻璃化座舱和 HOTAS 技术，其玻璃化座舱包括一个广角宽视的衍射平显和多块大屏幕彩色多功能显示器。对于座舱空间有限的战斗机来说，彩色多功能显示器可以用不同色彩来显示更多信息，或者通过不同信息的叠加形成立体的战场图像，如将战术信息叠加到数字地图上面，形成完整的战场态势信息。更重要的是，歼-11 可以通过高速数据链同预警机或者地面指挥所相连，通过后者得到实时的战术信息，对战场态势进行及时更新。通过数据链，预警机可以根据掌握的战场信息，对作战资源进行合理调配，从而形成兵力的最佳配置。

歼-11 另一个重要的改进，就是用国产 WS-10A"太行"涡扇发动机替代了原来的 AL-31F 发动机。其推力由原来的 125 千牛提高到 132 千牛。与此同时，歼-11 提高了复合材料使用的比例，从而降低了机身的重量。与苏-27SK 相比，歼-11 的推力增加、重量下降,从能量机动角度来说,其爬升、加速、稳盘等性能都有了提高;同时,飞机的有效载荷从 S 型的 4000 公斤增加到 8000 公斤。

由于发动机的改进,歼-11 的起降距离比苏-27SK 有所降低,这样就可以从更短的机场跑道起飞,提高了该机部署的灵活性,特别是其具备更好的高温、高原的作战性能。在机场跑道部分被毁的情况下,该机仍旧能升空作战。加速性能好意味着飞行员可以更好利用能量战术,即通过迅速减速让对方冲前然后加速追上对方发动攻击。同时,良好的加速性能还提高了飞机的拦击能力,可以迅速外推拦击线,这无论对于国土防空作战还是护航作战来说,都具有重要的现实意义。

此外,歼-11 还增强了空中受油能力,增挂了副油箱。空中加油管装在机身左侧,不用时可以收放以减少飞行阻力。机翼下 3 号和 4 号挂架可各挂一个 2000 升副油箱。机翼内油箱容积也稍加大,油量增至 9965 公斤。这样,即使不进行空中加油,带副油箱飞行(用完后投掉),航程可达 4390 公里,这个距离相当于从北京直飞新加坡。如只进行一次空中加油,可飞行 5200 公里。最长留空时间约 7 小时。

通过上述改进,飞机的作战效能有了很大提高,由于可使用空对地导弹,对点状目标的作战效能提高了 23 倍。

毫无疑问,歼-11 是当时我国较为先进的战机。但随着国内外航空科技的发展,尤其是 20 世纪 90 年代电子科技的迅猛发展,歼-11 的性能渐渐跟不上时代,于是沈飞适时决定停止生产歼-11。

在歼-11 的基础上,我国科研人员经多年努力再一次自主研发出了国内最新的歼-11B 重型战斗机。

歼-11B 与歼-11 虽然在外形上并没有很大区别,但它的"五脏六腑"已经有了很大改变。除外形气动与歼-11 相同外,它所使用的电子设备都是我国自主开发研制的。它的雷达系统、火控系统、航电系统都有了脱胎换骨的改造,其机身使用复合材料,在隐身、机体寿命等方面都有大幅改进和创新。

歼-11B 使用了目前中国最先进的综合化航电火控系统,其核心是中国国产新型数字化 1471 多功能大型机载火控雷达系统。该雷达系统是目前中国空军最先进的战斗机用大型机载脉冲多普勒火控雷达,对空目标最大探测距离达到 350 公里,可以同时跟踪 20 个目标并引导主动雷达制导超视距空空导弹攻击其中威胁最大的 6 个目标,可以有效滤除杂波干扰探测低空—超低空飞行的小型目标,对 5 平方米的空中目标的迎头搜索距离为 150 公里,而且具备强大的抗干扰能力。同时,1471 雷达融合了合成孔径功能,具备良好的对地(海)面探测能力,对地(海)面探测距离达 120 公里。歼-11B 的机载雷达是目前中国国内最先进的战斗机机载雷达系统,其寿命和可靠性、可维护性是国内机载雷达中最好的,已经达到国际机载多普勒机械扫描雷达的最高水平。而且该雷达采用了模块化设计,具备今后在已有雷达基础上直接升级为数字式电扫描有源相控阵雷达的条件。

歼-11B使用了中国目前最先进的国产全权限数字式三轴四余度电传飞控系统,性能比原型苏-27使用的俄制模拟式电传飞控系统在技术上领先一代,同样达到了国际先进水平,极大地提高了歼-11B的操作灵活性和机动性。

歼-11B装载了世界先进水平的玻璃化座舱,以减少飞行员的疲劳度。俄罗斯原来的苏-27SK战斗机缺乏视屏化的作战系统,大量采用老式仪表系统,机舱内仪表林立,让人眼花缭乱。而歼-11B则借鉴了西方战机的先进设计,采用大屏幕显示器,安装了3块彩色显示器。据悉这种显示器,是中国与乌克兰公司联合制造生产,整个座舱内只有极少数作为备份用的仪表。

同时,歼-11B还装备有国产新型综合导航系统和国产最新型头盔瞄准显示系统。歼-11B的新型头盔瞄准显示系统不但具备以往头盔瞄准具的搜索—瞄准功能,还可以将战机探测系统如机载雷达和红外光电前视探测等形成的图像直接显示在头盔显示器上。这比以往单纯的头盔瞄准具要先进得多,可以大幅减轻飞行员的操作负担。歼-11B的所有火控探测系统、航电系统和机载自卫/电子战系统都通过国产新型1553B数据总线,与新型大容量高速智能化中央计算机交联,构成整体开放式航电网络系统。

同时,歼-11B的机体结构也比原型苏-27SK有很大改善。由于大量使用国产最新型环氧树脂基复合材料、碳纤维复合材料和钛合金。通过大量采用新的复合材料,J-11B机体结构得到加强并已经过风洞试验,改型后的飞机比原来的苏-27SK战机机体寿命增加了1万小时,机体空重又减少了大约700公斤。这样一方面可以增加载油量提高航程和作战半径。另一方面为将来发展为海军航母的舰载机打下了坚实的基础。

歼-11B大量使用了国产最新型复合材料并喷涂了国产雷达吸波涂料,对一些反射雷达波反射面积较大的地方进行了技术处理,如对机腹进气道加装了屏蔽罩,在进气道内亦有雷达吸波涂料,因此其隐身性比原型苏-27有很大提高。其雷达反射面积从苏-27的15平方米降低到大约5平方米,甚至3平方米,其特征要小于一架起飞重量为8吨的轻型飞机,极大地增加了歼-11B的生存指数。

歼-11B停止采购被俄罗斯当成命脉的发动机,动力系统由俄制AL-31换装为两台国产WS-10A"太行"大推力涡轮风扇发动机。"太行"于2006年设计定型,2008年在珠海航展首次公开亮相。"太行"最大加力推力13200牛顿,推重比为7.5,涵道比为0.8,因此在耗油率上比AL-31F低。这种设计方式,使歼-11系列和未来的歼-10系列,在动力系统上实现了通用化,这样非常有利于后勤保障维护。歼-11B使用机内燃油的最大航程约4000公里,最大平飞速度2.35马赫,升限18000米,最大载弹量7吨。不过,俄罗斯的专家说,中国制造的"山寨"苏-27发

·军事武器·

图文珍藏版

动机会在工作 30 小时后停转,而俄罗斯的发动机在 400 小时后才需要整修。

2007 年春,美国参谋长联席会主席佩斯参观歼-11B 型后,其性能细节开始曝光,虽然该机气动外形与苏-27 相同,但内载电子设备和所用材料已大有过之,俄方试飞员飞过后也感叹"这完全是一种新的飞机"。

据英国《简氏防务周刊》报道,由于航电设备换成了国产的标准装备,歼-11 可使用种类齐全的国产精确制导武器,对地攻击能力也大为增强,超过了俄罗斯苏-27 家族中最新改进的型号。对此,西方和俄罗斯航空界都感叹,中国在仿制苏-27 重型战机的基础上突进创新,又实现了航空技术的一大跃升。

2009 年 10 月 1 日 11 时 17 分,12 架歼-11B 重型战斗机作为空中第八梯队挂弹飞越天安门广场上空。这是中国国庆 60 周年阅兵式上的一幕,也是歼-11B 首次在国庆受阅期间公开亮相。

在仿制出歼-11B 之后,中国正尝试把歼-11B 改为航母上的舰载飞机。

2.中国自行研制舰载机的历程

关于中国航母舰载机的改造问题,中国军方一直在探索多种途径。

2005 年,海军选择舰载战斗机的时候,成都飞机公司曾提出在歼-10 的基础上将其改造成双发战斗机,作为中国未来航母舰载机。

歼-10 是我国最先进的一种具有三代战机水平的先进战斗机。

研制歼-10 的"十号工程"在 1984 年正式立项,由成都飞机制造(集团)公司具体负责。

据说,当时对新歼击机的研制,上级提出了三个事关全局的大目标:"研制一架满足战技要求的飞机;造就一支高素质、高技术、跨世纪的航空科技队伍;建立一个具有研制先进歼击机能力的航空科研基地。"

这三个目标是要为部队提供第一种国产三代战斗机,歼-10 把目标瞄准了当时最成功的第三代战斗机之———F-16 的设计。

但是,当时我国无法解决数字线传三轴静不安定控制、翼身融合、大推力涡扇发动机这些三代战斗机的主要技术特征,想自力更生完成研制三代机的计划,几乎是不可能的事情。

当时的中国与西方国家正处于蜜月期,种种军事合作正如火如荼地进行,中国经过种种沟通谈判,以色列同意将"狮"(Lavi)式战斗机的设计详细资料提供给中国,作为新型战斗机的蓝本。

中国在 20 世纪 70 年代开始了对鸭式气动布局进行了十余年的发展研究,对鸭式飞机的气动布局设计有了比较直观的认识。在 70 年代末期和 80 年代开始大量学习和引进美、欧等多个国家的先进航空技术,为多用途战斗机研制制定了"兼收并蓄、洋为中用"的发展思想,在主体上坚持引研结合、以我为主的发展路线。

独立研制在任何情况下都不等于闭门造车,如果将研制先进战斗机所需要的技术全部自行开发,完全依靠本身的力量来弥补与国外存在的差距是十分困难的。在歼-10多用途战斗机型号设计过程中吸收部分国外已经开发的技术与自行开发的技术进行综合,是一个高发展效率和高效费比的设计途径。

同时,我国从巴基斯坦得到了F-16战斗机、多种米格系列战斗机等,从而对其进行了详尽的研究和试飞,对于研制也有一定推动作用。成飞1988年10月在确立以以色列的"狮"式战斗机为蓝本后,研制转入全面研制阶段。在此之前,成飞在中国航空工业界的地位和实力远不如沈飞,但由于沈飞有歼-8系列在手,因此新的歼击机的研制任务自然给了成飞。

当时以色列的"狮"式战斗机,是以色列以F-16为蓝本设计出来的一款轻型战斗机。F-16是第三代战斗机中极为优秀的一种轻型多用途战斗机,80年代,美空军雷鸟飞行队的F-16在北京南苑机场进行了精彩表演,中国空军指战员深深地为之震撼。而"狮"式战斗机是以色列以F-16为基础的重大改进型号,绝对优于F-16。其三角翼加鸭翼的气动布局,使得"狮"式战斗机的机动性远优于采用大边条的F-16。为减轻重量和增强隐身能力,"狮"式战斗机机身采用22%的复合材料。机身空重5900公斤,最大起飞重量18400公斤,载弹量达7200公斤,而F-16A最大载弹量为6500公斤左右。"狮"式战斗机采用四余度数字电传飞行控制系统,电子系统相当先进。

"狮"式战斗机项目开始于1980年2月。它主要执行近距离空中支援和战场遮断任务,其次是空中防御。

第一架"狮"式战斗机于1986年12月31日首飞,飞机的操纵性非常优秀,具有高度的着陆抗侧风稳定性。第二架原型机于1987年3月30日试飞成功。

不幸的是,1987年8月30日,"狮"式战斗机项目被取消。

1983年,美国政府拒绝提供许多重要设备(例如机翼)的出口许可,美国政府并不打算提供资金和技术给一个可能威胁到F-16C/D和F/A-18C/D出口市场的战斗机项目。

1985年春天,以色列经济萧条,"狮"式战斗机项目最终被取消了。

一位国际飞行杂志的编辑试飞了"狮"式战斗机,他在1991年沙漠风暴期间写道:"现在,当联军在海湾作战的时候,他们却没有他们真正需要的飞机,我所知道世界上最好的飞机并未成军,这是多么可耻的事呀。"

"狮"式战斗机在以色列夭折了,于是,中国军方开始引进这款战机的技术。

我国在多用途战斗机的研制航空技术上受到了国外长期的技术封锁和国内科研和生产基础薄弱的影响,导致航空技术发展速度远远落后于国外先进水平。如果按部就班地发展,与国外先进技术之间的差距将会不断拉大。在这种情况下,闭门造车是绝对不行的。通过引进技术来促进国内航空技术的发展是当时唯一的、也是最合理的选择。以色列虽然在整机设计能力上存在不足，但是以色列具有在长期战争中取得的宝贵经验，并且长时间内一直操控着世界上最先进的战斗机，对于现代空战的战术和技术发展有着直观和清楚的认识。

要在短时间内缩短与国外先进技术水平之间存在的差距，需要的是技术跨越而不是保守的技术跟随。在国内航空技术发展水平不足的条件下，通过引进技术和设计思想作为参考来促进国内相应技术的综合发展是最好的选择。

要说到中以军事交流，那还真是历史悠久。

1975 年，由航空工业部与航天工业部联合组成的中国代表团参观法国巴黎航展，中国代表罕见地造访了以色列飞机工业公司的展位，和以方人员进行了交流，IAI 还向中方赠送了一些技术资料。

如果说这一孤立事件还不算中以正式军事接触的话，那么 1979 年爆发的中越边境战争则成为中国对以政策的转折点。在这场惨烈的战争中，中国领导人意识到自身装备水平严重落后，必须吸收外来技术弥补。此后，在定居香港的犹太商人绍尔·艾森伯的格引见下，以色列开始经第三国向中国出售非致命性装备，头一笔生意是以色列塔迪兰公司向中国出售北约规格的 5 号碱性电池，用于解放军少量进口的北约制式无线电设备。

经秘密安排，1979 年夏，一个以色列军品公司代表团访问北京，成员包括以色列飞机工业公司总经理加布里埃尔·吉德尔、战斗机设计师 Y.斯派克特等。尽管这次访问的具体内容没有公开，但之后关于中以军品贸易的消息便不断出现在欧美媒体上。1983 年 7 月，法国《法兰西周刊》称，约有 200 名以色列顾问在中国工作，协助中国改造老旧的苏式武器。

以色列希望通过军品贸易影响中国的中东政策，为两国建交打下信任基础。

20 世纪 80 年代，中以军贸大多以间接形式完成，双方利用国际展会洽谈，然后经第三国完成交易。新加坡拉惹勒南大学教授理查德·比青格称，以色列专注于提供中国暂时无法生产的武器，如当时很时兴的激光制导炮弹、电子火控系统、夜视仪、反坦克导弹等。1984 年 10 月 1 日，中国在北京举行国庆 35 周年阅兵，新亮相的 79 式主战坦克被认为采用了以色列 IMI 公司研制的 105 毫米线膛炮，在对抗苏联坦克时拥有射程和威力上的优势。

1987 年，中以之间的最大一笔军贸拉开序幕，一个以色列小型代表团访华，向中国空军推销怪蛇-3 空对空格斗导弹，该弹曾在 1982 年的贝卡谷地空战中崭露头角，击落了至少 50 架叙利亚的苏制战机。当年底，双方达成技术转让协议，中国除购买数百枚导弹成品外，还在以色列飞机工业公司的帮助下发展本国新一代空空导弹。据英国《空中力量》杂志分析，从 1991 年开始，中国版"怪蛇"——霹雳-8

导弹交付部队,其年产量高达600枚以上,迄今仍是中国空军的骨干装备。

时间进入90年代,随着中以建交和双边军事交流走向公开,以色列在对华军售方面的积极性也大为提高,特别是由于美欧退出中国军品市场,以方的竞争对手只剩下俄罗斯。

由于以色列飞机工业公司向中国提供了"狮"式战斗机的部分技术,对中国歼-10战机的研制起到了一定的促进作用。歼-10已于2004年投产,是一种能与西方现役战机相抗衡的先进战机,不少西方军事评论家都说歼-10身上"沾着狮毛"。

以色列出售给中国的武器设备基本上没有附加政治条件,而且大多可以引进工艺技术利于国内进行仿制。我国从以色列引进的装备大都是以色列军队现役的先进装备,比如"蛇"-3导弹和105毫米坦克炮等。以色列的航空技术相当发达,虽然以色列本国缺乏整机的设计生产能力,但是以色列在机载雷达、电子和飞行控制系统的设计上具有非常高的水平,而这些技术恰恰是中国航空工业的科研和生产单位所欠缺的。

"歼-10"战斗机

歼-10成功研制之后,2008年5月21日,《简氏防务周刊》刊发文章说,《简氏》采访了几名俄罗斯高级工程师、飞机设计师和技术专家,这些人过去曾经在中国工作过几十年,他们了解有关中国军机项目的一手资料,包括飞机的外形设计、性能模型和风洞试验等情况。这些人向《简氏》回顾了20世纪80年代他们在中国成都飞机工业公司(成飞)的一些情况。这些工程师透露说,成飞的高级官员曾告诉他们,成飞曾获得一架"狮"式战斗机原型机,这在成飞是"每个人都已经知道"的事情。另外,成飞曾经从巴基斯坦空军获得一架F-16战斗机,用来研究以推动发展歼-10项目。

对于俄罗斯工程师的说法,以色列航空工业公司官员拒绝做出评论。

中国和以色列方面的官员驳斥了"狮"式战斗机和歼-10存在联系的说法。

此外,《华盛顿时报》的一个专栏引述美国国防部情报官员的话指出,中国新的歼-10战斗机是由以色列协助制造,并且是由美国赞助、早在1987年取消的

"狮"式战斗机计划工程师所协助。

美国国际评估策略中心的中国军事专家费舍尔说,歼-10战斗机和"狮"式战斗机计划的合作,证实了美国有必要持续警觉,防止以色列或任何其他盟友向中国出售军事技术。

费舍尔认为,以色列应充分披露与中国军事合作的程度。他说:"这对以色列和美国人民来说是个悲剧,因为中国有很高的机会将歼-10战机售予伊朗。"

受歼-10项目的推动,中以两国军事合作向更高层次发展。1997年,以色列飞机工业公司宣布将向中国出售性能超过美国E-3A的"费尔康"预警机。从那时起,美国便不断向以色列施加压力。1999年11月,美国国会和政府均表达反对立场,以色列总理巴拉克被迫在2000年7月的美以首脑会谈上宣布取消该项目,并向中国支付3.5亿美元赔偿金。

在"费尔康事件"后,美国逐步增大了对以压力,要求以色列停止向中国出售一切进攻性武器。2000年底,美以联合成立专门负责评估对华军品出口情况的委员会,该委员会不仅破坏了以色列为中国升级"哈比"反雷达无人机的业务,还阻挠了以色列飞机工业公司向中国出售AMOS小型通信卫星的计划,一度导致以色列飞机工业公司在华业务全面萎缩。不过2003年12月以后,以色列与中国重新建立与反恐相关的军事技术联系,正常的军贸关系一直延续至今。

美国前国防部长拉姆斯菲尔德曾在2005年因忧心以色列与中国的军事合作而大幅限制美国与以色列的军事科技共享。

在歼-10多用途战斗机研制初期与以色列之间良好的国防技术交流和相似的气动设计,使"狮"式战斗机成了歼-10多用途战斗机设计参考的主要对象之一。"狮"式战斗机在机载设备和航空电子综合设计方面,对多用途战斗机设计的意义尤显重要。

现代化的鸭式气动布局飞机的发展必须建立在先进的电传操纵系统和放宽静安定性设计的前提之下,只有在新机设计中采用最先进的技术才可以保证新机能够适应现代化战争的需要。在歼-10多用途战斗机研制之初,国内在这些方面的技术几乎是空白,与以色列在"狮"式战斗机上采用的技术存在超过20年的差距。在国内相应技术发展存在困难的情况下,参考以色列在航空电子技术和先进飞行控制技术方面的先进技术,从根本上弥补了与国外的差距,为未来的超越发展打下坚实的技术基础。

虽然歼-10多用途战斗机和"狮"式战斗机这两种飞机的翼型形不同,但却采用了相同的翼型剖面设计原理。歼-10多用途战斗机采用了和"狮"式战斗机类似的机翼前缘半展长的襟翼设计,机翼同样是由多个带固定扭转的剖面组合而成的复杂的翼型,虽然歼-8双发战斗机上就已经开始使用带前缘扭转结构的机翼,但是歼-8 战斗机在机翼结构设计技术水平上仍然比较简单和原始。新型多用途战斗机在机翼设计中采用固定扭转和前缘襟翼组合而成,适应亚、超音速全范围使用的机翼设计思想,与"狮"式战斗机的机翼设计在基础思想方面基本相同。

由于以色列空军采用 F-15 战斗机来进行防空拦截作战,"狮"式战斗机的防空拦截能力并不是飞机设计的重点。"狮"式战斗机在设计中主要强调了近距离格斗空战和低空突防对地攻击作战的能力。"狮"式战斗机的设计实际上是按照战斗轰炸机的思想来发展的,而歼-10 多用途战斗机以制空和拦截为主要任务要求,要求飞机具有很强的超音速飞行性能。歼-10 多用途战斗机虽然被称为多用途战斗机,但只是在保证空中优势的条件下兼顾了一定的对地攻击能力,和"狮"式战斗机以对地攻击为主的任务定位存在明显的差别。

歼-10 多用途战斗机与"狮"式战斗机在设计上所要求的技术侧重点不同,"狮"式战斗机的技术并不能直接应用到该型飞机的设计中,除了融合"狮"式战斗机的技术之外,F-16 和幻影-2000 等西方战斗机的技术和经验在飞机的设计之中也得到了比较明显的体现。歼-10 在设计过程中参照了西方三代和三代半先进战斗机的改进和设计,吸收了有用的思想和技术来完善多用途战斗机的气动设计,这使得歼-10 在气动设计方面就与"狮"式战斗机存在明显的区别。20 世纪 90 年代开始与俄罗斯的军事技术交流和引进的俄罗斯先进战斗机,使歼-10 战斗机在自行发展技术和吸收西方航空技术的基础上,进一步参考了俄罗斯先进战斗机设计的优点,从俄罗斯引进的先进航空动力系统为多用途战斗机的设计发展扫清了最后一个障碍。

可以说,歼-10 多用途战斗机是在本国长期技术积累的基础上大量吸收东、西方先进经验和技术的成果。

歼-10 多用途战斗机为了提高飞行性能采用了增大面积的三角机翼来提高飞机的整体升力性能,增加的机翼面积使歼-10 战斗机在重量标准上超过"狮"式战斗机的条件下降低了飞机的单位机翼面积载荷,提高了飞机的运动性能和中、高空机动性能。

歼-10 多用途战斗机对超音速飞行性能的要求使歼-10 采用了可调节进气道,以适应高速飞行的需求。通过进气道调节斜板在不同飞行条件下对进气道的调节,可以提高总压恢复系数,增加飞机在超音速时的动力性能,这是具有拦截作战能力的战斗机在设计上必须满足的要求。

另外,采用可调节进气道和接近正圆形的机头可以削弱鸭式气动布局飞机大迎角飞行时容易出现的上仰力矩,降低飞机配平的难度和增加纵向稳定性。

歼-10 的进气道内部管道具有一个双弯度的设计特点,使得正面入射雷达波不容易直接照射到发动机风扇叶片,削弱了飞机在正迎头的一个强雷达波反射源,在一定程度上起到了缩减飞机正面雷达反射面积的效果。

歼-10多用途战斗机的发展经过了近20年的时间终于完成，通过对引进技术与国内技术发展的综合，国内的航空设计和生产单位已经学习并且掌握了先进气动布局设计、数字式电传操纵系统、综合航空电子系统、计算机辅助设计和制造等方面的技术，走完了现代化先进战斗机发展的整个过程。

2005年，新闻记者出身的著名中国问题专家理查德·费舍尔在《中国航母雄心的转折点》一文中声称，中国有意要购买AL-31FN型推力矢量发动机，用于改进正在中国国内生产的歼-10战斗机。他推测，中国此举的目的是改进歼-10战机用于航空母舰舰载机。因为推力矢量发动机会允许用于较低降落速度，而且也会较迅速地在接地后复飞。

2008年底，美国海军作战学院的安德鲁·艾里克和安德鲁·威尔逊两位教授也说，中国可能会购买俄制AL-31FN型推力矢量发动机，这样更有利于歼-10战斗机从滑跃式飞行甲板起飞，并且在着舰时还能减小飞机的着舰速度。

早在2004年，成都飞机公司已经开始着手研制歼-10战斗机的舰载型，歼-10和歼-10A战机已经参加了很多测试。在这些测试中，它们都加装了特殊的航母舰载机设备，如从乌克兰购买的整套尾钩设备。

要作为舰载机，歼-10的前起落架的强度必须加强，因为舰载机在着舰时，前起落架必须承受很大的冲击力。而歼-10采用腹部进气道，腹部进气具有发动机进气效率高、大迎角机动性能好、迫降时比较安全等优点，但是，腹部进气道是个空腔，下唇很薄，受力后容易变形，而前起落架位于进气道下方，并未与机身承力构件相连。飞机在航母上起飞时，空腔要承受4~5个G的弹射压力，而飞机在着舰的时候，进气道又要承受舰载机"砸向地面"的巨大冲击力，在这样大的冲击力下，空腔结构根本无法承受。而要加强空腔的承受力，飞机的机身结构要做大的改动。当年美国海军之所以没有选择起降性能更好的F-16作为舰载机，而是选择了F-18作为舰载机，就是因为F-16的进气道结构强度不足。英国海军没有选择自己研制的采用腹部进气的"台风"战斗机作为舰载机，也是出于同样原因。因此，歼-10的舰载改进型恐怕难以承受着舰时的冲击力。

此外，采用腹部进气的结构，不便于在机身上安装登机梯，而要采用专门的等级梯。这样，就给航母上的地勤人员增加了工作负担。同时，滑动的登机梯也会占用航母甲板的空间，甚至会危及甲板上飞机的安全。

歼-10虽然属于第三代战机，但歼-10是只有一个发动机的轻型飞机，单引擎飞机无法胜任舰载机角色。真正的舰载机应该拥有双引擎，以提高其安全可靠性。单引擎战机只适于在距离海岸或者战舰不远的范围内执行突击任务。作为航母舰载机，一个发动机显然在安全性上不足以提供保障，因此歼-10舰载型不得不改用双发设计。但是，单发改成双发，不是给飞机增加一台发动机这么简单，飞机的设计基本上要重来，而且增加的性能未必达到原来的设计标准。

此外，歼-10采用鸭式布局，鸭式布局要求飞机在降落的时候，迎角要远远大于8度的基本要求，飞行员在降落的时候，基本上是看不到地面的，因此，采用鸭式布局的飞机在航母上降落的时候，面临极大的危险。

从单发到双发，加上改进起落架，这意味着歼-10的设计方案几乎要推倒重来。考虑到航母舰载机的采购量有限，重新设计建造歼-10无疑是一件得不偿失的事情，中国海军为此放弃了把歼-10改为舰载机的打算。

在放弃改型歼-10之后，中国海军打算购买国外的舰载机。

由于无法从美国和欧洲购买舰载机，因此，中国只能把目光转向俄罗斯。

俄罗斯有三种舰载机，一种是垂直起降雅克-141战斗机，这种垂直起降的战斗机多用在轻型航母上，中国需要的是大航母，因此，雅克-141便被排除在外。另外，苏-33同期的米格-29K舰载机在苏联解体后便停止发展，直到2004年米格集团重启生产线，专为印度海军制造升级版米格-29K，中国对此不感兴趣。于是，苏-33就成了唯一的选择。

2006年珠海航展期间，俄罗斯代表团说，中国对苏-33兴趣浓厚。中国最初只有意购买两架战机，后来又将这一数字提高到14架——分两次采购，每次采购7架。

中国军方的打算是首先进口两架飞机，对飞机性能、技术指标等进行评价，然后再购买12架飞机，并开始正式训练飞行员，最后才会将数量增加到50架。

俄世界武器贸易分析中心说，北京曾和俄罗斯就采购苏-33问题进行过谈判，最初谈的是采购两架苏-33以评估其飞行技术性能，俄罗斯对这种方案不满。之后，中国建议俄罗斯出售一批12~14架苏-33，但是莫斯科认为这一方案同样不可接受，因为从经济上看，在这种数量不大的订单条件下启动苏-33生产线不划算，而且俄方还担心技术泄露，因为中国在仿制俄制武器装备样品方面拥有独一无二的技术。科罗特琴科指出，苏霍伊公司最后的提议是向中国供应首批12~14架标准配置的苏-33飞机，用于中国海军航空兵大队的教学和训练飞行，另外再供应36架完善型飞机。结果遭到拒绝，双方谈判随即陷入僵局，于是此事就不了了之了。

当2008年中国与俄罗斯重启武器谈判之后，中国发现，俄罗斯从一开始就态度强硬。第一，它不许可中国在中国境内生产俄罗斯的战斗机，并且俄罗斯表示，中国至少要买48架苏-35飞机，他们才愿意与中国签合同。这样才能保证在中国的工程师造出"山寨"飞机之前，俄罗斯的公司能够挣到足够的利润。俄罗斯还宣布，S-400防空系统将优先向俄罗斯军队出售，中国只能排队等候。

两次出使北京的俄罗斯前大使 Vladimir Potlyakov 说："我们也吃一堑长一

智了。"

俄罗斯知道，如果中国批量购买俄罗斯的苏-33，能使中国第一批航空母舰下水后马上形成战斗力，否则就会造成有枪无弹的困境，也是俄罗斯在军售方面压制中国的一个筹码。

在购买苏-33受挫之后，中国军方开始了自我研发舰载机的进程。

中国一直有仿制俄罗斯武器的传统，中国的战斗机几乎全是仿制的，比如歼-6、歼-7、轰-6、运-5、运-7和运-8分别仿制了米格-19、米格-21、图-16、安-2、安-24和安-12，歼-11则是苏-27SK的类似品。

中国虽然创新能力不强，但是"山寨"水平超一流，在苏-27基础上改进研制而成的歼-11B重型战斗机，在电子仪器、结构材料上都超过了原型战机。中国的航母舰载机就是在苏-11B战斗机的基础上改进而成的。

在世界主要国家中，基本上都是一种机型生产出空军和海军两种型号。比如俄罗斯在空军飞机苏-27的基础上，开发出来了苏-33舰载机。美国的F-35战斗机也是如此。F-35战斗机分为的常规起降型（F-35A），短距起飞垂直降落型（F-35B），弹射起飞拦阻着舰型（F-35C）。

要解决歼-11B的着舰问题，必须解决机翼折叠、结构加固、重量减轻等方面的技术难题，最好的办法是买一架舰载机回来自己研究。但是，能够生产出舰载机的国家都不卖给我们，问题就严重了，靠中国人自力更生，可不是一朝一夕的功夫。

在困难的时候，我们又想到了乌克兰。当年苏联解体的时候，成功研制出来的舰载机苏-33的原型机T-10K的第三号样机留在了乌克兰，这架原型机，乌克兰没有用，但是对中国非常重要。中国政府在2005年用重金成功地把T-10K-3试验机采购回来，从而掌握了一直困扰中国的折叠机翼制造技术。

沈阳飞机公司根据已经制造的歼-11B战斗机，并结合T-10K-3的样机，成功地研制出了中国新一代舰载机——歼-15。

经过近4年的艰苦探索，沈阳飞机公司在2009年完成了第一架歼-15原型机的生产。澳大利亚空中力量杂志博客网站于2010年2月17日发表题为《中国秘密的隐形战斗机部队》的文章，称中国的歼-15战斗机于2009年8月31日成功地进行了首次试飞。

和这个消息相互印证的是中国官方有这样一则消息。

2009年8月6日下午2时30分，中航工业副总经理耿汝光、项目办主任吕杰一行在强度所所长孙侠生、副所长兼总师强宝平、党委副书记孟凡君等有关人员的陪同下，来到该所耀州试验基地，就某型飞机首飞前全机静力试验情况进行现场检查指导。耿副总一行首先听取了强度所所长孙侠生关于某型舰载型飞机全机静力试验情况的工作汇报，所长孙侠生、副所长兼总师强宝平详细地回答了有关问题。

接着,耿副总一行在孙所长等陪同下来到试验现场,观看了某型飞机首飞前最后一项全机静力试验全过程。当试验成功后,耿副总一行向三方参试人员表示祝贺并和参试人员合影留念。

消息中的"某型舰载型飞机",就是大家热盼的歼-15。其中"就某型飞机首飞前全机静力试验情况进行现场检查指导"这句话,说明歼-15应该就在当时不久后首飞。

同时,2009年8月28日,《中国航空报》刊登了标题为《为了那份庄严承诺——中航工业沈飞某重点型号攻坚纪实》的纪实文学。

文章说,该机型于2008年初图纸设计结束,全面进入实质性研制生产阶段。同年5月6日,中航工业沈飞召开"某工程动员会暨军民机科研生产任务军令状签订大会",公司总经理罗阳与公司26家基层单位签订了全面完成今年军民机研制任务军令状。7月8日,罗阳签署了"关于确保完成某型飞机研制任务令",这是自沈飞成立以来第一次以"任务令"的形式落实责任,明确任务。

文章还透露,该项目有三大特点:一是新,采用了大量的新技术、新材料、新工艺;二是难,多项工艺需要攻关解决;三是急,绝大部分制造任务要在1年多的时间内完成,而以前的型号研制生产周期往往要3~4年。

由于此前沈飞公司一直在生产歼-11系列战斗机,故该消息中的"某重点型号"被外界猜测为与歼-11相关的新型战斗机,也即歼-11B的舰载型歼-15战斗机。

但是权威的消息来源表示,歼-15在2009年9月就完成制造,同年进行了滑行、机翼折叠试验等,2009年并未试飞。这一动向可能与第二批歼-11B战斗机被海军、空军拒绝接收有关。为了慎重起见,歼-15推迟了进入试飞阶段的时间。

据加拿大《汉和防务评论》杂志说,2009年11月,歼-15才在沈阳进行了折叠翼收放实验。2010年5月6日,歼-15才进行了首次滑跃起飞。同年7月8日,进行了第二次试飞。

此外,新华社在2010年3月9日发表的题为《徐勇凌看中国海军航空兵未来战机选择》一文中说:

时下,针对海军航空兵作战需求,新研一款海军型三代战机从研制周期上看基本不可行,选用现有国产三代战机进行改型是唯一可以选择的方案。国产三代机在设计理念上注重空空作战、电子战环境以及空面攻击的综合作战效能,具有较强的空空攻击和自我防卫能力。而在空面(特别是空海)攻击能力方面,由于配备了先进的传感器和功能强大的综合火控系统,只要加挂先进的空海攻击武器,就能成为一架性能优良的海上作战飞机。

针对中国国情和未来海上作战需求,选用现有和正在研制中的空军型战机,改

·军事武器·

图文珍藏版

型成为海军型战机,也应是未来很长一个时期海军装备建设的重要策略。

徐勇凌是国际级功勋试飞员、空军试飞专家、军事理论专家、歼-10飞机首席试飞员、中国试飞员学院特聘教官、空军军事理论专家库成员、中国航空学会高级会员,他的话实际上透露出中国海军的飞机就是从空军的飞机改型而来的。

同时,2010年《中国航空报》报道:

4月2日,中航工业副总经理李玉海到中航工业沈阳飞机公司考察重点型号研制进展情况,并组织召开现场工作会。李玉海强调,重点型号研制时间紧迫、形势严峻,全线参研单位要加强管理、扎实工作、燃烧激情,坚决实现研制节点目标,再创型号研制新辉煌。李玉海指出,去年经过厂、所、军各方的全线拼搏,重点型号研制取得了突出成绩,得到了党中央、中央军委的高度评价和军方的多次表扬……中航工业沈飞、中航工业沈阳所等参研单位在会上表示,将进一步增强紧迫感、使命感,加强团队合作,发扬拼搏精神,坚决守住型号研制关键节点。

其中"重点型号"被认为是歼-15。这则消息透露出一个重要的信息:我们已在歼-15的研发上取得了突出成绩,得到了中央政府的高度评价。

据说,2009年样机研发出来后,海军不是很满意,于是歼-15还在继续完善中。

2010年6月2日出版的《简氏防务周刊》刊发了记者特德·帕森斯的文章,文章题为《中国测试舰载版歼-11B原型机》。文章说,沈阳飞机公司机场的照片看上去显示出:中国如今正在测试一款歼-11B战斗机的舰载版早期原型机。

文章说,中国的军事网站5月20日透露出的照片显示了一款新版的歼-11B战机,该型机的机翼前部带有明显的"鸭"式翼面,尾椎较为短小。上述特征均与俄罗斯苏霍伊公司出产的苏-33舰载机相一致。

《简氏防务周刊》称,然而,最新中国出现的照片仅仅说明原型机的存在,至于原型机是否配有折叠机翼,还并不清楚,虽然有一张照片显示有阻拦尾钩,但尚不能以此做出最后的结论。至于这架原型机到底是配备了俄罗斯"土星"(saturn)公司的AL-31涡扇发动机,还是装备了中国制造的沈阳黎明航空发动机公司WS-10a"太行"发动机,目前还不能确定。中国的"太行"发动机在性能上还存在很大问题,2009年末期的报道说,首架双座歼-11BS原型机由于发动机叶片脱落而坠毁。

网络上公开了若干张歼-15的起飞图片,其中一张图片明显能够看到前翼,尽管是模糊的图片,要伪造这样的模糊照片,是非常困难的。可以确信,歼-15是苏-33不折不扣的克隆版。众所周知,苏-33的前起落架为双轮设计,支架笔直,从图片上判断,歼-15同样具备了这样的特征。雷达罩的涂装有所不同,试飞期间的歼-11B的雷达罩颜色为黑色,歼-15采用灰色。这样的区分是必要的,因为雷达的技能不同,作为海军型战斗机,歼-15的雷达必须追加空对舰武器的界面。尚不清楚第一架歼-15是否安装雷达,一般而言没有必要,因为首架测试机主要用于飞控试验。

由于苏-33采用14度滑跳起飞,因此尾椎进行了缩短,歼-15则完全相同。目前的结论是,中国显然通过乌克兰不仅仅取得了T-10K试验机,而且极有可能取得了T-10K的维修图纸,完全照抄了T-10K的机身结构。

从换色、浅绿色机身颜色判断,歼-15使用的复合材料大致与歼-11B、歼-11BS相同,尤其是在垂直尾翼、机翼的部分。苏-33因为是在20世纪80年代研制,1992年最后组装完成的,因此只使用极为少量的复合材料。这样看来,歼-15的空重比苏-33要轻。飞机推重比更大,则意味着载弹量的增加。

2010年5月,沈阳机场进行了更为频繁的歼-11B的飞行。歼-11B在2009年试飞时因为发生震颤,而被空军拒绝接收。新的试飞显示,沈阳厂似乎对原来的第二批歼-11B进行了改进。歼-15试飞意味着该厂对技术问题恢复了一定程度的自信。

据权威消息,歼-15依然使用俄式AL-31F涡扇发动机。作为新飞机,使用新发动机风险更大。

从进口唯一的T-10K试验机,到2009年制造出第一架歼-15,仅仅用不到5年时间,可以看出中国的"山寨"技术异常之高。如果飞机材料、雷达、航电技术达不到一定水平,是无法"山寨"的,即使让美国的航空工业"山寨"苏-33,可能也需要一定的时间。

从上述消息来看,歼-15的原型机已经制造出来,现正在测试。从目前有限的几张图片来看,整个歼-15的外形几乎是依葫芦画瓢,完全是苏-33的中国版。

歼-15是苏-33的"山寨版",苏-33的前起落架为双轮设计,支架笔直,歼-15同样具备了这样的特征。从黄色、浅绿色机身颜色判断,歼-15使用的复合材料大致与歼-11B、歼-11BS相同,尤其是在垂直尾翼、机翼的部分。苏-33因为是在20世纪80年代研制,使用复合材料较少。这样看来,歼-15的空重比苏-33要轻。飞机推重比更大的结果,意味着载弹量的增加。

中国成功研制歼-15之后,在俄罗斯引起了很大的反响。俄新网报道称,虽然莫斯科为防止泄密拒绝卖给中国苏-33,但是中国仍通过乌克兰购买到苏-33并予以仿制。中国舰载机的基础主要来自苏联时代的T-10K,那是从乌克兰购买的。报道还说,俄罗斯为打入中国市场曾卖给中国苏-27SK,但随后中国就出现了歼-11并进行了系列生产。中国现在生产的歼-10、歼-11和FC-1仿制的是俄罗斯的苏-27/30和米格-29。

以美国哈特森研究所高级研究员理查德·韦茨博士为首的西方观察家认为,随着中国国防工业的不断发展,俄罗斯将会发现它自己正日渐陷入一个两难境地——要么放宽出口技术限制,向中国出售最先进的俄式装备;要么失去来自中国的数十亿美元的大合同。

俄世界武器贸易分析中心主任科罗特琴科指出:"中国克隆品歼-15在性能参数上未必能达到俄罗斯苏-33舰载歼击机的水平,因此不排除中国再次请求俄罗斯出售一批苏-33歼击机商品的可能性。"

俄专家认为,中国从乌克兰采购的T-10K只是苏-33研制初期多种版本中的一个,因此其结构上有许多缺陷,中国仿制这架原型机生产出来的歼-15会有很多技术缺陷。

科罗特琴科还指出,即使中国成功地解决了可折叠式机翼问题,在舰载歼击机研制中最为复杂的技术难题还有发动机研制问题。专家们一致认为,从整体上看,战机发动机研制是中国航空工业最为薄弱的地方,目前中国暂时还不能为陆基歼击机研制出完全符合要求的发动机,因此需要从俄罗斯大量购买,而为舰载歼击机制造发动机则是一项技术上更为复杂的任务。

中国人以AL-31系列发动机为基础仿制的WS-10A"太行"发动机的研制工作仍未结束,尚未正式装备中国海空军现役战机。据悉,"太行"发动机目前存在的主要问题是材料不过关,可靠性较低。中国制造的复合材料无论在结构上还是质量上都无法达到美国和俄罗斯的水平。不过,考虑到国产航空母舰的建造进度,中国人在歼-15改进方面仍拥有充足的时间,因此从俄罗斯进口苏-33并不是必需的。

有消息称,中国产"太行"发动机的首翻期寿命为500小时,但其一旦开始飞行测试便会频繁出现技术故障。也正因如此,中国的歼-10B和歼-11B上均未装备"太行"发动机。

此前,曾有巴基斯坦空军官员透露,在巴空军进口的歼-10A战斗机上将不会装备"太行"发动机。这一消息意味着,巴基斯坦军方可能会为其进口的歼-10A配备价格较为昂贵但却更加可靠的俄制或西方产发动机。

除此之外,歼-15的飞行控制系统也存在着严重问题。专家们指出,歼-15的飞行控制系统是以歼-11B的飞行控制为基础研制的,而后者自身的可靠性就不高。因此,歼-15在今年开始的试飞过程中有可能会遭遇一系列问题。

预计歼-15试飞的最终完成,可能在2012年左右,前提是继续使用俄式发动机。2013年至2014年,歼-15可能进入批量生产阶段,其完全能够赶上国产航母的生产进度。

俄罗斯军工综合体网站7月7日刊登分析文章称,目前,中国在舰载机方面需要解决的主要问题之一便是试飞。在这方面,中方还需解决多个问题。专家们指出,试飞工作应在生产厂家进行,而试飞员则全部来自空军——中国现在还没有出身于海军航空兵的试飞员。之后,参加试飞的歼-15将被运至位于陕西省阎良的空间试飞中心接受进一步的测试。而作为一种将装备航空母舰的战斗机,中国海军必须建设自己的测试中心对其进行测试,并在那里培训自己的试飞员。有消息称,中国海军的飞行测试中心只是刚刚开始建设,至于何时能在那里开始进行针对歼-15的测试还不得而知。

据预测,中国的首艘航空母舰将会装备歼-15。截至目前,歼-15已经成功在航母上起降,我国的航母已具备一定的战斗实力。

3.中国的航母预警机

谈完舰载战斗机,我们来谈谈航母的预警机。

1982年的英国和阿根廷的马岛海战中,由于英国航母编队没有预警机,结果被阿根廷空军偷袭成功,两架携带飞鱼导弹的阿军军旗式攻击机贴着浪尖以超低空进袭,在离英国航母编队20~30英里处发射所携带的飞鱼导弹,结果击中了英国造价2亿美元的谢菲尔驱逐舰,幸好没有击中英国的轻型航母。若是当时击中英国航母的话,英阿马岛战争的结果就要重新改写了。

这次偷袭成功地说明了海军舰队如果没有预警机的支持,即使面对实力较弱的空中打击也很容易遭到巨大损失,没有预警机的舰载航空兵在战斗力上是不完整的。

预警机被称为舰载机的"力量倍增器",舰载预警机的作用不仅是为舰队提供雷达情报,同时也是重要的信息数据融合、分发和传递处理中心,还能用来引导战斗机或舰载武器进行防御和反击,因而它实际上是现代航母编队从事进攻或防御作战的核心。

舰载机的装备数量要受到航母平台的限制,数量不可能有很多,因此就必须更加有效地使用兵力。舰载预警机的大范围远程雷达搜索功能可以早期发现来袭的空中和水面目标,这就可以降低航母编队对巡逻战斗机的需要数量,还能根据目标威胁程度调度兵力进行拦截,预警机可以使战斗机的拦截范围远远超越舰载雷达的工作范围。通过加大防空作战半径,可以有效抵消远程导弹对航母的威胁。

按照国外的实践经验,有预警机的支持,舰载战斗机的效率至少要增强一半。具体说来,有预警机支持,25~30架飞机就可以完成原来40架飞机才能完成的任务。

根据海湾战争和中东战争的经验证明,预警机对作战飞机的支持远远超过了"倍增"的效果,拥有预警机的一方在对抗中具有完全的信息优势,会让战争力量变得非常悬殊,没有预警机的一方可能会没有还手之力。

如果一个国家的海军装备航空母舰,但是没有先进的舰载预警机的话,那么航母的活动半径就不能超过岸基航空兵的有效掩护范围,航母就没有多大价值,根本不能称为远洋海军。

中国海军要建设成为有强大战斗力的远洋海军,就必须要有预警机的支持。

目前,以美国、法国为代表的西方国家采用的主力舰载预警机型均为美制E-2C"鹰眼"预警机。

E-2C"鹰眼"是美国格鲁门公司为美国海军研制的舰载预警机,用于舰队防空预警和空战引导指挥,但也适用于执行陆基飞行任务,是目前美国海军最先进的预警机。

E-2共有4种型号:E-2A为最初的生产型,1964年1月开始交付美国海军使用。E-2B为首次改装型。E-2C"鹰眼"是现在正在生产的预警型,现役数量75架。该机为涡轮螺旋桨机型,机长17.54米,翼展24.56米(机翼折叠后翼展8.94米),最大起飞重量24.16吨,续航时间6小时15分(最大载油量),最大航程2865公里,最大平飞速度626公里/小时,最大巡航速度602公里/小时。机身上方有一直径达8米的旋转雷达罩,内装性能先进的雷达及敌我识别天线。E-2C"鹰眼"舰载预警机装载的是先进的AN/APS-145雷达,能够同时监视2000个以上的空中目标,并指挥对其中140个目标进行拦截作战,对飞机类目标的探测确认距离在556公里以上,对巡航导弹等小型目标的发现距离大于270公里。

E-ZC预警机上还装有ALR-73被动辐射探测装置,可在关闭主雷达的情况下依据敌方目标的辐射进行探测,据称有效探测距离甚至两倍于主雷达,无源探测距离900公里。

由于采用了先进的OL-77/ASQ先进计算机中央数据处理器,E-2C能够自动实时计算和控制来自雷达、通信、导航及电子对抗系统的数据。E-2C预警机的整个系统具有远距离探测、目标自动跟踪和高速处理的一体化功能,因此可自动进行对空中和海上各种目标的实时跟踪和拦截。

E-2C预警机先进的数据链通信系统则可使其所指挥的舰载战斗机在作战时不必开启机载雷达而根据数据链传来的信息对敌方目标实施隐蔽攻击,从而有助于提高作战行动的突然性和制胜把握。

目前,美国海军的每艘航母均搭载有4~6架E-2C预警机,E-2C预警机通常在离航母编队150~200海里的空域巡航飞行,与数架空中巡逻的舰载战斗机组成大于300公里以上的编队外层防空圈。这个防线远远大于目前世界上多数反舰导弹的最大射程,从而为舰队提供了较为可靠的第一道防线。

E-2C"鹰眼"自问世以来,在美国参与的历次战争中大显身手。在中东战争的空战中被用于为以色列战斗机导航。在海湾战争、阿富汗战争和伊拉克战争中,E-2C"鹰眼"都有不凡的表现。其中,在1991年的海湾战争中,有27架E-2C"鹰眼"参战,共出动1183架次,飞行4700小时,实施空中预警和通讯中继。此外,在美国发射航天飞机时，E-2C"鹰眼"用来监视卡纳维拉尔角周围佛罗里达空域的空中交通，并且多次引导美国海岸警卫队的固定翼飞机和直升机对毒品走私进行拦截。

现在，美海军正把 E-2C"鹰眼"舰载预警机升级为 E-2D 系列，海军已将这份价值 19 亿美元的合同授予 Northrop Grumman 公司。

根据 Northrop Grumman 公司的先进"鹰眼"项目主管 James Culmo 的说法，先进"鹰眼"E-2D 将是一种全新制造的飞机，这种新型飞机将装备一种复合雷达，该雷达既有主动电扫天线阵列，又有机械扫描阵列。

先进"鹰眼"E-2D 飞机还将装备新型任务计算机，进行软件升级，并改善现有敌我识别（IFF）系统。增加新通信系统后，先进"鹰眼"E-2D 将成为海军部队指挥网络的主要节点，能提供合成信息及融合数据，并能提供前方的控制与通信能力。

除了美国的"鹰眼"固定翼预警机之外，俄罗斯航母"库兹涅佐夫"号航母使用的是卡-31 预警直升机。下面让我们来看看卡-31，这很可能就是我们的"瓦良格"号要装载的预警机。

20 世纪 50 年代中期，苏联就萌生了将雷达送上天以扩大监视范围、提高侦测能力的念头。1962 年，苏联首款固定翼预警机——图-126 预警机试飞成功，标志着苏联从此跨入了可自行研制预警机国家的行列。

进入 20 世纪 80 年代，随着"库兹涅佐夫"号航母加入现役，苏联海军迫切需要舰载预警机以便进行海上预警和指挥。20 世纪 80 年代末期，雅克福列夫设计局再次挑起为苏联海军设计舰载预警机的重任，并推出一款全新的预警机——雅克-44 型舰载固定翼预警机，其外形与美国的 E-2"鹰眼"预警机颇为相似，因此西方国家也将其称为"鹰眼"。

与此同时，为弥补低空和近距离海上监视能力的不足，卡莫夫设计局根据苏联海军的要求，首次试验性地将预警雷达装上直升机，便出现了卡-31 预警直升机，以此作为雅克-44 型固定翼预警机的辅助系统。其设计思想是将雅克-44 型固定翼预警机与卡-31 型预警直升机进行高—低空和远—近程搭配使用，从而在航空母舰周围的广阔海空域构成密集的雷达监视网。

卡-31 预警直升机的原型机于 1988 年首次试飞，1992 年开始在"库兹涅佐夫"号航母上进行试验。但是，由于俄海军航母飞行甲板短、无弹射装置以及飞机体积大、重量大等固有弱点，雅克-44 型预警机无法在俄罗斯航母"库兹涅佐夫"号起降。因此，卡-31 预警直升机就独立承担起了俄罗斯海军航母的预警重任。

卡-31 型舰载预警直升机虽然在设计当初是作为舰载固定翼预警机的辅助预警系统使用，但其具备优良的技战术性能，能够胜任海上大范围的空中监视和预警任务，在预警机行列里独树一帜，堪称舰载预警平台中的奇葩。

卡-31 预警直升机是卡氏直升机家族的重要成员,它以卡-27 型攻击直升机为原型发展而来。这款直升机为共轴式双旋翼直升机,双翼反向旋转,具备良好的起降和适航性能,气动布局和尺寸是根据最有效地利用直升机母舰甲板和机库面积的原则设计的,桨叶采用复合材料制成,机体广泛使用抗腐蚀材料和特殊涂层,动力装置为两台 TV3-117VMA 涡轮发动机,单台功率 1640.5 千瓦。当其中一台发动机出现故障时,另一台则可以较大的应急功率补足有效动力,使飞机在有限时间内正常飞行。

该型直升机载员 2~3 人,起飞重量 12500 公斤,海上巡航速度 220 公里/小时,在 3500 米高度时的续航时间为 2.5 小时。

机腹装有一部有 6 米天线的 E-801 平面阵探测雷达,空中巡航期间,该雷达天线以 6 转/分的转速在 360 度范围对低空目标进行探测,对海上目标的探测发现距离为 250 公里,对低空飞机或掠海飞行导弹的发现距离为 100~150 公里,但由于机载设备数据处理能力略低,只可探测到 200 个目标,仅能同时跟踪 15 个目标。

由于平板天线没有整流罩,工作的时候还要不停地旋转,就像一块大板子一样,因此,在雷达工作的时候,卡-31 只能在空中停滞不前,或者以极低的速度前进,不然直升机不易被控制,而且会把天线吹坏。

卡-31 下面的板子就是预警雷达天线,直升机起飞后通过液压方式伸出来,降落的时候收回去。要是发生故障收不回去,直升机就降落不了了。

因此,这个天线采用了自动和人工两种系统进行收放,要是两种方式都失败了,就启动自爆螺母,把这个天线炸掉扔进大海。

卡-31 预警直升机优越的技战术性能无法掩盖作为直升机固有的缺陷,这直接影响了预警性能的充分发挥。

其一,卡-31 直升机巡航速度较慢,自防护能力较差,容易受到对方导弹等制导武器的攻击。

其二,卡-31 直升机续航时间较短,航程较近,海上监视范围有限。若需 24 小时不间断执行海上监视任务,则必须至少配备 3~6 架同型机轮流使用。

其三,卡-31 预警直升机的致命缺陷就是在机身下方装雷达天线。这种雷达布置方式对上半球目标的探测性能很差,对高空目标的探测和跟踪能力极弱,甚至监视不到。

在海上,俄海军的卡-31 预警直升机一般在距舰队 100~150 公里处约 3500 米高度巡航飞行,续航时间为 3 小时。鉴于卡-31 预警直升机的探测距离较近,俄海军航母舰队还需依靠"库兹涅佐夫"号航母上的相控阵雷达对中高空的远距离目标进行探测和警戒。"库兹涅佐夫"号航母装备的卡-31 预警直升机性能与美国 E-2C 预警机相差悬殊,实际上已严重限制了其整体作战能力。

通过性能对比,我们可以发现,卡-31 和 E-2C 完全不是一个重量级的对手。卡-31 的最大航程只有 E-2C 的 1/5,续航时间只有 E-2C 的 1/2,机载雷达的搜索距离只有 E-2C 的 1/4,最大起飞重量不到 E-2C 的一半。此外,卡-31 的作战半径只有 100~200 公里,而 E-2C 的作战半径可达 600 公里,如果进行空中加油,E-2C 的作战半径可达 1000 公里以上。

更为重要的是,E-2C 具备空中指挥和控制能力,它实际上是一个小型的自动化指挥中心,而卡-31 只是一个数据传递中心。

利用卡-31 不可能获得真正的预警机,预警直升机只能是一个补充。

在没有舰载预警机的情况下,中国航母战斗群只能在岸基预警机的作战半径之内活动。海军目前主要部署的是空警-200 型预警机,未来可能会部署空警-2000 型预警机。以空警-200 型预警机 3600 公里的航程计算,从西沙群岛起飞控制整个南中国海不存在重大问题。但是,这样依然限制了中国航母战斗群的作战范围,使其依然只具备近海攻防兼备的性质。中国航母的预警机是一个亟待解决的问题。

对中国而言,E-2C"鹰眼"固然先进,但想都不要去想,因为美国是根本不会卖给我们的,而卡-31 则是俄罗斯极力想外销的,也是我们可以"即买即用"的产品。

虽然我们可以从俄罗斯手里买到卡-31,但中国海军仍计划发展自己的直升机预警机——直-8 型预警直升机。直-8 是 20 世纪 70 年代我国从法国进口的一种大型直升机平台,服役了很长一段时间。

直-8 的旋翼直径 18.90 米,尾桨直径 4.00 米,机长 23.05 米,空重 7095 公斤,最大起飞重量 10592 公斤,经济巡航速度 255 公里/小时,最大商载 3000 公斤,加装副油箱后最大航程 830 公里,续航时间 2 小时 30 分钟,加装副油箱后续航时间达 4 小时 13 分。

直-8 的机身底部为船型水密结构,并不适合安装类似卡-31 那样机腹下的折叠式平面阵雷达天线。直-8 直升机在后门外安装了一种条形阵列雷达,和法国陆军航空兵的"地平线"机载预警系统相似。"地平线"机载的系统是汤姆逊 CSF 公司研制的战场对空观察雷达(LCTAR),雷达天线装在外观如平衡木的充气天线罩内。雷达天线罩位于直升机后舱下的旋转支架上。在预警过程中,长达 3.5 米的天线罩则纵向展开,可进行稳定的俯仰和滚动运动,做圆周扫描。直-8 预警型所装备的阵列雷达大概会采取与之相似的工作方式,可以为特混舰队甚至航母战斗机群提供中低空高度范围内的早期情报预警。

直-8 预警机的研制,似乎表明了中国方面已经排除了从俄罗斯购买卡-31 型直升预警机的可能。但问题在于,即使中国航母装备了卡-31 或者直-8 这样的预警直升机,也只能像俄罗斯航母编队那样仅在一定程度上缓解舰队对远程低空目标的探测警戒,对中高空探测仍需依靠舰载雷达,实际上仍然无法满足现代航母舰队的需求。

中国在尚未解决航母弹射技术和制造 E-2C"鹰眼"这样的预警机之前,装备卡-31 预警直升机或者直-8 预警机是不得不采取的应急措施。着眼未来,只有中国的航空母舰解决了弹射固定翼预警机的能力,航母舰队的整体作战能力才能得以充分发挥。

较预警直升机而言,固定翼预警机的优点是显而易见的,航程和速度方面自不必说,固定翼战机内部空间更大,有利于安装更多的电子设备和功率更大的雷达,预警范围更大。

当前,全球现役固定翼舰载预警机只有 E-2C 一种,在研的有美国的 ES-3(在 S-3 反潜机上背一个雷达天线)和乌克兰的安-71。出于政治原因,E-2C 和 ES-3 是不可能对中国出售的。安-71 可作短距起降,其机载雷达搜索距离对战斗机大小的目标可达 200 公里,可同时跟踪 120 个目标,留空时间 4.5~5 小时。目前,乌克兰将安-71 作为岸基预警机推销,如果性能和价格合适,中国可能会购买一些。否则,中国航母必须用直升机作为预警平台。

你会说,我们不是成功研制出了大型的空警-2000 和中型的空警-200 预警机吗?可以让它们作为航母上的预警机啊。这话说得好,我们就来看看这两种预警机是否可以作为舰载预警机使用。

空警-2000 是西安航空工业公司研制成功的一种大型预警机。空警-2000 预警机采用的是俄罗斯伊尔-76 机体,使用的雷达与以色列"费尔康"一样的相控阵雷达,因此不必像俄罗斯的 A-50 和美国的 E-3 那样需要进行旋转,从而可以获得全方位的覆盖能力。

空警-2000 上装备有南京电子技术研究所研制的多功能三坐标多普勒脉冲雷达,可进行全向探测,主要用于发现和跟踪空中与水面目标,对空中目标的最远探测距离为 470 公里。该机的雷达系统可同时跟踪 60~100 个空中目标(其中包括低空目标和巡航导弹),并对战术空军的 10 架飞机实施引导。

该机可在 5000~10000 米的高度以 600~700 公里/小时的速度持续执勤 7~8 个小时(无空中加油)。如果得到伊尔-78 加油机的空中补给,其巡逻时间还会大幅度提高。空警-2000 的实际最大飞行距离为 5000 公里,最大飞行重量为 195 吨。

那么,空警-2000 能不能上舰呢?

195 吨的飞机要想在航母上起飞,无论你有多大功率的弹射器,基本上都不可能把它弹射出去,至于采用滑跃起飞,想都不要去想。

也就是说,空警-2000 虽然功能强大,但无法上航母。

空警-2000不行,那么,小一点的空警-200可以吗?

在研制空警-2000预警机的同时,中国还在发展被称作空警-200(戏称"平衡木")的小型预警机。空警-200是在运-8系列运输机平台上开发出来的一款中型预警机,它被称作高新-5号。它以运-8中较新的改进型号运-8F-600为机体,使用的是加拿大普惠公司的PW150B涡桨发动机和霍尼韦尔公司的航电系统。

这是一种采用平衡木式的双面侧视电子扫描相控阵天线的飞机。这种平衡木式的天线两侧各有一部雷达天线阵面,每部天线阵面有200个固态收发阵元,因此也被称为"侧视机载雷达"(SLAR)。雷达重1985磅,900公斤重的机背天线被包装在一个9米长箱体状天线罩中,在机身的支架上安装,每侧的视角160度。在6000米的操作高度,雷达最大探测范围450公里,能够在330公里的距离发现战斗机大小的目标,在320公里距离发现海上目标。雷达综合性能非常好,具有窄波束、高精度等特点,可同时跟踪300多个目标。

国产的空警-200预警机在两年前进入现役,可携带5名机组飞行人员和大约12名执行预警/指挥任务的指挥员,每次巡航可以连续执行任务约7个小时,其出口版本的单价是1.45亿美元。

因为天线原因,空警-200只能探测两侧各120度的范围,前后方向会存在不小的盲区,无法提供全方位的覆盖能力,这也是它不能单独作为航母预警机的一个重要原因。

另外,这种预警机没有空中指挥能力,探测到的雷达图像通过数据链传送到地面防空系统的指挥中心,再进行处理分析,功能如同一个机载雷达,和要求具有空中指挥能力的多功能预警机差距较大。

空警-200的搭载平台是运-8。运-8是中国自行设计制造的中型运输机,机翼展38米,机长34.02米,机高11.16米,空机重量35.5吨,最大起飞重量61吨,最大载货量20吨,最大平飞速度650公里/小时,最大航程5463公里。同样,这么大的块头,也无法在航母上起降。美国的蒸汽弹射器也只能弹射30吨左右的舰载机。

我们自己制造的空警-2000大型预警机和空警-200小型预警机都无法成为我们自己的航母预警机,难道我们的航母只能采购俄罗斯的卡-31直升机预警机?

美国环球战略网2009年10月8号刊登了名为《中国航母预警机》的文章。文章称,中国正将空警-200预警机的相控阵雷达设备配备在重达21吨、双引擎的运-7运输机上,运-7飞机是中国仿制俄罗斯安-24型运输机。中国的运-7预警机将承担类似于美国23吨重的E-2型航母舰载预警机作战职责。

外界普遍认为,更为成熟的运-7飞机将是最可能从中国未来的航母舰队上起飞执行预警任务的选择。并且,运-7更便宜,重量和体型也适于为舰队空中单位提供所需预警的功能。

2003年,西飞公司对运-7长航程型号的介绍中说到,该型号可以作为预警飞机的载机。同时,在西飞公司的宣传视频中出现了成为"重点工程"的运-7改进型飞机。

这一架运-7改进型飞机在西安飞机公司被称为"重点工程",而在同一家飞机公司的全新设计的运-9都没有享受到这一殊荣。

我们基本可以判断,中国第一艘航空母舰的舰载预警机很有可能会使用运-7改进型飞机。《澳门日报》披露这种航母预警机的型号叫作海警-7号(HJ-7)。

中国的航母预警机海警-7号的搭载平台是运-7改进型。运-7长航程型飞机1998年7月开始研制,1999年12月25日首飞。2001年3月1日,运-7长航程改进型完成验证试飞项目。该改进型采用了国内先进技术,在气动外形上做了较大改进,使飞机的起飞限重、单发升限、航程有较大的提高,机翼下可加挂两个800升或1400升副油箱,载油量由4.7吨增加到7.5吨,采用了降油耗、长寿命的涡桨-5E发动机以及能够提高效率及降低噪声的J16AG10A螺旋桨。飞机最大续航时间由5小时增到10小时,满油航程达到4000公里。

运-7改进型飞机的基本数据是:机长24.31米,翼展29.2米,最大起飞重量24吨,最大商载5.5吨,巡航时速420公里/小时,航程1976公里,转场航程大于4000公里,最大续航时间10小时,实用升限8500米,发动机2台WJ-5A-1。

运-7最新改进型应该可以达到美国"鹰眼"E-2C的搭载要求,从而彻底解决我国航母舰载预警的载机瓶颈问题。

至于机载雷达问题,给运-7加装使用旋转天线的雷达系统或"平衡木"式相控阵雷达系统不成问题。空警-200采用的"平衡木"式雷达天线与机身背部轴线平行,具有阻力小、尺寸大、改装相对方便的优点,只是只能探测两侧各120度的范围,前后方向会存在不小的盲区。360度探测能力对于舰载预警机而言尤其重要,所以采用空警-2000那种背置圆盘式雷达天线更为合适,当然改装的难度也相对大一些。

如果将运-7发展为可弹射起飞和舰上回收的舰载型,则必须对其体积及结构强度、推进系统以及续航时间等进行相应的重大技术改进。考虑到我国早在20世纪60年代就已经掌握了中型运输机的设计和生产技术,经过30多年持续不断的技术进步和积累,以运-7为基础专门研制出一种适合上舰的飞行平台应该不会存在不可逾越的障碍。

当然,"瓦良格"号由于没有蒸汽弹射器,海警-7号不可能上舰。但是,中国自己制造的第一艘航空母舰,采用蒸汽弹射器甚至电磁弹射器的可能性非常大,足够弹射起飞重量超过24吨的飞机。因此,中国自己制造的第一艘航母的预警机问题应该可以得到很好解决。

4.中国的航母反潜机

谈完了航母预警机,我们现在要来谈谈中国的航母反潜机。

我们知道,航母不仅要对付空中的导弹,更要对付水下的杀手——潜艇。这些水下杀手静静地待在大洋下面,虎视眈眈地看着它头上经过的军舰,往往一枚鱼雷,就会葬送一条巨大的战舰,而航空母舰则是潜艇非常"钟情"的高价值目标。

1939年9月14日,二战刚刚爆发8天,英国当时最先进的航母之一"勇敢"号被德国的"U-29"号潜艇击沉,舰长与578名官兵殉国。

如何才能对付这些水下杀手呢?航母上的反潜机充当着重要的角色。

要说起舰载反潜机的历史,还得从美国说起。二战后,麻省理工学院研制出AN/APS-20雷达,装备在TBM-3W"复仇者"鱼雷轰炸机上,雷达映象可直接传送到航母的作战情报中心(CIC),这是世界上第一种舰载雷达预警机。

1949年11月,格鲁曼公司设计的舰载反潜机AF-2"卫士"进行了首次试飞。次年,这种当时世界最大的单引擎舰载机装备部队。AF-2机身修长,机翼可折叠。

限于当时技术水平,它们还是采用双机组战术:一架负责发现敌人的潜艇,一架负责攻击敌人的潜艇。AF-2W"猎人"机腹下部携带一具APS-20搜索雷达,充当航空反潜的眼睛,AF-2S"杀手"则在左右翼下分别携带探照灯和小型APS-30雷达,用于对目标进行确认,并能用航空火箭弹、深水炸弹等武器对潜艇发起攻击。显然,这样的作战过程十分烦琐。"卫士"服役期不到5年,只生产了389架。

1952年12月4日,格鲁门公司为美国海军成功研制的二合一S-2A"追踪者"舰载固定翼反潜巡逻机首飞,并先后发展出B、C、D、E、F、G等多个型别。

"追踪者"是第一种兼具"猎人"和"杀手"两种能力的舰载反潜机。它采用全金属半硬壳构造的机身短小,前部座舱中有机长和兼领航、通讯和操纵探照灯的副驾驶员,后舱里有雷达员和磁探员共4名机组人员。

S-2A装备两台R-1820气冷活塞引擎,最大起飞重量13.22吨。机翼可以折叠,可折叠机翼很宽,几乎是飞机长度的2倍,可以235公里的时速在海上巡逻6~9小时,低空低速性能优良。机腹武器舱后有可收缩的AN/APS-58搜索雷达,机尾有可伸出的ASQ-10磁异探测器MAD,翼下两个引擎舱后部装有8~16个声呐浮标,右翼前缘有一个7000万烛光的探照灯可用于夜间目视搜索。武器舱中可载MK101大型深弹2枚、173公斤深弹4枚或自导鱼雷2条,主翼下6个挂架也可携带鱼雷、深弹、炸弹或火箭弹。机上还有完善的导航等设备。S-2的原型于1952年底试飞,从1954年起逐步取代"复仇者""卫士",成为美国舰队第一线反潜机。

S-2系列不断改进,除美国海军外,还装备荷兰、日本、加拿大、意大利、阿根廷、巴西的航母或岸基反潜机部队,总生产量1081架以上。

目前,世界上最为著名的舰载固定翼反潜机是美国 S-3A/B"北欧海盗"。

1967 年,针对苏联核潜艇的威胁,美国海军提出 S-2 后继机的 VSX 计划。在激烈的竞争中,以生产 P-2、P-3 反潜机掌握航空反潜搜索攻击系统的洛克希德公司和以生产 F-8、A-7 而富有舰载机经验的 LTV 公司联合方案中标。

S-3 从 1969 年开始研制,原型机于 1972 年初试飞,1979 年交付使用,1981 年开始进行机载电子系统改造,提高声信号处理能力,加强电子支援测量能力,采用更先进的雷达处理技术,安装新的声呐浮标信号接收系统。改造后的 S-3A 被定型为 S-3B,1987 年交付使用。

作为"追踪者"的继承人,S-3B"北欧海盗"采用两台涡轮风扇发动机,起飞重量 19.7 吨,可携带 60 枚声呐浮标,内部弹舱设有两个挂点,可载 3175 公斤武器。S-3B 最大飞行速度 834 公里,小时,作战航程 3705 公里,可为航母战斗群提供中距反潜屏障。为了能够适应航母的机库尺寸,S-3B 的机翼外段可向上向内折叠,高大的垂直尾翼可以向左侧折下。执行反潜任务时,S-3B 可携带 4 枚 454 公斤炸弹或水雷,也可以携带 4 枚 Mk54 深水炸弹或 4 枚 Mk46 鱼雷;必要时,还可携带一枚 2 万吨级核深弹实施对潜攻击。此外,S-3B 还能携带 2 枚"鱼叉"导弹或航空火箭执行反舰任务。在平时,S-3B 可为航母舰载机充当空中加油机,随时为它们"输血"。

据称,S-3 的对潜搜索攻击能力不逊于 P-3 大型反潜机,完善的导航、自动操纵系统可确保其全天候飞行能力。S-3 既能高亚音速飞到目标区,又能长时间在低空低速巡逻搜索,还能安全地在航母上起降。为了减少尺寸,S-3 的主翼和垂尾均可自动折叠。

目前,改进的 S-3B 还在美国航母上服役,估计将使用到 2015 年。

除了美国的反潜机之外,英国也开发出了自己的反潜机。1945 年,英国提出开发一种专门的舰载反潜机。经过 4 年多的开发,成功研制了早期舰载反潜机的典范——费尔雷"塘鹅"。

该机外形粗壮,动力装置为一台阿姆斯特朗—塞德雷双轴涡桨发动机,驱动两副反转螺旋桨,于 1949 年 9 月 19 日首飞,1950 年 6 月 19 日,该机首次在"光辉号"航母甲板上进行试飞,成为第一种成功在航母上降落的涡桨飞机。

"塘鹅"机身后部下方向装有可伸缩的雷达天线罩,配备三名乘员。飞机机腹设有一个可携带两枚鱼雷的大型弹舱,机翼下可挂 16～24 枚火箭弹,总载弹量可达 900 公斤。为了适应航母升降机的宽度和机库的高度,"塘鹅"的机翼采用了三段折叠方式。此外,"塘鹅"还可在翼下携带火箭弹和声呐浮标。

"塘鹅"AS-1 舰载反潜机于 1954 年起装备到"皇家方舟"号、"鹰"号和"堡垒"号等航母上,还成为澳大利亚"墨尔本"号航母上的载机,西德也引进了生产权。

　　"塘鹅"一直服役到1978年英国最后一艘大型航母"皇家方舟"号退役,各型共生产378架。目前,英国海军的轻型航母只装备反潜直升机,没有固定翼反潜机。

　　法国研制的"贸易风"舰载反潜机试制1号机于1956年10月试飞。生产型于,1959年入役。动力为一台罗斯路易斯"标枪"涡桨引擎,能以240~370公里的巡航时速在海上滞空4~7小时,搜索潜艇的设备为后机腹雷达和主翼内侧主轮舱前部的声呐浮标。机腹武器舱中可收容3条小型鱼雷或深弹,主翼下还可吊挂火箭或反舰导弹。"贸易风"共生产93架,它们在"克莱蒙梭"级航母上一直服役到90年代。还有17架出口印度,搭载在"维克兰特"号航母上。

　　除了固定翼反潜机之外,还有直升机反潜机,其可作为反潜的补充。它起降空间小,不需要滑跑和弹射,具有成为航空反潜作战平台的良好潜力。

　　直升机具有空中悬停的独特优势,吊放声呐就是针对直升机的这种特点专门研制的。吊放式声呐,这是反潜直升机伸到水中的"长耳朵",可以监听水下是否有潜艇活动。吊放式声呐的作用距离大于固定翼反潜机使用的声呐浮标,而且不易受到电子干扰的影响。装备了吊放声呐后,直升机在航空反潜中的重要地位日益显露,许多国家先后装备了各型舰载反潜直升机。

　　另外,反潜直升机机动灵活,可以在舰艇编队附近海域随时进行反潜作业。舰载反潜直升机大多是全能选手,除了航空反潜,海上抢险搜救、人员物资运输也常常由它们担纲,特别是舰艇海上垂直物资补给,更要仰仗舰载反潜直升机。其缺点是携带的攻潜武器数量相对有限,但可以迅速通过舰艇得到补充。

　　目前,世界上装备的舰载反潜直升机主要有美国的SH-2"海妖"、SH-3"海王"、SH-60B"海鹰"和SH-60F"大洋鹰",俄罗斯的卡-25/27、英国的"海王""山猫",法国的"超黄蜂""黑豹"。

　　美国的SH-60F"大洋鹰"是一种典型的舰载反潜直升机,该机主要担负近距反潜作战任务,装备吊放式声呐,可以主被动两种方式工作,具备水温测定功能,声呐电缆长457米,是Ski-3H"海王"的三倍,通过液压收放系统,能以每秒6.4米速度收放,机上自动驾驶装置电增加了声呐自动悬停功能,减轻了驾驶员的操作负荷。该机最大飞行速度281公里/小时,探测点间飞行速度为250公里/小时,大大缩短了两个吊放点间的过渡时间,提高了探测效率。

　　如今,美军海军正在准备采购反潜型SV-22"鱼鹰"作为S-3B"北欧海盗"的接班人,这种研制过程一度坎坷的倾转旋翼机如今也有望成为航母舰载反潜机。"鱼鹰"可以像普通直升机一样垂直起飞和降落,但其平飞速度更快,最大速度近乎直升机的两倍,且飞行高度大,包线面积大。在经济性方面,倾转旋翼机也优于普通直升机,更适合长时间海上巡逻。"鱼鹰"的发动机和旋翼系统远离机身,噪音和震动相对较小。最为重要的是,"鱼鹰"的旋翼系统由两台发动机联合驱动,万一一台罢工,另一台也能维持飞行,安全性好于单发直升机。如果发生险情,"鱼鹰"也具备水上应急漂浮能力,加之其机翼可以回旋收放,桨叶可以折叠,这些特点都使其适合作为舰载反潜机。

中国的航母也面临着艰巨的反潜重任,我国第一艘航母的主要任务必然包括南海巡航,而越南正在装备从俄罗斯进口的"基洛"级常规动力潜艇,这是举世公认的最难探测的潜艇之一,被称为"大洋黑洞"。越南海军潜艇部队预计将于2016年左右成军,届时对我国大型水面舰艇的威胁将更大。有鉴于此,我国首艘航母必须具备强大的反潜能力。

与预警机道理相同,反潜直升机便于上舰,并且可以为航母编队活动海域提供保障,但航程有限,作战半径小;固定翼机续航时间长,作战半径大,但是必须要解决集成化上舰问题。

日本和美国岸基部队使用的是 P-3C 反潜巡逻机,印度也正在与美国洽谈购买 P-8 反潜机的问题,美国航母编队使用的是 S-3 反潜机,这都是非常有力的反潜武器。

但是,反潜作战目前仍是中国海军作战中的弱项,中国尚无专门的反潜舰和反潜机,目前主要依靠直-8、直-9 和引进的卡-28 直升机执行反潜任务。

直-9 是中国根据法国航空航天工业公司授权生产的 SA365N1 型"海豚"直升机的国产型。1980 年,为了追赶直升机技术的世界先进水平,中国以全额贷款的形式从法国引进了当时法国最先进的 SA365Nl 型"海豚"直升机的生产许可证,在哈尔滨飞机制造公司生产。1992 年,直-9 实现了国产化。

1984 年初,中国在一架国产直-9 直升机上加装了引进的"鱼叉甲板锁"着舰装置以及一些海上飞行所必需的机载电子设备,并在同年 12 月实现了首次着舰。随后,中国又对 3~5 架直-9A 挂行了改装,但这些直-9 舰载机不具备作战能力,只能执行一些诸如海上运输、监视、侦察等任务。而在反潜直升机研制方面,进展仍然较为缓慢。

到 21 世纪初,中国海军已经拥有了近 15 艘具备搭载直升机能力的一线主力战舰,但具备实战能力的反潜直升机仍只有早先从法国引进的 4 架 AS565,数量上根本无法满足需要,这严重影响了中国海军海上作战能力的提高。此时,继续引进 AS565 反潜直升机的可能性已很小,加之完全依赖引进对中国海军的长远发展不利,所以加快国产舰载反潜直升机的研制就成为十分紧迫的任务。

直-9C 反潜直升机的研制计划启动于 1993 年。虽然直-9C 和 AS565 都是以 SA365N 为基础研制的,但实际上直-9C 并不是 AS565 的单纯仿制型。因为中国海军在 90 年代面对的潜艇威胁较 10 年前有了很大变化,一些 80 年代中期研制的新型潜艇陆续在中国周边国家出现,因此中国海军对反潜直升机的雷达、声呐系统以及武器系统的要求较引进的 AS565 反潜直升机更高,研制难度也更大。

变化了的形势及国内直升机技术能力的相对薄弱在很大程度上影响了直-9C 的研制进度。尽管直-9C 的平台在 1995 年就完成了试飞,但相关雷达、声呐系统的研制和测试工作一直到 2002 年才陆续完成,后来又经过近 1 年多的改进,真正完整的直-9C 才最终在 2004 年设计定型,开始小批量投入生产。

直-9C 与引进的 AS565 反潜直升机在外形尺寸上基本相当,旋翼桨叶同样被设计成可折叠式,并增加了机身固定点,但直-9C 的机体、动力及机载设备基本上实现了国产化,特别是在机载设备方面与 AS565 有很大不同——不仅探测能力有所提高,而且攻击力和适应力也明显增强。

直-9C 反潜直升机的机头装有一部 KLC-lX 波段多功能搜索雷达,该雷达是中国研制的第一种直升机机载雷达。该雷达主要特点为,采用轻型碳纤维加强塑料制成椭圆抛物面天线,结构紧凑,设计中融合了先进的处理技术,提高了强海杂波下的目标检测能力,具有较好的海面搜索和侦察能力,通过数据通信系统可将探测到的海面战术态势和目标的信息传送给地面或舰上的指挥所。该雷达重 82 公斤。针对不同目标的搜索距离和适应海情为:渔船,50 海里,四级海情;中小型舰艇,64 海里,四级海情。

由于 KLC-IX 雷达天线应用了国内最先进的处理技术,对大型海上目标的最大探测距离可达 200 公里以上,对护卫舰等目标的探测距离为 140 公里以上,可发现 30 公里外露出水面的潜艇潜望镜或发动机的通气管。

直-9C 与"黑豹"最大的不同在于,它将用于对海搜索的 KLC-1 型雷达安装在了机头雷达罩内,而不是像"黑豹"那样安装在机头下方的圆盘形雷达罩内。这样做的好处是,机头雷达罩的内部空间比较大,可以容纳体积更大的雷达,但缺点也很明显,即安装在机头内的雷达因受到机身遮挡,不能实现 360 度的全方位搜索,必须依靠直升机的往复飞行。这样比较耗费燃料,会缩短直升机的滞空时间。

直-9C 机身两侧各设置了一个外挂架,在执行反潜作战时可外挂 2 枚国产新型反潜鱼雷,主动探测距离提高到近 2000 米,具有较好的浅水性能和抗水声干扰能力。该鱼雷的有效作战距离超过 1 万米,改进的鱼雷控制系统可有效地对深度进行精确控制,可保证作战深度最浅为 30 米,最深达到 550 米。

该鱼雷具备 2 个速度,搜索时根据需要使用 25 节或 30 节,攻击作战时使用 40 节的最高航速(也就是采用了双速制)。由于航速的提高,新型反潜鱼雷具备了对抗所有常规潜艇和以 30 节高速航行的核潜艇的能力,对目前中国海军面临的潜艇威胁具有较好的应对能力。

·军事武器·

图文珍藏版

直-9C 所采用的外挂架可挂载多种不同武器,除鱼雷外,还包括轻型反舰导弹、深水炸弹甚至磁性探测器,多用途性明显提高。

直-9C 加装了较多的电子设备,所以最大起飞重量增加到 4400 公斤,比 AS565 多了近 200 公斤。为保证飞行性能及载重能力不降低,直-9C 使用了加大功率的涡轴 8E 发动机,改进了压气机和燃烧室的部分设计,最大输出功率提高到 543 千瓦,应急功率达到 560 千瓦,分别比直-9 使用的涡轴 8A 提高了 13% 和 130%,而耗油率并没有变化。因此,虽然直-9C 的起飞重量有所增加,但其飞行性能和载重能力并不比直-9A 差。同时,直-9C 的剩余功率更大,在高温高湿以及高海拔地区使用时不会对载重能力影响过大,对增强海上机动飞行能力和安全性也有很大好处。

直-9C 反潜直升机在 2004 年设计定型后产量并不大,数量上基本保持每年个位数的增加。截至 2007 年,估计直-9C 有 10 多架投入使用,加上原来引进的 AS565 反潜直升机,基本可满足现阶段中国海军一线主力驱护舰的配套使用。出于外贸的需要,直-9C 反潜直升机的改进型还成为巴基斯坦 F22P 护卫舰的配套装备,实现了中国反潜直升机对外销售零的突破。

目前,直-9C 反潜直升机与英、法海军大量装备使用的"山猫"反潜直升机在绝大部分性能上处于同一水平,其最大不足就是无法携带声呐浮标,使其在担任反潜警戒任务时存在很大欠缺。

声呐浮标可以在潜艇可能出没的海域按一定规律投入到海中,按设定好的程序下降到预定深度,以主动或被动方式工作。根据潜艇航速、安静性以及声呐浮标工作时的水文条件,其对潜艇的探测距离可以达到 1500～3000 米,与反潜直升机的通信距离在 1.5 万～2 万米。被动式声呐浮标主要用于对大范围海域潜艇目标的探测,投放 3～5 枚即可对 300 平方公里的广阔海域进行有效探测,但不能准确测定潜艇的距离和方位,因此一般还需与主动声呐浮标(或吊放声呐)配合使用,以便对潜艇的运动要素进行测定,解算出潜艇运动数据,确定攻击方案并选择反潜武器进行攻击。很显然,声呐浮标的作用对于现代反潜作战来说是非常重要的。美、欧及苏联早在 20 世纪 60 年代就开始在反潜直升机上装备声呐浮标。直-9C 反潜直升机由于机身内部空间所限,无法同时在机舱内安装航空吊放声呐和声呐浮标及其发射装置。

由于受到直升机工业整体能力的限制,中国在反潜直升机的研制方面长期处于停滞状态。直到 20 世纪 90 年代中期,中国海军中只有有限的几架引进的 AS565 和改装的 SA321JA 具有反潜能力,而此时世界上 50 多个国家和地区拥有的各型舰载直升机数量已超过 2500 多架,其中 60% 以上执行的是与反潜有关的任务。

中国在反潜直升机的整体技术水平和作战效能方面与美国海军存在非常大的差距。中国海军拥有的 AS565 不仅难以和美海军的 SH-60B 相比,而且即使和"山猫"这样重量、大小相近的反潜直升机相比,在武器和设备的配置上也有着明显差距。更重要的是,法国 80 年代中期研制 AS565 的主要目的是为了满足国外市场对轻型舰载反潜直升机的需求,法国海军自己并没有装备,因此对多方面的技术要求都有所限制,对于高强度海上反潜作战有些力不从心,这也导致该型直升机外销数量很小。迄今为止,只有沙特、阿联酋订购了不到 30 架反舰型,而反潜型包括中国在内只销售了不到 10 架。

90 年代中期,中国与俄罗斯达成了两艘"现代"级驱逐舰的采购计划。作为该舰引进计划的一部分,中国陆续采购了 10 多架苏联 70 年代中期研制、80 年代初服役的卡-27 反潜直升机的出口型——卡-28。

卡-28 是俄罗斯卡-27 的出口型号。1972 年 4 月,鉴于原先的卡-25 型反潜直升机已经不能满足需要,苏联部长会议通过了关于研制新型舰载直升机的决议。1973 年年初,苏联国家直升机委员会正式提出了具体的技术要求。1974 年 12 月,设计编号为卡-252 的新型舰载直升机实现了首次试飞。1982 年,卡-252 直升机通过苏联军方的验收,正式进入苏军服役,编号为卡-27。

作为一种中型反潜直升机,卡-28 整体性能远远超过同时期西方广泛装备的 SH-3"海王"和 SH-2"海妖"反潜直升机。即使与 80 年代中期服役的美国最新型 SH-60B"海鹰"反潜直升机相比,卡-28 在一些技战术性能也旗鼓相当。由此可见,卡-28 的引进对当时中国仍然十分薄弱的舰载航空反潜力量是一个有力的补充,特别是在当时国产直-9C 还没有完成研制的情况下,卡-28 的反潜能力的确非常出众,集当时国内使用的"超黄蜂"、AS565 反潜直升机的诸多优点于一身(如机身尺寸与 AS565 相当,却比"超黄蜂"的载重能力更大,比 LAS565 的搜潜和攻击系统更完善)。

在中国海军引进卡-28 反潜直升机之前,作战舰艇上的 AS565 或国产直-9 舰载直升机载重能力有限,所以只能在作战编队中加入具有较大航程和载重能力的 SA32LJa"超黄蜂"直升机。这种做法虽然缓解了一些应用上的缺憾,但由于"超黄蜂"的机体过大,除了补给舰和打捞救生船可以携带并提供维护、保养外,其他作战舰只根本无法搭载。

而引进卡-28 以后,凡能搭载"超黄蜂"的平台都可以方便地搭载卡-28。加上新一代驱护舰具备同时使用卡-28 和国产直-9C 反潜直升机的能力,可以根据作战需要对卡-28 和直-9C 各自所占比例进行灵活配置(如卡-28 和直-9C 的数量各占一半),因而不仅可以进一步提高编队中反潜直升机的数量,而且在执行垂直补给或中远海海上救生任务时仍然可以拥有足够数量的卡-28 供使用,舰载直升机的整体运用及作战效率都将会有极大的提高。虽然两种机型的维护对后勤保障提出了较高的要求,但毕竟这种付出是中国海军舰载航空反潜力量不足情况下的一个较为现实且可以接受的解决办法。

卡-28虽然有较好的技战术性能,但毕竟是20世纪70年代中期设计的,在雷达、电子设备方面与现代西方反潜直升机存在很大差距(卡-28的电子设备中仍然大量充斥着半导体技术甚至更老的电子管技术,而西方同代直升机却已开始广泛使用集成电路、大规模集成电路、数字化计算机处理系统)。虽然中国订购的10多架卡-28进行了一定的改进,但改进幅度仍然十分有限(只限于敌我识别和一些导航、通信系统),即使与国内研制的直-9C反潜直升机的电子设备相比,卡-28在不少方面也存在很大差距。

在反潜武器上,卡-28使用的ATR-3反潜鱼雷虽然最大航速可达60节,但其制导系统智能化程度不高,数据处理能力不足,抗干扰系统的能力也较为有限,对现代常规潜艇的打击概率远低于西方普遍使用的MK-46 Mod5型、MK-50等324毫米轻型反潜鱼雷。即使与国产直-9C使用的轻型反潜鱼雷相比,ATR-3鱼雷在性能上也没有特别大的优势,而且其体积、重量过大,严重限制了载机的挂弹量。

此外,卡-28虽然采用了共轴反转旋翼设计,机身尺寸很小,但其高度却达到了5.4米,这样水面舰艇上的机库高度至少要达到6米才行,而这将对舰艇的设计带来结构上的困难。例如中国建造的新一代驱护舰为了搭载卡-28反潜直升机,机库都设计得很高,为避免重心过高,不得不采用"凸"形设计,虽满足了卡-28的搭载要求,但却在很大程度上浪费了有限的舰面空间。俄罗斯海军为避免直升机机库过高,对舰艇重心产生不利的影响,一般采用更为复杂的半沉式机库设计,然而这种机库设计过于复杂,使用不便,可靠性也不高。

俄方的很多资料都称,只要在甲板上铺设一块长、宽各5米,由棕榈绳编制的防滑网,卡-28就可实现5级海况下安全起降,而且不需要任何助降系统,但这种说法很令人怀疑。

有资料表明,卡-28只能在舰艇横摇正负15度、纵摇正负不超过10度的条件下实现无助降自主安全着舰,这基本上只相当于3级海况。而采用助降装置的欧、美海军舰载反潜直升机(包括中国海军的直-9C)可以从容地实现在横摇正负35度、纵摇正负不超过15度的恶劣条件下安全起降,显然,卡-28在这方面有很大差距。

卡-28与直-9相比,它的最大特点在于采用了共轴式双旋翼布局。这是由于卡-27从一开始就是针对舰载的需要而设计的,采用这种布局的直升机可以省去尾梁和尾桨,使得直升机结构紧凑、外形尺寸小、气动力平衡、对风向和风速不敏感,从而提高了飞行性能。而且,由于直升机外形尺寸小且旋翼可以折叠,因此它的占地面积小,特别适合舰载。在动力装置方面,卡-28 安装有两台 TV-3-117VK 型涡轴发动机,单台最大功率 2200 轴马力。由此可见,卡-28 的动力系统的功率比直-9 大得多,因而具有更好的机动性能和携带武器的能力。

卡-28 直升机从设计一开始就定位为舰载反潜直升机,因此它的全部设计和设备配置都围绕着反潜作战进行。与直-9 相比,最大的不同是配备了一部"章鱼"搜潜系统。该系统由吊放声呐、磁异探测器和雷达组成。吊放声呐由绞车、吊索和声呐体组成,可以由直升机吊放进海水中工作。

除了吊放声呐,卡-28 还配备了磁异探测器和雷达。磁异探测器可测定周围的磁场变化,一旦附近有潜艇经过,该海域的磁场强度就会增大,磁异探测器通过磁场强度的变化就可确定潜艇的存在,其有效探测距离可达 400 多公里。搜索雷达安装在机头下的雷达罩中,可进行 360 度搜索,能从 2100 米至 2400 米高度上探测 180 公里范围内的水面舰艇和 30 公里范围内露出水面的潜艇。另外,卡-28 上还装载有 36 个声呐浮标,通过使用声呐浮标,卡-28 的最大搜潜范围可达到 2000 平方公里。

与卡-28 相比,直-9C 的反潜探测能力就要弱一些。这是因为国产的直-9 基本型(直-9A)是通用运输型,自身并不具备上舰和作战能力。为了满足海军对舰载反潜直升机的需求,哈尔滨飞机制造公司在直-9 上加装着舰设备,使直-9 具备了着舰能力。但直-9C 没有携带对潜探测设备,相关探测需要依靠舰艇声呐。

作为反潜直升机,直-9C 必须具备反潜作战能力。为此,直-9C 在机身两侧安装了挂架,可挂载 2 枚"鱼"-7 鱼雷执行反潜任务。该型鱼雷是美国 MK46 型鱼雷的国内改进发展型号,采用主/被动声导方式,射程 15 公里,长度为 2.6 米,战斗部装药 45 公斤。由于采用了先进的 OTTO 动力,速度高达 45 节。可见鱼-7 有相当强的威力,但直-9C 只装备了 2 枚,因而限制了其战斗力的进一步提高。

为了携带反潜作战所需要的武器,卡-28 机身下部设置了一个武器舱,舱内可载 AG-/MV 型自导鱼雷或 APR-2 型反潜鱼雷,外加 4 枚 PLAB-250-100 型深水炸弹。此外,卡-28 还装有自卫武器系统,包括安装在机头和平尾上的雷达告警接收机,装在发动机后舱后面的红外干扰发射机、金属箔/红外弹投射器等。卡-28 配备的 UV-26 型干扰弹箱可安装 64 枚干扰弹。

通过以上对比我们可以看出,直-9 直升机必须依托舰艇才能执行反潜任务,而卡-28 可以作为一个独立的反潜作战单元执行反潜任务,其反潜作战效能远远超过直-9。

综合以上分析,卡-28 的综合作战性能要强于直-9。但卡-28 有一个明显的弱点:它是进口直升机,因此一旦国际形势发生变化,零配件的进口被切断,这些直升机就成了一堆废铁。相比之下,直-9C 有一个明显的优势——它已经完全实现了国产化,因此没有后勤保障之虞,零部件的供应和维修可以得到充分保证。同时,由于其机体结构与通用型的直-9相同,许多零部件可以通用,因而可以极大地减轻后勤保障部门的工作负担。在战时,这些都是至关重要的因素,甚至会关系到战斗的胜败。因此,在装备卡-28的同时,直-9C的生产、装备和改进工作不能停止。

直-9C和卡-28的性能目在技术上均已落后(直-9采用的是法国20世纪80年代初的技术,而卡-28是苏联20世纪60年代的技术)。而且作为直升机,这两款反潜机不但航程有限,而且能够携带的搜潜设备和反潜武器数量也明显不足。发展固定翼反潜飞机的任务仍然是迫在眉睫的事情。

固定翼反潜机相对直升机具有续航时间长、飞行速度快、巡逻海域大和机载搜索系统全面的优势,能大幅度提高水面舰队抵抗潜射武器威胁的能力。

我国陆基的大型固定翼反潜机目前有水轰-5水上飞机,是国内设备最完善的反潜飞机。然而,由于水上飞机的飞行性能低于常规多发飞机,目前现役的水轰-5不但数量非常有限,而且也不具备满足海军航空反潜的需要。

运-8X是陕西飞机工业公司在运-8C中型运输机的基础上,按照海上巡逻机的要求改进设计的机型。运-8X装备有常规的雷达/红外搜索系统和声呐浮标投放装置,但由于其平台是在运输机型上简单改造完成的,因而机载探测装置的性能和机组人员的工作条件并不好。运-8X在中国海军航空兵中的地位和使用功能属于典型的海上侦察机,目前的整体技术和战术性能指标与国外反潜机的差距很大,而且其现有基本设计也缺乏改进为反潜机的潜力,加之其生产数量与水轰-5一样有限,无法形成有效战斗力。

航母编队的反潜机可与预警机共用一个平台,能够大大节省研发成本。

从这个角度来说,运-7可能会成为中国航母固定翼预警机的搭载平台,也很可能会成为中国固定翼反潜机的搭载平台。

从运-7的研发进度来看,中国固定翼预警机和固定翼反潜机搭载在中国自己建造的首艘航母上问题不大。同样的原因,采用滑跃起飞的"瓦良格"号航母还得采用直-9或卡-28作为反潜工具。从这一点上说,"瓦良格"号由于无法搭载固定翼预警机和反潜机,则必须装备远程对空对海搜索雷达以及深水反潜炸弹。这也成为西方嘲笑"瓦良格"号是一个"火药库"的重要原因。这样的"火药库"航母,损管能力是相当差的,有时候一枚小小的导弹,便会引起航母上火药库的剧烈爆炸。

飞行员训练,中国航母形成战斗力还需时日

1.航母飞行员训练的难度很大

即使我们的舰载战机和预警机问题解决了,如何让飞行员熟练地操作飞机在航母上起降,尽快形成战斗力也是一个非常重要的问题。

高速的现代战斗机在跑道长不过两三百米、宽不过四五十米,且在海浪中颠簸不定的军舰甲板上起降,是一个不易解决的难题。据美国安全中心统计,航母上舰载机飞行员飞行的危险度和难度比起航天员要大5倍,比起普通的喷气式飞机的飞行员危险度和难度要大10~20倍。根据乌克兰训练中心的数据显示,航母舰载机的中心任务是飞行员的训练。

航母舰载机的起降,从飞行甲板起飞较容易,但着舰则非常困难。舰载机着舰于航行中、晃动、起伏、长度甚短的航母飞行甲板,远较降落于陆地机场困难。虽然航母装有完整的舰载机着舰辅助系统,引导舰机对准甲板的中线,安排适当的降落角与高度沉降率,同时向舰机提供最佳进场飞行速度与飞行姿态数据,协助舰机安全地完成着舰,但即使最优秀的飞行员仍需经过长期的训练、历经多次失败、累积心得与经验才能成为一名合格的舰载机飞行员。

比如说,美国航母"尼米兹"号的斜角降落甲板有250米长,但是,提供给飞行员安全降落的距离只有100米,其中第一根拦阻索离舰首的距离只有75米,三根拦阻索的距离是28米,要是飞机没有在这个范围内降落,就钩不上拦阻索,飞机就要重新起飞再次降落。

虽然降落甲板的宽度有40米,但是由于拦阻索的特点,飞机的尾钩要钩住拦阻索的中点,左右偏差不能超过3米。不然,飞机就会偏斜。向左偏,飞机会滑出甲板;向右偏,飞机会撞上停在右边的其他飞机。

除了长度和宽度问题之外,还有一个高度问题。当飞机飞到航母甲板上空的时候,向下高度差距只有5米的余地,如果太低,飞机就会撞上甲板。向上只有1米的容错高度,如果太高,飞机的尾钩就钩不到甲板上的拦阻索。当舰载机以250公里的时速进行着舰的时候,留给飞行员的只有30平方米的一个横截面积着舰。

飞机的下沉速率也同样关键。如果下沉速度过快,就会加大起落架撞击甲板的力量,造成起落架或者轮胎破裂。如果飞机落地不均匀,边轮先着地,飞机就会侧翻。

即使成功降落,舰载飞机的降落也是一场剧烈冲撞的过程,飞机在2秒的时间内从原来220多公里的高速急停,这会对飞行员造成巨大的纵向负荷。

航母是一个海上自由运动的平台,它不仅在海平面上做平面运动,而且在海浪的作用下会产生纵向和横向的摇动以及升沉运动,降落的危险程度还会增加。

另外,由于作战的需要,舰载机还要在各种恶劣条件下和夜间起降,这更增加了舰载机起降的危险。美国海军制定的降落条例要求,在6级海况以下所有的自然条件下,包括在各种风向、海浪、摇晃情况下,舰载机都要能做到安全着舰。在有自动降落导引系统参与的情况下,要求舰载机能在云雾高度和能见度为零、甲板纵

·军事武器·

图文珍藏版

摇 12 度、横摇 5 度、尾部甲板升沉 15 米/秒的情况下降落。

舰载机在夜间降落更加危险,深夜的海上很少有或根本没有自然光,飞行员无法找到确定方位的参照物,极易迷失方向。如果有迹象表明出现了故障,飞行员需要在半秒钟内做出反应,弹射逃生,夜间降落是对飞行员的巨大挑战。

从舰载机在航空母舰上着舰事故来看,夜间是一个高发阶段。例如 1981 年"尼米兹"号航母的一次重大事故,就是一架 EA-6B 夜间进场后因降落过程中出现偏差,一头撞入 F-14 机群里面,引起大火,结果损失将近 20 架飞机。由此也可以看出,舰载机在甲板上降落时发生事故,往往会波及边上停放的飞机和设备,导致事故损失严重。

舰载机着舰时,如尾钩未挂住拦阻索,则必须拉起复飞。这种情况在白天的概率约为 5%,夜间则高达 12%～15%。

一个 A-7E 舰载机飞行员曾谈到夜间降落航母的真实体验:

第一次夜间着舰很难描述,那是对海军飞行员勇气、决心与能力的终极考验。在我的飞行生涯中,没有什么比在黑暗的风暴夜晚着舰之前更焦虑和紧张的了。你在一片如黑色天鹅绒的真空中下降,紧张地尽可能快的锁定下滑道和"肉球"("光学辅助着舰系统的俗称"),那种精神与技术的高度集中的程度很多人永远都不会体会到。你要注意的就是,如果你的调整超过了一次或两次。你就没机会再去做了,结束了(或者你死了)。大多数着舰漂亮的飞行员会告诉你,如果有人喜欢夜间着舰,他一定在撒谎,要不是个疯子。

从第二次世界大战结束到现在,美国海军已经坠毁了 1000 多家飞机,700 多名飞行员丧身,其中绝大部分事故是发生在着舰的时候。其中,因操作不当摔掉了 400 多架飞机。

俄罗斯舰载飞行员的训练也走过了一条漫长的道路。以俄罗斯的"库兹涅佐夫"号航母为例,虽然苏-33 于 1993 年初就完成了配置,展开舰载机起飞着舰训练,但 1995 年 12 月该舰前往亚得里亚海执行维和任务时,全舰只有 12 名飞行员能够合格地在航母上起飞与降落。

最终,俄罗斯用了十几年时间,才解决了苏-33 舰载机飞行员的培训,形成了俄罗斯唯一一艘航空母舰"库兹涅佐夫"号的作战能力。

根据美国和俄罗斯海军的经验,我们知道,要让航母形成战斗力意味着要损失昂贵的战斗机和稀少的舰载战机飞行员。以美国为例,仅在 1954 年一年的时间里,为了掌握、精通喷气式飞机从航空母舰起飞的技术,美国海军就损失了近 800 架飞机。1999 年,美国海军仍损失了 22 架最先进的战机,而且驾驶这些飞机的都是世界上经验最丰富的飞行员。舰载机飞行员的学习过程是以鲜血和金钱为代价的,中国想短期内掌握战斗机上舰的技术确实困难。

2.世界各国的航母飞行员训练

为了确保战斗力的迅速生成,拥有大中型航母的各海军强国不约而同地在陆地上建造了仿真度极高的模拟训练设施,用于培训航母舰载机飞行员及航母操作人员。

由于在航空母舰上起降和陆地起降差别很大,加上舰载机执行的任务更为多样化,舰载机飞行员的培养远比陆基飞行员复杂得多。一般来说,舰载机飞行员的训练大都从陆地模拟甲板开始,熟练后才能到航母的甲板上练习。

我们来看苏联唯一的航母飞行员陆上训练基地——位于乌克兰境内的尼特卡。

尼特卡一直是苏联航母飞行员的唯一陆上训练基地,为苏联培养了大量的舰载机飞行员,堪称苏联航母飞行员的摇篮。

20世纪40年代,苏联海军高层就对舰载机飞行员的起降训练问题开始关注,并萌发了建造一个舰载机试验训练基地的设想。1955年,海军司令库兹涅佐夫向苏联军事委员会提交的一份草案中指出,为试验舰载机起降航空技术装备(弹射器、拦阻装置、应急阻拦网、光学助降和无线电助降系统),研究飞机的航母搭载特点以及培训航母舰载机飞行员,需建造一个地面航母试验训练基地。但这一设想直到30年后才得以实现。1975年,时任苏联海军司令的戈尔什科夫在考察完美国"列克星敦"号教练航母和"莱克赫斯特"陆基训练中心后,才将"建造舰载机陆上实验训练基地"的内容加入了苏联的海军发展规划中。1977年,苏联海军选中了克里米亚半岛入海口为建造地,按照第23中央海军设计研究所的设计方案着手建造尼特卡训练基地。

1984年,尼特卡训练基地竣工,这也是苏联建造的唯一一个航母训练基地。

尼特卡是俄语"地面综合航空试验训练场"的缩写,也被苏联海军官兵称为"陆地上的航母"。该基地现位于乌克兰境内的萨基市郊区,主体建筑有三层均位于地下,地面上的两个主起降平台T-1、T-2向大海方向呈线状延伸。

地面飞行跑道与地面齐平,长290米,外形尺寸与"库兹涅佐夫"号航空母舰飞行甲板尺寸等同。在跑道内部设置了大功率蒸汽动力装置和电动液压装置,跑道末端设计有模拟航母的起降滑跃平台和拦阻装置。

T-1、T-2两个滑跃起降平台均由位于尼古拉耶夫的黑海造船厂采取分段建造法锻造,然后由海路运至萨基。T-1起降平台长60米,宽30米,跃升角8.5度,平台末端高度5米。由于苏-27K(即苏-33)舰载机的研发,尼特卡在建造T-1的经验基础上,又搭建了T-2起降平台,其长53.3米,宽17.5米,跃升角14度,主要用于米格-29K和苏-27K新型舰载机的试飞训练。

起降平台的设施包括舰载机拦阻索(代号"斯韦特兰娜"),应急阻拦网(代号

"希望"),舰载雷达助降系统(代号"电阻")和两个光学助降系统(代号"下滑线-H"和"月亮-3")。这些助降系统可保证舰载机在各种气象条件下以自动、半自动和引导方式进场着舰,同时还可保证夜间条件下目视着舰。

尼特卡的航母起降飞行训练通常在夏季进行,即每年的7、8月份,训练时间1.5~2个月。只有当飞行员在尼特卡的陆基滑跃起降平台上真正掌握从起飞到着舰的全部动作要领后,才能转入下一步的航母起降训练。

苏联以及后来俄罗斯的航母飞行员上舰之前必须在尼特卡试训基地进行充分训练,为他们后来在"库兹涅佐夫"号等航空母舰上的成功起降奠定坚实基础。

从1982年5月米格-27在尼特卡试训基地进行了第一次滑跃起降试验至1991年12月苏联解体,尼特卡试训基地一直承载着高强度的起降飞行训练任务。苏联解体后,尼特卡划归乌克兰所有,试训基地的使用中断了很长时间。直到90年代中期,俄罗斯和乌克兰政府达成有关联合使用试训基地的协议,俄北方舰队第279舰载歼击机航空兵团在尼特卡进行起降训练。但之后由于政治原因使得租借活动时断时续。

近年来,印度海军在积极寻求向乌克兰政府租借尼特卡基地,中国的舰载机飞行员训练基地也克隆了尼特卡的重要设备和训练方法。

美国的航母拥有量世界第一,其舰载机飞行员的培训也最正规。美国海军航空兵飞行员主要在佛罗里达州的海军航空学院和海军航空兵军官候补生学校学习飞行,其陆上训练分为五个层次:一是预训,二是初级飞行训练,三是利用螺旋桨飞机进行基础和高级飞行训练,四是利用喷气机进行基础和高级飞行训练,五是模拟在航母上起落、夜航、空战、攻击等。只有通过了全部考验的人,才能上舰进入下一阶段的海上飞行训练。

美国的航母飞行员训练基地有诺福克海军基地以东25.8公里的奥希纳海军航空站,设有4条飞行跑道,每条跑道的两端安装都有E-28拦阻装置,用于模拟着舰训练。奥希纳海军航空站东南约11.3公里是芬提斯海军辅助机场,跑道长度约2.4公里,可模仿航母飞行甲板。芬提斯海军辅助机场是在二战时作为奥希纳海军航空站的一部分建立的,它和钱伯斯场站均由奥希纳海军航空站管理,形成了一个空港群。

法国的朗迪维肖基地占地约950英亩,跑道长2700米,是舰载机起降训练的陆上支援场所。该基地现有"阵风"M型战斗机10架、"超军旗"攻击机50架和"隼"式飞机10架。在这里受训的飞行员有21%的时间用于白天陆上模拟着舰练习,6%的时间用于夜间陆上模拟着舰练习,另外73%的时间用在其他训练科目中。

我们讲完了航母飞行员训练基地,但是,这些飞行员是怎样训练的呢?目前,飞行员训练并没有公开的资料,我们来看一下印度航母飞行员是怎么在美国训练的。

2005 年 6 月 28 日,美国国防部长拉姆斯菲尔德与印度国防部长普拉纳布·穆克杰在华盛顿签署两国间为期 10 年的军事合作协议。在协议中,美方承诺为印方培训航母舰载机飞行员。印度海军将从其航空兵战斗机中队里选拔 50 名优秀的"种子学官",分两批前往密西西比州的莫里迪恩海军航空站进行训练。

莫里迪恩航空站位于美国南部内陆,距墨西哥湾大约 543 英里,是美国海军航空兵第 1 训练联队的驻地。该联队包括三个训练中队,拥有 90 架教练机和两台飞行操作模拟机,其中第一个完成换装的第 23 训练中队是接受印度飞行学官的单位。

23 中队每两个星期会训练 4~6 个高级班学员。他们的 T-45C 教练机装有"先进 21"玻璃座舱,飞机的所有导航、武器使用等信息全部显示在两块 8 英寸数字式多功能液晶显示器上,这对学员们将来真正驾驶 F-18 等数字化座舱战机无疑是一大帮助。

因为这些人已有长期驾驶喷气机的经验,所以他们将直接接受高级攻击训练,选用波音公司的 T-45C"幼鹰"喷气机作为教练机。

这群印度飞行学官先从地面科目开始,紧接着是熟悉美式战机的飞行仪器操作。内容包括:利用由教官解说的航行图及航线计程仪,进行低空操作飞行和练习"一架支援一架"的简单战术队形。

然后是空中对地面的武器训练,用 10 度角或 30 度角投放重达 25 磅的训练弹,用 20 毫米机炮攻击地面目标。在战斗战术演习方面,利用"一对一"或"一对二"的攻击方式,使印度飞行学官熟悉如何相互间沟通合作和实施基本战术动作。再就是使用 T-45C 的飞行操作模拟机进行模拟空战。

在训练末期,这群学官要花两个星期的时间学习用无线电导航系统在夜间及恶劣天气下飞行。在慢慢熟悉战机性能后,他们还要执行失控飞行,展现垂直及侧转的飞行特技。这期间,他们将被编成二到四机编队飞行,实施基础空中攻击,目标是筒状标靶。

所有这一切训练完成之后,印度人将驾驶 T-45C 教练机在海上航行的美军航空母舰上起降,这个阶段科目要持续一个星期左右,英文简称为 FCIP。

按照美军训练大纲的要求,科目一开始先在海军航空站的地面模拟航母跑道进行着舰练习。学员必须将飞机飞进甲板范围内,在甲板的特别位置上触地降落,这时飞机尾钩会钩住着舰钢缆,使其战机停住。装置在跑道前方俗称"肉球"的"菲涅尔"透镜光学助降系统会导引学员们降落,着舰信号官也会观察每一架即将降落的飞机,并用无线电将正确的角度通知飞行员。学员必须以机鼻朝上的姿势降落,如果尾钩没有钩住钢缆,他们必须马上起飞再一次进行降落,如果轮子没有停在着舰区内,他们通常也被要求绕场再做一次着舰。

一旦他们完成 8 次的地面着舰任务,而教官也认为其动作精确,学员们便可以进一步在墨西哥湾水域航行的航母上进行着舰训练。要在行进中的航母上着舰,对学员来说是更刺激的挑战,倾斜的起降甲板随着航母移动,而航母又随着海浪高低起伏,航速通常在 30 节甚至更快。每个学员届时要做完两次落地重飞,每一次降落后,学员和飞机会从航母弹射起飞而后再做一次降落,紧接着再完成 6 个白昼降落任务。只要这群印度飞行学官完成 10 次这样的程序,就可以获得美国舰载机飞行员徽章,这时他们实际已经掌握了美国海军舰队一线战术战机的操作技术。

3.中国的航母飞行员训练

看完外国的航母训练基地,我们来看中国的航母训练基地。

根据谷歌地图显示,中国现在至少有三座航母和舰载机试验/训练系统。他们分别是武汉的水泥航母、西安阎良的训练基地,还有就是辽宁兴城训练基地。

武汉的水泥航母拥有与"瓦良格"号中型航母几乎完全相同的起降跑道和舰桥。虽然目前还不清楚这里是否已被用于舰载战斗机飞行员的训练工作,但那里已经出现了几架与俄制苏-33 舰载战斗机非常相似的飞机。

英国《简式世界舰船》编辑斯蒂芬·桑德斯认为,这一建筑很可能是被用于训练航母起降甲板上的指挥人员以及制定舰载战机的停飞秩序。

日本《朝日新闻》分析称,"陆地航母"主要是为基本布局设计和电磁信号测试提供实体平台,并不能用来进行真实的舰载机起降训练。因为其甲板与舰岛一样是用水泥浇筑的,并没有铺设强化钢板,所以不能承受舰载机起降时产生的巨大冲击力。

《朝日新闻》引述中国军方有关人士的话称,由于武汉"水泥航母"不能对所有子系统进行测试,因此中国可能在其他地方建有类似测试平台,以便对航母将要采用的声呐、动力、舰载武器等进行全面测试。

《汉和防务评论》则认为,中国舰船设计研究中心作为中国唯一的大型水面舰艇设计单位,很可能承担起中国未来航母的主要设计工作。因此,它所建造的航母建筑,最有可能用于实地验证航母设计的诸多技术问题,如航母基本布局、舰载机尺寸测量、航母内部布线、机库大小设置、舰载武器布置、雷达电子设备测试等。

除了武汉的水泥航母之外,西安阎良的军用机场也出现了滑跃起飞的模拟甲板,这个空军试飞中心主要是测试歼-15 的飞行控制系统、雷达、武器运用。

而真正成为舰载机飞行员训练基地的是辽宁葫芦岛的海军训练基地,它相当于乌克兰的尼特卡训练基地和美国的诺福克海军航空港,是一个综合性的长期训练基地。它有类似乌克兰尼特卡的地面模拟试验系统,并修筑了模拟航母甲板跑道的地面起降跑道。

乌克兰曾打算使用尼特卡相关设施成立一个国际培训中心，专门训练航母飞行员。乌克兰人希望在尼特卡帮助训练中国的航母舰载机飞行员。然而，中国人希望自己能够独立自主，拥有自己的航母飞行员训练中心。

根据美国的情报显示，2009 年的时候，中国大陆解放军的军方高级团访问乌克兰，当时特别参观了乌克兰的航母训练基地的相关设施，提出希望乌克兰帮助中国培训航母上的舰载机飞行员，并帮助中国在中国北海舰队的葫芦岛基地建设一个全新的航母舰载机飞行员训练基地。

据《汉和防务评论》透露，中国已经引进了四套航母舰载机降落辅助设备以及拦阻钩索。其中，至少有一套是用于实验基地建设的。此外，中国对尼特卡试飞中心的模拟设备、训练软件、管理程序以及相关技术具有浓厚兴趣。

菊花岛所在的葫芦岛地区已拥有"中国海军飞行学院"，这就是著名的 91065 部队。海军的直升机、轰炸机、运输机飞行员都在此训练。

《汉和防务评论》的创办人平可夫说："建设新的试飞机场，耗资非常庞大，等于建设陆地航母。目前只有乌克兰、美国存在这样的试飞中心。"

葫芦岛基地起飞跑道上背靠背地建有两座模拟滑跃甲板，在主跑道两端尽头建有两座模拟着舰的甲板，上面布有着陆拦阻索。机场西南角的机库有 24 座，据其可以估计未来"瓦良格"号的载机数量。

舰载飞行员的训练，不仅仅是硬件建设的问题，训练技术也是同等重要的，这方面的技术，中国目前还是空白。

乌克兰的尼特卡训练基地曾经试图向中国出售训练技术。

2009 年，由乌克兰国防部长叶哈努罗夫率领的一个大型军事代表团访问中国。叶哈努罗夫在北京表示，这次乌克兰军事代表团访华的主要目的就是要进一步加强同中国在军事技术领域中的合作，而帮助造航母和训练飞行员是其中的一个议题。

军备问题专家皮亚图什金说，乌克兰拥有苏联唯一的一个航空母舰飞行员训练中心，就连俄罗斯的航空母舰舰载机飞行员目前也在这个位于克里米亚半岛的训练中心接受训练。乌克兰可以利用这个训练中心为中国培训航空母舰飞行员。皮亚图什金说，甚至存在着乌克兰向中国出售航空母舰飞行员训练技术的可能性。

他说："这主要取决于中国将计划培训多少航空母舰飞行员。如果中国打算培训数百名飞行员，中国或许会从乌克兰直接购买设计图纸和技术，在中国国内建造这种航空母舰飞行员训练中心。如果中国想培训几十名飞行员，那么使用乌克兰的训练中心会更加合算。"

很明显，中国做的是长期打算，要建立自己的训练基地，自己训练舰载机飞行员。

同时,中国也试图通过多种途径获取乌克兰的训练技术。

美国华盛顿时报2011年2月14日报道称,乌克兰政府已宣布判处一名俄罗斯男子六年有期徒刑,理由是其为中国进行间谍活动,为中国提供建造航母的军事秘密。报道引用乌克兰《Segodnya》报等媒体消息称,俄罗斯籍男子亚历山大·叶尔马科夫(Aleksandr Yermakov)是在试图向中国转移可大幅加快中国部署首艘航母速度的机密数据时被捕的。

美媒称,中国指使叶尔马科夫获取有关乌克兰陆基海军航空兵测试和训练中心(NITKA)的机密信息。

据此人称,叶尔马科夫是在其35岁的儿子的帮助下为中国服务的。而叶尔马科夫由此所获得的报酬,远远多于他长期经营的"游客"业务的收入。这位乌克兰安全局的官员表示,叶尔马科夫的儿子(也叫亚历山大)"注册了一家离岸地区公司,提供武器交付领域的服务"。该公司的简介中提到,它提供全方位的军事技术、测试方法,以及以最初订单方案为基础的设计信息。

美媒体称,乌克兰安全局指出,除了"电子数据、图纸和施工文件,这二人还准备了约1500页的文件,交给中方"。这一信息价值几亿美元。

美媒体称,据乌克兰新闻报道,中国新闻社援引中国军事官员的话说,他们计划打造舰载海军航空能力,但在训练本国航母飞行员方面,"中国人需要他们自己的陆基海军航空兵测试和训练中心,而且他们已开始建立属于自己的综合设施"。

美国情报官员指出,目前,在东北的辽宁省兴城市,中国正在建立一个大型航母飞行员培训基地。陕西西安也建立了相关设施,用于培训航母人员和工程支持专家。

中国航母飞行员和指挥员的训练,实际上从20世纪80年代就开始了。

1987年,中国海军从海军航空兵飞行员中挑选优秀的军官参加广州海军舰艇学院的航母舰长培训课程,即"飞行舰长班"。

1987年3月31日,海军司令员刘华清向总参谋部和国防科工委汇报了海军发展航母的设想,决定"七五"开始论证,"八五"搞研究,对平台和飞机的关键课题进行预研,2000年视情况上型号。

为先期培养航空母舰编队的指挥人才,1987年5月,经中央军委批准,海军决定在广州舰艇学院开办首届"飞行员舰长班",挑选海军航空兵优秀飞行员改学水面舰艇指挥专业,培养一批既会飞行,又会指挥的海军高素质复合型舰长。

1987年秋,从海军航空军近千名飞行员中经过百里挑一的严格考核,挑选出李晓岩、柏耀平、杨宏、王大忠、王仲才、王玉成、马业隆、何虎、彭建林到海军广州舰艇学院学习。当时他们的年龄在24～30岁之间,当中国航母建造成功之时,他们这些人正是年富力强、经验丰富之际，军衔、职务也正符合航空母舰舰长的要求。

我们的舰长问题解决了，下一步是飞行员的训练问题。

2008年9月，海军大连舰艇学院招收了50名飞行学员。据央视报，首次试点接收飞行学员，是海军党委和机关为落实新时期海军战略转型而做出的一项重大决策，标志着海军为探索新型飞行人才培养迈出了新路子。

首批接收的飞行学员，将依托海军大连舰艇学院自动化专业，完成4年舰载机飞行专业教育。期间，除学习自动化专业课程，系统掌握自动化专业理论基础和技能方法外，学员们还将重点学习水面舰艇和飞行的基础理论知识。

毫无疑问，这50名舰载机飞行学员将会是中国海军第一艘航空母舰上的舰载机飞行员。

英国《简氏防务周刊》报道说，"50名飞行学员将进行4年舰载机飞行专业培训，以便培养出首批能够在航母上驾驶固定翼飞机的中国海军飞行员"。

同时，中国海军还利用国外设施，进行了航母舰载机飞行员的训练。其中，乌克兰的尼特卡成为中国首批舰载机飞行员的训练基地。

中国从2006年开始就与乌克兰讨论，希望使用后者位于敖德萨的海军试飞中心（Nitka）进行航母飞行员训练。

根据中国和乌克兰2009年7月间签署的协议，2009年9月下旬，18名来自中国空军的军官开始在乌克兰哈尔科夫空军大学（XYBC）接受培训，同时至少三批中国技术人员到乌克兰接受为期3个月的航母模拟甲板自动化控制系统技术和地面维护系统的培训。

除了在乌克兰进行地面模拟训练之外，中国还试图和有航母的国家进行实地训练，毕竟乌克兰没有自己的航母，地面模拟训练不能当真，到航母上训练是必不可少的一环。

理想的国家是巴西。

中国国务委员兼国防部长梁光烈2009年11月16日下午在北京与巴西国防部长内尔松·阿泽维多·若宾举行会谈，双方就加强双边军事交往达成四项共识：①成立中巴国防部交流与合作联合委员会；②加强团组互访和中青年军官交流；③扩大军事训练和人员培训合作；④开展维和领域交流与合作。

美国肯塔基大学国家安全研究学者罗伯特·法雷撰文称，中国与巴西可能就利用巴西"圣保罗"号航空母舰训练中国舰载机飞行员达成协议。

罗伯特称，巴西是世界上拥有能够起降常规战机航母的4个国家之一，其他3个国家是法国、俄罗斯与美国。美国对训练中国飞行员没有任何兴趣；而法国受欧盟法律的限制，无法为其提供相关训练；俄罗斯则正就战机知识产权与北京展开辩论。目前，中国没有可用航母，但据说其正在规划建造一支航母舰队，这使得巴西成为中国寻求航母培训舰载机飞行员的唯一选择。

罗伯特指出,中、巴两国就航母训练达成的协议是一个互利协议:中国能够获得相关训练,而巴西则赢得了声誉,并巩固了其作为一支全球性力量的实力。

"圣保罗"号航空母舰是巴西2000年11月从法国购买的法国海军退役的"福熙"号航空母舰,巴西海军将其改名为"圣保罗"号(A-12)。

"福熙"号航空母舰是法国两艘"克莱蒙梭"级航空母舰的2号舰,满载排水量32780吨,1957年2月动工建造,1960年7月下水,1963年7月正式服役,采用2台蒸汽轮机,2轴推进常规动力装置。

1999年4~6月,"福熙"号航空母舰参与了北约对南联盟的攻击行动,然后退役。2000年11月,经过部分翻修后的"福熙"号正式移交巴西海军。

"福熙"号航空母舰采用弹射起飞方式,"克莱蒙梭"级上配备了2部美制的C-11蒸汽弹射器,弹射距离为56米,可将15~20吨重的战机弹射离舰。效能上不如美国现役的C-13重型弹射器,但使得巴西成为世界上仅有的拥有能够弹射起飞、阻拦降落战机航母的三个国家之———其他两个国家是法国("戴高乐"号核航母配备2部引进的C-13)和美国("尼米兹"级核航母均配备4部C-13)。

航母上搭载的飞机是A-4"天鹰"舰载攻击机。

A-4"天鹰"是美国道格拉斯飞机公司为美国海军研制的舰载攻击机,主要用于对海上和近岸目标实施核或常规打击,执行近距离和浅纵深遮断攻击任务。50年代研制的A-4"天鹰"式攻击机已经严重过时,现阶段只能作教练机使用。

由于中国第一艘航母"瓦良格"号采用的是滑跃式起飞,和采用弹射式起飞的方式不大一样,另外,中国使用的苏-33和A-4"天鹰"飞机也不相同,有人说,用A-4训练出来的飞行员会对未来的国产舰载机感到不习惯。

但是,从长远来看,我国自主建造的中型航母一定是采用弹射方式起飞的,在巴西培训的飞行员在未来一定能够发挥重大作用。

(四)中国的航母编队及基地

航母编队以航空母舰为核心,集舰载机、水面舰艇和潜艇于一体,遂行对海、对岸和对空的一体化作战,包括例行训练与巡逻;保护海上交通线;封锁港口、海峡或基地,实施威慑;歼敌水面舰艇与潜艇,夺取制海权;夺取制空权;支援登陆或地面作战等。航母编队是一支综合作战能力强、威慑作用大的机动作战部队,其通常由一艘到数艘不等的航母构成作战核心,并配属一定数目的巡洋舰、驱逐舰、护卫舰、攻击型核潜艇和支援舰等辅助舰只。

中国的航母编队

按照美国航母编队的配置标准,我国航母编队应有 2 艘防空的巡洋舰、2 艘防空的驱逐舰、1 艘反潜的驱逐舰、2 艘防空加反潜的护卫舰、2 艘潜艇以及 1 艘大型补给舰,大概也就 10 艘左右的护航舰只。

但是,我们没有防空巡洋舰,因此,中国航母的第一护法不得不由较小的驱逐舰来担当。下面我们来看看中国航母编队的舰只组成。

1.中国航母编队中的防空舰艇

中国三大舰队目前具有远洋区域防空能力的驱逐舰包括:2 艘号称"中华神盾"的"兰州"级驱逐舰(170 号"兰州"号、171 号"海口"号)和 2 艘号称"中华俄式神盾"的"沈阳"级导弹驱逐舰(115 号"沈阳"号、116 号"石家庄"号),一共 4 艘,刚好够两个航母编队的防空之用。其中,170、171 号舰属于南海舰队,应该是南海航母编队中的防空舰;115、116 号舰属于北海舰队,应该是北方航母编队中的防空舰。

052C"兰州"级导弹驱逐舰

2003 年 4 月 29 日,中国海军第一艘国产"神盾"舰 170 号导弹驱逐舰在汽笛声中滑入长江,在江南造船厂下水舾装,该舰后被命名为"兰州"号,于 2004 年 7 月 4 日正式加盟南海舰队。较晚开工的 171 舰亦于 2004 年底完工,展开试航作业。

该级战舰首批建造 2 艘,配备了众人期待已久的相控阵雷达系统和垂直发射防空导弹系统,是大陆造舰技术的一大突破,西方军事专家把该级舰与美国海军的"宙斯盾"战舰相提并论,称其为"中华神盾"。

170 号导弹驱逐舰是 168、169 号舰的改型。从外形上看,170 号舰高干舷,舰首大外飘,长宽比大。西方军事专家认为,该舰具有抗浪性强、持久力高等特点,宽大的船体流露出苏联海军舰船的风骨,具有非常好的适航性。上层建筑则吸取了欧洲新一代大型主战舰艇简洁流畅的特点。为减少舰体的雷达反射面以实现隐形,上层建筑采用由多个平面组成的多面体设计,而且表面非常光滑,舰体外表面还可能涂有特殊隐身涂料,以吸收雷达波。制造工艺精良的舰体外形使得该舰具有极佳的远洋航行能力。

一位中国军事专家在评价"中华神盾"舰时曾说:"这是中国经过 20 年消化吸收国外造船技术,结合国内最新科技成果,自主创新建造的一艘性能优良的世界级战舰。"

美国海军"宙斯盾"作战系统的核心部件是多功能相控阵雷达,该雷达天线由 4 个固定平面阵组成,能实施全方位搜索,搜索距离 400 公里,可同时跟踪监视 400 批来袭目标,并能自动跟踪其中 100 批最具危险的目标。

·军事武器·

图文珍藏版

"兰州级"导弹驱逐舰

"中华神盾"安装的国产相控阵雷达以俄制30N6E相控阵雷达为基础,对中高空目标探索距离超过300公里,可同时引导12枚导弹攻击6个空中目标,每枚导弹的发射间隔为3秒。外国军事专家指出,国产相控阵雷达性能优于美国海军"宙斯盾"雷达的早期型SPY-1B,具有跟踪精度高、反应速度快、数据容量大、抗干扰能力强等特点,可对空中多批次目标同时进行探测、识别和跟踪,为舰上武器系统提供了多层防御、抗饱和攻击的基础。

052C的相控阵雷达天线安装在舰首位置,安装方式与美制"阿利·伯克"级宙斯盾驱逐舰类似,有人亲切地戏称之为"板砖"。据称,"板砖"的重要技术来源于乌克兰。俄罗斯工业界则称"板砖"为"海狮"相控阵雷达。"板砖"的天线外罩为弧形且明显向外突出,此为气冷系统的静压箱,而天线本身是平的。这四面"板砖"的面积约为18.9平方米,比美国AN/SPY-1还大,采用波长较长的S波段操作,拥有较佳的远程侦测能力。但在安装方面,"板砖"的位置过低,受制于地球弧形表面,将使其平面搜索距离大减。此外,朝向后方的两块"板砖",位置没有特别加高,导致水平视线下缘被高起的尾楼结构挡到一些,影响到舰体后方的低空搜索。

170舰首次安装了舰空导弹垂直发射系统,以应付敌方来袭导弹的"饱和攻击"。该系统仿照俄罗斯使用高压气体推出导弹的冷发射方式,具有48个垂直发射单元,在防空导弹上选择国产海红旗-9型舰空导弹。

该型导弹采用先进的捷联惯导/指令修正+末段主动雷达的制导体制,导引头抗干扰能力强,是一种全天候全空域的远程防空导弹系统。海红旗-9舰空导弹与相控阵雷达融合后,能一次控制6枚导弹攻击3～6个目标,对同一个空中目标可先后动用两枚导弹进行重复攻击,导弹发射间隔时间约5秒,除了拦截飞机外,还具有一定程度的反弹道导弹能力。

除了防空系统之外,170"中华神盾"的反舰作战系统也比较先进,使用的反舰导弹是鹰击-62。

鹰击-62（YJ-62）反舰导弹是我国专门为新一代的052C型导弹驱逐舰量身打造的，是一种由中国自己开发和发展的远程亚音速反舰巡航导弹，采用惯性导航（INS）/全球定位系统（GPS）主动雷达制导，射程高达280公里，可以说比之现代级导弹驱逐舰上的俄式导弹也毫不逊色，技术含量基本上达到欧美的水平，甚至占有某些非对称优势。

鹰击-62摒弃了传统的方箱式结构，取而代之的是类似于美制"鱼叉"、法制"飞鱼"MM-40、俄制SS-N-25那样的圆筒式，但其外形尺寸要大一些。一时间惹得外界众说纷纭，包括一些媒体在内都认为是所谓远程超音速反舰导弹鹰击-12。但在20059F9月13-16日伦敦国际防务展览会上，北方精密机械进出口公司公布了一些鹰击-62的细节，真相才逐渐明了。

在鹰击-62的研制过程中，科研人员借鉴了美国的"战斧"式巡航导弹的设计思想。

"战斧"导弹弹体采用模块化设计，除战斗部、制导系统和发动机随任务不同有区别外，各种导弹的外形尺寸和内舱位置安排均一样。

"战斧"导弹的气动外形选用正常布局，非常利于延长飞行距离和结合高性能的涡扇发动机，其反舰射程可上450~550公里，对陆核攻击型更是高达2500公里，从而使其成为准战略性武器。

"战斧"导弹采用基于激光陀螺技术的高精度惯性导航装置（INS）与全球卫星定位系统（GPS）+先进的频率捷变技术的主动雷达末制导的复合制导方式，精度高，抗干扰能力超强。

解放军就是按照"战斧"的设计思路来研制鹰击-62系列导弹的。

鹰击-62采用与"战斧"相类似的气动布局：长细比较大的一字形弹体加中弹翼大弦展比平面布局。弹头呈卵形，中段为圆柱形，尾部为截锥体，后串接固体火箭助推器。

在发动机方面，综合外界媒体消息和中国精密机械进出口公司发布的外贸型号（C-602）性能数据来看，估计暂时安装的是油耗较高的涡轮喷气发动机，不是民间盛传的WS-500涡轮风扇发动机，所以射程暂为300公里左右。

鹰击-62导弹是中国近年来研制装备的一款远程反舰型巡航导弹。该导弹比之前的鹰击-6系列导弹射程有了较大程度提高，解决了远程反舰巡航导弹的有无问题。但与"战斧"导弹相比，该导弹在射程、命中精度、战斗部打击力上都有明显差距，只相当于西方20世纪80年代后期的水平。

170号是以防空为主，反潜为辅的驱逐舰，故反潜能力也不错。主要装备有一座三联装改进型"白头"型反潜鱼雷系统以及一架卡-28反潜直升机。"白头"鱼雷是中国于20世纪80年代仿意大利A-244S白头鱼雷设计的一种轻型反潜鱼雷。该鱼雷长2.75米，口径324毫米，射程15公里，航速35节，最大下潜深度500米，采用铅酸电池做动力。该鱼雷既可由水面舰艇携带，也可以由反潜直升机挂载。在反潜声呐方面，设有球鼻首声呐以及拖曳声呐。声呐的布置方式较为特别，一改以往正尾拖放的方式，转而采用侧尾布置，声呐工作时绞车从左/右侧尾升出。缺点是声呐布置/回收困难，精度较差，且工作时受海况影响较大。

052C是大陆首型能应付高强度空中威胁的防空舰艇。它的出现，证明了大陆舰艇科技挑战西方顶尖水平已经成为可能，有朝着世界一流等级迈进的潜力。

据推测，拥有先进、复杂"神盾"系统的170号舰造价约6亿~8亿美元，与中国向俄罗斯购买的"现代"级导弹驱逐舰相仿。

由于受当时条件限制和设计水平落后，"中华神盾"170、171舰表现出重心过高、稳性不足等问题。

首先，是该舰的长宽比设计不合理，171驱逐舰的舰长约155米，舰宽17米，其长宽比达到9.1。而国外在20世纪90年代中后期设计建造的新型驱逐舰长宽比普遍只有8~8.5。

有人会说，军舰修长一点是好事，速度快，过宽的船体在水里走得慢啊，是的，瘦长型的军舰是速度快一些，但在现代战争条件下，不是谁的速度快就能占上风。你肉眼还没有看到对方，对方就在几百公里之外发现了你，导弹已经向你飞来，你速度再快，能快得过导弹吗？

而长宽比达到9.1的"中华神盾"170、171"细长"的舰体，虽然军舰的快速性得到了基本保证，但舰体的稳性就显得不太理想了，加之为了安装面积、重量很大的相控阵雷达并获得足够的雷达探测距离，其舰桥就必须设计得尽可能高大一些，以满足雷达对中、低空目标的探测要求，这样，170级军舰就显得有些"头重脚轻"。

170、171舰被设计成这个样子，既有设计理念的问题，也有迫不得已的客观因素，那就是我们军舰的动力系统存在的问题。

中国国产驱逐舰以前采用的动力系统全是技术落后的蒸汽动力装置，虽然输出功率大，结构、技术简单，热效率高，造价低廉，但存在着体积与重量过大、红外辐射较强、油耗较大、启动时间长、自动程度较低等问题。

蒸汽轮机的启动时间要多久呢？俄罗斯以前的军舰暖机时间长达4小时，中国后来减少了一半，进入战斗状态之前要暖机2小时。作战是分秒必争的事情，你总不能说，先停一会，等2小时之后我们再开展。

正是因为蒸汽动力存在这样难以解决的问题，国外海军从20世纪70年代后逐渐用技术水平更先进的燃气轮机取代了蒸汽轮机，而国内在舰用燃气轮机方面的基础却过于薄弱，直到20世纪80年代末仍没有大功率燃气轮机可以投入使用。

因此,在 170、171 舰设计建造之时,其动力系统仍只能从国外进口。

由于美、欧等西方国家在对中国进行高技术武器及设备出口方面有严格的限制,中国在大功率燃气轮机的选择上就只能限于俄罗斯、乌克兰等国家。而在这两个国家中,乌克兰舰用燃气轮机的研制实力更为雄厚。1993 年,中国开始从乌克兰引进其最新研制的输出功率达 38000 马力的 GT25000,作为新一代驱逐舰的主动力装置,与 2 台国产柴油机构成了比较先进的柴燃交替动力系统,最大限度地满足了 170、171 舰在机动性方面的要求。

GT25000 是乌克兰 90 年代研制的最新一型舰用燃气轮机,性能与美国 LM2500-30 型类似,但是体积和重量都比美国的 LM2500 大,因此油耗也多。最要命的是,其输出功率根本达不到设计要求,只能实现 80% 的正常输出,约 29000 马力。这样,2 台 GT25000 只能提供不到 60000 马力的最大输出功率。在保证基本航速、机动性能的情况下(最高航速达到 30 节,高速航行时保留 7% 以上的剩余功率等),军舰的吨位就受到了较严格的限制。结果,170、171 舰的满载排水量并没有达到此前人们估计的 7000 多吨,而只有不到 6200 吨,以致造成了目前军舰过于瘦长的问题。

另外,170、171 舰装备的 48 枚海红旗-9 防空导弹按作战需求也有些偏少。美国的一支航母编队通常有两艘"阿里·伯克"级驱逐舰和"提康德罗加"级巡洋舰,前者单艘备弹 96 枚,后者更是达到了惊人的 122 枚,中国在此方面差距不小。

在防空作战时,为了保证足够的命中率,对一个空中目标通常至少要发射 2 枚导弹,高危情况下甚至要发射 3 枚导弹,这样 170、171 舰的 48 枚导弹最多只能对 16~24 个目标进行拦截。而中国周边各国的海空军力量现在都在不断增强,基本上都具备了在一定范围内组织、实施一次或多次空中打击的能力,组织一次由 4~6 架攻击机(每架携带 2~4 枚空舰导弹)组成的空中突击力量已不是什么困难之事。单艘 170、171 舰面对多批次空中打击的能力仍然不足,产生这个问题的主要原因除了军舰空间小之外,海红旗-9 舰空导弹系统的体积、重量过大问题也是不可忽略的。

海红旗-9 采用了与 48N6E 相似的弹体布局,都为单级、固体、无翼式,尾部喷管同样装有小型燃气舵用于控制发射后的程序转弯。从目前公开的信息和照片分析,海红旗-9 弹长约 6.8 米,弹径 0.4 米,弹重估计在 1 吨左右。与美国已服役 30 多年的 MK41 垂直发射装置和同样担负舰队远程防空任务的"标准"-2MR 舰空导弹相比,海红旗-9 发射装置的适装性显然较差,这极大地限制了导弹装舰数量。如果在 170、171 舰配备 MK41,则至少可以装下 64 个发射单元,火力持续性将会有很大提高。然而,海红旗-9 近期还不可能对发射方式和发射装置进行大幅改进,更多的可能是对导弹本身的技战术性能和发射装置的通用性进行改进和完善。提高导弹载量和火力只能通过进一步优化舰体结构设计和扩大舰体平台来实现。

此外，除了海红旗-9区域防空导弹之外，052C的防空武器只有两座730型近程防空系统，中间没有短程防空导弹来衔接，火力配置不够完备。

作为中国第一种装备了国产相控阵雷达、远程舰空导弹系统、新型舰舰导弹系统及近防武器系统等武器的全新一级驱逐舰，170、171舰在技术上的进步绝对不是此前几型国产驱逐舰所能比拟的。

不过，170、171舰作为中国建造的技术最为复杂的一型驱逐舰，其应用了一系列的新技术、新设备、新武器，这在以往中国国产驱逐舰的设计建造中是没有的。它的技术跨越对于国产驱逐舰而言是具有里程碑意义的，与国外功能类似的防空驱逐舰相比，技术差距至少缩短了20年以上。

051C"沈阳"级导弹驱逐舰

在江南造船厂推出的052C"兰州"号（170舰）和"海口"号（171舰）导弹驱逐舰被誉为"中华神盾"之后不久，北方的大连红旗造船厂推出了051C导弹驱逐舰，首舰"沈阳"号，编号115，于2004年12月28日下水。

051C导弹驱逐舰的舰体设计采用的是"深圳"号的舰体，仅在几个小细节上有所修改。051C型舰已建造两艘，首艘命名为"沈阳"号，在2006年投入服役，二号舰则命名为"石家庄"号。

为什么后面推出的051C放弃了052C"兰州"级的舰体设计呢？是因为吸取了052C设计上存在的舰体过于瘦长以及全舰中心过高的缺点，变回了原来"深圳"号的舰体。

虽然该级舰的技术先进程度远不及新设计的170、171舰，但从成熟性、稳定性、可靠性方面来看，051C级无疑更容易让人接受。

而"沈阳"级115、116舰吸取了170、171舰的不足，在设计时采取了较小的长宽比，加之其上层建筑较为低矮，军舰的稳定性非常好，因此高海况下的航行性能比较理想，这在其多次执行远洋出访任务中已经得到了证实。

由于052C采用的燃气轮机动力不足从而造成舰体设计瘦长的问题，051C采用了传统的蒸汽动力系统。两台锅炉的最大输出功率超过70000马力，有足够的功率驱动军舰达到30节的最高航速，满载排水量也达到6500吨以上。

采用蒸汽动力，使115、116舰体设计的稳定性解决了，但是毛病仍然不少，一是蒸汽轮机原来的毛病都有，另外，由于庞大的蒸汽动力装置需要占据很大的安装空间和结构重量，因而舰内空间实际上比吨位更小的170、171舰还要紧张。结果，115、116舰在加装防空系统后，只能取消直升机机库，无法搭载对现代水面舰艇非常重要的战斗直升机，结果让115、116舰又回到了70年代的战舰水平。没有直升机,对军舰来说就等于少了一双手和一双眼睛,这一点在其服役后的训练和执行任务中已经表现得比较明显。

不管是052C的"兰州"级,还是051C的"沈阳"级,都因为动力问题造成了军舰设计的诸多遗憾。

051C舰体中段主桅顶端装备一座与俄制"现代"级相同的"顶板"3D对空搜索雷达,凸显051C以防空为重的特性。

防空武器上,051C安装了购自俄罗斯的里夫-M(北约代号为SA-N-6)区域防空导弹系统,这是俄罗斯最先进的舰载区域防空导弹系统,配备在俄罗斯"基洛夫"级和"光荣"级两种大型导弹巡洋舰上。中国早在2002年4月就与俄罗斯签约,购入两套里夫-M系统进行技术研究与评估,现在则安装在两艘051C上面,因此051C被人称为"中华光荣级"或"中华俄式神盾舰"。

115、116舰装备的里夫-M系统使用的是最新型48N6E舰空导弹,拥有150公里的最大射程,最小射程6公里,最大射高30公里,最低射高10米,最大飞行速度达到6马赫,对低空反舰导弹具有一定的拦截能力。48N6E舰空导弹对飞机目标的单发命中率超过70%,3发情况下可以实现97%的高命中率,对低空反舰导弹的拦截距离只有30公里,命中精度也只有正常的70%,可散布20000个4g重破片,最大限度增加拦截面积。

火控雷达为30N6E1型相控阵搜索火控雷达,最大搜索距离达300公里,能同时导引12枚导弹攻击6个不同目标,并可稳定地追踪战术弹道导弹。

里夫-M是世界上最早投入使用并采用垂直发射的远程舰空导弹系统,从20世纪80年代初开始服役已有20多年的时间,在苏联海军和俄罗斯海军中都表现得十分优秀,在20多年时间的训练、演习中发射了几十枚,系统完好率达到96%,对目标的拦截率超过95%。虽然在技术水平及防空作战能力上还无法与"伯克"级同类系统相比,但其采购成本低,20世纪90年代末一套包括雷达、64单元垂直发射装置及64枚48N6E舰空导弹的里夫-M系统只需要9500万美元,中国当年只花了2亿美元就向俄罗斯购买了2套里夫-M系统。另外,里夫-M操作简单,系统稳定而可靠,该舰保持着中国海军舰空交战距离最远(90公里)、同时拦截目标数量最多(4个高、中空目标)的纪录,证明该型舰是一型具备较强远程防空能力的实用型驱逐舰。

与中国自制052C驱逐舰的海红旗-9区域防空导弹系统相比,里夫-M的射程较长,海红旗-9拥有四面固定式相控阵天线,每个垂直发射管均有点火装置,多目标接战能力、导控频道与发射速度均胜过里夫-M。

由于该系统是苏联研制的第一种舰载远程防空系统,加之苏联武器的研制思想与美、欧等西方国家不同,以致该系统的体积、重量都显得过于庞大,对载舰平台

·军事武器·

图文珍藏版

的要求过高,但就导弹性能而言,基本上还可以满足现阶段海上远程防空的要求。

由于48N6E舰空导弹体积、重量过大,115、116级防空驱逐舰的弹药补给只能在港口进行,从其巨大的导弹发射筒看,装满全舰48个发射装置绝对不是件轻松的事。

同样,115、116舰与170、171舰一样存在着导弹数量少及对低空目标防御能力不足的问题。里夫-M系统过于庞大,装备48枚48N6E舰空导弹垂直发射系统所占的空间至少要比国产海红旗-9系统大20%,比美国MK41要大60%。为了装下这个"大胖子",115、116舰是通过取消直升机机库的方法才满足了48N6E装舰的要求,因此也对其反潜能力和执行其他任务的灵活性产生了影响。看来将庞大的里夫一M系统硬塞在"旅海"级舰体内,难免让人觉得有点勉强,对于只有6000多吨的051C舰体来说,里夫-M系统过大而且过重。

雷达配置采用了全套俄制系统,即一部MP-710型三坐标对空雷达和一部30N61型相控阵制导雷达,基本上可以满足里夫-M舰空导弹对空作战的要求。但严格地说,MP-710型雷达的探测距离、目标跟踪数量、功能还是有欠缺的,对中、高空目标的探测距离只有200多公里,可能是世界上探测距离最小的三坐标对空雷达了。

此外,里夫-M系统的30N6E1相控阵火控雷达位于尾楼前端,这个位置的前方挡着高大的桅杆与烟囱,使30N6E1在舰首方向出现操作死角。

051C的反潜套装包括一个法制DUBV-23中频舰壳声呐、在舰首的两座87式6管自动反潜火箭发射器和在舷侧的鱼雷发射器等。

115、116舰上安装的防潜导弹是鹰击-83,鹰击-83导弹首次亮相是在1999年的国庆50周年阅兵式上。

鹰击-83导弹具有很强的实战威力,舰载型最大射程为150公里,机载型的射程达到250公里。导弹采用了高亚音速巡航、超音速末段俯冲攻击的作战模式。助推器先将导弹加速到高亚音速后由涡喷发动机点火推进,此时助推器脱离弹体。当外部资料链或弹载计算机启动末段攻击程序后,二级火箭发动机点火,涡喷发动机脱离,导弹进入俯冲飞行状态,此时的导弹将在离目标20~30公里处达到1.3~1.5马赫的低超音速。鹰击-83是世界上首种现役双速制反舰导弹,其性能不亚于号称"航母杀手"的俄制SS-N-22"日炙"超音速反舰导弹,台湾媒体甚至称其为"海上屠夫"。

目前,我国两种驱逐舰的设计都不尽如人意,"兰州"级驱逐舰因为动力不足问题,不得不设计成瘦长而高型,导致舰身不稳和空舰狭小;"沈阳"级驱逐舰选择落后的蒸汽动力,而导致不得不取消非常重要的直升机机库。这其中的问题,关键是我们的动力问题没有解决。

中国的所有军事武器，都患有严重的"心脏病"，这个"心脏病"一向存在。在中国和西方短暂的蜜月期，西方为了联合中国对付苏联，曾经向中国出口了一些先进技术，动力系统也是其中的一个重要方面。

从1972年尼克松确定"联华抗苏"到1980年代初，中国已经从英国引进了中等推力涡轮风扇发动机技术，从法国引进了舰船柴油机技术，从西德引进了舰船、车用柴油机技术。通过这些技术的引进、吸收，中国的动力装置技术得到了长足进步，从仿造苏联的四五十年代水平一举跃进到了西欧先进工业国家的六七十年代水平。

现在，各国主要舰艇动力主要有蒸汽轮机、燃气轮机和柴油机。蒸汽轮机自身噪音较低、单机功率大，但是加速性能比较差，也比较耗油。柴油机动力装置省油、加速性能好，但是自身噪音较大，特别是在水中能够远距离传播的低频噪音比较大，容易被发现；而且柴油机功率普遍不高，导致柴油机动力舰艇的最大航速也偏低。

燃气轮机是一种能够综合柴油机和蒸汽轮机优点的新型动力装置，作为一种持续回转式工作的热机，其噪声、振动远远小于柴油机，在加装了防振、隔音设施后，甚至优于同为持续回转式工作的蒸汽轮机。油门变化时，其燃气量的变化能够接近实时的作用在输出轴上，加速性不仅远优于蒸汽轮机，也优于最好的舰船柴油机。燃气轮机动力装置还有体积小、重量轻、比功率大、单机功率较大、启动迅速等优点。燃气轮机在经过各工业大国海军的试验后，迅速获得了推广。

中国舰艇燃气轮机的研发始于1959年底，根据中苏双方的协定，中国获得了苏联第一型舰用燃气轮机 M-1 的图纸资料。该型机功率2941千瓦，曾用于苏联183K 型鱼雷快艇，由于翻修寿命仅100小时，已经被苏联淘汰。

上海汽轮机厂用了3年时间才试制成功，此后，用国产 M-1 型燃气轮机改装了一艘62型高速护卫艇，从1966年底开始进行海上试验。该燃气轮机的累计运行时间达到了106小时，取得了大量的一手数据。这是中国在舰艇上采用燃气轮机动力装置的第一次尝试，对舰船燃气轮机设计、制造和运行管理的技术人员培养起到了很大的作用。

在引进 M-1 后不久，中国启动了自行设计舰船燃气轮机的计划，设计出了4410千瓦加速机。该机于1964年完成设计工作，最终完成了500小时耐久性试验。但由于研制周期过长，该机最终未能装船实用。

1967年，受英国人研制成功"奥林普斯"舰船燃气轮机的启发，中国也决定研制大功率舰船燃气轮机，以供海军大、中型舰艇使用。1974年，WP-8 改型舰船燃气轮机完成耐久试验，准备转入装备生产阶段。但是，最终该机还是没有进入实用阶段。

首先遇到的就是功率不足的问题。WP-8改型舰船燃气轮机实际功率只达到了16170千瓦，差距明显。两台WP-8改型舰船燃气轮机根本不足以推动大型战舰达到30节以上的航速。如果能再增加两台WP-8改型燃气轮机来代替的柴油机，组成燃—燃联合动力装置，可达到64704千瓦的主机总功率，尚属差强人意，勉强堪用。作为对比，美国"斯普鲁恩斯"级大型驱逐舰采用4台LM2500燃气轮机组成的燃—燃联合动力装置，主机总功率为82028千瓦。而且，当时中国缺乏大功率并车齿轮箱的设计、制造技术，也无法直接从欧美进口相应技术或成品4台动力无法合力输出。

第二个问题比第一个问题还要严重，就是国产燃气轮机的寿命问题。我们试生产的燃气轮机的寿命仅能满足200小时使用，而大、中型军舰的自持力一般至少要达到20~30天，也就是480~720小时。换句话说，如果大型导弹驱逐舰一直使用国产燃气轮机航行，主机可能不到10天的时间就会坏掉。然而在军舰上是没有条件进行燃气轮机大修的，也就是说，大型导弹驱逐舰实际上只能依靠两台巡航柴油机推进，而国产燃气轮机只能充当花瓶的角色，舰船的机动能力、作战能力都将大打折扣。这无异于宣判了WP-8改型舰船燃气轮机的死刑。

国内研制不行，于是中国决定利用中西方当时处于蜜月期，向西方提出引进要求。

英国人提出了可以提供舰船燃气轮机来装备中国海军的新型战舰的建议，这个建议与中国海军的迫切需要一拍即合，迅速获得了国内相关部门的响应。由于英国人早已考虑到可以使用4台"奥林普斯"系列燃气轮机组成大型舰船的动力系统（"皇家方舟"级轻型航母就采用了4台"奥林普斯"燃气轮机组成的燃—燃联合动力装置），而且"奥林普斯"系列燃气轮机已经在皇家海军的众多舰艇上使用了将近10年时间，在技术上已经相当成熟，直接引进"奥林普斯"全燃推进方案，可以彻底解决中国驱逐舰的动力问题。

1978年底到1979年初，国内有关部门与英国罗尔斯·罗伊斯公司等外商进行了谈判。

在得知罗尔斯·罗伊斯公司意图吞下中国海军舰船燃气轮机动力装置这块大肥肉之后，当时正在与英国人争夺世界舰船燃气轮机市场的美国通用电气公司坐不住了。通用电气公司用有史以来最为成功的大功率舰船燃气轮机——LM2500型燃气轮机，一举将"奥林普斯"TM3B型燃气轮机挤出了中国市场之外。

虽然罗尔斯·罗伊斯公司的"奥林普斯"燃气轮机总体性能不错，但当然比不上LM2500型燃气轮机。由于美国的竞争，"奥林普斯"燃气轮机无奈之下只有黯然退出。中国得到了梦寐以求的世界最先进的燃气轮机——美国的LM2500燃气轮机，并安装在中国当时最新先进的驱逐舰112号"哈尔滨"号上。

随着苏联解体，中西蜜月匆匆收场，通用电气公司出口中国的 LM250°燃气轮机被美国政府的一纸禁令封掉，中国海军舰艇的燃气轮机动力装置进程再次被掐断，于是重提"自力更生，艰苦创业"的口号，开始着手自行研制新型舰船燃气轮机，可惜至今效果不理想。

现在看来，中国海军当年选择引进美国 LM2500 型燃气轮机，而放弃"奥林普斯"TM3B 型燃气轮机，实在有些考虑不周。虽然 LM2500 型燃气轮机的技术远比"奥林普斯"TM3B 型燃气轮机先进，却是建立在美国先进、坚实的科研和工业基础上的。直到现在，中国的燃气轮机工业仍然不能仿制出 LM2500 型燃气轮机。

从美国引进燃气轮机的决策做出之后，还不到 10 年的时间，美国政府彻底禁止 LM2500 燃气轮机出口中国，直接导致了 052 型导弹驱逐舰的后继型号难产，中国海军被迫引进乌克兰的燃气轮机，造成了中国防空驱逐舰的种种不足。

假设当年中国海军引进的是英国"奥林普斯"TM3B 型燃气轮机，虽然该型机的确要比 LM2500 型燃气轮机落后，但仍然是一种功率等级较为适宜的大功率舰船燃气轮机。而且，由于是基于同一代涡轮喷气发动机，"奥林普斯"TM3B 型燃气轮机与中国曾经自行研制的 WP-8 改型燃气轮机之间的技术差距显著减小。在当时的国际环境下，国内也更加可能从英国获得成套生产技术的转让许可，对于已经初步具备研制、生产经验的中国燃气轮机工业来说，是一个相对较为容易达成的目标。这样就能够保证比较稳妥的在中国海军主战舰船上推广应用燃气轮机这种先进动力装置，也能够顺利保证海军主战舰船燃气轮机的持续供应，而不至于出现后来一度无机配船的窘迫局面。

不过说到底，国防建设这样重要的事情想依靠引进技术来完成，无论是美国的还是英国的，不管是俄罗斯的还是乌克兰的，总是不靠谱的，最重要的还是要能够自己建造出来。

中国燃气轮机的再次国产化是对引进乌克兰的 GT25000 燃气轮机的改进。

乌克兰是苏联时期最为重要的舰用燃气轮机研制、生产基地，随着苏联的解体，其庞大的舰用发动机生产工业已经没有了用武之地，只能通过向国外输出或转让成品或生产技术来维持研制、生产的正常运作。

也正是在这种情况下，中国才有可能引进技术比较先进的 GT25000 燃气轮机的生产技术，对于促进、提高中国国产舰用燃气轮机的研制水平发挥了重要作用。国内生产改进型 QC280 在经过多年的研制后已经达到了实用阶段，具备了批量生产装舰的能力，这对于中国未来新型驱逐舰的建造奠定了坚实的基础。

国产 QC280 大功率燃气轮机的研制工作从 20 世纪 90 年代中期就已开始，只是由于舰艇大功率燃气轮机的研制基础较为薄弱，相关制造、材料、工艺等方面都存在着很多不足，因此进展比较缓慢，直到 2002 年才完成首台的生产和组装。

与 GT25000 相比，QC280 在汽轮机机体上增加了用于隔音、隔热的箱体结构（中国 20 世纪 90 年代初引进的 LM2500 就采用了这种结构），降低了噪音并改善了工作环境；通过对制造工艺和质量的严格控制，发动机的涡轮叶片、主轴的加工精度大为提高，热效率有一定提高，最大输出功率增加到 34000 马力，同时可靠性、可维护性、大修周期时间、总寿命等都有所提高。

如果采用两台国产 QC280 燃气轮机，最大输出功率可以提高到 68000 马力，推动 8000 吨级的军舰达到 29 节的最高航速完全没有问题；在巡航状态下可以采用柴油机，航速会有所下降，但保证 19 节也是可以实现的，这对续航力和续航距离不会产生影响。2003 年，第一台国产 QC280 被安装在 169 号"武汉"舰上进行测试，为了防止意外情况发生，其燃气轮机组采用的是一台 GT25000 和一台国产 QC2280，以测试其装舰使用的实际性能特点和性能参数。

担负中国第一批远赴亚丁湾索马里海域执行护航任务是对国产 QC280 燃气轮机的一个巨大考验。从 2008 年 12 月 26 日护航编队从海南三亚起航，到 2009 年 4 月 12 日完成任务回港的这 120 多天中，169 舰上的 QC280 累计工作时间超过 400 小时，其中最长连续使用时间超过 12 个小时，没有发生影响航行及正常护航任务的故障和事故，充分证明了 QC280 的性能是可靠、稳定的。在该舰返回国内后进行的常规维护中，对国产 QC280 发动机进行了全方位的检测，发现一、二级涡轮叶片，转子，燃烧室，转换齿轮箱等重要部件仍然处于良好状态，没有技术缺陷。这基本上表明国产 QC280 的性能得到了认证，可以进入批量生产。至此，长期以来受动力系统困扰的中国海军舰艇结束了无机可用的窘境。

2. 中国航母编队中的反舰舰艇

新型防空驱逐舰可以承担航母编队的中远程防空任务，但是，一个航母编队，单有防空舰还不行，还需要反舰和反潜舰相配合。装备反舰导弹的驱逐舰主要对付敌方水面舰艇以及航母，我国现阶段性能比较出色的反舰主力驱逐舰有"现代"级和 168 型驱逐舰，它们均可成为航母编队的重要成员。

"现代"级驱逐舰是一种先进的大型水面战舰，最大排水量达 8480 吨，与美国海军的"提康德罗加"级宙斯盾导弹巡洋舰相仿。"现代"级驱逐舰于 1971 年由北方设计局承担设备任务，工程代号为"956"，其中暗含了以先前的 56 型驱逐舰为设计基础之意，属于苏联第三代导弹驱逐舰。该舰的作战使命是为航母作战编队护航，担任对海和对空作战，攻击敌航母及其他大中型水面舰艇，在两栖作战时提供火力支援，包围海上交通线等。

根据该舰的作战目的，这种驱逐舰在左右舷分别安装了两组各有 8 枚"白蛉"超音速反舰导弹的发射装置，一部"飓风"舰空导弹系统，两部 AK-130 型 130 毫米双管自动舰炮，四部 AK-630 型 30 毫米速射炮，两具双筒鱼雷发射管和两部

P6Y-1000型火箭布雷装置。

与西方同级别舰艇相比,"现代"级导弹驱逐舰在反潜、电子战及舰艇隐身方面相对弱一些,但在舰艇的吨位和火力方面却具有明显的优势。该舰装备的"白蛉"反舰导弹具有速度快、飞行低、攻击力强等特点,其射程为全程高空飞行170公里,全程低空飞行80公里,导弹发射重量为3950公斤,弹头为20万吨的核弹头和300公斤的常规弹头。

据透露,"白蛉"导弹在末段攻击阶段的飞行高度可降至1.2米,导弹几乎是擦着浪尖飞行,敌方军舰上的雷达很难发现目标。即使发现了,也没有时间对其进行拦截。因此,该导弹被西方人视为"航母克星"。导弹的命中率为94%~99%,即使在强电磁干扰下,命中率也不会降低。

更何况,"白蛉"反舰导弹的速度惊人,低空飞行速度为4.5马赫,末端冲刺速度为4.5马赫,这就意味着"白蛉"刚从海平面上冒出来,不到一分钟就可以击中目标,这让很多军舰的中近程防卫系统来不及反应就被击中。据估计,2枚"白蛉"就可以击沉一艘6000吨级的驱逐舰,3枚就可以击沉一艘万吨级的巡洋舰,5枚就可以击毁一艘排水量在6万吨的航空母舰。所以说,"白蛉"是航母杀手真是名不虚传。那么,"现代"级驱逐舰上的16枚导弹,基本上只要1/3击中目标,航母就报销了。

除了强大的反舰能力之外,"现代"级驱逐舰也有较强的防空能力,那就是"飓风"舰空导弹系统。在956型舰上一前一后配备了两座"飓风"舰空导弹武器系,它由牛郎星设计局和革新家设计局联合研制,由伏尔加格勒球队工厂负责生产,作战性能上类似于美国海军的标准1区域舰空导弹。

"飓风"的陆基版"山毛榉—MI"野战机动防空导弹,曾在2008年俄格战争中击落过格鲁吉亚强击机。作为全天候多火力通道的舰载中程防空导弹系统,"飓风"主要担负舰艇编队的防空作战任务,主要拦截轰炸机、歼击轰炸机、强击机、直升机和各类反舰导弹。

据悉,"飓风"系统单枚导弹杀伤概率为70%~90%,两枚齐射时对飞机的杀伤概率为81%~96%,对掠海反舰导弹的杀伤概率为43%~86%,能攻击15~1.5万米高度的飞机、10~1万米高度的反舰导弹,射程为35~2.5万米。

此外,该舰还装了数部不同用途的雷达、水声设备、无线电技术侦察设备,以及有源和无源电子干扰设备。驱逐舰的后甲板上可停放一架卡-27直升机,为此后甲板专门设计了一个起降平台和一个可折叠的机库,但当时没有规定直升机是该舰的必备装备。

"现代"级驱逐舰的主动力系统是蒸汽动力,装有4台高压锅炉和两部功率达5万马力的蒸汽轮机。高达10万马力的强大功率可以使该舰达到32节的高航速,该舰的续航里程为 5000 海里/18 节,最大续航时间为 30 天。

"现代"级驱逐舰原来采用的是燃气轮机的设计,后来改用蒸汽轮机。理由是,苏联的燃气轮机舰艇已经很多了,没有必要再来凑热闹。此外,蒸汽轮机采用的航海重油的成本要比燃气轮机燃料便宜得多。

虽然是蒸汽动力,但该舰装备的 kvg-3 型锅炉性能非常优越,它的加速性非常好,能够在 2 分钟之内让军舰从 10 节加速到 32 节。"现代舰"在试航的时候,还创造过最快航速到达 41 节的惊人纪录。

956 型驱逐舰的标准排水量为 6500 吨,满载排水量为 8480 吨,舰长 156.6 米,宽 17.2 米。从整体结构来说,956 舰体采用小长宽比的短肥型舰形,水线面系数较大,舰体较宽,长宽比约为 9,这样的设计虽然使最高航速受到影响,但增加了舰艇的适航性。按照苏联海军作战条例,956 型舰在 5 级风力以下所有武器均表现正常。实际上,956"现代"舰只要风力小于 6 级、浪高在 12 米以下(浪高 12 米只有在大型海啸中才可能出现)就可以正常作战。

"现代"舰采用的钢材是屈服度达到 60 公斤/毫米^2 的特殊钢,这种钢到今天仍然只有少数几个国家能够生产。由于采用了这种钢材,"现代"舰的抗打击能力极为强悍。另外,全舰有 16 道水密舱,在任意 3 个水密舱进水的情况下可以保证战舰不沉。

"现代"舰的居住条件比较舒适,其平均居住面积为军官 5 平方米、军士 3 平方米,水兵 2 平方米。此外,舰上所有的居住舱和工作舱都装备有中央空调系统,还有有线电视,以及图书馆、电影放映室和健身房,这对当时的舰艇来说是非常优越的。舰上还可以进行外科手术。

"现代"舰虽然非常优秀,但与同时代(现已退役)的美国"斯普鲁恩斯"级驱逐舰相比,还是有一定差距的。第一,"斯普鲁恩斯"级驱逐舰去除了水下部分所有突出组件,连方向舵都设计成可伸缩式。第二,"斯普鲁恩斯"级驱逐舰水下部分做工精细,其中有 1/3 组件是被橡胶包裹的,所有边缘部采用平滑设计方案,以减少阻力。第三,"斯普鲁恩斯"级驱逐舰采用燃气轮机,具有无可争议的动力优势,它不仅安排紧凑,重量轻,而且工作稳定,易于维修。在寒冷气候条件下,可以在 12 分钟内使军舰达到最高航速,而普通锅炉则至少要 1.5 个小时。燃气涡轮机的辅助设施也很少,包括水泵、蒸发洲、通风机等,从而增加了空间和设备的稳定性。

建造 956 型系列舰的任务是由日丹诺夫(现"北方")造船厂承担的,首舰 1976 年 3 月 3 日下水,1980 年 12 月 25 日交付苏联海军使用。到 1993 年底共建造了 17 艘同型号的驱逐舰。

1991 年,苏联解体的时候,俄罗斯的北方造船厂还有两艘没有建成的半成品,它们分别是"重要"号(工厂编号 878)和"沉思"号(工厂编号 879)。

当时,"重要"号已经下水,处在打磨侧壁阶段,舰上已经安装了设备,铺设了电缆、排水管道,还安装了 РБУ-1000 型 533 毫米鱼雷发射装置、AK-130 和 AK-630 型舰炮、MP-123-02 指挥系统。

"沉思"号尚未下水,停放在带屋顶的船台上,已完成了安装隔舱的作业。

苏联解体后,由于俄海军无力购买新军舰,俄方只好为两艘未造好的驱逐舰寻找新主人。俄罗斯国内有人提出将尚未完工的 956 型驱逐舰出售给中国。

而中国此时也处于严重的安全危机中。20 世纪 90 年代后,"民进党"赢得了台湾大选,掌握了台湾的政权。我们知道,"民进党"的政治主张是"台独"。上台之后,"民进党"疯狂叫嚣"以武拒统",想凭借其先进的海军力量实现"台独"的目的。

对于"台独"势力,我们当然要采取两种措施,其中,军事威慑是重要的手段。面对严峻的形势,中国海军感到空前的压力。当时的中国海军,还没有一艘可以与台湾新型水面舰艇平等对抗的类似舰艇。要想赢得未来海战的主动权,就必须保证迅速拥有一两种性能先进,具有较强对海、对空及反潜作战能力的新型驱逐舰,充当水面舰队中的"拳头"。而当时中国新一代主战舰艇都还在初期设计阶段,短期内无法满足海军的要求,只有通过引进方式才能解燃眉之急。

随着冷战期间形成的中国与西方蜜月期的结束,西方国家开始对华实施武器禁运,从西方引进驱逐舰已不可能。而此时俄罗斯经济面临崩溃,为换取急需的外汇,开始愿意将较为先进的武器推向国际市场。在这一大背景下,中国选择从俄罗斯引进驱逐舰就成为唯一一可行的途径。

从 1993 年开始,中国海军代表团便有意识地开始对俄军多款驱逐舰进行接触和研究,经过一番对比,他们把目标定在了 956 型驱逐舰上,并于 1994 年开始与俄方进行采购"现代"级驱逐舰的洽谈。

一位原中国海军高级将领回忆,他在多次随团考察 956 型舰后,发现俄舰虽然布置杂乱,但非常实用,装备看起来傻大粗黑,就某个系统里的单项设备而言,性能可能不太好,但系统设计非常到位,整体做得很强。

1996 年 3 月发生的台海导弹危机,为了给台湾撑腰,美国的两个航母战斗群开进了台湾海峡,向海峡西岸的解放军挑衅示威。在这种严峻的情况下,中国海军加快了引进俄罗斯先进武器对抗美台的步伐,从 1996 年下半年开始,来自中国的代表团密集访俄,要求采购苏-30NKK 战斗轰炸机、基洛-636 柴电潜艇、S-300 地空导弹和现代级驱逐舰。

曾参与"现代"级交易的俄国家武器装备出口总局局长卡图京少将说:"夜以继日的谈判与陪同参观,让总局的许多人患上腰椎病和心脑疾病,我们都清楚'伟大邻邦'(中国)非常需要这些装备,但他们在具体谈判中总是表现得十分谨慎。"

1997 年 8 月,中俄签署了价值 8 亿美元的军舰采购合同,中国决定购进两艘 956 型舰及相关武器系统(包括舰载直升机),工程编号为"956E",其中字母"E"代表"出口"。

1997 年 11 月 21 日,北方造船厂正式与俄国家武器装备出口总局签订合同,将"重要"号和"沉思"号两艘还没有建完的"现代"级舰出售给中国。

中国政府很快交付了现金,由于资金充足,两艘舰的舾装进度突飞猛进。1999 年 7 月 19 日,装备完整的"重要"号离开圣彼得堡进入波罗的海,8 月 27 日开始航行试验。1999 年 12 月 25 日,俄方在圣彼得堡举行了盛大的交舰仪式,正式向中方移交该舰。在确保质量的情况下,第一艘舰如期交付使用,得到了中方的高度评价。

交接仪式上,该舰降下俄海军军旗,交付中方接舰官兵,并更名为"杭州"号,舷号为"136"。2000 年 1 月 10 日,"杭州"号离开波罗的海,驱逐舰沿着波罗的海—比斯开湾—布列斯特—地中海—塞得港—南中国海航线驶往中国。航行期间,俄罗斯水兵、中国水兵,以及厂家派出的专家组共同值班操作。过了塞得港后,中国的补给舰对驱逐舰进行了航行中补给。

2 月 16 日,"杭州"号抵达中国舟山军港,加入东海舰队序列。按照中俄双方合同技术合作条款规定,从 1999 年 12 月 16 日起,俄方人员开始在舰上带班教授中方人员操作驱逐舰的方法,最初是两个班次轮换,后来变成三个班次,其中一个班次为中俄混编。

至于"沉思"号,1999 年 4 月该舰举行了下水仪式,2000 年 6 月底开始进行海上航行试验。2000 年底,北方造船厂正式向中国海军代表移交第二艘驱逐舰,更名为"福州"号,舷号为"137"。接舰人员基本上都是第一艘的原班人马,与上次不同的是,这次航行完全由中国舰员操作。该舰于 2001 年 1 月 16 日抵达舟山,加入东海舰队。

北方设计局为中国制造的两艘"现代"级驱逐舰,与苏联海军装备的 956 基本型大体相当,在后甲板上也预留了一个停放卡-28 直升机的位置,以及一个可折叠的临时机库。与基本型的不同之处在于,为中国设计的驱逐舰使用的是新式锅炉,另外还换装了新的自动化无线电通信系统。

经过一段时间的使用,中国海军对"现代"级驱逐舰所表现出的优异性能感到满意,并希望获得更多的同类型战舰。原中国海军副司令金矛曾下部队了解"现代"级的战备情况,他谈到俄罗斯清楚中国通过购买"现代"级是想学习自己的技术,自然在出口舰艇的性能上有所保留,但中国海军在使用中对该舰表示满意,舰上的反舰导弹、舰空导弹等对中国军工业也有启发作用,"俄罗斯舰艇有很多深层次的东西值得我们去学习,比如舰上计算机看上去很落后,但它们有两个很重要的特点，一是硬件全是俄罗斯自己生产的，二是软件都是自己开发的，不用 Windows，这都是有长远眼光的"。

两艘"现代"级驱逐舰的引进，让中国海军如虎添翼，对"台独"势力起到了巨大的震慑作用。

北方造船厂建造的 2 艘 956 型驱逐舰让中国海军非常满意，因此中国领导人决定继续订购 2 艘驱逐舰，但在性能上却提出了更高的要求。

2002 年 1 月 3 日，俄国营武器出口公司董事长谢尔盖·切梅佐夫和中国人民解放军总装备部副部长周伟正式签署出售第二批两艘升级版现代级驱逐舰的合同，总价值高达 14 亿美元，工程代号"956EM"。

但是，第二批"现代"级驱逐舰的建设却历经坎坷，进行得相当不顺利。

首先是生产厂家变化的波折。

本来中国的第一批两艘"现代"舰是在北方造船厂生产的，第二批也应该放到北方造船厂，因为他们有生产经验。但是，事情却有了意想不到的变化。2002 年 1 月 19 日，俄国营武器出口公司对中国采购的两艘现代舰进行"公开招标"，大家都知道中国式的"公开招标"是怎么回事，俄罗斯的也一样。在这次"公开招标"中，北方造船厂和所有的其他投标厂家一起竞标，结果，戏剧性的事情出现了，同在圣彼得堡的波罗的海造船厂中标了，北方造船厂出局了。

要知道，所有"现代"级的军舰原来都是在北方造船厂建造的，而中标的波罗的海造船厂正为印度建造 1135.6 型护卫舰，它没有任何建造"现代"舰的经验。

北方造船厂没有想到事情变成这样，它一直以为这两艘中国采购的"现代"舰理所当然会由它建造，已经预先投入大笔资金购买了钢材和其他造船设施，还向北方设计局垫付了"956EM 工程"的设计改动费用。现在，这一切都要打水漂了！

北方造船厂当然不愿意吃这个哑巴亏，他们到上面找人。于是，两家造船厂的冲突由圣彼得堡上升到莫斯科克里姆林宫，冲突性质也由商业纠纷演变成政治恶斗。

当然，这场冲突不仅仅看俄罗斯的高层关注哪一个厂商，更重要的是买方的态度，中国看到这个乱局，出面坚持让北方造船厂建造，否则就要撤单。

买方发话了，其他人就没有办法，结果，2002 年 3 月 14 日，北方造船厂夺回了建造"现代"舰的合同，负责军售且偏向波罗的海造船厂的俄副总理克列巴诺夫被迫离职。

看样子事情就这样解决了，但是，事情并没有结束。那些支持波罗的海造船厂的政治势力决定打压北方造船厂。打压的手段我们中国人都知道，他们首先审查北方造船厂的账目，进行查账。查账完毕，然后逼债，通过司法途径要求北方造船厂偿还拖欠财政部的 6 亿美元贷款。

在强大压力下,北方造船厂找到国际工业银行总裁谢尔盖·普加乔夫,打算把北方造船厂卖给他。这个国际工业银行总裁谢尔盖·普加乔夫在俄罗斯是一个手眼通天的人物,被他买下,北方造船厂应该安全了。

尽管换了新东家,但是,波罗的海造船产还是不放过北方造船厂。这次,他们爆出了"猛料"。波罗的海造船厂厂长波里索维奇和船厂执行经理齐帕科夫联合发表声明,称北方造船厂在建设中国"驱逐"舰过程中使用了库存的旧部件,这些部件都是 20 世纪 80 年代末生产的,"这种以旧充新,以次充好的做法让波罗的海造船厂不齿。为了挽救俄罗斯造船大国的声誉,为了对中国客户负责,波罗的海造船厂不愿与北方造船厂同流合污"。

这一"猛料"的爆出,舆论哗然,人们纷纷指责北方造船厂。

后经查证,这一指责是不实之词。

一计未成,波罗的海造船厂又来一计,它公开表示自己将拒绝与北方造船厂进行合作。

波罗的海造船厂的最犬优势在于能生产最为先进的船舶零部件,例如直径长达 8 米的大型铜合金螺旋桨、巨型龙骨、船用锅炉、船用核反应堆等。它曾因此荣获过"金水星"国际奖金。而北方造船厂建造"现代"级驱逐舰所需的船用蒸汽轮机、舰轴和螺旋桨等主要部件都要波罗的海造船厂提供。一旦波罗的海造船厂不向北方造船厂提供零部件,北方造船厂将不得不从国外采购这些设备,这不仅会大大增加驱逐舰的造价,而且不能保证按时交货。

最后普京拍板,2002 年 4 月 11 日,波罗的海造船厂和北方造船厂的新东家达成协议,波罗的海造船产不再抢夺"现代"舰的订单,波罗的海造船厂恢复提供各项技术协助。

2002 年 6 月 27 日,中国采购的第一艘改进型"现代"舰 956EM(建造代号"891")在北方造船厂开工建造,第二艘 956EM(建造代号"892")也在当年 11 月 15 日举行开工仪式。按照传统,北方造船厂分别给这两艘 956EM 型舰起了一个内部舰名,分别是"猛烈"号和"永久"号。这两艘新的"现代"舰由北方设计局总设计师弗拉迪米尔·尤赫宁设计。

全俄共有 1800 家各地军火企业参与了这两艘"现代"舰的建造,当年的"刺头"波罗的海造船厂也向北方造船厂提供了两艘"现代"舰所使用的锅炉。

为了保证建造工程顺利实施,2003 年,俄罗斯阿尔法银行提供了 4500 万美元的贷款。2004 年 3 月,该行又向北方造船厂提供了 4000 万美元的补充信贷。

有了钱,事情就好办了,两艘"现代"舰的建造顺利进行。

新建的"现代"舰长 156.5 米,宽 17.2 米,满载排水量达到 8440 吨,最大航速为 32 节。与老舰相比,新舰取消了舰尾的一门 AK-130 舰炮,增添了两部"栗子树"

式弹炮合一防空系统。"栗子树"多通道弹炮综合系统包括一个指挥控制单元、数个作战单元、一个基数的导弹和火炮弹药。"栗子树"弹炮综合系统的一个弹药基数包括32枚导弹和1000发炮弹。

在获得中国方面的资金保障下,新舰的"白蛉"反舰系统安装了俄罗斯"彩虹"设计局新开发的3N80MBE超音速反舰导弹,最大射程延伸到了240公里。而"飓风"系统配装了更先进的9M317导弹,与老舰之前使用的9M38导弹相比,9M317射程加大到45公里,能够在20公里的距离上摧毁速度为830米/秒的来袭反舰巡航导弹。

据国外媒体评价,"现代"级956新型驱逐舰在拦截和攻击空中目标的能力方面不亚于美国的"宙斯盾"舰。

经过改进的956EM新型"现代"舰作战能力大幅上升,比中国现有大型战舰更适于在风急浪高的远洋航行和作战,除反潜能力仍较日本"金刚"级差外,其防空和反舰能力均大幅领先于"金刚"级,且价格比"金刚"级便宜。另外,该级舰所选蒸汽轮机,适合远海长时间高速航行,生产成本低,技术成熟,适于中国专利生产。该型舰续航力很大,为中国051驱逐舰的3倍,052型的2倍,具备长期远洋航行能力。

891"猛烈"号于2004年4月27日下水,开始进行内部设备栖装,而892"永久"号也于同年6月23日下水。正当工程有条不紊地进行时,一场灾难降临了。当地时间2005年4月27日上午9时26分,"永久"号驱逐舰发生大火,火情复杂程度已达到最高的三级水平。

由于涉及军事机密,造船厂方面拒绝向消防队提供驱逐舰的详细设计资料,结果影响了消防员的灭火和救援工作。消防队总共派出30多辆消防车、1艘消防船以及110名消防人员,俄联邦紧急情况部西北地区中心最高领导亚历山大·丘普里扬也亲临现场指挥,但由于能见度为零,大家只能"盲目"地展开救火工作。

直到中午11时48分,舰上火势才得到控制。12时16分,紧急情况部宣布大火已被扑灭。这次事故,造成年仅19岁的工人米哈伊·维克托罗夫窒息死亡,同时负责搜寻被困人员的消防队中校罗斯季斯拉夫·别洛夫也不幸遇难。

这次火灾使得"永久"号遭受了严重损失,内部管线和军舰第二层甲板前舱600平方米面积几乎全毁,初步损失估计达1000万美元。

火灾发生后,政府成立了包括联邦工业局、北方造船厂、俄海军、国营武器出口公司以及中国订货方的代表组成的调查委员会,对火灾造成的损失以及必要的修复工作进行评估。

但两艘956EM新型现代舰建造工作并没有受到多大影响,一切都在快速进行。

2005 年 12 月 28 日,俄国营武器出口公司、北方造船厂代表及百余名中国海军官兵在北方造船厂的 2 号码头举行了简短而隆重的首艘 956EM 型驱逐舰交船仪式。两名魁梧的中国水兵将带有三条蓝带的八一海军旗缓缓升上舰尾旗杆,标志着"猛烈"号正式更名为"泰州"号,舷号为"138"。

当时在现场观礼的原俄太平洋舰队副司令员瓦列里·奇尔科夫上将说,这种驱逐舰对任何国家的海军来说都是不可多得的"力量倍增器",有了足够数量的现代级驱逐舰后,中国海军作战编队可以在广阔的太平洋上任意游弋,可以同任何海上邻国"平等对话"。

"泰州"号沿着波罗的海—大西洋—印度洋—南中国海的航线回国,航行时间为两个月左右。在开往中国的过程中,俄方技术人员协助中国海军维护舰上设备,并在中国待上一段时间,直到中方人员完全熟悉舰艇情况后再乘飞机回国。

蒙受过火灾的"永久"号,则于 2006 年 9 月 28 日交付中国海军,命名为"宁波"号,舷号"139",11 月 18 日抵达舟山基地。

从 1999 年起,中国海军相继接收 4 艘"现代"级驱逐舰,总价值超过 20 亿美元。经过 10 余年的服役。"现代"级的优异性能和强大威力博得了中方好评,并希望在舰艇维修和中期升级方面得到俄方进一步支持。

在俄国营武器出口公司牵线下,2010 年 3 月 22 日,俄罗斯星星船舶维修厂发言人宣布,该厂已与中国海军签署保修其引进的"现代"级驱逐舰的协议。

3.中国航母编队中的反潜舰艇

讲完了航母编队中的防空与反舰舰艇,我们来看对付水下威胁的舰艇到底有哪些。

按照道理,对付水下威胁的应该有三类:一类是反潜驱逐舰,比如美国原来有专用的斯普鲁恩斯级驱逐舰,就是专职反潜的;一类是反潜护卫舰;还有一类就是以毒攻毒的己方潜艇。

中国有没有专用的反潜驱逐舰呢? 目前来看,专职的没有,"旅沪"级驱逐舰(112 舰和 113 舰以及 052b 的 169 舰和 169 舰)基本上可以担任一定程度的反潜任务。因此,主要的反潜重任就落在"江凯"级护卫舰身上了。

"江凯"级护卫舰就是 054"马鞍山"级导弹护卫舰,国外称之为"江凯"级。由于首舰命名为"马鞍山"号,所以,054 又叫作"马鞍山"级护卫舰。

054"江凯"级是 90 年代中期研发的多用途导弹护卫舰,是我国第三代导弹护卫舰。其给人印象最深刻之处就是隐身舰体设计,可以说,054 是中国第一款带有隐身设计的军舰,并可以明显看出是受到了法国"拉斐特"级护卫舰的影响。"拉斐特"级护卫舰是世界上第一款采取隐身设计护卫舰,后来台湾方面引进了 6 艘,对大陆刺激很大,于是,也搞出了自己的隐身护卫舰。

"马鞍山"级护卫舰舰体采用了流行的长首楼甲板、方尾舰型,也就是现在流行的短胖型舰身设计。舰体外表光滑清洁,上层建筑低矮,尺寸较小,侧壁采用了内倾设计(估计有 8 度左右),主、后桅及烟囱也采用低雷达反射截面的多面体设计,以前外露在舰体表面的舰上救生艇及反潜鱼雷发射器也都被布置在舰体内部,并用金属蔽帘遮盖。舰首前倾很大,加有防浪板,可减轻前甲板上浪并有效地遮挡锚机、系揽桩等容易造成雷达反射的物体。这样做的目的都是最大可地能减少雷达的反射面积。

此外,为了消除烟囱的红外线辐射,烟囱内部还装有降温、喷淋装置。

除了隐身设计之外,为了适应远洋作战的需要,054"马鞍山"级("江凯级")采用了短粗肥胖的线型,宽大的舰体外飘明显,横向剖面为深 V 型,长宽比较小,因此具有良好的抗横摇和纵摇及耐波性能力,适合在中远海及高海况条件下航行和作战。

054 级的满载排水量达到了 3900 吨,吨位上的大幅增加不仅可以扩大舰内空间,用来安装更多的武器及电子设备,同时可装载更多的燃油及补给品,保证较大的自持力和续航力。这种设计思想既迎合了护卫舰大型化发展的总趋势,也是中国海军对新型护卫舰提出的要具备较强远洋作战能力的基本保证。

"江凯"级是目前中国海军中隐身能力最好的、舰型最好的导弹护卫舰。有人甚至称其为"中国的拉斐特"。当然,其隐身外形设计并非毫无破绽。其舰首挡浪板也没有连续延伸至舰艇结构,留下一个必须用栏杆填补的缺口,多少会损及隐身性;其舰体与上层结构仍使用不少传统栏杆,完工后舰面杂物仍嫌偏多,显示距离西方先进隐身标准仍有一定差距。

为了减少雷达反射,054 护卫舰的后桅杆和烟囱合二为一。但是,后来发现,后桅杆被烟熏黑,积碳严重影响了系统性能,于是不得不进行修改。

发动机的选择有很多种说法。一种说法是采用了从法国引进的 4 台 16PA6SPC 型中速柴油机,这种 90 年代的新型大功率柴油机可以提供 5300 马力输出功率,而且重量轻、体积小、噪声低、自动化程度及可靠性较高(法国"拉斐特"护卫舰使用的也是这个型号)。另外一种说法是 054"江凯"级使用的是 18E390VA 型柴油机或其改进型,是按许可证在国内生产的国外先进柴油机,体现了 80 年代中期的世界先进水平,单台输出功率达到 7200 马力。"江凯"级装备 4 台该型柴油机,则其总输出功率达到 28800 马力。

国产柴油机的性能不是十分理想,耗油率要高一些,续航力上与"拉斐特"级存在较大差别。但是,这样的动力,能够推动 3900 多吨的"江凯"级达到 27 节航速。"江凯"级 27 节的最高航速和 18 节/4000 海里的续航力完全可以满足中国海军远洋机动作战的要求。

国学经典文库

中国军事百科

·军事武器·

图文珍藏版

作为护卫舰,它主要承担航母编队的反潜和防空补充,同时也具有一定的反舰能力。首先我们来看054护卫舰的反潜能力。

"江凯"级采用的反潜系统主要立足于意大利A244型鱼雷武器系统和俄罗斯声呐系统。有人开玩笑说,是"用俄罗斯的声呐探测和瞄准目标,控制意大利的鱼雷攻击",将这两种系统结合为一个整体极需功底。

早在80年代,中国就获得了A244鱼类的相关技术,但是忽视了其他技术的引进,直到20年后,中国才弥补了这方面的缺陷。

反潜武器方面,054"江凯"级装备了由6联装反潜火箭发射装置、反潜鱼雷和反潜直升机构成的多层次反潜体系。

舰首装备的3200型6联装反潜火箭发射装置可以发射两种不同类型的反潜深弹,具有自动装填能力。

深水炸弹是用来攻击和消灭隐蔽在水下的敌方潜艇的专用兵器。它是由专用的发射装具发射投放,入水后在设定的深度上爆炸,直接击中或利用爆炸的冲击波击毁(伤)潜艇。

深弹分为:投放式深弹——从舰尾或飞机上投放的深水炸弹;火箭式深弹——一般由水面舰艇发射,依靠火箭发动机推力,能够飞出一段距离再入水下潜的深水炸弹;航空自导深弹——飞机布放入水后能自动导向目标的深水炸弹。

从结构上讲,火箭式深水炸弹由弹头和弹尾两大部分组成。弹头由弹体、引信、装药三部分组成;弹尾由发动机和尾翼组成(非发射式深弹没有尾翼),发动机为火箭式,尾翼为护圈式稳定器。其作用是使火箭式深弹保持空中飞行和水中运动的稳定性,沿预先制定好的弹道运行,准确命中目标。该装备利用火箭反作用原理发射,无后坐力,结构轻便,使用灵活。

在第二次世界大战中,深弹击沉潜艇的数量占潜艇损失总数的45%,可见其当时在反潜作战中的突出作用。可是,战后由于声自导鱼雷的出现和反潜导弹的诞生,特别是潜艇性能大幅度提高,深弹在反潜作战中作为主要武器的地位受到了不小的冲击。美、英等国一度甚至认为可以由效能更高的反潜鱼雷和反潜导弹来取代它,所以这些国家的舰艇基本上停止装备和使用深弹。而苏联,在充分估价装备反潜鱼雷和反潜导弹的同时,仍然继续以深弹武器装备各型水面战斗舰艇和反潜飞机,并接连研究发展了十余型各种性能的舰用火箭式深弹。我国的军舰上也装上了这种价廉物美的反潜武器。

054"江凯"级护卫舰上使用的反潜深弹是3200型6管反潜深弹发射装置,又叫作81式火箭式深水炸弹,这种深弹是二八二厂在62式火箭式深水炸弹的基础上,采用燃气侧向分流技术以减小轴向推力的方法,改进发动机的尾部结构而制成的。81式火箭式深水炸弹与62式火箭式深水炸弹的直径相同,结构相近,威力相似。它的主要优点是可以实现两种射程,扩大攻击距离。新型反潜深弹可攻击200~6000 米、潜深 240 米的潜艇目标。

除了舰首的反潜深弹,054 舰体中后部救生艇下方的舰体内部两舷各装有一座 3 联装反潜鱼雷发射管,外部有活动盖板,战时打开盖板即可发射鱼雷,装备的是鱼-7 型 324 毫米轻型反潜鱼雷。

鱼-7 型 324 毫米轻型反潜鱼雷在 1990 年中期引进,是中国仿造美国 Mk-46 Mod 1 型鱼雷。鱼雷由西安精密机械研究所(705 所,中国造船工业公司的一个下属单位)和西北工业大学(NPU)发展,而且由 872 和 874 工厂生产。鱼-7 被所有的中国海军本国自行研制的水面战舰所装备,被当作标准的反潜战(ASW)系统。

鱼-7 从水面战舰鱼雷管发射,以攻击敌人的潜艇。鱼雷利用双速、往复式外燃发动机,最大速度 43 节。鱼雷配备 45 公斤弹头,而且采用主动和被动声音—自导引。

054"江凯"级的舰尾设有直升机机库和起降平台,可以搭载一架国产直-9C 或引进的卡-28 反潜直升机。前者是国产第一种舰载反潜直升机,具有一定的搜潜、攻击能力,但受载重量及机内空间的限制,反潜能力稍弱,现在已经全部改用卡-28 反潜直升机。

卡-28 则是一种专用重型反潜直升机,拥有整套比较完善的反潜探测设备,具有很强的中、远程搜攻潜能力。卡-28 在机头下方装备小型对海搜索雷达,除了能探测海面目标外,还可探测到处于通气管状态下的潜艇。机体下方设有专用的军械舱,设有 VGS-3 型主动低频吊放式声呐,在机身后部还准备有磁探测仪。

卡-28 是目前少数几种可在 5 级海况下反潜作战的直升机之一。反潜直升机的使用可极大地提高"江凯"级的反潜作战能力。

在 054 护卫舰上,中国海军拥有了完备、系统化的反潜装备。

4.中国航母编队中的水下保护者

美国的航母编队中有两艘"洛杉矶"号核攻击型潜艇负责航母的水下保护工作,那么中国航母编队中,可以负责航母水下保护的潜艇有哪些呢?

中国目前可用的最新型航母护舰潜艇有两种,一种是最新的 041"元"级常规潜艇,一种是 093"商"级核攻击潜艇。

国外用朝代来命名中国的潜艇,中国最早的 035 常规潜艇被他们称为"明"级;后来的第二代 039 常规潜艇被他们称为"宋"级;第三代最新型的 041 潜艇,被他们称为"元"级。

中国的第一代攻击性核潜艇 091,被他们称为"汉"级;第二代 092 战略核潜艇被他们称为"夏"级;第三代攻击性核潜艇 093 被他们称为"商"级;第四代战略核潜艇 094 被他们称为"晋"级。

·军事武器·

图文珍藏版

"元"级常规潜艇

2004年5月31日,中国官方宣布新型常规潜艇"元"级的首制艇正式下水。该艇与"宋"级潜艇一样,由武汉造船厂建造。这一消息使西方情报部门和分析家们大感意外,在此之前,美国情报机构对"元"级这一最新型的中国海军常规潜艇竟浑然未觉。

"元"级的问世一扫西方人的成见,证明了一向不被西方看好的中国造船工业已完全有能力设计并建造可以说是"完美"的潜艇。

继首艇于2004年5月下水后,第二艘"元"级也于2007年中期下水。

虽然中国官方至今未公布任何资料,但显而易见的是,"元"级的设计综合体现了中国和俄罗斯潜艇的特点,可说是中国"宋"级潜艇和俄罗斯"基洛"级潜艇的混合体。

《汉和防务评论》杂志邀请的东欧潜艇专家评论称:新"元"级很大程度上借鉴了俄罗斯"基洛"636型潜艇的设计概念,加长了围壳的长度,围壳纵向成"眼型"结构,这样做可以降低噪音。

中国海军引进俄罗斯"基洛"级潜艇后,对设计部门造成的观念上的影响非常深远。在"基洛"级引进之前,中国第二代039"宋"级常规动力潜艇无论是布局和线形等,都在沿用第一代035"明"级潜艇的设计,其中指挥塔围壳结构上几乎完全没有改变。

2001年英国《简氏防务周刊》关于中国海军发展的一篇评论文章认为,早期的"宋"级潜艇高大的阶梯状指挥塔围壳明显加大了潜艇水下潜航的阻力,对潜艇的航行稳定性也造成潜在的影响,而"元"级新潜艇的指挥塔围壳的大小、形状和在全艇的位置比例与"基洛"级非常接近,高度上比以前武昌造船厂建造的"宋"级潜艇有明显的降低,这似乎印证了中国设计人员对俄罗斯方案的认可。

该型潜艇的艇体外观有很多"基洛"级的影子,如果不是中国潜艇标志性的不可伸缩的围壳舵,从正面看几乎就是"基洛"级的翻版。可见,"基洛"的外形和布局对"元"级潜艇设计的影响之深。

此外,从鱼雷管的排列位置也可以看出,"元"级潜艇艏6具鱼雷发射管的布置形式与以前的潜艇有很大改变。中国潜艇的鱼雷管以前都是沿用早期苏联模式,成两纵列布置,而"元"级潜艇则改为上下横列布置,形式与"基洛"级完全相同。相对于纵列布置,上下两横排布置有很大好处。两层鱼雷管比三层纵列高度跨度低很多,装填鱼雷远比纵列更方便。

2002年中国《当代海军》杂志刊登的中国潜艇训练照片中,一群官兵在狭小的鱼雷舱中,为了装填最上面一排发射管的鱼雷,采用机械托举方式和人工协助,连木跳板也用上了。在现代潜艇中,装备的远不止鱼雷,还有反舰导弹、自导机雷等武器,将鱼雷发射管布置在如此高的位置,装填那就不是一般的困难了。

而双层布置的鱼雷发射管能够大大简化装填机构和方便人员操作检查等工作,使得装填速度加快,能够适应现代潜艇作战的要求。尽管世界上早就出现了双层布置的鱼雷,但是中国设计部门迟迟没有采用,可见中国潜艇设计部门思想落后有多严重,基本上也就停留在二战水平。

不过,"元"级潜艇的指挥塔围壳并未全盘照搬"基洛"级的风格,它继承了"宋"级潜艇的水平舵,反而与欧洲常规柴电潜艇的设计相似,当然在尺寸比例上比欧洲潜艇大许多。另外,细看这艘新潜艇的指挥塔围壳的上方舷窗排数与"基洛"级、"宋"级潜艇均有所区别。围壳与艇体交界处采用类似美国海浪级的圆滑过渡,可降低水下阻力和噪声,并提高试航性、操纵性和整体稳定性。

事实上,"元"级潜艇是中国海军装备研制双轨制方针(即把国内的科研水平、设计能力及工业基础和引进的俄罗斯技术结合起来)的结晶和代表作。美国海军一位分析家称,从外表上看,"元"级的设计既可以说成是带有中国特色的"基洛"级,也可以说是带有俄罗斯特色的"宋"级。

实际情况也确实如此,"元"级的总体布局、水滴型流线型壳体以及典型的隆起部等很容易使人将其与"基洛"级联系在一起,而其尾部的水平舵、背部方向舵以及指挥台围壳又极富"宋"级潜艇的特色。

外形变化还只是"元"级潜艇的一个小进步,它与中国以前的潜艇相比,有一个革命性的变化,就是 AIP 技术。所谓 AIP,就是"不依赖空气推进装置"的英文缩写。我们知道,普通的柴—电动力潜艇水下主要靠蓄电池工作,因为水下没有空气,不可能用发动机工作,所有的发动机都是需要空气的。但是,蓄电池的容量有限,不能工作很长时间,所以,潜艇不得不频频浮上海面,采用通气管状态航行。潜艇已浮上水面,它的隐蔽性就丧失了,会大大增加它被发现和摧毁的概率。

为了解决常规潜艇靠蓄电池工作、水下航行时间短的缺点,增加潜艇的隐蔽性,人们研究出了现代化 AIP 技术,就是想通过不依赖空气就能产生动力的 AIP 发动机,解决常规潜艇水下持续航行时间受电池容量限制的问题。

简单说来,常规潜艇使用的 AIP 是指不直接利用空气中的氧气,而是利用 AIP 系统自身携带的氧气(液氧)支持热机或电化学系统的工作,通过密闭系统内"燃烧"的能量转换.使动力装置为潜艇提供动力的装置。

国外为常规潜艇开发的 AIP 技术目前已有多种达到了实用化标准,现有的 AIP 发动机也已在多个型号的常规潜艇上得到了应用。现在发展的潜艇用 AIP 装置分为热机和电化学系统两大类,其中热机类应用最广泛且技术最成熟的有闭式循环柴油机和斯特林发动机这两种,而电化学 AIP 系统则以质子燃料电池和碱性燃料电池的技术最成熟。

让我们首先来看看闭式循环柴油机（CCD）。这是根据柴油机排出的废气的组成（二氧化碳、水蒸气、氮气和少量氧气），通过吸收废气中的二氧化碳和水蒸气后添加氧气和起稳定作用的氢气，保证柴油机能够依靠潜艇本身携带的氧气进行密闭条件下稳定工作的装置。

闭式循环柴油机是现有 AIP 系统中技术难度相对较低的装置，但其优势是 AIP 发动机的功率密度高，成本低且系统综合性能比较完善。现有实用型 CCD 系统发动机的功率已经能够稳定达到 400 千瓦，这样大的单机功率可以减少动力单元的数量以简化结构，也可以在增加水下续航力的同时提高潜艇的水下航速。CCD 系统的动力装置可以直接使用技术成熟的柴油机，柴油机的安全性、可靠性和维护条件都非常成熟，系统设计、制造和使用维护也比较简单方便。设计实用型 AIP 系统的技术难度较小且能够有效地控制成本。

另外，我们来看看斯特林发动机（SE）。斯特林发动机是早在 1816 年就已经提出的由外部能源加热，通过将热能转化为机械能的密闭定容回热气体循环装置。目前设计的斯特林发动机采用了热性能好且腐蚀性小的氦气作为工质，加热系统也可以使用固体、液体、气体燃料甚至是太阳能。但是由于外热式斯特林发动机存在的技术问题目前难以全面解决，所以其实际应用范围相对有限。

潜艇 AIP 系统使用的斯特林发动机由瑞典人首先进行了装艇实用验证，最早的 V4-275R 斯特林发动机的燃料为柴油和液氧，系统驱动功率是应用双作用活塞移动并通过曲轴输出的方式。

斯特林发动机作为潜艇动力系统使用时，必须利用多台并行工作的方式，驱动排水量 1500~2000 吨的常规潜艇需要安装 4 套 75 千瓦的发动机。另外，斯特林发动机对材料、结构和装配精度的要求很高，作为潜艇 AIP 动力系统的成本投入非常大，而且在短时间内还有很多技术和非技术问题需要解决。

最后，我们来看看燃料电池。这是将燃料的化学能直接转换成电能的先进能源系统。燃料电池的基本结构和工作方式与常规蓄电池基本相同，差别是燃料电池的电极本身没有常规蓄电池的蓄能结构，而是通过特殊的材料使燃料和氧化剂在电池内产生反应。国外开发的燃料电池以氢气和氧气作为燃料和氧化剂，AIP 系统由多块并联的燃料电池和液氢与液氧储罐组成，利用类似电解水的逆过程所发生的化学反应来获得电能。

采用燃料电池 AIP 系统的德国海军 212 型潜艇，虽然其功率密度远不如质子膜燃料电池那么高，但具有技术简单、生产容易和成本低的优势，因此也是 AIP 系统的重要方案之一。德国 AIP 潜艇的燃料电池技术目前处于国际领先水平，德国海军装备的和用于出口的 212 与 214 型潜艇都备有燃料电池装置。

日本和韩国是东亚地区发展 AIP 潜艇技术和装备上最积极的国家，现在已经先后拥有了达到实用化标准的 AIP 攻击潜艇。

韩国从德国引进技术制造的 214 型潜艇是东亚最先批量装备的 AIP 潜艇。韩国从德国引进技术，制造了采用质子膜燃料电池 AIP 系统的 214 型潜艇 3 艘，现在都已下水，第一艘已服役。

日本海上自卫队很早就对潜艇用 AIP 技术的发展投入了很大力量，日本研究单位从瑞典引进了技术比较成熟的 V4-275R 斯特林发动机，确定了潜艇 AIP 动力的发展方向。2007 年底下水的"苍龙"号潜艇是日本海上自卫队第一艘 AIP 潜艇，标志着日本新一代潜艇的建造进入 AIP 时代。

俄罗斯新开发的"阿穆尔"型潜艇也采用功率 300 千瓦的碱性燃料电池 AIP 装置。

现代常规潜艇蓄电池容量有限的问题，使常规潜艇需要频繁上浮充电。水下续航时间不足的问题是新型常规潜艇依然容易被攻击的主要原因。

AIP 潜艇具有水下 1500 海里（4 节航速连续航行 15 天左右）的续航能力，也就是说，它可以连续不断在水下呆上两个星期！这口气憋得可真久！

AIP 潜艇非常适合在固定海域进行"守株待兔"式进攻，也可以规避反潜力量的追击。

中国官方的《科技日报》于 2007 年初发表了一份报告，该报告声称，华东地区的一家研究所已对 AIP 进行了长期的工程研制和试验，并已于 2004 年将一套斯特林 AIP 系统成功地安装在第一艘"元"级潜艇上。该报告又称，这一研究项目已于 2006 年获得国家科学技术进步一等奖。

至于中国 AIP 技术的来源问题，国外媒体报道：中国长期的盟友巴基斯坦已通过装备法国 DCN 造船局的阿戈斯塔 90B 型潜艇而获取 AIP 技术，没有理由相信中国会在这方面落后。

早在 2002 年，美国兰德公司分析人士注意到，中国第 20 艘"明"级潜艇的长度较以前建造的同型艇加长 2 米，据推测这是为安装 AIP 系统进行试验而采取的举措。

2003 年初，美国五角大楼向美国国会提供的一份关于中国军事现代化的报告称："预计一种性能先进的新型'宋'级柴电潜艇将安装性能优异的 AIP 推进系统。"

由于 AIP 潜艇具有隐蔽性好、噪音低、机动灵活等特点，中国潜艇技术产生了质的飞跃。

安装 AIP 系统的中国常规动力潜艇可谓具备"区域核潜艇"的功能，其在南中国海、印度洋、台湾海峡东岸以及关岛海域周围的远航活动将会大大增加。

AIP 的运用使常规动力潜艇的隐蔽性大大加强。AIP 潜艇相对于核动力攻击型潜艇来说,算是"价廉物美"。

从造价上看,一艘拥有 AIP 系统的潜艇造价在 1 亿～3 亿美元之间,而一艘美国核潜艇的平均造价是其 5～16 倍,至少达到 164L 美元。

除了外形设计之外,"元"级潜艇的装备也有了革命性的变化。

2004 年 6 月,中国中央电视台 7 频道军事节目中,多次播出了新型潜艇训练时的指挥室内情况。画面上显示,这些潜艇明显装备了微机指挥中心、自动化的火控系统以及机舱计算机控制系统,不同于以往公开发表的照片。这些系统非常先进,其中火控系统结构小巧,与导航系统采用的都是液晶显示装置,而没有采用传统的阴极射线管显示器。

"元"级潜艇据说安装了最先进的水下导航系统。据中国媒体报道,中国海军潜艇学院朱海博士已攻克潜艇水下导航的难关。他用 3 年时间研制出一套潜艇水下导航系统,1999 年 11 月中国海军潜艇在山东威海附近海域进行试验。试验结果表明,该水下导航技术及其嵌入的导航装置工作可靠、精度较高、结构简单、使用方便,适合潜艇安装使用。中国技术专家的评价是:该系统的研制成功,大大提高了潜艇的水下导航与作战能力,使中国潜艇导航技术又上了一个新台阶。

在"元"级的艇首上缘,按照上二下四的配置方案,装有 6 具鱼雷发射管,将艇首下半部分空了出来,用来安装大型的主被动声呐系统,颇似俄制"基洛"级潜艇。"元"级的水下侦测能力特别是被动听音能力,比起"宋"级将有很大进步。除了改进声呐系统外,"元"级也被西方推测使用光电侦测桅杆,装备可能包括 CCD 摄影机、红外热成像仪、激光测距仪等,舰上所有声呐、光电侦测、雷达、电子战和武器系统可能都联结到数字化整合式战斗系统中。

武器方面,可能使用俄罗斯最新型的 TEST-71MKE 线导鱼雷或 53-65KE 鱼雷等等,其鱼雷管应该也能发射水雷、反舰导弹等武器,如大陆 C-801 潜射型、俄制"俱乐部"反舰导弹等。

有消息说,这些新型的潜艇配备俄罗斯的 SKVAL("暴风雪")型鱼雷之后,它们将会变得更加致命,因为这种鱼雷水下发射的速度可以达到 200 节。

另有文章称,俄罗斯已经将 3M54E 型反舰巡航导弹交付给中国的潜艇部队,中国海军的每一艘"基洛"级潜艇和"元"级潜艇都可以配备 4 枚这种型号的巡航导弹。这种低高度、掠海飞行的导弹是专门为攻击美军航空母舰战斗群而设计的。它可以凭借低空巡航和超音速来挫败美国海军的"宙斯盾"反导系统。

"元"级潜艇资料基本如下:长 77.6 米,宽 8.4 米,吃水 5.5 米,水面排水量 1900～2000 吨,水下排水量 2500～2600 吨。

"元"级的艇身敷设了消音瓦,对于降噪有很大的帮助,但艇体两侧还是各有一长排开口,水流过时容易产生较大的噪音,同欧、美、俄、日最新一代潜艇尽可能减少开口数目以使舰体表面平滑的做法相比稍有不如。

中国的潜艇之所以在外面有很多排水孔，是因为我们采用的是双壳体的结构，而西方发达国家采用的是单壳体的结构。

首先我们来看什么是单壳体和双壳体。

单壳体潜艇的艇体由耐压壳体组成，在耐压壳体外没有包覆物，耐压艇体直接裸露在外。双壳体潜艇的耐压艇体全部被耐压和非耐压的外壳体所包覆，这层外壳除了在中部有一段是耐压的(耐压液舱)，其余都是非耐压的轻外壳。

双壳体的优点是耐打击能力强、抗沉性好。双壳体潜艇在整个耐压艇体外多了一层完整的外壳体，使得耐压艇体多了一个保护壳，耐压艇体在事故中遭到撞击后破损进水的概率就要比单壳艇低得多。双壳体的是工业门槛低，对整个潜艇的质量要求不是很高，但其缺点也是很明显的。

首先是外表面积大，快速性和隐蔽性差。双壳体艇的外壳体直径一般要比耐压艇体大 1.6～2 米，个别的甚至可以达到 3 米左右，所以双壳体潜艇的湿表面积比单壳体艇大很多。湿表面积大必然会导致艇体摩擦阻力值大，潜艇的水下快速性就差。

湿表面积还影响着潜艇反射声波的强度值，湿表面积越大的潜艇，反射声波的区域越大，艇体反射声波的强度值越高，敌方主动声呐搜索和跟踪的距离就比较远。自然在隐蔽性和规避能力上都要差一些，对战时潜艇的生存不利。

双壳体艇的上层建筑容积大压载水舱多，这些部位上的流水孔、通海阀的格子板等开口都较多，容易增加潜艇水下航行时的艇体阻力值和高速航行下的艇体流噪。

采用单壳体设计的西方潜艇，外表非常光滑，潜艇的速度和噪音性能相当好，我们的潜艇和他们的相比，还相差一段很远的距离。

你会说，我们不会向西方学习，采用他们光滑的单壳体机构吗？这不是简单地采用单壳体结构的问题，不是设计理念问题，而是我们国家的装备制造水平还达不到他们那样高的水平。

迄今为止，已经有 4 艘"元"级潜艇下水，而美国国防部出台的 2009 年度中国军力报告评估认为，解放军海军最多会建造 15 艘"元"级常规动力潜艇。

美国海军情报部门宣称："中国的柴电动力潜艇部队正在稳定地、逐步地以质量代替数量。"

093 攻击性核潜艇

常规的柴电潜艇，由于水下航程的限制，对敌的威胁程度有限。因此，航行于全球的航母编队，需要具有全球航行能力的核潜艇作为自己的护卫。

由于核潜艇采用核反应堆作为燃料，不需要空气，因此可以长时间在水下潜航。中国的核潜艇最长的潜航时间高达 90 天,即三个月。也就是说,潜艇在水下能一口气憋三个月,这可真是奇迹。

093 攻击性核潜艇

中国目前可以作为航母编队中的攻击型核潜艇是我国的 093 型核潜艇。

70 年代初期,中国研制的第一代鱼雷核潜艇研制成功,此后中国又研制了第一代导弹核潜艇,并于 1985 年首次水下试射弹道导弹成功。但是,中国研制的第一代核潜艇时,首先解决的是"有"与"没有"的问题,因此对于潜艇的技术性能指标并无过多要求。80 年代,这些潜艇已经过时。比如,中国最早的攻击性核潜艇 091 的噪音高达 160 分贝。160 分贝是个什么概念呢? 100 分贝是电钻钻墙的声音,喷气式飞机的噪音是 130 分贝,我们的 091 发出的声音有多大可想而知了。正如美国人嘲笑的那样:中国的潜艇一出动,美国的西海岸都听得见。另外还有一个笑话,绿色和平组织曾向中国海军提出抗议,说是我们的核潜艇一出动,就震死了一大堆鱼。中国为了解决核潜艇的性能问题,一边先后对 091 和 092 进行了 3 次大规模的技术改进,一边开始研制中国的第二代核潜艇,即 093 和 094。这其中,093 是多用途核潜艇。

093 的研制设想早在 1980 年就已经出台,当时,邓小平在视察了海军潜艇部队时特别提到要大力发展核潜艇,并要求"这个核潜艇的东西要走在其他军舰的前面"。海军于是在 1980 年 11 月下达了研制新型核潜艇的计划,当时要求达到苏联第三代的技术性能指标。经过三年的反复论证和立项,093 型于 1983 年 7 月正式上马。

与当时中国的其他军品研制计划一样,093 的研制也经历了风风雨雨,几经波折。

1989 年,093 研制计划遭遇重大调整,原因是海军领导认为原先的 093 的有关性能已经不先进,为了避免出现 091 一出世就已经被淘汰的局面,有关部门对 093 的研制做出了调整。

1993 年,中国海军获得了美国新一代"弗吉尼亚"级核潜艇的有关技术情报。情报显示,"弗吉尼亚级"核潜艇的有关技术性能领先当时的 093 至少两代以上。这让 093 的研制小组大吃一惊。海军对于 093 型的最初要求是,排水量在 4000 ~ 6000 吨之间,能够携带 12 枚战术导弹,可以发射 533 和 650 鱼雷,可以发射潜射导弹,达到国际 80 年代水平。

但在很多关键领域,如潜艇减噪、下潜深度和压水堆,093 都无法解决。此后,093 的研制趋于停滞。

但是,就在这几年,我国海军发生了很多事情。

一是 1993 年 7 月的"银河"号事件。

1993 年 7 月 23 日,美国政府以获得情报为由,指控中国"银河"号货轮 7 月 15 日从大连港出发,装载着硫二甘醇和亚硫酰氯两类制造化学武器的原料,正在驶往伊朗的阿巴斯港。美国官员还振振有词地宣称:美国政府要求中国政府立即采取措施,制止这一出口行为,并威胁说,否则,就要制裁中国。

美国 8 月 3 日在与中国外交部的又一次交涉中,竟然要求中国政府命令"银河"轮返回出发地;或由美国人登船检查货物;或索性停留在某个地点,听候发落。美国还向该货轮计划停靠的港口所在国散布其错误情报,并据此要求这些国家阻止该货轮按计划进港卸货,制造了震惊世界的"银河"号事件。

8 月 12 日,美国克里斯托弗接受 CNN 记者采访时说,"我们必须对货船进行检查",以确保化学品不会"落到坏人手中"。

"银河"号事件引起中国最高层领导人的重视。8 月 13 日,江泽民会见美国众议员加利·阿克曼时,谈到"银河"号。江泽民说,船上没有危险化学品。8 月 18 日,江泽民在人民大会堂会见一个美国国会代表团。江泽民又直接对他说:"我亲自过问了此事。我肯定船上没有你们指控的化学品。"

中国外交部立即致电美国国务院:既然中国国家主席已做这样表示,美国政府还是低调处理为好。但我们的意见再次为美国中央情报局所否决。中央情报局此时仍坚信自己的情报可靠,不相信任何人的说明。克里斯托弗和莱克也都支持美国中央情报局的意见,同意与中方斗争到底。

为了用事实向国际社会说明真相,尽快解决"银河"号受阻问题,避免中方和各方货主蒙受更严重的损失,中方同意在第三国与美方对"银河"号有关货物进行检查。

8月25日，"银河"号在公海上漂泊20余天后，终于驶抵沙特达曼港，等候检查。8月28日上午，美、沙人员在中方人员陪同下对船上782箱货物进行了为期一周的清点和浏览检查。9月4日，中、沙和美方官员共同签署一项证明文件，证实船上没有与化学武器有关的物品。同日，美国国务院确认，对中国"银河"号货船的联合检查没发现载有化学武器原料的证据。

"银河"号事件让中国大受羞辱。

此外，1994年，在黄海的美国"小鹰"号航母和中国091"汉"级核潜艇"不期而遇"，我们的091用完所有的花招也没能躲避开航母的跟踪，这事让中国海军非常丢脸，因为我们用的是160分贝的核潜艇啊。

在这两件事情的刺激下，中国决定加快发展新一代核潜艇的研制工作，《刘华清回忆录·海军核潜艇篇》里这样说："1994年，根据江主席指示，中央军委、中央专委决定开始新一代核潜艇的研制工作。看到核潜艇事业后继有人，后继有艇，我也就放心了。"

093配套武器的研究也同步发展。近年来，海军在武器研制上有很大进展，如新型鱼雷、反舰导弹和巡航导弹等，实际上是为093做准备，093的最后一项技术突破是2000年取得的消音瓦。

从1994年开始，中国在核潜艇技术上取得了很大的进步，尤其在降噪方面下了很大的功夫。

首先，拆除了减速机和辅助发电机系统，由反应堆直接驱动直流发电机。反应堆与发电机组合成一个整体，安装在一个"减震浮筏"上，与外部的所有管道采用柔性减震连接，大大降低了动力系统的噪音，仅此项技术就降低了将近20分贝的噪音。

第二，采用了核—电推进模式。中国海军在核潜艇上安装了数万公斤重的电池组，它甚至可以吸收反应堆—发电机系统的全部发电量。电池组充满电能后，可以关闭反应堆，以降低噪音。电池组足以让潜艇全速潜航10小时，如果以经济航速潜航，更可以潜航数百小时。

第三，用一个七叶大倾斜螺旋桨取代了原来的五叶螺旋桨，在大大提高潜航速度的同时，降低了空爆噪声。

第四，使用"人造鲨鱼皮"技术，以降低噪音，减小潜航阻力。利用大白鲨高速游动时贴着表皮的海水顺着表皮小刺片形成层流而大大降低水下阻力这一仿生学原理，通过试验，确定在潜艇表面黏附一种"人造鲨鱼皮"的化学制品，明显提高了水下潜航性能。

通过换装七叶大倾斜螺旋桨、新型隔音材料、低噪音压水涡轮泵、艇体外敷消声瓦,我国核潜艇的噪音降至 115 分贝,使被发现距离下降一半之多。

中国利用这些技术对原来的 091"汉"级潜艇进行了改造试验,根据国外媒体报道,采用了新技术的"汉"级核潜艇在 250 米水下航速超过了原来的 25 节最高速度,以前在这个速度时驱逐舰测出的噪音高达 155 分贝,现在仅 115 分贝都不到。速度稳定在 33 节时,"现代"级驱逐舰已经难以精确地测出其噪音值。反潜直升机的声呐测定其噪音是 115 分贝,低于美国"洛杉矶"级攻击核潜艇的 120 分贝,达到了俄罗斯最新型的"阿库拉"级核潜艇的水平。

为了准确测定改进后的 091"汉"级潜艇的最低噪音值,该艇高速通过预先布置好的水下声呐阵列,来核定了潜艇的噪声数据。该艇在 25 节的中速时关闭了反应堆,此时在"现代"级驱逐舰和反潜直升机的声呐屏幕上已几乎辨认不出其航迹。当该艇按指令实施了一个机动,关闭主电机并以经济航速电机推进以致速度降到 11 节时,声呐屏幕上已找不到它的踪迹。此时测定的噪音直逼 95 分贝,达到与美国最新型"海狼"级攻击核潜艇相近的 95 分贝的水平,已经接近海洋的背景噪音了。

除降噪之外,在电子设备方面,中国潜艇也有了进步。中国方面破译了 1985 年引进的法制 DUUX-5 侦察距声呐软件,自行建立了新的信号处理方法。先进低频大幕阵数字化相控阵多波段综合声呐的搜索、测向精度大增,能边搜索边跟踪,同时攻击多个目标,性能方面达到了世界先进水平。

此外,在作战武器方面,也有了长足的进步。除 24 枚原有的鱼-1 改、鱼-3 乙自导鱼雷外,还能采用最新鱼-6 型鱼雷。后续艇还配备了水下发射的 C-802 反舰导弹,而更新的 C-803 超音速反舰导弹也可以发射。

093 攻击核潜艇建造工作最早于 1994 年被美国的侦察卫星侦测到。自此,美国的监视记录每天都会由卫星源源不断地传回五角大楼。美国对中国这一在建的"杀手锏"异常关注,采取了各种手段企图窥测其中的奥秘。在监视中,美军事专家对中国新型核潜艇的研制速度感到惊讶,各种已成形的模组式部件陆续运抵工地现场,随后被上百的工程技术人员熟练而有序地整合起来。从物件进出的程序和建造结构的先后次序来看,新一代艇有明显的俄式风格,美国研判,施工人员当中不乏外籍(俄罗斯)人员在场监督、指导。

据《简氏海军年鉴》报道,著名的俄罗斯鲁滨船舰设计局的专家可能也参与了093 攻击核潜艇的研制工作。自 90 年代初苏联解体以来,中国以优厚的待遇大量引进苏联武器专家来华工作,看来这些专家已帮助中国解决了不少重大的技术难关,使攻击核潜艇得以提前开始建造。

据国外媒体报道,093 核潜艇以俄制"胜利Ⅲ"级为设计蓝图,并部分融合了"阿库拉"级较先进的生产工艺。"胜利"级是苏联和俄罗斯的主要攻击核潜艇,

1978~1992 年共制造了 26 艘,到 90 年代末仍有 18 艘在役。"胜利"级是冷战时期苏联对付美国航母舰队及其水下护卫核潜艇的克星。由于"胜利"级偏向反潜,因此,西方估计中国可能选择了"阿库拉"级的部分降噪技术和工艺,强化接近美军航母的宁静度。

《汉和情报评论》2002 年 3 月 19 日报道,哈萨克国家军事装备进出口总局 1998 年首次向中国出口了 40 枚 SHKVAL-E 重型鱼雷,主要装备在核潜艇上。同时,中国也从白俄罗斯进口了远程声呐通信系统。据悉,这些技术都用在了 093 身上。

当时国内外一直认为,093 在动力方面采用了当时国际上最先进的高温气冷核反应堆技术。

中国的"863 计划"中确实有研制国产高温气冷核反应堆的计划。1996 年,高温气冷核反应堆的研制取得突破性进展,困扰多年的堆内温控问题基本解决。1997 年底,第一台高温气冷核反应堆样堆研制成功,并成功试运转。

1996 年 6 月,《人民日报》报道,中国自 80 年代中期启动的"863 高科技计划"中被称为"高温气冷核反应堆"的课题已取得重大突破。1998 年 3 月,《文汇报》报道,我国具有国际先进水平的第一代"高温气冷核反应堆"在清华大学的协作下已经投入试运行,填补了国内的空白,标志着我国在该学科的科研能力处于世界领先地位。这一高新技术已在 2001 年 863 计划 15 周年展览中展出,介绍文字中特意提及它主要用于军事领域。

当时最盛行的一种说法是,高温气冷核反应堆这一先进技术运用到中国正在研制的 093 核潜艇上,最神乎的说法是 2000 年,高温气冷核反应堆就吊装到正在建造的 093 核潜艇上。

日本《世界军事》曾刊文说,自 1995 年起,中国第二代核潜艇"夏"级进行了多次改装。最近一次大规模改装是 2002 年 2 月,反应堆换成了新研制的高温气冷核反应堆,功率为 120 兆瓦。螺旋桨也换成了新型号,外加采取新的减震措施,艇体敷设了消音瓦,噪音水平由 160 分贝减至 115~120 分贝。

此外,据 1997 年美国海军发表的报告和《简氏海军军鉴》称,093 型核潜艇的水下排水量为 6000 吨,全长 107 米,宽 11 米,推进装置是两座高温气冷核反应堆,功率 20000 马力,水下速度每小时 30 海里。

另一方面,来自香港和台湾的消息称,093 的水下排水量为 8000 吨,采用高温气冷核反应堆,水下速度每小时 40 海里以上。搭载武器除鱼雷外,潜艇中部的 16 座垂直发射筒可水下发射超音速反舰巡航导弹(鹰击 12/YJ12),噪音水平也因采用减震技术和安装消声瓦而减至 110 分贝。1 号艇于 1997 年开工建造,2001 年下水,2002 年竣工。

实际上，我国的高温气冷反应堆目前都仅为实验堆，功率分别是 20 兆瓦和 10 兆瓦。093 核潜艇吨位在 6000~8000 吨间，需要的反应堆总功率通常不低于约 200 兆瓦。我国的高温气冷堆的功率与核潜艇所需要的还相差很大。

这些先进核反应堆若要应用于核潜艇，至少还有大量的工作待做。我国 093 核潜艇所使用的心脏统统都是压水堆。

那么，093 的性能到底怎样呢？

分析评价核潜艇的突防能力最重要的是看三个方面：噪声大小，下潜深度和航行速度，火力的射程、精度和强度。093 核潜艇在以上三点上都取得了巨大的进步。

在降低噪声方面，093 艇的噪音水平大约在 110~120 分贝左右。艇壳上铺设的是国产消音瓦，静音效果还不错，其总体效果据说达到了俄罗斯"阿库拉"级核潜艇的水平。

我们来看一下世界各国潜艇的噪音值。

093 噪音还不是很理想。潜艇的隐身主要是指它的噪音指数，噪音每减少 6 分贝，那么潜艇就能减少一半被发现的距离。美国"海狼"级的噪声达到了 90~100 分贝，这一量级已经低于海洋背景噪声，这使其成为真正的"安静型"潜艇。

在降低噪音技术方面，消声瓦上，我们的工艺超过了俄罗斯。他们造的还能清楚地看到消声瓦交界处，而我们的是浅浅的痕迹。但是，比起美国的连铸技术，我们还是差很多，美国"海浪"级潜艇表面光滑到人在上面都站不稳的地步。

螺旋桨噪声是潜艇噪声的一个大来源，它主要由空泡噪声、叶片噪声和螺旋桨振动产生的噪声组成。为了消除螺旋桨噪声，美国的"海狼"级及后续的"弗吉尼亚"级上使用的泵喷技术，根除了螺旋桨噪声。093 的推进系统军方原想采用喷水推进，但苦于技术仍然不过关，因此采用的是七叶大倾斜螺旋桨，不过七叶大倾斜螺旋桨在减噪上起的作用并没有我们想象中那么大，它对于抑制空泡的产生是要比普通五叶螺旋桨理想很多，产生的空泡噪声也要小得多，但还没能从根本上消除空泡噪音。

关于各国潜艇噪声的问题，都是分析得来的。事实上，潜艇的噪音数据和声纹全部属于国家级机密。正如美国第一艘"弗吉尼亚"级潜艇的艇长所说："我可以告诉你，但我不得不杀你灭口。"

093 在下潜深度和航行速度方面，据称最大潜深高达 500 米，水下正常航速可达 35~45 节，曾经还有消息说，最大航速有可能突破 50 节，将打破苏联潜艇 47.1 节的水下航速记录，但这种说法有夸张的嫌疑。

在火力的射程、精度和强度方面，093 的主要设计使命是反潜并为水面舰艇保驾护航，次要任务为反水面舰艇/地面目标，它装备有远程超音速反舰导弹和攻地

·军事武器·

图文珍藏版

　　093 的主要武器包括 16 枚巡航导弹,规格近似于美国的战斧式,但是要大一些,由于红鸟-3 尚未正式使用,因此目前正在试射的估计还是红鸟-2(射程 800~1300 公里,射速不详,精度 9~25 米,弹头 375 公斤)。

　　093 还有 4 个 533 毫米鱼雷管和 4 个 650 毫米鱼雷管。

　　093 可以水下发射超音速反舰导弹,发射的应该是鹰击-83,射程 220 公里,射速 M1.6~2.2,精度 5~11 米,弹头 260 公斤,攻击威力相当可观,万吨级的军舰被命中一枚导弹就足以致命,即使十万吨的航母挨上一枚也会遭到重创。将来有可能配备从俄罗斯引进的射程超过 500 公里的潜射反舰导弹。

　　093 上配员达 120 人,甚至超过了"奥斯卡"级,这也证明其自动化水平不高。艇上的居住环境一般。

　　093 的综合实力已经足以对抗"洛杉矶"改进型,其高航速和高潜深已经领先于美国核潜艇,但在噪音、攻击范围和自动化方面仍然较"海狼"级和"弗吉尼亚"级落后不少。

　　最后看一下 093 的技术参数:据简氏防务介绍,093 级水下排水量 8000 吨,全长 106 米,身宽 11 米,潜艇吃水 10 米,最大潜深 400 米,噪音量级为 110~120 分贝,自持力为 80 天。

　　093 首艇于至 2002 年 12 月正式下水,2005 年开始投入海试。

　　2006 年 12 月,中央七台在军事新闻节目上出现的胡主席为新型核动力潜艇授军旗仪式,标志着 093 正式服役。

　　2007 年 8 月,中国杂志公开刊发了一幅 093"商"级核潜艇的清晰照片。

　　美国海军情报署称,第二艘"商"级核潜艇已于 2006 年底下水。

　　海军情报署警告说:"与中国现有的柴油机潜艇相比,'商'级潜艇将主要用于远离中国海岸的深海反舰作战,中国人将'商'级视为攻击航空母舰战斗群及其后勤保障舰队的主要武器装备。"

　　093 虽然服役了,但是性能还是不太理想。

　　093 攻击型核潜艇的噪声并不如原来大家料想的那样低,仍然很大。美国环球战略网说,中国最新的潜艇的噪音与几十年前建造的潜艇一样大。美国海军情报报告中的图表显示,093"商"级和 094"晋"级潜艇比 30 年前生产的苏联"德尔塔"三级核潜艇噪音还要大。

　　潜艇的噪声和采用双壳体建造技术造成的潜艇表面的流水孔有很大的关系,军事爱好者对于国产潜艇流水孔的指责一直不绝于耳。双壳体艇的上层建筑空间较大,这部分透水面积在水下时是非耐压、非水密的。潜艇在水下航行时上层建筑空间内透水面积是充满水的,当潜艇上浮下潜上层建筑空间的水必须能够自由快速进出,否则会对潜艇上浮过程中的横向稳性不利。如果上浮海面海情过高,潜艇上浮过快,流水孔开孔面积设计不合理,导致上层建筑内的水无法快速流出,使潜艇稳心提高而稳性降低,对潜艇在高海情下的上浮会造成较大横倾,极端情况下还会造成潜艇的倾覆,所以一般双壳艇的上层建筑外部都会开有比较明显的流水孔,新型核动力潜艇也不例外。

关于中国核潜艇的隐身问题,一直存在致命的弱点。2004 年,一艘改进后的 091"汉"级潜艇就在东海被日本发现。

2004 年 11 月 10 日,日本官方证实,日本海上自卫队的侦察机于当天清晨 5 点 40 分左右,在琉球先岛群岛附近海域内发现"国籍不明"的核动力潜艇潜航侵入到接近台湾海域的日本领海。防卫厅认定这是中国核潜艇。日本内阁官房长官细田博之在 10 日上午的记者招待会上表示:"该潜艇已驶离日本领海,但海上自卫队 P-3C 反潜机还在继续跟踪确认。还未照会其他国家,但跟踪之后可能会知道是哪个国家的潜艇,届时再采取适当的措施。"

尽管日本官员拒绝评论潜艇的国籍,但《读卖新闻》引述日本防卫厅"消息人士"的话称,该潜艇 11 月 10 日中午已朝中国海军基地所在的中国东海岸前进。防卫厅由此研判该潜艇为中国"汉"级核动力潜艇。

《读卖新闻》报道,日本海上自卫队从 8 日起便掌握到该潜艇的行踪,10 日清晨,当潜艇进入日本领海时,日方还一度投下声呐,要求潜艇出示国籍。日本除要求其离开日本领海之外,还在潜艇航行到日本领海之外时出动 P-3C 侦察机进行追踪,另又加派两艘护卫舰以及直升机前往这个海域。

《日本经济新闻》2004 年 11 月 14 日报道,本月 10 日潜艇入侵日本领海时,是美军最早知会日本自卫队的。报道指出,美军的侦察卫星早在 10 月下旬,就发现一艘中国核潜艇的踪迹,当时此潜艇浮上海面,位置在中国宁波海军基地附近。之后潜艇潜入水下,美方即开始寻找潜艇去向。

由于美国在东海周边海域的海底铺设有大量音响探测装置,因此美军掌握了中国"汉"级潜艇在日本附近海域活动的所有动态,并在此潜艇即将进入日本琉球群岛的领海之前通知了日本海上自卫队。

可气的是,日本人还画出了当时该艘潜艇的活动轨迹。

虽然 091"汉"级潜艇的技术落后于 093"商"级潜艇,但是,被美军发现的"汉"级潜艇是采用改进技术的,093"商"级潜艇采用的也是这些改进技术。可见,中国 093 潜艇被发现的可能性还是很大的。

对于潜艇来说,被发现基本上就等于被击沉。

尽管已经有两艘 7000 吨排水量的 093 下水,但是,093 级攻击型核潜艇的噪音很大,而且有不少这样那样的小毛病。这意味着,未来中国可能只会建造两到三艘

093级攻击潜艇,可能会把更多的资源投入到下一级攻击潜艇——095的研发生产上。

5.中国航母编队中的综合补给舰

一个航母编队,有几十艘大小作战舰只,上万人员,后勤和弹药补给是一个庞大的天文数字,这就需要有一艘或者几艘综合补给舰随航母编队一起出发。

中国海军目前可以作为航母编队中补给舰的只有"青海湖"号和"千岛湖"号两种。

"青海潮"号补给舰

"青海湖"号补给舰并不是中国自己设计的,本来是乌克兰兰赫尔松船厂为苏联海军建造的一艘大型油船。后来由于苏联解体,油船的原买家苏联海军不复存在,俄罗斯海军取消了这艘船的采购计划,使已完成了45%的该船停在船台上无人问津。

90年代初期,中国开始了新一代补给船的设计工作,此时由于苏联刚刚解体,独联体各国都在积极地将一些已建成或部分建成的各种武器装备向国外销售。

中国海军有关方面获知乌克兰赫尔松造船厂有一艘为苏联海军建造的未完工的"费得科"级大型补给舰正向国外出售,而且售价相当低廉(只有国产新一代综合补给舰造价的1/3,即使加上后续建造费用也可能仅达国产新舰造价的3/4),这对于经费十分短缺的中国海军来说颇具吸引力。中国海军有关方面实地考察后发现,该舰的动力系统已经安装完毕,只是舰上的相关补给设备、管道、油路还没有铺设,只要将这些设备采购齐全,中国国内还是有能力完成该舰的续建工作的。

1992年11月,中国与乌克兰签订了购买该舰的合同(包括全部设计图纸及相关技术资料)。1993年5月,该舰进入大连造船厂开始进行改装。该舰于1995年11月建成服役,成为目前中国海军最大的一艘军用舰艇。

1996年服役时,舰名为"南仓"号,舷号为953。2004年该舰被重新命名为"青海湖"号,舷号改为885。

该舰长188.9米,宽25.33米,吃水10.41米,满载排水量37000吨,人员编制125人,续航力45昼夜。在16节速下,该船的续航力可达到12000海里,如果将航速下降到14节,续航力则进一步提高到15000海里以上。

该舰的动力机舱为"无人"机舱,可在远离动力舱的主机控制室内遥控进行操作,自动监测主机工作情况,这既减轻了船员的工作量,又极大地提高了全船的自动化程度。

"青海湖"号补给舰的电子设备主要有对海搜索雷达、导航雷达、卫星通信系统、GPS全球定位系统、数据链系统、短波通信系统等,完全可以满足全球航行及与作战编队联合行动的需要。

"青海湖"号采用了长艏楼船型,可有效减少海浪对航行及补给作业的影响。船体明显外飘,可以起到一定的抑制海浪的作用。船体采用双层设计,不仅提高了抗破损能力,而且可以避免一旦船上的燃油舱破损而对海洋产生无可挽回的污染。

空载的"青海湖"号约有 18 层楼高,一共有 800 多个舱室,是目前中国海军排水量最大的舰只。"青海湖"号有巨大的燃油舱、淡水舱和货舱,可以装载舰用燃油 10500 吨、航空煤油 3000 吨、润滑油 200 吨、淡水 2000 吨、生活补给品 1500 吨。"青海湖"号总共可以装载 23000 吨货物,其货物装载量甚至比美国的大供应舰"萨克拉门托"级还多 2400 吨,可以说是全球第一大补给舰。

"青海湖"号共有 6 套补给作业系统,包括 4 个油水补给站和 2 个干货补给站,具备同时进行左舷(干、液)、右舷(干、液)、纵向(液)、垂直(干)四个方向补给的能力,可以同时为 3 艘舰只进行补给。

为了保证在恶劣海况条件下进行海上补给的成功率及安全性,"青海湖"号采用了先进的"液压张力补偿装置",该补给装置是从俄罗斯圣彼得堡引进的,是苏联时期研制的最先进的一型补给设备。该装置可根据补给舰与接收舰之间的钢索拉力,通过计算机精确计算,适时调节钢索的张力,使之受力保持恒定,这比上一代通过冲压拉伸器来保持恒定的张力系统要先进得多,极大地提高了补给效率和环境适应力。

我们来看"青海湖"号的弹药补给能力。

在补给门架下方为加固的弹药库,弹药库可以装载近千吨的导弹、鱼雷、炮弹等武器,与船体表面通过升降机相连,一次提升能力可达到 5 吨,弹药补给装置一次可以向军舰输送 2 吨弹药,可以满足各种弹药的补给需要。

"青海湖"号上的专用弹药补给站,是中国第一次在补给船上设置这种补给设施,对提高中国海军海上持续作战能力具有重要的意义,也充分说明中国意在加强"海上武器补给"这一过去存在的空白,是中国海军走向远海、提高海上作战能力的标志。

"青海湖"号补给舰在船后部设有一直升机机库及起降平台,可以装载 2 架 10 吨级的直升机。由于 885 号船可携带 2 架 10 吨级直升机,因此也具有很强的垂直补给能力。

由于该舰有较大规模的冷藏、冷冻库,可以保证整个编队在 20 天以内都能吃到新鲜的蔬菜,这对海军官兵的远航伙食保障来说是质的提高。

该舰的自动化系统非常先进,全舰有 800 多个舱室,共设有 46 个自动化系统,在该舰前部的平台上装有 2 台起重机,可以在锚泊时从位于其下方的弹药储存舱室中起吊鱼雷、导弹等武器,对作战舰艇进行静止补给。

"青海湖"号的消防能力很强大,共有 4 个自动灭火站和 1 套自动喷淋装置。

为了保证弹药库和燃油舱的安全,在舱内安装了多座自动灭火装置,火警报警传感器时时对舱内情况进行监控,一旦发生火灾,灭火系统会自动开启,根据不同的油料选择泡沫、二氧化碳、惰性气体等不同的灭火材料。同时,在弹药库内还设有一套自动喷淋系统,一旦弹药库内的温度升高到一定程度,可自动进行喷水降温,以防由于温度过高而使弹药库中的弹药发生自爆。

"青海湖"号上的生活条件比以往舰艇大为改善,具体表现为干净、整洁、舒适。其生活设施一应俱全,包括供水系统、空调系统、生活系统。水兵住舱有四人间的,也有两人间的,而不是过去的大通铺。舰上设有娱乐室、会议室、餐厅、洗漱间。文化娱乐设施包括学习室、电视室和健身房。餐厅宽敞明亮,配有不锈钢餐具。正餐一般四菜一汤。尤其值得一提的是,厕所也具有真空处理功能。

"青海湖"号补给舰的建成服役,使中国拥有了现代化的远洋综合补给船,一次可以为远航编队提供上万吨各种油料、数千吨淡水、主副食品及作战弹药消耗的补给,特别是船上的淡水和新鲜蔬菜的储存量可以保证 3～5 艘驱护舰 60 天的需要。

另一方面,由于该船具备了海上弹药补给能力,可在海上为己方作战舰艇进行弹药补给,从而极大地提高了海军海上持续作战能力。由于"青岛湖"号补给舰具备这些突出特点,该船自服役后即执行了多次远洋航行及出访任务,顺利地完成了全程的保障任务。

"青海湖"号补给舰虽是一种性能好、补给能力强的大型综合远洋补给船,但它所具备的一些先天不足也使其在使用上多少有些缺陷。

由于该舰原本是按照油船来建造的,把它改建成一艘补给舰,难免存在一些"临时"的痕迹,例如,该舰尾部虽然设有直升机飞行甲板和一个能够容纳一架直-8 直升机的机库,但大概有 50% 飞行甲板的面积是由从舰尾悬于舰外的结构构成,而且为了节约空间,直升机机库为可伸缩的半活动式,在一定程度上限制了直升机的使用效率。

此外,"青海湖"号补给舰还存在隐身性不够的毛病,由于其原本是一艘油料补给舰而并非按军用标准设计的,因而舰体巨大,隐身性差,如果是战时,在编队中很容易成为攻击的目标。

航速偏低是"青海湖"号补给舰的一大硬伤,该舰的动力装置为 1 台蒸汽轮机,最大输出功率 10600 马力,发动机通过传动轴驱动 1 部五叶可变距螺旋桨,但最高航速只有 16 节,比美国的"萨克拉门托"级慢了 10 节。对于跟随作战编队一同航行的补给船来说这样的速度明显有些慢了,在与作战舰艇编队行进中会明显延误整个舰队的前进速度,多少会对整个作战编队产生不利的影响。

1997 年 2 月 20 日,中国海军舰队出访美国,由于"青海湖"号航速过慢,在路上一直拖累整个远航队伍的速度。

"青海湖"号不仅航速慢,而且动力系统是单机单桨,没有备份。战时,军舰不可避免要涉及打仗,也就难免会有人员伤亡和装备损坏。单机单桨推进设计,一旦受到攻击遭到损害,将严重影响到军舰的航速甚至完全丧失航速,继而影响到整支编队的作战能力。这对作战是极为不利的。

中国海军也对"青海湖"号的动力和速度非常不满,随着现代水面舰艇技术水平不断提高,要求现代补给舰的航速至少也要达到 18 节水平,过低的航速会限制作战编队的机动性,如果用于航母编队显然更难以胜任。

不过,如果要更换动力,又要涉及舰体设计以及新型发动机的选择和采购,这在当时苏联刚刚解体的条件下是很难实现的,同时还会增加不必要的改装和采购费用。综合考虑后,中国海军还是最终接受了原有设计。虽然其航速不高,但续航力还是不错的,16 节航速下可达到 12000 海里,13 节时续航力可增加到 16000 海里,可实现全球航行。

作为一艘用于军事用途的大型军舰,该舰未装备任何自卫武器系统,在激烈的作战环境中,这样一艘没有任何防护的补给舰,战场生存能力是相当低下的。虽然作战编队中的其他战舰可以为他提供保护,但没有任何防护的"青海湖"号在战时肯定是一只待宰的"绵羊"。

在"青海湖"号的原始设计图中,我们可以看到是留有武器安装位置的,可能是出于费用等方面的原因在改装过程中没有安装,因此该舰的自身防御能力较差。

我们来看美国的航母的综合补给舰"萨克拉门托"补给舰的自卫武器。

建成之初,该级舰安装 4 门双联装 MK-33 型 76 毫米 50 倍口径舰炮,配备 MK-56 火控系统。在 1976 年进行的定期检修期间,位于舰首的 2 门 715 毫米舰炮被拆除,换装为一座 MK-29 型 8 联装"北约海麻雀"防空导弹系统,同时用 MK—91Modl 型火控雷达替换了 MK-56 火控系统。位于烟囱后面的 2 门 76 毫米舰炮则在 1981 年的检修中被 2 座"火神/密集阵"近防武器系统取代。

换装"北约海麻雀"防空导弹和"密集阵"近防武器系统后,该级舰的防空能力明显增强。"北约海麻雀"为早期"海麻雀"的改型,属近程低空点防御舰空导弹系统,"密集阵"是一种能实现自动搜索、探测、评估、跟踪、锁定和攻击威胁目标的近防武器系统,能有效地拦截其他防空系统漏掉的目标。

"萨克拉门托"补给舰还采用洛拉尔·海柯尔公司研制的 6 管 MK-36"超速散放箔条"(SRBOC)布撒器,80 年代末又加装了一套 ANlsLQ-32(v)3 电子战系统。

SRBOC 布撒器可发射箔条弹或红外弹,最大射程 4 公里,一枚箔条弹的雷达反射面积可掩护一艘护卫舰。一枚红外弹的红外辐射强度足以模拟一艘大型舰船的红外辐射。

AN/SLQ-32(V)3 电子战系统由雷声公司研制,具备截获概率高和反应时间短的特点,主要用于防御反舰导弹的攻击,担负点防御任务。两套系统结合使用对雷达和反舰导弹具备较强的干扰能力。

与"萨克拉门托"补给舰强大的自卫武器相比,我们的"青海湖"号补给舰明显在"裸奔"!

"千岛湖"号综合补给舰

其实就在最初改造 885 号舰的同时,中国也开始了自行设计国产第二代综合补给舰的工作。这里不能不提到中国首次为泰国建造的"锡米兰"号综合补给舰,它不仅是中国目前出口吨位最大的军用舰只,还是中国第一次采用国际规范设计的具有世界先进水平的补给舰,对中国后来建造国产新型补给舰产生了重要影响。

"锡米兰"号综合补给舰是中国在 1992 年通过国际招标得以为泰国海军建造的一艘大型综合补给舰。1993 年 10 月开工,1995 年 12 月建成下水,经过近一年的试航试验,于 1996 年 8 月 12 日交付泰国海军,成为泰国海军同时也是在东南亚地区海军中最大的一艘功能齐全、现代化程度最高的综合补给舰。该舰可以伴随包括航空母舰在内的各种远洋作战舰只进行远海航行作战,并可完成对所属编队中各种舰只进行各种干货、液货、弹药等的补给,同时还可以承担伤病员的紧急救护和作为作战编队的临时指挥舰。

"锡米兰"号舰体丰满,舰内空间巨大,可装载数万吨的各种液体及固体货物,采用了补给舰常用的长艏楼船型,可有效减少海浪对航行及补给作业的影响。舰体明显外飘,可以起到抑制海浪的作用。全舰首次采用了全封闭式设计,在关闭所有舱门后可与外界完全隔离,既保证了较强的"三防"能力,又可对全舰进行集中空调管理,改善船员的工作、生活环境。舰体首次采用双底、双层设计,大大提高了抗破损和防止油污污染海洋的能力,这也是中国军埔舰设计方面的一个全新突破。

舰体上层建筑可明显分成三个部分,首部为舰桥和主要的生活区,中部为补给区,最后部布置了烟囱及直升机机库及起降平台。

舰体中部设有 2 座干、液货两用补给门架,全舰共有 4 组补给站,在 5 级海况和 12~18 节航速的条件下,可同时向舰体两舷为水面舰艇进行各种补给。

其横向补给装置是从荷兰进口的新产品,自动化程度较高,并首次采用了作动筒式的张力补偿装置,可根据补给舰与接收舰之间的钢索拉力在风浪中的变化适时调节钢索张力,使其受力保持恒定,提高了补给作业的效率及补给作业的安全性,总体性能达到了 80 年代末、90 年代初的国际水平。

其下方为分为数个舱室的货舱,分为液货舱和干货舱两部分。液货舱中可装载舰用柴油、航空煤油等近 10000 吨,淡水 1050 吨(分舱装载);干货舱内可装载各种弹药、主副食品等货物共 680 吨(分舱装载)。全舰总装载量达到 12000 吨以上。

弹药舱与主甲板之间通过升降机相连,一次可以提升6吨弹药。弹药舱及输送区域内均采取了多种防爆安全措施,严格将其与生活区分离设置。

在补给门架中间设有一大型补给指挥控制中心,补给作业人员及指挥人员可在这里对全舰的4个补给站进行全方位的指挥控制。

舰体的后部为面积较大的直升机起降平台和直升机机库,可以停放一架10吨级的大型直升机。通过直升机可以进行各种垂直补给作业,同时还可以进行人员的输送。

机库前方的两座烟囱,采用了一定的红外抑制措施,可以降低排烟的红外辐射。

"锡米兰"号补给舰的动力舱布置在舰体后部,动力装置为两台国产的16PC2-6V400型中速柴油机,是中国根据法国专利生产的,性能先进可靠,单台最大功率为8800千瓦,两台总输出功率为17600千瓦,双轴、双桨推进,采用四叶可变螺距螺旋桨。

其主机、电站的监控和全舰的损管系统全部采用了集中管理,全系统由中央计算机进行集中控制,实现了无人机舱及对各油舱的集中监控,大大提高了全舰的自动化程度。

舰上还装备了较为先进的雷达及电子设备,主要包括1部中程对空对海搜索雷达、2部火控雷达及1部光电探测仪,导航设备包括2部电台、1部导航雷达、1部直升机引导雷达、全球定位系统及卫星通信天线、电子战系统等。为了提高补给船的自卫能力,船上还装备了4座全自动双37毫米舰炮,具有较强的近程防空能力。

"锡米兰"号的研制成功,使中国在综合补给舰的设计、建造水平上达到了一个新的高度,它采用的多种新设计、新技术及新设备不仅使其总体技术水平达到了世界先进水平,同时还为中国自行研制大型综合补给舰提供了有益的借鉴。

据说,泰国军方对该舰的性能颇为满意。于是,中国海军随后推出了本国版本,加速了自己第二代综合补给舰的建造进度,可谓一石二鸟。

中国海军自己建造的综合补给舰,由中国船舶工业集团708研究所设计,首舰由上海沪东造船厂建造,于2001年前后开工,2003年7月建成下水,于2005年4月30日入役。按照中国海军新的命名规则,该舰被命名为"千岛湖"号,舷号886。

随后,舷号为887的第二艘姊妹舰"微山湖"号也在广州的广船国际造船厂开工建设,并于2005年底服役,它们成了中国目前最先进的综合补给舰。

在"千岛湖"号和"微山湖"号身上可明显看到出口泰国的"锡米兰"号的影子,它们的舰体设计、布局等都是一样的。不过,中国海军自己用的"千岛湖"号是出口泰国的"锡米兰"号的加强版,装载能力及续航力要比"锡米兰"号大一些,所以在外形尺寸及排水量方面也更大。"千岛湖"号的总装载量很大,燃油达到了

11500吨（其他包括淡水250吨，粮食等干货450吨，弹药500吨），满载排水量增加到23000吨，是目前中国海军吨位最大的国产舰艇。

"千岛湖"号的动力装置也是两台国产16PC2-6V400型中速柴油机，双轴、双桨推进，航速不低于20节，改变了中国海军以往补给舰单轴单桨的格局，提高了生存能力和可靠性。在20节航速下的续航距离可达6500海里，如果航速降为17节，则续航距离可增加到9000海里，完全可以满足远洋航行的要求。

"千岛湖"号采用了与"锡米兰"号相同的长艏楼船型，舰体明显外飘。全舰采用了全封闭式设计，具有较强的"核、生、化"三防能力，全舰采用了先进的集中空调管理，在很大程度上改善了船员的工作、生活环境。舰体采用双底、双层设计，提高了抗破损和防止油污污染海洋的能力。

舰体上层建筑分成三个部分，首部为舰桥和主要的生活区，中部为补给区，最后部为布置了烟囱及直升机机库及起降平台。

在舰体中部设有两座补给门架，第一座为液体补给门架，每侧有2个补给装置，可用来进行各种液体物品的补给。舰上同样应用了先进的"液压张力补偿装置"，极大地提高了补给效率和环境适应力。舰上的液货舱中可装载舰用燃油、航空燃油等近12000吨。

靠近舰尾部的为一座固体物品补给门架，主要用于各种固体物品的补给，补给装置具有一次输送2吨的能力，可以满足包括导弹、鱼雷等重型装备的补给需要。其下方为一大型弹药舱及干货舱，装载量可达近千吨。

弹药舱与液体燃油舱之间及两侧则布置了多个淡水舱，不仅可充分利用舰上的有限空间，还可在一定程度上起到了保护液油舱及弹药舱的作用。

除横向补给设施外，在舰的尾部下甲板处还设有纵向补给装置，以便在高海况下无法进行横向补给时向跟随在后部航行的舰只进行各种液货的补给。

两座补给门架中间设有一大型高度自动化的补给指挥控制中心，补给作业人员及指挥人员可在这里对全船6个补给站进行全方位的指挥控制，不仅减少了船员的配置，还进一步提高了全舰的自动化程度。

后部为面积较大的直升机起降平台和直升机机库，可以停放一架直8型直升机。机库内设有完善的直升机维护及保养设备，可以支持直升机长时间的海上飞行作业。因此，该舰不仅可通过直升机进行各种干货的垂直补给作业，同时在配备反潜直升机时还具有一定的反潜能力，这也是中国补给船不同于其他国家补给舰的一个重要特点。

值得一提的是，"千岛湖"号首次装备了"舰艇夜间航行补给配套系统"。该系统集夜间标识、区域照明、舰船横向测距于一体，可以在夜间和复杂气象条件下实施安全补给。

"千岛湖"号综合补给舰具备有限的自卫能力。在舰首平台和舰尾直升机平台两侧各安装有1门76A型37毫米自动炮,该炮射速为400发/分,射程为9.4公里。与主力作战舰只不同的是,该舰虽然安装了自动炮但并没有装备配套的火控雷达。因此,估计该炮应该是简化版的光学瞄准型,不具备全天候作战能力。

"千岛湖"号综合补给舰服役后极大地提高了中国海军远洋航行保障能力,中国海军近几年几乎所有的远洋作战训练及远海任务都有两艘"千岛湖"号参与遂行物资保障,特别是2008年底远赴亚丁湾、索马里海域执行反海盗护航任务,"千岛湖"号综合补给舰在行动中起到了决定性的作用。

但是,中国现在的补给舰可以满足中国几个航母战斗群的补给呢?

一艘5万~6万吨级常规航空母舰及6~8艘护航舰艇所构成的航母作战编队,每天的油料消耗将会超过1000吨(以18节巡航速度计算,如果航速提高到25节,消耗量将超过1500吨以上);食品消耗将超过10吨/天(以5000人计算),一个月就是300吨;淡水的消耗将超过650吨/月(包括生活用水和各种淡水冲洗、消防用水);加上航母舰载机和各护航驱护舰舰载直升机要进行正常飞行训练,对航空油料的消耗也会达到2000吨/月(非作战状态,如果是作战状态还需要增加一倍以上);另外,对各种弹药的需求量也将大为增加,非作战状态的消耗量会在十几吨/月的水平,如果是作战状态,每个月消耗一两千吨弹药是很正常的。

美国海军以"尼米兹"级超级航母为核心的大型航母战斗群,执行作战任务时一般会在作战群中编入一艘5万吨级的大型综合补给舰、一艘4万吨级的燃油舰,如果作战规模较大还将编入一艘4万吨级的弹药补给舰。

如果编队中综合补给舰的装载能力不足,将很难满足海上作战编队对各种作战、生活物资消耗补充的需求。

中国海军在已执行完的5批次亚丁湾护航任务中证明,以"千岛湖"号的装载能力,执行一般任务时,同时保障4艘驱护舰不会存在太大问题。但如果中国海军航母的作战编队组建完成后,以目前"千岛湖"号的装载能力来看将会比较困难,特别是在淡水、弹药及航空油料方面将存在很大不足,根本无法满足这样大规模海上编队对各种物资的需求。如果要保证中国一艘航母编队的作战保障,至少需要两艘"千岛湖"号的补给舰。

也就是说,中国目前的综合补给舰只够一艘航母编队使用。

而且,就是最新的"千岛湖"号补给舰,它的战场生存能力也很低下,仅仅装备了简易火控系统和半自动双管37毫米舰炮,对空防御能力有限,无反潜对抗手段。

从这一点看,中国海军现役综合补给舰在战时的生存能力是十分令人担忧的。考虑到中国海军现阶段以及未来面对的威胁,为了提高自身防御能力,有必要给"千岛湖"号以及将来新造的综合补给舰加装近防武器系统,如增加新一代近程防空反导舰空导弹、多管近防武器系统、反鱼雷诱饵、多频谱干扰弹以及电子对抗设备等。这样，补给舰就可以在战时有效保护自己，减轻护航舰艇的负担。

为保障中国航母编队的补给，我们需要建造更大更新的综合补给舰，新建的满载排水量最好增加到40000吨。装载能力应可以达到"千岛湖"号的一倍以上，可以充分满足保障一支由8～10艘大型驱护舰组成的航母编队在远海长时间部署的要求。

此外，中国海军现役"千岛湖"号补给舰最高20节的航速也不能满足航母编队的要求，航速应该提高到254节以上。因此，新一代综合补给舰的动力装置应该首次采用柴—燃交替动力的全新组合方式。燃气轮机可以选择国产驱逐舰上装备的GT25000或国产化的QC280型，其最大输出功率可以达到34000马力，2台可以提供至少68000马力的动力，并车使用完全可以保证40000吨的舰体达到25节的最高航速。而在正常航行汇总可采用较为省油的柴油机，可仍然沿用"千岛湖"号的SEMT16PC2 6V400大功率柴油机，2台并车后巡航速度可以达到17～18节的水平，续航力也将会达到或超过"千岛湖"号的水平。

我国航母编队的主要任务是作为攻击编队使用的，因此在执行任务时，战斗群大致应该分成突击群、保障群以及预备队。突击群主要担负战斗突击任务，在我国航母编队中，担负主要突击任务的应该是航母舰载攻击机部队，其作用就是远离航母对敌方目标实施打击。作为辅助突击群，其目的是对妨碍我主要突击群行动的敌人实施突击，这个任务应该交给"现代"级或168这类大型驱逐舰来完成，其威力巨大的反舰导弹可威胁敌方防空火力平台，保障我主力突击群顺利进入战斗位置。当然，我先进潜艇也能成为辅助突击群的组成部分，威胁敌方水面防空舰艇。

保障群主要保障航母编队的自身安全，大致可分为侦察群、防空掩护群以及反潜保障群。侦察群主要担负战斗侦察任务，主要依靠航母上的舰载电子侦察机来完成。防空掩护群应该由170型、115型驱逐舰以及"江凯"级护卫舰组成，它们应均衡地分布于航母四周，形成合理的防空网，覆盖120公里范围内的防空区域，更远的防空区域应由航母上的战斗机来负责。反潜保障群应组成三个反潜区域：一是100～300海里的外层反潜区。航母编队派出反潜巡逻机，在距航母100～300海里的区域进行反潜搜索，而重点应在航母前方250～300海里处活动，力图早期发现敌潜艇，以防止其进入发射远程巡航导弹的距离。二是30～100海里的中间层反潜区。目的是阻止敌潜艇接近编队并对抗发射近程巡航导弹的潜艇，由载有被动声呐的远洋舰艇执行反潜搜索任务，主要配置于航空母舰前后100海里处。三是10～30海里的内层反潜区。目的是阻止鱼雷攻击潜艇接近编队，可在距航母10～15海里处配置2～4艘反潜舰（如"旅沪"级驱逐舰或"江凯"级护卫舰等），形成一个反潜防御圈。

中国的航母基地

三亚的亚龙湾是一个著名的旅游观光地,这里高级宾馆鳞次栉比,很多外国人在此休闲度假,中国南海舰队的军港也在这里。

中国首个航母基地选址海南岛三亚市亚龙湾东侧一个独立小海湾内,距国际品牌的度假酒店仅两公里左右,征地工作早已完成,而对开岛链的防潜网工程也已基本完工。航母基地与航母战斗群均为正军级单位,比相隔数公里以停泊潜艇为主的榆林军港还高半级。

就在阳光灿烂的亚龙湾的沙滩上,向东看去,可以看见南海舰队的驱逐舰和护卫舰等军舰悠然停靠在港湾,其中不乏被称作中国版"宙斯盾"舰的"兰州"号、"海口"号防空导弹驱逐舰,它们是南海舰队的主力舰。

据军事专家介绍,亚龙湾正在兴建供航母使用的码头,这里将成为中国航母战斗群的出击基地。"瓦良格"号航母在完成试航之后,很有可能被部署在这里。不断加入的新型水面舰艇、攻击核潜艇将以三亚正在扩建的巨大军港为母港。

在三亚基地,不仅有170号"中华神盾"舰、168号国产新型导弹驱逐舰,还有至少一艘091G"汉"级攻击核潜艇进驻三亚;新型的093"商"级巡航导弹攻击核潜艇也在这里;据国外侦察卫星观测,中国海军新型"晋"级战略导弹核潜艇也已部署在该海湾,供核潜艇隐蔽的地下设施已基本建成。

同时,在亚龙湾以西约15公里的榆林港的岸边也整齐地停靠着5艘"基洛"级潜艇和"元"级潜艇。南海舰队榆林基地的潜艇支队部署了至少2艘"基洛"级潜艇。此外,至少还部署了2艘039A"宋"级和6艘以上的035G"明"级柴电潜艇。这些潜艇也将是中国航母战斗群中的重要组成部分。

《汉和防务评论》说,海南岛凭借其独特的战略位置,正在成为中国的"关岛",肩负着监视南海、威慑台海的重任。而三亚也将取代湛江和广州,成为南海舰队最大的军事基地和新的南海战略中心。

从基地建设的规模来看,《汉和防务评论》称,三亚的亚龙湾显然是以停泊一两个航母战斗群、一个驱护舰队、一个常规动力潜艇支队、一个核动力潜艇支队的标准新建的。因此出现了两个地下洞库,可能是分别驻防两个潜艇支队的意图,考虑到维修方式、补给的差别,核动力潜艇与柴电动力潜艇支队地下洞库分别建设是合理的,比如说苏联的核潜艇地下洞库就不进驻柴电动力潜艇。

就水面舰设施而言,南海舰队基地修建了2条至少450~500米的码头和3条200米的潜艇码头。其中,2条至少400~500米的长廊码头,直线停靠了两艘053H3型护卫舰、一艘052C型导弹驱逐舰尚且绰绰有余。052C的长度为155米左右,053H3为111.7米。由此可见,仅仅这两条长廊码头,就可以滞留至少一艘航母,再加上 12 艘不同类型的水面舰或者两艘航母、8 艘其他大型水面舰。从这一判断标准而言,《汉和防务评论》推测,南海舰队的亚龙湾基地是为一两个航母舰队而建造的。当然,不排除在未来 10 年内进一步扩建的可能性。

中国的航母基地为什么会选择在三亚呢?

中国第一艘航母编队的主要任务是保卫南沙,因为南沙的距离已超出中国现役战机的作战半径,中国现时的军力事实上无法应付在此水域发生的规模化战事。而且航母基地设在三亚,日后亦可以兼顾台湾海峡的事态。

海南岛是中国最南端的一块陆地,再往南就只有几个不能住人的小岛礁了。由于它的存在,中国海疆防御体系向南推进了几百公里。如果中国海军在这里建立自己的航母基地,军事力量则完全可以控制住南海,南海从此可以成为中国的"内海"。巡弋在南海的中国航母,不仅可以保证中国在南海的海洋权益,也可以保证中国海洋生命线的安全。布置在南海的中国航母编队,其携带的远程作战飞机,可以形成以航母为中心的作战半径在 1000 公里左右的海上强大的空中打击力量。

往南,可以直到马六甲海峡。南海作为中国海上能源通道的主要航道,如果中国海军的航母编队可以西出马六甲海峡,挺进印度洋,这对中国确保自己的海上能源运输大动脉的安全起着不可替代的重要作用。如果中日两国发生战争,可以封锁日本的海上生命线,因为日本的能源基本上要经过南海航线。

往东,可以控制住台湾和日本。还可以通过台湾与菲律宾之间的巴士和巴林堂海峡自由出入太平洋,冲出第一岛链对我国的海上封锁。

南海的中国航母编队,可以使中国海军从原来坐守渤海湾、确保京畿大门不失守的绿水海军舰队向决战外海、决战大洋的蓝水海军舰队挺进。

三亚的航母基地,让南海从此成为中国自己的"内海",从这里中国海军可以打断岛链封锁,使中国海军远洋舰队走一条南下、西进、东突的道路。同时,中国海军可以依托中国的海上地理优势,控制东亚海上交通关键结点,四两拨千斤地冲出一条中华崛起的海上康庄大道。

中国的航母发展计划,至少有 3 艘航母,当然不会全都部署在南海,这会失去均衡发展的意义。长期来看,不只是南海舰队会配备航空母舰,那么其他的航母可能会部署到哪支舰队呢?

《汉和防务评论》杂志认为,通过近期对东海舰队基地建设情况的仔细分析,可以推断,东海舰队总体上不太可能进驻航母。就战术目标而言,对于东海舰队来说,最为直接的战术使命是封锁台海、伺机寻求与台湾地区海军水面舰艇对决。这些战术目标的完成,不需要航母,岸基飞机已经足够。

那么,其他的航母被编队在哪里就非常明显了——北海舰队。

虽然北海舰队是近年来换装速度最慢、基地条件最差的舰队，但从中国开始强化山东半岛的军事力量的动向判断，北海舰队将转化机能，完成在战争中直接监视美日南下舰队，从北路完成对台海东岸实施大纵深封锁，切断美日从日本对台增援的海上通道，从北路前伸至第一、第二岛链，遏阻关岛美军等新型战略使命。

因此，就未来中国海军的发展进程而言，除了南海舰队之外，虽有可能装备航母的舰队将是北海舰队。

（五）"辽宁号"航空母舰的诞生

2012年9月23日下午4点许，"辽宁号"航空母舰在大连举行交船仪式，与相邻停泊的88号舰全部挂满旗。16点40分，舰桥桅杆升起五星红旗，舰首升起八一军旗，舰尾升起海军旗，17点20分，交船仪式完成。9月25日，我国第一艘航空母舰"辽宁舰"已按计划完成建造和试验试航工作，当天上午在中国船舶重工集团公司大连造船厂正式交付海军。中共中央总书记、国家主席、中央军委主席胡锦涛出席交接入列仪式并登舰视察。中共中央政治局常委、国务院总理温家宝一同出席并宣读党中央、国务院、中央军委的贺电。中国首艘航空母舰"辽宁"号正式交接入列，舰长为张峥大校，政委为梅文大校。

"辽宁号"航空母舰

2012年11月4日，中央军委的机关报《解放军报》讲述军报记者亲历我国首艘航母"辽宁舰"的训练生活。这是自航母进入公众视线以来，官方首次就舰载机试验情况进行发布。文章披露了辽宁舰的一次海试的近况，包括舰载直升机降落、飞行甲板保养维护、航母夜航、舰员生活等细节，也证实了舰艏滑跃甲板的角度是14°和之前网络流传的海军歼15舰载机进行了触舰复飞试验。

中国航母舰载机歼-15于2012年11月23日上午降落在"辽宁舰"甲板上，由飞行员戴明盟首降成功。航空专家、歼-10首席试飞员徐勇凌描述触舰起飞的重要意义,除了挂拦阻绳和减速过程外,触舰起飞这个过程与正式着舰完全相同。2012 年 11 月 25 日,进行舰载机首次着舰训练归港,在大连港停泊休整近 3 个月。2013 年 2 月 26 日 8 时 30 分,驶离大连造船厂码头,系 2013 年首次出港。航渡期间按计划组织了相关武器装备实验。2013 年 2 月 27 日上午,首次靠泊青岛某军港,标志着我航母军港已具靠泊保障能力。

第七章 军事通信

一、烽火传警

（一）周幽王烽火戏诸侯

　　烽火本为传递军事警报而设，但昏庸的周幽王却把它变成了取悦美人的工具，从而上演了一出"烽火戏诸侯"的闹剧。

　　幽王的父亲周宣王，是一位有作为的君主，即位后选贤任能，重用召伯虎等一批忠良贤士做自己的辅臣，立志复兴周室。几年间，周宣王修明政治，增强实力，不断出兵征讨不臣诸侯，取得了很大的成效，一时间出现了诸侯朝贡、四夷臣服的中兴景象。然而，好景不长。宣王忧国忧民，积劳成疾，在一次征战失败后又郁悒寡欢，终于在公元前 782 年去世了。

　　宣王死后，太子宫涅即位，史称周幽王。幽王的妻子是申侯的女儿，根据惯例

烽火戏诸侯

被立为王后，她生的儿子宜臼被立为太子。幽王即位后，醉心于酒色，整天吃喝玩乐，根本不理朝政，甚至于一连三个月都不上朝处理政务，把个周王朝搞得一团糟。当时，有一个诸侯国叫褒国。褒国的国君褒珦见天子如此荒淫无道，便来朝规劝，劝幽王继承先王遗志，以国事为重，轻酒色，远小人，重用贤良，复兴周室。没想到，幽王根本听不进去，一怒之下竟把褒珦关进了大牢。这样一来，群臣不再敢进谏，任由幽王胡来，周朝的政事更加不堪收拾。

　　再说褒国，褒珦的儿子洪德见父亲被扣押，十分焦急，忙与母亲商量营救的办法。他们听说幽王好色，便用重金买下了一个年轻漂亮的少女，取名"褒姒"，教给她宫中的礼仪和琴棋书画等技艺，然后派人送给幽王。幽王见了褒姒，果然龙颜大

悦,于是下令释放了褒珦。

褒姒入宫后,深得幽王宠爱,不久便为幽王生了一个儿子,取名伯服。幽王既宠褒姒、爱屋及乌,对她生的儿子伯服也倍加宠爱。为进一步讨褒姒的欢心,他不顾群臣的反对,干脆废掉了申后和太子宜臼,另立褒姒为后,伯服为太子。申后生怕幽王会加害宜臼,便让他趁夜逃出镐京(西周都城,今陕西咸阳市),去投奔外祖父申侯以保全性命。

宜臼的出走正中幽王的下怀。他早就觉得这个儿子碍眼,现在眼中钉不在了,心里感觉说不出的高兴。然而,褒姒尽管妖媚多姿、楚楚动人,却有一件事令幽王很纳闷,那就是褒姒从来不笑,不论遇上多么有趣的事都是如此。每次幽王问及,她总是淡淡地说:贱妾生来就不喜欢笑,请大王不必见怪。但幽王不相信,决心不惜代价,博美人一笑。

不久,镐京城里贴出了告示,说谁能设法让新王后笑一笑,即赏他千金。消息传开,人们争相入宫一试。有人说一些荒诞的笑话,有人做各种各样的怪相,但无论如何,褒姒就是不露一丝笑容。正当幽王无可奈何之际,有个叫虢石父的大臣求见。这虢石父没有别的本领,却专会逢迎拍马,出一些坏点子来取悦君王,因而很得幽王的宠信。这一次虢石父的主意果然又不同凡响,他向幽王提出了"烽火戏诸侯"的办法。幽王闻言大喜,决定试一试。

这一天,天气晴朗,万里无云,登高眺望,远山近水,尽收眼底。镐京城上,幽王正与褒姒饮酒作乐。凭栏远望,但见狼烟阵阵,直冲云天,座座烽火台绵延伸向远方,组成了一幅蔚为壮观的景象。原来周幽王早已令人点燃了代表敌情的烽火,擂起大鼓,将警报传向各诸侯国。酒过数巡,通往镐京城的各条大道上尘烟滚滚,车鸣马嘶,各路诸侯率领勤王之师陆续赶到城下。令各路诸侯始料不及的是,城里城外根本没有一个敌兵,唯见幽王与褒姒在城楼上饮酒作乐,一幅悠然自得的样子。这一次褒姒终于开怀大笑,她笑幽王视军国大事为儿戏,笑各路诸侯如此轻易便上当受骗。美人一笑,幽王更加得意,立即下令给虢石父千金的重赏。受了愚弄的各路诸侯得知真相后,把鼻子都气歪了,在一片叫骂声中,纷纷带兵回国了。这种"烽火戏诸侯"的故事,此后又一再上演。"狼来了"的故事讲多了,自然不会有人再相信。然而,不久以后,"狼"真的来了。

原来,申侯见到投奔而来的外孙,得知幽王无故废掉了申后和太子宜臼,气愤极了,发誓要推翻周幽王,为女儿和外孙讨回公道。考虑到本国兵力不足,便决定向戎人借兵。当时,戎人兵强马壮,早有东侵之意,现在申侯主动来借兵,正合其意,于是两下里一拍即合。不久,兵合一处,浩浩荡荡,向镐京杀来。

幽王得到消息后,立即下令点燃烽火,向诸侯求救。可是这一次,诸侯们还以为是天子与王后嬉戏,全都按兵不动。幽王只好命城中的将士迎敌,结果寡不敌众,一败再败,镐京城终于被攻破了。幽王逃到郦山脚下后,在乱军中被杀死了,褒姒也被戎人掳去了。

申侯见幽王已死,大仇得报,又考虑到周朝的天下不能落入戎人之手,便悄悄派人通知各路诸侯。于是,各路诸侯纷纷出兵,击败戎人,收复了镐京。鉴于幽王已死,大家便立宜臼为王,是为周平王。戎人出兵消灭了周幽王,却没有得到任何好处,深感上了申侯的当,于是心中怨恨,不断出兵东侵。而这时的镐京经过战火之后已经残破不全,难复旧观。平王考虑到各方面的原因,于是将都城从镐京迁到了洛邑(今河南洛阳市),这一年是公元前770年。至此,西周王朝宣告结束,东迁后的周朝,史称东周。

平王东迁后,周天子实力下降,王室衰微,再也难以统驭各路诸侯了。这样,"礼乐征伐自天子出"的局面终于蜕变为"礼乐征伐自诸侯出"。周幽王的一把烽火就这样轻易地改变了中国的历史进程。

(二)边关烽火惊魏宫

在战国七雄中,魏国是第一个通过变法崛起称雄的诸侯国。周贞定王二十四年(公元前445年)魏文侯即位后,任用李悝、吴起、西门豹、段干木等人进行了政治、军事、经济等诸方面的改革,取得了明显的成效。以此为基础,魏国几代君主积极对外扩张,使魏成为战国初期最强盛的诸侯国。魏国西临秦、韩,东接齐,南连楚,北靠赵,地处四战之地的中原地区,故其军事通信也由于战事的频仍而十分发达。《史记·魏公子列传》便记载了魏公子无忌与魏王弈棋时突然烽火传至的故事。

魏公子无忌为魏昭王的少子,魏安厘王的异母弟弟,受封信陵君,与齐国的孟尝君、赵国的平原君、楚国的春申君并称为"战国四公子"。这四人都是本国的王室成员,皆能礼贤下士,手下养了很多食客,聚集了大批的奇人异士。据载,信陵君当时的食客便达到三千人之多。这些人奔赴各国活动,使信陵君对各诸侯国的情况都了如指掌。

有一次,信陵君与魏王在宫中对弈。兄弟二人一边下棋,一边谈古论今,十分高兴。棋至中局,突然有人来报,说北境烽火传警,赵国出动大军,已经进入了魏国的边境。赵王闻报大惊,急忙站起身来,下令传令官急速召集大臣,商量防御赵军入侵的事宜。此时,信陵君却不慌不忙,微笑着对魏王说:"王兄不必惊慌!那是赵王带人出来打猎,并不是要进攻我们魏国啊。"说着拉魏王坐下,要接着下棋。

魏王将信将疑,虽然坐下来接着下棋,却是心不在焉,经常走出错着。信陵君看在眼里,心中暗笑,却不道破。棋局未了,又得到传报:赵王果然是出来打猎,所带的军队也不多,根本没有人犯魏国的打算。魏王这才如释重负,长出了一口气。

·军事通信·

图文珍藏版

在中国古代,打猎既有娱乐和猎取食物的性质,也是进行军事训练的重要形式之一。在春秋以前,狩猎甚至可以说是军事训练的唯一形式。因此也就难怪魏国边防将士把赵王的出猎当成是准备进犯魏国的军事行动了。但奇怪的是,信陵君的消息竟然比魏国官方的通信系统来得既快速又准确。

当时,魏王惊魂甫定,心中也甚感纳闷,于是问道:"公子你是怎么知道赵王是出来打猎,而不是进犯我们魏国呢?"

信陵君眼望着棋盘,淡淡地说道:"臣有许多的食客,其中不乏奇人异士。他们中的一些人分赴各诸侯国,收集情报,凡与我国有关的事,他们都会快速地向臣报告。赵国与我相邻,自然也有臣的食客,而且就在赵王的身边。因此,赵王出猎的事,臣早就知道了。"

食客到底是通过什么通信方式将情报传给信陵君呢? 由于史料的阙如,我们已不得而知了。但可以肯定的是,他的食客不但及早地掌握了情报,而且其情报传输也是相当快速的。足见当时私家通信系统效率之高。战国四公子能够叱咤风云,在当时的政坛发挥相当大的作用,与其高效率的私人通信系统有着重要的关系。

魏王当时听了信陵君的话,既佩服又震惊。佩服的是,他的食客竟能如此快捷地掌握各诸侯国的情况,并迅速地传回来;震惊的是,以信陵君如此的才能和势力,很可能对自己的王位构成威胁。因此,他始终不敢把大权交给弟弟,害怕信陵君会取其位而代之。后来,赵国遭秦国围攻,国都邯郸告急时,信陵君才不得不窃符以救赵。

(三)吕蒙白衣袭江陵

公元 208 年,孙权与刘备结成联盟,在赤壁之战中大败曹操。战后,孙、刘两家瓜分荆州。后来,刘备率军进占益州,三国鼎立之势正式形成。然而,孙权对于地处长江上游的荆州之地被刘备占领,一直耿耿于怀,只是由于强曹雄峙北方,才不得不从维护孙刘联盟的大局出发,暂时放弃夺取荆州的念头。

公元 219 年,刘备率军攻取汉中,又派兵东进,继续扩大战果。与此同时,孙权率军进攻合肥,迫使曹操兵力东调淮南。留镇荆州的蜀将关羽,利用这一有利时机,亲率大军北攻襄樊。樊城一战,关羽利用汉水上涨,水淹七军,斩庞德,擒于禁,俘曹军数万人马,一时"威震华夏"。一向老谋深算的曹操,也慑于蜀军的兵威,甚至起了迁都的念头。这时,司马懿向曹操建议,派使者游说孙权,以封江南之地为条件,促使其出兵偷袭关羽的后方,夺取荆州。

其实,就在关羽北上之时,孙权君臣已经开始实施偷袭荆州的图谋。名将吕蒙以治病为名,被调回吴都建业(今南京市),而代之以毫无名望的书生陆逊,使关羽放松了对东吴的戒心。陆逊到任后,使用孙子"卑而骄之"的计谋,写信给关羽,极尽恭维之能事,称赞关羽樊城一战,功勋卓著,足以流芳百世,又说自己如何羡慕,颇以与关羽这样德高望重的将军为邻为荣云云。关羽看到陆逊的书信后,果然"意大安,无复所嫌",接着便把后方预备队调往前线,助攻樊城,放松了对东吴的戒备。

孙权见骄敌之计得售,于是便令吕蒙率军西上,偷袭荆州。为达成战役的突然性,吕蒙将全部精兵藏于大船之中,命士卒穿上商人穿的衣服(平民百姓不能穿彩衣,故有白衣渡江之说)摇橹,昼夜兼程,溯江而上。

关羽镇守荆州十余年,出于防备东吴的需要,在境内长江沿线建立了许多哨所,通信系统尚属完善。为了严密封锁消息,吕蒙不但伪装西上,而且在进入对方境内后,每至一处,做的第一件事便是捣毁蜀军的哨所,致使烽火不燃,驿传不达。留守公安、江陵两个重镇的傅士仁和糜芳,对东吴的行动茫然不知,当吴军如同天兵降临城下时,立即乱了手脚。吕蒙利用二守将与关羽的矛盾,派人入城劝降。二人知大势已去,既慑于兵威,又经利诱,终于先后投降,吴军遂兵不血刃地占领了荆州。

关羽闻吴军袭取荆州,不得不撤樊城之围,率军南归。回军途中,关羽多次派人去江陵探听消息。吕蒙每次都厚待使者,让他们看望蜀军将士的家属。这样,吴军优待蜀军将士家属的消息便传播开来,致使蜀军上下军心涣散,斗志全无,沿途逃走去与家人团聚者不断。关羽见大势已去,不敢回江陵,率残兵败走麦城,为吴军擒杀。

就这样,吕蒙通过摧毁敌方通信系统的办法,达成了战役的突然性,取得了偷袭荆州作战的胜利。

(四)又看烽火照长洲

宋代是中国历史上"积贫积弱"的朝代。宋太祖赵匡胤建国之后,经过16年的征战,相继击灭了南平、武平、后蜀、南汉、南唐、吴越、北汉诸政权,结束了自唐代中期以来的藩镇割据和五代十国时期的分裂局面,基本上实现了南北主要地区的统一。但这种统一与汉唐时期的大一统已不可同日而语。终宋一朝,先有辽、夏,后有金、元,多政权并立的局面始终未能改变。

北宋初期,北方的战略要地燕云十六州已沦入辽朝之手,这样长城沿线连同其烽火通信系统已不复为宋朝所有。宋太宗赵光义曾两度北伐,企图击败辽军,收复燕云十六州,但先败高梁河,再败岐沟关。后来,随着战争的发展,大片大片的国土沦入敌手,烽火由今河北、山西一带逐渐燃到了中原,又从中原燃到了长江沿岸地区。

南宋时期,宋高宗赵构在金军的不断打击下,迁都南下。首先从原来的都城汴梁(今开封市)迁到扬州,然后又从扬州迁到临安(今杭州市)。

为防止金军南下,南宋在镇江一带沿长江设置了烽火传警系统。当时规定,如白天平安无事,便在夜间起更时,举火一把;如夜间平安无事,则在次日早晨,放烟一把。如果遇有敌情,则不拘时刻,要立即按规定以烟或火三把作为信号,通知各地宋军进入作战准备。这样,沿江地区烽火不断,成为中国历史上罕见的一道"景观"。

这在当时的文学作品,特别是诗词中,也有所反映。

南宋与金交战期间,有人在关中一个驿所的墙壁上发现了这样一首诗:

鼙鼓轰轰声彻天,中原庐井半萧然。

莺花不管兴亡事,妆点春花似昔年。

诗人描述战火南移的场面,感叹大片国土的沦丧,又借写莺、花点缀春光,表达了对朝廷苟且偷生、不思收复河山的强烈愤慨!

诗人庄绰更写下了这样一首讽刺诗:

昔年随牒佐边侯,愁望长安向戍楼。

今日衰颓来泽国,又看烽火照长洲。

烽火从边塞移设到向来难见烽烟的长江沿线,透过对这一表面景象的描述,诗人将自己因朝廷积弱、国土沦丧而产生的悲愤之情,强烈地表达了出来。

(五)石达开望楼察敌情

汉简中记载,烽火系统一共有六种信号,分别是:烟、苣火、积薪(烟火俱有)、鼓、蓬、表。如果把这六种信号进行区分的话,鼓是以声音传递信号的,而其他五种则是以光传递信号。在烽火系统中,这六种信号往往是配合使用的,如周幽王烽火戏诸侯时,便是以鼓声配合烽烟传递信号的。但鼓声有时也单独使用,来传递一些规定的信号。《韩非子》记载了战国时期的一个故事:

有一次楚厉王喝醉了酒,擂起了宫中的大鼓。一时间,都城内鼓声大作,全城军民纷纷操起武器,跑到王宫门前集合。鼓声震天、人声鼎沸,厉王终于清醒过来,意识到自己无意中犯下了错误。于是他赶紧跑出宫去,向大家说明真相,并公开谢罪。人们至此才知道,原来是一场虚惊。

楚厉王的鼓声,代表的是集合的信号。但到了太平天国时期,石达开镇守都城天京(今南京市)时,鼓声则成为其主要的通信和指挥工具。

攻占天京后不久,太平军便分兵北伐、西征,这样留守天京的兵力便只剩下3万余人。这时,数万清军已尾随而至,分别构筑了"江南大营"和"江北大营",对天京构成了严重的威胁。

负责天京防务的是太平天国杰出的军事家、翼王石达开。天京城周围96里,需要设防的地方很多,守军布置也很复杂。为便于及时、准确地掌握各处的情况,实施统一的调度和指挥,石达开建立了望楼制度。具体方法是,从每一座城门开始,每隔一里建立一座望楼,一直延伸到翼王府。一旦出现敌情,便由城门开始,利用旗、灯和鼓声通过望楼发出信号,将准确的消息迅速传递给主帅石达开。这实际上与传统的烽火示警情况相类似,只是用之于守城而已,而其传递的军事信息则比以往的烽火要复杂得多。石达开便是根据望楼传来的消息,调兵遣将,居中指挥。他调动军队则采取"击鼓调军制",即根据击鼓次数的不同调动不同的军队,再配以旗、灯指明调往的准确位置。

这样,天京城内忙而不乱,军队调度有条不紊。石达开就是这样解决了城区内通信联络问题,为取得守城作战的胜利提供了必要的保障。

烽火通信系统以声光为媒介,其明显的优点,是利用了声光的速度,可以快速地将警报传递到远方。它的缺点也是十分明显的,那就是只能传达简单的警报,不能传递复杂的军情。因此,随着战争形态的演进,对于军事通信的要求也越来越高,烽火系统的缺陷便日益显现,从而导致了这一古老的通信系统最终失去了主要地位,成为一种辅助的手段。

二、驿路留痕

(一)弦高犒师退强敌

郑国是周初分封时的公国,春秋初期曾一度强大,郑庄公还曾击败周讨伐大军,迫使周天子屈服。但随着争霸战争的深入,郑国逐渐衰落,至春秋中期以后,便只能靠高明的"外交"策略,周旋于强国之间,在夹缝中求生存了。

公元前630年,秦国和晋国联合出兵攻郑。兵临城下,危在旦夕之际,郑国大夫烛之武挺身而出,乘着夜色缒城而下,秘密进入秦军的营中,晋见秦穆公,陈说利害。他分析说,秦国与郑国相距千里之远,即使攻取郑国,也难以对新得的土地进行有效的管理,甚至守住都很困难,因此获利的只能是临近郑国的晋国。秦国劳师动众,为人作嫁衣,是很不合算的。况且晋国的强大,于秦国来说,不但没有好处,反而会有诸多的不利。这番说辞,终于使秦穆公动心,于是便与郑国结盟,并派杞子、逢孙、杨孙三位大夫留下来协助郑国防守,自己则带领秦军回国。晋文公见秦穆公罢兵回师,出于秦晋关系的考虑,也与郑国言和返回晋国。

这便是"烛之武退秦师"的著名故事。

公元前628年,晋文公与郑文公相继去世,留在郑国的杞子等人认为有机可乘，随派人密报秦穆公，说他们负责郑国都城北门的防守，秦军如秘密来攻，可作为内应，定能一举灭掉郑国。

秦穆公得到密报后，决定派孟明视、西乞术、白乙丙率军袭击郑国。秦国的大夫蹇叔得知消息后大惊，急忙劝秦穆公说，秦军劳师袭远，必然会走漏消息，不可能达成奇袭。郑国一旦有备，则很难取得成功。更主要的是，晋国知道消息后，必然会派兵截断秦军的归路，这样就有丧师辱国的危险了。然而，秦穆公却认为蹇叔老迈昏聩，胆小怕事，将他的正确建议视为危言耸听而置之不理。

蹇叔的儿子也在出征的秦军当中。大军出发时，蹇叔哭着送他的儿子说，晋国的军队必然在崤山（今河南省崤山）设伏，到时候我只好到那里为你收尸了。

次年二月，秦远征军偷越晋境，进入滑国境内。这时，郑国的商人弦高正在赴周做生意的途中，他得到消息并识破了秦军的意图，于是火速派人通过驿传向国内报信。郑国得到消息后，立即驱逐了杞子等秦军的内应，并开始进行战争准备。弦高为争取时间，迎着秦军而行，并佯装是郑国的使者，将准备贩卖的牛和熟牛皮作为礼物来犒劳秦军。孟明视等知道郑国已有戒备，奇袭已不可能成功，于是灭掉滑国后率军返回了。这样弦高以他的智慧，并凭借郑国有效的驿传通信系统化解了危机，挽救了自己的祖国。

弦高犒师在春秋发展史上的影响是极其深远的。正在办丧事的晋国君臣得知秦国袭郑的消息后，群情激愤。事情的发展正如蹇叔所料，晋襄公穿着孝服率军出征，在崤山地区设伏，全歼秦军，俘孟明视等三位主帅。从此，秦晋关系交恶，秦联楚以制晋，晋联吴以制楚，春秋的形势发生了翻天覆地的变化。

（二）楚庄王乘驲灭庸国

先秦时期的驿传，有两种传车，一种是用以传送紧急公文用的轻车，一种是装饰比较华丽、供地位较高的人外出乘坐的车辆，称作"驲"。据载，有一次齐国大夫晏婴出奔，齐景公十分惊慌，亲自追赶，一直追到边境才追上，并把晏婴请了回来。当时，景公乘坐的便是这种称作"马驲"的传车。

春秋时期，显赫的贵族和重要的使者一般都乘驲出行，随行车辆往往有百乘之多，因而对于这种乘驲的车队，人们大都不以为怪的。楚国灭庸之战，便是利用这一特点，巧妙调动兵力，最终以奇袭获胜的。

西周初期，楚国本是一个弱而小的"蛮夷"之国，为中原各国瞧不起，以至于周天子大会诸侯时，楚国的国君竟不能像其他诸侯一样参加正式的仪式，只能做一些杂役。但到春秋时期，楚国相继击灭群蛮、百濮、卢戎等部落，又北上汉水流域，消灭了一些姬姓小国，实力逐渐强大起来，形成北上中原与各国争霸之势。楚国的争霸，先阻于齐桓公，后阻于晋文公，未能如愿，但楚国实力的强大，则是不容忽视的。

周匡王二年(楚庄王三年,公元前 611 年),楚国出现罕见的自然灾害,粮食歉收,因饥荒出奔者不绝于路。这年秋天,一些原本臣服于楚的诸侯和部落起兵反楚。戎军进攻楚国的阜山(今湖北房县南)、訾、枝(湖北枝江一带)地区,麇国联合百濮,庸国联合群蛮也伺机而动。楚国面临多方威胁,一时人心惶惶,甚至有人提出了迁都的建议。

关键时刻,楚庄王不为所动,他采纳大夫蒍贾的建议,出兵攻庸以示楚军依然强大,从而震慑并瓦解敌人。这一招果然奏效,楚军出兵仅十五日,百濮的军队便害怕而撤走。楚庄王同时派人展开外交活动,赢得了秦、巴两国的支持,又与"群蛮"结盟,从而使庸国陷入孤立。楚将卢戢黎率军进攻方城,为庸军击退。主将师叔为麻痹敌军,遂采取骄纵之计,楚军七遇庸军皆佯装不敌,退向临品(今湖北均县境内)。

这时,楚庄王率后续部队,乘邮车赶来会师。庸人以为是使者经过,也就毫不在意。完成集结后,楚庄王分兵两路,迅速向庸军发起攻击。庸军毫无戒备,仓促应战,大败。楚军乘胜追击,一举灭亡庸国。

(三)广明驿风波

公元前 87 年,一代名君汉武帝去世。临终前,嘱立年仅 8 岁的少子刘弗陵为帝,命大司马、大将军霍光辅政。由于其时昭帝年幼,一切政事皆决于霍光。

霍光,字子孟,是名将霍去病的异母弟。武帝时为奉车都尉、光禄大夫,为人小心谨慎,未尝有任何过失。辅政以后,更加勤于政事,思虑周详。却也因秉公办事而得罪了燕王刘旦、长公主以及上官桀、桑弘羊等权臣。他们秘密勾结,准备陷害霍光。

有一次,霍光奉命去长安城东的广明驿检阅禁卫军,考核学习军事的后备人员。长公主与上官桀等人便写了一封奏书,假称是燕王上书,说霍光出巡时享受帝王的待遇,又私自增设和调换大将军府的校尉,现在又权倾一时,定有造反之心。并说燕王自己愿意放弃王位,入朝来保卫皇上,谨防奸臣发动政变。书信写好后,在霍光返回都城后休假的那天,派人呈给了昭帝。与此同时,上官桀、桑弘羊也积极在大臣间活动,准备迫使霍光退隐。

第二天早晨,霍光得到了燕王上书的消息,吓得待在家里不敢上朝。昭帝不见霍光上朝,便问:"大将军在哪里呢?"

上官桀忙回答说:"因为燕王上书揭露他的罪行,因此不敢上朝了。"

昭帝于是下诏,召大将军霍光晋见。霍光进来后,摘下自己的官帽,跪在地下向昭帝磕头谢罪。

昭帝说道:"将军请戴好你的官帽,朕知道那封书信是假,你没有罪。"

霍光问道:"陛下,您是怎么知道的呀?"

昭帝说:"将军到广明驿检阅,诸位都尉、郎中都是跟着去的。你调换校尉以来到现在不到十天,燕王怎么能够知道这件事并上书呢?况且即使你想造反,也不需要这些校尉啊!"

汉昭帝是根据当时驿传的速度,来判定远方的燕王不可能在不到十天的时间内得到消息并上书的,因此判定上书是诈。派人一查,上书的人果然逃跑了。这一年汉昭帝仅十四岁。

后来,上官桀等人又密谋让长公主出面,宴请霍光,准备先在席间伏兵以击杀霍光,然后废掉昭帝,迎立燕王为天子。由于事机泄露,霍光于是先下手为强,杀上官桀、桑弘羊等。长公主和燕王刘旦畏罪自杀。昭帝及冠后,对霍光依旧信任有加。霍光也尽心尽力,勤劳政事。《汉书·霍光传》载,在他辅政期间,"百姓充实,四夷宾服"。

(四)萧衍二空函而定一州

南北朝刘齐末年,政局混乱,各州郡皆拥兵自重,彼此钩心斗角,矛盾重重。齐明帝后期,坐拥雍州的大将萧衍开始秘密发展自己的势力,为灭齐建梁做准备。他采取利用矛盾,实施分化、瓦解、收买等手段,不断消除异己,壮大实力。在灭齐斗争中,以二空函定一州,便是他的杰作。

当时,齐新任巴西郡太守刘山阳,准备与荆州行事萧颖胄联合,进攻襄阳。萧衍令参军王天武、庞庆国到江陵,通过驿传,遍发书函与各州,讨论军事问题。等刘山阳到达巴陵时,便令王天武将预先准备好的二封书函派人送交萧颖胄兄弟。打开信函,里面只写着:"一二天武口具"几个字,意思是具体内容由王天武亲口转述。及问王天武,又说没有什么可转述的。

刘山阳得到消息后,开始怀疑萧颖胄与王天武共同隐瞒了内情,而萧颖胄又百口莫辩。结果,二人相互猜疑,终至于兵戈相见。后来,萧颖胄杀王天武以骗取刘山阳的信任,将之诱入城中击杀,最后倒向了萧衍。

就这样,萧衍利用驿传发送空函,不战而达到了目的。

后来,随着实力不断增强,萧衍终于推翻了刘齐政权,建立了梁朝。

(五)盛唐驿传誉古今

唐代是中国历史上的鼎盛时期,在政治、经济、军事、文化等各个方面都达到了相当高的水平。驿传的盛况也从一个侧面反映了大唐盛世的风貌。

唐代在兵部以下设有驾部,专门负责管理全国的驿传工作,以下各道由判官主持,各州由馆驿巡官或由兵曹、司兵参军兼管,各县由县令综理,后来又专门派有

"馆驿使"，以加强对驿政的监督，从而形成了一套周密的驿传组织和周密的驿传制度。据楼祖诒《中国邮驿史料》记载，当时在东西 9510 里、南北 16918 里的广阔区域内，按"三十里一驿"，共置驿舍 1600 余所，其中陆驿 1297 所；水驿 260 年，水陆相普的驿舍 86 所。这些驿舍，又根据重要性而分为七等，分别配置不同的人员和马匹。当时，全国从事驿政的驿长、驿夫达 21413 人之多。

唐代的驿路四通八达，不仅有通往各州的陆路，还有内江、运河等水路，其中，隋代开凿的大运河便是驿传的主要通道之一。江南的水路驿传则更为发达，在某些地方，地位甚至超过了陆路驿传。此外，在沿海地区还出现了海路驿传，以保障沿海各州的军政通信和交通，而且还可以用驿船运送使巨出使海外。唐初的高仁便曾出使日本等国。随着对外交流的增强，唐代驿传的设施、工具、组织形式等还传到了日本，并产生了深远的影响。

唐代的驿传制度也达到了系统完备的程度，当时制订的《永徽律》乃是今天尚能看到的最早的驿传律令，也是后世统治者进行驿传立法的蓝本。该律令要求相关人员要加快文书的内部处理，讲求效率，防止积压；规定了完成通信所需行程的最大期限，对延误者予以相应的法律制裁，特别是对耽误军事通信而造成严重后果者甚至要处以绞刑。令律中规定，对于因人为原因导致通信差错者，处分是很严的。据《唐国史补》记载，当时有一个叫刘约的郎官，负责下发公文。

有一次，河北的囚犯要发配到岭南（今广东广西一带），批件应同时发往河北和岭南两地。但刘约在夜间值班时只把赦令发往岭南，却忘了发往河北。事发后，刘约受到了罢官的处分。律令中对于其他情况，如失密、私拆、损毁和丢失公文都做了详细的处罚规定。

当然，律令也赋予驿传人员在传送公文特别是军事情报时以种种特殊的便利条件，如传送紧急公文时，在关闭城门的时候，州县也需开门放行；在城内宵禁时，一般人都不得通行，但驿使仍然可以通过，这样就保障了通信的迅速传送。

完备的组织形式、四通八达的网络系统、严密的制度和严格的律令，有效地保证了盛唐时期的军政通信畅通无阻，快速准确。如安禄山在范阳（今北京一带）起兵叛乱后，驿传快报在六天之内便到达了长安，送到了皇帝的手里。在这么远的距离，达到如此高的通信速度，在以往是难以想象的。

驿传作为人们社会生活的一个重要内容，也必然在文学作品中有所反映。描写唐代驿传盛况诗歌也不在少数。

一驿过一驿，驿骑如星流。

平明发咸阳，暮及陇山头。

这是岑参描述唐代驿传盛况的著名诗句。咸阳古道，驿马奔驰，朝廷的命令以日行数百里的速度，快速地送往西部边陲。

中国军事百科

·军事通信·

图文珍藏版

驿楼衰柳侧，县郭轻烟畔。

一川何绮丽，尽日穷壮观。

这是诗圣杜甫咏梓州通泉县南驿馆的诗。河畔驿楼，掩映在翠柳之间，远处的城郭升起缕缕炊烟。河流、驿楼、翠柳、城郭、炊烟，构成了一幅生机盎然、充满生活气息的风景画。诗人对驿馆秀丽风景的赞美之情溢于言表。

蜀客本多愁，今君是胜游。

碧藏云外树，红露驿边楼。

这是诗人李远的《送人入蜀》诗。昔日"难于上青天"的蜀道，由于驿路的修筑和驿馆的设置，不仅不再难行，而且行走起来宛若游览胜境一般。你看，驿路边杨柳青青，一片秀色；驿楼前百花争妍，姹紫嫣红，能不令人心醉吗？

山色远含空，苍茫泽国东。

海明先见日，江白迥闻风。

鸟道高原去，人烟小径通。

哪知旧遗逸，不在五湖中。

这是张祜的《题松汀驿》。从诗的内容来看，松汀驿当是一个水路驿馆。诗中着重描写驿馆周围的环境，远山缥缈，湖光绮丽，日出东方天下白，风行水上碧波漾，青空翔飞鸟，小径通人家，置身其中，宛若仙境一般。

（六）金牌遗恨，将军恸哭班师回

金字牌，从天来。将军恸哭班师回。

士气郁怒声如雷。声如雷，震边陲。

幽蓟已覆无江淮。仇虏和，壮士死。

天下事，安在此。国之亡，嗟晚矣！

这是明代诗人李东阳写的一首《金字牌》诗。诗中的主人公，便是南宋抗金名将岳飞。宋绍兴十年（公元1140年）五月，金统治者撕毁了上一年签订的和约，分四路大军向陕西、山东及河南的开封和洛阳兴兵南犯。金完颜宗弼（即金兀术）军攻下开封后，继续南侵，结果在顺昌（今安徽阜阳）遭到宋军的顽强阻击。宋将刘锜与知府陈规以不足2万的兵力，抗击金完颜宗弼十余万大军的进攻，激战十余日，给敌以重大杀伤，迫其撤退，取得了顺昌保卫战的胜利。其他各路金军，在进攻过程中，也遭到宋将韩世忠、吴磷等部的抵抗，全线进攻的计划宣告失利。形势又转而向有利于宋军的方向发展。

这时的岳飞正屯兵于湖北德安府（今湖北安陆）一带，打算以襄阳为基地，联合其他各路宋军及金军占领地区的义军，乘胜反攻中原。然而，一向畏敌如虎的宋高宗，却认为"兵不可轻动，宜班师"，要求各路军队停止北进。为此，他特派司农少卿李若虚到岳飞营中计议军事，阻止岳家军北伐中原。这时，岳家军先头部队已经北进，李若虚鉴于形势的发展，又为岳家军高昂的抗敌斗志所感染，遂同意了岳飞的计划，并主动承担了"矫诏之罪"。

在此后一个多月的时间内，岳家军连战连捷，相继克洛阳、郑州、颖昌（今河南许昌）等地，然后陈兵于陈蔡之间，形成对汴京金军主力的夹击态势。金军主帅完颜宗弼遂调集十几万大军，寻求与岳家军主力决战。两军先战于郾城（今河南郾城），再战于颖昌。岳家军在其他各路军队均已奉命撤退，自己孤军奋战的情况下，连续重创金军，歼敌上万人，沉重地打击了金军的嚣张气焰。特别是在郾城之战中，完颜宗弼驰骋多年战无不胜的重甲骑兵集团——拐子马被岳家军击败，损失惨重，岳家军创造了南宋军队在野战中战胜金骑兵集团的纪录。金人由此发出了"撼山易，撼岳家军难"的感叹！

在岳家军节节胜利，收复中原指日可待的情况下，一心求和的宋高宗赵构和奸相秦桧，一日内连续发出 12 道金牌，命令岳飞从河南前线退兵。岳家军班师后，宋金战争形势再度逆转，许多刚刚收复的失地再度沦陷。岳飞则被秦桧以"莫须有"的罪名，杀害于临安（南宋都城，今杭州市）狱中。

那么，宋高宗发出的 12 道金牌到底是什么呢？有人认为金牌是朝廷调兵遣将的令牌，这是一种误解。实际上，金牌是宋代以最快速度传递紧急公文的符牌。

宋建国之初，对以往的邮驿制度进行了改革。传统的"驿"保留了接待过往官员，为他们提供食宿和马匹等用具的功能，而通信的职能则交由新建立的"递铺"。为保障通信的畅通，宋代的铺兵一律从厢军（地方军）中选拔产生，待遇也略高于普通的士兵。宋神宗时期，铺兵人数达到 4 万以上。递铺是在原来驿传制度的基础上建立起来的。一般情况下，每隔 10 里设一递铺，最多不超过 25 里。据统计，北宋时期，全国约有 6000 余铺，南宋时尚存 3500 余铺。由于距离短、机构多，兼之职责单一，又实行了完全的军事化管理，宋代的递铺构成了一个规模庞大、四通八达的通信网。

宋代的递铺，根据公文的性质，按缓急程度分为三种：步递、马递、急脚递。金字牌急脚递，是在急递的基础上发展起来的一种传递方式。所谓金字牌急脚递，其实类似于古代的檄羽（鸡毛信）。《会稽志》载："元丰六年（1083 年）八月始用金字牌"，就是说它的创立始于宋神宗年间。金字牌是一种木制漆牌，长约尺余，上面刻着"御前文字，不得入铺"八个字。说明持牌者所递送的文书，是由皇帝身边的内侍省（内廷宦官组织）直接发出的，无须经过枢密院或兵部；此文书只准在驿路上接力传递，不准到铺内办理交接手续，以减少停留的时间，保持传递的高速度。这就是说，召回岳飞的"金牌"，乃是以金字牌急脚递的方式传送的宋高宗赵构的诏书。

除了御用的金字牌外,南宋还制作了其他他一些檄牌,并规定没有檄牌一律不准擅发急递,以保障重要公文的畅通。孝宗乾道三年(1167年)制黑漆白粉牌,发给各州军统制司使用,专门用来向朝廷奏报紧急军情。五年后,又制作雌黄青字牌,备朝廷向各处发送紧急公文时使用。光宗绍熙四年(1193年),又制发黑漆红字牌,上刻"枢密院军期急速文字牌",代替以严重磨损的黑漆白粉牌。这种"随牌人递"的制度,将紧急公文与一般文书区别开来,以保证紧急公文的畅通,是宋代军事通信制度的一大特色。可悲的是,这一军事通信史上的创举,并没有帮助宋朝取得军事上的胜利,却因为高层统治者决策的严重失误,与军事史上空前的悲剧联系在了一起。金牌遗恨,引发了后人无限的哀叹!

(七)四通八达的元代驿传

元代的驿传制度是在战争中建立并逐渐完善起来的。公元1206年,铁木真统一蒙古各部,自号成吉思汗。随着蒙古各部的统一,对外联络的增强,建立有效的通信组织自然提上了议事日程。蒙古建立的驿舍,称作站赤,也称驿站。它在战争中诞生,又随着战争的进程而逐渐扩大规模、完善制度。

1219年,成吉思汗率20万大军西征。沿途开辟"驿路",设置驿马、铺牛和邮人,把原有的驿传系统延伸到了西域。1221年农历二月,全真教的首领长春真人邱处机从燕京出发,奉诏去觐见成吉思汗。他沿着驿道,在20余驿骑的随同下,一路西行,于次年四月抵达了成吉思汗的驻地大雪山(兴都库什山)。

两年以后,邱处机准备返回中原,成吉思汗赏赐了很多东西,并问他还需要什么。当时邱处机回答说:能乘陛下的驿马我就满足了。后来,成吉思汗下诏慰问时,还特别询问沿途驿马供应和饮食起居情况。这说明当时西征路上的驿站组织已经比较完善了。

窝阔台继承汗位后,在与金、宋作战的同时,继续进行驿站建设,在蒙古境内遍设驿站,并把它们连接起来,还制定了简单的管理条例。据《蒙古秘史》记载,窝阔台曾与其兄长察合台、侄子拔都商量:"使臣来往,路远行迟,给予居民的累赘很多。现在可以经常由各千户出站户和马夫,在各地设立驿站,使臣往来可以不惊扰百姓,沿着驿路前来。"察合台父子随成吉思汗西征,考虑到难以继承汗位,便在新征服的土地上立国。当时窝阔台商量筹建的这条驿路,始自蒙古汗国的都城和林(在今蒙古人民共和国境内),经阿力麻里(今新疆霍城)至撒莱(今俄罗斯境内,位处里海北岸的阿斯特拉罕),横跨欧亚大陆。

在取得察合台的支持后,窝阔台颁布了驿站条例,规定每一驿站置驿马20匹,马夫20名。境内各千户要按照要求出驿马、汤羊、乳马、驮车等物品。对违反规定者,还根据情节不同,制定了相应的惩罚措施。

窝阔台晚年,在回顾自己的一生时,曾谈到他办的四件大事,而其中第二件便是进行了驿站建设。足见蒙古统治者对驿站制度的重视程度。

忽必烈即位以后,于 1264 年迁都大都(今北京),随后改蒙古汗国为元朝。随着对金、宋战争的不断进行,元统治区域迅速扩大,其驿站建设也随之而向全国各地辐射,逐渐形成了以大都为中心的军事交通信息网。其主要信息传递有两条渠道:以驿站为主体的马递和以急递铺为主体的步递。

在一些边远地区,特别是冰天雪地之中,由于人马难以行走,还专门设置了"狗站",靠狗拉爬犁传递公文。据《元史·兵志》记载,当时辽阳行省,共有狗站十五处,有狗达三千只。元代驿传四通八达,规模宏大。《元史》中曾这样描述:"元有天下,薄海内外,人迹所及,皆置驿传,使驿往来,如行国中。"元代驿传的盛况在意大利旅行家马可·波罗的笔下得到了充分的反映。

(八)朱元璋严刑峻法,整肃驿政

明太祖朱元璋对驿传建设十分重视,他在称帝后的第 22 天,便颁布诏令,恢复占领区的交通、通信系统。接着开始组织力量疏通驿路,增设驿所,建全驿传组织,渐次形成了水马站(驿站)、递运所、急递铺三位一体的驿传系统。其中,驿站包括水驿和马驿,主要任务是"递运使客、飞报军务";递运所,主要负责军需物资的转运;急递铺负责官方文书的传送。三者紧密结合,相互补充,构成了明初主要的交通、通信体系。

洪武初年,明王朝尚处于战争时期,驿传的负担相对较重。有鉴于此,朱元璋吸取元末驿传极度扰民而引起强烈反抗的教训,采取了一系列"恤邮传"的措施,如减免承担驿差民户的田租、拨款赈济、组织边远地区的驿所开荒屯田等等,取得了明显的效果。

依法治驿,是朱元璋一贯坚持的原则。对于违反规定者,即使是上层人物,他也决不手软,定会严厉惩治。

洪武八年(1375 年),延安侯唐胜宗违反规定,擅自驰驿,事发后被朱元璋罢官夺爵。

洪武十三年(1380 年)正月,吉安侯陆仲亨从陕西返回京城,因违反规定擅自乘驿,受到朱元璋的严厉惩罚。朱元璋愤怒地说:中原经过战火,百姓刚刚复业,买马到驿所当差,十分艰苦。假如都像你这样,百姓卖儿卖女也难以满足驿站的需要。

洪武十三年七月,驸马郭镇从辽东出差回京,携带地方特产榛子三担,沿途让驿夫运送。朱元璋得知此事后,十分生气,他一面责令郭镇自备银两到所经驿站偿还雇差所用的费用,一面通知兵部,在山海关、松亭关、古北口、旅顺口等地张贴告示,宣布御旨："凡公差人员,不许捎带松榛等物进口渡海。违者,一二斤、三五两俱分尸号令,所过官司纵容,一体治罪。"

就在同一年,安庆公主的丈夫、驸马都尉欧阳伦多次派人走私茶叶,运至境外牟取暴利。负责办事的人仗着驸马的势力,沿途骚扰驿站,索要马匹夫役,无理取闹,而地方官则不敢过问。这样一来,这些人更加肆无忌惮,欧阳伦的家奴周保仗着主子的权势,竟动辄派驿车数十辆,运送私盐到兰州附近去贩卖。一次,在过桥时,巡检司官员依法盘问,周保竟仗势殴打官吏。地方官终于忍无可忍,将此事上奏朝廷。朱元璋得到消息后大为震惊,没想到在他的治下竟有人如此大胆! 在核实情况后,他不仅将周保等人处死,而且将欧阳伦赐死,以儆效尤!

以上只是朱元璋治驿的几个典型案例。由此可以看出,明初在治驿上是十分严格的。凡违反驿规,不管职务高低,都将受到严厉的惩罚。正因为如此,明初基本上保障了驿传的正常运转,维护了军事通信的畅通。

(九)海瑞治驿与张居正改革驿政

海瑞,字汝贤,广东琼山(今海南省琼山区)人,是中国历史上有名的清官。他的名字随着著名历史学家吴晗的《海瑞罢官》而变得家喻户晓,广为人知。人们熟知的海瑞是一位为官清廉、不畏强权的政治家形象,而他整治驿政、革除驿弊的事迹则鲜为人知。实际上,海瑞在驿传史上贡献很大。

嘉靖三十四年(1555年),海瑞出任福建南平县教谕。他目睹当地驿传扰民的种种弊端,撰写了《驿传议》和《杂议》,提出了著名的驿传三策和五条具体的改革措施。此后,在淳安、兴国知县和应天巡抚任上,他又写了《兴革条例》《兴国八议》《督抚条约》《应付册式》等,形成了一整套革除驿弊的主张和具体办法。总体方针可以概括为:"几由正己。事在裁革。"

己不正,难以正人。"几由正己",就是从自己做起,遵守驿规,身体力行,起表率作用。海瑞累迁数任,出差时从不驰驿,而是自费租马租船,随从人员也自备饭食,从不骚扰驿馆。万历十三年(1395年),海瑞罢官后再度被起用,任南京都察院右都御史。这时的海瑞已是73岁高龄的老人,但他自家乡动身,在赴南京上任的路上仍坚持乘坐自租的小船,而绝不驰驿。正因为如此,他才能在治驿中不畏权贵,坚持原则。

所谓"事在裁革",就是从裁革"关文"(使用驿传的证件)人手,整顿驿政。明初对驰驿关文的管理是非常严格的,但后来制度废弛,关文泛滥,上自京官,下至州县小吏,手中都有"勘合""火牌"。更为严重的是,私牌私票也畅行无阻,致使驿递贫困,无力应接,很大程度上破坏了正常的交通、通信秩序。海瑞大刀阔斧地修改驰驿条例,限制驰驿范围,对违规驰驿者坚决查办,绝不手软。一次,总督胡宗宪的公子在外出时骚扰驿递,吊打驿吏。时任淳安知县的海瑞,不畏权贵,亲自查处了这一案件。随后,都御史鄢茂卿又扰驿害民,招摇过市,海瑞同样拿出驿规,坚决制止。这两件事在当时引起了很大的震动。后来,海瑞罢官,便与他严格治驿得罪了上层人物有直接的关系。但在他的治下,不仅百姓因此而减轻了负担,军政通信也得到了很好的保障。

由于宫职的限制,海瑞治驿只是在局部范围内进行,尚未从根本上改变明朝驿传弊端丛生的局面。张居正作为内阁首辅,其对驿政的改革则是全国性的。张居正,字叔大,湖广江陵人,明代中期著名的政治家、改革家。他于隆庆六年(1567年)任内阁首辅,掌握实权后,便开始了政治、经济、军事诸方面的全面改革,改革驿政便是其中的重要组成部分。

和海瑞一样,张居正对驿政的改革也是从限制和削弱各级官员驰驿的特权入手的。他采取了六条具体的措施,对"勘合""火牌"的管理、驿递检查等制度做了修改。为了将改革措施落到实处,他首先从自己做起,并对亲属严格要求。张居正的儿子参加科举考试,按规定需在家乡应试。从北京到江陵,相距一千多里,张居正出钱雇车而不让他驰驿。张居正的父亲祝寿时,他本人也不乘驿,而是叫仆人背着行李,自己骑着毛驴前往道贺。万历八年(1580年),他的弟弟张居敬回乡养病,保定巡抚考虑到他的病情,特意发给驰驿勘合。张居正得知消息后,随即命人追回交还,并附了一封信,大意是说:我现在治理国政,为朝廷立法,怎敢不以身执法呢?

在严格自律的基础上,张居正对违例动用驿传的官员则严厉处罚,毫不手软。一次,甘肃巡抚侯东莱的儿子擅自驰驿。张居正得知后,立即下令取消了他袭职的权力。取消袭职权,在当时是很重的处罚。在连续查处了几起违反驿规的案件后,举朝肃然,再无敢犯者。就连奉派到武当山进香的皇亲贵族,也都雇用民车而不敢驰驿前往了。

经过张居正的改革整顿,全国用于邮驿的经费比原来减少了三分之一左右。万历四十八年,也就是张居正死后近30年,户部给事中应震评价说:"从来驿传困民,无能厘革。而张居正当国,士大夫非奉尺一(指驰驿凭证),虽修涂具不得续劳……两都大臣、诸方面赴任,至傲民舟车,就旅店食,岁省夫舆庖廪之费若干。"并认为,"清驿递以恤民劳"是他的一大功劳。这一评价是恰当的,毫不为过。但应震却忽略了更重要的一点,那就是改革后的驿传提高了办事效率,有效地保障了军政通信的畅通。

遗憾的是,张居正死后即遭到保守派的攻击,在诸多罪状中,便有"裁削过当""累民贫民"等与驿政改革有关的内容,并要求"宽驿传之禁","恢复旧制"。万历十二年九月,明神宗下令"追抄故相张居正"。张居正的改革成果,包括驿传改革成果在内,也随之而断送了。

·军事通信·

图文珍藏版

（十）"飞驰告变"与清平定"三藩之乱"时的驿政

康熙十二年（1673年）十一月二十一日，平西王吴三桂在云南起兵，发动叛乱。当时，清兵部郎中党务礼、户部员外郎萨穆哈、郎中席兰泰正好出巡贵州。得到吴三桂叛乱的消息后，他们连夜赶到镇远，打算由此驰驿北上，回京报警。然而，这时镇远的驿站已为叛军控制，他们没有办法，只好跑到湖南沅州的驿站，才得到了驿马。从沅州到北京，全程约4000里左右。党务礼等人扬鞭疾驰，日夜兼程，沿途不断更换新的驿马，终于在11天后到达了兵部衙门。下马后，几个人抱着门前的梁柱，半天说不出话来，良久才恢复正常。清廷听了党务礼等人的汇报，才准确地知道了吴三桂叛乱的情况。

这个故事，后来被称为"飞驰告变"。此后，清朝的皇帝曾多次讲述这一故事，来说明置邮传令的重要性。

吴三桂起兵叛乱后，他的旧部和原明朝的降将也纷纷起兵响应。镇守广东的平南王尚可喜、镇守福建的靖南王耿精忠也起兵叛清，与吴三桂遥相呼应。一时间，反叛势力遍及江南和西北各地，搅乱了清朝的半壁江山。这次叛乱由于以吴三桂、尚可喜、耿精忠为主，故史称"三藩之乱"。

平定"三藩"的战争一直打了8年方告结束。战争伊始，康熙帝便认识到，在战争时期，如果按照常规由驿递传送公文，势必贻误战机，导致军事上的被动，于是指派官员设置专门的军事通信组织。他敕令兵部，疏通北京通往前线的干线驿路，派得力官员坐镇沿途的驿站，每400里设笔帖式一名，拨什库一名，要求以最快的速度传送来自前线的军事情报。战事吃紧时，每日送到朝廷的战报及其他军事公文达三四百件之多。康熙便是根据这些报告分析战场形势指挥战事的。朝廷的各项指令，又以同样的方式传送到各个战场。

战争结束后，有人这样回顾这段战时通信：

"睿略非常，特于驿递之外别设官，以备驰驱往来奏报。每一昼夜可行千余里，且互相更代，事无稽误，人不疲劳。诸将虽远在军中，宁琢庙算如在几席之间。圣谋区划，尺一所传，亦星驰电掣于数千里之外……邮传之速，其有裨于军机者大矣！"

由此可见，康熙适应作战需要，加强驿传建设和管理，对保持军事通信的畅通，对最终获得平定"三藩"之乱的胜利，起到了十分重要的作用。

（十一）高效完备的清代驿传

清代驿传的建设，是伴随着中央集权统治的建立与巩固而进行的，至康、雍、乾三世达到鼎盛时期。

清统治者在明代驿传的基础上，集历代驿传之大成，又根据本朝的特点加以"损益"，形成了中国历史上效率最高、驿路分布最广、组织也最为复杂的驿传体系。

　　其特点主要有如下几个方面：

　　其一，改单一的管理体制，为"兼管、专管、代管"三位一体的管理形式。明代的驿传，实施驿丞管理驿站，与地方政府不相统属，是一个独立的体系。清初，曾沿用了这一体制。然而，清统治者逐渐发现了这一体制的种种弊病：一是州县不管，府道鞭长莫及，难以对驿站实施有效的管理；二是驿传自身离开地方政府的支持，困难重重，在征夫、买马、应差等方面没有保障；三是机构重叠，开支很大。

　　有鉴于此，清朝在体制上实行了"裁驿丞，归州县"的改革措施。具体做法是，将城内及离城较近的驿站，交由州县衙门兼管，裁撤驿丞；对离城区较远，或离城虽近但路当交通要道、驿务繁忙、州县无力兼管的驿站，仍由驿丞专管；对边防重镇的驿站，则由驻防的武将代管。这样，便形成了兼管、专管、代管三位一体的驿传管理体制。这种裁减工作进行了多次，至光绪朝时，全国仅有十个省保留了 65 名专职的驿丞。

　　其二，健全机构，形成了复杂多样的组织形式。清代共设置驿站 2000 个左右，拥有驿夫 7 万多人；设置递铺 14000 多个，拥有铺兵 4 万多名，其驿传组织规模庞大，星罗棋布，网路纵横，无论在广度和深度上都超过了以往任何朝代。

　　清代常设的驿传组织，由驿、站、塘、台、所、铺六种形式构成。驿分马驿、水驿，主要设在内地各省和盛京（今沈阳市）。站，主要为传送军事情报而设，常设的有两路，自北京昌平回龙观起，一路经张家口至阿尔泰军台，用以传送北路军事情报；一路沿边城经山西、陕西、甘肃，出嘉峪关至军塘，以传送西路军事情报。此外，吉林、黑龙江、直隶喜峰口、古北口、独石口及山西杀虎口外，也设有站，并与蒙古各站衔接。塘即军塘，设于甘肃安西州、新疆哈密厅、镇西厅等地，用以疏通本地区的通信。台，主要设在西北地区，每台有若干官兵，负责接递公文。所，乃旧设递运所，用以传送官物，后裁并归于驿。铺，性质与以往相同，是步递通信组织。

　　上述六种组织构成了两大通信系统，即以驿为主体的马递（包括水递）通信系统和以铺为主体的步递通信系统。其他塘、站、台、所，都不是全国性的，乃是适应边疆地区的特殊需要而设，均由军卒充役，除以飞递形式传送军事情报作为主要任务外，还兼具巡逻、侦察、运输等多种职能，是在古驿路或商路的基础上发展起来的。此外，在没有驿的州县，清政府还普遍设立了"县递"，用以联系地方间的通信，弥补干线驿传的不足。县递人马不多，开支也有限，但使用起来却十分方便。

　　其三，四通八达的通信网络布局。清代的驿传通信，以京师皇华驿为中心，向全国各地辐射。皇华驿在北京东华门，是全国驿路的总枢纽。从皇华驿出发，东路经通州、蓟县，出山海关，至盛京，连通东北各地驿站。北路从昌平开始，经宣化，出居庸关,到达山西;出张家口越长城外边,通往蒙古地区。南路经良乡、涿州而分为两大路。东南路,经河间通达山东、江苏、浙江、福建至广东。西南路,由保定、正定、顺德,经中州(今郑州市),一路通往陕西、四川、云南、贵州;一路通往湖北、湖南、广西、广东。这些只是全国性的干线驿路,至于省与省之间和各省内的驿路,更是纵横交错,四通八达。

经过改革、整顿后,清代驿传的通信效率获得了很大的提高。特别是以驿为主体的"马上飞递",达到了历史上前所未有的高速度,遇有紧急军情,一昼夜的传送速度竟达到 600~800 里之多。高效的驿传通信系统,在清平定"三藩"之乱,平定准噶尔、噶尔丹叛乱,统一台湾,以及抗击沙俄入侵等战争中发挥了十分重要的作用。

清朝的驿传通信建设,到乾隆时达到了鼎盛状态。正如后人所说的那样:"我朝边围驿站之政,到高宗(即乾隆)而集其大成。"嘉庆、道光以后,随着政治腐败、经济衰退,驿传通信也逐渐衰落。从咸丰四年(1854 年)开始,清政府大规模地裁减驿传经费,其中尤以铺递经费消减为多,致使原来的驿传通信系统元气大伤,再难恢复旧观。后来,随着帝国主义入侵的加深和太平军势力扩展造成的驿路阻塞,驿传通信遂呈半瘫痪状态。再往后,电报、电信业进入中国并迅速发展起来,驿传逐步退出社会生活舞台而成为历史的陈迹。

(十二)驿传与名人

中国的驿传历史悠久,因而与之有关联的名人轶事也不少。现在我们摘录一些介绍给大家。

1.曾为委吏的儒学创始人——孔子

孔子,名丘,字仲尼,是我国历史上最著名的思想家和教育家。据《孟子》记载,他年轻的时候,曾担任过"委吏"这样的官职。据考证,"委吏"是当时在交通干线上负责为过往使者和宾客准备饮食和柴草的小官吏,相当于后来的驿长、驿丞。

2.英雄末路乌江亭——项羽

乌江亭是今安徽和县境内的一所再普通不过的驿站,却因为一位不世英雄而载入历史,又因为京剧《霸王别姬》而家喻户晓。当然,这位英雄便是西楚霸王项羽。

汉王四年(公元前 203 年)十二月,刘邦与韩信、彭越军会师垓下(今安徽灵璧东南),40 万大军将只有 10 万人马的项羽围困起来。项羽指挥军队左冲右突,均告失利。入夜,在四面楚歌声中,这位起兵以来所向披靡、曾在灭秦之战中立下首功的西楚霸王不仅潸然泪下。他面对心爱的虞姬和神骏的乌骓马慷慨悲歌："力拔山兮气盖世,时不利兮骓不逝。骓不逝兮可奈何,虞兮虞兮奈若何!"

然而,项羽毕竟还是项羽。悲声过后,他便亲率800壮士出战,突破韩信布下的十面埋伏阵,退到乌江边。这时,乌江亭的亭长已带人备好了船只,准备接应楚军将士过江,以图东山再起。项羽立马乌江边,看着身边这些对自己忠心耿耿的将士,想起起兵时5000儿郎竟没有几个能够生还,自觉无颜见江东父老,遂拔剑自刎,年仅三十一岁。

项羽的自刎给漫漫驿路抹上了一层重重的悲剧色彩。

3.亭长出身的皇帝——刘邦

"委吏"中出了个思想家、教育家——孔子,已经足以使驿人自豪了,而更有甚者的是,汉高祖刘邦也是驿人出身。

刘邦,字季,沛县(今江苏沛县)人,起兵前曾担任过该县的泗水亭长。据说,秦时的亭长还负有管理户籍等一些其他的任务,但负责驿传肯定是其主要职责。亭长出身的刘邦很有雄心壮志。他年轻时,曾到咸阳服过徭役,有一次看到秦始皇的威武仪仗,驻足良久,叹息道:"大丈夫当如此也!"

在40岁的那一年,刘邦终于怒斩白蛇,起兵反秦。消灭秦朝后,被封为汉中王。后来,又还定三秦,东向与项羽争霸。经过两年多的楚汉相争,终于击败项羽,建立汉王朝,亭长出身的刘邦当上了皇帝。

4.驿传飞报震京华——张衡和他的风候地动仪

张衡,字平子,南阳西鄂人,是我国东汉时期著名的科学家。他精机巧,作浑天仪,著有《灵宪》《算罔论》等著作,对天文学、数学有很深的研究。此外,他还设计、制造了世界历史上第一台测知地震的装置——风候地动仪。

张衡的风候地动仪制成于阳嘉元年(公元132年),形似一个巨型的酒尊,中间有一根柱子,外面有八条龙代表八方,龙首向下,口含铜珠,下面有八只张着口的蟾蜍。如果发生地震,则机关发动,相应方向的龙便会吐出铜珠,落入下方的蟾蜍口中。风候地动仪制成之初,人们对它是将信将疑。

有一次,西方的龙吐出铜珠,而其他方位的龙则没有动静,这表明西边某个地方发生了地震。然而,京城洛阳附近并没有丝毫震动的感觉。于是,京城内议论纷纷,人们都认为风候地动仪的推测不灵验,甚至对张衡的科学研究产生了怀疑。

几天以后,驿传快报到了京城,说在陇西地区发生了地震,与风候地动仪测知的时间、方位完全吻合。一时间,京师洛阳为之震动,大家均对风候地动仪的神奇佩服不已。正是驿传送来的消息,宣告了张衡风候地动仪的成功。

5.无人知是荔枝来——唐明皇与杨贵妃

唐代有"诗圣"之称的著名诗人杜甫,以善写咏史诗闻名于世。他有一首五言绝句是这样写的:

忆昔南海使,奔腾献荔枝。

百马死山谷,到今耆旧愁。

诗中记述的是东汉年间的事。汉和帝时,通过驿传从南海运送龙眼、荔枝到京城洛阳,驿马日夜兼程地运送,人马疲累倒毙或遭虎狼毒害,死亡者不绝于驿路。后来,地方官不断上书陈状,和帝才被迫下令停止。杜甫写这首诗当然不是单纯地咏史,而是为影射现实而作。对此,杜牧的另外一首诗则直言不讳地写道:

长安回望绣成堆,山顶千门次第开。

一骑红尘妃子笑,无人知是荔枝来。

原来,唐玄宗李隆基宠爱的贵妃杨玉环特别喜爱吃新鲜的荔枝。玄宗为讨美人欢心,竟下令通过驿传从岭南(一说是蜀地,即今四川)运送新鲜荔枝。为保持荔枝的新鲜,沿途驿站马不停蹄,驿路上风尘滚滚,使人误以为正在传送紧急军情呢!

当时,玄宗在距长安约 80 里的郦山建有行宫,经常与杨贵妃在那里居住。杜牧这首诗描写的就是驿马从长安运送荔枝到达郦山行宫时的情景。

在这里,作为国家军政通信的驿传,竟成了皇帝及皇室成员追求奢靡生活的工具。封建皇室的荒淫由此可窥一斑。当然,从这件事也可以看到唐代驿传的效率很高,它在以后平定"安史之乱"中有效地保障了唐朝军队迅速地传送军情,为最终削平叛乱发挥了相当重要的作用。

有趣的是,吃惯了驿传运送的荔枝的杨贵妃,最后却死在驿路上。安史之乱爆发后,唐玄宗携杨玉环逃出长安,住宿在马嵬驿(今陕西兴平市)。

第二天,担任护送任务的将士哗变,要求处死祸国殃民的杨国忠(杨玉环之堂兄)。由于担心杨玉环事后报复,因此要求玄宗将她也一起赐死,否则就不再前进。就这样,这位色可倾国的绝世美人在马嵬坡香消玉殒了。

6.陈桥驿黄袍加身——赵匡胤

唐朝灭亡后,经过五代十国数十年的分裂局面,宋朝终于重新实现了统一。而宋朝的建立,也与驿传有着一些联系,陈桥驿这一唐代留下的普通驿所便是北宋开国皇帝——宋太祖赵匡胤的发祥地。

后周政权的一代明君周世宗柴荣去世后,七岁的柴宗训即位,是为恭帝。由于皇帝年幼,军政大权便落在了禁军统帅赵匡胤手中。

公元 960 年正月,汴梁(后周都城,今河南开封)沉浸在新年的欢乐气氛中,鞭炮齐鸣,彩灯高照。突然,流星快马飞驰进城,传来北汉勾结契丹进犯边境的消息。恭帝于是命赵匡胤率军出征,北上御敌。其实,所谓"北汉勾结契丹进犯",仅仅是赵匡胤为发动政变而制造的一条假情报。

大军从汴梁出发,到城北 20 里的陈桥驿便停了下来。当晚,赵匡胤、赵普、石守信等人便上演了一出"黄袍加身"的闹剧。接着,赵匡胤回师汴梁,不费吹灰之力便夺取了后周政权。为了纪念这一"黄袍加身"之地,赵匡胤还将陈桥驿改为鸿烈观,命道士主持,享受四时香火。清人查初白曾写诗记这一事件:

将帅权倾皆易姓,英雄时至忽成名。

千秋疑案陈桥驿,一着黄袍便加身。

7.承恩一诺九驿通——奢香夫人

洪武四年(1371 年),明军统一贵州后,朱元璋任命贵州水西地区的彝族首领霭翠为贵州宣慰使。1381 年,霭翠去世后,他的妻子奢香继任其职。这时,明朝已统一云南,正积极着手各项建设,驿传便是其中的一个重要内容。

然而,明政府派往贵州的都指挥使马晔却专横跋扈,置明政府团结少数民族、维护安定局面的政策于不顾,不但找借口侮辱、鞭打奢香夫人,还打算挑起事端,将其管辖的地区改为郡县。马晔的行径激化了民族矛盾,水西地区的 48 部土司联合起来,准备反抗。一时间,剑拔弩张,形势十分严峻。

这时,彝族的另一首领、管理水东地区的宋钦夫人感到事态的严重,她从大局出发,一面制止土司的行动,一面进京向朱元璋报告事情的真相。随后,奢香夫人也来到南京,告发马晔。

朱元璋与皇后亲自接见了奢香夫人。在充分了解情况后,朱元璋立即派人召回马晔,列举罪状,将其斩首示众。对此,奢香夫人十分感激,除表示要世世代代忠于明朝外,还答应组织力量,协助修建从贵州如川的驿路。

当时由贵州入川,必须经过贵阳西北的万山丛中(在今修文县境内),其间只有一条小路可以通行,交通十分不便。奢香夫人返回贵州后,马上自出资金,组织力量开山筑路。这条道路全长 600 华里,自贵阳城西 40 里始,共设威清、龙场、陆广、谷里、水西、奢香、金鸡、阁雅、归化九个驿站,合称龙场九驿。龙场九驿的修建,不仅对有效沟通明王朝在西南地区的军政交通、通信具有重要的意义,而且对促进民族的团结和经济文化的交流起到了重要的作用。

1396 年,奢香夫人去世。朱元璋专门派使者云参加葬礼,追封其为"顺德夫人",以表彰其在修筑驿路上所做出的贡献。时人吴国伦还作了一首《奢香驿诗》,歌颂这位彝族妇女修建龙场九驿的功绩。全诗如下:

我闻水西奢香氏,奉诏曾谒。高皇宫。
承恩一诺九驿通,凿山刊木穿蒙茸。
至今承平二百载,牁样焚道犹同风。
西溪东流日齿齿,呜咽犹哀奢香死。
中州男儿忍巾帼,何物老妪亦青史。
君不见,蜀道之辟五丁神,犍为万卒迷无津。
帐中坐叱山川走,谁道奢香一妇人?

8.土木驿见证阉党祸——宦官王振

明正统初年,宦官王振利用英宗年幼,专断朝政,扩张势力,一时权倾朝野。正统十四年(1449 年)七月,瓦剌太师也先率军进攻大同。王振一心欲出兵扬威,于是胁持英宗,率 50 万大军往大同迎战。

八月初,明军进至大同时,也先已率军退走。王振本欲进兵,却在听到其他明军败北的消息后害怕起来,急忙下令班师回京。开始,王振欲经紫荆关回京,想让皇帝经过他的家乡蔚州(今河北蔚县),以显示威势。但大军前进 40 里后,又突然觉得大军经过会损坏他的田园,于是改变命令,转而由北路经宣府(今河北宣化)由居庸关回师。

本已撤军北归的也先,闻明军突然回师,遂率军突破长城,反扑过来。十四日,明军沿驿路退至土木堡(今河北怀来县沙城东南,是由京师至宣府、大同的重要驿站)时,因王振等待其运送他沿途收刮来的财物的千余辆辎重车,而未能及时人据相距仅 20 里的怀来城。黄昏时分,也先军追来,控制了土木堡周围的各要点。明军掘地二丈无水,而堡南 15 里处的河流已为瓦剌军控制,军心因此而动摇。也先指挥军队乘夜发起攻击,明军战不能胜,又饥渴难忍,至天明时已疲惫不堪。

也先见一时难以取胜,便令军队稍退,派使诡称议和。英宗于是派两个人前去谈判。王振误以为和谈将成,竟下令移营就水。饥渴难当的明军将士闻令,急忙向南奔跑,阵势大乱。也先乘机挥军从四面攻击,大败明军。混战中,明英宗被俘,英国公张辅等 50 名随从大臣均死于乱军之中。护卫将军樊忠激于义愤,击杀王振,而后冲入敌阵,杀数十人后壮烈殉国。

这便是历史上著名的“土木之变”。土木驿因此而广为人知,成为宦官专权误国、误军的见证。

9.驿卒出身的农民起义领袖——李自成

明朝末年,政治腐败,经济衰退。明军在辽东战场的节节失败,更加重了明王朝的财政危机。当时的户部尚书毕自严算过一笔账,结果全国每年亏损折银达

200 万两。为了拼凑军饷,皇帝朱由检于崇祯二年下达了"裁驿"令,名曰:"苏驿递,足国用"。

此令一出,一些有识之士便提出了疑义,认为裁驿是十分危险的,许多靠从事驿传为生的百姓一旦失去职业,必将铤而走险。对此,崇祯帝也是清楚的,但他既要拼凑辽东战场的经费,又不愿动用自己的"内库"银两,也就只好坚决地拿驿传开刀了。

按照皇帝下达的标准,当时各地驿站"俱裁十分之六",结果使大批的驿卒失去了生活来源,被迫投入了农民起义的洪流。其中,最著名的当属"闯王"李自成。

李自成是陕西米脂县人,家贫如洗,乃入本县的银川驿为驿卒。被裁后生活无着,又逢整个陕北连年大旱,被迫加入高迎祥领导的农民起义军。在农民革命战争中,李自成迅速成长起来,成为起义领袖。就是他在中原决战中消灭了明军的主力,最后又挥师北上,夺取北京,成为明王朝真正的掘墓人。

三、旗鼓之间

(一) 旌旗概述

旗,《说文解字》的解释是:"士卒以为期也。"也就是说,旗从本义上便与指挥直接相关。关于这一点,我们可以从文献中得到佐证。据《列子》记载,早在黄帝与炎帝的阪泉之战中,就出现了"以雕鹖鹰鸢为旗帜"的情况,也就是使用了以各种猛禽为装饰的旗帜。阪泉之战是有资料记载的中国历史上最早的战争,这说明旗的使用几乎与中国的战争史相同步。关于旗的起源,则可能比战争的出现更早。一般的推断是,旗最初使用于狩猎,作为一种标识引导族人从事集体狩猎活动。旗之所在,便是首领所在的位置,大家随着旗的位置变化而行动,这样旗的原始指挥功能便产生了。这一功能后来被运用于战争,又随着战争的发展而不断完善起来。

"旗"字的出现,最早在商朝的甲骨文中,另外还有若干个以旗为偏旁的会意字,这说明旗在商朝时已经普遍使用了。原始的旗帜,自然不是后来人们看到的在一根旗杆上系一幅纺织品而形成的旗,而通常是在树枝上捆上一把茅草或一根兽尾,就算是旗了。这是有文献可考的。《左传·宣公十二年》有"前茅虑无"的说法,而成语"名列前茅"的原始含义,便是位置在队列之前。用作主帅指挥的旗帜,同时也是军队的象征。因此投降时便要交出旗帜。武王灭商后,微子前来投诚,便"左牵羊,右把茅,膝行而前以告"。楚国伐郑,郑君投降时,则"左执茅旌,右执鸾刀"。这些都是茅草作为旗帜前身的有力证明。至于兽尾,则在后来的旗帜中保留下来,直到明清时期,还在旗帜上绣着兽尾的形态,以象征最高指挥所的所在。带有兽尾的旗帜,称作"旄",是众多军用旗帜中的一种。如武王伐纣时,便是"左仗黄钺,右秉白旄以麾"。至于纺织品旗帜的出现,已经是旗帜发展的最后阶段了。

商朝开始普遍用旗,但由于年代久远、资料缺乏,我们已难道其详。西周时,出现了专门管理各类旗帜的组织,称作"司常"。根据《周礼·春官·宗伯》的记载,当时司常管理的旗帜共分九大类,分别是:常、旂、旜、物、旗、旟、旐、旞、旌,每一类的形制和图案都有所不同,其使用也各异。后来,旗帜的形制和使用逐渐制度化、规范化,形成一个庞大的旗帜家族。

一支军队从基层单位开始,各级均有自己的旗帜,并用颜色、形制、大小来区别。从军事用途来分,这些旗帜大致可分为:方位旗,如五方旗、角旗、门旗等,用于军营或阵地中,标识所在的方位;指挥旗,如望旗、认旗、变队旗等,可以将将领的行动命令传达到部队执行;仪仗旗,如清道旗、金鼓旗等,用以表示将帅的威严。此外,由于不可避免的迷信心理,一些军队还设有若干的按五行、八卦、天干地支、二十八宿命名的旗帜,多得不可胜数,在此就不做介绍了。

与旗帜属于同一大类的视觉指挥器物,是各种各样的灯。白天可以用旗来指挥,晚上目不视物,便只能用灯来代替。灯的颜色、数目不同,代表的指挥命令也不同,这样灯也可用来传递比较复杂的指挥信号,但远不如旗那样方便、准确。

(二)擎旗夺纛壮士行

在众多的军用旗帜中,最重要的便是主将帅旗,也称为"纛",秦汉以后一般称之为"牙旗"。这种旗帜虽然通常不直接用以指挥作战,但由于它是象征全军的大旗,因而在古代作战中占有十分重要的地位。

《太平御览》说:"牙旗者,将军之精。"古代出战之前,一般都要举行隆重的"祭旗"仪式,以祈求神灵的护佑。交战过程中,牙旗之所在,便是主将之所在,指挥命令便会源源不断地从这里发出;一旦牙旗倒下,则表明主帅被杀或已经放弃抵抗,全军就会因此而丧失斗志,甚至于全面崩溃。因此,对于帅旗的保护,便成为军中一件极其重要的事。只有身强力壮、勇敢忠诚的人才能够被选作保护帅旗的旗手,护旗在当时是一件十分光荣的事。三国时期有名的战将典韦,开始时在赵宠军中,便是充当牙旗手,并在护旗中充分显示出自己的才能而最终得到了曹操的重用。

护旗制度一直延续到中国近代。英国人吟在其著名的《太平天国革命亲历记》中写道:

"军中执掌旗帜的旗手颇多,都由精壮忠勇的人充任。重要统帅的旗手和高级军官的官阶同等,他们在军中所处的地位极为光荣。有些旗手是我生平所见到的最勇敢的人。"

将在旗在，旗倒将亡。作战中，敌对双方不但拼死保护自己的帅旗，而且想方设法夺取敌人的帅旗。古代战争历来以"斩将搴旗"为首功。"搴"是拔的书面用语，"搴旗"与"斩将"并列为首功，说明古时候作战对夺取敌人帅旗的人奖赏是十分丰厚的。历史上因夺旗而制胜的战例是很多的。

李广是西汉时期抗击匈奴的名将。年轻的时候，李广曾随周亚夫平定吴楚七国之乱。在一次作战中，李广奋不顾身地杀入敌人阵中，夺取敌人的帅旗而还。此举不仅动摇了敌人的军心，也极大地振奋了己方的士气，对最终的胜利产生了相当大的影响。李广也因此而名显天下。

南宋初期，岳飞随王彦抗金。一次宋军渡河到新乡（今河南境内）附近，由于金兵人多气盛，王彦不敢进击。岳飞独自率部与金兵鏖战，"夺其纛而舞"，宋军因此士气振奋，争相上前杀敌，最终大败金军，顺利攻克新乡城。五代十国时期，后唐与梁军交战。梁军中有一壮士手执帅旗，出入于阵间，无人能敌。后唐庄宗在高丘上看到这一情景时十分感叹地说："那个执旗者真是个猛士！我的将士中有谁能为我去夺取他的旗帜呢？"后唐的武将夏从简听到后，主动请战。庄宗看他长得并不十分强壮，怕有所闪失而未加同意。夏从简后来偷偷带领数骑驰入敌人阵中，奋战中夺取了梁军的帅旗并回到自己的阵中。后唐军因此振奋不已，鼓噪进战，终于大败梁军。战后，庄宗给了夏从简很多的赏赐。

帅旗一般只具象征性的意义，但在特殊的情况下，也会用来指挥作战。

唐肃宗乾元二年（公元759年）十月，唐天下兵马元帅李光弼防守河阳（今河南孟州市南），与史思明叛军周挚部对峙。在众寡悬殊、形势相当严峻的情况下，李光弼决心破釜沉舟，与敌决战。他首先召集部众，对大家说："战争自古以来都是一件关系生死存亡的危险事。我是国家的三公之一，不可以死在叛贼的手中。万一作战不利，诸位只管向前杀敌，战死于阵前。到那时我会在这里自刭，不会只让大家去死的。"接着，他下达命令说："你们看着我的帅旗进行作战，如果帅旗摇动缓慢，听任你们选择有利地形，灵活应战；如果我多次急速摇动帅旗，则要万众齐心，一齐拼死杀入敌阵，稍有退却者立刻斩首！"众将齐声应诺。

作战开始，惨烈空前。在两方成胶着状态时，李光弼突然连连急挥帅旗，唐军将士见状拼死前冲，杀声震天动地。叛军为之气慑，终于大败而逃。胡三省在注解《资治通鉴》时评论说："河阳之战，真为确斗。非李光弼督诸将致死，不足以决胜。"

（三）韩信易帜破赵军

中国历史上战将如云，群星璀璨。谁是群星中的巨星呢？历史上公认的有两位，一个是战国时期秦国的名将白起，另一个便是西汉开国名将韩信，二人合称"韩

·军事通信·

图文珍藏版

白"。韩信后于白起数十年而位列于前，足见人们对韩信指挥艺术的推崇。发生于汉王三年（公元前204年）的井陉之战，便是韩信的杰作之一。

当时楚汉两军主力相持于荥阳、成皋（今河南荥阳汜水镇）一带，韩信奉命率部分兵力北上，开辟新的战场。井陉之战前，韩信先是木罂渡黄河，采取声东击西的办法，一举击破魏军，俘魏王豹，接着又破代国，生擒代相夏说于阏与（今山西和顺西）。

然而，尽管韩信连连获胜，但新编组成的军队经过训练后却被刘邦调往了荥阳主战场，因此韩信北上攻赵时，兵力依旧是原来的几万人马。可是这时的赵国却组织了20万大军，由将军陈馀率领，屯驻于井陉口（今河北井陉东），准备与汉军决战。

赵国有个谋士叫李左车，他向陈馀建议说，井陉地势险要，道路难行，汉军的辎重肯定留在后面，因此主力应该坚壁不出，而由他自己率三万人马切断汉军的补给线，这样不出十天，汉军便会溃败。但是将军陈馀却是一个十分迂腐的人，他自称义兵不用诈谋奇计，又说汉军名曰数万，其实不过几千兵马，只有力战胜之，才能震慑诸侯，故而对李左车的建议置之不理。

韩信在进军途中得知这一消息后，心中大喜，立即下令全军急速前进。

两军对垒，韩信先是派两千轻骑从小路迂回到赵军大营附近，然后自率主力，列背水阵向赵军挑战。陈馀看到韩信布阵情况后，武断地认为韩信徒有虚名，根本就不会用兵，因此起了轻敌之心。作战开始，汉军佯败退却，丢弃了不少旗鼓。陈馀见状，以为大胜在即，于是空壁倾营而出，欲一举歼灭汉军，生擒韩信。汉军至河边已无退路，乃拼死反击。这时，预先埋伏好的二千汉军立即冲入赵军的大营，"拔赵旗，立汉赤帜"。赵军将士久战不胜，蓦然回首之际，发现自己的大营内一片红色，树的全是汉军的旗帜，顿时人心大乱，四散而逃，自相践踏而死者不计其数。汉军乘势夹击，杀陈馀，俘赵王歇，大获全胜。

关于井陉之战韩信取胜的原因，后人津津乐道的是他列背水阵，"置之死地而后生"，从而极大地激发出了全军将士拼死求生的本能。对此韩信事后向诸将解释时也是这样说的。这无疑是正确的。但另一条重要的原因则不怎么为人注意了，那便是韩信派人拔旗易帜，严重动摇了赵军的军心，从而达到了出奇制胜的目的。否则，即使汉军将士再勇敢，要通过力战打败数倍于己的敌人，也是十分困难的。

（四）将军扬威旗幡舞

帅旗既是全军的象征，更代表着主帅的威名。正因为如此，一些将帅便习惯于把自己的名字书于帅旗上。这一情况始于战国时期，《墨子·旗帜》载："建旗其署，令皆明白知之，曰某子旗。"对于一些威名赫赫的将帅来说，他的帅旗不仅能起到振奋军心的作用,而且能够威震敌胆。

南宋名将岳飞的帅旗,"以红罗为帜,上刺岳字"。岳家军在中原屡破金军,威名远播,使金人发出了"撼山易,撼岳家军难"的感叹!火红的"岳"字旗作为岳家军的标志,令金兵为之丧胆,远远望见便立即逃走。

从抗金起义起家后又纳入南宋编制的魏胜,虽没有岳飞的名气大,但在山东一带却是有名的抗金英雄,以敢打硬仗著称。他的帅旗上绣着"山东魏胜"四个大字,金兵望见后便不敢上前交战。后来,他便制造了十几面这样的旗帜,秘密交给部将。与敌人相遇时,若众寡悬殊,难以取胜,便打出绣有"山东魏胜"的旗帜,金兵慑于威名,每每避战而逃。

曲端是宋高宗时期川、陕一带的抗金名将,当时任前军都统制,曾数败金军,威名远著。后来,由于受人诬告,曲端无故而被贬,不得不离开了军队。建炎四年(1130 年)秋,南宋与金战于富平,宋军的前线最高指挥官、川陕宣抚使张浚为壮大声威、震慑敌军,"乃伪立前军都统制曲端旗以惧之"。遗憾的是,由于宋将指挥无能,又不采纳熟悉陕川战事的名将吴玠的建议,结果作战以失败而告终。

其实不只是官方将领的帅旗,农民起义军领袖的帅旗也同样具有威慑作用。明末农民起义领袖李自成的"闯"字旗,便令明军胆寒,避之唯恐不及。姚雪垠在其长篇历史小说《李自成》中对"闯"字旗威震敌胆的描述,虽未见有事实根据,但却是符合历史情况的合理虚构。

(五)闲论金鼓

鼓与金都是传统的打击乐器,共鸣效果极好,鼓声激越雄壮,金音清脆响亮,二者均可及远,因此很早地便被用于指挥作战,即所谓"言不相闻,故为金鼓"。

《太平御览》卷五八二引《帝王世纪》载:"黄帝杀夔,以其皮为鼓。"这就是说,早在黄帝战蚩尤的涿鹿之战中,鼓便被运用于战争了。其实在兽皮鼓出现以前,还有更古老的鼓。据《礼记·明堂位》记载,早在传说中的"伊耆氏"之时,便出现了"土鼓",也就是陶制的鼓,可见鼓乃是我国最古老的乐器之一。至于这种"土鼓"是否有军事用途,便不得而知了。从一般的推测来看,鼓在运用于战争之前,更多的是运用于狩猎,其指挥功能也是从狩猎中演化而来的。

《初学记》卷十六《鼓》引《三礼》载:"夏后脚鼓,殷人楹鼓,周人悬鼓。"我国最早的文字——甲骨文中,已经出现了"鼓"字和象征鼓声的"彭"字。这说明至晚在商朝,鼓已普遍使用。周代时,已设置有专门管理制鼓、击鼓的官职——"鼓人"。战鼓也从一般作为乐器的鼓中分离出来,形成专门的规格,并在军事上得到普遍的运用,即《周礼·地官·鼓人》中所说的"军动则鼓其众"。

先秦以后,鼓的形制再无大的变化。尽管历代都出现不少鼓的名称,但主要是

·军事通信·

图文珍藏版

大小、材料、纹饰有所变化，形制上则与以往相同，用途上也没有多大的差别。

金的本义是铜，在先秦时期一直如此，直到汉以后才发生变化，用来指现在的金属——金。在我国的奴隶制社会时期，青铜是制作各种酒器、食器、兵器和乐器的主要原料，青铜制品也代表了当时手工业的最高水平，因此我国历史上的奴隶制文明通常也称为"青铜文明"，这一时期则称为"青铜时代"。

青铜乐器除编钟可用来演奏乐曲外，其他的如钲、铎、铙、钟等往往单独使用，在乐队中起加强节奏的作用，同时也用作乐曲的收尾。当金用于战阵时，也同样起着"节"与"止"的作用。《周礼·夏官·大司马》所说的"鸣铙且却"，就是明证。

秦汉以后，这类总称为"金"的乐器依然作为听觉讯号的器物用于军队的指挥，只是所用的种类日渐减少，保留下来的主要是钲与铙两种。后来，又增设了两种。一种是产生于南方的锣，至唐宋时逐渐传遍全国，并广泛运用于军队指挥，如人们一般所说的"鸣金收兵"，便主要是指击钲与锣而言。另一种是兼作煮饭炊具的刁斗，又名"金柝"，打击时亦可作为军中的信号使用。著名的《木兰诗》中便有"朔气传金柝"的句子，借"金柝"来表示战争。杜甫《夏夜叹》中也有"竟夕击刁斗，喧声连万方"的诗句。

与金鼓同作为听觉讯号用于军队指挥的，还有号角、唢呐、号炮等。

号角是以动物的角制成的吹奏乐器，也有以竹、木、金属仿其形制而制造的。它原产于西羌少数民族地区，汉代时传入中原，并开始在军中广为使用。

唢呐来自西亚一带，金元时期传入我国，至明代时开始在军中广为使用。

炮是火药运用于军事以后的产物，靠其巨大的声响来传达军事命令，在明清时期运用相当广泛。

这些听觉器物作为金鼓的辅助手段，共同组成了军队的听觉指挥系统。

从一般意义上讲，金鼓运用于战阵时，鼓声代表着前进，金声则代表着停止或退却，其他器物则配合金鼓使用，传达一定的信号。春秋末期，齐国与吴、鲁联军战于艾陵（今山东莱芜东北），齐将陈书为表示决一死战的决心，曾说："此行也，吾闻鼓而已，不闻金矣。"杜预注说："鼓以进军，金以退军。"

至于金鼓等听觉信号所传递的更详细的指挥命令，我们将在后文做详细的介绍。

（六）援枹而鼓忘其身

齐景公十八年（公元前530年），晋、燕联合出兵伐齐，齐军连战皆负，形势危急。在宰相晏婴的推荐下，田穰苴（因后来官至司马，故又称司马穰苴）临危受命，担负起抗击敌军、保卫国家的重任。

大军出发前，他痛斥无故迟到的景公宠臣、监军庄贾说：

"将帅接受任务之日就应该忘掉自己的家庭,置身于军队就应该受军纪的严格约束,击鼓指挥军队作战之时就应该忘记自身的存在。如今敌军深入我们的国境,举国上下惊恐骚动,广大士卒风餐露宿于边境地区,我们的国君为此寝食不安,老百姓的命运,都掌握在将帅的手中,怎么能因为亲友的相送而耽误时间呢?"

遂置景公的命令于不顾,依照军令,将庄贾斩首示众。齐军为之肃然。

晋、燕联军听到消息后也大为震动,知道司马穰苴善于用兵且勇敢无比,于是主动撤退。司马穰苴率齐军追击,尽复失地。

鼓声是前进的命令,更起着鼓舞士气的作用。凡战,鼓声震天则能激发斗志,使全军上下团结向前,奋勇杀敌。若鼓声停止,则表示主将被擒或被杀,不仅指挥命令中断,同时也使士气低落,人心涣散。因此,就要求将帅具有援枹(同"桴",鼓槌)而忘其身的精神,在手执鼓槌击鼓时将自己的安危置之度外,这样才能指挥军队取得作战的胜利。在中国历史上,奋不顾身地击鼓指挥并取得胜利的例子是不胜枚举的。

公元前591年,晋国为振兴霸业,发兵攻齐。两军大战于鞍(今济南西北)。激战中,晋军主帅郤克负伤,鲜血流到鞋上,但仍然击鼓指挥,鼓声不断。为他驾驶战车的解张被箭射穿了手和肘,左边车轮被血染成了黑红色,仍然忍痛驾车。

解张对郤克说:"军队的耳目在于旗鼓,前进后退都要听从它。只要你主帅坐镇指挥,战事必能成功。切不可因为伤痛而败坏国君的大事。身披盔甲,手执武器,本来就是要效死沙场的。"

后来,解张看到郤克渐渐不支,鼓声变弱时,便左手握着马缰,右手代郤克击鼓。晋军受到鼓舞,奋勇拼杀,大败齐军。

公元前577年,晋、楚大战于鄢陵(今河南鄢陵西北)。当时的战况异常激烈,楚将子重坚持击鼓指挥军队作战,从早晨直到黄昏。最后的作战虽以楚军的失败而告终,但子重援枹而忘身的精神仍给人们留下了深刻的印象。

公元前493年,齐与郑联合攻晋,两军战于铁(今河南濮阳北)。晋将赵简子(即赵鞅)遭到郑军的袭击,身受重伤,"伏弢呕血",仍坚持指挥,"鼓音不衰"。将士因此士气振奋,大败郑军,缴获粮车千乘。

击鼓坚持指挥是为将的责任,也是军队获得胜利的重要保证。所以《荀子·议兵篇》明确地说"将死鼓",即将领应死在击鼓过程中,至死也不能离开指挥岗位。援枹击鼓而忘其身,成为衡量优秀将领的一条重要标准。

(七)梁红玉擂鼓战金山

熟悉京剧的读者,对梁红玉擂鼓战金山的故事一定不会陌生。其实这一剧目并不是虚构的,而是根据真实的历史故事改编而成的。

宋建炎三年（1129年）十月，金完颜宗弼（即金兀术）率大军南下，分两路渡江攻宋。东路由和州（今安徽和县）渡江攻浙江，西路由黄州（今湖北黄冈）渡江攻江西。

西路军攻寿春（安徽寿县）掠光州（河南潢川），击破宋张用军，进陷黄州后乘小船渡江南下。宋将刘光世无备而逃，金军遂连破江西诸郡，复引兵趋湖南，陷潭州（今湖南长沙市）。然而撤军途中，在河南宝丰县宋村遭到宋将牛皋的阻击，损失惨重。

东路军由完颜宗弼亲自率领，攻陷滁州、和州后，由和州马家渡渡江南下。南宋方面集结十七将三万余人进行抗击。在这次作战中岳飞崭露头角，他在其他各部均已溃败的情况下

梁红玉擂鼓战金山

孤军奋战，杀敌数千人，最后在既无粮草、又无救兵的情况下，退守钟山（今南京紫金山），牵制敌人。

建炎四年三月，金军满载抢劫而来的金银财宝，撤至平江（今江苏苏州）一带。然而，宋将韩世忠已率八千水军屯于镇江焦山，截断了金军渡江北归的去路。入夜，完颜宗弼到镇江金山龙王庙附近侦察地形，准备由此渡江北归，结果遇到韩世忠伏兵的袭击，几乎被俘。

第二天，两军在江中大战。韩世忠亲率将士与敌接战，他的夫人梁红玉则登上指挥舰的高台，击鼓指挥战斗。激越的鼓声不仅准确地传达出作战命令，而且极大地振奋了将士的士气。宋军将士争先奋战，按着指挥命令不间断地向敌舰发起攻击。韩世忠率领的战舰则根据梁红玉旗之所示，直冲完颜宗弼的座船。金兵由此大乱，激战中，完颜宗弼的女婿龙虎大王被宋军生擒活捉。

完颜宗弼作战失利，渡江不成，便下令沿长江南岸西上，准备伺机偷渡。梁红玉立即以旗鼓发出命令，指挥宋军沿北岸西上截击。金军数次抢渡，均告失败，结果被逼入了死港黄天荡中，陷入进退无路的境地。后来，经乡人引导，金军于一夜之间挖通了三十里的老鹳河故道，才通入秦淮河，避免了被困死的命运。

在向建康进军的途中，金军又被岳飞所部袭击于新城（今江苏江宁西北）。此战岳家军仅有骑兵三百，步卒三千，却斩敌三千多人，俘一千多，获辎重甚多。完颜宗弼遭此重创，不敢在建康久留，遂放火烧城，再引兵回黄天荡，准备渡江。韩世忠再次陈兵北岸，截击金军。完颜宗弼数次抢渡不成，遂改用火箭射击宋军，然后乘

宋舰起火,才乘机逃到了江北。

金山之战,完颜宗弼被困达四十八天,几乎丧命于江南,这是他对宋用兵以来的首次惨败,给他留下了极其深刻的印象。此后,终其一生,再未敢渡江南下。

(八)决胜于旗鼓之间

《尉缭子·武议第八》中讲了这样一个故事。战国初期,魏国的将军吴起在一次作战前,有人递给他一把剑来防身。吴起不接剑,说道:

"将领的责任便是挥旗击鼓指挥作战。面临危险时决疑断难,果断指挥作战,这是将军要做的。执剑在手,冲锋杀敌,并不是将军要做的事。"

旗鼓代表着命令,因此它的权威是不容怀疑、不容挑战的。特别是在冷兵器时代,由于作战主要依靠密集队形,通过发挥军队整体的威力来获取胜利。因此利用旗鼓来达到军队行动统一便显得尤为重要。对旗鼓权威地位的挑战,是任何一支军队都不能容忍的。

有一次,吴起率军与秦国交战。作战命令尚未下达,有一个人便奋勇杀入敌人阵中,斩了两个敌军士卒的首级后返回本阵。吴起马上下令将这个违反军令、擅自行动的士卒斩首示众。当时,有部下劝阻说:"这是一个作战勇敢的有才能的人,不能斩啊!"吴起说:"他确实是一个有才能的人,却没有听从我的指挥命令。"最终还是把这人斩首了。

对于旗鼓的权威性,吴起曾有如下的论述:"夫鼙鼓金铎,所以威耳;旌旗麾帜,所以威目;禁令刑罚,所以威心。耳威于声,不可不清;目威于色,不可不明;心威于刑,不可不严。三者不立,虽有其国,必败于敌。故曰:将之所麾,莫不从移;将之所指,莫不前死。"对此,戚继光在其《纪效新书·耳目篇第二》中说的更加明确:

"你们的耳只听金鼓,眼只看旗帜,夜看高招双灯。如某色旗帜点动,便是某营兵收拾听候号令。行营出战,不许听人口说的言语擅起擅动。若旗帜金鼓不动,就是主将口说要如何,也不许依从;就是天神来口说要如何,也不许依从。只是一味看旗鼓号令,兵看各营把总的,把总看中军的。

如擂鼓该进,就是前面有水有火,若擂鼓不止,便往水里火里,也要前去。如鸣金该退,就是前面有金山银山,若金鸣不止,也要依令退回。

若是这等大家共作一个眼,共作一个耳,共作一个心,有何贼不杀,何功不可立!"

那么,将帅是如何使用旌旗金鼓来实施指挥的呢?吴子所说的"凡战之法,昼以旌旗幡麾为节,夜以金鼓笳笛为节。麾左而左,麾右而右。鼓之则进,金之则止",只是就最基本的情况而言,实际作战所要传达的命令,显然要复杂得多,这就需要有很多的细则,才能将复杂的命令通过旗鼓准确地传达给全军将士。

·军事通信·

图文珍藏版

应该指出,不同的时代,不同的将领,其旌旗金鼓所表示的命令也有相应的变化。在这里我们只能介绍一下普遍的情况,至于具体的情况,有兴趣的读者可以自行查阅相关的资料,这里就不一一介绍了。

就视觉信号而言,旗帜和灯火本身便具有不同的颜色的形状,再加上挥动的手法各种各样,由此便构成了复杂的命令系统。现在我们以五军阵为例加以说明。

在中国古代的编制中,一般以五五制为单位结构,部分也出现三五制的结构。其中,每一级单位,都有自己相应颜色的旗帜为标识。一般而言,红、黑、蓝、黄、白分别代表前、后、左、中、右。下一级单位,则以不同的镶边来区分。在中军大旗的周围,设有与各部相应的五色旗帜。主将若传令于某支军队,便树起与这支军队相应颜色的旗帜,受令部队见到旗号后,也树立本部旗帜,称作"应旗",本部全体官兵应立即做好准备,等待命令。以此类推,将令便一级一级地传递下去。如果要向全军下达命令,则五色旗全部竖起,各部均要"应旗",进入待命状态。

指挥旗帜有树、点、磨、偃多种手法。树,正如前面所言,是要求相应的部队进行待命状态,听候命令;点,是指旗帜向某一方向摇动,要求相应的部队向该方向前进或攻击;磨,指旗帜做旋转状挥舞,要求相应的部队改变方向,转身行动;偃,即放倒旗帜,要求相应的部队进入隐蔽状态。

部队前进时,前哨配备高招(一种旗杆很高的旗)一副,五色小旗一副,用以向中军传递情报并接受命令。如遇见树林则举蓝旗,水泽举黑旗,发现敌人兵马举白旗,高山险阻举黄旗,烟火举红旗。如果前进无阻,便以高招旗报告道路情况,其含义是:举一面旗时,表示道路狭窄,只能单列行军。举二面、三面、四面,分别表示道路情况可供二列、三列、四列行军。若五面旗皆举,则表示道路宽阔,全军可以自由行军。发现敌人时,还要具体报告敌情,其方法是采取磨旗的办法,敌众则磨蓝旗,敌少则磨白旗,敌急则磨红旗,敌缓则磨黄旗,已无路可行非接战不可则磨黑旗。磨旗的方向,表示敌人所来的方向。中军接着汇报后,根据情况定下决心,然后发出应敌的命令。

夜间用灯,与旌旗的情况相类似,只不过由于其形制和手法的限制,传递的信号相对要简单一些。

旗的指挥功能到今天依然没有完全丧失。在炮兵部队,由于炮声轰鸣,无法听清口令,所以仍然用旗来进行指挥。海军舰队中,以旗语来传递信息、实施指挥也是很常用的手段。旗之作为通信指挥工具,可谓渊远而流长。

与旗帜相似,击鼓也有许多变化。《司马法·严位》将战鼓分为七种,即"鼓旌旗、鼓车、鼓马、鼓徒、鼓兵、鼓首、鼓脚"。我们现在所能知道的,只是这七种鼓的作用分别是:指挥旌旗开合,指挥兵车、骑兵、步兵前进,指挥兵器使用,指挥队形和军队的起坐(当时的战术动作之一)行动,至于具体的鼓点如何分别,已经不得而知了。一般而言,擂鼓表示前进,鼓声急便要急速进军,鼓声缓则速度放慢,如鼓声不止便是要展开攻击。

《吴子兵法·治兵》:"一鼓整兵,二鼓习陈(同阵),三鼓趋食,四鼓严办,五鼓就行。"这显示是指平时的训练而言的。及至战阵指挥,情况自然要复杂得多。遗憾的是,由于资料缺乏,我们已经难道其详了。

鼓的指挥功能在先秦以后有所退化,除了击鼓进军外,已难看到更多的变化。当时只作为停止或撤军信号的金类听觉器物,变化则越来越复杂,成为主要的指挥手段之一。

我们通常所说的"鸣金而退",只是金作为指挥信号最常见的一种。一般情况是,鸣金一声,停止行动;鸣二声,各自退回原处,鸣三声,转身向反方向前进。

此外,金类器物根据吹奏时音节的长短、发声次数的不同等,再与号角、号炮等相配合,可以形成相当复杂的命令系统。

在此,我们以明代戚家军为例加以说明。

凡吹唢呐,是集合各营将到中军议事,商量军务;

凡吹喇叭,第一次要是通知火兵做饭,其他人员收拾武器行装,第二次开饭,第三次出发;凡吹"天鹅声"(即喇叭吹出长声),是要士卒齐声呐喊;

凡吹"摆队伍声"(原文如此,具体如何吹奏不明),所有车、步、骑兵一齐停止,原地展开队形,列阵准备迎敌;

凡吹长声喇叭,同时放铳(这里指用作号炮的火铳)一次,磨旗,表示军队要改变行进的方向,各部队看磨旗所示的方位,调整前进的方向;

凡吹哱罗,是要休息中的士卒起身,再吹一次,则骑兵上马,车兵附车,步兵操起武器站立整齐;

凡列队以后吹喇叭,是要部队稍事休息,再吹时,车、步、骑兵要一字列开阵形,准备作战;

凡打锣,是要骑兵下马,车兵下车,再打时,是要全体将士就地休息;

下营后竖黄旗,擂鼓,是要士卒出营汲水、砍柴、放马;

凡打钹,是要士卒归队,再打时,是要小队变大队。

由此可见,金类听觉指挥系统在军队指挥中确实发挥着相当重要的作用。这一指挥手段,一直到现代军队中依然保留着,最常用的便是大家都熟知的军号。红军建立后,曾创造了一套与国民党军截然不同的司号命令系统,使得很长一段时间内,我军对国民党军的军号所表达的含义了如指掌,而国民党军对我军的军号则一无所知,这对于我军取得"反围剿"作战和红军长征的胜利发挥了重要的作用。

号炮分多种类型,比较复杂,戚继光做了如下介绍:

"升帐炮三举即鸣金,大吹打。

升旗炮　一举即擂鼓,鸣锣,升旗。

肃静炮　入场发放后,三举要肃静,听下营。

呐喊炮　每一举,喇叭吹天鹅一声,呐喊一声。常时三举止,临阵不拘,金鸣乃止。

开营炮　一举即听,点鼓便开营行。

分合炮　一路一举;欲分几路,为几举,无定数。举毕看旗帜,依数分之。合营同。

闭营炮　三举即大吹打,闭营门。

定更炮　遇夜,擂鼓毕,一举,喇叭吹天鹅声。

变令炮　凡正行之间,欲别更号令,隔远恐失视,故先举炮。闻炮,前令即止。专心倾耳,听新起何令,照行。"

由此可以看出,利用这套复杂的旌旗金鼓系统,将领确实可以将命令及时、准确地下达给部队执行。戚继光曾说过:"古今名将用兵,未有无节制号令,不用金鼓旗幡而浪战百胜者。"

正是依靠旗鼓的指挥,历代将帅才能保证军队的行动统一,进而获得作战的胜利。

四、兵符阴书

(一)符节趣事

符节的出现,可以追溯到传说中的三皇五帝时期。《史记7·五帝本帝》中便有黄帝"合符釜山"的记载,反映了原始时期的"合符"制度。

符节起源于古老的契刻记事,是文字产生前将某些特殊的符号刻于竹木之上作为标志或象征,当将其剖为两半,各执其一时,便成为信物。随着战争的发展,这一方法被用于军队,便成为后来各式各样的兵符。

有文献可考的最早的符节,是周代用玉制作而成的牙璋。《周礼·春官·典瑞》中有这样的记载:"牙璋以起军礼,以治兵守。"郑司家注:"以牙璋发兵,若今时以铜符发兵。"后来,符不再用玉来制作,一般改为铜制,上面写着相关的文字,剖而为二,由朝廷和出征的战将各执其一。当朝廷需要调动军队时,使者必须持符前往,用以表明自己的确实身份,将军通过"合符"验明无误时,才接受调兵的命令。由于这种兵符大多制成虎的形状,故又称作"虎符"。考古发现的新郪虎符,是战国晚期秦国的铜制兵符,上面记有如下一段文字:

甲兵之符,右在王,左在新郫(地名,为秦新攻占的魏地)。凡兴士被(同"披")甲,用兵五十人以上,必会王符,乃敢行之。燔燧事,虽毋会符,行殴。

这段铭文清楚地说明,除有烽火报警的特殊情况外,凡调兵达到五十人以上者,都必须以兵符作凭证,不合乎者一概不能发兵。可见,兵符作为调兵的信物,在当时的军事活动中占有十分重要的地位。

除了国君与将军之间所用的虎符外,军队内部的上下级之间也有信符。《墨子·号令》载:"大将使人行守,操信符。信不合及号不相应者,伯长(即百夫长,军队中的基层官吏)以上辄止之,以闻大将。"这类符的实物现在已经看不到了,由于《庄子》中有"焚符破玺"的说法,估计应该是竹木制成的。

除了符之外,分而执之以为信物的还有节。《周礼·地官·掌节》记载了很多种节,如玉节、旌节、角节、虎节、龙节等。《墨子·旗帜》载:"五兵各有旗,节各有办。""办"字通"判",即为剖开之意。与符相比较,节的用途相对广泛一些,从军事的角度看,主要是外出执行重要公务时的凭证,也可作为机要通信的标志或授予权力的象征。从出土的楚怀王六年(公元前323年)发给鄂君的节来看,节和符一样,一般也书有文字,写明持节者的权限或使用规定等。

符节盛行于先秦时期。秦汉以后,节便只作为权力的象征,其通信功能已基本消失。

东汉时期,曾一度废用虎符,"但以玺书发兵,亡有虎符之信"。时人杜诗上疏请求恢复虎符的使用,说:

"臣闻兵者国之凶器,圣人所慎。旧制发兵,皆以虎符,其余征调,竹使而已。符第合会,取为大信,所以明著国命,敛持威重也。间者发兵,但用玺书,或以诏令,如有奸人诈伪,无由知觉。愚以为军旅尚兴,贼虏未殄,征兵郡国,宜有重慎,可立虎符,以绝奸端。"

杜诗的建议得到东汉统治者的重视,合乎制度旋即得以恢复。

唐代时,为避高祖李渊祖父李虎之讳,虎符而改成鱼符。但这仅仅是名称和形制的变化而已,其用途则与以往完全相同。

中国历史上的符节,由于时代的不同,形制、质地的变化,出现了许许多多的名称,诸如传、玺书、契、柴、传符、橄牌、牌符、令箭、信牌、驿符、堪合火牌等。当然,最常用也最有代表性的,还是虎符。

(二)信陵君窃符救赵

公元前260年,秦与赵之间进行了一场空前规模的大战——长平之战。赵军四十余万将士在这一役中丧亡殆尽,实力遭到极大地削弱。至此,山东六国中再没有任何一国能与秦抗衡了,秦翦灭六国、统一天下,已呈现出明显的趋势。

两年后,秦以王陵为将,率军进攻赵国,兵围赵都邯郸(今河北邯郸西),企图一举灭赵,翦除统一路上最大的障碍。赵军奋起抵抗,给秦军以很大杀伤。不久,秦军增兵,又以郑安平为将代替王陵指挥秦军。在秦军的猛烈进攻下,赵军渐感不支,不得不派人向魏、楚等国求救。

魏王虽决定出兵,但又害怕秦国。秦王派使者来到了魏国,威胁说如果魏军救赵,灭赵后下一个目标就是魏国。魏王于是命令将军晋鄙屯兵于汤阴(今河南境内),静观形势的变化。赵国的平原君赵胜是"战国四公子"之一,是魏国信陵君的姐夫。他一面写信给信陵君,要求他劝说魏王火速进兵,一面亲自赴楚国求救。

平原君在门客毛遂的陪同下,赴楚求救。起初,楚王因害怕秦国不肯出兵。等在殿外的毛遂于是上殿见楚王,向他陈说唇亡齿寒的道理,终于使楚国同意出兵,派春申君黄歇为将以救赵。

信陵君一直是主张出兵救赵的。接到平原君的信后,他立即去见魏王,要求诏令晋鄙火速进军。但魏王因害怕秦国的报复,迟迟不肯下达进军的命令。信陵君见魏王不听自己的建议,心急如焚。他坚持救赵,一方面是出于与平原君的私交,更主要的则是考虑到魏国自身的安全。如果秦国灭赵,唇亡齿寒,魏国便迟早会步赵国的后尘。魏国只有与赵国联合起来,才有可能抵御秦国。可惜的是,魏王虽然认识到这一点,可是害怕秦国,故令晋鄙持观望态度,如形势有利则进军,不利则不至于得罪秦国。

这时候,信陵君的门客再次发挥了作用。有一个叫侯嬴的门客向他献上了"窃符救赵"的妙计。原来,信陵君曾有大恩于魏王的宠妃如姬,于是便利用这一点使她盗取了魏王的调兵虎符。信陵君得到虎符后,连夜率门客驰往汤阴魏军军营,面见晋鄙,说奉命来接替晋鄙为将,率军救赵。

兵符既合,晋鄙考虑到魏王态度的转变难以理解,故仍持怀疑态度,迟迟不办理交接手续。这时,信陵君的门客按事先约定好的计谋,取出藏于袖中的铁锤击杀晋鄙,从而使信陵君顺利地夺取了兵权。接着,信陵君召集全军将士,宣布凡父子均在军中的,父亲回国;兄弟均在军中的,哥哥回国;老弱有伤病者,也一同回国。将士素服信陵君威名,又见他关心备至,无不感激,皆欲上阵杀敌以报效。经过精简后,原来的十万人变成了八万,战斗力却比以前提高了。

这时,楚国的春申君黄歇也率军到达了新中(今河南安阳)。于是,信陵君果断下令出击,在赵、楚军的配合下,大败秦军。秦将郑安平率二万秦军降,余军皆退走。这样,信陵君通过窃取魏王的兵符,顺利夺取了兵权并取得了救赵作战的胜利。

救赵之后,信陵君因怕魏王降罪而不敢回国,于是令部将把军队带回去,自己则留在了赵国。

十年后，秦军伐魏，形势危急。魏王于是派人火速召信陵君回国。信陵君在魏国危难之际，再次挺身而出。他回国后，利用自己的威信，向各国求援，很快形成了合纵抗秦的局面。接着，他率领魏、赵、楚、韩、燕五国联军，大败秦军于河外（今山西西南部，黄河以西以北地区），追至函谷关（今河南灵宝北）而还。

这时的信陵君，不但在魏国掌握了兵权，而且也得到了各诸侯国的信任，俨然成了六国抗秦的精神领袖。此后数年间，秦国数次出兵，都在信陵君领导的诸侯联军抗击下归于失败。于是，秦国派人再施反间计，说诸侯但知有信陵君，不知有魏王，这样下去信陵君取代魏王便是早晚的事了。魏王因窃符之事，本已对他这个胞弟耿耿于怀，现在又听到这样的传言，心里更加不是滋味。不久他便借故解除了信陵君的兵权。信陵君遭此打击，终于心灰意冷，于是日夜纵情于酒色，不久便去世了。

信陵君死后，六国再未形成合纵抗秦的局面，终于为秦国各个击破，相继灭亡了。

（三）从阴符到阴书

符节是传送军事机密文件的重要方式，在我国古代的战争中曾发挥了重要的作用，但这种方式仍然不够安全。原因很简单，如果敌人劫夺了符节后假扮使者，就可能诱我入其圈套。若使者叛逃或被敌抓获后变节，情况更不堪设想。在中国历史上，因这种情况而导致严重后果的事是时有发生的。为解决这一问题，历代将帅们想了很多的办法。阴符便是其中的一种。阴符，是由符演变而来的，所不同的是，传信的使者并不掌握传递的真正内容，以此来提高军事信息的安全性和保密性。关于阴符，我们现在发现的最早的记载是《六韬·龙韬》，为了广大读者理解方便，现在我们将其译成现代汉语。

武王问太公道："率军深入到诸侯国的境内去作战，突然与敌军遭遇，情况的发展对我军也可能有利，也可能有害。我想通过捷径与前方取得联系，从国内策应外地，以对我军进行援助，应该怎么办才好？"

太公回答说："君主与将帅之间早有秘密的兵符，共分为八种：有我军获大胜、全歼敌人的兵符，其长一尺；有突破敌军、擒获敌将的兵符，其长九寸；有迫敌弃城投降、夺占敌城邑的兵符，其长八寸；有击退敌人、报知敌人远遁的兵符，其长七寸；有激励将士、誓师以坚守的兵符，其长六寸；有请求粮饷、增加兵力的兵符，其长五寸；有军队战败、将领阵亡的兵符，其长四寸；有战斗失利、士卒阵亡的兵符，其长三寸。凡是奉命传送这种兵符的，如延误时间、泄露机密，无论是听到的还是告诉的，都一律处死。这八种阴符，是君主与将帅之间严格保守秘密、暗中传送消息，不使泄露于他人，而用于中枢和出征将帅相互通报情况的最好方法。敌人就是圣人般聪明,也不能够识破。"

武王感叹地说:"您讲得真很好啊!"

从上述记载可以看出,阴符的含义是事先约定好的,属于只有收发双方知道的秘密,传送者既不知道其含义,也就不会泄露秘密了。这样,阴符即使落入敌手,也不会泄露事机的。阴符所表示的内容当不限于以上的八种,可能在不同的时代、不同的君主与将帅间会有所变化,但由于资料缺乏,我们已不能知道更加详细的情况了。

阴符较好地解决了通信保密问题,但其本身也有局限性。因为阴符所表达的内容是事先约定好的,这种固定的含义自然远远及不上战场形势的多变与复杂,符不及义的现象于是便经常发生了。为解决这一问题,于是便出现了阴书。关于阴书的最早记载同样出自《六韬·龙韬》。在此不妨将其译成现代汉语,摘录如下:

武王问太公道:"率军深入诸侯国境内去作战,君主与将帅都想集合各路兵马,机动灵活地与敌人展开作战,以夺取出敌不意的胜利。然而事情复杂多变,用兵符不能详细表达意图,彼此相距又很遥远,不可能面授机宜,你看该怎么办?"

太公回答说:"各种需要保密的计谋和重大决策的传达,应当用秘密的书信,而不用兵符。君主的意图用书信传达给将帅,将帅有事用书信请示君主。这种秘密书信应当做到'一合而再离,三发而一知'。所谓'一合而再离',就是把一封完整的书信分成三部分;'三发而一知',就是派三个人分别送出,使每个人都不了解它的全貌,只有收信人将三者合在一起才能知道书信的内容,这样的书信就叫作'阴书'。敌人就是圣人般聪明,也不能够识破书信中的秘密。"

武王说:"这太高明了!"

从记载中可以看出,阴书既具备阴符保密性好的优点,又克服了其不能传送复杂内容的缺点,应该说是一种较好的秘密军事通信方式。

阴符、阴书的记载出自战国时期的兵书《六韬》,但从现有的文献看,其运用于战争则未见记载。秦汉以后,也很难找到这方面的记载,可见这时已不会普遍使用了。汉代倒是出现了一本名为《阴符经》的著作,伪托黄帝所作,但其内容已不再是讲军事通信,而旨在阐述阴阳学说。属于道家学派的经典著作之一。

(四)蜡丸的故事

蜡丸,又名蜡书,是将秘密书信揉紧为小团,外面以蜡封裹。由于体积很小,可以藏之于衣服的夹层或发髻中,必要时甚至可以塞入肛门或置于皮下。因此,只要信使不叛变,敌人是很难发现的。

从技术的角度讲,汉以前纸张尚未发明,其用阴符、阴书,在很大程度上是通信载体体积所限。明白了这一点,对后来普遍使用蜡丸就容易理解了。

历史上，关于利用蜡丸进行秘密军事通信的例子是很多的。这里我们讲几个比较著名的故事给大家。

　　唐大历元年（公元 766 年），华州（今陕西华县）节度使周智光密谋反叛。华州到京师长安，仅一百多里，而京师附近又多为叛军势力所控制，因此当时的形势已到了十分危急的程度。

　　唐代宗皇帝得到密报后，急召郭子仪的女婿、工部侍郎赵纵，准备让他派人到河中（今山东水济蒲州镇），召令郭子仪火速发兵，保卫京师，平定叛乱。赵纵为保密起见，乃"请为腊（同'蜡'）书"。送信的童子果然顺利地穿越了叛军控制的区域，及时将召令送到了河中。

　　郭子仪接到召令后，星夜起兵，迅速抵达京城附近。华州和同州（今陕西大荔）的官吏见大军已到，怕祸及己身，于是杀死了周智光。一场蓄谋已久的叛乱，终于消弭于无形。

　　北宋与西夏作战时，名将种世衡曾作蜡书，派王嵩送给西夏的大将野利刚浪唛。蜡书本为传递秘密信息而用，种世衡则利用这一特点，挑起了西夏国君元昊与大将野利刚浪唛的猜疑。野利刚浪唛虽执王嵩见元昊，但由于猜疑已生，元昊便不再信任他，也不让他回到自己的军中。后来，宋朝因之而施招抚之计，终使元昊归顺如初。

　　北宋末年，金军南下，包围京师汴梁，"内外不相闻"。于是朝廷便招募了一批勇士，让他们"赍蜡书往南京总管司调兵赴援"。当时，为了保密起见，所有的信使都是割开大腿，将蜡书藏于肉中前往的。

　　岳飞在与金人的作战中，也用蜡书来行离间之计。当时，金人建立了以刘豫为首的傀儡政权——伪齐政权。但刘豫与金将完颜宗罕（即粘罕）交好，却与完颜宗弼（即兀术）不和。一次，岳家军抓获了一个完颜宗弼的间谍，岳飞便假装错认了人，说他是派往刘豫处送信的张斌，并责备他送信为什么久久不还！随后，便作了一封蜡书，约刘豫诱完颜宗弼于清河而杀之。然后，割开这个间谍的大腿，将蜡书藏到里面，告诫他不要泄露秘密，然后再派他给刘豫去送信。完颜宗弼见到蜡书后，果然上当。于是他上书金帝，废掉了刘豫。

（五）奇妙的矾书

　　矾是金属硫酸盐的含水结晶，当矾与胶及铁钉放在一起煮后，用之在白纸上书写，便看不到任何痕迹；而当用墨涂到白纸的背面后，所写的字迹便又全部显现出来。因此，古人就以矾作书，来传送秘密信息，称作"矾书"。这一传信方式盛行于宋代，在后世也有广泛的运用。

　　南宋孝宗年间，杨辅以敷文阁直学士，任成都知府，兼本路安抚使。他认为时任四川宣抚副使的吴曦心存异志,便写了一封信向朝廷报告。信的内容是这样的:"自昔兵帅与计臣不相统摄,故总领有报发觉察之权。今所在皆受节制,内忧不轻。"为保密起见,"因托言他事,遣人以矾书告于朝"。朝廷得到密报后,便派人设法诛杀了吴曦。金贞祐二年(1214年)七月,蒙古军鉴于金迁都汴京(今河南开封市),于是派兵进围金中都(今北京市)。不久,金右副元帅蒲察七斤率所部出降,中都形势异常危急。驻守中都的左丞相兼都元帅完颜承晖于是作矾书:"七斤既降,城中无有固志,臣虽以死守之,岂能持久?伏念一失中都,辽东、河溯皆非我有。诸军倍道来援,犹冀有济。"书成,令人送往新都汴京。后来,金廷派出的援军主力在霸州(今河北霸州市)被元军击败。完颜承晖在粮尽援绝的情况下,自杀殉职。中都遂为蒙古军占领。

金贞祐四年(1216年)十二月,蒙古军攻太原府,形势危急。宣招使乌古论礼便作矾书,派人送往京师告急。金廷得到报告后,立即派兵支援。

清康熙年间,诸皇子为扩张自己的势力,争太子之位,也多有用矾书与朝臣联系者。如康熙五十四年(1715年),二阿哥允礽通过为他的福晋治病的太医贺孟初,用矾书与普奇联络,图谋大将军之位,并联络群臣奏请立他为太子,结果事发后普奇等人皆被论罪。

(六)隐语之谜

比蜡丸、矾书更为安全的军事通信方式,是"隐语"。《武经总要后集》卷四中记载,"军政急难,不可使众知,因假物另隐语谕之"。隐语作为通信方式,与现代战争中所用的电报密码颇有相似之处。

隐语的起源很早,最早的记载出自《左传·宣公十二年》。根据《左传》原文与杜预注,当时楚国大夫还无社与申叔展曾有一段对话,因为"军中不敢正言,故谬语"。对话是这样的:

叔展曰:"有麦曲乎?"

曰:"无。"

"有山鞠穷乎?"

曰:"无。"

"河鱼服疾,奈何?"

曰:"目于眢井而拯之。"

"若为茅绖,哭,井则已。"

这段对话的目的,是申叔展教被困于泥水之中的还无社如何逃脱,因怕别人知道,故使用了隐语。遗憾的是,对于具体的内容,我们已经无法解释清楚了。

《武经总要》卷十五记载了一种称作"字验"的隐语方式,其方法是,先将军中

联络的有关事项分类编号,共四十项,依次为:

"请弓、请箭、请刀、请甲、请枪旗、请锅幕请马、请衣赐、请粮料、请草料、请车牛、请船、请攻城守具、请添兵、请移营、请进军、请退军、请固守、未见贼、见贼讫、贼多、贼少、贼相敌、贼添兵、贼移营、贼进兵、贼退军、贼固守、围得贼城、解围城、被贼围、贼围解、战不胜、战大胜、战大捷、将士投降、将士叛、士卒病、都将病、战小胜"。

上述内容及其次序,平时要求各将校熟记于心。凡作战之前,主将与各统兵将领事先进行约定,双方以一首没有重复的字的五言律诗为"字验"。若有事报告,就随意写成一封书信,将要报告事项的次序对应该诗的第几个字,然后在普通书信中的某字旁加一记号即可。主将进行回复时,也如法炮制。

有一次出征前,主将与统兵将领约定以杜甫的《春望》一诗为"字验"。全诗是这样的:"国破山河在,城春草木深。感时花溅泪,恨别鸟惊心。烽火连三月,家书抵万金。白头搔更短,浑欲不胜簪。"统兵将领在向主将汇报时,用一封普通的书信写进了"抵"和"簪"二字,并在旁边做了记号。主将收到书信后,根据二字的顺序,查出其要汇报的内容分别是第二十八项"敌固守"和第四十项"战小胜"。主将得到汇报后,也写了一封普通的信回复,里边写进了"春"与"泪"两个字,并做了记号。统兵将领以同样的方法得知了主将的命令:给你增派人马,立即移营。

由此可以看出,字验是一种高度保密的隐语通信方式,即使被敌人截获,也是无法破解的。据《宋史·舆服志六》记载,《武经总要》中记载的40字"字验"法,是符彦卿在《军律》中制定的。后来,有个叫李淑的人将其改为28字,也就是将五言律诗改成了七言绝句,其用法则完全相同。

明代中期,抗倭名将戚继光创造了一种使用范围更加广泛,与现代电报密码更为接近的隐语方式来传递军事信息。其具体办法是,先按照当时通行的"反切"拼音方法,将汉语中声母和韵母所代表的字编成两首歌,用"柳边求气低,池他争日时,莺蒙语出喜,打掌与君知"的前三句十五个字作为声母的代表,并按顺序编为号码;用"春花香,秋山开,嘉宾欢歌须金杯,孤灯光辉烧银缸。之东邻,过西桥,鸡声催初天,奇梅歪遮沟"三十六字作为韵母的代表字,也按顺序编为号码;再将当时的八个声调也按顺序进行编号。这样每三个数字为一组,声母、韵母和声调齐全,便构成了一个汉字。诸多的数字连在一起,便可以表示复杂的信息了。

有趣的是,戚继光的这种编码是以浙东的方言为基础的。由于戚家军主要招募的都是台州一带的农民和矿工,使用起来十分方便。需要通信时,远则书写,距离近时则可以用击掌代替。后来,这种隐语还在浙东民间流传很久。

我们上面介绍的隐语,无论是《武经总要》中的"字验",还是戚继光的编码,都必须经过严格的训练和事先的约定才能使用。我们在文学作品中,经常看到一些将领未经准备而使用隐语的故事,以此来突显其卓越的才智。其实这是有战争实践的基础的。《宋史·夏国传上》便记载了这样的一个例子。庆历元年（1041年），北宋名将种世衡在与西夏作战时，便曾以一枚枣、一张画龟，命人送给部将旺荣，"喻以早归之意"。这种以谐音喻义的简单、实用的通信方式，在古代战争中应该是经常使用的。遗憾的是，我们现在已经看不到更多的这方面的资料了。

隐语的运用非常广泛，即使在现代战争中也不泛这样的例子。电报密码从某种意义上说，是隐语在现代技术条件下的一种运用而已。第二次世界大战期间，美国曾组织了一批土著人，利用土著语言编排电报密码，并广泛使用于太平洋战场，结果令日本的密码破译专家束手无策，直到战争结束也找不到破解的办法。这与戚继光利用浙东方言编码实有异曲同工之妙。

五、奇异通信

（一）流水传讯

在中国古代，凡需要公开而迅速地传送军事信息时，正式的方式有烽火制度等，此外，利用水流也是常用的方式之一。一般的做法是，将所要传送的情报书写到木板之类的东西上，然后将之大量投入河流之中，顺流而下，以达到广泛传送信息的目的。

隋大业十一年（公元615年），隋炀帝杨广被突厥围困于雁门（今山西代县西）。当时，突厥兵盛且围攻甚急，形势异常严峻。为了迅速调集援军前来解围，隋炀帝除利用正常的通信手段外，还将诏书写到木板上，投之河中。这一招果然奏效，许多地方的官员就是这样得到消息，然后一面广泛传播，一面召集军队前来救驾的。不久，隋援军源源而至，雁门之围遂解。

明洪武四年（1371年），为实现统一，朱元璋派兵向割据四川的明升政权大举进攻。明军分兵两路，一路以舟师为主，由汤和率领，出瞿塘峡（今四川奉节东）进攻重庆；一路由傅友德率领，以步、骑兵为主，由秦、陇一带向成都方向进攻。

为阻止明军进攻，明升遣将以铁索横断瞿塘关口，并在铁索桥上架炮进行阻击。明舟师进攻瞿塘、夔州（今四川奉节），均告失败，汤和部主力则被阻于大溪口（四川奉节东南）不得前进，后被迫退回归州。

傅友德在陕西集中兵力后，潜出陈仓（今陕西宝鸡东南），一路进展顺利，连克阶州（今甘肃武都）、文县、青川、呆阳关（今四川平武东南），渡过白水后，在绵州（今四川绵阳）击败蜀将向大享部，兵锋直逼汉州（今四川广汉）。为使汤和了解北路进展情况，傅友德命人将书有战报的数千块木牌投入汉水（古西汉水，即今嘉陵江）。

沿江蜀将见到木牌后十分惊恐，蜀军将士斗志丧失。镇守瞿塘的蜀将戴寿得知消息后，立即率军支援汉州。而屯兵大溪口的汤和也"于江流得木牌，乃进师……乘胜捣重庆"。明升见明军兵临城下，只好出城投降。

傅友德军也逼至成都，这时传来了明升投降的消息，守将于是向傅友德投降。至此，四川遂告平定。

明天启元年（1621年）九月，四川永宁（今四川叙永）土司奢崇明奉调率兵援助辽东战场。其部将樊龙等率兵至重庆时，由于巡抚进行整编，淘汰老弱，且没有按时发放饷银，结果激起兵变。樊龙遂杀巡抚徐可求及以下府、道、总兵二十余人，占据重庆而起事。

十月，奢崇明公开叛明，立国号为大梁，并派兵攻城掠寨。四川布政使朱燮元一面积极布防，固守成都，一面令人"投木牌数百锦江，流而下"，要求各地官员，沉舟断桥，严阵以待。此举果然奏效，沿江各地的明朝官吏得到消息后，立即进行防守准备，有效地遏阻了奢崇明的进一步扩张。

朱燮元坚守成都百余日后，援兵陆续赶到。于是他组织力量实施反击，用佯退诱敌之计，火烧叛军营寨，大败敌军。随后，他联合诸部，并与土司秦良玉配合展开反攻，相继收复失地，为最终平定叛乱立下了大功。

这种水流传讯的方法，直到辛亥革命时期仍有人使用。当时，四川同盟会员龙鸣剑便将成都地区斗争情况书于木牌之上，投之锦江之中。这些木牌从锦江入岷江、长江，最远至于武汉。沿江各地的革命者得到消息后迅速行动起来，终于导致了四川保路同志军武装斗争的总爆发。当时有"纷纷水报锦江来，'同志'风潮动若雷"的诗句，以赞美此事。

（二）鸿雁传书

鸿雁传书的典故，出自西汉时期苏武牧羊的故事。苏武本是汉武帝时的使节，奉命出使匈奴。匈奴的最高首领单于很佩服他的才能，便想劝他投降，以为己用。但苏武很有气节，誓死忠于汉朝，坚决不投降匈奴。单于不甘心，便让他到北海（在今贝加尔湖）牧羊，想通过艰难的生活消磨其意志，以达到俟其臣服的目的。然而，苏武矢志不移，这一牧羊便牧了十九年。汉朝使臣每次出使匈奴，问起苏武时，单于便说苏武已死。

汉昭帝即位后，又派人出使匈奴。这时有个叫常惠的知情人便秘密会见使者，说明了苏武的真实情况，并教给了他如何营救苏武的办法。接着，使者面见单于，说汉朝皇帝在上林苑中射中了一只大雁，雁足上系着一封书信，说苏武在某一个地方。单于大惊，只好承认事实，并程放了苏武。这样，苏武终于在十九年后返回了汉朝,这时他已是两鬓斑白了。

苏武牧羊中的鸿雁传书是虚构的,但南宋时期则确实有这样一个真实的故事。元朝使者郝经因出使南宋被扣留在真州,至宋咸淳九年(1273年)时,已"南北隔绝十五年"。当时,有人送给他一只活着的大雁,郝经于是在一块帛上题了一首诗:"零落风高纵所如,归期回首是春初。上林天子援弓缴,穷海累臣有帛书",并写上自己的姓名和年月,系在大雁足上,纵之而去。

从诗中的内容看,郝经只是以汉朝鸿雁传书来自慰,并没有对此抱多大的希望。没想到,这只大雁真的被人射落,帛书也送到了元世祖忽必烈手中。这也是我们今天所能见到的唯一的鸿雁传书的真实记载。

事实上,鸿雁并不具备传书的功能,只是因为苏武太有名了,人们又佩服他的气节,于是才将鸿雁作为了通信联系的象征。

(三)风筝告急

风筝,古代时又称作"木鸢""飞鸢"。《墨子·鲁问》载:"公输子削竹木为鹊,成而飞之,三日不下。"这可以说是文献记载的最早的风筝了。据说,公输般当时制造风筝的目的,是为了攻宋城之用,但到底如何用,是否用于通信,我们便难知其详了。

据宋人曾敏行《独醒杂志》卷一记载,西汉末年,陈狶在代(今河北蔚县东北)谋反,汉高祖刘邦亲自率军前往征讨。"淮阴(即淮阴侯韩信)与狶约从中应,做纸鸢以为期,谋败身戮。"这便是将风筝作为通信工具来使用了。但此事与《史记》所载不符,不知其出自何处。

梁武帝太清二年(公元548年),侯景叛乱,兵围建康(今南京市)。当时,城内外通信被切断,于是"缚鸢飞空,告急于外"。从后来援兵不断到来的情况看,此举当产生了效果,只是由于来援的梁军内部不和,最终未能平定叛乱。风筝用于军事通信的最著名的例子,发生在唐朝。唐德宗建中二年(公元781年),魏博节度使田悦起兵反唐,围攻临洺(今河北永年)。临洺守将张伾坚壁拒守,激战数月,城中食尽,士卒伤亡惨重。这时,唐河东节度使马燧、昭义节度使李抱真、神策先锋都知兵马使李晟率援军进至邯郸,由于田悦控扼险要,唐军无法与张伾取得联络。

临洺危在旦夕之际,张伾急中生智,制作了一个高达百丈的风筝,上写"三日不解,临洺士且为悦食",并乘风起时放飞。风筝飞过田悦军营时,田悦下令弓箭手射击,结果没能射落。风筝随风急飘,越过了田悦的营寨,落入马燧营中。马燧得到消息后,挥军猛攻,大败叛军。田悦兵败遁逃,临洺之围遂解。

宋绍定五年(1232年),蒙古军包围金代都城南京(即宋汴梁,今河南开封市),攻城甚急。金丞相完颜白撒也曾命令部下"于城上放纸鸢,鸢书上语,招诱胁从之人,使自拔以归"。但从后来的事态发展看,这次行动没有取得什么效果。

(四)信鸽通信

信鸽的传书功能是人尽皆知的。1984 年在四川庐州出土的汉代陶制楼房外山墙上的鸽笼,表明我国很早便开始饲养信鸽了。从现有的资料看,鸽子用于通信的最早记载是五代王仁裕的《开元天宝遗事》,其中有这样一段:"张九龄少年时,家养群鸽。每与亲知书信往来,只以书系鸽脚上,依所教之处,飞往投之。九龄目之为飞奴,时人无不惊讶。"张九龄生活于唐初,这说明,至晚在唐代,信鸽已广泛使用了。

利用信鸽于军事通信的最著名的例子,发生在北宋与西夏的好水川之战中。宋仁宗康定二年(1041 年)二月,西夏元昊进攻渭州(今甘肃平凉市),逼近怀远(今宁夏隆德东南)。宋将韩琦令任福率军一万八千人迎战,并令镇戎军(今甘肃固原)常鼎等协同进击。两军稍一接触,夏军便佯败退走。任福于是率军沿好水川(今宁夏隆德东,源出六盘山,西南流与瓦亭水会合)追击。途中发现路旁的房子边有几个银色的盒子,不禁起疑,便命人打开看一看。盒子一开,数百只带着哨子的鸽子冲天而起,在上空盘旋,一时哨声大作。早已埋伏在四周的西夏伏兵,顿时从四面八方杀出,大败宋军。原来,鸽子发出的哨声,便是西夏军发出总攻的信号。

南宋时期,还有一个纵鸽点兵的有趣故事。曲端是川陕一带抗金的著名将领,素以"纪律极严"而闻名。一次,时任川陕宣抚使的张浚来到泾原(今甘肃平凉)视察他的部队。张浚到达时,只见曲端一人迎接,手执鼓槌以军礼相见,身边并无一兵一卒。对此,张浚感到十分奇怪,说要检视军队。曲端于是将军队的名册呈上,问要检阅那一支部队。张浚心中愈加疑惑,当时也不道破,只是随便点了其中的一支部队。只见曲端回身打开鸽笼,取出一只信鸽放飞空中。很快地,张浚所点的那支部队便来到了面前。张浚觉得很有趣,于是要检阅全部五军。曲端便将五只信鸽全部放出,顷刻间,五军全部集齐,"戈甲焕灿,旗帜精明",行动井然有序,忙而不乱。检阅的结果,张浚自然十分满意。

信鸽是一种比较可靠的传信方式,直到今天,在一些通信手段相对落后的地区仍然使用着。

(五)假情报的妙用

假情报的运用是信息争夺中极为精彩的内容。前面我们提到的韩信拔帜易旗,种世衡、岳飞作蜡书离间敌人,都涉及这方面的内容。历史表明,巧妙地利用假情报,往往能达到军事手段难以达到的目的。

王莽地皇四年(公元 23 年)二月,绿林军以主力进攻宛城(今河南南阳),派王凤率领王常、刘秀等为前锋,北上进占昆阳(今河南叶县北)、定陵(今河南午阳)、郾城(今河南郾城南)等地,以保障进攻宛城的绿林军主力的安全。

五月,王莽派王邑、王寻在洛阳集结了 42 万大军,号称百万,南下进攻绿林军,准备先克昆阳,再消灭绿林军主力于宛城。

绿林军在刘秀的坚持下,决定坚守昆阳,待机破敌。具体布置是,由王凤、王常督率将士坚守昆阳,消耗敌人,刘秀等十三骑乘夜出城,到郾城、定陵一带调集兵力,然后相机破敌解围。

昆阳城虽小,却十分坚固,莽军多次进攻,均被绿林军击退,两方虽成僵持状态。不久,刘秀等率援军万余人到达。为了振奋士气,消除军中的畏敌心理,刘秀亲率千余死士出战。王邑见绿林军人少,便以数千人迎战。刘秀率军奋力冲杀,很快冲垮了敌人的阵形,又乘势突击,斩敌千人左右。初战的获胜,极大地鼓舞了绿林军的士气。

为坚定守军的决心,刘秀又假造了攻克宛城的战报,令人用箭射入城中,同时假装射失而使部分战报落入敌营中。守城的绿林军得到战报后,士气大振,守城更加坚定。而莽军久攻不下,本已疲惫不堪,又闻宛城失守,更加士气低落。

刘秀于是抓住有利时机,利用莽军士气不振、主帅轻敌的弱点,精选三千死士,迂回到城西,出其不意地渡过昆水,向王邑的大营发起冲击。王邑做梦也想不到刘秀会如此大胆,仓促应战,但经不起绿林军将士的冲击,阵形大乱,王寻在乱军中被杀,莽军指挥遂告失灵。接着,援军后续部队和守城的绿林军见敌阵大乱,也迅速投入战斗。莽军指挥失灵,乱成一团,士卒争相逃命,自相践踏而死者不计其数。王邑仅带着少数人逃回了洛阳。绿林军大破莽军,取得了重大的胜利。

此战,刘秀假造攻克宛城的战报,对于鼓舞士气、摧毁敌人的意志,并最终取得作战的胜利,起到了重要的作用。有趣的是,当时绿林军主力确实已经攻克了宛城,只是由于战报未到,他们尚不知道而已。

六、电信诞生

(一)"八百里加急"的无奈

在中国历史上,古代与近代的划分,是以鸦片战争为界的,由此可见这次战争对中国历史的影响之大。用李鸿章的话来说,鸦片战争之后的中国,所面临的是"三千年来未有之变局"。鸦片战争之后的中国所面临的是全新的对手,古老的军事通信手段已经无法适应近代战争的需要。

鸦片战争前后的中国军事通信，已经发展到了传统军事通信的最高峰。何德刚在《客座偶谈》中说："咸同之际，军务紧急，朝廷日盼军报，遇有胜仗，即用红旗报捷，飞折八百里驿递。所谓八百里者，真八百里也。驿站每遇军务时，每站必秫马以待，一闻铃声，即背鞍上马接递。其忙急至于如此。"但邮驿的信息传播速度，至此已经再无发展余地。而邮驿传播往往是从边疆到京师的长距离传播，少则上千里，多则几千里，往返所需要的时间，少则几天，多则十几天，甚至几十天。前方的军情变化是非常迅速的，而战争的一切决策都需要皇帝的圣裁，等到信息从京师反馈回来，形势早已面目全非。通信手段与通信距离之间的矛盾，在鸦片战争期间充分地暴露了出来。

鸦片战争是在南方的广东、福建和浙江、江苏发生的。当时广州到北京，若以普通速度，驿递需要约30到35天，若以"四百里加急"，需要20多天，若以"五百里加急"，需时约16到19天。极少使用的"八百里加急"，也要10天左右。因而中枢所得到的情况报告，往往是过时了的，根据这些过时了的信息所做的决策，再以同样的速度返回前线，便显得更加过时，甚至让人感到啼笑皆非，无所适从，造成了指挥上极大的混乱。

鸦片战争于1940年6月正式爆发。第一阶段的经过是这样的：英军按照事先预定的计划，以少量舰只封锁珠江口，大部分北上进犯，7月2日，英军进入厦门海面，7月3日，试图逼近厦门岛的英舰遭到厦门守军的还击，双方发生炮战后英舰退出。7月5日，英军攻下了定海。然而这样的战争过程，反映到道光皇帝那里，却是这样的。

1840年7月17日，也就是定海失陷的第12天，道光皇帝却收到了两广总督林则徐于6月中旬发出的奏折，林则徐在奏折中说，清军火烧了英国鸦片贩子的趸船和接济英船的舢艇。道光皇帝得到消息后自然十分高兴，在林则徐的折子上批了"所办可嘉之至"六个大字。此时的道光皇帝，根本就没有意识到英军已经打下了大清帝国的城池，并正在进一步扩大侵略范围。三天后，也就是7月20日，道光皇帝收到了浙江巡抚乌尔恭额于7月8日发出的奏折，称"英夷"三四千人已经在定海登陆（此时定海已经失陷15天）。道光皇帝不禁勃然大怒，因为前一段时间广东、福建的奏，讲的都是如何与英国鸦片船交战并大获全胜，道

道光皇帝

光皇帝自然就认为侵入定海的这部分"英夷"，不过就是在广东和福建被赶出来的

鸦片贩子而已。"区区小丑"根本就不值得放在眼里。所以对于浙江文武官员所表现出来的"张皇失措",他感到十分不满,在对浙江的官员进行训饬之后,他调派了福建陆路提督余步云入浙,协助攻剿这股"小丑"。

7月24日,道光皇帝再次收到乌尔恭额于7月11日从浙江发出的奏折,报告说定海已经失守,英军进逼镇海(此时定海已经失守19天)。可怜的道光皇帝总算知道定海的战情,并终于意识到进攻定海的并不是贩卖鸦片的"区区小丑",而是一支具有相当实力的军队。但道光皇帝还是信心十足。他下令闽浙总督邓廷桢、两江总督伊里布各派水师数千名援浙。在道光皇帝看来,以福建、江苏、浙江三省的兵力合在一处对付定海的英军,自然是胜算在握的。

8月1日,道光皇帝收到了林则徐于6月24日从广东发出的奏折。这道走了一个多月的奏折告诉道光皇帝,英国人又派来了9艘军舰、3艘轮船。8月3日,道光皇帝又收到林则徐于7月3日发出的奏折,林则徐告诉道光皇帝,英国人又派来了军舰10艘,轮船2艘,而且英国人有可能北上舟山、上海、天津。这显然是两份迟到的折子,本应该在定海之战就应该送到道光皇帝面前的。而现在定海之战早已经打完了。

也是在8月3日这一天,道光皇帝收到闽浙总督邓廷桢于7月16日发出的奏折,知道厦门开战获胜。道光帝十分兴奋,朱批"所办好"。

有意思的是,8月6日,道光皇帝又收到了邓廷桢的一份奏折。奏折是7月9日发出的,说厦门已经开战,自己马上到泉州指挥。

原来邓廷桢的7月16日的奏折是"红旗报捷",而7月9日的奏折是以普通速度发送,所以出现了道光帝先知道战争结果、后知道战争发生的怪事。

从这个时间表可以看出,由于驿传速度的缓慢,道光皇帝依次所得到的信息,全是已经过时了的情况,加上各地离京师距离的不同,道光帝得到的信息,在顺序也是十分混乱的:英军先到了广东(6月中旬),然后北上攻打了厦门(7月3日),尔后攻陷了定海(7月5日)。然而道光帝得到报告的顺序却是:定海失守(乌尔恭纳的奏折)、英军北上(林则徐的报告)、厦门开战(邓廷桢的奏折)。因而尽管林则徐在6月下旬和7月初即发出了英军大规模北上的警告,然而由于落后的通信手段,这一警告对于道光皇帝的决策和清军的定海防御根本没有起到作用。这一事实告诉人们,几千年来行之有效的中国传统军事通信手段,已经无法再适应新的战争形态的需要了。

(二)中国军事通信史上的重要一页

轰轰烈烈的太平天国起义,是中国历史上最大的一次农民战争。在这场长达14年的革命运动中,太平天国建立了自己的军事通信系统,在中国军事通信史上写下重要的一页。

太平天国的军事通信建设,可以追溯到太平军起义初期。在起义之初所制定的《太平条规》之中,规定"要谙熟日夜点兵鸣锣吹角擂鼓号令",以此作为行军驻营相互联络的信号。这种吹角、擂鼓的信号传递方式在太平军中一直是军事指挥的重要手段。守卫天京的时候,太平天国军队曾经设五丈高的望楼,上面置一面大鼓,一听到城外吹角报警,即立刻擂鼓,各馆将士全部起身,准备拒敌。鼓角四通,各馆牌正俱出,遵命赴战。另外,太平军还以青、红、乌、白、黄等五色旗指示敌军来犯的方向,和指挥调遣城内的兵力。

在太平天国起义的初期,一直到定都天京,全军基本上都是一起行动,文报、信息容易沟通,远距离的军事通信建设还没有提到日程上来。随着太平天国军事斗争的发展,太平军的活动范围不断扩大,尤其是 1853 年定都天京之后,又遣师北伐、西征,远至千里之外,军事文报、信息的沟通以及军队的调度、接济就成了大问题。在战争实践中,太平天国逐渐形成了一套自己的远距离通信体系,并建立起专门的军事通信机构——疏附衙。

疏附衙的总部,设于天京的汉西门,由相当于"指挥"一职的正副疏副官各一人负责。在太平天国的占领区内,沿江每隔三五十里,都设一个疏附衙,派官兵驻守。每军典官中也设疏附一人,负责文报的传递工作。各疏附衙建有文底簿和去文底簿,收发文报进行登记,并定期核对。文报都附有递文路程单,注明文报所经过的路线和到达的地点,由各疏附衙标上收、转日期和时刻。疏附衙的工作,既包括上情下达,也包括下情上达,以及左右的沟通。从性质上来说,疏附衙的职能相当于驿站。《贼情汇纂》是清军方面搜集的太平天国情报的汇集,据这份材料的记载,太平天国上情下达的军事通信是这样的:

所有政事,悉由伪侯相商议停妥,具禀于石逆(石达开),不行则寝其说,行即代杨逆(杨秀清)写成伪诰谕,差伪翼参护送杨逆头门,吏值日伪尚书挂号讫,击鼓传进,俄顷盖印发出,即由伪东参护送韦逆(韦昌辉)伪府登簿,再送至石逆处汇齐,由佐天侯发交疏附官分递各处。

太平天国的文报数量很多,据说一天之内,曾经从天京城内发出命令 300 件之多。文报传递的途径,可以分为水路、陆路两种。天京汉西门的疏附衙,竖有定风旗,备有船只数十,专门负责水路通信的任务,分别给下游的镇江、瓜洲和上游的安徽、江西、湖北等地送信。每次送信时,一般是动用三四只船,由疏附监军带队,船上配有小炮一二门,鸟枪一二根,船上插着写有"天朝疏附""监军疏附"的旗帜。船只分为上行、下行,分别规定日行里数,如下水、顺风一日应行 240 里,上水、顺风一日应行百余里,上下水、无风应行若干里,都十分详细。各船每天都要进行登记,以便查核。

太平军的陆路通信，是在占领区中设有"汛"，一般都是骑马递送。现在还保存着一张 1860 年太平天国的一张从天京发往苏福省的递文路程单，其间经过的"汛"地为："天朝——东门——麒麟门——孝陵卫——汤水汛——香塘汛——丹阳汛——吕城汛——常州塘汛——戚墅堰——洛社汛——无锡塘汛——新安汛——浒关汛——苏福省汛"，共 15 个地方。为了保证重要军情的传递，太平军设有火牌制度和云马文书制度。凡附有火牌的军事文报，必须克日限期送到，否则按军法从事。遇到了紧急情况，信件封套上还要加盖圆戳，中间刻有飞翅快马，周围刻上云彩，戳上端刻发文将领官衔，如"忠王发""保天安发"等。这样的信件一旦收到，即须立刻转递，每个时辰必须走 50 里，称为"云马文书"。但非紧急文报不得轻用。上面我们提到的信件即是"云马飞递"的文书。

由于战场条件的复杂，经常会遇到水路陆路均无法通行的情况。在这种情况下，太平军一般是派专人化装之后，携带密信穿越敌阵传递。办法是用蝇头小字，将军情写在白色的绸缎上，盖上印信后，塞进雨伞的竹柄之中，让人剃发后扮成乡民客商之类送信。有时候则是雇百姓送信，将诰谕写在黄绫上，重重包裹起来，外面做成家信的样子。对于重要文报，往往是一式两份，同时派两个人分头递送，以提高文报传递的可靠性。由于送信之人在路上要经历很多风险，所以太平军对于送信之人，往往会给予奖励。太平军北伐时，北伐军统帅林凤祥、李开芳、吉文元曾于前线将禀报交给彭福兴、张大里二人递送，历经千辛万苦，终于送抵天京。杨秀清收到后，认为这两位送信人"果是真心"，封二人为"监军"，以示褒奖。但送信人被清方识破查获的也不少。当彭福兴携带杨秀清的诰谕再回北伐前线时，就在中途被清军截获，所带文件也被清军获得。

在太平天国革命战争中，军事通信的畅通与否，对于太平军和清王朝军队都是生死攸关的，因而双方都十分注意保持自身通信的通达，并尽力断绝对方的通信联络。太平军进入安徽、江西时，清军钦差大臣向荣带兵在后尾追，钦差大臣陆建瀛带兵在前堵截。陆建瀛曾经派出信使与向荣联络，但他的信使在返回途中被太平军查获，于是太平军立即派人伪装成向荣的信使，与陆建瀛联络，约期速进。陆建瀛信以为真，立即命令所部迅速溯流而上，结果先头部队遭到太平军的痛击，剩下的清军"反棹急奔"，太平军顺利地克复九江、安庆、芜湖等地，并攻占了南京。太平军第一次西征的时候，将南昌城团团围住。曾国藩呼救无从，只好"雇募长发探卒，蜡丸细字，作为隐语，以通消息"。然而这些密使往往被太平军逻获，"其不达者十之四五"。

从太平天国的作战来看，在自己占领区的通信基本上是畅通的，但跨越敌占区的远距离通信往往被清军截断。1853 年 5 月，太平天国发起北伐。北伐军一路转战，长驱六省，直逼京畿，由于与主战场距离过远，经常无法与天京方面取得联络，因而陷入音信不通、孤军苦战的困境之中。1854年2月，太平军曾经组织北伐援军，由夏官又正丞相曾立昌、冬官副丞相许宗扬、夏官副丞相陈仕保率领，自安庆出发北上，一路进入山东，直逼临清城下，距北伐军所驻之阜城只有200里地，但由于临清作战不利，被迫南退，4月27日在撤至冠县时遇到清军袭击而全军溃散。对此情况，北伐军全然不晓，直到5月上旬，北伐军到达连镇时，才知道天京派了援军来，而且已经到达山东临清（实际北伐援军早已覆没）。于是林凤祥等人商定，由林凤祥率领主力坚守待援，由李开芳分兵一部，突围南下迎接援军。5月28日，李开芳自连镇突围，进入山东境后，才知道援军早已经于一个月之前溃败。不得已，李开芳只好派人潜回连镇，通知林凤祥不要再等援军，而应立刻南下。然而送信人被清军截获，致使林凤祥无法得到援军已经败亡的消息，因而继续按照原定计划坚守待援，以至丧失了突围的机会。

类似的情况也发生在英王陈玉成身上。安庆会战之后，陈玉成退守庐州。随后派出扶王陈德才、梁成富、赖文光等人进入河南、陕西等地，以广招人马，徐图恢复安徽。1862年2月。清军大举直逼庐州。由于陈德才等人远征在外，庐州的兵力十分单薄。加上天王洪秀全又命令陈玉成"遵诏进兵取粮"，以接济天京，陈玉成便于2月23日连续发出书信，命扶王陈德才、主将马融以及捻军首领张乐行等人，立即到庐州北乡或者是正阳关一带聚齐，以讨论调整军事部署的问题。然而这几封信全部被清军截获。此时清军已经逼近庐州城垣，陈玉成得不到陈德才等人的回音，不得已又向在天京的护王陈坤书求援，信中说"刻下郡中情形万分紧迫，诚有旦夕之虑，呼吸之间。如蒙爱我，施惠合城，千祈迅速，勿事迟延，祈宗兄准于二月底三月初即要到庐，乃能可挽"。然而这封信又一次被清军截获，未能送达陈坤书之手。陈玉成望援不至，被迫弃守庐州，至寿州时被苗沛霖诱捕遇害。

太平天国战争发生在19世纪中叶，此时的世界军事通信，正在酝酿着一场巨大的变革。在国门已经打开的情况下，古代的中国很快就感到了这场通信革命的威力。中国的军事通信，也由此出现了全新的内容。

（三）沈葆桢呼吁筹建电线

正当中国大地接连笼罩在鸦片战争和太平天国战争的硝烟中的时候，世界通信领域发生了一场划时代的革命。1837年，46岁的美国人莫尔斯，成功地制造出了世界上第一台电报机。1843年，在莫尔斯的组织下，从华盛顿到巴尔的摩之间，架设了世界上第一条长达64米的电报线。1844年，莫尔斯用自己制造的电报机在这条线路上进行了实际通报实验，并成功地发出了人类历史上的第一份电报。通信史上的一个新的时代开始了。

此后，新的发明不断地出现。1876年，出生于苏格兰的美国人贝尔发明了世界上第一台传送声音的机器——电话机。1894 年,意大利工程师马可尼发明了世界上第一台无线电收发报机。

近代通信技术的迅速传播与发展,对工业革命和资本主义的发展起了重要的作用。在殖民主义者争夺世界的过程中,先进的通信技术也成了列强对外扩张的重要工具。在西方列强加紧对华侵略的过程中,电报、电话等近代通信手段也传入了中国。1861 年,俄国首先提出要在中国京津之间架设电报线路的要求。此后,英国、美国、法国等国先后提出在华设立电报线路的要求。1865 年,英商雷诺企图在上海架设一条电报线路,但因遭到地方官员和民众的反对而没有成功。1868年,上海美商旗昌洋行擅自在美租界和法租界之间建成一条电报线路。此后,外国在华企业和机关纷纷仿效,在上海租界内架线通报。1871 年,丹麦大北电报公司敷设了一条从香港到上海的电报水线,并在吴淞设立水线房,私架陆线通往上海,于 4 月 18 日公开营业。

列强在华擅自架设电报线路,开设电信机构,完全是出于扩大对华侵略的目的,但客观上却使中国人对先进的近代通信技术有了感性的认识。在民族危机日益加深、军事和外交活动日益频繁的情况下,一些有识之士感到了近代通信技术对商业、外交与国防的巨大作用,因而提出了兴办近代通信的主张。

1866 年,随总税务司、英国人赫德出访欧洲的斌春,写下了一部著名的游记——《航海述奇》。在这部游记中,斌春记述了自己在欧洲参观电报局和在法国使用电报的活动。这也许是中国人最早亲身体验近代通信的记录。

1868 年初,著名的早期改良思想家王韬赴欧洲游历,在伦敦亲眼看到英国的铁路两旁"贯接铁线千万里,不断以电气秘机传递言语。有所欲言,则电气运线如雷电之迅,顷刻千里"。回国后,王韬写了许多文章进行宣传,并提出:"我国家近拟于各省整顿海防……然亟宜筹划者则莫如电线。"这是近代中国人第一次公开提出将近代通信手段用于军事与国防的用途。

1 873 年,华侨商人王承荣从法国回国后,与王斌制造出了我国第一台国产电报机,并呈请清政府自办电报。王承荣指出:"中国之驿站、烽火虽速,究不如外国之电报瞬息可达千里。……今某与福州王斌商造一器,专传汉字,以十六为纲,以十数为目,发则由字检号,收则由号检字,时许可拍千字,直达千余里。"可惜清政府并未采纳王承荣的建议,他和王斌所造的电报机也未传于世。

对于电报,另一位著名的早期改良思想家郑观应也曾积极提倡,并在上海购"德律风四具、军线百里,进呈醇邸(醇亲王奕譞),力辞奖叙,冀开风气之先"。郑观应还在他所著的《易言》一书中专设《论电报》一节,呼吁"电报利国利民,为当今急务"。

与此同时,一些洋务大员也认识到了电报通信十分迅捷,不但利商利民,而且便于迅速传递军情,调遣军队,于边海防建设大有裨益。1874年,南洋大臣沈葆桢鉴于日本窥犯台湾,专折上奏清政府,从军事角度陈述电报对于传递军情、巩固国防的重要作用。他说:"台湾之险,甲诸海疆,欲消息常通,断不可无电线。"建议建设福州到台湾的电报线。因当时台湾军务紧急,闽、台联系十分不便,清政府当即批准了沈葆桢的奏请。由于福建巡抚对架线意见不一致,承办方丹麦大北公司擅自架设了福州至厦门的电线,造成纠纷,闽台架线工程因而搁浅。但在大势所趋之下,清政府开始认识到电报的巨大价值,中国近代军事通信已经呼之欲出。

(四)李鸿章创办有线电报

在近代军事通信的创办与建设中,李鸿章、丁日昌等洋务大员起了重要的作用。

对于兴办近代军事通信的迫切性,李鸿章早在江苏巡抚任上就认为:"铜线费钱不多,递信极速","中国人或依照外洋机巧,自立铜线,改英语为汉语,改英字为汉字,学习既熟,传播自远,应较驿递尤速"。为了取得建立电报线路的经验,进一步用事实来说服清政府中守旧的顽固势力,1877年,时任直隶总督的李鸿章在上海和天津两地同时试设同城电报,修建了两条电报专线。第一条于1877年6月15日建成,是从上海李鸿章行辕到江南机器制造局的电报专线,当天从行辕发电至制造局,电文为"行辕正午一刻"六字。第二条于1877年6月27日建成,是自天津李鸿章的总督衙门到天津机器制造局的电报专线。这两条电报线路虽短,但却是中国自办电报线路的开端。

与此同时,在李鸿章的支持下,福建巡抚丁日昌也开始在台湾架设电线的工作。早在1875年,丁日昌即在福建船政学堂中附设了中国第一所电报学堂,培训电报技术人员。1877年,丁日昌利用赴台视事的机会,提议设立台湾电报。李鸿章完全支持丁日昌的建议。他指出:

"铁路电线二者相为表里,无事时运货便商,有事时调兵通信,功用最大。……丁日昌到台后迭次函称该处路远口多,防不胜防,非办铁路电线不能通血脉而制要害,亦无以息各国之垂涎,洵笃论也。"

不久,丁日昌又以列强觊觎台湾,催促清政府早下创办电报的决心。1877年5月8日,丁日昌制定了修建台湾电报的具体方案:"台湾南北路途遥远,文报艰难,设立电线,尤为相宜。臣现拟将省城前存陆路电线移至台湾,化无用为有用,一举两得。"这一方案很快就得以奉旨施行。台湾电报于同年8月动工,11月竣工。尽管由于经费不足,仅修成从台湾府到旗后一段,长95里,但这是中国自主修建的第一条长距离电报线路。

1879年,中俄因为伊犁交涉而关系紧张,沙俄政府在中国西部边界附近加强了兵力,并将舰队派往远东,边防海防同时告警,举国备战呼声十分强烈。为了加强军事通信,李鸿章于3月在天津鱼雷学堂教习贝德斯的协助下,架设了一条由大沽北塘海口炮台至天津间长约40公里的电线,这是中国的第一条军用电报线。

1880年9月16日,李鸿章又以电报有利于防务、便利通讯,奏请架设天津至上海的电线,以沟通南北联系。李鸿章在奏折中说:

用兵之道,必以神速为贵,是以泰西各国,于讲求枪炮之外,水路则有快轮船,陆路则有火轮车,以此用兵飞行,绝迹而数万里。海洋欲通军信,则又有电报之法。于是和则以玉帛相亲,战则以兵戎相见,海国如户庭焉。近来俄罗斯、日本均效而行之,故由各国以至上海,莫不设立电报,瞬息之间,可以互相问答。独中国文书,尚恃驿递,虽日行六百里加紧,亦已迟速悬殊。……倘遇用兵之际。彼等外国军信速于中国,利害已判若径庭。且其铁甲等项兵船,在海洋日行千余里,势必声东击西,莫可测度,全赖军报神速,相机调援。是电报实为防务之必需之物。同治十三年日本窥犯台湾,沈葆桢等屡言其利,奉旨饬办,而固循迄无成就。臣上年曾于大沽北塘海口炮台试设电报,以达天津号令,各营顷刻响应。……现自北洋以至南洋调兵馈饷,在至关紧要,亟宜设立电报以通气脉。

此时的清政府,对于电报的作用已有相当的认识,因而李鸿章的奏折两天之后即获批准。1880年10月,李鸿章在天津成立电报总局,派盛宣怀为总办。同时,在天津成立电报学堂,聘请丹麦人博尔森及克利钦生为教师,学习电学和收发报技术。1881年3月,上海电报局成立,李鸿章委任郑观应任总办。同年夏,电报线路由天津、上海两地同时开工。工程委托上海丹麦大北电报公司承造,并由大北公司向国外订购电信器材。10月28日,南北线路工程在山东境内会合。整个线路共长3075里,沿线除天津设总局外,另设紫竹林、大沽、临清、济宁、清江浦、镇江、苏州、上海共8个电报局,各局均配置莫尔斯电报机。为了管理电路,电报总局规定沿途每隔四五十里设巡电兵房,派驻汛兵。津沪两局各制编号烙印竹签75根,间一日发一根,汛兵每天巡查杆线,逐段接力传递竹签至两端局,以150天为一周期,借以检查沿线汛兵巡线值勤情况。另外由电报局派员不限时密查两次,两端局按日测量线路,发现障碍,立即通知工头前往,协同汛兵修理,以保证全线畅通。

津沪线建成之后,"南北洋消息往来,瞬息互答,实于军务、洋务大有裨助"。由于电报线路占地少,耗资低,架设简便,效益明显,所以津沪线建成之后,并没有引起朝廷顽固派的强烈反对,这使得李鸿章等洋务派人物十分乐观。1883年7月,总理衙门决定将天津的电线延伸到通州,以方便京城对外联系,李鸿章奉命筹办,于同年9月中旬建成并交付使用。其后,总理衙门又授意李鸿章将电线延伸到北京城内。其后,清政府又批准修建了苏浙闽粤线、长江线等重要线路。1884年,李鸿章又以"津沽北塘至芦台、乐亭、昌黎、山海关经营口直达旅顺,俱系北洋沿海扼要之区,已分驻水陆各军妥筹防守。惟距津道途遥远,军情瞬息易变,非有电报无以速传递而赴事机",建议修建了北塘经山海关、营口至旅顺的电线。

电报一经创办,便在军事上发挥了重要的作用。1881年津沪电线建成,次年7月,朝鲜汉城发生"壬午兵变",中国驻日公使黎庶昌得知日本乘机派兵赴朝,立即给朝廷发电,建议"速出援师,为先发制人之计"。清政府马上做出反应,及时派兵入朝,使日本侵略者未敢轻举妄动。两广总督张树声事后在一份奏折中说:"遣将调兵,处分军事,虽悬隔山海,而如指掌,则尤以电报为之枢也。……上年夏间,臣在天津遇朝鲜内乱,调集南北洋水陆各军,刻日东渡,得以迅赴事机,实赖电报灵通之力。"电报的作用,在中法战争中更充分体现了出来。就在上海电报局筹办之时,法国侵犯越南北方,进而对我国滇桂边境构成严重威胁。应越南政府的请求,清政府于1881年底开进越南北圻。由于当时电报未通,军情往返,仅广州至龙州即需月余,往往贻误军机。张树声在奏请将广州电线展延至广西龙州时说:

现在法越构兵,事关全局,宫廷宵旰,南顾为劳。凡庙算指挥传电臣处,前敌军报由臣处转电者,南北七千余里,顷刻可达。而由粤东至广西镇南关外三千数百里,发递紧报,水陆兼程,急如星火,非半月不得达,非月余不得往返。法人则已自西贡赶造电线,接至海防。往往越南战事,洋报喧传而边军文报迟之又久而始至。军情瞬息千变,似此缓不济急,常落彼族后尘,能无贻误之虑?

清政府接到张树声的建议后,派盛宣怀前往兴建广州至龙州的电线。至1884年6月,2000余里电报线路全部架通,大大加强了战场军情的传递速度,保证了北京与滇、桂驻越军队的联络迅速畅通,极大地改变了过去闭目塞听、被动挨打的局面。中法战争期间,各局电报员忠于职守,"日夜值班,刻无暇暑",沿途杆线也是随损随修,出色地完成了任务。李鸿章在为电报员工请奖时说:"将帅入告军谋,朝廷发纵指示,皆得相机立应,无少隔阂","中国自古用兵,未有如此之神速者"。

(五)有线电报网纵横全国

电报在战争中所显示的效能,使清政府上上下下进一步认清了近代通信手段对国防战备和作战指挥的巨大作用。左宗棠在任陕甘总督时,由于消息闭塞,对于发展近代通讯事业的必要性一度缺乏认识,认为"兵事之利钝,不在乎此"。调任两江总督后,他的认识有了质的飞跃。他在《筹办沿江陆路电线片》中说:"电线兴自泰西,无论水陆程途千万里,音信瞬息可通,实于军情商务大有裨益。即如法国之于越南,俄国之于珲春,日本之于朝鲜,皆设电线。盖有事呼应灵捷,无事可便商贾,故凡用兵要地,通商码头,彼族无不谋占设电线。"这位曾经对电报不屑一顾的左宗棠,建议从南京到汉口架设沿江陆线,以加强长江的防务。类似左宗棠这样的清朝官员很多,因此,中法战争之后,中国近代军事通信进入了一个迅速发展的时期。

1885 年 12 月，北洋大臣李鸿章和吉林将军希元联名奏请在吉林架设电线。李鸿章和希元在奏折中说："电线之制，始自泰西。近年来风会所趋，几遍天下。而中外之军情商务，瞬息可通。去岁法夷肇衅，借电报之力，以速戎机，此其效之已著者也。查吉林珲春地方，逼近俄疆，距省较远，驿递文报，动辄经旬，设遇边情紧急，深恐贻误时机。现在津沪电线已由营口设至奉天，如再由奉天迤东设至吉林省城，直达珲春，非特边务文报无虞梗塞，即南北消息亦较便捷。"清政府当即批准了李鸿章等人的奏折，至 1886 年 10 月，吉林电线已经从吉林延设至宁古塔，南渡牡丹江达珲春，并于 12 月投入使用。

1886 年初，会办东三省练兵大臣穆图善鉴于东三省地方广大，"边防倘有缓急，文报稽迟"，奏请在黑龙江省架设电线，以通边报而备缓急。清政府责成李鸿章筹款派员，经理其事。1887 年 10 月，黑龙江省电线架通。此线起自吉林省城，经茂兴、齐齐哈尔、布特哈、墨尔根至瑷珲、黑河，全长 1800 余里，黑龙江省的军事通信因而大为改观。

中法战争时期，法军曾经长时间入侵台湾，台湾与大陆的联系亟须进一步加强。1886 年，在台湾首任巡抚刘铭传的主持下，台湾开始修建本岛陆线和台湾至福建的水线，计划陆线从基隆经沪尾、淡水、台北至安平，全长 800 里，水线由福州经台北、澎湖至安平，全长 500 里。1888 年，水陆两线建成。其中水线因为取道厦门，海程不便，改由台北沪尾接达福州的川石。

云南电线创设于 1886 年，当时云南由于交通极为崎岖，军事通信十分不便，遇有紧急奏报，必须由驿站递至广西南宁左江道电局转电粤东，然后再转电京城，边情不能迅速上达。1885 年 6 月，云贵总督岑毓英为解决边防文报迟滞问题，奏请从广西南宁展设陆路电线直通云南，或由湖南展线通至贵州而达云南。清政府很快就同意了岑毓英的请求，并决定从湖北展延电线，经四川、入云南蒙自的线路。1886 年 12 月，云南电报线路从蒙自开工，次年春架设至滇北可渡河，与四川电线接通。1887 年底，又开始架设剥隘、百色至南宁线。1889 年 6 月架通腾越至省城线。1890 年 5 月，又将滇线向外延伸，与保胜电线相接。由于云南历任督抚的努力，滇省电线发展迅速，成为各省中通信最为发达的省份，"西南声气，呼吸可通"，这对加强西南边陲与中央的联系，加强西南边防，起了积极的作用。

1889 年，陕甘总督杨昌濬向清政府提出架设陕西甘肃电线。杨昌濬在奏折中指出，全国东南北各省都已经有了电报，只是西北没有架设。陕甘两省民族问题较为突出，俄、英又窥视邻近的新疆、西藏，因而"极应节节预筹，设线通报，以期无误事机"。杨昌濬并专函李鸿章，请他从旁支持。1890 年，从直隶保定经山西太原，从蒲州渡黄河到达西安，又从西安经甘肃兰州到嘉峪关的陕甘线全线架通。陕甘线的建成对加强西北地区和中央的联系起了有利作用,并且为以后的青海、新疆之间的展线提供了便利条件。

1892年,陕甘总督杨昌濬又奏请将西北地区的电线展设至新疆。杨昌濬在奏折中说:"新疆远处边陲……西北紧与俄邻,西南与英所属诸部接境,遇有紧急文报,由省城递至肃州转电,动需旬日,似此声息迟滞,窃恐贻误时机"。同时,李鸿章也以"新疆远处边防,遇有紧急文报,由肃州转递,动需时日,声息迟滞",建议将肃州电线延设到新疆。由于新疆提督驻地在喀什噶尔,将军驻地在伊犁,因此需要分设两北两条电线。1893年夏,架通嘉峪关至乌鲁木齐电线;1894年3月,南路吐鲁番至喀什噶尔电线亦告竣工;同年5月,北路电线展设至伊犁;同年底延伸至塔尔巴哈台。至此,新疆南北各路电线相通,并与内地联为一气,使新疆的边防通信也得到了根本改善。

到甲午战争之前,中国的近代军事通信已经有了很大的成就。"东北则达吉林、黑龙江俄界,西北则达甘肃、新疆,东南则达闽、粤、台湾,西南则达广西、云南,遍及二十二行省",基本形成了"纵横全国,经纬相维""殊方万里,呼吸可通"的军事通信系统。到1894年,全国共敷设陆路电报线40余条,总长2.3万多公里,基本上沟通了京城与全国各地的联系,结束了以往专靠驿递马传的落后通信状况。1894年中日甲午战争爆发时,清军作战已普遍采用了电报通信。

甲午战争之后,军事通信得到了进一步的发展,新的线路不断出现,袁世凯的新建陆军中,也在工程营中专设由队官一人、司事4人、护勇2人、长夫2人组成的电报司,负责军队的通信联络,这是中国近代通信兵的雏形。在新建陆军《训练操法详细图说》中,还制定有专门的《电报说》,作为军事通信的要则,实际是近代中国第一部军事通信条令。

(六)有线电话和无线电报崭露头角

随着世界军事通信手段的演进,电话、无线电等也引进了中国并应用于军事领域。1900年至1906年,先后在南京、武汉、广州、北京、上海等地兴办了电话通信,军用有线电话通信也在军队中得到了普遍的应用。1900年前后,为了加强防务,在广州督署及马口、前山、威远等要塞和广海、宝壁、龙骧、江大、江巩、江固、江汉等江防舰艇之间首先设置了无线电机。1905年,袁世凯购买了马可尼式无线电机7架,分装于北京南苑、天津、保定三处行营及海圻、海容、海筹、海琛4条军舰上。与此同时,袁世凯还将天津小站旧时营房酌加修理,开办了电信学队。他从北洋六镇中挑选部分士兵,编队学习,开设通信勤务与军用电线架接等课程,学制为一年。学员毕业之后,分配到各部队负责通信工作。其后电信学队与保定的信号学队合并,改名为电信信号学队,作为北洋军中军事通信的专业技术院校。

进入民国以后，随着世界军事通信手段的不断进步，中国的军事通信也不断获得长足的发展。为了适应军事通信领域的发展，培养军事通信人才，1913年，北洋政府成立了"施行电信通信教育，为军事通信上必要事项之调查研究"的陆军电信教导营。教导营直隶陆军部，由军学司主管，每期招收学员、学生各一班。学员50名，从各师曾任一年以上的排长中考选；学生528名，从各师服役一年以上的士兵中考选，学制分别为一年和两年，毕业后各归原师，在各师内组织教导班，"转教该师营内军士、兵丁，或令温习"，以壮大部队电话电报等通信技术力量。1930年，南京国民政府在南京成立了无线电训练班，教官由海军部电务科长陈可潜、科员沈琳等兼任，学员从福州海军艺术学校未毕业学生中先后挑选了两批共57名，分两届入营受训，第一届学员29名于1932年6月毕业，第二届学员28名于1934年12月毕业，该训练班随之结束。1934年，南京国民政府成立了陆军通信兵学校，主要学习现代通信技术，分有线电班、无线电班、通信军士训练班、特种通信教导队等。其中有线电班为招收各师步、炮兵中尉、少尉军官入校学习，专授有线电话短期训练。抗日战争开始后，陆军通信学校除继续开办原有的学员队、学生队及军士训练班外，为适应战时需要，将教育重点放在基本教练和战斗教练上，如有线电和无线电的技术训练与敷设等。空军方面，1932年成立的中央航空学校中设有电讯技术组，此后并成立了航空通信学校，培养空军的军事通信人才。1940年8月，国民党航空委员会在成都恢复了中央航校原有的通信人员训练班。1944年，以该班为基础，扩充为空军通信学校，以培养战时紧缺的空军通信人员。

近代和现代通信手段应用于军事领域之后，极大地改变了战争的面貌。交战双方针对对方通信系统来获取情报的行动也就从此开始了。1913年袁世凯刺杀宋教仁，引发二次革命。7月，袁世凯侦悉李烈钧回到湖口准备发难，便派出北洋军向赣军发动进攻。由于孤军奋战，赣军在与北洋军的作战中节节失利。在这种情况下，湖南都督府军事厅与四川军队进行电报联系，约其三路出兵，会攻武汉，威胁北洋军的侧背，将赣军从困境中解救出来。结果这封电报被贵州都督唐继尧截获，并密告了北洋军，致使三路会攻武汉的计划破产。这是中国较早地运用电报来获取军事情报的战例。

七、红色电波

（一）红军的"无线电"

中国人民解放军的军事通信，是在八一南昌起义的战火中诞生的。

1927 年 8 月 1 日，南昌起义爆发。在起义的过程中，各起义部队采取了运动通信、简易信号通信、有线电通信等通信形式。以保障起义部队的作战指挥和相互联络。叶挺二十四师交通队中的有线电分队，在起义总指挥部和起义领导人之间，建立了有线电通信。其中叶挺指挥所内设立了电话总机，周恩来、贺龙、朱德住所内安装了电话单机。总指挥部还规定，起义的信号为"枪声三响"，口令为"山河统一"。

南昌起义，标志着人民军队的诞生，也标志着人民通信兵的诞生。

南昌起义之后，全国各地相继爆发了秋收起义、广州起义等近百次武装起义，到 1930 年夏，红军已经发展到拥有 10 多个军、约 7 万人的部队，先后创建了 10 多块革命根据地。为了保证中共中央与各革命根据地之间的联系，中共建立起了穿越敌占区的地下军事交通网。军事交通网的建立，为保障中央军委的战略指挥和各革命根据地之间的战略协同起了重要的作用。但由于交通员往来于各根据地之间，不仅时间长，而且很不安全，常常因为敌人的阻隔，不能及时互通消息而贻误战机。在这种情况下，建立无线电通信的任务就摆在了中央军委和各地红军的面前。

为了解决通信人才缺乏的难题，中央军委采取了申请共产国际代训和自己在上海秘密培训相结合的方式。1928 年 6 月，从莫斯科中山大学留学生中，选派毛齐华、方仲如等六人到"国际无线电训练班"学习收发报技术；1929 年 1 月，又从莫斯科东方劳动者共产主义大学留学生中，选调涂作潮、宋濂等人到列宁格勒伏龙芝军事通讯联络学校学习无线电通信技术。与此同时，1928 年秋天，周恩来指示在中央军委工作的李强秘密学习无线电机务，制作无线电发报机。同年 11 月，又指示当时任上海法租界地方党支部书记的张沈川学习无线电发报技术。1929 年 10 月，李强、张沈川等人分别担任机务和报务教员，秘密培训了一批无线电通信人才。1930 年，在苏联留学的毛齐华等人陆续回到上海，遵照中央军委指示，也相继培训了一批无线电通信人才。

1929 年冬天，中央军委在上海建立了第一个无线电电台。1931 年以后，开始向各主要革命根据地派遣电台和技术人员。1931 年 1 月，中央军委派遣喻杰生携带 50 瓦电台到达湘鄂西革命根据地；3 月，派曾三、伍云甫、涂作潮到达中央苏区；10 月，派宋侃夫等人到达鄂豫皖革命根据地。

各根据地的红军建立无线电通信，除了由中央军委突破敌人的封锁供应少量器材之外，主要是靠战场缴获。当时的国民党军队，已经大部配备了短波无线电台。1930 年 7 月，红三军团攻打长沙时，就缴获了敌人的 9 部无线电台。然而红军战士不识字，也不懂得电台的用处，因而都给砸坏了。针对这种情况，红一方面军总司令朱德和总政委毛泽东在 8 月 24 日的战斗命令中强调，对于缴获的电台，"非有高级长官命令，不得擅自破坏"。10 月 3 日，红军总部在总攻吉安的命令中指

·军事通信·

图文珍藏版

出:"进城后对于城中留下无线电机、电话……一概不准毁掉"。1930年底,蒋介石调动10万大军,对中央苏区发动了第一次"围剿"。反"围剿"战争一开始,红军总部即向部队发出命令:打下敌人的指挥所,注意搜查有无电台,俘获敌人的无线电人员后不得放走,一律火速送到总部。经过数日激战,红军抓住有利战机,一举歼敌九千余人,活捉敌师长张辉瓒,并缴获了他使用的电台。遗憾的是,这部电台的发报机被砸坏了,只留下一部收报机,实际上只是半部无线电台。电台的报务员王诤、吴如生、韦文宫、刘寅和机务员刘盛炳等人参加了红军,受到了朱德、毛泽东的亲切接见,王诤并被任命为红军的第一个无线电队队长。3天后,在消灭国民党谭道源旅的东韶战斗中,又缴获了一部15瓦电台。

1931年1月6日,新参加红军的王诤、刘寅等人在红军总部参谋处所在的院子里试机。许多好奇的红军官兵和驻地群众纷纷跑来观看,听到"的的达达"的响声,都感到十分神秘。电台人员给大家介绍说:这东西作用很大,没有电线也能通话、通报。于是,许多战士索性就把无线电台称作"无电线"。有的还说:"有了无电线,就不用交通员啦!"一时之间,"无电线"成了人们议论的中心话题,大大鼓舞了红军将士的斗志。

有了这一部半电台,红军还不能实现军事通信,起初只能用来抄收国民党中央社的新闻电讯,送给朱毛等首长参阅。毛泽东第一次看了电台送来的电讯新闻后十分高兴,他对王诤说:"你们送来的材料太好了,让我们开了眼界,这是没有纸的报纸啊!"在此之前,国民党对革命根据地的封锁十分严密。红军很难得到外部的消息。有了电台以后,红军总部就有了了解外报世界的渠道。

此外,这一部半电台还有一项重要任务,这就是通过侦听国民党军队的无线电通信来搜集情报。当时国民党军队并不重视无线电的保密,每到一地,电台开始联络时,都要互相询问对方在什么位置,回答时也相互使用明语。红军有了这一部电台,就可以随时掌握敌人的运动情况。

(二)侦听敌情显神通

1931年4月1日,蒋介石开始对中央苏区发动第二次"围剿"。毛泽东和朱德指示王诤的无线电队日夜侦听敌人的通信,以捕捉战机。

1931年5月12日黄昏,王诤突然侦听到驻福建的国民党28师与该师设在吉安的留守处电台用明语交谈。吉安电台问:"你台在哪里?"师部电台回答:"现驻富田,明晨出发。"吉安电台又问:"到哪里去?"师部电台回答:"东固。"

东固当时正是红军总部所在地,王诤得到这一重要情报后,立即向毛泽东和朱德做了汇报。朱、毛根据这个情报,立即下达了紧急作战命令,要求部队于拂晓前占领东固有利地形,坚决消灭来犯之敌28师。第二天早晨,敌人果然如期来犯,但他们做梦也没有想到，红军早已经在东固布下了天罗地网。结果，敌28师被全歼，就连同来的第40师一旅的大部也被消灭。红军取得了第二次反"围剿"的初战胜利。刚刚建立的无线电队即为红军的作战立下了功劳，为此，朱德总司令专门到电台对王诤等同志进行了表扬。

更令人高兴的是，东固一战，红军还缴获了敌28师师部的100瓦大功率电台。这样，一部15瓦的电台跟随朱、毛在前方，100瓦的电台随叶剑英留在了后方办事处。6月2日，前方台在建宁收到了从兴国后方办事处电台发来的电报，这是我军无线电通信史上的第一次通报。

第二次"围剿"被打破之后，1931年7月，蒋介石调集30万大军，又发动了第三次"围剿"。7月23日下午，随红三军行动的电台报务员曹丹辉侦听到国民党军总参谋长何应钦发给参加"围剿"行动的各路国民党军的密码电报。这是一份"万万火急"电报，全文共324个字，是蒋介石关于分进合击红军的兵力配置与战斗部署。凭借红军在第二次反"围剿"作战中缴获的敌人的密码本，曹丹辉很快就将电报全部译了出来，并通过红三军军长黄公略和政委蔡会文将电报送到红军总部。红军由此不仅了解了敌人"分进合击"的战役意图，而且也知道了各路敌人的兵力情况。根据敌人的情况，红军集中兵力，从敌人力量相对薄弱的东面实行突破，结果一个月之内，连克莲塘、良村、黄陂三地，三战三捷，打破了国民党的第三次"围剿"。

8月11日，红三军在黄陂附近与总部会合时，毛泽东亲切接见了曹丹辉，高兴地对他说："你收的那份何应钦的电报，对这次战役很有价值。"

就这样，人民军队的无线电通信在战火中迅速成长起来。1931年12月14日，国民党第二十六路军在参谋长赵博生的率领下起义，随同起义参加红军的有一个无线电管理处，8部电台和40余名无线电通信技术人员，极大地壮大了红军的军事通信力量。随着电台的增多，在中央红军和上海中央军委之间，红军总司令部与各方面军、各军团以及执行重要任务的部队之间，都逐步建立了无线电通信。1931年前后，在上海的中央军事部能通过各种途径，搜集国民党的军事情报，将国民党何时、用多少兵力、向何地进攻等情况，用无线电源源不断地提供给前方，有效地配合了前方的军事斗争。1934年1月，红一方面军总部与中革军委合并，军委总参谋部成立了通信联络局（称四局，后改称三局），统管全军军事通信工作，由王诤任局长。经过五次反"围剿"作战，红一方面军先后缴获了电台28部，红二、六军团缴获电台9部，红四方面军缴获电台13部。红军的无线电通信，发展到了一个新的水平。

对于红军中无线电通信网的建立，毛泽东曾经有过高度的评价。他说："由于无线电的存在，纵使我们在农村的环境中，但我们在政治上却不是孤立的，我们和全国全世界的政治活动的关系是很密切的,同时,纵使革命在各个农村是被分割的,而经过无线电,也就能形成集中的指导了。"

(三)保障毛主席"用兵真如神"

1934年10月,中国工农红军主力开始长征。为了做好战略转移中的通信保障,军委通信联络局在王诤等人的主持后,进行了一系列的准备工作,包括筹集通信器材、调配电台、重新制定部队代号、组建通信团等。新组建的通信团下辖无线电营、有线电大队、通信教导大队。其中无线电营由5个分队组成,除一个分队负责同中共上海地下党电台联络,并通过该电台同共产国际电台联络外,其他4个分队,分别担负中革军委、红军总司令部同一、三、五、八、九军团,二、六军团,红四方面军,中央军区以及军委两个纵队之间的通信联络任务。为了保障作战和行进中通信联络的不间断,随军委总部行动的两个无线电分队,采取交替前进的办法,保证24小时之内两个分队始终有一个处于工作状态,各军团电台不论何时呼叫,总部电台都可以随时应答。通信兵以无线电通信手段为主,保障中共中央、中革军委指挥调动红军纵横驰骋,迂回穿插于敌人数十万重兵之间,组织了许多脍炙人口的作战行动。在著名的四渡赤水战役中,仅军委和各军团间即收发电报300多份。通畅的无线电联络,有效地保障了毛主席"用兵真如神"。

1935年1月29日,红军主力分三路从元厚场、土城地区一渡赤水河,向川南进军,准备北渡长江与红四方面军会合。作战过程中红军有6个团被敌人分割,后来有5个团突围会合,只有红三团下落不明。军委立即命令通信联络局派一部电台随一个营前去寻找。在该营也被敌人包围的情况下,电台报务员凭借无线电通信联络,很快找到了红三团,并以电报通知红三团赶到中央红军的集结地扎西与大队人马会合,出色地完成了任务。

红军进入川南后,蒋介石再次调集重兵围追堵截,企图在长江以南、叙永以西、横江以东地区全歼红军主力。面对敌人的重兵压境,军委暂时放弃了北渡长江计划,电令各军团挥戈东进,于2月18日至21日在太平渡、二郎渡二渡赤水,将尾追之敌甩在了后面,向敌人兵力比较空虚的桐梓地区急进。为了迷惑敌人,军委派出一部电台,随红五军团三十七团执行佯动任务,伪装红军主力,向温水开进,以吸引敌人。这部电台一面与总部保持密切联系,保障军委对该团的越级指挥,一面以总部名义发信,做出主力的样子。敌人果然信以为真,被三十七团牵得团团转,直到6天之后才发现上当。红军主力趁机攻下桐梓、娄山关,重新占领遵义,击溃贵州军阀王家烈的8个团,消灭蒋介石嫡系吴奇伟两个师,缴获枪支2000,俘敌3000,打了长征以来的第一个大胜仗。

3月16日,针对敌人重新调整部署的情况,为了调动敌人,寻找新的战机,红军在茅台附近三渡赤水河,进至古蔺东南地区。蒋介石以为红军又要北渡长江,急令川军在长江北岸构筑防御工事,并调集川黔边境一带的主力,再向川南进击,企图围歼红军于古蔺地区。当敌人大军再次向川南纷纷调动的时候,红军折而向东,在赤水河东岸寻求机动。为了迷惑敌人,军委电令红一军团派出一个团带电台伪装主力,大张旗鼓地向古蔺前进,将敌人引向赤水河以西地区。3月21日,红军主力突然从二郎滩、九溪口、太平渡四渡赤水河,从敌重兵集团右翼分路向南急进。为了牵制和迷惑敌人,军委令红九军团暂留乌江以北地区。为确保红九军团与军委的联络,三局加派了一个无线电分队随九军团一同行动。28日,军委电台发出致九军团令:"须在马鬃岭西北路上摆露天红标语,路侧放烟火扮炊烟,散消息,伪装我军主力在此地区,诱敌向北出击而消灭之的模样,以便我主力借此秘密迅速向南转移。"九军团接到指示,在马鬃岭大造声势,红军主力则乘机穿过敌人的封锁,急驰南下,渡过乌江,跳出了敌人的合围圈,佯攻贵阳,调出滇军,随后直插云南,威逼昆明,虚晃一枪后,又直奔金沙江边,强渡金沙江,将蒋介石的几十万大军甩在了后面,彻底粉碎了敌人围歼红军于川、黔、滇边的计划。

在长征过程中,红军的无线电侦察工作也发挥了重要的作用。蒋介石每次调动重兵对红军围追堵截,红军总能在重兵包围之中游刃有余,从其最薄弱的环节取得突破。红军的情报来源在哪里?这个谜底直到1935年4月红军进入云南作战时才被解开。在一次战斗中,红军一名机要参谋不幸被俘,在这个参谋的挎包中,发现了大量的被红军破译的国民党军电报底稿。这些电报,将国民党军队的行动意图暴露无遗。国民党云南省主席、第二路军总司令龙云在给蒋介石的急电中说:"顷在草街拿获共匪参谋陈仲山,从其身上搜出情报一束,均系我军各方往来密电,皆翻译成文。无怪其视我军行动甚为明了,知所趋避。"蒋介石在给龙云的回电中说,电文为红军所破译,"危险堪虞,耻莫甚焉",因而要求"多备密码,每日调换使用",但其来往电报仍然不断为红军所侦译,因而红军对国民党军的行动始终了如指掌,突破了一次又一次的重围,取得了长征的伟大胜利。

(四)抗战的"千里眼顺风耳"

1941年,毛泽东在《通信战士》杂志上为通信兵题词:"你们是科学的千里眼顺风耳",高度概括地指明了通信兵的地位和作用。

1937年7月7日,抗日战争爆发,红军改编为国民革命军第八路军。南方红军和游击队改编为国民革命军新编第四军,在军委的领导下,开赴敌后战场,开展独立自主的游击战争,先后创建了晋察冀、晋绥、晋冀豫、晋西南、冀鲁豫、山东、苏南、皖南、皖中、豫东等抗日根据地,成立了军区、军分区。

由于敌后解放区和敌占区呈现出犬牙交错的状态,中共中央、中央军委对各战略区的指挥以及各战略区之间、各战略区内部的指挥主要依靠无线电通信,因而对无线电通信建设十分关注。毛泽东在《抗日游击战争的战略问题》中指出,"无线电通讯之普遍地设置于一切较大的游击部队和游击兵力,实有完全的必要"。经过各战略区军民的艰苦努力,人民军队的军事通信又有了很大的发展。到1940年,华北各区已有电台160余部,华中、江南各部队已有电台60余部,团以上部队都逐渐配备了电台。与此同时,有线电通信建设也具有了一定规模,并成为驻止状态下军区、部队和党政机关内部的主要通信手段。已巩固的根据地内部与周边地区,大多建起永久性和半永久性的长途电话网,纵横相连的有线电网路,分布在晋察冀、晋绥、太行、山东、华中广大山区、丘陵和水网平原地带,成为通报敌情、组织群众、保障作战指挥的重要手段。在延安市,则形成了"八台八网"的战略指挥通信体系:党台主要联络各根据地和敌占区、大后方的党组织系统,属于党中央联络网。战报台负责联系各战略区、各部队,属于军委战报联络网。战略台负责联系八路军、新四军及所属部队和各大军区、各中央局与分局。属于军委指挥网。情报台负责联系各根据地及敌占区、大后方秘密电台,属于情报联络网等。与此同时,还建成了陕甘宁边区的有线电话长途通信网和延安市话通信网,并设立了由专线总机和双线路构成的中共中央及军委首长专用电话网。

无线电通信网络的建设,对于保障中共中央、中央军委对八路军、新四军及中国共产党领导下的其他抗日游击队的战略指挥,保障八路军、新四军在战争各个阶段战役战斗的指挥,发挥了重要的作用。

1937年9月22日,日军第五师团第二十一旅团一部,由灵丘向平型关方向进犯。23日,八路军总部发电报给一一五师,命令该师向平型关灵丘间出动侧击该敌。当日上午,师部命令独立团和骑兵营向灵丘、涞源方向活动,担任打敌增援的任务。为了保障对独立团的指挥,师部将原配属第六八六团的电台转属独立团,同时将第三四四旅的机动台调至师部待命。当夜,一一五师主力进至平型关以东的冉庄、东长城村地区。24日,一一五师组织各级指挥员进行了战场现地勘查,并从勘查地域向师部架设了电话线。当天晚上,各部队进入伏击阵地。25日拂晓前,架线兵冒着风雨架通了师部到各团指挥所的电话。电台也架起了天线,做好了开机联络的准备。25日7时许,日军第五师团第二十一旅团一部和大批辎重车辆,全部进入一一五师的预设阵地。一一五师利用电话和简易信号发出命令,全线突然开火,发起冲击。战斗打响之后,团以上指挥所使用电话与师部保持密切的联系,保证了师部的指挥。师部并通过电台与担任阻击任务的独立团随时联系,保证了独立团按照师部的指示完成了阻援任务。经过一天激战八路军歼敌1000余人,击毁汽车百余辆,缴获了大量武器和军用物品,取得了平型关战斗的胜利。师部电台立即向延安中央军委发电报捷,新华通讯社当天即播发了平型关大捷的新闻电讯。

1940 年,侵华日军一面加紧诱降国民党,一面对八路军华北抗日根据地实行以"铁路为柱,公路为链,碉堡为锁"的"囚笼政策",将进攻的矛头指向八路军,企图摧毁华北抗日根据地。为了粉碎日寇的进攻,鼓舞全国人民抗日的信心和斗志,八路军于 1940 年 8 月 20 日发起了震惊中外的"百团大战",给日本侵略军以沉重的打击。在"百团大战"中,八路军通信兵共展开联络电台 100 余部,保障了八路军总部对华北广大地区参战部队的统一指挥。1941 年 7 月 20 日,八路军参谋长叶剑英在《通令》中指出:"百团大战的胜利,不仅又一次地显示了我军指挥的统一,战术的灵活,而且说明了我军通信联络上的成就。因为没有健全通信网络,欲遂行分散的大军同时出动与配合作战的任务是不可能的。"

(五)"中央委员加电台等于党中央"

1947 年 3 月,蒋介石对山东和陕北解放区发动了重点进攻。3 月 13 日,胡宗南率 34 个旅 23 万人马,开始进攻陕甘宁边区。为了粉碎蒋介石的重点进攻,党中央一分为三,其中由毛泽东、周恩来、任弼时组成中央前敌委员会,留在陕北,直接指挥西北野战军作战和指挥全国解放战争。为了适应转战陕北的需要,1947 年 3 月 26 日,中央前委机关人员正式组成了由任弼时任司令、陆定一为政委的"昆仑支队",下建四个大队中有三个是电台大队,其中,一大队负责通信联络,二大队负责无线电情报侦破,四大队负责无线电广播宣传。另外有四个武装警卫连。全支队只有几百人,非常精干。

在转战陕北期间,无线电台是中央前委指挥全军作战的唯一手段。由于电台与报务人员少,来往的电报多,报务人员的任务十分繁重,但报务员们以惊人的毅力,圆满地完成了大量电报的收发任务。转战的第一天,由于卡车颠簸,一部电台发信机的电子管就被震坏了一个,使得毛泽东的一份限三小时发出的特急报无法发出。第二天,毛泽东和周恩来就让电台的同志改乘吉普车,以防颠坏电台。夜里天气冷,毛泽东让人给电台送来大衣。大家得知毛泽东自己晚上工作都没有大衣时,十分不安,坚决要把大衣送回去。毛泽东知道后说:"电台同志晚上值班,工作需要。"任弼时对电台工作人员也关怀备至,不断问寒问暖,一再嘱咐大队长要动员大家多上山打些野草,烧点开水烫烫脚,洗洗澡,预防疾病。

有一次,任弼时在与电台工作人员谈话时风趣地说:"你们听老乡议论了吗?老乡说,还没有见过咱们这样的队伍呢,人不多可驮子不少,不背枪的人多,背枪的人少。前天,周副主席打了个比喻,他说,中央委员加电台,等于党中央。"任弼时一边扳着手指一边笑着解释说:"你们看,一大队是电台,二大队是电台,四大队还是电台;毛主席;周副主席、陆定一同志和我是四个中央委员,加上你们三个电台大

·军事通信·

图文珍藏版

队,不就是党中央吗!"

(六)决胜全国的神奇信使

1948 年 9 月到 1949 年 1 月,中央军委组织了辽沈、淮海、平津三大战役。在伟大的战略性决战中,人民解放军通信兵运用各种通信手段,保障了战略、战役和各个战斗中的指挥通信和协同通信,对三大战役的胜利做出了重大贡献。

辽沈战役开始于 1948 年 9 月 12 日,结束于 11 月 2 日,历时 52 天。在战役过程中,东北军区司令部的 4 部电台,以 1 部对中央军委和野司前指,以 3 部电台分别与各二级军区、后勤组网联络。野司前指有电台 9 部,以 8 部分别与各纵队及其下属师组网,越级联络到师;以 1 部电台对中央军委、东北军区及华北第 2 兵团,按约定时间以不同频率进行联。纵队一般有电台 10 部,总机 40 部,单机 330 部,无线电话机 12 部,按级组织通信保障。在打锦州时,野司通信处制定了详细的通信保障计划,确定外围战斗以有线电通信为主,运动和信号通信为辅;突破前沿和纵深战斗中,有线电、无线电话、运动、信号等通信手段并用。野司指挥所分别与各纵队、各师和支援作战的炮兵部队都建立了纵向和横向的有线电联络,形成了多路迂回的有线电通信网络。主攻部队的有线电话,直接延伸到第一梯队的营、连、排及突击班。

淮海战役开始于 1948 年 11 月 6 日,结束于 1949 年 1 月 10 日,历时 66 天,是华东野战军和中原野战军共同实施的。在战役过程中,通信保障主要采取的是无线电和有线电通信手段相结合的方式。在运动作战时,主要是采取无线电保障指挥,在合围聚歼敌人时,主要依靠有线电通信保障指挥。在整个战役过程中,华东野战军直属电话连共架设被覆线 524 公里,裸线 395 公里,并使用了由军(分)区架设的长途线路;华东野战军电台区队经常以每小时 1000 组的速度工作,共收发文电 208 万字,有效地保障了总前委、中原野战军、华东野战军对前线兵团的顺畅指挥。

平津战役开始于 1948 年 11 月 29 日,结束于 1949 年 1 月 31 日,历时 64 天。整个战役的通信保障由东北野战军通信处和华北军区通信联络分局联合组织实施。在战役的第一阶段,东北野战军利用无线电和有线电指挥部队,会同华北第二、三兵团,对平、津、张、塘之敌实施了战略包围和战役分割。在歼灭新保安、张家口、天津之敌的战役第二阶段,野司用 1 部电台对中央军委,1 部电台对七纵、八纵和特纵,1 部电台对一纵、二纵、九纵。在这一阶段中,以有线电为主要通信手段,野司前指对一纵、二纵主攻部队建立了直达有线电话,对七纵、八纵通过迂回线路转接,保证了对主攻部队的越级指挥。各纵队之间也相互对架线路,沟通电话联络。在这一阶段的攻打天津之战中,参战的通信兵达 5000 余人。在战役的第三阶段,也就是北平围城期间,各围城部队架起了多路迂回的有线电通信网,并充分利用了已占城镇电话局的有线电设备,保证了上下左右的联络畅通。

在三大战役期间,人民解放军的战略通信保障也发展到了一个新的水平。在三大战役期间,军委总台的电报量由延安时期的每月90万字增加到140万字,特急电报由35%增加到75%,机要局送来的电报通常是4个,A字,甚至是一大串的A字,有的还在后面加个"毛"字。在三大战役期间,毛泽东阅读了各野战军发来的文电1000余份,指挥亲自起草经军委无线电总台发给各野战军的文电300余份。顺畅的战略通信联络,高效地保障了军委首长的战略指挥。

经过22年的革命战争,人民军队的通信兵从无到有、从小到大、从弱到强,发展到约占全军5%左右兵力的技术兵种。在血与火的考验中,在遂行通信保障任务的战争实践中,人民军队的通信兵积累了丰富的经验,培养了顽强的作风,锻造了一支过硬的队伍,谱写了中国军事通信史上的最光辉篇章。

第八章　谍战诡影

一、间谍史话

（一）间谍萌芽期

世界第一兵书《孙子兵法》中有句名言："知彼知己，百战不殆。"可见被称为"东方兵学鼻祖"的孙武很早就已经非常明确地认识到了"知"与"战"的内在联系和实施次序。即"知"与"战"二者为不可分割的统一体，只有先"知彼知己"，然后方能"百战不殆"。正如春秋军事家管仲所说："不明于敌之政，不能加也；不明于敌之情，不可约也；不明于敌之将，不先军也；不明于敌之士，不先陈

《孙子兵法》书影

也。"所谓"知"和"明"，实际上就是间谍情报活动，而其显然又是为战争服务的，所以说战争是间谍的温床，而间谍则是战争的产儿。因此，要探间谍活动的起源年代和产生原因，就必须先追溯战争的源头。

战争，在甲骨文中称为"争"或"伐"，也称为"战""兵""戎""征"等，"战争"一词最早见于战国时期的《吴子兵法》一书。据文献史料记载：中国最早的战争为"原始社会末期战争"（距今约五千年）。如"神农伐斧燧之战"；"黄帝、蚩尤涿鹿之战"；"尧攻雚兜丹水之战"和"舜、禹对三苗之战"等。在"舜、禹对三苗之战"中，禹就是根据"三苗蠢蠢欲动，图谋不轨"的情报而兴兵讨伐的。据《左传·哀公七年》记载，禹合诸侯于涂山时，"执玉帛者万国"，荀子也说："古有万国。"又因为当时存在"邦无定交，土无定主""朝约婚姻，夕结冤家""明为盟友，暗为仇敌"这种错综复

杂、扑朔迷离的多变局面，使得"以石为兵"的参战或观战各方，都极力想探察敌方的虚实和窥视邻族的意图，从而避免盲目行动。在这样的特定历史条件和战争的特定需求下，"知彼知己"的这一永恒真理，便在战争实践中自然而然地萌芽产生了。而"知彼"的这一任务又势必要由专人承担执行，这样的人，就是间谍。

因此，古代中国的间谍活动应起源于原始社会末期，它是随着历史的发展和战争的出现应运而生的。

纵观世界历史，中国的间谍活动的产生年代当居其之首，并且有文字记载的间谍人物也是世界间谍之始祖。目前国内史学界有人认为："人类最早的间谍活动见于古希腊荷马史诗《伊里亚特》中的特洛伊木马传说"；又认为《圣经》中所提到的娣莱拉是"地球上第一个女间谍——情报鼻祖"，孰是孰非？还是以史实来回答吧。

荷马史诗《伊里亚特》中的"特洛伊木马"传说是这样的：特洛伊王子帕里斯拐走了斯巴达王后海伦，斯巴达王兄阿伽门农率领大军远征围攻特洛伊九年不下，后采用"智囊"奥德修斯之计，将一批精兵埋伏在一匹大木马腹内，放在城外后佯装退兵。特伊洛人把木马当作战利品搬进城内。夜间，伏兵从木马中出来打开了城门，希腊军乘机涌入，摧毁了特洛伊城。

根据这一传说和后世学者对特洛伊城遗址的发掘考证，"特洛伊木马"之事发生在约公元前12世纪，而中国春秋古书《左传》明文记载了"少康使女艾谍浇"一事，却在约公元前20世纪，早于"特洛伊木马"之事达800年之久。

《圣经》中记载约于公元前10世纪时，在地中海东岸的菲利斯部落里有一名少女叫娣莱拉，她在希伯莱人与菲利斯人的一场血战中，被希伯莱士兵俘虏，惨遭蹂躏，后被一牧羊老妪救出。菲利斯酋长为了谋杀希伯莱勇士参孙，便派娣莱拉对参孙进行色情间谍活动。参孙果然中计，并于醉睡中被剪去聊以维持体力的七缕头发，只得束手就擒。菲利斯酋长下令用参孙的头去祭祀夏收节。参孙在被押进神殿时，怒视了娣莱拉一眼，便一头撞塌了神殿，与娣莱拉同归于尽。事后，希伯莱人厚葬了参孙，也出人意料地厚葬了娣莱拉，并在她的墓碑上刻道："她毁了一个英雄，同时却也造就了一个英雄……毕竟她是这个世界上第一个能这样做的女人。"

在中国战略《吕氏春秋》一书中则记载了早于娣莱拉600年前，约在公元前16世纪夏末的一件女间谍案例。商汤派伊尹为间谍，多次打入夏朝内部，并收买了夏桀的宠妃妹喜，妹喜向伊尹提供了夏桀军事部署的绝密战略情报，从而使商汤制定了正确的作战计划，终于推翻了夏桀，建立了商朝。

由此可见，古代中国不仅在诸多领域中创造了许多世界之最，而且也首开世界间谍史之先河，成为世界间谍史的源头。

由于年代久远，夏、商两代的间谍活动文献记载稀少，仅见"女艾谍浇"；"伊尹间夏"；"妹喜泄密"；"吕牙间商"；"崇侯虎侦监姬昌"；"姬发使间探朝歌"；"祖伊暗察国人"等几例,其中"伊尹间夏"和"吕牙间商"二例,被《孙子兵法·用间篇》引用。

纵观这一萌芽时期的各类间谍活动,具有两大特点:

一是间谍活动的范围仅限于军事领域。从被称为"间谍始祖"的女艾所从事的间谍活动来看,其全部活动都是围绕军事斗争而展开的。这时期的间谍理论尚未形成。虽然相传论及用间的古兵书《六韬》是吕牙所著,但经历代学者从内容及文字结构上考证,断定为战国时人伪托,非殷商时之作。此外还值得指出:夏商二代的间谍活动不仅具有战术性,而且更具有战略性。"伊尹间夏"的案例便能说明这一点。

二是这一系列间谍活动都是由最高统帅直接派遣、指挥。少康与女艾;商汤与伊尹;周文王与吕牙;商纣与崇侯虎等,都是君与臣的关系,也都是在最高层进行的。这些间谍活动为后世春秋的孙武提供了丰富、翔实的用间史料,成为《孙子兵法·用间篇》的理论基础。正如《孙子兵法》所说:"非圣智不能用间,非仁义不能使间";"故明君贤将能以上智为间者,必成大功"。当时的用间,实际上成了君遣臣行的状况,其层次规格之高,令人惊叹。由于少康首开以臣子女艾为间之端,后世历代君主均步其后尘,视间谍活动为制胜之法宝,而且还不断扩大其范围,并愈演愈烈,以至于几乎在所有对抗性领域中都广泛地展开间谍情报活动。

(二)间谍发展期

周武王姬发在牧野之战中,一举击败商军,纣王自焚而亡。周武王采取了一系列有力的措施,以巩固新建立的王朝。为了控制商朝统治的中心地区,他表面上封纣王之子武庚于殷地,暗地里却派自己的兄弟三人,留在殷地监视武庚的一举一动,史称"三监"。这一政治性的内部监控事件,打破了以往间谍活动仅用于军事和针对敌方的局限,扩大了间谍活动的领域,对后代的影响极为深远。从金文史料看:周武王在分封诸侯时,也照例设置像"三监"一样的"诸监"。如《仲幾簋》记载道:"仲幾父使幾使于诸侯诸监"。表明"诸侯"与"诸监"并存。"诸监"是中国最古设置的间谍专职官员。

至周王朝第十代国君周厉王时,政治性监控活动达到了高潮。由于周厉王"暴虐侈傲",因此招致"国人谤王"。周厉王盛怒之下,便派遣了卫国的巫士,"以监谤者,以告则杀之"。唐代张守节在《史记正义》中说:"监,察也,以巫人神灵,有谤毁必察也。"当然,周厉王并非凭借一个巫士或所谓有"神灵"就能"弭谤",他主要采用的就是派遣间谍对国内臣民进行政治性间谍侦察和控制。司马迁在《史记·周本纪》中又记载道:"三十四年,王益严,国人莫敢言,道路以目。"说明周厉王后期对臣民进行了大规模的严厉监控,竟然使得人们在对面相遇时,也不敢以言论王,唯恐被周厉王的间谍听见，只得互相使个眼色，以表示内心愤懑罢了，可见其监控程度之深和范围之大。究其后世历朝历代的特务恐怖统治之由，莫不出于周厉王的这一"创举"。

反映周朝职官制的《周礼》一书，在《秋官》一章中记载道："掌士之八成，一曰邦汋……三曰邦谍。"历代注家都认为"邦汋"和"邦谍"说的就是间谍和反间谍活动。《秋官》中所说的官职，是掌管"邦禁"的"刑官"，可见周代时已出现归属于"刑官"的严密而系统的间谍职官。

公元前770年，周平王东迁后，历史进入了东周时代，也就是社会大动荡、大变革的春秋战国时期。据统计，在春秋战国的五百五十年间，共发生了614次战争，其中春秋为384次，战国为230次。又据唐代杜佑《通典·州郡序》记载："见于春秋经传者，百有七十国焉。"在如此错综复杂的格局下，其战争的特点也是多方位的。即当时的战争已经不是单纯的军事斗争，而是与政治斗争、外交斗争、经济斗争和宣传斗争等紧密交织在一起，间谍活动的领域因此也大为拓展，并逐渐具有全局战略性，间谍的任务也由单一性扩大到集多任于一身。

各政治、军事统治者在这争霸称雄、兼并土地、以强凌弱的复杂激烈战争中，难以准确及时地驾驭风云多变、气象无常的战争进程，于是就特别借重和依赖于间谍，因为不"知彼"，就无法去"乱彼"，更谈不上去"破彼"。只有先"知彼"，才能因势制宜、随机应变和立于不败之地。所以说：战争产生了间谍，战争的发展也随之发展了间谍活动。间谍犹如战争的一个"身影"，随着战争的种种变化而相应变化。

春秋战国间谍活动的全方位展开和飞跃进展，说明了当时的统治者已经认识到了两个深奥的道理，即：一是军事斗争必须和政治、外交、经济、宣传诸领域的斗争有机联系起来，作为一个整体来看待；二是直接的军事对抗并非是打赢战争的唯一手段和最好办法，如果先掌握和了解敌方或他方的虚实，实际上就等于大大增强了己方的实力和削弱了敌方或他方的实力，甚至可以"兵不血刃"而战胜对方。这两点认识在春秋末期产生的《孙子兵法》中已经非常明确地将其理论化了："上兵伐谋，其次伐交，其次伐兵，其下攻城"；"百战百胜，非善之善者也，不战而屈人之兵，善之善者也。"这实际上已经是进入了一个如宋代欧阳修所说的"攻人以谋不以力，用兵斗智不斗力"的高层次战争阶段。因此间谍的地位也日显其重要性。如《孙子兵法》所说："三军之事，莫亲于间，赏莫厚于间，事莫密于间"；"此兵之要，三军所恃而动也。"所以可以称春秋战国为"间谍黄金时代"。

春秋间谍史的头等大事，当属《孙子兵法》的问世。它的问世是古代中国间谍活动趋于成熟的一个重要标志。《孙子兵法》是世界第一部兵书，而其中的"用间篇"也是世界最早的用间专论，具有划时代的历史意义。孙武在"用间篇"中科学、缜密、系统、具体地论述了用间之利害意义、类别、作用、原则、纪律、任务、谋略、招

·谍战诡影·

图文珍藏版

募和范例，形成了完整的间谍系统理论，在当时及对后代有着重大的作用和深远的影响，其中许多用间思想，在当代世界仍然是谍报界的基本指导思想，堪称不朽的间谍理论。

《孙子兵法》实际上是对春秋前的各类战争实践进行理论总结的一部兵书，其中的"用间篇"也是在对以往间谍案例的归纳概括基础上，升华为理论精粹。反过来，也可以从"用间篇"中找到夏、商、周间谍案例及用间思想的明显痕迹。譬如："用间篇"中所说的"五间"，都能在三代间谍史中得到印证：

因间——城濮之战中，晋将先轸利用楚人掌握了解了楚军的情报，从而大获全胜；楚宋之战中，宋将华元在弹尽粮绝的情况下，由乡间引路，竟乘夜进入楚营摸到了楚将子反的床上，胁迫楚军议和。

内间——越王勾践以吴国太宰伯嚭为内间，窃情报、乱吴国、杀忠臣，最终灭吴称霸；田氏家族派田豹打入权臣阚止家族充当家臣，探知阚止准备袭击田氏家族的机密，从而使得田氏家族先发制人，除掉了阚止。

反间——鄢陵之战中，晋将苗贲皇巧用楚军俘虏为反间，不战而胜楚军；平阴之战中，晋将范宣子以齐大夫析文子为反间，透露假情报，又制造了假部队，一举吓跑了强大的齐军。

死间——郑武公在袭击胡国前，以其女为死间，迷惑了胡君，乘其不备灭了胡国；吴王阖庐先后派专诸、要离为死间，成功地暗杀了政敌吴王僚及其子庆忌。

生间——史书称"伊尹五就汤五就桀"，"吕尚三就文王三入殷"，多次往返于双方；韩原之战中，晋惠公派出大夫韩简为间，韩简侦探到秦军军事秘密后，又独自返回报告。

春秋的间谍活动，除了在军事领域有了长足的进展外，也扩展到了政治、外交等领域。

公元前686年，齐国的公孙无知、连称、管至父和齐襄公的后妃，暗中联合监控齐襄公。当齐襄公后妃密告其在野外狩猎的行踪时，公孙无知等人便袭杀了齐襄公，发动了一场宫廷夺权的政变。

像专诸刺吴王僚，要离刺庆忌等行动性暗杀间谍活动，都属于政治间谍事件。

公元前629年，晋秦联军围攻郑国，郑文公于危难之际，采纳大夫佚之狐之计，派烛之武为间，夜缒城下，去秦营秘密游说秦穆公。烛之武用晓之以利害的娴熟外交辞令，终于说动了秦穆公弃城而去，从而离间破坏了晋秦联军，保全了郑国。

公元前515年，吴王僚乘楚平王去世之际，兴兵伐楚。他又派季札出使晋国，以窥视中原各国对吴攻楚的反映，季札成功地刺探到了大量的军事情报，只因吴王僚被暗杀而束之高阁。

公元前484年，孔子的得意门生子贡受孔子委派，为了保全鲁国的安全，出使齐、吴、晋、越四国。他利用高超的外交手腕,连连得手,竟使四国的统治者对他言听计从,互相残杀。司马迁评论道:"子贡一出,存鲁、乱齐、破吴、疆晋而霸越。"子贡堪称间谍外交大师。

春秋时的间谍专职官员主要设置在军队中,其中以晋国最为突出。晋军专设"候正"或"候奄"一职,与军尉、舆尉、司空、司马同属一级官阶,具有较高的地位。正因为间谍情报对于国家、军队的存亡胜败具有重大的作用,所以在招募选择间谍上,多以"上智者"为间。然而,由于其进行的是"事莫密于间"的绝密活动,所以一旦败露泄漏,也将受到极其严厉的惩罚。

据《左传·宣公八年》记载:"晋人获秦谍,杀诸绛市。"这是中国古代间谍史上最早见诸史书的惩处间谍的记载。《左传·哀公十六年》又说:"楚太子建与晋人谋袭郑……晋人使谍于子木请行而期焉……郑人得晋谍焉,遂杀子木。"《周礼·秋官·掌戮》也说:"掌戮,掌断杀贼,谍而搏之。"郑玄注:"谍谓奸寇反间者,谍与贼罪大者斩之,小者杀之。"《孙子兵法·用间篇》则说得更明白:"间事未发而先闻乾者,间与所告者皆死。"

由此可见,春秋时代在间谍的使用上已经形成了一些初步的纪律制度,表明当时的间谍活动正趋于成熟。

战国间谍史的最大特点就是:以合纵连横的间谍活动为中心。尤其是秦国,已经把连横间谍活动作为统一中国的基本国策之一。如果说春秋时是"国之大事,在祀在戎",那么战国时则是"国之大事,在间在戎"了。对此,司马迁在《史记》里已指出:"秦国阴遣谍士赍持金玉,赂其豪臣,以乱其谋";"不肯者,利剑刺之。"采用收买贿赂与暗杀行刺等软硬兼施的间谍手段,先是分化瓦解,扰乱破坏敌国内部,然后再配合以凶猛的军事行动,从而达到各个击破、统一六国的目的。

合纵连横的间谍代表人物有:魏国的公孙衍;秦国的张仪和范雎、顿弱和姚贾;燕国的苏秦和苏代兄弟等。他们的间谍活动常常带有战略性质,对于国家存亡、军队胜负有着巨大的影响和直接的利害关系。正因为如此,间谍活动也越来越受到各国统治者的高度重视,其中又以秦国的历代君王为其魁首。从春秋秦穆公策反西戎由余始,秦孝公、秦昭王、秦始皇等国君都极其重视用间。尤其是秦始皇可以说是战国高层用间的集大成者,像派间谍"行金万斤于魏"收买晋鄙门客为间,谗毁并借魏王之手罢免了秦国宿敌信陵君;"多与赵王宠臣郭开金,使为反间",致使赵国名将李牧被杀;遣顿弱携万金,"东游韩魏","北游燕赵",大破合纵阵营;又于燕赵齐楚"四国为一,将以攻秦"之际,命姚贾约车百乘,载金千斤,出游四国,离间各方,以绝其谋,以罢其兵等,都是秦始皇的用间杰作。

战国其他领域的间谍活动也相当活跃。譬如张孟谈以外交手段策反韩魏联军;田单以宣传手段迷惑骑劫;赵奢以反间手段欺骗秦军;郑国以经济手段企图削弱秦国;燕太子丹以暗杀手段行刺秦王等,都比春秋的间谍活动范围大为扩展。

战国时期的间谍活动还有两个突出点:这就是私人间谍集团的出现和间谍技术的更新。

战国时,新兴地主阶级在夺取政权后,对旧制度进行了大规模的改革,但却由于缺乏人才而步履艰难。于是招揽人才便成了当务之急。像"燕昭王设黄金台";齐国临淄稷下设学宫等,都是为此目的。而当时最为活跃的阶层就是"士"。于是一度形成"礼贤下士"的风气,各国有权势者竞相"养士"。其中最著名的有"战国四公子":齐国孟尝君(田文);赵国平原君(赵胜);魏国信陵君(魏无忌);楚国春申君(黄歇)。稍后有秦国文信侯吕不韦,其门下都有几千"士"之多,所以"士"也称为"客""食客"和"门下客"。这些食客皆身怀绝技,学属多门,即使只有"鸡鸣狗盗"一技之长的也被搜罗其内。他们为主子出谋划策,奔走游说,经办事务,著书立说,无所不为。究其核心是为其主出谋划策,四处行间,所以《六韬》中称间谍为"游士"。这就形成了最早的私人间谍集团。这一私人间谍集团的能量极大,以至于影响并关系到国家和军队的存亡胜负。譬如《史记·信陵君列传》就明白无疑地指出:"当是时,诸侯以公子(信陵君)贤,多客,不敢加兵谋魏十余年。"信陵君不但利用"士"在国外编织了巨大而缜密的间谍网,即使在国内,也四处暗插间谍,窃取上至王宫下自百姓的各类情报。

私人间谍集团的出现,是中国古代间谍史上的一件大事,它标志着间谍活动正逐步走向组织化和规范化。为后世国家间谍机构的产生,提供了可借鉴的经验教训。当然,私人间谍集团的主要目标是为了借助于"士"的智力、人力来巩固和加强权贵们自身的利益和提高美化他们在社会上的地位和形象。不过也有些例外,从史书看,信陵君的私人间谍集团更多的是用以维护国家利益。正如明代王世贞所评论的那样:"三公(指孟尝君、平原君、春申君)之好士也,以自张也。信陵之好士也,以存魏也,乌乎同?"

战国之前,间谍技术由于生产力的低下和由于"重智轻术"的世风而较为原始。情报的传递主要靠"生间"的口头或竹简这类语言文字方式进行传达。简单或报警的情报则用烽燧及驿传来传达。但是一旦"生间"被俘、叛变或烽燧台、驿传被敌所获,则情报往往泄露无遗。于是战国时便发明了一种保密通信法——阴符和阴书。最早见于这二者的文献为《六韬·龙韬》,其中用两个专章"阴符""阴书"来分别叙述。"阴符"是采用了3寸至1尺长八种规格,不著一字的竹木符来表达八种情报;"阴书"是把一份情报一拆为三,分头送出,待三人都到达目的地时再三拼为一,从而现出原文,以此来传递秘密情报。它们的主要功能是反间谍、反泄密。这在两千多年前是一种相当先进的情报保密通信法。

战国秦将樗里疾又发明了窃听术;《墨子》中记载了当时已经有了窃听器——

听瓮。它们都是中国也是世界上最早的窃听术和窃听器。战国后期荆轲在暗刺秦始皇时，则运用了短刃匕首涂毒药的暗杀技术，使古代间谍暗杀技术达到了一个新高峰。

间谍活动的需求促使各类间谍技术的发明，而间谍技术的产生又反过来促进了间谍活动的发展。

公元前 221 年，秦始皇统一中国。但 15 年后便灭亡了。在这短短的十五年中，间谍活动却有了重大的发展，它主要表现在反间谍（即今称之为双重间谍或逆用间谍）活动上。

用间与反间，犹如一对孪生子，随着战争的产生而一起"降世"。二者互为对立，又相互依存，真可谓是——对"难兄难弟"。在楚汉相争时，刘邦的重要谋臣陈平是一名反间行家。他利用项羽使者对其谋士范增进行反间，翦除了项羽的得力臂膀；匈奴以刘邦使者反间汉军，以至于刘邦被围困白登山上，几乎做了俘虏，这是第一次少数民族大规模的反间活动。秦代的反间活动均属高层的战略行动，对政治局面和军事格局的变化都有着直接的重大影响。譬如陈平策反项羽大司马周殷和以美人图离间匈奴；韩信背水之战前的间谍侦探和以郦食其为死间；郦食其暗杀陈留令和刺探魏王豹军事情报等间谍活动，都加速了刘邦称帝和项羽自刎乌江的战争进程，而且也都各具特色，为后世所仿效。

刘邦建立汉朝后，由于匈奴等部落频频侵扰边疆，所以间谍活动又延伸到了西域边远地区，以确保边区平定和国家安全。譬如西汉"马邑间谍事件"；张骞为"断匈奴右臂"两次出使西域；唐蒙以商人为公开搜集夜郎国情报的对象；东汉班超以龟兹国俘虏为反间；段颎反间袭鲜卑；刘秀以塞外羌族人为间等，都是中原对边远地区激烈、频繁的间谍与反间谍战。

汉代的间谍活动较之前代在范围上有所扩大，即从基本上用于军事斗争的领域，扩展到了政治斗争领域。西汉时，淮南王刘安派其女刘陵到长安为间；赵广汉遣间充任门卒监视丞相府。东汉时，梁冀使间盯梢同胞兄弟；汉桓帝凭间发动宫廷政变；窦皇后命侍者监控宋贵人等间谍活动，对汉代的政局造成了巨大的变化与动荡，使明争暗斗的政治对抗又蒙上了一层更神秘的面纱，也使其斗争更激烈化、秘密化和戏剧化。

在中国古代战争史上，东周与三国是两个最辉煌的历史时期。春秋战国是一个"百家争鸣"的大动荡、大变革时期，也是战争与间谍的大发展时期。而三国在其短短的四十五年中，就发生战争 71 次，并且都为大规模的水陆之战。其作战方式、指挥艺术、军事思想与间谍活动都较前代有很大的发展，尤其是间谍活动，较之以往更转奇、更转妙、更转秘和更转险。周鲂"间书"诱曹休、司马懿反间破孔明是奇例；白衣渡江擒关羽、曹操谈笑设间计间韩遂是其妙例；张松暗潜做内应、隐蓄受命奔东吴是其秘例；王允收买吕布暗杀董卓、黄盖诈降破曹军是其险例。

曹操在当时可谓是一代用间大师。他认为："战者必用间谍，以知敌之情实。"并亲自注释了《孙子兵法》，首开《孙子兵法》注释之先河。后人称其为："魏武之神机猛绝，犹依孙吴。"其手下的蒋济、董昭、司马懿、程昱、贾诩、国渊、隐蕃等人都是用间的行家里手，在三国中用间最繁最精。其次是东吴，如周瑜、黄盖、吕蒙、孙韵、顾雍、周鲂等人，也多精于用间。相比之下，蜀汉在间谍活动方面最为薄弱，仅见张松、法正等几例。三国最终的结局是魏国先灭蜀汉，后灭东吴，这恐怕也与间谍情报活动不无关系吧？

魏国霸府的"校事"和吴国的"中书"，清代史学家俞正燮认为是古代中国最早的专职间谍机构。魏国反间谍专家国渊以语言分析、笔迹鉴定等方法，侦破匿名信一事，又是世界间谍史上具有开创性的反间谍技术，对于后世乃至当今都具有巨大影响和借鉴意义。

公元265年，司马炎建立了晋朝。由于以司马氏为首的门阀统治集团竟为奢侈，强取豪夺，阶级矛盾和民族矛盾日益激化，终于导致了"八王之乱"。各地起义军也蜂拥而起，战事频频。因此，各类间谍活动也随之而日趋活跃。公元303年，起义军领袖李雄以朴泰为间谍，并采用苦肉计，大破官军，这是中国古代农民起义军用间战胜官军的最早记载。

东晋名将祖逖与羯族作战时，对违心依附于羯族的汉人，采取"皆听两属"的策略，实际上是运用了"双重间谍"的手法。为了保护一些暗中为晋朝搜集情报的间谍，祖逖又常率兵去假装包抄抢掠这些人，以表示与这些人为敌，从而免遭羯族的怀疑。所以只要羯族"有异谋，(祖逖)辄密以闻"。

羯族将领石勒也极善于用间，其手段也颇为老辣娴熟。他处心积虑地采取了一系列的连环间谍活动，先后灭掉了劲敌王浚和刘琨，为称霸北方奠定了基础。

在著名的淝水之战中，间谍活动起到了决定百万大军胜负的关键作用。前秦苻坚派东晋降将朱序为间，去策反东晋大将谢石，他万万没有料到朱序"身在曹营心在汉"，竟充当了晋军的间谍，从而导致"八公山上，草木皆兵"的惨重失败。这是一起用间人而反被人间的典型间谍与反间谍案例。

南北朝时的用间特点是模仿笔迹、仿造书信。刘宋名将毛德祖以此反间谍手段间杀了北魏将领公孙袁。北周大将韦孝宽又继承发展其手法，制造并利用敌人的内部矛盾，先后除掉了东魏间谍头目牛道恒和北齐名将斛律光。

仅存37年的隋朝，在政治斗争和军事斗争中也谍影幢幢。像隋炀帝杨广就是凭借间谍情报，使隋文帝废掉太子杨勇，并取而代之。最值得一提的是斐矩，他是一位被当今史学界称为"完全可与第二次世界大战中被希特勒情报顾问尼古拉誉为最杰出的情报天才雅各布媲美"的卓越间谍活动家。自春秋时，牛贩弦高假命犒秦军始,商人参与间谍活动的记载时断时续,至隋代斐矩则大大发展了这一领域的间谍活动,他利用各方商人以公开合法手段搜集大量政治和军事情报,获得了巨大的成功。斐矩还创造性地使文字情报与军用地图融为一体,将间谍情报推进至一个史无前例的崭新阶段。

盛唐三百年,并非刀枪入库,偃旗息鼓。据统计,在此期间共发生192次战争,尤其对突厥、吐蕃、回纥、平定叛军、"安史之乱"等战争,均为大规模的激烈战斗,间谍活动也在各方面有了重大的进展。

在政治斗争方面,唐太宗李世民发动的"玄武门政变";武则天监控元老派;杨国忠刺探安禄山;安禄山反间唐玄宗;史思明窃听杀唐将;李辅国监控皇后;崔胤暗察唐昭宗;李谡伪造诏书反叛等事件都始终贯穿着一条主线:即以间谍活动为行动之先导。

在军事斗争方面,安兴贵自荐诱李轨;李世民冒险间突厥;突厥蒙骗李渊杀猛将;李愬反间袭蔡州;黄巢用间破唐军等事件,都充分利用间谍情报,大力发挥间谍作用,因而取得了无法用武力获胜的巨大胜利。

在唐代间谍史中,有两点最引人注目,那就是政治间谍组织的出现和间谍理论的新突破。

唐肃宗时的中书令李辅国私下成立的"察事厅子"是对廷臣官吏进行监视、侦探的政治特务组织,在当时和对后世均产生了很大的影响。各地藩镇势力,为了窥探观察中央政府的动向,在长安设立了许多间谍情报组织"进奏院",它对后来爆发"安史之乱",有着直接的重大关系。

唐代名将李靖的《李靖兵法》;隐者李筌的《神机制敌太白阴经》;赵蕤的《长短经》和杜佑、杜牧、陈皞、贾林的《孙子》注本等,都对用间思想提出了新的见解,尤其是李靖"问所以成功,亦有凭间而倾败者"的辩证用间思想,成为继《孙子兵法》后的第二个间谍理论高峰。

宋代是古代中国间谍发展史趋于成熟的最后一个历史阶段,也是开创其鼎盛时期的一个承上启下的过渡性历史阶段,所以有着许多独特之处。

首先是间谍活动具有战略性。譬如宋太祖赵匡胤在对后蜀、南汉、北汉、南唐的作战前,均派出战略间谍进行情报活动;南宋间谍获取金兵修造兵船、训练水师的情报,断定他们将从海路侵袭其腹地江浙一带;金人派秦桧为内间,从根本上摧毁了南宋王朝;种世衡以法崧为间,绝妙地除掉了西夏两员猛将,激起了西夏内乱,保卫了边境的安全等。从这些重大的事件中可以看出:宋代上至皇帝,下至平民,朝野内外,前线后方,都十分重视用间,其范围远远超过了以往各个朝代。

其次是间谍地位大为提高。自北宋将《孙子兵法》列为《武经七书》之首后,谈间论谍者日见增多,并登上大雅之堂,将宋初"士大夫耻于言兵"之风一扫而空。

不光军人崇间,即使是文人也大大提倡用间。唐宋八大家的欧阳修、苏洵、苏辙和大学者司马光、沈括、梅尧臣等人也纷纷撰写专文专论和注释《孙子兵法》,主张"多养间谍之士,以为耳目",并实行"厚赏以精间谍"的政策。连正史《宋史》《金史》也为姜绶、张顺立等间谍专门单独立传,可谓重视之至。

再次是间谍技术有了新的突破。诸如"密码"(字验)、空飘(纸鸢)、窃听(箭囊听枕)、密藏(蜡丸)、信号(鸽子)、秘语(以物名谐音)等间谍技术的出现,标志着古代间谍活动发展到了一个新的水平。

最后是间谍理论及机构的进一步发展。曾公亮的《武经总经》;许洞的《虎钤经》;华岳的《翠微北征录》;施子美的《武经七书讲义》;陈规的《守城录》;何去非的《何博士备论》以及梅尧臣、王晳、何延锡、张预的《孙子兵法》注本和郑友贤的《孙子遗说并序》等,对用间与反间都有精辟独到的见地,与唐代《李靖兵法》共同形成了自《孙子兵法》以来的一个群体用间理论体系。宋太祖赵匡胤成立"皇城司"(也称为"皇城探事司"),成为继唐代"察事厅子"和"进奏院"后又一个高层政治间谍机构。皇城司不但对内,而且还对外从事间谍活动。它常常派间谍以外交人员的合法身份,跟随外交使团出访,以便随时进行监控。这一举措实际上是现代外交间谍之先声,它与后代的大使、武官等公开合法的情报人员几无区别。

(三)间谍鼎盛期

自公元1206年中国北方蒙古贵族首领成吉思汗(铁木真)建立蒙古国后,蒙军与金军、夏军、宋军以及中亚、欧洲诸军的战争性质,发生了划时代的大变化,其战争规模之大,距离之远,时间之长,用间之烈超过以往任何一个历史时期。

"深沉有大略,用兵如神"的成吉思汗征金前,充分利用往来蒙、金的使节、商人、官吏以及金国叛逃者,广泛搜集金国的政治、军事、经济和地理等情报。特别是招降金国使者耶律阿海和派遣间谍札八儿出使金国行间,获得了大量金国绝密情报。他在攻宋时,又得力于投降蒙军的宋军将领,从而"察军(宋军)情伪,专务乘乱",被后世称为"不愧为善于用间之佼佼者"。为了征西,成吉思汗派出大批间谍以商人身份出没于中亚。公元1216年,成吉思汗所派的间谍随花剌子模国商队前往讹打剌国时,被全部捕杀,成吉思汗随即远征中亚。如果没有充分的中亚诸地情报,要进行如此大规模的远征行动几无可能。

1237年,元太宗窝阔台命速不台会合拔都,率十万大军进攻欧洲。速不台和拔都派出大量商人间谍搜集到了有关欧洲一些国家宫廷及部落的内部情况,各地城市的防御;各派宗教的争斗;国与国之间的矛盾;进军道路及放牧草地等情报,对其军事行动具有重大价值。蒙军到达里海北岸时,奇卜察真人与匈牙利人组成联军抵抗,速不台派出间谍潜入匈军进行离间,奇卜察真人竟反被匈牙利人所驱杀。

速不台攻陷俄罗斯基辅城后，在进军喀尔巴阡山北麓加里西亚平原时，曾将间谍搜集的情报进行整理研判，并制成一幅"敌情判断要图"。

1271年元世祖忽必烈建立了元朝。间谍与反间谍战又进入了一个新的时期，其主要表现在军事斗争、政治斗争和外交斗争三个领域之中。元军在袭捕南宋名相文天祥、策反南宋将领洪都统、诱击红巾军等军事事件中，都是由间谍提供了准确而可靠的情报后才获得成功。忽必烈曾十分慎重地说过："宋善用间。"所以对反间谍活动也极为重视。元军先后破获多起宋军间谍案，最多时一次竟捕获上百名之多。对宋军用离间手段企图除掉有关元军猛将的间谍活动，忽必烈也一一予以明察反击，没有上当。

在政治斗争中，元代的权臣在"伺帝起居""间谍两宫"的高层间谍活动中十分活跃。为了侦控汉人，元廷实行了社制，对社会基层进行严密的监视。

由于元代统治区域广阔，中外交流得到空前发展。大量亚洲、欧洲的商人和传教士也纷纷涌入中国，其中不乏从事间谍活动者。元廷曾先后破获了日本、安南等国从事的几起间谍大案。同时为了征战高丽、日本、安南、占城、缅甸、爪哇及中亚、欧洲诸地，也对这些地区进行了许多情报搜集活动。这些新现象标志着中国间谍活动进入了从未有过的一个新阶段：即中外外交间谍与反间谍战时期。

明代是中国古代间谍活动的一个新高峰，尤其在政治监控方面，可以说是达到了登峰造极的地步。明王朝历代皇帝"性多疑而任察"，对臣属的控制极严，常常亲自秘遣间谍随时随地进行各类侦察。于是臣属也采取了相应的反措施，招募收买宫内间谍对皇帝进行反窃听和反窥探。当时便有人对明世宗一针见血地指出："陛下之左右，皆嵩（指严嵩）之间谍。"从而造成明代宫廷内部多次祸乱。

自从朱元璋建立间谍特务组织锦衣卫后，又相继组建了东厂、西厂和内行厂，使中国古代间谍史进入了一个空前绝后的黑暗恐怖统治时期。以汪直、刘瑾、魏忠贤等太监为头子的特务活动，给社会带来了巨大的动荡和灾害，史称"厂卫之祸"。这一黑暗的政治现象上继唐代察事厅子、宋代皇城司之后，下启清代密探活动的密札制度之先。

在军事斗争中，间谍手段也不断翻新，高招迭出，最突出的有三点。一是巧妙运用乡间和反间。如朱元璋以看门老头行间陈友谅；王守仁妙计迷惑朱宸濠；孔镛智擒霸匪阿溪；沈希仪遣赵臣诱惑岑璋等。二是大量使用商人为间。如熊景"阴遣人衣商人服"镇瑶人；沈希仪"阴求得素于瑶人商贩"探情报等。三是农民起义军的用间水平大为提高。朱元璋曾多次告诫部将，农民起义军"尚间谍"。李自成在破洛阳、陷开封、克北京之战中，都非常娴熟地使用大量间谍，对明廷及其军队的虚实了如指掌。张献忠一手导演的"假内江王"间谍案，更是中国古代间谍史中的杰作。张自成也与朱元璋多次进行用间与反间的激烈较量。

在中外关系方面,由于出现了日本倭寇沿海侵扰的新情况,明王朝十分重视反间谍活动。像胡宗宪诱捕倭间;王忬捣毁倭寇间谍网;戚继光开武学馆训练间谍反倭寇等,都有力地打击了倭寇猖獗的间谍活动。此外,还破获多起安南、葡萄牙、法国、英国和沙俄等国的间谍要案。由于明代不具备元代影响周边国家地区的强大势力,所以对于反间谍有着高度的警惕性和强烈的安全防范意识,并采取了一系列积极有力的措施予以严厉打击。

明代的间谍理论也有长足进展。像刘寅《武经七书直解》;赵本学《孙子书校解引类》;无名氏《草庐经略》;戚继光《纪效新书》和《练兵实纪》;何良臣《陈纪》;何守法《投笔肤谈》;揭暄《兵经百字》;吕坤《救命书》;尹宾商《兵嚞》等兵书,均列有间谍专论。从而形成了古代间谍理论继春秋战国、唐宋以后的第三个也是最后一个高峰。

当历史进入中国封建社会末代阶段——清代时,间谍活动也反映出了其独有的特点,即对内严加侦控而对外疏于防范。

清王朝虽然废掉了明代的厂卫制度,但对其臣民的侦控较之明代有过之而无不及。康熙、雍正、乾隆三代大行密探(也叫逻察)和密札制度。皇帝直接派出密探或密令各地"各派眼目访缉",以对臣民"严加伺察",并大力鼓励以密札形式进行告密,"凡有风闻之事,即行密奏",一时告密诬陷之风盛行。康熙还派间谍以"织造官员"身份为掩护,前往江宁、苏州、杭州的"江南三织造",在当地建立秘密谍报站。

清太宗皇太极于明清之际,用间诱降了明军尚可喜、洪承畴等大将,特别是采用高超反间计谋,借明崇祯之手杀掉了一代名将袁崇焕,使明王朝"自坏长城",走向灭亡。康熙在平叛噶尔丹之乱时,以"神探"淖克浑为间,掌握了叛军详情,一举获得光显寺大捷。

在镇压农民起义军的战争中,清军往往以间谍为"开路先导",在间杀朱一贵、吴八月等起义军将领时,都是动用了内间策应的方法。尤其在与太平天国军作战时,双方展开了一场激烈的间谍战。陈玉成以陈文效诱间清军,大败"妖九"李续宾;杨秀清捕杀近千名天京城里的清军内间。清军更是无处不用间。天京城内爆发了由清军策划的"张继庚间谍事件",使太平天国蒙受巨大损失。曾国藩也密令组建"情报采编所"和编纂《贼情汇纂》,以对付太平天国运动。

咸丰年间,朱逢甲撰写了中国古代第一部也是唯一的一部间谍专著——《间书》。它以《孙子兵法》和《李靖兵法》为理论依据,较系统地论述了中国几千年的间谍活动,成为对古代间谍理论进行总结的集大成者,在古代间谍史上占有重要地位。

清王朝对国内的间谍侦察活动绞尽脑汁,不遗余力,但对于来自国外的间谍活动则掉以轻心,疏于防范。

康熙年间,沙俄多次派间谍以"使者"身份前往中国,以仔细研究通往中国的水路,"测量北京城墙数据""探知中华帝国军事实力和物资资源"。雍正年间,叶卡捷琳娜一世以祝贺雍正登基为名,派间谍沿途"竭力搜集中国边境情报并绘制地图"。沙俄还以"科学队""探险队"和"东正教布道团"为幌子,频繁出没中国边疆刺探情报,盗窃或绘制中国地图。第二次鸦片战争时,掌握了中国海防详细情报的沙俄间谍竟然充当英法联军的向导,致使北京门户大沽口炮台陷落。

此外,像英国的"马戛尔尼使团";东印度公司的"阿美士德间谍船";设在中印边境的"蒙哥马利间谍训练营"及派往西藏的"朝圣者";法国的"耶稣会"驻京公使馆;日本的"乐善堂"和"日清贸易研究所"等,都从四面八方对中国进行了大量的猖獗的间谍活动,为侵略中国的殖民战争做了大量充分的战前准备。

但是,腐败的清王朝对此却充耳不闻,视而不见。虽然在一些有识之士"警惕内勾外引"的大声疾呼下,也进行了像广西捕获缅甸间谍、允许杨光生发表《不得已》和《辟邪论》、支持林则徐"禁鸦片,除内奸"等反间谍活动,但都由于清王朝"天朝上国"的陈腐观念而对间谍情报活动不予重视,以致根本无法继续展开,甚至遭到干扰和压制。

清王朝这种"内战内行,外战外行"的腐朽本质,终于导致了帝国列强大规模的入侵。清代统治者为了挽救覆灭的命运,于宣统年间,仓促组建了军谘处第二厅,以负责对外反间谍活动。然而此时已为时过晚,回天无力。中国封建社会的最后一个朝代在军谘处第二厅成立仅半年后,便走到了尽头,彻底地覆灭了。五千年中国古代间谍史也因此画上了最后一个句号。

二、间谍机构

(一)战国养士

早在公元前 21 世纪的夏朝,就已经有从事间谍活动的专职人员,一般以"家臣"担任。《山海经·海内南经》记载道:"夏后之臣曰孟涂。"《左传·哀公元年》也说:"使女艾谍浇。"杜预注:"女艾,少康之臣,谍候也。"

商纣王曾秘遣崇侯虎专门对周文王进行监控,随时报告周文王的一言一行。在商朝,巫史掌握着国家政权、军事、教育、历法、司法、记事、档案保管和占卜、祭祀等大权,尤其是其中的司法跟情报活动与间谍机构的发展有紧密关联。《礼记·月令》注:"理,治狱官也,有虞氏曰士,夏曰大理。"故后代有"大理""遒人"等监察之专职官。

周武王灭纣王建西周后，设置了主管内外情报的职官。他派自己的三个兄弟对纣王之子武庚进行长期监控，史称"三监"。在外事方面，设掌管天子与诸侯之间朝觐、聘问、监视等事务的官职为"大行人"；受王命出使侦察的官职为"行人"（也称"行理""行李"）；在边境名义上接待外国人、暗里盘查的官职为"候人"；掌管关隘往来之人的官职为"关尹"；负责语言翻译的官职为"舌人"。周厉王就效仿"三监"，"得卫巫，使监谤者，以告，则杀之"。首开大范围白色恐怖统治之先河。

春秋时，夏朝家臣（即后世之"士"）从事间谍活动的遗风犹存，并且愈演愈烈，至战国达到顶峰。《左传·文公十七年》说："郑子家使执讯而与之书，以告赵宣子。"杜预注："执讯，通讯问之官。"此外，当时文献中出现了较为详细记载的间谍机构和职官。《周礼·秋官·士师》记载道："士师之职……掌士之八成，一曰邦汋，二曰邦贼，三曰邦谍，四曰邦令，五曰挢邦令，六曰为邦盗，七曰为邦朋，八曰为邦诬。"其中第一项与第三项与间谍活动直接相关。

"邦汋"之"汋"，汉代郑玄注为"斟酌"之义，"邦汋"即郑玄所注"盗取国家秘事，若今时刺探尚书事。"唐代陆德明《经典释文》说："汉时尚书掌机密，有刺探尚书秘事，斟酌私知，故举为况也。"

"邦谍"，郑玄注："为异国反间。"陆德明解释为："异国欲来侵伐，先遣人往间，候取其委曲，反来说之，其言谍谍然，故谓之邦谍。用兵之策，勿善于此。故《孙子兵法》云：兴师十万，日费千金，内外骚动，以争一日之胜，而爵禄金宝于人者，非民之将。故三军之事，莫密于反间。殷之兴也，伊挚在夏；周之兴也，吕牙在殷。惟圣贤将能用间以成，此兵之要者也。"

"邦汋"其实是"行间"；"邦谍"其实是"反间"，可见当时间谍活动的分工已臻细密。不过由于《周礼》成书年代有不同说法，所以有人认为对"士师"职务的记述，可能是后人所托。但是，即使《周礼》中有后人所增所托的内容，但从"汋""谍"在其中的语言意义可以看出，它们都是运用了西周的古义，当为原文原义。

齐国曾设有"里尉"一职，专门负责监视平民的出入言行，其主要职责是侦探"匹夫有不善"和"奸人"，然后上报，并"可得而诛"。晋国则在军中设有"候正"或"候奄"的官职。杜预注："候正，主斥候。"杨伯峻《春秋左传注》释为："为军中主管侦探谍报者。"清代顾栋高《左传大事年表》卷十说："候奄当即候正，《国语》作元候。"这些均与西周的"候人"义近。"候"，《广雅·释诂》说："觇也。《吕览·贵因》：武王使人候殷。"后代的"候人""候吏""候兵""候官""候调"等，都是与间谍侦探有关的官职。秦国设有相当国君秘书性质的官职"御史"，往往掌管情报工作。《史记·滑稽列传》说："执法在旁，御史在后。"杨宽《战国史》认为他们是"国君的耳目"。

《孙子兵法·用间篇》说："凡军之所欲击,城之所欲攻,人之所欲杀,必先知其守将、左右、谒者、门者、舍人之姓名,令吾间必索知之。"前注多认为"门者"为"看守城门之人","舍人"为"宫中近侍",不确。其实,"门人"(也叫"门下""门子")均为主要从事间谍情报活动者。《史记,信陵君列传》："诚门下,有敢为魏王使通者,死。"《汉书,高祖纪》颜师古注："舍人,亲近左右之通称也。"孙子说"令吾间必索知""门者""舍人"的姓名及有关情况,就是为了与其进行间谍或反间谍战。这些间谍职官对后世也有较大影响。譬如三国时曹操的"霸府",就设长史一人,司马一人,从事郎中二人,掾属二十九人,令、史、御属四十二人,舍人若干人。其中舍人负责通讯、情报工作。东吴则设有"中书通事舍人",负责秘密侦探。

　　战国时记载间谍专职的主要文献是《六韬》。《六韬·龙韬·王翼第十八》说："伏旗鼓三人。主伏鼓旗,明耳目,诡符节,谬号令,阘忽往来,出入若神……耳目七人。主往来听言视变,览四方之事,军中之情……羽翼四人。主扬名誉,震远方,摇动四境,以弱敌心……游士八人。主伺奸候变,开阖人情,观敌之意,以为间谍……术士二人。主为谲诈,依托鬼神,以惑众心。"其中"伏旗鼓"主要是制造假情报;"耳目"主要是侦察敌方情报和监控己方军队;"羽翼"主要是从事以假象迷惑敌人和宣传战;"游士"主要是刺探敌方内情;"术士"主要是以迷信鬼神对敌进行心理战。由此可知:《六韬》反映的战国时期的间谍机构已趋于成熟,但仅限于军事领域。由于"王翼第十八"说的"股肱羽翼七十二人"是姜太公吕尚对周文王的建议,所以我们不知战国时是否已有这样的实际编制机构。不过从整篇反映出来的严密的组织结构、合理的人员编制和明确的职责任务等内容来看,不可能是空泛之谈,当有所本。

　　战国又盛行养士之风。最著名的是"战国四公子"养士达几千人之多。这些士,往往身怀绝技,学属多门。他们为其主子出谋划策,奔走游说,行办事务,著书立说。但其主要的作用是"出奇策异智而转危为安,易亡为存"。可视之为中国古代最早的"智囊团"。但是在这一"智囊团"中,又有许多从事间谍活动的人,其谍报人员之多,活动之广,成效之大,亦为后世所罕见。所以有人称其为"战国私人间谍集团"。纵观战国的间谍活动,几乎都是这些"士"在扮演主要角色。"四公子"之一的信陵君养有几千士之多,其中有许多分布在魏国的周边国家中,对邻国朝廷大事无所不晓。在信陵君救赵国盗虎符的间谍活动中,他得心应手地使用了候嬴、朱亥、如姬三名间谍,成功地盗取了虎符,解了赵国之围。这种典型的间谍集团虽说不是国立的,但是已具有间谍机构的雏形。其特点是:间谍只向其主子一人负责,他人全然不知其中内情;主子根据间谍的特长,分派相应的间谍任务;间谍有固定的经费来源渠道;有严格的间谍纪律,触犯者难逃其惩罚;间谍对主子也多抱"士为知己者死"之心,一旦暴露,往往以自杀报效。

（三）秦、汉、魏晋、南北朝间谍机构

秦代仅有短短的十五年,但其国家体制、机构却较战国有较大的发展和完善。在间谍机构专职人员的设置上,也有其独特之处。因为统一了六国,所以秦国以往对外的间谍活动,转移到对国内有关方面的侦探,主要是针对军队和六国旧民。

为了防止兵变,秦中央政府临时设置了监军和护军(也称护军都尉),下有候、骑长等主管情报的军官。常常凭"口籍"(口令)和"铁符"(通行凭证)来盘查往来之人,从中索捕间谍。为了缉捕往来间谍奸人,又设置了"求盗"一职,名义上是掌捕盗贼,但实际上主要的任务是反间谍。秦始皇派出大批耳目,监视六国旧民,以防旧贵族暗中串通,策划谋反。有时甚至为了缉捕一个间谍,不惜滥杀一大批无辜之人。马端临《文献通考·职官总考》说:"秦之法,一人有奸,邻里告知;一人犯罪,邻里坐之。"贾谊《新书·保傅篇》也说:"秦之俗,非贵辞让也,所上者告奸也。"

西汉时的"中朝"或"内朝",是主管间谍活动的国家机构。中朝官议事,往往是极其秘密的。譬如《汉书》记载:张安世以东骑将军领尚书事,"职典枢机,以谨慎周密自著。外内无间……自朝廷大臣莫知其与议";孔光以光禄领尚书事,"凡典枢机十余年,守法度,修故事……或问光:温室省中树皆何木也? 光不应,更答以他语,其不泄如是"。可见其保密纪律极其严格。此外,"督之捕盗贼,禁察逾侈"的"直指绣衣使者"和军中的"候官""候长",也是负责谍报活动的官员。

三国时,除了曹操在以幕僚人员为主的"霸府"内首设负责谍报、通讯的"舍人"外,还设有秘密间谍"校事"这一职官。其职掌为最高统治者充当耳目,刺探臣民言行。以后蜀国和吴国也相继设立校事。至曹丕为帝时,校事权任益重,上察宫庙,下慑众官。其中校事卢洪、赵达等人,常以爱憎行事,擅作威福。校事刘慈更是行踪诡秘,四处窥探,数年之间,"举吏民奸罪以万数",但其中有不少枉屈之人。后来黄门侍郎程晓上疏极言校事之弊,于是遂罢校事官。在东吴,校事也叫"中书"。孙权时有吕壹和秦博担任此职,二人精于行间暗探之术,被后人称为"用法(指行间的能力)深刻"。他们"举罪纠奸,纤介必闻",成为孙权的"千里目"和"顺风耳"。孙皓时的校事张立,诡计多端,手法奇特,"吏民皆以之为害",以致人人自危,唯恐被校事跟踪告密。后来在一片责难声中,"于是罢视听,息校官,原逋责"。

清代俞正燮《癸巳存稿七·校事》说:"魏、吴有校事官,似北魏之侯官。明之厂卫,或谓之典校,或谓之校曹,或谓之校郎,或谓之校官。"

据唐代史学家杜佑在《通典·御史台》中说,当时御史台从少府中独立出来后,实际上成为直接受皇帝控制的耳目之司,监控臣下的一言一行,权力极大。"自皇太子以下,无所不纠",并主张"风闻奏事",实际是鼓励告密,因此也名之为"风闻访知"。但这是公开的监控机关。秘密侦探的设置就是校事。魏国利用这两大

监控机关,有力地维护了皇权和监察群臣公民。

目前史学界有人认为中国古代的间谍机构始于唐代的"察事厅子",但从三国的校官设置来看,已具间谍机构成熟、完善的组织编制、人员配备、领属关系和专门任务等特征,因此,中国古代间谍机构当始于三国。譬如当时吴国的中书机构即为皇帝的机要秘书处,设中书令、中书仆射为其长官,掌州郡文书,奉命作诏并领校事(秘密间谍)。其下有丞、侍郎、宜诏郎、中书通事舍人(负责间谍与反间谍)等。唐肃宗时,设立"察事厅子"的李辅国,也是中书令,掌管情报工作。可见三国吴国的中书令、校事和中书通事舍人等的间谍职责及官职名称,一直至唐还有着巨大的影响。吴国在朝中还设立"察战"的间谍官职,《三国志·吴书·孙休传》记载道:"是岁使察战到交趾调孔雀、大猪。"裴松之注:"察战,吴官名,今扬都有察战巷。"从中可窥探出当时的间谍"察战"有其固定的组织地点,所以后人称那里为"察战巷"。《三国志》还记载:"(孙)皓大怒,遣察战赍药赐奋……父子皆饮药死。"吴国在边境也设有反间谍组织,称之为"刺奸屯","每刺奸屯有五兵,贼曹(屯长)一人"。负责边境的反间谍和报警等任务。

南北朝时,为了监控出任方镇的宗室诸王和各州刺史,设置了"典签"一职,常由皇帝派亲信担任此职,充当皇帝的耳目。"典签皆出纳教命,执其枢要,刺史不得专其职任",其"威权甚重,号为签师"。譬如刘宋时,宋文帝听信典签密报,杀掉了功臣檀道济。宋文帝还大量任命亲信为典签、中书令、中书舍人、尚书令等,负责担任间谍情报工作,以至于造成"诸王不王,臣不臣,典签为上"的不正常局面。史书曾记载:"典签帅,一方之事,悉以要之。"他们使诸王、刺史"行事执其权,典签掣其肘,苟利之义未伸,专违之咎已及。处地虽重,行莫由己"。典签把监控的职权范围扩大到了诸王、刺史等上层官吏,甚至专横跋扈,滥杀无辜,从而激起诸王和刺史对皇帝与典签的怨恨。当时的豫州刺史萧晃,就曾一怒之下,杀掉时时窥探其言行的典签;荆州刺史萧子响,不仅杀了典签,还起兵造反。梁以后,典签渐废。

(四)隋、唐间谍机构

隋时,隋文帝对臣下官吏的侦探日益加强,其监控组织也日趋严密。不仅有直接受皇帝控制的公开的独立监察机构——御史台,而且皇帝还设置了许多秘密的耳目。隋文帝经常派心腹亲信侦察内外百官,甚至秘密派间谍假意给贪官污吏或政治对手送贿赂,一旦官吏接受贿赂,便立即处死。在军事上,隋朝设立了左右武侯,除负责皇帝警卫外,还负责"执捕奸非"的反间谍工作和侦察皇帝途经地点的官府内情。隋朝虽然只有短短的三十七年,但其严密的间谍活动,对唐朝有着很大的影响。

唐初时,武则天为了镇压唐宗室旧臣的反抗,就效法隋文帝,广布间谍密探,时时暗中侦察打听这些人的踪迹，并鼓励告密，使唐宗室诸王及旧臣惶惶不可终日。唐肃宗时，太监李辅国权倾朝野，为了镇压对其不满的文臣武将，秘密成立了一个拥有数十人的间谍机构，以侦探臣僚。这些间谍称之为"察事厅子"或"察事听儿"，专门从事秘密侦探活动。只要有谁敢背后讥讽李辅国的，立即会被侦知而拘捕拷打，即使是权力很大的御史台和大理寺也不敢过问。李岘为相时，他实在无法忍受李辅国秘密特务的横行霸道，便冒死上朝叩头状告李辅国专权乱国，唐肃宗这才削夺了李辅国的权力，"察事等并停"。唐末时，李辅国设置的"察事厅子"还有其余波。唐淮南节度使高骈在广陵，曾厚资雇用了一百多人为密探，专以刺探官吏百姓的秘情隐私，人称"察子"。唐代罗隐在《广陵妖乱志》中也记载道："得百余人，厚其官傭，以备指使，各有十余丁，纵横闾巷间，谓之察子。"

唐朝御史台的察院也充当皇帝的耳目，负责暗中侦探情报工作。"安史之乱"后，又设置了"非常官"——监军，作为皇帝的代表，"监视刑赏，奏察违谬"，对军队进行有效监控，其作用类似南北朝的典签。

关于唐代的另一个庞大的间谍机构——进奏院，历来史学家无述。马端临《文献通考·职官·六院四辖·进奏院》说："唐藩镇皆置邸舍京师，以大将主之。谓之上都留后。大历十二年，改为上都知进奏院。太平兴国六年，简知后官，得李楚等百五十人，并充进奏官……掌受诏敕及诸司符牒，辨其州府军监。"

进奏院名义上是地方藩镇势力驻守在中央京城的联络机构，向中央政府及时"进奏"各地情况，但实际上是各地藩镇势力在京城搜集中央和其他各地情报的一个间谍情报机构。他们定期把中央政府和京城内发生的一些政界、军界大事，包括官员的任免、内部的倾轧、军事情报、皇帝行踪、大臣活动等情报，向本地区的藩镇首脑即节度使秘密汇报，从而使远处外地的节度使及时准确地掌握中央的有关动向，以便制定相应的措施。

进奏院最早起源于每年各地藩镇朝集使在京城居住的临时房舍，唐太宗贞观年代起，才开始正式营造了专门的邸舍。唐代宗大历年间（766~779），藩镇势力渐强，为及时了解中央的动向，便将这些邸舍美其名曰"进奏院"，暗中却使其作为情报搜集的间谍机构。到了唐代后期时，这种进奏院在长安竟多达五十几个。

这时，进奏院首脑官员的级别也较多，甚至有与中央御史大夫相当的级别。他们向藩镇传递情报的渠道主要是利用官驿。

由于进奏院这一间谍机构的出现，竟促使我国最早的新闻报纸的问世，这就是《开元杂报》。该报为雕版印刷，由进奏院人员编辑。内容涉及面很广，主要是搜集来的政治、军事情报。它不定期出版，每期单张，字数也不多，一般为每行十五字，每页十三行，一律使用楷书大字。因为它主要是提供给进奏院首脑官员和各地节度使参阅，所以印数极少，亦无一张留传下来。现在只能从中唐人孙樵的《读开元杂报》一文中，才略知一二。

唐代进奏院在中国古代间谍史上的地位，大大超过李辅国的"察事厅子"机构，其存在时间之久、规模之巨、人员之多、作用之大都是前世无可比拟的。尤其是《开元杂报》的问世，形成了中国新闻报纸的源头，同时标志着中国古代间谍情报以公开文件的形式出现的开端。各地藩镇利用进奏院对中央京城进行情报搜集，可谓是近水楼台先得月，非常及时准确。它为以后藩镇的割据叛乱起到了很大的作用。

最典型的例子就是安禄山派来的亲信吉温为进奏院留后（首脑）搜集刺探情报，为日后叛乱做了大量的准备工作。《新唐书·酷吏》卷二百〇九记载道："吉温，故宰相顼之子也。性阴诡，果于事……时太子文学薛嶷得幸，引温（吉温）入见，玄宗目之曰：'是一不良，我不用。'罢之。"后来由于吉温"佐讯"时，运用"楚械搒掠"的酷刑，受到李林甫的赞赏，吉温则说："若遇知己，南山白额虎不足缚。"由于吉温与罗希奭大行酷刑，"相勗为虐"，时人号为"罗钳吉网"，"公卿见者，莫敢耦语"。

在"杨国忠、安禄山方尊崇，高力士居中用事"时，"吉温皆媚附之"，但最接近安禄山，史称"兄事禄山"。吉温对安禄山曾密谵曰："李右相虽厚待公，然不肯引共政，我见遇久，亦不显以官。公若荐我为宰相，我处公要任，则右相可挤矣。禄山大悦，亟称温才，天予亦忘前语。于是禄山领河东节度，表温自副。"杨国忠当政后，又"引拜御史中丞，兼京畿关内采访处置使"。从此，吉温便以进奏院为间谍基地，向安禄山提供了大量宫廷绝密情报。"朝廷动静辄报，不淹宿而知。天宝十三载，禄山入朝，领闲厩使，荐温武部侍郎以为副"。由于安禄山在京城有吉温把持进奏院，隐瞒了许多"外示御寇，内贮兵器"的"阴有逆某"，而许多要求中央拨粮拨款等报告，"进奏无不允"。

后因"国忠与禄山争宠，而温昵禄山甚，国忠不善也"。杨国忠派兵突击搜查了吉温的住宅，捕杀了安禄山安插在进奏院的间谍李超和安岱。然后上奏唐玄宗，"遣人发其状。斥温澧阳长史……贬端溪尉，"最终"俄遣使者杀温等五人"。彻底捣毁了安禄山安插在京城的间谍机构——进奏院。

但是为时已晚，安禄山在吉温死后的五个月终于大举叛乱。如果说安禄山在京城没有吉温指挥的进奏院，那么其即使怀有叛心，也难于实施，不可能驾铁车长驱南下，一举攻占洛阳。从史书记载来看，吉温通过进奏院向安禄山提供的情报非常及时准确。譬如"杨国忠屡奏禄山必反"，唐玄宗便派心腹中官辅璆琳前往"觇之"。安禄山在其到来之前，便从吉温处得知内情，于是运用反间手法，使辅璆琳"得其贿赂，盛言其忠"。杨国忠见一计不成，又向唐玄宗提议召安禄山进京，并说："召必不至。"可是由于安禄山从吉温处掌握了宫内朝廷的内部情报，断定无性命之虞,便"泊之而至",大大出于杨国忠的意料。安禄山乘机"涕泣言:'臣蕃人,不识字,陛下擢臣不次,被杨国忠欲得杀臣。'玄宗益亲厚之"。

安禄山胆敢冒死进京,又不断受到唐玄宗的亲厚,最后在唐王朝毫无准备的情况下突发叛乱,都是与进奏院提供的情报分不开的。

(五)宋、明、清间谍机构

唐时曾设有"武德司",掌管传布皇帝诏命。唐卢龙节度使朱泚曾以李忠正为"皇城使"。五代时的"皇城使"主要由皇帝亲信担任,以拱卫皇城,至宋代沿设。太平兴国六年(981)宋太祖改"武德司"为"皇城司"(或称"皇城探事司"),其主管人员为"皇城司斡当官"七人,"掌宫城出入之禁令",并统率所属的"皇城卒"(或称"探事卒"和"察子"),"周流民间,密行伺察",是对内、对外的专职谍报机构。

宋真宗时,阁门使王遵度入主皇城司,便派遣皇城卒在国内各地四处窥探侦察,并滥用侦察特权,不论皇城卒密告哪一个人,都不由分说地予以逮捕拷打。

宋仁宗时,皇城司监控的主要对象竟为宰相。苏东坡在《上皇帝书》中说:"事关廊庙,则宰相待罪。故仁宗之世,议者讥宰相但奉行台谏风旨而已。"皇帝又以台谏、监察御史配合皇城司行动,鼓励"风闻弹人",奏弹不当也不负任何责任。并规定御史每月必须奏事一次,叫作"月课",皇城卒则随时随刻可以密告。弄得朝廷百官,人人惶恐自危,不求有功,但求无过。宰相章得象以默默无所作为著称,另一宰相李源,竟被取了一个"没嘴葫芦"的绰号。宋朝对外的监控活动也主要由皇城司执行。当时朝廷规定:凡出使契丹的使者,必须由两名皇城卒以外交人员的公开身份跟随出访,以便随时监视、控制使者。

南宋时,金国大间谍秦桧控制皇城司,大兴特务恐怖统治。《宋史·秦桧传》记载:"察事之卒布满京城,小涉讹议即捕治。"曾力荐岳飞抗金的宰相赵鼎,因与秦桧意见不合,被罢官贬谪,在边远地区仍遭到秦桧的胁迫,终不食而死。其门人故吏闻讯后,仅叹息了几声,便被皇城察事侦知,于是"亦加以罪"。这种告密与特务统治,使朝野上下日夜担心会飞来横祸,连通书信互致问候,甚至互相串门拜访,也顾忌身后跟有"尾巴"。一时京城笼罩在恐怖气氛之中。秦桧正是利用了宋高宗的怂恿支持和数百名皇城卒日夜在京城内外的侦探,才得以维持其独裁统治长达二十五年之久。

南宋华岳《翠微北征录·采探之法》说:"惟能依此置铺,召募间谍,明远斥堠,则屯边之兵无事得以休息,有事不至窘束……札探立铺,皆所以重采探,专候望也……每铺三十人,每屯各有三人。或遇有故,则甲探报甲,乙探报乙。彼此互见而不至于隔越,远近交通而不至于断绝,是谓聚探。"可见当时边境设置有专门的情报间谍机构——边铺。

明初时，明太祖朱元璋效仿三国"霸府"的"校事"，设置了检校官。其职责是"专主察听在京大小衙门官吏不公不法，及风闻之事。无不奏闻"。朱元璋派心腹亲信高见贤、夏煜、凌锐和杨完善等人任检校官，作为其在京城的耳目，监控臣僚。朱元璋赞扬这些检校官为"唯唯此数人，譬如恶犬则人怕"。由于检校官只管察听、告密，而且品位极低，没有直接扣押、审讯和处罚的权力，朱元璋便在洪武十五年（1382）特地设置了一个系统完备的间谍特务机构——锦衣卫（全称为"锦衣卫亲军指挥使司"）。名义上锦衣卫是负责皇帝安全的亲军卫队，但是实际上负有特殊的任务，即从事间谍侦控活动。锦衣卫最初是由皇帝的仪仗队"仪鸾司"改建而来，1367年时又改名为"拱卫司"，三年后又更名为"亲军都尉府"，是皇帝的专属警卫部队。锦衣卫成立后，设指挥使一人，正三品，统率包括将军、力士、校尉等官卒共一千五百多人。添设了专门的法庭和监狱，主要职责为"盗贼奸宄，街涂沟洫，密缉而时省之"。锦衣卫下属机构有南、北镇抚司，设镇抚二人，五品，掌管缉捕、审讯及行政事务。自其成立后，朱元璋便将一切重大案件委之以锦衣卫处理，所以时人称锦衣卫奉诏办案为"诏狱"。至明世宗时，锦衣卫人数竟达十五、六万，比成立时扩大了一百倍。

由于朱元璋曾做过僧人，剃过光头和做过盗贼，所以极为忌讳"生"（音同僧）、"光""则"（音同贼）和"道"（音同盗），并暗中派锦衣卫去街头巷尾四处暗察，侦探有什么人在背地里触连这些忌讳字眼，指桑骂槐地诅咒他。朝廷有些官员在上表文时，无意写了"作则垂宪""垂子孙而作则""仪则天下"和"圣德作则"等一些贺语，朱元璋便认作是骂他为"贼"，即令锦衣卫当场"廷杖"至死。一篇贺表中有一段赞美朱元璋的话："光天之下，天生圣人，为世作则。"朱元璋读后大怒道："生者僧也，骂我当过和尚。光是剃发，说我是秃子。则音近贼，骂我作过贼。"喝令锦衣卫将上表者打入死牢。另有一位老臣的表文中有"天下有道"四个字，朱元璋发怒说："这该死的老儿还骂我是强盗呢！"

正因为有如此多疑暴戾的皇帝，所以锦衣卫也更加为所欲为，肆无忌惮了。

朱元璋赋予锦衣卫的"廷杖"特权，极为残酷。朱元璋曾下令锦衣卫将其亲侄子朱文正用"廷杖"活活打死。明武宗和明世宗也曾让锦衣卫"廷杖"几百人，当场打死几十人。成为明史上最大的"廷杖"案例。锦衣卫的酷刑名目繁多，有"全刑"，即让犯人备受械、镣、棍、拶、夹棍等五种酷刑；有使"百骨尽脱"的"琵琶刑"；有套戴三百多斤重的"枷刑"；还有断脊、刺心、坠指、灌鼻、钉指、炮烙、挺棍、燕儿飞、拦马棍和一种煮沥青以剥人皮的惨绝人寰的酷刑。《明史·刑法志》说："刑法有创自明不衷古制者，廷杖、东西厂、锦衣卫、镇抚司狱是已。杀人至惨而不丽于法，踵而行之，至末造而极。"

中国军事百科

·谍战诡影·

图文珍藏版

　　锦衣卫的胡作非为，使朝野愤愤不满，朱元璋自己也发现锦衣卫恃仗特权，严酷凌虐，势力日大，于是在洪武二十年（1387）决定罢撤锦衣卫，下令焚毁刑具。但是时隔不久，明成祖朱棣夺得帝位后，为了镇压建文帝的臣下，又恢复了锦衣卫，并宠信锦衣卫指挥使纪纲。纪纲便又大行间谍特务活动，四处布置密探耳目，时时侦察或刺探，甚至栽赃诬陷，又使锦衣卫的恐怖特务统治死灰复燃。明英宗复辟后，更是利用纵容锦衣卫，"虑廷臣党比，欲知外事，倚锦衣卫官校为耳目"。一直到（1644）明朝覆灭，锦衣卫这一间谍特务机构也随之灭亡，前后时间达二百六十年之久。

　　明朝除锦衣卫这一间谍特务机关外，还有并称"三厂"的东厂、西厂和内行厂。

　　明成祖朱棣夺取帝位后，一面废除洪武诏令不用，恢复了锦衣卫诏狱，一面又于永乐十八年（1420）在北京东安门外设立了另一间谍特务机构，即东厂。其主要职责是"缉访谋逆妖言大奸恶等"，并命亲信太监为东厂提督。人们将锦衣卫和东厂并称为"厂卫"。东厂人员都是从锦衣卫中挑选最狡猾最狠毒的特务来充当。有役长（也叫"挡头"）若干人，率有"番子"（侦探间谍的称呼）数千人，分赴各官衙和各地从事监视和侦探。

　　值得指出的是：朱棣在控制、驾驭间谍机构方面，有其独特的手段。他一方面让锦衣卫人员调入东厂，一方面又暗使东厂提督监视锦衣卫，使厂、卫两家互相牵制，不得擅权，并都单独直接向朱棣负责报告，从而使朱棣得心应手地控制调动厂卫两家为其服务。

　　明成化十三年（1477），明宪宗又设立了一个间谍特务机构叫西厂，由亲信太监汪直掌领，其规模比东厂大一倍。汪直"分命诸校广刺督责，大政小事，方言巷语，悉拣以闻。"汪直上任不久，朝野各地便深受西厂特务的监视、诬告、酷刑之苦，大学士商辂冒死上奏道："近日伺察太繁，政令太急，刑网太密，人情疑畏，汹汹不安。盖陛下委听断于汪直，而直又寄耳目于群小也。中外骚然，安得其无意外不测之变！"明宪宗表面上对商辂大发脾气，但内心对汪直的权势开始提防。由于东厂太监提督尚铭不服汪直的指挥，便决定先发制人。他派"番子"暗中时时跟踪侦察汪直的一些阴私不法行为，然后立即密告明宪宗，终于在成化十八年（1482）罢撤了西厂和汪直。

　　明武宗正德初年（1506），太监刘瑾在把持东厂的同时又恢复了西厂，并控制了锦衣卫，"厂卫之势合矣"。1508年，刘瑾又秘密设立了另一个间谍特务机构——内办事厂（简称内行厂），由自己亲自任提督，其权势凌驾于朝廷一切机构之上，锦衣卫、东西厂也都在内行厂的监视控制之下。明代的间谍特务机构至此达到顶点，刘瑾也因此被称为"立地皇帝"，可见其权势之大。

　　刘瑾操纵"三厂一卫"，对朝野进行了大规模的特务活动。"毛举宫僚细过，散布校尉（即间谍），远近候伺，使人救过不瞻"。间谍特务遍布全国各地，如水银泻地,无隙不入,被诬告冤死的官民达数万人之多。譬如为明王朝立有汗马功劳的兵部主事王守仁,因得罪了刘瑾,当场被拖下去痛打五十大板,并贬官流放至边远地区。心胸狭窄的刘瑾还是不放过他,暗遣内行厂"番子"在路上跟踪窥伺王守仁,欲乘机刺杀他。王守仁绝望之下,只好在深夜假装投河自杀,留下了绝命诗,并浮帽子、鞋子于水上,这才摆脱了"番子"的盯梢,捡回了一条命。当时之人,听见"内行厂"三个字,无不毛发耸然,惊恐万状。

明正德五年(1510),刘瑾与朝廷文武大臣的矛盾趋于白热化。御任监军张永乘明武宗酒醉之时,单独告发了刘瑾的谋反阴谋,促使明武宗下令逮捕刘瑾及其党羽。当明武宗得知从刘瑾家中搜出了金银珠宝数百万、一枚伪玺及衮衣、玉带、兵器等禁物,特别是发现刘瑾时时拿在手里的扇子中竟藏着两把微型匕首,明武宗大发雷霆,下旨将其押往诏狱审判。不久,刘瑾和他的亲族十五人以及党徒吏部尚书张彩、锦衣卫指挥使杨玉等全部被处死。西厂和内行厂也全都被撤销。

明天启年间(1621~1627),太监魏忠贤阉党专政,间谍特务恐怖统治之祸亦随之而来。魏忠贤派亲信控制了锦衣卫和东厂,派出千余名"番子"四处侦探,名为"打桩",此外还勾结京城的流氓无赖,鼓励告密,名为"打事件"。凡告发一件事,便付一定的赏钱,名为"买起数"或"买事件"。在朝廷各衙门中都派有东厂"番子"监督,名为"坐记";凡拷讯重犯时,必须有"番子"到场监审,名为"听记"。如"听记"未到,则不得开审。官员不堪其苦,怨声载道,"厂卫之毒极矣"。

东厂的特务侦察任务是在每月初一以抽签的方式分配。数百名"番子"轮流抽签,抽到哪支签,则去监视侦察某一对象,时间为一个月。所获得的情报可以直接在深夜从宫门缝中投入,再由宦官直接呈送皇帝,所以皇帝对全国各地之事随时巨细皆知。魏忠贤也因此倍受恩宠,号为"九千岁"。其门下有号称"五虎""五彪""十狗""十孩儿""四十孙"等臭名昭著的阉党骨干。他们把持朝廷大权,无所不为。副都御史杨涟曾一针见血地指出:"宫中府中,大事小事,无一不是忠贤专擅,反觉皇上为名,忠贤为实。"杨涟也由此遭到魏忠贤东厂"番子"的诬告,终被活活折磨而死。从此,朝臣或趋炎附势,或缄口不语,外臣也纷纷奉承拍马。浙江巡抚潘汝桢为魏忠贤在杭州西湖畔造了一座魏忠贤的生祠——普德祠。其规模之宏伟,建筑之精巧,与宫殿一般。祠中的魏忠贤塑像,用纯金铸成,连腹中五脏六腑都是用珠宝玛瑙制成,衣着华丽,与帝王相差无几。1627年,崇祯帝即位,魏忠贤失去了靠山。朝野官民纷纷上疏奏劾。崇祯帝责问潘汝桢为魏忠贤营造与帝王同等规模的普德祠一事,嘉兴贡生钱嘉徵又上书列举魏忠贤利用厂卫犯下的十大罪状,要求清除魏门奸党。魏忠贤惊恐之中,畏罪上吊自杀。崇祯帝下诏分其尸首,悬其首级示众。但是,崇祯帝却又派心腹太监提督东厂,"倚厂卫益甚,至国亡乃止"。到1644年明王朝灭亡,厂祸也与卫祸一样,同时走向灭亡。

明朝的间谍特务机构,在中国古代封建社会中,是空前绝后的,也是最黑暗的。"三厂一卫"的间谍特务机构,非但没有加强明王朝的统治和国家的安定,反而造成了统治集团内部的分崩离析,严重阻碍了生产力的发展,削弱了中央集团的统治力量,大大加深了阶级矛盾与民族矛盾,是间谍机构及其活动的畸形发展状态。间谍机构的多方设置和职责界限不明,又造成了各机构之间彼此互相倾轧、互相拆台、互相邀功的混乱局面,使间谍侦察活动畸变成为诬陷造谣行为,使审讯演变为逼、供、信的严刑拷打。真实性大打折扣,真伪混杂,难辨一是,从而导致其最终必然走向衰亡。

清时,鉴于明朝间谍特务机构祸乱朝纲的教训,"易锦衣为銮仪",作为仪仗机构,但还是没有完全摆脱厂卫的阴影,"銮仪卫"依然"有缉事员役在内院门首,访察赐画"的侦察特权。另设有"察院",其职责为"专司京师访缉逃盗,稽察奸宄等事"。后来因为给事中张国宪上疏力陈请"罢缉事员役",銮仪卫才被取消秘密侦察的特权。

清代虽然没有正式公开的间谍机构,但是统治者对臣民的侦控丝毫不亚于前代。其主要方法有二,即:皇帝亲自派遣心腹侍卫外出从事间谍活动及施行密折制度,形成了有间谍活动之实无间谍机构之名的特殊用间形态。

雍正皇帝在这两点上最下功夫。他设置"观风整俗使",去各地侦探督抚的情报,又派心腹侍卫(也叫"逻察")在京城内外到处秘密行动,窥察臣僚的一言一行。譬如广东布政使王士俊、抚远大将军年羹尧和直隶总督李绂等,离京赴任时,雍正都密遣"逻察"扮作"忠愚之随从"或"厚道之仆人",与其同行,对其进行跟踪侦察。不过,雍正用间的思想似乎借鉴于李靖的"问所以能成功,亦有凭间而倾败"的思想,他仅仅给予"逻察"以暗察权,但不赋予拘杀特权。以至造成他既相信间谍但又不重用间谍的状况。他派甲间谍去侦察别人,又派乙间谍去侦察甲间谍,从中筛选出真实的情报。由于皇帝派出的密探人员不足以遍布各地,所以皇帝便常常专谕各地督抚派遣间谍以弥补不足。尤其是对付民间秘密结社,曾多次采用"每一州县各派眼目一人访缉"的用间方式。

"密折言事"制度始于康熙,盛行雍正、乾隆。雍正曾亲自制定科道官员实行密折言事的制度:"各科道每日一人上一密折,轮流具奏,一折止言一事,无论大小事务,皆许据实敷陈,即或无事可言,折内亦必声明无言之故。"这样,就把间谍职责寓于各级政府官员的职能之中,形成了一张巨大的密察密奏之网,牢牢地监控着中央与地方的各级政府机构。即使是"风闻之事",也必须"即行密奏"。康熙时,为了绝对控制臣民,康熙不但鼓励密折制度,还将心腹"逻察"派往江宁、苏州、杭州的"江南三织造署",使其成为皇帝直接设立的三个秘密情报站。

由于密折制度要求各级官吏按规定频频上奏,所以官吏们后来实在无事可奏时，或海阔天空泛泛而谈，或鸡毛蒜皮敷衍了事。康熙曾就此埋怨道："设立科、道官员，特为参奏政事，今观都御史以至科、道，条奏者甚少"；"近时言官奏疏寥寥，虽间有人奏，而深切时政从实直陈者甚少。"雍正为了鼓励密折上奏和严格密折纪律，曾规定："凡有密奏，密之一字，最为切要。臣不密则失身，稍有疏漏，传播于外，经朕闻之，临贻害于汝非浅，追悔亦莫及矣。"如有泄漏者，不论是有意或无意，"概照泄漏军机律治罪。"

清咸丰年间，清王朝为了镇压对付太平天国，又成立了"情报采编所"。当时湖北巡抚衙门的低级巡捕官张德坚，经过长时间、多方面的明审暗察，获取了太平天国的众多绝密情报。于是他又将其分门别类，编成了一册有关太平天国的情报汇编，但未引起上司的重视。直到张德坚托人辗转攀附上湘军头领曾国藩后，才被曾国藩看中。于是曾国藩下令由张德坚负责组建了一个专门对付太平天国的情报采编所，编辑了一本《贼情汇纂》。《贼情汇纂》有十二卷，起讫时间为 1805 年至 1856 年，对太平天国的主要首领、制度、宗教、文化、兵员成分、军队数量、根据地和物资储备等情况，都搜集了大量的情报，而且极为详细准确，"彼（太平天国）中一举一动，纤悉靡遗"。书后又有大量附录和有关太平天国文告、印信、服饰、旗帜等附图。《贼情汇纂》编完之后，情报采编所也便自行解散了。

清道光年间，各帝国列强频频派间谍前往中国大肆进行侦察活动。1832 年，英国东印度公司派遣"阿美士德"号间谍船在中国沿海以从商为名，在停泊的海域内，测量水道、海湾，绘制航海图。1880 年，日本人山县有朋上呈给日本天皇的《邻邦兵备略》，就是根据间谍在中国刺探获得的情报所编纂的。1886 年，日本人在汉口建立的"乐善堂"就是日本间谍中心，此后又扩展到了北京、天津、重庆、长沙等地。"乐善堂"头目荒尾精在上海成立的所谓"日清贸易研究所"，则是彻头彻尾的间谍大本营。1893 年，日军参谋次长川上操中将也悄悄潜到朝鲜的釜山、仁川和中国京、津、沪、南京等地，重点窥探清军的军备、士兵、训练、军队装备和地形地貌等，为不久爆发的甲午战争准备绘制了朝鲜、中国东三省和渤海湾的详细军事地图。清政府对俄、英、法、德、日等国间谍以"商人""探险家""传教士"等身份为掩护从事的间谍活动，竟无丝毫提防察觉，直至鸦片战争、甲午战争爆发后，才知大事不好。于是在清末，成立了中国历史上第一个近现代的间谍机构——军咨处第二厅，专门负责对外各国的间谍与反间谍活动。该厅组织严密，分工明确，共设有五个科，以具体进行的间谍与反间谍国别进行分科。第一是日本、朝鲜科；第二是俄国科；第三是英国、美国及使用英语国家科；第四是德国、奥国及使用德语国家科；第五是法国、意大利及使用法语国家科。

军咨处第二厅主要职责是对外反间谍，对内的间谍机构不见于文献，但其间谍活动依然是遵循康熙开创的"逻察"和"密折"制度，摇摇欲坠地一直维持到清王朝的彻底覆灭。

三、间谍技术

（一）窃听

世界上最早的窃听器是我国在战国时期发明的。《墨子·备穴第六十二》记载道："今陶者为罂，容四十斗以上，固幠之以薄鞈革，置井中，使聪耳者伏罂而听之，审知穴之所在，凿穴迎之。"史学家岑仲勉先生引唐李筌《神机制敌太白阴经》："地听，于城中八方穿井，各深二丈，令人头覆戴新瓮（即罃），于井中坐听，则城外五百步之内有掘城道者，并闻于瓮中，辨方所远近。"唐杜佑《通典》引李靖语说："地听，于城内八方穿井，各深二丈，以新罂用薄皮裹口如鼓，使聪耳者于井中，托罂而听，则去城五百步内，悉知之……有孔城地道声，并声闻瓮中，而辨之方所近远矣"。宋代陈规《守城录》也记载："闻虏于太山庙穴地道，高广丈有半，将由景福寺出，公集僚属议。张斌曰：'兵法当设瓮听，以无目人司之，知其远近。'皆此种罂听之遗法，用瞽目人者，取其用心专一。南宋华岳《翠微北征录》记作'缶听'"。

墨子

唐代还有一种更简便易携带和更具效果的窃听器问世。《神机制敌太白阴经》卷五"游奕地听篇"记载道："地听，选少睡者令枕空胡鹿（葫芦形空心枕头），有人马行三十里外，东西南北皆有响应于胡鹿中，名曰地听，可预防奸。野猪皮为胡鹿，尤妙。"《李靖兵法》卷中"部伍营阵"篇说："至夜，每阵前百步外，各着'听子'二人，一更一替，以听不虞，仍令'探听子'勿合眼睛……令人枕空胡禄卧……则先防备。"明代何良臣《阵纪·技用》说："令少壮者，枕大空葫芦，卧幽静处，人行二十里外，东南西北皆知之，名之曰地聪。"

由此可知：地听（或称：瓮听、罂听、缶听）是用来探听城外有无挖地道之声；葫鹿（或称：胡禄、葫芦、地聪）则是用来窃听有无人马行走之声。用途相同，对象各异，宋代曾公亮的《武经总要》亦有记载。

宋代沈括《梦溪笔谈》卷十九又记载了另一种窃听器：箭囊听枕。它是用军士们装箭用的牛皮箭囊吹足气后，作卧枕，"取其中虚，附地枕之。数里内有人马声，则皆闻之，盖虚能纳声也"。沈括不仅描述了"箭囊听枕"的作用，而且还指出其中的科学道理，即是一种利用声学效应的共鸣箱。明末时，张献忠就常用此法"伏路静听"，准确掌握了敌军动向。

在江南一带，还有一种因地制宜的"竹管窃听器"，它是用一根根凿穿内节的细长毛竹连接在一起，敷设在地下、水下或隐蔽在地上和建筑物内，进行较短距离的窃听。

（二）通讯

由于间谍情报必须绝对保密，万一稍有疏忽，泄露军情或贻误军机，都将造成严重的后果。所以古代的情报通讯方法有其独特之处。清代魏源《圣武记》卷十三记载了这样一件事：清康熙初年，吴三桂尚未叛清时，奉诏讨伐贵州水西土司安坤。吴三桂见敌军兵众将精，便下令各路军队"于六归河会剿"，但命令中却将"六归"误书为音近字"陆广"，结果各路将领不知其意，造成"三路声息隔绝"，"吴三桂受困二月，粮尽"，岌岌可危。幸得贵州提督李本深从敌方间谍口中得知真相，急忙"整兵入援，困乃解"。魏源对此曾感叹道："以一字之误，几覆全军，亦史世罕见。可见古大将亲治军书之不可忽。"

为了达到情报的快速、准确传达，古代约有五种通讯方式。

（三）利用邮驿

早在殷商时代，甲骨文中就有邮驿的记载，一般多作"逋"。周代又称为"传""馆"。春秋战国时称"遽""邮""置"。战国有"骑传候"专管情报快速传递。秦汉魏晋时称"驿"。唐时又称"馆"。宋时称"急递"。元时称"站赤"。明清时则称"邮驿"。

司马迁《史记》说，舜时曾设置二十二名"纳言官"，"明通四方耳目"，"夙夜出入"，专司传递情报之职责。西周时的"大行人""小行人"和"行夫"都是利用步行或车船传递情报。春秋时，又出现了"乘遽"的单骑快马通信。据《左传·昭公二年》记载，郑国子产探知公孙里叛乱情报后，利用"乘遽"返回都城平叛。当时的"乘遽"和"邮"的传递速度极快，正如孔子所比喻的那样："德之流行，速于置邮而传命。"战国时，又出现了私人间谍情报通讯网，譬如信陵君在魏国情报官急报赵国边境烽火四起时，稳若泰山地劝魏王不必惊慌，"此乃赵王狩猎也"。可见信陵君有效率很高的私人通信情报机构，能迅速、完备、及时地向他密告情报。西汉初年，淮南王刘安也自有一套通信系统，名义上是互通问候家书，实际上是情报通讯网。

魏晋时，又设立了"健步""急脚子"和"快行子"的邮卒，但他们更多的是传递军事情报。为了使其制度化，魏文帝曹丕还制定了《邮驿令》这一我国最早的邮驿法。其中最重要的是"插羽"，即紧急公文或绝密情报必须插上羽毛，日夜不停地传递，颇类似于后世的鸡毛信。

三国时，曹操派蒋干为间去吴军大营中劝降周瑜和刺探军情时，就是利用东吴独有的"水驿"，前往周瑜军营的。

宋时，邮驿日益军事化。由"急脚递""马递""步递"等"铺兵"担任。宋太祖还下诏令"诏诸道邮传以军卒递"，又建立了"斥堠铺"和"摆铺"。以兵代民通信，完全是为了军事保密的需要。所以为了防止"铺兵"逃跑泄密，就在其背、胸、面、臂上，刺上青字，以此加以控制。南宋华岳《翠微北征录·聚探》也记载道："札探立铺，皆所以重采探，专候望……今日聚探，尽革前弊。谓如沿边十五铺，每铺三十人。每屯各有三人。或遇有故，则甲探报甲，乙探报乙。彼此互见而不至于隔越，远近交通而不至于断绝。"他又说："游奕小探，谓拣募轻捷骁勇马军，往来于边铺空阙之处，必要探知贼人消息。"

南宋时还制定了相当完备的通信法规，即《金玉新书》。其中规定：涉及边防军事情报而盗窃或泄露者，处以斩刑。元代也制定有《站赤条例》，设"铺马札子"为情报传递员。明清时，邮驿几乎完全军事情报化。譬如朱元璋曾明令规定："非军国重事不许给驿"。清时的军机处常常在情报上写有"马上飞递"字样，要求快速传送。密札制度也是由邮驿来完成的。

（四）利用动物

春秋时始用马来传递情报。南北朝时，用骆驼来送情报，叫作"驼驿"。唐代还设有"明驼使"，大将哥舒翰就常用此向唐玄宗传送各地藩镇情报。还有用犬狗的。晋时，陆机就常把书信装在竹筒里，绑在一只叫"黄耳"的骏犬颈上，传送到几百里路之遥的地方去。元代设立的"狗站"，则更是边境中的专职情报通信站。

最值得一提的是以鸽子来传递情报。鸽子是被人类最早使用传递情报的动物之一。据《圣经》记载：上古洪水泛滥时，挪亚乘方舟逃生，为了得知洪水是否退落，便派鸽子前往侦察，如洪水已退，便叫鸽子衔一条橄榄枝回来。不久，鸽子衔一枝鲜橄榄枝飞回，挪亚驾方舟前去一看，洪水果然已退。

我国古代最早使用鸽子传递消息的记载，见于五代王仁裕所写的《开元天宝遗事》："张九龄（唐玄宗时的宰相）少年时，家养群鸽。每与亲知书信往来，只以书系鸽脚上，依所教之处，飞往投之。九龄目之为'飞奴'，时人无不惊讶。"另据唐代文献记载，当时还有用经过训练过的燕子和海东青（鹘）来送信等方法。

宋时，鸽子便完全应用到了间谍情报的传递上。据《宋史·夏国传上》记载："福与怿（福即宋主将任福；怿即宋前锋桑怿）循好水川西去，未至羊牧隆城五里，与夏军遇。怿为先锋,见道房置数银泥盒,封袭谨密,中有动跃声,疑莫敢发。福至发之,乃是哨家鸽百余,自盒中起,盘飞军上,于是夏兵四合,大败宋军,福等皆战死。"这是西夏军队布下伏兵,用一百多只军用信鸽来作为伏兵发起攻击的情报信号,从而一举获胜。明代何守法《投笔肤谈·方术第十》称此为"封鸽代谍"。据周密的《齐东野语》说,南宋时,川陕宣抚使张浚前去视察素以"纪律极严"著称的曲端的军队。张浚"按视端军,端执挝以军礼见,阒无一人。公异之,谓欲点视。端以所部五军籍进,公命点其一部。于庭间开笼纵一鸽以往,而所点之军随至,张为愕然。既而欲尽观,于是悉纵五鸽,则五军顷刻而集,戈甲焕灿,旗帜鲜明。"曲端平时以鸽传送信息练兵,战时则以鸽传送情报调兵,可谓运用之娴熟。

(五)利用烽燧

最早利用烽燧传递情报的记载是《史记·周本纪》:"幽王为烽燧、大鼓,有寇则举烽火。"唐代张守节《史记正义》解释说:"昼日燃烽以望火烟,夜举燧火以望火光也。""皆山上安之,有寇举之。"《墨子》中已有专门解释烽燧的论述:"城上烽燧相望,昼则举烽,夜则举火……遣卒候者无过五十人,客至堞,去之,慎无厌逮。"史学家岑仲勉注道:"此言派出斥候及烽火告警法。卒候,今名侦探或间谍。"《史记·魏公子列传》说:"公子与魏王博,而北境传举烽,言赵寇至,且入界。"可见都是以烽燧来传递报警情报。秦汉时,建立了大量烽火台,"起烽燧,十里一候。"又叫"亭""烽台""烟墩""墩台"等。近年出土的秦制铜"杜虎符"上有十字:"燔燧之事,虽毋令符,行也。"汉代居延汉简中有《塞上烽火品约》,品约规定:若敌寇不满一千人,则燔一积薪,超过一千便燔二积薪,若攻亭障则燔三积薪。隋唐时,又规定:"若贼少,举二烽;来多,举三烽;大逼,举四烽。"

由于烽燧敌我均可见,所以又制定了特别的形式来予以保密。譬如南宋华岳在《翠微北征录·反泄》中说:"我秘敌泄,则胜常在我。""反泄之法有四:一曰号召……二曰旗帜……三曰金鼓……四曰烽燧:谓昔以一燧为遇寇,二燧为索救。今则反以一燧而为索救之号;昔以无烟为无事,有烟则有警;今则反以有烟而为无事之验,是为反泄。"因为烽燧信号单调显目,不可能传递复杂绝密情报,所以其作用局限于边境较为简单的情报通讯传递。

(六)利用水漂

即利用流动不息的河水,从上游向下游传送紧急军事情报。隋大业十一年(615)时,隋炀帝被突厥重重包围于雁门,形势极为危急。隋炀帝几次派人突围外出去搬救兵,都被突厥捕杀或受阻。于是,隋炀帝"从围中以木系诏书,投汾水而下,募兵赴援。"果然,下游隋军得信后,立即发兵救援,击退了突厥。《隋书》还记载隋将史万岁平陈时,因"水陆阻绝,信使不通",无法与主帅杨素取得联系。史万岁急中生智,将战场军事情报放在竹筒中,浮江而下,终于漂到了杨素的帅营。杨素根据情报及时调遣军队开往前线。明代用间大师王守仁在与叛军朱宸濠作战时,就制作了数十万块"免死牌",牌上刻写着只要叛军士卒谁持有该牌,便可在战败被俘时免予死罪等字样,然后投入长江上游,木牌顺流漂至明军久攻不下的安庆朱宸濠军营中,人人蜂拥争抢,军心涣散,逃兵不计其数。王守仁利用水力传递瓦解敌军的"情报",有力地摧毁了朱宸濠的军队。被后人称之为"水电报"。

(七)利用纸鸢

纸鸢是我国古代情报通讯的独特发明。早在战国时,《墨子·鲁问》就记载道:"公输子削竹木为鹊,成而飞之,三日不下。"虽然所述夸大,但这种纸鸢的前身在许多古文献中均有记载,并称之为"木鸢"或"飞鸢"。据宋人曾敏行《独醒杂志》卷一记述:"今之风筝,古之纸鸢也。创始于韩淮阴。方是时,陈豨反于代,高祖自将征之。淮阴与豨约从中应,做纸鸢以为期,谋败身戮。"这是最早关于纸鸢用于间谍情报传递的记载。

《资治通鉴》卷一六二完整详细地记载了南北朝梁末年侯景叛乱,梁太子萧纲用纸鸢传递情报的史实:"台城与援军性命久绝,有羊车儿献策,做纸鸢,系以长绳,写敕于内,放以从风,冀达众军。题云:得鸱送援军,赏银百两。太子自出太极殿前,乘西北风纵之。贼怪之,以为压胜(一种迷信的说法),射而下之。"这是用纸鸢来传递书信情报。

唐时,魏博节度使田悦起兵谋反,率兵围攻临洺。临洺城守将张怀拼死抵抗,唐军将领马燧率援军营救,被田悦军队阻隔在城外。张丕为了与马燧取得联系,以便内外夹攻田悦,便写了一封情报书信,拴在纸鸢上。此"风鸢高百余丈。过悦(田悦)营上。悦使善射者射之,不能及。燧(马燧)营噪,迎之,得书"。马燧由此得知临洺城内详细情况和张怀的作战行动方案。

1232年,蒙兵与金兵相争。蒙军围攻金代都城南京(今河南开封)。金廷丞相完颜白撒为了从内部瓦解分化蒙军,便命令部下将策反信绑在纸鸢上,"于城上放纸鸢,鸢书上语,招诱胁从之人,使自拔以归"。

有时也用箭矢来传递情报。《初学记》记载道:"赵氏兵书曰:矢一名信往。"《史记·鲁仲连列传》说:"鲁仲连乃为书约之,矢以射城中,遗燕将。"三国时,曹操为了离间东吴与关羽,将孙权的密书用箭射入关羽营内和樊城曹操守军中,成功地实施了离间计。明代吕坤的《救命书》卷下说:"用善谍之卒,能知贼魁所用腹心主谋及左右才能之人,访获字迹,摹为降书,令善射者拴贴箭上,相约会合之意,射入城中。亦可令上下猜疑,自相杀害。"

（八）密码

间谍情报运用密码进行传递通讯的方法有五种。

1.阴符、阴书

东汉许慎《说文解字》对"符"的释义是："符，信也……分而相合。"《孙子兵法·九地篇》已指出"夷关折符"，曹操与杜牧分别注道："谋定，则闭关以绝其符信，勿通其使"，"夷关折符者，不令国人出入。盖恐敌人有间使潜来，或藏形隐迹，由危历险，或窃符盗信，假托姓名，而来窥我也。"阴符是刻画有特殊符号或制成不规则牙状边缘的信物凭证，其作用为传递情报，调兵遣将。《六韬·阴符第二十四》有专章论述古代阴符的密码："主与将有阴符凡八等：有大胜克敌之符，长一尺。破军擒将之符，长九寸。降城得邑之符，长八寸。却敌报远之符，长七寸。警众坚守之符，长六寸。请粮益兵之符，长五寸。败军亡将之符，长四寸。失利亡士之符，长三寸。诸奉使行符，稽留者，若符事泄，闻者、告者皆诛之。八符者，主将秘闻。所以阴通言语不泄中外相知之术，敌虽圣智，莫之能识。"

这种由主将事先暗自规定尺寸长短的阴符，其所代表的"言语"就是一种情报密码。阴符有铜制、玉制、木制、竹制等。阴符也可以作为一种临时的特殊通行证。《墨子·号令第七十》中说："有分守者，大将必与为信符。大将使人行守，操信符，信符不合及号不相应者，伯长以上辄止之，以闻大将。"一般铜符是为传递情报调动部队之用；木、竹符为特使"出入征险"通行之用。譬如战国信陵君派女间谍如姬窃取魏王铜符，然后"矫魏王令代晋鄙"，夺兵权而救赵国。楚怀王发给鄂君竹符，遣其巡历长江沿岸。

阴书是比阴符更进一步的情报传递密码。《六韬·阴书第二十五》也有专章论述："武王问太公曰：其事烦多，符不能明，相去辽远，言语不通；为之奈何？太公曰：诸有阴事大虑当用书不用符。主以书遣将，将以书问主，书皆一合而再离，三发而一知。再离者分书为三部；三发而一知者，言三人，人操一分，相参而不相知情也。此谓阴书。敌总圣智，莫之能识。"所谓"一合而再离"，即将一份完整的情报截成三份，分写在三枚竹简上；所谓"三发而一知"，即派三个人分别持此三枚竹简，分别出发，到达目的地后，再将三枚竹简合而为一，便能读通其意义了。这样，送情报的人互不得知传送情报的内容，即使有一人或二人被敌方捕获，也不会泄密。

后世出现文字横写格式后，又采用竖截的方式予以保密。譬如明代有一份情报为："今昧方之阵中，粮食当绝，早与诸将相议，急需运送，此事必勿急攻。"按"一合而再离"这份情报被截为三份：

分持之人均莫知其意。但将三者左右拼合，再横读，就现出原文了。

今		昧
食		当
相		议
事		必勿

方	之	陈
绝	早	与
急		需
急		攻

中		粮
诸		将
运	送	此

阴书较之阴符，其所包含的意义容量要大得多，也详细得多。但是其保密的程度还是不高，即使没有获得三份截文，也能从中窥探揣摩出一些蛛丝马迹来。如从上述阴书的第一、三份中可推测出与"粮食"有关；从第二份中又可猜出"急需"什么物资，因此阴书在实际中使用的并不多，文献史书中保留下来的记载也很少。

2.暗号

以暗号互通信息或传递情报，古已有之。记之较详的是明代无名氏兵书《草庐经略·军号》："军营有夜号也，恃以防奸也。或以物，或以字……暮夜往来逻军，必低声询问，不知号者，必奸细也。号须记载，以便稽查，毋得重复，亦勿有心，恐有心则为人所觉，而重复则雷同，尤使敌易测也。营外巡视，伏路之军，亦别有号，盘诘外奸，使无所容。先发外号，遣之使出，始发内号，勿令预闻，恐敌擒获因而泄露也。"

三国曹操以"鸡肋"为暗号，意为退兵；南北朝奚达武"觇高欢军，武从三骑，皆效欢军将士服，下马潜听，得其军号，因上马历营，具知敌之情状而返"；唐代李光弼派间谍"自地道入，得军号"；宋代韩世忠"穿贼营，候者呼问，世忠先得军号，随声应之"等案例，都讲的暗号互通信息的作用。这一用法一直沿袭下来。譬如明末兵书《车营叩答合编·第五十九答》就记载了防止敌方间谍化装混入己方军营而规定的种种识别信号。

至于传递情报的暗号，最详尽的莫过于清代的"茶阵""路符"和"体态语"。英国伦敦大不列颠博物馆藏有从中国掠夺去的这方面的详细史料文献。譬如表示"求救"的暗号为：将一只茶碗注满茶水。回答时，如能救者则饮尽半碗茶，如不能救，则弃洒碗中之茶再另倒茶而饮。又如将四只茶盅并排一字形放置，表示将赴危险之境，如饮了第一杯则意为"去替死"。

"路符"也是一种秘密暗号。譬如在某人必经途中，在泥土上画一个大圆圈，表示前面有人接头；画一条蛇，表示执行任务时有人协助；画五个并排三角形，表示将进行刺杀行动。

"体态语"有多种多样，有手势语、身势语、情态语等。譬如遇有紧急情况，则举扇过头，轻摇三下，表示招人参加战事；又如把右手拇指握在其余四指之外，放在头上,则表示"处境危险,紧急求助"的含意。

此外,还有一种以物品读音的谐声来作为一种情报暗号。譬如北宋种世衡派间谍法崧前往西夏进行反间,"遣法崧以枣及画龟为书置蜡丸中,遗旺荣,喻以'早'、'归'之意"。"枣"谐"早"音,"龟"谐"归"音。这一类传递情报的暗号需事先约定,但它与阴符一样,所容纳的信息量很小,因此所传递的情报内容也就很有限了。

3.字验

宋仁宗时诏令天章阁待制曾公亮编撰的《武经总要》卷十五曾详细记载了这一情报通讯方法。所谓"字验",即将各种情报用四十字的一首诗中的一些字来表示。具体要求是:所选的诗不得有重复之字,诗中的每一个字依次表示某一情报。如需报告某一情报,便在诗中规定的某一个字下加上一个符号即可。对方收到后,只需查对密码本即可译出情报内容。譬如《武经总要》记载道:先将军中联络的有关情报编为四十项,即:请弓、请箭、请刀、请甲、请枪旗、请锅幕、请马、请衣赐、请粮料、请草料、请牛车、请船、请攻城守具、请添兵、请移营、请进军、请退军、请固守、未见贼、见贼讫、贼多、贼少、贼相敌、贼添兵、贼移营、贼进兵、贼退军、贼固守、围得贼城、解围城、被贼围、贼围解、战不胜、战大胜、战大捷、将士投降、将士叛、士卒病、都将病、战小胜。

如果出现了四十项中的某一项或几项的情况,则书写一首五言律诗(五字一句,共八句,正好四十个字),按四十项的次序,用一个记号写在五言律诗的第几个字下即可。譬如出现了"被贼围"的情况,按四十项的次序是第三十一项,于是随意写一首五言律诗,譬如用白居易的《赋得古原草送别》一诗:"离离原上草,一岁一枯荣。野火烧不尽,春风吹又生。远芳侵古道,晴翠接荒城。又送王孙去,萋萋满别情。"然后在这首诗的第三十一个字"又送王孙去"的"又"字下加个记号,即表示"被贼围"的情报。

这种情报传递的密码,只要对译本不落入敌方,不论是间谍叛变或被敌方捕获,都无法破译其内容,是一种使用简便而又高度保密的情报通信手段。据《宋史·舆服志六》记载,"字验"为符彦卿在《军律》中所创制。后人李淑又将四十字减省为二十八个字,这样就需用七言绝句(七字一句,共四句,二十八个字)来相配了。

南宋华岳《翠微北征录·利害》也记载了"字验"的方法,但分称其为"名递之法"和"数递之法"。华岳说:"彼有惧其递角(传递信号用的符节)之泄漏也,故立为名递之法。谓如以'人皆畏炎热'诗二十字为号,写'人'字者,即知其为乞军器;写'皆'字号者,即知其为乞粮食。主将、中枢各收一本,以为辨对,而文牒之外,全无明文及所乞之事,此名递之法也。彼有惧其往来文牒之易辨也,故立为数递之法。谓如以'湖上新亭好'诗二十字为号,写'湖'字号者,即知其为乞军器一百件之数;写'上'字号者,即知其为乞粮食二百石之数。主将、中枢各收一本,以为辨对,而文牒之内全无一字及其所乞之数,此数递之法也。"

4.反切密码

这是明代名将戚继光所发明创制。它是用古代反切的注音方法来编制密码。反切注音方法为:用两个字拼合成另一个字的音。即取反切上字的声母和反切下字的韵母及声调,切出所需注释字的字音。譬如要注"谍"这个字音,则用"得斜"两个字来注音,即取"得"字的声母"d";取"斜"字的韵母"ie"及"斜"字的声调,拼切成 dié 音,就是"谍"的字音。

反切密码法利用反切的原理编了两首歌:

柳边求气低,波他争日时。莺蒙语出喜,打掌与君知。

用这首歌的前十五个字作为不同声母的代表字。即柳字代表"L";边字代表"b",以下依次类推(注意:古字的读音有些与现代汉语读音不同)。

另一首歌是:

春花香,秋山开,嘉宾欢歌须金杯,孤灯光辉烧银缸。之东郊,过西桥,鸡声催初天,奇梅歪遮沟。

用这首歌的三十六个字作为不同韵母的代表字(注意:其中的金与宾、梅与杯、遮与奇的韵母相同,实际上只有三十三个不同韵母的代表字)。

然后将十五个声母代表字和三十六个韵母代表字按次编上号码,再将当时字音的八个声调也按顺序编上号码。这就形成了传递情报的反切密码,可以用此注出任何字的读音。戚继光由此还编了一本《八音字义便览》来作为教材,进行专门训练。

譬如要传递"已潜入"这一情报,根据歌词,"已"的声母与"莺"同,编码为"十一";韵母与"西"同,编码为"二十五";声调是上声,编码是"三","已"字的反切密码就是:11·25·3。用书写数字或用拍掌次数即可知道。同样,"潜"的声母与"求"同,编码是"三";韵母与"天"同,编码是"三十一";声调是阳平,编码是"二"。又如"入"的声母与"日"同,编码是"九";韵母与"孤"同,编码是"十四",声调是入声,编码是"四"。这样,"已潜入"的反切密码就是 11·25·3——3·31·2=9·14·4。这种反切密码与现代的电讯密码基本一致。如果再使用方言进行编码,则根本就无法对其进行破译。

5.明码加密

清末时,电报技术输入中国。1871 年由上海大北水线电报公司,选用了六千八百九十七个汉字,代以四码数字,编成中国最早的电报明码本。但是为了保密,又设计了将明码本加密的方法,形成了较复杂的密码。这一密码被清末军事及商业情报机构使用,传递发送了众多方面的间谍情报。

明码加密的具体方法是:譬如"布"这个字的电报电码为1530,加密和减密的钥匙均为9853。先用明码的四个数字分别与加密钥匙的四个数字相加:1加9为"10",凡"10"都作"0";5加8为"13",须隐去"10",只作"3";3加5为"8";0(看作"10")加3为"13",须隐去"10",只作3。那么"布"的明码1530就成了密码0383。接收到这四个密码后,再以此减去解密钥匙的四个数字,即:0(看作"10")减9为"1";3(看作前已隐去的"10"再加上3为13)减8为"5";8减5为"3";3减3为"0",解密后的数字为1530,又回到明码上去了。

(九)代号

代号是为了对间谍真实姓名、间谍机构、行动方案及有关情报进行保密而规定的代称。在中国古代间谍史上,很早就采用这一技术手段了。南宋华岳《翠微北征录·利害》记载道:"彼有惧其递角(传递情报用的符节)之泄露也……有以色为递者,谓以五色而辨其所申之意。以蓝青而书号者,系乞何人,系在何军。以赤朱而书号者,系乞何物,系在何处。彼有以字代递者,甲乙丙丁之十干,即以为一二三四数目之代用,子丑寅卯之十二支,即以远近里数、殿润升池江鄂驻扎之代称……以至于水陆山险皆有别名,左右前后皆有异号。"

这里讲的主要是以代号传递有关情报。其采用的方法非常巧妙,或以五色为代号;或以天干地支为代号,其保密性很高,并且避免重复,有多种变化。将部队驻扎地及有关水陆山险及左右前后的营地都编上代号,有利于间谍传递情报。相反,如果将敌方的营地和地段也编上代号,则能更简便更保密地进行间谍活动。

明代时,为间谍制定代号的记载也屡见不鲜。譬如《流寇志》卷二曾记载道:明末,明王朝为了维护摇摇欲坠的统治,疯狂镇压如火如荼的农民起义运动,他们一方面派出大批军队进行残酷围剿,一方面在各城镇大肆搜捕农民起义军派出的间谍。当时,明军曾在长天捕获了三名起义军间谍,他们都有间谍代号,分别叫"乌凤鬼""黑旋风"和"鬼见愁"。可见当时的间谍代号类似于绰号。从时代和命名上看,其与《水浒传》中一百零八将的绰号有关,如黑旋风李逵、豹子头林冲、鼓上蚤时迁等,这种以绰号为间谍代号的命名法,在清代也很流行。

(十)隐语

秘语也叫"隐语""谬语"或"度辞",即不把本意直接说出而借别的词语来暗示。《武经总要后集》卷四说:"军政急难,不可使众知,因假物另隐语谕之。"《左

·谍战诡影·

图文珍藏版

传·宜公十二年》记载："军中不敢正言,故谬语。"以秘语来传递间谍情报的事例,我国由来已久。南朝梁刘勰《文心雕龙》有专论秘语的"谐隐篇"。文中记载:"汉世隐书十有八篇,歆(刘歆)固编文,录之歌末。昔楚庄(王)、齐威(王),性好隐语。至东方曼倩(东方朔),尤巧辞述。但谬辞诋戏,无益规补。自魏代以来,颇非俳优;而君子嘲隐,化为谜语。"

早在春秋时,《左传·宣公十二年》便记载道:"叔展曰:'有麦曲乎?'曰:'无。''有山鞠穷乎?'曰:'无。''河鱼服疾,奈何?'曰:'目于眢井而拯之。''若为茅绖,哭,井则已。'"这段秘语究竟为何意,历来众说纷纭,莫衷一是。史学家杨伯峻先生认为:"当时两军敌对,自不便正言,故为隐语以喻之。"可见此为传递机密的秘语。《左传·哀公十三年》又有记载:"吴申叔乞粮于公孙有山氏,曰:'佩玉紫兮,余无所系之!旨酒一盛兮,余与褐之父睨之!'对曰:'梁则无矣,粗则有之。若登首山呼曰,庚癸乎,则诺。'"晋代杜预注:"军中不得出粮,故为私隐。'庚',西方,主谷;'癸',北方,主水。"据《列女仁智传·鲁臧孙母》记载:春秋时,鲁国大夫臧文仲出使齐国窥察军情时被拘禁。他暗中探知齐国正准备秘密兴兵偷袭鲁国。于是他将此情报用秘语写了一封信给家中老母,信中说:"敛小器,投诸台。食猎犬,组羊裘。琴之合,甚思之。臧我羊,羊有母。食我以同鱼,冠缨不足带有余。"全如一封思念亲人的家信。臧文仲之母接信后便"破译"了此信中的情报,她泣道:"吾子拘有木治矣(被刑械系囚)!'敛小器,投诸台'者,言取郭外萌(城外百姓)内(纳)之于城中也。'食猎犬,组羊裘'者,言趣(促)飨战斗之士而缮甲兵也。'琴之合,甚思之'者,言思妻也。'臧我羊,羊有母'者,告妻善养母也。'食我以同鱼','同'者,其文错(纹理交错),'错'者所以治锯,'锯'者所以治木也,有木治系子于狱矣。'冠缨不足带有余'者,头乱不得梳,饥不得食也,故知吾子拘而有木治矣。"

自魏晋出现反切法后,立即被运用于秘语之中。著名语言学家赵元任在《反切语八种》中说:"中国古代最有系统,在音韵上也最有意思的是用反切的秘密语。"《三国志·吴书·诸葛恪传》:"童谣曰:'诸葛恪,芦苇单衣蔑钩落,于何相求成子阁。'成子阁者,反语石子冈也。建业南有长陵,名曰石子冈,葬者依焉。钩落者,校饰革带,世谓之钩络带。恪果以苇席裹其身蔑束其腰,投之于此冈。""成子阁"是"石子冈"的反切音,"成阁"相切为"石";"阁成"相切为"冈"。此为古代反切秘语之先声。后世的一些切口语,多有"武备"类,由此传递军事情报。

也有用谐音来传递情报的。譬如南宋时,原为宋朝旧臣的施宜生作为金国的特派使节,前往南宋都城临安。金人怕其向南宋泄露金兵即将大举进袭的情报,派了八名侍从间谍紧随在施宜生左右,予以严密监视。施宜生一次乘侍从间谍稍离片刻之机,对南宋吏部尚书张涛说:"今天北风(暗指北方的金国)刮得很厉害呀!"然后他又拿起案上的一支毛笔自言自语道:"笔来,笔来(笔与毕同意,即金兵即将倾巢而来）。"张涛心领神会，立即将情报上奏朝廷。可惜施宜生在以秘语传递情报时，被金国的副使节听到，回到金国后，立即被捕杀。

宋代周密《齐东野语》卷十三也记载："大王方用兵，此三十六髻也。""三十六髻"与"三十六计"谐音。

古代以秘语传递情报的案例很多。譬如唐时，黄国公李譔在给越王李贞的信中就运用了秘语，信中说："内人（指武则天）病渐重，恐须早治（指起兵反叛），若至今冬，恐成痼疾，宜早下手，乃速相报。"又譬如称侦察探风为"踩盘子"、称暗杀为"打食"、称盯梢为"跟人"、称间谍为"眼线"、称望风为"赏景"、称危险为"风紧"、称逃跑为"得风"、称被捕为"失风"、称爆炸为"响子"、称枪为"条子"、称刀为"千金"、称子弹为"非子"、称大炮为"黑狗"、称炸药为"狗粪"、称交战为"交亮"、称死为"碎了"、称打胜仗为"落胃"、称打败仗为"让地皮"、称粮尽为"在陈"等等。

由清人张德坚编撰的《贼情汇纂》一书中，记录了太平天国军队的许多情报秘语。譬如卷五《伪军制下》辑有《贼中军火器械隐语别名》凡十九事；又卷八《伪文告下》中辑有《隐语》凡三十三事。其中兵器的秘语有：

大炮改称"洋装"、鸟枪改称"营枪"、火药改称"红粉"、刀改称"云中雪"、火弹改称"先锋包"等。

由此可见太平天国极为重视军事情报的保密，并将此运用到间谍情报的传递上，以增强其保密性。

此外，还有一种自汉代以来的拆字法，也常被后代间谍借用来传递情报。譬如《后汉书·五行志》"千里草，何青青；十日卜，不得生"一语，范晔注释为："千里草为董，十日卜为卓。"暗指董卓将亡。又如称兵为"丘八"、称刘（繁体字）为"卯金刀"、称谢为"言身寸"、称王为"一士"、称裴为"非衣"等。

明代唐顺之纂辑的兵书《武编》，被人称为："虚实强弱之形，进退作止之废，间谍秘诡之权，靡不毕具。"其书卷二在"用间""反间""使间""乡间""内间""死间""生间""俘间""漏间""不信间""谍间""察间"之后，还专门辟有"隐语"一节，记载了大量间谍秘语。

（十一）暗器

春秋末，姬光为了谋杀吴王僚，设下鱼宴请吴王僚前来品尝。又派刺客专诸把"鱼肠剑"藏在炙鱼肚里，乘端上鱼之时，突然从鱼肚中拔出"鱼肠剑"，朝吴王僚猛力刺去，锋利无比的剑刃刺穿其铠甲，直入胸膛，吴王僚当场毙命。可见这种"鱼肠剑"的体积很小，刀锋极利。《越绝书》曾记载说："欧治作五剑，小刑二，一曰鱼肠。"北宋沈括《梦溪笔谈》称其为"松纹剑"。后人因此而又称其为"专诸进"。《释名·释兵》说："剑，检也，所以防检非常也。"显然是说剑是一种非正规作战的

国学经典文库

中国军事百科

· 谍战诡影 ·

图文珍藏版

1086

兵器,用来"防检非常"。我国最早的青铜剑出土于长安张家坡西周墓中,其剑身中间较厚,称为脊;两侧有刃;前端尖锐,称为锋;后部有柄。全长不过一尺(古制,比今制短),有如一片柳叶,非常灵巧。

战国末,燕太子丹派遣荆轲为行动性暗杀间谍,前往秦国去刺杀秦始皇。临行前,太子丹"求天下之利匕首,得赵人徐夫人匕首,使工以药焠之",以其刺人,一见血便"人无不立死"。《战国策·燕策三》说:"秦法:群臣侍殿上者,不得持尺兵。"《史记·荆轲传》也说:"不得持尺寸之兵。"西汉桓宽在《盐铁论》中说:"荆轲怀数年之谋,而事不就者,三尺匕首不足恃也。"荆轲将匕首藏在地图的卷轴中,其体积必小,一直到"图穷"才"匕见"。

《三国志·魏书·典韦传》记载了藏于怀中的微型匕首:"襄邑刘氏与睢阳李永为仇,韦(典韦)为报之。永(李永)故富春长,备卫甚谨。韦乘车载鸡酒,伪为侯者,门开,怀匕首入杀永。"《三国志·魏书·许褚传》记载了一次暗杀曹操未遂的间谍案件:"常从士徐他等谋为逆,以褚常侍左右,惮之不敢发。伺褚休下日,他等怀刀入。褚至下舍心动,即还侍。他等不知,入账见褚,大惊愕。他色变,褚觉之,即击杀他等。"《魏书·叔孙俊传》记有"两刃匕首":"于悦怀中得两刃匕首,遂杀之。"南北朝宋文帝刘义隆欲暗杀魏荥阳太守王慧龙,"遣刺客吕玄伯刺之……吕玄伯阳为降人,求屏人有所论,慧龙疑之,使人探其怀,得尺刀"。由于这类微型匕首极难防备,后人又称其为"不忽备"。譬如晋代张载《匕首铭》说:"匕首之设,应速用近,既不忽备,亦无轻忿。"《通俗文》说,"匕首,剑属,其头类匕,故曰匕首。短而便用。"

另一种暗杀武器是毒矢。早在春秋即已出现。《周礼·迹人》记载道,"毒矢射者。"《后汉书·耿弇传》附《耿恭传》说东汉耿恭攻匈奴时,"以毒药傅矢","杀伤甚众"。宋代《百将传》卷四谓之为"汉家箭神"。《三国志·蜀书·关羽传》也记载:"羽尝为流矢所中……医曰:'矢镞有毒,毒入于骨,当破臂作创,刮骨去毒,然后此患乃除耳'。"隋唐时,东北鞨鞨族"常以七八月造毒药傅矢","中者立死"。李商隐《异俗诗》称之为"虎箭":"虎箭侵肤毒,鱼钩刺骨铦。"少数民族还有一种"吹矢",即将一支尖针签浸上毒,放在竹筒里,用嘴一吹,毒矢即无声飞出,命中率极高,被射中者立即"血封喉"而死。

这些毒矢被间谍在暗杀中运用得极为娴熟。宋代以后又扩大了其运用范围。譬如出现了带毒的脱手镖(也叫"铁镖",分:光杆镖、毒镖、带衣镖)、金钱镖(将大铜钱圆边磨出锋利刃口)、袖箭(也叫掷箭)、飞刺、飞刀、飞石、如意珠(也叫"尖铁丸")、枣核箭(也叫"铁橄榄"和"核子钉")。明代何良臣《阵纪·技用》曾记载:"铁蒺藜为鬼箭,掷远为飘石。"间谍用这些暗器一来防身,二来暗杀。其携带方便隐蔽,杀伤力强。明代茅元仪在《武备志》卷一〇二中说:"袖箭者,箭短而镞重,自袖忽发,可以御人三十步之远。"《金史·抹燃史拖搭传》称为"手箭","史扢搭工用手箭,箭长不盈握。"

进入热兵器时代后,明代《火龙神器阵法》记载了一种"九矢铅心神毒火雷",可同时发射九支毒矢,一旦射中,"见血封喉,顷刻毙命"。还有被称为"机发暗器"的"袖炮"和"铁鸳鸯"等暗器。

戚继光曾在营地禁区内布置了暗弩、铁蒺藜、自犯钢轮火等暗器,以杀伤前来侦探的敌方间谍。尤其是"自犯钢轮火",实际上是戚继光发明创造的我国第一代多用途地雷。它由卡子和绳索控制,一旦被绊动,立即喷射毒焰杀伤敌方,并同时具有报警的作用。这一"秘密武器",当时极少有人知其底细,敌方间谍对此惊惧万分,称为"神火"。

(十二) 毒药

以毒药进行暗杀,古已有之。《左传·襄公十四年》:"秦人毒泾上流,师人多死。"隋时,大将长孙晟与突厥作战,长孙晟说:"突厥饮泉,易可行毒。"便派间谍"取诸药毒水上流"。清代朱逢甲《间书》记载了宋代名将刘锜在顺昌之战中,采用多种用间手段,迷惑诱骗金兀术上当受骗,并"遣人毒颍上流及草中,戒军士虽渴死,毋得饮于河者。饮,夷三族……时天大暑,敌远来疲……人马饥渴,食水草者辄病"。

宋真宗时,大将曹克明任边远地区巡检。"蛮酋来献药一器,曰:'此药凡中箭者傅之,创立愈!'克明曰:'何以验之?'曰:'请试鸡犬。'克明曰:'当以试人。'即取箭刺酋股,而傅以药,酋立死。"精明的曹克明由此而躲过了一次毒药暗杀。

明代兵书《城守筹略》及《兵机类纂》均有"毒水毒酒""毒酒毙贼"的记载。《武经总要》卷六专门设有"防毒"论述,规定"军行近敌地,则大将先出号令,使军士防毒"……凡敌人遣饮馔者,受之不得辄食。民间沽买酒、肉脯、醯、麸、豆之类,亦须审试,方可食之。明代何守法《投笔肤谈·物略第十一》也有防毒方法:"金杯注酒,遇鸩(毒酒)则焰生。银箸尝食,遇毒则色变。"

(十三) 密写

为了不使情报显露丝毫痕迹,又能够顺利地传递到目的地,于是古代间谍史上又出现了"密写"技术。即用明矾水或米汤书写情报,待明矾水干后,纸上不留任何痕迹。其作用主要有二:一来可保密,二来可保护传递情报的间谍不暴露身份。

南宋时,秘书省正字曹辅受枢密院之命,身带用明矾书写的情报,秘密前往兴仁,将情报交给宋将曹櫜。曹櫜将此空白纸浸入水中,即显出情报字迹。

1216年,强悍的蒙古兵围攻太原城,太原宣抚使乌古论礼也用明矾水写紧急求援情报,派间谍急送京师告急。

清代著名的"矾书案",更是运用这一手段的典型间谍案件。1675年,康熙立第二子胤礽为皇太子。但是胤礽却大肆扩张势力,甚至与康熙分庭抗礼。康熙深恐被大搞间谍暗探活动的皇太子"今日被鸩,明日遇害"的阴谋手段杀害,以胤礽"鸠聚党羽,窥伺朕躬起居动作"之罪名,废掉了胤礽皇太子位,并将其禁锢起来。

1715年春,准噶尔策旺阿拉布坦侵扰哈密。康熙发兵前往征讨。胤礽得知这一情报后,想利用这一机会摆脱软禁。胤礽将常为胤礽福晋治病的一名叫贺孟頫的医生用重金买通,使之成为其向外传递情报的间谍。胤礽用明矾水书写一封密信,派贺孟頫潜出宫去交给正红旗满洲都统公普奇,密令其到康熙处为自己求情,并保举他为讨伐阿拉布坦的大将军,这样便可以借机恢复皇太子的地位。但是,这一秘密被辅国公阿布兰侦知,立即向康熙告发,致使胤礽恢复皇储地位的阴谋彻底破灭。

(十四)化装

唐代李筌《神机制敌太白阴经·战具类》记载:"选一人勇捷,语言服饰与敌同者,窃号逐便,怀火偷入营中,焚其积聚。火发,乘乱而出。"南宋时,二十岁的岳飞应募为"勇敢士",曾"易金兵服",潜入金营,撞上巡逻兵,便以娴熟的女真话搭腔应付。凭借化装,岳飞在壁垒森严的金营中如入无人之境,搜集了大量军事情报,受到了上司的褒奖。

南宋陈规《守城录》卷三说:"贼至黄州,皆剃头辫发,作金人装束。是夜……攻围黄州城及肆掠黄陂县。"这是贼兵利用人们恐慌金兵的心理,化装成金兵以震慑南宋军民。

唐代《李靖兵法·将务兵谋》记载了另一种形式的间谍化装:"潜历山原,密其声,晦其迹,或刻为兽足而印履于中途,或上托微禽而幽伏于丛林,然后倾耳以遥听,竦目而深视。"这是在鞋底刻上野兽的足形,或把头部伪装成禽鸟,将自己隐匿起来的化装。将不得已暴露的部分(如足迹、头部)化装成兽足迹和禽鸟首,以此迷惑敌人,借以靠近敌人窃取情报。

明代时,曾破广西大藤峡乡兵的韩雍,在用间与反间方面有丰富的经验。他在提督两广军务时,探知有人欲遣间谍暗杀他。于是他"防患甚严,心腹一二人外,绝不许登阶"。但是韩雍知道,光靠消极防备是很难阻止暗杀行动的。于是他对心怀可疑的人进行了一次别开生面的"化装心理战":他"内藏磁石,以铁屑涂毛发间,每出坐盖下,须鬓翁张不已。貌既魁岸,复睹兹异,惊为神明焉。"韩雍利用磁石和铁屑的化装,使其成为一个"魁岸"的可怕人物,有效地震慑住敌方,瓦解了暗杀间谍的行刺意志。

（十五）伪造

唐时，湖州佐史江琛对刺史裴光书阴怀私怨，为了陷害除掉裴光书，江琛派间谍暗中窃取了裴光书的一些私人信件。江琛"割取其书，合成文理，诈为与徐敬业反书"。这是采取割书拼凑成文的技术手段，诬陷裴光书与徐敬业暗中串通，阴谋叛乱。武则天得知后命令御史予以调查，御史"往推之"，认为"书是光（裴光书）书，语非光语"。但是，"前后三使并不能决"。武则天又"令张楚金劾之"。张楚金也与御史的看法一致，但是却无法说明为什么字是裴光书的字，但是话却不是裴光书的话。一天，张楚金见限命破案期限日近，又难以交差，满腹忧患，"仰卧西窗"。他望着日光穿透了西窗上窗纸的余影，突然受到了启发，"因取反书向日视之，其书乃是补葺而成。因唤州官俱集，索一瓮水，令琛取书投水中，字字解散。琛叩头服罪"。

江琛"割取其字"的伪造技术极为高明，居然毫无破绽，天衣无缝。但文献记载疏于详述，不得知其具体制作过程了。

清代朱逢甲《间书》记述了明代李充嗣伪造朝廷间谍火牌一事："十五年（1520），贼兵（朱宸濠）陷九江。公（李充嗣）自将屯采石以塞上游之路。九檄皖城，锐（杨锐，皖城指挥使）相机应敌，发无不捷。节发间谍火牌云：'为紧急军情事，该钦差太监总兵等官统领边官军十万余……克期进攻江西叛贼。今将火牌飞报前路官司，一体同心防守，预备粮草，听候应用'。宸濠舟至李阳河，遇火牌，览之惊骇。"

朱逢甲评论此事说："以火牌反间，犹之以书者，此正善于变化者。"

南北朝时有伪造"符信"的间谍案例。高欢"计图尔朱兆，阴收众心。乃诈为兆（尔朱兆）书，将以六镇人配契胡为部曲，众遂愁怨。又伪并州符，征兵讨步落稽。"高欢利用伪造书信惑众，又伪造符信夺兵权，终于使其阴谋得逞。

南宋时，充当金人大间谍的秦桧，为了搞乱南宋经济和谋取暴利，曾伪造"铸钱"。让假钱在市场上流通，使京都市场"物价大昂"，造成经济上的极大混乱，从而加速了南宋政权的灭亡。

（十六）拆封

古代情报的传递方式主要是信件，但是，信件又很容易被人拆封，从而使情报泄密。因此早在战国时，就有了"封泥"。"封泥"是在简书用绳捆扎好的绳结处贴上封泥，并盖上玺印，以防被人暗中私拆。出现纸张后，又有了"钤印"。伊朗史学家拉施特在《史集》一书中记载了元代的情报信件保密法："若军情极其紧急，便书信，然后密封起来再传递……在信封上注明从某处至某处，君主给予每个边将以黑色钤印,以便边将将其盖在信封上以防泄密。"

由于"封泥"和"钤印",给企图私拆情报信件的间谍带来了困难,于是他们也相应发明了"秘密拆封术",即采用火烘烤、蒸气熏等方法。譬如明代阁臣岳正"以草诏得罪",降"广东钦州同知"。但是尚书陈汝言对岳正怨恨极深,便派遣私人间谍将岳正"逮系诏狱,拷掠备至……手梏急,气奔欲死"。由于岳正犯的是"诏狱案",便在置人死地的紧手梏上贴上了封印纸,任何人不得揭开。有一个叫杨四的人见岳正奄奄一息,如果不解松手梏,岳正必死无疑。于是他用酒灌醉了陈汝言的间谍,想解松岳正的手梏。但是他一见手梏上有封印纸,便无奈地说:"梏有封印,奈何?"岳正说:"可烧鏊(烙饼器,铁制、平圆,也叫'鏊盘')令热,以酒喷封纸,就炙之,纸得燥,自然昂起。"这是用一定温度的平铁器,去烘喷有细微水珠的封纸,待封纸干了,就拆封了。杨四用此法果然揭开了封印,"拷其中"(即把手梏的洞挖大)后,"复钉而封之"。陈汝言的间谍酒醒后"觉有异",但不敢擅自揭开封印,另外换上紧手梏,只得作罢。

(十七)密藏

宋代赵升《朝野类要》四"蜡弹"章说:"以帛写机密事,外用蜡固,陷于股肱皮膜之间,所以防在路之浮沉漏泄也。"史书最早记载以蜡丸密藏情报是在756年,《新唐书·颜真卿传》:"肃宗已即位灵武,真卿数遣使以蜡丸裹书陈事。"

蜡丸也称为"蜡书"或"蜡弹"。唐代宗大历元年,华州节度使周智光谋叛,局势岌岌可危。唐代宗欲密令河东副元帅郭子仪率兵回京平叛,但是京师四周均被周智光的密探势力所控制。为了防止诏书泄密,唐代宗"召于仪女婿,工部侍郎赵纵受口诏往河中",赵纵"请为蜡书",撕下帛片,在上面书写诏令,然后揉紧帛片为一小团,外面以蜡封裹。再秘遣家僮绕水道将诏书送至郭子仪的军营中。

用以传递诏令的蜡丸密书也称为"蜡诏"。《资治通鉴·后唐》:"梁主登建国楼,面择亲信厚赐之,使衣野服,赍蜡诏,促段凝军。"胡三省注:"蜡诏,犹蜡书也。命出于上,故谓之蜡诏。"

蜡丸密书作为密藏手段,在五代及宋时运用得较为广泛。《旧五代史·尹晖传》:"时范延光据邺谋叛,以晖失意,密使人赍蜡弹,以荣利啖之。"《宋史·李显忠传》:"显忠至东京,刘麟喜之,授南路钤辖,乃密遣其客雷灿以蜡书赴行在。"在密藏蜡书的方式中,主要有"密缝""封股"(即割开腿肚子)和"吞腹"。北宋用间大师种世衡对西夏猛将野利旺荣进行反间时,"乃草遗野利书,膏蜡致衲衣间,密缝之"。北宋末年,"金人再犯京师,内外不相闻。朝廷募忠勇士赍蜡书往南京总管司调兵赴援,缓(姜缓)以忠翊郎应募,乃以到股藏书,缒下南壁"。南宋时,岳飞"得兀术谍者",佯为酒后错认为是自己派出去的间谍,"谍冀缓死,即诡服。(岳飞)乃作蜡书言与刘豫,同谋诛兀术事……到股纳书,戒勿泄。谍归以书示兀术,兀术大惊,驰白其主,遂废豫"。

《十一家注孙子》宋代张预对《用间篇》"死间者,为诳事于外,令吾间知之,而传于敌间也"一句注释说:"欲使敌人杀其贤能,乃令死士持虚伪以赴之;吾间至敌,为彼所得,彼以诳事为实,必俱杀之。我朝曹太尉尝贷(赦免)人死,使伪为僧,吞蜡弹入西夏。至,则为其所囚。僧以弹(蜡弹)告,即下之。开读,乃所遗彼谋臣书也。戎主怒,诛其臣,并杀其僧。"

此外,还有一些木、竹制的情报密藏器。宋真宗时,设立情报传信牌,漆木为牌,长六寸,宽三寸,腹背刻字而中间分开,置凿枘可开可合。传递情报时,将情报小纸条插入牌中槽内,系于脖颈上。据《金玉新书》记载,宋代还有一种小竹筒用于密藏情报,两边洞口用蜡封固,沿途情报传递站铺都要严格检查石蜡封印是否动过,从而保证情报不被泄露。

四、间谍谋略

(一)冒名顶替

假冒某人姓名或假扮成某人,从而替代某人进行间谍欺骗活动。汉代刘邦被项羽围困在荥阳城时,陈平便派纪信假扮成刘邦向项羽诈降,使刘邦死里逃生。明代张献忠派间谍伪装成明宗室内江王朱至沂,竟登上"皇位",后里应外合,一举歼敌十余万。

冒名顶替需有其先决条件,即伪装逼真或敌方没有见过所替代之人。此谋略之利在于能够打入敌人内部,以假冒之名,进行各类间谍活动。也可以假扮己方要人,借以迷惑或转移敌人视线,使己方要人秘密逃脱或从事其他行动。其不利在于"露馅"的可能性很大,有时甚至不得不受到敌方故意使其去拷打或杀死己方人员的严峻考验,其结局往往很危险。近代的整容技术又使"冒名顶替"成了"冒容顶替",更具用间效力。

(二)嫁祸于人

即将自己的祸害转移推给别人。战国秦国大将樗里疾见秦王器重与其有怨结的公孙衍,唯恐大祸临头,于是就挖地道窃听秦王与公孙衍的密谈,并将密谈内容四处宣传,致使秦王对公孙衍失去信任,公孙衍也因此惧祸逃走。此谋略不仅可以嫁祸于人,也可以嫁祸于国。战国时燕国间谍苏秦,为了转移强大齐国对准弱小燕国的矛头,设计行间齐湣王,使其放弃了攻灭燕国的计划,转而去讨伐宋国,宋国因此惨遭灭亡。此谋略的使用,关键在于必须找准所要嫁祸的对象,然而再采取相应的措施,将张三的"祸冠"戴到李四的头上去。

(三)推入黄河

古语说:"跳进黄河洗不清。"这是指自身跳入的行为。而这里所说的"推入黄河"是指别人设计将其强行推入黄河,从而使其"说不清","百辞莫辩",置其于死地。西周官员昌他叛逃东周,将重要情报悉以告知,引起西周的恼怒恐慌。谋臣冯且设下计谋,派间谍带三十斤黄金和一封给昌他的密信,前往东周。信中说:"如果有隙可乘,应促其事成;如果无隙可乘,当速回,以免时久泄密,招致杀身之祸。"冯且又派人暗地去密告东周边境巡卒,说深夜将有奸细潜入东周。巡卒果然于当晚捕获送信间谍。东周据信断定昌他为西周的诈降间谍,不容其百般辩解,当即斩杀。

这一用间术还有另外一层妙用,那就是利用敌人内部矛盾,故意制造使甲敌除掉乙敌的"口实",从而达到自己的目的(当然也是甲敌的目的)。明代开封巡抚高明衡为了击退李自成的围攻,便采用此计。他利用李自成与另一起义军将领罗汝才"明密暗疏"的矛盾,给罗汝才写了一封信,信中说:"前投将军密札,已悉转祸为福之举。又见对阵打炮向上,不伤我军,已见将军真心。本院已密奏朝廷,首功元勋无出其右,封赏许官当在旦夕。所约河北兵马,于八月二十九日子夜,由朱家寨南渡会合,专听举行。"然后让间谍故意在出开封城时被李自成部下抓获并搜出密信。李自成便以此为罗汝才"通敌之铁证",名正言顺地杀掉了罗汝才。北周韦孝宽以此术编儿歌,促使北齐权臣祖珽找到借口,劝谏齐王杀掉了北周的心腹大患斛律光。

"推入黄河"用间术的关键是"推",即必须以利用或制造敌方内部矛盾为前提,向甲敌提供的"口实",往往能被甲敌识破是借刀杀人,但是甲敌为了名正言顺地除掉乙敌,也会佯装不识。己方是借甲敌之手杀乙敌,而甲敌是借己方予之的"口实"杀乙敌。己方和甲敌对此均心照不宣,于是乙敌被己方"推入黄河",又被甲敌击溺致死。如果甲敌识破己方之计,但又无力或无心去杀掉乙敌,那么也会埋下使他们之间日后相互疑虑及残杀的祸根。此计唯一要注意的是:它有可能暴露己方所想消灭某一对象的意图,须慎防敌人将计就计,造成己方恃间而败。

(四)家中闹鬼

此术实际上是孙子说的"内间"。战国秦相张仪几次三番去楚国用间行骗,使楚王屡屡受骗。楚王先将其捕获打入死牢,后又将其放出来奉为上宾,这一魔术般的变化,都是因为张仪暗插在楚国高层的内间在起作用。譬如像靳尚、郑袖等内间，使张仪出入楚国犹如出入其家门。明末，内阁大学士兼军务督师杨嗣昌调集大军与张献忠在成都决战。杨嗣昌为了分化削弱张献忠，便派间谍去张献忠的部将罗汝才处行间，对罗汝才说："下令赦汝才罪，降则授官。惟献忠不赦，擒斩者，赍万金、爵侯。"翌日，杨嗣昌正等着起义军内讧的消息，突然手下来报，在大厅里、走廊上、甚至厨房和浴室内，到处都写着十个字："有斩督师献者，赍金三钱！"杨嗣昌大惊失色，他万万没想到张献忠潜伏在明军内部的间谍，居然能在警卫森严的督师行辕家中四处书写以牙还牙的恐吓文字。

内间是间谍战中的主要力量，具有很大的作用。这些"家鬼""家贼"对"家中"的一切了如指掌，又能随意进出，简直防不胜防。对敌方要尽量安插更多的"家鬼"，闹得敌人日夜不宁，鸡飞狗跳。对于己方，则必须"篱笆扎得紧，野狗钻不进"，坚决预防及清除内间，以防堡垒从内部被攻破。

（五）老马识途

此以"老马"喻孙子所说的"乡间"，以"识途"阐述"因其乡人而用之"的含义。即以乡间为己方向导或利用乡情去窃取敌方的情报及离间敌方内部。北周名将赵文表镇压西南地区的仡僚人时，在路上碰见几名前来诈降的仡僚兵。他们对赵文表说："要进入仡僚区，只有两条路，一条平坦一条险要。我们愿意当向导。"赵文表说："我军已经找到平坦之路，你们可先回去等待我军到达时里应外合，成功后必有重赏。"等仡僚兵走后，刘文表说："这是敌人的乡间，来诱我军走平路，这正好说明在那里有伏兵。我当率兵走险路，出其不意。"赵文表登高侦察，果然见平路两侧有大量伏兵。仡僚人见计谋被拆穿，只得出降。这是反用乡间的案例。

南宋杨幺起义时，宋高宗派岳飞前往镇压。岳飞先派间谍秘密收买策反了杨幺的同乡、起义军将领杨华，又让杨华利用同乡关系接连策反了杨钦等人。由于农民起义军中多有同乡同宗关系，间谍策反活动犹如连环接力，许多人先后投降岳飞，岳飞乘机里应外合大败杨幺。

俗许说："老乡见老乡，两眼泪汪汪。"说明同乡同姓人，因为有共同的乡音、乡俗、乡情而倍加亲切。因此，这一现象正好被行间者所高度重视并加以利用。西晋李雄大破罗尚，明代朱元璋击败陈友谅，孔镛擒获阿溪，沈希仪斩杀岑猛等，都是运用乡间谋略的典型范例。

（六）出没无常

"五间"之中，惟"生间"行动最为灵活。其主要任务是"返报"情报。春秋时，晋国间谍曾往返于晋国与郑国之间，与潜伏在郑国的间谍太子建暗中联络，计划偷袭郑国。正当晋国间谍要返回晋国传递情报时，不慎因偶发事件而败露被杀。北宋种世衡驻守在清涧城时,有一次为了一点小事,怒责一名番将,并处以"杖背"重刑。众部将纷纷为番将求情,种世衡坚决不允。番将被拷打后,"含恨投奔"西夏李元昊,向其提供了许多宋军的"情报",深得李元昊器重,甚至准许番将自由出入西夏中央军事机构枢密院。一年后,这名番将带着西夏极端重要的机密,又跑了回来。此时众部将才知道他是种世衡暗插的"生间"。

古代对"生间"的理解较狭窄,从《孙子兵法》看,似乎讲的是以使者为生间,即"往来相通敌"。但是据历代间谍案例,"生间"当具有更多的内涵。譬如可以是临时性前往敌方刺探情报,速去速回;也可以本身不执行窃取情报或离间敌人的任务,仅仅前往敌方与长期潜伏的间谍秘密接头,传递指令、器用、资金或接受已获得的情报再送回来。

(七)一箭双雕

这说的是《孙子兵法》里"死间"的扩大用法。"死间"本指故意散布假情报,让己方间谍知道,然后再由其传给敌方,敌方一旦得知上当,必杀间谍,所以说是"死间"。但是,仅以此为范围的用间术,远不如一箭双雕更为高明。三国东吴前线都督俞赞叛逃至晋军,使大将军陆抗深以为患。他知道,身居要职的俞赞,必定会将吴军部署在前线侧翼的、缺乏训练、战斗力低的少数民族军队这一情报泄露给晋军,于是陆抗连夜以精锐部队撤换了少数民族军队。果然,第二天晋军大将军扬肇听从俞赞的计策,率军突袭吴军侧翼。可是他万万没有料到,这支被俞赞描述成不堪一击的部队,居然越战越勇,大败晋军。杨肇一怒之下,认为俞赞是吴军派来的"死间",便不由分说地杀掉了俞赞。陆抗以一调包之计,既重创晋军,又除掉叛徒,可谓一举两得。南宋韩世忠也利用前往金国的使臣魏良臣,大摆迷魂阵,使竭力反战求和的仇敌魏良臣上当受骗,将假情报透露给金国,导致金军大败,自陷囚牢。

这一计谋的目标是"双雕",而不是一般"死间计"的"单雕"。这"一箭"的技巧,当应视具体情况而灵活变化。譬如陆抗是因势利导之"一箭",是"反客为主";韩世忠是预设圈套之"一箭",是"请君(一为金军;二为魏良臣)入瓮"。

(八)暗箭杀人

行动性间谍暗杀,古已有之。以女艾用猎犬扑杀浇为首例:以荆轲刺秦王政为其高峰。《史记·李斯列传》说:"诸侯名士,可下以财者,厚遗结之;不肯者,利剑刺之。"可见战国时间谍暗杀成风。司马迁也因此在《史记》中专门辟有"刺客列传"。

间谍暗杀主要有两类:一是暗杀敌方军政要人;二是暗杀己方深知内情的叛变

者。第一类有夏女艾杀浇;战国荆轲刺秦王;南北朝吕玄伯行刺北魏名将王慧龙;唐张晏暗杀宰相武元衡等。第二类的典型案例有:北周大将韦孝宽有一名爱将许盆,韦孝宽以"委以心膂","任以主帅","令守一戍"。但是许盆竟然被北齐收买,叛变逃跑。"孝宽恕,遣谍取之,俄而斩首而还。"派间谍深入虎穴,暗杀了许盆,这样既严惩了叛徒,又保守了军情。

暗杀是一个古老而又年轻的用间术,古今目的相同而手段各异。它必须以"暗"为前提,不暗则形露,形露则谋败:非但杀不了人,反为人所杀。应当指出:间谍暗杀的作用并非像古人所认为的那样大,即便荆轲暗杀了秦王政,也不可能改变中国统一的历史进程,至多不过是减缓其速度罢了。

(九)重金收买

古代用间有一重要法则,就是《孙子兵法》说的:"赏莫厚于间。"战国谋士郭隗以"千金买马骨"为喻,使燕昭王"卑身厚币以招贤者",获得来自四面八方的"千里马",终成大业。在间谍的招募、培养和使用上,也同样如此,甚至有过之而无不及。宋代神宗时,参知政事张方平就大声疾呼:"边将拥有丰厚财力,才可精选间谍,使其尽忠效力,故能以十五万人而获百万之用。"明代兵书《投笔肤谈·谍间》也说:"厚则人尽心力,而敌情无不知,故胜。不厚则不惬愿,而无心于效用,故败。然则欲图大功者,何靳千金哉? 汉祖与陈平金,不问出入;项羽刻印刷,忍弗能予。胜败之机,正在于此。"

战国时,智伯谋士智过探知韩、魏将兵变,便劝智伯暗中派间谍以"万户之县"去收买韩、魏的权臣赵葭和段规。但是智伯却说:"分给他们土地,我不是少得了吗?"结果兵败身亡。宋代种世衡防守鄜州时,亲自秘密"间行敌部族,慰劳酋长,或解所服带赐之,常会客设饮",甚至不惜放弃自己的爱妾赠予他人,以此招募了许多尽心尽忠的间谍。一旦间谍密告敌方情报,他便倾其所有,让间谍随意挑取,并"以重赏",所以"得间之实"。

间谍从事的是提着脑袋的危险活动,关系到自身的性命甚至全家全族的安危。如果不予重金招募培养使用,何来勇夫? 何来忠诚? 又何以知情? 何以取胜? 所以说吝千金者,无以成大事;图大业者,无吝万金。但是应当指出:用"千金买骨"只是其中一个方面,仅仅靠重金并不能完全得到间谍的忠诚,这就必须与"解衣推食"的用间术并行而用。因为如果敌方予以己方间谍更高的重金,则间谍便可能背叛变节。不过对于贪财的敌方人员和在紧急情况下,使用重金也往往是颇具效用的用间术。

（十）攻心为上

楚汉相争时，项羽派间谍武涉去策反韩信背叛刘邦。韩信说："汉王（刘邦）授我上将军印，予我数万众，解衣衣我，推食食我。"感戴刘邦恩遇，不肯谋反。清代兵书《将略要论》也说："为将之道，能得人，能知人，能用人，能爱人，能制人。"招募培养、使用间谍也并非一个"厚"字可成，必须主导于"亲"，然后再行于"密"。"解衣推食"一计说明对待间谍尤其要推心置腹、精诚以待，才能使其心服而尽忠，才会使其赴汤蹈火也在所不惜。

春秋末，智伯对豫让"甚尊宠之"，豫让为其"变名姓为刑人，入宫涂厕，中挟匕首，欲以刺襄子"，事败被捕，"左右欲诛之"。赵襄子想感化笼络他，就"义释之"。但是豫让并不买情，又"漆身为厉，吞炭为哑，使形状不可知，行乞于市，其妻不识也……伏于所当过之桥下"，再次暗杀越襄子，但又事败被捕。赵襄子苦口婆心开导他归降，并"使使持衣与豫让"。但豫让忠心不二，誓死不降，终于"伏剑自杀"以报智伯之恩。又譬如严仲子欲杀韩国相侠累，闻齐人聂政为"勇敢士"，便天天上门拜访，"具酒自畅聂政母前，酒酣，严仲子奉黄金百镒，前为聂政母寿"，使聂政大为感动。聂母死后，聂政说："严仲子奉百金为亲寿，我虽不受，然是者徒深知政也……政将为知己者用。"后"聂政直入，上阶刺杀侠累，左右大乱，聂政大呼，所击杀者数十人，因自皮面决眼，自屠出肠，遂以死"。

战国时，"秦伐赵急，魏王使晋鄙救赵，畏秦，戒勿战"。赵国平原君向魏国密友信陵君求救。信陵君也无计可施，这时谋士侯生献计道："闻普鄙兵符在王卧内，而如姬最幸，力能窃之。昔如姬父为人所杀，如姬誓报此仇，今公子使间谍斩其仇之头进如姬，如姬必为公子死无所辞耳。"果然，如姬感于信陵君为父报仇的大恩，冒着失宠被杀的危险，为信陵君充当内间伺机窃出兵符，从而使信陵君得以救赵，大破秦军。

项羽

可见间谍的忠诚并非只能以重金才能买到，对于敌间也是如此。唐代李世民对于莫离支间谍；李愬对于吴元济间谍；高仁厚对于阡能间谍，都是采用了厚待相亲的策略，使这些间谍一反其主而"士为知己者死"，有效地瓦解反间了敌人。

（十一）封官许愿

明代兵书《兵经百字·间》说："乱敌计谋者，其法则有……用爵。"即用封官许愿之计使敌营中的人成为替己方服务的"爵间"。

隋时，杨广为了废太子杨勇取而代之，用重金去收买太子幸臣姬威。当姬威犹豫不决时，杨广派人对他说："君能告之（指有关太子的情报），后则大富贵。"姬威终于背叛太子，充当了杨广的内间。从此，杨广根据情报，不断地向隋文帝告发太子劣行，以致"内外渲谤，过失日闻"，终于使隋文帝废掉了杨勇，立杨广为太子。金时，都元帅完颜亮为了篡夺皇位，秘密勾结左丞相秉德、金熙宗的侍卫长等人，向他们许以高官厚禄，策划推翻金熙宗。不久，政变成功。但是完颜亮一登上皇位，便翻脸变卦，否认有过什么许愿，并找借口杀掉了这些深知内情的间谍。不久，由于太后坚决反对进攻宋国，完颜亮又采用了许诺、御幸等手段，收买了太后贴身婢女高福娘。当太后与人密谋对付完颜亮时，高福娘及时地向完颜亮告密，使完颜亮先下手杀掉了太后等人。高福娘也因此被封为郧国夫人，完颜亮并对她许诺灭宋后将其立为王妃。

封官许愿，是针对一些人图利、趋名、谋官的心理而行，有一定的效用。完颜亮对此则运用得非常娴熟，他有时用假封官许愿，先利用后除掉；有时用真封官许愿，使间谍死心塌地，为其尽忠。

（十二）隔墙有耳

窃听，自樗里疾首次使用此术后，后世经久不衰，并愈演愈烈。譬如东汉太监张让振小太监为间，窃听何进与太后密谈，从而设计诱杀了权倾一时的何进；南北朝宋武帝刘裕派刘穆之为间，经常于宴请宾客之际，"布耳目以为视听"；宋文帝刘义隆对臣属亲族也放心不下，常常亲身"身藏屏后，隐听闻之"。当他与文武大臣密谈时，为防有人窃听，每次都要秉烛四下察看一番才行；唐代名将李光弼攻邙州时，派郝廷玉为间，"自地道入，得军号"，里应外合，大破敌军；唐代叛将史思明派间谍躲藏在床下，窃听乌承恩将军父子夜间谈话，从而挖出除掉了唐军潜伏在其军中的卧底；清代皇太子胤礽，常常于深夜潜至康熙的寝室，以刀划破篷布，"裂缝而视"，日夜监视窃听康熙的一言一行；叶赫那拉氏于咸丰皇帝弥留之际，在夹墙内窃听其与慈安太后及肃顺等人的密谈，从而控制了宫廷大权，铲除异己。

从反间谍的角度看，窃听也常被用来反间。因为窃听是古今中外获取情报的有效方法和重要手段，它使人认为暗中窃听到的情报肯定是真实无假的。于是一些反间谍者就利用了这一点。像春秋苗贲皇、宋代岳飞、明代王守仁、清代皇太极等人，都是利用敌俘，故意给他们造成一个"窃听"的机会进行反间，取得了很大的成功。

（十三）跟踪蹑迹

史书中有关间谍跟踪蹑迹的记载不多，零星见有一些对内或对敌跟踪两个方面的案例。

像夏代女艾跟踪浇之行迹；宋代种世衡派人跟踪野利旺荣的间谍浪埋等人，以掌握其动向，属于跟踪侦控敌方人员的案例。

唐代李辅国设置"察事厅子"，专职跟踪官吏，监控其一言一行；北宋被称为"隐相"的梁师成，"阴险狡诈，善于辞令，遇间则发，蹑迹寻踪"，大肆派间谍侦探别人隐私；明代朱元璋常派检校为间，跟踪臣属下僚，并得意地说："惟此数人，譬如恶犬则人怕。"大臣们吟什么诗，吃什么菜这类琐事，也被跟踪间谍探察得一清二楚。文臣武将因此人心惶惶，出门时常常一步三回头，唯恐身后有"尾巴"。特务机关锦衣卫成立后，更是"广布侦卒"，上自朝廷命官，下至平民百姓，几乎有疑者皆秘密跟踪，窥视其与谁交往，去过哪里，做了什么，说了什么，并一一俱告皇帝。这些都是对内的跟踪侦控案例。

《武经总要》卷十五说："选腹心智谋之士，挟而偕相出处，密防其贰。"这是说暗中挟持或秘密跟踪己方间谍，以防其叛敌或从事双重间谍活动，这是以间谍监视间谍。跟踪蹑迹一计，也有不足之处，即可能被敌方间谍有意诱其跟踪，从而调虎离山，使更重要者"金蝉脱壳"，或从事别的重大间谍活动；也可能故意诱骗跟踪者，至僻静无人之处伺机捕捉，从跟踪者口中了解敌方的间谍计划和行动。

（十四）生花妙笔

史称其为"书间"。即模仿敌方笔迹，伪造书信，故意使收信落入敌方首领之手，引起敌方内部的猜忌，犹豫，或者自相残杀。

三国时，曹操亲笔给韩遂的劝降书，就以韩遂的笔迹来篡改或涂抹，以致关西军内部离心猜疑，中计兵败。西魏韦孝宽为了除掉东魏间谍头目牛道恒，"遣谍人访获道常手迹，令善书者，伪作道恒与孝宽书"，离间分化了敌方阵营。唐代湖州佐史江琛采用的方法则更高明。他为了陷害刺史裴光书，派间谍潜入裴光书处，窃取一些亲笔书信，然后回来"割取其字，合成文理"，即将裴光书的亲笔字割取下来，再根据需要拼成一封书信，"诈为与徐敬业反书"，江琛便带着此信去告发裴光书谋反。虽然精明的钦差御史看出其中有诈，说："书是光书，语非光语"，但还是"前后三使并不能解决"。这事惊动了武则天，她下令技术官员详加稽查，但结果"仍如前款"。直到后采偶然间用光照水浸之法，才揭穿了江琛的阴谋骗局。

可见此类"书间"，在古代科技不发达的情况下，颇为有效，也极难识破。《间书》作者朱逢甲对此术津津乐道,极为推崇,并自称"仿手迹而作伪图章"是他的拿手好戏。认为"一纸书,贤于十万师",但又告诫道:"仿手迹而为书,精细极,妙极,非此不能令人信。"

(十五) 摇唇鼓舌

一般行间的常规是缄口默语,守口如瓶,以防泄密或引人注意。但是,有一类间谍则完全相反,他们依靠三寸不烂之舌,时而是非颠倒,时而黑白混淆,时而利诱,时而威逼,千言万语归一宗,即说服打动敌方,真有如战国策士"以三寸不烂之舌,强于百万之师"之奇效。

像春秋时的子贡;战国时的张仪、苏秦;三国时的蒋干、隐蕃、周鲂;唐代的安兴贵等人,皆属此类。常言道:"言多必失。"但是另一方面,言能祸败也能福成。真正具有"上智"的间谍,在以语言行间时,往往抓住对方心理活动,针对其利害予以诱惑或威逼,做到言多不失,密深不泄。子贡不带一兵一卒,仅凭一口一舌,将大半个中国的战与和、胜与败全系于其一嘴之上,使世人叹为观止,真可谓是"唇枪舌剑"。正如《兵经百字》所说:"善言者,胜驱精骑。"

由此可知,间谍的语言能力十分重要。它不仅能惑敌、诱敌、协敌、乱敌,也能在身陷危境或暴露行踪时,可为自己巧口开脱,逃避祸难。

(十六) 隐姓埋名

《文子·上德》说:"有隐行者,必有昭名。"认为能隐姓埋名、忍辱含垢之人,必成大功。

春秋时豫让为了暗杀赵襄子,便"变名姓为刑人";伍子胥出逃楚国偷渡边境昭关时,也隐姓埋名蒙混过关;战国智过的反间计不被智伯采用,便改姓辅氏,逃隐山中;宋代赵匡胤派往南唐的"小长老"和"江北名僧"等战略间谍,都是隐姓埋名,混迹于敌方,从而确保自身安全及便于从事间谍活动。

这种用间术还有一用:隐投。即投匿名信(或假名信)以密告、离间他人。三国时,曹操收到一封对他肆意诽谤辱骂的匿名信,盛怒之余也无计可施,后由谋士国渊设计才破了此案。唐代《刑律》也说:"隐投文牒,密告人罪,谓之投匿名书。"从间谍活动来看,匿名信并不仅限于"密告人罪",而有其更大的使用范围。它往往可以故意激怒、恐吓、离间敌方;也可以用此向敌方提供假情报,对敌方的心理、情绪、计划、行动等方面,造成混乱或延滞。由于匿名信本身给人以神秘莫测之感,所以人们对它的真伪极难辨别,常常抱着"宁信有而不信无"的态度,这使隐姓埋名的投信者正好有隙可乘。

（十七）乔装打扮

这是说的间谍化装术。战国时，赵武灵王曾亲自身着胡服，化装为少数民族，潜入秦国刺探军情。东汉外戚首领梁冀，对其兄弟也心怀疑虑，唯恐暗算自己，常派亲信间谍身穿商贩服装，在兄弟们府前坐探窥视。隋代麦铁杖曾奉大臣杨素之命，头戴草束，扮成渔民模样，夜浮长江，侦探敌军布防情况。唐代程元振暗中策应吐蕃军攻占了长安，事后，唐代宗悬赏捉拿程元振。程元振乔装打扮，穿着妇女衣裳潜伏蛰居，后被识破抓获。唐代宗以"束兵裹甲，变服潜行，无顾君亲，将图不轨"的罪名，对其处以重罪。宋代岳飞刚参军时，常换上金兵军装，潜入敌营侦探情报，甚至还用一口纯熟的女真语和巡夜金兵闲聊寒暄。

乔装打扮的化装用间术，古今皆有。其作用主要是改变固定的形象，用来摆脱跟踪盯梢；混入敌方和在短时间内以多种形象身份进行间谍活动。如男扮女装，女扮男装；老扮少，少扮老；或者头发、眉毛、胡子、服饰等变化无常，使敌方无法以固定目标进行探捕，具有"摇身一变，面目全非"之功效。《兵经百字·混》中也说："饰彼装束相貌，乘机窜入，发于腹，攻于内，奸彼不奸我，自辨而彼不能辨者，精于混也。"这里谈到的在乔装打扮中有"自辨而彼不能辨"的敌我识别标志，则更进了一步。

（十八）入境问禁

先秦礼制文献《礼记·曲礼上》说："人竟（境）而问禁，入国而问俗，入门而问讳。"这一礼俗也完全适用于间谍活动。《投笔肤谈·谍间第五》也说："故欲得敌情而间之者，当先采物价之腾平，察风俗之好尚……然后因隙间亲，因佞间忠，因利间争，因疑间废……间谍之妙也。"

明代孔镛为了秘密而稳妥地除掉恶霸阿溪，一上任便"深入阴访"，打听到了当地"俗喜斗牛"的风俗，并以此为诱饵，派间谍诱骗擒杀了阿溪。明代佥事秘书熊景奉命赴广西镇压傜族，他暗中打听到傜族人对大藤峡这一地点有畏惧的迷信心理，便派间谍冒充贩盐走私商人，混入瑶族集市。他们一边"洞调虚实"，一边散布谣传："我们这些消息灵通的商人，居然不知道新采的司法官是谁，看来此人神秘莫测，必有法术。不过我们有次偶而偷看到了他准备了一些坛坛罐罐，好像古代祭祀鬼神的大壶，壶里又放满了各种石子，并神秘地将其掩盖起来。这个司法官还自言自语地说：如果瑶族投降，就用不着它了；如果不投降，就用它去破大藤峡！"傜族人一听害怕至极，当天就出寨投降了。

一个深入敌方的间谍，必须对敌方的禁忌、避讳、风俗、习惯等预先掌握，了如指掌；对所要行间的敌方内部的组织、纪律、常规甚至个人的喜怒哀乐、生活习惯爱好等,都必须如数家珍,一来便于行间自如,二来防止露出破绽。

(十九)大智若愚

《孙子兵法》说:"能以上智为间者,必成大功。"强调间谍的高智商。但是,"上智者"往往外表"气宇轩昂""满面灵相"。作为间谍,则多忌讳这一点。

唐代杜牧明确指出:"必取内明外愚,形劣心壮,骄捷劲勇,闲于鄙事,能忍饥寒,垢耻者为之";"厚貌深情,险于山川,非圣人莫能知。"这是说应当招募和使用"大智若愚"和"大勇若怯"的间谍。春秋的田豹是驼背斜眼的残疾人;要离是"身形猥琐""细小无力,迎风则僵,负风则伏"的文弱书生;宋代法崧是不遵佛规,嗜酒如命,沉默寡言的和尚;明代康茂才的看门老头,更是一个"形若槁木"的糟老头子。但是他们个个都是绵中藏针,真人不露相的上智间谍。

"外愚""形劣""厚貌"之人,不易引人注目,还常常遭人漠视而不屑一顾;而"内明""心壮""骄捷""劲勇""忍饥""耐寒""垢耻"和"闲于鄙事",都是一名间谍应具有的内在素质和必备条件。

(二十)插科打诨

这是一种故意以引人发笑或聊叙闲情的言行,使敌方放松警惕,造成可乘之隙的计策。

三国时,曹操为了离间马超、韩遂的关西军,故意与韩遂"并马谈笑""抚今追昔",还对关西军士兵开玩笑说:"你们看我干什么? 我也是人啊,难道有四只眼睛两只嘴巴?"成功地使韩遂与关西军放松了警惕,后乘隙大破关西军;明代孔镛收买王曾和陈瑞为间,派他们诱骗阿溪出寨。陈瑞采用插科打诨的方法,一次又一次解除了"多智"的阿溪的警觉戒心,居然仅带一名保镖出寨,甚至麻痹到解下随身佩刀的荒唐地步,最终自投罗网,命归黄泉。

在间谍战中,凡是以旧事、别人隐私、自吹自贬、装疯卖傻或风流艳事来开玩笑的人,对其应当予以高度警觉,在其玩笑闲谈乱扯的背后,往往隐藏着阴谋或杀机。

(二十一)头顶悬剑

古希腊神话中的叙拉古国王,为了让其宠臣达摩克利斯体会一下做国王的感受,便让他坐在皇帝宝座上,并用一根马尾巴毛将一把利剑悬在宝座之上,使达摩克利斯无时无刻不提心吊胆,犹如大祸即将临头。《兵经百字》也说:"无时非危,无时不谨。"强调行间必须无时无处都保持高度的警觉性。

春秋时太子建一招不慎,致使全盘间谍计划皆输,连命也赔了进去;战国时,张孟谈在离间智、韩、魏联军时，偶尔与智过相遇，他从智过的眼光中敏锐地警觉到间谍计划已经暴露，使毅然决定提前行动，化险为夷。正因为间谍深入虎穴，无时无地都存在着预料不到的危险，所以高度的警觉性和敏感性，是间谍的首要必备条件之一。正如北魏贾思勰所说："力能胜贫，谨能胜祸。"尤其在行动顺利，暂无危险之际，更要"居安思危"，慎防"大意失荆州"，泄露了蛛丝马迹，被敌方顺藤摸瓜。像太子建是"居安不思危"，终于突遭大祸；像张孟谈是"危而不慌"，终于转危为安。古今中外的间谍活动成败案件说明：一个间谍的敏感性和警觉性必须像头顶悬剑一样，分秒都不可松懈和麻痹，否则定会有意料之外的灭顶之灾。

（二十二）投石问路

此计之妙在于使敌方无意间暴露其"庐山真面目"。

春秋时，晋平公准备偷袭齐国，便派范昭以使者身份去齐国探听虚实情报。范昭一反间谍常用的暗中刺探的手法，采取了公开的投石问路之术。他在宴席上，故意要借用齐景公的酒杯饮酒，以试探齐国君臣的关系，结果齐国大臣晏婴识破了他的计谋，把酒杯换了回来。范昭又佯醉起舞，说请用周天子的舞乐伴奏，以试探齐国与周朝的关系，又被齐国太师识破，当场予以拒绝。范昭回国对晋平公说："我几次试探都被识破，齐国内政外交的实力都很强，看来不可去偷袭。"晋平公只得取消了袭齐的计划。

南北朝时，魏国重臣侯景叛变投靠了梁国，给魏国带来了隐患。魏相高澄决定设计除掉这个为梁国充当间谍的叛徒。一天，他"忽遣使（去梁国）议和"，梁国满朝文武"皆请从之"。只有如新令傅岐看出了其中的奥秘，他思忖道："高澄近来非常得志，根本无须现在对我国议和。必定是设间以疑侯景，使侯景意不自安，则必图祸乱。如果梁帝许和，就正中高澄之计。"梁帝果然中计，"竟许和"。侯景闻讯，不相信梁帝会答应魏国的议和，为了试探梁帝的真意，他伪造了一封魏国大臣的书信，信中说："请求以梁国俘虏贞阳来交换叛将侯景"，借以摸清梁帝对自己的态度。不久，梁帝复信说："贞阳且至，侯景夕返。"侯景便知道梁帝对他已经不再信任重用了，甚至将他作为与魏国交易的筹码，于是便兴兵叛乱，最终兵败身亡。

此两例是试探对方真实意图的案例。在《六韬·选将第二十》中提到的"八征之术"，则是对己方间谍内心真伪的试探考察方法，即用：问之以言以观其辞；穷之以辞以观其变；与之间谍以观其诚；明白显问以观其德；便之以财以观其廉；试之以色以观其贞；告之以难以观其勇；醉之以酒以观其态。以此"八征之术"，来试探部将或间谍的"贤与不贤"。

（二十三）投骨于犬

唐代李筌《神机制敌太白阴经·数有探心篇》说："伺人之情有所爱恶去就，从欲而攻之……将其心，迎其意。"强调"投其所爱"，从而加以牵引或控制敌方。

北宋时，西北部落中有一个"明珠部落之羌酋，骁悍，最为边患"。此羌酋善于化装，行踪诡秘，来去无迹，极难擒获。用间大师种世衡便"欲以计擒之"。他多方暗中探听到，此羌酋"好击鼓"，于是秘密下令工匠制造了一只"马持战鼓，以银裹之，极华焕"。然后派间谍化装成江湖商人，在羌酋经常出没的地区叫卖，不久便被人用高价买走。这时，种世衡精选"骁卒数百人"，组成一支特别部队，下令说："你们的唯一任务就是去侦察边境上有没有携带银鼓的人，一旦发现，无论是谁，立即拼死擒来！""一日，羌酋负鼓而出，遂为种世衡所擒"。

春秋时越国被吴国战败后，勾践根据夫差和伯嚭贪色的特点，送上西施、郑旦等歌舞美女，以此收买伯嚭为内间和麻痹夫差的意志，终于灭吴复仇。

俗话说："江山易移，本性难收"；"哪只猫不贪腥"；"狗改不了吃屎"，说明嗜好、癖性、瘾头是极难改变的，可谓"嗜痂有癖"。这一人性弱点被用间者高度重视和广泛利用。只要"钓鱼送猫"或"投骨于犬"，诱使对方上当就范的成功率往往极高。对嗜财、名、色、酒、奕、烟、毒、赌等人，派间谍投其所好，往往会自动上钩或自甘堕落，从而便于用间者随心所欲地予以驾驭、控制和调遣使用。

（二十四）推倒油瓶

此谋略是采取一种极端措施，迫使敌方下意识地行动，使之"示形"和"显真"。

春秋时，吴国攻打越国，越王勾践深知不敌于吴国，便心生一计：他召见了几十名死囚，以厚待其家人为条件，让他们去充当特殊的"死间"。当吴军和越军相遇时，勾践下令让死囚换上越军服装出阵，排列成三行，高声狂呼几下后，便纷纷拔剑自刎。吴军将士大为惊诧，都呆住了。这时，勾践乘机突发奇兵，大败吴军。

勾践用死囚行"死间"之奇策（即"推倒油瓶"之计），断定吴军必然会突然惊呆（即"扶油瓶"），利用敌方这一下意识的空隙，尚未来得及反应，乘机夺取胜利。因为一般来说，看见油瓶突然倾倒，谁都会伸手去急扶，这一下意识的思维及行动，正好被善用间者所重视和利用。不过，间谍史上也有"见油瓶倒而不扶"的案例：

北宋大将李允则一次夜间犒赏将士，突然闻报军器库失火。众将士大惊，纷纷起身前往救火。但是李允则阻止了他们，依然"作乐饮酒不辍"。顷刻间，保证城池安全的军器库被烧成灰烬。罢宴后，李允则严令封锁军器库被毁的消息，"密遣吏，前往瀛洲，以茗笼运器"，不久，又使军器库中"军器完是"，而"外人无知者"。宋枢密院得知此事后，向宋真宗上奏，"请劾（李允则）不救火状"。宋真宗说：他这样做,一定有原因,去查问一下到底是为什么？李允则答道:"兵械所藏,儆火甚严。方宴而焚,必奸细所为。若舍宴救火,事当不测。"宋真宗和枢密院因此而褒奖了李允则。

敌方间谍企图利用军器库失火、大多数将军于此紧急之中都会"见火而救"的下意识行动来伺机进行更大的破坏活动。然而,李允则非但"见火不救",而且还"作乐饮酒不辍",可见其有着极强的克制力和高超的辨析力。

(二十五) 滥竽充数

滥竽充数,按理是一种以次货充好货的行为,似乎与"以上智为间者"的间谍原则相悖离。其实不然,因为具有"上智"的间谍,毕竟不多,甚至凤毛麟角,不足以全方位担当在许多领域、场合中获取敌方情报的大量间谍任务,而采取"滥竽充数"的间谍计谋,则另有一番妙处。

明代赵本学《孙子书校解引类》说:"取平日翻覆奸人或得罪健儿,假以董治之事,笞辱极,因阴纵叛,去至敌,乃说军营中事,敌人守备必缓。"这是先在军营中故意制造一些迹象,然后利用一些无用小人,用酷刑使其生叛变之心,并故意给个机会让其逃至敌营中去"告密"。敌方见其遍体伤痕,说的又确实是真情报,不会不信。三国时,张飞常"鞭挞健儿",刘备、诸葛亮多次告诫张飞,认为这是"取祸之道"。但是张飞也粗中有细,有一次他照例"酒后怒鞭一士卒",使其生怨恨之心而叛敌,并说出张飞军中详情,敌方便企图于夜晚"乘虚偷袭"张飞,反被张飞伏兵全歼。

"滥竽充数"一计的首要条件是:必须先制造一些使己方军民都信以为真的迹象,以利用一些对己方平时无用之人去通报给敌方。这些人虽然是"滥竽",但是却可以"废物利用",加以"充数"。

(二十六) 多间并用

《六韬》中提到"文伐"敌方的"十二节"之法,如果以此十二种用间术并举来"伐敌",具有很高的可靠性和成功率。明代赵本学《孙子书校解引类》也说:"盖间谍多歧,则可参伍其术,错综其言。敌既不能测度而我又有所准则。"强调"五间俱起",综合运用,从而使敌方应接不暇。

战国信陵君多以食客为间谍,遍布在各国刺探搜集情报,消息极为灵通、准确。他曾不无得意地对魏王说:"我的门客遍布各地,邻国的机密和行动,我都能及时全面掌握。"

十六国时,被称为"奇谟间发,猛气横飞"、深谙间谍术的石勒建立后赵后,西晋旧臣幽州刺史王浚的势力却日益强盛,对石勒构成了严重威胁。石勒便派间谍先用重金收买策反了王浚部将疾陆眷为内间,又派舍人王子春为生间,携带大量珍宝,前去王浚处假意称臣,充当长期潜伏间谍。石勒又侦知王浚与部将司马游统有隙,便伺机利用。正巧司马游统派使者前来与石勒商谈联合反叛王浚事宜,但石勒却做出了一个出人意料的决定:斩杀了司马游统的使者,并立即把司马游统密谋反叛之事通报给王浚,使一直对石勒称臣之心有怀疑的王浚至此终于"无复疑矣"。石勒以此丢卒保车之计骗取了王浚信任后,又实施了一个利用王浚使者的反间术。他故意凑集了一些老弱病残的士兵列队欢迎王浚使者,使王浚误认为石勒的军事力量已经日渐衰减,自身难保了。

这时,石勒根据王子春秘密提供的各方面情报,又从其他几个间谍处对这些情报交相参验,最后得出了结论:袭击王浚的时机到了。于是发兵进逼幽州。但是王浚得报石勒率兵前来时,竟认为是"拥戴我为天子登基"之举,还设下酒宴,准备款待石勒。谨慎的石勒为了防止在进城时会遇上伏兵,就以"献礼"为名,先将数千头牛羊驱赶进城,使其填塞住各交通要道,然后率精兵迅速冲进议事厅,活捉了醉梦方醒的王浚。

石勒对王浚用间,同时采用了以王子春为生间;以司马游统使者为死间;以王浚内部官员为内间,几间并起,使王浚接连中计。采用这种同时并举的用间术,可使敌方防不胜防,应接不迭,犹如遍地开花,目不暇接。

(二十七)唱筹量沙

假情报是间谍与反间谍战中最重要的手段之一,具有极大的欺骗性和危害性。南朝宋将檀道济"时与魏军三十余战,多捷。军至历城,魏以轻骑邀其前后,焚烧谷草",檀道济"军食尽"。此时,又"有卒亡降魏,具说粮食告罄。于是士卒忧惧,莫有固志","魏人追之"。檀道济决定以假情报惑敌,一来阻缓魏军急攻,二来借刀杀掉深知内情的降卒。他命令士兵晚上"唱筹量沙",即一边高声喊用筹计算粮食,一边用沙子替代米堆积成"小粮丘",使夜中前来窥探的魏军间谍误以为檀道济在分配军粮。檀道济下令把仅有的一点米覆盖在用沙子堆积起来的小圆丘上,看上去就像是一堆堆的大米。次日清晨,魏军果然中计,认为檀道济"资粮有余","以降者为伪而斩之","不复追",檀道济乘机逃出困境,"全军以归"。

像春秋的范宜子对析文子;战国的田单对骑劫;三国的黄盖对曹操;唐代的安兴贵对李轨;宋代的韩世忠对魏良臣;明代的朱元璋对陈友谅,戚继光对倭寇等,都是故意制造假情报先惑敌后破敌的范例。"唱筹量沙"也成了以假情报欺骗敌方的代名词。

制造假情报的用间术并非仅具欺骗敌方的单一作用,它数量越多,内容越逼真,就越使敌方头痛,以此打乱敌方间谍机构的正常行动程序,"乱其目,迷其耳,惑

·谍战诡影·

图文珍藏版

其心,累其力,阻其行"。此外,它还具有诱敌间上钩的妙用。战国时,"秦攻赵,鼓铎之音闻于北堂",大臣希卑对赵王说:"这次秦国进攻赵国,不应当如此急攻,这是在用鼓铎之音暗中联络潜伏在我方内部的间谍,使此间谍借助于秦军外部的军事压力,来诱逼大王实行连横向秦国投降。大王如果想知道这个内间是谁,可以在明天一早故意对群臣说您愿意连横。谁最先站出来主张连横的,谁就是秦国的内间。"果然,"次日建信君果先言横"。希卑仅用一个小小的假情报为诱饵,便使隐藏在内部很深的大内间轻信受骗,自动上钩。

(二十八)联姻灭亲

采用儿女联姻,从而摸清敌方底细,乘其不备,予以袭灭。这一残酷的间谍计谋,在古代,尤其在先秦非常之多。

春秋时,"郑武公欲伐胡",他先将女儿嫁给胡国,与其结为婚姻亲家。不久,郑武公问文武大臣说:"我想出兵攻地掠民,不知哪一国可以攻打?"大夫关其思脱口说道:"胡国可以。"郑武公闻言大怒,斥责道:"胡国是我兄弟之国,儿女亲家,你竟敢说去攻打?"说完不由关其思辩说,喝令推下斩首。胡国君主听说此事后,认为郑武公是可靠的亲家,于是对郑国不加防备,郑武公乘机"袭胡破之"。

以往史学界都认为郑武公是以关其思为死间。《间书》便认为:"此武公以关其思为死间也。间虽巧,然其思何罪?君子弗为也。"并提出可以用"一死罪囚"来充任死伺,"较郑武公之斩无罪而代姻亚有间矣"。其实不然,在这场间谍战中,郑武公主要是以其女儿为间,借此麻痹胡国和探察胡国的底细,因此采用了"联姻灭亲"的间谍计谋。而关其思被杀,无非是其没有领会郑武公的真正用心,直言将郑武公心中的隐秘揭露了出来。郑武公则顺水推舟,佯装盛怒而斩杀了关其思。并非是郑武公事先与关其思谋定,让关其思献身为死间。从另一个角度讲,郑武公也可能有意让不知内情的关其思提出伐胡主张而杀掉他,将此消息通过胡国间谍传达给胡国君主,使其放松警惕。但是,对胡这个小国来说,郑武公杀掉一个主张伐胡的属下臣子,远远不及将自己的亲生女儿嫁给胡国要来得可信得多。因此,与其说,郑武公以关其思为死间,还不如说是以其女儿为死间。

类似的例子还有:隋文帝为了控制突厥,将安义公主许配给突厥贵族染干,使染干充当了隋文帝在突厥内部的间谍。但当时机成熟时,随文帝又挟持逼迫染干至长安归降,从而分化削弱了突厥,并屡屡大败之。

(二十九)抓雏引母

古时传说:一名猎人为了捕获极其凶狠的母狼,就先抓住两只小狼崽,将它们分别吊在间隔不远的左右两棵树上。猎人爬上树,先吊起左边的狼崽,嚎叫声惊动了母狼，它穷凶极恶地扑向左边。猎人又吊起右边的狼崽，惨叫声又引诱母狼冲向右边。如此反复多次，母狼左突右冲，疲于来回奔跑，终于心力不支，口吐鲜血而死。这一谋略兵家称之为"趋其必趋"。

明末时，皇太极率兵迂回突袭北京，逼迫死对头袁崇焕回京急救，这又使崇祯帝怀疑袁崇焕企图以救京为借口聚兵叛乱。此时，袁崇焕已经落入陷阱，他如果不回救北京，当受军法严惩；如果回救北京，又必然受崇祯帝怀疑。皇太极突袭北京，是为了"引出"袁崇焕，而真正目的是以袁崇焕之举"引出"崇祯帝的疑心和杀心。最终将袁崇焕逼上了死路，将明王朝驱入了死胡同。

以至利或至害，尤其是关系到敌方切身的至害，去调动敌方，往往会收到事半功倍之效。从谋略上看一般多强调"出其无趋，趋其不意"，但是"趋其必趋"一着则更为厉害。它能够使敌方为了其切身的至利至害，不顾一切，不虑后果地孤注一掷，这正是可以利用、控制、调动并摧毁敌方的绝好机会。

（三十）打骂为亲

常言道："打是爱，骂是亲。"中国古代的考察间谍时也常用此法。

北宋时，种世衡为了考验法崧的毅力和忠诚，突然翻脸妄加罪名，对其严刑拷打。刑罚"极其楚毒"，直至打入死牢达半年之久。这种考察间谍的方法是残酷无情的，目的又是明白无误的。古今中外以假拷打、假逮捕、假枪毙等方法来验明间谍的意志、忠心的案例也屡见不鲜。对于不实行这一方法的一方来说，尤其要了解、注重这一间谍谋略。因为一旦敌方间谍落网，该间谍面对逮捕、审讯以及处刑，都会在心理、身体上有着充分的经验和准备，很难以严刑拷打和逼供手段使其投降就范，更难以从中察出其虚实真伪。所以应当采取相应的以柔克刚或以刚制柔等刚柔相济的方法，来予以对付化解。

（三十一）诱敌骑墙

这是一种用利害关系暂时稳住敌方，使之犹豫不决，不在现时对己方构成威胁，以便腾出手来先解决强硬顽固之敌，然后再转而消灭之的谋略。

战国时，苏厉为了阻止秦国攻打梁国，便秘密会见了秦国名将白起，以利害之得失，劝阻白起统领秦军。白起犹豫不决，苏厉便提议："公不若称疾不出。"白起采纳了这一骑墙之计，于是秦军另任统帅，出兵失利。

东汉刘秀为了不同时与各方敌军作战，命令部将冯异以一封分析时局趋向的策反信，离间了刘玄与其部将李轶。使李轶不再与刘秀"争锋"，并对刘玄与刘秀的帝位之争持观望态度，甚至对刘秀包围刘玄手下的河南太守武勃也视而不见，致使刘秀各个击破，最后以反间计，借敌将之手又杀掉了李轶。

唐代名将李靖则采用一种假象心理计谋，来实施诱敌骑墙。621年，李靖进攻梁王萧铣，一路势如破竹，缴获了梁军大批战船。李靖命令把这些战船全部布散在江中，随其漂流。诸将不解，问道："将军为何不利用这些战船，或者将其凿沉焚毁，反而把它们散到江中，顺流漂下去资助敌军呢？"李靖说："我军孤军深入，而萧铣统治地区辽阔，江陵城又十分坚固。如果不能快速攻克江陵，待其援军一到，我军将腹背受敌，进退两难，即使有了这些战船也无济于事。现在我让这些战船顺水漂流，是为了故意让前来的萧铣援军看见。这样，它们就起到了假情报的作用，会使其援军误认为江陵城已经攻破。因为从来没有一支军队在长江作战时，会把缴获的战船弃之不用，除非是已经攻克了敌城。其援军一见这些战船，一定会犹豫不前。我军这就能赢得宝贵的攻克江陵的时间。"果然，萧铣援军见战船而犹豫踌躇，不进不退，徘徊于原地。萧铣见援军久久不至，只得开城投降。

苏厉是利用功利；冯异是利用时局；李靖则是利用假情报来诱骗敌方骑墙，手段方法不同，但结果却都殊途同归。其主导思想实际上是各个击破，一口一口吃掉敌人。

（三十二）里应外合

间谍的主要任务为"知彼""惑彼"和"乱彼"。其中"乱彼"则要求间谍在适当时机，在敌方内部采取破坏行动，以配合外部诸方面的军事行动。

南宋时，宋将孔彦舟率军前往洞庭镇压钟相起义。他一方面派间谍化装为农民，到钟相处去假意"求法"，混入农民起义军；一方面又派间谍在各地大肆散布说："爷（指钟相）若休时我也休，依旧乘舟向东流。"借此麻痹钟相。钟相果然内外均被蒙骗。孔彦舟见间计已成，便发动了突袭。由于宋军里应外合，起义军腹背受敌，阵脚大乱，钟相也被俘遇害。

明嘉靖年间，日本倭寇包围了兴化府。明将刘显奉敕急救。在到达离兴化府不远的江边时，刘显派五人带密信进城，暗约从两面夹攻倭寇。不料五人被倭寇捕获，并搜出了密信。于是倭寇便伪造了一封刘显的书信，信中说："某夜某时当率兵潜入应援，城中勿举火作声，恐倭贼惊觉。"然后"择奸细五人，诈充刘显士卒，潜入兴化府"。兴化府守军得知"援兵"将至，振奋不已。"至期，倭贼冒刘显军入城"，城内五名间谍也乘机四处杀人放火，制造混乱，兴化府一夜之间"便陷倭贼之手"。

明末时，张献忠准备攻打庐州。此时正值年度会考之时，张献忠便挑选了数百名外表文质彬彬的士卒假扮成应考的诸生，肩挑手提着古书笔砚，与各地应考的诸生一起进入庐州城。两天后，张献忠突然兵临城下，这时，数百名"诸生"顿时弃书扬刀，在城内袭击砍杀守卫士兵，庐州城门大开，张献忠长驱直入，攻克庐州。

明代吕坤《救命书·城守事宜》就有专论谨防、盘查、捕获"内应奸细"的种种方法。《草庐经略》也专门辟有"内应"一章,主张的手法有"佯为商贾""夜焚民居""诈呼敌人""兵民嚣乱""乘机成事"等,但又再三强调:"大抵奸细在内,宜早应之于外,久则败露。"古时里应外合的间谍活动,主要偏重于军事方面,一般为临时战术性质。但是也有一些长期潜伏的战略间谍,如三国的隐蕃、后唐的小长老等,此类间谍的危害性更大。他们要么"三年不鸣",要么"一鸣惊人",往往在胜败的决定性时刻突然出现和发挥作用,里应外合以达到预期的计划。

(三十三)杀人灭口

《孙子兵法·用间篇》说:"间事未发,而先闻者,间与所告者皆死。"梅尧臣注释为:"杀间者恶其泄,杀告者灭其言。"

西周末,"周厉王虐,国人谤王。召公告曰:民不堪命矣。王怒,得卫巫,使监谤者,以告,则杀之。国人莫敢言,道路以目。"这是中国古代最早派间谍暗中监视并密告杀掉政敌的记载。周厉王杀掉了"谤王者",就是为了灭谤言。

南北朝时,陈武帝陈霸先召见部将侯安都、周文育及杜棱,询问道:"我准备秘密偷袭梁国的大都督王僧辩,你们看如何?"部将都一致赞成,唯独杜棱认为偷袭成功的把握性不大,持反对态度。陈霸先"惧其泄谋",被梁国间谍探知,便'"以手巾绞杜棱闷绝于地",连夜就发兵偷袭擒杀了王僧辩。

南宋时,金国间谍秦桧就找到了"莫须有"的罪名废黜了深知内情的洪皓,又毒死了为岳飞狱叫屈的牛皋。采用了堵其口或灭其口的手段,防止其间谍阴谋的败露。

从反间谍的角度讲,对敌方间谍要尽量获取活口;对己方间谍则必须慎其言行。尤其当打入敌方内部的间谍探知到绝密情报时,应当表现得毫无所知,以防敌方察觉后为保密而杀人灭口。

(三十四)挑虎相斗

成语有"坐山观虎斗";"鹬蚌相争,渔翁得利"之说。但这是从消极的方面来说的。而"挑虎相斗"则是要求积极主动地在敌方内部进行挑拨离间,引起敌人双方火拼,然后再悠哉游哉地"坐山观虎斗",观"鹬蚌相争",待其两败俱伤时再"渔翁得利"。

春秋时,子贡周游鲁、齐、吴、越、晋,采用连环用间的高超手法,挑起齐与吴、吴与晋、越与吴一连串的争斗,然后回鲁国去坐观群龙相斗了。使得处于大国夹缝之间的鲁国,反倒毫无损失,得以保全。

战国时,张仪以六百里土地诱骗楚王单方面撕毁了楚齐盟约,然后返回秦国,佯装失足跌下车摔断了腿,悠闲自得地观看楚齐互相谩骂斗争,使秦国从中大获其利。

南宋时,岳飞以假情报挑起了金国兀术对伪齐皇帝刘豫的疑心和仇视,借敌之手杀掉了这个对宋朝深以为患的大汉奸,大大削弱了金国南下的军事力量。

挑虎相斗的手段是"挑",目的是"斗"。要善于利用敌人内部一切可以利用的矛盾,促使其激化,从而使其内斗。有时敌人内部的一方可能惧怕另一方势强力大,不敢与之斗,这时己方就不能再采取坐观的态度,而应暂时"帮助"一方去斗垮另一方,然后再杀一个"回马枪",乘虚击溃早已斗得精疲力尽的这一方。

(三十五)蜣螂推丸

俗称"推车客"的蜣螂,会"以土裹粪,弄转成丸",并且将丸越推越大,像滚雪球一样。在古代间谍活动中,也常见类似的招募、发展间谍方法。

三国时,暗藏在益州的刘备间谍张松,为了长期潜伏,避免暴露,便秘密发展了法正为间谍,从而使他自己隐蔽越深,在策应刘备夺取益州时发挥的作用也越大。

清代间谍张继庚,化名混入太平天国内部,他一方面纠集清朝反动分子,一方面又收买太平天国内部立场不坚定的官员,秘密发展扩大间谍组织。在很短的时间内竟发展到几千人之多,遍布太平天国的各个角落,给太平天国造成了巨大的危害。

南宁华岳在《翠微北征录》中说:派出间谍时,要预先重赏财物,还要每天额外给予补贴。这样就便于再去雇用间谍,招募暗探……有个资金,雇用间谍就得心应手。这是说的以金钱去发展间谍组织。应当指出:古代间谍有两类:一类是"独行客",像三国的隐蕃、宋代种世衡的番将等,他们严禁去发展间谍,必须单干;另一类是积极发展扩大组织的间谍,像三国的张松、清代的张继庚之类,以补充自身力量,让他人去干一些自己不便做的事,或者是广布耳目,四处破坏。但是这种"蜣螂推丸"的间谍有一个最大的弱点,那就是非常容易暴露。一旦某一个环节出差错,往往会被敌方反间谍机构像拎螃蟹一样,一连串地被捕。

(三十六)疑能生鬼

多疑,是历代帝王的一个共同特征,而这一点又是古代用间的一个有效突破口。只要说某人暗怀怨恨、生有反心或密谋造反,帝王闻后无一不疑忌重重。越疑则越煞有其事,越煞有其事,就越容易借帝王之手除掉某人。所以说疑能生暗鬼。

春秋时,越国间谍伯嚭经常在吴王夫差面前搬弄是非,诬陷伍子胥,他说:"子胥为人刚暴,少恩,猜贼,其怨望恐为深祸也……常鞅鞅怨望,愿王早图之。"夫差听后说:"微子之言,吾亦疑之。"于是赐伍子胥佩剑令其自杀。

战国时,秦国间谍郭开对赵王说:"李牧、司马尚欲反。"赵王疑心顿生,从而萌发杀心,终于"使人微捕得李牧,斩之"。

楚汉相争时,陈平假意向项羽使者透露出范增与其有暗中联络的"蛛丝马迹",使者返回后向项羽报告,多疑的项羽对范增便倍加防备,越观察越觉得范增像个内间,终于逼死了范增,失去了得力臂膀。

应该说"疑"并非全是坏事。从间谍角度讲,多疑是必备的条件之一。但必须"由疑辨真",不可事事皆疑而又事事不辨。从帝王角度看:疑能败事,但运用得当有时也能成事。三国时,吴国孙权对突然而至、能说会道的隐蕃,一开始便存有一定的疑心,所以向掌管军政机密事务的胡综征询对隐蕃的看法。尽管一些部将盛赞隐蕃有:"王佐之才",但是一向善于提拔使用年轻人的孙权始终没有将其调至身边,委以"王佐"之任,后来果然发现隐蕃是魏国派来的战略间谍。

(三十七)量体裁衣

唐代李筌在《神机制敌太白阴经·数有探心篇》中提到"六探之法":"探仁人之心,必以义,勿以惧。探智士之心,必以忠,勿以欺。探愚人之心,必以蔽,勿以明。探不肖之心,必以异,勿以常。探好财之心,必以贿,勿以廉。"李筌又提出了与"智者""博者""贵者""富者""贫者""贱者""勇者""愚者"这八种人的言谈必须因人而异,以探其心,以验其征。古代用间术则将这些称为"因敌制胜"和"量体裁衣"。

春秋时,勾践因伯嚭"喜美女",使大夫文种"饰美女八人纳太宰嚭",予以收买为间;子贡因吴王夫差"欲显名争霸于诸侯",而极力怂恿其与强大的齐国、晋国交战,以至于吴国中计受骗,元气大伤,终被越国乘虚而灭;战国时,韩国因为秦国意欲发展关中农业,派间谍郑国前去诱使秦国大兴水利工程,企图以此来损耗秦国的国力军力,使其无力东进;三国时,刘备因张松有"怀才不遇"之心,用"仁义"招募其为间谍;周瑜利用曹操急于从内部分化瓦解吴蜀联军的心理,密谋让黄盖诈降,大败曹操;南北朝时,韦孝宽因北齐权臣祖珽与大将斛律光有怨恨矛盾;编造了儿歌借刀杀死斛律光;南宋时,刘锜因兀术好大喜功,骄横自大,便设下毒药阵,一举击退强敌。

这些古代用间案例,都是"量体裁衣"的典型杰作。此计的先决条件是必须知彼,了解清楚敌方的"体长""肩宽""胸围"等"尺寸",才能顺因客观"裁"出一件适应敌情而又可置敌于死地的"寿衣"。

(三十八)苦肉计

《资治通鉴·唐纪》说:古时西域国有人得一珍珠,因怕人偷去,便剖开腹肚,将其藏匿其中。后人以此比喻轻重关系颠倒。但是,如果确有其人其事,恐怕人们不会认为是轻重颠倒,而认定这颗珍珠必定是稀世之宝了,否则何以剖腹藏之?在古代间谍活动中，采用这种常人看来无法理解的极端手段来骗取敌方信例的案例，则比比皆是。

春秋时，吴王阖庐派要离去暗杀庆忌，要离让吴王先砍断自己右臂，再杀掉自己的妻儿，并焚之于市，以此来获得庆忌的信任，终于乘机刺杀了庆忌。

西晋李雄以"通敌罪"痛打手下朴泰，浑身血迹的朴泰"含恨投奔"同乡人——晋军将领罗尚，哭诉其冤，誓当内应，以杀李雄。罗尚见满身血肉模糊的同乡人，顿失警惕，从而上当受骗，终遭惨败。

南宋时，岳飞剖开兀术间谍的腿肚子，把离间兀术与刘豫的蜡丸书藏进肉里带回去。兀术见岳飞给刘豫的书信竟藏在人的腿肚肉里，便坚信无疑，找借口废掉了刘豫。

《三十六计》第三十四计"苦肉计"说："人不自害，受害必真；假真真假，间以得行。"像要离、李雄、岳飞等人采取的这些用间举措，是常人绝不会做甚至绝不会想的，所以骗过了狡诈多谋、但是却以常规思维考虑观察问题的庆忌、罗尚、兀术等人。从反间的角度说，"人不自害，受害必真"指的应当是一般的普通人，但是反过来说，"人若自害，受间必真"，这里的"人"就必定是一个老谋深算、不畏生死、不计私利而又极其危险的间谍了。

（三十九）美人计

《六韬》中多次提到这一用间术："娱以美人"；"淫之以色"；"以美女移其志"；"进美女淫声以惑之"，借以迷惑敌方。古时有"迷魂汤""迷魂药"之说，多指以色迷人。唐朝韩愈有诗云："迷魂乱眼看不得。"古代用间进美色是手段，其目的是"迷其魂""移其志""惑其心""弱其体"和"增其下怨"，否则其结果正好相反，将落得个"赔了夫人又折兵"的下场。

古代以色迷魂的用间案例始于夏代。夏朝末代君王桀命大军攻打一个叫有施氏的部落，有施氏无法以军事力量抵挡夏军，便向桀这个好色之徒进献了一名叫末喜的美女以此来求和。果然，末喜"一人抵万兵"，以色迷惑住了桀，从而保全了有施氏。此后，桀在"美于色，薄于德，女子行，丈夫心"的末喜迷惑下，对她言听计从，甚至让她参与并决定国家军政大事。桀的这一致命弱点，后来被商汤的间谍伊挚所利用，最终国亡身死。

商朝末年，周文王以有莘氏女迷纣王；西周末年，褒人以褒姒迷周幽王；春秋时，齐国公孙无知等以连称堂妹迷齐襄公，并将其暗杀；晋献公以舞女迷虢公，离间舟之侨；郦戎以郦姬迷晋献公，扰乱其朝政；勾践以西施、郑旦迷吴王夫差，使其疏于国事；西汉淮南王刘安以其女刘陵迷京都高官，刺探情报；三国王允以歌妓貂蝉迷董卓和吕布，离间两人的"父子情"，借"子"之手杀其"父"；隋代杨广以陈贵人迷隋文帝，废掉并取代了太子杨剪；隋炀帝以张衡之妾迷惑监视张衡，终于抓住把柄，逼其自杀；唐代宦官以艺女迷唐昭宗，窃听到了宰相崔胤的全部密谋；宋代史弥远以琴女迷太子赵竑，套出了赵竑对他的真正看法，从而密谋废掉了赵竑；明代胡宗宪以徐海宠妾翠翘、绿珠，迷惑徐海与其同伙陈东相残杀；清代多尔衮以贴身侍女迷明军降将刘泽清，掌握了其反清密谋，被凌迟处死，等等皆是。

以美女给敌方灌入迷魂色汤，是一种腐朽之计，但是它作为一种用间谋略又是现实的。《兵经·女》说："男不足，女乃行。"似乎比传统的美人计看法更高一等，即认识到了男女秉性的差异，重视妇女的特殊作用，而不仅仅局限于"色"。古言道："英雄难过美人关"；"花不迷人人迷花，酒不醉人人醉酒。"可见这一用间术有着很大的危害诱惑性。它不仅是女性对男性，即使是男性对女性也一样存在着"迷魂色汤"的作用；同样，它也不仅是限于美貌风流的靓女俊男，即使是容貌不扬、风度欠佳的男女，也都能起到"迷魂色汤"的作用。从反间谍角度看：切莫将军情投入艳情，将国事陷入韵事，最终导致身败名裂和害人害己的结局。

（四十）螳螂捕蝉

此计在古代间谍活动中常见、并主要偏重于反间活动。汉代刘向《说苑·正谏》说："园中有树，其上有蝉，蝉高居悲鸣饮露，不知螳螂在其后也；螳螂委身曲附，欲取蝉，而不知黄雀在其旁也；黄雀延颈，欲啄螳螂，而不知弹丸在其下也。"

春秋时，子贡为鲁国间谍，前往齐、吴、越、晋四国进行连环用间活动。他以树威信诱使齐国去进攻吴国；又以霸中原诱使吴国去讨伐齐国和晋国；又以雪耻辱诱使越国去偷袭吴国；又以捍国土诱使晋国与吴国为敌，形成了一连串错综复杂的局面。这里子贡就是将齐国作为"蝉"；将吴国作为"螳螂"；又将越国、晋国作为"黄雀"；将鲁国作为最终取利的"弹丸"。

子贡出使齐、吴、越、晋四国时，齐国知道子贡为鲁国间谍，但为了自身的利益，企图利用子贡去挑唆吴国；吴国也知道子贡为鲁国和齐国说客，但也企图利用他去稳住越国；越国也知道子贡为鲁、齐、吴来行间，但也企图利用他去麻痹吴国；晋国也知道子贡充当了鲁、齐、吴、越的间使，但为了国家安全也应允与吴国对抗。此四国都想利用子贡为反间，但却都被子贡所利用。"螳螂捕蝉"的用间计提醒人们在做某事时，一定要瞻前顾后，慎防其后的"黄雀"和"弹丸"。尤其在反间活动中更要注意，千万不可认为自己在"反间"敌方，而没有考虑到敌方也在"反间"己方，或者第三方正在"反间"己方和己方的敌方。

（四十一）将计就计

"将计就计"在用间术上也叫"借间用间"，属于最高层次的用间术。一般认为此计就是"孙子兵法"中说的"反间",如杜牧在注《孙子兵法》"反间"时说:"敌有间来窥我,我必先知之,或厚赂诱之,反为我用;或佯为不觉,示以伪情而纵之,则敌人之间,反为我用也。"用间术的"将计就计"与,"厚赂诱之"或"佯为不觉,示以伪情"的反间计不同,它是让敌方认为己方中了他们的间谍计谋,但恰恰是敌方中了己方的间谍计谋,其活动区域完全集中于间谍领域。这类间谍案例古书中记载罕见,后世又多将此与反间混为一谈,几无有意识地明确辨析,现从古文献中择辑几例予以剖解。

春秋时,晋文公伐曹国。曹国大夫于朗见晋军强大,不可以力敌,便设下了一个诈降间谍计。他写了一封投降书给晋文公,说愿意归降晋国,并请晋文公人城受降。晋文公见信后信以为真,立即准备亲自带兵人城去受降。晋军元帅先轸认定其中有诈,便挑选了一名士卒化装成晋文公,带着几队兵马入城。于郎见晋文公中计,大喜,喝令伏兵突然出击,杀死了假晋文公。这是最早记载的一例"将计就计"用间案例,但也反映出了当时对此计的运用还不完善、熟练。如果先轸不仅让假晋文公人城,而且再配之以适当的军事行动,就不只是使晋文公免于厄难,而且还可以一举歼灭于郎。

三国时,曹操与孙权在樊城、江陵之战的间谍战中,把"将计就计"用间术运用得炉火纯青。219 年夏,刘备夺取了汉中。孙权又进攻合肥,曹操在失去汉中诸地后,不得不东调兵马与孙权作战。镇守战略要地江陵和公安的关羽乘机率主力北攻樊城,使曹操多方受敌。

关羽借大雨汉水泛滥,攻杀了曹将庞德,于禁也被迫投降。关羽兵锋正旺,团团包围了孤城樊城,又派兵攻打襄阳,曹军将领纷纷倒戈投降,当地民众也起义反曹。关羽声势浩大,"威震华夏"。曹操惊恐之中,竟准备迁都退却。谋臣司马懿、蒋济献计道:"刘备和孙权外亲内疏,关羽得志,孙权必不安心,可派间谍前去诱劝孙权偷袭关羽后方,许以事成之后,把江南之地封给他,这样,樊城之围就自然解除了。"

孙权接信后,便派间谍送给曹操一封密信,信中说:"我即派兵西上袭击关羽。关羽如果失掉江陵、公安二城,必定会自行溃走,樊城之围便不救自解。但请您一定要对此保密,以防关羽有所戒备。"曹操阅信后征询僚属的意见,许多人都认为应该保密,但是谋士董昭却认为:"应当明里答应孙权保密,暗中却泄露此信。如果关羽听说孙权偷袭他的后方,必定撤兵回救,樊城之围即刻解除。加上关羽与孙权两敌相斗,我们可坐收渔利。如果为孙权保密,那么就会使孙权得逞其志,这不是上策。再者,樊城被围将士粮弹匮乏,如不知有救,会产生恐慌,一旦发生意外,局面难以收拾。所以应该把密信内容泄露出去,以求一举多得。"曹操便命徐晃用箭将孙权密信的内容分别射入樊城和关羽营中。濒于绝境的樊城将士由此而士气倍增,而关羽则疑心这是曹操的离间计,不肯轻信而撤兵回江陵,但又担心孙权真的会背盟偷袭江陵,犹豫徘徊,进退难决。

孙权派兵化装成白衣商人,秘密进军公安、江陵,并派间谍诱降了守将傅士仁和糜芳,攻占了公安和江陵两城。曹操闻讯后,立即发起反攻,关羽被迫放弃樊城,撤兵南救江陵。不久又中孙权间谍计,在麦城兵败被擒杀。

后人多认为:这场大战背后的间谍战,是曹操离间了孙刘联盟,从而造成曹孙联合对付关羽的局面。这是欠准确和不完整的,也是没有从更深一层去剖析这场复杂间谍战的内在奥秘。

曹操早就知道孙权时时有乘机夺回江陵和公安之心,但一直无机会下手。此时,曹操乘关羽主力不在两城,诱劝孙权与关羽翻脸,乘机袭取。一来可解樊城之围,二来可坐山观虎斗。他写给孙权的信也的确是为了离间孙刘联盟。但是,孙权也并非无能之辈,他岂不知曹操是在利用他而保全樊城、分化孙刘联盟?所以孙权将计就计,同意了曹操的建议。孙权的用心在于:他一方面使曹操认为他中了曹操的离间计,另一方面又故作神秘地要求曹操对此予以保密。这是欲借曹操之口向关羽透露这次偷袭的计划行动。孙权给曹操的密信,其实完全是为了写给关羽看的。因为孙权也明白:曹操绝对不会放弃把密信泄露出去的这一机会,这样一可振樊城曹军之斗志,二可使关羽犹豫不定。如果曹操不透露密信,那就真的如董昭所说:"使孙权得逞其志。"曹操果然透露了密信,"中"了孙权的将计就计了吗?且慢,曹操并非真的中计,而是对孙权又来了"将计就计",即他知道孙权表面上说要他保守秘密,实际上是想借他之口泄露密信。于是,曹操也假装中了孙权之计,向樊城和关羽泄露了孙权密信,这除了振樊城斗志,使关羽犹豫外,实际上更重要的是促使孙权尽快攻击江陵和公安,以保全岌岌可危的樊城。曹操知道,关羽接信后必定产生两种心理:一是对从敌人曹操口里传出来的孙权偷袭其后方的情报会持怀疑态度,会认为是曹操离间孙刘联盟,诱使他撤兵的假情报,决不会因此信而放弃即将到手的樊城;二是也肯定会因此信而提防时亲时仇的孙权,从而使自己处于欲战不能,欲罢不忍的尴尬境地。

曹操和孙权的这场间谍战有一点是双方共识的,那就是关羽一旦快速攻破樊城再回兵防守江陵,则曹操和孙权的各自如意计谋全将成为泡影。果然,孙权为防关羽迅速回兵,派兵化装成蜀军飞速西进,在关羽战撤不定之际,攻占了关羽的后方。从而造成了这样的结局:樊城解围,关羽被杀,孙权夺地,曹操也根本没有把事先应允过的江南之地封给孙权,并由于杀关羽而种下了孙刘联盟破裂,互相攻杀的祸根。

这种"计中计"和"计中计之计",可以说是用间术中的最高谋略,属于反间谋略的范畴。它的奥妙在于:使敌方误认为己方"中计",这对敌方来说是"正中下怀",于是便毫无戒备地钻入己方布好的口袋之中。因此这是一种"否定之否定"

的应变之计。应该指出:施行此用间术,首先要识破敌方之计,才能"就"其计,但切不可暴露己方的"将计就计"谋略,否则又会被敌方再"将计就计"了。孙权采用了"将计就计",但却暴露了己方的真正意图,这就又被曹操再"将计就计"了。从表面上看,孙权擒杀关羽,攻占江陵和公安,似乎是最大的赢家,其实不然。真正的大赢家应当是曹操,他虽然让孙权取得了一些暂时的战绩,但却从战略上根本性地离间破坏了孙刘联盟,为他今后对孙刘各个击破创造了有利的条件和态势。

后世一些书籍中所举的有关"将计就计"间谍谋略的案例,其实不是"将计就计"之术。譬如常见举到的有唐太宗计破窦建德之例:唐太宗得知窦建德欲乘唐军兵马饲料将尽,在唐军牧马之时袭击唐军的情报后,下令将马"牧于河渚以诱之",待窦建德出动时,派伏兵腹背夹击窦建德,得胜而归。这是一般的诱敌之计。用间术上"将计就计"的概念是:将敌方间谍之计,就己方反间之计。不应与收买敌方间谍为己方所用或探知敌方军事计谋(并非是对己方的用间之计)而采用的诱敌深入等计混为一谈。"将计就计"用间术的特点集中表现在:假装中了敌方的假情报,而顺着假情报去行动,以此惑敌,但实际上另设有圈套让敌方主动来钻;假装接受敌方贿赂,充当敌方间谍,向敌方提供真假掺杂的情报(任何一个间谍获得的情报都不可能是百分之百真或假的情报),从而牵住敌方的牛鼻子;假装被敌方间谍离间,与己方有关人员形成"隔阂、间隙、矛盾",使敌方造成错误判断,诱敌自动上钩等。

(四十二)太公钓鱼

据《水经注·渭水》记载:殷纣王时,怀才不遇的姜太公隐居陕西渭水之畔,常以无饵直钩在水面三尺以上钓鱼,口里念念有词道:"负命者,上钩来。"樵夫嘲笑他,他却作诗道:"短杆长钩守潘溪,这个机关哪个知?只钓当朝君与臣,何尝意在水中鱼?"几十年后,须发皆白的姜太公终于使周文王"上了钩",任其为国师,为伐纣灭殷立下大功。后人云:"太公钓鱼,愿者上钩。"

汉代,权倾朝野的石显"自知擅权",害怕有人在暗地里向汉元帝"入间言",为了保全自身,表示对汉元帝的"忠诚",除掉"入间言"的政敌,石显设下一个反间计:他故作神秘地对汉元帝说:"臣下有秘密要事在深夜相告,但恐怕到时候宫门已经关闭,无法进入,请陛下先诏令通知门吏在深夜按时开门。"汉元帝答应了。深夜,石显故意让一些人知道他匆匆进宫,并称有"诏令",让门吏开门而入。次日上朝时,果然有一暗中与石显作对的臣僚上书汉元帝,告发石显假造诏令擅自开宫门而入。汉元帝笑着把奏本避给石显看,石显顿时显得诚惶诚恐,哭泣道:"陛下宠信臣下,群臣嫉妒,欲陷小人于死地。"汉元帝"以为然,愈宠信之"。那个臣僚也被石显借故除掉。

南宋时,岳飞抓住一个金国的间谍,此间谍相貌与岳飞军中的间谍张斌相似,岳飞见此,灵机一动,假意借酒醉将其错认为张斌。金国间谍也顺水推舟,赶紧自称为张斌,逃出一命。但其没有料到,这是岳飞的反间计,借其向金国传递假情报,以废掉大汉奸刘豫。

像石显和岳飞都是采用了"太公钓鱼"的用间术,而那个臣僚和金国间谍则属"愿上钩"者。这一谋略要运用得巧妙,让人看不出有斧斫锥凿的痕迹,使用间的对象不自觉地、自愿地、甚至是自认为得计地自动上钩。有时上了钩也不知道,还以为别人上了他的圈套。

(四十三)雁足传书

《汉书·苏武传》记载:汉使苏武出使匈奴被囚押,后流放草原荒地牧羊。苏武把信拴在南飞的大雁足上,让它把信带传到汉朝,终于迫使匈奴放他回到祖国。

利用"雁"也可向敌方"传书",其方法有五种:

一是以"敌使"为"雁"予以"传书"。春秋时,楚大夫斗伯比利用隋国使者少师,向隋国传递了楚国"兵弱士疲"的假情报。

二是以"敌俘"为"雁"予以"传书"。东汉时,武帝派岑彭为大将军,率兵三万讨伐叛将秦丰。岑彭连攻几个月均未获胜,便心生一计,他召集全军,包括被俘的秦丰士兵,向他们宣布:明天秘密进攻山都城。夜晚,他故意送酒给看管俘虏的守兵,使他们喝醉,给俘虏制造了一个潜逃的机会。这些俘虏逃回去后向秦丰报告。秦丰立即率全军去山都"伏击"岑彭,但不意被岑彭偷袭了后路,叛军大败,秦丰也落荒而逃。

三是以"敌间"为"雁"予以"传书"。北宋时,王德用为定州路总管,"日训练士卒,欠之,士殊可用"。一日,有一"契丹谍者来觇",被捕获,刚要斩杀时,王德用说:"且慢,我正想把我军的实情告诉他,让他回去转告契丹首领。兵法说:'百战百胜,不如不战而胜'。"于是下令全军将士明天时击契丹。被放回去的契丹间谍向其首领说:"汉兵且大人。"契丹首领大惊,遂来议和。又譬如王子醇率兵戍边时,西域欲入寇,先使间谍觇其虚实。其间被逻卒捕获,索其衣缘中,有一份尽记王子醇军中人马粮草之数的情报。左右皆欲肢解杀掉此间谍,王子醇却饶其一命,令士卒杖其背二十大板,又于其背上刺上"番贼决讫放归"六个字,放其回去。匈奴见其间谍背上的刺字,"知王子醇有备,其谍遂寝"。

四是以"敌官兵"为"雁"予以"传书"。春秋时,强大的齐军和弱小的晋军交战,晋军副帅范宜子将"晋国即将与鲁国、莒国联合攻打齐国"的假情报,故作神秘地透露给予其有私交的齐国大夫析文子,致使齐灵公受惊而撤军。

五是以"己方之人"为"雁"予以"传书"。南宋时,韩世忠利用出使金国的魏良臣,向金国提供了假情报;明代康茂才以看门老头向陈友谅"透露"了所谓"江东桥"的假情报。赵本学在《孙子书校解引类》中说:"可以把假情报传布出去,让己方间谍得知。然后派其去敌方行间,并故意把间谍的行踪透露给敌方,敌方抓住己方间谍后,必定会严刑拷问,己方间谍一招认,敌方也就上当受骗了。也可以先故意透露出假情报,再拷打己方一些罪犯或无知愚人和奸佞小人,迫使他们反叛,向敌方告密,这样敌方就必然坚信不疑。"

"雁足传书"的用间术,关键在于让"雁"无意识地充当间谍,这样向敌方"传书"的"假情报",也就越真相难辨,越自然无迹,也越使敌方被迷惑蒙骗。

(四十四)项庄舞剑

成语"项庄舞剑,意在沛公",比喻说话或行动表面上虽然有此之名目,但实际上却另有彼之意图。

楚汉相争时,陈平为了除掉项羽的谋士范增,便采用了此计。先假装以丰盛宴席款待范增使者,但见来的是项羽使者,便易之粗劣食物以待之。从而使使者产生怨恨及疑心,回去向项羽报告也一定语有所偏,终于挑拨离间了项羽与范增的关系。南宋时,种世衡派法崧去离间李元昊与其部将野利旺荣,李元昊将信将疑,便派间谍冒充是野利旺荣的使者去种世衡处侦探。种世衡假装认

项庄舞剑意在沛公

定其为野利旺荣的使节,会见并招待了他,还送了许多贵重的礼物。间谍回去后向李元昊报告种世衡是如何如何厚待他这个假冒的"野利旺荣的使者",使李元昊坚信野利旺荣与种世衡"暗中勾结",便杀掉了野利旺荣。

刘邦怠慢项羽的使者;种世衡厚待李元昊的间谍,都以表面上对使者的厚薄,而实际上表示了对使者主人的态度的好恶。使敌方由此及彼予以"联想",对部将产生疑心和杀心。从整体上看,己方对要除掉的对手的态度是假,属于"项庄舞剑",而真正的意图是诱使敌方上当,这就是"意在沛公"了。

(四十五)开门揖盗

成语"开门揖盗",出自《三国志·吴志·孙权传》:"况今奸宄竞逐,豺狼满道,乃欲哀亲戚顾礼制,是犹开门而揖盗。"意谓引进盗贼,自招其祸。但是,在古代间谍史中,有许多"开门揖盗"、诱敌深入、从而使敌方自招其祸或被一网打尽的用间

案例。

战国时,赵国赵奢率军救阏与,但他刚离开国都邯郸三十里,便不再前进,还日夜修筑工事。这一不进不退的状态一直持续了二十八天之久,秦军终于按捺不住,派间谍前来赵军营地侦察,赵奢故作不知,打开营门欢迎其前来,并盛情设宴款待,还让其巡视赵军修筑的大量堡垒。秦军得到间谍报告后,认为赵奢是"胆怯",不敢救阏与,戒备顿懈。赵奢则乘机快速进军,一举扭转战局。

清末时,被太平天国称为"妖九"的李续宾,率湘军主力攻破九江府,又向庐州逼近。这时,一个熟知太平天国军内情的举人陈文效深夜来访,他向他续宾献计说:"将军千里进军,粮草恐有困难,由此向东数十里有一个三河镇,是南北商品集散之地,粮草充裕,交通便利,将军如攻下三河镇,庐州则唾手可得。"

狡诈的李续宾将信将疑,派出探子前去侦察,情况果然如此,便决定攻打三河镇。太平天国将领陈玉成得知此消息后,立即联合捻军在三河镇设下埋伏。他放弃了九座守城堡垒,仅守一座土城。又派实际上是太平军间谍的陈文效再去见李续宾,诱其上钩。李续宾自认为得计,命陈文效带路,直扑三河镇,并占领了九座堡垒,这时只听背后鼓声大作,原来退路已被太平军切断。李续宾不敌太平军的凌厉攻势,便决定"丢卒保车",冒险突围。他命令副将率二千人朝东南方向突围,以吸引太平军的主力,自己则率主力向西北方向的将军岭逃窜。但是他又一次落入了陈玉成设下的圈套。陈玉成说:"李续宾一定会向将军岭方向突围,而将军岭地形像个酒壶,引酒(九,即指'妖九'李续宾)入壶,十拿九稳。"李续宾果然中计,绝望之中,只得跳崖自尽。

用间术"开门揖盗"的首要条件是"知盗",然后是"揖盗"并"歼盗"。尤其是"揖",一定要做得煞有其事,不露痕迹,将"盗"(公开的使者或间谍)"揖"(引诱)入设下埋伏的门内,再"关门打狗",或利用敌间向敌方传达假情报,以造成敌方判断失误,引起混乱。

(四十六)察言观色

"察言观色",一计有两个方面,一是细察详观怀疑对象或敌使的言语和脸色,以探察对方真正的意图;二是故意透露出一些假情报,借以揣摩对方的心理变化活动。

春秋时,秦军进攻晋国,占领了军事要地羁马。晋军元帅赵盾采纳谋士臾骈的建议,深沟高垒以抵御秦军。秦军远道而来,急于求成,但赵盾坚壁固守,不出阵决战。几天后,赵盾突然率全部兵力与秦军大战,虽然胜负未决,但秦军已元气大伤,企图乘胜溜走。由于害怕晋军会乘胜追击,便决定派遣间谍去欺骗晋军。秦军的间谍得知赵盾的女婿赵穿是一个年轻恃宠、好勇无谋的将领,便于深夜派使者到赵穿营中,约期明日决战。臾骈见秦军使者说话时眼睛乱动,并且声调失常,判断出秦军可能乘黑夜逃跑,建议赵穿追歼秦军。但赵穿却毫不理睬,还期待着明日与秦军决战。秦军由此而得以乘夜安全退却。

三国时,一名熟客来见刘备,两人"谈论甚惬"。这时,诸葛亮突然进来拜见刘备,他对那名客人审视了一会,只见那名客人起身说要去一下厕所,就离开了。刘备对诸葛亮大加赞赏此客,说其具有雄才大略。诸葛亮却说:"我观客色动而神惧,视低而盼数,奸形外露,邪心内藏,必曹操刺客也!"刘备大惊,急忙派人追至厕所,其人"已越墙遁矣"。

十六国时,后凉将领吕延奉命讨伐乞伏乾归。几次交锋,乞伏乾归均遭大败。乞伏乾归便派潜伏在后凉军中的间谍去行反间计,说是侦察到乞伏乾归的军队已经溃散,四处逃奔。吕延听信了间谍的假情报,就要出兵追击。这时,司马耿稚阻拦道:"这个前来报告敌方军情的人很值得怀疑,他说话时眼睛老是向高处看,不敢正视,而且还神色不定,其中必有奸计,不可贸然追击。"吕延不听,率兵追击,果然遭到了乞伏乾归的埋伏,战败身死。

唐代李筌在《神机制敌太白阴经·数有探心篇》讲到许多"因其心、察其容、听其声、考其辞"的反间谋略方法,都是用正反两个方面来对敌方进行察言观色,以探敌之心。

"察言观色"是通过表面现象探察对方的内在意图,属于间谍心理战。有时可采用"指鹿为马"或"酒后狂言"的方法来考辨对方的真实意图;有时也可采用"敲山震虎""抛砖引玉"的方法来诱使对方不自觉、下意识地在外表上显露出其内在的心理活动。

(四十七)养虎防患

据《史记·项羽本纪》记载:张良、陈平力劝刘邦在楚汉约定以鸿沟为界后,当乘机追击项羽;如果"今释弗击,此所谓养虎自遗患也"。成语"养虎遗患"即源于此。但是,养虎的结果并非只是"遗患",也有正相反的"防患"。不过"防患"是暂时的权宜之计,一旦时机成熟,则必须乘机"杀虎除患"。

春秋时,郑庄公与其母姜氏及胞弟公叔段结有怨恨。公叔段多次扩张自己的势力,阴谋推翻郑庄公,大臣屡次劝谏郑庄公"请除之",但郑庄公依旧忍耐纵容其弟的阴谋活动。当公叔段准备就绪;"将袭郑",并由姜氏做内应时,郑庄公从间谍,处得知其叛乱的日期,才下令讨伐,一举击败公叔段,并放逐了企图里应外合的姜氏。

郑庄公对公叔段的忍耐纵容,显然是权宜之计,他"养虎"的目的是促使公叔段仓促之中提前行动。但时时都派人暗中监视其一举一动,一旦此"虎"将伤人,就毫不犹豫地除掉了他,避免了公叔段长期养精蓄锐、扩地抚民、增强力量的无穷后患。

南宋时,有一名士人伪造国相秦桧的推荐书,前去拜访扬州太守,以冀谋取官职。太守感到其中有诈,便暗地里将推荐书派人送给秦桧。秦桧见了后,不但没有处罚该士人,反而任以官职。左右不解,问秦桧为什么这样做,秦桧说:"此人竟胆敢伪造我的亲笔书信,可见是个非常之人。如果不用一官半职将其笼络住,一旦被他人利用充当间谍,则必将成为我的心腹大患。"

西夏时,有姓张、姓李的两个书生,到处"刻诗于碑",欲以此受到赏识而能在官府中担任官职。但是宋官均"疑而不用"。于是他们就前往西夏"诡名张元,李昊,到处题诗"。李元昊"闻而怪之,招致与语,大悦,奉为谋主",由于两人深知宋朝内情,充当西夏间谍后,使宋境"大为祸患"。

秦桧和李元昊都是从两个角度采用了"养虎防患"的用间术,至于这些"虎"的结果如何,恐怕是凶多吉少,因为他们原本是被利用者,一旦利用价值完尽,则难逃祸患。此谋略主要是为了暂时稳住会于此时此刻危害自身的"虎","养"也罢,"防"也罢,都是权宜之计,最终的目的或者是"养虎为己所用",或者是"杀虎除患"。

(四十八) 杀鸡儆猴

《孙子兵法·用间篇》说:"三军之事,莫亲于间;赏莫厚于间;事莫密于间。……间事未发,而先闻者,间与所告者皆死。"可见极其重视间谍活动的保密性。因此,就制定了一系列严惩泄密者的处罚纪律,一为杀人灭口,二为杀鸡儆猴。《周礼·秋官·掌戮》记载:"掌戮,掌断杀贼、谍而搏之。"郑玄注:"谍谓奸寇及间者,谍与贼罪大者斩之,小者杀之。"《左传》中记载了许多间谍被捕后处以极刑的案例。

春秋时,郑定公与国相子产亲自下令处死了充当晋国间谍的了太子建,以警告胆敢在郑国从事间谍活动的人。这是杀掉敌方间谍的案例。

春秋末,越王勾践灭掉吴国时,却以"内不忠于其君,外受重赂"之罪名,杀掉了还期望邀功受赏的内间伯嚭。这是杀掉己方间谍的案例:

其实杀掉伯嚭的借口不过是一个幌子而已,勾践的真正用意正如司马迁所说:"与己比周也",即表示要严惩结党营私的奸人。杀掉伯嚭,也就是严诫己方内部与伯嚭一样企图暗中与敌勾结,搞间谍活动的人。这是古代间谍活动中常用的一条反间谋略。

（四十九）殃及池鱼

反间的主要对象一般是敌方的间谍本身，但是，古代间谍活动也常有在无法利用或对付敌方的时候，采用侧面进攻，即胁迫要挟敌方的家人予以反间，所以称之为"殃及池鱼"。

三国时，魏国征东大将军诸葛诞反对司马昭专权，被司马昭大军围困在寿春城。东吴孙权派全怿等将领率兵救援诸葛诞。司马昭见硬攻难以奏效，便采用了"殃及池鱼"的反间计。他得知住在东吴建业城全怿的侄子全辉和全仪，因家庭发生矛盾纠纷，带着家人和一些家兵现已逃到司马昭的军营之中。于是司马昭便用钟会的计谋，秘密胁迫全辉和全仪写信给全怿，声称东吴孙权因为全怿没能击败司马昭而大怒，扬言要杀尽全怿在建业城的家人，所以逃了出来，投奔了仁慈为怀的司马昭。

司马昭便派间谍将信秘密送进寿春城，全怿见后，大为惊恐。他知道：如果此信的内容是真的，那么他只能背叛孙权，投靠司马昭；如果此信的内容是假的，那么说明家人的性命攥在司马昭的手心中，也只能背叛孙权投靠司马昭了。于是他"率千人出垒投诚"。

也有与此相反的用间案例：

三国时东吴吕蒙设下反间计，诱骗关羽在围攻樊城时，进退两难，乘机攻占了江陵、公安两城。关羽闻讯大惊，率大军回救。在接近两城时，关羽多次派出间谍潜入江陵城探听动静。吕蒙便决定利用这些间谍作为反间，他设宴馈物厚待他们，允许他们在城内自由走动，还准许他们把关羽部将家人的信带回军中去。这些间谍回来后，把家人书信交给了关羽的将士，这些将士还纷纷私下询问家人的近况如何，在"咸知家门无恙"后，就"全无斗心"。这些将士很清楚：不与吕蒙为敌，则家人平安无事；若与吕蒙交战，则家人将大祸临头。虽然吕蒙这一反间计不是胁迫要挟敌方本身，但他对关羽将士家人的"厚待"，实际上也同样起到了一个分化瓦解、胁迫要挟敌方的作用。

"殃及池鱼"是嫁祸于无辜之人，后世对此颇有微词。但是，在残酷无情的间谍与反间谍战中，这一谋略的运用，在古今中外的间谍活动中屡见不鲜，所以不容忽视。

（五十）以亲间亲

宋代许洞《虎钤经·使间》说："敌有内宠，令心腹者金宝馈其家，使潜构敌情，此以内嬖为间者。"已经明确提出了利用敌方家人充当间谍或"无形间谍"的谋略。

十六国时，后燕主慕容垂与后魏主拓跋珪发生战争。不久，慕容垂患病，进军黄河的太子慕容宝和赵王慕容麟，便不时派使者回燕问候。拓跋珪得知这一情报后，便派兵伏在途中拦击，俘获了后燕使者，从而使得慕容宝一连几个月不知燕主病情，极为烦躁不安。拓跋珪便采用了攻心战术，又暗中侦知慕容宝和慕容麟面和心不和，便把后燕使者押到黄河边，对慕容宝说："燕主已死，你为何还不速速退兵回燕？"后燕军大惊，慕容宝也信以为真，准备退军。这时，赵王慕容麟的部将便阴谋拥立慕容麟为王，事机泄露，被慕容宝处死。从此两人反目为仇，各怀鬼胎。拓跋珪便在一个天寒地冻之时，率精兵发动突袭，全歼后燕军，仅太子慕容宝单骑狼狈逃脱。

唐时，吐蕃首领尚结赞为了除掉唐军名将马燧，便派间谍去唐将李晟处造谣说："马燧求和，是为了纵吐蕃兵直犯长安。"李晟于是怀疑马燧。接着，尚结赞又故意把马燧侄子峹放归，写了一封信给马燧说："河曲之役，春草未生，吾马饥，公若渡河，我无种矣。赖公许和，谨释峹以报。"这件事被唐德宗闻之，于是"夺燧兵权"，除去了吐蕃的心腹大患。

拓跋珪利用慕容垂"死讯"以间其亲子；尚结赞利用峹以间其亲叔。慕容垂和峹都是不自觉地被利用为"无形间谍"，间离并毁灭了其亲人。这种为间者不知己为间，其亲人至死不知被谁间的用间谋略，是反间谋略中较高明的一种。它以亲情为一根无形的绳索，将被利用为间者和被离间者紧紧拴在一起，使两者之间互不知情，莫名其妙地为敌所用，最终导致两败俱伤。

（五十一）招降纳叛

《鬼谷子·反应篇》说："反以知彼，复以知己。"要做到"知彼知己"，则必须探知敌方的内情。探知途径有二：一是派己方间谍去侦探；二是招降纳叛让敌方人员充当间谍以了解敌情。

南北朝时，北魏政权派尔朱天光前往关陇镇压万俟丑奴率领的农民起义军。尔朱天光一边调集军队企图合围起义军，一边又旋行反间计，派出间谍四处散布说："天已转热，不利作战，当待秋凉时，再出兵不迟。"万俟丑奴闻讯后，将信将疑，便也派间谍出来侦知尔朱天光的虚实。尔朱天光下令严加搜捕万俟丑奴的间谍，但对被捕获的间谍，尔朱天光都"善意款待"，宽大处理，收买他们后又遣放回去。这些间谍便反过来为尔朱天光效劳，回去向万俟丑奴虚报说：尔朱天光确实打算秋后再战。万俟丑奴信以为真，放松了警惕，不久就被尔朱天光偷袭兵败，最后被俘杀害。

唐时，李愬将袭叛将吴元济占据的蔡州，但苦于不知敌方内部军情。在这之前，由于吴元济派出大量间谍进行情报活动，甚至达到"兵谍杂以往来，吏不敢辨"的程度。当时有军令规定：有敢窝藏敌方间谍者，一律格杀勿论，夷灭全族。但是，李愬为了掌握敌方情报，便大胆下令废除了这一军规。只要发现捕获吴元济的间谍，"一切抚之"。这样，"谍者反效以情，"李愬也"益悉贼虚实"，终于夜袭蔡州，一举擒获吴元济。

北宋时，大将李允则捕获契丹的间谍后，非但不严刑拷打和审讯，而是"释缚厚遇之"。契丹间谍深感不杀厚待之恩，主动说出他是燕京大王派来侦察的，并拿出他们刺探到的守军边防兵马钱粮的情报。李允则说："你侦察的还不准确，有许多错误。"说完让部下拿来军中文书让契丹间谍抄录。契丹间谍抄毕后请求密封盖章，然后李允则赠给他报多金钱，就放他回去了。不久，这名间谍又突然秘密而至，他归还了当时抄录的文件，上面封存如故，毫无所动。间谍又把契丹的军事、财政、地理等情报非常详细地报告了李允则。李允则得以掌握并控制了契丹的虚实的动静。

用间术"招降纳叛"在古代是招募间谍、获取情报的有效途径。历来为用间者所重视，也更为反间者所利用。但是这一用间术也有其危险性，如果不慎，将会被敌方诈降而为其所反间。所以古兵语警诫道："受降如受兵！"譬如西汉时，聂壹诈降匈奴，使匈奴上当受骗；唐时安兴贵诈降李轨，使李轨兵败身亡。又譬如东汉时，汉光武帝派大将岑彭率兵攻打割据称霸的公孙述。公孙述不敌岑彭的凌厉攻势，便决定派间谍刺杀岑彭。间谍于夜晚来到岑彭军营，谎称是公孙述逃亡的奴隶，欲投降岑彭，愿意提供公孙述的情报并充当向导。岑彭未加细审详察，便将此人收留军中。当夜，此人便潜入岑彭营帐，将岑彭暗杀。这是由于过于相信"招降纳叛"而丧失应有的警惕性和必要的审察所导致的恶果。

（五十二）狡兔三窟

战国"四公子"都是用间行谍的好手。他们豢养了"门下食客"，为其充当谋士和间谍。孟尝君的食客冯谖便为其主子制定了"狡兔三窟"的计谋：一是有巩固的根据地（薛地）；二是有势大权重的官职（国相）；三是有祖宗鬼神的保佑（宗庙），从而使"孟尝君为相数十年，无纤介之祸"。间谍活动中的"狡兔三窟"之术，是指行间时须先设定几个计划方案，以备万一。

战国时，孟尝君凭借所养之间，使他处处逢凶化吉，行动自如。信陵君在国外、国内、家中都有许多间谍。像奕棋笑谈魏赵边境烽火，暗遣如姬窃取魏王虎符辞，都说明其在各处都布有间谍。

魏晋时，司马师曾"阴养死士三千，散在人间"，但并不随意动用他们。在诛杀曹爽时，司马师暗中下令调集刺客，刺客"一朝而集，竟莫知其所而来"，轻而易举地除掉了曹爽集团。

五代十六国时，赵匡胤为了消灭南唐，制定了一系列预定的反间计划：他利用南唐使者，施行反间计先杀掉了南唐猛将林仁肇；又针对南唐主李煜信佛，派遣了"小长老"和"江北名僧"分别前往金陵"宣讲佛法"，营造庙宇。当宋军大举渡江时，这些暗藏的间谍便积极策应，使宋军如履平地地渡过了被李煜视为"天险"的长江，一举攻灭南唐。

反间与用间一样，切忌以一计应万变。而应当预先制定相关的一系列计谋，以供发生不测事件时备用，或几计并间，可进可退，行动自如。明代揭暄在《兵经·智部》中有两段很精彩的论述：总之，预先准备、筹划多个可供选择的用间方案，并以周全谨慎为基础，就能巧妙地使用反间，这才算是做到了诡秘。他又说："凡以计谋制敌，非一计可孤行，必其数计以辅助。以数计以辅助一计之不足，以千百计炼出几条良计，有此成熟之计谋，便可具各种制胜之方法。若仅一计，纵敌中计，亦属偶然。若一计之不成则立即出另一计，前一计尚未行而后一计已完备，如此，胜计一一相接，百计叠出，预谋无失策，纵然遇智将强敌，亦可立即予以制服。"

（五十三）以有为无

《三十六计》中有"无中生有"一计，但"以有为无"也不失为一条有效的反间计。

唐初时，名将李靖为岐州刺史，有一名敌间诬告其"谋反"，企图以反间计杀掉李靖。唐高祖李渊得知后极为震惊，立即派一位御史前去暗中探查，并命令道："一旦查明李靖果真阴谋造反，立刻就地正法！"御史"知其诬罔"，但又没有证据可以证明。于是，他便设下了一条妙计：他请求李渊让他与控告李靖的敌间一起前往，说是这样便于办案，李渊同意了。

御史与敌间一起走了几百里地时，暗中让管行李的随从谎称把告状卷子丢失了，御史假装大发雷霆，用皮鞭狠狠抽打随从，随从"惊惧异常"，乞求饶命。御史只得无奈地对敌间说："李靖谋反，状证俱全。今奉旨查办，竟失状卷，若不掉脑袋，亦将被认为与李靖暗中串通勾结，必遭大祸！"敌间也惊愕惧怕。御史又说："若欲不受牵连，只得请先生赶快背写一张状卷，全当无丢失之事，则万事俱无。"敌间见只能如此，便又重新写了一张状卷。御史在驿站歇息时，独自一人从衣袖中取出原来的状卷与重写的状卷一对照，发现内容很不相同，便立即返回京城向李渊报告。

李渊一时弄不清这里面有什么文章，御史说："如果李靖果真谋反，控告人当不论何时何地，其状卷内容应一致无别，今两张状卷出入颇多，甚至牛头不对马嘴，说明是奸人凭空捏造的，欲借陛下之手杀陛之下忠臣良将啊！"李渊大惊，立即审讯告密者，果然不出御史所料，李渊盛怒之下，喝令将敌间推出斩首。

北宋时，契丹间谍猖獗，宋境屡屡受害。一天，一名边民前来宋将李允则处告状，说有一个契丹人无故殴打他，事后便逃之夭夭，请李允则下令捉拿。李允则非但不张榜捉拿凶手,反而给了受伤的边民一千二百钱,嘱咐他不得对别人说起此事,如有人来问是否被殴致伤,就回答说:"没有"。边民莫名其妙地走了。果然,几天后有人去边民家中问前几天是否有人殴打他,边民以李允则的嘱咐说:"没有"。又过了几天,李允则从派出去的间谍处获悉,这个殴打边民的契丹人,实际上是个间谍,那个前来询问边民的人,也是契丹的间谍,如今殴打边民的间谍已被契丹以"欺上瞒下"之罪名杀掉了。李允则这才向左右道出其中秘密:原来古时间谍出去执行任务后,往往要在当地留下一个作为已经到达过此地的信物或信事。李允则从边民的报告中,敏锐感知到这是契丹间谍为了留下信事而故意殴伤边民,所以秘而不宣,以有为无,当"他谍欲以殴人为质验"时,发现没有那个间谍所说的信事,所以断定其在说谎欺骗,导致被杀。

关于间谍留下信事的记载,较早的见于南北朝时。北魏大将司马楚之奉命守护军粮,少数民族柔然的军队准备偷袭他,夺取军粮。这时,有官吏报告,说军中的一头驴子的耳朵被人割掉了一只,不知何故。司马楚之马上判断出这是柔然间谍为了留下信物而为,便说:"此必贼遣奸人入营觇伺,割以为信耳。贼至不久,宜急为备。"于是"伐柳为城,以水灌之",造了一座冰城。果然不久柔然军队前来偷袭,但因"冰坚滑不可攻,乃散走"。这也是从敌间留下信物判断出敌军将至的典型案例。

唐代御史和李允则采用"以有为无"的反间计,轻而易举地使敌方间谍自动曝光,并因此借刀杀人,取得了一般常用计谋不能起到的奇效,所以历来为后世所重视借鉴。

(五十四)尽信间不如无间

唐代《李靖兵法》说:"间所以能成功,亦有凭间而倾败者。"兵书《投笔肤谈》也说:"此间谍之所以可用不可恃也。用之,谓善用之也……恃之,即信听之不察,故曰愚。"

后唐时,东川节度使黄璋阴谋偷袭成都。驻守成都的孟知祥从间谍处获悉此情报后,"深忧患之",便派部将赵廷隐率三万人马,严加防守。黄璋闻讯后,给赵廷隐写了一封书信,信中语言似乎表明双方早已有秘密来往,并故意将此信让孟知祥的间谍窃去。当赵廷隐前去帅营向孟知祥辞行时,孟知祥突然向赵廷隐出示了密信,赵廷隐看也不看,就投掷于地,冷静地说:"此不过是黄璋反间之举,欲令孟公您杀我等罢了。"说完向孟知祥"再拜而行",不做任何辩解。孟知祥放心地说:"此次出兵,必大功告成!"果然,赵廷隐大败黄璋。

北宋时,宋神宗常常从间谍处获得关于鄜延兵马都监刘绍能"战功卓著"或"拥兵谋反"的正反两面情报。宋神宗识破了这是西夏人借刀杀人的阴谋,反而倍加信任褒奖刘绍能,挫败了西夏的反间计。又譬如宋境边帅奏报宋廷说:"得谍育,阿里骨已死,国人未知所立。"并建议"以劲兵数千",拥立契丹官赵纯忠为国君。文武大臣得知这一重要情报,纷纷要求尽快实施这一计划。唯独深谙边事的苏颂说:"事未可知……得观其变,俟其定而抚戢之,未晚也。"主张进一步查清证实情报的可靠性。果然,后来得到的情报为"阿里骨无恙",从而避免了一场盲目的危险行动。

元初时,元世祖忽必烈也多次得到部将张大悦或"忠贞不二",或"秘密通敌"的情报,但忽必烈不盲目信从和简单否定,而是派人前去暗中调查。根据各方面的情报予以"参验",得出的结论是:张大悦是南宋的心腹大患,所以千方百计欲以反间除之。忽必烈特地下诏令说:"宋善用间,朕不亲信,毋怀疑惧。"

清初时,归降清军的明朝旧臣洪承畴率军南抵浙江。这时,清兵捕获了南明间谍谢尧文,并从其身上搜出了一份南明王朱以海给洪承畴封官加爵的敕书,清兵将领立即将此书信呈报朝廷,提醒朝廷警惕洪承畴出尔反尔,阴谋叛变。但是,清廷最高统治者却认为这是"敌谋设间",不予相信,并且还特地下诏慰问洪承畴,委以重任,使南明王朱以海的离间阴谋遭到失败。

从古今中外的间谍史统计来看:间谍获得的情报至少有一半以上是假情报,或者是敌方的反间计谋。如果由此而"罢间息谍",则会使己方眼瞎耳聋,一筹莫展;但如果惟间言为是,则会盲目行事,极为危险。古人说"尽信书不如无书"。从此角度看间谍活动,也可以说:尽信间不如无间。

(五十五)此地无银三百两

成语"此地无银三百两""隔壁阿二不曾偷",比喻欲盖弥彰,弄巧成拙。但是,如果说成:此地有银三百两,或隔壁阿二曾经偷,那么也会使人疑云顿生,难辨一是。

三国时,吴国周鲂为了诱使魏国曹休上钩,采用了诈降计。他在给曹休的密信中,一而再、再而三地说自己是真心归降,不是充当间谍的诈降。但是又说曹休对他的警惕和怀疑是应该的,也是必要的,从而迷惑麻痹了曹休。

明时,王守仁在朱宸濠突然叛乱时,"兵力未具",无法阻挡朱宸濠北上疾趋南京之势,于是便故作神秘地以蜡丸密书形式给朱宸濠谋臣写信,建议他们怂恿朱宸濠尽快北上攻占南京。然后设计让朱宸濠的间谍携带蜡丸书向其主子报告。朱宸濠立即召谋臣商议如何行动,谋臣异口同声地竭力主张立刻"疾趋南京,即大位"。朱宸濠"益内疑",反而停兵"十余日",错过了时机,终于兵败被擒。

周鲂和王守仁用的都是"此地有银三百两"的反间计,但由于使用的角度不同,所产生的结果也各异。周鲂直接向曹休点明:我是真心归降,充当内间,不必怀疑。但是你曹休对我可能是诈降的怀疑又是天经地义的,只是请你明辨详察,信不信全由你。这种说自己自愿当内间,又让别人在怀疑中详加考辨的做法,更能使对方祛疑取信,颇有点"贼喊捉贼"的味道。一般来说,一个间谍不可能会对人说:我是间谍。但是,如果其果真如此说,听者反而会认为此人不可能是间谍。因为间谍是越隐秘越好,怎么会自己公开呢? 如果周鲂拼命表白自己对曹休的忠心,大骂吴国,反而会引起曹休的怀疑,但是,他却让曹休对他详加考辨,并不怪曹休对他的怀疑。更重要的是,他向曹休提供的情报是大抵真实的。他说的"孙权北上,长江沿岸兵力空虚",确实是真的,但只是暂时的,待曹休出动时,便迅速调集了重兵和伏兵;他又说:"孙权要攻占石阳。"这也是真的,这是孙权多年来的愿望,但又说:"孙权有一计谋,即攻打时弱兵在前,精兵在后,以弱兵填护城河,以精兵后续攻城。"则又是一条无关紧要,甚至算不上情报的情报。周鲂这样做,确实是把"埋有白银"的地方告诉了曹休,这是为了诱敌上钩,但一旦敌至,便预先在此"地方"周围设下陷阱,引敌落井。

王守仁的"此地有银三百两"不是为了"诱敌",而是为了"阻敌"。王守仁知道朱宸濠"北上疾趋南京"的行动计划会使明王朝土崩瓦解,但由于兵力一时无力阻挡,所以利用军事力量阻拦朱宸濠已经完全不可能了,只能使用反间计,以争取时间阻缓朱宸濠北上的速度。于是,王守仁极其大胆地把"北上疾趋南京"这一会置明王朝于死地的计划,主动透露给朱宸濠,但是这是以反间的方法进行的。朱宸濠也一心"北上疾趋南京",但得到蜡丸书后,便犹豫疑心起来。因为这一计谋是敌人王守仁主动提出来的,这不得不使他怀疑,如果是朱宸濠手下的谋臣提出,他会深信不疑,毅然行动。但是这一计划是敌人提出来的,而且是先与己方谋臣而提出,那么按照常规来说,敌方绝不可能为己方提供使敌方败使己方胜的计谋,如果真的提出了确实与己方不谋而合的计某,那么其中肯定有诈,不可轻举妄动,以免中散圈套。再加上王守仁的这一计谋是向有"通敌"嫌疑的谋臣提出的,而此二人对朱宸濠所竭力建议的又正是王守仁所竭力主张的,这能不使朱宸濠怀疑吗? 这样一来,他势必会犹豫不决、进退两难,从而失去了北上取胜的时机,也使王守仁赢得了调集军队阻挡朱宸濠北上的宝贵时间,这就是王守仁"此地有银三百两"反间计的高明所在。

五、用间经典

（一）巧施反间计，弱晋败强楚

公元前 575 年，郑国背叛了晋国，倒向楚国。晋厉公亲率大军征讨郑国。郑国向楚国求救，楚共王便领兵救郑。晋楚两军在鄢陵相遇，拉开了大战的阵势。

晋军面对强大的楚军，内部军心不定，一些将领向晋厉公提出了休战议和的建议。但是栾书、邵至、苗贲皇等将领认为楚军虽然强大，但骄傲自大，军纪散漫，可以用计谋战胜它。

开战前夕，楚共王亲自登上"巢车"（一种供侦察用的高架车），侦察晋军阵营的动静。他问身后从晋国叛逃而来的间谍伯州犁说："晋君亲兵的车子向左右驰骋，这是要干什么？"伯州犁立刻答道："这是召集军吏"。又问："聚集在中军干什么？"答："这是在谋划。"又问："帐幕张开了，这是要干什么？"答："这是在占卜。"又问："撤掉帐幕了，又是要干什么？"答："这是将要发布命令。"又问："都上了战车，将帅和车士拿着兵器又下了车，这是干什么？"答："这是听取进攻的命令。"

晋军将士见楚军阵容强大，那个熟知晋军内情的伯州犁又在楚共王身边指点比画，都害怕起来，认为楚军"不可挡"。这时，曾在楚国做官、后叛逃到晋国的间谍苗贲皇也不甘示弱，他对晋厉公说："不必害怕。楚军的官兵不过是些贵族子弟，只要把我们的精兵分左右两路去攻击楚军的左右军，三军并力攻击楚军的精兵，就一定能大败楚军。"晋厉公采纳了深知楚军内情的苗贲皇的这一建议。

大战开始了。楚军果然失利，被晋军"迫于险"。楚军主帅子反下令军吏视察伤情，补充兵源，修理盔甲兵器，摆开兵车战马，准备明天一早大举反攻晋军。晋军的间谍探知这一情报后，急忙返报，"晋人患之"。苗贲皇又一次站出来，他将计就计通令全军说："检阅战车，补充士卒，喂好马匹，磨快兵器，整顿军阵，巩固行列，饱餐一顿，祈神祷告，明日与楚军决一死战！"他有意把这些命令让在营中的楚军俘虏听见，同时又密令士兵在夜晚放松对俘虏的看守，让他们逃回楚营。

楚共王听到这一情报非常紧张，急忙召集主帅子反来商议对策，哪知子反被晋国间谍灌醉了酒，人事不省。楚共王叹道："天败楚也！"便连夜率军"宵遁"。鄢陵楚晋之战，以强楚失败而告终。

唐代陈嗥在《十一家注孙子》中说："晋伯州犁奔楚；楚苗贲皇奔晋。及晋楚合战于鄢陵，苗贲皇在晋侯之侧，伯州犁侍于楚王，二人各言旧国长短之情。"明代刘寅在《武经七书直解》中也说："内间者，因敌之官人潜通间遗。因求其国中之情，察其谋我之事。如楚王之纳伯州犁,晋侯之纳苗贲皇,皆是也。"两军尚未开战,背地里已经展开了一场激烈的间谍战。特别是苗贲皇利用楚军俘虏为反间,故意放他们逃回去替晋军传递情报,造成先声夺人之势,从气势上压倒了楚军,瓦解了楚军的斗志,从而取得了战争的胜利。春秋时常用敌方俘虏为反间,但以苗贲皇的这一次行动最为著名。

(二)卫鞅宴擒公子卬

公元前341年5月,齐国大将田忌,奉齐宣王的命令,联合了宋国的军队,在魏国的东侧,向魏国发起了进攻。这时的卫鞅也坚决果断地启奏秦孝公,要求出兵讨伐魏国,夺回秦国的河西之地。

卫鞅向秦孝公说:"秦、魏两国势不两立,魏国有高山险阻,与秦国以黄河为界。过去对它有利时,它可以向西侵略秦国;对它不利时,可以向东发展。现在秦国富强了,魏国衰落,它新败于齐,诸侯背叛了它。东伐魏国,夺回秦国的河西之地,一直是君上的夙愿。现在魏国国内空虚,在马陵道惨败,又遭到齐国的进攻。我们应该趁火打劫,讨伐魏国。"

秦孝公点头说道:"所言极是,夺回我秦国的河西之地,势在必行,趁这个机会把魏国赶走,秦国就可以据河西之固,魏国挡不住秦国的进攻,就会向东迁移,秦国就能占据黄河天险和中条山的险要地势,控制诸侯,成帝王之业。这次一定要确保成功。"

随即,秦孝公任命卫鞅为大将,公子少官为副将,率领秦师,出发东伐,向魏国的西部边境进发。

公元前341年10月,魏国的宿敌赵国,在魏国的北部边境也向魏国发起了进攻。战争的阴云笼罩在魏国上空。来自西、北、东三个方向的包围,使魏惠王如履薄冰、如临深渊,无能为力。还没有从丧子的悲哀中清醒过来的魏惠王,不得不强打精神,调兵遣将,组织抵抗,应付局势。

此时卫鞅率领的秦军已经杀到了魏国边境。魏惠王匆忙抽调精兵并征集国内的男丁,匆忙上西线应战,结果被卫鞅指挥的军队打败。

公元前340年,魏国军队抵挡不住秦国的进攻,屡战屡败。指挥混乱和人心涣散使魏国的军队不堪一击,而卫鞅率领的军队则越战越勇,奋力拼杀,在突破了魏国的边防线之后,直奔魏国的都城大梁杀来。

魏惠王得知卫鞅进攻魏都的消息后,惊惶失措,连忙召集大臣们商议对策。

马陵道兵败,魏国的武将死的死,伤的伤。如今魏军的主力部队又都集中在东方抗击齐军,国内实在找不出合适的人去率兵打仗了。魏惠王把所能召集到的文臣武将都召集到朝廷上,他绝望的目光在每一位大臣的身上扫过,想找到一位能够领兵抵抗秦军的人，居然一个都没找到。魏惠王悲哀地想：我泱泱魏国，业绩曾经多么辉煌，今天却遭此四面受敌的厄运。如果再不想点办法，要拯救王业恐怕是很难的。魏惠王无奈地说道：

"自从太子申和大将庞涓死后，国内缺乏良将。现在四境之外的诸侯又乘虚而入，欺辱我国，不知哪位大臣有退兵的良策？"

公子卬此时已任魏国的卿大夫。他对卫鞅在秦国进行变法改革的事早已十分向往，从青年时代起，公子卬就很佩服卫鞅的才干和为人，如今他更加羡慕卫鞅所取得的不凡成就，盼望着有朝一日，自己也能通过早年和卫鞅的友谊，成就功名。上次卫鞅到魏国来，公子卬没有得到机会，见上老朋友一面，很感遗憾。这次，魏惠王的话音刚落，公子卬就站出来说：

"臣与卫鞅早年有深交，魏国是卫鞅的父母之邦，我想他对魏国是有感情的。臣愿意前往边境，与卫鞅讲和。"

听了公子卬的话，魏惠王说："我与卫鞅打过交道。他对魏国还是很友善的，他还曾经对我说，他为秦孝公做事是不得已而为之。所以卫鞅率军进攻魏国，对我们来说，还是有利的。如果我们能够和卫鞅讲和，就讲和。如果讲不成，再和他交战。"

许多看透局势的大臣，都知道任凭怎么谋划，魏国都是注定要失败的。魏惠王现在所做的努力，不过是最后的挣扎而已，他们对自己的国君已经非常失望了。

魏惠王接着对公子卬说道："我任命你为将军，率领 5 万人马与秦国军队交战。"

公子卬虽然从未领过兵，但现在国家面临险境，哪有退却的道理，况且君让臣领兵，臣就得领兵，这是天经地义的事情。公子卬硬着头皮说道："臣将与秦军决一死战。"

魏惠王让公子卬率兵打仗，也是孤注一掷的办法，他说道："我认为你能领好兵，打好仗。卫鞅以前没有当过武臣，但卫鞅率军打仗却屡战屡胜。卫鞅能够率军打仗，你为什么不能率军打仗？"

听了魏惠王的昏庸言辞，公子卬的心里很不是滋味。他知道此番前去打仗，一定是凶多吉少，但他也只有这一条路可走了。

公子卬慷慨激昂地说道："臣愿前往，扫平秦军。"

就这样，公子卬率领 5 万魏军，浩浩荡荡地开赴了前线。

卫鞅得知公子卬率领魏军前来交战的消息后，心中甚喜。卫鞅知道，公子卬不熟悉兵法，不会领兵打仗！这次魏惠王派他出征，也说明魏国的确是朝中无人了。卫鞅想道：这可是我卫鞅大获全胜的大好时机，真可谓天赐良机，天助我也！兵书上说，兵以诈立，兵不厌诈，兵者诡道也。公子卬是个头脑单纯的书呆子，他对我不会有什么提防,我为什么不以与他讲和为名,俘获公子卬,然后一网打尽魏军? 这样以很小的代价,就能换来一个大的胜利。于是,卫鞅在大帐之内,奋笔疾书,给公子卬写了一封信。他想了又想,这样写道:

公子卬弟,见信如面。多年以来,我漂泊在外,一直很想念你这个朋友。当年我在公叔痤的家里,与贤弟交情深厚,情同手足。今日不幸,两国交战,我们要在战场上相见了。可是我怎么能够忍心和你作战呢? 请你回去向魏惠王禀告,请求退兵,我也向秦孝公禀告,请求停战。

信写好后,卫鞅派人连夜把它送到了公子卬的手中。

公子卬接到信后,仔细地读了三遍,很为之感动。他觉得卫鞅毕竟没有忘记老朋友,自己当年也没有白为他向魏惠王说好话。

秦国的使臣田苗向公子卬说:"卫鞅派我送信的时候,吩咐我把他的话转达给您。"

公子卬说道:"他有些什么话,请赶快告诉我。"

使臣田苗说:"卫鞅让我转告您:他不愿意和你在战场上比个高低,他希望您向魏惠王请求退兵,然后他也退兵,秦国和魏国讲和。"

公子卬听后,又读了卫鞅的信,对卫鞅说的事情深信不疑。他本来就不想和卫鞅打仗,只是想劝卫鞅退兵,可是魏惠王非派他来领兵打仗,而这时卫鞅先提出了退兵,这正符合公子卬的初衷。

公子卬说:"卫鞅的心情我是知道的,他念念不忘我们的友情,可是,魏国是很想讲和的,只怕卫鞅回去与秦孝公说,秦孝公不应。"

使巨说:"我出来的时候,卫鞅对我说,秦国派我进攻魏国,根本没想到魏国会派公子您来应战。我与公子卬私交甚厚,不能与他反目成仇。我将立即禀告秦孝公退兵。"

田苗的话,打动了公子卬的心,他动情地说道:"我与卫鞅已经好多年没见了,真是想念呵! 卫鞅愿意效仿管鲍之交,留下美谈,我何尝不也是这样呢? 我这就退兵回朝,向魏惠王禀告。"

公子卬托田苗送给卫鞅一壶酒,算是对卫鞅的问候和谢意。随后,下令军队立即撤退。

在公子卬的指挥下,5万大军的先头部队已经开始撤离,公子卬自己也整理营帐,准备撤走。

这一日,卫鞅的使臣田苗再次来到魏军营中,田苗对公子卬说:

"卫鞅又派我向您转达他的意思:他与将军多年未见,他很想念将军。这次若不是两国交战又讲和,恐怕就是一辈子也不会再见面了。他很想借此机会,见上您一面,你们二人能够叙叙旧,会面交谈一番再告别。"

公子卯说道；"我与卫鞅相得甚欢，情同骨肉。他诚心请我，我没有不去的道理。"

田苗说："卫鞅请将军于明日到寨中相晤，然后就撤兵回国。"

公于卯说道："我军的先头部队撤离了，秦军的部队撤没撤走？"

田苗见公子卯问得很详细，就按照卫鞅的交代，编造了秦军撤退的情况，告诉了公子卯。

田苗说："秦军的先头部队已经撤走；中营现在正准备后撤；卫鞅在后营中，等待着您的到来。他已经传达了命令，等与魏国将军公子卯会晤之后，军队全部撤走。"

田苗的话，与魏军打探来的情况是相符的，其实这些都是卫鞅有意伪装出来的。公子卯说："好，卫鞅有请，我哪里有拒绝的道理，我愿与卫鞅为后世留下一段美谈。"

这时公子卯手下的副将魏错说："秦国与魏国打仗多年，一向言而无信，请将军不要上当。"

公子卯很不高兴地说道："和魏国打仗的是秦国，不是卫鞅。卫鞅是我多年的老相识，他怎么会背信弃义来欺骗我呢？"

魏错说道："无论你怎么说，我对你去敌军的账中都很不放心。"

公子卯考虑再三，给卫鞅写了一封回信。信中拒绝了卫鞅的邀请。信中写道：承蒙盛情相邀，不胜感激。但考虑到回国后，彼此要各事其主，不好前往营中。

写好信后，公子卯把它交给了田苗，谢绝了卫鞅的邀请。

这时田苗急中生智，说道："如果您回绝了卫鞅的请求，卫鞅有可能会发怒。这样卫鞅再次发兵，秦国和魏国就都不能安宁了。您拒绝了卫鞅，我回去实在不好交差。"

公子卯说："我深知卫鞅，他是不会轻易交战的，你只管回去交差就是了。"

田苗走后，公子卯陷入了沉思。他现在真是撤也不是，战也不是，骑虎难下，左右为难。只有耐心等待卫鞅的回信了。

得到了田苗的禀告后，卫鞅认为事态虽然不像他料想的那样顺利，但公子卯的信还是说明他很想会面，卫鞅认为，这件事情应该安排得更加稳妥一些。

卫鞅突然想起玉泉山是一个很好的地方。前几日，卫鞅观察地形，曾经注意到这座山。此山地势不算险峻，但景色宜人，绿树成荫，山花盛卉，重要的是两侧的山坡上，有茂密的树林，可以隐藏千军万马，是会友和打仗的理想场所。

"有了！"卫鞅自言自语地说道。他连忙命人拿来笔墨纸砚，又给公子卯写了一封邀请信。卫鞅写道：

今收到贤弟的亲笔回信，愚兄认为贤弟所言极是。贤弟的不便就是为兄的不便，我与公子再相约，明日在玉泉山相会，歌舞欢宴，以叙离愁别绪。

卫鞅写好后，又找出随身带来的两盒秦国名贵药材，吩咐田苗一起送交给公子卬，田苗得令而去。

田苗再次来到魏营，把书信和药材送给了公子卬，公子卬见卫鞅不是耍弄自己，而是一而再、再而三地邀请自己，诚恳之心，可见一斑。公子卬读过信后，认为卫鞅想了一个好办法，可以解决各方面的矛盾。看到卫鞅送给自己的两盒秦国名贵药材，公子卬更是激动异常，因为他的老母身患重病，这两盒药材正是他所需要的。公子卬心中高兴，想来到底还是老朋友知道我需要什么。也顾不得副将再说什么了，同意了卫鞅的意见，决定在第二天下午，去与卫鞅相会。让田苗转告卫鞅，在玉泉山等候。

卫鞅得知这一消息后，大喜，说道："我们的计谋成功了！"

他命令公子少官带一支由3000人组成的弓箭队，趁着夜色的掩护，悄悄地埋伏在玉泉山的丛林中，又命令其他各路人马分头埋伏在玉泉山附近的树林中，只等他击鼓为号，冲出杀入。一切准备就绪，卫鞅安然入睡。

这一日清晨，卫鞅早早就来到了玉泉山顶的一处平坦之地。他只带了200多人，把兵器隐藏好。这200多人，都是身强力壮的小伙子，他们都有高超的擒拿本领。这时，卫鞅又派田苗给公子卬捎信说，我已经先行到了玉泉山，跟随的人不过200人，请公子卬按时赴会。

公子卬对卫鞅的话毫不怀疑，下午，他也只带了200人，满载着美酒和乐器，兴致勃勃地前往玉泉山。

看到玉泉山美丽的风景，他说道："这儿真是一处如画的田园，这样的地方现在不大好找了。"

不知不觉公子卬一行到达山脚下，卫鞅已经在此等候多时了，他并没有带大队的人马，身边只跟了两个随从，也没有佩带任何兵器。

老友相见，分外亲热。公子卬握住卫鞅的双手，一时竟然不知说什么才好。哽咽了半天，才说道："我早就知道您会有今天的，您的业绩实在令我佩服。"

卫鞅也欢喜地对公子卬说道："现在你在魏国也已经是个重要人物了，你我彼此彼此吧。"然后一指山头说道："我们到山顶那个阴凉处再叙。"

公子卬一行很自然地随着卫鞅上了山，心中未存疑虑。

卫鞅说："这些年来，我时常想起贤弟，做梦都是梦见咱们两个还跟从前一样，开怀畅饮，无话不说，亲密无间，你说，咱们两个若是能够整天在一起该有多好。"

公子卬说道："这么多年过去了，你看上去比原来威严多了，人也不显老，可是我不行，操心，老多了。"说罢，公子卬摸了摸自己的头发。

卫鞅笑着说道："我也是操心的命，秦国的大事小情，哪一样不是我操办的，秦国国君信得着我，我做事就比较容易些。"

公子卬羡慕地说道："秦国国君真是难逢的明君呵！"

说话间，众人已经来到了卫鞅事先选好的一块空地。公子卬命人摆好乐器、支好桌椅，斟满了美酒，开始与卫鞅畅谈起来。

公子卬说道："仗打得太多了，人心就散了，人们谁又能总打仗呢？我看我们兄弟两个在一起喝喝酒、听听音乐，这有多高雅，比兵刃相见，不知要强多少倍。我不是那勇敢地带领人们奔向光明的指挥，我只是河中一只随波逐流的小船。这变化莫测的时代风帆，不知会使我驶向何方？"

卫鞅说道："是呵，贤弟说话很有诗情画意，能不打的仗最好不打，魏国和秦国和睦相处不是很好吗？"

公子卬说："魏国的国势已经无法和公叔痤的时候相比了。现在四面受敌，连我这么斯文的人都被派出来打仗了。幸亏是遇到了您，若是遇到了别人，还不知到哪儿去收我的尸骨呢！"公子卬说着说着，眼角涌出了泪水。他替卫鞅倒满了一杯酒，敬献给了卫鞅，自己又一饮而尽。

公子卬和卫鞅连喝了5杯，公子卬已经有些醉意，这时，乐工奏起了流行在中原地区的缠绵音乐。

公子卬敬完酒后，卫鞅命人撤换了酒席，轮到了秦国的酒官向公子卬敬酒。秦国劝酒的两名酒官，是卫鞅精心挑选的秦国大力士。刚摆好酒桌，他便端起酒杯，给两个酒官使了个眼色，公子卬正在等待卫鞅敬酒，猝不及防，被两个勇士牢牢地抓住。这时左右的200人纷纷亮出事先藏在树丛中的武器，一齐冲上前来，不费吹灰之力，便使公子卬一行人就范。

卫鞅这时擂起了事先早已准备好的大鼓，埋伏在远处的士兵一冲而上，喊声震天，公子卬被关入了囚车。

公子卬着急地喊道："卫鞅你这是何意，为何把我关押起来？"

卫鞅笑了笑说道："我今天算得罪你了，仅此一次，请贤弟宽恕。"

公子卬说："你赶快放了我，千万别把玩笑开大了。"

卫鞅说："等把你送到了咸阳，我自然会放了你的。"说罢，命人立即押送公子卬回咸阳，向秦孝公报喜。

卫鞅随后对公子卬的随行人员说道："你们不要惊慌，只要你们按照我的意图办事，我就不会伤害你们。如果不从，立即斩首。"

这些不善打仗、只善歌舞劝酒的随从，早就被秦军的凶猛吓破了胆，保命要紧，哪里还敢抗拒，纷纷向卫鞅求饶。

卫鞅命人把他们身上带的武器都卸下来，然后让他们原封不动地坐回车中，还赐给他们酒肉压惊。随后，卫鞅对原来的车仗说道：

"你们照样返回魏营,在城门口就说公子卬回来了,让人打开城门,如果有半点不从,就要了你们的脑袋。"

车仗战战兢兢地全都答应下来。

卫鞅又命秦国勇士胡连坐在主帅的位置上,穿上刚从公子卬身上脱下的衣服,冒充公子卬。卫鞅对他说:

"你一路上要小心,不要让他们中的任何一个人逃跑,进城之后,你要把城门砍坏,使其无法关闭。"

胡连说:"请大人放心,我一定会在战斗中再立新功,加官晋爵。"

卫鞅满意地点了点头。

卫鞅又挑选两队精壮的勇士,假扮成护送的使臣,紧随着魏国车队之后,与之一同向魏营驶去。

傍晚时分,车队来到魏军的营门。车仗按照卫鞅的命令喊道:

"快开城门,主帅回来了!"

城上的守军认得跟随公子卬一同去的车仗,没起疑心,但车队后的两队人马却引起了他们的警惕,其中一个人问道:

"后面跟随的是什么人?"

车仗看了一眼坐在身边的胡连,胡连低声威胁道:

"放老实点,否则要你的脑袋。"

车仗急忙按卫鞅的吩咐喊道:

"主帅纵情饮酒,已经喝醉,卫鞅怕他出现意外,特派卫队护送回城。赶快把门打开,让主帅进去休息。"

城上的人解除了疑虑,城门打开了。

进城之后,胡连掏出藏在衣服中的斧子,向着城门连砍数斧,门板七零八落,无法关闭。不明真相的魏军士兵上前制止,也被胡连砍得粉身碎骨。

这时,车队后面的两队士兵已经冲入城中,对着城中的守军猛打猛杀,他们一鼓作气,杀入魏军营帐。没有一点准备的魏军,乱作一团,群龙无首,不知如何是好。没有多久,死伤过半。魏错得知公子卬被俘虏的消息后,知道此城已经很难保住,就连夜逃回了魏都。

不多时,卫鞅也率领 5 万大军赶到,不到两个时辰,秦军攻占了这座城池,俘获魏军数千人。在卫鞅的指挥下,秦军又攻克了魏国的另一座城池,大败魏军。

(三)孙膑减灶杀庞涓

孙膑、庞涓是春秋战国时的名将,青年时代他们同时从师于鬼谷子先生,学习兵法,可谓同窗好友。后来庞涓去魏国,当上了将军。孙膑是春秋时期吴国名将孙武之后,从小饱读兵书,更得孙武子兵法十三篇真传,武略过人。庞涓与孙膑同学数年,深知自己的本领不及孙膑;便假惺惺地以关心帮助为名,骗孙膑到魏国来任职。孙膑对庞涓的邀请丝毫也不怀疑,果真来到庞涓家中,不料庞涓居然下了毒手,用刑法"断其两足而黥之(一说为除去了两腿的膝盖),欲使终身废弃"。施刑后,庞涓又把孙膑藏了起来,让他与外界隔绝,以便使孙膑从此销声匿迹。

齐国派出使臣到魏国,获悉孙膑的遭遇,认为孙膑是个奇人,将他藏在车里带到齐国。齐国大将田忌非常热情好客地收留了孙膑,又向齐威王作了推荐,齐王当面与孙膑谈论兵法,发现他确实是个奇才,即拜他为军师。

公元前341年,魏惠王派庞涓统大军攻伐韩国。魏军此次来势汹汹,似要一举灭韩。韩昭侯紧张得急忙派使臣前往齐国求救。齐威王请教军师孙膑,孙膑说:"对韩国一定要救,但不是早救,更不是马上出兵去救,而是先答应救韩国,让韩魏互相激烈拼杀,然后再出兵拯救危亡之韩,攻击疲惫之魏军,这才对齐国有利。"

于是,齐威王亲自答应韩国使臣的求救。韩昭侯自以为有齐国的支持,果然坚定信心,组织全国军民合力抗击魏军。但是,韩国毕竟不是魏军的对手,仗越打越艰苦,人员伤亡越来越多,武器及粮草渐显匮乏而供应不上。没多久,韩国已五战五败,陷入极其危险的境地。此时,魏国军队也受到一定的创伤,死亡人数不少,且军队长期作战,疲惫之极。就是在这一最佳时机,齐威王下令:齐国军队立即出发伐魏救韩。

于是,齐国10万大军直指魏国首都大梁。庞涓急忙挥师回救,风尘仆仆地回到大梁。田忌率齐军才过外黄西,忽闻庞涓率师回救大梁,在孙膑的建议下,便不再逼近大梁,在外黄西停留了不足1天,就起兵东撤,人喊马嘶,队伍"匆忙慌乱",10万大军"未战先怯",踏上了撤退齐国的道路。齐军行至3日,未到彭城,已一路遗下许多病马、残车及武器。

孙膑对田忌说:"三晋的军队,素来凶悍骁勇,轻视齐人,而齐军以怯懦著称。善于作战者,就能因势利导,将计就计。兵法上认为:奔波百里而去战斗的军队要失去他们的上将。奔波五十里去作战的只有一半兵力能够上阵,如果让齐军进入魏地以后,第一天垒10万个灶,第二天垒5万个灶,第三天减为3万个灶,那么就可取胜。"庞涓追了3日,见到齐营的情况大喜,说:"我早知道齐军怯战,进入魏国的领地没出3天,士兵逃走的人已过半数了。"于是,放弃了步兵,纠集轻骑精兵日夜兼程追来。孙膑计算魏军的速度,大约在当晚到达马陵。马陵道路狭窄,两旁多是天然险关,可以埋伏军队。于是命令人砍去一棵大树的树皮,露出白色,写道:"庞涓死于此树下。"又命令齐军中善于射箭的兵士带弓弩1万只夹道埋伏。并约定时间:"夜晚看见火把点燃就一齐发射。"庞涓果然在夜里到此,在树皮被砍的树下,看见有露出的白色,感到十分好奇,就命人取火燃起火炬,还没读完,齐军万箭

·谍战诡影·

图文珍藏版

齐发,魏军大乱,以惨败告终。庞涓无颜见人,自刎而死。

减灶计是孙膑首创,其特点是隐强示弱,纵敌自骄。俗话说,骄兵必败,孙膑深知此理,又明悉庞涓骄横和急于求战的心理,于是将计就计,促其骄,纵其急,使其丧失理智。庞涓本来目中无人,又见齐军兵灶日减,遂被虚弱怯战的假象所迷惑,孤军深入。如此莽撞岂能不败?李温陵评论说:"世上哪有10万大军,3日之内减到两万人,而竟然还不知道这是个计谋呢?"

(四) 勾践卧薪尝胆败夫差

吴王夫差是著名的春秋五霸之一,他南征北伐,东战西讨,就在他刚刚成就一个不小的霸业时,曾是他的阶下之囚的越王勾践却将他拉下了霸业的顶峰。在这场胜与败的轮回里,越王勾践玩弄权术、弄虚作假、阳奉阴违、极尽欺诈之能事,给后人留下了许多反思和启发。

越王勾践即位时,邻国吴国的国王阖闾兴兵讨伐越国,不料自己却身受重伤,临死前,阖闾对守在他身边的儿子夫差说:"你一定不要忘了越国杀父之仇。"夫差在悲愤中继承了王位,立志报仇雪恨。

勾践又率兵来犯,夫差认为复仇的机会到了,于是亲率10万精兵前往迎敌,大败越军。之后,又带兵紧追不舍,把勾践团团围在会稽山上。

外无援兵,内无粮草,勾践在谋士范蠡和文种的谋划下,向吴国投降,又担心吴王不答应。文种说:"我了解到,吴国的副将伯喜向来同伍子胥面和心不和,他怕伍子胥功劳太大,会超过自己。再说,伯喜又是一个贪财好色的小人,我们可以用贿赂的办法拉拢他,他就会帮助我们说话的。"于是勾践又派文种带着珠宝玉器和美女去见伯喜。伯喜接受了贿赂,连夜单独到吴王夫差面前,替勾践说好话。夫差听了伯喜的话,就决定同意勾践的请求了。这时,伍子胥出来劝阻,他说:"大王今天不灭越国,以后懊悔就来不及了。勾践也算是个贤君,还有范蠡、文种这样的良臣辅佐,将来对吴国的威胁是很大的。"可是,这时夫差的主意已定,伍子胥没有办法,只好唉声叹气地退了出来。

伍子胥出来后碰到了大夫王孙雄,就对他说:"越国10年生聚,10年教训,20年后就能把吴国灭了!"

吴王夫差不听伍子胥的劝告,并没有灭越国,只是要求勾践到吴国做他的臣下并伺候他,然后就撤兵回国去了。

勾践把国家大事托付给文种等大臣,自己带着夫人和范蠡到吴国去做人质。

在吴国过了3年,在这3年中,勾践总是很小心地伺候夫差,做到百依百顺,显得比夫差的其他仆人还要驯服。与此同时,文种还经常派人给伯嚭送礼,让伯嚭在夫差跟前替勾践说情。

有一次，勾践听说夫差病了，托伯嚭给夫差带话，说是要去看望大王。夫差听说勾践这样惦记自己，就答应他晋见。伯嚭带着勾践进了夫差的卧房，勾践说："父亲有病，做儿子的应当服侍；大王有病，做臣下的也应当服侍。再说我还有点小经验，看看大王拉的屎，就能知道大王的病是重是轻。"这样一说，夫差心里很高兴，就不再拒绝了。夫差拉完屎，觉得舒服多了。勾践扶着夫差上床躺好，又去掀开马桶盖看了看，嗅嗅气味，然后向夫差磕头，高兴地说："恭喜大王！大王的病已经没有什么危险了，再过几天，就会完全好了！"夫差问他："你怎么知道的？"勾践说："刚才我看了大王的屎，知道肚里的毒气已经散发出来了，病还不快好了吗？"夫差看到勾践服侍自己这样周到，倒有些过意不去了，就对勾践说："你待我不错。等我病好了，就放你回去。"

由于勾践处处小心服侍夫差，再加上伯嚭不断向他报告越国国内十分平静，一点也没有反叛吴王的迹象，夫差以为越王勾践真的完全臣服自己，越国对吴国已经没有什么威胁了，于是，就放勾践回国去了。越虎终于归山了。此时的勾践已久经磨难，历尽艰辛，变得更为成熟，他要发奋图强、报仇雪耻。

勾践按照大臣文种制定的"伐吴九术"，一方面在国内积极发展生产，储备粮食，积累财富，建筑防御工事，制造大量武器，训练士兵，组织军队，加紧各方面的战备工作；另一方面又对吴国施展各种计策，用以耗费它的财力，麻痹它的斗志，疲劳它的士兵，离间它的大臣，使它矛盾重重，内外交困，不战自溃。

勾践知道夫差对衣着特别讲究，就在离都城 7 里的葛山上，派人大量种植葛草，又发动国中男男女女入山采葛，然后令女工织成黄丝细布送给夫差，夫差获得这些礼品后，十分喜悦，对越国更加放松警惕。

夫差另一个嗜好，就是喜欢盖造宫室，兴建亭台楼阁。伐越胜利后，夫差在国都中大兴土木，用工不停。勾践投其所好，使木工 3000 余人入山伐木，一年不归，伐得许多大树，加工成木材后，献给夫差，夫差见后更加喜形于色。

这时，伍子胥在旁边劝谏道："大王不要接受它。从前，夏桀建造灵台，商纣建造鹿台，阴阳不和，寒暑不时，五谷不熟，天降其灾，人民疲劳，国家生变，遂取灭亡。大王如果接受它，将被越王所暗算。"

夫差根本听不进这些良言，他立刻收下了这些木材而修建姑苏台。这个台，经过 3 年积聚材料，5 年方造成。姑苏台的建成，不知耗费了多少人的血汗和财富。人民困乏，军士痛苦，国内矛盾激化。

夫差还有一个嗜好贪淫好色。对此，勾践与文种商定：往献美女，夺其心志。勾践使善于看相之人遍搜国中，经反复筛剔，得到最美者 2 人，一个名西施，乃采薪之女。另一个名郑旦，与西施毗邻。她们长得十分美丽，二女每日相与浣纱于江，引得群鸟毕集，丁壮争睹，江水不流。两个美人，红颜花貌，交相辉映，如并蒂之芙蓉,似长夜之明月,犹下凡之天仙。

勾践又令范蠡把精力投入对西施、郑旦的调教上面。言语、笑容、举手、投足、坐相、立姿、礼节、歌、舞、琴、棋、书、画,凡是想得到的宫廷技艺,范蠡都请高明艺师教了。课目中心是一个"媚"字,让二位美女学会"媚"住夫差的方法和姿势。

两年过去。西施、郑旦在范蠡的调教下,从内到外换了一个人,成为绝色美人。

勾践派范蠡带着她们进献于夫差。

西施、郑旦一入后宫,便受到夫差百般宠爱,西施独夺后宫嫔妃歌舞之魁,擅专房之幸,出入仪制,拟于姬后。夫差令王孙雄在灵岩山建馆挂宫,富丽堂皇,饰以珠玉,为美人游息之所。又凿西施洞,西施与夫差同坐于洞中品茗。姑苏城四周,植有香木花园,供西施采香;辟有莲塘,供西施、夫差同乘舟采莲;建有打猎场,养鱼塘、游水场、荡舟场……吃喝玩乐样样尽有。夫差自得西施,以西施专房为家,四时随意出游,弦管相随,流连忘返,越国如何,已不想矣。伍子胥想见夫差一面,都很困难。加之西施在夫差面前游说,一见到相国就害怕,夫差则更不允伍子胥进见了。

与此同时,勾践为了能使自己时刻牢记亡国的耻辱,不让舒适的生活消磨了自己的意志,把自己卧室里的锦绣被褥撤了下去,而铺上了柴草当作褥子,休息时就躺在上面;他还在房间里挂了苦胆,每当坐卧起来,或吃饭之前,都要尝一尝胆的苦味。这就叫作"卧薪尝胆"。他常常心中默念:苦胆再苦,也没有亡国、做奴仆苦。他平时亲自到地里耕作,夫人也亲自养蚕、织布;吃饭不吃肉,穿衣不要绸缎;经常放下国王的架子访问贤人,虚心听取意见,以礼接待宾客;对老百姓中贫穷的就想办法救济他们,死了的就帮助安葬,时时关心百姓的疾苦,同百姓一样劳作。与此同时,全国上下都节衣缩食,为的是年年、月月给吴王夫差进贡。夫差经常收到勾践的贡品,非常满意。

公元前482年,吴王夫差亲自率领吴军主力伐齐,打败了齐军。夫差在卫国的黄池召集各路诸侯来开大会。晋、卫、鲁等国慑于吴国的武力,订立盟约,承认吴王夫差为霸主。

黄池大会之后,吴王夫差虽然得到了一个霸主的空名,但吴国军队因为在争霸战争中损失惨重,国力越来越弱。而越国经过10年生聚、10年教训,人口增加,生产发展,军队训练有素,国力越来越强。到公元前478年,越王勾践带着范蠡、文种亲自率领大军进攻吴国,大败吴军。越军继续进军,节节胜利,攻到姑苏城下,围困吴军3年。公元前473年,吴军被越军彻底打败,夫差躲在姑苏的山上。当年越王勾践被吴王夫差围在会稽山的历史又重演了,当然,是在相反的情况下重演的。

吴王夫差派大夫公孙雄到越求和。公孙雄裸衣跪行到越王勾践面前,恳求说:"孤臣夫差,当年曾在会稽得罪大王,当时夫差不敢违背天命,使大王得以复国。如今大王大驾来讨伐孤臣,孤臣唯命是听,大王能像当年在会稽那样,赦免孤臣之罪吗?"勾践并不答应,吴国使者公孙雄哭着走了。夫差听说后仰天大笑道:"灭吴者,非越,实寡人也! 愿天下诸侯以我为鉴!"夫差说完后,四顾而望,对站在身边的公孙雄说:"悔不听子胥之言,破败如此,我无颜和子胥黄泉相见。我死后,将军用衣巾掩我脸面。呜呼,孤去也!"说完,拔剑自刎。

于是,越王勾践就攻进姑苏,灭了吴国。从此,越国的兵马横行于江淮一带,勾践成了春秋时期最后一个霸主。

(五)假象惑敌,火牛阵立奇功

公元前284年,苏秦在齐国充当燕国间谍,诱骗齐湣王屡屡上当,对北边的燕国毫无防范。当燕国大将军乐毅率六国大军突然奔杀齐国而来时,齐湣王对苏秦的间谍活动才恍然大悟,盛怒之下,以车裂的酷刑处死了苏秦。但是已经晚了,燕军长驱直入,大败齐军,齐国几乎全部被占领,只剩下即墨和莒这两座城池未被攻破。

五年后,燕军引兵东围即墨城,齐军数战数败,危在旦夕。于是"城中相与推田单","立以为将军"。田单非常善于用间及出奇制胜。他上任后,立即派遣间谍潜入燕国进行情报搜集。这时,支持信任乐毅的燕昭王去世,燕惠王即位。田单派遣的间谍探知燕惠王"与乐毅有隙"这一重大情报后,立刻"纵反间于燕"。齐国的间谍在燕国到处宣扬散布说:"齐湣王都死了,但是齐国却还有两座城池没有被攻克。乐毅因此害怕被燕惠王问罪诛杀,不敢回燕国。他以伐齐为名,想联合其他的军队在齐国称王。因为齐人不服从他,乐毅就故意不攻下即墨,以等待称王的时机。现在齐国最害怕的就是燕国派遣其他的将领来指挥军队,那样的话,即墨必定被攻破!"燕惠王本来就与乐毅有矛盾,现在听了齐国间谍的流言蜚语后,更"以为然",下令乐毅卸职回国,由骑劫去齐国代领乐毅的兵权。乐毅知道回去是死路一条,便逃奔到赵国去了。

田单又派间谍摸清了骑劫的底细,原来他是一个有勇无谋之辈。于是田单便设下三个圈套:

首先田单密遣间谍潜出即墨城,到燕军的营地去故作神秘地说:"齐军最怕燕人把齐国俘虏的鼻子割掉,如果把他们赶到燕国军队的前排来进攻齐军,齐军一见此状,必定斗志涣散,即墨也必破无疑。"骑劫听信了这些话,下令割掉齐军俘虏的鼻子,强迫他们去攻打即墨。齐人在城上见燕军竟如此残暴,"皆怒、坚守",唯恐被燕军俘虏,遭到暴行。

田单见骑劫果然中计,于是又实施了第二条间谍计划。几天后,燕军中又流传一个消息,说迷信的齐国人最恐慌燕军去挖掘齐人在即墨城外的祖坟,侮辱齐人的祖宗,那就会使齐人伤心害怕,唯恐祖先没法保佑他们了。愚蠢的骑劫又一次上当,派兵把即墨城外的齐人祖坟统统挖开,并焚烧尸骨。"即墨人从城上望见,皆涕流,俱欲出战,怒自十倍"。

为了进一步制造假象,迷惑骑劫。田单又把即墨城内的富豪找来,让他们带着金银珠宝去偷偷贿赂燕军将领,并低声下气地请求道:"即墨就要投降了,希望你们千万不要掳掠我们的妻儿家小。""燕将大喜,许之。燕军由此而益懈"。

田单见反攻时机已到。于是就收罗了一千头牛,并给牛披上了大红外套,画上了五彩龙纹,在牛角上捆上尖刀,在牛尾上绑上浸透油脂的芦苇。夜幕降临,田单突然一声令下,点燃了牛尾上的芦苇,火灼牛尾,牛剧痛狂奔,齐军五千精兵随后杀向燕军。即墨城上"老弱皆击铜器为声,声动天地"。毫无防备的燕军面对这一可怕的火牛阵,"大骇、败走"。骑劫也在混战中被杀。"燕军扰乱奔走,齐人追亡逐北"。不久,"齐七十余城皆复为齐"。

田单"纵反间于燕"与大摆火牛阵,是战国时期以"欺骗强敌""假象惑敌"而取胜的典型案例。田单利用间谍流言,除掉了强劲的对手乐毅,并代之以愚将骑劫这一做法,在十九年后的秦赵长平之战中,被秦相范雎所借用。他用相同的间谍手段,使赵国撤掉了赫赫名将廉颇而换上了纸上谈兵的赵括,导致赵军在长平大战中全军覆没,被斩坑杀四十五万余人。值得注意的是,田单三番五次派遣间谍,不惜以齐国俘虏、齐人的祖坟被残被辱来激奋军民的斗志,这样做在当时崇尚礼教、膜拜祖宗的齐国是冒有极大风险的,但是为了反败为胜,田单毅然抛开这些陈规陋习,做了常人绝不敢做的事。正因为如此,骑劫才会上当受骗,被田单牵住了牛鼻子。

(六)赵奢的反间计

公元前270年,秦国出兵伐韩,并包围了赵国的战略要地阏与,情况非常危急。赵惠文王急召文武大臣,向廉颇将军征询道:"阏与还可以救吗?"廉颇说:"道远险狭,难救。"又问赵奢将军,赵奢从容答道:"道远险狭,犹两鼠斗于穴中","勇者胜"。赵惠文王当即任赵奢为主将,前往阏与救援。

赵奢率军刚走出离国都邯郸才三十里的地方,就出人意料地驻扎军营,不再前进了,并下了一道密令:"有谁敢上书与秦军作战者,立斩!"此时,驻扎在附近武安以西的秦军也感到奇怪,赵军为何只行三十里便停了下来?似乎根本无意去救援阏与。

赵奢

为了探知赵奢的真实意图,秦军便擂起战鼓,调兵遣将。阵阵轰鸣的战鼓声把武安房屋上的瓦片都振动了。赵军中的一名侦察军官再也按捺不住了,请求赵奢赶紧急救武安,"赵奢立斩之"。赵军既不出兵也不退兵,只是"坚壁增垒",一直在原地待了整整二十八天!赵、秦两军的将领都感到纳闷,不知赵奢葫芦里究竟卖的是什么药。甚至有人怀疑赵奢在赵惠文王面前说的"救阏与""勇者胜"是说空话。然而赵奢对这些都不闻不问,仍然严令不得离开军营半步。

秦军见赵奢不进不退,不战不和,就暗中派遣了一名间谍混入赵军营地,侦察赵军虚实动静。赵奢早已探得情报,假装不知道这名秦军间谍的真实身份,随便让他在赵军营地里出入,还设下丰盛的酒宴款待他。间谍摸清了赵军的内情后,即刻返回"报秦将"。秦将听后大喜,说:"赵奢离开国都仅三十里就不敢向前走了,并且还不断地增强防御工事。这是害怕我们秦军的威势呀!看来阏与将不再属于赵国了。"

赵奢等秦军间谍一走,立即下令"卷甲而趋之",神不知鬼不觉地离开了营地直扑阏与。两天一夜后,赵军赶到了阏与的外围。赵奢令精锐的弓箭手埋伏在离阏与五十里的地方,修筑工事,以待秦军。中了赵奢反间计的秦军,在赵奢离去多时才发觉上当了。急忙星夜兼程,追赶赵军。赵奢采纳了军士许历的计谋,抢先占领了北山,扼守住通往阏与的必经之路。当秦军匆匆赶到时,"赵奢纵兵击之,大破秦军","遂解阏与之围"。

阏与解围之战,是秦军东进十几年以来第一次遭到的前所未有的惨败。在此后几年中,秦国畏惧赵奢威名,不敢再染指赵国。赵奢在战前说:"犹两鼠斗于穴中,勇者胜"。这是为了加强赵惠文王援救阏与的决心。其实他是一名智勇双全的大将,他一方面刚出国都便坚壁不出,假示怯弱,麻痹秦军;一方面早已掐算好秦军间谍一定会前来侦察,于是设下了圈套,让秦军间谍自己钻进去,从而使秦将深信不疑。著名军事理论家郭化若将军也说:"赵奢以秦间为反间,是战国时期最明显的用间例子。"

(七)虞诩增灶惑羌兵

挖灶做饭是古时行军打仗的必备之事。因而一些著名的军事家也常常在灶的数量上做文章,增加或减少挖灶的数量,使敌人上当受骗,落入圈套。

东汉时,居住在陇西一带的羌人屡次发动起义,反抗汉朝的统治,使汉朝上下为之震动。为了稳定这里的局势,朝廷任命虞诩为武都(今甘肃省成县西)太守,平定羌人起义。

羌军首领听说虞诩率军前来征讨,连忙率几千人马,集结在陈仓(今陕西宝鸡)境内的崤谷凭险设防,阻击虞诩的军队。虞诩带领少量的护送兵卒接近崤谷时,探听到前方有数千羌人截断了去路。虞诩自知弱难抵强,只好命士兵停止前进,扎营待命。部队驻扎后,虞诩假装巡视军队,每到一处都故意声张:"现在羌兵凭险据守,我们兵力有限,不易通过。我已派人向京师报告,请求加派援兵,待援兵到达后再向武都进发。"羌人听到这个消息,认为虞诩兵少胆怯,暂时不敢过崤谷,就放心地分散到附近的州县去抢掠,放松了对虞诩的戒备。虞诩见有隙可乘,立即率部连夜出发,突破崤谷,一日急行军100多里。羌人得知虞诩偷过崤谷后,派兵在后面紧紧追赶。

虞诩过了崤谷后,深知定有重兵在后追击,便让士兵们以每天200里的速度前进,并且每当停下来做饭时,让士兵们每次挖两个灶。他的这种做法实施后,羌人居然不敢再追了。跟随虞诩的将士看到这种情况,觉得非常奇怪,便问虞诩:"战国时候,有过孙膑减灶战胜庞涓之事,而你却让增灶。兵法上说,日行军不过30里,而你却让我们日行近200里,这是为什么呢?"虞诩说:"敌人众多,我们兵少,行军慢了就会被他们追上,急行军是为了不让敌人摸清我们的虚实。孙膑减灶是为了使敌人认为他兵少,骄纵、麻痹敌人。我们增灶,是为了让敌人认为我们的援兵已到,不敢追赶。古今形势不同,做法也要变通。"众人这才恍然大悟。

虞诩摆脱追兵,强行军到达武都后,发现武都郡中兵不满3000。此时,羌人数万已包围了城外不远的赤亭,向赤亭发起进攻已10多天了,局势十分危急。虞诩当机立断,命令士兵把强弓藏起来,只用小弓向羌人放箭。小弓力弱,射程不远,羌人以为汉军没有强弓,射不着他们,就不把虞诩的军队放在眼里,于是放开胆子,增加兵力向赤亭猛攻。虞诩看到羌人全部靠拢上去了,便立即命令士兵们取出强弓,用20把强弓瞄准敌人,顿时箭飞如雨,发无不中,一下子就将羌军射死了一大片,羌兵吓了一大跳,急忙停止攻击,仓皇撤退。虞诩趁势指挥将士出城冲杀,又杀死了许多羌兵。

第二天,天刚蒙蒙亮,虞诩整顿人马,派出一队士兵从城东出来,再从城北门进去,进城后立即改换衣服,再从北门出去,返回东门进来。如此周而复始,循环往复,城外羌兵看见汉兵来来往往,出出进进,弄不清武都城内有多少兵,不敢轻举妄动,便打算全军撤走。虞诩料到羌人准备撤退,便派出500士兵悄悄出城,在羌人的退路上设下埋伏。当羌人撤到那里时,汉军伏兵齐出,摇旗呐喊,擂鼓攻击,大获全胜。羌军从此败散了下来。

虞诩将军对孙子兵法的运用真可谓"运用之妙,百手一心。"《孙子兵法·势篇》说:"在战争中,如果敌强我弱,敌众我寡,须多设旌旗,加倍增灶,向敌示强,使敌人猜不出我军有多少,弄不清谁强谁弱,如此,敌人必不敢轻率地同我作战,我军则可趁机速去。"虞诩增灶退羌兵灵活地运用了这一计策。虚灶倍增,很快地摆脱了敌人。以后在赤亭之战中,他又示弱示强交替使用,虚虚实实,真真假假,让敌人难以掌握，捉摸不透。终于击败了羌军的包围，使武都地区出现了安定的局面。当然，东汉对羌人的战争，就其性质来讲是一次镇压农民起义的不义之战。但从军事学术和作战指挥角度来看，却是体现了虞诩的指挥才能，是值得我们借鉴的。

虞诩增灶是他虚张声势，对敌人实施欺骗的战术之一。早在他做朝歌太守时，就曾利用这虚张声势的办法取得过平盗的成功。

东汉末年，朝歌的造反首领宁季，带领几千人攻杀了朝歌的官员，在那儿聚合了几年，州和郡的官府对此无能为力，朝廷就派虞诩去做朝歌的行政长官。虞诩的一些亲朋故旧为此表示忧虑，说："你去做朝歌的行政长官多么不幸运啊！"虞诩笑着说："既有大志就不求轻而易举，要办大事就不应躲避艰难，这是我的责任。不遇到盘根错节的树木枝蔓，怎么能够区分出锐利的器具呢？"一到朝歌，虞诩就去拜访河内太守马棱。马棱劝他道："您是一位儒者，应当在朝廷上出谋划策，为什么反而到朝歌来呢？"虞诩说："我开始受命治理朝歌的那天，士大夫见到我都表示忧虑。但我却认为反贼没有什么了不起的。朝歌接临于韩、魏，背依太行，面临黄河，离敖仓百里，而青州、冀州的百姓流亡在外的就数以万计。贼寇们不懂得开仓放粮召聚民众，也不去抢劫武库的兵器把守城皋这一要塞，这就不足为虑了。现在他们人多势众而锐气正盛，我们很难与他们争锋。兵不厌诈，现在可以暂且表面上放任他们，不使他们有什么拘束。"

虞诩就职之后，就下令招募壮士，自掾史以下的官府人员都要各自检举所知道的人，以善于攻杀劫掠的为上，伤人偷盗的为次，穿着丧服而不理家务的为下，共收得100多人，虞诩以宴席款待他们，统统宽恕了他们的罪过，派他们混入贼寇之中，引诱贼寇前来抢劫掠夺，虞诩设伏等待，伺机杀贼数百名。虞诩又悄悄地派了一些贫穷而善于缝纫的人到贼寇中去做衣服，用彩色线在贼寇的衣襟处缝上标记。贼寇中有人穿了这种衣服出来的，官府就根据衣上的标志把他们抓起来。贼寇因而惊恐逃散。

虞诩无论是平盗还是平羌，都注意运用了虚张声势，以假乱真。其实他的增灶术是借"孙膑减灶"之法，践墨随敌，反其道而用之。春秋战国之际的孙膑减灶杀庞涓也是孙膑成功的战术之一。

（八）李广疑兵斗匈奴

唐朝著名诗人王昌龄的《出塞》诗说："秦时明月汉时关，万里长征人未还。但使龙城飞将在，不叫胡马度阴山。"其中的"飞将"即是指汉朝著名的"飞将军"李广。

李广（？～前119），西汉名将，陇西成纪人。公元前166年，匈奴大举入侵边关，李广少年从军，抗击匈奴。他作战英勇，杀敌颇多，汉文帝非常赞赏他。汉景帝即位后,李广升为骑郎将。吴王、楚王叛乱时,李广以骁骑都尉官职跟随太尉周亚夫出征平叛,在昌邑城下夺得叛军军旗,立下显赫战功。诸王叛乱平定后,李广调往上谷、上郡、陇西、雁门、代郡、云中等西北边陲做太守,抗击匈奴的入侵。历史上虽然有"李广难封"为千古憾事,但李广一生经历过大小70余次战斗,无不以他的勇猛、机智化险为夷,屡胜对手,为汉朝最终平定匈奴立下了赫赫战功。

公元前144年,匈奴兵大举进犯上郡(今陕西省北部及内蒙古自治区南部地区),当时李广任汉上郡太守,汉武帝派一名宠幸的宦官跟随李广约束指挥、训练军队,准备反击匈奴。

大军扎营后,宦官带着几十名侍从在草原上兜风,不料遇到3个匈奴人。宦官本想带人前去捉拿这3个匈奴人,谁想,还没近前,3个匈奴人张弓发箭,射死了宦官的所有侍从,只剩下宦官一人带伤夺路逃回大营。李广问明情况后,断定是匈奴的神射手所为。为绝后患,李广当即带领百名骑兵疾追。此时,那3名匈奴射手已徒步往回走了几十里,靠近匈奴大队人马。李广令他的士兵从两翼包抄,不使敌逃脱。李广立马射箭,射死两个匈奴,并活捉一人。经过审问,这3人果然是匈奴的神射手。李广喝令将俘虏绑在马上,准备回营。此时,远远望见几千名匈奴骑兵飞奔而来,扬起的尘土遮天蔽日。脱身已来不及,情况十分紧急。不料,匈奴兵接近到约三箭地时,突然停了下来。原来,匈奴将领见李广他们只有百十来人,竟敢深入匈奴腹地,怀疑后面有伏兵,于是勒马依山列阵,观察汉军的动向。

李广的部下乍见匈奴这么多的士兵将他们围住,十分惊慌,纷纷欲勒转马头后撤,李广连忙制止。他说:"匈奴人勒马不前,说明他们不知我方虚实,现在我们离大军有几十里的路程,女盯果慌忙后撤,他们追上来一阵乱箭,我们休想逃脱一人。若是我们留下来,表现出若无其事的样子,匈奴人一定以为我们是为汉朝大军作诱饵,引诱他们上当的,他们必然不敢妄动。"于是,李广令士兵们又上前了约二里地,然后下马解鞍,原地休息。他的副官说:"敌人这么多,又离得这样近,假如有情况,我们如何应对?"李广说:"敌人以为我们一定慌忙逃走,他们就会立即追杀,现在我们解鞍休息,表示我们不走,别有用意,更坚定他们以为我们是诱饵的想法。"

匈奴兵见李广的士兵横七竖八地躺在地上,十分悠闲,马在一边安然吃草,感到其中必定有诈。不然,百十人的骑兵部队在敌方几千人的包围之下怎敢如此泰然处之呢?恰在此时,有个骑白马的匈奴将领出阵检查匈奴兵的布防情况。李广飞身上马,率领十几个骑兵,冲到阵前,一阵乱箭将其射死。李广主动挑衅后,趾高气扬地率领士兵返回众人中间,再卸鞍休息。匈奴兵更加摸不着头脑,始终不敢贸然攻击。就这样,匈奴兵进也不是,退也不是,双方一直僵持到半夜。此时,夜黑风高,四野寂静,匈奴人认为在这百十来个人的周围一定有汉军大部队在埋伏,待他们有所行动之后突袭他们,于是再也沉不住气了,心想不管怎样,这其中必有计谋,于是撤兵回营,坚守阵地。第二天清早,李广带领百骑人马从容地回到自己的营寨中。

飞将军李广的确有过人的谋略与胆识。作战中多次以出奇制胜闻名。在上郡遭遇战中,面对数十倍的强敌,他指挥若定,毫无惊惶失措之举;对部下一隐再隐,对强敌一惑再惑。先是下马解鞍,使强敌怀疑自己是诱敌之兵而不敢贸然行动;接着射杀敌白马将,挫其锐气,使敌错乱,误以为是有意挑衅;随即又令自己的骑兵纵马而卧,进一步坚定强敌的错觉,使其唯恐中计而自动撤退。这也恰恰中了李广的迷惑计谋。

李广惑敌非常有效。有一次,在雁门作战中,李广兵少将弱,加上他自己生病,抵不住匈奴大军,兵败被俘。匈奴人生擒李广后,十分欣喜,看李广病态十足,就用绳兜把李广兜起来,放在两匹马之间,带他一同回营。行了大约10余里路,李广假装经不住折腾昏死过去。然后偷眼看见旁边有一匈奴少年骑一匹好马,他突然跃起,腾身上马,抢了匈奴少年的弓箭,把那匈奴少年推落地下。然后飞马奔驰几十里,回到了自己的军队中。

还有一次在右北平作战中,原定李广军队与博望侯张骞的军队会合围歼匈奴左贤王,但博望侯张骞因行军迷路,误了约定的日期。李广的1万人反被左贤王的4万大军包围。李广的部下都很恐慌,军心不稳,战斗力下降。李广派自己的儿子李敢率30几个骑兵冲向敌军,从敌人军阵中纵穿横行,以其快速勇猛,将敌人的阵营搅乱,安然脱身,然后告诉李广说:"匈奴人很容易对付!"这一举动,大大地安抚了其他将士的惊慌之心。李广布置了一个士兵全体面向外围成一圆圈站好的圆阵,手持盾牌抵挡敌人的如雨之矢,而自己用他特有的弓箭先射杀敌人的副将,又射杀敌人的小分队,使敌人始终不能近距离向李广的军队射箭。双方就这样僵持了两天,左贤王损兵折将,最终带队离开了阵地,李广的军队才解了围。

公元前119年,大将军卫青率军出击匈奴,李广以60多岁的高龄任前将军职。出塞后,卫青从俘虏口中得知了单于的驻地。他想甩开李广独得大功,便令李广的前锋部队并入右翼出东道,他自带中军去追单于。李广力争无果,只好听令引军从东道出发与右将军赵食其会合,由于道路难走又无向导,迷失了路,没有及时赶到会合地点。此时卫青与单于相遇,单于力战不胜,率部下仓皇逃走,卫青只得徒劳而返。卫青差亲信带着酒肉来慰问李广,向他询问右翼部队迷路的经过,欲把走失单于的责任推给右将军赵食其,好向天子交代战斗经过。李广一身正直,不愿凭空污赵将军清白,没有答应卫青的要求。他把责任揽在自己身上,拔出佩剑引颈自刎。

汉初的边境战争是一场特殊的战争,其自然和人文特点决定了这种战争的异常艰苦和残酷。远离后方的长途奔袭,急风暴雨般的仓促遭遇,以及众寡悬殊的孤军奋战,成为经常的作战方式。李广无疑是适应这些作战特点的杰出将领。非凡的勇敢、决断和应变能力、忠信正直的磊落襟怀,以及有别于传统的治军方法,使他成为受部下拥戴、敌军闻之丧胆的一代名将。

(九)反间反为反间害

208年秋,曹操在统一北方后,率领号称八十万的大军南下。在赤壁与孙权、刘备的联军相遇。曹操的先头部队被孙刘联军击败,退到北岸的乌村,与主力会合。双方在赤壁一带隔江对峙。

曹操得知三十四岁的周瑜被孙权任命为吴军统帅,便计划派间谍去"游说"策反。于是秘密去扬州召来了九江人蒋干,遣其前往。蒋干以富有辩才而著称于江、淮之间,几乎无人可与其匹敌。蒋干穿上布衣,戴上葛巾,假扮成平民百姓,混过长江防线来到吴军帅营,自称有私事要见周瑜。精明的周瑜一见蒋干不邀而至,便知其来意。他一语道破天机,对蒋干说:"兄长远涉江湖,是为曹操来做说客的吧?"能言善辩的蒋干冷不防周瑜会如此直率,只得支支吾吾,说什么他此行是"来叙阔""观雅曲",不为别的。周瑜就设酒宴、弹琴瑟,款待蒋干。酒宴中,周瑜见蒋干欲言劝谏,便马上起身说:"碰巧我有秘事要去筹划,我先走了,改日再请兄长。"三天后,周瑜见蒋干毫无回返江北之意,便直言道:"大丈夫处世,遇到知己的明主,表面上是君臣之仪,实际上是骨肉之恩。言听计从,祸福与共。即使是苏秦、张仪再生,郦食其复出,我都会驳斥他们的游说之辞,何况兄长你能说得动我吗?"蒋干只得尴尬干笑,"终无所言"。策反失败的蒋干,狼狈返回曹营。他对曹操说:"周瑜雅量高致,非言辞所间。"

曹操策反周瑜不成,心中极为烦躁。时值曹军初到南方,水土不服,多有疾病。又加上将士多半不习水性,受不了江上风浪的颠簸。于是曹操就自作聪明地下令用铁索把战船连接在一起,上面铺上木板,以减少船身的摇晃。周瑜的部将黄盖发现这是一个极好的偷袭之机,便向周瑜提议说:"现在曹军多而我军少,如果长期相持对我军不利,必须速战速决。如今曹军用铁索结连战船,是一个致命的弱点,可以采用火攻打败他们。"周瑜同意了黄盖的建立,并设下一个诱使曹操上当的计谋。他利用曹操振蒋干为间急欲破坏孙刘联军的心态,暗令黄盖向曹操"诈降"。

于是,黄盖写了一封降书,秘密派人送到江北曹营。降书说:"我黄盖深受孙权的厚恩,担任将帅,待遇不薄,理当效忠。但是从天下大势来看,用江东六郡的区区兵力,来抵挡中原的百万大军,显然是寡不敌众。江东的所有将吏都知道无可抵挡,但唯独周瑜、鲁肃偏狭浅薄,执意抗拒,实为顽固不化。我黄盖识时务,决心归降您曹公,这是真心实意地。在两军交战那天,我愿利用担任前锋指挥之便,相机行事,以报效您曹公。"

生性多疑的曹操把降书翻来覆去看了几遍后，秘密召见了黄盖派来送信的人，多方询问孙刘联军的有关内情，送信人都一一从容对答如流。急于行间求成的曹操便深信不疑。他与送信人约定了接受黄盖投降的时间和信号，又说："我原先唯恐其中有诈，所以迟疑。如果黄盖果真守信，我将赐予他最高的爵赏。"

深秋的一天，黄盖带领一支船队悄悄驶出江东营地。他早就让士兵在大战舰上装满了干柴草，浇上鱼油，外面蒙上红布幕，并插上约定投降的旗号。大战舰后又拴上了许多条便于机动作战的小船。大战舰在前，小船在后，向北岸急驶而去。

这时，正遇"东南风急"。黄盖下令"中江举帆"，船队像箭一般冲向曹军营地。假投降的吴兵齐声大叫："投降哕！"曹军将吏"皆延颈相望"，高兴地说黄盖果然来投降了。当船将靠近曹操水军时，黄盖命士兵"同时发火"，"火烈风猛，往船如箭，飞埃绝烂，烧尽北船，延及岸边营落"。顷刻之间，"烟炎张天，人马烧溺死者甚众"。周瑜又"率轻锐寻继其后，擂鼓大进"，曹军"遂败退"。

赤壁大战始于用间，也终于用间。曹操行间求成心切，反被周瑜利用，中了黄盖的诈降之计。蒋干的策反失败，也说明曹操仅凭蒋干的巧口利辩之才，而没有正确估计周瑜的抗曹决心和政治态度，从而导致盲目行间，终致失败。唐代《李靖兵法》说："水所以能济舟，亦有因水而覆没者。间所以能成功，亦有凭间而倾败者。"曹操与周瑜在赤壁之战中各自间谍活动的成与败，正应验了李靖之言。

（十）曹操谈笑设间计

曹操兵败赤壁后，自度兵力不足以击败孙、刘，便转而向西，命其族弟曹仁督军西征，力争控制巩固战略后方。211 年，关西将领马超与韩遂急忙与关中诸将组成十路人马，集结在潼关一带，以抗拒曹军。曹操深知"关西兵精悍"，马超更是一员猛将，曹操对他有"马儿不死，吾无葬地"的评语。于是他命令曹仁先"坚壁勿与战"，然后自己亲临前线指挥作战。

经过几次大战，马超不敌曹操，节节败退，只得向曹操求和，愿意割让土地并送儿子为人质。曹操向谋士贾诩征求意见，贾诩说："可伪许之。"曹操又问如何计破关西军，贾诩说："离之而已。"于是曹操独自一人在关西军阵间与韩遂"单马会晤"。因为韩遂的父亲与曹操是同年的孝廉，又和韩遂是同辈人，所以与他单独会晤时，更显出故友重逢之情。他们两人马靠马交谈多时，"不及军事"，"单说京都旧故"，说到高兴之处，还"拊手欢笑"。会见完毕，马超去问韩遂："曹公和你谈了些什么？"韩遂说："没谈什么呀，只不过是叙叙旧罢了。"马超便对韩遂起了疑心。

第二天，曹操又一人纵马阵前与韩遂会面。这时关西兵卒都拥上来观看曹操。曹操笑着说："你们想看看我吗？我也是人啊，并非有四只眼睛二只嘴巴，不过是多了点智慧罢了！"说完又与韩遂"交马语移多时"，低声笑语闲谈乱扯一通，又各自

·谍战诡影·

图文珍藏版

回营了。

曹操一回营,立即亲自起草了一封给韩遂的书信,信中一会儿是大叙旧情,一会儿又说"我知道你参加起兵,是受人逼迫所致,希望你早点过来"等等。待墨汁干后,曹操又用另一墨色的墨笔,在信中"多次点窜",把一些似乎要紧的话进行删节、涂抹、修改,然后派人暗中送给韩遂。韩遂接信后,有点莫名其妙,但马上意识到这是个阴谋,于是他把信交给了马超,以表明他心中无鬼。可是马超见书信中涂涂改改,便对遂"愈疑"。曹操从派出去的间谍处探知到这一情况后,立即翻脸改变态度,拒绝了马超的求和,约定日期进行决战。这一来,马超更怀疑韩遂与曹操暗中勾结,企图里应外合。正当他们"更相猜疑"不能同心合力之时,曹操以"轻兵"为先锋,"纵虎骑夹击",大破关西军。马超与韩遂仓皇逃奔凉州。关中的大部分地区被曹操占领。

曹操此次行间,吸取了赤壁之战中选错对象的教训,采用"许和""会谈""书信""拒和""作战"五个步骤,一举击败关西强敌。尤其是与韩遂独自交谈和涂改书信,做得令人叫绝,使马超不得不疑,又使韩遂跳进黄河也洗不清。据史书记载,这次离间活动,是"公用贾诩计","破遂、超,诩本谋也"。由此可见贾诩是一名协助曹操从事间谍活动手法老到的行家里手。

(十一)关羽大意失荆州

吴、蜀荆襄之战,是三国时期的一次著名大战。这场大战,标志着吴、蜀军事联盟的最后破裂。当时,关羽率军围攻樊城旷日持久,并轻率地抽调荆州守军到樊城作战,造成荆州兵力空虚,给东吴以可乘之机,是荆州失守的重要原因,而关羽之所以抽调荆州主力攻打樊城,则是由于东吴采取各种欺骗手段麻痹了关羽。

赤壁之战结束,曹仁被迫撤出江陵、退守樊城之后,荆州所辖七郡被曹操、孙权和刘备分治。刘备任荆州牧后,因原荆州治所襄阳在曹操手中,只得驻于公安县,其时北畏曹操之强,东惧孙权之逼,情况十分窘迫。从孙权手中借得南郡的南部(即所谓"借荆州")后,将治所移到江陵,有了西进益州的便利,情况有所好转。曹操进取汉中,刘备唯恐益州有失,主动向孙权请和,双方平分荆州,刘备得南郡、零陵和武陵三郡,因南郡北部在曹操手里,实际只得两个半郡,面积和人口都比原来减少了不少。也就是说,诸葛亮在《隆中对》中所提出的东面占据荆州以北出宛、洛的条件,始终未能具备。刘备对这种情况,心中自然有数,他不是不想将荆州完全控制到自己手中,只是还没有找到合适的时机。他同孙权有着同盟关系,维系这个同盟关系对他来说十分重要,不能轻易加以破坏;加之他在名义上借了孙权的"荆州",总是欠着别人的情,因此他在相当长一个时期内只有赖着"荆州"不还,还不愿(当然也还不敢)同孙权妄开兵端。对于曹操,刘备是大可不必客气的,但他在相当长的时间内忙于取益州、争汉中，腾不出手来，对据守襄樊的曹仁只得采取守势。至于曹操，赤壁战后他忙于抗御孙权、平定关西、争夺汉中，对荆州之敌也无力采取主动进攻的态势。双方形成对峙局面，这是自建安十四年（209）以来襄樊一线相对说来较为平静的基本原因。

但曹操从汉中撤退后，刘备在西线没有了后顾之忧，形势顿时发生了变化。建安二十四年（219）七月，刘备下令驻守荆州的关羽向曹操派驻襄樊的曹仁发动了大规模的军事进攻。

曹操在对关西、汉中用兵期间，曹仁只带着数千人马驻守樊城。原马超部将庞德在汉中归附曹操后，曹操派他到樊城驻守，同曹仁一起镇压了侯音、卫开的叛乱。曹操从汉中撤军后，又派徐晃率军支援曹仁，屯于宛城。关羽进攻襄樊的消息传到长安后，曹操又派于禁率兵前来支援。曹仁让于禁和庞德等七军在樊城以北结营屯驻，与樊城形成犄角之势。

八月间，樊城地区一连下了 10 多天大雨，汉水暴涨，溢出堤外，平地水深数丈，于禁等七军被水淹没。于禁带着部分将领登高避水，关羽乘着大船猛攻，于禁被逼无路，最后投降了关羽。而庞德率领部分将士继续顽强抵抗，后被关羽擒获。庞德见了关羽，立而不跪，关羽劝他投降，他不但不降，还把关羽大骂了一通，关羽无奈，只得将他杀死。

关羽接着率军猛攻樊城。这时樊城四面被洪水包围，如果水再涨高几尺，就要漫进城内。城墙在洪水冲击下不断崩塌，形势万分危急，不少人为之惊恐失色。关羽军乘船将樊城团团围住，城内同城外失去了联系，粮食一天天减少，而救兵却还没有消息。这时有人建议曹仁说："今天我们所遇到的危险，不是人力所能克服的，不如乘关羽的包围圈还没有完全合拢的机会，乘小船连夜逃走。这样虽然丢了城池，但还可以保全性命。"

汝南太守满宠不同意这样做，说："山水来得快去得也快，这种状况想来不会持续多久。听说关羽已派部将打到了郏县城下，许都以南，百姓纷乱不安。关羽之所以不敢继续向前进兵，无非是怕我们从背后对他进行夹击。现在我们如果逃走，黄河以南的大片土地就将不再归国家所有了。将军应当留在这里坚守！"

满宠眼光较为深远，他看到放弃樊城不仅是一座城池失守的问题，还将对中原广大地区产生极为不利的影响。曹仁听后，感到肩头责任重大，于是一面沉白马祭河，祈祷洪水早日消退，一面激励将士，决心不惜一切代价，顽强坚守下去。

关羽在猛攻樊城的同时，还包围了与樊城一江之隔的襄阳，曹操所置荆州刺史胡修、南乡太守傅方开城投降。

曹操得知襄樊战事紧急的消息，于这年十月从长安移驻洛阳，以便就近指挥襄樊战事。这时许都以南不少地方起而响应关羽，梁、郏、陆浑一带的地方势力起兵反抗曹操,在名义上接受关羽的印信旗号,配合关羽作战,一时间造成了关羽威震中原的局面。曹操考虑到许都离前线太近,打算把都城迁到黄河以北,以躲避关羽的兵锋。丞相司马懿及蒋济等不同意,认为这样做一来是向敌人示弱,二来会引起民心不安。他们同时还提出了战胜关羽的建议,说:"刘备和孙权之间,表面亲近而实际上疏远,关羽得志,孙权肯定是不情愿的。我们可以派人去劝说孙权,让他偷袭关羽的后方,答应事成后把江南的土地封给他,这样樊城之围自然就可以解除了。"

曹操觉得这个建议很好,于是一面命徐晃进兵援救曹仁,一面派遣使者去见孙权。

徐晃率军从宛城进抵阳陵陂。由于徐晃所率领的大都是刚征来的新兵,战斗力不强,曹操又派徐商、吕建率军前去会合,并给徐晃下了一道手令:须兵马集至,乃俱前。徐晃遵命与徐商、吕建会齐后,才向关羽军屯驻的郾城进击。徐晃假意在偃城南面构筑工事,表示要截断关羽军的退路。驻守郾城的关羽军果然害了怕,赶紧烧掉营寨逃跑了。

徐晃得了郾城,采取两面连营的方法,逐渐向前推进,一直到离敌军大营不远的地方才停留下来。曹操派遣的救兵还没有全部赶到,关羽的营寨又十分坚固,单靠徐晃率领的兵力是不够的,因此徐晃采取了守而不战的办法。诸将不了解徐晃的用意,怕曹操怪罪下来,连声催促赶快进兵。曹操当时派了议郎赵俨参赞曹仁军事,同徐晃军一起南进,这时赵俨站出来说:

"敌人的包围圈还十分牢固,洪水又还没有退下去,我们所带兵力又不多,而曹仁又被围在城内,消息不通,不能同他们取得联系,协调行动。现在最好的办法是让前军逼近城下,派人通知曹仁,让他知道援兵已到,以便激励将士。估计大批援兵不过10天就可以到了,城中还是能够坚守的。到时城内城外一起发动进攻,肯定可以把敌人打败。如果因为没有及时发动进攻,曹公问罪下来,我替大家担待着好了!"

诸将听他这么一说,便都高兴起来,于是挖掘地道,将箭书射到城中,城内城外沟通了信息。

再说江东的孙权,对刘备占据荆州、居其上游早就心怀不满,即使在与刘备平分荆州后,仍一心想把荆州全部据为己有。早在鲁肃接替周瑜屯驻陆口、防备关羽时,吕蒙就曾指出:"东方西方虽是一家,但关羽实为熊虎,不能不加以防范。"又曾秘密向孙权献计说:

"如果我们能够夺回荆州,让征虏将军孙皎守南郡,潘璋守白帝,蒋钦率水兵万人在江上巡游,由我率军前去占据襄阳,这样的话,我们还何必害怕曹操,何必要依赖关羽呢?刘备、关羽狡诈反复,不能把他们当成知心朋友看待。现在关羽不领兵东向，是因为我们这些人还在。如果不趁东吴强大时把荆州夺回来，今后一旦势力衰弱，想再用武力夺取，那就不可能了！"

孙权很赞同吕蒙的意见。鲁肃死后，吕蒙驻守陆口。襄樊战役打响后，关羽仍在江陵等地留有相当数量的军队，以防孙权从背后发动偷袭。吕蒙听说关羽沿江上下每隔二三十里便设置一个烽火台，荆州防备森严，便借口有病，深居不出。孙权听到消息，派陆逊前去探病。陆逊一到，便指出吕蒙是心病，根源是关羽在荆州有戒备，不好下手。吕蒙佩服陆逊目光敏锐，便请教办法。陆逊说："要解除荆州的戒备，首先要麻痹关羽，而关羽最怕的就是你。你假装生病，离开陆口，关羽就放心了。另外，还要对关羽尽量显示出自己的谦卑和无能，让他轻视我们，以便放心调出荆州主力攻打樊城。"

于是，吕蒙托词生病，向孙权提出辞职。孙权听了陆逊的计策，于是公开发令将假称病重的吕蒙召回，而让名气还不太大、但却很有才能的陆逊去接替吕蒙。理由是："陆逊虽然足智多谋，但知名度不高，而且年资很嫩，必然为关云长所轻视。"远在樊城城下的关羽听到东吴陆口将领的调动，不禁笑道："孙权怎么不长眼睛，用了陆逊这个乳臭未干的孩子？"不几日有人来报："陆将军派使者送来名马、锦缎等礼物，还有公函一封。"关羽拆开书信一看，信中尽是一些对关羽的功劳大加恭维、卑躬屈膝企求蜀吴两家永结同心的话，还建议关羽对曹操不要掉以轻心，因为曹操是一个狡猾的人，不会甘心失败，恐怕还会暗中增调援兵，以求一逞。关羽接读来信后，不由得仰天大笑。觉得陆逊年纪轻轻，本事不大，态度又如此谦恭友好，完全消除了对东吴的戒备心理。等使者返回，关羽即调出荆州精兵，全力攻打樊城。

陆逊探听到关羽调出荆州主力，便派人通知孙权。孙权大喜，立即召见吕蒙，命他为大都督，节制东吴各路兵马，并率军3万前行，乘隙偷袭荆州。

就在这时，曹操的使者来到，向孙权转达了曹操的意见。这意见同孙权的想法不谋而合，孙权立即表示同意，并给曹操写了一封密信，表示将派兵西上，袭击关羽，关羽如丢掉江陵、公安二城，一定会立即撤兵，樊城之围就可以不救自解。并请求曹操不要泄漏这个机密，以免让关羽有所准备。

曹操读完密信，大喜过望，立即召集部属商议。不少人认为孙权说得有理，应当替他保密，只有董昭持不同意见，说：

"我们应当表面答应保密，而暗中将密信的内容泄漏出去。关羽听到这个消息，可能回兵自救，樊城之围就可以立时解除。然后，可使孙权、关羽两强相斗，我们坐收渔人之利。如果秘而不露，使孙权得志，并不是上策。此外，被包围在樊城的将士不知有获救的希望，担心粮食不足，产生恐惧，万一产生别的想法，后果不堪设想。再说关羽为人自负，自恃江陵、公安两城城防坚固，决不会轻易撤退，这样也决不会影响到孙权偷袭荆州的计划。"董昭的意见，考虑得相当全面周到，立即被曹操采纳。曹操命人抄录孙权来信让徐晃用箭分别射到樊城和关羽营中。果然,守城将士得知消息后,顿时斗志大振,信心倍增。而关羽得信后,却举棋不定起来。他一面疑心这是曹操搞的离间之计,不肯轻易上当,一面也感到孙权确实不那么可靠,担心他真的对自己的后方发起袭击。考虑来考虑去,决定还是继续包围樊城,等待江陵方面的确切消息。

曹操布置完毕,即从洛阳动身,打算亲自南救曹仁。群臣催促曹操速行,担心去迟了樊城失守。只有侍中桓阶持不同意见。他问曹操:"大王认为曹仁他们能不能相机处置好事情?"

曹操不假思索地回答:"能。"

桓阶又问:"大王是担心曹仁他们不肯努力作战吧?"

"不。"曹操斩钉截铁地回答。

"那么为什么要亲自带兵前往呢?"

"我担心敌人众多,徐晃等人难以对付。"

桓阶侃侃而谈:"现在曹仁他们虽身处重围而能够死守下来,是因为大王掌握重兵在远处支援他们。身处万死之地,必有死争之心,内怀死争之心,外有强兵相救,何必担心他们会失守而非得亲自前去不可呢?"

曹操觉得桓阶说得有理,于是在到达摩陂后停留下来。同时,先后派遣殷署、朱盖等十二营前去支援徐晃。

各路援军会齐后,徐晃决定趁关羽举棋不定的时候发起攻击。关羽军分别屯驻围头和四家。关羽见四家将被攻破,于是亲自带着步骑五千出战。据说关羽同徐晃过去曾有过一段交情,因此在阵前见了,便远远地站着叙起旧来,却都不提双方交战的事情。聊了一会儿,徐晃突然下马宣布:

"谁能砍下关云长的头,赏金千斤!"

关羽大惊,对徐晃说:

"大哥,你这说的是什么话?"

徐晃回答:

"这是国家的事情!"

曹军于是猛攻上去,关羽抵挡不住,往后败退。关羽营寨设有十重鹿角,十分牢固,徐晃率军追击,尾随关羽败军冲入敌营,大败敌军,并杀死了投降关羽的南乡太守傅方、荆州刺史胡修等人。关羽损失惨重,只得撤了樊城之围。

孙权偷袭荆州的计划也在顺利地进行着。孙权亲自率军西上,派吕蒙为前部。吕蒙到寻阳后,挑选大船80余只,全部伪装成商船,舱中隐藏精兵,摇橹的人换上白衣服,扮作商人模样,昼夜兼行,溯江而上,直趋南郡。江边烽火台守军盘问,白衣商人答道:"我们是客商,在江中遇上大风,到此暂避。"并将财物送给守台士兵。

守军相信了这些话，便让他们泊船于岸边。到了二更天，东吴商船内精兵齐出，将沿江烽火台的守军全部活捉，不使一个逃脱。这时留守公安的是将军士仁，留守江陵的是南郡太守糜芳，他们都对关羽心怀不满，暗中同孙权有了联系，这时便都听从劝告，未做抵抗便先后开城投降了，吕蒙大军一拥而入，夺取了荆州。

关羽围攻樊城失利，紧接着得到了孙权偷袭荆州的确切消息，立即撤兵回救。樊城守将看到关羽撤退，不少人主张乘胜追击。参军赵俨不同意，说：

"孙权利用关羽进兵襄樊的时机，偷袭关羽后方。他怕我们趁关羽回救江陵时进攻他们，所以来信表示友好，愿为消灭关羽效力。现在关羽已经势孤，应当保留他，让他去对付孙权。如果对关羽穷追不舍，就会引起孙权的疑心，对我们是不利的。魏王肯定也十分担心这个问题。"

曹仁觉得赵俨说得有理，因此没有去追击关羽。曹操得知关羽撤兵的消息，果然担心诸将前去追击，立即派人送来了不准追击的命令，理由同赵俨所说的完全一样。

吕蒙占据江陵后，对关羽及其将士的家属实行优抚，下令部队不得侵扰百姓，对那些德高望重的老人予以特别照顾，有病的给医药，饥寒者送衣粮，城中秩序很快得到了恢复。关羽在南撤途中，几次派人到江陵打探情况，吕蒙对来人都给予厚待，让他们自由走访，并允许他们将城中将士家属的信件带回军中。关羽手下的将士得知家属一切平安，生活比以前还要安定，便都丧失了斗志，不少人还离营逃回了江陵。关羽自知势孤，只得向西退守麦城。孙权围住麦城，一面派人进城劝关羽投降，一面让朱然、潘璋带兵截断关羽的逃路。这年十二月，关羽假装投降，暗中带着十余骑突围，在漳乡被潘璋的司马马忠擒获，旋即被杀。其子关平及都督赵累等同时遇害。

吕蒙占据江陵的同时，陆逊攻取了宜都郡，占领了秭归、枝江、夷道等地。至此荆州南部地区全部落到孙权手里。孙权以吕蒙为南郡太守，封孱陵侯，赐钱一亿，黄金五百斤。以陆逊为抚边将军，宜都太守，封华亭侯，率军驻守夷陵，扼守西陵峡口以防御刘备。

孙权杀掉关羽后，派专人把关羽的首级送给曹操，这一方面是为了对曹操表示归附之意，另一方面也是为了嫁祸曹操，以期引起刘备对曹操的不满。然后，以诸侯之礼将关羽的身躯安葬。曹操收到关羽首级后，将其隆重地安葬在洛阳。

（十二）前秦军草木皆兵

西晋末年的腐败政治，引发了社会大动乱，中国历史进入了分裂割据的南北朝时期。在南方，晋琅邪王司马睿于公元 317 年在建康（今江苏南京）称帝，建立东晋，占据了汉水、淮河以南大部分地区。在北方，各少数民族政权纷争迭起。由氐

·谍战诡影·

图文珍藏版

族人建立的前秦国先后灭掉前燕、代、前梁等割据国,统一了黄河流域。以后又于公元373年攻占了东晋的梁(今陕西汉中)、益(今四川成都)二州,将势力扩展到长江和汉水上游。前秦皇帝苻坚因此踌躇满志,欲图以"疾风之扫秋叶"之势,一举荡平偏安江南的东晋,统一南北。

公元383年8月,苻坚亲率步兵60万、骑兵27万、羽林郎(禁卫军)3万,共90万大军从长安南下,同时,苻坚又命梓潼太守裴元略率水师7万从巴蜀顺流东下,向建康进军。近百万行军队伍"前后千里,旗鼓相望。东西万里,水陆齐进。"苻坚骄狂地宣称:"以我百万大军,即使将马鞭扔到长江中,也足以让长江断流。"

东晋王朝在强敌压境,面临生死存亡的危急关头,以丞相谢安为首的主战派决意奋起抵御。经谢安举荐,晋帝任命谢安之弟谢石为征讨大都督,谢安之侄谢玄为先锋,率领经过7年训练,有较强战斗力的"北府兵"8万沿淮河西上,迎击前秦军主力。派胡彬率领水军5000增援战略要地寿阳(今安徽寿县)。又任名恒冲为江州刺史,率10万晋军控制长江中游,阻止前秦巴蜀军顺江东下。

10月18日,苻坚之弟苻融率前秦前锋部队攻占了寿阳,俘虏晋军守将徐元喜。与此同时,前秦军慕容垂部攻占了郧城(今湖北郧阳区)。奉命率水军驰援寿阳的胡彬在半路上得知寿阳已被苻融攻破,便退守硖石(今安徽凤台西南),等待与谢石、谢玄的大军会合。苻融又率军攻打硖石。苻融部将梁成率兵5万进攻洛涧(在今安徽淮南东),截断淮河交通,阻断了胡彬的退路。胡彬困守硖石,粮草用尽,难以支撑,写信向谢石告急,但送信的晋兵被前秦兵捉住,此信落在苻融手里。苻融立刻向苻坚报告了晋军兵少、粮草缺乏的情况,建议迅速进兵,以防晋军逃遁。苻坚得报,把大军留在项城,亲率8000骑兵疾趋寿阳。

苻坚一到寿阳,立即派原东晋襄阳守将朱序到晋军大营去劝降。

朱序到晋营后,不但没有劝降,反而向谢石提供了前秦军的情况。他说:"前秦军虽有百万之众,但还在进军中,如果兵力集中起来,晋军将难以抵御。现在情况不同,应趁前秦军没能全部抵达的时机,迅速发动进攻,只要能击败其前锋部队,挫其锐气,就能击破前秦百万大军。"谢石起初认为前秦军兵力强大,打算坚守不战,待敌疲惫再伺机反攻。听了朱序的话后,认为很有道理,便改变了作战方针,决定转守为攻,主动出击。

11月,谢玄派遣勇将刘牢之率精兵5000奔袭洛涧,揭开了淝水大战的序幕。前秦将梁成率部5万在洛涧边上列阵迎击。刘牢之分兵一部迂回到前秦军阵后,断其归路;自己率兵强渡洛水,猛攻秦阵。前秦军惊惶失措,勉强抵挡一阵,就土崩瓦解,主将梁成和其弟梁云战死,官兵争先恐后渡过淮河逃命,1.5万余人丧生。洛涧大捷,极大鼓舞了晋军的士气。谢石挥军水陆并进,直抵淝水(今淝河,在安徽寿县南)东岸,在八公山边扎下大营,与寿阳的前秦军隔岸对峙。苻坚站在寿阳城楼上,一眼望去,只见对岸晋军布阵整齐,将士精锐。连八公山上的草木,他也感到类似人形,误认为是晋兵,颇为惊慌,对苻融说:"这是劲敌!怎能说他们是弱敌呢?"

由于前秦军紧逼淝水西岸布阵,晋军无法渡河,只能隔岸对峙。谢玄就派使者去见苻融,用激将法欺骗他说:"将军率军深入晋地,却紧逼河岸布阵,这难道是想决战吗?如果你把阵地稍向后退,空出一块地方,让我军渡过淝水,双方一决胜负如何!"前秦军诸将都表示反对,但苻坚认为可以将计就计,让军队稍向后退,待晋军半渡过河时,再以骑兵冲杀,这样就可以取得胜利。苻融对苻坚的计划也表示赞同,于是就答应了谢玄的要求,指挥前秦军后撤。哪知前秦兵士气低落,一后撤就失去控制,阵势大乱。谢玄率领8000多骑兵,趁势抢渡淝水,向前秦军猛攻。朱序又在前秦军阵后大叫:"秦兵败了!秦兵败了!"前秦兵信以为真,于是转身竞相奔逃。苻融眼见大事不妙,急忙骑马前去阻止,以图稳住阵脚,不料战马被乱兵冲倒,被晋军追兵杀死。失去主将的前秦兵越发混乱,彻底崩溃。前锋的溃败,引起后续部队的惊恐,也随之溃逃,形成连锁反应,结果全军溃逃,向北败退。前秦军溃兵沿途不敢停留,听到风声鹤唳,都以为是晋军追来。晋军乘胜追击,一直到达寿阳附近的青冈。前秦兵人马相踏而死的,满山遍野,充塞大河。苻坚本人也中箭负伤,单枪匹马逃回洛阳。

晋军收复寿阳,谢石和谢玄派飞马往建康报捷。当时谢安正跟客人在家下棋。他看完了谢石送来的捷报,不露声色,随手把捷报放在旁边,照样下棋。客人知道是前方送来的战报,忍不住问谢安:"战况怎样?"谢安慢吞吞地说:"孩子们到底把秦人打败了。"客人听了,高兴得不想再下棋,想赶快把这个好消息告诉别人,就告别走了。谢安送走客人,回到内宅去,他的兴奋心情再也按捺不住,跨过门槛的时候,踉踉跄跄的,把脚上木屐的齿都碰断了。

淝水之战,前秦军被歼和逃散的共有70多万。只有鲜卑慕容垂部的3万人马尚完整无损。苻坚统一南北的希望彻底破灭,不仅如此,北方暂时统一的局面也随之解体,再次分裂成更多的地方民族政权,鲜卑族的慕容垂和羌族的姚苌等势力重新崛起,各自建立了新的国家,苻坚本人也在两年后被姚苌俘杀,前秦随之灭亡。此战的胜利者东晋王朝虽无力恢复全中国的统治权,但却有效地遏制了北方少数民族的南下侵扰,为江南地区社会经济的恢复和发展创造了条件。淝水之战也成为以少胜多的著名战例,载入军事史,对后世兵家的战争观念和决战思想产生着久远影响。

(十三)檀道济隐饥示饱退强敌

南北朝时期,南北双方各国为疆土和人口在不断的征战,战争胜负不定,往往是谋略强者胜,谋略弱者败。南朝刘宋文帝时,曾派大将檀道济率军征讨魏国。檀道济是当时著名的将领,多谋善断,能征善战。公元413年,檀道济率宋军在济河一带与魏军交锋,先后打了30多仗,胜多败少。后来,檀道济乘胜率军直逼魏国重镇历城(今山东济南市郊),宋军士气高涨,作战勇敢,眼看历城指日可破。不料,魏国的大将叔孙建也是一位足智多谋之士,他乘宋军打胜仗心高气傲之际,派一队轻骑兵悄悄地跟踪在宋军的身后,瞅准时机,焚烧了檀道济军队驻地周围村镇的粮草,使得宋军的粮草一时难以供应。宋军因缺乏粮食及草料,军心动摇,士气大衰,既不能继续前进,也不能继续攻城。檀道济被迫决定退兵。这时宋军中有一士兵因担心粮草无继,不是战死就是饿死,偷偷地逃离宋营投降了魏军,而且还把宋军缺粮乏草的情况报告了魏国大将叔孙建,叔孙建得知这一消息,命魏军紧紧咬住宋军,穷追猛打,趁机反攻。宋军得知这一消息后,将士们人心惶惶,眼看就可能溃败。

檀道济分析了当时的形势,内部军心不稳,外部有强敌窥视,但最关键的还是魏军知道了宋军缺粮,紧盯不放,伺机进攻。稍有不慎,就可能使全军覆没。檀道济眉头一皱,心生一计。当夜幕降临时,他先命令士兵们悄悄挖来许多黄沙,然后点燃军营内的灯火,使军营内灯火通明。士兵们在灯光的暗影下用斗反复地量沙,并且一边量一边"一斗""两斗"地高声报数,故意弄得军营远近都能听见。尔后,檀道济又让人把军中所剩的一点米拿出来,撒在剩下的空袋上,放在路边。然后,率军悄悄地撤离了营区。

天亮以后,魏军发现宋军已经撤退,便立即派兵追击。当魏军追到宋军原来驻扎过的营区时,发现路边地上和布袋上有抛撒的粮食,联想到昨夜宋军营中的呼喊声,认为宋军并不缺粮,昨夜量斗呼喊是分粮给士兵带到路上吃的。叔孙建觉得檀道济一向诡计多端,说不定投降的宋军士兵是檀道济有意派来的间谍。于是,他把投降的宋军士兵找来审问:"你说宋军没有粮食了,这地上的粮食是从哪里来的?"投降的士兵一时张口结舌答不上来。魏军更加怀疑此人是宋军派出的间谍。于是,一面把他斩首示众,一面让部队放慢追击速度,远远地观察宋军的动静。此时,尽管宋军笼罩在一片饥饿和恐惧的气氛之中,将士们都十分疲惫,可檀道济却异常镇定和从容。他命令将士们披甲执锐,准备作战,而自己却像不知道后面有魏军追击一样,身穿洁白战袍,乐悠悠地坐在车子上,举止坦然地与身边的将士们谈笑风生,不紧不慢地带领队伍缓缓前进。远处观察的魏军见到这种情况,一时间摸不清檀道济的底细,又怀疑宋军预有埋伏,便停止追击。就这样,宋军安全地撤离了魏国。

古代政治家王敬则说,"檀公三十六计,走是上计",但是,在军粮将尽,叛徒告密,敌人追击的危急关头,檀道济要想安全脱身是十分困难的。最令人担心的是真情泄露,底细攥在对方手里。可贵的是檀道济处变不惊,临险不乱,利用敌将和降卒之间缺乏相互信任,而以沙充粮,兵饥反装饱,来了个唱筹量沙。结果,敌人信以为真,认为那来降者是檀公派来的间谍,怒而斩之。于是檀公又以镇静稳军心,在敌人迷惑不解,误认为有伏兵,缩手缩脚,不敢进攻之时,趁机一走了之。

这就是檀道济以沙充粮退强敌。其实,历史上类似以假粮迷惑敌人的事例非常多,值得我们借鉴。

公元 319 年,西晋名将祖逖率兵讨伐投靠后赵石勒的蓬陂城主陈川,石勒派他的侄子石季龙领兵 5 万前去救援,祖逖设奇计来袭击他,石季龙吃了败仗,收兵抢掠了豫州,并把陈川带回后赵首府襄国,让大将桃豹等人留守陈川故城,驻扎在城西台。祖逖派大将韩潜等镇守城东台。在同一座大城里,敌人从南门出去放牧,祖逖的军队开东门进出,就这样相持了 40 多天。后来,祖逖就像装米一样用布袋子装上土,派了 1000 多士兵往城东台运,又让几个人挑着米,装作疲惫不堪的样子,在道上休息,敌人果然派兵来追,担米的士兵便扔下担子跑掉了。敌人缴获了粮食,认为祖逖的士兵粮食充足,精神饱满,而自己驻守在城西台的军队,饥饿难忍,更加恐惧,守城的胆气荡然无存。石勒派大将刘夜堂用 1000 头毛驴运粮支援桃豹,祖逖派韩潜、冯铁等在汴水拦截,将他们的粮食全部缴获。桃豹的士兵久已缺粮挨饿,他们见此情景以为祖逖这边粮食充足,兵士又多,大为恐惧。夜间,桃豹弃城逃跑了。

祖逖也是抓住粮食这个重点,在粮食问题上跟敌人耍花招。他使用虚间计妙在虚实结合,千把人的大队伍运米是虚,几个人的小队伍运米是实;故意让敌人抢走小队伍的几担米,是化实为虚,使敌人误以为大队伍所运的也都是粮食;而不让敌人了解大队伍活动的真相,是变虚为实,从而掩盖己方粮食储存不多的情况,让敌人看到了库存的"实力"。结果,玩敌手于股掌之上,吓跑了桃豹。

南宋时期,因国内外形势变化多端,南宋国内的兵匪之乱也非常频繁,他们经常四处抢掠,搞得老百姓民不聊生,苦不堪言。宋高宗决定将一部分匪寇招降,平一平民怨。有一次,岳飞奉宋高宗之命,招抚岭表一带的曹成。无论岳飞的部下如何劝说,曹成都拒不归顺。于是岳飞上奏章给皇帝说:"群盗力量强大,就会肆意横行。力量削弱了,才有可能接受招安。如果不用武力加以围剿,而希图通过谈判来招降,是不容易的。希望圣上能批准臣率兵前去围剿。"上奏批准之后,岳飞率兵进入岭表地区,恰巧抓到曹成派来的间谍。于是岳飞决定利用这个间谍骗曹成出营,宋军向曹成的大营进军,趁机剿灭曹成。他让部下把间谍捆在他的帐篷前。这时,岳飞出了帐篷去调遣大军的粮草,一个官吏向他报告说:"粮食已经吃光,怎么办?"岳飞故意大声说:"那么就准备返回茶陵吧!"过了一会儿,岳飞回头看了这个间谍一眼,假装失言后悔,一副失意无奈的样子,跺着脚走进帐中。同时暗暗命令部下,设法让间谍逃走。岳飞估计这个间谍回去报告后,曹成一定要来追击。就下令立即开饭,饱食为度,然后迅速行军绕过山岭。不到天亮,已逼近曹成的堡垒。曹成的军队大感意外,乱作一团,惊呼:"岳家军到了!"岳飞乘乱大破曹军。一连夺取了很多险关隘门,曹成途穷力竭。岳飞不愿伤人太多,就又向皇帝上表说:"现在可以招降了。"果然,招降使一到,曹成全军投降。

"民以食为天",军队更是如此,所以要"兵马未动,粮草先行"。祖逖和檀道济兵饥而装餐,岳飞饱食而示敌以饥,这全都是借用粮草的多寡来迷惑对方,达到以机智战胜对方的目的。

(十四)韦孝宽编歌除奸

南北朝时期,东魏与西魏连年混战,互有胜负。双方也都拥有一批智勇双全的将领,其中最突出的就是西魏的韦孝宽和东魏的高欢、斛律光。

538年,他们之间展开了一场激烈的较量。这一年,韦孝宽出任南兖刺史,东魏大将高欢派猛将段琛攻陷西魏军事重地宜阳。又派扬州刺史牛道恒到西魏边境"煽诱边人",大肆进行间谍破坏活动。西魏因此"大军不利,边境骚然"。韦孝宽"患之",决定也采用间谍手法除掉牛道恒。他"遣谍人访牛道恒手迹",又"令善书者"模仿牛道恒的手书笔迹,仿造了一封牛道恒写给韦孝宽的密信,信中隐含着欲归降西魏的意思。韦孝宽为了使敌人深信不疑,又把信用火重烤一下,在信上留下了火烧过的痕迹。然后,"还令谍人"潜入高欢部将段琛的军营,故意将信遗失在营中。"琛得书果疑之",对牛道恒提出的任何计谋"皆不见用"。韦孝宽暗插的间谍传回了这一情报。韦孝宽乘敌军内部不和,"因出奇兵掩袭"东魏军队,活捉了段琛和牛道恒。

560年,韦孝宽为北周骠骑大将军,镇守军事要冲玉壁城。此时东魏也被北齐取代,北齐军队经常进攻骚扰玉壁。为了知彼知己,韦孝宽招募培养了一批间谍,只要他"遣间谍入北齐者,皆为尽力"。韦孝宽又用"金货"秘密买通北齐政权中的官吏,经常"遥通书疏","故北齐之动静,朝廷(北周)皆先知之"。北齐也不甘示弱,对韦孝宽视为心腹的主帅许盆进行策反,许盆经不住威逼利诱,叛逃北齐。韦孝宽闻讯又惊又恐,他不甘心在这次间谍战中败北,于是派遣间谍去暗杀许盆。不久,间谍果然刺死许盆,提着他的首级返报韦孝宽。双方激烈的明争暗斗由此可见一斑。

不久韦孝宽遇到了一名非常难以对付的敌手,他就是"归敌制胜、变化无方"的北齐名将斛律光。斛律光,字明月,是北方大将军、左丞相斛律金之子,世代立有大功。571年,韦孝宽与斛律光在汾北展开一场大血战,结果韦孝宽败北,失掉了汾北。斛律光又乘胜进军,攻占北周众多城邑,"声震关西"。在军事上难以取胜的韦孝宽,决定用间谍计谋去击败斛律光。于是,韦孝宽便精心策划了一个周密的行动方案。

他首先利用被买通的北齐政府官吏及派出的精干间谍，多方搜集刺探有关斛律光的情报。不久，韦孝宽得到密报：北齐后主高纬"罕接朝士，不视政事"，整日花天酒地，将朝中大事都托交给当年劝北齐武成帝禅位给高纬的祖珽及穆提婆等人，使之"势倾朝野"。对此，斛律光非常不满，常对部将发牢骚说："盲人（祖珽双目失明）执掌大权，独断专行，恐怕将贻误国事。"祖珽听说后，便与斛律光结怨。穆提婆为了巴结斛律光，曾要求迎娶斛律光之女，但被斛律光拒绝。穆提婆也因此仇恨斛律光。

韦孝宽根据这些情报，决定借刀杀人。他秘密召来了参军曲严，"令严作谣言"，曲严就编造了一首歌谣："百升飞上天，明月照长安。高山不推自崩，槲树不扶自竖"。"百升"是古代计量"一斛"，暗指斛律光的姓；"明月"是斛律光的字；"高山"暗指北齐后主高纬，"槲树"暗指斛律氏族。四句意思是：斛律光将飞上天为皇，将像明月一样普照都城。高纬政权不推自倒，斛律氏族不扶自立。歌谣编好后，韦孝宽派间谍去北齐京城四处散布。祖珽获悉后大喜，他觉得可以利用这首歌谣来杀掉仇人斛律光。于是又添油加醋地补上两句："盲眼老公背上下大斧，饶舌老母不得语"，让儿童在街头巷尾到处传唱。穆提婆听到后急忙去告诉其母陆令萱，陆令萱因曾做过北齐后主的保姆而得势，她认为"饶舌老母"是辱骂她，"盲眼老公"是指祖珽，于是盛怒之下，召来祖珽。"遂相与协谋，以谣言启后主"，并挑拨说："斛律氏族世代大将，威震关西、突厥，位高势重，歌谣所说的话不能不使人害怕呀！"北齐后主听信谗言，决心杀掉斛律光，以保住自己的皇位。他把祖珽召来，问他有什么计谋可以使斛律光毫无防备，从而暗中进行刺杀。祖珽献计道："如果无故召斛律光进宫，必然引起怀疑而不肯来。要是皇上赏赐给他一匹骏马，并转告他说皇上明天将去东山观光，允许他骑这匹马同往游览，他一定会进宫来谢恩的，这样不就自投罗网了？"斛律光果然中计，仅带着几名随从就匆匆入宫谢恩。后主派人骗他去风凉堂会见，被早已埋伏于此的武士杀害。接着，后主下诏以"谋反"罪名将斛律氏族斩尽杀绝。北周听到此消息，朝野相贺，大赦境内，犹如新帝登基般的隆重欢庆。

这位"深为邻敌所慑惮"的一代名将，竟做了一首儿歌的牺牲品和刀下冤死鬼。韦孝宽终于如愿以偿，取得了在战场上无法得到的巨大胜利。他采用的模仿笔迹，收买内间，厚待间谍，伪编儿歌等间谍手段的综合运用，使中古时期的间谍活动进入了一个新领域。

其实编造儿歌并非韦孝宽的发明。早在春秋时，晋献公欲伐虢国，但无取胜把握，便向卜偃咨询，卜偃说："童谣云：丙之晨，龙尾伏辰，均服振振，取虢之旗。"意为丙子清晨之时，龙尾星为日光所照。军队整装齐发，必取虢国。晋献公立即下令出兵。因为封建社会统治者对儿歌童谣十分迷信，认为其为天意所授。所不同的是，卜偃是用童谣来坚定晋献公出兵的决心，而韦孝宽则计高一筹，他利用儿歌对敌方（北齐后主）进行了心理战，借其之手除掉了心腹大患。

（十五）李世民也善用间

唐朝建立后，各地叛军频频进犯。620年，李世民率军东进，直插洛阳，包围了

李世民

劲敌王世充。王世充大为恐慌，特派亲信坚守洛阳外围军事要地。他又怕士兵叛逃，为唐军提供洛阳城内的情报，于是就下了一道禁令：凡一人失踪，全家格杀勿论。

李世民指挥大军，连续攻克多座城池，兵临洛阳城下。王世充绝望之中，向另一支反唐劲旅窦建德紧急求援。窦建德即率大军挺进中原，来势极猛，在虎牢与唐军对峙。两军虎视眈眈，多有冲突。这时，窦建德的谋臣凌敬提出了一条击败唐军的计谋，他对窦建德说："应当全军渡过黄河，攻取怀州、河阳，进入汾晋，夺取关中，然后再回过头来攻击唐军，使李世民腹背受敌。这样做有三利：一是能保全我军的实力；二是拓展了土地得到了兵源；三是洛阳之围不救自解。"窦建德认为很有道理，"将从之"。这时，潜伏在窦建德军中的唐军间谍探知这一情报便迅速传送至唐军。李世民听后深为忧虑。

为了扰乱这一计谋，早日攻克洛阳，李世民决定用间。在唐军包围洛阳城时，王世充的使者长孙安世见势不妙，便暗中归降了唐军。于是，李世民便派他以王世充使者身份去窦建德处进行间谍活动。长孙安世"阴赍金玉，啖其诸将"，买通了窦建德手下的许多将领，"以知其谋"。众将纷纷进谏窦建德说："凌敬只不过是一个文弱书生罢了，他懂得什么军事？"窦建德听信谗言，便接受了众将领的劝谏。他

去向凌敬解释说："现在军心强盛,此天助我也。凭借我军威力与李世民决战,必然大捷!"凌敬竭力劝谏,窦建德"怒而出之"。

窦建德"于是悉众进逼虎牢",列阵二十里,播鼓而进。李世民"按甲挫其锐",窦建德中枪负伤,仓皇逃窜,被唐军生俘。王世充也全军覆没,投降了李世民。唐兵顺利攻克洛阳。

624年夏天,突厥乘唐军与地方军阀的割据战争,由叔侄颉利、突利二可汗"举国入寇",他们掠人畜、抢夺粮食,制造内乱,并兵逼长安邻城幽州。李世民出兵拒之。由于连日大雨,"粮道阻绝",李世民"颇患之",诸将也"忧见于色"。可是这时,颉利和突利又率万余骑精兵突然攻占了城西高地,"乘高而阵",对李世民形成居高临下之势。唐军"将士大骇",军心恐慌。

李世民于危急之中,又展开了间谍战。他"亲率百骑"出阵,先对颉利说:"唐朝与可汗誓不相负,为何背约深入我地?我李世民特来与突厥决一死战。如果你一人前来,我也一人与你独战;如果你率全军而来,我只有这一百骑兵抵挡,怎么样?"颉利不知李世民搞的什么花样,只得"笑而不对"。李世民又上前派人对突利说:"你曾与我结盟相约,于危难之时要相互救援。如今你率兵而来,怎么就一点也不讲兄弟之情呢?希望你早出,一决胜负"。突利"亦不对"。

多疑的颉利见李世民对自己态度强硬,而对突利却大讲兄弟"香火之情",还说什么"早出",是暗示突利"早点出降"吗?他又见李世民竟敢率百骑贸然出阵,"乃阴猜突利"与李世民暗中有勾结。颉利为了试探突利,便命"敛军而退"。李世民见颉利、突利"叔侄内离","因纵反间于突利",间谍向突利送上厚礼,转达了李世民的问候和封官许愿之言。"突利悦而归心焉,遂不欲战"。颉利见突利"不欲战",知道突厥军队"欲战不可",只得派突利去"奉见请和",李世民满口答应。"突利因自托于太宗,愿结为兄弟"。突厥此次"举国入寇"的巨大危险便由此而化解。

643年,正值贞观之治盛世。唐朝东北面的新罗、百济与高丽之间爆发战争。新罗向唐朝紧急求援。李世民便派遣使者去高丽劝其罢兵,但是无效。李世民决定出兵高丽。645年春,李世民出洛阳,亲率大军征发。侦察骑兵捉获了高丽莫离支派出的间谍高竹离,卫兵将他反缚双手,押进李世民的军营。李世民一见,就上前亲自为其解缚,并关切地问:"你为什么这么瘦啊?"本来欲以一死相拼的高竹离见李世民竟然如此厚待,便改变了态度,忙答道:"因为偷偷地在山林小道奔走,已经几天没有吃饭了。"李世民一听,忙"命赐之食"。又亲切地对他说:"你身为间谍,进行情报刺探也是天职,现在你可以立即回去报告,替我向莫离支说:如果想知道我大唐军队的情况,可以派人直接来找我,何必这么辛苦派间谍暗中来刺探呢?"李世民见高竹离赤着双脚,又"赐履",并放他回去了。以后,李世民"不为堑垒,但明斥候"。重视侦察与反侦察,并于当年夏天大破高丽军队。

李世民在几次关键战役中都娴熟地运用间谍计谋,离间破坏、分化瓦解敌军,以间谍行动配合军事行动,取得卓著战功。尤其是624年突厥直抵长安城外,在京城戒严的严重时刻,李世民化用了曹操间韩遂的计谋,以一硬一软及模棱两可的"暗语",成功地离间了敌人内部,在长安城下的渭水便桥上与敌订盟相和,可以说是拯救了刚刚建立的唐王朝。李世民不但在军事作战中用间,还擅长在政治斗争中用间。他在策反刘武周的猛将尉迟敬德及玄武门之变等事件中,都大量运用间谍,终于击败了诸多强大的对手,登上皇位。

(十六)李愬雪夜袭蔡州

安史之乱打破了盛唐歌舞升平的景象,唐王朝从此一蹶不振,各地藩镇拥兵自立。盘踞在蔡州的吴元济也公开反叛朝廷,欺压百姓。唐宪宗多次派兵征讨,均未奏效。公元816年,官居左散骑常侍的李愬,毛遂自荐,担任随、唐、邓节度使,率兵征讨吴元济。

公元817年正月,李愬来到前线唐州(今河南省泌阳县),见士卒连战皆败,十分惧战,便对将士说:

"皇帝派我来不是为了打仗,而是来抚慰你们的。"士气低落的将士,闻言皆十分感动。吴元济本来就轻视李愬,闻讯后信以为真,对唐军不再严加防范。

而李愬却暗地里积极厉兵秣马,修缮军械,增调步骑兵,加紧备战。

淮西地区由于干戈不断,民众贫困,百姓对吴元济的残暴统治日益不满,大批逃往唐军地区。李愬采取了以诚待士、分化瓦解敌军的方针,派专人安抚、管理难民,对投诚士兵也以礼相待。敌将丁士良曾多次打败唐军,李愬俘获他后,亲释其缚,任命他为"捉生将"。丁士良大受感动,向李愬献策:要灭吴元济,应先断其"左臂",攻打蔡州西南文城(今河南遂平)守将吴秀琳。并亲自活捉了吴秀琳的谋士,劝说吴秀琳举城投降。李愬进军文城,安抚降卒,在询问降卒时,详细了解了淮西地形及兵力布防。降将吴秀琳由于受到厚待,也积极向李愬出谋献策,帮助李愬收服了兴桥栅守将李佑。

李愬军先后攻战文城、兴桥栅等军事要地,而唐军主力、北路军忠武节度使李光颜等军在郾城也击败了淮西军主力3万人。吴元济见状,便调蔡州部队加强洄曲(郾城东南)守军,将主要兵力放在北线,致使蔡州城防空虚。已降唐军的李佑。即向李愬献计:

"蔡州精兵已全部调往北线,我们可以乘虚直抵其城,生擒吴元济了。"为了隐蔽作战企图,为奇袭蔡州创造条件,于是,李愬立即发兵攻打吴房(今河南遂平),攻克了外城,歼敌千余。有人劝李愬乘势攻取子城,一举可拔。李愬说:"这样做不符合我的计谋。"因此立即引兵还营。吴房一战,一则麻痹吴元济,二则通过实战演练部队进攻能力。经过吴房试攻，李愬认为袭击蔡州的条件成熟了，便向主帅裴度请战，陈述了袭击蔡州的计划，裴度感到李愬的计划很好，表示同意。至此，万事俱备，只等确定具体出兵日期了。

10月15日这天，天色阴沉，北风怒吼，淮西地区下起了鹅毛大雪。李愬盼望已久的气候条件具备了。在绝对保密的情况下，他命令随州刺史史旻留守文城，命李佑。李忠义率精兵3000为先锋，令李进诚率3000兵马殿后，自己亲率3000中军带上一顿干粮，向蔡州进发。唐军奔袭60里，黄昏时到达军事要地蔡州地界的张柴村，李愬率领前锋以迅雷不及掩耳之势消灭了守军和看守烽火台的人员，占领了张柴村。李愬传令全军在张柴村稍做休息，让大家抓紧吃干粮，迅速整理马匹和准备武器。接着，他令部将义成军率500人留守张柴村，截断洄曲、朗山、吴房通往蔡州的路和桥，然后，全军取道一条从没有人走过的险路，直袭蔡州。入夜，风雪大作，气温骤降。李愬严令全军急速前进，经过70里的雪夜强行军，终于克服重重困难，于凌晨赶到蔡州外城。当时，李愬有9000多人马，虽然严令部队保持肃静，但声音嘈杂，仍有较大的响声，如被城内守军听到，就要坏事。可是这么多人马要想不出一点声音又办不到。恰好侦探来报：城边发现了好些鹅圈、鸭圈。李愬喜出望外，计上心来，立即派了一些士兵拿棍子去搅赶鹅鸭，使之乱叫，借以掩盖人马的脚步声。李愬督军趁机急进，兵临城下。

蔡州已30年无战事，蔡州守军戒备本来就很松弛，碰上这样的风雪天气，守军更是毫无防范，都放心大胆地钻进了被窝。李佑、李忠义对蔡州的城防十分熟悉，他俩根据李愬的命令，率领前锋突击部队，在城门附近挖坎、加梯，悄悄爬上城墙，把熟睡的士兵一个个杀死，并派出士兵假扮更夫照旧敲梆打更，然后打开城门，接应大军进城。一座蔡州城就这样神不知、鬼不觉地被李愬统率的唐朝官军占领了。

天亮了，雪停了。李愬来到吴元济平时办公的大厅处理军务。这时，吴元济还在睡大觉。起初，部下把他叫醒报告说："唐朝官军进城了！"吴元济根本不信。过了一会，又有人来报告说："官军已经占领蔡州了！"吴元济还躺在床上毫不着急地说："恐怕是洄曲部队回来领棉衣的吧。"原来，吴元济自以为已在蔡州以西的吴房和朗山部署了重兵防御，西路唐军人马不多，不可能有大的举动，做梦也没有想到李愬会突然杀到蔡州来。起床以后，他听到外面人喊马嘶，还有人大叫"将军传令"，方才有点惊慌："什么将军？这么大的威势，敢到我的大堂上发号施令？"爬到内宅楼上向外一看，见满城都是唐朝官军，绣着"李"字的大帅旗已插到了他的大厅前面，这才如梦初醒，急忙召集身边的侍卫亲兵，登上内宅院墙抵抗。

李愬下令强攻吴元济的内宅。李进诚采取火攻的办法，先在南门外堆上柴草，然后放火，一会儿就把吴元济的内宅南门烧穿了。吴元济见大势已去，只得束手就擒。淮西藩镇势力因此一举扫平。

李愬(773~821),字元直,洮州临潭(今甘肃甘南)人,唐中期名将李晟之子。20余岁即任坊、晋二州刺史,政绩卓著,屡被升迁。为人宽和仁厚,儒雅知礼,富于谋略,精于骑射。率兵奇袭蔡州,是其戎马生涯中最辉煌的一次战绩,充分展示了他智勇双全、善用奇兵的名将风采。战后,诸将问李愬:"当初你胜于吴房而不取,冒大风雪而不止,孤军深入而不惧,却能取得最后胜利,这是何缘故呢?"

李愬回答说:"若攻克吴房,敌余部势必投奔蔡州,协力固守。所以我留下吴房,分散他们的力量;风急雪大,天色阴黑,敌人无法用烽火报信,前面的敌人不知道我的到来;孤军深入,将士们除拼死一战外,别无生还的可能,这是置之死地而后生,战斗力会成倍地增强。"李愬能够取得奇袭蔡州的胜利,并非侥幸,而是靠其一系列正确的作战指导。首先,他因势利导,与士卒同甘共苦,稳定军心,激励了唐军的士气。其次,他积极分化、瓦解敌军;真诚待士,重用降将,化不利因素为有利因素。在作战指挥上,采取了出奇制胜的方针,有目的地误敌、痹敌,进而全歼之。先是以弱示敌,使敌麻痹、自傲;继而攻克吴房不占领,防止打草惊蛇;接着大风雪之夜,孤军长驱突袭,出敌不意,攻敌不备,终于一举获得全胜。正如唐代诗人王建的诗中所云:

"和雪翻营一夜行,神旗冻定马无声。遥看火号连营赤,知是先锋已上城。"

(十七)张巡草人诈叛军

公元755年,唐朝发生安史之乱,10万叛军攻占了都城长安,唐玄宗逃往成都。雍丘县(今河南省杞县)县官令狐潮在安禄山、史思明进军中原时向叛军投降。真源县(今河南鹿邑)县令张巡不仅没有向叛军投降,反而不畏强敌,挺身而出,聚集了不足2000人马,攻打雍丘,并占领了雍丘,但却被令狐潮的叛军包围了。

令狐潮率叛军4万围攻雍丘县城。城内军民异常恐慌。守城主帅张巡对各位将士说:"叛贼熟知城中虚实,有小看我军之心。现在我们出其不意进行反击,可使叛军大惊而溃逃。我们乘机追杀,势必挫败他们。"各位将士都表示赞同。张巡于是分调千人登城固守,组织数队突然杀出。他身先士卒,直捣令狐潮的军营。叛军没有防备遂败退。第二天令狐潮率叛军攻城,张巡在城墙上摆设了上百个亭楼作为护城的栅栏,并且绑上柴草浇上油脂焚烧,叛军因而不敢上前。张巡则指挥守城军窥伺可乘之机予以还击。张巡带领守城士兵坚守40多天。城墙虽有些破损,站在城头的士兵一个个眼窝深陷,眼里布满血丝,但都抱着拼死一战的决心。坚守是他们共同的决心和信念。在最初的60天内,张巡率守城军与叛军交战大小近百回。士兵们经常是穿着铁甲吃饭,包扎着创伤浴血奋战。令狐潮多次败退,守城军竭力追杀,几乎活捉了令狐潮。令狐潮因而大怒,又率叛军卷土重来。

一天,张巡在城头上巡视之后,了解到大家手中的箭都用得差不多了,这对守城十分不利。他正在冥思苦想，忽然看见一个伤兵坐在一个稻草捆上休息。他盯着稻草捆看了一会儿，心生一条妙计。

第二天，张巡令士兵们扎了 1000 多个草人，并给它们穿上黑色的衣服，夜间用绳子把草人追到城外。夜幕降临，月亮升上清冷的天空，城外一片宁静。令狐潮睡得正熟，忽然一个部将把他叫醒："报告，雍丘城上有情况！"令狐潮披衣而起，走出帐外，借着月光向城头望去，隐隐约约看见静悄悄的城墙上，有许多士兵正从城头上沿着绳索向下滑。令狐潮判断是守城的士兵出来偷袭，便下令弓箭手对准黑影万箭齐发。射了一会儿，黑影全部掉到了地上。令狐潮正要下令停止射箭，却见那些黑影又沿着绳索往上爬。令狐潮命令弓箭手继续放箭。就这样，一直折腾到天蒙蒙亮，令狐潮才看清，吊上城头的士兵原来是些穿黑衣的稻草人。张巡用草人借箭之计，白赚了令狐潮几十万支箭。

第二天晚上，张巡又让士兵把草人缒下城去，令狐潮的叛军看了以为是故伎重演，冷笑一番，并不戒备。此后，张巡接二连三地在夜间把草人追到城下。令狐潮的士兵有了前几次的教训，以为张巡又来骗箭，连理都不理。张巡见敌人已经被他麻痹了，于是就挑选身强力壮的勇士，组织了 500 人的敢死队，趁着夜色，悄悄把500 名勇士追到城下，突然冲向令狐潮的军营。令狐潮的官兵已经发现了缒下城的黑衣人，仍以为是草人，毫不防备，哪知是"神兵天降"！令狐潮的人马被这 500人杀得大乱，争相逃跑。张巡遂让士兵焚烧了令狐潮的军帐营垒，又率领士兵一下子追出 10 多里远。

雍丘的失利让令狐潮恼羞成怒，增兵围攻雍丘。此时，城里烧柴、饮水已用光了，张巡便欺诈敌军说，只要令狐潮军后撤 60 里，以保证其安全便可撤退。令狐潮未识破其计就同意了。张巡率所属部队出城 30 里，扒掉房屋取走木料后返回雍丘城内加强守备。令狐潮大怒，把雍丘又包围起来。张巡镇静地对令狐潮说：你需要这个县城，送马 30 匹来，我就让出此城。令狐潮信以为真，果真送来骏马 30 匹。张巡将马分给了勇敢的部将，并要求：等到叛军来时，每人要擒一名敌将。第二天，令狐潮责问张巡为什么还不走？张巡回答说："我要走，将士不听，怎么办呢？"令狐潮十分愤怒，意欲攻城。还没有摆好阵势，张巡的 30 名骑将突然冲杀出来，擒敌将 14 名，斩杀 100 多人，缴获了许多器械牛马。令狐潮围攻雍丘 4 个多月，损兵折将，毫无进展。最后领残兵逃到陈留，不再应战。

张巡在"安史之乱"后，以千余名将士镇守雍丘，面对叛军几万人长达 4 个月的围攻，在内无粮草、外无援兵的情况下冷静沉着，从容对敌，不仅没有消极防御，反而屡出奇兵。打得几万叛军人仰马翻，接连败北，表现了过人的胆识与谋略。

首先，张巡利用了人们在夜暗条件下的视觉误差和敌人谨防劫营的心理状态，采取草人"示形"的办法，多次诱敌上当，轻而易举得箭数十万支。其次，张巡利用了人们熟视无睹、见多不疑的心理弱点，紧紧抓住敌人失算后的变态心理反应，适时地变虚为实、变假为真，以"敢死队"出其不意地袭击敌营，杀得敌人措手不及。如果说他以稻草人骗取叛军的几十万支箭是出人意料的奇谋；那么在叛军识破此计之后，仍以草人为诱饵，致使叛军做出故伎重演的错误判断而放松警惕，然后不失时机地捕捉战机，以虚掩实，从城中杀出500人的敢死队，直捣叛军大营，就是奇谋之中的妙计了。

（十八）宋太祖行间

960年，赵匡胤于陈桥驿兵变，"黄袍加身"称帝，建立宋朝。他采用"先南后北"的战略方针，先后对后蜀、南唐、北汉等割据政权大军进剿。964年，宋太祖派富有谋略的张晖出任凤州团练使兼缘边巡检壕砦桥道使，负责收集后蜀的地形及守军情报。不久，张晖就绘制出后蜀边境的详细地图。这时，后蜀统治者孟昶也在秘密侦察宋朝的动向。他派间谍孙遇、杨蠲、赵彦韬三人化装平民，潜入京城进行间谍活动，并密令赵彦韬带着蜡书去北汉，企图勾结北汉夹击宋朝。

可是孟昶万万也没有想到，他认为最信赖可靠的赵彦韬竟是宋朝暗插在后蜀的间谍。赵彦韬三人到了京城，就故意把行踪暴露给宋军。宋军立即捕获了他们。赵彦韬乘机单独向宋太祖献上了蜡书。他又去诱劝孙遇两人，一齐投降了宋朝。宋太祖忙命他们"指画山川曲折之状"，并详细标出后蜀军队的布防，让一旁的画工根据其述说制成立体地图。张晖又提供了后蜀的边境地图，并揭发了以往后蜀间谍来宋朝刺探的情报。宋太祖大喜，高兴地说："吾西讨有名矣。"他让孙遇等人在进军后蜀时"以为向导"。次年，宋太祖从出师到占领后蜀京城成都，仅用了六十五天，就消灭了后蜀，孟昶率城投降。

972年，宋太祖又制定了消灭南唐的策略。南唐主李煜是一名善诗词、工书画、喜音乐的风流才子，整天风花雪月，弹筝歌舞，不理政事。南唐猛将林仁肇经常劝谏他出兵"复江北旧境"，以利用长江天险来阻挡宋军南下。但是，"南唐主不听"。宋太祖为了铲除南下的劲敌林仁肇，使用重金收买"赂其侍者"，"窃取仁肇画像"，并把画像挂在开封皇宫的一个豪华庭院里。一次，南唐使者来开封，宋太祖派一名侍从特地"引使者观之"，南唐使者一见大堂中央挂着林仁肇的画像，暗暗吃惊。侍从故作不识地问："这是谁呀？"南唐使者只得回答说是林仁肇。侍从又故作神秘地说："哦，原来是林大将军。听说他即将归降大宋，这幅画像就是信物。"然后，侍从又指着庭院说："听皇上说，这个庭院特地空出来，就是为了今后赐给林大将军的。"使者回到南唐后，立刻向李煜报告此事，"南唐主不知其间"，下令"鸩杀仁肇"。

宋太祖扫除了南下的第一个障碍后，又施一计。他知道李煜特别信奉佛教，曾

国学经典文库

中国军事百科

·谍战诡影·

图文珍藏版

在都城金陵供养上万名和尚、尼姑，常常一退朝就换上僧衣去庙宇念佛行拜。于是就派了一名只有十几岁、法号叫"小长老"的和尚，以化缘为名来到南唐，此人能说善道，经常向李煜宣扬佛教的"性命之说"，李煜听后大加赞赏，认为"生死由命，富贵在天"，对军事防务更加不予过问。恰好在这时，南唐有个叫樊知古的人因考进士不中而怨恨南唐，决定投奔宋朝。他假装到长江去钓鱼消遣，乘坐小船用绳子偷偷把采石矶江南的宽度进行测量，然后逃往宋朝，向宋太祖献上这一具有重大价值的情报。

此时"小长老"也在积极行动。他劝说李煜"多修宝塔，广盖庙宇"，以求神佛保佑。李煜应他的要求，耗费巨资在长江南岸牛头山造了一座大庙，共有一千多个房间，可聚集几千名和尚。"小长老"便以讲经传道之名，"造不祥语以摇人心"。这时，又有一个"江北名僧"来到采石矶。他穿草衣，吃野菜，杜绝尘念，专心事佛。李煜听后，嘱托下人给他送去衣物食品，但他都婉言谢绝，"清贫"如故。他又到处募捐化缘，在江边修造了一座石塔，很得李煜的赞赏。

974年，宋太祖认为灭南唐时机已到，便命曹彬率十万大军出征。曹彬根据樊知古提供的情况，事先在长江石碑口试架浮桥。然后移军采石矶，用事先准备好的龙船和竹排，迅速在长江上架设了一座史无前例的浮桥，而且"仅三日而成"。浮桥联结江南的一端，就拴在采石矶那座石塔脚下。宋军渡过江后，又驻扎在"小长老"的大庙里，休整补给。此时，南唐朝廷才恍然大悟：原来这个"小长老"和那个"名僧"，都是宋军的间谍！然而李煜听说宋军在长江上架桥，竟以为这是"儿戏"，昏庸糊涂至此。当宋军十万人马浩浩荡荡渡过长江，团团包围了金陵时，李煜这才惊慌失措，一筹莫展。他忙派使者去请求宋太祖退兵，说南唐一向对宋朝百依百顺，毫无得罪之处，现在宋军出师实为无名。可是宋太祖听后按剑大喝："不须多言！南唐是没有什么罪过，但是天下一家，我的卧榻之侧，岂容他人鼾睡！"李煜只得奏表求降，南唐由此而灭亡。

宋太祖的用间有一个显著的特点，即多方使用战略间谍。像赵彦韬、"小长老""江北名僧"等都属于此类。他们乔装打扮，骗取敌方最高统治者的信任，为今后的关键时刻做好充分的思想和物质准备，但平时从不进行任何谍报刺探活动，一旦时机到来，便迅速行动，以配合外部充当内应。尤其是在长江上架设浮桥这一划时代的创举，也悬根据间谍密报资料而制作的，其胆之大，其制之精，当为世所未闻。值得注意的是：宋太祖让画工制作后蜀的立体地图，大大发展了汉光武帝征伐地方武装豪强时"聚米为山谷，指画形势"的军事沙盘作业，使间谍情报通过立体形象而展示出来。曹彬在石碑口试架浮桥也是世界上最早的模拟作战的战例之一。此外，用画像作为反间手法，也颇新颖独特，别出心裁。

（十九）岳飞妙计破敌间

一代名将岳飞，是宋朝文臣武将中最精于用间的军事将领。他出身世代农家，但"少负气节，沉默寡言，家贫力学，尤好《左氏春秋》、孙吴兵法。"

1122年，刚满20岁的岳飞应募参军，充当"敢战士"。时值陶俊、贾进和反宋，岳飞"请百骑灭之"。他派遣一些士卒伪装成商人进入敌境，故意被陶俊部下抓走充军。于是岳飞命百名士卒埋伏在山坡下，只带着少量骑兵逼近敌营。敌军见岳飞人少，便出营追捕。岳飞佯装败走，将敌军引向山坡。当敌军进入包围圈内，"伏兵起"大败敌军。先前派去伪装成商人的士卒也在敌营中策应，一举擒住陶俊与贾进和。

两年后，宋朝与金人议和，"金人拒之"。双方剑拔弩张，一触即发。此时岳飞调往河东前线抗金的平定军，任偏校。岳飞又率骑兵前往寿阳、榆次等地多次进行秘密侦察。他甚至还在深夜换上金人服装，潜入金人军营搜集情报。偶然碰上巡夜的金兵，他就用娴熟的女真话巧妙地骗过他们。就这样，他暗中几乎看遍了金人的所有军营，从而掌握了大量宝贵的第一手资料，并因此受到上司的表扬，升职为进义副尉。

1127年，宋钦宗、宋徽宗及皇子、贵妃等人被掳往金营，北宋灭亡。不久，赵构即位，是为宋高宗。岳飞以满腔爱国热忱，向宋高宗"上书几千言"提出了伐金的军事策略，但被上司指责为"越职"而被解除了军职。岳飞只得投到开封府宗泽麾下。他在开德、曹州与金兵作战时，身先士卒，"皆有功"。宗泽"大奇之，曰：尔勇智才艺，古良将不能过，然好野战，非万全计。"于是就"授以阵图"，让岳飞精研列阵之法。可是当时已身无一职的岳飞竟然向这位著名的将领提出了不同的看法，他说："阵而后战，兵法之常。运用之妙，存乎一心。"宗泽听后大为惊喜，连声称是。

岳飞"运用之妙、存乎一心"的思想贯穿在他一生的军事生涯中，尤其在间谍与反间谍战中，更显其妙。1132年，湖东曹成"拥兵十余万"起兵反宋。时任神武逼军统制的岳飞接到朝廷金字牌和黄旗，奉命率一万余人前去招抚曹成。曹成拒招，率兵退至桂州贺、连二州，修筑工事，严阵以待。岳飞与曹成在兵力对比上是一比十，强攻硬拼必然遭受巨大伤亡，于是，岳飞决定以计破敌。正在这时，岳家军捕获了一名曹成派来侦察的间谍。岳飞闻讯后，顿生一计。他让部将把间谍押来营帐内听候发落，自己却事先离开了营帐。他在营帐外大声喝令主管粮草的军吏，让他立刻调拨大量粮食供军队急需。可是军吏无可奈何地说："粮草殆尽，奈何？"岳飞连连叹气，只得说："那就先撤兵再说吧。"这时岳飞一回头，发现曹成的间谍在营帐里，顿时面露悔意，连连顿足，装出一副泄密后悔的样子。他命令士兵严加看管间谍，不得有误。但暗中又命令士兵在深夜时故意粗心大意，放松警惕，让间谍

"乘隙"逃走。

间谍逃回曹营，立即将岳家军粮草已尽、不日撤兵的假情报向曹成报告。曹成大喜过望，下令停止修筑工事和放松侦察警戒，并计划在岳飞撤兵时半路伏击岳家军。岳飞则于当天夜晚悄悄率兵绕道迂回，在黎明前包围了曹成营地，并迅速发起突袭进攻。曹成军队只听到四周到处是"岳家兵至矣"的喊声，惊慌失措，溃不成军。曹成走投无路，只得向岳飞投降。南宋宰相李纲因此盛赞岳飞立下了"奇功"。

1136年秋天，岳飞进兵河南，攻击金王朝扶植的伪齐刘豫政权。岳飞一边兵分三路，烧刘豫粮仓，各个击破敌军，一边又秘密派间谍去刺探金朝内部的军政情报。不久他得到密报：金太宗去世后，金朝内讧加剧。伪齐刘豫的靠山粘罕失势，忧闷而死。得势的兀术因1134年伙同刘豫大举渡淮南侵时，被岳飞击败而转怒嫁祸于刘豫。根据这一情报，岳飞认为"可以间而动"，决定借兀术之手来除掉刘豫这个大汉奸。说来也巧，岳家军此时正好捕获了兀术派来了一个间谍。岳飞便设下了一条反间妙计：

当间谍被押进岳飞营帐时，岳飞正在狂饮烈酒，他睁开"朦胧醉眼"看了间谍一眼，故意假装酒醉认错了人，边打酒嗝，边呵斥道："你不是我军中的张斌吗？我早些日子派你去大齐，与刘豫密约诱骗兀术，你怎么一去一复返呢？我只好另派间谍去大齐完成这次秘密计划了。刘豫也已经答应我在今年冬天以联合侵扰长江为借口，诱骗兀术前来。你为什么不把我的密信送给刘豫？是不是想背叛我啊？"

兀术的间谍开始有点莫名其妙，后来才明白是岳飞喝醉酒"认错了人"，于是灵机一动，乘机冒充张斌，忙跪于地连称"张斌死罪"。岳飞见其上钩，就又给刘豫写了封密信，信中详细写了"同谋诛兀术事"。然后揉成很小一团，用蜡封好，制成了一封当时表示最高机密的"蜡丸书"。岳飞故作愠怒地说："我这次姑且饶过你，但你必须立刻去大齐，问清楚刘豫举兵杀兀术的确切时间，然后马上返回向我报告！"说完岳飞让人用尖刀剖开间谍的腿肚子，把蜡丸书藏进去。临走前，岳飞又再三告诫道："千万千万不可泄露。"

间谍"侥幸"得脱，"归以书示兀术"，兀术见密信竟然藏在人的腿肚子肉里，知道是绝密书信，拆开一看，"大惊"。他立即上奏金朝皇帝，状告刘豫暗中企图谋反。冬天，兀术借口联合刘豫一齐攻宋，率精兵进入开封，在迅速控制全城后，便宣布废黜刘豫，伪齐政权因此而垮台。

岳飞自从戎之始，便善于行间。从他逼真的伪装术和娴熟的女真语来看，可见其行间术之高明。破曹成和废刘豫二事，更是他平生用间的得意之作。尤其是"酒醉错认"的一着，很是别出心裁，技高一筹。岳飞利用金朝内部及兀术与刘豫之间的矛盾，以假情报进行反间，其成功的概率极高。因为即使兀术认为这封"密信"是岳飞的反间之作，他也会利用它为借口除掉刘豫，从而使刘豫充当兀术连续战事失利的替罪羊。刘豫即使满身是嘴,也无法说清,终难逃脱覆灭之厄运。

(二十)善用"死间"的韩世忠

1134 年,金兵与伪齐军联合大举渡淮攻宋。宋高宗赵构惶恐之至,他一方面手札密令著名抗金名将韩世忠"忠饬守备,图进取",一方面又派竭力反战主和的投降派魏良臣为使者,前往金朝求和。韩世忠接令后立即渡过长江,在长江天堑北岸扬州大仪镇驻军。"伐木为栅,自断归路",以示与金兵决一死战。

这时,魏良臣北上经过韩世忠的营地,韩世忠一直对主和投降派深恶痛绝,并从打入金朝内部的间谍处得知:魏良臣为巴结讨好金朝,曾多次故意泄露军机,好让金兵打败宋朝军队,从而借此排挤宋廷主战派。此次北行,更是他巴结讨好金朝的好机会。于是韩世忠预先布置了一番,就登上扬州城望楼去饮酒作诗。魏良臣到达韩世忠防区内,见到士兵都在纷纷拆除柴灶,准备转移,很是意外。当他刚进扬州东门时,又见韩世忠的大批人马开出东门。他急忙去望楼见韩世忠,询问底细。韩世忠说:"有诏移屯守江。"魏良臣心怀疑虑,这时,手持流星庚牌的传令官纷纷而来,向韩世忠报告军队调动的情况。魏良臣偷眼看了看流星庚牌,确实是"诏令移屯守江"。

魏良臣见形势有变,认为主战派又说动了宋高宗赵构的抗金决心,于是"疾驰"向北而去。韩世忠见其已上钩,又"度魏良臣已出境",立即上马,命令道:"军中皆视吾鞭所向",他用马鞭指挥宋军又全部返回大仪镇,布下了五路阵势,"设伏二十余所","约闻鼓即起击"。

魏良臣日夜兼程,赶到金营。金军将领见宋朝主和派前来,便"问宋师动息"。果然不出韩世忠所料,魏良臣为了求和反战,把韩世忠军队"调防"的情报若明若隐地透露给了金军。金军将领"甚喜",立即"引兵至江口",企图乘扬州城防空虚,一举攻占。当金兵进入韩世忠预先布置的"口袋"中,忽听战鼓如雷,"伏兵四起","金军乱,我军迭进"。韩世忠的精锐部队"背嵬军"更是手持长斧,上刺人胸,下砍马足,金兵的精壮骑兵纷纷"陷泥淖",无法施展战斗力。韩世忠"挥劲骑四面蹂躏",踩死砍死金兵不计其数,金兵"人马俱毙",几乎全军覆没。魏良臣也因此莫名其妙地被愤怒至极的兀术不由分说地打入人牢狱。

被称为"中兴武功第一"的大仪之捷,是韩世忠善用"死间"的杰作。但是后人论述此事时几乎都没有看出韩世忠为何以魏良臣为"死间"的真正缘由,以为作为宋朝皇帝的使者,岂可向敌方泄露己方军情?究其根源是宋朝主战派与主和派都想以战场上的成败来影响宋高宗。魏良臣想借金兵之手排挤打击主战派,而韩世忠则更为高明。他借魏良臣为"死间"诱骗金兵,再借金兵之手除掉魏良臣这个主和派头领,一举两得。又因为韩世忠忖度魏良臣此行必死,便斗胆敢以"诏令"流星庚牌和擅自调动军队去欺骗他。《间书》说:"韩世忠之于魏良臣,借势以行反问,妙于随机应变。"可谓一语中的。

(二十一)调虎离山擒贼王

明朝中叶,政治黑暗,宦官专权。边防废弛,外寇不绝。加之官匪勾结,欺压百姓,致使社会矛盾激化。弘治年间(1488~1505),都御史孔镛担任贵州巡抚。孔镛一到贵州,便听人密告说:贵州清平卫有个强豪叫阿溪,其人"桀骜多智",其养子阿剌又"膂力绝伦","两人谋勇相资,横行部落","恣肆无忌"。孔镛便召来监军及带兵将领询问此事,可是他们竟然都极力为阿溪辩解,不讲真情。孔镛知道其中有因,便撇开他们,亲自前往清平卫去探察。

他发现指挥王通正直精明,就特别厚待他。一天,孔镛与王通谈及当地情况,王通侃侃而谈,但就是不谈及阿溪。孔镛直截了当地问:"听说这里有个阿溪为害最大,你为何瞒着不说呢?"王通一听便低头不语。在孔镛再三追问下,王通说:"我说出来要是您能够处理好,那真是民众的福分,如果处理不好,不但您威信扫地,即使我的家人也将遭祸。"孔镛笑道:"你尽管一一说来,不必担心。"王通这才义愤填膺地向孔镛"慷慨陈列始末":阿溪之所敢如此胆大妄为,主要是买通了官府中的指挥王曾和总旗陈瑞。他们一方面接受阿溪的贿赂,一方面又替阿溪向上面监军、带兵将领行贿,于是官匪勾结,欺霸一方。

孔镛得知内情后,第二天一大早便召集武将文官。他说:"我想任命一位巡官,你们上前来让我挑选。"孔镛装模作样地看了一遍,指着王曾说了:"看看你是否胜任。"就让王曾单独留下来密谈。等众人刚走,孔镛突然厉声喝道:"你竟敢与贼匪私通?"王曾"惊辩不已"。孔镛说:"阿溪年年都贿赂监军、将领,都是你从中穿针引线,要是你再敢狡辩不服,我立即将你斩首!"王曾听后马上闭嘴,倒地叩头谢罪。孔镛这时口气又温和下来,他说:"别怕,只要你能为我活捉阿溪,便可将功赎罪。"王曾一听可活命,便连声答应,但他说阿溪和阿剌智勇配合,必须有一个帮手才能制服他俩。孔镛让他自己推荐,王曾便说:"只有陈瑞才行。"孔镛立召陈瑞进见,又照样怒喝审讯陈瑞,陈瑞浑身哆嗦不止,眼睛却偷看一旁的王曾。王曾忙说:"不必隐瞒了,孔公都知道底细,我们应当尽力将功赎罪来报答孔公不杀之恩。"陈瑞一时也想不出什么妙计,孔镛说:"这样吧,只要你们想法诱骗阿溪、阿剌出寨,我自有办法活捉他们。"

当地有"喜斗牛"的风俗。陈瑞就找来一头壮牛,牵到阿溪寨外的林荫小道口,拴在树上。孔镛派"壮士百人""伏于牛旁丛薄间"。陈瑞进寨去见阿溪,阿溪一见便问为何长久不来,陈瑞说:"巡抚新到,不得空闲。"阿溪忙问;"新巡抚怎样?"陈瑞随口说了句:"懦夫,无能为也。"阿溪顿时起了疑心,因为他早就听说

·谍战诡影·

图文珍藏版

孔镛在广东时"杀贼有名"。陈瑞见阿溪满脸狐疑，便急忙随机答道："你弄错了，那是个同名同姓的人，不是这个新巡抚。"这才消除了阿溪的怀疑。两人一起饮酒，大谈斗牛之事，陈瑞好像突然想起了什么，说："我刚才来时，见林道中有一头像大象一样庞大的壮牛，不知能否与你的牛相比？"阿溪不服气地说："哪有像大象的牛？如果真有，我一定买下来！"陈瑞故意激他说："我看那个牛贩子不像本地人，恐怕很难强迫他进山寨。"阿溪便带着阿刺牵着自家一头壮牛，与陈瑞一起出寨，前去看那头"像大象一样的牛"。

出寨到了林荫道口，果然见一头壮牛在那里，阿溪"欢而喜之"，准备让自家牛与它斗一斗。这时，忽然有人来报："巡官来了。"陈瑞笑着对阿溪说："你知道这巡官是谁，是王曾王指挥啊！"阿溪也放心地笑道："哦，原来是老王，运气倒不错，得了个美差，我等会去耍弄耍弄他。"陈瑞说："巡官嘛，出来巡查，我们礼当迎接，何况是老朋友呢！"阿溪和阿刺便随陈瑞三人催马上前。陈瑞又说："按规定迎接巡官要解去佩刀，不是说新官见刀，不吉利嘛！"阿溪和阿刺又解下了佩刀。这时王曾策马上前，一见阿溪三人便怒喝道："老爷巡查山寨，你们不去打扫驿馆迎接，跑到这里来干什么？"阿溪、阿刺见王曾突然翻脸不认人，还以为是开玩笑，也开玩笑顶了他几句。王曾大怒道："你以为我不敢逮捕法办你们？"接着一声大吼，林间伏兵四起。阿溪和阿刺这才明白事情有变，尽管阿刺勇武，但终因寡不敌众，双双被擒。王曾和陈瑞给他俩铐上木枷，押送贵阳孔镛官府，被斩杀抛尸于市，从此"一境始安"。

孔镛擒杀阿溪有几个巧妙的步骤：一是避开为阿溪辩解之人，私访知情人王通；二是公开说挑选巡官，暗中却威逼策反王曾、陈瑞，使阿溪的耳目仅为己所用；三是让王曾、陈瑞以老朋友身份去诱骗阿溪，使"桀骜多智"的阿溪毫无防范。王曾和陈瑞诱骗阿溪的计谋也很有特点：他们利用阿溪的斗牛爱好及对"像大象一样的牛"的好奇心，将其诱出山寨。虽然狡猾的阿溪在山寨前还占卜凶吉，并带上彪悍的阿刺，但终因本是同党连裆而丧失了警惕。陈瑞那番犹如说笑戏谑的"俏皮话"，更使阿溪戒心全无，竟然解下从不离身的佩刀，被人牵了牛鼻子，走上了死路。正如《三十六计》中所说的"调虎离山""笑里藏刀"。

（二十二）皇太极的反间杰作

1626 年，后金汗王努尔哈赤乘明朝内乱，率八族精锐长驱直入。其军"前后如流，首尾不见，旌旗剑戟如林"。十几万大军直逼由明朝大将袁崇焕镇守的宁远城下。努尔哈赤派间谍去诱降袁崇焕，袁崇焕断然拒绝道："义当死守，岂有降理！"

然而，袁崇焕仅有两万兵力。为了固城死战，袁崇焕动员了全城军民，刺血作书，激励士气，并派武官生把守街口巷尾，盘查奸细，捕捉内奸。严格保守了宁远城内的军事兵力、布防、储备等机密,使努尔哈赤无法侦知。

几天后,努尔哈赤发起了强大的攻城战。袁崇焕一面用红夷大炮猛轰,一面又派敢死队缒城出击。经过六天六夜的激战,努尔哈赤中炮负伤,只好解围退兵。自命"战无不胜,攻无不克"的努尔哈赤对袁崇焕"大怀愤恨",不久伤重去世。

袁崇焕得间谍密报努尔哈赤去世,便"遣使吊,且欲以知虚实"。他一边跟新即汗位的皇太极谈判停战,一边又争取时间加紧重修宁远城。皇太极也"遣使报之,崇焕欲议和,以书附使者还报。"然而,皇太极岂能忘杀父之仇!不久,他便率十五万大军兵临宁远和锦州城下。双方大战一月有余,不分胜负。袁崇焕命令号称"万人敌"的名将祖太弼,率敢死队出城反击,祖大弼一马当先,直冲皇太极而来,他挥舞马刀,差一点砍伤皇太极的坐骑。皇太极见"士卒死伤甚重","大放悲声",愤然而还。袁崇焕指挥的这场宁、锦保卫战,使皇太极大伤元气,史称"宁锦大捷"。

同年八月,崇祯帝即位。任袁崇焕为兵部尚书兼右副都御史,督师蓟辽。袁崇焕赴任前,崇祯召见了他。崇祯问他何日能打败皇太极,收复辽东失地。袁崇焕夸口道:"五年之内。"崇祯大喜,赐给他一柄尚方宝剑,授予他先斩后奏的权力。袁崇焕为了扩大自主权和防止奸臣的谗言诬陷,特地对崇祯说:"我大明朝现在急于消灭皇太极,他们也一定会大行反间。而我作为一个戍边大将肯定会碰到许多意想不到的阴谋及困难,望皇上明察支持我。"崇祯都一一应允。

为了实现"五年复地"的承诺,袁崇焕一上任,就不顾崇祯和文武大臣的反对,与皇太极取得秘密联系,企图以巧妙的和谈技巧和重金厚币,来诱使皇太极交换辽东土地。然而,他怎么也没有想到,皇太极是一个极为善于用间的高手。他在与袁崇焕进行"和谈"的同时,殚精竭虑设下了一个连环间谍阴谋:

皇太极利用袁崇焕急于交换辽东的心理,写了一封密信给他,信中假意答应袁崇焕的要求,但附加上了一个条件:杀掉毛文龙。毛文龙是镇守辽南海中战略重地——皮岛的总兵官。袁崇焕早年与毛文龙结有私怨,于是便应允了。皇太极为了让袁崇焕掌握毛文龙的"谋反罪证",能名正言顺地杀掉他,又向袁崇焕提供了伪造的毛文龙暗通后金阴谋反叛的几封密信,信中说:"尔(指皇太极)取山海关,我(指毛文龙)取山东","我虽为此地之官,而归顺之心常有也……上(指皇太极)诚有意于我,如我用时,遣人来告。"

1629年夏天,袁崇焕携带尚方宝剑和"密信",登上皮岛。他以观将士校射之名,把毛文龙骗到山上捉住,历数其十二大罪状。然而,袁崇焕问毛文龙部将说:"毛文龙如此罪恶,你们说该杀不该杀?如果我屈杀了他,你们就上来杀掉我。"部将谁敢冒犯兵部尚书,连说该杀。袁崇焕又对毛文龙说:"我如果不杀你,这一块土地就非皇上所有了!"于是喝令旗牌官执尚方宝剑斩杀毛文龙。这一消息传到京师,崇祯"意殊骇","天下闻之,诧为奇举"。袁崇焕自以为可加速收复辽东失地,殊不知他正在加速向皇太极布下的死路走去。

三个月后,皇太极突然亲率十万大军,实施了一个奇怪的军事行动:他避开袁崇焕重兵把守的宁锦防线,绕道蒙古直插北京。部将亲信们不解其中奥妙,纷纷劝谏他不可"孤军深入,劳师袭远"。因为稍有不慎,将导致全军覆灭。皇太极却坚定地说:"我意已定,休得多言!"袁崇焕得知皇太极绕道入关,立即率大军连夜回援北京。

皇太极见袁崇焕被诱上当,便派大批间谍潜入京城,四处散布流言蜚语,说什么"袁崇焕引清兵入关,率兵抵京师,欲伺机生变"。一时"满城怨谤皆起,谓崇焕纵敌拥兵"。袁崇焕对这些全然不知,他在北京城广渠门外与皇太极大战,两胁中箭多处,因身穿重甲,才未致死。经过昼夜兼程、连续作战的袁崇焕军队,极为疲惫。这时袁崇焕又犯了一个致命的错误,他几次进宫求见崇祯,请求军队入城休整。"遇事多疑,躁急苛细"的崇祯早已听到流言蜚语,加上朝中大臣屡次上奏说:从捕获的后金间谍处得知,袁崇焕常与皇太极暗通书信"密有成约","引敌胁和","擅杀毛文龙,便是明证"。于是崇祯坚决不许袁崇焕军队入城,生怕有变。

这时皇太极见时机已到,便打出了致袁崇焕于死地的最后一招:他突然下令撤退,不与袁崇焕作战,并密令副将高鸿中和鲍承先施行反间计。两名副将深夜回到营帐,对在入关后俘获的两个明朝太监假意审讯呵斥了一番,就坐到一旁聊天。当两个太监刚睡下不久,他们就故作耳语道:"此次撤退,是皇上(指皇太极)的妙计呀!几天前,皇上曾单骑到袁崇焕大人阵前谈了很长时间,袁大人和我们有密约,此事马上大功告成了!"一个姓杨的太监假装睡着,但全都听到了这番话。第二天早上,后金军队又乱哄哄地拔营撤退。杨太监乘看守"不意",偷偷逃回了北京,并立即上朝向崇祯报告这一"重大情报"。这时,当年魏忠贤党羽的漏网分子王永光也对崇祯说:"袁崇焕引敌长驱直入,这是要挟迫皇上订城下之盟呀!"

至此,崇祯对袁崇焕暗中通敌、阴谋反叛之事不再有任何怀疑了。他以"议饷"名义诱召袁崇焕进宫,又以"擅杀毛文龙和纵敌深入、进京不战"等罪名,问成通敌谋反死罪,喝令拿下,投入特务机关锦衣卫的大牢。北京满城官民百姓听说此讯,都认为早该除掉这个"死有余辜"的"心腹祸患",根本无人出来为他讲话。这时礼部尚书兼东阁大学士温体仁,"阳托严正之名、阴行媚嫉之私",收买了袁崇焕的部将谢尚文做伪证,诬证袁崇焕确实通敌。于是,崇祯下诏令处死袁崇焕。这位自谓"大明国里一亡命徒"的一代名将,被绑赴西市,千刀万剐,处以磔刑,并割下首级,送至边境示众。

皇太极计杀袁崇焕,是史称明朝"自坏长城"的一个杰作。以至于此后很长一段时间内,也无人知晓内情。一直到1644年清军入关建立清朝后,修撰《清太宗实录》时,真相才大白于天下。《孙子兵法·用间篇》说:"事莫密于间。"皇太极是深通其意的。他冒险出兵诱使袁崇焕回师北京的意图,即使对拥立他登上皇位、盟誓一心的亲兄长大贝勒代善及三贝勒莽古尔泰,也守口如瓶,毫无透露。他先运用"假和谈",然后以"五个利用"最终除掉了这个与自己有着刻骨仇恨的强劲对手:一是利用袁崇焕"急于复辽东".心理;二是利用袁崇焕与毛文龙的私怨;三是利用突袭北京,袁崇焕必然回兵而造成京城混乱局势;四是利用崇祯猜疑多忌;五是利用太监充当反间,终于如愿以偿,借崇祯之手使袁崇焕枉为"冤死鬼"。尤其值得重视的是:皇太极竟敢冒全军覆没之危,率十万大军调动袁崇焕;兵临北京城下后,又决然弃城而撤,用如此大规模的反常军事行动来实施反间计划,可以说是史无前例的。从中可见皇太极驾驭军事行动及间谍活动的才略已达到炉火纯青的地步。

国学经典文库

中国军事百科

· 著名战役 ·

图文珍藏版

第九章　著名战役

一、秦及秦以前的经典战役

　　氏族部落之前的战役存在于神话和传说中。中国历史上第一次王朝更迭的战役，就是历史典籍记载的商王朝取代夏王朝的鸣条之战；同时我们在本章中将此类战役与秦帝国覆亡的战役一并选录在内。时间的跨度可谓是数千年，包括无义战的春秋时期、数百小国整合后的战国时期，每一个时期都有每个时期的经典战役。由于篇幅所限，只能以点带面，将最经典的战役呈现给读者。

（一）夏商鸣条之战

　　夏桀的残暴使老百姓怨声载道，也使自己成为夏王朝的最后一个君主。夏朝末期（约公元前 1600 年），商汤率领商部落士兵与夏军在鸣条（今河南封丘东，一说在山西运城）进行了一场决战，商战胜夏。在夏王朝的废墟之上，一个新的强盛的王朝——商建立了起来，奴隶制度得到了进一步的发展。

战役背景

　　夏朝是我国第一个奴隶制国家，建立它的夏族是居住在中原地区的古老部落，开始的活动领域在现在的陕西和山西一带，然后逐渐从西向东发展，最后定居在现在的河南西部、山西南部一带。传说这个夏族的大禹因为治水有功，被推举为王；他死之前，由于存在私心，没有按照部落联盟时期传下来的

夏桀

老规矩，让大家推选贤明的人当王，而是耍了些花招，让自己的儿子启当了王。从此，举贤推能的"禅让制"被父死子继的"世袭制"代替，天下变成了某一家某一姓

的了。

夏桀是夏朝的最后一个王，是一个暴君，整天胡作非为，不干好事，老百姓都非常恨他，指着太阳咒骂他说："时日曷丧，予偕女皆亡！"（你几时灭亡，我情愿跟着你一起灭亡！）

商族也是一个历史悠久的氏族部落，刚开始是夏的属国，后来慢慢强盛起来。商族的首领汤在贤臣伊尹、仲元的辅佐下，早就开始筹划打败夏，自己取而代之。他派遣伊尹几次进入夏都刺探情报，了解到夏王朝"上下相疾，民心积怨"的混乱状况后，认为进攻的时机已到。当时，夏还有不少的属国，要灭夏，必须先解决掉这些属国，才没有后顾之忧。于是他采取先弱后强的策略，将第一个打击目标指向夏实力相对较弱的属国葛。他借口葛国的人杀了一个小孩子，以替童子复仇的名义起兵灭葛，然后集中兵力逐步灭了夏的其他属国韦、顾，并攻占了夏桀最后一个堡垒——实力较强的昆吾，扫平了最后灭桀的道路。

战役经过

大约在公元前1600年，汤起兵攻夏，战前他隆重地举行了誓师。他列举了夏桀破坏生产，残酷盘剥压迫民众的罪行，表明自己是秉承天意征伐夏桀，目的是为了救民于水火之中。在誓词的最后商汤还宣布了严格的战场纪律。这番誓师，极大地振奋了士气。（见《尚书·汤誓》）

誓师后，汤挑选了70辆装备精良的战车，"必死"（即敢死队）6 000人，联合各属国的军队，绕道到夏的西边突袭夏都。桀毫无防备，仓促应战，同汤的军队在鸣条展开决战。决战中汤军精神抖擞，奋勇作战，一举击败了夏桀的主力部队，夏桀败退，跑到属国三朡（今山东定陶东一带）。商汤乘胜追击，攻灭了三朡，夏桀穷途末路，只好率领少数残部逃到南巢（今安徽巢湖市），不久就病死了。汤于是大获全胜，回师西亳（今河南偃师），召开了众多诸侯参加的"景亳之命"大会，得到了3 000诸侯的拥护，取得了天下之主的地位，从此夏朝宣告灭亡。

评价

这场战争成为促使夏王朝灭亡的转折点。战争的结果导致夏王朝灭亡，商王汤建立了中国的第二个奴隶制王朝——商朝。

（二）商周牧野之战

"纣王无道"，商朝的纣王是中国历史上以暴虐著称的昏君，他的暴政招来了与前朝相同的覆亡命运。牧野之战后，中国社会进入了西周时期。

战役背景

如果你对《诗经》感兴趣，其中的《绵》与《生民》《公刘》这几篇都是叙述周族兴盛、发展和开国的史诗。周的祖先本来居住在山西的汾河流域，周文王的祖父古公亶父当首领时，为躲避少数民族——夷人的侵扰，率领族人迁居，来到岐山脚下肥沃的渭河平原。在这里，古公带领族人开荒种地，发展农业，还兴建了坚固的城墙和宫殿，使周国初具规模并逐渐强盛起来。古公勤政爱民，深受百姓的爱戴。古公之子季历继任首领后，征服和吞并了周围不少蛮族部落，因战功被商王文丁封为"牧师"（诸侯之长的意思）。

季历死后，子姬昌（周文王）继位，因为他曾被商纣王封为西伯侯，世人又称其为西伯。传说周文王精通阴阳八卦，所以现在《易经》也被称为《周易》，在民间广为流传的《周公解梦》就来源于此书。文王在位时，以"贤名闻于诸侯"。《史记》上说，文王曾"献河西之地以求除炮烙之刑"，还说文王"礼下贤者，日中不暇食以待士，士以此多归之"。意思是文王不忍心看老百姓被纣王施以残忍的炮烙之刑，把自己在黄河以西的一块地拿出来献给纣王，请求他废去这残忍的刑罚，而且他对待有本领的人特别好，如果听说有贤良的人来拜见，他连饭也顾不上吃就要亲自出来接待，因为他礼贤下士，所以天下有本事的人都来投奔他。其中著名的就有姜尚姜子牙。

姜子牙，传说是汲人（今卫辉市太公泉镇人），名尚，字子牙，世人多称其为姜太公。相传姜子牙五十岁时在棘津当过小贩，七十岁时在商的都城朝歌屠牛卖肉，八十岁在渭河边垂钓。

有一天，周文王外出打猎，当走到渭河边时，远远看见一个白胡飘飘的老头，端坐在河边钓鱼，奇怪的是，老人的鱼钩竟不在水里，而是离水三尺有余。周文王深感奇怪，走近一看，老人所用的鱼钩也是直的。周文王站在旁边看了一会，始终没见有鱼上钩，于是问道："老人家，您这样钓鱼，鱼何时才能上钩啊。"姜子牙说："我不是真正要钓鱼而在钓人，自有愿者上钩。"周文王又问："你钓到了吗？"姜子牙收杆转身说："今天就能钓到。"周文王一听，知道是遇到了高人，于是鞠躬行礼，请他和自己一起回去。姜子牙同意了。周文王高兴地说："我祖父在世时曾多次告诉我，将来一定有个了不起的人物辅佐我成就霸业，想来这个人就是你吧！你正是我盼望已久的人啊！"所以后人又称姜子牙为太公望。后来姜子牙果然协助文王、武王，完成了灭商大业。

却说商王帝辛（名纣，即后世所称的纣王）继位后，骄横暴虐，刚愎自用，挥霍无度，沉迷于酒色淫逸的生活。他设计了一种"炮烙之刑"，就是把一根铜柱子架在火上烧红，让犯了罪的人在上面走，犯人站不住就掉到火里烧死了。他和宠爱的妃子妲己天天喝酒取乐,弄了酒池肉林,不理朝政,排斥忠良,妄杀贤士,重用奸臣。这就使一些有实力、有威望、有影响的诸侯臣属纷纷背离,殷统治集团处于四分五裂的状态,加速了商王朝的覆亡。

周的强大让纣王很不安,曾经把姬昌幽禁于羑里(今河南汤阴附近)长达七年(所以现在汤阴的羑里被称为中国最早的监狱)。后来,周一再进贡美女珠宝,让纣王很高兴,赦免了姬昌,放他回国。姬昌回国后,励精图治,发展实力,积极准备灭商。

文王即位五十年后去世,儿子姬发继位,称周武王,加紧进行灭商准备。武王以姜尚为"师",负责军事,弟周公姬旦为"辅",处理政务,召公、毕公为左右助手。

战役经过

公元前1027年1月,姬发决定对商纣王发动讨伐战争。他率战车300乘,虎贲(精锐部队)3 000人,甲士45 000人,排成严整雄壮的队伍,杀向商朝国都,威风凛凛。队伍路过孟津,又会合了前来助战的八个诸侯国的军队,兵力更加壮大,光是当时最先进的战车就有4 000乘。武王军队所到之处,商军纷纷投降。大军东渡黄河后,离商朝的国都朝歌已经不远了。纣王闻讯,仓促发兵迎战,但是商军的主力当时远在东夷作战,一时调不回来,纣王只好把大批奴隶和从东夷抓来的战俘统统武装起来,一共拼凑了70万人,由他亲自率领,开赴离朝歌35公里的牧野,企图阻挡周军前进。

2月4日拂晓,周军已进抵牧野,武王命令部队休整一天。第二天凌晨,武王率全军将士举行了庄严的誓师大会。他一手拿着明晃晃的象征至高无上权力的大钺,一手持着指挥旗,发表了气壮山河的誓词,历数了纣王昏庸残暴、荒淫无道、残害百姓的罪状。所有从征将士同仇敌忾,誓与纣王决一死战。武王铿锵的话音刚落,接着就是一阵急促的战鼓声。

大战开始了!武王命令姜尚率少数军队为前锋,向商军挑战。随后,以战车350乘,虎贲3 000人,士卒26 250名,组成主力部队,采取严整的车阵战法,冲击商军。商军人数虽多,但部署在前面的奴隶和战俘早对纣王恨之入骨,与周军稍一接触,就纷纷倒戈,帮助周军作战。商纣王的70万大军,顷刻土崩瓦解。

纣王见此情景,知道大势已去,连夜逃回朝歌。武王抓住战机乘胜追击,直捣纣王老巢。纣王眼睁睁地看着周军涌进都城,知道自己难免一死,于是登上鹿台,搬出宝库里的金银珠宝围在自己身边,自焚而死。

评价

牧野之战,宣告商王朝600年统治的结束和周王朝统治的开始。商统治者变本加厉压榨人民,挥霍社会财富,激起了广大奴隶的反抗,这就给周灭商提供了更好的政治条件,终于发动了灭殷战争,一举将殷商王朝灭亡。商军之所以一触即溃,是因为殷商政治腐败,刑罚残酷,广大平民和奴隶极其痛恨殷商的残酷统治,故在周军的攻击之下,纷纷倒戈,不战而降。

这次战役胜利后,周的统治者对于朝代的更替有了思考,提出了对后世影响很大的"敬天保民"的著名思想,认为朝代的更替不但是天命无常的表现,还是统治者的统治是否顺应民意的结果,提醒和告诫后来的统治者要"战战兢兢,如履薄冰"地治理人民。

(三)晋楚城濮之战

发生在公元前632年的城濮之战,是我国春秋时代晋、楚两个大国为争夺中原霸主地位而进行的一次具有决定意义的战役,结果楚国战败,它向江汉以北扩张的野心受到打击,晋文公成为五霸之一。

战役背景

晋文公(重耳)在外流浪十几年回到晋国当上国君后,励精图治,很有作为,几年内使得国力大增。楚国的属国宋看到晋国强盛起来,准备投靠晋国,对楚国的态度就明显地冷淡下来。其实像宋国这样的小国日子是很不好过的,自己国小力弱,哪个大国也惹不起,只好"墙头草两边倒",谁强大就和谁结盟,寻求保护。楚成王很怕宋国叛楚会造成连锁反应,影响自己在依附的小诸侯国间的威信,于是就兴兵伐宋,宋成公赶紧派大夫公孙固到晋告急求救。

晋文公召集大臣商讨对策,大夫先轸认为,宋处于晋、楚争霸的中间地带,如果宋国投降楚国,那么晋国将会难以向中原扩充实力,力主出兵救宋。晋文公听从了他的意见。由于楚国实力强大,为了避免与它正面交锋,晋大夫狐偃建议,先进攻楚国的属国曹国、卫国,迫使楚军撤出宋国都城商丘,再北上救援,来解宋国之围。

战役经过

公元前632年春,晋军接连占领曹、卫两国,但楚成王不但不去救援,反而加紧进攻宋国。宋国再次向晋国告急,这让晋文公进退两难:如果南下救宋,怕自己孤军不敌力量强大的楚军,凶多吉少;如果置宋于不顾,必然失掉宋国,在诸侯面前威信扫地,也不利于自己称霸中原。中军元帅先轸仔细分析了形势,提出了一箭双雕的好计谋:让宋国去贿赂另外两个大国齐国、秦国,请他们两国出面调停劝楚撤兵;同时,晋把得到的曹、卫的一部分土地赠送给宋国。先轸进一步指出,由于楚与曹、卫是亲戚关系,决不会答应把曹、卫的土地送宋,而齐、秦两国却因为受了宋国的贿赂,如果不能劝楚国退兵,自己没有面子,就会与晋国站在一起反对楚国,这样,就形成晋、齐、秦、宋联合抗楚的局面,形势对自己很有利。晋文公觉得他的分析很有道理,欣然答应,马上一一施行。

结果不出所料,楚成王见晋军征服了卫和曹,还与齐、秦结成了联盟,中原形势已变得对自己非常不利,就决心撤军,命令楚军统帅子玉、子西放弃围攻宋国,避免与晋军决战。但刚愎自用的子玉不愿退兵,坚持要和晋决战,并请求成王增加兵力。成王是个优柔寡断的人,听了子玉的话就动了心,幻想侥幸取胜,于是派了少量兵力前往增援。子玉得到援兵,更加坚定了他同晋兵作战的决心。

晋文公见楚军已撤离宋国向北进攻自己,知道子玉已经中计,于是下令部队主动"退避三舍"(一舍30里,即后退90里)。为什么要这样呢?这里有个故事。

当年,晋文公因为争王位失败被迫在诸侯国间四处流浪,这里住几年,那里住几年,十分狼狈。他曾经到过楚国,当时楚成王认为重耳日后必大有作为,就以国君之礼相迎,待他如上宾。一天,楚成王设宴招待重耳,两人饮酒叙话,气氛十分融洽。忽然楚成王问重耳:"你若有一天回晋国当上国君,该怎么报答我呢?"重耳略一思索说:"美女侍从、珍宝丝绸,大王您不计其数,珍禽羽毛、象牙兽皮,更是楚地的盛产,晋国哪有什么珍奇物品献给大王呢?"楚成王说:"公子过谦了,话虽然这么说,可总该对我有所表示吧?"重耳笑笑回答道:"要是托您的福,果真能回国当政的话,我愿与贵国友好。假如有一天,晋楚国之间发生战争,我一定命令军队先退避三舍,如果还不能得到您的原谅,我再与您交战。"

晋文公这样退让,表示要履行以前流亡楚国时许下的"避君三舍"的诺言,取得政治上的主动,又可以暂时避开楚军的锋芒,向齐、秦两军靠拢,在自己预定的战场展开决战,从而为晋军后发制人夺取决战胜利奠定了基础。狂傲的楚军主将子玉见晋军后退,以为是晋军胆小怯战,于是在后面尾追不舍,致使自己的部队疲惫不堪。

四月初一这一天,晋楚双方军队在城濮(今山东鄄城西南)对峙布阵。就双方兵力来讲,楚军略占优势。四月初四,城濮上空战云密布,鼓角齐鸣。晋楚两军在此展开了一场战车大会战。晋下军胥臣用虎皮蒙在马身上,率部猛冲楚右军由陈、蔡两个小盟国军队组成的部队,并将他们击溃,接着晋军又采用诱敌出兵、尔后分割聚歼的战法来对付楚左军。晋上军狐毛使用"将、佐"两面旗帜,令两旗后退,佯装主将后撤,下军栾枝在阵后用车拖着树枝奔驰,扬起尘土,造成晋军溃逃的假象。子玉果然上当,下令全军追击。子西所率楚左军急速推进,孤军突击,左翼暴露,没有其他部队掩护。先轸抓住时机,指挥自己的中军从侧面攻击楚的左军,狐毛也乘机回师夹击,子西所率的左军被击溃。

子玉见左、右两军皆败,自知大势已去,不得不下令中军停止进攻。楚军全线崩溃,子玉自杀。晋军胜利班师。

评价

此战,是春秋争霸时期强大的诸侯国在争夺盟主地位时,将外交斡旋与军事斗争结合在一起的典范。晋在战略上运用外交谋略,制造秦、齐与楚的矛盾,破坏曹、卫与楚的关系,既改变了战略形势,又夺取了战争主动权;在战役上,晋军的"退避三舍",是晋文公谋略胜敌的一着妙棋,它在政治上争得了主动——"君退臣犯,曲在彼矣",赢得了舆论上的同情,使得齐、秦等强国站在自己一边,从而"师出有名";而且不但激发晋军将士力战的情绪,还先据战地,以逸待劳,从而为晋军后发制人,夺取决战胜利奠定了坚实的基础。交战时,晋采用避强击弱、佯退诱敌以及两面夹击、集中起相对优势的兵力各个击破等战术,最终取得了决战的胜利。

反观楚军,主帅子玉缺乏应有的战略和战术头脑,他过低地估计晋军力量,过高地估计自己的实力,骄傲轻敌;战前没有对战争做充分准备,这些致命的错误,成为楚军失败的重要原因。此外作战部署上的失宜、军情判断上的错误、临战指挥上的笨拙,也直接导致了楚军的惨败。城濮决战,丰富和发展了中国古代战争理论,在中国战争史上占有重要地位。

(四)秦赵长平之战

发生在秦国和赵国之间的长平之战,是我国历史上最早、规模最大的包围歼灭战。在这场战役中,赵括"纸上谈兵",欺君误国,使近四十万投降的赵军被全部活埋;更使当时最有实力统一中国的赵国遭受毁灭性打击,从而使秦国的威信大幅度提高,极大地加速了秦国统一中国的进程。

战役背景

秦国自孝公任用商鞅实行变法以来,采取了多项富国强军的措施,奖励耕战,国势日上。在外交方面,连横破纵,远交近攻,击破各国联合的企图,为统一全国创造良好的条件。一百多年中,破三晋、败强楚、弱东齐,构成了对山东六国的战略进攻态势。在秦国霸气面前,韩、魏完全屈服,南楚自顾不暇,东齐只求自保,北燕国事日危。只有赵国,自公元前302年赵武灵王进行"胡服骑射"军事改革以来,国势较盛,军力较强,对外战争胜多负少,且拥有廉颇、赵奢、李牧等一批能征惯战的将领,尚可与强秦进行较量,而且赵国的位置正挡在秦国向东发展的必经之路上,事情很清楚,秦国要完成统一六国的伟业,必须要和赵国进行一次决战。

战役经过

公元前262年，秦昭王派大将白起攻打韩国，占领了野王城，切断了韩国上党郡和国都的联系。韩国想献出上党郡向秦求和，但是上党郡守冯亭很有骨气，不愿降秦。公元前260年，秦国夺取了上党郡。上党的百姓纷纷逃往赵国，赵国在与上党相邻的长平（今山西省高平市长平村）驻军，以便镇抚韩国逃到上党的老百姓。

四月，秦国借口赵国收容上党的百姓，和自己做对，派兵攻打长平。赵国派廉颇为将率军抵抗。双方僵持多日，赵军损失巨大。廉颇根据敌强己弱、初战失利的形势，决定采取坚守营垒以待秦兵进攻的战略。秦军多次挑战，赵国却不出兵。持久战对秦国是非常不利的，但赵王并不理解廉颇的良苦用心，屡次责备廉颇。秦国的宰相范雎派人携千金向赵国的权臣行贿，还散布流言说："秦国所畏惧的，是马服君赵奢的儿子——赵括；廉颇容易对付，他快要投降了。"赵王既怨怒廉颇连吃败仗，士卒伤亡惨重，又嫌廉颇坚壁固守不肯出战，因而听信流言，派赵括替代廉颇为将，命他率兵击秦。

赵括的父亲赵奢是赵国名将，赵括从小就爱学兵法，谈起用兵的道理来，头头是道，自以为天下无敌，连他父亲也不放在眼里。赵王把赵括找来，问他能不能打退秦军。赵括说："要是秦国派白起来了，我还得考虑对付一下。如今来的是王龁，不过是廉颇的对手。要是换上我，打败他不在话下。"赵王听了很高兴，就拜赵括为大将，去接替廉颇。赵国丞相蔺相如对赵王说："赵括只懂得读父亲的兵书，不会临阵应变，不能派他做大将。"可是赵王对蔺相如的劝告听不进去。赵括的母亲也向赵王上了一道奏章，请求赵王别派他儿子去，赵王把她召了来，问她什么理由。赵母说："他父亲临终的时候再三嘱咐我说，'赵括这孩子把用兵打仗看作儿戏似的，谈起兵法来，就眼空四海，目中无人。将来大王不用他还好，如果用他为大将的话，只怕赵军断送在他手里。'所以我请求大王千万别让他当大将。"但赵王听不进去这些劝告，坚持派赵括去接替廉颇。

赵括上任之后，一反廉颇的部署，不仅临战更改部队的制度，而且大批撤换将领，使赵军战斗力下降。秦国见赵国中了计，暗中改派白起为将军，王龁为副将。赵括虽然自大骄狂，但他心里很畏惧秦将白起。所以秦王下令"有敢泄武安君（白起的封号）将者斩"，不让赵括知道对手已经换成了白起。

白起面对鲁莽轻敌、高傲自恃的对手，决定采取后退诱敌、分割围歼的战法。他命前沿部队担任诱敌任务，在赵军进攻时，假装战败后撤，同时将主力配置在纵深构筑的袋形阵地；另外用精兵5 000人，像个楔子一样插进赵军的先头部队与主力之间，伺机割裂赵军。8月，赵括在不明敌军虚实的情况下，贸然采取进攻行动。秦军假意败走，暗中张开两翼设奇兵挟制赵军。赵军乘胜追到秦军修筑的堡垒那里,秦军早有准备,壁垒坚固,赵军打不进去。这时白起命令两翼奇兵迅速出击,将赵军截为三段。赵军首尾分离,输送军粮的粮道也被截断,秦军又派轻骑兵不断骚扰赵军。赵军已经非常危急了,只得筑垒壁坚守,等待救兵。

秦王听说赵国的粮道被切断,为了一鼓作气打败赵军,亲自来到离长平不远的地方督战,同时征发国内15岁以上的男丁从军,倾全国之力与赵作战。

到了9月,赵兵已经断粮46天,饥饿不堪,甚至自相残杀,出现人吃人的惨剧。赵括走投无路,重新集结部队,分兵四队轮番突围,但始终不能冲出去,赵括亲率精兵出战,结果被秦军射死,赵军大败,40万士兵投降白起。白起把赵国的降卒全部活埋,只留下240个小兵回赵国报信。赵国上下为之震惊。

在危机之中,赵国的平原君挺身而出,写信给妻子的弟弟魏国的信陵君,委托他求魏王发兵救赵。魏王派晋鄙率10万大军去救赵国,但由于害怕秦昭襄王的威胁,魏王让军队停在邺城待命,不敢前进。信陵君为了救赵,设法偷出虎符(调兵的信物),杀了晋鄙,率兵救赵,在邯郸大败秦军,才避免赵国的过早灭亡,这就是著名的"信陵君窃符救赵"的故事。

评价

长平之战是中国历史上最早、规模最大、最彻底的围歼战。其规模之大、战果之辉煌,在世界战争史上也是罕见的。长平之战中,秦军前后共歼赵军45万人,从根本上削弱了当时关东六国中最为强劲的对手赵国,也给其他关东诸侯国以极大的震慑。从此以后,秦国统一六国的道路变得畅通无阻了。

此战,赵王急于求胜,错误地坚持进攻战略,而且中了秦国的离间之计,弃用名将廉颇,已决定了战役的败局;赵括纸上谈兵,在作战指挥上,不察战场实际情况,轻率发动进攻,又未采取必要措施,确保后方联络,是赵军被全歼的主要原因。

秦将白起能针对敌方弱点,先诱敌脱离工事,再分割、包围,充分消耗敌人后,一举歼之,反映了战国时期的野战指挥艺术发展到一个新的水平。

(五)秦灭楚之战

老将王翦采用养精蓄锐、以逸待劳、伺机破敌的作战方针,屯兵一年之久,最后打败了当时唯一能够与秦国抗衡的楚国,为中国的大统一奠定了坚实的基础。

战役背景

经过春秋和战国长期的兼并和战乱,中国社会逐渐向全国统一的趋势发展。在战国七雄中,秦国地处西陲,原来是关中地区的一个戎狄小国,春秋时期远比中原地区的各诸侯国落后。但是,秦国从秦孝公到秦始皇即位,一共历时115年(公元前361年至前246年),经历了六代君王,代代都是奋发有为之人。像秦孝公任用商鞅变法革新,废除旧奴隶主贵族把持特权和世袭的封爵制度,逐渐建立起中央集权的封建统治政权,对内实行"奖军功、教耕战",只要有军功,不管什么出身,都可以封爵封侯,大大激发了老百姓为国效力的决心;对外又南并汉中、巴蜀,北灭义渠、陇西。巴蜀广大地区先后为秦所有。秦王嬴政更是具有雄才大略的君王,他任贤选能,开始了吞并六国统一天下的宏伟大业。

秦王嬴政为了统一六国,对于进攻方案进行了详细策划,根据六国当时的强弱态势和山川地理形势,决定先对赵进攻,扫除向东前进的第一个障碍;赵国被攻灭后,再转向灭燕,继而攻灭韩、魏,最后再进攻齐、楚两国,基本上与其制定的"远交近攻"的外交政策一致。

秦军灭赵以后,大举进攻楚国。当时楚还是南方大国,拥有今河南西部和东南部、山东南部、湖北、湖南两省,洞庭湖以东和江西、安徽、江苏、浙江的全部。楚国此时还有对秦作战的实力。派谁去打这个强大的对手呢?秦王嬴政认为年少壮勇的将军李信是率兵攻楚的理想将领。于是便委以攻楚重任,并问李信说,如果派兵攻楚,需要多少兵马?李信答复说:"不过用20万人。"秦王又拿同样的问题去问老将王翦,王翦则说:"非60万人不可。"秦王当时就说:"王老将军老矣,何怯也!李将军果然壮勇,其言是也。"意思是王老将军你真的老了,害怕了吗?李将军果然是勇敢自信,我认为他说得对。

老将王翦见自己的意见没有被采纳,就借口说自己年老有病,需要退休,回到了自己的老家。秦王嬴政就任命李信为秦军统帅,与蒙武一起率兵20万进攻楚国。

李信把兵力集中于颍川郡,他判断,当秦军向楚进攻时,楚军为抗御秦军的进攻,必定会把兵力集中于汝水两岸。他将一部分军队交给蒙武指挥,沿汝河两岸前进,从正面进攻楚军;自己亲自指挥主力军,打算从汝水南边,迂回到楚军的左侧翼,与蒙恬军会师,包围楚军。

楚将项燕是楚国的名将,他仅以少量兵力置于边境吸引秦军,自己亲率大军集中于新都寿春(今安施宏县),待机破敌。李信、蒙武没有遇到楚军大的抵抗,不仅顺利地占领了平舆、寝丘,而且攻克了楚的旧都(今湖北江陵县东北)。连战皆捷,李信更加趾高气扬,自以为能横扫荆楚,独立大功。正在他得意扬扬的时候,项燕发现秦军孤军深入,立即率楚军主力,兼程急进,在棠溪追击秦军,李信战败,率军往城父方向撤退。楚军乘胜猛追,3昼夜战斗不息。秦军连日所修筑的营垒,都被楚军攻破,斩杀秦将7员。李信军损失惨重,多亏驻扎在城父蒙武军的掩护,李信才得以突围逃回秦境,免于被俘。

秦军遭受重大挫折后,秦王嬴政虽然感到自己当初对统帅人选有误,但并没有动摇灭楚的决心,仍然继续进行灭楚战争。李信失败后,秦军统帅一职只有重新起用老将王翦。

秦王嬴政亲自到王翦家乡频阳邀请王翦出任秦军统帅。王翦谢绝说,我身体不好,难以从命。秦王态度诚恳,说:"我因为不用将军的计议,李信果然辱没了秦军。事已至此,只得请老将军辛苦一趟了。"坚持请他出征,并问他有什么要求。王翦这时才说:"大王如果你必须启用我,一定要给我60万人的部队。"秦王痛快地答应了。秦王亲自把王翦送到京郊灞水之滨。这时王翦又请求秦王多赐给他一些田宅,秦王也答应了他的要求,心里暗暗觉得好笑,这个老头子真是老了,只想多给自己弄些良田美宅。王翦于是带兵东去。为什么王翦会这样要求呢?他真的是贪图这些良田美宅吗?其实是王翦担心自己在前线带兵打仗,免不了会有人在秦王面前说自己权重兵多,引起秦王的猜忌,不信任自己,使得自己的指挥权被剥夺;而多要田宅,会让秦王认为自己打仗就是为了多得点田地财物,没有野心,也就会对自己放心,不会处处牵制,弄得自己在前方仗都没法打了。

战役经过

王翦根据已往长期作战的经验,知道楚军刚刚打败李信指挥的秦军,锐气旺盛,斗志昂扬,对付这样的敌人,必须小心谨慎,不能盲动冒进,否则不仅没有胜利的把握,而且一旦行动不慎,还会影响整个战争的结局。所以王翦进入楚国后,就命令部队在商水、上蔡、平舆一带地区构筑坚垒,进行固守,并令部队不许出战,休整待命。当时秦已灭了韩、赵、魏三晋,无后顾之忧,有物力的大量支援,能够打持久战;而楚无论军事、政治都远为落后,持久战显然对楚不利。

项燕一次又一次下战书,并派人到阵前叫骂,但秦军总是坚守不出。王翦安排士兵每天休息洗浴,改善伙食,自己与士兵同吃同住。这样过了一年之久,秦王充分信任王翦,对于任何质疑王翦这一做法的意见都置之不理,没有对他的决策进行干预;秦军士气日益高涨,求战心切;而楚军却在持久战中消耗过大,士气不振。楚王等得不耐烦,派人几次催项燕主动进攻秦军,项燕在压力之下只得向秦军进攻,但进攻似乎是徒劳的,因为既攻不破秦军的营垒,秦军也不出战。三番五次进攻无效后,项燕对秦军坚守不战做出了错误的判断,认为王翦率军前来只为驻防,不是为了进攻,于是他下令部队向东撤退,准备进行休整。这时,王翦看准时机,立即令全军追击楚军,这时的楚军前面被涡河挡住去路,后面秦军追来,双方交战,结果自然是楚军溃不成军。秦军直取楚都寿春,楚王被俘,秦王将楚地划入自己的版图,设三郡,即南郡、九江郡、会稽郡。

评价

灭楚之战,是中国历史上疲敌制胜的典型战例。王翦改变了李信轻敌冒进的错误,采取"避其锐气,击其惰归"的作战方针,是取得胜利的主要原因。

秦楚之战,是秦灭六国战争中的关键一战。此战的胜利,为秦最后统一中国奠定了坚实的基础。秦王嬴政灭掉六国,结束了春秋战国以来550多年的战乱局面,创建了中国历史上第一个统一的中央集权的封建大帝国。这个大帝国对中国封建社会政治制度具有划时代的意义,它开创了中国历史的新纪元,使中国古代社会大大地向前推进了一步。

(六)破釜沉舟——巨鹿之战

西楚霸王项羽,以破釜沉舟的英雄气概,与秦军主力大战巨鹿,取得决定性胜利,为推翻秦王朝做出了关键贡献。

战役背景

陈胜、吴广起义以后,项羽、刘邦等各地反秦义军拥戴楚怀王的孙子做楚王(仍称楚怀王),结成反秦联盟。公元前207年,秦大将军章邯为平息赵地的反秦势力,率40万大军攻破邯郸,赵王歇逃到巨鹿(今河北平乡县西南)。章邯率军追到巨鹿城下,派王离率20万人围困巨鹿,自己则率20万人屯兵巨鹿南的棘原,并修筑甬道(两侧有墙的运粮道路)以补给王离军粮。王离兵多粮足,加紧攻巨鹿,赵王歇在这种紧急的情况下,派人向楚怀王求救。

战役经过

秦二世三年(公元前207年)11月,项羽奉楚怀王的命令,率军北渡黄河前往救赵。因为秦军是堪称屡战屡胜的劲敌,项羽军为慎重起见,当军队推进到大河(就是黄河)岸边时,先派出英布、蒲将军指挥2万兵力,渡河作试探性的攻击。英布、蒲将军率军渡河后,立即与秦军展开交锋,英布等击破秦军的阻击部队,进而机动灵活连续攻击秦军运输军粮的甬道,使秦的甬道被切断,威胁到秦军攻城部队的补给。这个胜利给各路反秦军以很大鼓舞,项羽于是决定渡黄河,渡过漳水,并命令全军在渡过漳水之后,把所有的船只凿沉,打破所有的釜甑(做饭的炊具),烧毁所有的营舍,每个士兵只携带够3天吃的干粮,表示出只前进不后退、誓与秦军决一死战、不再生还的战斗意志。

楚军全部渡河后,项羽与英布、蒲将军会师,随即把围攻巨鹿的王离军包围。章邯指挥秦军主力向楚军的侧面进攻,两军于巨鹿城下展开大规模交战,项羽等重要将领都亲持刀戟参加拼杀,楚军士卒深受鼓舞,无不以一当十,奋勇杀敌,杀声惊天动地。秦楚两军经过九次激战,不可一世的秦军,终于被项羽的楚军所击破。秦将苏角被杀,统帅章邯不得不向巨鹿以南撤退,王离、涉间军被包围歼灭。涉间拒绝降楚,自焚而死,王离成了项羽的俘虏,当时在巨鹿战场的,除项羽军以外,还有来自各地的救赵部队,他们在巨鹿附近筑连营十几座,但不敢参战,听到楚军惊天动地的喊杀声,都挤到壁垒上观看,十分害怕。直到项羽军打败了秦军,他们才敢出来,到军营会见项羽。出于敬畏,他们都跪在地下爬进去,拥戴项羽为诸侯上将军,表示服从他的指挥。

接着,项羽率大军继续进击秦军。章邯在既无援军又无退路的情况下,请求投降。公元前207年7月,章邯率20万秦军在洈水南岸的殷墟(今河南安阳西)缴械投降。

评价

巨鹿之战对于灭亡秦王朝的统治具有决定性的意义。项羽以劣势兵力成功地实施分割、围歼战术,发扬破釜沉舟的勇猛精神,大败秦军,表现了他高超的指挥艺术和"力拔山兮气盖世"的英雄气概。

巨鹿之战,歼灭秦军主力,扭转了整个农民战争的战局,至此,秦朝再无可用之兵,已处于坐以待毙的绝境。在这里分析战役胜负原因的时候,不应过分夸大项羽"破釜沉舟"的决心和勇气,秦军失败的决定性因素应是秦朝政治上的腐败没落,人心尽失,军队的士气可想而知,没有战斗力的军队人数再多也不堪一击。

二、汉至清的经典战役

由汉至清,历经三国、晋、南北朝、隋、唐,以至五代十国、宋、元、明、清。王朝走马灯似的更替,同时占据中原的农耕民族也与来自蒙古高原、东北平原的游牧民族发生了许许多多的战争,在这些战争里经典战役成了某一方胜利或失败的代名词。

摒弃了古老的青铜兵器,以铁器为主要作战工具、辅以少量火器的战役、其规模越来越大,影响也越来越大。于是更多的战役成了经典,被载入史册。

(一)十面埋伏——垓下之战

楚汉战争是秦灭亡后,项羽和刘邦之间为争夺最高统治权力而进行的战争。在四年的战争中,刘邦和项羽的性格特点决定了战争的结局。刘邦知人善任,从善如流,手下谋士、大将争相替他卖力,逐渐转败为胜;而项羽骄傲多疑,狂妄自大,导致众叛亲离,自己也落个乌江自刎的下场。

战役背景

在秦末农民大起义过程中，陈胜牺牲后，刘邦集团和项羽集团成为反秦武装的两支主力，他们表面上都尊奉楚怀王的孙子为楚王（仍叫楚怀王）。

秦二世三年（公元前207年），刘邦、项羽相继率兵入关，推翻了秦王朝。按照原来楚怀王与诸将的约定，"先入定关中者王之"，意思是谁先攻入秦的都城咸阳就立谁为王。刘邦先入咸阳，理应在关中称王，但项羽自恃功高，企图独霸天下。汉元年（公元前206年）正月，项羽佯尊怀王为义帝；二月，分封诸将，自立为西楚霸王，封刘邦为汉王。此后他把义帝贬迁到江南，让刘邦去巴蜀偏远之地，把自己手下的亲信都封到富庶的地方，挑动和加剧了各路诸侯之间的权力纷争，并且迅速激化了他与刘邦之间的矛盾。

刘邦被封为汉王后，决定以汉中为基地，养民招贤，安定巴蜀，然后收复三秦。三个月后，他趁田荣在齐地起兵反楚、项羽前去镇压的有利时机，东出巴蜀，与项羽公开决裂，楚汉战争爆发。

刘邦的东进使项羽在战略上陷于两线作战的不利处境。楚军主力困在齐地，无法脱身。刘邦乘机进驻洛阳，同时，以项羽放逐杀害了义帝为由，率反楚的诸侯兵共56万人，进据楚都彭城。项羽得知彭城失陷的消息后，亲自率精兵3万人回师彭城。在楚军突然袭击下，汉军56万乌合之众一败涂地，刘邦只得与数十骑突围。

彭城之战后，楚汉便进入了双方相持的阶段。相持阶段一开始，刘邦就组建了骑兵部队，有效地阻挡了楚军的进攻；与此同时，汉军一方面坚守荥阳、成皋一线，一方面积极在楚军的后方和侧翼开辟新战场。这一部署打击了项羽在战略上的致命弱点，很快收到了成效。汉二年（公元前205年）八月至次年十月，刘邦的部将韩信接连平定魏、代、赵、燕，矛头直指齐地，逐渐形成包围西楚的态势。而项羽却始终不能摆脱两线作战、首尾不能相顾的困境。特别是项羽不能用人，在政治上、军事上连连失策，使刘邦得以调兵遣将完成对项羽的战略包围。汉三年（公元前204年），汉军在成皋大破楚军，韩信也尽收齐地。项羽腹背受敌，陷于汉军的战略包围之中。

汉四年（公元前203年）八月，项羽向刘邦提出议和，楚汉约定以鸿沟为界，鸿沟以西为汉，以东为楚。九月，项羽率兵东归，而刘邦却背约攻楚。

战役经过

汉高祖五年（公元前202年）的十二月，刘邦、韩信、刘贾、彭越、英布等各路汉军约计40万人与10万楚军于垓下展开决战。楚军大败，退入壁垒坚守，被汉军重重包围。项羽被围后,命令士兵坚守营寨,不准出战。他幻想等到汉军粮草接济不上时,就可不战而胜。但没想到楚军自己的粮草运输线已被汉军截断,在粮草断绝的情况下,楚军疲惫不堪,军心涣散。项羽无奈,决定突围,但多次突围都没有取得成功。

当时正值寒冬,楚军人疲粮尽,夜不能眠,突然,从汉军营寨方向传来一阵阵悲凉的楚歌,歌词大意是:"九月深秋兮四野飞霜,天高水涸兮寒雁悲伤!最苦戍边兮日夜彷徨,披坚执锐兮骨立沙岗。离家十年兮父母生别,妻子何堪兮独守空房……"项羽及楚兵听到这四面传来的熟悉的乡音,顿时呆住了。项羽想,肯定是刘邦已经占领了西楚,否则他的军中怎么会有这么多楚人? 楚军将士更是在楚歌声中,乡愁渐起,斗志全无。项羽感到大势已去,对一直跟随自己南征北战的宠妃虞姬唱起"力拔山兮气盖世,时不利兮骓不逝。骓不逝兮可奈何? 虞兮虞兮奈若何?"表达了英雄末路的悲凉之感。虞姬也以歌和之,然后拔剑自刎。(后根据《史记》中记载的这一情景,编出了著名的剧目,叫《霸王别姬》)。

项羽最后率 500 亲信杀出重围,来到乌江边,后有追兵,前有大江,而身边只剩下十几个随从,他们表示拼死掩护他渡江,回到故乡去。但项羽说自己当初带 8000 子弟兵过江参加反秦的战斗,现在只落得孤身一人,无颜见江东父老,坚持不肯渡河,随后自杀身亡,死时 31 岁。

评价

垓下一战,刘邦全歼楚军,获得最后胜利,结束了为期四年的楚汉战争,公元前 202 年,刘邦称帝,建立了西汉王朝。

从楚汉战争开始,项羽的势力与对手刘邦相比,明显站在上风,但由于他性格上的弱点,如过分自负、不肯听言纳谏,导致众叛亲离。垓下一仗,四面楚歌,最后导致落个身首异处的悲惨下场。正如著名教授王立群所评价的那样,"项羽是一位理想型的历史英雄,也是唯一的一位因事业失败,身首异处后,备受后人称赞的历史英雄;更是;一位红颜知己为其献身的历史英雄。在这位历史英雄无奈离世后,一代奇才司马迁为之树立本纪,更有无数的文人骚客为之挥洒笔墨。令人惊奇的是,在这样一个胜者为王败者为寇的文化氛围中,战胜他的人——刘邦、韩信、张良等人在人格方面却没有他英雄的光彩。"他是一位公认的失败了的英雄。

(二)追奔逐北——漠北之战

汉武帝在中国历史上是一个具有雄才大略的皇帝,他在位 54 年,对匈奴用兵的时间就有 44 年,基本解决了匈奴对中原地区长期的困扰,极大地开拓了汉王朝的版图。特别是从公元前 129 年到公元前 119 年间连续对匈奴作战,取得了对匈奴作战的决定性胜利。汉匈漠北战役发生于汉武帝元狩四年(公元前119年)春,汉军获得了战略决战的巨大胜利。经过此次大战,匈奴军元气大伤,匈奴部族远走漠北,漠南已无匈奴王庭。

战役背景

匈奴是战国中后期起开始崛起于中国北方的游牧民族。自公元前3世纪到公元1世纪,称雄北方,战国时的秦、赵、燕三国的长城就是为了防御匈奴入侵而修筑的。秦汉之际,匈奴族强盛起来,它趁楚、汉战争之际,占领河套地区。

西汉初年,匈奴的力量非常强大,有骑兵30万,控制着中国西北部、北部和东北部的广大地区,经常南下中原骚扰,掠夺人口、抢夺财物,是汉朝的主要边患。但是,经过秦末的战乱、楚汉战争、平定异姓王的叛乱,汉初的社会生产受到严重破坏,统治者忙于巩固统一政权,恢复经济生产,无力进行对匈奴的战争。据史书记载,汉初大臣们上朝的时候,连4头毛色一样的拉车的牛都找不来!国家都穷到这个份儿上了,哪里还能和匈奴打仗!只能采取"和亲"、岁奉礼物等暂时的忍让政策。这一政策从汉高祖刘邦一直延续到汉文帝、汉景帝、汉武帝初年。

经过四十多年文景之治,西汉国力大增,武帝时期,即自汉武帝元光六年(公元前129年)起兴兵与匈奴作战,历时三四十年,大小战事不断,有决定性意义的战役有3次:河南、漠南之战,河西之战,漠北之战,其中规模最大的一次是漠北之战。

战役经过

元狩四年(公元前119年),汉武帝决定对匈奴采取更大规模的军事行动,派兵深入漠北(今蒙古国境内),寻歼匈奴主力。大将军卫青、骠骑将军霍去病各率5万骑兵为主力,另外还有步兵数十万,战马10万匹配合行动。二人分东西两路北进,决心在漠北与匈奴会战。

卫青从定襄出兵,向北军进1 000多里,与匈奴单于相遇。卫青下令用武刚车(四周及车顶用皮革作防护的兵车)环绕为营,防止匈奴的袭击,然后派5 000名骑兵发起攻击。匈奴派1万骑兵应战,战斗十分激烈。天近黄昏时,忽然刮起了大风,沙砾扑面,以至于两军对面却什么都看不见。卫青乘机从左右两翼迂回包围了单于的营阵。两军殊死战斗到深夜,单于终于支持不住,率领骑兵数百人向西北方突围而去。卫青派轻骑连夜追击,自己率主力随后挺进。到天明时分,汉军已追击200多里,到蘺颜山(今蒙古国境内杭爱山脉一支)的赵信城,击毙匈奴军1.9万多人,获得大批屯粮。

与此同时,霍去病从东路出兵,深入匈奴腹地两千多里,与匈奴左贤王相遇,两军展开激烈混战,左贤王不是汉军的对手,弃军而逃,汉军俘虏奴隶共7万多人。

霍去病指挥大军乘胜追赶,直达狼居胥(今蒙古乌兰巴托东)。为庆祝胜利,他在狼居胥山主峰上建立高坛,在姑衍山旁开辟广场,祭祀天地,然后班师凯旋,汉军获得了战略决战的巨大胜利。经过此次大战,匈奴军元气大伤,匈奴部族逃到漠北,漠南已无匈奴王庭。

在完成了这样不世的功勋之后,霍去病也登上了他人生的顶峰,他被封为大司马骠骑将军。然而仅仅过了两年,元狩六年(公元前117),24岁的骠骑将军霍去病就去世了,他的名字并没有给他带来好运气。汉武帝对霍去病的死非常悲伤,他下令把霍去病葬在自己的寝陵(墓地)茂陵,在霍去病下葬的那一天,他调来铁甲军,列成阵沿长安一直排到霍去病墓地。霍去病的墓至今仍然矗立在茂陵旁边,墓前的"马踏匈奴"的石像,象征着他为国家立下的不朽功勋。

史书记载,汉武帝为奖励霍去病的战功,曾经为他修建过一座豪华的府第,霍去病却拒绝收下,他对汉武帝说:"匈奴未灭,何以家为?"这短短的八个字,千古流传,激励着历代的爱国将士们保家卫国,舍生忘死。

评价

汉对匈奴的战争属于正义的战争。汉武帝时期,我国社会早已进入封建社会,而匈奴尚处于奴隶制社会时期。匈奴奴隶主对西汉边郡的长期进袭掠夺,严重破坏了中国北部地区的经济发展,给黎民百姓带来了深重的灾难。西汉漠北决战的胜利,制止了匈奴奴隶主对汉边境的残暴掠夺,加速了我国北部地区的进一步统一和开发,具有深远的历史意义。

西汉能够取得决战的巨大胜利,原因是多方面的,基本的有以下几点:

汉武帝雄图大略的决心和战略决策的正确。汉武帝在此前与匈奴的河西战役取得胜利,匈奴右部被歼,实力大减,而汉军因为胜利而士气大盛的有利时机,迅速组织东西两路大军,突然北进,直捣匈奴心腹之地,使匈奴猝不及防,从而一举获得了作战的胜利。

这场战役的胜利也归功于卫青和霍去病这两位杰出的军事统帅成功的战役指挥。卫青统率的西路军与单于正面相遇时,做出正确判断,自率主力前进,命部将其从侧翼迂回,当单于突围之后,又率军猛追。骠骑大将军霍去病由东路出塞之后,长驱直进2 000多里,丢弃辎重,轻兵急驰,抓住匈奴左贤王部穷追猛杀,一直将其8万多军队歼灭掉十之八九,追至狼居胥山才胜利而归。卫青和霍去病之所以与匈奴军屡战屡胜,首先是他们本身所具有可贵的将帅气质,他们成功地解决了骑兵大兵团在沙漠荒原作战的一系列战术、指挥、补给等开创性的问题。

最后不能忘记的是广大的普通汉军官兵的英勇善战、吃苦耐劳的战斗精神。不但是这次漠北之战,在汉武帝对匈奴的几次大战中,汉军将士克服了深入大漠作战所遇到的难以想象的困难，他们的牺牲奉献成就了帝王的霸业、名将的功勋，可谓"一将成名万骨枯"，汉武帝、卫青、霍去病的千秋功名背后是千百万默默无闻的士兵。

（三）以弱胜强——昆阳之战

绿林军以不足万人之师，抵御40倍于己的敌军，坚守围城，英勇顽强，最后在刘秀率领的3 000名敢死队配合下，内外夹击，终于打败了王莽40余万正规军，完成了掩护主力部队攻取战略要地的任务。昆阳之战，是农民起义军推翻王莽政权的战略性决战，也是我国古代战争史上一个以少胜多、以弱胜强的典型战例。

战役背景

公元23年2月，汉末农民起义军绿林军建立了更始政权，派兵加紧进攻战略重镇宛城（今河南南阳）；4月又派王凤、王常、刘秀率军北上，一举攻占了昆阳（今河南叶县）、定陵（今河南舞阳县）等地，以确保大军攻下宛城。

篡夺了西汉政权的王莽听到更始政权建立的消息后，异常恼怒，赶忙派大司徒王寻、大司空王邑率领各州郡精兵42万，号称百万，向宛城进发，妄图一举歼灭起义军。

战役经过

王邑、王寻等人统率王莽军蜂拥抵至昆阳城下，将其团团围困。这时曾与绿林军交过手、深知其厉害的严尤向王邑建议说："昆阳城易守难攻，而且更始农民军主力正在宛城一带，我军应当绕过昆阳，迅速赶往宛城，先击败更始军在那里的主力，届时昆阳城即可不战而下。"然而王邑等人自恃兵力强大，根本听不进这一正确的意见，坚持先攻下昆阳，再进击更始农民军主力。于是动用全部兵力列营百余座，猛攻昆阳不已。40余万王邑军轮番向昆阳城发起进攻，并挖掘地道，制造云车，企图强攻取胜。昆阳守军别无退路，遂依靠城内人民的支持，合力抵抗，坚守危城，多次击退王邑军的进攻，给予敌人以很大的消耗和挫折。严尤眼见昆阳城屡攻不下，己军日趋被动，于是再次向王邑建议："围城必须网开一面，使城中守军逃出一部分到宛阳城下，去散布恐怖情绪，以动摇敌军的军心，瓦解敌军的士气。"可是刚愎自用的王邑依然未能采纳。

面对强敌压境，农民军意见开始时并不统一。有的将领认为敌我兵力众寡悬殊，不易取胜，因而主张避免决战，化整为零，先回根据地，再图后举。但刘秀则反对这种消极做法，主张集中兵力，坚守昆阳，迟滞、消耗王邑军的兵力，掩护主力攻取宛城，然后伺机破敌。这时王邑的先头部队已逼近昆阳城北，在这紧急关头，诸将同意了刘秀的建议。决定由王凤、王常等率众坚守城邑，另派刘秀、李轶等13骑乘夜出城，赶赴郾县、定陵一带调集援兵。

这天晚上，刘秀带着12个勇士，骑着快马，趁黑夜冲杀出昆阳城南门。王莽军防备不足，他们冲出了重围。到了定陵，刘秀想把定陵和郾城的义军人马全部调到昆阳去参加战斗，但是有些将领舍不得已经得到的家产，不愿意离开这两座城。刘秀劝他们说："现在咱们到昆阳去，把所有的人马集中起来，打败了敌人，可以成大事，立大功；要是死守在这里，敌人打来了，咱们打了败仗，连性命都保不住，哪里还谈得上自己的财物？"将领们被刘秀说服了，带着所有人马跟着刘秀上昆阳来。

刘秀亲自带着步兵、骑兵1 000多人组织一支先锋部队，赶到昆阳，他们在离王莽军四五里的地方摆开了决战阵势。王寻、王邑一看增援的汉军人少，没当回事，就只派了几千兵士来对付刘秀的先头部队。刘秀趁敌军还没有站稳阵脚，先发制人，亲自指挥先锋部队冲杀过去，一连杀了几十个敌人，后面跟来的大队人马赶到，见刘秀的先锋部队打得勇猛，也鼓起了勇气，几路人马一齐赶杀过去，王寻、王邑军被迫后退，起义军乘胜猛击，越战越勇。

这时，刘秀带着3 000名敢死队，向王莽军的精锐部队冲杀过去。王寻亲自带着1万人马跟刘秀交战，但是1万人还真打不过刘秀率领的勇猛的敢死队，打了一阵，王寻的军队开始乱了起来，义军越打越勇猛，大家看准王寻，围上去乱砍乱杀，结果了王寻的性命。

昆阳城里的王凤、王常，见外面的援军打了胜仗，就打开城门冲了出去，两下夹攻，喊杀的声音震天动地。王莽军一听主将被杀，全都慌了神，乱奔乱逃，自相践踏，沿路100多里，丢下大批尸首。这时候，天空突然暗了下来，响起了一声大霹雳，接着狂风呼啸，大雨像倾盆一样地直倒下来，义军一股劲儿往前追杀，王莽军好像决了口子的大水一样直往今河南鲁山沙河方向逃奔，兵士掉在水里淹死的成千上万，把沙河的河流也堵塞了。

大将王邑带着剩余的王莽军逃回洛阳的时候，42万大军只剩下几千人。义军打扫战场，战场上到处都是王莽军丢下的兵器、军车、粮草。义军搬了1个多月，都没有搬完，最后放了把火，把剩下的东西全烧了。

评价

决定新莽政权和农民军命运的昆阳战略大决战，以绿林军的大获全胜、新莽军队的惨败而告终。至此新莽王朝赖以抗御农民起义军的基本武装力量溃不成军，不久，王莽政权遭到了彻底灭亡，刘秀建立的东汉政权取而代之。这场战役也是中国历史上著名的以少胜多的战役典范。在这场战役中，刘秀充分显示了他智勇双全的军事才华，一跃而成为起义军中举足轻重的人物，奠定了他在起义军中的领导地位。

在昆阳之战中，王莽军的兵力有 42 万人，而更始起义军守城和外援的总兵力加在一起也不过 2 万人。然而在兵力对比如此悬殊的情况下，起义军竟能取得全歼敌人的辉煌胜利，这绝不是偶然的。归结其要旨，大约有这么几条：

绿林军战胜新莽军队是新莽统治不得人心的必然结局。王莽篡汉以后，在政治上进行了不成功的所谓改革，不但没有缓和西汉末年由于土地兼并造成的严重的政治经济危机，反而激化了阶级矛盾。绿林军的起义，符合广大民众的愿望和要求，因而得到民众的拥护和支持，这是昆阳之战中起义军取胜的深厚政治根源，也是新莽军队一触即溃的根本原因所在。

新莽军队的失败也是因为双方指挥官的智慧和勇气相差太大。新莽王朝选定统率 42 万大军的核心将领不是选贤任能，而是唯亲是用。莽军统帅王邑、王寻可谓自西汉以来战争史上少见的庸碌骄狂之徒。昆阳战前，将军严尤建议不攻昆阳，直下宛城，一旦解围，昆阳则会不攻自下；这本是对莽军战略全局极为有利的良策，但却被王邑一口回绝；当昆阳小城久攻不下，又拒绝了严尤"围师必阙"的重要建议，结果 40 多万大军顿兵坚城之下，坐视宛城失守，战略上丧失了可贵的时机，使本来主动进击的绝对优势之军，完全化为无用之物。王邑依仗自己 40 多万大军的强大优势，根本不把义军放在眼里。当他指挥大军到达昆阳城下时，不做任何具体的作战部署，就下令攻城，并且盲目狂妄地说："屠昆阳城，喋血而进，前歌后舞。"在刘秀等调来援军时，本来充其量不过几千人，这正是莽军利用自己的优势消灭敌人的良机，但王邑等却傲慢轻敌，只出动万人迎战刘秀的 3 000 敢死队，结果被刘秀军一举冲垮了莽军的指挥中枢，招致全军溃败。

而当时年仅二十九岁的刘秀还是绿林军中名不见经传的一位将领，但他有胆有识，在危急时刻敢于挺身而出，可谓智勇双全，起义军在他的影响下对强敌毫不畏惧，"狭路相逢勇者胜"，以必胜的气概压倒了敌人，取得了胜利。绿林军实施了坚守昆阳，牵制敌人，调集兵力，积极反攻的正确做法，严重迟滞了王邑军的行动，消耗了它的实力，牢牢地掌握了战场攻守的主动权。在作战指导的具体运用方面，起义军敢于拼杀，士气高昂，又善于利用敌军的弱点，攻心打击和军事进攻双管齐下，摧毁敌人的战斗意志，并且能够把握战机，选择敌军指挥部为首要进攻目标，将其一举捣掉，使得敌军陷于群龙无首的境地，最终失败。

（四）以少胜多——官渡之战

官渡之战是公元 200 年曹操和袁绍进行的一场争夺中原的决定性大战。这次战后，曹操基本上统一了北方。在这次战役中，曹操知人善任，而袁绍则刚愎自用，听不进去别人的意见，他们的性格特点决定了战役结果。

战役背景

在镇压黄巾起义的过程中，东汉各地的州郡大官们趁机独揽军政大权，地主豪强也纷纷组织"部曲"（私人武装），占据地盘，形成大大小小的割据势力，进行争权夺利、互相兼并的长期战争，造成中原地区"白骨露于野，千里无鸡鸣"的凄惨景象。

当时的割据势力，主要有河北的袁绍、河内的张杨、兖豫的曹操、徐州的吕布、扬州的袁术、江东的孙策、荆州的刘表、幽州的公孙瓒、南阳的张绣等。在这些割据势力中，袁绍、曹操两大集团逐步发展壮大起来。袁绍父祖四代有五人官至三公，属于名门大族，是北方最强大的割据势力，拥有黄河以北的青、冀、并、幽四州之地，地广人众，兵多粮足。曹操出身于官宦家庭（他的父亲是宦官的干儿子），社会地位很卑微，根本无法与袁绍相比，但他通过镇压黄巾起义收编了青州的黄巾军30多万人，并听从谋士建议，把汉献帝挟持到许昌，就是所谓的"挟天子以令诸侯"，取得了政治上的优势；并且在许昌屯田（让士兵种田）积蓄军粮，加强了军事、政治和经济建设，成为当时可以和袁绍抗衡的唯一力量。

公元197年春，袁绍同父异母的兄弟袁术在寿春（今安徽寿县）称帝，曹操马上以"奉天子以令不臣"（意思是奉皇帝的命令征讨不忠的臣子）为名，讨伐袁术，并很快将他消灭；接着又消灭了吕布，取得了河内郡。从此，曹操的势力西达关中，东到兖、豫、徐州，控制了黄河以南，淮、汉以北大部地区，从而与袁绍形成沿黄河下游南北对峙的局面。

战役经过

袁绍的兵力在当时远远胜过曹操，自然不甘屈居于曹操之下；他在打败了公孙瓒以后，率军南下，决心消灭曹操。

公元200年，曹操降服了南阳的张绣，赶跑了盘踞徐州的刘备，解除了后顾之忧，然后屯师官渡（今河南中牟东北），迎击袁军。

袁绍进军到黎阳，他首先派颜良进攻白马的东郡太守刘延，企图夺取黄河南岸要点，以保障主力渡河。4月，曹操为争取主动，求得初战的胜利，亲自率兵北上解救白马之围。此时他的谋士荀攸认为袁绍兵多，建议声东击西，分散袁军兵力，先引兵到延津，伪装渡河，趁机攻袁军的后方，使袁绍分兵向西，然后派遣轻骑迅速袭击进攻白马的袁军，攻其不备，一定可以击败颜良。曹操采纳了这一建议，袁绍果然分兵延津，曹操于是乘机率领轻骑，派张辽、关羽为前锋，急奔白马。关羽迅速迫近颜良军，颜良仓促应战被斩杀，袁军溃败。

曹操在解了白马之围后，命令白马的百姓沿黄河向西撤退，袁绍派大将文丑率兵追击曹军。曹操当时只有骑兵600，驻于南阪（在白马南）下，而袁军达五六千骑,还有步兵在后跟进。曹操令士卒装出溃不成军的样子,解鞍放马,故意将辎重丢弃在道旁。袁军一见果然中计,纷纷争抢财物,顾不上追击敌人了。这时曹操突然发起攻击,击败袁军,杀了文丑,顺利退回官渡。

袁绍依仗兵多势众,不顾首战失利,继续前进。8月,两军主力在官渡相遇。当时,袁绍有步、骑兵10万人,曹军只有1万多人。9月,曹操一度出击失利,于是改变战术,挖了很深的大沟,筑起高高的堡垒,闭守阵地,不和袁军交战。袁绍构筑楼橹,堆土如山,然后站在山上用箭俯射曹营,曹军于是制作了一种抛石装置的霹雳车,发石击毁了袁军所筑的楼橹;袁军又挖地道进攻,曹军也在营内挖长沟相抵抗。

双方相持3个月,曹操处境困难,前方兵少粮缺,士卒疲乏,后方也不稳固,几乎失去坚守的信心,于是写信给他最信任的留守许昌的谋士荀彧,说自己打算退守许昌。顺便说一句,曹操非常欣赏、看重荀彧这个谋士。曹操得到荀彧的时候说了这样一句话,说"吾之子房也",就是曹操荀彧看看做是自己的张良,在曹操南征北战的过程中,每到关键时刻都是荀彧帮助曹操出谋划策、克敌制胜。荀彧回信认为不能后退,他分析当时的形势说,袁强曹弱,一旦曹操退兵,袁绍就会乘势掩杀过来,曹操必败无疑。这个时候是"先退者势屈",意思是在相持阶段谁先退后谁失败。他劝告曹操应坚守阵地,抓住战机,这样,局势一定会发生变化。曹操接受了这一建议,决心坚持危局,寻找机会击败袁军。不久他派徐晃、史涣截击、烧毁了袁军数千辆粮车,增加了袁军的困难。

同年10月,袁绍又派车运粮,并令淳于琼率兵万人护送,囤积在袁军大营以北约20公里的故市(河南延津县内)、乌巢(今河南延津东南)。鉴于上次粮车被烧的教训,谋士沮授特别提醒袁绍,要他另派一员战将率一部分军队驻防在淳于琼的外侧,以防曹军的偷袭。但一向刚愎自用的袁绍没有采纳。袁绍的另一个谋士许攸认为曹操兵少,而且主力集中在官渡,许昌后方必定空虚,因此建议袁绍派一支轻骑从小道星夜袭击许昌,如果占领许昌,得到汉献帝,那时就可生擒曹操;如果攻不下许昌,也可使曹操疲于奔命,破曹之日屈指可数。但盲目自大的袁绍根本听不进去,这使许攸非常失望,他感到袁绍如此不懂战术,最后肯定会被曹操打败,自己跟着他没有什么前途;这时恰巧许攸老家的家人犯法被扣押了,许攸一听,觉得太没面子,一怒之下就去投奔曹操。曹操听说许攸来降,高兴得顾不上穿鞋光着脚跑出来迎接。许攸建议曹操轻兵奇袭乌巢,烧其辎重粮草。曹操立即付诸实行,亲自率领步骑5 000,冒用袁军的旗号,人衔枚马缚口(以防发出声音),各带柴草一束,在夜里走小路偷袭乌巢,到达后立即围攻放火。

袁绍得知曹操袭击乌巢后,他的反应不是去救乌巢,而是想利用曹操的精兵外出,去攻下官渡的曹军大本营。校尉张郃力主先救乌巢,但袁绍不听,派张郃连夜率主力进攻曹操的官渡大营,只派少数骑兵去救乌巢。由于曹营坚固,袁军久攻不下,等到了中午,曹操已在乌巢大败淳于琼,并烧了袁军全部粮食,凯旋回师官渡。袁绍军中的兵士知道乌巢失陷,粮草尽焚,顿时乱成一团,张郃见战局已定,自己又一直受到袁绍的疑忌,回去无法交差,干脆向曹操投降了。曹操乘势挥军出击袁营,袁军这时是未战先乱,袁绍仓皇率长子袁谭和800亲骑弃营而逃。袁军失去主帅,纷纷逃亡,溃不成军。曹操缴获了袁军丢下的全部军用物资,并坑杀了投降过来的袁军士兵7万多人,袁绍的主力损失殆尽,再也无力与曹操抗衡,不久袁绍病死。

评价

官渡之战是汉末乃至中国史上有名的以少胜多的战役,也是袁曹双方力量转变、当时中国北部由分裂走向统一的一次关键性战役。官渡一战之后,曹操终于一反之前对袁绍的劣势,为自己统一北方奠定了基础,对于三国历史的发展有着极其重要的影响。

当时,汉献帝虽说已变成曹操手中的傀儡,但他毕竟还是封建王朝最高权威的象征,因此,曹操"奉天子以令不臣",在政治上占了相当有利的地位。他打着征讨叛逆、统一天下的旗号,不仅在道义上名正而言顺,在客观上也适应了历史发展的潮流,符合了人民的要求和愿望,这是曹操取胜最根本的因素。此外,曹操打击为世人所痛恨的豪强和贪官污吏,重用地主阶级的优秀人才,一些方针政策也保护了中小地主阶级的利益;他推行的军民两种屯田制有效地支持了战争的需要,解决了后勤供应,且在一定程度上安定了社会生活,减轻了民众的一部分负担,赢得了民心,因而受到中小地主阶层和百姓拥护,这是曹操战胜袁绍的另一根本原因。

作战指导上的高明也是曹操取得胜利的重要因素。曹操善择良策,攻守相济,屡出奇兵,巧施火攻.焚烧袁军粮草,对获取胜利起了重大作用,集中体现曹操卓越的用兵谋略和指挥才能。反观袁绍,政治上纵容豪强,兼并土地,任意搜刮,因而遭到人民反对;军事上骄傲轻敌,不采纳部属的正确建议,任人唯亲,刚愎自用,迟疑不决,一再丧失良机。终致粮草被烧,后路被抄,军心动摇,内部分裂,全军溃败。

(五)三国鼎立——赤壁之战

三国形成时期,孙权、刘备联军于公元208年在长江赤壁一带大败曹操军队,奠定了三国鼎立的基础,这也是一场具有传奇色彩的以少胜多的著名战役。

战役背景

官渡之战后,曹操基本统一北方,进而想要吞并江南、统一天下。建安十三年

（公元 208 年）春，曹操在邺（今河北临漳西南）修建玄武池，训练水军，作向南方进军的准备。7 月，他亲统大军 10 余万南征荆州，企图先灭刘表，再顺长江东进，击败孙权，以统一天下。8 月，荆州牧刘表病亡，次子刘琮请降。荆州水军数以千计的蒙冲、斗舰，悉归曹操所有，曹军实力大增。依附刘表屯兵樊城（今属湖北省）的刘备，闻讯后率部南撤。9 月，曹军进占新野（今属河南省），并率精骑追击南逃的刘备，在当阳长坂坡追及击溃刘备军。刘备退至夏口（今武汉境），曹操继续南下。

为了建立共同抵抗曹操的联盟，刘备派诸葛亮到孙权处游说，想和孙权一起抗击曹操。当时坐镇江东的孙权也不愿受制于曹操，但他对刘备的力量有怀疑，对曹操的声势有顾虑，担心孙刘联合也不能打败曹操。诸葛亮以精辟的分析打消了孙权的怀疑和顾虑，力促他定下抗曹决心。正在这时，曹操率 20 万大军（号称 83 万），自江陵沿江东下，旌旗蔽空，声势浩大，列兵于长江之上，曹操还写信威胁孙权，让他趁早投降。

孙权手下以张昭为首的文臣被曹操的声势所吓倒，主张投降；以周瑜、鲁肃为首的武将则主张坚决抵抗。由于诸葛亮、周瑜对形势的正确分析和敌我力量的对比，坚定了孙权抗曹的决心。于是他派周瑜、程普、鲁肃等率精兵 3 万，与刘备联合，共同抵御曹兵。

战役经过

公元 208 年 10 月，周瑜率军沿江而上，到樊口与刘备会合后继续前进，与顺江东下的曹军在赤壁遭遇。曹军的步兵和骑兵面对大江，失去了威势，新改编和荆州新投降的水兵人心不稳，战斗力很差；又赶上北方兵士不服水土，军中疾疫流行，以至于刚和孙刘联军一交手就打了败仗。曹军退向长江北岸，屯兵在乌林（今湖北洪湖境），与孙刘联军隔江对峙。

曹军大部分是北方人，不习惯水上的风浪颠簸，于是曹操下令用铁环把战船连接起来，以利于兵士在船上行走，加紧演练，伺机攻战。周瑜考虑到敌众己寡，持久战对自己非常不利，决心要寻找机会与曹军速战速决。

周瑜的部将黄盖根据曹军的情况，建议用火攻烧掉曹操的舰船。周瑜于是与黄盖上演了一出苦肉计，借口黄盖倚老卖老，不服从命令，把他打了一顿。黄盖于是向曹操诈降，和曹操联络好投降的日期，随后带船数十艘出发，前面 10 艘满载浸油的干柴草，用布遮掩，插上与曹操约定的旗号，并系轻快小艇于船后，顺东南风驶向乌林。黄盖的船接近对岸时，戒备松懈的曹军都争着出营看热闹，看黄盖来投降。这时，黄盖下令点燃柴草，然后率兵士各自换乘小艇退走。火船乘风闯入曹军船阵，火借风势，顿时一片火海，延烧到曹军的舰船。用铁环连锁的舰船仓促之际无法拆开，一时烈焰冲天，曹军陆上营寨也烧成了一片火海。曹军烧死、淹死的在南岸的周瑜,急忙率精锐部队擂鼓前进,与刘备军队联合大败曹军。曹操被迫率军由陆路经华容(今湖北监利西北)向江陵撤退。一路上人马自相践踏,到了江陵,已损失大半。曹操不敢再战,留下大将曹仁守江陵,自己退回了北方。

评价

赤壁一战是中国历史上以少胜多的著名战例,对于三国历史的发展有着极其重要的影响。曹操失败,无力再向江南进军,孙权和刘备则乘胜发展势力,扩张地盘,这就为以后三国鼎立的局面形成奠定了基础。

孙刘联军在赤壁水战中,之所以能以少胜多,以弱胜强,主要有以下原因:

首先,积极迎战,先机制敌。采取这一方针,是符合当时情势的。一则曹操轻取荆州,发展过快,兵力不集中,占领区不巩固,正可乘其立足不稳而击之。二是趁战略要地樊口尚在刘备手中,曹军尚未达成水陆分进合击之际,迫曹军于江上水战,挫败其水军,使其难以顺江东下。三是曹操恃胜而骄,先给以迎头痛击,使曹军上下震惊,混乱被动。

其次,以长击短,出其不意。利用擅长水战的优势,对远来疲惫,不善水战而又麻痹轻敌的曹军,出其不意地采用火攻,然后乘敌混乱,迅速投入主力,实施有力的突击,击败曹军。

再者,曹操战略失误。曹操在统一北方之后,乘势向江南进军,一举夺占荆州。在此关键时刻,本应集中力量,彻底追歼刘备,然后再图东吴;而他却自负轻敌,急于求成,同时攻打两个敌人,以致促成孙刘联合,使自己处于不利地位。

最后,曹国人心不稳,不习水战。曹操的兵力以步兵和骑兵为主,到了赤壁后,难以发挥他们应有的战斗水平和能力。虽然曹操收编了荆州的一些水军,也训练了一些水军,但人心不稳,战斗力差,难以与训练有素、擅长水战的联军相抗衡。

(六)草木皆兵——淝水之战

公元383年发生的淝水之战,是东晋王朝同北方氐族贵族建立的前秦政权之间进行的一次战略性大决战。东晋大获全胜,奠定了南北对峙局面形成的基础,使南方获得了较长时间的安定局面,有利于社会和生产的发展。这次战役也是中国历史上以弱胜强的著名战例之一。

战役背景

西晋末年的腐败政治,引发了社会大动乱,中国历史进入了分裂割据的南北朝时期。在南方,司马睿于公元317年在建康(今江苏南京)称帝,建立东晋,占据了汉水、淮河以南大部分地区。在北方，各少数民族政权纷争迭起，由氐族人建立的前秦国先后灭掉前燕、代、前凉等割据国，统一了黄河流域；又于公元 373 年攻占了东晋的梁（今陕西汉中）、益（今四川成都）二州，将势力扩展到长江和汉水上游。前秦皇帝苻坚欲图以"疾风之扫秋叶"之势，一举荡平偏安江南的东晋，统一中原。

战役经过

公元 383 年，前秦王苻坚率步兵 60 万、骑兵 27 万、羽林军（指皇家卫队）3 万，兵分 3 路大举南下。据史书记载，前秦近百万的行军队伍"前后千里，旗鼓相望。东西万里，水陆齐进"，声势非常壮观。

东晋得知秦军主力逼近淮南，任命谢石为征讨大都督，谢玄为前锋都督，统率辅国将军谢琰、西中郎将桓伊、广陵太守刘牢之等 8 万人，奔赴淮河一线，扼守战略要点，阻止秦军渡河南进；同时命龙骧将军胡彬率领 5 000 水军，从洛口（今安徽寿县东北）沿淮河向西而上，来加强寿阳（今安徽寿县）地区的防卫。

晋朝军民都不愿让江南陷落在前秦手里，大家都盼望宰相谢安拿主意。谢玄恭恭敬敬地向谢安请示应敌之策，谢安却若无其事地回答说："朝廷已有命令。"说完就不再理会谢玄。谢玄不敢再问，便让自己的部将张玄再去请示谢安，谢安这次不但不作回答，反而带着亲朋好友出去游玩，深夜才返回家中，真可称得上是举重若轻。

10 月，秦前锋苻融部在淮河方向发动了进攻；10 月 18 日，攻占了战略重镇寿阳，打通了颍水和汝水两条河，既有利于秦军的水路补给，又可直入淮河，进抵长江北岸的广陵，再经淝水、巢湖进至历阳（今安徽和县）。这对秦军具有重要战略意义。

东晋的龙骧将军胡彬，听到寿阳失守的消息反应很快，马上命令部队停止前进，退守硖石（今安徽凤台西南）。硖石是淮河中游的重要隘口，淮河穿越硖石山而过，两岸地势险峻，是阻止秦军沿淮水推进的重要孔道。苻融进占寿阳后，马上向硖石进攻，同时命卫将军梁成等率军 5 万，占据洛涧（今安徽怀远以南之洛水）。

东晋江淮方向的统帅征讨大都督谢石、前锋都督谢玄率军前进到离洛涧 25 里的地方。东晋大将胡彬的部队眼看粮食就快吃完了，又没有援兵来救，面对苻融重兵的进攻，处境十分困难。但秦军 20 多万先锋部队也因为无法沿淮水进军，而滞留于淝水寿阳地区，双方处于僵持状态。

胡彬被围困得没办法，派使者向谢石求救，但他所派出的使者，被秦军抓住了。前秦军统帅苻融看了胡彬的求救密信，知道胡彬的部队已经兵疲粮尽，军心动摇，于是派使者火速报告苻坚说，敌人兵少势弱，易于歼灭，为防其逃跑，应该加速进攻。苻坚得此报告，非常高兴，把主力留在项城，亲自统率 8 000 轻装骑兵驰往寿阳。

苻坚为达成在寿阳地区一举歼灭晋军主力,再乘胜直取建康的战略企图,在发动进攻之前,先施展政治劝降。为此,他命尚书朱序出使晋营劝降。谁知这个朱序本来就是晋将,被秦军于襄阳之战中生俘后投降,被留任尚书。因此,朱序来到晋营,就背叛了自己的使命,把秦军的详细情况向谢石做了报告,并向谢石等建议说,秦军主力正在行进途中,如果等到其百万大军到达之后再和它决战,晋军肯定难以战胜秦军,应该乘其各路军队还没有到齐,迅速向其进攻,先把它的前锋挫败,打击他的锐气,就可以趁机击败秦的全军。

11月,谢石命广陵相刘牢之率精锐之士5 000人驰往洛涧,秦卫军将军梁成闻讯,沿着洛涧排兵布阵。刘牢之进至洛涧,连夜渡水,袭击秦军。刘牢之的5 000"北府兵",一举将梁成军击败,斩梁成、王咏等10将。刘牢之马上派兵占据渡口,切断秦军归路。秦军争相四散逃命,被杀和因为争渡被淹死的达1.5万人。晋军生俘前秦扬州刺史王显等,缴获全部梁成军的军资器械,取得了首战的巨大胜利。这一胜利既鼓舞了晋军的斗志,又冲破了秦军对淮河的封锁。

此时,谢石等诸军乘洛涧的胜利,开始沿淮河水陆并进,直抵寿阳东北淝水岸边。苻坚在寿阳城上看到晋军军威严整,将士精锐,又望见淝水东面八公山上的草和树木,以为也是晋兵,心中顿生惧意,对苻融说:"这明明是强敌,你怎么说他们不堪一击呢?"

前秦军洛涧之战失利后,沿着淝水西岸布阵,企图从容与晋军交

淝水之战

战。谢玄知道自己兵力较弱,利于速决而不利于打持久战,于是便派遣使者去刺激苻融说:"将军率领军队深入晋地,却沿着淝水布阵,这是想打持久战,不是速战速决的方法。如果您能让前秦兵稍稍后撤,空出一块地方,使晋军能够渡过淝水,两军一决胜负,这不是很好吗?"前秦军诸将都认为这是晋军的诡计,劝苻融不可上当。但是苻融却说:"只引兵略微后退,等他们一半渡河,一半未渡之际,再用精锐骑兵冲杀,便可以取得胜利。"于是苻融便答应了谢玄的要求,指挥秦军后撤。

前秦军人数虽然多,但都是各方势力拼凑起来的,军心不齐,士气低落,内部不稳,阵势混乱,指挥不灵,这一撤更造成阵脚大乱。朱序乘机在前秦军阵后大喊:"秦军败了!秦军败了!"前秦军听了信以为真,于是纷纷狂跑,争相逃命。东晋军队在谢玄等人指挥下,乘势抢渡淝水,展开猛烈的攻击。苻融眼见大事不妙,骑马

飞驰巡视阵地,想整顿稳定退却的士兵,结果马被绊倒了,被追上的晋军手起刀落,一命呜呼。前秦军全线崩溃,完全丧失了战斗力,秦军溃兵沿途不敢停留,听到风声鹤唳,都以为是晋军追来。晋军乘胜追击,一直到达寿阳附近的青冈。秦兵人马相踏而死的,满山遍野,充塞大河。苻坚本人也中箭负伤,逃回至洛阳时部队仅剩下 10 余万人。

晋军收复寿阳,谢石和谢玄派飞马往建康报捷。当时谢安正跟客人在家下棋,他看完了谢石送来的捷报,不露声色,随手把捷报放在旁边,照样下棋。客人知道是前方送来的战报,忍不住问谢安:"战况怎样?"谢安慢吞吞地说:"孩子们到底把秦人打败了。"客人听了,高兴得不想再下棋,想赶快把这个好消息告诉别人,就告别走了。谢安送走客人,回到内宅去,他的兴奋心情再也按捺不住,跨过门槛的时候,踉踉跄跄的,把脚上的木屐(指木制底的鞋子)的齿(防滑用的)也碰断了。这就是著名的典故"折屐齿"的来历。

中国古代战争史上规模最大的秦晋淝水之战,历经 4 个月便告结束。

评价

淝水之战使得东晋王朝的统治得到了稳定,有效地遏制了北方少数民族南下侵扰,为江南地区社会经济的恢复和发展提供了必要的契机。这场战争对于前秦政权和苻坚本人来说,则是导致了北方地区暂时统一局面的解体。慕容垂、姚苌等氐族贵族重新崛起,乘机肢解了前秦的统治,苻坚本人也很快遭到了身死国灭的悲惨下场。

从长期看,淝水之战最重要的作用是使得流落到南方的汉族中原文化得以延续和发展,并且直接影响到了此后隋唐等统一王朝的精神实质,可以说淝水之战保住了中华文化的核心部分并使之从所谓"五胡乱华"后得到喘息和重新崛起的机会。

前秦发动的旨在击灭东晋的淝水决战,成为中国古代战争史上规模空前的大战役。前秦王苻坚率 90 余万大军,欲一举灭亡东晋,但却败在晋 8 万之军的手下。前秦的主力大军损失十之六七,失败之惨,也为中国古代战争史上所罕见。

此次战役中前秦的惨败,有多方面的原因。

苻坚怀着统一全国的雄心壮志,发起淝水决战,是顺应历史潮流的,但前秦是一个多部族组合而成的国家,部族之间的矛盾十分尖锐复杂,虽表面上统一了北方地区,但是,统一的时间还短,基础极不稳固;秦在统一北方的进程中,连年征战,耗费巨大,兵疲民困;对伐晋之战,朝中意见严重分歧,难以形成统一意志合力作战。上述诸多方面的因素,构成了前秦在伐晋战争的当时非常不利的战略形势,但苻坚却缺乏清醒的估计和认识,在战略形势尚未完全具备取胜条件的情况下,急于"混六合以一家"，出动倾国大军伐晋，这不能不是前秦失败的基本前提。

（六）隋灭陈建康之战

自西晋末年以后，我国南北长期陷于分裂。但随着经济的发展，南北之间的联系日趋密切，统一成为时代的需要。杨坚建立隋朝之后，注意争取人心，奖励生产，在政治上较为巩固，经济上较为富裕，军事上较为强大，因而具备了统一南北的条件，并最终完成了统一。

战役背景

南北朝末期，北周、突厥和陈朝三个主要政权并存。北周大定元年（581年）二月，总揽北周大权的大丞相杨坚废周立隋，他就是隋文帝。当时隋疆域大体为长江以北，长城以南，东至沿海，西达四川的广大地区，拥有1100余县、2900余万人口，封建经济、文化较发达。杨坚为统一中国，革除弊政、发展生产、整顿军队，并陆续采取一些改革措施，不断增强国力、军力。

长江以南的陈朝辖长江以南、西陵峡以东至沿海的400多个县，200多万人口，政治腐败，经济凋敝，阶级矛盾尖锐。陈后主过着纸醉金迷的糜烂生活，不理朝政，面对隋军的大举进攻，陈后主还在大造宫室和佛寺，根本不作军事上的迎敌准备。他认为依靠长江天险就可以高枕无忧。当时陈军10多万人分布在长江一线数千里防线上，由于兵力分散，士卒毫无斗志，因此，守备松懈、形同虚设。并且，陈叔宝为准备元会（一种节日的名称），竟然下令让九江、京口等军事要地的舰船都集中到都城，来显示威仪，点缀节日气氛，使得江防更加薄弱。

战役经过

588年10月，在巩固了北方的防务之后，隋帝杨坚部署了南下攻陈、统一中国的军事计划。杨坚拜晋王杨广、秦王杨俊、清河公杨素为元帅，统率水陆军52万人，南下攻陈。11月，杨坚在定城（今陕西潼关西）誓师出发。12月，隋的各路大军集结于长江北岸，"东接沧海，西拒巴蜀，旌旗舟楫，横亘数千里"。隋军开始了中国历史上规模浩大的渡江作战。杨俊率领三路大军在汉口以西段长江沿线对陈展开进攻，牵制长江上段陈军，不让他们向下游机动，以保障下段隋军夺取建康。

589年正月初一，陈都建康周围的军民正欢度元会佳节，杨广乘机率领五路大军发起渡江作战。韩擒虎率轻骑500人，从横江浦（今安徽和县沿江处）乘夜偷渡长江，袭击陈军江防重镇采石（今安徽马鞍山市西南）。陈的守将喝醉了酒，毫无防备，韩擒虎轻而易举地攻克了这个战略要地。贺若弼也在广陵引军突进，大举渡江，攻占南徐州（今镇江市）。宇文述引兵3万，由桃叶山渡江，攻占石头山（今江苏江宁县西北)。

突破长江天堑后,隋军立即向建康进逼。到7日,近6万先头部队已进至白下(今江苏南京城北)、钟山、新林(今南京西南),形成对建康的包围之势。建康地势险要,"钟山龙蟠,石头虎踞"。此时,建康周围陈军不下10万,但陈叔宝弃险不守,把全部军队控制在都城内外。接着,君臣将相整天商讨战事,却又议而不决,白白浪费了许多时间,以致坐失战机。

当隋军云集建康时,陈叔宝贸然命令各军孤注一掷,在钟山南20里战线上摆下一字长蛇阵,但又缺乏背城一战的决心。杨广立即命韩擒虎率军出西路,贺若弼率军出东路,相向并进,直攻建康。韩擒虎进军石子岗(今南京雨花台),陈将任忠投降。韩擒虎决定由任忠引导,率500名轻骑,直入朱雀门,接着兵不血刃地进入内城,在景阳殿后的枯井中俘获了瑟瑟发抖的后主陈叔宝。城内陈军将士见后主被俘,纷纷投降。当日傍晚,贺若弼在钟山激战后也从北掖门入城。至此,历时1个多月的灭陈战争结束。

评价

隋灭陈王朝的作战,是继晋灭吴之后,中国战争史上第二次大规模的渡江作战。隋仅经2月之余,便将立国30多年的陈国一举灭亡。至此,结束了古代中国自东晋十六国以来270多年分裂割据、战乱不止的局面,使中华大地重新统一于中央政权之下,这是历史上存在短暂的隋朝对中国历史发展做出的重大贡献。

隋的战争准备非常充分。为了灭陈,从开皇元年起即遣将派兵经营江北要地,数次讨论平陈之策,拟制战略计划;根据渡江作战需要,大造舰船,训练水军,保证了渡江作战的顺利进行;战中集中优势兵力,水陆两军密切配合,全线出击,重点进攻,穿插分割,各个击破,使陈军兵力分散,难以相应,进退失据,被动挨打。在两个月之内,便以小的代价,取得攻灭陈朝的重大胜利。

反观陈,政治上腐败不堪,军事上麻痹松懈;战前无准备,战中无定策,在强大而又准备充分的隋军突然打击下土崩瓦解,兵败国亡也就成为必然的结果。

(六)虽败犹荣——睢阳之战

唐朝平定安史之乱的战争,是唐中叶朝廷中央集权与地方割据势力争夺中央政权的一场斗争。这场战争从唐玄宗天宝十四年(公元755年)安禄山起兵反唐,到代宗宝应二年(公元763年)史朝义兵败,前后长达8年之久,中间经太原之战、睢阳之战等重大战役,最后以唐朝平定叛乱结束。虽然唐王朝取得了平叛的胜利,但贞观、开元以来的皇皇大唐的盛世之光一去不复返了,从此帝国走向衰落。

战役背景

唐玄宗李隆基统治后期,封建社会进入鼎盛时期。但宫廷生活日趋腐败,官吏贪渎,潜伏着由盛而衰的危机。李隆基把国政交给宠信的大臣,骄奢淫逸,日趋腐败。他还自恃强盛,黩武边疆,沿边增设八镇节度使及两经略使,拥兵49万余;加上又把节度使变成统治一方军政财权的最高长官,这就为怀有野心的边将拥兵割据提供了可利用的条件。

兼任平卢(今中国北部辽宁省朝阳)、范阳(今北京城西南)、河东(今中国中西部山西省太原西南)三镇节度使的安禄山,拥有精兵18万余,成为权倾一时的边帅。唐朝天宝十四年(公元755年),安禄山与宰相杨国忠矛盾加剧,于是利用朝野痛恨杨氏兄妹专横的心理,假称奉密旨讨伐杨氏一家,率兵15万,于十一月初九在范阳以高尚、严庄、史思明等部将起兵,南下反攻唐朝。

唐天宝十四年(公元755年)十二月,洛阳陷落,叛军兵分两路,一路西取潼关、长安;一路沿运河南下,直取江淮。河南各地守军纷纷不战而降,真源县令张巡率部数千人进驻雍丘,从公元756年3月至8月,经过大小300多战,采用了草人借箭、骄兵、偷袭等计,歼敌上万,擒叛将数十人,击退了4万叛军对雍丘的攻击。公元756年12月,鲁、东平、济阳陷落,张巡退出雍丘,东守宁陵(今河南宁陵东南),大破杨朝宗欲袭宁陵以断张巡饷路之兵2万余人。

战役经过

公元757年1月,叛将尹子奇统军十三万南下,直逼睢阳。唐朝时的睢阳城,即现在的河南商丘,地处河南、江苏交界,是江南门户,此地一失,江南半壁终究难保,因此历来是兵家必争之地。睢阳太守许远向守在宁陵的张巡告急求救,张巡因宁陵城小,难以长久驻守,所以率兵3 000自宁陵入睢阳,与许远合兵共6 800余人。

尹子奇全力攻城,张巡率领将士,昼夜苦战,有时一天之内打退叛军20余次进攻,连续战斗16昼夜,俘获叛军将领60余人,杀死士卒2万余人,守军士气倍增。许远因张巡智勇兼备,就干脆把军事指挥权交给张巡,自己担负调运军粮,修理战具等后勤保障工作,两人密切配合,使叛军久攻不下,只能围而不攻。

3月,尹子奇再攻睢阳。张巡大犒士卒之后,率领将士倾城而出。叛军见张巡兵少,都不以为意。张巡率领诸将直冲叛军中军,叛军大溃,这一战斩敌将30余人,杀士卒3 000多人,叛军败退数十里。第二天,叛军再次合围至城下,张巡率军一昼夜冲锋数十次,屡创敌军;但叛军人多势大,仍将睢阳围得水泄不通。

5月,尹子奇又增兵数万。张巡夜间在城内鸣鼓整队,使叛军通宵处于戒备状态。天亮，叛军见城内无动静，于是解甲休息。张巡乘敌懈怠，与南霁云、雷万春等将率领500骑兵突击，叛军大乱，被歼5 000余人。擒贼先擒王，张巡一直想射杀尹子奇，但尹子奇平时上阵的时候，总让几个人和他一样的打扮，站在一起，无法分辨。一天，两军对阵，张巡命士兵把一只用野蒿削成的箭射到敌阵。叛军士兵拾到这箭，以为城里的箭用光，急忙上前报告尹子奇，等尹子奇把蒿箭刚拿到手，城头上的张巡吩咐神射手南霁云箭射尹子奇。南霁云一箭过去，正中尹子奇左眼，张巡趁机率军出击，打了个胜仗。

7月，尹子奇伤愈，但一只眼残疾了，恼怒之下，再次增兵数万，猛攻睢阳。本来睢阳积存有6万石粮食，能支撑一月，但被虢王李巨分给濮阳、济阳二郡一半，睢阳缺粮，只好以少量粮食掺以树皮为食，但军民仍然顽强战斗。由于外无救援，士兵饥病不堪，很多饿死，活着的也或伤或病，守城兵力减至1 600余人。叛军架云梯攻城，又用钩车破坏城上防御设施，造木驴、磴道进攻。张巡随机应敌，摧毁叛军攻城器械。叛军为张巡的智勇所慑服，于是掘壕立栅，围而不攻。

8月，睢阳守军只剩下了600多人。张巡、许远分区防守，与士卒同甘共苦，昼夜守备不懈，张巡甚至还说服叛军200余人先后倒戈，投奔自己。当时，唐军将领许叔冀在谯郡(今安徽亳县)、尚衡在彭城(今江苏徐州)、贺兰进明在临淮(今江苏盱眙北)，都拥有重兵。张巡派南霁云突围去谯郡，向许叔冀告急，许叔冀却不救；张巡又命南霁云引精骑三十人第二次冒死冲出重围，再赴临淮向贺兰进明求救。贺兰进明说："睢阳的存亡已经被决定了，我出兵有什么用？"南霁云说："睢阳城不一定会被攻下，如果已经被攻下，我会以死感谢您的帮助。"但贺兰进明害怕叛军，不愿出兵。

10月，睢阳粮尽援绝，有人提议突围。张巡、许远反复商量，认为睢阳决不能弃，否则江淮尽失，震动国本；况且士卒饥饿，很难突围成功。城内开始杀食战马，最后连麻雀、老鼠也吃完了，甚至出现了吃人的惨剧。接下来的日子，城内的老弱妇孺纷纷自尽……此时，城内军民，都抱定了必死之心。许远、张巡分兵把守城池一角。

10月底，叛军用云梯突破许远防区，睢阳城破；叛军攻入城内，几乎未遇任何抵抗。史书记载：城内军民已饿得用手一碰就倒地，张巡、许远、雷万春、南霁云、姚訚等36名将领全部被俘；张巡等35人拒绝尹子奇招降，全部壮烈就义，张巡死时49岁。许远被押往洛阳请功，一路上大骂不屈，走到偃师被杀。

睢阳城被围时内有军民6万，城破后，仅存400人。

评价

张巡的睢阳保卫战谱写了平叛以来最艰苦、最悲壮而光辉的一章。唐军在睢阳顽强坚持十余月,牵制住几十万叛军,经大小战 400 余次,歼敌 12 万人,有力地保证了江淮财赋输入关中的通路,使叛军的兵锋始终未能伸向江南,对唐军稳定战局,调整部署具有重要意义。张巡作为一代名将,其英名也将永垂史册。

(九)宋辽歧沟关之战

歧沟关之战是宋雍熙三年(契丹统和四年,公元 986 年),宋军分路进攻燕云(今北京至山西大同)地区,主力在歧沟关(今河北涿州西南)溃败,致全线失利的一次重要作战。

战役背景

宋朝建立后,宋辽之间即冲突不断。公元 983 年,契丹圣宗耶律隆绪继位,因为年仅 12 岁,由其母萧太后摄政。萧太后名绰,是中国历史上著名的女军事统帅和政治家。她摄政后采取了一系列缓和内部矛盾和阶级矛盾的措施,发展生产,整顿军队,使辽国的国力进一步增强。而宋太宗却听信大臣对辽国形势的分析,认为契丹圣宗耶律隆绪年幼,母后专政,宠幸用事,内部不稳,决定乘机再攻契丹,夺回燕云地区。

战役经过

雍熙三年(契丹统和四年,公元 986 年)正月,宋太宗做出了再次进攻幽州的决策。宋军兵分三路,东路、中路于正月出动,西路于二月出动。部署是这样的:

东路:以天平军节度使曹彬为幽州道行营前军马步水陆都部署,河阳节度使崔彦进为副;侍卫马军都指挥使米信为幽州西北道都部署,沙州观察使杜彦圭为副,两军同行,从雄州出发,直取新城(今河北新城东南)、涿州(今河北涿州)。

中路:命侍卫步军都指挥使田重进为定州路都部署,从定州北上出飞狐(今河北涞源)。

西路:命忠武军节度使潘美为云、应、朔等州都部署,云州观察使杨业为副,从雁门(今山西代县)向云州(今山西大同)进发,然后与田重进部会合东下,从北面会攻幽州。

宋的三路大军,兵力超过 30 万,其中东路军是主力,兵力超过 20 万。

宋太宗的战略意图是三路齐发,由曹彬部屯兵雄州、霸州,实施佯动,持重缓行,声言取幽州,把契丹军主力吸引到东路,使其无暇西顾,保障中、西路攻取山后诸州,然后合三路兵攻取幽州。

契丹承天太后萧绰闻讯后,派使者征调诸部兵增援幽州,命耶律休哥指挥,抵挡宋的东路军。东京(今辽宁辽阳)留守耶律抹只率大军支援幽州,萧太后与圣宗随后率精骑数万南下,进抵驼罗口(今北京南口附近)应援。又派林牙勤德领兵守卫平州(今河北卢龙)海岸,以防宋水师由海上袭击侧后。但因为西、中两路宋军进展迅速,辽又以北院枢密使耶律斜轸为山西兵马都统,率兵挡潘美、田重进两军。同时,又加派北院宣徽使蒲领为南征都统,辅佐耶律休哥,准备与宋东路军决战。

三月初,宋军开始进攻,东路宋军连败辽兵,攻占歧沟关(今河北涞水东)、涿州、固安、新城等地。辽南京(即幽州)守将耶律休哥在援军未到之前,知道自己寡不敌众,于是避免与宋军争锋。白天他派精锐部队大造声势,晚上派遣轻骑去袭扰宋军,暗地里又派部分兵力在宋军侧后面设下埋伏,截断了宋军粮道,这么几下一闹腾,搞得宋军疲于奔命。

曹彬部进军到离涿州还有十多天路程的时候,就因粮草不济想退回雄州,行至白沟(今河北容城东北)。中路军田重进部在飞狐击败辽军,擒辽将大鹏翼,攻占飞狐、灵丘(今山西灵丘)、蔚州(今河北蔚县)。西路潘美军也击败辽军,先后攻占寰(今山西朔县东北)、朔(今山西朔县)、云、应(今山西应县)等州。宋太宗认为曹彬军退军就是重大失策,严令曹彬率军沿白沟河向米信军靠近,养兵畜锐,待机北进。

曹彬部下诸将听说中西两路军连克州县、屡战屡胜,因此求功心切,都主张出战。曹彬听信诸将意见,在补充粮食后,与米信引军北渡白沟河,与耶律休哥军对垒。宋军结方阵,堑地两边而行,向涿州进军。耶律休哥以一部兵力阻击曹军,使得曹军一路走一路打,行动迟缓,100里路竟走了20天。这时正是夏天,途中缺水,曹军士卒困乏不堪,到达涿州后,曹彬得知萧太后和契丹圣宗率军从驼罗口南进,已到达涿州东面50里处,有会同耶律休哥军钳击宋东路之势。于是,曹彬命部将卢斌携带城中民众先行向南撤退,亲率主力断后。但撤退中宋军非常混乱,耶律休哥于是全力追击。

五月初三,宋与契丹两军激战于歧沟关外,宋军大败,南逃至巨马河;辽军追击,宋军溺死者不可胜数。余部继续向高阳(今河北高阳)撤退,途中正烧饭时又被耶律休哥追上,死伤数万人,遗弃了很多武器和其他军用物资。

宋太宗得知歧沟关战败的消息后,为避免中西两路军再遭失败,同时增兵北境,阻止辽军南进。契丹军在歧沟关取得胜利后,马上派兵攻击中路宋军,先后攻占了蔚州、灵丘、飞狐等地。

宋太宗命令潘美等派兵掩护云、朔、寰、应四州居民南迁。六月,契丹又从南京派炮手支援耶律斜轸军。耶律斜轸引军10余万,进击宋西路军。此时,宋中路军已退兵,西路军孤悬敌后,形势危急。宋西路军主将潘美在兵力对比悬殊的情况下,令杨业出击。杨业根据契丹军攻占寰州后兵势正盛的情况,不同意向朔州出击,监军使王优逼迫杨业必须执行命令。七月,杨业不得已率兵出战,并与潘美等约定在陈家谷口(在今山西宁武北面的长城线上)派兵接应。于是杨业孤军北进,结果遭到契丹军伏击而大败,杨业向南退到陈家谷口时,不料接应兵早已撤退,杨业所部全军被歼,杨业受重伤被辽军所俘,绝食而死。

至此,宋三路大军皆败,所收复的州县再次失守,宋军在歧沟关一战遭到惨重失败后,宋朝君臣从此再也不敢发动对辽的进攻。

评价

歧沟关之战可以说是宋辽二十五年战争中规模最大的一次,主动进攻的宋朝的惨败基本上宣告了宋朝对收复燕云地区的努力彻底失败。从此之后,宋朝一百多年内再也没有主动进攻过契丹(直到公元1120年宋为兑现与金的"海上之盟",才又一次主动与辽开衅),战略上完全处于守势,并且是极其被动的守势。歧沟关之战直接导致了宋朝在与契丹对峙中军事上的劣势,并使宋人畏惧辽人的心理加深。

辽国此战的胜利,不仅打出了国威,歼灭了宋军的有生力量,并赢得了军事上的绝对优势,牢牢地掌握了宋辽战争的主动权,为日后与宋讲和增加了外交砝码。歧沟关战胜之后,契丹对宋朝的进攻更加频繁,宋朝也就越来越被动。

辽军取胜的主要原因是内部协和,兵强马壮,指挥正确,能在宋军合击的态势形成前集中兵力,把握战机,在平原开阔地带利用己方的骑兵优势,攻击战斗力已大大削弱的宋军,并敢于勇猛追击,以扩大战果,将宋军各个击破。

北宋失败的原因,是不了解对手,战争准备不足。辽在萧太后摄政时期,正处于国势强盛的阶段,可惜宋太宗没有认识到这一点,不愿认真做好充分的战争准备,未能建立一支拥有众多骑兵的强大军队,并依靠这支军队去摧毁辽军的主力,而只想凭侥幸取胜,以步兵对抗骑兵,其结果就只能以失败而告终。他的分进合击的战略虽然可行,但宋三路进军,互不协调,主力贸然突前,先遇辽军袭扰,疲于往返,士卒饥乏,后遭合击,而溃不能战,又没有强大的战略预备队的支持,终致全线失败。

(十)宋金采石矶之战

公元1161年南宋与金之间的"采石矶之战",南宋的胜利直接拯救了南宋免于灭亡,而且促使金国的统治集团内部发生流血政变,导致金放弃了入侵企图。

战役背景

公元1141年,宋金双方正式达成"绍兴和议",这是南宋统治者与金国达成的极为屈辱的投降协议。

金国统治者完颜亮称帝后,对金国进行了一系列政治、经济改革,极大地强化了中央集权。公元1153年,完颜亮迁都燕京(今北京),随后他鼓励原本游牧于塞北的女真人南下耕种农田,并且大力铸造、发行货币,初步实现了女真族从落后的游牧民族向农耕文明的转变。随着金国国势的强盛,就在"绍兴和议"达成仅仅20年后,完颜亮向南宋发起全面进攻。

公元1161年秋,完颜亮调集32万大军,对外号称60万,全面南下,企图一举灭宋。金军发起攻击后,势如破竹,南宋在河南、江淮地区的守将几乎未做大的抵抗,纷纷迅速向南溃逃。10月初,金帝完颜亮亲率的以女真铁骑为主的17万主力大军就推进到淮河北岸,准备从寿春(今安徽省寿县)南渡淮河。

南宋在淮西地区的最高军事长官是建康都统制王权,他在得知金军大举进犯的情报后,贪生怕死,一再后撤,不做任何抵抗,使南宋轻易便丧失了抵御北方骑兵的第一道天然屏障淮河,致使金军在未遇任何抵抗的情况下顺利渡过淮河,宋军主力随即退到和州(今安徽和县)。王权这时干脆逃跑,所部宋军立即败退到采石矶(今安徽省马鞍山西南)。完颜亮攻占和州后,面对一触即溃的宋军,更加狂妄,准备渡过长江直捣临安。为了渡江,金军在江北一面大量抢掠民船,一面强迫百姓造船。此时,南宋情势极度危机,赖以生存的长江天险随时有可能被突破,面临着随时亡国的危机。公元1161年10月底,渡江准备就绪的金军开始发动攻击;11月初,进抵南宋在长江防线最后一道屏障——采石矶。

战役经过

宋高宗赵构为挽救危局,任命诸军统制李显忠负责整个长江防线;同时,为督促李显忠尽快到任,委派督视江淮军马府参谋军事虞允文督促李显忠赴任,并到采石矶劳军。

1161年11月8日,虞允文到达采石矶。此时,李显忠尚未到任,采石矶地区的诸路宋军群龙无首,士气低落,整个防线随时有崩溃的可能。生死存亡的危急关头,文官出身的虞允文挺身而出。他把将领召集在一起,对大家说:"如果敌人过江,你们就是跑掉也没有用。现在前有大江,地利在我,我们应该死中求生;而且国家养你们这么久,难道就不能为国而战?"众将都说,主要是没人主持。允文说:"李显忠还没到,我领大家在此拼死一战。"将士们受到鼓舞,决心奋勇和金军决一死战。

虞允文随即部署防务,集结以水师为主的18 000人的军队抗击金军。

面对在数量上占有绝对优势的金军,虞允文扬长避短,以水师为主,充分发挥宋军强大的水军威力。他将陆军有限的步、骑兵隐蔽于山后,同时部署大量重型车弩炮和强弩,以击杀登陆的金军骑兵;主力水军舰队则沿江布阵。虞允文将宋军水师最先进的大型海鳅战舰分为五队,主力居中,另两队在东西翼担负掩护。由于兵力有限,正规军基本负责在战舰上作战杀敌,同时,将另两支分舰队隐蔽在小港内,以为后备。面对强敌入侵,附近人民群众自发地大力支援前线,组织大量民兵协助官军作战并帮助搬运粮草等军需物资。

公元1161年11月8日,金军在皇帝完颜亮的指挥下,搭乘掠夺的大量民船,从杨林河口驶出,开始渡江。整个江面上到处是乱哄哄的金军大、小船只,面对敌军,身为文官的虞允文亲自登船指挥。主帅的勇敢举动极大地鼓舞了宋军士气,宋军将士们高呼口号,驾驶巨舰以严整的队形列阵杀向金军。一时之间,宽阔的长江江面上杀声震天。

江面上,宋军强大的水师舰队犹如巨大的水上长城般横亘在金军面前,庞大的大型海鳅战舰仿佛一座座移动的水上堡垒,金军使用的小船在宋军巨舰面前不堪一击。高大的海鳅战舰在金军船队中往来穿梭,横冲直撞,如入无人之境。在冲击的同时,宋军水兵开始使用弓箭和强弩对金军进行密集射击,密集的箭雨遮天蔽日地飞向金军。与此同时,宋军使用战舰上搭载的重型投石炮向金军密集地发射"霹雳炮"。一时之间,江面上炮声隆隆,硝烟弥漫。"霹雳炮"爆炸后,弹片和碎石四处飞散,金军兵将被大量击杀,纷纷落水,死伤惨重。

在宋军强大的舰队打击下,金军惨败,被迫向杨林河败退,宋军取得决定性胜利。随后,宋军主帅虞允文准确地判断金军不会轻易放弃,必定会再来进攻。于是,在已经掌握绝对制海(江)权的情况下,虞允文命令主力舰队封锁杨林河口,阻止金军出击;同时,派遣一支分舰队,在黑夜掩护下运载陆军沿支流水道抄袭金军后方。次日,宋军分舰队到达目的地后,立即以舰上重型三弓床弩炮发射远程火箭攻击金军守军。金军猝不及防,火箭射入金军阵地后发生密集的爆炸并引燃岸上的草木,金军在猛力地火力攻击下迅速溃散;宋军陆军在猛烈的舰炮火力掩护下,从后方杀入金军营地并四处纵火。同时担任正面封锁杨林河口的宋军主力舰队开始对金军发起总攻。首先是猛烈的远程舰炮火力攻击,强大的炮火彻底摧毁了港内残存的敌船后,宋军舰队直逼对岸,水兵用强弩和重型远程火力向岸上金军骑兵猛力轰击,同时背面宋军进行夹击金军,金军大败,溃退数十里。

战事向着不利于金军的方向发展,金国国内反对完颜亮的势力也趁机秘密谋反。公元1161年11月下旬,与国内的反对派呼应,金军将领完颜元宜发动兵变,率军冲入御营,杀死完颜亮。12月初,金军全面撤退,宋军乘胜追击,一举收复两淮地区。采石矶之战最终以南宋胜利和金国的惨败而告终。

评价

采石矶之战是中国历史上著名的以少胜多的经典战例。是役,宋军以不足2

万人的兵力,击败金军近 40 万人,取得辉煌的胜利。采石矶之战具有极其重要的历史意义和战略意义。正是由于宋军在主帅虞允文的领导下在采石矶的奋力苦战,最终拯救了整个长江防线免于崩溃,直接拯救了南宋的命运,南宋一朝的命运为之改变。

采石矶之战宋军的胜利最重要的是由于宋军主帅虞允文的杰出指挥才能和组织能力,如果不是虞允文的有效组织和卓越指挥,采石矶之战的结果将完全是另一幅景象。同时,当地人民的大力支持也对战争胜利发挥了重要作用。整个战争过程中,附近民众都发挥了极为重要的作用,搬运粮草和武器装备等军需物资的大多是当地民夫;部分当地渔民和猎户自备武器、船只,直接参与了战场杀敌和对流窜残敌的追剿。

此外,宋军强大的水师在战争中发挥了关键性作用。正是由于拥有一支强大的、处于绝对优势的舰队以及以大型海鳅战舰为代表的众多先进武器,宋军才能在战争中以劣势兵力战胜处于绝对数量优势的金军。

在金国方面,完颜亮发动的是非正义性的侵略战争。为打赢战争,完颜亮在国内大量增加赋税,同时强征各族人民当兵,繁重的苛捐杂税和沉重的兵役遭到金统治区各族人民的强烈反对,因此注定了他的侵略战争必定以失败告终。

(十一)宋蒙合州之战

1258-1259 年,蒙哥汗亲率大军进攻南宋巴蜀的过程中,在合州(今四川合川东钓鱼城)遇宋将王坚率军顽强抵抗,双方展开了一场著名的江河要塞防御战。合州之战(亦称钓鱼城之战)对延长南宋王朝的统治时间起到了间接的影响作用。当时在蒙古大军势如破竹的强大攻势下,南宋政权已处于危急关头。合州之战的胜利,沉重打击了蒙古军的锐气,粉碎了蒙古军顺流东下,乘势以定江南的作战企图,从而使南宋王朝免遭灭国之危。得以暂时的安定。

战役背景

1234 年,宋、蒙联合灭金后,南宋出兵欲收复河南失地,遭蒙军伏击而失败。1235 年,蒙军在西起川陕、东至淮河下游的数千里战线上同时对南宋发动进攻,宋蒙战争全面爆发。至 1241 年,蒙军蹂躏南宋大片土地,而四川则是三大战场(另两个为京湖战场——今湖北和河南一带、两淮战场——今淮河流域一带)中遭蒙军残破最为严重的一个地区。这年蒙古窝阔台汗去世,其内部斗争不断,对南宋的攻势减弱。南宋由此获得良机,对各个战场的防御进行调整、充实。1242 年,宋理宗派遣在两淮抗蒙战争中战绩颇著的余玠入蜀主政,以扭转四川的颓势,巩固上流。余玠在四川采取了一系列政治、经济和军事措施,其中最重要的是创建了山城防御体系,即在四川的主要江河沿岸及交通要道上,选择险峻的山隘筑城结寨,星罗棋布,互为声援,构成一套完整的战略防御体系。钓鱼城即是这一山城防御体系的核心和最为坚固的堡垒。

钓鱼城坐落在今四川省合川县城东5公里的钓鱼山上,其山突兀耸立,相对高度约300米,山下嘉陵江、渠江、涪江三江汇流,南、北、西三面环水,地势十分险要。这里有山水之险,也有交通之便,经水路及陆上道,可通达四川各地。城分内、外城,外城筑在悬崖峭壁之上,城墙系条石垒成。城内有大片田地和四季不绝的丰富水源,周围山麓也有许多可耕田地,这一切使钓鱼城具备了长期坚守的必要地理条件以及依恃天险、易守难攻的特点。1254年,合州守将王坚进一步完善城筑。四川边地之民多避兵乱至此,钓鱼城成为兵精食足的坚固堡垒。1251年,蒙哥登上大汗宝座,稳定了蒙古政局,并积极策划灭宋战争。

1252年,蒙哥命其弟忽必烈率师平定大理,对南宋形成包围夹击之势;1257年,蒙哥汗决定发动大规模的灭宋战争。蒙哥命忽必烈率军攻鄂州(今武昌),塔察儿、李璮等攻两淮,分散宋兵力;又命兀良合台自云南出兵,经广西北上;蒙哥则亲自率蒙军主力攻四川。蒙哥以四川作为战略主攻方向,意图发挥蒙古骑兵长于陆地野战的优势,以主力夺取四川,然后顺江东下,与诸路会师,直捣宋都临安(今杭州)。

战役经过

1258年秋,蒙哥率军4万分三道入蜀,加上在蜀中的蒙军及从各地征调来的部队,蒙军总数大大超过4万之数。蒙军相继占据剑门苦竹隘、长宁山城、蓬州运山城、阆州大获城、广安大良城等,迫近合州。

蒙哥汗先派遣宋降将晋国宝到钓鱼城招降,被宋合州守将王坚所杀。宋开庆元年(1259年)二月三日,蒙哥亲督诸军战于钓鱼城下;七日,蒙军攻一字城墙。一字城墙又叫横城墙,其作用在于阻碍城外敌军运动,同时城内守军又可通过外城墙运动至一字城墙拒敌,与外城墙形成夹角交叉攻击点。钓鱼城的城南、城北各筑有一道一字城墙。九日,蒙军猛攻镇西门,无果。三月,蒙军攻东新门、奇胜门及镇西门小堡,都失利了。从四月三日起,大雷雨持续了二十天,蒙军被迫停止进攻。雨停后,蒙军于四月二十二日重点进攻护国门;二十四日夜,蒙军登上外城,与守城宋军展开激战,但蒙军的攻势终被宋军打退。

到了五月,蒙军屡攻钓鱼城却没有进展。蒙哥率军入蜀以来,所经沿途各山城寨堡,多因南宋守将投降而轻易得手,还没碰上一场真正的硬仗;但是,尽管蒙军的攻城器具十分精备,奈何钓鱼城地势险峻,不能发挥任何作用。钓鱼城守军在主将王坚及副将张珏的协力指挥下,击退了蒙军一次又一次的进攻。钓鱼城久攻不下,蒙哥汗命诸将"议进取之计"。术速忽里认为,顿兵坚城之下是不利的,不如留少量军队困扰之,而以主力沿长江水陆东下,与忽必烈等军会师,一举灭掉南宋。然而其他将领却骄横自负,主张强攻坚城。蒙哥汗没有采纳术速忽里的建议,决意继续攻城。然而,面对钓鱼坚城,素以机动灵活、凶猛剽悍著称的蒙古骑兵却无用武之地。六月,蒙古骁将汪德臣率兵乘夜攻上外城马军寨,王坚率兵拒战。天快亮时,下起雨来,蒙军攻城云梯又被折断,被迫撤退。蒙军攻城5个月而不能下,汪德臣单骑进逼城下,大声喊道:"王坚,我是来救你和一城军民的,快早点投降!"话还没有说完,一个飞石(炸弹)击来,致使汪德臣负伤。六月二十一日,汪德臣因负伤患疫病死。

汪德臣之死,给蒙哥精神上以很大打击;钓鱼城久攻不下,使蒙哥非常愤怒。蒙军大举攻蜀后,南宋对四川采取了大规模的救援行动,但增援钓鱼城的宋军为蒙军所阻,始终未能进抵钓鱼城下。尽管如此,被围攻达数月之久的钓鱼城依然物资充裕,守军斗志昂扬。一天,南宋守军将重15公斤的鲜鱼百尾及蒸面饼百余张抛给城外蒙军,并投书蒙军,说即使再守10年,蒙军也无法攻下钓鱼城。相形之下,城外蒙军的境况就很糟了。七月初,四川天气酷热潮湿,习惯了大漠干燥气候的蒙古兵水土不服,军中疫病流行,军心涣散,战斗力大减。

蒙古军既无力强攻取胜,又不甘弃城撤军,只得加强对钓鱼城的封锁和监视,以待有利时机。蒙哥命军卒在东新门外筑台建楼,窥探城内虚实以便决战。城内宋军则炮击瞭望士卒。七月二十一日,蒙哥亲临战地指挥,身中飞石。二十七日,卒于军中(一说染病而死)。据《元史》本传及元人文集中的碑传、行状等所载,不少随蒙哥汗出征的将领都战死于钓鱼城下,由此可以想见钓鱼城之战之酷烈及蒙军损失之严重。蒙哥死后,跟随他征蜀的蒙左军除留3000人牵制钓鱼城守军外,其余各军都由他的儿子阿沙台率领,向北撤退至六盘山。随着蒙古军撤离钓鱼城,蜀江南北两岸的局势暂时缓和下来。九月,宋廷宣告"合州解围",升王坚为宁远军节度使。至此,合州战役宣告结束。

评价

蒙哥汗在钓鱼城下的败亡,其影响是十分巨大的。首先,它导致蒙古这场灭宋战争的全面瓦解,使宋国得以延续20年之久。进攻四川的蒙军被迫撤军,护送蒙哥汗灵柩北还;率东路军突破长江天险,包围了鄂州的忽必烈,为与其弟阿里不哥争夺汗位,也不得不撤军北返;从云南经广西北上的兀良合台一军,一路克捷,已经进至潭州(今长沙)城下。由于蒙哥之死,该军在忽必烈派来的一支部队的接应下,也渡过长江北返。蒙古的南北两支军队基本上是按预定计划进军的,只因西边主攻战场的失败而功亏一篑。

其次，它使蒙军的第三次西征行动停滞下来，缓解了蒙古势力对欧、亚、非等国的威胁。1252年，蒙哥汗遣其弟旭烈兀发动了第三次西征，先后攻占今伊朗、伊拉克及叙利亚等阿拉伯半岛大片土地。正当旭烈兀准备向埃及进军时，获悉蒙哥死讯，旭烈兀于是留下少量军队继续征战，而自己率大军东还。结果蒙军因寡不敌众而被埃及军队打败，蒙军始终未能打进非洲，蒙古的大规模扩张行动从此走向低潮，因此，钓鱼城之战的影响已远远超越了中国范围，它在世界史上也占有重要的一页。要知道在十三世纪的历史上，蒙古汗国的军队是一支震撼世界的可怕力量，它三次西征，铁骑横扫，使中亚、西亚以及欧洲四十多个国家，在其铁蹄下残破，建立了横跨欧亚的蒙古大帝国。罗马教皇曾惊呼道这是"上帝的罚罪之鞭"。这只鞭不可一世，它指向那里，铁骑就打向那里，谁敢阻挡它，就"粉身碎骨，灰飞烟灭"。然而这一常胜之师，却被阻挡在钓鱼城下，屡战屡败，损兵折将，对这小小的弹丸之地，却无可奈何，以致一败涂地，竟连蒙哥大汗和汪德臣等大将均受伤而死，当时，钓鱼城就以"东方的麦加城""上帝折鞭处"的威名震惊了中外。

其三，它为忽必烈执掌蒙古政权提供了契机，对中国历史发展产生了重大影响。蒙哥汗是一位蒙古保守主义者，他所施行的仍然是传统的政策，这种带有浓厚的蒙古部族和西域色彩的政策，已极不适应统治广大中原汉地的需要。而忽必烈则是蒙古统治集团中少有的倾慕汉文化之士。蒙哥即汗位后，忽必烈受任掌理漠南汉地，他大力延揽汉族儒士，极力推行汉化政策，取得很大成效，但却引起蒙哥汗及其保守臣僚的疑忌，忽必烈因而被罢了官，其推行的汉化政策也被迫取消。忽必烈登上大汗宝座后，继续推行其汉化政策，逐步改变蒙军滥杀的政策，使南中国的经济和文化免遭更大的破坏。

合州之战宋军在山城防御作战中的成功经验，对当时乃至后世的防御作战都具有较大影响。

"上得天时，下得地利"，是宋军守城成功的重要因素。合州之战中宋军充分发挥擅长守城的战术优势，利用钓鱼山的天然良险这一"地利"以逸待劳，从容防守，并积极利用天气炎热，蒙古军不适气候，以及夜晚等"天时"，袭蒙军，战绩卓著。而蒙古军则抛弃野战的长技，屯兵于坚城之下，违背蒙古骑兵的生活习性，冒盛暑病疫之苦，以致兵老师钝，虽有精良的攻城器具，但仍"炮矢不可及也，梯冲不可接也"；虽有训练有素的敢死士卒，冒险强攻，但终因伤亡惨重而"苦战不前"，或因后军不继而败还。

钓鱼城作为山城防御体系的典型代表，在冷兵器时代，充分显示了其防御作用，它成为蒙古军队难以攻克的堡垒。蒙哥汗败亡后，钓鱼城又顶住了蒙军无数次的进攻，直至1279年守将王立开城投降，钓鱼城才落入蒙古之手。

中国人民革命军事博物馆古代战争馆特意制作了钓鱼城古战场的沙盘模型，

以展示其在中国古代战争史上的重要地位。

（十二）水陆襄樊之战

襄樊之战是中国历史上宋元封建王朝更迭的关键一战。这次战役从南宋咸淳三年（1267年）蒙将阿术进攻襄阳的安阳滩之战开始，历时近6年，以南宋襄樊失陷而告结束。此后，蒙古大军以秋风扫落叶之势席卷江南，统一南北。

战役背景

忽必烈取得汗位后，灭宋战争的进攻重点改为襄樊，实现了由川蜀战场向荆襄战场的转变。南宋襄樊地处南阳盆地南端，襄阳、樊城隔汉水相对，顺流可直入长江，是南宋的军事重镇，城高池深，粮草充足，驻有重兵防守。咸淳三年（1267年），南宋降将刘整向忽必烈进献攻灭南宋策略，他认为南宋如果守不住襄樊，那么淮河流域就势必守不住，没有了淮河流域，那么长江以南就唾手可得。刘整的建议被忽必烈所采纳，宋元战争进入了元军对南宋战略进攻的新阶段。

忽必烈根据刘整的建议，针对襄樊设防情况，采取长期围困、待机攻城的战法。首先，建立陆路据点，作为攻宋的根据地。早在1261年夏，忽必烈根据刘整建议，贿赂南宋荆湖制置使吕文德，以防止盗贼、保护货物为名，要求在襄樊外围筑造土墙，目光短浅的吕文德竟然同意了。于是元人在襄樊东南的鹿门山修筑土墙，内建堡垒，建立了包围襄樊的第一个据点。咸淳四年（1268年），蒙将阿术在襄樊东南鹿门堡和东北白河城修筑堡垒，切断了援襄宋军之路。咸淳六年（1270年），蒙将史天泽在襄樊西部的万山堡百丈山筑长围，又在南面的岘山、虎头山筑城，连接诸堡，完全切断了襄阳与西北、东南的联系，使襄樊成为一座孤城。

其次，建立水军，寻求制服南宋的战术优势。咸淳六年（1270年），忽必烈命刘整"造战船，习水军"，以图进取襄阳。刘整于是造船5 000艘，日夜操练水军，又得到四川行省所造战舰500艘，建立起一支颇具规模的水军，从而弥补了战术上的劣势，为战略进攻准备了必要条件。从咸淳四年（1268年）蒙军筑鹿门堡、修白河城到咸淳六年（1270年）完全包围襄阳，蒙古军队已处于战略上的优势。南宋政府为挽救危局，进行了反包围战与援襄之战，从而揭开了襄樊之战的序幕。

咸淳三年（1267年）冬，南宋任命吕文焕知襄阳府，兼京西安抚副使。次年十一月，为打破蒙军鹿门、白河之围，吕文焕命襄阳守军进攻蒙军，但被蒙古军队打败，宋军伤亡惨重。

咸淳五年（1269）三月，宋将张世杰率军与包围樊城的蒙军作战，又被打败。七月，沿江制置使夏贵率军救援襄阳，遭到蒙古军与降元汉军的联合伏击，兵败虎尾洲，损失2 000余人，战舰50艘。蒙古军在襄、樊四周修城筑围，封锁汉水，控扼水陆要冲;同时造战船,练水军;并屡败南宋援军。襄樊被困三年,但权臣贾似道却一直对宋度宗封锁消息,不做救援。

咸淳六年(1270年)春,吕文焕出兵襄阳,攻打万山堡。蒙军诱敌深入,乘宋军士气衰退,蒙将张弘范、李庭反击,宋军大败。九月,宋殿前副都指挥使范文虎率水军增援襄阳,蒙军水陆两军迎战,大败宋军,范文虎逃归。咸淳七年(1271年),范文虎再次援襄,蒙将阿术率诸将迎击,宋军战败,损失战舰100余艘。这一时期,宋蒙两军虽然在襄樊外围进行了长达3年的争夺战,但因蒙军包围之势已经形成,不但南宋援襄未能成功,而且襄樊城中宋军反包围的战斗也不可能胜利,宋军只好困守襄阳,败局已定。

咸淳七年(1271年)十一月,蒙古建国号为元,加紧对襄、樊的进攻,襄樊之战正式开始。

战役经过

1272年3月,阿术、刘整、阿里海牙率蒙汉军队进攻樊城,攻破城郭,增筑重围,进一步缩小了包围圈,宋军只好退到内城坚守。4月,南宋京湖制置大使李庭芝移驻郢州(今湖北钟祥),招募襄阳府(今湖北襄樊市)、郢州(今湖北钟祥县)等地民兵3 000余人,在襄阳西北清泥河修寨造船,募民兵,并利用襄阳西北的清泥河用轻舟百艘装满兵甲物资,派总管张顺、路分钤辖张贵率领都统制救援襄阳。5月,救援战斗开始,二张率舟师在高头港集结船队,把船连成方阵,每只船都安装火枪、火炮,准备强弓劲弩;张贵在前,张顺在后,突入元军重围。船队到达磨洪滩,被布满江面的蒙军船舰阻住,无法通过。张贵率军强攻,将士一鼓作气,先用强弩射向敌舰,然后用大斧短兵相接,冲破重重封锁。元军被杀溺而死者不计其数。张军又转战一百二十余里,于五月二十五日抵达襄阳,这时襄阳被困已有5年之久。激战中,张顺牺牲。几天以后,襄阳军民在水中找到他的尸体;襄阳军民怀着沉痛敬佩的心情安葬了张顺,并立庙祭祀。

外援船的到来,极大地鼓舞了襄、樊军民。张贵入援虽然给襄阳守军带来希望,但在元军严密封锁下,形势仍很严峻。张贵入襄后,派人潜回郢州,联络郢州的殿帅范文虎,约定南北夹击,打通襄阳外围交通线,计划范文虎率5 000精兵驻龙尾洲接应,张贵率军和范文虎会师。但范文虎却于会师前两天退屯三十里,而元军得知消息后,迅速占领龙尾洲,以逸待劳。张贵按约定日期辞别吕文焕,率兵3 000名顺汉水而下。在检点士兵时,发现少了一名因犯军令而被鞭笞的亲兵,张贵大惊,对士兵们说:"我们的计划已经泄露,只有迅速出击,敌人或许还来不及得到消息。"他们果断地改变了秘密行动,乘夜放炮开船,杀出了重围。元军阿术、刘整得知张贵突围,派数万人阻截,把江面堵死。张贵边战边行,接近龙尾洲,在灯火中远远望见龙尾洲方向战舰如云,旌旗招展,以为是范文虎接应部队,举火指示,对方船只见灯火便迎面驶来。等到近前,才发现来船上面全是元军,宋元两军在龙尾洲展开一场遭遇战。宋军因极其疲惫,战斗中伤亡过大,张贵力不能支,被元军俘获,不屈被害。元军派4名南宋降卒抬着张贵尸体晓示襄阳城中,迫使吕文焕投降;吕文焕杀掉降卒,把张贵与张顺合葬,立双庙祭祀。从此,襄、樊与外界中断联系。

咸淳九年(1273年)正月,为切断襄阳的援助,元军对樊城发起总攻。咸淳九年(1273年)初,元军分别从东北、西南方向进攻樊城,忽必烈又派遣回回炮匠至前线,造炮攻城。元军烧毁了樊城与襄阳之间的江上浮桥,使襄阳城中援兵无法救援,樊城完全孤立了。刘整率战舰抵达樊城下面,用回回炮打开樊城西南角,进入城内。南宋守将牛富率军巷战,终因寡不敌众,牛富投火殉职;偏将王福赴火自焚,樊城陷落。

樊城失陷以后,襄阳形势更加危急。吕文焕多次派人到南宋朝廷告急,但终无援兵。襄阳城中军民拆屋作柴烧,陷入既无力固守,又没有援兵的绝境。咸淳九年(1273年)二月,阿里海牙由樊城攻打襄阳,炮轰襄阳城楼,城中军民人心动摇,将领纷纷出城投降。元军在攻城的同时,又对吕文焕劝降;吕文焕感到孤立无援,于是投降元朝,襄樊战役宣告结束。

襄、樊这一军事重镇的陷落,决定了南宋灭亡的命运。

评价

此战是元灭南宋关键性的一战。宋元襄樊之战,经历了5年之久,不仅破坏了南宋的战略防御,而且使之丧失了苟安江南的屏障。元宋30余年对峙僵局即被打破,从而使元宋战局发生根本性变化。再者,元军在长达5年多的襄樊之战中,"造战舰,习水军",针锋相对地实施"夺彼以长"的方针,终于打破了宋军在水军和坚守城池方面的战术优势,取得了水上作战和城池攻坚战的经验,从而完全实现了对南宋全面进攻的战略转变。

元军取胜的主要原因是作战方略正确,指挥得当,适时克服了缺乏水军的弱点,加强了作战能力,战略上处于主动地位。特别是从这一战役开始,蒙古统治者倚重投降的汉将来攻打城池,加速了灭宋的步伐。而南宋失败的根本原因是朝廷腐败,救援无力,将帅软弱无能。吕文德见利忘义,使蒙古军队占据了襄阳有利地位;在反包围战过程中,因将帅不和,步调不一等原因犯了一系列战术错误,战斗中基本上执行了消极防御策略,导致了被元军围困5年之久的不利地位,最后归于失败。

（十三）元末鄱阳湖水战

鄱阳湖水战，是元末农民起义军朱元璋和陈友谅为争夺在南方的势力，在鄱阳湖水域而进行的一次战略决战，在中国水战争史上占有重要地位。此战前后历时37天，其时间之长、规模之大、投入兵力舰只之多、战斗之激烈都是空前的。

战役背景

元朝末年，朝政腐败，加上旱涝灾害不断，百姓生活困苦不堪，各地先后爆发了红巾军等一系列武装起义，打着复兴明朝的旗号，立所谓的明王室的后裔韩林儿为明王。至正十二年（1352年），钟离（今安徽凤阳东北）人朱元璋投身农民起义军郭子兴部。三年后，郭子兴病死，元璋成为首领，势力逐渐扩大。

当朱元璋的势力以应天（今南京）为中心向南方发展的时候，首先遇到一个强敌是陈友谅。陈友谅原是徐寿辉起义军的部将，后来他谋杀了徐寿辉，自立为王，国号叫汉。他占据江西、湖南和湖北一带，地广兵多，建立了一个强大的割据政权。

至正二十三年（1363年）二月，另一支起义军首领张士诚派军围攻小明王的据点安丰（治今安徽寿县）。朱元璋考虑到安丰是应天（今南京）屏障，救安丰就是保应天，于是在三月率兵渡江救安丰。陈友谅乘朱元璋率主力前往救安丰，江南空虚之机，于四月亲率主力号称60万，水陆并进，在三月十一日围攻朱元璋占有的洪都（今江西南昌），占领吉安、临江、无为州。为了进攻洪都，陈友谅特地制造了数百艘巨舰，外涂红漆，舰高数丈，上下三层，每层都设置有上下相通的走马棚，下层设板房作掩护。有橹几十只，橹身裹以铁皮。上下层住人，互相听不见说话，大的可载3 000人，小的可载2 000人。陈军登陆后，对洪都发起猛攻，洪都被围累月，与外阻绝，消息不通。六月，朱文正派人向朱元璋告急。

朱元璋得报后，急命正在围攻庐州（今安徽合肥）的右丞徐达、参知政事常遇春回师驰援；并于七月初六，亲自与冯国胜、廖永忠、俞通海等会合，率舟师20万，往救洪都。七月十七日，朱元璋率军进至湖口（今江西湖口）。为了把陈友谅困于鄱阳湖中，以便与之决战，朱元璋派戴德率部屯于泾江口（今安徽宿松南长江边）。又命令另一部将屯兵南湖嘴（今江西湖口北），切断陈友谅的归路。同时派人调信州兵守武阳渡（今江西南昌东南），以防陈军逃跑；朱元璋则亲率舟师由松门（今江西都昌南）进入鄱阳湖。

战役经过

当时陈友谅已围洪都85天，久攻不下，士气沮丧，得知朱元璋大军来援，就在十九日撤离洪都，向东出鄱阳湖迎战。二十日，两军在康郎山（今江西鄱阳湖内康山）水域遭遇。陈军以巨舰列阵，迎战朱军。朱元璋把水军分成 11 队（一说 20 队），每队配备大小火炮、火铳、火箭、火蒺藜、大小火枪、神机箭和弓弩等；并令各队接近敌舟时，先发火器，再射弓弩，靠近敌船时则短兵格斗。

七月二十一日，双方主力开始交战。朱元璋派徐达、常遇春、廖永忠等率军进击，一时间杀声震天，箭矢像下雨一样密集，炮声隆隆，波涛汹涌，火光照亮了百里之内的湖面。激战中徐达身先士卒，率部勇猛冲击，击败陈友谅前军，毙敌 1 500 人，缴获巨舰 1 艘，军威大振。不久，俞通海乘风发炮再败陈友谅军，焚毁陈友谅战船 20 余艘，陈军被杀及溺死的很多，朱元璋军也伤亡惨重。

二十二日，朱元璋亲自布阵，准备决战。陈友谅率全部巨舰出战，联舟布阵，旌旗楼橹，望之如山；而朱军船小，连战三日均受挫。激战中，右军被迫后退，朱元璋连杀队长 10 余人，还是不能制止。这时，部将郭兴向朱元璋建议采用火攻。朱元璋采纳了这一建议，命令用 7 艘船满载火药，扎上草人，穿上甲胄，并持兵器，由勇士驾驶，偷袭陈军。黄昏时，火船趁东北风逼近敌舰，顺风纵火，风急火烈，扑入陈军阵内，焚陈友谅巨舰数百艘。一时，烈焰飞腾，湖水都被火光映红了，陈军死伤过半。陈军的骁将、陈友谅之弟陈友仁、陈友贵及平章陈普略等均被烧死。朱元璋又乘势挥军猛攻，毙敌 2 000 余人。

二十三日天明，双方再一次交锋。陈军步步紧逼，四面围攻朱元璋的坐舰。在此危急之时，亲兵将领韩成换上朱元璋的冠服，伪装成朱元璋，以迷惑敌军。韩成更衣后，当着陈军投水自溺。陈友谅以为朱元璋已死，便稍向后退军。朱元璋乘机换乘它舰，刚换乘完毕，他的坐舰便中炮起火，朱元璋又一次幸免于难。

二十四日，陈军先头部队的战船由于机动困难，遭到朱军围攻，全部被毁。朱军俞通海、廖永忠、张兴祖、赵庸等将领乘快船 6 艘，突入陈军船队，这 6 条小船势如蛟龙，纵横驰骋，出没于陈军巨舰之间。朱军见此情景，士气大振，发起猛烈攻击。双方自清晨激战至中午，陈军终于不支，向后败退，遗弃的兵器旗鼓，浮蔽湖面。陈友谅企图退守鞋山（今江西湖口南大孤山），但出口已被朱军扼住，只得收拢部队，进行防御。当晚，朱元璋为控制长江水道，率军移驻左蠡（今江西都昌西北），陈友谅也移泊渚矶（今江西星子南）。

双方相持三日，陈军屡战屡败，形势更加不利。陈军左、右金吾将军见大势已去，相继投降朱元璋，陈军士气更趋低落。经过这一个多月的激战，陈军归路被切断，粮食奇缺，部队饥疲，陈友谅无计可施，便于八月二十六日率楼船百余艘，冒死突围，企图经南湖嘴进入长江，退回武昌。陈军行至湖口时，又陷入朱军的包围，朱军乘机以舟船、火筏四面猛攻。陈军一片混乱，争先奔逃，又遭到泾江口朱军伏兵截击，陈友谅中箭而死，军队溃败，平章陈荣于次日率残部 5 万余人投降，太尉张定边同陈友谅子陈理逃回武昌。朱元璋获得水战胜利。

评价

此战是朱元璋和陈友谅为争夺南部中国在鄱阳湖水域而进行的一次战略决战,在中国水战史上占有重要地位。此战前后历时 37 天,其时间之长、规模之大、投入兵力舰只之多、战斗之激烈都是空前的。此战成为中国水战史上以少胜多的著名战役,为朱元璋统一江南,进而建立明王朝奠定了基础,因而具有重大的战略意义。

从双方兵力对比来看,陈军号称 60 万,朱军仅有 20 万;陈军的战船大多是新造的,形体高大,装备精良,朱军的战船主要是收编和缴获的,以小船居多,但机动灵活,进退自如。两相比较,陈军居优势。但交战的结果却是朱军以劣势兵力战胜了优势兵力的陈军。

战后,朱元璋在分析胜利的原因时指出,陈友谅兵虽众多,但人各一心,上下猜疑;而自己部队精锐,士气压过对方,将士一心,勇气倍增,所以取胜。朱元璋取胜的另一个原因是,部署得当,指挥正确。朱元璋在进入湖口之初,就在武阳湖与鄱阳湖、长江与鄱阳湖各隘口,层层派兵扼守,一则切断陈军归路,二则限制陈军兵力展开,阻止其发挥兵多舰大的优势。然后,集中兵力,逐次打击陈军。陈军战船高大,稳性好,载兵多,可以居高临下地打击朱军,但其致命弱点是机动性差,加之又联舟布阵,这就更加"不利进退"了。朱军船小,机动性好,便于灵活地打击陈军,但有仰攻困难,不耐冲击,难于正面突防等弱点。针对这一情况,朱军采取扬长避短,以长击短的战法,先是以分队多路进攻,充分发挥火器作用,连续突击陈军,后又火攻破敌。在康郎山水域一战,毁陈军大舰数十艘,首战告捷;湖口一战又毁陈军大舰数百艘,使陈军大部就歼。

陈友谅的失败,首先是由战略上的错误造成的。本来,朱元璋率主力北救小明王,造成应天空虚,这是战略上的错误,如果陈友谅乘机以主力顺流东下,直攻应天,朱元璋便会处于陈(友谅)、张(士诚)夹击,进退失据的境地,形势将发生有利于陈友谅的变化。可是,陈友谅却没有这样做,而是把进攻矛头指向小而坚的洪都城,致使数十万水陆大军被置于狭小地域,难以展开;且又没有派兵扼守江湖要津,置后路于不顾,结果被朱元璋堵歼于鄱阳湖内。此外,陈友谅刚愎自用,暴躁多疑,内部分崩离析,士气低落;指挥笨拙,战法单一,联舟布阵,机动困难等等,也都是陈友谅失败的原因。

(十四)各个击破——萨尔浒之战

萨尔浒之战,是明王朝与当时的后金争夺辽东的关键性一战。在这次战役中,后金军 5 天之内连破三路明军,成为战争史上集中使用兵力、选择有利的战场和战机,连续作战、速战速决、各个击破,在战略上以少胜多的典型战例。结果,后金大胜,明军惨败。

战役背景

后金是居住在我国长白山一带女真族建州部在明时建立的政权。北宋末期,女真完颜等部建立金朝,从东北进入黄河流域,另一些部落仍留居东北。明朝初年,这些留居东北的部落分为海西、建州、东海三大部。建州女真首领努尔哈赤(姓爱新觉罗)是个了不起的女真族的英雄,他的很多亲人在与明朝军队的冲突中被杀了,他对着祖先传下来的十三副铠甲,立誓要给亲人报仇。他首先统一建州各部,又合并了海西与东海诸部,控制了东临大海(今日本海)、西接明朝辽东都司辖区、南到鸭绿江、北至黑龙江以北外兴安岭等广大地区。

努尔哈赤在统一女真各部过程中,确立了兼有军事、行政、生产三方面职能的八旗军制。八旗士兵出征打仗时是兵,回到家则是民。开始时只分黄、白、红、蓝四色旗帜,后来又增编了镶黄、镶白、镶红、镶蓝四旗,共为八旗。女真人分编在八旗中,每旗可出兵7 500人,共有兵力6万余人,主要是骑兵。此外,还修筑了赫图阿拉(今辽宁新宾)等城堡,补充马匹和战具,屯田积粮,积极备战。万历四十四年(1616年),努尔哈赤建立后金王朝,年号天命,称金国汗,以赫图阿拉为都城。

明朝的万历皇帝统治时,从鸭绿江到嘉峪关一带边防设置了"九边",即9个重镇,其中辽东辖今辽宁大部地区。万历后期,明统治者只顾抽调重兵镇压人民起义,对辽东防务置之不顾,等到抚顺等地接连被后金攻陷,万历皇帝才感到事态严重,于是派杨镐为辽东经略,主持辽东防务,并决定出兵辽东,大举进攻后金。

战役经过

1619年4月,赴辽的明军都先后到达,再加上胁迫征调的一万三千名朝鲜兵,总共有十万余人,号称四十七万大军,这是明朝自土木堡之变(明英宗亲自出征讨伐瓦剌也先)以来最大的一次军事行动。杨镐与诸将议定,分四路进攻后金,总兵刘綎率军从东出宽甸;总兵马林率军从北出三岔口;杜松率军从西出抚顺关;李如柏率军从南出鸦鹘关,其中以西路杜松为主力部队,全部进攻方向指向赫图阿拉。此外,王绍勋总管各路粮草,杨镐坐镇沈阳。杨镐非常轻视努尔哈赤,认为自己率领天朝大国的军队讨伐小小的蛮族小国,兵力又相差悬殊,必胜无疑。他竟然在出征前给努尔哈赤写了一封信,把自己的作战计划和行程全部"报告"了对手!殊不知,明朝的军队虽然人数众多,却是各省的兵丁拼凑在一块儿的;而努尔哈赤的队伍虽然人少,却以骑兵为主,身经百战,战斗力极强。

努尔哈赤掌握了明军的战略部署和行动计划,正确地分析了形势,认为明军是采用分兵合击,声东击西的战术,自己的应对是"凭尔几路来,我只一路去",只派五百人抵御和阻滞南路的刘綎军,而把全部兵力集中起来,打击从西而来的杜松的明军主力。于是他亲自统率八旗大军迅速开赴西线,阻击明军。两军在萨尔浒一带相遇,揭开了著名的萨尔浒战斗的序幕。

这次战役,可分三个阶段:

第一阶段是萨尔浒、吉林崖战斗。四月十三日,杜松率领三万西路军,出抚顺关,十四日到达萨尔浒。得知后金正派兵构筑界凡城,阻挡明军东进。于是杜松留下两万人驻守萨尔浒,自己率领一万人攻打界凡城,把已经分散的兵力再一次分散。此时,努尔哈赤率领八旗兵已到界凡以东,他迅速地抓住了各个击破的战机,派代善、皇太极带领两旗截击杜松。努尔哈赤亲率八旗中的六旗,共计四万余人,猛攻明军萨尔浒大营;明军寡不敌众,遭到突然攻击,纷纷逃往萨尔浒河西岸,结果在得力阿哈一带全军覆没。而杜松则在吉林崖下,陷入重围而丧生。

第二阶段是尚间崖、斐芬山战斗。四月十四日,马林率北路军出三岔口,扎营于富勒哈山的尚间崖,派潘宗颜领一军驻守斐芬山,又派龚念遂率一军守卫斡辉鄂模,互为犄角,彼此声援。努尔哈赤在西线消灭明兵主力以后,乘胜挥戈北上。十五日,后金兵首先击溃了驻守斡辉鄂模的明军,随后又攻打尚间崖,明兵大败,马林只身逃出,逃往开原,斐芬山的明军也被攻灭。

第三阶段是阿布达里冈、富察战斗。四月十日,刘綎率东路军出宽甸,此路明军虽然出师最早,但由于山道陡峭,大雪封山,又迷了路,进军迟缓,十五日才到达深河。后金的少数守军沿途拦截,且战且退,竭力阻挡明军的前进速度。这时,努尔哈赤已在西北两路获胜,立即派扈尔汉、阿敏、代善、皇太极先后出发,日夜兼程赶赴东线,很快在东线集中了三万多人,"隐伏山谷",待机而动。之后,努尔哈赤派人假扮杜松的使者,让刘綎到阿布达里冈与杜松军汇合。刘綎率军焚毁后金村寨,毫无戒备地前进,十六日到达阿布达里冈,这里距离赫图阿拉还有五六十里。这时后金军突然冲出,把明军冲断为两节,刘綎英勇战死,明军全军覆没。

杨镐惊悉三路丧师,急令李如柏撤兵,明朝的四路大军只有这南路军逃脱了败灭的厄运。

萨尔浒大战就此结束。此战明军大败,死伤将领共计三百一十余人,士兵死伤四万五千八百七十余人,财物损失不计其数。由于战役的失败,李如柏被迫自杀;杨镐入狱,几年后被杀。

评价

萨尔浒之战历来被看作是各个击破战术的范例。努尔哈赤在此战中的名言"凭尔几路来,我只一路去"更成为后世兵家常常引用的对各个击破战术的标准注解。

　　这次战役对双方都是十分关键的一仗，从此，明朝的力量大衰，它阻碍女真各部统一发展的政策彻底失败，不得不由进攻转入防御；后金的力量大增，它的政治野心和掠夺财富的欲望随之增长，由防御转入了进攻。

　　这次战役明朝失败的原因，首先是朝政腐败，而且明政府主要忙于镇压农民起义，无暇顾及辽东防务，疏于防范；在形势严重、迫不得已用兵时，又在准备仓促、粮饷不足的情况下，仓促出兵。其次，在作战指挥上，明军犯了一系列的错误：一、主将对后金军作战能力估计不足，情况不明，料敌不确，筹划不周。主观上企图分进合击，结果却被各个击破；二、主力西路军孤军冒进，给对方以各个击破的良机。西路主将杜松为抢首功，不等南、北两路军进至苏子河和浑河上游预定地区，也不问东路军进展情况，违期单独急进，不仅使自己陷于重围，全军覆没，也使南、北两路军陷入孤立境地。使后金军在兵力对比不占优势的情况下，得以从容调动兵力，各个击破明军；三、主帅杨镐坐镇沈阳，远离前线，对战况缺乏了解，所掌握的机动部队也因远离前线，既不能及时策应前方部队的行动，又不能组织掩护败退，前方部队也得不到及时的协调指挥。

　　萨尔浒战役是集中使用兵力、选择有利的战场和战机，连续作战、速战速决、各个击破、在战略上以少胜多的典型战例。后金军在五天之内，在三个地点进行了三次大战；战斗前部署周密，战斗中勇敢顽强，战斗结束后迅速脱离战场，立即投入新的战斗，这充分显示了努尔哈赤机动灵活的指挥才能和后金将士勇猛顽强的战斗作风。

（十五）明清松山之战

　　明崇祯十三年至十五年（清崇德五年至七年，1640—1642），明军与清军在松山（今辽宁锦县南）、锦州（今属辽宁）一带的一次大决战——松山之战，可视为清军对明军的最后一战（不包括对南明作战）。此役中，明主力被歼，山海关外诸险隘全部落入敌手。李自成兵至北京时，明廷已无兵可调。因此，与其说明亡于李自成，不如说明亡于清，亡于松山一役。

战役背景

　　明辽东巡抚袁崇焕，在抗击清的作战中，坚持以守关外蔽关内的方针，加强和扩建锦州、宁远及中左所、中前所、右屯、大凌河等关外诸城堡，兴屯田、积粮饷、调兵马、固守备，共募集6万余人据守各要点。袁崇焕坐镇宁远，平辽总兵赵率教镇守锦州，构成一道宁锦防线。

　　后金汗努尔哈赤病亡后，皇太极继位。天启七年（公元1627年）五月，皇太极亲率满洲八旗兵 5 万余人包围锦州,另遣军一部逼近宁远,阻止宁远明军向锦州增援。锦州守军赵率教等 3 万余众,依托坚城,凭城抗击。后金军连续围攻半月之久,未能得手,遂转攻宁远。宁远守军袁崇焕、满桂、祖大寿等 3.5 万人,加强城守,并出城布阵,挖深壕、列车营、设大炮,严阵以待。皇太极见状,不敢贸然进攻,退兵诱明军出战,但明军坚守不出。后金军只好攻城,但遭到明军痛击,伤亡严重;无奈再次转兵,仍攻锦州,遭到明守军西洋大炮和其他兵器还击,损兵折将,加上暑期疫病发作,部队减员严重,皇太极只好将军队撤回沈阳。

皇太极经过两次失败,吸取教训,改变策略。经过一系列准备之后,皇太极针对袁崇焕等守关外以蔽关内的方略,决定采取扰关内以蔽关外的迂回战略,避开袁崇焕等人坚守的宁远地区,打通辽西走廊,伺机进图中原。根据这一战略方针,皇太极不断派兵由喜峰口、居庸关、张家口等长城关口,突入关内进行袭扰,迫使明军后顾回撤;在进行军事袭扰的同时,皇太极还暗中加紧间谍活动,收买明廷阉党,利用明朝统治阶级内部矛盾。明崇祯二年(1629 年),崇祯帝在阉党的怂恿下杀害了袁崇焕,使关外守土将士军心动摇。但是,崇祯四年(1631 年)后金军夺占大凌河后,因受辽西重镇锦州、松山阻隔,始终无法逼近山海关。

明崇祯十三年(1640 年),李自成农民起义军势力迅速发展,波及川、陕、豫数省区,明朝统治政权发生动摇。皇太极看到时机成熟,乘机调集兵力,进围锦州,企图拔掉大举入关的障碍,消除后顾之忧。

战役经过

明崇祯十三年(1640 年)三月,皇太极命郑亲王济尔哈朗为右翼主帅,多罗贝勒多铎为左翼主帅,各统兵开赴义州(今义县);并命令他们在义州筑城屯田,筹措攻城器具,蚕食锦州外围据点,以对锦州采取长期围困,断其粮饷、歼其援军、迫其出降。左、右两翼主帅根据皇太极的方略,率清军由远及近,进围锦州。为了持久围困,清军实行 3 个月一轮的轮战轮休制,使围城清军不断得到休整。

次年三月,清军逼近明锦州守军炮火射程之外,绕城四面扎营,挖壕设栅,封锁各条通路,使锦州与外援完全隔绝。祖大寿坚守不出。明廷急令驻守宁远的蓟辽总督洪承畴等八镇总兵共 13 万大军,火速驰援锦州;洪承畴采取祖大寿建议,行动谨慎,步步为营。

七月二十六日,洪承畴率部抵达松山。清军针锋相对,抢先占据松山与锦州间的乳峰山东侧。入夜,洪承畴挥军占领乳峰山西侧,并分驻东西石门,环松山城结步兵大营 7 座,营外掘长壕、树木栅,骑兵屯驻松山东、西、北三面,严加防御。八月二日,锦州守军配合援军出城突围,被清军逐回城中,援军将领杨国柱战死。八日,清军向乳峰山西侧明军连续发起两次攻击,均被明军击退。十日,两军再次展开激战,清军又被挫败。接替参战的清军多尔衮等在明援军的强大压力下不敢发动攻击,接连向沈阳求救。皇太极闻讯,决定亲征。

十四日,皇太极率3 000名精兵先行,大军继后,日夜兼程,于十九日抵达松山附近的戚家堡,部署在明军的南面,决定首先断绝明军粮道,然后掘壕筑垣围困明军。他立即将大军部署于松山与杏山之间,切断松、锦间的通道,夺取明军笔架山(在今锦州南)储备的12垛军粮。与此同时,从锦州以西往南,穿越松、杏大道,直至海口,挖掘3道深8尺、宽丈余的大壕,人马不能通过,将明军置于包围之中。

明军的战略意图是在松锦之间与清军决战,现在却被清军切断后方粮道供应,存粮只剩三日,造成了心理上的恐慌。"欲战,则力不支;欲守,则粮已竭,遂合谋退遁。"洪承畴主张决一死战,而各部总兵官主张南撤,最后集议背山突围。

两军交战后,洪承畴背松山列阵,派兵冲击清营,一冲不破,便决定撤退。因军中乏粮,诸将各怀去志,遂不待军令,大同总兵王朴乘天黑率部遁走;马科、吴三桂两镇兵也争相率军逃奔杏山。清军趁势掩杀,前堵后追。当他们逃到杏山时,又决定撤奔宁远,结果再次遭到伏击,部卒伤亡惨重。洪承畴由于事先没有决战的决心,明兵两镇六总兵败溃,数十万人土崩瓦解,先后被斩杀者五万三千多人,自相践踏死者及赴海死者更是无计其数。剩下自己带领的残兵万余人,被清军团团围困在松山,饷援皆绝。

次日,洪承畴挥军反击,企图突围。皇太极临阵指挥,亲自督军作战,将明军压回营地。然后,又调整部署,严堵要道,设伏待机。九月,皇太极回盛京,留多铎攻城。洪承畴突围失败。十月,清军豪格部驻松山,洪承畴战败,明兵不能回城,多半降清。

崇祯十五年(1642年)一月,洪承畴听说朝廷援军赶到,又派6 000人马出城夜袭,被清军战败。败兵欲退入城内,但洪承畴见后有追兵,竟下令关闭城门,因而败兵大部被歼,其余的逃往杏山,后遭伏击全被歼灭。洪承畴不敢再战,而朝廷援军也因害怕清军不敢前来。就这样,松山一直被围困了半年之久,城中粮食殆尽,松山副将夏承德叩请清军,愿拿儿子夏舒做人质约降。

三月,清军应邀夜攻,松山城破,洪承畴、巡抚邱民仰被俘,总兵曹变蛟等被杀。

洪承畴被俘后,久被围困的锦州明军已筋疲力尽,粮尽援绝,又见松山、杏山的明军已败,待援无望:四月,锦州守将祖大寿,便走出内城,率众出降;塔山、杏山也相继落入清军之手,明军的锦宁防线,实际上已不复存在。

评价

明、清松山之战,是继萨尔浒之战后的关键性一战。松山失陷对明朝影响极大,从此明朝在关外已不能再战,完全无力应付辽东局面,除宁远一地外,全部落入清军手中。皇太极曾自负地说:"取北京如伐大树,先从两边砍,则大树自扑。现在明朝精兵已尽,我再四周纵掠,北京一定可得。"这年十月,他派贝勒阿尔泰率清军入关,大扰河北、山东,攻破3府、18州、67县,俘人口36万,牲畜50万头。清军途中经过北京时,明军毫不阻挡,放其回盛京。而在关内方面,李自成农民军迅速发展,明军也失去了主动地位。在清军与农民军两大势力东西交攻之下,明朝已处于覆灭的前夕。

因此,松山战败,明朝丢失了整个辽东,也失去了赖以阻扼清军入关的辽西走廊,宣告了在辽东战场的彻底失败,动摇了王朝的统治。清军达到了夺取整个辽东的目的,并为进一步进图中原、灭亡明朝打开了通路。

此战的主要得失是:明朝方面,一、再次暴露了统治集团的腐败无能。在大敌当前的情况下,朝中竟拿不出破敌之策,而且居然误中后金的反间计,杀害抗金名将袁崇焕,使辽东将士军心为之动摇。二、祖大寿、洪承畴等将领虽然继续实行袁崇焕守关外以蔽关内的方略,但洪承畴出援行动过于谨慎,步步为营,行动迟缓,使清军有足够时间做好对付明援军的准备。三、后勤补给关系作战胜负甚至军队的存亡。在明清两军松山对峙时,明驰援大军远道而来,明军却忽略了对后勤补给线的保护,以致被清军钻了空子,夺了储粮。四、明军内部不统一,个别将领临阵怯战溃逃,也是导致明军在危急关头溃不成军的一个重要原因。

在清军方面,皇太极能够审时度势,针对明军的意图,适时改变作战方略,扰关内以蔽关外,一下子打乱了明朝的部署。同时展开间谍战,利用反间计,分化瓦解,削弱明朝的抗清力量。在时机成熟的时候,撇开宁远,集中力量,进攻锦州。在松山对峙时,能及时调整部署,增派援军,改变战术,乘虚蹈隙,断绝明军粮饷,分割包围,打击明军薄弱环节,对溃逃明军展开追杀和伏击,夺取最后胜利。

(十六)清入主中原——山海关之战

山海关之战——清顺治元年(大顺永昌元年,1644年)四月,李自成大顺军(亦称农民军)在山海关内外与清军和吴三桂率领的辽东明军进行的一次决战。从此,大顺军由鼎盛转向衰败,而清王朝则因此战获胜,而得以长驱入关,问鼎中原,并最终夺取全中国的统治权。

战役背景

明崇祯十七年(大顺永昌元年,1644年)正月,李自成在西安称新顺王,建国号为大顺,改元永昌;随后,即率大顺军渡河东进。二月七日攻克太原后,李自成兵分南北两路进取北京。十九日,大顺军攻克北京,崇祯在煤山(今景山)自缢,明朝灭亡。

还在李自成进军北京之前，雄踞关东的清军多次对明展开进攻，先后夺取明中后所、前卫屯、中前所三城，日益迫近山海关。不久，李自成占据陕西的消息传到清廷。清摄政王多尔衮看出明王朝即将土崩瓦解，便以清帝名义主动致书大顺军领袖，提出要与大顺军协谋同力，并取中原，但李自成未予理睬。多尔衮于是把大顺军当作争夺明朝天下的主要敌人来对待，从而将作战目标由攻明转为与李自成争夺对全国的统治权。

明辽东总兵吴三桂原率兵4万驻守宁远（今辽宁兴城），阻挡清军入关之路；大顺军进逼京畿后，他奉命率部入卫京师。三月二十日，吴三桂率军行至丰润时，得知大顺军已攻破北京，于是便返回山海关。李自成派降将唐通前往山海关招降吴三桂；吴三桂经反复思量，决意归顺，并同意立即入京朝见闯王。但当他领兵西行至滦州时，遇见从北京逃出的一名家人，得知其父吴襄在京遭大顺军拘执拷问，爱妾陈圆圆被

山海关之战

李自成部将刘宗敏掠走，于是一怒之下又改变了主意，断然拒降李自成，并打着为君父报仇的旗号，击败大顺军唐通部，返回山海关。

李自成闻变后，于四月十三日亲率大军约10万（一说6万），带上吴三桂父亲吴襄，向山海关进发。吴三桂急忙向清军乞师求救，并许诺打垮大顺军后，对清将割地相酬。四月二十日，多尔衮率8万劲骑疾驰山海关。李自成不知道吴三桂已向清军求救，又被吴三桂所派出的"谈判"的亲信所拖延，四月二十一日才抵达山海关，在石河西岸与吴三桂部成对峙之势。这期间，吴三桂已完成了兵力集结的部署，清军也于当晚抵达关外。

山海关以关城为中心据点，北接长城，南临大海，四面有东西两罗城和南北两翼城，构成一个坚固的防御体系。城西有石河，河西地势开阔，便于用兵，是山海关之战的主战场。

战役经过

四月二十一日晨，李自成一面派部将唐通率一部兵力，从山海关北20里的九门口迂回出关，从吴三桂的侧背实施夹击；一面指挥大顺军由西、北、东三面攻城。负责攻打西罗城的大顺军首先与在石河西布阵的吴三桂部数万辽东兵和乡勇展开激战。打到中午，吴军西北阵脚发生动摇，大顺军数千骑兵乘势冲破对方防线，直

逼西罗城下,并准备攻城。吴三桂见形势不妙,急忙派代表假意投降。当大顺军攻城将领准备入城受降时,突然遭到城上守军的猛烈炮击,大顺军毫无戒备,伤亡很多。吴三桂乘势派出骑兵从侧面进行突袭,这一路大顺军无力抵挡,被迫败退。

与此同时,大顺军用重兵猛攻北翼城。城上守军拼死堵御,战况极为激烈。战到第二天清晨,城上守军死伤近半,力渐不支,不少大顺军战士乘势攀城而上,城上一部分守军投降,这时吴三桂率援兵及时赶到,才打退大顺军,保住了关城。

二十一日晚,驰援的清军前锋与大顺军唐通部在九门口外相遇。清军击败唐通部,并将其逐回关内,使李自成从关内外夹击山海关的企图受挫。随后,清军在关城东两里的欢喜岭的威武台附近扎营。

次日清晨,吴三桂见战势危急,率数百亲兵冒险出城,至威武台清营拜见多尔衮,剃发称臣,归降清军,并开门请多尔衮率清军从南水门、北水门、关中门进入关内。这时,李自成因攻城未遂,已改令全军在石河以西,从北山至海边,摆开一字长蛇阵,等待决战。多尔衮见状,命8万清军于海滨李自成阵尾薄弱处列阵,吴三桂军以白布系肩为标志,列于清军右翼之末。吴三桂自恃有清军坐镇,首先发起攻击,而清军则按兵不动。李自成在没有弄清楚清军意图的情况下,以主力应战吴军。两军步骑兵反复冲杀,吴军终于力不能支,陷入大顺军的包围之中;吴三桂指挥部下左突右冲,包围圈几次被冲开又再度合拢。战至中午,李自成为尽早歼灭吴军,将机动兵力全部投入战斗。正当吴军阵脚已乱,大顺军胜利在望之时,一直在旁观战的多尔衮突然令阿济格、多铎率2万骑兵,从右翼驰入战阵,直冲大顺军中坚。大顺军正全力围歼吴军,猝遇清军自侧背突击,不及防备,阵脚渐乱。多尔衮指挥清军全面出击,吴军也乘机反扑。在内外夹击之下,大顺军终于支撑不住,全军溃败。清军乘胜追杀40里,大顺军伤亡惨重,李自成仅率数千骑兵且战且退。为保存实力,大顺军于三十日分两路出京撤往山西。

评价

山海关之战,是事关李自成大顺朝事业成败的决定性一战。从此,大顺军由鼎盛转向衰败,而清王朝则因此战获胜,而得以长驱入关,问鼎中原,并最终夺取全中国的统治权。大顺军以数十万之师,从关中至北京,一路所向披靡,而山海关一战竟一败涂地,这是有其客观和主观方面原因的。

一是在胜利的形势下头脑膨胀。大顺军顺利地攻占北京,推翻明王朝统治,使该军不少将领滋长了骄傲自满情绪,以为大顺朝天下已经坐定。大顺军建都西京时,曾以推翻明王朝腐朽统治的口号,深得全军将士和广大人民的拥护和支持,全军上下士气高昂,所向披靡,很快就打进北京城,但这一战略目标实现后,大顺军未能及时明确下一步战略目标,将领们忙于分封和追赃索银,大肆拷掠城中官商,致使军纪涣散。

二是对如何解决宁远总兵吴三桂所率数万明军未能给予充分重视。起初以为重金犒师和拘留吴三桂之父的软硬两手,就可以迫吴三桂归降。当招降不成,需以武力解决时,对山海关一战的严重性,以及清朝的战略企图估计不足,仅以约10万(一说6万)兵力出征,在参战人数上未占优势,当清军出兵后反而处于明显劣势。

三是在处理与清军的关系上失策。大顺军进军北京前,多尔衮曾致信要求联合攻明,但大顺军未能从战略高度加以考虑,放弃了一次利用清军牵制明军的好机会。吴三桂拒降后,大顺军忽略了吴与清军联合的可能性,未派人主动与清军联系,破坏他们联合的企图或迟滞清军赴关的速度。使吴三桂和清军得以联合,也使大顺军在与对方力量对比上处于不利的态势。二十二日会战中,李自成对清军参战的可能性又判断失误,轻易将全军投入战场,结果在清军突然发起的攻势面前,猝不及防,终致全线崩溃。

而多尔衮善于抓住有利时机,利用矛盾,正确掌握出击的时、空,一举获胜,为清军定鼎中原奠定了基础。

山海关之战是大顺军由盛而衰的转折点,也是农民军从反明转向抗清的开端。

(十七)康熙帝昭莫多之战

清军平定准噶尔贵族叛乱之战,是一次维护祖国统一、反对民族分裂的正义战争。这次战争的时间跨度很长,起于清康熙二十九年(1690年),结束于清乾隆二十二年(1757年),经历了三朝,历时70年,最终平息叛乱,取得了完全胜利。其中清康熙三十五年(1696年),清军在昭莫多以伏击大败卫拉特蒙古准噶尔军是关键一战。

战役背景

明末清初,我国北方的蒙古族分为三大部,其中一部是厄鲁特,又称卫拉特,分为四部,四部中准噶尔部势力最强,势力范围不断扩大,其首领噶尔丹分裂割据的野心愈益膨胀。此时,正是沙皇俄国疯狂向外扩张的时期,为达到侵略中国西北边疆的罪恶目的,对噶尔丹进行拉拢利诱。康熙二十六年(1687年)底,沙俄参加中俄边界谈判的全权代表戈洛文,在伊尔库茨克专门接见了噶尔丹的代表,计谋策动噶尔丹叛乱,支持他进攻喀尔喀蒙古。在沙皇俄国的唆使下,噶尔丹终于率兵进攻喀尔喀蒙古,发动了一场旨在分裂祖国的叛乱。

康熙二十七年(1688年),噶尔丹亲率骑兵3万自伊犁东进,越过杭爱山,进攻喀尔喀,占领整个喀尔喀地区。喀尔喀三部首领仓皇率众数十万分路东奔,逃往漠南乌珠穆沁(今内蒙古乌珠穆沁旗)一带,向清廷告急,请求保护。康熙一面把他们安置在科尔沁（今内蒙古科尔沁旗）放牧，一面责令噶尔丹罢兵西归。但噶尔丹气焰嚣张，置之不理，反而率兵乘势南下，深入乌珠穆沁境内。

康熙二十九年（1690年）六月，康熙决定亲征，击噶尔丹于乌兰布通，噶尔丹大败，仓皇率全部撤往山上。次日，遣使向清军乞和，乘机率残部夜渡沙拉木伦河，狼狈逃窜，逃回科布多（今蒙古吉尔噶朗图）时只剩下数千人。

噶尔丹自乌兰布通失败后，分裂叛乱之心未死，他以科布多为基地，招集散亡人员，企图重整旗鼓，东山再起。康熙三十三年（1694年），清廷诏噶尔丹前来会盟，噶尔丹抗命不至，反而遣兵侵入喀尔喀，康熙遂决定诱其南下一战歼之。

战役经过

康熙三十四年（1695年）九月，噶尔丹果然率3万骑兵自科布多东进，沿克鲁伦河东下，扬言借得俄罗斯鸟枪兵6万，将大举内犯。在此形势下，康熙决定再次亲征。次年二月，调集9万军队，分东中西三路进击，康熙亲自率中路三四万人出独石口（今河北沽源南）北上，直指克鲁伦河上游，与其他两路约期夹攻，企图歼灭噶尔丹军于克鲁伦河一带。三月，康熙率中路军出塞。五月初，经科图（今内蒙古苏尼特左旗北）继续渡漠北进，逐渐逼近敌军。噶尔丹见康熙亲率精锐前来，又闻西路清军已过土剌河，有遭夹击的危险，便连夜率部西逃。

清将费扬古率领的西路军得知皇帝已至克鲁伦河，备受激励，率军昼夜奔驰，于五月十三日抵达土剌河上游昭莫多，距噶尔丹军30里处扎营。昭莫多是一座长满密林的小山，三面靠河，是设伏的理想地形，当年明成祖曾在此击败蒙古鞑靼部将领阿鲁台。费扬古考虑到清军连续行军，人马劳顿，不宜主动出击，决定暂行休整，以逸待劳，设伏兵破敌。他命一部兵力在昭莫多东侧依山列阵，一部兵力依托土剌河布置防御，将骑兵主力隐蔽在对面山上的密林中，以部将孙思克率步兵扼守山顶。随后，他先派400骑兵到噶尔丹军驻地挑战，诱其入伏。

噶尔丹见清军败退，即率万余骑兵追赶。进至昭莫多后，便向清军控制的山头发起猛攻。清军居高临下，以弓箭、子母炮还击，并不断发起反击。双方激战一整天，噶尔丹军伤亡甚众，但仍不退兵。费扬占据高处看到噶尔丹军后阵始终未动，料定必是家眷、辎重所在，就命令骑兵迂回至后阵袭击。噶尔丹军顿时大乱，山上的清军乘势发起反击。在清军的两面夹击下，噶尔丹军被斩杀3000余人，大败而逃。清军连夜追击30余里，俘获人畜无数，噶尔丹仅率数十骑西逃。不久，噶尔丹在众叛亲离的情况下，服毒自杀。至此康熙时期平定噶尔丹叛乱之战始告结束，喀尔喀地区重新统一于清朝。

评价

昭莫多之战，是清军击败噶尔丹军的关键一战。从此，噶尔丹势孤力穷，历时近 10 年的叛乱终于得以平定,喀尔喀地区重新统一于清朝。噶尔丹在漠北以逸待劳,形势原为有利;清军劳师远袭,形势原本不利,但交战结果,清军却大获全胜。这一胜一负,双方在作战方面均有其深刻的经验教训。

清军取胜的成功之处,其一是巧妙部署,出奇制胜。康熙帝制定 3 路大军进行围剿的计划,当东、西两路清军未能及时赶到,中路清军首先近敌时,康熙帝又以兵分两路夹击的部署吓退叛军。同时命西路军火速赶到叛军西逃必经之地昭莫多,利用山势和密林巧布伏兵,终于一举歼敌。

其二是清军的后勤保障充分。中路清军为越过大漠,由数千辆大车组成了庞大的后勤运输部队。这支部队组织严密,又有专门的军队保卫,而且备有大量的铺路材料,因而能顺利地通过数百里大沙漠,较好地保障中路清军所需粮草,同时为西路清军提供支援,这对于长途远征消灭噶尔丹叛军,起了非常关键的作用。

三、近代经典战役

像许多历史的断代一样,中国近代史的开始也是从战争开始的。1840 年的第一次鸦片战争是中国近代史的起始年代。古老的东方帝国实际上是被战争裹挟着进入近代史的。在这些战争中发生的战役也带有那个年代的烙印,即落后与颟顸,使得这些战役的胜利一方很少是中国这个古老的国家。冷兵器与热兵器的碰撞,失败的大多是落伍的冷兵器一方。纵有热血与胆魄也分外显得落魄。

本章所选的战役也从另一个角度警示我们:落后就要挨打,而且是痛入骨髓的挨打。这些经典战役时刻提醒我们:前事不忘后事之师。

(一)广东虎门之战

第一次鸦片战争是 1840 年至 1842 年英国对中国发动的侵略战争,它是中国从封建社会沦为半殖民地半封建社会的转折点,中国社会的性质发生了改变,成为半殖民地半封建的国家。

战役背景

鸦片战争前的半个世纪,清朝国势日衰、江河日下。清王朝统治日趋腐败,对人民的剥削压迫加重,国内阶级矛盾日益激化,人民群众的反抗斗争此起彼伏。清王朝的统治面临深刻的危机,中国封建社会已经走到了它的尽头。

在这个时候,英、法、美等主要资本主义国家已经相继完成了工业革命,为了扩大商品市场,争夺原料产地,加紧了征服殖民地的活动,中国的周边国家和邻近地区,陆续成为它们的殖民地或势力范围。

中国作为一个幅员辽阔的古老国家,自然成为殖民主义者侵略扩张的新对象。但中国的封建自然经济对外来商品有顽强的抵抗力,英国的工业品在中国很难获得广泛的销路。英国资产阶级企图用工业品打开中国大门的计划没能得逞,竟无耻地向中国大量走私特殊商品——鸦片,以满足他们追逐利润的无限欲望,达到打开中国门户的目的。英国的东印度公司在印度种植鸦片,加工后运到中国贩卖,把毒资换成茶叶、丝绸、瓷器等在英国畅销的商品运回英国,赚取巨额暴利,这种三角贸易给英国资产阶级、东印度公司和鸦片贩子带来了惊人的收益。

鸦片的大量输入,使中国每年白银外流达 600 万两,中国国内发生严重的银荒,国内的银子都拿去买鸦片了,造成了政府的财政枯竭,国库空虚。鸦片输入还严重败坏了社会风尚,摧残了人民的身心健康。烟毒泛滥不仅给中国人在精神上、肉体上带来损害,同时也破坏了社会生产力,造成东南沿海地区的工商业萧条和衰落。

鸦片贸易给中国社会带来的严重危害,引起了清政府的重视。清政府多次颁布禁烟令,1838 年 12 月,道光皇帝命林则徐为钦差大臣,派往广东禁烟。1839 年 3 月,林则徐会同两广总督邓廷桢、广东水师提督关天培在广州筹划禁烟。林则徐采取坚决果断的措施,迫使英商陆续交出 2 万多箱鸦片,并把缴获的鸦片在虎门海滩当众全部销毁,这就是著名的虎门销烟。虎门销烟是中国人民禁烟斗争的伟大胜利,给英国侵略者以沉重打击。它向全世界表明中国人民维护民族尊严,反抗外国侵略的坚定决心。

1840 年初,英国组成侵华远征军;6 月,以海军少将懿律、驻华商务监督义律为全权代表,率英军舰船 48 艘,陆军 4 000 余人陆续抵达珠江口外,封锁海口,标志着由英国对中国发动的一场侵略战争的开始。此次战争,从 1840 年 6 月英军封锁珠江口开始,到 1842 年 8 月签订不平等条约——《南京条约》为止,持续了二年多的时间,经历了三个阶段的战役,虎门之战是其中重要的战役之一。

战役经过

在战争第二阶段,英国为了用武力胁迫清政府让步,获得更大的侵略利益,1841 年 1 月 28 日,英舰开始向广州的门户虎门口集结。2 月 5 日前,完成了进攻虎门的准备,计兵船 10 只、轮船 3 只和运输船多只。英军发现下横档岛没有设防,于是在 5 日下午派出炮兵分队由轮船运到该岛登陆,并连夜选择阵地,安设炮位。6 日清晨,刮起南风,英军乘上风轰击横档、永安炮台;守台清军奋勇抗击,英军开始没有得势。但是后来涨潮,于是英军再次朝炮台发动攻击,炮台陷落,清军阵亡 300 人,一部分被俘,少数突围。

英军攻占横档、永安炮台后,集中兵力进攻靖远、威远炮台。由于风潮不顺,直至上午 11 时半,英军两艘最大的军舰"伯兰汉"号和"麦尔威里"号才趁涨潮冒着炮火驶抵南山一里左右的水域,以右舷炮轰击威远、靖远炮台。60 多岁的广东水师提督关天培决心死守阵地,将自己的财物全部分赠将士,鼓励他们英勇杀敌。他亲燃大炮,从上午 10 时到下午 7 时,与敌激战近 10 小时之久。英军从炮台背后进攻,关天培身受数十创痕,血染衣甲,仍持刀拼杀,终因伤重力竭,弹尽援绝,最后含恨壮烈殉国,400 多名将士也英勇战死。游击将军麦廷章及所部战士数十人亦英勇捐躯。虎门各炮台相继失陷。大虎山、小虎山清军不战而退。

虎门炮台失陷,英舰驶入省河,广州形势十分危急。5 月 21 日,广州城外重要据点泥城、四方炮台相继失陷,广州城被围,奕山等向英军求和。1841 年 5 月 27 日,奕山接受义律提出的五项条件,订立《广州和约》,战争的第二阶段至此结束。

评价

鸦片战争是资本主义国家向中国发动的第一次大规模的侵略战争,清王朝腐朽的封建统治是导致中国在鸦片战争中失败的主要原因。这次战争是中国历史的转折点,从此中国变成了半殖民地半封建社会的国家。

鸦片战争是中国抗击西方资本主义列强的第一次战争。英军以较少的兵力、较小的代价战胜了中国。究其原因,除了在客观上敌人兵器占有优势,战略战术运用得当,能集中大部兵力至沿海城市,占领经济命脉之地,战斗中常以正面攻击与侧翼包抄相结合之外,在主观上主要是清政府的腐败无能。

中国封建社会制度到了 19 世纪 30 年代,更加没落腐朽,不仅经济停滞,十分落后,削弱了战争赖以取胜的经济基础;而且整个统治集团内部,弥漫着享乐苟安,贪污腐化的气息。随着鸦片的输入,统治集团中的大部分人越来越依赖这种毒品来消磨荒淫无度的寄生生活。他们既接受内外烟贩的收买,又依赖这种毒品的走私,从中取得利益。因此,在禁烟与反禁烟、战与和的问题上,统治者始终摇摆不定,在整个战争中,始终没有坚定的方针。从皇帝到将军、督、抚,战守无策,没有切合实际的作战方法,当战争受挫时,他们立刻求和;和议不成,又空喊作战。当议和投降比打仗有利于维系摇摇欲坠的反动统治时,他们就屈辱投降。

政治上的反动和腐朽,带来了军事上的无能和腐败。辽阔绵长的中国海岸线,长期疏于战备,有边无防。以八旗、绿营为主力的清军,长时期养尊处优,懒于训练,军心涣散,纪律松弛;将帅素质低下,军事思想保守落后,不会组织、指挥打仗。鸦片战争爆发后,许多将领不谙敌情,株守建筑落后的营垒要塞,一线防御,不顾纵深侧后;许多地区的守军,远远看见敌军即开炮轰击,未等敌军靠近,便一哄而散,逃之夭夭,甚至举起白旗投降。宁波、余姚、慈溪、奉化、上海等地,竟不战自弃。而

·著名战役·

图文珍藏版

以林则徐、邓廷桢为首的抵抗派在反抗英国侵略者的斗争中虽有决心,有成果,但他们最终受到投降派的排挤打击,"徒有救国之志,而无尺寸之权"(诗人陆嵩语)。任用投降主义分子耆英、伊里布等去抵抗侵略者,无疑是缘木求鱼。

在民族自卫战争中,清朝政府不广泛动员、组织民众,单靠有限的军力在漫长的海岸线上到处分兵把口,本来是敌寡我众的形势,但在实际战场上却成了敌众我寡的形势。甚至当中国人民自发地起来抗击侵略者时,他们却怕得要死,荒唐地指责他们"潜相煽惑""为害甚大",横加反对、破坏、镇压,直至堕落到去勾结外国侵略者,镇压爱国人民的抗侵斗争。这样反动、腐朽的政府,是根本不可能取得反侵略战争胜利的。

(二)惨败的八里桥之战

八里桥之战,是第二次鸦片战争中的关键一战。清军在数量上占有绝对优势,又有便于马队纵横驰骋的自然地理条件下惨败,彻底动摇了清政府继续抵抗的决心。

战役背景

《南京条约》签订以后,侵略者并不满意已取得的侵略"成果",多次向清政府提出要修改条约,都被清政府拒绝。1856年,英、法、美三国再次提出修约要求,又遭拒绝。于是英、法制造了"亚罗号事件"和"马神甫事件",发动了侵略中国的第二次鸦片战争。

1856年10月23口,英国悍然派出三艘军舰,在英国侵华舰队司令、海军上将西马靡各里指挥下,进犯广州附近各炮台,并炮轰广州城,第二次鸦片战争开始。

1857年12月,在美俄支持配合下,英法联军进攻广州,几天就占领了广州城。英、法侵略者占领广州后,指派英人巴夏礼、哈罗威和法国的修莱组成所谓"联军委员会",对广州实行"军事管制"。清政府的巡抚柏贵在"联军委员会"的严密控制下,照旧担任原职,为殖民者维持秩序,这是中国近代史上外国侵略者在华制造的第一个傀儡政权。从此,英、法在广州开始历时四年的殖民军事统治。

1858年5月20日,英法联军的军舰炮轰大沽炮台,大沽炮台失陷。6月,清政府分别同俄、美、英、法订立《天津条约》,第二次鸦片战争第一阶段结束。

《天津条约》签订后,英、法侵略者仍不满足,准备再次扩大侵略战争,向中国勒索更多的特权。

1859年6月,英、法公使借口到北京与清政府交换《天津条约》批准书,(条约的批准书,约定1年后在北京互换)各率一支舰队北上大沽口。他们拒绝按清政府指定的路线,从塘沽登陆经天津去北京,蛮横地炮轰大沽炮台,强行登陆。守卫炮台的爱国将士坚决发炮还击，击沉击伤敌舰十多艘，打死打伤敌人近五百人，英国舰队司令何伯重伤，副司令毙命。

1860年8月1日，英、法军舰三十多艘，占据北塘；8月12日，侵略军一万多人分两路进攻新河和军粮城。大沽炮台的清军在侧背受敌的不利条件下，顽强地坚持了十天，由于没有援兵，大沽失守，直隶提督乐善等阵亡。随后，侵略军长驱直入，占领了天津。

联军占领天津后，清政府立即派大学士桂良为钦差大臣赶赴天津议和。从9月2日开始，双方谈判，由于英法方面所提条件极为苛刻，清政府无法接受，谈判破裂。9月10日，咸丰帝获悉联军已由天津向通州开进，便急派怡亲王载垣、兵部尚书穆荫为钦差大臣，再次与联军议和，并告诫僧格林沁不可轻率用兵。9月14日，英法方面提出了更为苛刻的条件，其中包括要求清军撤离张家湾，要向皇帝亲递国书等清政府无法接受的条件，以致谈判再次破裂。9月18日，英法联军占领张家湾和通州城，随后向通往北京的咽喉要地八里桥推进。进攻的联军兵分3路，兵力共6 000人。

战役经过

驻守八里桥一带的清军总兵力约3万人，其中马队近万人，由僧格林沁统一指挥。9月20日，联军马队数百人进攻八里桥附近的咸户庄（今咸宁侯庄），试探清军，被僧格林沁所部击退。21日，3路联军对八里桥清军阵地发起攻击，僧格林沁命步队隐蔽，用马队向联军的宽大正面实施反冲击。联军据壕作战，用密集火力封锁马队，并用霰弹进行轰炸，造成马队大量伤亡，被迫后撤。联军乘势进击。防守八里桥的胜保部，也与南路敌军展开浴血奋战。守桥清军全部壮烈牺牲，胜保也身负重伤，只得率部撤退。与此同时，抗击西路之敌的瑞麟部和僧格林沁部也与敌展开激战，双方伤亡都很大。清军不支，僧格林沁十分恐慌，于酣战之际，"自乘驴车，撤队而逃"；军心随之动摇，纷纷后撤至齐化门以东的皇木厂。八里桥失守。

评价

八里桥之战，是第二次鸦片战争中的关键一战。清军在数量占有绝对优势，又有便于马队纵横驰骋的自然地理条件下惨败，彻底动摇了清政府继续抵抗的决心。

战役失败的原因是多方面的。首先，由于僧格林沁持有片面认识，认为侵略军专恃坚船利炮，陆上作战非其所长，因而沿袭冷兵器时代的战法，将马队用于正面进攻，以为只要马队勇往直前，将敌军阵形冲散，步队再上前砍杀就可胜利。正如一个侵略分子所说："法国和英国的炮兵压倒了他们的箭、矛、迟钝的刀和很不像样的炮。尽管他们呼喊前进，勇猛和反复地冲杀，还是一开始就遭到了惨败。"因为沿用旧战法而导致惨败,这一教训十分深刻。其次,清政府忽战忽和,没有相对统一稳定的战略方针,影响了前线守军的士气。其三,僧格林沁自张家湾作战失利后,即已丧失信心。他在给载垣等人的信中说:"经此挫失之后,恐难复振,能否扼截,实无把握。"所以在八里桥战斗中,一听说敌军将抄其后路,便弃军先逃,使军心动摇,迅速溃败。

张家湾、八里桥之战失败后,咸丰帝令其弟恭亲王奕䜣留守北京,负责求和事宜,自己则从圆明园仓皇逃往热河。英法联军稍做休整后,于10月6日进攻北京,同时,闯入圆明园,在大肆抢劫之后,将其烧毁。接着,侵略军还抢劫了万寿山、玉泉山、香山等许多处著名建筑中所藏的大量文物珍宝,中华民族历史文化遭到一次空前的浩劫。10月13日,北京城内王公大臣屈服于联军要求,交出安定门。联军兵不血刃,进入北京外城。在侵略者的胁迫下,10月24日,清政府与英法签订《北京条约》,同时互换《天津条约》批准书。《北京条约》规定,赔偿英法军费各800万两,割让九龙给英国,增辟天津为商埠,允许法国传教士在各省建教堂,准许华工出国,鸦片贸易合法化。英法侵略者的要求完全得到满足。11月间,联军先后撤出京津地区。历时4年之久的第二次鸦片战争结束。

(三)中日甲午海战

黄海海战是中日甲午战争中一次关键的海战。由于中国北洋舰队的装备及战事准备的不足而失败。在这次海战中,以邓世昌为代表的爱国官兵,在惨烈的战斗中,奋不顾身,临危不惧,表现了中华民族不畏强暴、敢于和敌人血战到底的英雄气概,表现出了高尚的民族气节和军人素养。

战役背景

中日甲午战争简称甲午战争,又称第一次中日战争,日本称日清战争,是中国和日本之间为争夺朝鲜半岛的控制权而爆发的一场战争,结果演变为日本对中国的侵略战争。由于发生的年份为1894年,干支(以天干地支纪年)为甲午,史称"甲午战争"。

日本发动对中国的侵略战争,蓄谋已久。早在1868年(清同治七年),日本明治天皇登基伊始,便极力鼓吹军国主义,以实行对外扩张为基本国策,并将侵略矛头首先指向其近邻朝鲜和中国。到甲午战争爆发前,日本陆军建成6个野战师和1个近卫师,现役兵力12.3万人,海军拥有军舰32艘、鱼雷艇24艘,排水量共达6.2万余吨。还派遣大批特务,到中国和朝鲜搜集军事情报,绘制详细的军用地图。

1894年春,朝鲜爆发"东学党"农民起义,朝鲜政府于6月3日请求清政府派兵协助镇压。清军首批部队于6月8日抵朝。日方先以欺骗手段诱使清军入朝,继则以清军入朝为借口,大批调遣日军赴朝。23日,日军悍然攻占朝鲜王宫,成立以大院君李昰应为首的傀儡政府。25日,大鸟令大院君宣布废除中朝两国间的一切商约,并"授权"日军驱逐屯驻牙山的清军。当天,日本联合舰队发动丰岛海战,在丰岛附近海域对中国运兵船及护航舰只发动突然袭击。日本陆军第5师之混成第9旅也于29日向由牙山移驻成欢的清军叶志超部发动进攻,清军败退平壤。8月1日,清政府被迫对日宣战。同一天,明治天皇也发布宣战诏书。

中日两国宣战后,战争在陆上和海上两个战场全面展开。随着日本陆军在朝鲜半岛节节北进,日本海军联合舰队也向北推进到朝鲜半岛仁川到大同江口一带驻泊,企图切断中国至朝鲜的海上运输线,寻机同中国海军主力决战,歼灭北洋海军,夺取黄海和渤海制海权,为实施其在中国渤海湾登陆,并进行陆上战略总决战的计划创造条件。

战役经过

9月16日,北洋海军提督丁汝昌奉命率舰队主力18艘舰只,护送运输船载陆军4 000人到鸭绿江口大东沟登陆,增援平壤。

第二天上午部队登陆完毕后,舰队准备返航。11时许,由海洋岛向东北方向搜索的日本联合舰队在大东沟海域发现北洋舰队,随即准备实施攻击,北洋舰队立即起航迎战。北洋舰队10艘主战军舰排成雁行阵(横队)迎敌,铁甲舰"定远"和"镇远"居中,左翼依次为巡洋舰"靖远""致远""广甲"和"济远";右翼依次为巡洋舰"来远""经远""超勇"和"扬威"。在列阵过程中,由于各舰航速不一样,北洋舰队的迎战队形实际变成了"定远"和"镇远"突出的不规则横队,另外,巡洋舰"平远""广丙"和2艘鱼雷艇位于主战舰艇编队右翼后方,没有列入迎战队列;炮舰"镇中"和"镇南"和2艘鱼雷艇,进入大东沟护卫陆军登陆,没能及时随舰队返航。

日本联合舰队12艘军舰则以纵队迎战:第一游击队4舰依次居前;本队6舰依次居后;"西京丸"和"赤诚"2舰列于本队后尾左侧(非战斗侧)。当双方舰队驶距6.4海里时,日联合舰队第一游击队稍向左转向,准备攻击北洋舰队右翼。

12时50分,双方舰队相距约3.2海里时,北洋舰队首先发炮,战斗开始。日联合舰队第一游击队向北洋舰队右翼实施猛烈攻击,"超勇"和"扬威"二舰中弹起火,先后沉没。北洋舰队旗舰"定远"飞桥被震塌,正在飞桥上指挥舰队作战的丁汝昌摔伤,右翼总兵兼"定远"管带刘步蟾代替指挥。不久,"定远"舰信号设备被日舰炮火击毁,全舰队失去统一的战场指挥,诸舰各自为战。日联合舰队采用机动战术,第一游击队和本队分别向左后、右后方向转向,对北洋舰队实施分割包抄。北洋舰队队形被切断,顿时混乱,陷于腹背受敌的不利境地。

激战中,北洋舰队"致远"舰多处中弹,弹药用尽,舰身受伤倾斜,管带邓世昌见日先锋舰"吉野"横冲直撞，断然下令开足马力，准备用舰首冲角撞击"吉野"，与之同归于尽。不幸的是，"致远"冲向"吉野"时被日舰鱼雷击中，舰体破裂后下沉，邓世昌落水后，仍直立水中，指挥士兵与敌搏斗。当仆人刘忠推给他一只浮水艇的时候，他把它推开了；他的爱犬跳入波涛，衔着他的臂膀不让他沉没，他将狗打跑了；忠诚的狗再次游来，衔住他的头发，他抱着狗一起下沉。全舰将士250人与敌决斗，除27名遇救生还外，其余全都壮烈殉国。

"经远"号管带林永升指挥全舰浴血抗敌，越战越勇，紧紧咬住敌人的一只受伤舰，穷追猛打。林永升阵亡后，其他官兵仍沉着作战，英勇炮击，270人除16人生还外，全部为国捐躯。

15时30分，受到日舰围攻的"定远"和"镇远"二舰奋力御敌，重创日旗舰"松岛"，日舰队被迫改"桥立"为旗舰。"靖远"管带叶祖珪也主动升旗代理舰队指挥。17时40分，天色渐暗，日舰队司令长官伊东事占亨中将鉴于已伤数舰，怕受鱼雷艇攻击，下令收队，向东南方向撤出战场。北洋舰队稍事追击，也收队返航旅顺。在海战过程中，"济远"和"广甲"两舰逃离战场，"广甲"在三山岛搁浅后被日舰击毁。

在5个小时的黄海海战中，中日双方各有损失。日方"松岛""吉野"等6舰重伤，中国虽失去5舰，但北洋舰队主力尚在。然而李鸿章为保存实力，竟实行"保船避战"的方针，命令舰队藏于威海港内。这样，不仅拱手把黄海的制海权交给了日本，而且给自己造成坐以待毙的局面。

日军陆战取胜后，于1895年1月包围了北洋舰队的威海卫基地，丁汝昌被逼自杀，北洋海军全军覆没。

评价

甲午中日战争以中国惨败，被迫签订丧权辱国的《马关条约》而告结束。甲午战争对远东战略格局产生了深刻的影响，通过战后签订的《马关条约》日本既占领了台湾，又获得了2.3亿两白银的战争赔款，日本的资本主义经济以此为契机更加迅速地发展起来，并进一步扩军备战，开始成为远东的主要战争策源地。而日本的崛起又改变了远东地区英、俄对立和争霸的原有格局，列强在远东的角逐日趋激烈，预示着一个更加动荡不安的时代的到来。

甲午海战从开战到收兵，历经五个小时之久，时间之长，为世界各国海战史上所罕见。经过黄海一战，不但中国海军实力大受削弱，海军将士对未来战事信心也不足了。李鸿章更乘机夸大战败程度，为他推行妥协方针，制造根据；同时命令北洋舰队"避战港内，不得出大洋浪战"。从此，北洋舰队的剩余船舰停靠在威海卫军港，黄海的制海权拱手让给日本，使其无所顾忌、从容不迫地往朝鲜和山东半岛运送军队和物资，与陆军配合偷袭中国港湾和要塞，中国更加处于处处受敌，顾此失彼的不利地位。

　　黄海大海战中国为什么会遭到重大损失？这首先是由于在战前，清统治者延误观望，幻想和平，在精神上和物质上都缺乏作战的充分准备，既无打仗的决心又无胜利的信心。这和处心积虑、蓄谋已久、事先有充分准备的日本海军，形成鲜明的对比。北洋舰队的失败，最主要的不是败在海军本身，而是清政府腐朽统治集团的失败主义主观倾向。

　　其次是武器不精，弹药不足。虽然武器不是决定战争胜负的主要因素，但黄海海战北洋海军的失败，确实和中国舰队速度慢、缺少速射炮、弹药不足有关。从1888年开始，拨给海军的经费三千余万两，都被西太后挪用建筑颐和园，准备做六十大寿，北洋海军基本上没有对武器装备扩充和改造。日本海军原来本无基础，可是后来建海军时，所购人的船械，都是当代最新技术装备。在两军对阵时，日本海军先采取鱼贯式后改为太极式，使中国舰队的头，正向日本舰队的腰。日本舰队，敢于冒"奇险"布此阵形，就是因为仗着其有快艇；之所以能把中国舰队的"人字阵"裹在中间，就是利用速度快这个条件。除了没有快艇，中国船舰还缺少速射炮。"定远""镇远"二舰发一炮而日舰可以发四十炮，一与四十之比，悬殊可见。中国舰艇上的大炮，购自不同国家，炮型与弹号都不一样。在战场上由于大炮型号不同，给配备弹药造成困难，而且作战弹药也严重不足。在海战时，北洋舰队每门炮仅配有少数炮弹，而且大半是药量不足的演习弹；"定远""镇远"两铁甲上虽有巨炮，但重型炮弹也很少。"致远"舰就是因为弹药打尽，无法再战最后只好以船身撞敌舰，想与敌同归于尽。

　　在战场上，有的士兵虽然"负重伤"，"已残废"，"仍裹伤工作如常"，"毫无恐惧之态"，表现顽强，但由于平素缺乏更严格的军事训练，射击命中率很低。日舰"西京丸"已被击伤，"仅能勉强航行"，且与中国军舰近在咫尺，想转避已无可能，舰上的日军将领都认为必死无疑；可是定远等舰向敌舰放出水雷数次，或掠过右舷，或潜过船底然后爆炸，一个也没打中，"西京丸"得以逃走。日军发射鱼雷击"致远""经远"舰，每发皆中，结果"致远"和"经远"相继被击沉。这又和北洋舰队形成鲜明的对比。在整个黄海海战中，中国军舰"被中弹数七百五十四发（被击沉的军舰所中弹数，还不在此内）"，"日本舰队被中弹数，一百三十四发"。这和日舰炮多，尤其是速射炮多，中国军舰炮少尤其是缺乏速射炮，固然有很大关系，但中国舰队射击技术不精，命中率低也是一个重要原因。

国学经典文库

中国军事百科

·著名战役·

图文珍藏版

四、抗日战争中的经典战役

这是一场不公平的国与国之间的血的较量。1937年7月7日拉开帷幕的抗日战争，是距离现在最近的一场大规模的反抗侵略、反抗奴役的两个民族、两个国家之间的战争。

中国，这个当时的落后的农业国家，开战之初以一己之力独自抗击武装到牙齿的发达工业国家日本。正如国歌里唱的那样"冒着敌人的炮火前进，用我们的血肉筑起新的长城"。

时光荏苒，八年抗日转眼已过去近60多年。让我们回眸，在那些，血火的战场上重温那些经典的战役，那些中国军人用血肉取得胜利的经典战役。

（一）晋北平型关大捷

平型关大捷，是八路军出师华北抗日前线第一仗，也是平型关战役中战斗最惨烈，战果最辉煌，影响最深远的一次重要战斗。

战役背景

八路军出师华北挺进山西之际，日军第5师团在察哈尔派遣军的配合下，正沿平绥路进攻长城沿线，企图南下进攻太原，夺取山西腹地，并从右翼配合华北方面军在平汉路的作战。中国第2战区制定了沿长城各隘阻击日军的作战计划，在平型关方面，决心集合重兵歼灭来犯之敌，并请求八路军配合侧击日军。为了配合友军作战，保卫山西，振奋八路军军威，根据中共中央军委和八路军总部部署，先期东渡黄河的115师在师长林彪、副师长聂荣臻的率领下，于1937年9月19日至22日进抵灵丘县上寨、下关地区，隐蔽待机。22日凌晨，日军第5师团第21旅团向平型关一线中国守军阵地发动进攻，平型关战役正式展开。

战役经过

23日，八路军总部命令115师立即向平型关、灵丘运动，相机侧击进攻平型关之敌。115师决定由杨得志685团、李天佑686团、张绍东687团在平型关东侧约10华里长的乔沟峡谷古道，分段伏击歼灭敌人。陈锦华688团作师预备队，杨成武独立团和骑兵营负责阻击广灵、涞源方向增援平型关的敌人。24日午夜，115师主力冒雨向设伏地区开进。25日晨7时，从灵丘城开来的日军后续部队进入乔沟伏击区域，115师各团同时向日军发动猛烈攻击。在我军出其不意的打击下，日军汽车、马车被炸翻,道路堵塞,敌人慌乱反击。我军各部冲下公路将敌军分割数段,展开白刃格斗。日军在两名中佐军官指挥下,进行反扑。经过 4 个多小时的拼杀,沟内大部分敌人被歼,而争夺老爷庙高地的战斗成了这次伏击战的焦点。

686 团副团长杨勇、3 营长邓克明,带领战士们向先期占领老爷庙高地的四五百名敌人猛烈进攻,以一个尉官队为骨干的日军疯狂反击,6 架日军飞机也前来助战,战斗十分惨烈。140 余人的 3 营 9 连大部分牺牲,生还的十几人也都负了伤。杨勇、邓克明也身负重伤,仍在指挥战斗。在 685 团、687 团配合下,经过 3 个多小时的血战,老爷庙高地终被我军牢牢控制,该地区敌人全部被歼,取得乔沟伏击战的完全胜利。

八路军平型关之战,歼敌 1 000 余人,击毁敌汽车 100 余辆、马车 200 余辆,缴获九二式迫击炮 1 门,步枪 1 000 余支、机枪 20 余挺、掷弹筒 20 余个、炮弹 300 余发、战马 53 匹、日币 30 余万元,以及一大批其他军用物资,仅军大衣就够 115 师1.5 万人每人 1 件。与此同时,独立团在驿马岭击溃了从涞源增援平型关的日军近两个联队,歼灭敌人 300 余人,创造了抗战初期中国军队以少胜多的模范战例。

评价

八路军平型关首战大捷,是抗日战争全面爆发以来中国军队的第一个大胜仗,也是在抗日战场上中国军队第一次主动向日军发动攻击并取得全胜的战斗。

卢沟桥事变以来,国民党军队屡战屡败,大片国土被日军蹂躏践踏,无数百姓惨遭杀害。在这民族危亡之际,八路军首战大捷的喜讯当晚通过无线电波传出后,震惊中外,举国欢腾。26 日,毛泽东致电祝贺我军取得的第一个大胜利,朱德、彭德怀专程从五台总部到 115 师驻地灵丘冉庄祝贺,并帮助总结平型关战斗经验。蒋介石也两次致电祝贺嘉勉。全国各军政要员、各党派、团体纷纷祝贺,国内外媒体争先报道八路军胜利的消息。骄横的日军在平型关遭受了意想不到的打击,在东京大本营也引起了极大震惊。八路军平型关大捷打破了日军"不可战胜"的神话,大大振奋了中华民族的士气,鼓舞了全国人民团结抗战的信心,提高了共产党八路军的声威,对华北战局和全国抗战形势产生了深远影响,在中央党史、中国抗日战争史和解放军战史上写下了光辉的一页。

此战被写入八路军军歌,激励广大八路军将士奋勇杀敌,保家卫国。

(二)可歌可泣的台儿庄之战

台儿庄战役是抗战初期正面战场上的一次重要战役,中国军队击溃日军第五、第十两个精锐师团的主力,歼灭日军 2 万余人,缴获大批武器、弹药,严重地挫伤了日军的气焰,振奋了全民族的抗战精神,坚定了国人抗战胜利的信念,是中国军队对日作战的一次重大胜利。

战役背景

日军占领南京后,为沟通南北战场,打通津浦路,会师武汉,把徐州作为他们攻取的首要目标。徐州是江苏省西北部的一个重要城市,它位于黄淮两水间,地据鲁、豫、皖、苏四省之要冲,是津浦、陇海两铁路的枢纽;徐州四周山峦重叠,河川纵横,在我国历史上历来都是兵家必争之地。

南京政府鉴于徐州战场的安危直接关系到全国的抗日大事,决心全力防守,在此进行一次会战。1938 年初,日本侵略者为实现夺取徐州,占领我国抗战的中心城市——武汉的战略目标,调集被称为"铁军"的矶谷、坂垣师团,分别由津浦线南段、北段向中国军队发起进攻。

台儿庄是徐州的门户,它位于徐州东北 30 公里的大运河北岸,临城至赵墩的铁路支线上,北连津浦路,南接陇海线,扼守运河的咽喉,是日军夹击徐州的首争之地。当时李宗仁将军坐镇徐州,侦察到了日军战略意图,遂制订了台儿庄作战计划。

战役经过

1938 年 3 月下旬,日军以七八万兵力,在华北方面军第 2 军司令官西尾寿造指挥下,分两路向台儿庄进发。一路为坂垣第 5 师团,在青岛岭山湾、福岛两处强行登陆后,沿胶济路西进,至潍县转南,经高密,循诸城、荣县一线,进逼临沂;一路为矶谷的第 10 师团,该师团沿津浦路南下,直取台儿庄。

2 月,中国军队为堵截日军前进,在临沂、滕县同日军发生了激烈的战斗,揭开了台儿庄会战的序幕。

为了确保台儿庄,李宗仁令孙连仲的第 2 集团军派 3 个师,沿运河布防,扼守台儿庄正面阵地。李宗仁判断矶谷前次战役占了上风,骄狂不可一世,一定不会等日军蚌埠方面援军北进,就会直扑台儿庄,希望一举攻下徐州,夺取打通津浦路的首功。因此,决定设好圈套,请其入瓮。于是,他命令汤恩伯第 20 军团的 2 个师让开津浦路正面,诱敌深入,待矶谷直扑台儿庄后,再回头与孙连仲一起将敌围而歼灭之。

事态发展正如李宗仁所预料的那样,敌人从滕县南下,直扑台儿庄。敌军总数约有 4 万,拥有七八十辆坦克,百余尊山野炮和重炮,重轻机关枪更是不计其数。3月 23 日,矶谷军冲到台儿庄北泥沟车站,徐州城内已炮声可闻,台儿庄会战的战幕正式拉开。

3 月 23 日,日军第 10 师团在飞机、大炮的配合下,开始猛烈围攻台儿庄。炮轰之后，敌军以坦克车为前锋，将我外围阵地工事摧毁后；敌步兵跃入据守，步步为营，向前推进。负责防守台儿庄的第31师，在师长池峰城率领下，全体官兵与敌人炮火、坦克殊死搏斗，至死不退。日本猛攻3昼夜，死伤无数，最后才突破我外城防线，冲入台儿庄城内。于是，激烈的巷战开始了。几乎每座房屋都要几经争夺，往往是白天为日军占领，守军在夜间夺回。白天日军再占领，守军夜间再夺回。激烈的拉锯战，使台儿庄一片火光，满目尸横，连运河水也被染红。我爱国将士英勇杀敌，出现了许多可歌可泣的英雄事迹。如3月28日晚西门告急，排长尚斌率领57名勇士绕到敌后，与敌人展开肉搏，40多人壮烈牺牲，守住了西门。31师战至4月3日，全师4个团长伤亡3个，12个营长只剩下2个，士兵伤亡80%，台儿庄4/5的地方已被敌人占领。但池峰城率余部据守南关一隅，死拼不退。

孙连仲意识到，再孤军死守，将全军覆亡，因此4月5日直接与李宗仁通电话，要求把部队暂时撤到运河南岸，让他的第2集团军留点"种子"。李宗仁听得出，孙连仲讲这番话时，语调几乎是在哀求，他深知孙的处境是何等的艰难，又是何等的悲壮。但李宗仁更清楚，台儿庄目前的重要性，他估算着汤恩伯军团第二天中午可赶到台儿庄北部，因此鼓励孙连仲说："敌我在台儿庄已血战一周，胜负之数决定于最后5分钟。援军明日中午可到，我本人也将于明晨来台儿庄督战，""你务必守至明天拂晓。"孙连仲于是态度坚决地表示："我绝对服从命令，直到整个兵团打完为止！"孙连仲的态度，使焦急万分的李宗仁感到有些安慰，他又指示孙连仲："今夜你还须向敌夜袭，以打破敌军明晨拂晓攻击的计划，则汤军团明日中午到达后，我们便可对敌人实行内外夹击。"

孙连仲将李宗仁的命令传达后，数百人一支的敢死队很快成立起来。4月5日午夜，敢死队分组向敌出袭，冲击敌阵，他们个个精神异常振奋，各自为战。已是血战经旬的敌军，也精疲力竭，深夜正坠入梦乡，听到不知从哪来的枪声，顿时乱作一团，一面仓皇应战，一面后退。经数日血战为敌所占的台儿庄各街，竟在短短不到一小时内，一举被夺回四分之三。

矶谷师团的厄运终于降临了。6日黎明之后，台儿庄北面，枪炮声渐密，汤恩伯军团已向敌人开火。矶谷知道自己陷入重围，开始动摇，下令部队全线撤退。4月6日晚，李宗仁亲自指挥台儿庄守军全线出击。一直防守遭攻的孙连仲部，听说反击，神情振奋，命令一下，杀声震天。此时敌军已成强弩之末，弹药汽油也用完，机动车多被击毁，全军丧魂落魄，狼狈逃窜。李宗仁命令部队猛追，敌兵遗尸遍野，各种辎重到处皆是，矶谷本人率残部拼命突围。至此台儿庄战役胜利了。

评价

此战，中国军队击败日军第5、第10两个精锐师团，歼敌1万余人，缴获大批武器、弹药。这是抗战以来国民党正面战场取得的重大胜利，严重地挫伤了日军的气焰，粉碎了日本"三个月灭亡中国"的计划，振奋了全民族的抗战精神，坚定了国人抗战胜利的信念。但是由于敌强我弱，也由于国民党政府实行片面抗战路线和单纯防御的方针，这个胜利未能改变正面战场的被动局面。

台儿庄大捷的消息传来，武汉三镇夜间成了火炬游行的海洋。支援前线的献金台前，不仅有社会名流、职员工人、黄包车夫踊跃捐款捐物，连乞丐都手举着牌子"行乞捐款抗战"，全国的人心士气都为之一振。李宗仁曾回忆说："台儿庄捷报传出后，举国若狂。京、沪沦陷后，笼罩全国的悲观空气，至此一扫而空，抗战前途露出一线曙光……经此一战之后，几成民族复兴的新象征。我军得此精神鼓励，无不精神百倍，各处断墙颓壁上，都现出一片欢乐之情，为抗战发动以来第一快事。"

（三）击败日本钢军的昆仑关之战

1939 年 12 月爆发于广西宾阳县境内的昆仑关战役，是中国国民政府发动反攻的决策与日本侵略军当局发动"一号作战"计划硬碰硬的结果，是整个桂南会战的核心战役。此战为中国军队首次以攻坚战打败日本"钢军"的光辉战例。

战役背景

1938 年武汉、广州失守后，中国抗战的政治、经济、文化重心转向西南，广西已处于抗战的第一线。1939 年 11 月 15、16 日，日本侵略军第 5 师团、台湾混成旅团及海军陆战队共 3 万人在钦州湾登陆，占领防城、钦州并向北推进；24 日占领南宁，据守南宁外围攻高峰隘和昆仑关两个战略据点（昆仑关是个险要关口，具有"一夫当关、万夫莫开"之势，是军事上的必争之地），从而切断桂越国际交通线，也直接威胁到西南大后方的安全，企图以此迫使国民党政府投降。中国军队遂从川、鄂、湘、粤等省调集部队入桂作战，连同广西军队近 20 万人。侵占南宁的日军是坂垣征四郎所部，号称"钢军"的第 5 师团第 21 旅团，旅团长是中村正雄，直辖第 21、42 两个联队，每联队有官兵 3 000 余人。第五师团在侵华战争中，参加过南口、忻口、太原、台儿庄、广州等战役，官兵多是日本山口县人，秉性剽悍，长期受武士道侵染，参加侵华战争两年多，战斗经验丰富，是这次进犯部队的主力。

战役经过

国民政府责成桂林行营收复南宁，主攻任务由当时中国唯一一个全机械化军——杜聿明的第 5 军担任，当时的杜聿明年仅 35 岁。该军全部为苏联的装备，战斗力在当时的国民党军队中绝对是首屈一指的。12 月 18 日拂晓，中国军队第 5 军荣誉第 1 师郑洞国部，在战车、炮火的掩护下，对昆仑关敌阵地进行猛烈的攻击，敌我两军就昆仑关要隘反复争夺。19日凌晨，罗塘及同兴北方高地被日军夺去。敌我两军相接，进行激烈的白刃战，刺刀见红、手榴弹响成一片。当晚我军各部乘势进行夜袭，战斗彻夜未停，最终占领昆仑关。19日午后，敌军在大批飞机的掩护下，进行反攻，昆仑关又被夺去。此后，双方反复争夺阵地，得而复失、失而复得，伤亡甚众。

从12月23日起，敌虽增援两个大队兵力，中村正雄旅团长亲自到九塘督战，也不能挽回败局，反而被荣1师第3团当场击毙。12月28日至30日，邱清泉新22师一部，以凌厉的攻势，三度突入关口，占领了全关和敌军的最后一个堡垒。31日昆仑关战场所有零星抗拒之敌全部被肃清。

评价

昆仑关战役是抗战进入相持阶段，中国军队取得的屈指可数的几个战绩辉煌的战役之一，也是中国机械化部队在正面战场上第一次与日军精锐部队的大交战，意义非凡。

这一场激战，日军损失空前巨大。据日本战后公布的材料，昆仑关一战，日军第5师团第21旅团长中村正雄被我击毙，该旅团班长以上的军官死亡达85%以上，士兵死亡4 000余人，被我俘虏100余人，战机被击落20余架。战役后打扫战场，缴获了中村正雄少将的日记本，在里面有这样的记载："帝国皇军21旅团之所以获得钢军称号，那是因为我们的顽强战胜了俄国人的顽强，但今天在昆仑关下，我承认，我们遇到了比俄国人更顽强的对手。"

昆仑关战役的胜利，不仅是第5军及中国军队广大爱国官兵浴血奋战的结果，也是战区及大后方百姓大力协助的结果。为了支援作战，先后有6万余名青壮劳力和大批畜力和车辆投入支前活动，运送军粮200余万斤，弹药无数，运送伤员上万人次。时近隆冬，为抗日将士御寒，仅生姜就送去1万多斤，更有各种各样的慰问品和数量不菲的慰问金。并架通信线杆1万多根，修通道路几百千米。这一切充分显示了同仇敌忾、共赴国难的伟大民族精神。

昆仑关战役中国军队获得重大胜利，捷报传出，举国欢腾。杜聿明在胜利之后，对于伤亡官兵的处理，有功官兵的奖励，都特为关心。部队经过休整以后，他在巍峨的昆仑关上，建立了一座"陆军第5军抗日阵亡将领纪念碑"，亲笔书写了400多字的悼念碑文。蒋介石、何应钦也题词纪念。

（四）湘西雪峰山之战

雪峰山战役也称芷江战役、湘西会战，是中国人民抗日战争中的最后一次会战。侵华日军此战目的是争夺芷江空军基地。中国军队在援华美军飞虎队的配合下以雪峰山为屏障,成功地阻击并击败了进犯的日军。

战役背景

1943 年春天,太平洋战场的形势朝着不利于日本帝国主义的方向发展,中国战区军队在敌后战场开始对日军实施局部反攻,在正面战场则取得常德会战的胜利,包括东北地区的关东军在内的 130 余万人的庞大日军部队被困在中国大陆。日本法西斯面临着彻底灭亡的命运。中国抗日战争已胜利在望,世界人民看到了反法西斯战争胜利的曙光。

日本侵略者为了挽救其失败的命运,改变其在太平洋战场上的不利态势,阻止美军的反攻,急欲尽快结束对华战争,以便从中国战场抽调更多的兵力用于太平洋战场。1944 年,在中国大陆的日军犹做困兽之斗,发起了一场纵贯中国南北,代号为"一号作战"的大规模战役,先后攻占了河南、湖南、广西和广东的部分地区,摧毁了衡阳、零陵、宝庆、桂林、柳州、丹竹、南宁等地的 7 个中美空军基地和 36 个飞机场,中国空军不得不退守芷江。

1945 年 3 月,日军又发动鄂北老河口作战,占领了那里的美军机场。此时,湖南芷江机场成了美国战略空军在华的唯一的前方机场。该机场规模宏大,停留了较多的中美战机,驻有中美空军战勤人员 2 000 多人,从这里起飞的美军重型轰炸机可直接打击日军在华的战略目标。日本东京大本营认为,在日军进行抗击美军登陆中国沿海的作战时,从侧背芷江机场起飞的中美空军,将会给日军造成重大伤亡。因此,想拔除这颗钉子,不惜投入 4 个半师团、8 万余人进行雪峰山会战,准备夺取芷江。

战役经过

雪峰山,绵亘数百里,从东北至西南侧对湘西,东临资水,西靠沅江,地势险要复杂,是湘黔桂间的天然屏障,为历代兵家必争之地。1945 年 4 月 9 日,日军分三路向雪峰山地区突进,企图把中国军队消灭在雪峰山以东洞口、武冈西北地区。中国军队掌握了控制权,战斗意志旺盛,王耀武率第 4 方面军对日军进行了为期一个多月的节节抵抗,给日军以重大消耗。日军不仅不能达到消灭中国军队主力,尽快占领芷江机场的目的,而且深深陷入崎岖险峻山谷之中,粮弹缺乏,补给困难。

5 月 3 日,天刚刚放亮,疲惫的日本士兵头戴钢盔趴在战壕里打瞌睡,雪峰山群峰笼罩在一片雨雾之中,一片宁静。突然,远处传来嗡嗡之声,打破了这里的宁静。瞌睡的日军被这种可怕的声音惊醒,睁大了眼睛、伸长脖子向远处望去,看见许许多多小黑点从山顶处冒出来,原来是中、美空军的战斗机、轰炸机、侦察机。日军惊惶失措,丢下高射炮四处逃窜。中、美空军轰炸机一次次地向日军阵地俯冲下来,投放重磅炸弹与纳帕姆弹,砸得日军钢盔啪啪直响。纳帕姆弹着地立即燃烧,日军阵地变成了一片火海,雪峰山成了火焰山;日军被烧的鬼哭狼嚎,伤亡惨重。

4月27日,日军左翼的关根久太郎第58旅团第117大队对武冈发起了猛攻。武冈位于资水上游北岸,为中国守军南线的战略支撑点。日军第117大队大队长永里偃彦对夺下武冈充满信心。布置完攻城任务后,他对勤务兵说,收拾好东西,准备进城喝茶去。在十几辆坦克的掩护下,日军独立步兵第117大队从东、西、南三面向武冈城发起进攻,第一次进攻很快被中国守军击退。随后,中国守军在三天内连续击退了日军的十几次进攻。面对久攻不下的武冈城,关根久太郎拿出毒招,派150名日军"特攻队"队员,身绑百斤重炸药,头缠太阳徽号白毛巾,冒死冲到城下,拉响了导火索炸开城墙;中国守军很快地堵住了城墙并再次击退日军。

关根久太郎见"人肉炸弹"一招不行,又命日军"特攻队"用绳梯登城;中国守军使用美式卡宾枪、汤姆机枪和火焰喷射器对爬城的日军"特攻队"队员进行狂扫。日军"特攻队"队员纷纷掉入护城河中,护城河染成了一片血色。一直到5月2日,武冈城依然在守军手中。

值得一提的是,为配合中国守军雪峰山会战,4月1日和2日,美第14航空队两次袭击上海机场,击毁日机92架,击损16架。4月初,飞虎队队长陈纳德将军从昆明飞到芷江指挥空军对日作战,日夜轰炸湘粤、湘桂铁路和公路,极大地破坏了日军兵力的集结和补给。4月10日,中美出动大批飞机对衡阳、邵阳、湘潭三角地带大小桥梁进行轰炸,彻底破坏了日军驰援。4月20日,中美混合团第5大队出动全部飞机,轮番轰炸放洞、红岩大庙、大黄沙等地及长沙、衡阳、冷水滩日占机场,给立足未稳的日军以致命的打击。

5月8日,中国守军第73军、第74军、第100军由正面向中路日军第116师团发起攻击;第18军从侧面在新化、山门一线对中路日军发起攻击,将日军第116师团分割包围。5月9日,冈村宁次下达了终止雪峰山会战的命令,要求日军适时撤回原驻地。

至6月7日,中国军队收复了战役开始前所失的地方,恢复了会战前态势,雪峰山会战结束。

评价

雪峰山会战中国军队以伤亡1.9万余人(其中阵亡7 737人)的代价毙伤敌人28 174人(其中毙12 498人),俘敌247人,缴获大小火炮24门,步枪1 300余支,机枪100挺,战马347匹,其他战利品20余吨,粉碎了日军攻占芷江机场的企图。雪峰山会战的胜利标志着日军中国战场攻势的结束,从此日军转入战略收缩防御阶段。中国正面战场则从此转入战略反攻阶段,先后收复桂柳,反攻广州、梧州、滇西取得成功。

在这次战役中，一向作风顽强的日军战斗意志被全面击溃。据记载，雪峰山会战中日军有1 000多名官兵自杀，被打散的小股日军跪在地上乞求投降，这是抗战爆发以来从未出现的现象，可以说日军的战斗意志已完全崩溃。

这次战役还没有结束时，日军伤亡的惨重引起日军前线指挥官的严重不满。第116师团长岩永注和第47师团长渡边洋联合发电报给南京的冈村宁次，要求终止雪峰山作战，理由是此次战役，中国军队做好了充分的准备，而且掌握着制空权，日军只要一出动，就挨飞机的轰炸。冈村宁次派中国派遣军总参谋长小林浅三郎去前线视察，小林浅三郎视察5天后回南京向冈村宁次说："现在官兵中出现了多名，就是官兵们装病的多，夜间开小差的多，写反战标语的多，自杀的多，还有的士兵公开枪杀军官后自杀的多。"最后，小林还说，有5名联队长（相当于团级指挥官）提出了辞职返乡的请求。小林浅三郎在给家人的信中写道：冈村宁次策划的"芷江作战"，大日本皇军已成为中国军队案板上的肥肉。

此战之后，美国《纽约日报》评论说："1937年亚洲战争发生以来，华军首次以其与敌同等武器在国内与日军作战，在空军密切配合下，具有优势装备之华军，现已粉碎日军进犯重庆东南250英里芷江美军基地之企图，此一佳音，可视为中日战争转折点之暗示。"这一评论高度评价了雪峰山战役胜利的重大意义。

第十章　军事将帅

一、吕尚

　　吕尚,是我国早期的军事谋略家之一。主要活动于商末周初(公元前1101年~前1030年)的历史舞台上。曾辅佐周文王姬昌、武王姬发和成王姬诵,为西周王朝的建立和巩固,做出了重要贡献。吕尚原姓姜名望,又名子牙,其先祖是起源于宝鸡一带的姜姓血统的一个氏族。后迁居于吕(河南南阳西),故改姓为吕。吕尚本人是西周统治集团的主要成员之一,曾任周初最高军政长官的"太师"职务,被周人尊称为"师尚父",所以后世称之为吕尚。又因太师位为公爵,吕尚又是齐国的始祖,所以在古籍中,对吕尚有姜太公、太公望等多种称谓。司马迁在《史记·齐太公世家》中说,灭商战争的准备与实施,以"太公之谋计居多","其

吕尚

事多兵权与奇计,故后世之言兵及周之阴权(谋略)皆宗太公为本谋。"他是我国军事理论的启蒙者,在军事思想上有重大的突破,对军事、特别是对战略的发展,做出了卓越的贡献,在世界军事史上,应占有一定的地位。

(一)有关吕尚身世的种种传说

　　吕尚是吕国奴隶主贵族的后裔。他虽然在进入西周统治集团之前政治地位低微,但曾受过严格的贵族教育,掌握有丰富的政治、军事知识,属于当时的高级知识分子。

　　吕尚进入西周统治集团及其以前的活动情况,古籍中的记载,既简略而又不一致。据《史记》归纳,大致有三种说法:一种说吕尚虽有"霸王之辅"的军、政才干,

但一直未能得到明主的赏识，无法施展自己的才能与抱负，直到老年，"闻文王贤，故钓于渭水以观之"，姬昌出猎时遇见吕尚，经过交谈，对吕尚丰富的军、政知识极为赞赏，遂"载与俱归，立为师"。另一种说吕尚博学多闻，曾在商王朝中任官，因纣王无道，才脱离商王朝，到诸侯各国去进行游说，但都未被重用，最后方归依姬昌。再一种说吕尚为逃避现实，隐居海滨，不问政治。在姬昌被纣王囚于羑里时，周臣散宜生、闳夭前往招聘，吕尚认为姬昌贤明，能尊重老年知识分子，遂应聘入周。三种说法虽各不相同，但也有其共同的一面：都企图说明吕尚在入周之前，政治地位低微，而且怀才不遇，甚至穷困潦倒，只是在受到姬昌这个明主的赏识和重用之后，才得以发挥其聪明才智，施展其宏图远略。从中也可以反映出当时的人才思想。商、周是等级森严的阶级社会，王朝中的辅政大臣，也就是指挥军队的军事统帅，都是由君王的近亲贵族世袭担任，姬昌勇于打破常规，聘用政治地位低微、破落贵族出身的吕尚为最高军政长官，在当时的具体历史条件下，确实难能可贵。正如《荀子·君道》所说："夫文王非无贵戚也，非无子弟也，非无便嬖也。偶然（特别地）乃举太公于州人而用之"，无非是对人才、特别是军事人才的重视。反映出这时已出现了军事人才思想的萌芽，揭开了我国军事人才思想史的第一页。

此外，还有第四种说法，《战国策·秦策》记载秦谋臣姚贾说："太公望，齐之逐夫（被妻子抛弃的丈夫），朝歌之废屠（宰肉卖不出的屠夫），子良之逐臣（被主人赶出的佣人），棘津之雠（义同售）不庸（出卖劳力而无人雇用），文王用之而王。"这更属于后人的附会演义，其可靠性非常值得怀疑。从记载的资料来看，此说当开始盛行于战国。这和战国时的社会制度及各国均聘用身份贱微但有军事才能的"士"来担任将帅的军事人才思想完全适应。可见这个屠牛、卖酒、当雇工的"吕尚"，是战国的士人们根据自己的想法而塑造出来的一个理想化了的形象。

（二）吕尚一生在军事方面的主要活动

吕尚进入周统治集团后，就成为领导核心中的重要人物，对西周初期的政治、经济、军事等各个方面都有相当重大的影响，但如仅从军事角度来看，他一生的主要活动，大致可分为三个时期：文王时期，辅佐姬昌进行灭商战争的准备；武王时期，辅佐姬发进行灭商战争；成王时期，辅佐姬旦（周公）和姬诵巩固西周统治。

1.辅佐姬昌进行灭商战争的准备

吕尚进入周统治集团时，商王朝正处于国内外各种矛盾都趋于激化的严峻局势之中。而周族，则正处于发展的上升阶段，政治较商开明，国内的阶级矛盾也较商缓和，且国力也已相当强大。但由于偏处西方一隅，与统治天下已数百年的商王朝相比，在政治、经济、军事力量上，仍居于劣势地位。要想立即以战争手段消灭商王朝,还不可能。吕尚根据当时敌我双方的具体情况,为姬昌提出了一个以逐步翦商和增强自己为中心的、先求改变力量对比、然后伺机进行决战的谋略方案。经过姬昌的努力执行,终于形成了"三分天下有其二"的局面,为灭商战争的胜利,奠定了牢固的基础。

从文献记载的史实来看,为准备灭商战争的决战,吕尚辅佐姬昌采取了以下几项战略性的措施。

(1)制造假象麻痹纣王

商王朝对周族的兴起,并非毫无警惕,纣王是一个有一定才智的君王,更不会对周族的发展采取漠然视之的态度。季历的被杀和姬昌的被囚,就足以说明这一点。如果周无视于此而公开与商王朝对抗,则必将受到商的武力镇压。很难达到翦商及增强自己的目的。当时首要之急,是如何使纣王丧失警惕,不以武力干涉周的发展。据后人的追记,吕尚曾对姬昌说:"鸷鸟将击,卑飞敛翼;猛兽将搏,弭耳俯伏;圣有将动,必有愚色";又说"因其所喜,以顺其志。彼将生骄,必有奸事,苟能因之,必能去之。"。就是在这种思想指导之下,姬昌采取了一系列麻痹纣王的措施。

首先是伪示恭顺。一方面在周原建立商的宗庙,祭祀商王的先祖,并让商王到周的统治区内进行狩猎;一方面"帅殷之叛国以事纣",将许多叛离商王朝的小方国联合起来,形成实际以周为首的反商力量大联盟,而在表面上却由周带头,率领他们共同臣服于商。同时还在国都"为玉门,筑灵台,列侍女,撞钟击鼓",以造成姬昌沉湎于享乐的假象。由于上述谋略的运用,使虽然聪明但为自己的骄傲专横所蒙蔽的纣王产生错觉:认为姬昌并无与商争夺"天下"统治权的大志,是衷心臣服于自己的诸侯,还说:"西伯改过易行,吾无忧矣",于是从原来的"纣欲杀文王而灭周",变为"赐命西伯得专征伐",授权其代商征伐反商方国,并放心大胆地将主要军事力量使用于东方。这既使商的实力因在东方战场上的消耗而进一步削弱,又为自己将来的决战进攻减少了阻力,同时又可以利用商军东调的机会,在西方扩大与增强自己的实力。

(2)"修德行善"争取人心

商王朝本来是一个人力、物力都非常雄厚的大国,由于"修政不德",无限制地剥削民众和滥施酷刑,才造成众叛亲离、国势日衰的局面。据《六韬》记载,吕尚有鉴于此。曾在与姬昌讨论如何"以国取天下"的问题时,说关键是"立敛",即收揽人心,而要达到这个目的,则应"爱民"和与民"同天下之利"。这样自然就"天下归之"。辅佐姬昌更好地"修德行善",推行比商的统治较为开朗的政策,以争取人心,其主要内容为:

①实行"有亡荒阅"的政策,以争取各级奴隶主贵族的拥护,稳定奴隶制社会

的统治秩序。当时阶级矛盾已相当尖锐,奴隶逃亡现象极为普遍。各级奴隶主贵族,既怕自己的奴隶逃亡,又竞相收留别人的逃亡奴隶,以致奴隶制社会的统治秩序极不稳定。周统治集团针对这一现象,制定了任何贵族不得收留逃亡奴隶,必须将其归还原奴隶主的法律,并定期进行大规模的搜查。这一措施深受各级奴隶主贵族的欢迎和拥护,后世的奴隶主贵族曾夸张地说,正是由于姬昌实行了"有亡荒阅,所以得天下也",可见它对西周王朝的建立是起了一定的作用的。

②实行重视民众生产及生活的政策,以争取平民百姓的拥护。由于商统治者的横征暴敛和奴隶的大批逃亡,对当时的社会生产影响很大,民众的生活,极端困苦,特别是失去劳动力的老年人等,更为困难。周统治集团针对这一情况,"制定了土地政策,教育民众进行耕种和畜牧",对"市场的交易,也不收商税,还允许民众任意在国有的湖泊中打鱼",并"引导民众奉养老人,不让他们挨冻受饿",使大多数民众都能正常进行生产和维持最低限度的生活。据古籍记载,姬昌曾身披蓑衣参加耕种,手拿鞭子参加放牧,说明他对生产还是重视的。

③废除酷刑,并缩小施刑范围,以争取广大奴隶的拥护。据史籍记载,纣王制定的刑罚,"有炮烙之法",即将铜柱横架于地上,下置炭火,令有"罪"者赤足在烧红的铜柱上行走,多数堕落火中,极为残酷。在当时的社会制度下,一切刑罚的主要对象,当然是奴隶。所以广大奴隶对纣王的滥施酷刑,极为深恶痛绝。针对这一情况,姬昌向纣王"献洛西之地,以请除炮烙之刑"他既然请求纣王废除酷刑,他在自己的统治区内也不会滥施酷刑。此外,他还规定了"罪人不孥"的法律,对犯罪者的刑罚,只及于本人,不牵连其妻子儿女。对于上述措施,奴隶们会认为姬昌要比纣王好些,自然也就在一定程度上愿意拥护周的统治。

由于吕尚辅佐姬昌实行了以上各项政策,不仅团结了周内部的各种力量,稳定了周统治区的奴隶制社会秩序,而且还影响了其他方国和商王朝直接统治下的一部分奴隶主贵族和平民、奴隶们,形成天下归心的局势,以致商统治集团更为孤立,从而使双方力量的对比,逐渐向有利于周的方向转变。

(3)翦商羽翼壮大自己

经过几年的经营,周的威望大为提高。附周的小国也更为增多。据古籍记载:"文王砥德修政三年而天下二垂(三分之二)归之"。此后,吕尚即佐姬昌乘商军主力在东之机,开始以代商讨叛之名,行灭商之实,用军事手段向反对势力进攻,以翦除商的羽翼和壮大自己的力量。首先向西北方向用兵,消除后顾之忧。先后征服了犬戎(岐山以北甘、陕交界一带)和密须(甘肃灵台西南),然后转向东方,攻占了耆(山西长治西南)和邘(河南沁阳西北),接着又灭掉商的亲近属国崇(河南嵩县北),将势力推进至商的直接统治区的边缘。当周都由岐下东迁至丰(陕西长安西北),积极准备发动决战进攻时,姬昌去世,姬发继位,即周武王。

2.辅佐姬发进行灭商战争

武王姬发继位之后,仍以吕尚为太师,以其弟周公姬旦任吕尚的副手,继续为完成姬昌的未竟事业而积极进行准备。为了测试各方国对灭商战争的态度和检查军队完成战争准备的程度,姬发继位的第二年,举行了一次灭商战争的实兵演习,历史上称之为"观兵盟津(河南孟津东北)"。吕尚以总指挥的身份主持了这次演习。据说当时"不期而会盟津者八百诸侯",说法可能有所夸大,但这次"观兵"证明周的政治威望和军事实力都已相当强大,则当为事实。当时诸侯们都说"纣可伐矣",但据《六韬》所记吕尚认为时机还不成熟,他对姬发说:"天道无殃,不可先倡(先发动战争);人道无灾,不可先谋。必见天殃,又见人灾,乃可以谋。"就是说必须在商王朝内部矛盾激化时才能发动决战进攻。姬发正是在这种思想指导下,对诸侯们说"汝未知天命,未可也",在完成"观兵"任务后撤军。

由于连年用兵东夷,商王朝的军事潜力和军队实力都因不断损耗而大为下降。不久,商内部又发生了空前的大分裂:王子比干被杀,箕子被囚,纣王庶兄微子等叛商投周,整个商统治集团分崩离析,陷于混乱。姬发、吕尚等认为时机已经成熟,遂决定发动灭商的决战进攻。按照当时的传统制度,出兵之前要进行占卜,但占卜的结果,是"龟兆不吉",而且"风雨暴至"。深信"天命"、并一向奉为军事行动依据的贵族公卿们,尽皆恐惧,姬发也犹豫不决。唯有吕尚,坚持仍按原计划发兵,他"强之劝武王,武王于是遂行"。在他即位的第四年(约为公元前1027年)率战车三百辆,车兵甲士三千,徒卒四万五千,并联合庸、蜀、羌、髳、微、卢、彭、濮等各方国的军队,在盟津会合后,向商都朝歌开进。二月二十一日渡过黄河,经怀(河南武陟西南)、宁(河南获嘉)于二十七日(甲子日)黎明到达距朝歌七十里的牧野(河南淇县西南),与前来迎战的商军相遇。姬发和吕尚等向商民进行宣传,告诉他们周军的主要打击目标是纣王,主要目的是安定民众,不是要与百姓为敌,安抚大家不要惊慌害怕。当日凌晨临战前,姬发又向全军发布动员令,历数了纣王的罪行,宣告自己是"行天之罚",利用民众的感情和迷信,首先发起了"夺人之心"的政治攻势,以鼓舞、团结自己,分化瓦解敌人。

纣王在周军渡河后向朝歌进发时,才筹划应敌对策。因临时召集军队已来不及,为弥补兵力的不足,以商都附近的贵族军队为骨干,将大批奴隶武装起来,仓促地编入军队,组成总兵力约十七万人的部队,由纣王亲自统率,开赴牧野迎战周军。

商周两军相对列阵后,周军以三百辆战车及三千甲士集中组成战车方队,由吕尚亲自率领,担任前锋突击任务。当时商军人数虽然超过周军,但主要以奴隶徒卒组成的方阵,缺乏对付周军以战车集团冲击、实施正面突破的有效手段;更重要的是"纣师虽众,皆无战之心,心欲武王亟入"。在这种具体情况和心理状态下,吕尚率领的战车方队一开始冲击，就出现了"纣师皆倒兵以战，以开武王"的局面。姬发乘势指挥联军主力投入战斗，"纣兵皆崩、畔（叛）纣"，于是一场决定两个王朝命运的大战，一个上午就结束了，纣王逃回鹿台自焚而死。周军占领朝歌后，分兵四出，继续征服附近的商属各小方国，基本上控制了商王朝统治的中心地区。《史记》作者司马迁认为，灭商战争的胜利，大多来自吕尚的谋略，所以他说："迁九鼎，修周政与天下更始，师尚父谋居多。"

3.辅佐姬旦、姬诵巩固西周统治

周军占领商的中心统治区后，对如何处理商族"士众"，吕尚与周公姬旦有不同的方针。吕尚主张全部消灭，说："咸刘厥敌，使靡有余"；姬旦则主张怀柔政策，"使各居其宅，田其田，无变旧新，唯仁是亲"。武王不同意吕尚的意见，采用了姬旦的意见，封纣王之子武庚仍居商地统治商民。为防止商人复辟，武王派其弟管叔、蔡叔、霍叔三人，分别率军留戍于商地之东、西、北三个方向，以监视商人（史称"三监"），即还军西归。此时商在东方的潜在势力依然很大，西周的政权还远远没有得到巩固。武王返周都后，不到一年即因病死去，其子姬诵继位，即周成王。但"成王幼弱"，无力控制当时的严峻局势，于是"周公践天子之位以治天下"，自己掌握了政权。姬旦的执政，引起了管叔、蔡叔、霍叔的不满，"乃流言于国曰'公将不利于孺子（指成王）'"，遂联合武庚及东方亲商势力——徐（江苏泗洪）、奄（山东曲阜）、薄姑（山东博兴）等方国共同反周。这是一次很大的叛乱，几乎遍及整个东方，对刚刚建立的周王朝是一个严峻的考验。周公在团结好内部之后，亲自率军东征，先平定了三监，杀武庚、管叔，囚蔡叔，流放了霍叔，又继续东进。前后经过三年的战争，才征服了东方各国，控制了涂、奄、薄姑等地区，基本上统一了黄河中下游流域，稳定了周王朝的统治。

周公东征时，吕尚没有与周公一同统军出征，可能辅佐成王留守周都，以保卫周的根本。平定东方各国后，为了进一步巩固周王朝的统治，成王封周公为鲁侯，以其子伯禽率一部周军统治原奄国地区；封吕尚为齐侯，率一部周军统治原薄姑地区，以确实控制东部地区，防止旧商势力叛乱。

吕尚到达薄姑后，击退了莱（山东黄县东南）人的进攻，都于营丘（山东淄博市东旧临淄），开始建设齐国。他"因其俗，简其礼，通商工之业，便鱼盐之利"，于是"人民多归齐，齐为大国"，与都于曲阜的鲁国，成为稳定东方局势的两个重要军事基地。对巩固西周的统治，起了重要的作用。

（三）吕尚对军事史的突出贡献

吕尚是我国古代军事史上的一位伟大的军事谋略家，他之所以伟大，不仅是因为他曾经辅佐周王、在消灭商纣和建立西周统治的军事活动中获得了巨大的成就，而且还因为他对军事史的发展，做出过突出的贡献。

1.他动摇了在军事领域占绝对统治地位的"天命"思想，提高了人对战争的指导作用，创造了以谋略取得战争胜利的最早战例，为"兵者，诡道也"的军事理论开辟了道路。

夏商之交，仍然是有神论的唯心主义世界观占统治地位的时代，迷信对战争的影响依然极大，每次战争之前，仍由迷信的卜筮来决定军事行动。仅河南安阳小屯一地出土的刻有文字的占卜用龟甲兽骨，据1955年出版的《殷墟发掘》统计，就有十五万件之多，其中相当一部分与战争有关。从出土的甲骨卜辞看，不仅在出征之前要问卜是否可以行动，而且还要由占卜来选择出征的日子。在这样的军事思想指导下，指挥人员的主观能动作用，很难在战争中得到发挥，战争的胜败，也不决定指挥人员的智慧和谋略运用，而决定于作战双方的人员数量、体力和勇敢，所以当时不需要有专门军事知识的指挥人员，对指挥人员的要求，也主要是勇。如《六韬》在《论将》中，将勇列为"五材（勇、智、仁、信、忠）"之首。其实吕尚本人就是一位极其勇猛的大将，在牧野之战时，他亲率战车，带头突击。在这样的历史条件之下，吕尚能初步地认识到人的指导作用对战争的重要意义，从而冲破"天命"思想的束缚，运用智慧，实施"谋攻"，确实是难能可贵的。虽然他没有、也不可能完全改变当时的社会思想，终周之世，天命观仍在军事领域内占有重要地位。但他毕竟动摇和削弱了这种落后的思想影响。他的军事思想和战争实践，对我国军事史的发展，做出了开拓性贡献；对我国军事理论的建立，起了一定的奠基作用。

2.他在一定程度上，感觉到了战争与政治的某些内在联系，认识到了人心向背对战争有重要影响，自发地将政治攻势与军事攻势结合起来，为我国战略学的发展，开了一个好头。

夏商时期，战争方式简单，战争规模不大，军队以贵族成员为主体，数量不多，战争通常在一个战场进行，一次战斗即决定胜败，所以战争和战斗很难区分。人们一向从战斗的角度观察战争，看作是单纯的武装力量的斗争。这对强大的夏商王朝向弱小方国进行掠夺性的战争来说，当然不成问题；但对实力较弱的西周王朝向商纣进行夺取天下统治权的战争来说，则显然是不可能的。吕尚能朴素地认识到这一点，并自发地以政治来统率其他，如外交斗争、争取与国，瓦解敌人，动员民众，鼓舞士气等各种斗争方式，直接或间接地与军事斗争密切配合，以保证战争胜利，不能不说是军事史上的一个巨大进步，对我国早期战略学的产生和发展影响深远，使我国的战略理论从一开始就走上不脱离政治的正确道路。

3.他摒弃了商代车战的传统战法，创造了以战车集团实施正面突击的新战法，使我国的车战战术前进了一大步。

商代有战车和步兵两个兵种,一般是分别编组,协同作战。战时各战斗单位的步兵在前列为方阵,军官身份的贵族甲士们乘坐的战车,在步兵之后排成横队,步兵先与敌接触进行格斗,然后战车才投入战斗。这种作战方式,限制了战车机动性和冲击力的发挥。吕尚在牧野之战中,将三百辆四匹挽马的大型战车编为前锋方阵,由他亲自率领"驰帝纣师",向商军步兵方阵实施猛烈的冲击,《诗·大雅·大明》记述这次战斗情况说:"牧野洋洋,檀车煌煌,驷騵彭彭。维师尚父,时维鹰扬。"极力赞扬周军的威武强大。这种声势浩大、前所未有的战车冲击,不仅破坏了商军的物质力量,而且在商军心理上产生了震撼、威慑作用,动摇了纣王及其贵族军将的信心,从而削弱了商军的稳定性与抵抗力。这是我国军事史上有明确记载的第一次大规模运用战车冲击的战例。以后,战车即成为军中的主兵,步兵下降为战车的隶属徒兵,进入了以车战为主的时代。

大约在牧野之战的同一时期,在埃及、古希腊等地,也已有了战车,并在麦吉多之战和特洛伊之战中大量使用。但它们是两匹挽马的小型车,除了"作为弓箭手的机动平台使用"外,"在古希腊末期(公元前3世纪前后)前,战车主要用来把战将运送到战场,战将下车后再跟敌人进行白刃格斗"吕尚所运用的战车战术,在世界军事史上居于领先地位。

二、吴起

吴起(约公元前440年~前381年),卫国左氏(山东定陶西)人。曾任鲁国将军、魏国西河郡守及楚国令尹。著有《吴起兵法》。他是我国战国时期著名的政治改革家、军事将领和军事理论家,与孙武齐名。史称"吴有孙武、齐有孙膑,魏有吴起,秦有商鞅,皆禽(擒)敌立胜,垂著篇籍"。郭沫若也誉他为"在中国历史上是永不会磨灭的人物"。

(一)辉煌的业绩,坎坷的一生

吴起出身于没有政治特权的"千金"之家,青年时即怀有在政治上飞黄腾达的强烈愿望,曾破家游仕,但未能达到目的。不仅家资耗尽,且遭乡邻耻笑。二十五岁时离家求学,并向母发誓,不为卿相,决不返家。先就学于曾申,攻读儒学。后因他敢于冲破儒家思想的束缚,不奔母丧,被曾申断绝了师生关系。当时各国之间战争频繁,极需军事人才。吴起遂适应形势要求,改学兵法。在齐国攻鲁时,鲁穆公姬显用吴起为将,命其率军抵御。他大破齐军,初露头角。但战功并未给他带来荣誉与地位,反而遭到贵族们的疑忌与排斥。他们散布流言,说任用吴起,对鲁不利。

姬显听信谗言,将吴起辞退,吴起于是离鲁去魏。

魏国当时正进行变法革新运动。魏文侯魏斯(一说名都)曾向臣下了解吴起的为人。大夫李悝说:"起贪而好色,然用兵,司马穰苴不能过也"。魏斯是新兴封建势力的代表人物,在人才思想上认为不应以"小恶掩其大美"。吴起既有杰出的军事才干,就可用其所长,遂以吴起为将,命其率军攻秦,经过大约两年的时间,陆续攻占了临晋(陕西大荔东南)、元里(陕西澄城南)、洛阴(陕西大荔西南)、郃阳(陕西合阳东南)等地。秦军退守洛水,黄河以西至洛水的大部地区,为魏所有。据说以后还曾参加了超越赵国攻灭中山的战争,建立了巨大的战功。

吴起

由于吴起善于用兵,战功显著,又深得士心,在相国翟璜推荐下,魏斯任命吴起为西河郡(吴起攻占的黄河以西地区)守(军政长官)。西河是与秦国接壤的军事要地,南北狭长而东西纵深甚小,易受秦攻而难于固守,背后又阻于黄河,一旦发生战争,很难及时得到支援,必须独立作战。所以魏斯才在此建郡,并任命吴起为军政长官。

吴起治军以身作则,"卧不设席,行不骑乘,亲裹赢粮,与士卒分劳苦"。野营时,他仅以树枝遮顶,稍避霜露,不搞特殊。据说卒有生疮者,他为其吮脓,卒母得知后大哭。人问其故,她说:"往年我丈夫生疮,吴公曾为其吸脓,不久即英勇战死,今吴公又为我儿吸脓,不知他将死何处!"这段故事,颇具传奇色彩,但不论细节是否属实,吴起带兵能"与士卒最下者同衣食",因而深得军心,则是可以肯定的。吴起"爱兵",是他治军的一个侧面;另一侧面,则是严刑峻法。据说在一次对秦作战中,一卒未奉命令就奋勇进击,斩获敌首两级而还,吴起不仅不赏,反而命立即斩首。军法吏劝谏说:"此材士也,不可斩"。吴起说:材士不假,但不遵守我的命令,就必须处死。吴起的"爱兵"和"严法",其目的都是要士卒"感恩"和"服威",以为他卖命。

吴起在魏国创建了我国最早的、从应征人员选募常备军的兵役制度,为魏国建立了一支勇敢善战、体质强壮、行军速度及耐力都极好的"武卒"部队。成员全部经过严格的选拔考试,合格的标准是:全副甲胄,携带戈、剑、弩、矢和三日口粮,由拂晓至中午,必须行军百里。录取后按各人特长进行编组,将具有善使兵器、善于疾走、勇于冲锋等特点的人,各编一队。凡入选士卒,享受特殊待遇,不但免去全家赋税,而且另行分配土地房屋。这是我国军事史上,第一支具有职业化和专业化性质的军队。

吴起在西河期间,为了令出必行,曾采用了故意示信给赏的手段。据史载:秦军在与魏接壤处建一哨所(亭),吴起欲将其拔掉,但又恐强攻不下反对附近农民耕种造成危害,而小小哨所,又不便征集军队,遂派人置一车辕于北门外,下令说:"有能徙此南门之外者,赏之上田上宅"。有人照办,吴起立即按令给赏。又置一石柱于东门外,下令"有能徙此于西门之外者赏如初(如上次)"。群众争先搬取。吴起认为士心已可用,遂下令"明日且攻亭,有能先登者,仕之国大夫,赐上田宅"。至进攻时,人人争先,"于是攻亭一朝而拔之"。据《吴子兵法》说,吴起在魏,"与诸侯大战七十六,全胜六十四,余则钧解(胜负不分),辟土四面,拓地千里"。这可能有所夸大。但《史记》所记,"守西河而秦兵不敢东向",则为事实。总之,吴起镇守西河郡时,确曾出色地完成了魏斯所赋予他的战守任务,建立了辉煌的战绩,证明他是一位非常卓越的军事将领。他的军事理论,也主要是在魏国的长期战争实践中总结出来的。

魏文侯五十年(公元前396年),魏斯病死,武侯魏击继位。一次吴起随魏击乘船沿黄河视察,魏击说:有如此险要的河山,国家焉得不强。大夫王错随口附和,说这是国家强盛的原因,"若善修之,则霸王之业具矣"。吴起斥责王错不应阿谀奉承,说"河山之险,信不足保也,是霸王之业,不从此也"。接着又用三苗、夏桀和商纣虽有河山之险,但因"为政不善",终于为大禹、商汤和周武王所灭的事例,说明他们"城非不高也,人民非不众也,然而可得并者,政恶故也"。强调国家强弱"在德(好的政治)不在险,若君不修德则舟中之人皆敌国也"。吴起这段话,反映了他对战争的基本看法。他认为战争是"禁暴救乱"的手段,用以消灭桀纣那样的暴君乱政,并认为战争的胜败,在于为政的善恶(即战争的正义性与政治条件)。这比孙武"兵者国之大事","道者,令民与上同意也"的战争观,又前进了一步。

正当吴起在西河力图向外发展时,又遭到朝中贵族们的忌恨与反对。以王错为代表的一些大臣,终日在魏击面前诽谤吴起,终于使魏击产生怀疑,下令召吴起返朝,免去西河守职。吴起回魏都后,魏相公叔与王错等设谋陷害,吴起在为魏的强大尽心竭力地工作了二十多年后,为避祸,不得不逃至楚国。此时大约五十七岁。

楚悼王熊类久闻吴起才名,又正值谋求改革图强之际,遂任命吴起为北部边防要地苑(河南南阳)守。一年后,又升为楚国最高军政长官的令尹,辅佐熊类进行政治、军事改革。吴起改革的中心,是从政治、经济上打击、限制旧贵族势力,加强军队建设,"砥砺甲兵,时争利于天下"。其具体措施,主要有四:其一,针对"大臣太重,封君太众","上偪(逼)主而下虐民",以致"贫国弱兵"的弊病,"使封君之子孙三世而收爵禄"。其二,针对楚国地广人稀的特点,变相收回旧贵族现有土地,强迫他们率其所属"往实广虚之地(迁至未垦地区)"。其三,"绝灭百官之禄秩,捐不急之枝官,以奉选练之士",即裁减官吏,减少俸禄开支,用以建设军队。其四,取缔贵族招引、畜养食客,结党营私,制造反对改革的舆论,使全国思想、舆论统一于改革。在熊类支持下,吴起"罢无能,废无用,捐不急之官,塞私门之请,一楚国之俗",将节约的大量财力、物力,用于建立一支"战斗之士""选练之士"的精锐常备军队。经过吴起的变法革新,楚国很快强盛起来,"南收扬越,北并陈蔡……兵震天下,威服诸侯",不但击退了魏、赵、韩的进攻,而且于楚悼王二十一年(公元前381年),救赵攻魏,"战于州(河南温县东北)西,出于梁门,军舍林中(河南尉氏西),马饮于大河",深入到黄河以北的地区。

正当吴起意气风发地为楚国的强大而积极经略之际,全力支持他的楚悼王熊类突然病死。因丧失特权和损害了既得利益的旧贵族们,乘机作乱,向进宫治丧的吴起发动袭击。吴起仓促遇变,自知不免,遂一面大呼"群臣乱王",一面伏身王尸。贵族们箭射吴起,也射中了王尸。楚国法律有"丽兵于王尸者,尽加重罪,逮三族"的规定。楚肃王熊臧即位后,依法"尽诛射吴起而并中王尸者",结果"夷宗死者七十余家"。战国末期人称赞说:"吴起之智,可谓捷矣"。但吴起的尸体,也终被车裂肢解,吴起死时约六十岁,在楚共约四年。

吴起一生为鲁、魏、楚三国建立了巨大的功勋,但由于他是一个站在变法前列的改革者,所以在三国都遭到旧贵族的强烈反对和迫害,并终于为此而丧生。这正是社会大变革的战国前期,新旧两种势力相互斗争的反映。吴起虽然"身败"而死,但并未因此"名裂"。他在政治、军事上的业绩,一直为后人所景仰。例如他离开魏国后,公孙痤为魏将,统率吴起训练的部队击败韩、赵联军。魏击欲"赏田百万禄之",公孙痤推辞说:"夫使士卒不崩,直而不倚,挠拣而不辟者,此吴起余教也,臣不能为也"。后人称赞吴起统率和训练的军队团结巩固、纪律严明,说:"食人炊骨,士无反北之心,是孙膑、吴起之兵也"。称赞他指挥艺术卓越,说:"有提七万之众,而天下莫当者谁? 曰吴起也"。此外,他的军事理论名著《吴起兵法》,也和《孙子兵法》一样为历代军事家们所推崇。早在战国末期,就已是"藏孙、吴之书者家有之";西汉前期,也是"吴起兵法世多有";汉武帝刘彻对霍去病就"尝欲教之孙、吴兵法";东汉尚书仆射大将军鲍永,也曾"观孙、吴之策";南北朝时前汉第一、二代皇帝刘渊和刘聪,都是自幼即诵孙、吴兵法;至宋代,更被编入《武经七书》,定为国家武学(军官学校)必读教材。在国外也有广泛的影响。日本奈良时代(约公元750年前后)太宰大贰(官职)吉备真备,曾开课讲解《孙子》和《吴子》兵法,并运用书中原则,指挥军队,迅速消灭了惠美押胜的叛军,因而升为中卫大将。在近代,英、法、俄、德等国。都有《吴子兵法》的译本。

(二)《吴子》及吴起军事思想

《吴子》原名《吴起兵法》,两汉时为四十八篇曾,后在流传中不断散失。至宋时已大部亡佚,所以南宋学者、礼部尚书王应麟说:"今本三卷六篇,图国至励士,所阙(缺)亡多矣"。当时已有木版印刷本,即是现在通行的《吴子》。

两汉后《吴起兵法》虽不断散失,但始终传世未绝,被改称为《吴子》。三国时魏太尉贾诩曾为之作注,唐时户部侍郎陆希声曾为之编次。北宋时礼部侍郎、武学负责人朱服及中国第一个武学博士何去非为之校正。清代以前,所有学者,从未有人说不是吴起所著。明代学者胡应麟,虽然怀疑为"战国人掇其议论成篇",但仍认为"非后世伪作"。自清代学者姚鼐等提出伪书之说后,章太炎、梁启超、郭沫若等著名学者,相继指为后人伪托。至今两种说法也未得到统一。我们认为:《吴子》全书内容和基本精神,与其他先秦古籍如《战国策》《尉缭子》《韩非子》《吕氏春秋》等所记吴子事迹及思想符合。是吴起所著兵法的一部分,在流传过程中,曾经后人整理、编次,有所增删和润色,其中也有当代人记录的他的言论,其内容可以代表吴起的军事思想。

1."先和而造大事"与"战胜易、守胜难"——基本战争观

吴起对战争的基本看法和态度,最主要的有三点:一是他认为战争有正义与非正义的区别;二是他认为决定战争胜败的主要因素是属于政治范畴的"人和",只有在内部上下一心,团结一致的基础上,才能获得战争的胜利;三是反对穷兵黩武,过多地依赖战争手段,主张慎战。

吴起试图从社会的政治、经济等现象中,寻求战争产生的根源。他将战争分为"义兵""强兵""刚兵""暴兵"和"逆兵"五种。实际上是初步地将战争区分为正义与非正义性质两种类型。他所谓的"义兵",就是为"禁暴救(制止)乱"而发动的战争,属于正义性质;其他四种,则属于非正义性质。

吴起继承了春秋时期"师克在和不在众"和孙武"令民与上同意"等的思想,进一步予以发挥和深化,将"人和"置于治国和获取战争胜利的主要地位上。他说:"不和于国(国家内部不能上下一心,意志统一),不可以出军;不和于军(军内不能团结一致、和衷共济),不可以出陈(阵);不和于陈(临战各部各行其是),不可以进战;不和于战(上下左右不能密切协同),不可以决胜。是以有道之主,将用其民,必先和而造大事(发动战争)"。吴起把政治看作决定战争胜败的主要因素的思想,正是战国时期战争特点的反映。由于战争规模的扩大和战争时间的延长,武器的发展和兵种、作战样式的增多,人的因素愈来愈突出,所以"人和"也就成了决定战争胜败的主要因素。同时代的许多军事家和思想家,都有与此相同的观点,如稍晚于吴起的孟轲就曾说:"天时不如地利,地利不如人和"。这和吴起的"在德不在险",基本精神是完全一致的。

吴起继承了孙吴"兵贵胜,不贵久"的思想,提出了"战胜易,守胜难"的命题。

他认为采取必要手段,在战争中获取胜利,并不困难,而在胜利后保持胜利的既得成果,使战争不再发生,则颇不容易。因而他强调必须争取以最少次数的战争,来实现自己的战争目的,绝不能穷兵黩武。否则,频繁地使用战争手段,即使每战皆胜,也必将耗尽国力,给国家和人民带来祸患。所以他说:"五胜者祸,四胜者弊,三胜者霸,二胜者王,一胜者帝。是以数胜得天下者稀,以亡者众"。这里所说的"五""四"……等,并非表示绝对数字,而是表示战争次数的多与少。日本战国时代(公元 1467~1591 年)的著名军事统帅武田信玄,有一句名言:"十次之中,有六七次取胜,那就等于十次都胜了,如果十战十胜那么必然带来极大的损失,以后的战争一次也不会取胜了"。其主要精神,与吴起基本相同,但他晚于吴起二千年。

2."内修文德。外治武备"——政治、军事密切配合的国防观点

吴起第一次见魏文侯时,就提出了"内修文德.外治武备"的纲领性主张。他以"承桑氏(神农时部落)之君,修德废武,以灭其国;有扈氏(禹时部落)之君,恃众好勇,以丧其社稷"的历史教训,来说明"文德"与"武备"不能偏废的道理。文德即政治,武备即军事,吴起的主张就是搞好政治和军事工作,使二者密切结合,以巩固和加强对内的统一和对外的国防。

吴起所谓的政治工作,主要是"先教百姓而亲万民"(百姓,指统治阶级及为其服务的各级官吏,万民,指被统治阶级的各阶层人民),使"百姓皆是(拥护)吾而非(反对)邻国";"民安其宅,亲其有司(官吏)",以达到国家、军队都能保持内部上下一心,团结和睦。要使地主阶级和农民阶级真正"和",当然是极难办到的。但在吴起生活的由奴隶制向封建制过渡的大变革时代里,新兴的地主阶级和新生的农民阶级,在对待奴隶主阶级的问题上,是有可能在一定程度上做到"和"的。吴起"与士卒最下者同衣食,……分劳苦"等"爱兵"行为,就是他对这一思想的实践。

吴起所谓的军事工作,主要是"要在强兵"和"先戒为宝"。他认为必须拿出相当的财力、物力,以"奉选练之士",建设一支"其众可合而不离",虽"食人炊骨,士无反北之心"的精锐常备军。并做好一切战备,才能巩固国防(固国)。

3."料敌""应变""因形用权"——主要战略战术思想

吴起继承了孙武"知彼知己,百战不殆"旧等思想,在作战指导上,非常重视敌情判断(料敌),和根据敌情采取灵活多变的战法(应变)。魏武侯魏击问他:魏国处于秦、楚、赵、齐、燕、韩"六国四守(四面包围)"的情况下,形势不利,如果发生战争,应如何进行? 吴起首先讲了六国军队的特点:"齐陈(阵)重而不坚,秦陈散而自斗,楚陈整而不久,燕陈守而不走,三晋(指韩、赵)陈治而不用",再从各国特有的政治措施、地理条件、民众性格以及士兵作战心理等各方面,分析特点形成的原

因,最后针对特点,提出相应的基本战法。以秦为例,他说:"秦性强(民众性格),其地险(地理环境),其政严,其赏罚信(政治措施),其人不让,皆有斗心(士兵作战心理),故散而自战(作战特点)"。针对"散而自战"的特点,他提出"击此之道,必先示之以利,而引去之,士贪于得,而离其将,乘乖猎散,设伏投机"的基本战法。

具体战役、战斗的敌情、地形等条件不会相同,而且战场情况不断变化,仅有基本战法不可能对付所有情况,所以吴起在"审敌虚实"的基础上。强调要依据敌情的变化,善于捕捉战机,以乘敌之危。他举出了"击之勿疑"的八种情况和"急击勿疑"的十三种情况。前八种情况,属于敌危之情相对稳定的战机。如敌军因冒酷暑、严寒、狂风等恶劣气候,昼夜兼程急行军,以致士卒饥渴、军队疲惫时;又如敌军兵力不多,所处位置又水源缺乏,地形不利,以致人马染病,或粮尽援绝,军心动摇时等。后十三种情况,属于敌危之情时间短暂的战机。如敌军远来新到,部署未定,设防之前,或过度疲劳、涉水半渡时等。经过一定时间,这些情况很快即会发生变化。这种战机,瞬息即逝,所以必须"急击"。吴起将上述两种情况,概括为一条原则:"用兵必审敌虚实,而趋其危"。

吴起不但举出了敌人处于不利的危境时应当"击之"或"急击"的若干情况,而且也举出了当敌处有利地位,我处不利形势时应当"避之勿疑"的六种情况。如敌军在兵力对比上占绝对优势而武器装备精良时,敌人内部团结,纪律严明,将领贤能以及有"四邻之助,大国之援"时。他认为在这种情况下,应尽可能避免交战,保存实力。

依据敌情,采用"击之"或"避之"等不同的战法,吴起概括为"见可而进,知难而退"。这本来是春秋以前的军事专著——《军志》中的一条原则,他不仅继承了这种思想,而且加以发挥,大大丰富和发展了这一思想。"见可而进"的"可",这里已不是单指力量对比,而主要指的是战机。当时机有利于我而不利于敌人时,坚决发动进攻,必然可以收到事半功倍的效果;"知难而退"的难,也不是指在战场上所遇到的困难,而是指即使经过主观努力,暂时也难以获胜的情况,这就应当退避一步,以等待或创造"可进"的战机。这种思想,已近似于"打得赢就打,打不赢就走"的思想。

吴起不仅重视对敌军的一般情况判断,而且还十分重视分析敌军指挥官的品质和军事才能,并据之以运用谋略。他说:"凡战之要,必先占其将而察其才,因形用权"。他认为这样才能"不劳而功举"。他举了十一个例子,如"其将愚而信(轻信)人,可诈而诱";"轻便无谋,可劳而困";"士轻其将而有归志,塞易开险(阻断大路,开放险路),可邀而取"等等。总之,根据敌将品质和才能,及其指挥军队所造成的各种情况,分别采取欺诈、贿买、离间、疲困、威慑等谋略,和伏击、追击、袭击、火攻、水攻等战法,战胜敌人。当不了解当面敌军将领情况时,吴起还提出了战斗侦察的办法。派遣勇敢而身份较低的军官,"将轻锐以尝(试攻)之,务于北(败退），无务于得"，以观察敌将的反应措施，从而判断敌将的智、愚，再据以决定自己的行动。

吴起在作战指导方面的战略战术思想，总的来说，就是：强调"料敌""应变"，根据敌情（包括敌将素质）及地理、天候等条件的不同和变化，采用灵活多变的不同战法去争取胜利。从军事哲学角度看，这种思想，是带有朴素的唯物论与辩证法的因素的。

4."戒教为先"，"以治为胜"——军队建设思想

吴起极为重视军队建设，他主张建立一支士气旺盛、训练有素、纪律严明而又勇敢善战的新型军队。他认为兵不在众而在精，精兵三千，则"内出可以决围（突破重围），外入可以屠城（攻破城邑）"。要达到这一目的，必须"戒教为先"，"以治为胜"。也就是要狠抓教育、训练、纪律、组织这四个环节。

吴起认为，军队建设的首要问题，是做好教育工作，特别是思想政治工作。他说："凡治国、治军，必教之以礼，励之以义，使有耻也。夫人有耻，在大足以战，在小足以守矣。"也就是说，只有先用新兴地主阶级应遵循的道德规范——礼，来教育军民。用符合这个阶级利益的行为准则——义，来激励官兵，使他们懂得光荣与耻辱，才能使他们为争取光荣和避免耻辱而去为统治阶级战斗。吴起对士气在战争中的作用，认识也比较深刻。他认为"严刑明赏"固然重要，但"非所恃也"，不能完全依赖它来获取胜利。必须通过思想教育，充分调动人的积极性，达到"发号布令而人乐闻，兴师动众而人乐战，交兵接刃而人乐死"，才能确保战争胜利。吴起激发士气的办法，是物质鼓励与精神鼓励并用。物质鼓励，就是对立功者赐以官爵田宅；精神鼓励，就是使有功者感到光荣。例如他曾建议魏击，在宗庙召开庆功宴会，座分前、中、后三行，"上功坐前行"，食上等酒菜，用贵重餐具；"次功坐中行"，待遇稍次；"无功坐后行"，一切从简。并将与会人员的家属，也召集到宗庙门外开会，不仅让他们看到自己夫、儿、兄、弟的座次情况，而且也同样按功给奖。毫无疑问，在这种情况下，有功者必感光荣，无功者也会引以为耻，既鼓励了有功者，也激励了无功者。据说："行之三年，秦人兴师临于西河，魏士闻之，不待吏令，介胄而奋击之者万数"。吴起请求魏击，"试发无功者五万人"由他率领与秦作战，魏击同意了他的请求，授予他"车五百乘，骑三千匹"，结果"破秦五十万众"。人们评论说，"此励士之功也"。看来吴起颇懂得一些军事心理的学问。

吴起在军队建设上，十分重视训练工作。他说："夫人常死其所不能（不会战斗技术），败其所不便（不熟练战术）"，因而，虽然常备军的士卒都是考选而来的精壮之士，仍需进行严格的训练。吴起提到的训练内容相当全面，既有单兵动作，如跪下、起立、行进、停止以及转法等（"坐而起之，行而止之，左而右之，前而后之"），

·军事将帅·

图文珍藏版

又有队列教练,如解散、集合、列队及队形变换等("分而合之,结而解之","圆而方之"),还有行军、宿营和掌握指挥信号以及保养马匹等。特别值得一提的,是他的训练方法,大有创新。他不用一般的同时集中训练的方法,而采用了一种先训练少数骨干予以提高,再训练多数人员予以普及的办法。他说:"一人学战,教成十人,十人学战,教成百人……万人学战,教成三军"。这在当时,应当说是相当先进的。

吴起虽然认为胜利不能专恃"严刑明赏",但并非不重视军队纪律,而是极为强调。他说:"法令不明,赏罚不信,金之不止,鼓之不进,虽有百万,何益于用?"因而,他要求士卒必须"任其上令",绝对服从,一定要做到"令行禁止。严不可犯"。他处死未奉命而斩敌首级之卒的事例,足以说明他执法之严。他还规定作战时"进有重赏,退有重刑"。他认为这样的军队,"投之所往,天下莫当"。

在军队组织上,吴起主张精锐部队应按照各人的特点进行编队。例如将"有胆勇气力者,聚为一卒(编为一队)","能逾高超远、轻足善走者,聚为一卒"等。这样编队,有利于根据战术需要部署部队。在各队的编组上,吴起也主张量才使用,按士卒具体情况分配战斗任务。例如使"短者持矛戟,长者持弓弩,……弱者给厮养,智者为谋主"等。同时还吸收了管仲组军的精神,注意"乡里相比,什伍相保",使同乡邻居之人编在同一什、伍之中,以利于互相帮助和互相担保。

5.玉、"总文武""兼刚柔"——军事人才思想

进入战国以来,由于战争规模的扩大和频繁,尤其是作战样式的增多,除了对军队素质的要求愈来愈高外,对军事指挥人员的要求也更为提高。吴起认为:作为一个统率千军万马的将领,应该"总文武(政治、军事兼备)","兼刚柔(勇敢、智谋具全)","其威、德、仁、勇,必足以率下安众,怖敌决疑"。他批判那种"论将常观于勇"的片面观点。据说一次战斗前,吴起的"左右进剑",他说:"将,专主旗鼓尔(专司指挥),临难决疑,挥兵指刃。一剑之任(持剑战斗),非将事也"。这很能说明他的军事人才思想。

吴起对将帅品质才能的要求,比过去更高。他认为首先必须具备理、备、果、戒、约五项基本条件。这就是说要具备"治众如治寡"的指挥能力,"出门如见敌"的敌情观念,"临敌不怀生(不做苟活考虑)"的献身精神,"虽克(战胜)如始战"的谨慎态度,"法令省而不烦"的简练作风。他特别强调将帅必须有"师出之日,有死之荣,无生之辱"的高贵政治品德,并要求将帅,必须以"受命而不辞,敌破而后言返"为自己的行为规范。

吴起还认为,将帅在作战指挥方面,要能掌握"四机":气机、地机、事机和力机。也就是要善于控制军队士气,善于利用地理条件,善于运用战略战术,善于保持和加强军队战斗力。他认为符合上述基本条件和指挥才能,才算得上"良将";

这样的良将，"得之国强，去之国亡"。

吴起强调统军将领在战争中的地位与作用的重要，毫无疑问是正确的，但他强调到一人之去留，关系国家之兴亡，就未免过分夸大了个人的作用。可见吴起在军事人才思想上，和孙武等多数古代军事家一样，存在着历史唯心主义的因素。

（三）军事科学上的贡献

吴起的军事思想，是继承前一代，特别是孙武的军事理论，并吸收和总结同时代的战争经验，以及自己的战争实践经验而形成的。他的许多理论原则，都来源于《孙子兵法》。但随着社会的前进和战争的发展，理所当然地也有所丰富和提高。吴起对军事科学的贡献，大致有以下几点：

1.在战争观问题上有新的认识

孙武在战争观上，虽然已较前有所进步，认识到战争在国家事务中的重要地位与作用，但还没有从性质上对战争进行研究。吴起则对战争发动的原因，进行了初步的探索，并根据他的认识将战争区分为正义性质的"义兵"，和非正义性质的"强兵""刚兵""暴兵""逆兵"两种类型，虽然还没有，也不可能真正揭示战争的本质和规律，但他的认识，已大大超越了前人的见解，比同时代的墨翟也有所深化，使我国的军事理论，在战争观问题上大大前进了一步。

2.在思想工作上有新的方法

吴起吸取了春秋时宋襄公（公元前650年~前637年）大夫子鱼所提"明耻教战"的基本精神，用新兴地主阶级的道德规范与行为准则教育军民，使他们愿意为封建统治作战。最可贵的是，吴起不仅仅采用上述属于理性号召的教育手段，而且还采取了属于感情号召的思想工作方法。他针对人人皆有自尊心、荣誉感，喜欢受人尊敬，不愿被人耻笑的心理，在大型宴会上，按照战功的有无、大小，规定三种不同的待遇，这对与会人员来说，必然会留下深刻的印象，会引起积极的心理反应。特别是将各人的父母妻儿也召集来参加大会，并使之享受同样的分等待遇，更强烈地激发了人们的荣誉感。尤其是对那些无战功的人员，绝大多数会产生想通过积极的作战行为表现，来改变人们对自己的观感的愿望。这种崭新的思想工作方法，不但在当时曾起过良好的效应，即使在现在，也仍有一定的借鉴作用。

3.在军队训练上有新的创造

吴起继承了春秋以来即重视军队训练的优良传统，对训练的重要意义有了进一步的认识。他将军队训练置于关系到将士生死、战争胜败的高度上进行考察，并在晋悼公(公元前572年～前558年)曾经实施过的、分科训练的基础上,提出了相当全面的训练内容。特别是在训练方法上,创造了类似现代"几何基数累进式、扩散式"的训练方法。对我国军事训练学的发展,做出了突出的贡献。

4.其他方面的新发展

除上述三点外,在战略战术思想、军事人才思想和地形利用等方面,吴起也有较前人有所发展的地方。例如孙武曾列举了"相敌(观察判断敌情)"的三十二种征候,但他没有进行归纳。吴起将这些现象进行了分类、概括,并总结出在何种情况下应"急击"或"击之",在何种情况下应"避之"等。这就更加明确和条理化。又如孙武要求将帅具备"智、信、仁、勇、严"五个条件,吴起则要求得更高、更全面。不仅要求具备"威、德、仁、勇"和"理、备、果、戒、约"等基本条件,而且要求在作战指挥上能掌握"四机"。"四机"的内容,都是孙武提到过的,但将它们概括为四个关键问题,并联系起来进行研究,则应视为是一个小小的进步。再如孙武虽然极为重视地形对战争的影响,但由于春秋时期仍以车战为主,受地形条件的限制较大,所以他的论述,在对地形的利用方面,稍有消极成分,对复杂的地形,往往主张"必亟去之,勿近也",或者要求迅速通过离开(如圮地)。吴起则较为积极,他认为兵力少时要战胜敌人,一定要利用险隘的地形条件。他说:"用少者务隘";还说:"以一击十,莫善于阨,以十击百,莫善于险,以千击万,莫善于阻"。甚至还涉及水战。这些理论比孙武时代又前进了一步,是吴起对我国古代军事科学的贡献。

从史籍所记吴起一生事迹看,他极为重视吸取前人的经验与教训,具有丰富的历史知识,特别是军事历史知识。他与魏斯、魏击等谈话时,经常引经据典,以史例来论证他的见解。据专家学者们的考证,我国最早的一部大量记录春秋时期各国军事历史的名著——《左传》,也与吴起有密切的关系。西汉学者、中垒校尉刘向在《别录》中说:《左传》一书,系"左丘明授曾申,申授吴起";清代学者、刑部郎中姚鼐在《左氏补注序》中说:"《左氏书》非出一人,累有增益,而由吴起之徒为之者盖尤多";现代学者童书业通过进一步考证,认为《左传》"盖吴起及其先师、后学陆续写定,惟吴起之功为多耳";郭沫若则认为:"吴起去魏奔楚而任要职,必已通其国史,既为儒者而曾仕于鲁,当亦读鲁之《春秋》,为卫人而久仕于魏,则晋之《乘》亦当为所熟悉。然则所谓《左氏春秋》或《左氏国语》者,可能是吴起就各国史乘加以纂集而成";孙开泰、徐勇两同志在前人研究的基础上,又做了进一步的研究,确认《左传》草创于左丘明,而编定于吴起。他们说:"吴起在《左传》的传授过程中,做了承前启后的工作,他大量增补了鲁、三晋和楚的材料,最后编定成书,并传授给他的儿子吴期。因而吴起对于《左传》的成书所起的作用最大,贡献最多"。这样,吴起不仅是我国著名的军事将领、军事理论家,也应该是我国先秦时期优秀的军事史学家。三、白起白起(？~公元前257年)，又名公孙起，秦国郿(陕西眉县东北)人。一生从事于秦国对外的兼并战争，每战皆胜，曾创造了我国先秦军事史上最大的歼灭战战例——长平之战。是战国后期著名的军事将领。

(一)不做辱军之将

白起早年即参加军伍，善于用兵，因而颇得秦昭王嬴稷的赏识。但史籍关于他的记载，是从他进入秦统治集团上层、任左庶长时开始的，秦昭王十三年(公元前294年)以前的活动，史无可考。

白起任左庶长时，正是嬴稷改用魏冉为相，实行交好齐、楚，打击韩、魏的战略之际。当年他奉嬴稷之命，率军攻韩，一举夺取了新城(河南伊川西南)，因功晋升左更。秦昭王十四年(公元前293年)，韩、魏联合进行反击，白起率军与韩、魏联军战于伊阙(河南洛阳南龙门附近)，歼敌二十四万，夺取五城，杀魏将犀武，俘韩将公孙喜。白起以功再升国尉，成为秦国高级军事长官。他乘两国新败、无力反击之机，连续向韩、魏发动进攻：秦昭王十五年(公元前292年)攻魏占垣(山西垣曲东南)；秦昭王十六年(公元前291年)攻韩占宛(河南南阳)。宛是中原地区的军事重镇，而且是冶铁手工业发达的地区，对秦的军工发展及东向扩展，都有重要意义。白起再次因功提升为大良造。

白起

秦昭王十八年(公元前289年)，魏冉自任主将，统白起及客卿司马错攻魏，前出至轵(河南济源南)，共占领大小六十一城。经过几次沉重打击，韩、魏被迫割地求和：韩割武遂(山西垣曲东南、黄河以北地区)二百里。魏割河东四百里与秦。秦昭王二十七年(公元前280年)，白起奉命攻赵，夺占光狼城(山西高平西)，歼赵军三万。

秦昭王二十八年(公元前279年)，秦昭王与赵惠文王在渑池(河南渑池西)会盟，秦又将打击目标指向楚国。白起奉命率秦军主力攻鄢(湖北宜城西南)。鄢是楚的陪都，距郢(湖北江陵)甚近，系楚都北门，所以楚也调动主力防守，阻止秦军南下，双方在这里进行了一场具有战略意义的主力决战。白起强攻不克，竟采用水淹办法，壅西长谷水灌城，造成"百姓随水流，死于城东北者数十万，城东皆臭"，歼灭楚军主力十万，并占领了邓(湖北襄樊北)等数城。次年(公元前278年)，白起又乘胜攻占楚都郢,军力所及,西至竟陵(湖北潜江西北),南至洞庭,迫使楚将国都东迁于陈(河南淮阳)。嬴稷封白起为武安君。

秦昭王三十一年(公元前276年),白起攻魏,夺占两城。秦昭王三十四年(公元前273年),赵、魏联合攻韩,魏冉统白起等率军援韩,大败魏、赵联军于华阳(河南郑州南),先歼魏军十三万,再歼赵军两万,并夺占了魏的长社(河南长葛东北)。卷(河南原阳西)及赵的观津(河南清丰南)。魏被迫再度献地求和,割南阳(太行山以南、黄河以北地区)地区与秦。

秦昭王四十一年(公元前266年),嬴稷改用范雎为相,开始正式推行"远交近攻"的战略方针,决定首先以韩作为主要打击对象,并规定"北斩太行之道"为战略第一阶段的主要任务。秦昭王四十二年(公元前265年),秦军攻占了韩少曲、高平(河南济原一带)。次年,白起又夺占了陉城(山西曲沃北)等汾水沿岸五城,歼韩军五万。秦昭王四十四年(公元前263年),再占南阳,次年占野王(河南沁阳)。至此,太行山以南的整个南阳地区,全部为秦军占领,完全切断了韩北部上党地区和韩都的联系。韩上党太守冯亭遂投赵。秦昭王四十六年(公元前261年),嬴稷以一军攻韩缑氏(河南偃师东南),以威胁荥阳,牵制韩军;又命左庶长王龁率主力攻上党,上党守军退至长平(山西高平北)。秦昭王四十七年(公元前260年),嬴稷任命白起为大将军,指挥秦军进攻长平,全歼赵军四十五万,其主将赵括战死。

长平之战的胜利,引起了秦相范雎的嫉妒,他唯恐白起功高过己,影响其权势地位,所以在白起继续组织进攻,准备一举消灭赵国时,他却以秦军在外日久,应进行休整为理由,奏请嬴稷下令撤军,要求韩、赵割地谈和。

白起退军后,赵国负约,不肯交出已答应献秦的六城。嬴稷极为愤怒,当即下令准备攻赵,并征求白起的意见。白起认为灭赵的有利时机已经错过,他说:长平战后,赵举国上下,团结一致,"勠力同忧,耕田疾作"。现在出军,虽较前多出一倍,但赵国守备,则较前增大十倍。目前赵国不仅政治、经济方面大有提高,外交方面也在"结亲燕、魏,连好齐、楚,积虑并心,备秦为务"。在这种情况下,是不宜发动进攻的。白起的分析判断,有一定道理,但嬴稷决心既下,不肯改变,于秦昭王四十八年(公元前259年)九月,派五大夫王陵率军进攻赵都邯郸。果如白起所料,王陵攻赵受挫,伤亡颇多。嬴稷遂命白起代替王陵,但白起托病推辞。嬴稷只好派相国范雎代表自己劝白起就职。范雎传达嬴稷的意见说:攻楚之役,你以不到一半的兵力,进击韩、魏,都获得了重大胜利。现在赵国青壮年大部死于长平,我动员了数倍于敌的大军,让你率领攻赵,你过去经常以寡击众,"取胜如神",现在是以强击弱,以众击寡,你为何不肯接受任务呢?白起当即从政治、经济、军事等各个方面,分析了攻楚及伊阙之战获胜的原因,并说明现在攻赵条件的不同,仍坚持托病不出。他说:"楚王恃其国大,不恤其政,……百姓心离,城池不修,既无良臣,又无守备,故起所以得引兵深入,多倍(过)城邑,发梁(桥)焚舟以专民(焚烧桥梁舟船,以示不还,使民专心于战),以掠于郊野,以足军食。当此之时,秦中士卒……一心同功,死不旋踵;楚人自战其地,咸顾其家,各有散心,莫有斗志,是以能有功也。伊阙之战,……二军争便之力不同,是以臣得设疑兵,以待韩阵,专军并锐,触魏之不意。魏军既败,韩军自溃,乘胜逐北,以是之故能立功。皆计利形势,自然之理,何神之有哉!今秦破赵军于长平,不遂以时乘其振惧而灭之,畏而释之,使得耕稼以益蓄积,养孤长幼以益其众,缮治兵甲以益其强,增城浚池以益其固。……臣人一心,上下同力,以今伐之,赵必固守;挑其军战,必不肯出;围其国都,必不可克;攻其列城,必未可拔;掠其郊野,必无所得。兵出无功,诸侯生心,外救必至。臣见其害,未睹其利。又病,未能行。"嬴稷听到范雎转达的白起言论后,非常反感,表示没有你白起也照样灭赵。遂派王龁代替王陵,并增加兵力。但事实与嬴稷主观愿望相反,王龁在邯郸外围与赵守军对峙达八、九月之久,毫无进展。不仅死伤甚大,而且经常受到赵军轻锐部队的反击。

嬴稷在前方不断失利的情况下,特别是听到白起曾在背后说"不听臣计,今果如何"的牢骚话时,极为恼怒,亲自去见白起,强令其就职。并说:"君虽病,强(勉强)为寡人卧而将之。有功,寡人之愿,将加重于君。如君不行,寡人恨君。"说到这种程度,白起依然不应。并向嬴稷说:"臣知行虽无功,得免于罪;虽不行无罪,不免于诛。……臣宁伏受重诛而死,不忍为辱军之将。"因而,白起被削去武安君爵位,贬为士伍。并迁阴密(甘肃灵台西)。白起因病,未能立即就道。秦昭王五十年(公元前257年)十二月,前线失利消息不断传来,嬴稷迁怒白起,促其速离咸阳。当白起到达咸阳城西十里之杜邮时,嬴稷又派人追送命令,迫白起自杀。终身为秦的统一事业奋战而又屡建大功的一代名将,就这样结束了自己的生命。

白起一生,曾指挥过十几次较大的战役,其中最能反映白起指挥艺术及战术水平的,为伊阙之战和长平之战。

(二)伊阙及长平之战的作战指导

1.伊阙之战

伊阙之战,是白起登上军事历史舞台后指挥的第一个战略性战役。秦昭王十三年,他率军攻占了韩国的新城地区,韩以公孙喜为将,魏以犀武为将,于次年联合向新城秦军反击。白起迎战于伊阙。当时韩、魏虽然联合作战,但貌合神离,各怀私心。都要求友军先与秦战,企图俟双方力量均遭一定损耗后,自己再投入战斗,以便用最小代价换取大的胜利。自起针对这一情况,决定采用集中兵力、各个击破的方针。他判断魏军是为支援韩军而来,新城地区的收复与否,对他们关系不大,必然更为缺乏决战准备,于是选定魏军为第一个打击目标。首先派出一部"疑兵",虚张声势,牵制韩军;旋即"专军并锐",集中主力,出其不意地突然向魏军发动猛攻,一举歼灭魏军,杀其主将犀武;尔后立即转用兵力于韩军。韩得知魏军被歼消息,士无斗志,军心动摇,稍事接触即战败溃退。白起乘势发起猛烈的追击战,结果又全歼韩军,俘其主将公孙喜。此役前后共歼灭韩、魏联军二十四万,创造了我国先秦战史中第一个一次歼敌达二十万以上的歼灭战战例。

2.长平之战

当上党军民退守长平之时,赵派老将廉颇率援军亦到达长平。在秦军猛攻下,赵军数战皆失利,廉颇遂采取了筑垒固守、避免决战、俟敌师老、伺机反击的战略防御方针,坚壁不出。秦国出国远征,利于速决,难以持久,秦相范雎遂派间谍入赵,制造流言,说"秦之所恶,独畏马服(赵奢)子赵括将军,廉颇易与,且降矣。"赵王本就疑心廉颇的坚壁不出是怯战,听到流言后,拒绝了蔺相如和赵括母亲提出的赵括不适于统兵的谏议,撤换了廉颇,改用只能夸夸其谈而不能灵活运用兵法的赵括为主将,至长平指挥作战。嬴稷得知赵军易将,立即任命白起为大将军,至长平指挥作战。由于白起指挥作战每次皆胜,并经常以寡击众,全歼对手,所以在各国中的声威甚高,嬴稷唯恐赵国得知白起为将会提高警惕,加强力量,所以采取了严格的保密措施,下令有泄武安君白起为将者斩。

赵括到达长平后,全部改变了廉颇的防御部署及一切规定,并更换将吏,组织进攻。白起针对赵括鲁莽轻敌的弱点,采取了佯败后退、诱敌脱离既设阵地,然后分割包围、予以歼灭的作战方针。赵军数次进攻,白起均命秦军败退,赵括不查虚实,几次小胜之后,即认为秦军士气不高,遂亲率主力发动总攻。当赵军主力进至秦军筑垒地区时,被阻于坚壁之前,赵括组织多次进攻,均未奏效。白起即指挥预先部署于两翼的二万五千机动部队,迂回至赵军背后,切断其退路;同时另以五千精锐轻骑,前出至赵军营垒附近,利用其快速机动性能及优于步兵的冲击力,截断营垒留守部队与赵都及主力的联系,将赵军分割为各自孤立的两部分。赵括所率主力,处于进退两难境地,被迫由进攻转为就地防御,等待援军。嬴稷得到白起报告后,亲至河内,征发十五岁以上的所有男丁,增援长平,以加强白起兵力,切实"遮绝赵救及粮食"。战争延续至九月间,赵括所率赵军,已绝粮四十六日,内部甚至发展到偷相杀食的惨境。赵括曾组织数次突围,均被筑垒包围的秦军击退。赵括亲率选锋突围,亦未成功,并被乱箭射死。赵军失去主将,又内无粮草,外无救兵,完全丧失斗志,两部赵军,先后皆投降秦军。白起认为"上党民不乐为秦而归赵。赵卒反复,非尽杀之,恐为乱"。于是使用欺诈手段,将已经投降的赵军及上党军民共约四十万,极为残忍地全部坑杀。

白起在长平战胜之后,企图乘势一举灭赵。将兵力部署为三部:命司马梗率一部北定太原,命王龁率一部进攻武安(河北武安),准备自率主力,在王龁部协同下,由正面进攻赵都邯郸。但由于范雎争功作梗,白起只好遵照赢稷的命令,撤军回秦。这次战役,先后共歼灭赵军四十五万,创造了我国先秦战史上最大的一次歼灭战战例。

(三)战指导中的新特点

通过白起指挥的各次战役,可以清楚地看出战争发展的概貌。和春秋、战国初期相比,用于作战的兵力增多了,战争持续的时间延长了,"能具数十万之兵,旷日持久数岁";战场范围也大为扩大,战争的残酷性空前增加,如长平之战,秦、赵双方阵地正面都达数十里之遥,而战争的结果,赵军被杀达四十余万,秦军也伤亡过半,不少于十几万人。至于战争方式和指挥艺术,也较前大有发展,具有许多新的特点。白起就是战国时期具有代表性的人物之一。

白起作战指导思想的特点之一,是不以攻城夺地为作战的唯一目标,而以歼灭敌军有生力量为主要目的。歼灭战的战例,早已有之,歼灭战的理论,在他之前也已开始萌芽,如孙膑就认为只有"覆军杀将"、全歼敌军才算全胜。但以歼灭敌军有生力量作为作战指导思想,并在我国先秦战争史上创造最多、最大而又最典型的歼灭战战例的,则是白起。作为地主阶级的军事家,为了达到歼灭敌有生力量的目的,他不惜使用极为残酷和野蛮的手段消灭敌人的肉体。仅据史籍有记载的数字统计,白起一生就杀人达一百零二万人之众,还不包括大量无辜民众,如攻鄢时用水淹死的几十万居民等。虽然所记数字不无夸大,但杀戮极众,则必为事实。

白起作战指导思想的特点之二,是为了达到歼灭战的目的,强调追击战。如华阳之战、伊阙之战等,都是在敌军已经败北逃走的情况下,发起穷追猛打的追击战,从而获得全歼敌军的胜利。春秋时的孙吴,主张"归师勿遏,围师必阙,穷寇勿追",根本就不赞成追击。进入战国,商鞅进了一步,赞成追击,但也只认为"大战胜,逐北(追击败敌)无过十里;小战胜,逐北无过五里"。这实际上仅仅是战场内追击,并非追击战。这和白起的穷追猛打、直到尽歼敌军为止的追击战有本质的不同。

白起作战指导思想的特点之三,是重视野战筑垒工事。白起对筑垒工事在野战中的作用,有深刻认识。以长平之战为例,他认为按当时的进攻武器水平,要想迅速击破依托有利地形构筑了壁垒工事而进行防御的赵军,是很难达到目的的,所以他作战指导的主要着眼点,就是先诱赵军脱离坚固设垒阵地,然后再分割包围予以歼灭。而他对秦军的部署,则是在预期歼敌地区,构筑壁垒工事,以阻止赵军进攻;在赵军主力进攻受挫,改为就地筑垒防守待援时,白起又在赵军营垒周围,构筑壁垒工事,防止赵军突围。可见白起重视野战筑垒的思想,对长平之战的胜利是起了一定作用的。野战筑垒,古已有之,但都是在营地四周构筑,主要目的保护自己不受敌军奇袭。将筑垒工事作为进攻的辅助手段,用于防止被围敌军突围逃走,是白起的创造性发展。

此外,白起在作战的指导中,还使用了远程奔袭。如华阳之战,他由咸阳出发,以平均每日百里的急行军,八日到达华阳。这对《孙子兵法》所说的"卷甲而趋,日夜不处,倍道兼行,百里而争利,则擒三将军……"来说,也是一个发展。

三、李牧

李牧(?~公元前228年),赵人,生年及家世已不可考。主要活动于赵孝成王、赵悼襄王及赵王迁在位期间(公元前265~前228年)。在他担任赵国北部边防长官时,曾痛击来犯的匈奴骑兵,全歼十万余人,使其十余年内不敢进扰赵边;还曾在秦军屡败赵军、深入腹地的危急关头,指挥抗秦战争,两挫秦军,使赵国局势得以暂时稳定。他是我国历史上颇为后人景仰的边防名将,也是我国古代军事史上能够运用符合攻防辩证关系的作战指导,以弱胜强获得胜利的卓越军事将领。

李牧

(一)保卫北部边防

随着社会的发展,至战国后期,我国北方许多互不统属的氏族、部落,逐渐趋于局部聚集,形成一些较大的部落联盟。其中最大的一个,就是匈奴。至战国末期,匈奴已由原始氏族制发展为奴隶制,乘中原各国兼并战争日益加剧,无力顾及北方各族之机,积极扩大军队增强实力,不断向赵国边境地区进行袭扰,掠夺人畜财物,使赵国人民"不得田畜"。赵孝成王在位时,李牧已身为将军。由于当时赵国中央的主要注意力集中于对付秦国,所以任命李牧为代郡郡守,准予便宜行事,将北部边境地区的军、政大权完全交给李牧。实际上李牧已成为赵国北部边境地区的最高军政长官,全权处理边防事务。

李牧到任之后,采取了一系列加强边防的措施,主要有以下几项:

——按照边防军事需要,调整地方官吏的设置,使能适合于战备体制。

——将地方财政收入，全部划归幕府，用为军费，以提高边防官兵的生活水平。

——狠抓军队训练，"日习骑射"，以提高军队战斗力。

——加强烽火等报警及通信联络设施，以提高军队的快速反应能力。

——组建侦察情报网络，派出大批谍报人员，深入边外，以能及时掌握匈奴动态。

在对匈奴军作战方面，李牧坚决改变以往只要敌军进犯即出军迎击的传统战法，制定了坚壁自守，示弱避战，养精蓄锐，伺机反击的作战方针。要求边防军民，发现匈奴军时，立即退入营寨城堡防守，坚壁清野，避免接战。并规定有敢随意出战捕房者，按违令罪处斩。以后每当匈奴攻扰时，都遵照李牧的规定，全部边防人员及放牧的牲畜，均退入有既设工事的营垒城寨中，坚守不出。匈奴骑兵既缺乏攻垒的兵器和手段，又掠不到牲畜及粮食，不得不毫无所获地撤走。如是数年，边境地区基本上没有遭受大的损失。

但是，李牧的这种具有卓识远见的作战方针，并未能为一般人所理解。匈奴认为李牧怯战，赵国内部也有人认为李牧怯战。赵孝成王为此曾责难李牧，李牧未做解释，仍根据可以便宜行事的权力，我行我素，坚持其既定的作战方针。赵孝成王对此十分恼火，下令召还李牧，另派将接替李牧的职务。新换主将到职之后，一反李牧所为，又恢复李牧就任前的传统作战方针，每逢匈奴攻扰时，即组织军队出击迎战。由于赵军分散戍守，步兵较多，仓促集中出战，和机动性极强的匈奴骑兵对比，总是陷于被动，结果多数失利，损失大量人畜，农耕放畜也遭到严重破坏，又回复到李牧任职以前的严峻局面。赵孝成王只得再令李牧出任边防长官。李牧托病推辞，拒不受命。赵孝成王强令李牧就任，李牧说：如"必欲用臣，臣如前（仍按前定作战方针），乃敢奉命"。赵孝成王不得不应允李牧的请求，李牧于是重任北部边防长官。

李牧复职后，仍按他既定的作战方针施行，边境局势很快又得到控制，相对稳定下来。又经过几年的经营和训练，赵军官兵的素质及战斗力大为提高，求战的愿望也更趋于强烈；而匈奴则因误认李牧怯战益发骄傲轻敌，不以赵军为意。李牧长期以来，一直注视着敌我双方力量对比的发展变化，至此，认为反击的时机已经成熟，于是开始进行反击准备。首先进行战斗编组，选拔人员，组建成一支由各兵种编成、有强大战斗力的出击军团：战车一千三百辆，骑兵一万三千人，精锐步兵（"百金之士"）五万，弓弩兵十万。总兵力约二十万人。将其集中控制于待机地域，并加紧临战前的军事训练及战斗准备。一切就绪之后，李牧命沿边军民，驱赶大批牲畜出边放牧，诱使匈奴来掠。匈奴先以少量骑兵部队，实施小规模的侦察性进攻，李牧命令军民佯败后退，故意遗弃大量人畜，示之以怯。匈奴单于闻讯大喜，认为有机可乘，于是集中主力骑兵十余万，亲自率领进攻赵边。李牧得知上述情

·军事将帅·

图文珍藏版

报,即部署战车及弓弩兵组成车、兵交错配置,有一定纵深的军阵,由正面迎战匈奴军,采取守势作战。利用战车限制、阻碍和迟滞敌骑行动;利用弓弩兵轮番集团发射的威力杀伤敌人。将骑兵及精锐步兵控制于军阵侧后为预备队,用以进攻敌军侧翼和扩大战果。

匈奴骑兵的集团冲击,因受到战车队形的限制,机动性无法充分发挥,在赵军弓弩兵密集、连续射击下,伤亡惨重,攻击受挫。李牧乘势指挥强大的预备队由两翼加入战斗,对敌发动钳形攻势,将顿挫于军阵当面的匈奴军包围于战场。经过激烈的白刃肉搏战,除单于带少数亲卫部队突围逃走外,来犯的十余万骑兵,全部被歼。此役创造了战国时期边境防御战中规模最大的反击歼灭战战例,也是我国先秦战争史中,唯一的以步兵大军团全歼骑兵大军团的典型战例。

李牧在歼灭匈奴主力之后,乘胜北进,迫使邻近的檐褴、东胡、林胡等三国降服赵国,匈奴单于远逃漠北。经过这次战争,匈奴军十余年未敢进扰赵边,李牧也因之名扬各国,被誉为边防良将。

(二) 击退秦军进攻

赵王迁二年(公元前234年),秦王政(秦始皇)派桓齮率军攻赵,赵军迎战于平阳(河北磁县东南)一带,赵将扈辄战死,赵军被歼十万。次年(公元前233年)初,桓齮又率军由上党东进,攻占宜安(河北藁城西南),深入至赵国后方,形成对邯郸包围的局面。赵王迁乃急命李牧为将军,统率所部南下,指挥全部赵军抗击秦军。

李牧率边防军主力与邯郸派出的赵军会合后,在宜安附近与秦军对峙。李牧认为秦军连续获胜,士气甚高,如仓促进行决战,难以取胜,于是决心采取筑垒固守,避免决战,俟秦军锐气有所消耗后,再伺机反攻的方针。仍用对付匈奴的办法,拒不出战,并抓紧时间进行训练。秦将桓齮分析敌情,认为"昔廉颇以坚垒拒王龁,今李牧亦用此计",遂决心分兵袭击肥下(河北晋州市西),以诱使赵军往援,企图用白起之法,在赵军脱离营垒工事后,将其消灭于运动之中。李牧对桓齮的企图,非常清楚,所以当赵将赵葱建议派军救援肥下时,他说,"敌攻而我救,是致于人",是将战场主动权拱手送于敌人,乃"兵家所忌",拒绝发兵。李牧认为秦军主将往攻肥下,所率必系主力,营寨留守兵力定然薄弱;赵军多日来只坚守不出战,秦军已习以为常,必无防赵军进攻的准备,因而决心将计就计,乘虚进袭秦军大营。李牧这一行动,完全出乎秦军意料之外,在毫无准备的情况下,秦军大营迅速为赵军攻占,留守官兵及军实辎重,全部被赵军俘获。桓齮进攻肥下尚未得手,而大营已被赵军攻破,急忙撤军回救。李牧部署一部兵力由正面阻击敌人,而将主力配置于两翼,俟正面赵军与撤回秦军接触后,立即指挥两翼赵军向秦军实施钳攻。经过激烈战斗，秦军主力约十余万人，全部被歼。桓齮仅率少量亲兵冲出重围，畏罪逃往燕国。这是战国末期秦军遭到的一次最大的歼灭性打击，李牧因功被封为武安君。

赵王迁四年（公元前 232 年），秦王政再次派兵攻赵，兵分两路：一路由邺（河北临漳西南）地北上，渡漳水向邯郸进迫；一路由太原东进，攻番吾（河北平山南）后转军南下，由北向邯郸进迫。李牧认为邯郸之南，有漳水及赵长城为依托，秦军不可能迅速攻破，遂决心采取南守北攻，集中兵力各个击破的方针。部署司马尚军在邯郸以南据守长城之线，而自率主力北上进攻远程来犯的秦军。两军在番吾附近遭遇。李牧指挥赵军向秦军猛攻，大败秦军；尔后即回师邯郸，与司马尚军会师后，向南路秦军反击，又获得胜利。这次战役，为赵国赢得了喘息时间，获得了暂时的稳定，三年内秦军未再攻赵。

赵王迁七年（公元前 229 年），秦王政于灭韩之后，命王翦、杨端和率军攻赵。分由南北两路向邯郸进迫。李牧仍采用一贯战法，筑垒固守，避免仓促决战。秦军多次进攻，均未能突破赵军营垒。王翦利用赵王迁庸碌无知，其宠臣郭开贪财好利和嫉贤妒能的弱点，实施反间计：一方面停止进攻，保持对峙，派使者去赵营见李牧谈和；一方面派间谍带重金潜入赵都，买通郭开，散布流言并向赵王迁告密，说"李牧和秦私自讲和，相约破赵之日，分地代郡"。赵王迁听信谗言，信以为真，遂命赵葱为大将军，接替李牧的指挥权，并将李牧杀死。李牧平日治军有方，爱护部属，与边防官兵共同生活、战斗多年，颇得军心。李牧的被杀，造成军心涣散，部队解体。秦军乘势猛攻，很快歼灭赵军，占领邯郸，俘虏赵王。战国末期唯一能与强秦抗衡的赵国，在李牧死后三个月，就继韩之后为秦灭亡。

（三）符合攻防辩证关系的作战指导

李牧的一生，在我国古代军事史上写下的重要篇章，就是代郡歼灭匈奴骑兵和宜安歼灭秦军的两个战例。根据这两次战役的作战经过，可以看出，李牧作战指导的特点之一，是在攻、防手段的运用上符合辩证法。

李牧初任赵国北部边防长官和奉命抗击秦军时，从总的基本力量对比来看，匈奴和秦军都处于优势地位。在这种情况下，李牧力排众议，不怕戴怯战的帽子，不顾赵王的责难，甚至连撤职罢官也在所不惜，坚决改变过去那种不根据敌我力量对比，不考虑战争自身目的，一味出击迎战，以进攻对付进攻的传统战法，决心采用持久性防御的作战方针，完全正确。众所周知，"基本的战斗形式只有攻防两种"，"互相采用进攻和防御这两种战斗的形式，这是古今中外的战争没有两样的。"而决定攻防的主要依据，是敌我双方基本力量的对比。所以弱守强攻就成为指导战争所必须遵循的一个客观规律。李牧的作战指导，就符合这一规律。

李牧的防御，并非为防而防，而是为攻而防。从事军事的人都知道：战争自身的根本目的是保存自己、消灭敌人。当敌强我弱时为了达到保存自己的目的,首先采用防御手段,是正确的,但单纯的专守防御,无论如何不可能达到消灭敌人的目的。只有在实施防御的同时,设法削弱敌人,逐步改变力量对比,当强弱易势或创造了有利于己,不利于敌的各种条件时,迅速转为进攻,才能消灭敌人获得胜利。李牧正是这样指导作战的。匈奴骑兵机动性强,战斗力强,但它的后勤供应,主要是取之于敌,靠抢掠补充军需。李牧实行坚壁清野,固守不出,使匈奴的优势无从发挥,军需无法补充。在此同时,李牧则养精蓄锐,采用一切物质、精神办法,提高官兵素质和士气,并在战术上针对骑兵特点,加强弓弩兵和各兵种协同作战的战斗训练,使赵军的战斗力大为提高。加上匈奴上下均产生了轻敌思想,这就改变了双方基本力量的对比。李牧及时地改用进攻手段实施出击,终于达到了消灭敌人的目的。在抗秦作战中,也是当秦军主力出击肥下,当面留守秦军与赵军力量对比发生质的变化时,及时改用进攻手段,攻取秦营。从而使总的力量对比也发生质变,随之仍用进攻手段尽歼秦军。李牧的作战指导,符合攻、防在一定条件下相互转化的辩证关系。

李牧在转用进攻手段后,也不是形而上学的单纯进攻,而是攻中有防。在出击匈奴骑兵时,先在正面采取守势作战,尔后在两翼实施进攻,最后正面也改为进攻。在抗秦作战时,也是用的同样办法消灭了桓齮所率秦军主力。李牧的作战指导,也符合攻、防相互渗透的辩证关系。

重视防御战术,运用攻防辩证关系的思想指导作战,并不是李牧首创,更不是李牧独有。早在春秋时期,先轸在城濮之战中就曾运用过攻中有防的作战指导;和李牧同时代的赵奢、廉颇等人,也都运用过为攻而防的作战指导。事实上随着战争的发展,这种作战指导思想,在我国古代军事史的战国时期,已发展为相当普遍的军事思想。李牧是具有代表性的一位卓越的军事将领。

四、项羽

项羽(公元前232年~前202年),名籍,字羽,下相(江苏宿迁西南)人,是反秦起义军领袖,著名军事统帅。在反秦战争中,巨鹿一战,全歼秦主力章邯军,诸侯折服,威震天下。由于违反了社会发展规律,想回到春秋战国诸侯称霸的局面,“所过残灭”,不得人心,不善于用人;不懂战略运用;只凭一己之勇,“欲以力征经营天下”。虽然战役、战斗上取得了多次胜利,可以说“未尝败北”,但最后败于政治上、战略上优于他的汉高祖刘邦之手,在乌江自刎而死。

（一）反秦起义，巨鹿大捷

项羽是楚国贵族后裔，祖先世为楚将，楚亡后，随叔父项梁居吴中（太湖地区）。项羽少时，学书不成，去学剑，又不成，受到其叔项梁的怒责，项羽分辩说："书是所记姓名而已。剑一人敌，不足学，学万人敌。"于是项梁改教兵法，项羽大喜，但亦只浅学即止，未能深入。

秦始皇三十七年（公元前 210 年），秦始皇南巡会稽（江苏东部浙江西部），过吴（江苏苏州）时，项羽随项梁观看皇帝仪仗时，竟说："彼可取而代也"。项梁急掩其口说："毋妄言，（灭）族矣！"这时项羽二十二岁，身材魁梧，力能举鼎，吴中子弟都很惧惮他。

项羽

秦二世元年（公元前 209 年）七月，陈胜、吴广揭竿起义，项梁，项羽亦杀会稽守殷通，聚众响应，得精兵八千人，项羽被任为裨将。

秦二世二年（公元前 208 年）三月，陈胜部将召平，以陈王名义封项梁为楚上柱国，要求他"急引兵西击秦。"项梁遂率八千人渡江西上，在东阳（安徽天长西北）接纳了陈婴所部二万人，渡淮后又汇合英布、蒲将军所部，到达下邳（江苏睢宁西北）时，已发展到六、七万人。

广陵人秦嘉，立景驹为楚王，据彭城（江苏徐州），欲拒项梁。项梁将其击败，杀于胡陵（山东鱼台），收降其众。不久刘邦亦率军来会，此时兵力，已逾十万。

项梁闻陈王已死，召刘邦等诸将计议今后动向。谋士范增建议说："今君起江东，楚蠭午（蜂起）之将，皆争附君者，以君世世楚将，为能复立楚之后也。"项梁遂立怀王之孙熊心为楚王，仍称怀王，都盱台（江苏盱眙东北）。项梁自称武信君。

七月，项羽与刘邦攻占城阳（山东鄄城东南）。八月，项羽与刘邦大破秦军于雍丘（河南杞县），斩秦三川守李由，项梁率主力进至定陶（山东定陶西北），再破秦军。形势对项梁极为有利，但项梁"益轻秦，有骄色"。放松了警惕。秦二世悉调秦军来援，章邯以主力夜袭定陶，大破楚军，项梁战死。项羽、刘邦闻项梁战死，率军返回彭城。章邯破项梁军后，率军渡河北上击赵，大破赵军，围赵王歇及张耳于巨鹿。

闰九月，楚怀王自盱台至彭城，部署诸将，分军二路，一路西进入关击秦，一路北上救赵。

对于入关击秦的任务由谁担当，怀王诸老将都认为："项羽为人，剽悍猾贼，尝攻襄城,襄城无遗类,皆坑之,诸所过无不残灭,……不可遣;独沛公素宽大长者,可遣。"楚怀王乃遣刘邦西伐秦,并与诸将约定:"先入定关中者王之。"救赵的任务则以宋义为上将军,项羽为次将,范增为末将,率军救赵。

宋义率军行至安阳(河南安阳西南),逗留四十六日不进,项羽建议说:"吾闻秦军围赵王巨鹿,疾引兵渡河,楚击其外,赵应其内,破秦军必矣"。宋义认为"不如先斗秦赵(令秦赵先斗),"尔后"我承其敝"。没有采纳项羽的建议,并为送子去齐国而饮酒高会。这时正值天寒大雨,士卒既冻又饥,项羽对此异常气愤,认为宋义"不恤士卒而徇其私,非社稷之臣。"秦二世三年(公元前207年)十一月,项羽斩宋义,告军中说:"宋义与齐谋反楚,楚王阴令羽诛之。"诸将都说:"首立楚者,将军家也,今将军诛乱。"共立项羽为假(代理)上将军,并命桓楚去报告楚怀王。楚怀王正式任命项羽为上将军。

章邯以王离、涉间部围巨鹿,自率主力屯巨鹿南;并筑甬道(西侧有墙的通道)由漳水向王离军运送军粮。巨鹿城中赵军,兵少食尽。齐、燕、代等兵均来救赵,但又畏秦而不敢进击,皆据垒观望。巨鹿情势危急。

项羽杀宋义后,立即派英布等率军二万为前锋,渡漳水飞驰救巨鹿。英布首先切断秦军甬道,使王离军乏食。随后项羽亦率主力前来,渡漳水后"皆沉船,破釜甑,烧庐舍,持三日粮,以示士卒必死,无一还心。"迅速包围了王离,九战九捷,大破章邯军。章邯被迫退走。诸侯兵原作壁上观,见楚军将士无不以一当十,喊杀声震天动地,亦出壁投入战斗,俘获王离。战后项羽召见诸侯将,诸侯将皆心怀恐惧,入辕门即膝行而前,不敢仰视。项羽从此威震诸侯,成为诸侯上将军,统一指挥所有军队。

章邯在巨鹿战败后,撤至棘原(河北平乡南),陈余写信劝降,指出白起、蒙恬很有功劳,都遭杀害。秦廷"有功亦诛,无功亦诛",不如联合诸侯"约兵攻秦,分王其地,南面称孤!"章邯犹豫之际,项羽已派蒲将军率一部兵力,渡过三户津(河北滋县西南),切断章邯退路。项羽率主力再破章邯于汗水上(漳水支流,今河北临漳西)。章邯屡败,派人求降。项羽亦以军粮不足,允其所请。秦二世三年七月,章邯率二十多万秦军在殷墟(河南安阳西)投降。项羽在这次战役中,全歼秦军主力,彻底动摇了秦王朝的统治基础,是秦末农民战争中的一次战略性战役。后世人评论这次战役时说:"首难者虽陈涉(胜),灭秦者项王也;入关者虽沛公,灭秦者项王也。"的确反映了巨鹿之战所起的巨大历史作用。

此役最突出之点是项羽不破秦军决不生还、压倒一切的必胜气概。"破釜沉舟"、九战九捷、诸侯兵作"壁上观""楚战士无不以一当十,呼声动天地",这种壮烈的情景,给后人留下了深刻的印象,"破釜沉舟"已成为常用成语,成为必死决心的同义词。起义军有进无退的必死决心是这次战役取得全胜的决定性因素。

项羽的战役指导也很出色。在安阳救赵的决策上，宋义"先斗秦赵""我承其敝"的主张无疑是错误的，秦强赵弱，并非两虎相斗，赵"食尽、兵少"，命在旦夕，观望不前。秦破赵后，"胜敌益强"，乘胜击楚，楚亦难以自保，这正是章邯所企求的各个击破战机。项羽所坚持的"与赵并力攻秦"是唯一可行的方案，这时巨鹿未下，秦军王离攻城，章邯防外，成分离状态，正是起义军各个击破秦军的有利战机，也只有奋力进攻，才能调动作壁上观的诸侯军的积极性，为赵军开城合击创造条件，把几股力量拧成一股，战胜秦军。项羽高瞻远瞩，从全局、从战略角度提出"并力攻秦"，当然是正确的。

项羽把主要突击方向指向王离军及其补给甬道也非常恰当，王离军的任务是攻城，是对内正面，从背后打它正是攻其要害，切断甬道不仅断了王离军的军食，还分割了王离军与章邯主力的联系，有利于各个击破。

此外，连续作战、不获全胜决不休兵，命蒲将军直插三户津，切断章邯军退路，形成前后夹击等战役指导，对全歼章邯军也都起了不可或缺的作用。

（二）称霸关中，裂土封王

项羽既定河北，率诸侯兵趋关中。项羽恐秦降卒"其心不服，至关中不听"，命楚军夜间击坑秦降卒二十余万于新安（河南渑池东）城南。项羽军进到函谷关时，刘邦已亡秦并派兵守关，项羽大怒，破关而入。十二月进至戏（陕西临潼东），有兵四十万，号称百万，屯新丰鸿门（陕西临潼东北）。

这时刘邦兵十万，屯霸上，范增认为刘邦"志不在小"，说项羽"急击勿失"，项羽的叔父项伯受张良之托对项羽说：刘邦破关中有功，击之不义，"不如因善遇之。"项羽认为有理。刘邦自知兵力悬殊，不敢与项羽相抗，次日到鸿门向项羽谢罪。项羽宽恕了刘邦。

数日后，项羽引兵西进，"屠咸阳，杀秦降王子婴，烧秦宫室，火三月不灭；收其货宝、妇女而东，秦民大失望。"

项羽杀秦王子婴后，"政由羽出，号为霸王"。二月，项羽"分天下王诸将，自立为西楚霸王，辖梁、楚九郡，建都彭城；巴蜀道险，立刘邦为汉王，辖巴、蜀、汉中；立章邯为雍王，辖咸阳以西；立司马欣为塞王，辖咸阳以东，至黄河；立董翳为翟王，辖上郡；此三王均秦降将，立此三王的目的，是堵塞刘邦东归之路；此外，还封了一些诸侯，共计十八诸侯王。"

对建都地点，韩生曾建议，"关中阻山河四塞，地肥饶，可都以霸。"而项羽却欲东归故地，认为："富贵不归故乡，如衣锦夜行，谁知之者？"项羽不但不听韩生的建议，还因韩生讽刺他是"沐猴而冠"，竟烹了韩生。

对项羽的分封，诸侯王多不平，认为项羽"尽王故王于丑地。而王其群臣诸将善地,逐其故主"。不仅刘邦因项羽破坏楚怀王"先入定关中者王之"的约定而愤恨不已,改封丑地的故王,不得封王的田荣、陈余等也都愤愤不平。项羽立章邯、司马欣、董翳为三秦王。正如韩信所说:"项王诈坑秦降卒二十余万,唯邯、欣、翳得脱"。"秦父兄怨此三人,痛入骨髓。"

项羽裂土封王是政治上的重大错误,春秋战国时代,诸将并立,称霸称雄,战乱不止,阻碍了生产的发展和文化、经济的交流,给人民带来极大的苦难。秦始皇并吞六国,统一天下,废诸侯、置郡县,建立起一个统一的、封建专制的中央集权国家,是顺应社会发展趋势的。项羽掌握了支配天下的大权后,不建立统一的封建中央集权国家,不继承秦代有进步意义的改革措施,使天下仍回复到诸侯并立,大国称霸的格局,实在是倒行逆施,树敌招乱,使已经形成的强大力量自行瓦解。

建都,是个重大战略问题,关中土地肥沃,生产发达,地形险固,可以"阻三面而守,独以一面东制诸侯";"此亦(扼)天下之亢(咽喉)而拊(击)其背也。"可惜项羽缺乏战略眼光,竟一把火烧了阿房宫,为了富贵还乡而建都彭城。彭城经济条件远不如关中、巴蜀,而且是四战之地,无险可守。后来田荣反于齐,刘邦还定三秦,很快陷入两面作战,彭越几次袭扰彭城,使项羽不得不在荥阳、彭城间疲于奔命,与彭城无险可守都是密切相关的。所以,建都彭城是项羽在战略上的重大失策。

至于鸿门宴上项羽不杀刘邦是不是一个重大错误,像范增说:"竖子不足以谋!夺将军天下者,必沛公也。"笔者以为项羽不杀刘邦,并非后来失败的主要原因,主要原因是"所过残灭",裂土封王和缺乏战略眼光。范增过分夸大个人作用的观点是不够全面的。

(三)北击田荣,还救彭城

汉王刘邦元年(公元前206年)四月,刘邦率所部三万人经子午谷去南郑就国,刘邦接受张良的建议,烧绝所过栈道,示项羽无东归之意。

六月,田荣杀齐王市自立为齐王,命彭越击楚,项羽命肖公角率军击彭越,为彭越击败,田荣已威胁楚国的安全。

次年正月,项羽大破齐田荣军于城阳(山东鄄城东南),田荣逃往平原(山东平原南),为百姓所杀。项羽又立田假为齐王,进军至北海(山东东北部),"烧夷城廓、室屋、坑田荣降卒,俘虏其老弱妇女,所过多所残灭,齐民相聚叛之,"这时刘邦已东出故道,还定三秦,项羽"虽闻汉东,既击齐,欲遂破之而后击汉",所以没有还军,仍留齐地。十月间,派人杀义帝。刘邦为义帝发丧,号召诸侯共击项羽,为义帝报仇。四月,刘邦率诸侯兵五十六万人,乘项羽留齐未返、楚地防守薄弱,一举攻破彭城。彭越率三万人归汉,刘邦拜彭越为魏相国,命他率军略定梁地。

项羽得知刘邦攻占彭城,留诸将继续击齐,自己急率精兵三万还救彭城,大破汉军。仅被赶入谷水、泗水而死的即达十余万人。其余汉军悉数南逃,楚军追击至灵璧东睢水,汉军被挤入水的又十余万人,睢水为之不流。刘邦退守荥阳,诸侯兵又纷纷背汉向楚。但项羽未立即派大军西追刘邦。

田荣叛于北,刘邦反于西,一开始就是两面作战的态势,但田荣并吞三齐,齐地又紧连彭城,已直接威胁项王腹地的安全,所以项羽先齐后汉亦未可厚非。但要改变局势,必须采取各个击破、速战速决的战略方针。项羽未能掌握此点。尤其是项羽对齐地采取烧杀政策,导致齐军散而复聚,齐民奋力抵抗,给了齐王可乘之机;项羽在大破田荣军后,未能暂时放下北线,转用主力于西线,所以刘邦才得以集中五十六万诸侯兵,一举攻占彭城。在击齐时,只派一个仅当过吴县令的郑昌为韩王,去抗击刘邦,是严重失误,使刘邦能在很短时间内尽占黄河南北地区。

项羽还救彭城是一次成功的战略反击,部队精悍,行动快速,使刘邦猝不及防;以肖县、彭城为主要突击方向也非常恰当,从背后突击刘邦军,抓住了刘邦的弱点;同时还切断了刘邦的后方联络线,大大影响了刘邦军队的士气,泗水、谷水等地障,也有利于在彭城地区歼灭刘邦等。项羽的战役追击也很出色,以快速的行动截击刘邦军于睢水北岸,又歼灭其十余万人,连刘邦本人也几乎被俘。可惜的是项羽没有把战役追击发展为战略追击,这是项羽在战略上又一关键性错误。当时刘邦逃出战场后,只有一些残兵败将随他返回荥阳。如果项羽不满足于收复彭城,派出主力实施战略追击,不给刘邦以喘息的时间,刘邦是难以在荥阳站住的;如果楚军长驱直进,至少关东可以复为项羽所有,加上诸侯背汉向楚,优势和主动权将重新为项羽所掌握。

(四)成皋相持,项羽疲于奔命

五月,汉军在荥阳集中,楚军与之战于荥阳以南的京、索(均在河南荥阳东南)之间。汉军骑兵破楚骑兵于荥阳以东,楚军遂不能过荥阳以西。

汉王刘邦三年(公元前204年)十二月,项羽开始多次强攻荥阳,荥阳危急,四月刘邦遣使请和,提议荥阳以西属汉。项羽准备同意,范增反对说:"汉易与耳;今释弗取,后必悔之。"项羽乃急攻荥阳。刘邦留韩王信等守荥阳,自己逃往成皋。此时,被刘邦部署于彭城附近的彭越军,以游兵击楚,已断其粮道,并击破楚军项声、薛公部于下邳,彭城告急。项羽只好留终公监视成皋,自率主力回击彭越,这是项羽第一次被汉军调动。刘邦乘机进攻,击破了终公军。

项羽击破彭越军后,率军西返,第二次强攻荥阳,不久城破,虏韩王信,遂进围成皋。刘邦收韩信军,还保巩县。成皋为项羽所占,双方对峙于成皋、巩县间。

八月,刘邦派军增援彭城,攻下睢阳(河南商丘南)、外黄(河南兰考东南)等十七城,楚军与彭城的联系被切断。项羽留曹咎守成皋,并告诫说:"谨守成皋,即汉王欲挑战,慎勿与战,勿令得东而已,我十五日必定梁地,复从将军。"遂自率主力还击彭越,收复了陈留、外黄、睢阳等城。这是项羽第二次被汉军调动。

刘邦见项羽被调动,遂用计激曹咎渡汜水进攻汉军,汉军乘其半渡而击大破之,曹咎自刎而死,汉军收复成皋,围楚将钟离昧于荥阳东。项羽得知成皋被攻破,急引兵西返,在广武与汉军对阵。数月后楚军粮少,项羽告刘邦:"今不急下,吾烹太公(刘邦之父于彭城大败时为楚军所获)!"刘邦未为所动,项伯亦告项羽"虽杀之无益",项羽只好作罢。项羽在阵上对刘邦说:"天下匈匈数载者,徒以吾两人耳。愿与汉王挑战,决雌雄,毋徒苦天下之民父子为也!"刘邦却回答说:"吾宁斗智,不能斗力。"并列数项羽十大罪状。项羽大怒,楚军伏弩射中刘邦胸,刘邦走入成皋。

韩信于汉王刘邦四年(公元前203年)十月间破临淄,齐王走高密,向项羽告急。项羽派龙且率军号称二十万救齐,在潍水被韩信击败,龙且阵亡。后方广陵(江苏扬州)等地区,也遭到韩信骑兵的袭扰,粮草断绝。

项羽在龙且战死后,派武涉策动韩信反汉,未能成功,被迫与刘邦订立和约,中分天下,鸿沟(河南荥阳东北)以西属汉,以东属楚。九月间项羽引兵东归。

项羽在彭城大破汉军后,没有立即转入战略追击,直至汉王刘邦三年十二月,才以主力强攻荥阳,给了刘邦半年多时间,使其得以重新调整部署,加强防御设施。项羽虽然发动了两次大规模强攻,但由于汉军依托坚固的城垣、壁垒,部分地抵消了项羽的突击力,所以均未成功,特别是汉军彭越部在楚军后方开辟了新的战线,攻略城池,切断粮道,威胁彭城,使项羽不得不停止西线的攻势,引兵东击彭越。这不仅使刘邦有了喘息时间,而且还给了他进行局部反攻的机会。项羽被迫不得不再次奔回西线。项羽军虽有强大的突击力,但西不能突破坚固防御地带,东不能捕捉住来去无定的彭越军,只好在东西两线之间疲于奔命,极大地消耗了自己的战斗力。

从战略上看,除未实施战略追击是严重失策外,当韩信攻略魏、代、赵时,项羽未能派出一定兵力支援诸国也有错误,致使韩信得以囊括整个北方,而自己却陷入汉军包围之中。

造成这种不利局面的原因,与项羽政治上的孤立和不善用人有密切关系。项羽封了那么多诸侯王,但一个也未能起到应有的作用,甚至项羽的亲信战将英布,也由于数被项羽责备而让刘邦拉了过去。项羽麾下的大将,如龙且、曹咎、钟离昧等,也都不是刘邦、韩信的对手,唯一一个谋士范增,也因信任不专而留不住他。

(五)垓下决战,乌江自刎

项羽引兵东归后,刘邦背约率军追击。汉高祖五年(公元前202年)十二月,楚汉两军在垓下（安徽灵璧东南，一说为河南鹿邑）进行决战。项羽与韩信作战失利，入壁防守，被汉军包围数重。项羽兵少食尽，夜间听到四面汉军都唱楚歌，大惊说："汉皆已得楚乎？是何楚人之多也！"于是起而饮酒帐中。面对爱姬虞和骏马，慷慨悲歌，作诗说："力拔山兮气盖世，时不利兮骓不逝。骓不逝兮可奈何。虞兮虞兮奈若何！"左右皆泣，不能仰视。项羽最后决定突围，率麾下壮骑八百余人，于当夜溃围南骑，天大亮时汉军方才发觉，刘邦命灌婴率五千骑追击。项羽渡淮时，从骑能集合的已只有百余人。项羽至阴陵（安徽定远西北）迷路，问一田父，田父骗他说："左"，遂陷大泽东，被汉骑追上。项羽又引兵向东，至东城（安徽定远东南），从者只剩二十八骑，而汉追骑有数千人，项羽自度不能走脱，对从骑说："吾起兵至今八岁矣，身七十余战，所当者破，所击者服，未尝败北，遂霸有天下，然今卒困于此，此天之亡我，非战之罪也。今日固决死，愿为诸君快战，必三胜之，为诸君溃围，斩将，刈旗，令诸君知天亡我，非战之罪也。"乃分其从骑为四队，向四个方向驰下，项羽也大呼驰下，汉军皆披靡，一汉将被斩。汉骑将赤泉侯追项羽，项羽瞋目叱之，赤泉侯人马俱惊，辟易数里，项羽会其从骑于三处。汉军不知项羽所在，分军为三而围之。项羽再驰突，又斩一都尉，杀汉军数十百人。项羽集合从骑，只少了两骑，乃问从骑说："何如？"答曰："如大王言。"

项羽进至乌江（安徽和县东北），乌江亭长停船以待，对项羽说："江东虽小，地方千里，众数十万人，亦是王也。愿大王急渡。今独臣有船，汉军至，无以渡。"项羽笑着说："天之亡我，我何渡为！且籍以江东子弟八千人渡江而西，今无一人还，纵江东父兄怜而王我，我何面目见之？纵彼不言，籍独不愧于心乎？"遂下马步行持短兵接战，项羽又杀汉军数十百人，自己也负伤十余处，乃自刎而死，时年仅三十一岁。曾经叱咤风云，不可一世的一代英雄，终于含恨而终。

项羽自诩"身七十余战，所当者破，所击者服，未尝败北，遂霸有天下。"哀叹"此天之亡我，非战之罪也。"项羽作为一员战将，从战役、战斗来说，他的确是当之无愧的。但他不仅仅是一员战将，而是一位与刘邦争夺中国统治权的大军统帅，他这样说，表明他到死也没有明白他错在哪里，败在哪里。这对已经掌握天下支配权的项羽来说，当然是不服气的，但也是可悲的。

项羽的错误首先错在"霸有天下"这个"霸"字上，他孜孜以求的就是像楚庄王那样称霸诸侯，因而违背社会发展的客观规律，把已经掌握到的天下迫不及待地统统分掉，想简单地重现春秋战国的那种格局。结果弄得离心离德，矛盾层出不穷。项羽完全不懂人心向背的重要性，他自恃武力，藐视天下。他坑降卒，烧咸阳，失尽了关中人心；他击齐时，烧杀掳掠，所过残灭，又失尽了关东人心。加上不善用人，一代名将韩信和杰出谋士陈平，都曾是他麾下将佐，反而成了刘邦的得力助手；将才更是缺乏，他再三嘱咐曹咎要"谨守成皋"，"慎勿与战"，结果还是被刘邦诱出，大败自刎而死。难怪龙且为韩信所斩，那么自傲的西楚霸王，也深感恐惧了。所以，项羽说"天之亡我"，实在缺乏自知之明。

项羽在战役、战斗上确无失败的记录，巨鹿之战，破釜沉舟尤其脍炙人口。在战略上也并非没有可取之处。巨鹿之战和还救彭城既是战役胜利，也是战略胜利。斩宋义、夺军权、战巨鹿时，项羽所持的"赵举而秦强，何敝之承！"等观点都是精辟的战略分析。还救彭城，行动迅速，突击方向正确，充分利用了泗、睢地障，一举歼灭了刘邦军主力，打散了一哄而起的诸侯军，扭转了不利的局面。这两次战略运用都很出色。但除此之外，就多为失策了。

只派吴县令郑昌西拒刘邦，导致刘邦军长驱直入；烧杀虏掠，引起齐民群起反抗，以致不得不滞留齐地而失去追击刘邦军的战机；彭城大捷后，满足于收复彭城，不做战略追击，让刘邦在荥、成、巩站稳脚跟，形成以后始终未能打破西线的不利局面；在成皋相持阶段，既不争取外线，支援魏、赵，听任韩信逐个吞并，又不能集中兵力击破刘邦的荥阳、成皋、巩县防线，或者击灭彭越，以摆脱东西夹击的内线困境。这是导致项羽最后失败，在战略上最直接的原因。

其实，彭越近在肘腋，刘邦可以裂土封王以收买韩信彭越，项羽又为什么不能抢先封彭越为梁王，授以梁地以收买彭越，齐、梁相连项羽的右翼就稳固了；成皋虽南有嵩山以为屏障，但嵩山范围不大，颍川、洛阳和南阳、武关都是通衢大道，韩信可以囊括北方，以包围项羽；南阳以南本为楚地，项羽为什么不能开辟南方战线，以迂回洛阳、关中，打破内线作战的困境。

项羽计不及此，以至战略上陷于被动，导致国破身亡。但他在灭秦战争中的巨大作用与历史功绩，则应当予以充分肯定。

五、韩信

韩信（？～公元前196年），淮阴人，汉初著名的军事将领。他熟谙兵法，常能创造性地运用战略战术，为后世兵家所推崇。在楚汉战争中，他战功最大。刘邦称赞他"战必胜，攻必取"，列为兴汉三杰之一。先被封为齐王、楚王，后贬淮阴侯，最后为吕后所杀。韩信善于治军，善于指挥大兵团作战，统兵"多多而益善"，曾参与整理汉前兵家著作；并著有兵书三篇，及收集、补订军中律法，可惜都已失传。

（一）就食漂母，胯下忍辱

韩信未从军前，家贫，既无善行可以推荐为吏，又不能经商务农，常寄食他人，为人所厌恶。

一日，韩信在城外淮水钓鱼，一年长洗衣妇女见他饿得可怜，连续供养他数十日，韩信非常感激，说以后一定要重重报答。老妇听后非常生气，对他说："大丈夫不能自食其力，我见你可怜才给你饭吃，难道是望你报答？"这一出于恳切期望的指责，给了韩信以极大的激励和鞭策。

有一次，一个青年屠户成心侮辱韩信，指着他说：你虽然个子高大，常佩刀剑，但心里是胆怯的。你如不怕死，就拔剑刺我；如果怕死，就从我胯下钻过去。韩信注视了好一会儿，还是忍气吞声地从青年胯下爬了过去。后来韩信当了楚王，回到淮阳时，把这个屠户年找了来，授予他中尉官职，并对诸将说："这人是个壮士，当年他侮辱我时，难道我就不能杀他吗？只是杀之无名，所以忍受。"由此可以看出，韩信确实"志与众异"，不肯因小不忍而乱大谋。

陈胜、吴广揭竿起义后，各地群众奋起响应，韩信也参加了项梁的反秦军，项梁死后，即随项羽，被任为郎中（管理车、骑、门户，内充侍卫，外从作战的小官）。韩信虽曾向项羽献策，但未为项羽所用。

（二）拜将献策，还定三秦

韩信因不被项羽重用，遂投奔刘邦，但此时韩信尚未出名，在汉军中也仅任连敖小官。一次韩信坐法当斩，同犯十三人已斩，仅剩韩信时，他见到滕公夏侯婴，急向滕公说："上不欲就天下乎？何为斩壮士？"滕公奇其言，壮其貌，遂将其释放，通过谈话很赏识他，即将韩信情况向刘邦报告，刘邦任韩信为治粟都尉，但并未认为韩信的才能有何过人之处。

韩信与萧何交谈数次，萧何也很赏识他。汉军到南郑时，一路上逃走的将士已有数十人。韩信估计萧何已向刘邦几次推荐自己，而刘邦仍未重用，于是也不辞而别。萧何认为韩信是一难得的将才，遂亲自将韩信追回，并向刘邦推荐说："诸将易得耳，至如信者国士无双。王必欲长王汉中，无所事信；欲争天下，非信无所与计事者。顾王策安所决耳"。刘邦这才下决心重用韩信。拜其为大将军。刘邦向韩信与项羽争夺天下统治权的策略，韩信首先对项羽进行了分析，他说："项王暗恶叱咤，千人皆废，然不能任属贤将，此恃匹夫之勇耳。项王见人恭敬慈爱，言语呕呕，人有疾病，涕泣分食饮，至使人有功当封爵者。印刓敝忍不能予。此所谓妇人之仁也。项王虽霸天下而臣诸侯，不居关中而都彭城。有背义帝之约，而以亲爱王，诸侯不平。诸侯之见项王迁逐义帝置江南，亦皆归逐其主而自王善地。项王所过无不残灭者，天下多怨，百姓不亲附，特劫于威强耳。名虽为霸，实失天下心。故曰其强易弱。"接着又分析了刘邦的有利条件，他说："今大王诚能反其道，任天下武勇，何所不诛，以天下城邑封功臣，何所不服！以义兵从思东归之士，何所不散！且三秦王为秦将，将秦子弟数岁矣，所杀亡不可胜计，又欺其众降诸侯，至新安，项王诈坑秦降卒二十余万,唯独(章)邯、(司马)欣、(董)翳得脱,秦父兄怨此三人,痛入骨髓。今楚强以威王此三人,秦民莫爱也。大王之入武关,秋豪(毫)无所害,除秦苛法,与秦民约法三章耳,秦民无不欲得大王王秦者。于诸侯之约(楚怀王曾与诸侯约:先入定关中者王之),大王当王关中,关中民咸知之。大王失职入汉中,秦民无不恨者。今大王举而东,三秦可传檄而定也。"于是汉王大喜,自以为得韩信过晚。

韩信在首任大将时就提出了上述《汉中策》,对当时的天下大势和刘、项的优劣作了精辟的分析及对比。指出项羽在政治上"所过无不残灭,天下多怨";以坑害秦卒的三秦王王关中,秦民恨之;分封不公,诸侯不平;不能任贤,士不为用。而刘邦入关,秋毫无犯,除秦苛法,深得人心。结论是项羽"名虽为霸,实失天下心","其强易弱",非常中肯,实为《汉中策》的精华。韩信又指出项羽舍关中都彭城,以反用不得人心的三秦王去阻挡刘邦,是战略上的两大错误,判断"三秦可传檄而定"。纵观整个楚汉战争,《汉中策》实起了首要的战略指导作用。明人唐顺之认为比之"孔明之初见昭烈论三国亦不能过",《史记评林》也说可与《隆中对》媲美,有一定道理。

韩信分析了当时形势后,又指出汉军"吏卒皆山东之人,日夜企而望归,及其锋而用之。可以有大功。天下已定。民皆自宁,不可复用。"建议"不如决策东向。"刘邦采纳了韩信的建议,开始准备还定三秦。

还定三秦的战役方针是:"引兵从故道出袭雍。"雍是章邯的封地,在咸阳之西,首当汉军之冲,故先袭雍。战役指导是采用突然袭击。刘邦就国时,采纳张良的建议,烧绝了关中至汉中的栈道,以麻痹项羽。现汉军突然秘密出陈故道,这就保障了战役发起的突然性。

汉王刘邦元年(公元前206年)五月,田荣起兵反楚,夺占三齐,自称齐王,项羽亲率军北击齐。八月,汉军开始行动,第一个袭击目标是位于陈仓故道北口的陈仓(陕西宝鸡东),雍王章邯仓促应战,被汉军击败。汉军再击好畤(陕西乾县东),雍军又败。汉军遂围雍都废丘(陕西兴平东南),同时遣诸将分兵略地,塞王司马欣、翟王董翳皆降。刘邦遂定关中,实现了还定三秦的目的。

(三)声东击西,渡河破魏

汉王刘邦二年(公元前205年)十月,刘邦率军出函谷关,河南王申阳、韩王郑昌及魏王豹等先后降汉。乘项羽率主力在齐之乱,刘邦于当年四月间袭取了彭城。但由于骄傲轻敌,疏于戒备,被项羽返军击败,退守成皋、荥阳一带。原已降汉的魏王豹等诸侯,不少又叛汉投楚。刘邦决定以主力坚守成、荥一线,同时联络英布、争取彭越,命他们扰乱楚军后方。当时魏王豹据东,西进可以威胁关中,南下可以切断荥阳与关中的联系,对刘邦威胁最大,于是决定以韩信为丞相,与灌婴、曹参首先击魏。魏王豹集结重兵于蒲坂(山西永济西,黄河东岸),塞临晋渡口,企图阻止汉军渡河。

韩信的战役指导是声东击西,避实击虚,在临晋黄河西岸调集大批船只,布置佯渡,以牵制住蒲坂的魏军;自率汉军秘密向北转移至夏阳(陕西韩成西南,黄河西岸),出其不意地用木罂(以木料夹缚陶瓮做成的木筏,浮力大,可载人马)渡河,奔袭魏军后方要地安邑(山西夏县西北)。魏王豹仓促返军迎战,兵败被俘,魏地悉定。

此外,汉军不仅消除了对左侧背和关中后方的威胁,而且收魏降卒,加强了汉军,并得以控制荥阳以北黄河北岸地区,在战略上取得了一定的优势。

韩信破魏,是一次渡河进攻的战役。河川进攻,双方被河水所隔,进攻一方容易隐蔽企图,可以秘密调动军队和渡河器材,在敌方意想不到的地区渡河,如再增加一些佯动措施,实行声东击西则更易成功。所以声东击西成为后来河川进攻的常用样式。这次韩信主力在夏阳实行远敌渡河,距佯渡点临晋在百里以上,成功的公算更大;且魏国的重兵在蒲坂,国都却在平阳(山西临汾西),由夏阳渡河袭安邑,正好切断魏军的后方联络线,可以把魏军聚歼在安邑西南黄河拐角处。韩信所选的主要突击方向也极为有利。

韩信平魏后,根据出现的有利形势,又提出“请兵三万人,愿以北举燕、赵,东击齐,南绝楚粮道”的战略计划。这一计划很有远见卓识,极大地影响了楚汉战争的进程,对刘邦转弱为强,由不利转为有利,起到了关键性的作用。当时广大北方各诸侯国,大抵成自立状态。楚汉主力则在成皋、荥阳相距,韩信看出了这一契机,认为趁项羽无力北顾,诸侯各自为政之际,如能率一支有力部队,开辟北方战场,略取河北各国,则既可扩大地盘,又可用燕、赵之士扩大汉军,对楚军右翼可形成绝对优势。如再转锋南向,即可对彭城形成战略包围,兴汉灭楚的计划就不难实现。韩信在这一有利形势刚刚露头的时候,就能抓住不放,通盘考虑,提出建议,他的战略敏感性和洞察力,确是异乎寻常的,令人击节称赏。

(四)背水诱敌,袭壁破赵

同年九月,韩信攻破代国,乘势东进,于次年初进击赵国。赵王歇及陈馀集中赵军于井陉口(河北井陉西北),号称二十万,准备与汉军决战。井陉是太行八陉之一。是由代去赵的必经险地。

广武君李左车向陈馀建议说:“井陉之道,车不得方轨,骑不得成列;行数百里,其势粮食必在其后。愿足下假臣奇兵三万人,从间道绝其辎重;足下深沟高垒。坚营勿与战。彼前不得斗,退不得还,吾奇兵绝其后,使野无所掠,不至十日。而两将之头可致于麾下。”陈馀自称“义兵”,不愿用“诈谋奇计”。他认为“韩信兵号数万,其实不过数千。能千里而袭我，亦已罢极，今如此避而不击，后有大者，何以加之，则诸侯谓怯，而轻来伐我。"拒绝了李左车的建议。

韩信侦知陈馀不用李左车之计，大喜，引兵下太行，至距井陉口三十里处宿营。半夜，选派轻骑二千，各带汉军红旗一面，从间道至赵营附近潜伏。韩信指示统兵官说：赵军见我退走，必全军出营追击；你们趁机突入赵营，拔去赵旗，换插汉军红旗。又通知部属："今日破赵会食！"韩信判断陈馀不会攻击先头部队，以免吓走汉军主力，遂先派万人通过井陉隘路，渡过绵蔓江（由山西平定东流，出井陉南，经井陉东向北流入冶河），在赵营以西背水列阵。天明，汉军万人带大将旗鼓出井陉口，越背水阵而进，赵军开壁出击。双方激战后，韩信佯败，弃旗鼓，退入背水阵，赵军果然空营出击，争抢旗鼓，追击汉军。汉军伏兵两千骑乘虚突入赵营，换插汉旗。赵军攻不下背水阵，想收军回营，见营垒之上尽为汉旗，大惊，以为赵军将帅已被俘，军队溃败。汉军乘势夹击，大破赵军，斩陈馀，擒赵王歇，李左车亦被汉军俘获。

战后，诸将贺毕问韩信说："兵法'右倍（背）山陵，前左水泽。'今者将军令臣等反背水阵，曰'破赵会食'，臣等不服，然竟以胜。此何术也？"韩信解释说："这就是兵法所说的，'陷之死地而后生，置之亡地而后存'。我并不是一个对人素有恩信的人，实际上是'驱市人而战之'，其势非置之死地，不能使人人各自为战。如置之生地，岂不都想逃生。"诸将听了都很信服。

韩信背水破赵，以少胜多，是历史上一次很著名的战例。韩信探明陈馀的战役指导是决战防御，企图堵住井陉出口，乘汉军通过险隘，兵力难以迅速集结、展开之际，依托壁垒，倾师与汉军决战，即采取诱敌出壁，背水死战，奇兵破壁，前后夹击的方针来对付赵军。这个战役指导，是完全符合敌我双方的客观情况的，所以取得了全胜。采取背水阵应该是有条件的。韩信对此说得很透彻，自己威望、恩信都不够，部队都是临时收编、征调来的，并非训练有素，无异"驱市人而战"，非置之死地，不能使人人自为战。

（五）先声后实，不战屈燕

李左车是赵国谋士，对比邻的燕国比较知情。韩信为了击燕破齐，释放李左车并向他请教破燕之策。李左车说："虏魏王，禽夏说阏与，一举而下井陉，不终朝破赵二十万众，诛成安君。名闻海内，威震天下"，这是将军之所长。但经过破魏之战，汉军已经疲惫，以疲惫之兵击燕，则可能顿兵坚城；燕不能下，齐亦难下，冀、鲁战场，势成僵局，对孤军远出的汉军很不利；应采取先声后实之计，先迫降燕国，然后齐亦可下。李左车的先声后实，就是暂停进军，一面安抚赵国，一面休整军队。做好北向击燕的准备，然后"遣辩士奉咫尺之书，暴其所长于燕，燕必不敢不听从。"

韩信按李左车之计实施，燕果然投降。

（六）袭占齐都，计破龙且

汉王刘邦三年（公元前204年）九月，韩信奉命率军进攻齐国。当其将到平原津（山东平原南）时，听说刘邦已派郦生说降了齐国，韩信遂准备止军不进。谋士蒯通对他说：将军受诏击齐，而汉独发间使下齐，宁有诏止将军乎！何以得毋行也！且已兵临齐境，焉能无功而还。韩信从其说，进军渡过黄河。这时齐王已听从郦生的意见，遣使与汉议和，撤去历下（山东济南）守备，韩信遂袭破历下齐军，直逼临淄。齐王田广以为郦生有意欺骗、出卖自己，烹了郦生，逃往高密，遣使向楚求救。韩信于汉王刘邦四年初占据临淄后，继续东追齐军。项羽派龙且率军，号称二十万，北救齐。

龙且率楚军与齐军会合后，有人向龙且建议："汉兵远斗穷战，其锋不可当。齐、楚自居其地战，兵易败散。不如深壁，令齐王使其信臣召所亡城，亡城闻其王在，楚来救，必反汉。汉兵两千里客居，齐城皆反之，其势无所得食，可无战而降也。"龙且不同意这一正确意见，说："吾平生知韩信为人，易与耳。且夫救齐不战而降之，吾何功？今战而胜之，齐王半可得，何为止。"龙且轻敌贪功，率楚、齐军与韩信军夹潍水对峙。

韩信为了击破新锐的楚军，命人以沙袋万余只，堵塞潍水上游，然后率军渡河进攻龙且。俟楚、齐军出战，即佯败而退。龙且大喜说："固知信怯也。"遂引军渡水追击。上游汉军按预定计划放水，大水骤至，楚、齐军仅小半进至西岸，汉军还军急袭，阵斩龙且。东岸楚、齐军遂散去，齐王田广逃亡。韩信率军迫至城阳，尽俘楚军及齐王田广，齐地悉定。

韩信平齐后，派灌婴率一部兵力南下，破薛郡（山东曲阜），进至下相（江苏宿迁西南）、僮县（江苏泗县东北）、取虑（安徽灵璧东北），渡过淮河，尽降其城邑，前锋到达广陵（江苏扬州）。在撤军北归时，又破楚军项声部等于下邳（江苏睢宁西北）。

韩信在破魏后提出的破赵下齐，"南绝楚粮道"，从北翼对彭城形成战略包围的计划已完全实现。不仅囊括了整个北方，平定了代、赵、燕、齐四国，而且还歼灭了龙且所率楚军主力的有力一部，为垓下决战创造了极为有利的条件。

（七）垓下决战，兴汉灭楚

韩信破龙且后，刘邦用张良之计，立韩信为齐王。项羽派武涉去游说他"反汉与楚连和"，并许其亡汉后平分天下，韩信严词拒绝，说："臣事项王，官不过郎中，位不过执戟，言不听，画不用，故倍（背）楚而归汉。汉王授我上将军印，与我数万众，解衣衣我，推食食我，言听计用，故吾得以至此。夫人深亲信我，我倍之不祥，虽死不易。"武涉去后，蒯通又劝韩信独立，以造成"三分天下，鼎足而居"的形势。韩信不忍背汉，又拒绝了蒯通的建议。汉高祖五年（公元前202年）十二月，刘邦召集各路大军在垓下会合，与项羽决战。当时汉军的决战部署是：韩信率军首战项羽，兵分三路，韩信居中，孔将军居左，费将军在右，为第一梯队；汉王刘邦率主力为第二梯队；周勃、柴将军为第三梯队。

韩信军先与楚军交战，开始不利，韩信后撤；孔将军、费将军由左、右投入战斗，楚军受挫；韩信回军合击，大败楚军于垓下（安徽灵璧县东南沱河北岸）。项羽被迫入壁而守，汉军围之数重。韩信等组织汉军在楚营四周高唱楚歌，楚军军心更为涣散。项羽认为汉已尽得楚地，乘夜溃围南驰，在汉军追击下自刎于乌江（安徽和县东北）。历时四年的楚汉战争至此结束，刘邦完成了统一中国的大业。

项羽既死，刘邦为削弱韩信的势力，将其改封楚王。汉高祖六年（公元前201年）十月，刘邦以有人告韩信欲反为理由，听从陈平"伪游云梦，会诸侯于陈"之计。于十二月到陈（河南淮阳），俟韩信来谒时，命武士缚之以归，至洛阳，赦韩信，但剥夺其兵权，贬为淮阴侯。

汉高祖十年（公元前197年），赵相国陈豨反，自立为代王。刘邦自率军击陈豨，韩信因病未从。有人向高后上书诬告韩信与陈豨勾结，密谋发徒奴袭高后及太子，高后吕雉与相国萧何商议，诈说刘邦派人来，说陈豨已败死，召列侯群臣入贺。韩信入朝，吕后命武士缚韩信，斩之于长乐宫钟室，并夷三族。一代名将，惨遭冤杀。正如司马光所说："汉之所以得天下者，大抵皆信之功。观其距蒯彻（蒯通）之说，迎高祖于陈，岂有反心哉！"

（八）韩信的战略思想和战役指导

韩信降为淮阴侯后，居京都。一日上朝，汉高祖刘邦问韩信说："如我能将几何？"信答："陛下不过能将十万。"刘邦再问："于君何如？"信答："臣多多而益善耳。"刘邦笑着说："多多益善，何为为我禽？"信答："陛下不能将兵而善将将，此乃信之所以为陛下禽也。"

韩信战略思想的核心是"多多益善"。就是在人心所向的基础上，尽量扩地增兵，广开人力、物力、财力的来源，大量扩建军队，从政治上孤立项羽，经济上压倒项羽，军事上包围项羽而最后战胜项羽。

军事家的战略思想，都产生于一定历史背景，并为其政治目的服务。韩信所处的历史背景是：陈胜、吴广领导的农民起义失败后，刘、项继之而起，刘邦乘虚入关，灭了暴秦；项羽救赵，全歼了秦主力章邯军，诸侯折服，威震天下。虽然楚怀王有约，"先入关中者王之"，但刘邦力量较弱，不得不接受西楚霸王项羽的号令，让出关中。项羽成了当时天下的共主。但项羽军力虽强，却失去人心，又不能用人，不仅刘邦不服,诸侯也多不服,项羽的天下是极不稳定的。这就是韩信所说他的"其强易弱"。刘邦的军队不仅数量少,质量上更不如项军的剽悍善战。楚汉战争的经过表明直到垓下决战,刘邦军的突击力仍不如项羽军。在战役战斗上,正如项羽乌江自刎前所说的:"七十余战,未尝败北。"但刘邦入关后政治上颇得人心,也比较能够用人;经济上汉中地连巴蜀,潜力亦大。只有刘邦具有与项羽争夺全国统治权的可能性,韩信背楚投汉的原因就在这里。在这种楚强汉弱的特定条件下,韩信要辅助刘邦战胜项羽,就必须在战略上做到以多胜少,以数量上的优势,来弥补质量上的不足。所谓多当然不是乌合之众,而是按军法治军,按号令行动,按阵法作战的节制之师。把新收编和征发来的士兵,迅速建成节制之师则是韩信的特长。他在刘邦颇得人心的政治基础上,扩地增兵,大量建立节制之师,在正确的作战指导下,以时间和多次的作战去抵消项羽军强大的突击力,终于使敌我的强弱易势,一战彻底消灭了项羽,获得了战争的胜利。

韩信灭魏后所提出的"北举燕、赵,东击齐,南绝楚粮道"的战略计划,充分体现了他的战略思想,是一个扩地扩军、包围项羽的绝妙计划。不仅刘邦大量抽调赵、代精兵充实荥阳正面,以抗住项羽的突击;韩信自己还建立了一支三十万人的大军,实现了从北面包围项羽的战略计划,成为垓下决战最终击灭项羽最重要的因素。

垓下决战的战役指导,也充分体现了这一战略思想。汉军的总兵力占五倍以上的优势,只韩信就有三十万人,加上刘邦亲率的正面大军和彭越、英布的军队,远远超过五十万人;而项羽则只有十万人。这样大的数量上的优势足以抵销项羽军强大的突击力。汉军的战役部署是三个梯队,即大纵深的部署。韩信军抗不住项羽的突击,有两翼军进入交战;一梯队抗不住,有二梯队;二梯队仍抗不住则有三梯队。这样不断削弱疲惫项羽军,最后必能取得完全优势,把项羽军层层围住而取得最后胜利。战争经过表明,韩信"多多益善"的指导思想是成功的。

韩信的战役指导,充分体现了"知彼知己",因地制宜,出奇制胜,每有新意。

韩信在北方战役中组织了三次河川战役:破魏之战,佯渡诱敌,避实击虚;井陉之战,背水诱敌,奇兵袭壁,潍水之战,沙囊堵水,半渡而击。每战都"知彼知己","致人而不致于人";都因地制宜,样式各异;都出敌意外,突出一个"奇"字。结果每战都取得了全胜。

还定三秦和袭占临淄两役,则充分发挥了"攻其无备,出其不意"的妙用。

《孙子兵法》中所提出的"知彼知己,百战不殆","攻其无备,出其不意","兵因敌而制胜","致人而不致于人","故其战胜不变,而应形于无穷"等原则,在韩信的战役指导中得到了创造性的发挥。

韩信不仅是一位每战必胜的优秀军事将领,而且是一位著有兵法的军事理论家。他曾撰写兵法三卷(已散失),并与张良共同整理过先秦的军事著作,从一百八十二种兵书中,精选出三十五种,对我国古代军事理论的发展,做出了一定的贡献。后世对他极为推崇,说"古今兵家者流,当以韩信为最"。

六、周亚夫

周亚夫(？～公元前143年),沛人,绛侯周敖次子。文帝十五年(公元前165年)即已任河内郡守;文帝后元二年(公元前162年)受封条侯,"续绛侯后"。文帝后元六年(公元前158年),匈奴犯边,烽火直通长安,亚夫受命以河内守为将军屯细柳,与将军刘礼、徐厉共卫京畿。周亚夫营纪律严明、制度整肃。汉文帝极为赞赏,拜为中尉。

景帝三年(公元前154年),吴王濞与楚、赵、胶东、胶西、菑川、济南等七王举兵叛乱,直抵长安。景帝以周亚夫为太尉,率兵平定叛乱,仅三个月,七国皆平,七王或被杀或自杀。

这次平叛战争,关系到汉室的巩固、发展,及汉王朝的统一,也关系到封建中央集权制度的贯彻。

周亚夫

对汉及其以后的王朝均有极大的影响。周亚夫以大致相当的兵力,一击而胜,成为汉代的名将。

(一)七国之乱的形成

刘邦翦除异姓诸王后,曾与诸大臣立誓:"非刘氏而王,天下共击之",大封刘氏子弟为王。他以为凭血缘关系,可以避免王室孤立,期能共保汉室。殊不知权位之争并无亲疏之别,子杀父,弟杀兄,屡见不鲜。大封同姓诸王,恰恰种下了吴楚七国之乱的祸根。经过铲除吕后和外戚诸吕之乱,同姓诸王的权势更为显赫。他们"跨州兼郡,连城数十",控制着南北各地大片地域。汉室直辖地区仅十五郡,而诸侯王的封地竟达三十九郡。各诸侯国可自置除丞相以外的官吏,掌握着地方的财政、军事大权。吴楚七国都在山东、江淮富庶地区,他们的经济也都有了很大的发展和积累,经济力量最强的吴国所铸的钱币流通全国。

文帝时著名的政治家贾谊、晁错等不断上疏,指出当时"天下之势,防病大肿,一胫之大几如腰,一指之大几如股",已形成尾大不掉的危险局面;并提出"众建诸侯而少其力"和"削其支郡"等削藩建议。文帝、景帝先后采纳这一建议,于是汉室中央与吴、楚等诸侯王之间削藩和反削藩的矛盾,成为当时突出的矛盾。

吴王刘濞是汉高祖刘邦的侄子,辈分最高、封地最广,辖有扬州、会稽、豫章等郡,都城在广陵(江苏扬州),广产盐铁,财力富足,早有觊觎帝位的野心。随着经济的发展、军力的扩充和中央削藩政策的推行,暗中串通楚王戊、赵王遂、胶西王卬、胶东王雄渠、菑川王贤、济南王辟光,以诛晁错为借口,于汉景帝前三年(公元前154年)正月,起兵发动叛乱。吴王刘濞亲自率吴军二十万人,从广陵出发,北渡淮河,会合楚兵,号称精兵五十万,要"匡正天下以安高庙",锋芒直指长安。

梁国是文帝次子刘武的封地,辖四十余城,首当吴楚大军之冲。正月,棘壁(河南永城西北)一战梁军数万被歼,吴楚军乘胜西进,围攻梁都睢阳(河南商丘南)。

景帝初闻七国反时,为吴相袁盎所误,以为"急斩错以谢吴,吴可罢",错杀了晁错。刘濞叛乱的目的是夺取皇位,岂是为一晁错。刘濞拒见汉使,围攻睢阳如故,景帝这才决心平叛,以周亚夫为太尉,率三十六将军击吴楚军,命郦寄、栾布率军击赵、齐,以宿将窦婴为大将军,率军屯荥阳以支援各方。

(二)进击吴楚军的战略

周亚夫受命击吴楚时,向汉景帝建议说:"楚兵剽轻,难于争锋,愿以梁委之,绝其食道,乃可制也"。这就是他的战略方针。在景帝同意后,他采取了下述措施:

1.抢占荥阳　先声夺人

周亚夫受命后,立即令各军到荥阳集中,自己准备走直道经殽山、渑池、洛阳去荥阳。有名赵涉者拦车献策说:"吴王素富,怀辑死士久矣。此知将军且行,必置间人(指深入敌后的伏兵)于殽渑阨陿(殽山、渑池间的险路)之间。且兵事尚神密,将军何不从此右去,走蓝田,出武关,抵洛阳,间不过差一二日,直入武库,击鸣鼓。诸侯闻之,以为将军从天而下也"。周亚夫采纳了这一建议,即改道出武关直指洛阳。搜查殽渑间,果获吴伏兵。赵涉的建议很有见解,吴王派出伏兵刺杀主帅,假如得逞,将造成后方紊乱,会破坏汉军计划,有利于吴楚军鼓舞士气和迅速西进;而汉军若能迅速地按计划集中荥阳,则可表明景帝平叛决心大,汉军素质、计划好,可收先声夺人之效,对其他各有打算的叛王,也可以起到使其犹豫徘徊的作用。

周亚夫"会兵荥阳",是很有战略眼光的。荥阳是中原的战略要冲,系兵家必争之地。荥阳以西,北有黄河,南有嵩山,中有殽渑之险,是豫西、陕、洛的屏障;而荥阳以东则是一马平川,利于汉军车骑行动。汉军迅速顺利地集中荥阳,不仅占有武库兵械,据有敖仓米粮,保证了军队的物质供应,而且也扼制了关中的门户,能确保京师的安全。对固守待援的梁国,也能起到极大的鼓舞作用。更重要的是"汉多车骑,车骑利平地",从而加强汉军的战斗力。所以周亚夫到荥阳时高兴地说:"今吾据荥阳,荥阳以东,无足忧者"。

2.进据昌邑,以梁委吴

"以梁委吴"是周亚夫战略运用的核心。梁国,"居天下膏腴地,北界泰山,西至高阳(河南杞县西南),四十余城,多大县",是人力、物力、财力都较强的大国。梁孝王刘武,是太后的少子,景帝的同母弟,又有宿将韩安国为之辅佐,而梁都睢阳,则是防御设施良好的坚城,易守难攻。吴兵虽众,在刘武与韩安国的坚守之下,必不可能迅速攻下。周亚夫深入分析了梁的地位、战力和作用之后,认为"吴兵锐甚,难与争锋",即使两军会合,也难以限制吴楚军的行动;但"楚兵轻,不能久",若"以梁委吴,吴必尽锐攻之",俟其精锐尽耗坚城之下后,再行进击,必可一战而胜。周亚夫遂决定东据昌邑(山东巨野东),与睢阳成犄角之势。如睢阳尚能守,则坚壁不出,以待吴楚军力竭自疲;如睢阳危,则挥军南下,直击吴楚军之背;且昌邑在睢阳东北,向东南进击,就可威胁楚都徐州并切断吴楚军的粮道,使其有后顾之忧。这样,不援而援,委而不弃,以此来消耗吴楚的精锐,使其左右为难,进退维谷,确实相当高明。睢阳以南是淮河水系,昌邑之北是黄河和大野泽,睢阳、昌邑地区是无法绕过的,何况窦婴还在荥阳控制有强大的战略预备队,所以周亚夫这着棋一下,吴楚军受制的态势就形成了。

3.绝其粮道,一战而胜

吴楚军知周亚夫已屯昌邑,于是加紧进攻睢阳,刘武多次遣使请援,甚至向景帝告状,周亚夫均毫不动摇,坚壁不出。只派弓高侯等将率轻骑出淮泗口(江苏淮阴市西泗水入淮处)断吴楚军粮道。直至吴楚军攻势顿挫,无法西进,军力大为削弱时,周亚夫才率军南移下邑(安徽砀山),直接威胁吴楚军的退路,但仍坚壁不战。吴楚军西进受挫,退路又受威胁,不得不转攻周亚夫以寻求主力决战。吴楚军虽然数次挑战,周亚夫始终坚壁不出。刘濞企图以声东击西的战法击败汉军,派一部兵力佯攻汉营东南,而以主力精兵暗袭汉营西北。周亚夫识破其谋,采取明防东南,实备西北的方法,迎头痛击,大败吴楚军。这时吴楚军"士卒多饥死叛散"而去,吴楚军不得不引兵退走。周亚夫率精兵乘胜追击,再次大破吴楚军。刘濞逃至江南,被吴越王诱杀,楚王刘戊自杀。其他战场,胶西王及赵王亦自杀。仅三个月时间,吴楚七国之乱皆平。

周亚夫的战略指导思想是制敌机先,即在战略运用上要比敌方棋高一着,一开始就要掌握战争的主动权,逐步将敌逼入困境,尔后击其饥疲,一举破之。

七国叛王联盟,在政治上的共同点是反对削藩,但对汉室中央的军事力量都有所顾忌，且各有打算：有的要推翻汉景帝，夺取全国统治权；有的想扩大地盘，增强力量；有的则只想保住封地，保住军、政、财大权。在这种情况下，战争开始的形势对战局的发展关系巨大。如叛军旗开得胜，长驱直进，则叛王联盟就会加强，叛王的积极性就会大大增加，甚至原持观望态度的也会跟着参加。而汉室方面则必然人心惊恐，战区扩大，不仅调动物力、集中兵力增加许多困难，甚至能否稳定战局，控制战事的发展也颇成问题。反之，如果汉室决心果断，汉军集中迅速，叛军行动受挫、受限，则叛王们的观望情绪就会增长，有的甚至可能犹豫、动摇，形势发展会正好与上述相反。

叛军以吴楚合势为主力，由彭城西进，一开始就受到梁国的坚决抗击以致顿兵坚城之下，这正好为实现制敌机先的战略思想提供了必要的条件。

制敌机先的首先要求，是必须能使汉军迅速集中荥阳，并尽快东进抢占战略要点，使梁国不致孤军作战，以便能利用睢阳坚城消耗疲惫叛军。周亚夫在这一点上完全做到了。

周亚夫的作战指导，是"以梁委吴"，"坚壁不出"，"绝其食道"，击其饥疲。汉军集中荥阳并占了昌邑之后，就已反客为主，能以大致相当的兵力，组织防御战役来完成战略进攻的任务了。这一指导，代价小，平叛快，的确非常巧妙。

（三）坚定果决的作战指挥

梁国棘壁一战，损失数万，吴楚乘胜而进，梁军又败，最后坚守睢阳。周亚夫大军"以梁委吴"，不救睢阳而北走昌邑，在吴楚军加强攻梁、梁王数遣使求救的情况下，仍然坚壁不出。这种做法，从理论上讲很好理解，但实际做起来却非常难。"以梁委吴"，必须委而不弃，恰当地掌握火候。"委"到什么时候呢？要"委"到梁王虽竭尽全力但还能勉强支持的时刻，否则就不能达到最大限度削弱吴楚军的目的。当然，周亚夫还掌握了两张王牌，一张是遣轻骑出淮泗口断吴楚军粮道，一张是向南挺进，直接威胁吴楚军后方，所以心中较有把握。但梁王在围城内的感受就完全不同了，万一吴楚军突入，就要城破身亡，因而一再请援。周亚夫顶住了梁王的求援已很不容易，更何况梁王上诉景帝，请下诏出援，景帝也果然下了诏，周亚夫竟"不奉诏，坚壁不出"，这就非常难能可贵了。梁王是景帝的亲弟，太后的爱子，万一睢阳失守，梁王有失，周亚夫是要被杀头的。他能不考虑个人的安危，坚持自己的作战指导方针不变，这在封建时代的确是罕见的。仅此一例，就可以看出周亚夫指挥的坚定了。

（四）严谨治军，令行禁止

文帝后六年（公元前158年）冬，匈奴大举入边，三万骑入上郡（陕西榆林南），三万骑入云中(内蒙古呼和浩特西南),烽火直达长安。汉文帝除派军防守狐(河北蔚县东南)、句注(山西代县西北)、北地(甘肃庆阳西北)外,令河内太守周亚夫为将军屯细柳(陕西长安西北),宗正刘礼为将军屯霸上(陕西长安东),祝兹侯徐厉为将军屯棘门(陕西长安北),以保卫长安。文帝亲自劳军,至霸上及棘门时,直驰入营,将军以下均下马迎送。及至细柳军,军士披甲执锐,弓弩持满,戒备森严。文帝先遣官员到时,不得入,宣称"天子且至!"而军门都尉却说:"军中闻将军之令,不闻天子之诏。"不久,汉文帝到达,亦不得入。于是遣使持节诏将军:"吾欲劳军。"周亚夫这才传令开营门。营门军士又对随驾车骑说:"将军约:军中不得驰驱。"汉文帝只得按辔徐行。至营内时,周亚夫身戴兵器作揖说:"介胄之士不拜,请以军礼见。"文帝深为感动,立即改容俯身就轼,表示敬意,并使人称谢说:"皇帝敬劳将军。"礼成而去。出营门后"群臣皆惊"。汉文帝说:"嗟呼,此真将军矣!曩者(以前)霸上、棘门若儿戏耳,其将固可袭而虏也。至于亚夫,可得而犯邪!"乃任周亚夫为中尉。文帝临终前,戒太子说:"即有缓急,周亚夫真可任将兵。"文帝死后,周亚夫被任为车骑将军。

周亚夫平七国之乱,有大功于汉,五年后拜为丞相,景帝甚为器重。但梁王刘武对周亚夫坚壁不救,一直耿耿于怀,每入朝,常在太后面前说周亚夫的短处。窦太后要封皇后兄王信为侯,丞相周亚夫上言:"高帝约:'非刘氏不得王,非有功不得侯。不如约,天下共击之。'今信虽皇后兄,无功,侯之,非约也。"汉景帝"默然而沮。"以后匈奴王徐卢等五人降汉,景帝又想封其为侯以劝后来者,又遭周亚夫反对,景帝不听,并免其丞相职。不久,景帝于禁中召周亚夫赐食,"独置藏(大块肉),无切肉,又不置箸(筷)。"周亚夫心中不平,向掌膳者索筷,景帝笑着说:"这还不能满足你的要求吗?"周亚夫免冠谢罪而出,景帝目送之说:"此鞅鞅,非少主臣也!"从这些话中可以看出景帝对周亚夫的功高威重是深为忌惮的。当强敌压境、七国叛乱时,文帝、景帝都能十分明智的理解军令军威对战胜敌人的重要性,但危机过去,时过境迁,涉及皇亲国戚的利益,特别是太子年幼,深恐大权旁落时,倚重就变为猜忌了。这种情况在封建时代是司空见惯的。以后,周亚夫的儿子为其父买甲楯五百具准备作为葬具,被人告为"欲反",事情牵连周亚夫,被"召诣廷尉",周亚夫自知不免,不食五日,呕血而死。但周亚夫平吴楚七国之乱,维护了国家的统一,和他细柳屯兵治军严谨,虽皇帝亲临也坚持照章办事是历来传为美谈的。

从军事学术的角度看,周亚夫在战略战术的运用上,都有一定的成就。首先,他能在全面分析敌我兵力对比和各自特点的基础上,力争制敌机先,处处掌握主动,使整个战争进程,都在自己驾驭之下,这在古代战争史上,并不太多。其次,"以梁委吴"的作战指导,以最小代价,换取最大胜利,也颇有创新精神。至于以战役防御为主要手段,去完成战略进攻任务,更是古代战争史上少有的战例。

七、李广

李广（？~公元前119年），陇西成纪（甘肃静宁西南）人，西汉著名的军事将领。身历文、景、武三代，骁勇善战，号"飞将军"。曾七任边郡太守，功绩卓著。任右北平太守时期，匈奴数岁不敢入边，甚受边民爱戴。但参加大规模出击多无功。故"李广不侯"。漠北之役中，因迷路失期，愧愤自杀。"天下知与不知皆为流涕"。《汉书·艺文志》载有他著的《李将军射法三篇》，惜已失传。

李广

（一）漪射世家，骁勇善战

李广系秦代名将李信的后人，世代均习射技，李广身材高大，且为"猨臂（臂长如猿）"，具有良好的天赋条件，所以特别善射，他的子孙和他人从他学射的，都不能及。他"呐口少言"爱射成癖，闲时常与人赌射为戏，输者罚饮，他一直把赌射游戏坚持到老，这也是他保持射技不疏的有效办法。

汉文帝前十四年（公元前166年），匈奴老上单于率十四万骑侵入萧关（甘肃固原东南）、北地（甘肃庆阳西北），李广以良家子从军抗击匈奴。因善骑射，杀敌多，被提拔为中郎，补文帝武骑常侍。常随文帝狩猎，骁勇过人，曾格杀猛兽。汉文帝赞扬说："惜乎子不遇时，如令子当高帝时，万户侯岂足道哉！"

汉景帝即位，李广任骑郎将（骑郎之长）。平吴、楚七国之乱时，李广以骁骑都尉随太尉周亚夫与吴、楚大战于昌邑。李广勇冠三军，突入敌阵，夺得敌旗，立了战功。授上谷太守，数与匈奴拼搏，典属国（官名，掌少数民族事务）公孙昆邪上奏说："李广才气，天下无双，自负其能，数与虏敌战，恐亡之。"汉景帝接受了这一意见，改任李广为上郡太守。景帝时，先后历任陇西、北地、雁门、代郡、云中等边郡太守，均以能力战退敌著称。

（二）机智勇敢，屡抗强敌

汉景帝中六年（公元前144年）六月，匈奴入雁门、武泉（内蒙古呼和浩特东北)、上郡(陕西榆林南),韧夺苑马,李广率百骑出巡,遇匈奴数千骑。匈奴见李广仅百骑,恐是诱骑,大惊,上山列阵,准备抗击汉军主力。李广所率百骑见敌人众多,都很恐惧,想赶陕驰还。李广制止说:"吾去大军数十里,今如此以百骑走,匈奴追射我立尽。今我留,匈奴必以我为大军之诱,必不敢击我。"率队进至距匈奴二里处停止,要部属:"皆下马解鞍!"从骑说:"虏多且近,即有急,奈何?"李广说:"彼虏以我为走,皆解鞍以示不走,用坚其意。"敌骑果然不敢出击。匈奴阵中出一白马将,观察李军。李广上马率十余骑前奔,射杀白马将后返回,仍下马解鞍休息。直至天黑,匈奴兵始终未敢出击。于夜半引兵退走。天明后,李广见匈奴骑兵已走,乃归还大军。当时军中有汉景帝所派宠信宦官,随李广学习击匈奴之法。在骑马出游时,被三名匈奴骑兵射伤其从骑数十,宦官本人也中箭受伤。而从骑仅射杀匈奴三人马匹。宦官返回告之李广,广说:"是必射雕者也(善射者),"遂率百骑往追三人。李广亲自射杀二人,活捉一人,果然是匈奴的"射雕者"。

汉武帝即位,因李广名将,由上郡太守调为未央卫尉(未央宫的警卫长官)。元光六年(公元前129年),以骁骑将军衔率万骑击匈奴。出雁门后,遇匈奴主力,力战受伤,失败被俘。单于素闻李广之名,曾下令:"得李广必生致之。"匈奴兵俘李广后,在两马间用绳索网为担架,负李广行进。李广则装死不动,以麻痹敌人。当他见一匈奴兵骑好马行其旁时,突然腾身跃上其马,将骑者推堕。急驰南返,得以逃脱。李广回军中后因失骑多,且被俘,按律当斩,赎为庶人(老百姓)。

家居数岁后,又被汉武帝任命为右北平(辽宁凌源南)太守。匈奴闻之,号之为:"汉之飞将军",数年不敢攻扰右北平。

元朔六年(公元前123年)四月,李广随卫青出定襄袭击单于本部,诸将多有斩获,而李广却无功而归。

武帝元狩二年(公元前121年)夏,霍去病等率主力出北地再击河西匈奴时,李广与张骞出右北平,担任牵制匈奴左方兵的任务。李广率四千骑先行,遇匈奴左贤王所率四万骑,被围。敌方有,十倍优势,军士皆恐惧。李广遣其子李敢率数十骑,突贯敌阵,然后从左右绕回,大声报告李广说:"胡虏易与耳!"军心遂安。在激烈战斗中,汉兵死伤甚多,且箭矢将尽。李广命士卒拉弓后待发,自以善弩射敌裨将,杀数人,匈奴军遂不敢进。李广意气自如,从容整顿阵势,军中皆服其勇。第二日,继续尽力拼搏,汉军死者过半,匈奴死伤亦相当。直至张骞军到,方得解围。此役因杀敌与死伤相当,因而李广未受奖赏。

李广骁勇善战,胆气过人,在战役、战斗中能斩将搴旗,震慑敌阵,而不被强敌所吓倒。沉着而有急智,所以常能抗住十倍于己的强敌,使匈奴十分忌惮,不愧是抗匈的名将,"飞将军"之名在后世广为流传。唐诗中就有不少歌颂李广的名句,如"安得龙城飞将在,敢叫胡马度阴山"等。

（三）士乐为用，但恃勇而骄

李广爱护士卒，得赏都分给部下，饮食与士卒相同。历任七郡太守，为二千石官四十余年，但家无余财，终生不言家产事。当行军疲乏，人皆渴极而遇水时，士卒未全部渴足，李广决不近水。士卒不吃饱，他也不吃。史书说他待下"宽缓不苛，士以此爱乐为用。"

李广与程不识都以边郡太守率军屯边，但二人治军之道完全不同。每次出击，李广只远派斥候，不要求部伍整肃，至水草丰美之地，即停下宿营，宿营时允许士卒随便活动，夜间亦不派巡逻。更不要求僚属书写行军、战斗文书。而程不识正相反，要求部伍严整，重视军队纪律。二人均为当时名将。但匈奴怕李广，士卒多乐从李广，而苦于程不识的严厉。司马光评述说："言治众而不用法，无不凶也。李广之将，使人人自便，以广之材，如此焉可也；然不可以为法。""效程不识，虽无功，犹不败；效李广，鲜不覆亡者！"这一评论是恰当的。李广的长处是士卒乐于效命，能发挥个人的勇，首先是他自己骁勇，在小部队战斗中常能取得成功，甚至意想不到的成功。但骤然遇敌，就可能吃亏。尤其是用此法来指挥千军万马，则难以在统一号令下发挥协调一致的集体战斗力。作为一个大军指挥官，这是很不正确的。根本原因是李广恃勇而骄，所以才不屑以兵法勒束部伍。

李广在贬为庶人家居时，某次，带一骑外出，夜经霸陵（陕西西安市东北），被霸陵尉阻止，李广从骑告诉他是"故（原）李将军。"霸陵尉说："今将军尚不得夜行，何故也！"强留李广于亭下，李广怀恨在心。不久，汉武帝又任李广为右北平太守，李广请准调霸陵尉同往，到军中就把他斩了。汉武帝正在用人之际，未予加罪。但李广藐视军法，杀尉泄愤，也是恃功而骄的缘故。

漠北之役，卫青、霍去病率大军分道出击匈奴。李广数次请求，汉武帝方任其为前将军，归大将军卫青指挥。卫青令李广与右将军赵食其共出东道，迂回匈奴左侧背。李广要求不去东道，自请为主力前卫，未为卫青批准，李广竟不辞而别，向这位年轻的主帅表示了自己的不满。由东道前进时，因未寻向导以致迷路，遂落后于卫青主力。直至卫青击破单于本部。南归时，李、赵才与卫青相遇。一同返回。按汉律军法，出兵失期当斩，李广对他部下说："广结发与匈奴大小七十余战，今幸以大将军出接单于兵，而大将军又徙广部行回远，而又迷失道，岂非天哉！且广年六十余矣，终不能复对刀笔之吏。"自刭而死。广军将士一军皆哭，百姓闻之，知与不知，不分老少都为之涕泣。

李广作为一个三朝老将，有一点值得深思。他成长于文、景两代，历任边郡太守，汉武帝即位时，他已是当世名将。汉初六十余年来，基本上是实行的和亲政策及防御战略。汉武帝即位后不久，就开始了由消极防击转为大规模反攻的重大战略转变。李广所建功勋,是在消极防御思想指导下,在守卫边郡的近塞小型战斗中取得的。当面临重大战略转变时,他跟不上时代前进的脚步,自恃三朝宿将,名扬当世,仍以为有了骁勇善射,就可以战胜一切。因此未能察觉战略上的重大变化,亦未能适应战略需要,去学习和掌握指挥大军进行大兵团、大纵深攻势作战的指挥艺术,去了解和掌握在匈奴腹地、沙漠、草原作战所必需的知识,如了解水草道路情况,选择妥善向导,以及行军、宿营、侦察、警戒、相互联络等,以致事与愿违,战多无功。李广不自反思,接受教训,反而恃功而骄,怨天尤人,这不能不说是他悲剧的症结所在。我们在颂扬李广骁勇善射、忠于国事的同时,也决不可忘记了这一可悲的教训。

八、卫青

卫青(? ~公元前106年),西汉杰出的军事将领。"善骑射,材力过人",胆略兼备,"有将帅材","与士卒有恩,众乐为用"。由骑奴而至大将军统帅,击匈奴,五战五捷。以殊功位至大将军、大司马、封长平侯。对骑兵沙漠作战做出了重大贡献。

(一)出身低微,"材力绝人"

卫青,字仲卿,河东平阳(山西临汾西南)人。其父郑季原为县吏,后在平阳侯曹寿家供职,与侯家奴婢卫媪私通,生下卫青。青的同母姐姐卫子夫为侯家歌女,被汉武帝看中召入宫中。恩宠日隆,青遂冒姓卫氏。

卫青少时,其父郑季命他牧羊,因是私生子,所以受同父异母兄弟的歧视,形同奴仆。长大后被平阳公主选为骑奴,位虽低微,但锻炼了骑射,为他以后的军事生涯打下了良好的基础。

卫子夫入宫后,卫青亦得在建章宫供职。不久,卫子夫怀孕。陈皇后无子,甚妒子夫,大长公主派人捉住卫青要杀他泄愤,被卫青的好友骑郎公孙敖中途夺去,得以不死。汉武帝得知此事后,召见了卫青,授青为建章宫监、侍中。从此卫青得随侍汉武帝左右,以材力绝人,逐渐得到赏识。接着卫子夫封为夫

卫青

人,卫青亦得任太中大夫。

(二)杰出的指挥艺术

汉武帝即位之后,对匈奴的战略,开始由消极防御转为反攻。第一次马邑诱击战虽然劳师无功,但却获得了不少启示。首先是发现了步兵机动性太差,无法与匈奴骑兵相比,使用于马邑伏击的军队,绝大多数为步兵,设伏时行动缓慢,准备费时,不易保守秘密,而当敌军退走时,虽距离不远,也无法实施有效的追击。其次是发现这种"守株待兔"的战法过于被动,必须主动出击、寻敌决战,才能真正解决边患。第三、也是最重要的一条,是汉军宿将战术思想保守,缺乏积极进取精神,难以适应新形势的需求。如当匈奴北撤时,老将王恢,虽有截敌辎重的想法,但囿于以往消极防御思想的影响,明知可行,"亦不敢出",使汉武帝不得不提拔一批年轻有为、英勇敢战而又不受旧的战术思想影响的将领,置于领导岗位,以执行他的反攻任务。他的左右亲随人员,自然在首选之列。汉武帝喜骑射狩猎,"又好自击熊豕,驰逐野兽。"其中亦有从狩猎中训练骑士、选拔将才和提倡好武之风的成分。卫青、霍去病都是从随从狩猎的侍卫中选拔出来的。

卫青"善骑射,材力绝人",加上卫子夫得宠,卫青贵为外戚,就更得武帝青睐。元光五年(公元前130年),卫青由侍中一跃而为车骑将军,从此开始了他驰逐大漠的军事生涯。此时估计他不过二十五、六岁。

元光六年(公元前129年),汉武帝组织了一次塞前近距离出击,共分四个方向。由卫青等四将统帅。各万骑,四将之上不设统帅。此役只卫青袭击了单于龙庭,歼敌七百人。其余三将,或无所得,或损失过半,老将李广亦战败被俘(途中抢马夺弓,驰回本军)。充分显示了卫青的将才,使他初露锋芒,"天下由此服上之知人"。卫青受封关内侯。

元朔二年(公元前127年),汉武帝发动了河南战役,由卫青统一指挥。出云中,至高阙,实行了进军两千余里的一侧大圈转包围,聚歼了河南匈奴军,仅跑掉白羊、楼烦二王。这是一次远距离的侧敌进军,随时有受到右贤王侧击的可能,所经大部分是从未到过的沙漠、草原,要从一侧压迫河南匈奴军于河套而歼灭之,更需行动迅速,组织周详。卫青对如何封锁消息,秘密行动,捕捉匈奴暗哨巡骑,寻找可靠的向导,了解水草位置,以及解决大军供给等等,都计划得很周到,从而达到了收复河南、聚歼白羊、楼烦王所部的战役目的,显出了卫青指挥一个较大战役的卓越才能。获得了汉武帝更大的信任,晋爵长平侯。

元朔五年(公元前124年)春,汉武帝又发动了袭击右贤王庭战役,此役卫青指挥四将军共十余万骑,已是大军统帅了。在卫青的指挥下进行了一次非常出色的远程奔袭。十余万骑的大军,出塞六七百里,秘密迅速,做到了完全出敌意外,而且情况摸得很准，真是"飞将军从天而降"。到达目的地后，卫青又十分果断和迅捷的展开兵力，四面合围，除右贤王仅率数百骑得以突围逃走外，其余右贤王所部、包括裨王十余人，全部被歼。此役打得干脆利落，的确很出色、很成功。可以这样说，卫青的指挥艺术已经成熟，已掌握了在沙漠草原地带，在广正面大纵深中，以大骑兵集团捕捉和歼灭敌骑兵集团的要领。汉武帝立派使者至塞上，授卫青以内朝最高的职位大将军，诸将皆受大将军节制。

元朔六年（公元前123年），卫青率六将军两出定襄，袭击单于本部，均未捕捉住匈奴主力，仅斩获一万余人。但汉军已损失三千余人。

元狩四年（公元前119年），汉武帝决心在漠北与匈奴主力决战。命卫青率四将军，五万余骑出定襄求左贤王所部决战，命霍去病率五万精骑，出代郡求单于主力决战，另有步兵数十万掩护辎重在后跟进。

卫青出塞后，获俘得知单于所在，虽卫青的任务是求左贤王所部决战，但他深知武帝总的企图，当机立断，立即率精兵直奔单于所在。过沙漠后，发现单于正在漠北陈兵以待。卫青立即命武刚车构成环形车阵。派五千骑出战，单于亦派万骑应战。双方激战至黄昏，大风骤起，扬沙击面，两军互不相见。卫青当机立断，乘势派骑兵从左右两翼实施包围，单于见汉兵既多且强，自率数百壮骑，趁天色昏暗，冲出包围向西北方向逃去。卫青击溃当面匈奴军后，立即派轻骑连夜追击，大军在后继进。因得知单于逃走的消息较晚，所以未能追及。卫青率主力进至匈奴后勤基地的寘颜山赵信城，补充军粮后，烧毁余粮及赵信城凯旋而归。此役歼敌一万九千人。这次关键性的漠北决战，卫青把沉着谨慎与大胆猛进和谐地结合起来，表现了很高的指挥艺术。

卫青大军一出沙漠就遇单于主力严阵以待，卫青沉着应战，首先环车为营，自立于不败之地。假如匈奴发起冲击，则汉军可依托武刚车阵，发挥强弩的威力，先以防御作战消耗敌人，然后后发制人发动攻击，这就大大削弱了匈奴以逸待劳的有利条件，夺得了战场的主动权，正合乎孙子所说的："先为不可胜，以待敌之可胜。"

当大风骤起之时，对双方造成的困难完全相等。取胜的因素主要看双方指挥官的智勇和军队的素质。卫青占敌先机，立即纵大军合围单于主力，充分显示了卫青的胆略。匈奴主力陷入包围。不知汉军有多少，战斗意志已完全瓦解。这时军队素质亦起重要作用。汉军训练有素，赏罚严明，纵然在两军互不相见的情况下，卫青的号令仍能层层下达，坚决执行。匈奴军则素来"不羞遁走"，善作鸟兽散，此时各级组织已失去指挥，各人自顾逃命，单于本人一走，胜败之局就定了。

卫青不愧是西汉杰出将领，司马光评他"有将帅材""故每出辄有功"，是很恰当的。他的战略战术的成就，可以归纳为：善于在沙漠草原组织骑兵集团的进攻战役；善于发挥骑兵的特长，实行远程奔袭，捕捉战机和包围歼敌。在此之前，汉族名将中没有人在沙漠草原地带指挥过规模如此巨大而又获得成功的战役。卫青的战略战术运用，是极其有创造性的。

（三）居功不骄，"乐为众用"

元朔六年，卫青二出定襄击匈奴本部时，右路赵信投敌，苏建孤军奋战，只身逃回。卫青问僚属当如何处理。议郎周霸说："自大将军出，未尝斩裨将。今建弃军，可斩以明将军之威。"卫青对周霸的意见非常反感，他和掌军法的僚属看法一样，认为"建以数千里当单于数万，力战一日余，士尽，不敢有二心，自归。自归而斩之，是示后无反意也，不当斩。"他批评周霸说：我以皇帝"肺腑"统军，"不患无威"。让我为明威而斩战将，"甚失臣意"。即使苏建确实当斩，我也"不敢自擅专诛于境外"。还是"具归天子，天子自裁之"以示"人臣不敢专权"好。后汉武帝果免苏建罪，仅使赎为庶人。卫青这种不为自己立威而斩将的做法，是深得士心的。

据苏建说他曾向卫青建议，让他招纳一些名流文士，以提高他的威望。但卫青却说："人臣奉法遵职而已，何与招士！"卫青这种奉法遵职，不肯为提高自己的声望而网罗门客的做法，正说明了他的谦虚谨慎和不妄自尊大。

由于卫青地位尊崇，"公卿以下皆卑奉之"。独汲黯分庭抗礼，长揖不拜。卫青并不为此不满，反而更尊汲黯之贤。他这种居功不骄，"遇士大夫以礼"的品德，更受到朝士的尊重。

漠北之役，卫青与霍去病都立了大功，但汉武帝重赏霍去病而不赏卫青。卫青对此一无异词，也不闹情绪。从此以后，"大将军日退，而骠骑日益贵"，卫青属下故人多去奉承霍去病，卫青对此亦听之任之，不争不妒。

袭右贤王之役后，卫青十分得宠，汉武帝除了封卫青为大将军并加长平侯食邑三千八百户外，还封卫青的三个幼子为侯。卫青谢恩并说："赖陛下神灵，军大捷，皆诸校尉力战之功也，陛下幸已益封臣青。臣青子在襁褓中，未有勤劳，上幸列地封为三侯，非臣待罪行间所以劝士力战之意也，伉等三人何敢受封！"汉武帝听了之后连忙说："我非敢忘诸校尉之功也。"立即加封了公孙敖等九人为侯。漠北之役，李广失道自刭，后其子李敢为郎中令，怨大将军"乃击伤大将军，大将军匿讳之。"卫青不计私怨，爱护部属，所以"与士卒有恩，众乐为用。"

卫青除了有杰出的将才，还深受将士的爱戴，这也是他取得胜利的重要条件。

九、霍去病

霍去病（公元前140年~公元前117），河东平阳（山西临汾）人，西汉杰出将领，以年轻，"善骑射"，勇于冲杀，敢于深入闻名于世。霍去病是卫青姐姐的儿子，以皇后至亲，十八岁时得为侍中。同年复以骠姚校尉随卫青出征，崭露头角。在河西、漠北两役中，为西汉立下殊功，位至骠骑将军、大司马，封冠军侯，地位与卫青相等，而恩宠则尤过之。卒年才二十四岁。

（一）初露锋芒

霍去病的父亲霍仲孺，系平阳衙役，分在平阳公主家当差，与公主婢女卫少儿私通生去病。所以去病自幼即生活于奴婢之中。卑贱的社会地位，养成了他不畏困难的坚强性格和强烈的向上愿望。他虽然没有受过系统的教育，但在舅父卫青的影响下，勤学骑射武艺，练就一身本领。

元朔六年（公元前 123 年），汉武帝命卫青率六将军两出定襄，企图击破单于本部。霍去病为骠姚校尉随卫青出击，当匈奴军退走时，霍去病率壮勇轻骑八百，前出大军数百里，追歼逃敌，斩首二千余级，俘获单于叔父罗姑及相国、当户等人，斩了单于祖父辈籍若侯产。此役前将军苏建只身逃回，右将军赵信投降匈奴，除卫青自率主力歼敌

霍去病

一万余人外，独霍去病战功卓著，以胆气过人，力敢深入而崭露头角。受封为冠军侯。

（二）击平河西

河西走廊南接祁连，北濒沙漠，是陇西通西域的战略要地。早在冒顿单于时，匈奴就赶走月氏，占有其地。以控制西域，联络羌族，侵扰陇西。

元狩二年（公元前 121 年），汉武帝在打击了右贤王和单于本部后，决心从河套方向向河西方向实行战略重点转移。二月间，命二十岁的霍去病为骠骑将军，独当一面，率万骑出陇西击河西匈奴，以进一步解除对长安的威胁，切断匈奴与羌人的联系，并打通西域的通道。

霍去病从正面突击河西，经五个匈奴王国，转战六日，进到焉支山（甘肃山丹东南）千余里处，斩折兰王、卢侯王及相国、都尉以下八千九百余级，并俘获了休屠王的祭天金人，给了河西匈奴以惨重的打击。

此役霍去病在战役指导上采取了正面袭击。当时汉、匈战火连年，但都在河套阴山方向，对河西则从未用过兵。此役大幅度变换战略方向，而且战役间隙很短，

采取正面突击,可以提高进攻速度,更增大战役的突然性,以迅雷不及掩耳之势使河西匈奴猝不及防。事实证明这种战役指导是恰当的。

霍去病对沿途匈奴各部,采取了"锐悍者诛","辎重人众摄詟者弗取"的方针。说明他不但有勇,而且有谋,懂得运用策略。不取辎重,不俘人口,对敢于拒战者坚决歼灭,对畏惧降服者一律赦免,这就大大提高了进攻的速度。

同年四月,汉武帝命霍去病与公孙贺率数万骑出北地再击河西匈奴。霍去病在公孙敖失道,未能会合的情况下,单独率军渡黄河,越贺兰山,过千余里大沙漠,绕过居延泽,从侧背突袭河西,击败浑邪王、休屠王所部。最后利用南有祁连,北有沙漠的地障,在鲣得(甘肃张掖西北)地区聚歼了两王的主力,斩获三万二百级,俘五王、王母、单于阏氏、王子、相国、将军、当户、都尉等百余人。单桓王、酋涂王率相国、都尉以下二千五百人投降。河西匈奴残部只剩十分之三。从此河西平定,西域路通,匈奴与西羌隔绝。

这次深远的大迂回,行程两千里,沿途荒无人烟,水草很少,虽有熟悉地形的向导,行动也极为艰苦,没有严格的军纪和高度的耐力很难完成任务。汉武帝允许他从各部挑选精骑,霍去病的官兵都是年轻力壮、勇敢善战的壮士,军马也都是精选的良马,这对他完成任务也起了重要作用。

和上次正面突击一样,霍去病同样采取了"距战者诛,服者则赦"的策略,汉武帝在表功诏书中也赞扬他"可谓能舍服知成而止矣"。(服而舍之,功成则止)从而取得了以寡击众,以少胜多的战果。

是年秋,单于对浑邪王、休屠王被汉军斩获数万人,十分恼怒,要召去斩首。二王恐惧,商议降汉,先遣使者到汉边关传信息。这时大行李息正在黄河边上筑城,得讯立即上奏汉武帝,武帝恐二王有诈、乘机袭边,命霍去病率军前往迎降。休屠王事后反悔,被浑邪王杀死。霍去病到河上时,浑邪王的裨将见汉军来,多不愿降,有的逃走。霍去病见情势危急,恐其有变,当机立断,亲率精骑驰入匈奴营中,与浑邪王相见,以坚其降意。并下命立斩想逃的八千人,稳住形势,余众四万余悉降。霍去病为防止再发生变故,先派驿车送浑邪王去朝见汉武帝,自己率领降军逐次渡河。汉武帝封浑邪王为漯阴侯,食邑万户。将降众分别安置在陇西、北地、上郡、朔方,云中五郡的塞外,称为"五属国"。

这次受降,浑邪王的部将,降意不坚,心存疑惧,可能顷刻之间纷纷逃走,使河西边患仍难以解决。霍去病以惊人的胆略,驰人敌营,快刀斩乱麻,瞬间就慑服了降众,使河西匈奴得以妥善的安置。于是"金城河西并南山至盐泽(新疆蒲昌海),空无匈奴"。汉王朝将陇西、北地、上郡三郡的戍卒,减少了一半。

（三）决战漠北

元狩四年（公元前119年），汉武帝得知匈奴"常以为汉兵不能度漠轻留"，将计就计，集中精锐骑兵十万，步兵数十万，发动了一次空前规模的远征，企图深入漠北，歼灭匈奴单于本部的主力军。命大将军卫青、骠骑将军霍去病各率五万骑，分道出击。霍去病从代郡、出塞二千余里，与左部匈奴军遭遇，将其击败后，紧追不舍，直至狼居胥山、姑衍（均在乌兰巴托东）地区。先后俘获屯头等三王及将军、相国、当户、都尉八十三人，共歼敌七万零四百四十三人，逃掉的不过十分之二。

在这次漠北决战中，霍去病在战役指导上的最大特点，是猛打穷追，连续作战。霍去病过大漠后，先击灭单于章渠和北车耆所部；转而再破左大将双所部；最后歼灭屯头王等三王所部。这种不达目的誓不罢休的旺盛进取精神，值得称赞。另外，"取食于敌，卓行殊远而粮不绝。"也是他能够比卫青深入漠北更远、战果更大的重要原因之一。

（四）匈奴不灭，无以家为

霍去病在他短短六年军事生涯中，除十八岁时以骠姚校尉随卫青出征外，以后的河西、漠北两次大战均独当一面，而且是统率汉军主力，先后歼俘匈奴军达十万余人，为西汉大破匈奴、开辟河西，打通西域，立下了不世之功。地位、尊宠均与大将军卫青相等，当朝无出其右。

霍去病出生入死，终年征战，从不以家事为念。汉武帝为霍去病建了一座豪华的宅第，叫霍去病去看看，霍去病看了以后对武帝说："匈奴未灭，无以家为也。"由此汉武帝越发爱霍去病。用现在的观点来看，这两句话并不一定是无可非议的，但就其实质精神而言，是公而忘私。所以二千年来一直传颂至今，历代文人学士多以这两句话作为对当代名将的最高颂词。

霍去病"少言不泄，有气敢往"。他平时少言寡语，从不泄漏军机，但一旦有了任务，却有着敢于承担艰险重任的无比胆气。他读书不多，但很重视根据实际情况，制定方略，也确实善于临机决策，而不拘泥于古法。汉武帝曾想教他学孙、吴兵法，霍去病却回答说："顾方略何如耳，不至学古兵法。"这种说法虽不免有片面之嫌，但当时正处在大骑兵集团在沙漠草原对抗的新时代，这种创新精神，还是很需要的。

霍去病敢于勇往直前，但爱护士兵却很不够。正如班固所说："然少而侍中，贵不省士。"他出征时，汉武帝特派太官为他带几十辆车的给养，但返回时，抛弃许多剩余的粮肉，而前线将士却有很多受饿的。这是霍去病的重大缺点，与卫青的"与士卒有恩，众乐为用"形成鲜明的对照。

十、诸葛亮

诸葛亮(公元 181 年～234 年),字孔明,东汉徐州琅琊郡阳都县(山东沂南)人。

他少怀大志,虽隐居隆中(湖北襄樊北)躬耕于陇亩之间,却博览群书,关心天下大事,他常以春秋战国时期的著名将相管仲、乐毅自比,可见其抱负所在。

诸葛亮自二十七岁起辅佐刘备创立基业,后为蜀国丞相,直至五十四岁病死军中。近三十年期间,他一直是三国中左右局势,举足轻重的人物,其历史作用仅次于曹操、孙权和刘备,是我国古代历史上的卓越政治家,也是我国军事史上的杰出的军事战略家。

(一)一生军事活动

1.隆中决策,三分天下

东汉末年,封建王朝在黄巾起义的冲击下已是摇摇欲坠,豪强地主,富室军阀纷纷割据一方,互相攻伐,混战不止。建安十二年(公元 207 年)怀有雄心大志但屡遭挫败的刘备在荆州新野地区聚集兵马,寻访人才。在名士徐庶的推荐下,刘备"三顾茅庐",恳请诸葛亮出来相辅。诸葛亮对刘备提出了著名的,后人称为"隆中对"(也叫草庐对)的战略,其要点是:

(1)概述纷争大势,确立战略格局

诸葛亮首先概述天下纷争之势:"自董卓以来,豪杰并起,跨州连郡者不可胜数"。指出:自汉室日渐衰微,群雄起而相争以来,曹操击破袁绍,平定北方,挟

诸葛亮

制天子,号令诸侯,已拥有百万之众,成为势力最强者;孙权继承父兄之业,占据江东,其地势险要,民众归附,又有贤能之士辅佐,可以为援而不可相图。

刘备以匡扶汉室为志,自然与曹操势不两立。只因曹操过于强大,暂时无法相争。而孙权虽不及曹操强盛,但其江东基业已成,不能与其为敌,只可结盟为友。

诸葛亮在这里已确立了孙刘联合共抗曹操的战略格局,这一联合抗曹的战略格局是刘备利用曹、吴矛盾,争取自身生存的关键所在。此后能否恰当地处理三方之间错综复杂的关系,保持已经确立的战略格局,始终影响着刘备集团的兴衰存亡。

(2)分析"荆""益"地位,选择战略目标

诸葛亮接着分析了荆、益三州的地理位置:"荆州北据汉、沔,利尽南海,东连吴会,西通巴蜀",位于南北要冲,交通便利,是用武之地,而其主刘表无力据守;"益州险塞、沃野千里"称为"天府之国",汉高祖刘邦据此而成帝王之业。其主刘璋和北面汉中的张鲁昏庸软弱,那里的智士能人愿求明主。

诸葛亮选择荆州、益州为刘备攻取的战略目标是在分析了当时的形势、地理、人物等各方面的因素之后做出的综合决策。以形势论,曹操和孙权所控制的中原及江南地区都是刘备无法与其争夺的。但荆、益二州却是曹操、孙权尚未抢到手而相对空虚的。以地理论,荆州连接四方易于向外扩展;益州土地肥沃便于建立基业;若将荆、益二州连成一片,进可乘势相攻,退可据险自守,足以与曹操、孙权相抗衡。以人物论,荆州之主刘表徒有虚名,益州之主刘璋,昏庸无能,汉中之主张鲁也难成气候,正是夺取其地的天赐良机。

(3)依据特点长处,提出战略规划

诸葛亮最后说:"将军既帝室之胄……汉室可兴矣"。指出:刘备有忠义之名,又求贤若渴,如能占据荆、益二州,安抚民众,励精图治,并与孙权结为联盟,待天下有变时,则以荆、益两路人马,兵分两路进取中原。

诸葛亮提出的这个战略规划是要刘备在曹操占天时,孙权居地利的形势下,充分发挥"人和"的长处,聚拢贤才,夺取荆益,内修民政,外结孙权,等待时机统一天下。

诸葛亮的"隆中对"是一个具有初步战略体系的决策系统。有人认为诸葛亮的"隆中对"重益轻荆,导致了后来蜀国失去荆州拘于一隅而不能进争中原的局面。实际上,"隆中对"作为一个预测型的大决策系统,具有相当的"模糊性",不可能是非常精确的。从后来的战争进程看,应该说"隆中对"是当时刘备所能选择的最佳决策系统,是基本符合客观现实的。

对于实现这一战略体系的最终目标——复兴汉室,统一天下,"隆中对"规定了三个基本条件:一是联合孙吴,共抗曹魏;二是拥有荆、益二州及政治、经济、军事诸方面的实力;三是"天下有变"的可乘之机,这三者缺一不可。而在整个三国时期,刘备集团从未同时具备过这三个基本条件。因此说刘备集团有夺取中原,统一天下的可能只是一种空想。至于荆、益二州孰轻孰重,谁正谁奇,只能待取得二州后再依势而决,因机而变,又怎可预先据此判定蜀汉一国的终局。

"隆中对"作为一个战略决策系统,充分显示出诸葛亮的远见卓识,在我国战

略发展史上它具有里程碑的意义。

诸葛亮出任刘备的军师不久，曹操即率大军攻取荆州，准备渡江灭吴。刘备败退到夏口，处境危急，诸葛亮前往东吴与周瑜、鲁肃一起，说服孙权结成联盟，合力抗曹。在著名的赤壁之战中，孙刘联军击败了曹军。随后在诸葛亮的辅佐下，刘备取得了东吴的谅解，趁势攻取了荆州，接着又利用刘璋借兵之机，进军益州。建安十九年（公元214年）刘备取得益州。至此，刘备集团从"失众势寡无立锥之地"发展到雄踞荆益，虎视中原与曹魏、孙吴相鼎立，三分天下有其一的局面。诸葛亮的隆中决策取得了初步的成功。

2.联吴受挫，白帝托孤

建安二十四年（公元219年）是三国时期极为重要的一年，其风云变幻之莫测，形势转化之急速，都是令人惊诧不已的。试看：正月，刘备率军进逼定军山，老将黄忠力斩曹军大将夏侯渊，迫使曹操放弃汉中。七月，关羽领兵围攻襄、樊，水淹七军，"威震华夏"，曹操甚至曾想"迁都"，以避其锋。

其时蜀汉大有西迫长安，东进许昌，扫荡中原，复兴汉室之势。但正当樊城危在旦夕之际，东吴吕蒙"白衣渡江"，偷袭荆州。关羽腹背受敌，仓促回防，已然为时过晚，终于败走麦城，被擒而死。荆州为东吴所占。

益州之军出秦川，荆州之兵向宛洛确是诸葛亮"隆中对"提出的战略规划，可这应在"外结孙权，内修政理"的基础上实施。刘备攻取益州后，诸葛亮在"安民治蜀，足食足兵"方面很有成效。但对于荆州方面的处理却疏而不当，隐患极深。荆州为兵家必争之地，魏、蜀、吴三方对此都很清楚。孙权曾听从鲁肃"多操之敌，而自为树党"的主张，将荆州的南郡"借"与刘备，是希图刘备为东吴抵御曹操。后见刘备取得益州，已自成一方之势，孙权便要索回荆州。当"结吴为援"与"占据荆州"这两个隆中对策所要求的基本条件相互冲突起来时，如何使二者兼容并存，是刘备能否实现其进取中原这一最终目标的关键环节。由于存在着抗拒曹操这个共同点，而且东吴的主将鲁肃（其时周瑜已死，由鲁肃代之）也是极力主张联合的。所以如果处理得当，筹划巧妙，那么以共抗曹操来转化孙刘之间的矛盾，保住荆州并不是没有可能的。但刘备诸葛亮却未能把握住这个关键环节，竟以取得后凉州后再还荆州为借口拒绝了孙权的要求。同时驻守荆州的关羽对东吴的态度也十分恶劣，使得孙刘两家由相连变为相争。而对于战略格局的这种重大变化，刘备及诸葛亮又没有应变之策。等到孙权派吕蒙收降了长沙、桂阳、零陵三郡。刘备及诸葛亮方才急忙率兵东下，欲与东吴争夺荆州，然而已是"当斯之时，进退狼跋"。后果然因为曹操进军汉中，刘备及诸葛亮恐益州有失，只得与孙权平分荆州。此后，孙权仍一直想将荆州全部夺回，刘备及诸葛亮也并非不知，但仍未予以应有的重视。

反而在孙权伺机进兵,荆州地位未稳的情况下,让关羽攻打襄樊,犯了兵家的大忌。此是刘备之意?诸葛亮之谋?或是关羽自作主张?史无记载。

刘备在失去荆州后,决意东征伐吴。孙权遣使求和,刘备不允,结果在夷陵被吴将陆逊火烧连营,大败而回。蜀国自此元气大伤,刘备也一病不起。章武三年(公元223年)刘备临终前,在白帝城将嗣子刘禅托付给诸葛亮,望他能辅佐刘禅完成大业。

刘备取得益州后,未能抚慰东吴,将其战略矛头引向曹操,同时对荆州的防务重视不够,留守兵力不足,先失三郡,后又轻率出兵攻曹,导致荆州失守,已是大错。接着刘备又率军伐吴,从根本上破坏了联吴抗魏的战略格局,更是错上加错。诸葛亮先没有补荆州之失,后未能阻东征之举,(史书上仅说他在伐吴失败后曾叹息:"法孝直若在,则能制主上,令不东行"。)其间自有许多客观因素在内,或是违背他的本意初衷的。但无论如何,蜀汉希图统一天下的大业就此夭折了。

3.率军北伐,鞠躬尽瘁

刘备去世以后,其子刘禅继位,改元建兴。诸葛亮执掌军国大事。时值蜀军新败,国弱兵疲,刘备身亡,人心恐慌。而且外有魏吴相伺,内有南中,(即今云、贵、川交界处)叛乱,正所谓"此诚危急存亡之秋也"。诸葛亮面临危局,处置有方。他练士养民,不动干戈。对内采取抚安劝降的政策,希图和平解决南中叛乱;对外实行联吴抗魏的方针。遣使修复吴蜀联盟。蜀国的局势得到了稳定,国力逐步有所回升。

建兴三年(公元225年)春,诸葛亮决定南征平叛。他采取"攻心为上,攻城为下,心战为上,兵战为下"的方针,降服了蛮族首领孟获,平定了南中地区,改善了民族关系。随着吴蜀联盟的恢复,内部统一的加强,经济力量的发展,诸葛亮开始做北伐的准备。"军资所出,国以富饶,乃治戎讲武,以俟大举。"

建兴四年(公元226年)夏,魏帝曹丕死。秋,孙权亲率大军围攻江夏,又遣诸葛瑾出兵襄阳。而魏新城太守孟达也有叛魏归蜀之意。诸葛亮认为时机已到,向刘禅上"出师表"。于建兴五年(公元227年)春,亲率大军进驻汉中,相机北伐。

建兴六年(公元228年)春,诸葛亮不用将军魏延奇兵出子午谷攻长安之策。命赵云、邓芝据其谷为疑军,与魏军曹真相拒。诸葛亮自率大军出祁山,天水、南安、安定三郡响应降蜀,关中震动。后因马谡失利于街亭而退军。当年冬天,诸葛亮得知东吴陆逊领兵大破魏军曹休于石亭,魏军东下,关中虚弱后,上表说魏军"适疲于西,又务于东,兵法乘劳,此进趋之时也"遂即率军出散关,围陈仓,久攻不下,粮尽而退。

建兴七年(公元229年),孙权称帝。蜀国诸臣认为蜀汉是正统,要与吴国"绝其盟好"。诸葛亮力排众议分析得失指出："若就其不动,而睦于我,我之北伐,无东顾之忧,河南之众不得尽西,此之为利,亦已深矣"。于是遣使至吴庆贺并订立攻魏盟约。由此可见,联吴抗魏是诸葛亮一贯的指导思想。从蜀国方面看,荆州失去后,欲取中原,只能吴、蜀联盟,东西并举。当时蜀有诸葛、吴有陆逊,皆具谋略。若能联合攻魏,且以吴军为主力,尚有成功的希望。但一来双方虽是盟国,却各有猜忌疑虑。二来,诸葛亮以北伐中原为己任,而陆逊以稳保江东为其责;所以吴蜀两国空有"共交分天下"的盟约,可从未真正进行过有统一计划的联合作战。即使形成夹攻之势,吴军也是稍有失利便收兵罢战。因此诸葛亮只能以吴国作为"犄角之援"而满足。

后来诸葛亮又几度率军北伐,创制了木牛流马转运粮草,并"分兵屯田,为久驻之基"。其间虽有取胜之役,但始终未能击败魏军进入中原。建兴十二年(公元234年)八月,诸葛亮积劳成疾,病逝于五丈原军中。

对于诸葛亮的北伐,后人评论不一,有"以攻为守"之说,有"疲师劳兵"之说,都有一定的道理。简要地说,诸葛亮的第一次北伐,准备比较充足,同时魏国曹丕刚死,人心慌乱,而且外有东吴相攻,内有孟达反叛,正是所谓"天下有变"之时,诸葛亮如能迅速进兵,与孙权、孟达相呼应,并采用魏延兵分两路,直取长安的作战计划,形势可能会有转机。但蜀国后来的几次北伐都不具备应有的条件,一是魏蜀实力强弱悬殊;二是蜀攻魏守,劳逸不同;三来魏国司马懿老成持重,深谙兵法,所以诸葛亮已尽心而为,却难以取胜。徒耗国力,无所成就,从战略全局看,是得不偿失的。明知无成功之望,仍要报"知遇之恩",这正是诸葛亮的悲剧所在。《后出师表》是这个悲剧最清楚不过的自我解说。

(二)主要军事思想

诸葛亮有文集二十四篇,为《三国志》作者陈寿所辑。但书早已散失。后人所编的《诸葛亮集》中有些文章真假难辨,现主要依据《三国志》,对诸葛亮的军事战略思想做一简要论述:

1.察形观势,结援抗敌

诸葛亮处在汉末混战,三国鼎立时期,他的军事战略思想首先表现在能够纵观天下大势,利用各方矛盾,结盟为援,抗御强敌。诸葛亮善察大势,这在三国人物中是较为突出的。正是由于他从大处着眼,从战略全局上看问题,才能在《隆中对》中把利用吴、魏矛盾,联吴抗魏作为长期的战略方针确定下来。在这个方针的指导下,孙、刘两家取得了赤壁之战的胜利。刘备也因而占据了荆、益二州。后来蜀吴交恶违背了这一方针,刘备遂先失荆州,后遭败绩。诸葛亮执掌蜀国军政之后,恢复了联吴抗魏的政策,数次派遣邓芝、陈震使吴修好,结盟定约,希望吴国"以同盟之义,命将北征,共靖中原,同匡汉室"。特别是在孙权称帝,蜀汉诸臣欲与吴国绝交时,诸葛亮详细地分析了魏、蜀、吴三国之间的矛盾关系,重申了维护吴蜀联盟的重要意义,保证了联吴抗魏方针的顺利执行。

诸葛亮这种依据客观形势的发展情况,分析斗争各方面的矛盾关系,联络可以结为盟友的力量,共同抗御主要强敌的战略思想是很有价值的。

2.深谋远虑,谨慎用兵

诸葛亮用兵以"谨慎"著名,有"诸葛一生唯谨慎"之称。深谋远虑,立足不败,谨慎用兵力争万全是诸葛亮军事思想的又一特点。

蜀国是三国之中割据最晚,地方最小,人口最少,兵力最弱的一国。欲与大于自身数倍的魏、吴两国鼎立相持,其难度之大是可想而知的。诸葛亮作为蜀汉丞相,身负重任,又有挥师中原之志。所以他在用兵之时,必先对天文、地理,敌我态势,进退方略等做全面的谋划。他认为:用兵之道,必先定计谋,而后实施。要了解天时、地利,观察人心动向,熟悉武器使用,明确赏罚原则,研究敌人策略,察看道路险易,识别地形利弊,判断双方情况,懂得进退机宜,掌握有利时机,……等等,这才是为军大略。诸葛亮出师北伐向来都是缓进稳行,利则战,不利则退。故而虽未能大胜,也从未从败。他不肯采纳魏延袭取长安的计划也正是基于这种先求不败而后求胜的"思想",诸葛亮还十分重视军队的后勤供应,视粮草为军队的命脉,他亲自创制了木牛流马,作为转运军粮之用。

诸葛亮用兵谨慎,直到临终之前还密授退兵之策,令魏军司马懿不敢乘势追击。当时百姓就传有"死诸葛走生仲达"的谚语,可见诸葛亮的谋划是很周全的。

3.避强击弱,奇正相依

诸葛亮文集中有兵法遗文一篇说:"士之不能皆锐……天下皆强敌也"。这段遗文论述了诸葛亮军事思想的又一特点:避敌之强,攻敌之弱,以己之长,击敌之短。《隆中对》的一个基本策略就是避开已成为强者的曹操、孙权,去攻取相对虚弱的荆、益二州。赤壁之战前,诸葛亮劝说孙权时,也是着重指出了曹军"远来疲敝"和"不习水战"的弱点,从而坚定了孙权破曹的信心。后来诸葛亮率军北伐,绕道祁山而不直趋长安,同样是企图避开魏军的防守重地,"以迂为直",攻其弱处。

诸葛亮用兵也强调奇正相依,他本来有荆益二州;兵分两路,奇正相依,夹击中原的战略规划。后来在北伐时,诸葛亮也极力约请孙权同时出兵,以形成东西呼应之势。但在具体作战中,诸葛亮出于谨慎,往往以正兵为主,用奇兵不多,如大将魏延几次欲独领一军,作为奇兵,但总得不到允许。所以陈寿评论诸葛亮"盖应变将略,非其所长欤!"

4.明纪为将,严法治军

诸葛亮军事思想的又一突出之处是强调:为将之道在于明纪,治军之策在于严法。《三国志》作者陈寿所编定的《诸葛亮集》中的最后三篇都是"军令篇"其书虽已散失,但在留存下来的遗文片段中"军令"部分仍占有相当大的比例。这方面最突出的事例自然是人尽皆知的"挥泪斩马谡"。其实最能体现诸葛亮治军严明的还是布阵行兵。

诸葛亮创了"八阵图"的作战方法,要使这种方法行之有效,不仅取决于阵法的编排,更重要的是号令严明,军纪整肃,方能保证阵形按照主将的意图进行变化。若有一时一队不听指挥,则阵形必乱。诸葛亮说:"八阵既成,自今行师,庶不覆败矣。"可知诸葛亮治军严整,八阵图才能有如此威力。

十一、关羽

关羽(?—220),三国蜀汉大将。字云长,本字长生,河东解县(今山西临猗西南)人。东汉末亡命涿都,跟从刘备起兵。建安五年(200年)刘备为曹操所败,他被俘后,极受优礼,封汉寿亭侯。后仍归刘备。建安十九年,镇守荆州。建安二十四年,围攻曹操部将曹仁于樊城,又大破于禁所领七军,因后备空虚,不久孙权袭取荆州,他败走麦城(今湖北当阳东),兵败被擒杀。宋代以后,他的事迹被神化,并尊为"关公""关帝。"

(一)挂印封金

关羽因战乱逃亡到涿郡,刘备在家乡招集兵马,关羽因为武艺高强,刘备留他做自己的护卫。刘备任平原国国相后,任关羽、张飞为别部司马,分管所辖军队。刘备与关、张二人连睡觉都同一张床,亲如同胞兄弟。关、张二人整日侍立在刘备身旁,跟随刘备对敌作战,一直冲杀在前。刘备袭击徐州杀死刺史车胄后,就让关羽镇守下邳城,自己则率军驻扎在小沛。

汉献帝建安五年,曹操东征徐州,刘备投奔袁绍。曹操招降关羽后返回,任关羽为偏将军,赏赐许多财物给他。袁绍派大将颜良在白马进攻东郡太守刘延,曹操派遣张辽和关羽为先锋进攻颜良。关羽远远望见颜良的帅旗车盖,策马上前,斩杀一阵子杀出了一条血路,来到颜良马前手起刀落,斩了颜良,袁绍军中的将领们没人敢出阵阻挡,于是解除白马之围。曹操当即上奏朝廷封关羽为汉寿亭侯。起初,曹操钦佩关羽的勇猛,后来发现关羽没有久留曹营之意,于是对张辽说:"你利用与关羽的交情设法去探探他。"不久,张辽借机向关羽问起此事,关羽感慨地说:"我深知曹公对我的情义,但我深受刘将军的厚恩,立誓和他同生死,我决不会食言。我最终不会留在这里,我要立下大功报答曹公的恩情后再离去。"张辽把关羽这话回报给曹操,曹操很受感动。待关羽斩杀颜良后,曹操知道关羽一定要走,对其赏赐更为厚重。关羽将曹操赏赐的钱物全部封裹好,留下书信告辞曹操而去,赶往袁绍军营投奔刘备。曹操手下人想将他追回来,曹操说:"让他去吧,他真是个忠义之人。"

后来曹操在赤壁之战中,被孙刘联军,打得大败,人马损失很多,曹操在部将的拼死保护下,才逃出来,一路上又遇到伏兵袭击和追兵冲杀,曹操已是胆战心惊了。这时关羽率领的伏兵,拦住了曹操的去路,曹操看自己的部下已是人困马乏,向关羽求情,关羽念到他以前对自己恩情,就放了他,宁愿自己回去受军法。

关羽曾被流箭射中,后来伤口虽然愈合,但一遇阴雨天气,臂骨便常疼痛。医生说:"箭头有毒,其毒已渗入骨中,需要在臂上重新开刀,刮去臂骨上的毒素,才能彻底根治。"关羽当即伸出手臂让医生为他开刀治病。当时关羽正请众将饮酒进餐,臂上刀口鲜血淋漓,流满了接在下面的盆子,而关羽却在吃肉喝酒,与大家谈笑风生。

(二)水淹七军

荆州安定后,刘备就专心对付曹操,诸葛亮设计东西两路进攻曹操。西路由刘备亲自率领大军向汉中进军,曹操听到刘备出兵,马上组织兵力,亲自率兵和刘备对抗。双方相峙了一年。第二年,在阳平关一次战役中,蜀军大胜,魏军的主将夏侯渊被杀。曹操只得退出汉中,把魏军撤退到长安。

这一次西面的汉中打了胜仗,就得乘这个势头,再从东面的荆州直接攻打中原。

镇守荆州的是大将关羽。关羽有勇有谋,刘备称帝后,准备进攻中原,命令关羽进攻。关羽派两个部将留守江陵和公安,自己亲自率领大军进攻樊城。

樊城的魏军守将曹仁向曹操紧急求救。曹操派了于禁、庞德两员大将率领七支人马前去增援。曹仁让他们屯兵在樊城北面平地上和城中互相呼应,使关羽没法攻城。

正在双方相持不下的时候,樊城一带下了一场大雨。大水猛涨,平地的水高出地面有一丈多。于禁的军营扎在平地上,关羽在营中观察到这一现象,心生一计。借水势掘开附近河流的护堤,四面八方大水冲来,顿时把七军的军营全淹没了。于禁和他的将士只得找个高地避水。

关羽又趁着大水，安排好一批大小船只，率领水军向曹军进攻。他们先把主将于禁围住，叫他放下武器投降。于禁被围在汉水中的小土堆上，逼得无路可退，就垂头丧气地投降了。

庞德带了另一批士兵避水到一个河堤上。关羽的水军向他们围攻，船上的弓箭手一起向堤上射箭。

庞德手下有个部将害怕了，对庞德说："我们还是投降了吧！"

庞德骂那部将没志气，拔剑把他砍死在堤上。士兵们看到庞德这样坚决，也都跟着他抵抗。庞德不慌不忙拿起弓箭回射，他的箭法很好，蜀军被射死不少。

这时候，大水越涨越高，堤上露出的地面越来越小。关羽水军的大船进攻更加猛烈。曹军的士兵纷纷投降。庞德趁着这乱哄哄的时候，带了三个将士，从蜀军士兵中抢了一只小船，想逃到樊城去。不料一个浪头袭来，把小船掀翻了。庞德掉在水里，被关羽的水师活捉了。

将士们把庞德带回关羽大营。关羽好言好语劝他投降，并说他原来的主将马超已经是刘备的手下。庞德骂着说："魏王手里有人马百万，威震天下；你们的主人刘备，不过是个庸碌的人，怎能和魏王相敌？我宁可做国家的鬼，也不愿做你们的将军！"关羽大怒，一挥手，命令武士把庞德杀了。

关羽消灭了于禁、庞德的七军。乘胜进攻樊城。樊城里里外外都是水，城墙也被洪水冲坏了好几处。曹仁手下的将士都害怕了。

关羽水淹七军，声名大振，这时候，陆浑百姓孙狼发动起义，杀了县里的官员，响应关羽。许都以南其他响应的人也不少。

面对如此形势，曹操建议迁离许都以避开关羽的威胁，司马懿、蒋济则认为关羽一路夺关斩将，孙权是不会高兴的，应该派人前去结好孙权，让他派兵从后面袭击关羽，并答应事成之后割让东南诸郡封给孙权，这样樊城之围便可解。曹操采纳了这一意见。起先，孙权曾想和关羽结为亲家，关羽辱骂来使，拒绝结亲，孙权十分恼恨。另外南郡太守糜芳驻守江陵，将军士仁驻扎公安，两人一向怨恨关羽看不起他们。当关羽外出打仗，由糜芳、士仁两处负责供应粮草，两人不愿出力救援关羽。关羽说："回去后就杀他们。"糜、士二人都恐惧不安。于是孙权暗中派人会诱降糜、士二人，二人即开城投降孙权。而曹操又派来徐晃率军救援曹仁，关羽攻不下樊城，只好领兵退还。这时孙权已占据江陵，将关羽及其将士的妻儿老小全部俘获，关羽军队于是军心涣散各自逃散。孙权派部将堵击关羽，在临沮斩杀了关羽及其子关平。

关羽死后，被追谥为"壮缪侯"。关羽不但武艺高强而且很讲义气，忠于一主，被历代统治者所推崇，后人尊他为"武圣"。

·军事将帅·

图文珍藏版

十二、周瑜

周瑜（175—10），三国吴国名将。字公瑾，庐江舒县（今安徽舒城）人。小时候与孙策是好友。后归顺孙策，为建威中郎将，帮助孙策在江东创立孙氏政权。孙策死，与张昭同辅孙权，任前部大督。建安十三年（208），曹操率军南下，他与鲁肃坚决主战，并亲率吴军大破曹兵于赤壁。后病死。

周瑜身体修长健壮、相貌英俊，一表人才，和孙坚的儿子孙策同年，周瑜与孙策交情深厚。周瑜将一所大宅院让与孙策居住，还常去后堂拜见孙策的母亲，各种生活所需两家互通有无。

周瑜前往看望叔父，正碰到孙策准备东渡长江，到了历阳，孙策派人送信告诉周瑜，周瑜带兵迎接孙策。孙策十分高兴说："你来了，我的大事就好办了。"于是周瑜跟随孙策前往攻打横江、当阳，全都攻克。随即又攻下湖孰、江乘，进军贡阿，此时孙策的军队已扩展到几万人，孙策领兵攻吴、会两郡，周瑜则回到了寿春。

袁术打算任命周瑜为部将，周瑜认为袁术最终不会有什么作为。就请求袁术让他担任居巢县县长，想借道回江东，袁术同意他的要求。周瑜于是经居巢回到吴郡。这年为建安三年（198）。孙策亲自前来迎接周瑜，授任他为建威中郎将，当即调拨给他 2000 兵卒及 50 坐骑。周瑜当时 24 岁，吴郡的人都称呼他"周郎"。不久，孙策打算攻取荆州，任命周瑜为中护军，周瑜跟随孙策攻占了皖城。得到乔公两个女儿，她们都长得很漂亮，有倾国之色。孙策自己娶了大乔，周瑜娶了小乔。接着又平定了豫章、庐陵两地。

建安五年（200），孙策被流箭所杀，由孙权统领军国事务。周瑜领兵前来吊丧。就留在了吴郡，以中护军身份与长史张昭一同掌管军政大事。

建安十一年（206），周瑜督率孙瑜等讨伐麻、保二屯，将它们的首领斩杀，俘虏敌兵一万多人。江夏太守黄祖派遣部将邓龙带领数千人马进入柴桑，周瑜追击征伐，将邓龙活捉后送往吴郡。建安十三年（208）春，孙权征讨江夏，周瑜被任为大都督。

当年九月，曹操攻入荆州，刘琮率众投降，曹操得到刘的水军，水、步两军发展到几十万人，东吴的将士知道后都非常恐慌。孙权召集部下，征询对策。大家都议论说："曹操乃豺虎之人，然而他借着汉丞相的名义，挟天子以令诸侯，如今要抵抗他，恐怕不行。况且将军您倚仗能够抗击曹操的，就是长江天险。现在曹操攻占了荆州全部，加上归降的刘表水军，大小船，数以千计，所谓长江天险，曹操已经与我方共同拥有了。而在实力上兵力多寡极为悬殊，不可同日而语，不如向他投降，可保江东免受灭顶之灾。"周瑜说:"不对! 曹操名义上是汉朝臣相,实为汉贼! 将军英明神武,又有父兄的伟烈功业,占据江东,土地有几千里,兵精粮足,正是横行天下,为汉家铲除奸邪的时候。怎么能向他投降? 让我为您分析一下局势。现在北方的局势还没有得到稳定,加上马超、韩遂在函谷关西边,成为曹操后方之患。况且他们中原人,不习水战,在江中没有骑兵的优势。如今又值严寒季节,军马缺乏草料,中原的士兵远道来到南方江湖之上,水土不服,必然发生疾病。曹操有以上劣势,将军要擒获曹操,现在正是最好时机。我请求率领精兵三万,进驻夏口,保证替您打败曹操。"孙权说:"你所说应当对他进行抵抗,与我的想法完全一致,这是上天把你送来帮助我的。"

于是周瑜和刘备联合,采用"连环计"让曹操把战船锁在一起,用"苦肉计"让黄盖诈降曹操,用"反间计"让曹操杀了熟悉水战的大将,用火攻烧毁曹军的战船,当时正好有东风。片刻之间,烟火冲天,曹军人马被烧死淹死者不计其数,于是全军败退,退守南郡。刘备与周瑜等又合力追击。曹操留下曹仁等驻守江陵城,自己退回北方。

周瑜与程普又领兵攻打南郡,约定日期与曹仁军队大战。周瑜亲自冲锋陷阵,被乱箭射中右胸,伤势严重,只好回营。后来曹仁听说周瑜卧床养伤,便率兵上阵出战。周瑜于是强行带伤起床,巡察军营,激励将士勇气,曹仁抵挡不住周瑜的进攻,只好撤军。

其时刘璋正任益州牧,经常和北面的张鲁互相攻打,争夺地盘。周瑜于是到京口拜见孙权说:"现在曹操刚被我们打败,正担心自己内部发生变乱。不能与您对阵作战。请让我带兵同奋威将军孙瑜一起进攻刘璋,攻占蜀地后再吞并张鲁,然后留奋威将军在那里固守,我再回来与您一起占据襄阳进击曹操,这样攻占北方就有希望了。"孙权同意了这个计划。周瑜回到江陵,准备行装,然而路过巴丘时即发病去世,年仅 36 岁。孙权身着素服举行哀悼,感动所有部下。当周瑜灵柩运还吴郡时,孙权已往芜湖迎接。

周瑜年少时曾精心钻研音乐,即使在饮酒三杯之后,弹奏者有什么差错,他也必定听得出来,听出来就会回头望一望,所以当时有人编出歌谣:"曲有误,周郎顾。"

十三、吕蒙

吕蒙(178—20),三国汝南富陂(今安徽阜南东南)人,字子明。年轻时依附孙策部将邓当,邓当死,代领其部属。随从孙权攻战各地,任横野中郎将。后随周瑜、程普大破曹操于赤壁。初不习文，后听从孙权劝告，多读史书、兵书，鲁肃称其"学识英博，不再是以前的阿蒙"。鲁肃卒，代领其军，袭破蜀将关羽，占领荆州。不久病灭。

（一）少有大志

吕蒙少年时南渡长江，投靠姐夫邓当。邓当是孙策的部将，多次征伐山越。吕蒙十五、六岁时，偷偷地跟随邓当的队伍去袭击山越反叛者，邓当发现了吕蒙，大吃一惊，呵令他回去，但他不听。回来后邓当将此事告诉吕蒙母亲，他母亲很生气要责罚他，吕蒙说："我们这穷困的日子真是难以生活下去，如果出去打仗说不定能获得功劳，取得富贵。再说不试一试怎么知道行不行呢？"母亲看他年少气盛，于是饶恕了他。

当时邓当的部下以吕蒙年纪小而轻视他，说："那个小东西能干什么，不是送肉去喂吗？"过些日子有个小官员碰到吕蒙，又嘲笑侮辱他。吕蒙很生气，马上抽刀把那个小官员杀死了，随即就逃走。后来又通过校尉袁雄向上司自首，袁雄趁机替他求情。孙策于是召见他，觉得他非同一般，便免了他的罪，留在自己身边。

几年后，邓当去世，张昭推荐吕蒙接替邓当领兵。孙权统领国家事务后，考虑到那些小将军兵员少而费用不足，打算将这些部队合并。吕蒙自己出钱，为将士们做了新衣服和绑腿，等到检阅那一天，他的部队看起来整齐、威武、士气高昂，孙权见了非常高兴，于是给他增加兵马。他跟随孙权进讨丹阳，每战都立有战功，被提升为平北都尉，兼任广德县县令。

吕蒙跟随孙权征讨黄祖，黄祖命令都督陈就率军迎战孙权。吕蒙率领先锋部队，亲手斩杀了陈就，全军将士乘胜攻城。黄祖听说兵败被杀，弃城逃走，东吴兵士追击活捉了他。孙权说："这次能打胜仗，起因于先击败了陈就。"于是任命吕蒙为横野中郎将，赐钱千万。

（二）刮目相看

鲁肃代替周瑜后，有一次，路过吕蒙军营。鲁肃认为吕蒙只是一个武夫，没有什么谋略，不准备去见他。有人对鲁肃说："吕将军功名日益显赫，不可用老眼光看他，您应当去拜访他。"于是鲁肃拜访吕蒙。吕蒙问鲁肃说："您身负重任，与关羽结邻，打算用什么计谋，来作为应变之策呢？"鲁肃很不经意地回答说："看情况而定。"吕蒙说："现在吴、蜀虽然联盟，然而关羽是智勇双全的将才，怎么能不预先订好应对的策略？"于是替鲁肃策划了五种应对方法。鲁肃于是离席走到吕蒙身边，拍拍他的背说："吕子明啊，真是士别三日，当刮目相看呀！我真没想到你竟有如此高的才干谋略。"于是前去拜见吕蒙的母亲，与吕蒙结成好友。

这时刘备令关羽镇守荆州，孙权命令吕蒙夺取长沙、零陵、桂阳三郡。吕蒙写信给长沙、桂阳二郡守将劝降，二郡守将望风而归股东吴，只有零陵太守郝普固守城池不降。刘备亲自从蜀地赶到公安，派关羽争夺这三郡的地盘，孙权派鲁肃率兵到益阳抗拒关羽，派人告诉吕蒙，让他放弃零陵，急速返回援助鲁肃。当初，吕蒙平定长沙，正当前往零陵经过鄳县时，邓玄之与他同车，邓玄之是郝普的老朋友，吕蒙想让他诱劝郝普投降。

接到孙权召他返还的信后，吕蒙秘而不宣。他对邓玄之说："郝将军想行忠义之事让人敬佩，但不明白时势。刘备在汉中，被夏侯渊围困住。关羽在南郡，而今我们主公亲自前抵南郡。关羽已被孙规击败。这些都是这一段时间发生的事，您都是亲眼看见的。他们现在都受到围攻，哪有余力再营救零陵啊？现在我们的士卒精锐，人人都想为国立功。眼看郝普的性命难保，却苦等毫无希望的救援。如今我缜密计划安排好兵力，用来攻城，过不了一天，就会将城攻破，城破之后，他自己死了还不算，让百岁的老母受人诛杀，我猜想他是不知道外面的情况，还以为有外援依靠，所以才坚守到今天。您可前去见他，告诉他现在的情况。"邓玄之于是前去郝普，把吕蒙的话转告给郝普，郝普听后决定投降。邓玄之先出城向吕蒙汇报，说郝普随后就来。吕蒙预先吩咐四位将领，等郝普一出城，他们马上进去守住城门。一会儿郝普出了城，吕蒙迎上去握着他的手问候，同他一起下船。寒暄完毕，取出孙权写给他的信让郝普看，高兴得哈哈大笑。郝普看了信，才知刘备驻扎在公安，而关羽近在益阳，惭愧悔恨，恨不得钻入地下。

（三）智取荆州

鲁肃去世后，鲁肃军马万余人全归吕蒙节制。吕蒙与关羽一人管理荆州一部分土地，边界相接，他深知关羽枭雄，有吞并东吴之心，况且关羽在东吴上游，共同治理荆州的形势不会长久。起初，鲁肃等考虑到曹操尚在，对双方都构成威胁，孙、刘两家应当同心同德共同抵抗曹操，不能相互背离。吕蒙于是对孙权说："关羽君臣，玩弄欺骗手段，不能把他们当作知心朋友看待。现在关羽没有攻打我们，是因为您的圣明、善战的武将还在。现在趁我们还身体强壮的时候攻取整个荆州，才是上策，一旦我们老死，想再出兵去打仗，恐怕就没什么希望了！"孙权很赞赏吕蒙的观点。

后来关羽征讨樊城，留下部分兵力驻守公安、南郡。吕蒙上奏孙权指出："关羽攻樊城而留下许多防守的部队。必定是担心我攻击他的后方。我时常患病，请分派一部分兵力回建业，以我治病为名。关羽听到这一消息后，必定撤走留守后方的部队，派他们去攻打襄阳。那时我们大部队从水路迅速出击，蜀军后方空虚，则南郡可得，而关羽也就可以抓获了。"孙权依照吕蒙的计策实行，果然抓获了关羽父子,平定了荆州。

吕蒙设计擒获关羽后,劝降不成,将他杀死,不久自己就身患重病,孙权派人将吕蒙接到自己的内殿治疗,并悬赏能医好吕蒙的病的人千两黄金,但这些没有任何作用,吕蒙四十二岁时病死在孙权的内殿。

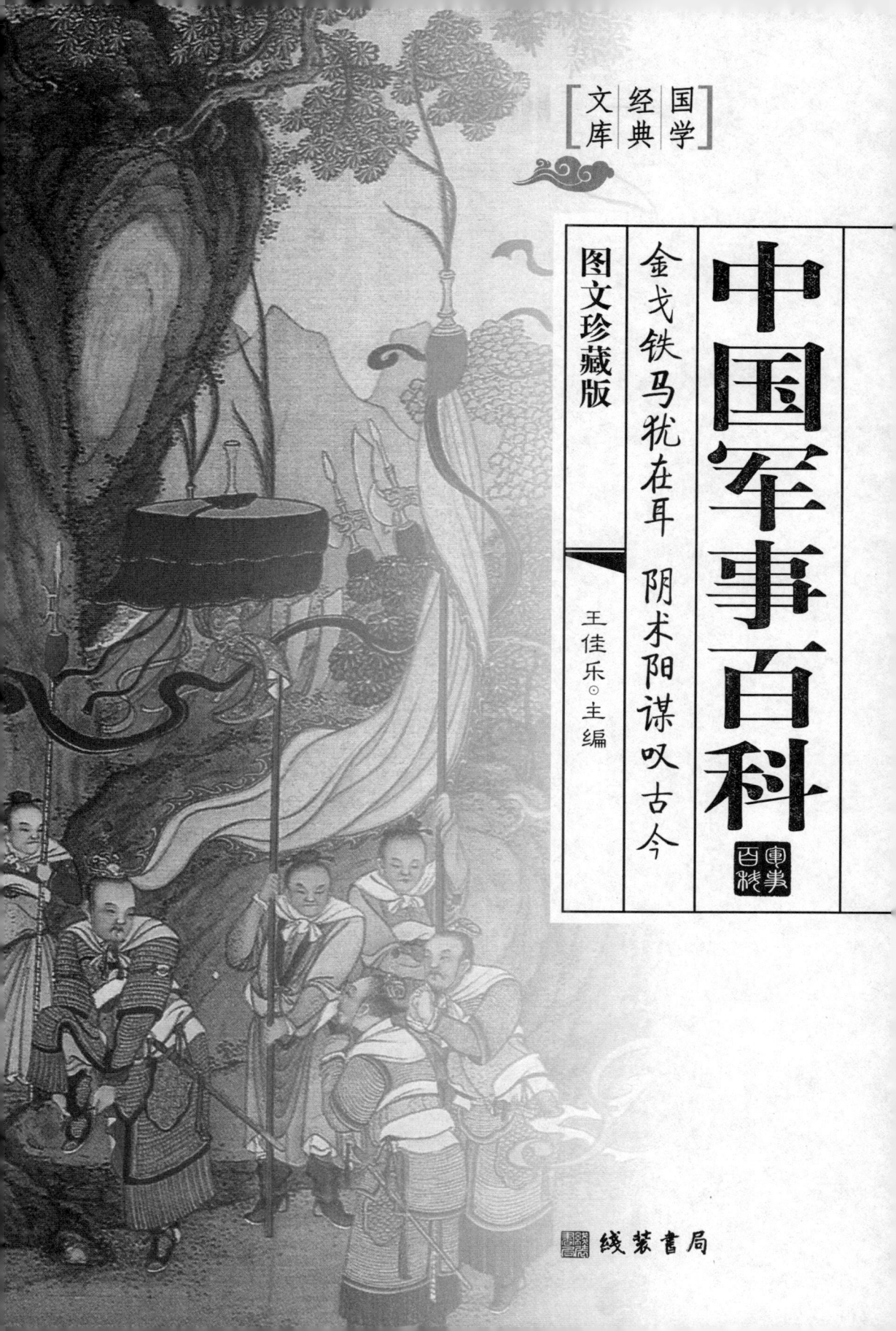

国学经典文库

图文珍藏版

金戈铁马犹在耳 阴术阳谋叹古今

中国军事百科

王佳乐◎主编

线装书局

十四、司马懿

司马懿（公元178年~251年）字仲达。河南温县人。出身于东汉世家大族，年少时"聪朗多大略，博学洽闻"，受到当时一些著名人士的赞赏。曹操做丞相后，闻知司马懿的才名，征召他为文学掾。后升为主簿。曹操受封为魏王后，司马懿任太子中庶子，经常与太子曹丕计议军政要事。"每与大谋，辄有奇策。为太子所信重"。曹丕称帝后，封司马懿为河津亭侯，任丞相长史，深得信赖。曹丕临终前，授命他与曹真，陈群共同辅政。是三国后期的重要政治家和军事家。

司马懿

（一）信道兼行讨孟达

太和元年（公元227年）六月，司马懿奉旨屯驻宛城，加督荆、豫二州诸军事。时有驻在上庸的新城太守孟达暗中联络吴、蜀二国，企图反叛。孟达是降魏的蜀将，蜀相诸葛亮认为他反复无常，故意将其反叛的计划泄漏出去，以逼促他起事。孟达得知计划泄漏后，准备立即举兵反叛。司马懿便致书孟达说：国家委将军以"图蜀"的重任，所以诸葛亮欲离间将军是很明显的。孟达接书后大喜，对于举兵之事犹豫不决。司马懿决定秘密发兵征讨，诸将认为孟达与吴、蜀交往密切，宜观望而后动。司马懿说："达无信义，此其相疑之时也，当及其未定促决之。"即亲率大军倍道兼行，仅八日已到上庸城下，吴蜀两国闻讯后派兵来救，司马懿已分兵拒守要地，截断了救援通道。

当初孟达曾在给诸葛亮的信中说："上庸偏远，举兵起事后，魏国派军讨伐，需要一个月的时间。"及司马懿兵到城下，孟达又致书诸葛亮说："吾举事八日，而兵至城下，何其神速也！"孟达仓促之间，准备不足。而司马懿分兵八道，四面围攻，日夜不停。上庸城中军心大乱，孟达部将开城出降，魏军杀死孟达，俘获万余人，平定叛乱，凯旋而归。

（二）对垒不战拒诸葛

太和五年（公元 231 年）蜀相诸葛亮第四次北伐，进军祁山。司马懿奉旨西调，屯驻长安，都督雍梁二州诸军事，领兵与诸葛亮相抗。诸葛亮闻知魏国大军将至，移兵上邦收取熟麦。魏军诸将惧怕诸葛亮一旦粮足，难以抵御。司马懿说："亮虑多决少，必安营自固，然后刈麦，吾得二日兼行足矣"。于是率军轻装急行，连夜赶赴上邦，诸葛亮击败魏军郭淮等部，司马懿收缩兵马，依险拒守。蜀军求战不得，粮草难继，遂撤军而退。司马懿领兵随后跟进，却不与蜀军交战。魏军张郃、贾栩等数次请战，司马懿只是不准。魏将都说："公畏蜀如虎，奈天下笑何！"司马懿无奈，遣将出城，为蜀军击败，司马懿还保本营。此时，诸葛亮接到李严假传的退兵圣旨，引军而退。司马懿派张郃追击，为蜀伏兵射杀。

青龙二年（公元 234 年），诸葛亮率军十万，再次北伐，兵至渭水南面的五丈原。司马懿领兵来到渭水南岸，背水扎营与蜀军对垒相持。蜀军数次挑战，司马懿总是坚守不战。诸葛亮为此送给司马懿妇女服饰，讥讽他犹如女子一般惧战。魏军将士也甚为不满，司马懿为稳定军心，上表请战。朝廷不准，还派来大臣辛毗持节制止魏军出战，诸葛亮对此评论说："彼本无战心，所以固请者，以示武于其众耳。将在军，君命有所不受，能制吾岂千里而请战邪"！司马懿虽坚守不战，但心中有数，知道蜀军难以持久。在多方探查蜀军情形，特别是诸葛亮的情况后，司马懿在给其弟的信中说："亮志大而不见机，多谋而少决，好兵而无权，虽提卒十万，已坠吾画中，破之必矣"。魏蜀两军对垒百余日后，诸葛亮病逝军中，蜀军秘不发丧，烧营退走。司马懿率军追赶。蜀军反旗鸣鼓，做出转退为攻的样势。司马懿不敢穷追，蜀军结阵而去。司马懿又查看蜀军中营垒，见图书粮谷都已丢弃，才肯定诸葛亮已死，再下令急迫，蜀军早已走远。当时百姓传诵谚语："死诸葛走生仲达"。司马懿听后笑道："吾便料生，不便料死故也"。

（三）悬军远征平辽东

景初元年（公元 237 年）辽东太守公孙渊反叛魏国，自称燕王。次年，司马懿奉旨率步骑四万远征辽东。大军途径温县家乡时，司马懿感慨作歌："天地开辟，日月重光。遭遇际会，毕力遐方。将扫群秽，还过故乡。肃清万里，总齐八荒。告成归老，待罪舞阳。"

魏军经孤竹，越碣石，进至辽水，公孙渊遣军数万，沿辽水南北扎营六七十里，坚壁拒守，抵御魏军。司马懿观察敌势后，先派部分人马多列旗鼓，虚张声势佯攻敌军营南。当辽东守军精锐皆赴营南拒守时，司马懿亲率主力悄悄乘船渡过辽水，逼近敌军营北，司马懿并不下令攻打敌营，仅傍辽水修长围，即带领大军弃敌而直趋襄平。诸将不解其故，司马懿说："贼坚营高垒，欲以老吾兵也，攻之正入其计。……贼大众在此，则剿窟虚矣。我直指襄平，则人怀内惧，惧而求战破之必矣"。魏军整阵绕过敌营，辽东军见魏军已出其后，果然离营邀击魏军。司马懿对诸将说："所以不攻其营，正欲致此，不可失也"。命全军回兵反击，三战三捷，辽东军退保襄平，魏军扎营襄平城下，尚未合围，连日下雨，平地水深数尺。魏军惊恐，想移营避水。司马懿严令敢言移营者斩，军心乃定。辽东守军依仗水大，砍柴放牧，若无其事。魏军欲出击，司马懿不准，说我军远征，不怕敌攻，但怕敌走。现雨水未退，无法合围，如出营攻击，会惊走敌军，应示无能，以安敌心。

不久，雨停水退，魏军立即合围襄平，起土山，掘地道，使用各种方法，日夜急攻。公孙渊乞降不准，突围而走，被魏军追杀于梁水。魏军进入襄平，将十五岁以上的男子全部杀死。辽东平定后，司马懿班师而回。

（四）整军示攻退东吴

正始二年（公元241年）五月，东吴兵马分作数路，侵苟陂，围樊城，掠柤中。司马懿请求率军南征。朝中大臣认为吴军围樊，屯兵于坚城之下，有自破之势，不需出兵征讨。司马懿说："边城受敌而安坐庙堂，疆场骚动，众心疑惑，是社稷之大忧也"。

六月，司马懿督率诸军南下，大军临近樊城，司马懿认为南方湿热，不宜持久，命轻骑向吴军挑战，吴军坚守不动。于是魏军休整兵马，挑选精锐，募集勇士，申明号令，演练战法，以示必攻。吴军得知后，连夜撤围退兵。魏军紧随其后，追到三州口，斩获吴军万余人，收其舟船军资而还。

吴将诸葛恪屯兵于皖，经常侵扰魏境。司马懿准备率军进击。谋臣大多认为吴军囤积粮谷，据守坚城，如出兵远征，吴救援必至，届时进退两难，恐难取胜。司马懿说："贼之所长者水也，今攻其城，以观其变。若用其所长，弃城奔走，此为庙胜也。若敢固守，湖水冬浅，船不得行，势必弃水相救。由其所短，亦吾利也"，正始四年（公元243年）秋九月，魏军发兵攻皖，进至舒地，诸葛恪探知司马懿亲率魏军，大举来攻后,果然焚烧粮谷,放弃皖城,撤兵退走。

正始十年(公元249年)司马懿杀死大将军曹爽,掌握了魏国的实际政权。嘉平三年(公元251年)司马懿病死。他的孙子司马炎称帝建立晋朝后,尊司马懿为高祖宣皇帝。

(五)司马懿的军事思想

1.且耕且守,以农养战

三国之中,魏国的经济实力最为雄厚,这一则是因为魏国所占地域广阔,二则是由于曹操从起兵时起,就大兴屯田,发展农业生产。司马懿继承了曹操"农战"的思想,在原来"民屯"的基础上,进一步提出了"军屯"的主张。建安后期。司马懿任军司马时向曹操建议:"昔箕子陈谋,以食为首,今天下不耕者盖二十余万,非经国远筹也。虽戎甲未卷,自宜且耕且守"。意思是说古代名臣箕子认为治国之策,以食为先。如今当兵而不耕田的人有二十多万,这不是治理国家的长远办法。虽然战争还未结束。也应让军队自己一边耕种,一边守御。曹操接受了司马懿的建议,让军队在各自的驻地一面加强守卫,进行训练。一面开展屯田,种植粮食,取得了"务农积谷,国用丰赡"的良好效果。

司马懿还十分注重农田水利建设。青龙元年(公元233年)司马懿在驻守关中期间,开挖成国渠,修筑临晋陂,可灌溉农田数千顷,改善了关中的农业生产条件,充实了军用粮草的积蓄储备,使魏军得以顺利地实行"持久拒蜀"的方针。后来东吴发生灾荒,司马懿还从长安运去了五百万粮食救灾,由此也可以看出关中农业发展的成就是很大的。

正始二年(公元241年)司马懿支持邓艾在淮河南北大兴"军屯",先后开挖了广漕渠、淮阳渠、百尺渠,又在颍州南北修建渚陂,使淮北地区"仓庾相望,寿阳至于京师、农官屯兵连属焉"。

2.庙算于前,克敌于后

司马懿用兵长于庙算,他总是首先研究敌方的情况,特别是敌将的心理,找出其虚弱所在,而后决定自己的行动。蜀将关羽围攻襄樊,水淹七军,声势浩大。曹操欲迁都避敌,司马懿献策说:"禁军为水所没,非战守之所失……孙权、刘备,外亲内疏,羽之得意,权所不愿也,可喻权所,令掎其后,则樊围自解"。曹操依计而行。孙权果然派兵偷袭荆州,关羽不得不撤围退兵。

孟达欲举兵反叛的事情泄漏后,司马懿判断孟达正处于想反未反,犹疑不定之时,遂寄书孟达,假意抚慰,表示信任,使他难下决心,而后趁其不备,突然发兵。

在关中拒蜀时,司马懿用各种方法了解蜀军情况,甚至诸葛亮的饮食起居,日常处事等细枝末节也详细询问,据此得出:"诸葛孔明其能久乎!"的结论,因而他对垒不战,直到诸葛亮病逝,蜀军自退。

在平定辽东公孙渊反叛前,司马懿分析了公孙渊可能采取的上、中、下三种对策,并指出:"惟明者能深度彼己,预有所弃,此非其所及也。今悬军远征,将谓不能持久,必先拒辽水而后守,此中下计也"。司马懿还计算了征辽东所需的时间,最后一举平定了辽东。

司马懿正是由于注重庙算谋胜,所以他在作战中虽然往往是动于敌后,却常常能克敌取胜。

3.审时度势,随情而变

司马懿用兵的另一个特点是重视时间因素和地理因素在战争中的作用。在关中拒蜀时,部下因陇右无粮,主张及早冬运。司马懿则指出:"亮每以粮少为恨,归必积谷,以吾料之。非三稔不能动矣"。他断定诸葛亮三年之内无力北伐,所以利用这段战争间隙争取了移民、开渠、修陂等措施,积蓄了粮草,做好了准备。

在平定孟达时,司马懿是倍道兼行,昼夜不息;在远征辽东时,他却是观而不攻缓而不进。部下不解,他曾解释道,孟达兵少粮多,我军兵众粮缺,所以需急攻破敌,而辽东敌军是兵多粮少,又遇大雨,不能合围,所以需缓敌安敌。这就是所谓"兵者诡道,善因事变"。这一急一缓显示出司马懿对战争中时间因素的掌握是相当得体的。

在诸葛亮第五次北伐时,魏军诸将欲住渭北,司马懿认为:"百姓积聚皆在渭南,此必争之地也"。于是他率军渡渭,背水为垒,并对诸将说:"亮若勇者,当出武功,依山而东,若西上五丈原,则诸军无事矣。"对地理形势的正确判断,使魏军卡住了蜀军的进攻通路,取得了防卫战的胜利。

在与吴军争夺皖城时,司马懿也是由于正确的分析了皖城的地理形势,利用冬季水浅,吴军难用所长的时机进兵皖城,从而迫使吴军弃城而退,正如司马懿所说:"兵书曰'成败,形也,安危,势也,形势,御众之要,不可以不审'"。

司马懿用兵善于审时度势,随情而变,就连孙权也曾称赞他说:"司马公善用兵,变化若神,所向无前"。

十五、邓艾

邓艾(公元197年~264年)，字士载，义阳棘阳(河南南阳南)人。少年家贫而好学，成年后作一小官——稻田守丛草吏。他官职很小，却喜欢研究军事，"每见高山大泽。辄规度指画军营处所"。当时人们都讥笑他，他不在意，仍然处处留心军国大事。后来邓艾作典农纲纪，偶然因事见到司马懿，受到赏识，任他为橡，又迁尚书郎。

邓艾

(一)积谷备战

司马懿的重用使邓艾的才干有了用武之地。为解决军粮问题，邓艾奉命巡行淮南地区。他见到当地田良水少，建议开挖河渠。用以引水灌溉，通行运粮。并写了《济河论》来阐明他的主张。邓艾还向司马懿提出了在淮南、淮北"且田且守"实行军屯的建议。邓艾这个屯田积谷储备军资，节省运兵输粮费用的方案，从今天看来是既节约巨额耗费，又增强国家实力，可以形成良性循环的系统，具有相当高的科学性。司马懿很赞成他的意见，下令施行。

正始二年(公元241年)，魏国按照邓艾的建议在淮河南北逐步开挖及扩展漕渠，整修水利工程，引黄河入汴水，浇灌东南诸陂，同时大兴屯田，储备军粮。此后，"每东南有事，大军兴众，泛舟而下，达于江淮，资食有储而无水害，艾所建也"。

邓艾始终主张发展经济生产，以增强国家实力。他曾上书说："国之所急，惟农与战。国富则兵强，兵强则我胜，然农者，胜之本也。孔子曰'足食足兵'，食在兵前也"。由于他的主张符合司马懿的思想，在司马懿的主持下，魏国的经济有了较大的发展。为后来吞灭蜀、吴统一灭下建立了物质基础。邓艾在自己的任所内更是积极实行"农为胜之本"的方针。史书说："艾所在。荒野开辟，军民并丰"。

（二）陇右拒蜀

正元二年（公元 255 年），蜀国大将军姜维大破魏国雍州刺史王经于洮西（洮水之西），魏军伤亡数万。蜀军围攻狄道（甘肃临洮）不克后，退驻钟堤（临洮南）。洮西之败，陇右震动。魏国任命刚刚平定贯丘俭、文钦之乱的邓艾为安西将军，领护东羌校尉，调至陇右统军抗拒姜维。邓艾到任后，魏军将领大多认为蜀军作战已久，无力再出。邓艾对将领们分析敌我双方的情况说：第一，洮西战败，损伤严重，故敌军有乘胜之势，我方有虚弱之实。第二，敌军上下相习，武器精良，而我方将易兵新，装备不足。第三，敌军乘船，我方陆行，劳逸不同。第四，敌军专攻一地，而我方须分守四处。第五，祁山已经麦熟，敌军会来争粮。敌人狡猾，必将前来。邓艾下令，加强警戒，准备迎敌。不久，姜维果然率军进向祁山，得知邓艾已有戒备后，转向南安。邓艾又先据武城山，挡住蜀军进兵之路，随后在段谷击败姜维。邓艾此次大败姜维，魏国称他"国威震于巴蜀，武声扬于江、岷"升任邓艾为震西将军，都督陇右诸军事，进封邓侯。邓艾驻守陇右又迁征西将军，六、七年间击退姜维数次进攻，迫使姜维退往沓中，（甘肃舟曲西北），大量消耗了蜀国的实力，为魏国最后攻灭蜀国做好了准备。

（三）阴平奇袭

景元四年（公元 263 年），魏国决定大举伐蜀。大将军司马昭为主帅，镇西将军钟会率军攻取汉中，征西将军邓艾率军牵制沓中的姜维，雍州史诸葛绪领兵截断姜维归蜀之路。

邓艾按照计划调兵遣将分路攻打驻守沓中的姜维主力。姜维探知魏军钟会已入汉中，急忙率军退还，中途设计调开堵截的魏将诸葛绪，进入剑阁拒守。钟会大军久攻不下，粮草将尽，准备撤兵回归。邓艾上言建议：乘蜀军新败，由阴平小道绕过剑阁，奇兵冲其腹心"掩其空虚，破之必矣"。当年冬十月，邓艾选精良士卒一万，从阴平进入崇山峻岭中的无人之地，凿山通道，架设便桥，连续行军七百余里。沿途"山高谷深，至为艰险，又粮运将匮，濒于危殆"。在无路可行的峰顶，邓艾率先用毛毡裹身，滚转而下，全军随之依法向前。在绝岩峭壁间的小径，邓艾带头"攀木缘崖，鱼贯而进"，终于突破天险，进至江油（四川江油北）。蜀军守将马邈见魏军犹如从天而降，大惊失措，开城请降。

邓艾率军急进,蜀卫将军诸葛瞻退守绵竹(四川绵竹东南)列阵以待。邓艾命子邓忠、司马师纂分从左、右攻击蜀军。魏军接战不利,退回,对邓艾说敌不可击,邓艾大怒说:"存亡之分,在此一举,何不可之有?"欲斩邓忠、师纂。二将领命驰还更战,大破蜀军,杀死诸葛瞻。魏军乘胜追击,长驱直入,逼近成都,蜀国后主刘禅出降,蜀国灭亡。

邓艾灭蜀后,上言司马昭建议留军蜀中,自行治理。钟会等人借机诬陷邓艾谋反,"诏书槛车征艾",邓艾父子最后终于被朝廷杀死。

邓艾为魏国后期名将,他屯田开渠,储备军资的战略思想和越险奇袭,攻敌腹心的作战方法在军事史上都是有其价值的。

十六、高颎

高颎(?~公元607年),又名敏,字昭玄,渤海郡蓨县(河北景县)人。北周郡州(湖北荆门)刺史高宾之子。自幼"明敏,有器局,略涉书史,尤善辞令"。十七岁时,被齐王宇文献任为记室(类似现代秘书)。周武帝宇文邕在位时,袭爵武阳县伯,任内使上士。不久,又迁下大夫。曾随宇文邕参加了平齐之役,后又随越王宇文盛参加了平定汾州(山西隰县)稽胡帅刘受罗干之役。扬州总管、隋国公杨坚任左大丞相,掌握了北周王朝军政实权之后,因"素知颎强明,又习兵事,多计略",于是任高颎为相府司录,成为杨坚心腹,深受重用。从此高颎青云直上,得以出谋划策,施展其聪明才智。一生最主要的军事活动,即辅佐杨坚平定相州总管尉迟迥之乱及参加领导灭陈的统一战争。他是我国隋代著名的军事谋略家。

高颎

(一)击灭尉迟迥为杨坚代周扫清障碍

杨坚出身于关陇贵族集团上层,是北周实力最强的军事统帅。他对宇文氏的统治,早就有取而代之的企图。当宣帝宇文赟在位时,统治集团的内部矛盾,已日趋激化,经常相互杀害。以至"内外恐惧,人不自安,皆求苟免,莫有固志,重足累息,以逮于终"。杨坚乘宇文赟去世、其八岁幼子宇文阐即位之机。将军、政大权,总揽己手。不仅"百官总已以听于左大丞相",而且都督中外诸军事。他为了收揽人心、巩固地位,实施了政治改革,并设法削弱宇文氏的势力,更换部分地方军事将领,为进一步夺取帝位铺平道路。但当时还有一些手握兵权的地方军事将领,仍忠于宇文氏,不肯交出兵权,并起而反抗。最先发难而兵力又最强的是相州(河南安阳)总管尉迟迥。他联合其弟、青州(山东益都)总管尉迟勤,发动河北、山东州兵反对杨坚,派其子尉迟惇,率步骑八万,进屯武德(河南武涉北)。杨坚派遣新任命为相州总管的韦孝宽为行军元帅,统关中兵进击尉迟迥。但当进至河阳(河南孟县)时,所属各军,"莫敢先进",形成对峙。这是关系到杨坚生死存亡的一次作战,所以他非常着急。拟派心腹人员监军,以加强领导力量。但左右皆畏难推辞,不肯担任。高颎遂自告奋勇,主动请行,杨坚大喜。高颎受命后,不及亲向母亲辞行,即束装就道。高颎到军后,立即在沁水架桥,作进军准备。尉迟惇于上流施放火筏(以大木联结为筏,积薪燃火于上),企图烧桥。高颎对此早有准备,预设土狗于水中,拦截火筏,保护了桥梁。尉迟迥沿汾水布阵,长达二十余里,为了实施半渡而击,下令部队稍向后移,高颎利用敌军后撤的机会,指挥全军迅速通过桥梁,过后即将桥焚毁,以绝将士反顾之心。在韦孝宽及高颎的指挥下,全军奋勇进击,大败尉迟惇军。乘胜追击,包围了邺(河北磁县南)城。高颎又与宇文忻等共同谋划,大破尉迟迥,迥兵败自杀。杨坚代周道路上的主要障碍,被高颎扫除。这次作战,反映了高颎勇于任事,知难而进,且富于谋略,因此,更得到杨坚的宠信和重用,进位柱国,改封义宁县公,迁相府司马。

(二)献策灭陈为统一全国创造条件

杨坚代周、建立了隋王朝后,任命高颎为尚书左仆射,兼纳言,进位渤海郡公,成为隋文帝杨坚在军、政方面的主要助手。

经过二百多年的南北对峙后,饱受割据战争之苦的广大人民,迫切要求统一。这时,通过均田制的推行和政治、军事的改革,北方的经济发展,已恢复到等于、甚至超过南方的水平,隋王朝的军事实力,也已超过了南方,而且由于杨坚等汉族地主掌握了政权,南北对立的民族性矛盾也已消失,统一全国的历史任务,已落在隋王朝肩上。当时统一的主要任务,是消灭江南的陈王朝。

杨坚即帝位后,即有"并江南之志",在高颎推荐之下,开皇元年(公元 581 年)

三月,以贺若弼为吴州总管,镇广陵(江苏扬州);以韩擒虎为庐州总管,镇庐江(安徽庐江西南),做灭陈准备。九月,"以上柱国、薛国公长孙览,上柱国、宋安公元景山,并为行军元帅以伐陈,"而命高颍为统帅,节制各军。适逢陈宣帝陈顼病死,高颍以"理不伐丧"为理由,请求撤军。高颍此举,甚有远见。其时隋朝初建,国内尚未巩固,北方又有突厥威胁侧背,南北同时用兵,困难甚大。他认为灭陈时机尚未成熟,所以才借故停止进军。

杨坚向高颍询问灭陈之策时,高颍说:"江北地寒,田收差晚,江南水田早熟。量彼收获之际,微征士马,声言掩袭。彼必屯兵守御,足得废其农时。彼既聚兵,我便解甲,再三若此,彼以为常。后更集兵,彼必不信,犹豫之顷,我乃济师,登陆而战,兵气益倍。又江南土薄,舍多茅竹,所有储积,皆非地窖。若密遣行人,因风纵火,待彼修立,复更烧之。不出数年,自可财力俱尽。"高颍的这一建议,既继承了伍员所使用的,"亟(屡)肆以罢(疲)之,多方以误之,既罢而后,以三军继之"的谋略思想,又吸收了孙武所主张的"火攻"敌人粮草辎重等战法的精神,而且有新发展。他企图用"示形"及破坏等手段,从精神及物质两个方面削弱敌人的战争潜力,以为进一步渡江灭陈、统一全国奠定坚实的基础,同时也为发动进攻时实施突然袭击创造有利的条件。

杨坚采纳了高颍的策略,一切俱如高颍所料,不到数年,陈国的经济日趋困乏,军队士气日渐衰落,守江部队的警惕性完全丧失。开皇八年(公元588年)十月,杨坚任命晋王杨广为统军最高元帅,高颍为元帅长史(统帅部幕僚长,类似现代参谋长),开始灭陈的组织准备工作。十一月间,隋军以陈都建康为中心,水、陆七路,先后开始行动。仅用两月时间,至开皇九年(公元589年)正月,即攻占建康,灭掉陈国,获得战争的完全胜利。高颍因军功加授上柱国,晋爵齐国公。

高颍在灭陈战争中,虽然从未直接统军作战,但他在战争中所起的作用,却极为重要。从战略上说,他提出灭陈策略于战争准备之前;从战役上说,他运筹帷幄、辅佐杨广参与领导工作于战争实施之中。整个战争的准备与实施,都包括有高颍的谋略因素。而且,灭陈战争中战功卓著的两员大将,贺若弼和韩擒虎,都是在高颍的推荐下被重用的。据史载,杨坚即位之初,即"有并吞江南之志,问将帅于高颍,颍荐弼与擒虎,故置于南边使潜为经略"。高颍甚至向杨坚说:"朝臣之内,文武才干,无若贺若弼者"。事实证明,高颍的推荐,对灭陈之战的胜利,是起了相当的作用的。这从另一方面反映出高颍不仅有较强的谋略之才,而且有甚好的知人之明。

（三）刚正不阿终遭杀身之祸

高颎既是一个深晓谋略的军事家，也是一个严守封建道德规范的地主阶级政治家。自从得到杨坚的赏识后，即怀着报知遇之恩的心情，竭诚尽忠于杨氏王朝。他不阿谀，不逢迎，却为此惹祸杀身。灭陈之战时，高颎首入健康，杨广欲纳陈叔宝宠妃张丽华，高颎从维护隋统治出发，认为"武王灭殷，戮妲己。今平陈国，不宜取丽华"，竟将张丽华斩首。杨广大为恼怒，发誓必将报复。杨坚欲废杨勇，改立杨广为太子。高颎站在传嫡的封建正统立场上，说"长幼有序，其可废乎"，这不仅惹恼了杨广，也使杨坚不满。后来杨坚议伐辽东，高颎又力谏不可，更违杨坚之意。杨坚命汉王杨谅为元帅，高颎为元帅长史，统军进攻辽东，结果因阴雨及疾病等原因不利而还。杨谅也因高颎在主持军务时秉公专擅、不听谅言而向杨坚进谗，终于被杨坚借故将其免官，后又除名为民。杨广即位为帝后，为进行报复，先任高颎为太常，不久，即以"谤讪朝政"的罪名，将其杀死。后人评论他说："有文武大略，明达世务。及蒙任寄之后，竭诚尽节，进引贞良，以天下为己任。……当朝执政将二十年，朝野推服，物无异议。治政升平，颎之力也。"

十七、李靖

李靖（公元571年～649年），唐初大将，著名军事家。本名药师，京兆三原（陕西三原东北）人。精通兵法，素为其舅父隋朝名将韩擒虎所称道。隋末曾任马邑郡丞。唐高祖李渊攻克长安时降唐，颇受重用。高祖时，为行军总管，随李孝恭征服萧铣。又以副帅身份辅佐李孝恭平定辅公祏。太宗时，历任兵部尚书，尚书右仆射等职，先后率军击溃东突厥、吐谷浑等，战功卓著，封卫国公。他的著作，据《新（旧）唐书·艺文志》著录有《六军镜》三卷，原书已失，只杜佑所著《通典》中，保存了一部分内容。

李靖

（一）李靖佐李孝恭平萧铣

萧铣，南朝梁宝的后裔，隋末，割据江南，领有东至九江（江西九江），西抵三峡（湖北宜昌），南尽交趾（越南境内），北距汉川（汉水）的广大地域，拥兵四十万，自称梁帝，都江陵（湖北江陵）。

李靖自随唐太宗李世民讨平王世充之后，即受命至荆州，安辑萧铣，他深入研究了萧铣的情况，于武德四年（公元 621 年），向高祖李渊呈献"图萧铣十策"，为李渊所采纳，命李孝恭为夔州总管，大造战船，编练水军准备伐梁。又派李靖为行军总管并摄李孝恭的行军长史（类近代参谋长）。又以孝恭作战经验不多，一切军务都责成李靖负责。

武德四年八月，唐军集中完毕，李靖分兵三路，向江陵进军：

——庐江王瑗为荆郢道行军总管，率军沿江东下，向江陵进攻；

——黔州刺史田世康出辰州（湖南沅陵），经武陵（洞庭湖西侧）向江陵进攻；

——黄州总管周法明，从黄州（湖北黄冈），经夏口（湖北武汉），向江陵进攻。

以上三路中，沿江而下的水陆军为主力，由李孝恭、李靖直接掌握。时值秋汛，江水猛涨，三峡路险。萧铣认为唐军必不能进，正"罢兵营农"，未加防备。九月，李孝恭、李靖率军东进，将过三峡，所属将领们却请暂停东进，以待水退。李靖说："兵贵神速，机不可失。现在我军刚集中，萧铣可能还不知道。如能乘江水大涨之势，突然兵临至城下，这就是迅雷不及掩耳之势，实为兵家上策。即使他已知我军东进，仓促征兵，也难以抵御，此去必能获胜。"李孝恭采纳了他的意见，与李靖率战舰二千余艘，急速东下，攻占荆门、宜都，进逼夷陵（湖北宜昌）。萧铣属下将领文士宏率精兵数万驻屯清江（湖北清江流入长江处），急来救援。李孝恭想进击士宏。李靖说："士宏是萧铣的健将，士卒骁勇。今新失荆门，倾巢出动，必然想拼个死活，这叫'救败之师'，是难以硬拼硬打的。我们最好停泊在大江南岸，不和他硬拼硬打。过些时候，他必定会分兵几处，留部分兵力抵挡我军，主力疲惫，后退而自守，兵分势弱，那时，我再乘其懈怠疲惫而击之，就必能击败他了。"李孝恭不采纳他这个意见，亲率主力与文士宏战于清江口，留李靖在江南守营。结果，孝恭大败，奔回南岸。士宏舟师弃舟抢掠，每人都背着抢来的财物，负担很重。李靖乘机派兵出击，大败士宏，俘获船舰四百余艘，斩杀万余人，追至百里州（湖北枝江附近江中）。士宏收集残部再战，又被打败。李靖率轻兵五千为先锋，直逼江陵，孝恭率大军跟进。

萧铣正"罢兵营农",江陵只有宿卫数千人,闻士宏败,唐军至,大惧。仓促在江南征兵,但因路途遥远,又为田世康所牵制,不能很快集中。唐军到江陵后,迅速攻入外城,布长围困之。又攻破水城,俘获大批船舰,按李靖命令,都弃于江中,随水漂流东下。萧铣从长江下游征调来的援兵,见舟船随水漂流而下,以为江陵已破,迟疑不敢前进。萧铣日夜盼望的援军不到,只得开城投降。李靖严格约束军队,唐军入城,秋毫无犯,南方州县,闻风而降。接着,李靖又受命安抚岭南。武德五年,岭南诸军,都归降于唐。

(二)镇压辅公祏

武德六年(公元623年)八月,辅公祏在丹阳(江苏南京)举兵反唐。唐高祖李渊以李孝恭为帅,李靖为副,率七总管,从大江南北围攻。

辅公祏主力以总管冯慧亮、陈当世,率舟师三万驻屯博望山(安徽当涂西南江畔),用铁链截断长江。在东岸筑"却月城"长十余里,在西岸筑堡垒群;另以陈政通、徐绍宗率步骑三万,驻屯青林山(安徽当涂东南)与慧亮相互策应。自己率军守丹阳城。

武德七年春,江南唐军李孝恭、李靖两路分别攻克鹊头镇(安徽桐陵北)、宣州(安徽宣城),向当涂会师;江北李世勣,任瑰分别攻占芜湖(安徽芜湖)、江都(江苏扬州)。与辅公祏军展开了当涂会战。会战前,李孝恭召集诸将讨论进军事宜。多数人认为:"慧亮、政通皆拥强兵,据水陆之险,为不战之计。城栅已固,攻之不可猝拔,不如直攻丹阳,掩其巢穴。丹阳已溃,慧亮等自溃矣。"李孝恭想采纳此议,但李靖说:"公祏精锐。虽在水陆二军,然其自统之兵亦皆劲勇。慧亮等城栅尚不可攻,公祏已保石头(城)岂应易拔?若我师至丹阳,留停旬月,进则公祏未平,退则慧亮为患,腹背受敌,此危道也。慧亮、政通,皆百战余贼,必不惮于野战,只为公祏主计,使其持重,欲不战以老我师耳。我出其不意而攻其城,必破。"孝恭采纳了李靖的建议,先攻慧亮。派兵断绝其粮道,又设下诱敌出击之计:以老弱攻城,精锐列阵于其后,诱敌出击,然后以主力袭击之。大破其军。政通弃青林山而走,与慧亮共守博望山。孝恭乘胜攻之,破其别镇。政通、慧亮率部乘夜退走,孝恭穷追不舍,转战百余里,斩获很多。慧亮、政通仅率十余骑逃回丹阳。李靖率轻骑首先追至丹阳,公祏惶恐,率军弃城东走,唐军穷追不舍,辅军溃败。辅公祏逃至武康(浙江武康），为"野人"所获，执送唐军。至此，江南全部归唐，李靖任江南行台兵部尚书。

（三）击灭突厥颉利可汗

东突厥颉利可汗，自持兵强马壮，多次侵犯唐境。唐太宗即位之初，颉利可汗，兵临渭水。逼得太宗李世民采用李靖建议："请倾府库赂以求和"。"渭水之耻"，使李世民励精图治，以求富强。对突厥，不轻于启衅，必待其分裂势孤，然后用兵。

贞观三年（公元629年）十一月，颉利可汗入侵河西各州，被唐军击退。李世民部署五路大军追击。李靖受命为定襄道行军总管，出定襄（山西定襄）。其他四路，分别出营州（辽宁朝阳）云中（山西大同），金河（内蒙古清水河）。五路兵马共十余万，都受李靖调度。总目标是肃清阴山山脉的突厥势力。

贞观四年（公元630年）正月，李靖率骁骑三千从马邑（山西朔县），出敌不意地进军至恶阳岭（内蒙古和林格尔南）。颉利大惧，认为唐军倾国而来，一日数惊。李靖派人离间其心腹，其亲信康苏密来降。接着又夜袭大利城（内蒙古和林格尔西北）。破城后，俘获原隋代王子杨正道和炀帝的萧后，送回长安。颉利退保铁山（内蒙古固阳北），派报矢思力入见太宗谢罪，请举国内附，身自入朝。太宗派鸿胪卿唐俭等前往招抚，并诏李靖往迎颉利。李靖军至白道（内蒙古呼和浩特市北）与李世勣会师，共同商议趁此时机，选精骑一万，前往奔袭颉利。定计后，李靖即乘夜急进，李世勣在其后跟进。二月初八日李靖军进至阴山，遇突厥千余账，急袭后将其俘获，随军前进。这时颉利已见到唐使者唐俭，放下心未做戒备。李靖命苏定方率二百骑兵为先锋，乘夜雾而进，至颉利牙帐附近时，颉利才发觉。苏定方急驰袭击，李靖大军接着到达，突厥溃散，唐俭逃归。李靖斩首万余，俘取十万口。颉利率余众万余奔苏尼失小可汗。苏尼失降唐，将颉利执送唐军。至此，漠南全部平定。太宗嘉慰李靖说："卿以三千精骑深入虏廷，克复定襄，威震北狄，古今所未有。足报渭水之耻矣。"被封为代国公。

（四）西征吐谷浑

吐谷浑族，活动于青海地区，以游牧为生，其都城在伏俟城（青海共和西北），经常侵扰唐陇西。贞观八年（公元643年）三月，吐谷浑可汗伏允侵扰边境，唐派段志玄、樊兴率军沿黄河两岸进击，击破吐谷浑，追奔八百余里。但唐军刚一回师，吐谷浑又接踵而至。

贞观九年初，太宗又派李靖为西海道行军大总管，统帅五路大军，沿黄河两岸，向伏俟城进攻。在库山(青海天峻南)大破吐谷浑军，伏允向西溃逃。当时，诸将都认为春草未生，马已羸瘦，不可深入。而李靖决计乘其溃逃，穷追猛打。分兵两路，亲率主力由北道追击；以侯君集与汪道宗由南路追击。在曼头山、赤水源等地连破敌军。追至伏俟城时，伏允又弃城西走。李靖与侯君集在大非川(青海共和西南)会师后，再次击破吐谷浑防御。伏允帅千余骑逃入柴达木盆地沙漠中，李靖派契苾何力率骁骑千余，进入沙漠追击，袭破伏允帐，斩杀数千人，俘获伏允的妻子。伏允只身西逃，为其左右所杀，全部平定了吐谷浑。

(五)李靖用兵思想的时代特点

从上述四个李靖生平作战的辉煌胜利中，可以把李靖用兵思想的特点大致归纳为："出敌不意，快速奔袭，穷追猛打。"他乘秋水猛涨，出萧铣之不意，快速奔袭江陵；他在镇压辅公祏之战中力主"出其不意，攻击慧亮之城栅"，破慧亮后，又率轻骑急追至丹阳，击灭辅公祏。李渊称赞他说："李靖是萧铣、辅公祏膏肓，古之名将，韩、白、卫、霍，岂能及也。"也不为太过。他在平突厥时，首先出敌不意地进至恶阳岭，夜袭定襄，特别是乘唐俭出使突厥，颉利放松戒备之机，亲率精骑，急速奔袭，遂擒颉利可汗，确有"进不求名，退不避罪"的大将风度。西征吐谷浑时，不顾"春草未生，马已羸瘦"而穷追猛打，进入沙漠，彻底歼敌。这些，都是其军事思想的具体体现。

李靖这种"出敌不意，快速奔袭，穷追猛打"的用兵思想，并不仅为李靖所独有，例如李世民在浅水源和鼠雀谷等战役中，其用兵思想也与李靖极其相似。足以说明这种用兵思想标志着当时军事思想的新潮流。它一方面，继承了《孙子兵法》："出其不意，攻其不备"，"兵因敌而制胜"的传统思想；另一方面，又结合时代特点，学习隋末农民大起义中，农民军灵活机动的战略战术，特别是用轻骑兵(胸甲骑兵)取代了自魏晋南北朝以来的重装骑兵(人马全部披甲)，从而发挥了骑兵所固有的快速机动能力，创造了具有其时代特征的战略战术思想，并在战争实践中，通过检验而取得成功。李靖这种用兵思想产生的时代背景，则是隋末农民大起义中，起义军以高昂的士气，灵活机动的战略战术。打垮了以重装骑兵为主的隋朝军队，也摧垮了重装骑兵赖以存在的世族门阀制度和部族私兵制。所以说：李靖用兵思想的特点，是唐朝军事思想新潮流中一股有代表性的主流。

（六）李靖军事著作残篇

李靖的军事著作，据《新（旧）唐书·艺文志》著录有《六军镜》三卷。《宋史·艺文志》也有同样著录。此外，《宋史·艺文志》还著录有：《卫国公手记》一卷，《李靖韬钤秘术》一卷。都已失传，只《通典》引文中保存了部分内容。清代学者汪宗沂据《通典》引文，参照杜牧《孙子注》引文等辑成《卫公兵法辑本》一册。虽属"语录"式的断简残篇，也可略窥李靖兵法的概貌。全书分为上、中、下三卷。上卷为将务兵谋；中卷为部伍营阵；下卷为攻守战具。从中可看出其军事思想和特点：

1."用兵上神，战贵其速。"这是李靖用兵的指导思想。前述李靖在其辉煌的战争实践中，就是以"出奇制胜，远程奔袭，穷追猛打"等急速的手段而取得成功的。他继承了《孙子》："兵因敌而制胜"的精神，又结合其当代战争的特点，把自己的经验，上升成为理论。用以指导当时的战争实践，取得了超乎前人的成就。

2.李靖创造了"七军六花阵"包括方阵（横队），圆阵（六边队形），雁行（梯次配备），直阵（纵队）等队形。继承了《孙膑十阵》的精神，结合唐军七军编制，创造了其特有的阵法。李靖基层单位（队）的战斗队形，基本上是采用楔形队形，也就是《孙膑·十阵》中的"锥行之阵"。锥行之阵是进攻队形的一种形式，便于突破、分割敌人阵势。在此之前，进攻一般是采用方阵。李靖把"锥之阵"用作经常的战斗队形，是个创举。也说明他在战斗中，勇于对敌进行突破与分割的攻击精神。

3.李靖还首创了纵队战术的理论。他说："诸贼徒恃险因山布阵，不得横列，兵士分立，宜为竖阵。其阵法：弩手、弓手与战锋队相间引前（按一队弩手，一队弓手，一队战锋。然后又是一队弩手、一队弓手、一队战锋的次序前进。）两驻队两边相翊（掩护翼侧）。布列既定，……闻鼓声发诸军弩手、弓手及战锋队，各令人捉马，一时笼枪大叫齐入……"这种用纵队直接投入战斗的战法，在西方由拿破仑把它发展到极为完善的地步，在耶拿会战中，取得了巨大的胜利。恩格斯说："纵队比横队易于保持秩序，甚至当纵队已被打乱时，它仍能以较密集的队伍进行……抵抗；纵队比较容易指挥，能更好地为指挥官所掌握，并能更迅速地运动……最重要的结果是，采用纵队这种特殊的众兵作战形式，就能把整个转动不灵的旧的线式战斗队形分为若干单独的部分，它们都具有一定的独立性，能使总的规定适合于当时的情况。其中每一部分可由所有的三个兵种组成，纵队具有充足的灵活性，可以采取各种办法使用各部分兵力。"

4.李靖还首创了逐次抵抗,交互掩护的撤退方法。他说:"诸兵马被贼围绕,抽拔须设方计,一时齐拔,贼即逐背挥戈,因此必败。其兵共贼相持(即与敌接触的部队),事须抽拔者,即须隔一队抽一队,所抽之队去旧队百步以下,遂便立队,令持戈、枪、刀、棒并弓弩等,张施待贼。张施了,即抽前队(撤出前面的部队),如贼来逼,所张弓弩等人即放箭奋击。如其贼止不来,其所抽队便过(通过掩护阵地)向前百步以下,遂便准前立队(照前述方法摆开阵势),张施弓弩等待贼,既张施,准前抽前队,隔次立阵,即免被贼奔蹙。"这种逐次抵抗,交互掩护的撤退方法,至今仍在采用。李靖在一千多年前就创立这种战法,确是难能可贵的。

总之,李靖以其对古代兵法的精通,结合其自己丰富的战争实践经验,在战略、战术上不止继承了前人的优秀遗产,加以灵活地运用而且有所创造有所发展,在军事思想发展史上,是一个里程碑。

十八、李勣

李勣(公元 594 年~669 年),本姓徐,名世勣,字懋公。原系瓦岗军重要将领,后归唐,赐姓李。为避李世民讳,去世字改单名。李勣祖籍曹州离孤(山东菏泽西北),隋末徙居滑州之卫南(河南滑东县)。自幼勇武而有谋略。十七岁时,从翟让起义于瓦岗寨(河南滑县南),对瓦岗军的发展壮大,曾做出过重要贡献。入唐后,被任为黎阳(河南浚县东)总管。后在与窦建德作战中战败投降。武德三年(公元620 年)又主动归唐,深得李世民的信任。曾随李世民平窦建德,降王世充,破刘黑闼、徐圆朗、辅公祐等,在唐王朝统一全国战争中屡立战功。李世民即位后,任并州(山西太原)都督。曾参加平定东突厥,击降薛延陀和征服高丽等诸战,在唐王朝巩固边疆的战争中,功勋卓著,是我国唐代杰出的军事将领。

(一)瓦岗军中的良将

瓦岗起义之初,对如何解决军需给养,尚无明确的方针。李勣建议翟让,应避免在本郡地方强征,以取得附近人民的支持,可截夺往来于通济渠上的船只。他说:"今此土地是公及勣乡壤,人多相识,不宜自相侵掠。且宋、郑两郡,地管御河,商旅往还,船乘不绝,就彼邀击,足以自相资助。"翟让采纳了李勣的建议,"引众人二郡界,掠公私船,资用丰给,附者益众",很快发展到一万余人,为瓦岗军的发展,奠定了良好的基础。

大业十二年(公元616年),翟让采纳李密所提先取洛阳外围,尔后"席卷二京"西向发展的战略方针,攻略了荥阳附近郡县及金隄关时,隋炀帝杨广派著名勇将张须陀率隋军精锐两万,进击瓦岗军。由于过去瓦岗军与张须陀部多次交战不利,翟让竟产生了惧怕心理,准备逃避。由于李密的坚持,才勉强应战。在李密策划下,李勣与李密、王伯当所部,将张须陀部包围于大海寺附近,"勣与频战,竟斩须陀于阵",并歼敌大部,获得了与隋军主力部队作战的第一次大捷。这是决定瓦岗军今后能否进一步发展的一次关键性战役,李勣做出了重要的贡献。

大业十三年(公元617年),山东、河南发生水灾,"饿殍满野","死者日数万人"。此时李密已被翟让推举为瓦岗军领袖,李勣为利用时机,进一步争取人民拥护和扩大军事实力,向李密建议夺取黎阳仓(河南浚县东),他说:"天下大乱,本为饥馑,今更得黎阳仓(前此已夺占兴洛仓及回洛仓),大事济矣。"李密接受了他的建议,派他率所部五千人,自原武(河南原阳西)渡黄河,召集附近各小支起义军,共同袭占黎阳仓。开仓任饥民

李勣

就食。旬日间扩军二十余万,附近郡县,纷纷投诚。连当时河北实力最强的农民军领袖窦建德,也"遣使附密",使瓦岗军的实力与威望,均达于顶峰。

武德元年(公元618年),隋禁军统帅宇文化及,在江都发动兵变,杀死炀帝杨广,统军北进。当其到达滑台(江南滑县)时,李勣正驻屯黎阳,兵力仅有五千。当时宇文部共十万人,又是隋军主力精锐,为了缩小阵地,集中兵力,确保粮仓,李勣放弃黎阳,退守黎阳仓城,"于城外掘深沟以固守"。宇文化及渡黄河后,即包围了黎阳仓城。"设攻具,四面攻仓。"但由于外壕的障碍,始终"不得至城下"。李勣在宇文军受阻于壕外之机,利用外壕,挖掘地道,进行出击。宇文军大败而去。李勣这种以守为主、以攻为辅的防御作战指导,相当成功。

（二）工统一战中的"韩、白"

武德二年（公元619年），瓦岗军在北邙失败后，李密率余部投唐。此时李勣仍据黎阳，并依然统治着瓦岗旧境。他审时度势，决定也归附于唐。但他不肯用自己的名义献地邀功，他向长史郭孝恪说："魏公既归大唐，今此人众土地，魏公所有也。吾若上表献之，即是利主之败，自为己功，以邀富贵，吾所耻也。今宜具录州县名数及军人户口，总启魏公，听公自献，此则魏公之功也"。于是派使者向李密报告。唐高祖李渊得知这一情况后，非常赏识李勣的做法，赞他"感德推功，实纯臣也"。李姓即李渊所赐，并任其为黎阳总管，继续留镇黎阳，统辖河南、山东地区的唐军。当年冬，窦建德军攻破黎阳，李勣被迫投降，但不久即率所部复归于唐。

武德三年（公元620年）后，李勣即跟随李世民参加统一中国的战争。当年七月，进军洛阳攻王世充。十月间，李勣接替投诚总管郭庆据守管州（河南郑州），击退王世充之子、王玄应的进攻；又说服荥阳守将魏陆投诚，并率军迎回投诚的阳城（河南登封东）守将王雄等各部。在肃清洛阳外围隋军残余方面，立有功绩。武德四年（公元621年），李勣东略地至虎牢，俘荆王行本。又从李世民击败窦建德，击降王世充。据史载，回军长安后，"论功行赏，秦王（李世民）为上将，勣为下将，皆服金甲，乘戎辂，告捷于庙。"

窦建德失败之后，其旧将刘黑闼，于当年冬起兵反唐，很快又重占河北。李勣在李世民指挥下，参加作战，经四月激战，刘黑闼于武德五年（公元622年）十一月败逃突厥，河北平定。此时，窦建德旧将徐圆朗，亦已在降唐后复叛，据兖州反唐。李勣被任命为河南大总管，率兵征讨。不久，徐圆朗逃走，山东亦平，武德六年（公元623年），李勣又率精兵一万，随李孝恭攻辅公祏，至次年三月，俘斩辅公祏，江南平定。

从李勣归唐，至平定辅公祏，李勣虽未出任主帅，但唐王朝统一战争的这一阶段所有战役，李勣都参加了。因战功昭著，累迁为左监门大将军，后人说他"用兵多筹算，料敌应变，皆契事机"。李世民更赞扬他和李靖："古之韩（信）、白（起）、卫（青）、霍（去病）岂能及也。"这虽不免有过誉之嫌，但确也接近事实。

（三）保卫边疆的长城

当唐王朝致力于削平中原各反对势力、无暇北顾之际，北方各少数民族的地方政权,日益强大。其中尤以颉利可汗统治的东突厥实力尤强,经常侵扰唐境,有时深入腹地,危及关中。武德八年(公元625年)时,东突厥攻扰并州(山西汾水中游地区),深入至太原以南。李渊任命李勣为行军总管,进行反击,在太谷(山西太谷)一举击退敌军。太宗李世民即位不及一月,颉利可汗率军十万大举南下,直抵渭水便桥之北,与长安隔水相望。颉利派心腹执矢思力谒太宗,意存威胁,并探虚实。李世民扣住思力,率六骑至渭水南岸与颉利对话,责其失约,并多置疑兵,使旌旗蔽野,鼙鼓相闻,大张声势。颉利认为唐已有备,请和而回。但李世民从此即开始进行反击的准备,派李勣为并州总管,坐镇太原,经管北方,以巩固边疆。

贞观三年(公元629年),李世民乘东突厥及其所控制的各少数民族之间发生严重对抗,又值频年大雪,六畜多死,国中大馁的有利时机,发动了全面的反击。以李勣为通汉道行军总管,兵部尚书李靖为定襄道行军总管。华州刺史柴绍为金河道行军总管,灵州大都督薛万徹为畅武道行军总管,合兵十余万,在李靖统一指挥下分路出击。李勣所部由云中(山西大同)北进,在白道(内蒙古呼和浩特北)击败突厥军后与李靖合师。当时颉利战败,企图以请和为掩护,争取时间,以便退走。李勣对李靖说:"颉利虽败,人众尚多,若走渡碛(退走漠北)。保于九姓。道遥阻深,追则难及。今诏使唐俭至彼,其必驰备,我等随后袭之,此不战而平贼矣。"李靖认为正合己意,遂决定分两梯队乘夜进击。当李靖率军进至距突厥营地仅七里许时,突厥方始发觉。李靖遂发起猛烈进攻,颉利大败溃逃。此时李勣已迂回至突厥退走漠北必经的碛口(内蒙古二连浩特西)切断了颉利等的退路。突厥军众在部落酋长的率领下,纷纷投降。颉利亦于逃至沙钵罗部时,被唐行军副总管张宝相俘获。此役李勣俘五万余人,东突厥犯边的威胁,终于解除。唐王朝的北部边疆,得到一定程度的巩固。在李勣坐镇太原的先后十六年中,突厥未再进行扰掠,北方赖之以安。李世民曾对其将臣说:"隋炀帝不能精选贤良,安抚边境,唯解筑长城以备突厥,情识之惑,一至于此。朕今委任李世勣(即李勣)于并州,遂使突厥畏威遁走,塞垣安静,岂不胜远筑长城耶。"

贞观十五年(公元641年),李勣被升任兵部尚书,主管全国军务。但在尚未到任时,薛延陀之子大度设率骑兵八万,侵掠已臣服的突厥李思摩部。李勣受命为朔州(山西朔县)行军总管,统兵六万,与营州都督张俭、右卫大将军李亮、右屯卫大将军张士贵、凉州都督李袭誉等,分路击薛延陀。李勣与大度设所率三万骑兵在长城遭遇。大度设北退,李勣选精骑六千跟踪猛追,在青山(内蒙古呼和浩特市北大青山一带)激战,薛延陀军大败,大度设逃走,李勣军斩首三千,俘五万余,薛延陀遣使降唐。唐王朝的北部边疆,得到了进一步的巩固。

北部边境基本稳定之后,李世民将战略方向转于东北。贞观十八年(公元644年),高丽盖苏文杀高丽王,自立为首领,并南结北济,进攻新罗。新罗向唐请援。李世民决心率军亲征。七月间派营州(辽宁朝阳)都督张俭为先遣军,进攻辽东。十一月间,命张亮为平壤道行军大总管,率兵四万、战船五百,由莱州(山东掖县)渡海趋平壤;命李勣为辽东道行军大总管,率步骑六万,由陆路直趋辽东,企图水陆合击,一举攻占高丽。李勣连续攻占盖牟(辽宁抚顺东)、辽东(辽宁辽阳)、白崖(辽宁辽阳东)等城,并以围城打援的作战指导,于破城前先歼其援军。战争延续近年,并未能实现原来的战略企图。至次年十月,因粮草将尽,天寒地冻,无力再攻,李世民下令撤军。

以后,李世民改用轮番攻扰,俟敌疲惫后再大举进攻的方针。贞观二十一年(公元647年)开始实施。李勣曾率三千精兵,攻扰南苏(辽宁新宾境)等城。贞观二十三年李世民病死,高宗李治即位。李勣被任命为洛州(河南洛阳)刺史,又"加开府仪同三司,会同中书门下,参掌机密。"乾封元年(公元666年),高丽盖苏文死,诸子发生内讧。李治乘机任命李勣为辽东道行军大总管,于当年末统水、陆大军进攻高丽。沿途势如破竹,连下十六城。总章元年(公元668年)攻破平壤,设安东督护府后撤军,被派往辽东视察的贾言忠向李治报告前方将领功绩时,说:"然夙夜小心,忘身忧国,皆莫及李勣也。"李勣回朝后于次年病死,当时年七十六岁。

(四)作战指导上的特点

李勣仕唐,身历三朝,深得李渊、李世民及李治祖孙三代的信任。他自奉俭约,不事产业,任事忠诚谨慎,不计个人恩怨。如李密因杀翟让时亦伤李勣,故而在失败后不敢走依李勣。但李勣却在李密投唐后,将献地之功推于李密,不记私怨。李勣还对人谦虚,闻人有片善,掌扼腕而从。每战胜,必推功于下,得财帛,尽散之士卒,所以他治军虽严,而人皆乐为之用。他自己曾总结个人一生说:"我年十二三时为亡(无)赖贼,逢人则杀;十四五为难当贼,有所不惬则杀人;十七八岁为佳贼,临阵乃杀之;二十为大将,用兵以救人死。"他戎马一生,身经百战,机智英勇,多谋善断,是一位文武兼备的军事将领。他的一生不仅对唐王朝的建立和巩固,曾做出过贡献;在客观上对我国民族之间的文化、经济交流及融合,也曾起过一定的作用。

他在作战指导方面，主要特点大致有三：

1.具有战争全局观点。李勣在作战指导上，常能着眼于全局，从发展上看问题。如他在瓦岗时，向翟让建议西进御河，截取官、商财物以资军需；向李密建议夺取黎阳仓赈济灾民，以及建议李靖远程奔袭颉利以彻底歼灭东突厥军等，都是着眼于全局，着眼于未来。对瓦岗军的扩大群众基础、发展军事实力，以及对唐王朝边境的长治久安，都起了一定的积极作用。

2.善于选择打击目标。李勣每战，都要认真地判断敌情，然后选定敌军要害，作为攻击目标。如征高丽之役，李勣在进入辽东之前，就对部将说："新城，高丽西边要害，不先得之，余城未易取也"。于是集中力量先破新城，以后乘势进击，连下十六城，一举攻占平壤，获得了胜利。

3.善于根据不同情况采用不同战法。后人说李勣指挥作战能"临敌应变，动合事机"，是符合事实的。如保卫黎阳仓之战时，他根据敌军系隋军主力，而且在兵力对比上众寡悬殊，于是就决定退出黎阳，集中兵力防守仓城；又根据敌军"乏食"，"利于速战"的情况，在仓城四周深挖外壕，坚壁不出。一俟敌军攻城顿挫，士气衰落，即用地道实施突然反击，终于胜利地完成防御任务。又如对突厥之战，针对敌军可能退走的情况，采用远程迂回行动，先据碛口，终于歼灭敌军等，都证明李勣在作战指导上机动灵活，善于因势利导。

十九、郭子仪

郭子仪（公元691年~781年）。唐代中期杰出的军事将领。身兼将相六十余年。历官四朝（玄宗、肃宗、代宗、德宗），曾长期担负唐廷军政重任，统军作战。功勋卓著，表现出有较高的军事指挥才能，历史上评价他"天下以身为安危者殆二十年"。

（一）身世和生平

郭子仪，华州郑县（陕西华县）人。其父郭敬之，历任绥、渭、桂、寿、泗等五州刺史。在家庭影响下，自幼喜习武艺，研读兵法，成年后身材魁梧，以优异成绩考中武举，开始了他终生的戎马生涯。这时正处于所谓开元、天宝"盛世"。实际由于唐玄宗的骄奢淫逸,国家已危机四伏。郭子仪成长在这样时代背景里,有志成为领兵作战的将领,为国出力。

郭子仪于天宝初年,以武举高等补左卫长史,天宝八年(公元749年)升任横塞军使(驻地在今内蒙古乌拉特前旗西)。天宝十三年,改称天德军使,并兼九原(乌拉特前旗北)太守、朔方节度右兵马使。他勤操兵马,捍卫疆土。天宝十四年(公元755)野心勃勃、身兼平卢(辽宁朝阳)、范阳(北京市)、河东(山西太原)三镇节度使的安禄山,利用唐玄宗统治日趋腐朽,唐朝内地多年不习征战,防务空虚,士无斗志的机会,自范阳起兵,以讨杨国忠为名,企图推翻唐廷。叛军很快渡过黄河,在潼关击溃唐军二十万,进占长安,玄宗逃往四川。时郭子仪以灵武郡太守、充朔方(宁夏一带)节度使,率本军东讨,曾破叛将史思明于河北。肃宗李亨即位灵武(宁夏灵武)后,任郭子仪为兵部尚书,同中书门下平章事,综理全国平叛战事。至德二年(公元757年),以关内、河东副元帅名义,联合回纥兵,统众规复长安、洛阳及河东、河西、河南诸州县,以功勋特著,进位中书令。上元三年(公元762年),加封汾阳郡王。广德元年(公元763年),吐蕃又侵占京师,唐代宗东逃,郭子仪收合亡散,收复西京。部将河北

郭子仪

副元帅仆固怀恩叛变,纠合回纥、吐蕃以攻唐。郭子仪说服回纥联唐,大败吐蕃军,稳定了关中局势。大历十四年(公元779年)代宗病死,德宗李适即位。他被尊为尚父,并加太尉兼中书令,但罢去兵权。建中二年(公元781年),郭子仪病死,终年八十五岁。

郭子仪忠于唐廷,尽心任事,虽为上将,拥强兵,有大臣谗毁百端,但一纸诏书,无不即日就道,因而谗谤不行,威信甚高,及于叛将。当遣使至田承嗣所,承嗣指膝向使者说:"兹膝不屈于人若干岁矣,今为公拜。"又李灵曜据汴州为乱。公私物过汴者皆劫去。惟郭子仪的物品不敢动。郭子仪御下宽厚,赏罚必信,人乐为其用,麾下宿将数十,皆至王侯贵官;募府六十余人,后皆为将相显吏。后人评论他说:"功盖天下而主不疑,位极人臣而众不疾,穷奢极欲而人不非之"。

（二）主要军事活动

1.出师初告捷

安禄山起兵后，郭子仪时任朔方节度使，以本道兵出讨，子仪首先到单于府收编了静边军，杀叛将周万顷，继而攻败河曲（山西永济西）叛将高秀岩。安禄山起兵以来没有吃过败仗，闻讯大惊。乃派薛忠义率精骑来攻。郭子仪派将迎战，设伏以陷，坑杀薛部精骑七千。并乘胜收复云中（山西大同）、马邑（山西朔县）。扫清东去道路。初步挫伤叛军士气，鼓舞了唐军士气。

2.同心定河北

安禄山叛军所至，烧杀掠抢，庐舍为空，其残暴激起人民怨恨，奋起自卫。常山（河北正定）太守颜杲卿，恐叛军直趋潼关，危及关中，应从弟平原（山东陵县）太守颜真卿之约，联合起兵，断敌归路，以威胁叛军进兵，先后有十七个郡群起响应。唐廷命郭子仪、李光弼率朔方兵，去河北支援。郭、李原均为朔方节度使安思顺部将，素不相协，及朝廷有命，光弼疑惧，准备辞职，子仪主动对光弼说："今国乱主迁，非公不能北伐，岂怀私忿时邪！"，遂相勉以忠义，同心破敌。唐廷命郭子仪选良将一人分兵先出井陉，定河北。子仪荐李光弼，并分朔方兵万人与之。李光弼入河北后，时常山早已沦在敌手，故先收复常山，史思明率骑兵二万争夺常山，李光弼拒守四十余日，后史军断常山粮道，光弼向子仪求援。郭子仪昼夜兼程，赶来救援，在内外夹击下，史军大败，逃归范阳。

安禄山见史军兵败，即选精骑二万北救史思明，又发范阳等郡兵万余人助之。合兵约五万余人。郭子仪时在恒阳（河北灵寿）。史思明军至。子仪深沟高垒，采用"贼来则守，去则追之，昼则耀兵，夜斫其营"的疲惫、消耗敌军的战法以对付敌人。几天后，子仪与李光弼商议，认为敌人已经疲惫，出击时机成熟，于是发起出击，在嘉山（常山东）大败史思明军，杀敌四万余，俘千余人。河北十余郡皆杀贼将而降。军声大振。不仅遏制了叛军主力方面的攻势。而且隔断了叛军前线与根据地的联系，使"渔阳路再绝"动摇了叛军士气，使战略形势向唐军有利方面发展。

3.力战复两京

当安禄山叛军逼近潼关时，唐将哥舒翰尚握有重兵，主张坚守潼关，以待敌之内变。郭子仪、李光弼也认为"潼关大军，唯应固守以弊之"，并"请引兵北取范阳。覆其巢穴。"这种捣敌腹心的战略，本是可取的。奈唐玄宗惑于杨国忠谗言，逼令哥舒翰出潼关迎战,致在不利形势下,与敌作战,结果大败。叛军乘势攻占长安。其后,唐玄宗逃奔四川,肃宗在灵武即位。下诏令郭子仪回师勤王。郭子仪放弃北伐计划。率军五万人赶至灵武,唐军声势稍振,时人均寄复兴希望于郭子仪。此时,郭子仪以兵部尚书,同中书门下平章事职务担负全国军队统帅重任。首先击败叛将阿史那从礼对灵武的进攻,杀敌万余人,稳定了战时的统治中心。以后,郭子仪又收复了潼关、陕州(河南陕县)、蒲州(山西永济西),肃清了进攻长安道路上的障碍,切断叛军退路。至德二年(公元757年),叛军内讧,安禄山被其子安庆绪杀死。唐廷想趁机反攻。诏令郭子仪为司空,担任天下兵马副元帅,率领大军进攻长安。由于长安叛军以精骑夹击唐军,进攻受挫,退据武功(陕西武功东)。同年九月,郭子仪再次率军十五万人进攻长安,回纥也派太子叶护将精兵四千来助战,郭子仪深与结纳以团结对敌。郭子仪亲率中军,命李嗣业率前军,王思礼率后军,到长安西,列阵于香积寺(长安南)以北、沣水以东,作了有纵深的部署。并立即向对阵的十余万叛军发起进攻,初战唐军前军略有不利,阵形开始混乱。李嗣业乘叛军逼近抢夺辎重的机会,身先士卒,肉袒,执长刀,大呼奋击,杀叛军数十,稳住阵势,乘胜向叛军猛攻。此时埋伏在阵东的叛军,也为唐将仆固怀思率回纥兵击灭其大部,然后回纥兵又趋敌后,与主力夹攻叛军。半天血战,杀叛军六万多人,俘二万余人,残部逃避城内,又连夜弃城逃往陕州。次日,郭子仪进入长安城。

长安规复后,民气、军心大振。郭子仪乘胜向洛阳进军,先取华阴、弘农(河南灵宝)二郡。安庆绪当时据洛阳,派严庄、张通儒率十五万叛军在陕州西新店布阵,以迎战唐军。叛军依山而阵,居高临下,唐军初战不利,回纥兵适搜伏迂回到山顶,向下猛攻。郭子仪率军由正面猛击,前后夹攻,大败叛军。安庆绪军连续放弃陕州、洛阳,退据相州(河南安阳)。

两京的规复,政治上稳定了唐王朝垂危的形势,军事上由战略防御转入全面反攻,为扫平叛军奠定基础。

4.受挫失兵权

郭子仪规复两京,功高震主。朝廷对他有所疑忌,不敢再放胆使用。俟后作战,不设统帅,以郭子仪、李光弼、李嗣业、王思礼等人分以节度使名义进军,仅派宦官鱼朝恩以观军容使名义监军。鱼不懂军事,且素欺下媚上,因而唐廷对相州安庆绪的进攻,从部署上就种下了败机。

乾元元年(公元758年)十月,郭子仪率军渡河击败叛将安太清后,进围卫州

（河南汲县）。安庆绪率七万叛军来援，郭子仪使善射者三千人伏垒垣之内，命令说："我退。贼必逐我，汝乃登垒。鼓譟而射之"。于是以佯败诱敌，大败叛军。子仪乘胜追击，进克卫州，并在相州外围，再败叛军，前后斩杀三万人，俘千人，安庆绪入城固守。唐各道军共围之，安庆绪求援于史思明，甚至不惜以让位作条件。郭子仪等九节度使包围相州，高筑堡垒，挖堑三重，引水灌城，全城汪洋一片。又因缺粮，人心浮动，似乎旦夕可下。但唐军没有设主帅，诸军"进退无所禀"城中有欲降者，碍于深水也不得出。唐军久攻不下，军心懈怠。史思明率军五万援相州。双方激战中，大风忽起，吹沙拔木，天气灰暗，咫尺不能见，两军皆溃退。郭子仪以朔方军断河阳桥（洛阳东北）以保洛阳，子仪军损失甚重。史称："战马万匹，仅存三千；甲仗十万。遗弃殆尽。"相州之败的责任，鱼朝恩全推到郭子仪身上，肃宗昏庸，听信谗言，以李光弼代其为朔方节度、兵马元帅，召郭子仪回长安。

5.威望平叛乱

上元二年（公元 761 年），李光弼兵败邙山，河阳（河南孟县）失守。次年，河中军兵变，杀死将领李国贞、邓景山等，镇西、北庭也相继发生变乱，朝廷震动。深惧乱军与叛军联合，不得不起用郭子仪，以利用他的声望、才干去平定叛乱。因而进封郭子仪为汾阳郡王，任诸道节度行营兼兴平、定国副元帅，出镇绛州（山西新绛）。郭子仪到任后，先捕杀了杀死李国贞首犯王元振等数十人。太原辛云京闻郭子仪至，亦杀叛乱军士，表示服从郭子仪调遣。从而使动乱的河东诸镇稳定下来。同年四月，肃宗死，代宗即位，宦臣程元振忌郭子仪功高，屡进谗言。郭子仪再一次被罢副元帅职务，闲置京师。

广德元年（公元 763 年），唐廷调集各道兵围击安史叛军，收复河北，史朝义自杀，历时八年的"安史之乱"终于结束。但次年朔方节度使仆固怀恩叛变，派其子仆固玚先后进攻太原、榆次。代宗以仆固怀恩原为郭子仪部旧将，令子仪兼河东副元帅、河中节度使、镇河中。仆固玚在榆次为部将张惟岳所杀，张率众降子仪，仆固怀恩退据灵武。

郭子仪对当时形势判断准确。当仆固怀恩在灵武收集亡散，联合回纥、吐蕃兵共十万再次入犯时，京师震动。郭子仪却认为："怀恩无能为也"，他向代宗说："怀恩勇而少恩，士心不附，所以能入寇者，因思归之士耳。（怀恩部多关内、河东人）怀恩本臣偏禅，其麾下皆臣部曲，必不忍以锋刃相向，以此知其无能为也。"后来果如所料，不战而退。

6.计谋退吐蕃

广德元年(公元763年)十月,吐蕃攻唐,连续攻占河西、陇右、邠州、奉天、武功等地。代宗急命郭子仪为关内副元帅,出镇咸阳。子仪脱离军队已久,仓促奉命。召募人马仅得二十余人。当时吐蕃二十万人,连兵数十里,已逼近长安,代宗仓皇逃亡陕州,长安遂为吐蕃占领,他们"剽掠府库市里,焚闾舍,长安中萧然一空"。郭子仪去商州收集散兵,得四千人,军势稍振。代宗怕吐蕃出潼关,拟调郭子仪去陕州,子仪报称:"臣不收京城无以见陛下,若出兵蓝田,虏必不敢东向。"此后,各路兵虽先后到达,但和吐蕃相比,兵力仍甚悬殊,不能强攻,只能计取。郭子仪派孙全绪率军万人在韩公堆(陕西蓝田北)布阵,昼则击鼓呐喊,夜则火把遍野以迷惑吐蕃,并派将以轻骑渡过浐水,在长安城下巡游示威。民众传说郭子仪将从商州进取长安,吐蕃遂惧而思退。子仪复派人潜入长安城内,联络几百青少年,乘夜在街上击鼓呐喊"唐军已至!""郭令公来了!"。吐蕃大惊,连夜放弃长安,向西撤去,唐军顺利收复长安。

7.单骑说回纥

永泰元年(公元765年)九月,叛将仆固怀恩再次勾结吐蕃、回纥等共三十余万分几路向唐进攻,很快入关,逼近长安。代宗令郭子仪自河中移镇泾阳(西安北)。当时,子仪仅万人,被敌军重重包围,主力为回纥、吐蕃兵。子仪令诸将坚壁不出,据城固守。不久仆固怀恩死。吐蕃、回纥争为统帅,不相协调,分别扎营。郭子仪曾多次统帅回纥兵,素有威信。想利用二者矛盾,说服回纥共击吐蕃。先派人进行试探。回纥不信子仪在营,想亲见子仪以解疑。郭子仪遂决定亲晤回纥首领。诸将请以铁骑五百为卫队,子仪认为有害无益。其子郭晞也竭力劝阻,子仪说:"今战,则父子俱死而国家危;往以至诚与之言,或幸而见从,则四海之福也!不然,则身没而家全。"遂仅率数骑直趋回纥营,传呼"令公来!"。回纥帅药葛罗执弓矢立于阵前,子仪免胄解甲投枪而进。回纥各酋长见果系子仪,皆下马参拜。子仪向他们陈说利害,约联合以击吐蕃,饮酒定盟而回。吐蕃得知后,乘夜退走,回纥配合唐精骑追击,连败之于泾州东,杀吐蕃万余人,救出被掠士女四千人。

(三)郭子仪的大将风度

郭子仪为将数十年,大、小数百战。常能制胜,系唐朝安危于一身,达数十年,成为我国历史上有名的军事将领之一。他一生作为,颇具大将风度。最主要的有四点：

1.忠于唐王朝，任劳任怨。郭子仪忠于朝廷，有鞠躬尽瘁，死而后已的气概。虽多次为谗臣所害，朝廷所忌，都无二意；多次用而又免，免而再用，都无怨言；每临危受命，立即成行，而又能完成所命。在吐蕃破长安后，子仪临危为帅，最初仅得兵二十余人，苦心经营，终于召集流散，重振军声，最后击败吐蕃，规复长安；又如吐蕃再次会同回纥进攻长安，兵力号称三十万，而子仪仅率兵万人，兵力和吐蕃相比悬殊甚大，他不顾个人安危，单骑见回纥，都是他忠心爱国的表现。

2.心怀全局，不计个人得失。郭子仪有全局思想，不考虑个人处境和得失。安史叛乱初起，郭子仪以朔方兵战胜叛军于河北，他当时主张直去幽燕，以捣叛军腹心，这种很有全局观点的战略建议，未被唐玄宗接受，反令哥舒翰出兵潼关，以致惨败，战局向叛军有利变化了。又如吐蕃入长安，郭子仪在商州收集亡散。兵力稍振后，代宗调他去陕州护驾，但子仪认为及时收复长安是大局关键，知难而进，出蓝田，迫使吐蕃撤出长安。再如，仆固怀恩破安史之乱有功，朝廷无以赏功，郭子仪自请让出副元帅处之等等，都是他能顾全大局的表现。

3.胜不居功，败不诿过。郭子仪每大胜，朝廷予以重赏，常辞谢。如曾辞太尉、尚书令等官多次，这是他胜不居功的表现。相州之败，原非郭子仪的责任，但免去他的职务，他仍对王朝忠贞如前，不诿过于他人。

4.严于律己，宽以待人。郭子仪律己严，对人宽恕。如其亲属在代宗死葬严禁杀生的法律下，偷宰羊只，左金吾将军裴请报告朝廷惩治，有人说子仪功高应照顾他情面。郭子仪知道后，自己惩治了亲属并向裴谞致谢。又如其妻乳母之子犯法，被郭子仪的部将杀了。郭子仪的几个儿子均认为应该惩办该部将。子仪却坚决反对，认为那样做是不维护军法，不尊重将领。至于待人以诚，善恕人过等事例就更多了。

郭子仪具有以上大将风度，又能以身作则，而且治军有方，指挥有术，所以战能常胜，功勋卓著。

（四）郭子仪的指挥艺术

郭子仪因既有胆识，又富智谋，因而有相当高的军事指挥艺术水平。其较突出的有以下几点：

1.能深入分析情况，正确做出判断。在错综复杂的情况下，他能深入分析情况。如仆固怀思会合吐蕃、回纥等少数民族兵十余万逼近长安。子仪分析敌军"士心不附","所以能人寇,因思归之士"。并认为均系自己旧部,"必不忍以锋刃相向"。从而做出"知其无能为"的判断,故敢以劣势兵力迎击,终于取胜。又如吐蕃、回纥围攻泾阳,在极不利的情况下,他分析吐蕃和回纥的矛盾,认识自己在回纥军中的声威,因而果断地做出单骑见回纥的决定等等。

2.用兵持重,以巧取胜。郭子仪用兵持重,从不冒进,摸清情况后,以巧取胜,以计破敌,是其所长。如恒阳之战,大败史思明军。规复长安之役计退吐蕃军等,都是以谋略巧胜敌人。

3.善以伏兵夹击敌人。郭子仪在其用兵作战中,善于使用伏兵。如战薛忠义,就是以伏击坑杀薛部骑兵七千。又如陕州西新店之战,就是利用回纥兵,伏安庆绪军后,前后夹击,得以取胜的。卫州之战,以善射者设伏,大败叛军,更为伏击取胜的典型战例。

4.善于及时总结经验,改变战法。郭子仪用兵,善于总结得失,及时改变战法。如击安史规复长安之战,初次叛军利用长蛇阵,两翼席卷而败唐军。二次郭子仪就布阵三十里,并注意到两翼的保障和整个部署的韧性,就大败了安史叛军。

5.注意军食和练兵。郭子仪认为,要练好兵,要练兵作战,必须有充足的军粮,他深知"养兵千日,用兵一时"的道理。为了不增加人民负担,他驻军所在,亲自在练兵之余,督将兵耕种。因而河中地区,苗肥禾壮,军食充裕,训练出颇富有战斗力的军队。

总之,郭子仪通晓兵法,又不拘于兵法,多谋善战。在兵少、情况不利的情况下,也能打胜仗,而且胜不骄,败不馁,指挥从容若定。正因为如此,他才能成为我国历史上一代名将。

二十、岳飞

岳飞(公元1103年~1142年),字鹏举,相州汤阴(河南安阳)人。南宋初期的抗金名将。他英勇善战,足智多谋;治军公正严明,信赏必罚;用兵机动灵活,不拘常法;尤善于在野战中以步兵集团抗击骑兵集团的战法。在宋金战争中,屡建大功。"躬履行阵而胜者六十有八","其分遣诸将而胜者五十有八","自结发从军,……未尝败北"。其立志报国,忠贞不渝的高尚气节,也极为后世所景仰。是我

（一）战斗的一生

岳飞出身于贫苦农家。自幼天资聪敏，勤奋好学。据说他少年时就爱读《左氏春秋》和《孙子》《吴子》等兵书；并曾学习过"技击"、枪法和骑射。由于他体力过人而又肯于刻苦锻炼，所以能挽三百斤的强弓和开八石的腰弩。据说其技艺之高，"一县无敌"。为了谋生，他青年时期还曾当过庄客（佃农）和弓手。

1.应募从军　转战南北

宣和四年（公元1122年），宋为攻辽扩军募兵。二十岁的岳飞，应募为"敢战士"，在真定（河北正定）安抚使刘韐部下任基层小军官。后因父丧返乡未归。当金军灭辽后南进攻宋时，岳飞又投军抗金，后在兵马副元帅宗泽部下任初级军官。靖康元年（公元1126年），因越职"上书论事"获罪，被撤职免官。他遂投河北安抚使张所部，在河北一带抗金。宗泽任东京（河南开封）留守时，岳飞又返回宗泽部，在河南一带抗金作战。因战功由踏白使（类似突击队长）升统领、统制，成为宋军的中级将领。

建炎二年（公元1128年）七月，宗泽病逝，杜充接任留守。不久，即以"勤王"为名，率主力撤至江南建康（江苏南京）。建炎三年（公元1129年）冬，金军突破长江，杜充降敌，岳飞

岳飞

率所部退至广德、宜兴，收集宋军流散部队，在深入浙江地区的金军后方，进行游击作战，并于次年五月，在痛击北退金军的后卫部队后，收复了建康。由于岳飞屡建战功，声名渐著，引起南宋统治集团的重视，七月间被高宗赵构升为通泰镇抚使，兼知泰州（江苏泰州）。这时，岳飞已拥有军马万余，开始成为一支有独立作战能力的岳家军。

岳飞到达泰州不久，金军即包围了楚州（江苏淮安）。岳飞奉命率军往援，沿途战斗中虽曾三战三捷，但未俟到达，楚州已破，承州（江苏高邮）、扬州亦均已失陷，金军集中兵力进攻岳飞。岳飞孤军苦战，被迫南退，奉命撤至江阴军（江苏江

阴)担任江防。

2. 镇压反宋部队　收复襄阳六州

金军在建康、黄天荡等处受挫后,改变了直逼江南的战略,采用先取长江上游,尔后顺流东下的方针,集中主要兵力,转用于川陕方向;中原地区,则以伪齐军队牵制宋军。因而,江苏地区的压力相对减轻。赵构遂调岳飞随张俊讨伐江南"游寇"。所谓游寇,就是被金军击溃后逃至江南、不听宋王朝命令,到处流窜抢掠的宋军流散部队。绍兴元年(公元1131年),在江西击败了马进、李成,招降了张用。次年在湖南、广西又击败了兵力占优势的曹成。基本上肃清了江南的游寇。新上任的湖广宣抚使李纲,赞扬岳飞"治军严肃,能立奇功,近来之少得",认为岳飞"异时决为中兴名将"。

绍兴三年(公元1133年),岳飞又奉命镇压了吉州(江西吉安)、虔州(江西赣州)一带的农民起义军,先后攻破几百座山寨,俘编了大量农民军战士,被赵构升为江南西路舒蕲州制置使,并赐"精忠岳飞"战旗,将所部改编为中央直辖的神武后军,岳飞任都统制,已成为与韩世忠等齐名的大将。

当年十月,伪齐军先后占领了唐(河南唐县)、邓(河南邓州市)、隋(湖北随州)、郢(湖北钟祥)及襄阳、信阳等六州,控制了江汉地区,切断了川陕与江南的交通,并与位于洞庭湖的杨么军联合,准备配合行动,向南宋军进攻。岳飞当时驻屯于江州(江西九江)及兴国军(湖北阳新)地区。连续上奏赵构,指出"襄阳等六郡,为恢复中原基本,今当先取六郡,然后加兵湖湘";要求先发制人,立即率军溯江西上,击破伪齐军,收复六州,粉碎其与杨么军配合、南北夹击的计划。

在得到赵构批准后,岳飞于绍兴四年(公元1134年)五月初,率军西进。他肃立船头,庄严立誓:"飞不擒贼,不涉此江"!岳飞军迅速攻破郢州、随州、迫近襄阳。襄阳北齐守将,为被岳飞击败的原江南游寇李成,他率军出城迎战,大败溃逃,岳飞军乘胜占领襄阳。接着在新野、邓州又连败李成及来援的金军,攻破邓州、唐州、信阳,完全收复了六州,控制了汉水上游。岳飞这次出击,是南宋立国以来进行局部出击的一次较大的胜利,并第一次收复了大片国土。赵构升岳飞为清远军节度使,湖北路荆襄潭州制置使,移驻鄂州(湖北武昌)。

绍兴五年(公元'35年)四月,岳飞奉命镇压洞庭杨么农民军。他吸取了宋军攻杨么失败的教训,采取了边招边捕、以政治诱降为主、以军事进攻为辅的方针。终于镇压了持续三年之久的洞庭农民军,收编了精壮战士五、六万名,获大小船只几千艘。这时岳飞已有众十万,编为十二军,由神武后军改称为行营后护军,成为南宋五大主力军之一。赵构加封岳飞为检校少保,职荆湖南北、襄阳路招讨使。

在岳飞镇压杨么农民军的战斗中,双方都使用过"轮船"。这种船只是把桨楫改为桨轮使桨楫的间歇推进改为桨轮的回转推进(连续运转),是船舶推进技术上的一次重大进步。我国很早就使用"轮船"于战争,据史籍记载,唐德宗在位期间(公元780年~804年),唐将李皋在平定李希烈叛乱时,"运心巧思为战舰,挟二轮踏之,翔风鼓浪,疾若挂帆席"至南宋时,有了较大规模的发展。大型"轮船"长二三十丈,可容战士七八百人,有的桨轮多达二十四至二十六车。欧洲至十五、十六世纪才有"轮船"出现,比我国至少晚七八百年。

3.联结河朔　反攻中原

绍兴六年(公元1136年)下半年以后,岳飞曾几次北上,先后攻下镇汝军(河南鲁山)、虢州(河南卢氏)、商州(陕西商县)、蔡州(河南汝南)、伊阳(河南嵩县)等地。一度推进至黄河沿岸。但由于赵构禁止北进,只得撤军。当年又连续击退伪齐军的进攻,确保了六州地区的防地。赵构将岳飞的官阶由检校少保提升为太尉。

绍兴七年(公元1137年)十一月,金王朝废去刘豫,去消伪齐政权。岳飞陈诉"宜乘废豫之际,捣其不备,长驱以取中原",为赵构拒绝。赵构用秦桧等谋,于次年末与金签订和约,称臣纳贡。岳飞对此极为不满,借贺和议谢赦之机,上表言志,指出和议并不可恃,表示"臣愿定谋于全胜,期收地于两河。唾于燕云,终欲复仇而报国;誓心天地,当令稽首以称藩"当然不可能为赵构所接受。绍兴十年(公元1140年),金王朝毁约南下,分四路攻宋。这时赵构才被迫同意岳飞的反击建议,任命岳飞兼河南、北诸路招讨使,率军北进,并授予岳飞较大的指挥权,说"设施之方,一以委卿,朕不遥度"。

岳飞率军十万,分三路挺进中原,同时命梁兴渡河至敌后游击,与太行等地义军联络,袭击金军,切断道路,以与北上主力相呼应。六月末开始北进,至七月初,已收复淮宁(河南淮阳)、颍昌(河南许昌)、郑州、洛阳等地。不过一个月的时间,即席卷西京,兵临大河,形成对汴京金军主力的战略包围态势。此时岳飞所部,已较左、右翼友军突出。岳飞遂收缩兵力,向郾城、颍昌两地集结,作与金军主力决战的准备。

金军统帅宗弼,不待岳家军集结完毕,即于七月初八日发动进攻,集中精锐骑兵,指向郾城岳飞指挥部。金军以重甲骑兵"铁浮图"列阵中央,由正面突击,而以轻甲骑兵"拐子马"列于两翼,以准备实施迂回、包围。岳飞命直属精锐骑兵背嵬军及骑兵预备队游奕军协同,首先攻击金军两翼"拐子马",争取外线作战,使其无法进行迂回;而令手持麻札刀、大斧等兵器的步兵部队,冲击金军中央"铁浮图",专砍马足,以破坏其队形,阻止其突击。岳飞亲自参加战斗,激战至黄昏,金军被击退。初十日,宗弼集中兵力,再次来攻,又被岳飞击败。历史上称这次战役为郾城大捷。

宗弼不甘心于郾城之败,又集中十二万大军,于七月十三日,以一部牵制郾城,以主力进攻颍昌。岳飞派军驰援,经激烈战斗后,在援军与宋军的夹击下,金军再次大败。宗弼承认"撼山易,撼岳家军难"。此时插入敌后的游击军与各地义军纷纷响应,配合正面战场,袭击金军,并收复了许多州县。

正当岳飞节节胜利,金军准备放弃汴京北退时,赵构、秦桧等却下令淮北、陕西方面的宋军撤退,陷岳飞于孤军突出的不利地位,然后连续下达十二道金字牌,命令岳飞撤军。岳飞虽然极为怨愤,认为"十年之力,废于一旦",但迫于帝命及形势,不得不于七月下旬南撤,已收复的中原城镇,又为金军占领。

绍兴十一年(公元1141年)四月,赵构调岳飞及张俊、韩世宗至临安,解除他们的兵权,任岳飞为枢密副使。八月以所谓"不听朝廷指挥等罪名,罢岳飞枢密副使,"十月再以"谋反"罪下岳飞于狱;十一月宋、金再次达成和议,十二月二十九日以"莫须有"的罪名杀岳飞。当时岳飞才三十九岁。

(二)主要军事思想

1.战略上的积极防御思想

南宋初年的抗金战争,在战略上处于防御地位。采用什么样的战略方针,关系甚巨。岳飞虽然从未参与过南宋的战略决策,他的意见也从未对南宋决策集团起过真正的影响,但他在抗金战争战略上,是有自己的一套相当积极的防御思想的。主要表现在以下两点:

(1)建立有高度弹性的防御体系,以空间换取时间,转变力量对比,伺机转入反攻、进攻。

强攻弱守,是战争的一般规律。弱的一方为争取胜利,首先必须转化力量对比,而这并非一朝一夕可以完成。因而,在敌强己弱条件下进行防御,通常都力争进行持久战。为此,则要求战略防线必须有较大的纵深,必须是由许多能独立防守、又能相互依托及支援的要点组成的防御体系。这样不但能增强抗击敌人连续进攻的力量,增加防线的稳定性,而且可以提高防线的弹性:在敌人突破防线前沿时,可以依托纵深内的要点,继续抗击敌人,并能争取时间,集中力量,机动到敌人主攻方向上,伺机以战役进攻,消灭突入之敌,恢复防线。岳飞在这个问题上,有较为明确的设想,当汴京尚未陷落之前,一般多主防守黄河。岳飞则认为守黄河必须控制河北地区。他说:"国家都汴,恃河北以为固。苟冯(凭)据要冲,崎列重镇,一城受围,则诸城或挠或救,金人不能窥河南而京师根本之地固矣"。当黄河及汴京失守之后,宋王朝将阻止金军南下的希望,主要寄托在天险长江上,部署军队沿江岸设防。岳飞对此持有异议,他主张守江必守淮,认为只有将主力部署在江、淮地区,建成有高度弹性的防线,守住淮河,才能确保江南地区的安全。他在奏表中说:"但能守淮,何虑江东,江西哉。使淮境一失,天险既与虏共之矣,首尾数千里,必寸寸而守之,然后为安耶?"过去在保卫建康的问题上,他也曾建议过"益兵守淮,拱护腹心"。

防御的积极与消极,根本区别就在于是攻势防御或决战防御还是专守防御或单纯防御。积极防御,不仅包括有战役战斗上的反击,而且还包括有战略上的反攻和进攻。也就是说,在防御作战中不断消耗和消灭敌人,使力量对比转化后,要适时转入战略反攻和进攻。岳飞在这个问题上,也是非常明确的,由从军之初,即抱有以反攻"复归故地"的思想,始终坚持,至死未变。例如在收复襄阳六州问题上,赵构的目的,仅在于收复六州,以击破伪齐军以六州为基地"候麦熟聚兵南来"的企图,单纯着眼于防御。而岳飞则着眼于反攻。他在奏章中说:"襄阳六郡,地为险要,恢复中原,此为基本"。收复六州。目的不限于六州本身,而是以之为反攻基地,准备由此进军中原,"复归故地。"

岳飞的积极防御思想,不仅表现在反攻上,而且表现在抓住有利时机,由反攻转为进攻上。绍兴十年间,金军南进受挫,东西两翼均告失利,而岳飞反攻发展顺利,前锋进击至黄河,汴京金军主力处于战略包围之中,敌后人民义军,又纷纷起而响应,金军士气低落,形势对宋军极为有利。岳飞及时向赵构建议发动全线反攻,并提出应适时由反攻转为战略进攻。他上奏说:"金虏重兵尽聚东京,屡经败衄,锐气沮丧,内外震骇。闻之谍者,虏欲弃辎重,疾走渡河。况今豪杰向风,士卒用命,天时人事,强弱已见","伏望速降指挥,令诸路之兵,火急并进"。他提出的进攻目标,已不仅仅是恢复中原故土,而是要进攻金国腹心,夺回北宋建国前就已为辽国占去的燕云十六州土地。这在他的谢赦表中已有明确地表示,既要"期收地于两河",又要"唾手燕云……令(金)稽首以称藩"。

(2)重视人民抗金武装力量的重要作用,强调正面与敌后两个战场配合作战。

岳飞出身于社会下层,对人民群众的疾苦相当了解;在宋王朝南渡之前,又曾在河北地区参加过抗金游击作战,所以对人民抗金武装力量的重要作用,也有较深刻的理解。他认为:要使反攻取得胜利,恢复旧疆,收复中原,就必须有敌后义军和群众与正面战场正规军队互相配合、协同作战,才能成功。因而,在他的战略反攻计划中,始终强调"连结河朔",并经常派遣人员去敌后与义军领袖们进行联系;每次出击中原之前,都派出大量人员和小部队潜入敌后,发动义军与群众配合作战。例如绍兴十年的反攻中原之战,就是由于梁兴等先前的策动,造成大河南北抗金武装风起云涌的局面,发展到"自燕云以南,金号令不行,兀术欲签军以抗飞,河北无一人从者"的程度,对战争的胜利,起了很好的作用。岳飞的这种思想,是积极防御的战略思想,也是封建时代的先进军事思想,同时,也属于人民战争思想的范畴。

2.战役上的坚决进攻思想

宋王朝的军队,以步兵为主,对付强大的金军骑兵集团,习惯于打防守战。一般不敢集中兵力进行大规模的进攻战役。南宋初期的几位抗金名将,如韩世忠、刘琦、吴玠等人,虽然都曾建立过辉煌的战绩,但他们进行的,多是筑垒防守、依城野战或据险设伏等具有防御性质的战役。只有岳飞,能够冲破这种传统思想和作风的束缚,在战役上强调坚决进攻。他不仅在讨伐游寇、镇压农民军时以进攻为主,在对付金军骑兵集团作战时,也常常以进攻手段歼灭敌人。他对宋王朝在战役上也以防御为主的方针,有所批判。他认为"仅令自守以待敌,不敢远攻而求胜"的战役指导思想是消极的。他在襄阳时,就曾突破赵构不许越界出击的限令,组织了几次大的进攻战役,而且都获得了胜利。综观岳飞一生的战争实践,可以充分反映出他的战役指导思想是进攻、进攻、再进攻。在这一点上,他比他的同代人的军事思想,要略胜一筹。在整个宋代,是比较突出的。

3.战术上的"先谋""出奇"思想

岳飞在作战指挥上,极为重视智谋。他认为单凭勇气并没有必胜把握,只有将勇气和智谋结合起来,才能稳操胜券。他在张所部下任中军统制时,张所曾问他,以你的勇敢,大约能敌多少人?岳飞回答说:"勇不足恃,用兵在先定谋",并用历史上"樂枝曳柴以败荆,莫敖采樵以致绞"的战例,来说明胜利是由于"皆谋定也"。岳飞还善于集中群众的智慧共同决策。每次战前,只要情况许可,他总是要将各部将领召集起来研究作战计划,史书说他"欲有所举,尽召诸统制与谋,谋定而后战,故有胜无败"。

宋代的传统作战指导思想,往往是按阵图列阵进行战斗。岳飞在宗泽部下任将时,由于"每出必捷",颇得宗泽赏识。宗泽为进一步提高岳飞的指挥能力,曾对他说:"尔勇智才艺,古良将不能过,然好野战,非万全计",授他作战阵图,命他学习。岳飞不同意这种思想,他认为"兵家之要,在于出奇,不可测识始能取胜",因而他对宗泽说:"阵而后战,兵法之常,运用之妙,存乎一心"。由此可见,岳飞在战术运用上是反对囿于常规,主张机动灵活强调指挥者的运筹谋划的。

岳飞在思想上强调先谋后战,出奇制胜,在实践中也正是这样做的,以建炎初年的一些作战为例,他或者乘敌部署未定、立足未稳而突然出击;或者使用伏兵,点燃柴草,造成逼敌之势,使优势之敌惊溃而乘势追击等等,无一不是针对不同情况,采用不同战术,因形用权,因敌制胜。其中特别值得提出的,是岳飞在野战中以步制骑的新战术。

宋王朝疆域较小,主要产马地区,都为各少数民族政权控制,组建骑兵不仅投资过巨,而且困难重重,加以宋的国防战略是消极防御,奉行"与虏相攻,必不深入穷追,驱而去之及境则止"的方针,当然认为"不待马而步可用矣"。有人甚至主张"损骑而益步",所以宋军骑兵所占比重甚小,主要是步兵。这样,在对抗契丹、女真、党项等族的骑兵集团作战时,因无行之有效的对抗骑兵的战术,就常常处于劣势,甚至"十战十负,罕有胜理"。这也是历史上说有宋一代"积弱"的原因之一。南渡以来,宋的军制、战术等略有发展,曾数次挫败金军骑兵的进攻。如韩世忠在大仪、承州设伏,曾歼金军骑兵数百于泥淖中;刘琦在顺昌依城作战,曾破金军拐子马、铁浮图,吴玠在和尚原仙人关据险坚守,曾击败金军主力的进攻等。但都不是在平原野战中与金军骑兵集团作战。只有岳飞,在郾城、颍昌之战中以步兵为主的岳家军,在野战中抗击并粉碎了金军骑兵集团的强大攻势。赵构在奖谕诏书中说:"自羯胡入寇,今十五年,我师临阵,何啻百战,曾未闻远以孤军,当兹巨孽,抗大军并集之众,于平原旷野之中,如今日之命用者也"。应该说并不过分。

金宗弼所率骑兵,是金军精锐。他依靠拐子马、铁浮图的强大机动性与突击力,曾屡败宋军。岳飞能以击败他的原因,除岳家军训练精良、勇敢善战外,最主要的是岳飞在战术运用上的先谋后战和出奇制胜。郾城之战，他集中骑兵主动攻击金军两翼拐子马，争取外线作战并阻止敌军包围迂回；而以预先训练、手持专门对付骑兵的麻札刀等兵器的步兵攻击金军中央铁浮图，因而获得胜利。颖昌之战，他针对金军步兵在中央、骑兵在两翼的战斗队形，部署持专用兵器的步兵于两翼，抗击金军骑兵，而以精锐骑兵突击金军中央步兵，也获得胜利。岳飞的这种不拘常法、因机制变的战术运用，正是他所谓的"妙"之所在。

4.治军上的"严纪""谨训"思想

岳飞在战斗中能够百战百胜、所向无敌的原因之一，是他有一支勇敢善战、纪律严明并深得群众爱戴的精良部队——岳家军。岳飞治军的经验，后人总结为六条：谨训习、公赏罚、确号令、严纪律、同甘苦。其中最重要的为严纪律和谨训习。

纪律严明，是我国古代治军的优良传统，岳飞对此极为重视执行极为认真，"有功者重赏，无功者峻罚"。不论亲疏，一律秉公处理，所以他的部下均能服从号令，勇于效命。在群众纪律面前，岳飞尤为严格，对"践民稼伤农功"或"市场售直不如民欲"的违纪者处以死刑。他的部队在行军途中，"夜宿民户外，民开门纳之，莫敢先入。晨起去，草苇无乱者"。所以岳家军有"冻死不拆屋，饿死不掳掠"的盛名。兵飞本人也能以身作则，与士兵同甘苦，决不特殊。所以岳飞和他的岳家军，能得到人民群众的真诚拥护与支援。

岳飞主张精兵，他认为用兵之道贵精不贵多，所以他极为重视部队的训练工作。而且从难、从严、从实践出发来要求部队。将士练习登城、爬山、跳壕等课目，"皆披着重铠"。他的儿子岳云，在一次披甲练习爬山时马失前蹄，他指责说"前临大敌，岂能如此"，立即处以杖责。岳飞在时间上抓得很紧，即使在"止兵休合"时，也"辄课其艺"，以提高将士们的作战能力。

岳飞严纪、谨训的治军思想，在实践中是卓有成效的，在整饬军队纪律，提高战斗能力，树立顽强作风和取得人民拥护等各方面，都起了良好的作用，是岳家军战斗力强大的重要因素。

总之，岳飞虽然壮志未酬即中年遇害，但他在一生戎马中所创建的辉煌战绩和他表现出的英勇战斗精神以及卓越军事才能，都永远为后世所景仰，是我国古代军事史上出类拔萃的军事将领。

·军事将帅·

图文珍藏版

二十一、成吉思汗

成吉思汗(公元 1162 年~1227 年),即元太祖,本名铁木真,蒙古乞颜·孛儿只斤氏人。他是我国历史上一位叱咤风云的显赫人物。一生征战四十年,从统一蒙古各部开始,南征北战。"灭国四十",为我国强大元朝的建立,奠定了牢固的基础。

成吉思汗雄才大略,英勇善战。他不仅能够充分发挥游牧民族的骑兵特长,而且善于吸收外部一切有利因素以提高军队战斗力。他创建的蒙古军队,既善野战,又能攻坚。他的指挥艺术和治军才能,在同代人中无与伦比,对后世也产生了巨大的影响。是我国古代军事史上的杰出军事统帅和军事战略家,并在世界上享有盛誉,确是"一代天骄"。

成吉思汗

(一)叱咤风云的一生

南宋前期的漠北,部族林立,互相掠杀,混战不已。正当蒙古部与塔塔儿部激战时,成吉思汗诞生于斡难河畔,蒙古乞颜氏族的一位贵族首领家中,由于他父亲也速该恰好此时击败塔塔儿部,并俘其首领铁木真兀格等,为纪念这次胜利,为成吉思汗取名铁木真。铁木真九岁时,父亲被人毒死,部众离散,全家陷于困境。青年时期,又曾被泰赤乌氏贵族俘虏,赖有人暗中救助,方得脱险。经过长期的困苦生活及风险,锻炼了铁木真不畏艰险和临危不惧的顽强,机敏性格。并逐渐意识到收罗人才、争取人心的重要,注意在四邻中扩大自己的影响。同时为获得外力的支持。暂时依附于力量雄厚的克烈首领王罕。在王罕帮助下,他开始收集旧部,积聚力量。正当此时,突然遭到三姓篾儿乞人的袭击,将他的妻子家人掳走。他求援于王罕和札只剌首领札木合,联合出兵,以迂回战法实施突袭,一举击败篾儿乞部,"尽虏其妻孥","悉掠其百姓"。经此次战斗后,铁木真的实力与威望逐渐提高。大批蒙古部队投向铁木真,一些乞颜氏的贵族,也向他靠拢。宋淳熙十六年(公元 1189 年),他二十八岁时,被推举为

"汗"。他于是建立起一整套巩固自己地位的制度,并组建了一支以他的亲随部属(那可儿)为核心的精悍部队,开始为未来的统一战争进行准备。

1.统一漠北诸部

铁木真的壮大,惹起泰赤乌氏贵族和札木合的嫉妒,他们不能容忍出现一个新的强大势力与他们争夺蒙古部众,就在铁木真称汗的当年,札木合以其弟劫掠铁木真部马群被射死为借口,与泰赤乌部联合,出兵三万进攻铁木真。铁木真也将自己的部众和拥护自己的贵族们的部众组成十三翼(即十三营),迎战于答兰版朱思(意为七十沼泽,在蒙古克鲁伦河上游臣赫尔河附近)。经激战后,铁木真因形势不利,为保存实力,指挥部队退入斡难河的哲列涅狭地。这是铁木真指挥的第一次较大规模的战斗,虽然表面上他败退了,但由于札木合和泰赤乌贵族的残暴和铁木真的争取人心工作,许多部族纷纷归附铁木真,他的力量反而更为强大。

宋庆元二年(公元1196年),金章宗完颜璟为塔塔儿部叛金发兵讨伐,并命蒙古各部出兵助战。铁木真积极参加。在斡里札河(蒙古乌勒吉河)上游地区,击败塔塔儿部。掠获大批人畜,并被金王朝封为札兀惕忽里(纠军统领)。回师时,又以突袭手段消灭了不服从指挥并劫掠铁木真老营的主儿乞部,兼并了他的部众。这使铁木真的汗位和威信,更为提高,实力也更为增强。

宋庆元六年(公元1200年)铁木真与王罕联合进攻泰赤乌部,次年又进攻合答斤、散只兀等部,均获得了胜利。这些被击败的贵族,联合起来,共推札木合为古儿汗(意为天下之主)决定进攻铁木真。又被铁木真、王罕联军击败于海剌儿河(内蒙古海拉尔河)地区。宋嘉泰二年(公元1202年),铁木真在灭掉塔塔儿部后,遭到乃蛮部与札木合残部联军的反击。他与王罕部退至金边附近,凭险据守。乃蛮军因地势险峻,不利进攻,引军退还,札木合等各部星散而去。经过这几次战役,铁木真的地位更为巩固,实力也大有增加,并完全控制了蒙古东部地区。

由于铁木真的不断壮大,王罕开始感到威胁,宋嘉泰三年(公元1203年),他请铁木真赴宴,阴谋乘机杀之。因事泄铁木真半途返回。王罕遂发兵来袭。铁木真仓促应战于合兰真沙陀(内蒙古东乌珠穆沁旗北),虽经苦战,但终因寡不敌众,部队溃散,铁木真率少数部队退至建忒该山(蒙古哈拉哈河中游北)。这是铁木真第一次单独与当时最强大的部族作战,虽然失败,但他并未丧失信心。一面与王罕谈和,以争取喘息时间;一面收集部众,休整军队,作与王罕决战的准备。铁木真在力量恢复之后,采用偷袭战术,秘密包围折折运都山(克鲁伦河上游南)王罕营地,突然发起进攻,经三日三夜激战,击溃王罕军主力。王罕逃入乃蛮境内被杀克烈部灭。铁木真获得了登上汗位以来最大的胜利。至此,在蒙古他已是三分天下有其二,统一蒙古的事业基本奠定。

克烈部覆灭后,铁木真成为中央蒙古及东部蒙古最强大的统治者。这时能与铁木真相抗衡的,只有蒙古西部的乃蛮部。双方都有消灭对方的企图。宋嘉泰四年(公元1204年),双方进军,激战于斡耳寒河(蒙古鄂尔浑河)以东的纳忽昆山。乃蛮军大败,该部首领太阳罕被俘。至此,蒙古高原最后一个独立的部落也被铁木真征服。溃散的各部残余贵族纷纷前来归附,札木合也为其部属缚送铁木真。铁木真终于实现了他的理想,征服了西抵阿尔泰山、东至黑龙江上游的各部,统一了漠北蒙古,成为第一个统辖全蒙古的最高统治者。宋开禧二年(公元1206年),四十四岁的铁木真在斡难河源头的贵族大会上被拥戴为全蒙古大汗,上尊号为成吉思汗,并宣布建立大蒙古国(也客·蒙古·兀鲁思)。一个统一的蒙古民族共同体从此出现在世界历史舞台上。

蒙古政权建立之后,成吉思汗以"千户"为军事、行政的基本建制单位。将全国民众划分为九十五个千户。由他任命的"那颜(官员)"世袭管领。同时整编、扩建军队,将大汗的护卫亲军(怯薛)扩大为一万余人。连同各千户的兵员,这时,成吉思汗一次出征,已可以征集十万余人。又由于游牧民族的人民,自幼皆善骑射,习惯于吃苦耐劳,且建有"从马"制度。出征骑士,每人有马数匹,轮流乘骑,使战马得以休息,所以军队的机动性和战斗力都极强,这是成吉思汗在战争中赖以取胜的主要支柱。

2.南下攻金

成吉思汗统一了漠北诸部,建立了蒙古国后,为了进一步扩大统治区,使其兄弟儿子"各分土地,共享富贵",开始向外部扩展。首当其冲的,是"民物繁庶"的中原地区。成吉思汗早有图金之志,未消灭王罕之前,他从金使耶律阿海口中得知"金国不治戒备,俗日侈肆,亡可立待"的情况后。即极力拉拢耶律阿海臣附于他,为他搜集金朝情报。消灭王罕之后,又将金朝防守界壕的汪古部争取过来,使金朝失去屏障。当他建立蒙古国之年,见金降者"皆言其主璟杀戮宗亲,荒淫日恣"时,便踌躇满志地说:"朕出师有名矣!"当年就提出了攻金之议。但恐金的盟国西夏牵制于后,所以未敢轻动,决定先攻西夏,以免除南下后顾之忧,并可获得人力物力的补充。遂从宋开禧元年(公元1205年)起,连续数年向西夏进攻,迫使其向蒙古称臣。

成吉思汗六年（公元1211年），成吉思汗发动了攻金战争。他以一部兵力佯攻西京（山西大同），诱使金军主力出击，而自率主力先攻破金边界要点乌沙堡（河北张北西北），再攻占金主力扼守之野孤岭（河北万全西北），乘胜追击，在会河堡（河北怀安南）尽歼金军主力。成吉思汗八年（公元1213年），成吉思汗再次统军攻金，由野孤岭入边，直薄居庸关。为避实击虚，他留一部兵力在北口牵制，自率主力迂回进入紫荆关（河北易县西北）。派一部兵力袭取南口，与北口蒙古军配合、南北夹击夺取居庸关后，成吉思汗乘金王朝政变之机，分三路深入中原、辽西等地，破金九十余城。据史称："两河山东数千里，人民杀戮几尽。金帛、子女、牛羊、马畜皆席卷而去。"次年春，三路大军会于中都（北京）外围，迫使金帝完颜珣献公主、金帛请和。成吉思汗退出居庸关后，完颜珣即迁都南京（河南开封）。当年六月，金边防乱军降蒙，成吉思汗乘机南进，再度包围中都，以招降及围城打援相结合的策略，于成吉思汗十年（公元1215年）占领了中都。收其府军，籍其帑藏后北退。

3.西征花剌子模

花剌子模是中亚古国之一，位于阿姆河下游，国都玉龙杰赤（土库曼斯坦库尼亚乌尔根奇），新都撒麻耳干（乌兹别克斯坦撒马尔罕）。原被塞尔柱帝国统治。在成吉思汗崛起于蒙古高原之时，花剌子模也在摩诃末的领导下，国势达于极盛。它击败了西辽军队，占领了西辽的兀提剌耳（哈萨克斯坦帖木儿）等城。并攻占了撒麻耳干以及忽章河（锡尔河）流域的一些小国，总的兵力已达四十万。摩诃末志骄气盛，正企图向东扩张，征服中国，以创建一个伊斯兰大帝国。成吉思汗十年（公元1215年），摩诃末曾派代表团来中国，在金中都晋见了刚刚占领中都的成吉思汗。成吉思汗表示愿与花剌子模友好，并同意双方商人自由贸易往来，成吉思汗也派了使团回访。但当蒙古组成的商队，携带大量金银、丝绸、毛皮等货物，于成吉思汗十三年（公元1218年）春季到达花剌子模边境城市兀提剌儿时，当地长官亦难出竟将他们扣留，报摩诃末同意后，将商队的四百五十人全部杀死，货物没收。仅一名驼夫得逃生命，回到蒙古。成吉思汗闻讯大怒，决心以武力复仇。先派出三名使臣去花剌子模指责摩诃末背信弃义，要求交出凶手亦难出。摩诃末不但拒绝了要求，而且杀死首席使臣，将其他二人割去胡须逐回蒙古。因而，这两个都有建立大帝国雄心的统治者之间的战争，终于发生。

成吉思汗为打通西进道路，先派一部兵力攻灭西辽，成吉思汗于十四年（1219

年)春,除留木华黎率一部兵力继续攻金外,调动全国军队向也儿的石河(新疆额尔齐斯河)流域集结。当年秋,成吉思汗开始西进,抵达杀害蒙古商队的兀提剌儿后,留察合台军围攻该城。其余军队区分三路:术赤部为右路军,进攻忽章河北段的毡的(哈萨克斯坦克孜勒奥尔达)、养吉干(哈萨克斯坦科卡拉尔附近)等城;阿剌黑那颜部为左路军,进攻忽章河南段的费那客特(乌兹别克斯坦塔什干南)忽毡(乌兹别克斯坦列宁纳巴德)等城;成吉思汗自率主力为中路军,越忽章河进攻不花剌(乌兹别克斯坦布哈拉),切断撒马耳干与玉龙杰赤的交通联系,尔后与察合台军会攻撒马耳干。至成吉思汗十五年(公元1220年)三月间,各部军均按预定计划完成了任务,摩诃末逃去阿母河(阿姆河)以西,成吉思汗进驻撒马耳干后,派哲别等率两万精骑,分两路追击摩诃末。至当年末,摩诃末被追至宽田吉思海(里海)中小岛上病死。玉龙杰赤亦为察合台、术赤两军攻占。次年初,成吉思汗率军渡阿母河继续向西扩展。当年攻占了呼罗珊地区及塔里寒(阿富汗塔卢坎)等城。但失吉忽秃忽所部三万人,在八鲁湾(阿富汗巴米扬)却遭到西征以来最大的一次惨败,被摩诃末之子札兰丁军歼灭过半。成吉思汗自统主力进击,于十一月间,经激战后,将札兰丁军歼灭于申河(印度河)北岸,札兰丁仅率少数部队逃入印度。

追击摩诃末的哲别等军,横扫北波斯,越过高加索,败斡罗思联军于河里吉河(乌克兰日丹诺夫北卡里奇克河)经钦察草原回师,于成吉思汗十八年(公元1223年)底,与成吉思汗主力会合。开始东归,于二十年(公元1225年)春,返回蒙古。

4.灭亡西夏

西夏北邻蒙古,东接金朝,位置于两国中间,为蒙金必争之地。西夏称臣于金,订有"交相救援"之盟。成吉思汗欲进攻金王朝,必先征服西夏,以解除攻金时的翼侧威胁。所以自从成吉思汗统一蒙古之后,先后五次对西夏用兵,逼使其断绝与金的联系,屈服于蒙古。成吉思汗西征返回后,本欲灭金,恰好得知西夏献宗赵德旺企图与金联合抗蒙。遂先发制人,以拒绝派军随从西征及不送质子为借口,于成吉思汗二十一年(公元1226年)分两路大举攻西夏。一路从西域经畏吾儿(新疆哈密市)东进。攻取沙州(甘肃敦煌)、肃州(甘肃酒泉)、甘州(甘肃张掖);成吉思汗自率十万大军由漠北南下,越过黑水、贺兰山,直攻西凉府(甘肃武威),与西路军会师,再围攻灵州(宁夏灵武南),歼灭西夏军主力,尔后包围了夏都兴庆府(宁夏银川)。次年七月,末主赵睍请降,西夏政权灭亡。

正当西夏即将灭亡之时,成吉思汗在军中病重去世,终年六十六岁。临终之前，他仍然念念不忘灭金，指定第三子窝阔台为继承人，并总结过去攻金作战的经验，为窝阔台等提出他的灭金战略。他说："金精兵在潼关，南据连山，北限大河，难以遽破。若假道于宋，宋金世仇，必能许我，则下兵唐、邓，直捣大梁。金急，必征兵潼关。然以数万之众，千里赴援，人马疲弊，虽至弗能战，破之必矣"。这是一个联宋借道，实施战略大迁回，将战略主要方向由东线转向西线，以避实击虚，调动敌人，充分发挥自己骑兵的特长，力求歼敌于野战中的一个符实客观实际的战略方针。他的继承人窝阔台，基本上就是遵循这一方针，终于获得了灭金战争的胜利。

（二）卓越的军事才能

成吉思汗一生征战，不仅统一了蒙古草原诸部落，建立大蒙古国，而且击败了金朝，消灭了西夏，征服了亚洲绝大部分地区及半个欧洲。导演出了人类战争史上极为威武雄壮的一幕戏剧。究竟是什么原因使他能够在战争中经常战败对手、获得胜利呢？毛泽东同志曾经说过："两军相争。一胜一败，所以胜败，皆决于内因。胜者或因其强，或因其指挥无误，败者或因其弱，或因其指挥失宜，外因通过内因而引起作用。"成吉思汗既有战斗力极强的军队，又有正确无误的指挥，这就是他得以常胜的根本原因；至于他的对手政治腐朽，军队衰弱以及指挥失宜等，虽然也是重要原因，但对他来说，那只是外因，没有他自己的强悍军队和正确指挥，敌人是不会常败的。不论是军队的强，还是指挥的好。都和成吉思汗本人的军事才能分不开。史称他"深沉有大略。用兵如神，故能灭国四十"。虽似乎有夸大个人作用之嫌，但从军事角度，在当时"既定客观物质的基础之上"，对作为军事统帅的成吉思汗来说，并不过分。他在军事方面的才能，主要表现在下述三点上。

1.利用一切有利因素提高军队战斗力

蒙古高原各部族，都是游牧民族，他们自幼"生长鞍马间，人自习战，自春徂冬，且且逐猎"，"出入只饮马乳，或宰羊为粮"，"食羊尽则射兔、鹿、野豕为食，故屯数十万之师，不举烟火"。在这种生活的长期锻炼中，人人精于骑射，个个能耐劳苦。每个成员都是勇敢顽强的优秀骑士。这是成吉思汗军队战斗力强的重要条件之一，但不是主要条件，更不是唯一条件。因为当时各部族条件相同，而且不少部族首领比他部众多，如王罕、太阳罕等，也都有统一各部的企图，为什么先后都被他消灭，由他实现统一，并能战胜军队数量远比他多的花刺子模和金王朝呢？关键问题是他能够吸取历史经验，利用一切有利因素，来加强和提高自己部众、军队的战斗

力,使之成为一支战无不胜、攻无不取的强大武装力量。他采取的措施有:

(1)实行"札撒黑",逐渐建立一支集中统一、有组织、有纪律的正规军队。

蒙古统一之前,氏族制尚严重存在。大小贵族,各有多少不等的部众,各自为政,互不隶属,即使形成联盟,也极为松散,缺乏严格的约束力,每遇战事,各顾抢掠,随意进退,一旦失利,立即溃散,甚至为抢掠财物而内讧。所以各部骑兵虽然勇悍,但并不能充分发挥其应有的战斗力。成吉思汗勇于打破氏族制的传统,首先是实行"札撒黑"(法令),如规定"在战胜时不许贪财,既定之后均分。若军马退动至原排阵处,再要翻回力战,若至原排阵处不回战者,斩"等。以后又建立军政合一的"千户"制,十进位制的军队编制,"男子十五以上,七十以下无众寡尽金为兵"的兵役制,并规定由成吉思汗任命各级长官等等。这就限制了贵族,提高了汗权,使他统辖的部众,成为一支集中统一、组织严密、兵源充足,精于骑射而又勇猛顽强的武装力量,一旦用于战争,就能最大限度地发挥其草原骑兵的战斗力。

(2)狠抓战斗纪律,强调战马的调教及保养。

成吉思汗不仅要求部队骑术、射术熟练,作战勇敢,而且要求绝对服从命令。他规定"凡诸临敌不用命者,虽贵必诛"。更由于他的军队"悉是骑军",战马的良否直接影响战斗力,所以他极为重视战马的调教及保养。他规定"马初生一二年,即于草地苦骑而教之,却养(调教)三年而后乘骑"。要求战马要训练到"千马为群,寂无嘶鸣,下马不用控系,亦不走逸",作战时要能熟悉阵法、听从指挥。同时还要求部属爱护战马。如他在击败乃蛮部后,命速别额台追击残敌时,嘱咐速别额台说:"当虑途路之遥远",必须爱惜马力,不要累瘦,"马既瘦则惜而无济矣。"为此还要求沿途"勿为无节制之行猎",除为军食不得不行猎外,平时"勿令军卒套其鞍鞯,勿令搭辔衔口以行"。规定有敢"违俺旨者,似俺识之者,可解来俺处,似俺不识之众,可即斩之"此外,还规定了使战马能较长时间保持旺盛体力的"从马"制度等。这些措施,相对地提高了军队的战斗力。

(3)吸取先进科学技术,加强军队武器装备。

蒙古统一之前,科学技术较中原地区落后,虽"以射猎为生",但尚"无器甲,矢用骨镞而已"。"及金人得河东",铁及锻造等技术,才引入漠北,"遂大作军器,而国以益强大。"成吉思汗从历史中吸取了有益的经验,懂得了武器装备对军队战斗力的重要意义,也懂得了科学技术对武器装备的重要意义。所以他极力招揽中原地区的科技人才,利用他们来制造先进的武器装备。每当攻破城市时,可能残酷地进行屠城,但决不屠杀技术人才,特别是有关军事手工业的工匠,而将他们编入军队,制造先进的武器装备。如造炮专家郭宝玉、薛塔刺海和张荣父子,造弓专家常八斤和善制鸣镝的刘仲禄,制甲专家孙威和善造攻城之具的郭侃、石天应等,都被成吉思汗所重用,在他攻金及西征的战争中,都发挥了很大的作用。西征花刺子模、进攻尼沙不尔城时,成吉思汗的部队,曾使用了三千台床弩、三百台大炮(抛石机)、七百具火箭弩和四千架云梯。仅用三日就攻破了这座有重兵防守的坚城。金哀宗完颜守绪说:"北兵所以常取全胜者,恃北方之马力,就中国之技巧耳"此说虽不全面,但确有一定道理。

2.针对客观形势决定战略方针

成吉思汗崛起之初,力量极微,全家财产仅有九马,并几乎被沦为奴隶;即使在召集旧部充当了乞颜氏首领时,势力也远比王罕、札木合、太阳罕等为小。为什么他能够从小到大、以弱胜强,终于成功地消灭了对手,统一了诸部并进而征服欧亚呢?除了他组建有一支强悍的武装力量外,能够针对所处形势,采取符合客观实际的战略,也是重要原因之一。

当时,他不仅势力很小,而且处于战略包围的形势中。他的西面有乃蛮部,西北有篾儿乞部,西南有克烈部,东面有塔塔儿部,在本蒙古部内,还有比他强大的泰赤乌部、主儿乞部和札只剌部。在这种严峻的形势下,他采取了争取盟友,加强自己、利用矛盾,各个击破的总战略方针。为寻求强大的依靠力量,他不惜卑辞厚礼地自愿臣属于当时实力最强的克烈部首领王罕,在王罕的帮助下,他又以结交"安答(友)"的方式联合札只剌首领札木合,共同击败了篾儿乞部;再与王罕联合击败札木合。当金王朝与塔塔儿部矛盾时,他乘机臣属于金,与金共同击败世仇塔塔儿部。当力量有所壮大、与王罕发生矛盾时,他以求和为掩护,用突袭击灭了克烈部,最后才消灭乃蛮,统一蒙古。

成吉思汗在利用矛盾、争取盟友方面,策略极为灵活。如他为了拉拢泰赤乌部的照烈氏,在围猎时故意将野牲赶至照烈氏的营地内。照烈氏感恩来投,说"泰赤乌与我虽兄弟,常攘我车马,夺我饮食,无人君之度。有人君之度者。其惟铁木真太子乎。"他在进攻札木合以前,也是采用与此类似的手段,利用其内部矛盾。给予一定的利益,将札木合的许多部属拉至自己一方。他在攻金战争中,也非常重视利用矛盾。总的方面他利用宋金世仇的矛盾,联宋攻金;当他决定西征时,仅留木华黎率一万余人继续攻金而不怕金军集中主力攻其后方,也是利用金与宋和西夏的矛盾,才敢于大胆地全力西进。事实正如成吉思汗所判断那样,在他西征之后,金与宋、与西夏连年战争,"以至构难十年不解,一胜一负精锐皆尽,而两国(指金、夏)俱弊"。成吉思汗西征归来之后,坐收渔人之利,先灭西夏,再图金朝。纵观成吉思汗一生,他的事业成功、战争获胜,的确得力于战略符合实际不少。

3.根据骑兵特点运用正确战术

骑兵作战的特点有三:机动、进攻和不利攻坚。而其中最主要的特点则是机动力。正如唐代李靖所说:"马利乎速斗"。法国名将富勒也认为骑兵的特长"为速度为时间,而不是打击力"。蒙古所产战马,体格虽小,但品质优良,不仅耐劳,而且快速。所以蒙古骑兵的特点是机动力特强。成吉思汗根据骑兵的特点,采用机动灵活的战术,也是他获得胜利的重要原因。他惯用的战术,概括起来大致有以下几点:

(1)集中兵力,机动作战。骑兵虽然有机动性强的长处,但只有在严格纪律约束下集中使用,才能充分发挥其长处。我国战国时的军事家,对此已有认识,认为"军、骑不敌,战则一骑不能当步卒一人;三军之众成阵而相当"。成吉思汗生长于鞍马之间,对此更为了解。他在战术上,一向集中兵力以多胜少,攻其一点,争取速决。如在攻金及西征中,攻破城市,通常不分兵防止,而是在掠取人畜财物后,将城池毁坏,尔后转用兵力于他处实施机动作战。

(2)宽正面进攻。成吉思汗常在广大正面上部署若干纵队,构成两翼稍前的弧形队形,搜索前进,而将主力部署于纵深之内。一旦某纵队与敌接触或发现敌军弱点,立即投入主力,并指挥其他纵队向主攻方向靠拢,实施侧击或包围。当敌军进攻广正面上的某部分纵队时,该纵队即向后引退,然后出其主力与其他纵队协同包围敌人。在西征时,成吉思汗曾部署三十三个万夫队(即万户,系战略单位但并不够万人),各成一路前进,全军正面宽度,长达三日路程。

(3)中间突贯。蒙古牧民宰羊时,先划破胸部,然后以手伸向羊的心脏部位,扯断主脉,使羊猝然而死。成吉思汗很受启发,将此"掏心法"用于作战。当对阵时,"每以轻骑突敌阵,一冲才动,则不论众寡,长驱直入",突贯敌阵整个纵深。

(4)突然袭击。成吉思汗为达到出其不意,攻其不备,出奇制胜,以少胜多的目的,经常采用突然袭击战术。其惯用方法是:先以周密的侦察,掌握敌方兵力配置、地形及道路等情况采取伪装措施,以隐蔽企图,并设法麻痹对方,然后集中兵力,以迅速的机动接近敌人,发起突袭。不仅在战役、战术上如此,也往往运用于战略中。

(5)诱敌出击,野战歼敌。成吉思汗指挥作战,若非必要,决不攻坚。或以利诱,或激怒敌人,或示弱骄敌,或攻其必救,以诱敌脱离坚固的既设阵地,在野战中以伏击、邀击等歼灭之。

(6)迂回包围,跟踪追击。成吉思汗最常用的战术为迂回包围。充分发挥其骑兵集团的快速机动性能,在敌人尚未判明其动向时,已突然出现于背后或翼侧,乘敌心理失去平衡之机,将敌包围或歼灭之。如果被围之敌据险顽抗,有形成打阵地战之可能时,他即采用"围三阙一"的战术,故意让出一条出路,俟敌军突围逃走途中,在追击中将其歼灭。

(三)杰出的军事成就

1.将冷兵器时代的骑兵战术推进至鼎盛时期

早在战国时期,我国的骑兵就已兴起。由于战争目的、武器装备、士兵来源及战争规模等条件的制约,各个历史时期的骑兵战术并不相同。例如两汉时已发展为骑兵大集团,可以进行远程快速挺进,达到第一个高潮,但还受方阵的影响较深;至南北朝时,重视骑兵冲击力,向重甲骑兵发展;至唐代时,达到第二个高潮,重视骑兵机动力转向轻甲骑兵,以远程快速挺进为主,多以跳荡队、战锋队、驻队组成的三梯队的战斗队形进行战斗;辽代以游牧族传统战法为主,重视轻甲骑兵,一般不作深远的突破,创造了以大量搜索部队在主力纵队前、以疏散队形担任前、侧方警戒、搜索,并使用大量传骑,组成通信网络;金代又发展为重甲、轻甲骑兵并重,通常以重甲骑兵担任正面突贯,而以轻甲骑兵实施两翼迂回包围,并强调以主力对主力交战方式进行决战。成吉思汗吸取了我国军事史上一切骑兵战术的有用部分。结合少数游牧族与农业城居汉族的特点,将我国的骑兵战术,推进至冷兵器时代的最高峰。他强调快速机动,重甲轻化(有百分之四十的重甲骑兵,但改为皮甲,比金重甲骑兵轻)以巧取胜,以迂回、包围、突破、袭击、伏击、侧击、诱击、追击等为基本战法。反对象金军那样以主力与敌主力进行硬碰硬的交战,以减少人员伤亡。他综合前代阵法之长,创造了以大鱼鳞阵为代表的骑兵战斗队形。这是一个以相对疏散的纵队组成横队的三梯队战斗队形:最前方为多纵队小分队组成的广正面前锋部队;其次为大前卫、左前卫、右前卫组成的前三角形第一梯队;再次为左翼军、右翼军及本军组成的后三角二梯队,也是主力梯队;最后为中、左、右三军组成的一线后殿三梯队,也是预备队。战斗时,先用前锋试探敌隋,进行武力侦察或进行扰乱,继以大前卫进行攻击,左前卫、右前卫支援;如进展不顺利,则左、右翼前进接应;再不能取胜,由主将率本军和后殿投入战斗,直突敌阵。此外,还特别强调使用各种示伪、欺骗手段,造成敌军错觉,以达到战斗的突然性;并尽量分割敌军兵力,以各个击破歼灭敌人。

2.创建了我国最早的专业炮兵部队

据史籍称,我国春秋时期就已有炮,但实际用于作战的记载,则是三国时的官渡之战。至唐、宋时,已普遍装备于军队,以用于攻守城寨,但都是在作战需要时才配备于军队。成吉思汗在攻金作战中,接受了喳木海"攻城以炮石为先,力重而能及远"的建议,任命他为炮手达鲁花赤(长官),选拔五百名精干士兵,专门训练用炮技术。以后又成立了"回回炮手军匠上万户府"和"炮手万户府",在一般万户府中,也有编制"炮手千户所"的这是我国军事史上第一支独立的专业炮兵部队,对后来蒙古军的攻城作战,曾起过相当大的作用。

成吉思汗在军事上的成就,不仅对我国的历史和军事史产生了重大影响,对世界历史和军事史,也产生了相当深刻的影响。英国军事理论家利德尔·哈特,在他所著的《战略论》中说:"在中世纪里,战略的最好例证并不出在西方,而是来自东方。公元十三世纪,对于西方战略的发展来说,是一个卓有成效的时代。其所以显出光辉,是因为蒙古人给欧洲的骑兵们充当了教师,使他们在战略方面得到了有益的教训。蒙古人所进行的各次战争,无论在作战的规模和艺术方面,在突然性和机动性方面,还是在战略和战术上采取间接路线的行动方面,不仅不会逊色于历史上的任何战争,甚至于还要超越这些战争。"

美国著名军事历史学家休·科尔认为:"1914年喀尔巴阡山战役中,俄国轻骑兵所采取的战术便是以当年蒙军战术为范本的"。美国另一著名军事历史学家T·N·杜普伊说:"时至今日,我们仍能感到,当年蒙古人对我们今天的军事还有着深远影响,西方正在对蒙军的战例、战术以及军事技术进行着广泛的研究。""美军总参谋长道格拉斯·麦克阿瑟在一份年度报告中,曾敦促国会吸取蒙古军队的经验教训,批准他关于要求为美军机械化拨款的提案"。可见其影响之深远。

二十二、徐达

(一)投身义军 战功赫赫

徐达(1332—1385),字天德,生于元至顺三年(1332),濠州钟离(今安徽凤阳县)人,与朱元璋同乡。农民家庭出身,家境贫寒,小时候常和朱元璋汤和等一起替地主放牛,他们是一伙自小在苦水咔泡大的好朋友。徐达虽然比朱元璋小四岁,但他生得"长身高颧,刚毅武勇",且"少有大志",因而与朱元璋很合得来。元末之时,到处是天灾、瘟疫、饥荒蔓延,安徽地方更是厉害。穷人实在无法活下去,纷纷举行起义反抗元朝的黑暗统治,其中尤以红巾军的声势最大。朱元璋在元至正十一年(1351)参加了郭子兴的义军队伍,当上了红巾军的九夫长,并在次年夏回乡募兵。徐达听知后十分高兴,决意投效红巾军。当时徐达已有 22 岁,由于他英勇善战,又略懂韬略,很快便成了朱元璋的得力助手。

朱元璋参加郭子兴义军后,不久被郭子兴提升为镇抚。但徐达却感到濠州地小粮少,且诸帅不和,郭子兴与孙德崖等人经常为争权而发生冲突,终非久留之地,于是,建议朱元璋趁早分兵别处,徐图发展,这一见解正合朱元璋的心意。至正十四年春,朱元璋以所募兵 700 人转属于他,唯独单单留下徐达、汤和等 24 名家乡兄弟南略定远,先计降张空堡民兵 3000,继而向东夜袭元兵于横涧山,迫使"义兵"元帅缪大亨率精壮 20000 归降。这样一来,朱元璋算有了一支自己掌握的武装力量,为其后的开创基业奠定了良好的基础,这一切的发展与徐达颇具远识的建议分不开的。

不久徐达在攻取滁州、和州等战役中,又充分地表现了他杰出的军事才能,被授予镇抚之职,成了统军的将领。至正十五年三月,孙德崖率部就食于和州,与郭子兴发生火并,孙德崖在城中被郭子兴所擒拿,但朱元璋在城外亦为孙的部众扣作人质,双方虽然同意交换,但谁也不肯先放人。在这僵持的情势下,徐达不惜冒着自己随时被杀害的危险,挺身到孙德崖军中替代朱元璋。就这样,朱元璋被换回来,孙德崖被放回去,随后徐达才得以获释。朱元璋对徐达这一行为当然非常感激,从此对他更加信任和器重了。

不久,郭子兴病亡,朱元璋继统率郭部,成为南方红巾军的主要首领,并随即实施了他攻取集庆(今南京),稳居东南,进而逐鹿中原,成就霸业的宏伟战略计划。徐达在实施这一战略计划中一直被委以重任。至正十五年六月,徐达奉命南渡长江,攻打采石矶和太平,这是进取集庆必争之地,这次战役双方争夺十分激烈,在攻占太平时,起义军一举俘获守城的元万户纳哈出。

朱元璋既扼制了集庆的江上咽喉,从八月开始,就发起向集庆总攻。徐达肩负重任,首先率众突破了元军层层防线,深入敌后,连续攻占溧水、溧阳、句容、芜湖诸重镇,廓清了集庆外围。次年三月,徐部与朱元璋的主力会合,对集庆实行两面夹击,先破陈兆选大营,尽降其众;再攻元兵于蒋山,终于攻克集庆,元水寨元帅康茂才率众投降,共得军民五十余万。南定集庆的意义十分重大,它为朱元璋的奠基立业赢得了一个巩固的根据地,并由此而开创了中国历史上第一个由南向北统一天下的先例。朱元璋把集庆改名为应天府,以表示他的崛起乃上应天意。在这次战役中,徐达立下累累战功,功居诸将之首。徐达成了朱元璋打天下最重要的助手。

(二) 攻陈灭张　努力进取

朱元璋在占领集庆后,虽说已拥有一块根据地,但他的势力在割据诸雄中,相对来说还是较弱的,所面临的形势也十分严峻。当时大江南北不仅有元军重兵镇守,而且同是反元义军的东面的张士诚自恃地富粮足,西面的陈友谅倚仗兵强地广,他们时刻都想把朱元璋势力给吞并掉。为求得生存和发展,朱元璋必须首先巩固东西两面防线,然后伺机突破,而要肩负这一重大任务,自然非智勇双全的徐达莫属。

当时东面争夺的焦点是长江下游的军事重镇镇江。假如镇江落入张士诚手里,他便可以随时出兵威胁应天。于是朱元璋决定先下手为强,命徐达为大将军,攻打镇江。徐达亦不负厚望,旗开得胜,以少数兵力,勇夺镇江。徐达又分兵攻下金坛、丹阳诸县,在应天东面筑起一道坚固的军事屏障,为巩固以应天为中心的根据地做出了卓著的贡献,以功升任淮兴翼统军元帅。

张士诚对朱元璋夺得镇江当然是不甘心的,镇江的位置太重要了,镇江落入朱元璋之手,无疑对他是一大威胁,他必须拔之而后快,于是在据有常州后便挥师进攻镇江。至正十六年七月,在龙潭一战,击败张士诚军,乘胜进围常州。张士诚急调重兵增援,兵力占有明显的优势。徐达在距城 18 里处分设伏兵,然后亲率中军出战,结果士诚军受伏大败,元气大伤。这一战役使一向自负甚高的张士诚再也不敢小看朱元璋的势力,并派使臣到应天议和,表示愿意每年输粮 20 万石、黄金 500 两、白金 300 斤,作为犒军之费。然而朱元璋却抬高价格,狮子口大开,双方未能达成协议。徐达奉命继续进军。终于在第二年三月攻克常州,以功晋升知枢密院事。

当年七月,徐达率军进逼宜兴,另遣先锋赵德胜攻常熟。常熟是由张士诚的弟弟张士德镇守。张士德善战有谋,所以在进军前,徐达特别叮咛赵德胜说,应该以计智取。赵德胜遵从徐达指示,用计擒张士德,攻下常熟。接着,徐达又接连攻克宜兴、江阴等地。从而在东起常熟,中经江阴、常州,西至宜兴,沿太湖北岸构筑起一道弧形的东部防线,既完全堵死了张士诚西犯应天的通道,又随时随地可以进击平江,直捣张士诚的老巢。

徐达在东线节节取胜,但是西线却突然紧张起来。陈友谅趁徐达大军向东进攻之机率领几十万大兵向安徽进击,于至正十八年正月袭破安庆后,又遣将赵普连陷枞阳、池州,在那里建立了强大的水寨。从西面对应天构成了严重的威胁。在此关键时刻,徐达再次挑起重任,奉命西调迎击陈友谅军队。他先在应天居守,继而投入了第一线的战斗,至正十九年三月大破赵普胜栅江营,四月攻克池州,缴获陈军战舰无数,以功晋升奉国上将军、同知枢密院事。

至正二十年五月,徐达与常遇春共同设谋,大败陈友谅军于池州东南的九华山,歼敌万余人,生俘3000人。在战斗结束后,常遇春大开杀戒、虐杀俘虏,徐达坚决反对这种不人道的做法。

至正二十年闰五月,陈友谅率水师10万,一举攻占太平,自立为汉王,并约张士诚东西夹攻朱元璋,一时之间应天告急,江东大震。在这危急时刻,徐达设伏于南门外,待陈友谅进至江边渡口龙湾时,诸路伏兵齐发,一举重创陈友谅,生俘7000余人,获战舰百余艘,战船数百,陈友谅夺舟逃回江州,徐达乘胜收复太平,攻占安庆。这一战役解除了应天的危急,彻底粉碎了陈友谅对西线的进攻。张士诚见陈友谅惨败,于是不敢轻举妄动了。连年来徐达在危难时机东西征战,使朱元璋东西两翼防线得到巩固,大大扩展了应天根据地,为其后削平群雄、顺利北伐、统一全国奠定了坚实的基础。

至正二十一年七月,陈友谅部将张定边重新占领安庆。朱元璋率水师亲征,徐达负责主攻陈友谅的老巢江州。徐军迅猛异常,友谅大惊,以为神兵自天而下,仓促之间,携妻子夜奔武昌,遂克江州。徐达穷追不舍,沿江而上,接连占领蕲州、黄州、黄梅、广济,直趋汉阳,于汉口扎下大营,有力地遏止了陈友谅的东下。朱元璋得以偷袭收复安庆,并攻陷龙兴改名洪都,又连下袁州、瑞州、临江、吉安等府,将势力范围扩大到江西,徐达以功晋封中书右丞。

至正二十三年正月,张士诚遣其弟士信率大兵围攻韩林儿、刘福通的根据地安丰。当时朱元璋在名义上奉韩林儿的龙凤年号,因而决定亲率徐达等渡江北上支援。然而此时陈友谅却乘虚而入,大举向洪都反扑,气势汹汹,吉安、临江、无为等州府,数月之中,竟被陈友谅所攻陷。朱元璋不得不挥师回击,双方决战于鄱阳湖。

在这次决战中，徐达又立了大功，在激战中，徐达战船着火，但他毫不畏惧，一面指挥灭火，一面坚持战斗，终于挫败了陈友谅的猛烈进攻。经此一战，朱元璋对战胜陈友谅已充满了信心，同时为了严防张士诚乘虚偷袭后方，便把留守应天的重任交给了徐达，朱元璋对徐达办的事是绝对放心的。徐达回到应天，兢兢业业，恪尽职守。张士诚见无隙可乘也不敢轻举妄动，因而使朱元璋解除了后顾之忧，得以全力对付陈友谅。朱元璋在与陈友谅决战中，虽然几经艰险，但最后还是取得了鄱阳决战的胜利，不仅全歼陈友谅的 60 万大军，而且杀死了陈友谅。不久，徐达奉调回到西线，迫使陈友谅之次子陈理献出武昌归降，并进而攻取了江陵、辰州、衡州、宝庆诸路。陈友谅的残余势力既被肃清，朱元璋的势力范围也扩展到湖北、湖南。至正二十四年正月，朱元璋在应天即吴王位，建置百官，设中书省，徐达以卓越功勋任左相国之职。从此，徐达"出将入相"，在军事与政治两个方面，都发挥着越来越重要的作用。

陈友谅被消灭以后，朱元璋的下一个战略目标自然是东灭张士诚了。至正二十五年十月，徐达被委任为总兵官，率水陆大军东征。徐达针对张士诚辖境南北狭长 2000 余里，中隔长江，江北守备力量相对薄弱的实际情况，确定了"先取通、泰诸郡，剪其羽翼"，然后专事浙西的战略方针，迅速渡江北上。徐军首先攻下苏北重镇泰州。进围兴化和高邮，这样就使张士诚陷入了南北隔绝的困境。张士诚当然不甘心坐以待毙，他从江南出击宜兴，以牵制徐达在江北攻势。然而徐达审时度势，进据都慎重考虑，予以取舍，在回师宜兴击溃张士诚军后，继续向江北挺进，并于次年三、四月间攻下高邮、淮安、兴化。徐达还奉命破安丰，俘元将忻都，再战徐州，俘斩元兵万计。至此，徐达仅用了半年左右的时间，不仅完成了攻取江北，剪除张士诚羽翼的任务，而且打通东控齐鲁、北进中原的通道。

同年七月，朱元璋与李善长、徐达等一起商议讨伐张士诚的大计。左相国李善长认为张氏虽然战败但兵力未太受到损失，应该伺机出击。但徐达久经战阵，对张士诚的虚实了如指掌，他反对这种坐失战机的保守决策，认为应该快速进军。徐达的意见非常适合朱元璋的意愿，他遂即任命徐达为大将军，率师二十万讨伐张士诚。

徐达还是从"剪其羽翼"的战略出发，首先攻打太湖南岸的湖州，把吕珍的六万援军阻击于城东之旧馆，紧接着又分兵击败张士诚以及徐志坚所率的援军于皂林和姑嫂桥，俘获志坚及兵众三千余人，迫使吕珍等于十一月献出了湖州。把湖州占领以后,徐达引兵北上,于当月包围了张士诚的大本营平江。在围城期间,徐达每遇大事均事先向朱元璋请示。徐达得到朱元璋复书后,便檄令各路大军,向平江城发动总攻击。张士诚内无粮草,外无援兵,曾先后两次拼死突围,但都被徐军杀回。至正二十七年九月,徐达首先攻破葑门,常遇春亦攻入阊门,平江遂克。张士诚力尽被俘,送应天后自缢而死。当徐达大捷凯旋回到应天时,朱元璋亲到城门论功行赏,徐达晋封为信国公,并迁右丞相。

(三)灭元大功 徐氏居首

至正二十七年十月,朱元璋任命徐达为征讨大将军,常遇春为副将军,率领25万人马北伐中原。当时徐达和常遇春虽同属朱元璋所器重的名将,但在朱元璋心目中,徐达还是要胜出一筹的,在"长于谋略"和"严于律军"方面尤其如此。

徐达从淮安挺进山东。首先攻克沂、莒、密、海诸州,分兵扼守古黄河要道,阻敌增援。主力部队继续北上,于十一月攻克山东重镇益都以及临淄、寿光等州县。十二月,济南及登、莱守将献城,山东全境平定。

元至正二十八年正月,朱元璋在应天正式即皇帝位,国号明,建元洪武,徐达以"首功"被封为右丞相兼太子少傅。同年三月,北伐进到了第二阶段,徐达率水陆大军,溯河南上,进军河南,攻克永城、归德、许州,汴梁守将左君弼献城降。四月,明军自虎牢关直趋偃师、洛阳。洛水一战,元兵损失惨重,洛阳守将李克彝弃城逃往陕西,梁王阿鲁温开门迎降。五月,潼关守将张思道亦战败西奔。至此,灭元是指日可待的了。

同年闰七月,徐达从河阴、渡黄河北上,分兵攻取了卫辉、彰德、磁州,并在临清与山东诸路大军会合,沿运河继续向北挺进,迅速攻下德州、长芦、直沽,并攻占了元都外围的重要战略据点通州。元顺帝闻讯后,知元都已无法保住,遂于闰七月二十七日深夜仓皇逃跑,北逃上都开平。徐达于八月初二率军从齐化门进入元都,除监国淮王帖木儿不花等因顽抗被杀外,其余不滥戮一人,徐达治军之严明,由此也可以看出。明军进入大都,改元大都为北平府。元王朝的统治,终于被推翻了。这样,北伐的第三阶段直趋元都的战略任务,在不到1个月的时间里便胜利完成了。

徐达一生南征北战,冲锋陷阵,打了不少胜仗,一个农家出身的孩子为什么能够具有如此良好的军事素养呢?

首先徐达勤奋好学。他因家境贫寒,从小便失去了上学读书的机会,但徐达并没有甘于现状,与此相反,更激发了他的求知欲。平时打仗当然是非常紧张激烈的,但他仍千方百计创造条件抓紧学习,熟知我国古代兵法,掌握了渊博的军事知识,从而使自己逐步成长为杰出的帅才,就是他学习的结果。

其次是严于律己。他治军严明,"令出不二"的治军作风和他严于律己紧密不可分。徐达深深懂得,如果将帅不以身作则,做出好榜样,兵是很难带好的,也是难以激励士气的。所以他时时、事事、处处对自己的要求极严,在生活上参与部卒同甘共苦,因而深得军心,真正做到了令行禁止,所向克捷。他的地位虽然是愈来愈高,但对自己的要求和约束也愈来愈严,从不居功自傲,放纵自己。

徐达为人正直,疾恶如仇。洪武六年胡惟庸出任中书省丞相,他专横霸道,招财纳贿。看到徐达功高望重,想结好他,借以壮大自己在朝中的势力。但徐达鄙薄胡的为人,不屑与之为伍,并揭发了胡惟庸的阴谋,指出胡惟庸心邪术诈,既贪奸又阴险,不宜委以丞相的重任。没过几年,胡惟庸的罪行充分暴露后,被朱元璋罢职处死。

徐达虽然有功于朝廷,但他从不居功自傲。徐达一生九佩大将军印,削平群雄,安定天下,立盖世功,但他还是始终恭谨自恃,敬遵礼制。在建国后,他并没有脱离戎马生涯,曾三次挥师塞北平虏,其余大部分时间镇守北平,在那里整饬城防,操练兵马,屯田积谷,做到常备不懈,使北方边防日益巩固。他与朱元璋的关系虽素有"布衣兄弟"之称,但他从不因此忘形放肆,相反,更是恭敬有加。有一次,朱元璋要将朱元璋称吴王时所居王宫赐给他住,但徐达不愿逾制,坚持不受。朱元璋便在旧邸设宴款待徐达,"强饮之醉,而蒙之被使卧床就寝"。徐达醒后,发觉自己睡在朱元璋过去睡过的龙床上,不禁大惊失色,急忙下床,伏阶下,连称"死罪!"

洪武十七年,徐达在北平背生疽。朱元璋对他的病情非常担忧,马上派徐达长子徐辉祖持敕前往慰问,并将徐达接回南京治疗。但徐达的疽疾仍继续恶化,于洪武十八年二月七日病逝,终年54岁。朱元璋惊闻噩耗悲恸不已,为之辍朝,亲临哭奠,追封徐达为中山王,谥号"武宁",赠子孙三世皆王爵,赐葬钟山之北,并亲自撰写神道碑文,以纪徐达的丰功伟绩。

二十三、戚继光

戚继光(公元1528年~1588年),字元敬,号南塘,晚年改号孟诸。原籍东牟

（山东蓬莱），其六世祖戚祥于元末迁居安徽定远，随郭子兴起义，任朱元璋部将。后在征云南时战死，以开国功授其子戚斌为明威将军、世袭登州卫（蓬莱）指挥签事。全家又迁回蓬莱。戚继光之父戚景通，文武全才，为人正直，曾任江南运粮把总、大宁都指挥使及神机营副将。当其任把总时在山东济宁生戚继光。军将世家的出身，对戚继光的影响很大。戚景通逝世当年，十七岁的戚继光袭职登州卫指挥签事。从此开始了他的戎马生涯，南御倭寇，北镇边疆，建立了不朽的功勋。是我国古代杰出的军事将领、抗倭名将、民族英雄。

（一）东南御倭

戚继光袭职后，分管屯田。嘉靖二十七年（公元1548年）开始，每年率卫所军戍守蓟镇（天津蓟州区）一次。二十九年乡试中武举来京会试时，适逢鞑靼俺答汗率军进迫北京，他参加了防御工作，被任为总旗牌，督防九门。在此前后，他还两次上书，呈献御敌方略。他的军事才华开始为主管军事官员所赏识。如兵部主事计士元称赞他：“留心韬略，奋迹武闱。管屯而俗弊悉除，奉职而操持不苟，才猷武变，当收儒将之功；意气鹰扬，可望干城之寄。”嘉靖三十二年（公元1553年），戚继光升署都指挥佥事，管理

戚继光

三营（登州、文登、即墨）二十五卫所，专任防御山东海上倭寇之责，不再远戍蓟镇。

嘉靖三十四年（公元1555年），戚继光被调至倭患严重的浙江，开始了他的御倭战斗生活。三十五年秋，升参将，镇守宁波绍兴、台州（宁海）三府。接任之初，即在龙山所（慈溪境）附近与倭寇进行了两次激烈的战斗。这两次作战，使戚继光崭露头角。也使他认识到明军缺乏训练，战斗力差，而且“兵无专统，谋佥不同”，难以消灭倭寇。遂于当年末和次年春，两次提出练兵建议。经总督胡宗宪批准，将兵备佥事曹天祐所部三千人拨戚继光统领训练。经过嘉靖三十七、八两年（公元1558年、1559年）在岑港（舟山岛西）、桃渚（临海东）、海门（椒江）、新河（温岭北）等地的作战，使他进一步认识到这些成分复杂，积习已深的军士，虽经过训练，仍存

在着纪律不良、骄惰怯战等缺点,于是第三次提出练兵建议,要求重新招募新兵。在按察使司副使谭纶的大力支持下,经胡宗宪批准,在义乌招募农民、矿工三千人,训练成为一支组织严密、以一当百的劲旅,转战浙闽,屡战屡胜,被称为戚家军,倭寇称之"戚老虎"。

嘉靖四十年(公元1561年),戚继光率领这支军队,在台州附近花街、上峰岭等地与倭寇作战,九战九捷,与总兵卢镗、参将牛天锡等共同消灭了浙东的倭寇。戚继光以功升都指挥使。他又增募义乌兵三千,使戚家军达到六千人。

嘉靖四十一年(公元1562年)七月,戚继光奉命援闽。当时福建倭寇以宁德东北的横屿为基地,四出劫掠,并与牛田(福清东南)、林墩(莆田南)等地倭寇相互声援。横屿为小岛,西距大陆最近,中为浅滩,潮涨时一片汪洋,潮退后尽为淤泥。倭寇凭险据守,与明军相持已有年余。戚继光于八月初到达福清,立即组织突袭横屿。使全军每人负草一捆,乘退潮填泥而进,一举歼敌千余。九月初,又击歼牛田之敌六百余,收降胁从分子数千。戚继光穷追猛打,当月中旬,再歼林墩之敌四千,遂回师浙江补充休整。戚继光因功晋署都督金事,升任分守台、福(州)、兴(化)、福宁中路等处副总兵官。

戚继光返浙后,福建倭患复趋严重,倭寇曾一度攻陷兴化,后盘踞于平海卫(莆田东南),势焰极为嚣张。嘉靖四十二年(公元1563年)初,戚继光再度奉命援闽。五月初,率领新补充的戚家军万余人,到达福清。在福建巡抚谭纶指挥下,与广东总兵刘显、福建总兵俞大猷,分三路进攻平海卫,戚继光主动承担中路主攻任务。当时倭寇主力集结于平海卫西北之许厝村,一部在更北之五党山附近。戚继光乘夜开进,拂晓时先破五党山敌营,然后即直逼许厝村倭寇老巢。左、右两路亦先后到达,以火攻烧毁敌栅,突破敌营,全歼倭寇二千四百余人。解救被掳民众三千余人。戚继光晋级都督同知,升任总兵官,镇守福建全省及浙江金华、温州二府,都督水、陆军务。

嘉靖四十二年十一月初,侨寇万余包围了仙游城。十二月下旬,戚继光以各个击破战术大败敌军,解仙游之围。并于次年二月,先后在王仓坪(同安境)、蔡坡岭(漳浦境)两次大败敌人,福建已无大股倭寇。谭纶认为,戚继光"用寡击众,一呼而辄解重围;以正为奇,三战而悉收全捷。……自东南用兵以来,军威未有如此之震,军功未有若此之奇者。"

嘉靖四十四年(公元1565年)十月,戚继光与俞大猷会攻与倭寇勾结的山贼吴平于南澳岛,歼其大部近万人,吴平率残部八百余人逃至雷、廉(广东海康、合浦)地区,亦于次年被俞、戚二军追歼。至此,东南沿海的倭患,经过沿海军民的艰苦奋战,基本上得到平息。

(二)蓟镇守边

隆庆元年(公元1567年),戚继光调京城神机营任副将。次年五月,在新任蓟、辽、保定总督谭纶的推荐下,被任命为总理蓟州、昌平、保定三镇练兵事务,驻蓟州。但因蓟镇原有总兵,现又设总理,事权不一,诸将多不用命。不久,明廷将总兵郭琥调走,使戚继光以总理练兵事务兼镇守蓟州、永平、山海等处总兵官的名义,负蓟镇防务全责,并升为右都督。他在任期间,除练兵外,着重抓了两件大事。

1.修边墙(长城)建敌台

嘉靖以来,明王朝曾对北部边墙进行过整修,但宣(化)大(同)方面稍好,蓟镇方面甚差。墙低而薄,有少数砖石小台,又彼此不相联系,互相不能救援,当进入阵地后,守军皆暴露在边墙之上,既无法遮蔽风雨,亦无处存放火器。一旦敌军登上边墙,守军即难以抵抗。若遇敌人大举突入,则更无法防御。戚继光有鉴于此,遂从修边墙和建敌楼两个方面加强防御工事。一方面加高加厚边墙,城上内外增设女墙垛口,并在主要方向上修建重墙。另一方面修筑空心敌台,跨墙而立,台高三四丈,周围十二至十七丈不等。突出边墙外约一丈五尺,突出边墙内约五尺。根据地形和敌军人马接近的难易,决定台的位置及台与台的间隔。重要地段,每百步或数十步即建一台;次要地段,每百五十步或二百步建一台。台为三层,四面开有箭窗,上层有垛口。每台驻兵约三、五十人,设百总一人指挥。台内储有军粮、火器,长期驻守。形成边墙上的环形据点式的防御体系。既利于守,也利于在敌登城时实施反击。从山海关至昌平东的长城线上,共建立了一千零十七座敌台,大大加强了蓟镇方向上的防御力量。

2.立车营

由于火器的发展,正统时总兵官朱冕即提出了"火车备战"的建议,即将火器与车辆结合,以对付鞑靼骑兵。以后相继有人提出各种设计方案。大同总兵郭登,曾组建车营,俞大猷因岑港之战罚在大同戴罪立功时,并曾使用车营大败鞑靼军十万于安银堡。嘉靖四十二年(公元1564年),明王朝在京营置车四千,正式成为新的兵种。戚继光对此也极为重视。他不仅根据战术要求,自己设计制造了战车和活动拒马，而且组建了由车、步、骑、辎重四个兵种合成的七个战车营，分驻遵化、密云、昌平等地。据《明史·戚继光传》载，"车一辆用四人推挽。战时则结方阵，而马、步军处其中。又制拒马器，体轻便利。遇寇骑冲突，寇至，火器先发，稍近则步军持拒马器排列而前，间以长枪、狼筅。寇奔，则骑军逐北。又置辎重营随其后。"可见这是将火力、机动、防护与障碍等密切结合，并使步、骑、车协同作战，以抗击敌人骑兵集团冲击的一种战法。已较他的前人有所发展。车营每营战车一百零八辆，每车装佛郎机炮二，另有鸟铳、火箭等轻型火器，配属步兵共二十人。戚继光解释车营的优点时说：敌军来攻时，往往用大骑兵集团进行冲击，其势凶猛难挡，我军往往尚未站稳脚跟，队形即被冲破。敌乘势追击，以至我军被歼。不仅如此，敌军利用其骑兵的高度机动性，常常握有作战主动权。敌欲战，我军不得不战；敌不欲战，我军只能看其撤走，这就是我军屡败的原因。我军创立车营后，情况大不相同，车营既可作为营垒构成环形防御；又可约束军队，不使混乱；还可代替甲胄，防护自己。可以说是一座能够移动的城堡，敌人大骑兵集团，对此也无计可施。但车营主要靠火器威力，如无火器的火力，只靠车辆的障碍作用，是难以抵御敌人的。

戚继光"在镇十六年，边备修饬，蓟门宴然。继之者，踵其成法，数十年得无事"。他以守边功，先进左都督，后又加太子太保及少保。从他在蓟镇的作为来看，戚继光不仅是一位卓越的军事将领，而且是一位优秀的军事工程家。

万历十年（公元1582年），大力支持戚继光的内阁首辅张居正逝世，一些对张和戚不满的权贵们，乘机排挤，于次年春被调去镇守广东。万历十三年（公元1585年）以老病请求退休，遂被罢官。还家乡后不久，即于万历十五年病逝。生前除著有《止止堂集》诗文集外，还著有《纪效新书》和《练兵实纪》两部军事专著。是他一生军事实践的总结，从中可以反映戚继光的练兵治军和战略战术思想。

（三）练兵治军思想

《纪效新书》和《练兵实纪》的中心内容是练兵和治军。戚继光练兵治军的思想，最主要的有以下三点。

1.重视士兵品质及思想教育

戚继光认为要练成一支坚韧不拔、战斗力强的部队，首先必须注意士兵的家庭出身和政治品质。他说"第一可用，只是乡野老实之人"；"第一切忌，不可用城市游滑之人"。他认为"乡野愚钝之人"，"诚信易于感孚，忾气易于振作"。实际上就是要求以具有朴实、勇敢的农民为兵源。这在当时来说，是极有见地的。这既能保证军纪易于维持、训练能见实效，又利于建立较好的军民关系，以得到人民群众的大力支持。

戚继光经常对部属进行爱国爱民的教育。他向士兵讲："你们当兵之日，虽刮风下雨，袖手高座，少不得行月二粮。这粮米都是官府征派地方百姓办纳来的。你在家哪个不是耕种的百姓，你肯思量在家种田时办纳的苦楚艰难，即当思量今日食粮容易，又不用你耕种担作。养了一年，不过望你一二阵杀胜，你不肯杀贼保障他，养你何用?"还说："兵是杀贼的东西，贼是杀百姓的东西"，"设使你们果肯杀贼，守军法，不扰害地方，百姓如何不奉承，官府如何不爱重"。

戚继光还从各方面对部属进行内部团结的思想教育。他首先要求官将要尊重、爱护士兵。他说："位有贵贱。身无贵贱"，"凡军称曰军士、战士、力士、勇士、义士、士卒。夫必称曰士者，所以贵之也。朝廷之命名贵士如此，所以望之出力疆场，卫国保民"，如果官将们"以厮役待士，而欲其出死力，捐命御寇，有是理哉!"他教育官将要"爱士如婴儿"，"或亲执汤药以调下卒，或同劳苦以共跋涉，或夜宿队伍之中，或出其私积之物"。只有"爱行恩结"，才能"力齐气奋，万人一心"，达到"何敌不克"。

戚继光对士卒，则教育他们要爱护长官、尊敬长官，还要求士卒之间平时要互相帮助，战时要互相救援等。

2.要求训练从严和符合实战

戚继光认为训练"非严不克。若认真到底，久亦自服，他日济事者，此也"。他强调对军中一切规定、制度和号令，都要"人人明习，人人恪守"，要做到"视死为易，视令为尊"。他还从平时多流汗、战时少流血的角度上向士卒讲解从严训练的道理，他说："武艺不是答应官府的公事，是你来当兵防身立功杀贼救命本身上贴骨的勾当。你武艺高，决杀了贼，贼如何又会杀你? 你武艺不如他，他绝杀了你。若不学武艺，是不要性命的呆子"。他将"一切战阵法令"，写成"简明号令"，印发士卒，令各队"相聚一处，识字者自读，不识字者就听本队识字之人教诵解说，务要记熟。凡操练对敌，决是字字依行"。

在训练中，戚继光坚决反对搞"花法(花架子)"。他认为"花法无益之艺"。他说："设使平日所习所学的号令、营艺，都是照临阵的一般;及至临阵，就以平日所习者用之，则于操一日必有一日之效，一件(指兵器)熟便得一件之利"。他讯刺当时明军陋习说:"奈今所学所习,通是一个虚套","及其临阵","却与平日耳闻目见无一相同,如此,就操一千年,便有何用? 各色器技营阵,杀人的勾当,岂是好看的。"

正因为戚继光从实战出发进行练兵,所以他不单纯要求士卒学好单兵动作、个人技艺,更要求练好队列教练、战术动作。他说 XC 侨.TIF,JZ]"开大阵,对大敌,比场中较艺、擒捕小贼不同。堂堂之阵,千百人列队而前,勇者不得先,怯者不得后。丛枪戳来,丛枪戳去。乱刀砍来,乱杀还他,只是一齐拥进,转手皆难,焉能容得左右跳动。一人回头,大众同疑;一人转移寸步,大众亦要夺心,焉能容得或进或退"。强调协同一致。

戚继光强调协同,强调发挥集体力量,但也不是沿袭当时流行的一般阵法,而是在总结前人和自己实践经验的基础上,有所发展,有所创造,使军队更适合实战要求。如他根据作战实际情况、士兵体质材力和兵器战斗性能,在"长短相杂,刺卫兼合"原则下,创造了类似近代散兵群的鸳鸯阵等。对部队装备的武器,他也极为重视要符合实战要求。他曾进行过深入的研究,改进和创新了一些极为实用的兵器,如狼筅、钂、虎蹲炮、赛贡铳……等。

此外,戚继光为使士卒在战时能充分发挥平时所练技能,还主张练"手力""足力"和"身力"。他说:"凡兵平时所用器械,轻重分量当重于交锋所用之器。重者既熟.则临阵用轻者,自然手捷,不为器败矣,是谓练手之力。凡平时,各兵须学趋跑,一气跑得一里,不气喘才好,……是练足之力。凡平时习战,人必重甲,荷以重物。勉强加之,庶临战身轻,进退自速,是谓练身之力"。但他也注意到了"不宜过于太苦"。

3.强调组织纪律并信赏必罚

戚继光在练兵治军中,不仅重视技术战术等的训练,而且更重视组织纪律的养成和锻炼。他说:"器械不利,以卒予敌;手无搏杀之方,徒驱之以利,是鱼肉乎吾士也。器械利而无号令、金鼓以一其心,虽有艺与徒手同也。""艺与法令,当并行而不悖者"。在执行纪律方面,戚继光要求极严。如他规定"临阵遇有财帛,每队只留队中一人收拾看守,……各兵照常奋勇前进……如违令图财,致兵陷没或贼冲突得脱,抢财物之兵不分首从,总哨官俱以军法斩"。"凡每甲一人当先,八人不救,致令阵亡者,八人俱斩"等等。戚继光不仅制定了许多军中纪律,而且令出法随,信赏必罚。他说:"赏罚军中要柄。若该赏处,就是平时要害我的冤家,有功也是赏,有患难也是扶持看顾;若犯军令,就是我的亲子侄,也要依法施行,决不干预恩仇"。

正因为戚继光治军练兵强调组织纪律而又信赏必罚,所以他的"戚家军"才被称为节制之师,每战必胜。据《明史·戚继光传》记载,他在蓟镇时,请调三千浙兵来蓟。这支曾经他亲自严格训练过的部队,到达蓟州城外时,恰逢大雨,因未接到入城命令,竟列队路旁,"自朝至㫰,植立不动",于是"边军大骇,自是始知军令"。

戚继光虽然要求严格,并说:"遵令奉法,临事用命,……毕竟克济者,威严而已"。但也不是一味对下威严,而是讲究威严与恩信并行。他又说:"但威严不能自行永守,保无阻坏,而所以使威严之永行无阻坏者,恩与信也。彼天下之至亲至情,莫兹父之于孝子若也。……设使父必予杀子,虽孝子且不能无私言,况乌合之众、行伍之兵耶。是以必须恩信佐使其威严,庶威严为之畏为有济。不然,则威之反为怨,严之反为敌矣"事实上他在对待士兵上,确是严中有宽,宽严结合。如他规定,一般过错,初犯不究,再犯登记,三犯才予以处分。而且对一些不是谋逆、杀人、临阵畏缩等无关大局的过错,处分也不过严,通常不过五棍。主要起禁戒作用。因而在正常情况下戚家军士卒因违犯军纪而被处分的,并不多见。如戚继光曾自诩地说:"暑行千里,我不曾打一个兵五棍"。

(四)作战指导思想

通过戚继光的一生军事活动和他的《纪效新书》《练兵实纪》可以看出,他在作战指导上的主要思想,大致有打算定战、打歼灭战、战守结合和密切协同四点。

1.打算定战

戚继光认为"大战之道有三:有算定战,有舍命战,有糊涂战"。据他解释,所谓算定战,就是"得算多"。所谓舍命战,就是"破着一腔血报朝廷,敌来只是向前便了,却将行伍等项,平日通不知整饬"。所谓糊涂战,就是"不知彼,不知己"。他反对打这两种仗,而力主打算定战。他说:"数万之众,堂堂之战,岂是待交手之后方决胜负之物耶?须是未战之前件件算个全胜。使他寸刃不得伤我,一交手便讨他些便宜,乃为用众之道"。实质上,他的算定战,也就是在确实掌握敌情、充分进行准备和周密计划之后再实施作战。如他说:"多算固用兵之所贵矣,然必先知彼而后可以语算。贼情不察,庙算何由定哉"。他还要求平时必须做好准备,以保证战时军需供应。他说:"三年之艾,不蓄不得。"其实,加固长城,增建敌楼以及建立车营等,都是为了加强战备,增加胜算。戚继光在临战前,还要用沙盘("以泥塑为山谷巢穴状")地图("以朱墨笔图")等向部属介绍情况、指示决心和部署兵力。正是由于戚继光算定而后战,所以屡战屡胜。

2.打歼灭战

戚继光在倭寇作战中,认为"非大创尽歼,终不能杜其再至"。实际上就是主张打歼灭战。为了达到这一目的,戚继光一贯要求集中兵力,形成优势。如在浙江时,倭寇多路进犯,他不是分兵把口,而是集中兵力攻其一路,逐次歼敌。所以在局部地区或具体战斗中,戚继光的兵力,总是处于优势。在驻守蓟镇时,戚继光同样反对平分兵力,普遍防守。他认为"无所不备,则无所不寡。"除一部兵力防守边墙各敌台外,他将主要兵力,相对集中,编为七营由各兵种合成的预备队。一旦敌人突破边墙,可以迅速集中兵力予以歼灭。

为达到"大创尽歼"的目的,戚继光经常采用伏击战、夜袭战、快速机动,速战速决等战法,以"攻其无备,出其不意"。如牛田之战,戚继光故意散布说:"我兵远来.须养锐待时而动,非朝暮可计也",使倭寇丧失警惕,放松战备,而实际上戚继光于当夜即奔袭敌营,全歼杞店敌人,并给牛田倭寇主力以歼灭性打击。

3.战守结合

戚继光认为"守是攻之策",他比较倾向于攻战,所以他说:"必士卒真有能战之势,而后可期固守之安",又说:"战胜之军,未有守不固者"。但明王朝的国防战略,自来就是"修葺城池,严为守备","来则御之,去勿穷追",以防御为主,如内阁首辅张居正就曾郑重地告诫他:"今日之事,但当以拒守为主,贼不得入,即为上功,蓟门无事,则足下之事已毕"。因而,在这种战略思想指导下,就形成了他的战守结合的作战指导思想。他在兵力部署、战斗编组以及兵器配备等各方面,无不贯穿了这一指导思想。边墙与车营组成的防御体系,固然体现了战守结合的思想,如他说:"墙台之上,竭力守御","万一溃入,调集重兵,以车营追截,决一大战"。其实车营本身也体现了战守结合,他形容车营说:"敌以数万之众,势如山崩河决,径突我军,我有车营,车有火器,终日打放不乏,不用挑壕而壕之险在我,不用依城而城已在营,要行则行,欲止则止"。即使小至最小单位的鸳鸯阵,他也是在战守结合的思想指导下配备兵器和进行作战的。如盾牌是防护兵器,狼筅则兼具攻与防两种效能,而枪、刀等则是攻战的兵器。

4.密切协同

协同,是戚继光作战指导思想的重要内容之一。他任分守宁、绍、台参将时,"水陆兼司"。该区水军和陆军都归他统辖指挥。虽然在防守为主的战略方针和客观条件的限制下，仍然以陆上作战为主，但他仍然十分重视水、陆军的协同作战。既在沿海所有卫所都配备了战船，分区负责巡哨海上，与卫所守军密切协同，阻止倭寇登陆；又在重要港湾，设置水军船队，与陆上野战部队密切协同，截击逃窜海上的倭寇，在浙江、福建的御倭作战中，曾取得良好的效果。

他防守蓟镇时，更重视车、步、骑等各兵种的协同作战。他所建立的七个车营，实际上是由车营、步营、骑营与辎重营各一营组成的大营。如前述《明史》所记，它的基本作战方式就是三兵种的协同作战。戚继光曾扼要地加以总结说："御冲以车，卫车以步，而车以步卒为用，步卒以车为强。骑兵奇兵，随时指挥，无定形也"。

戚继光时代，火器已十分发达。他非常重视使用火器，如他在解释车营优点时，强调说："所持全在火器"；但由于当时的火器性能还不可能达到完全代替冷兵器的水平，所以他又说："火器为接敌之前用，不能倚为主要战具"。他强调火器与冷兵器协同。他的军队编制，分火器队与杀手队两种。如在蓟镇时，步兵一营下辖三部，每部鸟铳队和杀手队各四局，此外还有虎蹲炮等装备。再如车营，每营重车一百二十八辆，其中包括火箭车和大将军（大型火炮）车十余辆，其他各车，每车配属步卒二十名，装备约二寸口径的佛郎机炮两门，还有鸟铳等轻火器，实际上是一个火器营。车营的战法，基本是当敌人进"至五十步时，火器齐举"，用火力杀伤损耗敌人；俟敌人"近车丈余，步卒于车下出战"。当杀手队与敌骑兵进行三、四波战斗后，再"退保车内，又用火器冲放一次"，如此"更番乘势，如环无端"使火器与冷兵器密切协同。

隆庆六年（公元 1572 年）冬，戚继光在张居正、谭纶等支持下，在汤泉（河北遵化北）进行过一次明王朝开国以来规模最大的边防作战实兵演习，使用兵力超过十万，延续时间二十余天。兵部高级官员及总督等都参加了检阅。这次演习，充分体现了戚继光的作战指导思想。瞭望哨发现假设敌骑兵部队时，烽火等报警信号迅速传至边墙各哨所及各级指挥部，防守部队立即进入阵地，做好战备，七个车营也很快集中待命。经一段时间攻守边墙的战斗后，车营预备队开始向"敌人"主突方向靠拢。当边墙被突破、"敌骑"向内地发展时，各车营按预定计划分别实行堵击、侧击和切断退路等行动。步兵在火力掩护下轮番出战，骑兵乘"敌"受挫、疲惫之机，迅速发起冲击。退走的"敌军"，又遭到守台及边墙内外预伏明军的阻击；结果全军被歼。戚继光自己也是第一次实际指挥这么多兵力进行演习，他说："援枹二十余年，亦未见十万之众。诸路固皆分数，中心实属恍惚。近得共集连营，始知十万作用,又似稍有豁悟,乃信边事真有可为"。

综观戚继光的一生,不仅转战东南,平息了多年的倭患;镇守蓟门、确保了京师的安全,为祖国及明王朝建立了不朽的功勋。而且他面对强大的传统习惯势力,敢于打破陈规,实事求是地创建了新的军队、新的队形(鸳鸯阵)、新的车营,并研制出新型兵器。修筑了新式敌台,使用了新的协同战术。同时还写出了讲求实效、通俗易懂,而又符合实战要求的两部军事名著。的确对我国军事的发展,做出了重要的贡献。对后世影响深远,一直延续到近代。如曾国藩所创湘军,不论在军队编制、选拔制度、招募制度和军队纪律等方面,基本上都源于戚继光的成法。太平天国在使用火器与冷兵器方面,也吸收了戚继光协同战术的精神。因而,可以认为:戚继光在政治上是我国的民族英雄,在军事上则是一位在古代军事理论、军事工程学和兵器学诸方面都有很深造诣、而又具有高度革新精神的杰出军事将领。

二十四、努尔哈赤

努尔哈赤(公元1559年~1626年),即清太祖,女真族人,姓爱新觉罗,出生于建州左卫苏克素护部的费阿拉(辽宁新宾南),明初建州左卫指挥使猛哥帖木儿的六世孙。他以"遗甲十三副"起兵,统一了女真各部,建立了后金政权,创建了八旗军制;在与明中央政权的战争中,屡败明军,夺取了明王朝在辽东地区的统治权,为清王朝的建立,奠定了基础。他是我国古代的杰出政治家,也是我国军事史上的卓越军事统帅和军事战略家。在他四十余年的戎马生涯中,军事上的重要成就和贡献,主要为统一女真、创建八旗和指导辽东作战的战例。

努尔哈赤

(一)统一女真 创建八旗

努尔哈赤的祖父觉昌安是建州左卫都指挥使,父亲塔克世是建州左卫指挥使。努尔哈赤虽然生于这样一个显赫的军将世家,但由于当时女真社会生活普遍较苦,而他又十岁丧母，不为后母所喜，所以自幼即参加生产劳动。从山林采集人参、木耳等土特产品，到抚顺等地集市出售。据说曾一度在辽东总兵李成梁标下当兵，由于作战勇敢，冲锋在前，甚得李成梁的赏识，被用为侍卫亲兵，经常随同李成梁出入京师等地。脱离李成梁后，返回建州，主要以狩猎为生。据史籍说，努尔哈赤不仅"身体高耸，骨骼雄伟，英勇盖世"，骑射刀术，无一不精；并天性聪敏，"一听不忘，一见便识"。

青少年时期不平凡的社会经历，使努尔哈赤结交了不少汉人和其中的知识分子，深受汉族文化的熏陶；在社会交往中，还学会了蒙语蒙文和汉语汉文，这极大地开阔了他的视野，也逐渐地增大了他的政治抱负。史籍说他"好看三国、水浒二传，自谓有谋略"。加以他十分熟悉辽东各地的地理形势和地形状况，十分了解明王朝的政治、经济、军事情况，这对他后来的发展和事业的成功，起了极为重要的作用。

万历十一年（公元1583年）二月，明军围攻古勒寨（新宾西北）时，图伦城主尼堪外兰担任向导，以欺骗手段诱使城众出降，被李成梁尽数屠杀。一向对明王朝忠心耿耿的努尔哈赤的祖父和父亲，也被明军误杀。事后明王朝封努尔哈赤为指挥使，袭其父职。努尔哈赤自知无力与明军为敌，遂将复仇火焰指向尼堪外兰。当年五月，以其父遗甲十三副起兵，并联合了本部中少数成员，以"兵不满百，甲仅三十"的少量兵力，击走了尼堪外兰，攻克了图伦城。

从明初时起，我国东北地区的女真族人，就分成建州、海西、野人三大部分。当时，"各部蜂起，皆称王争长，互相战杀，甚至骨肉相残，强凌弱、众暴寡"，形势相当混乱。建州内部，甚至在爱新觉罗氏家族之内，对二十五岁的努尔哈赤，均有人不服和反对，曾数次进行谋害，皆以他的机智、勇敢而免于灾祸。努尔哈赤就是在这种严峻的形势下，开始了统一女真各部的艰难历程。

努尔哈赤首先统一本家族所在的苏克素浒部，第一个打击目标，就是萨尔浒城（辽宁抚顺东）。萨尔浒城主诺米纳，原与努尔哈赤定盟，共同出兵攻图伦城。但在开始行动后，诺米纳却背信弃义，"阴助尼堪外兰"，"露师期"，以致"尼堪外兰得遁去"，因而努尔哈赤极为愤恨。但当时诺米纳的力量较强，强攻不易，他遂决定智取，攻下图伦城的当年冬，诺米纳约努尔哈赤会攻巴尔达城（吉林通化境），努尔哈赤让诺米纳先攻，诺米纳不肯，努尔哈赤说："尔既不攻，可将盔甲、器械与我兵攻之。诺米纳不识其计，将器械尽付之"。努尔哈赤得到诺米纳的装备后，即将其杀死，并攻下了萨尔浒城。这次胜利，虽然消灭了族内力量强大的诺米纳，但并未能取得本族成员的拥护。努尔哈赤的族叔、兆佳城(新宾境)主李岱,引导哈达部(辽宁开原东)袭击努尔哈赤所属胡吉寨,被努尔哈赤击走。次年(公元1584年)初,努尔哈赤率兵乘雪夜进击李岱,以强攻攻破兆佳城,俘虏李岱。当年六月,又经过激烈的战斗,攻下马尔敦山城(新宾西北)。通过智取和强攻的几次胜利,努尔哈赤的力量渐强,威信亦增。此后,一些力量较弱的小部,都来归附,不久,努尔哈赤就基本上将苏克素浒布置于自己的统治之下。

努尔哈赤统一了苏克素浒部后,即开始向南扩展,进行吞并邻近董鄂部(辽宁桓仁南浑江流域)的准备。九月间,得知董鄂部内部矛盾激化,"自相扰乱",遂决定乘机进攻。部属建议慎重,认为"兵不可轻入他人之境,胜则可,倘有疏失,奈何",努尔哈赤说:"我不先发,倘彼重相和睦,必加兵于我"。先攻齐吉答城未下,又转攻翁科洛城,亦未攻破,并两次中箭负重伤。至伤愈后再次进攻,方破翁科洛城,俘获了射伤努尔哈赤的两人。部众欲杀此二人,努尔哈赤认为:"二人射我,乃锋镝之下,各为其主,孰不欲胜? 吾今释而用之,后或遇敌,彼岂不为我用命哉! 此等之人,死于锋镝者尤当惜之,何忍因伤我而杀之也"。留任二人为牛录额真(统二百人),并从优待遇。努尔哈赤的这一做法,影响颇大,既团结了自己,又瓦解了敌人,很短期间即完全控制了董鄂部。万历十三年(公元1585年)开始,又向北、向西扩展。当年攻下界凡城(浑河、苏子河会流处,萨尔浒东),次年攻下托漠河城和鹅尔浑城(均在抚顺东),努尔哈赤在身受重伤的情况下,派人追斩尼堪外兰于明军城堡下。此时明王朝已发现努尔哈赤势力日大,为收揽其心使为明王朝服务,决定每年给银八百两,莽缎十五匹。

万历十五年(公元1587年),努尔哈赤二十九岁,他修筑了费阿拉城,建立了简单的军事性质的政权,并在内部称王,但对外仍用建州左卫指挥使的名义。万历十六年(公元1588年),先后又消灭了哲陈、浑河(均在浑河流域)及完颜(吉林通化地区)三部,将"环满洲而居者,皆为削平",基本统一了建州女真。努尔哈赤的兵力,亦由起兵时的不足百人,发展为一万五千余的大军。他将全军按装备分为四个兵种:环刀军、铁鎚军、串赤(牛皮盾牌)军和能射军。并规定了严格的纪律,进一步提高了军队战斗力。

万历十七年(公元1589年),努尔哈赤三十一岁,明王朝升他为建州左卫都督签事,次年他亲自去京师进贡,又蒙赐宴奖赏。万历二十年日军侵入朝鲜,明王朝发兵援救。努尔哈赤乘机上书明兵部,要求率军援朝,以表示他对明的忠心。明王朝虽未应允，但认为努尔哈赤确实忠诚，更丧失了对他的警惕。努尔哈赤紧紧抓住这一有利时机，做进一步向外扩张势力的准备。海西女真共有四部，即叶赫、哈达、辉发和乌拉，分布在开原以北、松花江流域。其中尤以叶赫为最强。他们对努尔哈赤统治建州和势力的逐渐强大，深感不安。于万历二十一年（公元1593年），以叶赫部主布斋为首，联合其他三部和蒙古科尔沁等三部及长白山两部，共九部组成三万联军进攻努尔哈赤。他认为"来兵部长甚多，杂乱不一，谅此乌合之众，退缩不前，领兵前进者，必头目也，吾等即接战之，但伤其一二头目，彼兵必走。我兵虽少，并力一战，可必胜矣"。遂抢占古勒山（辽宁新宾西北），据险扼要，拒止敌人，然后集中兵力，重点出击，击其一部，果然获得了起兵以来最大的胜利。歼灭叶赫部主布斋四千人，缴获战马三千匹、铠甲一千副。努尔哈赤"自此威名大震"。他乘势灭掉长白山的朱舍里及讷殷两部，完全统一了建州女真，进一步扩大了自己的实力。但就在当年，又亲去京师朝贡。明王朝以努尔哈赤"保塞有功"，于万历二十三年、努尔哈赤三十七岁时，封他为龙虎将军。

努尔哈赤在古勒山大捷之后，本身实力已大为增强，又有明王朝在客观上的支持，形势极为有利，遂开始做消灭海西的准备。万历二十九年（公元1601年），乘哈达大饥，出兵消灭了哈达。万历三十年（公元1607年），再灭辉发。万历四十一年（公元1613年）又灭乌拉。这次战役，败敌三万，歼敌一万，获甲七千副。遂乘胜发兵四万进攻叶赫。一路势如破竹，连下十九城寨。只因明军派兵协助戍守叶赫城，努尔哈赤才不得不撤兵返回，但此时叶赫已仅能在明军保护下勉强存在，建州女真和海西女真各部，基本上已统一于努尔哈赤的统治之下。此后不久，野人女真中的东海女真（居于松花江和乌苏里江流域）和黑龙江女真（居于黑龙江流域）也先后置于努尔哈赤的控制之下。明王朝在奴尔干都司地区的统治，完全为努尔哈赤所取代。结束了女真社会长期分裂割据的动乱局面，推进了女真社会的发展和满族共同体的形成。

努尔哈赤在统一女真战争的全过程中，始终坚持了一条不与明王朝公开对抗的原则。他采取一切手段对明王朝表示忠顺，以避免明军对他的武装干涉。如他的祖父、父亲均为明军误杀，他对此异常愤恨，但他却仅将力弱怯懦的尼堪外兰作为打击目标。不但接受明的官职，而且还将侵扰明军防地、杀死明军官兵的牧木河部首领克五十斩首献于明军，并送还了他掠去的汉人。他为了表示忠顺，曾六次进京朝贡。实践证明，确实产生了良好的效果。明王朝一再给他晋升职衔，称赞他是

"忠顺学好,看边效力"的忠诚地方将领。从努尔哈赤起兵,到基本上统一了女真各部,明王朝丝毫未对努尔哈赤采取武装干涉。恰恰相反,明王朝却把力量比努尔哈赤强大的海西叶赫部当作潜在敌人,多次以重兵攻打,为努尔哈赤统一女真铺平了道路。

随着统治地区的扩大、军队数量的增加和战争发展的需求,努尔哈赤创建了八旗制度。八旗既是军政合一的组织,"以旗统人,即以旗统兵",又是兵民一体的组织,"出则备战,入则务农"。它具有管理行政、组织生产和进行战斗等三项职能。它是在统一女真的战争中逐步发展起来的,也是以军事为中心的一种社会组织形式。

努尔哈赤起兵之初,军队没有固定编制,以家族、部落为基本单位,这种以血缘为主的组织各单位人数多寡不一,也没有严格的组织纪律,甚至在战斗时,军队成员可任意进止。万历十七年(公元1589年)时,努尔哈赤在本民族狩猎传统组织形式上,对军队进行了一次初步的整顿,编为四军。万历二十九年(公元1601年),努尔哈赤在四军的基础上,又参考了先世金朝猛安谋克的制度,正式创建旗制。当时只有四旗,即黄、白、红、蓝四色,重复规定每三百人为一牛录,每牛录设牛录额真一人为长官,管理该牛录内一切事务。这时的牛录已经是以地缘为主、以血缘为辅的组织。至万历四十三年(公元1615年)时,努尔哈赤已吞并了哈达、辉发、乌拉三部,仅收容的乌拉降、俘,就"不下数万人",军队数量剧增。因而努尔哈赤又在原来四旗之外,增设镶黄、镶白、镶红、镶蓝四旗(将黄、白、蓝三色旗镶红边,红旗镶白边),共为八旗。旗以下的编制是:五牛录为一甲喇,设甲喇额真一人,五甲喇为一固山,设固山额真一人,美凌额真(副职)二人。固山额真即一旗之主,统步骑七千五百名。努尔哈赤为最高统帅,另有直属精锐卫队、巴牙喇五千余骑,各旗旗主也有一定数量的巴牙喇。

努尔哈赤创建的八旗军,是以骑兵为主。在战斗编组上又区分为重骑兵和轻骑兵两种,重骑兵马大人壮,均披铁甲,一人双骑,明军称之为"死兵"(敢死之士);轻骑兵马快人捷,机动性强,明军称之为"锐兵"。努尔哈赤的惯用战法,是将骑兵部署为两个梯队,重骑兵在前,担任突击任务;轻骑兵在后,担任扩张战果任务,另外将精锐卫队控制在自己手中为预备队。一般是以重骑兵对敌阵实施集团冲击,以轻骑兵实施迂回、包围、侧击,或在敌阵动摇时投入冲击和追击。虽然八旗军在开始时并未装备火器,仅装备有射程短、杀伤力弱的弓箭和刀等冷兵器,但由于努尔哈赤充分运用了骑兵的冲击力和机动性,所以战斗力极强,每战辄胜,所向披靡。

为了保证军队战斗力的长期维持和不断提高,努尔哈赤还十分重视军队纪律和军事训练。规定"从令者馈酒,违令者斩头","克城破敌之后,功罪皆当其实。有罪者即至亲不贷,必以法治;有功者即仇敌不遗,必加升赏"。军队不作战时,每天进行操练,努尔哈赤往往亲自检查战马的膘情,壮者赏,羸者罚。除练习骑射及兵器技术外,还强调马术训练,练习障碍超越。史籍记载努尔哈赤的军队行动说:"行军时,若地广则八固山并列,队伍整齐,中有节次;地狭则八固山合一路而行。节次不乱,军士禁喧哗,行动禁纷杂。当兵刃相接之际,披重铠执利刃者令为前锋;被短甲、善射者自后冲击;精兵立于别地观望,勿令下马,势有极处,即接应之"。

努尔哈赤创建八旗制度,以作战为中心,将女真社会的军事、行政、生产统一起来,用以统治各部民众,使女真社会成为一个"按军事方式组织成的,像军事组织或军队一样"的军事化社会。在当时来说,起到了将涣散的女真各部团结起来的作用,可以最大限度地发挥女真族的整体力量,对历史的发展,有其积极的意义。

(二)进攻明军　争夺辽东

努尔哈赤统一女真和组建八旗军队之后,自认为军事力量已足以与辽东明军对抗,遂于万历四十四年(公元1616年),在赫图阿拉(费阿拉南八里)登基称汗,建元天命。建立了与明王朝中央政府相抗衡的后金政权。经过两年的准备,于万历四十六年(天命三年,公元1618年)开始大举攻明。从这时至天启六年(天命十一年,公元1626年)他逝世时的九年中,他的主要战略目标是夺取辽东,和明军进行的主要战役有三个,即萨尔浒之战、沈辽之战和宁远之战。

1.萨尔浒之战

万历四十六年四月,努尔哈赤攻占了明军战略要地抚顺,并继续南进,又攻占了清河城等十几个明军据点。明王朝为巩固其在辽东的统治,经过半年多的准备,至次年二月,集中十万大军于辽东,以杨镐为统帅,分四路合击赫图阿拉:以总兵马林配属叶赫兵,出靖安堡(辽宁开原东)攻其北;以总兵杜松出抚顺关攻其西;以总兵李如柏出鸦鹘关(辽宁新宾西南)攻其南;以总兵刘挺配属朝鲜兵出凉马甸(辽宁宽甸东北)攻其东。

努尔哈赤侦知明军部署后,判断明西路军为主力,认为"破此则他路兵不足患矣",遂决心采用"凭尔几路来,我只一路去"的方针,集中兵力、各个击破,先歼西路,再及再他。三月初一,经一天激战,首先包围全歼了孤军突出的杜松部明军;三月初二,转用兵力于尚间崖,又全歼闻杜军被歼而转为防御的马林部明军;三月初四,再转用兵力于阿布达里岗,以伏击战再全歼至今尚对西、北两路被歼情况毫无所知的刘挺部明军。由于李如柏前进虽然慢而逃走却动作迅速,努尔哈赤才未能将四路明军全部歼灭。萨尔浒之战,以努尔哈赤的全胜而告结束。这次战役,是后金与明战争史上的一次战略性决战。从此以后,努尔哈赤就掌握了辽东战场的主动权,并在兵力对比上转变为优势。而明军则开始处于防御地位。

2.沈辽之战

努尔哈赤在萨尔浒之战胜利后,稍事整顿,即乘势于当年夏连续攻破明军事重镇开原、铁岭,并顺便消灭了靠明军保护的叶赫部。天启元年(天命六年,公元1621年),努尔哈赤又乘明万历帝新死、明辽东统帅易人、明军军心涣散之机,大举向沈阳、辽阳地区进攻。在蒙古饥民策应下,三月中旬先攻破沈阳,下旬又攻破辽阳。接着,不"数日间,金、复、海、盖州卫悉传檄而陷。"整个辽河以东地区,尽为后金占领,明军退守河西。努尔哈赤为巩固新占领的地区,并加强对该地区的人民的统治,由赫图阿拉迁都沈阳。

努尔哈赤在沈辽之战的作战指导上,有两点是获胜的重要因素。其一,他针对明军步兵多、火器多、长于守城而短于野战的特点,采用了诱敌出城野战的方针,使自己长于骑射的优势得以发挥,以己之长,击敌之短。其二,他针对明军在沈、辽两城中收容有大批蒙古、女真难民的情况,利用他们与明军的矛盾,先期派遣间谍进行策动,战时从内策应。

3.宁远之战

天启二年(天命七年,公元1622年)初,努尔哈赤又利用明辽东经略熊廷弼与巡抚王世贞在战略上的分歧,渡河西进,王世贞弃城逃跑,广宁城不战而下。努尔哈赤将该地区的民众和财物,劫掠至辽河以东,开始对新占领的地区进行"消化",将重点移至发展生产和解决内部矛盾方面,短期间未再发动大的军事进攻。

天启五年(天命十年,公元1625年),努尔哈赤了解到明辽东经略易人,新任经略高第懦怯惧战,将关外大部城塞放弃,退守山海关城。关外仅留宁远孤城,为坚不肯退的宁前道袁崇焕防守。认为是夺取整个辽东的良好时机,遂于当年正月率军六万进攻宁远。开始采用政治攻势,动员袁崇焕投诚未遂,努尔哈赤于是下令强攻。袁崇焕依托城防工事,尽量发扬火器的威力,激战三日,屹然不动,后金军伤亡惨重,据说努尔哈赤自己也在攻城战斗中负伤。在顿兵坚城之下的情况下,努尔哈赤不得不撤围退走。这是明军在辽东战场上第一次获得胜利,也是努尔哈赤戎马生涯四十年的第一次失败。努尔哈赤一向主张"攻城必操胜算而后动",这次却违背了自己的原则,结果导致失败。究其原因,主要是努尔哈赤犯了骄傲轻敌的错误。他回沈阳后,悒悒不乐,当年七月患痈疽,八月十一日逝世,终年六十八岁。

(三)战略战术思想

努尔哈赤在战略战术上的指导思想,概括起来大致有三:一是准备长期作战,逐渐削弱敌人。在攻乌拉时,努尔哈赤曾以伐大树比喻战争,用以教育其子皇太极。他说:"欲伐大木,岂能骤折,必以斧刀伐之,渐至微细,然后能折"。这是他能够从无到有、从小到大,逐次击败强大对手,终于统一女真的重要原因。二是强调智谋胜敌,要求以最小代价换取胜利。发动攻明战争前夕,努尔哈赤曾向领兵诸王"颁攻战之策",他说:"平时以正为上,军中以智巧谋略、不劳己不钝兵为上"。这是他能够"以寡胜众,以弱克强",屡战屡胜而损失较小的主要原因。

根据努尔哈赤的言论和实践进行具体一点的分析,可以看出他的战略战术思想,主要有下述三点。

一是缩小敌对面,扩大同盟军。这是努尔哈赤在战略指导上的一贯思想。努尔哈赤起兵之初,兵不过百人,地方数十里,要想在各部互争雄长的混战中存在、发展并进而统一女真,首要的矛盾,就是如何使对女真各部执行"分其枝、离其势、互令争长仇杀"政策的明王朝,不以武力干涉自己的行动。在他之前和同时,比他力量强大的人物,如建州部的王杲、阿台、叶赫部的清佳砮、杨吉砮等,都曾企图统一女真,但皆因没有处理好与明王朝的关系,将明军作为敌对面而被消灭。努尔哈赤则完全相反,他以绝对忠诚于明王朝的面目出现,使明军成为自己客观上的同盟军,并尽力与蒙古科尔沁部、喀尔喀部联姻结盟,与朝鲜通使交好,使自己可以专心致力于一个目标——统一女真。在统一女真的战争中,他同样执行这一方针,在消灭建州各部时,他积极与建州以外的海西四部结盟,娶叶赫部主杨吉砮的女儿为妻,先后以二女一侄嫁给乌拉部主布占泰,并与哈达、辉发部主订立婚约。使自己可以将精力集中在一个目标——统一建州上。俟吞并建州各部之后,才转用兵力于海西。先弱后强地逐个消灭海西四部,每次打击的目标,仍然是只有一个。

二是政治争取与军事打击两手并用、紧密结合。努尔哈赤极为重视收揽人心。

他始终采用"顺者以恩抚之,违者以兵讨之"的两手策略。所有顽强反抗他的势力,都被他在战争中予以歼灭;所有真心归顺他的人,也都被他"抚恤恩养",量才使用,成了他得力的部属。他的这种以强大武力为后盾的政治争取工作,效果极佳。如朝鲜官员李时发向其国王的报告中说:"努尔哈赤'其志实非寻常,欲使远近之胡尽附于己',东海女真'无不乐附于老酋(指努尔哈赤),故去冬以后,投入于山外者其数已多,而此后龙当望风争附'"。又如虎尔哈部投诚人员给家乡亲友带信说:"上(指努尔哈赤)以招徕安集为念,收我等为羽翼,恩出望外,吾乡兄弟诸人,其相率而来,无晚也"。结果有大批部落首领率部归诚,仅天启五年一年中受努尔哈赤授官的大小首领,就有四百九十二人。应当说这是努尔哈赤能够从小到大、实力迅速增长的重要原因之一。

三是集中兵力、各个击破敌人。努尔哈赤继承了《孙子》"我专而敌分"和"以众击寡",以及《六韬》"用兵之道,莫过于一,一者独往独来"的优秀思想,结合自己骑兵为主、机动性强的特点,在作战指导上,强调兵力集中、快速机动,以形成局部优势,保持行动自由,从而达到各个、逐次歼灭敌人的目的。努尔哈赤所指挥的各次重大战役,基本上都是这样实施的,这是他用兵的突出特点。萨尔浒之战,他紧紧掌握"凭他几路来,我只一路去"的方针,"独往独来",以各个击破的战法,打破了四路明军的分进合击,可以说是体现他战术思想的典型战例。

二十五、李自成

李自成(公元1606年~1645年),陕西米脂人。原名李鸿基,小名黄来。十三岁时改名自成,并将原名鸿基改称为号。二十五岁领导起义后,先后被称为闯将和闯王。三十九岁在西安建立大顺政权时,称顺王,并改名为自晟。他领导农民起义军南征北战,奋斗一生,推翻了腐朽的明王朝。虽然最终仍然失败,但他在军事方面的成就,已达到我国古代农民战争史上前所未有的高度。不仅是一位伟大的农民起义军领袖,也是一位杰出的军事统帅。

(一)农民起义军的闯将

李自成出生于米脂以北约二百里的一个小山村中,村名李继迁寨(海会寺沟李家站），仅有李、高两姓居民十几户。李家世代务农，其父守忠，因马役破产。迫于生计，李自成幼年即入寺为僧，后又在地主姬姓家佣工牧羊。十八岁与本乡高氏结婚，二十一岁至县城银川驿充任驿卒。递送文书之余，练习骑射技术。由于李自成"沉凝多智，勇猛而有胆识"，交友"舍己好义"，又在为僧时曾得以学习，粗识文字，所以颇得众心，深为驿卒所拥戴。

明王朝的统治，这时已趋于没落。政治腐败，民不聊生，土地兼并严重，社会危机日深。努尔哈赤所建后金政权，与明王朝争夺辽东的战争，已有数年。明军在萨尔浒、沈阳、辽阳、广宁等战役中，连续被歼，宁远以北的广大土地，已

李自成

尽为后金占领。为了保持其摇摇欲坠的统治，明王朝一再增加租税，将庞大的军费负担，全部转嫁到广大农民头上。与此同时，中原、特别是陕西地区，连续数年发生严重的自然灾害，重灾地区的人民，以草根、树皮为生，哀鸿遍野，饿殍满地。但明王朝官吏，仍逼迫农民缴租纳税，广大农民实在无法生活。于是在天启七年（公元1627年），首先在灾荒特大的陕西地区爆发了以王二为首的农民起义。各地群起响应，势如燎原，至崇祯二年（公元1629年），已形成王嘉胤、张献忠（八大王）、高迎祥（闯王）、王自用（紫金梁）、张存孟（不沾泥）、罗汝才（曹操）……等十余支兵力数千以上的农民起义军。兵力较小的义军，则各县皆有。

为补充军费的不足，明王朝决定裁减驿站费用，崇祯三年（公元1630年）正月正式实行。李自成等驿卒因而失业。由于他欠邑绅地主艾同知的贷款无力偿还，被枷示于通衢烈日之下，不准吃饭。原与李自成一起共事的驿卒，不胜其忿，于是打走看守人员，拥其出城。李自成遂领导驿卒举行起义，"奋袂一呼，饥民群附，一夜得千余人。……旬日间其势益盛，……号曰闯将"，率部参加了张存孟部农民军，活动于陕西地区。

崇祯四年（公元1631年）四月间，明军加强了对各部农民军的攻势，张存孟战败降明，不愿降者尽归于李自成。他遂自立为一军，东渡黄河，进入山西绛州（山西

新绛)地区,又参加高迎祥部农民军,被编为第八队闯将(当时称闯将者并非李自成一人。嗣后英名日著,闯将一名,才逐渐为李自成的专称。)当时在山西的农民军,共有三十六营,约二十余万人,主要活动于晋南地区。崇祯五年(公元1632年)十二月间,李自成与张天琳(过天星)部联合,攻占辽州(山西左权)。次年初,经畿南(河北南部)进入豫北。五月间王自用在武安作战负伤,余部归附于李自成。至此,闯将李自成,已成为农民军中的著名领袖。他的部队也成为一支独立的主力部队。

从崇祯六年至十三年间,李自成和其他各部农民军一样,在明军围攻、追击下,为打破围剿、争取主动以保存自己,一直在陕、甘、宁、川、楚等地往返流动,虽然打过不少胜仗,如崇祯六年,与张献忠联合,在河南林县大败明军邓玘部;崇祯八年六月,与张天琳等联合,在宁州(河南宁县)两败明军,杀总兵曹文诏、副总兵艾万年;崇祯九年五月,在安定歼延绥镇军三千,杀总兵俞冲霄等。但也打过不少败仗,如崇祯七年,在汉中栈道(一说车箱峡)被陈奇瑜部围困,以伪降手段方骗出重围;崇祯九年,攻米脂时中伏,败于贺人龙部,损失巨大;崇祯十年,攻汉中受挫;崇祯十一年,在河州(甘肃临夏东北)地区,两败于曹变蛟部,又在四川南江、陕西城固,连续失败,至此,仅余一千余人,转移至川、陕交界的大山区中。此时高迎祥已经牺牲,刘国能(闯塌天)、张天琳等降明,张献忠、罗汝才也受抚在湖北谷城、房县休整,整个农民战争陷于低潮。但通过战争实践,李自成已锻炼成为一名杰出的军事将领。闯将的威名,不仅在农民军中为众人所景仰,就是在敌人阵营中,也被认为是"雄于诸寇"的主要威胁。如在李自成仅余千余人时,明三边总督洪承畴,因未能俘获李自成,而在给崇祯帝朱由检的报告中悲叹说:"夫闯将为诸贼中元凶",这次"使元凶脱然远逝,目前既不成一股完功,将来尤必费兵力殄灭"。李自成不仅因作战勇猛、指挥卓越而为敌军所畏。在许多实力甚强的农民军都卷入投降、受抚的逆流时,他能克服军事、生活上的困难,始终不受抚的坚定政治立场,也深为敌人所忌惮。如崇祯十二年十二月,罗汝才"遣其营队李希茂等",向当时的明军统帅、大学士兼兵部尚书专任督师的杨嗣昌,"来讨招安"时,杨嗣昌害怕请求招安中的"老八队"是李自成,于是说:"闯将李自成在内,则不抚";他与罗汝才的《谕帖》中,又一再说:"本阁部许尔招安,……闻八队是闯将李自成,此人在内,决定不成"

李自成被称为闯将的这一阶段中,在作战指导上,开始时具有一定的自发性和盲目性。随着实战经验的增多,才逐渐克服。但总的来说,主要是以带有游击战性质的流动作战与明军进行斗争。所以行动"如暴风骤雨,来去不时","望屋而食,奔走不停,未据城邑为巢穴"。开始是单纯的"避兵逃窜",后来是"官兵多则窜伏,少则迎敌",这当然有流寇主义的因素在内,但仅从军事角度来看,却很有必要。因为当时明军,在力量对比上占绝对优势,处于战略进攻地位。包括李自成在内的各部农民军,则处于反围剿、求生存的战略地位,经常在优势敌军的围剿、追击之中。如果停止流动,势必被迫在不利条件下与敌作战,不仅丧失了战场主动权,而且有被敌人消灭的可能。只有用高速度、大踏步地机动,来往穿插于敌军之间,才能调动、疲惫敌人,使自己经常处于主动地位。尔后才能寻找和制造有利战机,形成战役、战斗上的优势,出其不意、攻其无备,向敌军空虚、薄弱之处实施袭击,达到削弱敌人、打破围剿和保存并壮大自己的目的。

(二)领导农民战争走向胜利的闯王

崇祯十三年(公元 1640 年)十一月间,李自成乘明军统帅杨嗣昌率主力入川追击张献忠的机会,率所部千人出商洛山区,进入河南。河南是明王朝的腹心地区,也是当时阶级矛盾最为尖锐的地区,藩王最多,加以大批官僚豪绅,土地高度集中,人民负担沉重。而又正值大灾之年,人民"流亡满道,骸骼盈野,⋯⋯有食雁矢、蚕矢者,有食荆子、蒺藜者,有食土石者",甚至发展到"人相食"的惨境:"有父食子、妻食夫者,道路无独行之客,至东西村亦不敢往来"。因而,李自成军一进入河南,即得到广大饥民的拥护,许多小支起义军,如"一斗谷"等,也"皆附之",远近响应,迅速发展为十万余人的大军,连破永宁、宜阳、新安三城。崇祯十四年(公元 1641 年)正月,李自成攻占河南军事重镇洛阳,杀福王朱常洵,于是李自成"兵日益强,乃自更号曰闯王",并号召群众,大力宣传"迎闯王,不纳粮"的主张,开仓赈济灾民,于是"远近饥民,荷旗而应之者如流水,日夜不绝,一呼百万"。李自成的农民军日益壮大,李闯王的名号也由此传之四方,尽人皆知。

通过前一时期领导起义的实践及战斗的锻炼,李自成在政治、军事上均趋于成熟。他不仅认识到了人心向背对战争的重大影响,还懂得了知识对战争发展的重要作用。所以他除了自己加强学习,让知识分子"日讲经一章,史一通"和"讲孙吴兵法"外,还非常注意吸收同情革命的知识分子参加农民军。牛金星、宋献策、李岩等,皆为此时进入李自成的领导集团。他们辅佐李自成,制定了"行仁义、收人心"的政治战略和"据河洛,取天下"的军事战略,开始进入了有计划、有步骤,以夺取

·军事将帅·

图文珍藏版

全国统治权为政治目的的农民战争阶段。这一阶段是由反围剿向战略反攻转变的过渡阶段。是李自成一生事业的转折点,也是明末农民战争的转折点。

李自成为"收人心"所采取的措施,主要有四:

1.针对当时土地集中,捐税过重的社会现象,顺乎民心,废除明王朝的苛政,制定了"均田免粮"的政策,均田的具体办法,史无明文。当时处于战争紧急状态,李自成是否真正实行过均田,难以肯定,但有个别资料,确实有平分土地的记载。至于免粮,则在新占领区已经实行。为了让广大人民尽知,李自成采取了文字告示与口头文学等多种形式,进行鼓动宣传。特别是利用歌谣和组织儿童在军中和深入到敌统治区城乡进行宣传,不论规模与方法,都超过了此前的农民战争。如"朝求升,暮求合,近来贫汉难存活;早早开门拜闯王,管教大小都欢悦";和"吃他娘,穿他娘,开了城门迎闯王;闯王来时不纳粮"等。

2.针对明王朝"贪税敛、重刑罚","吸髓剥骨",残酷地压榨人民,使人民无法生活的反动统治,提出了"剿兵安民""拯民涂炭"的政治口号,使广大群众,了解李自成军为人民利益而战斗的宗旨。

3.针对明军纪律败坏,"掳掠民财,奸人妻女",为人民所痛恨的暴行,"严戢部伍",整顿军纪,规定"不杀无辜、不掠资财",和"公买公卖""公平交易"等纪律,下令说:"杀一人者如杀吾父,淫一女者,如淫吾母"等。据当时人记述说:李自成军经过之处,"家室完好,亩禾如故,百姓竟德之"。

4.大力开展瓦解敌军的宣传工作。在争取群众的同时,李自成将军事进攻与政治攻势密切结合起来,开展心理战。如"大兵到处,开门纳降者,秋毫无犯;在任好官,仍前任事,若酷处人民者,即行斩首"。大力宣传"降者不杀","献城纳印者给以爵禄"等。并以檄文、牌示、布告、书信等多种方式,敦促明军将士认清形势,不要负隅顽抗,争取他们起义或投诚、投降。

李自成实施上述各项措施的结果,得到人民群众的热烈拥护和广泛支持,并分化瓦解了敌人,达到了"收人心"的目的。当时人张岱记述说:李自成进入河南后,"人心大悦,……故一岁间略定河南、南阳、汝宁四十余州县,兵不留行,海内震焉。……为之歌曰:'杀牛羊,备酒浆,开了城门迎闯王,闯王来时不纳粮'由是远近欣附,不复目以为贼"。当李自成军到达时,人民"有候于途者,有饷之粮者,有贻之弓箭者"。甚至"百姓……争先缚守令开门迎"接李自成。由于李自成军声势浩大和宣传工作的影响,也有不少明军官将投诚李自成。如攻禹州(河南禹县)

时,守将杨芬投诚;攻承天(湖北钟祥)时,知府王某开门迎接等。这对李自成领导的农民战争的胜利,起了很大的积极作用。

李自成攻占洛阳后,即开始试建地方政权,"置官留银,企图作开国始基"。占据河南、洛阳地区,以改变无后方流动作战的局面。但由于当时在力量对比上李自成仍居于劣势,所以这种守土不流的愿望还难以立即实现。李自成率主力攻开封时,洛阳迅为明军攻占。因而在进入河南的第一年中,基本上未能建立起地方政权。攻克的城市,往往下令拆毁城墙。集中兵力与明军进行运动战性质的流动作战。直到崇祯十五年(公元1642年)三次歼灭明军主力后,才重新在河南建立地方政权,"每得一城,辄分兵防守,且严禁抢掠"。当年七月,罗汝才又率部归附李自成,闯王的兵力更为强盛。从崇祯十四年至十六年,李自成曾三攻开封,并在流动作战中五次歼灭或击溃明军主力兵团(孟家庄、襄城、朱仙镇、塚头、汝宁)。改变了中原的战略形势,终于在河洛地区站稳了脚跟,将农民战争更向前发展一步。

经过五次大捷,李自成军与当面明军的力量对比,发生了质的变化。李自成不仅在河洛地区已能站稳脚跟,建立了各府县的地方政权,而且已经初步地掌握了战争的主动权。他在河洛地区连续获胜的原因,除了政治策略符合客观,对壮大自己、孤立敌人和获得战争胜利起到了重要保证作用外,最主要的是他的作战指导正确。

第一,他善于集中兵力在运动中各个歼灭敌人,能实施大踏步地前进与后退,每战都掌握"我专而敌分"的原则,集中兵力打敌一路。当时的统治集团,也已认识到这一点,哀叹"今日之失,正在贼聚而攻,我散而守,故处处无坚城"。

第二,他善于根据不同情况采取不同打法。当时人说他"向称善攻,不用古法"。河南五次大捷,各有不同特点。如孟家庄之战是佯怯示形,诱敌入伏;襄城之战是"攻其无备,出其不意";朱仙镇之战是纵其突围,追击歼敌;塚头之战是以利诱敌,乘机反击,败中取胜;汝宁之战是各个击破外围之敌,再环攻坚守城垣的残敌。确实掌握了"兵因敌而制胜"的原则。

第三,他善于选择打击目标和进攻时机。如襄城之战,舍左良玉打汪乔年,避强击弱;朱仙镇之战,先击左良玉,其他自然瓦解。但并不阻其突围,而是纵其逃走,在其军队失去控制时,再从背后击之。

第四,他善于猛打穷追,彻底歼灭敌人。不使敌人有喘息和重新组织抵抗的余地。而且每战常亲率精锐,在主要方向上打击敌人,尤其在敌人动摇、退却时,能抓

·军事将帅·

图文珍藏版

住战机不放,穷追猛打。如塚头之战,猛烈反击,乘胜猛追。

第五,他重视敌情侦察和自身行动的保密。李自成军宿营时"每队必派一人上屋角瞭高,如无屋,必在其高埠处。若见动静,高叫传塘马(骑兵通讯),顷刻百里外"。若住营日久,必有塘马于数百里外巡绰。尤其当敌人进攻前,更从各方面用各种手段进行侦察,以便能较清楚地了解敌情。李自成还严格保持自身行动的秘密,"行军倏忽,虽左右不知所往"。并注意严防敌人间谍活动,明军承认"彼之情形,在我如浓雾。而我之情形,在彼如列炬"以上各点,充分体现了李自成的卓越指挥艺术。

(三)推翻明朝统治的大顺王

李自成占领襄阳后,在月余时间内,席卷荆、襄六府各州县,并深入至江西境内,所向披靡,退至武昌的左良玉,再逃九江。至此,河南南部五府七十八州县和荆襄六府各州县,连成一片。李自成遂在襄阳建立大顺政权。初称"奉天倡义文武大元帅",后又称新顺王。除中央政权外,在七十七州县建立了地方政权。为了进一步提高军队正规战的战斗力,李自成对军队进行了整编,区分为中央直辖的战略机动军和地方卫戍军两种。中央直辖军编为中、左、右、前、后五大营。其中中军营是亲军。中军营统帅为权将军,是军事最高长官,指挥和领导五大营。中军营下属五标营,每标营下属二十队。其他大营下属两标营,标营下属十六队。队是大顺军的基本编制单位。每队约二百五十人左右,其中骑兵约五十人,步兵约二百人。骑兵冲锋陷阵,称精兵或精骑,步兵是骑兵的助手和后勤兵。每名骑兵隶属四名步兵,负责养马、做饭、管理衣甲兵器及放哨警戒。每名骑兵有马二至四匹,作战时轮流骑用,以免马力不断。一般情况下步兵不直接冲锋陷阵,但在防御、追击或战斗紧张时,也要参加作战。骑兵从步兵中升补,步兵中还有一部分少年儿童兵。另有大量随军家属。五大营计有骑兵约一万二千,步兵四万余,连同家属子女,大约三十万。

地方卫戍军,是从主力部队中抽调编成。共置襄阳、南阳等十三卫。总计约三万人,连同家属约十五万,卫戍军除负责防守作战外,有的地区,还利用没收的藩王和豪强地主的庄田实施屯田。

在建立政权和整编军队时,李自成与罗汝才、贺一龙、马守应(老回回)等产生矛盾。李自成怕他们联合反对自己,于三月间设计杀死罗汝才和贺一龙,造成内部军心不稳,部分部队降明和解散,马守应脱离李自成单独行动。这一事件对当时统一军队领导、指挥权,曾起了一定积极作用。但从长远看,也伏下了一定的消极因素,使部分将领心怀疑惧,产生离心倾向,而不少降明将领,也成为农民军的死敌。

李自成在襄阳建立政权,不仅标志着他"据河洛"的战略企图已经实现,而且标志着他的战略转变已经完成,为决策下一步如何"取天下"的行动,李自成召开了重要军、政领导人员会议。牛金星建议"先取河北,直走京师";杨永裕主张先取金陵,截断明王朝的漕运粮道,然后乘机北进;顾君恩则认为"先据留都(指金陵),势居下游,难以济事,其策失之缓。直捣京师,万一不胜,退无所归,其策失之急。不如先取关中,为元帅桑梓之邦,且秦都百二山河,已得天下三分之二,建国立业,然后旁略三边,资其兵力,攻取山西,后向京师,方为全策"。这一建议的中心,是分两个步骤"取天下",第一步先取关中为根据地,并向北发展,利用三边的明军壮大自己的实力;第二步再经山西进攻北京,推翻明王朝。李自成考虑到"河洛荆襄皆四战之地,襄邓皆已赤地千里,关中其故乡也,士马甲天下,可据险称霸",顾君恩的建议正符合自己的思想,于是决定以顾的建议为今后战略方针。并计划万一西进不利,"则度夏豫楚,乘虚开归下江淮,更图割据南士"。遂率主力转至豫西,做入陕的作战准备。

崇祯十六年(公元1643年)八月间,孙传庭率陕西明军出潼关,企图与九江左良玉军合击李自成于河南。李自成采取诱敌深入、聚而歼之的方针,在襄城、郏县地区,大败明军,李自成以一昼夜行四百里的速度进行追击,歼明军四万余人,俘获全部兵器装备,孙传庭仅率数千骑兵逃至潼关。

李自成歼灭明军在中原地区最后一个主力兵团后,乘胜进军,十月上旬攻破潼关,孙传庭战死。大顺军遂以破竹之势进击西安。明军闻风而逃,十一日即占领西安,分兵追击逃走明军。至十二月间,秦、陇全境及晋西南地区全为大顺军控制,三边明军也大多为李自成收编,取天下的第一步骤,从军事上说已基本完成。

崇祯十七年(公元1644年)初,李自成改西安为西京,正式定国号为大顺,改元永昌。并扩大政权组织,进一步整编军队,汰弱留强,改变老营家属随军作战的传统,将老营安置于各地,不再随军。

李自成在西安经月余整顿,即实施取天下的第二步骤。部署山西的左营大军由平阳越太行山进出豫北,尔后北上真定(河北正定),从南面进攻北京;自率主力十余万,东渡黄河,经太原、大同,迂回至居庸关从北面进攻北京。沿途进展顺利,三月初一日,李自成即进占大同。另部大顺军也到达真定。明崇祯帝朱由检急令驻屯辽东的吴三桂,放弃宁远(辽宁兴城),迅速率军驰援北京。当吴三桂于十六日到达山海关时,李自成已进占昌平,逼近北京。

北京是明王朝的统治中心,经营达二百余年,城防坚固,防御设施完善。但由于政治腐败,军队濒于瓦解,至此已无力组织有力的防御。李自成于三月十七日驰抵北京,城外明军三大营首先投诚。城内防守力量更为薄弱。李自成曾派人敦促朱由检投降,未能成功。十八日晚,守彰仪门的太监开门献城。十九日晨,李自成指挥军队突破内城,朱由检自缢于景山,至此,统治中国近三百年的明王朝,终于被大顺王李自成领导的大顺军所推翻。另部大顺军,亦于二十四日占领保定后进入北京。

李自成在郏县地区歼灭孙传庭军后,即转入战略进攻。在这一阶段中,不论是第一步骤进占关中,还是第二步骤进取北京,李自成都是以破竹之势,所向无敌。崇祯十六年十月破潼关,月余时间内,即席卷三边,尽有关、陇,解除了东进后顾之忧。次年二月开始东进,又仅用月余时间,进军两千里,攻下坚固设防的北京城。除军事本身因素外,最根本的原因是政治上人心所向。首先,"民皆附贼而不附兵",大顺军"所到之处,望风迎顺"。这对明军也产生极大影响,广大士兵,对李自成心向往之,不肯与大顺军作战。如攻宣府时,"巡抚朱之冯悬赏守城,无一应者。"李自成攻北京时,明军"守城者不用命,鞭之起,复卧"等等。正是在这种士不用命的情况下,再加以大顺军强大的军事压力,所以大量明军官将,为了个人出路,相继投诚大顺军。如西安、宁夏、汉中、太原等,都是明守将开城投降。从破潼关到占北京,除榆林、宁武二城是经过激战攻克外,其余各城,均为不战而下。

(四)败于清军的大顺帝

李自成进北京后,住入皇宫,各营将帅则分据勋戚府第,数万大军也集中城区,居于民宅。李自成派居庸关投诚明将唐通率所部去山海关接代明总兵高第;动员吴襄写信与其子吴三桂劝降;此外,还派部分兵力开拓统治区和招抚左良玉等明将。但主要精力放在制礼、封官和向旧明文武大臣严刑追赃上。

吴三桂接到吴襄劝降信后,本已投诚,后得知李自成在京大肆追赃,严刑拷打大臣,又误闻吴襄也受刑将死、全家受辱,遂降而复叛。击走唐通,占领山海关,并写信给清统治集团,要求联合进攻北京李自成大顺军。

李自成得知吴三桂复叛的情况后,于十三日率精兵六万由北京出发,十七日到达永平(河北卢龙),当即派唐通等率军迂回至关外一片石(辽宁绥中李家台,距山海关约三十里),以切断山海关与辽宁方面的联系。二十一日,李自成进至石河(山海关西约十里。)与吴三桂军激战半日,吴军退入山海关城。此时清军在多尔衮率领下,已兼程急进至一片石,击退唐通部后,进出至距山海关仅二里的欢喜岭地区。当夜吴三桂与多尔衮会面后剃发降清。二十二日,李自成军与吴三桂军再战于石河。激战至中午,吴军已渐不支,清军骑兵乘东北风大起之利,由角山迂回至李自成军左侧背,突然发起进攻。李自成军在清军、吴军夹击下,溃退永平。二十三日,再战于永平红花店,又败,李自成遂率军退回北京。

山海关之战,是李自成由战略进攻转为战略退却的一个转折点,是李自成大顺军与清军的初次交锋,但也是带有战略决战性质的一次战役。对我国历史的进程,影响很大。仅就战役本身而言,客观原因是李自成军在力量对比上居于劣势,并失去了战争主动权。吴三桂军约四万余人,是明军中较有战斗力的一支主力军队。号称"关宁铁骑"。山海关总兵高第的一万余人亦归他指挥。李自成所率兵力,连同唐通等部,不过八万左右,并不占绝对优势。吴军又是以逸待劳,在依托坚城的条件下作战,所以连续两天李自成未能将吴三桂击败。在第二天的战斗中,吴军虽然已经"几乎不支",但经过两日激战,李自成军当然也遭到相当损失。在李军久战疲惫之际,多尔衮以十几万已休整一日的精锐生力军,从侧背投入战斗,并与吴军合力夹击,不论兵力和士气,双方对比都相差悬殊,所以李自成军才伤亡数万,损失大将十五人,被迫撤退。

李自成骄傲轻敌,情况判断错误和措施失当是这次战役失败的主观原因。从西安向北京进军中,一直发展顺利,除榆林、宁武外,各地明军皆望风而降。于是李自成因胜而骄,误认为大局已定,判断其他明将也必然传檄可定。未考虑吴三桂敢于对抗,也未考虑清军会突然来攻,更未考虑吴三桂会与清军联合行动。所以只有以和平手段、没有以战争手段解决吴三桂与山海关问题的准备。在军事部署上缺乏有效的预防性措施。仅派居庸关明降将唐通率所部八千人去山海关接替高第防务。这就无法保证情况发生变化时能稳定山海关方面的局势。当吴三桂降而复叛时,李自成并未认真研究情况,对吴三桂与清军联合的可能性丝毫未予考虑,还认为吴三桂军"可靴尖踢倒耳!"判断三桂与北兵久相仇杀,必不相救,即或来救,北兵驻满洲,衣粮马匹器械,尚需整顿而来,旷日累月。因而向山海关进军时,根本没有与清军作战的准备。对李自成来说，山海关之战，是仓促出师，是一次没有充分准备的战略性战役，所以陷于被动，遭到惨败。

吴三桂的降而复叛，是产生山海关战役的重要原因；而吴三桂降而复叛的原因，则是李自成在对待地主阶级、特别是对待明官僚的策略上有些过激，不够灵活。没有正确地掌握政策分寸，尽可能多地争取一些地主阶级知识分子和其他阶层人士的拥护，稳定局势，对付清军的可能进攻，反而扩大打击面，过多地树立敌人，使已经投降的大批旧明官吏害怕逃走。吴三桂投向李自成，主要是为了保持自己的官爵地位与财产，并企图利用手中的四万余军队，在新政权中爬上更高地位。当他突然发现李自成的政策，对自己极为不利，连父亲、家属均成阶下之囚时，于是产生一百八十度的转变，降而复叛，投向早就曾以官爵地位向他诱降的清政权。从而导致了这次根本不在李自成作战计划之内的山海关之战。

李自成回到北京后，认为"北兵势大，城中人心未定，我兵岂可久屯在此。即北京不敌一秦中险固，为今之策，不若退处关西，以图固守"。遂于四月二十九日，补即帝位于武英殿，三十日撤离北京，向陕西作战略转移。

李自成至西安时，山东、河北、河南等地旧明官僚及地主豪绅，乘机纷纷叛变，袭击大顺地方部队。大顺政府统治区域大为缩小。清统治集团，知道夺取全国统治权的主要障碍是李自成，遂置南京刚建立的南明政权于不顾，集中兵力进攻李自成。清顺治元年（公元1644年）底，多铎所率清南路军已迫近潼关。李自成速率主力驰援。次年正月初，李自成连续三次出击，均被清军击退。初九日清军开始攻关，经三日激战，潼关失守，李自成撤回西安。此时，阿济格所率清北路军，已包围延安。李自成判断西安腹背受敌，已不可守，遂放弃关中，出武关经豫南转去襄阳。在清军追击下，三月间弃襄阳沿汉水南下武昌，四月间再弃武昌沿长江东进九江。沿途多次阻击，均未能阻止住清军的攻势。大将刘宗敏、军师宋献策先后阵亡，有些部将降清，有些官员逃走，形势极为严峻，李自成在前有南明军阻拦，后有清军追击的情况下，决心摆脱敌人，令清军与南明军交战，遂在武昌、九江之间，弃舟登岸，由金牛（湖北黄石西南）南下。五月四日，李自成进至通山九宫山、率二十余亲兵视察地形时，遭到当地地主武装程九伯乡团的袭击，不幸牺牲，终年四十岁。

（五）从统帅角度看失败原因

李自成是我国古代历史上杰出的农民领袖之一，曾以破竹之势歼灭过大量明军,推翻了明王朝近三百年的封建统治。但终于走上失败,使几乎到手的全国统治权,为清统治者夺去。这固然有政治、经济、军事等各个方面的因素。但作为最高军事统帅,最主要的原因,是李自成在战略的制定和实施上缺乏全局观点。

李自成在襄阳所制定的,先取关中为根据地,再进军北京的战略方针,考虑军事本身多,考虑战争与政治、经济的关系等其他方面的少;即使军事本身,也只是照顾到对付中原方面、已腐朽的明王朝,而没有照顾到对付辽东方面、正在兴起的清政权,更少照顾到对付江南方面的两种政治、军事力量、即张献忠的大西军和残留的明军。在战争过程上,只照顾到占领北京前各阶段怎么办,而没有照顾到占领北京、消灭掉明王朝中央政权后办什么、怎么办。具体表现主要有二:

1.始终不考虑清军的存在。既要"取天下",就应该注意天下的形势及其发展。清军与明军作战多年,并曾五次进入中原,深入到山东、淮河一带。多尔衮还曾给李自成等农民军写信,要求"协谋同力并取中原"。作为准备取天下的统帅,应该认识到清军的存在和有入关夺取统治权的可能。但李自成却始终未将清军这个潜在敌对因素置于自己的战略之内。山海关战役的失败,是这一战略缺乏全局观点、没有预见到与清军作战的结果。事实是早在进军北京的胜利中,就已孕育着失败的因素了。

明王朝战争失败的重要原因之一,是处于两面作战的困境而又缺乏正确的处理办法。李自成如果考虑到清军的存在,就能够预见到占领北京后,要与清军周旋的前景。假如他估计自己的军事力量还不足以完成下述战略任务,即消灭北方明军之后,在扫清江南明军和处理好张献忠大西军关系的同时,消灭或抗御住清军,他就可能不会匆匆忙忙地进军北京,取明军两面受敌的地位而代之,直接与锐气方盛的清军对抗;就可能暂缓东进,让明、清两军继续斗争。而自己则下力气巩固现有统治区,发展经济,加强实力,尔后再创造条件,选择有利时机进占北京并与清军决战。假如他估计自己的军事实力能够完成上述战略任务,他也应该在进军北京前或占领北京后,采取一定的有效措施,做好与清军作战的准备。事实上,李自成的军事实力,既不足以完成前述的战略任务,也没有采取任何有力的措施。

2.决定以关中为根据地。选择关中地区为根据地,建都西安,是一个失误。首先,关中地区经济落后,物力、财力都不足以支持较长时间的战争,就连大批军队的吃饭问题也难以解决。两晋之前,这里确是最富饶的经济中心地区,但隋唐以后,全国经济中心已逐渐移向东南,特别是由于对生态平衡的破坏,土地日渐贫瘠。

"必须数亩之地,仅得一亩之人"。关中明军,全靠外地转输粮饷。李自成百万大军的粮饷,无论如何负担不起。

其次,关中的地理位置,已失去战略中心的重要价值,不能控制全国。汉、唐时期,国内民族间的主要矛盾焦点在北方,建都西安,以关中为根据地,驻屯重兵,可以西控河西、西域、北控河套、漠南、东控巩、洛及黄河下游,可以控制全国战略形势的发展。但宋元以降,国内民族间的矛盾焦点,已逐渐移向东北。明初永乐帝朱棣迁都北京,就是为了适应这种发展趋势。李自成只看到"桑梓之邦"及"百二山河有其二",没有看到战争对经济的依赖关系及形势的发展,也说明他缺乏全局观点。

另外,在根据地的经营方面,李自成也有不彻底和不全面的缺点。他在所统治地区,虽然建立了大量地方政权,但这些政权并不巩固,仅仅形成军事控制区。原因有二:其一,没有培育自己的政权骨干。所派官员,除少数是参加起义多年的农民军外,大多是刚刚投诚的旧明官吏和举人、秀才等。没有进行必要的政治教育,就去掌握政权。其中多数既无从政经验,又未经战争考验与锻炼,不了解或不愿认真执行农民军的政策。这种矛盾,在军事迅速发展、战争节节胜利时尚不明显,当革命进入低潮、军事形势逆转时,就急剧地暴露出来。其二,没有将统治区内的反动武装彻底肃清。在李自成的统治区内,有相当数量的乡团,仍占据土寨山岗。表面归顺李自成,向大顺政权输送粮食,暗地与明军勾结,李自成的统治力量一薄弱,就乘机叛乱。从这方面说,李自成虽然有了大片统治区,并建立了大批地方政权,但实质上没有建立起真正的根据地。所以从北京退回之后,虽然尚有几十万大军,在清军进攻下,却不能依托根据地作长期的斗争。一打败仗,就迅速崩溃,不能立足。

当然,我们探讨李自成失败的原因,只是为了总结历史经验教训,并非苛求于古人。李自成虽然失败了,但他领导的农民起义战争,推翻了明王朝的统治,对历史前进做出了巨大贡献。他在战争实践中所表现出来的卓越指挥艺术,证明他是一位杰出的军事统帅。他在军事上的成就,为我国军事史写下了光辉的篇章。

二十六、郑成功

郑成功(公元 1624 年~1662 年),原名森,字明俨,又字大木,福建南安人。二十二岁起兵抗清,"枕戈泣血,十有七年",大小战斗八十二次,以开始的数千之众,不仅多次击败优势清军,发展为二十万众的大军,而且击败了号称"海上霸王"的荷兰殖民军,收复了祖国领土台湾,取得了中国人民第一次击败西方侵略势力的伟大胜利。保卫了国家领土的完整,建立了不朽的功勋。他不仅是我国古代军事史上的一位卓越军事统帅,而且是一位伟大的民族英雄。

(一)坚持抗清

1.确立抗清复明思想

郑成功的父亲郑芝龙,青年时即随舅父、香山澳大海商黄程,从事海上贸易。不久,又依附武装海商头目李旦,十八岁时随其至日本平户(今属长崎县),后与日人田川氏(亦有称翁氏者)结婚。天启四年(公元1624年)生郑成功,据说当时小名福松。这时郑芝龙已有效地控制了台湾,并以之为基地,进行海上贸易和抢劫,成为我国东南海上最大的武装走私和海盗集团的首领。崇祯元年(公元1628年),投诚明王朝,任海上游击,后因击败荷兰侵略军的舰队,升为总兵。崇祯三年(公元1630年),郑成功七岁,被接回国,开始接受儒家教育。十五岁中秀才,二十一岁时明王朝被李自成大顺军推翻,南明弘光政权在南京建立,郑成功入南京大学读书,拜钱谦益为师,大木即钱谦益为郑成功所改之字,鼓励他成为支撑南明大厦的大木。郑成功自幼喜听英雄故事,爱吟文天祥的《正气歌》和岳飞的《满江红》等爱国诗词。当时正处于后金女真政权与明王朝积极争夺辽东的战争年代。郑成功在读书之余,还刻苦地学习骑射、航海等军事技术和钻研军事理论。他曾在《孙子兵法》书上,题写了"挥尘谈兵效古之英豪,究心天下封侯非所愿"豪言,以表达他忠君爱国的抱负。

顺治二年(公元1645年),郑成功二十二岁时,南京弘光政权为清军消灭,他的父亲郑芝龙和叔父郑鸿逵,在福州拥戴唐王朱聿键即帝位,改元隆武。郑成功随父入朝,颇得朱聿键的恩宠,赐姓朱,改名成功,封忠孝伯。所以当时中外均称郑成功

郑成功

·军事将帅·

图文珍藏版

为"赐姓"或"国姓爷"。朱聿键还任命他为"御营中军部督""仪同驸马都尉",并将自己的佩剑赏他。这种殊遇之恩,使郑成功感恩零涕,立志报答。郑芝龙降清后,他即投入到为复明而抗清的运动中去。

清军进军江南时实行的"留头不留发""留发不留头"等的民族高压政策,和"扬州十日""嘉定三屠"等的血腥暴行,激起了郑成功反抗民族压迫、保卫汉文化的强烈民族感情;再加以隆武帝朱聿键被杀害,生母田川氏被逼死的君、亲之仇,更进一步坚定了郑成功抗清复明的政治立场。

2.发展海上根据地

(1)战略方针

从史实分析,郑成功为抗清复明而采取的战略总方针,是立足海疆,两栖作战,先谋发展,再图反攻。早在清军进入福建之前,他的战略思想就已形成。他在劝阻郑芝龙降清时曾分析形势说:"闽粤之地不比北方得任意驰骋,若凭高恃险,设伏以御,虽有百万恐一旦亦难飞过。收拾人心,以固根本;大开海道兴贩各港,以足军饷;然后选将练兵,号召天下,进取不难"。他的基本精神,就是企图建立一支以海军为主的抗清武装,以东南沿海岛屿为战略基地。实行两栖作战,先求生存及发展,俟力量壮大之后,再寻找战机,发动战略反攻。

郑成功的这一方针,完全符合客观实际,有利因素很多。第一,郑军控制福建已二十三年,郑芝龙降清后部队瓦解,均散处于附近海岛。利用郑氏影响进行号召,不仅能迅速组建成军,而且易得群众支持。第二,郑芝龙以武装贸易起家,数十年来已控制了东南地区的贸易往来,所有商船都必须向郑氏纳税,郑氏家族本身又拥有大量商船,利用这一基础,可以发展海上贸易,充裕军饷军需。第三,清军以骑射见长,东南沿海利于舟楫,不利戎马,而水战更是清军所短,利于扬长避短,发挥自身长于水战的优势。第四,当时海防简单,沿海数千里,清军不可能处处设防,舰船在海上机动方便。可以任意选择进攻方向和登陆地点,而且沿海多山,以福建为例,山地丘陵占全省面积的百分之九十以上,清军在陆上机动困难,实行两栖作战,可以掌握主动权。第五,从全国战争形势看,清军主力均在西南战场,与原张献忠、李自成部抗清军作战,东南沿海具有创建根据地和发展的有利条件。后来的史实也证明了这一方针的正确性:郑成功起兵之初,仅"有众三百",据有面积仅厦门二十分之一的鼓浪屿小岛。但至顺治九年(公元1652年)时,已发展到二十万人,控制了东起兴化湾、西至碣石湾的一千多岛屿,还经常驰骋于漳、泉、潮、惠等地区。

但是,郑成功的这一方针,也有其不利的一面,由于海岛幅员小,两栖部队不能远离海域,郑军兵将又多沿海渔民、船民,以及战略物资有限等原因,不仅无法大规模地扩大实力,而且只能在滨海地区进行战役性的军事行动。史实也证明了这一点,郑成功在东南沿海奋战十几年,北上南下,俱由海进,陆上行动,也不离滨海,他最远只到距海不过七、八十公里的德化地区,虽然获得了不少战役战斗的胜利,但也只能影响自身的存在与发展,不能予清王朝以致命打击,对战略形势不能产生决定性影响。

(2)战略措施

为实现上述战略企图,郑成功采取了以下各项措施:

——在战略内线形势下,力求以外线作战控制漳、泉地区,获得战略资源。当时清军已控制了长江以北及华东、华南广大地区。郑成功局促一隅,兵少地寡,完全处于内线作战地位。他采取了以战求存,以攻为守的积极作战方针,主动寻敌进攻。进攻目标,主要为金、厦外围漳泉一带及两侧滨海州县。虽然时得时失,但基本上控制了该地区,既对金、厦起屏障作用,又可保障粮源和兵源。同时,郑成功还掌握着作战的主动权,"逸则进,劳则退",调动清军往返应援,疲于奔命,无力组织对郑成功海上根据地的进攻。

——组建一支高度集中统一的水陆两栖作战新军。郑成功鉴于明军因纪律废弛、兵失节制,在与清军作战时一触即溃,首先从组织上加强军队的集中统一。他以军、镇(营)为战略单位,军的主将为提督,虽然官阶高于镇将,但并无建制上的隶属关系,都直接归郑成功领导与指挥。只有在战斗编组时,才可能产生配属关系。各军、镇(营)都设有监督或监营(类似郑成功派出的代表)一人,监纪(记录功罪)一人,均直接对郑成功负责。管理后勤的饷司,也是由郑成功直接派出,自成系统。其次,严格军队的纪律,设有督阵官,对不服从指挥和临阵退缩者,副将以下先斩后奏。军中颁有杀敌赏格,每次战后进行民主评议,决定赏罚。再次,强调精兵选将和严格训练,制定"合操法""水操法"等条令,并建立了考试制度。他特别重视水上作战,陆军各镇,也都配有船只,并要求熟悉海战。

——经营海上贸易。建立军工局、厂,以加强后勤保障。郑成功利用郑芝龙原来的商业基础,大力发展海内外贸易。设立"五大商在京师、苏、杭、山东等处经营财货",同时组建商船队,去日本、吕宋、交趾、暹罗、柬埔寨等国进行贸易。以国内产品,换回铜、锡、硫磺、桐油,以及铜烦、腰刀器械等军用物资。并在厦门等地设局建厂,制造舰船、大炮及火铳、鸟枪等武器,以装备、补充军队。

——建立庞大严密的情报网络,以确保信息灵通,提高快速反应的能力。郑成功以各地商行为掩护,由商行负责组织、领导、供给经费及交通联络,将情报人员派至敌人心腹之内,以及时了解敌人动向及意图。当时人就说:"成功又遍布腹心于内地,凡督、抚、提、镇衙门,事无巨细,莫不报闻,皆得早为之备,故以咫尺地与大兵拒守三十余年终不败事"。

(3)作战指导

郑成功在起兵后前七年的四十二次作战中,对郑成功本身来说,有三个战略性战役。第一个战役是江东桥伏击战。顺治九年(公元1652年)正月,郑成功率军包围了长泰。清浙闽总督陈锦于三月间率军来援,他的部署是分进合击,四面包围:自率主力军数万由同安向西,一部清军由汀州向南,广东清军由潮州向东,广东海军由海上向北,企图一举歼灭郑成功部于长泰外围地区。这是郑成功第一次与清军绿、营主力部队进行决战,郑成功决心以一部兵力分头阻击北、西、南三面清军,自率主力在江东山迎战清军主力,他以正面三线梯次配备的大纵深阵地阻击敌军进攻,而在两翼设伏以包围进攻之敌的战术,一举全歼清军,陈锦率少量残兵逃至同安附近,为部属杀死,携其首级投降郑军。

这一战役,消灭了福建清军主力,巩固了以厦门为核心的根据地,打开了新的局面,对全国的抗清战争形势,也起了一定的影响。

第二个战役是海澄保卫战。郑成功歼灭陈锦部后,即包围了漳州。清王朝经过江东桥之战,重新估价了郑成功的军事力量,顺治九年(公元1652年)九月,调固山金砺,统领浙、直、满汉八旗骑兵万余增援福建。郑成功集中兵力,在漳州外围的古县列阵迎战,未能顶住八旗骑兵的猛烈冲击,败退海澄。海澄是厦门的门户,也是进攻大陆的滩头据点,由谁控制,对战局影响甚巨。郑成功经过古城战败,认识到不宜与八旗骑兵进行野战,遂决心依托城防工事,实行坚守防御。调来大批人力和火器,增修和加强海澄城防。顺治十年(公元1653年)五月间,清军开始进攻,先集中火力连续轰击一昼夜,工事大部摧毁,官兵死伤甚众。次日中午,郑成功挑选精兵组织出击,被清军猛烈的炮火击退。如此连续两昼夜,城防工事修而又坏,几乎无处站立,郑军士气开始下降,郑成功为振奋士气,立即进行战场动员。同时令士兵挖掘单人避弹坑和构筑集体掩蔽部,以减少伤亡。经过思想动员和增修工事,士气复增。

清军连续三昼夜进行火力轰击，郑成功判断其即将发起总攻，遂召集诸将布置任务。他说："明早黎明，敌必并力来决一战"，"彼若欲过河时，必用空炮助其声势"，令各镇将兵发现敌人空炮射击时，迅速进入阵地，以刀斧砍杀爬墙敌人，但不准擅自出击；俟敌军全部渡过护城河时，以火力突袭杀伤敌人，尔后听统一号令出击。又命戎旗神器镇（炮兵镇），将所有火药，全部埋于护城河内，挖暗沟将导火索通至阵地内，待命引火。果如郑成功所料，清军当日彻夜实施火力准备，次日拂晓，开始以空炮助威发起冲击。双方第一线部队进行了激烈的肉搏战。黎明时清军后续部队已渡过护城河，进至雷区。郑成功下令点火，过河清军全被消灭，郑军开始反击，清军精锐尽失，大败逃走。郑成功以战功被永历帝朱由榔封为延平王。

这一战役，是郑军与清八旗军的一次战斗力的较量，带有决战性质。如果作战失败，则不仅军力损失巨大，使厦门直接暴露在清军威胁之下，士气也将剧烈下降，严重影响郑成功的抗清事业。海澄防守战胜利的直接原因，是郑成功的动员措施、情况判断和战斗指挥正确。郑成功在古城战败之后，能审时度势，转变战术，放弃自己一贯习用的野外设伏战法，改用依托城防工事进行防御，以弥补自身的火力不足和难挡敌骑冲击的短处，也是原因之一。

第三个战役是泉州港海战。清军进攻海澄失败，使清王朝进一步认识到郑军实力不容忽视，遂改军事进攻为政治招抚。多次派钦差大臣并携带郑芝龙的信件，至福建与郑成功谈判。郑成功遂决定"将计就计，权借粮饷，以裕军食"。遂以和谈为掩护，争取时间，乘清军碍于和谈不愿作战之机，分兵向漳、泉等地征饷征粮，补充兵员。同时在厦门设六官，建政权，整训军队，修建战船，添设炮台，大力进行战备。

顺治十二年（公元1655年），谈判决裂，清派定远大将军济度率军入闽，企图以武力消灭郑军或迫其投降。郑成功接受古城、海澄之战的经验教训，认为在大陆与八旗主力决战，难以必胜，于是决心放弃大陆所占各城，尽撤兵力返回海岛，以迫使清军在有利于郑军的海上作战。顺治十三年（公元1656年）四月，清军由泉州港出发，郑成功将主力部署于围头附近迎战。由于八旗军没有进行过海战，双方刚一接触，即被郑军击沉大战舰一艘，时又恰逢飓风，清军船队全部溃散，一部船舶为郑军焚毁或俘获，清军大败而归。郑成功敢于大踏步地后退，尽撤陆上据点，迫敌海上作战，是这次胜利的根本原因。战后相当一个时期，清军未再进攻海岛。改用"海禁"战略，封锁沿海地区，以断绝郑军战略物资的来源，企图困死郑军。但由于郑成功得到群众支持，反而使郑成功垄断了海上贸易之利。

从起兵至泉州港之战的十一年中,郑成功在战略运用和作战指导上,总的来说基本上是正确的,但也有失误之处。主要是过分着眼于局部性的自身发展,而忽略了全局性的与友军配合。李定国两次相约广东会师,郑成功都失期误约,以致李军败退云南,东西两战场连成一片的战略企图落空,这对整个抗清战争的形势,影响甚大。

3.北上攻略南京

郑成功得知李定国广东惨败、退回云南的消息后,开始认识到自己失期误约的严重性,预感到将有孤军作战的危险。于是一反过去专心致力于在东南地区发展自己的态度,决心以积极的战略行动,弥补由自己失期而造成的不利局势,加紧准备发动战略反攻,企图攻略南京,以配合李定国在西南的作战。

泉州港海战胜利后,郑成功即下令调集军队、舰船,准备北进,正当此时,他的部将黄梧,献海澄投诚清军。海澄不但是厦门门户,而且是郑军的补给基地,储备有大批军粮、军械和火药等物资。失去海澄,即失去了北进的军需,恰好此时清军又攻占了舟山,切断了北进的通路,因而,第一次北进计划流产。顺治十四年(公元1657年)七月,郑成功率军北进,九月间到达台州、海门一带。清军福建总督李率泰,乘郑军主力北上之机,又攻占了郑成功刚刚建立起的新补给基地闽安,并率军近迫厦门。郑成功被迫返回厦门,第二次北进,又告失败。郑成功改以海岛为补给基地,经过准备后,于顺治十五年(公元1658年)五月,再次北进。七月攻占舟山,八月间进至羊山时,忽遇飓风,"碎巨舰数十","溺死数千人",还有一部分吹至大陆港湾的船只,为清军俘获,损失严重,郑成功只得停泊舟山,进行整顿。

顺治十六年(公元1659年)五月,郑成功率大小舰船两千余艘,兵将八十三营、十七万水陆大军,由舟山向长江进发。一路势如破竹,六月二十三日攻占镇江,七月初七包围了南京。此时大江南北,宁国、池州等四府三州二十四县,或降或克,俱为郑军占领,一时震动了全国。在出现局部大好形势下,郑成功产生轻敌之心,轻信清江南总督郎廷佐一月后投降的谎言,既未阻止杭州、苏州、崇明等地援军入城,也未采取积极的进攻措施,屯兵城下近二十日,坐待敌降。以致军队战斗意志松弛,竟"日夜张乐歌舞","释戈开宴,饮酒捕鱼为乐",此时西南战场李定国军已经失败,进攻贵州的清军马尔赛等部,已回军荆州,东下来援。已经进入城内的清崇明总兵梁化凤,乘郑军丧失警惕,麻痹无备之机,于二十二由凤仪门穴城而出,实施突然袭击。部署在门外的两镇郑军,全部被歼。清军乘势于二十三日全力出击,郑军又因指挥通信失灵,各镇失去控制,被清军各个击破,四散溃逃,郑成功当机立断,迅速收军登船,撤出长江,返回厦门,北上攻略南京的战役,遭到失败。

失败的直接原因,固然是由于郑成功骄傲轻敌和指挥失当,但从战略角度看,根本原因是丧失战机。郑成功北上途中,李定国军已经在云南被清军歼灭,全国范围内只剩下郑成功一支主力部队对清作战,形成孤军深入,既无外援,又无后续部队,不论是否攻下南京,败局均已决定。郑成功能及时认清形势,毅然率军回厦,还是不失为有识之士的。

(二)收复台湾

郑成功由南京败退厦门后,从北京南下增援南京的安南将军达素,率军跟踪入闽。清王朝命浙江明安达礼部八旗军及沿海各省绿营水军,统归达素指挥,准备进攻厦门。顺治十七年(公元1660年)三月,达素到达泉州,计划兵分三路,由同安、围头、海澄对厦门实施分进合击,郑成功决心以己之长、击敌之短,采用以攻对攻的手段,在海上与敌人进行决战,集中兵力歼其一路,以打破敌人的合围。他部署一部兵力分两路阻击同安、围头方向的敌八旗军,自率主力集结于海门海域,迎击海澄方面的绿营水军。五月十日黎明,清军开始进攻,激战终日,清军大败,被歼一万余人。同安方面的清军主力,曾有一部登陆厦门,被守岛郑军全歼。厦门保卫战结束之后,郑成功即迅速改变战略方针,东进收复台湾。

台湾距厦门约三百公里,属福建泉州,归澎湖巡检司管辖。郑芝龙以该岛为海上贸易基地时,曾建立过军事性质的政权机构,并从福建大陆移民数万,发给生产、生活资料,进行垦荒,天启年间,为荷兰殖民军侵占。郑成功早在起兵抗清后不久,就曾考虑过收复台湾,所以他后来的《复台》诗中,有"开辟荆榛逐荷夷,十年始克复先基"之句。但因主要精力用于对付当面清军,才无暇顾及。南京失败时,郑成功就已认识到清王朝统一全国的局势已经形成,自身势孤力弱,以"弹丸二岛,难抗天下兵"。又恐遭受清军与荷军的联合夹击,于是决心收复台湾,作为新的抗清根据地。回到厦门,即开始进行准备,并招请了三百名熟悉台湾海港情况的领航人员。恰好此时,原郑芝龙旧部、后为荷兰通事的何斌,从台湾来归,报告了荷军兵力、部署等情况,还献给郑成功一幅绘有台湾航道、港湾及沿岸地形详貌的地图。正当郑成功加紧进军准备时,达素率军到达泉州,只得暂停东进之行,全力对付清军的进攻。厦门保卫战胜利后,十月间得知"达素回京,各水师尽调,具搁在岸"的情报,遂继续做东进准备:一面派军外出征集军粮;一面送信与荷兰侵台总督揆一,故意表示无图台之心,以麻痹敌人。

顺治十八年(公元1661年)正月,郑成功综合当前情况,分析形势,认为东进时机已经成熟。遂向部属公开宣布自己的决心和企图。郑成功选择这时东进,确实有利,主要根据是:第一,入闽的八旗军已先后撤走,说明清军短期内不会再一次组织对厦门的进攻;而且清顺治帝又刚刚去世,按封建统治阶级传统惯例,暂时也不会发动大的军事行动,主力东进没有两面作战的危险。第二,据所得情报,荷兰援军舰队司令樊特朗,相信郑成功无图台企图,已"率领军官回到巴达维亚去了","留下的援军还不到六百名",台湾荷军兵力增加不多;同时南季节风即将开始,台湾船只不能顶风去巴达维亚求援。第三,经过一年的准备,兵力已全部集中,粮饷已征集完毕,军械舰船也大部整修完了,领航向导也已配齐,有关台湾荷军兵力分布、航道、地形情况,以及气象,潮汐规律等均已掌握。通过情报网络的联系,台湾人民也已做好接应登陆的一切准备,只待南风一起,即可行动。郑成功召集将领进行动员统一思想后,二月间将用于攻台的四万人集中于金门,进行临战准备。他的部署是:澎湖游击洪暄率向导及一部兵力为前卫,自率精锐十二镇、两万五千人为一梯队,黄安等率六镇一万二千人为二梯队,留世子郑经守厦门,户官郑泰守金门,洪天右等泊南日、围头,防止清军突袭。三月二十三日由料罗湾出发,二十四日到达澎湖。遂派舢板船两艘去台湾侦察,并与居民联系。因风阻至四月初一晚方开始向台湾进发。

台湾荷军兵力共约二千人,主力守本岛外围一鲲身岛的热兰遮城(亦称台湾城或红毛城),一部兵力约二百余人,守一鲲身岛对岸、位与本岛的普罗文查城(赤嵌城)。另有大型战舰两艘、快艇两艘泊热兰遮城东侧台江中。一鲲身岛北与北线尾、鹿耳屿,南与二鲲身,……七鲲身连成一条防波堤,堤西为外海,堤东为内港。内港宽六里,长三十里、名台江、由外海进入台江的通路,主要为一鲲身岛与北线尾之间的大港(又名南港),大船可以通行无阻,但在荷军炮火控制之下。北线尾与鹿耳屿之间为鹿耳门港(又名北港),过去已曾为出入门户,后因沙石淤浅,平时仅能通行小船。荷军原在北线尾北端筑有热堡,驻有一部兵力,控制鹿耳门航道,航道淤浅后,改为"一名伍长、六名士兵驻守",负责监视鹿耳门港。

郑成功根据台湾的敌情、地形,拟定了一个避实击虚的登陆作战计划。主要内容是:不在一鲲身岛登陆,不攻敌主力防守的热兰遮城,并避开敌炮火控制的大港航道。先以一部兵力乘小船登陆北线尾,监视荷军和掩护部队行动,舰队主力乘潮涨时机,出其不意地由鹿耳门港进入台江,迅速切断热兰遮城与普罗文查城的联系,同时以主力在敌人未设防的禾寮港直接登陆本岛,进围兵力薄弱的普罗文查城,尔后再各个击破两城荷军。

四月初二上午,郑军舰队进抵鹿耳门港外,郑成功亲自换乘小船,率一部兵力登陆鹿耳屿,勘察地形、敌情。中午潮涨,按预定计划行动,全部舰队很快进入台江,在台湾人民接应下,主力在禾寮港顺利登陆。登陆后,郑成功指挥军队抢占赤嵌街粮库,并包围了普罗文查城。荷军对郑成功的突然出现及"如此轻而易举地进入和登陆,感到束手无策。他们进退维谷,一筹莫展"。经过一段犹豫,为摆脱被动,荷军采取了以下措施:命四艘战舰向已控制台江的郑军舰队进攻,以恢复两城联系;派阿尔多普上尉率二百人渡台江增援普罗文查城;派汤姆斯·贝德尔上尉率二百四十人向占领北线尾的郑军进攻,企图控制鹿耳门港,切断台江与外海通道。四月初三荷军开始行动。海战方面,郑军大败荷舰队,荷最大战舰赫克托号被炸沉,斯·格拉弗兰号和白鹭号败逃日本,快艇马利亚号,冒逆风逃回巴达维亚。阿尔多普部在截击下,仅六十人进入普罗文查城,其余被迫撤回。贝德尔部在夹击下遭到歼灭性打击,贝德尔以下阵亡一百十八人,淹死一部分,仅约八十人生还。荷军三路出击,全部失败。热兰遮和普罗文查二城被郑军分割包围。

四月初六,普罗文查荷军投降。当月下旬,郑成功对热兰遮城组织强攻,连续五日未能攻下,伤亡甚大。郑成功考虑"孤城无援,攻打未免杀伤",即改变战法,采用"围困待其自降"的方针。从五月初五起,将所有通向城堡的街道都筑起防栅,并且挖了一条相当宽的壕沟,以一部军队进行围困,主要兵力分赴各地建立政权。

巴达维亚荷军统帅部接到马利亚快艇的报告后,派考乌率战舰十艘、士兵七百来台增援。七月末驶入台江与热兰遮城守军会合。八月初五,荷军发起反击。由于郑成功已有准备,战斗开始后仅一小时,就以火船烧毁了荷舰克登霍夫号,以炮火击沉了科克伦号,还俘获搁浅的两艘荷舰和三艘小艇,歼敌近三百人。由城内出击的荷军,亦被围困的郑军击退。在反击失败、外援断绝情况下,荷军病亡相继,士气消沉。郑成功于十二月初六,攻下热兰遮城外围据点乌特利支堡,控制了该处高地,使热兰遮城完全暴露在郑军炮火之下。十三日荷军决定投降,经数日谈判,签订了十八条投降条约,规定荷军交出所有城堡、武器、物资,包括大炮五十尊,小铳四千支,可供五月食用的粮食及价值四十七万荷盾的财物。荷军残存的六百人,由总督揆一率领,分乘八船退出台湾。从此,台湾重新归回祖国,结束了荷兰三十八年的殖民统治。

郑成功为了建设这一新的抗清复明根据地,曾采取一系列政治、经济措施。普罗文查城荷军投降后不久,就开始建立政权,以赤嵌(台南)为东都明京,设一府二县。府为承天府,县为天兴、万年。天兴管北路,万年管南路,分别设官置守。热兰遮城荷军撤走后,改该地为安平镇。郑成功特别重视农业生产,组织军队屯田。除留勇士、侍卫两镇担任防务外,其余各镇,分地开垦,"农隙则训以武事,有警则荷戈以战,无警则负耒以耕"。他还奖励当地人民垦荒,派汉族农民向高山族人民传授生产技术,并针对清王朝实施的"五省迁界"暴政,积极鼓励沿海失去土地和生产手段的农民、渔民等迁居台湾,参加开发。在他的帮助、保护下,"闽浙居民附舟师来归,烟火相接,开辟荒土,尽为膏腴"。郑成功也很重视人民文化教育事业,开设学校,提倡读书。

郑成功收复台湾的第二年,即康熙元年(公元1662年)因操劳过度、心力俱瘁而生病。加以多方面的刺激:如以张煌言为代表的南明遗老,昧于形势,认为收复台湾是不忠于明的表现,写信讥刺他"生既非智,死亦非忠";留守金厦的将领郑泰、洪旭等,不听调动,拥立世子郑经对抗命令,派兵防守大担,"不发一船至台湾";永历帝朱由榔和父亲郑芝龙又为清王朝杀害等,于五月八日忿恚而死,终年仅三十九岁。

从历史角度看,郑成功收复台湾,不但保障了中国领土的完整,促进了台湾的开发和发展,使我国沿海地区免受西方殖民者的侵扰,对清初社会经济的恢复和发展起了积极作用,而且为亚洲人民反殖民斗争取得了第一次伟大的胜利,鼓舞了东南亚各地人民的反殖民斗争,在一定程度上阻止了西方殖民者的东进,具有深远的国际意义。

从军事角度看,郑成功收复台湾之战,是我国冷兵器与火器并用时代,海岛登陆战斗的第一个成功的战例,在我国军事史上,写下了辉煌的篇章。登陆战斗,是海、陆军合同的渡海进攻战斗,其行动受海区地理、水文和气象的影响很大,舰船编队,敌前登陆以及背水攻击等战术、技术方面,与一般进攻战斗有许多不同。郑成功的对手,又是在武器装备,特别是火器的质量数量上占绝对优势、号称"海上霸王"的荷兰殖民军,并依托既设防御工事,用火力控制了航道。在这种情况下,郑成功能顺利地获得登陆战斗的胜利,应当说与他的卓越作战指导是分不开的。郑成功在战役开始前,作了充分的准备工作:掌握了敌情、地形,了解了风向潮汐,征集了向导,布置了内应,并以"用而示之不用"的手段,写信麻痹敌人,到达进攻出发地位的澎湖岛时,还再次进行临战前的侦察,以核查情况是否发生变化,并与内应进行联系。在战斗指挥上,选择了有利的作战时机,有利的进攻路线,有利的登陆地点,"攻其无备,出其不意","批亢捣虚","违害就利",以奇袭方式一举登陆。与此同时,他命令船队立即切断两部荷军的联系,命令已登陆的第一梯队迅速控制登陆场及市区粮食,以保障后续部队登陆、包围敌军。郑成功时代的登陆战斗,当然无法与现代的登陆战斗相比,但郑成功作战指导中的一些战术原则精神,和现代并无不同。

郑成功在抗清战争的海澄防守战中,曾针对清军炮火猛烈、工事全被摧毁、人员死亡极大的情况,命令军队挖掘单人避弹坑和构筑集体掩蔽部,以减少伤亡、保卫自己,这是火器使用于战争以来,在我国军事史上的一次创举。它是筑城由地上向地下发展的转折点,也是随着火器的发展,预示战争将向堑壕体系发展的先声。

二十七、曾国藩

曾国藩(公元 1811 年~1872 年),字伯涵,号涤生,湖南湘乡白杨坪(今属双峰)人。他早年热衷于追求功名,1838 年中进士,入翰林院。此后十多年间,他究心于诗古文辞、宗明理学,使他成为一名正统的封建理学家,有"儒臣第一流""一代儒宗"之称。1853 年初,太平军向湖南进军,咸丰帝命令吏部左侍郎曾国藩"帮同办理本省团练乡民搜查土匪诸事务"。曾国藩从此弃文就武,从办团练开始,募陆军、水师,创立湘军。1853 年,曾国藩在湘潭发表反革命宣言书《讨粤匪檄》,督师东下。4月初,太平军在岳州大破湘军陆师,接着,又在靖港重创曾国藩所率水师,曾国藩悲愤投水,被

曾国藩

左右救出。适逢湘军将领塔齐布在湘潭战场获胜,太平军被迫退出湖南,曾国藩的湘军才转为优势。同年 8 月以后,湘军相继攻陷岳州、武昌、汉阳,并在田家镇击败太平军水师,曾国藩从此控制了长江上游。1855 年 2 月,太平军反攻,湘军水师的湖口惨败,曾国藩再次投水,被左右救出,后率残部困守南昌。次年秋,乘太平天国

天京变乱之际,重新聚集兵力,发动反攻,再次占领武汉、九江、安庆等地。1860年,升任两江总督。次年,节制浙、苏、赣、皖四省军务,分兵三路同时攻取浙江,支援上海,围困天京。1864年7月攻陷天京,曾国藩受封一等侯爵,加太子太保。1865年调任钦差大臣,对捻军作战,因屡战屡败,遂自请开缺留营。后任直隶总督,又调两江总督。1872年六十二岁时死于南京。著作辑为《曾文正公全集》。

曾国藩一生活动,可分为两个时期:1811年至1852年为前期,主要从事科举、研究学问;1853年至1872年为后期,这一时期的活动,使他成为近代军事史上影响广泛而深远的风云人物。著名的护国军将领蔡锷认为:他的"事功言论,足与古今中外名将相颉颃而毫无逊色"。可见,曾国藩在近代事史上占有重要的位置,值得研究和重视。这里,仅就其对近代军事史的影响和主要的军事思想做一简单介绍。

(一)镇压太平军和捻军起义

从1853年—1872年,曾国藩以近20年的时间镇压太平天国和捻军起义。他在世时,有"曾剃头""曾屠户"之称,而清朝统治集团则给他挂上"中兴第一名臣"的桂冠。这些截然不同的评价,一方面说明曾国藩手段残酷,血债累累,另一方面可以看出曾国藩在军事策略上确实有高于其他清朝将领之处。

当曾国藩办团练、创湘军的时候,正当太平天国建都金陵不久,太平军即溯江西征。曾国藩的基本对策是:首先集中水陆兵力,消灭进入湖南的太平军;沿长江北上,略取武汉,扼上游形势,使自己处于主动地位;尔后再图九江、取安庆,击破天京屏障,断绝天京粮源,最后围攻天京。为了实现自己这一整套战略构想,曾国藩始终在关键时期把握住战略重心。这里仅举两个事例加以说明。

1853年太平军西征军进入湖北作战,咸丰帝在二十多天内,连下四次诏书,命曾国藩率领湘军,迅速支援湖北清军作战。但曾国藩却没有立即出师,而是上奏"暂缓赴鄂",以专力兴办水师。他明确地提出,只有先办好水师,才能出师作战,否则"贼以水去,我以陆追,曾不能与之相遇,又何能痛加攻剿哉?"咸丰帝不得不批准创建水师计划,后当曾国藩埋头筹建水师之际,咸丰帝又迫不及待,亲自朱批要曾国藩"激发天良……赴缓,以济燃眉",但这时曾国藩的水师尚未建立就绪,便以"饷乏兵单","必候张敬修解炮到楚,……稍敷配用"为由,再次奏请暂缓出兵。结果,曾国藩在水师建成后,于1854年3月底,在湖南湘潭战场大败太平军水军,迫使西征军退出全湘。湘潭战役后,湘军从湖南出发,以"建瓴而下"之势。攻陷武汉,控制了长江上游,实现了曾国藩第一步战略计划。

又如,1858年,翼王石达开率军转进湖南,同时捻军纵横黄河、淮河流域,威逼直隶,清政府对用兵重点不知所措,有以石达开军为攻剿重点,主张尾追不舍等议。曾国藩分析当时形势,认为石达开军今非昔比,一旦脱离天京,"窜扰楚、粤、流贼之象也",成不了大气候,无须跟踪追击;"皖、豫诸捻,股数众多,分合不定,亦流贼之类也",不足为患。而"逆贼洪秀全踞金陵,陈玉成踞安庆,窃号之贼也",当全力剿灭,因此提出,"目前要策,必先攻安庆,以破其老巢",一旦攻下天京,则大局一振,其他各路"贼匪"不难戡定。曾国藩的直捣天京的谋略是有远见的,不久,清政府接受了曾国藩的主张,命其署理两江总督,向苏浙进军,直捣金陵。

(二)改革军制,为中国军队近代化奠定基础

十九世纪前后,近代科学技术的进步冲击着军事领域,不断引起世界各国军队不同程度的改革。在中国,也并不例外,最早推动中国近代军制改革的,便是以曾国藩为首的湘军将领。

1853年初曾国藩吸收明代戚继光办勇营的经验,大办团练,组建湘军,一改八旗、绿营陋习,创造了一种新的军事组织形式。曾国藩对清军军制的改革主要表现在四个方面:

在兵源上,以募兵制代替世兵制。传统的八旗、绿营部队采取世兵制,弁兵父子相承,世代当兵为业。这固然保证了兵源,但也不可避免地产生兵惰将骄的恶习。曾国藩为了不使湘军染上绿营的种种恶习,规定湘军士兵主要招募健壮、朴实的山乡农民,不仅不收营兵,也不要"油头滑面、有市井气的、有衙门气的人"。而且官勇数额不定,全部招募,且随着形势的变化和需要的不同,随时增减或裁撤。

在编制原则上,讲究定制。原来绿营的编制,分为标、协、营、汛四种基层单位。各基层单位没有统一的级别和人数,指挥系统不明确。曾国藩创立湘军就有十分明确的编制,曾国藩作为大帅,指挥统领,统领下辖分统,分统以下就是湘军的基层单位营,每营级别划一,人数固定,一营如此,千营都一致,水陆两军也都略同。这样的军队编制,平时便于训练,战时便于部署。

在任务职能上,绿营部队是多方面的,包括镇守、差役、河工、漕运、守陵等,杂务过多,必然影响军队素质下降,为了避免这些弊病,曾国藩着意把湘军建成一支功能单一的部队,即明确湘军的唯一任务就是作战,免除任何地方杂役。另外,湘

军一建立就是作为一支机动部队使用,哪里有农民革命就扑向哪里。在这个意义上讲,湘军类似大规模的野战兵团,不像绿营主力只是作为地方治安部队存在的,这使湘军的性质更接近部队。

在兵种组成上,改变了绿营单一的陆军成分,以及武器配备上的单一状况,以陆师为主,水师独立成军,步、水、马三营皆有,为战争中的协同作战创造了极好的条件。同时,对于编制上的各兵种,能较合理的配备各种武器,发挥武器效能,如在陆师各营中就编制有劈山炮、抬枪、刀矛、小枪等队,增加了综合作战能力,这种混合兵种正是近代军队的特征。

曾国藩在进行军制改革的同时,还较成功地解决了湘军饷源问题,从而使湘军在数量和质量上都得以发展,逐步使湘军由辅助性的武装力量成为独当一面,自成体系的新式军队。

(三)为近代军阀制度奠定了基础

谈到曾国藩,人们常会想到军阀专制和割据,认为他创立的湘军制度是近代军阀制度的起点,还认为他是近代军阀的鼻祖。应该怎样看待这个问题? 首先,应该肯定曾国藩一手创建的湘军带有极大的私属性。

1.在思想控制上,曾国藩的办法之一是搞"训家规",反复告诫士兵在湘军中如同在家一样,唯有孝敬和服从家长——大帅的意志。长期下来,士兵思想中只有大帅而没有皇帝,只有湘军,而没有朝廷。

2.在经济上,以往各地绿营兵等正规军皆由清朝中央政府供饷,一切费用出自国库,军队自然听命于朝廷。湘军原非朝廷正规军队,兵部是不给湘军提供饷银的。曾国藩主要靠自己动手筹集饷需,以厘金、关税、捐输等收入来源供养部队。这种由个人控制的、而不是由国家调拨的地方经济收入,对维持一支私属性极强的军队,无疑有着重大意义。同时,曾国藩不惜以重金收买湘军士兵,亲兵、护勇,每名每日给银一钱五分,高出绿营兵士饷给的三倍。这样,湘军士兵在得到口粮和赏赐后,他们深感湘军将帅的私恩,而不是"国恩"和"皇恩"。因而,湘军名为清朝的官军,实际上是统兵将帅的私产。

3.在组织上,由于曾国藩改世兵制为募兵制,各级弁兵层层选募,进退弃取皆由长官决定。这样,就出现由私人关系转相招引,军官则凭个人好恶任免的情况,导致兵为将有,将为帅有、层层节制,使湘军变成一个完全掌握在私人手中的武装集团。更为重要的是,曾国藩在整个湘军中有严密的封建宗法组织:其一,湘军是一支以湖南籍人为主的军队,据有人统计,湘军帮办、营官以上共一百八十三人中有一百四十九人籍贯可考,其中湖南籍人有一百二十四人,占83%;其二,把保甲连座法运用到部队中;其三,在湘军内部,"营是一种父系组织,营官可以被称为父老。哨官可以被称为小兄弟,士卒被称为子弟"。这就是曾国藩所说的:"以一族之父兄治一族之子弟,以一方之良民办一方之匪徒"。

随着时间的推移和湘军制度影响的扩大,湘军的私属性作用越来越突出,而产生这些私属性的湘军制度亦为曾国藩的后人所接受。正是在这个意义上,我们才说曾国藩制定的湘军是近代军阀制度的起点或萌芽。

其次,还应该看到,造成后来脱离中央制度的军阀制度,并不是曾国藩的本意。如果说曾国藩从创立湘军开始起就怀有个人野心,向中央政权闹独立、要权力,那是不公允的。其一,曾国藩的思想体系是属于封建时代的儒家思想,是以维护封建"三纲五常"、维护封建统治为核心的。无论从政治思想到治军思想,从创建湘军到最后病逝,从理学家发展到洋务派,曾国藩始终没有脱离儒家的核心,没有割断同儒家的思想联系。因此,儒家忠君的思想是不允许曾国藩有脱离中央的越轨行为的。其二,曾国藩所依靠的湘军核心力量是地主阶级知识分子和政治觉悟低下的农民,即所谓"儒生领山农"。中国地主阶级知识分子,长期受封建正统思想训练,终生以忠君卫道为职责;而中国农民阶级当时是一个被动的阶级,他们深受几千年不断被宣传的"三纲五常"等儒家思想影响,因此,他们容易和曾国藩的思想相一致。其三,曾国藩创办湘军,改革军制,意在挽救清王朝的灭亡。但由于湘军制度造成的私属性,同时动摇了清王朝的军事基础。对这一严重后果,曾国藩完全处于当事者迷,至死也未能认识到。其四,曾国藩握有重兵,确实有条件向中央闹独立,要权力,但在实践上,曾国藩却一直在接受清廷的命令和调遣,不曾也不可能抗命,因为清政府一直没有丧失对曾国藩的约束力,曾国藩个人的荣辱贵贱全在清廷的掌握之中。如太平天国失败后,曾国藩就被迫自剪羽翼,解散了自己的军队。从中我们看出曾国藩本人虽然没有去削弱清廷统治力量的意图,但在客观上,他制定的军事体制,却在近代中国反动统治阶级政权更迭中起到了关键作用。正是在这一点上,近代史上的新旧军阀都尊奉他为开山鼻祖。

(四)组建湘军水师,关心近代海军的建设

太平天国革命前,清政府没有自己的海军,仅有绿营水师。绿营水师分为外海

和内江两部分,它们仅作为陆军的附属,"均为捕盗缉奸"而设@,实不能作战。相比之下,太平军于1852年底,在湖南益阳、岳州等地建立水师,粉碎了清朝"广西炮船""江南水师"的抵挡,控制了长江中下游地区。

在当时的形势下,曾国藩十分清楚,要攻克天京,首先得控制长江,而控制长江,便要有一支比太平军水师更为强大的水师,长江千里,"必以战船为第一务"对付太平军,"非舟楫无与之争利害。"于是曾国藩不惜重金,努力搞起一支内河水师,且在技术装备上,大大超过了太平军。经过几年激战,曾国藩不仅依靠湘军水师夺取了长江水面的控制权,而且将湘军水师发展成为独立的军种,能密切配合陆军作战,发挥了特殊的作用。如1863年6月,曾国藩在围攻天京时,调鲍超率陆军攻占浦口,随后掩护水师攻陷了太平军坚固设防的九伏洲。湘军水师的这一战果,不但突破了太平军的长江防线,而且完全切断了天京与江北联系的唯一通道和物资供应线。关系委实匪浅,可以说是围攻天京的第一个关键性胜利。所以清政府在重占金陵后,论功行赏,称"论平寇功,以国藩创立舟师为首"。

湘军水师的筹建晚于陆师,它是在曾国藩移驻衡州后开始的,但是在湘军系统中,水师的技术装备远远胜于陆师。从它成立之初起,曾国藩便多方采购大量的洋枪洋炮,用以装备水师,他的炮船非"夷炮"不用;相继在湖南、江西等处正式设船厂制战船,使船厂为湘军水师提供可靠后勤保障;抛除旧绿营水师的积习,加强湘军水师训练。这样,就将湘军水师建成为当时中国技术最先进的内河水师,而不是一支照例使用旧装备的地方部队。

对湘军水师的发展,曾国藩的眼光是深远的,他能正视水师和近代海军的差别,他说"轮船之于长龙、三板,大小既已悬殊,迟速更若霄壤",深感水师不适于出海作战,船只亦不能与西洋轮船相比。因此曾国藩乃萌生出"师夷智以造炮制船"的想法,决心试制新式船只,建设近代海军。1861年,曾国藩在安庆建立了我国第一个近代军事工业——"安庆内军械所",该所不仅制造洋枪洋炮,而且还成功地仿造出了中国的第一只小轮船——"黄鹄"号木壳小火轮,中国近代造船业由此开端。曾国藩还派容闳去美国采购机器,筹建了江南制造局,生产出了一些兵船及船上大炮。他还以江南制造局为中心,建立上海编译局,大量翻译有关船炮制造和海军技术等方面的外国书籍,这些书籍使中国更深入了解西方船炮技术,促进近代海军的发展。他还会同丁日昌初拟核定外海水师章程,提出建立三支海军,其中"浙江、江苏建于吴淞;山东、直隶建于天津;广东、福建建于南澳,各备轮船十号、艇船二十号、专泊洋面"。以后清朝的南洋、北洋、福建三大海军舰队的建立和布局，基本上没有脱离曾国藩最初的设想。由此可见，曾国藩对近代海军的影响和作用是十分明显的。

（五）曾国藩主要的军事思想

曾国藩虽然身为名儒，但他并不是迂腐之辈，他能从战争实践中总结经验，从古代兵书中取经，发展形成有独到之处的军事思想，并为后来的许多统治者所利用。其主要的见解有以下几个方面：

1. 以礼为本的治军思想

在曾国藩一生的军事成就中，治军长于临阵作战。如他自己所说："鄙人教练之才，非战阵之才"。他虽然以一儒生治军，但在治军的指导思想、原则和方法等方面，都有别于绿营兵的传统，有许多独到之处。

总的来说，曾国藩奉"以礼自治，以礼治人"为信条，并以此作为他治军的指导思想，他说："军旅战争食货凌杂，皆礼家所应讨论之事"，"礼"是曾国藩治军思想的核心。

曾国藩以礼治军，首先体现在重德。即坚持政治标准第一的原则，如在物色湘军军官、兵勇问题上，他对政治、思想、才能、身体等都有一定的要求。但在他看来，"智可因忠而生，忠不必有过人之智，……能剖肝以奉至尊，忠至而智亦生焉"，因此，他首先要求兵士和将领必须是"吾党血性男子，有忠义之气"，其次才是"娴熟韬钤之秘"。对此，曾国荃评价说，曾国藩用人"往往德有余而才不足"。如此重视政治表现在中国历代兵家中并不多见。

从以礼为本的治军思想出发，曾国藩还开创性地给训练赋予新含义。他认为"不练之兵断不可用"，他还说"新募之勇全在立营时认真训练。训有二，出打仗之法，训做人之道。……练有二，练队伍，练技艺一。从中可以看出，他将训练分为两个部分，一称为"训"，一称为"练"，"训"侧重于政治与思想方面，既训导纪律，又灌输封建伦理；"练"则侧重于军事和技艺方面，从操（上操）、演（演习诸般武艺和阵法）、巡（巡逻、放哨、站墙子）、点（每天两次点名）四个方面进行军事训练。曾国藩把训练分为"训"和"练"两个不同的范畴，具有历史的开创性。同时，带着明确目的对军队进行政治和纪律教育，也是历来所少有的，因为多数将帅是以愚兵政策作为治军的基本信条的。"

在曾国藩的治军思想中,很重要的一条是注意团结,即维系军队内部团结和军民关系。他说:"大抵治军譬如治家。兄弟不和则家必败。将帅不和则军必败"。制定"治军如治家"的方针,要求各统领营官之间,要以"平恕之心"相待。另一方面,他在一定时期注意了军民关系,以礼义为本,整饬军纪,他提出"不扰民"三字为"治军之根本"的口与,亲自编写了《爱民歌》,让湘军诵颂。这些注重团结的治军原则,主要是出于与太平军争民心的需要,因此带有很大的局限性和欺骗性。

总之,以"礼"即运用儒术治军队是曾国藩治军的基本主张。其治军思想中虽然有明显的阶级局限性,但他的许多见解和做法,也包含着的一些合乎时代进步的东西,如强调政治和思想,提高军事素质,从严治军,注意争取民心,重视内部的协调统一,都是具有积极意义的。后来不少统兵打仗的人纷纷效法曾国藩的办法治军,也可以看出其影响之深刻。就连青年时代的毛泽东同志在未转变为共产主义者之前,也同样认为由于曾国藩学有"本源","收拾洪杨一役而完满无缺"。

2.曾国藩的战略战术思想和战争观

曾国藩是镇压太平军和捻军战略战术的制订者。他虽然没有军事专著留世,但他的军事思想对后世产生过相当的影响。

(1)以主待客,反客为主。曾国藩常说,"善用兵者最喜为主,不喜做客"。什么是主、客?他说:"守城者为主,攻者为客。守营垒者为主,攻者为客。中途相遇,先到战地者为主,后到者为客。两军相持,先呐喊放枪者为客,后呐喊放枪者为主。两持矛相格斗,先动手戳第一下者为客,后动手即格开而即戳者为主"。从中可以看出,所谓"喜主",便是力争主功。所谓以主待客,就是力争主动,力避被动,致人而不致于人。如曾国藩在进攻武昌、九江、安庆、天京等太平军的重镇时,针对太平军常为主兵、固守城池,湘军常为客兵,顿兵城外的战场情况,采取"蓄养锐气,先备外援,以待内之自敝"的方针,以达到反客为主的目的,其具体办法是令攻城部队沿城挖筑双层壕墙,外层以拒援兵,内层以困守敌。曾国藩用此法屡用屡胜,收效显著。

(2)以静制动,后发制人。这是曾国藩最擅长的战术。他经常指示他的部下,同太平军作战要"避其锋锐,击其惰归","深沟高垒,立于不败之地"。他认为"凡行兵须蓄不竭之气,留有余之力《左传》所称再衰三竭,必败之道也"。因此,每野战时,他常诱使太平军先行攻击,待其三鼓而竭成饥疲欲归时发兵反攻,往往取胜。

(3)对人和武器的关系有较正确的认识。在近代军事改革中,最活跃的因素是武器,它不仅立即引起战术的变化,也引起人和武器关系观念的深刻变化。在人和武器的关系上,曾国藩的看法是具有合理成分的。他认为,"用兵之道,在人而不在器","炸炮枪船虽利,然军中制胜究在人而不在器",他还说:"攻守之要,在人而不在兵"。而在人的问题上,曾国藩又非常重视人的主观能动性,尤其重视从实际出发,强调因时、因地制宜,灵活多变,他说:"臣窃谓用兵之道,随地形贼势而变焉者也,初无一定之规,可泥之法"。应该说,这些话是很有道理的。

(4)主张事权宜专,提高指挥效率。曾国藩主张把军权、政权、财权和用人权合一。他认为"平日事权不一,则临阵指麾不灵一"。在湘军中,指挥大权始终牢牢地集中在曾国藩手中,基本上做到调度灵捷,反应迅速。这种思想和制度,虽然和近代军阀制度产生不无关系,但对提高指挥效率有积极的作用,如湘军水师在湖口惨败后,曾国藩亲自主持恢复工作,无论是赶造新船,还是筹备军粮军饷,无论是募勇还是调遣水师将领,均一一过问,结果,仅半年之内,便"重整内湖水师为十营,船六百艘",基本上恢复了原来的规模。

二十八、左宗棠

(一)身世与生平

左宗棠(公元1812年~1885年),字季高,一字朴存,早年自号"湘上农人",湖南湘阴人。1832年中举人,后三次入京会试,名落孙山,遂发誓不以进士为荣,企图"建功立业",努力研究"经世致用"之学,同时对疆域沿革、历代兵事和农业经营亦颇有兴趣。第一次鸦片战争期间,他十分关心战局形势的变化,曾作《料敌》《定策》《海屯》《器械》《用间》《善后》等诸篇论战制敌之书,推崇地主阶级改革派首领、爱国将领林则徐,愤感"以一二庸臣一念比党阿顺之私,令天下事败坏至此",抒发了"书生岂有封侯想,为播天威佐太平"的远大抱负。1852年,时值太平军进攻长沙,左宗棠出山助湖南巡抚张亮基守长沙,因"功"升知县,并加同知衔。骆秉章任湖南巡抚时,他为骆的幕僚,1856年得兵部郎中职。1860年,清政府命左宗棠以四品京堂候补随同曾国藩襄办军务,由运筹帷幄的书生,一跃而为决胜疆场的大将。同年9月,他亲率楚军自长沙赴赣、皖交界地区与太平军作战,后任浙江巡抚、闽浙总督,督率楚军攻陷金华、富阳、杭州和嘉应州。帮曾国藩平定了太平军,被封

左宗棠

为一等恪靖伯,诏赐黄马褂、双眼花翎。1866年7月,创设福州船政局,成为洋务派人物之一。同年9月,调陕甘总督,率军镇压捻军和回民起义,后晋太子太保衔,加一等轻车都尉、东阁大学士。1875年被任命为钦差大臣督办新疆军务,讨伐和歼灭阿古柏匪帮,迫使沙俄交还伊犁,使新疆重回祖国怀抱。1881年,左宗棠由新疆抵北京.命他在军机大臣行走,在总理各国事务衙门行走,管理兵部事务。同年9月,任两江总督兼南洋通商事务大臣。中法战争中,以钦差大臣督办福建军事务,指挥抗法军事。1885年9月5日病死于福州。清政府追赠太傅,予谥文襄。著有《左文襄公全集》。

(二)一生的军事活动

综观左宗棠的一生,他对中国近代的政治、经济、军事、外交乃至教育、科技发展均产生过重大影响。如果仅就军事方面来看,其突出的主要有以下三件大事:

1.镇压农民起义

1851年1月间,洪秀全在广西桂平金田村发起农民起义,正号太平天国。太平军自广西平南官村大捷后,挥戈扫北,连下数城.由桂入湘,清政府和广西邻省地方官员为之寝食不安,湖南实行戒严。左宗棠身为地主阶级的知识分子.历来视起义农民为贼寇,虽避居青山梓木洞,但这时也毫不犹豫地与太平军为敌,积极为镇压农民军献计献策。如左宗棠进言黎平知府胡林翼,一方面应大力使用保甲团练,另一方面应在险要之地设置碉堡,使"贼为客而我主",然后以步步为营之法,逐渐合围"贼巢"。胡林翼采纳后,在黎平推行保甲团练,办团练一千五百余,设碉堡四百五十余座,连屯相望,以对抗太平军。1852年9月上旬,太平天国西王肖朝贵为先锋,率军兵临长沙城下。左宗棠再也按捺不住出山的念头,从梓木洞进入长沙,正式投入了镇压太平军的行列。

从1852年至1860年,左宗棠先后任湖南巡抚张亮基、骆秉章的军事幕僚,一意出谋划策,筹兵筹饷,筹办炮船,选将练勇。虽然他并没有直接统带地主武装,但为其主子解决不少难题。深得赏识。太平军围攻长沙时,"征义堂"首领周国虞、曾世珍等秘密计划策应,不料事败遭清军镇压。《养知书屋札记》在谈到这件事说:"江忠源平'征义堂',实受方略于左宗棠,发谋决策皆宗棠任之,张亮基受成而已。"还有,左宗棠帮助骆秉章的方略,主要是"外援五省,内清四境"。当时邻省广东、广西、贵州、湖北、江西都有湖南的援兵,并且都由湖南"筹饷运资"。这种诸省协防的方式,极大地限制了太平军的活动范围,所以又有"楚南一军立功本省,援应江西、湖北、广西、贵州,所向克捷,由骆秉章调度有方,实由左宗棠运筹决胜,此天下所共见"之语。

1859年下半年,发生了闻名当时的"樊燮京控"案件,左宗棠受陷。后经肃顺、胡林翼、曾国藩等人在咸丰帝前斡旋,左宗棠因祸得福。1860年1月中旬,年已49岁的左宗棠终于获得指挥权,奉诏以四品京堂候补随同曾国藩襄办军务。同年秋天,他招募五千余人,自树一帜,号称"楚军",开始从幕后走到台前,残酷绞杀农民军。左宗棠在与农民起义军的作战中,既剽悍残暴,又晓畅兵略,用兵诡诈,正如曾国藩所言:"左宗棠平日用兵,取势甚远,审机甚微"。如1860年夏,太平军二次击破江南大营,连克常州、苏州。正准备夺取浙江,以图使苏福省根据地和浙江根据地连成一片。此时左宗棠认为,"是制此贼,必取远势,而不能图速效。苏州既失,为公计者,宜先以偏师保越为图吴之计,庶将来山内山外两路进兵,可免旁趋歧出之虑。否则,贼势蔓延于越,而贼巢踞金陵,大军直指苏台,如击长蛇之腰,妨其首尾俱应"。以后,统辖苏、浙、皖、赣四省军事的曾国藩,基本上采取"妨其首尾俱应"的方针,加强进攻太平天国的部署,以左宗棠部在浙江,李鸿章部在苏福省,曾国荃部在金陵,互相策应,分进合击,终于攻陷天京(江苏南京市)。

太平天国革命失败后,捻军和西北回民起义就成了清政府在北方的心腹之患,左宗棠随即移军北上,残酷镇压农民起义军。1873年,左宗棠督军攻陷肃州,至此,回民起义失败。

2.利用西方科学知识,促进了中国军事力量近代化

左宗棠早年受到林则徐制造坚船、利炮以促使国防近代化的思想和魏源"师夷长技以制夷"的爱国思想的影响,在镇压农民起义的过程中,更加深刻地认识到:取胜之道,自强之策,不仅在有起起之勇,而且要引进西方先进的科学技术,兴办近代军事工业。他还说:"查外洋之强。一则饷厚,一则令严,一则水陆器具精利。假使

·军事将帅·

图文珍藏版

中国有厚饷,有精巧器械,慎择能将,申明军令行之,兵勇之强亦必不减外洋",只有这样,"鸦片之患可除,国耻足以振矣。"

在"求富""自强"的思想指导下,左宗棠亲自过问主办了三项近代军事工业:1866 年,左宗棠在闽浙总督任内,于福建省闽江口岸开设了当时最大的船舶修造厂,即福州船政局,这是"中国海军萌芽之始",从 1869 年至 1907 年共造各式轮船40 只,它对海防、航运等都有一定作用;1869 年创办西安机器局,仿造新式武器弹药;1873 年,将西安机器局搬至兰州,命名为兰州机器局,翌年该局已能仿造西洋军器,修理改造本国枪、炮器械。这三项军事工业虽然规模大小不等,但它们在中国近代军事史上,都有一定的地位。

作为封疆大吏,左宗棠力所能及的创办近代军事工业无疑是正确的。首先,左宗棠继承和发展了"师夷长技以制夷"的思想、并将其付诸实现。第一次鸦片战争期间,林则徐等人就认识到没有大炮和轮船,不能和外国作战,因此极力主张运用粤海关的收入来造炮造船。可惜当日朝野没有响应,以致孤掌难鸣。在林则徐等人先进思想和近代西方工业化潮流的推动下,左宗棠比较清楚地看到了中国和西方在科学技术上的差距。他以东洋日本为例说:"彼此同以大海为利,彼有所挟,我独无之。譬犹渡河,人操舟而我结筏;譬犹使马,人跨骏而我骑驴,可乎?"指出"泰西巧而中国不必安于拙也,泰西有而中国不能傲以无也"。强调必须发展近代军工。在清王朝闭关锁国政策之下,左宗棠的所作所为的确是颇有远见的。其次,左宗棠兴办军事工业,是符合当时国内外形势需要的。近代中国是半封建、半殖民地的国家,帝国主义列强的海上入侵,加深了中国的社会危机,左宗棠认识到兵不能强,则民不能富,"欲防海之害而收其利,非整理水师不可。欲整理水师,非设局监造轮船不可","轮船成,则漕政兴,军政举,商民之困纾,海关之税旺"。在左宗棠等人的推动下,不但近代军事工业有了一定的发展,而且对采矿、运输、纺织、商业等民用工业的发展,也起了积极的促进作用。第三,左宗棠办理的三个近代军事工业,在当时的战争中,特别是在抗击外来入侵、保卫祖国领土主权方面,发挥了效能。如在讨伐阿古柏匪帮、收复新疆的战争中,由兰州机器局制造、修理的军火不断送至前线,1876 年,一次便供应清军子弹 2 万枚,使已经装备了相当多的洋枪洋炮的清军,在攻城夺地中"深得其力"。

左宗棠在引进西方科学技术、建立中国近代军事工业的同时,十分重视对近代军事人才的培养。1866 年,左宗棠在筹建福州船政局时,一面派人赴西方购置机器船槽,一面在福建马尾山上,开设了我国近代的第一所海军军官学堂——福州船政学堂"求是堂艺局"。在"求是堂艺局"中,学员既学西语,又学自然科学和理工学;既学制造方面的技艺,又掌握近代海军战术和驾驶等方法。由于注意对西方科学知识的学习,改变了旧的军事教育的传统内容,培养出了一批适应近代军事发展的优秀人才,如邓世昌、林永生、严复、萨镇冰、刘步蟾、林泰曾、詹天佑、郑清濂等,均就读于该学堂。左宗棠是按船未造出而先培养海军人才的路子行事的。为什么这样做? 这是因为左宗棠考虑到,"兹局之设,所重在学造西洋机器以成轮船,俾中国得转相传受,为永远之利也","将来讲习益精,水师人才固不可胜用矣"。对此,林则徐的女婿、船政大臣沈葆桢深有体会地说:船政局"创始之意,不重在造,而重在学"。清政府也嘉谕"左宗棠大臣谋国,所见远大。"

总之,左宗棠在引进西方军事科学知识上所做出的种种努力,在一定程度上促进了中国军事力量的近代化。

3. 保卫祖国领土完整,收复新疆

1875 年 5 月 3 日,清政府以钦差大臣左宗棠督办新疆军务,旨在驱逐阿古柏侵略军,收复新疆。在这场维护祖国统一和领土完整的正义战争中,左宗党率领的西征军取得了重大胜利,使新疆全部归回了中国的版图。

1876 年 4 月 7 日,左宗棠从兰州移驻肃州,命徐占彪部严守巴里坤至古城一线,防敌北窜;命张曜部固守哈密一线,防敌东犯;命金顺部驻军济木萨前线,待刘锦棠率主力到达后,即由北部向古牧地和乌鲁木齐进攻。他根据阿古柏及其党羽兵力分布情况以及清军赴新疆作战粮运困难、千里运输线易遭敌破坏等特点,决定采取"缓进急战""先北后南"的战略。6 月,清军主力逾越天山,7 月攻击济木萨,打响了收复新疆的第一枪。遂后突袭黄田。猛攻古牧地,并乘胜收复乌鲁木齐及天山以北的大部城堡。此后,冬季来临,大雪封山,左宗棠耐心说服"急思开拔"、进取南疆的将领,明确指出"大抵进兵南路,又是缓进争战之局,"令部队利用冬季,肃清残敌,就地征集粮秣,进行休整,准备次年春天向南疆进军。1877 年 4 月,左宗棠以 60 个营、3 万余兵力,从西北和东北两路向吐鲁番进攻。西北路指挥刘锦棠连克达坂城、托克逊,与东北路徐占彪、张曜会师与吐鲁番城下,经激战,收复该城,阿古柏绝望自杀,白彦虎化装潜逃。至此,阿古柏在达板、吐鲁番、托克逊地区的所谓三角防御,全部被清军摧毁。在收复吐鲁番之后,左宗棠因天气炎热,未随即向南进军,而等至秋后天气转凉后,再进行下一战役。1877 年 9 月,左宗棠将休整过的精锐部队组成两个兵团,由托克逊成梯次队形出发,"一月骤驰三千余里",收复喀什噶尔等南疆八城,白彦虎等率残部逃入俄境。到 1878 年 1 月,新疆除伊犁地区外,已全部收复。

略定南疆八城后,左宗棠即全力实现收回沙俄侵占的伊犁的既定目标。他在新疆认真进行军事部署,准备以武力收复伊犁,使清廷代表在中俄谈判中,有军事力量为后盾,终于推翻了崇厚草签的卖国条约,收复了伊犁九城等地区,为祖国保全了新疆这一块一百六十万平方公里的疆土。

(三)主要的军事思想

左宗棠是中国近代史上屈指可数的拥兵重臣,他亲自参与谋划指挥了许多战事,军事言论涉及范围也较广,军事思想富有创建。这里仅列几点:

1.海防与塞防并重的国防战略思想

十九世纪六七十年代后,在世界资本主义列强开始夺取殖民地、分割世界领土的大高潮中,中国的边疆地区普遍发生了严重危机,特别在新疆地区和东南海疆,入侵活动极为频繁。在国家、民族遭受危机的情况下,清政府内部展开了一场有关海防与塞防的国防观点之争。直隶总督兼北洋通商事务大臣李鸿章因负有海防之责,并想乘机建立由他控制的北洋海军,加强其政治地位,主张国防重点在海防,不在西北边防,应放弃祖国西陲重地防御,移"西饷作海防之饷"。这些论点,在客观上符合了英、俄帝国主义蚕食鲸吞新疆的需要。以左宗棠为首的一派爱国官僚,则坚决反对李鸿章以牺牲塞防来加强海防的主张,认为"东则海防,西则塞防,二者并重",强调先进兵新疆。他指出:"重新疆者,所以保蒙古,保蒙古者,所以卫京师。西北背指相连,形势完整,自无隙可乘"。又说:如果专力海防,新疆"不西为英并,即北折而入俄耳";塞防不力,则又"无益海防而挫国威,且长乱,此必不可"。左宗棠年轻时研究过《天下郡国利病书》《读史方舆纪要》《新疆识略》《海国图志》等书,形成了强烈的爱国思想,特别关心祖国安危,他坚持的海防与塞防并重、先收复新疆的国防战略观点,能从全国一盘棋的角度来衡量新疆在战略上的重要性,符合中华民族的长远利益,客观上也反映了各族人民的共同要求。因为当时塞防之急甚于海防,1865 年,中亚浩罕汗国军官阿古柏率军侵入新疆喀什噶尔,逐步占据了天山南北的大部地区,并于两年后建立伪"哲德沙尔汗国"。为了取得英国、沙俄的支持,1872 年和 1873 年,阿古柏竟分别与英、俄签订条约,企图分裂中国领土。

新疆的边防岌岌可危,非立即解决不可。

由于左宗棠力排时议,据理辩争,以及朝廷内文祥等枢臣们的支持,清政府摒弃了李鸿章等反对的议论,采纳了左宗棠的意见,令左宗棠全权指挥"关外兵事、饷事并转运事宜",主持收复新疆大计,遂使左宗棠的战略主张得以在内外一致的局面下付诸实施。

左宗棠在重视塞防的同时,对海防建设也有不少出色的见解。他认为海防建设"不可一日驰也",但必须重点设防,"如人一身,有气隧、血海、筋脉、包络、皮肉之分,即有要与非要之别。天津者,人之头顶;大江三江入海口,腰脊也;各岛之要,如台湾、定海,则左右手之可护头项腰脊,皆宜严为之防。……此外视如髋髀,谓其必全力注之,亦不必也"。1881年10月下旬,清政府任命左宗棠为两江总督兼任南洋通商大臣,时值中法战争前夕。左宗棠到任后,积极筹划海防,准备打仗。首先,他增强长江防务,以吴淞口为第一道关口,以白茅沙为第二道关口,以江阴要塞为第三道关口,节节设防,阻敌深入;其次,于1884年底,派王诗正等率恪靖援台军偷渡法军严密封锁的台湾海峡,增援驻台清军抗法,稳住了台北局势;第三,整顿闽江防务,在闽江各要隘增添兵勇,构筑阻塞工事,树立铁桩,横以铁索,控制闽江航道。

值得注意的是,左宗棠在坚持海防、塞防并重的国防战略主张,抗击外来侵略的斗争中,看到了人民群众是可以利用的力量。第一次鸦片战争期间,他就建议"练渔屯、设碉堡,简水卒,设水寨","合兵勇一体","行坚壁清野之策",使"海上屹然有金汤之固"。左宗棠在两江总督任内,还在江苏、福建沿海大办渔团,将渔户组织起来,日夜操练,视为防海的重要力量。这与左宗棠在收复新疆时,把人民群众分散的、自发的反阿古柏政权斗争汇集成有组织、有计划的反侵略战争的做法,在利用民力的指导思想上一致的。这表明他对人民群众在反侵略战争中的作用有某些感性认识,这种思想远远高居于一般封建官僚所谓"防民甚于防寇"的思想之上。

2.主张以"慎"为本的战役战术思想

左宗棠用兵谨小慎微而又老谋深算,他年轻时自比诸葛孔明,"常自署葛亮",诸葛亮一生用兵谨慎,毫无疑问对左宗棠军事思想基础有重大影响。二十九岁那年,曾作《料敌》《用间》《善后》等诸篇论战制敌之书,阐述了审己量敌,不盲目用兵和注重后路的稳慎思想。在镇压太平军作战中,他多次强调"步步为营";在收复新疆战役中,采取"缓进急战"的作战方针。在平时,左宗棠常以"慎"字教诫部下;在作战中,更是提醒前敌将领"慎之又慎";在他的函牍批札中,也常见到"当慎以图之可以无患"，"戒慎之心，未可一刻忘也"等字句。总之，在其30多年的军事斗争中，始终主张和实行着一个"慎"字。他说，"慎之字，战之本也"，可以说"慎战"集中代表了左宗棠的战役战术思想。

左宗棠的"慎战"思想，主要表现在以下几个方面：

审己量敌，决不贸然用兵。左宗棠在筹划战役战斗时，极为重视敌情侦察和地形勘察工作，对敌人的一举一动，包括当面之敌将领的性情、素质、用兵特点等，都要反复揣测。他认为，"用兵一事，在先察险夷地势，审彼己情形，而以平时知将士长短应之，乃能稍有把握，"强调"平时用兵，亲临前敌，于地势贼情军情审之又审，尽心力图之，可免贻误"。因此，只有在双方情况比较明了时，他才决定是否交战。

稳打稳扎，慎于前攻后顾。在军事部署上，强调扫清前路，巩固后路，"慎于前攻，亦当慎于后顾"，使自己立于不败之地。对于前路，他惯于采取"稳打稳扎"，每逢行军，或追击逃敌，特别是在复杂地形作战，总是派一部兵力搜索前路，没有敌人埋伏拦截，才肯前进。另一方面，左宗棠又认为"凡战事总须严防后路，最忌一泻无余"，因此，"惟用兵之道，宜先布置后路，后路毫无罅隙可寻，则转运常通，军情自固，然后长驱大进，后顾别无牵制，可保万全"。根据这一思想，左宗棠每收复一地，即着手巩固一地；每行军作战，总是设法防敌抄袭后路，"务使蚍蜉搔除，方免牵制之患"。夏炘说，左宗棠用兵时，对"未得之地慎于前攻，不可轻犯贼锋，以堕诡计。己得之地慎于回顾，不使贼出我后，顿弃前功"。

缓进急战，耽迟不耽错。左宗棠在作战指导上主张"缓进急战"。所谓"缓进"，就是战前做好充分的准备，完成周密部署，战役准备没有完毕，宁可暂缓发起攻势，决不轻举妄动，铸成过失，所以他常说"耽迟不耽错"；所谓"急战"，是因粮糈有限，战机有变，因此一旦准备完毕，确有胜利把握时，就以迅雷不及掩耳之势，速战速决，尽快结束战斗，避免被动，所以他又常说"以速补迟"。在收复新疆时，左宗棠前后用了一年零两个月的时间进行各方面的准备工作，由于准备充分，因此西征军向敌发起进攻后，只耗时半月，就收复乌鲁木齐以及天山以北的大部城堡。可见左宗棠的"缓进"与"急战"密切相关，是以"全胜"为核心的作战指导之下的两个战役步骤，没有周到的准备、即所谓"缓进"，便没有速战速决的"急战"，只有"缓进"，才有"急战"。

3.重视物质因素和后勤保障工作

孙子认为，举兵十万，日费千金，不具备足够的战争费用、粮食、器械、车马、用具等基本条件，是无法进行战争的。C·赛奥·沃格尔森也说："后勤就它与战略的关系而言，具有动力性质，没有这种动力，战略构想不过是纸上谈兵"。同样，左宗棠也十分重视后勤对战争的影响，无论是他出山充当幕客时，还是直接统兵打仗时，都把"用兵必先筹饷"放在十分重要的位置。尤其是他在西北"剿"捻平回、收复新疆等多次战役中，亲自负责后方补给，在解决后勤供给上做出了特殊的建树。

左宗棠早期的军事活动，主要在长江以南地域，这里兵源充足，财赋收入广。但自镇压太平天国运动后，左宗棠基本上是在西北指挥作战，与江南财赋之乡相比，不仅军饷难筹，而且一切军需"馈运奇艰"，出现了"筹饷难于筹兵，筹粮难于筹饷，筹转运尤难于筹粮"的窘困局面，部队有时连盐菜、马干、官兵一年关一月满饷的饷银都发不出来。很明显，"粮运两事，为西北用兵要着，事之利钝迟速，机栝全系乎此"。在这种情况下，左宗棠一方面多次奏报朝廷，陈请拨饷，另一方面，以大量的精力就地解决燃眉之急，保证西北战事顺利进行。左宗棠采取的主要措施有以下两条：

（1）屯田生产，且战且耕。1867年，左宗棠以钦差大臣的身份督办陕甘军务，他根据对西北情况的考察认为，"自古边塞战事，屯田最要"，"驻军其间，自非力行屯田不可"，提出开设屯田总局，解决一部分军粮。起初，屯田只为兵屯，以营为单位，就近指地屯收，种粮种菜，生产任务主要由老弱疲乏者担任，主力部队仍随时执行作战任务。后来，又组织了民屯，生产粮食，以便就近购粮。这样，既筹集了一部分军粮，又不至于增大当地百姓的负担，这与那些就地掠食，丝毫不顾及百姓的旧军队传统作风相比，真可谓开明进步。随着军事的进展，左宗棠率领的楚军，可以说在哪驻防，就在哪里屯田，并把屯田从陕、甘推广到新疆，在一定程度上解决了军储之急。1874年，左宗棠命令西征军的前锋部队张曜统率所部嵩武军马步十余营进驻哈密，开荒筹粮，且耕且战，经过不到一年的努力，开荒二万余亩，收获净粮约九十万斤，足供张曜所部食用二个月。

（2）精心安排运输力量。左宗棠率军出关入疆作战，所需军粮主要还是由关内供给。遥遥千里路，又多戈壁，如何才能将粮食运抵前线？选用恰当的运输工具是个很关键的问题。左宗棠曾就用马车还是用骆驼运粮算过一笔细账。他认为，从肃州运粮到哈密有二十四站、二千二百余里的路程，如以一车一夫两骡运粮，需行走三十余日，在这三十余天中，每一头骡一天需料八斤，一名车夫需粮二斤，而一辆车运粮最多不过六百斤，这些粮食只仅供一车一夫二骡吃到哈密，那还有余粮再运到巴里坤？但如果改用骆驼运粮,1人可牵管五头骆驼,骆驼耗粮甚少,"驼行三十日而所负之粮尚可稍余以济待饷之军",所以运粮宜多用骆驼。这种见地,表现一个军事家谙熟地理天文,精于计算的素质。在左宗棠的亲自主持下,清军用驼运粮一年,节省运费、脚费甚多。除了屯田、转运之事外,左宗棠还亲自过问采运枪炮弹药,筹措款项,在陕、甘、新等地筑路筑城,制造军火,还利用西北丰富的羊毛资源,筹建了甘肃织呢总局,利用新式机器挖金采矿,还疏通河流,开渠凿井,提倡种棉植树,育蚕缫丝,整理盐务,茶务和币制。这些措施,不仅较好地解决了西北军事活动需要和军饷不足的矛盾,保证了前线部队口粮的供应,未因后勤补给而影响作战任务的完成,而且也为巩固西北国防提供了可靠的保证。

左宗棠是晚清时期的一名封建统治阶级的重要成员,一方面他始终站在地主阶级反革命立场,与农民起义军为敌,他对人民是犯有历史罪过的;另一方面,他利用权力和地位,勇于改革,吸收西方先进科学技术,对中国军事由传统型向近代型的转变中起了积极的促进作用;他晚年率军收复和保卫新疆领土,在中国近代反侵略的事业上更有成就,是中国近代军事史上不可多得的爱国将领。

二十九、冯子材

冯子材(公元1818年~1903年),字南干、号萃亭(或作翠亭)。清朝少数抵抗派人物之一。是中法战争中镇南关大捷的组织者和指挥者。广东钦州(今属广西)人。1851年在博白参加广东天地会起义。同年5月,受清政府"招安","至该县行营投诚",后从向荣镇压太平军。1856年夏,太平军一破江南大营,向荣兵败,死于丹阳,冯子材改隶张国梁。1860年,太平军二破江南大营,张国梁被击毙,冯子材代领其残部,擢总兵。1862年,因功升广西提督,赏穿黄马褂,给骑都尉世职,赐号色尔固楞巴图鲁。

冯子材

1869年至1879年期间，冯子材因追击农民起义军以及"钦奉督剿越匪之命"，三次入越作战，威震越南。1882年，"称疾"告老还乡。次年中法战争爆发了，冯子材奉两广总督张之洞之命任广东高、雷、廉、钦团练督办，参加抗战。1885年2月，张之洞命冯子材帮办广西关外军务，率军挺进镇南关。3月，冯军坚守关前隘阵地，粉碎法军攻势，并乘势转入反攻，获得震动中外的镇南关——谅山大捷，建立了卓越的功勋。战后，被晋升为太子少保、三等轻车都尉，调任云南提督。1894年，清廷赏尚书衔。在中日甲午战争和帝国主义联军进犯津京时，冯子材爱国抗敌思想不减当年，多次奏请"为国出力"，"请募劲旅入卫"，光绪二十七年（公元1901年）任贵州提督，1903年死于南宁军营中，年86岁。清政府予谥勇毅。

冯子材的一生，最光辉的业绩就是镇南关大捷。他在这次战役组织和指挥上的成就，主要有以下两点。

第一，"保关复谅"的作战指导和攻防兼顾的战役布势。

1885年2月，法国侵略军猛攻谅山，清军一触即溃。前主帅、广西巡抚潘鼎新退避距镇南关百余里的海村，镇南关失守。法军闯入镇南关后，遂焚关退回文渊。冯子材率萃军进抵镇南关时，恰值前线各部群龙无首，军心涣散之际。冯子材首先整顿溃军，编组营伍，稳定人心惶惶的局面，把湘、淮、粤、桂各支军队的指挥关系统一起来，同时，受诸将推举，就任抗法"前敌主帅"，恢复组建作战指挥中心，积极备战。

对于清军的作战指导思想，各派系的看法分歧很大。张之洞电令冯子材"率九营在关外相机奋力一战，胜败俱有可原"；彭玉麟持"移数营回救钦廉"的主张；潘鼎新则认为镇南关缺粮，不如退守凭祥。冯子材根据敌情我情和地形情况分析，认为法军现虽退据文渊、谅山等地，但有可能再经镇南关进取龙州；镇南关为中国西南门户，战略地位十分重要，坚守镇南关可振国威、军威，不能再失。因此，当务之急是坚守镇南关，拒敌于国门之外，粉碎法军再次入关的企图。尔后再发展胜利，相机反攻，克复谅山。于是，冯子材果断地采取了"保关复谅"的作战指导方针，即坚守镇南关，光复谅山。"保关复谅"的作战方针，不但体现了积极防御，以守制敌的思想，而且具有较强的全局意识，它将眼下最需达到的战役目的和尔后战役的发展统于一局。事实证明，冯子材的决策是正确的。

自中法战争以来，冯子材始终密切注视战事的发展，他从三年来的历次战斗中认识到，此役若以武器陈旧，元气未复的清军，战胜装备有新式步枪和火炮的法军，

·军事将帅·

图文珍藏版

关键是着眼于限制和避开敌人的炮火。因此,坚守镇南关就必须选择有利地形,构筑良好阵地。

鉴于镇南关已被法军烧毁,冯子材遍勘从板山营地至镇南关内的地形,决定选择关前隘(亦称关前坳)作为扼守镇南关的主战场,重点布防。关前隘距镇南关十里,两翼有东、西岭为高山屏障,两岭均为南北走向,北高南低,并在关前隘以南收缩环抱。形成一个东西相向的、中间有南北大道穿越而过的横坡岭高地。

冯子材抉择这种地势险要,易守难攻,翼侧不易迂回,有足够的防御纵深和配置地幅的战场,使清军占据了天时地利。战场选定后,冯子材"乃于关内十里之关前隘。跨东西两岭间,筑长墙三里余,外掘深堑",长墙前广设鹿砦、拒马,准备了大量滚石、檑木,并在东西两岭的山顶上修筑炮台,构成了有土石长墙、堑壕、栅栏、炮台的山地防御体系。

在兵力部署上,冯子材亲率萃军配置在关前隘主要防御方向,扼守长墙和东岭;"令王孝棋勤军屯于其后半里许,为犄角;苏元春毅新军、陈嘉镇南军俱屯幕府。在关前隘之后五里;蒋宗汉广武军、方友升亲军俱屯凭祥,在幕府后三十里;潘鼎新鼎军屯海村,在幕府后六十里;魏纲鄂军屯艾瓦,防芄蔳,在关西百里;王德榜定边军屯油隘,专备抄截,兼防入关路,在关外东三十里"。这种主次分明、奇正策应、防攻兼顾、纵深梯次配置兵力的部署,不仅较充分地体现了冯子材"保关复谅"的作战指导思想,同时对清军的传统战法也是一种创新。自鸦片战争以来,清军在定海抗战、广州战役、镇江保卫战、八里桥战斗等数次重大战役中,只知株守炮垒,待敌进攻,不知巧布险势,相机反攻;只会摆开兵力一线设防,不知纵深防御,掌握强大预备队;只知正面火力对阵,苦战死守,不知防敌炮火和迂回抄击。这种落后、笨拙的战术,屡次导致了清政府的军事失利。因此,从冯子材一反清军旧习的作战思想中可以看出,他的军事造诣,在清军中可谓出类拔萃。

第二,知己知彼,指挥得当。

战役前,广西巡抚潘鼎新败退关内,丢失镇南关。致使不少将领产生畏敌情绪。为锻炼部队、掌握法军的作战特点,提高中国军队战胜法国侵略者的信心,冯子材在进行战役准备的同时,积极组织小规模的战术攻击,拔点破垒连获小胜。如1885年3月9日,法军为配合主力进攻镇南关,提前以非洲骑兵及东京冲锋兵各一部侵犯扣波、芄蔳,企图从关前隘右翼包围冯军。冯子材即以萃军五个营进军扣波,以苏元春及魏纲部进军芄蔳,大败法军,迫其退回文渊,稳定了防御。又如3月

21日夜，冯子材探知敌将攻关。遂决定先发制人，出关突袭法军的前哨据点文渊城，结果焚毁了三座山头炮台中的两座，然后主动收队回关。此战重创法军精锐，提高了清军战斗情绪，并迫使当面法军提前攻击关前隘。

3月23日8时，法军主力分三路向关前隘阵地攻击，以两路攻左翼东岭炮台，一路直扑关前隘墙。冯子材传命，"凡败逃者，不论何军，皆诛之！"同时急令苏元春、陈嘉率所部驰援关前隘。在战斗中，由于敌炮火猛烈，加之东岭炮台仓促筑成，不够坚固，无法抵挡法军的攻势。战至午后，东岭上所筑四座炮台被敌攻占了三座。法军便利用所占炮台，居高临下，以炮火掩护主力转向关前隘攻击。冯军形势逐渐危急，冯子材于阵前高呼："法军再入关，何颜见粤民？必死拒之"。他身先士卒，率部依托长墙顽强据守。这时，防守西岭阵地的王孝祺派出一部兵力迂回到敌后攻击，牵制了正面之敌，迟滞了敌人的攻势。下午四时，苏元春部从幕府赶到，立即增援东岭，守住了已陷于危急的第四座炮台。驻屯油隘的王德榜军，在战斗打响后，立即按照冯子材的预定方案，分兵二路出击，以一支为正兵，另一支骑兵从山僻绝径抄出敌后，攻其无备，将敌后卫部队歼灭殆尽，切断了敌人的补给线，使敌陷入困境。当晚，法军被迫停止进攻。

冯子材等"料次日必有恶战，相率露宿，连夜补修营墙，严防以待"，对兵力部署也做了调整。"王孝祺应其右，陈嘉、蒋宗汉应其左，苏元春、冯子材居中凭墙扼守"，并派出三百名敢死队员，趁夜暗越出长墙，潜伏在长墙外的沟渠杂草丛中待机歼敌。

3月24日晨，法军约八千人，仍分三路，在猛烈炮火掩护下发起进攻，主攻方向为中路长墙。敌"前队枪炮密排，队如山立，连环迭进，任我军（清军）枪炮齐击，伤之不顾"，而且"步步紧逼"。面对着这种以炮火掩护步兵连续冲击的欧洲军队战术，冯子材沉着应战，指挥若定，令"各军静伏壕内"，躲避炮火，以待近战。法军见长墙内寂若无人，以为清军已被炮火击溃，即发起冲锋，有的已经"越墙而入"。此时冯子材一声令下，守军"齐放排枪"。"法前敌骤倒"，乘敌慌乱惊骇之际，年逾七十的冯子材，"以帕裹首，赤足草鞋，持矛大呼跃出"，肉搏前进。诸军感奋，拼死冲锋。潜伏的三百敢死队员也突然跃出，在敌群中拼杀。短兵相接，使法军的洋枪洋炮一时失去威力。此时其他各军也浴血奋战，终于把敌人压下了山谷，迫敌逃回文渊，清军取得了关前隘大战的胜利。

3月26日，冯子材不待上级命令，即率军出关，迅速收复文渊、谅山、观音桥等

·军事将帅·

图文珍藏版

地,先后"克复越南一省、一府、一州,擒斩法酋六画至一画(各级军官)数十,法提督尼格里重伤,法之精锐尽歼"。中国军队大获全胜。

镇南关大捷,是鸦片战争以来清军唯一大获全胜的光辉战役。它在军事上获得了歼灭法军精锐近千人的胜利,在政治上导致了法国内部矛盾激化,迫使茹费理内阁倒台。使中法战争出现转败为胜的局面。但在同一时期,清政府也面临着一系列难题,如日本行将干涉朝鲜,法军攻占澎湖列岛并开始封锁台湾海峡,驻越清军还不具备足够的力量南下直取河内等等。出于客观条件的限制以及其他帝国主义列强的讹诈,腐败无能的清政府急于结束中法战争,于4月4日与法国政府签订了《中法停战条件》("巴黎议定书"),法国以"情愿不向中国索赔偿费""允将台湾封港事宜撤除""不准军队越入中国边界"等为互换条件,诱迫清政府同意"令现在在东京之中国军队撤还边境"、对"……法、越所有已定与未定各条约,均置不理""所有法、越与内地货物听凭运销""中国将开约之商埠仍准法国船只出入"等无理要求。这样,法国在战场上没有得到的东西,却在失败之后得到了。

1885年4月7日,西太后"电传谕旨停战"。并令25日撤兵。冯子材等爱国官兵闻讯怒不可遏,急电张之洞:"去岁上谕'议和者诛',请上折诛议和之人,士气可奋,法可除,后患可免"。冯子材的部下都聚集在营门,"将士环跪,恳求愿出死力,灭此法夷"。但清政府"严旨不准",勒令全军"乘胜即收","如期停战撤兵",前线将士"皆扼腕愤痛,不肯退兵","拔剑斫地,恨恨连声"。冯子材等被迫奉令撤军。

在中国近代史上,冯子材指挥的镇南关大捷为公认的著名战役,冯子材也被公认为著名的将领。在与他同一时代的清军将领中,确有不少忠心爱国、英勇作战的杰出人物,但能像冯子材那样勇谋兼优,熟悉边境地理、利用地形、工事等有利条件组织积极防御,能使用和其他清军同样陈旧的装备战胜装备精良的敌军,从而扭转危局的将领,却为数不多。冯子材可以称得上是具有出色指挥艺术的抗法将领,虽然他不过是地方高级武官,但他在中国近代军事史上的贡献和影响却远远大于一些比他官爵显赫的朝廷大臣。尤其值得一提的是,冯子材临战被推举为前敌主帅后,能协调各方部队,亲率自己的萃军打恶战,以全副精力投入反侵略战争,与那些只知拥兵自重、保存本系力量的近代军阀,形成鲜明的对照。

第十一章　军事名著

一、兵学圣经，历久弥新——《孙子兵法》

1991 年 1 月，幽默的美国记者从战云密布的海湾战场发回一条消息："尽管中国在这里没有派驻一兵一卒，但有一个神秘的中国人却亲临前线，操纵着作战行动，他就是 2500 多年前的孙武。"

据报道，根据时任总统布什的命令，进驻海湾地区的美国军官人手一册《孙子》英文本和一盘解释性录音带。从美国总统布什到前线的将士，都企图从《孙子》中领悟制胜之策。开战之前，以美国为首的多国部队力图依恃自己的优势，通过政治、军事、经济、外交乃至宗教、民族等手段威慑对方，以达到《孙子》所强调的"不战而屈人之兵"的目的；开战之后，他们又向参战官兵大量散发《孙子》，企冀从中学会运用各种"诡道"之法，欺骗对方，争取主动。多国部队的官兵们或运用"无中生有"，或采取"声东击西"，都收到了奇效。

为什么海湾战争中美国军官人手一册《孙子》，为什么 2500 多年前的《孙子》在现代战争中仍有如此之大的威力？《孙子》究竟是怎样一部兵书？

《孙子》又称《孙子兵法》《孙武兵法》《吴孙子兵法》，为中国春秋末期军事家孙武所著。

《孙子》的思想精华，主要表现在以下几个方面：

重战、慎战、备战的战争观。《孙子》高度重视对战争问题的研究，开篇第一句话便是"兵者，国之大事，死生之地，存亡之道，不可不察也。"意思是说，战争是关系到国家生死存亡的大事，必须引起高度重视，进行认真研究。这充分体现了《孙子》的"重战"思想。接着，《孙子》又强调，既然战争关系着国家的生死存亡，而"亡国不可以复存，死者不可以复生"，那么对于战争就必须采取十分慎重的态度，做到"非利不动，非得不用，非危不战。主不可以怒而兴师，将不可以愠而致战"，对此必须"明君慎之，良将警之"，"此安图全军之道也"。这样，又把"慎战"提到了安定国家、保全军队的战略高度。发动第一次世界大战的德国皇帝威廉二世，战败之后就是读到这里，不禁兴叹道："早20年读这本书，就不会遭受亡国之痛苦了！"在强调"重战"和"慎战"的同时，《孙子》还十分重视"备战"问题，它强调指出："无恃其不来，恃吾有以待也；无恃其不攻，恃吾有所不可攻也。"意思是说，对于任何一支军队，都必须彻底消除侥幸心理，积极做好战争准备，切实做到有备无患，因为"有备者胜""以虞待不虞者胜"。《孙子》"重战""慎战""备战"的思想，深刻而又中肯地回答、揭示了战争领域中的一些最基本、最重要的问题，对于人类进一步认识和指导战争，是一个重大贡献。

以"道"为首的制胜观。古往今来，任何一位军事理论家和军事指挥官，都无不十分关心和重视战争制胜问题。那么，战争制胜需要具备哪些条件呢？《孙子》对此做了深刻的论述，回答了这个人们千古探寻的"斯芬克斯"之谜。它认为，战争制胜的条件主要包括道、天、地、将、法这五个方面，即政治、天时、地理、将帅、法规。应该说，《孙子》中所论述的制胜条件，是战争中客观存在的东西，而且涉及了战争中的一些带根本性的问题。特别值得一提的是，《孙子》在论述战争制胜条件时，把"道"放在了首位。而按照《孙子》的理解和诠译，"道者，令民与上同意也，"即使民众同国君的愿望、要求相一致，是一个属于政治范畴的概念。《孙子》在论述战争制胜条件时，把属于政治范畴的"道"作为首要条件加以肯定，表明它在一定程度上已经认识到战争与政治关系问题，这对于两千多年前的古人来说，确是难能可贵的。

"知彼知己"的战争认识论。《孙子》在历史上第一次用简明扼要的语言概括出"知彼知己，百战不殆"这样一个具有普遍指导意义的战争规律，受到古代、近代、甚至现代军事家的高度重视。对此，中国人民解放军的缔造者毛泽东就曾给予很高评价。他指出："中国古代大军事学家孙武子书上'知彼知己，百战不殆'这句话，是包括学习和使用两个阶段说的，包括从认识客观实际中的发展规律，并按照这些规律去决定自己行动克服当前敌人而说的；我们不要看轻这句话。"又说："孙子的规律，'知彼知己，百战不殆'，乃是科学的真理。"不仅如此，《孙子》还对如何才能"知彼知己"也做了深入的阐发。首先，他强调知彼知己，"必取于人"，而"不可取于鬼神，不可象于事，不可验于度"。即是说，要知彼知己，必须向了解情况的人去索取，而不能向鬼神卜问，也不能类比推测，更不能用观察星象来判定。其次，他提出，知彼知己，尽知为上，力求对战争双方在各个层次、各个方面都有客观、准确的认识，包括既要知彼又要知己，既要知利又要知害，既要在战前通晓敌我双方情况又要在战争过程中继续动态地跟踪敌我情况的发展变化，既要知天知地又要知兵知将，等等。

"不战而屈人之兵"的全胜论。自古以来，战争的直接目的就在于保存自己、消灭敌人。如何更好地实现这个战争的直接目的？《孙子》提出，最高和最理想的境界就是以"全"争胜——"不战而屈人之兵"。它说："凡用兵之法，全国为上，破国次之；全军为上，破军次之；全旅为上，破旅次之；全卒为上，破卒次之。是故百战百胜，非善之善者也；不战而屈人之兵，善之善者也。"又说："善用兵者，屈人之兵非战也，拔人之城而非攻也，毁人之国而非久也，必以全军于天下，故兵不顿而利可全，此谋攻之法也。"大意是：大凡用兵的法则，使敌国、敌军完整地屈服是上策，出兵使用武力去击破它就次一等，因此，百战百胜，不算是好中最好的，不战而使敌人屈服，才算是好中最好的；同样，善于用兵打仗的人，使敌军屈服而不用进行交战，夺取敌人城池而不靠硬攻，灭亡敌人国家而不需久战，务求以全胜的谋略争取天下，这样，军队就不至于疲惫受挫，而胜利可以完满地获得，这就是谋攻的法则。应该说，"不战而屈人之兵"的确是战争中最高和最理想的境界，同时它也是人类社会文明发展在战争问题上的反映。那么，如何才能"不战而屈人之兵"呢？《孙子》也提出了自己的主张：一是要"伐谋"，即运用良谋奇略使敌人屈服；二是要"伐交"，即通过外交攻势使敌人屈服；三是要"加威"，即依靠威慑手段使敌人屈服。《孙子》"不战而屈人之兵"全胜思想的真谛，在于以武力为后盾，以谋略、外交和威慑为手段，以小的代价换取大的胜利。它是中国古典"威慑战略"思想的生动体现，具有极其重要的实用价值和战略指导意义。

因敌任势的作战思想。《孙子》中的作战思想非常丰富、生动，也极为深刻。主要有：①"先胜而后求战"的思想。《孙子》认为，战争既然是关系人民生死、国家存亡的大事，就必须在具备了取胜把握之后再去交战，因此它强调："先胜而后求战"，反对"先战而后求胜"。②"致人而不致于人"的思想。所谓"致人"，就是能调动敌人；所谓"不致于人"，就是不被敌人所左右。《孙子》认为，指挥打仗必须首先创造条件，使自己"不致于人"，立于主动；然后设法调动敌人，使敌人受到制于我陷于被动。③"避实而击虚"的思想。《孙武》认为，水流的规律是"避高而趋下"，用兵的规律是"避实而击虚。"一方面，我之一方要虚虚实实，隐真示假，使敌方弄不清我方虚实,不能判明我真实情况;另一方面,我方则要尽力探明敌之虚实,在此基础上"避实击虚"。④"以正和,以奇胜"的思想。《孙子》强调:"三军之众,可使必受敌而无败者,奇正是也"。"凡战者,以正合,以奇胜。故善出奇者,无穷如天地,不竭如江河。"意思是说,统原率三军临敌作战而不会遭到失败者,靠的是奇正的运用。凡用兵作战,总是用正兵与敌接触,用奇兵取得胜利。善于出奇制胜的将帅,其部署和战法就像天地那样变化无穷,像江河那样奔流不竭。⑤"我专而敌分"的思想。《孙子》十分强调"我专而敌分"的思想,要求在作战中务必造成"以镒称铢""以锻投卵"的兵力优势,使"我专为一,敌分为十",从而达到"以十攻其一","以众击寡"的目的。⑥"因敌而制胜"的思想。《孙子》提出,"水因地而制流,兵因敌而制胜",用兵打仗就是要根据敌情制订作战方案,对不同的敌人采取不同的对策,如"利而诱之,乱而取之,实而备之,强而避之,怒而挠之,卑而骄之,佚而劳之,亲而离之",等等。⑦"兵贵胜,不贵久"的思想。《孙子》根据战争对于经济的依赖性以及把握战机的重要性等因素,认为战争的指导思想应当是速战速决,而反对旷日持久,它说"兵闻拙速,未睹巧之久孔也"。⑧"合于利而动"的思想。《孙子》在战争指导上奉行的是"利益"原则:"合于利而动,不合于利而止。"从这一点出发,它认为只要有利于战争的胜利,就是可采取的,而完全不必拘泥于"仁义礼让"等陈旧的观念。《孙子》的这些丰富、生动、深刻的作战思想,至今仍是军事家们的座右铭。

"将""法"并重的治军思想。《孙子》中虽然没有专篇论述治军问题,但这方面的内容却渗透和散见于各篇之中。《孙子》的治军思想主要有两个方面:一是重视将帅选用。《孙子》认为,"将者,国之辅","知兵之将,民之司命,国家安危之主",把懂得用兵之道的将帅,看作是民众命运的掌管者和统领者,是国家安危的主宰者。同时,《孙子》把将帅选用的标准明确地概括为五个字,即"智、信、仁、勇、严"。其中,"智"指的是智慧、计谋;"信"指的是信义、信用;"仁"指的是要有仁爱之心;"勇"指的是具备英勇果敢的性格,一往无前的精神;"严"指的是要有威严的形象,有严格的纪律要求。二是重视以法治军。"令之以文,齐之以武",这是《孙子》治军思想的重点内容。其中,"令之以文"是指通过怀柔、爱抚等手段使官兵服从命令,它体现了孙武的爱兵思想;"齐之以武",是指通过严惩、严罚等手段使部队齐整,它体现了孙武以法治军的思想。可以看出,《孙子》的治军思想,体现了人治与法治并重的精神,这对于现代条件下军队的治理也甚有价值。

正因为《孙子》是这样一部博大精深，理通百代的兵书，因此，《孙子》问世之后，很快便在国内国外广为流传开来，被公认为是"奇书""伟书""世界第一兵书"。海湾战争中美国军官之所以人手一册《孙子》，主要原因也正在于此。

二、齐名《孙子》，建树颇丰——《吴子兵法》

在中国谈兵法说兵书，常常是孙吴并称和齐名，即把孙武及其兵书《孙子》、吴起及其兵书《吴子》统称为"孙吴兵法"。例如，《韩非子》说：战国时，"境内皆言兵，藏孙吴之兵书者家有之。"大史学家司马迁在《史记》中把孙武吴起合为一传，即《史记·孙子吴起列传》，他在该列传中说："世俗所称师旅，皆通孙子十三篇、吴起兵法，世多有，故弗论。"唐代时，日本学者一并将《孙子》和《吴子》带回日本，称这两部兵书为"将相秘本""东方兵学柱石"。到了近代和现代，孙吴仍常常并称和齐名。中国人民解放军的著名将领刘伯承就曾被陈毅称之为"论兵新孙吴，守土古范韩"。

吴起

为什么说《吴子》是一部与《孙子》齐名的军事名著，《吴子》究竟是一部怎样的兵书？

《吴子》又称《吴子兵法》，战国时卫国人吴起所著。作者吴起历任鲁国的将军、魏国的大将、西河郡守，楚国的苑守、令尹（职位同相，掌军政大权）等军事要职。他善于指挥打仗，取得了"与诸侯大战七十六，全胜六十四"，其余不分胜负的辉煌业绩，曹操曾赞扬他："在魏，秦人不敢东向；在楚，则晋不敢南谋"。他治军带兵有方，创建了颇具特色的新兴武装——魏"武卒"，治军带兵的故事历代流传。

吴起所著的《吴子》，根据《汉书·艺文志》记载，共"四十八篇"，属"兵权谋类"，可惜大部分已经失传。现存《吴子》，仅有6篇《吴子》的思想内涵，概括起来主要有以下几个方面：

战有"五因"，兵有"五类"的战争理论。《吴子》把战争作为一种社会历史现象,在世界军事史上第一次对战争起因进行较为系统的概括。它认为,战争的起因有五:"一曰争名,二曰争利,三曰积恶,四曰内乱,五曰因饥。"这在一定程度上揭示了战争的根源及其本质。在这个基础上,《吴子》又将战争区分为五类,即"五兵":禁止暴虐,拯救危乱的为"义兵";倚仗兵多,攻伐别国的为"强兵";一怒之下,兴师征伐的为"刚兵";蛮横无理,贪财好利的为"暴兵";国乱人疲,还要举事动众的为"逆兵"。这种分类,现在看来也许并不科学,但在这里,《吴子》提出了"义兵"的标准,对"义"与"不义"之战进行了探索和区分;而且《吴子》明确提出,要行"义兵",反对"强兵""刚兵""暴兵""逆兵"。《吴子》战有"五因",兵有"五类"的战争理论,在先秦的诸多兵书中是不多见的,也是《孙子》所不及的地方。

"内修文德,外治武备"的战略思想。《吴子》认为,"文德"与"武备"是治国的两大支柱,任何只重一方、轻视另一方的倾向都是错误和有害的。为此,一方面,要内修文德,即对内修明政治,因为国家的巩固"在德不在险",开明的政治是最重要的;内修文德的首要任务是"教百姓而亲万民",达到万民亲附,国家和军队内部协调统一。它认为,"不和于国,不可以出军;不和于军,不可以出阵;不和于阵,不可以进战;不和于战,不可以决胜"。意思是说,国内意志不统一,不可出兵;军队内部不团结,不可上阵;临战阵势不整齐,不可投入战斗;战斗行动不协调,不可能取得胜利。另一方面,要外治武备,即对外加强战备,因为"有戒即可远祸","安国之道,先戒为宝";外治武备的首要任务是"强兵"。为此,必须"简募良材,以备不虞"。《吴子》"内修文德,外治武备"的战略思想,反映了吴起重视政治与军事的关系,重视人民群众的重要作用。

"审敌虚实""因形用权"的作战思想。在作战思想方面,《吴子》的论述相当丰富。其要点主要有二:①审敌虚实而趋其危的思想。《吴子》认为,战胜敌人的主要方法是要先弄清敌人的虚实,然后乘敌虚弱、势危、不利时机攻击之。它在"料敌篇"中非常明确而又具体地列举了数十种"可击"和"不可击"的情况与时机,如当敌军处于疾风大寒、行驱饥渴、粮草已尽、百姓怨怒、兵力不多、水土不服、瘟疫流行、救兵不至等困境或当出现敌军远来新至、食无设备、未得地利、涉水半渡等稍纵即逝时机时,要"击之勿疑""急击无疑";而当敌国地广民富、上下团结、赏信刑察、任贤使能、兵多器精,又有大国之援,已不如敌时,则应"避之无疑",反对不顾主客观情况的蛮干。这样,就把《孙子》"避实击虚"思想进一步具体化了。②因形用权随机应变的思想。《吴子》强调,为将者必须根据敌情、天时、地利等情况的不同和变化,采取随机应变的策略、战法和措施。例如,对不同的敌军将帅应采取不同的策略,若敌将"愚而信人,可诈而诱;贪而忽名,可货而赂;轻变无谋,可劳而用;上富而骄,下贫而怨,可离而间;进退多疑,其众无依,可震而走"。对不同的敌我态势应采取不同的战法,若与敌突然遭遇,要明示信号,严肃军纪;敌众我寡,在平坦的地形上要避免和它作战,而要在险要的地形上截击它;敌强我弱、敌又占有有利地形,就不能单靠车骑的力量,而要用高明的计谋取胜。对不同地形条件下作战应采取不同的措施,若在"丘陵林谷""深山大泽"等地形条件下作战,要先击鼓呐喊,乘势攻敌,尔后乘敌军"乱则击之勿疑";谷战时,要"轻足利兵为前行,分车列骑于四帝";水战时,则"无用车骑,且留其旁"。《吴子》关于因形用权随机应变的思想,是颇有创见的,尤其对水战等特种条件下作战的论述,更是《孙子》所没有涉及的。

"简募良材""教戒为先""以治为胜"的治军思想。《吴子》极为重视军队的治理,它认为"文德"与"武备"是治国的两大支柱,为此提出一系列颇具特色的治军思想。其要点是:①简募良材。《吴子》认为,要建设一支强大的有战斗力的军队,首先需要"良材",这是"强军"和"精兵"的基础。为此,一方面,它高度重视选拔将帅,要求将帅必须具备"五慎":理、备、果、戒、约(理,指的是治理众多军队如同治理少数军队一样有条理;备,指的是要有高度的战备观念;果,指的是临敌对阵不考虑个人的死生;戒,指的是打了胜仗还如同初战那样慎重;约,指的是法令简明而不烦琐),必须懂得用兵"四机":气机、地机、事机、力机("气机",就是掌握官兵士气;"地机",就是善于利用地形;"事机",就是灵活运用谋略;"力机",就是能够增强部队战斗力);另一方面,它十分注重精选士卒,强调选拔具有胆勇气力、乐于进战效力,能够逾高超远、轻足善走以及愿意立功雪耻之人,作为军中之"练锐"。②教戒为先。《吴子》把严格训练提到治军的战略地位,认为打败仗的主要原因是本事不高,技艺不熟,所以必须"教戒为先"。为保证教育训练的质量,《吴子》强调,在训练内容上,首先要进行政治教育,即"教之以礼,励之以义,使有耻焉",认为官兵有荣辱羞耻之心,则大足以战,小足以守;其次要进行军事训练,认为"人常死其所不能,败其所不便",因此要教会官兵使用兵器,利用地形,明了战法,熟悉各种战阵。在训练方法上,采取群众性的练兵方法,要使"一人学战,教成十人;十人学战,教成百人……万人学战,教成三军";同时注意因人施教,量材使用,如,"短者持矛戟,长者持弓弩,强者持旌旗,勇者持金鼓,弱者给厮养,智者为谋主"等。③以治为胜。《吴子》认为,兵不在多,"以治为胜"。治的标准是:"居则有礼,动则有威,进不可当,退不可追,前却有节,左右应麾,虽绝成阵,虽散成行。与之安,与之危,其众可合而不可离,可用而不可疲。投之所往,天下莫当"。治的方法,一方面是明法令,即规定明确的号令作为军队行动的准则,并用严格的纪律约束将士,这样平时严格要求,战时就无往而不胜;另一方面是信奖赏,即对有功的将士一定给予奖赏,同时对于死亡的将士家属给予妥善照顾,并在逢年过节派人去慰问,"著不亡于心"。总之,有功赏之,无功励之,犯则罚之,并"行之以信",治军制胜就有了坚实有力的保证。不难看出,《吴子》中的治军思想既是非常系统完整,也是颇有建树的,很多内容更是《孙子》所不及的。

三、继承孙吴,贵在创新——《孙膑兵法》

"经"这个字在中国古代文化中是相当神圣的,"武经"就是军事学的经典。

公元 1080 年前后,大宋皇帝宋神宗从浩如烟海的兵书中选出 7 部,包括《孙子》《司马法》《尉缭子》《六韬》《吴子》《三略》《唐李问对》,钦定为《武经七书》。从此,这 7 部兵书如同儒家的"五经"、道家的《道德经》一样,成为中国历代武学的必读之书和最高经典。

我们知道,孙膑是战国中期杰出的军事家,他以高超的指挥艺术和绝妙的谋略运用而闻名于世。尤其是他赛马谈兵、围魏救赵、减灶设伏的故事,更为历代军事家所赞颂和称道。作为一个军事舞台上的"千古高手",孙膑所撰写的《孙膑兵法》为什么没有入选《武经七书》,《孙膑兵法》逊色于《武经七书》中的 7 部兵书吗?

应该说,《孙膑兵法》内在价值毫不逊色于《武经七书》中的某些兵书。之所以没有入选《武经七书》的一个重要原因,就是因为东汉之后《孙膑兵法》失传了,直到 1972 年人们才从山东临沂银雀山汉墓的出土文物中重新发现了这部兵书。

那么,《孙膑兵法》究竟是怎样一部兵书,它提出了哪些有价值的军事思想呢?

据《汉书·艺文志》记载,《孙膑兵法》共"八十九篇,图四卷"。非常可惜,由于自然腐蚀和出土时发掘等原因,从山东临沂银雀山汉墓中出土的《孙膑兵法》的竹简,损坏十分严重,已经不能恢复原貌。

在战争理论方面,《孙膑兵法》一方面继承了前人的重战、慎战、备战思想,强调战争胜负关系社稷安危,"不可不察";"乐兵者亡""利胜者辱",不能不慎;必须做到"有义""有委""事备而后动"。另一方面,针对战国中期七雄并立、诸侯割据、混战不已的现实,充分肯定统一战争在历史上的进步作用,明确提出"战胜而强立,故天下服矣"的思想,主张用战争手段实现国家的统一。它分析了黄帝战蚩尤、武王伐纣、周公东征等历史经验,认为在割据混战的情况下,依靠仁义礼乐无法"禁争夺",只有"举兵绳之"才能解决问题。

在建军思想方面,《孙膑兵法》发展了前人富国强兵的理论。认为在诸侯纷争的形势下,只有"富国"才是"强兵之急者",因而主张变法革新,发展经济,提高生产,以此建设强大的军队,夺取战争的胜利,促进统一的事业。它把提高人的素质视为强兵的关键,认为"间于天地之间,莫贵于人"。因此,对将帅修养不仅提出德、信、忠、敬等一般要求,而且提出要有驾驭战争的能力,"上知天之道,下知地之理,内得其民之心,外知敌之情,阵则知八阵之经,见胜而战,弗见而诤"。同时,十分重视士兵的质量,反复强调"篡卒"和"篡贤取良",即严格选拔,组建精兵。对治军,不仅强调赏罚严明,"素听""素信",令行禁止,而且提出要按"五教法"进行系统的教育训练,包括政治教育("处国之教")、队列训练("行行之教")、行军训练("处军之教")、阵法训练("处阵之教")、战法训练("利战之教"),以全面提高军政素质,适应各种条件下作战的需要。

在作战原则方面,《孙膑兵法》创造性地提出了以"道"(客观规律)制胜的命题。认为正确指导战争的最高要求就是"达于道",指出"先知胜不胜之谓知道";"知道,胜","不知道,不胜";"安万乘国,广万乘王,全万乘之民命者,唯知道";"知其道者,兵有功,主有名";"求其道,国故长久"。遵循这一思想,它提出一系列克敌制胜的原则,诸如己强敌弱时要"赞师",即示弱藏形,诱敌出战,聚而歼之;敌强己弱时要"让威",即先退一步,疲敌困敌,后发制人;势均力敌时要"营而离之""并卒而击之",迷惑、调动、分散敌人,然后集中兵力,逐一消灭;攻击走投无路的穷寇时要"待生计",虚留生路,瓦解其斗志,引而歼之;在各种复杂地形上要"料敌计险""居生击死",分析敌情,研究地形,使自己处于有利的"生地",迫敌处于不利的"死地";兵种运用要扬长避短,适应地形,做到"易则多其车,险则多其骑,厄则多其弩"。强调要把正确布阵、有利态势、灵活变化、掌握主动巧妙结合,认为这是"破强敌,取猛将"的必要条件。它从战略指导的角度提出"必攻不守"的重要原则,认为"赏""罚""权""势""谋""诈"等手段都是战争中的"益胜"条件,但最重要的是坚决攻击敌人要害和虚弱之处,从而夺取主动,克敌制胜。由于强调以"道"制胜、"必攻不守",创造有利的态势,所以古人有"孙膑贵势"(《吕氏春秋·

特别值得一提的是，《孙膑兵法》通篇充满了军事哲理，对于战争中的一系列辩证范畴比以前的兵家认识得更为全面和深刻。例如，它提出了敌我、主客、攻守、进退、积疏、盈虚、径行、疾徐、众寡、佚劳、险易、强弱、治乱、祸福、阴阳、奇正等战争中的众多矛盾及内在关系：积（兵力集中）胜疏（兵力分散），盈（力量雄厚）胜虚（力量薄弱），径（捷径）胜行（大路），疾（迅速）胜徐（缓慢），佚（逸）胜劳（疲劳）。但同时，它又认为这些战争的对立双方不是绝对的、静止的，而是相对的、发展的，是可以相互转化的。

《孙膑兵法》在修辞方面也颇具特色。它善于把深奥的道理用形象的事物做比喻，浅显易懂。例如，它以剑、弓弩、舟车、长兵比喻军事上的阵、势、变、权，生动而具体地说明了军事上这四项原则的性质、特点和运用方法；以首、腹、手、足、尾比喻义、仁、德、信、智，使这些抽象概念之间的相互关系和各自功用具体形象地呈现在人们面前。

当然，《孙膑兵法》也有不少缺点和不足之处。例如，它用动物界的"喜而合，怒而斗"来类比人类社会的战争，显然是唯心主义的糟粕；它夸大"明王""贤将"的作用以及宣扬"五行相胜"的迷信思想，更是应该加以批判的。

四、文韬武略，闳廓深远——《司马法》

《司马法》一书又称《司马穰苴兵法》，中国古代著名兵书，《武经七书》之一。据考证，此书的真正作者是春秋时齐国人田穰苴。那么，此书为什么又称为《司马穰苴兵法》呢？原来，在西周时期，掌管国家军政和军赋的武官被称为"司马"官，而田穰苴写此书前曾担任过齐景公的司马官，所以人们便将职务和名字合称其为司马穰苴，田穰苴所著兵法也因此而被称为《司马穰苴兵法》。

田穰苴是一位集文韬武略于一身的稀世之才，深得当时的齐国宰相晏婴赏识，晏婴十分看中田穰苴"文能附众，武能威敌"的才华，为了使田穰苴能充分地施展才华为国效忠，便将他推荐给了齐景公，被委以将军重任。田穰苴也确实不负期望，曾于公元298年率领齐、韩、魏三国联军攻秦，历经三年奋战，终于攻破函谷关，迫秦求和。接着，他又率领三国联军攻燕，取得了"覆三军，获二将"，歼敌十万的辉煌战绩。因战功卓著而被提拔为司马官。在田穰苴就任司马官不久，齐国统治集团内部矛盾越来越尖锐,有势力的贵族之间开始互相诋毁,自相残杀。司马穰苴身在其位,也被卷进了这场反常乱纲、祸国殃民的派系名利争战之中,他受到了大贵族鲍氏、高氏和国氏家族的竭力排挤,再也无法施展其才能,被迫退居家中,结合自己的军事实践经验,努力研究古代兵法理论,撰写了许多军事著作。然而,由于此时的田穰苴已是势微力薄之辈,他的这些军事论著并没有得到重视。到了战国初期,齐威王命人整理古代兵法,才将司马穰苴的兵法著作进行了系统的整理,并合编为一,命名为《司马穰苴兵法》,后世称为《司马法》。

自战国初期以来,《司马法》一直受到人们的高度重视,在古今中外得到了很高的评价。汉代的司马迁称赞此书"闳(音弘,宏大的意思)廓深远,虽三代征战,未能竟其意"。可见此书哲思寓妙之深奥。汉武帝时,"置尚武之官,以《司马法》选位,秩比博士",也就是说,汉武帝竟完全依照《司马法》所定标准来选才任将。《史记》《汉书》以及东汉时的郑玄、马融、曹操等人,都把《司马法》作为经典资料加以征引,并把《司马法》作为考证西周和春秋时期军制的权威资料。到了盛唐时期,《司马法》也享有军事学术权威的声誉。唐朝著名的军事理论家李靖曾说:"今所传兵家者流……皆出《司马法》也。"宋代元丰年间,《司马法》得到了更加高度的重视,被列入《武经七书》,作为培养军事人才的武学教材,并指定为将校必读之书。特别是到了明清两代,《司马法》成了众多兵家学者研究的焦点,出现了众多的《司马法》注释本,流传越来越广。《司马法》的极高兵学价值也引起了国外兵家的青睐,日本早在1600年就出现了研究《司马法》的专著,之后相继有30余部专著问世。1772年《司马法》又被译成法文,在巴黎出版发行。

《司马法》之所以得到如此高度的评价和重视,是由于它实事求是地总结了夏、商、周三代的军事制度和战争经验,系统地论述了古代的战争准备、战争指导、战场指挥、兵种部署、兵器配备、天时地利的选择、间谍的使用、军人心理以及治军等重要的兵学问题。不仅大体反映了春秋时期的军事思想和作战特点,而且其中包含着极为丰富的军事辩证法,对后世的军事斗争和军事学术有着极大的指导和启迪作用。

此书现存内容分为上、中、下3卷,共5篇,分别为《仁本第一》《天子之义第二》《定爵第三》《严位第四》《用众第五》。此5篇内容的核心是:礼、仁、信、义、勇、智"六德"。围绕这一核心,作者集中论述了以下军事思想:

一是以仁义为宗旨的战争观。《司马法》按战争的目的,把战争分为正义与非正义两大类。作者从爱民治国的旨意出发,认为平天下之乱而除万民之害、诛暴扶弱的战争是正义的战争,并提出了以正义之战灭不义之道的主张。他说:"是故杀人安人,杀之可也;攻其国,爱其民,攻之可也;以战止战,虽战可也"。同时指出,为扩大疆土或夺取财货、恃强国之大而凌辱小国之民的战争是非正义的。强调兴军作战要"以仁为本",若有失命乱常、背德逆天而违有功之君的无道行为,天子即可集结诸侯各国出兵征伐。并根据正义战争的需要,制定了9种情况下出伐的禁令。强调发动战争应以保护人民的利益为前提条件,"战道,不违时,不历民病,所以爱吾民也;不加丧,不因凶,所以爱夫其民也;冬夏不兴师,所以兼爱民也"。在对敌政策问题上。提出"入罪人之地,无暴神祇,无行田猎,无毁土功,无燔墙屋,无伐林木,无取六畜、禾黍、器械。见其老幼,奉归勿伤,虽遇壮者,不校勿敌;敌若伤之,医药归之"。作者把战争"罪人"与一般兵士相区别,同时主张优待俘虏,对其伤者进行医护。不主张侵犯敌国民众的利益,要求军队在进入敌区后,严格遵守纪律,以求得敌国民众的同情与支持。这是中国最早关于对敌政策和群众纪律的论述。

二是备战、慎战的战略思想。该书认为,"天下虽安,忘战必危。天下既平,天子大恺,春蒐秋狝。诸侯春振旅,秋治兵,所以不忘战也"。强调居安思危,常备不懈,每年借春秋两次大规模的围猎活动进行军事操法训练和检阅,以示全国上下不忘战并随时准备应战。在强调备战的同时,又强调"国虽大,好战必亡",要备战,但不可好战。这一卓越见解,不仅在中国军事史上,而且在世界军事史上都是空前的精辟论断。

三是"尚法"为主的治军思想。《司马法》认为,"治国尚礼,治军尚法",二者有着根本的区别,"国容不入军,军容不入国","军容入国则民德废,国容入军则民德弱"。治军尚法的首要问题是严明赏罚,书中列举夏、商、周三代赏罚制度的异同,并详细论述治军立法的各种要则,强调申军法、立约束、明赏罚是治理军队的关键所在。《司马法》中含有大量的军礼内容,大体可分为:出军制赋,军制(含车兵、步兵编制及兵器配备),出师(含时令、宜社、造庙、事由、目的、军中职事等),旌旗,鼓,徽章,誓师,校阅蒐狩,献捷,献俘,军中礼仪,禁令,军威,赏罚,止语,等等。这些军制、军法内容的规定,体现了以法治军思想。在将帅修养方面,提出"仁、义、智、勇、信"五条标准。强调德才兼备,智勇双全,以身作则,身先士卒,"敬则慊,率则服"。要谦让、严明、果敢、负责、不透过、能为人表率,这样,才能使军队做到有礼有节,勇猛善战。

四是先行"五虑(谋划)"的作战思想。《司马法》提出在作战中要掌握有利时机("顺天"),充分的物资准备("阜财"),良好的士气("怿众"),有利的地形("地利")和精良的武器("右兵")。在作战指挥上,既强调要周密思考,制定正确方案,又强调要注意权变,因地、因敌制宜设阵,要力争处于优势和主动的地位而陷敌于被动。并强调要在努力掌握敌军准确情况的前提下,因敌情而设计谋,因敌情而定战术,指出"敌远则用间,敌近要观察,了解其变化,打击致薄弱之处"。提出乘敌犹疑、仓促、受挫、畏惧以及谋划未定等情况下进行袭击的原则。并在作战指导上强调"智""勇""巧",克敌制胜,强调作战指挥官要"不复先术",万万不可因重复施用同一计谋而被敌人抓住规律使自己陷入被动。

五是"相为轻重"的朴素辩证法思想。《司马法》将战争中的诸多因素抽象为"轻""重"两个概念。认为它们既是对立的,又是统一的。掌握战争规律、指挥军队获胜的关键是"筹以轻重",并由此引发出许多具体的作战原则。如它把战略性的原则指导视为"重",把战术性的具体指挥视为"轻"。并论述了二者相辅相成,不可偏废的关系,明确指出:一个军事统帅在指挥作战时,如果只注重"轻",则陷于事务;如果只注重"重",又流于空泛。因此,应当轻重相节,但又要有主次之分,即以战略统率战术,"以重行轻则战",否则就会打败仗;它还把作战地域也分为轻地和重地,轻地为进入敌国境内不深的地区,重地为深入敌后的地区,轻地、重地各有其特点,因此要因地制宜,采取不同的作战方法;它把兵力的多少也区分为轻兵、重兵,认为用兵要轻重相宜,轻利于攻,重利于守,相互依赖,不可独用。它认识到轻重是可以在一定条件下互相转化的。"马车坚,甲兵利,轻乃重",也就是说,只要兵车和兵器坚固锋利,轻兵也能起重兵的作用。同时,《司马法》在阐明军事原则时,也非常注意从众寡、轻重、治乱、进退、难易、固危、强静与微静、小惧与大惧等各种关系中分析问题,用相为轻重的观点去判断敌对双方变化,具有朴素的辩证法思想。《司马法》中所包含的军事辩证法思想,正如中国古代的哲学思想一样,博大精深,寓意深远,即使是兵家良将,也未必能把握其全部真谛。

《司马法》一向受到统治者、兵家和学者们的重视。它所阐述的以法建军的思想和具体的军法内容,为其后各时期制定军队法令条例提供了依据。它所阐述的以仁为本的军事思想,充分体现了中国古代仁、义、礼、智、信的道德观念,对后人把握和运用战争规律起到了很大的启迪作用。它的居安思危的国防观,瓦解敌军的作战原则,对后世都起到了重大的教育和指导作用。此书所指出的一些具体的军事作战原则可能已经过时，但是，从此书中所放射出的充满辩证法的智慧的光芒，却永远不失其兵学经典的光辉。

五、引古谈今，经略全局——《尉缭子》

《尉缭子》这部兵书，在北宋就被收入《武经七书》，成为武学的必读之物。《尉缭子》和《孙子》等书一样，都具有自己独有的特色。正如清代朱墉在《武经七书汇解》中所说，"七子谈兵，人人挟有识见，而引古谈今，学问埔洽，首推尉缭。"

《尉缭子》到底是一部系统的战略学著作，还是一部主讲战术的著作？自古以来，说法不一。

有人根据《汉书·艺文志》曾把兵书分为"兵权谋""兵形势""兵阴阳""兵技巧"四类，并把《尉缭子》划分到了"兵形势"一类著作之中的事实，并引用班固在《汉书》中为"兵形势"所下的定义："形势者，雷动风举，后发而先至，离合背向，变化无常，以轻疾制敌者也。"也就是说，兵形势家讲究军队的威势，行动的迅速，强调高度的机动能力，巧妙的战术变化，以达到速战速决的目的。而"兵形势"中所涉及的这一系列问题，用今天的学术观去判断，都是属于战术范畴里的问题。如此套用概念并演绎推理，而断定《尉缭子》应是一部战术类的兵书。

其实，只要我们认真地研读一下《尉缭子》这部著作，就可以发现，推断此书是一部战术类兵书的说法，实际上是犯了形而上学的错误。事实上，不论是从此书的写作宗旨上说还是从书中所包含的内容上看，我们都有充分的理由认定此书是一部系统的战略学著作。

从此书问世的时代背景和宗旨上说：战国中后期，各诸侯国之间的兼并战争日益频繁，战争规模也越来越大。公元前 334 年（魏惠王后元元年），梁惠王（即魏惠王）"数被于军旅"（即连续遭受军事打击），而图谋中兴，挽回败局，便"卑礼厚币以招贤者"，果真"招"来了一批"贤者"，尉缭就是这批"贤者"之一。在接受梁惠王召见时，尉缭不仅给梁惠王讲解理政之道，论述用兵之法。而且还为梁惠王分析了之所以"数被于军旅"的四条重要原因：一是治国治军的措施不力，二是执法者贪赃枉法，三是依赖名不符实的"助卒"（援兵），四是迷信"祥异"而不修人事。由于尉缭见解精深，论述精辟，深得梁惠王的赏识和器重，因而，梁惠王经常召见尉缭并与其探讨一些军政要事。《尉缭子》这部兵书，实际上就是梁惠王与尉缭几次谈话的一个记录。由于当时的历史发展声势迫切需要富国强兵，实现封建统一，梁惠王也迫切需要尉缭对他进行战略思想的启发和指导，需要尉缭就一系列的战略问题拿出对策。《尉缭子》正是在这种需要下产生的。也可以说，《尉缭子》一书是尉缭为企图挽回魏国的败局、图谋中兴的梁惠王开列的一剂药方。从此书的产生过程和背景来说，《尉缭子》应是一部系统的回答战略问题的著作。

从此书的内容来看：它围绕"刑德可以百胜"之说，广泛论述用兵取胜之道，全书共24篇，从内容上可分为两部分。前12篇（从天官第一至战权第十二，即：天官、兵谈、制谈、战威、攻权、守权、十二陵、武议、将理、厚官、治本、战权），主要是对战争观和政治观的论述；后12篇（从重刑令第十三至兵令下第二十四，即：重刑令、伍制令、分塞令、束伍令、经率令、勤率令、将令、踵军令、兵教上、兵教下、兵令上、兵令下），主要是论述军令和军制。这两部分在内容上紧密联系，互为补充，互相渗透。该书的显著特点，是从战略全局的高度，考察战争与国家的关系，从而说明战争的胜负与国家的政治、经济好坏互为影响的道理。《尉缭子》初步透过当时军事上所面临的问题，看到政治的重要性，认为军事上的胜利取决于国家良好的政治制度和措施。作者首先指出，战争是为政治服务的，即国家政治制度的实行是靠战争来保证的，是用战争来达到的；国家法令的实施也是靠武力作后盾的。他强调农战，富国强兵。认为只有国家富足而安定，才能"战胜于外""威制天下"。在战争观上，《尉缭子》将战争区分为"挟义而战"和"争私结怨"两大类，支持"诛暴乱，禁不义"的战争，反对"杀人父兄，利人之货财，臣妾人之子女"的战争。强调战争的目的是为了实现封建统一，"并兼广大以一其制度"。认为"兵者，以武为植，以文为种，武为表，文为里"，认识到政治是根本，军事是枝干，军事从属于政治，是政治的发展和表现；反复阐明政治好坏对战争的影响，认为政治清明是战争取胜的先决条件。《尉缭子》还认为，经济是决定战争胜负的基础，战争胜败同经济基础有着密切的关系。明确指出：经济是治国之本，战争是靠经济保证的，经济是战争得以进行的物质基础。强调只有发展生产，使"野充粟多"，才能"安民怀远，外无天下之难，内无暴乱之事。"它坚持在富国的同时切实把强兵放在首位，把强兵作为根本。并把农业作为治国之本，认为商业对战争胜负有重大影响，"市者，所以给战守也""夫提天下之节制，而无百货之官，无谓其能战也"。同时又认为，军事上的胜利会促进国内政治和经济，"战胜于外，福产于内"。在起兵作战上，作者主张慎战，反对轻率用兵，要"见胜则兴，不见胜则止"。从以上的内容我们可以确定看出,书中所讲均为治政安邦,强国富民等重要的战略问题,由此可以断定,《尉缭子》就是一部系统的战略学著作。

《尉缭子》不仅重视从战略全局研究和揭示战争与政治、经济的关系,而且还研究探索了战略权谋的一些原则。其基本指导思想,是在运动战中出奇制胜。围绕这一核心思想,从先发制人、集中优势兵力、速战速决和使用奇兵四个方面,阐述了自己的一系列战略战术主张。强调做好周密的战争准备,讲究"廊庙"决策,主张"权敌审将而后举兵","先料敌而后动",认为只有迅猛,坚决果敢,才能达到必然取胜和速战速决的目的;强调使用奇兵,注重变通,出其不意,争取主动。在治军方面,《尉缭子》也有其高瞻远瞩的独到见解:高度重视军队的法制建设,认为军队必须首先建立严密的制度,"凡兵,制必定","明制度于前,重威刑于后",主张治军必须先建立法制,以法治军,并要执法严明,强调严明赏罚,"刑上究","赏下流"。同时强调法制必须与教化相结合,"先礼信而后爵禄,先廉耻而后刑罚,先亲爱而后律其身",要求"审开塞,守一道",恩威并施,思想整治("使民无私")与物质手段("因民之所生以制之")相结合,用以达到"治"的目的。作者十分重视将帅的选拔,严厉批评当时"世将"制度,主张"举贤用能""贵功养劳"。要求将帅必须为人表率,公正廉明,有牺牲精神,"为将忘家,逾垠忘亲,指敌忘身";要与士卒关系融洽,做到像"心"和"支节"一样协调,为此,应废除繁文缛节,"乞人之死不索尊,竭人之力不责礼";把"心狂""耳聋""盲目"视为将帅修养的三大弊端。主张裁减军队,训练精兵;明确提出兵教的目的是"开封疆,守社稷,除患害,成武德";讲究训练方法,要求从伍抓起,自下而上地逐级合练,由各级之长负责,以赏罚为手段,从实战出发,因人施教,严格训练。《尉缭子》反复强调在治军和作战中要充分发挥人的主观能动性,论述了重视"人事"的道理,反对迷信做法,反映了朴素唯物主义观点。书中言之所及,均为治国治军、强兵固防的战略策略。

《尉缭子》的后12篇中,从各级军吏战败逃跑的惩处条令到基层组织的连保制度,从营区划分到战场上各级军吏的惩处权限,从战斗编成到信号指挥,从将帅受命到各部队任务的区分,从单兵训练到大部队演习,都有明确要求。它还保留有着装、徽章、从军、戍边、宿营以及车阵等方面的一些具体规定。这些零散的内容,看上去并非战略之研究范畴,但是,它确实是为构成军队统一指挥、达成军队战略行动的基础因素。因此,从这方面说,我们也不能否认《尉缭子》是一部战略方面的著作。

尉缭观察了当时争鸣百家的学说,特别是云集大梁的各派人物思想的社会效果,明确提出了"用天下之用为用,制天下之制为制"的原则,正因为他提出了要利用天下有用的思想和办法为自己所用,要效仿天下的好制度和好措施使之成为自己的措施、制度的思想和主张,他才有可能打破门户之见,克服各执一端的片面性,从而使《尉缭子》这部书,在形式上表现为兼收并蓄。它杂取法、儒、墨、道等家哲学思想而论兵,对军事哲学思想的发展做出了重大贡献。该书具有朴素的唯物主义和辩证法思想,大致反映了战国时军队和战争的情况。在先秦的兵书中,像《尉缭子》这样一开篇就紧紧抓住鬼神与人事、唯心与唯物这些当时哲学上的重大问题在军事领域中的表现进行议论,使兵书带有浓厚的哲学色彩,确属罕见。《尉缭子》全书从第一篇到最末一篇,反复论述了求神求鬼不如重视"人事"的道理,反对那种"考孤虚,占咸池,合龟兆,祝吉凶,观星辰风云之变"的迷信做法。《尉缭子》对于阴阳家迷信占验的批判,维护了"兵圣"孙武奠定的军事唯物主义传统,是对《孙子兵法》以来兵家的朴素唯物主义传统的继承和发展,这无论在军事史上还是在哲学史上都有着不容忽视的积极意义。特别是《尉缭子》还从唯物主义观点出发,总结了治军的十二条正反两方面的经验。它认为,按照十二条正面经验去做,就可以压倒敌人;反之则会被敌人所压倒。这十二条讲的是:①将帅树立威信在于不轻易变更号令,造成悔恨于优柔寡断;②给人恩惠在于奖赏及时,招来祸害在于屠杀无罪的人;③当机立断在于随机应变,不能公正处事在于私心太多;④战胜敌人在于鼓动士兵的斗志,战败在于团结不好;⑤攻获胜在于出奇制胜,给养危机在于耗尽民财;⑥防守牢固在于阵容坚不可摧,听信奸佞就会堡垒不攻自破;⑦不犯错误在于按客观规律办事,劳而无功在于轻举妄动;⑧不陷入困境在于事先准备,孤陋寡闻在于妒贤嫉能;⑨谨慎在于防微杜渐,罗织灾祸在于贪得无厌;⑩明智在于能决断大事,危害来自任用奸人;⑪消除祸害在于果敢善断,丢失领土在于没有良好的防守措施;⑫众人拥护在于谦恭待人,指挥不动在于将帅无威信,反复无常。这十二条经验,不仅适应于军事方面,也适用于其他方面,具有哲学世界观的普遍指导作用。

《尉缭子》问世后,受到历代统治者和兵家的高度重视,在历史上享有很高的地位。1972年山东省临沂市银雀山一号汉墓出土了《尉缭子》竹简的残卷,说明《尉缭子》在西汉之前就已经流传。《汉书·艺文志》对其著录以后,历代均有著录,特别是纳入《武经七书》后流传更为广泛,各种注释繁多。《尉缭子》很早就传入日本和朝鲜。1606年日本出现校定过的活字刊本,以后又有三十余种刊本问

·军事名著·

图文珍藏版

六、"六套密计",谋高算深——《六韬》

中国古代著名兵书,《武经七书》之一。成书约在战国末(一说为春秋,一说为秦汉之际)。1972 年,山东临沂银雀山出土西汉初期墓葬有《六韬》残简,说明此书在汉初已流行于世。《隋书·经籍志》著录为"周文王师姜望撰"(姜望,就是姜子牙、姜太公吕尚),实为战国末期之人所伪托,其真实姓名已不可考。在流传过程中,部分内容遗失,清人孙同元、孙阿、王仁俊等均辑有《六韬逸文》。

该书为什么取名《六韬》?据唐代颜师古说:《六韬》"言取天下及军旅之事"。"韬",原指"弓套",包含有深藏不露之意。其实,研读过此书的人也皆与颜师古有同感,《六韬》实际上就是六篇高深的谋略,或者说是用兵打仗的六种"六套密计"。

《六韬》对古今中外的政治战略和军事学术都产生了极其深远的影响。在中国,据不完全统计,各种刊印的版本有二十多种,注释本多达百种。历代政治统治者和军事名将都非常崇拜它,把其作为一部经典兵书,视为"兵家始祖"。司马迁在《史记》中说:"后世之言兵,及周之阴谋,皆宗太公为本谋。"汉高祖刘邦的谋臣张良曾得到圯上老人授予他的一部兵书,叫《太公兵法》,此书很可能就是《六韬》。《后汉书·何进传》说:"太公《六韬》有天子将兵事,可以威压四方。"三国时,刘备、孙权都很重视《六韬》。刘备在给儿子刘禅的遗诏中就叮嘱他要常读《六韬》,并说诸葛亮也很崇尚《六韬》。孙权曾对部将吕蒙、蒋钦说:"宜急读《孙子》《六韬》……"宋代以后,《六韬》作为《武经七书》之一更广为流传,它的军事思想培养了一代又一代的名将。在国外,此书十六世纪时即传入日本。公元 1600 年,日本出版《校定训点六韬》,以后陆续出版多种版本,仅评、注、点、译本就近四十种。《六韬》还传入了朝鲜和越南,被译成朝文和越文刊行。这些国家对《六韬》都给以很高的评价。日本著名学者村山孚称赞说:"姜太公是伟大的战略家",《六韬》在战争中"曾发挥过相当重要的作用"。北村佳逸认为,《六韬》"具有三千年的生命力,而至今不丧其朝气蓬勃的生机"。

《六韬》为什么能有如此大的影响并得到如此的赞誉,皆源于它内容及作用价值。

第一卷《文韬》,包括《文师》《盈虚》《国务》《大礼》《时传》《六守》《守土》《守国》《上贤》《举贤》《赏罚》《兵道》十二篇。为什么把《文韬》放在首篇呢?据《武经七书汇解》说:"谓文事先于武备也。"就是说,战争本于道德,政治先于军事。《文韬》主要阐述治国安民的韬略,其主旨在于做好夺取天下的准备。它通过周文王到渭河钓鱼巧遇姜太公,并拜姜太公为师这一故事,以二人对话的形式展开叙述。主要谈论了以下六个问题:一是分析夺取天下的可能性。在《文师》一篇中,太公重点分析了当时天下的形势,指出商纣王"以酒为池,悬肉为林",暴虐淫侈,已经激起民众的愤怒和反抗;他在内部施行严刑酷法,打击其他贵族势力,众叛亲离,统治机构已摇摇欲坠。在此基础上,太公又以朴素唯物辩证法的观点,论述事物的发展规律,启发文王认清形势,从而明确制定了"以国取天下"、推翻商纣王的战略目标。二是提出以"仁"为核心的政治思想。《六韬》把"仁"看作是客观世界的反映,而不是儒家所指的"德性"。如:"天有时,地有财,能与人共知者,仁也。"《六韬》指出:"天下非一人之天下,乃天下人之天下也。同天下之利者则得天下,擅天下之利者则失天下。仁之所在,天下归之。德之所在,天下归之。义之所在,天下赴之。道之所在,天下归之"。明确要求君主必须以"仁"对待人民,使人心归顺。同时它从"仁"引申出"义"和"道","与人同忧同乐,同好同恶,义也。""能生利者,道也。""仁""义""道"是《六韬》所阐述的政治思想的集中体现,也是它所追求的政治目标。为此,它设想了一个无为而治,"万民富乐而无饥寒之色"的理想社会图画。三是探讨了战争的起因和防止战争的方法。它认为政策错误、压榨人民、经济贫弱是引起战争的原因,只有用相应的办法解决这三个方面的问题才能防止战争。四是强调做好战争准备。它认为,战争准备最根本的就是"富国强兵"。为此要全力发展农业、手工业和商业,并把这三点称为"三宝","三宝全,则国安。"在精神准备方面,它提倡人本主义思想,提出了"爱民"的观点,主张君主爱民应如同父母爱子。这显然是为了收揽人心,动员人民为君主的战略目标服务。五是论述选将举贤的重要性和要求。它认为君主如不能选贤任能,世道就会混乱,"以致危亡";要求选将举贤必须注意识别"六贼""七害",对这些人决不能任用。六是阐述用兵的基本原则和方法。首先要指挥专一;其次要根据情况变化灵活用兵;再次要运用"示形"的诡诈之术;最后是战斗行动要疾速。

　　第二卷《武韬》，包括《发启》《文启》《文伐》《顺启》《三疑》五篇。因为主要论述的是战略上的一些基本问题，所以叫《武韬》。这一卷主要谈论了三个方面的问题：一是争取实现"全胜不斗，大兵无创"的战略方针。实现这一战略方针，必须运用正确的政治战略，包括对敌人实行战略侦察，以掌握最恰当的战机；争取敌国人民，以得到广泛的支持；对自己的战略计划严格保密，以使敌人无所准备；二是治理好内政。认为只有首先把本国治理好，攻取敌国才能成功。治理内政的根本方法是无为而治，顺乎自然，顺乎民心，施行教化，因势利导，慎用刑罚，从而实现国家的长治久安。它还要求君主在度量、诚信、仁德、恩泽、权力、处事果断等方面注意自身的修养，以得到人民的爱戴；三是提出一系列运用谋略的原则和方法。在这方面，《六韬》比《孙子》《吴子》等兵法大大前进了一步。如《文伐》提出的十二条方法，实际上是在军事斗争的基础上配合以政治、外交上的谋略战，从而分化瓦解敌人，利用敌人内部的矛盾，促使敌人自行崩溃，或造成更有利地打击敌人的条件。这十二条方法中，贿赂、腐蚀、麻痹敌国君主的有七条，分化、离间、争取敌国大臣、将领的有五条。《三疑》阐述了谋攻的三条原则和三个方法，即"攻强""离亲""散众"；"因之"（因势利导）、"慎谋""用财"。

　　第三卷《龙韬》，包括《王翼》《论将》《选将》《立将》《将威》《厉军》《阴符》《阴书》《军势》《奇兵》《五音》《兵征》《农器》十三篇。主要论述司令部组织机构的编成、将帅的选拔和组织指挥等问题。关于司令部的编成，论述得十分详细，具有重要的文献意义，并直接影响到后世军制的发展。而关于将帅的选拔，则明确提出了"五材十过"的标准。"五材"即"勇敢、明智、仁慈、诚信和忠实。勇敢就不可侵犯，明智就不可迷惑，仁慈就能广得众心，诚信就是不欺骗君主，忠实就能一心报国"；"十过"即"勇敢而轻于死，容易被敌人激怒；急躁而急于求成，容易被敌人拖垮；贪婪而好图私利，容易被敌人贿赂；仁慈而失于姑息，容易被敌人动摇；聪明而胆小怕事，容易被敌人胁迫；诚信而轻信别人，容易被敌人欺骗；廉洁而近于刻薄，容易被敌人轻侮；多谋而犹豫不决，容易被敌人袭击；坚强而刚愎自用，容易被敌人利用；懦弱而依赖他人，容易被敌人愚弄。"从这些正反两方面的标准可以看出，古人对选拔将帅是何等的重视。不仅如此，《选将》一篇中还提出如何透过表象观察人的实质问题，列举了十五种情况和考察辨别的八种办法，具有独到之处。关于组织指挥，主要论述了战争中通信的方法、战场侦察及敌情判断、战前谋划和作战中的战术运用。它强调作战指挥必须遵循战争规律，抓住四个重要环节，即求战必胜、用兵神秘、行动出敌不意、善识敌谋,并要刚毅果断。另外还论述了兵农合一的思想。

第四卷《虎韬》,包括《军用》《三阵》《疾战》《必出》《军略》《临境》《动静》《金鼓》《绝道》《略地》《火战》《垒虚》十二篇。主要论述各种武器装备的运用和进攻战斗的战术指导原则。它把进攻战斗区分为野战、攻城、反攻、追击、伏击、火攻、突围等战斗样式,并分别提出了应采取的战术原则和方法。《六韬》十分重视武器装备的配备和使用,认为这是决定战争胜负的重要因素。因此,它列举了二十多种武器装备,对其配备和使用做了非常具体的规定。

第五卷《豹韬》,包括《林战》《突战》《敌强》《敌武》《鸟云山兵》《鸟云泽兵》《少众》《分险》八篇。主要论述在森林、山丘、河川、要隘等特种地形作战的战术原则,以及几种作战样式的作战方法。森林作战,它强调要加强警戒,布好阵势;要采取近战,速战速决。山地作战,它主张采取"鸟云之阵"灵活部署兵力,占领整个山峰;战斗时将部队分为数个小分队,分别控制有利地形,实施纵深穿插渗透,并以骑兵、战车为机动兵力相配合。河川作战,它提出采用诈敌、诱敌,以"鸟云之阵"歼敌的战法。山水险隘地区作战,它要求十分注意加强警戒,进攻时根据情况决定走水路还是山路,并对水路、山路的进攻战术做了详细阐述。它分别论述了几种作战样式的作战方法,包括突袭、夜战、遭遇战、以少击众、经弱击强,等等,提出了许多有价值的作战指导思想。

第六卷《犬韬》,包括《分合》《武锋》《练士》《教战》《场兵》《武车》《战车》《战骑》《战步》十篇。主要讲如何教育训练军队,以及车、骑、步各兵种的作战特点和协同作战的方法。《六韬》十分重视部队的教育训练,它强调从部队实战需要出发挑选士卒,根据士卒情况编组训练,因人施教,因人而用。训练内容以增强士卒纪律性为主,其次才是技艺;训练方法应循序渐进,由简到繁,由单兵到合成,逐步扩大。关于车兵、骑兵、步兵三大兵种的特点,《六韬》做了详细的比较,阐述了它们的相互关系及编制方法,并提出了相应的作战原则、关于各兵种协同作战,《六韬》提出了"约期会战"的作战原则,强调遵守会战时间;对战机的捕捉和创造也做出了深入的探讨。它列出了十四种有利的战机,归纳起来就是两句话:乘敌之虚进攻;力求在运动中歼敌。这些带有普遍意义的原则,可以说在古今中外都是适用的。

《六韬》的军事思想丰富多彩,不愧为先秦兵家的集大成之作。从它对六种韬略的论述中,我们可以看到作者的军事智慧和谋略之高明和军事学术之精深,它所揭示的秘籍，一直为政治战略家和军事战略家们所折服。几千年来，《六韬》一直被视为军事战略理论著作的奇葩和军事谋略的经典。

七、读此书者，当为王师——《三略》

《三略》也叫《黄石公三略》或《黄石公记》。黄石公是谁？他为什么要把《三略》传给张良？对于这两个问题的回答，还得从司马迁在《史记》中记载的一个传奇故事谈起：

秦朝末年，韩国贵族后裔张良为报仇雪恨，参与策划谋杀秦始皇，失败后隐姓埋名，流落他乡。一天，张良闲游到一座桥上，见一位脚穿红鞋、身着布衣的老人坐在那里。老人待张良走近，故意把鞋脱落到桥下，并声色俱厉地让张良下去捡鞋。张良强忍心中的怒气把鞋捡了上来。没想到老人又生硬地要张良给他穿上。张良再次忍住没有发火，跪在地上给老人穿上了鞋。老人望着张良含笑而去。正在张良惊异之际，老人突然返了回来，他让张良五天后的早上仍在桥上见面。过了五天，张良天刚亮就急匆匆地来到桥上，不料老人已在那里等他。老人怒斥张良，要他五天后早点来。这一次张良小心翼翼，鸡一打鸣就赶到了，但还是落在了老人的后面。老人又是一通发火，要张良五天后再来。张良觉得这个老人有些来历，不敢再晚，于是在约定日期的头天午夜前就来到桥上。老人随后到达，十分高兴，一边称赞一边从袖中抽出一部书送给张良，说：读此书者，当为王者师，即你读了这部书就可以做帝王的老师了，十三年后，你可在谷城山下见到一块黄石，那就是我的化身。老人说完就倏然不见了。张良依靠这部兵法，后来果然辅佐刘邦消灭了楚霸王项羽，统一了天下。正好十三年后，张良路过谷城山下，真的见到一块黄石，于是将黄石供奉起来。张良死后，与黄石合葬在一起。后来人们称这位授书老人为黄石公。

这显然是一个神话故事，但后人对黄石公这个人却越传越神，简直到了顶礼膜拜的程度。那么，这位黄石公交送给张良的到底是一部什么书？据《史记》记载：张良"旦视其书，乃《太公兵法》"。为什么传说中硬说黄石公给送给张良的是《黄石公三略》呢？原来，一些兵家学者为了提高自己的兵书的神秘色彩和身价，便托黄石公的名字著书立说。据考证，《黄石公三略》大约成书于西汉末年王莽篡汉时期，真正的作者很可能是一位精通用兵之法的隐士。

我们暂且不论那些神话传说的荒诞无稽，也不去细究本书的真实作者姓什名谁，仅以讹演讹，看一看那位黄石公在送给张良《黄石公三略》时，凭什么敢说出"读此书者，当为王者师"的断言？

　　《黄石公三略》成书之后，立即受到人们的高度重视，在社会上流传甚广。汉武帝刘秀不仅认真研读了此书，还经常引用其内容，以作为指南。可见，此书确实曾起到过"王者师"的作用。此书从隋朝开始著录书目之后，历代对《黄石公三略》均有著录，以后越来越多，仅流传至今的版本就高达140多种。《黄石公三略》不仅在中国历史上具有重要的地位，而且在世界上也有深远的影响，此书约于公元889～897年流入日本，陆续出版了许多抄刻本；后来又传到了朝鲜和其他国家。到了宋代，这本书的价值得到了更加充分的重视，被颁定为武学的"经书"和教范。

　　《黄石公三略》是我国最早的以"略"为题名、以统军御将的政治谋略为内容的专题兵书。在它之前的兵书，一般都以人名、官职为书名，如《孙子》《司马法》等，内容也比较庞杂。自《黄石公三略》问世后，后世也陆续出了不少以"略"为题的专题兵书，如《百战奇略》等。

　　作者自称《三略》是为衰世而作。全书分上、中、下三略，约5500字。"上、中、下"系指分为三卷，"略"即谋略、韬略。《上略》是全书的主体部分，文字最多，思想内容最丰富，通过对"设礼赏，别奸雄，著成败"的分析，论述以"柔能制刚，弱能制强"为指导，以收揽人心为中心，以任贤擒敌为宗旨的治国统军战略思想及其实现方法。《中略》通过"差德性，审权变"，主要论述如何区别德行，如何掌握权变之法，如何统军驭将，以及如何建功自保等。《中略》与《上略》有着内在的联系，即以"道"收揽人心之后，还要以"法"驭众，并因时而变法，因人而致用。《下略》的主要内容是"陈道德，察安危，明贼贤之咎"进一步论述治军统军的原则，强调"人"和"政"的重要性。通过对"人政"的论述，借以说明天下盛衰的根源和国家的纲纪。

　　纵观全书，其内容颇具特色，概括起来主要有下列三个方面。

　　(1)在战争观和战略思想上独树一帜。在政治方面，它通过对社会和战争的深入观察，既承认战争有很强的破坏性，是不祥之器，"天道"好生恶杀，憎恶战争；又认识到战争是客观存在的，不会因为人们厌恶它而自行消灭。因此，"圣王"不得已而用之，目的是用战争"诛暴讨乱"，救民于水火，而这样的战争是符合"天道"的。"夫人之在道，若鱼之在水，得水而生，失水而死"。所以应法"天道"而兴"义兵"，而义兵必胜。"夫以义诛不义，若决江河而溉爝火，临不测而挤欲堕，其克必矣"。认为人心的向背关系着国家的治乱兴衰,"与众同好靡不成,与众同恶靡不倾。治国安家,得人也。亡国破家,失人也"。重视收揽人心,"夫主将之法,务揽英雄之心,赏禄有功,通志于众",认为只有广为延揽英雄豪杰,收揽人心,才能安邦定国。要求国君和将帅广施恩惠,教养民众,使自己的意愿与民众的意愿相通。"通志于众"的实质在于依靠贤士和民众,"夫为国之道,恃贤与民","英雄者,国之干;庶民者,国之本"。军将和民众是决定战争胜负的重要因素,"夫统军持势者,将也;制胜破敌者,众也;以弱胜强者,民也"。认识到只有富民才能富国,"四民用虚,国乃无储。四民用足,国乃安乐"。主张不要违误农时,要减轻赋税徭役等。在军事方面,它提出"释远谋近"的战略主张,也就是放弃劳民伤财以扩张领土的对外征伐,图治国内,内修政理,广施恩德,安守本土,知足戒贪。这样就能"佚而有终"。它还提出了控制战略要地的思想,把战略要地概括为"固""厄""难"3种类型,并分别提出了"守""塞""屯"3种处置方法。

（2）在治军方面主张恩威并重,赏罚必信。既强调将帅要施恩于士卒,"蓄恩不倦,以一取万",又要求严明法令,树立将帅威权,"不可以无威,无威则国弱","将无还令,赏罚必信,如天如地,乃可御人"。在将帅修养方面,提出"虑、勇、动、怒"是为将的明诫。要求将帅"必与士卒同滋味而共安危";"以身先人",做出表率;具有广博的知识和才能;并能博采众长,听取各种人的意见,"仁贤之智,圣明之虑,负薪之言,廊庙之语,兴衰之事,将所宜闻"。在将帅的选拔使用上,反对任人唯亲,主张任人唯贤。认为"贤人所归,则其国强;圣人所归,则六合同",所以应该急于"进贤",而不能伤贤、蔽贤、嫉贤。主张用人所长,因人而致用。

（3）朴素的军事辩证法。它朴素地认识到社会在向前发展,事物在不断变化,"端末未见,人莫能知。天地神明,与物推移。变动异常,因敌转化。不为事先,动而辄随"。因此,治国要因时而法;作战要依据敌情的变化而随时改变自己的计划和行动。初步认识到对立的事物能够相互转化的辩证关系,认为"柔"而适中是美德,"刚"而失中是祸害,"弱"而有德会得到人们的同情和帮助,"强"而不仁会受到人们的怨恨和攻击。因此,柔者居上,弱者变强。初步认识到事物发展到一定程度就向其反面转化,"造作过制,虽成必败"。在论述士与民、将与众、德与威、仁与法、柔与刚、强与弱等关系时,注意到对立事物的两个方面,在一定程度上避免了片面性。它还注意到事物之间的相互联系和统一,提出了"道、德、仁、义、礼,五者一体"的思想。

《三略》一书杂采儒家的仁、义、礼;法家的权、术、势;墨家的尚贤;甚至还有谶讳之说。可以说,是诸子百家哲学思想的融会贯通。它在战争与政治、战争与经济、道德与人治、战略与治军等方面,发表了不少真知灼见。因而,《三略》成为古代军事艺苑中的一朵奇葩,为历代兵家所重视,得到历代帝王和兵家的普遍推崇。如《四库总目提要》称赞它是"务在趁机观变,先立于不败,以求敌之可胜,操术颇巧,兵家或往往用之"分。也有不少人把此书视为"警世要诀,乾坤大略",这种评价可谓公允之论,这种看法也不算是过分。也正是由于该书有如此的价值,所以黄石公把此书传给张良时才敢断言:"读此书者,当为王者师。"

八、握机制胜,阵法先河——《握奇经》

提起"电磁战",绝大多数人都会认为是当今军事科技的新发明。其实,将磁场引入战场,借磁力消灭敌人,这并不是现代人的专利,早在我国的晋朝时期,这种作战方法就已经被我国的军事家们所采用。据晋史记载,当年平虏护军、西平太守马隆大将军在与西羌作战时,曾专门制作了一种用于防御的编箱车,在作战和宿营地带,依据八阵图将这种编箱车连起来并在路旁放上磁石(磁铁、吸铁石),当身穿铁甲的敌军来袭时,就被磁石吸到编箱车上,动弹不得,"老老实实"地被埋伏在车内的兵卒轻而易举地消灭。其实,这一创造性的战法并不是马隆的发明,而是由于马隆得到了《握奇经》的启发。

《握奇经》是一部专门论述古代阵法的兵书,又称《握机经》《幄机经》。此书的名字之所以如此在"握"与"幄"两个字上变更替代,一是因为取了书中所突出强调的"握机制胜"之意。二是由于"幄者帐也,大将所居,言其事不可妄示人,故云幄机。握、幄字形相近。今本多题握奇,盖因经中有'四为正,四为奇,余奇为握奇'之语,而改其名"。

《握奇经》全书一卷,380余字(一本360余字)。柜传其经文是托名轩辕黄帝的大臣风后首先撰著成文,后来由姜尚加以引申,汉武帝丞相公孙弘作解。另附佚名《握奇经续图》一卷和晋武帝时平虏护军、西平太守马隆《八阵图总述》一卷。《握奇经》的成书时间较难确定,虽然《汉书·艺文志·兵家阴阳》中记载有"风后十三篇"之语,但未提及《握奇经》。且班固在自注中说:风后十三篇仅存"图二卷",是后人伪托之作。唐李靖《李卫公问对》中有"黄帝兵法,世传握奇文"一说;

南宋朱熹认为此乃"唐李筌为之"。《宋史·艺文志》中才开始著录此书。由此可以推断，今天所能见到的《握奇经》一书是唐代以后的著作。

《握奇经》主要论述商周时代方阵的队形变换问题。书中明确提出，"八阵"是方阵的一种队形变换，它以天、地、风、云四阵为正，龙、虎、鸟、蛇四阵为奇，四正四奇总为八阵。将军居阵中掌握机动兵力（即"余奇"之兵）。布阵时，先用游兵于阵前两端警戒；作战时，四正、四奇之兵与敌交战，游军从阵后出击，配合八阵作战，大将居中指挥，并以"余奇"之兵策应重要作战方向。由于《握奇经》经文简略，关于四正四奇的方位、在布阵和作战时的作用，两者变换演化关系，后人解释不尽一致。

在众多解释中，唐李靖在《李卫公问对》中的解释是比较具有准确性的。李靖认为四奇四正的八阵源于古代的五军阵，即前、后、左、右、中五阵，中央为将领的指挥位置及其所控制的机动部队（余奇之兵）。前、后、左、右即战斗部队位置，称为"阵地"或"实地"；在战斗部队之间的间隙地带为"闲地"或"虚地"，利用虚地实施机动的部队即奇兵。四块实地的正兵利用虚地实施机动，即变为奇兵，所谓"四奇四阵"。

《握奇经》中所论述的八阵，与商周用兵车作战密切相关。《逸周书》说："五五二十五曰元卒，一卒居前曰开，一卒居后曰敦，左右一卒曰间，四卒成卫曰伯。"

车战，是以车上的甲士统率附属于兵车的徒兵（步卒）来作战。兵车居中，徒兵配置在兵车前后左右四个方向上。这是一种基本阵法，古代称这种阵法为"五阵"。从图中可以看出，除了兵车与徒兵所占有的五块阵地之外，还有一圈空地，徒兵利用这圈空地进行作战，是遵循常规打法，叫正兵；徒兵利用空地进行机动，是遵循变通的打法，叫奇兵。所以《握奇经》说："经曰八阵，四为正，四为奇"。书中提出，这种方阵还可以进行一些自身的队形变换，或"合二为一"，即将兵车首尾相接变为圆阵，徒兵配置在兵车内处；或"离而为八"，即将兵车、徒兵分开配置变为"八阵"，等等。

《握奇经》在论述"八阵"本身的奇正变化之后又提出，在"八阵"之外，还有一种"余奇（音机）"之兵。什么是余奇之兵呢？就是由主将掌握的机动部队，又称为"游军"。其任务是"从敌后蹑敌，或惊其左，或惊其右"，即或迂回敌阵之后袭击敌人，或攻敌一翼，作为奇兵配合正兵（即整个方阵）进行作战。作者在书中强调说：无论八阵或游军，布阵时都要依据"天文、气候、山川、向背、利害，随时而行"。

这就告诉我们，《握奇经》中的"奇正"，不仅是指方阵本身的队形变换，也包括战术和兵力使用的含义,所谓用正兵挡敌,用奇兵取胜,"战势不过奇正,奇正之变,不可胜穷也"。此书虽然讲的是商周时代方阵的队形变换问题,但它对行军布阵不拘常法、灵活多变的指导思想,对古代排兵布阵产生了很大的指导作用,被称为用兵布阵的经典,对于我们今天仍有一定的启发。我们不仅可以从现代陆军作战队形中看到它的影子,而且从现代空、海军作战的列阵中,也可以看到它的影响之所在。所以我们可以说,《握奇经》也是研究现代"阵法"的必读之书。

九、为将之道,不可不读——《将苑》

"兵熊一个,将熊一窝",这句古训充分说明了将帅在治军和统兵作战中的地位和作用。历代君王都十分重视将帅的选拔和使用,有关将帅的论著也层出不穷。《将苑》就是我国最早出现的专门论述为将之道的著作。

《将苑》亦名《新书》《心书》。全书一卷50篇,约5000字。此书在宋元以前未见著录,南宋《遂初堂书目》始有记载,至明王士骐编《诸葛亮集》将其收入。当为后人伪托之作。有明正德十三年(1518)铜活字印本、明万历三十三年(1605)刻本和多种丛书本。

该书博采《孙子》《吴子》《司马法》《六韬》等兵书和其他典籍,从多方面系统论述了将帅应具备的品格、修养、能力和素质。围绕着这一主题,采用一事一议的方法,论述了以下50多个问题:兵权、逐恶、知人性、将材、将弊、将志、将善、将刚、将骄、将强、出师、择材、智用、不阵、将诚、戒备、习练、军蠹、腹心、谨候、机形、重刑、善将、审因、兵势、胜败、假权、哀死、三宾、后应、便利、应机、揣能、轻战、地势、情势、击势、整师、励士、自勉、战道、和人、察情、将情、威令、东夷、南蛮、西戎、北狄等。主要是从不同角度对将帅提出德才要求。该书论述言简意赅,颇能发人深省。

《将苑》首先论述了将帅的地位和作用。作者认为,将帅关系着国家的存亡、战争的胜败和士卒的安危。将帅的这种地位和作用是通过"兵权"和"兵势"体现出来的。即所谓"执兵之权,操兵之势"。作者认为,"夫兵之权者,三军之司命,主将之威势。将能执兵之权,操兵之势,而临群下,譬如猛虎,加之羽翼,而翱翔四海,隋所遇而施之。"可见,《将苑》所说的"兵权"和"兵势",就是指将帅的权力和威势。这就是说,将帅是掌握兵权的,具有一定的威势,将帅在平时和战时,之所以能够发号施令,就是凭借手中的兵权和威势。如果将帅失去了"兵权"和"兵势","亦如鱼龙脱于江湖,欲求游洋之势,奔涛戏浪,何可得也。"这就说明,"将"和"兵权"是相互联系的,"兵权"和"兵势"是将帅发挥作用的条件,"将"使"兵权""兵势"发挥应有的效用,所以说,将帅的地位和作用是十分重要的,"夫将者、人命之所率也,成败之所系也,祸福之所倚也"。

正因为将帅如此重要,《将苑》着重对将帅所应具备的素质提出了要求。①政治素质。即在政治上要做到团结一致,即作者在书中所强调的"心欲一"。②军事素质。《将苑》提出了将帅所应有的军事素质,其中包括将帅应具备的观察问题、组织指挥作战的能力等。归纳起来便是"五善四欲"。"五善"是"善知敌之形势,善敌进退之道,善知国之虚实,善知天时人事,善知山川险阻"。"四欲"就是"战欲奇,谋欲密,众欲静,心欲一"。③道德素质。《将苑》对将帅的道德素质提出了很高的要求,它提出将帅要有精忠报国的志向,即所谓"将志"。作者指出:"兵者凶器,将者危任,是以器刚则缺,任重则危。故善将者,不恃强,不怙势,宠之而不害,辱之而不惧,见利不食,见美不淫,以身殉国,一意而已。"着重强调将帅要有勇敢精神、谦虚的品质。作者还指出:"贵之而不骄,委之而不专,扶之而不隐,免之而不惧","使人择之,不自举;使法量功,不自度"。意思就是说,将帅无论在何时何地都不能自我吹嘘,特别是受到君主重用时,更不能沾沾自喜,被罢免时也不要灰心丧气。将帅在性格上要做到刚柔相济,有刚有柔。"善将者,其刚不可折,其柔不可卷,故以弱制强,以柔制刚。纯柔纯弱,其势必削,纯刚纯强,其势必亡;不柔不刚,合道之常"。将帅还应该具备吃苦在前,享受在后,与士卒同甘共苦的品质。《将苑》要求将帅对待士卒要像对待亲生子女一样,有难先上,有功居后,同情并安抚受伤者,对于牺牲的人,要进行悼念,重赏勇敢的士卒。《将苑》还要求将帅要善于团结人,知人善任,把有才智的人团结在自己的身边。④文化素质。《将苑》认为将帅要有广泛的知识,不仅要有军事知识,还要有天文地理方面的知识,能够"知山川险阻"。

《将苑》还提出了将帅应该加以避免和克服的"八恶"和"将弊"。所谓"八恶",即"谋不能料是非,礼不能任贤良,政不能正刑法,富不能济穷厄,智不能备未形,虑不能防微密,达不能举所知,改不能无怨谤,此谓之八恶"。"将弊"也有八种情况,"一是贪而无厌,二是妒贤嫉能,三是信谗好佞,四是料彼不自料,五是犹豫不自决,六是荒淫于酒色,七是奸诈而自怯,八是狡言而不礼。"作者认为,将帅如果不能避免和克服这八种"将弊",就不能取信于士卒,也就很难率领士卒冲锋陷阵,战则必败,败则亡国殒身。将帅如有"八恶",必然画计不成,不能任贤使能,没有深谋远虑,举止失措,必成乱军,无法取胜。因此,作者在《将苑》中恳诚地告诫将帅,要努力做一个"善将"而不做"庸将"。

在《将苑》之前的诸多兵书中,也对选将、用将及将帅修养问题做过论述,但是,大都是从强调一个侧面、突出一个要意,运用一个章节进行论述的。据考证,在《将苑》问世之前,还没有专门系统论述将帅的著作,因而可以说《将苑》是我国古代军事思想史上专论为将之道的第一部著作,是一本首开先河的古代"将才学"专著。该书内容丰富,阐述也比较深刻,从而进一步丰富和发展了中国古代的将才思想,在中国古代军事思想史上具有较大的影响,受到历代军事家的重视和推崇,被认为是统军带兵的将领必读之书。这种有关将帅修养的书籍,军事指挥员有必要认真研读,以便从中得到有益的启示,有借鉴地加强自身修养,提高带兵、管理部队的能力。

十、战略智慧,绝世佳作——《隆中对》

东汉末年,豪强兼并,政治腐败,封建王朝作为地主阶级统治的最高代表,同挣扎在社会最底层的广大农民的矛盾日益尖锐和激化,终于爆发了以"苍天已死,黄天当立"为口号的中国历史上著名的黄巾起义。在当朝纠集力量残酷镇压这次轰轰烈烈的农民起义的过程中,一些地方军阀因势坐大,"豪杰并起,跨州连郡者不可胜数"。经过连年征战,各种力量消长变化,最后形成了魏、蜀、吴三国鼎立的政治格局。

由于《三国演义》小说的广泛流传,三国时代的诸葛亮成了家喻户晓、妇孺皆知的人物。千百年来,人们津津乐道其运筹帷幄、神机妙算的故事,把他作为英雄和智慧的化身。"若攻心能反侧自消,自古知兵非好战;不审时则宽严皆误,今后治蜀宜深思""功盖三分国,名成八阵图"……历史用这样的语言来评价诸葛亮,充分表现了世世代代的人们对这位智慧大师的敬仰。尤其是他所留给人类的"充满了战略智慧的绝世佳作"《隆中对》,不仅为历代政治家、军事家所推崇,而且在民间也广为传诵。

《隆中对》是诸葛亮为寄寓荆州的刘备制定的复兴汉室大业的军事、政治战略,它充分体现了中国古代战略家善于料敌审势、因情定策的战略思想。

诸葛亮

诸葛亮(181~234),字孔明,三国时期著名的军事家和政治家。他父亲做过太郡丞,但父母早逝,自幼即跟随做官的叔父诸葛玄一起在豫章、荆州一带生活。诸葛亮17岁时叔父去世,之后他便开始独立定居于南阳邓县隆中(今襄阳城西20公里)盖了几间草房,度过10个春秋的"躬耕陇亩"的隐居生活。诸葛亮是一位具有战略眼光的军事家,他在隆中十年,虽躬耕陇亩,却胸怀远大,不仅能晓历代兴亡之道,而且对天下大势也了如指掌,专注治国用兵之道,形成了他的政治见解和经营天下的宏图伟略。

在曹操、刘备、孙权等的争霸斗争中,军事斗争始终是他们的重要手段。如何正确地选择作战方向和作战对象,以最少的代价实现霸业企图?如何组建和训练一支实力强大的军队,为实现其政治目的服务?如何从制度上确保军队的巩固和其他军事建设的加强,以便在血与火的战争中夺取胜利?如何总结和汲取历史成败得失的经验教训,结合现实斗争的情况和特点,做到趋利避害?凡此种种,是曹操、刘备、孙权等人殚精竭虑,力求解决的大问题。在这方面,刘备可能比其他人显得更加明智一点。他躬身求贤,三顾茅庐,登门求教,最终感动了诸葛亮,因而把自己多年来对社会形势的观察与分析和盘托出,提出了一套完整的统一全国的战略、策略、实施步骤和方法,这就是为后世广为传诵的《隆中对》。

通晓天下大事,深谋远虑,从实际出发,注重辩证地分析形势,把握主要矛盾,制定战略方针,因机立胜,是诸葛亮军事思想的重要特色。诸葛亮曾说:"布阵之道,在乎临时先料敌之多寡,我之强弱,彼之虚实,象地之宜而宜之。""夫以愚克智,逆也;以智克愚,顺也;以智克智,机也。其道有三:一曰事,二曰势,三曰情。事机作而不能应,非智也;势机动而不能利,非贤也;情机发而不能引,非勇也。善将者,必因机而立胜"。对于如何掌握事、势、情三机,诸葛亮又提出了"五善""四欲"的主张。他说:"将有五善、四欲。五善者,谓善知敌之形势,善知进退之道,善知国之虚实,善知天时人事,善知山川险阻。四欲者,谓战欲奇,谋欲密,众欲静,心欲一。"这"五善""四欲",即对敌我双方的综合力量都要知己知彼,作战出奇,计谋周密,意志专一。在此基础上,诸葛亮又提出了"十二孰"的主张:"古之善用兵者,揣其能而料知胜负。主孰圣也？将孰贤也？吏孰能也？粮饷孰丰也？士卒孰练也？军容孰整也？戎马孰逸也？形势孰险也？宾客孰智也？邻国孰惧也？财资孰多也？百姓孰安也？由是观之，强弱之形，可决也。"这12个方面的对比，是当时国力军力的综合指标，也是形成双方强弱对比的12个参数，将领人君依据这些分析，即可运筹帷幄，预知胜负。但是，诸葛亮的"因机立胜"军事思想的立足点不是这些死的指标，而是立足于时机的捕捉，强弱的转化，胜利的争取和创造。他的《隆中对》战略策略，正是他这一思想的具体体现。

在《隆中对》这篇千古流传的战略策论中，诸葛亮分析了董卓以来的天下形势，首先讲天下大势，从政治、经济、军事、地理等方面全面分析了曹操、孙权、刘表、刘璋集团各自的强弱优劣等情况，认为曹操已经拥有百万之兵，在政治上挟天子以令诸侯，一时难于与其争锋；孙权据有江东，已有三世，地势险要，民心归顺，又重用了一批贤能为之才，也难于与其抗衡，只能为援而不可图；而荆州刘表、益州刘璋，虽然势险地富，但是君主软弱，可图而成帝业。根据一系列科学的战略分析，诸葛亮提出了著名的"占据荆益，三足鼎立，东联孙权，北拒曹操，西和诸戎，南抚夷越，统一中原，复兴汉室"的隆中对策。这一对策是诸葛亮"三道""四欲""五善""十二孰"用兵之法的综合体现。

为了实现"隆中对策"，诸葛亮建议刘备分阶段实现复兴汉室大业。第一阶段，避中原之实，击南方之虚，夺取力量薄弱的荆（约今湖南、湖北）、益（今四川）二州，建立稳固的根据地。同时利用"天府之土"，发展生产，修明政治，增强经济、政治、军事实力。然后，"西和诸戎，南抚夷越"，安抚西南地区的少数民族，解除与劲敌争锋的后顾之忧。对外则"结好孙权"，孤立曹操，先造成与曹魏、孙权三分天下的局面，等待时机成熟。第二阶段，一旦天下有变，时机成熟，即迅速兵分两路，挥师北上，一路从荆州指向宛、洛（今河南南阳、洛阳），一路由益州出师秦州（今陕西甘肃渭水流域），钳形攻魏，占有中原，统一天下。由于过去刘备缺乏完整明确的战略筹划和战略目标，东打西突，发展甚微。因此，刘备听了《隆中对》以后觉得豁然开朗。

诸葛亮为刘备制定了安国治邦大计之后，便出山辅佐刘备。公元208年，曹操统一北方，随后举兵南下，直袭荆州。当时刘表已死，其子刘琼不战而降，于是曹操陈兵赤壁，以图江东。为联孙抗曹，诸葛亮请命出使，劝说犹豫不定的孙权，定下了抗曹决心，两家结成联盟。随即，孙、刘联军在赤壁（今湖北蒲圻境内）火烧曹操战船,大败曹军。这就是著名的"赤壁之战"。赤壁之战后,刘备占据了荆州,公元211年,又率兵西征,迫使刘璋出降,从而实现了《隆中对》提出的"跨有荆、益"的战略目标,使刘备得以与曹操、孙权鼎足而立,三分天下而居其一。

历史进程也充分表明,《隆中对》确实是一个切合实际、稳健而进取的战略,充分显示了年轻的诸葛亮高瞻远瞩的雄才大略。从诸葛亮在制定和运用《隆中对》的战略过程中可以看出,中国古人在战略的制定和运用方面,已经达到了相当高的水平。只有短短几十句话的《隆中对》,不仅凝结着诸葛亮的高超智慧,而且也充分体现了中国古代军事战略谋略的水平,自然成为"充满了战略智慧的绝世佳作"。"隆中妙计取天下,诸葛大名垂宇宙"。作为政治家和军事家的诸葛亮,其杰出的才能不仅受到后人的敬仰,即使同时代的人,包括他的敌人和对手,也不得不甘拜下风。建兴十二年秋,诸葛亮卒于五丈原军中。蜀汉军队撤退后,司马懿案行其营垒处所,叹曰:"天下奇才也!"。

十一、兵家术法,灿然毕举——《唐李问对》

《唐李问对》全称《唐太宗李卫公问对》,也有人称此书为《李卫公问对》或《李靖问对》,《武经七书》之一,以唐太宗李世民与卫国公李靖讨论兵法问答形式写成的兵书。现存宋、明、清以来《武经七书》系统诸本数十种,分上、中、下三卷,10000余字,于北宋神宗元丰年间(1078~1085)刊刻问世。由于该书系自神宗时人阮逸家献出,当时即有学者认为,乃是阮逸模仿杜佑《通典》所载卫公李靖兵法而作。元马端临则认为非阮逸假托,是神宗时所校正。

唐太宗李世民在灭隋战争中,屡建奇功,武德九年(626年),通过"玄武门之变",得为太子,并受高祖传位为帝,于次年改年号为贞观。李世民自幼聪颖干练,博文精武,少年即精通古今兵法,是古代著名的军事家,称帝之后,其文治武功,极为彪炳,开创了贞观之治,是中国历史上颇有建树的盛世之君。李靖是唐朝著名的军事家,"才兼文武,出将入相。"隋炀帝时为马邑(今山西朔县)丞,曾与太原留守李渊有隙。隋唐后,能征善战,南平吴,北破突厥,西定吐谷浑,显示了非凡的军事才能,后被封为卫国公。《唐李问对》一书,记录了唐太宗同李卫公对一些军事问题进行研究和讨论的内容。

《唐李问对》通过一问一答的讨论结构,纵论古今五朝兴废、用兵得失,考辨兵学源流、历代军制，深刻论证奇正、攻守、主客的分别与变异，共提出和回答了 98 个问题，内容十分丰富。其中，所提问题浑弘博大，观察问题气势磅礴，研讨问题细致认真，充分体现了唐、李的王者风范和将者风度，具有极高的军事学术价值，无愧于"武经"之一的地位，被称为"兵家术法，灿然毕举，皆可垂范将来"的中国古代著名的军事力作。

　　问对，是一种相互引发思维，实行智力互补的有效方式。唐太宗李世民和卫国公李靖，采用详举战例事例研究战略方针、探讨用兵原则的方法，构成了此书鲜明的疑题揭秘和学术针锋特点。为了论述治军用兵大策，唐李二人竟用了多达 52 个典型战例，如此庞大的论兵著书气魄和体系，在同期的中外兵书中是极为罕见的。《唐李问对》在论述方法上主要采取两种形式：一是先举出战例，然后加以分析，从中引出用兵原则。如，举出西晋马隆讨凉州树机能使用八阵图、编箱车的战例，经过讨论，得出此法是正兵原则，"信乎正兵古人所重也。"二是先提出用兵原则，然后详举战例事例加以说明、论证。如书中唐太宗对分合的作战原则不很清楚，提出让李靖举例加以说明。李靖举秦晋淝水之战为例，说苻坚虽有雄兵百万，但能合不能分，最后惨败；又举吴汉讨伐公孙述为例，吴汉能分又能合，最后以寡胜众。通过讨论，唐太宗明白了分合用兵的道理，说这两个战例"足为万代鉴"。其实，我们可以清楚地看出，并不是唐太宗不懂用兵的分合之理，而是唐太宗明知故问，是李靖故问明答，他们的对话，是故意说给那些不知分合之理的将军们听的，目的是让将军们通过这两个"足为万代鉴"的战例而真正把握取胜于敌的分合原则。

　　《唐李问对》涉及的军事问题十分广泛，既有对历代战争经验的总结和评述，又有对古代兵法的诠释和发挥；既讲训练，又讲作战；既讨论治军，又讨论用人；既有对古代军制的追述，又有对兵学源流的考辨。唐李二人主要是从"奇正""虚实""主客""攻守"等几个方面生发议论，着重探讨争取作战主动权问题，认为兵法"千章万句，不出乎'致人而不致于人'而已"。同时，对阵法布列、古代军制、兵学源流，以及教阅与实战的关系等，都能在一定程度上廓清异说，提出独到的见解。其实，唐李二人的真正目的，是为了通过问题研讨的形式，宣扬他们的军事思想，排斥当时军事理论上的"异端邪说"，统一将帅的思想认识，使全军上下真正明了君意。真正实现军事上的步调一致，提高整体作战能力。

　　纵观全书，可以清楚地看出，《唐李问对》的主要内容是讲训练和作战以及两者之间的关系；他们从探讨《孙子兵法》"奇正""虚实""主客"等命题入手，围绕

《孙子》的命题广征博引、反复论证，从一定意义上说，《唐李问对》就是一部阐发《孙子》军事思想的兵书。然而，他们阐发《孙子》不是呆板地死抠文句，而是在军事学术思想上进行十分可贵的新探索。他们还对《孙子》中的某些命题做出了出人意料的解释。如对《孙子·形篇》中"守则不同，攻则有余"的解释，唐太宗与李靖就与曹操的解释不同，不仅如此，唐李还大胆地否定了《孙子》中的某些文句。如当唐太宗问及"太公说丘墓险阻之地应当控制，而孙子说丘墓故城不要控制，谁的说法对？"时，李靖态度鲜明，毫不犹豫地表示："丘墓故城，非绝险处，我得之为利，岂宜反去之乎？太公所说，兵之至要也！"从该书的内容来看，唐李二人极大地丰富和发展了《孙子》等古代兵法的军事思想，促进了兵学研究的发展。从此书在当时的现实作用价值来说，它以极大的权威性，统一了当时军事理论和军事原则上的分歧，实现了当时的军事理论和原则的统一。《唐李问对》一书，深刻体现了唐李二人的军事思想特色，概括起来，他们的特色主要体现在以下几个方面：

一是"分别奇正"完备而透辟。奇正，是《唐李问对》中最引人注目的一个中心问题，所占比重最大，内容最为充分，论述最为完备，分析也最为深透。什么是奇正？在今天的军事术语中已经很难找到一个与之相对应的恰当术语，因为奇正也同我国古代一些别的军事命题一样，既是军事的，又是哲学的，含义甚为广泛。《唐李问对》从奇正的源头——《握奇经》说起，从政治战略、军事战略、战役、战术等多方面探讨了"奇正"的区分，系统地、深刻地、全面地总结了奇正这一军事理论。它把奇正与虚实、示形紧密联系起来阐述，指出奇正相变的核心是"示形"；奇正相变的目的是致敌虚实；奇正相变的运用在于分合时宜。它用奇正的观点来解释进退、攻守、众寡、将帅、营阵、训练等各个方面的军事问题，大大弘扬了《孙子》的奇正学说。同时认为，奇与正是可以互相转化的，提出了"善用兵者，无不正，无不奇，使敌莫测，故正亦胜，奇亦胜"这一重要论断。这一论断不仅比《孙子》讲的"凡战者，以正合，以奇胜"更加全面，更加辩证，更加深刻，而且使中国古代兵法中的奇正学更加前进了一步。

二是"变易主客"全面而辩证。"主客"这一古代军事术语，指的是防御一方和进攻一方，或防御之军和进攻之军。"主客"与"攻守"既有联系，也有区别。"主客"是指部队所处的地位，"攻守"则是指作战的基本形式，部队所处的地位则正是从采取的攻守形式来区分的。《唐李问对》中关于主客、攻守的论述，不是一般地停留在"贵主不贵客"的议论上，而是深入地分析了主客、攻守的相互依存关系，提出了"因粮于敌,是变客为主也;饱能饥之,逸能劳之,是变主为客也"等许多独特可贵的见解。

三是非常重视阵法训练。《唐李问对》强调要从实战需要出发训练部队,达到在战斗中"斗乱而法不乱""形圆而势不散""绝而不离,却而不散"。它十分注重训练方法,指出:"教阅之法,信不可忽";"教得其道,则士乐为用,教不得法,虽朝督暮责,无益于事矣。"因此,必须认真研究古代训练军队的方法。这对于把官兵教练成"有制之兵"极有意义。特别是当"旧将老卒,凋零殆尽;诸军新置,不经阵敌",新老青黄不接的情况下,更应抓紧训练。李靖训练部队,是"分为三等"来实施的。一是先搞一伍编成的教练,从最基层抓起;二是在此基础上"授之军校(初中级军官)";三是"授之裨将"也就是说,要从兵到官、从小官到大官依次训练,而且强调要根据部队的不同特点进行教练,还提出了由单兵到小分队、由小分队到大部队的训练程序,即由"伍法"至"队法"至"阵法"。

四是考辨八阵,得其本旨。"八阵"是古代阵法中最有代表性的一种阵法,由于阵图的失传,后世学者对"八阵"产生了种种猜测和牵强附会的解释。为了准确更正种种误解,《唐李问对》从理论和实践上对"八阵"作了澄清。指出:八阵是一个阵法的名称,不是八个阵法的简称;"八阵"由"五阵"推演而成,即所谓"数起于五而终于八";八阵的队形变换,其基本形态主要是根据战场地形布列为方、圆、曲、直、锐五种。

五是兵家探源,划类归宗。《唐李问对》对古代兵法的源流进行了总结归纳,认为古代兵法"大体不出三门四种而已"。所谓"三门",即《太公谋》八十一篇,所谓阴谋不可以言穷;《太公言》七十一篇,不可以兵穷;《太公兵》八十五篇,不可以财穷。"所谓"四种",即"兵权谋家,兵形势家,兵阴阳家,兵技巧家"。

《唐李问对》旁征博引,对前人的军事思想进行了大胆地评说和扬弃,对用兵原则、军制、阵法、选将、军事教育和边防建设等诸问题广泛探索,在当时具有很高的权威性和指导性,对于提高军事学术水平,廓清当时的军事异说,澄清军事问题的迷雾,得到军事理论和军事原则的本旨,具有极大的现实作用。我们不仅要看到它的军事学术价值,而且要看到它在当时的军事教育价值。可以说,《唐李问对》是一部为了统一全国军事理论思想和军事原则,对官兵尤其是将帅进行军事教育的权威性著作。用今天的眼光来分析,《唐李问对》是由唐太宗和李靖特意策划的军事教育问谈录。不论是从此书的学术价值、史料价值,还是它的教育作用上来看,《唐李问对》载誉"兵家术法,灿然毕举,皆可垂范将来",都是当之无愧的。当然,此书也有一些含有唯心主义形而上学的糟粕。

十二、行师用兵,神机制敌——《太白阴经》

《太白阴经》全名《神机制敌太白阴经》,是唐代宗时(一说为唐玄宗至肃宗时人)的军事家李筌(《集仙传》载其仕至荆南节度副使、仙州刺史)撰写的一部涉及面广,且内容丰富的兵书。李筌自己说:"《太白阴经》者记行师用兵之事,人谋筹策,攻城器械,屯田战马,营垒阵图,括囊无遗,秋毫必录。"全书共10卷百篇,约2万余字。通观全书,从心术到谋略,以至治军、选将、用兵、攻守战具、工程、通信、行军、宿营、战阵、军用文书、军医、战马、星占、杂式,等等,可以说是应有尽有。

唐初,统治阶级接受了隋末农民起义的教训,懂得了"天子者,有道则人推为主,无道则人弃而不用"的道理,采取了一系列缓和阶级矛盾的政策,促进了生产的发展和社会的繁荣。经过李世民时代的"贞观之治",到唐玄宗时代,出现了"天宝盛世",政治上比较安定,物价低廉,"海内富有","行千里不持尺兵"。当时的唐朝成了世界上有影响的富庶、文明大国。由于社会的长期安定和经济空前繁荣,人们渐渐地淡忘了战争与武备,世风重文轻武,不少读书人都把谈兵看成是"粗鄙"之事,竞相研究佛老和儒家经典,争逐功名。面对这种"士大夫讳言兵事"的社会风气,李筌深恐孙武以来的兵学思想失传,于是立志研究兵家学说,隐居少室山(中岳嵩山的主峰之一),自号少室山达观子。经过多年的努力,他写下了《阴符经疏》《孙子注》《六壬大玉帐歌》《青囊括》《太白阴经》等军事著作,其中尤其以《太白阴经》对后世影响最大。

作者李筌之所以为此书起了这么一个名字,主要是出于两个方面的原因。其一,李筌以朴素唯物主义自然规律作为认识战争的基础,认为"天者,阴阳之总名也。"天地由阴阳二气构成,五行均为二气的产物,万物由五行产生。人了解和掌握了阴阳五行运行的规律,"用心观执五气而行",就可以避免受害,作战指挥者必须从"天地阴阳之道去观察事物变化,才能把握战争的胜利"。其二,李筌继承和发展了中国古代军事谋略理论,强调战争的胜负取决于人,而不是取决于天和鬼神。作者指出,用兵作战要"乘天之时,因地之利,用人之力"。但强调天时地利只能为明君所利用,而不可依恃,"天时不能佑无道之主,地利不能济乱亡之国",战争的胜负主要取决于人事。要以政治取胜，"以道胜者帝，以德胜者王"，"帝王之兵前无敌"。要重视发挥人的能动作用，用智用谋，不战而屈人之兵。在战争中要知地之利、识天之变、了解敌人、知己知彼，而后捕捉战机，把握战局。指出"凡战，谋为先，机为重"，即在战争中，要充分使用谋略，运筹帷幄，要围绕创造和捕捉有利的作战时机而施计用谋，达到神机制敌。这就是《神机制敌太白阴经》中"神机制敌"的含义所在。

纵观全书，《太白阴经》突出表现了以下三个方面的军事思想：

（1）"能怯在乎法"的以法治军思想。以法治军是中国古代一个重要治军思想，但过去的论述只是集中在如何用法规法令来治理军队等这些"形而上"的问题，而《太白阴经》则从"形而下"的人性本源方面探讨了以法治军的理论依据。它认为，人的勇怯不是由天性所决定的，而是后天形成的，其中最根本的是"法"的因素。它说："勇怯在乎法，成败在乎智，怯人使之以刑则勇，勇人使之以赏则死。能移人之性，变人之心者，在刑赏之间，勇之与怯于人何有哉？"《太白阴经》中所谓的"法"，其内容便是刑赏，即文中所说："赏文也，刑武也，文武者，军之法"。只有赏罚，才能使人"乐战""乐死"。赏罚原则应该是"赏无私功，刑无私罪"，"无私常公于世"。又说："刑赏之术，无私常公于世以为道。"

（2）"以权术用兵"的思想。《太白阴经》说："以权术用兵，则天下不能敌。"所谓"以权术用兵"，实际上就是以奇用兵，"奇者，权术也。"为此，它提出："情变于内者形变于外，常以所见而观其所隐，所谓恻隐探心之术也。"即首先必须透过现象看本质，了解敌人的真正意图。在如何达到"恻隐探心"问题上，作者在书中提出：要根据敌人的不同情况和特点，采取不同的手段，例如，可以根据敌人将帅的性格、人品来推测其行动意图；也可以根据敌人为将帅的社会地位、知识才能、经济地位等来了解敌人计谋所能达到的程度。只有充分了解敌人，才能做到以奇用兵。其次要重视以谋胜敌。《太白阴经》对谋略的作用十分推崇。它说："夫善战者，胜败生于两阵之间，其谋也"。同时强调，在对敌人运用谋略时，定要做到"心与迹异"即意思是说：真实的意图要深藏，表面上不露痕迹，造成"心""迹"之异，心中所想与实际所做的不一致。它说："谋藏于心事见于迹，心与迹同者败，心与迹异者胜。"其三是"见利而战"。以奇用兵，主要的就是要把握好有利的作战时机，做到"见利而起，无利则止"。何谓有利的作战时机？就是敌人所短我方所长之处。"利者，彼之所短，我之所长也。"因此，当有利的时机出现时，应该"见利不失"，"间不容息"，这样就会赢得主动，如果失去时机，就会陷入被动。其四是"避人之长，攻人之短"。这也是以奇用兵的一个重要方面。《太白阴经》主张以己之长击敌之短的"制人之术"。作者在书中强调，要牢牢掌握主动权，"夫道贵制人，不贵制于人。制人者握权，制于人者遵命也"。为此，应善于捕捉战机，神速进兵，"时之至，间不容息，先之则太过，后之则不及"，一旦抓住战机，则要"赴之若鸷，用之若狂"。

（3）注重"人谋"的思想。作者十分推崇《孙子》"未战而庙算胜者，得算多也"的观点，强调通过"示形"等手段分散、疲惫敌人，保持自己兵力集中的优势，扬己之长，击敌之短，"善用兵者攻其爱，敌必从；捣其虚，敌必随；多其方，敌必分；疑其事，敌必备。从随不得城守，分备不得并兵，则我逸而敌劳，敌寡而我众"。作者在强调物质条件的基础上，注重发挥人的主观能动作用，这是《太白阴经》中最有价值的思想。它认为"天"是自然现象，人能够掌握其规律，便能够避其害。因此，天道阴阳是不能决定战争胜负的，"阴阳不能胜败，存亡，吉凶，善恶明矣。"如果"寄胜于天道，无益于兵也"。《太白阴经》主张"人谋成败"，即"人的谋略是决定战争胜败的关键"。因此，它强调发挥人的作用，而不要"幸于天时"，"望于天福"。但是，它并不完全否认天时、地利在战争中的作用，而认为应该把它们同人的作用结合起来，一个弱小的国家，如果能够"乘天之时，因地之利，用人之力，乃可富强"。

《太白阴经》与一般兵书相比，具有两个显著的特点：

其一，《太白阴经》具有丰富的军事学术史料价值。由于当时社会重文轻武，耻于言兵的风气所致，使得古代流传下来的一些有价值的兵书受到不公正的待遇。由汉初至唐代的几百年中，能够流传下来的兵书只有屈指可数的几本。至于唐代从开国（公元618年）到唐玄宗时的一百多年间，除唐太宗李世民与卫国公李靖谈兵的《唐李问对》的兵书有所流传外，其他兵书大都散失，李筌的兵书实属承上启下之作。《太白阴经》从心术到谋略，以至治军、选将、用兵、攻守战具、工程、通信、行军、宿营、战阵、军用文书、人马医护、物象观测、军仪典礼以及驻防行军等各项准备事宜，均有论述，这些内容，基本上是综合前代兵书典籍及有关著作写成，它不仅可以使我们得以从中了解到唐代以前军事理论和军事思想的发展状况，也使我们得以窥见唐代的作战原则、将帅修养、指挥艺术、军事训练、军事法规、军需供应等。《太白阴经》中存录的许多有价值的军事资料，为我们研究古代军事理论，繁荣和发展现代军事思想和军事学术提供了丰富的养料。

其二，书中具有浓郁的朴素唯物史观和军事辩证法思想。从某种意义上说，它不仅是一部兵书,而且也是一部充满了朴素唯物史观的哲学著作。在佛道哲学和唯心主义盛行的唐代,李筌在《太白阴经》中体现的辩证唯物观点是难能可贵的。作者突出强调了战争胜负决定于人,只要"任贤使能""明法审令""贵功赏劳",不用求神问鬼也可以取得战争的胜利。他提出了"人无勇怯"、勇怯形成于后天的观点,提出了国家强弱不是注定不可改变的思想。李筌还认为,地形条件只是"兵之助","地之险易因人而险"。主张以法治军,以智教战。书中还论述了战争中的时机与主动权,以及如何尽早掌握敌人意图和对敌充分使用权谋的问题。从这个意义上可以说,《太白阴经》也是一部重要的哲学著作。当代著名哲学家任继愈先生称李筌"是一个长期被忽视了的唐代哲学家"。由于该书的上述特点,因而为后世兵家所重视。当然,由于李筌没有经历过治军、作战的实践,加之长期隐居深山,信奉道教,这对其军事思想是有很大影响的。在《太白阴经》中风角杂占、奇门遁甲一部分的内容则有迷信色彩。

十三、明演其术,备举其占——《虎钤经》

《虎钤经》是宋代的一部系统阐述军事理论的兵书。主要依据《孙子兵法》和唐人李筌所著《太白阴经》,继承和发展了古代朴素的哲学思想,对天地人在军事领域中的作用,阐发了不少新的见解。

此书作者许洞(约 976~约 1017),字洞天(一作渊夫),苏州吴县(今属江苏)人,咸平三年(1000)进士。历任雄武军推官、均州参军、乌江县主簿等职。他自幼习练武艺,并刻苦学习文化,尤其是精通《左传》。在研究读兵书中,他感到《孙子兵法》中所隐藏的道理过于奥妙和精深,后人研读起来很难通晓其中的用意和作用;而李筌的《太白阴经》,在论心术时秘而不言,谈阴阳又散而不备,后人学习起来比较吃力且很难把握其精神实质。便决心吸收《孙子兵法》和《太白阴经》中的重要思想,将孙子和李筌的重要军事哲学思想和作战谋略法则与现实的变化联系起来,突出实用性,编写成一部集通俗性和实际操作性于一身的军事著作。于是,经过 4 年(1001~1004)努力,终于编写出了《虎钤经》这部"上采孙子、李筌之要,明演其术;下撮天时人事之变,备举其占"的军事著作。全书共 20 卷,120 篇,约 15万字。前 10 卷是论述实际用兵问题,后 10 卷涉及面较广,论述较杂。

在中国古代哲学思想中,天地人的关系问题占有重要位置,特别强调天人合一的观点。古代的军事哲学,是中国哲学的源头之一,而古代兵法在中国哲学史上又占有重要位置,具有极为丰富的内容。天人合一的思想也必然影响到军事哲学领域,因而中国的古代兵法,大都是注重道、理的哲学、兵事统一体,有的军事著作实际上也是哲学著作。但古代兵法又有其固有的历史轨迹和明显的特征,突出地表现在天地人的关系上。对宗教神灵,对天的意志持否定的态度,比较注重于人的作用。这是因为战争是两军的生死搏斗,是人命关天的大事,不能有任何虚无缥缈的东西,它迫使指挥战争的人,必须尽量客观全面地认识双方情况,透过现象揭示事物的本质。从这一角度看,中国古代的军事家们是最讲究一切从实际出发实事求是的。

《虎钤经》以"上言人谋,中言地利,下言天时"为主旨,兼及风角占候、人马医护等内容。作者认为,用兵离不开天、地、人,而要充分发挥天、地、人在战争中的作用,就要一切从实际出发,抓住主要矛盾和关键因素,加以"随用"。然而,三者的关系不是并列的,"先以人,次以地,次以天"。其中,人在战争中的作用尤为重要。在万不得已的情况下,即使"违天时,逆地利",只要"大将深谋沉毅,部伍精肃",这样的军队仍然是不可击的。这就大大发展了《太白阴经》"地势所生,人气所受,勇怯然也"的思想,明确提出天时地利只是战争胜负的条件,决定战争的胜负的关键在于指导战争的人。在论述人在战争中的决定地位的同时,作者尤其重视将帅在战争中的重要地位和作用,要求将帅除了具有能谋善断、严于执法的指挥才能外,还要具备"去私循公"和"持身以礼、奉上以忠、忧乐与士卒同"道德品质,以及"纳谋而能容"的修养和"明今鉴古"的洞察力。在用兵的方法上,《虎钤经》强调要根据客观情况的变化而变换,即"用兵之术,知变为大","机正则泰,机乱则否",提倡灵活多变,随机应变,反对墨守成规,死板呆滞。这些思想无疑都丰富和发展了古代朴素的军事辩证法。

纵观《虎钤经》全书,集中体现了以下 6 个方面的军事哲学思想:

(1)"先谋"和"先胜"的思想。关于"先谋",《虎钤经》中说:"用兵之要,先谋为本",即事先做好作战谋略。强调谋划战争要首先做好宏观和周密的全程考虑,未战之前要"先谋",指出:欲谋用兵,要先谋安民;欲谋攻敌,要先谋赏罚等。还要"先定必胜之术",做到"三和"(和于国、和于军、和于阵)、"三有余"(力有余、食有余、义有余)、"三必行"(必行其谋、必行其赏、必行其罚)。作者指出,如果违背了"先谋"的原则而用兵,那就会失败,"苟有反是(规律)而用兵者,未有不为损利而趋害者也。"这实际上是对《孙子》"庙算"思想的发挥,也是对"凡事预则立,不预则废"原则在用兵作战中的具体化。关于"先胜",作者在书中解释《孙子》"胜兵必先胜"时说:"谓先定必胜之术,而后举也。"这是说,"先胜"是指"先定必胜之术",在战争之前已经胸有成竹,胜券在握。可见,作者提出的"先胜"和"先谋"是一个有机统一的整体。

(2)重"势"的思想。《虎钤经》对《孙子》"任势"的思想也有发挥。它认为在战争中,"多胜者非战也,多败者非弱也,率由势尔。"这就是说,战争的胜败并不单纯是由力量的强弱决定的,同时也是由能否科学地创造和把握有利的战场态势所决定的。同时,战争的胜败也不完全取决于人的勇怯,而是取决于"势"。作者指出:"兵之胜败非人之勇怯也,勇者,不可必胜;怯者,不可必败,率由势为。"因此,作者提出了"乘势""气势""假势""随势""地势"的"五势"思想,认为用兵作战如能"乘此五势",便能取胜。在作战实践中,要善于"夺恃",夺气(伺敌力衰而乘之)、夺隘(据隘设伏示弱以诱之)、夺勇(待敌动时而攻之)等;要善于"袭虚",以佯动、诱敌而击敌之虚;要"任势",乘机击敌懈怠,设伏击敌不意,乘胜扩张战果等。《虎钤经》特别强调要根据不同的态势,采取不同的作战方式,指出:"势在我,可以攻矣;势在敌,我当有道反能击之"。

(3)"用兵之术,知变为大"的思想。在用兵作战上,《虎钤经》吸取了历代兵书强调变化的思想,主张"知变为大",坚决反对死搬教条。作者认为,自然界一切事物都是不断变化的,"天道变化,消长万汇",用兵作战更应如此。它强调对古代兵法要灵活运用,不可死搬硬套。作者围绕"知变"作了多方面的论述:①重视"知变"。"兵家之利,利在变通之机","能以虚含变应敌,动必利矣"。②"知变"就要"观彼动静""观其逆顺",如此才能"以虚含变"。③"知变"的关键在于从利害两个方面观察问题,从中"择利而从之"。总之,尽管天时有凶吉,地形有险易,战势有利害,如能吉中见凶、凶中见吉、易中见险、险中见易、利中见害、害中见利,就能用兵尽其变。这一"知变"思想,也应用到灵活运用古人兵法方面,独树一帜地提出了"逆用古法"的理论。认为"以古法为势","未见决中者";而"反古之法",则往往可以料敌为胜。作者强调,对古代兵法的运用,一定要从实际出发,灵活运用,以便产生"新智"。作者指出:"夫用兵之奇,莫奇于设伏;设伏之奇,莫奇于新智;新智者,非不师古也,因古而反之尔。"这种思想是对宋朝军事哲学思想的一大突出贡献。

（4）"以实击虚"的思想。《虎钤经》主要提出了"击虚"的方法。指出："袭虚之术有二焉：一曰因，二曰诱"。"何谓因？曰：敌兵所向，我亦佯应之，别以精兵潜出虚地"；"何谓诱？曰：欲敌之要地，则不攻而佯攻，其邻大其攻具，盛其师旅，以诱敌兵。敌兵到则勿与战，复于壁守，潜心精锐，袭所出兵之城，而掩其内"。

（5）"反胜为败"和"转败为胜"的辩证思想。作者指出，对作战过程的胜败，要"胜不可专，败不可不转"。即胜利时不要一味想到胜利，还要考虑可能出现的失败；失败时则要专心思考失败的原因，以便找出转败为胜的办法。书中提出了"反胜为败"的5种情况：一是"急难定谋，狐疑不决"；二是"机巧万端，失于迟后"；三是"事机不密，为敌所识"；四是"似勇非勇，似怯非怯"；五是"主将不一，内部分歧"。同时，书中也提出了4种"转败为胜"的方法：一是"吏士饥，割所爱啖之"；二是"吏士恐惧，奋身先之众"；三是"吏士期应不到，严肃军纪"；四是"吏士疑惑，设法解除之"。

《虎钤经》内容丰富，作者论述古人兵法时能参与自己的见解和思想，对古代军事思想做了许多新的阐述和发挥。所强调的灵活用兵原则，切中时弊，对当时具有一定的指导意义，对其后问世的《武经总要》《何博士备论》等兵学著作也产生了积极的影响。因此可以说，《虎钤经》是一部"上采孙子、李筌之要"，"下撮天时人事之变"，对中国古代军事哲学思想和军事学术理论与作战实践有极大促进作用的兵书。

十四、评点兵家，寻求借鉴——《何博士备论》

《何博士备论》，是中国古代第一部军事人物评论集，为北宋武学博士何去非所著。全书共4卷，原有28篇，现存26篇，约2.8万字。所存26篇全是评论古人用兵得失之作。各篇独立成章，以朝代或人名为篇目，按时间顺序加以编排。此书在宋代《遂初堂书目》《直斋书录解题》中均有著录，现存明"穴研斋"抄本、清《四库全书》和《浦城遗书》《指海》等丛书刊本。各本或不分卷，或上下两卷，或4卷。

作者何去非，字正通，浦城（今属福建）人，宋神宗元丰五年（1082），以其对策"词理优瞻，长于论兵"（苏轼《举何去非换文资状》），深得皇帝赏识，顺利通过"廷试"，先后被任命为右班殿直、武学教授，之后又升迁为武学博士。不论是从历史上查考还是从年代上计算，都可以断定何去非不仅是我国历史上的第一位武学博士，而且也是世界上的第一位武学博士。他博览群书，精通兵法，其所著文雄快踔厉，风发泉涌，深得当时朝中官仕和风雅文豪尤其是大诗人苏轼的敬佩与赏识，不愧为武学博士的称号。

元祐四年（1089），早已获得博士"学位"的何去非奉命离开京城赴徐州任州学教授，后历任富阳知县、沧州通判、司农司丞、庐州通判等职，曾参与校定《武经七书》。与当时的班室文人墨客相比，何去非的经历是比较丰富的，与以奉应取官敛财的官员相比，何去非可谓清明洁身之官，与得过且过的儒腐之辈相比，何去非又是一个奋发图强者。

从历史形势上看，宋代是个多事之秋，北宋王朝建立之后，自公元963年到976年，经过16年的战争，先后消灭了南平、武平、后蜀、南汉、南唐等割据政权，结束了自唐末藩镇割据和五代十国的分裂局面，实现了南北方主要地区的统一。但北宋到宋徽宗赵佶时，统治集团昏庸，政治腐败，阶级、民族以及统治集团内部矛盾加深，先后在山东、江南等地爆发了以宋江、方腊为首的农民起义。正在这时，金国对宋王朝展开了大规模的攻掠，北宋王朝危机四伏。何去非有感于北宋王朝军事上兵弱衰败的形势，为适应宋神宗、王安石变法图强的需要，便更加刻苦地研究读兵书战策，企图以古喻今。为挽救北宋王朝危在旦夕的局面和推动北宋的政治、军事改革提供指导和帮助，便撰写了《何博士备论》。然而，该书写成之后，并没有引起皇朝的重视，何去非很不甘心，便四处游说，鼓吹自己的观点。对于何去非的所作所为，朝野上下议论纷纷，有的人竟把何去非的观点贬为邪说，并诬陷何去非图谋不轨。后来，十分器重何去非，而又拥护何去非的主张的翰林学士苏轼，为证实何去非的"文章议论"的正确性和对当时政务军务的指导价值，于元祐五年将《何博士备论》奏荐给朝廷，皇帝看后也确实感到何去非的主张是正确的，因而将此书放行于世。

在战争问题上，该书认为兵有所必用，必用时，"虽虞舜大王之不欲，固常举之"；不必用时，"虽蚩尤秦皇之不厌，固当戢之"。强调不能笼统地肯定或否定战争，因为"兵于人之国也，有以用而危，亦有以不用而殆"。是否进行战争，重要的是要看是否人合乎"德"，合乎"顺逆之情"和"利害之势"。

在建军问题上，作者十分重视军队的质量建设。认为："师不必众，而效命者克；士无皆勇也，而致死者胜。"要提高军队质量，就要坚持以法治军，"治国而缓法制者亡，理军而废纪律者败"。

在将领的选拔和用将问题上,作者认为将领应该成为胜其所任的良将。鉴于此,他一方面呼吁君主要行"将将"之道,即知人善任,不能因其所任非人而"以其将予敌",也就是说,不能因为任用了不忠于君的人而使他反而被敌人所用。在现在来看,这就是强调选拔干部必须把政治上是否可靠放在首位。并提醒统帅们对将领提出的非其所任的要求要加以禁止,不充当那种制将"无断"的"听主"。另一方面,将领要行"为将"之道。要求将领要有自知之明,不能提出非其所任的要求,以致"以其身予敌";要求将领在有利形势下要保持清醒的头脑,不可因兵强势众而"易敌轻进";要能"自将其身"(自己控制自己);在困难时能够忍耐。此外,还提出了君将要各谐,应赋予将领以机断指挥之权等论点。并分析指出,孙武、司马穰苴、周亚夫、诸葛亮、王猛等历代名将贤相因为"深得于君",权不中御,才"武事可立,而战功可收"。

在作战指导上,书中通过剖析众多战争战例和军事历史人物,强调战略决策要考虑根本"利害",确定攻夺要全面分析"形势",指挥作战要"出奇应变",运用兵法,"不以法为守,而以法为用"。认为,战争中有进攻,有防守。善于指挥作战的人,必须懂得什么情况下应该进攻,什么情况下应该防守,这样,进攻就能胜利,防守就能牢固。同时强调,要赢得战争的胜利必须有"智"——正确的谋略。认为"智"胜于"勇",楚汉战争中刘邦"能得真智之所在",有高明的战略策略,所以战胜了一味争强斗力的项羽;"智足以役勇,勇足以济智",认为隋朝杨素堪称智勇兼备。对"智"在战争中的作用,作了多方面的论证,在认清主要敌人方面,要以战国时六国之亡,"自战其所可亲,而忘其所可仇"为鉴;攻防的主次方向要分明,以晋灭吴所以胜,刘濞之所以败为例证;主张灵活用兵,推崇韩信、曹操"出奇应变"、多谋善断。为了以智胜敌,主张用"谋夫策士"组成自己的智囊,东汉末孙坚所以"功业不就",就是无人"发智虑之所不及"。《何博士备论》中的这些论述不仅在当时颇有影响,而且对后人了解北宋前半期的军事思想有一定参考价值,对后世治兵作战也有广泛的指导意义。

《何博士备论》褒贬历史人物不囿于旧说,如认为李广之所以"败衄废罢",根本原因在于治军不用纪律,李陵之所以战败被俘,在于汉武帝不明敌情轻率命将出征,也在于李陵之冒险深入,"轻委身以予敌"。苏轼对何去非的这种实事求是高度负责的态度给予了高度的评价,曾誉"其论历史所以废兴成败,皆出人意表,有补于世"。这对于提醒人们不迷信古人,开阔视野,有积极的意义。从写作手法上看,作者在《何博士备论》将自己的军事思想融于对古人用兵的评论之中,也颇具文法特色。同时,我们也从该书中发现,作者对某些人和事的评论,亦有偏颇之处。

十五、宋代官修,兵法大全——《武经总要》

《武经总要》是宋代官方编修的一部兵书,曾公亮、丁度等奉敕撰。据考证,这也是我国古代由官方组织编修的第一部军事类著作。由于此书是官修之书,所以得到比较好的管理与保存。现有影宋手抄本,明刻本、抄本,四库全书本,四库全书珍本初集本,中华书局影印明刊前 20 集卷本等。

这部书的编写,有着比较深刻的历史背景:北宋自澶渊之盟以后,武备日见松弛,将帅多不学无术。为此,仁宗皇帝赵祯于庆历三年(1043)十月,命令由天章阁待制曾公亮和尚书工部侍郎、参知政事丁度二人负责,组织一批学者编撰《武经总要》,供将帅学习。曾公亮与丁度接受任务以后,便精选各路人才,组织了一个庞大的编写班子。他们广采博录,花了三年半时间,才完稿成书。宋仁宗对此书大加赞赏,亲自为之提笔作序,称该书"凡军旅之政,讨伐之事,经籍所载,史册所记,祖尚仁义,次以钤略,至著本朝戡乱边防御侮计谋方略,咸用概举"。从仁宗皇帝这一评价中可以看出,《武经总要》确实被推崇为武学方面的总要。

那么,此书到底能不能称得上武学方面的"总要"呢? 这还要从该书所涉猎的内容中寻找答案。

该书作者鉴于将帅学习古今兵法战策泛览之难,便将几乎所有的军事理论和兵家要事收集到《武经总要》之中,使之成为一本几乎包罗万象的军事百科教科书。全书共有 40 卷,约 25 万字,图 330 幅,分为前后两集,各 20 卷。多数卷内分目,目下列有若干子目。其前集 20 卷,分制度 15 卷,边防 5 卷。其第 1 至第 15 卷,重在论述选将料兵、教育训练、部队编成、行军宿营、古今阵法、通信侦察、军事地形、步骑应用、城邑攻防、水战火战、武器装备等军队建设和作战的基本理论、重要制度和必备常识;其余 5 卷,介绍了沿边的河北路、北番地、河东路、陕西路、西番地、成都路、荆湖南北路、广南东西路的路、州方位四至、地理沿革、山川河流、道路关隘、军事要点、兵力配备等,并对河北、陕西、广南等沿边少数民族的发展始末、风土人情和边疆政策进行了论述。后集 20 卷中,前 15 卷为故事,选取古兵法中的精言粹语为标题,以古今典型战例为佐证,总结有关计谋方略、将帅修养、治军原则、常用战法、特种条件下作战等方面的经验教训，"使人彰往察来"；后5卷集中讲述军事行动中王相孤虚、阴阳占候之类问题。

《武经总要》所汇辑与阐述的军事思想相当丰富，其主要内容表现在以下8个方面：

（1）针对当时军队缺乏训练的状况，强调"军无众寡，士无勇怯，以治则胜，以乱则负"。这里的"治"指的就是教育和训练。作者充分认识到，"士不选练，卒不服习，起居不精，动静不集，趋利弗及，避难不毕，前击后解，此不习革力率之过也"，"用兵欲其便，用器欲其利，将校欲其精，士卒欲其教。盖士有未战而震慑者，马有未驰而疲汗者，非人怯马弱，不习之过也。"强调部队只有严格训练，才能有战斗力。这与我们现在提出的"向教育训练要战斗力"是基本相通的。对教育训练的基本原则，它主张要立法，指出："法制未立"，则"旗幡虽设，不主进退；鼓角虽备，不为号令；行伍虽列，不问稀密；部阵虽立，不讲圆方"，也就达不到预期目的。关于教育训练的基本方法，明确提出要"约""繁"并举，循序渐进。因为"不先日阅是谓教而无渐，不后讲武是谓训习而无功"，只有二者"交相为用"，才能把军队训练成"折冲靖难之具"。

（2）针对宋代骑兵建设落后于辽和西夏的情况，充分肯定了骑兵在战争中的地位和作用，具体分析了骑兵"能合能离，能寇能追"，"击首则应尾，备前则冲后"的优长，以此来论证加强骑兵建设的重要性。

（3）鉴于同宋对峙的辽、西夏政权均为少数民族所建，它还要求将帅必须了解周边特别是北边西边少数民族风情。强调指出："北方狄与西方之戎，其性相类，土力能弯弓，尽为甲骑。其宽则随畜田猎禽兽为生，急则习战攻以侵伐为事。其长兵则弓矢，短兵则刀铤，利则进，不利则退。"战争指导者只有"度其俗之强弱，能之长短"，才能"以我之长，击彼之短，料其所好而诱之，因其所恶而攻之"。

（4）鉴于太宗时将领要按皇帝所授阵图布阵作战的呆板做法，在具体地介绍宋朝阵制和古代兵书战策的同时，一方面重新强调了古代军事理论中的"兵贵知变"，"不可以冥冥决事"的思想；另一方面提出了变通古今阵法的正确主张，要求对古今阵法"或因或革"，以"便于施行"为原则，要"度宜而行"，"沿古以便今"。

（5）针对当时选将用将中的种种弊端，明确提出了选将用将的原则和方法。认为将帅是"民之司命，国家安危之主"，如果君不择将，等于是把自己的国家让给敌人。强调将帅在战争中的作用及知人善任的思想，指出"所使人各当其分"是

"军之善政"。在论述选将标准时,除强调"智、信、仁、勇、严","五才"必须具备之外,还强调须具备"五谨"的修养,即"理、备、果、戒、约"。理,是指谋划有方,指挥若定;备,是指居安思危、常备不懈;果,是指临敌果敢、临机果断;戒,是指胜而不骄,持身严谨;约,是指军令简明易懂,不搞繁文缛节。怎样对将领进行考核呢?《武经总要》提出"九验"之法,即:把考核对象派到偏远的地方去单独执行任务,以此考验他是否忠于职守;把他留在身边工作,观察他对上级是否尊重,对左右是否谦恭;频繁地使用他,了解他的才能;突然地向他提出一些问题,测验他的反应能力和智谋;限期完成某些使命,考察他是否守信遵时;委托他管理货物钱财,考验他是否廉洁;在危难时注意他的气节操守;当喝醉时,观察他是否举止失态、言语无礼;最后一条是平日通过一言一行去考察将领。《武经总要》还提出要量才用人:"兵家有人,贵随其长短用之……精锐者使斗,果敢者使攻,沉毅而性执者使处险阻,智而善断者可使与谋,轻健者使诱敌,刚愎者使当锋,利口喋喋者使用间。"以便达到人尽其才,才尽其用。

(6)为提高将帅的作战指挥能力,阐述了"审己""察彼""团一"、用奇的作战指挥原则。《武经总要》在强调"知彼知己"的基础上,提出"善制敌者,必先审于己"再"察彼之形势",这样在"兵出于境"的时候便能够"以理击乱",从而取得战争的胜利。对于军队内部的团结,《武经总要》也非常重视,认为"战兵先欲团一,团一则千人同心,千人同心则有千人之力,万人异心则无一人之用"。注重以奇取胜,主张用兵时要正确认识正兵和奇兵的关系,使之相辅相成,指出:"奇非正,则无所恃;正非奇,则不能胜",以正兵作后盾,善用奇兵,能够取得战争的胜利。

(7)根据当时攻城作战的实际需要,论述了攻城作战的具体方法。《武经总要》指出:"凡欲攻城,备攻具然后行之,得生地然后临之,趋其所邑,谓攻其军之所在;绝其所恃,谓断其粮道而守其归路,使外交不能相求。"这就是说在攻城作战中,首先应准备好攻城的器具,然后抢占有利地形,集中攻击敌人要害部位,断绝敌人的粮道和退路。

(8)充分认识到武器装备在军队战斗力中的重要作用,在提出"用兵欲其便,用器欲其利"主张的同时,具体介绍了当时军队的武器装备。在前集的第10到第13卷中,用较多的篇幅介绍了军事上的"器械名数、攻城之具、守拒之用",并绘制了相应的图形,"悉以训释"。这些图形和文字说明,不但形象具体地展现了当时的武器战具、筑城技术和城战器械,而且还收录我国最早配制成功的火药配方、最早用战争的火器及其制造和使用方法。这些内容是研究中国古代军事和科学技术的重要资料,具有很高的学术价值。

《武经总要》在中国军事思想史和军事技术史上占有重要地位。其"前集备一朝之制度,后集具历代之得失"(《四库全书总目提要》),具有重要的史料价值。该书问世后,对它的评价甚多,南宋藏书家晁公武的评价很有代表性,也比较公允。他在所著的提要目录书《郡斋读书志》中,对《武经总要》有这么一些评论:"所言阵法战具,其制弥详,其拘牵弥甚。"意思是说,《武经总要》关于行军布阵和兵器形制构造的记载是十分详尽的,不过牵强附会的地方也很多。又说:"至于诸番形势,皆出传闻,所言道里山川,以今日考之,亦多刺谬。"晁公武在提出其不足之后又肯定此书说:"前集备一朝之制度,后集具历代之得失",《武经总要》广辑军事资料,内容浩瀚丰富,较为完整地记述了北宋前期的军事制度;注重战术和技术的结合介绍兵器、火器、战船等军用器具,并且在营阵、器械等部分大量附图;军事理论和战例故事结合,既言法而又言事与人,"凡军旅之政,讨伐之事,经籍所载,史册所记,祖尚仁义,次以钤略,至著本朝戡乱边防侮计谋方略,咸用概举"。所以我们可以肯定地说,《武经总要》确实是我国宋代的一部武学方面的"总要"。此书在中国军事思想史和军事技术史上占有重要地位,对于中国军事学术史和兵器技术史的研究,具有较高的史料价值。

十六、因战而变,奇谋良策——《百战奇法》

《百战奇法》,亦称《百战奇略》。中国古代分条论述战争、治军与作战指导的兵书。约成书于北宋末年,作者无从确考。清雍正后更名《百战奇略》,伪托为明代刘基著作。全书共 10 卷,每卷 10 战,合为百战,共 3 万余字,现有明弘治、嘉靖、万历刻本及多种清刻本存世。

该书以《武经七书》为立论基础,结合五代前的战例,总结了许多可资后人借鉴的军事思想。全书收集了从先秦到五代一千六百多年间散见于史书中的重要军事资料,按作战双方的军事、政治、经济、自然诸条件分为百题,论述了作战指导,进攻和防御,特种地形和各种气象条件下的战斗、带兵和练兵等内容。也就是一百种不同战况下的谋略方法。它们分别是:

计战、谋战、间战、选战、步战、骑战、舟战、车战、信战、教战、众战、寡战、爱战、威战、赏战、罚战、主战、客战、强战、弱战、骄战、交战、形战、势战、昼战、夜战、备战、粮战、导战、知战、斥战、泽战、争战、地战、山战、谷战、攻战、守战、先战、后战、奇战、正战、虚战、实战、轻战、重战、利战、害战、安战、危战、死战、生战、饥战、饱战、劳战、佚战、胜战、败战、进战、退战、挑战、致战、远战、近战、水战、火战、缓战、速战、整战、乱战、分战、合战、怒战、气战、归战、逐战、不战、必战、避战、围战、声战、和战、受战、降战、天战、人战、难战、易战、饵战、离战、疑战、穷战、风战、雪战、养战、书战、变战、畏战、好战、忘战。

从该书的论述方法上看,每题均先解题,继而阐明用兵原则。在阐明用兵原则时,多引用《孙子兵法》《司马法》《尉缭子》《李卫公问对》《三略》《六韬》等兵书上的精辟警句。其中引用最多的是《孙子兵法》,多达 60 多条。正文之后,又选择古代战例与每题论点相结合者加以印证,前后照应,相得益彰。因此,虽说书中内容多系辑录而成,但经过作者精心选择和重新结构,面貌一新,是一部别具特色的军事科学著作。

该书的基本思想可概括为以下几个方面:

在战争问题上,认为战争性质有顺与逆、直与曲之分。既反对穷兵黩武、肆意发动战争,又主张居安思危、常备不懈;既强调人的因素在战争中能够起的决定作用,提出"人战"的可贵思想,又重视物的因素在战争中的重要作用,主张"利器械"(《正战》)、"有粮必胜"(《粮战》)。

在作战指导上,认为分析和研究敌我实际情况,是制定用兵方略的根本前提。"兵家之法,要在应变"(《变战》),故作战中要因变制敌,灵活用兵,不同情况下采取不同作战原则。例如,对确有把握能够迅速击灭的敌人,要发动速战速决的进攻战;对缺少速胜把握之敌,则进行持久疲敌的防御战。敌众我寡时,对于多路来攻之敌,当合军击其一路,逐次歼灭;我众敌寡时,把兵力区分为"奇""正"两部分,以正兵正面进攻,以奇兵侧后迂回,前后夹击,一举歼敌。对于阵势未定,行阵未整之敌,要"先以兵急击之"(《先战》),打敌措手不及;对于"行阵整而且锐"之敌,则"宜坚壁待之,候其阵久气衰,起而击之"(《后战》),等等。强调作战中要从敌情实际出发,采取不同方法惑敌、误敌,创造致敌"破灭之势"。例如,己弱敌强时,要示强于敌;己强敌弱时,则"可伪示怯弱以诱之"(《强敌》)。昼战须多设旌旗以为疑兵,使敌莫能测其众寡;夜战则多用火光和鼓声,以"变乱敌之耳目,使其不知所以备我之计"(《夜战》)。与敌隔水为阵时,欲从远处渡水击敌,当"示之若近济"

（《远战》）；若从近处渡水击敌，则反示以远。对强大易骄之敌，要"卑辞厚礼，以骄其志"；对愚顽贪婪之敌，则设饵以利诱之。强调作战都要先占据形势便利之处，但应视兵种不同和兵力多寡等情况，选择不同的地形。例如，山战须居高阜，谷战须附山谷，水战须居上风、上流，泽战必就地形之环龟，等等。强调作战中要充分利用有利气候条件，并根据不同气候条件采用不同作战手段。例如，在干燥易燃条件下作战，对于营于草莽山林之敌，或是敌人囤积粮草之所，可因风纵火焚之，选精兵以击之。在有风天气作战，可根据不同的风势，采取不同的手段和战法，如遇顺风，要"致势而击之"（《风战》）；如遇逆风，可乘敌人松懈麻痹之隙，出其不意而捣之。在风雪交加的天候下作战，"可潜兵己之"（《雪战》），以奇袭手段取胜，等等。

在作战方法上，主张灵活用兵，以谋制胜。纵观全书所阐述的奇谋战法，大致可分为七个方面：①示形。即用以欺骗和迷惑敌人的一种隐真示伪，达到"致人而不致于人"的战法。《百战奇法》强调要针对不同情况，采取不同内容的"示形"，该书《形战》篇说："凡与敌战，若彼众多，则设虚形以分其势，彼不敢不分兵以备我。敌势既分，其兵发寡，我专为一，其卒自众，以众击寡，无有不胜。"《弱战》篇说，敌强我弱时，可示强于敌；《虚战》篇说，敌实我虚时，"当伪示以实形"；《强战》篇中亦说，我强敌弱时，"可伪示怯弱以诱之"。②疑阵。即设置疑阵，制造假象，以迷惑敌人。强调要采取多种巧妙手段迷惑敌人，使敌人产生错误判断而处于应付和被动，然后，寻找和发现敌人的薄弱之处和错误之点，抓住时机将敌歼灭。这一谋略在《疑战》中做了详细叙述。在迷惑敌人的战术运用中，作者提出了一些现实的方法。即，我强则示敌以弱，我弱则示敌以强；我欲远渡，示敌以近济，我欲近攻，则示敌以远击；在与敌人对垒相持之中，欲袭击敌人，"须丛聚草木，多张旗帜，以为人屯，使敌务东而我击西"。如欲撤退，则可"伪为虚阵，设留而遁，敌必不敢近我"，我可以安全撤退。在与敌人交战之际，要采取虚张声势的佯动战法，进行"惊前掩后，冲东击西""声彼而击此"。③诱歼。《饵战》篇认为，所谓"饵兵"，就是"以利诱之"的一种战法。强调在作战指导上，既要注意警惕和防止自己中敌"饵兵"之计，又要善于巧用"饵兵"战胜敌人。在《利战》篇中，进一步阐述了作战中如何"设饵诱敌"的问题。主张对"愚而不知变"，"贪利而不知害"之敌，"可诱之以利"，以达到歼灭敌人的目的。在《强战》篇中，又就我强敌弱情况下如何诱歼的方法，做了阐述。认为"伪示怯弱以诱之"，可以使敌前来决战，我使用精锐部队出其不意地对其实施打击，敌人就一定会失败。④设伏。即诱敌进入伏击区，伏敌骤起，极易达到全歼的目的。在敌我双方势均力敌的情况下，须以"轻奇挑攻之，伏兵以待之，其军可破"。（《挑战》）当处于敌众我寡的情况时，"必以日暮，或伏于深草，或邀于隘路，战则必胜。"对于进攻骚扰我边境之敌，"可于要害处设伏兵，或筑障塞以邀之，敌必不敢轻来。"《百战奇法》还特别强调指出要警惕敌人的伏击，当敌人运用此法诱歼我军时，不可全力出击，以免中敌埋伏。⑤骄纵。骄兵必败，这是战争史上的一条重要规律。一般说来，强兵和胜兵易骄。这是因为将者不能正确分析和认识敌我双方的力量，过高地估计自己，过低地估计敌方，在作战指导上就极易陷入盲目性而打败仗。《百战奇法》的《骄战》篇中，专题阐述了对强而易骄之敌的作战方法，认为对他们"须当卑辞厚礼，以傲其志"，使其放松警惕，意骄志逸。待其弱点充分暴露而出现可乘之机时，再出兵击之，就能一举取胜。⑥离间。离间之计是常被兵家采取的一种克敌制胜的有效方法。《百战奇谋》十分重视《孙子兵法》中"亲而离之"的思想，强调对内部团结的敌人，要离间破坏它，为战胜敌人创造可乘之机。《离战》篇中论述了堡垒容易从内部攻破的道理。指出：在对敌作战中，应该随时注意捕捉和利用敌国君臣之间的裂缝，派遣间谍进行离间，使其互相猜疑、互不信任，然后以精锐部队乘隙攻之，就能达到战胜敌人的目的。⑦击惰。《百战奇法》同《孙子兵法》一样，很重视人的精神因素，把"避锐击惰"作为敌强我弱情况下作战的一条重要原则。《避战》篇说："凡战，若敌强我弱，敌初来行阵整齐、士卒安静，未可轻战。俟其变动击之，则利。"同时，《百战奇法》还特别强调，在我强敌弱、我胜敌败时，切不可"骄惰""放佚"和"怠忽"，否则就会中敌之计，由强变弱，由胜转败。

在治军问题上，强调"凡欲兴师，必先教战"（《教战》），认为只有平时搞好训练，战时才能打胜仗。强调思想教育的重要性，指出，只有"激励士卒，使愤怒而后出战"，才能奋勇杀敌。强调将帅要甘苦共众，好信任诚，赏罚严明，发挥表率作用，才能带好部队。

《百战奇法》还是一部具有朴素的辩证思想特色的兵书，它朴素的意识和触及到军事斗争领域的矛盾双方既相互对立，又在一定条件下相互转化的现象，论述了强与弱、众与寡、攻与守、进与退、胜与败、安与危、利与害、奇与正、分与合、主与客等大量对立统一关系。每战既相对独立成篇，又相互关联成对比分析，说明相反相成的道理，其思维方法给后人以重要启迪，其著述方式，对后世影响很大，在中国军事思想史上占有一定地位。

十七、火器时代,守城绝招——《守城录》

《守城录》宋代专论守城作战问题的兵书,也是中国历史上较早、较具体地讲述城池守御问题的专著,成书于南宋初期,为南宋抗金名将陈规及教授官汤璹所著。

陈规(1072~1141),字元则,密州安兵(今山东安丘)人,历任安陆县令、德安和顺昌知府、枢密院直学士、庐州知府兼淮西安抚使等职,力主抗金,善于守城。北宋末南宋初,独守德安孤城多年,巧思百计,9 次取得守城作战的胜利。其后在顺昌储粮备战,配合刘绮大破金兵,取得顺昌保卫战大捷。他总结多年守城实践经验,撰成《守城机要》,阐述了守城的方法、原则。绍兴十年(1140)又撰《〈靖康朝野佥言〉后序》,总结了汴京失陷的守城教训。

汤璹,字君宝,生卒年不详,潭州浏阳(今属湖南)人,淳熙十四年(1187)进士,曾任德安府教授,长于诗文,学问很深,曾追访陈规生前守城事迹,撰成《建炎德安守御录》,于绍熙四年(1193)向朝廷表上其书。

全书由《〈靖康朝野佥言〉后序》《守城机要》和《建炎德安守御录》三部分组成。原各自成帙,约于宋宁宗(1195~1224)时合为一书。全书共 4 卷,约 1.8 万字。现有清《四库全书》本、乾隆四十年(1775)抄本和嘉庆、道光年间刻本。该书在火器已用于作战,攻城手段有新发展的历史条件下,集中阐述了守城作战指导与城防体制改革的思想。

《守城录》第一部分《〈靖康朝野佥言〉后序》,作于绍兴十年(1140)5 月。《靖康朝野佥言》原为夏少曾所著,详细记述了靖康间金人攻汴始末。陈规在任知顺昌府之后,得知同僚中有人收藏《靖康朝野佥言》,便找来"熟读"。当他读到京城黎民凄惨的景况时,"痛心疾首,不觉涕零",于是便边读边写,批驳了夸大金兵威势而灭自己威风的种种观点,总结了汴京失陷的教训,阐述了应该如何御敌的意见,并以此作为《靖康朝野佥言》的"后序",遂成《〈靖康朝野佥言〉后序》一文。陈规在谈到撰写"后序"一文的目的时说:"朝廷大臣与将吏官帅,应敌捍御之失,虽既往不咎,然前车之覆,后车之戒,事有补于将来,不可不备述也。"由此可见,他写此书的目的在于喻古启今,其着眼点是为夺取"将来"宋金战争的胜利出谋划策。

靖康末(1127)金兵攻陷汴京,荆湖一带溃兵与饥民纷起,多者众至数十万,附近州县皆被攻破，唯陈规率兵数千守德安（今湖北安陆），多次击退敌人的大规模进攻，深为朝廷所赞赏。《守城录》的第二部分《守城机要》就是德安守城经验的具体总结，它着重论述了"城廓楼橹制度及攻城备御之方"，阐述了守城的方法、原则。对于在攻者有炮的情况下，城垒应该如何改造与构筑以加强防御，防守者如何正确用炮以粉碎敌之攻击，守城军民的组织编制、力量运用和守御实施等问题，均有详细的说明，贯穿着"凡攻城者有一策，守城者则应以数策应之"的"因敌而变"的思想。

第三部分《建炎德安守御录》，是汤琦追访陈规生前守城事迹，具体记述陈规在德安率军坚守孤城、奋力杀退金兵的经过，并于绍熙四年（1193）向朝廷奏呈其书。这一部分对城邑建筑，从军事角度提出了许多好的意见。

《守城录》是我国军事史上一部根据实战经验写成的关于火器条件下进行城邑防御作战的军事著作。作者极具创新意识和改革精神，他认为，过去的惯例都崇尚因循守旧，人们很怕改革，这些思想都是不应效法的。古人所说"没有百倍的利益就不变法，没有十倍的功效就不改换器物。"从现在的城池防守制度看，虽然改革的利益达不到百倍，功效也达不到十倍，但自古以来帝王的章法都未曾有固定不变的，可行的就承袭，行不通的就要改革。他讲求一切从守城作战的实际需要出发，针对火器已经用于作战，攻城手段有新发展的时代现实，根据攻城武器的发展和实战经验，着重从守城作战指导思想、城防体系建设和作战武器三个方面，提出了守城作战的相关问题。

（1）在守城作战指导思想方面，强调其核心是勇抗强敌，积极守城，守中有攻。陈规针对当时"金兵锐不要当、宋军望而怯溃"的现实指出："强者复弱，弱者复强，强弱之势自古无定，唯在用兵之人何如耳"，阐明了只有守城者坚定信心，敢于以弱抗强，顿挫攻敌，才能转弱为强，战而胜之；否则，就会"终止于弱而已"的思想。针对当时攻城手段的发展，他着重驳斥了所谓"金人攻城，大炮对楼，势岂可当"的悲观论调，认为守城作战的有利条件甚多，应以积极态度对待守城，做到处处高敌一筹。当敌军以云梯、鹅车、天桥等一般手段攻城时，守城者居高临下，"诚可谈笑以待之"；当敌军以大炮攻城时，守城者只要把自己的大炮从配置在城头改为暗设在城里，由城上守军指示目标对敌人进行攻击。这样，既可以有效地摧毁敌炮、敌军，又能够使敌人看不到己方大炮所在的地方，保证己方大炮不被敌人摧毁；即使是敌军攻破并越过了己方城墙，守城者也可以在城内重重设险，置敌于死地。陈规辩证地分析和摆正了人和武器的关系,不仅承认先进武器的强大威力,同时也肯定了人的决定性作用。他指出,"凡攻守之械,害物最要,其势可畏者,莫甚于炮。然亦视人之能用与不能用耳。若攻城人能用之,而守城人不能御之,则攻城人可以施其能;若守城能用,则攻城人虽能者,亦难施设。"由此可以得出结论,汴京的失陷,并非金人"善攻",而是宋军"失计"。该书十分重视"守中有攻",将其视为争取主动、消灭敌人、夺得胜利的重要手段。认为只守不攻是"自闭生路",守中有攻才是"善守城者"。

(2)在城防体制改革方面,该书从防御重达百斤的大炮攻城出发,着眼于守城和出击两利的原则,对城门、城身提出了一系列改革措施,并主张建立重城重壕的防御体系。

①关于城门的改革措施有:由旧制一重门改为三重门,将原来的一城一壕变为"重城重壕"的新城防体系,以利重重设防,以增强城邑防御能力。这样,即使敌人破门而入,也不至于造成兵荒马乱、束手无策、兵溃一匮,而能够依靠多层次的阻击反败为胜,将敌人赶出城门;增高旧制门楼,由一层改为两层,以利于上施弓弩,下施刀枪,为各种兵器的正确使用创造条件,形成"立体"防御态势,与敌人展开"立体化"作战;于城门通道设置暗板,一旦攻城之敌破门突进,就迅速启动机关,使敌人掉进陷阱,使其虽破门而不能入,从而使守军反败为胜;将旧制吊桥偷偷地改为实桥,使敌摸不着我军的虚实。这样,不仅能使习惯于常规思维的敌人在攻我"吊桥"断我退路上大做文章,分散兵力。更有利于守军进退自如地随时出击;多设暗门、突门,以利守军突然多路出击,攻敌不意。

②关于城身的改革措施有:收缩四方城角,使敌不能夹角施炮,乘机登城;在城墙上筑高大的鹊台,台上立墙,墙上设"品"字形射孔,这样,既能防敌炮击,又利于守军观察和战斗;拆除旧制马面墙(城门两侧城墙上的突出部分)上不能防炮的附楼,另筑足以抵御敌重炮攻击的高厚墙,墙上设"品"字形射孔,以利掩护自己,击杀敌人;改造旧制羊马墙,加筑鹊台,台上筑墙,墙上亦设"品"字形射孔,以利战斗。一旦敌人填壕攻城,即可从大城之上和两侧羊马墙内三面击敌。

③建立起重城重壕的防御体系。即大城之内,再修筑一道里城、里壕,造成重重设防、严不可犯之势。使攻城者望而生畏,即使能突破外城,也无法突破里城,从而确保"城无可破之理"。

(3)在武器的改革方面,此书还记载了陈规于绍兴二年(1132)研制成长竹枪

20余支及其在守城作战中发挥的作用。这种火枪是最早的管形火器,在科技史上具有重要地位。

纵观全书,《守城录》中的守御之术,是建立在朴素的唯物主义的基础之上的。一是强调"人为"。陈规针对当时朝廷中"敌势方强,用兵无益,宜割三镇以赂之"的这种无所作为的投降主义论调,尖锐指出:"殊不知势之强弱在人为。我之计胜彼则强,不胜彼则弱。若不用兵,何术以壮中国之势、遏敌人之强?用之,则有强有弱;不用,则终止于弱而已。强者复弱,弱者复强,强弱之势,自古无定,唯在用兵之人何如耳。"陈规的这些观点,不仅在军事上,而且在政治上也具有重大意义。二是力主"先策"。所谓"先策",指的是事先的筹划和策略。在陈规看来,"先策定险设备"乃是善守者的一个标志。陈规认为,无论城大城小,关键在于是否有善守之人。有了善守之人,且已"先策定险设备",事先做了周密计划,充分估计了各种危险,并做了相应的准备,敌人是无法攻克的。他还认为,敌情在不断变化,具体的制敌之方也必将随之而变化。一再强调,要想守住城池,"唯在乎守城之人于敌未至之前,精加思索应变之术,预为之备耳。"三是坚持"为今"。陈规深刻批判"利不百者不变法,功不十者不易器"的抱残守缺的陈腐理论,强调必须按照新情况,对旧的"城池之制"加以适当的改革。认为"可则因,否则革",一切从"为今"出发,一切以"今"之实际需要为准绳。陈规所提出的一系列改筑城垒的方法,所特别强调的那些"为今之计",都是建立在他对"今"之透彻了解的基础之上的。陈规这种以"今"为准、对旧有的东西"可则因,否则革"的思想,现在看来也是正确的。

《守城录》集中反映了陈规适应敌情的变化和武器的发展,大力改革守城制度、改变作战方法以及强调"守中有攻"的积极守城思想。该书对当时和后世影响颇大。宋孝宗乾道八年(1172)曾诏刻《建炎德安守城录》(即陈规《守城机要》)颁行天下,令各地守城将领效法。但该书也有个别片面性的观点。

十八、筚路蓝缕,开山之作——《历代兵制》

中国古代第一部军制通史,南宋孝宗时学者陈傅良撰写。全书共8卷,约3.5万字。书中记述了商周至宋代的历朝兵制,重点总结了兵制中的利弊得失。

《历代兵制》一书,原书名为《周汉以来兵制》,《历代兵制》这个书名是后来刊刻时改定的。现有墨海金壶本、守山阁丛书刊本、长恩书室丛书本、扬州刻单行本、学海类编本、兵法汇编本、静观堂刊本、清道光年间瓶花书屋本等刊本流传于世。

陈傅良,字君举,号止斋,温州瑞安(今浙江省瑞安市)人,学者称其为止斋先生。他治学重"经世致用,为官抗疏忠恳"。据史学界考证,促成陈傅良撰写《历代兵制》,有两个方面的因素。首先,是特定的历史环境。南宋时期,兵制研究十分兴盛。当时,由于统治者反对北伐,主张屈辱议和,对金称臣纳贡,以偏安江左。如此不仅不能恢复中原,更谈不上建设强大的军事力量,这就促使南宋的一些爱国的士大夫和学者们从兵制的问题来探讨强兵之路和强国之策。他们把兵制问题和国家治理关系看得异常重要,往往从兵制角度探讨得失。于是对历代兵制的研

陈傅良

究也就蔚然成风,出现了许多讨论兵制问题的论文及奏状札子,如叶适对南宋募兵制度,北宋以来中央对军权的过度控制等弊病,都有较深的揭示;对改革兵制、减少定额,加强地方军事力量等问题,也都有较切实的意见。当时编撰的一些类书对兵制也非常重视。另外,还出现了诸如《祖宗兵制》《补汉兵志》等兵制史方面的专著。这些兵制学术论点和著述,对陈傅良的兵制学术思想形成和发展起到了很大的促进作用。其次,对陈傅良撰写《历代兵制》起到了一定促进作用的还有他的朋友吕祖谦。宋孝宗乾道六年(1170),陈傅良进入太学,结识了当时著名的学者吕祖谦,并成为挚友。吕祖谦曾撰《历代制度详说》,其中有兵制一门。陈傅良撰写《历代兵制》,很可能是受到吕祖谦的启发和影响。然而,以上的两个因素都是客观的,促使陈傅良撰写此书的最根本的动力是:他痛感南宋朝廷偏安江左,中原不能恢复,主弱兵骄,已经构成国之大患。为总结历代军制得失经验,以喻当朝军制弊端而下决心撰写这部著作。《四库全书总目提要》说:"傅良当南宋之时,目睹主弱兵骄之害,故著为是书,追方致弊之本,可谓切于时务者矣"。可见陈傅良是针对兵制弊病而撰写此书的,其目的与钱子文撰写《补汉兵志》相同——"为宋事立议"。为了写成此书,他呕心沥血,广征博引,直至陈傅良死时尚未完全脱稿。

该书从喻古启今的指导思想出发,阐述了后代兵制对前代兵制的继承和发展。其卷一讨论西周、春秋战国及秦代兵制;卷二讨论西汉、王莽及东汉兵制;卷三讨论

三国及两晋兵制；卷四讨论南朝兵制；卷五讨论北朝及隋兵制；卷六讨论唐代兵制；卷七讨论五代兵制；卷八讨论北宋兵制。该书对西周的乡遂井兵农合一制，汉代的京师兵（南北军）、地方兵（轻车、骑士等），隋唐的府兵、唐代的车骑、禁军，北宋的禁军、厢兵、蕃兵等都做了具体阐述，同时也对有关历代兵员征集办法（征发或招募），兵役、徭役情况，军功爵赏，兵员数额，军费开支，战争状况等均有记述。

《历代兵制》所记北宋兵制最详，史料价值也最大。作者提出"前世之兵未有猥之如今日者也，前世之制未有烦于今日者也"。一针见血地揭露与针砭了北宋军队是有史以来纪律最松弛、编制最混乱，浮于形而不可月之战的弊疾，揭示了当时的兵制流弊，为有志改革兵制之士提供了历史经验的借鉴。因此，该书在史实运用和观点论述中，有较强的思想性和倾向性。它采取夹叙夹议的写作方法，在叙述每个朝代的兵制沿革史实后，便加以评论，提出其利弊得失，"以为世鉴"。对北宋初年赵匡胤集兵权于一身，亲卫殿禁，戍守更迭，京师府畿，内外相制，发兵转饷捕盗之制，持肯定态度，认为宋初"兵虽少而至精"；对成平（998～1003）以后的冗兵充斥，军费浩繁现象，进行了抨击，企图以此感悟当局，促进精兵简政，减轻国家和民众负担，提高军队战斗力。

该书以史立论，阐述了一系列有关军制的理论观点：①军事优劣得失与国家治乱安危攸关。军制不修，往往是造成军弱国危的原因。只有建立良好的军事制度，才会"上无叛将，下无骄兵"，"连兵数年而邦本不摇"。②寓兵于农，"兵制之善，莫出于此"。这种制度由成周垂范，汉唐继统，普遍出兵，"更劳均佚"，故"民有常兵而无常征之劳，国有常备而无聚食之费"。主张寓兵于农，兵农合一，有事（战争）出战，无事（战争）耕田。③反对冗兵冗官，主张精兵简政，兵要少而精；主张强干弱枝，"天下之兵皆内外相制"，反对诸王擅权；主张量力征收军赋，反对征调无度。④主张严格要求，严格训练，反对"教习不精"。指出，将士只有"日课其艺"掌握手中武器，才能去怠惰之情，出骁锐之师。⑤主张严明赏罚，禁止奸恶滋彰，认为只有明赏罚、审法令，才能使"制度号令，人不敢慢"，纪律严明，士气旺盛，"兵虽少而至精也"。赏罚必信，才能激励士卒奋进立功。⑥强调兵无专主，将无重权，只有临战任将，战毕罢官，将帅无握兵之重，才会听从中央指挥。同时指出，统兵制度必须居重驭轻，"内外相维，上下相制"，中央掌握优势兵力，才会利于国家长治久安。

《历代兵制》主要选摘前代史料，使其与自己的论点融而为一。因此，在表述方法上，有些段落是直接引自文献（第八卷北宋兵制部分甚至是全文录于王至的

《枢庭备检·序》),有些是对史料的改编或概括,有些则是作者自己的话。由于古人撰书引用史料大都是不注明出处的,致使今天一般的读者难以分清书中哪些地方是引用史料,哪些地方是作者所发议论。它的基本写法是:先用一段文字叙述其某一阶段兵制或该阶段兵制的某一方面的情形;再用一段按语,专门讨论这一阶段兵制中的几个问题。

据考证,在陈傅良的《历代兵制》问世以前,虽有不少学者结合兵学研究论述过兵制问题,也有专门研究兵制问题的学者出现。但是,此前的兵学研究和论述,都是处于一种比较零散的状态,有的是针对兵制中的某一问题展开评述,有的是针对某一朝代或某一时期的兵制进行研究和著述。而有系统、成体系地勾画出两千年的兵制轮廓,并加以详说的专门论著,在《历代兵制》之前是没有的。据此可以断定,《历代兵制》是中国古代第一部兵制史专著和唯一的一部兵制通代史。而且在《历代兵制》问世后的中国古代史上,也没有发现如此系统论述兵制的专门著作。此书问世后,即引起了当时有关学者的重视,并被广泛引用。至清代,陈梦雷编纂的《古今图书集成·戎政典·兵制》,基本上全文肢解于"总论"的相应朝代之中。近代,黄坚叔的《中国兵制史》和孙金铭的《中国兵制史》,均以《历代兵制》为重要参考书。可以说,《历代兵制》在中国兵制史研究的领域具有筚路蓝缕之功,已成为研究中国兵制史的必读书。

十九、成功之要,言之甚备——《广名将传》

"穷历代兵家经验得失于一身,集诸将用兵得失于一体,汇中国兵家思想于一脉。""于各名将立名成功之要,言之甚备,且均属韵语,尚便诵习。有志为将者,倘细讽之,必有所得也","实为营伍中必不可少之书"。这些赞誉之辞,是对中国古代军事人物传略类兵书《广名将传》的称颂。

《广名将传》亦称《广名将谱》《广百将传》,明末黄道周注断。全书共20卷,约18万字,附图20幅。该书从史书中选录了由周至明历代175人,述其事迹,评其功过,究其作战得失,指明"其智勇之所在",使读者领悟兵家运用奇正、众寡、巧拙、久速的奥妙。

此书作者也可以说是主编或是评断者黄道周(1585~1646),字幼平,号石斋,漳浦(今福建)人。他自幼勤学多思,善文也善书画,兼通乐理,一生经历比较复杂。据载:明天启进士,改庶吉士,授编修,为经筵展书官。崇祯时曾先后官右中允、少詹事,历因言事遭贬谪,福王时官礼部尚书,唐王时为武英殿大学士。在南明政权与清兵交战过程中,他奉命率军支援时,与清军相遇,力战而兵败被俘后,坚贞不屈,于金陵就义。黄道周一生不仅战功卓著,而且著述颇多,《广名将传》是他的一部最有影响的著作。

如果从历史的角度对《广名将传》追根求源,那么此书的源本应当是宋人张预编撰的《百将传》,至明初,又有后人对《百将传》做了进一步的修订,并将修订后的书命名为《新刊官校批评正百将传》。后来,又有人对《新刊官校批评正百将传》进行了进一步的评点,并将书名定为《正续百将传评林》。《新刊官校批评正百将传》于黄道周出生的前两年(1583),已编撰问世。到天启三年(1623),当黄道周38岁时,又有了陈元素增补《百将传》的本子出现。因而可以说,《广名将传》是广采历代百将评断之精华,以《新刊官校批评正百将传》为坯本,受到陈元素《百将传》的直接影响而编辑成的一部名将评断类著作。

从中国历史发展的进程来说,明末,内忧外患,愈演愈烈,到了崇祯时期,各种矛盾激化,农民起义猛烈兴起,特别是清兵迫近,国事艰危,明封建王朝到了风雨飘摇的境地。黄道周关切国事,极力维护明王朝的统治,千方百计寻求救助明王朝于危难的良策。通过全面的分析,黄道周深刻地认识到:要使明军增强军事上取胜的可能性,最重要的就是要使当时统兵作战的将帅们从历史材料中吸取兵法上的教益,多从历代名将的战争实践中吸取经验教训,而由陈元素刚刚撰著完成的《百将传》,虽然内容丰富,寓意深厚,但由于其编辑和评断方法不太适应当时的文化潮流。尤其是由于在写作上欠缺通俗性,使"粗通文义",忙于军务的将帅们读起来感到比较吃力,而不太受人欢迎。于是,黄道周决心在前人的基础上,以准确为标准,以通俗性和实用性为尺度,以深挖历代名将的用兵思想和经验教训为重点,重新编辑一本能够得到当时的将帅们欢迎的历代名将评传。历经艰辛,终于如愿以偿地完成了《广名将传》的编著。由于《广名将传》把学术性与普及性相结合,具有较强的通俗性和实用性,所以深受读者喜欢,尤其是那些不善文辞修行的军官们,更是读起来容易,思进去得理,学起来得法,喜读备至。因而,此书在军中很快得到广泛流传,为帮助军官借鉴历史的经验教训、提高军事素质均起到了很大的帮教和促进作用。

《广名将传》并不是由黄道周一人独立撰写的系统的兵法著作,而是一部由黄道周编辑整理,广采历代史书传记和将帅评断之精华而著成的历代名将传记读物,它的出现不仅增广嬗递了几个朝代,而且集中了几代著名将帅和兵家学者的集体智慧。作者在编撰此书时,虽然非常求实地记载了诸位名将的军事实践,使该书"备录太公以降迄于前明俞大猷凡历代名将帅著称者,战功按籍可考"。然而,由于作者黄道周生逢明末,痛感武备不修,国家多难之苦,书中也透露着他对国家和民族安危高度负责的精神和喻古启今的愿望,使此书更具有现实问题的针对性。书中对历代名将的介绍,侧重于其人的智勇所在和用兵的奇正之法,也就是我们今天所说的勇敢精神与用兵谋略的有机结合,给人以深刻启发。如范蠡攻吴的"乘隙捣虚"之计,王翦击楚的"反客为主"之法,李朔袭蔡州的"出奇制胜"之功,等等,都是此书的重点评点对象。黄道周附于每传之后的韵文赞断也很有特色,集中表达了自己的军事思想和军事主张。在此书的编撰过程中,作者不仅在名将事迹重要之处作了画龙点睛的旁批圈点,而且系统总结和准确归纳了各位名将的用兵艺术和作战谋略技巧,使读者能从中"悟兵家正之为正如此,奇之为奇如此,奇正之变化无穷又如此。即至用众如何,用寡如何,巧久如何,拙速如何,莫不了然于胸"。

纵观全书,该书的主要军事思想体现在以下五个方面:

(1)主张以德、义服人。认为吴起所说"在德不在险"为"兵家最贵之言",赞扬吕尚的"修德用武"原则,指出"延揽英雄,厚薄在德",倡导以"仁义为心",强调只有行"仁"才能赢得人心,只有行"仁"才能降服敌人。

(2)强调治军"法令为先"的治军原则。赞扬周亚夫治军"既严且锐"的治军方法,批评王僧辩"驭下无法",军无纪律的治军之误。要求对部属既要像田穰苴那样"再加恩驭",又要像吴起那样与士卒"甘苦与同",而不要像霍去病那样"不惜士饥",指出,将帅只有爱兵如子,士卒才能尊将如父,全军上下才能同心协力。

(3)重视将领智、勇两种素质。推崇于谨的"才智相兼"标准,认为赵奢的"将智者则机巧横生","将勇者则胜势必至",道出了常胜将军的真谛,要求将帅要努力在智勇双全上加强修养,从而提高统兵作战的指挥能力。

(4)强调用兵作战,要"妙于有制"。主张效法张仁愿"兵贵攻战,通守为庸"的作战指导思想;学习李光弼"要有机巧","出奇制胜"的用兵和战法;赞扬李牧先示敌以怯,下令"不许浪花战,战则斩焉",后"出其不意",一战而使匈奴胆落心寒,不敢犯境,十有余年的战绩;要求将帅在指挥作战中,要精于勇攻,见机行事,确保首战必胜,给敌人以军事和心理上的双重打击。

（5）主张"用兵以精为贵"。作者十分推崇陶鲁的精兵思想,认为精兵虽形小而战力大,巧使精兵则能以少胜多,巧用妙计则能以弱胜强。用兵作战,胜败之机在于一个巧字。

《广名将传》寓兵法理论于人物传略之中,文字通俗,便于记忆,可读性强,指导作用大,特别适合于当时军队中"粗通文义"的介胄之夫需要。此书刊行后,颇受重视。清代军事学术界人士和统军的将帅们更是看重了《广名将传》"穷历代兵家经验得失于一身,集诸将用兵得失于一体,汇中国兵家思想于一脉"的师古启今之价值,称誉《广名将传》为"实为营伍中必不可少之书,非孙吴诸家辞旨深奥猝难索解者可比"。民国年间,将黄道周在《广名将传》中所做的韵文断赞文字专辑为一册,列为《武学丛钞》的一种。编辑者在"小引"中说他读到的正是"海山仙馆丛书"本的《广名将传》,并以此为准辑录断赞,认为这些断赞"于各名将立名成功之要,言之甚备,且均属韵语,尚便诵习,有志为将者,倘细讽之,必有所得也"。该书对于了解在古代战争舞台上活跃过的一些著名指挥官,了解古代战争的一些著名战例,从所传的事迹中体会一些用兵的道理,是很有帮助的。《广名将传》是一部军事战术价值较高的兵书,可作为了解中国古代兵法的一种入门书。这部著作不仅适于习武者参考,而且由于黄道周具有很高的文化修养,使此书在文化学术上的意义也功不可没,其影响也长期存在。同时,该书中的个别内容与史实有出入,对个别人物的描写带有一定程度的迷信色彩。

二十、首发研究,火器秘笈——《火龙神器阵法》

火药是中国古代四大发明之一,对于火药在战争中的使用以及火攻武器的研究,也早于世界其他国家。据考证,《火龙神器阵法》就是问世于中国明代的第一部"火器"制造及其使用的兵书专著。该书不分卷,约1.2万字,附图47幅。现存清抄本多种。据考证,该书的作者是平苗大将军、爵东宁伯焦玉,成书时间大约在明永乐10年(1412)前后。

从内容上看,《火龙神器阵法》详细记述了火药配制、火器种类、性质及其使用方法,反映了明代军事技术的发展概况。然而根据考证,现存版本中所反映的不仅仅是明初的军事技术成就,也掺有其他的内容。与其他兵书中有关火器的记载和论述相比,《火龙神器阵法》所反映的火器制作技术与工艺水平,不仅更加具体,而且远远超过了《武经总要》。它是我国明代的一部军事技术名著,在军事技术史上有其重要地位。书中所载火器,"皆在《韬》《略》《武经》等书所未载,乃异人秘授,用以辅佐天子,以戡祸乱,以宁邦国,功莫大焉,慎勿轻泄"。虽有夸大和神秘色彩,但却说明这些火器已经达到相当高的技术水平。如单飞神火箭、四十九矢飞镰箭,已是用火药反推力推进的火箭。另外,当时制造出的多种用途的水雷、地雷,火器的引发已采用药信及绊发、拉发、触发装置,已能制造出战场使用的烟幕和伤敌人马的毒药,并有大量火器用于实战。而当时西方国家中的法国公元 1566 年才将黑火药兵器用于战场,英国公元 1596 年才正式将火枪作为步兵武器,土耳其的精锐骑兵在整个 16 世纪内还拒绝用火枪代替手中的弓箭。这说明,《火龙神器阵法》所反映的明代军事技术,在当时世界上都处于绝对的领先地位。从作用价值看,书中所刊载的火药配方和火器制造方法,对后来的火器制造业的发展,以及各种记载火器制造的军事书籍的出版,都产生了巨大的影响,使当时的作战武器发生了一个飞跃性的进步,是中外许多兵器史学家研究火器发展史的珍贵资料。

《火龙神器阵法》全书分总论、火器、火药 3 部分。总论部分,阐述了火攻的一般原则和方法,反映了该书的主要军事思想。火器部分,记载陆战、水战、埋伏、安营、偷袭、守城、攻击等 7 类 40 多种火器的性能制造及、使用方法。这些火器都是《武经总要》等兵书中所未曾记载过的,其种类、性能均比宋、元火器先进,该书还根据火器的作战性能,把火器分列为燃烧性火器、爆炸性火器和管形射击火器三大门类,这是对中国古代火器的第一次性能分类研究。火药部分,记载了当时比较先进和常用的 20 余种火药配方及其歌诀、炮制方法等。与《武经总要》的记载相比,该书所记载的火药成分已由复杂到简单,配制比例更加合理,提高了速燃性,增大了威力。

《火龙神器阵法》中反映的明代军事成就,主要有以下三个方面:

第一,阐述了火药配制的原则、种类和方法。书中《火攻法药》指出了配制火药的基本原则和方法:"火攻之药,硝硫为君,木灰为臣,诸毒药为佐,诸气药为使,必要知药性之宜,斯得火攻之妙"。把硝硫作为火药的主要成分,木炭及其他药物作为辅助成分,认为只有根据药性特点和作战的需要,才能制造出符合实战的各种军用火药。

根据记载,当时对火药成分及其性能的认识,已比以往更加科学,更趋合理。例如,炮药的成分,《武经总要》记载由硝、硫、炭等 14 种药品合成,而《火龙神器阵法》则减少到 5 种,不仅配制起来更加简单,而且其性能也大大优于以往。其中硝、硫、炭是合成火药的三大必备要素和主要成分,在其性质与配方比例上都较前有很大的革新。不仅如此,此时人们对火药成分性能的研究和认识已进入了理性阶段,作者指出:"硝性主直(直发者以硝为主),硫性主横,(横发者以硫为主),灰性主火(火各不同,以灰为主,有箬灰、柳灰、梧灰、栎灰、葫灰、葵根灰、茄楷灰之具)"。因此,要配制射程远性火药,可采用"硝九而硫一"的比例;要配制横向爆炸的火药,可采取"硝七而硫三"的比例;要配制"性缓""性锐""性躁"的火药,就要采有不同的炭素。如配制远射程的炮火药,含硝量由 49% 增至 72%,硫由 25% 降至 16%,木炭为 11%;火铳的火药由硝、硫、炭配制,分别为 77%、8%、15%,火药成分配制更趋合理,增大了火器的作战威力。书中提出,配制火药时要注意药性的特点和作战的需要,要以便"知药性之宜","得火攻之妙"。书中根据不同的作战样式和火器的需要,记载配制火药的种类很多。有火龙万胜神药、火攻神药、火攻从药、毒火药、烈火药、火攻杂用药等 16 种之多。按用途分,有专门作为火器动力的炮火药、鸟铳药,有专门用于引爆的火种药、火信药,有专门用于作战场火攻用的火攻从药、飞火药、逆风药,也有专门用于击伤敌人马匹用的各种毒药以及解毒药等。作者强调配置火药有严格的技术要求和操作规程,"凡制各药,须择洁净处,禁止杂人,务依法配合,此系火龙神器紧要,不可毫厘差谬,拣选能士,以专其职可也。"对于某些关键的配药技术,作者还将其编成了易记易行的歌谣和口诀。

第二,记述了当时一些先进火器的种类、性能。该书分门别类地详细记载了40 多种新式火器的文图。按用途分,有陆战、水战、埋伏、安营、偷袭、守城、攻击七类;根据性能可分为燃烧性、爆炸性和管形射击三类,燃烧性火器具体包括落天烟喷筒、火妖、飞天喷筒、火蜂窝;爆炸性火器具体包括轰天霹雳火雷、无敌地雷炮、穿山破地火雷炮、渡水神机炮、水底龙王炮等;管形射击火器具体包括百子连珠炮、习雷霹雳炮、毒龙神火烟炮、飞天神火毒龙枪、八面神威风火炮等。对一些火器的战术技术性能,其阐述透彻而详尽。例如,作者在书中介绍"水底龙王炮"时,具体介绍了这种武器是"用熟铁打造,置于木牌之上,巧妙之处在于引爆方法,根据预定时间,将香点着,用石附入水中,顺流而下,香到火发,击碎敌船"。再如书中介绍的"八面神威风火炮",说它是用精铜铸造,置于木架上,二人操作,可人而旋转,攻打不绝,射程可达二百步,为远击之利器。作者还非常重视对当代火器改进成果的介绍。如书中介绍,将投击杀伤物由抛石机与人力发射改由火药推进发射后,提高了

中国军事百科

·军事名著·

图文珍藏版

速度,增大了抛掷距离,提高了战场上的杀伤威力。在各种火器中,根据不同配方,又分为烧夷、发烟、毒剂等类;形成也从简单的火禽、火兽、火球发展为筒、炮等类,增大了效率。其中,毒龙喷火神筒、九矢钻心神毒火雷炮等,掺入发烟、起雾剂和毒药,不仅可以烧敌设施,而且可以施放烟幕、制造障碍或喷洒毒剂,以迷盲、毒伤和惊扰敌人。它有多种炸弹、水雷,可分别布设于水陆要道,采用拉发、绊发、触发等方法,爆炸伤敌。其中,煞神机炮,以生铁铸造,装药五升,选坚木堵塞,用竹通节引药信,埋于敌必经之地,敌人一到,炮就爆发。管形射击火器,亦有较大的进步与发展。它有火枪、火炮,有的火炮可旋转发射,扩大了射界。此外,还有用火药反推力推进的火箭数种。这些火器,在当时世界上都处于先进地位。这些精巧的设计和科学的革新,表现了当时劳动人民的高度智慧。

第三,论述了使用火器的一般原则和方法。书中强调,使用火器,一要考虑气象因素,辨别、利用地形,做到"以风为势","上顺天时,下因地理"。二应根据各类火器的不同特性,与冷兵器有机地配合使用,如火炮、火铳、火弹等"远器"与长枪、大刀相间,火枪、火刀、火牌、火棍等"近器""短器"与长弓、硬弩相配,做到"用之合宜","随机应变"。三是"必要知药性之宜,斯得火攻之妙"。四需利器、精兵、阵法三者缺一不可,只有紧密结合,才能收克敌制胜之效。故应"选以精兵,练以阵法"。五是火攻"虽势莫能当",但不可轻用,不可妄用,必以"人和"为准,"以仁为心,以义为军声,以明为赏罚,以信为纪律",有违于此者,皆应戒之,并具体提出了八戒。

《火龙神器阵法》在《武经总要》等前代兵书的基础上,将前人对火器制作和使用的零散成果汇集于一,对当时的火器发展和研究成果进行了集中整理,系统地叙述了"火器"的制作方法和使用原则。如此系统全面的火器专著,在《火龙神器阵法》之前是没有的。因此我们可以断定,《火龙神器阵法》确实是中国第一部系统论述"火器"相关问题的专著。

二十一、讲究实效,推陈出新——《纪效新书》

《纪效新书》是明代军事家、抗倭名将戚继光撰写的以军事训练为主要内容的著名兵书。有18卷本和14卷本两种。前者现存明嘉靖刻本、隆庆李邦珍本、万历二十三年徐梦麟刻本和江殿卿明雅堂刻本、傅少山刻本等;清代乾隆年间以后,刻本、石印本、丛书本和抄本极多。后者有明万历十二年(1584)广东布政使司刻本、十六年李承勋刻本、二十年庄氏刻本、二十一年福建布政使刻本、三十二年孙成泰刻本,崇祯十七年(1644)刻本等。

那么,戚继光为什么将此书命名为《纪效新书》,"纪效""新书"各代表什么意思呢?

作者在该书序言中说:"夫曰'纪效',明非口耳空言;曰'新书',所以明其出于法而不泥于法,合时措之宜也"。又说:"集所练士卒条目,自选畎亩民丁,以至号令、战法、行营、武艺、守哨、水战、间择其实用有效者,分别教练……以海诸三军俾习焉"。《四库全书总目提要·练兵纪实》中也说:"继光初到镇,疏有云:'美观则不实用,实用则不美观。'此书标曰'实纪',征实用也。"这说明本书是在总结前人治兵方略,吸取以往抗倭作战经验教训基础上,突出实战需要而撰写和定名的。从此书的书名中我们也可以看出,戚继光确实是一位讲究实事求是的军事指挥家和军事理论家。

戚继光,字元敬,号南塘,晚号孟诸。山东蓬莱人(祖籍安徽定远),生于1528年。他的父亲是一位为人正直、精通经史、文武兼优的军事名将。因而,戚继光自幼受到了良好的家庭教育,在父亲的严格要求和精心培养下,他通读诗文,习武练兵。17岁时,戚继光继承父亲的职业,做了登州卫指挥佥事。由于表现突出,于1553年夏,戚继光即被擢升为署都指挥佥事,负责登州、文登、即墨三营二十五卫所,筹办整个山东海防。当时,沿海地区倭患恶化,不仅严重地破坏了这些地区的军事防务,而且使当地人民群众的生命财产受到极大威胁和破坏。面对这种现实,戚继光怀着保国卫民的壮志,积极率领所属军队投身抗倭斗争。由于戚继光富有文韬武略,治军严整,指挥灵活,才学过人,在抗倭作战中屡建奇功,职务由参将、总兵、左都督等迅速提升,职务越来越高,威望越来越大。在抗倭治边过程中,他为了扭转明军腐败、海防废弛的状况,培训出一支阵容整肃、军纪严明、战斗力很强而又十分精悍的新军,便抓住军事训练这一军队建设的核心问题,写下了指导部队训练的《纪效新书》这部著作。

《纪效新书》主要从以下四个方面体现了戚继光实事求是的作风和实用有效的军队训练特色。

其一,鲜明的针对性。戚继光说,他的练兵作战"在南则《纪效新书》,在北则《练兵实纪》"。这说明,它的这部著作是根据当时"南方"实际的作战对象和地形特点,以及对军队提出的实际作战要求而写成的,具有鲜明的针对性。从书的内容看，《纪效新书》首先是为荡平倭寇而制定的一整套带兵、练兵、用兵的方略。戚继光认为，倭患能在我国东南沿海愈演愈烈，是由于朝廷没有根治倭患的方略，既无良将，又无精兵，这就给倭寇肆掠以可乘之机，使沿海人民惨遭蹂躏。为此，他在《纪效新书》中制定了相应的对策和方略，如制定了选兵标准和练兵规程。戚继光注重选兵，认为从"乡野老实之人"中选募兵员，才能把军队建设好。他根据敌情、地形、武器装备的实际情况，锐意改革军事训练，提出了注重实用，练兵从严，讲求养成，提倡武学等有关练兵的一系列思想和方法。戚继光十分注重军人与军队的气质培养，要求官兵"气性活泼"，反对死气沉沉。戚继光还特别强调军队训练的实用性，要求以实战为背景训练部队，即带着敌性练兵，平时所学所练要与"临阵的一般"，"不能徒支虚架，以图人前美观"，坚决反对形式主义的花拳绣腿式训练。并指出，在训练中不管发现谁搞花架子，士兵都有权举报，将帅都有权处罚。在军队编成上，戚继光根据当时东南沿海抗倭斗争的实际需要，在部队中增设了狼筅（狼筅是用老而坚实的毛竹，将竹端削成尖状，以刺杀敌人，每支长一丈左右）兵和海上作战的水兵，并对狼筅兵和水兵进行严格专业训练。在作战指挥上，针对过去的弊端，重新规定了旌旗金鼓指挥作战的法则，使部队的指挥信号更加统一，指挥方式更具有战场鼓动性。

其二，制定出一套切实有效的战略战术。戚继光认为，在南方抗倭斗争中，必须实行积极进攻的方略，而且在每次战役中都要务必歼灭入侵骚扰之敌，从根本上肢解和消灭倭寇的战斗力。在战术上，戚继光主张集中兵力打歼灭战。他说："倭奴鸷悍技精，须用素练节制劲敌，以五当一，始为万全。"也就是说，倭寇大都是训练有素、技术精湛、强悍善战的，要消灭他们，必须选择精兵强将，并在数量上以五倍于敌之兵才能将其消灭。在战术指挥上，戚继光根据倭寇恃以剽悍而不通奇正用兵的弱点，强调以己之长，击敌之短，要求作战指挥员要注重奇正多变，攻守结合，并创制了专门对付倭寇的鸳鸯阵法。即以纵队进攻时兵士双双并列向前而命名，它以12人为一队。这是戚继光根据江南"地多薮泽"，不能像塞北那样"方列并驱"，以及倭寇擅长短兵肉搏，但各自为战的特点而创造的攻守兼备的作战阵式。戚继光运用此阵法，充分发挥了他所力倡的"齐力胜敌"的效果，取得了卓著战绩。与此同时，戚继光还从沼泽和海滩作战的实际需要出发，创造了"一头两臂一尾阵"的战术队形，开创了水陆协同作战、海上遭遇战、截击战以及水兵登陆战等战法，并利用南方特有的天候气象，山陵水泽的自然条件，制定了相应的歼敌战术。

这些战术经军队的严格训练,迅速为官兵所掌握,在抗倭斗争中发挥了很大的作用。当时的倭寇也对这些巧妙的战术进行了研究,但终不得其要令,深感中国兵法之奥秘不可测,领略了戚继光的聪明不可敌。

其三,按实战要求训练将士。戚继光特别强调军队训练要着眼实战,讲究实用,追求实效,不搞花架子。他提出军队训练武艺的目的是使将士能防身杀敌,立功报国;让士兵练花枪、花刀、花棍之类装点门面的东西,不仅与训练宗旨毫不相容,而且是对士卒生命的不负责任。所以,他对将士的武艺、兵器和战术训练要求,都注重从实战需要出发。戚继光在《纪效新书》中明确规定:军队训练时,士兵将领都要穿甲戴盔、荷重物、执兵器,以练体力;训练用的器械要重于交战时所用的兵器,以练手力;士兵腿上裹沙袋,以练足力。他注重各种火器及冷兵器在战场上的作用,改进了多种兵器,并训练铳手、炮手、狼筅手、弓弩手等在统一指挥下互相配合行动。因此,戚继光训练出的军队,纪律严明,勇敢善战,威震中外,使倭寇闻风丧胆,望而生畏。

其四,为将士所写,为将士所用。戚继光写《纪效新书》这部兵书,目的是为了改革明朝军队的积弊,训练出有严明纪律性和坚强战斗力的军队。为了使将士能看懂,并乐于接受,该书文字通俗易懂,深入浅出。此外,还附有许多插图,有的还把战斗分解动作绘制出来,更增强了它们的实用价值。

总之,《纪效新书》是一本"阅历有验之言,故曰纪效"。(《四库全书总目提要》)这本书体现了戚继光治军以严、富严于教、严中有慈的带兵特点,在当时具有重大理论和实践意义,对后世的影响也颇大,其中某些思想,如反对"花枪、花刀、花棍、花叉"的形式主义,强调主将要精通技术、武艺、器械装备等业务,至今仍有很大的借鉴价值。

二十二、练兵练将,力避"花法"——《练兵实纪》

《练兵实纪》是明代军事家、抗倭名将戚继光所撰写的以军事训练为主的著名兵书,是继《纪效新书》之后他的第二部兵学力作。据戚继光自己说,他的练兵作战"在南则《纪效新书》,在北则《练兵实纪》。"这说明《练兵实纪》是《纪效新书》的姊妹篇,是针对北方军队的作战需要而编写的军队训练指导用书。该书成于隆庆五年(1571)。其写作方法与《纪效新书》基本相同,全书分正集和杂集。正集分伍法、胆气、耳目、手足、场操、行营、野营、战约和练将9篇243条；杂集为储练通论、将官到任、登坛口授、军器制解、车步骑解。全书以练兵为主，兼及练将，阐述了士兵的单兵训练、营阵训练，将官的素质、培养选拔和用兵的原则方法等，反映出在火器大量装备部队的情况下，其治军、作战和边防建设的思想。此书问世后，深得兵家欢迎，流传极为广泛，仅流传至今的版本就有明万历二十五年（1597）邢玠刻本、天启二年（1622）刻本、清嘉庆十三年（1808）刻本和多种丛书本、抄本等。

《练兵实纪》是戚继光以都督同知总理蓟州、昌平、保定三镇练兵事务期间，根据明王朝北部边防的山川形势、作战对象、武器装备、敌我不同特点，以及明军"兵政废弛""将不知兵，兵无节制"等情况，为革除边备弊政，重振军威，建成节制之师而撰写的。

戚继光在蓟州、昌平、保定三镇练兵期间，深感"蓟边兵政废弛已久，一切营伍行阵志趣识见类皆沿袭旧套。是以将不知兵，兵无节制已非一日"，于是决心以"可以人自为战，谓之节制之师"为目标，改革训练内容和方法。其中，他尤为重视以单兵力量的合成为重点的营阵训练，要求通过营阵训练，达到"联异为同，聚少成多，合寡为众"，"万众一心，万身一力"，以取得"防身杀贼立功"的实际效果。同时，戚继光还十分重视研究当时北方军队面临的作战对象的特点，对部队进行有针对性的实战训练，根据当时火器已大量装备部队并在作战中普遍使用的新情况，对军队的编制进行了求实的改革，对车、步、骑、辎各营的火器配备进行了合理的调整，对步兵、骑兵、车兵及铳手、炮手的操作技术和作战配合原则都提出了明确的要求并规定了具体的训练方法和考核标准。通过这些举措，不仅使训练富有宏观的指导性，而且具有明确的操作性。

通过多年的军事实践，戚继光还充分认识到将帅在军队训练和作战中的重要地位，将帅品质和能力在凝聚人心、鼓舞士气、提高部队作战能力中的重要作用。因而，在《练兵纪实》中，他系统地阐述了将官的品德修养、战术和技术修养等重要问题，指出了将官在养兵、练兵、用兵中必须遵循的原则和方法。戚继光认为，一个优秀的将领，必须是德、才、识、艺四者兼备。德，指政治和为人品德；才，指做事的胆量和气魄；识，指明辨是非和分别利害的能力；艺，指组织部队杀敌制胜的本领。他强调，在"德、才、识、艺"四要素中，尤其要以德为重心。"德"的主要表现应该是"卫国保家，立功全名"，具体标准应是"忠君、敬友、爱军、恶敌"。同时，戚继光针对当时军官中存在的贪利好色，骄奢淫逸，不务兵事，追名逐利的种种流弊，特别强调要加强官德修养，要求所有的军官都必须讲廉洁、宽度量、尚谦德，警惕声色、货利、好胜、逢迎等各种有害思想的侵蚀。为了提高军官的质量，加大军事人才的储备，戚继光在《练兵实纪》中还极力主张兴办"武库"（军事学校），训练将官，并在"实境"中锻炼军官，以培养出深谙韬略、"德、才、识、艺"俱全的良将。在将领怎样才能学好兵法的问题上，戚继光也提出了一些精辟的见解。这些见解的中心意思是，强调学习中必须"精于学研，重于领悟，联系实际，灵活运用"。为了提高军官组织指挥作战的实际能力，戚继光特别强调，在战场上，为将者不能让兵书上所讲的条文束缚住手脚，不能死搬教条，必须根据"士伍之情"（自己部队的人员和编制情况）、"山川之形"（战场所处的地形地貌山势水向）、"敌人动静"（敌人的企图和动向），灵活运用兵法，做出以奇制胜的指挥决策。戚继光非常重视在"实境之间"学兵法，强调要把所学的"施之行事之际"，就是说要学用结合，通过多次训练和打仗的实际锻炼，使理论和经验充分融合，运用兵法才会得心应手。对于如何学习前人的兵法，戚继光在《练将》篇中有句名言："师其意不泥其迹"。就是说，只能学习它的基本精神，而不能死守他们的具体论述和教条，照搬他们的具体做法。在提高军官的军事技术素质方面，戚继光明确指出，将领如果没有娴熟的武艺，就难以倡导士卒，难以辨别士卒所习武艺之高下，对自己所属部队的士兵的技术水平和团队的战斗力心中没有底数，难以具有指挥作战定下决心的胆略。戚继光在《练兵纪实》中还十分强调军官对士卒的关心，他列举了古人"吮士之疽，杀爱妾以飨士，投胶于河以共滋味"的例子，要求将领爱兵如子，这样才能鼓舞士气，与之赴汤蹈火，甘死不辞。

经过几年的苦心经营，戚继光终于使蓟州、昌平、保定三镇"城廓坚固，楼橹整齐，兵器锋利"，"所在皆成劲旅"。

与《纪效新书》一样，《练兵纪实》"字字责实"，力去"花法"，唯求"实用"。但该书在组织指挥、战略战术、火器运用等方面，又都比《纪效新书》前进一步。这部兵书表述上别具一格，它紧密联系练兵实际，使用士兵语言，通俗易懂，便于官兵"口念心记"，掌握运用。该书是戚继光训练军队的基本教材。书成后印发军官人手一册，士兵每队一册，还规定了每人每天须诵记的条数。它对于培养出一支纪律严明、战斗力很强的新军起了重要作用。对于当时边备修饬、保持安宁有重要意义，也为后世兵家所重视。《四库全书总目提要》对《练兵纪实》的评价是："谈兵者遵用"。1942年，我《八路军军政杂志》社曾把《练兵纪实》第9卷之《练将》篇和其他有关论述辑录为《戚继光兵法录》加以发表，后来又把这个语录与《孙子》《吴子》等合编为《中国古代军事思想丛书》发给全军干部学习。今天，我们学习和研究戚继光的练兵思想仍然有重要的意义。

二十三、失而复得，重要兵书——《兵机要诀》

《兵机要诀》是明末著名的科学家、军事思想家徐光启撰写的一部极有价值的兵书，大约成书于明万历年间（1573～1619），该书不仅饱含着丰富的中国古代军事哲学思想，而且闪烁着西方先进军事理论和科学技术的曙光。

然而，由于该书借鉴西方的军事理论和科学技术，以及提出对明末军队进行改革的主张，直接危及某些掌权者的既得利益，触怒了保守派，因而此书流行不久，就遭到保守势力的抵抗，被从官方兵书中清除了出去，只能在民间流传。由于年代的久远和保管的不善，此书几乎绝迹。到了1982年，中国人民解放军原装甲兵政委莫文骅将军在整理家藏兵书时，偶然发现了嘉庆九年（1804）的《兵机要诀》抄本。为弘扬中华民族的传统兵法，促进我国军事学术和军队建设发展，莫将军便将此书（包括其他一些古兵书）赠送军事科学院。从此，这部失传多年的兵书又重新回到了军事宝库之中，成为我国军事宝库中的一部"失而复得的重要兵书"。

徐光启，字子光，号玄扈，上海徐家汇（今属上海市）人，万历三十二年（1604）进士。历任詹事府少詹事、礼部尚书兼文渊阁大学士等职。他是明代向西方学习科学文化的先驱，精于天文、历算、火器等，习读兵法。在后金崛起，辽东局势日益危急之时，上书言御敌之策，得到朝廷的赏识，遂命徐光启"总理练兵事务"，训练新兵，保卫京师。在这期间，他结合军事实践，深入研究军事理论，撰写了诸如《徐氏庖言》《选练条格》《兵机要诀》等军事著作，其中《兵机要诀》是他的一部比较重要的军事著作。

徐光启撰写这部军事理论著作的其出发点是富国强兵。他强调"富国必以本业，强国必以正兵"，主张发展农业，建设强大的国家正规军，加强边防、海防建设。在这部军事著作中，主要从以下四个方面体现了徐光启的军事思想和原则：

其一，主张"以精兵为根本"。明代后期的军事机构，冗员充斥，臃肿笨拙；军官骄奢淫逸，官兵关系紧张。部队草草训练后，即送往战场，因此与敌一触即溃，屡打败仗。徐光启认为，用这样的士兵作战，如"担雪填井，无丝毫之益"，"虽调集百万,亦空残民兵,徒费资储而已。"他多次上疏朝廷,主张养兵要少而精。他说,假使没有精兵,即使有很多优秀的将领,有很多出色的谋略,制造了很多精良的武器,联合了很多友军,都没有什么用处。因此,他提出"总以精兵为根本"。认为只有精兵,才能强兵。欲得精兵,应该做到实选实练。作者强调,用兵之要,全在选练。在选兵问题上,主张以"勇""力""捷""技"为标准,精求可用之兵。在军队建设上,徐光启明确提出了精兵理论,强调兵要"少""饱""好",并对三者的关系进行了辩证的分析。认为,少才能饱(薪饷优厚);饱才能好;好才能少。三者互为因果。

其二,重视部队的军事训练。徐光启特别重视部队的军事训练,把士兵和将佐的军事素质看成是决定战争胜败甚至国家命运的关键。他极力主张进行训练改革,强调练兵从单兵练起。"凡练士,先练一人始,一人有五体即伍法也。护首手必应,举手足必随,即常山蛇势也。攻守、形势、奇正、虚实备在一身,因而五人为伍,五伍为队,五队为哨,五哨为部,五部为营,布阵变化出没总是此理,一人之技精,兵法尽在其中矣。"在练兵问题上,有针对性地提出了"练艺""练胆"和"练阵"三项重要的训练内容。"练艺",即提高军事技术。他针对项羽的"剑一人敌,不足学,学万人敌",批评说:"此不知剑法,亦不知兵法也",并明确指出:"练士之法,首技艺焉。"当时明军的训练,走过场,搞形式,"粗而不可按,虚而不可核"。因此,徐光启特别强调要"求精责实",注重实效,反对于实战无用的花架子。平时军营活动也强调从军事需要出发,禁止刺绣、结网帽、赌博等消磨斗志的活动,而对于射箭、打铳各色武艺,投石、超距等对作战有利的活动,不仅不应禁止,而且还要加强引导。"练胆"的要领是怒(杀敌者怒)、耻(明耻教战)、习(艺高胆大)。并对各项训练内容规定了明确的考核标准,要求在训练中要定期严格考核检查,并按每个士兵的考核成绩好坏对其原来的等级进行调整,进步者即升级,退步者即降等,士兵的职级和薪饷也随着等级的调整而变动。对训练成绩特别优异的士兵,可晋升为军官。

其三,注重先进的军事技术尤其是新式火器的装备和运用。徐光启作为一个著名的科学家,十分重视先进军事技术的运用。明代后期,火器有了较大发展,出现了一些较为先进的新式火器。他敏锐地预见到火器的发展前途,认为火器将作为一种变革性的武器取代剑戟等冷兵器。他反复强调:"方今制利器,火器第一","非火器莫能御敌也。"因而,在军队的装备发展上,他极力主张借鉴国外的坚甲利器军事理论,强调以先进的火器装备部队。徐光启认为,"今时务独有火器为第一义"。西洋大炮"至猛至烈,无有他器可以逾之",要想战胜敌人,独有神威大炮一器而已。在军队装备建设上,他主张走适当引进和自行制造相结合的道路。一方面要积极引进西洋大炮等火器,在引进时,一定要精选具有世界一流技术的武器;另一方面要努力自行制造火炮,在制造过程中,一定要努力求精,要尽量借鉴和采用西方的先进技术,把世界上最先进的科学技术毫厘不差地引入到自己的火炮制造之中。对于其他武器装备的制造和军事设施的建设,徐光启强调要针对西洋武器的特点,设计和制造出一系列能与西洋铳炮等武器相匹敌的中式武器。在强调发展大型火炮等重武器的同时,对军队中的轻武器也给予了应有的重视,他主张长短兵器、轻重武器要协调发展合理配置,要求军队对长短、轻重武器都要掌握,认为长短兵器各有其长,轻重武器各有所用,"兵法不论短长、轻重,用得着时,便为救命立功无上之宝"。

其四,主张加强边防、海防建设。针对倭寇的入侵,提出了"来市(经商)则予之,来寇则歼之",即"除盗不除商"的海防思想。认为只有同倭国进行贸易,才能靖倭、知倭、制倭、谋倭,才能找到对付倭寇的办法。针对当时的主要潜在作战对手——北方的蒙古,徐光启主张应加强塞北边防武备,提防蒙古骑兵入犯。与此同时,应积极地发展双边经济、文化交流,如此,不仅能缓解双边的矛盾,加强相互间的利益关联,从而防止和延缓战争。同时,也可能利用经济文化交流的机会,了解蒙古人的科技和武备水平以及他们的作战谋略方式,从而"知之、制之、谋之,"一旦战争爆发,即可知己知彼地迅速歼灭之。徐光启清醒地认识到,科技的发展必然引起作战样式的变革,尤其是火炮的使用已经对传统的战法提出了严肃的挑战。他根据当时火炮作战的实际需要,有针对性地提出了进攻时要用正兵,防守时要婴城自守;建立附城敌台,以台护铳,以铳护城,以城护民;建立由重车、铳车和盾车组成的军营,装备千余门大小铳炮,以车卫铳,以铳击敌等一系列实际性的改革措施。

《兵机要诀》这部"失而复得"的明代重要兵书,不仅具有重要的军事学术、军事史料和科技史料价值,而且对于研究徐光启的军事思想也具有重要意义。目前,《兵机要诀》嘉庆抄本已被上海古籍出版社收入《徐光启著译集》。

二十四、筹划海防,抵御倭寇——《筹海图编》

《筹海图编》,明代筹划沿海防务的专著,由明朝学者郑若曾编著。全书共 13 卷,文约 26 万字,附图 174 幅。有明嘉靖本、隆庆本、清康熙本。

作者郑若曾,字伯鲁,号开阳,1503年生,昆山(今江苏昆山)人,注重实用之学,凡天文、地理、赋额、兵机等,无所不究。明朝自建国之后,由于倭寇侵扰,开始加强海防,并逐渐建立起沿海防御体系。明嘉靖二十六年(1547),日本封建诸侯互相兼并混战,他们为了转嫁国内战争造成的财政危机,纵容、唆使在战争中溃败的武士、不法商人和失业流民组成海盗集团,窜入中国沿海进行抢掠。倭寇的暴行,给中国沿海民众带来了深重的灾难,成为明朝历史上的严重外患,因而海防成了朝野一切有识之士极其关心的问题。为配合抗倭斗争,郑若曾编辑了中国沿海形势图12幅。嘉靖三十五年(1556),入侵浙江的倭寇猖獗,郑若曾又随总督胡宗宪围剿倭寇。受其支持,他广泛收集海防资料,于嘉靖四十年(1561)辑成中国历史上第一部海防专著——《筹海图编》。因剿灭倭寇之功,朝廷给予他世袭官职,但郑若曾坚辞不受,回乡继续著书。隆庆四年(1570),与世长辞,终年68岁。他一生著述颇丰,现存的著作除《筹海图编》外,还有《江南经略》八卷以及收入《郑开阳杂著》中的《万里海防》二卷、《日本图纂》一卷、《朝鲜图说》一卷、《安南图说》一卷、《琉球图说》一卷、《海防图说》一卷、《江防图考》一卷、《海运图说》一卷、《黄河图议》一卷、《苏松浮粮议》一卷。

《筹海图编》一书,图文并茂。"图以志形胜,编以纪经略"。凡沿海地理形势,明代海防部署,海防方略,海战器具,中日历来的交往,倭寇劫掠沿海的历史,倭寇入侵的时间和路径、武器装备、战略战术以及平倭之功绩等,均有叙述。它注重地理形势,认为"不审形势,不可以施经略",详细描述了自广西到辽东的沿海情况,或当巡哨之海域,可为设防之要地,一目了然。其中的《沿海山沙图》,是迄今所见中国最早而又最详备的沿海地图和海防图。

综观全书,其海防战略思想可概括为以下几个方面:

在政治与军事的关系上,主张"政事为急,甲兵次之"。作者清醒地认识到,当时倭寇之所以猖獗,原因之一是明代政治腐败,官吏贪酷,土地兼并严重,沿海地区边备松弛,农民赋役繁重;也有少数人因生活无着落,成了倭寇的胁从和帮凶。针对这种情况,《筹海图编》提出要选择廉洁奉公的人为地方官,惩办贪官污吏;要减轻百姓的赋役负担,使他们能安居乐业;对于被迫胁从倭寇的人,只要不再与倭寇往来,就既往不咎;对于曾为倭寇帮凶的人,只要他们悔过自新,反戈投诚,也应该欢迎,如果能杀倭寇逃回,还应给他们立功。这样,就断绝了倭寇入侵的社会基础,故"良吏优于良将,善政优于善战"。

在军事上,强调军民配合,海陆策应,实行"御海洋、固海岸、严城守"的多层次的沿海防御战略。郑若曾认为,海防"必宜防之于海"。即在海上冲要之处设置多层防线,"哨贼于远洋""击贼于近洋";在近海普遍建立巡逻防区,各防区要相互配合,形成沿海的完整防线;在冲要海区设置多层防线,有效地堵截海上来犯之敌;在沿海重要岛屿驻军,防止敌人以岛屿为窜犯大陆的跳板;组织好渔民,平时在海上边作业边侦察敌情,战时协助水军作战,力求歼敌了登陆之前。一旦"贼至不能御之于海,则海岸之守为紧关第二义"。海岸防守,要令在海上的水兵与驻在岸上的陆兵相为表里,待敌人登陆之时,则对其实行水陆夹攻;要在岸上预先设防,防地一定是敌人可能登陆的要害之处,并设置机动部队,内地和沿海,此地和彼地相互支援,力求歼敌于登陆之际。沿海城镇是敌人进攻的重点,也是御敌的最后一招。城镇防御要采取重点防御的方针,对于那些战略地位重要的城镇,要派将帅,驻重兵,严加防范;而对那些无关大局的城镇,只派少量守兵,不可平分兵力;要做好防守准备,城外实行坚壁清野,城内有足够的粮食和其他备战物资,军队和民众组织严密;要采取攻守结合的战法,"攻之中有守,守之中有攻",或把军队拉出城外,同敌人展开战斗,或组织精干小分队进行夜袭,奇袭敌人,焚毁敌辎重;要有援军城内外配合打击敌人,力求歼敌于城下。

在军队建设上,重视选兵、择将、加强军事训练。为实施"御海洋、固海岸、严城守"海防战略,郑若曾强调必须建立一支勇敢善战的军队,并提出了选兵、择将、加强训练的主张。认为选兵第一可用的是"乡野老实之人",择将则凡"可为海防裨者,皆招致之";练兵首要在"练心",使"人心齐一"。他还主张练乡兵,寓兵于农。

同时,他还主张,以屯田、垦荒、利用盐利等办法筹措粮饷,反对加重百姓的负担;并十分注重地理形势,认为"不按图籍不可以知阸塞,不审形势不可以施经略",海防设施"必因地定策,非出悬断"。

《筹海图编》是当时中国最早最详备的海防专著,它总结了明初以来的沿海防卫和抗倭斗争经验,对当时的抗倭战争有重要的指导意义,也为后人筹划海防提供了借鉴。该书还保存了许多有价值的地图资料,在军事地理学史上亦有重要地位。

二十五、"游击将军",潜心力作——《阵纪》

《阵纪》是明代关于建军与作战的著名兵书,由蓟镇游击将军何良臣撰写。全书共 4 卷,66 篇,约 4.8 万字,有明万历十九年(1591)本和清代多种丛书本、抄本传世。

作者何良臣,字际明,号唯圣,余姚(今属浙江)人。生卒时间不详,约活动于正德至万历年间(1506~1619)。早年善辞赋,以诗文著称乡里。青年时代,投笔从戎,参加了东南沿海的抗倭斗争。后长期以幕僚身份参与军政,因功升至蓟镇游击将军。

在多年的军事生涯中,他刻苦学习,结合战争实践,研究军事理论,撰写了多部军事论著,比较著名的有《军权》《阵纪》《利器图考》《制胜便宜》等,其中《阵纪》是何良臣的代表作。

何良臣为何要撰写《阵纪》?

作者所处的时代,正是明代走下坡路的中期,军政日趋腐败,朝纲不振,军备废弛,而沿海倭患猖獗,北部边防形势十分紧张。何良臣清醒地认识到,在"将乏良能、兵无练锐"的局面下,明王朝面临"国乱""国危""国分""国灭"的危局,如果不图变革,便不可以治军守国。他曾断言,"臣于是而知斯时也,非商鞅之变法,不可以言守国,非尉缭子之连刑,不可以言治旅","无能新军政"。可见,何良臣撰写《阵纪》一书的目的,并不仅仅是一般的论兵说法,而是为了扭转明王朝的危政,整顿明王朝的军备。正如《四库全书总目提要》所说:"明之中叶,武备废弛,疆圉有警,大抵鸠乌合以赴敌,十出九败。故良臣所述,切切以选练为先,其所列机要,亦多中原野战立说"。

《阵纪》分募选、束伍、教练、致用、赏罚、节制、奇正、众寡、卒然、技用、阵宜、战令、战机、摧陷、因势、车战、骑战、步战、水战、夜战、山林泽谷之战、风雨雪雾之战等23 类。作者在继承《孙子》《吴子》《尉缭子》等古代兵法思想的精华的基础上,提出了诸多新的见解。其军事观点主要有以下几个方面:

(1)强调建军治军要"选练为先"。何良臣认为,"今也,将吏骛于监司中制之烦,士卒疲于科克工役之苦,偏裨困于谋求奔走之劳,则士气何由而作,教成何由而施,是故将乏良能,兵无练锐,纵竭尽民膏,以养兵将,实无益于率然。"又说:"今之时将,兵不知选,选不知练,练不知精,精不知令,而领驱骄脆疲劳不堪之卒,将应命率然以克敌者,不亦难哉。"针对明代军队的这种现状,为提高战斗力,《阵纪》中明确提出了"选练为先"的思想,并对选练的原则、选士的标准和练兵的方法等进行了系统的论述。

一是明确提出"募贵多,选贵少"的原则。认为"众非精选,无以得用","多则可致贤愚,少则乃有精锐",强调对军队成员要严选精练,走精兵之路。

二是主张把"精神胆气"作为选兵的第一要素。认为"伶俐而无胆者,临敌必自利;有艺而无胆者,临敌忘其技;伟大而无胆者,临敌必累赘;有力而无胆者,临敌心先怯,俱败之道也",因此选兵时,要"首取精神胆气,次取膂力便捷"。如果在挑选兵员时,"徒试其力,而不观精神,是粗粝钝汉耳。"只有把有精神胆气的人选进部队,然后加以训练,才能练就一支无敌于天下的军队。他反对把那些"无谋无识""无学无才""无艺无力"的人,通过"托分倩书弄喉掉谎"的不正当关系进入部队,认为这些人是"误军之奸""乱纪之卒",必须坚决从部队中清除出去。

三是注重"练兵之法"的运用。强调"世称练兵,而不知练兵之法者多也,苟不得其法,虽朝督暮责,无益于用"。为此,他提出这样的练兵原则:"戒以不浮,和以同义";"唯其心能和,其气能激,则士不劝而自战,不守而自固矣","大足以战,小足以守"。在这些原则指导下,提出练兵要通过"五教"(教目、教耳、教足、教手、教心),切实练就"武艺精、胆气壮、进退熟、变号识、心同气一"的威武之师。根据当时作战的需要,特别注重练精神胆气和练武艺结合。他说:"兵无胆气,虽精能,无所用也,故善练兵者,必练兵之胆气",武艺的训练"为张胆作气之根本",透彻地阐释了"艺高人胆大"的道理。他说,"然非绝技,不能卫张胆之身,所谓暴虎冯河者,徒恃其胆力也。""故善练兵之胆气者,必练兵之武艺"。他还认为,明代军队战斗力下降的一个重要原因,就是"将乏良将,令轻刑赏",因此,必须以法练兵,"非尉子之法,无能新军政",坚持"信赏必罚,尊贤诛恶、赏重罚深"。他提出,对那些经过一定时期训练,仍然武艺不精,进退不熟,号令不识者,要"治之以法",追究官将的责任。同时,他主张"分科督教","分门以教其技",认为"苟能分科督教,其艺自精,其习相成,艺精习成,犹耳目手足之从心,自然浑化,无所梗滞矣"。

(2)主张作战指导要"得机""因势""奇正"。即在作战指导上,要掌握战机,因势利导,灵活用兵。

一是强调"得机"。认为把握了战机便有了作战的主动权,"处战之机者,藏形于无,游心于虚",所以"胜在得机"。

二是强调"因势"。强调要因敌之势,因我之气,因地之利,因情用兵。《阵纪》的"因势",还包含通过主观努力创造克敌制胜的有利条件。它说:"所以善兵者,必因敌而用变也,因人而异施也,因地而作势也,因情而措形也,因制而立法也。故曰能者用其自为用也,不能者用其为己用也。"如果指挥员能够用主观努力去创造克敌制胜的有利条件,化不利为有利,那么,作战中各种条件都可以加以利用;相反,如果仅仅单纯依靠客观条件自发地起作用,那么能获胜的有利条件就非常少。这就叫作"用其自为用,则天下莫不可用;用其为己用,则所得者鲜矣"。同时,《阵纪》还强调,要诡秘自己的行动,不授敌以可乘之机;要发挥自己的气势,或击其先动(先头部队),或乘其衅生(内部的矛盾和分裂)击敌于未固之前,断敌必返之路;敌长则截之,敌乱则惑之,敌薄则击之,敌疑则慑之,敌恃则夺之,敌疏则袭之;我退使敌不知我所守,我进使敌不知我所攻。《阵纪》"因势"的作战指导思想并不是消极被动地依靠外界的客观条件,而是积极主动地创造有利的客观条件,能动地争取作战的胜利。

三是强调"奇正"。认为"静为躁奇,治为乱奇,饱为饥奇,佚为劳奇","旁击奇,埋伏为奇,后出为奇;先锋为正,先合为正","奇正原不可分,惟临时因用,始有奇正之名"。同时指出,如果仅仅把奇正看作是正面对敌为正,出敌意外为奇,这还是很不够的,奇正本来都是相互转化的,有"正内之奇","奇内之正",因此,"正者只做正兵,奇者只作奇兵,皆非也。"《阵纪》主张,要灵活地运用奇正,"善用兵者,必使敌从不识我之孰为正,孰为奇",即把奇正和虚实结合起来,达到灵活运用,自如施法的程度,才是真的奇正无常而胜有常。《阵纪》把奇正和虚实结合起来论述,比孙武,李世民和李靖理论又有发展。指出,既知奇正相变之术,便可得敌虚实之情,并提出了正、奇、伏三者的关系和虚实之用,认为正兵如人之身,奇兵如人之手,伏兵如人之足,有身而后有手足也,三者不可缺一。三者又互相变化,伏出于奇,奇又出于正。而奇、正、伏三者的运用,又必须以虚实之情为依据,做出决策。善于用兵,就要做到分合变化,出没无常,虚虚实实,避实就虚。这样,把奇、正、伏、实综合运用于作用指导,便促进了古代军事思想的系统化、理论化。

此外,对兵器使用,阵法布列,兵力运用以及各种地形、气候条件下的作战方法等,该书都有所论述。尤其提出明王朝"将乏良能,兵无练锐","民骄备弛,战士因苦",面临国贫、国乱、国危、国灭的局面,必须积极主张革新军制,变用古法,以达治军守国的目的。这种反对墨守成规,对前人的军事理论着眼其发展和实用的见解,是颇为可取的。

《阵纪》是明代一部比较优秀的兵书,它的重要成就集中反映在治军原则和作战指导这两个方面。在这两方面的理论和思想都有对明代之前中国军事理论的继承和发展,带有总成的性质。《阵纪》吸收传统思想,不是"拾前人咳唾",而是对优良传统的继承;不是盲目抄袭、照搬,而是领会实质,并以"中原野战立说",指出作战方针和原则,同时,还做了一定的分析、批评。就是对孙子、李靖这些名家,也提出他们的不足之处。这反映了作者严肃认真和不拘泥于前人论著的治学态度。尤其需要指出的是,由于作者"身在军中,目睹形势",所论多"切实近理"(《四库全书总目提要》)这样的兵书,在明代是不多见的。书中的一些军事原则,至今还有一定的生命力,有研究借鉴的价值。如它阐述的胆与艺的关系,奇正虚实的运用,人才的选择使用,因势利导的原则,等等,立论和分析都有不少较精彩的内容,反映了某些军事客观规律。对这些精华,我们应当给予一定的历史地位,批判地吸收这些珍品,做到古为今用。

由于时代和阶级等因素,《阵纪》亦有一定的局限性。如该书提出招募农民,有提高战斗力的动机,但是也出于愚兵考虑,认为农民惧官畏法,易于孚感,不敢测军方笼络之术,是可供驱使的群羊;主张一人有罪,诛杀全队,罪及其妻子、籍没三代;提出士兵有背伤,以逃兵论罪,虽伤不恤。此外,该书在批评李靖、戚继光时,也有片面性,这些都是应该注意加以认真分析鉴别的。

二十六、"探源求全",必先读之——《登坛必究》

《登坛必究》是中国明代著名的军事类著作,明朝武科进士、广西总兵、骠骑将军王鸣鹤纂辑。全书共40卷,72类目,约100万字,附图560余幅。有明万历二十七年(1599)刻本和多种清刻本。内容包括天文、地理、选将、训练、赏罚、军制、屯田、马政、敌情、城池攻防、江河守备、步骑车战、阵法布列、舰船器械、河海运输、人马医护,以及近世名臣有关军事问题的奏疏等。各卷大体以时代为经,依次排列。

该书作者王鸣鹤,山阳(今江苏淮安)人,出身将门,少年时就有远大志向,弃文学武,从父亲那里承袭了千夫长(一种掌管千余兵卒的军官职务)职,万历二十四年(1586)又举武科进士。王鸣鹤御军从戎二十多年,曾任广西总兵、骠骑将军,有丰富的实战经验,熟读兵书战策,人称"腹中武库,不减数万甲兵"。在长期的军事生涯中,他深感军人学习兵法的重要,于是,他不仅自己苦读兵书,而且从前人兵书中广收博采,加以自己的学习体会和研究成果,编纂了"以备将帅学习参考",即指导和帮助他人得兵法之要,通治国之理的军事类著作——《登坛必究》。不论从该书蕴涵的内容上看还是从该书论述的军事思想上说,《登坛必究》都堪称一部在我国古代军事学术史上占有一定地位的重要兵学汇著。

《登坛必究》,探源求全,内容丰富,体系庞大,具有以下突出特点:

一是选材广泛,紧扣军事。这部著作,紧紧围绕军事问题选材,其"凡例"第一条规定:只选取与军事有关的资料。通观全书,较好地贯彻了这一原则。作者本着"止取别刻有关兵事者"的原则,从上自周秦,下至明朝万历以前的浩繁古代典籍中,紧紧围绕军事问题选录有关材料,从而使本书保有兵学著作的鲜明特色。《登坛必究》从当时国家军事形势需要出发,采集近世人有关筹边御倭的方略。如第10卷,不仅采集了海、边防的地形和卫所建制、分布资料以及设防的部署,而且辑录了戚继光、俞大猷、唐顺之、郑若曾等人的御倭方略。该书还辑录了许多农民起义的史料。作者在记述各省府形势时,比较详细地记述了各地农民起义,如刘七起义、邓茂七起义等情况,虽其目的是为镇压农民起义提供借鉴,但客观上却保存了农民起义的资料。该书所辑资料大都保持其原来面貌,并注明来源或原书作者,便于后人查核。

二是联系实际,服务现实。该书十分重视辑录历代军事改革方面的内容,目的是为了敦促明廷革除弊政。书中还辑录了许多军事改革家有关军事改革的言行,目的是为现实的改革提供借鉴。作者从当时国防实际出发,针对万历朝政腐败,武备废弛的弊端,不仅广泛选取古代有关国防、战备的理论和实践作为借鉴,而且着重收录了近世名臣有关御敌抗倭的建议和措施,以为现实的军事斗争服务。

三是内容丰富,探源求全。该书共分七十二类问题,每类大体以时代为经,依此排比,广征博引,"本之六经以计其源,博之《左》《国》子史以谈其变,考之《武经七书》以求其法,参之历代将传以验其用,稽之近世名臣封事以采其识,旁及百家众技、稗官小说以尽其能"。仅从这一点,我们就可以说,要想"探源求全"研究中国古代军事史,就应该认真读一读《登坛必究》。

四是按语简明,提纲挈领。全书各类前均有作者简明扼要的按语,不仅对每类内容起到钩玄的作用,而且阐发了作者在战争、国防、谋略、作战、治军等重大军事问题上的观点和认识。这些观点和认识主要体现在:①在国防建设方面,主张积极备战御倭。王鸣鹤从"国家多事"的形势出发,主张积极备战,防患于未然,"国家不可一日忘战,而诸将士不可一日忘韬钤","安不忘危,治不忘乱,无事常为有事备"。对防倭的问题,作者从当时的抗倭斗争实际需要出发,提出了水陆结合的抗倭主张,提出"储将练兵",增选器械,"造舟秣马,水陆兼防","一面清野练兵备之于陆,一面鸠工造舟御之于海"。②在将帅选拔方面,作者主张不拘一格选拔人才,并根据各自的特长加以任用。对于使用不当,不利于发挥其特长的人才,要及时予以调整,使才尽其用。"将始于择,终于任","天下有才将,有智将,在贤将,将或不宜于军,而军或不宜于将,易置之面矣",要根据他们各自的特长,准确使用,使他们能人尽其才。作者还主张给将帅临机指挥权,认为即使选拔任用了好的将帅,如果皇帝在朝廷上牵制他,又派人在外监督他,那就会像系住千里马的腿,缚住勇士的手,同样不能取得战争胜利。③在建军和军事训练方面,作者有许多独到的见解。如主张要"储将练兵"。他认为,明军战斗力低的主要原因不是兵少,而是训练不精,"目今吃紧,至计不在增兵,而在练兵"。强调"选兵之精在一时,而鼓舞之机在平日",并主张采用由浅入深、循序渐进的训练方法,练兵要先练心,"人心齐一,则百万之众即一身。将知兵,兵知将,如子弟之卫父兄,人手之捍头目,而常胜在我矣"。同时,要因材施教,"因其才而授习不同",反对不问对象,盲目训练。④在战法的运用方面,主张从战争实际出发,活用古代兵法战策。作者继承了古代因敌制变的思想,并有所发挥。认为"古今沿革不同,用一代之兵戎,则有一代之阵法",因此要活用古法,不能生搬硬套。他指出,运用战法的微妙之处,既不在于营伍行列和金鼓指挥工具,也不在于通过赏罚进行劝惩,而在于将帅能根据千变万化的战场情况而随机应变,因敌制胜;将帅在指挥作战时,绝对不能墨守成规,而要借鉴古法,创造新法,"维新至奇,惟奇而得胜"。

总之,《登坛必究》一书选材广泛,内容丰富,联系实际,探源求全,对于后人研究中国古代军事有较高的参考价值。换言之,要"探源求全"研究中国古代军事史,就得好好读一读《登坛必究》。当然,由于时代的局限,书中也有太乙、六壬、奇门、占候、祭祷等迷信不经之谈。

二十七、评说先贤,鸿篇巨制——《武备志》

《武备志》是明代茅元仪纂辑的一部大型军事类书。全书共 240 卷,约 200 万字,附图 738 幅。流传至今的有明天启本、清莲溪草堂本、清初刻本、清道光中本活字本、日本宽文四年(1664)须原屋茂兵卫本等刊本。

茅元仪(1594~1644),字止生,号西民,归安(今浙江吴兴)人。他从小就喜欢研读有关军事方面的书籍,成年后更加系统学习和深入研究了用兵方略、战争历史和边塞情况等军事知识,可谓博览群书,著述宏富,通晓用兵方略,曾担任经略辽东的兵部右侍郎杨镐的幕僚,后两次随兵部尚书孙承宗抵御后金。崇祯二年(1629),因战功卓著而升任副总兵,率领舟师驻守觉华岛(即今辽宁兴城南部的菊花岛),不久因所属士兵哗变而获罪,被遣送到漳浦(今属福建省云霄县境内)守边。茅元仪并没有因为一时的失意和挫折而自暴自弃,即使是在被降职遣办的艰难时期,也充分发挥自己的才智做出了一系列卓有成效的工作。正当茅元仪重新得到提拔之际,一些庸碌无能而又嫉贤妒能的奸臣们,到处散布流言蜚语,极尽陷害诬蔑之能事,茅元仪非常气愤,本想借酒消愁,却因为饮酒过度而丧了性命。

茅元仪关心国事,他目睹了明朝末期内忧外患、武备废弛的状况,出于富国强民兵的愿望,曾多次上言富强大计,但均没有得到重视。为改变武备废弛的状况,他决意著书立说,用了十五年的时间,广泛搜集上自先秦,下迄当时的有关军事书籍 2000 余种,经过精心删摘编评,于明天启元年(1621)辑成《武备志》这部巨著。

《武备志》分兵诀评、战略考、阵练制、军资乘和占度载 5 部分。其下分类编排资料,每类前有序言,中有眉批、旁批、夹注等:

兵诀评,18 卷,选录了《孙子》《吴子》《司马法》《六韬》《尉缭子》《三略》《李卫公问对》七部兵书全文,以及《太白阴经》《虎钤经》两部兵法的部分内容,加以评点。

战略考,33 卷,选录了春秋至元各代有关战略的史事 610 余条,并对其用兵得失进行了深入评点。选录原则是"非略弗录","略非奇弗录",以达"每举一事而足益人意志"的目的。如吴越争霸,勾践的卧薪尝胆、乘虚捣隙;马陵之战,孙膑的减灶示弱,诱敌入伏;赤壁之战,孙刘的联合破曹,巧用火攻;淝水之战,苻坚的分兵冒进,谢玄的以战为守;虎牢之战,李世民的据险扼要,疲敌制胜;蔡州之战,李朔的乘虚奇袭等战法。又如,诸葛亮的据荆益、和诸戎、结孙权、向宛洛、出秦川的隆中决策;岳飞的行营田,连河朔、捣中原、以复故土的计划;成吉思汗的避潼关、假宋道、下唐邓、捣大梁的谋略等典型的战例,都被选录其中。

阵练制,41 卷,编辑择录了历代阵图、教练将士、训习刀枪拳棒技艺等方法。在这部分中,作者又把"阵练"详细地分为"阵"和"练"两部分。"阵",记载了从西周至明代的种种阵法,为更加直观和明白地说明内容,还配合使用了 319 幅阵图及其有关的文字材料,其中所收内容比《续武经总要》还要多。书中对诸葛亮的八

·军事名著·

图文珍藏版

阵、李靖的六花阵、戚继光的鸳鸯阵等著名阵法都做了详细的重点介绍。并且对每一个重要情节，既有详细记录，又有辩证的评点。"练"，详细记载了挑选士兵和训练士兵的具体方法，包括选士、编伍、悬令、教旗、教艺五方面的内容，其中所用材料，大都辑自唐、宋、明等时期的有关兵书，并且以《纪效新书》《练兵实纪》等比较具有权威性的兵书作为主要来源。

军资乘，55卷，分营、战、攻、守、水、火、饷、马8类，下设65目，内容十分广泛，涉及行军设营、作战布阵、旌旗号令、审时料敌、攻守城池、配制火器、造用火器、河海运输、战船军马、屯田开矿、粮饷供应、人马医护等事项。该部分收录详备，如收录的攻守器具、战车舰船、各种兵器等多达600种。其中火器180多种，有陆战用，有水战用；有飞行器式，也有地雷式，品种之多，应用之广，前所未见。

占度载，93卷，辑选了阴阳占卜、奇门六壬及方舆、海防、江防、航海等事宜。此部分又分占和度两部分。占，即占验，指视兆以知吉凶，载占日、月、星、云、风、雨、雷、电、五行及太乙、奇门、六壬等，其中也包含有古人对天文气象的某些粗浅认识。度，即度地，载兵要地志，分方舆、镇戍、海防、江防、四夷、航海6类，图文并茂，详细记叙了明代地理形势、关塞险要、海陆敌情、卫所部署、督抚监司、将领兵额、兵源财赋等内容。

该书虽主要辑录他书资料，但从全书的编排以及书前的自序、各篇目小序和眉批中，亦可窥见纂辑者以下6个方面的军事思想：

（1）认识到政治与军事的辩证关系，主张文武并重。纂辑者在自序中明确指出："有文事者必有武备，此三代之所以为有道之长也。自武备弛，而文事遂不可保"。同时，对明代重文轻武的风气，提出了尖锐的批评，指出当时文武判若水火，文臣之权日重，但只习于理学，热衷于声歌舞乐，朝野之间，"莫或知兵"，以致遇有战事，士大夫相顾惶骇，束手无策。因此，主张重视武备，要求从各方面做好应付突然爆发战争的准备。特别强调要做好应付战争的思想准备，并用历史的经验教训说明所以会出现"以天下当之而不足，以一州守之而有余"的情况，就是因为思想上麻痹大意，对战争的来临毫无准备。特别是在和平环境下，更要居安思危，"特患不豫耳"。

（2）强调加强军事理论学习，把《兵诀评》作为全书的首篇。推崇《孙子》，认为"先秦之言兵者六家，前《孙子》者《孙子》不遗，后《孙子》者不能遗《孙子》"。所以，"学兵诀者，学《孙子》焉可矣"。

（3）重视部队的训练。强调"言武备者,练为最要",认为"士不选,则不可练","士不练,则不可以阵,不可以攻,不可以守,不可以营,不可以战"。当然,要想训练出好的兵卒,必须首先重视选士,认为"士不选,则不可以练","选即所以练也"。选士要根据步、骑、车、水等兵种的不同要求,"分材而授之以器"。强调练兵一定要注重实用性,坚决反对华而不实、形式主义的花拳绣腿。

（4）建立边、海、江三者并重的国家防御战略体系。认为,"疆场之大要有三:曰边、曰海、曰江"。关于边防,基于对当时周边战略形势的宏观分析,强调指出,"天下大患,在于西北",故边防建设应以西北为重点,"选将练兵,时谨备之",随地为堡,坚壁清野,人自为守。关于海防,基于当时的主要作战对手是倭寇,"其要在拒之于海",要在海上驱敌歼敌,不能让敌人登陆。针对当时很多朝政人员忽视江防,认为江防可以稍缓的思想倾向,重点强调了江防的重要性,明确提出了"迫海而亘中区,外溃则为门户,内讧则为腹心,故江之要与边、海均"的江防思想。

（5）主张足饷足食,富国强兵。指出:民以食为天,而军队"足饷尤为先务"。为保障部队的供给,应从大力兴修水利,举办屯田,搞好水陆运输,开采矿产,发展经济,"唯富国者能强兵"。

（6）重视军事地理的研究。认为军事地理对军事的影响很大,而兵家谈地理,或无方舆之概、户口兵马之数,或缺关塞险要,"非所以武备也"。

《武备志》内容丰富,设类详备,编纂方法科学,被誉为古代第一部军事百科全书。它的编纂、刊行,对改变明末重文轻武、武备废弛的状况有一定的现实意义。尽管在清代遭焚毁,但仍流传甚广。该书存录了很多十分珍贵的资料,如郑和航海图、《过洋牵星图》、杂家阵图阵法和某些兵器图谱等,这些珍贵的资料,在其他书中都是很难见到的,对中国古代军事思想史以及科技史、交通史等的研究都具有较高的参考价值,因此为后世所推崇。

二十八、两湖逸士,谈兵论剑——《投笔肤谈》

《投笔肤谈》是明代的一部阐述军事理论的兵书,2 卷。原题两湖逸士撰,何守法撰音点注。二人生平事迹均不可考,有人认为实为一人。现存明万历三十二年（1604）陈汝忠弘锡堂刊《音注武经七书》附刻本。

明代中期,是中国封建社会继续发展的重要时期。在这一历史时期,随着社会生产力的不断发展、海外贸易的不断扩大、人们对自然界认识的不断深化、新知识新技术新兵器的出现和不断完善,尤其是随着明王朝作为一个统一的封建王朝在内政、外交、军事、经济等方面各种矛盾相互制约的影响日益深刻,使得中国古代战争理论的发展终于敲响了近代战争理论的大门,《投笔肤谈》正是在这种时代背景下产生的。

特定的时代条件和中国古代丰富的军事理论遗产,使作者得以站在一个更高的层次上,把军事问题放在一个更为宏大的背景中加以分析、考察。因此,《投笔肤谈》在某些方面的论述就显得更加充分、更加具体、更加明确,更加具有对古代军事理论的撞击力和近代军事思想的雏形。

从该书的体系上看,《投笔肤谈》全书分上下卷,分列 13 篇(上卷:《本谋》第一、《家计》第二、《达权》第三、《持衡》第四、《谍间》第五、《敌情》第六;下卷:《军势》第七、《兵机》第八、《战形》第九、《方术》第十、《物略》第十一、《地纪》第十二、《天经》第十三)。自《本谋》第一至《天经》第十三,大体按所述问题在战争指导中所处的地位,依次排列,具有较强的内在逻辑联系。作者以《孙子兵法》的理论为指导,总结了中国历代战争的经验教训,分析了战争指导的各个侧面,提出了一般的军事原则和策略,形成了独特的军事思想体系。除正文外,篇篇有题解,条条有批注。

从该书的内容上说,作者在《本谋》中就开宗明义地明确指出:战争之旨在于除乱去暴,用兵之本在于事先谋划,强调师出有名,仗义而战,是用兵的关键,旗帜鲜明地反对旷日持久的战争,重申了《孙子兵法》"不战而屈人之兵"的战略主张。《家计》《达权》突出地阐述了要做好战争准备,立于不败之地的谋略思想。作者提出,平时的提高警惕,防止遭敌袭击,"行虑其邀,居虞其薄,进思其退,外顾其中";战前要"不虚营而实阵,不重战而轻守,不缓御而急攻,不先彼而后己",周密部署,使敌无机可乘;战时要"敌虽寡,我亦举众以待之。敌虽弱,我亦紧阵以迎之。其未战也若见敌,已会也若不胜,既胜也若初会"。强调只有首先具备了立于不败之地的前提,然后才能考虑取胜问题。同时,作者还强调,取胜的关键是要了解敌情,明辨虚实,乘敌之隙,并提出了"乘疑可间,乘劳可攻,乘饥可困,乘分可图,乘虚可惊,乘乱可取,乘其未至可挠,乘其未发可制,乘其既胜可劫,乘其既败可退"的作战原则。另外,作者还强调,在作战指挥中要通达权变,做到自备不虞,然后,乘敌制胜。《持衡》论述攻守之灾利,主张违其灾,乘其利,攻其心,守其气,神于机变。强调作战指挥要正确地处理好进攻与防守的关系,恰当地掌握"分合"的时机,既不要单纯地强调进攻,也不要片面地一味防守;既要有相对的分散,更要有必要的集中,二者不可偏废,为宜偏重,要求权衡轻重,正确处置。《谍间》集中讲述了离间敌人的策略和方法。《敌情》集中讲述了了解敌情的方法和艺术。在该书的下卷中,《军势》阐述了选拔将领、治理军队的原则和方法,认为对将帅的任用要选德才兼备者,将帅贤能,就应放手使用,并通过将帅教育、训练、团结士卒,以形成强大的战斗力。《兵机》论述了用兵的技巧在于变化莫测,强调兵力使用和战法变换要灵活机动,"虚实之机,变生于敌","出没变化,敌不可测",运用隐匿和佯动等各种"示形"之法迷惑敌人,达到"韬其所长""暴其所短"的目的。《战形》论述了正确认识运用交战双方的形势,以达到因形措胜的目的,认为"得天之时者胜,得地之利者胜,得敌之情者胜,得士之心者胜,得事之机者胜"。《方术》《物略》《地纪》《天经》诸篇提出了不仅要利用天时地利,还要利用各种自然物的性能,要"察物之理,究物之用,总括其利,不遗微小",强调利用一切可以利用的积极因素,以夺取战争的胜利。

在作者看来,由于军队的战斗力是由士兵的训练素质与士气,武器装备与后勤保障,军队建制与部队管理,将帅素质与指挥策略的运用,地形与天候的选择等因素构成的,因此,与其认为战争是力量之间的较量,还不如认为战争是谋略运筹之间的较量更为准确。正因为如此,"以谋为本"的思想贯穿于作者对战争问题诸方面的论述过程之中。为避免战争对国计民生的严重影响,以尽可能小的代价夺取尽可能大的胜利,作者强调指出"谋乃行师之本,非谋无以制胜于万全"。作者按照我国古代兵学"内谋于庙堂,外谋于战场"的基本思想,将谋略运用作为核心,逐一展开全书的论述,其军事思想主要体现在以下四个方面:

一是强调战争的目的是除乱去暴,保民康国。反对给民众带来灾难的旷日持久的战争,主张师出有名,仗义而战;以兵销兵,以战止战.用兵而不病民。

二是重视治军,强调加强军事训练和思想教育,认为军队治之有素,则军势强实。重视将领的选拔和任用,认为"兵之权,不握于主而握于将",应该给将领处理军务的全权,不中制,不外监,不分权。

三是主张备己乘人,即《孙子》"先为不可胜,以待敌之可胜"的思想。兵以谋为本,谋划应不先料敌而料己,先使自己立于不败之地。否则,就是侥幸之道。所以,行军要防敌人截击,驻军要防敌人逼近,前进要考虑退路,国外作战要照顾国内。强调防守,"不虚营而实阵,不重战而轻守,不缓御而急攻"。强敌,要注意防守;弱敌,有隙可乘,也要注意防守。败要防敌,胜也要防敌。总之,只有自备不虞,然后才能乘人。用兵贵在乘人而不为敌所乘。

四是重视精神因素在作战中的作用。认为"攻守要于无形也。攻者攻其心,守者守其气",人心士气是战斗力的重要因素,所以"得士心者胜"。为此,应该让士兵知己之仁、敌之暴,以"激吾气","安吾民"。

该书理论性较强,在《孙子》观点的基础上做了进一步的阐述和发挥,提出了一些可贵的军事见解,并基于新的时代特点,阐释了当时新技术、新兵器、新知识对军事领域的深刻影响,可谓是一部叩击近代战争理论大门的中国古代兵书。

二十九、以战代守,攻守结合——《守城要览》

《守城要览》一书,是明代城邑防御作战的专著,由明末宋祖舜编撰。全书共4卷,94章,约2.3万字。现有万历年刻本存世。

作者宋祖舜,东平(今属山东)人。他自幼学习兵法,曾长期在陕西、山西一带戍边,担任都察院右佥都御史等职。崇祯八年(1635),宋祖舜奉命提督军务兼抚治郧阳(今属湖北)。当时,正值明末农民大起义蓬勃发展,东北的清军不断南下,明王朝内外交困之际。作者出于维护明王朝反动统治的立场,为"防贼患""保封疆"的需要,在公务之隙,根据自己"身经攻围之苦,目击守御之难"的实战经验,结合吕坤的《救命书》、张朴的《城守机要》和前人其他著作,遵照"要者录之,芜者去之,间或参以愚见(作者对自己的见解的谦虚客套之辞)"的原则而编成《守城要览》。

《守城要览》,是中国军事史上守城作战的重要兵书之一。书中较系统地阐述了城市防御的作战思想和原则,主张以战代守,守中有攻,攻守结合,并具体阐明了城池及其附属设施的构置、守城器械、城镇的防守战法。

作者根据当时的城镇防御作战的需要,详细论述了城池防御设施的布局,建筑方法,规定以城墙为主体的城池防御,必须是多层次的。比如:城墙要高五丈,底宽二丈五尺,上宽一丈二、三,使其真正成为防守的屏障。城外侧要修筑二面或三面拐墙,距城墙二十步沿池内侧修筑牛马墙(或称羊马墙),墙上设有"大将军""小铳"等火器发射眼和观察孔。牛马墙外是宽二三丈、深二丈余的护城河。池沟中设置铁蒺藜,以刺敌人马。这样,护城河、牛马墙及城墙构成了城镇的有层次的防御工程,使敌攻城时,到处障碍,处处被动。《守城要览》还记述了守城器械,如专门用于打击攻至城下之敌的垂头火铳。持铳人只需将铳伸出内墙而不需外露,不会被敌矢石所伤。还有专为攻击敌人攻城器械撞车、板屋而设的铁制神车;其他如飞沙、磁炮、石炮、地炮、飞钩,等等,均为当时守城作战的重要的先进武器。

在守城战法方面,该书着重强调了以下几点:一是防守准备。除前述城池构筑、武器外,还强调城内物资准备,包括粮食、柴草、水井、砖石等,以便能持久防御;同时,组织民众发动全城人守城。城上划分防区,安置固定防守人员,各负其责;对城外坚壁清野,粮草、牲口等尽量搬入城中,使敌"野无所掠,内无所资,欲战不可,欲留不可",不得不撤退。二是以战代守,守中有攻。首先"扎野营,修野战",御敌于城郊;其次以城池为屏障,充分发挥各种武器、器械的威力,歼敌于城下。三是城内巷战。城内道路设陷坑、转机桥,陷敌人马;于重墙曲巷内出伏兵掩击;各家出长枪、铳炮击之。总之,作者十分注重实行守城郊、守城下、守城内的多层次的正面防守战法。

作者根据自己的实战经验,对城防作战提出了自己的诸多见解,他指出:防守城池,不仅仅需要城墙高大,兵士精强,粮食充足等客观条件,还必须在主观指导上做文章,要求指挥者考虑问题必须周密精细,各种计谋应该变化多端。有时敌人没来进攻,而我却加强防守;有时敌人不来挑战,而我却主动出击;有时用各种办法阻挠敌人的行动;有时用屡次出战的办法来振作我军的士气;有时敌军来寻求与我作战,而我却坚守不出;有时敌军想退走,但却怕我乘隙追击。所有这些,都是兵家所用使自己坐待良机而使敌疲惫劳苦的办法。作者还十分强调巧出奇谋,佯诈欺敌,以主动的进攻代替单纯的防御,以勇敢的攻击解除敌人的包围。提出要善于乘敌之隙,突然袭击敌人的原则,并在袭击时机上做了一些求实的总结,指出:如果敌军刚到、营阵尚未整齐,天晚夜深、敌军尚未发觉,敌攻城疲惫、刚刚进行休息,敌军围城很久、官兵松懈疲惫,己方即可抓住时机,对敌进行袭击。作者还从实战需要出发,总结了如下作战原则:敌军进逼城下,要静默安待,不要立即出城迎战,等敌军进到我弓矢、炮石的射程之内,再采取一定的战术破敌;遇到敌军主将亲临城下,看准便利时机,将其击毙;如敌声称投降或讲和,切不可放松警惕和戒备,应进一步加强防御,以防受敌欺诈;如敌攻城已经很久,不克而退走,可以跟踪追击。并要求正确地判断敌情,见利而动,不可受常规教条的限制。作者还总结了守城成败的规律,提出凡是有以下五种情况必然失败:一是城中年轻力壮的人少,幼小老弱的人多;二是城邑很大而人口很少;三是粮食很少而人口很多;四是各种储备物资存放在城外;五是有权有势的富贵人家不肯出力效命。再加上城外水流的地势高而城内地势低,土质不坚而护城河很浅,守城的各种器械不足,烧柴与吃水都供应不上。而具备以下五种情况守城就必然胜利:一是城墙和护城壕都修得很好;二是各种守城器械齐全;三是城内人口少而粮食多;四是军民上下团结一致;五是刑罚很严而奖赏很高。再加上城池背靠高山,面临大河,地势高爽之处却不旱并且水源充足,地势低下之处却不接近河流而不需要挖沟防水,因天时之便,就地利之宜,土质坚硬,河水畅通,有险阻可以屏障。宋祖舜认为,具备这样的有利形势,守住城池就绰有余裕。作者根据实战经验,还把《孙子兵法》的"无恃其不来,恃吾有以待之;无恃其不攻,恃吾有所不可攻"的用兵之法借用来作为守城作战的基础理论。

城池的攻守,一直是古代战争中的重头戏,对于城池攻守的问题研究,也一直是古代兵家的一个军事学术重点。因而,在中国古代军事著述中,关于城池攻守的论著也非常丰富。然而,在《守城要览》问世之前,关于城池攻守的研究大都没有摆脱经验的束缚,尤其是在守城防御作战方面,一直是处于由经验到经验的机械循环和具体战术的微观研究之中。与其他守城兵书相比,《守城要览》不仅总结了前人及明代守城作战的经验,而且将守城作战问题上升和扩展到了理论高度和战略范畴,对守城作战的一系列相关问题论述精辟,富有哲理,尤其是作者提出的多层次防御设施建设和多层次防御作战的思想观点,把古代城池防御作战提高到了一个新的境界,其所述的守城武器和守城战术方法,也将守城作战提高到了一个新的水平。

《守城要览》是我国古代兵书中的一部重要著作,具有一定的军事学术价值和史料价值,有些防御作战原则今日仍可借鉴。但必须指出,由于作者站在农民起义军对立面的立场来立论,因此不仅其字里行间的"贼""盗"之类是对农民起义军的诬称,应予批判,而且其城防手段浸透了对农民起义军的仇恨情绪和镇压目的,也是必须批判的。

三十、合同战术,堪称首论——《车营叩答合编》

《车营叩答合编》又称《车阵叩答合编》《车营百八叩答说合编》。明末关于火器和车、骑、步编组成车营配合作战的兵书,孙承宗等人撰写。该书由《车营百八叩》《车营百八说》《车营百八答》和《车营图制》4卷汇编而成。

孙承宗(1563~1633),字稚绳,高阳(今属河北)人。他幼时受家庭环境的影响,好学敏求,博览群书,凡儒家经典、兵家著述无不在其涉猎范围之内。青年时代便获得了广博的知识,"穿凿古今,蔚为硕儒"。万历三十二年(1604),考取进士,授翰林院编修,进大中允,开始了他的政治生涯。泰昌元年(1620),入内廷,以左肃子充日讲官,得到皇帝赏识。天启二年(1622),孙承宗出任兵部尚书经略蓟、辽、登、莱,抵御后金。在这期间,他与部属深入探讨有关的军事问题,撰写了《车营百八叩》《车营百八说》和《车营图制》;他的幕僚茅元仪、鹿善继和杜应芳撰写了《车营百八答》。

《车营叩答合编》一书既是孙承宗与茅元仪、鹿善继、杜应芳等人在辽东治军作战的总结,也是他们在战地结合实战探讨军事学术的结晶。孙承宗在描述他们的这一活动时说:"日与诸文武大吏肆,撞晚钟而入幕,独坐则思,漏四五下觉而又思;撞晓钟而起,且与诸文武大吏肆,知则试之,不知则相与探讨……合之得百有八,借为问,以发诸文武大吏肆,且日大扣则大鸣小扣则小鸣,相与春容而尽也。"鹿传霖在序中更明确指出:该书"乃明季高阳孙相国文正公督师关门时,与僚佐商榷兵法所著"。因此,《车营叩答合编》可以说是孙承宗向鹿善继、茅元仪、杜应芳等人提出的 108 个军事学术问题,然后由他们回答,最后再由孙承宗加以归纳阐述而成的一部军事学术著作。

由于当时"不欲机宜外泄",《车营百八叩》传于世,而《车营百八答》无刊本。清同治七年(1868),郭会昌、张恩煦从孙承宗九世孙桂枝处采得《车营百八答》抄本,次年将二书编为《车营百八叩答合编》,并在即将付梓时,鹿学尊又从孙承宗十世孙炳文、茂才家寻得《车营百八说》一卷,附于《车营百八叩答合编》之后,遂成为最早的《车营百八叩答说合编》。清光绪六年(1880)印行时,将《车营百八叩》《车营百八说》《车营百八答》和《车营图制》4 卷合为一书。现存清同治刻本和光绪活字本。

书中所论车营,是指装备有火器的战车、步兵、骑兵和辎重合编而成的新型营阵,具有较强的火力和较好的火炮运动性能。它是在戚继光所创车营的基础上发展起来的。其编制方法以四车为一乘,四乘为一衡,二衡为一冲,四冲为一营,每营6000 余人,车 128 辆,骑步合营配备各种炮 352 门。布阵时,战车在前,步兵、骑兵和"权勇"(骑营选择 800 位勇猛善战的士兵为中权,直属主将,这些士兵统称权勇)依次排列于后。在火器配置上,步兵则鸟枪、郎机在前,三眼铳、火箭在后;骑兵也配备有三眼铳和火炮。

关于车营的作战指导,该书主要强调了以下三点:

一是强调发挥火器的作用。车营的突出特点是使火器与战车结合,"火(器)以车习,车以火用"(《车营百八叩序》,统治八年师俭堂刻本,下同),步骑舟车、众寡奇正无一不用火器,即所谓"用车在用火"(同前)。火器配置要短长相济,步兵则应鸟枪、郎机在前,三眼铳、火箭在后,骑兵则要三眼铳、火炮交替使用,以保证火力的发挥。

二是强调叠阵,倡导协同作战。不仅骑与骑、步与步,而且骑、步之间都要互相更迭,使水陆、步骑舟车、众寡奇正无一不用叠阵,以适应各种地形和作战的需要。即所谓"用火在用叠阵","其用叠阵,合水、陆、步、骑、舟车、众寡,奇正之用火,无一非叠阵。要在偶(双)则互出,奇(单)亦迭变,循环无端,其出无穷。"(同前)从而使车、步、骑各显其长,形成强大的整体作战能力。

三是强调"法死而用法活"(《车营百八说》第七十四说),用兵作战要灵活机动,因敌制变。方、圆、曲、直、锐等队形变换,要"随地制形"、"因敌制宜";马、步、矢、炮等兵力兵器,要因情调用,使之"俱得其宜";同时,要善择战机,利则进,不利则止;巧用奇正,不泥古,不拘常,做到"以变用正,以神用奇"(同前,第七十九说),要因天、因地、因敌而变。

该书是作者实践经验的总结,反映了火器与冷兵器并用时代火器与车、骑、步结合运用的特点。明代出现的车营,实质上便是现代意义上炮兵的雏形,《车营叩答合编》作为讨论这一新兴兵种作战问题的理论专著,在中国兵学史上占有十分重要的地位。其中一些观点,如强调车、步、骑诸兵种密切协同,主张布阵依地形、敌情等条件而灵活变化等,至今仍不失借鉴价值。

三十一、流传民间,颇具特色——《兵垒》

《兵垒》(音雷),又称《白毫子兵垒》,明代分条论述治军用兵原则的兵书。全书共7卷,约7万字,尹宾商撰。

尹宾商,字亦庚(夷耕),又字于皇,别号白豪子、毫翁,后更名尹商。汉川(今属湖北)人。生卒年不详,约活动于明末万历至崇祯年间。精于术数,喜谈兵法,有《兵垒》《阃外春秋》等兵学著述。

该书约成书于崇祯年间,未刊,但流传于民间,直至1907年(清光绪三十三年），始由刘誉棻等据抄本校勘印行。

该书"语必析精，事必徵实"，对每个字的表述，借鉴前人的长处，言简意赅，鞭辟入里，活用比兴，深入浅出，使抽象的理论形象化，从而使此书既体现了深入浅出、通俗易懂的时代特色，又具有自己的简洁明了，易学易记的独特风格。

尤其需要指出的是，《兵嚣》中的36个字条，条条闪烁着中国古代军事谋略思想的光辉，其思想表述深入浅出，富有哲理，耐人寻味，真可谓字字珠玑。

然而，细品《兵嚣》，我们也从中感觉到了世界文化尤其是西方文化对中国文化的撞击。这是因为，明朝后期，由于对外贸易的发展和对外交往的频繁，资本主义生产关系也开始在中国萌芽，引起了社会思潮的变化，此时，虽然理学仍然占据着中国哲学思想的统治地位，但也出现了一批唯物主义思想家，他们开始冲破理学的束缚，一些吸收了新的哲学思想的学者和政治家，也纷纷将研究方向投向兵学。尹宾商就是这些既具有中国古代理学哲学功底，又吸收了西方新兴的唯物主义哲学功力的军事理论研究者之一。他为了阐明《兵嚣》中每个"字"的含义，引证了大量战例，逐字加以解释，使其中更富有哲学内涵和辩证观点。例如，在"静"字条中，作者就做了如下的表述："兵，武事也，而以静为主。静则无形，动则有形，动之有形，必为之擒。虎豹不动，不入陷阱；鱼鳖不动，不摆唇喙。物未有不以动而制者也。是故圣人贵静，静则不躁，而后能应躁矣。彼有死形因而制之。尉缭子曰：'兵以静胜，甚哉。'兵之不可轻动也，况妄动乎？"这是对《尉缭子》"兵以静胜"思想的增补和发挥。又如，对"变"字条的表述："良将用兵，若良医疗病，病万变，药亦万变。病变而药为变，厥病弗能疗也。孙子曰：'能因敌变化而取胜者谓之神。'善为将者，杀机在心，活局在臆，每自运方略，其法皆不同，非务相反也，时异势殊尔。故运用之妙，存乎一心。"这是对孙子"因势而动"的思想的阐述，强调作战没有一成不变的固定态势，指挥员应善于根据不同的敌情、不同的对手、不同的地形等，采取适当的策略。另外，作者对军事思想的阐述和举例，还比较注意把握"度"的界限。例如，他在"实""迅""乘"字条中主张作战要乘敌之隙，行动迅速，动作突然；而在"静""持""纤"字条中又强调持重待机，见可而行。在"合"字条中主张集中兵力，"合其势而一其力"；而在"寡"字条中又强调用兵"贵精不贵多"，以寡胜众。在"因"字条中提出从实际出发的思想，"兵贵其因也"，"能审因而加胜则不可穷也"；在"捭"字条中，主张料敌要在对敌"逆料之"的辩证思维中把握敌之虚实，认为"审定虚实而与其牝牡，忤合贵得其窾，无所不出，无所不入，无所不可"，等等。

究其基本内容,该书主要阐述了三个方面的问题:

一是在建军治军上,主张恩威并用,要求将帅"视卒如爱子",同时又"必诛杀以示威武"。强调应"假人之长以补其短",善于集中众人之明、勇、力,但在关键时刻要有独见,能独断。

二是在作战指导上,强调根据实际情况,实行灵活机动的战术,反对像赵括那样拘泥于古法而不知变通,主张因敌变化,活用兵法,"审因而加胜"。主张先发制人,但基于兵"以静为主"的认识,强调以静制动,以柔制刚,隐蔽待机,慎重初战。在失去"先机"的情况下,要"持满而不即发",后发制人。在兵力使用上,主张兵"贵合",力"贵突"。作战指挥"贵果",反对优柔寡断。

三是在军事谋略运用上,认为最重要的莫过于出敌不意,最关键的是不让别人识破。他强调指出,奇袭是以小制大、以少胜众的作战,成功的诀窍在于避实击虚,重要的不是看对手做什么,而是要把握着敌手想什么。奇袭,既有战略上的先发制人,也有战术上的偷袭等小规模的行动,其共同特点是:都属于进攻型的,都是"出其不意,攻其不备"的行动。其中,"乘""变""合""果""扼"5篇分别论述了出敌不意、因敌制胜等问题,是全书中较有代表性的篇章。

《兵蠃》一书虽不是出自兵家名将之手,也未被收进《历代兵书目录》,但它论述精当,"语必析精,事必征实",简明易记,有助于中国古代兵学的传播普及,同时该书较好吸取了中国古代军事思想的精华和战争实践的经验,因此,它在中国军事学术史上具有重要的地位和价值。

三十二、结构独特,自成体系——《兵经》

在中国文化史上,"经"是一种神圣的称谓,能被称为"经"的都是一些经典式的传世之作。《兵经》一书为什么能称为兵学之经呢?

《兵经》是明末清初大学者揭暄撰写的一部分条论述治军与作战指导原则的兵书。亦称《兵经百篇》《兵经百字》《兵法百言》《兵法圆机》等。

作者揭暄,字子宣,广昌(今江西广昌)人。自幼喜欢阅读兵书、谈论兵事,"深明西术",精通天文。清军入关后,曾举义旗抗清,后隐居山林,继续研究军事理论,康熙年间(1662~1722)年逾80而卒。他一生著述颇丰,著有《战书》等兵书,其言多古今所未发,得到时人好评。《兵经》约成书于明末清初,长期以抄本流传,清道光初以《兵法百言》之名收入《皇朝经世文编》，咸丰后刊刻渐多，然因底本不一，文字差异较大。现存清道光二十九年（1849）抄本、咸丰九年（1859）濠塘本、光绪宝善堂本和《兵书七种》本等刊本。《兵经》一书集中反映了揭暄的军事理论思想和兵学研究成果，是作者的代表作。

作者在书前阐释自己的著述宗旨时明确指出：感于前人言兵著述多支离破碎，不成系统，所以想辑传统兵学的精华，提炼成百字条，每个字条间有一定的逻辑关系，自成一套体系，同时也便于粗通文义的统军领们传诵记忆。

该书虽然字数不多，但其结构独特，内容之丰富，涵盖之广泛，文字之流畅，寄意之明确，却完全透露出它的鸿篇巨论之势，遂使该书成为兵书著述的精品典范。

在治军问题上，作者强调和阐述了如下观点：①主张给将领独断专行的权力，以充分发挥其主观能动作用，强调"将制其将"，反对"以上制将"。②要求将领具有多种才能，文武兼备，"兼无不神，备无不利"；善于听取各种意见，集中群众的智慧，"言有进而无拒，不善不加罚"；善于发现人才，因材施用，"使其能而去其凶，收其益而杜其损"；善于利用一切可以利用的力量，"胜天下者用天下，未闻己力之独恃"。③强调以法治军，"勒兵者必以法令"，"胜天下者不弛法"，主张加强法制教育，使士卒人人懂法，不使其"陷于法"，反对"以濡忍为恩"，而使士卒"轻其法，致贻丧败"。④重视军队内外、上下之间的团结，强调治军"尤贵睦"，认为这是"治国行军不易之善道"。⑤重视粮饷的筹集运输，认为"因粮于敌"只是权宜之计，"非可长睁者"，"必谋之者不竭，运之者必继，用之者常节"，才能保证供应。

在作战指导问题上，作者强调和阐述了如下观点：①基于用兵应"益国家、济苍生、重威能"的认识，作者十分崇尚孙子"不战而屈人之兵"的全胜战略，主张"不倚薄击决利，而预布其胜谋"，以达到"于无争止争，以不战弭战，当未然而寝消之"的目的。②主张在战略上先发制人，但又强调在某些情况下，又应"以后为先"，即用后发制人的办法，"固己"而"君敌"，最终夺取先机之利。关于先发制人，作者把"先"字条放在《兵经》之首，还进一步把先发制人的运用艺术分成"先声""先手""先机""先天"4种依次递进的境界：调动军队挫败敌人计谋为"先声"；每每比敌手早一步占据必争之地为"先手"；不靠临阵设计，而是预有部署为"先机"；不用争夺就制止争夺，不用战争就制止战争，在战争还没有爆发时就胜于无形，这才是"先天"，是最为重要的。对于后发制人，作者也有非常精辟的见解，他具体地提出了10种与敌相持和"后发制人"的情况，即在敌军倚仗兵多而来、其势并不能久留之

·军事名著·

图文珍藏版

时,当敌军形势不利、急于求与我决战之时,当敌军进战有利、我军进战不利之时,当敌军处境危险、而我军处境安全之时,当敌军粮食缺乏、而我军给养充裕之时,当敌军疲劳、而我军安逸之时,当敌我所处局面都适于防守以静观变化、首先行动者易遭失败之时,当敌军虽然众多但内部意见不统一、必须导致自相残杀之时,当敌军的将领虽然高明、但在内部受牵制之时,当天气变化将给敌军带来损伤、地理变化将使敌军陷于不利之时,必须与敌相持;经过相持,敌军已经疲惫,再发起进攻消灭之。③强调要因敌、因己、因时、因天、因地灵活用兵,要求"铸法""著法""神明其法"而不"泥法",强调知变,以转化敌对双方主客、多寡、劳逸、利害、顺逆等形势。作者认为:"事变幻于不定,亦幻于有定。以常行者而变之,复以常变者而变之,变乃无穷"。为此,他在书中专门设立了"生""变""累""转""活""左"等字条,从各个方面具体阐发变法和常法的辩证关系。例如:在"累"字条中强调敌变我变,处处争取主动;在"活"字条中说明应付战局变化要准备多种方案,视需要而灵活运用;在"左"字条中还提出了反常用兵的原则,以逆为顺,以害为利,以弱为强。乍看起来似乎不符合常情,却往往能够达到出其不意的效果。作者在该书中还对于灵活变换战术问题总结出了四个方面的原则,即能持久又能速决,这是掌握时间上的灵活性;能进攻又能退守,这是利用地形上的灵活性;能征又能来,这是选择行军路线上的灵活性;能与敌正面作战又能转化战法,这是运用机谋上的灵活性。

总之,《兵经》内容丰富,语言精练,富于哲理,在中国古代军事思想史上占有一定地位,受到后人的好评和重视。

三十三、军事谋略,独树一帜——《三十六计》

"三十六计,走为上计"这是一句中国百姓妇孺皆知,在社会生活的各个方面应用极广的俗语。

"三十六计,走为上"就取之著名的兵书《三十六计》。这是一部专门讲解军事谋略的兵书。这部军事著作究竟何人、何年撰写的,至今尚无准确的答案。据史学查考,《三十六计》中的某些成形的观点,最早见于《南齐书·五敬则传》,但真正积累成册,大概已在明清之际了。

此书共分"胜战计""敌战计""攻战计""混战计""并战计""败战计"6套计

谋。每套计谋中又分为6条具体计谋,总共36条。它们分别是:

第一套"胜战计",包括瞒天过海、围魏救赵、借刀杀人、以逸待劳、趁火打劫、声东击西6计;

第二套"敌战计",包括无中生有、暗度陈仓、隔岸观火、笑里藏刀、李代桃僵、顺手牵羊6计;

第三套"攻战计",包括打草惊蛇、借尸还魂、调虎离山、欲擒故纵、抛砖引玉、擒贼先擒王6计;

第四套"混战计",包括釜底抽薪、浑水摸鱼、金蝉脱壳、关门捉贼、远交近攻、假道伐虢6计;

第五套"并战计",包括偷梁换柱、指桑骂槐、假痴不癫、上屋抽梯、树上开花、反客为主6计;

第六套"败战计",包括美人计、空城计、反间计、苦肉计、连环计、走为上6计。

从这些计谋条文来看,每条基本上都是用众所周知的成语定名,易懂易记,便于在群众中流传。各条计谋所包含的内容,多属古代兵家的诡谲之谋。可以说《三十六计》是采集兵家之"诡道"而专讲军事谋略的一部通俗易懂的兵书。《三十六计》中每套计谋名称后面都有比较详细的解语,其解语多数是选用《易经》的语词为依据的,它用《易经》中的阴阳变理,推演成为兵法的刚柔、奇正、攻防、彼己、虚实、主客、劳逸等对立关系的相互转化,使每一计都含有朴素的辩证法的色彩。解语之后设的按语里多引征宋代以前的战例和孙子、吴子、尉缭子等兵家的精辟语句,可以说该书集中了古代兵家不少的奇谋方略。

从总体上看,《三十六计》所列计谋可分为两大部分:其中的"胜战计""敌战计""攻战计"三套计谋,集中总结了以优胜劣作战的经验,是专门为处于优势的军队所准备的计谋。而"混战计""并战计""败战计"则是集中总结了以劣胜优的经验,是专门为处于劣势的军队所准备的以劣胜优,转败为胜的计谋。而我们平时所说的"走为上计",就是"败战计"中的一种,是一种从不利中寻求有利,从被动中争取主动,从而转败为胜的计谋。

《三十六计》开篇即讲:"六六三十六,数中有术,术中有数。阴阳变理,机在其中。机不可设,设则不中。"这就是说,三十六计,是在筹算中求出策略,而策略又依赖周密的计算。它是中国古代哲学中的相反相成原理——阴阳变理在军事谋略中的具体运用。作战指挥者只要把握了这一原理,能够认识到客观事物内部的矛盾性，就可以准确掌握和科学运用书中所阐述的谋略。而如果单凭主观想象去死搬教条，生搬硬套，就必然招致失败。也就是强调，对于三十六计，必须活学活用，成亦三十六计，败亦三十六计，成败的关键就在于能否把握实质，融会贯通，一切从实际出发灵活运用。《三十六计》的最重要特点是体现了人的主观能动性，对战争胜负所起的作用。例如，无中生有、打草惊蛇、调虎离山、抛砖引玉，这些都是在歼灭敌人的条件还不足的情况下，通过人的努力，造成有利的战机，从而达到歼灭敌人的目的。书中对各计的论述充满了辩证法，充分强调了人的主观能动性在施谋用计中的重要地位和作用。

那么，《三十六计》中的"走为上"到底是不是最好的计策呢？对于这个问题决不能机械理解和简单回答。

我们应该首先准确地理解"走"字在这里的真正含义。"走为上"中的"走"，并不仅仅是狭义的走路、奔跑，也不是单纯的逃跑，而是广义的调动部队、机动行军、避开敌之锋锐，在运动中寻找和创造战机，变当前之不利为有利的意思。如前所述，"走为上"是"败战计"中的一种，是一种从不利中寻求有利，从被动中争取主动，从而转败为胜的计谋。也就是说，如果强敌当前，敌我双方力量相差悬殊，仅凭匹夫之勇与敌强搏硬拼，那只能以卵击石，死路一条。此时，如果能够灵活地机动部队，避免与敌正面碰撞，合理地选择行动路线，看似"逃避"实则在行军中创造和寻找有利战机，这其实是一种以退为进，以走为战的巧妙方法。比如说，中国工农红军的长征，就是典型的"走为上"的战略选择，毛泽东准确地判断了当时红军的不利形势，正确地选择了"走为上"的战略策略，指挥部队长征。也正是由于红军的长征，使敌军疲于围追，被红军牵着鼻子走，使毛泽东巧妙地运用四渡赤水等机动战术，创造了一个又一个十分有利的作战时机，给了敌军沉重的打击，最终取得了革命的胜利。有一位老红军结合自身的革命斗争实践说：长征的胜利是"走"出来的，中国革命的胜利也是"走"出来的。从这一朴素的话语中，我们也可以看到毛泽东在敌强我弱的情况下，毅然做出"走"的战略决策是多么的英明。从这一角度上看，当敌强我弱，处于不利之时，"走"确实是一种正确的选择。

然而，如果己方在作战中已经占据了优势地位，作战的主动权已经牢牢把握在自己的手中，就应该乘势击敌，扩大战果，就没有必要对部队进行过分的机动，如果在这种情况下，还机械地以"走为上"施计，那就很可能因错失良机，而陷入被动，导致更大的取胜代价甚至导致作战失败。从这一角度上看，如果已经掌握了作战的主动权,"走"就不仅不是上计,而且变成了下策,蠢举。

《三十六计》,虽然是专讲军事谋略的兵书,但从历史的角度讲,它只是借助阴阳说中太阴六六之数,来比喻阴谋诡计多端而已,并非说军事计谋只有三十六个。实际上,战争史上对军事计谋的运用,千奇百怪,举不胜举。从这个意义上讲,《三十六计》只是对前人经验的部分总结。我们学习《三十六计》,要以把握其中所表现的军事哲学思想为重点,我们借鉴《三十六计》,要一切从实际出发,灵活运用,决不可死搬教条。如果把《三十六计》当成死搬的教条,那不仅违背了《三十六计》的初衷,而且必定导致失败。当然,由于历史条件的局限,作者引用古代兵家名将的计谋方略时,不免带有封建割据战争中那些尔虞我诈、掠夺兼并一类落后、反动的东西。所以,这些计谋虽然包含有朴素的军事辩证法思想,但终究不能从本质上揭示战争规律。不少计谋因拘泥于成语定名或计谋的推演与施用上,牵强附会的地方很多,也有的是名异意同。这是我们在学习研究时应该注意鉴别的。

三十四、熟览大势,推求得失——《乾坤大略》

清代论述起兵作战到夺取天下一系列战略问题的专著。

这一时期,是我国古代兵学研究的兴盛时期,也是古代兵书出版数量最多的时期。这一现象的出现,有其深刻的历史背景和原因。首先是由于战争的需要。此时的中国,内忧外患接连不断,对外要抵抗倭寇入侵,对内要平定农民起义,不仅战争的频率加快,而且战争的规模也日益增大。正是由于战争的迫切需要,才使兵学研究快速步入了一个新的昌盛时代。其次是武器的改进推动了兵学的研究。这一时期,正是冷热兵器并用的时代,国产和引进外国先进武器的风潮,使军队的武器装备日益更新,军队的作战分工越来越细,出现了独立的水师、炮兵、工兵等专业兵种,新的兵器和兵种的出现,要求军事学术的研究必须趋于专业化,从而促进了一大批专业军事学术著作的问世。再次这一时期哲学思想的发展,也促进了兵学的繁荣。

《乾坤大略》就是在这一特定的历史条件下产生的一部富有比较先进的军事哲学思想、专门论述军事战略问题的兵书。其作者王馀佑在该书的"跋"中明确指出,《乾坤大略》"非谈兵(战术)也,谈略(战略)也",其主旨是"熟览天下大势,推求古今帝王得失之机"。从王馀佑撰写此书的目的中可以明确看出,作者脱俗于诸多兵家学者一拥而上研究具体用兵战术的时髦潮流,而是站在战略的高度观察、分析、研究治国治军之大计,把战略问题作为一个独立的专门的军事学术领域加以研究。

此书作者王馀佑(1615~1684),字申之,一字介祺自号五公山人,直隶新城(今河北)人,自幼熟读兵法。明崇祯十七年(1644)起兵对抗李自成起义军。清兵入关后,隐居易州(今河北易县),教徒治学,撰有《居诸编》《兵策略》《车阵图》《诸葛八阵图》等。清末始得刊行。今存清光绪三十三年(1907)宝兴堂刻本、清宣统三年(1911)绿云楼铅印本和《畿辅丛书》本等版本。

《乾坤大略》全书共 10 卷,补遗 1 卷约 5 万字。在该书中,作者围绕从起兵作战到夺取天下的一系列战略问题,列举了明代以前的典型战略实例 180 余条,有理有据地系统论述了"兵起先知所向""兵进必有其奇道""初起之兵遇敌以决战为上""决战之道在于出奇设伏""乘胜略地莫过于招降""攻取必于要害""据守必审形势""立国在有规模""兵聚必资屯田""克敌在勿欲速"10 个带有根本性战略问题。

《乾坤大略》一书的特点,是只"谈略(指军事战略)"而不"谈兵(指战术)"。该书按类分篇,以篇为卷,每卷之首都有一短序,简要阐明作者的战略观点。各卷序言所反映的基本思想是:①注重战略方向的选定。它强调"兵起先知所向",即在出兵之前要首先选择正确的战略方向,作者认为这是最初决定起兵作战能否成功的关键,"霸王大略,此其首矣",也就是说,战略方向的选择,是企图成就霸业者首先要考虑的核心问题。在战略方向选择的方法上,作者指出:"此之不可不知所向也。而所向又以敌之强弱为准"。提出"敌人弱小,有时可直冲其腹心;敌人强大,则必须首先剪除其枝叶",作者认为这是确定不变的用兵规律。作者还反复强调,在作战时,要正确选择打击方向,不能有瞬间的迟疑,稍有迟疑就会丧失良机。②起兵之后,"贵进取,贵疾速",告诫用兵者,只要战略方向已定,就应以快速的行动,不断向敌人发起进攻,当与强敌相遇不得不战时,既要敢打敢战,又要灵活用计,以夺取初战的胜利。针对当时的实际作战需要,作者主张战争一旦爆发,最重要的是要积极进攻,攻城略地,快速行动。认为"一呼一吸的时间里,双方成败命运即见分晓"。行动快速就能获得有利的战机,就会使敌人惊慌失措,来不及防备,仿佛我军从天而降一般。乘战胜之势而急趋于利己的方向,这样就会使我军的正义之声震动天下。与此同时,作者还提出了"要避实击虚,乘胜而趋利"的用兵规律。他重视战略决战,主张乘敌"营阵未立",主动发起攻击,勇猛作战,用兵贵于出奇制胜。他认为,在初起之兵遇敌的关键时刻,应以决战为上,如果不勇猛作战,积极战斗,一旦为敌所乘,士兵就会鱼散鸟飞无法挽救。如果能够出敌不意,经过一次决战而顿挫敌军的锐气,这样,敌人的广大士兵就会丧胆,我军就会锐气倍增,斗志坚定,兵威大立,尔后便可进一步发动攻势,消灭敌人。"一战而定天下"的道理就在于此。③奇正结合,重在用奇。作者分析指出,初起之兵缺乏训练、没有实战经验、兵力比较弱小,不可与强敌堂堂正正地列阵角逐和正面冲撞,而应以出奇招、设埋伏、打游击为主,在作战中总结经验,在作战中训练官兵,在作战中强壮部队,积小胜而为大胜,从而达到"用寡以覆众,因弱而为强"的目的。④积极准备,持久作战。为最后战胜敌人,应"强其势,厚其力,谨其制,利其器",从各方面做好准备,不断增强自己的力量,在双方力量发生根本变化之前,"吾宁蓄全力以俟之",决不贸然与敌最后决战,认为盲目决战取胜的把握极少,指望侥幸取胜往往是搬起石头砸自己的脚,与强敌硬拼是最愚蠢、最不划算的作战方法。⑤要善于安抚招降,但强调招降必须以军事斗争的胜利为条件,没有军事上的绝对优势作保障,敌军是不会甘心缴枪投降、倒戈归顺的。"胜则人慑吾威而庇吾势,利害迫于前而祸福怵其心,故说易行而从者顺"。⑥强调指挥官的突出地位和作用,作者指出,战争胜负的决定因素不完全在于军队力量的强弱,而且与指挥官的谋略能力,指挥艺术有相当重要的关系。在某种程度上,指挥官的主观能动作用可以决定战争的胜负,"顾人之运用何如耳"。

本书的正文则直接大量援引战史资料,而不加任何评说。但是,这些战例并不是简单机械的罗列,而是围绕所要论述的主题,于事阐理,寓理于事,并非常有其内在的逻辑关系。作者在战例的使用中,非常注重哲理的浸透和军事理论的应用,书中所援引的一些史例也非常值得后人借鉴。总之,该书对总结古代战略的经验有一定价值。

《乾坤大略》是我国古代兵书中的一部重要著作,它在各卷序言中总结了若干一般的战争规律,提出了一些有价值的战略原则,具有独特的价值。但各卷序言过于简略,理论阐述不够深入。

三十五、兵要地理'千古绝作——《读史方舆纪要》

《读史方舆纪要》("方舆"意为"行政区域、管辖区域、行政版图"),是我国古代一部规模浩大的军事地理著作,清初顾祖禹撰。该书颇受后世称道,被誉为"千古绝作""海内奇书"。

顾祖禹,字瑞五,号景范,江苏无锡人,生于明崇祯四年(1631),卒于清康熙三十一年(1692)。由于久居无锡城东宛溪,被学者称为宛溪先生。他自幼聪颖过人,好学不倦,背诵经史如流水,且博览群书,尤好地理之学。顺治元年(1644),清兵入关,顾祖禹随父避居常熟虞山,长期躬耕授业,过着"子号于前,妇叹于室"的清贫生活。虽如此,亦耻于追名逐利,走入仕途。相反,选择了以著书立说为手段,以图匡复亡明的道路。秉承父亲遗命,立志著述《读史方舆纪要》,"盖将以为民族光复之用"。自顺治十六年(1659)始,他边教私塾,边开始《读史方舆纪要》的著述。

康熙十三年(1674),三藩起兵,顾祖禹只身入闽,希望投靠耿精忠,借其力达到反清复明的目的,但未被耿精忠收用,只好重返故里,继续撰写《读史方舆纪要》。康熙年间,虽曾应徐乾学再三之聘,参与《大清一统志》的编修,但坚持民族气节,不受清廷一官一职,书成后甚至拒绝署名。在此期间,顾祖禹利用工作之便,遍查徐氏传世楼藏书,为《读史方舆纪要》的修撰,积累了大量资料。经过30余年的笔耕奋斗,约在康熙三十一年(1692)前,也就是顾祖禹50岁左右时,终于完成了这部举世闻名的历史地理巨著。

该书共130卷(后附《舆地要览》4卷),约280万字。为了编撰这本巨型历史地理著作,顾祖禹先后查阅了二十一史和100多种地志,旁征博引,取材十分广泛。同时,他也比较注重作实地考察,每凡外出有便必然观览城郭,而且对于山川、道里、关津无不注意察看。并且深入做调查,无论过往商旅、征戍之夫,乃至与客人谈论时都注意对地理状况的异同进行考核。

在叙述方法上,该书按照历史发展的顺序进行,从唐虞三代至明代为止,逐一叙述州域建置及其变动等情况;论述明代两京(南京、北京)和13个布政司的形势,根据当时行政区划,依次叙述明朝直接统治的内地和各布政司所属的府、州、县历史沿革及其兴亡得失。由于明成祖于1421年迁都北京,该书还以保卫京师为中心,着重论述了抵御北方蒙古贵族入侵和边防战备问题。

从写作内容及顺序来看,其中《历代州域形势》9卷,《南北直隶十三省》114卷,《川渎》6卷,《分野》1卷。《历代州域形势》列述全国自上古迄明代政区沿革。《南北直隶十三省》以明末清初政区为依据,凡两京十三省(直隶、江南、山东、山西、河南、陕西、四川、湖广、江西、浙江、福建、广东、广西、云南、贵州)所辖府州县及疆域、沿革、名山、大川、重险、重关等一一加以叙载。每省开首则冠以总序一篇，论述该区域在历史时期的作用地位，由军事人事纷论而及于疆域山川险阨，以使全省形势洞彻清晰。以下府州亦仿此论述，内容更为细密。至于每县则详载境内山川、城镇、卫所、关隘、桥梁、驿站、古迹等地形地物。《川读》专记江河，大略本之《禹贡》遗意，详其源委走向及历史变迁；末后附海运。《分野》记历代星宿分野说。另附《舆图要览》四卷，表列京师、诸省、边疆、漕运及海域等项。全书共280万字，地名计有3万之多。

作者写此书的目的，是"寓深意于振兴华族"。因而从地理角度出发，总结中华民族4000年间治乱兴衰的历史。全书阐明了历代兴亡、国计民生与地理形势的关系，注重于考订古今郡县变迁及山川形势战守利害之要，于交通、水利、河渠、湖泊等地理要素及食货、屯田、盐铁、马政、职贡、农业分布与演变等有关于军国大计者，亦时时有所涉及。

纵观全书，其最显著的特点，在于突破了一般地理书籍单纯叙述地理状况的局限，而把军事历史情况与地理研究结合起来。可以说，该书是一部极具参考价值与实用意义的兵要地理文献，是一部"规模最大、最有系统的国防地理巨著"。

首先，该书充分阐述了地理形势在军事上的战略价值。作者在书中首先指出：军事上的"战""守""攻""取"应以分析地理形势为基础，无论"起事"之地（战场），或是立本之地（兵营），都须"审天下之大势"，否则，不免于败亡。书中大量列举历代战例和许多兵家将帅关于地理环境与军事活动相互关系的论述，逐一分析各地的地理形势。在该书的历代州域部分中，作者综合叙述了明朝以前各代州郡的位置、形势及其与用兵进退之策及成败相互作用的关系。在各省方舆部分中，则按照明末清初的行政区域分述了15省的府、州、县形势与沿革、区划，以及各处历代所发生的重要战争。这两部分形成了历代地理形势、沿革、区划与战史浑然一体的独特风格，构成全书的主体。《舆图要览》部分，实为明代最完备的兵要籍，由概况说明、图、表组成。作者认为，地理环境如地表形态、山川险易、道里迂直等等自然因素，不仅对于军事上攻守利钝具有重要的作用，而且在战略上也具有重大的意义。

其次，该书在论述各地的地理实体时，还辩证地分析攻守、奇正、虚实、迂直、分合等相互关系及其变化。他说："变化无穷者，地理也，地利之微，图不能载，论不能详，而变化于神明不测之心"；"不变之体，而为至变之用，一定之形，而为无定之准，阴阳无常位，寒暑无常时，险易无常处，知此义者，而后可与论方舆。"又说："攻则攻敌之所不能守,守则守敌之不能攻,辨要害之处,审缓急之计";"以战为守,守必固,以攻为守,战必强;战守不相离也,如形影然。"又说:"奇正断于胸中,死生变于掌上,因地利之所在,而为权衡焉。""途有所必由,城有所必攻。……欲出此途而不迳出此途者,乃善于此途者也;欲攻此城而不即攻此城者,乃善于攻此城者也。"作者根据"地形者,兵之助""不知地形者,不能行军"的古训,针对地理因素在军事乃至战略上的作用,指出在不同条件下优劣逆顺是能互为转化的,他在《江南·序》中说:"东南之形势,而能与天下相权衡者,江南而已。……或曰明太祖以江南而奄有中原,为千古创见之局。此实不然。从来建事功者,得失虽殊,或亏或异,而其能发愤以有为则一也。……故西北与东南,恒有互为屈伸之理。"

另外,该书在论及地理形势的战略价值时,注意到"论险以保人为本",不能只凭地利决定胜败,要求明白"险易无常处"之理。强调地理环境对军事活动的重要作用,提出地利不可"全恃"(完全依赖)的思想。强调要灵活地运用有利的地理形势,做到"人""计""险"相结合。提出研究地理形势主要在于平时,等等。

这类极具针对性的研究军事地理的原则和方法,在全书之中,不时能够使读者看到,并能揪住读者的心。如此深切而精辟的议论,出现于明朝陆沉不久的地理著作中,其深刻用意是显而易见的,因此历来受到学者与兵家的重视,被誉为"千古绝作""海内奇书","古今之龟鉴、治平之药石"。清代学者张子洞在《书目答问》一书中,列《读史方舆纪要》于子部兵家,认为"此书专为兵事而作,意不在地理考证";梁启超赞扬此书"实为极有别裁之军事地理学"著作,而其意"盖将以为民族光复之用,《自序》所言,深有隐痛焉";其书虽随时间与科学的进程已多半不再适用,"然国内战争一日未绝迹,则其书之价值,固一日未可抹煞也"。肯定了《读史方舆纪要》在军事上的意义。这些说法看似偏颇,然也不无道理,所以在社会上有一定的影响。尽管学术界倾向于认定《读史方舆纪要》是一部沿革地理著作,但是,《读史方舆纪要》对军事学尤其军事地理学,即使从今天的角度来看,无疑仍有较大的参考价值,《读史方舆纪要》这部"规模最大、最有系统的国防地理的名著"的历史地位是不可动摇的。今天,在学习和掌握军事历史和地理知识的过程中,认真读一读这部著作,对于我们研究和探讨地理环境对军事行动的影响,有着重要的意义。当然,由于时代的局限,作者的地理和军事观点反映当时的疆域形势和兵器条件,存在着一些消极防御的内容,在民族问题和地理方面也有若干错误,阅读时应注意鉴别。

该书除具有浓郁的军事地理色彩之外，还有如下特点：

一是选材得当，题材新颖。《读史方舆纪要》选取材料与一般地志不同。着重记述历代兴亡大事、战争胜负与地理形势的关系，而游观诗词则大多"汰去之"。前9卷撰述历代州域形势。接着，以114卷之多，以明代两京十三布政使司及所属府州县为纲，分叙其四至八到、建置沿革、方位、古迹、山川、城镇、关隘、驿站等内容。与各地理实体有关的重要史实，附系于各类地名地物之下。并常在叙述中指出该地理实体得名的缘由。随后，以6卷记述"川渎异同"，作为"昭九州之脉络"。最后一卷是传统之说"分野"，作天地对应，有"俯察仰观之义"。前面历代州域形势以朝代为经，以地理为纬；后面分省则以政区为纲，朝代为目，全书经纬交错，纲目分明，且自作自注，叙述生动，结构严谨，读之趣味无穷。

二是注重人地关系的辩证思维。以研究天险地利为主的《读史方舆纪要》，始终贯穿着天险地利只是成败得失的从属条件，而决定的因素还在于社会和人事的正确思想。因为"阴阳无常位、寒暑无常时、险易无常处"。虽是"金城汤池"之故，若"不得其人以守之"，连同"培塿之丘""泛滥之水"都不如。如若用人得当，纵使"枯木朽株皆可以为敌难"。也就是说，决定战争胜负的原因，地理形势固然重要，但带兵将领所起的作用更大。在论述历代都城的变化和原因时，顾祖禹认为是由许多因素决定的，并非地势险固决定一切。首先，都城的选择与当时的形势有关，此时可以建都的地方，而到彼时则不一定适于建都，其次，是否适合建都不但要看地势是否险固，攻守是否有利，而且要看交通是否方便，生产是否发达，对敌斗争是否有利。由于建都的各种因素是在经常变化的，不能单纯考虑山川地势。他的这种观点与历史唯物主义的观点基本上是符合的。

三是注重经世致用，有关国计民生的问题尤其重视。顾祖禹认为：舆地之书不但要记载历代疆域的演变和政区的沿革，而且还要包括河渠、食货、屯田、马政、盐铁、职贡等历史自然地理和历史经济地理的内容。当他开始撰写时的确对此十分重视，但后来由于各种原因，原稿多有散佚，加上"病侵事扰"，顾不上补缀，但其大略亦能"错见于篇中"。不过，他在论述各地的地理形势时，尽量做到以地理条件为印证，使历史成为地理的向导，地理成为历史的图籍，互相紧密融会。全书对于有关国计民生的多写，无关的少写，详人之所略，略人之所详，这也是《读史方舆纪要》有别于其他地理著作之处。由于黄河之患历来不止，直接对国计民生产生不良影响，因此，顾祖禹在《读史方舆纪要》中大量辑录前人治水的主张，以留给后人借鉴。他十分赏识潘季驯的治河方针。认为"以堤束水,借水攻沙,为以水治水之良法,切要而不可易也。"(《读史方舆纪要》卷 126)书中对潘季驯的主张颇多引证。此外,书中对漕运的记载也十分重视。顾祖禹认为漕运相当重要,因为"天下大命,实系于此"。但他反对为了漕运而置运河沿线百姓生命财产于不顾的观点。在《川渎异同》中,他以整整一卷的篇幅,论述漕运和海运,又在有关州县下,详细记载运河的闸、坝、堤防和济运诸泉。此外,对于明代农业经济发展较快的苏松地区,以及扬州、淮安等转漕城镇要冲地位,书中都一一做了记载。同时,《读史方舆纪要》于农田水利的兴废、交通路线的变迁、城邑镇市的盛衰,都详略得当地有所记载。

《读史方舆纪要》长期以来由于内容丰富、地名齐全、考订精详、结构严密,不但胜于唐代成书的《元和郡县图志》、宋代成书的《太平寰宇记》,而且超越明代成书的《寰宇通志》《大明一统志》。若与清代历史地理巨著、官修的《大清一统志》相比,也是各有千秋,并不逊色,至今仍成为历史地理学者乃至研究历史、经济、军事的学者们必读的重要参考书。

三十六、良莠并存,注意鉴别——《曾胡治兵语录》

《曾胡治兵语录》,是一部中国近代论述治军作战问题的语录体兵书,中国近代军事家蔡锷(1882～1916)辑,共 12 章,约 1.4 万字。

清宣统三年(1911)春,蔡锷就任云南新军协统时,受镇统钟麟同委托,编"精神讲话",遂摘取晚清湘军统帅曾国藩、胡林翼的论兵言论,分类辑纂《曾胡治兵语录》,每章后加评语,以阐发其军事思想,其目的在于"厉兵秣马,驱逐列强",以实现从军事入手救国救民的道路。1917 年此书由上海振武书局刊行,后多次重印。

作者蔡锷,原名艮寅,字松坡,生于 1882 年,湖南宝庆(今邵阳)人。1897 年(清光绪二十三年)入长沙时务学堂,接受了梁启超等人维新思想的影响。1899 年赴日本,先后入东京大同高等学校、陆军成城学校和陆军士官学校。其间曾参加拒俄义勇队,发表过《军国民篇》,强调普及国民军事教育,习兵尚武,实行军事救国。1904 年回国,在江西、湖南从事军事教育工作。1905 年 7 月至 1910 年(宣统二年)底,历任广西新军总参谋官兼总教练官、广西陆军第 1 标标统、龙州讲武堂监督等职。在广西期间,着手组织撰写《军事计划》,主张军队体制应编成野战军、守备军、补充军、国民军和特种队，便于平、战时遂行不同任务；义务兵役制必须实行征之能来，来之能教，教之能归，归之能安，临战即至的"五要件"；军事训练应做到人与器、兵与兵、军与军、军与国的四个一致，等等。1911 年春赴云南任暂编陆军第 19 镇第 37 协协统。为加强新军建设，选摘清末湘军统帅曾国藩、胡林翼的治兵言论，分类编辑成《曾胡治兵语录》，阐述治军必须慎重选将；用兵应以安民爱民为本；战守之法应因时制宜，审势以求当；每战必须周密准备，战必制人，以及消灭敌有生力量为上等重要思想。10 月 30 日与同盟会员李根

蔡锷

源等在昆明举行反清武装起义。11 月被推为云南军都督府都督。在任职期间，针对英、法帝国主义觊觎我国西南地区，主持制订《五省边防计划》，确定先集中兵力消灭力量较弱的法军，并准备对英、法军同时作战。《计划》对滇黔桂粤川五省任务区分、兵力部署等均提出具体方案。1913 年被调往北京，先后任陆军部编译处副总裁、参政院参政、全国经界局督办。1915 年 12 月 19 日由北京潜抵昆明，25 日与开武将军唐继尧等宣布云南独立，反对袁世凯复辟帝制，旋即组织护国军，任第 1 军总司令。次年 1 月抱病率所部主力入川，在川、黔护国军配合下，依靠人民支援和士气优势，运用近战和迂回包围等战术手段，击败数倍于己的北洋军，赢得了战争胜利。1916 年 7 月任四川督军兼省长。病故后被北洋政府追赠为陆军上将。有《蔡松坡先生遗集》《蔡锷集》等行世。朱德曾高度评价他："思维敏捷，知识丰富，见解精辟，坚韧和无私，"当时，"在西南，还没有人能赶得上蔡锷的才华"。蔡锷病逝后，孙中山寄赠挽联写道："平生慷慨班都护，万里间关马伏波"。

《曾胡治兵语录》分将才、用人、尚志、诚实、勇毅、严明、公正、仁爱、勤劳、和辑、兵机、战守 12 章。

前 10 章专门论述治军问题。认为将领应选有"忠义血性"，智勇兼备，能耐劳苦，严明号令之人；大帅统驭将领最贵推诚，不贵权术；将领对统帅应"听号令，一事权"。相互之间应和衷共济，相顾相救。只有选好各级带兵之人，使他们能切实履行自己的职责，把各自管辖的部队带好，才能使整个军队建设好。强调治军应明赏

罚,显以示之纪律,隐以激其忠良;管理部队要以勤为本,久弛必难应敌;练兵要"修养其精神、锻炼其体魄,娴熟其技术"。同时,一定要坚持平战结合的原则,军队平时的一切活动,包括内务生活、教育训练、行政管理等各个方面都必须以战争需要为前提,以能效命疆场为归宿。

后2章论战略战术。强调军旅之事,谨慎为先,无充分准备不轻言战。凡战要"战挟全国,稳扎猛打"。以全军、破敌为上,得土地、城池次之。重视"以主待客,以逸待劳,以静制动,以整御散,奇正结合"。既讲究以后发制人为主,又注意抢占险要以求先制,重视以主待客,持久待变,提出"以静制动,以逸待劳"。强调战法要重奇正,认为"有正无奇,遇险而复;有奇无正,势极即阻。"故注重"附其背、冲其腰、抄其尾"。同时,"备策应,防抄袭"。防守要掌握重点,认为"必有所舍,乃能有所全",故选择紧要必争之地,厚集兵力,不处处设防。进攻要重视机宜,必审敌情、地势,"以整攻散,以锐蹈瑕","临阵分枝,不嫌其散,先期合力,必求其厚"。在防御上,强调"掌握重点,于紧要必争之地厚集兵力,不处处设防"。在进攻上,强调"先审敌情地势,以整攻散,以锐蹈瑕"。在部队机动上,强调"行军要谨慎,每住必深沟高垒,虽仅一宿亦须挖壕筑垒,坚不可拔;戒贪小功而误大局,进军重后路,悬军深入而无后继乃兵家大忌"。行止要重谨慎,强调"悬军深入而无后继是用兵大忌"。总之,他强调战略战术须"因时以制宜,审势以求当,未可稍有拘滞,若不揣其本,徒思仿效,于人势将如跛者之竞走,鲜为蹶也"。因此,他既不死守曾、胡二人"主守不主攻"的现成见解,又不为当时西方兵学家"极端的主张攻击"的说法所左右,而是根据清末中国兵力不如邻邦雄厚,军队不如外国精练和军费匮乏、交通落后的特点。指出战略战术须一切从国情、军情的实际出发,因敌、因地制宜,不可一味仿效,否则将会如跛子狂走必定跌跤。例如,外国强调进攻作战,中国在反侵略战争中则应取诱敌深入方针,提出了诱敌深入的战略设想。他说:"我国数年之内若与他邦以兵戎相见,与其孤注一掷之举,不如采取波亚战术,据险以守,节节为防,以全军而老敌师为主,俟其深入无继,乃一举歼除之。昔俄人之蹴拿破仑于境内,使之一蹶不振,可借鉴也"。这一战略设想在当时能否付诸施行姑且不论,单是这种从本国实际出发研究军事学术的"因时以制宜"的思想方法,就是非常可贵的。

《曾胡治兵语录》反映了中国传统军事思想的某些精华,对于治军作战提出了许多具有进步意义的见解,有一定的军事学术价值,因而深受后人重视。蒋介石对《曾胡治兵语录》更为五体投地,1924年蒋介石将此书作为黄埔军校教材,并增辑

《治心》一章以《增补曾胡治兵语录》出版。1943 年八路军《军政杂志》曾出版《增补曾胡治兵语录白话句解》,1945 年八路军山东军区重印出版。然而,受阶级和时代的局限,曾国藩、胡林翼的军事思想中有诸多封建、落后的糟粕。而蔡锷本人一方面在评语中对曾、胡的言论或加赞同或予颂扬备至;另一方面,也有所发挥。因此,在研读此书时,应注意加以鉴别。

三十七、强兵安民,宝贵遗产——《军事计划书》

《军事计划书》,是民国时期重要的军事理论著作,爱国将领蔡锷于 1913 年在广西撰写而成,全书约 3 万字。

蔡锷是一位思维敏捷、人才超群的军事家,戎马一生,不仅在军事指挥方面业绩非凡,而且在军事理论研究中也颇有建树。蔡锷 18 岁即投笔从戎,直到 1916 年 11 月病逝前的十多年中,一直孜孜不倦地学习中外著名军事著作,研究总结世界先进军事思想和最新军事理论,结合中国革命战争的实际,不间断地进行军事学术研究,致力于民国军队的改革工作。他先后写下了《军国民篇》《曾胡治兵语录》(序言和按语)、《军事计划书》《五省边防计划》等多部军事著作,尤其是在《军事计划书》中,集中地反映了蔡锷的军事思想,是中国军事宝库中不可忽视的宝贵遗产。

1913 年 10 月,蔡锷奉调入京,先后任陆军部编译处副总裁、参政院参政、全国经界局督办。在这期间,他与蒋方震、阎锡山等 11 名兵学才子和著名将帅,自发组成了军事研究会。他们经常带着各自的最新见解聚会,深入讨论和研究各种军事学术问题。在此基础上,蔡锷又修改完善了赴京前在广西所著的《军事计划书》。这时的蔡锷"很有点痴心妄想,想带着袁世凯上政治轨道,替国家做出建设事业"。于是,便将《军事计划书》纲要进呈袁世凯。可惜,这样一部饱含蔡锷心血和热望的军事杰作,在袁世凯和北洋军阀们的眼里只是一堆废纸,根本未予理睬。这使蔡锷又一次看清了袁世凯的真实面目,对北洋军阀完全失去了信心。但是,蔡锷并没有因此而灰心丧气,他仍一如既往地追求强兵之策和救国之道,进一步完善他的《军事计划书》。

在《军事计划书》中,蔡锷科学地分析了政治与战争、军队之间的关系。他在《军事计划书》一开头就明确指出:"战争者,政略冲突之结果也。军队者,战争之具,所以实行政略者也","故政略定而战略生焉,战略定而军队生焉"。寥寥几句,就画龙点睛地指出了战争的定义和性质,简明扼要地阐述了政治、战争和军队三者的决定与被决定的关系。在"国力与武力与兵力"一章中,蔡锷又辩证地阐述了国力(即人力与资财的总和)、武力(即国防力量)和兵力(军队战斗力)三者的相互关系,明确指出:国力"为国家存在之源,即为武力发生之本"。蔡锷还对国力的构成要素及诸要素间的相互关系进行了科学的分析,认为国力主要包括国民素质和数量、国家经济、资源、交通等要素,在这些要素中,最根本也是最基础的应是国民素质和数量,蔡锷认为:"国力者,人力之集也",国民的体力、智力和道德,直接决定着国家武装力量的强盛与否。有了强大的国力,再加上良好的"国家政治之机能"(即国家制度),必产生强大的武力。但武力与兵力又不相同,强大的武力泛指军队数量,但兵员数量并不完全等同于兵力。兵力系"加之以军事的组织锻炼者",也就是说,只有由接受了严格正规的军事训练、具备了相当的军事素质的公民所组成的军队,才是有战斗力的军队,充分体现了蔡锷在长期的军事指挥生涯中所形成的"兵在精而不在多"的军事思想,突出表现了"兵力之大小,不在其数量,而在其素质"的军队建设思想和教育训练观念,指明了建立精锐之师的军队建设方向。在后面各章中,蔡锷主要围绕着"如何增强国家兵力""如何从质量上加强军队建设"这两个军队建设的核心问题,阐明了自己的观点,并提出了若干实际性措施:①主张实行义务兵役制。即要改变以往的雇佣兵役制度,使当兵服役成为每一国民的责任和义务并成为国民的自觉行动,达到"征之能来""来之能教""教之能归"(归:是归顺,归从的意思)、"归之能安""临战焉,一令之下,应声而即至"即"招之能来,来之能战,战之能胜"的程度。②强调改善军队武器装备。蔡锷重点强调要了解世界新的军事技术,及时从国外购买和自行研制、仿制先进的新式武器装备,并要求通过训练,使官兵切实弄懂弄通各种新式武器的构造原理,确实能熟练地使用新式武器,使"精良之器"发挥出最高的作战效能。③主张根据新的作战要求,改革军队体制。蔡锷主张把国家武装力量分为野战军、守备军、补充军、国民军、特别兵5大部分,使国家军队"有战于外者,有守于内者,有维持于后方者,有应变于临时者,而国乃可言战"。④强调加强军事教育。他认为,军事的教育主要在军队,而不是在学校,军人是"国民之精华",军队教育的好坏,不仅直接关系到军队之唯一事业,而且对整个国民精神影响极大。因此,"平时军队之唯一事业,教育是也"。至于教育内容,蔡锷认为,一要进行技术训练,使官兵熟练掌握基本军事技能。二要严格组织纪律,使上下一致,号令严明,达到高度的集中统一。三要进行爱国主义教育,使全军贯一爱国心,认为:"以上三者,是军事教育之要纲"。⑤主张"先求敌而后练兵"。蔡锷强调,国家练兵须有一定的目的性,练兵的目的是求战,故先求敌而后练兵者,其兵强;先练兵而后求敌者,其敌弱。主张科学观察和判断国防形势,认准潜在的作战对象,深入地研究敌人,做到知己知彼,"以敌为师",以实战为背景,带着敌情苦练制敌之良策和毙敌之精兵。

蔡锷抱着强兵安民的理想追求,站在当时军事领域的前沿,针对当时中国国防和军队建设的实际,集智慧和心血于《军事计划书》。可以说,该书是蔡锷十多年军事学术研究和军事实践活动的结晶,是其整个军事思想的总结和概括,集中反映了他盼望建设一支强大的武装力量,增强国家实力的强烈愿望。书中对军队建设与教育训练的论述精辟,切中时弊,内容丰富,尤其是作者在书中对加强国防建设和治军用兵等方面,提出的一些新见解、新方法,不仅在当时具有重大的指导作用,而且对于目前我国的国防建设仍有一定的指导和借鉴作用。《军事计划书》是中国军事宝库中不可忽视的遗产。当然,蔡锷毕竟是资产阶级军事人物,其军事思想不可能不受阶级立场的局限,在著作中也反映了他思想的片面性,阅读时应注意鉴别。

三十八、一言既出,"石破天惊"——《国防论》

"万语千言,只是告诉大家一句话,中国是有办法的"。这是蒋百里在《国防论》的扉页上向国人发出的召唤。当时的人们称他的《国防论》是"石破天惊之论"。正因为如此,他的著作深受国人欢迎。冯玉祥说:"读到蒋百里先生的文章,总有很多卓越的意见,说明抗战终必胜利之理,我读了,更增加胜利的信心。"李宗仁称赞蒋百里的文章"凡百里指陈,辄粹具独到之见,论战论政,推衍周详,文出,人皆争为先睹"。

《国防论》是民国时期研究中国国防问题的专著,为民国时期著名军事理论家蒋百里撰写。该书是作者在不同时期关于国防经济、政治、军事、文化的论文和讲演稿的辑录,他吸取中国古代军事思想和西方新的军事理论的精华,提出了许多有针对性的建设中国国防的主张。

作者蒋百里(1882~1938),名方震,字百里,号澹宁,浙江海宁人。自幼才思敏捷,17岁中秀才,19岁入杭州求是书院。他生长在国家多灾多难的时代,眼见帝国主义侵略和中国国防不振之残酷现实,萌发了国防救国的思想,决心弃文习武。1901 年(清光绪二十七年)赴日本,先后入成城学校、陆军士官学校学习,1905 年毕业后任东三省督练公所总参议,旋赴德国实习军事。1912 年任保定陆军军官学校校长。1914 年后曾任陆海军大元帅统率办事处军事参议官、黎元洪总统府顾问等职。1925 年任直系吴佩孚军总参谋长,主张联络广州革命政府讨伐奉系军阀张作霖,因吴不纳而辞职。1933 年赴日考察,认为中日战争不可避免,并拟就多种国防计划。1935 年任国民党政府军事委员会高等顾问,次年春赴欧美考察,倡议发展空军,建设现代国防。1937 年发表其代表作《国防论》。抗日战争爆发后,发表《抗战的基本观念》,断定日本必败,中国必胜。1938 年 8 月任代理陆军大学校校长,不久病逝,被国民政府追授为陆军上将。一生著述宏富,其军事著作大部收入《蒋百里先生全集》。《国防论》是蒋百里先生的代表作。

《国防论》是民国时期的一部重要军事理论著作,其思想主要体现在以下四个方面:

(1)在国防观方面,他从资产阶级军事理论出发,认识到战争是交战双方政略冲突的结果,政略是由国家根本利益、基本国策决定的,"故政略定而战略生焉,战略定而军队生焉。"指出:国防的基本力量是由兵力、武力、国力三个层次构成的。从根本上说兵力之源在武力,武力之源在国力。武力是加以军事的组织、锻炼的国力,包括国民的体力、智力和道德力,以及农业、工业、矿业、牧畜和经济等各要素。国力则是人力、地理、物质生产力、机械运动力和政治力五者的综合体。在国力综合体中,政体和制度堪称"原动力",而要增强中国的国防力量,则应改革政治、实行民主宪政和义务兵役制。使人民有参与政治之权利,也有保卫国家之义务。作者强调指出,"战争力与经济力是不可分的","国防建设必须与国民经济配合一致","强兵必先理财"。他认为,中国民族的国防传统精神,最主要的就是所谓的"寓兵于农"。义务征兵制保留着古代平时为农,战时为兵的民族军事传统,具有平时养兵少,战时用兵多的优点。他把这种生产、生活和作战相结合的国防体制称作"生产国防"。

(2)在国防建设方面,他主张在国防建设中贯彻"生活条件和战斗条件一致"的原则,建立"既能吃饭,又能打仗"的国防制度。具体说来,就是使国防经费的投入向有利于国民产业的方向发展,把军用和民用结合起来,国营与民营并举,以长期持久的努力来建设、发展国防。他不反对举借外债以加快重工业建设,但强调必须立足于本国,主要依靠自己的人力、物力、财力。也就是我们现在所说的"以争取外援为辅,以自力更生为主"的建设方针。同时,他还强调要掌握先进的军事技术,重视新式武器的研制,争取站在世界的先进行列。从中国经济落后的状况出发,他强调平时应把武器的研究与大量生产区别开来,提出了"研究唯恐落后,制造唯恐争先"的军事工业发展原则。强调在农业方面也必须追求自给自足,军事工业和国防交通的布局要合理。这样,才能保证战时有效地抗击敌国入侵。作者强调建军的目的在于抵抗外侮。提出军队是进行战争、实行政略、维持国家生存的工具,"无兵而求战是为至危,不求战而治兵其祸尤为不可收拾"。鉴于清末编练新军以来,兵为将有,长于内争、怯于御外的弊端,强调要加强中央集权对将帅的制约力度,不能给地方军队和将帅以过分的权力,并在兵员和兵饷上对地方军队进行控制,使军队的将领不能成为"占山为王"的军阀。在治兵问题上,他主张治兵首在择敌(认准自己的对手,然后以敌为师,以实战为背景训练部队),为国立必须胜之志,策必胜之道。强调研究军事理论必须留心世界的新趋势。他认为世界"新军事的主流是所谓全体战争",因此,极力主张以义务兵役制代替募兵制,充分做好人力、物力的动员和组织,全面地建设陆海空三军,以适应战争的需要。

(3)在国防教育方面,他强调要养成军队新的自觉的纪律,以整整一章的篇幅论述"兵学革命与纪律的进步",认为由于现代军事技术和军事学术的发展,军队比以往更需要有新的自觉的纪律;有了真正自觉的纪律,达到精神上的团结一致,这就是最好的军队。认为纪律的真义就是"一致",军事教育要旨就在于求得人与器一致。他还强调,除了对军人进行军纪教育和军事知识教育外,还要特别提倡爱国主义教育,树立全军一贯的爱国心,这是精神教育的根本。同时,还要通过"文武合一"的办法提高国民与军队的素质。建议每个高中学生要接受两个月的军事训练,只有专门学校以上的毕业生才有担任军官的资格。从而达到兵民相通、寓兵于民的目的。

(4)在国防战略方面,他认为中国国防应以自卫为根本原则,绝对排斥侵略主义。但自卫的战争并不意味着战场上以防御为唯一方针,仍要发扬战役、战斗的攻击精神。面对日本等帝国主义强国的侵略,应发挥自身地大、人众的优势条件,坚持战略上的持久与战术上的速决,恰好是国家实行持久作战的必要条件。主张从敌我双方情况出发,制定正确的战略方针。此书从当时中国国情出发,提出了持久战的思想。认为唯有长期抗战,才能把日本拖垮。强调面对强敌的侵略,应避免过早的决战,逐步积聚力量,疲惫敌人,这才是最终战胜敌人的唯一正确方法。

《国防论》一书提出了一些有价值的军事见解,内容比较翔实,文字通俗易懂,集中反映了中国近代军事理论界的基本观点和态度。此书出版后,在国内引起较大的反响。但该书因系辑录而成,不免新旧杂糅,缺乏严密的系统性。尤其对墨索里尼和德国法西斯军队等的美化,则是其糟粕。

三十九、国防问题,理性解读——《国防新论》

《国防新论》,是民国时期军事理论家,著名的爱国民主人士杨杰撰写的一部军事著作。全书3篇。1942年由军方刊行,次年中华书局出版。该书是继蒋百里的《国防论》之后又一部研究当时中国国防的专著。全书由战争与国防、近代国防的形式及其组织、如何建设中国国防等三部分组成,主要论述当时中国国防的形式和组织以及国防经济问题。

该书之所以命名为《国防新论》,主要有三个方面的原因:一是为了区别于刊行不久的《国防论》,二是为了表明作者对国防理论的新认识,三是为了驳斥第二次世界大战中新出现的对战争与和平的不准确判断和认识,提醒世人树立新的正确的国防观念。

作者杨杰(1889~1949),字耿光。云南大理人。1906年(清光绪三十二年)入保定北洋军官学堂。1911年(清宣统三年)入日本陆军士官学校。1913年毕业回国后,任黔军团长、旅长和重庆卫戍司令等职。1915年参加护国战争,任护国军挺进军参谋长兼第1纵队司令,转战川东,屡建战功。1920年入日本陆军大学深造。1924年回国任国民军第3军参谋长。北伐战争期间,任国民革命军第17师师长、暂编第6军(后改称第18军)军长等职。1928年3月任国民党政府军事委员会常务委员、办公厅主任。4月任第一集团军总参谋长,参加第二期北伐。1929年1月任宪兵学校校长,旋任洛阳行营主任,随蒋介石参加蒋唐(生智)之战。1930年5月被蒋任命为陆海空军总司令部参谋长,参加蒋冯阎战争。1931年12月任陆军大学校长。1933年2月任第8军团司令官,指挥所部参加长城抗战。9月赴德、法、英、苏等国考察军事。1934年回国后,任参谋本部参谋次长,旋兼陆军大学教育长,努力从事军事理论研究,撰写和修改了《欧洲各国军事考察报告》《战争抉要》《总司令学》等,其内容涉及作战指挥、军事教育和建设现代国防诸方面。1937年

"七七"卢沟桥抗战爆发后,负责组织苏联援华抗日物资运输工作。10月由陆军中将加上将衔。1938年任驻苏联特命全权大使。此间,他目睹了苏联社会主义建设与发展的勃勃生机,也研究了一些社会主义理论,看到了社会主义的光辉前程。因赞扬社会主义制度,极力主张积极抗日,而触怒了蒋介石,于1940年被蒋介石免职。被免职后,又系统地研究国防问题,著有《国防新论》《军事与国防》等,对现代战争特点、现代国防建设形式与内容,提出许多新的见解。1945年10月与谭平山、王昆仑等人,为反对蒋介石内战政策,推动国民党内部民主运动,在重庆组织三民主义同志联合会。其后派人到贵州、云南等地策动反蒋的国民党军将领起义。1949年9月,应中国共产党中央委员会邀请,绕道前往北平(今北京)参加中国人民政治协商会议,由昆明途经香港时,被国民党特务杀害。

在《国防新论》中,作者站在世界政治、军事、经济、文化发展的战略高度,明确指出:"只要战争存在,就不能没有国防"。他针对在第二次世界大战末期,反法西斯战争即将取得全面胜利之际,在反法西斯同盟国中,有些政论家认为法西斯武装被解除,侵略战争自然就会自然消弭的错误观点,他还强调指出:"要是在文化不同的民族和国家之间还有阶级存在,要是这一种文化还歧视排斥并企图消灭另一种文化,要是民族与民族,国家与国家……还进行着政治的压迫和经济的榨取……侵略战争在世界上仍旧是不会从此消弭的。"杨杰认为,和平有暂时和永久两种存在方式。永久和平只能在国家衰亡之后才能实现。第二次世界大战后,有可能出现暂时性的和平。但国家组织并没有在战争中毁灭,阶级对立现象并没有在战争中消除。在一定条件下,和平还会转化为战争。杨杰认识到,历史终会将国家推上衰亡道路,但需要一个相当长的时期。只要战争威胁还存在,国防建设就不能终止,中华民族就不能不集中力量从事国防建设。这种从分析战争本质入手,论证战争与和平关系的方法,尽管有些概念的使用还不够准确,但正确地回答了法西斯侵略战争失败后,还需不需要继续加强国防建设的现实问题。

在《国防新论》中,作者强调积极地独立自主地建设适应总体作战的现代国防。主张中国必须立足于独立作战,自力更生,集中真实之科学人才,在实现农业国家工业化的前提下,建设立体化的现代国防。他清醒地认识到,随着科学技术的进步,机械化力量的增强,新式武器装备的大量涌现,战争必须向着总体方向发展,只有从事总体国防建设,使整个国家变成一个强有力的战斗集体,才能适应现代战争需要。他指出,"国防是政治、经济、文化、社会、军事等各种力量的结晶","军事是结晶体的顶点","经济是结晶体的基础。"国防建设必须和政治、经济、文化、社会建设等同时并进,有计划,按比例,协调发展,军事建设有赖于国家建设,但军事建设必须纳入国家建设的总体轨道上来,以军队的现代化建设来强化国防力量,以强大的国防来保证国家建设的安全有序和顺利发展。就军队本身而言,军事与其他方面的建设亦应同时并重,在军队建设中,应着眼于部队素质的全面提高。杨杰充分认识到了政治素质在军队建设中的重要地位和作用,强调政治建设是国防建设的重要因素,并积极主张建立以三民主义为中心内容的国防政治。杨杰还特别强调依靠政治工作的"亲和力",依靠廉洁有效率的政府,去发扬民主,建立民主制度。在经济建设与国防建设的关系问题上,杨杰在《国防新论》中明确指出:建设现代国防,关键要建立合理的经济制度,发展社会生产力,增强国家经济实力,使国家有充足的财力、物力投入国防建设。另一方面,杨杰强调指出,要注重发展实业国防,建立主要和辅助两种方式的独立的兵器工业系统,有些兵工厂平时制造商品获利,为国家经济建设服务,战时从事兵工制造,走生产国防的道路。为了提高军事工业水平和武器制造能力,杨杰指出,国家应不惜以巨资设立实验室,发展国防科研,实现武器装备现代化。在《国防新论》中,作者还认为,文化建设既是实现国家现代化和国防现代化的必备条件,又是加强国家战斗力的手段,必须"在人民的脑袋里设防,以防御敌人文化队伍的进攻"。这一思想,体现了杨杰国防理论对以往国防理论的新突破,不仅对当时的国防建设具有重大的指导意义,而且对现代国防建设也具有很大的指导价值。

在《国防新论》中,作者明确提出了"强国才能强防"的主张。他认为,历史进入"资本主义发展到最高阶段、社会主义国家业已抬头的今天",发展到"农业机械化和工业电气化的时代",富国强兵不能光靠发展农业经济,主要应依靠发展科学技术,依靠科学技术人才开掘物质资源,发展民族工业,实现农业国家的工业化。如果中国不能迅速转变落后的传统观念,不能集中力量迅速发展民族工业,落后的农业国面貌就不可能得到彻底改变,国防现代化也就不可能实现,强兵就无从谈起。他从中国当时的现实条件出发,深知把落后的农业国改造成工业国基础太差,困难重重,但又坚信"总会有一天,论富论强,中、苏、美将在世界上鼎足而三"。

在《国防新论》中,作者明确提出了人民国防观点。指出,由于社会生产力、生产关系的变革,使战争和国防与人民的关系日渐密切,建立人民国防是必要的,而实行人民国防的前提,必须是消灭经济上、政治上和文化上的阶级对立。他认为:

资本主义国家存在着严重的阶级对立，它的国防形式上虽有人民参加，但带有极大的强制性；只有社会主义国家，才能消灭这种阶级对立现象，使人民能自觉自愿地参加国防建设。所以说，"真正的人民的国防，又为社会主义国家国防组织的特色"。要建立人民国防，必须向国民不断灌输爱国主义思想，增强人们的国防观念，培养新型的"国防人"。

在《国防新论》中，作者还提出了独立自主建设国防的思想。指出，中国既是一个贫穷落后的农业国，又是一个资源丰富的大国。历史证明，资源丰富只会引起列强的垂涎。敌人绝不可能帮助中国建设现代国防。即使是盟国的支援也是有条件的。因此，形势"逼着我们独立作战，自力更生"。只能依靠自身力量去建设国家，建设国防，舍此别无出路。他还将中国和其他国家的条件做了比较，结论是别人能办到的事，中国人同样能办到。他在强调自力更生的前提下，亦主张接受国外技术援助，有限制地聘用外国技术人员，引进先进的技术和必需的机器制造设备。

在《国防新论》中，作者进一步阐述了战略战术原则。认为，中国国防属战略防御性的守势国防，必须立足于持久战。坚持持久战的关键在于平时积蓄"战争潜力"。他把潜力解释为人力、物力加入军事并在战争中发生效用的全部力量。他说，有了潜力，一旦遭敌突然袭击，初期能支持得住，拖得时间久了，抓住时机转入反攻，就会由被动转为主动。但战略进（反）攻必须慎之于始，切不可打无准备、无把握之仗。而在战术行动上又必须迅速突然，快速集中，快速展开，从时间上不给敌以喘息之机。杨杰在书中还主张建立稳固的后方战略基地（亦称国防中心）。在攻防作战基本战术上，他强调进攻应用优势之兵力和优势之火力，选择敌之弱点而攻击；至少要有正、侧两面攻击，兵力不足时应采用包围迂回战法。防御作战应利用时机，变更防御，而转为攻击。反对"徒博战胜之名"的击溃战，主张举强敌而尽歼灭之的歼灭战。

杨杰在《国防新论》中的观点，结合中国当时的实际，并接受了社会主义思想，因而适应了当时中国反侵略战争的形势，在当时引起很大反响，对于动员人民群众抗击侵略，加强中国国防建设，起到了积极作用，也给中国军事思想宝库增添了一份珍贵的遗产。

第十二章　军事智道

一、不战屈兵

有了人类社会就有了战争,有了战争就产生了关于战争的指挥艺术,就产生了人类的军事智慧谋略。中国古代伟大军事家孙武,以他非凡的聪明睿智对战争进行理性思考的光辉结晶《孙子兵法》,是中国古代的兵学圣典,是中国古代军事智慧谋略的宝库。其中不战而胜的谋略思想则是这一智慧谋略宝库中最为辉煌夺目的篇章。

不战而胜,或称全胜思想、全胜战略,是当代人对孙子"不战而屈人之兵"谋略思想的概括和代称。孙子关于"不战而屈人之兵"的谋略主要内容是:

凡用兵之法,全国为上,破国次之;全军为上,破军次之;全旅为上,破旅次之;全卒为上,破卒次之;全伍为上,破伍次之。是故百战百胜,非善之善者也;不战而屈人之兵,善之善者也。

故上兵伐谋,其次伐交,其次伐兵,其下攻城。攻城之法,为不得已……故善用兵者,屈人之兵而非战也,拔人之城而非攻也,破人之国而非久也,必以全争于天下。故兵不顿,而利可全,此谋攻之法也。

对"不战而屈人之兵"这一光辉谋略思想,孙子之后的军事家和军事理论家们都有所继承和发挥,而对如何理解"不战而屈人之兵"这一谋略思想,古人和今人都有较大分歧。一种观点认为"不战而屈人之兵"作为一种谋略手段,主要包括伐谋、伐交两个方面,伐谋即运用我之谋略破坏敌方谋略,达到"屈人之兵而非战"的目的。伐交即运用外交手段挫败敌方的谋我之谋略。伐谋和伐交是一种非军事的政治谋略,借以达到屈人之兵的目的。另一种观点则将"不战而屈人之兵"理解为"全胜战略"或"全胜思想",其内容包括伐谋、伐交、伐兵三个方面,伐谋、伐交是政治谋略,以"全国"即使敌国完整地屈服为目的;伐兵是军事谋略,是运用军事手段加高明的谋略,在战争中,使敌之军、旅、卒、伍完整地屈服为目的。这也包括孙子

"胜于易胜""败已败者"等谋略。伐谋、伐交、伐兵在实践中往往是联合交叉使用的,总的目标是运用谋略和军事手段,使敌国敌军完整地屈服,即为"全胜战略"。我们赞同将"不战而屈人之兵"概括为"全胜战略",这比较符合《孙子兵法》的原意。

(一)富国强兵,威制天下

包括孙子"全胜战略"在内的不战而胜谋略,是春秋战国时期中国社会现实的产物,是处于那个时代的思想家、军事家和军事理论家们为解决当时的社会现实问题而进行的多层次理性思考的结果。春秋战国时期,周王朝的神圣王权已无可挽救地衰落下去,代之而起的是各诸侯国的兴起及各诸侯国之间无休无止的攻伐争夺,各国间"争地以战,杀人盈野;争城以战,杀人盈城"。众多的诸侯国逐步被吞并,春秋五霸代兴,战国七雄并立,战争的规模越来越大。面对战争给社会和人民带来的巨大灾难,当时的思想家、军事家和军事理论家们在思索什么呢? 我们认为,对处于那个时代的人们来说,当时社会的传统文化给他们的教育和影响主要是:国家本来是一个统一的国家、社会是一个完整安宁和平的社会,各诸侯国分立争雄是一种不正常的现象,国家和社会的前途是走向统一。对春秋战国时期的人们来说,他们呼唤国家的统一、社会的和平和人民的安宁,问题只是由谁来承担这个历史重任而已。这确是一个巨大的时代课题。面对这个巨大的时代课题,中国新兴的知识分子(即新兴的士阶层)以空前的热情、强烈的历史使命感和社会责任感,从治国平天下的大视角出发去审视社会,从拯救天下万民于水火的愿望出发去创派立说,形成了诸子蜂起、百家争鸣的局面。各派大师率领各自的弟子奔走于各国之间,游说诸侯,销售各自的学说。各家各派虽观点不一,有时甚至势如水火,唇枪舌剑,互相攻讦,但他们的共同之处在于"各著书言治乱之事,以干世重"。治世救民、富国强兵、统一天下,是他们的共同目的,而不战而胜的智慧谋略则是贯穿于包括兵家在内的各主要学说中的一根红线。所谓不战而胜,和孙子的全胜战略一样,并非是只要政治谋略而不要军队、战争或军事手段,而是以富民强国和建设强大的军队为基础,退足以守国而立于不败之地,进足以威慑敌国,势压群雄,以争胜于天下,达到统一的目的。以此为线索,我们对春秋战国时期的各主要学派的有关观点做一简单分析,就可以看到各个不同学派之间的这一共同智慧谋略特点了。

我们先看儒家。春秋战国时期,儒学是显学,秦代以后,儒学处于独尊地位。儒学对包括兵家在内的各学派影响都很大。春秋战国时期的儒学有三大代表人物——孔子、孟子、荀子,他们的成就是多方面的,我们仅看看他们政治方面的主张、理想或方案。首先是孔子,孔子是伟大的思想家,他以"仁"为核心的伦理体系维系社会的稳定,在政治建设方面除提出对民众先富后教、"足食足兵""德主刑辅"的治国方略外,最重要的就是他的"礼"了。他推崇尧舜,但对大同社会理想不敢企及,最大的心愿是追寻文武周公的礼法社会。他的后学们将他的理想描绘了一番,这就是两千余年来让人们心驰神往的"大同""小康"乌托邦式的理想社会。我们将《礼记》中这篇脍炙人口的佳作照录如下:

大道之行也,与三代之英,丘未之逮也,而有志焉。

大道之行也,天下为公,选贤与能,讲信修睦。故人不独亲其亲,不独子其子,使老有所终,壮有所用,幼有所长,矜寡孤独废疾者皆有所养。男有分,女有归。货恶其弃于地也,不必藏于己;力恶其不出于身也,不必为己。是故谋闭而不兴,盗窃乱贼而不作,故外户而不闭,是谓大同。

今大道既隐,天下为家。各亲其亲,各子其子,货力为己。大人世及以为礼,城郭沟池以为固,礼义以为纪,以正君臣,以笃父子,以睦兄弟,以和夫妇,以设制度,以力田里,以贤勇知,以功为己。故谋用是作,而兵由此起。禹、汤、文、武、成王、周公,由此其选也。此六君子者,未有不谨于礼者也。以著其义,以考其信。著有过,刑仁讲让,示民有常。如有不由此者,在执者去,众以为殃。是为小康。

孔夫子对大同社会是神往而不敢企及的。就是这个大同的理想国,也是他的后辈们替他描绘的。不管怎么说,这也是儒家一派学者的"伊甸园",在那里天下为公,人人平等,盗窃乱贼也没有,清平世界,朗朗乾坤,自然用不着奇谋变诈,阴谋诡计,也就没有战争,无战无胜。小康社会则不然,有了家天下,有了私有制,有了国家、军队、城郭沟池,有了战争,也就有了谋略智慧,有了"革命"。这个社会是以礼制维持的,有"礼"则昌,无"礼"则亡。孔子是现实主义者,不做不着边际的幻想,他向往的不是大同而是小康型的"礼法"社会。在他看来,战争是避免不了的,军队是不可缺少的,民富了要教,教的内容包括教民学会打仗。"兵"如同刑一样,在小康社会是必要的,但由于复了礼,社会等级秩序井然,有信、义、仁、让等伦理道德和刑法规范制约着君主公卿民众,就可以避免战争。礼制、法制,是孔子社会改良的武器,救世的药方,但他并没有说不要军队,而是强调谁要以他的方法治世救民,到不了大同也可至小康,这是孔子不战而胜的谋略智慧。

孔子讲礼制,亚圣孟子讲"仁政"。身处战国的孟子才思过人,利口好辩,这是战国著名学者的基本功。它带来的不足之处是,一上擂台,他就得将他肯定的东西肯定到极致,否定的东西否定得彻底,两者都没有回旋的余地。如他对于仁政学说和战争问题就是如此。他是主张非战的,他认为战争是万恶之源,策划战争的、出谋献计的、搞合纵连横的、主张耕战的都该死。"争地以战,杀人盈野;争城以战,杀人盈城。此所谓率土地而食人肉,罪不容于死。故善战者服上刑,连诸侯者次之,辟莫莱任土地者次之"。那么如何解决社会的现实问题呢?孟子的回答是推行仁政。即任用贤能、恢复井田、用仁爱吸引爱护团结人民(孟子最重视人民的力量和作用,这是孟子思想的突出之处)等,但我们来看看他笔下仁、仁政的作用和威力:

地方百里而可以王。王如施仁政于民,省刑罚,薄税敛,深耕易耨。壮者以暇日,修其孝悌忠信。入以事其父兄,出以事其长上。可使制梃以挞秦楚之坚甲利兵矣。彼夺其民时,使不得耕耨,以养其父母。父母冻饿,兄弟妻子离散。彼陷溺其民,王往而征之,谁与王敌? 故曰:"仁者无敌。"

以仁政得民、惠民,得到民众的支持和拥护,民众用木棍子就能打败秦楚武装到牙齿的军队,这叫作"仁者无敌"。梁惠王问谁能使天下安定统一? 孟子回答:

如有不嗜杀人者,则天下之民皆引领而望之矣。诚如是也,民归之,由水之就下,沛然谁能御之?

不好杀人的是有仁德的君主,有仁德的君主天下人都拥护他,他就能不战而取天下。再如,孟子在表述了他的"天时不如地利,地利不如人和"的那段著名格言后说:

域民不以封疆之界,固国不以山溪之险,威天下不以兵革之利,得道者多助,失道者寡助。寡道之至,亲戚畔之;多助之至,天下顺之。以天下之所顺,攻亲戚之所畔。故君子有不战,战必胜矣。

孟子的思想与孔子一样,是以良好的政治与敌国决胜于朝廷,达到不战而胜的目的。

荀子是春秋战国时期的最后一位伟大思想家。他批评百家而总汇百家;骂倒了除孔子之外几乎所有的人,而他也几乎吸取了所有大学派的思想精华,成一统之言。他不像孔子那样惶恐而忧虑,不像孟子那样恣意而不切实际。他提出"礼法"兼治的指导原则。所谓"礼法兼治",即文武、恩威、刑德双管齐下,说白了,就是儒家的仁政、王道加法家的法治霸道。尧、舜之政,三王之道,在孔子、孟子那里只是理想而无法实现,在荀子这里则是可望可及可操作的,有现实可能性的。荀子曾考察过以法治国、国富民强的秦国,对其大加赞美,认为秦国已到霸道政治尽善尽美的境界,但离王道政治只有一步之遥,这就是如果秦国推行儒术,做到"力求止,义术行",就可以兵不血刃,令行天下。从整体上看,他的取天下、安天下的谋略与孔、孟小异而大同,都是以不战而取天下的。

以老子为祖师的道家学派,是中国文化史上唯一能与儒学并驾齐驱的重要学派。道家学派,尤其是老子深邃的"道"哲学体系在中国传统文化中的影响是绝不可以低估的,其对兵家的影响不亚于儒家,这从《老子》道哲学对《孙子兵法》的影响就可窥见一斑。纵观《老子》的思想体系,老子是反对战争要求和平的。"兵者,不祥之器,物或恶之,故有道者不处";"兵者,不祥之器,非君子之器,不得已而用之,恬淡为上,胜而不美。而美之者,是乐杀人。夫乐杀人者,不可以得志于天下矣";"以道佐人主者,不以兵强天下,其事好还:师之所处,荆棘生焉;大军之后,必有凶年";"天下有道,却走马以粪;天下无道,戎马生于郊"。兵为凶器,武是凶德,战争是不得已的事,这是后来军事家和军事理论家们的基本战争观。然而《老子》又是中国古代军事智慧谋略的渊薮,战争诡道的鼻祖。除一般的智慧谋略外,我们来看其关于不战而胜的思想,"天之道,不争而善胜";"圣人之道,为而不争"。这是以自然法则论述社会法则,由天道到人道的统一,作为"无为无不为"政治统御术的张本,其理论根据是"贵柔""尚弱""主静"的辩证统一观。"天下之至柔,驰骋天下之至坚";"天下莫柔弱于水,而攻坚强者莫之能胜,其无以易之。弱之胜强,柔之胜刚,天下莫不知,莫能行"。柔弱胜刚强是原则,于是便有了具体的"术"的论证,"曲则全,枉则直,洼则盈,敝则新,少则得,多则惑。是以圣人抱一为天下式……夫唯不争,故天下莫能与之争";"道常无为而无不为。侯王若能守之,万物将自化。……不欲以静,天下将自正";"我无为,而民自化;我好静,而民自正;我无事,而民自富;我无欲,而民自朴"。我之无为、好静、无事、无欲,使民自化、自正、自富、自朴,使社会归于安宁、宁静、和平,这就是为,是大有为。所以,由不争到天下莫能与之争,无为到无不为,是不争之争,无为之为。不争、无为,都是有条件的,目标就是天下莫能与之争,是无所不为,无所不得。这就是军事上的不战而战,不胜而胜。

对于治国治军来说,不战而胜的谋略还表现在:其一,当战争或问题处于初始阶段时,应着眼防患于未然,将战争、问题消弭于始萌。"其安易持,其未兆易谋,其脆易泮;为之于未有,治之于未乱。合抱之木,生于毫末;九层之台,起于累土;千里之行,始于足下","图难于其易,为大于其细"。其二,在敌方(当然也包括政治上的对手)势力强大时,要"不争","将欲歙之,必固张之;将欲弱之,必固强之;将欲废之,必固兴之;将欲夺之,必固与之。是谓微明,柔弱胜刚强"。是先予后夺的谋略。所以，"善为士者不武，善战者不怒，善胜敌者不与……是为不争之德，是谓用人之力，是谓配天古之极"。争就能不战而胜，这里作为谋略原则是高明的，与《老子》的整个哲学思想体系也是一致的。

墨学是战国时期继儒学之后兴起的，与儒学相对立而又依傍儒学的一派显学。墨学主张"兼爱"与"非攻"。先说"非攻"。墨子谴责攻人之国，损人之地，夺人之财，杀其国人，认为是大不义的行为；且攻人之国，损耗国力，破坏国家经济，牺牲人民，多战必自毙。《墨子》认为，禹征有苗、成汤灭夏、周武灭商是诛不义之君，是合理的。合理的正义战争称诛不称攻。攻是非正义的兼并掠夺。他又主张国家应该统一。如何不攻而统一呢？这就是以"义""德"统一天下。在春秋战国的"义、利之辩"中，墨家把义与利看作是统一的。有大义必有大利。由此引申出以"兼相爱""交相利"达到不战而使天下统一的积极目的。"兼相爱，交相利"是《墨子》不战而胜论的理论基础。尽管这和儒家的"大同、小康"、《老子》道家的小国寡民具有相同的幻想性质，但理论上的贡献是不可小视的。墨家学派类似于一个行侠仗义的宗教集团，他们不但放言高论，而且身体力行，"摩顶放踵，利天下而为之"。并确实干出了几件实事，这大概是墨学成为显学的原因之一吧。

法家是春秋战国时期最为切合社会现实的学派。诸子百家著书立说、分门立派，都以治民救世为依归，即理论为现实服务，但没有哪一家学说像法家学说这样具有如此严密具体的可操作性。法家著名的代表人物除韩非外，大多是政治家，都有显赫的政绩，如子产、李悝、吴起、商鞅、慎到、申不害等。韩非则是法家思想理论的集大成者，这一点与荀子相似。韩非虽然没有出将入相，位极人臣，但他将他的先辈以法治国、以权术驭臣、以威势临天下的帝王统治术结合起来并发挥到极致，秦始皇则将韩非的全部理论在他的统治实践中发挥到极致。韩非调教了秦始皇，秦始皇第一次统一六国，建立起有别于商周的大一统的封建中央集权的帝国，千古一人，韩非也可称不朽。当然，成也韩非，败也韩非，法家理论的功用和缺憾，秦帝国的兴亡是最好的说明。我们所要强调的是，法家学派无论是前期还是后期，无论是受儒墨还是受道家黄老之学的影响，其理论核心和目的都是很明确的，这就是以法治民，取信于民；以法纪维系社会，作为治理社会的唯一标准；奖励耕战，富国强兵，以战争手段强立争霸，统一天下（所谓术、势，是帝王统驭大臣以成其专制集体的手段，本质上与法治精神是不相容的）。从理论上说，法家是先秦诸子百家中的一家，因其极强的现实性、功利性而为士人所鄙视，因此难敌显学。从实践上看，因其切合实践需要的可操作性，法家理论却是推进先秦从社会到政治走向大一统的

·军事智道·

图文珍藏版

最重要的学说,这在秦国由强而霸并入主中原统一天下的实践中得到最充分的体现。秦王朝的统一,始自商鞅变法,这是学术界的共识。商鞅法家理论的全部基石便是以法治国,奖励耕战,富国强兵,统一天下。耕战又称农战,"入使民属于农,出使民壹于战"。民属于农则国富;民壹于战则兵强。国富兵强可无敌于天下。从商鞅、韩非、李斯到秦始皇,对此是始终牢牢把握,而最后达到了统一天下的目的。

最后,我们再来看兵家。兵家是诸子百家中的一家,是直接以战争为研究对象的学派。他们对战争的残酷性,战争对国家、社会和人民带来的巨大灾难看得最为真切,感受更为强烈,他们比其他任何学派的思想家们都更希望和平和安宁。因此,在春秋战国文化大潮的影响下,兵家思想不仅从更深的层次、更宽广的视野去理性地思考战争,而且决定了兵家言战而非战、对不可避免的战争力图用不战而胜的谋略去制止战争的爆发,或以最小的代价去夺取战争全胜的基本指导思想;决定了兵家在非暴力的和平论的立场上,以富国强兵为基础,首先保证国家、社会、人民的安全和平,然后去进行统一战争的思想;在战争中以谋略制胜,尽可能减少战争对国家、社会、人民带来巨大破坏、灾难和牺牲的思想。这一切形成了中国古代军事智慧谋略的鲜明特点,也由此和诸子百家在一些基本问题上形成了高度的一致。

在中国古代兵家著作中,成就最大、影响最为深远的当属《孙子兵法》。关于《孙子兵法》中不战而胜的智慧谋略,除其全胜战略外,最值得引起我们重视的是孙子对"道"的论述。何为"道"?

令民与上同意者也,故可与之死,可与之生,民弗诡也。

可知"道"就是政治,就是君主统治国家的政治措施。孙子认为,君主实行开明政治,健全法制,使举国上下同心同德,就能守必固,攻必胜,夺取战争的胜利。在这里,作为战争胜利必要条件的政治建设,也是一种谋略。孙子从探讨军事谋略的角度谈政治谋略,理想的政治是军事谋略实施的起点和前提。而在儒、道、墨、法等思想家们那里,则是从哲学、文化、道德伦理及法制建设入手来探讨政治建设问题。在他们看来,理想政治的建立之日,就是国富民强、政通人和、天下一统之时,理想政治的建立是他们问题讨论的终点。各家学说与兵家在这里实现了思想理论及认识上的对接和统一,不战而胜的谋略是联结他们思想的纽带。而在实践中,思想家们不战而胜的政治谋略的实现只是其理想实现的第一步,而其理想目标的最终实现,不战而胜谋略的完全实现,还必须沿着兵家所研究探讨的方向前进,用全胜的军事谋略或战争手段来实现政治家思想家们的理想目标,这一过程是不战而胜谋略在战争状态下的延伸,即伐谋、伐交、伐兵,或曰全胜战略是不战而胜谋略的有机组成部分。

继孙子之后的孙膑，在《孙膑兵法》中提出"战胜而强立"的思想，即要使国家立于不败之地并进而统一天下，首先要修明政治，变法图强，发展经济，鼓励耕战。《吴子兵法》主张以"道""义""礼""仁"治理国家，以"礼""义"治理军队，兼之以谋略，达到退能守边固国，进能成就成汤周武之伟业，一战而王天下的目的。他认为对"禁暴救乱"的"义兵"，要用"礼"使敌方屈服；对"恃众以伐"的"强兵"，要用"谦"使敌方屈服；对"因怒兴师"的"刚兵"，要用"辞"即辞令道理使敌方屈服；对"弃礼食利"的"暴兵"和"国乱人疲，举事动众"的"逆兵"，才用奇谋诡诈之法使敌方屈服。在五种战胜敌方的方法中，前三种是追求战争中的不战而胜，后两种是追求以谋制胜。魏武侯问吴起：

阵必定、守必固、战必胜之道。

吴起的回答是：

君能使贤者居上，不肖者处下，则阵已定矣；民安其旧宅，亲其有司，则守已固矣；百姓皆是吾君而非邻国，则战已胜矣。

爱民爱兵，是吴起军事政治思想的核心，也是其不战而胜思想的核心。吴起在魏"与诸侯大战七十六，全胜六十四，余胜钧解（不分胜负）"不是偶然的。

继吴起之后的战国大军事家尉缭，在军事理论上也颇有创见。他主张实行耕战政策，严厉法制，富国强兵，强调以法治军，建立强大的军队，作为不战而取天下的基础和手段。他说：

土广而任则国富，民众而制则国治。富治者，民不发轫，甲不出暴，而威制天下。故曰，兵胜于朝廷。

在《战威》篇中，他进一步阐述了不战而胜的谋略原则：

凡兵有以道胜，有以威胜，有以力胜。讲武料敌，使敌之气失而师散，虽形全而不为之用，此道胜也。审法制，明赏罚，便器用，使民有必战之心，此威胜也。破军杀将，乘闉发机（闉，指围在城门外的曲城的城门）。溃众夺地，成功乃返，此力胜也。王侯如此，以三胜者毕矣。

从讲亲民、爱民、开发土地、发展经济到健全法制、刷新政治、任用将帅，建设一支强大的军队，尉缭多次强调树立国威军势、不战而使敌方屈服的理论，系统继承、发展和丰富了不战而胜的谋略思想。《司马法》主张王道、霸道并行，文武兼用，以强大的国家实力和军事实力，借"九伐之令"迫使诸侯臣服，这与上述军事家和军事理论家们的思想也是完全一致的。

最后,我们再来看《六韬》关于不战而胜的谋略思想。《六韬》系后人假姜太公之名的作品,成书很晚,似乎已有定论。该书内容丰富而庞杂,以儒家道德仁义学说为主,杂之以阴阳术数,但在兵家著作中仍有较重要的地位。《六韬》不是姜太公的遗著,但作者确从姜太公的事迹中总结了一套不战而屈人之兵的极高明的谋略权术,如"圣人之动,必有愚色",就是最高明的"示形"术。所谓"全胜不斗,大兵无创""善战者,不待张军;善除患者,理于未生;善胜敌者,胜于无形,上战无与战"等,都深刻地表述了不战而胜的谋略原则。

(二)上兵伐谋,胜于无形

1.上兵伐谋

上兵伐谋,是《孙子兵法》中最理想的谋略境界,是"不战而屈人之兵"的"善之善"的最佳谋略。如何理解上兵伐谋,历来注家意见不尽相同,比较《诸子集成·孙子十家注》中曹操等十家的解析,其中曹操云:"敌始有谋,伐之易也。"意为敌方制定了进攻我方的谋略,我以谋略破敌之谋,不战而制止了敌方的进攻。杜佑的注解基本相同:"敌方设谋,欲举众师,(以谋略)伐而抑之,是其上。"其他各家的注解说法不一,意思基本一致。综合各家的见解,我们认为,所谓"上兵伐谋",即以我之谋略挫败敌方之谋略,收到不战而胜的最佳效果。

对敌方主动进攻我方,我方处于战略防御地位,重视运用谋略手段破坏敌方的进攻战略,并不是不必要的战争动员和战争准备。即使运用谋略,也必须有强大的武装力量作为后盾,先立于不败之地而后运用谋略胜敌于无形。有备无患,这不仅是谋略运用的前提,也是国家安全的必要条件。没有足够的武装力量为后盾,再高明的谋略也很难达到预期的效果。在有效防御戒备的前提下,追求上兵伐谋,胜敌于无形,才是军事家所应取的态度。

我们先来看春秋时齐国的两个战例。晋平公准备攻打齐国,派范昭出使齐国以观察其虚实。齐景公设宴招待范昭。宴席之中,范昭用齐景公的酒杯喝酒,晏婴待范昭喝完杯中酒后,命人收去范昭的酒杯,另换一个给他。范昭佯装醉酒而不悦,起而欲舞,要乐师奏《成周》之乐,被乐师拒绝。范昭出,齐景公说:"晋国是大国、强国,范昭作为使臣来观察我国的国政,你们激怒了他,后果会怎么样?"

晏婴说:"范昭不是不懂礼制,他是想以此羞辱我们,所以我不能遵从。"

乐师也说:"《成周》之乐,是天子之乐,只有天子才可用它来跳舞。范昭是人臣,他要用天子之乐跳舞,不合礼制,所以我也不能为他奏乐。"

范昭回国告诉晋平公说："现在还不能征伐齐国。因为,我想羞辱其国君,晏婴马上就知道了;我想违反他们的礼节,乐师很明白。"晋平公因此打消了进攻齐国的念头。

晏婴是春秋著名的政治家和外交家,他洞察范昭的目的,坚持诸侯国之间交往的原则,维护了国君和国家的尊严,同时向敌国表明了齐国政治的严肃性和正义性,这是他受到敌国尊敬且挫败敌国图谋的原因。孔子对此评价说:"不越樽俎之间,而折冲千里之外,晏婴之谓也。"杜佑注解"上兵伐谋"和刘基《百战奇略·谋战》都引用了这个故事。

还是在齐景公时期,晋、燕两国伐齐,齐军节节败退。在晏婴推荐下,齐景公任命出身低微的司马穰苴为将,率军抗击晋、燕两国的进攻。司马穰苴请齐景公的宠臣庄贾监军,又以延期不至军中而杀庄贾,惩处齐景公派来的使者,既严肃军纪,又爱抚三军,使士气大振,"病者皆求行,争奋出为之赴战。晋师闻之,为罢去。燕师闻之,渡水而解。于是追击之,遂取所亡封内故境而引兵归"。司马穰苴不战而胜晋、燕两国军队,似乎并未运用谋略手段。其实不然,司马穰苴不仅在于振奋自己的士气,更重要的是给敌军造成一种压抑和威慑,故能使怯懦散漫的齐军变成敢死能战之军,使晋、燕两国之军闻风而退。

如果说晏婴与司马穰苴之伐谋还不是很显著鲜明的话,那么,我们来看墨子止楚攻宋的事迹,更能说明"伐谋"之谋略的多样性和"伐谋"需要高超的智慧、过人的胆识。墨子听说楚国将进攻宋国,便自齐国孤身入楚,先以楚攻宋战争的不义性质说服以研究制造攻城器械而闻名的公输盘,再见楚王。他说楚王曰:

今有人于此,舍其文轩,邻有弊舆而欲窃之;舍其锦绣,邻有短褐而欲窃之;舍其粱肉,邻有糟糠而欲窃之。此为何若人也?楚王曰:必为有窃疾矣。墨子曰:荆之地方五千里,宋方五百里,此犹文轩之与弊舆也。荆有云梦,犀兕麋鹿盈之,江、汉鱼鳖鼋鼍为天下饶,宋所谓无雉兔鲋鱼者也,此犹粱肉之与糟糠也。荆有长松、文梓、楩、柚、豫樟,宋无长木,此犹锦绣之与短褐也。恶以王吏之攻宋,为与此同类也。

《墨子·公输》记载说,楚王因攻城器械都已准备好为理由,不肯停止攻宋,于是墨子与公输盘在楚王面前进行了一场攻城实验。"墨子解带为城,以牒为械,公输盘九设攻城之机变,子墨子守圉(一作固)有余,公输盘诎"。公输盘用尽了攻城的器械和方法,墨子防守坚固,奇谋妙策层出不穷。公输盘黔驴技穷,忽然说找到了对付墨子的办法,楚王不解,而墨子代为回答:"公输子之意,不过欲杀臣。杀臣,宋莫能守,可攻也。然臣之弟子禽滑厘等三百人已持臣守圉之器在宋城上,而待楚寇矣。虽杀臣,不能绝也。"楚王因此而罢攻宋之战。

没有大智大勇,墨子不能孤身入楚;没有超人的智慧谋略,墨子不能折服楚王君臣;没有充分的准备,不能使楚王、公输盘认输作罢。庙堂之上的斗智比刀光剑影的战场更为精彩激烈。以一人之谋而制止了一场战争的爆发,这绝不是逞口舌之利所能做到的。

春秋时期,著名的"烛之武退秦师",则是从分析秦国在战争中的利与害入手,不战而退秦师的。秦、晋两个大国联合进攻郑国,包围了郑国的都城。郑国谋士烛之武临危受命,往见秦穆公说:

秦、晋围郑,郑既知之矣。若亡郑而有益于君,敢以烦执事。越国以鄙远,君知其难矣。焉用亡郑以陪邻?邻之厚,君之薄也。若命郑以为东道主,行李之往来,共其乏困,君亦无所害。且君尝为晋君赐矣,许君焦、瑕,朝济而夕设版焉,君之所知也。夫晋,何厌之有?既东封郑,又欲肆其西封,不阙秦,焉取之?阙秦以利晋,惟君图之。

秦国与郑国之间隔着晋国,秦国征服郑国,受益的是晋国;晋国获得郑国,力量强大了,向西就只有侵占秦国的领土,且晋国向来不守信用,不如保存郑国以牵制晋国,这对秦国来说有百利而无一害。因此,烛之武从秦国的利害关系分析灭亡郑国对秦国的影响,促使秦军退兵,而晋军也随之撤军。这是上兵伐谋不战而屈人之兵的又一种使用方法。两年后,秦军奇袭郑国,中途被郑国商人弦高发觉,弦高诈称受郑国国君之命犒劳秦军,使秦军误以为秘密已暴露,奇袭不成,无奈退军,郑国又避免了一次灭国之灾。这虽然不是郑国国君有意识的伐谋,但却说明了战争是充满诡秘和不可知因素的暴力对抗行为,任何一个细节的失误都可能导致整个战略行动的失败,而给敌方以可乘之机。弦高的行动算不上是主动有意识的高超智慧谋略,但对郑国来说,这和管仲以"尊王攘夷"的智慧谋略而九合诸侯、一匡天下的宏伟大业在本质上并无多大区别。

春秋战国有不少这样的事例,秦以后的历代战争中这样的战例也不少。这说明"上兵伐谋"以不战而胜固然是军事家智慧谋略运用的最高最理想境界,也不是所有战争都能运用"伐谋"以达到不战而胜的目的的,但它作为一种可能,确实存在于许多战争爆发之前或战争过程之中,只是军事家能否以其睿智谋略,从客观实际出发去把握时机,正确决策,进而达到不战而胜的目的罢了。

2.伐兵与全胜

通过军事武装力量的最佳配置、部署而不与敌方直接交战就使敌方屈服,或者以最小的代价去获得战争的胜利固然是高明的，但在巧妙谋略指导下的"伐兵"如能达到"不战而屈人之兵""全胜"，也是"善之善者"。"伐兵"与百战百胜的区别在于，"伐兵"是"屈人之兵而非战也"，是"兵不顿而利可全"。而百战百胜是以我方大的损失为代价的胜利。在这里，我们既要看到"伐谋""伐交""伐兵"的区别，更要看到三者之间的联系，看到战争是三者的综合运行过程，尤其是"伐谋"与"伐兵"的紧密联系。因为在战争状态中，"伐谋"以不战而胜的可能较"伐谋"加"伐兵"以不战而胜的可能要少得多、小得多，战争状态中更多的是以"伐谋"加"伐兵"而取得不战而胜这一最佳战争效果的。

关于进攻性谋略的制定和进攻性谋略实现，即战争的结果体现为"不战而胜"的战例，在中国战争史上为数不少。如周文王、周武王在姜太公的辅佐下，制定了一系列掩蔽战略意图，加强国内政治经济建设，分化瓦解商王朝君臣关系，促使其政治腐败和社会动乱，剪除商王朝分封的诸侯国等长远战略，经过周文王、周武王两代人长达数十年的努力，周代商兴已到了水到渠成、瓜熟蒂落的地步，才有牧野一战的全胜。春秋后期越王勾践在著名军事家、政治家范蠡、文种的辅佐下，经过20年的努力，运用了政治、经济、外交、军事等谋略手段，积蓄力量，最后抓住战机，于公元前478年一举灭吴而复国等。这些都是政治、经济、外交、军事谋略综合运用的结果，是不战而胜的政治谋略与军事谋略的结合，是军事谋略中"伐谋""伐交""伐兵"的结合。

春秋时期晋献公向虞国假道伐虢的战例也是"伐谋"与"伐兵"结合不战而胜的典型战例。鲁僖公二年（前658年）和鲁僖公五年（前655年），晋国两次向虞国借道伐虢国。战争前，晋国就有灭虢兼灭虞之心，晋国的谋略是以名马美玉贿赂虞公，以伐虢对虞国有益为诱饵。第一次借道伐虢成功，但没有灭虢也没有灭虞。两年之后，晋国再次借虞国之道以伐虢，虞国大臣宫之奇劝谏虞公说：

虢，虞之表也。虢亡，虞必从之。晋不可启，寇不可玩。一之谓甚，其可再乎？谚所谓："辅车相依，唇亡齿寒"者，其虞、虢之谓也。

宫之奇是虞国的能臣，他洞察借道于晋的危害。晋献公和大夫荀息知道宫之奇会反对晋国借道于虞，也料定愚蠢的虞公不会听从宫之奇的劝谏。因此，敢于第二次提出假道的问题，于是这年冬"晋灭虢，虢公丑奔京师。师还，馆于虞，遂袭虞，灭之"。来了个顺手牵羊，灭掉了虞国。孔子笔削《春秋》，记载这件事曰："晋人执虞公。"《左传》作者对这一句话的分析理解是"罪虞，且言易也"。"罪虞"是说虞公太蠢，害了虢国，也导致了自己的覆亡；"且言易也"，是说晋献公君臣的谋略巧妙，不战而夺取虞国,未免太容易了些。

我们再来看秦以后的战例。宋太祖赵匡胤于显德七年(960 年)搞了个"陈桥兵变",戏剧性地从后周王朝孤儿寡母手中夺取了政权,大概算不上什么高明的谋略,但也不能说赵匡胤就没有过人的智慧谋略。赵匡胤夺取政权后,面临着统一全国的大课题。他制定了先南后北的总体战略,先平定南方荆湖、后蜀、南汉、南唐、吴越等割据政权。建隆三年(962 年 9 月),割据湖南的周保全因衡州(今湖南衡阳市)刺史张文表的反叛,向宋朝赵匡胤求救。赵匡胤求之不得,立即决定假道荆南前往湖南。次年正月,宋朝大将慕容延钊、李处耘率军到襄州(今湖北襄阳市),两次派人去江陵(今湖北江陵县),要求割据荆南的高继冲允许宋军经过荆南往救湖南,并要高继冲供应粮草。高继冲和部属担心宋军可能会突然袭击江陵,但又没有足够的力量抵抗宋军,便同意借道并在江陵百里以外处供应军需。二月九日,李处耘率军突然南下江陵,高继冲不战而降,荆南地区归宋。接着,李处耘与慕容延钊兵分两路,直取湖南,很快擒获周保全而占有湖南,为以后西平后蜀,南取后汉,东扫南唐、吴越奠定了战略基地。宋军在平定后蜀、后汉后,对南唐"攻心""伐兵""伐交"诸谋略齐用,南唐主战派被消灭,南唐皇帝李煜投降。偏安于东南一隅的吴越王钱俶于乾德五年(976 年)正月被赵匡胤一纸诏书召到汴京。在回吴越国时,赵匡胤给了他一个包袱,让他归途中再看。钱俶看到包袱里全是宋朝大臣建议赵匡胤扣留钱俶的奏章,不免不寒而栗,不久便被迫投降。南方归于统一。这是宋军以"伐兵"为基础多种谋略综合运用的结果。

关于防御性谋略和防御性战争,运用"伐谋"加"伐兵"不战而胜的战例同样异彩纷呈。三国时诸葛亮的七出祁山,几乎每次都是无功而返,就很耐人寻味。诸葛亮是中国古代军事智慧的化身,对刘备忠心耿耿,对兴汉复国大业执着追求,七出祁山都以失败告终,后人既惋惜又迷惑不解,而历史事实就是如此。究其原因,是因为司马懿采取了明智的防守战略,不给诸葛亮以可乘之机。司马懿不是小丑,而是一位大军事家、谋略家、政治家。他抵抗诸葛亮的谋略简单得不能再简单,那就是深沟高垒,坚城重兵,持久防御而不应战,使诸葛亮率领的蜀军后勤供应不继,粮尽援绝,无法支撑而自动撤退。史载诸葛亮最后一次率军出蜀,与司马懿的大军相对峙:

> 亮数挑战,帝不出,因遗帝巾帼妇人之饰。帝怒,袁请决战,天子不许,乃遣骨鲠臣卫尉辛毗杖节为军师以制之。后亮复来挑战,帝将出兵以应之,毗杖节立军门,帝乃止。

司马懿不管诸葛亮怎么羞辱他，就是不出战。所谓上奏魏明帝要求出战之类，不过是演戏给世人看。他的对手就很明白："初，蜀将姜维闻毗来，谓亮曰：'辛毗杖节而至，贼不复出矣。'亮曰：'彼本无战心，所以固请者，以示武于其众耳。将在军，君命有所不受，苟能制吾，岂千里请战邪！'"司马懿以持久防御败诸葛之兵，诸葛亮心中也很清楚，于无奈中尚透露出一股豪气，司马懿能不能出战制服诸葛亮，我们不能妄加猜测，但诸葛亮就是无法让司马懿出来决战，最终被司马懿不战而败之却是很清楚的。司马懿的不战而胜也可算是"无智名，无勇功"之类的谋略，让人感觉到"胜之不武"，但这却是最有效的谋略。在未出军前确定了这一谋略，也可算是"胜于易胜""胜已败"的谋略。司马懿以此数不战而胜，使诸葛亮被锁在四川的万水千山之中，"壮志未酬身先死"，只留下那一篇千古传诵的《出师表》表明自己的忠心和志向。诸葛之志固可赞叹，司马之谋不是更应为人所钦佩？宋人何去非写了一部《何博士备论》，其中《司马仲达论》说司马懿手握重兵，以不战疲惫诸葛之师，"岂徒然哉？将求全于一胜也"。是很有见地的。

我们再看另一则战例。唐代安史之乱时，李光弼与史思明隔河对峙，史思明处于主动进攻态势，李光弼处守势，"思明见兵河清，声渡河绝饷路。光弼壁野水渡，既夕还军，留牙将雍希颢守，曰：'贼将高晖、李日越，万人敌也，贼必使劫我。尔留此，贼至勿与战，若降，与偕来。'左右窃怪语无伦"。明知高晖、李日越有万夫不当之勇，明知其晚上要来偷袭，却说二人可能来投降，难怪他的部下议论纷纷，确实近乎天方夜谭。但是，"是日，思明果召日越曰：'光弼野次，尔以铁骑五百夜取之，不然，无归！'日越至垒，使人问曰：'太尉在乎？'曰：'去矣。''兵几何？'曰'千人。''将为谁？'曰：'雍希颢。'日越谓其下曰：'我受命云何，今顾获希颢，归不免死。'遂请降……高晖闻，亦降"。这近乎神话的预料竟变成了现实，原因是什么呢？李光弼说：

思明再败，恨不得野战，闻我野次，彼固易之，命将来袭，民许以死。希颢无名，不足以为功。日越惧死，不降何待？高晖材日越之右，降者见遇，贰者得不思奋乎？

事情的原委就是这么简单，李光弼摸透了史思明及高晖、李日越的心理，用最简单的方法不战而降两名大将，获得了一次战斗的"全胜"。

战争史上这些偶然的巧合其实并不完全是巧合，而是将帅超人智慧谋略的体现。同时，这些战例也说明战争中进攻也好，防御也好，战役也好，战斗也好，"伐谋"加"伐兵"都可能出现不战而胜或以最小的代价夺取战争胜利的奇迹，这种奇迹有时看上去并不奇，而军事家超人的智慧谋略往往就蕴含在这些平淡无奇的奇

·军事智道·

图文珍藏版

迹之中。

3.攻心与攻城

攻心作为一种谋略手段具有广泛的含义,它既是一种政治谋略,又是一种军事谋略,实际就是政治战、宣传战或心理战,历来受到军事家、政治家和思想家们的高度重视。明确提出"攻心"谋略的是三国时期的马谡,他在诸葛亮南征前说:

用兵之道,攻心为上,攻城为下;心战为上,兵战为下。

这里所说的"攻心""心战"主要是指瓦解、动摇、削弱敌方的军心士气,涣散其斗志,以造成有利于我方的战争态势。《孙子兵法》中"伐谋""伐交"也包含着"攻心"的因素,有人将"攻心"视为孙子"上兵伐谋""全胜战略"的继承和发展,是很有道理的。其他的"将军可夺心","三军可夺气""避其锐气,击其惰归""以治待乱,以静待哗""围师必阙,穷寇勿追""投之亡地然后存,陷之死地然后生"等,都可视为心理战的谋略手段。《孙子兵法》及其后的《孙膑兵法》《吴子兵法》《尉缭子》《六韬》等兵学著作中所谓"道胜""政胜""威胜""任势造势"等,都表达了以政治、经济、军事的实力造成一种对敌国敌方的威慑震撼作用,或在战争过程中形成对敌方的无形的巨大压力,造成敌国敌军的沮丧畏惧、心理恐慌、意志销蚀、斗志瓦解、战斗力削弱,以达到不战而胜或战而胜之的目的。

"攻心"谋略可用于战略,也可用于战役战斗。我们先看在战略上的运用。战略有政治战略和军事战略之分,政治战略是军事战略的基础和前提。政治战略中"攻心"术的运用,首先表现在统治者推行廉洁高效的政治,爱护团结民众,争取民众的拥护和支持。从孔子的政治伦理学说到墨子的"兼爱",孟子的"仁政"、荀子礼法兼治的"王道政治"等,无一不是如此。得民心就能统一天下,统治天下。而对国内民众施行"攻心"谋略的同时,也就是对敌国施行"攻心"谋略的开始。政治的得失是决定民心向背的决定性因素。政治清明,不仅团结了本国人民,而且是争取敌国民心归向的最锐利的武器。另一方面,战争的正义性是号召民众、统一民心,乃至得到敌国人民的拥护和支持的又一决定性因素。汤武伐夏桀、周武伐商纣就是如此。史载汤武灭夏、周武灭商,夏、商统治下的人民不仅没有反抗,反而临阵倒戈,归之如流水,实际就是政治"攻心"战略取得成功的范例。

军事战略中的攻心术运用更加广泛。最为显著的例证就是诸葛亮七擒孟获的故事。其事载于《三国志·蜀志·诸葛亮传》,裴松之注引《汉晋春秋》载:

亮至南中,所在战捷。闻孟获者,为夷、汉所服,募生致之。既得,使观于营阵之间,问曰:"此军何如?"获对曰:"向者不知虚实,故败。今蒙赐观看营阵,若只如此，即定易胜耳。"亮笑，纵使更战，七纵七擒，而亮犹遣获。获止不去，曰："公，天威也，南人不复反矣。"遂至滇池。

孟获是西南地区少数民族的首领，这里的"攻心"就是要使他心悦诚服，自己说出"不复反"的话，比一战使其不得不服重要得多。

战术中的"攻心战"比其他谋略的运用更为复杂和微妙，它要求将帅对敌我各方面的客观条件及其变化趋势、敌我将士可能的心理变化做出符合情理的深入分析。齐鲁长勺之战中通过曹刿对齐军心理的分析决定鲁军发起攻击的时间，是心理战的典型战例。曹刿总结的"夫战，勇气也。一鼓作气，再而衰，三而竭。彼竭我盈，故克之"的经验与《孙子兵法》中"避其锐气"的理论相一致，在一定程度上具有普遍意义。战争最基本的形式是进攻和防守，尖锐对立着的攻守双方，你想用以制服敌方的谋略也是敌方揣度并加以防范的，同样，你也在考虑敌方可能采取的谋略手段。争取主动，争取致人而不致于人是军事家共同的愿望，而谁能在实战中领先一步，破坏敌方的谋略而使自己的谋略获得成功，谁就能赢得战争的胜利。这就是军事谋略作为激烈对抗性的思维过程与其他谋略的最大区别，也是军事谋略贵在出奇制胜的原因之一。

公元前496年，吴越槜李之战中，吴军阵容严整，越军组织敢死队几次冲击都未成功，越王勾践命死囚排成三行，整整齐齐地走到吴军阵前，将剑架在脖子上对吴军士兵说："两国国君交战，我们触犯军令，不敢逃避刑罚，却敢死在你们面前。"说完一齐自杀。吴军的震撼、诧异、惊讶、注视是可想而知的，可还没有等他们从惊奇中反应过来，越军突然发动攻击，吴军措手不及，大败而逃，吴王阖闾重伤而死。越军的自杀行动，就是要造成吴军惊讶、迷惑不解并因此戒备松懈、分散注意力的心理效应。淝水之战中，后秦军人多势众，阻淝水列阵，东晋军要求后秦军后退一段距离，以便东晋军渡河决战。苻坚盲目自大，竟同意后撤，已列好的阵势一动而失去控制，加上朱序在阵后惑乱军心，秦军顿时大乱，东晋军乘机冲杀，后秦军因此大败。如果不运用心理战术，越军能否胜吴军尚在两可之间，东晋军不能战胜后秦军似乎是可以肯定的。

我们再来看楚汉战争中韩信运用"攻心"谋略，大破西楚霸王项羽的战例。"四面楚歌"的典故是人所皆知的。楚汉战争中，刘邦30万大军将项羽的9万余人重重包围于垓下（今安徽灵璧县沱河北岸），战争形势对项羽固然不利，但汉军要硬啃这块骨头也非易事。项羽本人骁勇无敌不说，他那8千子弟兵向来是所向无敌的。韩信命汉军晚上齐唱楚歌。当时的场面没有可靠的史料记载，但我们可以想象重兵包围中的楚军处于什么样的境地:粮尽援绝,欲退无路,欲战无力;隆冬季节,冷风刺骨,饥寒交迫,面对着尸横遍野、戟折剑断的战场,凄惨绝望的情绪迅速传播蔓延;低沉苍凉的楚歌如泣如诉,更勾起了对家乡的回忆和对亲人的怀念,生死离别如在瞬间。《孙子兵法》说"投之亡地而后存,陷之死地而后生"。韩信在井陉之战中曾经运用过这一心理战术,但以勇武威震天下的项羽却失去了当年"破釜沉舟"的豪情:"夜闻汉军四面皆楚歌,项王乃大惊曰:'汉皆已得楚乎?是何楚人之多也!'"他不知彼也不知己,绝望情绪同样感染了他:

于是项王乃悲歌慷慨。自为诗曰:"力拔山兮气盖世,时不利兮骓不逝。骓不逝兮可奈何,虞兮虞兮奈若何!"

骓是他的骏马,虞是他的美人,英雄气短,黄泉路近,看不到三军的前途,他自己首先绝望就更悲哀了。"歌数阕,美人和之。项王泣数行下,左右皆泣,莫能仰视"。四面楚歌使包括8千子弟兵在内的整个楚军的精神意志彻底崩溃了,项羽当晚只带领800余人突围逃脱,后被汉军追杀,自刎于乌江(今安徽和县东北)。韩信"攻心"谋略的成功运用避免了一场恶战,历时4年之久的楚汉战争由此结束。

(三)折冲樽俎,胜于庙堂

在中国古代的军事智慧谋略中,所谓"伐交"是中国古代"不战而胜"光辉谋略智慧的重要组成部分。在外交这一没有硝烟的战场上,由于外交家卓超智慧谋略的发挥和运用,常常取得运用军事手段所不能取得的胜利。在《孙子兵法》所总结的"不战而屈人之兵"的谋略思想中,"伐交"具有与"伐谋"同等重要的地位。

春秋战国时代,诸侯林立,各诸侯国之间攻伐不休的局面为中国古代外交智慧谋略的生成和升华提供了最适宜的环境。由于"士"阶层的兴起,思想的空前解放,文化的空前发达,以及社会对知识分子需求的增加,具有外交家特点的纵横游说之士大量出现。他们以宏富广博的知识,深刻敏锐的思辨能力,超群出众的智慧谋略,随机应变的辩说应对,奔走于各诸侯国之间,纵横捭阖,折冲樽俎,逞口辞之利,玩各诸侯国君臣于股掌之上;翻手为云,覆手为雨,施奇谋妙计,胜敌于庙堂之内。将中国古代的外交谋略发展到了登峰造极的地步,给战国的政治军事形势平添了浓厚的奇谲诡诈、变化莫测的色彩,以至纵横家在诸子百家中自成一派。在秦统一以后的大一统封建社会中,这些丰富的外交智慧谋略作为中国传统文化的重要内容被继承下来,并在一定程度上得到丰富和发展。

1.折冲樽俎,决胜于庙堂之上

在春秋战国史上,以外交手段挫败敌国图谋以不战而达到既定的政治军事目的的事例数不胜数,其外交谋略技巧也千变万化,有据理力争的,有运用讹诈欺骗之术的,有破坏敌方联盟并分而取之的,有乘人之危而坐收渔人之利的,有争取盟国以改变自己不利地位的等,千姿百态,异彩纷呈。

鲁僖公四年(前664年),业已称霸诸侯的齐桓公率诸侯联军攻破蔡国后进攻楚国,楚王派使臣到齐军中对齐桓公说:

"君处北海,寡人处南海,惟是风马牛不相及也。不虞君之涉吾地也,何故?"

管仲的回答是:"当年周王命令我们的先君姜太公说:'五侯九伯,你都可以讨伐,以辅佐周王室。'其征伐的范围东到大海,西到黄河,南到穆陵,北至无棣。现在,你们该进贡的包茅没有进贡,使天子祭祀物品匮乏,无法缩酒,我们因此兴师问个究竟。周昭王南征而不复,我们也要问个明白。"

楚使说:"贡之不入,寡君之罪也,敢不共(供)给?昭王之不复,君其问诸水滨。"

齐桓公所谓"包茅不入,无以缩酒"是出兵伐楚的借口,周王赐给姜太公征伐天下驯服诸侯的权力是齐桓公有足够的力量称霸时重新拾起来的武器,他们以维护周王室的名义伐楚似乎是名正言顺的。楚国使臣的回答也是有理有节,不卑不亢,使齐桓公抓不到把柄,兼之楚国虽不能称霸,也是一方强国,联军不能像对付小国那样随便开战。这年夏天,楚王派屈完到联军中见齐桓公,齐桓公陪屈完检阅诸侯联军的阵势时说:

"此次兴师难道是为了我个人吗?不,我是为了继承前代的友好关系。我们两国同归于好,如何?"

屈完回答说:"这是我国君主求之不得的事。"

史载齐桓公又说:"以此众战,谁能御之?以此攻城,何城不克?"

屈完回答曰:"若君以德绥诸侯,谁敢不服?君若以力,楚国方城以为城,汉水以为池,虽众,无所用。"

在温文尔雅的言辞中或暗藏杀机,或针锋相对。屈完的回答尤其机敏巧妙,严整而有力。齐桓公已是霸王,应以德服人。以德服人,进行正义战争,则天下诸侯就都拥护你。其潜在意思是,以德服人,你就没有道理征伐楚国。若依仗武力,以力服人,我们正义在手,不惜一战,以决胜负。齐桓公称霸固然依靠强大的国力和军队实力,但称霸的口号是尊崇周王室,稳定社会的等级秩序。因此。他不能不受到道德行为规范的约束,不能背上以力服人的恶名。即使征服了楚国而使天下诸侯离心离德,这是得不偿失的事,何况楚国还不是那么好征服的对手。因此,一场迫在眉睫的战争因楚国使者的外交努力而平息,双方化干戈为玉帛,以签订"召陵之盟"而结束。

战国时期的"合纵连横",是中国古代"伐交"谋略的又一光辉范例。战国时期,七强并立,而地处关中的秦国气势咄咄逼人,关东六国从总体力量看要超过秦国许多倍,但其中的任何一国都无法与秦国抗衡。关东六国也越来越明显地感觉到了来自西方的这一压力。一般说来,合纵,就是联合关东众弱以御强秦;连横,即以强秦联合关东一国或几国以攻众弱。首倡合纵外交谋略的是苏秦。公元前333年前后,苏秦以其卓越的智慧谋略、非凡的整体战争眼光、高超的辩说应对才能,游说关东燕、赵、韩、魏、齐、楚六国国君,陈述六国团结抗秦之利及不联合便可能为强秦各个击破之弊,苏秦说赵的一段话集中反映了他的合纵谋略,其云:

臣窃以天下地图案之,诸侯之地五倍于秦,料诸侯之卒十倍于秦。六国并力为一,西面而攻秦,秦破必矣。今见破于秦,西面而事之,见臣于秦。夫破人之与破于人也,臣人之与臣于人也,岂可同日而言之哉……故窃为大王计,莫如一韩、魏、齐、楚、燕、赵,六国纵亲以摈畔秦。令天下之将相,相与会手洹水之上,通质刑白马以盟之……诸侯有先背约者,五国共伐之。六国纵亲以摈秦,秦必不敢出兵于函谷关以害山东矣!如是则霸业可成矣!

就当时的军事形势看,联合抗秦确不失为各国自保自立、避免为强秦所吞并的正确决策。在苏秦的斡旋下,山东六国于公元前333年在洹水会盟,形成合纵之约,苏秦由此佩六国相印,任"纵约长",制定了秦攻六国中的任何一国,其他五国进行战略配合的军事战略。合纵之盟的成功,不仅使苏秦成为当时社会中最耀眼的政治、军事、外交明星,而且也确实抑制了秦国向外扩张的势头。《战国策》记载苏秦外交谋略的效果时说:

当此之时,天下之大,万民之众,王侯之威,谋臣之权,皆欲决苏秦之策。不费斗粮,未烦一兵,未战一士,未绝一弦,未折一矢,诸侯相亲,贤于兄弟。夫贤人在而天下服,一人用而天下从。故曰:"式于政,无式于勇;式于廊庙之内,不式于四境之外。"

合纵外交谋略的成功实施,是以"伐交"手段体现"不战而胜"的智慧谋略的又一典型范例。

连横是秦国对东方六国的合纵而采取的外交谋略,其代表人物为张仪。相传张仪是苏秦的同学,同为鬼谷子的学生。张仪奔秦,受到秦惠王的重用,他利用山东六国之间的矛盾,以威胁、讹诈、欺骗、利诱、分化、离间等手法,配合军事高压政策,又拉又打,瓦解了六国间的合纵之盟。张仪连横之术的成功,不仅使处于抗秦前沿的楚、韩、赵、魏、燕诸国屡屡遭受军事失败,向秦国割地求和,而且挑起山东六国间的相互争斗,征伐不休,连绵不断的战争削弱了六国的力量,为秦统一六国铺平了道路。秦对东方六国外交的另一个重要谋略是远交近攻。远交近攻的外交谋略,是战国著名谋士、政治家范雎初见秦昭王时提出的"王不如远交而近攻,得寸则王之寸,得尺亦王之尺也。今舍此而远攻,不亦谬乎?"他认为应远交齐国,近攻韩魏等国,逐步推进以至统一天下。后来秦国统一事业中的外交路线,基本是循着这一原则演进的。

纵观战国时期外交领域的"伐交"谋略,基本格局是合纵与连横两大外交谋略的对立、斗争和演进。苏秦的合纵联盟被瓦解后,东方六国的四大公子及陈轸、苏代等谋士在强秦的威逼下,又多次进行局部的合纵事业以抵抗秦国的进攻。山东六国最后亡于秦,原因固然很多,但山东六国之间因各自的利益之争而不能坚持合纵联盟乃是亡于秦的重要原因之一。相反,秦国最后完成统一大业,除其强大的综合国力外,也多靠利用矛盾分化瓦解的连横之术。

2."伐交"与"伐兵"

在战争实践中,"伐交"与"伐兵"往往配合使用。"伐交"与"伐兵"是"伐谋"的具体体现,"伐交"与"伐兵"的灵活运用,不仅大大丰富了"伐谋"的内容、形式或手段,而且也使"伐兵"更富戏剧性,取得更多令人意想不到的效果。

在中国古代战争史上,只要有多国多方力量的存在,那些著名的战例中取得胜利的一方,一般都是"伐交"与"伐兵"结合运用、灵活运用而取得成功的。我们如果简单分析一下春秋时决定晋文公霸主地位的晋楚城濮之战,就可以看到"伐交"对夺取战争胜利的巨大影响和作用了。

晋楚城濮之战爆发于鲁僖公二十八年(前 632 年)。在此之前,楚国利用齐桓公去世、齐国中衰、中原无强国的局面,兵出中原,控制了鲁、郑、陈、蔡、曹、卫、宋等中小国家。晋国自晋文公执政以后,国势日渐强盛,这与锐意挺进中原的楚成王的矛盾和冲突成为必然。鲁僖公二十六年(前 634 年),原臣服于楚的宋成公改换门庭,臣服于晋。楚成王正率军援鲁伐齐,见宋国背叛,立即调兵攻宋,宋国向晋国求援,这给了晋文公一个良好的契机。鲁僖公二十八年(前 632 年),晋军进攻曹国和卫国,两国是楚国的属国,晋国攻曹、卫,意在使楚军救曹、卫而解宋国之围。此间,

晋、齐两国国君会盟,扩大了抗楚统一战线。但晋军克曹、卫,楚军不顾曹、卫,仍继续攻宋,宋成公派人向晋文公告急。晋文公说:

> 宋人告急,舍之则绝,告楚不许。我欲战矣,齐、秦未可,若之何?

晋文公在外流亡19年,其中曾得到楚王和宋襄公的厚遇,这是晋文公不愿直接与楚军作战又不得不救宋的原因。晋大夫先轸说:

> 使宋舍我而赂齐、秦,藉以告楚。我执曹君,而分曹、卫之田,以赐宋人。楚爱曹、卫,必不许也。喜赂怒顽,能无战乎?

如果说晋军先攻曹、卫还是一般的军事谋略的话,那么,先轸的主意则完全是外交手段了。他的意思是让宋国贿赂齐、秦两国,让齐、秦两国劝楚国解除对宋国的包围。我们扣压曹国国君,将曹、卫两国的土地赏给宋国。楚国看到宋国占有曹、卫两国的土地,必定不会听从齐、秦两国的劝告而停战。齐、秦两国收了宋国的礼,必定怨恨楚国的顽固,齐、秦两国很可能就要参战。这是很高明的外交谋略,如果楚国停战,则楚国失去了宋、曹、卫等属国,宋国安然无恙,三国归于晋,晋国坐收渔人之利;如果楚国继续攻宋救曹、卫,则惹怒了齐、秦两大国,迫使晋、齐、秦三大国结成了统一战线,楚军胜利的希望更小。

楚成王果然拒绝了齐、秦两国的调解,两国参战。楚国由伐宋变成与晋、齐、秦三大国的直接对立。严峻的形势迫使楚成王决定撤军停战,但令尹子玉决意要和晋军较量一番,留在宋国不肯回楚。子玉派宛春向晋文公提出:"请复卫侯而封曹,臣亦释宋之围。"这也是很高明白的外交手段。晋大夫先轸分析说:

> 子与之!定人之谓礼,楚一言而定三国,我一言而亡之,我则无礼,何以战乎?不许楚言,是弃宋也。救而弃之,谓诸侯何?楚有三施,我有三怨,怨仇已多,将何以战?

楚国的建议不战而安定三个国家,我们不同意,就是使三国灭亡,这就使楚国正义而我们无礼,失去正义,不符合礼,我们还靠什么打仗?而且,我们是来救宋国的,不同意楚国的建议,就是抛弃宋国,这怎么向其他诸侯国交代?楚国的建议对三个国家有益,我们不同意就与三国结了怨,怨仇结多了,又靠什么去打仗?所以,应该同意楚国的建议,先轸的对策是:"不如私许复曹、卫以携之。执宛春以怒楚,既战而后图之。"晋文公便扣押楚国使臣宛春于卫国,私下允诺曹、卫复国,曹、卫两国果然宣布断绝与楚国的关系而臣服于晋。晋国的对策激怒了子玉,子玉率楚军进攻晋军,城濮之战爆发。战争以楚军失败、子玉自杀而告终。

战后,晋文公献俘于周襄王,周襄王给予很高的礼遇,并策命晋文公为诸侯之长,授其"安抚四方诸侯,惩治王室奸佞"的权力。所以,城濮之战一战而奠定了晋文公的霸主地位。而此战的胜利,与其说是兵胜,不如说是正确运用外交谋略与"伐兵"相结合的胜利。因为通过城濮之战,晋文公不仅战胜了楚国,将楚国的势力驱逐出中原地区,使晋国控制了中原各中小国家,而且迫使楚国断绝了与齐、秦等国的联系,使晋国获得了战场上所得不到的同盟者及周天子所授予的权力。由此可见,"伐交"对于"伐兵"的重要作用和重要影响。

其后,春秋时期的晋齐鞍之战、越王复国之战等著名战争的胜利,都是将"伐交""伐兵"灵活运用和结合运用的结果。战国时期的燕、齐之战,秦与楚、赵、魏、韩等国的历次大战,以及秦灭山东六国的长期战争,无一不是将"伐交""筏兵"交替灵活运用以夺取战争胜利的。

二、百战不殆之道

战争中百战不殆的首要之点是什么?对此,中国历代的军事家和军事理论家们的共同结论是:以谋为本,先计后战。《孙子兵法》十三篇,以《计篇》为首,他说,"夫未战而庙胜者,得算多也";"多算胜,少算不胜"。强调的就是庙算、运筹对决定战争胜负的重要影响,后人的"贵谋而贱战","用兵在先定谋","伐敌制胜,贵先有谋。谋定事举,敌无不克"等思想,都是对孙子理论的继承和发展。需要说明的是,中国古代军事理论中的"庙算""运筹""谋""计"等的概念既可指战略,又可指战术与辨术,战略和战术、辨术,它们没有明确的区分。我们用军事智慧谋略一词来概括中国古代军事理论中战略和战术的思想成果,既是为了叙述的方便,也很大程度上是为中国古代军事理论的这一特色决定的。而在现代军事理论中,不仅战略和战术有明确的界定,而且战略也有长、中、短期或整体战略与局部战略等的区分。我们当然不能用现代的理论、概念去分割、肢解古人的思想,但又不能不做某些相对必要的分类。本章在相对的长、中、短期分类的基础上,对中国古代的整体战略思想作一概括阐述。

(一)深谋远虑,谋定事成

先看长期战略。长期战略的制定是一个巨大的系统工程,是政治、经济、军事、外交等谋略智慧的综合运用。长期战略,在中国历史上有丰富的内容,有许多成功的杰作。

1.谋深计远,周密严整

宏规巨制的长规远略,一般都具有长远的预见性。这种长远预见性和在多大程度上与后来发展变化着的社会现实相一致,是检验这一长远战略优劣高下的唯一依据。社会的发展充满了无数未知因素,几乎是无数偶然的无法预见的事件的集合。因此,长远战略与社会发展的现实很难取得完全的一致。从这个意义说,长远战略存在一定的概然性是允许的。作为原则或纲领,其在施行中进行局部的完善和补充是正常的合理的。当然也有与后来社会发展变化几乎完全一致的,如三国时期,诸葛亮的《隆中对》就是一份这样的天才杰作,其预见与结果的相契合,真可谓前无古人而后无来者。其文云:

自董卓以来,豪杰并起,跨州连郡者不可胜数。曹操比于袁绍,则名微而众寡,然操遂能克绍,以弱为强者,非惟天时,抑亦人谋也。今操已拥百万之众,挟天子而令诸侯,此诚不可与争锋。孙权据有江东,已历三世,国险而民附,贤能为之用,此可以为援而不可图也。荆州北据汉、沔,利尽南海,东连吴会,西通巴蜀,此用武之国,而其主不能守,此殆天所以资将军,将军岂有意乎?益州险塞,沃野千里,天府之土,高祖因之以成帝业。刘璋暗弱,张鲁在北,民殷国富而不知存恤,智能之士思得明君。将军既帝室之胄,信义著于四海,总揽英雄,思贤如渴,若跨有荆、益,保其岩阻,西和诸戎,南抚夷越,外结好孙权,内修政理,天下有变,则命一上将将荆州之军以向宛、洛,将军身率益州之众出于秦川,百姓孰敢不箪食壶浆以迎将军乎?诚如是,则霸业可成,汉室可兴矣。

这就是著名的隆中对策,时间在建安十二年(207年)。刘备是三国时的枭雄,在汉末天下大乱群雄并起的形势下,企图一展抱负。但长期以来,他凄凄惨惨,居无定所,食无定主,丧魂落魄,先后依附于公孙瓒、陶谦、曹操、袁绍,最后才逃归刘表,寄人篱下。其关键就是他缺少一个谋士或智囊团,为他制定一个切实可行的长远战略。而诸葛亮为他设计的未来时局的蓝图,才使刘备

三顾茅庐

逐渐摆脱了困境。从总体看,谋求三国鼎立不是诸葛亮最理想的选择,而是为时势所迫不得已的战略构想。在他看来,曹操已经占有中原,拥有百万之众,且挟天子

以令诸侯,政治上、军事上都处于主动地位,难以与之争锋。孙权保有江东,外有长江天险,内部团结巩固,也不能轻易插足。天下可供选择的地方只剩下荆州和益州。宋人何去非说:"(刘)备非特委中原而趋巴蜀也,亦争之不可得,然后委之而西入耳! 备之西者,由智穷为怠,盖晚而后,出于其势之不得已也。"何去非也看到"孔明岂以中州为不足起,而以区区荆益之一隅足以有为耶? 亦以魏制中原,吴擅江左,天下之未吴魏者,荆、益而已。顾备不取此,则无所归者故也"。诸葛亮自比管仲、乐毅,有王佐之才,《隆中对》的最高目标是平定中原,统一天下,"霸业可成,汉室可兴"。三分天下只是权宜之计,策之下者,但不出此下策,刘备恐怕连立足之地也没有,何以能成霸业、兴汉室? 诸葛亮在《隆中对》中,不仅正确论述了荆、益两地的重要战略地位,而且看到荆州刘表、益州刘璋、汉中张鲁等辈都不是有为之主,刘表占有荆州,苟且偷安,割据自保,不思进取,内部矛盾重重,自处四战之地而又没有自强自立的智谋方略,被人兼并只是时间问题。事实上,就在刘备三顾茅庐时,东吴的孙权君臣就在规划夺取荆州甚至巴蜀的方案。鲁肃认为,复兴汉室只是幻想,曹操已经成了气候,要铲除他是不可能的。若能保全江东,西取荆州,控制长江中游,与曹操分江而治,也不失为帝王之业。大将甘宁也有同样的看法,认为应立即西进,夺荆州,窥巴蜀。于是孙权于建安十三年(208年)春西攻荆州。同年夏,曹操也兵发荆州。益州的刘璋、汉中的张鲁同样懦弱无能。同年夏,曹操不战而取荆州,刘璋就有向曹操屈服之意,不想曹操对他不屑一顾。曹操的冷遇,却为后来刘备入蜀提供了机遇。诸葛亮就是在这样的关键时刻,为刘备规划了长远的建国方略。没有诸葛亮的辅佐之前,刘备是一片随风飘转的秋叶;自礼聘诸葛出山后,刘备才从四处漂泊流浪的落魄境地中挣脱出来,并且在曹操强大军事压力下,实现了与孙权的联合,经赤壁一战击败了曹操的进攻。短短数月之间,刘备便作为一支重要的政治力量登上社会政治舞台,为曹、吴两方刮目相看。刘备乘胜占有荆州,有了一块立足之地。并且切断孙吴进军巴蜀的道路,为刘备从容经营荆州、夺取巴蜀创造了有利时机。以后刘备的入蜀是顺理成章的事,诸葛亮隆中对策中的开国蓝图最后得到实现,三国鼎立的局势也最终形成。

隆中对策还建造了未来国家内政外交及军事取向的基本框架。在当时的三国中,蜀汉的内政治理最有条理,成效最为显著。这既是诸葛亮长期战略的终点,也是其起点,即以巴蜀为基地,完成统一全国、兴复汉室的大业。关于"西和诸戎,南抚夷越",诸葛亮着眼于解决长期存在的夷汉纷争,主张平等对待各少数民族,采取一系列政策,加强民族团结,发展生产。著名的"七擒孟获"的故事,就是诸葛亮长期战略中以"和""抚"为中心的少数民族政策的体现。其长远目标在于营造一个稳定可靠的后方,为以后兵出中原打好基础。在外交上,诸葛亮坚持联合东吴,共同抗击曹魏。刘备声言匡扶汉室如同曹操"挟天子以令诸侯"一样,同样打的是一张政治牌,目的是待时机成熟,入主中原,成就帝王之业。而且,三国中,曹魏势力最强,只有与东吴结成统一战线,才退可以自守,进也有胜利的希望。吴蜀两国实为唇亡齿寒、辅车相依的关系,哪一方先灭亡,仅存的另一方绝无长期存在的可能。曹操和孙权对此也有清醒的认识,这是曹操、曹丕父子一直没有主动伐蜀的原因之一。也是吴、蜀之间虽然摩擦不断,甚至出现了荆州之争、夷陵之战那样的危机,但在共同抗曹这一点上始终携手的原因之一。

2.长规远筹,因形举措

长远战略作为一个基本的长期的战略框架结构,需要在实践中不断加以增益、补充和完善,使其适应形势发展变化的需要,更具有可操作性,从而有效地指导阶段性的具体事业的发展,逐步接近并最终实现长远战略所规定的终极目标。在这一方面比较典型的,是明太祖朱元璋的开国历程。

元末大规模的农民起义始于元至正十一年(1351年)夏,自刘福通首举义旗,红巾军系统的各支起义军风起云涌,席卷山东及大河上下、大江南北,非红巾军系统的张士诚、方国珍等崛起于江浙等地。贫苦出身、当过和尚的朱元璋于至正十二年(1352年)投身于郭子兴部,因作战勇敢而升至镇抚。至正十四年(1354年)朱元璋攻取定远、滁州,拥有徐达、汤和等战将24人,士众2万余人,谋士冯国用、冯国胜、李善长等人。以朱元璋当时的力量和地位,在群雄中属名不见经传的小字辈。但就在这时,朱元璋迈开了他问鼎中原、平定天下的第一步。史载他问计于冯氏兄弟:

"顾定天下,计将安出?"

冯国用说:"金陵龙盘虎踞,帝王之都,先拔之以为根本。然后四出征伐,倡仁义,收人心,勿贪子女玉帛,天下不足定也。"

同年,朱元璋问计于李善长:"四方战斗,何时定乎?"

李善长曰:"秦乱,汉高起布衣,豁达大度,知人善任,不嗜杀人,五载成帝业。今元纲既紊,天下土崩瓦解……法其所为,天下不足定也。"

朱元璋由此明确了平定天下的终极目标,确定了"知人善任,不嗜杀人""倡仁义,收人心""不贪子女玉帛""救生灵于水火"的长远政治战略和首先攻占金陵(今江苏南京市)以作攻伐四方之根本的长远军事谋略。这一长远谋略的制定,使朱元璋和张士诚、方国珍、明玉珍等缺乏宏图远见、雄才大略的地方割据者有了一个根本区别。

朱元璋占领南京后，便派兵四出攻城略地，他攻克徽州时，前元学士朱升向朱元璋进言："高筑墙，广积粮，缓称王。"朱元璋立即心领神会。前两点是巩固统治、积极防御、积蓄力量、伺机而动的意思，这好理解。而"缓称王"这一着妙棋的奥意是什么呢？首先，所谓树大招风，出头的椽子先烂，盛名之下，树敌必多。当时，如果朱元璋称帝称王，张士诚、方国珍、徐寿辉及紧接其后的陈友谅辈便可能群起而攻之。图一虚名不如审时度势，避虚名而就实利，积极发展实力才是上策。其次，朱元璋属于北方韩林儿、刘福通红巾军系，他占有南京，一直注重积极向东、西、南几个方向发展而不得矛头北指，原因就在于韩林儿的龙凤政权此时正处于鼎盛时期。朱元璋听从龙凤政权的号令，龙凤政权不会对他开刀，元军有龙凤政权替他顶着，为他解除了后顾之忧。若朱元璋自立门户，称帝称王，被龙凤政权视为叛逆，其后果就可想而知了。所以，在此后数年中，对称王称帝问题，朱元璋在时机的把握上，巧妙适宜，得心应手，表现出高超的政治谋略水平，与军事的发展配合得天衣无缝——早了树敌，晚了不能有效地团结将士，收拾人心，号令天下；不迟不早，不徐不疾，火候适中，适时而动，这从其后朱元璋自称吴王、即皇帝位所把握的时机，可以特别强烈地感受到这一点。"缓称王"——这一高明的政治谋略与军事谋略的密切配合是朱元璋长远战略发展的第二步。

至正二十年（1360 年），著名谋略家刘基投奔朱元璋。朱元璋在刘基的辅佐下，开始了削平南方群雄的战略行动。在南方诸强中，朱元璋于至正二十年至二十三年，首先消灭了处于长江中游的最为强悍、也是对朱元璋威胁最大的陈友谅集团。陈友谅集团的覆灭，包括强大的张士诚集团在内的其他各地方割据势力对朱元璋来说，如同俎上之肉，釜中之鱼，不足为虑。而在至正二十三年（1363 年），韩林儿的龙凤政权被张士诚消灭，刘福通战死，韩林儿作为龙凤政权名义上的皇帝、北方红巾军的首领被朱元璋从危城中救出来，并将其置于自己的控制之下。北方的元帝国分裂成相互对立的各地方集团，相互攻击，根本无暇南下。在这样的形势下，朱元璋于至正二十四年（1364 年）正月自称吴王。自此年起，指挥大军西向扫平陈友谅余部，平定两湖、江西、安徽；东击张士诚、迫降方国珍等，至正二十六年（1366 年），南方各地胜局已定，而在朱元璋控制下的名存实亡的龙凤政权的皇帝韩林儿，也于此年不明不白地死去，朱元璋彻底割断了与不存在的红巾军的名义上的关系。至正二十七年（1367 年）正月，朱元璋正式即吴王位，他除指挥一部分军

·军事智道·

图文珍藏版

队继续讨伐福建、两广的地方割据者外,命令主力部队在最后歼灭张士诚、方国珍残部后,于同年十月,立即挥师北伐。北伐前,由文豪宋濂主笔,著就了一篇气势磅礴且极有战略意义的北伐宣言,其核心内容是以种族主义相号召,团结广大人民齐心协力,"驱除胡虏,恢复中华",结束"冠履倒置"的局面。大军北伐是为了"立纲陈纪,救济斯民","拯生民于涂炭,复汉官之威仪";号召广大汉族人民支持大军北伐,包括蒙古族人在内的各少数民族官吏民人停止抵抗,则可"与仲夏之人,抚养无异"等。这篇檄文既富于浓厚的民族主义意识和爱国主义的感召力,又以博大的胸怀给予少数民族人民以平等相待的地位,消融了元军将士及民众的敌对心理,从而孤立元统治者和各地方割据势力;既突出了北伐战争的正义性,又使饱受战争之灾的广大人民看到和平和安宁的希望。因此,它产生了巨大的影响,加速了北伐战争胜利的步伐。

北伐宣言的发布,是朱元璋长远战略发展的第三步,也是最后一步,它标志着其长远战略的最后完善,而即将到来的北伐的胜利,则标志着朱元璋长远战略目标的最后实现。至正二十八年(1368年)正月,朱元璋宣告明王朝建立,他同时即皇帝位。同年八月,徐达率军入元王朝都城大都(今北京),标志着元王朝的覆亡。至此,朱元璋的长远战略得到了最后圆满的实现。

由上可以看出,朱元璋的胜利绝不是偶然的或天命所定的胜利,也不是碰运气的结果,而是朱元璋在其基本纲领——长远战略的指导下,根据不同阶段性的谋略对策,补充、丰富长远战略,推动整个事业逐步向预定的目标前进的必然结果。其阶段性谋略决策与长远战略即深谋远虑与因形举措衔接之严密,似浑然天成,这既是朱元璋和他的谋士们光辉谋略智慧的结晶,也是中国古代带有普遍意义的长远战略与阶段性谋略紧密结合以指导事业成功的典型范例。作为以长远谋略指导事业成功的另一类型,与诸葛亮的隆中对策相比,似乎也并不逊色。

3.践谋韬略,韬晦待机

长远战略最终实现的过程,既是战略制定者睿智才华得到最大限度发挥的过程,更是他们以坚定顽强的信念、坚忍不拔的意志、勇往直前的精神为长远目标的实现而进行不屈不挠、持久战斗的过程。没有这种信念、意志、精神的支撑,再完美的长远战略也不可能实现。秦国铲平山东六国、统一天下,就是秦国君臣以强大的国力为后盾,经过几代人坚持不懈、战斗不止的结果。而那些尚处于弱小地位的势力要实现自己的长远目标,则需要具备更为超人的坚强意志,付出更大的代价,越王勾践和他的复国事业就是其中的典范。

吴、越两国,累世为仇。公元前496年,槜李一战,吴王阖闾被越王勾践击败,吴王阖闾重伤而死,其子吴王夫差积极整武备兵,志在伐越,为父报仇。越王勾践不听著名军事家范蠡的劝告,企图乘吴王夫差羽翼未丰,先发制人,主动伐吴。鲁哀公元年(前494年)越、吴夫椒一战,越军大败,越王勾践率领仅存的5000人退守会稽山,为吴军包围。在人亡国灭的关键时刻,越国著名军事家范蠡为勾践谋划说:

持满者与天,定倾者与人,节事者以地,卑辞厚礼以遗之,不许,而身与之市。

著名政治家文种也劝勾践说:"汤系夏台,文王囚羑里,晋重耳奔翟,齐小白奔莒,其卒王霸。由是观之,何遽不为福乎?"

他们的基本思想是,失败和艰危并不可怕,当年商汤被拘禁于夏台,周文王被囚于羑里,晋文公重耳逃奔戎狄,齐桓公小白曾流亡于莒国,但他们并未因此气馁,而是愈挫愈奋,终于成就王霸之业。持满而不溢,是顺应天道,就能得到上天的佑助;扶危定倾,力挽狂澜,谦卑事人,是顺应天道,就一定能得到人民的拥护;地生万物,因地制宜,丰财而节用,是顺应地道,就一定能国富民强。现在的权宜之计,只有卑辞厚礼,贿赂吴国君臣,委屈求和;倘若不允许,大王就屈身臣服于吴王,供其驱使,以争取时机,重新再起。勾践君臣正是遵循这一战略,而极尽忍辱含耻、韬晦待机之能事,最后兴国灭吴的。

首先是争取吴王夫差的宽贷赦免,免遭灭国之危。为此,越大夫文种赴吴王军营求和于吴王,膝行顿首曰:"勾践请臣,妻为妾。"由于伍员的反对,无功而返。接着,勾践君臣又以重金美女宝货贿赂吴王宠臣太宰伯嚭。大夫文种两次向吴王夫差求和说:"愿大王赦勾践之罪,尽人其宝器。不幸不赦,勾践将尽杀其妻子,燔其宝器,悉五千人触战,必有当也。"伯嚭接受了越王的贿赂,帮文种说情,吴王夫差不顾伍员的坚决反对,同意了越王勾践的求和要求,率领大军回国。吴军撤走后,勾践首先向民众告罪悔过说:"寡人不知其力之不足也,而又与大国执仇,以暴露百姓之骨干中原,此则寡人之罪也。寡人请更。"于是,"葬死者,问伤者,养生者,吊有忧,贺有喜,送往者,迎来者,去民之所恶,补民之不足"。初步安定国家、安抚民众后,命文种治理国家,自己带着范蠡及宦士300人到吴国去,"卑事夫差","亲为夫差前驱"。勾践和范蠡等不惜忍耻含垢,屈身卑事,像奴仆一样供夫差驱使,前后达三年之久,终于取得夫差的信任,于公元前491年被释放回国。

保存越国和勾践安全回国,只是达到了长远战略的第一个目标。勾践君臣回国后,以灭吴复仇、洗刷国耻相激励,以坚定顽强的信念、坚忍不拔的意志、坚持不懈的奋斗精神,致力于重建国家的事业。政治上君臣上下一心,励精图治,团结民众,招揽人才;军事上,加强军事训练,扩充军队,努力提高军队战斗力;经济上奖励生育,增殖人口,发展经济,增强国力,数年间出现国富民强、家给人足的景象。史载勾践本人率先垂范:

> 乃苦身焦思,置胆于坐,坐卧即仰胆,饮食亦尝胆也。曰:"女忘会稽之耻邪?"身自耕作,夫人自织,食不加肉,衣不重彩,折节下贤人,厚遇宾客,抚贫吊死,与百姓同其劳。

"卧薪尝胆"的典故即出于此。经过越王勾践君臣和人民的努力,越国的社会经济得到了恢复和发展,人民灭吴复仇的情绪日益激扬,初步具备了实现长远战略所要求的国力基础。

越王勾践君臣在致力于增强国力的同时,为选择最佳灭吴时机,采取了一系列谋略手段,韬晦待机,掩盖自己的战略企图,又不失时机地运用"文攻"手段,促使吴国的政治腐败,内部离心及决策失误等,创造有利于自己的时机。大夫逢同阐述了越国这一谋略与外交关系的联系:

> 勾践自会稽归七年,拊循其士民,欲用以报吴。大夫逢同谏曰:"国新流亡,今乃复殷给,缮饰备利,吴必惧,惧则难必至。且鸷鸟之击也,必匿其形。今夫吴兵加齐、晋,怨深于楚、越,名高天下,实害周室,德少而功多,必淫自矜。为越计,莫若结齐、亲楚、附晋,以厚吴。吴之志广,必轻战。是我连其权,三国伐之,越承其敝,可克也。"

越国刚刚恢复过来,绝无必胜把握。公开扩军备战,势必引起吴国的警惕和疑惧,甚至招致新的战争。对越国来说,现在就如同凶猛的鸟将要出击前必先隐匿其身形一样,应隐形匿迹,不动声色,不使吴国感到有任何威胁。在外交上,吴国现在兵出中原,与齐、晋兵刃相见,与楚国有宿仇。我们应该暗中联系齐、晋、楚三国,以作后援;对吴国表示亲近。吴国名高志广,骄横轻战,如与中原各国大战,我们方可乘机而作,一举而灭其国。为了达到这一目的,越王勾践一方面对吴王夫差表示恭顺臣服,毫无异志;一方面诱使夫差出兵中原,谋求霸权。"吴王将北伐齐,越王勾践用子贡之谋,乃率其众以助矣,而重宝以献遗太宰嚭"。在这一过程中,孔子的高足子贡起了很大作用。子贡为保存鲁国,诱齐伐吴,诱吴抗齐伐晋,吴王夫差本想再次伐越,子贡为吴国出使越国,劝勾践"发士卒佐之以微其志,重宝以说其心,卑辞以尊其礼,其伐齐必矣"。这正中勾践下怀。由于子贡的穿针引线、伯嚭的暗中协助,夫差决意停止伐越而北上伐齐。勾践命文种使吴,一方面对吴王伐齐大加赞颂,一方面称"悉起境内士卒三千人"随从夫差北伐等,终于利用夫差的骄横和急于称霸的野心,诱使夫差陷入中原之战的深渊而不能自拔,极大地削弱了吴国的国力,为越王勾践的最后灭吴复国创造了绝好的机会。为了麻痹夫差,越王还大量给其送去财宝,以表示诚恳;送去西施、郑旦等美女以讨其欢心,使夫差沉溺于女色,解除对越国的戒心。同时,不断以重金贿赂夫差的宠臣、太宰伯嚭,"太宰嚭既数受越贿,其爱信越殊甚,日夜为言于王,吴王信用嚭之计"。本来,对越国君臣欺吴谋略的一招一式,伍员都看得一清二楚,并屡次向吴王夫差提出警告,由于伯嚭从中破坏,都未能被夫差接受。伍员对吴国忠心耿耿,最后,越王君臣利用伯嚭离间于夫差,伍员被赐死。伯嚭专政,夫差荒淫;长年征伐,国内空虚。越王勾践灭吴复国的时机终于到来了。

公元前482年,乘吴王夫差率大军北上中原争霸之机,越王勾践统帅5万大军,一举歼灭吴国国内的剩余部队,攻占吴国都城,俘虏太子。吴王夫差从中原回军,以越、吴两国和谈罢兵而告终。公元前478年,越王勾践再次伐吴,击溃吴军主力,围困吴国都城姑苏,吴国灭亡。越王君臣的长远战略经过长达22年的努力终于最后完成。而越王勾践君臣灭吴复国曲折复杂的戏剧性历程,最受后人称赞的不是他们的谋略智慧,而是他们,尤其是越王勾践为实现其长远战略而表现出来的那种坚定不移的意志、信念和坚持不懈的战斗精神。

所以,长规远略的制定实现,既需要卓越非凡的智慧谋略,更需要为实现长规远略而进行持久不息、坚忍不拔、持久战斗的精神和毅力,只有二者的结合,才能收到深谋远虑、谋定事成的效果。

(二)先计后战,辨形用权

运用正确的辨敌之术和战术。即每逢敌手,或先计后战,或辨形用权,这既是对军事指挥家素质优劣的最好检验,更是实现百战不殆军事智道的必经之途。对此,在中规战略中,体现得最为清楚。所谓中规战略,即由若干战役战斗组成的整体战略。它是相对于长期战略而言的中期战略。在中期战略目标的确定、计划的实施中,必须注意如下几个方面。

1.把握全局,稳操胜券

战争的决策者能否在中期战略中把握全局,对在错综复杂的形势下克敌制胜至关重要。在这一方面,三国时的谋略大师曹操有着突出的表现。他在汉末天下纷争、地方势力割据称雄的混乱形势下,仅以区区万人的弱小力量,采取了招抚利

·军事智道·

图文珍藏版

用、分化瓦解、武装打击等手段,不断蚕食兼并,最终孤立并消灭袁绍集团,奠定了称霸中原的基础。

曹操在汉末政治舞台上崭露头角进而操纵汉末政治,是从迎接汉献帝、定都许昌开始的。当时,汉献帝在洛阳进退失据,但却是一面旗帜。曹操、袁绍都想"挟天子以令诸侯"。只是袁绍优柔寡断,还没有来得及下手,便让曹操抢先一步将汉献帝掌握在自己的手中。曹操在政治上占据主动,也同时与袁绍的关系紧张起来。曹操将汉献帝迎到许昌以后,袁绍曾要曹操将都城迁到鄄城(今山东濮县东),遭到曹操的断然拒绝。曹操与袁绍之间的战争已不可避免。建安元年(196年),曹操就制定了讨伐袁绍的战略。

当时总的形势是,曹操虽然控制中原的兖、豫二州,但两州无险可守,属于"四战之地";而且,兖、豫地区历经战乱,人民流离失所,社会经济残破不堪,军粮不继,供给不足,无法支持大规模的战争。从社会地位上看,曹操出身于官宦家庭,为士人所不齿。虽然控制了汉献帝,被封为司隶校尉领尚书事及车骑将军,但尚未得到各割据势力的认可。从军事力量看,曹操的力量不仅不能与袁绍相提并论,就是与其他一些集团相比,也没有什么优势。如江南的孙策,时时准备插手中原;据有扬州、淮南的袁术,和袁绍虽然不和,但北上中原之志颇大;给曹操造成直接威胁的是占据徐州的吕布,吕布虽然反复无常,依违于袁术、袁绍之间,但直拊曹操之背,令曹操居无宁日,寝食难安;南方势力最强的是张绣和刘表,两大集团据有荆襄、豫南广大地区,割地自守,相互为援,也作窥视许昌之势。此外,西方关中地区有韩遂、马超;凉州为韦端所有。这些都有可能成为袁绍的同盟者。最后再看袁绍集团,袁氏家族是东汉中后期的名门世家,四世三公,门生故吏遍天下。袁绍本人弱冠登朝,播名海内,声震天下。汉末天下大乱之际,袁绍依恃家族和自己的巨大名望,招揽人才,占据幽、冀、青、并四州,地理形势优越,进可攻,退可守;在经济实力方面,四州受战争影响不大,一些地区经济发达,因此,粮食物资储备充足;在军事实力方面,袁绍拥有总兵力至少在30万人以上。所幸的是建安二年至四年间(197—199年),袁绍集团正全力与占有山东北部及河北广大地区的公孙瓒连年苦战,争夺幽州,暂时无力南下对付曹操。

面对如此紧张严峻的局面,曹操利用袁绍集团暂时无力南下的时机,首先招抚拉拢一些割据集团,并用军事手段消灭了与自己为敌的一些集团。而后,寻求有利时机,集中全力与袁绍集团决战。建安元年(196年),为制定破袁战略,曹操问计于著名谋略家荀彧和郭嘉:

本初拥益州之众，青、并从之，地广兵强，而数为不逊。吾欲讨之，力不敌，如何？

荀彧分析曹操具有四方面必胜的因素，即："度胜、谋胜、武胜、德胜。"郭嘉总结的则是曹操有十必胜，即："道胜、义胜、治胜、度胜、谋胜、德胜、仁胜、文胜、武胜。"他们又指出：

绍方北击公孙瓒，可因其远征，东取吕布。不先取布，若绍为寇，布为之援，此深害也。

即乘袁绍与公孙瓒大战之机，消灭吕布，做好全面战略准备。这当然不仅指吕布：

太祖曰："然，吾所惑者，又恐绍侵扰关中……南诱蜀汉，是我独以兖、豫抗天下六分之五也，为将奈何？"或曰："关中将帅以十数，莫能相一，唯韩遂、马超最强。彼见山东方争，必各拥众自保。今若抚以恩德，遣使连和，相持虽不能久安，比公安定山东，足以不动。钟繇可属以西事，则公无忧矣。"

至此，曹操破袁绍的整体战略设计基本完成了。

在上述战略思想指导下，自建安元年（196年）开始，曹操挟天子之令，先后封孙策为明汉将军，并与其联姻；与张绣曾数次作战，后张绣投降，被封为扬武将军；与刘表加强联系，申明利害，使刘表后来一直保持中立；派钟繇去关中，招抚了韩遂、马超；派人拉拢凉州韦端，威胁利诱，使韦端屈附；袁绍攻灭公孙瓒后，曹操拜渔阳太守鲜于辅为建忠将军，从后方牵制袁绍。军事方面，攻灭吕布，击走刘备，重创袁术，袁术在大战前病死，彻底解除了东南侧翼的威胁；击破曾是吕布盟友的河内太守张扬，占领战略要地射犬（今河南泌阳县东北）；派臧霸等攻青州，破齐之北海、东安（均在山东寿光、沂水县境）；另派兵据守黎阳（今河南省浚县东）、官渡（今河南省中牟县东北）等。至此，破袁的战略准备工作全部完成。

建安五年（200年）二月，与袁绍的官渡之战随之爆发。官渡之战，袁绍精兵10万，粮草给养充足，而曹操只有万余人，兵不多，将不广，粮草供应不足，这是一场典型的以少胜多的战例。战争的结果正如荀彧和郭嘉所预料的那样，曹操以积极防御的战略与袁绍对峙8个多月，声东击西斩袁绍大将颜良，诱敌伏击斩袁绍另一猛将文丑，水灌袁绍大营，数次火烧袁绍粮草，智计百出，最后一举全歼袁军，袁绍只带了800多人仓皇北逃。建安七年（202年）正月，袁绍病死，诸子争立，对曹操不足以构成大患。官渡之战的胜利，奠定了曹操在中原不可动摇的霸权地位。而自建安元年至五年短短数年中，曹操霸权地位的确立，正是曹操所制定的正确的阶段性的中规韬略的胜利。战后，曹操逐一击破袁氏残余，关中韩遂、马超，荆州刘表等，其声威形势与建安五年前就不可同日而语了。可以说，这一段时间的曹操虽处弱势，但总揽全局，分析优劣，利用矛盾，因形制谋，辨形用权，纵横捭阖，得心应手，是曹操一生中最辉煌的时期，也是正确运用谋略以战胜群雄确立霸权的显著例证之一。

2.先计后战，战无不胜

以谋为本、先计后战的原则，要求运用一切谋略手段创造有利于我、不利于敌的战争态势，在没有进入决战前就使敌方处于危殆的地位，而战争的胜利只是此前一系列谋略运用的自然结果。高明的军事家注重的即是战争决战前的这个战略准备过程。所谓以谋为本、先计后战，其关键奥秘就在这里。春秋末的吴楚之战就是这样的一个典型战例。鲁昭公二十年（前512年），吴王阖闾准备大举伐楚。孙武认为"民劳，未可，待之。"伍员了解楚国，它虽然衰败，但仍然是一个大国，吴国没有必胜的把握。因此，他对吴王说：

楚执政众而乖，其适任患。若为三师以肆焉，一师至，彼必皆出。彼出则归，彼归则出，楚必道弊。亟肆以疲之，多方以误之。既疲而后，以三军继之，必大克之。

他的意思是，楚国执政的人多，人心不齐，但谁也不肯负责任。我们将军队分为三部分，每次用一军去扰乱楚国的边境，楚国必会全军出动。他出动，我撤军；他收军，我出动。用这种疲惫楚军、诱其失误的战法，消耗其实力。待楚军疲乏不堪、兵竭民怨后，我们三军齐出，必能大获全胜。这一战法，五十多年前楚共王与晋悼公争雄时，双方都曾使用过。当时，楚国面对强劲的晋国及诸侯联军，曾首先使用这种方法疲惫诸侯联军。晋国的荀莹以其人之道还治其人之身，制定了三分四军的战法，指挥诸侯联军不断轮番攻击楚国，使楚军反受其害，疲于应付，其实力消耗远远大于战场上的损失。五十多年后，吴国再次使用同一战法对付楚国，使楚军重蹈当年的覆辙。《左传》记载："吴入侵楚，伐夷，侵潜、六。楚沈尹戌帅师救潜，吴师还……吴师围弦，左司马戌、右司马稽帅师救弦，及豫章，吴师还。——始用子胥之谋也。"又"楚自昭王即位，无岁不有吴师。"吴国三分疲楚战法的成功运用，使楚军处于"已败"的地位，自然逃脱不了失败的命运。

公元前506年，"吴王阖闾请伍子胥、孙武曰：'始子之言郢未可入，今果如何？'二子对曰：'楚将子常贪，而唐、蔡皆怨之。王必欲大伐，必得唐、蔡乃可。'"唐国位于今湖北随县境，蔡国在今河南上蔡县西南。两国本是楚国的属国，受楚王尤其是贪暴无能的令尹子常的欺侮，此时正受到楚军进攻的蔡国便向吴国求援。于是,吴王阖闾以孙武、伍子胥等为将,会合唐、蔡两国军队,以楚国首都郢为战略攻击目标而征伐楚国。吴军士气高昂,斗志旺盛,一路势如破竹,五战五胜,大破楚军,楚昭王放弃都城出逃,吴军长驱直入郢都。吴军的胜利固然与战争过程中的战略奇袭、速战速决有关,而奇袭、突击所以能顺利奏效,还在于战前三分疲楚战法的运用。长期充分的战略准备,一方面极大地消耗了楚军的实力,另一方面使楚国决策者造成"狼来了"的错觉,面对吴军的突然奇袭,根本没有来得及进行积极有效的战争动员和战争准备。所以吴攻楚的胜利,是"先计后战"的胜利。

3.以谋为本,灵活机变

由于战争是一个充满未知和偶然因素的复杂演变过程,任何天才军事家都不可能把握战争的所有环节,不可能绝对地知彼知己,也就不可能使战争进程屈从于自己的主观意志,按照自己预定的战略决策运行。所以,预定的战略决策随着战争态势的变化而做出必要的调整是正常和必要的。概言之,将预定的战略原则与战役战斗中的灵活机变有机结合起来,才是克敌制胜的不二法门。著名的楚汉战争中,最剧烈最富有戏剧性的阶段——自成皋之战到垓下之战,就是这样的典型战例。

汉高祖二年(前205年)四月,刘邦兵出函谷关,借为义帝报仇为名,乘项羽楚军主力深入山东腹地作战之机,纠合各诸侯军共56万人,一举攻取项楚首都彭城。项羽仅以3万铁骑在旬余时间内把刘邦打得落花流水,56万大军作鸟兽散。刘邦丢了老父妻子,仅在数十名骑兵的保护下突围逃脱,各诸侯军也纷纷背汉向楚。刘邦与张良等议定确保关中,坚守粮储充足、有险可据的荥阳、成皋一线,以与项楚抗衡的战略。时人随何较明确地表述了刘邦、张良的战略意图:

楚王恃战胜自强,汉王收诸侯,还守成皋、荥阳,下蜀、汉之粟,深沟高垒,分卒守徼乘塞,楚人还兵,间以梁地,深入敌国八九百里,欲战则不得,攻城则力不能,老弱转粮千里之外;楚兵至荥阳、成皋,汉坚守而不动,进则不得攻,退则不得解,故曰楚兵不足恃也。

在其后两年多的楚汉大战中,汉军基本遵循这一战略决策。但却是一波三折,在险象环生中不断做相应调整,而后才走出险境。

就在这一年的十二月,项酐率大军进攻汉军荥阳、成皋防线,被切断了粮食供应通道的汉军危如累卵。刘邦在必保危城而不得的情况下,向项羽提出中分天下的和谈方案,即荥阳以西归汉,以东归楚,遭项羽拒绝。次年五月,汉将军纪信伪装成刘邦向楚军投降,刘邦命御史大夫周苛等坚守荥阳,他本人带领数十名骑兵从荥阳逃回关中，荥阳被围，成皋被项羽攻克，成、荥防线近乎崩溃。

与项羽所不同的是，刘邦有一个稳定的根据地。刘邦回关中征集兵力，准备夺回成皋，重构成、荥防线。此时，有一姓袁的人向刘邦献计说：

汉与楚相距荥阳数岁，汉常困。愿君王出武关，项羽必引兵南走，王深壁，令荥阳、成皋间且得休。使韩信等辑河北赵地，连燕、齐，君王乃复走荥阳，未晚也。如此，则楚所备者多，力分；汉得休，复与之战，破楚必矣。

这显然是原定战略的深化和灵活权变。楚军机动性强，战斗力强，汉军无法遏制楚军的攻势。刘邦及其谋士针对楚军的这一特点而设计的方案是以保护成、荥防线为目的，将楚军的主攻方向引向南线，同时继续实施对项羽根据地的战略包围。根据新的战略构想，刘邦率军出武关，机动作战于宛、叶之间，命英布从楚军南翼佯攻。项羽果然上当，率领楚军主力追寻刘邦部作战。此时，韩信在北线已破魏取赵，不战而降燕，处于楚军腹地的彭越则率军袭击项楚首都彭城，大破楚军项声、薛公部，迫使项羽回军彭城反击彭越的进攻。刘邦则乘楚军主力东顾而回师成皋并收复之。然而，项羽迅速击败彭越军的进攻，又复奔袭西线，一举攻克荥阳、成皋，成、荥防线再次瓦解。刘邦几次反击未能得手，甚至想放弃成、荥防线，西撤至巩县、洛阳，守卫通往关中的门户。在这关键时刻，谋士郦食其为刘邦分析天下大势，指出刘邦应"急复进兵，收取荥阳，据敖仓之粟，塞成皋之险，杜大行之道，距飞狐之口，守白马之津，以示诸侯效实行制之势，则天下知所归矣"。坚持成、荥防线不仅在军事上吸引楚军主力，争取时间以完成汉军对楚军的战略包围，而且在政治上可使诸侯向汉背楚。刘邦几乎想放弃预定战略的沮丧情绪一扫而光，又重新振作起来，挥军渡过黄河，收复成皋，兵围荥阳。双方处于对峙胶着状态。长期对峙对楚军极为不利，一是其后方不稳，彭越、卢绾、刘贾等尚在其后方活动；二是韩信已破齐，汉军对项楚东西夹击，南北对战，中间突破的战略态势已形成。汉高祖四年（前203年）八月，项羽主动向刘邦提出两年前刘邦首先提出的"中分天下"的方案，即以鸿沟为界，其东为楚，其西为汉。刘邦竟置原预定的战略规划不顾，同意该方案，项羽率军东归，刘邦也准备回关中。

在预定战略规划又一次面临夭折的关键时刻，张良、陈平对刘邦说：

汉有天下大半，而诸侯皆附之。楚兵疲食尽，此天亡楚之时也，不如因其机而遂取之。今释弗击，此所谓"养虎自遗患"也。

刘邦如梦方醒，立即指挥汉军击项羽，同时命令韩信、彭越也率军南下。同年十月，刘邦军追项羽至阳夏，被项羽军一个反击而击败，被迫筑垒自守。韩信、彭越军久久不至。刘邦用张良之谋,对韩信、彭越二人许以割地封王,二人才分别率军南下。项羽见大势已去,且战且走。十二月,至垓下被各路汉军包围。在韩信的指挥下,一战大捷,项羽仅率 800 余骑逃脱。汉军紧追不舍,项羽穷途末路,最后自刎于乌江。楚汉战争的最后一战宣告结束。

自刘邦出关到项羽自刎于乌江这两年多的时间里,项羽及其所率领的楚军与汉军大小百余战,几乎每战必胜,而最后一败涂地;刘邦及汉军几乎每战必败,却笑在最后,最终灭楚而统一全国。其原因是不言自明的,即项羽之勇乃无智之勇,匹夫之勇,前人对此已有定论;而刘邦之胜利,是因为他坚持以谋为本的军事原则,集众人之智,斗智不斗力,他有一个中规战略规划,又能及时地因势利导,制定符合预定战略的新的战略战术对策,才终于变劣势为优势,变被动为主动,最后夺得全局的胜利。

(三)因敌制变,胜乃不穷

战争是遵循中长规战略的原则指导而展开的,但中长规战略只是规定了战争运作展开的基本原则或纲领,它不能代替具体战争中的战略战术。在具体战争中如何才能百战百胜?古代军事家曾提出因形而用权、因敌而制变、因法而生法的三"因"原则,如此方能百战不殆,胜乃不穷。故明人何良臣指出:"用兵之术,唯因字最妙。"前面说过,古代军事家强调"知彼知己,知天知地"。"知",即是对敌我双方的深切了解;"因",则是对"知"的深化和升华;是在"知"的基础之上去伪存真、去粗取精、做出正确的判断,由此去制定正确的战略战术,这是带有普遍意义的关于战争的指导原则。

1.因形用权,克敌先机

因形用权,即依据敌方的具体情况,采取相应的权变谋略或战略战术以指导战争,去夺取战争的胜利。《吴子·论将》云:

凡战之要,必先占其将而察其才,因形用权,则不劳而功举。

在吴起看来,敌方之"形"是多方面的,它包括战争的一切相关要素,而其中最重要的是敌方将帅的智慧、才能、性格、心理等因素。依据敌方将帅的智慧、才能、性格、心理诸特征,制定相应的权变谋略,就能起到"不劳而功举"的客观效果。从《孙子兵法》《孙膑兵法》《吴子兵法》《尉缭子》《司马法》到《三略》《六韬》等古典兵学名著,都反复强调注意考察将帅的智慧才略和品德素质,都认识到将帅某些不良性格特点、心理素质特征,一旦为敌方所利用,就可能出现意料之外的变局。因此，充分利用敌方将帅战略战术的失误、性格心理的缺陷，或运用谋略手段诱导其造成失误，就成为战争指挥者的重要课题。如晋楚城濮之战中的楚令尹子玉、晋齐鞌之战中的齐顷公、齐魏桂陵和马陵之战中的庞涓、楚汉战争中的项羽、韩信破赵之战中的赵将陈余、西汉末昆阳之战中的王邑、官渡之战中的袁绍和赤壁之战中的曹操等，他们失败的主要原因，或由于骄傲轻敌，或由于骄横短智，或由于刚愎自用，或由于自信贪功等，他们不一定必败，但由于其性格心理的缺陷被对手所利用，致使一着不慎而遗憾千古。像曹操那样的一代枭雄，其在官渡之战与赤壁之战中的表现判若两人，充分说明在诡谲多变的战争中将帅性格心理素质的重要性。以下就明初朱元璋吞并陈友谅和张士诚两大敌手的战略作一具体阐释。

元至正二十年（1360年），朱元璋占领金陵。当时，北有韩林儿、刘福通，东有张士诚，南有方国珍和陈友定，西有陈友谅。而对朱元璋威胁最大的是东面的张士诚和西面的陈友谅。如何在两大强敌中生存发展，事关朱元璋集团的生死存亡。恰在此年，著名谋略家刘基到南京，朱元璋问计于刘基，刘基分析说：

明公因天下之乱，崛起草莽间，尺土一民无的凭借，名号甚光明，行事甚顺应，此王师也。我有两敌：陈友谅居西，张士诚居东。友谅包饶、信，跨荆、襄，几天下半；而士诚仅有海边地，北不过会稽，弱不过淮阳，首鼠窜伏，阴欲背元，阳欲附之，此守虏耳，无能为也。友谅劫君而胁其下，下皆乘怨；性剽悍轻死，不难以其国尝人之锋，然实数战民疲。下乘则不欢，民疲则不附，故汉易取也。夫擒兽先猛，擒贼先强，今日之计莫若先伐汉。汉地广大，得汉，天下之形成矣。

面对张、陈两大集团的夹击，自守求存只能是坐以待毙，主动进攻尚能险中求胜。但在先打哪一面的问题上，刘基到来之前，朱元璋的谋士将帅们议论纷纷，意见难以统一。以当时朱元璋的实力，无论是打张士诚还是打陈友谅，都不能速战速决。问题的关键还在于，如果先打张士诚，陈友谅顺江而下，直捣金陵；如果先打陈友谅，张士诚乘机出击，离金陵也不过百数十里之遥。两面受敌，兵家大忌。以朱元璋的力量，打一个尚且吃力，同时对付两大集团是必败无疑。刘基正是在这一关键问题上，为朱元璋做出了最艰难也是最有远见的抉择。张士诚虽据有江浙一带的广大地区，"中间带甲数十万，沃野数千里，即未能藉其富强削平区宇，而官山多鼓铸之资，煮海尽渔盐之利"。如依其富强，收拾人心，召集豪杰，经营得当，虽未必能一统天下，但据地称王、长久割据还是有可能的。

起兵之初，私盐贩子出身的张士诚也曾有锐意进取的精神。元至正十三年（1353年）以18壮士起义，以区区高邮小城对抗并击败元军40万大军，建立了赫赫功勋。但自占有江浙富庶之地及向北攻城拓地以后,张士诚"深居高拱,上下相蒙",满足于富贵尊荣,"迂阔昧大计",貌似强大实内存怯懦。其降元叛元,首鼠两端,就可见其志向不大。张士诚与朱元璋虽然战事不断,但从总体看,张士诚胸无大志,苟且偷安。因此,刘基说他"守虏耳,无能为也"。陈友谅则不同,其为红巾军南系首领徐寿辉的部将,其人剽悍勇战,野心勃勃,先后残杀战将赵普胜、倪文俊等,掌握了实权,并于至正十九年(1359年)年底杀徐寿辉而自立为帝,势力发展到两湖、江西、浙江等地,成为群雄中地盘最大、势力最强的一支,且其"以骁鸷之姿,奄有江、楚,控扼上游,地险而兵强,才剽而势盛"。随时准备沿江东下,吞灭朱元璋集团。所以,陈友谅对朱元璋集团的威胁比张士诚更大。但是,陈友谅专横残忍,杀伐无度,引起其内部矛盾重重,兵疲民劳,上下离心,这又是陈友谅可以被战胜的条件。

基于对张士诚和陈友谅的性格个性及心理特征差异的分析,从战略进攻的先后考虑,张士诚是苟且偷安、安享富贵而毫无大志的守财奴,朱元璋如果首先进攻陈友谅,张士诚可能会按兵不动;如果先攻张士诚,则陈友谅以其"剽悍轻死"、狂傲轻敌、冒险轻战、专横残忍的亡命徒式的个性及其拥有的实力、地形优势,必定会乘虚而入,乘机吞并朱元璋集团甚至张士诚集团。所以,朱元璋应首先进攻陈友谅,后取张士诚。其后战争的发展与刘基的分析完全相符。

就在至正二十年(1360年)五月,陈友谅联络张士诚,相约东西夹击,一举消灭朱元璋集团。陈友谅率大军沿江直攻金陵。朱元璋依靠刘基的机智和谋略,粉碎了占绝对优势的陈友谅大军的进攻。而在此次大战中,张士诚却犹豫不决,后人评述说:

泊乎友谅僭号,约同入寇,而江州兵下,议者欲降,明师单弱,势岌岌矣。张士诚不乘虚而入。

而保境苟安,喘息旦夕。

这实在是一大失误,也实在是张士诚性格心理使然。在此后的两三年间,朱元璋主动西向进攻陈友谅。至正二十一年(1361年),朱元璋西向战略进攻中采取速战速决的战术,直取陈友谅的都城江州,陈友谅毫无防范,仓促之间,弃城而逃往武昌,重镇安庆不战而取。张士诚此次派大将李伯升统兵10万进攻长兴州,但由于张士诚优柔寡断,用兵迟缓,李伯升军到长兴,朱元璋西线已经告捷,立即发兵援救长兴,李伯升军闻信而退。至正二十三年(1363年)六月,朱元璋以倾国之兵与陈友谅血战鄱阳湖长达40余天,最后以陈友谅战死、汉军全军覆灭告终。朱元璋此次西征,后方空虚,连朱元璋得胜之后都感到后怕。张士诚竟坐以观战,一兵未发,眼看着陈友谅的覆亡和朱元璋的壮大。陈友谅的彻底失败,张士诚的灭亡也就只是时间问题了。

平定陈友谅,是朱元璋发展壮大和走向统一最关键的一步。而平定陈友谅的成功,从表面看似乎是险中求胜,但从朱元璋和刘基的积极谋划、客观分析看,朱元璋的胜利绝非偶然,它是建立在对张士诚、陈友谅二人智慧才能、个性心理特征正确分析,并由此制定战略的基础之上的胜利,是"因形用权"的胜利。因此,朱元璋的胜利和张士诚、陈友谅的失败在偶然中就表现出某种必然。

2.因敌制变,用兵如神

因敌制变是《孙子兵法》最重要、最基本的思想内容,是贯穿在《孙子兵法》十三篇中的一根主线。因敌制变之"因敌",可以是敌对国家政治的得失、经济的丰歉、军事力量的强弱、民心的向背、君臣关系的亲疏等各种情况。这些都是制定中长期战略的基本依据。相比较而言,孙子更强调在瞬息万变的具体战争中的因敌制变。在具体战争中,敌我双方的各相关战争因素都在运动变化与发展之中,而且这一切又都可能被种种人为的假象所掩盖,战前预定的战略决策不可能完全适用于急剧变化着的战争客观情况。因此,孙子强调在尽可能深入彻底"知彼"基础之上的"因敌制变",灵活用兵,以求百战百胜。他指出:

夫兵形象水,水之形避高而趋下,兵之形避实而击虚。水因地而制流,兵因敌而制胜。故兵无常势,水无常形,能因敌变化而取胜者,谓之神。

具体战争中的因敌制变有着更为广泛的内容,举凡敌方军事力量的强弱、军心士气的旺衰、敌方将帅的智慧才能的高下及性格心理的优劣,乃至敌军的组织及武器兵种的配置状况、天时地利、后勤保障等所有战争相关要素,都应该了解和掌握,都是制定我之战略战术的客观依据,都可能成为我方战胜敌方的条件。战争可能胜利的原因是多方面的,这就要看战争指挥者能否在看到敌方优势长处的同时,发现并充分利用敌方的劣势或短处去制定有利于我而不利于敌的战略战术,从而引导战争按自己的意志运行,使胜利的可能变成现实。当然,那些伟大卓越的军事家不仅能发现并充分利用敌方的劣势、弱点、短处,而且能运用其超人的智慧谋略,引导敌方造成认识方面的错觉、判断方面的失误、战略战术及军事行动方面的错误,使敌方的优势转化为劣势,长处转化为短处,有利转化为不利,从而使敌方胜利的可能转化为现实的失败。军事家达到这一潇洒自如、战无不胜的自由境界,仍是以遵循因敌制变这一战争基本指导规律为前提的。我们以三国时期的陆逊所指挥的吴蜀夷陵之战和元末明初朱元璋指挥的北伐战争为例略做剖析。

吴蜀夷陵之战爆发于章武元年(221年)六月,时刘备为报一年半前失荆州、丧关羽之仇,不听诸葛亮、赵云及敌手孙权的劝告,执意率兵出川。他夺巫山、秭归,由白帝城继续东进至猇亭,在700余里的战线上立营40余座,逼夷陵而与吴军相对峙。孙权面对刘备的强大攻势,首先向曹丕称臣,解除魏军乘机袭击之忧,然后任命陆逊为大都督,率军抗蜀。陆逊认为,刘备此次东进"前后行军,多败少成"。然而,刘备"天下知名,曹操所惮,今良境界,此强对也。"就是说刘备虽不是很高明的军事家,然而,他名气很大,征战一生,阅历丰富,是连曹操都有些惧怕的人物,所以,他仍是一个不可轻视的强劲对手。从力量对比看,蜀军力量大于吴军,又得到当时少数民族武装的支持,来势凶猛,斗志正盛。吴军力量不如蜀军,且夷陵为保全荆州的战略要地,一旦战败,整个荆州就随之不保。因此,陆逊采取了固守夷陵,避其锐气,静观待变的战略,即:

备举军东下,锐气始盛,且乘高守险,难可卒攻,攻之纵下,犹难尽克,若有不利,损我大势,非小故也。今但且奖励将士,广施方略,以观其变。若此间是平原旷野,当恐有颠沛交驰之忧。今缘山行军,势不得展,自当疲于木石之间,徐制其弊耳!

陆逊不仅看到了蜀军强大兵力在山林深谷地带无法展开,从而无法充分发挥其兵力优势的局限性,而且看到了刘备在战略部署上的失误,他说:"臣初嫌之,水陆俱进,今反舍船就步,处处结营,察其布置,必无他变。"这一点,连那位以诗文著称于世的魏文帝曹丕也看出来了,"初,帝闻备兵东下,树栅连营七百余里,谓君臣曰:'备不晓兵,岂有七百里营可以拒敌者乎……此兵忌也,孙权上事今至矣'。"在他看来,孙权交了好运,捡了个大便宜。也许刘备根据远离后方、运输不便、山地作战的需要,不得已出此下策,有他一定的道理。但这样部署的弊端是很明显的,陆逊一开始就像层层剥笋一样,从刘备的智慧谋略、战略部署、蜀军的军心士气到天时地利因素了解得一清二楚,分析得有条有理,他自己的战略对策也就很简单明了、极为普通而却现实和有效。这一对峙就是七八个月,拖到第二年盛夏季节,陆孙认为"今住已久,不得我便,兵疲意沮,计不复生,掎角此寇,正在今日"。这就是被《三国演义》渲染得有声有色的火烧连营情节的历史根据。结果,刘备几乎全军覆灭。他带领部分随从逃入白帝城,在那里一病不起,悲愤而亡。

陆逊打的是以少胜多的防御战,元末明初的朱元璋的北伐则是一场进攻战。元至正二十七年(1367年)九月消灭张士诚后,朱元璋立即筹划北伐。当时,中国北方仍在元王朝的统治之下,元王朝绝对兵力数量比朱元璋要强大得多,这是朱元璋制定北伐战略必须首先面对的现实。但元王朝中央政权腐朽黑暗,宫廷内部纷争迭起,朝纲既乱,自然失去了对地方的统治控御能力。各地骄兵悍将,拥兵自重,割据称霸,互相攻伐。元中央政权的腐败和地方将领的混乱分裂状态,使元王朝形不成一个完整有力的整体力量,而任何一个地方割据势力又绝不是朱元璋的对手,这是朱元璋制定北伐战略可以利用的一面。朱元璋对此了如指掌,他指出:

中原扰攘,山东则有王宣父子,反侧不常;河南则有王保保,上疑下叛;关、陇则有李思齐、张思道,彼此猜疑,与王保保互相嫌隙。元之将亡,其机在此。

元统治者:

荒淫失道,加以宰要擅权,宪台报怨,有司毒虐,于是人心离叛,天下兵起。使我中国之民,死者肝脑涂地,生者骨肉不保。……方今河、洛、关、陕,虽有数雄,阻兵据险,互相吞噬,皆非人民之主也。

北伐是带有民族革命性质的正义之举,而针对上述现实的北伐战略却绝不能带有任何感情色彩,战争就是战争,解放被异族统治奴役的广大人民可能会响应北伐,元中央政权因指挥失灵而可能无法统一指挥及元地方各割据势力可能会被各个击破,但要使这些可能作为制定北伐战略的依据,使北伐战略实施时这些可能转化为现实,这就取决于如何充分利用这些有利的客观条件而制定一个最佳的北伐战略方案了。当朱元璋让诸将讨论时,最具代表性的是常遇春的设想,他说:

今南方已定,兵力有余,直捣元都,以我百战之师,敌彼久逸之卒,可挺竿而胜也。都城既克,乘胜长驱,余皆建瓴而一矣。

我们再看朱元璋的方案:

元建都百年,城守必固。若如卿言,悬师深入,顿于坚城之下,馈饷不继,援兵四集,非我利也。吾欲先取山东,撤其屏蔽;旋师河南,断其羽翼;拔潼关而守之,据其户槛。天下形势,入我掌握。然后,进兵元都,则彼势孤援绝,不战可克。既大克其都,鼓行而西,云中、九原以及关、陇,可席卷而下。

对朱元璋这一高屋建瓴、气势如虹的北伐战略决策,军事史和历史学界都有过精妙的分析,此不赘述。我们认为,朱元璋这一杰作的高明之处不仅在于其胆大心细、谨慎稳妥,更重要的是他对元王朝中央政权和地方割据者的军事实力的重视、对元中央统治者与各地方割据者及各地方割据者之间相互关系的切实透彻认识和巧妙把握利用,在其北伐战略中所表现出来的进攻层次和进攻时机的不疾不徐,恰到好处。

在当时的形势下,元中央政权与各地方实际的割据者还维持着君臣关系,地方割据者还附在中央政权这块皮上,加上民族隔阂的因素,元中央和地方及地方与地方统治者之间,既有各自的既得利益,又有其共同的利益。对朱元璋来说,北伐进攻的层次和时机太快太急或太迟太慢都不行,太慢太迟如先山东、河南、关陇,再山西、河北,逐步推进,势必旷日持久,且让元中央统治者有喘息回旋之机,可能会调和各派之间的矛盾,组织调集力量反攻,形成反复争夺的拉锯战;太急太快如常遇春的方案,所谓顿兵坚城之下,深入敌境,粮饷不继,孤立无援,敌方"援兵四集",导致北伐的失败。这里的关键是朱元璋对敌可能会"援兵四集"的审慎认识和周密考虑,若强行急攻大都,一方面固然因孤军深入,久攻坚城而不下,粮饷后援不继,为兵家之大忌。另一方面,急攻大都则迫使元各地方割据势力为了其共同利益而暂时联合统一起来,推动各分散孤立之敌临时抱成一团,形成一个一致抗击朱元璋的整体力量,这是朱元璋当时的力量难以战胜的。反观朱元璋的战略方案,其高妙之处在于:首取山东,撤掉大都的屏障,对元大都造成威胁,但元中央统治者正如所预计的那样,想调动河南、河北的各地方武装力量救援而皆不听命;回师河南,剪断其羽翼,并乘势兵叩潼关,以潼关之险,将强大的李思齐、张良弼两军封锁于关内,隔而不打。此时,大都东、南、西三面的战略要地皆在掌握之中,元各主要的地方割据者或被消灭,或被隔离,即便想反扑、想联合也不可能;第三步是直攻大都,大都势单力弱,孤立无援,攻之必克,朱元璋军急攻之无后顾之忧。攻克大都,对元各残余割据者势必将是一个心理上的极大震撼和战略态势上的沉重打击,原来可能会充当各地方割据者调节指挥者的元王朝的覆灭,使原本相互矛盾对立的各地方割据者真正处于一盘散沙的状态,只能坐以待毙;第四步就是大军"鼓行而西,云中、九原以及关、陇"均将"席卷而下"。

后来北伐战争的进展,完全是按照朱元璋的这一战略部署展开的。朱元璋是中国古代杰出的军事战略家,他的北伐战略从制定到实施,都是他以务实客观、辩证谨慎的精神,"因敌"而"制变"的结果。

因敌制变不仅可适用于战略谋划,而且同样适用于战术指导。在中国古代战争史上战术指导中因敌制变的灵活运用,其内容更是绚丽多彩,从战阵的排列组合、城战的攻守、山战水战的兵种武器的配置,到天时地利条件的运用等,相因相克,奇想巧思,层出不穷,这里就不一一罗列介绍了。

3.因法生法,变化无穷

因法生法,因法之法是指兵法,即前人的军事理论知识或军事智慧谋略成果;

·军事智道·

图文珍藏版

生法之法是指战争指挥者在战争中根据战争态势而制定的战略战术,是指导实际战争的措施、手段或方法。因法生法即战争指挥者应灵活运用前人的军事理论原则及方法,在他所面临的战争中,结合战争的客观实际而制定符合实际的战略战术,从而丰富与发展军事指挥艺术。因法,学习古兵书,借鉴前人的理论与经验是成为一个杰出指挥者的前提。生法,将理论应用于实际的战略与战役战斗。因法是手段,生法是目的。否则只能是纸上谈兵,轻者于事无补,重者贻误大事。

《孙子兵法》是中国古代的兵家圣典,后人用兵者不通《孙子兵法》就不能算是军事家。《孙子兵法》具有博大精深的理论体系和丰富深邃的内涵,孙子的伟大之处正在于他谆谆告诫人们,应结合具体战争的实际,灵活运用兵法,因兵法而生无穷变化之法。他在《虚实篇》中强调"兵因敌而制胜""能因敌变化而取胜者,谓之神"。又说:"因形而错胜于众,众不能知;人皆知我所以胜之形,而莫知吾所以制胜之形。故其战胜不复,而应形于无穷。"就是说,人们都知道我用以胜敌的方法,却无法领略我灵活运用这些方法的奥妙所在。他强调不要重复因袭过去成功的老经验、老方法,而是要适应不同的情况制定不同的作战方略。宋人何去非正确地指出:

昔之以兵为书者,无若孙武。武之所可以教人者备矣!其所不可者,虽武亦不得而预言之,而唯人之所自求也。

《孙子兵法》论战争指挥的基本原则和基本方法是最为完备的,至于那些只可意会、无法言传的法外之法,孙子也只能启发之,而不能传授和预言,完全在人们从理论上去领悟,在战争实践中去体验,去灵活运用,生发出无穷无尽的克敌制胜的谋略手段或方法。

关于兵法之法与实际战争中灵活指挥战争之法的关系,孙子以后的军事家和军事理论家们多曾论及。西汉著名大将霍去病一生以屡征匈奴而战功显赫,汉武帝要他多读些孙子、吴起的兵法时,他回答说:"顾方略何如耳!不至学古兵法。"战争史上类似霍去病的优秀将领并不少见,这是属于不囿于兵法而行动合于用兵之法的一类人物。三国时的曹操则不同,他曾注解诠释《孙子兵法》,是精通古典兵法的。他一生征战,奇谋迭出,诡计多端,尤其擅长于打以少胜多、以弱胜强的智谋仗,是精通兵法而灵活运用兵法的典型代表人物。南宋名将岳飞青少年时"尤好《左氏春秋》、孙、吴兵法"。可见其对兵法也是很有研究的。岳飞一生活跃于抗金战场,功勋卓著。关于兵法之法与实际战争指挥之法的关系,他的名言是,"阵而后战,兵法之常;运用之妙,存乎一心"。一句"运用之妙,存乎一心",是其洞察兵法与用兵之法奥秘最深刻的表述。综观岳飞一生的业绩，在谋略上并无惊人之处，似乎只算是位民族英雄，而不能视为天才军事家。其实不然，岳飞擅长野战，其守必固，攻必克，战必胜，依恃的是那一支战无不胜的岳家军。岳家军的训练有素、组织严密、纪律严明、斗志旺盛，曾令金军闻风丧胆，有"撼山易，撼岳家军难"的慨叹；再看岳飞屡次提出的那些符合形势、切实可行的北伐方案，其对荆、襄地区的惨淡经营，对金统治区人民抗金运动的策划和支持，以忠君报国激励三军鼓舞人民的影响等，我们就可以看出岳飞是一位大智大勇的、或可属于被孙子所称之为"无智名无勇功"的更为杰出卓越的军事谋略家，是在高层次上因兵法而生无穷之法的天才军事家。如果不是腐朽的南宋最高统治者的掣肘和迫害，岳飞完全能完成南宋的统一复国事业。只要我们研究一下南宋初的抗金形势就可以证明这一推测并非是妄度猜测之词了。其后的明太祖、明宣宗也有类似的表述，指出对兵法和前人的经验要融会贯通，战争中不可拘泥于古法，必须因时权变，随机制敌。而对此在理论上阐述最为深刻的是宋人何去非，他说：

    盖兵未尝不出于法，而法未尝能尽于兵。以其必出于法，故人不可以不学。然法之所得而传者，其粗也。以其不尽于兵，故人不可以专守。盖法之无得而传者，其妙也。法有定论，而兵无常形。一日之内，一阵之间，离合取舍，其变无穷，一移踵瞬目兵形易矣。守一定之书，而应无穷之敌，则胜负之数庶矣。是以古之善为兵者，不以法为守，而以法为用，常能缘法而生法，与夫离法而会法。顺求之于古，而逆施之于今；仰取之于人，而俯变之于己。人以之死而我以之生，人以之败而我以之胜。视之若拙而为工，察之若愚而适为智。运奇合变，既胜而不以语人，则人皆莫知其所以然者。

具体战争中的用兵之道出于兵法，所以为将者必须学习、精通兵法。但时代不同，战争的具体状况各不相同，即使在同一次战争中的战争态势也是不断变化、错综复杂的。兵法只是从无数战争中抽象概括出来的关于用兵之道的一般规律、原则或方法，而不是具体的战争中的指挥艺术。固守拘泥于兵法的一般原则或方法，墨守成规而不知灵活机变，希图以不变应战争之万变，没有不失败的。所以，善于用兵者，都是依据战争的实际状况，灵活运用兵法，因法以生法。有时看上去似乎背离兵法，实际却是合乎兵法的；有时看上去似乎很笨拙、愚蠢，实际却是很聪明巧妙的。由此我们可以清楚兵法中不可言传的奥妙，即所谓法外之法就是融会贯通兵法，进而因法而生法，因法而生无穷变化之法，依据战争的实际而灵活用兵，克敌制胜乃至百战百胜。

在中国古代战争史上，军事家因法而生法、灵活运用兵法而屡战屡胜者不胜枚举；拘泥兵法，不知因势权变而惨遭失败者也非绝无仅有，战国时赵国赵惠文王时的赵奢父子就是这类的典型人物。公元前 270 年，秦国人军进攻赵国的战略要地阏与，赵国名将廉颇与乐乘都认为从邯郸救援阏与"道远险狭，难救"。赵奢却说："其道远险狭，譬之犹两鼠斗于穴中，将勇者胜。"狭路相逢勇者胜，这是合符兵法之勇德精神的。勇敢并非不用谋略。赵奢奉命率军救援阏与，但他离开邯郸才 30 里就高垒深沟，安营扎寨，止军不前。救援如救火，而赵奢一停就是 28 天。秦国间谍来侦察，赵奢"善食而遣之。间以报秦将，秦将大喜曰：'夫去国三十里而军不行，乃增垒，阏与非赵地也。'赵奢既已遣秦间，乃卷甲而趋之，二日一夜至，令善射者去阏与五十里而军"。另派军抢占北山。秦军闻信来战，被赵军击败遂解阏与之围。军情紧急，兵贵神速，救援更是如此。赵奢迟留 28 天而不前，这是违反兵法的。所谓"卷甲而趋，日夜不处，倍道兼行，百里而争利，则擒三将军"。而赵奢率军两日一夜，长途奔袭数百里而斗强秦，这也是违背兵法的。但他根据敌情我情而巧妙把握战机，灵活运用兵法，示形于敌，出奇制胜，一战而胜强秦，是因法而生法，因形用权的典范。

他的儿子赵括，出身将门，史载其"自少时学兵法，言兵事，以天下莫能当。尝与其父奢言兵事，奢不能难"。可见他对兵法的烂熟。公元前 260 年，秦赵长平之战爆发，那时赵惠文王和赵奢已死，老将廉颇根据战争发展的态势，采取持久防御的战略，坚守营垒，避免决战，消耗疲惫秦军。双方相峙达四个多月。秦军欲战不能，用反间计使赵孝成王以赵括代替廉颇。蔺相如反对说："王以名使将，若胶柱而鼓瑟耳，括徒能读其父书传，不知合变也。"即赵括只是纸上谈兵，不知道灵活用兵，更没有实战经验，连赵括的母亲也反对以赵括代替廉颇。但赵孝成王固执己见，为求速战速决，坚持派赵括出任赵军统帅，代替廉颇。颇具戏剧性的是，临阵易将，兵家大忌，赵国以赵括代廉颇，秦国同时也以名将白起代替大将王龁。结果，"赵括既代廉颇，悉更约束，易置军吏。秦将白起闻之，纵奇兵，佯败走，而绝其粮道，分断其军为二，士卒离心。四十余日。军饿，赵括出锐卒自搏战，秦军射杀赵括。括军败，数十万之众遂降秦，秦悉坑之。赵前后所亡凡 45 万"。赵括精通兵法而不能结合实践运用兵法，不能因法生法，不仅使他自己身败名裂，45 万将士除 240 名年幼者被放回国外，其余全部被秦军坑杀，赵国的强国地位也由此走向衰败。

赵奢、赵括父子同是抗击秦军，其父因法生法，灵活运用兵法而胜；其子精通兵法，不知权变，纸上谈兵，在实践中手足无措，招致惨败。可谓保全赵国者赵氏，毁败赵国者亦赵氏，一胜一负，显见因法生法、活用兵法的重要意义。同为临阵易将，一胜一负，更见知人善任的重要性了。"法有定论，兵无常形"。灵活用兵用将的奥妙无穷，体现在战争中的每一个环节上，能否运用之妙，事关生死存亡，战争的残酷性体现于此，战争的艺术性也体现于此。

战国以下，因法生法、灵活运用兵法而克敌制胜的光辉战例比比皆是。如强而避之、避实击虚、避其锐气，击其惰归等是兵法之常。刘邦与项羽大战，周亚夫平定七国之乱，陆逊指挥的吴蜀夷陵之战等，都是遵循这些基本法则获胜的。而刘秀指挥的昆阳之战，谢玄指挥的淝水之战，后赵石勒大败姬澹之战，朱元璋平定陈友谅之战等，却反其道而用之，同样取得了胜利；归师勿迫，穷寇莫追，是兵法的另一基本法则。张绣违反这一法则追击败退的曹操，被曹操预设的伏兵击败，失败后的张绣在谋士贾诩的帮助下立即派兵追击曹操，又大败曹操。西汉名将赵充国追击羌族中的先零族，"充国引兵至先零在所。虏久屯聚，解驰，望见大军，弃辎重，欲渡湟水，道厄狭，充国徐行驱之"。有人不理解为什么不迅速包围全歼之，赵充国认为："此穷寇不可追也。缓之则走不顾，急之则还致死。"逼急了就要拼死决战，所以慢慢驱赶他，获全胜而无大的损失。但东汉皇甫嵩大破凉州王国，唐太宗李世民迫降薛仁杲，南宋韩世忠、岳飞围金名将兀术于黄天荡等，都是乘敌方败归之际而大胜之的。以我集中兵力，迫使敌方分散兵力，以便各个击破是兵法的又一基本法则。但在官渡之战中，曹操以1万余兵斗袁绍10万之众，则多次分兵斩颜良、击刘备、袭乌巢，最终大胜袁绍。后来，曹操进攻关中马超、韩遂、杨秋、李堪、成宜等地方割据者，不是集中优势兵力，迅速出击，各个击破，而是慢进缓击，迫使各割据者联合聚集到一起而后发起进攻。诸将不懂其中的奥妙，他回答说：

关中长远，若贼各依险阻，征之，不一二年不可定也。今皆来集，其众虽多，莫相归服，军无适主，一举可灭，为功差易，吾是以喜。

至于曹操北征乌桓，长途奇袭，师老且寡，竟斩乌桓单于蹋顿之首，收降其部众20余万人。战后，辽东单于速仆丸和袁绍剩余的两个儿子袁尚、袁熙率数千人马逃奔辽东太守公孙康。公孙康因远离中原，不听从曹操的号令，部将劝曹操乘势远征公孙康，擒获袁氏兄弟。但这一次曹操一反常态，不去穷追猛打，而说："吾方使康斩送尚、熙首，不烦兵矣。"随即率军回中原。他们刚回到许昌，公孙康就派人送来袁尚、袁熙及速仆丸的人头。众人也不明白其中的原因，曹操说：（公孙康）"素畏尚等，吾急之则并力，缓之则自相图，其势然也。"这个不战而胜之法与其平定关中诸雄的谋略相反，其灵活运用兵法几乎到了出神入化的地步。

　　总之,为将用兵之道不能不知兵法,更不能固执拘泥于兵法。精通兵法在于领悟兵法的奥秘,在于结合战争实际灵活运用兵法,因兵法而生无穷变化之法。理论联系实际,才能因敌制变,百战百胜。

　　因形用权、因敌制变、因法生法,既是制定长规远略、中规战略应遵循的基本原则、规律,更是中国古代具体的辨敌之术与战略战役之计的军事智道的重要组成部分。对于这些充满辩证法和源自实践的军事智道原则,倘若天才卓越的军事家或将帅能将它们灵活运用的话,那么,在战争中就能稳操胜券,且指挥军队作战更能潇洒自如、游刃有余,达到变化无穷、百战不殆的自由境界。

三、战阵存亡

　　从某种意义上说,一切军事谋略都可视为是关于如何进攻或防御的谋略。换言之,军事家或指挥者以攻防为手段制定正确的战略战术决策,成功地把握攻防时机,组织攻防运作,控制攻防节奏,实施攻防转换,即灵活机动地运用攻防手段,掌握战争的主动权,达到克敌制胜的目的,这一过程就是军事谋略的展开和实现过程。对攻防手段的灵活运用亦即军事谋略的主要内容。宋人何去非说:

　　兵有攻有守,善为兵者,必知夫攻守之所宜。故以攻则克,以守则固。当攻而守,当守而攻,均败之道也。

　　在中国古代战争史上,灿若星辰的著名军事家和战争指挥者在战争活动这一广阔恢宏的舞台上,指挥千军万马,攻守皆宜,进退自如,纵横驰骋,导演出一幕幕波澜壮阔、威武雄壮的战争活剧,显示了令人叹为观止的战争指挥艺术的高超非凡的智慧谋略。

(一)进攻速胜与战阵活局

　　中国古代的军事理论家和军事家们认为,无论是在战略上还是在战术上,对敌作战、夺取战争胜利的主要手段是主动进攻。主动进攻,对敌方发起突然迅速的攻击,可以乘敌不备,出敌不意,打乱敌方的战略战术构想,使战争按照我方所预定的战略战术方向发展,从而牢牢掌握战争的主动权,"致人而不致于人",夺取战争的胜利。先发制人是对主动进攻时机的本质规定,它强调的是充分把握和利用有利时间、空间、态势、战机,对敌方发起迅雷不及掩耳般的突然袭击。速战速决则是主动进攻的基本原则。先发制人,速战速决,然后将整个的战阵态势,始终变为有利于己的活局,最终实现既定的战略目标。这里的关键,在于牢牢掌握住战争的主动权,方能"先发",也才能"制人"。对此,则必须在战阵的"活局"上下功夫,抓战机,定方略,摆活阵,出奇兵。

1.进攻方略

中国古代的军事理论家、军事家们主张主动进攻、先发制人、速战速决的攻势作战,但绝不是盲目的进攻万能论者。他们所主张的攻势作战是在周密筹划、充分准备前提下的主动进攻,即攻势作战必须遵循"胜于易胜""胜已败"的原则,遵循"避实击虚""攻其不守""攻其不救"的原则,遵循"因敌制变""因形用权"、灵活用兵的原则等。另一方面,攻势作战的基本原则是相对稳定的一般规律,军事家和战争指挥者在战争实践中,只有根据其所面临的战争实际,充分发挥其超人的智慧谋略,灵活运用攻势作战的各种手段或方法,才能创造奇迹,夺取战争的胜利。所以,在攻势作战的一般原则指导之下的进攻作战手段或方法是千姿百态、多种多样并难于全面描述介绍的,以下结合战例,对中国古代战争史上的战略进攻的几种基本战法做一介绍。

(1)长驱直入。

战有攻守,兵有分合。在战略进攻中,集中优势兵力或主要力量,长途奔袭,长驱直入,对敌方的国都、要害之地实施坚决果断、迅速猛烈的战略攻击,给敌方以致命的、有时甚至是毁灭性的打击,这在战争史上是最富有冒险性、最为惊心动魄的场景。

公元前 506 年冬,吴王阖闾在大军事家孙武、伍员的帮助下,经过充分准备,以3 万兵力,分南北两路,发起了以楚国都城郢为目标的战略进攻。这时,楚军虽遭吴国长达 6 年之久的"三分疲楚"战术的袭击骚扰而稍有削弱,但仍保持着强大的兵力。在楚国国力和军事力量仍处于绝对优势的情况下,吴军采取了出其不意的战略进攻,使楚军大为震撼。楚军对吴军的攻击方向不明,只知北路军向围攻蔡国的楚军进攻,却不知吴军南路主力的存在,更不了解吴军的战略进攻目标是郢都,因此,产生了判断失误。尽管如此,楚令尹子常与名将沈尹戌针对吴北路军的攻击,制定了在汉水两岸集结主力,以逸待劳,分路夹击,歼吴军于汉水的防御战略。由于吴军南北两路的迅速推进,尤其是南路军突然出现在柏举山区,使楚军预定的战略受到威胁。楚令尹子常弃预定的防御战略于不顾,率军向东驰往柏举地区,使自己阵脚大乱。经前后四战,楚军主力几乎全部被歼灭。楚军沈尹戌部在回援子常部的途中也被吴南路军击破。吴军乘胜疾进,长驱直入,锐不可当,于十一月二十九日攻取楚之郢都,楚王出逃。后因秦国的干预、吴国的内乱及越国乘势伐吴,吴军撤军回国。

公元前284年,燕破强齐是运用用兵一向、长驱直入进攻战略获得成功的又一典型战例。公元前313年,齐国曾乘燕国内乱而兵出燕国。齐军进攻神速,仅用50天时间就攻克燕国都城蓟。由于人民的反抗,三年后不得不撤出燕国。燕昭王为报此仇,锐意进取,于公元前284年齐国内外交困之机,以著名军事家乐毅为上将军,率领燕军主力,联合赵、魏、韩、楚、秦等国,组成诸侯联军进攻齐国。济西一战,诸侯联军大破齐军主力,齐湣王率残兵败将逃回都城临淄。其后,乐毅遣散诸侯联军,准备亲率燕军灭齐,但在灭齐战略上众说纷纭。谋士剧辛信认为:

齐大而燕小,赖诸侯之军以破其军,宜及时攻取其边城以自益,此长久之利也。今过而不攻,以深入为名,无损于齐,无益于燕而结深怨,后必悔之。

乐毅则认为:

齐王伐功矜能,谋不逮下,废黜贤良,任信谄谀,政令庳虐,百姓怨怼。今军皆破亡,若因而乘之,其民必叛,祸乱内作,则齐可图也。若不遂乘之,待彼悔前之非,改过恤下而抚其民,难虑也。

两相对照,乐毅的战略决策无疑是高明而周密的,对战机的把握是准确而及时的。乐毅不以攻城略地为目标,率领燕军长驱直入,迅速推进,穷追猛打,兵锋直指齐国都城临淄。燕军在长途追击途中,在运动中歼灭齐军残余部队,齐湣王出逃至莒,为楚将淖齿所杀。燕军几乎兵不血刃而占领临淄。接着,乐毅一方面采取一系列政治经济措施,以安抚民众,争取民心;一方面兵分五路,在半年时间中攻取齐国70余城,几乎占领了除莒和即墨以外的齐国所有领土,表现了一位天才军事家控制把握战争全局的能力、坚决果断的战略决策能力、非凡的胆略和恢宏的气魄。

永和二年(346年),东晋权臣兼大将桓温指挥的灭汉之战是成功运用这一战法的又一生动战例。此年十一月,桓温决心消灭割据巴蜀地区的李汉政权,召集部属制定伐汉战略。李汉政权内部矛盾重重,是东晋西征的有利条件。但由湖北溯江而上,关山阻隔,交通艰难,而且西征如不能速胜或失败,北方的后赵也可能乘机南下。因此,东晋朝廷中的许多大臣和将领对西征伐汉多持反对态度,独江夏相袁乔鼎力支持,他的进攻战略指导思想是精兵强将,轻装从简,偃旗息鼓,隐蔽疾进,通过艰险岩阻之地后,以汉都成都为战略攻击目标,出其不意,速战速决,来一个长途奇袭的战略进攻。桓温由此下定出征四川的决心。同月,桓温以袁乔率2000人为前锋,自率益州刺史周抚、南郡太守司马无忌等将士由江陵出发。

桓温军轻兵急驰,长驱深入汉国腹地,次年二月到达青衣。自湖北江陵经四川万县、宜宾至雅安,直线距离也近2000里,实际行程至少在3000里左右,考虑到蜀道艰险,深入敌境的无后方作战等因素,以万余兵力作灭人之国的战略攻击,其胆略和气魄可想而知。由于桓温军的迅速推进,李汉政权无法组织有效的战略防御。直到桓温进川并快打到成都大门口时,汉国王李势才命其叔父右卫将军李福、从兄镇南将军李权、前将军昝坚等率汉主力军由山阳赴合水迎击。汉军多数将领主张在江南设伏以阻击晋军,而昝坚力主直趋犍为,与东晋军决战。但汉军到达犍为时,东晋军已避开汉军主力,闪过犍为,越过乐山,斜插到成都西南、乐山西北方向,使汉军的阻击计划完全落空。三月,东晋军运动至距成都200余里的彭模。前有坚城,后有汉之重兵,孤军深入,兵书上称为“死地”。部分将领认为应将部队“分为两军,异道俱进,以分汉兵之势”。袁乔指出:

> 今悬军深入万里之外,胜则大功可立,不胜则噍类无遗,当合势齐力,以取一战之捷。若分两军,则众心不一,万一偏败,大事去矣。不如全军而进,弃去釜甑,赍三日粮,以示无还心,胜可必矣。

军有分合,分合之宜,因战势而定。处于如此状态下的东晋军,只有合兵齐力,“置之死地而后生”,拼死一战尚有胜利可能。桓温同意袁乔的计划,留参军孙盛、周楚领部分战斗力弱的士卒留守彭模,保护粮草物资,自率主力挺进成都。

此时,南下迎战东晋军的汉军回师夹击东晋军,但李福被孙盛击败;李权追击桓温军主力,三战三败,汉军溃不成军,逃回成都;桓温军迅速推进到离成都10余里的地区,昝坚军在沙头津不战自溃,桓温军已无后顾之忧。其后,桓温指挥东晋军与成都守军激战,占领成都,李势出逃数天后自动投降,割据巴蜀的汉政权灭亡,东晋军长途奔袭的进攻战略获得彻底胜利。

(2)战略迂回。

进攻作战中的大迂回战略及中路突破战略是中国古代军事智慧的硕果之一。两国交兵,两军对战,无论是以强攻弱、以众击寡,还是以弱攻强、以寡击众,迂回、侧击、分割、包围、中路突破等是军事家和战争指挥者经常灵活运用的战略战术手段或方法。《孙子兵法》中的“迂直”之计、“奇正”之法、“虚实”之用等就是对这一战略战术手段方法的理论概括。

在中国古代战争史上,最早采用大规模迂回进攻战略的成功战例是商汤灭夏桀的鸣条之战。商汤的进攻战略是:其大军由亳沿黄河南岸向西隐蔽运动,长驱千里,横越今河南省全境,到达潼关后渡过黄河,向北直插夏王朝都城安邑的侧翼。夏桀仓促出师迎战,两军大战于鸣条,夏军大败。其后,夏桀向东南方逃窜,商汤由此灭夏。

公元前589年,晋国出动兵车800乘,将士6万人进攻齐国。晋军主力与齐国军队决战于鞍。《左传·成公二年》生动形象记载了这次战斗的过程,结果是齐军大败。齐顷公率败军向东溃退,晋军乘胜追击,从西方逼近齐都临淄。在晋军主力与齐军对峙、大战的同时,晋军的另一支部队已转至今山东南部的丘舆,由今沂蒙山腹地向北迂回进击马陉,从齐国都城的东南方向发起攻击。晋军两部分进合击,齐顷公在大势已去,败局既成的情况下,被迫向晋国割地求和。

楚汉战争中,刘邦坚守成皋、荥阳一线达数年之久,而韩信在北线夺魏、攻赵、降燕、取齐,则是从整体战略上对楚王项羽逐步形成了大迂回包围的有利战略态势,加之南线英布的侧击、项楚腹地彭越的破击,任凭项羽如何骁勇过人、楚军如何所向无敌,最后在汉军的大战略迂回、侧击、合围的态势形成之后,项楚覆亡期限就到了。

在中国古代战争史上运用大迂回战略最典型、最突出的战例是元蒙灭南宋的战争,其战争延续时间之长,迂回范围之广,双方对峙抗击、反复争斗之激烈,对宏观攻防战略双方认识把握之清晰及逞能斗智之尖锐,是中国古代历次战争所无法比拟的。

元蒙军对南宋的战略进攻,自端平二年(1235年)起,至祥兴二年(1279年)战争全部结束,前后长达43年之久,共卷起四次大规模的战略进攻。端平二年(1235年)、嘉熙三年(1239年)的两次进攻,蒙古军的战略以中部江汉战场为攻击重点,西部战场和东部战场同时并进。西部战场,由陕西西部、甘肃南部向南进军,目标是攻取四川。在这两次进攻中,蒙军都攻入四川,占领了包括成都在内的部分地区。东部战场,蒙军由河南向南推进,重点打击宋军的江淮防线,前锋逼近长江。蒙军战略进攻重点在中部的江汉战场。蒙军的第一次进攻曾长驱直入,推进至荆湖北路,兵锋曾到达长江沿岸。抗元名将孟珙奋力反击,给敌人以重创,并乘胜收复以襄樊为中心的各战略防御重镇,形成了中部战场的较严密的防御体系,以致蒙军在第二次进攻中,在中部战场上的进攻毫无进展。

淳祐十一年(1251年),蒙哥即大汗位后,采取大迂回的战略,再度南进攻宋,其部署是由忽必烈和兀良合指挥蒙军主力,经甘肃南部、陕西西部攻四川,经四川西取吐蕃、南下大理,迂回至南宋大后方的广西等地,再由南向北推进,经广西进攻荆湖南路，与山河南南下荆湖北路的蒙军实现夹击对接，企图一举夺取中部和西部战场的胜利，迫使偏于江南一隅的南宋政权束手待毙。遵循上述战略目标，忽必烈和兀良合率蒙军于第二年七月进入四川，占领成都、喜定等重镇。次年八月，蒙军占领吐蕃境内的塔拉，由此分兵进攻今云南和西藏。宝祐三年（1255 年），忽必烈回师，为实施第二步在荆湖实现夹击对接的战略进攻目标做准备。而兀良合则兵出安南，迫使安南国王于宝祐六年（1258 年）投降。至此，蒙军迂回攻击的战略目标基本实现。

宝祐五年（1257 年）十月，蒙哥汗调集大军亲征南宋，其进攻战略是：蒙哥亲自率蒙军一部再次由陕西进入四川，攻取仍为宋军占领的各城邑要塞；兀良合率军自安南由南往北进攻广西、荆湖南路，以鄂州为攻击目标；塔察克由陕西进攻荆湖北西部，以汉水西岸的荆山地区为攻击目标；忽必烈由河南南部进攻荆湖北，也以鄂州为战略攻击目标。这一阶段蒙军的战略任务是扫平四川，实现中部战场以鄂州为中心的南北对接，完成对中西战场的完全占领。但蒙军这一阶段进攻战略的实现并不很顺利。在四川，蒙军在四川的军事行动遭到南宋军民的激烈反抗，蒙军虽然攻占不少地区，而蒙哥汗在合州长在八个多月的攻城战中身负重伤死于合州城下（一说是病死）。于开庆元年（1259 年）展开的南北夹击对接战略行动展开比较

顺利。同年八月，忽必烈率军从河南南部南下湖北，进展迅速，次月到达黄陂。在听到蒙哥已死的消息后，忽必烈仍指挥蒙军包围鄂州，并分兵进攻江西，引起南宋朝廷的极大恐慌。十一月，南宋无赖出身的右相兼枢密使贾似道率大军援鄂州，与蒙军一触即溃，贾似道转而向忽必烈求和。此时的忽必烈围攻鄂州不下，为急于北上与其弟争夺汗位，无心恋战，便同意贾似道的求和，除留一部分军队接应兀良合外，自率大军回北方争夺汗位。而兀良合由广西进攻荆湖南，势如

忽必烈

破竹，一直打到岳州，在与忽必烈的接应部队会合后也率军回北方。由于蒙古政权内部的权力斗争，才使濒于覆亡的南宋政权得以苟延残喘。

忽必烈夺取汗位后，改称皇帝，建立元王朝。至元四年（1267 年），元蒙军对南宋的第四次、也是最后一次战略进攻开始。针对日益腐败无能的南宋政权，元军采

中国军事百科

·军事智道·

图文珍藏版

取中央突破的进攻战略。它以"围点打援"的战术,对宋军的战略重镇襄樊进行了长达五年之久的包围。在至元十一年九月,忽必烈派左丞相伯颜率领 20 万大军由中部荆湖北战场突击南下,攻克鄂州后,沿长江顺流而下,迅速占领荆湖、淮南、两浙、江南等广大地区。至元十三年三月,攻取南宋都城临安,南宋政权覆亡。元军对南宋的战略进攻最后完成。南宋政权的覆亡和元政权的胜利原因很多,仅就军事谋略而言,元蒙统治者在战略进攻中成功地运用西线大迂回及南北对接、中部突破等进攻战略应是重要原因之一。

(3)缓攻待机。

兵贵神速,速战速决,是战争指挥的重要原则。然而,在战争实践中,如何控制把握进攻的时机和节奏,是闪电式的快速进攻,还是慢推缓进、迂回侧击等,完全在于军事家和战争指挥者根据战争实际的要求而确定。

公元前 225 年前后,秦军以摧枯拉朽之势横扫中原,一举削平魏、赵、韩、燕诸国,接着移兵向楚,准备灭楚后再对付齐国。出兵之前,秦王政问大将李信和名将王翦消灭楚国需要多少兵力。李信"年少壮勇",认为只要 20 万人就足以荡平楚国。老将王翦则坚持说非 60 万人不可。秦王政说:"王将军老矣,何怯也!李将军果势壮勇,其言是也。"前 225 年春,秦王政命李信率兵 20 万伐楚,王翦便称病回乡养老。李信与副将蒙恬分兵两路,初战告捷。随后,李信和蒙恬在城父会合,但已成深入敌境、孤立无援之势。楚国名将项燕率楚军主力尾随而至,大举反攻,"三日三夜不停舍,大破李信军,入两壁,杀七都尉,秦军走"。秦军的失败,是轻敌和轻率冒进所致。楚国虽屡吃败仗,但毕竟是战国诸雄中仅次于秦的大国、强国,要一举灭楚,并非易事。城父一战,秦军伤亡惨重,就是明证。

至此,秦王政方才悔悟,亲自到频阳向王翦认错,并恳请王翦出山,再率秦军灭楚。王翦说:"大王必不得已用臣,非六十万人不可。"秦王政便调集 60 万大军,由王翦指挥。王翦率军进入楚国边境后,采取高垒深沟、养精蓄锐、固守待机的战略。这一战略,不是主动出击、寻找楚军主力决战,而是在敌国境内坚守自固,吸引楚军主力于坚壁之下,反客为主,伺机破敌。史载他率军进入楚境后,"坚壁而守之,不肯战。荆兵数出挑战,终不出。王翦日休士洗沐,而善饮食抚循之,亲与士卒同食。王翦使人问中戏乎?对曰:'方投石超距。'于是王翦曰:'士卒可用矣'"。楚将项燕的对策是集结楚军主力于寿春淮河北岸地区,等待秦军主动来攻,双方剑拔弩张,都不肯贸然开战。但楚王不了解战况,数次严令项燕率军主动进攻。项燕只好放弃原定战略,指挥楚军主力由寿春向西进攻秦军营垒。楚军"数挑战",秦军坚守不出。项燕见屡攻不克，便指挥大军转而东进。项燕原定固守待机的防御战略未尝不是对付秦军的最佳方案，但在昏庸无能的楚王的威逼下，放弃寿春一线的防御体系，主力西进，这已失去了主动地位和机动的时机；攻而不克，将士疲惫，士气沮丧，军心动摇，又撤离战场，重新东向，这是不败之败，未战先输之劣招。王翦全部进攻战略实施所等待和盼望的就是这一时机，现在有利战机出现，王翦立即"举兵追之，令壮士击，大破荆军"。秦军在运动中追击、歼灭楚军主力，杀项燕，随后克楚国都城寿春，俘楚王。王翦在战略进攻中所运用的固守待机的进攻谋略，是对进攻战略的创新和妙用。

西汉景帝时，名将周亚夫运用同一进攻谋略而平定了吴楚七国之乱。公元前155年，吴王濞、楚王戊等七王联合谋反，其中以吴王濞力量最强，他联合楚王戊向北推进；地处山东的胶西王卬、胶东王雄渠、菑川王贤、济南王辟光同时反汉，但四王之军只在山东围攻齐王将闾于临淄，没有与吴楚联军统一行动；赵王遂参加叛乱，也只在河北境内活动，所以，汉军的主要攻击对象是吴楚联军。吴王濞起兵之初，有人曾建议吴军联合楚军入武关，直捣长安；或轻兵急进，迅速攻取洛阳，再以潼关之险防止汉军出关东下，如此号令天下，也可能有一番作为。但这两个方案都遭吴王否决。公元前154年正月，吴王濞自广陵起兵，西向联合楚军，以攻城略地、逐步推进的战略，以长安为目标向西北方向攻击前进。至河南，重创梁王武的军队，将梁王包围于睢阳。睢阳是吴楚联军进一步西进洛阳或长安的主要障碍，因此，吴楚联军屯兵于睢阳城下，日夜攻城。同时，吴王濞另遣军一部向山东境内攻击，以与山东四王的军队联系；派出一支小部队隐蔽埋伏于河南西部的崤函险塞之地，以伏击出关东来的汉军。

七国谋反，汉景帝拜窦婴为大将军，屯重兵于洛阳，遣将军栾布兵出山东，曲周侯郦寄平赵。同时，拜周亚夫为太尉，率汉军主力迎击吴、楚联军。

周亚夫受命后对景帝说："楚兵剽轻，难与争锋。愿以梁委之，绝其粮道，乃可制。"他的策略是，吴楚联军人众剽悍，难以与其争锋斗胜；应将计就计，让梁王固守睢阳，吸引吴楚联军于坚城之下，汉军主力深入敌后，截断其粮道，待敌饥疲力衰后而歼之，这还是攻中有防、固守待机的谋略。这一进攻战略构想得到了汉景帝的认可。周亚夫率汉军自长安迅速绕道武关，奔赴洛阳，然后自率30万大军经荥阳向东疾驰至战略要地昌邑。另派韩颓当等率骑兵远袭淮泗口，截断吴、楚联军的粮道。周亚夫预定的进攻战略由此展开。

战争中，周亚夫固守昌邑，不仅截断了吴楚联军的粮道，而且将吴楚联军攻入山东的周丘部10万大军与睢阳城下的联军主力分割开来,使其既不能越过昌邑向其主力靠拢,又不敢向西进攻洛阳。周亚夫固守昌邑的战略意义是很明显的,但他坚持预定的战略也受到很大压力,这是因为梁王坚守睢阳,是周亚夫固守待机战略的重要组成部分,其以孤城吸引吴楚联军主力,当然要承受吴楚联军主力的猛烈攻击。梁王是汉景帝的弟弟,他多次向周亚夫求援,周亚夫置之不理。梁王又向汉景帝告急,汉景帝令周亚夫发兵援助,周亚夫仍坚守不出。后来,吴楚联军围攻睢阳不下,转攻昌邑,企求与汉军主力决战,周亚夫仍固守不出。不久,"吴兵乏粮,饥,数欲挑战,终不出……吴兵既饿,乃引而去,太尉出精兵追击,大破之"。楚王戊自杀,吴王濞带领数千人南逃丹徒。在汉军追击下,又向东越逃窜,后被越王诱杀。平定吴、楚叛军,前后共3个月时间。整个战争过程,并没有大规模的激战。可以说,战争的胜利,主要是周亚夫在进攻作战中运用和坚持固守待机谋略的结果。吴楚联军覆亡后,其他参加叛乱的五王势单力弱,也相继被消灭。

(4)分割包围。

在中国古代战争史上,攻势作战的方法手段千变万化,进攻谋略丰富多彩,但进攻作战、克敌制胜的灵魂在"因形用权""因敌制变",灵活用兵,因敌制胜,那些天才的军事家和战争指挥者正是创造出无数出神入化、变化无穷的战争奇迹和战法。对敌采取分割包围、围而不打并因此争取全胜的战法,是中国古代战争史上进攻作战中的又一重要战法。北宋初的赵宋灭南唐之战就是这一战法的典型战例之一。

天宝七年(974年)十月,宋太祖赵匡胤在灭亡荆湖、西蜀、南汉诸割据势力后,发起了以南唐都城金陵为目标的进攻作战。时南唐国王李煜昏庸无能,政治黑暗,对强大的赵宋王朝恐惧有加,曾希望自去国号,以作宋王朝的附庸而求苟延残喘。但南唐大臣枢密使陈乔、张洎则认为南唐拥有荆湖北东部等广大地区,屯兵数十万,足可与赵宋一战,因此坚持抵抗宋军。赵匡胤见李煜拒绝投降,立即部署灭南唐之战:联系吴越王钱俶自苏州进攻常州,作牵制性攻击;命大将潘美、刘遇率步骑军集结于和州,作渡江以中路突破的佯攻姿势;宋军大将曹彬率主力10万人则自江陵水陆并进,沿江东下。曹彬率军沿长江东下途中,首先绕过南唐军重兵把守的重镇鄂州,首战峡口寨,将鄂州与其下游各重镇隔离开来,孤立起来。然后留军一部包围鄂州,自率大军继续东进,进入江南境内。对南唐军江南境内的江防重镇江州、湖口同样采取分割包围、围而不打的战术,不做旷日持久的攻坚作战。宋军主力则迅速东下,攻取池州、石牌口等地,至闰十月中旬,攻铜陵,大破南唐水军,不战而取芜湖、当涂。几天后,宋军再破南唐江防要塞采石矶,歼灭南唐军2万余人。李煜急令南唐水军一部自金陵溯江而上,企图阻击宋军主力的东进,但被曹彬击溃,其残余逃回金陵。宋军潘美、刘遇部则和曹彬部会合,由采石矶渡江后,既彻底截断南唐军上游鄂州、江州、湖口各战略要地与金陵的联系,又对金陵形成战略包围的态势。

天宝八年(975年)五月,宋军在进逼金陵近郊的同时,对金陵外围各重镇展开攻击,先后攻克溧北、宣化镇等地,给南唐军以沉重打击,金陵周围除润州外,其余各重镇的据点皆或克或降,为宋军所掌握控制,金陵成为一座孤城。四月,宋军击败南唐江州守军,屯重兵于独树口,阻遏南唐湖口军对金陵的救援。至此,南唐军控制下的润州、金陵、湖口、鄂州几大战略重镇全处于宋军的包围监视之下,互不相援,孤立无助,只能坐以待毙。同月中旬,李煜急召南唐军大将朱全赟救援金陵。朱全赟拥重兵15万,镇守湖口,但其犹豫恐惧,湖口事实上已处于宋军的严密控制之下,若东进救援金陵,不仅前有宋军阻击,更有上游宋军追袭其后,因而迟迟不敢行动。七月,处于绝对优势地位的赵匡胤敦促李煜投降,并暂缓对金陵的攻击。李煜准备投降,但被陈乔、张洎所制止。南唐润州守军投降,金陵更加孤立。宋军在处于绝对优势的态势下,仍采取围而不攻的战术。避免大规模的攻坚作战。十月,朱全赟自湖口东下救援金陵,被宋军击溃,南唐军损失数万人,其残部退守湖口。十一月二十七日,李煜在上游援军被宋军击败后,于绝望中向宋军投降,南唐灭亡,包括湖口、鄂州在内的各南唐军也相继投降。

综观宋军灭南唐之战,宋军采取灵活机变的谋略的手段,集中优势兵力,先打分散弱小之敌,对南唐各主要战略重镇均采取分割包围、围而不打的战术,避免作大规模的攻坚战,力求在运动中消灭其有生力量,迫使被相互隔离的备战略重镇的南唐守军在孤立无援的状态下军心瓦解、斗志松懈、精神崩溃,最后不战而降,宋军则以最小的代价取得了战争的彻底胜利。

2.先发制人与速战速决

先发制人是中国古代军事理论中的重要命题之一。中国古代的军事理论家、军事家们将先发制人与攻势作战、主动进攻紧密联系在一起。认为先发制人是对主动进攻作战之时间、战机把握的肯定和要求。进攻速胜则是攻势作战的基本原则之一,无论是战略进攻还是战术进攻,无论是在理论上还是在实践中,中国古代的军事理论家和军事家都主张速战速决,进攻速胜。

(1)主动进攻,先发制人。

先发制人是在进攻的战略战术一旦确定的前提下,或在战争过程中出现有利战机的条件下,首先对敌方进行突然袭击,实施主动进攻。通过迅雷不及掩耳般的突然袭击和主动进攻,不仅使战争的发展进程向有利于我不利于敌的方向发展,而且能破坏敌方的预定战略战术部署,对敌方的心理和军心士气以震撼及打击,使敌方陷入被动挨打的境地。中国古代的军事理论家和军事家们对此有较为全面的论述,他们认为:

宁我薄人,无人薄我……《军志》曰:"先人有夺人之心",薄之也。

薄人,即逼近敌人,给敌方以突然进攻和打击;先人即先发制人;夺人之心,即打击敌方的军心士气。《孙子兵法·九地》指出:

敌人开阖,必亟入之。先其所爱,微与之期。践墨随敌,以决战事。是故始如处女,敌人开户。后如脱兔,敌不及拒。

就是一旦发现敌方的破绽或失误,就要乘机而起,乘虚而入,发起突然攻击,给敌方关键要害之处以决定性的打击。这不但要求战前有充分运筹和准备,而且对军事行动计划要充分保密,军队如同处女那样安静沉寂,使敌方放松戒备。而一旦发起攻击,就要迅如脱兔,使敌方来不及反抗就被摧垮击败,保证夺取初战即第一次打击的胜利。大军事家尉缭也说:

《兵法》曰:"千人而成权,万人而成武。权先加人者,敌不力交;武先加人者,敌无威接。故兵贵先。胜于此,则胜于彼矣;弗胜于此,则弗胜于彼矣。"

他强调先于敌方施展谋略,使敌方无法谋划;先于敌方使用武力,使敌方无力反抗。所以,用兵最重要的是先发制人。先发制人获胜,为敌方所制就失败。

战略进攻中的先发制人是战争史上的奇观,秘密制定战略规划,隐蔽调动千军万马,在敌国敌方猝不及防的状态下发起如雷如霆、暴风骤雨般的突然进攻,给敌国敌方以沉重、致命的打击,这是那些天才军事家和战争指挥者的伟大杰作。在中国古代战争史上有不少这样辉煌的篇章。如上文所述的由孙武和伍员策划指挥的吴军大破楚军、攻克楚国都城郢的战例是如此,越王勾践的破吴复国之战是如此,桓温指挥的东晋军一举消灭割据四川的李氏蜀汉政权是如此,而唐代安禄山策动"安史之乱"也是如此。

"安史之乱"是一场给国家、社会和人民带来巨大灾难的不义战争,但从安禄山策划准备、发动叛乱的过程看,貌似一介武夫的安禄山确乎谋精虑深、工于心计。在叛乱爆发前,安禄山隐蔽进行了长达十几年的准备工作,在唐朝廷中,他装傻卖痴,貌似憨厚诚笃,博取了唐玄宗甚至杨贵妃的信任和重用,一身兼任平卢、范阳、河东三镇节度使，手握重兵，控制着广大地区。他在京城长安收买官员，安插耳目，对唐朝廷的一举一动了如指掌。在其统治区域内，秘密收买战马扩军备战，势力日益强大。至唐天宝十四年（755年）十一月，悍然发动叛乱，由北向南发起突然进攻。十余天后，兵锋到达河北省南部，警报传到京城，唐玄宗还不肯相信。司马光记述安禄山先发制人的叛乱发生后的形势说：

（安禄山）于是引兵而南。禄山乘铁舆，步骑精锐，烟尘千里，鼓噪震地。时海内承平久，百姓累世不识兵革，猝闻范阳兵起，远近震骇。河北皆禄山统内，所过州县，望风瓦解，守令或开门出迎，或弃城窜匿，或为所擒戮，无敢拒之者。

（朝廷）"大臣相顾失色"。此时的唐王朝无能征惯战之将，军无训练有素之兵，以至招募市井无赖充数。至十二月，叛军已占领河北、大同、河南大部及山东西北的部分地区，洛阳落入其手。唐军处处被动挨打，无法遏制叛军的攻势。次年六月，叛军入关中，克长安，唐玄宗仓皇出逃，鼎盛一时的唐王朝几乎因此覆灭。后来，历经七年苦战，"安史之乱"虽然被平定，但造成了唐中后期的藩镇割据局面，唐王朝因此由极盛走向衰落。安禄山不义的叛乱失败了，但就军事谋略而言，其对进攻时间、时机的把握是适当的，其先发制人、主动进攻、突然袭击的宏观进攻谋略是成功的。

战役战斗中战术的先发制人在战争史上更为普遍，成功的战例更为常见。战术上的先发制人，对军事行动计划、部署等要绝对保密，运兵动作要迅猛、快捷，对攻击时间和对战机的把握要更准确、及时。当敌方处于毫无准备、士气低落，或天时地形不利、防御设施未备，或在运动过程中处于混乱状态等情况下，战争指挥者就应该毫不犹豫地对敌方发起主动进攻、突然袭击，如此必能大获全胜。战争史上战术的先发制人成功的战例不胜枚举，春秋战国时期的许多战例是为人所熟知的，秦以后许多著名战例如赤壁之战、昆阳之战等在战术上也是以主动进攻、先发制人取胜的。我们再举一二例以欣赏之。

唐初，北方的突厥屡屡入侵，边患不断。唐太宗贞观三年（629年），东突厥颉利可汗侵入河西各州，唐太宗决心予以反击。次年正月，大将李靖率精骑3000自马邑直趋恶阳岭，使颉利可汗大为震恐，其部下更是一片惊慌。李靖乘其上下惊恐不安之际，夜袭定襄，大获全胜。颉利可汗在退往碛口途中，又遭唐大将李世勣袭击，损失惨重。其败退铁山后，唐太宗派使者唐俭等前往安抚颉利可汗，并命其入朝晋见。同时，命李靖等前往迎接。颉利可汗愿意内附，但对入朝心存犹豫。李靖认为，颉利可汗仍有很大势力，若不乘机消灭，必有后患。他对副将张公谨说："诏使到,虏必自安,若万骑赍二十日粮,自白道袭之,必得所欲。"公谨曰:"上已与约降,行人在彼,奈何?"靖曰:"机不可失,韩信所以破齐也。如唐俭辈何足惜哉!"于是,李靖"督兵疾进,行遇候逻,皆俘以从,去其牙七里乃觉,部众震溃,斩万余级,俘女十万……颉利亡去,为大同道行军总管张宝相擒以献"。由于唐军的主动进攻和出其不意的突然袭击,一战而灭亡东突厥,开拓疆土自阴山至于大漠。

泰定三年(1203年),刚刚崛起的铁木真消灭其强大对手——突厥克烈部,也是运用先发制人、突然袭击的方法获胜的。其时,铁木真驻军于斡难河西岸。为使军队能秘密接近克烈部,保证突然袭击的成功,他先派其弟拙赤合撒儿向克烈部头领王罕诈降,王罕信以为真,派使者与拙赤合撒儿接洽。铁木真逮捕王罕的来使,命其为向导,带领蒙古军偷袭克烈部。偷袭途中,铁木真一路将王罕散布在通道上的哨兵全部俘获,严密封锁消息,使王罕蒙在鼓里。铁木真的大军到达折儿合不赤孩地区后,采取分进合击的战术,迅速挺进王罕在者者额儿温都山以西大营。待王罕发现时,其大营已被团团包围。双方激战三昼夜,克烈部被歼灭。王罕逃脱,后被突厥乃蛮部哨兵所杀。蒙古部与克烈部都以骑兵为主,机动性强,如不采取先发制人、突然袭击的进攻方法,铁木真就无法一战灭亡克烈部。

(2)速战速决。

《孙子兵法》再三强调:"兵贵胜,不贵久。…'兵之情主速,乘人之不及,由不虞之道,攻其所不戒也。"《六韬·龙韬·军势》云:"善战者见利不失,遇时不移;失利后时,反受其殃。故智者从之而不释,巧者一决而不犹豫。是以迅雷不及掩耳,迅电不及瞑目,赴之若惊,用之若狂,当之者破,近之者亡,孰能御之?"兵贵神速,速战速决,是一切军事家和战争指挥者的座右铭。对他们来说,实力、威力加速度等于胜利。人们早就认识到,战争,尤其是进攻作战,是以"日费千金"所支撑的,旷日持久,不仅浪费人力、物力、财力,而且迟则生变,迟疑不决或迟后一步,就会丧失主动权,失去有利战机,使胜利的希望变成失败的现实。战争,本来就是国力、兵力、智慧的角逐和较量,在诸条件相当的情势下,就看谁能抓住有利战机,乘敌不及反应就战而胜之。在这里,时间、速度就是决定胜负的决定性因素,谁领先一步谁就是胜利者,这是速战速决、进攻速胜成为普遍军事原则的根本原因。当然,进攻速决速胜是有前提和条件的,这和先发制人一样,无谋略、无计划、不顾客观条件的进攻是赌徒式的视战争为儿戏的行为,如此进攻速战未必能速胜;自恃勇力,骄横无忌,像项羽那样横行天下,每战必胜者,终究也免不了失败的下场。

在中国古代战争史上,大多数著名的军事家和战争指挥者的著名的成功的战例,大多是他们遵循速战速决、进攻速胜军事原则的结果。三国时,魏国著名军事家司马懿擒孟达之战是人人皆知的战例,此战例在谋略运用上自有其特色,但在运兵速度上则更典型。太和元年(227年),魏国新城太守孟达准备谋反。身为魏国大将重臣的司马懿时驻军于宛城。孟达驻军上庸。他在给诸葛亮的信中说:

> 宛去洛八百里,去吾一千二百里,闻吾起事,当表上天子,比相反复,一月间也,则吾城已固,诸军足办。则吾所在深险,司马公必不自来;诸将来,吾无患矣。

从宛城到洛阳800里,司马懿向魏明帝奏请出兵,往返1600里;从宛城到上庸1200里,孟达按常规速度算,司马懿或魏军到达上庸要一个月的时间,而他在这一个月中可以修固城防、调配军队等,魏军来了可足以一战。关于兵力和军粮,司马懿后来说:

> 孟达众少而食支一年,吾将士四倍于达而粮不淹月,以一月图一年,安可不速?以四击一,正令半解,犹当为之。是以不计死伤,与粮竞也。

从时间上看,按正常情况魏军到达上庸要一个月,而魏军军粮只能供一月之用,即赶到上庸之日也是魏军无粮之时;孟达军粮足够支撑一年,这是魏军必须迅速进攻的原因之一。从兵力对比看,魏军对孟达军为4:1,魏军迅速进击,即使伤亡掉队损失一半人,还比孟达军多一倍,这是可以进攻速战且可速战速胜的条件之一。当然,作为军事谋略家和战争指挥者来说,司马懿还必须考虑孟达谋反,如不迅速消灭,不仅其准备充分,城防坚固,使进攻作战更为艰难,而且,迟延时月,蜀军如派军援助孟达,双方联合行动,要战胜孟达和蜀军就更困难了。所以,出其不意,迅速出击,在最短时间内消灭孟达是刻不容缓的事,这是速进速决、速战速胜的必要性之一。因此,司马懿当机立断,一边派人向魏明帝汇报,一边立即指挥军队日夜兼程,向上庸迅速进军,"乃倍道兼行,八日到其城下。吴蜀各遣将向西城安桥、木兰塞以救达,帝分诸将以距之"。孟达为此惊呼:"吾举事八日,而兵至城下,何其神速也。"结果,由于司马懿进军神速,孟达军城防不固、准备不足、军无斗志。估计司马懿不来,他却来了;估计吴、蜀之军会来援助,两国军队却来不了,失败是必然的。司马懿以速进速战速决赢得了战机,争取了主动权,只用了16天时间就获得了胜利。

(二)以守代攻与克敌战阵

《孙子兵法》云:

> 胜可知,而不可为。不可胜,守也;可胜,攻也。守则有余,攻则不足。善守者,

争取战争胜利是军事家和战争指挥者的天职,弱守强攻是战争中的基本原则。战争的胜负可以预知但不可强求。有必胜的力量、条件和把握,就要采取主动进攻的态势。反之,就应采取防御策略。积极防御,首先能自保不败,不被敌方所战胜。只有"先为不可胜",才能等待时机去战胜敌方,"以待敌之可胜"。到那时,"动于九天之上",纵横驰骋,便可"自保而全胜"。在这里,防御是积极的防御,是军寡兵弱者争取战争胜利的必要手段和方法,而不是消极的无所作为的或不光彩的形式或行为。以强胜弱、以众胜寡是战争的常规(真正做到这一点也并非易事),而以弱胜强、以寡胜众在战争史上则更精彩辉煌,更能显示出军事家和战争指挥者的聪明才智及出神入化的战争指挥艺术。所以,积极防御、坚防持久、以守代攻,进而运用克敌战阵的手段消灭敌人,同样是夺取战争胜利的方法和手段,防御谋略更能体现军事家和战争指挥者的军事智道与胆识卓见。

与先发制人相对的后发制人,其实质就是积极防御,在积极防御中通过人的主观能动性的发挥,争取主动和有利战机,进行反攻,夺取战争的胜利。防御之坚,是积极防御的前提,防而不固,一败涂地,自然谈不上反攻取胜;防御中的持久是对防御时间长短的大概表述,防御时间的长短以战争有利态势的是否出现、有利战机的是否到来为转移。所以,防御时间的长与短是相对的。

需要强调指出的是,战争中的攻防与力量的强弱的关系并不是绝对的。如同在人寡力弱时采取主动进攻、先发制人同样获胜一样,聪明的军事家出于减少损失、争取全胜的需要,往往在优势地位也运用积极防御、后发制人的手段去夺取战争的胜利。攻也胜、守也胜,强也胜、弱也胜,弱守强攻、弱攻强守,均能克敌制胜,方显出军事指挥者无穷的智谋和不尽的风流。

1.防御方略

攻防问题是存在于战争这个统一体中矛盾对立着的两个侧面,是古今中外的军事理论家和军事研究的永恒主题。在中国古代,《孙子兵法》较早地提出了关于防御问题的基本谋略原则及一般方式方法,其云,"守而必固者,守其所必攻也";"善守者,敌不知其所攻";"我不欲战,画地而守之,敌不得与我战者,乘其所之也";"敢问:'敌众整而将来,待之若何?'曰:'先夺其所爱,则听矣'。"等。防御谋略强调的是以机动作战为主的积极防御。与孙武同时代的著名军事家范蠡对敌强我弱、敌众我寡,我处于防御地位时,认为应"尽其阳节,盈吾阴节"。即通过防御,争取时间,消耗敌方的实力,充分挖掘、发挥我方的潜力,改变敌我力量的对比,争取有利态势和战机，以夺取战争的胜利。战国时的军事家孙膑关于防御谋略的观点是"坤垒广志，严正辑众，避而骄之，引而劳之，攻其无备，出其不意，必以为久"。坤垒广志、严正辑众，即以深沟高垒，坚防持久，抵御优势敌军的进攻；在持久防御的同时要严明军纪，团结士卒，激扬军心士气，提高军队的战斗力。对敌方，则充分发挥将帅的智慧谋略，运用一切手段给敌军以打击袭扰，消耗其实力，瓦解其攻势，在持久防御中粉碎敌方的进攻，争取战争的胜利。孙武、范蠡、孙膑是中国古代最著名的军事理论家和军事家，他们的防御思想成为中国古代军事理论中积极防御理论的基本原则，中国古代战争史上无数精彩绝妙的防御战法，都是遵循和灵活运用这些原则而夺取胜利的成功范例，以下就防御中的几种主要战法略做分析介绍。

（1）以守代战。

"以守代战"是中国古代军事家和战争指挥者灵活运用防御手段或谋略的重要战法之一。当我处于寡弱、劣势地位，其至处于众强、优势地位时，为了避免与敌方作代价巨大的直接决战，争取战争的"全胜"，而运用积极防御的谋略手段，坚防不战，以守代攻，以守代战，使主动进攻者不战自退或不战自败，这在中国古代战争史上是最为精彩和高明的防御谋略和防御战法。

"以守代攻"，不战而胜，最典型的战例是三国时魏军对蜀军主动进攻所采取的防御战。诸葛亮三出祁山的故事在中国几乎是家喻户晓。不过这场战争除去局部的互有胜负，在总体上蜀军是失败的。以弱蜀攻强魏，又是兵出汉中，道路险远，运输艰难，蜀汉想取胜是很困难的，除非曹魏在指挥上出现大的漏洞。而曹魏的谋士和将军们恰恰老谋深算，采取了以静制动，以守代攻的稳妥而确当的战法，使诸葛亮无懈可击，终致劳师无功。黄初七年（公元226年），诸葛亮屯兵于汉中阳平关，准备攻魏。魏明帝准备针锋相对，举兵伐蜀。散骑常侍孙资向魏明帝说：

昔武皇帝征郑，取张鲁……数言"南郑直为天狱，中斜谷道为五百里石穴耳"，言其深险……又，武皇帝圣于用兵，察蜀贼栖于山岩，视吴虏窜于江湖，皆桡而避之，不责将士之力，不争一朝之愤，诚所谓见胜而战，知难而退也。今若进军就南郑计亮，道既险阻，计用精兵及转运、镇守南方四州，遏御水贼，必用十五六万人，必当复更有所发兴，天下骚动，费力广大，此诚陛下所宜深虑……分命大将据诸要险，威足以震慑强寇，镇静疆场，将士虎睡，百姓无事。数年之间，中国日盛，吴、蜀二虏必自疲敝。

孙资在这里要求明帝记取祖宗以来对付吴蜀的基本经验，也为当时及其后对付诸葛亮的进攻定下了以守代攻的基本策略。魏明帝很痛快地接受这个建议。在其后的战争中,魏军虽有反击,但都是在战略防御基础之上的有限反击,所取战法基本是以逸待劳,深沟高垒,结寨坚守,不给敌方以可乘之机,迫使蜀军在粮尽草绝、后勤供应无以为继的情况下主动撤退。其中最主要的几次战争经过是:

太和二年(228年)正月,诸葛亮率蜀军第一次攻魏。作战初期,诸葛亮命大将赵云、邓芝率一军自斜谷向陕西郿县做佯攻,以吸引魏军主力和魏军的注意力,造成蜀军将出汉中进攻关中的态势,而诸葛亮自率蜀军主力6万余人自汉中西出祁山,乘魏军防守空虚,出其不意,一举攻取魏之南安、天水、安定三郡,曹魏政权朝野大震。魏明帝亲自坐镇长安,命大将军曹真扼守陈仓,阻击蜀将赵云、邓芝的进攻;命大将张郃率魏军主力西进,以抵抗诸葛亮的进攻。诸葛亮为阻止魏军主力的西进,确保对所得三郡的占领,派参军马谡、裨将军王平率军迅速抢占街亭,凭险阻击魏军。但马谡依山扎营,反被张郃包围,数断其水源,致使蜀军大败,街亭失守,使蜀军主力"进无所据",被迫还汉中。不久,蜀军所攻取三郡又被魏军收复。诸葛亮第一次伐魏之战失败。

同年十二月,诸葛亮乘魏军主力攻吴、北方鲜卑族攻魏,而关中魏军防守空虚之际,又率蜀军自故道出散关袭击陈仓。此前,魏国大将军曹真"以亮惩于祁山,后出必从陈仓,乃使将军郝昭、王生守陈仓,治其城"。由于魏军早有防范,而诸葛亮原以为奇袭陈仓,必能速战速决,因此携带的军粮不多。不料兵围陈仓,遭到魏将郝昭的坚决抵抗。奇袭战打成了攻坚战,蜀军攻城20余日,伤亡惨重。曹真得知诸葛亮再次兵出汉中,围攻陈仓,急令张郃等率大军救援。蜀军久攻陈仓不下,不仅魏军援军将到,更紧急的是军粮告尽,无法继续实施预定的作战目标,史云:"亮复出散关,围陈仓,曹真拒之,亮粮尽而退。"这真实地说明了魏军以守代战防御谋略的成功和诸葛亮第二次攻魏之战的失败。

建兴九年(231年)二月,诸葛亮第四次兴兵伐魏,其主力出祁山,仍以攻取陇右为作战目标。魏军中的许多人都看到了蜀军的致命弱点,建议"亮军无辎重,粮必不继,不击自破,无为劳兵;或欲自芟上邽左右生麦以夺贼食"。魏大将军曹真严令各地守军坚守各城邑要塞,禁止主动出战。不久,曹真死,司马懿代曹真为魏军统帅,率大军阻击蜀军。初战中,魏军救援祁山,被蜀军乘虚攻取上邽;司马懿率军回救上邽,在上邽东凭据险要,与蜀军对峙。蜀军屡次求战,司马懿坚守不出。诸葛亮见求战不成,移军进攻祁山。司马懿指挥魏军追击蜀军至卤城,大将张郃说:"彼远来逆我,请战不得,谓我利在不战,欲以长计制之也。且祁山知大军以在近,人情自固,可止屯于此,分为奇兵,示出其后……今亮悬军食少,亦行去矣。"司马懿不听张郃的劝告,指挥魏军继续追击蜀军。诸葛亮突然回师,司马懿又急令魏军登山结寨,坚守营垒而拒不出战。五月十日,魏军曾出击进攻蜀军,被蜀军击败。此后,魏军坚防营垒以劳蜀军。两军相对峙至夏、秋之际,蜀军此次出战虽经过充分准备,但经过半年多的消耗,粮草供应又行将断绝。而蜀军负责督运粮草物资的李严因大雨连绵、道路险难而无法按期完成任务,便假传后主刘禅的旨意,命诸葛亮撤军,退还汉中。在这一次对抗战中,司马懿虽然在战术上偶有失误,被诸葛亮所调动而导致小的失败,但从总的防御战略看,司马懿正是坚持了以守代攻的防御谋略,以极小的代价迫使诸葛亮精心准备、周密规划的第四次攻魏之战归于失败。

建兴十二年(234年)二月,诸葛亮经过数年准备之后,率蜀军主力12万人出斜谷,兵锋直指渭南,发起第五次、也是诸葛亮一生中的最后一次攻魏之战。魏明帝命司马懿率军拒敌,其诏曰:

但坚壁拒守以挫其锋,彼进不得志,退无与战,久停则粮尽,虏略无所获,则必走矣。走而迫之,以逸待劳,全胜之道也。

司马懿根据既定的防御谋略,屯兵渭南,坚守营寨,无论蜀军如何挑战,拒不出战,争取实现以守代战、不战而胜的战略目标。诸葛亮作为杰出的军事家,也深知蜀军的弱点和魏军的防御谋略,为此而进行了充分准备,如用“木牛”“流马”运粮,保证粮食物资的供应,“每患粮不继,使己志不申,是以分兵屯田,为久驻之基”。即针对魏军的持久防御作与魏持久对峙的打算。同年八月,诸葛亮病逝于军中,长史杨仪和姜维等秘不发丧,率领蜀军撤退回汉中。魏军以守代战、以不战之战获得了战争的胜利。

(2)防守反击。

防御是手段,不是目的。在防御的同时,要运用一切手段,如劳之、骄之、怒之、饥之、困乏之、麻痹之,如断其粮道、坚壁清野等谋略手段,千方百计动摇敌方军心,松懈其斗志,削弱其战斗力,以扭转我之被动、不利态势,争取主动和有利战机,进行反击,夺取战争的胜利。唐代军事家李靖说:“攻是守之机,守是攻之策,同归乎胜而已矣!”进攻是防御的关键或核心,防御是进攻的手段,这深刻揭示了防御的本质、目的及防御与进攻之间的辩证关系。防御是进攻前的准备,是争取战争胜利的手段,这就是积极防御的内涵。在中国古代战争史上,此类的精彩战例比比皆是。

公元前284年,燕军在名将乐毅指挥下,大破齐军,占领了除即墨和莒以外的所有齐国领土,齐湣王被杀。齐国军民在齐宗室田单的指挥下,坚守即墨和莒两座孤城,抵抗燕军达五年之久。在此期间,田单用反间计,使新即位的燕惠王临阵易将，撤掉乐毅，任命骑劫为统帅。燕军将士为此愤愤不平，斗志涣散。此后，田单又故意放出流言说："我最怕燕军割去被俘齐军的鼻子，并驱使他们在前列和我们打仗。如果那样，即墨就不攻自破了。"骑劫果然如法炮制。即墨城中的军民见燕军如此残忍，人人激奋，誓死坚守，唯恐被燕军俘虏。田单再次放风说："我最怕燕人挖掘城外的坟墓，侮辱我们的祖先，那样做，我们就会心寒意冷，士无斗志。"骑劫又一次上当受骗，指挥燕军在城外大挖坟墓，焚烧骸骨，"即墨人从城上望见，皆涕泣，俱欲出战，怒自十倍"。田单见民心士气空前高涨，又用诈降之计，约期正式投降，使围城燕军日益松懈。战机已到，田单"及收城中所得千余牛，为绛缯衣，画以五彩龙文，束兵刃于其角，而灌脂束苇于尾，烧其端。凿城数十穴，夜纵牛，壮士五千人随其后。牛尾热，怒而奔燕军，燕军夜大惊"。牛尾上的火光耀眼，燕军视如火龙，被撞者非死即伤，纷纷躲避，军营大乱。齐军 500 精兵乘乱奋击，城上居民击鼓鸣号，呐喊助威，惊天动地，骑劫被杀，燕军大败。齐军乘胜追击，队伍日益壮大，终于驱逐燕军，恢复所有失地。两座孤城的五年艰苦支撑，以田单为首的两城军民五年的自奋自励，及其对燕军五年的离间、分化、瓦解，使不利逐渐转化为有利，才有条件成熟后的奋然一击，造成整个战局的改观，通过反击而击败燕军，恢复故国。

防守反击，其防守时间有长有短，其反击谋略、手段或方法同样多种多样。崇祯十六年（1643 年）五月，明末农民起义军领袖李自成面对优势明军的进攻，采用诱敌深入之法，实施快速反击战略，数月之间就粉碎了明军的进攻，这是防守反击的另一种形式。在此前一年，李自成在湖广战场大破明军，乘胜攻取今湖广北部、河南中南部广大地区，声威大震。接着，起义军主力向河南北部攻击前进，第一阶段的作战目标是攻取重镇开封、洛阳，然后再西进，夺取关中地区，作为战略根据地。明王朝以孙传庭为统帅，镇守潼关，指挥协调各路明军围剿李自成农民起义军，其进攻部署为：孙传庭所率领的明军主力出潼关，向东推进；一路自洛阳南下，与孙传庭所亲自率领的明军主力相配合，由北向南攻击；一路自江西北上，兵锋指向今河南汝南；一路出湖广、陕西、河南三省交界的商洛地区，与由江西北上之明军相配合，由南向北攻击，对进入河南的起义军主力形成四面合围、南北夹击的攻势，计划歼灭起义军主力于河南。明军来势凶猛，李自成针对孙传庭的进攻战略，立即改变原定作战方案，先派军一部进攻洛阳、渑池，佯败诱敌。孙传庭亲自指挥的明军主力上当，尾追起义军至郏县、汝州一线。郏县、汝州是起义军占领区的腹地，起义军主力已集结在这一地区。明军主力攻占郏县、汝州后，李自成对郏县之敌围而不打，而以起义军主力与明军主力相持于汝州，另派一军袭击汝州以北的白沙（今河南伊川县东南），截断明军的粮道及其与后方的联系，逐步形成对明军主力的大包围态势。很快，明军粮秣告绝，军心动摇；深入敌境，士气恐慌颓丧；阴雨连绵，大军露宿野外，人心浮动，许多明军哗变溃逃。尚未作战，明军已溃不成军。孙传庭见形势不利，亲率明军主力以往后方督运粮秣为名，向陕西方向撤退。李自成指挥起义军主力乘机反击，穷追猛打孙传庭部四百余里，至孟津歼敌四万余人，孙传庭遭此惨败，率残部退守潼关。其余各路明军不战自溃。至此，李自成挟战胜之威，一举攻克潼关，杀孙传庭，乘势克西安，分兵四出，攻城掠县，扩大战果。李自成的胜利，是成功运用防御中的诱敌深入、困敌疲敌、得机快速反击之战法的胜利。

（3）固守待援。

"固守待援"是中国古代兵家防御谋略中的重要原则之一。一般说来，固守是固守敌方必攻之地。敌方志在必克，守方拼死坚守。必攻必守，事关成败。调兵遣将，堆柴积薪。那勇与智的较量，也就分外紧张和激烈。著名的秦赵邯郸之战是"固守待援"的典型战例。

公元前 260 年"长平之战"后，赵国 40 万精锐之师尽被坑杀，赵国元气大伤。秦国同意赵国割地求和，秦撤军回国。其后，赵国没有依约割让六城予秦，而加强与魏、楚两国联系，准备三国联合伐秦。秦昭襄王闻信，于公元前 259 年 9 月，命大将王陵率大军攻赵，兵围邯郸。但秦军的进攻遭到赵国军民的奋勇抵抗，屡屡失利。秦昭襄王命大将白起代王陵统帅秦军，白起拒不从命，认为"邯郸实未易攻也。且诸侯救日至，彼诸侯怨秦之日久矣……远绝河山而争人国都，赵应其内，诸侯攻其外，破秦军必矣，不可"。秦昭襄王改命大将王龁代替王陵继续对赵国作战。这是一场决定赵国存亡命运的大战。从整体实力看，秦强赵弱，但赵军在本土作战，兵力上进攻不足，防守尚有一番作为。遵循既定战略，赵军一方面坚守邯郸，并在防御中使秦军造成重大消耗；一方面派战国四大公子之一的平原君赵胜赴楚、魏两国求援。赵胜历经周折，在赵军坚守邯郸两年后，求得楚、魏两国援军在邯郸城外会合并向秦军发起猛烈攻击。城内赵军也乘机反击，在内外夹击下，秦军大败而逃，数万人投降被俘。三国联军在运动中又歼灭秦军一部，王龁率其残部退回黄河以西地区，赵、魏收复以前的失地。赵军以固守待援的战略击败强秦，取得了战争的胜利。

"固守待援"的战略战术要点，一是防守要坚决、持久、机动、灵活、积极主动。立足于防，又尽可能多地消耗敌军的实力。二是援军运动要及时，救援战术要灵活，战机把握要准确，与防守军队配合默契，才能达到后发制人、克敌制胜的目的。

南宋抗金、抗元时期的枣阳保卫战与襄樊保卫战便是两个形式相同而结果完全相反的战例。正大六年（1229年）二月，完颜讹可率领金军中路军主力围攻枣阳，志在必克。宋军统帅赵方与枣阳守将孟宗政紧密配合，顽强防守。赵方命外线的扈再兴军主动出击，在运动中给金军以重创，破坏金军的围城计划。孟宗政部在城内则拼死抵抗。金军从城下挖地道，企图搞突然袭击。孟宗政严密防御侦察，等金军挖通后，宋军往地道里塞柴火、喷毒烟，使金军无法突袭。金军将一段城墙挖空，使城墙倒塌。孟宗政指挥士兵在缺口处堆满柴草，烧起一堵火墙，阻止金军的攻击。并在城墙缺口里赶筑一座偃月形的新城。在枣阳激战之际，赵方指挥大将扈再兴、许国各率军3万，分两路深入金军后方，烧毁金军的粮仓及物资储备，截断金军粮道，使攻城金军士气沮丧。这时，赵方命许国、扈再兴回师枣阳，内外夹击，大败金军于枣阳城下。宋军乘胜追击，完颜讹可只身逃回开封。咸淳四年（1268年）的襄樊保卫战，守卫襄樊的宋军防御有力，坚守孤城达五年之久。但元军从开战以来便采取"围城打援"的战术，包围襄樊，而以主力打击来援的宋军，使守城宋军最后陷入孤立无援的绝望境地，不得不开城出降。枣阳保卫战和襄樊保卫战一胜一负，胜负原因很复杂，但双方攻守技巧的优劣高低不能不是一个重要因素。

（4）乖其所之。

"乖其所之"是孙武提出的重要防御手段之一。"乖其所之"直解为优势敌军向我进攻，我画地而守，避免同他作战，并运用谋略手段使敌人改变预定的进攻方向。这一谋略在理论上与《孙子兵法》不战而胜的思想相一致，即通过"伐谋""伐交"等谋略使敌方或放弃进攻企图，或改变进攻目标等，达到"我不欲战，画地而守之，敌不得与我战"的目的。如史载春秋时期，齐国进攻鲁国，孔子为救鲁国，派其弟子子贡止齐攻鲁。子贡凭三寸不烂之舌，让齐军改攻吴国。子贡到吴国劝吴王援鲁而攻齐，又到越国劝越王帮助吴国攻齐，再到晋国劝晋王迎战吴军。越军随吴军打败齐军，晋师大败吴师，越军又乘机攻入吴国，而鲁国因子贡之谋免遭战争灾难。司马迁记载子贡此举过程后评论说："故子贡一出，存鲁，乱齐，破吴，强晋而霸越。"防御谋略中的"乖其所之"，往往和其他谋略配合运用，如运用诱敌深入的谋略，使有明确进攻目标的敌军被引诱而改变了预定的进攻目标，实际成为"敌不知其所攻"而进入"善守者"所设下的陷阱，最终导致进攻者的失败。

公元前2600年左右，原处于长江中游的黎苗集团的首领蚩尤入主中原，引起中原诸夏各部族的反抗。中原诸夏各部族的首领黄帝率领各部族与蚩尤首战于今河南中部。蚩尤集团拥有先进的铜制兵器，战斗力强。黄帝集团实施主动退却、诱敌深入的战略,将蚩尤引诱到今河北北部地区。蚩尤长途追击,疲惫不堪;加之地形不熟,气候不利,敌情不明等因素的影响,士气不振,斗志松懈。黄帝则利用天时地利人和之便,在一个狂风大作之日,乘蚩尤集团士众困惑彷徨之时,以指南车指示方向,在涿鹿大战蚩尤,一战而擒。这就是历史上著名的"涿鹿之战"。

永乐七年(1409年)七月,明永乐时期的淇国公丘福奉成祖之命,率领10万大军出塞远征鞑靼可本雅失里。临行前,明成祖再三告诫丘福要慎重决策,切勿鲁莽轻进。八月初,明军出塞后,丘福率前锋1000余骑先期到达胪朐河以南,击败鞑靼游骑,俘获其官员一名,丘福问本雅失咀在何地,被俘官员答,北遁未远,最多不过30多里。茫茫沙漠,寻敌不易,求战心切的丘福立即决定追擒本雅失里。时明大军未到,将军李远说:"轻信谍者,孤军深入,进必不利,莫若结营自固,以待我军毕至。"丘福不听。本雅失里引诱明军向鞑靼预设的陷阱前进,这是另一意义上的"乖其所之",即将明军引诱到错误的导致其失败的进攻方向上去。丘福盲目轻信,不听部将劝告,率领1000余骑向北追击,果然被鞑靼大军包围,无一生还,主将阵亡。明军此次远征漠北的战略行动也宣告失败。

以"夺其所爱"迫使进攻一方改变进攻目标、进攻方向的战例,如三国时曹魏保卫襄樊之战则较为典型。建安二十四年(219年)七月,镇守荆州的蜀国名将关羽率军进攻襄樊,东吴大将吕蒙、陆逊,暗中筹划乘机攻占荆州,因而设法促使关羽不断调荆州之兵北上襄樊前线作战。关羽是三国时的名将,为曹操所敬畏,他率军北上后,分兵两路,一路包围襄樊,于八月击败魏援军3万人,杀魏国大将庞德,擒名将于禁,襄樊魏军守将曹仁率数千人坚守孤城,频频告急;一路急攻郏下、洛阳,许昌震动。此时,著名谋略家司马懿和谋士蒋济向曹操进言说:"刘备、孙权,外亲内疏,关羽得志,权必不愿也。可使人劝权蹑其后,许割江南以封权,则樊围自解。"司马懿、蒋济的谋略是,要求吴军袭击荆州,迫使关羽回师自救,这是用"夺其所爱"以达到"乖其所之"的目的,使吴、蜀相斗而襄樊解围;对孙权来说,曹操默认吴军攻取荆州并同意吴、魏划江而治,至少表明吴之统治得到认可,更可在吴、蜀相争时免遭魏军的袭击,这是孙权求之不得的"君子协定"。也就是说,司马懿、蒋济的谋略是现实可行的。曹操采纳了这一建议,一面调集大军救援襄樊,以备不测;一面命人出使东吴,孙权立即表示同意出兵荆州,但要求曹操对吴军进攻荆州严加保密。曹操部众中多数人同意实践诺言,为孙权保密,但谋士董昭认为:"军事尚权,期于合宜。宜应权以密,而内露之。羽闻权上,若还自护,围则速解,便获其利。可使两贼相对衔持,坐待其弊。秘而不露,使权得志,非计之上。又,围中将吏不知有救,计粮怖惧,偿有他意,为难不小。且羽为人强梁,自恃二城守固,必不速退。"事实也确实如此,为孙权保密,实际是让魏军替吴军吸引关羽的蜀军,魏军不仅达不到"乖其所之"的目的,还可能让关羽军加速攻城,被围魏军在蜀军强攻之下,很可能因绝望而弃城投降,吴军反而乘虚而取荆州。如将消息透露出去,情况则完全相反,关羽有后顾之忧,被包围的魏军必拼死坚守。若关羽回师荆州,吴、蜀相斗,襄樊解围,对魏军有百利而无一害。曹操很赞成董昭的分析,立即命人将这一消息缚在箭上,同时射进襄樊城中和关羽军营。襄樊魏军见信后大为振奋,尽力守城;关羽则认为荆州城防坚固,吴军一时难以攻克,因而不肯立即撤军,企图攻取襄樊后再回师。魏大将徐晃率援军很快赶到,双方胶着相持。此时,东吴陆逊卑言谦词写信给关羽,使关羽坚信吴军不会进攻荆州,并再次调守军前往襄樊前线。吴军乘虚而入,轻取荆州。关羽听到荆州陷落的消息,急忙回师南返,但为时已晚,遂演了一场英雄末路走麦城的悲剧,最后被擒身亡。曹操及其谋士以"夺其所爱"之法达到了"乖其所之"的目的,避免了魏、蜀之间的一次大决战。

2.后发制人与防御战阵

后发制人是对避敌之锋、保存实力、争取主动、待机反攻破敌的积极防御战略战术的理论表述,是中国古代军事理论防御战略战术的理论表述,是中国古代军事理论中的重要命题之一。防御中的久与速,是对防御时间长短战阵布局的相对规定。所谓相对,是因为防御时间的长短以有利战争态势的是否出现为转移,宜长则长,宜短则短。所以,防御时间的久、速或长、短,完全由战争指挥者根据战争发展的具体情况而决定。

(1)蓄盈待竭,后发制人。

后发制人的精义在于避敌锐气,后退一步,寓动于静,以柔克刚,在积极防御中蓄盈待竭,等待或创造有利战机以克敌制胜。一般来说,蓄盈待竭、后发制人是防御一方,尤其是力量寡弱一方争取有利态势或战机,最后战胜众强之敌的最有力的理论武器。所谓"师直为壮,曲为老",是说在一定条件下,后发制人有利于政治上主动,使不利之师充分暴露其不义,正义之师更显露其正义。政治上主动,就能争取民心,激昂军心士气,争取第三方力量的同情和支持。如此以战,就能理直气壮,斗志高扬,后发而制人,夺取战争的胜利。在战争中,从军事谋略看,后发制人的奥秘在于能蓄盈徒竭,即避敌锋芒、保存实力、待机制敌,所谓"后人有待其衰","彼竭我盈","让威……以待敌能","后则用阴,先则用阳。尽敌阳节,盈吾阴节而夺之"等,都是表达的同一意思。所以,中国古代的军事理论家、军事家和战争指挥者都极为重视后发制人的理论意义和实践作用,并以此为指导创造了许多精彩辉煌的战例。春秋时的晋楚城濮之战和齐鲁长勺之战最为典型、最有代表性。

公元前 632 年,晋、楚城濮之战爆发。晋文公与楚王各率大军对阵交锋。此战是晋文公争夺霸权的第一仗,也是最关键的一仗,不能不打。但与楚军作战,晋文公颇为踌躇,因晋文公在外流亡期间,曾受惠于楚王,现在兵戎相见,未免忘恩负义。此时,其臣子犯曰:"师直为壮,曲为老,岂在久乎?微楚之惠,不及此。退三舍辟之,所以报也。背惠食言,我曲楚直。其众素饱,不可谓老。我退而楚还,我将何求?若其不还,君退臣犯,曲在彼矣。"于是,晋文公退避九 90 里,以践诺言,从而赢得了君子重信的美誉,争取了人心。楚王回国,楚令尹子玉主动发起进攻。晋文公又退避 90 里。"君退臣犯",子玉为不敬不仁,晋文公为大仁大义,从而获得参战的齐、秦两国军队的尊敬和支持,并激发了晋军将士拼死一战的斗志。晋军主动撤退,将楚军引诱到晋军预设的战地,使晋军在有利的态势和地形中与晋军决战。晋文公退避三舍,后发制人,一谋而有四利。楚军急躁冒进,失计而有四败。战争的结果自然不言而喻。

公元前 684 年爆发的齐鲁长勺之战是又一生动战例。这一年正月,齐桓公率领大军进攻鲁国,势单力弱的鲁国当然不是强齐的对手,从战争一开始,鲁军就采取避其锋芒、诱敌深入的策略。当齐军被引诱到鲁军预设的有利反攻的战地长勺时,鲁军摆开在此决战的架势。《左传》以简洁生动的语言记载了这次作战经过:齐、鲁两军"战于长勺。公将鼓之,刿曰:'未可。'齐人三鼓,刿曰:'可矣。'齐师败绩。公将驰之,刿曰:'未可。'下视其辙,登轼而望之,曰:'可矣。'遂逐齐师。既克,公问其故?对曰:'夫战,勇气也。一鼓作气,再而衰,三而竭。彼竭我盈,故克之。夫大国,难测也,惧有伏焉。吾视其辙乱,望其旗靡,故逐之……'"齐强鲁弱,齐攻鲁防。齐军冒险轻进,连续追击,士卒疲劳;鲁军有计划地撤退,在有利地形中从容布阵,有后发制人以逸待劳之利,这是由被动向主动、由不利向有利转化的关键。战斗开始后,齐桓公倚恃齐军人众势强,骄横轻敌,求胜心切,连续三次向鲁军阵地发动进攻未能奏效,遂斗志衰落,士气沮丧。即曹刿所说的"一鼓作气,再而衰,三而竭"。鲁军抓住这有利的战机,立即发起反击,一鼓作气,击败齐军的进攻。

(2)坚防持久。

进攻速胜与坚防持久是战争中矛盾对立的两个方面,一方的成功就意味着另一方的失败。至于哪一方能战胜对方而获得战争的胜利,除其他原因之外,其攻防手段和谋略的高低优劣是一个重要因素。在中国古代战争史上,南宋在与金、元长

·军事智道·

图文珍藏版

达150年左右的对峙中,南宋所实施的防御谋略,无论就其延续时间之长、作战范围之广、往复争夺之激烈,都具有典型意义。

南宋的防御体系由三大战略防线组成,即以淮河为屏障、长江为依托的东部防线;以荆襄为据点、长江为依托的中部防线;以秦岭和川蜀险关要隘为门户的西部防线。在三大防线中,东部江淮防线防卫能力最弱,以致惊险常至,对南宋政权的稳定和生存造成很大威胁。襄樊是中部战线的战略重镇,坚守襄樊可防止敌军中路突破,直趋鄂州、江陵,再沿江东下,对江浙地区作战略包围。同时,襄樊一线可作战略反攻的基地,北向即可兵叩河、洛,直趋河北、山东。因此,在这150年中,襄樊是双方必守必攻的战略要地。西部防线利用该地区崇山峻岭、雄关要隘,防之以险。坚守蜀口、汉中地区的战略意义在于不仅可确保四川的安全,而且进则直取关中,从西部威胁河、洛。敌方若突破蜀口,不仅占领四川,而且可由四川入荆湖,沿江而下,长江天险为敌所有,中部战场不保,东部战场也就必败无疑。三大防线孤立地看,东部最弱,易攻难守;中部有难有易,重在坚决防守襄樊、枣阳、随县等战略要塞,守之则存,失之则亡;西部防线易守难攻,守卫最为稳固。如从三大防线的内在联系看,东部防线是南宋防御重点中的重点,也最易突破,然而,自南宋建炎四年(1130年)以后,直至南宋灭亡,东部防线虽然承受的压力最大,但却始终有惊无险,南宋的灭亡也并不是由于东线防御的失败而造成的。其奥秘在于东部防线是以中部防线的坚防持久为前提、为保证的。若东部防线危殆,则襄樊、鄂州两线南宋军即可急趋江淮,与敌军决战,又可自襄樊进军河南、淮南北部,威胁山东,截断东部战场敌军的后路,迫使东部战场的敌军知难而退。如中部战场危急,由东部战场北上作牵制性的佯攻,意义不大。但西部防线的南宋军则可兵出汉中,或沿秦岭东出关中,威胁敌中路军的侧翼,以减轻中部防线的压力。这就是说,中部防线的稳固一是依靠其自身的持久坚防,一是得力于西部防线的侧面支援。因此,西部防线的稳固与否,对南宋整个防御体系的确立和巩固具有举足轻重的意义。三大防线的这一内在联系构成了南宋较为完备有效的宏观防御体系,这也是南宋政权在金、元铁骑猛烈进攻下延续150年之久的重要原因。

"靖康之难",北宋徽、钦二帝被俘。赵构逃往江南。几经震荡,赵构终于在临安站稳脚跟,建立南宋政权。金军则占领了京兆大部、荆湖北部、河南、山东等广大地区,并在开封扶植了一个伪齐政权,金宋双方再次对峙。建立对金及伪齐政权新的防御体系问题提到南宋君臣的议事日程上来。建炎三年(1129年),宋相赵鼎提出:"经营中原当自关中起,经营关中当自蜀起,欲幸蜀当自荆、襄始……荆、襄左顾川、陕,右控湖、湘,而下瞰京、洛,三国所必争⋯⋯(宜)屯重兵于襄阳,运江、浙之粟以资川、陕之兵,经营大业,计无出此。"这是可进可退、可攻可守的积极防御方针。在此同时,名将张浚也提出,"中兴当自关陕始,虑金人或先入陕取蜀,则东南不可保";"高宗赵构命张浚为川、陕宣抚处置使,得便宜黜陟"。这样,南宋政权固守川、陕,确保荆、襄,保卫两淮的防御思想便凸现出来。

绍兴四年(1134年)七月,金、齐联军由东线南下,并准备渡江作战。南宋大将韩世忠在大仪击败金、齐联军,但未能遏制其攻势。奉宋高宗之命,岳飞自荆南、鄂州率军北上,很快攻克襄樊及唐、邓、随等州,直接威胁伪齐首都汴京,迫使金、齐联军回师自救,两淮地区为宋军逐一收复。经岳飞数年的惨淡经营,荆、襄防线得到了加强和巩固。至此,南宋东、中、西三点一线的防御体系终于形成。

绍兴十年(1140年),金军同时在西、中、东三个战场向宋军发起攻击。南宋采取积极防御之策:在西部战场上,宋军一路在陕西西部大败金军,乘胜逼近长安城下;一路沿秦岭东进,袭击潼关,破坏金军的后方联系,策应中部战场宋军的作战。中部战场上,金军佯攻而无实战,以牵制岳家军,掩护金军主力在江淮间的作战。东部战场上,金军主力在顺昌被宋军击败。岳飞从中部战场飞军直袭其后路,进击河南,给金军以重大杀伤。

绍兴三十一年(1161年),金军再次在三大战场同时攻击。金军主力从东部战场长驱直入,以临安为进攻目标,并准备自淮南采石渡江,顺流直下。南宋朝廷命宋军自西线和中线同时向金统治区发起进攻,以牵制金军在东部战场的攻势。但金国海陵帝亲自指挥的东路主力仍不顾一切地准备抢渡长江。这时,金朝廷发生政变,残暴酷虐的海陵帝被部将缢杀,金军军心动摇,宋军乘机反击,大败金军,夺回两淮失地。

综观宋、金对抗时期的攻守谋略,宋军的战略防御体系是稳固而有效的,其防御战略是正确的,它不仅有效地击退了金军的多次强大进攻,而且创造了多次反攻中原、收复失地的有利战机,只是由于腐朽的宋王朝统治者及朝廷投降派的阻挠,才丧失了这一次次有利战机。南宋持久防御谋略的成功,当然也意味着金统治者进攻谋略的失败。不过,南宋统治者所面临的下一个对手就不那么简单了。

蒙古铁骑军于端平二年(1235年)和嘉熙三年至淳祐元年(1239—1241年),曾两次对南宋的三大防线同时发起进攻。而中部防线由于名将孟拱的崛起,巩固强化了襄樊防御,并支援东部防线击败了元军的两次进攻。元军接受教训,改变战略,采取西线迂回、中路突破、南北夹击的谋略,破坏了宋军西部和中部防线,最后正如张浚当年所预言的那样,川、陕不保,襄、汉失守,东南地区就难以保全了。南宋政权覆亡的原因是多方面的,在原有防御体系破坏后不能依照变化了的情况,制定新的防御措施以抵抗元军的进攻,不能不是重要原因。我们当然不必为南宋政权的覆亡而伤感,"道高一尺,魔高一丈",领先一步就是胜利者。战争无情,历来如此。

(三)战机握失与存亡之道

战争中的主动权问题,是战争的根本问题。争取战争的主动权,即军事家或战争指挥者通过一系列军事谋略的运用和实施,使己方处于主动有利的优势地位,使敌方处于被动不利的劣势地位。谁掌握了战争的主动权,谁就能赢得战争的胜利。反之则会归于失败和覆亡。因此,中国古代的军事理论家们将战争的主动权问题抽象概括为"致人而不致于人",而这也就成为中国古代军事理论中的核心论题之一。所谓"致人"与"致于人",关键在于对战机的握与失,故在变幻莫测的沙场上,求生继绝之道,存亡之系,全在于对战机的主动把握之上。其间,主动把握战机者,存;否则,对战机得而复失或一失再失者,亡。

战机,是处于主动优势地位的一方给敌方以最后致命打击的最佳时机,是将胜利的可能变为胜利的现实的关键时刻。其实质,即是对阵双方力量均势变化的重要"转折点""关节点""临界点"。军事家和战争指挥者不仅需要善于争取战争的主动权,而且需要善于把握、捕捉战机,给敌方以最后的致命的打击,达到胜利的目的。所以,争取战争的主动权和把握战机是相互关联的、军事家和战争指挥者夺取战争胜利的两大关键问题。

1.致人而不致于人

《孙子兵法·虚实》云:"故善战者,致人而不致于人。"善于指挥战争的人,能调动敌人而不为敌人所调动。能调动敌人,自己就处于主动有利地位,被调动的一方自然就被动挨打。因此,"致人而不致于人"的实质就是掌握战争的主动权。孙武之后的历代军事理论家和军事家都极为重视这一问题,《尉缭子·战威》说:"善用兵者,能夺人而不夺于人。夺者,心之机也。"《鬼谷子·谋篇》曰:"事贵制人而贵见制于人。制人者,握权也;见制于人者,制命也。"两者说的都是同样的意思。唐太宗与李靖讨论兵法精华,他们的结论是兵法"千章万句,不出乎'致人而不致于人'而已"。

如何在战争中做到"致人而不致于人",掌握战争的主动权,是一个十分复杂的问题。然而，战不过攻守，势不过强弱。总之是要求强方攻方要保持其主动权和守方弱方要变被动为主动而夺得主动权。诸如攻其必救、攻其不守、攻其不备、出其不意、避实击虚、攻虚击弱、突然袭击、以迂为直、以患为利、反客为主等，都是保持、掌握战争主动权的手段和方法。诸如避其锐气、击其惰归、守其必救、守其必攻、以逸待劳、以治待乱、以饱待饥、乖其所之、夺其所爱、诱敌深入、坚防持久、快速反击等，都是变被动、劣势、不利为主动、优势、有利的手段和方法。除此之外，诸如先胜后战、因形用权、因敌制变、诡道诈计、奇正变化、示形造势等奇谋妙计，也都是以保持或夺取战争主动权为目的的。总之，争取战争主动权的方法多种多样，其中的多种谋略、方式或方法在本书前几章和以下几章都有涉及，这里仅介绍两个带有全局意义的方法。

（1）杂于利害。

战争是一个复杂多变、诡秘莫测的过程，战争双方都力图掩盖自己的战略战术意图、兵力部署、调动方向等，战争前和战争中要完全知彼知己是不可能的。然而，战争中的那些未知领域中某一因素被忽略了，就可能影响战争全局，丧失主动权。出其不意，攻其不备，突然袭击等，都是制敌良策。我方的成功就是敌方的失败，反之亦然。"不意""不备"，就是疏忽大意，始料不及。如何能尽可能地减少失误，保持主动而避免被动？《孙子兵法》为此提出了一条带普遍性的原则，这就是"杂于利害"。孙武说：

是故智者之虑，必杂于利害。杂于利，而务可信也；杂于害，而患可解也。

意思是说，聪明的战争指挥者，必须兼顾到利和害两个方面。在不利情况、态势下，要看到、思考有利的一面；在有利的情况态势下，要看到、思考不利的一面，这样才能防止失误，消除祸患。

战争中的利与害是客观存在的，又是相对的；是相互对立的，又是可以转化的。中国古代的军事理论家、军事家和战争指挥者对此从理论上做了深入的研究阐述，从战争实践中积累了丰富的经验，这也是中国古代军事智慧谋略的一个重要组成部分。军事家和战争指挥者见利思害，见害思利，趋利避害，化不利为有利的过程，就是保持、夺取战争主动权的过程。它要求军事家和战争指导者制定总体战略或具体的战术决策时，要对敌我双方利害优劣进行深入考察、周密分析、谨慎决策，尽量减少失误。然而，不论何方。失误又总是难以避免的，这就为被动劣势一方走出困境、争得主动提供了现实可能，也为主动优势一方敲起了警钟。

明朝洪武元年（1368 年），明军北伐元王朝，总体上处于优势主动地位。八月，明军攻克元京城大都,大将徐达、常遇春率主力进攻山西元军残部。元山西太原守将王保保奋起抗击,打败明军大将汤和一部,然后北出雁门关,东趋保安,形成夺居庸攻大都的态势。这是在不利中看到有利,全局劣势中捕捉局部优势所获得的成功。摆在徐达面前的有两种选择:要么回师大都,要么径进太原。据徐达估计,大都留守部队尚有一定防御能力。回师大都,为王保保所调动,而且还可能中他的埋伏,非计之上者。徐达的对策是,以攻制攻,以攻王保保的老巢太原来制止王保保对大都的进攻,使他由计划中的调动明军、争取主动再次处于被调动的不利地位。徐达分析说:

> 王保保率师远出,太原必虚。北平孙都督率六万之师,足以镇御。我与汝等乘其不备,直抵太原,倾其巢穴,彼进不得战,退无所依,此兵法所谓批吭捣虚也。若彼还军救太原,则已为我牵制,进退失利,必成擒矣。

王保保利用了明军的兵力配置失误取得局部胜利,企图借此打开局面,反客为主,然而,他又忽视了自己的后方空虚,同样可能为徐达所乘。在胜着中留下败局,审思中留下疏漏。战争的进展正如徐达所预计的那样,明军果断进攻太原,既实施了攻取山西的战略目标,又迫使王保保放弃进攻大都的计划,回师救太原。明军在太原附近大破王保保的大军,俘获 4 万余人,王保保仅率 18 骑仓皇逃窜。这又是徐达明辨利害,趋利避害,化害为利,调动敌方,掌握战争主动权的结果。

在己方兵寡势弱,处于被动防御、不利状态的情况下,面对强敌的进攻,则应运用一切谋略手段,积极防御,化害为利,争取主动,夺取战争的胜利。在理论上和战争实践中,那些高明的军事家和战争指挥者,往往在敌强我弱、敌众我寡的不利、被动的态势中,更能激发满腔热情,更能超常发挥其智慧谋略。他们或遵循兵法中关于防御的一般原则,如守其必攻,避其锐气,击其惰归,以逸待劳,乖其所之,诱敌深入,坚防持久,以攻代守,主动出击,遏敌之锋等,灵活运用,在积极防御中消耗敌方的实力,松懈敌方斗志,增加敌方的困难,使敌方的优势、主动地位不断遭削弱,逐步陷于被动不利的态势之中,己方则从被动不利转化为主动和有利地位。对主动进攻、人众势强的一方来说,从其谋略、军队的构成、后勤的供应、天时地形的利用,到统帅的性格心理、生活特点等各战争要素,绝不是完整圆满、无懈可击的,任何一个意想不到的薄弱环节(有利中不利的一面,即害)都可能成为防御、被动一方加以利用的突破口。防御、被动一方的军事家和战争指挥者正可以"杂于害"而解除强大之敌进攻之患。在中国古代战争史上,许多以弱胜强、以寡胜众的战例正是如此获胜的。楚汉战争中,刘邦乘项羽率楚军主力攻打齐国之际,联合诸侯军 56 万人乘虚而入，一举攻取项羽的都城彭城。项羽率 3 万铁骑还救彭城。他利用刘邦诸侯联军各不统属、管理混乱、麻痹松懈等弱点，长驱突袭，如虎入羊群，数十万诸侯军顷刻间土崩瓦解，作鸟兽散。项羽以己之利攻敌之害，乱中取胜，干净利索。

西汉末的昆阳之战，王莽的大司空王邑、大司徒王寻率领号称百万的大军进攻起义军王凤、王常、刘秀所防守的昆阳。昆阳守军只有八九千人，对昆阳守军来说，敌强我弱，其利与害是十分清楚的。但王邑骄横自大、盲目轻敌又成为王莽军之害、起义军之利，王邑认为"百万之师，所过当灭，今屠此城，喋血而进，前歌后舞，顾不快邪!"百万之师，所过当灭是可能的，但因此而意气洋洋，前歌后舞，就是将战争当儿戏了，这也就成为其失败的原因。果然，刘秀的 3000 精兵对懈怠麻痹的王邑中军帐突然袭击，王邑便溃不成军。昆阳城里的起义军与援军内外夹击，王邑部队即成落花流水。秦晋淝水之战与此有异曲同工之妙。前秦数万大军逼淝水而立阵，谢玄请苻坚稍退一步，以便东晋军渡淝水而决战。狂妄自大、求战心切的苻坚竟同意并指挥前秦军后撤。前秦军后撤而一发不可收拾。东晋军抓住这稍纵即逝的有利战机，发起坚决攻击，前秦军立刻全线败溃，自相践踏，大将苻融被杀，苻坚负伤，大败北逃。在东晋军的追击下，苻坚"风声鹤唳，草木皆兵"的惊慌与出征时"投鞭断流"的自负，形成鲜明对比。前秦主帅苻坚不可一世的心理状态为谢玄所利用，是东晋军趋利避害、化害为利、夺取主动的重要原因。战争中对立双方的统帅能否在各自的立场上，谨慎决策，慎重指挥，往往成为成败的关键。《孙子兵法》"杂于利害"谋略思想的精义概在于此。

（2）以迂为直，以患为利。

《孙子兵法·军争》云：

军事之难者，以迂为直，以患为利。故迂其途，而诱之以利，后发人，先人至，此知迂直之计者也。

"以迂为直"即在难以以直接进攻打击的方法获得战争胜利的情况下，运用诸谋略手段，给敌方以间接的迂回曲折的攻击或打击，达到争取主动、夺取战争胜利的目的。在我强敌弱、我众敌寡、我处于主动及优势地位的情况下，灵活运用迂直之计，可以趋利避害，避免重大损失，牢牢掌握战争的主动权，避免被动和受制于敌，创造最有利的战机，以最小的代价夺取战争的胜利。春秋后期，吴王阖闾准备进攻楚国，著名军事家伍员献"三分疲楚"之法，将吴军分成三军，每次派一军去进攻袭扰楚国的边境，其目的不是给楚军以直接的打击或杀伤，而是疲劳、误导，待楚军"既疲而后，以三军继之"，取得大胜。吴国兵强国富，楚虽然衰落下来，但仍是春秋大国,吴国进攻楚国没有必胜的把握。"三分疲楚"之法就是要在长期对楚军的袭扰中调动它、消耗它,使战争的主动权牢牢掌握在自己手中。吴军运用这种战法袭扰楚军达六年之久,于公元前506年长途奇袭楚国首都郢,一战而取得战争的胜利。吴军以六年疲扰楚军之"迂",为最后仅用两个月时间一战而胜奠定了基础。战国末的秦军灭楚之战,大将李信率领20万大军进攻楚国,长驱直入,盲目轻战,结果大败而归。王翦率领60万秦军随之再战。为了保持秦军的主动和优势,掌握战争的主动权,王翦入楚后,反客为主,高垒深沟,养精蓄锐,以逸待劳,不是主动寻求楚军主力决战,而是迫使楚军放弃自己有限的主动和优势,由积极防御、以逸待劳变成急躁轻进,主动寻找秦军决战。两军相持数月之后,楚军求战不成,疲惫沮丧,在大军转移过程中,秦军乘机追击,一战而将其击溃,楚国因此而灭亡。王翦以60万大军的优势兵力,在进攻作战中,采取一般由兵寡力弱、被动防御者所常采用的坚防疲敌、缓攻待机的战法,调动了楚军,化解了进攻作战中的诸多不利因素,在最佳战机出现时迅速出击,实现了灭亡楚国的战略任务。王翦的进攻谋略较之李信的进攻谋略可谓为"迂",但经过这一进攻中迂回曲折的过程,达到了直接打击所达不到的战略目的。

在敌强我弱、敌众我寡的形势下,要变被动为主动,夺取战争的主动权,争取有利战机,以赢得战争的胜利,更需要军事家和战争指挥者把握"以迂为直"谋略的精髓,灵活运用,在迂回曲折之中开拓通往胜利的坦途。本章所述防御态势中避害趋利、化不利为有利的诸谋略方法都可视为"以迂为直"之计的体现。现在,我们再看一个战例。

崇祯七年(1634年)十一月,明末农民起义军领袖高迎祥、李自成活动于巩昌、平凉、临洮、凤翔、固原等地,拥有20万人。崇祯皇帝命河南驻军西进至今陕西大荔、华县地区,湖广驻军进入陕西东南部的商洛地区,四川驻军进入陕西汉中、兴安地区,山西驻军进入陕西韩城、蒲城地区,由大将洪承畴统一指挥,对起义军采取包围进攻态势。面对优势明军的强大攻势,高迎祥、李自成为避敌锐气,率军进入西安以南的终南山。为调动敌人,争取主动,起义军准备东出潼关,进入河南作战。洪承畴闻信,慌忙驰奔华州布置阻截。高迎祥、李自成转而声言进攻西安,洪承畴又急忙回军救援,而起义军乘明军回师西安之际,径直向潼关挺进。洪承畴发觉中计,再率军东下,抢先赶到潼关。起义军见攻潼关不成,重回终南山。明军本来处于主动进攻有利态势,却被起义军所调动,东西奔跑。洪承畴改进攻中的被动防御为主动进攻,亲至蓝田,计划从终南山南攻击起义军。高、李仍避免和洪承畴决战,乃分兵1万余人秘密南进商洛地区,与先期到达那里的老回回部1万余人汇合,做出又要东进河南的进攻态势。洪承畴再一次被调动,亲赴潼关布置防御,并令河南灵宝等地组织阻击。当明军为高、李所调动,被动应付、疲惫不堪之际,高迎祥、李自成指挥起义军数十万人,兵分三路,避开潼关,主动出击,甩开明军,一路自河南陕县渡黄河进攻山西;一路自武关出襄阳进攻湖广;起义军主力自河南卢氏进攻黄河南北两岸,反而将明军封锁在关中地区。河南明军大部调往关中,剩余明军无法阻挡起义军的攻势,纷纷逃避。起义军几乎未经大战就占领河南西部广大地区,开辟了新的局面。起义军在被动防御中虚虚实实,声东击西,避敌之锋,以逸待劳,而被调动的明军则来回奔走,穷于应付,失去主动。这是"以迂为直"指导原则在用兵谋略方面的灵活运用。

"以患为利"之患是指害、不利或困难,"以患为利"就是要变不利为有利,避害趋利,从而夺取战争的主动权。为了更好地了解"以患为利"这种谋略手段,有几个著名战例不能不作简单介绍。一是秦末钜鹿之战。钜鹿之战的胜利,应完全归功于项羽。项羽克敌制胜的谋略即"以患为利",即人们所熟悉的"破釜沉舟"的故事。时秦军20多万人包围钜鹿,各诸侯军谁也不敢与其争锋。项羽率数万之众,长途救援,无异于羊落虎口。所以,钜鹿战场对项羽之军来说是"死地"。项羽率军渡过漳河后,破釜沉舟,每人"持三日粮,以示士卒必死,无一还心",项羽率领的楚军因被置之"死地"而个个争先,人人奋勇,结果九战九捷,遂解钜鹿之围。二是三国时曹操征伐关中各割据势力。时关中马超、韩遂、杨秋、李堪、成宜等联合抗击曹操,其人众势强,士兵骁勇精悍,战斗力强,又有地利之便。以曹操的兵力,逐个对付,战而胜之也非易事。现在对付其联军,应该更加困难。但曹操从"患"中看到了"利",从难中看到了易,对诸多割据者齐集来攻反倒高兴起来。史载:"始,贼每一部到,公辄有喜色。贼破之后,诸将问其故。公答曰:'关中长远.若贼各依险阻,征之,不一、二年不可定也。今皆来集,其众虽多,莫相归服,军无适主,一举可灭,为功差易,吾是以喜。…敌强我弱、敌众我寡,尽量分散敌方的力量以各个击破是破敌方法之一。曹操则相反,他从逐个击破、费时耗力的困难考虑,认为各割据者联合起来,要战胜它固然是"患",但这个"患"是有利之"患",并看到了充分破敌的依据和把握。战争的结果是曹操一举击破各割据势力的联军,一战而扫平关中群雄。曹操善于运用"以患为利"的谋略,在中国战争史上显得最为典型和突出。

2.把握战机,克敌制胜

争取战争的主动权,是夺取战争胜利的关键。然而,掌握战争主动权并不意味

·军事智道·

图文珍藏版

着就取得了胜利。战争指挥者不能紧紧抓住有利战机，给敌方以最后的致命打击，仍不能把胜利的可能变成现实，甚至功亏一篑，陷入失败。

战机是给敌方最后一击并战而胜之的最佳时机。有利战机的到来，一靠军事家和战争指挥者敏锐的洞察力和准确的判断力。二靠运用一切谋略手段调动敌方，导致敌方失误。诸葛亮论战机说：

以智克智，机也。其道有三：一曰事，二曰势，三曰情。事机作而不能应，非智也；势机动而不能制，非贤也；情机发而不能行，非勇也。善将者，必因机而立胜。

这里的所谓事机、势机、情机，基本包括了从宏观战略到具体战役、战斗攻防的态势、时机和战机。宏观战略攻守中有利态势、时机的出现，要经过相当长时间的争取才能出现，如西周灭商，经过了周文王、周武王两代人的努力，他们一方面发展壮大自己的力量，一方面运用一切谋略手段，削弱商王朝的实力。至公元前1766年，在有利态势出现后，周武王在姜太公的帮助下，举兵伐商，经牧野一战而灭商，确立周王朝的统治。越王勾践为报吴国灭越之仇，卧薪尝胆、惨淡经营20年，才在吴王夫差率吴军主力北上中原争霸、国内空虚之际，一举灭吴。为此，宋人何去非大发感慨说：

况乎争天下之利，处两军之交，不得其机以决之，则事亦随去矣！盖机之为物不可以期待，不能以巧致者也……先机而起，于机为妄赴；及其去之，于机为失应……夫机之有待之百年而不至者，有居之一日而数至者。待之百年而无可乘之机，则吾未尝厌之，而求于先发居之。一日而机

李自成起义

数至，则吾未尝迟之，而急于必应。呜呼！人能知此，然后可与济天下之大业也。

时机未到，盲动轻举不得；时机已至，失之即逝，更是千古遗憾。战机有百年而不一至，有一日而数至，不管怎样，要坚持不懈的争取，如猫扑鼠的耐心等待。时机一到，便毫不犹豫地猛扑上去。一个人如果能认识到这一点，他就能成就伟业。商汤、周文王和周武王、越王勾践等就是如此。其他许多克敌制胜的精彩战例莫不如此。公元前280年，秦昭襄王部署了一次对楚国都城郢的大规模战略进攻。当时，东方六国中的燕、齐、赵、魏、韩五国都已遭削弱，慑于强大秦军的声威，一时不敢再搞联合抗秦。楚国虽是大国，但政治腐败，国力衰退。秦昭襄王及时把握了这个战

机,于公元前 280 年,指挥西、东、中三路大军大规模伐楚,对楚国都城郢实施北、西、南三面战略包围,一举攻克。楚顷襄王出逃,迁都于陈。秦军占领楚国西部江汉湘黔地区,完全实现了预定的战略目标。而在这三年时间中,关东五国没有给楚国以任何支持,说明秦昭襄王的判断准确无误。

开皇八年(588 年),隋文帝指挥的灭陈之战,战机的创造与把握也相当出色。当时,隋王朝国势强大,兵力雄厚;陈朝则国衰民弱,君臣昏庸。这是隋灭陈的有利态势。但是,陈有长江天险,是隋灭陈的不利条件。隋以 50 万大军,兵分八路,在从西至东的数千里战线上同时待命。多路分兵,使陈军不知隋军主力何在,防不胜防,从而大大削弱了长江天堑的屏障优势。在这种情况下,隋军多次进行渡江作战演习,麻痹陈军,为灭陈创造有利战机。同年十月,战机成熟,隋八路大军同时向陈国发起进攻,仅用 20 天时间就灭亡了陈国,实现了国家的统一。

至于在战役战斗中,善于捕捉、利用和把握战机以克敌制胜的战例就更多了。公元前 496 年的吴越樵李之战,吴军阵势严整,越军几次冲击都未成功。越王勾践命军中死囚持剑排成三行,整整齐齐地走到吴军阵前,相继举剑自杀,吴军将士纷纷围观,正在惊讶迷惑之际,越军突然发起进攻,大败吴军,吴王阖闾负重伤,不久后死去。这是利用把握吴军短暂瞬间心理混乱的有利战机而破敌的战例。三国时,吴蜀夷陵之战,吴国通过长期防御,使蜀军疲惫不堪、士气低落,遂火烧连营,大破蜀军。这是利用对方懈怠厌战的有利战机而破敌的。唐代李愬雪夜破蔡州,擒获割据淮西的吴元济,是利用在恶劣气候下,敌军疏于防范的有利战机而获胜的。南宋初,韩世忠在大仪阻击金军,是诱使金军进入重重埋伏后而大破金军的。明代,英宗皇帝在大宦官王振的唆使下,率领 40 万大军亲征瓦剌,中途退军,反被瓦剌大军追击包围于土木堡。土木堡地势较高,掘地两丈而无水。瓦剌军控制附近的水源,使 40 万明军饥渴难当,被迫向有水之地转移,瓦剌军乘机发起攻击,大获全胜,连明英宗也做了俘虏。这是利用地利之便创造有利战机而大破明军的。

总之,战争中存在多种多样的有利战机,创造有利战机的谋略方法更是千变万化。"势之维系为机,事之转变为机,物之要害为机,时之凑合为机"。军事家和战争指挥者只有善于捕捉、利用、把握,见机而起,才能在剧烈的对抗中夺取战争的胜利。

然而,历史上由于将帅的轻忽愚劣而贻误战机的例证也不少。淝水之战后,前秦苻坚与前燕的慕容垂打得不可开交,加上连年饥荒,燕、秦两国不堪一击。这对东晋的统一事业来说,是千载难逢的良机。然而,东晋君臣竟无动于衷,反而运粮去接济苻坚等,养虎遗患,真是昏庸透顶。东晋后期的名将刘裕曾两度北伐,灭南燕,亡后秦,北方的鲜卑和匈奴政权根本不是他的对手。但他在平定关中之后,急于回师夺王位,结果不仅失去了一次统一全国的大好时机,而且连关中地区也丢于敌手。南宋绍兴十年(1140年)前后,也曾出现过一次击败金兵、收复失地、统一全国的大好良机。这一年夏,经过长期战略准备的岳飞,率领岳家军,从中部荆湖战场出发,对金军发起了一次大规模的战略反攻。郾城大捷,大破金军主力。岳家军收复河南大部分地区,前锋推进至离开封只有45里的朱仙镇。广大人民和抗金义军积极响应,"父老百姓争挽车牵牛,载糇粮以馈义军,顶盆焚香迎候者,充满道路。自燕以南,金号令不行"。金军最高统帅宗弼沮丧悲叹,一批高级将领准备向岳飞投降。岳飞云:"直抵黄龙府,与诸君痛饮尔!"并非虚言,当时确存在收复失地、驱逐金军、统一全国的有利态势。但是,这样的大好形势和良机却被宋高宗和奸相秦桧葬送了。岳飞被一日十二道金牌追逼退军,岳飞"愤惋泣下,东向再拜曰:'十年之力,废于一旦'。"收复的土地重被金军占领,岳飞也以"莫须有"的罪名被杀害。

还可以举出另外一些典型的战例。春秋时期,吴王阖闾经榜李之战伤重而死,其子吴王夫差立志报仇,数年后大败越军,围越王勾践及5000残卒于会稽山,这是灭亡越国、铲除后患的最佳时机。但夫差却以妇人之仁,放弃了这一良机,准许越王勾践投降,保存越国。在其后的十几年中,军事家伍员多次劝夫差灭越,夫差一误再误,犹豫再三,最后导致越国的逐步强大,反攻吴国。吴王夫差多次请求投降,保存吴国。越王勾践当然不肯让吴王重操自己的故伎,放弃灭吴的良机,养虎遗患,遂迫使夫差自杀,灭亡了吴国。楚、汉战争中的项羽鸿门宴上不杀刘邦,后来,终被刘邦所灭。明末农民起义军领袖李自成在陕西境内为优势明军所包围,被迫投降。身为明军统帅的陈奇瑜大喜过望,立即将李自成及其部众36000人遣送回原籍。李自成一转身又率众而起,势力更大,陈奇瑜欲攻不能,被明朝廷因失机而逮捕下狱。这里不禁使我们想起"大仁不义"的宋襄公所指挥的宋楚泓水之战。当时,楚军攻宋,宋襄公率军在泓水北岸立阵待敌。楚军渡河,宋大司马公孙固建议,乘楚军渡河、军队一片混乱之际发起攻击。宋襄公说,讲仁义的人不乘人之危,君子不凭借险要图侥幸取胜,不肯出战。楚军渡过泓水,公子目夷请求乘楚军布阵混乱之际发起攻击,宋襄公说君子不进攻阵势不整的队伍,再次错过有利战机。等楚军列阵完毕,宋军向楚军进攻,立即被楚军包围击溃,宋襄公本人也身负重伤,第二年死去。这种再三放弃有利战机的"蠢猪式"仁义战法固然令人可笑,但后来战争中,却还是不断有人以不同形式重复宋襄公的错误,这就显得可悲了。

战争是力量与智慧的剧烈对抗,战机是双方胜负立分的关键转折,哪一方稍有失误,就难逃失败的厄运。故而,孙武指出,"兵以诈立,以利动,以舍分合为变者也。故其疾如风,其徐如林;侵掠如火,不动如山;难知如阴,动如雷震";"乘人之不及,由不虞之道,攻其所不戒也"。宏观战略攻守是如此。战役战斗中更是如此。吴起指出,"其善将者,如坐漏船之中,伏烧屋之下",行动敏捷、迅速、坚决、果断、勇猛,"使智者不及谋,勇者不及怒,受敌可也"。所以,"用兵之害,犹豫最大;三军之灾,生于狐疑".表达了和孙武相同的主张。后来的军事理论家、军事家从各种不同角度、侧面进一步深化、强调、阐述了孙、吴的上述观点。《六韬·龙韬·军势》说:"善战者见利不失,遇时不移……故智者从之而不释,巧者一决而不犹豫。是以迅雷不及掩耳、迅电不及瞑目,赴之若惊,用之若狂,当之者破,近之者亡,孰能御之?"《唐太宗李卫公问对》则云战争如一盘棋,"一着或失,竞莫能救:是以古今胜败,率由一误而已,况多失者乎!"对于主动权,对于千载难逢的有利战机,要设法创造它,捕捉它,把握它。一旦拥有,就要珍宝视之,性命视之,把它的能量发挥到淋漓酣畅,以致敌死命。这才是将帅的智慧,军事家的决断与胆略。

四、死地奇生

中国古代最杰出的哲学家、思想家和谋略家老子认为:

以正治国,以奇用兵。

兵圣孙武说:

凡战者,以合,以奇胜;战势不过奇正,奇正之变,不可胜穷也。

战争中,"奇正"之术无穷无尽的自由变化和灵活运用,是军事家和战争指挥者克敌制胜最重要、最具体的谋略方法或战争指挥艺术。王皙注《孙子兵法·势篇》时说:

奇正者,用兵之钤键,制胜之枢机也。临敌运变,循环不穷,穷则败矣!

准确深刻地说明了灵活运用奇正之术对夺取战争胜利的关键作用及"奇正"这一范畴在军事理论中的重要地位。

无论在理论上还是在战争实践中,奇正必须和示形、造势、虚实等谋略结合运用,才能发挥其钤键、枢机的威力和作用。示形是掩盖我之战略战术和兵力部署配置,诱使敌方判断失误的谋略,是诡道诈计的主要内容;造势是由于奇正之术、示形之法正确运用所形成的于我有利的战争态势和对敌方的巨大冲击力;虚实主要是指敌我双方的综合力量配置的比较及运兵指向。奇正—示形—造势—虚实是一个相互联系的军事谋略过程。对奇正、示形、造势、虚实的实际运用及后人的理解把握,关键在"悟",妙用在"奇"。因此,战势与权变等,便是死地奇生之道的重要内涵。

(一)奇正相生,动静权变

孙子说:"故善出奇者,无穷如天地,不竭如江河。"又说:"奇正之相生,如环之无端,孰能穷之?"军事家和战争指挥者因天因地、因时因势、因敌因我而灵活运用奇正之法,就会像音乐家运用五音而谱曲,画家运用五色而绘画,厨师运用五味而烹制食品一样,由基本的奇正之法运用发挥、创造生成无穷无尽的奇谋妙略。现结合战例作一概括介绍。

1.奇与正

奇正最基本的含义是指在战争攻守运动中的机动运兵方式和兵力的合理灵活配置。一般表述为:先出为正,后出为奇;前进为正,后却为奇;静为正,动为奇;明为正,暗为奇等。

先出为正,后出为奇,可理解为在进攻作战中以正面攻击为正,傍击、袭击为奇,如诸葛亮一出祁山时,声称蜀军将由斜谷攻郿县,进军关中,并派大将赵云、邓芝率军自褒城北上,引诱魏军主力,而诸葛亮自率蜀军主力 6 万余人,自汉中向西攻击祁山。曹魏南安、天水、安定三郡兵力空虚,守备力量薄弱,在毫无准备的情况下,面临优势蜀军的进攻,只好纷纷投降。诸葛亮初战告捷。赵云、邓芝兵出褒城,作了北上进攻关中的态势,这既是先出,又是佯攻、正面明攻,因而是正兵。而诸葛亮以蜀军主力西出祁山,是后出,是暗袭,是避实击虚,声"东"击"西",因而是奇兵。这里用来先出的非主力作正兵,后出的主力作奇兵,与通常理解的正兵为主力、奇兵为非主力正相反;而恰合了先出为正、后出为奇,明攻为正、暗攻为奇的奇正章法。

公元 1212 年,成吉思汗向金政权的发祥地辽东发起大规模进攻,他命大将者别率大军直扑东京辽阳。但辽阳城墙坚固,守备力量很强。蒙军久攻不克,只好退军。而在撤军途中,蒙军俘获了金国皇帝完颜永济派往辽阳颁旨的使者,便让使者在前引路,回师再攻。辽阳守军见蒙军已经撤走,防御松懈,现见朝廷使者到来,便开城迎接。蒙军乘其不备,出其不意,轻而易举地夺取了金东京辽阳。蒙军正面强攻,可谓正兵;攻而不克,出奇袭击,可谓奇兵。同时,这里先出的正兵也可视为前攻、明攻,后出的奇兵也可视为后攻、暗攻。

　　前击为正,后却为奇。前击为正,即正面向前进攻为正兵,比较简单。后却为奇则有多种情况,一种情况是正兵正面进攻不胜,知难而退,在撤退途中抓住有利战机,出奇反攻,如上引蒙古军进攻金之东京即是如此。还有一种情况,是正兵正面进攻失败,不得不撤军退兵,在后退之中设下埋伏,击败追兵,如曹操三次正面进攻割据河南南部的张绣,均不能得手,但曹操在败退之际,张绣军两次乘胜追击,都被曹操设下的埋伏所击败。其中有一次,曹操伏军得胜之后,张绣的谋士贾诩指挥军队再战,却能奇中出奇,击败不再防备的曹军,大胜而归。又如诸葛亮第四次出祁山进攻曹魏,因大雨连绵,交通不便,运输艰难,粮草不继,诸葛亮被迫指挥蜀军撤军回汉中。司马懿认为蜀军粮尽援绝,被迫撤退,必然军心不稳,士气低落,警戒松懈,魏军乘胜追击,必能大获全胜。大将张郃则认为"围师必阙,归师勿追"。诸葛亮用兵谨慎,撤退必考虑万全,不可追击。司马懿不听,强令张郃率万余骑精兵追击撤退中的蜀军。诸葛亮果然在木门山狭谷之中重兵埋伏,围歼魏军,大将张郃也中箭身亡。另一种情况是,主动进攻的正兵的任务是佯攻、诱敌,将敌或引出坚城,或诱出固垒,在运动中围而歼之,或在阵战中诱敌追击,至埋伏地点攻而袭之。这是战争史上最常见的战法之一。如前引长平之战,秦军诱赵军出战,而后分割包围,待其饥疲不堪一举歼灭。又如,东汉大将冯异在河南奉命阻击赤眉军。冯异军兵寡势弱,退守崤坂(今河南洛宁县境内)坚壁自守。后冯异与赤眉军约期会战。赤眉军以为汉军力量薄弱,倾巢而出。双方大战至中午,均感精疲力竭,冯异便命预先埋伏在道路两侧、穿着赤眉军服装的汉军突然出击,使赤眉军惊疑不定,军心动摇。汉军大举反攻,全线凯旋。汉军乘胜追击,至崤底(今河南洛宁县东北)俘获眯眉军8万多人,其余10多万人逃往他方,最后被刘秀亲自指挥的汉军所包围,全部投降。唐初,投降唐王朝的原隋末起义军杜伏威部大将辅公祏起兵反唐,并以丹阳为都城,自立为帝,国号宋。唐高祖李渊部署各路大军前往征讨。时辅公祏大将冯慧亮有精兵3万,驻守在当涂县境的博望山,依山水之险,安营扎寨。李孝恭与诸将商讨进攻方略,许多人认为博望山难以攻克,不如以唐军主力直捣丹阳。李靖则认为,博望山难攻,丹阳城高沟深,更难攻。若攻打丹阳,不能迅速破敌,屯兵坚城之下,便有腹背受敌的危险。因此,应首先攻博望山。根据李靖的建议,唐军将领黄君汉率领部分老弱向博望山发起攻击,并佯败后撤。冯慧亮率主力尾追不舍,进入唐军预设的埋伏地区,遭唐军主力的伏击。冯慧亮损兵折将,率残部败逃。

唐军乘胜攻击,很快攻克博望山,冯慧亮全军覆灭。驻守丹阳的辅公柘不得已率军南逃浙江,后被擒杀。

明攻为正,暗袭为奇,是用次要兵力明攻明出,吸引敌方注意力,以掩盖我之真实攻击方向和意图。这里的明攻是一种示形欺敌的假动作,也就是军事学上的佯攻。这种暗中进行被掩盖的真实意图也就是暗袭,就是用奇。上述先后、前后之正奇一定程度上也是明暗之正奇,一般说来,先出前进之正兵是明攻明出,后出后却及设伏等都带有隐蔽运动的特点。明暗之战法最有代表性的战例是楚汉战争中刘邦的兵出汉中、攻取三秦之战。秦王朝覆亡,项羽自立为西楚霸王,将全国划分为18个诸侯国,刘邦被封为汉王,封地在汉中地区。项羽为阻止刘邦势力的发展,另划关中为三,分封给秦降将章邯、司马欣、董翳三人,企图将刘邦封锁在崇山峻岭之中。刘邦由杜南进入汉中,用张良之谋,沿途烧毁栈道,向项羽表明无东顾之意。不久,项羽与齐、赵等诸侯国爆发战争。刘邦拜韩信为将,指挥汉军准备攻取关中,其作战谋略就是人们熟知的所谓"明修栈道,暗度陈仓"。修复栈道是旷日持久的事,此举是为麻痹关中章邯等三王,掩盖暗度陈仓的进攻方略。后汉军主力秘密疾驰,由故道越大散关,渡渭水,直取陈仓。雍王章邯毫无防范,仓皇率军阻击,被汉军击败,不久自杀;司马欣、董翳相继投降。刘邦迅速占领了具有重要战略意义的关中地区,并以此为基地,与项羽展开了大战。明修栈道为正,是佯攻,是伪装,是为了诱使敌方对汉军兵力配置、运兵方向做出错误的判断,以掩盖实现暗度陈仓的真实攻击目标,所以,暗度陈仓为奇。这里的明与暗可视为先与后、前与后在战略战术隐蔽手段方法上的表述,两者间的本质是共同的。在中国古代战争史上,运用明正暗奇的战法出奇制胜的战例不知凡几。那些天才的军事家和战争指挥者都能根据各自所面临的战争实际,在时间、空间上利用种种示形手段,达到迷惑敌人隐蔽自己克敌制胜的目的。

动与静,是中国古代军事理论中的一对重要范畴。静以待机,动则出奇,以静制动,是军事谋略中的一个重要侧面。静为正,动为奇,可理解为战前的战略战术决策谋深计远、军队组织井然有序,运兵计划、兵力配置严整周密,表现出一种安闲幽静、从容自如、沉稳自信的状态,对敌方起到一种坚不可摧、高深莫测的威慑作用。一旦时机到来,便迅速出来,动如雷霆,疾如电击,一战而胜。《孙子兵法》所说的"静以幽、正以治""始如处女""动如脱兔,敌不及拒""其徐如林""不动如山、难知如阴""其疾如风""侵掠如火""动如雷震"等都是这个意思。在战争进行中,作为奇正战法的静与动则可理解为静以待机、动以出奇。战国末,秦国大将王翦灭楚,以60万秦军深入楚境,屯兵自守,此为以静为正,调动、疲惫楚军,迫使楚军求战不得。待战机成熟,楚军疲惫混乱之际,迅速出击,歼敌于运动之中,这即是以动为奇,以奇制胜。三国时,司马懿坚防固守,使诸葛亮求战不成,进攻无法,粮草无以为继,被迫撤军,这是以静制动,以静止攻,不战而胜。公元621年,窦建德拥10万大军进攻李世民,自以为以众击寡,必胜无疑。但李世民扼守虎牢,断敌粮道,使窦建德求战不成,士气受挫,将士有东归故土之意,无西进灭唐之心。李世民见时机成熟,出兵与窦建德决战。窦建德有轻敌之心,指挥失误,加上军心不稳,战斗力下降,其军不战自乱。李世民乘乱猛击,全歼窦建德军5万余人,俘虏窦建德。李世民坚防虎牢,待敌自乱,这是以静为正,静以待机,以静待哗。时机成熟,一战而擒窦建德,破其军,夺取战争胜利,这是以动为奇,以奇制胜。这里的动以静为前提,静以动为目的。以静待动,动静相生,使奇正战法熠熠生辉。

关于奇与正,前人和今人还有多种理解,如公开宣战、大张旗鼓地兴师征伐为正,不宣而战、突然袭击为奇;攻防中的正面佯攻、固防吸引钳制敌方为正,迂回、包围、侧击、偷袭、机动突击等为奇;按照一般兵法、常规指挥原则指挥作战为正,按照战争实际因法而生法、采取出敌不意的特殊的创新战法指挥作战为奇等。

2.奇正相合

战争中奇谋、奇法、奇兵可以千变万化,层出不穷,可以"无穷如天地,不竭如江河"。但这些奇谋、奇法、奇兵永远也不能离开常规、常法、正兵而存在。险中求胜,战争史上不乏其例。但军事理论和战争谋略讲求的是在遵循战争基本法则基础之上的战争指挥者的最大自由,或曰主观能动性最大限度的发挥,或曰以无穷之奇谋、奇法、奇兵去克敌制胜。但在强调"以奇胜"时绝不能忘记和忽视"以正合""以奇胜"是以"以正合"为前提、为基础的。明人何良臣说:

法云:有正无奇,虽整不烈,无以致胜也;有奇无正,虽锐无恃,难以控御也……故善兵者,自能使正之整治,使奇之分移……

战争史上许多成功的经验和失败的教训都证明了这一点。

蒙古灭金之战是以"正合奇胜"之谋略取得胜利的成功战例之一。成吉思汗去世后,新继位的窝阔台汗于1230年夏发起了灭金之战。至次年五月,蒙军在夺取了山西、陕西的一系列战略要地后,准备对主力被压缩在潼关以东、洛阳、开封一线金军发起进攻。蒙军的进攻战略是:窝阔台汗亲率大军由平阳南下,由孟津强渡黄河,兵锋直指洛阳、郑州,威逼开封,这是主力,也是正兵。斡陈那颜率军由山东济南西进,从东方威逼开封;由拖雷率领3万骑兵,由陕西西部向陕西南部、荆湖北部、河南南部作大迂回作战，一方面对金统治中心的洛阳、郑州、开封作战略大包围态势；一方面威胁荆湖北部和河南南部金军的战略后方，使潼关、开封一线主力战场成为无后方作战，从根本上动摇金国军民的抵抗信心和决心。毫无疑问，拖雷部战大迂回之奇兵是以窝阔台之正兵为前提、为基础的，没有窝阔台主力对从潼关到开封一线金军主力的近距离攻击所形成的强大压迫和威胁，拖雷以3万人马作如此广阔空间的大迂回是无法展开，也是无法取胜的。反之亦然，没有拖雷部的战略大迂回进攻作战，金军有战略后方为依托，无后顾之忧，无被夹击之危，可集中力量，稳定军心民心，全力抵抗蒙军由北而南的正面进攻，那么，蒙军由擅长野外机动作战变成旷日持久的攻城攻坚战，即使可能取胜，那也当以长期的、巨大的牺牲为代价。因此，蒙军战略进攻中的奇与正是密切联系和紧密配合的，其后的战争发展也符合预定的谋略设想。拖雷部在陕西西部及汉中地区展开兵力，先后攻取金军控制的凤县、南郑、洋县等地，麾军东下，大破金军于武当山。到年末，金帝完颜守绪才知道拖雷部的作战意向，急忙调集15万大军守卫襄、邓、浙川，阻击拖雷部的战略迂回进攻。拖雷抢渡汉水，除以一部佯攻邓州外，甩开襄樊、浙川之优势金军，北向河南腹地攻击推进，连克河南的沁阳、南阳、方城、襄城，逼近郑州、开封。金军大将完颜合达、移剌蒲阿置邓州被围于不顾，率大军疾速北进，追击并击败拖雷部后卫于五宋山，又在均州的三峰山截住拖雷部主力。此时正是隆冬季节，风雪交加，金军长途跋涉，疲惫不堪，拖雷部转战数千里，实力大减。此时，窝阔台汗指挥的蒙军主力乘金军分兵南下阻击拖雷部之机，乘势攻克郑州。其见拖雷部在三峰山受阻，即分兵接应。拖雷的部将建议等援军到来后再夹击三峰山的金军，拖雷则认为金军立足未稳，便指挥军队立即向金军发起攻击，大破金军。三峰山一战，金军主力丧失殆尽，此战成为灭亡金国的关键一役。此后，拖雷与南下援军会师，克钧州，包围开封、蔡州。金军虽顽强抵抗，但败局已定。后开封守军投降，天兴三年（1234年）正月，蒙、宋联军攻克蔡州，金帝完颜守绪自缢，金国覆亡。蒙军以正合、以奇胜的进攻战略取得了完全胜利。

在中国古代战争史上，因有正无奇、有奇无正而导致战争失败的战例也很多，现举两例。

大家都知道，诸葛亮是一位伟大的政治家和军事家，但他出祁山，基本是劳师无功，总令后人觉得难于理解。其实这也没有什么可奇怪的，人无完人，金无足赤。我们如果不把诸葛亮当成神，这谜团也就容易解开。《三国志》编者陈寿就指出，诸葛亮"于治军为长，奇谋为短，理民之干，优于将略"，认为他在奇谋将略方面稍有瑕疵。由于人们对诸葛亮从人格到智慧的推崇，陈寿的这一评价从始至今遭人非议。平心而论，这评价基本是公允的。诸葛亮用兵，奇谋变诈，确非所长。五出祁山，无功而还，从总体战略上看，有正无奇，"虽整不烈"，应是主要原因。公元228年，他首次率军出汉中攻魏，大将魏延就建议说：

闻夏侯楙少，主婿也，怯而无谋。今假延精兵五千，负粮五千，直从褒中，循秦岭而东，当子午而北，不过十日，可到长安。楙闻延奄至，必乘船逃走。长安中唯有御史、京兆太守耳，横门邸阁与散民之谷足周食也。比东方相合聚，尚二十许日，而公从斜谷来，必足以达。如此，则咸阳以西可定矣。

从当时的形势看，魏延之奇谋未必十全，但绝不是没有现实可能性，而诸葛亮认为此计"悬危，不如安从坦道，可以平取陇右，十全必克而无虞，故不用延计"。用兵在奇，诸葛亮"安从坦道"，不愿冒险，追求"十全必克而无虞"，这是符合诸葛亮从修身、齐家、治国、治军到指挥作战的一贯风格的。因此，五出祁山，率兵攻魏，虽在局部打了几次漂亮仗，但不能从整体、全局有大的突破，终至无功而还。如果说诸葛亮五出祁山对魏作战失利，失就失在有正兵而无奇谋、奇兵，应该是符合事实的。

有正无奇固然不易取胜，有奇无正也非制胜之道。南宋初，金军东部战场统帅宗弼率军追击宋高宗，自山东、淮南，渡江后追至两浙，攻克杭州，将宋高宗逼近大海。但金军犯了孤军深入的兵家大忌，后续部队跟不上，而江淮战场上宋军还控制着各战略要地。金军有奇无正，以奇谋、奇法、奇兵获取的战果无法巩固，结果得而复失。金军在撤退的路上，可谓险象环生，一被韩世忠、岳飞困于黄天荡，差点全军覆灭；二被阻于润州金山，宗弼差点当了俘虏；三被阻于楚州，宗弼九死一生。有奇无正，孤军深入，给金军以深刻的教训。自此以后，宗弼再也没有敢跨过长江一步。

崇祯二年（1629年）冬天，皇太极亲率10万大军，绕过明军坚守的战略重镇锦州、兴城、山海关，奇袭北京。他自喜峰口等要隘突破长城，占领遵化。而后甩开阻击的明军，直扑北京。先后占领天津、通县、蓟县、迁安、滦县等地。明各地勤王军20余万人云集北京以东的狭窄地区，后金军屡战不利，不得不还师沈阳。5年之后，皇太极兵分四路，打算取道山西大同，迂回包围北京。但各路军连连受挫，明军也加强了北京以西以北地区的防御。皇太极被迫撤军。经过两年的准备，皇太极与武郡王阿济格率军经居庸关、昌平对北京发动第三次进攻，也是无功而还。至崇祯十一年（1638年）八月，皇太极指挥清军主力进攻锦州、兴城，另以岳托、多尔衮、豪格等率军分两路经密云县境的墙子岭、青山关入长城，在通县会合，越过北京，攻击河北南部、山东北部广大地区。因为皇太极所率主力进攻锦州、兴城一再失败，山海关的通道无法打开，岳托、多尔衮、豪格等孤军深入，不得不再次撤军回关外。皇太极四次入关作战，凭借其军队较强的机动能力和强大战斗力，长驱关内，其锋甚锐，但因为没有攻取锦州、兴城、山海关等战略要地，打通入关走廊，因而造成孤军深入，无后方作战、无正兵支持，攻势虽锐却不能持久；而且冒着锁关被围的危险，也只能是无功而退。后来，皇太极吸取经验教训，改变战略，以夺取自锦州至山海关这一战略要道为目标展开攻击，终于事半功倍，一路顺风，为最后入关奠定了基础。

3.奇正相生

奇正之法的运用，不是奇与正的机械配合，而应是像孙子说的"奇正相生，如环之无端"。对这个变化万千、无穷无尽的奇正之变，在《唐太宗李卫公问对》中，李靖曾有一段解说："善用兵者，奇正在人而已。变而神之，所以推乎天也。"又说："善用兵者，无不正，无不奇，使敌莫测。故正亦胜、奇亦胜……非变而能通，安能至是哉？"善用兵者，不仅能使军队之分合、奇正之变化随机转化，应付自如，而且能使敌方无法辨别我之奇正分合变化。对奇正战法灵活运咐，变幻莫测，正变奇，奇变正，奇正相生，达到"无不正，无不奇"，"正亦胜、奇亦胜"的境界，才是真正掌握了奇正的诀窍，谙习了个中三昧。

李靖认为，要做到这一点，除了孙子本人，其他人是不可企及的。李靖的话自有一定道理，谈兵易，实战难。不过，在中国古代战争史上，那些天才的军事家和战争指挥者灵活运用奇正之法，使奇正相生变化莫测而克敌制胜的战例也绝不鲜见。我们以明末后金努尔哈赤所指挥的萨尔浒之战，略做分析。

崇祯二年（1629年）二月，明辽东经略杨镐组织11万人，号称47万大军，兵分四路，对后金都城兴京发起大规模进攻。其战略部署是：辽阳总兵刘綎率2万人，由桓仁沿浑江向兴京东南前进；开原总兵马林率兵1.5万人，由开原、铁岭向兴京北侧前进；辽东总兵李如柏率2.5万人，经清河出鸦鹘关为中路右翼，东向兴京前进；山海关总兵杜松率军3万沿浑河出抚顺关，作勾中路左翼，东向兴京攻击前进。

后金方面兵力在6万人左右。面对优势明军的进攻，努尔哈赤的对策是，在界凡山筑城驻兵，以阻击中路军的进攻；以骑兵500守卫桓仁，阻击明南路军的攻击；命侍卫扈尔汉率军1000驻守古垿山，阻击明北路军的进攻；命老弱妇孺守卫兴京及各城邑；努尔哈赤亲率后金全部主力作为机动，俟机破敌。努尔哈赤处于防御态势，守卫兴京及各城、山寨、要隘的是为正兵；准备机动作战的主力则是奇兵。这是兵力部署配置上的以奇为正。

战争开始，努尔哈赤首先由兴京西向迎击明军中路左翼杜松部。杜松主力驻扎在萨尔浒山，而杜松则率军一部进攻距萨尔浒山仅 10 余里的界凡山的后金守军。努尔哈赤首先切断萨尔浒山与界凡山明军两部间的联系，命代善和皇太极率军围攻界凡山的明军，努尔哈赤则亲率 4.5 万人，集中优势兵力攻击驻扎在萨尔浒山的 2 万明军。努尔哈赤的主动进攻，这是战略防御中的奇法、奇兵；攻击杜松部，将两部明军分割开来，这是奇中之奇，以界凡山后金守军吸引明军一部，派代善和皇太极夹攻之，这是正合奇胜；以绝对优势兵力围歼驻扎在萨尔浒山的明军主力，这是奇兵变为正兵；消灭萨尔浒山明军主力，促使界凡山明军不战自溃，攻强而挟弱，这是奇谋中的奇谋。从下午打到晚上，杜松部 3 万人被全歼。努尔哈赤在歼灭杜松部后，乘胜攻击明北路军。万余明军被歼灭，北路主将马林单枪匹马，落荒而逃。两天中连歼杜松部和马林部 4 万余人，使整个战局有很大改观。此时，明中路右翼李如柏军进至清河东南的虎栏，南路刘𬇙军乘后金军主力攻击杜松、马林，兴京空虚，催军前进，企图拿下兴京。努尔哈赤分兵 4000 前往阻击李如柏军，自率主力疾驰至兴京西面的大屯，预设埋伏，并令人持杜松的令箭前往刘𬇙军中，诈称杜松军已逼近兴京，令刘𬇙军加速前进；同时在兴京附近开炮，使刘𬇙误以为杜松部已开始攻城，促使刘𬇙快速前进，刘𬇙军进入后金军的埋伏圈，发觉中计，但为时已晚。刘𬇙快马捷足踏进陷阱，所率明军也全部被歼。在中路左翼、北路、南路分别被歼灭和包围的同时，中路右翼主将李如柏畏敌如虎，既不肯援救中路左翼的杜松部，又不敢乘虚急进，进攻兴京，而是赖在虎栏，观望不前。最后率军撤退。这一仗，努尔哈赤用了 7 天时间，歼灭明军 4.6 万人，为后金的强盛立了一块丰碑。此次大战努尔哈赤在谋略上、战术上、运兵方法和兵力配置上或奇或正，变化莫测，真正做到了正亦胜，奇亦胜，变而能通，制敌死命。

（二）示形适势，出奇制胜

示形是对敌方所采取的隐蔽、伪装、欺骗、佯攻等谋略手段。为了达到出奇制胜的目的，除了要详尽地"知彼"即"形人"外，还必须对己方的战略战术意图、兵力配置、运兵指向、作战时间等作最大限度地保密、隐蔽、伪装，欺骗敌方，即做到"我无形"，促使敌方的认识和判断失误。所以说，示形是出奇的前提，没有成功的示形，就很难保证出奇制胜。示形越巧妙、合理、周密，出奇制胜的概率就越高。

孙子说，战争指挥者应该努力做到"形人而我无形"。所谓"形人"，就是使敌方暴露其战略战术企图、兵力部署和运兵方向。而我之示形谋略的运用,则使敌误奇为正,误正为奇,我之奇正,变化莫测,臻于无形,敌方自然处于被动挨打的地位。关于示形的方法,《孙子兵法》概略地提出了一些基本原则,后来的军事家们在战争实践中总结了更丰富的方法。如"愚之使敌信之,诳之使敌疑之,韬其所长而使之玩,暴其所短而使之惑,谬其号令而使之聋,变其旗章而使之瞽,秘其所忌以疏其防,投其所欲以昏其志,告之以情以款其谋,惕之以威以杀其气","示之以柔而迎之以刚,示之以弱而乘之以强,为之以歙而应之以张,将欲西而示之以东,先忤而后合,前冥然后明。若鬼之无变,若水之无创。故所乡非所之也,所见非所谋也。举措动静,莫能识也。若雷之击,不可为备;所用不复,故胜可百全"等。诸多方法的灵活运用,就能够指挥调动敌人"形之,敌必从之;予之,敌必取之",使敌人耳塞目盲,一切听我安排。他的动作意向我洞若观火,清晰明白;我的战法灵活而神奇,军队运动隐蔽而莫测,如神龙见首不见尾,动于无形,这就达到了形人而我无形的最高境界。

1.示形诱敌与隐蔽战略

隐蔽自己而调动敌人的精彩战例,不胜枚举。

匈奴冒顿单于与刘邦的平城之战,冒顿单于就成功运用了示形之法。秦末汉初,匈奴部占有东到大兴安岭、北到贝加尔湖,西及阿尔泰山,南至河套、山东和河北北部的广大地区,地广人众,兵强马壮,势力强大。它屡与西汉王朝的叛乱者相勾结,严重威胁新建的西汉王朝的安全。刘邦决心给以沉重打击。他多次派间谍和使者前往匈奴,以窥探其虚实。冒顿单于精于示形之法,

匿其壮士肥马,但见老弱及赢畜。使者十倍来,皆言匈奴可击。

刘邦还是不放心,派著名政治家、谋略家刘敬出使匈奴。刘敬回来复命,为刘邦分析说:"两国相击,此宜夸矜见所长。今臣往,徒见赢瘠老弱,此必欲见短,伏奇兵以争利。愚以为匈奴不可击也。"而此时刘邦的20万大军已经出发,刘敬的分析不但没有引起刘邦的重视,反而遭到一顿臭骂。刘邦亲自赶往平城督师。冒顿单于的示形之法即所谓示短隐长、示弱隐强,诱使刘邦决策失误,而刘邦轻敌冒进,侥幸邀战,正是兵家大忌。刘邦其人长于政治权术,短于军事谋略,韩信说他最多只能指挥10万大军,并非无据。他争得的汉家天下,主要靠了军事家张良、韩信辅佐。此次出征,张良、韩信都未随行,唯一随军的陈平,有智谋但非将才,这就使他很难逃出困境。果然,冒顿单于率领30万骑兵,很快包围平城。一连7天,大军粮草不足,刘邦手足无措。后赖陈平的诡计才得以脱险,但主羞将辱,损折国威军威,

形成汉初数十年对匈奴屈辱求和的局面。

晋末石勒王浚之战，石勒示形之术的运用也很高明。石勒是乱世枭雄，他以襄国为中心，南抗晋军的进攻，西防刘汉政权的袭击，并准备向北吞并幽州刺史王浚的地盘。王浚曾两次进攻石勒，都被石勒击败。后来，王浚准备自立为皇帝，引起内部混乱，军民离心。石勒想乘机消灭王浚，拟先派遣使者前去观察了解形势，并问计于他的谋士张宾，张宾不同意派使者前往，而主张大礼推戴。他分析说：

将军威声震于海内，去就为存亡，所在为轻重，浚之欲将军，犹楚之招韩信也。今权谲遣使，无诚款之形，倘生猜疑，图之兆露，后虽奇略，无所设也。夫立大事者必先为之卑，当称藩推奉。

对于这卑而骄之，将欲取之，必先予之的示形之法，石勒心领神会，立即命人带重宝并推戴表章给王浚，其表云：

勒本小胡，出于戎裔，值晋纲驰御，海内饥乱，流离屯厄，窜命冀州，共相帅合，以救性命。今晋祚沦夷，运播吴会，中原无主，苍生无系。伏惟明公殿下，州乡贵望，四海所宗，为帝王者，非公复谁？勒所以捐躯命、兴义兵、除暴乱者，正为明公驱除耳。伏愿殿下应天顺时，践登皇阼。勒奉戴明公，如天地父母。明公当察勒微心，慈眄如子也。

王浚当然需要石勒的地盘和石勒的支持，但刚被石勒打败，现在竟自己送上门，王浚再蠢也不能不心存疑问，石勒的使者王子春回答说：石勒是有力量称帝称王，但称帝称王单靠智谋力量是不行的。你出身于名门望族，雄踞一方，汉家正统。石勒为异族，出身卑微，这一点是无法和你比的。历史上的韩信、项羽等也不是不想当皇帝，而是没有当皇帝的资历声望。所以，石勒不敢窃据大号，只是略有自知之明。勉强当上皇帝不能让天下人信服，不如不当。推戴你当皇帝是诚心诚意的。这一番似乎合情合理的辩说使王浚疑窦顿消，信任有加，却不知道正中了石勒"愚之使敌信之""投其所欲以昏其志"的圈套。王浚按惯例，派使者回报石勒。使者到襄国，石勒将精兵劲卒隐藏起来，使者看到的只是老弱病残之军。使者带有王浚给石勒的一封信，石勒还专门为此安排了一个接圣旨的仪式。王浚赠送一拂尘给石勒，石勒假称不敢自己用，"悬之于壁，朝夕拜之，云：'我不得见王公，见王公所赐，如见王公也……'"他还向使者表示，三月间一定亲自去参加王浚的登基大典。使者将这一切报告给王浚，王浚更加坚信不疑。

其后，石勒率轻骑远袭幽州。到达易水时，守将孙纬飞马报于王浚，王浚的部将也都认为应阻止石勒继续前进。然而，利令智昏的王浚说："石公来，正欲奉戴我也,敢言击者斩。"石勒一路顺利,到达蓟城,他怕城内有埋伏,伪称给王浚送贺礼,将数千只牛羊赶进城里,阻塞交通,然后率军入城,一举擒获王浚及其部属,占领王浚所属的地盘。由于石勒示形之法的成功运用,将王浚玩弄于股掌之上,使他不费吹灰之力,不战而消灭了王浚这一强敌。

示形之术应用于战斗的战例,也相当精彩。在明初"靖难之役"中,朱棣率军围攻济南,防守济南的铁铉采用诈降之计,请朱棣进城受降。朱棣大喜过望,仅率数人进城。铁铉在城门之上悬挂了一块大铁板,准备乘朱棣进城之际,用铁板将其击毙。可惜,士兵过于紧张,高悬的铁板早落下了几秒钟,砸了朱棣所乘战马的马首,才使朱棣仓皇逃脱。就是这短短的几秒钟,使朱棣死里逃生。否则,明王朝的历史就可能是另一番景象。

战术示形方法是多种多样的。南宋与蒙古军对峙时期,蒙古军的勇敢善战常使南宋军闻风丧胆,南宋名将孟珙在江陵保卫战中,因成功运用示形之法,而有效遏止了蒙军的进攻势头。端平二年(1235年),蒙古大军分东、中、西三路向南宋发起大规模进攻。中路军由河南进入荆湖北,接连占领襄樊、随县、枣阳、安陆、钟祥、荆门等战略重镇,逼近江陵,荆湖大震。驻防黄州的孟珙奉命救援江陵,阻遏蒙军的攻势。孟珙率军沿长江西上,命将士"变易旌旗服色,循环往来,夜则列炬照江,数十里相接"。用真真假假、虚虚实实的示形方法,壮大声势,给蒙军以心理压力,同时隐蔽自己的主力所在,使蒙军找不到在何处进击。这样,宋军娴于水战的优势就充分发挥出来了。两军相接,孟珙挥军大破蒙军24砦,夺回被蒙古军掠俘的人口。接着,孟珙又率军飞驰东部战场,连战告捷,使南宋军威为之一振。孟珙的胜利是示形智取的胜利。

当东晋大权落入大将刘裕手中之初,荆州刺史刘毅起兵与刘裕争权。刘裕部将王镇恶主动请战,他指挥舰船百余艘自当涂沿江西上,诈称是刘毅的父亲刘藩西返荆州的军队,刘毅的部众信以为真,不加防范,任凭王镇恶催舟急进。战争就是如此诡秘莫测,哪怕是一个毫不显眼的细节为敌手所利用,都可能导致可怕的后果。王镇恶军到达离荆州20里的地方,舍舟登岸,同时命每只船上留一两名士兵,在对岸广插旗帜,多设战鼓,对他们说:"计我将至城,长严,令如后有大军状。"王镇恶率军直扑荆州,江边刘毅的士兵和当地的老百姓都认为是刘毅的老太爷驾到,仍没人阻拦。兵临荆州城下,刘毅的大将朱显之前来查讯,不见刘藩,又见江边战船被焚,烟火冲天,战旗如云,鼓声震天,方知上当,急忙飞报刘毅,并令关闭城门。但为时已晚,王镇恶已涌兵进城,火烧城南门和东门,并声称刘裕大军已到,刘毅军顿时土崩瓦解。王镇恶迅速肃清刘毅军的残余,占领江陵。王镇恶以一句极普通简单的但却是合情合理的借口,掩盖了自己的战术进攻意图,蒙蔽欺骗了敌军,以极小的代价,收到了出敌不意、攻敌不备、出奇制胜的奇效。

2.示形惑敌与出奇制胜

战争中的运兵方法是战略战术意图的体现,运兵方法表现为奇正变化,即主要、次要兵力的配置,配合和运兵指向上的虚实等,示形谋略与运兵方法巧妙结合,可以做到愚弄迷惑敌人,使敌人摸不清我之兵力的配置、攻击方向,或误将我次要兵力当主要兵力,或被我之佯攻所吸引而误入歧途,从而陷入被动,甚至身遭覆亡。

西汉初年,北方匈奴内犯一直是汉朝廷很头痛的问题。到武帝时,依靠几十年积蓄起来的经济实力和军事力量,已经可以与匈奴一决雌雄。但匈奴力量依然强大,其骑兵不仅数量大,战斗力强,机动性强,而且飘忽不定,在东西数千里的战线上,汉军防不胜防,不知道它会在什么时间、什么地点发起攻击,处于"不知战之地,不知战之日"的被动态势,也就无法组织起对匈奴军的有效打击。为了改变这一不利地位和态势,汉武帝和名将卫青、霍去病等定下了主动出击、机动作战、示形诱敌、以歼灭匈奴军有生力量为主要目标的运兵作战方略,展开了长达数十年的反击匈奴侵扰的战争。

汉武帝元光二年(前133年),有所谓马邑之谋。这一年,雁门马邑大豪聂壹向朝廷献计:

> 匈奴初和亲,亲信边,可诱以利致之,伏兵袭击,必破之道也。

汉武帝批准这个献计,并制定了周密方案。于是,聂壹假装成逃入来到匈奴王庭,对单于说:"吾能斩马邑令丞,以城降,财物可尽得。"匈奴单于为利欲所驱使,率10万骑至武州塞。此时,30万汉军埋伏在马邑旁的山谷中,而王恢、李息率军3万待命于代郡西部,准备袭击匈奴军的辎重。匈奴单于率大军到达距马邑百余里的地方时,"见畜布野而无人牧者,怪之"。抓到一名正在巡防的汉军小校,才知道这是汉军的诱敌之计,于是急忙撤军。此次被称为"马邑之谋"的诱敌伏击战,因示形中的一个小小的疏忽而前功尽弃。

元朔二年(前127年)正月,匈奴军对上谷、渔阳两郡发起攻击。汉武帝以上谷、渔阳两地为诱饵,吸引牵制东路匈奴军,而以大将卫青、李息等率领汉军主力采取大迂回作战的态势,兵出云中,迅速向西方的河套以南地区隐蔽进军,一举包围匈奴楼烦王部和白羊王部于今之晋西北和内蒙古鄂尔多斯市地区,斩首数千级,获牛羊百余万头。楼烦王、白羊王划匕逃遁,卫青乘胜追击至高阙,后转战陇西回师。

而上谷、渔阳两地汉军防守失利,弃两城而退守右北平。

元朔四年(前 125 年)夏,匈奴伊稚斜单于指挥 9 万精骑兵,分三路进攻代郡、定襄、上郡;命右贤王出兵河套,进攻朔方郡。汉武帝命李息、张次公率军出右北平,佯攻匈奴军左翼,造成汉军主力在东线作战的假象。而由卫青率汉军主力自朔方郡秘密渡过黄河,深入匈奴军后方,直趋匈奴右贤王王庭。右贤王部不意汉军自天而降,在毫无准备的情况下仓皇突围,向北方溃退。卫青指挥轻骑紧追不舍,俘获匈奴裨王以下 1.5 万余人,牲畜数 10 万头。此战大大削弱了匈奴右贤王的力量,截断了匈奴中部与西部的联系,为以后汉军分别围歼匈奴各部创造了有利态势。

元狩二年(前 121 年)夏天,汉武帝命张骞、李广率军出右北平,对匈奴伊稚斜单于和左贤王做佯攻牵制性的攻击,而以霍去病和公孙敖率汉军主力自甘肃陇西挺进祁连山,以歼灭西部匈奴各部和驱逐西羌为作战目标。西线作战展开后,霍去病与公孙敖兵分两路,公孙敖军攻击方向史载不明,但相约会师于祁连山,估计公孙敖军担任正面佯攻,霍去病率汉军主力兵出北地,横渡黄河,经今甘肃青玉湖,至居延海,长驱数千里,然后麾师沿额济纳河南下,迅速推进至今甘肃酒泉、张掖,突然袭击祁连山区的匈奴各部落,共擒获匈奴单桓等五王,王子 59 人,相国、将军以下官员 63 人,斩首 3 万余级。汉军在西线的巨大胜利,不仅西逐羌人,打通了河西走廊,而且由于匈奴西线各部的失败,引起匈奴统治者的内讧。匈奴单于伊稚斜因西线的惨败,准备诛浑邪王和休屠王,迫使浑邪王杀休屠王后,率部众 4 万余人向汉王朝投降,西线匈奴各部势力由此被瓦解消灭。汉武帝从此集中全力对付东部匈奴。卫青、霍去病率领大军分进合击,在漠北地区大败匈奴单于伊稚斜及其所率的匈奴军主力,伊稚斜单于和左贤王仅率其残余逃往遥远的漠北,漠南地区匈奴势力基本被铲除。汉军对匈奴军的第一期作战结束。

综观汉军这一时期的运兵谋略,由于汉王朝建立了一支强大的、机动性强的骑兵队伍,成功地采取示形诱敌、佯攻与大迂回包围、深入敌后等谋略手段,从根本上改变了被动防御、无处不备、无处无备的被动地位,终于赢得了战争的胜利。

以次要兵力实施佯攻,掩盖主要兵力和主要进攻方向是示形谋略中常见的战法,明代援朝战争中,收复平壤,是将此战法用于攻城的典型战例。日本名将丰臣秀吉统一日本后,公然提出假道朝鲜进攻中国的口号,悍然出兵朝鲜,很快占领汉城、平壤等主要城市和大部分领土。朝鲜国王李昖向明王朝紧急求援。明军东征提督李如松率军渡过鸭绿江,与朝鲜军组成联军,首攻朝鲜北方重镇平壤。平壤城东、南两面临江,西面背山,北面牡丹台已被日军占领,并在山上架炮守御。李如松的进攻战法是,由游击吴惟忠率军一部攻击北牡丹台;以祖承训率军一部攻击平壤城东南面;城东临江,缺而不围不攻,而以裨将李宁、查大受等率军一部埋伏于江东小路;明军主力、主要的攻城器械部署在城西。部署完毕,城东南方向战斗首先打响。日军轻视朝鲜军,祖承训预先让明军都换上朝鲜军的服装,正在两军拼杀之际,攻城明军脱掉朝鲜军服,露出明军甲胄。日军见状,立即增调兵力,集中全力阻击。就在日军将主要注意力放在城东南方向时,明军主力向平壤西城发起猛攻。各种大将军炮、佛朗机炮、霹雳炮、子母炮,同时猛烈轰击,明军趁势杀进城内,与日军展开激烈巷战。吴惟忠部也向牡丹台日军发动攻击,以便策应。日军将领坚守无望,只得率领残部,向汉城方向逃窜。途中又受到预先埋伏在江东的李宁、查大受部的袭击。平壤大捷,是成功运用示形之法的胜利。

战阵之间的示形之术当然不仅限于佯攻一法,刘备袭取蜀汉之战是另一较为典型的示形方法。赤壁之战后,刘备占有荆州,下一步的战略目标就是兵发益州。

正当刘备准备谋取益州时,幸运竟又不期而降。割据益州的刘璋主动邀请刘备入蜀,以帮助他平定汉中张鲁,抵抗强曹的压力。这真是千载难逢的时机,刘备当即留关羽、诸葛亮、张飞、赵云等镇守荆州,自率庞统、黄忠、魏延及士卒万人入蜀。刘璋亲率步骑3万人到涪城欢迎。此时,作为内应的张松和作为军师的庞统都劝刘备乘机一举擒获刘璋。刘备认为:"初入他国,恩信未著。"仓促行事,会引起蜀地军民的对抗与反感,难以控制局面,应该进一步麻痹刘璋,待机行事。果然,涪城之会,刘璋大喜,遂推举刘备为大司马领司隶校尉,为他补充兵员和物资,将驻守战略要隘白水关的杨怀、高沛部也划归刘备调遣,让刘备前往汉中,进攻张鲁。刘备到达葭萌关,安营扎寨,就地驻防,等待时机。

建安十七年(212年)十二月,曹操进攻孙权,孙权向刘备求援。刘备、庞统认为这是调动军队的最好借口与掩饰。庞统为刘备策划说:

阴选精兵,昼夜兼道,径袭成都;璋既不武,又素无预备,大军率至,一举便定,此上计也。杨怀、高沛,璋之名将,各仗强兵,据守关头,闻素有笺谏璋,使发遣将军还荆州。将军未至,遣与相闻,说荆州有急,欲还救之,并使装束,外作归形;此二子既服将军英名,又喜将军之去,计必乘轻骑来见,将军因此执之,进取其兵,乃向成都,此中计也。退还白帝,连引荆州,徐还图之,此下计也。若沈吟不去,将至大困,不可久矣。

在上、中、下三计中,上计冒进,下计迟重,刘备取示形惑敌之中计。于是一面收拾行装,一面派人向刘璋说明返旗出川营救孙权之意,并要求刘璋增兵1万,供应军备物资。刘备滞留葭萌,已使刘璋心存疑虑,现在其自动要求离境,当然是求之不得的事,刘璋便调兵4000,军备物资减半,礼送刘备出蜀。说要回军荆州,要求刘璋增兵供饷,只不过是刘备的又一次瞒天过海麻痹刘璋的示形手段。刘备借口回师荆州,骗杨怀、高沛前来送行,乘机杀杨怀、高沛,占领白水关,夺其军,力量大增。接着,一面召诸葛亮率军入蜀,一面指挥军队向成都疾进。由于刘备、庞统漂亮的示形术,也利用了刘璋的笨拙愚蠢,没有遇到多大的反抗,就拿下了成都。

(三)死地后生,战势击虚

唐太宗李世民说:

朕观诸兵书,无出孙武。孙武十三篇,无出虚实。夫用兵者,识虚实之势,则无不胜焉。

此把虚实问题提到很高的地位。何谓虚实?综合中国古代各家兵法所述:凡兵力强大,布防集中,组织严密,训练有素,士气旺盛,供给充足,战争指挥有条不紊,战略战术周密无间,以及坚城要隘、战略要地坚防固守等,都是实;凡兵力弱小,布防分散,组织混乱,素质低下,士无斗志,兵疲粮绝,指挥无序,战略战术漏洞百出,坚城要隘、战略要地防守薄弱等,都是虚。

用兵的基本原则是避实击虚。《孙子兵法》谓:

夫兵形象水,水之形,避高而趋下;兵之形,避实而击虚。水因地而制行,兵因敌而制胜。故兵无常势,水无常形,能因敌变化而取胜者,谓之神。

这里除讲了避实击虚的必要,还讲了避实击虚要因敌变化。善于以自己的虚虚实实去迷惑敌人,而不被敌人的虚虚实实所迷惑。这就是所谓兵无常势,水无常形,因敌制胜。避实击虚,重点要掌握一个"虚"字。所谓"虚"又可称为"瑕",就是敌方的漏洞、弱点。诸葛亮有一句名言,叫作"不以其瑕而攻之,天下皆强敌也"。孙膑所谓"批亢捣虚"也是这个意思。亢,指咽喉,借指要害。强调了所攻所捣之虚,不是敌方的一般弱点,而是他的致命之处。如果在战场上总能以我之强攻敌之弱,以我之实攻敌之虚,则总能常战常胜。倘能击其要害之虚,则会有全局意义的胜利。不管是战略进攻,还是战略防守,战势上的避实击虚及其灵活运用,是一个基本原则,同时它更是置之死地而后生的权变之道。

1.围魏救赵,批亢捣虚

围魏救赵是历史上的著名战例。因为它的战法巧妙,而成为运用避实击虚之原则而取胜的经典战法。

公元前 354 年，魏国大将庞涓率军 8 万，包围赵国都城邯郸，赵国向齐国求援，并答应以割让中山作为齐军攻魏救赵的酬劳。齐相邹忌反对救赵，齐威王则采纳大夫段干朋的建议，救赵而不急于出兵邯郸，而派兵南攻魏国的襄陵，意在做出一种姿态，坚定赵国抗魏的决心，使魏、赵两国拼死相斗。待魏军伤亡惨重，实力削弱，由实变虚，齐军便可乘魏军之弊，发动袭击。

魏军围攻邯郸一年之久后，赵军已精疲力竭，难以坚守孤城；魏军也受到极大消耗。齐威王见时机已到，命田忌为统帅，著名军事家孙膑为军师，率军 8 万攻魏救赵。田忌准备率军直趋邯郸，与魏军主力决战。孙膑说：

夫解杂乱纷纠者不控捲，救斗者不搏戟。批亢捣虚，形格势禁，则自为解耳。今魏、赵相攻，轻兵锐卒必竭于外，老弱疲于内。君不若引兵疾走大梁，据其街路，冲其方虚，彼必释赵而自救。是我一举解赵之围而弊于魏也。

这就是著名的"围魏救赵"的战法，是避实击虚的典型例证。它和段干朋的谋略不同之处在于，段干朋使齐军攻襄陵是避实而非击虚，只是一种佯攻或姿态，不能解决问题。当然，齐威王采用段干朋之谋也是虚招。孙膑以齐军攻魏之都城大梁，这是魏军必守、必救且不守之地，才是"批亢捣虚""出其不意""攻其不备"的最有效高明的一招。在具体实施过程中，更是妙计迭出，环环相加，在围魏救赵的谋略思想指导下，奇正相变，避实击虚，迫使魏军一步步落入孙膑为之所设下的陷阱之中。

据《孙膑兵法·擒庞涓》记载，田忌、孙膑攻魏的第一步是让不懂战争指挥的齐城、高唐二大夫率齐军一部进攻平陵。这是一种谋略，同时也是一种示形方法。齐军攻魏促使魏军进一步骄傲轻敌，不把齐军放在眼里。下一步出师围攻魏都大梁也不是整师径进，而是派一部分轻车锐骑在大梁四郊驰逐攻击。这又是很高明的一着妙棋。在当时情况下，齐军若以主力直趋大梁，即使攻克大梁，也未必能长期占领。正像各国不愿意看到魏国的强大，而联合攻魏一样，如齐国攻克大梁，整个形势有可能倒置过来，造成各国联合助魏攻齐的局面。再则，魏国毕竟国富民强，实力雄厚。如果齐国孤军深入，攻克大梁，则很可能遭到魏军回师主力与本地驻军的夹击包围，陷入腹背受敌的险境。如果齐军以主力攻大梁而不能迅速攻克，屯兵于坚城之下，师老无功，也是一个赔本的买卖。现在孙膑以部分精锐车骑出其不意，迅猛进攻大梁，这是以奇为正，击敌之虚。目的在于调动敌人，俟机歼灭其有生力量。果然，齐军攻大梁，魏惠王大惊，急令庞涓率军回师救援。庞涓留军一部驻守邯郸，自率主力赶赴大梁。由于孙膑示弱示寡战术的成功运用，使庞涓误认为齐军软弱可欺，便急于求成，舍弃辎重，日夜兼程，企图一举将齐军消灭在大梁城下。庞涓的轻敌冒进使他放弃了任何警惕，当他走进孙膑在桂陵为他预设的埋伏圈时，魏军的一场惨败也就不可避免了。其结果是魏军遭到削弱，邯郸之围也不攻自破。

12年后，孙膑故智重施，以"围魏救赵、批亢捣虚"之法大败魏军。史称马陵之战。

桂陵、马陵两战，使魏国一蹶不振，而孙膑所创造的"围魏救赵、批亢捣虚"的战法则成为后来兵家揣摩、体悟、效法的经典战法。

"靖难之役"中，朱棣直攻金陵是"批亢捣虚"的又一典型战例。建文元年（1399年）七月，"靖难之役"爆发。燕王朱棣率军转战于河北、山东，多次击败建文帝的政府军，"然所过城邑往往坚守不下，间克之，兵去，即杀守帅，复为朝廷。及壬午（1402年），所据者北平、永平、保定三郡而已"。朱棣的北军频繁作战，师老兵疲，长期做这种拉锯式的攻防战，无疑对朱棣是很不利的。这时，朱棣谋士姚广孝为朱棣策划说："毋下城邑，疾趋京师。京师军弱，势必举。"朱棣接受姚广孝的建议，避开南军重兵防守的德州、济南等地，沿山东与河南交界线直趋徐州。徐州是兵家必争之地，兵强城坚，朱棣诱徐州南军出战，小胜后即甩开徐州之敌，继续向南挺进。经泗河、灵璧两次大战，打破南军围追阻截，再次避开淮安和凤阳两大战略据点，乘势鼓行，直趋扬州，径指仪真，耀兵于大江之上。于是，江南人心浮动，镇江水军投降，朱棣大军逼近金陵。这时，南京尚拥有精兵20万，再加上城高池深，储备充足，本可以组织有效抵抗，但是朱棣的北军长驱直入，先声夺人，使南军谈虎色变，心无斗志，终成分崩离析之势。

原来，朱棣起兵两年半，志在攻城略地与政府军相周旋，往往得而复失，进展缓慢。现在甩掉包袱，轻装速进，半年而占领南京，号令天下，胜利结束了战争。可见战法得当所具有的威力。那么，这个战法的奥妙在哪里呢？明人高岱对此分析说：

四方人心多所观望，惟视金陵成败为向背耳。若复攻城略地，广土众民，必待四方之服而后徐议根本之计，则稽延岁月，师老时变，非所谓批虚岛吭之兵也。盖其所急在京师，而不在四方。

这也就是批亢捣虚灵活运用的结果。

2.虚虚实实，战势击虚

我之虚虚实实、真真假假，使敌难窥蕴奥，而敌之虚实，我能洞若观火，且使它由实变虚，由逸变劳，由饱变饥，由强变弱，而后乘虚而入，以最小的代价，夺取最大战果,这是虚实战法的精彩上品。

我们先看东汉末曹操扫平河北袁绍诸子之战。官渡之战后,袁绍积郁成疾,呕血而亡。袁绍少子袁尚据邺城,统领袁绍旧部,仍有强大实力,曹操要一举荡平袁氏集团并非易事。

袁绍在世时,其子袁谭、袁熙、袁尚等就明争暗斗,各植党羽。袁绍死时,审配矫命使小儿子袁尚嗣位。袁谭驻守黎阳,袁尚只拨给他有限的兵力,并派其亲信逢纪到袁谭军中作监军。袁谭大怒,杀逢纪于军中,二袁间的关系顿时紧张起来。曹操乘袁尚、袁谭兄弟矛盾激化,兵发黎阳。袁谭势单力薄,急忙向袁尚求援。袁尚只得让审配坚守邺城,自率大军援救黎阳。曹操大败袁尚军于黎阳城下,袁尚、袁谭弃黎阳退保邺城。曹操打算乘胜进击,一举消灭袁氏集团。青年谋士郭嘉却向曹操提出了停止北进、南征刘表的作战方案。郭嘉认为,袁尚、袁谭"交斗其间。急之则相持,缓之而后争心生。不如南向荆州若征刘表者,以待其变;变成而后击之,可一举而定也"。袁氏兄弟矛盾重重,强攻硬取,则迫使他们暂时团结,共同对敌,即由分而合、由虚变实。如果撤销外部压力,其内部矛盾必定激化,乃至相互火并,这便是由合而分、由实变虚。到那时再举兵而征之,就会事半而功倍。曹操连称妙计,随即下令留贾信守黎阳,撤军南还,诏示天下,宣称要南征荆州刘表。

正如郭嘉所预料的那样,曹操一撤,二袁马上反目。袁谭在郭图、辛评的挑唆下,首先发难,经袁尚一击,袁谭退向山东平原。袁尚留审配守邺城,自率大军将袁谭包围。袁谭急派辛评的弟弟辛毗向曹操乞降求援。此举正中曹操下怀,乐得坐山观虎斗,待其两败俱伤,正好乘而攻之。著名谋士荀攸则另有见地,他不赞成袖手旁观,而主张出兵救援,他说:

天下方有事,而刘表坐江、汉之间,其无四方志可知矣。袁氏据四州之地,带甲十万,绍以宽厚待众,借使二子和睦以守其成业,则天下之难未息也。今兄弟构恶,此势不两全。若有所并则力长,力长则难图也。及其乱而取之,天下定矣。此时不可失也。

意思是说,刘表胸无大志,早打晚打一个样。袁氏兄弟相斗,拼得你死我活,这是大好时机。他们团结和睦,不好;一个吃掉一个,造成"有所并则力长,力长则难图",也不好。因此,要紧急挽救袁谭。曹操随即指挥大军回师黎阳。袁尚闻信,也撤平原之围,还师邺城。曹操和袁谭结亲以安抚之,进一步分化离间二袁之间的关系。

建安九年(204年)二月,袁尚再次留审配守邺城,自率大军进攻平原。曹操抓住战机,立即兵围邺城。袁尚率精锐万人回救,被曹操歼灭。袁尚逃往幽州,投奔其兄袁熙。邺城也只好开城投降。袁绍父子割据数十年的冀、并二州相继归附。在此同时,袁谭乘机夺取河北东部地区,曹操平定袁尚后,顺势吃掉了袁谭。又挥师北取幽州,袁熙、袁尚不战而逃往辽西,投奔乌桓。曹操用郭嘉、荀攸之谋,使袁氏兄弟由实变虚,而后乘虚而入,以较小代价夺取了最大胜利。

魏国智将司马懿平定辽东公孙渊之战也是体现"虚虚实实、避实击虚"的典型战例。辽东太守公孙渊据有襄平,叛魏自立,称燕王。司马懿奉命平叛。公孙渊命大将卑衍、杨祚率步骑军数万,依辽河修筑营寨,南北相连六七十里,以阻止魏军的进攻。公孙渊军凭险布防,以逸待劳,是以实待虚;魏军长途跋涉,将士疲惫,地形不利,又强攻硬取,是以虚击实。司马懿必须设法调动敌人,使它松动防守,乘虚而击。他命魏军一部大张旗鼓地向敌南翼发起进攻,卑衍、杨祚急调主力增援。魏军乘机悄悄渡过辽河,进击其空虚的北翼,顺利地突破了公孙渊精心构筑的防线,取得初战的胜利。

魏军主力渡过辽河,与敌营相逼立寨,而不立即发动进攻。诸将不解其意,司马懿解释说:

贼坚营高垒,欲以老吾兵也。攻之,正入其计。古人曰:"敌虽高垒,不得不与我战者,攻其所必救也。"贼大众在此,则巢窟虚矣。我直指襄平,则人怀内惧,惧而求战,破之必矣。

司马懿若逐一围攻公孙渊沿辽河构筑的营寨,不仅旷日持久,而且以客击主,难有必胜把握。如果避开敌军的高垒坚寨,佯攻其都城襄平,则必能调动敌军走出营寨,使它由实转虚,而魏军则反客为主,可以在运动中消灭敌军。魏军进袭襄平,果然引起卑衍、杨祚的恐慌,他们急忙率军出垒,回防襄平。司马懿见卑衍、杨祚中计,令佯攻襄平的魏军突然调头夹击,卑衍、杨祚大败,被迫放弃辽河一线的营寨,逃往襄平。

司马懿乘胜追击,包围襄平城。时值雨季,大雨如注,辽河水暴涨,洪水泛滥,平地水深数尺。围城魏军将士要求移营防洪,司马懿认为,如果现在移营,襄平城敌军乘机突围而去,就无法将它全歼。因此,严令各军原地驻守。这时,襄平城里军士不时出城放牧打柴,司马懿也不让攻击擒获。一些将士对此大惑不解。司马懿告诉他们说:

自发京师,不忧贼攻,但恐贼走。今贼粮垂尽,而围落未合,掠其牛马,抄其樵采,此故驱之走也。夫兵者诡道,善因事变。贼凭众恃雨,故虽饥困,未肯束手,当示无能以安之。取小利以惊之,非计也。

对襄平的包围,司马懿的策略是示弱示懦,稳住敌人,使敌方误认为魏军因兵力不足和为大雨洪水所困,而无力全面围攻襄平,坚定其固守襄平侥幸取胜的心理,为一举全歼其军而创造条件,免得突围逃窜,收拾困难。这是对避实击虚战法的灵活运用。

不久,大雨停息,辽水下落,司马懿立即令魏军全面包围襄平,运用各种方法猛烈攻城。公孙渊粮尽援绝,士气沮丧,损失惨重。几次诈降突围不成,终被一个不漏地全部歼灭。

五、兵家诡道

在中国古代战争中,用计施诈一直是兵家的得意法宝。尽管在争战之时,力量的对比往往起着决定性的作用,但在具体的战役之中,兵家计诈的巧妙运作却能够起到扭转战局、克敌制胜的效果。为此,古代战场上的诡诈奇计层出不穷,展示出了军事智道的特殊风姿。

兵家正道,是指师出有名、先礼后兵的动武原则和正面攻战、以力胜敌的作战方法,通常被视为正统的兵战。然而,军事战场上风云莫测的变化、生死攸关的压力和错综复杂的战局并不能让军事家固守模式,人们不得不寻求各种方式去解决战争中的具体问题。这就产生了与兵家正道相背离的诡道。《孙子兵法》说,"兵者,诡道也",正是对兵家争战方法的精辟议论。

兵家诡道,既是战争中的特殊产物,更是兵家韬略与悟道的结晶,体现出了军事天地中特有的谋略和智慧。只要能够克敌制胜,不管什么样的招数和方式都可以运用;只要消灭了对手,不管什么样的计策和用意都是正确的选择。这就是军事战争中克敌制胜的奥秘所在。

(一)兵以诈立,道以战悟

兵家诡道千变万化,不拘一格,如果概括为一句话,那就是"兵不厌诈"。军事家大多根据天时、地理、兵力诸因素,构思并制定出具体的实施方案,尽可能地去迷惑对手,造成敌人的错觉,从而为自己赢得主动。在中国古代的军事战例中,以诡道胜敌的战例不计其数,各家用计施诈的方式也不尽相同,但其中也有规律可循,如果我们更深一步地发掘兵家诡道的奥妙,就会发现其中包含着丰富的智慧和哲理:即兵以诈立,然道却以战悟。只有通过战争活动本身,才能透析出军事智道的"真谛"所在,以及悟出它的规律、运用技艺之法。由此可见,中国古代的兵家计诈无论怎样推陈出新、花样变幻,但总离不开军事战争的规则制约,也总要通过几条主要途径而付诸实施。

1.制造假象,迷人耳目

对于领兵作战的人来说,要想成功地用计胜敌,首先要隐蔽自己的企图,造成对方的错觉。为此,制造假象就成了施诈的先决条件。假象的制造可以迷敌人之耳目,混敌方之视听,使敌人不知道我方的真正用意。这样,施计一方就掌握了主动权。

在古代战场上,有许多以制造假象而最终胜敌的战例,其中,减灶法和增灶法就深为兵家所熟知。

古代行军作战必须要起灶做饭,用兵者常常根据敌军留下的灶迹来判断敌军的兵力多少,然后决定自己的兵力投入。为了造成敌人的错觉,许多军事家便在行军灶上设计施诈,有意增减灶数,把敌人引入圈套。孙膑使用的减灶法就是一例成功的诡计。

据《史记·孙子列传》记载,公元前341年,魏国攻打韩国,齐威王派田忌、田婴为将,孙膑为师,起兵伐魏救韩。魏惠王派太子申、庞涓为将,带了10万大军前来迎战。孙膑在全面分析敌情之后,向田忌建议说,魏军骄傲轻敌,齐军应采取诱敌深入、一举歼灭的作战计谋。于是,齐军进入魏境的第一天,挖了10万人煮饭用的灶,第二天减少为5万人用的灶,第三天再减到3万人用的灶,制造出齐军大量逃亡的假象,迷惑魏军。魏将庞涓观察了齐军三天留下的灶迹,误以为齐军减员严重,骄傲地说:"我固知齐军灶,入吾地三日,士卒亡者过半矣!"于是轻装兼程,赶到马陵。这时,齐军已于马陵设伏,利用道路狭窄、树木茂密的地形,向轻军深入的魏军发动了攻击,"齐军万弩俱发,魏军大乱相失",结果魏军主力全部被歼,太子申被俘,庞涓自杀。这就是历史上有名的齐魏马陵之战。

采用增灶方法迷惑敌人的战例也有不少,如《资治通鉴》卷四九记载,汉安帝元初二年(115年),羌国兵犯武都,汉朝任命虞诩为武都太守,出兵应战。当时,羌军人多,汉军人少,虞诩"因其兵散,日夜进道,兼行百余里,令使士各作两灶,日增倍之,羌不敢逼"。当部下询问这样做的道理时,虞诩回答说:"虏众多,吾兵少,徐行则易为所及,速进则彼所不测。虏见吾灶日增,必谓郡兵来迎,众多行速,必惮追我。孙膑见弱，吾今示强，势有不同故也。"最后，虞诩以少胜多，打退了羌人的围攻。

从上引二例可见，减灶诱敌和增灶惑敌都是以假象来掩盖真相，使敌人不能准确地了解自己的真实兵力，从而克敌取胜。孙膑减灶，意在示弱，诱引庞涓中计；虞诩增灶，意在示强，掩藏自己兵力单薄的弱点，躲避敌人的攻击。二人均筹算准确，用之恰当，假象制造得相当成功。

在古代战场上，许多将领都擅长制造假象。真真假假，假假真真，使人无处琢磨。隋将贺若弼渡江灭陈之役中的制假手段就相当巧妙。据《隋书·贺若弼传》记载，开皇九年（589年），隋王朝以贺若弼为行军总管，准备大举伐陈：

先是，弼请缘江防人每交代之际，必集历阳。于是大列旗帜，营幕被野。陈人以为大兵至，悉发国中士马。既知防人交代，其众复散。后以为常，不复设备。及此，弼以大军济江，陈人弗之觉也。

贺若弼先以虚张声势的方法来进行前线换防，使陈军次次紧张，等到陈军习以为常，放松戒备之际，一举渡江，消灭陈国，可算是以假乱真的高超计谋。

使用空城计来逼退敌方，同样是制造假象的典型战例。《三国演义》中描写的诸葛亮以空城退司马懿之兵的情节，就是以假胜真的妙算之举。当然，这只是小说家根据历史而编纂的故事。在古代战争中，的确出现过以空城假象来迷惑敌人的事情。如《旧唐书·张守珪传》记载，吐蕃进攻唐朝的瓜州，杀死刺史王君焕，直逼州城。当时，张守珪新任瓜州刺史，兵力寡弱，又无守城之具，敌军将至，众心惶惶。守珪对大家说：

彼众我寡，又疮痍之后，不可以矢石相持，须以权道制之。

于是令人打开城门，自己在城楼上饮酒作乐，吐蕃兵至城下，不知虚实，不敢攻城，整队而退。无力抗敌的瓜州得以保全。

用假象迷人耳目使对方产生错觉，一来可以诱敌深入，一举全歼；二来可以吓退敌军，不战自胜。其中最重要的便是致敌于迷惘之中，而使自己处于有利地位。可以说，诡计百端，总要作假。以假乱真，计谋才能得逞。

2.无中生有，旗开兵移

转移对方的注意力和拴住对方的凝注力，同样是兵家诡道的奥秘所在。聪明的军事家总是牵着别人的鼻子走，始终保住自己的有利地位。要做到这一点，就必须计诈百出，变幻莫测。古代兵战中的无中生有、有中生无、旗开兵移、声东击西等计谋，都是围绕着兵家注意力而展开的各种动作。

唐朝时,安史之乱爆发,安禄山的军队包围了雍丘城,雍丘守将张巡与敌攻守多日,颇有消耗,只能死守城池。安军将领令狐潮率大军把雍丘城围得水泄不通,断绝了城中与外部的联系。许多日过后,城中的箭渐渐告竭,这时,张巡扎了上千个草人,披上黑衣,夜晚之际.在城上缒绳放下草人。安军以为城中之人夜晚出袭,一齐放箭射击,张巡收回草人,得箭数10万支。此后,每逢夜晚,城上守军都要缒下草人,骗安军射箭,久而久之,安军自知上当,不再予以理会。突然一夜,张巡率死士500,缒绳下城,直扑令狐潮的大营,把安军打得落花流水,狼狈而逃。事见《新唐书·张巡传》。由此,使我们联想到了《三国演义》中诸葛亮的草船借箭,真可以算得上无中生有计策的上乘。

另据《后汉书·吴汉列传》记载,吴汉率大军平定公孙述,逼近成都。去城10余里,与副将刘尚沿江两岸分立行营。公孙述派遣大将谢丰、袁吉等率军迎战,分别包抄了吴汉军和刘尚军,使之不得相救。当时军情危急,吴汉为了与刘尚合军,便采用旗开兵移的计策。他闭营三日不出,在营中多树旗帜,使烟火不绝,夜间则率全军暗与刘尚的军队合并,完成了兵力的集中,而谢丰等人还在全力注视着吴汉旧营,并未察出破绽。吴汉、刘尚合兵发动攻击,大破谢丰、袁吉的军队,获甲首5000余级。

五代时,梁将刘郡的"驻魏袭晋"之举,也同样采用了旗开兵移的诡计。据《新五代史·刘郡传》记载,刘郡率梁军驻扎魏县,后唐庄宗李存勖率晋军对垒。刘郡见晋军大集,知其后方空虚,便准备移军远袭太原。为了迷惑晋军,刘郡乃结草为人,穿上盔甲,执以旗帜,放在驴的身上,使之往来城上。晋军远望,城上兵守如故。而刘郡已率全部梁军远袭太原去了。刘郡的做法,大体与后汉时吴汉的做法相似,他们都成功地避开了敌军的注意力。

南宋时,毕再遇使用的旗开兵移之计也同样巧妙。据《宋史·毕再遇传》记载,宋将毕再遇与金兵对垒,相持不下,金人大举增兵,集结军队,准备数日后大举进攻。毕再遇观察到金兵的集结,感到强弱悬殊,不能坐以待毙,于是趁夜拔营而去。临走之前,把营中的羊倒悬于鼓上,羊不堪倒悬,用前肢挣扎,击鼓作响。金兵仍然以为宋营有人如旧,不予理睬,等到发觉宋营已空,战机早已错过。

转移对方注意力的诡计,还常用于兵家起事之前的准备时期,许多起事者为了不暴露自己招兵买马的真实意图,避免怀疑,总要先施放出各种各样的烟幕,暗中积蓄实力,以期突然之间起兵成功。东晋时,徐道覆起兵就采取了有中生无的计策。据《通典》卷一六一记载,徐道覆在南康准备组建水军,用以起兵反晋。为了避免晋朝官府的怀疑，徐道覆便假称造船出售。他在南康山中大举伐木，制成船板，贱价出售。附近居民争以贱价购船板，而时值枯水季节，船运不通，船板都积压在居民手中，官府也不加怀疑。到水旺之季，徐道覆揭竿而起，按照卖券沿户索回船板。旬日之间，组船完毕，形成庞大的舰队。当东晋官府得知消息时，徐道覆已率大批舰队顺水而下，一举攻克南昌，掀起了大规模的反晋战争。徐道覆假售船木，把战略物资转移到附近居民手中，巧妙地转移了东晋官府的注意力，使官府错认为徐道覆造船只是商业活动，从而使徐道覆顺利地完成了水军舰船的准备工作，得以在短时期内开船征战，震惊东晋王朝。

声东击西是转移对方注意力的常用战法，也是兵家诡道的主要计诈之一。它以无中生有、有中生无的形式调动敌军，从而虚实并举，避其有备而击其无备。东汉末年，汉将朱儁与黄巾军战于宛城，黄巾军据城内，朱儁率军攻城。朱儁"乃张围结垒，起土山以临城内，因鸣鼓攻其西南，贼悉众赴之。儁自将精卒五千，掩其东北，乘城而入"，最后攻下了宛城。这一场攻坚战，朱儁在城之西南垒起土山，有从此处一举突破之势，拴住了黄巾军的凝注力，牵制了黄巾军的主要守城力量；而其精锐攻城部队成功地从城东北破坚而入，拿下了城池。

后汉建安十三年（208 年），曹操率步骑 10 多万大举南下，兼并荆州，也同样采用了声东击西的方法。当时，曹操听从尚书令荀彧的建议，"显出宛、叶而间行轻进，以掩其不意"，以一部分兵力向宛、叶进行佯动，吸引刘表的军队，同时以精锐部队直下荆、襄，捣敌腹心，迫使刘琮投降。曹操使用的这种计谋，促使荆州全境放下武器。

总体说来，兵家的注意力十分敏感，往往敌动我动，以变制动。然而，巧于诡道者，能有效地转移敌方的注意力，而保持自己的机动性，这就是兵书上常说的"善隐己而诈敌"。多诈则敌不知所向，多诳则敌疲于奔命。无不可以常无，有不可以常有，无中带有，似有而无，变换无穷，此乃兵家诡道之神机。

3.巧设陷阱，引君入瓮

《兵经百篇·发字》有云：

制人于危难，扼人于深绝，诱人于伏内，张机设阱，必度其不可脱而后发。

这是兵家的决胜之策。只要把敌人引入到设好的圈套之内，则可一举全歼制胜无疑。然而，战场上的情况瞬息万变，怎样巧设机关，顺利地引敌上当，则不是容易的事情。为此，古代军事家们创造出各种各样的兵家陷阱，施尽计诈，引诱敌人走向死亡的深渊。

东汉光武帝初年,赤眉军的势力仍然很强大,光武帝派大将军冯异、邓弘等夹攻赤眉军,战于陕西东部。据《后汉书·冯异传》记载,赤眉军为引诱邓弘,假设辎重粮草,诱敌上当。当时"大战移日,赤眉阳败,弃辎重走。车皆载土,以豆覆其上。兵士饥,争取之。赤眉引还击弘,弘军溃乱……大为所败,死伤者三千余人"。赤眉军在邓弘所部断粮的情况下,以假粮车设陷机,赢得了这次战斗的胜利。

楚汉争战之际,汉将韩信奉命伐齐,齐军联合楚军对付韩信,双方夹潍水而列阵。韩信首先在潍水上游截堵水流,用上万个麻袋,盛上沙子,垒成堤墙,使水位渐高。然后,韩信率领军队进攻楚将龙且的军营,假装失败,全军渡水而逃,龙且不知有诈,乘胜追击。龙且军队的主力刚渡潍水,韩信便下令决堤放水,把楚军分隔为两半。这时,韩信率军回击,杀死龙且,全部歼灭了已经过河的楚军。被水隔断的楚军眼睁睁地看着自己人在河对岸被歼灭,却没有办法赶去援救。这一仗,韩信胜得巧妙,龙且输得糊涂。

唐朝高宗调露元年(679年),裴行俭出任定襄道行军大总管,率唐军北击突厥。当时,突厥经常偷袭唐军粮车,夺取粮食。裴行俭准备了300乘粮车:

每车伏壮士五人,各赍陌刀、劲弩,以赢兵数百人援车,兼伏精兵,令居险以待之。贼果大下,赢兵弃车散走。贼驱车就泉水,解鞍牧马,方拟取粮,车中壮士齐发,伏兵亦至,杀获殆尽,余众弃溃。自是续遣粮车,无敢近之者。

裴行俭采取粮车藏甲士的计谋,诱敌取粮,然后内藏与外伏夹击,彻底打散了突厥的军队。兵家设陷阱,贵在诱饵可口,正中敌方胃口,才能引敌入圈套。敌方吃了苦头之后,自然不会再盲目出击了。

唐朝末年,军阀混战,杨行密与毕师铎争战于江淮一带。当时,毕师铎军容稍盛,又有骆玄真、樊约诸军相助,杨行密处于不利地位。经过一段时间的对峙之后,杨行密设下了以辎重宝物诱敌的陷阱,据《新唐书·高骈传》记载:

久之,行密乃出,委辎重于壁,以赢兵守之,伏精卒数千其旁。行密先犯玄真,短兵接,伪北,师铎诸军奔其壁,争取金玉赀粮,伏噪而出,行密引轻兵蹑其尾,俘杀旁午,横尸十里,师铎诸军奔还,玄真战死。

这一仗,杨行密表面上空营而出,与骆玄真交战,有意把营垒辎重留给毕师铎,实际上设伏在先,专等毕师铎入瓮。最后一举而击溃毕、骆两军,取得了巨大胜利。

安史之乱爆发后,安禄山的军队长驱直入,逼近长安。唐军坚守潼关,阻止安军主力的西进,而唐将郭子仪、李光弼从河北袭击安军后方,使安禄山的两翼和侧后受到极大的威胁。当时的情况是,只要唐军死守潼关,安军在战略上就必然陷入困境。为此,安军主将崔乾祐故意将一部分兵力在正面散乱布阵,同时把精兵埋伏在险隘的侧后方,只等唐军自投罗网。天宝十五年(756)年六月,唐军潼关守将哥舒翰在多方压力之下,率十数万军队出关迎敌,与崔乾祐战于灵宝西南。灵宝南面靠山,北临黄河,中间是 70 里的狭长隘路,安军主力在此设伏已久。双方交战之后,安军故意装出偃旗欲逃的姿态,退入险隘之中。唐军只顾追击,10 万大军涌入隘路。这时,安军伏兵突起,从山上投下檑木滚石,唐军士卒拥挤于隘路,难以展开,死伤甚众。唐军企图用毡车在前冲击,打开一条进路,但被安军用纵火焚烧的草车堵塞,无法前进。唐军被烟焰迷目,看不清目标,以为安军用烟雾掩护防御,便乱发弩箭,到日落矢尽,才知中计。此际,崔乾祐派骑兵从南面迂回到唐军侧后冲击,首尾夹攻。唐军被困于隘路之间,自相践踏,有的弃甲逃入山谷,有的被挤下河里淹死。安军乘势追击,大破唐军十数万人。最后,唐军只有 8000 余人逃回潼关,而主帅哥舒翰也做了安军的俘虏。这次灵宝之战,崔乾祐设置已久的险隘伏圈终于派上了用场,而唐军明知安军可能设陷,还要出关与敌一决高低,致使主力几乎全部灭亡。

兵家历来视隘、谷为险境,一般不轻易涉入。而设伏者常以此为依托,凭借隘、谷之险,痛歼进入圈套中的敌军。兵书《草庐经略》卷十一曾说:

隘地之战……正兵前御,奇兵或击其旁,或击其后。强弩统炮,繁如雨注,一处受敌,回避无地。出彼不意,势自奔溃。

又说:

谷战之法,与隘战相似,第宜以轻兵锐卒,置我前行,橹楯强弩,卫我左右,与我阵后,以备敌;分遣奇兵,潜出其左右山冈,乘高夹击,吾正兵从中冲之,必胜之道也。

唐军与安军的灵宝之战正是这种军家兵战的典型战例。

4.巧施计诈,欺骗敌军

在古代战争中,军事家们不但以武力去征服敌人,还往往使用各种欺骗手段,把对手引入歧途,从而为自己奠定必胜的基础。欺骗敌军的办法多种多样,或以诈降而导致敌方麻痹大意,或以假情报来诳骗敌人上当。所以说,两军相对,从来没有实话真言。《草庐经略》卷一一有云:

两敌相仇,言不足信,其信之者,必愚将也。惟智将不为人所诳,而能诳人焉。必因敌有阻绝之势,托或有之事,为莫稽之词,以疑敌之心。或用以恐之使惊,或用以诱之使趋,或用以急之使速,或用以缓之使懈,或使之观望踌躇,其心不决,而我亟乘其且疑且信，出其不意而攻之。若足者，因其可愚而愚之。

我们就从实际战例中来看一看军家诈骗的睿智谋道。

楚汉相争之际，田广占据了山东大部地区，有城70余座，有军队20余万，自号齐王。其主力驻扎在历城。汉军打算吞并齐境，但因齐军兵力强盛，又防守严密，一时无隙可乘。为了麻痹齐军，汉王刘邦派谋士郦食其前去劝说齐王，让齐王与汉王结好。齐王听信了郦食其的花言巧语，决定归附刘邦，同时"罢历下兵守战备"，放松了战略要塞的守卫，以为天下从此太平。在这种情况下，汉军主帅韩信便于夜晚率大军袭击齐国，一举深入齐境，占据了齐王原先管辖的大部分土地（事见《汉书》郦食其传和韩信传）。从此例可见，两军并立之际的结好劝附，往往有奸诈暗藏其中，盲目相信别人，必然自讨苦吃。

采用假投降的办法来诳骗敌军，这是古代兵战中的常用计诈，赤壁之战中吴将黄盖诈降曹操的战例就颇为著名。建安十三年（208年），曹军与吴军相峙于赤壁。曹军大部分是北方人，不习惯于水上的风浪颠簸，便将战船首尾相接起来。吴军主帅周瑜的部将黄盖针对这种情况，建议说："今寇众我寡，难与持久。然观操军船舰首尾相接，可烧而走也。"周瑜接受了这一建议，决定由黄盖写信向曹操诈降，并与曹操事先约定投降时间。届时，黄盖率蒙冲、斗舰10艘，满载干草，灌以油脂，外用布幕围裹，上插旌旗，并另备走舸系于大船之后，以便放火后换乘。时值东南风起，船行很快。黄盖以蒙冲、斗舰10艘置于前列，行至江中，张帆急进，其余船只依次跟随。曹军官兵看见黄盖来降，皆延颈观望，毫无戒备。黄盖在距曹军二里余，各船同时点火，"火烈风猛，船往如箭"。曹军船只首尾连接，分散不开，移动不便，顿时都烧了起来，烈火蔓延到岸上的营寨。曹军烧死、溺死者甚多。在南岸的孙刘联军主力船队乘机擂鼓前进，横渡长江，大败曹军。

赤壁之战是我国古代以少胜多的著名战例，而这场战役的关键在于黄盖的诈降，不如此，则吴军无法接近曹军的舰船和大营；曹操轻信黄盖之诈，让诈降之船靠近自己的船区，才造成了火烧连船这样不可收拾的败局。

元朝末年，朱元璋占据长江下游一带，与他相对立的割据势力还有陈友谅和张士诚。至正二十年（1360年），陈友谅带军队将犯建康，同时派人与张士诚联系，准备夹攻朱元璋。面对敌军的重重压力，朱元璋对康茂才密授了诈降之计。原来，康茂才与陈友谅是旧交。朱元璋让茂才遣人致书友谅，相邀投降，表示愿做内应。康茂才家中有一看门人曾经伺奉陈友谅，很得信任，于是，康茂才派此人手持诈降信，乘小舟直达友谅大营，说有密信呈报。陈友谅接见后，看门人呈上康茂才的诈降信，并谎说朱元璋营垒中人心慌乱，各打各的主意。陈友谅看过信后，不觉喜上眉梢，问看门人："康公现在哪里？"回答："现在守江东桥。"陈友谅又问："桥是怎样的？"答："是一座木桥。"陈友谅对看门人说："回去告诉康公，我五月初十准时出发，到时候，我在江东桥呼'老康'为号。"看门人诺诺返回。朱元璋听罢汇报，进行紧急部署。他让李善长连夜将江东桥的木桥换成铁桥，派常遇春、冯国胜率 3 万精兵埋伏于城北江南岸，徐达屯于南门外，杨璟驻东南大胜港，张德胜率舟师出城北龙江关。朱元璋则率部驻扎城西卢龙山。这样，朱元璋张网以待，只等陈友谅受骗而来。果然，陈友谅率舟师按期抵达江东桥，但见桥为铁石制作，哪有什么木桥，心中不免生疑，急忙呼叫"老康"，又不见回音，方知上当。顿时，朱元璋伏兵四起，把陈友谅打得落花流水，狼狈逃窜。朱元璋在清理战利品时，发现康茂才写给陈友谅的诈降信还放在陈友谅的卧舰上，不禁哈哈大笑。兵家上当受骗，未见有比陈友谅更为愚蠢的了。

古代兵家作战，一靠实力，二靠计诈。只要能够引敌上当，则从不计较计谋诡诈的恶劣和凶险。《管子·七法》云："明于机数者，用兵之势也，大者时也，小者计也。"正是这个道理。

综上所述，兵家诡道巧变万端，出奇制胜，总要根据战场上的具体情况而制定相应的计策。兵以诈立，多谋者胜，这是军事战争的普遍规律。当此之中，善战者制造假象，迷人耳目，便可隐藏自己的军事意图，以假乱真，巧胜对手；而诡道中的无中生有，旗开兵移，则可以设疑兵，出奇兵，金蝉脱壳，声东击西，使敌不知所向。至于巧设陷阱，引入圈套，更是诱歼敌军的常用方式，关键在于用诡诈之法引诱敌人自投罗网。巧施计诈，欺骗敌军，乃诡道中的常见伎俩，只要诈敌有术，骗得巧妙，自然让敌人不胜其防，难逃厄运。古代军事诡道永远是人们施展智慧的广阔园地。

（二）诡道技法，韬略本真

《孙子兵法·计篇》有云：

兵者，诡道也。故能而示之不能，用而示之不用，近而示之远，远而示之近。利而诱之。乱而取之，实而备之，强而避之，怒而挠之，卑而骄之，佚而劳之，亲而离之……此兵家之胜，不可先传也。

用兵是一种奇诡的行动，针对不同类型的敌人，要采取不同的打法。为此，军事家展示了多种多样的诡道技巧。上引孙子所云，便是流行于古代战争中的诡道十二法。然无论诡道技法有多少，它总是始终围绕着"克敌制胜"这一韬略的"本真"和核心，来展开和施行的。无数战争实例，均生动地证明了此点。

战场上的情况瞬息万变，双方投入的兵力也有所不同，加上地理环境、武器装备、后勤保障等因素，故而每一场战争，每个战役，都会显示出它的独特性。为此，兵家诡道必须从敌我双方客观条件的分析比较出发，通过主观智能的灵活运用，才能起到克敌制胜的效果。下面，我们结合古代的具体战例来讲述诡道十二法的内涵，探索兵家诡道的智慧和技法。

1.能而示之不能

能而示之不能，是全面隐藏自己军事实力的一种计谋。简单地说，就是能打者先装作不能打，让敌手不疑于己，无备于己，轻视于己。只要这种迷惑敌人的计诈实施成功，便可寻找时机，向敌人发起突然袭击。古代兵家认为：凡事有其名而无其实者必败，有其实而匿其名者则胜，善用兵者，用诈示形，一般不暴露自己的真正实力，使敌人难以准确地探知我方的军情虚实，才能掌握战场上的主动权。

春秋时期，楚国派斗越椒为大将军率军讨伐郑国。郑国方面派出公子坚、公子庞、乐耳三人领兵拒敌，采取据坚固守的战略，不与楚军直接交锋。楚军连日挑战，郑军只是不理。斗越椒为了掩盖自己的真实军力，便每日与诸将在营帐内饮酒作乐，让手下将士四处掠夺，造成军纪不整、战斗力涣散的假象。郑国的侦察兵多方打探，发现楚军是一群没有凝聚力的乌合之众，便向郑军主将汇报。公子坚认为：楚军四处掠夺，兵力分散游荡，大本营必然薄弱；楚将天天饮酒，心中必然懈怠。如果夜间劫营，一定能获大胜。于是郑军分为三队，离开守区，直扑楚军大营。远远望去，只见灯火辉煌，笙歌嘹亮。郑军呼啸呐喊，杀进营去。这时，早已做好充分准备的楚军从四面冲杀而出，郑军大败，三名主将都当了楚军的俘虏。斗越椒故意制造军纪涣散的假象，引蛇出洞，而郑军不做周密调查，盲目轻信，正中楚军诡计，结果一败涂地。了解对方实力，切不可仅从表面浅探，必须深加究察方可。

能而示之不能，不仅大规模的战役如此，就是轻兵相接，也可以用此诡道。据沈括《梦溪笔谈》卷一三记载，北宋熙宁年间，党项母梁氏率军队进犯宋朝庆州大顺城。守将林广先让守城部队用残弓弱弩进行射击，箭力甚弱。敌军以为守城弓弩的射程不远，便向城墙涌去。这时，林广调集强弓劲弩，一起发射，敌军死伤惨重，相拥而溃，不敢再靠近大顺城。

2.用而示之不用

用而示之不用，即隐藏和伪装自己的用兵企图，让敌人误以为我方不可能用兵,然后根据战机,突发奇兵,战胜敌人。在军事战争中,要想全面掩盖用兵企图,伪装武器装备,暗中调动兵力,并不是一件容易的事情。一旦军机外泄,必然造成敌方的警惕和戒备。所以,怎样去巧妙伪装,准备用兵而故意装作不用兵,则是兵家诡道的一种特殊技巧。

三国时期,司马懿擒杀孟达之战可谓用而示之不用的典型战例。孟达原为蜀将,后来投降魏国,一段时间后,又打算再降蜀国,同时又和吴国进行联系,准备狡兔三窟。太和元年(227年),孟达给诸葛亮的信中说,我镇守上庸,魏军主帅司马懿坐镇在宛,距离有1200里。等我举事时,司马懿先要上表天子,才能采取行动,这需要一个月的时间。那时候我的城防就加强了,军队也做好了准备。诸葛亮为了促使孟达早日反叛魏国,故意把孟达准备起事的消息泄露给司马懿。司马懿得报后,立即致书孟达,进行安抚。信中写道:"将军昔日背叛刘备,投奔国家。国家委将军以重任,独当一面,镇守边关,相机攻蜀,真可谓以诚相见,信而不疑。诸葛亮日夜思欲除掉将军,才劝将军反叛,朝廷对将军仍然信任不移。"孟达见信大喜,对叛魏之举更加犹豫不决。魏军主帅司马懿断定,孟达此时正内心彷徨,应该乘其举棋不定之际,以闪电不及瞬目、迅雷不及掩耳之势将其平定。于是,这年十二月,司马懿不经魏明帝批准,率军日夜兼程,向孟达驻地上庸疾进。孟达经过反复考虑,最后决定投奔

司马懿

蜀国。然而此际,司马懿已率大军出人意料地兵临城下,孟达慌忙之间仓促应战,却早已败局已定。次年正月,魏军切断了蜀军来援之路,攻拔上庸,斩孟达,胜利平叛。

隐蔽用兵企图,继而轻军快速突袭成功,其关键所在,都是首先稳住对方,让对方丧失警觉,然后奇兵突发,战而胜之。

3.近而示之远

用兵的路线与用兵的企图一样,都要予以伪装。《百战奇略·近战》有云:

凡与敌战,我欲近攻,反示以远,使敌备远,我乃近袭。

这就是说，与敌人交战，如果计划从近处进攻，就要故意装出从远处进攻的模样，以诱使敌人转移兵力去防备远处，我便乘机从近处出击。

《吴越春秋》记载，公元前478年，越王勾践率大军攻打吴国，吴王夫差率军迎击，双方于笠泽夹水列阵。越军决定从正面渡江攻击，但为了隐蔽进攻方向并分散敌军兵力，故意派出小股部队从距敌较远的左右两侧鸣鼓佯渡。夫差错误判断敌情，以为敌人从侧后大举进攻，赶紧派出精锐部队远击阻截。就在吴军调兵之后，越军集中兵力，正面迅速渡江，大败吴军。吴军主力被分成两处，自然难以两向兼顾，以致造成远处扑空、近处被创的恶果。

东汉章帝章和元年（87年），汉将班超开拓西域疆土，发于阗等处兵2.5万西击莎车，龟兹王发温宿、姑墨、尉头诸兵合5万人救之，这样，莎车与龟兹联军，兵力大大超过班固。为了分散正面敌军的兵力，班固派一部分于阗军队绕道东行，故意暴露出远袭敌方侧后的企图，龟兹军队果然派出部分军队邀遮于阗军。班固见敌军中计，立即从正面猛攻，直下莎车大营，赢得了这次战役的胜利。

从以上二例可见，善用兵者，为了调开正面阻击的敌人，经常派出小股军队远攻敌方侧后，诱使敌军分兵防御。一旦敌军分兵远去，正面军力相对减少，就可以捕捉到进攻的良好机会了。

4.远而示之近

与近而示之远一样，远而示之近同样可以分散和调动敌方的兵力，掩盖自己真实的主攻方向。兵家准备轻军远袭者，必在近处牵制敌军主力。

楚汉争战之际，刘邦在彭城遭到失败，魏王豹叛汉降楚。刘邦派郦食其去说降，魏王豹一口拒绝。于是，刘邦任命韩信为左丞相，率军攻魏。魏王豹得知韩信军队逼近，除了加强各地守备之外，以安邑为指挥中心，西凭黄河天险，扼守临晋、茅津、龙门等津渡要地，并派柏直为大将率主力在蒲坂设防，封锁黄河渡口临晋关，阻击汉军渡河。韩信侦知魏军部署后，便在临晋渡口对面安营扎寨，集船结舟；遍插旌旗，多设火炬战鼓；白天擂鼓呐喊，黑夜点火通明。同时假装调兵遣将，大有渡河强攻之势，搞得魏军日夜紧张，草木皆兵，不断增兵补援。正当魏军全力严守临晋关渡口之际，韩信却暗派曹参率一军向北进发，在夏阳选择渡口，制作木罂缸作简易渡河工具，偷渡成功，并以疾风迅雷之势南下攻击临晋魏军侧背，先在东张击溃魏将孙遨所率魏军，再逼魏军大本营。趁魏军惊恐万状，乱作一团之时，韩信才从正面强渡黄河，径下临晋、蒲坂，与曹参的远征军会合，重创魏军主力。

当然，这种远而示之近的诡道未必每次都能奏效。蜀魏战争中，姜维与邓艾的白水之战，诡计就被对方识破。据《三国志·魏书·邓艾传》记载，邓艾屯白水之北。当时，蜀军处于攻势，魏军意在防守。姜维派部将廖化在白水之南虚张声势，摇旗呐喊，牵制魏军，自己率主力远袭洮城。邓艾观察蜀军阵势之后，对部将们说：姜维兵力超过我军，理因渡水强攻，而他们却一点也没有造桥的迹象，这其中必定有诡计，一定是廖化在此牵制，吸引我们的注意力，而姜维可能远袭洮城去了。因此，邓艾连夜率军奔赴洮城。邓艾赶到洮城时，姜维率军也刚刚来到。邓艾先至，占据城池和其他有利地形，姜维的计划全部落空。这一仗，对于魏将邓艾来说，如果不是提早发现蜀军"远而示之近"的诡计，很可能就被敌军牵制在白水之滨，从而丧失后方的洮城。而对蜀军来说，廖化在正面虚张声势，却没有备船造侨，更进一步地迷惑魏军，因此才被对方识破诡计。

总之，无论是近而示之远，还是远而示之近，都是隐藏用兵路线的常用诡道。意在选择可靠的主攻方向而又不被对方识破。此乃兵家"明修栈道，暗度陈仓"之计和"调虎离山"之计的具体运用。

5.利而诱之

在军事战场上，要想引诱敌军上当，莫过于投下诱饵，给对方一点甜头，这就是所谓的兵家之"利"。兵家之利，可以是物质利益，包括军备、物资、辎重、粮草等诱饵，也可以足某种战机和小股兵力。不管采用什么作诱饵，目的都在于诱其就范，让敌人贪图小利而出动军队，自己却乘隙设陷，克敌取胜。《百战奇略·利战》有云：

凡与敌战，其将贪利而不知害，可诱以利。

战国末期，赵国将领李牧戍守代郡，防备匈奴。当时匈奴以骑兵见盛，经常掠劫赵境。李牧针对匈奴贪掠财物的弱点，分析敌我兵力之优劣，部署了利而诱之的一套战策。他先让边郡的居民外出放牧，把牛羊畜群赶于原野，而把精锐部队集中埋伏在西侧。匈奴见此畜群，果然垂涎，便倾军而出，夺取牛羊，一时部队杂乱，各抢所得，不成体统。李牧见此战机，突然率主力军队从左右两翼迂回而至，猛攻匈奴军队。匈奴人此际正个个拥赶着抢夺的牛羊，难以相互结阵，因而被赵军痛加掩杀，几无余存。李牧以牛羊畜群为诱饵，诱歼了全部匈奴军队，从此十几年间，匈奴首领率众远逃，赵国边境安然无事。

唐朝中和末年，幽州与易州的军阀相互残杀，幽州方面派出李全忠为将，攻下易州城，易州王处存引兵退到郊外。为了夺回失去的易州城，王处存制定了引诱幽州军出城，在城外全歼敌军的作战方案。当时战争残酷，野无遗存，一时难以找到诱敌之物,王处存便让三千军士各蒙羊皮,匍匐于荒山草丛之间,幽州军远远望去,以为群羊过境,于是争先而去,准备夺取羊群。一时间前后相拥,不成军伍。等到幽州兵接近之际,伪披羊皮的三千军士一声呐喊,群起而攻之;王处存又率骑兵邀其后路,幽州兵毫无准备,被杀得四处逃窜。王处存又重新收复了易州城。

上引二例,都是以小利而诱大敌的诡道之法。军家争战,一旦趋利而动,不审敌方诡计,必然堕入圈套,蒙受失败。

6.乱而取之

《孙子兵法·始计篇》曾说:

兼弱攻昧,取乱侮亡,武之善经也。

这是说,拣敌人的弱点打,进攻愚昧无知的军队,袭击失去控制的军队,追歼败逃之敌,都是作战中容易取胜的经验之谈。总之,在敌军"乱"的状态下,予以打击,便可成功取胜。善用兵者,能够有意制造敌军内部的混乱,乘敌乱而兼并之。就是在战争进行之中,也可以浑水摸鱼,乱中取胜。

据《韩非子·十过》记载,秦穆公时期,与秦国毗邻的西戎逐渐强盛起来,这对秦国来说是一种巨大威胁。为了东向争霸,秦国决定先灭西戎,免除后顾之忧。然而西戎军政严密,难以寻衅。秦国内史廖便向秦穆公献计说:西戎地处偏僻,戎王从来没有见过中原的歌舞,我们不妨送点女乐去,让他迷醉于声色,荒废政事。秦穆公采纳了这条计策,便挑选了16个女乐送给戎王。果然不出所料,戎王一见到这班中原来的歌舞,欢喜得不得了。于是"设酒张饮,日以听乐,终岁不迁,牛马半死",国力大大衰弱。而西戎部落中最有才智的政治家由余也因戎王不理政事,沉湎于歌舞,从此弃戎归秦。秦国等到西戎国势衰落、内部涣散之际,一举出兵,直捣西戎腹地,活捉了戎王,彻底消灭了西戎邵落,扩地上千里。这是先秦时代以智道促使它国混乱,乘机而灭之的典型事例。

在几方并战的战场上,乘乱而收渔利的成功之举要算是刘备取荆州的诡道计策了。赤壁大战,刘备与孙权联兵火烧曹军战舰,把曹操打得丢盔弃甲,溃不成军。就在这种追逃逐败的混乱中,刘备暗中派主力抢夺了曹军放弃的荆州四郡,严兵固守,造成既成事实。等到孙权的军队回来收拾战场,荆州四郡早已被刘备牢牢控制住了。刘备的兵力远远少于孙权,如果刘备不用诡计,乘乱而取荆州,恐怕根本无法获得立足之地。孙权后来得知刘备乘乱先抢一步,也终究无可奈何。

乘敌军阵位混乱,出兵攻击,也是乱而取之的实战诡道。后秦与东晋之间的淝水之战就反映了这种战局。据《资治通鉴》卷一五〇记载,东晋孝武帝太元八年

（383 年），后秦苻坚率几十万大军南下，准备一举铲平东晋王朝，晋朝方面以谢安为主帅，领兵拒敌。双方在淝水隔河列阵。秦军将领们认为己众彼寡，扼守淝水，不使晋军渡河，可保万全。但苻坚却决定将军队稍稍后撤，让晋军渡河，然后趁晋军半渡背水时，以骑兵发动冲锋，歼敌于淝水之滨。不料秦军一退，阵势大乱，失去控制。身在秦军而实为晋朝内应的朱序趁机在阵后大喊："秦兵败矣！"秦兵以为真败，竞相奔逃。晋将谢玄、谢琰、桓伊等乘势率 8000 精兵渡过淝水，展开勇猛追击。秦军前锋统帅苻融见势不妙，驰马整顿阵势，阻止秦军后退，但乘马摔倒，为晋追兵所杀。秦军失去指挥，阵势彻底崩溃。前军被晋军打败，而后军自相践踏，四面奔溃，苻坚亦中箭负伤。在这次大规模战役中，晋军有效地利用了秦军后撤自乱的有利时机，果断地发起攻击，以寡击众，把秦军彻底打败。

唐朝武德四年（621 年），李世民率唐军围攻洛阳，屯兵于虎牢，与前来救援洛阳的窦建德的军队展开激战。当时窦军兵多，唐军兵少；窦军以骑兵为主力，唐军以长矛步兵为主力，双方往来冲击数次，骑兵冲不动长矛兵的密集阵势，长矛兵也无法对付骑兵的快速机动。李世民根据战阵情势，决定稳住自己的军队，等待窦军的变化。双方相持大半天后，窦军列阵的士卒饥饿疲劳，纷纷坐列，又争着喝水，秩序紊乱，皆有归营之意。李世民派宇文士及率 300 骑兵冲击窦军，先行试阵，并指示说：如果窦军严整不动，即应回军；如阵势有动，则可引兵东向冲击。宇文士及率军攻至窦阵前，窦军开始混乱。李世民抓住战机，亲率唐军主力出击，把窦军打得大败，窦建德也负伤坠马被俘。

7. 实而备之

兵家所说的实而备之，可以从攻防两方面予以理解。在防御之时，应该居安思危，有备无患，密切注意敌方的动向；在发动进攻之前，又必须仔细了解敌方的实力，做好认真准备。兵家诡道，施计于人，而又备敌于己，方能百战百胜。

宋辽相持之时，雄州巧加战备的事例就是古代兵家"实而备之"计谋的有效实施。据沈括《梦溪笔谈》记载，辽军占据云、燕 16 州之后，雄州就成了与辽国接壤的边境城市。雄州北郊居住着不少宋朝的百姓。由于没有边城环护，难以防范敌人的军情刺探和侵扰蚕食。北宋边军有意"实而备之"，扩筑北城，但又担心辽国寻衅，挑起事端。因为当时的军事形势是辽强宋弱，边防举动稍有纰漏，都可能成为辽国诉诸武力的借口，引起外患。担负雄州防务的地方官李允想了一个办法，他先用白银铸造了一个大香炉，放在北郊的一座庙宇里，故意不设人看守。没过几天，银香炉被盗。李允煞有介事地四处张榜，悬赏捉拿盗贼，故意弄得满城风雨。几天后,李允放风说,庙中器物屡次丢失,非得筑城墙围护不可。在这种舆论的掩饰下,他征集民夫,急修北城,不出 10 日而就。当强敌还没有悟出李允筑城的军事用意时,雄州已成了与辽国对峙抗衡的防御堡垒。

在很多情况下,加强战备会引起敌方警觉,造成紧张局面。李允修城之妙策,既打消了辽国的疑心,又加强了战备,可谓神机妙算。魏蜀战争中,诸葛亮首出祁山,进攻魏国,造成边境的巨大震动。后来,魏国采取"实而备之"的策略,不与蜀军过分周旋,只在陇西地区加强战备,任凭蜀军反复行动,自耗财力,最终挫败蜀军的全部企图。实而备之,确保自己的安全与稳固,使敌无隙可乘,战局自然有利于我方。这种以静制变.以稳制动,以有备制强敌的办法,乃诡道之上乘境界。

8.强而避之

《管子·制分》有云:

> 凡用兵者,攻坚则韧,乘瑕则神。攻坚则瑕者坚,乘瑕则坚者瑕。

这是说,凡是进攻作战,打强点就会碰钉子,打弱点就容易成功。攻击强点不克,其弱敌也会变成强敌;乘虚先击破敌人的弱点,其强敌也会变成弱敌。所以,善用兵者,都要有意避开敌人的强点,尤其是避免不利的决战,去寻找敌人的破绽,给以打击。为此,避强击弱,舍长击短,以退求进,以曲求伸,就成了兵家诡道的常用之术。

唐太宗李世民领兵作战,尤其善于相敌而动,避强击弱,往往先避其锋芒,闭营养锐,待敌人萎靡疲怠,突发奇兵,一举胜之。李世民本人就说:

> 每观敌阵,则知其强弱,常以吾弱当其强,强当其弱。彼乘吾弱,逐奔不过数十百步,吾乘其弱,必出其阵后反击之,无不溃败,所以取胜,多在此也。

李世民两次在浅水原与陇西军阀薛举作战,都采取深沟高垒,避其强锋,伺敌疲而后战的方针,始终遵循"强而避之"的兵家诡道,不争一时之愤。薛举于隋朝末年起兵,占据了陇西,自称西秦霸王,并且组建了一支"将骁卒悍"的精兵,而唐军兵力虽然不少,但因起兵较晚,部队迅速扩充,成分庞杂,又缺乏训练,难以与强敌硬拼。武德元年(618 年),李世民在前线军垒中坚壁不战,与薛举的军队相持 60余日。同年十一月,薛军粮尽,士气开始动摇。李世民便命令行军总管梁实率一部分兵力布阵于浅水原引诱薛军,薛军果然全体出动,此时,李世民亲率主力部队自浅水原以北,出敌不意地直捣薛军阵后。薛军在唐军的两面夹击之下,溃不成军,大败而逃。

避强打弱,兵家之常。善用兵者,宁愿固守退缩,以保万全,也不会盲目与强敌争战,以求决胜于侥幸之间。《百战奇略·退战》所云"凡与敌战,若敌众我寡,地形不利,力不可争,当急退以避之,可以全军",也是这番道理。

9.怒而挠之

采用各种方法激怒敌人,使敌人气急败坏丧失理智,这是兵家常用的激将法。俗话说,激石成火,激人成祸。如果被对方激起肝火,感情用事,不顾客观实际去盲目行动,就会落入对手的圈套。

诸葛亮率军北伐之际,魏军主帅司马懿审时度势,采取深沟高垒、坚避不出的防守策略,不与蜀军交战。蜀军为了激怒司马懿,每日在阵前叫骂,甚至挂出了妇人衣服,嘲笑司马懿的怯懦。然而司马懿就是不为所动,最终坚持下去。后来诸葛亮病死军中,双方争战即告结束。司马懿老谋深算,熟知兵法,才使得诸葛亮"怒而挠之"的激将法无法奏效。

经不起敌方激怒,愤然出兵者,往往兵败于莽撞之间。春秋时期的晋楚城濮之战,楚军统帅子玉被晋文公扣留楚军使者宛春的诡计所激怒,在形势十分不利的情况下与晋军决战,弄得败军丧旅,丢掉了霸主地位。汉高祖四年(前203年),楚汉相争正酣,汉军乘项羽东攻彭越之机,围攻成皋。楚将曹咎起初按照项羽的告诫,坚守不出。后来,曹咎经不住汉军连续讨敌骂阵,一怒之下,率部出击,而汉军准备已久,趁楚军半渡汜水之际,发动猛攻,取得了很大的胜利。可见,一触即跳,经不住敌方挑逗的将领,总会最终导致失败。急而能安,缓而不辍,怒而能息,挠而不动,才是军事家的万全智道。

大业十三年(617年),唐高祖李渊起兵于太原,其子李世民领兵为前锋,直进关中。在霍邑,遇到了隋朝守将宋老生的阻挡。开始时,宋老生坚守不动,使李世民的军队难以过境。为了引诱宋老生出战,李世民便亲率数十名骑兵来到霍邑城下,举鞭指挥,辱骂宋老生。宋老生经不住这番侮辱,引兵三万从东、南门分道而出,追击李世民,使李渊率大军在城外完成了合围阵势,一举包抄宋老生,杀得隋军片甲不留。宋老生单骑逃走,还未回到霍邑城下,就被追兵所杀。霍邑之城也就轻而易举地落入李渊之手。

兵法有云:忿兵者败。所以用兵者无不以计激怒对方,使对方怒而出战。然后,按自己的意图予以歼灭。《孙子兵法·始计篇》曾云:"彼将刚忿,则辱之令怒,志气挠惑,刚不谋而轻进。"领兵作战,于此应该深戒。

10.卑而骄之

卑而骄之,也是兵家常用的诡道计谋,意在改变敌人的心理状态,使其误以为自己最为强大，别人始终害怕自己，因而不能正确判断敌情。而施计之一方，则强而示之弱，有为而示之不为，假意奉承，暗中积蓄力量。一旦对方头脑膨胀，麻痹大意，出现可乘之隙，便可突发制人。《百战奇略·骄战》有云：

凡敌人强盛，未能急取，须当卑辞厚礼，以骄其志，俟其有间可乘，而后破之。

因此，善用兵者，不怕敌人看不起自己，反而常常故意设法让敌人轻视自己。这样，敌明我暗，敌懈我戒，优劣之势，显而易见。

在双方力量对比较为悬殊的情况下，弱者采用"卑而骄之"的诡道对付强者，还能够暂时缓解自己的困境，争取到恢复和发展的时间与机遇。俗话说：骄兵必败。这是指强大的一方，一旦被胜利冲昏头脑，忘乎所以，放松了对弱敌的戒备，必然会遭到失败，而强弱之势也可能会因此而转变。古代诸侯争战，弱方经常忍辱负重，自卑其位而使强者益骄，在强者丧失警惕的情况下，暗蓄实力，一举歼灭强敌。

匈奴灭东胡之举，同样采用了卑而骄之的策略。公元前207年，匈奴太子冒顿杀父自立。兵力强盛的东胡派使者前来索取良马，冒顿以睦邻邦交为由，说服群臣，恭恭敬敬地把数匹珍贵的千里马送给了东胡。东胡首领以为冒顿不敢惹他，便得寸进尺，又向冒顿索取美女，冒顿仍不顾群臣的反对，把心爱的美女送给了东胡。东胡首领越发骄横，接着又提出了领土要求。冒顿觉得该是制止东胡的欲望的时候了，于是率领匈奴军队，袭击东胡。东胡压根儿就轻视冒顿，毫无戒备，结果使冒顿的突然袭击得手，东胡随之灭亡。这样，在中国北方便出现了一个强大的匈奴部落。

示弱骄敌也常见于两军对垒。三国时期，蜀将关羽驻守荆州，对曹魏发动进攻，兵围樊城。但他担心东吴从后方偷袭，因此在荆州保留了雄厚的兵力。吴国为了夺取荆州，有意派一个"未有远名，非羽所忌"的陆逊为右部督，镇守陆口，与关羽的守区相接。陆逊为了麻痹关羽，便给关羽去信，自称书生，并极力称赞关羽的军威，以增加其骄傲之气。关羽得信后，为陆逊的谦词称颂所迷惑，以为此书生不成大事，便调集荆州的守军奔赴樊城。于是，东吴趁关羽与曹军在樊城相持不决的时机，偷袭荆州，兵不血刃地占领了公安、江陵诸城，并且攻占夷陵、秭归，切断了关羽入川的退路。这时，关羽的军队在樊城受挫，大本营又被东吴占领，回归无路，败走麦城，被吴将马忠活捉。东吴未费太大气力就夺取了荆州。

当然，示弱骄敌，不一定全靠卑辞厚礼，有时靠老成持重也可成功。战术上示弱，暗中积极创造制敌而不制于敌的条件，也照样奏效。例如战国末年，赵将李牧带兵防备匈奴的侵扰，他首先装出一副畏敌如鼠的姿态，凡遇匈奴进犯，总要退缩固守，不与匈奴交锋。如此数年，匈奴误以为赵军懦弱，便产生了骄傲轻敌的情绪。有一次，匈奴10余万人南下进犯赵国领土，还以为李牧会像以往那样退缩防守，因此毫无戒防。哪想到，李牧却挥军掩杀，果断出击，使匈奴措手不及，全军覆没。

11.佚而劳之

兵书常说：知兵者应经常保持军队的锐气，锐气多劳则疲竭，疲竭则力有所不及。所以，善用兵者，往往采取"佚而劳之"的诡道计谋把敌军拖疲、拖垮、拖死，在敌军东劳西奔、疲惫不堪的情况下，出而战之，大获全胜。

唐朝武德二年（619年），宋金刚率军攻下太原，夺取了唐朝的这个北方重镇。为了收复失地，李世民率领3万精兵渡过黄河，与宋金刚的军队相持于柏壁。据《资治通鉴》卷一八八记载，当时，宋金刚集中了精兵猛将，直逼李世民，准备快速解决战斗。而李世民采取了养精蓄锐、分兵袭扰、疲劳敌军的作战方针，与宋金刚的军队在柏壁周旋。最后，宋金刚的军队疲惫不堪，粮草全无，人心涣散，开始撤退。李世民见战机已到，亲率唐军出击，大败敌军。由于唐军半年来以逸待劳，而宋金刚的军队则耗尽心力，所以交战一开始，优势和主动权就完全掌握在李世民手中。果然，唐军一鼓作气，不但全部歼灭了宋金刚的军队，还乘胜收复了太原。

乾化二年（911年），后梁与周德威率领的晋兵交战于柏乡。当时梁军兵力多于晋军，便采取了正面出击的方针。晋军在周德威的指挥下，采取了"佚而劳之"的办法，拔营退军，不与梁军营垒对峙，使晋军处于骑兵机动的状态。梁军攻之，晋兵躲之；梁军停兵吃饭，晋兵用骑兵骚扰。经过几天的周旋，梁军已经饥渴劳倦。于是，晋军整队与梁军交战。交战之日，又故意拖延时间，战至黄昏，梁军尚未进食，士卒饥疲已甚。周德威立即命令晋军向梁军发起猛烈进攻，梁军难以力支，纷纷向后退去。晋军紧追不舍，几乎全歼梁军。

12.亲而离之

《百战奇略·离战》说：

凡敌有谋臣良将，须伺其隙以离间之，使彼猜贰而去，我必得所欲。

这是说，如果敌方有足智多谋、勇敢善战的将领，就需要制造和利用他们的内部矛盾进行离间，使他们受猜疑而被调离指挥岗位。这样，我方就达到了从组织上指挥上削弱敌人的目的，赢得战场上的优势。古来征战，千军易得，而一将难求。许多兵家用间，都是为了不战而先离敌人之将。为此，离间的诡计便层出不穷。

《韩非子·内储说下》有这样一段记载，郑桓公打算袭击邻国，首先派人到邻国去了解那里的人才情况，并把邻国的豪杰、良臣和智勇之士的姓名全部记录下来。而后,郑桓公给这些人每人一份良田和财产,并把本国的官爵名号封给他们,为此大造舆论。邻国君主得知消息后,以为这些人通敌卖国,便毫不留情地把他们全都杀了。郑桓公见邻国人才已尽,便出兵消灭了这个邻国。俗话说:人才尽而国家破。从这段历史中我们可以悟出这方面的道理。

在古代战争中,用离间手段挑拨敌人内部矛盾,赶走敌方良将忠臣的事例不计其数。如春秋战国时期,秦国用计把赵国良将廉颇离间,齐国田单用计把燕将乐毅离间,都达到了目的。廉颇去则赵国灭,乐毅走而燕军败等,这都是人们熟知的典型事例。

第十三章 军事谜案

一、难以解答的军团谜题

（一）中国军队起源之谜

关于中国军队起源的问题一直存有争议，中国军队到底是从何时建立的，至今都没有定论。

有学者曾说，轩辕氏取代神农氏，被各诸侯尊为天子，称黄帝之后，为巩固统治建立了中国历史上最早的军队。这种看法的根据来源于《史记·五帝本纪》的记载："而诸侯咸尊轩辕为天子，代神农氏，是为黄帝。天下有不顺者，黄帝从而征之，平者去之，披山通道，未尝宁居。东至于海，登丸山，及岱宗。西至于空桐，登鸡头。南至于江，登熊、湘。北逐荤粥，合符釜山，而邑于涿鹿之阿。迁徙往来无常处，以师兵为营卫。"意思就是黄帝初为天子时，为了平定不顺从的诸侯国而四处讨伐，为了自卫就在休息时环兵扎营。那时要四处征战，别无他事，主要任务就是随黄帝讨伐不顺的诸侯。由此学者们就认为这就是中国历史上建立的第一支真正的军队。

除了学者的这种看法以外，对这个问题史书上也有各种各样不同的记载，主要有以下几种说法：

最早的是古神农时期的神农伐斧遂说。"三皇无为天下以治，五帝行教兵由是兴。所谓大刑用甲兵而陈诸原野。于是有补遂（有的书作斧遂，传说中的古代部落）之战，阪泉之师。"这个说法出自唐代杜佑编撰的《通典》第一百四十八卷。另外孙子兵法"见威王"一段中记载了"神戎伐斧遂"一战，而后南宋的罗泌在《路史后记三》中将此改为"神农伐斧遂"。《中国军事史——历代战争年表》也将这场战争收录在册。以此为证，人们就认为早在古神农时期军队就出现了。神农因斧遂不臣服，便领兵讨伐。

不过针对这种说法，也有人提出异议：神农用于讨伐的部队不算是真正的军队，这也许只是古代的一个传说，可能只是一次部落冲突而已。军队是国家为准备和实施战争而建立的正规的武装组织。但神农时期还没有阶级，没有国家。其次当时的生产力水平不足以供养一支常规军队，部队里的军事工作人员很可能是临时兼职的。不过这也是推测而已，由于没有足够的文字记载，无法考证是否属实。

其次是原始社会末期的阪泉逐鹿之战说。这种说法主要来源于司马迁《史记·五帝本纪》的记载：于是轩辕乃习用干戈，以征不享，诸侯咸来宾从。而蚩尤最为暴，莫能伐，炎帝欲侵陵诸侯，诸侯咸归轩辕。轩辕乃修德振兵"与炎帝战于阪泉之野，三战，然后得其志。蚩尤作乱，不用帝命。于是黄帝乃征师诸侯，与蚩尤战于涿鹿之纾，遂禽杀蚩尤。"其中"修德振兵"中的"兵"指的就是军队；"征师诸侯"中的"师"也是"军队"，由此可见黄帝有军队，诸侯们也都有军队。神农衰落，轩辕氏取代神农氏，尊为天子，称黄帝，部落不臣服，常冲突，于是黄帝临时组建军队维权。这种说法与之前学者的看法相近。明代著名的《永乐大典》也收录了此事。

虽然司马迁撰写《史记》查阅了大量的先秦古籍，进行了调查研究，但是其记述难免会借鉴相关的传说，尽管摒弃了"神农伐斧遂"的说法，但是阪泉逐鹿之战的记载也不明确。而且现行的很多史书记载并没有采纳这个观点，因而这种说法也不能让人信服！

按顺序接下来的一种说法就是夏朝始建军队。夏朝是我国历史上第一个奴隶制王朝，很多人认为第一支正规的军队就是在夏朝建立的。《尚书·甘誓》中有对"大战于甘"的记载，夏帝启在与有扈氏交战前，曾召集六卿（也就是六军统帅）进行战前动员。司马迁《史记·夏本纪》也有记载："有扈氏不服，启伐之，大战于甘。将战，作甘誓，乃召六卿申之。"而我国现行的历史教材中把夏朝作为奴隶社会的起点，奴隶主为了统治，建军队，制刑罚，设监狱。这一说法也被《中国大百科全书·军事》所采用。

从国家角度看，夏朝建立军队毋庸置疑。奴隶主贵族为了加强对奴隶和平民的阶级统治，必然会设立军队。但是夏朝的出土文物尚未得到确切考证，夏朝的历史记载也大都依靠传说。若仅凭《尚书·甘誓》的记载就断下结论是远远不够的。

还有一种说法是在公元前16~前21世纪的殷商始建军队。依据主要是河南安阳殷墟出土的甲骨文。上面有"口戈"字样，"王乍三自右中左"的记载。"口戈"意思是武力保卫人民，而武力指的就是军队。师的简写就是"自"，而"乍"则是指创立。后一句话的意思就是王建立了师为单位的三支军队。此外,甲骨文中还有对商代军队组成的记载。商朝军队包括车兵和徒兵,有固定编制单位,十进制编组,有百人团和千人团,其中以师最大,约有一万人。军队用镶制兵器,有战车,编有驾马两匹或四匹,同时每车配甲士三人,分管驾车,持戈矛和操弓箭,车后面还有徒卒跟随。由此可见,商代的军队无论是规模数量还是组织装备都达到了相当的水平。如果军队始建于此,怎么可能初建就有如此规格呢? 还是有人提出质疑。

四种说法,仁者见仁智者见智。我国历史上第一支军队究竟是何时建立的,至今无人能给出定论。要想完全破解谜底,大家还需要再进一步地深入研究探讨。

(二)我国水军起源之谜

水军是海军的前称,在中国古代称舟师,是一个国家水上军事和防御的全部军事组织。我国是世界上最早建立水军的国家。大约在 3500 多年前,夏朝出兵攻打山东半岛上一个叫斟寻的小国时,传说双方都有武士持戈驾舟迎战。那么我国的水军是在何时建立的呢? 这个谜至今仍充满争议。

"舟"字多次出现在商代甲古文中,而且西周金文中更出现了"船"字。由于商和西周的军事力量由中原地区逐渐向东南扩展,舟船数量显著增加,周时更出现了多人撑驾的大船。西周的势力到达东南沿海和我国南方多水地区时军队已具有相当规模,有运用舟船输送军队或实施渡河的记载,却未发现舟师建立时间的记载。

春秋时期地处长江中游江汉平原的楚国,长江下游及太湖流域的吴国,杭州、钱塘江一带越国,山东半岛齐国首先大造战船,建立了"舟师",并发生了多次水上交战。公元前 549 年时,楚国重用水军凭借处于吴国上游的有利地理位置顺流而下,攻打吴国攻陷芜湖,这是现今历史上记载的最早的水战。公元前 525 年吴国以舟师沿长江逆流而上,进攻楚国,楚国派兵迎战于长岸(今安徽当涂西南)。吴国夜间派兵袭击楚军。楚军大乱,吴军乘势进攻而大败楚军。此次战役为中国水战史上最早有战斗过程记载的战例。

中国古代海军不仅活跃在江河湖泊,同时也创造了许多海战战绩。公元前485 年,当时吴国军舰从海路进攻山东半岛的齐国,实行远航奔袭,声势浩大,但齐国舟师没等吴军到达,就在水面上实施截击,双方的舰队在黄海相遇,展开激战。其结果是吴国被齐国打败。此战役是我国记载最早的海战。

公元前 6 世纪,我国便有了比较完善的海军组织。吴、越在太湖中发生一次大规模的水战,伍子胥作战有方,军有编制,他把战舰划分为"大翼""小翼""突冒""桥舡""楼舡"等种类,分担攻坚、驱逐、冲锋等任务,使得越国大败。据《神机制敌太白阴经》载:"水战之具,始于伍员。以舟为车,以辑为马。"这些代替陆上车马的舟楫加上长江水系河道纵横,水网密布,也为水军的建立创造了条件。

鲁国的公输般发明了水战的装具——"钩拒",这是一种带铁钩的竹篙,对敌船"退则钩之,进则拒之"。同时水战使用的武器还有刀、矛、弩、矢、长钩、长斧。水战声势浩大,分工明确。这些战役、战船和武器的记载都说明当时的水战已具有相当的规模。

秦汉时期随着社会经济的发展和国家的统一,中国水军也得到了发展。造船技术和能力有了明显的进步和提高,战船种类也日益完备。秦代具有代表性的大型战船楼船高达10余丈,上建楼槽二三层,甚至四层,可载员千人。

我国历史上第一个建立雄厚海军力量的是三国时的东吴。长江是东吴的水军主力所在,共有500艘战舰。230年,吴王孙权曾派将军卫温、诸葛直率领万人大舰队,到达了夷洲。这是大陆人民首次航抵台湾的历史记载。此后,他曾分别派遣1万人和3万人的庞大舰队北上航达辽东半岛,南下海南岛、越南东南部、柬埔寨以及南洋群岛的许多岛屿。208年的赤壁水战,基本控制北方的曹操率大军南下荆州,占据荆州的刘琮投降。曹操追击从荆州逃亡的刘备,后刘备派遣诸葛亮出使江东,孙权派遣大将周瑜、程普率军开赴前线与刘备组成联军。孙刘联军周密策划,果断抓住战机,出敌不意采用火攻,全歼了曹水军,创造了中国古代水战史上最早的以少胜多的出色战例。这不仅反映了当时海军建设的成就,而且在水战战法方面也较前有了明显的进步。

中国水军从运输到装备完善并非一蹴而就,然而舟船是何时登上战争舞台的?水军是何时建立的?还有待学者和专家们进一步探讨考证。

(三)田横五百壮士真的都自杀了吗

秦末之时,陈胜吴广举义,是时天下大乱。群雄揭竿而起,准备一起推翻秦国暴政。此时,在山东高青县东南住着齐国田家宗室的后裔,其中的三兄弟田儋、田荣和田横兄弟反秦自立,田儋自立为齐王。后来田儋遭遇秦军被秦将章邯所杀,田荣即立田儋子为齐王,自封为相国,封田横为将军,占领齐地。

项羽、刘邦入关中后,项羽自封西楚霸王,各位参加起义的将领也皆有封赏,但田荣却没有得到齐王的称号。因为当年项梁请其出兵助楚伐秦，食言未赴。项羽对此事心存芥蒂未将其封王。田荣因此与项羽结怨，私下联络赵将陈余准备反楚。几经战斗各有损伤，田儋之子和项羽封于齐地的两个王先后在战斗中死去，于是田荣尽占齐地，自立齐王。

项羽闻知此事大怒，召集兵士攻向齐国，田荣不敌项羽，结果被杀。田横为兄长之死大为光火，正收集残部准备与项羽决一死战，因刘邦攻彭城项羽回兵救援未果。项羽不战自退，没来得及在齐地驻兵把守，田横很快就收复了失地。

田横为人重情义，不敢自居为王，而立田荣子田广为齐王，自封相国。因田广年纪尚小，于是国政主要由田横主持。三年过后，刘邦和项羽正在进行激烈的楚汉之争。为扩充自己的领地，刘邦率领众军攻打齐国。为避免生灵涂炭，刘邦派遣郦食其前来游说，已期望不战而降人之兵。彼时齐国君臣都被郦食其所感动，正准备开城投降。哪料到韩信为争得攻城的功劳尽率兵攻齐，众军相搏，齐军不敌汉军，战败，郦食其、齐王田广都死在了这场战斗中。

在田广死后，田横这才敢自立为齐王，而此时刘邦又派遣灌婴攻打田横。田横不敌灌婴，投奔彭越而去。这时的刘邦与项羽激战正酣无暇顾及田横。之后楚汉之争结束，刘邦登基称帝，建立西汉，封彭越为梁王。但田横始终是齐国的后裔，不肯向出生草莽的刘邦称臣，于是就率领500余人逃到青岛。

因为田横重情重义，在齐地声望很高，很为众人喜欢。汉高祖听说后很害怕，怕纵容田横旅居海外终将养虎为患，便向田横招安，否则杀尽岛上所有人。田横顾及岛上500人的生命安危，只随同带了两名部下前往京城。但田横始终不想向汉称臣，在距离京城三十里的地方，就自刎而死，以示不屈。他的两个部下带着他的头颅见了汉高祖，要求放过岛上的500余众。汉高祖为田横的气节大为震惊，下令用王礼葬他。他的两个部下在汉高祖礼葬田横过后，自杀在田横的墓穴中。

汉高祖害怕田横死后，岛上500人生乱，就又派人去岛上招降。而对于这500人的命运，史料记载的有两种说法。第一，500壮士开始以为田横已经招安，被骗出岛。过后才知道田横已死，于是在拜谒田横之墓过后，纷纷自杀。第二，他们从招安的使者口中听说田横自刎过后，便都蹈海而死，想要与田横共赴黄泉。虽然对于500壮士的命运，事情的经过不尽相同，但其结果都说明田横重情重义深得民心。难怪司马迁在《史记》中会感叹："田横之高节，宾客慕义而从横死，岂非至贤！"

田横和500壮士的重情重义为后人所敬仰,我国著名的国画大师徐悲鸿就曾画过名为《田横五百壮士》的画作。但最近几年也有人质疑,是否500壮士真为田横殉死。因为在《元和郡县图志》中记载,田横虽然死了,但田横之弟尚在,而且一直隐居在离青岛不远的小禺山里,难道500壮士中的一些人不会跟随田横之弟隐居于此?

但这也只是人们的一个猜测,至于500壮士是否尽皆殉死,或者是一些人隐居山野不得而知,到现在仍然是一个谜。

(四)蒙古横扫欧亚的真相何在

在13、14世纪的中国,出现了一只强大的军队——蒙古骑兵。他们骁勇善战、攻城略地,所向披靡,在四处征战后建立了盛极一时的蒙古帝国,后人对于这支神奇的军队非常感兴趣,对于蒙古骑兵为何如此善战也做了颇多研究。

今天,学界研究成果表明,蒙古骑兵的优势大致有以下五个方面:军队人员素质过硬、军队武器装备优良、军队管理组织严密、作战战术灵活多变以及军队后勤供给到位等。

首先是蒙古骑兵的构成。蒙古族自古以来是马背上的民族,他们的士兵从小就是在马背上长大的,经历过严酷的沙漠骑马射箭训练,接受了良好的军事教育,他们自身的身体素质也特别优秀,一般都体格健壮。这些条件使得蒙古军队的士兵拥有顽强的毅力,超强的本领。同时能够应对各种环境的挑战,作战时能够吃苦耐劳,娴熟地驾驭马匹和使用武器。这就具备了取得作战胜利的最基本条件。

其次是优良的武器装备。当时蒙古军队所使用的武器比其他军队的更加精良而且更适于作战。马是古代战场最重要的工具之一,当年蒙古军队西征之时,面对的都是欧洲的高头大马,而蒙古马身材矮小,跑速慢,越障碍能力远远不及欧洲的大马。

那么,蒙古军队为什么能够凭借这样明显不带优势的作战"工具"取得胜利呢?有些学者分析,这是因为蒙古马的忍耐力极强,对环境的适应性好,对食物的要求较低,而且可以长距离不停地奔跑,日行百里,耐力惊人。

再次则是蒙古军队的组织管理非常严密有效,能够最大限度调动人力物力。蒙古军队由一百人组成一队,10个百人队组成千人队,10个千人队组成万人队,大汗还会亲自挑选一万名优秀的士兵组成"护卫队",平时负责守卫,战时则亲随大汗出征。两个万人队则可以组成一军,一军由可汗的亲信指挥。在作战时,军队的命令由指挥统一下达,但是作战将领同样享有较大的自主权,这样保证作战时能够及时根据具体情况调整战术。

在严密的组织下,蒙古军队的军纪也非常严明,服从指挥、严守纪律是蒙古士兵始终恪守的信条,因为一旦触犯军纪,将受到严厉的处罚——鞭笞甚至死刑。这样的军事管理是同时期其他军队所不能达到的。

在具体作战时,蒙古军队的战术也非常灵活。

在战争之前,蒙古军善用各种信息渠道获知军情。大量侦察部队在大军前面时时更新消息,大量敌后探子深入敌人内部进行谍报工作,信息的通畅为前方作战军队灵活变换作战策略提供保障。

战争之时,蒙古军队善用迂回战术,他们将敌军牢牢围在一个城堡或是其根据地中,左右包抄,不给敌人可乘之机,敌人犹如困兽般只能坐以待毙,蒙古军队凭借这样的战术取得多次胜利,当然,这样讲求实际而且手段更为隐秘的战术跟蒙古族人所擅长的传统围猎息息相关。

战争将要结束之时,蒙古军还会采用心理战术。"杀一儆百"的方式能够起到很大的震慑作用。当时,撒马尔罕和内沙布尔两城,在被蒙古军队攻破时,不愿意投降,但是蒙古大汗势在必得,于是下令屠城,两座繁华的城市在顷刻间被夷为平地,城中尸横遍野,血流成河。

其他城市看到这样的惨状都不敢抵抗蒙古军队的进攻,蒙古军队于是势如破竹。但是更为残酷的是,即使是投降或者已经被可汗宣布赦免,有时也不一定能够活下来。基辅城中投降的俄罗斯王公最终还是在蒙古军队的庆功宴上被扔在桌下活活压死;被赦免的阿富汗西北边境赫拉特城的居民在离城的时候也全部被杀死。

为什么会出现这样的情况? 是统治者的残忍,还是另有隐情?

最后,强大的作战军队离不开后勤保障,对于蒙古军队这样经常需要远征的军队来说更为重要。因此,蒙古人行军之时,会带上牲畜一同前进,也就是所谓的"羊马随征,因粮于敌"。这样从根本上解决了军队供需问题,能够保障军队拥有强大的生存潜力和战斗力。

漫长的远征之路,"羊马随征"途中必定有各种困难。怎样安置庞大的军队和随行的羊马,怎样保证羊马的安全以及正常的生长繁殖,这些都是今人关注的问题。

上述蒙古大军所具备的优势都是中世纪时期的其他军事组织所没有的,或者是不擅长的。蒙古骑兵用他们超强的作战能力,顽强的精神以及良好的军事指挥打下了半壁江山,也为后人留下了宝贵的军事财富。

历史上蒙古大军在 13 世纪多次进行大规模的西征,并且凭借较少的军队和漫长的后勤供应战胜当时强大的敌人,改写了整个亚欧的历史,留下浓墨重彩的一笔。但是,远离本土作战,同时还能以少胜多,究竟是哪种因素最终决定了蒙古军队横行欧亚,战无不胜,学界对此众说纷纭,没有定论。

综观蒙古军队的具体作战之中,也还存在着诸多疑点和未解之谜,这有待各国学者们更多的考证研究。

(五)成吉思汗军队为何在印度撤军

来自蒙古草原上的一代霸主成吉思汗,通过多年的征战统一了蒙古各部族,随后灭掉了金和夏,并凭借自己超凡的军事才能和勇气,率领草原上的众多铁骑,横扫宇内,创建了中国古代历史上最为广阔的版图。对于这样一个少数民族首领,历史上对于成吉思汗的评价褒贬不一,对于他所创建的历史功绩,人们纷纷表示认可,但是对于征服了西亚东欧建立不朽功勋的成吉思汗来讲,未能进入印度境内的原因,历史上众说纷纭。

对于这样一支所向披靡的军队,在成吉思汗的带领下,他们已经横扫了大半个欧亚版图,但是在如此顺风顺水的前提之下,大军为何选择在到达印度境内之后撤军呢?是在战场上被征服了吗?显然不是。据说,当时成吉思汗率领大军越过印度境内的印度河,在印度河旁士兵们由于天气炎热而口干舌燥,正当士兵们纷纷下马饮水的那一刻,突然出现了一个怪兽,怪兽的叫声很是吓人,惊呆了在场的士兵。有人说这是神灵,如果再继续走下去会冒犯神灵的领地,所以,成吉思汗决定顺从天意,班师回朝了。但这只是一个传说,或许导致成吉思汗退兵的原因有很多,例如长途跋涉士兵士气低迷,远离草原气候,导致士兵水土不服,无心恋战等等。

但是,至今仍没有确切的研究发现对此加以证实。成吉思汗及其所率领的蒙古军队究竟为何没能在印度境内继续书写蒙古军队的神话只能有待更为细致的史学研究了。

(六)所向披靡的蒙古铁骑为何灰飞烟灭

蒙古大草原,一望无际,人们可以在上面纵马驰骋而无所拘束。如此恢宏大气的环境也培育出了一名震古烁今的大人物成吉思汗。

虽然经过 70 多年的战争,成吉思汗实现了自己的理想,元朝的版图比之前朝有了很大扩张,横跨欧亚两洲,这是史上绝无仅有的。但强大如斯的帝国也有被推翻、消逝的一天,那究竟是什么原因,使得如此庞大的帝国轰然倒塌?

据史书记载,在成吉思汗死时,为公平起见,将自己建筑的帝国大厦分为四个,分别分封给自己的 4 个儿子。这 4 个国家分别是窝阔台汗国、察合台汗国、伊儿汗国、金帐汗国。窝阔台汗国辖蒙古西部地区,察合台汗国辖今新疆及中亚地区,伊儿汗国辖伊朗、阿富汗、西亚等地,金帐汗国辖俄罗斯与西伯利亚西部地区。

虽然四大汗国仍然是蒙古的土地,但是实际上建立元朝后,成吉思汗的蒙古国已经分裂成为 5 个国家。再加上蒙古国在国家治理上的不得力,导致阶级矛盾、民族矛盾、政权内部矛盾渐渐显现。所以表面上很强大的蒙古国,此时已从内部腐烂。人心向背的蒙古国灭亡也是一件理所应当的事。

但历史真如表面看起来的那样简单吗?要知道,蒙古人最重视的便是兄弟、朋友之间的情谊,难道成吉思汗的子孙就不能联合起来,共同治理自己的帝国?

这也是历史学家最近才提出的研究课题,历史的真相如何,尚在历史学家的头脑之中酝酿。

(七)李自成的百万大军瓦解于鼠疫吗

"吃闯王,穿闯王,迎闯王,不纳粮……",穿越时空,在北京城里,我们仿佛看见一位英雄人物引领着他的百万大军,在老百姓的欢呼雀跃声中浩浩荡荡地走来。他,明末农民起义军领袖李自成,最终推翻了大明皇朝,攻占了北京城。然而,为何进京 40 天后,李自成的军队好像突然间失去了战斗力,清军一触即溃,且从此一蹶不振?

"闯王"李自成的功败垂成让千万人扼腕叹息,同时,其速败的原因也让人绞尽脑汁,苦苦追寻,上下求索。

有的人认为李自成是败于骄傲自满、腐化堕落。攻占北京城后,流寇出生的李自成以为大业已成,是时候高枕无忧了,于是贪图享乐,荒淫腐化,最后招致失败。

有的人认为李自成失败的原因在于军纪涣散,战斗力严重下降,遇到八旗铁骑的清军时,不堪一击,兵败如山倒。

有的人认为李自成败于"马上得天下,不能马上治天下"。李自成拥有大批能征善战的将士是没错,但缺乏一支完成统治治理工作的文官队伍。在攻下大片领土后,治理人才奇缺的弊端就逐渐显现出来,致使李自成后来损失惨重。

有的人认为战略上的巨大失误导致了李自成的失败。李自成战略的巨大失误表现在没有把清朝这个一直想入主中原的强大集团包括在战略形势判断里。正因为如此,李自成才采取了直取北京的战略。如果没有清朝的干预,以李自成的实力,是可以勉强对付张献忠集团,南明集团和吴三桂集团的,可是一旦加上清政府集团的实力,李自成自然难以抵挡,失败近在眼前。

还有人认为李自成的失败并非在于人祸,而在于天灾——鼠疫。鼠疫,俗称"黑死病",是一种以老鼠和跳蚤为传播媒介、传播速度极快、死亡率很高且难以控制的可怕传染病。患鼠疫的人一般会出现淋巴腺脓肿或皮肤出现黑斑,三五天就会去世。据有关文献记载,李自成3月进京,当时鼠疫已出现在北京一带。尤其春季的到来,跳蚤、老鼠开始趋向活跃,大规模的鼠疫肆掠整个京城,李自成的军队也难逃此劫。鼠疫在军营蔓延,大量将士被感染,长时间无法摆脱,战斗力每况愈下,最后与清军交战时一触即溃。与此相反,因为跳蚤讨厌马匹的气味,所以清军的骑兵没有被鼠疫传染,战斗力丝毫没有受到影响。对此,就算李自成再有能耐,也只有"无可奈何花落去",感叹"天亡我也"。

以上说法似乎有各自的合理性,但并不代表就是历史的真相。李自成熊熊百万大军究竟惨败于何,仍然是一个历史之谜。

(八)太平天国起义时期东西捻军究竟何时何地分军

清朝中期的时候,捻党,一个反清的结社组织,在淮北的肥水和涡河流域出现了。"捻"是淮北的方言,是组、群的意思,其成员主要为贫苦的百姓和手工业者。太平天国起义时期,捻党深受太平军影响,举行了反清起义,就这样成了捻军,成为一支纵横于中原的劲旅,它的发展曾影响到18个省,坚持斗争了18年,有力地配合了太平天国运动和北方的其他农民起义,给予腐朽的清政府以沉重的打击。

1864年,天京沦陷,太平天国运动遭到清政府镇压。自此,太平军与捻军合为一支,在豫南地区进行整顿与改编,组成了以赖文光、张宗禹、任化邦等为首的一支新捻军。然而,由于此后的农民起义彼此隔绝、孤立无援,"独立难持,孤立难久",再加上清政府围剿新捻军的步伐加快,为了适应新的斗争形势,新捻军在随后的几年里分分合合。直到1866年10月中旬,捻军最后一次分军,一支由张宗禹、邱远才等率领,史称"西捻军",一支由任柱、赖文光等率领,史称"东捻军"。自此,两军各自作战,再未会合过。

应该说,新捻军的东西分军战略是个失误。因为在分军后,东西两支捻军不仅未能互为犄角、相互支援,反而削弱了捻军的综合实力;东、西捻军被迫在两个战场上分别对清军作战,势孤力单,给敌人造成了各个击破的机会。

由此可见,捻军分军的确是捻军史上的一个转折点。而且,关于捻军史,军事历史学界历来着重讨论的,也正是捻军的最后一次分军。东、西捻军于何时何地分军?

在史学界,目前的主流说法认为,捻军是在同治五年九月十三日,即 1866 年 10 月 21 日,于河南中牟分军的。时河南巡抚李鹤年,同捻军交战的豫军头目,在向清政府的奏报《剿平捻匪方略》中称:"逆捻自中牟南窜,旋分两股:东股任、赖等逆由陈留、兰仪、考城窜向东北,扰及金乡以南;西股张逆南窜许州。"另外,《捻匪东西分窜片》《豫军纪略》等文史资料中的记载也认同这种说法。《淮军平捻记》里就有记载:"贼首张宗禹、任柱、赖文光分道各窜,遂为东西二股,世号东捻、西捻……张宗禹率股自中牟窜许、陕,经灵、阌入秦是为西捻;而任柱、赖文光一股复由豫回窜东境,是为东捻,二股自此遂分。"

还有一种说法也认为捻军的分军是在河南,然而具体地点与时间则与主流观点稍有出入。《湘军志》《湘军记》等史书中,参照曾国藩的奏稿中关于捻军"杞县分军"的说法,认为捻军是在同治五年九月十二日,即 1866 年 10 月 20 日,在河南的陈留、杞县分军的。1865 年 5 月,曾国藩被清政府任命为剿捻的总头目,奉命节制直隶、山东、河南三省军务;他四布坐探,情报灵通,对于捻军的行踪,尤其是捻军分军这样一件大事,曾国藩是不可能不清楚的。另外,《太平天国史事日志》亦明确记载:"1866 年 10 月 20 日(阴历九月十二日),捻在河南陈留、杞县复分为二支。"

由此看来,关于分军时间的说法其实差异性不大。也有学者质疑,捻军分军是一个循序渐进的过程,或许不存在一个确定的"分军日",将原本壮大的军队硬生生一分为二;再说,新捻军主要采用流动作战方式,忽来忽去,漂泊不定,因此分军也不一定有具体地点。这种说法还是比较客观中肯的。

然而,无论如何,以上种种终究只是学者们的推测,捻军究竟于何时何地分军,依然是个悬案。

（九）义和团发展起源之谜

义和团又称为"义和拳"，是发生在 19 世纪末 20 世纪初，主要针对在中国的外国列强而展开的一次爱国运动。义和团运动爆发的根本原因是由于鸦片战争以后，西方列强对于中国的侵略与日俱增，中国百姓的生活苦不堪言。到了 19 世纪末的时候，西方列强在中国取得了无数的特权与利益，当然，这些利益的负担者就是中国的穷苦大众。随着西方列强的利益与中国劳苦大众的矛盾愈发深刻，义和团运动就在这样的背景下爆发了。

义和团运动的成员主要来自农民，还包括手工业者、工人和一些无业人员，可以说，义和团的组织成分极其复杂，几乎囊括了当时劳苦大众的所有阶层。他们打着"扶清灭洋"的旗帜对在中国的外国人进行残酷的杀戮。据统计，在义和团运动期间，被杀的外国人就有 2 万多人，同时还包括一些无辜的中国人。而义和团运动总共造成多少人丧生还不得而知。但是，有评论也指出，义和团对于外国人的残杀具有一定的盲目性。因为当时在中国除了真正的侵略者之外，还包括一些对中国抱有友好态度的"传教士"，但是很多传教士没有逃脱义和团的追杀。义和团运动的不断发展也使得腐朽的清政府感觉到了压力，最后不得不与国外的反动势力联合，把义和团运动镇压下去。义和团运动标志着中国近代民族意识的觉醒，是一次伟大的反抗帝国主义侵略的群众性运动，为以后群众性的革命开了一个好头。

但是义和团运动也给人们留下了疑问，义和团运动是一次有组织、有计划的运动，他们也具有统一的思想和明确的目标。对于这样一个群众组织，它的前身是什么？是什么组织通过发展才成为震惊中外的义和团的。对于这个问题，历史上众说纷纭，主要包括以下几种说法。

第一种说法认为义和团运动的前身是"大刀会"。大刀会是清朝民间的一个武术团体，因在练武时用大刀而得名。大刀会最初的口号是"反清复明"，主要活动于鲁西南地区。光绪年间，大刀会主要以铲除西教为宗旨，对西方势力进行了疯狂的打击。由于大刀会的性质与战斗手法与义和团极其相似，所以后来人们认为，义和团运动实际上就是大刀会发展的结果，而义和团的成员也承袭了大刀会的很多做法。因此义和团是由大刀会演变而来的。

第二种说法是义和团是白莲教的一个分支，以此认为义和团就是由白莲教发展而来的。这种说法的根据源自清朝官员的说法，也是正史所记载的。据说当时清政府派兵查抄白莲教的时候,发现了义和团与白莲教有很多相似之处。在白莲教发现许多书信,上面多次提到了义和团运动。因此,这种说法也被大家所认可,认为义和团运动的前身是"反清复明"的组织白莲教。

与第二种说法相关的还存在一种观点。据说当时白莲教的一个分支叫作义和拳,或称梅花拳。在义和团运动发展的过程中,与义和拳联系甚密,所以受其影响,义和团也接受了很多白莲教的主张。所以义和团运动在发展过程中有很多与白莲教做法相似的地方。但是这不足以证明义和团的前身就是白莲教,也不能说明义和团完全归顺了白莲教,成为它的一个分支。这两种说法都是比较牵强的。

随着义和团运动的不断发展,义和团的组织成分也随之变得复杂。除了一些农民、手工业者和工人,后期又混入了一些王公贵族,还有清政府和列强派到义和团的间谍。所以在义和团发展到一定程度的时候,内部矛盾已经相当尖锐。最终在中外反动势力的联合镇压下,义和团运动宣告失败。但是这样一场轰轰烈烈的爱国运动带来的影响是震撼的,因此人们对于义和团前身的讨论还将继续下去,至于真相如何,让我们拭目以待吧。

(十)南京保卫战中两千国民党大兵为何神秘消失

有关于抗日战争的历史,想必大家都不会陌生。在这场历时 8 年的抗战当中,涌现出了一批可歌可泣的英雄人物,为我们中华民族优良传统的思想传承做出了巨大的贡献,我们为此深切缅怀他们。与此同时,我们也为日本帝国主义侵略者的滔天罪行而愤怒,他们的罪孽令人发指。在这场战争中,中国人民死伤千万,是第二次世界大战期间死亡人数最多的国家,日本帝国主义的侵略也给我们国家带来了不可挽回的损失。

在 1937 年淞沪会战失利之后,国民党军队瞬间失去了战场上的主动权,导致上海沦陷。鉴于此形势,有的将领向蒋介石建议退守至南京进行防卫。国民党召开作战会议之后,采纳了在南京进行布防的建议,唐生智作为南京司令,率军 15 万镇守南京。但是淞沪会战致使国民党军队士气低落,再加上前往南京的守军是临时组建的,所以在日军发动进攻之后,国民党军队虽然做出了一些抵抗,但是毕竟技不如人,没有坚守几天便战败了。祸不单行,在国民党军队撤退的过程中,由于配合不够默契,训练不够,致使军队发生了相互踩踏,抢路等突发事件,使得原本就损失惨重的部队雪上加霜。国民党军队的撤离使得南京城内丝毫没有武装抵抗,

1937 年 12 月,南京沦陷,日军展开了震惊中外、骇人

二、扑朔迷离的战争内幕

(一) 25 万明军为何命丧萨尔浒

发生在明末清初的萨尔浒战役,是一场以少胜多、速战速决的经典战役。经过这场战役,明朝对后金之战略态势由主动变为被动,明帝国于东北地区的藩篱逐渐丧失,日后虽调兵遣将、征加粮饷却再也无法获得对后金的战略主动权,并直至王朝覆灭。萨尔浒之战是明清战争史上一个重要的转折点。但是对于这场战役,令人不解的是,本是由明方发动,后金处于防守地位,结果却以明军惨败而告终,这其中到底有哪些不为人知的秘密呢?

1619 年,建立后金政权的努尔哈赤对于明王朝来讲是一个极大的威胁。他所领导的部队在起兵反抗明朝的战争中,经过多次交战给明朝军队以沉痛的打击,明朝军队领略到了努尔哈赤的厉害。明朝统治者也深刻认识到,如果不集中力量消灭努尔哈赤的后金政权,那么自己的统治迟早会被推翻。于是在这样的背景之下,萨尔浒战役打响了。

起初,明朝集结了自己的大约 13 万兵马,又与朝鲜军队 12 万合兵一处,然后兵分两路,向后金首都进军。面对来势汹汹的敌军,努尔哈赤亲率 10 万大军进行抵抗。成熟老练的努尔哈赤,针对明军长途跋涉,孤军深入的实际情况制定了一套制敌的策略。

首先,努尔哈赤亲率 6 万精锐部队与明军西线部队展开战斗,后金部队在努尔哈赤的有利指挥之下,利用地形优势给明军造成重创。随后,努尔哈赤命令自己的儿子们分兵对西南路的明军展开进攻。由于战法较为得当,西南路的明军遭到了后金部队的合围,经过激烈的交战之后,明军全军覆没。

看到西南路的明军都已被消灭,努尔哈赤决定集中优势兵力,对西路明军主力展开最后的决战。经过努尔哈赤精心的部署,与袭击西南路的儿孙们的部队集合之后,集中了全部主力,对士气低落的明军展开了决战。明朝军队虽然占据人数优势,但因为士气低落,战斗力下降而毫无招架之力。结果明军惨遭失败。通过这场

战争的胜利,努尔哈赤更加巩固了自己的政权,为清朝的建立奠定了基础。相反,明军在此战中伤亡惨重,伤了元气,致使后来一蹶不振,直至灭亡。

对于萨尔浒战役中明军失败的原因,历史上始终争论不休。显然,在这场战役中,明军的人数要多于后金部队。所以有人认为,即便努尔哈赤再善于军事指挥,后金部队的将士再骁勇,也不至于使得明军败得如此凄惨。

有一种观点认为25万明军之所以惨败是由于明朝军队轻敌所致。明朝军队为了剿灭努尔哈赤的后金政权,在集结军队上就可以看出是下了血本的,但是因为指挥将领的失误,使得大军处处被动,以致最终被消灭。倘若明朝统军将领深得兵法,足智多谋的话,就不会贸然进入萨尔浒,也不会对努尔哈赤的"各个击破"战术无动于衷。因此,有人说这次萨尔浒战役的失败,完全是明朝将领的领导责任,是轻敌葬送了明朝,成就了后金。

还有一种观点认为因为明朝军队长途跋涉,孤军深入,而后勤补给严重不足,所以导致明军失败。据说当时明军集结了部队之后,由于出战心切,并未进行周密的战前规划,以为人数占优的情况下,完全可以速战速决,因此对于后勤补给没有给予足够的重视。就在这种情况之下,努尔哈赤领导的军队与明军在萨尔浒附近周旋数日,导致明军粮草严重不足,而后勤补给此时供应不上,直接导致了明军军心涣散,致使战斗失败。

导致25万明军命丧萨尔浒的原因何在依旧众说纷纭。然而,这一切已淹没在历史长河里,无从探寻。

(二)北洋舰队全军覆没的真相之谜

1840年鸦片战争以来,西方列强用鸦片打开了中国的大门。随着西方列强的不断入侵,在一旁蠢蠢欲动的小国日本也盯上了中国这块肥肉。在腐朽的清政府被侵略者打得束手无策之际,日本又借口对中国发动了甲午战争。甲午海战中国最终战败,被迫签订了《马关条约》,这一极不平等的条约使得中国人民的生活更为水深火热。战争失败了,但是令人们欣慰的是,在这场战争中涌现出一批誓死捍卫国家的爱国将领和军队。

北洋舰队是洋务运动下建立的产物,是清政府加强与西方的联系以及向西方学习的产物。北洋舰队拥有当时在世界上也算得上是非常先进的装备:无论是从船舰本身的排水量、甲板厚度还是从舰船上所装载的火炮以及火炮的直径都是非常先进的,比日本的军舰要强得多。另外当时有数据统计,北洋舰队的人员数量也远远超于日军。在这种优势下,清政府才有信心与日军对抗。

那么,按照常理来讲,北洋舰队装备精良,人数众多,日本军队根本不是对手,但是为何在战争过后,整个北洋舰队会全军覆没?其中原因仍至今众说纷纭。

有一种观点认为,在日军战舰逼近的时候,北洋舰队的队形出了问题。当时,北洋舰队本想以分段纵列的队形迎战日军。但是由于士兵们平时就缺乏足够的训练,所以配合不够默契,原本的分段纵列却变成了一字排开的雁行阵。这种阵型正中日军的下怀,日军猛烈冲击北洋舰队的领头舰船,当领头的舰船被击沉之后,北洋舰队瞬间没有了方向,队形也随之变乱。由于队形混乱,所以导致战斗力严重分散,最终在日军有组织有计划的攻击之下,北洋舰队全军覆没。另外一种观点认为,北洋舰队全军覆灭是由于他们失去了主帅和有效的指挥。据说当时,北洋舰队指挥官丁汝昌正与副手和将军们站在位于阵型中间的舰船上观察敌情,指挥战斗。没想到,日军舰船突发冷箭,一下子炸掉了丁汝昌等指挥官所在的甲板,造成了北洋舰队多位将军死伤,丁汝昌也身负重伤。由于主帅受伤,无法指挥作战,北洋舰队缺乏有效的组织,从而战斗力大减,最终在日军的疯狂进攻之下,全军覆没。

还有一种观点是说北洋舰队的失败是由于炮弹不够。据说当时日军装备虽然没有北洋舰队精良,但是他们的舰船有一个很重要的特点:移动灵活。由于日军移动过快,致使北洋舰队无法准确地瞄准目标,浪费了很多炮弹。另外,由于船身的装载能力有限,再加上过于浪费,炮弹补给严重不足。面对日军密集的攻击,弹尽粮绝的北洋舰队已无力还击,最终全军覆没。不过,对于这种看法,很多学者提出了怀疑——当时北洋舰队具有世界上非常先进的战舰,对于炮弹的供应应该是在构造舰船的时候优先考虑的方面,所以出现炮弹不足的可能性应该很小。

对于这支北洋舰队的失败,学术界还有很多的争论,至于真正的原因如何,如今仍是一个谜团,也许将来会出现更为准确客观的证据来证明北洋舰队失败的真正原因。

(三)甲午战争期间宋育仁奇袭日本本土计划因何夭折

1894年,震惊中外的甲午中日战争爆发,北洋舰队全军覆没,腐败无能的清廷与日本政府签订了丧权辱国的《马关条约》,加速了中国半殖民地半封建社会的形成。

在战争中,清廷无力反抗,最终中国军队惨败。然而,近些年,学者们越来越多地研究史料发现,甲午战争期间,清廷驻外使节宋育仁提出了一个奇袭日本本土的计划,并且已经付诸实践,但是"万事俱备只欠东风"之时被清廷否决,最终这个计划流产。而他的奇袭计划至今也成了中国军事上的一个未解之谜。试想,如果此计划得以实施,那么,战争将可能是另外一个结局。

那么,宋育仁的计划是怎样提出来的,具体是怎样策划的,他做了哪些准备,最后为什么会夭折,他最终的结局又是什么……这些话题仍令人好奇。但是除却宋育仁事后所写的《借筹记》中讲述了相关的一些事情外,其他历史资料中却无充足的记载,所以,关于宋育仁奇袭日本计划的整个事件仍疑点重重。

宋育仁,是一名维新思想家,在当时颇有名气,时人称他"谈新政最早,治经术最深,著作等身,名满天下",在进士及第过后,官至翰林院庶吉士,后随公使龚照瑷出使欧洲。当时中日关系恶化,日本对中国虎视眈眈,身在异乡的他通过各种途径了解国外先进的管理技术以及各种政治思想,借此来丰富自己的维新思想。

甲午中日战争爆发之时,宋育仁仍在遥远的伦敦,代替回国的龚照瑷任中国驻英法比意四国公使参赞,忧国忧民的他看到中国在战争中节节败退——平壤溃败,黄海海战失利等等,于是便萌生了一个大胆的设想——奇袭日本本土。

这样的想法在当时可真算得上是异想天开,有人认为,清政府在国内尚且不能够打赢日本,更何况在日本本土作战。奇袭日本,这对武器装备、人员配置以及资金的要求都非常高,另外还需要各国配合协调,所以,奇袭的难度可想而知。

然而,对于整个计划来说,最重要的是,能否得到清廷的批准,这直接决定了计划能否实施。宋育仁曾经上书清廷,一针见血地指出日本的弱点在于"倭兵少财乏,持久足以困之",可惜这并没有引起清廷的重视。因为此时的清政府奉行投降主义,急于摆脱战争,所以对他的计划表示赞成的可能性并不大。

此时的宋育仁一心想要救国,已经顾不了那么多,在等待清廷批准的同时,他已经开始着手准备。宋育仁在自己的想法逐渐成熟之后,与使馆参议杨宜治、翻译王丰镐等密谋,打算组成一支水军,打着保护澳大利亚商队的名义开进日本长崎和东京。因为据《借筹记》中分析,"澳大利亚为英国的属地,西例商会本有自募水师保护商旅之权,中倭战起,澳洲距南浮最近,颇为震动,商会发议,举办属地水师一旅,以资保护,(英国候补议绅)庵洁华特暗联议院同党主行其议,而以此谋所购一旅驾名(假名)于澳洲商会所为,仍挂英旗出口,则局外无嫌,而踪迹不露"。

宋育仁还积极和两江总督刘坤一、张之洞等人联系,获得这些重臣的支持,并计划购买英国制造的兵舰5艘,鱼雷快艇10艘,同时招募澳大利亚水兵组成一旅水师。这样,宋育仁的军队就初具雏形了。资金方面,为了支付兵船购买费用以及军队的日常开支,宋育仁与英国康敌克特银行经理格林密尔,美国退役海军少将夹甫士等商定,准备向康敌克特银行借款200万英镑,贷款100万英镑。

经过一系列准备之后,舰队,枪弹武器,乃至作战人员都已经准备就绪,万事俱备,只欠东风——只等清廷的同意。中国拥有了一个可能战胜日本、扭转历史的机会。但是,打定主意和日本媾和的清廷坚决不同意宋育仁的计划,连发电报召宋育仁回国,并且下旨将购船募兵之事一律作废,"有心救国,无力回天"的宋育仁只好归国。

1895年4月17日,清廷与日本签署了丧权辱国的《马关条约》,甲午战争结束,日本从中得到巨大的利益,中国国力受到极大削弱。而宋育仁准备海外水师奇袭日本的计划也正式宣布流产。归国途中,心力交瘁的宋育仁写下了《借筹记》。归国后,清廷撤销了他的二品职位,降回四品原职。在《借筹记》中,宋育仁回顾了自己这个计划的整个过程,但是人们仍不禁想问,清廷之所以不采纳他的方案会不会是因为有人从中阻挠? 或者说,宋育仁的计划如果被批准实施,那么,他又能否如所计划的那样奇袭成功?

100多年过去了,史书中对于此事大多没有记载,它被尘封也快被人遗忘。历史不能假设,我们无法知道,如果宋育仁奇袭日本本土的计划成功,历史会不会是另外一个样子。

三、真假难辨的军事事件

(一) 秦军坑杀40万赵军俘虏是真的吗

公元前260年,当时最有实力统一中国的秦国和赵国之间,发生了战国时期最大最残忍的一次战争——"长平之战"。这场战争最终以赵军遭到了毁灭性的打击而结束。

秦昭王四十五年,秦国进攻韩国,完全截断了韩国的上党与本土的繁荣联系。

韩国国君本想把上党献给秦国，但是上党的郡守冯亭没有按照赵王的命令执行，却把上党郡17县献给了赵国。赵国的孝成王征求臣下的意见，平阳君赵豹表示如果接受了上党就会受到秦国的攻打，他还指出"秦蚕食韩地，中绝不令相通，固自以为坐而受上党之地"，所以赵豹主张不接受献地；但平原君赵胜与内史大臣赵禹主张接受。赵王最终听从了赵胜和赵禹的建议，接受了冯亭献地。赵国派军队攻取上党后，为了防备秦军来攻，派名将廉颇率军驻守长平。献地的冯亭被赵国封为华阳君，赐官爵三级。

秦国本想夺取上党，然而现在上党被赵国占领，秦君非常愤怒，就决定和赵国一较高下，马上命令左庶长王龁攻打赵国的长平。廉颇很有策略，他命人修筑高垒坚壁，准备迎接秦国军队的进攻。秦军从遥远的地方而来，想速战速决。廉颇就以逸待劳在长平坚守了三个月不出击，想让秦军因缺乏粮草而军心动荡最终不战而退。赵孝成王却没有沉住气，多次命令廉颇出战。秦国的范雎知道了这个情况，就派人到赵国蛊惑赵王，说廉颇不堪一击，将要向秦国投降；赵括才是秦军的强劲对手。最后范雎成功地运用反间计离间了赵王和廉颇，赵王决定让赵括指挥作战。赵括就是成语"纸上谈兵"的主角。他是赵奢的儿子，虽然读过很多兵书，但是根本没有真正上场打过仗，毫无作战的经验。赵括的母亲曾经力劝赵王不要任用赵括，可赵王一意孤行，还是任用了赵括。

秦国得知廉颇已经被赵括取代非常兴奋，这场战争对他们来说胜利在望。秦国任命王龁为副将，任命白起为上将军准备进军赵国。取代廉颇的赵括趾高气扬，彻底废弃了廉颇的作战计划。他没有经过缜密的考虑就出兵攻打秦军，秦军假装不能承受赵括的攻击逃跑而走。自以为是的赵括命令赵军继续追赶，最后陷入了白起设下的圈套。

赵军被断绝了粮草，只得在秦军的包围中坚守，希望救援的军队早日到来。与此同时，秦昭王决定把河内15岁以上的全部壮丁派遣到长平作战，以阻截赵国的援军，阻塞赵军的粮道。在围困46天后，由于既不能突围出去，又没有草粮，赵军士卒之间纷纷"自相杀食"。赵括亲自冲锋陷阵，后被秦军射死，赵军大败，最后大部分兵士向秦军投降。长平之战是战国由盛到衰的转折点，在这场战争中，赵国国力受到极大损害，它从此衰落下去，再也无法和秦国争雄。

但令人难以置信的是，秦军只放走240人回到赵国，竟然把剩下的40万士卒全部活埋，这个数字实在大得让人怀疑。那么秦国难道真的把40万赵军活埋了吗？"40万"这个数字引起了史学界许多专家的探讨。

首先，据《三国志·魏书·国渊传》记载，古人在记录自己的战果时，常常以一当十，以显赫自己的伟大功绩。如果真是这样的话，当时秦国是不是只活埋了赵卒4万，而不是40万？

其次，当时，秦国能够投入最多60万兵力到战争中。在长平之战后不久，秦国在邯郸之战中，用的兵力是长平之战的两倍多。那么长平之战最多也只有兵力30万。难道秦国凭借30万兵力击败了40万赵军？这在当时的战争中是根本不能实现的。

另外，在长平之战的下一年，秦国又向赵国发起进攻，但是秦国名将白起表示，这次进攻时机不佳，因为他认为赵国兵力太过雄厚，秦国难以取得胜利。这都不得不令人再次怀疑"40万"这个数据。

上面的说法孰是孰非，终难有一个定论。虽然疑虑重重，历史学家们仍然在这个问题上努力着。

（二）官渡之战到底是不是以少胜多的战争

官渡之战，是东汉末年"三大战役"之一，也是中国历史上著名的以少胜多的战役之一。东汉献帝建安五年（200年），曹操军与袁绍军相持于官渡（今河南中牟东北），在此展开战略决战。曹操在乌巢的粮仓（今河南封丘西）奇袭袁军，继而击溃袁军主力。此战奠定了曹操统一中国北方的基础。但是，几千年以来，袁曹双方交战的人数世人并不清楚，演义中的数字自然不能信，史书上也没有明确的记载，这场战争是不是以少胜多至今仍然是一个未解之谜。

官渡，也就是现在的河南中牟县官渡桥村一带。关于这次大战，官渡桥村也有相关的记载证明本次大战在此发生。村里的关帝庙中有清朝乾隆年间的石碑，碑上有碑文记载"官渡乃关帝拒袁斩将处"。

在《中牟县志》中也说这里有个旧城叫"官渡城"，还有座台名"官渡台"，又叫"曹公台"，也就是曹操屯兵之处。另外，据官渡村20千米的霍庄有地名曰"袁绍岗"，传说是袁绍屯兵的地方。

建安五年，即公元200年，袁绍和曹操在此展开决战。当时北方有几大割据势力，其中袁绍势力最强，拥军10万，占地面积广大，但是不得民心；其次是曹操，军队虽然只有三四万人，但是深得百姓拥护。

更重要的是,曹操控制了汉献帝,"挟天子以令诸侯"。在这种情况下,袁曹两大势力决战是必然的。

这一年二月,袁绍先行出兵攻打曹军,派郭图和颜良攻打曹操的白马东郡太守刘延。曹操用声东击西的战略,把袁兵引向延津,驻守黎阳的袁绍不得不派兵增援,这正中曹操的计谋。见袁绍中计,曹操立即直驱白马,袁兵猝不及防,溃不成军,大将颜良也被曹操斩首。

官渡之战

爱将被杀,军队涣散,袁绍勃然大怒,即刻下令追击曹操。曹操似乎早已料到,在延津以南,故意把辎重丢弃在路上,途经追曹的袁绍军队纷纷抢拾。趁袁军混乱之际,曹操一举大败袁绍,再诛文丑,袁绍军队再损一员大将,实力减弱不少。

尽管曹操两战连胜,取得局部交战的胜利,斩颜良诛文丑,但是相比袁绍的庞大军队而言,曹军仍然处于弱势。为了能够以弱胜强,曹操主动率领军队撤退到深沟高垒的官渡地区。在官渡曹操严阵以待,以伺良机,诱敌深入。

双方在官渡相持不下,在僵持了几个月之后,曹操突派骑兵,火烧连营,烧光了袁绍的粮草,曹操趁机全力攻打袁绍,打得袁绍无力还击,袁绍军队7万多人几乎全被消灭殆尽。袁绍携子率800余骑逃过黄河,幸免于难。至此。官渡之战曹操以弱胜强,大获全胜,而袁军大溃败,主力被歼灭。

虽说最初起兵伐曹操时,袁绍有精兵10万,马上万匹,但是经过白马、延津两战的失败,兵力定有损失。到官渡之战时,袁绍的兵力已远不足10万人。

有记载称官渡之战中曹操歼灭袁军7万余人,由此看来当时袁绍军队人数应该大于7万,小于10万人。但这种说法专家并不完全认同。还有一说,官渡之战时,袁绍军队人数大概是5万。

其实要弄清楚官渡之战的人数,最重要的是要弄清曹操军队的人数。至今我们只见过袁绍军队人数的记载,曹军的人数仍旧是个未解的谜。都说官渡之战是以弱胜强,以少胜多,但是具体数字,我们却不得而知。

关于此事的说法也是各种各样:有人说曹操的兵力只是袁绍的十分之一,若袁绍有 10 万大军的话,照此推算曹军也就几千人左右。在对《三国志》中官渡之战双方交战兵力记载具体分析之后,专家们得出了结论:保守估计,曹操兵力大约两万。

另外《三国志·武帝本纪》也有如下记载:"时公兵不满万,伤者十二三。"但是经专家分析,出现这种情况的可能性不大。专家认为这只是曹操在某个阶段的兵力,或者是某次交战后防御袁绍的部分兵力,其中的袁军也只是先头部队。本句话中的曹袁双方都不是全部军队。直到曹军在官渡驻守,双方相持不下时,双方兵力才渐渐汇聚于此。于是才有了曹操官渡之战坑杀袁绍大军七万余人的说法。

推测仅仅是推测,交战双方的具体人数仍旧没有一个确定的答案。官渡之战袁曹交战的人数还将作为一个悬而未解的谜等待后人的解答。

(三)赤壁之战真的败于火攻吗

208 年 7 月 12 日,孙权和刘备联手与曹操在长江赤壁(今湖北赤壁西北)一带举行战略会战,这就是历史上著名的"赤壁之战"。结果,孙刘联军大胜曹军。赤壁之战是我国历史上一次以少胜多、以弱胜强的著名战役,奠定了三国鼎立的局面形成的基础,也改写了中国的历史。

尽管赤壁之战已过去千年之久,但人们还是会质疑:以曹操的强大实力,怎么会打败仗呢? 曹操赤壁战败的原因究竟是什么呢? 这些疑问至今尚无定论。

以前,学术界几乎一致认为孙权和刘备联合火攻击曹是导致曹军大败的致命性原因。

在《三国志·蜀书"先主传"》中有对孙刘破曹的记载:"杈遣周瑜、程普等水军数万与先主并力,与曹公战于赤壁,大破之,焚其舟船。"北宋政治家、文学家、史学家司马光在其著名的《资治通鉴》中也对此事有所记录,黄盖"乃取蒙冲斗舰十艘,载燥荻、枯柴,灌油其中,裹以帷幕,上建旌旗,预备走柯,纱于其尾。去北军二里余,同时发展,火烈风猛,船往如箭、烧尽北船,延及岸上营落"。如此描述足以证明,曹军的确是被火攻大败。

不过,随着社会的进步和发展,有很多人对火攻败曹军论提出了质疑。

《三国志·魏书·武帝本纪》中虽有如此记载:"十三年,秋八月,公南征刘表……至赤壁,与备战不利,于是大疫,吏士多死者,乃引军还。"但是,这之中并没有提到孙、刘在赤壁战中使用火攻的事。另外,《三国志》记录的曹操与孙权书中说道:"赤壁之役,值有疾病,孤烧船自退,横使周瑜虚获此名。"经研究,他们得出结论：由于军队遭遇严重的瘟疫，曹军战斗力削弱，甚至丧失，因而不敌孙、刘联军，才会大败，而非因火攻所致。更确切地说，曹军患的是吸血虫病，这直接导致了曹军赤壁之战的失败。

这一结论的得出，也有史籍记载为证。一如陈寿的《三国志·魏书·武帝纪》对赤壁之战的记述中就没有提及火攻的事。他只说，曹军与刘军在赤壁大战，曹军不占上风，后又遇瘟疫，多数士兵染病而死。曹操迫不得已，撤兵回巢。曹军主帅曹操，战后给孙权写过一封信，信中写道："赤壁之战，有疾病侵袭，我烧船而退，使周瑜白捡了这个好名声。"由此可见，曹操在信中认了其战败的原因是遭遇火攻。另外，《吴书·吴主传》也记载："曹公烧剩余船而退败。"也就是说是曹操自己把战船烧掉的。

正因如此，支持血吸虫病致曹战败论者认为把曹军赤壁战败的原因归结为火攻，不能令人信服；他们坚持认为是瘟疫，即血吸虫病是致使曹军失利的主要原因。

《中华医史杂志》在1981年曾刊登过一篇文章——《曹操兵败赤壁与血吸虫病关系之探讨》。这篇文章认为"疾病"——急性血吸虫病是曹军赤壁战败的主要原因。证据有三：

其一，历史记载以及近代科学研究都表明，在我国，血吸虫病是一种古老的疾病。早在《周易》卦象"山风蛊"以及7世纪初叶的《诸病源候论》中就有对血吸虫病的记载。1973年，长沙马王堆一号汉墓出土了一具女尸，后证实是连轪侯之妻。经对尸体的研究发现，在其肠壁和肝脏组织里都有血吸虫虫卵，像她这样的贵妇人都没能幸免染上此病，这表明血吸虫病在当时是流行病。而血吸虫病流行最严重的地区恰恰是赤壁之战的战场。

其二，时间证据。赤壁之战时值冬季，正是血吸虫病的感染季节。曹操的水军染刚上血吸虫病时是秋天，尚未发作。当时距离赤壁之战开战还有一个多月，曹军正在迁徙、练兵。但是经过一个多月，赤壁之战开打时，曹军疾病发作，再加上战争带来的疲惫和伤痛，实力被大大削弱，不堪一击。

其三，地域环境的影响。与曹军一样，孙刘的军队也是在水上作战，在同样的疫区转移军队或者行军，为什么他们没有染上这种病呢？这主要是因为，孙刘的军队长期在血吸虫病的疫区中生活、练兵，早已经习惯和适应了这种环境，他们体内早有抗体，有一定的免疫力。即便是士兵染上了血吸虫病，多数也是慢性的。而曹军刚到南方，水土不服，尚未适应疫区的环境，很容易感染急性血吸虫病，突然发作，难以克制。

不过尽管如此，血吸虫病的说法也不十分可信，甚至比火攻论引起的质疑更多。1882年5月25日的《文汇报》上发表了季始荣写的文章，标题是《曹军兵败赤壁是由于血吸虫病吗？》在这篇文章里他对这两种论点都提出了质疑：

一、曹军烧船退军的事情的确在《史记》中有记载，不过说的不是赤壁之战，而是说曹军战败，撤军到巴丘；另外战船也是在巴丘烧的，而非赤壁。

二、曹操训练水军是在邺，即今河南安阳县，不是在疫区江陵。邺这个地方没有发生过血吸虫病，又怎么能说曹军感染了此病呢？

三、曹操的水军大都是湖北人，也常年生活在血吸虫病疫区，免疫力与孙刘联军无差，也不存在水土不服的问题。此外，曹军的补充，刘璋的军队来自四川，也是疫区，在免疫力上与孙刘联军相比，根本没有强弱之分。

四、血吸虫病有一个月左右的潜伏期，甚至有少数是两个月以上。潜伏期越长，其发病症状就越轻。由此可推测，即使曹军在战前一个多月就患上了血吸虫病，赤壁之战开战时，士兵也仅仅是刚刚发病，尚无大碍，并不影响作战。

难道是曹军故意掩盖其战败的原因？曹军战败究竟是因为火攻呢，还是由于染上疾病？火攻论证据不足，不能尽信；而血吸虫病一说也有缺陷，缺乏可信度。关于曹军赤壁之战强不敌弱的原因至今仍是一个未解的千古谜题。

（四）诸葛亮"草船借箭"真的发生过吗

诸葛亮的名字家喻户晓，展现其聪明才智和神机妙算的事迹数不胜数，如"草船借箭""七擒七纵"和"借东风"等事件在现如今已家喻户晓，人尽皆知。然而，需要纠正的是，诸葛亮并不是"草船借箭"的主角，他一生中从来没有干过这件事，孙吴集团的领袖孙权才是当年借箭的真正主角。

据《三国志·吴书·吴主传第二》记载，当年"草船借箭"的真实情况是这样的。建安十八年，即213年，曹操平定关中之后，率领大军南下进攻孙吴。孙权领兵迎战，曹孙两军战于长江水入巢湖的濡须口。初次交战，曹军大败，后来曹操坚守营地，不轻易出兵，以等待更好的出击时机。

一天，孙权借江面有薄雾，乘轻便战船从濡须口闯入曹军前沿，观察曹操营地的部署情况。由于曹操生性多疑，见江面水雾缭绕，孙军整肃威严，恐怕有诈，不敢出战，而是下令弓箭手向孙吴的船同时射箭。不一会儿，孙权的船很快便落满了箭,船因一面受箭偏重,渐渐倾斜,面临翻沉的危险。孙权立即下令掉转船头,让另一面受箭,等受重平均,船身平稳后,孙权指挥战船列队安全离去,曹操这才明白上了当,追悔莫及。孙权处于险境中竟能如此沉着镇定,可见其智勇双全,曹操因此也不得不感叹万分,留下了一句名言:"生子当如孙仲谋。"

由此可见,"草船借箭"的不是诸葛亮,而是孙权。另外,从发生的时间来看,"草船借箭"这一事件也比赤壁之战晚了5年。

现代看来,在"草船借箭"这件事情上的确是有人犯了"张冠李戴"的错误,以致后来以讹传讹,最后掩盖了历史原本的真相。

(五)"借东风"到底有没有发生过

一提到《三国演义》中最聪明的人,大家首先就会想到"智多而近妖"的诸葛亮。而诸葛亮"三气周瑜""草船借箭""借东风"等充满传奇色彩的事迹大家也耳熟能详,并且对诸葛亮的聪明才智充满了敬佩。但是现在史学家经过考证却颠覆了诸葛亮的形象,打破了他的神话。他们认为诸葛亮的这些故事都是《三国演义》作者通过历史上其他人物的故事加工而成,而不是他本人所为。

特别是在"借东风"这则故事中,诸葛亮被写得十分玄幻,居然可以向上天求得东南风。人们大多对它的真实性保持疑问。为了探索历史上的"借东风"是否真有其事,史学家们开始在卷帙浩繁中埋头研究。

根据《三国演义》的记载,事情的发生是这样的。当曹操来攻吴国时,刘备和孙权为抵御曹操联合抗敌。他们两人的军师诸葛亮、周瑜通过商量,决定以火攻曹营。但周瑜接连使用连环计、苦肉计,骗得曹操将船只连接一起并且接受黄盖投降,他们的计划只差最后一步,就是火烧曹营。可就在此时,天公却不作美,连日吹来的都是西北风,这样火攻曹营,恐怕烧到的不是曹操而是他们自己。为了解决这个问题,诸葛亮自告奋勇,愿向老天借来东风。他让周瑜筑起七星台,自己在上面作法三天后,果然东南渐起大风,周瑜也因此赢得赤壁之战。

但史学家认为《三国演义》只是一部小说,可能作者罗贯中为在书中表现诸葛亮的足智多谋,就故意杜撰了这样一个情节。而史学家通过对描写三国的正史仔细阅读,并没有发现关于"借东风"的记载。

如陈寿的《三国志》在叙述赤壁之战时,只是记载诸葛亮见曹军压阵有欲吞天下之势,于是上表刘备联吴抗曹。之后,诸葛亮前往吴国劝说孙权。他向孙权陈情利弊,认为只要孙刘联合打败曹操,曹操必将北还,然后孙权乘机在南方扩张,即可与曹操形成鼎足之势。在诸葛亮的劝说下,孙刘结盟成功,一起打败曹操。但书中并未有一字半句提到过"借东风"之事。

如果诸葛亮没有借过东风,那传说又从何而来呢?

史学家通过研究认为,可能诸葛亮的确借过东风,但不是真的向老天借,而是他精通天文,知道几天过后必有东南风,因此故弄玄虚。或者诸葛亮没有借过东风,只是历史上曾经有过这样一件事,只是罗贯中将这件事嫁接到了诸葛亮头上,以增加故事的戏剧性。又或者诸葛亮没有借过东风,历史上也没这种事,这只是作者的臆想。

到底诸葛亮是否借过东风,因为史学家们连赤壁之战的地点都仍在争论,所以想去实地勘察寻找旧迹也不太可能。所以史学家只好继续在史料中寻章摘句,以期能获得关于"借东风"是否确有其事的原始记载。

(六)淝水之战到底是不是以少胜多

在对于过去历史的了解中,我们所熟知的淝水之战是历史上著名的以少胜多的战役。这场战役是当时苻坚所掌控的前秦与东晋王朝在淝水所进行的战争,对于这场战役,历史上给予了很多的评价和论述。但是,从不同的角度分析并对当时其他的一些史实资料进行考证之后我们可以发现,淝水之战,是兵力明显少于前秦的东晋以少胜多,还是前秦的兵力远远逊于东晋王朝是值得考究的,这种疑虑也导致史学界众说纷纭。

265 年,西晋的开国皇帝司马炎取代曹魏,建立了西晋。280 年,西晋灭吴,结束了魏蜀吴三国鼎立的局面,并出现了短期的和平安定。但是随着统治者的腐朽和矛盾的不断激化,西晋仅仅存在了 30 多年就灭亡了。从此在中国的版图上出现了南北大分裂的局面。北方出现了众多少数民族相互争斗的混乱现象,南方则由司马睿建立了东晋王朝。

357 年,以长安为中心建立的前秦政权通过氐族争斗迎来了一位新的王者——苻坚。苻坚登上王位之后,非常重视国家的发展,他任用贤能治理国家,汉人王猛就是他推动国家发展过程中发现的一个重要人才。在王猛的组织下,前秦的经济和军事方面都取得了进步与发展,前秦王朝的实力也不断壮大,为苻坚积极对外扩张奠定了坚实的基础。

随着前秦势力的不断扩大,前秦王朝与其他王朝的矛盾也逐渐显现。在苻坚统一了黄河流域之后,在随之进攻襄阳之际,前秦与东晋的矛盾终于演变为战争,爆发了历史上著名的淝水之战。

据史实记载,对于东晋的侵略,苻坚派出了一支人数多达80多万的军队,而东晋方面在面对前秦强大攻势的时候,谢石和谢玄两位将军率精兵8万进行阻击。在前秦庞大军队面前,谢石和谢玄二位将军临危不乱,在充分分析战场形势的前提之下,选派了5000名骑兵,在背后突袭了前秦部队,歼敌无数,取得了胜利。这次胜利直接导致了苻坚的登场。自认为兵力远胜于对方的苻坚根本就没有想到东晋会有机会偷袭自己的军队,所以在首战告负的情形之下,苻坚来到了战场。他站在地势的最高处,俯瞰屯军于淝水河岸的东晋部队,顿时惊呆了。由于东晋部队训练有素,所以在屯军之时也是旌旗林立,军容严整。面对这样的景象,当时的苻坚简直不敢相信自己的眼睛,当他的视线从强大的东晋军队身上转移时,却意外地发现自己的身边、周围竟然都是东晋的部队,其实苻坚是被东晋部队的训练有素所惊呆了,这也是成语"草木皆兵"的来历。

在首战告捷之后,谢石谢玄二位将军决定乘胜追击,利用淝水的有利地形把前秦军队打个措手不及。于是,他们准备让军队渡过淝水,在河的对岸与前秦速战速决。而另一边的苻坚在看到东晋部队渡河的时候心生一计,他想在东晋军队渡河之后,对他们进行包围,并全部消灭。但是人算不如天算,由于前秦军队构成人员的复杂性再加上配合程度不够,默契不足等一系列问题,当苻坚发号假装撤退,引诱对方的时候,前秦部队却以为打了败仗要真的撤退,所以军心涣散,顷刻整个军队乱成了一团。而这时的东晋部队随后感到,对于混乱的前秦部队自然不会手软,经过了激烈的战斗,东晋部队在淝水打败前秦,苻坚本人也受伤仓皇而逃。

面对这样一场以少胜多的传奇战役,我们一方面为东晋军队的坚韧和顽强予以肯定,另一方面,对于前秦的失败也要进行深入的分析。从史料记载上看,前秦部队的人数是东晋的十倍之多,即使遭到了对方的偷袭所受到的损失也是可以弥补的。而为何在战败之后就一蹶不振了呢?这就需要从前秦部队人员的构成上分析。

据史料记载,当时长江以北总人口不过几百万,而苻坚此次出征的军队却达到了87万,这个数字惹人怀疑。从总人口的比例上分析,苻坚所掌控的前秦王朝,军队百万已实属不易,况且他不可能举倾国之兵讨伐东晋,所以是否真的拥有87万人的军队值得考证。

在从东晋的角度看，东晋由于自己的发展，对于长江流域的防守本就特别重视。在面对前秦的讨伐时，东晋派出了谢石谢玄所率领的 8 万军队，这 8 万军队与先前在长江流域的军队会合，总兵力不仅仅是 10 多万那么简单。除此之外，由于前秦军队受到长途跋涉、水土不服等因素的影响，战斗力明显下降，所以，东晋的部队从实力上看，应该与前秦部队是相差无几的。

淝水之战，历史上这场经典的战役确实给后人留下了深刻的印象。但是，从对过去史料的分析，我们难免产生一些对于这场战役的疑点，对于淝水之战的真相探究，是值得我们期待的。

（七）蒙古四大汗国是否真的存在

在我国历史上，蒙古草原出现了两位傲视群雄的霸主，他们就是成吉思汗和忽必烈。成吉思汗率领蒙古军队所向披靡，他们的铁骑也让当时的被侵略者闻风丧胆，成吉思汗也成了蒙古人心中的英雄。而成吉思汗建立的蒙古帝国在他的孙子们时最后定型，成立了蒙古帝国并统一了中国分散的疆域。和汉人不同，蒙古人实行幼子继承制，在蒙古帝国建立之后，以元朝的帝国为大汉辖区。除此之外，还存在相对独立的四大汗国，他们是金帐汗国、察合台汗国、窝阔台汗国和伊儿汗国。这四个汗国拥有独立的人口、军队和管理制度，所以也可以说这四个汗国是内政、军事独立的小国。也可以说，这是现实社会中"联邦制"的最初形态。

这四大汗国与大汗辖区联系密切，看似为一个统一的整体，但是他们却具有极大的独立性。蒙古四大汗国的成立是我国历史上的一次大事件，任何历史学家对于元朝历史的研究都无法否认蒙古四大汗国对于整个元朝统治所做出的贡献。但是历史上对于这四大汗国却提出了异议，有些人对于他们是否真的存在产生了质疑。

历史上除了认为金帐汗国、察合台汗国、窝阔台汗国和伊儿汗国是成吉思汗所分封的四大汗国之外，还有一种说法是蒙古四大汗国其实是术赤汗国、窝阔台汗国、察合台汗国和拖雷汗国。也有人对此表示否认。究竟是什么原因导致有不同版本的四大汗国出现呢？历史上是否真的存在四大汗国？对于这个问题，历史上众说纷纭。

对于蒙古四大汗国的存在有异议的那些人相信成吉思汗并没有只分封自己的

儿子。因为据历史记载,成吉思汗作为草原的一大霸主,当他建立蒙古帝国之后,不仅仅对他的儿子进行了分封,对他的兄弟同样进行了分封。而且在分封他的兄弟时,无论是人口、土地、牲畜和军队都在分封的范围之列,而且从数量上看,成吉思汗也一视同仁,并没有偏向哪一位兄弟,而且每一位兄弟所得的土地和士兵也是不计其数的。有了这些分封作为资本,他们各自统领一方,拥有独立的军队和内政。因此,他们也可以算是独立的汗国。此外,由于蒙古的国力有限,资源也是有限的。成吉思汗给他的兄弟分封之后,留给自己儿子的就不会太充裕,因此,四大汗国的资源想必也不算太充足,有些甚至没有成吉思汗兄弟所管辖的地方资源丰富。因此,这四大汗国可谓有名无实。所以人们认为蒙古四大汗国其实不存在的理由是成吉思汗的兄弟所得到的东西不比分给他儿子的差。他的四个儿子统领四大汗国,那么他的兄弟的领地亦可称为汗国。

另外一种观点认为四大汗国并不存在的原因是来自于宋朝的《黑鞑事略》这部著作。据这部史书记载,蒙古国当时并不存在四大汗国,而是在成吉思汗建立蒙古帝国之后,对他的兄弟和儿子进行了分封,但分封的是八位王爷,而不是四大汗国。因此,从这部著作中可以看出,宋朝年间也不存在蒙古四大汗国的说法,根据这部《黑鞑事略》记载,蒙古国存在的应该是八王。所以有些人是通过宋朝的这部《黑鞑事略》才对四大汗国予以否定的。

由此我们可以看出,对于历史上是否真的存在蒙古四大汗国的说法还是存在很大异议的,成吉思汗和忽必烈建立了强大的蒙古帝国,他们对于历史的贡献将会被后世所铭记,因此对于蒙古的关注也会持续下去。因此,我们应该相信将来一定会出现客观准确的史料揭开这个谜底。

(八)明朝荥阳大会是否真的发生过

李自成是明末清初有名的农民起义领袖,他所领导的农民起义,严重威胁了明朝统治者的统治根基,同时也给腐朽没落的明王朝以沉痛的打击。李自成在起义军中,凭借着自己出色的领导能力和勇猛的战斗作风,逐步取得了起义军其他将士的信任,威信也随之提高。他被称为闯王,正是对他勇猛无比的最佳概括。但是李自成自起义之初,是通过怎样的方式或做出了怎样的努力之后才逐渐取得大家信任的呢?据说,是通过起义军在河南荥阳召开的一次大会,这次大会也被称之为荥阳大会。

　　这次荥阳大会被看作是起义军十分重要的一次大会,甚至可以说是一次生死攸关的大会。这次大会据记载发生在明朝崇祯七年底,目的是在农民起义军取得丰硕成果,贡献了很多城池之后,为了破坏明朝对农民起义军的围剿召开的一次重要会议,这次会议旨在研究如何突破明军的封锁以及制定起义军下一阶段的作战部署。在会上,起义军首领高迎祥、李自成等悉数表达了自己的意见。通过大家的讨论,最终确定了作战方针,制定出了一套既能够突破当前明军对起义军的重重包围,又可以为下一步起义军争取到有利的局面的策略。这次会议对于起义军的意义是十分重要的。通过荥阳大会,统一了起义军上下的思想,明确了作战的目标,更为重要的是在这次会议中,大家发现了李自成的过人胆识以及深谋远虑。有人甚至断言,这次会议的意义是划时代的。

　　但就是这样一次对起义军十分重要的荥阳会议,有些人对于它是否发生表示了怀疑。不过在历史上有些人是支持荥阳大会存在的。他们根据很多史料的记载,最重要的是《李自成新传》的记载。有一些投降的士兵亲自讲述了这段历史,而且说得没有任何漏洞,因此他们对荥阳大会的真实性是持肯定态度的。

　　认为荥阳大会并不存在的观点有:

　　有的人认为荥阳大会根本没有发生过的原因是荥阳大会与历史记载的李自成等人在荥阳大会之后攻取凤阳相冲突。因为当时记载的是李自成、高迎祥等人在荥阳大会之后,运用制定的作战方针,在随后对凤阳展开了进攻。但是通过对其他史实资料的研究之后发现,取凤阳的人根本不是李自成和高迎祥等人,而是未参加荥阳大会的两名将领。而且在时间上也有出入,起义军攻陷凤阳的时间比荥阳大会召开的时间要早几天。试想李自成等人不大可能在攻取凤阳之后,率军行进千里来到荥阳开会,况且两地路途遥远,时间上也是不允许的。

　　还有人认为荥阳大会不存在的原因是对李自成地位的怀疑。荥阳大会据记载发生于明崇祯七年底,但是历史上有很多史料都记载李自成自崇祯九年开始才被人称为闯王的,而且直到明崇祯十三年才被人们所熟知。因此,在崇祯七年底时,李自成尚且是高迎祥麾下的一名部卒,根本没有多大的影响力。所以很多人认为,荥阳大会是后人为了衬托李自成或是有意刻画李自成才故意编造出来的。因此这次会议历史上是不存在的。

　　除此之外,还有人提出异议是根据当时的背景。虽然明朝的统治根基已经严重受损,但是当时河南境内仍然归于明朝控制。而起义军攻破荥阳,并在荥阳召开大会的说法难免遭人怀疑。

至于荥阳大会是否真的存在的争论还将继续下去,希望日后能够出现更为准确和客观的资料来揭开这个谜团。

(九)太平天国北伐运动的主帅究竟是谁

太平天国运动(1851~1864年),是在清朝统治后期的一次最为轰轰烈烈的农民起义,虽然最终被清朝联合列强镇压下去,但是这次运动的意义在中国历史上是十分重大的。太平天国前期所到之处都实现了男女平等,废除裹脚等恶习,女子的地位得以和男子同等,这是近代中国民主的开端。就连在西方的一些见闻记中,都称当时中国最为俊美及威武的男子只有在太平天国之中才能看到。

1853年太平天国建都天京(今南京)。定都后不久,太平天国就遭到清朝最为严酷的一次围攻。为了解除军事围攻,太平天国军团决定同时并举,分兵北伐、西征,深入敌人的心腹地区,打乱清军的战略部署,然而,由于孤军深入,这场北伐运动最终还是以失败而告终。

据记载,当时为巩固政权,太平天国组织两万多兵力从扬州出发进行北伐,目标是夺取北京。北伐军一路突破清军封锁的部队,跨过安徽的临淮关和凤阳府,继而从亳州挺进河南,攻陷归德府,然后向山西进攻,经平阳府、洪洞县折往东趋屯留、黎城,再从太行山入武安、涉县进入直隶,最终在8月28日攻克直隶重镇临洺关,京城震动,逃离北京的不下三万家,就连咸丰皇帝也十分恐慌,准备逃往热河。北伐军从深州乘虚而入,打算经沧州、静海从东面取北京。但这一带此时洪水泛滥,再加上北伐军孤军深入,后援不足,终至北伐失败,全军覆没。

然而值得一提的是,尽管太平天国这次北伐最终还是失败了,北伐军深入清朝统治中心地区,对清朝的腐朽统治进行了有力的打击,更为同时进行的西征和三年后的东征的胜利创造了条件。另外,北伐军在奋战中所表现出来的视死如归和不屈不挠的英雄气节,连曾国藩都赞赏有加。但是,世人在解读这段历史时惊讶地发现,对于这次北伐运动,竟然不知主帅到底是谁。史籍上记载说,太平天国这次北伐的主要将领有林凤祥、李开芳、吉文元、朱锡锟、黄益芸等人,其中李开芳和林凤祥中的一位有可能是主帅,但究竟是谁,至今人们仍争论不休。

首先一个原因就是,林凤祥与李开芳他们二人的官职品级不分上下,谁担当主帅都是理所应当的。

　　另外一个原因就是,在不同史料的记载中,李开芳和林凤祥二人的排列名次不统一。郭廷以在《金陵杂记》《太平天国史事日志》《畿辅平贼纪略》等书中讲到,李开芳排在林凤祥之前。其中《畿辅平贼纪略》是这样说的:"初,粤匪洪秀全、杨秀清等窜居江宁,连陷镇洪、扬州,乃遭伪丞相李开芳、林凤祥、吉文元等渡江,自浦口窜扰皖豫两省。"然而根据《东华续录》和《戴经堂日钞》的内容,林凤祥却在李开芳的前面。《戴经堂日钞》是这样记载的:"闻阑仪河口捕获渡河贼五人……讯供贼首林姓等……一自扬州坐船至浦口……约万余人。"可见,这些记载中二人的名次先后排列并不统一,所以,到底谁前谁后,谁是主帅就无法定论了。

　　关于北伐运动的主帅是谁的问题,如今在史学界主要分为两派立场:一方认为林凤样是太平天国北伐运动的主帅,另一方认为李开芳是太平天国北伐运动的主帅。

　　前者的理由如下:

　　在太平天国癸丑三年五月十六日,北伐军从朱仙镇发回天京的战况"禀报"中,林凤祥的名字是排列在第一位的,接着是李开芳、吉文元、朱锡锟。另外,在北伐军战败时,林凤祥与太平天国将领欧锦、陈亚末同时被清朝俘虏,在他们的供状中也写道"四月跟林凤祥……占住连镇,林凤祥令李开芳领人往攻高唐州"以及"是年四月,我跟林凤祥、李开芳、吉文元三个伪丞相,过河……"等,这些都可以作为林凤祥在李开芳之上的证据,因此,有人认为,林凤祥才是北伐军的主帅。

　　持后种观点的人的理由是:

　　第一,太平天国在北伐后,对战死的将领作为开国功臣进行追封。按照太平天国的制度,在封爵前面必须"冠以衔系",其中,太平天国的爵号次序是"请""　","祝""嘏"(福);衔系分别冠以"春""夏""秋""冬"以及"合""协""洽""让"。李开芳的全衔是"殿前春季电察天军顶天扶朝纲请王合千岁";林凤祥的全衔是"殿前夏季电察天军顶天扶朝纲求王协千岁";吉文元的全衔是"殿前秋季天军顶天扶朝纲祝王洽千岁"。根据上面的分封,可以很清楚地比较出,李开芳在林凤祥前面,李开芳应当是太平天国北伐运动的主帅。

　　第二,太平天国陷落后李秀成被俘,在他的自供状《李秀成自述》中,他曾分析太平天国"十大错误",他说:"一误国之首,东王令李开芳、林凤祥扫北败亡之大误;一误因李开芳、林凤祥扫北败后,调丞相曾立昌、陈仕保、许十八去救,到临清之败;一误因曾立昌等由临清败回,未能救李开芳、林凤祥,封燕王秦日昌复带兵去救,兵到舒城杨家店败回⋯⋯"从李秀成自供状的内容中我们可以注意到,李秀成三次都将李开芳放在林凤祥前面,没有一处将林凤祥放在李开芳的前面。另外,总理过天朝国政的王洪仁轩在其自述中,也把李开芳放在林凤祥的前面。

所以,根据这些史料证据,有些人认为李开芳应该是太平天国北伐运动的主帅。

对于这两种似乎都证据确凿的观点,人们一直很难判断哪种是正确的。李开芳和林凤祥究竟哪一个才是太平天国北伐运动的主帅,至今仍是一个难解的谜团。

(十)八国联军使用过毒气弹吗

1900年7月,八国联军进攻天津时,天津军民死伤惨重,而天津军民死伤的形状也颇为奇特。部分史料中有如下记载,颇让人心惊胆寒。清代的《西巡回銮始末记》中的描述详尽而细致:"城内惟死人满地,房屋无存,乱因洋兵开放列低炮之故,各尸倒地者身无伤痕居多,盖因列低炮系毒药掺配而成,炮弹落地,即有绿气冒出,钻入鼻窍内者,即不自知殒命。至城破3点钟后,洋兵犹见有华兵若干,擎枪倚墙,怒目而立,一若将欲开枪者,然及逼近视之,始知已中炮气而毙,只以其身倚饯在墙,故未仆地。"

此次突袭给后世的学者及历史爱好者们留下了诸多疑点。八国联军一直都矢口否认,自己曾在侵华战争中使用过毒气弹。作恶多端的八国联军不承认自己的罪行也是有理由的:当年的《万国公法》中曾明令禁止使用武器"列低炮",因为其威力巨大,可在极短时间内轻易夺去众人的生命。然而,纵使三令五申,列低炮还是现身天津港海岸,作为"制裁中国"的工具。

当时的军事文件现已不可考,然而从上文的记述中,我们似乎可以认为,即便没有百分之百把握,这被称作"绿气"的气体,与今天化学生产中所说的"氯气"应该是有千丝万缕的联系:依据史料,清朝官兵按照以往躲避炮击的方法,藏在掩体后面。但是,与以往不同的是,这次的"炸弹"爆裂后,绿烟弥漫,无论是否躲到掩体后面,只要闻到绿色烟雾的就会全部死亡。由此观之,这种"绿气"极有可能就是"氯气"。如果氯气浓度极高时,人吸入则有可能马上窒息而死。

此外,在第一次世界大战中,人们也曾关于毒气弹的使用如此记述过:"1915年4月,德军飞机向英法联军投下氯气弹。炸弹落地后,腾起团团黄绿色的浓烟,迅速向四周弥漫。靠近毒气弹的英法士兵们纷纷倒下,头晕目眩,呼吸紧张,紧接着便口角流血,四肢抽搐起来……死后的人大多数还保持着生前的姿势。"史料上的描写与八国联军在天津使用列低炮进攻清军后的情况几乎一模一样。到此,从各方面分析,结论逐渐明朗:英军从南非战场直接运到天津的"列低炮"就是氯气弹。

这种武器在很大程度上促进了八国联军的胜利。据相关专家考证,毒气弹在天津至少使用了三次。1900 年 7 月 11 日,英国的"奥兰度"舰准尉吉普斯在《华北作战记》文中提道:"星期三(7 月 11 日)凌晨 3 点,中国人大举进攻车站,决心要攻下它。他们在黑夜中前进,终于到达车站……我们从大沽运来的 4 英寸口径大炮第一次使用上了,当时,洋人已经顶不住武卫军和义和团向老龙头火车站发起的共同进攻。于是,英军从织绒厂后面向驻扎在陈家沟的武卫左军大营和攻打火车站的清军及义和团施放了毒气弹。绿烟飘来,数百士兵以及尚未分发的 600 匹战马均无一幸免,铁路旁的义冢堆尸如山。"

据史料记载,八国联军在攻打天津期间大量使用氯气弹,短短半个月,氯气弹的使用率竟高达三次。除 7 月 11 日,八国联军还在 7 月 13 日夜晚与 8 月 5 日清晨使用过这种先进的化学武器对付清军。

7 月 13 日至 14 日凌晨,八国联军对天津城发起总攻。萨维奇·兰德尔文《中国与联军》载:"攻打天津城的战斗发生在次日清晨。联军利用所占有的一切可以利用的大炮在日出时就开始射击……两门 4 英寸口径海军快炮中有一门架在通到西机器局的路上,另一门则在土围子附近……"守城清军凭借城墙高厚的优势阻击,义和团在城下民房中协助。洋人攻城不下,于晚上 8 点开始撤回攻城士兵,并施放特殊炮弹。

而 8 月 5 日清晨,联军开始向唐家湾的清军前沿阵地发起总攻,一开始怕伤着联军士兵并没有发射,等到在穆家庄、南仓受到清军阻击,退到白庙,渡过河后,英军随即施放列低炮,这种炮弹再次帮了他们大忙。然而,当年的列低炮如今下落何方呢? 在炮击攻下天津之后,史料中再也没有发现关于列低炮的记载,也没有人再发现过联军使用毒气弹的记载。天津就此成为唯一受过列低炮伤害的城市。

这段历史留下的几个未解之谜,如今人类仍得不到有力的证据对其做出解释。因此,一切的结论都只是基于各种假设的推论。历史的追问看来只能留待后人考证了。

（十一）火烧圆明园的真的是英法联军吗

谁烧了圆明园，这一个中学生都知晓答案的问题，似乎没有重新设问的必要和意义。因为"1860 年第二次鸦片战争时期英法联军火烧圆明园"的史实早已走进历史课本，作为永恒的爱国主义题材，代代传授，不忘国耻。

然而，到底是谁烧了圆明园，历史课本是否完全是历史真相的再现？为此，一场口舌之战正激烈上演。

一些人坚信是英法联军火烧圆明园，证据确凿，无从抵赖。据当年英国远征军司令额尔金伯爵回忆，之所以下令烧掉皇家园林圆明园，是为了报清政府逮捕公使和战俘之仇。行动前，他们还在北京全城张贴如下公告："任何人，哪怕地位再高，犯下欺诈和暴行以后，都不能逃脱责任和惩罚；圆明园将于（1860 年 10 月）18 日被烧毁，作为对中国皇帝背信弃义的惩罚；只有清帝国政府应该对此负责，与暴行无关的百姓不必担心受到伤害"（译自英文）。额尔金还描述了当时抢烧的情景：几个军官、士兵上身埋在一个大箱子里，手忙脚乱地翻弄里边的物事，另一帮人在争夺一堆御袍，没人有闲情逸致欣赏艺术品，大家都在竭力抢夺值钱的东西……抢劫者们用大车拉走他们的掳获，满地都是散落的物品……"抢劫一空后，为销毁现场，就一把火将其付之一炬，大火接连烧了三天三夜，北京的天空都被染得通红。此外，1861 年，法国政府在巴黎展出"远征中国"的战利品——圆明园文物。大文豪雨果评论道："有一天，两个强盗闯进了圆明园……这两个强盗，一个叫法兰西，另一个叫英吉利。"以上斑斑劣迹，难道还不足以证明英法联军火烧圆明园的事实吗？

历史罪人早已不在，现如今的圆明园只剩下一片残垣断壁，以及世人无尽的叹息。究竟谁是罪魁祸首，真希望有一天见证这一历史性悲剧的土地能告诉我们一切，只可惜它们始终沉默无语。

四、诡异离奇的将帅之死

（一）秦赵长平之战赵括葬身何处

赵括，赵国名将马服君赵奢之子。赵括从小就学习兵法，谈论军事，以为天下没人能抵得过他。尽管赵括熟读兵法,却不晓活用。其父赵奢曾说如果赵国不用赵括为将也就罢了,若要是让他为将,赵军一定失败。最终,长平之战的惨败证实了赵括只不过是个"纸上谈兵"的盲将,最终被秦将射死。但他究竟死于何处,葬于何地,至今仍是个未解的历史谜团。

长平之战,是我国历史上持续时间最久、规模最大、最惨烈的战争之一,也是《史记》中有详细记载的唯一一场战役。此场战争,发生于最有实力统一中国的秦赵两国。两国于公元前260年在长平决战,整整打了三年时间。最终,秦国获得了长平之战的空前胜利。

长平之战后秦国国力大幅度超越于同时代各国,其统一全国的形式已大势所趋,一个史无前例的中央集权封建大帝国即将诞生。这之后的几十年里,秦终灭六国,结束了列国林立、兼并战争频繁、纷争动乱的战国时代,建立了中国历史上第一个统一的中央集权国家。从这个意义上说,长平之战对中国历史进程的推动和发展有着划时代的影响。

与秦国大胜相反,赵国遭到了前所未有的毁灭性打击。长平之战中,赵军40多万人(有人说时60多万,40几万是坑杀降卒的人数)战死沙场,主力军队被消灭,造成赵国女多男少的积弱局面。曾经是秦在关东六国最强劲对手的赵国,经历长平之战后,实力被极大地削弱,辉煌不再。古人所谓"长平之战,血流漂橹",可见其战况之惨烈。

战争中秦赵两国的统帅——武安君白起和马服君赵括,理所当然是长平之战的关键人物。白起,尽管后来因秦的政治斗争而死,但因其在长平之战中的辉煌战绩,足以让他千古流芳。而赵国将领赵括只会"纸上谈兵",满腹兵书,却一无所用。长平之战是其生平第一次带兵出征,也是最后一次,结果不仅自己葬身战场,还葬送了赵军数十万人的性命,令赵国元气大伤,成为世人的千古笑柄。

据说,长平之战前,在议论如何拯救上党郡时,蔺相如曾经向孝成王举荐廉颇为将。但田单提出异议,他认为廉颇是骑将出身,擅长的是野战,而不适合在上党的山地环境中打仗,更何况廉颇与秦军多次交手,败多胜少。而赵括有上党地区的作战经验,还曾在阏与大败秦军,他比廉颇更适合。结果,孝成王采纳了田单的建议,任赵括为将。这才有了赵括在长平之战中惨死于秦军乱箭下的悲烈场面。但是关于此事的记录只有寥寥数字,但赵括究竟是在何地被射死的,葬身何处至今无人能解。

《史记·廉颇蔺相如列传》中曾有记载：赵括出锐卒自搏战，秦军射杀。而在《泽州府志》《山西通志》中则有"赵括乘胜追至秦壁，即今省冤谷也（古称杀谷，长平之战战场），其谷四周皆山，惟前有一路可容车马，形如布袋，赵兵既入，战不利，筑垒坚守……赵括自出搏战为秦射杀之"的说法。

除了这些古籍史料的记录，关于赵括之死还有很多民间说法。传说赵括在山西省高平县釜山乡老背坡村被秦军射死。传说不是历史，但也不是凭空捏造，真中有假，虚中带实，有待人们的考证和研究。

当地的老人说，"老背坡村"的名字就来源于赵括，它是"老兵背着赵括来到此坡"的意思。在《东周列国志》和《泽州府志》也有记载为证："赵括追造秦壁，西北十余里。"而当时长平治所就是现在的王报村。由此向西北推算十余里，和现在高平县釜山乡地夺掌村一带位置重合。《高平县志》也有对赵括追秦兵的地形记载："其谷四周皆山，惟前有一路可容车马，形如布袋。"分析此地形条件，与之相符的只有釜山乡地夺掌村。该村就是布袋地形，可容纳十万兵马军队作战。

20 世纪 60 年代，一件战国青铜"聚将钟"在距离地夺掌村 15 里的寺庄镇杨家庄村西南出土。经考证，此器物在两军交战中，是赵国军队用来"鸣金击鼓"的，可以作为地夺掌就是"自搏战"发生地的有力佐证。

地夺掌为"地段之争夺"之意，距其 5 里的回沟则是"赵军回转于沟中"的地方，而老背坡距地夺掌 3 里，距白家坡（白起指挥所）5 里。照此来看，如果赵括在地夺掌自搏战中被秦箭射伤或已战死，其属兵背着他逃至老背坡，仓皇中把他葬于此地，也不是没有可能。

1951 年的春夏之交，因严重牛气肿疽死疫情在高平县釜山乡老背坡村爆发，在深埋死牛时，当地兽医站站长和兽医发现了一具男性骨骼，2 枚扁形三菱青铜箭头插入胸腔，箭头方向表明箭是从背部射入的。经研究尸体牙齿和骨骼发现，死者年龄约 30 岁，身高 1 米 75 左右，右侧腰间有一把长约 52 厘米，宽 5 厘米的佩剑，剑重约 610 克，青灰色长鞘，没有绿锈斑，锋利坚韧，格卫两面是"虎头纹"和"兽形纹"，纹刻清晰，有神韵，铸工相当考究，但剑刃上有明显的撞击痕迹。

既有当地老人对老背坡因赵括得名的传说，又有地名为证，还在此发现了做工精致，高等级别的佩剑和摄入体内的秦军箭头，由此推测，这具尸骸应该是葬身于此的赵括。

然而这也仅仅是推测，并不能断定这就是赵括，赵括是否真的死于此地还有待更多证据去证实。至于赵括究竟葬身何处，仍旧是历史留给后人的一个未解之谜。

（二）项羽魂归之地东城现今何处

相传，项羽死于东城。

《汉书·陈涉项籍传》中司马迁的父亲太史公，他在讲到项羽时评价道："[项羽]自矜功伐，奋其私智而不师古，谓霸王之业，欲以力征经营天下，五年卒亡其国，身死东城，尚不觉悟而不自责，过矣。"

项羽生于公元前232年，卒于公元前202年。他是秦朝末年率领农民推翻暴秦的领袖，在公元前207年的巨鹿之战中率楚军将秦军歼灭。其后，项羽自封为西楚霸王。然而他最终由于自己的不可一世而败于刘邦之手，自刎乌江。

那么，太史公所讲的东城究竟在哪里？

说法一：

"东城南陌尘，紫幰与朱轮。""寄老之区，在于汤泉。实为历阳，东城之域。""大江之滨，东城之野，有泉出焉"。这三句诗词分别是由唐朝诗人张籍、北宋词人贺铸以及诗人秦观所作，它们都是描写东城的所在地是于乌江附近的江苏境内。

太史公所讲的东城真的就是在江苏吗？

《元和郡县志》载："项羽自阴陵至此，尚有二十八骑。南走至乌江亭，灌婴等追羽，杨喜斩羽于东城。"

《文献通考》载："乌江本乌江亭，汉东城县，梁置江都郡，北齐改为密江郡，陈临江郡，后周乌江郡，隋改为县。有项亭。"

《和州志·补沿革》载："夏书曰：淮海维扬州。孔氏传曰：北据淮，南距海，淮海之间，其地广矣。和处江北，而实介于淮海之间。故扬州域内也。春秋战国皆属楚地。秦为九江郡之历阳及东城县之乌江亭地，历阳为都尉所治，汉高帝更九江郡为淮南国，历阳及东城乌江亭地如故。"

以上的诗文和古籍都说明了东城确实位于乌江附近的江苏境内。这么说来，项羽"身死东城"，这个东城就在江苏。

说法二：

《水经注》载："淮水又东，池水注之。"池水"径东城县故城南"。

《隋书·地理志》载："南梁改东城为定远县，属临濠郡。"

《中国古今地名大辞典》载："东城县：秦置。汉高帝五年，项羽兵败，自阴陵引而东,至东城,乃有二十八骑。汉文帝封淮南历王子良为候邑。东晋后县废。故城在今安徽定远东南。"

另有《括地志》载:"东城县故城在濠州定远县东南五十里。"

按照以上史料的意思所讲,东城位于滁河以北的安徽省定远县。

一说东城位于滁河以南的江苏,一说东城是在滁河以北的安徽,为何史料的记载会有矛盾?项羽究竟生死何方?中国人民大学的冯其庸教授在《项羽不死乌江考》中认为,所谓项羽乌江自刎之说不具备历史真实性,它只是在民间流传的说法而已。

关于东城的真实位置,目前还在不断争论之中。是江苏还是安徽,也许最终会有定论,抑或许,将会永远成为千古之谜。

(三)淮阴侯韩信到底被谁所杀

楚汉争霸时,"连百万之军,战必胜,攻必取",为刘邦夺得天下立下汗马功劳的韩信,在刘邦坐稳皇帝位置时,遭到刘邦的诛杀。至于为何一代功臣名将会遭到开国皇帝的诛杀,有人说是韩信谋反,罪有应得;有人说是刘邦害怕韩信功高盖主,狡兔死良狗烹;还有人说是吕后故意找机会杀掉功臣为自己掌权扫清障碍。这几种说法究竟谁对谁错,历史上还没有定论,是我国军事史上一个著名的谜团,也许通过对其种种理由的呈述能对韩信被杀的原因做一个了解。

第一,谋反被杀说。在古时的大量史学家都认为韩信是意图谋反,罪有应得。如司马迁、班固、司马光以至明清之际的思想家王夫之、清代史学家王鸣盛等人在他们的著述当中都表达了这样的观点。

根据《史记》《汉书》典籍的记载,自刘邦登上皇帝宝座,大释封王而唯独忘了韩信的时候,韩信此时已经有了谋反之心。高帝七年(公元前200年),阳夏侯陈豨看出他的谋逆之心,就把自己准备回到封地后密谋造反之事,与韩信全盘托出。韩信听说后立即答应陈豨,倘若起事一定里应外合,从旁协助。陈豨到达封地过后,果然开始招兵买马,着手谋反之事。

高祖十年(公元前203年)七月,刘邦之父太上皇驾崩,群臣皆应进京哀悼,唯独陈豨托病不往。刘邦开始察觉到陈豨的异心。这年九月,陈豨见自己羽翼渐丰,时机成熟,于是进攻赵、代等地宣布反汉,自立为代王。知道消息后的刘邦感到非常惊讶,立即下令要求淮阴侯韩信和梁王彭越一起讨伐陈豨。而两个人早已经密谋好，都推说有病，不肯出兵。刘邦便只好亲统大军讨伐叛贼。

刘邦一带领大批部队离开京都之后，韩信立即着手按照事先约定响应陈豨。次年春天，韩信已经把一切部署妥当，只等待陈豨来攻之后在里面接应。然而陈豨的叛将和韩信的门客向吕后告发此事。吕后知道以韩信的才能，谋反的话，汉朝必亡。因此她与萧何谋划，如何保证刘邦出征，后院不致失火。商议许久，两人决定诈称陈豨叛乱已定，召集朝臣开庆功宴。在韩信赴宴时，让韩信俯首。

在王夫之的《读通鉴论·汉高帝》，王鸣盛的《十七史商榷·信》中，都按照韩信谋反被杀记录了史料。认为韩信求封王未果，便生逆心，最后作茧自缚，罪有应得，并评价韩信是"云梦之俘，未央之斩"。

第二，诛杀功臣说。在楚汉争霸的4年中，刘邦身边重用7名贤人为自己夺得天下。而这7人当中就有5人封爵，封王的领土占据了半个大汉王朝。异姓王如此强大的势力，深深威胁着刘邦建立的大汉政权的稳固性。而在这7人中，刘邦最忌讳韩信。其一是韩信战无不胜的军事才能确实令刘邦寝食难安；其二，韩信是项羽的叛将，虽然有萧何的保荐，但刘邦依旧对韩信心存忌讳。为了除掉韩信这块心病，刘邦以韩信谋反的罪名将其处死。

第三，吕后扫除障碍说。明代散文家归有光、渭初诗人冯班、清代考据学家梁玉绳等都认为韩信谋反被诛，实则是一个大大的冤案。韩信之死的真正原因是想要独揽大权的吕后，为自己争夺权力扫除障碍。在梁玉绳的《史记志疑·淮阴侯列传》中记述了这样的观点。

清人郭嵩淑在其著述中也写到，韩信纵使有雄才大略也非常清楚，君臣由天定的道理，他是不会密谋造反的。吕后杀他是为了铲除权力争夺中的障碍，萧何杀他是因为萧何是韩信的保荐人，他为免株连，不得不与吕后同流合污。

这些观点都是近代人经过整理得到，但韩信真正死因，韩信有无谋反之心，是否参与陈豨叛乱，史学界也未能根据史料给出定论。而这也成为人们聊起这位大人物时，永远无法回避的疑问。

（四）马谡被诸葛亮所斩到底是不是因为失街亭

诸葛亮是三国时期著名的军事家、政治家，他一心一意辅佐刘备光复汉室，其忠心为世人所传诵。不仅如此，诸葛亮的才能在三国时期也是数一数二的，他号"卧龙"，隐居山中时对天下大事了如指掌。在辅佐刘备的日子中，他鞠躬尽瘁，不惜以身犯险出使东吴，力谏孙权联刘抗曹，后来又帮助刘备取荆州，夺西川，可谓立下了汗马功劳。刘备死后，诸葛亮作为丞相继续辅佐幼主刘禅。诸葛亮始终没有忘记刘备当年的愿望，北伐中原，光复汉室。于是诸葛亮养兵蓄锐，多次出祁山，发兵北伐。

但是在北伐的过程中，却因为种种原因而屡次受阻，致使北伐大计始终未能成功。而导致北伐失利的转折点，就是因为马谡丢失了重要的据点街亭。街亭失守使得整个战局发生了巨大的变化。诸葛亮无奈，摆下空城计才使得司马懿退兵，否则诸葛亮也会因为街亭失利而命丧于此。

据说当时诸葛亮所率领的蜀军在进行北伐的过程中进展得颇为顺利，而在关键的战役中，街亭是重中之重。当时，蜀军大将赵云、邓芝、张苞、关兴等都有自己的作战任务，而街亭这个重要的地方派谁前去镇守是诸葛亮最为头疼的事。观军中诸将，唯有马谡勉强能够担得此任。平日里，马谡与诸葛亮的关系甚好，诸葛亮赏识马谡的才能，很多时候，诸葛亮还问计于马谡，可以说，马谡是诸葛亮身边的近臣之一。诸葛亮对其也是非常信任的。但是虽然诸葛亮平时与其探讨一些军中事宜，但是鉴于马谡是文将出身，所以并没有给他指派一些具体的作战任务。而这次守街亭。是马谡所领到的第一个实际作战任务。

据说马谡和他的副将王平在到达街亭之后，在观察完地形的时候，马谡非得把兵屯在山上，而王平却劝说马谡，要按照诸葛丞相的旨意，把兵屯于各路口要塞之处。但是马谡非但不听王平的劝谏，执意要屯兵于山上，说这是"置之死地而后生"的用兵之道。王平见马谡不听劝，自己带着本部兵马驻扎在山下，一旦马谡受到攻击之后，好发兵救援。

可还是不出王平之所料，司马懿率军至此，全歼马谡军队，街亭失守，从此蜀军打乱，诸葛亮不得不退回汉中。为严明军纪，诸葛亮不得不下令斩首马谡。由于用人失误，诸葛亮自罚连降三级。对于这次挥泪斩马谡，历史上也对其抱有了很多的异议。有人认为，这次失街亭，只不过是一次小的失败，马谡罪不至死。也有的人认为，诸葛亮斩马谡不仅仅是因为他使街亭失守，还有其他的原因。

历史上大家比较认同的观点就是马谡之死确实是因为街亭失守。因为就当时整个北伐的战局来看，街亭的确是足以影响整个战局的要地。倘若街亭被魏军所夺，则蜀军的粮道就会被堵死，整个北伐将功亏一篑。

再者，由于当年刘备在托孤诸葛亮的时候跟诸葛亮说过马谡此人不应得以重用。诸葛亮在决定让马谡守街亭时是顶着很大压力的。为了确保马谡全力镇守街亭,在临行前让马谡立下了军令状。而诸葛亮军令严明是出了名的,对于立下军令状之后的失败,诸葛亮是不能容忍的。倘若饶过马谡,则其他将士会拿军令当儿戏,这将直接影响军队的战斗力。所以无论如何,马谡非斩不可。

认为马谡不仅是因为街亭失守而被斩的人们的依据是,据说在战前,马谡就曾在诸葛亮面前吹捧自己,狂妄自大,带兵至街亭以后,自以为是,屯兵于山上,无异于自杀。街亭失守后,导致诸葛亮险些被擒。

这一切的一切都使得诸葛亮对马谡无法容忍。马谡在街亭之战前后的综合表现,才使其招来杀身之祸的。

至于哪一种说法正确还有待研究。但是马谡失街亭,确实导致了北伐的失败,诸葛亮所率领的蜀军一路高歌,却败在了用人之上,不禁让人惋惜。

(五)周瑜真的是被气死的吗

在脍炙人口的《三国演义》中给我们留下了很多值得回忆的经典片段。例如,草船借箭,千里走单骑,封金挂印,苦肉计,赤壁之战,舌战群儒等等都给世人留下了深刻的印象。在这部著作当中,三气周瑜,也是一个著名的典故。

三气周瑜的主角是周瑜和诸葛亮。当时诸葛亮为了保刘备,无奈于联合孙权,对抗曹操。诸葛亮孤身一人前往江东,舌战群儒,说服了孙权出兵,联刘抗曹。在东吴做说客的日子当中,诸葛亮的雄才伟略遭到了东吴大都督周瑜的忌恨。出于大局考虑,周瑜并没有对诸葛亮下手,但是随着曹操的兵败,周瑜打算除掉这个心腹大患。然而,令周瑜万万没有想到的是,诸葛亮居然早就知道周瑜要加害自己,早就为自己准备好了后路。非但如此,诸葛亮还把周瑜日思夜想的荆州之地占领,从此,周瑜与诸葛亮之间算是真正展开了争斗。

三气周瑜就是发生于这样的背景之下。第一次气周瑜是因为赤壁之战之后,周瑜本想占领荆州,却被诸葛亮占了先。第二次气周瑜是因为,周瑜使美人计把刘备骗到了江东,用孙尚香牵制住刘备,无奈又被诸葛亮算计,结果赔了夫人又折兵。第三次气周瑜是因为周瑜用假道灭虢之计取荆州,结果却被诸葛亮团团包围。至此,周瑜被诸葛亮三气之后重病不起,最终英年早逝。这是《三国演义》中诠释的周瑜之死。但是有很多人查阅了相关的史料之后,对周瑜的死产生了很多的怀疑,对于周瑜是被诸葛亮气死的记载予以否认。

不同意《三国演义》当中周瑜是被气死的观点主要是认为周瑜的这"三气",根本无法将其致死。因为第一气说周瑜是见诸葛亮占领了荆州。但是根据史料记载,诸葛亮占领荆州是赤壁之战后的第二年,而当时周瑜正在合肥与曹操激战,根本不是《三国演义》中所演的那样见诸葛亮取荆州而吐血,所以这一气值得怀疑。第二气是诸葛亮识破美人计,但是刘备的去留是由孙权决定的,周瑜根本无法左右,所以此时也与周瑜没多大关系,他也不必气到吐血。第三气是周瑜假道灭虢图取荆州,据史实记载周瑜是死于东吴军中而非战场,所以这第三气也存在疑点。

《三国演义》毕竟是史实改编的小说,里面的情节多数是为了引人入胜,吸引观众。我们也可以理解这种表现手法,倘若是单纯叙述历史的话,难免过于枯燥和乏味。因此,诸葛亮三气周瑜而最终将周瑜气死是与历史存在差距的。那么历史上周瑜到底是怎么死的呢?

周瑜确实是英年早逝,生病而死。有的观点说他是在东吴准备夺取荆州对刘备开战的时候箭伤复发,毒性发作,导致身亡。当年周瑜率兵围攻南郡时,中了曹军的圈套,使得中箭负伤,而这支箭又是毒箭。从此周瑜落下了病根,只要他劳累过度或是动怒,箭伤就会发作,而且愈演愈烈。所以,有人认为周瑜箭伤复发死在军中。

第二种观点认为周瑜死在了赴职的途中。当时南郡被吴军攻下之后,孙权命周瑜在南郡屯兵,并封周瑜为南郡太守。周瑜在前往南郡的途中,突发恶疾病死了。这也是流传于世间的一种说法。

还有一种观点就比较牵强了,是说因为周瑜在外征战的过程中,因水土不服导致身染恶疾身亡。但周瑜是东吴都督,水军都由他统领,倘若周瑜水性不好,或是体弱多病的话,都督一职恐怕早已经换人了。因此,这种说法明显存在漏洞。

随着新史料的不断发现,有关周瑜的真正死因也将会越来越明朗。我们也希望有准确的证据出现,来揭开这个历史之谜。

(六)一代战神霍去病的死亡之谜

霍去病,一代战神。十七岁随军出征,功冠全军;二十一岁纵横漠北,成为三军统帅。他多次出兵匈奴,以寡敌众,却能大胜而归。他创造了作为武将的一个传奇。但是,这样一个勇猛战将、天之骄子,生命却在二十三岁这样的美好年华画上了休止符,实在令人为之扼腕叹息。

关于霍去病的死因,史上却没有详细的记载。那么,一代战神霍去病的死因又是为何?

一种说法认为,霍去病是病死的。根据《史记》中记载,霍去病在出征匈奴之前突然死亡,朝廷公布的死因是病死。而《史记》向来是人们进行历史考究的重要依据,所以其中的论述和记载应该属实。

但是有人却对这一说法表示质疑,他们认为霍去病十七岁从军,而后逐渐成为一代战神,作为一个勇猛的沙场武将,肯定拥有过硬的身体素质,而且在 23 岁这样风华正茂的年纪,患病而死这似乎不太可能。

另外一种说法认为霍去病实属非正常死亡。他们认为,从霍去病的性格分析,他少年孤独,寡言少语,心高气傲,缺少朋友。亲情对他来说是十分重要的。最后连亲人卫青也远离了他。性格倔强孤傲的少年最容易走入极端,他虽然少年显贵,但是未必快乐。所以有人说,人言不仅可畏,有时候还可以杀人,其高明处远胜刀剑毒药。

霍去病从卫青的军队之中脱颖而出,漠北大战之后,得到汉武帝的赏识,如日中天,逐渐脱离了卫青的军队,形成了以自己为中心的军事集团。这个集团中的重要人物也几乎都是霍去病一手选拔的匈奴降将,或者是能骑善射的低级军官,个个英勇善战。更重要的是这些人的重心都在战场之上,与皇亲国戚以及世家贵戚没有一点关系或牵连。

反观卫青,一代大将军却日渐衰落。他的身上担负着太多人的利益,势力庞大。武帝为了扼制这股势力,采取的手段便是以霍制卫。卫、霍集团之间就形成了一种尖锐的矛盾。当这种矛盾激化时,必然要以牺牲一方为代价,因此从不参与政治斗争,只着眼于沙场的霍去病就成了卫部保全自己利益的牺牲品。这也可以从一些史实当中窥其一二。

如果说卫部利益集团最大的保护伞是卫青,那么他们实现利益的最重要的保障就是卫太子。虽然卫太子年幼,不太可能参与复杂的政治斗争,但是作为利益成员的卫氏家族以及相关人员却是在尽全力保全这种利益。卫、霍之间的较量,更多的是在朝堂之上的地位和权力的竞争。

此时,朝廷有三种势力不容小觑:一是以卫青为核心的卫氏利益集团,二是以霍去病为核心的军事集团,三是以李广为核心的李氏家族,李广的从弟李蔡身为丞相,是整个家族利益集团的核心。

公元前 119 年，漠北大战，李广自杀，李广之子李敢刺伤卫青。但是卫青为人谦恭有礼，温和大度，他把这件事隐瞒了下来。虽然这件事在当时并没有声张开来，但是为李氏家族埋下了祸根。公元前 118 年 3 月，李蔡以侵占先皇陵寝的一块地的罪名畏罪自杀。这简直就是一个莫须有的罪名。身为丞相的李蔡岂会冒着死亡的风险侵占一块皇家陵地？也就是在这一年，霍去病突然因为李敢行刺卫青，在甘泉宫狩猎场当着武帝的面射杀了李敢。

值得注意的是：一、李蔡死后，太子太傅庄青翟继任了丞相之位，那么这其中的最大受益者莫过于卫太子所在的卫氏集团。二、霍去病射杀李敢的时间、地点值得深究。如此明目张胆地射杀李敢，难道霍去病就不担心无法对皇帝以及众家将士交代吗？而且李敢当时身为郎中令，也就是九卿之一，霍去病没有私自处决他的权力。从射杀李敢的时间而言，此时距离李敢刺伤卫青已经很长一段时间，那么霍去病为什么要那时才射杀李敢呢？因此，这不可能是霍去病蓄谋已久的杀害。也就是说这是一次突发事件，霍去病是在狩猎之前才临时得知李敢刺伤卫青的。李蔡李敢叔侄死期相近，在相当短的一段时间内，李氏家族被连根拔起。霍去病与李氏家族结下仇怨、引起武帝不满。那么，从整个事件来看，受益最大的还是卫氏集团。

公元前 117 年 3 月，霍去病一再上书请刘彻分立三位皇子为王，可谓朝廷之中的风云人物。霍去病又为何要两次三番地要求封三位皇子为王呢，他与这件事又有何关系呢？其实，没有什么关系，因为这对霍而言没有丝毫好处，他只是当起了这个事件的发起者和带头者，然而当事件发展到声势浩大，满朝文武都加入进来的时候，他却没有参与其中。最终，公元前 117 年 4 月，武帝无奈册立三王，武帝宠姬王夫人病死。表面上，卫氏集团并没有参与到这件事情之中，但是细看之下，册封三王受益最大的是卫太子，他的危险得以解除，而王夫人病死，卫皇后地位得保。卫氏集团仍是最大的受益者。公元前 117 年 9 月，霍去病死去。

自此，与卫青有仇的李氏家族垮了，与太子争嫡的三王分封离开了，与卫皇后争宠的王夫人死了，威胁卫青地位的霍去病不在了，整个朝廷之中的三股力量，已经消灭两股，最大的受益者是卫氏家族。

霍去病在这场政治斗争之中，失去甚多，但是他真正的死因真的是因亲近之人背弃而导致自身走向极端，还是如《史记》所记载的病死，还没有充足的史料予以证明。

（七）黄巢在起义兵败后是自杀还是被谋杀

"待到秋来九月八，我花开后百花杀。冲天香阵透长安，满城尽带黄金甲。"这首气势磅礴的诗是黄巢起义的领头人黄巢所写。黄巢是曹州冤句人，生活在唐末。刚开始黄巢只是盐帮首领，后因不满唐朝的昏庸腐败想要自立为王才发动了黄巢起义。但黄巢却没有将才之能，他每攻下一城，一定会进行屠城，所到之地伏尸百万，所以野史中有黄巢"杀人八百万"的恶名，而黄巢军队也因不得民心而失败。黄巢军队失败过后作猢狲散，甚至没有一个人知道黄巢的下落。有人说黄巢已经死了，也有人说黄巢出家做了和尚。众人说法不一，主要有以下几种争论。

第一，黄巢自杀而死。根据《新唐书·黄巢传》的记载，黄巢兵败狼虎谷时知道自己大势已去，自己也不想苟活于人世。为了不拖累亲人，黄巢决定让外甥林言把自己首级砍下到唐朝邀功以求得一官半职。林言天性善良不忍心伤害亲人。黄巢但求一死，无可奈何之下自刎于狼虎谷，之后拿着黄巢头颅的林言也遭他人杀害。

第二，黄巢是被外甥林言杀死。《旧唐书》的记载与《新唐书》的记载大相径庭，黄巢的外甥林言，见黄巢大势已去，歹心旁生。为了向唐朝谄媚邀功，林言杀了黄巢和他的弟弟邺、揆等七人，携带着妻子儿女投奔徐州。这种说法在《僖宗纪》《时溥传》《资治通鉴》《桂苑笔耕录》《北梦琐言》记载中也能得到印证。

第三，黄巢是被身边大将尚让所杀。在1900年之前的记载中都没有这种说法，直到1900年有学者偶然在敦煌莫高窟的敦煌残卷中找到记录黄巢的死和黄巢战败等情况的残卷《肃州报告》。据史书记载，尚让此人深得黄巢的信任，甚至在打下长安后被任命为四宰相中的首席。但尚让似乎对黄巢并不特别忠心，一有机会便反叛黄巢。据《肃州报告》记载的黄巢战败情况残卷，当黄巢在河南中牟西被沙陀骑兵杀得片甲不留时，尚让没有派兵前来营救而是率领人马投降唐朝。这足以见得尚让的异心。

第四，黄巢没死。虽然在《旧唐书》中言之凿凿，林言杀害黄巢等兄弟六七人，然后从虎狼谷投奔徐州。但徐州与虎狼谷相去约五六百华里，以当时的交通工具，纵使快马加鞭也需20天，其间恐怕众人的首级早已腐烂不堪，无法辨其相貌。因此，黄巢很有可能找了另一替身，而自己幸免于难，宋朝邵博在其所著的《河南邵氏闻见后录》卷十七提出了这样的疑问。另外，尚让杀了黄巢的说法也不太符合逻辑。倘若尚让真的杀了黄巢,为何没有如林言的传言一般被新旧唐书演绎出多个版本,而是直到1900年才为众人知晓?据宋人刘是之的《刘氏杂志》记载,黄巢后来出家做了和尚,法号翠微。

究竟黄巢在起义失败后的命运如何,虽然史书中已经给了解答,但大都因为证据不够确凿而经不住人们的推敲。由于人们对这位乱世枭雄的佩服,更倾向于认为黄巢没死,只是隐姓埋名做了禅师,并且演绎出很多故事,还流传下来"记得当年草上飞,铁衣著尽著僧衣。天津桥上无人识,独倚栏干看落晖"这首诗。

究竟历史的真相如史书中的记载,还是人们口中的代代相传,恐怕已经无法得到详细缜密的证实。

(八)辽国大将萧达凛被射杀是意外还是阴谋

锣鼓阵阵,辽国大将萧达凛正在昂首挺胸地视察着每一处军情,此时的他还没有发现这个战场中暗藏杀机。突然一只冰冷的箭嗖地射向萧达凛,他来不及做出反应,就再也倒地不起了……

这就是军事学界一直存在争议的辽国大将萧达凛之死。

让我们把视线放到1004年,辽国借收复瓦桥关为名,发动大军侵犯宋国领土。萧达凛领命攻破遂城,擒获了宋朝将领。他的勇猛震动了宋朝上上下下,宋真宗非常害怕,想要将都城迁往南方。但是,宰相寇准等人一再坚持不动,宋真宗只得亲自到澶州督战。

也就是在1005年,宋真宗督战的战役中,辽军一直有优势地位,但其结果却是以双方缔结澶渊之盟结束,宋辽两国持续了几十年的战争画上了句号。在这场战争中,辽国虽然占有战场主动权,却不得已用一个较低的姿态接受宋朝的条件,其中一个非常重要的因素就是萧达凛在这场战役中被宋国士兵的箭射死了,使得辽军由盛转衰。

但是,萧达凛的死真的像史学资料记载的那样,是出于偶然而被士兵射死的吗?许多历史学家对此提出了相反意见。

第一种观点认为萧达凛被宋军射死并非偶然。沈括曾对这件事做过一些记载,大致描述了辽国大将萧达凛被杀的过程:宋国一个名叫张皓的军官在莫州大将石普手下工作,主要负责军队前后方的联系。后来张皓不幸被辽兵活捉,而他非但没有被敌军杀死,辽国的萧太后还将他奉为上宾,照顾周到,最后张皓被辽国释放,他的新任务就是向宋国传达有关和谈的信息。张皓回到本国军营后遇到了内侍周文质,张皓向周文质透露辽国今天要求和谈为的是明天的突袭。这两个人具体的谈话内容我们却不得而知。周文质听完张皓的话后,紧急进见宋军的指挥官李继隆和秦翰。

第二天,辽军抵达后攻打西北方向,而西北方向正是周文质主管的,萧达凛亲自督战,恰好此时,一名宋军士兵瞄准了萧达凛的头部,射出了致命的一箭。有人猜测正是张皓向周文质透漏了军事消息,而周文质知道这一情况后才连夜与军官李继隆和秦翰商议。所以宋军对第二天辽军的进攻方向了如指掌,萧达凛的死也绝非偶然,这个转折最终为宋国对辽国和谈赢得了足够的筹码。

还有另外一种大胆的推测,否定了前面那种说法:辽军的进攻方向问题是一项机密的军事情报,一般人不可能得知,更不要说是敌军的一个被俘人员,情报通过这条途径泄露有些不太可能,因此得出推断,辽军高层内部可能暗藏一名宋朝奸细,但是历史资料对此没有记载。

据史料记载,宋朝的情报网是非常巨大的,因此萧达凛的死可能是情报网的作用。一直到现在,我们也没有确凿的证据去证明萧达凛的死谁是主谋,这注定是一个未解之谜,有待后人挖掘。

(九)岳飞是不是秦桧害死的

宋高宗绍兴辛酉年腊月廿九,西历已是 1142 年 1 月 28 日,除夕前一日,这一日。临安大理寺狱中,岳飞被赐死;岳云与张宪也被弃市——在闹市被斩首了。宋将岳飞遇害于风波亭,这一悲剧使他本人成为汉民族主义的高度象征之一;很多人都为他抗金的英勇事迹拍案称赞,同时也为他的惨死扼腕长叹。几百年来,世人唾骂戕害岳飞的秦桧;然而又有为秦桧鸣不平的人,说秦桧只是执行死刑命令的刽子手,罗织"莫须有"的罪名背后,审判岳飞的另有其人。

秦桧害死了岳飞,这几乎已经是不容置疑的铁案:岳飞庙前有后人铸造的向岳飞认罪的秦桧跪像;另外,民间因实在气愤不平,把面团捏成了人样扔到油锅里,曰"油炸桧",即"炸秦桧",据说油条就是这么来的。但是有人经过对史料的考证,提出质疑,认为秦桧不是杀害岳飞的真正元凶。

首先,秦桧只是一个宰相,虽然很受高宗的信任,但还没到可以摆布皇帝的地步,进而秦桧并没有杀岳飞的权力。另外,岳飞的狱案被称作"诏狱",程序严密,外人极难插手。即便秦桧权力再大，公开"矫诏"杀人也是不合情理的，如果秦桧私下"处理"了岳飞，他很可能会被株连九族。再加上绍兴十年，秦桧原本正积极对金议和，金兵却出尔反尔，一举攻占了河南地区。秦桧生怕高宗因此迁怒于自己的议和政策，因而担心自己性命不保，所以就更不敢背着高宗杀害岳飞了。

其次，秦桧死后，宋高宗主持平反了许多秦一手造成的冤假错案，但唯独对岳飞一案不肯昭雪。宋高宗对许多大臣申请为岳飞平反的奏折不予理睬，这种态度难免让人生疑：高宗是不是在为自己找替罪羊？

基于上述分析，有些学者把岳飞之死归结在宋高宗身上，而这一观点引发了极大争议。因为宋太祖赵匡胤在世时曾传下秘密誓约，规定后世子孙"不得杀士大夫及上书言事人"。且"子孙有逾此誓者，天必罚之"。在北宋历朝，这是一条不容撼动的誓约，执行得非常严格。若杀害岳飞的计划背后真的是高宗，他是出于什么原因要害死支撑一国江山的大将岳飞呢？又为何敢违背老祖宗的规定？

岳飞

有的学者认为赵构杀岳飞，主要原因是怕他在外久握重兵，最终会危及自己的统治。对武将的猜疑也是宋王朝的一个统治特征之一。只要武将功高盖主就意味着对皇权构成威胁，这也是千百年来不变的规律。

岳飞个性刚强，"忠愤激烈，议论不挫于人"，不容易与人合作。绍兴七年，他曾上书奏请高宗立储，"乞皇子出阁，以定臣心"。同年，他又因守母丧，未经高宗批准便自行解职，把兵权交给张宪。这两件事犯了高宗的大忌，再加上高宗曾在金营作人质，又有从扬州南渡等惊险经历，对金兵始终心存恐惧。对战争前景，他既怕全胜，又怕大败。胜则怕武将兵多，功高而权重，败则怕死无全尸。所以他对待金兵的态度就是一味求和。因此当秦桧利用岳飞部下的告密来证明岳飞的"谋反之心"，正好迎合了高宗害怕"岳飞功高盖主"的心理，加上岳飞又是反对和议最强烈的主战派，故而下令杀了岳飞。

也有人说，岳飞之死是因为高宗"帝之忌兄，而不欲其归"。高宗眼见岳飞一心要"迎二圣"，即被金国掳走的宋徽、钦两帝。而徽、钦两帝一旦回来，高宗的皇位就不保了,因而杀了岳飞。

由此可见,岳飞其实是政治斗争的牺牲品,是主子"战"与"和"的求全苟合造成了这场千古同悲的"风波亭冤狱"。纵使岳飞不死在这次偶然之下,也会有另外事件在等待着他。

至于杀死岳飞的真正凶手究竟是何人? 秦桧? 宋高宗? 还是历史的无奈规律? 不同的时期总会对历史做出不同的解读,也许,这依然得仰仗学者们进一步的研讨。

(十)明朝开国第一名将蓝玉为何被杀

蓝玉,明朝开国第一名将,曾在开国公常遇春手下当兵,临敌勇敢,所向披靡。由于屡立战功,蓝玉被封为永昌侯,其女被册封为蜀王妃。蓝玉最著名的军功,是洪武二十年(1387 年)作为左副将军随大将军冯胜出塞,降服了北元悍将纳哈出;洪武二十一年(1388 年)作为大将军出塞,征讨北元嗣君脱古思帖木儿,一直打到捕鱼儿海(今贝加尔湖),大胜而还。蓝玉因此以军功而晋升为凉国公,他是继中山王徐达、开平王常遇春之后的另一位明军悍将。

如此一名骁勇善战、屡立军功的开国大将,却成为"蓝党之狱"的阶下囚,满门抄斩,株连万人。回顾这段历史,有人说蓝玉是因为自己过分骄傲,而最终招来杀身之祸的;也有人认为蓝玉之所以被杀,是因为朱元璋想为朱家王朝铲除荆棘,巩固政治。到底哪一个观点比较可信呢? 它们各自又有哪些证据支撑呢?

认为蓝玉"恃功自傲,自取灭亡"的证据是:

蓝玉因屡立军功而深受朱元璋宠爱,也因此变得骄傲蛮横,尽显嚣张跋扈之态。平日领兵在外,蓝玉经常擅自升降将校,诏令有所不从,甚至违诏出师。更甚者,蓝玉蓄庄奴、假子数千人,横行霸道,胡作非为。曾有御史上奏弹劾蓝玉,竟遭到驱打。

早在出征云南元梁王得胜之后,他就派人到云南私自贩盐,牟取暴利。在捕鱼儿海战役中打败元帝脱古思帖木儿后,蓝玉不仅私吞大量珍宝、驼马,还将元帝妃子据为己有,致使元妃因羞愧而上吊自杀,由此引来诸多非议。

太祖朱元璋得知后大怒,说"蓝玉无礼如此,岂大将军所为哉!"但蓝玉自恃功高盖世,不知收敛。班师至喜峰关时,已是深夜,守关明军未能及时开关放行。蓝玉怒不可遏,率兵破关而入。如此猖狂,太祖皇帝岂能容他?

洪武二十六年（1393年），锦衣卫指挥向朱元璋告发蓝玉谋反。稍经审讯，就说蓝玉串通景川侯曹震、鹤庆侯张翼、舳舻侯朱寿、东莞伯何荣、吏部尚书詹徽、户部侍郎傅友文等，策划在朱元璋出宫举行出耕藉田仪式时趁机谋反。于是，蓝玉被诛，牵连甚广，凡与蓝玉偶通讯问的朝臣，都难逃一死。如此剿灭"蓝党"，朝廷中的开国元勋，所剩无几。

蓝玉的种种恶举暴行引起朝臣的不满，在激怒太祖朱元璋的同时，也为朱元璋实施诛杀一班开国功臣的阴谋制造了机会。而这，可以说是蓝玉不得不死的原因。

另一种观点认为蓝玉的死是因为朱元璋企图"铲除棘刺，巩固统治"，这种观点也有着充足的依据：

"蓝党之狱"，如此彻底、如此大规模的诛杀功臣猛将，纵观中国历朝历代，恐怕无人能及太祖朱元璋了。因蓝玉而遭诛杀的一干人等是否真欲谋反尚无定论，但朱元璋欲为年幼之孙斩荆披棘、巩固朱家王朝的统治，是毋庸置疑的事实。

在蓝玉案发的前一年，即1392年，太子朱标死于宫中。此事对朱元璋的打击甚大。按嫡长子继位制，皇位只能由皇太子的长子接任，此时排行老大的朱允炆还只是个十五岁的孩子，而朱元璋已年过六旬。朱元璋在位时就已经感到悍将群臣如狼似虎，难以驾驭，若不除之殆尽，将来毫无政治经验且年轻气盛的朱允炆继位，如何保住朱家王朝不改朝换代？

朱元璋苦心经营，精心谋划，就是为了如同除掉荆杖上的棘刺那样，为子孙后代除去一班彪悍之臣，铺平朱家王朝昌盛辉煌的坦途。现如今，回顾那段已逝的历史，愁云惨雾之中仍可见那因由之光，若隐若现。

（十一）郑成功壮年为何暴病猝死

1662年6月23日，台湾上空乌云密布，不见天日，阴霾的天气压抑着台湾人民的心。这一天，从荷兰人手中夺回我国宝岛台湾的大英雄郑成功逝世，享年38岁。

郑成功生于1624年8月27日，河南省固始县汪棚乡邓大庙村人士，因在弘光帝时监生，由隆武帝赐姓朱、并封忠孝伯，因此世称"国姓爷"。康熙元年（1662年）为了不屈服在清兵的淫威之下，纵使其父郑芝龙降清，他也不与之一道，与张煌言联兵抗清，反清复明，威震东南。后来见明朝大势已去，清朝在中原领土扎稳脚跟，复朝无望，于是率将士们从厦门登上台湾岛，击败荷兰殖民者，收复台湾，在台湾建立政权，与清政府抗衡，准备随时伺机反扑。

但好景不长,郑成功征服台湾没多久就猝死。史书上对郑成功的死大多用"风寒"来解释。可是一个身经百战,壮如牛虎的将军,怎么会如此轻易地被"风寒"夺去生命?这着实让人不解。于是就有历史学家研究认为,郑成功是被人投毒害死的,而且给出了充分的证据。

第一,郑成功为了在军中树立军威,用法严厉。无论谁,只要一不小心触犯军威就可能招致杀身之祸。郑成功不但对旁人如此,对自己的亲人也不在话下,郑氏的很多长辈亲族都因此被杀。将士们在岛上惶惶不可终日,害怕哪天灾祸就降临到头上。据史书记载,郑家军中很多将士因受不了郑成功的严治叛逃到了清朝。郑成功的严法治军弄得自己不得人心,很有可能郑成功中毒致死是清廷收买内奸谋害了郑成功。

第二,历史学家在夏琳《闽海纪闻》中发现记载这段历史的一则故事。郑成功确实在当时染上了风寒,其属下都督洪秉诚端着药来给他吃,可是刚喝下一口,郑成功就"顿足扶膺,大呼而殂",可怜的大英雄,还没察觉到是谁想害死自己就一命呜呼了。

第三,据史书记载,郑成功感染风寒暴毙当天,为郑成功抓药的是郑成功的亲信马信。可是在江日升《台湾外纪》中记载,郑成功死后仅仅5天,马信也莫名其妙身亡了。于是也有历史学家猜测,马信也许知道郑成功致死的一些内情,被此事主谋知道后杀人灭口。

沿着马信这条线索顺藤摸瓜,历史学家终于找到了一些杀害郑成功的主谋的蛛丝马迹。郑成功兄弟辈的郑泰、郑鸣骏、郑袭等人,遭到了怀疑。特别是郑泰,嫌疑最大。在郑家军中,郑泰是财政大臣,管理郑氏集团的对外贸易。因为不甘心只是为郑氏集团打点财务,觉得自己的才干更应该做一个领导,所以老早就想篡位,把郑成功从第一把交椅上拉下来。

有史书记载的实例可证明此事。当郑成功刚刚收复台湾时,郑氏集团财力匮乏,举步维艰。当时的郑泰没想过要为家族分忧解难,却将集团内大把大把的银子转存到别处以备他用。而在郑成功去世后,郑泰的狼子野心更是显露无遗。他联合其他几个兄弟伪造郑成功的遗命扶植毫无才干的郑袭傀儡政权,同时联名讨伐郑经这位有才干并对郑成功忠心耿耿的兄弟。

根据夏琳和江日升的记载更能确信郑泰害死郑成功的说法。夏琳和江日升在记载中写道,郑泰等人早有反心,趁郑成功感染风寒,在郑成功的药中和酒中下毒,几天过后,终于郑成功毒发身亡。

虽然这些在史料与古书中都有记载,但难保古人们不是根据资料加上自己的想象力杜撰出来的,所以不可尽信。郑成功的真正死因只有留待来日资料的完整后给人们揭晓答案了。

(十二) 多尔衮猝死之谜

顺治七年十二月,年仅39岁的摄政王多尔衮在狩猎途中猝死,死因成谜。官方史料对其死因含糊其词。那么,正值壮年的多尔衮到底因何而死呢?

关于多尔衮的死因,历来最普遍的说法有三种:一是,多尔衮本身就体弱多病,他从小就患有风疾,常常头昏目眩。再加上多尔衮从少年时代就开始随军征战,南征北讨,攻战北京,一统中原,日理万机,积劳成疾。身体是革命的本钱,体弱多病的多尔衮在长年的征战之中身体每况愈下。二是,多尔衮的亲人相继离世给多尔衮带来了严重的精神创伤。尤其是多铎的死,给多尔衮带来的打击可谓很大。多铎是多尔衮的胞弟,与多尔衮之间的感情十分深厚,又是多尔衮最强劲最忠心的政治支持者,多铎的死让多尔衮十分伤心难过。多铎死后不久,多尔衮的弟妹、嫂子以及与自己相濡以沫25年的正妃都相继离世,这些都给多尔衮的心里蒙上巨大的阴影。三是,多尔衮纵欲过度。多尔衮有名可查的妃子就有十个,其他的妻妾还不知道有多少。喜好女色,致使本就虚弱的身体更加虚弱,病情更加严重。

关于多尔衮的死因,还有另外一种观点,即多尔衮之死是出于他杀,是一场政治阴谋。"顺治七年十一月十三日,多尔衮出猎,十一月十八日多尔衮到达遵化,十九日,宿遵化。二十日,宿三屯营。十二月初五日,宿刘汉河。初七日,宿喀喇城。是日,皇父摄政王病重歇息。初九日,戊子,戌时,皇父摄政王崩。"出猎途中唯一的意外是多尔衮因堕马受伤,但是小小的腿伤,竟能让正值壮年的多尔衮在如此短的时间内死亡,显然是不可能的。

多尔衮当时的行进路线之中,喀喇城最引人关注,因为喀喇城条件恶劣,如果多尔衮病重,决不会转移到这么一个荒芜之地来修养,这对他的身体并没有好处,因此在多尔衮到达喀喇城之前,他的身体应该毫无大碍。那么,在喀喇城期间到底发生了什么,让一个健康的人在短短两天内身体急转直下,直到猝死。

有学者认为,多尔衮的死因极有可能是脑溢血。脑溢血是一种突发性疾病,发病率也极高,发病之时会失语、偏瘫、意识不清、头痛、呕吐。而根据多尔衮死亡的状况来分析,多尔衮极有可能死于脑溢血。一方面,多尔衮的家族本就有脑溢血遗传病史,在这之前死于脑溢血的还有莽古尔泰、德格类、皇太极、豪格。另一方面,多尔衮死之前几个小时头痛欲裂、口不能言,而且是突发疾病,这种情况也极符合脑溢血的发病症状。

如果这个假设成立,诱发多尔衮突发脑溢血的主因又是什么?这也是多尔衮死因的最大谜题。一般来说,突发脑溢血主因都是情绪激动,那么又是何事让多尔衮如此激动?

清代历来就有先大婚后亲政的传统。多尔衮出猎的时间与顺治大婚亲政的时间极为接近,因此多尔衮此次出猎就可能是趁着出猎为小皇帝选定皇后人选。另外,也只有多尔衮生前就已经选定好了人选,小皇帝也才有可能在多尔衮死后短短的一段时间内大婚、亲政。据《世祖实录》记载,阿济格在多尔衮死亡之日的早晨,派人去娶了葛丹之女。阿济格相中了葛丹之女,所以决定在多尔衮死去之前娶了这个女人,因为如果多尔衮死后,必然会高规格发丧,到时阿济格是不可能在国丧期间娶妻的。所以他就想在多尔衮死亡的当天早上派人紧急地去讨要了那个女人。如果任何一个人在多尔衮病重之时,把这个消息告诉了多尔衮,在极度的愤怒加失望之下,多尔衮就有可能一口气上不来。

至于这个告密者,济尔哈朗和苏克萨哈的嫌疑最大。因为济尔哈朗被多尔衮打压,仇恨之心和权欲使他极具动机谋害多尔衮。多尔衮出猎,他一直陪伴左右,作案动机和作案条件以及作案能力,济尔哈朗都具备了。苏克萨哈作为多尔衮的亲信,在多尔衮死后就第一个站出来指证多尔衮。所以在多尔衮即将死去的关键时刻,苏克萨哈肯定重新为自己选择一个靠山,帮助济尔哈朗除去多尔衮可谓是利大于弊。顺治亲政后十年,济尔哈朗就渐渐退居二线,颐养天年去了。苏克萨哈则成为乾隆为多尔衮平反的替罪羔羊。

(十三)年羹尧因何而死

雍正是历史上一个颇具争议的皇帝,他通过政变获得皇位,但是过后又勤于政事,为乾隆盛世奠定了基础。雍正执政期间著名的"雍正八案"中首案就是雍正年间的大将军年羹尧。他功勋卓越,为大清朝的繁盛特别是西北部的安定做出了巨大贡献,但是最终却被雍正处以"自裁"之刑,一代名臣从此陨落。

其实,根据史料记载,年羹尧并无反雍正之心,而且一直对雍正对朝廷忠心耿耿,尽心尽力,直到他接到雍正让他"自裁"的旨意后仍然对雍正抱有幻想,至死也没有弄懂,为什么雍正一定要将他置于死地。

此时的雍正还是很好心地让这位将军自裁,免却了其遭受凌迟的酷刑,在给年羹尧的最后谕旨上说"尔自尽后,稍有含冤之意,则佛书所谓永堕地狱者,虽万劫不能消汝罪孽也",让年羹尧死后都不敢怨恨他。

但是,为什么雍正会将这样一位优秀的将领,同时也是自己的心腹大臣处死呢?难道是因为雍正"飞鸟尽,良弓藏;狡兔死,走狗烹"?还是年羹尧功高盖主,雍正害怕他造反,想要清除势力?这些都无定论。

说年羹尧是优秀的将领,一点儿也不为过,他运筹帷幄,驰骋疆场,曾率清军平息青海罗卜藏丹津。在平息罗卜藏丹津的叛乱中,他率领军队仅用15天的时间便横扫敌营,擒获敌方重要头目,只有罗卜藏丹津本人化装成妇人逃脱,这场胜利使得"年大将军"威名远播,享誉朝野,立下赫赫战功,最后官至四川总督、川陕总督、抚远大将军,还被加封太保、一等公,高官显爵集于一身。

雍正曾经发出上谕:"若有调遣军兵、动用粮饷之处,著边防办饷大臣及川陕、云南督抚提镇等,俱照年羹尧办理。"由此可见雍正对他的信任和重用。

但是,这样的功劳其实有时候也是一种灾难。功高盖主过后被主所杀,历史上屡见不鲜。对于年羹尧的悲剧很多人也都持有这种看法。他们认为,年羹尧因为自己的功勋在朝野上难免会妄自尊大,遭到群臣的不满,而这对于自尊心极强的雍正来说,太过于张扬的大臣并不是他所欣赏的类型,年羹尧的居功擅权势必会使皇帝落一个受人支配之名,这是雍正所不能忍受的。

年羹尧悲剧的导火索是雍正二年进京面圣,此时的他正是春风得意之时,赴京途中,他令都统范时捷、直隶总督李维钧等跪道迎送。到京时,他无视跪接他的王公以下官员,面圣之时,也口出狂言,"无人臣礼"。

雍正此时已经看不惯他这样的行为,在年羹尧结束陛见回任后,"送"给他一段保全名节的话:"凡人臣图功易,成功难;成功易,守功难;守功易,终功难。……若倚功造过,必致反恩为仇,此从来人情常有者。"

随后,雍正开始有意无意要求官员们与年羹尧划清界限,鼓励他们揭发年羹尧的劣迹罪行。雍正三年正月,雍正对年羹尧的不满开始公开化。

不久,年羹尧被革除川陕总督职位降至杭州将军,赴任的途中,不明圣意的年羹尧在江苏观望不前,幻想雍正会改变决定,而雍正心意已决,他在年羹尧调任杭州将军所上的谢恩折上批道："看此光景，你并不知感悔，上苍在上，朕若负你，天诛地灭；你若负朕，不知上苍如何发落你也！……你这光景，是顾你臣节不管朕之君道行事，总是讥讽文章、口是心非，加朕以听谗言、怪功臣之名。朕亦只是顾朕君道，而管不得你臣节也。只得天下后世，朕先占一个字了。"

不久，雍正以服从群臣所请为名，革除年羹尧的所有官职，并下令将他逮捕押送北京会审。最后，经过审判过后，列出 92 条大罪，雍正赐其狱中自裁，其家人也受到相应的惩罚，叱咤一时的年大将军最终身败名裂、家破人亡。

另一种说法则认为，当年雍正夺位之时，年羹尧参与其中，雍正夺位成功后便要除掉知情者。

雍正是康熙的第四子，康熙临终之前有意让其十四子胤禛嗣位，雍正和大臣密谋，私自更改遗诏，十四子当时正在四川，本想伐师北上，但是受制于年羹尧的势力，最终，雍正顺利得到帝位，对年羹尧自是优待，大加恩赏。但是，也有人认为，这是欲擒故纵之举，雍正在即位之初便对年羹尧有戒备之心，想要除之而后快。当然也有人不同意此说，因为雍正继位之时，年羹尧远在四川，并没有亲自参与其密谋，也不知道多少内情，雍正没有必要将其除掉。虽然从客观上讲，当时的年羹尧确实对于阻断胤禵起兵东进起到了很大的作用。

其实，雍正继位的具体细节也是迷雾重重，而他继位之后，相继处置了于他有功的年羹尧和隆科多，这也让人费解，究竟是什么原因促使雍正最后下定决心处死年羹尧的，令一代名将终以悲剧收场，这仍然是一个很大的谜。

（十四）甲午战争英烈邓世昌死因之谜

自 1840 年鸦片战争开始，腐朽的封建制度遭受到了外国侵略者的颠覆，中国的社会性质也从封建社会变成了半殖民地半封建社会，从此，中国人民开始遭受外国列强的侵略，苦不堪言。1894 年，日本也加入到了侵略中国的队伍当中，发动了侵略中国的甲午中日战争。最终，中国战败，双方签订了极不平等的《马关条约》，中国答应赔偿日本大量的白银和领地，并保证日本在中国的利益。而通过战争获利的日本，通过在中国掠夺的财产，赚足了发展经济的资本，从此日本经济突飞猛进。

甲午中日战争使中国受尽了屈辱，这场战争大大加深了中国半殖民地半封建社会的性质，由于巨额的赔款，给中国的百姓带来了更为沉重的负担。但是在这场战争中,值得我们欣慰的是在抗击日军的过程中涌现出一批敢打敢拼,不畏强敌,甘愿为国家和民族牺牲的英雄们。在黄海海域阻击日军的邓世昌,就是在这场战争中所涌现出来的一位名垂青史的爱国将领。

邓世昌当时率领"致远号"船舰在黄海海域阻击日军。当时清朝部队的"定远号"和"镇远号"船舰在黄海海战的前一天,就遭受了日军的偷袭,损毁相当严重。当第二天黄海海战正式打响之际,为了保护"定远号"和"镇远号"的安全,邓世昌所率领的"致远号"充当了此次海战的先锋。但是由于敌军的炮火过猛,"致远号"也遭到了严重的破坏,在这生死攸关的时刻,邓世昌决定用残破的舰船冲撞敌军的"吉野号",企图与敌人同归于尽。可是当"致远号"全力冲向敌军船舰的那一刻,不幸被敌军猛烈而集中的火力击中,由于船体受损,不堪重负,最终致使"致远号"沉没。邓世昌用自己的生命捍卫了中国军人的荣誉,后世对他的赞誉始终不绝于耳。后来光绪皇帝为了纪念他,特地追封他为"太子少保",可见光绪皇帝对邓世昌的认可。但是,邓世昌的死因究竟是被炸死的还是另有隐情,历史上对此展开了讨论。

有的人认为,邓世昌之死是被日军"吉野号"的炮火炸死的。当时日军的炮火过于密集,"致远号"不堪重负最终沉没,邓世昌是被炸死之后,随船一起沉没的。

另外一种观点是说邓世昌跳海之后仍然活着,但是他看见"致远号"已经沉没,所以决心与舰船同进退。在士兵力劝之下,邓世昌仍然放弃了生存的机会,随"致远号"一起沉入了海底。

除此之外,还有一种观点是说当时邓世昌是"致远号"的最高指挥者,他在船上的位置是很适合隐蔽的。当邓世昌看见自己船上的官兵大部分已经阵亡,大势已去,于是伴随着"致远号"熊熊燃烧的大火,心灰意冷,跳入江中,结束了自己的生命。这也是关于邓世昌真正死因的说法之一。

至于邓世昌的死因,至今仍是一个谜。但是不管怎样,邓世昌和其所率领的"致远号"在抗击日军的战斗中所表现出来的勇猛无畏的斗争精神,将会被后世所铭记。邓世昌本人的英雄壮举,也会被流传万世。

(十五)谁谋害了冯玉祥

1948年7月31日,一艘名为"胜利号"的客轮载着322名乘客从纽约起航,开往目的地苏联敖德萨。但是,"胜利号"却在途经黑海之时,突然失火,大量乘客遇难。最让人震惊的是，遇难人员包括了即将返回中国参加政治协商会议的冯玉祥将军和他的小女儿。一代爱国名将冯玉祥将军就这样离奇死亡。最奇特的是"胜利号"再过一天就能抵达终点站敖德萨港了。"胜利号"失火的原因是什么？是人为，还是意外？它的失火与冯玉祥将军又有何关系？

"胜利号"是一艘大型客货两用船，专门往返于纽约与敖德萨之间。这艘客船虽然配备齐全，但是设施并不是特别好。轮船在发生火灾之后，经苏联调查结果显示，是由于电影胶片处置不慎而导致失火，火势蔓延，最终导致整条船烧毁。

火灾发生后，冯玉祥将军身死"胜利号"的消息，引起西方世界的极大轰动，各家媒体纷纷报道，但苏联报纸却对这起"不幸事件"讳莫如深，只有一则简短的标题为《"胜利号"轮船发生不幸》报道，报道之中也完全忽略了火灾的起因。

其实，冯玉祥将军死于"胜利号"之上，并非偶然事件。冯玉祥11岁参军，一步一步晋升到总司令的高位，是中国近代史上一位伟大的爱国主义者。而后，冯玉祥因对国民党政府深深失望，远去美国。他在美国期间曾无数次地公开讲演，谴责美国政府援助蒋介石打内战的错误政策。1948年，冯玉祥将军登上"胜利号"毅然返国的原因，就在于他接受了中国共产党的邀请，回国参加即将举行的政治协商会议。因此他的死亡给社会各界带来了无尽的猜测。

值得注意的是，"胜利号"从纽约起程之前，纽约当局曾强迫对"胜利号"进行了消毒处理。也就是说"胜利号"上原有的200余位工作人员必须全部离船，在消毒的两天时间里，没有人知道"胜利号"发生了什么。

另外"胜利号"在返程途中还突然接到黑海航运局的指示，要求"胜利号"绕道转去埃及亚历山大港，接收从埃及遣返回国的亚美尼亚人，把他们送回格鲁吉亚海港巴统，然后再返回敖德萨。因为当时苏联战争造成了大量劳动力流失，需要急召侨居国外的人回国参加建设，流亡海外的亚美尼亚人也包括其中。"胜利号"执行了此项命令。"胜利号"在亚历山大港接收了3000多名亚美尼亚人返航，到达巴统之后返回敖德萨，途经黑海就发生了严重火灾。所以调查人员推测，有可能是破坏分子从亚历山大港混入其中，后来在船上蓄意引起火灾。而且在这批遣返人员上船后，人们在船上不同地方都发现了一种块状物体，像是某种矿石。这种矿石在燃烧时可以放出蓝色火焰，能达到很高的温度。但是调查机关并没有按人为破坏说继续追查下去。

此次事件最为蹊跷的地方还在于：一是"胜利号"着火之后不久，苏联政府突然下令停止了亚美尼亚人的返乡潮。二是在"胜利号"实际发生火灾之前,美国的广播电台就提前播报了火灾的消息。

近年,冯玉祥将军的儿媳余华心女士撰写出版的《传奇将军冯玉祥》一书也对冯玉祥将军的死进行了分析,她认为冯玉祥将军的死是一场经过精心谋划的谋杀行动,特务事先在油漆轮船的时候,在油漆里混入了大量的烈性炸药,所以大火才能很快地燃烧起来。

"胜利号"失火的起因疑点重重,至今为止,对于冯玉祥将军的死亡原因也没有定论。

(十六)汪精卫真的替蒋介石挨枪击了吗

1944年11月10日汪精卫卒于日本名古屋。汪精卫一生充满了传奇色彩。早年,他为了推翻清政府的统治,将人们从清政府的封建专制中解救出来,亲手策划了刺杀清摄政王载沣的行动,他也因为这次壮举而为时人所敬仰。但之后汪精卫剑走偏锋,堕入邪道。在抗日战争中与日本人合作,残害自己的同胞,为时人所不齿,在民间被人称作汉奸。后来抗日战争结束,全国人民对汪精卫的尸骨葬于南京郊外的梅花山非常不满,竞相要求蒋介石掘其坟墓,鞭其尸体。蒋介石无奈之下派何应钦扒掉此墓,把他的尸骨火化。

直到现在抗日战争结束多年,人们对汪精卫的仇恨渐渐淡化才逐渐关心起历史的真相。人们陡然之间发现,汪精卫死得不明不白,到如今人们也无法说出他的具体死因。史学界却有很多种说法,有的说他是被日本人害死的,有人说他是病死的,还有人说他是被蒋介石派人毒死的。究竟死因如何,哪一派观点也不能说服对方,至今也没有定论。

其中的一个说法是,汪精卫因早年替蒋介石挨过枪击,后来枪伤复发而死。1935年11月1日,当时的国民党如日中天,每一个举动都维系着中华民族的安危。这一天,国民党的四届六中全会在南京丁家桥中央党部召开。会议开幕式结束后,大家都聚集在会议室准备拍照合影,以留历史备案。但是警卫们看管不周加上主办方组织上不是很到位,使得现场的秩序显得有一些混乱。蒋介石看到现场混乱的秩序,害怕现场有人趁乱行凶,于是早早地便退到自己的休息室不肯出来照相。

没有元首的合影是与当时的规矩不符的。为了早点召开会议,汪精卫亲自到蒋介石的休息室去请他出来照相。但蒋介石脸厚心黑,一想到外面混乱的秩序,别人随时可以一枪将自己毙命,就惴惴然不愿前去。无可奈何之下,汪精卫只得自己出去,组织大家照相。照完相过后大家刚起身,突然就从记者席中传来三声枪响,接着汪精卫应声倒地。

后来开枪的凶手被逮住,接受调查时声称自己名叫孙凤鸣,是十九路军的一名排长,因不满蒋介石对日本的绥靖政策,一味退让,所以组织了一个暗杀团,想刺杀蒋介石。可哪想到当时的现场如此混乱,以为组织大家拍照的就是蒋介石,错误地向汪精卫开了枪。汪精卫在枪击事件中后受伤不轻,左颊、左臂和后背脊柱骨都中了枪。后来左颊、左臂中的子弹都取了出来,唯独后背脊柱骨的子弹挨着中枢神经没敢取,所以一直留着,每到雨天脊柱骨的枪伤就时时发作。

1943 年 4 月,汪精卫投靠了日本政府,在南京建立了日本的傀儡政权,并声势浩大地举行"还都大典"接受日本天皇的册封。11 月底的一天,侵华日军的一个将领来汪精卫的住宅处催促汪精卫为日本侵华军队征粮。汪精卫得知日本将军莅临住所,赶紧下楼迎接,由于行动过于匆忙,一不小心一脚踏空,摔在楼梯上,正好摔在后背负伤处。12 月 19 日,汪精卫来到南京日本陆军医院接受治疗。外科军医后藤擅自主张将汪精卫后背的那颗子弹取了出来。手术并没有想象中的那样成功,由于手术伤到了汪精卫的中枢神经,使得汪精卫下肢瘫痪,大小便失禁,最后治愈无望,于日本治疗时选择了安乐死。

当然这也只是汪精卫各种死因当中的一种说法,究竟死因是否确实如此也不得而知。汪精卫的真正死因,恐怕早已被历史的滚滚车轮碾走,不为后人所知,成了一个谜。

五、乱世豪杰的悬案秘闻

(一)姜太公到底是哪里人

姜太公,本名吕尚,姓姜,字子牙,被人尊称为太公望,后世称其为姜子牙、姜太公。他是中国历史上著名的政治家和军事家,他辅文王兴周,助武王伐纣灭商,建立了西周。作为西周的开国元勋,姜太公在历史上也被后人所尊敬。

但就是这样一位历史上杰出的人物,其实在他早年的时候是十分不得志的。

据说姜太公漂泊了大半辈子,穷困潦倒,但是他始终胸怀大志,周围的人都认为他不切实际得像个疯子。但是姜太公并未就此放弃,反倒更加坚定了自己的意志。直到后来,皇天不负苦心人,他终于遇到了姬昌,全力辅佐他,周王朝日渐兴盛。后来武王伐纣,姜太公担任军师,一路上为武王出谋划策,最终灭掉了荒淫无度的商纣。武王感慨说,"兴周灭商,姜太公当功推第一"。但是姜太公的出生地始终是历史上争论的一个焦点。历史上有很多有关于姜太公出生地的记载,但是史料过于庞杂,人云亦云,至于人们所持的观点,主要包括以下几点。

第一种观点是东海说。这种说法在很多典籍中都有所记载,例如著名的《孟子》《吕氏春秋》中都有记载。《孟子·离娄上》就曾记载过伯夷与姜太公的事,对于他们的出生地也有所记载,说伯夷在北海,而姜太公在东海。《吕氏春秋·首时》中直接记载着"太公望,东夷之士也。"这直截了当地说出了姜太公的出生地,正是东海。人们认为姜太公是东海人的原因也多半出于这两部著作。

古代记载,太公出生地为东莒乡。而古代"吕"与"莒"是同一个字,以此可以推断出太公的出生地是东吕乡,即当今山东省日照市。

后来有很多考古学家对于日照的历史做了仔细的研究,认为古代日照地区文化是很发达的,而一代伟人姜太公出生在这样的文化发源地,自然是很合乎情理的。

第二种观点是河内说。这种说法同样也有很多典籍支持着。在《水经注》中引太庙碑文曾记载:"太公望,河内汲人。"持两种观点的人各执一词,各有各的道理,但是至于姜太公是哪里人,还没有准确的证据来证明,留给人们的仍然是一个未解的谜团。

(二)庞涓有没有指挥过马陵之战

马陵之战是历史上一次著名的战役,众所周知,司马迁在《史记·孙子吴起列传》中也有记述,孙膑与庞涓在此次战役中短兵相接,庞涓死于马陵。

公元前343年末,魏国联合赵国向韩发动进攻,韩国求救于齐。次年,齐威王派田忌为将,孙膑为师,发兵攻魏而救韩。魏国指挥这次战争的是将军庞涓,他见齐军来援,便释韩而调头迎击齐军。齐军在孙膑的策划下,施出行军减灶之计,装出一副怯弱畏战的样子。庞涓行军三日见此情景,心中大喜,于是命令步兵止步,自己则与轻骑锐卒日夜兼程追逐齐军。孙膑估计魏军在黄昏时当至马陵,于是就在那里布置伏兵。指挥军队埋伏好后,孙膑又把圈中的一棵大树斫去树皮,而书写上"庞涓死于此树之下"八个大字。庞涓在当晚果率魏军追至马陵,见树上书写文字,乃点火想看个究竟。未等庞涓读毕树上之字,埋伏在两旁的齐军万弩俱发,魏军顿时大乱相失。庞涓自知智穷兵败,拔剑自刎,齐因此而乘胜大破魏军。此战后,魏国由盛转衰,孙膑却因善于用兵而名扬天下。

从司马迁的这段记载来看,庞涓是指挥过马陵之战的。

然而这段史实是存在争议的。有史料称,庞涓曾经被孙膑生擒,如果这是真的,那么,庞涓应该没有机会参加马陵之战。孙膑弟子所编著的《孙膑兵法》中,《擒庞涓》一篇十分清楚地记述了孙膑在桂陵之战中生擒庞涓的事。桂陵之战与马陵之战相隔仅11年,孙膑迷惑魏军的手法与马陵之战如出一辙:起初大胜的魏军不把齐国放在眼里,十分轻敌;孙膑将计就计,安排士卒做出一副"兵少将寡"的样子。魏军统帅庞涓丝毫没有怀疑,率领精兵强将日夜兼程返回大梁与齐军决战。没想到孙膑施计追击到桂陵,生擒庞涓。关于这段历史,《田敬仲完世家》和《六国年表·魏》也有相似的表述。

两相比较,这些史料说法的最大出入就是两场战役的细节问题。庞涓在桂陵之战与马陵之战之间的经历是否属实呢?如果庞涓真的曾在桂陵之战中被活捉,他怎么可能又在马陵之战再度指挥魏军作战呢?再说,桂陵之战中,庞涓已经中计一次,如此相似的谋划,为何庞涓不知吸取教训,还要再次上当受骗呢?不少学者认为桂陵之战,庞涓落入齐军之手,很可能不久后就被放出来了,又一次担任马陵之战中的将领,和孙膑再次交战。至于为何二次中计,却无人给出解释。

再查史料,这段历史疑案就显得更加扑朔迷离了。

《战国策·魏二·齐魏战于马陵》中说道:"齐、魏战于马陵,齐大胜魏,杀太子申,覆十万之军。"齐国张丑也说:"今战胜魏,覆十万之军,而擒太子申。"这里记马陵之战,并没有提到庞涓为将指挥魏军。

因而,有学者据此认为,司马迁不察,把庞涓和太子申都当作马陵之战时魏军的统帅,遂造成庞涓被生擒后又任将出战和两次被孙膑的伏兵击破的误会。例如《孙膑兵法注释》就对此下结论道:"马陵之战指挥魏军的当为太子申,而不是庞涓。"

魏将庞涓曾否参加马陵之战,其真实性尚待进一步考察。是司马迁误解《国策》,错记入史?是庞涓被俘又获释,再次上阵指挥?还是孙膑的弟子为了显示孙膑的神机妙算而杜撰了庞涓被捉一事？这个千古谜团，到现在还尚无定论。

（三）韩非为何被杀

韩非是战国时期的著名军事家，法学家，对于治国理政的研究颇有造诣。韩非并非寒门出身，相反，他是韩国王室诸公子之一。由于身份尊贵，他可以向韩王直接劝谏。但是，韩非却有一个口吃的毛病，无法流利地表达出自己的想法，自然，他无法在朝堂之上与诸位大臣理论共商治国之策了。韩非对于韩王的劝谏都来自文字。韩非虽然口吃，但却写得一手好字和一手好文章。他一生论著无数，对当时及后世引发强烈反响的，有《说林》《说难》等十余万字的篇幅。可以说，韩非是一个非常有文采和学识的人。

在韩国期间，韩非曾经无数次向韩王劝谏，治理国家要遵循法制。当时韩国的发展状况，已经出现了很多的问题，要避免和克服这些问题，就必须养给所用。但是韩王对韩非的提议却无动于衷，认为他的想法根本不适合韩国的发展。由于韩非的著作已经传到了其他诸国，秦王对于韩非的才能及其主张也颇为赏识。由于当时秦王丞相李斯与韩非是同门师兄弟，在李斯的推荐之下，韩非来到了秦国，为秦国的发展出谋划策。

来到秦国之后，韩非的出众才华显露无遗，秦王对他也是言听计从。这就遭到了秦国其他官员的嫉妒。李斯担心自己的位置和权力被韩非取而代之，于是在秦王面前劝谏秦王，说无论怎样，韩非都是出身于韩国王室，他的身份特殊，来到秦国可能是做卧底的，目的是拖垮秦国，利益归于韩国。秦王听了很生气，想了想韩非平日的所作所为，一气之下把韩非给杀了。这也是《史记》中的记载，认为韩非是被李斯所害死的。但是后人经过查询史料，对韩非之死的这一说法展开了讨论，对《史记》中所记载的韩非死因提出了异议。

一种观点认为，韩非并非是李斯所害死的。因为李斯与韩非都是荀子的学生，他们师出同门，感情一直很好。当时韩非在韩国不得志，而他的才能，李斯是知道的。作为秦国丞相的李斯认为韩非之才是可以为秦国所用的，便向秦王举荐了李斯。正是因为如此，人们认为韩非之死与李斯是没有关系的。倘若李斯要害死韩非，又何必向秦王举荐而多此一举呢？如果像历史上所记载的那样，李斯是因为妒忌韩非之才而将他害死的，那么在韩非没有来秦国之前，李斯对于韩非的才能也是相当了解的，说是出于嫉妒，未免过于牵强。

另外一种观点认为，韩非的死确实和李斯有关，但是主要的原因还是秦王的多疑。由于韩非出身的客观原因，即使他的思想得到了秦王的赏识，秦王也一直对他心存芥蒂。尤其是在一些治国理政的具体实施上，如果没有达到预期效果的话，秦王就会对韩非起疑心。正是由于秦王的这种多疑的心理，再加上嫉妒韩非的那些大臣的无理攻击，自然加重了秦王对他的误解，最终导致了秦王处死韩非。关于韩非之死，这也是一种说法。

还有一种有关于韩非死因的传言，说他是咎由自取。为什么这么说呢？有传言说韩非到了秦国之后，得到了秦王的赏识。由于他嫉妒其他人的功劳而向秦王多次进谏说他们的坏话。起初秦王并没有理会他，可谁知后来，秦王见韩非变本加厉，再加上韩非特殊的身份，秦王认为韩非是想利用自己除掉秦国的股肱之臣而利于韩国，于是便下令杀了韩非。但是对于此观点，历史上也有反驳。说韩非是一个有口吃的人，他在韩国尚且用文字进谏，可是到了秦国，他怎么突然就变身成为一个能说会道的谏臣了呢？因此这种说法，值得怀疑。

有关于韩非的真正死因还将继续讨论下去，也许将来会有更加准确客观的证据来解开这个历史谜团。

（四）"鸿门宴"项羽为何放走刘邦

楚汉之争中最让人津津乐道的，堪称"历史上最著名的一场饭局"的鸿门宴，是公元前206年于秦朝都城咸阳郊外的鸿门举行的一次宴会，参与者包括当时两支抗秦军的领袖项羽及刘邦。

司马迁在《史记》中对鸿门宴有过生动传神的描述，人物刻画栩栩如生，极富有戏剧性。不过关于鸿门宴上项羽为何不杀刘邦，却至今没有确切的答案。

秦朝末年，风起云涌的反秦武装力量让秦王朝濒于灭亡。在这些反秦武装中最著名的两大主力当属刘邦和项羽。他们分别向秦都咸阳进军，并约定"先入咸阳者王之"。

结果，公元前6年，刘邦率先破关入秦，入驻咸阳。称王后的刘邦与民约法三章，废苛政，除严刑，赢得民心。而此时，项羽仍在苦战秦军，就在其打破秦军主力，乘胜进发咸阳之时，听说刘邦已率先进驻咸阳，打算在关中称王。项羽勃然大怒，即刻率领四十万大军主力进军咸阳，破关直入，驻扎鸿门，并邀刘邦前来，准备杀之。鸿门宴的地点就是今陕西省临潼市新丰钦附近的"项王营"，即当时的"鸿门"。

刘邦听说后,先设宴款待了项羽的叔叔项伯,第二天才率樊哙、张良等上百名部下,亲赴鸿门以示歉意。项羽是个毫无城府之人,刘邦一道歉,一解释,项羽怒气立消,马上设宴招待。

范增是项羽的谋士,他早就看出了刘邦居心不良,料定早晚有一天,刘邦要和项羽一决天下,警告项羽此人不除,必留后患,并多次怂恿项羽灭了刘邦。不过,项羽一直没往心里去。而今刘邦自己送上门来,真是天赐良机。席间,范增多次暗示项羽机不可失,要趁早动手,但项羽始终对他视而不见。无奈之下,范增就找来项庄舞剑,假借助酒兴,伺机刺杀刘邦。"项庄舞剑意在沛公"就是这么来的。

结果范增的用心被项伯识破,项伯是张良的好友,心地善良,他怕出事,就拔剑与项庄对舞,以护刘邦,气氛剑拔弩张。刘邦看大事不好,当机立断,假装上厕所,在张良、樊哙的帮助下,逃离项营,避免了一场灭顶之灾。项羽优柔寡断,自以为是,结果刚愎自用,导致自己错失消灭刘邦的绝佳机会,为后来的战败并最终饮恨而死埋下祸根。

鸿门宴上项羽为何不杀刘邦?难道他不了解刘邦的野心吗?对此众说纷纭,但大都对项羽持否定态度,大都认为项羽有勇无谋,目光短浅,狂妄自大。由于他的大意轻敌,最终自食恶果,酿成后患。但是,把项羽在鸿门宴上轻易放走刘邦仅仅归结为他头脑简单,实在缺乏说服力。

近年来很多学者通过不断的研究对此有新的看法,认为项羽是顾念旧情,于心不忍。

当时,汉弱楚强。项兵四十万大军驻扎鸿门,而刘邦军队仅仅十万人,安扎在距鸿门四十余里的霸上,沛公赴鸿门见项羽时仅带张良、樊哙等百余骑。项营如此戒备森严,刘邦怎么能脱身呢?况且他还招呼樊哙等一起离开?难道敏感睿智的范增、项庄就一点儿也没察觉?沛公出军门后,项王曾让陈平召沛公,怎么就没能把刘邦召回呢?

学者们在《史记会注考证》中曾经引用董份的说法,并提出质疑:"范增欲击沛公唯恐失之,岂容在外良久而不亟召之耶?此皆可疑,史固难尽信哉。"后又引徐孚远的见解:"然观《史记》,叙汉人饮中,多有更衣,或如厕竟去,而主人不知者。意者当时之饮,与今少异,又间有良骏行四十里而杯酒犹温者,汉主之能疾行,得此力也。其所云步走,或史迁误也。"

这也是强言之词。鸿门宴，可不是普通的宴会。刘邦的一举一动都有范增等人严密监视着，更何况还要召樊哙一同离去呢！樊哙闯进时，敌意外露无遗；沛公起身如厕时，他又紧随其后，以樊哙的庞大身躯，如此动静，恐怕连小孩都会起疑心吧。

《史记》中先是说沛公脱身独骑，后又讲与四人步走，到底是独自骑马，还是步走，还是先独骑后步走？叙述并不明确。梁玉绳在《史记志疑》中曾说："若论禁卫诃讯，则彼尚不能御樊哙之人，乌能止沛公之出乎？"樊哙闯入军营时，刘邦还深陷项营牢笼，此刻两人却拔剑而出，禁军卫士怎么会轻易放过他们呢？

相比之下，还是前者之说更合乎情理，与项羽性格相符。若项羽决定杀沛公，在范增向其示意时，他早就动手杀刘邦了；怎么还会在刘邦逃走后，张良献白璧给他时，愿意"受璧置之坐上"？血气方刚的项羽虽有时残暴凶狠，但也有慷慨豪爽的时候。范增早就看透了项羽"为人不忍"，于是把玉璧扔在地上，"拔剑撞而破之"。

对太史公的质疑，也是不少人的看法。比如《史记》中对鸿门宴的描述，"范增数目项王，所佩玉块以示之者三，项王默然不应"等等。而在《汉书·高帝纪》中却只有如此描述："范增数目羽击沛公，羽不应"，并没有"所佩玉块以示之者三"，这也不是没有道理的，毕竟司马迁的撰文，太富有传奇色彩了。

除此以外，也有人认为项羽虽然骁勇善战，但不谙政事，故而在没有硝烟的政治斗争中，判断错误，迷失方向，分不清敌我，确定不了目标。当然，也有人说项羽死爱面子活受罪，沽名钓誉，为了不背上背信弃义的罪名，忍痛放走刘邦。还有人说，鸿门宴是项羽迫于当下形势为了安抚刘邦而设的。从大局而言，项羽没有必要杀刘邦；就理智而言，项羽不杀刘邦，也不能算是失策；而在感情上，项不杀刘，并非矫情；从长远来看，项羽已有降刘的对策，让刘逃走也并非放虎归山自留后患。

更有学者说，鸿门宴实际上项羽借机吓唬刘邦，从而不费吹灰之力夺得关中，既可让刘邦降服，又能维护反秦盟主的地位；而刘邦为求自保，不得不以地换命，为了渡过难关，才不得不忍辱负重。

不过，无论是源于何因，项羽手下留情，放走刘邦，这都将是项羽此生犯下的最严重的战略错误，而且终生无法挽回，最终导致项羽四面楚歌，乌江自刎。或许也正因如此，才使得项羽的悲剧更加悲壮，项羽的惨败令人扼腕叹息；正因为如此，才有了后人对其英年自刎的同情和怜惜。

（五）项羽为何不肯过江东

项羽，也就是著名的"楚霸王"，与刘邦是反秦武装的两大主力，两者曾一起争夺天下。但因刘邦"先入咸阳王之"，项羽不服，讨伐刘邦，最终却因自己优柔寡断，刚愎自用，在楚汉之争中大败。项羽率军被困垓下，也就是现在安徽灵璧东南，弹尽粮绝，四面楚歌。

项羽与爱妾虞姬慷慨悲歌，对酒作别，也就是历史上著名的"霸王别姬"。这之后，项羽率军突围，结果抵达阴陵时迷了路，只好返回东城，这时项羽的随骑只剩28人。屋漏偏逢连阴雨，已经建立汉朝的刘邦派灌婴率军5000人，追击项羽，无奈之下，项羽只好率兵东走，到乌江灰心至极，江边自刎而死。刘邦厚葬项羽于谷城。

李清照对项羽的悲情结局颇为慨叹："生当作人杰，死亦为鬼雄。至今思项羽，不肯过江东。"但是项羽究竟为何不渡乌江，不肯过江东呢？这个疑问至今仍是个谜。

历史上对此有很多不同的解读：

学者认为自固陵之战始，项羽连连败退，被困垓下，突围不成，逃往东南直至乌江边上。项羽撤退的路线一直是向东去的，而且是一路奔逃向江东，可见项羽早已萌生退守江东之意。不过要说项羽是因战败葬送江东8000子弟性命无颜面对江东父老而自杀似乎不太合理。

首先，固陵战败，被困垓下，"虞姬死，子弟散"，四面楚歌的项羽早就应该羞愧自杀了，可是他没有，反而率军突围。其次，突围的项羽渡河之后，逃至阴陵，结果却迷路，问路农夫，结果被指错道，深陷泥沼，被汉军追击赶上，可谓狼狈至极，但这也没让项羽萌生自杀的念头。再次，逃至东城后，项羽被汉军重重包围，不可脱身，但他仍率领仅剩的28骑进行了殊死搏斗，尽管又亡两骑，可是项羽仍没灰心，还想着"东渡乌江"。由此可见，项羽艰难逃至乌江岸边，却因无颜面对江东父老自刎而死的说法是说不通的。尽管司马迁在《史记》中有这种记载，但学者们猜测这是司马迁杜撰的情节。若这真是司马迁杜撰的，那么项羽的乌江之死可能不是自杀为之？不是自杀，那项羽究竟是怎么死的？

有人说项羽之所以不肯过江东是因为舍不得虞姬。虞姬是项王的爱妾，为了不拖累战败的项羽，虞姬拔剑自杀，因此有了流传千古的霸王别姬。但是项羽，一个堂堂楚霸王真的会因为区区一个妃子而自杀吗？这似乎有点牵强。但是仍旧有人认为正是因为"虞姬死而子弟散",项羽内疚万分,因而不肯过江东,只好拔剑自刎。司马迁在史记中也有记载"项王笑曰:'天之亡我,我以何渡为!且籍与江东子弟八千人渡江而西,今天一人还,纵江东父兄怜而王我,我何面目见之?纵彼不言,籍独不愧于心乎?'"由于"子弟散",项羽觉得自己战败兵少,符合其"天要亡我"的心灵写照,也是其羞愧内疚以致"无颜见江东父老"的原因所在。而此刻项羽败局已定,即使过了江东,仍然无力扭转战局,因而项羽选择了"不过江东"。

除了上述两种看法外,还有人认为项羽自杀是为了让饱受战乱之苦的人民早日脱离痛苦的深渊,只好通过自杀来单方面结束战争,把人民从水深火热里解放出来。他们认为项羽早有结束战争的愿望,甚至想通过与刘邦个人决战来结束斗争。项羽早就觉察到"楚国久相持不决","丁壮苦军旅,老弱罢鞍漕",因而他对刘邦说"天下匈匈氏岁者,徒以吾两人耳,愿与汉王挑战决雌雄,毋徒苦天下之民父子为也。"

考虑到人民的疾苦,项羽甚至想以牺牲自己利益为代价来换取刘邦的让步,以鸿沟为界。但是刘邦违背约定,不仅没有让步,反而出兵追杀项羽。屡战屡败的项羽意识到自己无法与刘邦达成协议,也无法将刘邦消灭,只好自刎乌江边,以结束连年的残酷战乱。

至今,每每提到乌江,人们总是会谈起楚霸王项羽的故事。虽然项羽不肯过江东的谜底至今没有揭开,霸王别姬的故事却一直流传至今,项羽的精神也一直被人称颂。

(六)张良的最终结局为何不得而知

张良(约公元前250~前186年),字子房,汉族,传为汉初城父(今河南宝丰)人,汉高祖刘邦的谋臣,秦末汉初时期杰出的政治家、军事家,汉王朝的开国元勋之一,与韩信、萧何并称为"汉初三杰"。

据记载,秦灭韩后,张良在博浪沙狙击秦始皇未中,逃亡至下邳时遇黄石公,得《太公兵法》,深明韬略,足智多谋。秦末农民战争中,张良聚众归刘邦,为其主要"智囊"。楚汉战争中,他提出不立六国后代,联结英布、彭越,重用韩信等策略,又主张追击项羽,歼灭楚军,为刘邦完成统一大业奠定坚实基础,刘邦称他"运筹帷幄之中,决胜千里之外"。

然而,安邦定国后的刘邦,在建立大汉天下后,为了巩固统治便开始大杀功臣,有的人被逼上谋反之路，但最终仍没有逃过死亡的结局。但是，在这其中萧何、张良却因为某种原因幸运地躲过了这一劫。但是张良最后的结局却不得而知。

根据《史记·留侯世家》中的记载，部分人认为当时刘邦杀害功臣，张良十分寒心，尽管刘邦再三挽留，张良去意已决，他辞去官职去雪道，最后下落不明。

根据《汉书·张陈王周传》和《史记·留侯世家》中的记载，部分人认为张良是在官位上善终的。这件事说起来还与刘邦废立太子一事有关。当年，吕后所生之子刘盈为太子，听到刘邦要废掉太子刘盈的消息，吕后十分着急，无计可施的她派弟弟吕泽请求张良的帮助。张良本不想管，无奈吕泽万般强求，于是便说："劝说陛下改变主意，应该是不可能实现的。如果太子身边能有皇上敬重的人来辅佐的话，陛下或许会改变心意。有四位老者向来深受皇上敬仰，他们现在隐匿山中，最重要的是恳请这四老下山，这对巩固太子的地位很有帮助。"于是吕泽听从张良的建议，派人带上太子的笔信，恭请四老下山。

刘邦破英布得胜还朝，举办宴会，见到四老随同太子亲往十分惊讶。只见这四位须发皆白，身材魁伟。刘邦见太子羽翼已丰，已经形成了自己的一股力量，恐怕难以动摇，于是便放弃了废立太子的想法。正如《史记·留侯世家》中说的"竟不易太子者，留侯本招此四人之力也"。可想而知，这件事情让吕后十分感激。因此有人说刘邦死后，吕后为了报答张良，苦心劝说张良结束学道生活，并劝他下山做官。而此时的张良年岁已高，身体羸弱依然没什么作为，最终于惠帝六年病死，谥号文成侯。这个谥号的含义同萧何的"文终侯"一样，均含有以文才安民立政，善始善终之意，因此有人推断张良应该是善终。

但这些证据很单薄，我们不能片面地认定张良最终结局如何。所以，对于张良是否是善终，还有待考证。

（七）西汉名将李广为何难封

西汉名将李广（？～前119年），汉族，陇西成纪（今甘肃天水）人。据史料记载，汉文帝十四年（公元前166年）李广从军抗击匈奴因功为中郎。景帝时，先后任北部边域七郡太守。武帝即位，召为中央宫卫尉。元光六年（公元前129年），任骁骑将军，领万余骑出雁门（今山西右玉南）击匈奴，因众寡悬殊负伤被俘。匈奴兵将其置卧于两马间，李广佯死，于途中趁隙跃起，奔马返回。后任右北平郡（治平刚县，今内蒙古宁城西南）太守。元狩四年，漠北之战中，李广任前将军，因迷失道路，未能参战，愤愧自杀。

王勃在《滕王阁序》中写道"冯唐易老，李广难封"，这正是对飞将军李广的慨叹。王昌龄在《出塞》中也说到"秦时明月汉时关，万里长征人未还。但使龙城飞将在，不教胡马度阴山。"王昌龄通过对边塞生活的描写，表达了他对李广的崇拜之情。史书记载，李广在当时的边疆士兵中威望颇高，他治兵宽缓不苛，与士卒同甘共苦，深受边关军民的拥护和爱戴。在《史记》中，司马迁曾这样评价李广："传曰其身正，不令而行，其身不正，虽令不从'，其李将军之谓也？余睹李将军悛悛如鄙人，口不能道辞。及死之日，天下知与不知，皆为尽哀。彼其忠实心诚信于士大夫也！谚曰：'桃李不言，下自成蹊。'此言虽小，可以喻大也。"

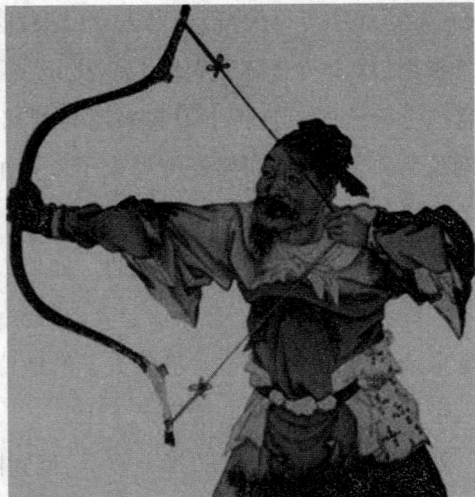

李广

李广一生戍敌边关，与匈奴交战七十多次。他骁勇善战、擅长射箭、足智多谋，以至于匈奴十分畏服，称之为飞将军，数年不敢来犯。然而对于屡建奇功的李广，令世人为之叹息的是，他到死也没有被封侯，这其中有什么不为人知的原因吗？

据史料记载，当年李广的堂弟李蔡同他一起担任郎中，论人品、论才能都不及中等，名声也远不及李广，却接二连三地得到封赏：元朔五年被封轻车将军，继而被封为乐安侯；元狩二年中，代公孙弘为丞相。

李敢，李广的幼子。曾经担任校尉，随同霍去病出征匈奴，"因夺左贤王旗，斩首多"，赐爵关内侯。还有李广的部属军吏也有不少人也同样因军功取侯。而偏偏戎马一生、驰骋疆场的李广本人虽历经文帝、景帝、武帝三朝，却一直难以封侯，最后还含恨而死。

据说，李广曾询问过会望气算命的王朔。李广说："与匈奴的每一次开战，我都在场。我的部下有好多人都比不上我，而他们却可以因为击退匈奴立下战功而被封诸侯。我根本不比他们差，为什么立了这么多功，却不被封侯呢？是我没有封侯的命相呢还是我的命运很差？"王朔回答道："将军请仔细想想，你究竟有没有做过

国学经典文库

中国军事百科

·军事谜案·

图文珍藏版

1746

什么后悔的事情?"李广想了想说:"我在担任陇西太守时,曾有羌族人起兵造反,我用诱降战术降服了他们,之后却又把他们全都杀掉了。这件事是我迄今为止做得最为悔恨的事情了。"王朔说:"天底下最大的罪过莫过于杀掉已经降服的人。这就是你不得封的原因。"

对于李广究竟因何没有被封,千百年来,世人看法种种。王维在《老将行》中写道"卫青不败由天幸,李广无功缘数奇。"所以有人说是他的命不好;也有人说,他虽然作战勇猛,但是却不善于用兵,缺乏军事头脑,不懂得如何去治理军队;更有人认为汉武帝重用外戚,并不真正器重李广,他真正宠信的是卫青、霍去病,所以,李广很受排挤,根本得不到立功的机会。

但是也有人认为,李广之所以没有被封合情合理,并不是一种不公平的待遇。理由是:

首先,西汉执法严格,对于没有立下突出战绩或者作战的功过相抵的人,是不会被封侯的。虽说司马迁对李广的境遇深表同情,但是他也同样在《李将军列传》里写到过:"诸将多中首房率,以功为侯者,而广军无功。"这里首房率是指斩杀敌人首级和俘获敌人的数量,首房率达到一定数量的才可以被封侯。而李广还不到这个标准。

其次,李广没能封侯的最主要原因是,他虽身经百战,但并没有取得过什么关键性和决定性的胜利。史料记载,武帝对外用兵,初期以李广为先朝名将,屡次重用。却均无功。公元前133年,李广为晓骑将军参加马邑之役,匈奴识破汉计,双方未能交战。4年之后,李广出雁门击匈奴,因寡不敌众而被擒。后来他凭借机智勇敢而逃脱,虽然依照汉法应当斩首,但后来被贬为平民。

再次,李广难以被封的另一个主要原因是其治军上的致命缺点。名将程不识曾批评他说:"李广治军崇尚'简易'的风格,但如果敌军突袭他,将无以抵御。"据记载,他管理军队士兵十分宽松,而且,他又不大讲究行军布列,公文表册的处理也比较随意,导致军纪松懈。

最后,李广难以封侯的最后一个重要原因是其自身的性格局限。史籍上说,李广在任上谷太守时,喜欢深入敌阵缠斗,典属国公孙昆邪曾报告皇帝说:"李广才气,天下无双,但他自负其能,这样冒险的打法,恐怕会出事。"而在出任右北平太守前赋闲在家,一次夜间骑马外出为霸陵尉所止,李广故而恨之。及至李广受命出任,则请求武帝将霸陵尉划归己属,到了军中就斩杀了曾阻止他外出的霸陵尉。这件事虽然得到武帝的谅解，但是身为军中大将，肚量狭小、睚眦必报、恃强好杀的性格多少让他在皇帝心中的形象大打折扣。

然而这毕竟是一家之言，李广究竟为何难封，没有定论，以致至今仍有许多人为李广鸣不平。试想如果说他的待遇是理所应当的，为什么会有这么多人替他喊冤呢？因此，李广为何难封，还是他本来就不该封侯，还需要更多确凿的史料分析和科学探讨。

（八）西汉大将李陵为何投降匈奴

李陵(？～前74年)，字少卿，汉族，陇西成纪(今甘肃静宁南)人。西汉将领，李广之孙。史料记载，李陵曾率军与匈奴作战，战败投降匈奴，汉朝夷其三族，致使其彻底与汉朝断绝关系，公元前14年(汉昭帝元平元年)李陵死于匈奴。其一生充满国仇家恨的矛盾，因而对他的评价一直存在争议。

不同于被世代传颂的忠臣岳飞、文天祥，也不同于被千古唾骂的奸贼秦桧、汪精卫，李陵是个既被痛恨又被同情的人物。对于他临难变节，投降匈奴，人们觉得很可耻；而他生前的遭遇却得到很多人的同情。对于这个人们爱恨交加的人物，更有史学家司马迁为他受宫刑之难。那么，出身名门世家的他为何会叛国，投靠匈奴呢？至今这仍是个未解之谜。

李陵是李广的孙子，李陵的父亲是李广的长子李当户，李当户死得较早，李陵为遗腹子。成年后，李陵被选拔为建章宫羽林军的长官，他擅长射箭，也十分爱护手下的士兵。汉武帝因李家世代为将，便让他带领八百骑兵。后他又被任命为骑都尉，率丹阳郡的楚兵五千名，在酒泉、张掖一带教练射术，以防备匈奴。

天汉二年(公元前99年)，李陵向汉武帝主动请命攻打匈奴，收复国土。他的勇气和胆量得到了汉武帝的赏识，这次军事行动被顺利批准。李陵率军出居延(在今内蒙古额济纳旗东)向北，与匈奴单于亲率的三万骑兵相遇，李陵并没有畏惧，反而一举消灭了数千人，单于大惊失色，急召附近八万骑兵驰援。眼看敌人的数量越来越多，李陵命令部下采取边战边退的战术。他们一直后撤到一座山下，山下树木茂盛，相比匈奴骑兵的不得施展，李陵的步兵在树木间穿梭辗转，灵活便捷。匈奴损失惨重，死伤数千，萌发退意。

但是，出现了一个小插曲。汉军中一个曾经受过上级侮辱的小官管敢从中作梗。他投降了匈奴，并且将汉军的军事机密泄露给了匈奴。他告诉单于李陵率领的军队没有后援,弓箭也几乎要用尽。于是,匈奴转而急攻,汉军虽然又斩敌数千人,但50万支箭已经全部用光。

汉军尚有千余人,李陵重新整顿部下,制定分散作战的计划,命令部分汉军向南突围,自己另外带着十几人另辟路径突围而去。李陵刚出发不久,就遭到数千敌兵的包围,李陵无奈,觉得没有脸面回朝见陛下,便一声长叹,下马投降,殊不知,此处离汉朝边塞仅百余里。

李陵战败投降的消息传回朝廷,汉武帝大怒,朝廷上上下下均痛骂李陵是卖国贼,然而司马迁却替李陵辩护道:"李陵带领五千步兵,转战千里,当时箭尽粮绝,士卒只能赤手空拳地与敌人抗争,这些都归功于李陵的治兵有方,想想看,古代的名将也只不过如此。在战败的情况下,我军五千兵卒在匈奴八万大军的包围下,仍然击杀了一万多匈奴兵卒,可谓战功赫赫。我猜想,李陵可能是佯作投降,然后利用诈降再伺机反击。"汉武帝被司马迁的话激怒,对司马迁处以宫刑。

那么,李陵到底为什么要投降匈奴呢?

李陵投降后,在匈奴数年杳无音信。据说皇上派公孙敖带兵去设法抢回李陵。公孙敖无功而返,但是带回了一些关于李陵的消息。他说,李陵在匈奴负责训练军队,为攻打汉朝做准备。汉武帝很是愤怒,将李陵的母亲、妻儿及弟弟全都杀了。但另据可靠记载说,是公孙敖弄错了,当时替匈奴训练士兵的人是早年一位投降匈奴的汉都尉,叫李绪。

据其他史书记载,苏武在李陵投降的前一年出使匈奴被扣。一次李陵宴请苏武,苏武对李陵说:"如果你不向匈奴投降,肯定会因忍辱负重、功劳盖世而名扬天下。"李陵回答道:"我之所以投降是想过后找机会劫持单于,为国家效劳。哪承想,汉皇不相信我的为人,不了解我的心志,杀我妻儿老母断我归路。"苏武说:"过去,我深知老友为人处世的态度,但现在你的处境不同,是非功过,也只好由人们评说。但是我决不能做对不起国家的事。"

李陵长叹一声:"比起苏君来,我这个人真如粪土一般。"说罢,老泪纵横,起身吟唱:"径万里兮度沙漠,为君将兮奋匈奴。路穷绝兮矢刃摧,士众灭兮名已颓。老母已死,虽欲报恩将安归!"这就是李陵的《别歌》。

直到今天,仍有许多人认为说李陵自愿投敌是冤枉的。但是也有人认为李陵投降是事实,虽然他对苏武说的话有可能是真实的,但是李陵在匈奴很多年,接近单于的机会应该很多,可是为什么迟迟没有动手呢?还是他的心已经归于匈奴。

更为肯定的是,后来他又娶了匈奴的女子,可以说,他归降匈奴似乎是不可狡辩的事实。那么,到底李陵是真心投降于匈奴还是另有谋划,已然不得而知,有待于更多的史料研究和考古发现来为这个西汉名将做最为公正的盖棺定论。

(九)王莽的大将巨毋霸是不是真有其人

《汉书》中提到过这样一个人,自称"巨毋霸",他是王莽的大将。他曾驱使猛兽为其助威开路,帮助王莽围攻昆阳农民起义军。这个极具传奇色彩的人物,到底是被历史夸大的,还是确有其人呢?这是学术界一直讨论的问题。

有关巨毋霸的最早记载是《汉书·王莽》的相关叙述。据说,新莽六年(14年),天下大乱,匈奴犯边,义军四起,夙夜太守韩博向王莽推荐说:"有一个奇人,身有三米多高,腰有十围,来到臣下的家里,说愿意为陛下抵抗匈奴。他自称是山东蓬莱人,名叫巨毋霸。一般的车子坐不下他,三匹马也拉不动他。臣下用四匹马拉着特别的大车,挂着虎旗,把他带到了京城来见陛下。他睡觉要用大鼓来做枕头,吃饭必须用铁筷子。希望陛下能用高大的车子,虎豹之皮做的衣服,一百人的仪仗队来迎接他,如果在京城里有些门太小,他穿不过去的话,希望陛下能下令把门改高加阔。"

《后汉书》第一卷《光武帝纪第一》中也讲到:王莽征召天下的奇才异士,为他打仗,这个巨毋霸就是其中的一个将领。书中说,巨毋霸不仅身高超过三米,而且还有一个特殊的本事,他能够驱使、控制虎豹犀象等猛兽来作战。在更始元年(23年)六月,王莽的军队与汉光武帝刘秀的军队大战于昆阳城下。刘秀与三千敢死队将王莽的队伍打得落花流水,巨毋霸所控制的虎豹大军也溃不成兵,四处逃窜。巨毋霸也就不知所终了。

由此可见,巨毋霸在众多史料中存在,也就说明古代史学家承认巨毋霸其人的存在。但是下面的史证提出了相反的意见。

在《汉书·王莽传》中有这样的记载:当时,王莽一系列倒行逆施的行为引起朝野上下的不满。尤其是他欲独霸天下,建立僭伪政权,与封建正统观念水火不容。这导致很多人起兵反抗,有的直言上谏,有的暗寓讽刺。其中,韩博以"巨毋霸"之名上言:"意欲以风(讽)莽。"因王莽字巨君,"巨毋霸"的意思就是:巨君毋得篡权而霸。王莽听闻很是气愤,将韩博囚禁于狱中,并"以非所宜言,弃市"。根据这些记载来分析,巨毋霸似乎不是真实存在的某一个人,而是韩博凭空捏造用以讽刺王莽的独霸专权的。

不过流传的巨毋霸役使猛兽的故事,也有史可证。《后汉书·光武帝纪》中讲到:"初,王莽征天下能为兵法者六十三家数百人,并以为军吏;选练武卫,招募猛士,旌旗辎重,千里不绝,时有长人巨无(毋)霸,长一丈,大十围,以为垒尉;又驱诸猛兽虎豹犀象之属,以助威武。启秦,汉出师之盛,未尝有也。"但是这种记述仍疑点重重:

第一,史料中仅仅是说巨毋霸任为垒尉,另外说军中有人驱使猛兽助战,并没有肯定这驱使猛兽的人就是巨毋霸本人。

第二,身为垒尉从征,巨毋霸的职责是主管军壁营垒,如若真的是他驱使猛兽冲锋杀敌,就说明他身兼二职,这怎么可能呢?

那么巨毋霸是否真的存在呢?他是史学家道听途说的人物,还是确确实实地在历史中存在过呢?他又为何可以驱赶猛兽呢?巨毋霸到底是何种样子?这些疑问恐怕还需要更充足的资料才能予以证实。

(十)同是篡位,为什么只有王莽被污名化

从司马迁的《史记》,到班固的《汉书》、再到宋人郑樵撰的《通志》、司马光的《资治通鉴》、清人撰的《纲鉴易知录》等史书中,都以"本纪"来记录皇帝事迹,以"传记"来记录一般大臣名士。但是,令人疑惑的是,这些史料之中都以"纪"来描述项羽的一生,而王莽却被列入了"记",要知道项羽虽然灭了秦国,却未能称帝,而王莽虽然篡夺了前朝政权,却做了十几年皇帝。

王莽篡汉,背上一世污名。但是纵观历史,篡夺政权的人可并不止王莽一人,曹丕篡东汉建魏,司马炎取代了曹魏建立了西晋,唐太宗李世民通过玄武门之变杀兄长、逼父退位,成为皇帝;赵匡胤篡夺了后周柴氏江山,建立大宋;朱棣从自己侄子朱允炆的手中抢到了江山。这些人在历史上的功绩都没有被磨灭,为后人传颂。但是,同属篡位的王莽却背负了一世污名。为何会如此呢?

第一,王莽的污名主要是因为他篡夺主汉朝刘氏一族的江山,篡位之后,在位十五年,但是他的运气却并不好,其间实行托古改制和货币改革,遭到了世家大族和官僚富商们的强烈反对,因而失败。其实王莽改革的最终目的是为了禁止土地和奴婢的买卖,抑制商人们对农民的过度盘剥,制止高利贷者的猖獗活动,缓和极为尖锐的社会矛盾,因此王莽的出发点是好的,虽然仍失败了。托古改制的失败使

得王莽政权岌岌可危,最终天下大乱,自身又被绿林起义军斩首。篡夺江山,却又守不住江山,王莽也就被摆在了一个十分尴尬和难堪的位置上供后人嘲笑。

第二,王莽篡位背弃了皇家史观的帝王观。对于皇家来说,最忌讳的就是篡权改制,历朝历代的皇帝都绝不会让篡位者被史料记载或称赞,反而会站在统治者的立场之上,通过一切手段丑化和贬低篡位者,给臣民们灌输篡位者的种种不齿行为,使人们从内心深处对篡位者产生厌恶感。这在官修的史书中表现得尤其明显。

第三,王莽政权的早夭,让王莽政权后继无人,无法继续下去。李世民、赵匡胤、朱棣那样的篡位者,都建立起了强大的帝国并传给了子孙后代,后代的皇帝为了自己政权的合法性,一定会千方百计地粉饰历史,给自己的江山争取一个合法的地位。然而王莽没有这么幸运,他的政权没有能够传给他的后人,也只能任由他人随意篡改。加上历代对于篡位者的鄙视,王莽被污化也在所难免。

第四,王莽篡权违背了儒家文化所深深推崇的思维秩序。人们对于一种已经存在的秩序会产生习惯性,因此对那些打破旧秩序的力量总是恨之入骨。这个现象运用到皇权至上也同样适用。家天下的思维惯性,使得人们对帝王血统产生了一种莫名的执着。所以只要是皇室血脉,不论此人是小孩还是无能,他们继承帝位都具有合理性,人们都会对他们顶礼膜拜,奉其为君王。反之,如果外族想要取得政权,不论他多么有才干,还是不会得到人们的认同,遭到强大的反对。对于现存秩序的挑战,都必定会背负千秋骂名,如王莽。

事实证明,王莽并不适合当皇帝,最后不但失了天下,而且身首异处,也背上了千秋万世的骂名。

(十一)诸葛亮躬耕在南阳还是襄阳

"臣本布衣,躬耕于南阳,苟全性命于乱世,不求闻达于诸侯。先帝不以臣卑鄙,猥自枉屈,三顾臣于草庐之中,咨臣以当世之事,由是感激,遂许先帝以驱驰。"诸葛亮一表明天下,在三国争霸中为刘备鞠躬尽瘁死而后已,但是,也就是这一段"三顾茅庐"的佳话引来一场持久的争议:诸葛亮年轻时究竟在哪里躬耕?

为什么会有这样的争议呢?究其原因,大概是因为诸葛亮的"南阳"在今天存在很大的区别,所以引发了今天的河南南阳和河南襄阳的躬耕之处之争。

对于诸葛亮"躬耕于南阳"之说,后人大多认为这里的南阳就是今天河南省的南阳,因为《出师表》中言之凿凿。且《中州杂俎》记载,诸葛亮"又尝居叶县之平山下，现存隋开皇二年断石幢云，'此地有诸葛之旧坟墟，在高阳华里，'今山下少西有诸葛庙，东金鸡冢，疑即孔明父祖葬处。盖孔明琅琊避地面西，自其父祖已然，其居南阳则自孔明始也。此断石幢既为隋时物，则去三国时未远，言必得其真，故而书之。"《诸葛亮集·文集·黄陵庙记》中，诸葛亮说，"仆躬耕南阳之亩，遂蒙刘氏顾草庐，势不可却，计事善之，于是情好日密，相拉总师。"刘禹锡《陋室铭》："南阳诸葛庐，西蜀子云亭。"杜甫的《武侯庙》："犹闻辞后主，不复卧南阳。"

这些都是文献中对诸葛亮躬耕南阳的记载。

相传西晋的蜀国大将在做南阳郡太守时曾经在南阳卧龙岗上建立了诸葛亮祠，这是诸葛亮的第一座祠庙，南阳现存明嘉靖七年的碑文《河南等处承宣布政使为乞赐祀典题额》中记载："西晋惠帝时，为纪念先贤，曾命令镇南将军荆州刺史刘弘与李兴一起到诸葛亮故宅祭祀。"这些都是南阳之说的证据。

但是，另一种说法却否定了诸葛亮文章中的"南阳"就是今天的南阳，因为在古代的地名中，今天的南阳在东汉末年叫作"宛城"，并不是"南阳"，两者之间还是有很大差距的。再者，当时的宛城是受曹操控制的，刘备不可能随意出入曹操的领地，对诸葛亮进行"三顾茅庐"。这一点，强有力地反击了今天河南南阳的说法。

那么，到底是在哪里呢？有人提出了诸葛亮躬耕之地应该是在距河南南阳100千米的襄阳的说法。

在襄阳有一座隆中山，那里应该是当初隆中对的发生地。这在史书上也是有迹可循的。在宋人裴松之对《三国志·诸葛亮本传》中的"亮躬耕陇亩，好为梁父吟"所做的注释中说"习凿齿《汉晋春秋》曰：'亮家于南阳之邓县，在襄阳城西二十里，号曰隆中。'"也就是说，习凿齿在这里明确地记载了南阳的具体地点。

但是，习凿齿的说法是否就是真实可靠的，后人也存在很大疑问，《晋书·习凿齿传》记载："齿好著述，而文辞散乱，矛盾相冲。其书意可观者，皆父兄所代，文体混漫，羞涩难解者，齿之撰也。"这从侧面说明，习凿齿的说法不一定可靠。

另一个证据则是后人根据鱼豢编著的《魏略》，鱼豢是和诸葛亮同时代的人物，他对当时人物的记载应较为可信。在《魏略》中记载："刘备屯于樊城……亮乃北行见备。"北行就是由南向北而行，如果是在宛城的话，就是由南向北了，不能称之为北行。另外，此书还曾经记载了诸葛亮的好友孟公威思念家乡"欲北归"，孟公威的家乡在汝南也就是今天的河南平舆县，从方位上来看，平舆在宛城的东边，在襄阳的北边，那么，北归很有可能是从襄阳出发的。

2003年,最新出版的人民教育出版社初中语文课本第六册中选取了陈守的《隆中对》,其中对于"隆中"的注释说明为"隆中,山名,在现在湖北襄樊";还选取了诸葛亮的《出师表》,其中对"南阳"的注释也说明为:"南阳,郡名,在现在湖北襄阳一带",这就表示官方的说法将诸葛亮躬耕之地正式定为襄阳。但是,争议却一直持续。

历史的真相究竟是什么,在南阳和襄阳的躬耕之争中涉及的其实不纯粹是历史问题,还有着现代经济利益的纠葛,一个名人名事名地对当地的经济和文化的促进价值是不可估量的,所以,这样的争议在没有完全准确的证据之前终将继续。

(十二)岳飞背后的字是其母刺上去的吗

一提到"精忠报国"四个字,人们心中首先想到的便是岳飞。这位南宋抗金名将,为昭示报国的拳拳之心,其母在背上刺下四个大字"精忠报国"。这是广为大家所熟悉的故事,但是如今有人提出反对意见,岳飞背上的四字不是"精忠报国"而是"尽忠报国",缘何流传到后世就变了文字? 北京师范大学历史系教授游彪提出了自己的见解。

当年岳飞抗金威风八面,所向披靡。岳飞所到之处,金兵皆闻风丧胆,抱头鼠窜。岳飞率军收复了北宋被金兵占去的大片土地,为表彰岳飞的功绩,宋高宗赐岳飞一面大旗"精忠岳飞"。以后凡是岳飞出征的时候,都会带上这面写有"精忠岳飞"的大旗。

到了明清以后,官方在教育百姓时依据这个故事,将岳飞的"尽忠报国"变成了"精忠报国"。因为明朝的开国皇帝朱元璋建立起的汉人统治的政权,并不安稳,依然存在很大的外患,南有倭寇扰境,北有强势的蒙古势力虎视眈眈。在这种情况下,官方想向民众传达一种精神,在国家危难的时刻,随时为国家献身的精神。要像岳飞当年保护宋朝帝权一样,保护如今本朝的帝权。朱元璋就是想通过这样的宣传,来巩固自己的统治。"尽忠报国"也在官方的宣传教育之下慢慢地变作了"精忠报国"。

这个看法得到共识之后,人们又提出一个疑问:谁为岳飞在背上刺的"尽忠报国"四字? 因为人们在最接近事情发生时间的《宋史》中没有找到详细记载。于是民间通过说书人的传说,形成了众多的版本。一些说书人为说明岳母的深明大义,岳飞孝顺母亲,就造了岳母刺字的故事。还有一些专家学者通过考究说,岳飞背上的"尽忠报国",是宋朝兵制使然。面对这些说法北京师范大学历史系教授游彪又提出了自己的看法。

游教授首先否定了岳母刺字的说法,因为岳飞的母亲只是一名农村妇女,大字不识几个,能识得自己的名字就已经不容易了,所以岳母不可能自己亲自刺字。但有可能是岳母鼓励儿子上战场,请专人在其背上刺的四字"尽忠报国"。

游教授又提到,虽然在清人钱汝雯《宋岳鄂王年谱》卷一有记载岳母为岳飞刺字的说法,但据他考证钱汝雯撰写的年谱,参考文献来源于《唐门岳氏宗谱》。而《唐门岳氏宗谱》写成的时代距离宋朝已经很远,而且他其中的材料多来源民间流传的故事,不能尽信。

那岳飞背部刺字是否为宋朝兵制使然?据记载岳飞于宣和四年(1122 年)19岁时第一次应募入伍,如果真是兵制使然,那背部刺字应该形成于那时。北宋末年之所以有"刺字为兵"的制度,是因为北宋重文轻武的习惯。因为重文轻武很少人愿意从军当兵,于是北宋就采用募兵的征兵制度。应招当兵的人按市场价格给予每月粮饷津贴。当时很多穷苦家的孩子、游民、饥民和犯法的人应召入伍。为了防止这些人得了国家粮饷之后偷逃,于是在他们脸上刻上印记,以方便辨认。随着时间推移,一些开明的士大夫提出意见,在脸上刻字有违人道,于是改在手背、手心或虎口处刺字。需要刺字的部队包括皇帝的禁卫军和国家的作战部队,各个军中刺字内容也不同。

根据以上历史资料,游教授断定刺字不可能是兵制所为,因为不论从刺字的位置还是从刺字的内容上来看,岳飞当年征兵时,不可能为他搞特殊,在背上不起眼的地方刺四个"尽忠报国"的字。

那究竟岳飞背后的四字是谁所为,根据现存史书尚不能得出定论,再加上说书人的参合更是乱花渐欲迷人眼,让人在这纷繁复杂中理不出一个头绪,成了历史上的一个谜。

(十三)抗倭名将胡宗宪缘何被后人唾弃

胡宗宪,字汝贞,号梅林,安徽绩溪人士。嘉靖十七年(1538 年)中进士,踏上仕途,为山东益都县令。因为显赫的政绩,他很快得到朝廷的注意,作为宰相的候选人得到升迁,被提拔到京城做官。之后,仕途一帆风顺,最高做到兵部侍郎。而胡宗宪的抗倭事业从官至兵部侍郎开始。

虽然胡宗宪只是一个文官,可是在战场上却一点也不输给武将。他足智多谋,武艺超群,在抗倭斗争中更是做出了诱杀倭寇中国籍大首领五直、徐海等人的巨大功绩,为百姓除去一害。据史料记载,胡宗宪每次打仗必身先士卒,鼓舞战士士气。他武艺高强,入战场如入无人之境,百万人中取上将首级如探囊取物。战果也是胜多败少,是戚继光之前倭寇最大的敌人。胡宗宪不但战功赫赫,而且著书立说,编著《筹海图编》十三卷,翔实记录浙江沿海地形、防务、战具、倭变、战事等情况,为促进后世抗倭事业奠定了坚实的基础。

可这样的抗倭名将却不被世人所看好,常常成了世人大加贬低的对象。如在今人的影视作品中,胡宗宪常常被描绘成一个见利忘义、蝇营狗苟、腐败透顶的官僚主义分子。那究竟是什么原因,使得这位抗倭名将被剔除戚继光等人之列?什么原因让这位名将为后人唾弃,而无视其为祖国抛头颅洒热血的功绩?

根据史书的记载,胡宗宪的罪状有三:

第一,依附权贵。上任为京官的胡宗宪在了解朝内大致势力分布时,为求得早日施展自己的抱负,毅然决然地选择了靠向严嵩。这也是他能很快当上兵部侍郎的一个原因。

第二,陷害忠良。依靠严嵩后的胡宗宪与严嵩的义子赵文华交往甚密。赵文华知道胡宗宪的抱负,也知道胡宗宪人才了得,于是决定帮助他,但条件是自己能参与抗倭,以便从抗倭事业的胜利中分得战功。在两人的合作之下,先后扳下两任兵部尚书张经与杨宜,为了早日晋升官职,胡宗宪和赵文华在陷害张经过后,把张经的战功据为己有。

第三,言过其实。胡宗宪其人比较夸夸其谈,对倭作战取得胜利后,在上奏朝廷的奏折中也喜欢夸大其实,为自己邀功。因此,这一点虚荣的毛病受到后人的诟病。

难道后世真的因为胡宗宪的这三条罪状而对其大加贬低吗?在古时也有名人同样做了一些不光彩的事,但瑕不掩瑜,都受到了人们的褒扬。如王安石,虽然曾经将其政敌苏轼发配,但后人依然肯定了他变法的功绩。如管仲,虽然他"杀齐桓公不得,又相之",但大圣人孔子依然评价他"管仲相桓公,霸诸侯,一匡天下,民到于今受其赐。微管仲,吾其披发左衽矣。"

究竟历史为何如此评价此人,到现在还没有一个共识,人们只知道别人说他坏,自己也跟着说。而真正贬低他的原因,到现在也是一个谜。

(十四)施琅是忠臣还是佞臣

施琅(1621~1696年),字尊侯,号琢公,福建晋江人。早年,他曾是郑芝龙的部将,并于顺治三年随郑芝龙降清。为了保住自己大明臣子的名节,在郑成功的招揽下,和他的弟弟、父亲一起投奔郑成功。由于他战功卓越,很快就得到晋升,做了郑成功的左膀右臂。不过,伴君如伴虎,年轻气盛又极富个性的施琅很快就因反对郑成功"舍水就陆"的战略方针和强征百姓粮饷的做法,而与其发生冲突,为其反叛郑成功埋下了种子。

1652 年 4 月，施琅因手下一名改投郑成功的清兵曾德触犯法纪，且屡教不改，盛怒之下，将其处斩。而这位降兵来头不一般，他在郑氏军中地位较高，且与郑成功私交甚密。他的历任顶头上司对他都是礼让三分。而施琅此次的做法，触犯龙颜，令郑成功大为震怒。加上他以前对郑成功的触犯，郑成功就以为施琅自恃功高，不把自己放在眼里。于是将施琅及其父施大宣、其弟施显投入牢中。

　　被投牢狱的施琅，凭借自己的聪明才智，竟奇迹般地从狱中逃了出来，藏在副将苏茂家中。郑成功得知施琅出逃过后，更是愤怒，决定处斩其父、其弟以逼施琅现身。施琅并未现身，但施琅与郑成功的仇怨却越结越深。

　　之后，施琅投奔清朝并死心塌地为清朝效劳，意与郑成功为敌，寻觅来日报仇的机会。降清后的施琅被任为福建水师提督。施琅为报答大清知遇之恩，向康熙提出收复台湾，促进大清一统的建议。康熙此时并未意识到这小小的琉球岛对于清朝边防的意义。为此施琅上书《恭陈台湾弃留疏》，康熙认识到只有使"四海归一"，才能使"边民无患"，最终使康熙下决心在台湾设府建制，并令施琅为征台大将军。之后，在施琅的努力下，收复台湾，使得台湾成为我国领土不可分割的一部分。

　　施琅在促进祖国统一方面确实做出了卓越的贡献，但仍然有人以明朝遗老的眼光看待施琅，认为施琅反叛明朝，继而反叛郑氏，是不折不扣的三姓家奴，此人不值得赞颂。但不少的学者对此提出反对意见。认为明朝、郑氏、清朝皆是一家，都是华夏儿女，中华民族的一分子，没有反叛之说。因此要对这位英雄评价，需从三个方面入手。

　　第一，施琅防止了祖国的分裂。清朝入关之后，征服天下，成了中原的霸主，做了中国的皇帝。此时的中国已经不再存在明朝，郑成功代表的也只是自己郑氏小团体的利益，而不是代表明朝。他们与清朝谈判时，要求台湾如日本、朝鲜一般"独立"为国，但年年纳贡。为防止台湾"独立"为国，从中华领土中割裂出去，施琅向康熙建议收复了台湾。

　　第二，施琅此战并非是为报一己私仇。当清军在征台战争中攻下澎湖时，战争的结局已然明了，郑氏断不可能有翻身的机会。此时的施琅没有想过诛杀郑氏全族，为自己的弟弟、父亲报血海深仇，而是向郑氏庄严宣布，此次征台战并非寻仇，而是为求得国家统一，如若其他人愿意降清，不杀一人；郑氏若是来降，亦不杀一人。在这样的庄重承诺下，台湾兵不血刃，和平解放。

　　第三，施琅促进祖国统一。当台湾得到收复后，清廷内部有人嫌弃台湾琉球之地，太过狭小，驻兵会消耗大量军费，便有弃之之意。但施琅与群臣力争，排除众议，说服康熙，最终才得保住祖国领土的完整。

由上可知，施琅一身正气，征台并非一己私欲，而且是祖国的功臣，应该受人们所尊敬。人们似乎并没有意识到施琅所做的巨大功绩，即使史学家一直在为施琅正名，但始终还是有人把施琅视作历史的罪人，这究竟是什么因素造成的呢？史学家越来越对这个问题感兴趣，也许某一天这个谜能揭晓答案。

（十五）吴三桂引清军入关是主动还是被动

吴三桂在历史上是一个颇受争议的人物，虽然身为"平西王"，但是他确是明朝时期的将领，当年是在形势对自己极其不利的情况之下才降清的。但是据历史分析，吴三桂当年归顺清朝其实也是出于多方面考虑的，是在他权衡利弊之后才做出的决定，而绝对不是心甘情愿，一心一意来主动投奔清朝的。

吴三桂能够走上仕途，是沾了他父亲的光，也就是世袭他父亲的官位。明末清初，天下大乱。一方面，李自成为首的农民起义正在进行，他们的目的是推翻腐朽的大明王朝。另一方面，摄政王多尔衮又在这乱世之中跃跃欲试，随时有起兵之意。而作为明朝将领的吴三桂，当时接到了明末崇祯皇帝的命令，率军入京拱卫京师，抵挡李自成所率领的大顺军。但是吴三桂率军到了居庸关的时候却停下了脚步，静观时局的变化。李自成这时也看出了吴三桂并没有誓死效忠大明王朝的意思，于是派人招降吴三桂。吴三桂权衡了当时的利弊，决定投靠李自成，放弃对大明朝的救助。但是后来听说自己的家人受到了李自成所率领的大顺军的攻击，非常气愤，一怒之下放弃了投靠大顺军的决定，扬鞭而去。

但是吴三桂的这一走引来了李自成的报复，大顺军随即对吴三桂的军队进行了攻击。在大顺军疯狂的进攻形势之下，吴三桂有自知之明，他知道自己的军队根本无法与之抗衡。所以，除了当时的大明王朝和大顺军之外，吴三桂背弃了民族大义，向清朝军队发出了救援的申请，并允诺投靠清朝。当时清朝的摄政王多尔衮其实也知道吴三桂的为人，当时正值清初，朝廷正是用人之际，多尔衮觉得吴三桂有利用的价值。再者就是李自成的大顺政权的存在，对清朝也是一个很大的威胁，如果联合吴三桂将其铲除，是一举两得之计。所以多尔衮就以摄政王的名义命令清军分三路进军驰援吴三桂的军队，并对李自成展开了合围。李自成腹背受敌，不堪重负，只好撤军。从此，吴三桂似乎取得了多尔衮的信任，为了表明自己的忠心，吴三桂随即参加了清政府对农民起义的镇压。

然而，人们对于吴三桂降清这一事实进行了思考。人们疑惑于吴三桂当时既然答应了投靠李自成，后来又为何联合清朝将其剿灭？这是吴三桂与多尔衮的双簧，还是吴三桂两面三刀，风往哪吹，自己就往哪边倒呢？吴三桂到底是真正降清，还是对于当时险峻形势的缓兵之计呢？带着这个谜团，人们进行了激烈的讨论。

总结起来,具体有以下几种观点。

第一种观点认为吴三桂当时确实是真心想投靠清朝。因为据史料记载,当时吴三桂带兵入关时并没有打反清的旗号,而明朝的很多王族试图拉拢他时,都被他断然拒绝了。相反,吴三桂还带兵剿灭了一些明朝的反清势力,从这一点可以看出,吴三桂早已经确定了自己下一步的归属,那就是降清反明。此外,当时多尔衮在与吴三桂会面之后,多尔衮把吴三桂当成了自己的属下,对吴三桂下了很多的命令。而吴三桂没有任何怨言,对多尔衮言听计从,完全是把清朝当作了自己的主子,从这一点也可以看出吴三桂当时反明之心已早有预谋,降清确实是他真实的想法。

还有一种观点认为吴三桂降清并非心甘情愿,而是他的缓兵之计。吴三桂为官之时,作为清朝的重要将领,他对于反清的态度是一贯的,而且是明确的。所以当时天下大乱,李自成的大顺军队灭了明朝之后,确实取得了一定的成就,但是他们在灭明的同时也元气大伤。而当时清朝虽然刚建立不久,却在诸多势力中实力是最强的。吴三桂看清了当时的形势,他只有联合清朝,靠上这座强大的靠山,才是明智之举。于是他选择了暂时降清,但绝非真心实意。除此之外,从一些吴三桂当年与多尔衮来往的书信中也可以看出些许的端倪,也能够证实吴三桂降清是缓兵之计。

至于吴三桂降清的真实想法究竟如何还有待我们去探究,这一颇具争议的历史人物将会被后世继续讨论和评价下去。

(十六)石达开因何出走

太平天国运动是我国历史上规模最大,波及范围最广,参与人数最多的一次农民起义运动。这次运动沉痛地打击了清朝腐朽的统治,虽然最终太平天国运动在中外势力的联合镇压下失败了,但是太平天国运动所创造的成就将会永载史册。

太平天国运动之所以创造了如此宏大的起义规模,与太平天国将领的领导是分不开的。在这场轰轰烈烈的农民起义当中,涌现出了一批出色的领导者。以天王洪秀全为代表的一批将领,领导太平军给中外反动势力以沉痛的打击。除了洪秀全之外,石达开也是尤为著名的一名将领。石达开从太平天国运动刚刚起步之时,就与洪秀全一起,带领太平军南征北讨。石达开不仅是一名出色的将领,而且他的军事思维也特别的活跃,在战场上创造了很多丰功伟绩。他战法独特,通常不采用常规的作战方法,时常以出其不意的招数使得敌人无处遁形。太平天国能够取得这么大的成就,石达开是功不可没的。但就是这样一位为太平天国立下赫赫战功而且在太平军当中威望极高的人物,为何却在"天京事变"之后愤然出走呢?

对于这次出走的原因,历史上众说纷纭。

有的观点认为,石达开出走,是受"天京事变"的影响而被迫出走的。当年,太平天国运动正发展得顺风顺水的时候,却意外发生了导致太平天国元气大伤的"天京事变"。此次事变是由于东王杨秀清被封作"万岁",却遭到北王韦昌辉的杀害。此次内讧,使得太平天国运动的统治阶层产生了严重的分歧,太平军元气大伤,从此一蹶不振。据说当年石达开听说韦昌辉要对杨秀清下手,作为太平天国的翼王曾赶回天京出面调停矛盾。但是韦昌辉根本不买账,硬说石达开是杨秀清的同党,硬要把石达开一同杀死。石达开无奈,连夜逃回了自己的军中。所以,石达开出走是被逼无奈的,倘若他继续留在天京的话,必然会遭到杀身之祸。

另外有一种观点认为,石达开的出走是自己要重新开辟一片领地,自立为王。石达开在太平天国运动的发展过程中建立了赫赫战功,在太平天国的军民中威望极高。但是他的出色引来了其他人的嫉妒。而对于天王洪秀全来说,石达开的权力过于集中,威望过高自然会对其天王的威信构成威胁。所以,洪秀全自然对石达开心有余悸。有传言说,东王杨秀清也是由于功高盖主被洪秀全下密诏处死的,也就是说"天京事变"的背后主使人正是洪秀全。当时洪秀全本想在除掉杨秀清的同时也一同处死石达开。待石达开返回天京之后,险遭毒手,由此看出了洪秀全排除异己的举动,自己心灰意冷,决定出走。在逃到自己的军营之后,石达开知道自己与洪秀全之间的裂痕已经无法愈合了,一气之下,率领自己的军队离开了驻扎地。这也是关于石达开出走原因的另一种分析。

除了上述观点之外,还有一种观点认为石达开出走只是为了暂时躲避韦昌辉的追杀。因为当时石达开出走之后,将自己的一家老小全都留在了天京。我们试想一下,如果说石达开要自立为王的话,他不可能将自己的亲人都留在天京那么危险的地方。在他的心里,一直是对太平天国忠贞不贰的,即使自己遭受了天大的委屈,他也宁愿选择隐忍而没有做出任何反叛的举动。

有关太平天国著名将领石达开出走原因的讨论还将继续下去,也许将来会有更加客观准确的证据来说明石达开出走的原因究竟是为什么。

(十七)石达开在大渡河畔的神秘信函

石达开是太平天国运动中的著名将领。从太平天国运动初期开始,石达开就凭借着自己出色的领导才能带领太平军南征北讨,并在太平军中享有非常高的威信。天王洪秀全也非常器重他。但是由于太平天国发生了"天京事变",使得顺风顺水的太平天国运动受到了自起义以来的重创,太平天国因此事变而大伤元气。统治阶层内部的分歧已经不可磨合,北王韦昌辉杀掉了东王杨秀清一家,石达开前来调停未果,还险遭杀身之祸。为了保命,石达开被迫出走。

由于缺少了太平天国本部的一贯支持,石达开在出走天京之后变得尤为被动。在取得一些领地之后,石达开带兵来到了四川境内,与四川总兵唐友耕率领的清军隔江对峙。当时在清兵尚未布防之前,石达开是有机会渡江的。但是人算不如天算,石达开在渡江前突降大雨,而且这场雨一下就是三天三夜,石达开曾试图强渡,但是无奈水流太急,根本没有办法。而恰恰是这几天,为清军布防争得了时间。这场罕见的暴雨使得石达开瞬时失去了战场上的主动权,由于清军占据有利地形,导致石达开无法与之决战,最终被困。而粮草也在一天天减少,石达开见大势已去,便给清朝将领写了一份乞降书。据说,这封信主要表达的意思是希望清军处死自己,饶过他手下的士兵。但是,这封信究竟是写给谁的,至今仍是个谜。有传言说,信封上收信人是四川总兵唐友耕,也有人说石达开根本不是写给唐友耕而是写给四川总督骆秉章的。

说石达开的乞降信是写给唐友耕的说法来自唐友耕的儿子唐鸿学。唐鸿学在唐友耕过世之后,曾把父亲当年所接收的这封乞降信公布于众。他说当时石达开在写好乞降信之后,隔江用箭射到了对岸,而士兵们发现这封信的时候,上面收信人确实是自己的父亲唐友耕。但是有很多人对唐鸿学的说法表示怀疑。一来,石达开写乞降信一定是给当时清朝颇具影响力的人物写信,而唐友耕最多只是一个总兵,他无权左右战争的发展。而唐鸿学说石达开是写给父亲的,无非是想提高父亲的地位。

第二种观点认为,石达开当时乞降信上面的收信人,应该是当时的四川总督骆秉章。毋庸置疑,骆秉章时任四川总督,是总揽四川军政大权的头号人物。石达开为了将士们的生命宁可牺牲自己,这么重要的决定,他不可能只是写给一个总兵的。况且,当时石达开在万般绝望的条件下,自己选择投降的对象,自然是能够一锤定音的人物。因此,持有这种观点的人还是占大多数的。

石达开的这封乞降信究竟是写给谁的,由于缺乏有力的史料来证明,这封乞降信至今仍是个谜。要想揭开谜底,还得需要更多准确的证据。但是无论怎样,石达开为了自己的将士甘愿牺牲自己的这种大无畏精神是值得后世铭记的。

(十八)《李秀成自述》是被伪造的吗

说到"某某自述",顾名思义,是某某人对自身情况的陈述和说明。然而,《李秀成自述》真的出自李秀成吗? 曾国藩究竟有没有篡改或伪造《李秀成自述》? 对于这一历史问题,史学界的讨论异常热烈,众说纷纭,莫衷一是。

一种说法是《李秀成自述》的确出自李秀成之手。著名学者罗尔纲对《李秀成

自述》辛苦考证了几十年,其结论是"曾国藩后人家藏的《自供》原稿确是亲笔",主要证据如下:

从笔迹上看,曾家所藏"原稿"和世传的李秀成真迹出自同一人之手。有专家曾特意将流传下来的李秀成受训时的亲笔答词28字"胡以晄即是豫王,前是护国侯,后是豫王。秦日昌即是秦日纲,是为燕王"和"原稿"进行过鉴定,鉴定结果二者出自同一人之手。

从内容看,原稿将金田起义到天京陷落这14年的每一个过程和细节都描述得非常清楚,很难想象会是曾国藩平白捏造的。而且,"原稿"在称谓上多遵循太平天国的制度,也非曾国藩所能知道的。

从词句来看,李秀成是农民、雇农出身,文化水平不高,自传语句不甚通顺,错误字连篇,正是他本色的体现,不大可能是曾国藩等人伪造出来的。"原稿"里还有很多李秀成家乡的方言,也绝非曾国藩等人所能伪造出来的。

从情理上讲,曾国藩为了保全自己的名位,必然有很多顾虑,他无此胆量伪造供词,以犯欺君之罪。而且清朝督抚和统兵大员,不是一手遮天,为所欲为,而是督、抚、提、镇、蕃、皋互相监督,如果他敢于丢掉李秀成原供而另行伪造假供,定然要被泄露,而致重谴。我们从曾国藩奏稿、日记、供词刻本按语及赵烈文日记等许多资料里都可看出,他对李秀成写的自传,作了一系列的处理,有的修改,有的删节,这是事实。但不能因此就否定"原稿"不是李秀成的真迹。

再说《李秀成自述》原稿如果是假的,曾国藩为什么要把这个假东西当作宝贝传给后代呢?为什么他的第四代曾孙曾约农还要把这个易招非议的假东西公之于众呢?

另一种说法是《李秀成自述》不是李秀成的真迹,而是曾国藩修改后重抄的冒牌货。1956年《华东师大学报》第四期发表了年子敏、束世的《关于忠王自传原稿真伪问题商榷》一文,认为李秀成供词出自曾国藩的伪造,他们的理由是:

从笔迹上看,"原稿"虽然和李秀成"28字"真迹出于一人之手,但"28字"也是庞际云故意伪造的。

从"原稿"的间隔上说,"自述"分9天写成,中间应该有8个间隔。李秀成是每天随写随交,曾国藩也是每天随看随改,当李秀成把自述写完时,曾国藩也删改完毕。既然要分八九个人缮写,说明李秀成亲笔原稿是散页或分装成八九份的,绝对不是写在一本已经装订成册的本子上的。今天所见到的"原稿"却是写在一本完整的装订好的"吉字中营"横条簿上,这就难以使人相信它是李秀成的真迹了。

"原稿"的用词该避讳的时候不避讳,不该避讳的地方却避讳了,如果偶尔笔误,可以理解,而"原稿"在这方面的笔误却多得离奇。

"原稿"的字数和记载的字数不等。据记载,李秀成共写了 5 万字,而"原稿"只有 3.6 万字。如果另外 1 万多字是被曾国藩撕毁了的,那么"原稿"的内容应该是不相衔接的,然而,今天所见"原稿"却是前后内容完全相连的。

从情理来说,李秀成被捕后,先是受到了严刑拷打,后又被关押在囚笼里,时值酷暑难当的夏天,在这种情况下,要写下这洋洋数万言的"自述"简直是不可思议的。因此"自述原稿"有可能是曾国藩等人模仿李秀成的笔迹凭空伪造的。

《李秀成自述》是真是假,曾国藩是否伪造了《李秀成自述》,虽然学术界对此已有尝试的讨论,思想火花四溅,但遗憾的是目前仍没有定论。

(十九)杨秀清是否曾"逼封万岁"

清朝末年轰轰烈烈的太平天国运动曾经盛极一时,然而"天京事变"使得太平天国由盛转衰,进而在中外反动势力的联合绞杀下彻底失败。东王杨秀清成为"天京事变"的牺牲品,多数人认为是因为他在变乱 18 天之前的"逼封万岁"之举激怒了洪秀全,从而招来杀身之祸。

对于杨秀清的死因,本就众说纷纭,而关于他"逼封万岁"一事,更是争议非常。在史学界几乎已成定论的杨秀清"逼封万岁"之说,现如今遭到越来越多的批驳,甚至有人认为,此事已可以下定论予以彻底否定。

首先否定的,便是记载此事的史料来源。最早记载"逼封"事件的是知非子的《金陵杂记》与张汝南的《金陵省难纪略》,书中较为详细地记载了"逼封万岁"的经过及之后发生的洪秀全与杨秀清之间的冲突。然而所述内容不仅多有荒诞之处,而且"此卷系近日情形,告闻之于遇难播迁之人,及被掳脱逃之辈,方能知之最详,言之最确,复为成一编,参以己见"。不仅不是亲眼所见,还加上了自己的看法,如此叙事,岂可尽信? 此外,太平天国的后起之秀,忠王李秀成写的《李秀成自传》中,也提到确有此事。然而"天京事变"发生时,李秀成正在句容一带作战,对于在此之前的"逼封"之事,只能是道听途说,更难以此为据。无论是太平天国的内部文书还是清朝的官方文书,均无关于此事的记载,由此不得不令人怀疑此事的真实性。

其次,若杨秀清真的曾经"逼封万岁",那他是为了什么? 此时的杨秀清,已经集神权与军权于一身,只要他"代天父传言",就连洪秀全都不得不从,为何不直接借天父之言命令洪秀全让位于他,反而多此一举地"逼封万岁",既没有改变他与洪秀全的实际地位,又暴露了他意欲夺权的野心? 杨秀清并非泛泛之辈,此等权谋策略,他不可能不知,更不可能做出如此愚蠢之事。

再次,在杨秀清死后没多久,洪秀全便大张旗鼓地为其平反,甚至将杨秀清被

·军事谜案·

图文珍藏版

杀之日定为东升节。洪秀全在《踢英国全权特使额尔金记》中说道："爷遣东王来赎病,眼蒙耳聋口无声,受了无尽的辛战,战妖损破颈跌横。爷爷预先降圣旨,师由外出苦难清,期至朝观遭陷害,爷爷圣旨总成行。"由此可见,洪秀全也认为杨秀清之死是遭人陷害的。如此一来,杨秀清"逼封万岁"激怒洪秀全而招来杀身之祸的说法,便被彻底否定了。

最后,若真无"逼封"之事,那此说从何而来呢?既然没有足以令人信服的史料记载,也没有合情合理的事实依据,就不能不说这只是谣言。而这个谣言的最大受益者,便是因"逼封"而"受尽委屈"的洪秀全。杨秀清不仅曾因"代天父传言"而杖责过洪秀全,而且在朝中独揽大权,自恃功高盖主,飞扬跋扈。以他的军事才能与政治权谋,足以威胁洪秀全的统治地位,洪秀全要除掉他是必然的,只是需要一个合理的说法以稳定军心、平抚民意罢了。而"逼封万岁"之举足以让杨秀清"死有余辜"。

如此看来,"逼封万岁"的确子虚乌有。然而,对上述批驳产生怀疑的,大有人在。

其一,太平天国的内部文书中没有关于"逼封"事件的记载,很可能是因为此事涉及领导集团内部的矛盾纠葛,不宜载入史册。而且天京陷落时天王府被大火烧毁,导致文书档案付之一炬,所以无法找到相关记载。

其二,"天京事变"时,李秀成已是正丞相,后又被封为忠王,在太平天国后期与陈玉成同掌军政。以他的身份和地位,他对天京事变的内情必有所了解。虽没有眼见为实,但也不至于信口开河。

其三,洪秀全在杨秀清死后不仅不揭露他"逼封"之罪,反而为其平反,并深表怀念之情的做法,并不足以证明"逼封"之事子虚乌有,而是洪秀全施展的政治手段。不仅可以撇清他指使韦昌辉杀害杨秀清的罪名,而且可以拉拢东王党羽为他所用。之后洪秀全掉转矛头直指韦昌辉,便可看出他笼络东王党羽的高明之处,起码能够免除后顾之忧。

上述所列,仅是呼声较高的几种说法,实难包罗万象,尽数百家之言。

(二十)曾国藩为何没有背靠湘军称帝

曾国藩,初名子城,字伯涵,号涤生,谥文正,汉族,湖南省长沙府湘乡市人,中国近代史上最具影响力的人物之一,官至两江总督、直隶总督、武英殿大学士,封一等毅勇侯。

曾国藩生于嘉庆十六年(1811年),道光十八年(1838年)殿试考中了进士,从此之后,他一步一阶地踏上仕途之路,并成为军机大臣穆彰阿的得意门生。在京十多年间,他先后任翰林院庶吉士,累迁侍读,侍讲学士,文渊阁值阁事,内阁学士,稽察中书科事务,礼部侍郎及署兵部,工部,刑部,吏部侍郎等职,曾国藩就是沿着这条仕途之道,步步升迁到二品官位,十年七迁,连跃十级。

咸丰二年(1852年),曾国藩因母丧在家。而这时太平天国的起义已席卷了半个中国,可是清政府从全国各地调集的大量八旗、绿营官兵在面对太平军的时候根本不堪一击,清政府屡次下令颁发奖励团练,力图利用各地的地主武装来遏制革命势力的发展。咸丰三年(1853年)曾国藩因势在其家乡湖南一带,依靠师徒、亲戚、好友等人际关系,建立了一支地方团练,称为湘勇。

曾国藩残酷镇压太平天国起义,用刑苛酷,史籍上称"派知州一人,照磨一人承审匪类,解到重则立决,轻则毙之杖下,又轻则鞭之千百。……案至即时讯供,即时正法,亦无所期待迁延"。不仅他自己直接杀人,他的父亲和四弟也杀人,有人甚至直接称呼他为"曾屠户"。不过,据说曾国藩知人善用,并以身作则遵守军纪,大军所到之处百姓皆"各行其是"。1864年,湘军在其弟曾国荃的率领下攻下天京,成为镇压太平天国的功臣。

其实,曾国藩当时已经控制了整个统治集团,在军事武装方面,他也比清政府强悍许多,所以,许多学者依据时局判断,曾国藩反清称帝,应该不是难事,但是事实上,他并没有那么做,这到底是为什么呢?

对于曾国藩没有反清称帝学术界也是众说纷纭,各持己见:

其一,有人认为曾国藩没有称帝是因为时局不容许。曾国藩看清了时局,认为称帝只会死路一条,所以他才明哲保身,而且还在后来请求削减湘军人数。当时的形势是,湘军攻陷天京后,军中士兵各个思乡心切,人心思归,以致整个军队的战斗力锐减。而且,虽然清政府已经开始衰落,但科尔沁亲王僧格林沁拥有一

曾国藩

支强大的以骑兵为主的军队。最关键的是,当年湘军是以"保卫儒教"和"忠君保国"为口号起兵的,所以一旦曾国藩称帝,很可能将自己变成众矢之的。另外,曾国藩称帝,未必能得到国际承认,也就是说没有所谓"友邦"的帮助。

其二,有人认为,真正阻止曾国藩称帝的原因是他脑子里根深蒂固的忠君报国思想。据说曾国藩的忠君报国思想深受晚清理学大师唐鉴的影响。而他起兵正是

为了保卫地主阶级利益,保卫清朝。至于他的个人追求,也仅仅只是做个中兴名臣、封侯拜相、光宗耀祖,所以有人认为曾国藩心里压根没有"造反"的思想。

深受后人推崇的曾国藩在后世中深受好评,其思想影响了许多人,尤其他的《家书》,经久不衰,代代相传。至于他究竟为何没有称帝,至今我们仍不得而知。

(二十一)川滇起义军领袖蓝大顺到底是谁

清朝末年,内外交困,各地起义风起云涌,其中最为壮大的太平天国运动对各地一起部队产生了十分巨大的影响。许多地方起义部队纷纷响应,齐聚太平天国的门下,其中最著名的一支义军,就是由蓝大顺和李永和领导的川滇起义军。据记载,清朝咸丰九年(1859年),蓝大顺领导下关16乡(云南省与四川交界处的大关县)的农民进行抗粮起义。朝廷派兵镇压,起义军由云南转战到四川,向北进军,进入川西平原,和清军浴血奋战。1960年春,温江和郫县交界处的王道林起义响应蓝大顺,后来起义军响应太平天国运动。据说这支川滇起义军由滇入川,发展至三十余万人。

然而,对于这段历史,世人始终未解的是,这个蓝大顺到底是谁?

清朝四川总督骆秉章在《骆文忠公奏稿》中认为蓝朝鼎就是蓝大顺。在奏稿中,骆秉章声明,起义军中的蓝朝鼎不是蓝二顺,蓝朝柱也不是蓝大顺,蓝大顺和蓝朝鼎其实是同一个人。原文是这样的:"蓝逆名朝鼎,云南昭通人,贼中称伪帅主,骁悍善战";"今外间或称蓝朝柱为蓝大顺,蓝朝鼎为蓝二顺,其实贼中无此称谓。"

据史料记载,1861年9月,蓝朝鼎与清军在四川绵州决战时失利,由绵州南下,退守丹棱,遭到清军围剿,最后在突围时牺牲。《骆秉章自订年谱》中明确记载了蓝朝鼎是在丹棱战死的。原文为:"逆蓝朝鼎在山顶摇旗指挥,胡中和率兵绕上山……丛矛刺毙。"但是,战死的蓝朝鼎是否真的就是蓝大顺呢? 在《太平天国文书汇编》中有这样的记载:在蓝朝鼎牺牲的第二年,李永和与蓝大顺就以"恳请同为合兵"为理由,联名致函石达开,而石达开在给他们的回信时称李永和与蓝大顺是"奇谋凤裕,智勇超群",并表示"决不负弟翘企之殷"。而根据《丹棱县志》"清咸丰十一年,滇匪蓝逆破丹,逆弟二顺战殁于此"的记载,在丹棱战死的蓝朝鼎就是外界传说的蓝二顺,也就是蓝大顺的弟弟。

蓝大顺究竟是何人? 在史籍中还有其他的记载。

清陕西巡抚刘蓉《刘中丞奏议》记载说:"据供穿绣金龙袍左眼下皮有肉瘤者即蓝大顺。"他又说:"据外间传说蓝逆面貌有眼下并无肉瘤之语,是否系属蓝朝璧正身，应俟查询明确后再行奏请奖励。"可见，刘蓉认为蓝大顺名蓝朝璧。后来，经过刘蓉考察证实，穿绣金九龙蟒袍者是蓝刘颐部下假冒的，而且蓝大顺左眼下并没有肉瘤。而至于刘蓉所说的蓝大顺于太平天国甲子十四年二月与巡捕蓝三顺等在陕西安康叶家坪战死。经过蓝七顺等人辨认其首级，证实"其为蓝朝璧正身无疑"。

那么，蓝朝鼎、蓝朝璧和蓝朝柱，到底哪一个是蓝大顺呢？事实上，据说就连与蓝大顺起义军作战多年的骆秉章、刘蓉以及西安将军多隆阿也从来都没有弄清楚过到底谁是蓝大顺。因为当时在云南、四川一带，有很多青年男子用"顺"做名字，单单起义军中就有将领名叫蓝二顺、蓝三顺、蓝四顺等等一直到蓝九顺。而仅川、滇、陕、鄂等地记载的关于李永和与蓝大顺起义的地方志就有一百多种，而关于蓝大顺究竟是何人，却记载混乱。《中国近代史知识手册》上记载的是：蓝朝鼎牺牲于丹棱，而蓝朝柱后来与太平军会合，但是却没有谈到蓝大顺这个人。

翻阅《中国近代史词典》，我们可以看到"蓝大顺（即蓝朝柱）""其弟蓝二顺（即蓝朝鼎）。"《词典》中讲到，蓝大顺和蓝二顺共领一队人马转战于涪江流域，迎战骆秉章。蓝二顺战死于丹棱，蓝大顺北上，与西北太平军陈得才部联合抗清，被太平天国封为文王，连克汉申、城固等地。1864年4月，蓝大顺退军陕南，为汉阴地主团练所杀。

不过有学者经过研究认为，李永和与蓝朝鼎是起义军的最高首领，而在蓝朝鼎牺牲以后，任副帅一职的蓝朝柱在进入山西后便被称为蓝大顺，最后死于安康紧溪河，而且蓝朝柱是蓝朝鼎的哥哥。在他们小时候，乡民称蓝朝柱为"大顺"，蓝朝鼎为"二顺"。而蓝朝鼎被尊称为"大帅"，"大帅"与"大顺"音相近，所以导致外面的误传。

此外，还有很多人认为蓝大顺就是蓝朝鼎，甚至还有人对起义军中是否存有这个名叫"蓝大顺"的人也产生了怀疑。著名历史学家，太平天国史研究专家罗尔纲先生曾经通过辩证，认为刘蓉的说法较为可靠，即蓝大顺的本名是蓝朝璧，他并不是蓝朝鼎，也不是指蓝朝柱，而是另外一个人。不过这个说法除了在刘蓉的奏报中得以证实外，其他地方县志资料中并没有任何记载表明比李永和与蓝朝鼎地位高的首领蓝大顺（蓝朝璧）的存在。

可见，对于蓝大顺到底是谁这个问题，众说纷纭，至今仍无定论。

（二十二）冯玉祥为什么发动北京政变

冯玉祥是国民革命时期著名的军事家、爱国将领，同时他也是一位著名的民主人士。冯玉祥小的时候家里很贫困,但是他从小就有励志当兵的理想。后来,冯玉祥到了军中,在武卫右军当过少长和管带等职务。冯玉祥凭借着自身的实力,逐渐在军中树立起了自己的威信,并在成名之时与蒋介石结拜为兄弟。

早在1914年,冯玉祥就当上了陆军的旅长,率领部队主要驻扎在河南、陕西一带。1923年,军阀曹锟和吴佩孚控制了北洋政府,从此北洋政府的军政大权就落在了这两位军阀手里。他们在统治北洋政府期间,大量排除异己,将权力过分地集中到了自己手里。而深受孙中山先生民主思想影响的冯玉祥,自然看不惯曹锟和吴佩孚的做法,他据理力争,非但没有使得曹吴二人改过,反而险遭二人迫害。冯玉祥心灰意冷,决定发动政变,来推翻这个由直系军阀统治的腐败政府。

于是在1924年,冯玉祥趁着曹锟、吴佩孚等人在外战斗之际,率军推翻了直系军阀所统治的北洋政府,发动了北京政变,并将自己部队的番号改成了"中华民国国民军",从此,执掌北方中央政权的直系军阀倒台。在此次事变之后,冯玉祥邀请孙中山先生北上,共同商讨今后国家发展大事。对于这次北上,孙中山先生的态度是有一个变化的过程的。起初孙中山先生可能由于冯玉祥的军阀身份考虑,认为此次"北京政变"并不能算作中央革命的范畴,但是自己可以去北京和冯玉祥商讨革命的大事。随后孙中山又认为"北京政变"可以算是中央革命的第一步。最后孙中山先生通过与冯玉祥的长期对话,认为他对于民主思想颇为认同,并极力反对曹锟、段祺瑞等人的做法,因此,孙中山先生这才对冯玉祥所发动的"北京政变"彻底表示认同。但这场政变的原因,至今让人们心存疑惑,对于北京政变的原因,历史上众说纷纭。

有的人认为,冯玉祥发动北京政变是受到了孙中山先生所倡导的民主革命思想的影响。从冯玉祥的出身就可以看出,他从小励志当兵,对于军阀残酷镇压人民的现象恨之入骨。因此,在他的意念当中,孙中山先生所倡导的反帝反封建,建立人民民主的国家才是正确的。再加上冯玉祥对苏联也颇有研究,他认为俄国通过十月革命所建立起来的政权是光明而伟大的。所以,他自然对于曹锟和吴佩孚对内残酷镇压,排除异己不择手段的做法看不过。为了推翻他们所建立的直系军阀北洋政府,冯玉祥发动了北京政变。

也有观点认为,冯玉祥发动北京政变并非完全为了传播孙中山先生的民主思想,而是为了结束北洋军阀内部的长期争斗。北洋政府内部的斗争矛盾早已是摆在明面上的战争了。起初,冯玉祥发展的地界被吴佩孚所占领,在与吴佩孚激战的过程中,冯玉祥的部队损失惨重。后来,军阀曹锟又抢占了吴佩孚的地盘。由此可以看出,北洋军阀内部的争斗日趋激烈,矛盾也是不可调和的。为了夺回自己的势力范围,冯玉祥决定推翻曹锟和吴佩孚所执掌的北洋政府自在情理之中。因此,历